KB237310

PASTOR DR. DAVID YONGGI CHO

십자가의 영성

The Spirituality of the Cross

곽종운 지음

The **FAITH** and **GOSPEL** of the **CROSS**

십자가의 신앙과 복음의 핵심은 어떤 것인가?

BM 성안당

저의 목회 반세기를 뒤돌아보면, 저는 언제나 좋으신 하나님, 예수 그리스도의 구속의 은혜, 그리고 인격적으로 교제하는 성령님에 대하여 전했습니다. 좋으신 하나님은 우리에게 3중축복과 5중복음을 주셨고, 또한 저에게 3중축복과 5중복음을 성도들에게 쉽게 적용할 수 있도록 4차원영성이라는 놀라운 계시를 주셨습니다.

저는 목회 기간 동안 오직 5중복음, 3중축복, 4차원영성을 증거했습니다. 5중복음은 저의 메시지의 핵심이요, 성경이 말하고 있는 복음의 진수입니다. 그리고 5중복음과 3중축복을 우리 삶에 적용하는 방법은 4차원영성입니다. 저의 신앙, 영성, 신학은 모두 십자가에서 뿌리를 내렸습니다. 십자가를 바라볼 때 절망은 희망으로, 질병은 건강으로, 가난은 축복으로 변화됩니다.

제가 불광동에서 천막교회를 시작할 때는 가난과 질병에 허덕이고 있었습니다. 처절한 가난 속에 있는 백성들에게 저는 오직 '좋으신 하나님'을 증거했습니다. 십자가를 통해 하나님은 절망에 처한 백성들에게 가난 대신 부요를, 절망 대신 희망을, 현재는 없지만 장차 나타날 것을 믿음으로 증거했습니다.

5중복음은 자비의 하나님께서 예수 그리스도의 십자가를 통하여 죄인들에게 베풀어주신 은혜의 복음입니다. 그 복음이 우리의 삶에 임하면 3중축복이 임하게 됩니다. 하나님은 영혼의 죽음, 육체의 죽음, 환경적 저주로부터 그의 백성을 구하기 위하여 예수 그리스도를 통하여 3중축복의 길을 열어놓으셨습니다. "사랑하는 자여 네 영혼이 잘됨 같이 네가 범사에 잘되고 강건하기를 내가 간구하노라(요삼1:2)."

이번에 사랑하는 제자 곽종운 박사가 저의 목회사역에 중심인 '5중복음', '3중축복', '4차원영성' 그리고 '좋으신 하나님', '예수 그리스도의 구속의 은혜', '인격적으로 교제하시는 성령님'에 대하여 체계적으로 연구하여 『십자가의 영성』을 출간하게 된 것을 기쁘게 생각합니다. 12년이라는 긴 세월에 걸쳐 완성된 『십자가의 영성』이 교회의 중직자와 목회자, 그리고 여러 신학도들에게 도움이 되기 바라며, 무엇보다 5중복음과 3중축복, 4차원영성이 널리 전파되기를 간절히 바랍니다.

여의도순복음교회
원로목사 조용기

절대적인 가치를 부정하는 포스트모더니즘이 등장한 이후 기독교의 진리는 크게 위협을 받고 있습니다. 기독교의 전통적인 신앙은 상대성을 인정하는 세상의 문화와 눈으로 증명 가능한 과학에 밀려 설 자리를 조금씩 잃어가고 있습니다. 그래서 예수 그리스도의 십자가에서의 대속적 죽음과 부활의 생명의 역사도 성도들에게 알게 모르게 소홀히 여김을 받고 있는 실정입니다.

십자가는 신앙의 본질이자 핵심입니다. 십자가 신앙을 통한 예수 그리스도의 죽으심과 부활을 체험하지 않고서는 하나님 앞에 나아갈 수 없으며, 구원도, 천국에 들어감도 불가능합니다. 그래서 바울은 "내가 너희 중에서 예수 그리스도와 그가 십자가에 못 박히신 것 외에는 아무 것도 알지 아니하기로 작정하였음이라(고전2:2)"고 강조하였습니다.

그렇기 때문에 불신앙의 한가운데서 십자가 신앙을 외쳐야 합니다. 십자가의 영성만이 무너지고 있는 이 세대의 영적, 도덕적 가치관을 바르게 세울 수 있는 힘을 갖고 있습니다. 인간은 십자가의 의미, 능력, 확신이 마음 가운데에 있을 때 비로소 신앙생활의 생명력과 활력이 나타날 수 있으며, 나아가 성도로서 능력 있는 신앙인이 될 수 있습니다.

곽종운 장로님은 이러한 사실을 많은 성도들에게 전하고자 『십자가의 영성』을 집필하였습니다. 이 책은 예수님의 십자가를 다각도로 조명하여 순복음의 영성과 신앙의 핵심을 담아내고 있습니다. 이 책이 성도들의 영성훈련에 도움을 주고 나아가 삶과 일터에서 작은 예수의 삶을 살도록 하는 데 동기부여가 될 것입니다.

아무쪼록 이 책을 통해 많은 성도들이 십자가의 의미를 더욱 구체적으로 깨닫고, 나아가 십자가의 비밀과 능력과 확신을 가지고 삶을 살아가며, 궁극적으로는 그리스도의 장성한 분량에 이르는 영적 성장을 이루게 되기를 바랍니다.

여의도순복음교회
위임목사 이영훈

이 책의 궁극적인 목적은 십자가 영성을 통해 하나님을 영화롭게 하고(고전10:31), 하나님을 영원토록 즐거워하는 것(사43:7, 시73:24-26, 시81:1)이다. 곧 하나님이 가르쳐주신 대로 인간이 자기 본래의 목적대로 살게 하려는 것이다(엡4:24, 롬8:29, 엡1:4-6). 예수 그리스도 십자가를 통해 인간은 죄인에서 의인의 신분으로 변화된다(롬3:22, 롬5:1). 나아가 거듭난 사람은 하나님께 예배드리는 삶을 살게 되며(요4:23-24), 궁극적으로 하나님께 영광을 돌리는 일을 하게 된다.

조용기 목사는 한평생 십자가의 영성 - 5중복음, 3중축복, 4차원영성 - 을 탐구하고 깨우치며 은혜의 복음을 증거했다. 무엇보다도 이 책은 궁극적으로 신자들이 예수께서 십자가 위에서 죽으시고 부활하신 것에 기초해서 성령 안에서 "예수 그리스도의 의로움을 덧입고 그의 거룩함을 닮아가도록 하는 것"을 추구한다.

왜 사람은 이 땅에 태어나서 살고 있는가? 왜 그는 거듭나서 의로워지고(롬3:22), 거룩해지고(히10:10), 온전해야(히10:14) 하는가? 그것은 궁극적으로 하나님의 자녀가 성령 안에서 그의 안에 계시는 예수 그리스도 영광을 드러내기 위해서다(요16:14).

1. 이 책의 저술목적은 무엇인가?

십자가는 인류역사의 뒤틀어지고 그릇된 길을 하나님 쪽으로 되돌려 놓았다. 이 광활한 우주에 존재하는 모든 것들은 하나님에 의해(by God) 창조되었고, 하나님 안에 있으며(in God), 하나님을 위해(for God) 존재하고 있고, 하나님을 통해(through God) 지탱되고 있다(느9:6, 시33:6, 사42:5).

희망의 십자가 영성가, 영산1) 조용기 목사의 마음하늘 한가운데는 밤하늘의 북두칠성처럼 언제나 '십자가 중심의 5중복음, 3중축복, 4차원영성의 별들'이 고정되어 있다. 그 세 개의 별들은 수많은 사람들의 마음에 빛을 비추어서 십자가 희망의 영성을 심어주었다. 그는 50년대 초 불광동 천막교회에서 5명의 신자와 함께 교회를 개척했지만, 훗날 80만 성도의 거대한 교회로 성장시킨 희망의 영성가(spiritual thinker)였다.2)

1958년 그의 사역은 하나의 질문에서 시작되었다. "주님, 지금 여기에서 이 '상황(situation)'을 어떻게 해결할 수 있겠습니까?" 그는 바로 '갈보리 십자가'에서 그 질문에 대한 해답을 찾아냈다.3)

---

1) 영산(靈山): 조용기 목사의 호(號). 이 책에서는 그의 영문 이름 '데비드 조(David Yonggi Cho)'도 병행해서 언급할 것이다.

2) 그는 전 세계 인류구원을 위해 반세기 사역기간 동안 지구를 120여 바퀴를 돌았다. 그는 72개 국가들을 다니며, 400번이 넘는 해외집회를 열었다. 가는 곳마다 많은 사람들이 모여드는 대성회를 열었다. 예수 그리스도 안에서 그는 이 시대에 다양한 문화와 사회 속에서 하나님의 목적을 온전히 섬기며, 오직 하나의 목적을 향하여 달려갔다(빌3:13-14).

3) 여기서 말하는 '상황'이란 한 시대의 삶에 대한 총체적인 표현이다. 영산은 개척 초기부터 인간이 처한 실존적 문제를 십자가 안에서 해석하고 해결할 방법을 탐구하고 추구해왔다. 처절한 절망에 빠져 허덕이는 사람들에게 줄 수 있는 유일한 희망은 그들을 십자가 밑으로 데려오는 것이었다. *어떻게 절박한 정황을 해결할 수 있는가?* 이 '하나의 핵심적

이 책에서 나는 조용기 목사의 마음하늘에 거룩한 빛을 비추었던 5중복음, 3중축복, 4차원영성의 별들을 십자가 안에서 역동적으로 조명하고자 했다. 또한 나는 이 영성의 별들이 사람들의 마음속에서 하나됨을 이루어서, 그 빛이 새롭고 눈부시게 비치기를 소망하며 붓을 들었다.

영산은 예수 그리스도의 십자가로부터 강력하고 설득력 있는 복음의 진수를 발굴했다. 그는 그것을 그의 사역 전반에 걸쳐서 목회현장에 접목시켰다.4) 그는 '좋으신 하나님, 예수 그리스도의 십자가의 대속, 또한 성령의 임재 및 성령과의 인격적 교제'라는 신학적인 기초를 세웠다. 그 기초 위에서 그는 여의도 광야에서 영적인 새로운 시대를 열었고, 성도들을 십자가 능력에 동화되는 삶을 살도록 권면했다.5) 그가 깨닫고 체계화한 3개의 영성 브랜드 – 5중복음, 3중축복, 4차원영성 – 는 '구원, 생명, 희망'으로 이어지며 하나됨을 이루고 있다. 이 영성은 오순절신학에서 의미심장한 한 획을 그었다. 또한 그 영성은 전 세계적으로 영적인 거대한 파도를 일으켰고, 지금도 일으켜 나가고 있다.6)

이 책은 어떤 전문적인 신학적 성찰이 아니라, 오히려 영산이 지향하는 십자가 중심의 복음과 진리를 마음에 새김으로써 그리스도의 형상을 온전히 닮아가는 데에 초점을 맞출 것이다.7) 따라서 이 책은 영산이 지난 반세기 동안 성령 안에서 일궈낸 목회사역을 구체적으로 밝혀서, 그것을 삶 속에서 십자가의 영성으로 체계화하는 데 관심을 기울이고 있다.

나는 이 책에서 하나의 통일된 주제, 곧 십자가 영성을 통해 예수 그리스도의 완전함의 영성을 닮아가는 데 초점을 맞추었다(마5:48, 골1:28). 영산의 십자가 영성 – 5중복음, 3중축복, 4차원영성 – 이 어떻게 시작되었고, 어떤 과정을 거치면서 삶의 자리에 적용되었는지 밝힐 것이다. 또한 하나님 앞에서 십자가 영성 – 거룩함과 의로움 – 으로 계속해서 살아가면서 어떻게 영성의 최고봉인 완전함의 영성으로 나아가야 할지에 대해 구체적으로 펼쳐나갈 것이다.8)

영적 질문'이 그의 사역의 여명기를 열어주었다. 또한 그 주제는 그의 사역 전체에서 일관성을 유지하며 나타난다. 영산의 신학의 시초는 '질문의 신학'이었다. 그 이후로 그는 언제나 성령님께 묻고, 답을 구하는 영성가가 되었다. 모세도 다음과 같이 하나님께 질문하며 그의 사역을 시작했다. "그들이 내게 묻기를 그의 이름이 무엇이냐 하리니 내가 무엇이라고 그들에게 말하리이까(출3:13)." 다메섹을 향하여 가던 바울도 질문으로 그의 사역을 시작한다. "주여 뉘시니이까(행9:5)." 이와 같이 유한한 존재인 인간은 무한한 존재이신 하나님께 묻고, 답을 받아야 살 수 있는 존재다.

4) 레온 모리스(Leon Morris)는 "십자가는 신약성경 전체를 주도한다(Cross Dominates the New Testament)."라고 서술하고 있다. Leon Morris, *The Cross in the New Testament*, Paternoster(1965), 365. 참조. John R. W. Stott, *The Cross of Christ*, IVP(1986), 17.

5) 영산은 삼위일체 하나님의 존재와 구원의 경륜을 다음과 같이 역동적으로 이해하고 전개시켰다. 곧 '성부 하나님을 좋으신 하나님으로, 성자 하나님을 십자가 구속의 은혜를 펼치는 하나님으로, 성령 하나님을 인격적 교제의 하나님'으로 인식했다. 그리고 그와 같은 이해를 그의 반세기 목회의 신학적 기초로 삼았다.

6) 영산은 오순절신앙 전통을 한국인들의 정서에 적합한 오순절 가치체계 – 5중복음과 3중축복 – 으로 재조명하여, 성도들이 삶의 자리에서 성령 임재를 경험하도록 했다. 그는 삶의 자리를 하나님과 인간이 만나는 장소로 인식했다. 인간과 하나님 사이의 영적인 관계를 예수 그리스도의 십자가 안에서 뿌리내리게 했다.

7) 나는 영산의 삶, 신앙과 목회에 대해 전문적인 관점에서 신학적 성찰을 시도하는 것은 다른 뛰어난 신학자에게 넘겨주고자 한다.

8) 어떤 그리스도인도 하나님의 완전함에 도달할 수 없다. 하지만 그 목표에 도달하고자 하는 의지를 갖는 것은 중요하다. 예수님은 우리가 도달해야 할 영성의 정점을 가르쳐주셨다. 곧 "하늘에 계신 너희 아버지의 온전하심과 같이 너희도 온전하라(마5:48)."

따라서 이 책의 목적은 '인간 조용기'의 발자취를 피상적으로 남기려는 것이 아니다. 오히려 그가 그토록 사랑했고 의지했고 자랑했고 헌신했고 믿었던 '예수 그리스도 십자가'를 통해 발굴한 그의 영적 메시지와 영적 체험의 씨(seed)를 재발견하여, 이 책의 밭고랑에 심고자 한다. 하늘의 시민권을 가진 자는 위엣 것을 사랑하고 귀히 여겨야 하기 때문이다(빌3:20, 골3:1-2).

영산도 그것을 원할 것이다. 그 역시 전례 없이 세계적으로 목회에서 성공한 조용기라는 이름 석 자를 남기는 것을 원하지 않을 것이다. 또한 사람들이 그를 세계에서 제일 큰 교회를 일궈낸 목사로 알아주는 것을 결코 원하지 않을 것이다. 나아가 그는 종종 자신의 집회에 수십만의 사람들이 모이게 한 장본인으로 알려지는 것도 절대로 바라지 않을 것이다.9) 세계에서 제일 큰 교회는 언제라도 초창기에 일어난 신선한 희망과 감동, 놀라운 기적들, 양적 성장, 강력하게 나타난 생명력을 잃을 수 있다. 또한 인위적인 조직체로 단단히 굳어져서 십자가의 은혜가 가려질 수도 있다. 그러므로 영산 자신도 '이 세상 누구보다 또한 어떤 것보다 예수 그리스도 십자가를 가장 열정적으로 사랑했던 조용기 목사'로 알아주기를 바랄 것이다. 그래서 이 책은 영산이 전 세계를 다니며 전했던 '예수 그리스도 십자가의 은혜'를 기초로 해서 전개되었던 다양하고 놀라운 일들을 그대로 펼쳐나가는데 초점을 맞추었다.

이 글은 '그가 그토록 자랑했던 좋으신 하나님', '그가 사랑했던 예수 그리스도 십자가', '그가 인격적으로 사랑했던 성령님'에 대한 메시지로 꽉 채워져 있다. 오직 주님만 시대, 문화 및 환경을 초월해서 증거되고, 또한 오직 그분만 모든 사람들이 본받아야 할 대상이 되어야 하기 때문이다.10) 요약하면 이 책을 집필한 근본적인 목적은 오직 하나님의 은혜와 영광, 거룩하신 이름만을 온 천하에 알리려는 것이며, 또한 하나님의 신실하심과 위대하심이 열방 중에 드러나게 하려는 것이다. "너희는 길에 서서 보며 옛적 길 곧 선한 길이 어디인지 알아보고 그리로 가라. 너희 심령이 평강을 얻으리라(렘6:16)." 이 책이 신자들을 '하나님의 선하시고 기뻐하시고 온전한 뜻'(롬12:2)으로 이끌어줄 것을 기대한다. 이 책의 구체적 목적을 서술하면 다음과 같다.

첫째, 영산의 목회 핵심원리 3대 지표 - 5중복음, 3중축복, 4차원영성 - 를 서로 연결시켜서 그것을 '십자가 영성'의 개념 안에서 드러내려고 총체적으로 접근하였다. 곧 영산의 영성모델을 구체적으로 제시하며, 그것을 다음 세대 성도들을 위해 적용하고자 시도하였다. 또한 기능적인 측면에서 영산이 경험했던 십자가 영성의 은혜를 이론화 및 실제화하여 성도들의 삶의 자리에 구체적으로 적용하였고, 개념적 측면에서 영산의 십자가 영성을 형식화(formulation)하여 다음 세대에 역동적으로 전달하고자 했다.11)

---

9) 교회의 머리는 오직 한 분 예수 그리스도시다(엡1:22-23). 오직 그분만 영원한 제사장직을 지니고 있다. 먼지에 불과한 인간은 오직 하나님을 알기 위해(요17:3), 주의 뜻을 펼치기 위해(롬12:2), 주의 영광을 위해(고전6:20), 주를 닮기 위해(고후3:18) 이 땅에 존재한다.

10) "하늘에서는 주 외에 누가 내게 있으리요 땅에서는 주 밖에 내가 사모할 이 없나이다(시73:25)."

11) 영산의 영적 인식의 논리는 십자가에 기초한 삼중구조 - 5중복음, 3중축복, 4차원영성 - 로 나타난다. 따라서 그의 목회의 한가운데 삼위일체 하나님의 존재와 구원에 대한 경륜이 입체적으로 드러난다. 그는 삼위 하나님의 뜻을 성도들의 삶의 한가운데 총체적으로 새겨놓았다.

이 책은 '세계최대교회'라는 양적 성장에 대한 수평적 차원의 평가와 전망을 다루는 글이 아니다. 반면에 이 책은 십자가 영성 안에서 영산의 신학사상, 목회철학을 주도했던 성령님의 인격적인 인도와 또한 십자가를 중심으로 한 하나님의 자비와 은혜와 사랑을 입체적으로 재조명한다. 이 책은 '삶 속에서 나타나는 좋으신 하나님을 더 알아가는 이야기'로 채워질 것이다.12)

둘째, 이 책은 영산의 영적 인식론과 방법론을 구체적으로 다룰 것이다. 영산은 '5중복음, 3중축복, 4차원영성'을 통해 세계 기독교 영성의 한 축을 세웠다. 이 책은 영산이 발굴한 영적 가치 체계를 구체화하여, 그것을 삶의 자리에 쉽게 적용되도록 시도할 것이다.13) 삶 속에서 은혜를 체험하고, 하나님을 더 알아가는 일은 하나님을 기쁘게 하는 일이기 때문이다(렘9:24).

영산은 언제나 '좋으신 하나님'이 그리스도인의 삶에 찾아오시는 희망의 삶에 대하여 역설했다. 모든 신학은 교회와 성도들의 삶에 구체적으로 적용되어야, 비로소 신학화의 진정한 의미가 있다.14) 신학화 작업이 가치가 있으려면, 해당 신학이 궁극적으로 교회로 흘러들어가서 모든 성도들에게 접목될 수 있는 '실용적 형태'로 정립되어야 한다. 어떤 신학에 신학적 적합성(theological relevance), 곧 적응력이 없으면 그 신학의 생명력은 약화되기 때문이다. 좋으신 하나님은 인간을 사랑하셔서, 그의 유일무이한 아들을 '인간의 몸을 입고' 이 땅에 오시게 했다. 이와 같이 하나님은 철저히 인간의 인식 수준에 맞춰주셨다. 하나님은 하늘의 언어를 사용하지 않으시고, 인간이 이해할 수 있는 언어, 곧 인간의 인식 수준과 문화에 맞춰 자신의 계시를 보여주신 것이다. 그러므로 이 책에서 나는 '신학화 작업 개념'보다 오히려 성도들의 '삶의 자리에 적용될 수 있는 이론화 및 실제화 작업'에 강조점을 두었다.

셋째, 이 책에서는 단일교회로 세계에서 가장 큰 교회를 세운 조용기 목사가 아니라, 오히려 한 시대와 문화와 사회 속에서 영산이 헌신했던 예수 그리스도 십자가 영성에 대한 이야기만을 다룰 것이다. 그가 십자가 밑에서 일궈낸 가치 있고 아름답고 놀라운 영적 발자취들 – 그 유형 및 무형의 십자가의 발자국들 – 만이 예수 안에서 빛나기를 바란다.15) 나는 이 책에서 영적 논증들을 세부적으로 분류하고 체계화 및 범주화시키며, 또한 그것들에 대한 다양한 도식(圖式)들도 제시할 것이다.

---

12) 영적인 지식이란 새로운 영적 감각 또는 신적인 것의 아름다움과 도덕적 탁월성을 이해하는 감각과 동일한 의미다. 영적인 지식은 의지나 심령과도 관련되어 있다. 에드워즈(Jonathan Edwards)는 지성의 기능을 일반적으로 향상시켜서 얻은 지식은 영적인 지식이 아니라고 강조한다. 참조. 존 스미스 편집(조나단 에드워즈, Jonathan Edwards), 『신앙감정론』(The Works of Jonathan Edwards Volume 2: Religious Affections), 부흥과개혁사(2005), 58.

13) 틸리히(Paul Tillich)는 "교회의 하나의 기능으로서 신학은 교회의 요구에 봉사해야 한다."고 주장했다. 참조. 황민효, 『폴 틸리히의 신학』, 한국장로교출판사(2008), 131.

14) 신학의 명제들은 삶으로부터 이끌어내고 추출한 것이기 때문에 결국에는 그 명제들도 다시 삶으로 향해야 한다. 즉 명제가 신학적으로 중요한 것이 되기 위해서는 삶을 위한 중요한 의미를 가져야 한다. 참조. 스탠리 J. 그렌츠(Stanly J. Grenz), 『복음주의 재조명』(Revisioning Evangelical Theology), CLC(2013), 124. 이것은 Michael Goldberg, Theology and Narrative, Nashville: Abingdon(1982), 95에서 인용되었다.

15) 십자가의 은혜는 모든 시대를 초월한다(롬3:25-26). 십자가는 오직 한 번에 드린 영원한 제사이며(히10:12), 모든 성도들을 영원히 온전케 해서(히10:14), 인류의 과거-현재-미래를 하나의 시간으로 통합한다. 십자가는 사람들을 새로운 피조물로 만들며(고후5:17), 그들에게 영생을 주며(요3:16), 장차 영원한 천국으로 인도할 것이다. 따라서 십자가는 모든 신자들이 영원히 흠모해야 할 대상이다.

끝으로, 내가 지난 35년 간 매주일 바라본 영산은 열려 있는 사고체계를 지니고 있다. 나는 이 책을 저술하면서 무엇보다 영산 조용기 목사의 있는 그대로의 영성과 신학, 목회철학 및 목회와 관련된 소프트웨어들을 체계화시켜서, 다음 세대에 그것들을 징검다리로 활용하는 데 초점을 맞추었다.

이 책에서 나는 서구신학이나 미주신학에서 뛰어난 신학자들의 사상이나 그들의 신학적 특징 및 방법론과 영산의 신앙, 영성 및 목회철학을 변증학적인 측면에서 비교하고 평가 및 비판하는 것은 거의 시도하지 않는다. 그러한 시도는 관심 있는 다른 신학자의 몫으로 남겨두고자 한다.

2. 어떻게 이 책을 저술했는가?

나는 다음 네 가지 핵심질문을 제기하면서 이 책을 저술하였다.

첫째, 역사적 관점에서 볼 때, 영산의 영성의 시작점은 어디인가? 이 책에서 나는 그의 영성의 시작점을 오순절교회의 신앙 및 신학 전통과 역사의 연장선 위에 위치시키고자 한다. 영산은 교회 개척 초기부터 오순절교회의 선교사들과 친밀하게 교제하면서 그의 영적 지평을 넓혀 나갔기 때문이다.[16] 따라서 나는 영산의 신학적 위치를 기독교 오순절교회의 전통 위에 자리매김하면서 이 책을 저술해나갈 것이다.[17]

둘째, 영산의 신학의 출발점과 영적사고의 핵심을 어디서 찾을 것인가? 나는 그것을 삼위일체 하나님에 대한 영산의 신학적 기초에 근거해서 조명하고자 한다. 곧 영산의 신학은 '좋으신 하나님, 예수 그리스도의 구속의 은혜, 성령님과의 인격적 교제' - 삼위일체 하나님에 기초한 영성 - 에 뿌리를 내리고 있다. 특히, 성령의 인격에 대한 영산의 신학적 관점은 매우 특별하고 뛰어나다. 그리고 나는 예수 그리스도 십자가에 대한 영산의 영성 - 5중복음, 3중축복, 4차원영성 - 을 서로 연결시켜서 해석하여, 그것을 그리스도인의 삶에 적용할 것이다.

셋째, 영산의 목회핵심, 그리고 사상과 철학을 어떻게 구체적으로 발아(發芽)시켜 삶의 자리에서 적용하게 할 것인가? 다시 말해 이 책의 삶의 자리에서 효능성을 배태(胚胎)시키기 위해, '삶의 자리에서' 해석적 관점에 지대한 관심을 두었다. 즉, 정사면체가 하나이면서 4개의 삼각형을 가지고

---

16) 영산은 1950년대 오순절 계통의 리처드 선교사(Louis Richards)와 친밀하게 교제했으며, 그의 설교와 성경 강해를 통역했다. 또한 그를 통해 영산은 오순절신앙의 특징인 방언과 신유를 경험하게 되었다. 또한 순복음신학교의 스테츠 (John Stests) 선교사와 교제하면서, 특히 존스톤(R. L. Johnston)의 설교와 강의를 통역하는 일 등을 통해 그는 오순절신학을 배웠다. 참조. 박명수, '영산과 세계 오순절/은사운동', 『21세기 신학적 패러다임을 위한 조용기 목사의 신학』, 한세대학교(2003), 372-399.

17) 영국의 조직신학자 앤더슨(Allen Anderson)은 "조용기 목사의 신학은 흔들리지 않는 전통적 오순절주의 신학이다."라고 말한다. Allen Anderson, "The Contribution of David Yonggi Cho: To a Contextual Theology in Korea," JPT Vol. 12, No.1(2003), 99.

있듯이, 십자가 기초 위에서 5중복음, 3중축복, 4차원영성을 하나의 영적 개념으로 해석하여, 삶의 자리에서 그리스도인들의 영적성장과 그리스도 형상을 닮아가는 데에 초점을 맞추었다. 샘물을 마시려면 두레박이 필요한 것처럼, 나는 5중복음과 3중축복의 생명수를 '4차원영성의 두레박'으로 퍼 올려, 성도들이 그 생명수를 충분히 잘 마실 수 있도록 이 책의 내용을 구성하였다.[18]

영산은 기도하는 중에 4차원영성을 깨닫게 되었다. 4차원영성은 하나님의 말씀을 마음속에 간결하게 핵심적으로 정리해서 그것을 믿게 하는 방법론이다.[19] 인간은 말씀으로(of) 살아야 하고, 말씀을 위해(for) 살아야 하고, 말씀을 통해(through) 살아야 하고, 말씀에 의해(by) 살아야 하는 영적 존재다.

넷째, 모든 신학적 내용들은 삶의 자리에 적용될 때 가치가 있다. 이 책은 또한 십자가 영성 – 5중복음, 3중축복, 4차원영성 – 을 성도의 삶에 어떻게 활용하고 적용할 것인가에 초점을 맞추고자 한다. 따라서 나는 영산이 일궈낸 영적사고와 가치체계를 성도들의 삶의 자리에 적용해서, 그들이 하나님의 말씀이 저마다의 삶 속에서 역사하는 것을 구체적으로 경험하도록 실천적 차원에서 접근하였다. 하나님이 그의 아들 예수 그리스도를 십자가에 죽게 해서, 우리를 하나님의 자녀로 삼은 것은 성령님과 영적 및 인격적으로 친밀하게 교제하게 해서, 그리스도의 형상을 닮아가게 하려는 것이다. 모든 그리스도인들은 생물학적 생명(bios)에서 영적 생명(zoe)을 얻었다. 그러므로 그들은 날마다 하나님의 성품을 더욱 닮아가도록 힘써야 한다(롬8:29, 엡4:24).

앞에서 서술한 4가지 방법론에 기초해서 나는 책 전체의 구조를 서로 일관성이 있게 연결시킬 것이다.[20] 그리고 이 책에서 영적논리들을 도식화 및 구체화하는 작업을 통해 영산의 영적세계를 보다 과학적 사고방식으로 접근해서, 그것을 더욱 효과적으로 전달하고자 하였다.[21] 신학은 과학처럼 공간, 물질, 운동 등에 대해서 다루는 학문이 아니다. 따라서 신학이 영적 상태나 운동력 등에 대해서 도식화하는 것에는 분명히 한계가 있다. 이 점을 인정하면서도 나는 영적세계를 논리화하고 그것에 계층적 질서를 정립하려고 시도했다.

---

18) 영산은 "5중복음과 3중축복을 우리의 삶에 적용하는 방법은 4차원의 영성입니다."라고 말한다. 조용기, "복 있는 사람", 주일설교(2015-06-21). 4차원영성은 영적으로 풍성한 삶을 활성화시키는 기능도 내포하고 있지만, 또한 그 자체로서도 영성의 기능을 충분히 지니고 있다. 4차원영성의 4요소 – 생각, 꿈, 믿음, 말 – 는 총체적이고, 전인적이며, 연합적이고, 상호보완적인 속성을 지니고 있다.

19) 하나님은 말씀을 주셨다. 예수님은 말씀이 되어 이 땅에 오셨다. 성령님은 지금 말씀을 깨닫게 해주신다. 영산은 4차원영성을 '하나님의 말씀을 마음에 담는 방법'이라고 정의한다. 그 정의에 기초해서 4차원의 영성을 해석한다면, 그것은 '성령 안에서 말씀의 영성'으로 나아가는 것이다. 4차원영성은 임마누엘 하나님을 알게 해준다.

20) Arthur Holder(editor), *Christian Spirituality*, Black Publishing(2005), 19-29. 슈나이더(Sandra M Schneiders)는 그의 논문에서 영성탐구방법으로서 세 가지 – 신학적 방법, 인간론적 방법, 역사적 방법 – 로 접근하며, 동시에 그 세 가지 방법을 상호 통합적 해석, 곧 상관적(appropriative) 방법을 취한다. 이 책에서 나는 영성의 '실천적 접근방법'에도 상당한 강조점을 두고 서술하였다.

21) 우리는 하나님의 존재 자체와 인간을 통해 다양하게 일하시는 하나님의 방법들을 논리적으로 완벽하게 묘사할 수 없다. 하나님의 신비를 인간의 이성과 경험에 기초해서 비유, 유비(analogy), 이미지 등으로 아무리 적절하게 묘사한다고 하더라도 인간은 그것에 대해서 단지 부분적으로 이해할 뿐이다. 이성의 논리로 하늘의 신비를 파헤치는 것은 하늘의 번개를 가두는 것만큼이나 어려운 일이다. 피조물이 창조주에 대한 신비로운 진리를 아는 데에는 분명히 한계가 있다.

어떤 분이 "이 책을 완성하는 데 얼마나 걸렸습니까?"라고 묻는다면, 나는 아마도 이렇게 대답할 것이다. "이 책을 완성하는 데 35년이 걸렸습니다!" 왜냐하면 내가 35년 동안 들어 왔던 영산의 설교가 이 책을 저술하는 데 가장 큰 힘을 제공해 주었기 때문이다. 다른 한편으로, 이 책은 나 자신이 여의도순복음교회에서 예수님을 나의 주님과 구원자로 영접하고 나서, 그 동안 신앙생활을 해온 총결산이기도 하다.

3. 이 책의 내용은 어떤 것인가?

이 책은 좋으신 하나님을 알아가는 것,22) 십자가를 통해 예수 그리스도를 알아가는 것,23) 또한 성령님을 인격적으로 더 깊이 알아가는 것에 대한 이야기이다. 하나님은 초자연적인 믿음과 은혜의 빛을 우리에게 주어서, 그리스도의 영광의 지식을 알게 하신다.24)

이 책이 추구하는 것은 '성령의 사람, 말씀의 사람, 믿음의 사람, 기도의 사람'이 되어서 완전함에 이르고자 하는 것(마5:48, 고전11:1, 골1:28)이다. 하나님은 우리의 아버지이시다. 이제 하나님의 자녀는 아버지의 완전하심을 닮아가야 하고(마5:48), 하나님을 기쁘게 해드려야 하고(마6:1-4), 또한 아버지께 영광을 돌리며 살아야 한다(마5:16).

내가 나의 짧은 붓으로 영산의 목회사역 전체에 대해 이야기하는 것은 매우 어려운 일이었다. 그러나 나는 이 붓을 끝까지 놓지 않기로 굳게 다짐했다. 왜냐하면 나는 '영산이 체험했던 예수 그리스도의 십자가에 대한 이야기'만 써나가기로 결심하였기 때문이다. 나는 영산의 5중복음, 3중축복, 4차원영성을 삶의 자리에서 실천적 측면에서 이해하고자 했다. 그리고 그것을 분석적 및 논리적으로 접근하여, 영산의 목회철학과 신학을 이야기로 쉽고 흥미롭게 풀어나가고자 했다.25)

영산은 언제나 그리스도인의 현재의 삶에 희망을 주는 설교를 했다. 그가 강조한 희망은 '십자가 안에서의 희망'이다. 또한 그는 십자가 신앙에 기초해서 5중복음을 탄생시켰다.26) 그가 지금까지 저술했던 모든 책에 기초해서 하나의 통일된 주제를 이끌어낸다면, 그것은 바로 '십자가의 영성'이다.27) 곧 중심주제의 내용은 한 마디로 '십자가의 영성'으로서 '좋으신 하나님, 인격적 성

---

22) 하나님의 지식은 그분의 형상인 그리스도를 통해서 주어진다. 안다는 것은 사랑하는 것이며, 사랑한다는 것은 서로 하나가 되는 것이다. 지식이 커질수록 사랑도 커진다. 참조, 이형기 외, 『기독교 사상사 I』, 대한기독교서회(2004), 393(Origen, On First Principles 1.3.8에서 인용).

23) 참조. 달라스 윌라드, 『그리스도를 아는 지식』(Knowing Christ Today: Why We Can Trust Spiritual Knowledge), 복있는 사람(2012).

24) John Owen, *The Glory of Christ*, Versa Press(2012), 103-104.

25) 추상적인 개념이나 관점에서 하나님의 영(Spirit)을 접근하는 것이 아니라, 반면에 심리적-과학적으로 접근하여 성령과 그의 사역에 대해 설명하는 것은 하나님의 영적 질서를 이해하는 데 더 유익할 것으로 판단된다. 참조. James Lodger, *The Logic of the Spirit*(1998).

26) 십자가는 언제나 영산의 목회철학과 목회현장에서 한가운데 놓여 있었다. 또한 십자가는 희망을 갖게 하는 원동력이었다. 참조. M. Volf and W. Katerberg, *The Future of Hope*(2004), J. Polkinghorne, *The God of Hope and the End of World*(2002).

령님, 예수 그리스도의 십자가를 중심으로 한 신학적 기초'와 '5중복음, 3중축복, 4차원영성'으로 구성된다.

---

27) 영산이 저술한 모든 책을 4차원영성 '생각, 꿈, 믿음, 말'의 4요소 관점에서 분류하였다. 가능하면, 이 책은 영산이 저술한 대부분의 책들 – 설교를 재편집한 책들 – 을 포괄하고자 하였다. 즉 십자가 구속의 은혜에서 파생된 생각, 창조, 꿈, 푯대, 희망, 믿음, 태도, 언어, 자화상 등을 모두 포괄해서 재조명할 것이다. 이 네 가지 주제들에 대한 참고서적들은 다음과 같다(어떤 책들은 중복해서 분류된 것도 있다).
 a) '생각과 마음' 관련저서:『창조적인 삶』, 영산출판사, 1976.『새벽의 명상』, 영산출판사, 1976.『5분간의 명상』, 영산출판사, 1976.『성공에 이르는 지혜』, 영산출판사, 1976.『4차원의 영적세계』, 서울말씀사, 1979.『삶과 사색』, 영산출판사, 1981.『생명의 양식』, 영산출판사, 1982.『마음의 평화』, 영산출판사, 1983.『새신분』, 영산출판사, 1987.『자존심』, 서울서적, 1989.『성공에 이르는 지혜』, 서울말씀사, 1990.『마음의 평화』, 서울말씀사, 1991.『보혈로 그린 자화상』, 서울서적, 1993.『우리 시대의 지혜서』, 서울말씀사, 1995.『오중복음과 삼중축복』, 서울말씀사, 1998.『거듭난 사람』, 서울말씀사, 2001.『자화상』, 서울말씀사, 2004.『창조를 위한 초월』, 서울말씀사, 2004.『행복을 주는 생각』, 교회성장연구소, 2007.『제3의 눈, 영의 눈』, 서울말씀사, 2007.『4차원의 영성』, 교회성장연구소, 2005.『십자가를 통한 다섯가지 만남』, 서울말씀사, 2005.『보혈의 은혜』, 서울말씀사, 2006.『마음하늘』, 서울말씀사, 2009.『도약하는 삶』, 서울말씀사, 2010.
 b) '꿈, 푯대, 희망' 관련저서:『성공적인 삶을 위하여』, 영산출판사, 1976.『역경을 물리치고』, 영산출판사, 1976.『승리의 생활』, 서울서적, 1977.『꿈과 성취』, 영산출판사, 1979.『4차원의 영적세계』, 서울말씀사, 1979.『불황을 극복하려면』, 영산출판사, 1980.『삶의 궁극적 의미』, 영산출판사, 1980.『행복한 사람』, 영산출판사, 1980.『행복과 마음의 작정』, 서울서적, 1981.『위대한 환상』, 서울서적, 1982.『희망을 향하여 행진하라』, 서울서적, 1985.『새신분』, 영산출판사, 1987.『꿈을 품고 사는 사람』, 서울말씀사, 1990.『절대절망 절대희망』, 서울말씀사, 1997.『고난을 딛고 일어서라』, 서울말씀사, 1998.『오중복음과 삼중축복』, 서울말씀사, 1998.『성령론』, 서울말씀사, 1998.『21세기를 선도하는 영적 지도자』, 서울말씀사, 1998.『하늘의 길, 땅의 길』, 서울서적, 2004.『4차원의 영성』, 교회성장연구소, 2005.『꿈꾸는 사람』, 서울말씀사, 2000.『하나님이 부르신 사람들』, 서울말씀사, 2001.『예수 그리스도의 세계』, 서울말씀사, 2003.『성공하길 원하십니까』, 서울말씀사, 2003.『꿈꾸는 토마토』, 서울말씀사, 2003.『희망목회 45년』, 교회성장연구소, 2004.『나의 교회성장이야기』, 서울말씀사, 2005.『야훼 하나님을 바라보라』, 서울말씀사, 2005.『제3의 눈, 영의 눈』, 서울말씀사, 2007.『행복을 주는 꿈』, 교회성장연구소, 2007.『4차원영성-실천편』, 교회성장연구소, 2007.『CEO 조용기』, IGC, 2007.『마음하늘』, 서울말씀사, 2009.『새로운 시작을 위하여』, 서울말씀사, 2009.『예비하시는 하나님』, 서울말씀사, 2010.『도우시는 성령님』, 서울말씀사, 2011.
 c) '믿음, 신유, 기도' 관련저서:『믿는 자에게 따르는 표적』, 영산출판사, 1976.『역경을 물리치고』, 영산출판사, 1976.『나의 신앙 나의 생활』, 영산출판사, 1976.『삼박자 축복』, 영산출판사, 1977.『생산적 믿음』, 서울서적, 1977.『믿음의 씨앗』, 서울서적, 1978.『삼박자 구원』, 서울서적, 1978.『이것이 믿음이다』, 서울서적, 1979.『내가 약할 때에 곧 강함이니라』, 1979.『4차원의 영적세계』, 서울말씀사, 1979.『당신의 기적을 계획하라』, 영산출판사, 1980.『살아계신 주님』, 서울말씀사, 1980.『행복과 마음의 작정』, 서울서적, 1981.『용서와 사랑』, 서울서적, 1982.『오중복음과 삼박자 축복』, 영산출판사, 1983.『네가 낫고자 하느냐』, 서울서적, 1985.『믿으며 바라며 사랑하며』, 서울서적, 1986.『살리시는 하나님』, 서울말씀사, 1990.『나는 이렇게 기도한다』, 서울말씀사, 1990.『값싼 은혜냐, 값없는 은혜냐』, 서울서적, 1992.『믿음』, 서울말씀사, 1995.『절대절망 절대희망』, 서울말씀사, 1997.『기도: 하나님의 능력을 체험하는 길』, 서울말씀사, 1998.『산을 옮기는 믿음, 불을 내리는 기도』, 서울말씀사, 1998.『응답받는 기도의 비결』, 서울말씀사, 2000.『믿음의 에너지를 활용하라』, 서울말씀사, 2001.『하나님이 부르신 사람들』, 서울말씀사, 2001.『신유론』, 서울말씀사, 2001.『4차원의 영성』, 교회성장연구소, 2005.『하나님의 사랑』, 서울말씀사, 2006.『치료하시는 예수님』, 서울말씀사, 2005.『보혈의 은혜』, 서울말씀사, 2006.『행복을 주는 믿음』, 교회성장연구소, 2007.『마음하늘』, 서울말씀사, 2009.『도약하는 삶』, 서울말씀사, 2010.
 d) '말, 긍정, 자화상' 관련저서:『창조적인 삶』, 영산출판사, 1976.『4차원의 영적세계』, 서울말씀사, 1979.『마음의 평화』, 영산출판사, 1983.『새신분』, 영산출판사, 1987.『자존심』, 서울서적, 1989.『마음의 평화』, 서울말씀사, 1991.『보혈로 그린 자화상』, 서울서적, 1993.『오중복음과 삼중축복』, 서울말씀사, 1998.『거듭난 사람』, 서울말씀사, 2001.『자화상』, 서울말씀사, 2004.『십자가를 통한 다섯가지 만남』, 서울말씀사, 2005.『삼박자 축복』, 영산출판사, 1977.『내가 약할 때에 곧 강함이니라』, 1979.『4차원의 영적세계』, 서울말씀사, 1979.『용서와 사랑』, 서울서적, 1982.『오중복음과 삼박자 축복』, 영산출판사, 1983.『행복의 내적조건』, 영산출판사, 1983.『믿으며 바라며 사랑하며』, 서울서적, 1986.『진실과 허위』, 서울서적, 1988.『순복음의 진리』, 영산출판사, 1990.『용서와 사랑의 치유』, 서울서적, 1991.『나는 이렇게 설교한다』, 서울말씀사, 1996.『절대절망 절대희망』, 서울말씀사, 1997.『믿음의 에너지를 활용하라』, 서울말씀사, 2001.『거듭난 사람』, 서울말씀사, 2001.『희망을 향하여 행진하라』, 서울서적, 1985.『새로운 자화상』, 서울말씀사, 2004.『4차원의 영성』, 교회성장연구소, 2005.『하나님의 사랑』, 서울말씀사, 2006.『야훼 하나님을 바라보라』, 서울말씀사, 2005.『행복을 주는 말』, 교회성장연구소, 2007.『마음하늘』, 서울말씀사, 2009.

이 책에는 실천신학과 조직신학, 성경신학이 적절히 조화되어 있다. 나는 영산이 목회현장에서 추구하고, 체험한 것을 연합적-통합적 차원에서 서술했다. 나는 독자들이 이 한 권의 책으로 영산의 십자가 영성에 대한 모든 내용을 체계적 및 총체적으로 배우고 이해하기를 기대한다.

이 책을 서술하면서, 나는 주로 다음 자료들을 참고했다. 1차 자료들은 영산 자신의 저작들, 주일설교 요약문, 설교 녹취록 등이다. 2차 자료들은 객관화된 영산신학저널들, 세미나자료들, 학회 발표 자료 등이다. 3차 자료들은 다른 사람들이 조용기 목사에 관하여 논평한 서적들이다. 그리고 4차 자료들은 초대교부들이 저술한 책들 및 관련 자료들, 16-18세기의 탁월한 신학자들의 저서들, 또한 19-21세기 훌륭한 신학자들의 책들이다.[28] 무엇보다도 '지난 35년 동안 영산이 내 마음에 새겨준 영적 그 무엇'이 이 책을 저술하는 데 나에게 가장 큰 영향을 주었다.

이 책에서 나는 대체로 영산이 즐겨 사용하던 언어 및 표현을 살리고자 했다. 하지만 그렇게 하는 데에는 한계도 있었다. 또한 이 책은 영산의 영적사상과 기독교의 전통적인 다양한 영성을 서로 연결시키고 조화시켜서, 해석의 지평을 넓히려고 시도했다. 이 책의 내용은 '십자가 영성을 본받아 완전하게 되는 삶, 즉 삶의 자리에서 하나님의 성품 - 의로움과 거룩함 - 을 닮아가는 이야기'로 메꿀 것이다.

십자가는 옛 생명이 끝나고, 새 생명이 시작되는 곳이다. 나는 영산이 그토록 사랑했고 강조했던 십자가 영성을 성경신학적 관점에서 7부작으로 엮어서 그의 목회를 실천적 및 신앙적 차원에서 이야기 할 것이다. 이 책은 십자가에 대한 협주곡이자 교향곡이다. 영산의 십자가 영성에 대한 일곱 가지 세부 주제들은 다음과 같다.

제0부 십자가의 영성: 존재함(Being)

제0부에서는 인간 존재의 가치와 의미를 영성적 차원에서 구체적으로 다룰 것이다. 십자가는 타락한 옛 공동체를 구속된 새 공동체로 새롭게 변화시킨다. 십자가는 에덴동산에서 아담과 하와의 타락으로 말미암아 인간이 잃어버렸던 의로움과 거룩함을 원래의 상태로 되돌려 놓는다(히10:10, 엡 4:24). 십자가는 아담 안에 있는 자를 그리스도 안에 있는 자로 변화시킨다(롬5:12-21). 하나님은 만물을 '거룩하고 속된 것'으로 분별하신다(레10:10). 십자가는 자연인으로서의 존재(옛 사람)와 그리스도와 성령 안에 있는 영적인 새 존재(새 사람)를 서로 명백하게 분리시킨다. 하나님의 관점에서 볼 때, 옛 사람은 이미 죽은 존재이지만, 새 사람은 하나님과 친밀하게 교제할 수 있는 살아 있는 사람이다. 오직 십자가의 복음을 통해서만 옛 사람은 참생명을 얻고 참진리를 깨달을 수 있다. 나아가 십자가는 죄인을 의인으로 만들어서 하나님께 예배드리게 하고, 또한 궁극적으로 하나님을 영화롭게 한다.

---

28) 본 책을 저술하기 위해 걸출한 신학자들의 신학사상, 전통사상, 교리사상, 교육사상, 철학사상뿐만 아니라 인문, 경영계통의 책들도 상당량 적용, 초범주적으로 참고하였다. 영산의 신학사상을 다층적·심층적 관점에서 드러내고자 하였으며, 동시에 영산의 신학사상과 목회철학을 관찰자 입장에서 객관성, 역동성, 형식성 그리고 보존성을 유지하고자 하였다. 나는 할 수 만 있다면, 더 넓은 영적 지평선에서 영산의 십자가의 영성 이야기를 쓰고자 했다.

제1부 십자가의 영성: 바라봄(Looking)

제1부에서는 십자가 복음의 진수인 5중복음의 존재적 가치, 의미, 목적에 대하여 다룰 것이다. 기독교 신앙의 기초는 십자가를 바라봄에서 시작된다. 이사야서는 "땅끝의 모든 백성아 나를 앙망하라 그리하면 구원을 얻으리라(사45:22)"고 말한다. 따라서 구원에 참여하는 것은 곧 '바라보는 것'이다. 이 책은 방황과 불순종으로 얼룩진 광야의 삶을 떠나서, 영생으로 이끌어 주는 갈보리의 삶으로 나오도록 초대할 것이다.

제2부 십자가의 영성: 복주심(Blessing)

제2부에서는 3중축복의 원리와 탄생 과정, 목적, 의미, 적용에 대해 체계적으로 다룰 것이다. 복음이 신자 자신과 그의 삶에 베풀어주는 온갖 복에 대해 구체적으로 진술할 것이다. 선하신 하나님은 우리에게 십자가의 복음을 통해 자비와 은혜와 사랑의 복을 부어주신다. 그리스도와 연합되면, 인간은 화목의 복, 연합의 복, 양자됨의 복을 받는다. 신령한 축복은 오직 십자가의 복음을 받아들이고 경험한 사람에게만 주어진다. 하나님은 십자가의 부활의 능력이 신자들의 삶에 적용되도록 하신다. 그리스도인은 "그리스도와 그 부활의 권능과 그 고난에 참여함을 알고자 하여 그의 죽으심(빌3:10)"을 본받는 삶을 살아야 한다.

제3부 십자가의 영성: 친교함(Communion)

십자가는 '아담 안에' 있는 우리를 '그리스도 안에' 존재하게 한다. 그 결과 성도는 그리스도 안에서 성령을 통해서 삼위일체 하나님과 친밀하게 교제할 수 있다(요일1:3). 예수 그리스도는 우리와 함께 하신다(마1:23). 십자가는 죄 많은 인간에게 에덴동산에서 아담이 잃어버렸던 거룩함과 의로움을 되찾아 주고, 하나님과 친교하도록 만든다. 인간이 소유한 생각, 꿈, 믿음, 말은 하나님과 친교할 수 있는 거룩한 수단들이다. 제3부에서는 4차원영성 – 생각, 꿈, 믿음, 말 – 의 존재론적 가치, 의미, 목적 및 적용에 대하여 상세하게 다룰 것이다. 또한 5중복음, 3중축복, 4차원영성을 총체적으로 연결시켜서, 삼위일체 하나님과 더욱 친밀하고 깊게 사귐을 갖게 해줄 것이다. 또한 그것과 관련된 신학적 주제들을 다룰 것이다. 나아가 십자가에서 비롯된 영산의 삼중구조의 영성을 구체적으로 설명할 것이다. 또한 십자가 영성을 다양한 관점에서 서술하여, 오직 예수 그리스도의 영광만을 드러내는 삶을 살게 할 것이다(요16:14).

제4부 십자가의 영성: 성장함(Growing)

영적세계의 주요 구성요소인 '생각, 꿈, 믿음, 말'에 대해서 개별적, 연합적, 상호보완적 차원에서 다룰 것이다. 곧 하나님의 말씀이 구체적으로 어떻게 인간의 마음하늘에 접붙여 그 효력을 나타낼 수 있는지 구체적으로 진술할 것이다. 또한 4차원영성의 4요소가 지니고 있는 존재적 특성과 그것에 대한 적용을 영적 삶의 관점에서 다각도로 진술할 것이다. 그래서 그 요소들을 삶의 자리에 구체적으로 적용할 수 있도록 이끌어줄 것이다. 모든 그리스도인은 예수 그리스도를 믿음으로 구원받았고(칭의), 구원을 이루어가고 있고(성화), 장차 온전히 구원받게 될 것이다(영화). 따라서 성도는 두렵고 떨리는 마음으로 자신의 구원을 이루어가는 영적성장의 삶을 살아야 한다(빌2:12).

제5부 십자가의 영성: 닮아감(Christlikeness)

제5부에서는 영산의 5중복음, 3중축복, 4차원영성에 의해서 변화되고 성장해가는 삶을 통해서 그리스도의 형상을 닮아가는 것에 대한 이야기로 채울 것이다. 하나님이 성령을 통해서 우리 안에 계심으로써(마1:23, 고전6:17, 엡1:13-14), 그리스도인은 그리스도를 닮아갈 수 있다. 이와 같은 삶은 위대한 축복의 장(field)이다. 그리스도인의 삶은 궁극적으로 그리스도를 닮아가는 데 있다(롬8:29, 고전2:16). 제5부의 내용은 아담이 잃어버린 거룩한 본성을 회복하는 영성, 곧 그리스도의 의와 진리의 거룩함의 영성을 회복하는 데 초점을 맞출 것이다(엡4:24). 따라서 여기서는 영산의 자료들에 근거해서 거룩함의 재발견, 성화의 신비, 거듭남의 은혜 등에 대해서 포괄적으로 다룰 것이다. 영산의 반세기 목회 이야기를 영성 형성의 논리로 접근해서, 그것으로부터 다양한 신학적 적용모델들을 빚어낼 것이다. 그래서 그 모델들을 다음 세대에도 적용할 수 있도록 이야기할 것이다.

제6부 십자가의 영성: 가르침(Teaching)

공생애 사역기간에 예수님은 제자들을 가르치시고 그들에게 그의 영성을 물려주었다. 제6부에서는 하늘나라 확장(stretching)의 측면에서 '가르침의 영성'에 초점을 맞추었다. 십자가는 아담 안에 있는 사람을 불러내어 그리스도 안으로 초청해서, 그가 하늘나라 삶의 방식으로 살게 한다. 구약의 관점에서 보면, 하나님이 광야에서 이스라엘 백성을 대상으로 광야교육을 시키셨듯이 성경은 십자가를 통해 죄인을 의인으로 만들어 하늘나라에 대한 교육을 시킨다. 예수님은 이 땅의 사람들에게 하늘나라의 삶의 양식을 배우도록 초대한다. 누구든지 믿음으로 구원을 얻으면 가르침을 받아야 하고, 동시에 가르침을 줄 수 있는 사람이 되어야 한다. 이웃 사랑은 궁극적으로 하나님의 진리를 마음속에 새겨주는 것이다. 따라서 제6부에서는 5중복음과 3중축복 그리고 4차원영성을 신앙의 교육모델로 구체적으로 제시할 것이다. 그 모델을 통해서 기독교 영성에 대한 교육모델을 만들어서, 그것을 삶 속에 적용하도록 이끌어줄 것이다.

제7부 십자가의 영성: 준비됨과 기다림(Hurry up and Patience)

구원받은 사람도 여전히 이 땅 위에 살고 있다. 따라서 그는 수난절과 부활절의 경계선에서 살아야 한다. 믿음은 인간을 고난으로부터 승리로 이끌어준다. 십자가는 땅과 하늘을 이어주는 다리 역할을 해주기 때문이다. 제7부에서는 영산의 십자가 영성을 통해 빚어진 희망의 영성을 재조명하여 구체화시킬 것이다. 모든 인간은 그리스도를 믿음으로써 믿음, 소망, 사랑을 소유한다. 소망으로 구원받은 그리스도인은 미래, 곧 영광스러운 하나님 나라에 대한 희망을 품고 살아야 하는 존재들이다(롬8:24). 성도의 삶 안에는 '바라봄, 믿음, 인내함, 기다림'이라는 영적요소들이 잠재되어 있다. 따라서 제7부에서는 준비됨과 기다림이라는 역동적 희망에 대하여 서술할 것이다.

십자가 영성 7부작은 '영으로서 존재함(being),' 곧 성령 안에서 존재함을 시작으로 해서 다음과 같은 주제들로 이어질 것이다. 곧 '십자가를 바라본다 – 축복과 은혜를 받는다 – 하나님과 더불어 친밀하게 교제한다 – 영적으로 성장한다 – 예수님을 닮아간다 – 제자도의 삶을 산다 – 다시 오실 예수님을 준비하며 기다린다'이다.[29] 나는 영산의 반 세기 목회의 모든 것을 7부작 차원에서 살펴보는 것이 유익하다고 판단했다. 따라서 이 책의 모든 문장은 '수난절과 부활절을 체험하시고 또한 영광 받으신 예수 그리스도 안에서(in), 그와 함께(with), 그를 위해(for), 그에 의한(by) 이야기'로 채워진다. 다시 말해 모든 이야기는 시내산이 아니라 갈보리산 위에서 재조명될 것이다.

이 책은 '영산의 신앙, 목회 및 그의 신학'을 십자가 안에서 총체적으로 모델링한 책이다. 내가 35년 동안 영산으로부터 듣고, 배우고, 깨달은 것을 활용해서, 다시 십자가 영성을 통해 통합적으로 재조명한 것이다. 그 맥락에서 보면, 이 책 안에 들어 있는 모든 신학적 사고의 근원은 영산에게 속한다고 보는 것이 옳을 것이다. 한편 신학 논문이나 전문적인 신학교과서와 달리, 나는 이 책의 내용을 독자들이 읽고 이해하기 쉽도록 썼다. 또한 영산의 영성이 이 책 전체를 통해서 물처럼 흘러가도록 했고, 한편의 드라마처럼 일관성이 있는 영성 이야기로 전달하고자 했다.[30]

나는 이 책에서 선택한 주제들을 바탕으로 해서, 영산의 목회사상, 목회철학, 삶의 철학 및 신학적 기초 등을 해석하고자 했다. 또한 서로 연관성이 있는 주제들을 예시화 및 모델화하거나 확장했다. 나아가 해당 주제들의 내용과 유사한 사상을 지닌 신학자들의 관점, 사상 또는 그들의 해설을 추가하거나 통합적 해석을 시도했다. 어떤 경우들에는 범주화를 꾀한 것들도 있다. 모든 신학은 서로 연관성이 있다. 그 연관성을 서로 비교하고 평가한다면, 하나님의 뜻과 마음을 더 효과적으로 알아갈 수 있을 것이다.[31]

이 책은 내부인의 관점에서 영산의 신앙 및 신학의 특징을 공유하는 저자의 입장에서 서술되었다. 그러나 나는 객관적 관점과 평가에 기초해서 이야기하기 위해 다양한 참고서적을 면밀히 검토했으며, 주관적 판단과 편견을 최소화하려고 많은 노력과 관심을 기울였다. 따라서 나는 믿음의

---

29) 하나님이 십자가 위에서 우리를 향해 말씀하시는 것이 무엇일까? 오랜 시간 끝에 한 가지 깨달은 것은 "십자가 위에서 하나님이 소원하셨던 것은 우리가 구원받아, 하나님의 자녀가 되고, 하나님과 화목을 이루어, 항상 예배드리는 삶을 살아 하나님을 영화롭게 하고, 동시에 하나님을 기쁘게 하는 삶을 살며, 나아가 그 아들 예수의 형상을 닮아가고 가르치며, 그리고 장차 올 새 하늘과 새 땅을 바라보게 하는 희망의 삶"이었다. 제7부작은 골고다 언덕 위에 세워진 신비의 십자가에 대한 이야기이자, 또한 지고의 행복한 삶을 풀어가는 갈보리 십자가에 대해서 다루는 거룩한 무대이다.

30) John M Frame, *The Doctrine of the Word of God*, P&R(2010), 276. 프레임은 신학의 정의를 다음과 같이 내린다. "믿음을 가진 자들이 성경말씀을 삶의 모든 영역에 인격적으로 적용하는 과정들이다." – *Theology is the application of Scripture(normative), by persons(existential), to every area of life(situational)*. 간단히 말해서, 신학이란 하나님의 말씀을 성도의 삶 가운데 적용하는 것이다.

31) 내가 영산의 영적 세계관 혹은 영적 생각에 동화되는 과정은 결코 쉽지 않았음을 먼저 고백하고자 한다. 영산의 십자가 영성에 관한 나의 이해도가 그 깊이와 넓이에 미치지 못할 수도 있을 것이다. 그 간격을 최소화하기 위해 나는 그가 저술한 책들, 설교 녹취록들, 강해 서적들을 다양한 측면과 관점에서 분석, 해석 및 평가하고 적용하였다. 그래서 이 책의 저술을 시작해서 마무리하는 데 12년이란 긴 세월이 걸렸다. 또한 이 책에서 주제들마다 범주화하여 그것에 대한 해석 영역을 넓혔다. 그것을 통해서 영산이 자신의 설교나 책에서 밝히지 않은 목회사상이나 영적논리들을 독자들에게 더 생생하게 전달하고, 또한 영산의 목회철학을 좀 더 객관화하고자 했다. 그러한 이유에서 나는 영산의 글들을 상대적으로 많이 인용했다.

선구자들이 교회 역사 속에서 남긴 신앙의 발자취들을 참고하여, 그들과 영산의 신앙 및 신학의 상호 연관성을 추적하고자 했다. 또한 종종 그들의 신앙 및 신학과 영산의 그것과의 상호 연관성에 기초해서 영산의 신앙 및 신학의 특성에 대해서 설명하려고 과감하게 시도했다.

나는 이 책을 통해서 독자들의 머릿속에 신학적 지식을 객관적으로 전달하려는 것이 아니다. 오히려 독자들이 삶 속에서 살아계신 하나님을 인격적으로 체험하고, 하나님께 은혜의 찬미와 영광을 돌리게 하려는 의도에서 이 책을 서술하였다. 십자가는 이론도 지식도 아니다. 오히려 십자가는 살아있는 생명의 신비와 관련이 있다. 십자가의 진리는 예수 그리스도와 가장 친밀한 인격적 관계를 갖는 것을 지향한다. 또한 이 책은 전형적인 신학 전문서적이 아니라, 오히려 평범한 신앙인들에게 영적 이해 및 깨달음을 제공하고, 그들이 그것을 삶 속에서 적용하게 하는 데 강조점을 두었다. 나아가 나는 이해하기 쉬운 용어들을 사용해서 가능하면 쉽게 표현하고자 했으며, 때때로 다양한 비유 등을 활용하였다. 이 책에서 제시되는 주해와 관련된 내용은 해당 내용을 더욱 근거 있고 깊게 전달하려는 데 초점을 두고 있다. 그래서 성서신학적인 측면에서 '하나님-세상-인간'과 해당 내용의 연관성을 구체화하고자 했다. 그것을 통해서 성도들의 '영성형성(spiritual formation)'에 실질적인 도움을 주고자 하였다(갈4:19). 한편 독자들이 내용을 보다 쉽고 체계적으로 이해하도록 다양한 도표와 그림을 삽입하였다.32)

이 책에서는 영산이 목회의 밭에서 일궈 낸 3가지 영적 결실 - 십자가 중심의 3중축복, 5중복음, 4차원영성 - 십자가 영성에 대한 이야기만을 핵심 주제로 삼을 것이다.

4. 누구를 위해 저술되었는가?

십자가는 하나님 자신에 대한 소개이자, 그의 뜻과 마음을 전달하는 표지다. 현대 신앙인들은 '하나님에 대해서(about God)' 많이 알고 있지만, '하나님을 아는 지식(knowing God)'에 대해서는 관심이 적다. 곧 하나님이 진정으로 자기 자신에게 어떤 분인지 잘 알지도 못하고 관심도 없다. 우리는

---

32) 이 책에서는 다양한 그림과 도표 그리고 모델들이 제시된다. 이것은 영의 논리를 과학적으로 펼쳐서, 하나님의 영적 질서를 구체화해서, 성도들의 마음하늘에 영적 삶의 양식을 보다 구체적으로 심어주려는 의도다. 따라서 그와 같은 영적인 논리를 공식화하려는 것이 아니라 오히려 적용하려는 것이다. 즉 추상적 및 감상적 상상이 아니라, 하나님의 말씀을 삶 가운데 지성적, 감성적 및 의지적으로 적용하려는 것이다. 이 목적을 위해서 영적인 논리를 구체적으로 분석하여 다루었다.
　　하나님은 창조주시며, 모든 것을 질서 안에서 창조하셨다(창1:1-2). 그러나 어떤 영적 도해나 그림 또는 비유, 은유, 이미지가 아무리 훌륭하다고 하더라도, 하나님의 영적 차원은 거기에 얽매이지 않는다. 그것은 여전히 신비로 남아 있다. 하나님은 초월적인 분이시자 동시에 내재적 하나님이시다. 하나님은 내가 무슨 그림, 도표, 모델, 법칙, 원리 등을 적절히 묘사할지라도 거기에 얽매이지 않고 초월해 계신다. 인간은 하나님의 주권을 침범할 수 없으며, 인간의 얄팍한 이성으로 하나님을 통제할 수도 없다. 다만 우리는 인간의 이성적 차원에서 성서를 바탕으로 상상할 뿐이다. 많은 길 중에서 단지 한 가지만 제시할 뿐이다. 하나님은 우리의 인식 범주를 초월해서 존재하신다. 우리는 오직 하나님이 계시해 주신 성경에 기초해서 하나님을 진정으로 알 수 있다. 따라서 성경의 가르침에 기초해서 이 책에 제시된 다양한 그림과 도표가 독자들에게 제2의 영적 상상력을 제공해주어서, 하나님을 더욱 깊고 넓게 알아가기를 기대한다.

하나님의 말씀에 기초해서 성령 안에서의 경험을 통해 '하나님을 아는 것(골1:10)'과 '하나님의 뜻을 아는 것(골1:9)'에 관심을 기울여야 한다. 객관적 하나님이 아니라 '하나님을 내면적-경험적으로 인식하는 신앙인'이 되어야 한다. 즉 하나님과 하나님의 말씀을 삶의 자리에서 경험적으로 알아 갈 때, 신앙인은 영적인 능력이 넘치는 신앙생활을 할 수 있다. 토저(Tozer)는 "하나님을 아는 일은 가장 쉬운 동시에 가장 어렵다."고 말했다. 그 이유는 하나님에 대한 사변적인 지식은 수고 없이 그냥 주어지며, 인간의 타락한 본성은 하나님을 진정으로 아는 것을 가로막고 있기 때문이다.[33]

나는 누구든지 이 책을 잃고 듣고 행하여 반석 위에 집을 짓는 사람이 되기를 바란다(마7:24-25). 성령은 하나님을 경험적으로 알게 해주신다. 성령의 도움으로 우리는 '영적 충만함, 완전함의 영성(마5:48), 거룩함(히10:10)'에 이를 수 있다.[34] 이 책의 목표 중 하나는 '거룩하고 의로운 삶을 통하여' 날마다 '하나님을 아는 지식'을 더해가는 것이다(호6:6, 렘9:24).[35] 성도가 이 땅에 살아야 할 이유는 점점 더 거룩해지는 것이다(엡1:4). 패커(James Packer)가 말한 대로 "성경은 하나님의 설교다."

이 책의 목적은 사변적인 신학적 진술이나 초자연적인 지식을 제시하는 데 있지 않다. 이 책은 오직 영산이 체험했던 십자가의 역동적인 영성을 더 많은 그리스도인들에게 알리고, 또한 그들의 삶 속에 동일한 은혜가 임하도록 도와주는 것을 목표로 삼는다.[36]

영산의 신학은 관념적이고 사변적이 아니다. 오히려 '삶 속에서 좋으신 하나님과의 만남'이라는 역동적 신앙을 강조한다.[37] 지성에 갇히거나 얽매인 지적 신앙인이 아니라, 하나님과의 만남 속에서 영적인 체험을 하는 것을 강조한다. 따라서 이 책의 내용은 영성의 신학적 접촉점이나 정당성, 연결점, 해석학적 배경 등에 대해 서술하는 것보다 오히려 '성령 안에서 인간의 삶의 정황'을 집중적으로 조명하고자 하는 목적에 기초해서 구성되어 있다.

또한 이 책은 영산의 영성에 대해 신학적 옳음, 그름, 해석, 주장, 연구 같은 학문적인 서술보다 오히려 신앙생활의 활성화에 초점을 맞추어서 '삶의 자리에서 영성을 실천하는 삶'에 강조점을 두었다. 이 책은 '좋으신 하나님에 관하여 아는 것(knowing about good God)'이 아니라, 오히려 경험을 통하여 '좋으신 하나님을 더 깊고 넓게 알아 가는 것(knowing God)', 또한 궁극적으로 예수 그리스도를 닮아가는 삶 자체에 관심을 기울이고 있다.

---

33) 토저(A. W. Tozer), 『하나님을 바로 알자』(The Knowledge of God), 생명의말씀사(2012), 전의우 역, 210.
34) "하나님에 대한 지식은 단순히 하나님이 계신다는 사실을 아는 것이 아니라, 하나님이 어떤 분인지를 아는 것이다. 그것은 하나님과 인격적이고도 친밀하게 교제하는 것이다." 휴 마틴(Hugh Martin), 『그리스도의 임재』(The Abiding Presence), 지평서원(2010), 201.
35) 우리가 하나님을 알아갈 때 하나님은 기뻐하신다. "명철하여 나는 아는 것 … 나는 이 일을 기뻐하노라(렘9:24)." "나는 … 번제보다 하나님을 아는 것을 원하노라(호6:6)." "너희는 야훼의 선하심을 맛보아 알지어다(시34:8)." 그리스도인이 하나님을 알아갈 때, 그는 하나님의 은혜를 깨닫고 순종할 수 있다. 순종을 통해 그는 하나님께 온전히 영광을 돌리게 되며, 마침내 하나님을 기쁘시게 하는 신자가 된다.
36) 스탠리 J. 그렌츠(Stanly J. Grenz), 『복음주의 재조명』(Revisioning Evangelical Theology), CLC(2013), 121-122: 기독교신학은 기독교 공동체의 모든 이가 예수 그리스도를 구주로 믿고 살아야 한다고 선포하는 것을 도와주고, 변화하는 다양한 인간 사상과 삶의 조류에 하나님의 말씀을 적용하고자 하는 교회를 돕는 것이 그 목적이다. 신학자란 순례하는 사람들을 대신해서 일하는 순례하는 사상가이다.
37) 조용기, 『현대인을 위한 오중복음』, 생명의말씀사(1998), 18.

5. 감사의 말

20대 시절부터 여의도 고갯마루를 35년 동안 드나들며, 나는 영산의 설교를 들으며 살아왔다. 그 삶은 가치 있고, 의미 있고, 행복하고 희망찬 삶이었다. 이제 나는 60대에 접어들었다.

1983년 1월 나는 조용기 목사의 설교를 처음 들었다. 무엇보다 그의 설교를 매주 들을 수 있게 된 것은 나에게는 행운이요 축복이었다. 1800여 회의 주일설교는 내 인생의 안내자요 동반자였다. 그리고 영적 거인의 신앙과 목회의 발자취를 한 권의 책 안에 담아내는 일은 나에게는 진정으로 기쁘고 행복하고 감사가 넘치는 시간이었다.[38]

나는 온 힘을 기울여 이 책의 글밭을 일궜다. 하지만 여전히 아쉬움이 남는다. 이 책은 35년의 나의 신앙생활이 낳은 소작이다. 글 고랑을 파는 데만 12년이 걸렸다. 탈고를 하고자 하니 아쉬움이 남는다. 여전히 나는 부족한 사람이다. 나는 이 땅을 떠날 때 까지 이 책을 지속적으로 보완해 나갈 것이다. 글의 밭고랑을 수없이 파헤치고 파묻는 과정에서 소모한 분량을 원고지로 헤아린다면, 아마도 틀림없이 한 수레는 넘을 것이다. 부족한데도 불구하고 성령님이 이끄시고 도우셔서 붓을 들고 계속해서 써나갈 수 있었다. 그 과정에서 하나님의 손길을 느낄 수 있어서 즐거웠고 행복했다.[39]

무엇보다도 이 책을 저술해 가면서 내가 영산의 생각, 꿈, 믿음, 말 속에 깊숙이 들어가게 해달라고 하나님께 간절히 끊임없이 기도했다. 집필 초기에는 하나의 설교를 골라서, 반년이 넘도록 테이프가 닳을 때까지 아침저녁으로 그것을 들었다. 그 과정을 통해서 영산의 마음지도를 해부하려고 애쓰기도 했다. 그의 마음지도를 그려내는 유일한 길은 내가 그의 설교 속에 파묻히는 것이라고 생각했다.

이 책을 집필하는 동안 수 년에 걸쳐 장기 금식기도를 시도하게 해주신 주님께 감사드린다. 그 덕분에 글을 써나갈 때 하나님이 나에게 놀라운 지혜와 총명을 부어주시는 것을 오감으로 느낄 수 있었다. 그리고 종종 나를 구체적으로 이끄시는 성령님에게 감사하지 않을 수 없었다. 이 책을 보는 이마다 마음속에 십자가의 영성 - 5중복음, 3중축복, 4차원영성 - 3개의 십자가 중심의 별이 북두칠성처럼 거룩하게 빛나기를 기대한다. 그래서 그가 하나님을 영화롭게 하고, 세상을 변화시키고 개혁시키며, 나아가 하나님의 나라를 확장시켜가는 데 참여하기를 간절히 바란다. 그가 하나님을 영원히 즐거워하기를 소원한다.

---

38) 35년 동안 설교를 들으면서 나는 영산의 마음하늘을 쉽게 이해할 수 있었고, 영산의 마음하늘의 영적지도가 어떻게 그려져 있는지를 알아가는 데에 접근 가능했다. 많은 저작들과 설교문은 영산 마음의 축소판이자, 초상화였다.

39) 족탈불급(足脫不及)의 미천한 존재가 십자가 이야기를 쓴다는 게 사실은 처음부터 무리였다. 처음에는 반쪽 자신감으로 '할 수 있다'고 글의 밭고랑을 일궜지만, 글밭을 경작할수록 격렬한 한계에 부딪혔다. 사실 나는 신학끈이 너무 짧은 사람이다. 겨우 신학들판 눈 위에 한 두 발자국을 걸었을 뿐이다. 원고를 적어갈수록 나는 "하나님 앞의 부족함, 짧음, 신학적 지식의 근시안 등"이 몹시도 나를 힘들게 했다. 그러나 원고의 등불이 꺼지지 않았던 한 가지 원동력은 오직 '십자가를 보고 또 보는 것'이었다. 그것이 나의 유일한 희망의 글동무였다.

나의 주 나의 좋으신 하나님, 예수 그리스도를 보내주시고, 성령의 능력으로 새 생명을 주셔서 감사합니다. 사랑합니다.

조용기 목사님, 제가 20대부터 지금까지 은혜로운 설교를 듣게 해주셔서 진심으로 감사합니다. 사랑합니다.[40)]

이영훈 목사님, 십자가 영성의 중심에 서서 절대긍정, 절대감사, 절대희망의 은혜의 말씀을 들려주셔서 감사합니다. 사랑합니다.[41)]

마지막으로 지난 반세기 동안 여의도순복음교회 성전에서 함께 기도하고, 함께 예배하고, 함께 울고, 함께 기뻐하고, 예수 그리스도와 십자가를 함께 사랑했던 모든 성도님들에게 감사드립니다.

여의도순복음교회 모든 성도님들에게 이 책을 바칩니다.

아멘!

2018. 9. 3.
곽종운

"나는 배우면서 글을 쓰고,
글을 쓰면서 배우는 많은 사람들 중에
한 사람으로 생각한다."[42)]

---

40) 영산 조용기 목사는 한 시대, 한 문화, 한 사회 속에서 또한 전 세계의 이곳저곳을 다니며, 가장 십자가를 사랑하고, 자랑했고, 헌신했던 분이었다. 그는 오직 하나님의 뜻을 온전히 좇아, 오직 십자가의 비밀만을 증거하고, 하나님의 선하심과 위대함을 열방에 선포했다. 그는 성령님과 동행한 덕택에 교회를 5명의 성도에서 80만 명의 성도로 성장시켰다. 그는 지구 120바퀴를 돌았고, 70여 개 나라에서 400여 회의 해외집회를 열었다. 그와 같은 목회 및 선교사역을 통해서 한 세기를 대표하는 희망의 영성가가 되었다. 약력은 다음과 같다.
1936. 2. 14: 울산에서 출생. 1958. 3: 순복음신학교 신학과 졸업(현 한세대학교). 1958. 5: 불광동 순복음중앙교회 개척. 1962-2008: 여의도순복음교회(순복음중앙교회) 당회장. 1966-1978: 기독교 대한하나님의성회 총회장. 1973.9: 기독교 세계오순절성회 대회장. 1976.11 - 현재: 국제교회성장연구원(CGI) 총재. 1978: 미국 캘리포니아신학대학교 명예문학박사. 1989: 미국 오랄로버츠대학교 명예목회학 박사. 1990: 미국 리전트대학교 명예목회학 박사. 1992-2000: 세계하나님성회 총재. 1995-1997: 국민일보 회장. 2000-현재: DCEM(David Cho Evangelistic Mission) 총재. 2008-현재: 여의도순복음교회 원로목사
41) 이영훈 목사: 여의도순복음교회 제2대 위임목사(2008-현재), 한국기독교총연합회 회장 역임, 연세대학교 신학과(Th.B) 및 연합신학대학원(Th.M) 졸업, 미국 웨스트민스터 신학대학 석사(Th.M), 템플대학교 철학석사(M.A) 및 박사(Ph.D). 이영훈 목사는 조용기 원로목사의 목회철학을 이어받아 예수 그리스도의 십자가를 중심으로 한 5중복음과 3중축복을 계승·발전시키고 있다. 그는 절대감사, 절대긍정의 영성으로 십자가중심의 사역을 펼치고 있다. "기독교의 핵심은 예수님의 십자가와 부활입니다. 그래서 기독교의 신앙은 절대감사, 절대긍정의 신앙입니다("소녀야 일어나라". 주일설교 (2016-04-24))." 참조. 이영훈, 『십자가 순복음신앙의 뿌리』, 교회성장연구소(2011). 『작은 예수의 영성』 외 수십 권의 저작물이 있다.
42) 아우구스티누스의 편지 7호에서

차 례

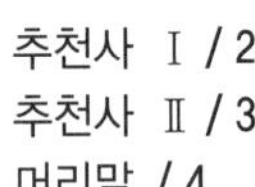

상세 차례

머리말

제0부 ┃ 십자가의 영성: 존재함(Being)

† 제1장 십자가 영성의 기초

† 제2장 나는 누구인가?

제1부 ┃ 십자가의 영성: 바라봄(Looking)

† 제3장 대속의 십자가: 복음의 영성

제2부 ▮ 십자가의 영성: 복주심(Blessing)

† 제4장 은혜의 십자가: 축복의 영성

제3부 ▮ 십자가의 영성: 친교함(Communion)

† 제5장 친교의 십자가: 4차원의 영성

제4부 ┃ 십자가의 영성: 성장함(Growing)

† 제6장 성장의 십자가: 생각의 영성

† 제7장 성장의 십자가: 꿈의 영성

† 제8장 성장의 십자가: 믿음의 영성

제5부 ┃ 십자가의 영성: 닮아감(Christlikeness)

† 제10장 능력의 십자가: 닮아감의 영성

제6부 ┃ 십자가의 영성: 가르침(Teaching)

† 제11장 가르침의 십자가: 영성교육

제7부 ▎십자가의 영성: 준비됨과 기다림(Hurry up and Patience)

† 제12장 희망의 십자가: 준비됨과 기다림

요약 및 결론

에필로그 ··· 1105

CGI	Church Growth International
C-I	Conceptualization-Internalization
CSB	Christian Standard Bible
CREATE	Connect-Relate-Explore-Analyze-Transform-Experience
DCEM	David Cho Evangelist Mission
DREAM	Determination-Risk-Expectation-Aspiration-Motivation
E-C	Externalization-Conceptualization
ESV	English Standard Version
FGTV	Full Gospel Television
GBS	5-fold Gospel, 3-fold Blessing, 4th Dimension Spirituality
3i	Integrity, Identity, Image
I-R	Internalization-Realization
KDG	Knowing-Doing Gap
KJV	The King James Version
LSQ	Learning Style Quadrant
NASB	New American Standard Bible
NIV	New International Version
PISS	Possibility-Improvement-Sustainability-Surplus
5G	Gospel of salvatiom, Gospel of being full of Holy Spirit, Gospel of devine healing, Gospel of blessing, Gospel of second coming
4R	Receiving-Remembering-Responding-Relating
5P	Professional, Profitable, Progress, Powerful, Pain-Hope
5R	Rote, Recognition, Restatement, Relation, Realization
5S	Scale up-Seeing-Strengthening-Superlative-Sharing
R-E	Realization-Externalization
YFGC	Yoido Full Gospel Church

내가 너희 중에서 예수 그리스도와 그가 십자가에 못 박히신
것 외에는 아무 것도 알지 아니하기로 작정하였음이라
(고린도전서 2장 2절)

제0부
십자가의 영성:
존재함(Being)

그러나 내게는 우리 주 예수 그리스도의 십자가 외에
결코 자랑할 것이 없으니
그리스도로 말미암아
세상이 나를 대하여 십자가에 못 박히고
내가 또한 세상을 대하여 그러하니라
(갈라디아서 6장 14절)

제1장

십자가 영성의 기초

요약

하나님은 영으로 존재하신다. 따라서 하나님과 인간의 다양한 관계를 다루는 영성에 대해 정의하는 것은 쉽지 않다. 인간이 사용하는 이성의 언어로 영성에 대해 아무리 훌륭하게 정의한다고 하더라도, 그 정의는 여전히 완전하지 못하다. 그러나 인간은 하나님과 친밀한 인격적 관계를 통해서 영성의 의미를 보다 구체적으로 생동감 있게 깨달아갈 수 있다. 우리와 함께 하시는 임마누엘 하나님과 친밀하게 사귀는 것을 통해 우리는 하나님의 자비, 은혜, 사랑, 신실하심을 더 깊고 넓게 알아 갈 수 있다(출33:19).

영성의 본질은 우리의 마음이 그리스도의 마음을 더욱 닮아가는 것이다(고전2:16). 예수 그리스도와 연합된 그리스도인이 영성의 주체인 그리스도의 형상을 닮아가는 것이 영성의 가장 중요한 요소 가운데 하나이다. 그리스도의 마음을 닮아간다는 것은 곧 그리스도와 친밀한 사귐을 통해 그의 거룩함과 의로움을 따라가는 것이다(엡4:24). 인간이 궁극적으로 추구해야 할 것은 십자가를 통해 아담이 잃었던 의로움과 거룩함을 회복하는 것이다.

구약시대가 하나님 중심의 영성체계를 지니고 있다면, 신약시대의 영성은 예수 그리스도의 십자가에 초점이 맞추어져 있다. 구약성경에 의하면, 하나님은 아브라함과 모세를 먼저 찾아가셔서, 그들과 대화하신다. 그들에게 자신의 뜻과 계획을 알려주신다. 곧 하나님이 주도적으로 인간을 만나서 그들과 친교하신다. 신약시대에는 영성의 양식(樣式)이 십자가를 중심으로 펼쳐진다. 하나님은 예루살렘 언덕 위에 있는 성전이 아니라 이제 마음성전에 임재하신다. 인간과 교제하기 위해 하나님이 먼저 우리를 찾아오신 것이다. 마음의 성화는 말씀과 기도와 성령 안에서 일어난다. 성령님은 성화의 주체이며, 우리는 객체다. 말씀과 기도를 통해 그리스도인의 마음은 거룩하게 된다. 그 과정을 통해서 그리스도인은 그리스도의 형상 – 의와 거룩함 – 을 닮아가게 된다.

영산은 '좋으신 하나님의 영성, 예수 그리스도의 십자가에서 뿌리내린 영성, 성령님과의 인격적 교제를 통한 영성'을 영성의 핵심으로 삼는다. 그는 동시에 '십자가 중심의 5중복음의 영성, 3중축복의 영성, 그리고 4차원의 영성'을 추구한다. 4차원영성은 말씀을 마음에 적용하는 방법이다. 4차원영성은 4가지의 요소 – 생각, 꿈, 믿음, 말 – 로 구성된다. 인간은 생각의 영성, 꿈의 영성, 믿음의 영성, 말의 영성을 통해 하나님과 친교하고, 그를 닮아가며, 그와 친밀한 교제를 나눌 수 있다. 한 마디로 말하자면, 영산은 삼중구조의 영성 – 5중복음의 영성, 3중축복의 영성, 4차원영성 – 을 통해 전인적 영성을 추구했다. 4차원영성은 근본적으로 이해하면, 의와 거룩함의 영성이다. 즉 4차원의 영성에 기초한 삶은 예수님과 같은 생각, 예수님과 같은 삶, 예수님과 같은 믿음, 예수님과 같은 언어를 삶의 자리에 적용하는 삶이다.

십자가 영성을 통해 인간은 하나님이 처음부터 의도하시던 자아(自我)에 대한 정체성을 회복한다. 십자가는 죄인을 의인으로 만들어 삼위일체 하나님께 예배드리게 하고, 하나님을 영화롭게 한다. 그리스도인의 삶 속에서 적용되는 모든 영성은 십자가를 통해 일어난다. 십자가 영성은 '내가 죽고 오직 예수만 사는 영성'이다. 성경은 처음부터 끝까지 삼위일체 하나님에 대해 또한 그리스도에게 초점을 맞추어 이야기한다. 그러므로 예수 그리스도는 모든 영성의 뿌리이며 출발점이다.

1. 차원(次元)에 대한 총체적 이해

4차원의 영의 세계는 신비의 세계이다. 곧 초공간적(trans-spacial), 초시간적(trans-temporal) 및 초물질적(trans-substantial)인 세계다. 4차원의 세계는 인간의 이성과 이해를 초월하는 세계이다. 광활한 우주는 하나님에 의해(by God) 창조되었고, 하나님을 위해(for God) 존재하고 있고, 하나님을 통해 (through God) 지탱되고 있고, 하나님 안에서(in God) 존재하고 있다(창1:1, 고전8:6, 요1:3, 골1:16-17).

기하학적 관점에서 말하자면, 1차원은 선이고, 2차원은 평면(plane)이며, 3차원은 공간이다.[1] 1차원인 선에서 사는 사람은 모든 것이 점(point)으로, 2차원에 사는 사람은 모든 것이 직선으로, 3차원 공간에 사는 사람은 모든 것이 평면으로 보인다. 곧 인간은 자기 자신을 구성하는 차원과 그 아래의 것만 볼 수 있다. 1차원 직선 위에 사는 개미 한 마리가 있다고 가정해보자. 그 개미는 일평생 직선 위에서 살 것이다. 즉 개미의 눈에는 모든 것이 '점(point)'으로 보인다. 하늘의 구름을 보아도, 사람을 보아도, 코끼리를 보아도, 개미 친구를 보아도, 모두 '점(point)'으로 보인다.

어느 날 1차원 개미가 길을 나섰다. 마침 아직까지 보지 못했던 '점(point) 한 개'가 길을 막았다. 그 점(point)은 그 개미가 도저히 움직일 수 없는 큰 돌멩이였다. 그 순간 2차원 평면세계(flatland)에 살고 있는 거북이가 나타나서 그 점을 옆으로 치워버렸다.[2] 그것은 1차원 점의 세계(point land)에 살고 있는 개미 사회에서 있을 수 없는 일이다.

---

1) 영산이 말하는 '4차원' 개념은 '창조주 하나님의 세계' 혹은 '영원의 차원'을 의미한다. 그는 다음과 같이 말한다. " '4차원'은 창조적 능력을 의미합니다. 삼위일체 하나님은 영원한 차원입니다. 편의상 이해를 돕기 위해 '지음을 받은 세계'는 3차원이라고, 이와 대조적으로 '창조주 하나님의 세계'를 4차원이라고 부르는 것입니다."(참조. 조용기, "풍랑을 잠재우신 예수님", 주일설교, 2014-06-01).

2) 평면세계 이야기에 대해서는 다음 책을 참조하라. 에드윈 애벗, 『플랫랜드』(Flatland), 늘봄(2009). 3차원 세계에 존재하는 인간이 1차원, 2차원, 그리고 4차원의 세계를 인식하려면 적절한 상상력이 필요하다. 이 책의 저자는 놀라운 상상력을 펼쳐서 저차원의 세계와 고차원의 세계를 적절히 논하고 있다.

1차원 선 위(line land)에서 점(point)만 보고 살고 있는 개미는 무엇을 느꼈을까?

"어, 거대한 점 한 개(돌멩이)가 갑자기 사라졌잖아!"

"야, 이건 기적이야! 오늘 놀라운 일이 일어났어. 내 평생 이런 일은 처음이야"

감격하며 외쳐대는 개미의 말을 듣고 있던 거북이가 말했다.

"개미야 네가 보는 점(돌멩이)은 없어진 게 아니야. 단지 옆으로 밀쳐졌을 뿐이야. 저쪽을 보라고!" 그러자 개미가 말했다. '보이지 않아요. 거짓말하지 마세요. 내 눈에는 없어졌어요. 정말 기적이 일어났어요!'

개미는 모든 사물을 '점'으로 본다. 오직 앞만 바라보면서 기어간다. 그렇게 살아가는 개미가 평면세계를 볼 수 없는 것은 너무나 당연하다. 반면에 2차원 평면세계에서 살아가는 거북이에게 돌멩이 하나를 직선 밖으로 밀어내는 것은 아무것도 아니었다. 점만 보고 선 위에서만 살아가는 1차원에 속한 개미는 그 사실을 이성적으로 추론해서 믿을 수 없다. 오직 한 가지 길이 있다면, 그것은 그냥 '믿는 것'이다. 그렇다면 2차원 거북이는 어떤 존재인가? 그는 '점(point)과 선(line)'을 인식할 수 있다. 거북이 눈에 보이는 삼라만상은 모든 것이 점 아니면 직선이다. 하늘의 구름도 '점 또는 선'으로 보인다. 친구 거북이, 돌멩이, 나무 등 모든 것들이 '점 아니면 선'이다. 1차원 개미가 단지 점밖에 모르지만, 2차원(평면세상)에 속한 거북이는 '직선' 하나를 더 인식할 수 있다.

평면의 땅(flatland)에서 살아가는 거북이가 길을 가다가 절벽 아래로 미끄러졌다. 거북이는 있는 힘을 다해 원래 있던 곳으로 되돌아가고자 했지만, 스스로 그렇게 할 수 없었다. 마침 그때 매우 빠른 속도로 움직이는 '일직선 한 개(이를테면 3차원 세계에 사는 독수리는 그에게 선으로 인식될 것이다)'가 그의 앞에 나타났다. 독수리는 그를 눈 깜짝할 사이에 낚아채서, 이제까지 보지 못했던 세계로 그를 데리고 날아가는 게 아닌가? 그러자 공중에서 거북이의 눈앞에 이제까지 보지 못했던 '직선세계'가 펼쳐졌다. 기절할 만큼 아름답고 황홀한 세계였다!

공중에서 거북이가 독수리에게 물었다.

"와, 도대체 이 세계는 무슨 세계인가요! 수많은 선들이 하나의 선처럼 엄청 빠른 속도로 지나가고 있어요. 이런 일은 처음 경험합니다. 이제까지 천천히 움직이는 선밖에 본 적이 없었는데, 선들이 이렇게 빨리 움직이다니요. 평생에 이런 일 처음입니다. 놀라운 기적입니다. 아니 매혹적인 경험입니다."

독수리가 그에게 말했다.

"그래 너는 오늘 운이 좋아. 너는 조금 전까지 평면 위의 것만 보면서 2차원적 삶을 살고 있었지. 너는 지금 스스로 이해할 수 없는 세계에 와 있는 거야. 네가 보는 선은 선이 아니라, 길이, 넓이, 높이, 깊이를 가진 물체들이란다. 우리는 그것들을 평면으로 볼 수 있단다. 하지만 너에게 그것들은 오직 선으로만 보이지.

지금 너는 이 말을 이해하지 못할 거야. 너는 지금 3차원의 공간세계에 들어와 있어. 너는 선(line) 밖에 안 보이지만 나는 면(plane)으로 구성된 세계에 살고 있어, 점도 보이고, 선도 보이고, 면도 보여. 그것은 내 세계가 너희 세계보다 한 차원 높다는 것을 증거하지. 평면세계보다 한 차원 높은 세계가 공간세계(space land)야. 아무리 들어도, 너는 내 말을 이해하지 못할 거야. 하지만 그게 사실이니까 그냥 믿음으로 받아들여. 믿는 방법이 최선이야. 다른 방법은 없어."

"네. 무슨 말인지 전혀 이해되지 않아요. 그저 신기할 뿐이에요."

"당연하지, 2차원 평면세계(flatland)의 눈으로 어떻게 3차원 공간세계(space land)를 이해할 수 있겠니?"

2차원 평면세계에서 한 평생 '선'만 보고 살아온 거북이! 독수리가 3차원 공간세계를 날아가는 행동을 어떻게 알 수 있겠는가? 평면들이 하나하나 차곡차곡 쌓여서 하나의 공간세계를 창조하는 것이다. 따라서 어떻게 감히 납작한 면에 엎드려 한 평생 살아온 평면생물이 공간세계를 이해할 수 있겠는가? 이제까지 2차원 삶을 살아왔던 거북이는 줄곧 충격 속에서 하루를 보냈을 것이다. 거북이는 공간을 마음대로 이리저리 수시로 날아다니는 3차원적 존재인 독수리를 결코 이해하지 못했을 것이다.

간단히 말하자면, 3차원 공간에 살고 있는 독수리는 1차원 개미에게 '하나의 점'으로 보이고, 2차원 거북이에게 '하나의 선'으로 보일 것이다. 그러므로 독수리가 개미 앞에 나타나서 선의 세계와 평면세계를 이야기해도 개미는 그것을 이해하지 못한다. 또한 독수리가 거북이 앞에 나타나 공간세계를 이야기해도 거북이는 그것을 알아들을 수 없다. 낮은 차원에 살고 있는 존재는 높은 차원의 삶의 원리와 방법을 단지 자신의 지식만으로 알 수 없다.

유비(類比)하면, 3차원 세계에 살고 있는 인간은 눈에 보이지 않는 4차원 영적세계를 이해할 수 없다. 따라서 하나님은 특수한 영적언어를 만들어서 우리에게 주셨다. 그것은 바로 '믿음'이라는 영적 언어이다.

이처럼 4차원 영적세계는 시간과 물질과 공간을 초월한 세계다. 인간의 시간은 제한적이며 유한하다. 하지만 하나님의 영원성은 시작도 끝도 없으며, 결코 시간에 얽매이지 않는다. 영산은 예수님이 영원의 주인이라고 말한다. "예수님께서는 영원에서 시간 속으로 들어오시고, 시간 속에서 영원으로 가셨습니다(계1:18). 그러므로 우리가 시간에서 영원으로 가려면, 예수님을 자신의 구주로 모셔들여야 합니다."3)

공간, 시간, 물질의 세계 속에 살고 있는 인간은 스스로 4차원 영적세계를 이해할 수 없다. 4차원 영적세계는 인간의 오감(五感)으로 알 수 있는 세계가 아니다. 인간이 아무리 과학적 및 철학적으로 또한 경험적으로 알려고 노력한다고 해도, 그 세계는 인간이 이해할 수 있는 영역 밖에 있다. 그 세계는 초월적인 영역으로서 하나님의 말씀에 기초해서 성령의 도움을 통해서 오직 영안(spiritual eye)으로만 알 수 있는 세계다.

어느 날 베드로는 칠흑 같은 밤에 갈릴리 호수에서 예수님이 물 위로 걸어오시는 모습을 보게 되었다. 그러자 그는 "주여 만일 주시어든 나를 명하사 걸어오게 하소서"라고 외쳤다. 예수님이

---

3) 조용기, 『요약설교』, 서울말씀사(2012), 347.

"오라!"고 하시자, 베드로는 예수를 향하여 바다 위를 걸어갔다. 그러나 바람을 보자, 그는 홀연간 두려워했다. 그 순간 그는 바다에 빠지고 말았다. 바로 그때 예수님은 손을 내밀어 베드로를 붙잡으며, "믿음이 적은 자여 왜 의심하였느냐"라고 말씀하셨다(마14:25-33).

이 장면 속에는 두 개의 세계 – 3차원 물질세계와 4차원 영적세계 – 가 서로 겹치며 나타난다. 배 안에 있던 베드로는 '3차원 보통사람'이었다. 반면, 바다 위를 걷는 베드로는 단순히 몸만 지닌 인간이 아니라 '4차원의 초인적 베드로'였다. 베드로가 예수님의 말씀을 믿음으로 받아들이자 '초월적 인간'으로 바뀌게 되었다. 그러자 그는 시공간을 뛰어넘는 베드로가 되어, 바다 위를 걸어가는 기적을 행할 수 있었다. 그러나 4차원 믿음의 자리에 3차원의 의심이 들어가자 그는 바다 속에 빠지고 마는 '3차원의 자연인 베드로'로 되돌아갔다(마14:28-32).

이 사건에서 하나님의 피조물인 바다는 3차원 세계와 4차원 세계가 만나는 접촉점이 되었다. 또한 베드로는 3차원 세계와 4차원 영적세계를 연결하는 접점이 되었다. 4차원 영적세계는 바로 이와 같이 시공간을 초월하는 영적세계이다. 3차원 세계에 살고 있는 우리는 물질세계 안에 갇혀 있다. 홍해가 갈라지고(출14:21), 마른 지팡이에서 살구꽃이 피고(민17:8), 쓴물이 단물이 되고(출15:25), 모세가 호렙산 반석을 지팡이로 치자 물이 솟아나는 것(출17:6)과 같은 놀라운 사건들은 단지 인간의 이성과 경험만으로는 해석할 수 없다. 그러므로 기적이란 하나님의 초월성과 인간의 유한성이 현실에서 만나서 일어나는 극적이고 거룩하고 놀라운 사건이다.

엄밀한 의미에서 1차원, 2차원은 존재하기는 하지만, 상상의 차원이다. 선(線)인 1차원은 생기자마자, 2차원 평면에 포함된다. 2차원 평면도 생기자마자, 3차원의 세계, 곧 공간, 시간, 물질 속에 포함된다. 시간, 공간, 물질의 3차원은 성령이 역사하는 인간의 마음, 곧 영적세계의 지배를 받는다.

영산은 4차원의 영적세계를 이렇게 설명한다. "1차원인 직선은 2차원이란 평면 속에 들어 있습니다. 2차원인 평면은 3차원인 시간, 공간, 물질 속에 들어 있습니다. 그리고 시간, 공간, 물질의 3차원은 마음, 즉 영의 세계가 지배하고 다스립니다. 그래서 영의 세계를 4차원이라고 부를 수 있습니다. 원래 높은 차원이 낮은 차원을 포용하고 다스립니다. 1차원 직선은 2차원인 평면에 포용되고 지배됩니다. 평면은 공간에 지배되고 공간은 마음에 의해 지배되는 것입니다."4)

영산이 말하는 초월양식은 단순한 공간적 차원이 아니라, '차원적 초월'이다. 고차원은 낮은 차원을 포함하기 때문에 '초월과 내재'가 동시에 일어난다. 에베소서 4장 6절의 말씀은 영산이 묘사하는 차원적 초월과 유사점을 지니고 있다. "하나님도 한 분이시니 곧 만유의 아버지시라 만유 위에 계시고 만유를 통일하시고 만유 가운데 계시도다(엡4:6)."

또한 영산은 인간이 영적존재이기 때문에, 3차원과 4차원에 동시에 존재할 수 있다고 말한다. "4차원은 영적세계입니다. 인간은 영혼을 가진 영적존재이므로 3차원 세계에 있으면서도 4차원에

---

4) 조용기, 『4차원의 영성』, 교회성장연구소(2005), 21-33. 3차원을 둘러싼 영적세계는 생각, 꿈, 믿음, 말 등의 감각의 세계를 뛰어넘는다. 영산은 이 세계를 편의상 4차원이라고 부른다. 생각, 꿈, 믿음, 말은 영적언어이며, 이 영적언어는 고유성, 상호보완성 및 상호연관성의 특성을 지니고 있다. 따라서 넷 중에 어떤 하나를 당기면, 다른 세 가지도 모두 끌려온다.

속합니다. 인간은 하나님의 형상으로 지음 받아 영원과 무한을 알 수 있는 존재입니다."[5] 곧 인간의 영은 육신과 하나됨을 이루고 있지만, 3차원의 지배를 받지 않고 육신을 초월해 있다.

영산은 4차원의 영의 세계를 설명하면서 창세기 1장 2절을 예로 든다.[6] 그는 혼돈하고 공허한 세계를 3차원의 세계로 본다. 또한 성령은 그와 같은 3차원의 세계를 품고 운행하시는 것으로 본다. 곧 그는 하나님의 모든 능력을 실제로 행하시고, 역사하시는 영원한 차원의 세계에 속한 분으로 성령을 이해한다. 성경에는 "땅이 혼돈하고 공허하며 흑암이 깊음 위에 있고 하나님의 영은 수면 위에 운행하시니라(창1:2)"고 기록되어 있다. 그러므로 하나님은 만유를 초월하시면서도 만유 가운데 계시는 분이시다. 하나님의 영원하신 능력과 신성이 만물에 나타나 있고(롬1:20), 만물은 하나님으로부터 지은 바 되었다(요1:3).

하나님이 우리와 함께 계신다. 하지만 존재방식의 차이 때문에, 인간이 아무리 공간적 및 지리적으로 이동한다고 하더라도 하나님께 가까이 나아갈 수 없다. 하나님은 질적 차원에서도 인간보다 높기 때문에 인간은 오직 영적 방식으로만 그분께 가까이 갈 수 있다. 방안에 '보이지 않는 그림들과 소리파장들'이 떠돌아다니고 있어도, 그것들은 인간의 눈이나 귀에 감지되지 않는다. 그러나 TV를 켜면, 인간의 눈으로는 결코 볼 수 없었던 모든 그림들과 소리들을 잡아낼 수 있다. 이것과 유비(analogy)를 이루는 측면에서 하나님은 우리에게 가까이 계시면서도, 동시에 이루 헤아릴 수 없이 멀리 계신다. 그러나 성령님이 인간의 마음의 눈을 열어주시면, 인간은 하나님을 바라보거나 들을 수 있다. 예레미야서에서는 "야훼의 말씀이니라 나는 가까운 데에 있는 하나님이요 먼 데 있는 하나님은 아니냐(렘23:23)"고 기록되어 있다. 하나님은 '천지에 충만(렘23:24)'하신 분이시다. 하나님은 영원하시고 우리는 유한하다.

2. 영성의 의미

영의 속성을 인간이 사용하는 언어로 한 줄로 정의할 수 있을까? 물은 99도에는 끓지 않고 정확히 100도가 되어야 끓는다. 1도의 오차도 허락하지 않는다. 이것은 물만이 가지고 있는 특성이다. 물은 자기만의 고유한 특성을 지니고 있다. 하나님의 영도 '영으로서의 거룩하고 의로운 절대적인 특성'을 지니고 있다. 따라서 인간이 사용하는 3차원의 언어로 영과 그 역사에 대해 사실 그대로 표현하는 것은 명백한 한계가 있다. 우리는 영의 속성 중에서 중요한 한 가지인 '거룩(holiness)'에 대해 인간의 언어로 정확하게 정의할 수 없다. 우리는 하나님의 존재 그 자체와 그분의 본성을 본질적으로 정의하기 어렵다. 하나님의 거룩도 영광도 인간의 관점에서 구체적으로 서술할 수 있는 것이 아니다. 피조물인 인간이 영적 언어의 신비를 모두 아는 데에는 분명히 한계가 있다. 따라서

---

5) 위의 책, 30.
6) 조용기, 『4차원 영적세계』, 서울말씀사(2003), 56-57.

영성의 진정한 의미는 성령 안에서 하나님과의 인격적 관계를 통해서 알 수 있다. 우리는 오직 성령 안에서 삼위일체 하나님과의 친밀한 사귐을 통해서만 하나님의 사랑, 은혜, 자비 등을 깨닫고 경험할 수 있다.

구약성경에서 영은 히브리어 명사 '루아흐(ruah)'이다. 그 단어는 '바람, 숨, 호흡, 생명 및 하나님의 능력'을 의미한다. 신약성경에서 영은 헬라어 명사 '프뉴마(pneuma)'이다. 라틴어에서 영(靈)은 '스피리투스'(spiritus)이다(형용사 형태는 'spiritualis'이며, 명사는 'spiritualitas(영성)'이다). 이 단어로부터 영어 'spirituality'가 유래되었다.7) 영성개념은 시대와 문화에 따라 다양하게 확대되었다. 특히 그 개념에는 다양한 뉘앙스가 포함되어 있다. 따라서 우리는 수학공식처럼 획일적으로 "영성이란 이런 것이다"라고 정의내릴 수 없다.8) 영성이 매우 포괄적인 의미로 사용되고 있는 것도 바로 그와 같은 이유에서이다.

사람마다 오감(五感)과 지정의적(知情意的) 영적상태가 다르다. 영적 체험, 영적인 것에 대한 인식, 마음과 생각에 새겨진 영적 이미지가 서로 다르다. 따라서 영성에 대한 개념이 주관화되고, 영성의 프리즘이 매우 넓게 퍼져서 나타난다. 객체인 인간이 주체이신 하나님의 영성을 구체화시켜 묘사하는 것은 인간의 이성을 넘어서는 일이기 때문이다. 영성과 유사한 용어로서 경건(godliness, 딤전 2:2, 벧후1:3), 온전 혹은 완전(perfection, 고전2:6, 엡4:13), 거룩(holiness, 벧전1:16),9) 의(행10:22), 성화,10) 독실함(godliness) 등이 있다.11) 이들은 모두 '나-하나님, 나-이웃, 나-나 자신'이라는 관계적 개념

---

7) James R. Estep & Jonathan H Kim, *Christian Formation*, B&H Academic(2010), 239.

8) Sinclair et al, *New Dictionary of Theology*, Inter Varsity Press(1988), 656-658. Christian spirituality involves the relationship between the whole person and a holy God, who reveals himself in the person of his unique Son, Jesus Christ. 신학자들은 영성(spirituality)이란 단어를 다양한 의미로 사용하고 있고, 또한 그 의미도 다양하게 표현한다(예를 들면, "spiritual formation", "spiritual development", "spiritual growth" 등). 각각의 성도마다 영적인 인식에 차이가 있으며, 또한 그들의 영적인 삶(spiritual life)은 각자의 신앙에 따라 다양한 양상으로 나타난다. 기독교 영성은 인간과 거룩한 하나님과의 관계와 직접적으로 관련되어 있다. 그 관계는 예수님을 믿음으로써 회복된다. 그러나 기독교인의 영성은 신앙공동체의 현실적인 여건에 따라 다양하게 나타날 수 있다. 거기에는 네 가지 요소 - 교리(doctrine)나 신앙훈련(discipline), 예배의식(liturgy), 영적 삶의 양식 - 가 복합적으로 작용한다. 힐데브란트(Wilf Hildebrandt)는 자신의 책 머리말에서 "고대 근동에서 영(Spirit)이라는 개념의 기원을 정확하게 지적하는 것은 마치 우주를 휩쓸고 지나가는 바람의 근원을 추적하는 것만큼이나 어려운 일이다."라고 주장한다. 참고. 윌프 힐데브란트, 『구약의 성령신학의 입문』(An Old Testament Theology of the Spirit of God), 이레서원(2005). 덧붙여 말하자면, 영성의 뿌리는 근본적으로 예수 그리스도 십자가이다. 비록 2천년의 세월이 흐르면서 영성의 의미가 매우 다양해져서 연속성과 불연속성이 포함되어 있지만, 영성의 핵심에는 예수 그리스도가 존재한다.

9) 성화와 관련해서 거룩함을 말할 때, 외적 및 내적 관계를 서로 구분해서 언급할 필요가 있다. a) 외적인 공적관계 - 거룩한 선지자(눅1:70), 거룩한 사도들(엡3:5), 하나님의 거룩한 사람들(벧후1:21). b) 하나님과 주관적 및 내적 관계 - 그 앞에 거룩하고 흠이 없게 하시려고(엡1:4), 너희를 거룩하고 흠 없고(골1:22), 내가 거룩하니 너희도 거룩하라(벧전 1:15-16). 성경에서 거룩함은 그리스도의 사역에 근거해서 성령의 역사를 통해서 하나님으로부터 주어진다. 또한 거룩함은 일반 윤리적 및 도덕적 선이라기보다, 오히려 항상 하나님과 인간이 서로 어떤 관계에 있는가라는 측면에서 파악된다. 참조. 루이스 벌코프(Louis Berkhof), 『조직신학』(Systematic Theology), 크리스챤다이제스트(2000), 780-788.

10) 성화의 정의: "의롭다고 인정받은 죄인을 죄의 부패로부터 해방하고, 그의 본성 전체를 하나님의 형상으로 새롭게 해서, 그가 선행을 할 수 있게 하는 성령의 자비롭고 지속적인 사역이다." 성화는 인간의 사역이 아니라, 하나님의 초자연적 사역이다(살전5:23, 히13:20-21). 또한 예수 그리스도의 생명과 연합하므로 맺어지는 열매다(요15:4, 갈2:20). 참조. 위의 책, 784-786.

11) 권택조, 『영성발달』, 예찬사(1999), 50-57. 성령의 수여자 하나님과 성령의 수납자 인간 사이에 목적적, 다층적, 복합적 의미가 내포되어 있어, 그들의 관계는 지척지간일 수도 있고 혹은 천 개의 산이 가로 놓여 멀리 떨어져 있을 수 있다.

(relational concept)을 내포하고 있다. 영성의 의미를 '하나님 중심주의(God-centeredness), 타자중심주의(other-centeredness)'로 본다면,[12] 영성은 '경건, 온전 혹은 완전, 거룩, 의, 성화' 등의 개념을 모두 포함한다.[13] 이와 같은 맥락에서 살펴보면, 영성개념은 '포괄적 영적 언어'라 할 수 있다. 여기서 콜버그(L. Kohlberg)의 도덕발달론, 타자중심주의에 대한 신학적 성경적 관점에 대하여 자세하게 다루고 있다. 사람의 영인 '생명의 호흡 혹은 숨'은 하나님으로부터 온 것이다. 하나님이 사람을 흙(아파르)으로 만든 다음, 사람에게 '생기(니쉬마트 하임)'를 코에 불어넣어 사람을 '생령(네페쉬 하야)'이 되게 했다. 네페쉬가 '육신과 연관된 개별적인 생명'을 말한다면, 루아흐는 '개인과는 독립되어 어디에나 존재하는 생명력'이라고 말할 수 있다.[14] "야훼 하나님이 흙으로 사람을 지으시고 생기를 그 코에 불어 넣으시니 사람이 생령이 된지라(창2:7)."

키텔(G. Kittel)이 편집한 『신약신학사전』에서 바움개르텔(F. Baumgartel)은 루아흐의 의미를 첫째, 숨, 바람으로서의 루아흐, 둘째, 사람 안에 나타나는 루아흐, 셋째 하나님의 루아흐 세 가지로 구별한다.[15] 구약에서 영을 의미하는 루아흐는 의미의 폭이 상당히 넓다. 곧 숨, 호흡, 바람, 영, 생명력 등, 문맥에 따라 다양하게 사용된다.[16] 신약에서의 영은 창조의 능력으로 나타난다. '예수님의 잉태(마1:18, 눅1:35)'는 성령의 창조적 능력이 나타난 대표적인 사례다. 마태복음에서는 '성령으로 잉태된' 사실이 드러났다고 언급된다(마1:18). 하나님의 영은 피조물에게 생명력을 불어넣으며, 생명을 유지하게 한다. 또한 하나님의 영은 하나님의 뜻과 의지를 실현해가는 힘이다. 영성은 태초부터 변함이 없다. 하지만 영성의 정의는 시대, 문화, 사회 속에서 다각적 차원에서 묘사되어 왔다. 헐(John M. Hull)은 '영성이라는 말은 애매한 용어'[17]라고 주장했다. 라테이(Emmanuel Y. Lartey)는 영성에 대해서 "간결하고 종합적으로 정리하여 정의하기는 매우 어렵다"고 했다.[18] 조나단 김(Jonathan H. Kim)은 "영성의 영역이 광범위하여 몇 개의 단어로 정의하기는 어렵다"고 서술하고 있다.[19]

---

12) 콜버그(Lawrence Kohlberg, 1927-1987)는 타자중심주의를 세 수준, 여섯 단계로 나눈다. 여기서 세 수준만 서술하면 다음과 같다. 첫째 수준은 자아중심 수준, 둘째 수준은 보통의 수준으로서 자아가 타인을 고려하며 적절한 관계를 맺는 수준, 셋째 수준은 타인들을 위하여 공헌하는 수준이다. 더 자세하게 알려면 다음 책을 참조하라. 권택조, 『영성발달』, 예찬사(1999), 211-225.

13) E. M. 바운즈(E.M. Bounds), 『기도의 강력』(Power Through Prayer), 규장(2012), 91. "기도는 경건의 통로일 뿐 아니라 경건의 창조자이다. 영혼과 몸이 연합하고, 생명과 마음이 연합하듯이, 기도와 경건은 연합한다. 우리는 깊은 경건 가운데 하나님께 복종해야 한다."

14) 오병세, 『구약성경신학』, 개혁주의신행협회(1999), 101.

15) 차준희, 『구약사상의 이해』, 대한기독교서회(2011), 62.

16) a) 바람으로서의 영: 바람을 이용한 자연현상의 변화(출10:13, 10:19, 민11:31). ㉮ 동풍으로 홍해가 갈라짐, 홍수 후에 젖은 땅을 바람으로 건조시킴, 메뚜기 떼의 이동 등. b) 생명을 주는 영: 생명을 창조하고 활성화하는 능력(애4:20, 창41:38, 출15:8, 호9:7). 루아흐는 숨이 멈출 때까지 인간 속에 머뭄(사42:5, 창7:22). c) 능력으로서의 영: 루아흐가 임하면 놀라운 일을 행하는 은사가 나타남(사3:10, 삿6:34, 민11:25-29, 삼상10:5-10). 이것은 하나님으로부터 와서 사람 안에 임재하는 영이다. ㉮ 웃니엘, 기드온, 입다, 사울 등. d) 하나님의 영(루아흐 엘로힘): 지도자에게 하나님의 영이 임함(삿6:33-34, 삼상10:6, 10). ㉮ 기드온, 사울, 다윗 등

17) 최창국, 『기독교 영성신학』, 18.

18) 최창국, 『기독교 영성신학』, 18.

19) James R. Estep & Jonathan H. Kim, *Christian Formation*, B&A Academic Publishing Group, 2010, 111.

예수님을 믿는다는 것은 하나님의 형상을 회복하는 것이다. 다시 말해 하나님이 처음부터 의도하시던 삶의 존재방식(mode of being)을 회복하는 것이다. 특히 하나님의 형상의 기능적 측면이 회복되는 것이다.[20] 인간의 타락한 실존은 예수님을 통해 '하나님과 친교할 수 있는 인격'이 된다.[21] 하나님 앞에서의 '존재'는 곧 생명이고 인격이다. 그 인격은 하나님과 친교하기 위해서 존재한다. 누구든지 예수를 구주로 영접하면 필연적으로 '인성과 신성이라는 두 차원의 세계'를 살게 된다. 또한 그는 하나님 앞에 인격자로 서게 되며, 그 인격 역시 영원하다. 그런 의미에서 '영성이란 나의 영과 하나님이 서로 친교를 나눌 수 있는 관계적 능력'이라고 할 수 있다.[22]

존재론적 측면에서 하나님의 형상을 닮은 인간은 '하나님의 영'을 가지고 태어난다. 따라서 그는 '영성'을 소유하고 있다. 이것을 공식적으로 이해한다면, 사람은 지상의 재료(흙), 곧 실재성과 하나님의 생기(루아흐), 곧 영원성으로 이루어져 있다. 다시 말해서 인간은 실재성과 영원성이 서로 결합되어 있는 존재다. 숨을 쉬고 있는 모든 사람은 그 안에 영이 있다. 그에게서 영이 떠나면, 호흡도 멈춘다(사42:5). 하나님은 '땅 위의 백성에게 호흡(사42:5)'을 주시는 분이다. 인간에게 호흡을 주신 분은 또한 그에게서 그것을 거둘 수 있다.

따라서 우리는 '영성'(靈性, spirituality)을 '영적으로 사는 삶'으로 이해할 수 있다. 또한 그리스도인의 영성은 엄밀히 말해서 '삼위일체 하나님의 은혜와 사역에 기초한 영성'이다. 모든 죄인들은 삼위일체 하나님의 역사로 구원받고 하나님의 자녀가 된다(요6:37, 44). 다시 말해 성부, 성자, 성령 하나님의 사역으로 죄인이 구원받는다. 구원받은 인간은 하나님의 영을 선물로 받고, 예수 그리스도로 말미암아 하나님과의 관계가 회복되고, 그와 같은 영적인 관계는 성령에 의해 지속된다. 그 영성의 중심에는 하나님 아버지가 계신다. 예수님은 하나님과의 관계를 회복시켜준다. 성령님은 그 관계를 지속시키고 도와주고 인도하여 준다. 그리스도인들이 말하는 영성이란 결국 '예수 그리스도의 구속으로 말미암은 하나님의 은혜'이다.[23]

기독교 영성의 핵심은 '하나님의 말씀, 그리스도의 생명, 성령의 능력'이다. 영성생활이란 '날마다 옛 사람이 점점 더 소멸되고 새 사람으로 점진적으로 변화되어 가는 삶'이다. 인간의 영적성장은 예수님의 영적성장 원리를 따라가는 과정이다. 예수님의 영적성장 원리는 바로 '말씀의 성육신

---

20) 앤서니 후크마(Anthony A. Hoekema), 『인간론』(Created in God's Image), 부흥과개혁사(2012), 104-110. 하나님 형상의 구조와 기능-하나님의 형상은 구조적 혹은 형식적 측면(이성, 도덕성 등)과 기능적 혹은 내용적 측면(예배, 봉사, 사랑, 다스림 등) 모두를 포함한다. 하나님의 형상이 지닌 두 가지 측면(이를테면, 형식적 측면과 내용적 측면)은 상호 분리되지 않고, 상호 연합적이다.

21) John Owen, *Communion with God*, Versa Press(2008), 90-98. 오웬은 "하나님과 친교하려면 내 자신을 먼저 알아야 한다."고 강조한다. 그는 자신을 아는 원리로 7가지를 지적한다: a) 죄를 자각할 수 있어야 한다. b) 죄는 이미 예수님이 대속하셨다. c) 우리는 예수님이 고통당하심으로 죽음에서 생명으로 옮겨진 자들이다. d) 인간은 연약하고 무능해서 죄에서 스스로 구원받을 수 없는 존재다. e) 인간은 스스로 죄의 힘을 이겨낼 수 없는 존재다. f) 예수님의 의의 옷을 입은 의인들이다. g) 마지막 날에 우리에게 심판이 있다.

22) John Owen, *Communion with God*, Versa Press(2008), 139. 순종은 하나님을 영화롭게 하고(마5:16), 예수님을 영화롭게(요5:23, 14:1, 17:10), 성령님을 영화롭게 한다(엡4:30). 하나님을 닮아가려면 신자는 순종해야 한다(벧전1:16, 마5:48, 엡4:23-24). 신자는 순종함으로 '하나님과의 친교'를 향유할 수 있고, 마음의 평화를 누릴 수 있다(요일1:3, 사57:20-21). 순종과 친교는 한 틀 안에 있으며, 상호 밀접한 관계성을 가지고 있다.

23) "은혜란 아무런 죄도 없으신 예수님의 자발적 순종과 희생으로 아무 공로나 자격 없는 자에게 하나님이 값없이 베푸시는 구원의 선물과 아름다운 변화입니다(롬3:24, 엡5:26-27)." 조용기, "구원", 주일설교(2005-08-07).

(incarnation)'이다(요1:14). 성육신의 진리로 오신 예수님은 우리의 진정한 영적성장의 모델이며, 영성화의 핵심이다. 예수님은 '말씀이 육신(요1:14)'이 되신 분이다.

구약, 신약, 중세, 현대의 영성을 하나의 영적 흐름으로 보아 개괄적으로 정리한다면, 다음과 같이 서술할 수 있을 것이다. 구약의 영성은 인간이 주도권을 갖고 성취해 가는 것이 아니라, 하나님의 주권에 따라 인간의 영성이 활성화되는 특징을 지니고 있다. 인간의 영성이란 하나님의 부르심에 대한 인간의 영적 반응이다.24) 아브라함도 그 중의 한 사람이다. 하나님이 먼저 아브라함을 찾아오셔서 그와 대화를 나누신다. 곧 친교의 영성이다. 다시 말하면, 하나님은 주권적으로 인간을 부르신다. 아브라함, 사무엘, 이사야, 모세와 같은 인물들의 사례를 보면, 먼저 하나님이 찾아오시고, 만남이 이루어지며, 대화를 주고받는다. 하나님과 인간의 친교의 영성을 엿볼 수 있는 장면이다. 인간 안에 내재하는 생령('네페쉬 하야', 살아 있는 생명체, 창2:7)과 몸으로 이루어진 인간은 하나님의 부르심을 받고, 그분과 대화를 나누게 된다. 또한 하나님은 단순히 어떤 형태로 나타나시는 것이 아니라, 인격적으로 인간과 친밀하게 대화하신다. 시편에서 시인은 "내가 어느 때에 나아가서 하나님을 뵈올꼬(시42:2)"라고 또는 "야훼여 내가 주의 얼굴을 찾으리이다(시27:8)"라고 기도한다. 이것은 바로 하나님과 인간 사이의 인격적 친교의 관계를 명백하게 보여준다.

구약의 영성 흐름은 '율법(Torah), 예언서(Prophets), 성문서(Writings)'를 통해 나타난다.25) 하나님은 자기 자신을 계시하신다(출33:21-23). 동시에 하나님은 자신을 감추시는 하나님이다(출34:5-7).26) 구약 영성에서 법궤는 영성생활의 중심이었다. 법궤를 중심으로 드리는 예배를 통해, 이스라엘 백성은 이스라엘 중에 거하시는 하나님의 임재를 경험하였다. 그것은 후 세대로 지속적으로 전승되었다.27) 다윗 왕이 예루살렘을 새 왕국의 수도로 정하고 나서 제일 먼저 행한 일은 법궤를 예루살렘으로 옮기는 것이었다. 법궤는 이스라엘 백성들의 신앙의 중심이었다.

신약의 영성 흐름은 그리스도를 중심으로 해서 나타난다. 신약 영성의 세 가지는 '메시아로 오신 예수님, 하나님 나라의 도래(마4:17), 성령의 오심'이다.28) 보다 구체적으로 말하자면, 신약의 영성은 천국 말씀이 인간의 몸을 입으신 예수 그리스도의 영성으로 나타난다. 예수님은 천국이 가까웠다고 선포하셨으며(마4:17, 막1:15), 성령을 보내주셨다(행2:33). 따라서 기독교 영성의 핵심은 그리스도를 모범으로 삼아 성령과 함께 살고, 성령으로 사는 삶이다.29) 신약 영성은 예수 그리스도 중심이

---

24) 하나님의 부르심은 성경에서 다양한 관점에서 나타난다. 1) 예수 그리스도와 교제하기 위해, 2) 평강을 위해(골3:15), 3) 거룩함을 위해(고전1:2, 벧전1:15, 살전4:7), 4) 증인으로(벧전2:9), 5) 고난을 위해(벧전2:20-21), 6) 영광을 위해 부름 받는다(히3:1, 빌3:3-4). 참조. 존 스토트(J. R. Stott), 『시대를 사는 그리스도인(The Contemporary Christian)』, IVP(2016), 177-180.

25) Glen G. Scorgie, Old Testament Foundation of Christian Spirituality(Mark J. Boda), *Dictionary of Christian Spirituality*, Zondervan(2011), 40-45.

26) 구약의 영성의 흐름에 대한 개관을 다음과 같이 요약할 수 있다. a) 하나님의 존재(엘로힘, 야훼) → 하나님의 현존(법궤, 성막, 성전). b) 정화의 과정(애굽 탈출) → 조명의 과정(시내산 계약, 10계명) → 하나됨의 과정(새 계약).

27) 박준서, 『구약세계의 이해』, 한들출판사(2008), 265-269.

28) Glen G. Scorgie, New Testament Foundation of Christian Spirituality(Jeannine K. Brown), *Dictionary of Christian Spirituality*, Zondervan(2011), 46-51.

29) The Essence of Spirituality: "Paul refers to *walking by the Spirit* (Rom. 8:4 NRSV) and *keeping in step* with the Spirit(Gal.5:25)." Glen G. Scorgie, *Dictionary of Christian Spirituality*, Zondervan(2011), 49.

다(갈2:20). 특히 예수님의 영성의 특성은 '하나님과 하나되는 영성(Union with God)'이다.[30]

야훼 하나님의 임재처소에 중점을 둔다면 순차적으로 정리할 수 있다. 이 개념에서 영성진보 개념을 보면 '외적영성(지성소, 성전)'에서 점진적으로 인간의 '내적영성'(마음)으로 이동하는 것을 알 수 있다: 에덴동산에 임재하심(창3:8) → 성막 지성소의 속죄소 법궤에 임재하심(출25:8, 22) → 솔로몬 성전에 임재하심(왕상5-6장) → 예수 그리스도 안에 임재하심(요10:30) → *성도 안에 임재하심*(요14:16) → 교회에 임재하심(엡2:21-22) → 새 예루살렘(성전이 없는 상태)에 임재하심(계21:2, 22).[31]

또한 신구약을 통해 야훼 하나님의 임재 측면에서 서술하면, 하나님의 임재는 예수님의 탄생에서 극대화되었다. 또한 성령님이 성도의 마음에 영원히 내주하므로 영성화의 길이 완전히 열리게 되었다. 보다 세부적으로 말하자면, 다음과 같다. 언약궤에 나타나심(시80:1), 불과 연기 가운데 나타나심(출33:9, 시78:14), 빛 가운데 나타나심(행9:3-5), 미세한 소리로 나타나심(왕상19:12), 천사로 나타나심(창16:7-11, 21:17), 성육신으로 나타나심(요1:14, 18), 성령님이 성도 안에 영원한 내주함(요14:16, 26) 이다.

구약의 영성 흐름은 하나님의 백성 이스라엘을 향해서 '하나님과 인간이 새로운 관계를 맺어가는 영성'이다. 신약의 영성은 예수님이 성육신하심으로 구체화되는 '새 창조의 영성(new creation spirituality)'이다. 신약의 영성은 '옛 사람이 죽고 새 사람으로 사는 영성'이다.

구약의 영성 개념은 이스라엘 백성의 삶 속에서 창조주와 구원자이신 하나님과의 만남과 교제이다. 구약의 영성에서는 '창조의 영성, 역사지향적 영성(history-oriented), 구원과 해방의 영성'이 강하게 나타난다. 그러나 신약의 영성 개념은 새 창조의 영성이다. 곧 '성육신의 진리로 오신 예수 그리스도 십자가 영성, 보혜사 성령의 영성'이 중심을 이루고 있기 때문이다. 그 뿌리에는 '삼위일체적 영성'이 뿌리를 내리고 있다. 단문으로 표현하면, "아버지는 말씀하신다. 예수님은 말씀이 되어 오신다. 그리고 성령님은 두 분이 하신 일을 신자들의 삶에 적용시켜 나가신다."이다.

예수님의 영성은 성육신의 영성이다(요1:14). 예수님은 모든 영성의 근원이다. 그는 하나님의 영성을 그대로 가지고 이 땅에 오셨다. 육신으로 이 땅에 계실 때 그는 복음의 영성,[32] 치료의 영성, 교육의 영성을 펼쳤다. 또한 섬김과 사랑의 영성, 팔복의 영성, 천국실현의 영성 등을 구체적으로 보여주셨다. 따라서 영성생활이란 예수님의 말씀의 진리를 우리의 삶의 자리에서 실행해 옮기는 과정이다. 그러므로 예수님은 우리의 영성생활의 진정한 모델이다.

---

30) 영성 흐름을 저자의 관점에서 개괄적으로 해부해 보면 다음과 같다: a) 예수 그리스도 중심의 영성 흐름: 예수님의 영성(성육신의 영성) → 정화 단계로서 광야의 영성(자기 비움의 영성) → 조명으로서의 순종과 섬김의 영성(마21:26-28) → 하나됨의 영성(union)(요14:7, 요10:15, 마11:27, 눅10:16, 요13:20). b) 12제자에서부터 영성흐름: 말씀과 성령으로 영성을 유지하는 특징이 나타난다. 12제자의 영성(순교의 영성, 육화진리의 영성을 쫓아감) → 70인 제자 영성(눅10:1) → 초대교부들의 영성(자기포기의 영성) → 중세 수도원적 영성(전통적 영성) → 종교개혁의 영성(말씀의 영성) → 청교도 영성 → 경건주의자들의 영성 → 존웨슬리 감리교영성 → 오순절 성령중심의 영성(→ 4차원영성).

31) 성경 신학에 근거한 주제적 성전 접근성에 대하여는 다음 책을 참조하라. 그레엄 골즈워디, 『그리스도 중심 성경신학』, 부흥과개혁사(2013), 310-311.

32) "복음주의 영성이란 기독교인의 삶의 내면적 차원과 외면적 차원의 사이에서 균형을 유지하려고 하는 것, 즉 '나의 삶-예수 그리스도의 삶' 사이에서 창조적 긴장을 유지하는 삶이다." 스탠리 J. 그렌츠(Stanly J. Grenz), 『복음주의 재조명』(Revisioning Evangelical Theology), CLC(2013), 74.

오순절의 영성은 성령중심의 영성이다. 4차원의 영성은 하나님의 말씀을 인간의 삶 속에 임재하는 방법을 구체화시키는 것이다. 곧 '하나님처럼 생각하고, 하나님처럼 꿈꾸고, 하나님처럼 믿고, 하나님처럼 말하는 과정'을 통해 말씀의 성육신 과정을 삶 속에서 철저하게 구체화하는 것이다.[33] 오순절 영성이 성령 안에서 능력중심의 영성이라면, 4차원영성은 '성령 안에서 *내 삶의 자리에서* 말씀의 능력을 체험하는 삶'이다.

영성의 진보라는 측면에서 보면, 존재(being)의 영성,[34] 관계의 영성, 삶 속에서의 영성, 사역의 영성으로 구분할 수 있다. 이들은 서로 연결되어 하나됨을 이루며 나타나는 특성을 지니고 있다. 다양성(diversity) 속에서 통일성(unity)을 보여준다. '존재의 영성'은 예수님과 하나되는 영성이다. 예수의 영과 하나될 때 인간의 영은 영원하다(요17:21-23). 바울은 '주의 영과 합한 자는 한 영'으로 이해한다(고전6:17). 그리고 영성의 최절정은 '사역의 영성'으로 나타난다. 궁극적으로 보면, 영성은 '완전(온전)의 영성'이다(마5:48). 이제까지 논한 것들을 중심으로 약 2000년의 기독교 영성의 흐름을 요약하면 그림 1-1과 같다.[35]

그림 1-1에서 보는 바와 같이 영성의 흐름은 스스로 존재하시는 하나님의 영으로부터 출발한다. 영성의 특성은 변하지 않았지만, 그것은 다양한 방법으로 진보해왔다. 인간의 영적 가치관, 세계관, 그 시대의 영적 상황, 사회적, 문화적, 생태적 및 정치적 배경에 따라 영성의 형태도 다양하게 나타났다. 4차원영성은 기독교의 전통적 영성과 맥을 같이 한다. 따라서 이 두 가지 영성은 서로 연결되어 있다.

종교개혁의 전통에서 루터는 칭의의 영성을 강조한다. 칼빈(Kalvin)은 '칭의 + 성화'를 강조한다. 웨슬리(Wesley)는 '성화 + 그리스도인의 완전함(perfection)'에 대해 강조한다. 벌코프(Louis Berkhof)는 성화란 하나님의 초자연적인 사역으로서 예수 그리스도와의 연합에서 오는 것이라고 말한다.[36] 이들이 강조한 영성의 근원은 예수 그리스도의 십자가를 중심으로 삼는 영성이다. 십자가 없는 칭의, 성화, 완전함은 존재하지 않기 때문이다.

4차원영성은 존재의 영성, 관계의 영성, 삶의 영성, 사역의 영성에 역동적인 영향을 미치며, 상호 생동적인 관계에 있다. 여기서 존재의 영성은 예수님과 인격적 관계 안에서 하나됨(oneness)의 영성이다(갈2:20, 요15:4-5, 15:7). 인간의 존재는 하나님이 먼저 존재함으로 가능하다(행17:28). 구원받은 인간은 내가 주도권을 갖고 사는 것이 아니라, 내 안에서 그리스도께서 사시는 것이다(갈2:20). 이와 같은 맥락에서 바울은 "우리가 그를 힘입어 살며 기동하며 있느니라(행17:28)"고 말한다.

---

33) 영산이 말하는 "하나님처럼 생각하고, 꿈꾸고, 믿고, 고백하는 과정"은 무엇을 의미하는가? 그것은 "하나님 중심의 권위의 세계관(신6:5), 예수님 중심의 권능의 가치관(형상화, 갈4:19), 성령님 중심의 복음적 가치관(행1:8)"을 모두 포괄한다. 나는 35년의 신앙생활을 하면서 영산의 영적세계관을 그렇게 인식해 왔다.

34) "Being"의 의미: "Being" or "existence" is often held as the most general property of all reality. It gives the difference between being and not-being and being and becoming. "The pure being" means unchanging, eternal, immutable, rational and one. 참조. Sinclair B. Ferguson et al(edited), *New Dictionary of Theology*, IVP(1988), 83-84.

35) 이제까지 서술한 영성적 언어들과 흐름을 한 지면 위에 도식화시켜 영성의 의미를 개괄적으로 이해하고자 하였다. 영성과 관련해서 하나님의 주권적 역사를 하나의 도표에 구체적으로 묘사하는 데에는 모호한 점이 있을 수도 있다. 하지만 이 도표는 영성의 과거, 현재, 미래를 개괄적으로 한 눈에 파악할 수 있게 해줄 것이다.

36) 루이스 벌코프(Louis Berkhof), 『조직신학』(Systematic Theology), 크리스챤다이제스트(2000), 권수경·이상원 역, 784-785.

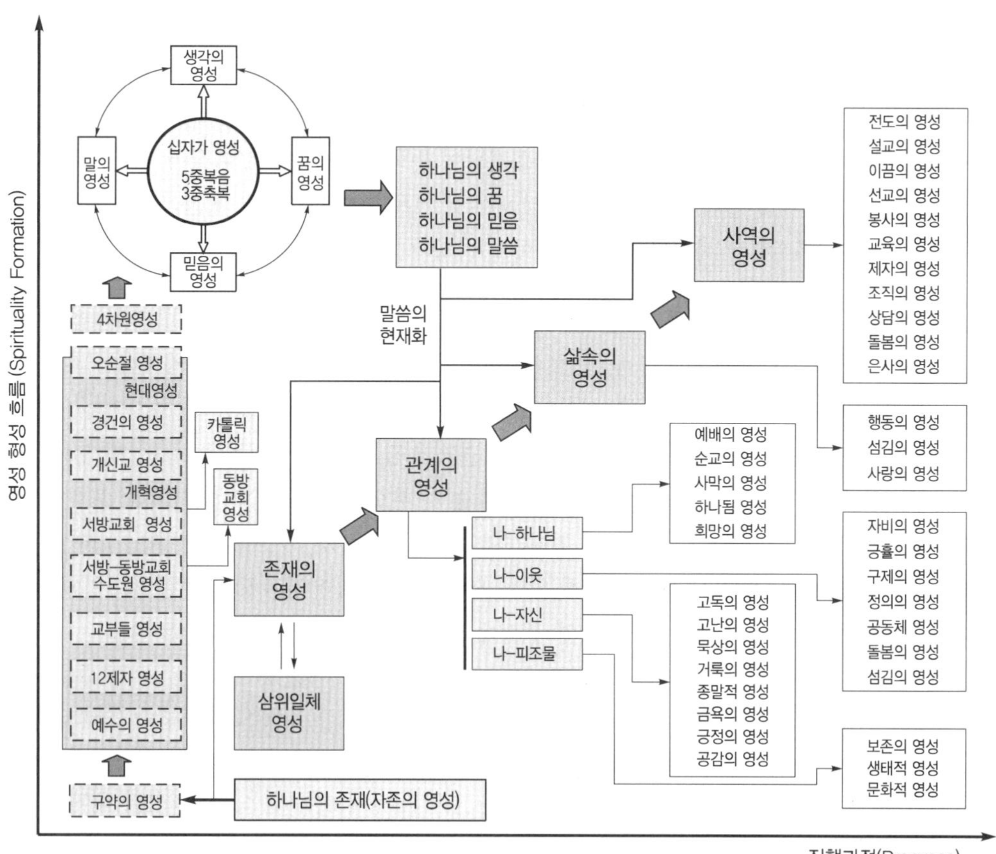

그림 1-1. 기독교 영성 흐름도와 4차원영성의 연계적 로드맵[37]: 구약과 신약 영성의 경계선에는 '십자가 영성'이 뿌리를 내리고 있다. 십자가의 영성은 인류역사를 전환시켜 주는 영성이다. 십자가 영성은 인류역사의 물줄기를 하나님 쪽으로 돌려놓았기 때문이다. 영성의 근원은 하나님으로부터 시작되므로 우리가 언급한 영성들은 모두 상호보완적이며 서로 연관성을 지니고 있다. 하나님의 영성은 모든 피조물과 피조세계 안에 충만해 있다. 영성은 각 시대의 문화와 사회 안에서 다양한 방법으로 표현되어왔다. 영성은 인본주의적 삶의 방식을 하나님의 삶의 방식으로 바꾸어준다. 영성을 인간의 언어로 간략하게 정의하는 것은 매우 어렵다. 인간의 영성프리즘은 매우 다양하고 넓게 나타난다. 하나님의 은혜를 깨닫고 경험하는 것이 다양하기 때문이다. 영성 개념은 개별적 영적 경험과 영적 이해력에 따라 공통점과 차이점을 지니고 있다. 하나님은 단일 주파수를 보내지만, 인간의 입장에서는 자신의 영적 인식과 경험에 따라 다양하게 받아들인다. 그 결과 영성 개념도 매우 다양하게 서술된다. 영성은 이론이 아니라, 하나님과 인간의 영적이며 내면적인 관계에 기초하고 있다. 본 그림을 통해서 보면, 4차원영성과 기독교영성과의 상관성이 있음을 간파할 수 있다. 이는 4차원영성이 말씀중심의 영성이기 때문이다.

---

37) 연대기적 영성사는 다음과 같이 개괄적으로 분류된다. Ancient Christian Spirituality(AD100–600), Byzantium and the East(600–1700), The Medieval West(600–1450), European Reformation and Colonial Expansion(1450–1700), Europe and North America(1700–현재), Global Christianity(1700–현재). 참조. Glen G. Scorgie, *Dictionary of Christian Spirituality*, Zondervan(2011), 102–134.

3. 영성의 발자취

태양은 빛과 열로 자신의 존재를 드러낸다. 이와 유비적인 측면에서 하나님은 십자가로 자신의 존재를 온 우주에 드러내시며, 인류의 역사를 하나님이 뜻하시는 방향으로 이끌어 가신다. 십자가는 비뚤어진 인류역사를 올바른 방향으로 돌려놓았다. 기독교 영성은 바로 십자가에서 시작된다. 십자가는 죄인을 구속해서 하나님 앞으로 나아가게 하기 때문이다.

삼위일체 하나님은 인간 저자들을 통하여 성경을 기록하게 하셨다. 성경은 창조, 구속(구원), 완성에 대해 말한다. 구속사적 관점에서 보면, 영성의 역사는 십자가를 관통하며 그 절정에 이른다.[38] 하나님은 자비와 은혜와 사랑의 하나님이시다(요일4:7-8). 인간의 역사는 '하나님이 보시기에 좋았더라(善)'와 '하나님이 보시기에 나쁘더라(惡)'가 서로 연결되어 펼쳐진다. '백성들이 하나님께 부르짖었더라(懇)'와 '하나님이 백성들의 소리에 응답하셨더라(應)'의 부르짖음과 응답의 역사이다. 또한 '아버지의 마음을 따라갔더라'와 '각기 제 갈 길로 갔더라'의 순종과 불순종의 역사이다(시2:11, 신17:2, 왕하22:2).[39] 곧 인간의 역사는 혼돈과 질서가 서로 얽혀 있다. 역사 속에서 일어나는 모든 사건들은 영원을 향하여 전개되는 하나님의 계획과 언약의 역사 속에서 펼쳐지는 크고 작은 부분들이다.

구약에서 10계명은 영성의 기본적인 표준을 제시한다는 점에서 중요하다. 10계명은 하나님이 개인뿐만 아니라 또한 신앙공동체에게 주신 것이다.[40] 신앙공동체의 상호관계에서 해석하면, 10계명은 단순히 명제적 법이 아니다. 오히려 10계명은 인간의 생각, 꿈, 믿음, 말이 하나 되게 하여, 하나님과의 관계 안에서 모든 사람들을 하나(oneness)로 만드는 것이다. 그런 차원에서 이해하면, 1계명에서 4계명까지는 하나님을 사랑하라는 계명이고, 제5계명에서 10계명까지는 이웃을 사랑하라는 계명이다(출20:3-17).[41]

10계명은 '하나님 중심의 삶(God-centered life)과 이웃 중심의 삶(other-centered life)'으로 살아야 함을 보여준다.[42] 예수님의 삶도 하나님 중심과 이웃 중심의 삶이었다. 예수님은 "네 마음을 다하고 목숨을 다하고 뜻을 다하고 힘을 다하여 주 너의 하나님을 사랑하라 … 네 이웃을 네 자신과 같이 사랑하라(막12:30-31)." 또한 "내가 너희를 사랑한 것 같이 너희도 서로 사랑하라(요13:34)"고 말씀하신다. 이런 맥락에서 보면 영성의 역사는 '나 중심의 역사(I-centered history)가 아니라 타자중심의 역사(people-oriented history)'이다. 곧 영성은 하나님 중심과 이웃 중심으로 펼쳐진다.

---

38) "주의 목전에는 의로운 인생이 하나도 없나이다(시143:2)." 그러나 십자가를 통해서 인간은 부활의 주와 한 몸이 된다(고전 6:17, 갈2:20). 또한 의인으로 인정받고, 하나님의 영으로 인도받는 삶을 살아간다(롬8:14-16).

39) John Murray, *Principles of Conduct*, William B. Eerdmans Publishing(1957), 107.

40) 베르너 슈미트(Werner H. Schmidt), 『구약성경 입문』, 대한기독교서회(2007), 165-166.

41) 십계명은 한편으로 하나님과의 관계를 묘사하고, 다른 한편으로 이웃을 보호하는 기능을 한다. 십계명은 하나님과 이스라엘 백성 사이에 이미 형성된 관계를 유지하게 한다. 십계명에서 부정적인 표현은 하나님 및 인간 관계에서 넘어서는 안되는 경계를 표시하려는 의도를 나타낸다. 그 경계선을 넘어서면 하나님과 인간 관계는 깨어진다. 참조. 베르너 슈미트(Werner H. Schmidt), 『구약성경 입문』, 대한기독교서회(2007), 차준희 역, 167.

42) 슈미트는 이웃을 사랑하라는 계명은 외적인 행위를 초월해서 내적인 것까지 영향을 미치며, 부정문의 형식으로 진술된다고 강조한다(레19:17-18, 출23:4-5, 렘15:11, 잠25:21-22). 또한 그는 이웃을 향한 선은 신앙에 근거한 윤리의 총체라고 서술한다. 참조. 베르너 슈미트(Werner H. Schmidt), 『구약성경 입문』, 대한기독교서회(2007), 523.

구원받은 인간은 '자신이 보기에 좋았더라(I-centered view)'의 삶에서 벗어나 '하나님이 보시기에 좋았더라(God-oriented view)'의 삶으로 변화되어야 한다. 영성화(spiritualization)란 '내 삶의 자리에 하나님을 주인으로 모시는 삶의 과정-하나님 중심의 삶'이다. 또한 자기집착의 삶에서 벗어나 하나님 중심과 이웃 중심을 향해 나아가는 것이다.

영성에 대한 개신교의 여러 교파의 강조점은 뉘앙스를 지니고 있다. 루터교회는 믿음과 칭의 중심적 영성을, 개혁교회는 그리스도와의 연합과 성화 중심적 영성을, 감리교회는 칭의와 성화 중심의 영성을, 오순절교회는 성령중심, 즉 체험과 능력중심의 영성, 또한 묵상주의 신앙공동체는 묵상중심의 영성을 강조해왔다.[43] 이 모든 교회들이 공통적으로 추구하는 것은 믿음, 그리스도와의 연합, 말씀 및 성령으로 나타난다.

3.1. 영성의 역사적 모델

이 땅에 십자가가 세워지기 전까지는 율법이 도덕적 혹은 윤리적 영성을 주도했다. 구약시대 율법은 가장 고상한 삶을 위한 표준이었다(롬7:12, 시19:7-8). 그러나 십자가가 세워지고 '자비와 은혜와 사랑의 영성'이 오자, 율법의 영성은 그 자리를 내어주었다. 즉, 복음영성이 오기 전에는 율법영성이 인간의 의(義)에 대한 기준이었다. 하지만 이제는 은혜를 기초로 한 십자가 영성이 주도하고 있다.[44] 복음은 선포가 중요하다.[45] 오직 예수 그리스도의 십자가만이 왜곡된 인류역사를 회복할 수 있다. 십자가는 하나님의 은혜의 도구이며, 윤리 또는 도덕의 중심이다.[46]

하나님은 이스라엘 백성들을 향해 '하나님의 삶의 방식, 즉 사랑의 대헌장 10계명'을 주어 '하나님 중심의 삶과 이웃 중심의 삶'을 살도록 하셨다. 하나님은 신앙의 거룩화(레1-16장)와 나와 이웃을 향한 생활의 거룩화(레17-27장)를 통해 우리에게 하나님을 향해 나아가는 길을 열어놓았다.[47]

그런 맥락에서 영성의 역사적 모델의 대주제는 '하나님의 사랑과 이웃 사랑'이다. 하나님은 인간을 사랑하셔서 신학적 및 윤리적 측면을 지니고 있는 율법을 주셨다. 또한 그 응답으로서 하나님과 이웃을 사랑하라고 요구하신다. 따라서 영성의 역사적 모델 한복판에는 '하나님 사랑과 이웃 사랑'의 개념이 자리 잡고 있다. 십계명은 나 중심의 삶을 추구하는 것이 아니라 하나님과 이웃중심의 삶을 추구하는 외부 지향적 특성을 지닌다. 십계명은 인간을 향한 하나님 자신의 의도를 구체적으로 설명해준다.[48]

---

43) 권택조, 『영성발달』, 예찬사(1999), 35.
44) 율법과 복음의 영성은 서로 밀접하게 연결되어 있다. 율법은 복음을 향해 갈보리 언덕까지 쉬지 않고 달려왔다. 복음은 갈보리 십자가에서 율법의 요구를 충족시켰다. 율법의 영성과 복음의 영성은 서로 대립하며 서로 돕는다. 복음은 율법과 새 언약을 완성시킨다(참조. 렘31:33).
45) 율법에는 하나님의 공의, 거룩, 주권, 능력이 본성적으로 나타난다. 복음을 통해 예수님 안에 있는 자비와 은혜가 드러난다. 그런 의미에서 복음의 선포는 중요하다. 참조. 마이클 호튼(Michael Horton), 『개혁주의 예배론』, 부흥과개혁사(2012), 윤석인 역, 61.
46) 율법은 죄인을 그리스도에게로 인도하는 역할을 한다. 예수 그리스도는 우리를 거룩한 삶을 살도록 다시 율법에게 돌려보낸다. 곧 "내 영을 너희 속에 두어 너희로 내 율례를 행하게 하리니(겔36:27)."
47) 차준희, 『모세오경 바로보기』, 성경유니온선교회(2013), 136.
48) R. C. 스프롤(R. C. Sproul Jr.), 『하나님을 믿는 다는 것은』(Believing God), 생명의말씀사(2014), 112.

인간은 창조주 하나님보다 피조물을 더 사랑해서 타락하게 되었다. 그래서 죄악이 이 세상에 들어오게 되었다(롬1:18-25). 마귀는 인간을 단계적으로 멸망의 길, 곧 비영성화의 길을 걷게 했다. 지금도 마찬가지이다. 그 과정은 다음과 같다. a) 자아신격화(self-deification): 하나님의 자리에 자기 자신을 앉게 하는 교만을 부추긴다(창3:6). b) 자아탐닉화(self-indulence): 자아신격화 결과는 탐욕과 탐닉의 삶이다(약1:15, 막4:19). c) 자아멸망화(self-destruction): 십자가 없는 자아중심의 삶의 열매는 곧바로 멸망으로 이어진다(고전1:18).

영성생활의 핵심은 '믿음의 진리를 삶 속에서 행동으로 구체적으로 옮기는 것'이다. 인간의 영성화는 성령의 도우심을 통해서 하나님의 말씀을 실천하는 것이다. 그것은 단지 이성적인 사고에 기초한 인간의 의지나 인본주의적인 교육만으로 되지 않는다.

이스라엘 백성은 '종살이 영성'에서부터 '떨기나무 영성', '석비(石碑)의 영성(10계명의 영성, 출32:32, 34:1)', '심비(心碑)의 영성(렘31:33, 렘32:39-40)'을 거치면서 점진적으로 '하나님과의 관계'가 진보되어 갔다.49) 영성 전문가인 리처드 포스터(Richard Foster)는 그의 저서 『생수의 강』에서 기독교 영성 줄기를 여섯 지류로 대별하고 있다.50) 포스터가 요약하는 기독교 영성의 흐름을 보면 포괄적, 다층적, 다차원적이다.

예수님은 모든 영성지류의 원류(源流)요 발원지이다. 리처드 포스터는 조용기 목사를 오랄 로버츠 목사와 함께 카리스마 영성전통 범주 안에 분류한다. 존 웨슬리의 영성개념이 '칭의와 성화와 완전'에 있다면, 그의 영성개념은 위의 6지류의 영성을 모두 내포한다고 볼 수 있다. 영성화 1단계는 죄인이 의인이 되는 것, 2단계는 점진적 성화과정, 3단계는 완전에 도달하는 것이다. 표 1-1에서 보는 바와 같이 영성에 대한 정의 과정들을 개괄적으로 분석해서 정리하자면, 시대와 사람마다 또한 목적하는 바에 따라 다양하게 표현되고 있다.51),52)

---

49) 세계적 미래학자, 문화사역자인 레너드 스윗(Leonard Sweet)은 영성 성장관계의 기본 틀로 다음과 같이 5가지 법칙을 제시한다. a) 성장하는 관계는 깊어진다. b) 성장하는 관계는 강화된다. c) 성장하는 관계는 단순화된다. d) 성장하는 관계는 반복된다(⑩ 거룩한 독서-Lectio Divina). e) 성장하는 관계는 자기를 비운다(케노시스). 예수님은 바로 이와 같은 모범을 보여주셨다. 따라서 그리스도인은 하나님과의 관계를 지속적으로 깊게 하고, 강화시키고, 또한 자신을 비워 예수님을 더욱 닮아가야 한다. 참조. 레너드 스윗(Leonard Sweet), 『관계의 영성』(*Out of the question: into the mystery*), IVP(2011), 160-196.

50) 리처드 포스터(Richard Foster), 『생수의 강』(Streams of Living Water), 두란노(1999):
a) 묵상의 영성전통으로서 기도로 충만한 생활: <u>사도 요한</u>, 안토니우스(Antonius), 고대 교부들, 수도사들. b) 성결의 영성전통으로서 덕의 생활: 야고보, 피비 팔머(Phoebe Palmer), 디트리히 본회퍼(Dietrich Bonhoeffer). c) 카리스마의 영성전통으로서 성령 충만으로 능력 받은 생활: <u>사도 바울</u>, 윌리암 시모어(William Seymour), 아시시의 프란체스코(Francis of Assisi), 조용기(David Yonggi Cho). d) 사회 정의의 영성전통으로서 자비로운 생활: <u>선지자 아모스</u>, 존 울먼(John Woolman), 도로시 데이(Dorothy Day) 등. e) 복음 전도의 영성전통으로서 말씀 중심의 생활: <u>사도 베드로</u>, 히포의 어거스틴(Augustine), 루터, 칼빈 등. f) 성육신 및 성례전적 영성전통으로서 성례의 생활: <u>예수(Jesus)</u>, 수산나 웨슬리(Susanna Wesley) 등.

51) 권택조, 『영성발달』, 예찬사(1999), 35-49. 이 책에 나오는 영성가들의 키워드만 이 책의 저자가 재정리한 것이다. 이 책에는 대표적 영성연구가들 8명 - 샌더스(O. Sanders), 핑크(A. Pink), 카터(J. carter), 위체른(F. Wichern), 리처드(L. Richards), 베너(D. Benner), 엘리슨(C. Elison), 멀로니(N. Malony) 등이 상세하게 서술되어 있다.

52) 리처드 포스터(Richard Foster), 『생수의 강』(Streams of Living Water), 두란노(1999), 427-556. 교회사의 중요 인물들을 참조하기 바란다. 연대기적으로 엮은 다음 책도 영성 역사 이해에 도움이 될 것이다. 류기종, 『기독교 영성』, 은성(1997).

표 1-1. 영성개념의 진보과정과 연대기적 고찰

주 창 자	관점	영성의 정의	비고(필자주)
Origen (185–254)	역사 신학적	순교는 영성발달의 최고봉이다.	하나님과의 관계
Gregory (330–395)	역사 신학적	묵상을 통해 하나님을 바라볼 수 있다.	영성발달의 아버지
Luther (1483–1546)	역사 신학적	타인을 섬김으로 선을 행하게 되며 그러한 삶의 과정을 통해 영성이 발달한다.	칭의 중심의 영성
Calvin (1509–1564)	역사 신학적	수도원에서 명상만 하는 삶이 아니라 매일의 삶 속에서 영적인 삶을 살아야 한다.	성화 중심의 영성 복음전도적
Wesly (1703–1791)	역사 신학적	영성발달을 위해서 설교, 찬송, 교육이 중요하다.	칭의와 성화 중심의 영성
Sanders(1962)	역사 신학적	영성이란 '그리스도를 닮아가는 것'이다.	예수님이 영성의 절대표준
Pink(1971)	실천 신학적	영성은 하나님을 알아감(coginitive), 하나님을 사랑함(affective), 하나님의 뜻을 따라감이다.	3가지 영적 성숙 강조
Carter(1974)	실천 신학적	하나님의 관점에서 나, 이웃, 세상을 바라보아야 한다.	7가지 가이드라인 제시
Vires(1979)	조직 신학적	성령은 인간을 거듭나게 하며, 거듭난 인간이 계속해서 성화되도록 이끌어 준다.	성령의 지정의 강조
Hansen(1982)	실천 신학적	인간의 삶의 본질과 목적을 중심으로 확신에 따라 사는 한 개인이나 공동체의 삶의 스타일이다.	개괄적, 광의적 포괄적인 표현
Richard(1987)	실천 신학적	하나님과 하나되는 삶을 강조한다(Union with God).	하나됨(union)의 삶
Aumann(1987)	역사 신학적	그리스도인의 삶의 핵심은 그리스도를 닮아가는 데 있다.	그리스도를 닮음 (Christlikeness)
Pazmino(1988)	성경 신학적	영성발달이란 이웃 중심의 삶이다.	성경적 책임을 강조
Willard(1988)	실천 신학적	영혼과 육신은 밀접한 관계가 있으므로, 영성이 좋은 사람은 인간성도 좋다.	인간의 전인적 존재를 강조
Ellison(1988)	실천 신학적	영성은 신학과 사회학과 심리학을 연결시켜 준다.	하나님과 이웃과의 관계의 중요성
Maltony(1988)	실천 신학적	영성은 말씀 안에서 자기정체성, 성실성, 영적감화, 적합성(congruency)을 포함한다.	인지, 정서, 행위
Rice(1991)	성경 신학적	하나님 중심의 삶을 살아야 한다.	하나님께 영광 돌리는 삶을 강조
Homes(1995)	실천 신학적	관계를 향해서 나를 여는 것이며, 이것은 전인을 포함하는 우주적 인간 능력이다.	관계적 영성과 우주적 영성 강조
Aumann(1997)	실천 신학적	믿음, 사랑, 다른 덕행들로 말미암는 은총의 내적 생활을 통해 그리스도의 신비에 참여하는 것이다.	내적 영성 강조
Yonggi Cho (2005)	실천 신학적	하나님의 말씀을 마음에 적용하여 믿는 방법은 생각, 꿈, 믿음, 말이다.	4차원영성

나는 영성에 대해 다음과 같이 다양한 측면에서 세분화 및 구체화해서 간략히 정의하고자 한다.

a) <u>존재적 측면</u>: 예수와 연합되어(고전6:17) 영생을 누리는 영원한 존재가 된다.

b) <u>성향적 측면</u>: 말씀 안에서 나 중심의 삶에서 하나님 중심, 이웃 중심의 삶으로 변해가는 과정이다.

c) <u>총체적 측면</u>: 십자가의 능력으로 하나님과의 수직적 관계, 사람과의 수평적 관계, 또한 나 자신과의 전인적 관계를 맺는 과정이다.

d) <u>변화적 측면</u>: 성경에 기초해서 하나님과 이웃과 관계를 맺으며 말씀과 기도와 성령의 능력으로 '예수 그리스도를 닮아가는 영적 삶의 과정'이다.

e) <u>진보적 측면</u>: 삶의 자리에서 말씀을 적용하고, 완전함을 향하여 매일 영적성장을 추구하는 과정이다.

f) <u>실천적 측면</u>: 성령의 9가지 열매, 산상수훈의 팔복의 열매를 삶의 자리와 사회 속에서 맺어가는 과정이다.

g) <u>잠재적 측면</u>: 십자가에 달려 죽으신 예수를 하나님이 살리신 것을 믿음으로 말미암아, 장차 영원한 생명이 궁극적으로 성취될 것을 신뢰하며 나아가는 과정이다.

h) <u>희망적 측면</u>: 하나님의 약속이 예수 그리스도의 복음을 통해 보증되므로 구원의 궁극적인 완성을 내다보며, 역사의 지평을 열어나가는 과정이다.

3.2. 기독교 영성의 시작

기독교 영성의 시작은 성령 안에서 예수 그리스도의 십자가이다. 성육신을 통해서 예수님은 땅과 하늘을 연결해주었다. 모든 그리스도인은 외적 측면의 영성과 내적 측면의 영성을 지니고 있다. 이 두 측면이 서로 균형을 이루어가는 것이 중요하다. 영성의 내적 측면은 하나님과 나의 관계이다. 외적 측면은 나와 이웃의 관계 – '네 이웃을 네 몸과 같이 사랑하라' – 이다. '그리스도인이 되는 것(being)'은 새 사람으로 존재하기 시작하는 것이다(고후5:17). 성령 안에서 '그리스도인으로서 사는 것(becoming)'이란 바로 영적인 성숙을 향해 나아가는 삶인 것이다.

예수님은 십자가의 죽으심과 부활을 통해 죄인들에게 영성의 표준과 모범을 제시하셨다. 12제자들은 그것을 후세대에 전해주었다. 영성의 흐름을 역사적으로 개괄한다면 다음과 같다. 그리스도의 십자가 사역에 기초해서 성령의 역사와 인도로 초대교회의 영성이 생겨났다. 그 영성은 중세교회의 영성, 종교개혁자들의 영성, 청교도 영성, 경건주의자들의 영성, 웨슬리의 감리교적 영성 및 오순절 영성 등과 같은 영성의 흐름으로 이어졌다. 하지만 이 모든 영성의 초점은 예수 그리스도에게 맞추어져 있다(표 1-2).

예수의 제자들은 그리스도의 영성을 그들의 삶과 사역에 적용하였다. 초대교회 영성수련은 표 1-2에서 보는 것처럼53) 순교의 영성, 사막의 영성, 은혜의 영성, 순수 기도의 영성이 중심축을

---

53) 기독교 영성은 말씀과 성령으로 새로 태어나서 성령 안에서 살아가는 삶이다. 따라서 영성의 전통과 역사에 대한 이해는 중요하다. '그때 거기서'의 영성과 '지금 여기서'의 영성은 서로 밀접하게 연결되어 있다. 성령은 시대를 초월해서 개인과 교회에 역사하기 때문이다.

표 1-2. 영성의 역사적 고찰: 초대교회에서 종교개혁까지 영성수련 모델의 특징을 요약하면 다음과 같다.[54] 첫째 초대 교부들은 순교적 영성을 통해 예수 그리스도를 닮아갔고, 사막교부들은 고행과 기도를 통해 예수 그리스도의 삶을 좇아가는 영성을 보여준다. 둘째, 중세교회 영성모델의 특징은 수도원 확장이었으며, 영성의 방향은 두 가지로 나타났다. 한편으로 명상을 통하여 하나님을 체험하며, 다른 한편으로 봉사와 노동을 통해 실천하는 영성이었다. 이 모델은 외형적 변화를 강조하면서, 영적 진보를 추구하였다. 대표적 주창자는 성 베네딕트, 성 프란시스, 디오니시우스 등이다. 셋째, 종교개혁자들의 영성은 내면적 변화를 추구하면서, 동시에 성령의 역사를 통한 영적 진보를 추구하였다. 대표적 인물로는 루터, 칼빈, 존 웨슬리이다.

시대	영성의 특징	키워드	관련 말씀	주창자
초대교회 영성 (교부영성)	순교의 영성	순교, '본받아'	고전15:31	폴리캅, 이그나티우스
	사막의 영성	사막, 광야	신32:10, 암5:25	카시안, 안토니
	은혜의 영성	성령, 경험	딛2:11–15, 느9:26–31	마카리우스, 아우구스투스
	순수 기도의 영성	예수기도, 평화	살전5:17	요한 카시안
중세교회 영성	관상적 영성	하나됨, 자기포기	요15:4–5	디오니시우스, 맥시무스
	실천적 영성	기도, 노동, 순종, 침묵, 겸손	마10:7–13	성 베네딕트, 성 프란시스
	성례전적 영성	성례, 은총	요6:54–58	아타나시우스
종교개혁 이후 영성	믿음의 영성	이신칭의	롬3:24, 갈2:16–21	루터, 칼빈
	중생과 회심의 영성	성령, 경험	요3:3–5	청교도, 조나단 에드워즈
	성화와 성결의 영성	중생, 성결운동	엡4:17–32	18세기 존 웨슬리
	성결의 영성	죄사함으로서 성결 강조	딤전4:7–8 약1:27	19세기 성결 운동가들
20세기 영성	능력 행함: 오순절 영성	성령 중심	행3:1–10	20세기 오순절 운동가들
4차원 영성	생각의 영성	생각	잠4:23, 고전2:14	21세기 조용기 (David Yonggi Cho)
	꿈의 영성	꿈	요삼1:2, 빌1:6	
	믿음의 영성	믿음	롬1:17, 막11:23–24	
	말의 영성	말씀	롬10:10, 잠18:21	

이루었다. 중세교회로 넘어오면서 관상적 영성, 실천적 영성, 성례전적 영성이 중심을 이룬다. 종교개혁 이후부터 믿음의 영성이 근간을 이루고, 중생, 성화, 성결 및 능력 행함의 오순절적 영성이 나타난다. 이 모든 영성을 한 마디로 말하자면 '관계의 영성'이다. 곧 하나님과 나, 나 자신, 나와 이웃, 나와 세상에 대한 관계의 영성이다.[55]

---

54) 신문철, 영성신학, 한세대학교(2011), 강의노트(5강좌).
55) 기독교 영성의 역사에 대해 『기독교 영성의 역사』(1997년판, 은성출판사)를 참조하라. 이 책은 영성을 '초대 기독교의 영성, 초대 수도원의 영성, 중세 기독교의 영성, 근대 교회의 영성'으로 구분하여 서술하고 있다.

3.3. 4차원의 영성

4차원영성은 하나님의 말씀을 인간의 마음에 임재하게 하는 방법을 구체화하는 것이다. 그 말씀은 생각으로, 꿈으로, 믿음으로, 말로 마음에 담을 수 있다. 다시 말해, 그것은 성령의 인격적인 역사다. 4차원영성은 초대교회의 영성, 중세교회의 영성, 종교개혁 이후의 영성에서 벗어난 것이 아니다. 오히려 그와 같은 영성의 흐름의 연장선 위에서 하나님의 말씀을 삶의 자리에 보다 쉽게 적용할 수 있도록 보다 정교하게 구체적으로 다듬어진 영성이다.

진리를 담는 그릇과 전달방법은 시대의 흐름에 따라 다양하지만, 진리 그 자체는 항상 동일하다. 4차원영성은 진리를 바꾼 것이 아니라, 오히려 하나님의 말씀을 인간에게 적용하는 방법을 구체화시켜 하나님과 신자의 관계에 영적인 생명력이 더욱 넘치게 하는 것이다.

4차원영성은 존재의 영성(Spirituality of Being), 관계의 영성(Spirituality of Relation), 사역의 영성(Spirituality of Ministry)을 활성화시킬 수 있는 역동적 도구(dynamic tool)다. 4차원영성 모델의 특성 중 하나는 '하나님처럼 생각하고, 꿈꾸고, 믿고, 하나님처럼 말하는 것'이다. 이 과정 속에서 하나님과 나의 관계, 나 자신, 나와 이웃의 관계, 나와 세상과의 관계에 영적인 생명력이 더욱 넘치게 된다.

고린도후서 5장 17-18절에 관계의 중요성이 언급되어 있다. '하나님과 나' 사이의 화목은 '말씀(Words)'으로, '나 자신'과의 화목은 '변화(metamorphosis)'로, '나와 이웃' 사이의 화목은 사신(messenger)으로, 나와 피조물 사이의 화목은 '사역(ministry)'으로 이루어진다. 바울은 화목에 대해 이렇게 말한다. "모든 것이 하나님께로 났나니 저가 그리스도로 말미암아 우리를 자기와 화목하게 하시고 또 우리에게 화목하게 하는 직책을 주셨으니 이는 하나님께서 그리스도 안에 계시사 세상을 자기와 화목하게 하시며 저희의 죄를 저희에게 돌리지 아니하시고 화목하게 하는 말씀을 우리에게 부탁하셨느니라(고후5:18-19)."

윌호이트(James C. Wilhoit)는 그의 책 『Spiritual Formation』에서 영적성장을 4단계-4R로 설명하고 있다.56) 1단계-수용하기(Receiving): 예배, 고백, 기도 등을 통해 하나님의 은혜에 적극 참여한다(막12:30). 2단계-기억하기(Remembering): 교육, 전도, 묵상, 소그룹 등을 통해 삶 속에 십자가의 은혜와 사랑을 점진적으로 확장시켜 나간다(신16:12, 사46:8-9, 전12:1). 3단계-반응하기(Responding): 하나님의 은혜에 반응을 나타내는 것이다. 곧 하나님과 이웃을 사랑하고 섬긴다. 십자가의 사랑을 전달한다(막10:45). 4단계-적용하기(Relating): 주위 사람과 영적으로 좋은 관계를 맺으며 지속적으로 영적으로 성숙한다(딤전1:14-15, 딤후2:2).

신명기에서는 '기억하라'는 단어가 30회 이상 나온다. 기억하는 것은 영성화를 위해 중요한 도구이다. 신명기에서 기억은 핵심 주제 가운데 하나이다. 하나님과 그의 말씀을 기억하는 것(히. 자카흐)

---

56) James C. Wilhoit, *Spiritual Formation as if the Church Mattered*, Baker Academic(2008). 'Receiving, Remembering, Responding, Relating' 4개의 키워드를 통하여, 저자는 책 전반에 걸쳐서 공동체 안에서 어떻게 하면 그리스도 안에서 성장할 수 있는지에 대해 설명한다.

은 생명과 축복을 누리는 길이다. 반면, 잊어버리는 것(히. 샤카흐)은 사망과 저주에 이르게 한다.[57) 하나님은 자신의 언약을 기억하신다(출2:24, 레26:44). 인간은 과거의 기억을 현재의 삶에 가져와 적용하며 활성화할 수 있다.

시간은 기억을 저장하는 장소다. 제임스 롱(James Long)은 "하나님이 시간을 창조한 한 가지 이유는 과거의 실패를 묻어둘 장소를 마련하기 위해서"라고 주장한다. 그의 말을 "하나님이 시간을 창조한 이유 가운데 한 가지는 지나간 일을 기억하고 회상하기 위해서"라고 바꾸어 표현할 수 있을 것이다. 시편 기자는 "야훼의 옛적 기사를 기억하여 그 행하신 일을 진술하리이다(시77:11)"라고 묘사한다. 아우구스티누스는 기억에 대하여 다음과 같이 말한다. "좋은 기억력은 최고의 효과를 발휘한다. 좋은 기억력이 없으면, 교육을 통해서 주어질 것이 없다."[58)

4. 기독교 영성의 뿌리: 예수 그리스도와 십자가

칼 바르트(Karl Barth)는 "나는 공짜로 구원을 받았지만 하나님은 엄청난 값을 지불하신 것이 십자가의 은혜"라고 말했다. 영산은 그의 설교에서 이렇게 말한다. "십자가를 보면, 하나님이 나를 위해서 얼마나 큰 대가를 지불했는가를 알 수 있습니다. 구원은 공짜가 아닙니다. 하나님 편에서 볼 때 구원은 어마어마한 대가를 지불한 것입니다. 하나님 아버지는 독생자를 주시고, 또한 독생자 예수님은 자기의 생명을 바쳐 우리를 위해 대신 죄를 갚아주신 것입니다."[59)

기독교의 영성은 십자가의 은혜를 체험하는 영성이다. 기독교의 영성은 관계적이며, 생동적이고, 인격적이며, 경험적이다. 예수님은 영성 그 자체이며, 영성의 모체이다. 온전히 의롭고 거룩한 예수님은 십자가에서 죽으시고 부활하심을 통해 죄인들에게 고난의 영성과 부활의 영성을 가르쳤다. 또한 영적 삶의 모델 – 의와 진리와 거룩 – 을 보여주었다(고전11:1).

영산은 예수님은 생명 영성의 모체라고 말한다. "예수님을 모셔 보십시오. 밥 먹듯이 마음에 받아들여 보십시오. 예수님을 마셔 보십시오. 마음에 물 마시듯이 마셔 보십시오. 그러면 변화가 일어납니다. 생명의 역사가 일어납니다. 예수 그리스도는 신학이 아닙니다. 철학이 아닙니다. 이론이 아닙니다. 형식이 아닙니다. 우리에게 생명을 주되 풍성히 주는 생명의 역사가 일어납니다."[60)

언약의 심장으로 오신 예수님은 하나님이 보내주신 영성화의 대표 모델이다. 행동적 영성가로서 오신 예수님은 구원받은 인간이 육적인 삶에서 영적인 삶을 살게 하기 위해 불멸의 영성화 모델을 제시하셨다. 예수 그리스도는 처음과 마지막이요, 알파와 오메가다(계22:13). 예수님 자체가 영성의 근원이시다. 성경말씀을 근거로 대표적 영성형태를 요약하면 다음과 같다.

---

57) 성주진, 『사랑의 마그나카르타』, 합신대학원출판부(2007), 203-204.
58) 빌헬름 게에를링스(Wilhelm Geerlings), 『교부 어거스틴』(Augustinus), CLC(2013), 134.
59) 조용기, "십자가의 도", 주일설교(2012-11-18).
60) 조용기, "십자가의 도", 주일설교(2012-11-18).

<u>첫째, 십자가는 삼위일체 하나님의 영성이다.</u>

구약성경에서 하나님의 본성을 가장 잘 알 수 있는 곳이 율법이라면, 신약성경에서 하나님을 가장 잘 알 수 있는 곳은 십자가다. 영산은 "하나님은 그의 외아들로 하여금 인간의 몸을 입고 세상에 오게 하셨습니다. 그리고 인류를 대신하여 십자가의 형벌을 받게 하셨습니다. 예수님은 죄 없는 자로서 죄 있는 자를 대신하시고 의로운 자로서 불의한 자를 대신하셔서 십자가에 올라가신 것입니다. 그리고 우리를 대신하여 고난당하셨습니다."라고 말한다.[61] 십자가는 삼위일체 하나님의 영성의 모체다. 성령님은 하나님 아버지와 예수님이 십자가를 통해서 하신 일을 시공간을 초월해서 오늘날 우리에게 적용시킨다. 십자가의 복음은 삼위일체 하나님에 의해 인간에게 현재화된다.

예수님의 영성은 삼위일체 하나님의 영성과 불가분의 관계에 있다. 그는 언제나 성부 하나님과 성령 하나님과 하나됨을 이루고 있기 때문이다(요17:21). 예수님과 하나님 아버지와 성령 하나님의 관계는 '상호내재(mutual inter-presence)' 및 상호교제의 신비로운 관계이다(요14:10-11, 요17:5). 영성에서 '상호적 관계의 개념'은 상당히 중요하다(렘31:33).

예수님의 모든 삶의 초점은 성부 하나님께 있었다.[62] 예수님의 영성은 성부 하나님을 닮아가는 영성이었다. 그는 아버지의 영광을 위해 사셨고(요12:28), 마음과 뜻과 목숨을 다해 하나님만 사랑하셨다(마22:37). 하나님은 예수 그리스도를 "내 사랑하는 아들이요 내 기뻐하는 자(마3:16-17, 막1:9-11, 눅3:21-22)"라고 소개하신다. 성부 하나님은 언제나 성자 하나님과 함께 계셨다. 요한복음에서 예수님은 "그 날에는 내가 아버지 안에, 너희가 내 안에, 내가 너희 안에 있는 것을 너희가 알리라(요14:20)"고 말씀하신다. 그리스도를 본 자는 곧 '아버지(요14:9)'를 본 것이다. 말씀이 육신이 된 예수 그리스도는 성육신 영성의 모델이다(요1:14). 이 성육신의 진리는 인간의 영성화 원리 또는 영적성장의 기초다. 인간은 '말씀대로 살면' 거룩하게 되며, 예수님처럼 '타자중심의 삶(other-centered life)' 혹은 '이웃중심의 삶'을 살게 된다.

아타나시우스(Athanasius of Sinai)는 "하나님은 우리가 신이 되게 하시기 위해서 인간이 되셨다."고 말했다.[63] 지난 2000년의 영성 역사를 한마디로 표현하면 '육적 삶'을 말씀의 성육화를 통해 '영성적 삶'으로 현재화시키는 역사였다. 하나님은 말씀이 육신이 되게 해서 예수님을 이 땅에 보내셨다. 그 결과 인간은 '완전한 하나님의 형상을 지닌 완전한 인간의 모습, 즉 예수님의 모습'을 육신의 눈으로 볼 수 있게 된 것이다. 또한 '그리스도를 본받는 삶'이 가능하게 되었다. 그런 맥락에서 지난 2000년 인간의 영성 역사는 성육신한 예수님의 삶을 향한 도전과 응전의 역사였다.

<u>둘째, 십자가는 완전함의 영성이다.</u>

십자가 복음을 통해 죄인은 거룩함(히10:10), 의로움(롬3:22, 롬5:1), 그리고 온전함을 얻는다(히10:14). 영산은 새로운 우리의 신분을 이렇게 정립한다. "그리스도가 죄인의 신분을 가지고 오셔서 죄인인 우리와 연합하시고, 우리를 대신해서 십자가에 못 박혀 죽으셨다가 부활하셔서 승리하셨습니다. 이제 우리는 그리스도의 승리한 신분에 연합해서 함께 값없이 승리와 영광을 선물로 받아 누리게 된 것입니다.

---

61) 조용기, "사랑과 십자가", 주일설교(1991-08-25).
62) 류기종, 『예수의 영성』, KMC(2009), 30-53.
63) 대니얼 클린데닌(Daniel B. Clendenin), 『동방 정교회 신학』(Eastern Orthodox Theology), 은성(2012), 31.

이제는 죄인이 아닙니다. 예수 그리스도의 보혈로 말미암아 값없이 용서를 받고 의롭다함을 얻고 하나님의 영광에 참여하는 영광스러운 신분을 얻게 된 것입니다."[64]

예수님은 "하늘에 계신 너희 아버지의 온전하심과 같이 너희도 온전하라(마5:48)"고 말씀하신다.[65] 누구든지 그리스도 안에 있는 자는 거룩한 행실로 온전함 또는 완전함을 향해 나아가야 한다. 예수님은 제자들의 영성이 진보하도록 기도하셨다. 그는 "저희를 진리로 거룩하게 하옵소서 아버지의 말씀은 진리니이다(요17:17)"라고 기도하셨다.[66]

하나님께서 아브라함에게도 완전하라고 하셨다. 아브라함은 하나님과 온전한 관계를 유지하고, 하나님 앞에서 온전하게 살아야 했다. "나는 전능한 하나님이시라 너는 내 앞에서 행하여 완전하라(창17:1)."

여기서 '완전하라'는 하나님과의 관계를 가리킨다.[67] 해당 절에서 '완전하라'고 번역된 히브리어 단어는 '타밈'이다. 이 단어는 '비난할 점이 없는 또는 흠 없는' 의미를 가지고 있다.[68] 하나님의 자녀는 윤리적 측면뿐만 아니라, 하나님과의 관계 측면에서도 완전해야 한다. 그와 같이 완전한 분은 예수님이시다. 그래서 히브리서의 저자는 이렇게 권면한다. "믿음의 주요 온전케 하시는 이인 예수를 바라보자(히12:2)."

예수님만이 신앙인을 '온전케 하실 수 있는 분'이시다. 완전함이란 거듭난 사람이 그리스도 안에서 온전히 성장한 모습을 가리킨다. 곧 예수님과 온전한 인격적 관계를 지속하는 것이다. 온전하게 되려면, 말씀이 내 마음에 있어야 하고(롬10:6-8), 하나님의 법이 내 안에 활성화되어야 하고(히8:10-11), 성령의 인도하심이 있어야 한다(갈5:18).[69] 그래야 하나님과 이웃을 향하여 사랑을 펼칠 수 있기 때문이다.

---

64) 조용기, "신분", 주일설교(2005-09-18).

65) a) 윤철원(엮음), 『복음과 경건』, 한들출판사(2013), 67-96: 마태복음 5장 48절(Be perfect, therefore, as your heavenly Father is perfect)의 병행구절은 누가복음 6장 36절이다. "너희 아버지의 자비하심 같이 너희도 자비하라(눅6:36)." 마태는 '온전함'을, 누가는 하나님의 성품과 관련된 단어로 '자비함'을 언급한다. 마태복음의 해당 절에 나오는 '온전함'의 의미를 율법의 완성에 대한 결론으로 이해한다면, 마태복음의 판본보다 누가복음의 판본이 예수 어록에 더 가까운 것으로 보인다. b) Bruce B. Barton et al, *Life Application Bible Commentary: Luke*, Tyndale House(1997), 159: 'Therefore be merciful, just as your Father also is merciful(Luke 6:36, NKJV). Here, to be merciful means to refuse to inflict just vengeance, as well as to show compassion. c) 토머스 굿윈(Thomas Goodwin, 1600-1679), 『믿음의 본질 Ⅰ』, 부흥과개혁사(2013), 234-237: 누가는 하나님을 '지극히 높으신 이'라고 말하고, 사람을 '지극히 높으신 이의 아들'이라고 언급한다(눅6:35). 자비는 '지극히 높으신 이'를 완성하는 가장 높은 완전함 중의 하나다. 자비는 하나님의 내면적인 것이며, 하나님의 본성에 속한다. 자비와 은혜는 하나님의 존재와 영광의 특성이다(출34:6-7). 자비의 네 속성 사례: 자비-능력(민14:18-19), 자비-은혜(출33:19), 자비-선(시119:68), 자비-진실(시108:3-5)(pp 191-216). 하나님은 온전함의 원형이고, 사람은 하나님의 온전함을 닮아야 한다. d) 앞에서 서술한 것을 종합하면, '자비(mercy)'는 하나님의 '완전함(perfection)'의 한 속성이다. 바울이 일생동안 성도의 완전함을 향해 달려갔듯이(골1:28), 완전함의 영성은 땅에서 성도가 지속적으로 추구해야 할 영성 가운데 하나이다.

66) 앤서니 후크마((Anthony A. Hoekema), 『구원론』(Saved by Grace), 부흥과개혁사(2013), 275-276: '거룩하게 하다(sanctify)'라는 말은, 'sanctus(거룩한) + facere(만들다)'의 두 라틴어 단어에서 유래, '거룩하게 만들다'라는 뜻을 가진다. 신약에서의 거룩함은 두 가지를 의미한다. 1) 현재의 이 세상의 악한 행습으로부터의 분리. 2) 하나님을 섬기는 일을 위한 성별. 정확히 말하면, 거룩함이란 영적으로 모든 악한 것에서 분리되고, 하나님을 향해 전적으로 헌신하는 것을 의미한다.

67) 차준희, 『창세기 다시보기』, 대한기독교서회(2012), 94.

68) 위클리프 성경주석(The Wycliffe Bible Commentary), 도서출판소망(2011), 46. 이 단어는 그 이상의 의미를 포함하고 있는데 '다방면의 모든 분야에서 완벽하게 갖춘 것'이란 의미가 있다.

인간의 영성의 목표는 '완전함(perfection)에 도달하는 것'이며, 그리스도인의 영적성장의 목표는 점진적 성화(sanctification)를 통해 완전함(perfection)에 이르는 것이다. 어떤 사람이 스스로 한평생 노력한다고 해도 그는 윤리적 또는 도덕적으로 완전함에 이를 수 없다. 따라서 인간은 반드시 성령의 인도함을 받아야 한다. 오직 성령만 그리스도의 보배로운 피로 죄악으로 더러워진 마음을 온전히 씻어서 거룩하게 해주기 때문이다(살후2:13, 벧전1:2, 히2:11). 따라서 '칭의-성화-완전의 영성'은 성경의 가르침에 기초한 기독교 영성의 핵심이다.

바울은 '구원받은 자'를 '완전한 자'로 세우기 위해 구체적으로 3가지 원리 -그리스도를 전파하고(preaching), 훈계하고(disciplining), 가르치는 것(teaching) - 를 제안하고 있다. 바울은 스스로 예수를 본받는 사람이 되려고 노력했다. 그는 일생동안 그리스도 안에서 온전해지려고(perfect) 애쓰며, '완전함을 향한 믿음의 경주'를 했다. 바울은 이렇게 고백한다. "내가 이미 얻었다 함도 아니요 온전히 이루었다 함도 아니라 오직 내가 그리스도 예수께 잡힌 바 된 그것을 잡으려고 달려가노라(빌3:12)."

요약하자면, 십자가를 통하지 않으면 죄인에게 거룩함(히10:10), 의로움(롬3:22), 온전함(히10:14)의 영성에 이를 방법은 없다. 오직 십자가만이 죄인을 의인되게 하고, 영적 결실을 맺게 하며(요14:13), 궁극적으로 하나님께 영광을 돌리게 한다(고전10:31). 예수 그리스도의 십자가의 죽으심, 부활하심, 승천하심을 통해 인간은 죄사함 받고 영생을 얻고 완전함을 향해서 나아간다(신18:13, 마5:48).

<u>셋째, 십자가는 절대 순종의 믿음의 영성을 보여준다.</u>

영산은 "자기를 부인하고 정과 욕을 거부하는 삶이 참된 십자가인 것입니다. 자기를 부인하는 것, 그리고 자기의 정욕과 욕심을 거부하는 삶, 이것이 십자가입니다. 자기중심으로 살지 않고 모든 일에 하나님 중심으로 생각하고 말하고 판단하려고 노력하며 그를 위해서 자기를 쳐서 복종시키는 이와 같은 삶이 바로 십자가입니다."라고 말한다.[70]

예수 그리스도는 십자가 위에서 하나님의 뜻에 절대 순종하는 모습을 보여주셨다. 십자가의 믿음이란 하나님과 그의 말씀과 뜻에 전적으로 순종하는 삶이다. 십자가는 하나님 아버지에 대한 그리스도의 신뢰와 순종의 절정이다. 하나님은 그의 아들 예수를 '화목 제물(롬3:25)'로 세우셨다. 예수님이 우리를 위해서 화목제물이 되심으로써 우리의 죄가 덮어져 죄사함을 받게 된다. 다시 말해 예수님의 죽으심으로 하나님과 회목하게 되고, 우리는 하나님 앞에 설 수 있게 되었다(골1:21-22). 예수님은 십자가를 통해서 자기 비움, 순종, 겸손을 보여주신다.

<u>넷째, 십자가는 사랑의 영성을 보여준다.</u>

영산은 "천국은 용서와 사랑으로 이루어지는 것입니다. 사랑은 십자가의 고통 위에서만 피어나는 꽃입니다. 예수 그리스도의 십자가 위에서 우리가 용서하고 사랑하는 꽃이 핍니다. 우리의 인

---

69) 성령님은 우리 안에 임하셔서 4가지 채널로 인도해 주신다. a) 하나님의 말씀을 통하여 우리를 인도하신다(시119:105). b) 우리 마음에 꿈과 소원을 주셔서 인도하신다(빌2:13). c) 우리에게 계시를 주어서 인도하신다(요16:13). d) 우리 마음속에 있는 양심을 통하여 인도하신다(히9:14). 조용기, "삶의 위기를 당할 때", 주일설교(2015-05-24).

70) 조용기, "참된 십자가", 주일설교(1995-09-03).

생 속에 천국의 영광스러운 꽃이 피기 위해 우리가 십자가를 지고 내게 죄지은 자를 용서하고 사랑해야 합니다.”라고 말한다.71) 십자가는 사랑의 꽃이 피는 천국 밭이다.

십자가는 하나님의 사랑 그 자체이자, 하나님 자신을 드러내는 곳이다. 영산은 그리스도와 함께 십자가 위에서 죽어야 용서와 사랑이 온다고 말한다. “내가 십자가에 매달려 죽어야 하나님의 은혜가 임하고 열매가 맺힙니다. 죽지 않으려고 발버둥을 치고 있으면 안 됩니다. 내가 살아 있으면 절대로 화해와 사랑이 오지 않습니다. 자아가 죽어 십자가에 매달리면, 그리스도를 통하여 용서와 화해와 사랑이 넘쳐나게 됩니다.”72)

십자가는 죄인을 거룩하게 만들어(히10:10), 선한 일을 하게 한다(딤후3:17, 히13:21). 또한 궁극적으로 영광과 존귀와 평강이 있게 한다(롬2:10). 십계명은 ‘하나님을 사랑하는 영성, 이웃을 사랑하는 영성’으로 이루어져 있다. 따라서 십계명의 영성은 영성생활의 핵심이다.

하나님 사랑과 이웃 사랑은 영성을 진보시키는 원동력이다. 사랑의 원천은 십자가다. 이 세상에는 두 개의 사랑 – ‘하나님의 사랑’과 ‘인간의 사랑’ – 이 서로 조화를 이루며 존재한다.

    a) 하나님의 사랑: “하나님이 세상을 이처럼 사랑하사 독생자를 주셨으니 이는 그를 믿는 자마다 멸망하지 않고 영생을 얻게 하려 하심이라(요3:16).”

    b) 인간의 사랑: “그가 우리를 위하여 목숨을 버리셨으니 우리가 이로써 사랑을 알고 우리도 형제들을 위하여 목숨을 버리는 것이 마땅하니라(요일3:16).”

사랑은 하나님의 말씀의 진리에 기초하며 그것을 실천한다. 하나님의 사랑이 인간의 영혼에 접목되면, 그 사랑은 하나님과 이웃을 향하여 구체적으로 표현된다. 프랑스의 유명한 미술가 루오(Georges Henri Rouault)의 작품 중에 이런 말이 있다. “향나무는 자기를 찍는 도끼날에도 향을 묻힌다.” 하나님은 인간을 사랑하기 위해 십자가 위에 영원한 사랑의 향기를 남기셨다. 2001년 9월 미국 세계무역센터가 무너져 내릴 때 납치된 비행기가 추락하기 직전에 사람들이 남긴 마지막 메시지는 한결같이 모두 ‘사랑’이라는 키워드였다.73)

---

71) 조용기, “사랑과 십자가”, 주일설교(1991-08-25).

72) 조용기, “아! 십자가”, 주일설교(2002-12-01).

73) 2001년 9월 11일–생명이 다하는 극적 상황에서 사람들이 남긴 마지막 메시지의 공통점은 ‘사랑’이었다. “여보, 사랑해. 뭔가 엄청난 일이 벌어진 것 같아. 근데 나는 아마 살 수 없을 것 같아. 아이들 잘 부탁해(세계무역센터에 있는 직장에 출근해 참변을 당한 스튜어트 멜처가 부인에게).” “여보, 당신을 정말 사랑해. 사랑해. 사랑해. 우리 딸 에미 좀 잘 돌봐줘. 당신이 남은 인생에서 어떤 결정을 하든 꼭 행복해야 돼(피츠버그 추락 여객기에 타고 있던 승객 제르미 글릭이 부인에게).” “빌딩이 지금 뭔가에 맞은 것 같아. 내가 여기서 빠져나갈 수 있을지 모르겠어. 여보, 정말 당신을 사랑해. 살아서 당신을 다시 봤으면 좋겠어. 안녕(세계무역센터의 채권거래회사 캔터 피츠제럴드의 케네스 밴 오켄이 부인에게).” “엄마, 우리 납치당했어. 저기 세 명이 있는데 폭탄을 가졌대. 엄마, 사랑해. 사랑해. 사랑해(피츠버그에 추락한 여객기에 탔던 마크 빙햄이 피랍 직후 어머니 앨리스 호글런에게).” “여보, 우리 비행기가 납치됐어. 아무래도 여기 탄 사람 모두 죽을 것 같아. 사랑해. 여보(피츠버그에 추락한 여객기에 탔던 사업가 토머스 버넷이 부인에게).” “엄마, 이 건물이 불에 휩싸였어. 도저히 숨을 쉴 수가 없어. 엄마, 사랑해. 안녕(세계무역센터에 갇혔던 베로니크 바워가 어머니에게).” “여보, 내가 탄 비행기가 납치됐어. 그런데 상황이 아주 안 좋은 것 같아. 여보, 나 당신 사랑하는 거 알지. 당신 다시 볼 수 있게 되면 좋겠어(세계무역센터에 충돌한 여객기에 타고 있던 승객 브라이언 스위니 전화자동응답기를 통해 부인에게).” 참고. 국민일보(2001년 9월).

하나님에게 가장 소중한 단어가 '사랑'이었다면, 하나님을 닮은 인간에게도 가장 소중한 단어는 '사랑'이다. 아동심리학자들은 사랑의 개념을 4가지- '나는 사랑받고 있다', '나는 사랑할 수 있다', '나는 나를 사랑한다', '나는 이웃을 사랑한다'- 로 분류하고 있다. 그런 맥락에서 4가지 사랑의 대표 모델은 예수님이시다.

<u>다섯째, 십자가는 의로움과 거룩함의 영성을 계시해 준다.</u>

그리스도가 십자가를 진다는 것은 아담이 잃었던 의와 거룩의 신분을 사람들에게 회복시켜주려는 것이다. 영산은 그리스도의 십자가의 공로로 죄인이 구속을 받고 잃었던 신분을 회복한다고 강조한다. "미국의 목사이자 신학자이며 대각성운동을 주도했던 조나단 에드워즈(Jonathan Edwards)는 예수님의 구속은 두 가지 목적을 성취하였다고 말했습니다. 첫째, 예수님이 우리 죄를 대신 갚으심으로 하나님의 뜻을 이루시고 하나님을 기쁘시게 했다는 것입니다. 둘째, 예수님은 아담 이후 잃었던 인류의 신분을 되찾아주셨다는 것입니다. 그래서 믿는 자마다 하나님의 자녀가 되고 하늘나라의 상속자가 되었다고 말했습니다. 우리의 삶에 예수님의 생명이 나타나기 위해서 우리는 항상 십자가를 져야 합니다."74)

십자가는 죄인을 의인으로 승화시켜 새로운 신분으로 승화시킨다(히10:10, 14, 롬3:22). 본래 인간은 '거룩하고 의로운 상태'에서 살도록 지음 받았다(엡4:24). 인류의 대표 아담과 하와는 마귀의 꾐에 빠져서 의와 거룩을 잃어버렸다. 십자가를 통해 신자는 다시 거룩함(히10:10)과 의로움(롬3:22)을 회복한다. 이제 신자는 성령 안에서 거룩함과 의로움을 추구하는 삶을 살아간다. 영산은 이렇게 말한다. "인간의 힘과 능력으로 거룩하게 되는 것이 아니라, 거룩하게 만드는 성령이 오셔서 우리를 거룩하게 하는 것입니다. 성령이 오셔서 우리와 함께 계시고 기도하므로 거룩하게 되고 말씀을 읽으므로 거룩하게 되고 예배를 드리므로 거룩하게 됩니다."75)

영성의 진보는 하나님의 은혜 안에서 성령의 도움과 인간의 노력으로 성취된다. 하나님은 자기 자신이 거룩하다고 말씀하시고(레11:45), 거룩하라고 명령하시고(레11:45), 거룩하게 하시겠다고 약속하신다(레20:26, 21:8, 22:9). 나아가 거룩은 성령님이 이루어 가신다.

영산이 강조하는 것처럼 십자가는 의로움과 거룩함을 추구한다. "세속적 쾌락과 정욕을 거부하는 삶이 십자가입니다. 술 취함과 방탕함과 무분별한 삶, 도박, 마약 등 이와 같은 것들을 단호하게 부인하고 하나님 앞에서 의롭고 거룩하게 사는 삶을 추구하는 것이 곧 십자가입니다."76)

<u>여섯째, 십자가는 관계의 영성을 제공해준다.</u>

"예수님만이 하나님과 인간 사이의 원수관계를 청산하고, 인간 관계의 몰이해, 미움, 분노를 중화시키는 십자가의 능력을 나타낼 수 있습니다. 예수님의 십자가 이외에, 우리 자신에게는 용서와

---

74) 조용기, "십자가에서 출발한 구속의 은혜", 주일설교(2010-08-08).
75) 조용기, "십자가에서 이룩하신 예수님의 은혜", 주일설교(2007-10-07).
76) 조용기, "참된 십자가", 주일설교(1995-09-03).

의와 사랑으로 변화될 능력이 없습니다. 힘으로도 능으로도 되지 않고, 오직 예수님의 십자가로 가능하게 되는 것입니다."77)

십자가는 '하나님과 나의 관계, 인간과 인간의 관계, 인간과 피조세계의 관계'를 회복시켜 준다. 그래서 인간이 하나님이 원래 의도하시던 방향으로 나아가게 한다. 신앙생활의 근본은 하나님과의 인격적 사귐에 있다(요일1:3). 캐빗 로버츠(Cavett Roberts)는 이렇게 말한다. "사람들이 나를 이해한다면, 나는 그들의 관심을 이끌어낼 수 있다. 사람들이 나를 신뢰할 수 있다면, 나는 그들의 행동을 이끌어낼 수 있다." 예수님은 신뢰할 수 있는 분이므로, 그분과 우리는 동행할 수 있다. 성령님은 예수님을 이해하고 신뢰하도록 이끌어서 우리가 예수님과 동행하게 하신다. 예수님은 성령에 의해 잉태되었다(마1:18). 성령이 그에게 충만히 임하셨다(마3:16-17). 성령이 그를 인도하셨다(마4:1). 성령 안에서 그는 헌신하셨다(히9:14). 성령을 통해 그는 부활하셨다(롬8:11).

<u>일곱째, 십자가는 생명의 영성을 준다.</u>

영산은 "복음이란 복잡하지 않습니다. 우리는 단순하게 십자가에 못 박혀 몸이 찢어지고 피 흘려 우리를 구원해주신 예수 그리스도의 복음에 대해서 말합니다. 예수님의 십자가가 바로 우리의 죄와 죽음을 해결해주고, 또한 그의 부활은 우리에게 영생을 줍니다."78)

십자가는 믿음을 탄생시켜(롬3:25), 의인되게 하고(롬3:22), 또한 생명을 주어 예수 안에 머물게 한다(요14:20, 고전6:17). 예수를 믿는 사람의 안에는 영생의 씨가 뿌려져 있다. 생명의 근원이신 하나님 아버지는 그의 아들 예수에게도 생명을 주셨다(요5:26). 그러므로 예수님은 길이요, 진리요, 생명이다. 따라서 예수님 안에 있는 사람에게는 영생의 영성이 그의 안에서 역동적으로 존재한다. 예수님은 "나는 부활이요 생명이니 나를 믿는 자는 죽어도 살겠고, 무릇 살아서 나를 믿는 자는 영원히 죽지 아니하리니(요11:25-26)"라고 선언하셨다.79) 예수님은 "자기의 생명을 사랑하는 자는 잃어버릴 것이요, 이 세상에서 자기의 생명을 미워하는 자는 영생하도록 보전하리라(요12:25)"고 말씀하신다.

<u>여덟째, 십자가는 복음의 영성을 준다.</u>

영산은 "예수 그리스도의 복음을 위해서 그리스도의 영광을 위해서 나 스스로 자원해서 짊어지는 십자가가 있습니다. 그것은 바로 이웃을 사랑하는 십자가입니다."80) 복음을 통해 나타나는 하나님의 의는 예수 그리스도의 구속으로 성취된다. 하나님이 구약시대에는 그분이 선택하신 사람들을 통해 '계시적 및 행동적 설교'를 하셨다면, 신약시대에는 '하나님의 아들, 독생자 예수'를 통하여 '성육신적 설교'를 하신다. 복음의 핵심은 예수 그리스도의 십자가와 부활의 사건이다. 십자가는 사랑과 용서의 결정체이다. 예수를 믿음으로 거듭난 신자는 하나님의 말씀의 원리와 방법에 기초해서 살아야 한다.

---

77) 조용기, "십자가와 인간 관계", 주일설교(2011-08-21).
78) 조용기, "십자가의 도", 주일설교(2012-11-18).
79) 위르겐 몰트만(J. Moltmann), 『희망의 윤리』(Ethik der Hoffnung), 대한기독교서회(2012), 120-121.
    보에티우스(Boethius)의 영원개념: "영원은 무제한적이고 전체적이며 동시적이며 완전한 향유이다."
80) 조용기, "참된 십자가", 주일설교(1995-09-03).

5. 영성의 모델들

기독교 영성의 핵심은 하나님과의 만남에서 비롯되는 관계의 영성이다.[81] 곧 하나님은 영성 수여자이시며, 인간은 영성 수납자다. 영성이란 변하지 않는 상태로 존재하는 것이 아니다. 그리스도인은 일평생 영적으로, 그리고 지속적으로 말씀과 믿음 안에서 성장해가야 한다. 모든 영성은 궁극적으로 하나님의 영광을 추구한다(고전6:19-20).[82] 그 영성은 우리와 함께 하시는 하나님과의 친교를 통해서 활성화된다. 영산은 이렇게 강조한다. "영의 사람이 사는 방식은 하나님, 말씀, 성령의 역사, 천국과 지옥 등 육신의 감각으로 체험할 수 없는 것을 있는 것 같이 믿으며 사는 것입니다. 이 영적세계는 우리의 생각 속에(잠4:23), 꿈 속에(빌2:13), 믿음 속에(히11:1), 말 속에(잠18:21) 있습니다."[83] 바울도 성도들의 영적성숙을 강조하면서, 말씀으로 든든히 서라고 권고하고 있다(행20:32).

하나님을 닮아가려면 하나님에 대한 체험적 지식이 있어야 한다. 바울은 성도들의 성경 지식이 확장되기를 바랐다. 그는 "그들이 하나님께 열심이 있으나 올바른 지식을 따른 것이 아니니라 하나님의 의를 모르고 자기 의를 세우려고 힘써 하나님의 의를 복종치 아니하였느니라(롬10:2-3)"고 지적한다. 하나님을 닮아간다는 것은 하나님의 의를 닮아가는 것이다. 하나님이 어떤 분이신지를 의(義)를 경험함으로써 알아가게 된다. 영성진보에서 중요한 4가지 요소는 자아에 대한 인식, 영성 목표(예수님을 따르는 삶), 성령의 인도, 영성훈련 모델이다. 기독교 영성 역사를 통해 영성진보 모델을 보면 다음과 같은 것이 있다.[84]

<u>첫째,</u> 그리스도 본받음의 모델(The Imitation of Christ): 그리스도를 본받는다는 것은 예수님의 삶의 발자취 - 십자가의 고난 및 부활 - 를 따라가는 것이다. 더 구체적으로 말하면, 예수님의 의와 진리의 거룩함을 본받는 것이다(엡4:23-24). 예수님의 영성 스타일은 의로움으로 사악함을 이기셨고, 진리로 거짓을 물리치셨다. 또한 사랑으로 미움을 이기셨고, 죽음으로 생명을 얻으셨다.

전통적 모델로서 영성생활의 주요 내용은 '예수의 고난을 본받음', '내면적인 것으로 덕을 본받음', '예수의 생애에 대한 명상'으로 이루어진다. 이 주제와 관련된 저서들로서 토마스 아 켐피스(Thomas a Kempis)가 저술한 『그리스도를 본받아(The Imitation of Christ, 14세기)』, 로욜라의 이냐시오(Ignatius of Loyola)가 저술한 『영신수련(The Spiritual Exercises, 16세기)』 등이 있다.

---

81) 기독교 영성에 대한 기본적 이해를 위해서 다음 책을 참조하라. 마이클 다우니, 『오늘의 기독교 영성 이해』, 은성(2001). 영성개념은 명제적 개념으로 서술하기 어렵다. 포괄적·다층적·다각적으로 인식할 필요가 있다.

82) John Owen, *The Glory of Christ*, Versa Press(2012), 2. "땅 위에 살든, 장차 천국에서 영원히 살든, 신자(believer)가 갖는 가장 위대한 특권이란 '그리스도의 영광'을 보는 것이다." 성도는 지금 그리스도의 완전한 형상을 거울로 보는 것같이 희미하게 본다(고전13:12). 하지만 장차 그리스도의 영광의 실재(reality)를 보게 될 것이다.

83) 조용기, "없는 것을 있는 것같이", 주일설교(2007-11-25).

84) 영적성장 과정의 역사적 모델(그리스도를 본받음의 모델, 상승모델, 영적여정 모델 등)에 대하여는 다음 책을 참조하라. 유해룡, 『영성의 발자취』, 장로회신학대학교출판부(2011), 140-159.

둘째, 영적 여정 모델(Spiritual Journey): 십자가는 하늘과 땅을 연결하여, 땅을 딛고 사는 자가 하늘의 삶을 살도록 한다. 그리스도인은 천상을 향하여 걸어가는 나그네다. 영적성장의 과정을 자아를 향한 내적 여행으로 보고, 최종적인 종착지를 하나님의 도성에 도달하는 것에 비유한다. '영적 순례(Spiritual Pilgrimage)'라고도 하는 이 모델은 기독교 영성 역사에서 중요한 이미지로 받아들여지고 있다. 어거스틴(Augustine, 354-430)의 『고백록(Confessions)』과 『신의 도성(The City of God)』, 존 번연(John Bunyan)의 『천로역정(The Pilgrim's Progress)』 등이 있다.

셋째, 상승모델(Union with God): 십자가는 죄(罪)를 소멸시키고, 의(義)를 탄생시킨다. 의인으로서의 삶의 기초는 '나의 영과 그리스도 영이 연합된 삶'이다(고전6:17, 고전2:16, 롬6:4-5, 갈2:20). 영성의 삶이란 내 안에 계시는 그리스도의 삶을 사는 것이다. 클레멘스(Clement of Alexandria)는 영적성장 3단계를 정화(purification)의 단계, 조명(illumination)의 단계, 완성(perfection) 또는 하나됨(unity)의 단계로 구분하였다.[85] 성령으로 충만한 상태가 되면, 우리와 주님이 하나가 된다. "그 날에(오순절) 내가 아버지 안에, 너희가 내 안에, 내가 너희 안에 있음을 너희가 알리라(요14:20)." 거룩한 은혜로 마음이 가득하게 되면, 오직 주님의 생각, 뜻, 믿음 및 언어로 살게 된다.

영적 여행자는 자신의 영적 위치를 인식함으로 자신의 영성 형성(spiritual formation)을 활성화시킬 수 있다.[86] 이 주제와 관련된 책으로 위(僞) 디오니시우스(Pseudo-Dionysius, 5세기 후반)의 저서 『신의 이름(The Divine Names)』, 『신비 신학(The Mystical Theology)』, 『천상의 계층(The Celestial Hierarchy)』 등이 있다. 주의 영과 하나된다는 것은 곧 나의 생각이 아니라 오직 주의 생각으로 사는 삶이다.

넷째, 렉시오 디비나(Lectio Divina) 모델: 하나님과의 일치 또는 영성 형성(spiritual formation)을 위해 영적성장 단계를 4단계 '독서-묵상-기도-관상'으로 나눈다.[87] 독서로 읽고, 듣고, 연구하고, 묵상으로 깨닫고, 기도를 통해서 열린 마음으로 말씀과 함께 하나님께 드리고, 관상으로 하나님과 하나됨(union)에 이른다. 곧 하나님의 임재를 경험한다.[88] 이 주제와 관련된 책으로서 귀고 2세(Guigo II)의 『관상생활에 대해 쓴 편지』, 『수도승의 사다리(The Ladder of Monks)』가 있다.

렉시오 디비나는 영적 독서방법으로써 말씀을 육화하는 영성이라 할 수 있다. 성경적 근거로서 느헤미야 8장에서 렉시오 디비나 모델에 대한 한 가지 예를 볼 수 있다. "하나님의 율법책을 낭독하고 그 뜻을 해석하여 백성에게 그 낭독하는 것을 다 깨닫게 하니 백성이 율법의 말씀을 듣고 다 우는지라(느8:8-9)." 그들은 하나님의 말씀을 듣고, 깨닫고, 회개하고 울었다. 곧 독서와 묵상과 기도 중에 하나님의 임재를 체험하였다. 렉시오 디비나는 기독교 전통 안에서 영적 형성을 위한 중요한 방법 중의 하나다.

---

85) 류기종, 『기독교 영성』, 은성(1997), 46-48.
86) "영성 형성이란 무엇인가? 인격의 필수 부분들을 변화시켜 그리스도를 닮기까지 사람이 변화되는 과정이다." 참조. 달라스 윌라드(Dallas Willard), 『하나님의 임재』(Living in Christ's Presence), IVP(2016), 윤종석역, 16.
87) 자세한 설명은 다음 책을 참조하라: Glen G. Scorgie, *Dictionary of Christian Spirituality*, Zondervan(2011), 768-769.
88) 유해룡, 『영성의 발자취』, 장로회신학대학교출판부(2011), 262-279.

　　<u>다섯째, 예수기도 모델</u>: 예수기도는 동방정교회의 영성에서 대표적인 한 가지 방법이다. 대표적 기도모델의 예는 다음과 같다. "주 예수 그리스도, 하나님의 아들이시여, 죄인인 저를 불쌍히 여기소서." 예수기도는 3단계, 첫째, 입술로 드리는 외적 기도, 둘째, 평정심을 가지고 드리는 내면적 기도, 셋째, 성령이 도우심 안에서 드리는 육과 영이 연합된 기도로 이뤄진다.[89] 이 모델에 기초해서 반복적으로 기도하여 하나님의 마음과 하나됨에 이를 수 있다고 한다.

5.1. 4차원영성의 모델

　　이제 4차원의 영성을 좀 더 원론적으로 접근해보자. 십자가는 새 생명, 새 존재를 탄생시켜(고후 5:17) 하나님의 영광을 찬송하도록 만든다. 영성이 깊어진다는 것은 하나님 관점에서 보면 말씀의 능력으로 하나님과의 친교의 삶(요일1:3) - '거룩한 삶(히10:10, 레11:45), 온전한 삶(히10:14), 예수를 닮아가는 삶(롬8:29, 갈4:19)' - 을 산다는 것이다. 의와 거룩의 하나님은 우리를 거룩하게 하신다. 하나님은 "내가 거룩하니 너희도 거룩하라(벧전1:16)"고 선포하신다. 평강의 하나님은 친히 우리를 거룩하게 하신다(살전5:23). 예수님께서도 제자를 거룩하게 하기 위해 스스로 십자가를 지심으로 거룩하게 되셨다. 곧 예수는 "저희를 위하여 나를 거룩하게 하오니 저희도 진리로 거룩함을 얻게 하려함(요 17:19)"이라고 말한다.

　　하나님 관점에서 거룩훈련은 하나님의 백성들이 예수를 닮아가게 하는 하나의 과정이다(요15:21, 갈4:19). 거룩해야 옳은 일, 선한 일, 사랑, 신실함, 오래 참음 같은 도덕적 열매를 맺을 수 있다. 거룩은 선한 일을 탄생시켜 영광의 삶을 살게 된다(딛2:14, 롬2:10). 근본적으로 신자가 거룩해야 선한 마음으로 선한 일을 할 수 있다(딛2:14). 거룩하신 하나님은 자신의 하늘에 계시면서, 동시에 땅을 살펴보시며, 사람들을 보살피신다.

　　a) <u>하늘궁전에 계심</u>: 하늘은 하나님의 보좌이며, 하나님은 '영원' 안에 계신다(초월적). 성경은 여러 가지 방법으로 묘사하고 있다. "그의 궁전을 하늘에 세우시며(암9:6)", "하늘에 계신 자(시2:4)", "야훼께서 그의 보좌를 하늘에 세우시고(시103:19)", "주의 거룩한 처소 하늘에서 보시고(신 26:15)", "하늘에 계신 주여(시123:1)", "하늘에서부터 그의 음성을 네게 듣게 하시며(신4:36)."

　　b) <u>지상을 감찰하심</u>: 하나님은 하늘에서 땅을 감찰하시고, '시간' 안에 들어와 계신다(내재적). "그 궁창의 기초를 땅에 두시며(암9:6)", "야훼께서 하늘에서 굽어보사 모든 인생을 살피심이여(시33:13)", "보좌는 하늘에 있음이여 그의 눈이 인생을 통촉하시고(시11:4)", "야훼께서 그의 높은 성소에서 굽어보시며 하늘에서 땅을 살펴보셨으니(시102:19)."

　　하나님은 하늘에 계시지만(초월적), 동시에 땅에도 계신다(내재적). 또한 우리 안에도 계신다. 영원 전부터 존재하시는 하나님은 또한 시간과 함께 존재하신다. 하나님은 시간과 공간을 지으시고 그것을 품으시면서, 그 안에서 피조물인 인간과 함께 자신의 뜻을 성취해 나가신다. 하나님은 하늘

---

89) 박찬희, 『동방정교회 이야기』, 158-161.

과 땅을 업무 공간으로 삼으시고, 그 안에서 일하신다. 하나님은 시간, 공간, 물질을 창조하신 분이시다(창1:1).

그렇다면 하나님은 자신의 뜻을 펼치기 위해 어떻게 피조물과 함께 일하실까? 그 핵심은 '말씀'에 있다. 말씀은 하늘과 땅을 연결하는 중개자로 활동한다(시147:15, 시107:20). 동시에 말씀은 이 땅에서 살아가는 사람들을 거룩하게 하는 은혜의 수단이다. 인간은 "하나님의 말씀과 기도로 거룩(딤전4:5)"하게 된다. 성령 안에서 말씀은 하늘과 세상과 이 땅 위의 피조물을 하나의 장(場)으로 통합하는 능력의 씨를 품고 있다.

4차원의 영성은 성령 안에서 말씀의 영성이다. 바꾸어 말하자면, 4차원영성은 하나님의 말씀을 이 세상에 선포해서 하나님 나라를 확장시켜 나가고, 사람들이 하나님 나라의 원리와 윤리에 부합하는 삶을 추구하게 하는 모델이다(시84:2, 10). 원론적으로 이해하면, 4차원영성은 하나님의 말씀을 기초로 한 생각, 꿈, 믿음, 말로서 궁극적으로 거룩함과 의로움을 추구한다.90) 영성의 진보를 위한 모든 영적훈련이 의와 거룩을 위한 수단이 되어야 한다. 아담이 잃었던 거룩함과 의로움을 점진적으로 회복하는 것이 영성적 삶의 진수이다. 그것은 또한 하나님의 뜻이기도 하다(살전4:3, 레11:45, 21:8, 22:9).

또한 4차원영성은 말씀을 통해, '나 자신의 삶의 존재방식'을 '하나님의 삶의 방식'에 참여시키고 활성화시키는 것이다. 다시 말해, 4차원영성이란 "하나님의 말씀을 기도와 믿음으로 내 마음 밭에 심어서, 영적 4요소 – 생각, 꿈, 믿음, 말 – 를 통하여 하나님의 말씀을 오늘 여기서 내 삶의 한복판에 구체적으로 실천하는 삶"이다.

영산은 신앙생활의 목표가 '예수님을 닮아가는 것(Christlikeness)'이라고 강조한다. "신앙생활의 궁극적 목표는 예수님을 닮는 것입니다. 하나님께서 우리를 부르신 목표는 우리가 성장하여 예수님을 닮아 의롭고 영화롭게 되도록 하기 위한 것입니다."91) 그래서 그는 무엇보다 성령운동과 기도영성을 강조한다. "기도하지 않는 성령운동은 있을 수 없고 성령운동 없는 영성은 있을 수 없습니다. 그러므로 영성운동은 기도운동입니다. 기도를 통하여 내적 영의 개발이 이루어질 때 영성운동이라고 부를 수 있습니다."92)

5.2. 그리스도를 닮아가는 4차원영성

예수님은 제자들에게 "하늘에 계신 아버지가 온전하심과 같이 너희는 온전하라(마5:48)"고 말한다.93) 온전하게 된다는 것은 점점 예수님을 닮아가며 그와 하나됨을 이룬다는 말이다. 예수님과 하나됨을 이룬다는 것은 "하나님의 생각, 꿈, 믿음, 말을 나의 것으로 삼아서 그것을 삶의 자리에서 실현해 나가는 것"이라고 볼 수 있다. 하나님은 자신을 거룩하신 분이라고 선언하신다(레11:45).

---

90) 조용기, "내 능력이 약한 데서 온전하여 짐이라", 주일설교(2011-03-20).
91) 조용기, "신앙생활과 신앙인격", 주일설교(2012-05-06).
92) 홍영기, "영성운동은 기도운동입니다", 월간 교회성장(2003, 5월호), 14.
93) "곧 내가 저희 안에, 아버지께서 내 안에 계셔 저희로 온전함을 이루어 하나가 되게 하려 함은 아버지께서 나를 보내신 것과 또 나를 사랑하심과 같이 저희도 사랑하신 것을 세상으로 알게 하려 함이로소이다(요17:23)."

우리에게 거룩하라고 명령하신다(레11:45). 나아가 우리를 거룩하게 하시겠다고 약속하신다(레21:8). 그러므로 하나님의 은혜로 우리가 거룩하게 되는 것(수동적)이지, 우리가 스스로 자신을 거룩하게 만드는 것(능동적)이 아니다. 인간은 말씀으로(딤전4:5), 믿음으로(행15:9), 기도로(딤전4:5), 그리고 성령(고전6:11)으로 '거룩하게 되는 존재(수동적)'이다. 즉, 피조물은 창조주 하나님의 주권 아래서 살고 있는 존재다.

바울은 "사랑을 입은 자녀같이 너희는 하나님을 본받는 자(엡5:1)"가 되라고 말한다. 나아가 바울은 "내가 그리스도를 본받는 자된 것 같이 너희는 나를 본받는 자가 되라(고전11:1)"고 강조한다. 4차원영성은 하나님의 도덕적 성품 – 거룩하심, 의로우심, 자비하심, 사랑하심, 선하심 등 – 을 닮아가는 데 구체적인 방법을 제시해 준다.94) 다시 말해, 그리스도 안에 있는 사람은 성령 안에서 하나님처럼 생각하고, 꿈꾸고, 믿고, 입술로 선언하는 지속적인 친교 과정을 통해 '하나님의 성품'을 점진적으로 닮아갈 수 있다.

4차원영성은 예수 그리스도 십자가의 뿌리에서 나온 것이다. 더 위로 거슬러 올라가면, 4차원영성은 하나님의 복되심 및 선하심과 나아가 삼위 하나님의 전능하심(샤다이)과 스스로 계심(야훼)에 있다. 즉, 삼위 하나님은 모든 것이 가능하시고(가능성), 충분하시고(충분성), 완전하시고(완전성), 행복하시고(복되심), 그리고 자족하시는(자족성) 분이시다. 그 하나님은 우리에게 은혜와 자비를 베푸시기를 좋아하신다. 하나님의 은혜를 통해서 우리가 그의 성품을 닮아가기를 바라신다. 4차원영성에서 '나의 영과 그리스도의 영과의 연합(고전6:17)'은 핵심이다.

5.3. 아브라함의 4차원영성적 삶

3차원 인간의 세계와 4차원 영적세계를 연결해주시는 분은 성령님이시다. 성령님은 하나님과 인간을 연결시켜 주는 신비로운 끈이다. 예수님은 말씀이시고, 성령님은 그 말씀을 통해서 역사하신다. 말씀 안에 하나님의 생각, 꿈, 믿음, 선언이 들어 있다. 성경에서 4차원영성을 삶의 자리에서 실천한 전형적 인물은 아브라함이다.

a) 생각의 영성(thinking): 아브라함은 하나님의 부르심에 순종하며 좇아갔다(창12:1-3). 그는 하나님이 약속하신 3가지 – 땅, 자손, 복 – 를 가슴에 품고 밤을 지새우며 깊이 생각했다. 생각은 방어적 기능이 강하다.

b) 꿈의 영성(dream): 하나님은 아브라함에게 땅과 자손을 상상하고, 꿈꾸고, 바라보게 하셨다(바라봄의 법칙). 곧 보이는 땅을 바라보게 했고(창13:14-15), 또한 자손이 땅의 티끌처럼(창13:16), 밤하늘의 별만큼(창15:5) 될 것을 바라보게 했다. 꿈은 보존적 기능이 강하다.

c) 믿음의 영성(faith): 아브람은 야훼의 말씀을 믿었다. 약속의 말씀을 믿음으로 하나님은 그를 의인으로 인정해주었다. "아브람이 야훼를 믿었더니 야훼께서 이를 그의 의로 여기시고(창15:6)." 믿음은 긍정적 기능이 강하다. 믿음은 인격의 하나님을 바라본다.

---

94) 조나단 에드워즈(Jonathan Edwards)는 "그리스도인의 정신은 용서와 사랑과 자비 세 가지로 나타난다. 성경은 모든 그리스도인의 기질과 성품은 이 세 가지를 필수적으로 소유해야 한다는 것을 명백하고 분명하게 가르치고 있다."고 서술한다. 존 스미스 편집(조나단 에드워즈, Jonathan Edwards), 『신앙감정론』(The Works of Jonathan Edwards Volume 2: Religious Affections), 부흥과개혁사(2005), 498.

d) <u>말의 영성(words)</u>: 하나님이 약속하신 것을 생각하고, 꿈꾸고, 믿은 것을 최종적으로 고백하게 하셨다. 고백은 믿음의 결산이다.

"이제 후로는 네 이름을 아브람이라 하지 말고 아브라함이라 하리니 이는 내가 너로 열국의 아비가 되게 함이니라(창17:5)." 말은 공격적 기능이 강하다.

맺는말

아담과 하와는 원래 '하나님 안에서의 존재'로 살았다. 그들은 하나님처럼 완전한 존재는 아니었지만, 맨 처음에는 거룩하고 의롭고 순결한 존재였다. 그러나 그들은 사탄의 유혹에 넘어가서 그만 원래의 상태에서 타락하게 되었다. 죄로 말미암아 그들은 '하나님 바깥의 존재'로 추락했다. 십자가 영성이란 무엇인가? 그것은 '바깥에서 안으로' 회복하는 본질적 영성이다. 십자가는 죄인을 의인으로 만들어 거룩하게 한다. 또한 삼위일체 하나님께 예배드리게 하고, 영광돌리게 한다.

인간의 온전한 영적 삶은 예수 그리스도의 십자가를 통해서 비로소 시작된다. 십자가는 구약과 신약을 연결시켜 하나의 영적 무대로 만든다. 그 무대 위에서 하나님은 자신의 뜻을 펼쳐나가신다. 십자가의 영성은 모든 영적 삶의 기초이자 본질이다. 십자가의 보혈로 죄인이 의인이 될 때, 비로소 그리스도인의 삶은 악으로부터 돌이키고 선함을 사모하며 지향하게 된다. 영성은 거룩함과 의로움을 이루어가는 데에 있다(엡4:24). 그리스도인의 영성훈련이 궁극적으로 추구하는 것은 거룩함과 의로움이다(엡1:4).

하나님은 말씀과 성령을 통해 인간과 친교하시기를 원하신다. 그러나 사탄은 언제나 하나님을 대적하고, 하나님의 자녀를 미혹해서 넘어지게 하려고 한다. 인류역사는 영적인 전쟁터이다. 하나님과 사탄 사이의 영적 전쟁은 지금도 일어나고 있다. 그러나 우주의 통치자이신 하나님은 그리스도의 십자가를 통해 이미 사탄에게 결정적인 승리를 거두셨다. 그리스도의 십자가를 통한 하나님의 능력은 지금도 이곳저곳에서 그 효력을 나타내고 있다.

십자가의 영성은 마귀의 잔재 세력을 하나하나 정복해가며, 구원, 사랑 및 의의 영성을 이루어간다. 십자가의 영성이 마음하늘에 흘러들어오자마자, 인간은 더 이상 어둠에 속한 존재가 아니다. 죽음이 아니라 생명의 존재, 절망의 존재가 아니라 희망의 존재가 되었다. 그리스도 안에서 새 피조물은 4차원영성 - 하나님과 그리스도 중심의 생각, 꿈, 믿음, 말 - 을 추구한다.

십자가의 능력으로 인간은 마침내 죄인 신분에서 의인 신분으로 바뀌었다. 십자가의 죽음과 부활을 체험한 그리스도인은 무엇을 추구하면서 살아야 하는가? 새 사람이란 어떤 존재인가? 다음 장(章)에서는 "인간은 누구인가? 인간은 무엇인가?"에 대하여 실존적 및 영적 측면에서 자세하게 살펴보고자 한다.

그런즉
누구든지 그리스도 안에 있으면
새로운 피조물이라
이전 것은 지나갔으니 보라 새 것이 되었도다
(고린도후서 5장 17절)

제2장

나는 누구인가?

요약

이 세상에는 두 부류의 인간이 있다. 그리스도인(새 사람)과 그리스도인이 아닌 사람(옛 사람)이다. 전자는 영생을 소유한 사람이고, 후자는 영적으로 죽은 사람이다. 이 땅에 살고 있는 인간은 의인 아니면 죄인이다. 중간 지대는 없다. 십자가는 자연인을 의인 만든다.

자연인은 인간의 본질, 본성 및 존재 목적 등을 자기 스스로 알 수 없다. 그리스도의 십자가 아래로 나아가지 않고서, 인간은 자신이 누구인지, 왜 사는지, 어디로 가는지 등에 대해서 알 수 없다. 하나님은 왜곡된 인류역사를 바로잡으시려고 골고다 언덕 위에 십자가를 세우셨다. 인간은 예수를 자신의 구주로 믿고 영접해서 새 생명을 얻을 때, 비로소 자신의 존재를 인식할 수 있다. 십자가는 하나님의 형상을 인간의 영혼에 투영하여 준다. 십자가는 인간을 하나님과 화목하게 해서, 그에게 하나님의 자녀의 신분을 준다. 하나님의 자녀 안에는 성령님이 살고 있다.

영산은 새 사람이란 십자가의 5중복음을 품은 자, 곧 중생한 자, 성령으로 충만한 자, 보혈로 치료받은 자, 형통함을 입은 자, 영생을 얻은 자로 정의한다. 십자가 영성의 핵심은 죄인을 의인으로 만들어 하나님의 자녀가 되게 하고, 하나님께 예배드리며 영광 돌리는 삶을 살게 하는 것이다.

십자가 위에서 죽고 부활한 예수 그리스도는 믿음을 탄생시키며, 신앙생활을 시작하게 한다. 십자가는 옛 생명을 소멸시키고, 새 생명을 탄생시키는 유일무이한 장소다. 한편 예수 그리스도 십자가는 삶의 활동 무대를 무한하게 확장시킨다. 또한 그리스도의 십자가에 기초한 믿음은 신앙인을 성령 안에서 절대믿음, 절대긍정, 절대희망 안에서 살게 한다.

새 사람은 가치체계가 세속중심에서 복음중심으로 바뀐다. 그의 삶의 기준은 이성의 법이 아니라 말씀의 법이다. 영산에 의하면, 새 사람이란 5중복음과 3중축복을 삶의 자리에 구체화시켜가는 사람이다. 새 사람의 마음은 악이 아니라 선을 지향한다. 나 중심이 아니라, 하나님과 이웃 중심으로 변화된다. 새 사람은 자신의 마음을 예수님의 마음 구조와 일치시켜간다(고전2:16). 곧 말씀에 기초해 믿음과 기도로 예수님의 생각과 가치관을 따라가고, 그의 삶을 닮아간다.

죄인의 삶은 처음부터 끝까지 이 땅 위에서 이리저리 방황하는 삶이다. 그리스도의 십자가 밑에 나아가 죄사함을 받기까지 자연인은 어디서 와서 왜 살며 어디로 가는지 알지 못한다. 예수 그리스도를 모르는 철학자, 과학자, 심리학자, 인류학자는 모두 그 해답을 모른다. 오직 십자가의 신비만이 그 해답을 알고 있다.

요약하면, 새 사람이란 '나 중심의 삶을 사는 것이 아니라, 오직 예수 그리스도가 보여준 삶과 그가 원하는 삶을 추구해가는 사람'이다.

1. 나는 누구인가?

영산은 인간에 대해 다음과 같이 말한다. "인간은 영적인 존재, 곧 영체(spiritual being)입니다. 영체는 죽지 않습니다. 영원히 존재합니다. 그런 의미에서 인간은 천하보다 귀한 존재입니다."[1] 나는 누구인가?[2] 나는 무엇을 하는가?[3] 나는 어떤 존재인가? 나는 어디로 가는가? 하나님은 누구신가? 자연인은 스스로 이와 같은 질문들에 대한 해답을 전혀 알지 못한다. 이 질문들은 인간의 인식 범주를 초월하기 때문이다. 인간 안에는 하나님의 생기 또는 숨(히. 루아흐)이 있다. 하나님을 알지 못하는 자연인은 생기(영)의 속성을 알 수 없다. 인간에게는 흙이라는 실존성과 영이라는 영원성이 상존한다. 삼위일체 하나님을 모르는 인류학, 심리학, 사회학 또는 과학은 그것에 대한 대답을 제시하지 못한다.

인간의 삶의 목적은 첫째, 십자가를 통해 죄인이 의인이 되는 것이다. 둘째, 예배를 통해 오직 그리스도의 영광을 드러내는 삶을 사는 것이다(요16:14). 영산은 인간을 영혼육이라는 통전적 관점에서 이해한다. 그 결과 구원의 개념도 전인적(全人的), 곧 통전적 개념에 초점이 맞추어져 있다.[4] 그의 구원론은 영혼육의 구원, 곧 3중 타락, 3중 구원 개념이다. 영산은 또한 하나님이 인간을 만드신 이유를 두 가지로 요약한다. 하나는 '하나님이 영광 받으시기 위해서(사43:7)', 다른 하나는 '사람들이 하나님의 영광을 드러내게 하기 위해서(마6:31-33, 대하20:15, 17)'라고 지적한다.[5]

---

1) 조용기, 『오중복음과 삼중축복』, 서울출판사(2008), 54.
2) 조용기, "나는 누구인가?", 주일설교(2013-01-06). "우리의 겉사람은 절대절망의 사람입니다. 예수님 때문에 거듭난 속사람은 살아있는 영의 사람입니다. 우리의 속사람은 생명이신 예수님과 하나된 삶을 살게 되는 것입니다. 속사람은 회개하고 중생한 사람이며 예수님을 모신 자입니다."
3) [문제] 당신 자신(당신의 배경, 당신의 생각 등)에 관해 쓰시오. 이 문제는 하버드대학 로스쿨에서 실제로 출제된 입시 문제다. "당신은 어떤 사람인가?", "당신은 대체 누구인가?", "무엇을 하려는 사람인가?" 등. 사물을 인식하는 관점, 삶의 가치를 어떻게 보느냐에 따라 자아 정체성이 드러난다. 참조. 후쿠하라 마사히로, 『하버드의 생각수업』, 앤트리(2014), 20-25.
4) 신학적 측면에서 인간에 대한 영산의 이해는 멘지스(R. P. Menzies)의 논문 - 조용기 목사의 신학적 인간 이해 - 을 참조하는 것이 유익하다. 멘지스는 영산의 인간 이해를 두 가지 측면에서 접근한다. 하나는 영산이 인간을 영혼육을 가진 피조물로 보고 통전적 차원에서 인간을 이해한다는 것, 또 하나는 인간을 하나님과 교통하고 하나님의 음성을 듣는 특별한 능력을 소유한 존재로 본다는 것이다. 참조. 로버트 멘지스(Robert P. Menzies), '조용기 목사의 신학적 인간 이해: 신약성서 번역을 위한 함의', 『영산신학저널』, Vol.11(2007), 31-53.
5) 조용기, 『순복음의 진리(하)』, 영산출판사(1980), 262-264.

죄의 개념에서 보면, 인간 존재를 다음 세 단계로 구분할 수 있다. '범죄하기 이전의 인간(본질)', '타락 이후의 인간(아담 이후)'과 '예수 그리스도를 믿음으로써 된 새 사람(고후5:17)'이다.6) 십자가는 타락한 실존을 새 존재로 변화시켜 하나님이 인간에게 본래부터 의도하시던 대로 살게 해준다(갈 2:20). 오직 십자가만이 인간을 새 사람으로 만들어 그의 마음, 정서, 의지를 다시 하나님을 향하게 한다. 존 스토트(John Stott)는 로마서 5-8장에 근거해서 '새 사람'을 다음과 같이 정의하고 있다. 첫째, 새 사람은 하나님과 화평한 자, 둘째, 그리스도와 연합한 자, 셋째, 율법으로부터 자유롭게 된 자, 넷째, 성령 안에서 사는 자이다.7) 새 사람 안에는 성령이 내주한다. 새 사람은 성령으로 살아야 한다(갈5:25). 성령은 옛 자아를 변화시켜준다. 거듭난 성도는 성령의 능력으로 날마다 변화되는 능동적 삶을 살아야 한다(롬6:22).

자화상의 그릇된 모습: 교만과 두려움

영산은 "십자가에서 나의 연약함을 담당하신 주님만이 나의 힘이 되시므로 십자가 은혜를 떠나서는 살 수 없습니다."라고 강조한다.8) 십자가는 하나님을 만나게 해주는 이정표이자 인간의 참 모습을 찾을 수 있는 유일한 곳이다. 따라서 십자가를 찾을 때까지 인간은 길 잃은 나그네로서 그릇된 길을 걸어간다. 십자가는 하나님과 인간을 연결해주는 영적 다리이며, 동시에 영적으로 죽은 사람에게 영원한 생명을 부어준다. 영산은 "2000년 전에 갈보리 십자가에 매달린 예수님은 성령을 통하여 오늘날 이 자리에서 내 마음 속에 그 십자가의 고난과 부활의 열매를 맺고 있습니다."라고 말한다. 그는 십자가의 효력이 현재의 삶 속에 나타나는 것을 힘주어 말한다. 즉 "내가 예수님과 함께 십자가에 못 박히고, 주님이 내 안에서 주인의 역할을 할 때, 나는 변화된 삶을 살아갈 수 있습니다."라고 강조한다.9)

천문학은 공간과 물질과 운동에 대해 탐구한다. 반면에 신학은 구원과 생명과 존재의 신비에 대해 다룬다.10) 생명은 신학의 핵심이자 신자에게 절대적 요소다. 이 생명이 어디서 오는가? 십자가의 구속의 은혜에서 온다. 십자가는 타락한 인간에게 그의 참 모습을 회복시켜준다.

아담이 타락할 때 인간의 마음은 두 방향으로 나뉘었다. 하나는 위를 향해서 올라가고자 했고, 다른 하나는 아래로 떨어졌다. 전자는 교만으로 하나님 자리에 올라가려고 시도했다. 후자는 두려움의 나락으로 떨어졌다. 에덴동산에서 최초로 발생한 '교만(창3:6)과 두려움(창3:10)'의 두 요소는 각각 '너무 높은 자화상'과 '너무 낮은 자화상'을 그려서 양극화(polarization) 현상을 빚어냈다. 그 결과 한편으로는 인간은 지금도 가장 높은 곳에 이르려고 몸부림치고, 다른 한편으로는 절망의 낭떠러지에 떨어져 허우적거린다.

---

6) 조용기, 『순복음의 진리(하)』, 영산출판사(1980), 269 & 274.
7) 참조. 존 스토트(John R. W. Stott), 『새 사람』(Men Made New), 아바서원(2012).
8) 조용기, "이해와 동정과 사랑과 용서", 주일설교(2012-04-01).
9) 조용기, "십자가와 인간 관계", 주일설교(2011-08-21).
10) 토저(A. W. Tozer), 『능력』(Born After Midnight), 생명의말씀사(2012), 185.

여기서 교만에 대해 조금 더 자세히 설명해보기로 하자. 첫째, 교만은 하나님을 신뢰하지 않는 '불신앙'의 삶이다. 둘째, 교만은 하나님 대신 '자신을 사랑하는 자아중심의 삶'이다. 사탄의 시험에 빠져든 아담과 하와에게 핵심적으로 결핍되어 있던 것은 '하나님에 대한 신뢰와 하나님과 이웃을 향한 사랑'이다.

십자가는 타락으로 잃어버린 하나님의 형상을 상당 부분 회복시켜준다. 영산은 "우리는 예수님의 십자가 사랑 안에서 작은 예수로서 그 사랑을 실천하고 따를 때 용서하고 사랑하며 살아갈 수 있습니다."라고 말한다.[11] 십자가를 통해 그리스도인은 작은 예수로 살아간다. 십자가는 하나님과 인간을 영적으로 하나로 묶어준다(고전6:17). 그리스도인의 자화상은 예수 그리스도와 연합된 자화상이다. 곧 그리스도인은 택함 받은 족속, 거룩한 백성, 왕 같은 제사장 및 하나님의 소유가 된 백성(벧전2:9)이라는 신분을 지니고 있다. 하나님은 교만한 자를 대적하고 겸손한 자에게 은혜를 주신다(벧전5:5). 피조물인 인간은 원래 피조물로서 자신에게 주어진 자리에 있어야 했다. 그러나 그 자리를 거부하고 떠나자마자 곧바로 두려움과 염려에 휩싸이고, 죄와 질병, 죽음의 길을 걷게 되었다(창3:16-19).

요약하면, 어떻게 타락한 인간이 자기의 참된 자화상을 회복할 수 있는가? 첫째, 그리스도와 연합해 옛 사람이 죽고 새 사람으로 변화되는 것이다. 둘째, 신자 안에 내주하는 성령을 통해 깨끗이 씻김을 받고 거룩하게 되는 것이다(고전6:11). 4차원영성의 측면에서 이해하면, 그것은 하나님처럼 생각하고, 꿈꾸고, 믿고, 말하는 사람으로 바뀌는 것이다. 곧 육신의 생각을 없애고, 영의 사람으로 변화되는 것이다. 셋째, 성령의 도움으로 지속적으로 성화되어, 예수 그리스도를 점진적으로 닮아가는 것이다(롬8:29, 고전11:1, 엡4:24). 곧 성령을 따라 행하는 삶을 살아가는 것이다(갈5:16). 넷째, '나와 이웃'의 관계 안에서 지속적으로 공동체적 친교를 나누는 것이다.

2. 마음하늘: 영성과 죄성

영산의 마음하늘 개념은 4차원 영적 공간과 같다. "우리 몸은 시간과 물질과 공간의 노예이지만, 마음은 차원이 높습니다. 마음은 시간과 공간과 물질의 노예가 아닙니다. 마음, 곧 영의 세계는 시간, 공간, 물질인 3차원을 지배합니다. 평면은 공간에 지배되고 공간은 마음에 의해서 지배됩니다."[12] 그는 마음하늘을 4차원 영적세계의 활동 공간으로 이해하고, 고차원이 저차원을 지배하는 것으로 인식한다.

마음의 영적 상태는 영적 행위에 절대적으로 영향을 미친다. 인간의 왜곡된 마음하늘은 예수 그리스도의 죽으심과 부활하심으로 본래대로 회복될 수 있는 길이 열려 있다. 십자가는 인간의 마음

---

11) 조용기, "십자가와 인간 관계", 주일설교(2011-08-21).

12) 조용기, "마음하늘", 주일설교(2007-01-21). 참조, "마음하늘", 주일설교(2013-04-07). 영산은 '마음하늘'이라는 독특한 명제적 표현을 통해서 자신의 영적세계의 지평을 넓혀 나간다.

하늘을 새롭게 창조하며(고후5:17, 갈2:20), 이에 따라 신자들은 '그리스도의 마음(고전2:16)'을 가지게 된다. 예수를 믿으면, 우리의 마음공간은 그리스도의 영이 활동하는 처소로 바뀐다. 인간의 마음하늘은 예수를 바라보기 전에는 회색지대이다. 육신의 눈은 뜨고 있지만, 진리의 세계를 볼 수 있는 영적인 시력이 없어 그 세계를 보지 못하기 때문이다. 성령님의 계시의 영(엡1:17)이 임하지 않으면, 진리를 깨달을 수 있는 영적인 시력은 주어지지 않는다.

신자들은 그리스도와 더불어 공동 상속자들이다(롬8:17-18). 신앙생활은 본질적으로 예수님의 십자가의 죽으심과 부활하심을 통해 이루어진다. 영산은 "우리의 옛 자아는 과거에 죽었고, 이제 예수 그리스도와 함께 살아감으로써 '예수의 죽음 내 죽음, 예수의 부활 내 부활, 예수의 생명 내 생명'이 되었습니다."라고 말한다.13) 그리스도인은 십자가에 대한 믿음과 예수의 생명으로 살아간다. 십자가에 대한 믿음은 현재의 삶을 초월하는 영적인 시각을 준다. 또한 그 믿음을 통해서 성령은 우리가 현재의 고난을 참고 이겨낼 수 있게 한다.

십자가의 믿음은 고난을 겪는 동시에, 장차 우리에게 임하게 될 영광을 내다보게 한다. 믿음으로 십자가의 영광을 바라보자마자, 신자들은 "없어도 있다, 약해도 강하다, 최악도 최선이다, 실패해도 희망이 있다. 죽을병도 살 병이다."라고 생동적으로 고백하게 된다. 이것이 믿음이 하는 일이다. 말씀과 기도와 성령은 믿음을 더욱 강하게 해준다.

믿음은 마귀를 공격하고, 마귀는 믿음이 제대로 기능하지 못하게 훼방한다. 그래서 신자의 마음하늘에는 종종 믿음과 불신이 맞부딪힌다. 후크마(Hoekema)는 죄의 원천은 인간의 생각과 마음의 교만에 있고, 죄는 언제나 하나님 뜻을 거역하는 것과 관련되어 있다고 말한다.14) 마음은 선과 악이 활동하는 주요 무대다. 곧 인간의 마음하늘은 죄성(罪性)과 영성(靈性)이 상호 공존한다. 우리의 마음속에서 종종 육의 생각과 영의 생각이 갈등을 빚어내기 때문에 우리는 일평생 죄와 싸우며 살아야 한다. 이것은 신자들이 이 세상에서 처해 있는 운명이다. 누구도 예외가 없다. 비록 죄의 지배에서 벗어났지만(롬6:14, 18), 우리는 여전히 죄의 권세 아래 있음을 잊어서는 안 된다. 우리의 마음속에서는 영적인 세력과 육적인 세력이 날마다 서로 싸우고 있다. 죄의 권능은 '율법의 저주에서 속량(갈3:13)'됨으로 말미암아 소멸되었지만 죄의 권세는 지금도 여전히 활동하고 있기 때문이다.

2.1. 새 존재의 속성

영산은 "십자가에 못 박혀 몸 찢고 피 흘려 막대한 대가를 지불하고 우리를 새로운 피조물로 만들어 새로운 정체성을 주셨는데 아직까지도 이를 모르기 때문에 정체불명의 사람이 되어 방황하고 있는 것입니다."라고 말한다.15) 그리스도의 십자가는 삶의 정체성을 새롭게 회복시켜준다. 다시 말해, 십자가는 삶의 가치체계를 완전히 바꾸어주고, 악이 아니라 선을 지향하게 한다. 죄된 인간은 도덕적으로 혹은 윤리적으로 고쳐서 쓸 게 하나도 없다. 인간은 쓰임받으려면 주님이 고쳐주셔야 한다.

---

13) 조용기, 『옥중서신(골로새서)』, 서울말씀사(2010), 362.
14) 앤서니 후크마(Anthony A. Hoekema), 『인간론』(Created in God's Image), 부흥과개혁사(2012), 233-241.
15) 조용기, "왜 선교해야 하나?", 주일설교(2005-06-12).

새 사람이란 어떤 사람인가(고후5:17)? 영산은 "우리가 옛 사람을 벗고 새 사람을 입으려면 예수님의 십자가 고난을 믿음으로 우리 몸에 짊어져야 합니다."라고 말한다.16) 새 사람이란 바로 십자가 위에서 예수와 같이 죽고, 다시 살아난 사람이다. 새 사람이란 "하나님을 따라 의와 진리의 거룩함(엡4:24)"으로 지으심을 받은 사람이다. 그 새 사람은 날마다 그리스도를 닮아가는 것을 통해서 점점 거룩해지고 의로워진다. 그리스도 안에서 거듭난 새 사람은 이제 "고난의 믿음, 부활의 믿음, 승천의 믿음"으로 살아간다. 이제 새 사람은 옛것을 고쳐 쓰는 것이 아니라, 완전히 새로 창조된 하늘의 삶의 방식으로 살아가야 할 사람이다. 옛 사람은 십자기 위에서 그리스도와 함께 죽었고, 또한 그리스도와 더불어 다시 살아났기 때문이다(갈2:20, 롬6:4-5, 고후4:10). 옛 사람은 그리스도 안에서 완전히 새로운 피조물이 되었다(고후5:17).

인간은 하나님의 형상대로 지음 받았다. 인간은 위대하신 하나님의 경이로운 작품이다.
"인간은 얼마나 놀라운 작품인가? 인간의 이성은 얼마나 고상한가? 인간의 능력은 얼마나 무한한가? 인간의 형상과 움직임은 얼마나 인상적이고 감탄스러운가? 인간의 행동은 얼마나 천사와 닮았는가? 인간의 이해력은 얼마나 하나님과 닮았는가?"17)
새 존재란 십자가 위에서 죽음을 경험하고 부활을 경험한 자들을 의미한다(롬6:5). 이것은 십자가의 신비다. 인간이 예수의 영과 연합하면 새로운 존재(고전6:17, 갈2:20), 곧 새로운 피조물이 된다(고후5:17). 새 신분이 되어서 죄사함 받고 죽음으로부터 벗어났지만, 그리스도인이 이 세상에서 죄의 권세로부터 완전히 해방된 것은 아니다. 새 사람은 성령의 능력으로 변화될 수 있고, 선을 행할 수 있다.18) 새 신분 혹은 새 사람(네오스 안트로포스)의 삶의 방식은 '성령에 의한 삶의 방식'이다.19) 새 마음은 인간의 힘, 지식, 경험이 아니라, 오직 성령의 초자연적인 능력으로만 빚어진다. 진정한 변화는 성령을 통해 마음 - 생각, 정서, 의지 - 이 변화될 때 나타난다.

따라서 새 자아는 "자신을 창조하신 이의 형상을 따라 지식에까지 새롭게(골3:10)" 점진적으로 변해가야 한다. 그러므로 옛 자아가 새 자아의 신분으로 바뀌어도 그리스도인은 매사에 말씀과 성령에 힘입어 최선을 다해 노력하는 것이 필요하다. 중생한다고 해서 또는 그리스도와 연합한다고 해서 그리스도인에게 죄를 짓지 않을 수 있는 능력이 주어지는 것은 아니다. 단지 중생은 관계와 신분의 변화에 관계된 것뿐이다. 새 자아는 악이 아니라 선을 지향한다. 새 자아는 세상적 가치관이 아니라, 복음적 가치관으로 자신과 세상을 바라본다. 곧 세상 기준에서 하늘 기준으로, 육의 기준에서 영의 기준으로 승화된다.

---

16) 조용기, "옛 사람을 벗어버려라", 주일설교(2010-12-05).
17) 인간에 대한 이 짧은 시적 표현은 윌리엄 셰익스피어(William Shakespeare)의 인간 예찬론이다. 필립 얀시 · 폴 브랜드, 『육체 속에 영성』, 그루터기하우스(2006), 18.
18) 새 신분의 사람이란 어떤 존재인가? a) '죽은 자(엡2:1)'에서 '살아 있는 자(엡2:5)'로, b) '사탄의 지배를 받는 자(엡2:2)'에서 '하늘에 앉아 있는 자(엡2:6)'로, c) '진노의 자녀(엡2:3)'에서 '하나님의 영광스러운 기업(엡1:18)'으로, d) '멀리 있는 자(엡2:12)'에서 '가까워진 자(엡2:13)'로, e) '낯선 외인(엡2:19)'에서 '동일한 시민(엡2:19)'으로, f) '나그네'에서 '하나님의 권속(엡2:19)'으로. 참조. 브라이언 채플(Bryan Chapell), 『성화의 은혜』(Holiness by Grace), 지평서원(2014), 251.
19) Anthony A. Hoekema, *Created God's Image*, Eerdmans(1994), 51. 새 사람에 맞서는 옛 사람은 어떤 사람인가? 머레이(John Murray)는 옛 사람(old self)은 본질상 '죄의 노예(slaves to sin)' 상태에 있는 자라고 말한다.

영산은 달라진 새 신분이 살아야 할 신앙자세를 4차원영성적으로 정립하고 있다.[20]
  a) 하나님중심의 생각: 좋으신 하나님의 뜻을 좇아 생각을 바꾸어야 한다(고후5:17, 잠4:23).[21]
  b) 성령님이 이끄는 삶: 우리 속에 거하시는 성령님의 인도를 받아 꿈을 바꾸어야 한다(빌2:13, 엡3:20).
  c) 말씀·믿음의 이중 구조적 삶: 말씀을 의지하는 긍정적인 믿음으로 바뀌어야 한다(롬10:17, 고후1:20).
  d) 고백·선포 중심의 삶: 창조적이고, 생산적이며 적극적인 신앙고백의 말로 바뀌어야 한다(잠6:2, 18:21).
  e) 친교중심의 삶: 응답을 확신하고 감사로 아뢰는 기도로 바꾸어야 한다(마6:33, 막11:24).

영산의 새 피조물의 삶의 방식을 4차원영성의 측면에서 요약정리하면 다음 4가지로 정리된다. 즉, '천상구조의 생각방식(생각), 하늘에 가치를 둔 삶의 방식(꿈), 믿음으로 사는 삶의 방식(믿음), 새로운 천국언어로 살아가는 삶의 방식(말)'이다. 다시 말해 하늘의 삶의 방식을 추구하기 위해서는 4차원영성으로 "성령과 말씀 안에서 인간의 생각구조, 가치구조, 믿음구조, 언어구조"를 총체적으로 변혁시켜가야 한다.

2.2. 두 개의 삶: 3차원과 4차원

십자가는 역설적이다. 십자가는 옛 사람을 죽이고 새 사람을 탄생시킨다. 이 일은 성령을 통해서 영적인 측면에서 실질적으로 일어난다. 이것은 하나님의 신비로운 지혜에 속한다. 그리스도인은 그리스도의 마음으로 살아야 한다(고전2:16). 바울은 그리스도의 심장으로 성도들을 사랑했다(빌1:8).

인간 안에 있는 마음은 3차원 세계와 4차원 세계가 동시에 만나는 곳이다. 하지만 4차원적 마음이 3차원적 마음을 지배한다. 영산은 다음과 같이 말한다. "3차원의 세계는 인본주의적 삶의 방법입니다. 그러나 하나님의 생각, 하나님이 주시는 꿈과 믿음, 하나님이 주시는 신앙고백은 4차원의 세계입니다. 예수님을 믿는 사람은 3차원의 환경에 살고 있지만, 마음은 4차원의 세계에 있습니다."[22] 4차원이 3차원을 다스리고 창조함으로써 믿음의 사람은 새로운 생각과 꿈, 믿음을 고백하며 승리의 삶을 살 수 있다. 영산은 마음을 다스리는 방법으로 4가지를 제안한다.[23]

첫째, 생각으로 마음을 다스린다. 하나님의 마음은 말씀을 통해 우리 가운데 온다. 따라서 하나님의 말씀을 읽고, 묵상함으로 마음을 다스릴 수 있다(히4:12).

---

20) 조용기, "신분", 주일설교(2005-09-18). 여기서 소제목은 필자가 정하여 붙인 것이다.
21) "하나님의 뜻을 깨닫는 것은 자신의 창조주를 기쁘게 하며 살기 원하는 모든 그리스도인들에게 더없이 중요하다." R. C. 스프롤(R. C. Sproul), 『하나님의 뜻을 알 수 있을까?』, 생명의말씀사(2012), 43.
22) 조용기, "4차원의 삶", 주일설교(2010-11-07).
23) 조용기, "마음성전", 주일설교(2007-10-14)

둘째, 꿈으로 마음을 다스린다. 십자가를 통해 예수님께서 우리에게 주신 거룩함과 성령 충만, 축복과 치료, 영생의 꿈을 품어야 한다(창15:5-6).

셋째, 믿음으로 마음을 다스린다. 하나님은 인간의 믿음을 통해서 역사하신다(막9:23).

넷째, 입술의 고백으로 마음을 다스린다. 말을 함으로써 하나님의 역사를 풀어놓는다(롬10:10).

오직 성령이 진리의 빛으로 우리의 어두운 마음을 조명해줄 때 영적세계를 인식할 수 있는 인간의 마음감각이 살아나게 된다. 영산의 영성개념으로 보면, 성령의 생각으로, 성령의 꿈으로, 성령의 믿음으로, 성령의 말로 마음의 성향을 변화시킬 수 있다. 인간의 마음은 하나님의 씨, 곧 말씀이 거하는 장소이다(요일3:9). 하나님은 인간의 마음을 지으신 창조주시다. 시편 33편에서 거룩한 시인은 "그는 그들 모두의 마음을 지으시며 그들이 하는 일을 굽어살피시는 이로다(시33:15)"라고 말한다.

영산은 마음을 다스리는 최고의 방법은 말씀이라고 강조한다. "하나님의 말씀을 받아들여서 마음을 다스려야 합니다. 그렇지 않으면 마음은 절대로 다스려지지 않습니다. 말씀을 마음속에 항상 채워놓아야 세상과 마귀가 마음속에 들어오지 못합니다. 하나님의 말씀이 마음을 변화시킵니다."[24)]

2.3. 삶의 목적: 하나님의 영광

거룩하고, 의롭고, 선한 율법, 곧 말씀은 인간의 마음을 거룩하게 만들어 선한 삶을 살게 하며 (딛2:14), 궁극적으로 하나님께 영광 돌리게 한다(롬7:12, 딤전4:5, 딛2:14, 롬2:10).

하나님의 영광은 예수님께 비춰진다(요1:14). 예수님은 그 영광을 우리에게 비추신다. 우리가 예수님을 통해 그 영광을 다시 하나님께 올려드릴 때, 우리는 영광의 삶을 사는 것이다. 영산은 5중복음 차원에서 영광의 하나님을 찬미한다. "우리 주님은 우리에게 영광의 체험을 주십니다. 영광스러운 죄사함을 주십니다. 영광스러운 성령충만의 체험을 주십니다. 영광스러운 치료의 체험을 주십니다. 영광스러운 축복의 체험도 주십니다. 영광스러운 부활의 소망으로 가득히 채워주는 체험도 주십니다. 신앙생활에서 하나님의 기쁨, 하나님의 영광스러운 은혜를 체험한다면, 그것은 우리에게 크나큰 힘을 줍니다."[25)] 나아가 그는 "우리의 신앙생활은 십자가의 고난과 죽으심 또한 부활하심과 승천하심과 하나가 되어야 합니다."라고 말한다.

그리스도 안에서 신자에게 주어지는 생명은 위대한 것이다. 그것은 우리가 그리스도와 영적 및 내면적으로 연합되어 있음을 가리켜주기 때문이다(고전6:17, 갈2:20, 요17:21-23). 어거스틴(Augustine)은 다음과 같은 말을 남겼다: "새는 태양보다 더 고상한 피조물이다. 왜냐하면 새는 생명을 가지고 있지만, 태양은 그렇지 못하기 때문이다."[26)]

영적 생명을 가진 사람만 하나님께 영광을 드릴 수 있다. 인간의 삶의 목적은 하나님을 영화롭게 하는 것이어야 한다.[27)] 하나님의 형상을 지니고 태어난 인간은 '도덕적 속성'과 '본성적 속성'을

---

24) 조용기, "마음을 다스려야 한다", 주일설교(2011-05-29). "네 마음을 지켜라", 주일설교(2010-09-19).

25) 조용기, "영광의 십자가", 주일설교(1990-08-05).

26) Paul Brand & Philip Yancy, *In His Image*, Zondervan(2008), 63.

회복하여 하나님처럼 살려고 할 때, 삶의 온전한 가치를 드러내게 된다.[27] 이사야서에서는 "거룩하다 거룩하다 거룩하다 만군의 야훼여 그 영광이 온 땅에 충만하도다(사6:3)"라고 선포된다.[29] 따라서 하나님의 형상을 지니고 있는 새 사람은 도덕적 탁월함을 추구해야 한다.[30] 인간의 이성과 지성이 하나님의 도덕적 속성과 일치할 때, 그것은 진정으로 아름다워진다. 새 예루살렘의 모든 도덕적 아름다움은 거룩함에 있다(계21:2, 22:1-3).

인간의 존재론적 구조는 이중적이다. 사람은 '영'과 '흙'으로 창조되었기 때문이다. 하나님의 영과 진흙이 연합되어, 완전히 새로운 합일체가 나타난다.[31] 곧 아담, 한 사람, 하나의 생명, 하나의 새로운 인격, 하나의 '네페쉬 하임(nephesh hayyim, 生靈, 살아 있는 생명체)'이다.[32] 인간은 하나님의 숨 또는 영을 지닌 존재이기 때문에(창2:7) 하나님과 친교할 수 있다. 예수를 믿으면, 인간은 생물학적 실존에서 하나님의 백성의 신분으로 바뀐다. 새 사람으로서 믿음의 원리와 방법으로 살아가는 존재가 되어 점진적으로 하나님의 은혜로 거룩해진다.[33] 하나님을 닮아간다는 것은 곧 하나님의 뜻에 순종함을 의미한다. 삶 속에 일어나는 고난도 결국은 영광을 가져오는 수단이다. 고난이 없으면 인간은 영광을 보지 못한다. 따라서 고난과 영광은 짝이다. 영산은 "고난이 오면, 언제나 하나님이 따라 오십니다. 환난이 오면, 하나님이 따라 오셔서, 하나님이 여러분에게 자신을 나타내시고, 영광을 보여주실 것입니다."라고 강조한다.[34]

---

27) 웨스터민스터 소요리문답1: "인간의 제일 되는 목적은 하나님을 영화롭게 하며, 영원토록 그를 즐거워하는 것이다."

28) 조나단 에드워즈는 하나님의 형상을 두 가지로 설명한다. 하나는 하나님의 거룩하심을 드러내는 도덕적 속성, 또 하나는 본성적인 속성으로 하나님의 위대하심을 드러내는 능력이나 지식이다. 따라서 사람 안에도 하나님의 형상이 이중적으로 존재한다. 하나는 하나님의 도덕적 탁월성을 닮은 형상이다(이 형상은 타락으로 상실되었다). 다른 하나는 하나님의 본성적 형상으로 사람의 이성과 지성, 자연적 능력과 피조물에 대한 지배권이다. 참조. 존 스미스(조나단 에드워즈), 『신앙감정론』(The Works of Jonathan Edwards Volume 2: Religious Affections), 부흥과개혁사(2005), 368.

29) 천사들이 "거룩하다 거룩하다 거룩하다"라고 세 번 외치는 것은 하나님의 본성을 드러내는 표현이다. 이사야서에서는 1-39장에서 12번, 또한 후반부 40-66장에서 13번 야훼를 "이스라엘의 거룩한 자"로 묘사한다. 거룩한 하나님은 자신의 거룩성을 의로운 행위로써 보여준다(사5:16). 참조. 팔머 로버트슨(O. Palmer Robertson), 『선지자와 그리스도』, P&R(2013), 234.

30) 인간의 특징을 설명해주는 대표적인 표현 모델은 '하나님의 형상'이다. a) 객관적 관점: 인간은 지성을 가지고 있으며, 그것은 하나님의 지고의 지성적 속성을 닮은 것이다. b) 주관적 관점: 자기의 내면 깊이에서 하나님의 현존을 발견할 수 있다. 그러므로 영적 여정이란 존재의 심연에서 하나님을 발견할 때까지 내면으로 여정을 지속하는 것이다. 참조. 유해룡, "영성과 영성신학", 『장신논단』, 제36집, 325에서 재인용(from Ewert H. Cousins, "*Models and Future of Theology*", Continuum VII(1969), 91).

31) 데릭 프린스(Derek Prince), 『속죄』(*Bought with Blood*), 순전한나드(2012), 94-95.

32) '존재(being)'의 의미를 가지는 '네페쉬(nephesh)'는 성경에서 다양한 의미로 번역된다(NASB-New American Standard Bible 기준): soul(238번), person(68), life(146), persons(19), souls(12), strength(1) 등 다수. 사람에 대한 히브리적 사고는 오늘날 우리의 사고방식과 상당한 차이가 있다. 하나님과 관계성, 곧 하나님과 언약 관계에 있는 자와 없는 자의 차이가 극명하게 나타난다. 영적인 측면에서 볼 때 단순히 숨을 쉰다고 살아 있는 것이 아니다. 어떤 사람이 하나님과 언약 관계에 놓여 있는가, 곧 하나님의 씨(말씀)가 마음에 있느냐 없느냐에 따라 생명과 죽음의 경계선이 나뉜다. 참조. http://biblehub.com/hebrew/5315.htm.

33) 존 지지울러스(John D. Zizioulas), 『친교로서의 존재』(Being as Communion), 삼원서원(2012), 52.

34) 조용기, "하나님의 영광을 위한 고난", 주일설교(2008-07-20).

2.4. 영산의 인간론

인간의 본성은 '영적존재'에서 의미를 찾을 수 있다. 영산은 영혼육 삼분법으로 인간을 접근한다. "하나님의 형상대로 지음 받은 인간의 영, 혼, 육의 관계는 다음과 같습니다. 처음 창조된 상태에서는 영이 하나님과 교제해서 받은 하나님의 말씀으로 혼을, 곧 자아의식을 다스리고, 혼은 그 말씀에 따라 육을, 즉 감각적인 세상을 다스리며, 육은 처음부터 끝까지 혼과 영에게 속해 있었습니다. 그러나 인간은 타락하자 영은 죽었고, 그 결과 창조와 질서는 뒤집어져 육은 혼을, 혼은 영을 지배하게 되었습니다."[35]

영산은 실존론적 관점에서 절대절망의 인간을 해석한다.[36] "우리는 썩고 부패한 성품을 가진 인간이기 때문에 자기를 보고 죄책감을 느끼고 절망하지 아니할 수 없습니다. 살아온 과거를 돌이켜보니 지은 것은 죄밖에 없습니다.[37] 그 죄를 다 어떻게 청산하며 살아갈까에 대해 생각하면 절망감을 갖지 않을 수 없습니다. 또한 동시에 사람은 무엇 때문에 사는지 알 수가 없어요. 또 한 해를 사는데, 왜 사느냐? 분명한 의미가 있느냐? 대답을 못합니다. 또 사람은 속절없이 죽음의 파도에 휩쓸려 가버리는 것입니다. 암담한 절망적인 존재로밖에 자기를 볼 수 없습니다. 우리 자신을 스스로 살펴보면 암담한 절망적인 존재이므로 웃을 수도 없는 그런 존재인 것을 깨달아 알 수 있는 것입니다."[38]

인간은 생물학적 차원에서 서술하면 허무한 존재, 무의미한 존재, 죽음과 무의 존재에 불과하다. 하지만 중생한 자는 그 마음에 아직 개화되지 않은 신성의 꽃씨, 즉 영생의 꽃씨가 심겨져 있다. 하늘의 빛과 성령의 물이 쏟아지면, 그는 영생의 꽃을 피우는 불멸의 존재가 될 것이다. 그루뎀 (Wayne Grudem)은 인간이 영성을 품을 수 있는 근거를 그리스도와의 연합에서 찾는다. 그는 그것을 4가지 형태로 분류한다.[39]

---

35) 조용기, 『오중복음과 삼중축복』, 서울출판사(2008), 54. 신학적인 관점에 따라 인간을 이분법 또는 삼분법으로 나눈다. 그것은 서로 구분되기는 하지만 실제적으로 서로 분리되는 것은 아니다. 전통적으로 히브리적 사고는 영혼육을 통전적 (holistic) 시각으로 바라본다. 한 가지 분명한 것은 인간은 흙과 하나님의 생기로 창조되었다. 성경의 관점에서 보면(창 2:7), 인간은 물리적 상태의 흙(dust)과 하나님의 생기(neshmah)가 서로 하나됨을 이루어서 생령(사람, 생명체, soul)으로 존재한다.

36) 영산의 인간 이해에 대하여 다음 논문을 참조하라. 로버트 P. 멘지스, "조용기 목사의 신학적 인간 이해", 『영산신학저널』, Vol.11. 김홍근, "영산의 인간 이해", 『영산신학저널』, Vol.11. 이기성, "영산 인간론의 영과 혼의 개념", 『영산신학저널』, Vol.11. 차준희, "영산의 삼중축복신학에 나타난 인간학", 『영산신학저널』, Vol.11. 이기성, "인간의 하나님 형상성에 대한 영산의 해석", 『영산신학저널』, Vol.4. No.2. 김판호, "영산의 신학적 인간 이해", 『영산신학저널』, Vol.4. No.2. 신문철, "영산의 성령론적 인간론", 『영산신학저널』, Vol.4. No.2.

37) 구약에서 죄를 가리키는 용어로서 가장 널리 쓰이는 단어는 '하타'(올바른 목표를 빗나가다)'이며, 신약에서는 '하마르티아' (과녁을 빗나가다)이다. 이 단어들에 근거해서 알 수 있듯이, 죄는 하나님의 말씀, 뜻 및 목표와 관련해서 '과녁을 빗나가는 것' 또는 '미치지 못하는 것'이다. 죄는 우리를 하나님이 원하시는 모습대로 될 수 없도록 만든다. 그 결과 우리는 하나님의 뜻을 충족시키지 못한다. 참조. 스탠리 그렌즈(Stanley J. Grenz), 『조직신학』(The Theology for the Community of God), 크리스챤다이제스트(2003), 279-281.

38) 조용기, "나는 누구인가?", 주일설교(2013-01-06). 디트리히 본회퍼가 지은 "나는 누구인가?"라는 시 중에 이런 글귀가 나온다. "나는 누구인가? 고독하게 던지는 물음이 나를 조롱합니다. 내가 누구인지 당신은 아시오니 나는 당신의 것입니다 오, 하나님!" 참조. 에버하르트 베트게(Eberhard Bethge), 『디트리히 본회퍼』(Dietrich Bonhoeffer), 복있는사람(2011), 32.

39) Wayne Grudem, *Systematic Theology*, Zondervan(2000), 840-847.

a) 우리는 예수님 안에 있다(갈3:28, 골2:12, 롬6:11).

b) 예수는 우리 안에 있다(요15:5, 갈2:20, 엡3:17).

c) 우리는 예수를 닮아간다(고전11:1, 롬15:7, 히12:2, 벧전2:21).

d) 우리는 예수와 함께 있다(마28:20, 요17:21, 롬8:9, 요일1:3).

인간론은 기독교의 중요 주제 중 하나다. 성경은 피조물 및 인격체로서 인간을 이해한다. 인격을 지니고 있기 때문에 인간은 다른 피조물과 전적으로 구별된다. 또한 인간의 인격을 통해 영혼의 고유한 특성이 드러난다. 인간은 하나의 피조물(creature)이면서, 동시에 독립적으로 창조된 고유한 인격체(person)이다.[40] 하나님은 토기장이시고, 인간은 진흙 한 덩이에 불과하기 때문이다(롬9:21). 성경에서 피조물인 인간은 인격적으로 묘사된다. 예를 들면, "너희가 섬길 자를 오늘 택하라(수 24:15)." 또는 "그리스도를 대신하여 사신이 되어 … 너희는 하나님과 화목하라(고후5:20)" 등이다.

피조성(creaturehood)과 인격성(personhood)을 지닌 인간은 항상 긴장 관계 속에 놓여 있다. 피조물인 동시에 인격체이므로 인간은 다양한 측면에서 질문하고 대답할 수 있다. 인간이란 무엇인가?(인간학) 인간은 어떤 존재이고 무엇을 알 수 있는가?(형이상학) 인간을 무엇을 해야 하는가?(윤리학)[41] 여기서 인격이란 지성, 감성, 의지를 가지고 선택하고 결정하고 행동하는 것을 의미한다. 영산은 "현재의 내 모습은 과거에 행했던 수많은 선택들의 결과이며, 오늘 어떠한 선택을 하느냐에 따라 미래의 내 모습이 결정됩니다."라고 강조한다.[42] 삶은 생각, 판단, 선택 및 행동으로 빚어진다.

인간은 피조물인 동시에 인격을 지니고 있다. 인간은 이 두 요소를 서로 조화시키면서 하나님의 뜻(롬12:2)과 그리스도의 마음을 따라가는 삶(고전2:16, 빌2:5)을 살아야 한다. 한편으로 인격을 지닌 존재로서 새 사람은 예수님의 형상을 닮아가야 하며, 다른 한편으로 피조물로서 하나님을 전적으로 의지하고 신뢰해야 한다. 하나님을 두려워하는 가운데 거룩함을 온전히 이루어가야 한다(고후7:1, 갈 4:19).[43]

---

40) Anthony A. Hoekema, *Created in God's Image*, Eerdmans Publishing(1994), 5.

41) 서술한 질문들의 특징은 서로 연결되어 있다는 사실이다. 인간은 하나님의 형상을 닮은 존재이므로 인간에 대해 수학 공식처럼 간단하게 묘사할 수 없다. 하지만 중요한 것은 인간은 하나님을 의존해야 하는 피조물이며, 인간은 인격을 지니고 있다. 한 인간의 특성은 피조물로서의 구조와 기능, 인격체로서의 구조의 기능의 상호관계 속에서 나타난다. 신학자들이 인간의 구조적 능력과 기능에 대하여 다양한 주장들을 펼치는 것은 그런 이유에서다. 새의 비행기능은 날개에서 온다. 날개구조가 바뀌면 비행능력도 달라진다. 마찬가지로 인간의 '삶(life)'의 생물학적 기능은 피조물 자체에서 온다. 그러나 마음구조가 바뀌면 삶의 방향과 목적이 달라진다. 인간 자체는 복잡하다. 그러나 성령이 임재하면 인간은 단순한 존재로 바뀐다. 예배의 사람으로 바뀐다.

42) 조용기, "나병환자 네 사람의 선택", 주일설교(2016-12-11).

43) 영산은 "우리가 예수 그리스도의 의를 힘입어 의롭다 하심을 얻고, 예수 그리스도의 부활의 생명을 받아 거듭났으면 마땅히 거룩한 생활을 하여야 합니다. 거룩한 생활은 구원의 결과로 나타납니다."라고 말한다. 참조. 조용기, 『순복음의 진리(하)』, 영산출판사(1980), 341.

3. 영혼의 구조적 속성: 하나님의 형상

영산은 "하나님을 떠나 자화상을 잃어버린 공허와 혼돈의 삶을 사는 인간이 살길은 오직 예수 그리스도 한 분밖에 없습니다. 예수님을 만나야 자화상이 회복됩니다."라고 단호하게 지적한다.[44] 인간의 본성은 예수님을 만날 때 회복된다. 즉 예수의 영과 연합될 때(고전6:17), 비로소 인간의 정체성이 진정으로 회복된다(갈2:20).

인간이란 무엇인가?[45] 인간은 관점에 따라 다양하게 서술할 수 있다.[46] 로이드 존스(Lloyd-Jones)는 디모데후서 1장 12절을 인용하면서 성경적 인간관을 "내 영혼을 맡아 안전하게 지켜줄 대상을 확신하는 것"으로 정의한다. "내가 믿는 자를 내가 알고 또한 내가 의탁한 것을 그 날까지 그가 능히 지키실 줄을 확신함이라(딤후1:12)."[47]

인간은 하나님의 형상대로 창조되었다.[48] 하나님의 형상을 닮은 인간은 무엇보다 우상숭배에서 벗어나 하나님 안에서 살아야 한다.[49] 인간을 구조적으로 살펴보면, 인간은 이성, 도덕성 및 다양한 재능 등을 지니고 있다. 인간의 기능은 예배, 봉사, 사랑, 다스림 등으로 나타난다. 즉 인간의 기능은 인간의 주관적 행동, 하나님과 타인과의 관계, 자신의 재능을 사용하는 방식 등으로 드러나게 된다.[50] 중요한 것은 인간의 구조와 기능이 하나님의 목적을 위해 쓰이는가, 아니면 나 자신을 위해 쓰이는가이다.[51] 예수님은 전적으로 하나님을 기쁘시게 하는 삶을 사셨다. 그는 "항상 그의 기뻐하시는 일(요8:29)"을 한다고 말한다. 그러나 마귀는 철저히 '나, 오직 나, 나 중심의 가치세계'를 부추긴다. 신앙생활의 핵심은 '내가 지닌 모든 것을 오직 하나님을 위해 사용하는 것'이다. 일의 종류가 아니라, 목적을 어디에 두고 일하느냐가 중요하다. 다시 말해, 바울의 지적대로 무슨 일이든 또는 말이든 그리스도 예수 이름으로 할 때 진정한 가치가 있다(골3:17).[52]

---

44) 조용기, "왜 선교해야 하나?", 주일설교(2005-06-12).

45) 인류학은 인간의 시원 등을 연구해서 인간을 이해하고자 한다. 심리학은 심리를 통해서 인간을 탐구하고자 한다. 철학은 인간의 본질을 이해하려고 한다. 그러면 신학적 관점에서 "인간이란 무엇인가?" 이 질문에 대답하려면, 먼저 하나님을 알아야 한다. 왜냐하면 인간은 하나님의 형상대로 지음을 받은 존재이기 때문이다.

46) 인간을 바라보는 관점으로서 생물학적, 철학적, 사회학적 및 심리학적 접근 방법 등이 있다. 하지만 이러한 관점을 통해서 인간의 영적인 본질을 파헤칠 수 없다. 성경의 인간론에 의하면, 하나님의 형상을 닮은 것이 인간의 가장 큰 특징으로 드러난다.

47) 마틴 로이드 존스(Martin Lloyd-Jones), 『내가 자랑하는 복음』(I am not ashamed), 복있는 사람(2013), 123-124.

48) 영산은 인간이 하나님의 형상대로 지음을 받았다는 증거에 대하여 5가지로 요약한다. 첫째, 우리의 영은 하나님을 닮았다(영성). 둘째, 인간은 도덕적으로 하나님을 닮았다(도덕성). 셋째, 인간은 사리를 판단하며 생각하는 존재다(이성과 선한 생각). 넷째, 영생의 능력을 가졌다(영생의 능력). 다섯째, 만물을 다스리는 능력을 지녔다(지배권). 조용기, 『순복음의 진리(하)』, 영산출판사(1980), 258-261. 덧붙여 말하자면, 인간의 말은 하나님의 형상을 닮은 것을 증거해주는 절대적 요소다. 영적인 존재만 말을 할 수 있다.

49) 구약시대 모세 언약 중에서(신4:15-18) 우상숭배에 대한 책망이 가장 강력하게 적용되었다. 선지자들이 이스라엘 백성에게 경고하는 내용 중에서 가장 핵심적인 것은 우상숭배의 금지였다. 참조. 팔머 로버트슨(O. Palmer Robertson), 『선지자와 그리스도』, P&R(2013), 151.

50) 후크마(Hoekema)는 인간 안에 있는 하나님의 형상의 구조를 두 가지로 요약한다. a) 인간의 구조, b) 인간의 기능. 그는 구조와 기능을 균형 있게 다루어야 한다고 말한다. 참조. 앤서니 후크마(Anthony A. Hoekema), 『인간론』(Created in God's Image), 부흥과개혁사(2012), 109-110.

51) 어떤 사람이 하는 일이 거룩하냐 속되냐를 결정짓는 잣대는 그의 직업이 아니라 그 일을 하는 목적이다. 동기가 가장 중요하다. 마음에 주 하나님을 모시고 행하는 일은 무엇이든 속된 것이 없다. 하나님은 예수 그리스도를 통해 그 사람이 하는 일을 선하게 여기신다. A. W. 토저, 『하나님을 체험함』(The Pursuit of God), 생명의말씀사(2014), 252.

3.1. 영혼의 존재양식

우리의 영혼을 이해하는 것은 실상은 쉽지 않다. 인간의 이성이 영혼을 이해하는 것은 여름철 번쩍거리는 번개를 방안에 가두는 것만큼 어려울지 모른다. 영산의 목회철학과 사상을 이해하려면, '실존적 차원에서의 인간 이해'와 '신학적 차원에서의 인간 이해'를 동시에 총체적으로 파악하는 것이 중요하다. 영산은 인간을 삼분법적 개념에서 이해한다. 곧 인간을 '영, 혼, 육'으로 이루어진 존재로 본다. 그는 "하나님께서 성부, 성자, 성령의 삼위일체이신 것처럼 인간도 영과 혼과 육으로 지으셨습니다. 영과 혼과 육의 직분도 다르게 창조하셨습니다."라고 말한다.[53] 그는 인간이 처음 지음 받았을 때 영은 혼을 다스리고, 혼은 육을 다스리는 것으로 이해한다. 그러나 인간이 타락하자 영이 죽고, 육이 혼을 지배하는 삶으로 추락하게 되었다는 논리를 편다.

'영, 혼, 육'의 속성은 서로 구분할 수 있지만, 그것을 실질적으로 서로 나눌 수는 없다. 영과 혼은 비물질적 요소이지만 몸은 물질적 요소다. 그런 까닭에 '영, 혼, 육'의 삼분설과 '영혼, 육(몸 혹은 육체)'의 이분설 사이에 명확한 경계선을 긋는 것은 쉽지 않다. 신약의 말씀 안에는 '영, 혼, 육' 또는 '영혼'과 '영'이란 개념이 모두 나온다. 바울은 어떤 경우에는 '영과 혼과 몸(살전5:23)'이라고 언급하고 있다. 영산도 '영, 혼, 육은 서로 나뉘는 세 부분이 아니라, 통합적이고 전체적인 하나의 전인(全人)'이라고 밝힌다.[54] 다시 말해, 영산은 '영, 혼, 육의 삼중적 요소'를 전제하지만, 동시에 유기적 총체성도 강조한다.

이러한 관점에서 보면, 영산의 구원관은 '영, 혼, 육'의 총체적 구원, 즉 통전적(holistic) 구원이다.[55] 인간에 대한 통전적 이해, 즉 전인적(全人的) 이해는 구원론의 기초를 이룬다. 그는 "예수님께서 인간을 구원하실 때 단순히 영혼만이 아니라 삶 전체와 육체까지 구원"한다고 역설한다.[56] 요약하면, 영산은 인간이 '영, 혼, 육'으로 이루어져 있다고 이해한다. 하지만 이 세 요소는 하나됨을 이루고 있다. 인간은 전인적인 존재이다. 이 삼분설적 개념을 기초로 그는 '인간의 삼중구원 – 영혼, 범사(환경), 육체(강건) – 의 전인적 구원론, 즉 3중축복론'을 전개, 발전시켰다.[57]

---

52) 파스칼(Blaise Pascal)은 다음과 같이 말했다. "작은 일을 위대한 일처럼 행하라. 왜냐하면 우리 안에는 위대하신 예수 그리스도가 살아계시기 때문이다. 위대한 일을 작고 쉬운 일처럼 생각하고 행하라. 왜냐하면 그리스도는 전능하시기 때문이다." 참조. A. W. 토저, 『하나님을 체험함』(The Pursuit of God), 생명의말씀사(2014), 조계광 역, 235.

53) 조용기, 『순복음의 진리(하)』, 영산출판사(1980), 258. 그는 "영은 하나님을 모시는 그릇이고, 혼은 자기를 담아놓는 그릇, 곧 지식과 감정과 의지를 담고 있으며, 반면에 육은 세상을 담아놓는 그릇, 곧 육체의 오감을 담는 그릇"으로 이해한다.

54) 조용기, 『신유론』, 서울말씀사(2001), 70.

55) 영산은 영, 혼, 육을 삼분설적으로 보지만, 영과 영혼의 개념을 혼용적 또는 동의어적 개념으로 사용한다. 중요한 것은 영과 혼 또는 영혼의 구원만이 아니라 전인적 구원이라는 사실에 있다. 참조. 이기성, "영산 인간론의 영과 혼의 개념", 『영산신학저널』, Vol.11(2007), 178-179.

56) 조용기, 『오중복음과 삼중축복』, 서울출판사(2008), 251.

57) 영산의 삼중축복론은 그의 목회철학과 사상의 근본적 모체다. 삼중타락, 삼중구원 개념은 그의 목회 반세기를 이끌어온 핵심이요 두뇌였다. 영산의 인간에 대한 이해가 '영, 혼, 육의 통전적 개념'이었다면, 목회철학에서 인간의 이해는 '삼중구원 –영혼, 범사, 강건의 개념'이었다. 인간에 대한 통전적 이해의 범주가 얼마나 중요한 것인가를 절실히 보여주는 대목이다. 임재신학적 개념에서 보면, 영산은 하나님의 내주하심(indwelling)을 강조하는 신학이었다. 그 연장선에서 그는 성령의 인격론을 펼쳤다.

이제 인간의 개념을 좀 더 근원적으로 알아보기로 하자. 인간 존재에 대해 더 깊이 알수록 신앙생활도 더 높은 차원으로 이끌어갈 수 있기 때문이다. 인간의 창조와 관련해서, 인간의 존재론적 특성에 대하여 다음 두 가지 측면에서 접근할 수 있다.

<u>첫째, 인간은 하나님의 형상과 모양대로 지음 받은 존재다</u>(창1:26)[58]

닛사의 그레고리(Gregory of Nyssa, 331-393)는 다음과 같이 말한다. "인간이 하나님의 형상으로 지음을 받았다는 포괄적 표현 안에는 모든 것이 포함된다. 그것은 인간의 본성이 모든 선에 참여하는 자가 되도록 인간의 본성을 지었다는 것과 같은 말이다."[59] 그는 또한 "기독교란 신성을 닮은 일"이라고 강조한다. 이 말을 역설적으로 이해하면, 선한 모든 일은 하나님의 형상에서 나온 것이다. 실제로 인간은 선한 일을 위하여 지음을 받았다(딛2:14). 인간은 말씀과 기도로 거룩하여진다(딤전4:5). 거룩해지면 인간은 선한 일을 하게 된다(롬6:22).

영산은 "인간은 근본적으로 하나님의 형상을 닮아 원래는 하나님의 '영성, 도덕성(시119:68, 시33:4, 신32:4), 이성(잠4:23, 롬12:2, 욥37:16), 영생의 능력, 지배권(고전15:27)'을 가지고 있습니다."라고 주장한다.[60] 인간은 하나님의 형상을 닮았고, 하나님의 영광을 위해 지음 받은 피조물이다.[61] 또한 하나님의 형상대로 지음을 받았다는 것은 하나님의 대리자 역할을 수행한다는 것을 의미한다.[62] 누구든지 예수를 믿으면, 그리스도인은 왕 같은 제사장의 신분으로 거듭나게 된다(벧전2:9). 따라서 하나님의 형상대로 지음을 받는 사람은 나 중심의 관점이 아니라, 하나님 중심의 관점에서 신앙생활을 해야 한다.[63] 하나님 중심의 시각을 가지게 되면, 나의 이웃도, 자연도 모두 화목한 관계 안으로 들어오게 된다.[64]

---

58) 하나님의 형상에 대하여는 다음 책을 참고하라. Anthony A. Hoekema, *Created in God's Image*, Eerdmans Publishing(1994), Chapter 4. 여기서 후크마는 이레니우스(Irenaeus), 토마스 아퀴나스(Thomas Aquinas), 존 칼빈(John Calvin), 칼 바르트(Karl Barth), 에밀 부르너(Emil Brunner)들이 주장하는 하나님의 형상 개념을 설명하고 있다. 그들의 주장들 사이에 상호 장단점이 존재한다. 그러나 중요한 핵심은 "인간의 형상이 왜곡되었지만, 예수 그리스도 안에서 왜곡된 형상을 되찾고 있다."는 사실에는 일치한다.

59) 대니얼 클린데닌(Daniel B. Clendenin), 『동방 정교회 신학』(Eastern Orthodox Theology), 은성(2012), 283 재인용.

60) 조용기, 『순복음의 진리(하)』, 영산출판사(1980), 259-261.

61) 참조. "우리는 긍휼을 얻고 하나님은 영광을 받으신다. 우리는 하나님 안에서 기쁨을 얻고, 하나님은 우리에게서 영광을 받으신다. 영광을 받기 원하시는 하나님의 열정, 만족하기 원하는 우리의 열정의 경계에서 우리는 살고 있다." 존 파이퍼(John Piper), 『하나님을 기뻐하라』(Desiring God), 생명의말씀사(2009), 13.

62) The ESV Study Bible, Crossway(2008), 51. "Other scholars seeing the pattern of male and female, have concluded that humanity expresses God's image in relationship ⋯." 남자와 여자가 '나-너'의 관계를 형성하듯이 하나님의 형상도 마찬가지로 하나님과 인간의 인격적 관계를 통해서 드러난다. 이렇게 주장하는 신학자 중 한 사람은 칼 바르트(Karl Barth)이다.

63) 하나님의 형상에 대하여 두 가지 측면, 1) 구조적 측면(인간은 어떤 존재인가: 이성, 도덕성 등의 소유), 2) 기능적 측면(인간은 무엇을 하는가: 예배, 봉사, 사랑, 다스림 등)을 다루고 있다. 최근에는 구조와 기능을 모두 포함하여 넓은 의미의 형상과 좁은 의미의 형상, 형식적 형상과 내용적 형상, 실재와 관계, 선천적 자질과 창조성 등 다양한 측면에서 이해하려고 시도한다. 구조와 기능 모두 하나님의 형상의 본질적 측면과 연결되어 있다. 참조. 앤서니 후크마(Anthony A. Hoekema), 『인간론』(Created in God's Image), 부흥과개혁사(2012), 104-106.

64) 그렌즈(S. Grenz)는 인간에 대한 신학적 이해를 다양한 측면에서 접근한다. 그는 하나님 형상에 대해 다음 4가지 개념을 제시한다. a) 특별한 신분으로서의 하나님의 형상, b) 특별한 교제로서의 하나님의 형상, c) 종말론적 실재로서의 하나님의 형상, d) 특별한 신앙공동체로서의 하나님의 형상이다. 참조. 스탠리 그렌즈(Stanly J. Grenz), 『조직신학』(The Theology

<u>둘째, 인간은 흙으로 지음 받은 존재다(창2:7)</u>

초대교부들은 존재와 생명을 동일한 것으로 보았다. 생명 안에 존재가 있고, 존재 안에 생명이 있다고 본 것이다.[65] "야훼 하나님이 땅의 흙으로 사람을 지으시고 생기를 그 코에 불어넣으시니 생령이 된지라(창2:7)." 이사야서에서는 "야훼여 이제 주는 우리 아버지시니이다 우리는 진흙이요 주는 토기장이시니 우리는 다 주의 손으로 지으신 것(사64:8)"이라고 묘사된다. 성경적으로 보면, 존재와 동시에 생명이 생기는 것이다.

땅을 구성하는 '진토'와 '하나님의 생기'가 합쳐서 생명체(생령, living being)를 창조한 것이다. 그런 까닭에 하나님이 숨을 거둬가시면, 인간은 흙으로 다시 돌아간다.[66] 어떤 경우에도 인간의 생사는 하나님의 주권에 달려 있다. 인간을 단지 물질 차원에서만 보면, 인간의 본질이란 '먼지에서 와서, 먼지로 살다가, 먼지로 돌아가는 허무한 삶'이다. 그러나 우리의 몸은 하나님의 영과 결합체가 되어 통전적으로 살아가는 거룩한 존재요, 존귀한 존재요, 왕 같은 제사장이다.

야훼 이름 안에는 '하나님의 본질'이 내포되어 있다. 또한 그 이름으로부터 인간의 본질을 유추할 수 있다. '나는 스스로 있는 자니라(출3:14)'를 히브리어로 표현하면 '예흐예 아쉐르 예흐예'이다. 하나님의 이름 '나는 곧 나다'를 동사의 의미를 살려 '나는 너희(이스라엘 백성)를 위하여 존재한다/활동한다/일한다'로 확대해서 표현할 수 있다. '예흐예'는 동사 '하야'에서 온 것으로 '존재하다/활동하다/일하다'를 뜻하기 때문이다.[67] 이런 맥락에서 보면, 인간에 대해 다음과 같이 정의할 수 있을 것이다. 즉, "몸과 영혼이 하나로 결합되어 있는 인간은 하나님을 위해서(for-목적성), 하나님 안에서(in-존재성), 하나님과 함께(with-영원성), 하나님에 의해(by-의존성) 활동하는 목적론적 존재다."

3.2. 영혼의 인격성

영산은 말씀을 통해서 우리의 영혼이 변화되고 새롭게 된다고 강조한다. "하나님 말씀을 통해서 예수님을 닮을 수 있습니다. 하나님 말씀을 우리가 읽고 듣고 묵상하므로 마음이 하나님의 능력으로 충만하게 되며, 마음이 새롭게 창조되고 변화되는 것입니다. 말씀을 통해서 우리의 마음이 변화됩니다. 말씀을 듣고 읽고 묵상하면 말씀은 살아서 속에 들어가서 운동력을 나타내는 것입니다."[68] 말씀은 인격의 중심인 마음 — 지성, 감성, 의지 — 을 영적으로 변화시켜 궁극적으로 그리스도의 의로움과 거룩함을 닮아가게 만든다. 테드 워드(Ted Ward)는 인간성의 개발(開發)에 대하여 다음 여섯 가지 요소를 제시한다. 곧 육체적(physical), 정서적(emotional), 사회적(social), 윤리적(moral), 정신적(mental), 영적(spiritual) 개발이다. 총체적으로 말하면, 인간성의 개발은 곧 전인적(全人的) 차원에서의 개발이다.[69]

---

for the Community of God), 크리스챤다이제스트(2003), 266-276.

65) 존 지지울러스(John D. Zizioulas), 『친교로서의 존재』(Being as Communion), 삼원서원(2012), 82-86.

66) 창세기 2장 7절을 보면 하나님은 사람을 두 단계로 완성시킨다. 첫 번째 단계: [아파르-먼지/티끌] + [지으심] = [그 사람-하아담]. 두 번째 단계: [그 사람] + [니쉬마트 하임-생기 또는 생명의 숨] = 생명체(네페쉬 하야, a living being or soul).

67) 차준희, 『출애굽기 다시 보기』, 프리칭아카데미(2012), 60-62.

68) 조용기, "신앙생활과 신앙인격", 주일설교(2012-05-06).

69) James R. Estep & Jonathan H. Kim, *Christian Formation*, B&H Academic(2010), 263.

이것은 바울이 인간의 실존에 대해서 강조하는 것과도 일맥상통한다. 그는 인간의 실존을 "우리가 그를 힘입어 살며 기동하며 존재(행17:28)"한다고 이해한다. 나아가 그는 "무엇을 하든지 말에나 일에나 예수의 이름으로 일하고 그를 힘입어 하나님 아버지께 감사하라(골3:17)"고 말한다. 모든 인간의 영혼은 하나님께 속해 있다. 예수를 믿는 그리스도인에게는 두 개의 자아가 존재한다. 곧 '육적 자아와 영적 자아' 이다. 육적 자아가 영적 자아를 주도하면, 인간중심의 삶이 된다. 그러나 영적 자아가 육적 자아를 이끌거나 조율하면, 그것은 곧 하나님 중심의 삶이 된다. 영적 자아(새 사람)와 육적 자아(옛 사람, 생물학적 자아)는 빛의 입자와 파동의 관계처럼 상호연합적 관계에 있다.70)

존재의 근원이신 하나님이 우리를 그의 형상대로 만들었기 때문에 인간은 파생적 존재다. 그러나 인간은 식물이나 동물에게는 없는 인격성을 지닌 피조물이다. 영산은 성령님의 인격성을 절대적으로 강조한다. 그는 강단에 올라오기 전에 "성령님 함께 갑시다. 성령님 인정합니다. 환영합니다. 모셔 들입니다. 나는 성령님께 의지합니다. 함께 나가십시다."라고 말한다.71) 그는 "제가 50년 목회 동안 세계 곳곳을 다니면서 가장 깨우치기를 원했던 것은 바로 성령님이 살아계신 인격자이므로 그분을 인격자로 대우하라는 것이었습니다."라고 힘주어 말한다.72)

인간이 짐승과 다른 점 가운데 가장 중요한 것은 그가 인격을 지니고 있다는 것이다. 인격체로서 우리는 선택할 수 있고 자유를 누릴 수 있다. 하지만 동시에 그것에 대해 책임을 져야 한다. 옛 사람이 성령을 받으면, 하나님의 자녀가 된다. 양자의 영이 부어져 하나님을 아버지라고 부르는 특권이 주어진다(롬8:14-17, 갈4:6-7). 성령은 새 시대의 생명이며(롬8:2, 고전15:45, 고후3:6), 새 언약의 영이다(행4:8, 31, 6:10, 13:9). 영산은 신앙인의 인격이 이 세상에 사는 동안 계속해서 자라야 한다는 점을 강조한다.73)

3.3. 3차원과 4차원의 세계

세계는 눈에 보이는 것과 보이지 않는 것으로 구성된다. 하나님이 지으신 인간세상을 물질과 영의 차원에서 세분화하면 다음과 같다.

첫째, 물질세계(material world)다. 이것은 보이는 세계다. 우리가 물질에게 "내가 너를 사랑한다"고 아무리 소리쳐도 그것은 아무런 응답도 하지 않는다. 물질에는 물리화학적 법칙이 적용된다. 태초에 하나님이 천지를 창조하셨다(창1:1). 하나님은 창세기 1장 1절에서 창조에 필요한 물질, 시간 및 공간을 창조하셨다. 또한 그것을 가지고 창조의 세계를 펼치셨다.

---

70) '인성-신성, 사랑-미움, 성령-인간의 영'과 같은 상호관계는 '입자-파동'의 물리적 특성과 유비된다. 이에 대하여 더 자세한 내용은 다음 책을 참조하라. 영의 논리적 인식을 탐구하는 데 매우 유익한 책이다. 제임스 로더, 『성령의 관계적 논리와 기독교교육 인식론』, 대한기독교서회(2009), 이규민 역, 128-131. 특히 '성령의 영-인간의 영'의 관계론적 인식에 대하여 이 책 190-194 페이지를 참조하라.
71) 조용기, "신앙생활과 신앙인격", 주일설교(2012-05-06).
72) 조용기, "신앙생활과 신앙인격", 주일설교(2012-05-06).
73) 조용기, "신앙생활과 신앙인격", 주일설교(2012-05-06).

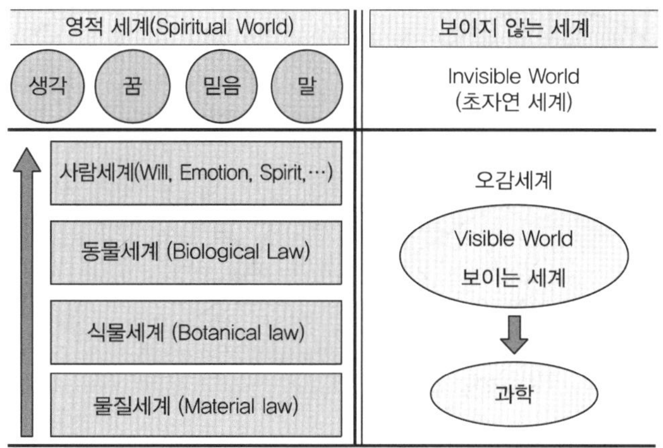

그림 2-1. 눈에 보이는 세계(visible world)와 눈에 보이지 않는 세계(invisible world)(골1:16): 보이지 않는 세계를 다루는 학문은 신학이고, 눈에 보이는 세계를 다루는 학문은 과학이다. 과학의 세계는 오감의 법칙이 적용된다. 4차원영성은 하나님의 말씀을 삶에 적용하는 방법이다. 그것의 핵심요소는 '생각, 꿈, 믿음, 언어'이다. 4차원영성의 궁극적 목표는 예수님을 닮아가면서 완전한 삶을 지향하는 것이다(마5:48, 신18:13). 영산은 4차원과 3차원의 관계를 이렇게 정의한다.[74] a) 하늘이 땅보다 높고, 하늘의 기후가 땅을 지배한다(사55:9). b) 4차원의 영적 세계가 3차원인 물질세계를 지배한다(창1:2-4). c) 4차원 영의 세계가 운행하면, 3차원의 세계는 힘을 잃고 4차원의 지배를 받는다.

둘째, 물질세계보다 한 차원 높은 세계는 식물세계(plant world)다. 식물세계에는 성장의 법칙(botanical law)이 적용된다. 식물은 흙속의 영양분을 섭취한다. 땅에 씨앗을 뿌리면, 싹이 돋고 꽃이 피고 열매를 맺는다. 식물은 땅속의 물질을 흡수하는 능력을 가지고 있다.

셋째, 식물보다 한 차원 높은 세계는 동물세계(animal world)다. 동물은 식물세계에 없는 혼(soul)을 가지고 있다. 집에 주인이 들어가면, 개가 좋아하면서 주인에게 달려든다. 그것은 동물에게도 혼이 있기 때문이다. 그러나 개가 죽어 땅에 묻히면, 혼도 그와 함께 묻힌다(전3:21). "사람의 영(히. 루아흐)은 위로 올라가고 짐승의 혼(히. 루아흐)은 아래로 내려간다(전3:21). 동물은 성장과 번식이 이루어지며, 식물을 완전히 지배할 수 있다. "땅의 모든 짐승과 하늘의 모든 새와 생명이 있어 땅에 기는 모든 것에게는 내가 모든 풀을 먹을 거리로 주노라(창1:30)."

넷째, 동물보다 한 차원 높은 세계는 인간세계(human world)다. 사람에게는 식물이나 동물에게 없는 영(spirit)이 내재한다. 이것은 하나님이 사람을 만들고, 그에게 생기를 불어넣어서, 생령이 되었기 때문이다(창2:7). 인간은 물질뿐 아니라 또한 식물과 동물도 지배할 수 있다. 또한 하나님의 형상대로 지음을 받아서, 인간은 하나님이 가지고 있는 지, 정, 의를 부여받았다(그림 2-2). 따라서 인간은 마음, 이성, 감정, 의지를 지니고 있다. "하나님이 그들에게 복을 주시며 하나님이 그들에게 이르시되 생육하고 번성하여 땅에 충만하라 땅을 정복하라 바다의 물고기와 하늘의 새와 땅에 움직이는 모든 생물을 다스리라 하시니라. 하나님이 이르시되 내가 온 지면의 씨 맺는 모든 채소와 씨 가진 열매 맺는 모든 나무를 너희에게 주노니 너희의 먹을 거리가 되리라(창1:28-29)."[75]

---

74) 조용기, "마음의 파숫군", 주일설교(2013-12-01).

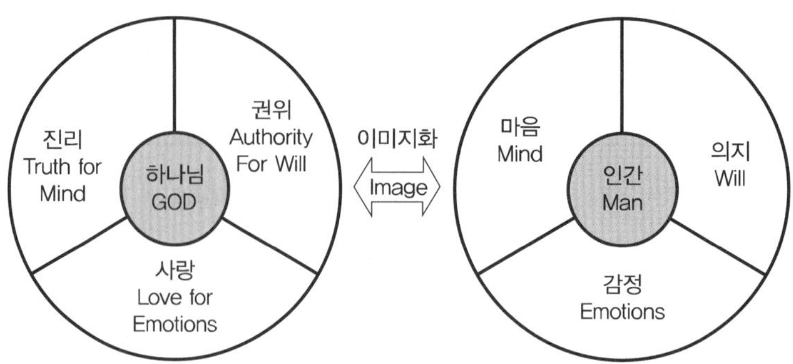

그림 2-2. 인간의 정신적 구조: 지성(mind), 감정, 의지[76]

마지막 세계는 영의 세계(spiritual world)다. 인간은 영(spirit)과 혼(soul)을 지니고 있기 때문에 3차원 세계에 존재하면서 동시에 4차원 세계에 속해 있다. 영산은 4차원 영의 세계에서 가장 중요한 영적 언어는 생각, 꿈, 믿음, 말이라고 역설한다. 하나님의 형상대로 지음 받은 인간은 불완전 하지만, 하나님의 생각, 꿈, 믿음, 말을 가지고 있다. 따라서 부분적으로 창조능력을 발휘할 수 있다. 다른 피조물과 인간의 차이점 중 가장 중요한 한 가지는 인간이 말을 한다는 것이다. 말은 인격이다. 영산은 말의 중요성을 이렇게 요약한다. "말과 성품은 동반자입니다. 우리가 쓰는 말이 어떠한가에 따라 그러한 사람이 됩니다. 평소에 고운 말, 아름다운 말, 사랑의 말, 깨끗한 말, 감사의 말을 쓰면 얼굴도 달라지고 표정도 달라지고 환경도 달라지고 인생이 달라집니다."[77]

4. 하나님 중심의 역동적 삶

거듭난 사람은 초자연적인 방법으로 생각하고, 바라보고, 느끼는 자들이다. 왜냐하면 성경말씀은 초자연적이고 영적인 생명의 말씀이기 때문이다. 그런 이유로 성경을 알기 위해서 회개, 겸손, 믿음, 순종이 필요하다. 인간은 영혼육이 하나됨을 이루고 있는 존재이다. 하지만 각각의 기능에 대해서 서로 구별해서 접근하는 것이 유익하다. 성경에는 하나님이 아담과 하와가 먹었던 선악의 열매 대신에 사람들에게 생명나무 열매를 먹이시려는 이야기가 생동감 있게 펼쳐진다. 따라서 구원받은 자는 '나 자신의 이성적 삶의 방식'을 '삼위일체 하나님의 삶의 방식'으로 전화시켜 가고자 하는 영성적 의지력이 있어야 한다. 성도는 이 땅에 살고 있지만 동시에 하나님 나라에 속한 존재이기 때문이다(빌3:20).

---

75) '정복'에 대한 해석은 다양하지만, 켈러(T. Keller)는 "정복이라는 말은 세상을 일의 무대로 만드셨음을 암시한다."고 서술한다. 하나님은 세상이 설계한 대로 완성되어 그 풍요로움과 잠재력이 최대한 드러나도록 열심히 일하셨다. 팀 켈러(Timothy Keller), 『일과 영성』(Faith & Work), 두란노(2013), 71.

76) Louise J. Walker, *Evangelism Today*, ICI University: Texas, 1994, 106-168: 여기서 'mind'는 지성 혹은 마음과 같은 의미로 사용된다.

77) 조용기, "신앙생활과 신앙인격", 주일설교(2012-05-06).

영산은 삶에 대한 희망의 근거를 예수 그리스도에게 둔다.[78] "인간은 자기 존재의 이유를 발견할 때까지 의미 없이 방황합니다. 인간은 예수님을 발견하기 전까지 절망적인 존재로 살아갑니다. 그는 인생의 의미를 결코 찾을 수 없습니다. 우리를 구원해주시는 예수 그리스도를 만나기 이전까지 인간의 존재 그 자체는 절망인 것입니다."[79] 새 존재는 예수 그리스도와 연합된 자이며(고전6:17, 갈2:20, 롬8:5), 새 생명을 수여받은 생명의 영이며(요6:63), 하나님의 씨가 잉태된 자이며(요일3:9), 생수의 강이 넘치는 자이다(요7:37). 그에게는 절대적인 희망의 미래가 완전히 보장되어 있다.

4.1. 하나님 중심의 삶: 원리와 양식

영산은 "오직 그리스도 안에서만 우리는 우리 자신을 발견하고, 새로운 정체성을 회복하고, 우리의 새로운 자화상을 얻고, 우리의 새로운 신분을 확인하고, 영혼이 잘됨 같이 범사에 잘되며 강건하고 생명을 얻게 됩니다."라고 분명하게 밝혀준다.[80] 새로운 자화상을 가진다는 것은 새로운 삶의 원리와 방식으로 사는 것을 의미한다.

1) 성령이 인도하는 삶

어떻게 하나님의 원리와 삶을 방식을 취하여 살 것인가? 이 질문에 대해 다양한 관점에서 서술할 수 있을 것이다. 영산은 하나님의 삶의 해법을 성령의 차원에서 풀어간다. "3차원보다 높은 4차원은 성령의 차원입니다. 우리는 원래 4차원의 영성을 가진 인간입니다. 타락하기 전에 아담과 하와는 하나님의 형상과 모양을 받았습니다. 하나님의 형상과 모양은 영적인 것입니다. 4차원 영적인 모습을 최초의 인류는 자기 안에 받아서 살고 있었습니다. 그런데 타락하고 나서 4차원의 영성이 죽어버렸습니다. 하나님의 영과 친교하는 길이 막혀버렸습니다. 따라서 아담의 후손은 육으로 살다가 육으로 죽게 된 것입니다."[81]

육적 존재는 스스로 영적 존재와 교통할 수 없다. 오직 성령을 통해서만(갈5:16) 인간은 하나님 중심의 삶을 추구할 수 있다. 영적 삶을 위한 영산의 해법은 다음과 같다. "성령은 물질세계를 다스리는 4차원입니다. 성령은 우리의 생각을 통해서 역사합니다. 따라서 우리는 긍정적이고 적극적인 생각을 가져야 합니다. 기도하면 이제 내 속에 들어오신 성령께서 역사하셔서 좋은 일이 일어나게 만들어줍니다. 그러므로 생각을 긍정적으로 하고, 마음속에 꿈을 꾸고, 믿음을 가지고, 긍정적으로 입으로 시인하면, 성령께서 새로운 창조적인 역사를 일으켜줍니다."[82]

---

78) 조용기, "나는 누구인가?", 주일설교(2006-09-03).

79) 조용기, 『오중복음 이야기』, 20: 영산은 인간 실존에 대한 이해와 관련해서 폴 틸리히(Paul Tillich)의 영향을 일부 받은 것으로 보인다. "나에게 영향을 미친 것은 폴 틸리히의 철학적 신학입니다. … 개인적으로 폴 틸리히가 지니고 있는 인간의 인식에는 공감합니다. … 인간은 죄책과 정죄의 절망, 허무와 무의미의 절망, 죽음과 무의 절망의 심연에 빠져 있는 존재로서 스스로는 절대적으로 이 절망에서 헤어나올 수 없습니다."

80) 조용기, "왜 선교해야 하나?", 주일설교(2005-06-12).

81) 조용기, "하나님의 영과 나", 주일설교(2014-03-23).

82) 조용기, "하나님의 영과 나", 주일설교(2014-03-23).

2) 의와 거룩의 삶

영산은 "의인이란 한 번도 죄를 짓지 않은 상태요, 하나님 앞에 부끄럼 없이 설 수 있는 자격이며, 마귀로부터 참소 받지 않는 상태"라고 말한다.[83] 그는 "성도들은 성령님을 통해 의롭다 함을 얻고 성령님의 도우심을 입어 거룩하게 되고 성령 안에서 하나님 앞에 향기로운 제물이 됩니다."라고 한다.[84] 삶의 영적 기초는 의와 거룩이다. 이것은 명제적 진리와 같은 것이다(엡4:24, 레11:45). 십자가는 왜곡된 인류역사의 길을 마귀의 궤도로부터 벗어나게 해 하나님 나라를 향해 가도록 삶의 방향을 완전히 바꾸어놓았다. 죄인은 십자가의 복음을 통해 그리스도와 연합된다(고전6:17). 그러면 삶의 방식이 나 중심에서 예수님 중심의 가치체계로 바뀐다. 그 중심에는 십자가의 믿음이 있다. 십자가는 믿음을 탄생시켜 자연인의 삶의 원리, 방식 및 방향으로부터 완전히 벗어나 하나님 나라의 새로운 삶의 원리와 방식을 취하게 한다. 십자가의 수난절과 부활절의 경험은 신자에게 십자가의 믿음을 선물로 주어, 시간의 차원이 아니라 영원의 차원에서 살게 해준다(갈2:20).

믿음은 보이지 않는 것을 먼저 믿게 하고, 그 다음 경험을 통해서 알게 한다. 자연인은 믿기 위해서 하나의 사건을 먼저 알아야 하지만, 하늘양식으로 사는 사람은 알기에 앞서 먼저 그것을 믿는다. "먼저 알고, 믿느냐? 먼저 믿고, 아느냐?"는 서로 차원이 다르다. 십자가 신비의 문 안으로 점점 더 들어갈수록 나 자신과 세상은 점점 더 작아진다. 마침내 내가 아니라 오직 하나님만 바라보게 된다. 하나님 중심의 삶은 성령 안에서 믿음으로 사는 삶이다. 십자가는 "나, 나 중심의 삶이 아니라, 오직 그리스도 중심의 삶"을 살게 한다.

영산은 "중생이나 칭의처럼 거룩도 하나님께서 주시는 축복이요 은사"라고 말한다.[85] 그리스도인은 말씀(요17:17, 딤전4:5), 믿음(행15:9), 기도(딤전4:5)와 성령의 능력(살후2:13)으로 거룩해진다. 내 힘으로 거룩해질 수 없다. 하나님의 뜻은 우리가 거룩해지는 것이다(살전4:3). 하나님이 우리를 부르신 것은 우리가 거룩한 삶을 살게 하려는 것이다(살전4:7). 우리가 거룩해야 하나님과 친교할 수 있고, 하나님께 영광 돌릴 수 있기 때문이다. 바울도 바로 그와 같은 이유에서 "하나님을 따라 의와 진리의 거룩함으로 지으심을 받은 새 사람(엡4:24)"이 되라고 권면한다.

결론적으로 '하나님의 삶의 방식은 의와 거룩의 삶의 양식'이다. 영산의 4차원영성과 하나님의 삶의 방식을 서로 연결하면, 하나님의 삶의 방정식은 '거룩한 생각, 거룩한 꿈, 거룩한 믿음, 거룩한 언어'로 사는 것이 된다. 영산은 "사람은 하나님께 속하여 하나님처럼 영원히 살고, 하나님처럼 창조하며 살고, 하나님처럼 믿고, 변화시키는 능력을 행하면서 사는 것입니다. 그리고 사람은 육신의 3차원에 속해 있으므로 세상과 이웃과 환경을 변화시키며 살아야 합니다."라고 강조한다.[86] 인간의 마음하늘은 바로 하나님이 활동하시는 무대다.

---

83) 조용기, 『순복음의 진리(하)』, 영산출판사(1980), 341. 또한 덧붙여 말하자면, 의인이란 하나님 나라의 거룩하고 선한 속성들을 신자의 삶의 자리에서 드러낼 수 있는 자이다.
84) 조용기, 『로마서 강해』, 서울말씀사(2013), 452.
85) 조용기, 『순복음의 진리(하)』, 영산출판사(1980), 344.
86) 조용기, "하나님의 뜻에 합당한 자", 주일설교(2015-02-08).

3) 그리스도 안에서의 삶

또한 하나님의 삶의 방식은 '예수 그리스도 안에서의 삶(요17:21-23)'이다. 바울도 '그리스도 안에서'라는 표현을 자신의 편지들에서 다양한 관점에서 묘사한다. 성도로서의 삶의 방식은 '예수 그리스도 안에서의 삶'이다(고전6:17, 갈2:20). 성도는 상대적 가치를 버리고 절대적 가치를 위해 그리스도에 대한 믿음을 진보시켜야 한다.[87] 예수만이 절대적 진리이기 때문이다. 그리스도 안에 있는 자는 날마다 영적 진보가 일어나야 한다. 신자는 '이미 되어 있는 존재'(being)가 아니라 '되어가는 존재(becoming)'이기 때문이다. 기독교인은 결과적 존재가 아니라 아직은 과정적 존재이다. 모든 신자들은 과거에 구원받았고(칭의), 현재 구원을 이루어가고 있고(성화), 장차 완전하게 구원받을 것이다(영화).

영산은 "성화는 예수 그리스도의 피로(히13:12-13), 성령의 능력으로(롬15:16, 엡5:18), 하나님의 말씀으로(시119:9, 요17:17) 이루어집니다."라고 말한다.[88] 인간은 변화를 통해서 끊임없이 영적으로 성장해 간다. 그는 "거듭남이란 예수 그리스도의 부활의 생명을 받아 누리는 내적변화를 의미합니다."라고 말한다.[89] 즉 본질적으로 변화되려면 거듭나야 하고(요3:3), 새로운 피조물이 되어야 한다(고후5:17). 단순히 인본주의적 교육만으로 인간의 본질은 변화되지 않는다. 성령 안에서 본질적으로 변화된 인간은 '하나님 사랑과 이웃 사랑(십계명적 삶)'을 지향하는 존재가 된다.

"나는 한 나그네로서 영원을 향한 길을 걸어가고 있다. 나는 하나님의 형상으로 지음을 받았다. 하지만 그 형상은 손상되었다. 그래서 나는 어떻게 묵상해야 할지, 어떻게 예배해야 할지, 어떻게 생각해야 할지 배워야 한다." 도널드 코간(Donald Coggan)의 이 말은 영적훈련이 필요하다는 것을 극적으로 강조한 것이다. 손상 입은 형상이 회복되기 위해서 하나님을 갈망하는 마음이 있어야 한다. 시편 기자처럼 우리는 "하나님이여 사슴이 시냇물을 찾기에 갈급함 같이 내 영혼이 주를 찾기에 갈급하니이다(시42:1)"라고 기도해야 한다.

따라서 성도는 날마다 하나님의 뜻과 하나님 자신(골1:9-10)을 알아가는 두 가지를 동시에 추구하며 성장해가야 한다. 영산은 "하나님은 영이시므로 4차원의 세계 속에 속하며, 3차원적인 물질세계를 다스리고 창조합니다. 하나님의 형상대로 지음 받은 여러분도 어느 정도 하나님과 같으므로 여러분 자신에게도 환경을 다스리고 창조하는 힘이 주어져 있다는 것을 알아야 합니다."라고 말한다.[90] 하나님과 하나님의 뜻을 알면, 인간은 하나님처럼 생각하고, 꿈꾸고, 믿고, 선언할 수 있다.

---

87) "프란시스 쉐퍼(Francis A. Schaeffer) 박사가 생전에 스위스에서 세계의 지성인들이 모인 가운데 이 시대의 방향과 마음의 갈 길을 제시하면서 이렇게 말한 적이 있습니다. 19세기에 일어났던 가장 커다란 비극은 사람들이 절대가치를 버린 것입니다. 그래서 현대인은 절망의 선 밑으로 떨어졌습니다." 참조. 조용기, "나의 정체성", 주일설교(2009-08-30).

88) 조용기, 『순복음의 진리(하)』, 영산출판사(1980), 344-346.

89) 조용기, 『순복음의 진리(하)』, 영산출판사(1980), 319.

90) 조용기, "하나님의 뜻에 합당한 자", 주일설교(2015-02-08).

새 존재로 사는 것은 말씀으로 사는 삶이다.[91] 말씀으로 살아야 하늘의 뜻이 땅에서 이루어지기 때문이다. 4차원 영적존재인 인간은 4차원의 창조적 말씀을 자기의 마음하늘에 충만하게 해서 은혜가 넘치는 마음과 생각을 유지해나가야 한다. 하나님의 말씀은 4차원이다. 영산은 말씀의 창조력을 다음과 같이 4차원영성적으로 서술한다. "하나님은 말씀을 사용하셔서 3차원의 물질세계를 변화 시키고 고치며 새롭게 창조하십니다. 하나님의 말씀은 영이요 생명입니다. 영이기 때문에 안 보입니다. 물질적인 세계는 1차원의 세계, 2차원의 세계, 3차원의 세계입니다. 반면에 4차원은 영의 세계입니다. 하나님의 말씀은 물질세계에 운행하면서, 그 세계를 변화시키고 창조합니다. 그래서 내가 원하는 것을 이루어줍니다. 영은 물질 위에 있습니다. 따라서 말씀이 선포되면, 물질적인 3차원 세계는 반드시 변화되거나 제거됩니다. 낮은 차원은 높은 차원의 명령에 순종할 수밖에 없습니다."[92]

4) 4차원 삶의 특징

영산은 4차원의 삶을 요약해서 이렇게 말한다. "3차원 세계는 물질적, 인간적인 해답입니다. 이 세상에서 예수 안 믿는 사람은 물질적이며 인간적인 답을 가져옵니다. 그것은 3차원에 대한 3차원식 해답입니다. 그러나 4차원 세계에서는 3차원 세계를 둘러싸고 있는 4차원의 세계, 곧 크고 은밀한 성령의 역사로 문제들이 해결됩니다. 인간의 문제를 3차원적으로 해결하는 것은 인간의 수단과 방법으로 해결하는 것입니다. 반면에 4차원적으로 해결하는 것은 하나님의 생각, 꿈, 믿음, 말씀과 기도를 통해서 해결하는 것입니다."[93] 보이지 않는 생각, 꿈, 믿음, 말은 모두 4차원의 영적 세계에 속한다. 4차원의 삶을 요약하면, '말씀과 믿음과 기도와 성령의 능력으로 사는 삶'이다. 효능적 측면에서 서술한다면, '생각, 꿈, 믿음, 말을 통해 하나님과 친교하는 영성'이다.

하나님은 이스라엘 백성들을 애굽에서 광야로 불러내시고 나서, 다음과 같이 교육시키지 않으셨다. "나의 백성들아, 가나안 땅에 사는 사람들을 정벌하려면 창, 칼, 활 쏘는 기술이 절대적으로 필요하다. 오늘부터 무기 쓰는 법을 훈련해야 하고, 전략도 잘 짜야 하고, 특히 서로 싸우지 말고 팀워크를 발휘해서 힘을 모아야 한다."

하나님은 이와 같이 3차원적 교육을 시키지 않으셨다. 그 대신 하나님은 백성들에게 4차원영성을 교육시키셨다.

"나는 너희에게 행복하고 안전하게 살 수 있도록 율법과 성막을 주겠다. 나는 성막 안에서 너희와 친밀하게 교제할 것이다. 나의 말에 순종하고 그것을 지키면, 너희 앞길이 형통할 것이다. 너희

---

91) 영산은 새 존재로서의 영적 삶의 핵심을 4가지 영적 원리로 설명한다. 첫째, 분명한 목표를 신속히 설정하라. 개인적인 목표도 가정적인 목표도 생활적인 목표도 신속히 설정해야 한다. 목표 없이 방황하는 사람은 자기 자신을 개발할 수 없다. 둘째, 마음속에 꿈을 품어라. 암탉이 병아리를 품듯이, 항상 꿈을 품고 있으면, 우리가 꿈을 이끌어가는 것이 아니라 꿈이 우리를 이끌어간다. 셋째, 기도의 힘을 늘 이용하라. 좋을 때나 어려울 때나 항상 기도해서 마음속에 의, 평강, 희락과 믿음, 소망, 사랑이 넘치게 하라. 그래서 긍정적이고 적극적이며 창조적이고 생산적인 마음의 자세를 갖도록 하라. 넷째, 최선을 다하여 있는 힘을 경주해서 시간을 아끼며 노력하라. 인류를 구원하시기 위하여 하나님께서도 최선을 다 하셨다. 가만히 앉아서 인류구원을 도모하신 것이 아니다. 힘을 집중해서 한 곳으로 모아야 한다.
92) 조용기, "하나님의 말씀", 주일설교(2015-03-01).
93) 조용기, "사차원의 삶", 주일설교(2010-11-07).

의 전후좌우를 내가 보살펴주겠다. 오직 한 가지 너희가 명심해야 할 것은 순종이다. 다른 것은 아무것도 없다. 알겠느냐?"

4차원의 삶이란 말씀에 순종하는 삶이다. 하나님의 형상을 닮은 신자는 하나님의 말씀을 삶의 자리에 적용해야 한다. 영산은 하나님처럼 말하는 삶을 강조한다. "하나님처럼 말하므로 환경과 운명을 변화시키고, 하나님처럼 믿음으로 태산을 옮기고, 하나님처럼 꿈을 꾸므로 새로운 세계를 만들고, 하나님과 함께 일하므로 하나님이 재미를 느끼고 즐거워하십니다."94)

인간은 결점투성이다. 오늘날도 하나님은 성령과 말씀과 믿음과 기도로 우리를 쓸 만한 사람으로 다듬어서 각 사람마다 용도에 맞게 사용하신다. 성도는 언제나 "나 중심, 나의 방식이 아니라, 하나님의 삶의 방식"으로 살아야 한다. 왜냐하면 내 안에서 예수님이 내 대신 사시기 때문이다(갈 2:20). 이 사실을 믿고 순종하는 삶이 진정한 신앙생활이다.

사도행전 2장 37절에는 "저희가 이 말을 듣고 마음에 찔려 베드로와 다른 사도들에게 물어 가로되 형제들아 우리가 어찌할꼬"라고 기록되어 있다. 이 절에 기초해서 우리는 배움의 세 가지 단계를 조명해볼 수 있다. a) 1단계-인지(cognition) 단계: '저희가 이 말을 듣고'는 머리에서 일어나는 것((thinking-knowing)으로 인지하는 단계(cognitive step)이다. b) 2단계-느낌(affection) 단계: '마음에 찔려'는 마음에서 일어나며, 자신의 가치와 태도에서 방출하는 정서적 단계(affective step)이다. c) 3단계-행동(behavior) 단계: '다른 사도들에게 물어 형제들아 우리가 어찌할꼬'는 손과 발로 행동해야 하는 마지막 단계(behavioral step)이다. 곧 영적진보를 위해 전인적으로 영적 진리를 듣고 배워서 깨닫고 행동으로 옮겨야 한다.

요약하면, 영적 삶의 핵심은 '성령과 말씀 안에서 머리로 듣고 판단하고(선지자적 삶)', '마음을 다해 하나님을 순종하고, 섬기고, 기쁘게 하고(제사장적 삶)', '종의 신분으로서 의지를 다해 손과 발로 뛰는 것(왕적 삶)'이다. 신앙생활이란 말씀을 듣고, 순종하고, 느끼고, 행하는(hearing-feeling-doing) 일련의 성장 과정이다. 성경 안에서 진정한 영적 자기계발은 '말씀 소유개념'이 아니라 '말씀 실천개념'이다. 나 중심(egocentric)의 가치관에서 벗어나서, 하나님 중심(Theocentric)의 가치관으로 이동해가는 거룩한 삶의 훈련과정이다. 모든 신자들에게는 내일이 있고 희망이 있다. 왜냐하면 성경에는 '함께 하시는 하나님'라는 말이 144번이나 언급되며 강조되기 때문이다. 하나님이 함께 하시면 먼저 나에게 새로운 신분이 주어지고, 그 다음 내 안에서 영적능력이 역사하기 시작한다. 그 결과 인간은 '좋은 그리스도인'에서 '위대한 그리스도인'으로 변화될 수 있다.

영산의 4차원영성은 단막극이 아니라 연속극이다. "어떤 일들이 우리에게는 불가능할지라도, 하나님을 의지하면서 새로운 생각, 꿈, 믿음으로 고백하고 나갈 때, 4차원의 능력으로 그 모든 일들이 이루어집니다. 예수 믿는 사람은 매일 똑같이 반복되는 진부한 삶을 살아서는 안 됩니다. 어두운 곳에 들어가서 빛을 가져오고, 무질서에는 질서를 가져오고, 무에는 유를 가져오고, 절망에는 소망을 가져오고, 불행에는 행복을 가져오고, 변화를 가져와야 합니다. 긍정적이고 적극적이고

---

94) 조용기, "하나님의 뜻에 합당한 자", 주일설교(2015-02-08).

창조적이고 생산적인 삶을 가져와야 합니다."95) 4차원영성은 무한도전의 삶, 무한도약의 삶, 절대 긍정의 삶, 절대희망의 삶을 창출하는 영성이다. 하늘나라의 신비를 이 땅에 가져와서 맛보는 영성이다. 4차원영성의 삶은 좋은 신자를 넘어 위대한 창조적 신자를 만들어내는 역동성을 가지고 있다.

4.2. 거듭난 자의 삶의 방식

영산은 새 사람의 삶의 방식을 십자가의 생각, 꿈, 믿음, 언어로 묘사한다. 그는 새 사람의 삶의 방식을 이렇게 정리한다. "십자가를 통해 새로워지는 생각, 십자가를 통해 마음을 새롭게 하는 꿈, 십자가를 바라보는 믿음, 또한 믿은 것을 입술로 고백하는 삶입니다."96) 새 사람에 대한 영산의 영적 인식의 대상은 십자가다. 또한 그는 그리스도의 모든 축복은 십자가를 통해서 온다고 말한다. 십자가는 새 사람이 갖는 삶의 양식의 기초다.

영산은 십자가가 마음에 세워져야 새 사람이 된다고 강조한다. "십자가가 마음 중심에 들어와야 우리가 새 사람이 되는 것입니다. 십자가를 떠나서 구원은 절대로 없습니다. 마음에 십자가가 중심에 서야 됩니다. 십자가가 우리 마음속에 세워지면, 천국이 우리 안에 들어옵니다."97)

십자가는 자연의 상태를 초월해서 우리를 신비의 세계로 초대한다. 영적으로 거듭난 존재는 누구든지 '초월주의자 또는 초자연주의자'가 된다. 새 피조물로서 보이지 않는 영의 세계를 믿고 사는 사람이기 때문이다(고후5:17). 신자들의 믿음은 자연, 이성 및 시공간을 넘어 천상세계로 뻗어간다. 신자들의 마음 한가운데는 그리스도 안에서 성령을 통해서 하나님이 계신다. 곧 삼위 하나님이 계신다. 신자는 두 나라의 시민권을 지니고 살아간다. 한편으로 이 세상 나라의 시민으로서 살고 있다. 다른 한편으로 이 세상에서 하늘나라 시민권을 지니고 살고 있다(빌3:20). 십자가는 두 가지 기능을 지니고 있다. 곧 우리를 죽이고, 동시에 살렸다. 하늘나라의 족보에 의하면, 새 사람은 실제로 죽었다가 다시 살아난 자로 기록되어 있다. 그러나 비록 영은 새 사람이지만, 혼적인 요소는 곧바로 새롭게 되지 않는다. 영산은 다음과 같이 강해한다. "영이 다스리는 혼적인 마음은 즉시 새로워지지 않습니다. 그러므로 마음의 부패한 요소를 영의 능력을 통해서 씻어내야 합니다. 예수님을 믿었다고 해서 내면이 즉시 완벽하게 새로워지는 것이 아니기 때문입니다. 따라서 우리의 생각, 감정 및 의지를 새롭게 해야 합니다."98)

새 사람이란 십자가를 통해 그리스도의 영과 연합된 자다. 십자가의 공로 가운데 본질적인 하나는 예수의 영과 인간의 영을 연합하게 하는 데 있다(갈2:20, 고전6:17, 롬6:5). 연합을 통해 죄인은 구원을 받는다. 곧 중생하여 칭의의 신분을 얻는다. 옛 사람의 마음속에는 온갖 욕망이 도사리고 있다. 중생이란 지옥에서 천국으로 넘어가는 것이다. "하나님이 싫어했더라"에서 "하나님이 좋아했더라"로 넘어가는 것이다. 중생하면 마음의 중심과 그 뿌리가 주님을 경외하는 성향으로 바뀐다. 중생

---

95) 조용기, "사차원의 삶", 주일설교(2010-11-07).
96) 조용기, "새로운 피조물", 주일설교(2015-01-18).
97) 조용기, "마음성전", 주일설교(2007-10-14).
98) 조용기, 『로마서 강해』, 서울말씀사(2013), 372.

하면 인본주의를 떠나 하나님의 뜻을 따라가는 삶을 살게 된다. 영산은 "매 순간마다 하나님의 말씀에 의지하여 기도하며 살 때 하나님의 선하시고 기뻐하시고 온전하신 뜻을 분별할 수 있습니다(롬12:2)."라고 말한다.99)

새 사람은 지성, 감성 및 의지의 성향(inclination)이 바뀐다. 그 기능이 하나님을 찬양하고 영광 드리는 삶으로 완전히 변화된다. 성령의 역사로 굳은 마음이 부드러운 마음으로 변화되는 것이다(겔36:26).

영산은 새 사람의 삶의 방향과 미래를 이렇게 강조한다. "예수님은 바로 이 무의미하고 허무한 인생을 십자가에서 청산해버리셨습니다. 또한 예수님은 우리가 어디서 와서, 왜 살며, 어디로 가는지 깨우쳐주셨습니다. 그리고 장차 새 하늘과 새 땅과 새 예루살렘이 우리를 기다리고 있음을 보여주셨습니다."100)

예수 그리스도의 삶을 닮아감

예수를 닮아가는 삶이란 나의 마음을 말씀과 믿음으로 지켜 거룩한 곳으로 만드는 것이다. 영산은 "십자가를 마음속 중심에 모시고 항상 십자가를 통하여 생각하고, 꿈꾸고, 믿고, 고백하면, 우리는 마음을 지킬 수 있고, 또한 이 세상에서 마귀를 이기고 승리의 삶을 살 수 있습니다."라고 강조한다.101)

인간에 대한 영산의 이해의 한가운데는 예수 그리스도가 있다. "예수 그리스도는 우리의 희망입니다. 그는 우리의 소망입니다. 그는 우리의 영원한 기쁨입니다. 예수를 믿는 것보다 더 큰 축복이 없고, 더 큰 성공이 없고, 또한 더 큰 미래가 없습니다."102)

아담과 하와는 원래 하나님의 형상대로 지음 받았다. 그들은 이 세상에서 하나님의 대리자 역할을 해야 했다. 그러나 그들은 에덴동산에서 시험을 통과하지 못했다(창3:6-7). 타락으로 말미암아 아담과 하와와 그들의 후손은 하나님의 영광 대신에 자신의 욕망을 채우는 삶을 살게 되었다(삿17:6). 아담과 하와는 처음에 하나님의 형상을 온전히 지니고 있었다. 그러나 선악과를 따먹음으로써 그들은 타락하게 되었다. 그들이 지녔던 하나님의 형상은 손상을 입었다. 그들의 죄는 하나님과의 교제에 금이 가게 했다. 이 세상에는 죄와 죽음이 들어왔다.

그러나 하나님은 자비로 그의 아들 예수 그리스도를 보내셔서, 그를 통해서 인간의 죄를 대속했다. 그리고 사람들에게 죽음에서 생명으로 나아가는 길을 열어주었다. 누구든지 예수를 자신의 구주로 믿고 영접하면, 그는 죄사함 받고 영원한 생명을 얻는다.

---

99) 조용기, 『로마서 강해』, 서울말씀사(2013), 373.
100) 조용기, "절망의 사람, 희망의 사람", 주일설교(2000-04-30).
101) 조용기, "마음성전", 주일설교(2007-10-14).
102) 조용기, "절망의 사람, 희망의 사람", 주일설교(2000-04-30).

마를렌 르페버(Marlene D. Lefever)는 그의 책 『배움 시스템(Learning System)』에서 배움의 형태를 4가지로 분류한다. 곧 상상형(imaginative), 분석형(analytic), 기본형(common sense), 역동형(dynamic)이다. 상상형은 '왜 이것을 배워야 하는지', 곧 의미에 대해 생각한다. 분석형은 '무엇을 더 알아야 하는지', 곧 내용에 대해 생각한다. 기본형은 '어떻게 이 일을 해볼 수 있을지', 곧 경험 또는 실험에 대해 생각한다. 역동형은 '이것을 어디에 적용할지'에 대해 생각한다.

베드로는 기본형에 가깝다. 예수님이 바다 위에서 오라고 했을 때, 즉시 바다 위를 걸었다(경험). 상상형인 예레미야는 하나님이 그를 선지자로 부르셨을 때, '나는 아이니 말할 줄 모릅니다.'라고 대답했다. 즉 그는 선지자의 의미(meaning)를 모른다고 반응했다. 역동형인 사도바울은 다메섹 선상에서 예수님을 만났을 때 체험한 것을 어떻게 다른 곳에 적용할지에 대해 생각했다. 이처럼 신앙생활이란 내 안의 인격을 예수님의 인격과 교환하는 과정이다. 곧 '나의 인격이 아니라, 그리스도의 인격으로 사는 삶'이다. 내 마음하늘은 예수님과 내가 인격을 서로 교환하는 곳이다. 인격의 교환이 이루어지지 않으면, '나는 나대로의 삶'을 살게 된다. 그러면 내 마음하늘에 영적 열매들이 맺히지 않는다.

영산은 다음과 같이 성령님과의 인격적 관계를 강조한다. "성령은 목석(木石)과 같은 존재가 아닙니다. 또한 성령은 동물과 같이 사람과 대화할 수 없는 비인격적인 존재가 아닙니다. 성령은 인격을 지니신 분입니다. 인격자는 반드시 지식과 감정과 의지를 가지고 있습니다." 또한 영산은 성령님을 인격적으로 모셔야 한다는 것을 특별히 강조한다.

4.3. 인간의 정체성은 어디서 자라나는가?

왜 하나님은 죄인을 구원시켜 바로 천국으로 데려가시지 않고 이 땅에 남겨두셨을까? 성경적으로 보면, 그 대답은 비교적 간단하다. 거룩함을 회복하기 위해서다(살전4:7, 엡4:24, 엡1:4). 또한 예수님을 영접 한 후 '예수 그리스도의 증인의 삶'을 살기 위해서다(행1:8). 증인의 삶을 살기 위해서 그리스도인은 거룩하신 하나님의 속성을 닮아가야 한다. 곧 성화되어 가야 한다(엡1:4). 그리스도의 십자가에는 죄인을 의인으로 만들어 하나님 뜻대로 살게 하려는 의도가 담겨 있다. 즉 그리스도의 형상 – 거룩함의 본성 – 을 천국에 갈 때까지 닮아가게 하려는 것이다.[103]

십자가 안에 들어가면, '육을 입은 생명, 곧 프쉬케'가 떠나고, '하나님의 생명, 곧 조에'가 우리 안에 들어온다. 영산은 "새 생명이 우리 가운데 들어오면 새로운 말, 새로운 생각, 새로운 행동을 할 수밖에 없습니다. 우리가 새 생명을 받았는데도 말과 생각과 행동이 새로워지지 않는다면 무엇인가 잘못된 것입니다."라고 말한다.[104] 누구든지 십자가를 통하면 거룩함을 얻는다(히10:10). 거룩한 삶은 하나님의 명령이며(살전4:3, 레11:45), 하나님께서 우리를 구속하신 최종 목표이다(딛2:11-14,

---

103) 십자가에 대해 다양한 관점에서 이해할 수 있다. a) 땅에서 본 십자가(눅23:36-37, 고전1:18, 고전1:22-23, 어리석음). b) 하늘에서 본 십자가(막15:34, 나1:2, 롬1:17, 하나님의 공의). c) 매달려서 본 십자가(요3:16, 요일4:10, 하나님의 사랑). d) 옆에서 본(강도) 십자가(눅23:42-43, 하나님의 은혜). e) 내 마음 안에서 본 십자가(갈2:20, 갈5:24, 자기 부인). f) 등에 지고 가면서 본 십자가(눅9:23, 섬김과 희생의 삶). g) 세상 속으로 나아가는 십자가(롬1:16, 십자가를 증거함-복음의 능력). 참조. 라원기, 『다시 보는 십자가』, 생명의말씀사(2012).

104) 조용기, 『로마서 강해』, 서울말씀사(2013), 176.

엡5:15-17). 따라서 거룩함은 새로운 피조물이 추구할 목표이다(엡2:10, 엡4:21-24). 거룩함은 사탄의 계략을 효과적으로 좌절시킨다(벧전5:8-9, 엡4:27). 거룩함을 추구하는 것은 믿음이 있다는 증거요, 회개하였다는 표시이다(계21:27, 히12:14). 거룩함은 본질이고, 행복은 거기서 파생하는 부산물이다.105)

주의 영과 연합된 자는 새 사람으로 살아가야 한다.106) 영산은 새 사람이 하나님의 뜻 안에서 구원받은 신분이라는 것을 강조한다. "내가 누구입니까? 우리는 하나님의 뜻과 예정 가운데 태어났습니다. 우리는 예수님을 믿고 그의 안에서 주님의 지혜와 의로움과 거룩함과 구속함을 받은 하나님의 자녀입니다. 나는 우연히 태어나서 덧없이 살다가 죽는 존재가 아닙니다."107)

새 사람은 왕 같은 제사장, 거룩한 백성으로 살아갈 자다(벧전2:9). 새 존재는 성령의 사람이다(갈5:25). 따라서 그는 성령님과 인격적 교제를 나눌 수 있다(빌2:1, 요일1:3). 성령님은 하나님 아버지와 그의 아들의 성품을 지니고 있다. 성령님은 그리스도인이 그리스도의 성품을 닮도록 이끌어준다.

도토리 안에는 도토리나무가 들어있듯이, 인간의 내면에는 하나님이 만들어 놓은 진정한 정체성을 찾고자 하는 그리움이 도사리고 있다. 그 정체성을 찾을 때까지 인간의 마음은 외로울 수밖에 없다.108) 인간의 정체성은 예수님을 믿음으로써 회복할 수 있다. 영산은 오직 하나님만 알고 계시는 우리의 숨겨진 정체가 있다고 말한다. "모든 씨앗은 현재는 보이지 않지만, 훗날 그 씨앗을 깨뜨리고 나올 정체를 감추고 있습니다. 우리도 우리 안에 하나님만이 알고 계시는 숨겨진 우리의 정체가 있습니다. 이렇게 숨어 있는 '나'의 정체성을 찾아내면, 우리는 자신의 삶과 운명뿐 아니라, 또한 이웃과 환경까지도 변화시킬 수 있습니다."109)

그러면 우리의 정체성은 어디서 자라나는가? 이에 대해 영산은 4차원영성적으로 접근한다. "우리의 정체성은 인간의 생각, 꿈, 믿음, 말 안에서 자라납니다. 생명의 근원이 우리의 생각을 통해 나타납니다. 꿈을 통해 영혼육과 내일의 삶이 더욱 강건해집니다. 믿음으로 모든 것을 할 수 있습니다. 말로 우리 삶과 신앙의 정체성을 구체적으로 이루어나갈 수 있습니다. 인간의 정체성은 생각, 꿈, 믿음, 말의 인큐베이터에서 자라나는 것입니다."110)

그림 2-3에 나타낸 것처럼 영산의 정체성 개발과정은 5중복음, 3중축복, 4차원영성의 하나됨과 상호관계 속에서 이루어진다. 정체성 개발은 예수님을 믿을 때 성취된다. 현재 눈에 보이는 자신

---

105) 제임스 패커(James Packer), 『거룩의 재발견』, 토기장이(2011), 50-54.
106) 새 사람을 신학적 차원에서 서술하면, 새 사람의 삶의 형태는 '십자가 중심의 삶'이고, 삶의 초점은 '예수님의 영광을 드러내는 자'이다(요16:14).
107) 조용기, "나는 누구인가?", 주일설교(2001-06-10).
108) 샌디 윌슨(Sandy Wilson)은 마태복음에 나타나는 인간의 정체성을 10가지로 요약한다. (1) 그리스도를 중심에 모시는 사람은 그분을 예배한다(마2장). (2) 그분의 메시지를 믿는다(마4장). (3) 그분의 가르침에 따른다(마5-7장). (4) 하나님을 아버지로 부른다(마6장). (5) 그분의 치유를 받는다(마8-9장). (6) 그분의 사역에 참여한다(마10장). (7) 자신의 십자가를 진다(마16장). (8) 그분의 교회를 사랑한다(마27장). (9) 그분의 십자가를 자랑한다(마27장). (10) 그분의 부활을 기뻐한다(마28장). 참조. D. A. 카슨(D. A. Carson) & 팀 켈러(Timothy Keller), 『복음이 핵심이다』(The Gospel as Center), 아가페북스(2014), 최요한 역, 171-172. 이것보다 더 멋진 인간의 정체성은 없다. 이것이 인간다운 진정한 삶이다.
109) 조용기, "그리스도인, 내 속의 숨은 정체성을 보라", 주일설교(2010-11-14).
110) 조용기, "내 속의 숨은 정체성을 보라", 주일설교(2010-11-14)

의 모습은 허상일 수 있다. 하나님만이 아시는 자아의 모습이 현재 자신의 눈에 감추어져 있어서 보이지 않기 때문이다. 예를 들면, 기드온, 아브라함, 여호수아, 다윗, 베드로, 바울 등의 진정한 정체성은 오직 하나님만 알고 있었다.

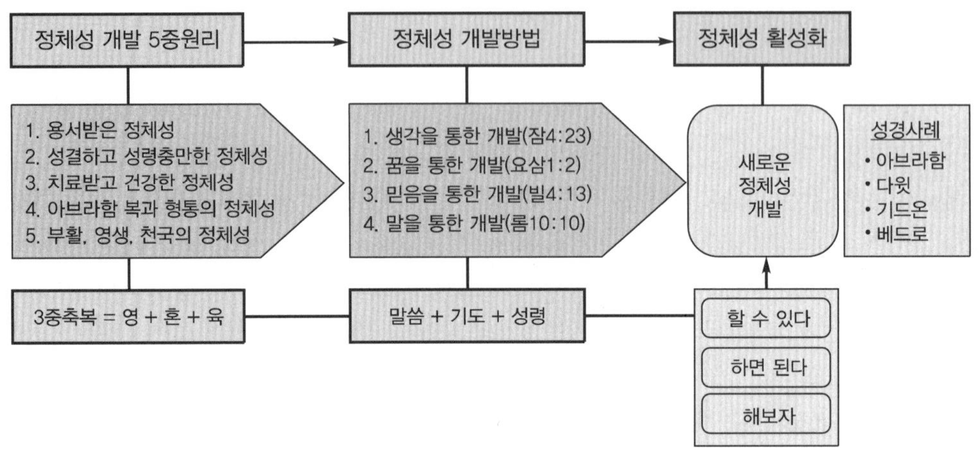

그림 2-3. 영산의 정체성 개발과정 개념도: 영산의 정체성 개발과정 개념도는 '5중복음 + 3중축복 + 4차원영성'의 개념을 총체적으로 보여준다. 개념도에서 십자가는 잃었던 영적 정체성을 회복시켜 예수 그리스도의 영광을 드러내게 하고(요16:14), 궁극적으로 하나님을 영화롭게 하는 데에 초점이 맞추어져 있다(요16:14, 고전10:31). 따라서 새 자아는 새로운 삶의 방식을 통해 하나님 중심의 삶의 궤도로 편입된다. 이와 같은 과정의 한 가운데 십자가가 있다. 십자가는 바로 생명의 십자가다(요3:16). 십자가는 하나님 자신의 신앙고백이다.

예수님을 구세주로 믿을 때 우리는 보혈의 자화상을 가질 수가 있다. 영산은 보혈 자화상, 즉 신자가 가져야 할 영적 정체성을 이렇게 강조한다. 즉 "나는 용서 받은 의인이다. 나는 성령으로 거듭난 사람이다. 나는 치료받은 사람이다. 나는 형통의 복을 받은 사람이다. 나는 영생을 소유한 사람이다." 예수님의 보혈로 그려지는 자화상이 우리의 진정한 자화상이다. '향나무는 자기를 찍는 도끼날에도 향을 묻힌다'는 말이 있다. 예수님의 보혈 자화상을 품으면, 인간은 어떤 상황에서도 삶의 향기를 내뿜을 수 있다. 올바른 일을 할 것인가? 위대한 일을 할 것인가? 위대한 일은 하나님의 생각이 내 생각과 연합될 때 가능하다(고전6:17). 예수님은 옳은 일과 선한 일과 위대한 일을 동시에 하셨다. 예수님은 "다 이루었다(요19:30)"고 하셨다.

4.4. 마음하늘의 개발

인간의 마음은 하나님의 영이 거하는 처소다. 즉, 인간의 마음공간은 하나님의 마음을 당겨올 수 있는 유일한 곳이다. 십자가는 인간의 마음을 근본적으로 변화시켜 오직 하나님만을 사모의 대상으로 삼게 한다. 중생한 자는 그리스도와 연합하여 함께 존재하기 때문이다(갈2:20).

사람에 대한 영산의 관점은 4차원영성의 개념이 강조된다. 말씀을 입술로 고백할 때, 성령이 역사해서 우리를 새 사람으로 만든다. "하나님의 말씀을 입술로써 고백하고 명령하면, 성령이 역사합니다. 말씀을 많이 읽고 많이 외우고 말씀을 고백하십시오. 말씀을 고백하면, 성령이 그 말씀을 따라 역사합니다. 성령은 말씀을 따라서 역사합니다. 여러분이 말씀을 계속해서 읽고 외우고 고백하면, 성령은 계속해서 역사합니다. 그 결과 여러분은 새 사람이 됩니다."111)

중생한 자는 새로운 삶의 지위와 신분을 갖는다.112) 영성적 삶이란 믿음의 창시자 예수 그리스도를 마음에 모시고 사는 것이며, 그 믿음으로 예수 그리스도의 인격을 닮아가는 거룩한 행위다. 자기개발의 최고의 영성모델은 나의 인격이 예수의 인격을 닮아가는 것이다(고전6:17, 엡4:24). 그 중심에는 하나님의 말씀과 성령님이 계신다.

자기개발은 성도의 의무이자 책임이다. 영산도 "우리가 항상 자신을 새롭게 할 때 끊임없이 발전하게 됩니다. 오늘의 나와 내일의 나는 달라져야 합니다. 자기개발을 위해 노력하지 않고 항상 그 자리에 머물러 있으면, 얼마 되지 않아 뒤처지고 맙니다."라고 강조한다.113) 그는 "성령과 인격적으로 깊은 교제를 가짐으로써 우리 삶이 크게 변화됩니다."라고 말한다.114) 인간은 성령님과의 교제를 통해서 변하거나 성장하게 된다(벧전1:2). 진리가 마음 안에 새겨지면 사람의 마음이 거룩하게 되거나 의롭게 변화되기 때문이다(요17:17, 롬7:12).

내 삶 속의 드러나는 영성은 '하는 것-능동적'이 아니고, '되는 것-수동적'이다. 영성은 하나님과 우리 사이의 '관계'에 있다. 레너드 스윗(L. Sweet)은 그의 책 『관계의 영성』에서 예수님과 함께 성장하는 관계란 '서로 깊이 알아가는 것, 공명(共鳴)의 진폭을 키워가는 것, 삶을 점진적으로 단순화시키는 것, 말씀을 반복해 묵상하는 것, 또한 궁극적으로 자신을 비우는 것'이라고 말한다.

진정한 자기개발의 영성모델의 기본은 예수님과의 만남에서 출발한다. 신약성경을 읽어보면, 많은 사람들은 예수님을 만나고 나서 존재의 영성과 관계의 영성을 개발시켰다.115) 『창조적 바이블 티칭(Creative Bible Teaching)』의 저자인 리처드(Lawrence Richards)와 브레드펠트(Gary Bredfeldt)는 배움의 과정을 5R(Rote, Recognition, Restatement, Relation, Realization)로 설명했다. 5R을 묘사하면 다음과 같다. 기억능력(Rote) → 인식능력(Recognition) → 재현능력(restatement) → 관계능력(relation) → 적용능력(Realization). 영적 배움의 과정은 기억하는 것으로부터 시작된다.116)

---

111) 조용기, "마음하늘", 주일설교(2013-04-07).
112) "하나님은 죄와 사망의 어두움 속에서 종노릇하던 우리들을 불쌍히 여기셔서 구원해주시고 변화시켜주셨습니다. 예수 그리스도의 보혈의 공로로 중생을 얻은 우리는 새로운 신분이 되었습니다." 조용기, "나는 누구인가", 주일설교(2013-01-06).
113) 교회성장연구소, 『카리스 & 카리스마』, 교회성장연구소(2003), 85.
114) 교회성장연구소, 『카리스 & 카리스마』, 교회성장연구소(2003), 89.
115) a) 갈릴리 어부들과 예수 그리스도와의 만남(막1:16-20). b) 우물가의 목마른 여인과 예수와의 만남(요4:1-26). c) '와서 보라'고 외쳤던 빌립과 예수의 만남(요1:46). d) 의심 많은 도마와 그리스도와의 만남(요20:24-29). e) 실패자 베드로와 예수와의 의미심장한 만남(요21:1-19). f) 뽕나무 위에 올라가 예수님을 만난 삭개오(눅19:1-10). 이들은 모두 예수님을 만나 삶이 변화되었고 새 삶을 살게 되었다. 신분이 서로 달랐지만, 그들은 모두 예수 그리스도를 만나고 나서 생각, 꿈, 믿음과 말이 바뀌었다. 그들의 배움은 책을 통해서도 아니고, 어떤 교훈이나 지식을 터득해서 이루어진 것도 아니고 '오로지 예수와의 만남'에서 시작되었다.
116) "곧 야훼의 일들을 기억하며 주께서 옛적에 행하신 기이한 일을 기억하리이다(시77:11)." "너는 애굽 땅에서 종 되었던 것과 네 하나님 야훼께서 너를 속량하셨음을 기억하라(신15:15)."

먼저 어떤 사실을 기억할 수 있어야 한다. 그 다음 하나의 사실을 인식했으면, 그것을 설명할 수 있어야 한다. 영적교육은 말씀을 기억하는 것으로부터 시작된다. 이 점과 관련해서 성경은 "너희는 그의 언약, 곧 천 대에 명령하신 말씀을 영원히 기억할지어다(대상16:15)"라고 선언한다. 그리고 인식한 내용을 내 삶 속에 구체적으로 적용해서 행동으로 나타내야 한다. 유대 교육자인 아브라함 헤셀(Abraham Heschel)은 다음과 같이 말한다. "그리스인들은 깨닫기 위해 배웠다. 유대인들은 섬기기 위해 배웠다. 현대인들은 사용하기 위해 배운다."

토저(A. W. Tozer)는 "하나님께서는 사람을 부르셔서 먼저 예배자(worshipper)로 만드시고, 그 후에는 일하는 자(worker)로 만드신다"는 점을 강조한다. 우리의 삶은 하나님을 예배로 섬기는 것이 우선되어야 한다. 인간의 마음 개발은 하나님을 알고, 예수님을 알고, 성령님을 알 때 이루어진다. 영산은 마음하늘이 개발되면 5중복음과 3중축복이 이루어진다고 강조한다. "여러분은 하늘나라를 마음속에 가지고 있습니다. 마음하늘이 있고 그 마음하늘 속에 성령이 와 계십니다. 하나님은 말씀을 주셨으므로 마음하늘을 잘 지키면서 성령께 의지하여 말씀으로 명령하면, 말씀이 나가서 5중복음과 3중축복에 속한 모든 것이 이루어지게 합니다. 마음하늘이 개발되면 인간이 상상할 수 없는 위대한 힘들이 생겨납니다."117)

그림 2-4는 삶의 진보모델이 묘사되어 있다. 1단계와 2단계는 내면적 성장단계이고, 3단계와 4단계는 외면적 성숙단계다. 예수님이 십자가에 달리실 때 한 강도가 구원받은 영성개발 사례를 보면(눅23:39-43) 다음과 같다:

1단계: 이것은 <u>인지단계</u>다. 지식적 변화단계이며, 한 강도는 이렇게 인지한다.
　　　 '나는 죄인이다. 나는 나의 죄 때문에 벌을 받는다. 예수님은 죄가 없으시다'
2단계: 이것은 <u>변화단계</u>다. 감성적 변화단계이며, 강도가 이렇게 변화한다.
　　　 '나는 나의 행한 일에 보응을 받고 있다.'
　　　 그의 죄에 대하여 뉘우치고 오히려 다른 강도를 꾸짖는다.
　　　 "네가 동일한 정죄를 받고서도 하나님을 두려워하지 아니하느냐(눅23:40)?"
　　　 마음속에 확고한 변화의 고백이다.
3단계: 이것은 <u>수용단계</u>다. 고차원 감성적 변화단계이며, 강도는 예수님을 마음으로 받아들인다.
　　　 '나는 하나님의 아들 예수님을 믿겠다.'
　　　 '예수님이 하신 일은 다 옳다.'
　　　 '나는 낙원이 있음을 받아들이겠다.'
4단계: 이것은 <u>응용단계</u>다. 의지적 변화단계 수준이며, 자신의 삶에 의지적으로 완전히 적용한다.
　　　 "예수여 당신의 나라에 임하실 때 나를 기억하소서!"
　　　 이에 예수님은 이렇게 화답하신다.
　　　 "네가 나와 함께 오늘 낙원에 있으리라(눅23:43)"

---

117) 조용기, "마음하늘", 주일설교(2013-04-07).

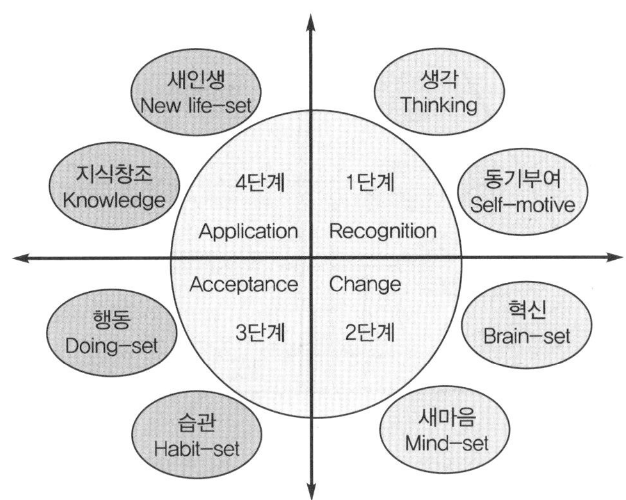

그림 2-4. 새 사람의 삶의 진보모델: 자기개발 영성(self-reforming spirituality) – 1단계 인지단계, 2단계 변화단계, 3단계 수용단계, 4단계 응용단계. 1, 2단계는 내면적 변화, 3, 4단계는 외면적 변화단계에 해당된다. 그리스도인은 하나님과 관계를 맺고 있기 때문에, 진보모델의 핵심은 '하나님 중심의 삶, 타자중심의 삶(십계명 중심의 삶)'에 기초를 둔다. 이 그림은 고정된 공식이 아니라, 마음의 태도를 제시하는 하나의 틀이다. 온전한 삶의 진보모델은 하나님 중심과 이웃 중심의 삶을 조화시키는 것이다. 진보모델을 과정적으로 설명하면 다음과 같다:

a) 인지단계(Recognition): 내면적인 단계이며, '사물을 보고, 느끼고, 인지하는 과정'이며, 훈련의 출발점이다.

b) 변화단계(Change): '머리로 생각한 것을 마음으로 결단하는 과정'이다.

c) 수용단계(Acceptance): '마음에 결정한 것을 행동에 옮기는 과정'이다.

d) 응용단계(Application): '의지를 다해 삶의 자리에 적용하는 과정'이다. 연습이 천재를 낳는다.

수로보니게 여인, 혈루증에 걸렸던 여인, 바디메오, 회당장 야이로 같은 사람들을 분석해보면, 한결같이 인지단계, 변화단계, 수용단계, 응용단계의 4과정을 거쳐서 기적을 경험했다. 수로보니게 여인이 예수님에 대한 소문을 듣고 있는 힘을 다해 의지적으로 끝까지 그에게 매달렸을 때, 딸이 치료받았다. 영적 체험을 하려면 의지적 응용단계까지 가는 것이 중요하다. 신앙생활에서 '마음을 다하는 의지적 믿음'은 응답과정에서 중요한 역할을 한다.

그림 2-5에서 처럼 성령 안에서 하나의 생각이 반복되면 마음을 결심하게 되고, 하나의 결심이 뿌리내리면 하나의 행동으로 이어져서 결실을 맺게 된다. 곧 좋은 행동이 반복되면 하나의 좋은 습관을 낳아 삶의 진정한 변화가 일어난다. 사람의 하루는 95%가 이미 형성된 습관을 따라간다. 따라서 삶의 새 창조는 새로운 습관을 창조하는 데서 온다. 무엇보다 좋은 습관은 하나님의 말씀을 습관적으로 듣는 데서 시작된다. 예레미야서는 "네가 평안할 때에 내가 네게 말하였으나 네 말이 나는 듣지 아니하리라 하였나니 네가 어려서부터 내 목소리를 청종하지 아니함이 네 습관이라(렘 22:21)"고 지적하고 있다.

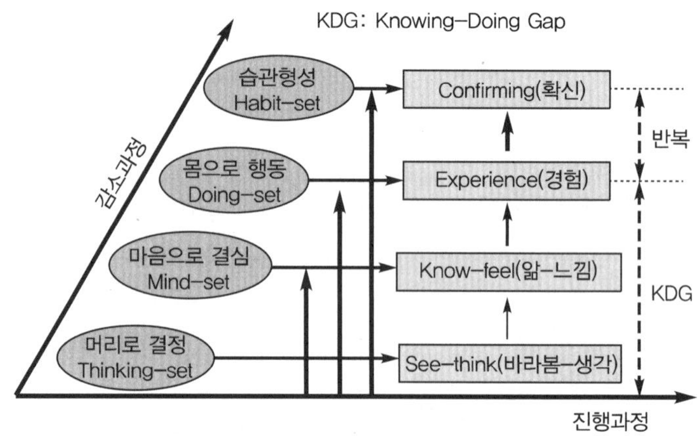

그림 2-5. 마음의 변화과정[118]: 새 사람이 되면 새 마음이 창조되어 성령의 도움으로 마음에 혁신적 변화가 일어난다. 이 그림은 일련의 마음의 변화과정을 도식적으로 묘사한 것이다. '머리로 결정하는 것'과 '몸으로 행동하는 것' 사이에는 큰 갭(KDG: knowing-doing gap)이 있다. 단순히 안다고 변화되는 것이 아니라 행동함으로 진정으로 변화되는 것이다. 그 행동도 계속해서 끊임없이 반복되어야 한다. 이스라엘 백성들이 자신들에게서 애굽의 종살이 습관을 떼어내고, 영적 삶의 습관을 갖게 되기까지 그 과정이 얼마나 힘들었는지 가늠할 수 있다. 하나의 행동을 통해 하나의 습관이 형성되는 과정에는 일련의 노력, 행동, 반복이 포함된다. 마음의 근본적 변화는 성령의 능력으로부터 온다(벧전1:2, 갈5:16-17). 바울이 예수님을 인격적으로 만나자, 그의 삶은 근본적으로 변화되었다.

4.5. 인간의 잠재능력

자연인과 그리스도인의 잠재능력은 차원이 다르다. 자연인은 자신의 능력에만 의존하는 반면, 그리스도인은 자신 안에 계시는 그리스도의 능력에 의존하기 때문이다. 영산은 예수 그리스도의 십자가의 의미를 4중적 차원 – 하나님의 사랑(롬5:8), 용서의 댓가(사53:6), 죄의 결과(사53:5), 인간의 가치(마16:26) – 로 이해한다.[119] 인간의 진정한 존재 가치는 십자가에서 나온다. 영산은 구원의 단계를 '위치적 성화, 경험적 성화, 완성적 성화' 3단계로 본다. 곧 '과거를 떠나 구원을 얻은 상태(칭의)', '현재 안에서 자라가며 구원을 이루고 있는 상태(성화)', '미래를 이루어 가는 상태(영화)'로 구분한다.[120] 거듭나고 구원받은 새 존재의 모든 행동양식은 '칭의, 성화, 영화'의 단계를 거친다.

인간에게는 두 가지 능력이 있다. 하나는 하나님의 존재를 인간의 삶 속으로 가져와 수용할 수 있는 능력이다. 이것은 성령의 능력으로 이뤄진다. 다른 하나는 하나님을 인식할 수 있는 능력이다. 하나님의 섭리를 분별하는 지식은 하나님의 형상대로 지음 받은 인간만이 지니고 있는 능력이다. 잠언, 욥기, 전도서 등은 그것에 대해 전형적으로 증거해준다.

---

118) 인간의 행동과정은 '바라보고 생각하는 과정(see-think), 알고, 느끼는 과정(know-feel), 경험하는 과정(experiencing), 확신하는 과정(confirmation)'으로 전개된다. 인간이 보고 느끼고 결정하는 것은 누구나 어느 정도 쉽게 할 수 있다. 하지만 '아는 것을 행동에 옮기는 것'은 더 어렵다. '행동에 옮기는 힘'은 '하나님이 나와 함께 하신다'는 믿음에서 온다. 신명기서에 "너희는 그들을 두려워하지 말라 너희의 하나님 야훼께서 친히 너희를 위하여 싸우시리라(신3:22)"고 기록되어 있다. 성경은 "두려워하지 말라 우리와 함께 한 자가 그들과 함께 한 자보다 많으니라(왕하6:16)"고 깨우쳐 준다.

119) 조용기, 『오중복음과 삼중축복』, 서울말씀사(2008), 65-66.

120) 조용기, 『오중복음과 삼중축복』, 서울말씀사(2008), 68.

노만 빈센트 필(Norman Vincent Peale)은 다음과 같이 말했다. "인간이란 자기가 오랫동안 상상해왔던 그대로의 인간이 되기 쉽다 자신에게 얼마만큼의 능력이 있다고 생각되면, 그만한 능력을 가진 사람이 될 수 있다. 자신이 상상한 대로 자기가 된다."

인간 안에 존재하는 지성, 감성, 의지는 삶의 구조적 기초를 이룬다. 특히 의지는 삶의 방향을 결정적으로 정한다. 영적 자기진보는 마음의 개발이다. 『아웃라이어』의 저자 말콤 글래드웰(Malcolm Gladwell)은 그의 책에서 '창조성은 1만 시간의 몰입으로부터 얻어진다'고 주장한다. 어떤 일이든 그분야에 전문가가 되려면, 하루 3시간씩 10년의 시간이 필요하다는 것이다. 2009년 1월에 US 에어웨이 여객기가 뉴욕 허드슨 강에 불시착했다. 어떤 기자가 그 비행기의 기장에게 허드슨 강에 무사히 불시착하게 된 요인을 묻자, 그는 이렇게 대답했다. "그것은 바로 이제까지 1만 9000시간 비행한 기장의 경험입니다."

최소 10년이라는 숙련의 기간이 어떤 사람을 그분야에서 결실을 맺게 한다. 덴마크에 63년 연속 매출 성장을 한 펌프제조 전문회사 그런포스 그룹(Grundfos Group)이 있다. 우리나라의 63빌딩, 도곡동 타워팰리스, 청계천과 서울시청의 분수도 이 회사의 펌프로 돌리고 있다. '창업이후 63년 연속해서 성장한 비결은 무엇입니까?'라는 질문에 칼스턴 비야그(Carsten Bierg) CEO는 이렇게 말한다. "우리는 '올해만큼만 성장하자'라는 말을 하지 않습니다. 그 대신 우리는 스스로 항상 '뭘 더 잘 할 수 있을까?'라는 질문을 제기합니다. 그리고 '이제 좀 더 잘 할 방법은 없을까?'를 토의합니다. 직원들이 회사의 가장 중요한 자산이 아닙니다. 바로 회사 그 자체입니다."121)

사람은 누구나 잠재력을 지니고 있다. 도토리 안에 도토리나무의 미래의 정체가 있는 것처럼 사람은 그 안에 '자기도 모르는 또 다른 사람'이 들어 있다. 영산은 각 사람마다 하나님 안에서 달란트를 개발할 수 있다고 말한다. "위대한 업적을 남긴 사람들은 현실에 안주하지 않고, 자신이 원하는 것이 무엇인지를 분명히 알고 있습니다. 그는 그 목표를 이루기 위하여 어떠한 모험이라도 기꺼이 감수합니다. 우리가 가진 잠재력이 무엇인지 알기 위해서 우리는 자신이 지치지 않고 하고 싶어 하는 취미와 소질이 무엇인지 알아야 합니다. 그리고 우리가 분명한 목적의식과 모험심과 끝없는 열정을 가지고 나아가면 하나님에게 칭찬받는 훌륭한 사람이 될 수 있습니다. 대니 콕스(Danny Cox)는 『당신의 잠재능력을 이끌어 내는 세 가지 힘』이란 책에서 장벽을 깨고 목표를 성취하게 해주는 세 가지 힘에 대해 말하고 있습니다. 첫째, 흔들림 없는 목표 의식을 가져야 되고, 둘째, 억누를 수 없는 모험심이 있어야 되고, 셋째, 자신의 발전을 향한 끝없는 갈망이 있어야 한다는 것입니다."122)

인생경영에는 왕도가 없다. 눈을 뜨면 배우고 또 배우는 것이다. 그렇지 않으면 시대의 흐름을 따라갈 수 없다. 오늘날 날마다 너무나 많은 새로운 것들이 쏟아져나온다. 바울은 이렇게 권면한다. "부지런하여 게으르지 말고 열심을 품고 주를 섬기라(롬12:11)."123)

---

121) 조선일보 위클리비즈팀, 『위클리비즈』, 21세기북스(2006), 184-187.
122) 조용기, "네 속에 숨어 있는 잠재적 능력을 개발하라", 주일설교(2009-12-20). 참조. "그리스도인 내 속의 숨은 정체성을 보라", 주일설교(2010-11-14).

새 사람의 잠재적 삶의 구조에 대해 수학적 개념을 차용하여 네 가지 모델로 서술하면 다음과 같다.

원리 1: 플러스 영성(+)

영산은 "부정적인 생각을 내려놓고 절대 긍정의 생각을 가져야 합니다. 예수님의 갈보리 십자가 대속의 은혜를 생각해야 합니다."라고 말한다.124) 십자가의 삶은 플러스의 삶이며, 마음속에 5중복음의 꿈, 3중축복의 꿈을 심고 살아야 한다. 지구촌에는 단지 3%의 사람들만 자신의 꿈을 글로 써서, 그것을 목표로 삼고 살아가고 있다고 한다. 변화는 꿈과 목표의 씨(seed)를 마음밭에 심을 때 시작된다. 바울은 일생동안 흔들리지 아니하는 복음전파의 꿈을 가슴에 품고 살았다. 플러스 영성을 요약하면 다음과 같다.

첫째, 십자가를 마음에 새기고 날마다 바라보라. 바라보면 그리스도의 능력의 빛이 마음에 드러난다. 그리스도가 우리 안에 계신다(갈2:20). 예수의 생명이 내 안에 있다(고후4:11). 둘째, 내 안에 꿈을 더하기 하라. 없는 것을 있는 것 같이 생각하고, 꿈꾸고, 믿고, 고백하라(롬4:17). 인류구원의 꿈을 더하기 하라(딤전2:4). 셋째, 새로운 자화상을 더하기 하라. 우리는 택하신 족속, 왕 같은 제사장, 거룩한 나라, 소유된 백성이다(벧전2:9-10). 넷째 은혜의 습관, 기도의 습관, 사랑의 습관을 마음에 새기라.

원리 2: 마이너스 영성(-)

하나님의 뜻을 알면 삶이 단순해진다. 인간은 말씀을 통해 하나님의 마음과 뜻을 알 수 있다. 또한 말씀과 믿음과 기도와 성령은 삶을 단순화시킨다. 영산은 "우리는 성경 속에서 하나님의 뜻을 알 수 있고, 하나님의 마음을 알 수 있습니다."라고 말한다.125) 영성생활은 복잡한 것을 단순화시킨다. 바울은 예수님을 믿고 모든 것을 단순화시켰다. 그는 오직 예수그리스도만 알기로 작정했다. 영적 습관을 형성하면 옛 것들이 밀려나게 되고, 삶의 방해요소들이 점차적으로 없어진다. 나아가 삶의 우선순위가 분명해진다. 하나님의 나라와 의를 먼저 구하면(마6:33) 삶이 단순해진다. 마이너스 영성을 요약하면 다음과 같다.

첫째, 부정과 두려움의 생각을 빼라. 믿음은 들음에서 나며, 들음은 그리스도의 말씀에서 온다(롬10:17). 자신의 마음을 지키는 자가 되어야 한다(잠4:23). 둘째, 삶을 단순화시켜라. 바울처럼 푯대만 바라보고 달려가야 한다(빌3:14). 삶에 우선순위를 매겨야 한다. 너희는 먼저 그의 나라와 그의 의를 구하라(마6:33). 단순한 삶이란 영적 유익을 위해 선택과 결단의 삶을 사는 것이다(단9:3). 셋째, 모든 무거운 것을 버려라(히12:1). 무거운 짐은 신앙의 성장속도를 느리게 하기 때문이다. 인내로 믿음의

---

123) 이백은 한때 학업을 포기하고 하산하다가 한 할머니를 만나서 다시 올라갔다. 당나라 시인 이백이 상의산에 들어가 공부를 하다가 싫증이 나서 스승에게 말도 하지 않고 산을 내려오고 있었다. 집을 향해 걷고 있는데 이백이 흐르는 냇가에 이르자 노파가 바위에 열심히 도끼를 갈고 있었다. "할머니 지금 뭘하고 계세요?" "바늘을 만들려고 도끼를 갈고 있다네." "그렇게 큰 도끼가 바늘이 될까요?" "그럼 되고 말고. 중도에 그만 두지 않는다면..." 이백은 "중도에 그만두지 않는다면..."이란 말이 마음에 걸렸다. 여기서 생각을 바꾼 그는 노파에게 공손히 인사를 하고 다시 산으로 올라갔다.

124) 조용기, "새해를 위하여 이렇게 준비하자", 주일설교(2017-01-01).

125) 조용기, "하나님의 말씀은 살아 있고", 주일설교(2017-02-12).

경주를 승리하라. 예수님을 점점 더 닮아가라(엡4:13-14). 넷째, 시간을 도둑질하는 게으름을 없애라
(롬12:11, 벧전3:13). 세월을 아끼라 때가 악하니라(엡5:16).

원리 3: 곱하기 영성(×)

영산은 "4차원의 영이신 성령님과 인격적으로 친밀하게 교제하면, 날마다 변화되며 믿음이 성장
하는 삶을 살게 됩니다."라고 말한다.[126) 그리스도인이 할 수 있는 친교 중에 최고의 친교는 삼위
하나님과 교제하는 것이다(요일1:3). 곱하기 영성을 요약하면 다음과 같다.

첫째, 하나님께 예배드리는 삶을 살아라. 예배를 통해 우리는 주되심을 배운다. 하나님은 창조
주, 인간은 피조물이다. 피조물은 하나님을 절대 의존해야 살 수 있는 존재다. 둘째, 성령님과 인
격적으로 교제하라. 하나님은 우리에게 보혜사를 보내주셔서 영원토록 우리와 함께 하신다(요
14:16-18). 셋째, 창조의 삶을 살아라. 없는 것을 있는 것처럼 생각하고, 꿈꾸고, 믿고 고백하라. 인
간은 생각(고후5:17)으로, 꿈(빌2:13)으로, 믿음으로(히10:38, 마17:20), 말로(잠18:21) 하나님과 친교할 수 있
다(요일1:3). 넷째, 감사와 영광의 삶을 추구하라(시69:30-31).

원리 4: 나누기 영성(÷)

영산은 이렇게 말한다. "하나님의 나라는 나누는 나라입니다. 하나님은 그의 아들 예수님을 우리
에게 주셨고, 예수님은 당신의 생명을 우리에게 주셨습니다. 그러므로 하나님의 자녀인 우리도 꿈
을 가지고 마음과 소명과 사랑을 나누면서 살아야 합니다."[127) 예수님은 우리에게 생명을 주시러
오셨다. 예수님을 통해 생명을 얻은 사람은 주위에 있는 사람들에게 생명의 은혜를 나누어야 한다.
삶의 길에서 최고 수준으로 변화하는 것은 우리가 받은 영혼육을 이웃과 나누는 것이다. 마음, 시
간, 아는 것을 나누는 것이다. 궁극적으로 열심히 배우고, 익히고, 공부하는 것도 결국은 나누기
위해서다. 나누기 영성을 요약하면 다음과 같다.

첫째, 복음전파를 통해 예수의 생명을 전하라. "너희는 온 천하에 다니며 만민에게 복음을 전파
하라(막16:15)." 허물로 죽은 우리를 그리스도께서 살리신다(엡2:4-6). 둘째, 하나님이 주시는 복을 나
누라. 5중복음과 3중축복 – 영혼의 복, 범사의 복, 강건의 복(요삼1:2) – 을 나누라. 셋째, 구제와
봉사를 행하라. 하나님을 사랑하고 이웃을 사랑하라(막12:30-31). 넷째, 제자를 양성하고 가르치라(딤
전6:2). 예수님은 전도하시고, 가르치시고, 고치시는 일을 하셨다.

자화상의 진정성

영산은 "인간의 운명은 마음에 달려 있고, 십자가를 중심으로 생각하고 믿고 꿈꾸고 말할 때 운
명이 달라집니다."라고 역설한다.[128) 십자가는 지금도 말하고, 일하고, 활동하는 십자가다. 누구
든지 십자가 앞으로 나아가면 과거의 삶, 현재의 삶, 그리고 미래의 삶이 통합된다. 십자가를 통해
인간의 진정한 자화상은 새롭게 창조된다.

---

126) 조용기, "새해를 위하여 이렇게 준비하자", 주일설교(2017-01-01).
127) 조용기, "행복은 나눌 때 온다", 주일설교(2016-04-24).
128) 조용기, "마음성전", 주일설교(2007-10-14).

하나님의 모든 약속들은 십자가 위에서 단번에 해결된다. 즉, 하나님이 구약에서 인간과 맺은 언약들 – 아담언약(창조언약 또는 행위언약), 아브라함언약, 모세언약, 다윗언약, 새 언약 – 은 십자가를 통해서 현실화된다. 십자가는 하나님의 언약을 가시적으로 보여주는 역사적 사건이다. 그 십자가는 지상에 살면서도 천상의 것을 바라보게 한다. 이는 그리스도와의 연합으로 이중 시민권(빌3:20)을 가진 존재로 살기 때문이다. 그리스도인은 땅의 것을 보고 그것을 분별하며 또한 하늘의 것을 바라보는 영적인 놀라운 능력을 지니고 있다. 십자가는 시간의 차원에서 사는 사람들을 영원의 차원으로 데리고 간다. 이것은 십자가의 신비다. 신자는 하늘의 것은 믿음으로 바라보며 살아가고, 땅의 것은 눈으로 보며 살아간다.

영산은 지난 50년간 '구속과 새 창조의 사역'을 펼쳤다. 그는 새 사람의 자화상에 대하여 4차원 영성적으로 설명하고 있다. "그리스도인이라는 신분에 합당한 생각, 꿈과 자화상을 가지십시오. 신분에 합당한 믿음을 갖고 말을 하십시오. 그리고 강하고 담대하십시오. 자기의 신분을 알고 정체성이 확립되면, 거기에 서십시오. 눈에는 아무런 증거도 안 보이고 귀에는 아무런 소리도 안 들리고 손에는 아무것도 잡히는 것이 없어도, 강하고 담대하십시오. 그리고 새로운 생각, 새로운 꿈과 자화상, 새로운 믿음, 새로운 말의 선언을 가지고 나아가야 합니다. 그러면 승리를 쟁취할 수 있습니다."129)

마음속에서 새 창조가 일어날 때, 인간은 본래의 진정한 삶을 살 수 있다. 마음이 새롭게 창조되면, 자신의 진정한 자화상을 그려나가게 될 것이다(사43:7).130) 중생한 자는 지금 여기 이 세상에서 살고 있지만, 동시에 이 세상을 초월하는 존재로 살아간다. 곧 시간과 역사 안에 존재하면서, 동시에 영원과 하나님 나라 안에 존재한다. 인간은 원래 매우 고상하고 우아하고 위엄 있는 존재로 지음 받았다. 하나님이 하나님의 형상대로 사람을 창조하셨기 때문이다(창1:27).

맺는말

인간은 누구인가? 인간은 무엇을 하는가? 죄인으로서의 인간은 자신의 존재 목적, 의미 및 가치를 알지 못한다. 인간이 어디서 와서(시작점), 어디로 가는지(종착점)를 알 수 있는 지식은 유한하고 타락한 인간에게 주어져 있지 않기 때문이다. 죄인은 이 세상에서 방랑자로서 삶을 살아갈 뿐이다. 십자가는 인류의 최악의 사건을 최선의 사건으로 승화시켜 인간이 살고 있는 현주소와 앞으로 살게 될 미래의 주소를 분명하게 가르쳐준다.

예수 그리스도 십자가의 능력으로 중생하면, 인간의 시작점과 종착점이 구체화되고 삶의 차원이 본질적으로 달라진다. 속(俗)의 가치에서 성(聖)의 가치로, 봄(sight)의 삶에서 믿음(faith)의 삶으로(히11:1), 방랑자의 삶에서 그리스도와의 연합(union)의 삶으로 바뀐다. 어둠의 나라에서 빛의 나라로

---

129) 참조. 조용기, "자화상과 자존심", 주일설교(2011-11-06). "삶의 성공과 실패를 가져오는 자화상"(2001-07-01). "보혈로 그린 자화상(1992-03-01). "사차원의 삶"(2010-11-07). "마음하늘"(2013-04-07).
130) "나는 야훼 너희의 거룩한 이요 이스라엘의 창조자요 너희의 왕이니라(사43:15)." "나는 빛도 짓고 어둠도 창조하며 나는 평안도 짓고 환난도 창조하나니 나는 야훼라 이 모든 일들을 행하는 자니라 하였노라(사45:7)."

(엡5:8-9) 옮겨진다. 그리고 땅의 문화가 아니라 하늘의 문화(빌3:20)를 추구한다. 그러한 삶을 통해서 그리스도인은 오직 그리스도의 영광을 드러내며 하나님을 영화롭게 하는 삶을 살게 된다.

죄인에서 의인으로 어둠의 자녀에서 하나님의 자녀로 신분이 바뀌는 것을 통해 그리스도인은 하늘의 지복을 누릴 수 있다. 새 존재는 하나님의 자비, 은혜, 사랑 안에서 살아가는 하나님의 가족이다. 하나님의 자녀에게는 '성령과 동행하는 삶'이라는 특권이 주어진다. 우주적 통치자 예수 그리스도와 하나됨을 이루며 살아가는 것은 지고의 삶이자, 하늘영광의 삶이자, 절대희망의 삶이다. 어떤 그리스도인이 슬픔 속에서 지내고 있다면, 그는 자기의 고귀한 신분을 모르고 사는 것이다.

그러나 하나님 가족에게는 그 신분에 어울리는 의무와 책임이 따른다. 곧 거룩한 삶으로 하나님을 닮아가는 삶(레11:45), 예수 그리스도의 성품을 닮아가는 삶(롬8:29), 하나님의 말씀을 순종하는 삶, 성령으로 사는 삶(갈5:25)을 살아가야 한다. 일언으로 하나님의 형상을 드러내는 삶이다.

십자가 위에서 어떤 일이 일어나는가? 죄인이 십자가를 바라볼 때, 구체적으로 어떤 변화가 일어나는가? 죄인이 십자가를 바라보면, 그는 거듭나고, 새 생명이 주어지고, 하나님과 화목하게 되고, 양자의 신분을 얻는다. 새 존재로서의 거듭난 나! 이제는 '나 중심이 아니라, 오직 그리스도 중심의 삶'을 추구해야 하는 존재다. 십자가는 삶의 중심을 철저히 하늘 중심으로 변혁시킨다.

다음 장(章)에서는 십자가를 바라봄(looking)으로 인간에게 구체적으로 어떤 일이 일어나는지에 대해 다양한 관점에서 보다 자세하게 살펴보고자 한다.

내가 너희 중에서 예수 그리스도와 그가 십자가에 못 박히신
것 외에는 아무 것도 알지 아니하기로 작정하였음이라
(고린도전서 2장 2절)

제1부

십자가의 영성:
바라봄(Looking)

내가 복음을 부끄러워하지 아니하노니
이 복음은 모든 믿는 자에게 구원을 주시는
하나님의 능력이 됨이라
먼저는 유대인에게요 그리고 헬라인에게로다
(로마서 1장 16절)

제3장

대속의 십자가: 복음의 영성

요약

　열쇠가 잠긴 문을 열듯이 십자가는 우리의 잠긴 마음문을 열어준다. 십자가의 복음은 죄인을 의인으로 만들고(롬3:22, 롬5:1), 거룩한 자가 되게 해서(레21:8) 하나님의 형상을 닮아가게 하고, 궁극적으로 하나님을 영화롭게 만든다. 십자가는 인간의 존재양식을 변화시켜 오직 예수 그리스도 안에서 살게 만든다. 즉, 복음은 율법을 완성시키며, 죄를 소멸시키고, 의의 신분으로 살게 하며, 새 피조물을 만들어 하늘의 삶을 살도록 만든다(고후5:17).

　5중복음은 하나님의 자비와 은혜의 영역이라 할 수 있다. 5중복음이란 자비의 하나님께서 예수 그리스도의 십자가를 통하여 죄인에게 베풀어주신 은혜의 복음을 통칭하는 말이다. 영산이 정의하는 5중복음 개념은 중생의 복음, 성령충만의 복음, 신유의 복음, 축복의 복음, 재림의 복음을 포괄한다. 그는 "5중복음은 나의 메시지의 핵심이요, 성경이 말하고 있는 복음의 진수입니다."라고 말한다. 5중복음이 이론이라면, 3중축복 – 영혼, 범사, 강건 – 은 삶의 자리에서 실제다. 5중복음과 3중축복은 상호연합적이며 상호보완적으로 기능한다. 빛이 입자와 파동으로 존재하는 것처럼 복음과 축복은 상호연합하면서 기능한다.

　십자가는 복음을 낳고, 복음은 믿음을 낳고, 그 믿음은 생명을 낳는다(롬1:17). 그 복음 안에는 고난받으시고, 죽으시고, 부활하시고, 승천하시고, 중재하시고, 영광받으시는 예수님이 계시고, 또한 예수님이 보낸 보혜사 성령이 있다. 예수를 바라보면 구원의 길이 열린다. 복음은 죄를 속량하여 옛 사람을 새 사람으로 만들며, 하늘의 신령한 것들을 사모하게 만들고, 세속적 삶의 가치관이 아니라 오직 복음적 가치관으로 살도록 만든다. 복음은 삶의 존재양식을 총체적으로 전환, 즉 생물학적 존재에서 영적으로 새로 태어난 존재로 승화시켜, 오직 말씀, 오직 은혜, 오직 믿음, 오직 성령으로 살게 만든다.

　복음은 그리스도의 십자가 사역과 인격을 믿는 것이며, 나아가 삶 속에서 그리스도의 주권적 삶에 순종하는 것이다(갈2:20). 복음이란 십자가 위에서 죽으시고 부활하신 예수 그리스도를 믿는 삶, 즉 옛 삶을 버리고 새 삶을 사는 것이다. 복음을 받아들이는 것은 곧 그리스도가 내 생명의 원천임을 인정하는 것이다. 이 복음은 자비와 사랑과 은혜의 하나님이 우리에게 주신 영적 선물이다. 복음은 인간의 존재 가치를 극대화하고, 인간의 본성을 그리스도의 마음에 동화시키며, 동시에 삶의 자리에 지고의 복을 탄생시킨다.

따라서 모든 그리스도인은 '복음의 진리에 따라 바르게(갈2:14)' 행하는 자로서 살아야 한다. 복음은 시간과 영원을 통합시켜 하나의 차원으로 만들며, 나아가 우리로 하여금 영원의 기차를 타고 희망의 천국역으로 가도록 만든다. 할렐루야!

1. 5중복음의 전주곡

인간이 바라보아야 할 대상은 오직 예수님이시다. 히브리서는 "믿음의 주요 또 온전하게 하시는 이인 예수를 바라보자(히12:2)"고 선언한다.[1] 십자가를 바라보는 삶이란 "그리스도와 함께 장사되고 함께 일으키심을 받은 자의 삶(골2:12)"을 바라보는 삶이다. 신자들의 삶이란 십자가를 바라보는 것에서 시작한다(요3:14-15). 영산은 예수를 믿었으면 지속적으로 십자가를 바라볼 것을 강조한다.[2] 그는 "예수님의 은혜로 새로운 피조물이 된 우리는 십자가를 바라볼 때 생각과 꿈과 믿음과 말이 새롭게 됩니다."라고 말한다.[3]

예수님을 바라본다는 것은 어떤 의미인가? 영산은 "예수 그리스도 우리 주님을 바라보면 주님은 우리의 의가 되시고 거룩함이 되시고 건강이 되시고 축복이 되시고 천국이 되시는 것입니다. 예수 죽음은 내 죽음이요, 예수 부활은 내 부활이 되는 것입니다."라고 설명한다.[4]

그의 영적논리로 보면, 주님을 바라본다는 것은 단순히 겉모습이나 형태를 보는 것이 아니다. 예수 그리스도의 내면세계 – 자비, 은혜, 사랑, 생명 같은 것을 마음의 눈으로 바라보고 당겨오는 것이다.[5] 예수님을 자꾸 믿음의 눈으로 바라보게 되면 예수님의 거룩함과 의로움을 닮아가게 된다. 아버지의 뜻은 아들을 보고 믿는 자마다 영생을 얻는 것이다(요6:40). 우리 안에 있는 믿음은 영의 눈이자 손과 같다. 믿음으로 본다는 것은 곧 믿음으로 아는 것이다. 성령은 '우리에게 지각을 주사 우리로 참된 자를 알게(요일5:20)' 하신다. 영산은 "우리는 영혼이 잘되는 삶을 살기 위해서 자기를 바라보지 말고, 항상 모든 생명의 근원이 되시는 주님을 바라보아야 합니다."라고 말한다.[6]

---

1) "어리석도다 갈라디아 사람들아 예수 그리스도께서 십자가에 못 박히신 것이 너희 눈앞에 밝히 보이거늘 누가 너희를 꾀더냐(갈3:1)."

2) 바라봄의 법칙은 영산이 만들어낸 용어다. "무엇이든지 하나님께 의지해서 비전을 향해 꿈을 향해 그것을 바라보며 열심히 살아갈 때 성공은 자연히 따라옵니다. 예수님 안에 희망이 있습니다. 아브라함에게 하나님이 바라봄의 법칙을 통해서 항상 희망을 준 것입니다." 참조. 조용기, "바라봄의 법칙", 주일설교(2010-12-19). "믿음의 근원인 바라봄의 법칙", 주일설교(2012-04-22).

3) 조용기, "새로운 피조물", 주일설교(2015-01-18).

4) 조용기, "예수의 죽음을 몸에 짊어짐은", 주일설교(2013-09-08).

5) 본다는 것은 에너지의 차원이다. 본다는 것은 내면세계의 확장이자, 새로운 세계로의 갈망이다. 봄은 고차원의 에너지를 탄생시켜, 당겨오거나 당겨지게 만든다. 예수님의 삶의 존재, 본성, 행동은 우리보다 고차원이다. 저차원의 삶을 사는 자는 늘 예수님께로 끌려간다. 고차원이 저차원을 흡수, 연합시킨다. 평면은 선을 흡수하고, 입체는 평면을 흡수하고, 4차원의 영은 만물을 흡수, 동화시킨다.

6) 조용기, 『삼중축복』, 한세대학교출판부(2013), 140. 첨언하면, 만지는 것은 중간에 어떤 매체가 없는 것을 전제로 하지만, 본다는 것은 눈으로 보는 것, 즉 원격감각의 수단으로 보는 것이다. 빛이 없으면 인간은 아무것도 보지 못한다. 영의

히브리서 12장 2절에서 '예수를 바라본다(Looking)'의 의미를 영어문장으로 보면, 'fixing our eyes on Jesus(NIV)', 'looking to Jesus(ESV)', 혹은 'keeping our eyes on Jesus(CSB)' 등의 표현을 한다. 몇 개의 문맥을 살리면 '예수를 바라본다'는 것은 예수그리스도를 닮기 위해 지속적으로 힘을 다해 본다는 의미를 내포한다.

아이작 암브로스(Issac Ambrose)는 "예수를 바라본다는 것은 예수님을 알고 생각하고 소망하고 사랑하고 기뻐하고 누리며 그분을 닮아가는 것"이라고 말한다.7) 바울은 '예수를 바라본다'는 의미는 '십자가를 아는 지식'에 기초하고 있다고 말한다. 그는 "내가 너희 중에서 예수 그리스도와 그가 십자가에 못 박히신 것 외에는 아무것도 알지 아니하기로 작정하였음이라(고전2:2)"고 고백한다. '예수를 바라본다'는 의미를 영산과 암브로스, 그리고 바울 세 사람의 관점에서 총체적으로 이해하면, 그것은 '예수님의 죽으심과 부활하심'을 입체적으로 바라본다는 의미다. 예수님을 바라보면, 예수님의 죽으심과 부활하심이 나의 삶에 접붙임되어 영적으로 성장하게 된다.

신학자 폴 틸리히(Paul Tillich)는 "보는 것은 일종의 결합(union)이다. 보는 것은 우리의 일부가 된다"고 말한다.8) 즉, 보는 것은 단순히 보는 것 이상의 의미를 담고 있다. 그냥 겉모습이나 형태를 보는 것이 아니라, 내면세계의 그 무엇, 곧 본성과 인격을 나의 것으로 수용하는 것이다. 우리는 말씀을 통해 예수님을 바라보고, 십자가를 통해 하나님을 바라본다. 인간은 봄으로써 하나님의 세계를 점진적으로 알아가는 고차원의 존재다. 예수님을 봄으로써 인간은 하나님의 존재, 본성, 행동을 점진적으로 알아가게 된다. 또한 '예수를 본다'는 것을 4차원영성적으로 인식하여, 이를 다시 서술하면 다음과 같다. 즉, "예수님의 생각을 바라보는 것, 예수님의 꿈을 바라보는 것, 예수님의 믿음을 바라보는 것, 예수님의 말씀을 바라보는 것"을 말한다.9)

1.1. 십자가를 바라봄

영산은 "십자가에 못 박히신 예수님만이 나의 빛이요 구원이요 생명의 능력이 됩니다."라고 말한다.10) 루터는 '오직 십자가만이 우리의 신학'이라고 강조한다.11) 맥그래스(Alister McGrath)는 십자가란 기독교적 실존, 즉 하나님에 대한 지식과 그리스도인의 삶의 역동성에 대한 열쇠라고 이해하고 있다.12) 이렇게 보면, 십자가는 분명히 인간 삶을 알아가는 열쇠다. 십자가 없는 인간은 육적인 존재이며 절망적인 존재다. 십자가를 통해 인간은 그리스도의 영광이 무엇인지 알 수 있고, 인간이 어떻게 살아야 할지를 알 수 있으며, 또한 하나님이 어떤 분인지 알 수 있다. 모든 인간은 십자

눈으로 부활하신 그리스도를 원격적으로 본다는 것은, 곧 '참 빛으로 오신 예수 그리스도(요1:9)'를 본다는 말이다. 성도는 "하나님께서 예수 그리스도의 얼굴에 있는 하나님의 영광을 아는 빛을 우리 마음(고후4:6)"에 비춰주실 때 볼 수 있다. 예수님과 하나님을 보기 위해서는 하나님의 전적인 은혜가 있어야 한다. 성령을 받지 못하면, 인간은 결코 그리스도를 볼 수 없다.

7) 참조. 아이작 암브로스(Issac Ambrose, 1604-1664), 『예수를 바라보라 1』, 부흥과개혁사(2011), 617-695.

8) 폴 틸리히(Paul Tillich), 『새로운 존재』, 뉴라이프(2012), 221.

9) '봄(sight)의 행동'은 당겨옴, 끌려감, 붙듦, 붙들림이라는 에너지를 만들어 예수의 마음에 동화시킨다.

10) 조용기, "십자가의 도", 주일설교(2012-11-28).

11) 알리스터 맥그래스(Alister MacGrath), 『삶을 위한 신학』(Mere Theology), IVP(2014), 65-66(*Martin Luthers Werke*, Vol.5, 176, 'Crux sola est nostra theologia').

12) 알리스터 맥그래스(Alister MacGrath), 『삶을 위한 신학』(Mere Theology), IVP(2014), 66.

가의 대속을 통해 '새로운 피조물'이 되기 때문이다(고후5:17, 갈2:20). 인간은 성령의 능력으로 새로운 존재가 되어야 비로소 하나님을 알게 된다.

영산은 "자아가 죽어 십자가에 매달리면 그를 통하여 용서와 화해와 사랑이 넘쳐나게 됩니다."라고 말한다.[13] 자아가 십자가를 붙들면 산다. 십자가는 인간의 마음에 자석을 만들어 하나님의 사랑을 끌어당겨오게 한다. 십자가는 하나님을 알게 하는 신비의 지식을 우리에게 내뿜는다. 나아가 십자가는 죄인을 의인으로 만들어 하나님과 지적으로, 감성적으로, 의지적으로 친교하도록 만든다. 십자가로 인해 탄생된 예수 그리스도의 복음은 인간의 존재, 본성, 행동을 본질적으로 변화시켜 그리스도를 바라보게 만든다. 나아가, 십자가는 우리를 하나님과 친밀한 인격적인 관계를 갖도록 이끌어준다.

타락한 인간은 오직 예수 그리스도의 옷을 입음으로써 새 사람이 된다. 새 사람은 내적으로 새로운 삶의 구조가 형성되어 그리스도를 닮아가는 삶을 추구하게 된다. '누구든지 그리스도와 합하기 위하여 침례를 받은 자는 그리스도로 옷(갈3:27)' 입은 자들이다. 따라서 십자가 구속의 은혜는 땅의 일을 하는 자가 아니라, 하늘의 일을 하는 자로 변화시켜 준다. 십자가는 복음을 탄생시키고, 그 복음은 믿음을 낳고, 그 믿음은 생명을 낳고, 그 생명은 예수님 안에서 실존하는 생명이다(갈2:20, 행17:28).[14]

십자가 중심의 5중복음은 '타락한 실존적 인간'을 '새 존재(new being)'로 변화시키는 은혜의 비밀을 담고 있다. '인간의 본질(타락이전), 인간의 실존(타락후), 인간의 새 존재(중생)'의 문제는 인간 자신이 해결할 수 있는 것이 아니라, 오직 십자가 위에서 예수 그리스도의 죄의 대속으로 이뤄진다. 인생의 쓴물은 오직 십자가로 해결된다. 영산은 "모세가 수르광야에서 나뭇가지를 쓴물에 던져 달게 한 것처럼 쓴물이 가득한 우리 마음에 예수님의 십자가를 던져서 끌어안으면 쓴물이 달아집니다."라고 강조한다.[15] 십자가를 바라보면 인생의 모든 쓴물은 달아진다.

십자가 위에서 하나님은 그리스도의 대속을 통해 구원을 이루시고, 마귀를 정복하고, 하나님의 공의와 사랑을 우리에게 드러내주었다. 하나님은 지금도 십자가를 통해 구속의 사역을 수행하고 계신다.[16] 영산은 하나님이 십자가 위에서 하신 일을 '5중복음'이라는 이름을 붙여 핵심 가르침으로 정립하여, 그의 사역활동에 적용하였다.

---

13) 조용기, "아! 십자가", 주일설교(2002-12-01).

14) 마샬(Marshall)은 "복음은 하나님께서 그리스도를 사람들에게 보내시는 방편이고, 그리스도의 구원으로 사람들을 복되게 하시는 수단이다(행3:26). 복음은 성령의 사역이고 의의 사역이다(고후3:6-9). 복음을 들을 때 믿음이 생긴다. 복음은 그리스도 안에서 거듭나는 방편이고, 신자 안에 그리스도가 지어져가는 방편이다(롬10:16-17, 고전4:15, 갈4:19)." 참조. 월터 마샬(Walter Marshall, 1628-1680), 『성화의 신비』(The Gospel Mystery of Sanctification), 복있는 사람(2013), 83.

15) 조용기, "십자가와 인간 관계", 주일설교(2011-08-21).

16) 구속사역은 하나님이 인간이 타락한 후부터 세상 끝 날까지 수행하시는 활동이다: "나의 구원은 세세에 미치리라(사51:8)." 참조. 존 스미스, 『구속사』(The Works of Jonathan Edwards Vol.9: Redemption), 조나단 에드워즈 전집 제3권, 부흥과개혁사(2012), 170.

1.2. 5중복음의 전주곡

십자가 사건은 궁극적으로 인류구원 사건이자, 하나님 자신의 영광회복 사건이다(롬1:17). 마이클 그린(Michael Green)은 '그리스도의 십자가는 다이아몬드처럼 여러 각도에서 빛나는 것'이라고 표현했다. 성도의 입장에서 십자가를 바라보면, 그것은 구원이요, 성결이요, 신유요, 축복이요, 영생이다.[17] 이 모든 것은 오직 은혜요, 사랑이다.

5중복음은 무엇보다 오순절신앙과 밀접하게 연관되어 있다. 오순절신학을 간결하게 요약하는 것은 쉽지 않다.[18] 오순절운동(Pentecostalism) 자체만 해도 그 기원이 명백하지 않다. 성령운동은 대중적 영적운동(grassroots spiritual movement)으로 나타나기 때문에, 신학적으로 획일적 정립이 쉽지 않다.[19] 성령으로 시작되고, 확장되고, 인도되고, 열매 맺는 오순절운동의 과정을 논리정연하게 서술한다는 것은 매우 어려운 과제이다. 오순절운동과 관련해서 역사적, 신학적, 영적 측면에서 빈번한 논쟁이 일어나는 것도 그런 이유 때문이다.[20]

그러나 이제까지 오순절운동 과정에서 가장 특징적이고 핵심적으로 등장하는 용어들은 주로 '성령세례, 방언기도, 성령충만, 성령의 은사, 교회성장, 선교, 기적' 등이다. 오순절신학에 대해서 다양한 측면에서 다양한 방법으로 접근할 수 있겠지만, 그 한가운데는 '오직 성령님'이 계신다. 또한 변화 및 성장의 중심도 '오직 성령님'이시다.[21] 오순절 신약학자 로버트 멘지스(R. Menzies)는 방언과 성령세례를 연결시키는 것이 오순절신학의 특징이라고 진술한 한 것도 그런 맥락일 것이다.[22]

오순절신학은 성령의 역사였다. 그래서 지도자도 없고 창시자도 없으며, 오직 성령님 자신이 동기부여자요, 지도자요, 창시자였다고 보는 것이 옳다.[23] 하늘의 번개가 어디서 일어날지 모르는 것처럼 인류를 향한 성령의 지배적 활동이 언제, 어디서, 누구를 통해 일어날지 가늠하기가 사실상 쉽지 않다. 오직 영적 계시를 통해서 알 수 있다. 확실한 것은 성령의 활동에서 인간은 성령님과 인격적 존재로 상호교통한다는 것이다. 오순절주의의 기초가 되는 것은 '하나님 영과 인격적 및 경험적 만남'이다.[24]

오순절신학의 특징 중 하나는 '성령의 인도하심과 역사하심'이다. 즉, 우리와 멀리 떨어져 계시는 하나님이 아니라 우리의 삶 안으로 들어오시는 하나님인 것이다. 오순절적 영성은 성경말씀이

---

17) 십자가를 하나님의 관점에서 바라보면, 칭의요, 구속이요, 화목이요, 제물이요, 악에 대한 승리이다.

18) Veli-Matti Kärkkäinen, *Pneumatology*, Baker Academie(2002), 87-88.

19) 위의 책, 87-88. Kärkkäinen는 자신의 책에서 오순절운동의 탄생 이야기에 대해 이제까지 제시된 4가지를 소개하고 있다.

20) 위의 책, 88.

21) 오순절신학의 성령이해에 대하여 자세한 내용은 다음 논문을 참조하라. 배덕만, "오순절신학의 성령이해", 『오순절신학논단』, Vol.8(2010), 43-62.

22) 누가신학과 오순절신학 정체성에 대하여는 다음 논문 참조. 김동수, "누가 신학에서 오순절신학 정체성 찾기: 멘지스(Robert P. Menzies)의 제안을 따라", 『영산신학저널』, Vol.26(2012), 91-114.

23) 오순절주의의 정체성에 대하여는 다음 논문을 참조하라. 이창승, "오순절주의의 정체성: 성령침례에 결합된 방언과 그 의미", 『오순절신학논단』, Vol.8(2010), 241-278.

24) 키이스 와링턴, "제4차원, 말씀과 성령님", 『영산신학저널』, Vol.18(2010), 54.

조명되는 차원을 넘어, 레마의 말씀이 임하는 것이다. 성령께서 로고스를 조명하시는 것과 레마로 직접 말씀하시는 것은 차원이 다르다. 인간은 성령의 '인도하심과 역사하심'을 삶의 현장에서 직접 경험할 수 있다.[25] 멘지스(Menzies)는 초기 오순절운동의 특징을 8가지로 압축하여 설명한다. 그 중에서 성령세례를 첫 번째로 놓은 것은 그것의 중요성이 가장 크기 때문일 것이다.[26]

오순절신학의 본질에는 언제나 성령님이 한가운데 계신다. 성령을 통해 예수의 영과 그리스도인의 영은 하나됨을 이룬다. 그 결과 그리스도인은 하나님과 화목한 관계를 이룬다. 그러한 역동적 관계 속에서 그리스도인은 창조의 역사, 기적의 역사, 구원의 역사를 일으킬 수 있는 것이다. 오순절신학은 탄생부터 4중복음(四重福音) - '예수 그리스도는 구원자, 세례자, 치유자, 재림의 왕'이라는 표어 - 을 내걸었다. 1922년 여류부흥사 멕퍼슨(A. S. McPherson) 목사는 '4중복음'을 내걸고 국제사중복음교회를 세웠다. 그녀는 심슨(A. B. Simpson)이 제창한 '4중복음: 구원자, 성화자(성결자), 치료자, 재림의 왕'에서 두 번째 '성화자'를 '세례자'로 바꾸었다.

1960년대에 오순절신앙은 한국적 목회상황에 따라 토착화하는 신학으로 발전하기 시작했다.[27] 그 시기에 삼위 하나님은 한국적 삶의 정황에 가장 적합한 성령의 역사를 일으킨 것이다. 영산은 오순절신앙의 터전 위에서 보다 진보되고 확장된 개념에서 5중복음과 3중축복이라는 목회적 틀을 세웠고,[28] 더 구체적으로는 성서 중심, 하나님 중심(좋으신 하나님), 복음적 신앙, 사도적 전통에 기초한 신앙관, 그리고 성령의 역사에 기초한 신앙을 중심으로 순복음신앙관을 정립했다.[29]

영산의 삼위일체론적 5중복음은 기독론적 4중 복음을 수용하였으나 초기부터 동질이화(同質異化), 즉 순복음화하여 성도들의 삶의 자리에 적용하였다. 그는 새로운 순복음영성을 빚어냈다. 곧 오순절적 생명의 성령론을 강조하였다.[30] 영산은 십자가에 기초한 5중복음의 실존방식을 특성화하여 사역의 현장에 적용시켰다. 그런 의미에서 순복음신학은 오순절적 성령의 역동성을 신학화함으로써 그 차별성을 강조한 신학이다.

---

25) 총체적인 오순절 조직신학의 필요성과 성령적 특성에 대하여는 다음 논문을 참조하라.
이상환, "총체적인 오순절신학의 성령적 특성", 『영산신학저널』, Vol.26(2012), 179-216.

26) William W. Menzies and Robert P. Menzies, *Spirit and Power*, Zondervan(2000), 22-25: 'Baptism in the Spirit', Commitment to Evangelism and Missions, Strong Faith, Expectancy, Reality(Jesus is real), Enthusiastic Worship, Rich Fellowship, Biblical Authority. 사역의 중심이 성령과 함께(with), 성령 안에서(in), 성령으로(of) 일어난다.

27) 구체적으로 진술하면, 영산은 전통적 오순절주의에 서 있지만, 3중 절대타락 - 영, 혼, 육의 타락 - 을 3중 절대구원 - 영, 혼, 육의 전인적 혹은 통전적 구원 - 을 강조하는 3중축복, 진일보 5중복음과 3중축복을 삶의 자리에 적용하는 4차원의 영성 및 바라봄의 믿음의 원리 등을 통해 기존의 오순절신앙 및 신학을 한 차원 더 높였다. 즉 영적 깊이, 넓이, 높이, 길이를 더 풍성하게 만들었다. 이러한 목회철학 배경에는 '영산의 특징적이고 차별화된 인간의 이해방식'에 있다. 그는 인간에 대해 신학적인 측면에서 다음과 같이 이해한다. 곧 "죄인인 인간은 절대로 스스로 회복할 수 없는 절대절망, 죽음의 늪에 빠져 있으며, 예수 그리스도의 십자가 구속의 은혜로 전인적 구원을 받을 수 있다." 영산의 목회철학과 사상의 근간에는 '인간의 영혼육의 삼중타락, 영혼육의 삼중구원, 곧 3중축복'이 중요한 위치를 차지하고 있다.

28) "같은 성서 본문이라도 하나님의 음성은 같지 않다. 유럽 신학을 참고한다고 하더라도, 아시아 신학자들은 자신의 상황 속에서 말씀하시는 하나님의 말씀을 들어야 한다." 참조. 김명용, 『칼 바르트의 신학』, 이레서원(2007), 123-124. 이 논리로 보면, 영산은 한국의 문화, 경제, 정치, 사회에 적절한 5중복음, 3중축복을 정립시킨 것이다. 비유하자면, 서구의 신학자들이 유리그릇에 담아놓은 '진리'를 영산은 한국형 사발그릇에 옮겨담아 진리의 복음을 증거한 것이다.

29) 배현성, 『젓가락과 신학의 만남』, 한세대학교출판부(2006), 158-162.

30) 조용기 목사의 오순절적 생명의 성령론: 삼위일체 측면, 성령과의 인격적 교제, 교회성장과 교회의 대외적 사역에 관하여 다음 논문을 참조하라. 문명선, "조용기 목사의 오순절적 생명의 성령론", 『영산신학저널』, Vol.26(2012), 217-240.

오순절신앙과 신학의 탁월성은 하나님의 초월성과 내재성의 절묘한 조화에 있다. 전통적인 교회들이 하늘 위에 높이 계시는 초월적 하나님만을 강조할 때, 영산은 과감히 '이 땅에서 가난과 온갖 고통 및 질병에 시달리고 있던 사람들에게 임재하는 하나님'을 확신 있게 선포했다. 곧 성령님의 내재하심(indwelling)을 강조한 것이다. 이것은 영산 스스로 살아계신 하나님을 몸소 경험했기 때문일 것이다. 오순절신앙의 최고봉은 성령의 능력으로 하나님을 삶의 자리에서 경험하는 것이다. 땅에 사는 자가 하늘의 능력을 맛보는 것은 삶의 지고의 복이다(벧전2:2-3).

영산은 자신이 추구했던 5중복음을 통해 사람들에게 살아계신 하나님을 만나게 했다. 신학적으로 말하면, 영산의 지대한 공헌은 하나님의 초월성과 내재성을 결합시킨 것이다. 많은 신앙인들이 하나님이 하늘에만 계시는 줄만 알고 그분을 만날 생각을 전혀 하지 않을 때, 영산은 하늘의 하나님을 삶의 자리에서 먼저 경험하고, 어떤 목회자나 신학자보다도 그것을 강력하게 선포하고 증거했다. '진리에 관하여 단순히 알아서 선포하는 것'과, '진리를 몸과 마음으로 경험해서 알고 선포하는 것'과는 확연히 다르다. 분명히 영산은 후자였다.

영산이 애지중지했던 5중복음 중심의 십자가신학은 '삶의 자리에서 발굴되었고, 지금도 그러하고, 장차에도 그러할 신학'이었다.31) 5중복음의 탄생을 더 근원적으로 추적해 올라가면 사도행전의 신학까지 이르게 된다. 영성적 측면에서 보면, 순복음의 영성은 초대교회 사도들의 영성과 연결된다. 영산은 십자가복음을 근간으로 하여 3중축복론, 5중복음론, 성령론, 방언론, 교회론, 선교론 등을 발전시켰다. 나아가 5중복음과 3중축복을 삶 속에 구체화시키는 방법으로 '4차원영성'을 체계화해서 신자로 하여금 말씀과 성령으로 성장과 성숙의 두 길을 동시에 걷게 했다. 4차원영성은 영산이 신학을 학문적으로 추구하는 과정에서 배태된 것이 아니다. 오히려 오직 성령 안에서, 삶의 현장에서, 삶의 애환 안에서, 삶의 절대적 요청에 의해서 4차원영성을 깨닫고 체계화하게 것이다. 샘물이 땅속 깊은 곳에서 터져나오듯이 4차원영성은 성령의 도움으로 영산의 마음속 깊은 곳으로부터 터져나온 것이다.

그가 기도 중에 영성의 광맥에서 발굴한 5중복음과 3중축복이 '제1의 순복음의 꽃'이라면, 그 연장선에서 개발된 '4차원영성'은 '제2의 순복음의 꽃'이라고 말할 수 있다. 그 꽃은 시대와 문화를

---

31) 영산의 5중복음이 나오게 된 시대적 배경과 사상적 배경을 요약, 정리, 평가하면 다음과 같다. 첫째, 시대적 배경은 1958년 개척 당시 한국은 빈곤과 암울한 현실 그 자체였다. 그는 자신이 배운 신학적 지식을 목회현장에 적용하는 것이 어려움을 깨닫고 몸부림치며 기도하다가 마침내 하나님의 음성을 듣는다. "네가 전한 복음을 네가 정말 믿느냐? 너의 인간적인 생각과 판단이 있는 한 내가 일을 시작할 수 없느니라. 편견 없이 성경을 다시 대하라. 그리고 그 안에 숨어 있는 복음을 발견하라. 네가 경험하고 체험한 살아 있는 복음을 전하라." 이 음성은 그의 사역을 전환시키는 결정적 계기가 되었다. 그가 깨달은 것은 진정한 복음이란 현세의 삶과 내세의 삶을 동시에 만족시켜야 한다는 것, 즉 현실의 삶과 내세의 삶을 조화시킨 복음이었다. 환언하면, 하나님의 초월성과 내재성이 조화된 복음을 증거하는 것이었다. 둘째, 5중복음이 나오게 된 사상적 배경은 다음과 같다. 무엇보다, 오순절주의자인 오럴 로버츠의 창조적이고, 적극적이고, 소망적인 메시지가 상당한 영향을 주었다. 또한 철학자 키에르케고르(S. Kierkegaard)의 실존철학, 폴 틸리히(Paul Tillich)의 철학적 신학을 통해 영산은 인간은 철저하게 '절대절망적 존재'라는 사실을 인식했다. 이들의 영향을 받아, 영산은 인간이란 죄책과 정죄의 절망, 허무와 무의미의 절망, 죽음과 무의 절망에서 벗어날 수 있는 유일한 길은 예수 그리스도의 십자가와 부활을 통해 가능하다는 것을 깨닫게 되었다. 다시 말해, 절대절망을 절대희망(5중복음의 희망—중생, 성령충만, 신유, 축복, 재림)으로 구해낼 유일한 길은 갈보리 십자가였다. 이런 일련의 과정을 통해서 영산은 새로운 목회철학을 탄생시키고, 목회현장에 적용시켰다. 참조. 조용기, 『현대인을 위한 오중복음 이야기』, 서울말씀사(1998), 9-21.

초월하여 모든 그리스도인에게 적용될 수 있는 은혜의 꽃이다. 그런 차원에서 5중복음, 3중축복, 4차원영성의 삼중구성과 구조는 총체적으로 십자가의 영성으로서 '순복음(full gospel)의 영성'의 뿌리이자 기초라고 할 수 있다.32) 특히, 성도들에게 지속적인 성령충만에 대해 강조하는 것은 순복음영성을 역동화시켰다.33) 또한 성령충만은 갈보리 십자가 신앙을 근원적으로 지속시키고, 유지시키는 원동력이었다.34) 이것을 통해서 성도들의 마음하늘에 5중복음, 3중축복, 4차원영성의 별이 북두칠성처럼 고정되었다.

이제 힘겹게 일궈진 '순복음영성과 신학'을 보다 신학적으로 구체화, 체계화, 형체화, 정립화하여 다가오는 세대에게 '이상적인 오순절신학의 모델'을 제시해주어야 할 책임이 우리에게 있다. 이 책은 그 연장선에 있다.

1914년 미국 알칸사스주의 핫 스프링(Hot Spring)에서 하나님의 성회(The Assemblies of God)가 탄생한 이래, 초기 오순절신학이 강조했던 4중복음은 여의도광야 한복판에서 '5중복음'으로 변형·성장·성숙되어 오순절화시켰다. 영혼구원론은 전인구원론으로 진일보하였다. 그 구원론을 '3중축복론'으로 설명해서, 그것을 성도들의 삶의 자리에 안착시키고 적용하여 오순절화시켰다. 영산은 기독교 영성을 '4차원 영적세계'의 관점에서 이해하고, 그것을 '4차원영성'으로 오순절화시켜서 전 세계적으로 전파하였다.

다시 말해서 '5중복음, 3중축복, 4차원영성의 삼중구조'는 초대교회 오순절영성을 진보시킨 혁신적, 개혁적, 영적 결실이다. 와그너(Wagner)는 "16세기 혁신적 변화는 주로 신학적이었으나 현재의 개혁은 신앙의 개혁이 아니라 실천의 개혁"이라고 강조했다. 오늘날 신앙인에게 필요한 것은 '마음 개혁에서 오는 실천적 행동'이다. 달리 말하면 '머리로 아는 것을 가슴으로 행동에 옮기는 신앙인', 즉 '노잉-두잉 갭(knowing-doing gap)'을 줄이는 신앙인이 되어야 한다. 4차원영성은 하나님의 말씀을 삶의 자리에 임하게 하는 영성으로, 그리스도인의 삶의 자리에서 아는 것과 실천하는 것 사이의 간격을 줄여서 삶의 자리에서 영성을 극대화시키고자 하는 영성이다. 하나님 자신도 그분의 '말씀-행동(words-deeds)'을 하나 되게 해서, 그의 뜻과 계획을 실행하신다.35)

---

32) 영산은 "순복음이란 성령의 감동으로 쓰여진 하나님의 말씀을 '그대로(fully)', '다(totally)' 믿고 받아드리는 '충만한 복음(Full Gospel)'을 의미합니다"라고 말한다. 순복음 신앙은 예수 그리스도 대속의 결과로 주어진 영혼구원, 육체적 질병의 치료, 삶의 저주로부터의 해방을 포괄하는 전인적 구원의 복음을 강조하는 신앙이다. 참조. 조용기, 『오중복음과 삼중축복』, 서울말씀사(2008), 10-11.
엔더슨(A. Anderson)이 정의하는 "순복음(full gospel)"의 의미: "For Pentecostals", the gifts of the Spirit, especially healing, exorcism, speaking in tongues and prophesying, are proof that the gospel is true and the "full gospel" contains good news for all life's problems). 자세한 내용은 다음 책 참조. Allian Anderson, *An Introduction to Pentecostalism*, Cambridge University Press(2004), 228-231.

33) "순복음운동은 불신앙에서 눈을 떠 순수한 신앙을 되찾자는 운동입니다. 다시 말하면 불로 연단한 금을 사고 십자가 보혈의 흰옷을 입고 성령의 안약으로 눈을 밝게 하여 복음으로 순수하게 돌아오는 성령운동을 가리킵니다." 조용기, 『요한계시록』, 서울말씀사(2013), 88.

34) 영산의 성령충만의 복음에 대하여는 다음 논문을 참조하라. 임형근, "영산의 성령충만 복음의 목회적 유익성, 『영산신학저널』, Vol.26(2012), 115-146.

35) Thomas Norris, *The Trinity: Life of God, Hope for Humanity: Towards a Theology of Communion (Theology and Faith)*, New York Press(2009), 24-26. Dei Verbum(The Words of God) speaks of "the plan of salvation being realized by deeds and words having an inner unity."

'순복음의 영성'이 이 땅에 정착하는 과정은 결코 평탄하지 않았다. 지난 60년 동안 순복음의 정체성은 연착륙의 과정을 거쳐 안정화 단계, 성장 단계, 성숙 단계에 진입해, 이제 '오순절 순복음신학'이라는 토양을 배태시켰다.36) 영산은 더 이상 한국을 대표하는 오순절 영성가가 아니라, 세계 기독교의 현주소를 대변하는 오순절운동의 세계적인 대표주자이며 선두주자이다. 그의 인격적 성령론은 교회사에 지대한 공헌을 한 것으로 기록될 것이다.

이제 순복음영성은 전 세계적으로 주목받고 있다. 순복음영성이 이전보다 더 적극적으로 세상 모든 사람들에게 더 증거되고 더 선포되기를 희망한다. 그 영향을 받아 신자들이 더 영적으로 성장하고, 성숙하기를 기대한다.

2. 5중복음의 탄생: 상황화

복음은 그리스도의 십자가에 기초하고 있다. 5중복음이란 은혜와 자비의 하나님께서 예수 그리스도 십자가와 부활을 통하여 죄인에게 베풀어주신 은혜의 복음을 통칭하는 말이다. 영산의 성경해석학 중 하나는 복음적 차원이다.37) 영산은 예수 그리스도의 십자가복음을 단순화시켜 삶의 자리에 적용되도록 했다. 그는 "5중복음은 나의 메시지의 핵심이요, 성경이 말하고 있는 복음의 진수입니다. 5중복음이 순복음신앙의 이론 부분이라면, 3중축복은 실천 부분이라고 할 수 있습니다." 이 짧은 말은 그의 반세기 목회사를 포괄한다.38) 그는 스스로 "저는 성령님의 도우심을 의지하여 철저히 5중복음과 3중축복 메시지를 피맺히도록 선포했습니다."라고 고백할 만큼 5중복음과 3중축복을 목회의 핵심으로 삼았다.39) 다시 말하면, 영산이 이해한 복음은 우리의 영혼이 '장차 거기서' 내세에 누릴 복음뿐 아니라, '지금 여기서' 하나님 나라의 역동성을 누릴 수 있는 것이다.

십자가는 예수 그리스도 안에서 타락한 실존을 '새 존재(new being), 즉 새 사람'으로 변화시킨다. 누구든지 그리스도 안에 있으면 새로운 피조물이라(고후5:17).40) 외적변화가 아니라 완벽한 '내적-창조적 변화와 혁신'이다(갈2:20), 즉 신분과 지위의 변화, 존재 그 자체의 변화다.41) 십자가는 인간

---

36) "5중복음과 전인구원은 순수하게 성경 그대로를 함축시킨 것입니다. 그러므로 우리는 이것을 가리켜 '순복음'이라고 부르고 있습니다." 조용기, 『공동서신 강해-요한일서』, 서울말씀사(2011), 391.

37) 영산의 성경해석학은 다양한 측면을 지니고 있다. 그의 설교를 바탕으로 이해하면, 그의 성경해석학은 삼위일체적(좋으신 하나님, 예수 그리스도의 십자가 은혜, 성령님과의 인격적 교제), 복음적(5중복음), 실존적-상황적(3중축복), 성령역사 중심적(4차원영성)이다. 그는 성경 66권을 모두 하나님의 말씀과 하나님의 생각으로 본다. 이러한 해석방법론은 설교를 통해서 다양한 측면에서 조명된다.

38) 조용기, 『오중복음과 삼중축복』, 서울말씀사(2008), 머리말에서 발췌.

39) 조용기, 『오중복음과 삼중축복』, 서울말씀사(2008), 34.

40) 새 사람과 옛 사람을 혼동하면 안 된다. 예수를 믿으면 십자가 위에서 죽고 부활한 존재가 되어 옛 사람은 완전히 소멸되고 새 사람이 된다(고후5:17, 갈2:20). 새 사람이 죄를 짓는다고 '옛 사람'으로 회귀하는 것이 아니다. 옛 사람이란 '육신과 죄의 지배 아래 사는 자'이다. 그러나 예수를 믿으면 십자가의 대속으로 죄의 지배에서 완전히 벗어난다. 그 결과 옛 사람은 완전히 소멸되고(롬6:8), 우리 안에는 새 사람만 살고 있다(갈2:20). 육신, 죄, 옛 사람을 서로 혼동해서는 안 된다. 모든 성도는 죄의 지배에서 완전히 벗어났지만(롬6:18, 22), 죄의 권세 아래 있어 죄와 싸워야 한다(성화). 장차 천국에 가면 죄에서 완전히 자유로워진다(영화).

의 지성, 감성, 의지를 새롭게 변화시켜 예수 그리스도를 닮아가도록 만든다(고전2:16). 바울은 다메섹의 경험으로 그의 지성, 감성, 의지를 오직 그리스도의 옷으로 갈아입게 되었다. 그 결과 그는 오직 그리스도와 십자가만을 자랑했고, 사랑했고, 증거했다(갈6:14, 고전2:2).

영산의 사역은 십자가에서 출발했다. "우리의 신앙의 근거는 예수 그리스도의 구속의 대속적 은총인 십자가 밑에서 출발해야 합니다. 예수 그리스도 없는 복음은 복음이 아닙니다. 예수 그리스도만이 길이요, 진리요, 생명입니다."[42] 그의 사역 중심모델은 '십자가 밑에서 뿌리내린 신학'이었다.[43] 그는 사역기간 동안 십자가 중심의 희망의 복음만을 설파했다.[44]

예수를 믿으면, 누구든지 구원받아 '거듭나게 되고(고후5:17), 의롭다 하심을 얻고(롬3:22), 거룩함(히10:10)'을 받는다.[45] 즉, 신자는 예수님 안에서 살게 되고(living), 움직이며(moving), 존재(being)하게 된다(행17:28). 십자가는 인간의 죄와 죽음의 문제를 본질적으로 해결해주고, 또한 현실의 삶 속에서 마주치는 모든 문제들을 해결해준다. 그 결과 인간에게 삶의 본질적 회복이 가능하게 된다. 십자가는 삶의 원천이자 능력이다(고후13:4, 고전1:18). 그리고 일평생 자랑해야 할 영원한 십자가다(갈6:14). 십자가의 열매인 5중복음은 피조물인 인간을 본래의 자리로 돌아가게 해준다.

영산의 5중복음은 여러 영성가들과의 교감 속에서 숙성과정을 거치면서 완성되었다.[46] 비유하

---

41) 기독교는 존재론적 변화에 기초하여 성령의 능력으로 삶의 변화가 일어남을 가르친다. 기독교의 내적 영적 변화는 성령의 역사에 속하기 때문에 설명하기가 어렵다. 오직 성령 안에서 자신의 체험을 통해서만 성령의 역사의 다양한 측면을 이해할 수 있다.

42) 조용기, 『오중복음과 삼중축복』, 서울말씀사(2008), 10-11.

43) 희망의 신학자 몰트만은 "십자가의 신학이 나의 신학적 사고를 이끌어 가는 중심점이었다." 고백한다(p11). 그는 참된 기독교 신앙이란 십자가에 달린 그리스도 안에 계신 하나님을 인식하는 데 있다고 강조한다(p102). 참조. 위르겐 몰트만, 『십자가에 달리신 하나님』, 한국신학연구소(1978).

44) 하나님은 영산에게 희망의 전도자라는 사명을 주었다. "내게 주신 하나님의 사명은 희망의 전도자가 되라는 것이었습니다. 5중복음, 3중축복, 4차원의 영성을 개발해서 사람들에게 희망을 주라. 중생, 성령충만, 신유, 축복, 천국과 재림의 복음을 증거하라. 예수 그리스도를 통해서 영혼이 잘됨 같이 범사에 잘되며 강건하고 생명을 얻되 풍성히 얻는 기적을 받을 수 있다는 희망을 주라. 생각의 희망을 주라. 희망찬 꿈을 꾸게 만들어 주라. 희망찬 믿음을 갖게 해주라. 희망찬 말을 하게 만들어주라. 모든 것을 희망으로 시작해서 희망으로 끝나도록 하나님은 제게 명령하셨습니다. 그러므로 희망의 메시지를 가지고 제가 한국에서 전도하고 온 천하만국에 나가서 복음을 증거했습니다." 참조. 조용기, "희망을 선택하라", 주일설교(2009-07-19).

45) 영산은 구원의 세 가지 형태로 '거듭남(중생), 의로움(칭의), 거룩함(성화)'을 지적한다. 구원의 이 세 가지 형태는 서로 나뉠 수 없으며 또한 동시에 일어난다. 조용기, 『순복음의 진리(하)』, 영산출판사(1980), 319-320.

46) 영산의 <u>5중복음의 탄생</u>: 중생 + <u>성령충만</u> + 신유 + <u>축복</u> + 재림. 영산이 창출한 5중복음은 성결교회의 4중복음 '중생, 성결, 신유, 재림'과 차별화된다. 즉, 5중복음은 '성결의 복음' 대신에 '성령충만의 복음'을 강조한다. 그리고 '축복'의 교리를 추가하였다. 참고. 조용기, 『오중복음과 삼중축복』, 서울말씀사, p44. <u>영산의 5중복음의 종합적 이해를 해보면 다음과 같다.</u> 성결교의 4중복음은 그리스도론 중심의 관점이라면, 영산의 5중복음은 삼위일체적 관점에서 출발한다. 4중복음은 5중복음 탄생에 징검다리 역할을 한 것은 분명하지만, 영산의 5중복음은 중생을 다루는 기론론, 성령충만을 다루는 성령론, 축복을 다루는 신론과 동시에 신유론과 종말론 개념을 포괄한다는 측면에서 삼위일체론적 관점이 강하다. 흐름으로 보면, 영산의 5중복음은 웨슬리의 중생과 성화를 기초로 하고, 심슨(A. S. Simpson)의 4중 복음 개념(중생과 성화를 구분)과 더함(W. H. Durham)의 점진적 성화 개념이 상호통합된 복음이라 할 수 있다. 참조. John C. Thomas et al, *Journal of Pentecostal Theology Supplement Series*, Sheffield Academic Press(2000). 도널드 데이턴(Donald W. Dayton), 『오순절 운동의 신학적 뿌리』(*Theology Roots of Pentecostalism*), 대한기독교서회(1993) 조종남 역. 박정렬, 『오순절 신앙의 뿌리와 그 비전』, 기하성출판국(2003). 배현성, 『젓가락과 신학의 만남』, 한세대학교출판부(2006), 66. 결론을 말하면, 영산의 '5중복음의 개념'은 오순절 신학의 전통과 복음주의적 신학을 기초로 하여 지난 반세기 동안 정교하게 다듬어진 것으로 볼 수 있다.

자면, 퇴적작용에 의해 새로운 지층이 형성되는 것처럼, 이미 형성된 복음의 퇴적층을 기초로 새로운 복음의 지층이 만들어진 것이다. 오순절신학의 전통은 존 웨슬리(John Wesley)까지 거슬러 올라간다. 웨슬리는 칼빈주의적 은총사상, 칭의, 그리고 조상으로부터의 성결에 대한 가르침을 바탕으로 '칭의와 성화'를 동시에 강조하였다.47)

웨슬리 후대에 형성된 오순절신학은 웨슬리의 신학적 근간인 '성령체험사상'을 핵심으로 빌려온다. 즉, 오순절신학은 초기에 '중생과 성령세례'라는 신학적으로 주요한 주제들로부터 시작한다. 5중복음의 발전과정을 논리적으로 정리, 요약하는 것이 평탄한 과정을 아니지만, 개괄적 흐름의 차원에서 5중복음의 탄생, 승계, 발전은 점층적으로 발전되며 영적으로 명료화되고 체계화된다. 엄밀히 말하면, 십자가 열매의 일부를 명문화, 구체화한 것이다. 즉, 없었던 복음을 찾아낸 것이 아니라, 십자가 안에 원래 존재하던 영적진리를 찾아내고, 조합시키고, 형태화시킨 것이다.

이렇게 해서 탄생된 영산의 5중복음은 반세기 동안 영산의 목회의 동반자가 되었다.48) 그는 5중복음을 성도들의 삶에 적용시켜 그들의 삶의 한가운데서 3중축복이 나타나도록 했다. 그의 책에서 그는 '3중축복이란 5중복음이 실제 삶 가운데 적용되는 핵심적이며 요약적인 원리'라고 강조한다.49)

그는 5중복음과 3중축복을 성도들에게 제시하는 희망복음의 기초로 삼았다. 그는 성도들의 마음 하늘에 '5중복음과 3중축복의 하늘나라 속성'을 역동적으로 심어주었다. 무엇보다 그는 신앙과 삶을 실질적으로 연결시키기 위해 성령충만을 강조했다. 복음은 축복을 낳고, 그 축복은 복음을 강화시킨다. 5중복음이 3중축복을 가져오는 동인이 되지만, 그들 관계는 서로 연결되어 있으며 상호보완적이다. 전인구원의 축복은 그리스도 복음으로 말미암은 완전한 구원을 목적으로 하기 때문이다. 십자가의 한없는 은혜를 단지 5중복음만으로 대변할 수는 없다. 하지만 십자가 은혜를 대표하는 5중복음의 영성을 가슴에 품고, 영산은 사역을 은혜안에서 이끌 수 있었다. 그에게 있어 5중복음은 하나님 나라를 세우는 전초기지였다. 오늘도 십자가복음 때문에 하늘나라 왕국은 쉬지 않고 건설되고 있다. 하나님의 나라는 본래 존재하는 것에 새로운 생동감을 불어넣고 그것을 회복시켜 준다.50)

---

47) 웨스터민스터 소요리문답 35항: "성화란 하나님의 자유로운 은혜에 의해 이루어지는 사역이다. 신자는 이러한 은혜에 힘입어 점점 하나님의 형상으로 변해간다. 즉, 점점 더 죄에 대해 죽고 의에 의해 사는 삶을 살게 된다." 즉 신학적 용어로서 성화(sanctification)란 마음과 행위가 점점 그리스도를 닮아가는 과정이다.

48) 영산이 강조하는 5중복음이란 단일성과 다양성의 총체이다. 이는 그가 저술한 책에서 잘 드러난다. "5중복음이란 다섯 개의 복음을 의미하는 것이 아니라는 사실을 분명히 밝히고 싶습니다. 복음은 예수 그리스도와 그의 말씀입니다. 그러나 이 하나의 복음 안에 다섯 가지의 중요한 강조점이 들어 있는데 그것이 바로 중생, 성령충만, 신유, 축복, 재림입니다. 나는 이 다섯 가지의 강조점이 복음의 진수를 보여주고 있다고 확신합니다." 조용기, 『현대인을 위한 오중복음 이야기』, 서울말씀사(1998), 10.

49) 조용기, 『오중복음과 삼중축복』, 서울말씀사(2008), 251. "5중복음이 이론적이라면, 3중축복은 복음의 적용(방법)입니다(p34)." "5중복음은 기초 또는 터전(base)이라고 할 수 있고, 3중축복은 실천적 생활이라고 할 수 있습니다(p262)."

50) 알버트 월터스 & 마이클 고힌, 『창조·타락·구속』, IVP(2007), 115.

3. 5중복음의 영성해석학

복음의 핵심은 예수 그리스도시다. 영산은 "교회는 예수님을 믿는 성도들의 모임이요 예수님의 나라요 예수님의 몸입니다. 그러므로 예수를 믿으면 반드시 마귀의 속박과 그로 인한 고통에서 해방되어야 합니다."라고 말한다.[51] 그리스도 십자가의 죽으심과 부활은 교회의 기초석이다. 예수 그리스도의 십자가 중심의 복음 – 죽으심, 부활하심, 승천하심, 재림하심 – 은 우리의 믿음의 근원이다. 그 믿음이 우리 안에 생명을 탄생시킨다.

지평선 넘어 배의 돛대머리가 가장 먼저 보이는 것처럼, 영산의 목회지평선 너머 가장 먼저 보이는 것은 십자가 중심의 5중복음의 돛대였다. 그가 강조한 하늘나라 삶의 방식은 5중복음의 양식으로 사는 것이었다.[52] 그는 영적세계를 5중복음의 눈으로 바라보고 이해했다. 영산은 하나님이 구만리 장천 하늘에만 계시는 것이 아니라 이 땅에서도 우리가 하나님이 주시는 은혜의 맛을 볼 수 있다고 인식한 것이다. 프랑스의 작가 마르셀 프루스트(Marcel Proust)가 이런 말을 남겼다. "진정 무엇인가를 발견하는 여행은 새로운 풍경을 바라보는 것이 아니라 새로운 눈을 가지는 데 있다." 영산은 성령 안에서 5중복음이라는 대명제를 탄생시켜서 새로운 영적 눈으로 영적 지평을 무한대로 넓혔다.

3.1. 5중복음의 가치론

영산은 '예수 그리스도의 십자가의 대속의 죽음과 은혜'의 광맥에서 5중복음적 가치관을 발굴했다. 그는 그것을 평생 목회철학의 근간으로 삼았다. 길이 멀어야 '말의 힘(馬力)'을 제대로 가늠할 수 있듯이 어떤 원리나 가르침도 세월이 지나 봐야 그 진가를 알 수 있다. 영산이 그토록 애지중지했던 '예수 그리스도 중심의 5중복음의 준마(駿馬)'는 거친 광야를 향하여 질주하였으나 지난 60년 동안 생명력과 지속성, 그리고 일관성을 잃지 않았다.

5중복음의 영적인식론과 방법론은 영산의 목회중심에 위치해 있다.[53] 바울이 십자가 설교만 했던 것처럼(고전1:23, 2:2, 2:4), 그도 십자가 중심의 영성을 펼쳤다. 5중복음의 영성은 십자가 영성의 확장이며, 어둡고 캄캄한 인간의 마음등불을 밝히는 희망의 구원자였다.[54] 성경신학적으로 이해하면, 5중복음 이야기는 역사성과 신학성의 총체적 스펙트럼으로 전개된다.

---

51) 조용기, "예수님 안에 있는 해방과 자유", 주일설교(2013-07-07).

52) 5중복음 중심의 삶은 하나님의 초월성과 내재성을 조화시킨 복음으로 사는 것이다. 영산은 복음의 삶을 통해 무엇보다 하늘나라의 현재성과 미래성을 동시에 강조했다. 즉, 그는 땅에 살면서도 하늘의 신비를 맛보는 복음의 본질을 강력하게 증거했다.

53) NIV Study Bible(2008), p2023. "신자와 십자가의 관계(Believers and the cross): they are crucified with Jesus(Gal 2:20); their sinful nature is put to death(Ro6:6, Gal 5:24, 1Pe 2:24); they are crucified to the world(Gal 6:14); they must carry cross(Mt 10:38)". 영산은 십자가와 신자를 밀착시키는 '5중복음'이라는 조어를 만들어 목회에 적용하였다. 십자가는 아담 이후 모든 인류를 수용, 영적 변화의 길을 걷게 하고 있다.

54) 다음 논문 참조. 김판호, "5중복음과 삼중축복에 나타난 하나님의 나라", 『영산신학저널』, Vol.13.

영산은 기독교 전통 위에서 5중복음을 창조했다.55) 무엇보다 그는 그 시대, 그 문화, 그 사회정황에 맞는 5중복음을 혁신적으로 성령 안에서 발굴했다.56), 57) 그는 기존의 4중복음과 달리 성령충만과 축복의 복음을 특별히 강조함으로써 성도의 신앙생활에 역동적인 영향을 미치게 했다. 성령충만의 복음은 그리스도인의 삶의 자리에 하나님의 임재를 경험하게 했고, 성도들의 삶을 변화시켰고, 선교의 열정에 불을 붙였고, 또한 복음전파의 도화선이 되었다.58)

3.2. 5중복음: 성경적 고찰

그림 3-1에서는 십자가의 능력과 5중복음과 3중축복, 4차원영성의 연계성을 상호연합적 관계로 요약하였다. 십자가는 "죄된 자아의 종말이요, 새 창조의 시작이요, 속량으로 죄의 문제를 완전히 종결하는 장소요, 화목(propitiation)을 통한 '하나님-인간' 관계회복의 장소요, 예수의 영과 연합하여 하나 되게 하는 장소요, 사단세력을 무너뜨리는 장소요, 하나님의 무한한 가치를 창조하는 장소요, 하나님을 하나님답게 하고 인간을 인간답게 하는 장소요, '내가 보기에 좋았더라'에서 '하나님 보시기에 좋았더라'라고 고백하는 인생을 만드는 장소요, '자기 영광' 대신 '하나님 영광'을 갈망하는 장소요, 새 피조물 새 인생의 시작의 장소"이다.

---

55) "5중복음이 정립된 첫 번째 배경은 존 웨슬리(John Westly)와 알미니우스를 계승하는 신학이 근저를 이루는 오순절신학이라 할 수 있다. 두 번째로는 어거스틴(St Ausgustinus) 및 청교도적인 칼빈주의의 사상을 바탕으로 하는 복음주의적 신학이라고 할 수 있다." 참조. 이영훈, 『십자가 순복음신앙의 뿌리』, 교회성장연구소(2011), 154. "순복음(Full Gospel) 운동의 신앙적 기반은 성경중심의 운동, 하나님 중심의 운동, 복음적인 신앙운동, 사도 교회적 운동, 그리고 성령중심의 운동이다(pp6-10)."

56) 프린스(Derek Prince)는 영성진보를 위한 방향을 가리키는 것으로서 십자가를 향한 세 가지 질문을 마음에 품으라고 제시한다: a) 십자가는 우리를 위해 무엇을 하는가? b) 십자가는 우리 안에서 어떤 역사를 하는가? c) 십자가를 통해 하나님이 이미 이루신 것들을 우리가 어떻게 실제로 내 것으로 삼을 것인가? 십자가의 계시가 우리를 위해, 우리 안에서 역사할 때, 점진적인 성화가 이루어질 수 있다. 참조. 데릭 프린스(Derek Prince), 『속죄』(Bought with Blood), 순전한 나드(2012), 25-27. 영산의 5중복음은 프린스의 십자가를 향한 이 세 가지 질문에 대한 적절한 대안이다.

57) 상황화(Contextualization)는 다양한 표현으로 정의되지만, 포괄적으로 서술하면, "어떤 주어진 역사적 시점에서 말씀과 현실의 관련성을 찾아내어, 그것을 현실에 적용하는 변증법적 진행과정"이다(Harvie Conn, 1977). 즉 역사적 상황과 믿음의 현재성을 강조하는 역동적 상호교류를 의미한다. 상황화는 변환적 모델, 인류학적 모델, 실천적 모델, 종합적 모델, 초월적 모델 등이 있다. 영산의 5중복음과 3중축복은 변환적 모델과 실천적 모델의 결합으로 평가된다. 참조. 정흥호, 『상황화 신학』, 한국로고스연구원(1996), 30 & 33-86.

58) 5중복음을 영적으로 인식할 때, 챈들러(Matt Chandler)의 『완전한 복음』과 연결시켜서 사고하면, 5중복음의 영적사고의 폭이 더 확장될 것이다. 필자가 이해한 것을 여기서 요약, 정리한다. 그는 한 복음을 두 관점에서 바라보고 있다: a) 땅에서 바라본 복음: 하나님, 인간, 그리스도, 인간의 반응에 대한 성경적 해석-미시적 차원의 복음. 즉, 땅에 매인 복음만 바라보면, 하나님의 거대한 선교적 계획에 대해 간과한 채, 하나님과 개인적인 관계에만 몰두해서 자기중심적 복음에 빠질 위험성이 있다. b) 하늘에서 바라본 복음: 창조, 타락, 구속, 화목에 대한 거시적 차원의 복음. 땅에서 바라본 복음이 작은 그림이라면, 하늘에서 본 복음은 우주적이며, 하나님이 그의 뜻과 계획에 따라서 큰 그림을 그려나가시는 것이다. 챈들러는 하늘에 매인 복음만 바라보면, 복음을 전적으로 하나님이 만물을 회복시키는 것으로만 이해하게 된다고 주장한다. 그러면 혼합주의, 그리스도가 빠진 복음, 문화의 우상화 등이 뒤따를 수 있다고 한다. 따라서 그는 완전한 복음이란 두 가지 관점을 함께 균형 있게 유지하는 것이라고 강조한다. 참조. 매트 챈들러(Matt Chandler), 『완전한 복음』(Explicit Gospel), 새물결플러스(2013).

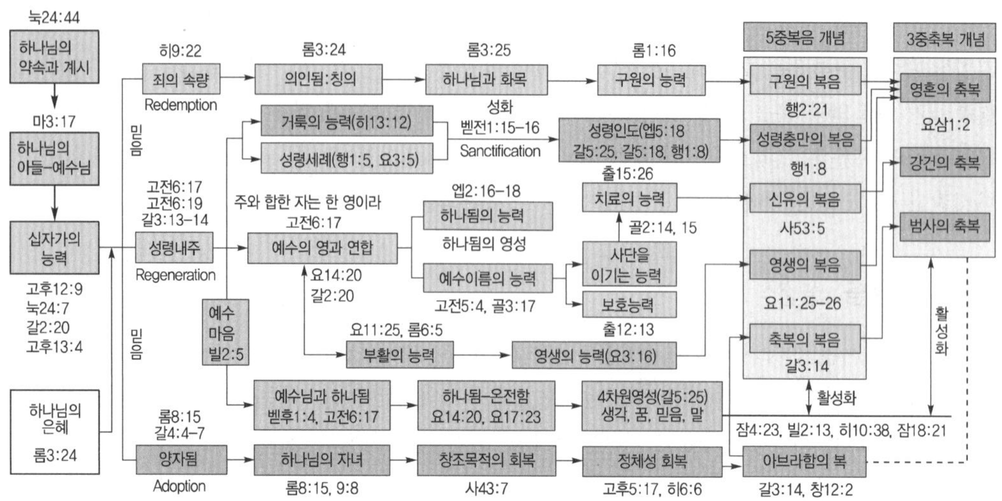

그림 3-1. 십자가의 능력과 5중복음, 3중축복, 4차원영성의 성경적 고찰: 영산의 5중복음, 3중축복, 4차원영성은 하나님의 아들 기독론에서 출발한다. 무엇보다 복음을 통하여 인간이 궁극적으로 추구해야 할 것은 하나님의 뜻을 알아가는 것이 되어야 하며(골1:9), 하나님을 아는 지식이 자라나는 자가 되어야 하며(골1:10), 그 뜻을 순종하는 자가 되어야 하며, 이를 통해 주께 온전히 영광 돌리는 것이다. 십자가의 신비의 비밀은 복음을 탄생시켜 인간을 의와 거룩함으로 새 사람을 창조함에 있다(엡4:24). 십자가는 우리와 그리스도를 연합시킨다(갈2:20, 고전6:17). 십자가의 복음은 하나지만, 적용측면에서 보면 다양한 스펙트럼(spectrum)으로 나타난다. 다만 영산은 가장 대표적인 복음적 요소 5개를 수면 위로 올려 놓았을 뿐이다. 단일성 안에서 다양성이 펼쳐진다. 구약과 신약의 역사를 통해서 하나님이 탄생시킨 십자가복음은 '유일성-다양성'을 포괄한다. 나아가 십자가의 위대한 능력은 명사형(noun)이 아니라 동사형(verb)이다. 십자가는 하나님의 지속적, 변화적, 창조적 능력의 진원지이다. 영산이 일궜던 5중복음, 3중축복, 4차원영성은 십자가 구속의 은혜에서 시작된다. 그 영성이 추구하는 궁극의 목표는 성도들로 하여금 예수를 닮아가는 삶, 완전함의 영성을 지향하게 하는 것이다(마5:48). 우리는 거룩을 회복하기 위해 존재한다(엡1:4, 레11:45, 벧전1:15-16).

그림 3-1을 통해 보면, 영산의 신학사상의 핵심은 예수 그리스도의 십자가 대속의 사역에서 출발한다. 그가 강조하는 하나님 나라의 현재성과 미래성은 5중복음의 영성에서 나타나고 있다. 즉 '중생, 거룩과 성령충만, 신유와 축복의 복음은 현재성을 지니고 있다.[59] 그리고 부활, 영생, 재림의 복음은 미래성을 지니고 있다. 그는 무엇보다 신유의 복음에 상당한 관심을 가졌다. 영산은 23세에 전도사가 되었다. 그는 누구보다 병과 많은 씨름을 했다. 10대에 죽을 폐병에서 하나님의 기적으로 살아났고, 설교하다가도 강단에서 누워야 할 만큼 고질적인 심장병을 앓았고, 그 후로도 출혈성 치질과 빈혈, 어지럼병 등이 그를 괴롭혔었다. 그러나 그는 하나님의 은혜로 지난 반세기 목회를 열정적으로 헌신할 수 있었다.

---

59) 영산이 말하는 5중복음 안에는 십자가 중심의 말씀으로 충만하다. 그 말씀은 완전성(마5:48, completeness), 충분성(시19:7-14, 딤후3:16, sufficiency), 차고 넘침(surplus)의 특성을 지니고 있다. 다시 말해 그가 강조한 5중복음은 하늘나라의 현재성(중생, 성령충만, 신유, 축복)과 미래성(재림)을 균형있게 강조했다. 한편으로 이 땅에서 하늘나라를 맛보게 하고, 다른 한편으로 장차 거기서 누릴 하늘나라의 미래성을 역설했다.

5중복음은 삶의 현재와 미래를 연결시킨다.[60] 5중복음이 인간의 삶에 적용될 때 '영혼이 잘됨, 범사의 잘됨, 육신의 강건함'의 열매가 나타난다. 이것을 그는 3중축복이라고 말한다. 5중복음이 이론이라면, 3중축복은 그 이론을 인간의 삶에 적용한다. 영산은 이 5중복음 안에 예수 그리스도의 복음의 핵심이 다 들어 있다고 강조한다. 영산은 자신의 설교에서 늘 5중복음의 영성에 대해 말했다. "저는 5중복음이라는 진리의 복음에서 한 치도 양보하지 않을 것입니다. 구원, 성령충만, 신유, 형통, 재림과 천국의 메시지는 주님이 우리에게 주신 것입니다. 예수님께서는 이 복음을 전하시기 위해 몸 찢기고 피흘리셨습니다. 그러므로 우리는 이것을 끝까지 차지하고 소유해야 하는 것입니다."[61] 그는 지금 여기서의 삶뿐 아니라 장차 누릴 삶도 강조했다. "우리의 육신이라는 장막집이 무너지면 주께서 우리를 인도하셔서 눈물과 근심과 탄식과 이별이 없는, 또한 곡하는 것이나 앓는 것이 없는 영원한 천국으로 데려가는 것입니다. 인간이 죽음으로 모든 것이 끝난다는 말은 마귀의 거짓말입니다. 우리의 육신의 옷을 벗어버릴 때 어떤 이는 거지 나사로 같이 낙원으로 가고, 반면에 이 땅에서 그리스도를 배반하고 하나님을 무시한 부자 같은 사람은 음부에 내려갈 것입니다."

5중복음과 3중축복은 사람들이 살아가는 '삶의 자리'에서 구체적인 삶의 필요를 채우는 살아 있는 신학이다. 중생과 성령충만의 복음은 인간의 근본적인 영적인 문제를 다루는 것이고, 신유와 축복의 복음은 인간의 현세의 삶의 문제를 다룬다. 재림의 복음은 인간의 미래의 삶을 다룬다. 달리 말해 5중복음이란 인간의 삶의 자리에서 영적, 정신적, 물질적, 그리고 육체적 영역을 다룬다. 그는 5중복음을 통해 '거기서 그 때(there and then)' 온전히 경험될 하나님 나라를 '여기서 지금(here and now)' 맛보게 하는 사역을 강조했다.

3.3. 5중복음의 논리적 진보과정

영산은 예수 그리스도의 십자가의 죽으심과 부활하심의 복음, 즉 복음의 진수를 혁명적으로 반세기 동안 증거했다. 다시 말하면, 그는 하나님 나라의 복음을 심층적으로 선포, 그 복음이 성도들의 심령 안에서 구원의 싹으로 성장케 했다. 무엇보다 그는 예수 그리스도가 선포한 복음의 본질을 가장 적절하고 효과적으로 풀어서 기독교신앙에 접목시켰다. 또한 복음의 씨앗을 삶의 자리에 적용시켜 하나님 나라의 본질을 맛보도록 했다.[62]

---

60) 토마스 아 켐피스(Thomas A Kempis, 15세기 신학자)의 십자가 영성론: "십자가에는 건강이, 십자가에는 생명이, 십자가에는 마귀로부터의 보호가, 십자가에는 천국의 달콤함이, 십자가에는 마음의 강인함이, 십자가에는 성령의 기쁨이, 십자가에는 고결함의 극치가, 십자가에는 거룩함의 완성함이 있습니다. 십자가 없이는 영혼의 건강도 영생의 소망도 없습니다." 이 글은 데릭 프린스(Derek Prince)가 쓴 『속죄』(Bought with Blood)의 책 서문에 나오는 것이다(p6). 토마스 아 켐피스의 이 글을 읽어보면, 마치 영산의 5중복음과 3중축복을 무순서로 나열해놓은 착각이 들 만큼 유사한 경향을 보여준다. 서로 다른 시대에 살았지만, 켐피스의 영성의 포물선은 훗날 영산이 쏘아올린 십자가 영성 포물선과 하늘 어느 한 곳에서 상호접촉점을 가진 것처럼 보인다.

61) 필자는 1983년 1월 이래 영산의 주일설교를 들었다. 35년 들은 5중복음과 3중축복은 신앙생활의 기초가 되었다.

62) 영산은 복음을 삶의 자리에 적용시키는 과정에서 3중축복의 개념을 혁명적으로 도입, 다각적이고 다층적인 방식으로 복음을 기독교신앙에 접목시켰다. 지난 반세기 동안 그는 5중복음과 3중축복을 유기적으로 연합시켜 설교하였으며, 그것은 곧 교회의 성장에 기초가 되었다.

영산은 설교할 때 십자가복음을 대명제적 가르침으로 등장시킨다.63) 시대적으로 보면 절대절망에 처한 회중들의 '삶의 자리'에 '영혼의 잘됨, 범사의 잘됨, 육신의 잘됨'을 얹어주었다. 영산은 5중복음을 다음과 같은 과정을 통해서 체계화하고 현실의 삶 속에 실현시켰다.64)

(가) 1단계 탐색(Scanning): 그는 먼저 정황에 딱 맞는 회중들에게 필요한 영의 양식을 놓고 탐구했다. 개척초기 시절, 사역의 모순, 불일치 등의 문제가 그에게 절실한 현실 문제로 닥쳐왔다.

(나) 2단계 관찰(Observation): 그는 회중들에게 삶의 자리에서 가장 필요한 것이 무엇인지 성경말씀 안에서 성령과 함께 면밀히 관찰했다. 즉 성도들의 삶을 어떻게 하면, 변화, 성장, 발전시킬지 분석했다.

(다) 3단계 정체성 재발견(New identity): 그는 현실적으로 회중들에게 필요한 것을 재해석하고, 성도들의 영적 정체성을 십자가 안에서 발견했다. 또한 성령의 도움으로 장차 일어날 일을 현재로 당겨와서 적용시켰다.

(라) 4단계 경험(Experience): 그는 십자가 영성에서 흘러나온 핵심주제 5가지 – 구원, 성령충만, 신유, 형통, 영생 – 를 '5중복음'이라는 명칭으로 구체화(solidification), 정형화(formulation)하고, 성도들에게 적용시켰다. 즉 십자가 영성을 5중복음으로 구체화, 명료화하여 현장목회에 적용시켰다.65)

(마) 5단계 검증(Verification): 그는 5중복음을 국내외 선교, 집회, 세미나 인도에 다양한 방법으로 적용해서, 현장에 심었고(implantation), 관련된 경험들을 문서화했다. 반세기가 지난 지금도 전 세계에 확장되어 활용되고 있다. 영산의 영적 논리의 발전은 처음부터 이러한 과정을 염두에 두었다기보다 상황 속에서, 또한 기도와 성령의 인도함 속에서 점진적으로 전개되어왔다.66)

---

63) "진정한 설교는 설교 때마다 십자가의 고난을 재현시킨다. 그 이유는 어떤 설교자도 스스로 십자가의 어둠 속으로 들어가지 않고는 인간에게 밝은 빛을 가져다주지 못하기 때문이다." 참고. 헨리 나우엔(Henri Nouwen), 『영성의 씨앗』(Creative Ministry), 그루터기하우스(2011), 75.

64) 참조. 조용기, 『현대인을 위한 오중복음 이야기』, 서울말씀사(1998), 11-23: 영산은 여기서 5중복음이 나오게 된 시대적 배경과 사상적 배경을 소상히 이야기하고 있다.

65) 프린스는 십자가 위에서 일어난 인간의 9가지 교환을 성서적으로 서술하고 있다: 1) 징계 대신에 용서를, 2) 상처 대신에 치유를, 3) 죄 대신에 의로움을, 4) 죽음 대신에 생명을, 5) 저주 대신에 생명을, 6) 가난 대신에 부요를, 7) 수치 대신에 영광을, 8) 거절 대신에 포용을, 9) 옛 사람 대신에 새 사람을. 데릭 프린스(Derek Prince)가 쓴 『속죄』(Bought with Blood)의 목차 참조(순전한나드(2012)).

66) 제임스 로더, 『성령의 관계적 논리와 기독교교육 인식론』, 대한기독교서회(2009), 350-353. 그는 여기서 변형의 논리 혹은 인식의 5단계를 설명한다. 첫째, 모순 또는 불일치의 해결 단계, 둘째, 방법탐색 단계, 셋째, 새로운 의미의 발견단계, 넷째, 모순에 대한 노력단계, 넷째, 확증단계를 소개한다. 이는 영산이 3중축복과 5중복음을 발굴한 과정과 유사한 점이 있다. 성도들의 필요에 의한 탐색, 발굴, 적용 측면에서 보면 그렇다. 영산의 모든 영적산물들은 성령의 인도함으로부터 온 것으로 보인다(이론보다 실제가 먼저 온 것으로 보인다).

4. 5중복음의 구조적 속성[67)]

영산은 "우리가 공허하고 혼돈하며 흑암이 깊음 위에 있고 좌절과 절망에 처했을지라도 갈보리 산 밑에 와서 십자가를 바라보면 내 모습이 달라집니다."라고 설파한다.[68)] 복음은 예수 그리스도가 죽으심으로 맺은 거룩한 하늘나라의 결실이다.[69)] 십자가는 신구약을 통합시키고, 복음을 낳고, 복음은 믿음을 탄생시킨다.[70)] 십자가는 자연인의 삶의 끝, 믿음의 삶의 시작점이다. 죄인은 복음을 통해 그리스도와 연합하여 하나가 되며(고전6:17), 새 사람이 된다(고후5:17). 예수 그리스도와 연합으로 그리스도인은 풍성한 하나님의 은혜를 누리게 된다.[71)] 복음은 성령 안에서 죄인을 '하나님이 의도하신 본래 목적의 사람'으로, 자유자로, 복음의 일꾼으로 만든다. 나아가 삶 속에서 신학을 추구하는 사람으로 만든다.

영산의 5중복음에는 삼위일체적 하나님의 은혜가 역동적으로 용해되어 있다. 성령 안에서 복음의 능력으로 살면, 내 삶의 자리에서 예수 그리스도의 삶이 활성화된다. 이것은 존 스토트(J. R. W. Stott)가 복음의 본질적 의미를 '성부-하나님의 말씀, 성자-그리스도의 십자가, 성령의 능력'으로 정의하는 것과 비슷하다(고전2:1-5).[72)] 복음은 궁극적으로 그리스도의 영광을 드러낸다(요16:14). 성령님은 5중복음을 기초로 나의 내적 영역과 외적 영역에서 역사하신다. 복음은 자비와 은혜의 강과 같이 내 안에 넘쳐흐르며, 내 삶의 외적 영역으로 그 영향력을 확장시킨다.

스토트(J. R. W. Stott)에 의하면 복음이란 '하나님께로 부터 온 진리이고, 예수 그리스도와 그분의 십자가에 대한 진리이며, 성령의 능력으로 주어진 진리'라고 강조한다.[73)] 복음의 위대함은 삼위 하나님의 합작품이란 사실에 있다. 인간의 관점에서 이해하면, 무엇보다 복음의 위대한 능력과 신비는 예수와 연합하여 거룩한 삶을 살게 하는 것이다(고전6:17, 엡4:24). 그리스도인은 예수님과의 연합을 통해 거룩한 삶을 살 수 있는 기저(基底)를 얻는다. 이 연합의 신비는 인간의 이해를 넘어선다. 중생, 성령충만, 신유, 형통, 영생의 5중복음은 죄인을 의인으로 만들고, 의로운 삶을 살게 하여,

---

67) 5중복음을 인간의 존재론적 관점에서 서술하는 것은 인간 본래의 차원을 좀 더 알기 위함이다. 타락한 실존은 복음의 능력으로 새 사람이 되어 구원의 완성을 향하여 달려가는 자이다.

68) 조용기, "왜 선교해야 하나", 주일설교(2005-06-12).

69) 청교도 신학자 스티븐 차녹(Steven Charnock, 1626-1680)은 예수 그리스도의 죽으심으로부터 6가지 열매들을 다음과 같이 정리한다. 첫째, 우리를 향한 하나님을 분노를 달랜다(화목). 둘째, 율법을 침묵하게 만든다(저주에서 해방, 갈3:13). 셋째, 죄책의 제거가 즉시로 따른다(죄의 용서, 거듭남, 즉 중생). 넷째, 사탄의 정복이다(죽음을 이김, 영생, 히2:14-15). 다섯째, 성화가 일어난다(성령충만). 여섯째, 하늘의 문이 열린다(영생, 천국). 괄호 안은 필자가 첨언한 것이다. 300여 년의 시차를 두고 진술한 내용이지만 그의 복음의 핵심은 영산이 주장하는 5중복음의 중심 내용과 상당히 유사하다. 참고. 스티븐 차녹, 『하나님을 아는 지식 2』, 부흥과개혁사(2014), 405-415.

70) 예수 그리스도는 평생 332개의 서로 다른 구약의 예언을 성취하셨다. 맥스 루케이도(Max Lucado), 『예수가 선택한 십자가』, 아드폰테스(2013), 142.

71) 영산이 5중복음을 정의할 때 십자가복음의 중심핵을 강조한 것이지 복음을 5가지 요소로 제한한다는 의미는 아니다. 무지개는 하나지만 그 안에 나타나는 색은 다양하다. 즉, 복음은 하나지만 기능적 관점에서 보면 그 복음은 다중적으로 나타난다.

72) 존 스토트(J. R. W. Stott), 『시대를 사는 그리스도인』, IVP(2016), 73-89.

73) 존 스토트(J. R. W. Stott), 『시대를 사는 그리스도인』, IVP(2016), 89.

은혜의 삶과 하나님께 영광 돌리는 삶, 궁극적으로 부활과 영생의 삶을 살게 될 것이라는 희망을 준다. 5중복음은 이처럼 현재와 미래가 조화된 구조적 특성을 가지고 있다. 하나님의 인류구원의 목적은 자신처럼 거룩하게 만들고(레11:45), 자신의 형상을 닮아가게 하고(고후4:4, 갈4:19), 나아가 하나님의 뜻을 총체적으로 이뤄가는 것이다.[74] 이 모든 일들이 하나됨을 이루고, 현재와 미래에 지속적으로 이루어져간다. 그렇게 하나님의 나라는 완성되고 있다.

복음의 위대성은 죄인을 구원시켜, 예배의 삶을 살게 한다. 복음이 마음에 자리 잡으면, 죄 많은 인간은 자신의 의를 버리고, 예수님만 자랑하게 되고(시105:3), 육신을 신뢰하지 않게 되고(빌3:3), 또한 그 복음을 증거하는 자가 된다. 복음은 하나님 안에서 가장 큰 삶의 목적을 찾게 해준다. 그것은 곧 우리의 '최고선(summum bonum)'이다(마22:37, 고전10:31).

십자가 구속의 은혜에서 파생된 5중복음, 곧 '구원, 성령충만,[75] 신유, 축복, 영생'은 하늘나라 삶으로 들어가게 해주는 요소들이다. 5중복음의 5요소들은 의미상 서로 구분할 수는 있다. 하지만 존재론적 측면에서 보면, 서로 연결되어 있어서 분리할 수 없다.[76] 구원받은 자는 이미 '영생'의 궤도로 진입한 자들이고, 성령충만은 신유와 축복과 유기적으로 연합되어 있다.

이 장에서는 복음을 '인간의 새 존재'의 관점에서 재조명하여 역동적으로 알아볼 것이다.[77] 택함받은 인간은 십자가복음으로 구원받고, 종국에는 영생의 길을 걷는다. 여기서는 옛 사람에서 새 사람으로 변화되는 과정에서 인간의 존재론적 가치와 이 땅에 살 동안 추구해야 할 영적속성들을 서술할 것이다. 다시 말해, 복음이 낳은 '새 존재'의 관점에서 복음을 재조명할 것이다.

---

74) 하나님의 뜻을 펼치는 가장 좋은 때는 바로 '*지금*'이다. 비록 그 일이 휘황찬란한 것이 아니더라도, 내 삶의 지극히 작은 부분일지라도, 그것을 통해서 하나님의 나라와 의를 구하는 것이 하나님의 뜻을 겸허하게 따라가는 길이다. 하나님의 뜻은 바로 '지금, 여기서', 내 삶 안에서 창조된다. 예수님은 이렇게 말씀하신다. "너희는 먼저 그의 나라와 의를 구하라 그리하면 이 모든 것을 너희에게 더하시리라(마6:33)." 내가 해야 할 일은 하나님의 뜻을 내 삶에 적용하는 것이다. 이 점과 관련해서 바울은 이렇게 권면한다. "너희는 너희 자신의 것이 아니라 값으로 산 것이 되었으니 그런즉 너희 몸으로 하나님께 영광을 돌리라(고전6:19-20)." 순종은 삶의 양식을 바꾸어 삶을 변화시킨다. 십자가는 하나님의 뜻을 어떻게 이루는지 알려주는 등대다. 왜냐하면 십자가는 삶의 고난 뒤에 계시는 하나님을 알려주기 때문이다. 십자가는 하나님과 인간이 만나는 유일한 접촉점이자 장소이다.

75) 바운즈(E. M. Bounds), 『기도의 강력』(Power Through Prayer), 규장(2012), 123. 기름 부으심, 즉 성령충만은 하나님의 계시된 진리를 '살아 있는 것'으로, '생명을 주는 것'으로 만들며 활력을 불어넣는다.

76) 5중복음-5요소들은 삼위일체 하나님과 연결되어 있고, 다시 말해 신학의 기본주제들, 곧 신론, 인간론, 죄론, 성령론, 기독론, 구원론, 교회론, 종말론과 연계되어 있다. 신론에 기초해서 구원의 역사, 성령론에 기초해서 성령충만과 신유의 능력을, 기독론과 교회론에 기초해서 아브라함의 후손, 양자의 신분을, 종말론에 기초해서 영생을 논의한다.

77) 5중복음을 '시간의 차원, 믿음의 차원, 은혜의 차원'에서 총체적으로 이해해서 삶의 궁극의 미학과 연계시키면 다음과 같이 서술할 수 있다.
    1) <u>중생의 복음</u>: 성령은 현재의 믿음을 통하여 예수의 영과 인간의 영을 연합시켜 한 영이 되게 한다(고전6:17, 갈2:20). 또한 과거, 현재, 미래의 죄를 용서하며(롬8:3, 히9:14, 10:12, 엡1:7, 요일1:9, 마6:12), 하나님의 구원의 은혜를 현재화시킨다. 2) <u>성령충만의 복음</u>: 성령은 말씀의 믿음을 통하여 성도의 삶 속에서 예수 그리스도의 영광을 드러내신다(요16:14). 영광을 드러낸다는 것은 하나님의 약속들이 성도의 삶 속에서 현실화된다는 말이다. 3) <u>신유의 복음</u>: 성령은 현재의 믿음을 통하여 과거의 죄를 용서하고 현재의 평안을 주신다. "네 죄사함을 받았느니라(눅7:48)." "네 믿음이 너를 구원하였으니 평안히 가라(눅7:50)." 4) <u>축복의 복음</u>: 성령은 믿음을 통하여 양자를 만들고(롬8:15), 과거의 축복(창12:3)을 현재화시킨다. "모든 족속이 너로 말미암아 복을 얻을 것이라(창12:3)." "그리스도 예수 안에서 아브라함의 복이 이방인에게 미치게 하고(갈3:14)." 5) <u>재림의 복음</u>: 성령은 믿음을 통하여 영생을 현재화, 장래화시킨다(요3:16). 이와 같이 십자가는 과거, 현재, 미래의 모든 시간을 통합시키며 하나님의 구원계획을 이루어간다.

4.1. 중생의 복음: 새 존재의 탄생

하나님은 십자가를 통해 죄인을 의인으로 만드시고자 한다. 다시 말해 죄인을 하나님과 화목하게 해서 양자로 삼아 하나님의 자녀를 만드는 것이다.[78] 하나님은 자신의 이름을 위해, 영광을 위해 자신의 사역을 펼쳐나가신다. 무엇보다 하나님은 자신의 이름과 영광을 가장 가치 있게 여기시고, 그의 백성들이 그런 방식으로 하나님을 섬기기 바라신다. 하나님은 십자가를 통해 자신의 거룩한 영광을 드러내시며, 또한 인간이 하나님의 그 장엄한 영광을 보고 향유하며 즐거워하게 하신다. 십자가의 핵심은 바로 그와 같은 하나님의 목적을 현실화시키는 것이다(요3:16).

영산의 중생 개념의 핵심은 삼중타락-전적 타락, 전인구원, 성령의 임재, 새생명 탄생, 성결의 삶, 체험신앙으로 이루어져 있다. 그는 "중생을 얻게 되면 예수 그리스도께서 마음에 들어오게 됩니다. 이때부터 우리는 타락한 본성에서 벗어나 성결의 삶을 살게 됩니다. 중생한 사람의 삶 가운데는 그리스도의 인격과 성품을 드러내는 열매가 풍성히 맺힙니다."라고 말한다.[79]

또한 그는 "중생이란 그리스도를 믿음으로 성령을 통하여 하나님의 자녀가 되고, 깨끗함을 입으며, 새롭게 되고, 새 피조물이 되며, 옛 사람이 죽고 새 사람이 부활하는 하늘나라의 역사입니다."라고 정의한다.[80] 중생하면 죄의 삶에서 벗어나 의인의 삶으로 본질적으로 변화된다.[81] 인간이 하나님의 말씀과 성령으로 중생한다는 것은 신비로운 진리이다.[82] 중생의 신비를 알려면 십자가 밑으로 나아가야 한다. 왜 우리에게 십자가가 필요한가? 3가지 이유 때문이다. 즉, 빚, 반목, 범죄다.[83] 이 점에 대해 보다 자세하게 설명하자면 다음과 같다.

첫째, 죄는 빚이다. 인간은 하나님의 의무를 다하지 못했다. 인간은 하나님에게 영적인 빚을 지고 있다. 인간 스스로 그 빚을 도저히 갚지 못한다. 그리스도의 도우심이 필요하다. 그리스도는 '보증'이 되어 주신다(히7:22). 우리 죄가 주홍 같을지라도 예수를 통해 눈과 같이 희어질 것이다(사1:18). 그리스도는 하나님의 노하심에서 우리를 건져주신다(살전1:10). 둘째, 죄는 하나님과의 단절을 가져왔다(거룩함의 필요성). 하나님과의 관계회복이 필요하다. 즉, 그리스도의 중재가 필요하다. 하나님과 사람 사이에 중보자도 한 분이시다(딤전2:5). 우리는 그리스도의 죽음으로 화목하게 되고, 거룩하고 흠 없게 되었다(골1:19-20). 셋째, 죄는 하나님에 대한 범죄다. 하나님의 거룩하심과 율법을 거슬렀다. 이것은 도덕적 부채다. 하나님은 정의의 재판관이시다. 십자가를 통해 하나님의 공의와 은혜가 나타나야 한다. 십자가는 하나님은 의로우신 분이며, 또한 예수를 믿는 사람은 누구나 의인으로 여겨주심을 약속한다(롬3:26).

---

78) 신약성경을 한 줄로 압축시키면 '하나님과 화목을 통한 양자됨'에 있다. 그리스도인은 양자가 되어 성령의 도움으로 말씀의 의미를 깨닫고 그것을 믿고 실천하는 삶을 살아간다.

79) 조용기, 『현대인을 위한 오중복음 이야기』, 55-56.

80) 조용기, 『순복음의 진리(하)』, 영산출판사(1980), 325.

81) 영적으로 죽은 죄인의 삶의 원리는 죄의 원리다. 영산은 죄가 하는 일을 4가지로 요약한다. 첫째, 죄는 우리를 철저하게 벌거벗겨 하나님 형상으로서의 자존심을 파괴한다. 둘째, 죄는 우리에게 다가와서 불안과 공포를 조성한다. 셋째, 죄를 짓게 되면 하나님께 쫓기는 삶을 살게 된다. 넷째, 죄는 우리를 하나님으로부터 영원히 분리시킨다. 조용기, 『오중복음과 삼중축복』, 서울말씀사(2008), 62-63.

82) "중생에서 시작되는 새로운 삶은 새로운 원칙, 새로운 가능성, 새로운 능력과 힘, 그리고 하나님과 새로운 관계를 소유한 삶이다." 프레드 센더스(Fred Sanders), 『웨슬리가 말하는 그리스도인의 삶』, 아바서원(2015), 119.

83) R. C. 스프롤, 『구원』, 생명의말씀사(2014), 60-62.

중생하면 새로운 차원의 새 생명이 부여되며, 새로운 삶, 즉 새 존재, 새 피조물로서 살게 된다(고후5:17). 성경은 "새 사람을 입으라(엡4:24)"고 선언한다. 영산은 "우리가 옛 사람을 벗고 새 사람을 입으려면 예수님의 십자가 고난을 믿음으로 우리 몸에 짊어져야 합니다."라고 말한다.[84] 십자가는 고난과 영광을 모두 품는다. 그 십자가를 통해 죄인은 새 사람이 된다. 우리는 주를 믿음으로 새 사람을 입은 존재다(골3:10). 성령 안에서 중생하면 우리는 '나, 나의 삶이 아니라, 예수 그리스도 중심의 삶'을 살게 된다. 영산은 "중생은 성령과 말씀으로 그리스도의 몸에 접붙임을 받고 주님의 생명을 받아들이는 체험입니다."라고 말한다.[85] 따라서 십자가 위에서 그리스도와 함께 부활한 성도는(롬6:4-5) 성령의 법에 따라서 살아야 한다(롬8:2).

예수 그리스도가 내 안에 내주하시면, 내가 하나님을 위하여 일하는 것이 아니라, 하나님께서 우리 안에서 일하시게 된다(갈2:20). 따라서 중생한 성도의 신분은 내 안에 그리스도를 만족시키는 삶, 다시 말해 성령의 능력으로 그리스도의 영광을 드러내는 삶을 사는 것이다(요16:14).[86] 영산은 중생한 자의 신분변화를 세 가지로 요약한다. 첫째, 내적인 측면으로 주님이 마음에 들어오신다는 것이고(갈2:20), 둘째, 외적인 측면으로 의인이 된다는 사실이고(골1:13-14), 셋째, 가족적인 측면에서 양자가 된다는 것이다(롬8:14-15).[87]

이제 중생의 이야기를 좀 더 구체적으로 전개시켜보자. 중생 개념은 우리 영과 그리스도의 영과의 연합(요14:20, 고전6:17)에서 시작한다.[88] 예수의 피가 내 마음에 뿌려질 때 생명이 내 안에 있게 된다(히10:22). 새로운 피조물은(고후5:17) 그리스도의 피가 마음에 뿌려진 사람이다. 죄는 오직 그리스도의 피로 해결된다. 죄인은 마음으로 그리스도를 구주로 믿고, 입술로 그것을 선언함으로써 구원을 받는다(롬10:10).

하나님이 인간의 죄를 없애기 위해 선택하신 최상의 방법은 하나님의 아들의 몸을 희생함으로써 대신에 죄를 사하는 것이었다. 하나님의 아들 예수 그리스도가 우리 대신 죽어주신 것이다. 십자가는 인류를 향한 삼위 하나님의 구원계획을 역사적으로 계시해준 사건이다.[89] 십자가를 통해 죄인은 의인이 된다. 즉 소외계층이 하나님의 가족계층으로 옮겨지는 것이다.

---

84) 조용기, "옛 사람을 벗어버려라", 주일설교(2010-12-05).

85) 조용기, 『사도행전 강해 III』, 생명의말씀사(2010), 168.

86) "중생하지 않는 사람의 영적 기능은 그의 성품 안에 잠들어 누워 있으며 그 목적대로 사용되지 않은 채 죽어 있다." 참조. A. W. 토저, 『하나님을 추구함』(The Pursuit of God), 생명의말씀사(2014), 61.

87) 조용기, 『현대인을 위한 오중복음 이야기』, 서울말씀사(1998), 55-59.

88) 영산은 중생을 알 수 있는 기준을 다섯 가지로 요약한다. 첫째, 예수를 믿는 믿음(요일5:1), 둘째, 마음의 정화(딛3:3), 셋째, 날로 새로워 짐(엡4:22-23), 넷째, 새 피조물이 됨(고후5:17), 다섯째, 옛 사람이 죽고 새 사람이 됨(롬6:10-11). 참조. 조용기, 『순복음의 진리(하)』, 영산출판사(1980), 322-325.

89) 성령님은 십자가 계시 사건을 현재의 사건으로 조명해주신다. 성령님의 그와 같은 사역으로 말미암아, 인간은 2천 년 전의 십자가 사건을 믿음으로 경험할 수 있다. 그 결과 죄인은 구속의 은혜를 누리게 된다. 곧 새 사람이 되어, 그리스도와 연합(갈2:20, 고전6:17)하게 된다. 십자가의 계시와 체험은 하나님의 전적인 은혜로 이뤄지며, 동시에 기독교 신앙의 핵심이다.

1) 중생의 신비

영산은 "교회는 종교인을 만드는 곳이 아니라 새 삶, 새 세계, 내일의 희망을 키우는 곳입니다."
라고 피력한다.[90] 인간이 영적으로 중생하게 되면 자기중심에서 벗어나 그리스도 중심, 즉 타자중
심의 삶을 추구하게 된다. 예수님의 죽으심과 부활하심을 이해하면 중생의 의미를 본질적으로 알
수 있다. 부활을 통해서 인간은 세 가지 영적 복을 누린다. 첫째, 우리는 죄사함을 얻게 되고(마
26:28), 둘째, 우리는 하나님의 권능과 능력을 확인하게 되며(엡1:18-20), 셋째, 우리는 하나님의 궁극
적인 승리(빌3:21, 고전15:20, 롬8:29)에 동참함으로써 '산 소망(벧전1:3)'을 갖게 된다.[91] 즉 중생하게 되면
세 가지 영적 속성 - 죄사함, 권능, 궁극의 승리 - 을 확신하게 되어 삶의 방향이 확연히 달라진
다. 그 결과 죄에서 해방되어 자기중심의 삶에서 벗어나 새로운 삶이 시작되며, 마음의 성향이 악
을 떠나 선을 향하게 된다. 나아가 중생은 죄악으로 가득한 옛 공동체를 벗어나서 새로운 신앙공동
체 안에서 살게 해준다.

영산은 "아담에게서 물려받은 옛 육신의 삶은 이제 종결되었습니다. 죽은 사람은 장사지내듯이
우리의 옛 사람은 그리스도 안에서 이미 장사를 치른 바 되었습니다. 여러분이 지금 사는 것은 예
수님 안에서 새롭게 부활한 삶을 사는 것입니다. 그리스도 안에서 새로운 사람이 된 것입니다. 이
제는 예수 그리스도의 부활의 생명을 얻어 그 가운데 살아가고 있는 것입니다."[92] 성경은 새 사람
의 이미지를 다양하게 서술한다.

- 옛 사람은 새 사람이 변화되어 하나님의 양자가 된다(롬8:15).
- 초자연적인 힘으로 죽은 자에게 하나님의 새 생명이 주어진다(고후5:17).
- 성령의 초월적인 능력으로 하나님의 생명의 말씀의 씨가 마음 판에 이식된다(요일3:9).
- 악을 향한 마음 성향이 선을 향한 마음 성향으로 전환된다(겔36:26, 신30:6).
- 하나님의 은혜로 죽어야 할 씨가 영원히 썩지 않을 씨로 바뀐다(벧전1:23).
- 구속의 은혜로 죄인의 신분에서 믿음으로 말미암아 의인의 신분으로 승화된다(롬1:17).
- 성부, 성자, 성령의 공동 사역으로 죄인인 인간이 마귀의 진지로부터 구출된다(요6:37, 44).
- 지상신분을 가진 인간이 동시에 하늘의 시민권를 갖는다(빌3:20).
- 위로부터, 즉 하나님으로부터 태어나는 신비의 과정이다(요3:3).[93]
- 택함 받은 족속, 왕 같은 제사장, 거룩한 나라, 소유된 백성이 된다(벧2:9).
- 흑암의 권세에서 사랑하는 아들의 나라로 옮겨지는 거룩한 과정이다(골1:13).

---

90) 조용기, "참 그리스도의 종", 주일설교(2010-07-04).
91) 존 스토트(J. R. W. Stott), 『시대를 사는 그리스도인』, IVP(2016), 105-112. 첨언하면, 그리스도와 함께 죽고 함께
　　부활하게 되면, 죄사함 받음으로써 과거를 회복하고, 하나님의 능력으로 현재의 정황을 회복하며, 궁극의 승리로 미래를
　　회복하게 된다. 즉 전인적 영적회복이 이뤄진다.
92) 조용기, "중생의 의미", 주일설교(1993-06-06).
93) 위로부터 태어나는 신비의 출생은 과정은 일회적이고 하나님의 주권에 의해 수동적으로 이뤄진다. 요한복음 3장 3절에서
　　'다시 태어난다'는 말은 '위로부터 난다'이다. '난다'는 헬라어로 부정과거 수동태. 부정과거는 단 한번으로 중생이
　　완료됨을 의미하고, 중간태가 아닌 수동태의 의미는 하나님 자신의 주권에 의한 행동이라는 것을 뜻한다. 다시 말해
　　중생은 삼위 하나님의 공동사역이다(요6:44).

중생은 종말론적 소망으로 이어진다. 베드로는 "그 많은 긍휼대로 예수 그리스도의 죽은 자 가운데서 부활하심으로 말미암아 우리를 거듭나게 하사 산 소망이 있게 하셨도다(벧전1:3)"라고 말한다. 중생은 현재 일어나는 일이지만, 그 중생의 씨 안에는 그리스도의 죽음뿐 아니라, 그리스도의 부활까지 내포되어 있다. 심지어 하나님의 선택에 기초한 중생은 창세 전까지 연결된다(엡1:4). 중생은 옛 삶을 종결시키고 새로운 삶을 시작하게 한다. 또한 중생은 새로운 믿음, 마음, 생각, 꿈, 언어를 갖게 해준다. 그래서 새 삶을 살도록 출발시켜주며, 동시에 부활의 영광을 비롯해서 장차 경험할 은혜를 미리 맛보게 해준다.

이렇게 중생 개념을 다각적 및 다층적으로 정리하고 해석할 수 있는 것은 중생은 '순간적'으로 천상세계를 연결하는 전환점이기 때문이다. 중생의 문을 통과하는 순간, 하나님의 풍성한 은혜의 저수지로 연결되어 '그리스도 안에서' 신령한 복(엡1:3-14)이 일시에 쏟아진다. 베드로는 중생을 통해서 "택하신 족속이요 왕 같은 제사장들이요 거룩한 나라요 그의 소유가 된 백성"이 된다고 선언한다(벧2:9).

중생과 비중생 사이에 모호한 경계영역은 없다. 중생 개념은 'YES' 아니면 'NO'이다. 회색지역 또는 완충지역의 중생 개념은 존재하지 않는다. 동전을 땅에 던지면 '앞면' 아니면 '뒷면'이다.94) 그 중간은 없다. 십자가는 언제나 완전소멸 아니면 완전생명이다. 인식론적인 측면에서 중생의 명확한 개념을 이성적 언어로 묘사할 수 없다. 중요한 것은 내 안에 새 생명이 탄생되었다는 사실이다. 중요한 것은 우리의 혀에서 나오는 입술언어를 통해 구원받는다는 사실이다: "누구든지 예수를 하나님의 아들이라 시인하면 하나님이 그의 안에 거하시고 그도 하나님 안에 거하느니라(요일4:15)." 예수님의 말은 영이요 생명이다(요6:63).

중생은 신비다. 하나님의 주권적 사역을 이성의 언어로 정확히 묘사하는 것은 불가능하다. 십자가 위에서 한 강도가 구원받은 과정을 보라.95) 중생 과정을 이성의 언어로 구체적으로 사실적으로 정확하게 서술할 수 있겠는가? 그것은 신비 안에서 일어난다. 한 가지 분명한 것은 중생은 순간적이다.96)

중생의 드라마는 일생 중 개인에게 단 한번 주어지는 지상 최대의 영적 사건이다. 영산은 "2천년 전 갈보리 십자가에 주님이 못 박혀 죽으신 주님은 시간과 공간을 초월해서 오늘 이 시간 이 자리에 여러분의 가슴 속에 와 계십니다."라고 말한다.97) 성도가 된다는 것은 내 안에 한 편의 영화 – 갈보리 십자가 영상, 부활 영상, 승천 영상, 오순절 영상 – 가 마음하늘의 스크린에 펼쳐지고

---

94) 아리스토텔레스(Aristoteles)의 형식논리학 개념으로 보면, '배중율(排中律)', 즉 '중간은 존재하지 않는다'는 말이다.

95) 구원의 주관적 과정이 연합, 중생, 회심, 믿음이라면, 객관적 과정은 칭의, 성화, 양자(롬8:15), 성령의 인침(엡1:13)이다. 중생 후 성도는 성화과정을 점진적으로 이뤄간다. 구원받아도 죄의 권세 아래에 있기 때문에 여전히 죄와 싸워야 하며, 믿음, 기도, 성령의 능력으로 죄와 맞서 싸워야 한다. 성도는 이 땅에서 살 동안 일평생 이 일을 해야 한다.

96) 유태화, 『삼위일체론적 구원론』, 대서(2010), 184. Cited from "Voetius II, 449. in H. Heppe, *Reformed Dogmatics*, 519."

97) 조용기, "그의 눈을 열어 보게 하옵소서", 주일설교(2013-01-13).

각인된다는 의미다. 내 안에 성령이 계신다는 것은 갈보리 십자가 위에서 나의 죽음, 부활, 승천과정이 실제적으로 일어난 사건임을 말해준다.[98] 다시 말해, 예수 안에서 '새 존재(new being)'가 된다는 것은 그리스도의 십자가 사역에 동참했음을 의미 한다. 그것은 또한 '새로운 피조물(고후15:7)'의 기초가 된다. 성령의 임재는 삶의 대변혁 그 자체다. 그것은 생명을 주는 삶이요(요3:6), 예수님을 영화롭게 하는 삶이요(요16:14, 요17:1), 가르치는 삶이기 때문이다(요14:26).

2) 중생의 의미

영산은 "5중복음의 기초는 구원의 복음입니다. 구원이란 다른 말로 중생입니다. 따라서 구원의 복음은 곧 중생의 복음이라고 말할 수 있습니다. 예수님을 구주로 믿고 고백함으로써 하나님의 자녀가 되어 삶이 변화되는 중생의 복음입니다. 달리 말해, 중생이란 성령과 말씀으로 그리스도의 몸에 접붙임을 받고 새 생명을 받아들이는 체험입니다."라고 말한다.[99] 또한 그는 "성령세례는 성령님께서 성도들에게 최초로 충만하게 임하시는 체험입니다."라고 정립한다.[100] 그리고 그는 구원의 영역을 영적 구속(spiritual redemption), 생활적 축복(daily blessing), 전인적 치료(fully health)로 대별한다. 누구든지 예수를 믿으면, 예수님이 그 사람의 모든 죄를 떠맡으시고, 그의 의로움이 믿는 자에게 주어진다. 그래서 그는 의인이 되며 새 사람이 된다.[101]

차녹(S. Charnock)은 중생은 삶의 원리, 목적, 사고 및 위로(慰勞)의 변화라고 강조한다. 즉, 새로운 피조물은 이성의 능력으로 사는 것이 아니라 '사랑으로서 역사하는 믿음(갈5:6)'의 원리로 살게 된다. 또한 새 존재의 삶의 목적은 자기중심이 아니라 하나님의 뜻과 계획에 초점을 맞춘다(호2:23). 중생은 육의 생각이 아니라 영적인 사고방식을 갖게 한다. 하나님은 '두 마음 품은 자들을 미워(시119:113)'하신다. 그리고 중생한 자는 기쁨의 근원을 예수 그리스도에서 찾는다. 즉, 하늘의 위로로 만족하는 삶을 살게 된다.[102] 자연인과 중생인은 서로 지옥과 천국의 경계선을 긋고, 각자의 영역 안에서 살아간다. 그 경계선은 죄와 의로움을 서로 구별시켜 준다.[103] 중생한 자는 의의 길을 걷는다.

---

98) 우리가 예수님을 믿을 때 하나님은 우리를 어떤 관점에서 보시는가? 하나님은 이렇게 받아들이신다. "내 백성들아, 내 아들 예수 그리스도를 믿으면, 너희가 비록 2000년 전 골고다 언덕 갈보리에 가지 않아도, 나는 너희가 내 아들 예수와 함께 십자가 위에 함께 올라가고, 내 아들 예수와 함께 죽고, 내 아들과 함께 부활하고, 내 아들 예수와 함께 승천하여, 마침내 너희는 나와 화목하게 된 것처럼 인정해줄 것이다. 성령을 통해서 일어나는 일을 너희는 볼 수 없어도, 나는 다 생생하게 보고 있다." 이 얼마나 큰 은혜인가? 다시 말해, 우리는 예수님이 경험하신 '십자가, 부활, 승천 사건'을 똑같이 실제적으로 경험한 사람들이다. 하나님이 그렇게 인정하신다. 이것을 깨닫는 것이 기독교신앙이다.

99) 조용기, 『오중복음과 삼중축복』, 서울말씀사(2008), 52.

100) 조용기, 『성령론』, 생명의말씀사(2012), 114

101) R. C. 스프롤, 『구원』, 생명의말씀사(2014), 126-131. 의인이 되는 과정을 구체화시키면 다음과 같다. 즉, 우리의 죄를 예수님께 먼저 전가하고, 그 다음 예수님께서 자신의 의를 우리에게 전가하신다. 이 두 가지가 이루어져야 의인이 된다. 이 두 가지 일은 오직 믿음으로 이루어지며, 동시에 일어난다.

102) 참조. 스테판 차녹(Stephen Charnock), 『거듭남의 본질』, 지평서원(2012), 81-102.

103) "자연인은 그의 양심 속에 있는 하나님의 빛에 대하여 죄를 짓지만, 거듭난 사람은 그의 마음속에 심어진 하나님의 생명에 대하여 죄를 짓습니다. 자연인은 십자가에 못 박히고 무덤에서 살아나신 그리스도에 대하여 죄를 짓지만, 중생인은 그의 마음속에 새롭게 형성되어 살아계신 그리스도에게 죄를 짓습니다. 자연인은 성경에 있는 하나님의 법에 대하여 죄를 짓지만, 거듭난 사람은 그분의 말씀만이 아니라 자신의 마음에 기록되어 있는 하나님의 법에 대하여 죄를 짓습니다." 참조. 스테판 차녹(Stephen Charnock), 『거듭남의 본질』, 지평서원(2012), 223

중생과 복음은 서로 밀접하게 연결되어 있다. 복음 안에 중생의 씨가 있다. 중생의 측면에서 복음의 진정한 의미를 좀 더 펼쳐보자. 복음의 핵심은 십자가와 부활이며, 구원과 장래의 권세를 포괄한다.104) 조나단 에드워즈(Jonathan Edwards)는 이 세상은 위대하고 놀라운 구원사역이 이루어져야 할 무대로 창조된 것이 분명하다"고 말했다.105) 구원자이신 예수님은 창세 전부터 죽임을 당하기로 계획되고 마련된 어린양이시다(계13:8). 그분의 구원사역은 "창세 전부터 미리 알리신 바(벧전 1:20)" 되었다.106) 성부, 성자, 성령 하나님은 인류 구원의 계획을 창세 전부터 세우셨고, 또한 그리스도 안에서 우리를 택하셨다(엡1:4). 구약 전체는 다 예수 그리스도에 관한 이야기다. 예수님은 "너희가 성경에서 영생을 얻는 줄 생각하고 성경을 상고하거니와 이 성경이 곧 내게 대하여 증거하는 것(요5:39)"이라고 말씀하신다. 나아가 그는 "모세를 믿었다면 또 나를 믿었으리니 이는 그가 내게 대하여 기록하였음이니라(요5:46)"고 말씀하신다.107)

복음은 은혜의 씨앗을 마음에 심어 '불멸의 사랑학과 믿음학'을 탄생시킨다. 복음은 마음을 청결하게 하여 인간이 본래 있어야 할 자리로 환원시키고 거룩한 마음의 성향을 빚어낸다.108) 복음은 연합, 성화 및 영광의 신비를 탄생시켜 하나님을 영화롭게 한다. 복음의 궁극적인 목적은 죄인을 구원하고 성화시켜 예수 그리스도를 닮아가게 하는 것이다(롬8:29, 갈4:19). 복음은 무질서의 삶을 질서의 삶으로 이끈다. 성화된다는 것은 소극적으로 보면 죄에서 벗어나는 것이지만, 적극적인 의미로 이해하면 우리의 마음을 새롭게 하는 것(롬12:2)이다. 내 안에서 예수 그리스도가 사시는 삶(갈 2:20)은 복음이 낳은 신비의 삶이다. 신앙인은 날마다 신비의 삶을 살고 있음을 잊지 말자. 복음은 거룩한 삶을 낳는다(롬6:22).109)

복음! 그것은 하늘과 땅을 통합시켜 새로운 임마누엘 종족을 탄생시키는 신비적 언어다. 그것은 우리에게 맡겨진 보물이므로(딤후1:14), 우리에게는 다른 사람에게 전해야 할 의무가 있다(막6:15, 롬1:16). 복음은 그 안에 생명의 DNA가 내포되어 있다. 성령은 복음을 통해 예수 그리스도를 우리에게 소개하고, 믿음의 완성자 예수님은 우리에게 믿음을 주어, 주를 알게 하고, 삶의 방식을 본질적으로 변화시킨다. 그 복음은 누구도 바꿀 수 없는 하나님 자신의 절대적 고유권한이다(갈1:8-9).

---

104) 마이클 그린, 『텅 빈 십자가』(The Empty Cross of Jesus), 서로사랑(2007), 219-220.

105) 데이비드 머리(David P. Murray), 『구약 속 예수』(Jesus on Every Page), 생명의말씀사(2014), 72 재인용. Cited from "Jonathan Edwards, *The Work of Jonathan Edwards, Vol.1, A History of the Work of Redemption*, Hendrickson(2004), 534."

106) 데이비드 머리(David Murray), 『구약속 예수』(Jesus on Every Page), 생명의말씀사(2014), 71.

107) 그리스도께서는 야훼의 사자로서 구약시대에 계속 활동하셨다. 그분을 통해 계시(출3장), 구원(창48:16), 언약(창 15:8-21), 중보(슥12:1-3), 보호(시34:7), 위로(창16:7-13), 명령(삿6:11-23), 심판(왕하19:35)의 사역이 이뤄졌다. 신학자 존 월부르드(John Walvoord)는 "이 성경 귀절들은 모두 구약시대 활동하신 성자를 묘사한다."고 말한다. 참조. 데이비드 머리(David P. Murray), 『구약속 예수』(Jesus on Every Page), 생명의말씀사(2014), 115. Cited from "John F. Walvoord, *Jesus Christ Our Lord*, Moody(1969), 53."

108) 마샬(Marshall)은 육의 특징을 4가지로 구분한다: 죄책(원죄), 악한 양심, 악한 성향(롬8:7), 마귀의 권세에 굴복함(고후 4:4). 참조. 월터 마샬(Walter Marshall, 1628-1680), 『성화의 신비』(The Gospel Mystery of Sanctification), 복있는사람(2013), 110-111.

109) 월터 마샬(Walter Marshall, 1628-1680), 『성화의 신비』(The Gospel Mystery of Sanctification), 복있는사람(2013), 66: 마샬은 이 책에서 "거룩하게 사는 열쇠는 그리스도와의 연합에 있다."고 강조한다.

그 복음은 구원을 주시는 하나님의 능력이다. '구원을 받으리라(고전15:2)'에서 헬라어 동사의 시제
는 현재다. 현재시제는 '현재의 과정과 장래의 현실'을 모두 포함한다. 이 말은 곧 '너희가 구원받는
중이다'라고 번역할 수 있다.[110] 영산도 구원의 과정을 칭의, 성화, 영화의 과정으로 이해한다.[111]
폴 워셔(Paul Washer)도 세 가지 시제의 관점에서 구원을 이해한다.[112] 요약하면 다음과 같다.

    a) 과거시제: 그리스도인은 형벌로부터 구원받았다(롬8:1). 이것을 '칭의'라고 부른다(롬5:1).[113]

    b) 현재시제: 그리스도인은 죄의 권세에서 구원받고 있다(빌1:6, 겔36:25). 이것은 곧 '성화'다.

    c) 미래시제: 그리스도인은 죄와 권세와 영향력, 즉 죄의 존재로부터 해방될 것이다(롬8:30).
       이것을 '영화(glorification)'라고 부른다. 이 과정은 장차 일어날 일이다.

이것이 기독교 메시지다. 다시 말해 인간은 자신의 죄책에서 구원받아야 하고(칭의), 죄의 권세에
서 구원받아야 하고(성화), 죄의 오염 즉, 죄의 권세와 영향력에서 구원받아야 한다(이 영화는 장차 이뤄
진다). 바울은 '구원의 황금사슬'로 알려진 진리를 이렇게 선언한다. "또 미리 정하신 그들을 또한
부르시고 그들을 또한 의롭다 하시고 그들을 또한 영화롭게 하셨느니라(롬8:30)."[114]

3) 옛 사람과 새 사람

들판의 잡초를 화분에 옮겨심는다고 아름다운 꽃이 되지 않는다. 꽃은 처음부터 심어야 한다.
새 존재는 성령이 심은 꽃씨가 자라나는 삶이다. 성령은 옛 사람을 새 사람으로 바꾸어 거룩하게
만든다(벧전1:2). 영산은 "예수님과 함께 죽어 장사지내고 또 예수와 함께 부활해서 새로운 신분을
얻었기 때문에 우리의 생각이 달라지고, 말이 달라지고, 행동이 달라지고, 우리 사는 범위도 완전
히 달라져야만 합니다."라고 말한다.[115]

중생 과정을 실존과 새 존재의 개념에서 보면, '타락한 실존이 새 존재(고후5:17)가 되는 과정'이
다.[116] 즉, 십자가가 옛 사람을 새 사람으로 만든 것이다. 무에서 유로 만들어진 창조가 아니라,
이미 있는 옛것의 창조다. 성령님은 우리를 영적으로 살리신다(엡2:1, 4-5). 중생은 성령에 의한 출생

---

110) 폴 워셔(Paul Washer), 『복음』(The Gospel's Power and Message), 생명의말씀사(2013), 33-34.

111) 조용기, 『오중복음과 삼중축복』, 서울말씀사(2008), 68.

112) 폴 워셔(Paul Washer), 『복음』(The Gospel's Power and Message), 생명의말씀사(2013), 34. 참조. 제임스 패커(James
    I. Packer), 『거룩의 재발견』(Rediscovering Holiness), 토기장이(2011), 69.

113) 칭의는 관계적인 변화다. "너희의 허물과 죄로 죽었던 너희를 살리셨도다(엡2:1)." 칭의가 상태의 변화라면, 중생은
    기질(disposition)의 변화이다. 칭의는 그리스도의 보혈의 직접적인 열매다. 우리는 피로 인하여 의롭다 하심을(롬5:9)
    얻는다. 칭의의 형상은 '전가하는(imputing)' 것이고, 중생의 형상은 '주입하는(infusing)' 것이다. 다시 말해 칭의는
    '저주받음에서 죄가 없다는 선언'으로 변화되는 것이며, 중생은 '오염(pollution)에서 친교(communion)'로 변화되는
    것이다. 중생은 내적으로 부여되는 권능이며, 하나님의 성품에 참여하게 한다. 스테판 차녹, 『거듭남의 본질』, 지평서원
    (2012), 48-51.

114) 폴 워셔(Paul Washer), 『복음』(The Gospel's Power and Message), 생명의말씀사(2013), 34-35.

115) 조용기, "새신분", 주일설교(1986-11-02).

116) 인간은 죄악 중에 출생한다(시51:5, 창8:21). 도덕적으로 부패한 가운데 태어난다. 도덕적 부패란 인간의 존재 전체,
    즉 육체, 생각, 감정과 의지를 오염시켰음을 말한다. 이 도덕적 타락을 신학자들은 부패(depravity) 혹은 전적 타락(total
    depravity), 영적 사망(spiritual death), 혹은 도덕적 무능력(moral inability)라고 부른다. 폴 워셔(Paul Washer),
    『복음』(The Gospel's Power and Message), 생명의말씀사(2013), 154-155.

이다(약1:18, 벧전1:23). 죄인은 성령의 능력으로 왜곡된 존재가 창조적 존재가 되며(고후5:17), 인간은 그리스도의 긍휼하심을 좇아 중생의 씻음을 얻으며(딛3:5), 성령의 능력으로 '새롭게 하심(딛3:5)'을 얻는다. 중생하지 않으면 하늘나라를 볼 수 없음으로(요3:3), 거듭나야만 인간은 '산소망'을 품을 수 있다(벧전1:3). 아더 핑크(Arthur W. Pink)는 "성부 하나님은 구원에 이르도록 어떤 사람들을 택했고, 성자 하나님은 택하신 자들을 위해 죽으셨으며, 성령 하나님은 택하신 자들을 살리셨다"고 강조한다.117)

구원받는 자는 존재론적으로 완전히 새롭게 창조된 '실존적 새 존재'가 된다.118) 복음은 초월적인 힘으로 완전한 새 사람을 만들고, 동시에 복음은 '단번에 주어진 믿음의 도(유1:3)'를 낳아 죄인을 믿음의 사람으로 만든다. 이 신비의 과정을 우리 안의 믿음이 해결한다. 믿음은 하늘의 신비를 우리 마음하늘에 가져오고, 풀어놓고, 해석하는 영적 해결사다. 새로운 존재로서의 삶은 어떤 삶인가? 4차원영성적으로 해석하면, 그것은 '새로운 생각, 새로운 마음, 새로운 꿈, 새로운 귀, 새로운 입술'로 사는 영성적 삶이다. 영산은 "예수 죽음 내 죽음입니다. 예수 무덤 내 무덤입니다. 예수 부활 내 부활인 것입니다. 그러므로 우리는 저주에서 해방이 되었습니다. 우리의 영과 마음과 몸과 생활에 가시와 엉겅퀴는 우리를 지배할 권한이 없습니다. 예수 그리스도의 십자가를 통하여 여러분은 5중복음과 3중축복을 받은 사람들인 것입니다."라고 말한다.119) 우리는 예수의 마음을 소유하고 있으므로(고전2:16), 삶의 방식도 예수님의 삶의 방식을 취하여 살아야 한다(빌2:5, 엡4:24).

4) 새 존재의 영적 의미

영산은 "우리 인간은 존재형식을 잘 알아야 합니다. 우리는 성전 같은 존재입니다. 우리 속에 아버지와 아들과 성령님을 모신 성전이요 하나님과 아들과 성령님을 모신 그릇입니다."라고 말한다.120) 다시 말하면 모든 성도들은 하나님 안에 또한 하나님과 함께 존재하는 자아로서 살아야 한다. 인간이 새롭게 된다는 것은 구체적으로 어떤 변화를 말하는 것인가? 그것은 존재 자체가 변하는 것이다. 삶의 방식, 삶의 목적, 삶의 가치관이 입체적으로 '자연상태(natural state)'에서 '새 상태(new state)'로 전환된다. 한시적으로 사는 '자연생명(bios)'에서 영원히 사는 '영적생명(zoe)'으로 전환된다. 즉, 옛 사람이 겪어야 하는 궤도에서 벗어나서, 새 사람의 삶을 살게 된다. 옛날의 삶의 공동체에서 새로운 신앙공동체로 이전한다. 또한 새로운 인격을 구성하는 '새 지성, 새 감성, 새 의지'로 변화되어, 죄로 어두워졌던 '지성(생각, 명철)'이 살아나고, 부패했던 '감성(정서)'도 살아나고, 죄와 사탄의 종이 되었던 '의지'도 주를 향하게 된다. 그래서 옛것과 전혀 다른 새 마음, 새 인격이

---

117) 아더 핑크(Arthur W. Pink), 『하나님의 주권』(The Sovereignty of God), 요단(2014), 120-121.
118) 토마스 브룩스(Thomas Brooks, 1608-1680)는 구원에 수반되는 속성을 8가지로 나열한다. 지식, 믿음, 회개, 순종, 사랑, 기도, 견인, 소망. 참조. 토마스 브룩스(Thomas Brooks), 『지상에서 누리는 천국』(Heaven on Earth), 지평서원 (2012), 이태복 역, 301. 저자의 관점에 의하면, 실존적 새 존재란 실존성과 초월성을 포함한다. 곧 신앙인은 땅에 살고 있지만, 동시에 하늘의 삶을 추구한다. 반면에 하나님의 존재를 부인하는 자는 삶의 진정한 의미를 찾지 못하며, 단순히 실존주의적 삶을 사는 자, 곧 실존주의자로 전락한다.
119) 조용기, "새신분", 주일설교(1986-11-02).
120) 조용기, 『삼중축복』, 한세대학교출판부(2013), 216-217.

빚어진다. 옛 사람은 마귀에게서 난 사람들이었으나(요8:44), 하나님 아버지가 우리를 이끌어주셔서 새 사람이 된 것이다(요6:37, 44, 고후5:17). 옛 사람이 새 사람이 되려면 오직 십자가 밑에 나아가야 한다. 바울이 다메섹으로 가던 중에 그리스도를 만나고, 그의 지성, 감성, 의지는 그리스도의 옷으로 갈아입게 되었다.

성령은 옛 사람을 복음을 통해 새 사람으로 만든다. 영산은 성령이 예수 그리스도와 우리 사이에 새로운 관계를 형성시킨다고 말한다. "성령이 오심으로 말미암아 그들은 예수님과의 새로운 관계를 체험하게 됩니다. 전에는 육적인 관계에서 이제는 신령한 관계로 변화된 것입니다. 전에는 눈으로 보고 예수님 말씀을 귀로 듣고 예수님을 손으로 만져보고 예수님의 체온을 느끼면서 육으로 함께 교제했는데 이젠 오순절날이 임하여 성령이 오시자 육의 관계를 지나고 신령한 관계로 옮겨왔음을 깨닫게 된 것입니다. 예수님께서 육으로 계시지 아니하시고 이제는 성령으로 각자의 영혼 속에 들어와 계신 것을 체험하게 된 것입니다."121) 영산의 영적 논리로 보면, 인간의 새 존재란 성령의 능력으로 예수 그리스도와 더불어 신령한 체험을 하는 삶이다. 새 존재의 삶을 온전히 이해하는 힘은 오직 성령님의 계시로 가능하다(갈5:16).

철학적으로 보면, 인간의 존재론적 구조는 '자아-세계 구조' 혹은 '주관-객관' 구조'로 구성된다. 즉, 자아가 세상의 중심추가 된다. 그러나 사람이 거듭나면 '자아-세계 구조'가 '하나님 중심 구조'로 전환된다. 그 결과 마음의 성향이 선을 향하게 되며, 더 이상 땅을 향하지 않고 하늘을 지향한다. 이것은 신비스러운 영적 변화다. 누구든지 진정으로 중생하면, 내 안의 내적 성향이 악을 떠나 선의 방향으로 철저하게 달라진다. 죄는 내 마음의 렌즈를 흐리게 하여 하나님의 세계를 못보게 하지만, 중생하면 흐리던 렌즈가 투명하게 되어 죄악 세상을 초월해서 영적세계를 훤히 바라보게 된다. 중생한 성도는 사모하는 대상(object)이 본질적으로 달라진다. 다윗은 "내가 내 평생에 야훼의 집에 살면서 야훼의 아름다움을 바라보며 그의 성전에서 사모하는 그것이라(시27:4)"고 고백한다. 중생하면 내적 마음의 성향과 방향이 완전히 달라진다. 삶의 목적도 사고의 변화가 일어나 하나님 중심으로 살게 된다(마6:33, 골3:1-2).

영산은 중생 개념을 부활의 예수님에 참여하는 삶이라고 말한다. "중생이란 성령의 기적이 일어나서 우리가 예수를 구주로 믿으면 우리의 육의 사람이 죽어버리는 것입니다. 세속에 속하고 세상을 따라 살던 육의 사람이 죽고 옛 아담의 삶에서 단절되어 버리고, 예수 그리스도의 부활에 참여하는 이런 위대한 변화의 역사가 우리 속에 성령의 기적으로 일어난다는 사실을 실제적으로 보여주는 것입니다."122)

바울의 자아관은 이전에 율법중심이었지만, 다메섹에서 예수님을 만난 이후 그의 삶의 가치관은 복음적 가치관으로 완전히 바뀌었다. 중생하면 인간 안에서 주인 노릇하는 의지(意志)는 더 이상 이성을 지닌 자로 사는 것이 아니라, 예수 그리스도를 모신 자로 살게 된다(갈2:20). 그 결과 구원받은 성도는 이 땅에서 하나님 나라를 소망하며 살아가게 된다(빌3:20).123)

---

121) 조용기, "성령강림이 가져온 변화", 주일설교(2000-06-11).
122) 조용기, "중생의 의미", 주일설교(1993-06-06).

나아가 '새 존재(new being) 혹은 새피조물'이 된다는 것은 '삼위일체 하나님의 공동체에 참여할 수 있는 새 인격이 창조된다'는 말이다(요17:21-23). 여기에는 신비로운 진리가 숨겨져 있다. 성도는 이 진리를 깨달을 수 있어야 한다. 내가 영원히 산다는 것은 곧 나의 인격(person)이 하나님 나라에서 삼위 하나님과 다른 하나님의 백성과 친밀하게 사랑의 교제를 나누며, 영원히 기뻐하며 산다는 것을 의미한다. 지금은 이러한 사실이 실감나지 않겠지만, 언젠가 그것을 향유하는 날이 올 것이다. 진정한 의미에서 믿음은 장래의 영광을 당겨와 지금 향유하는 것까지 포함한다.

중생한 자는 이제 예수 그리스도와 인격적으로 함께 있는 자다. 즉, 모든 신자는 예수 그리스도에게 속함 받기 위해 부르심을 받았고(롬1:6), 동시에 부르심을 입은 자는 '복을 이어(벧전3:9)' 받을 자다. 연합을 통해 중생을 얻은 자는 새 존재로 살 뿐 아니라, 성경에 약속된 모든 복을 맛보고 누릴 것이다(고전1:9, 갈5:13, 골3:15, 고전1:2).124) 새 존재의 마음 안에는 장래의 모든 은혜의 씨를 담고 있다. 그 결과 연합된 자는 희망적 존재이며, 미래적 존재이며, 동시에 지금 여기서 은혜를 누릴 수 있는 자다. 새 존재는 누구든지 '귀히 쓰는 그릇이 되어 거룩하고 주인의 쓰심에 합당하며 모든 선한 일(딤후2:21)'에 쓰임받을 수 있다. 거듭남의 의미에 대해 묘사하기 어려운 면이 있지만, 우리가 사용하는 용어 가운데 가장 적합한 단어는 '인격'이다. 초대교회 교부들은 하나님의 존재 자체를 인격으로 보았다.125) 그리스도 안에 존재하는 우리의 인격도 영원하다. 그 인격으로 하나님과 친교하기 때문이다(요일1:3).

결론적으로 영산은 중생한 새 존재의 의미를 4차원영성적으로 이렇게 요약한다. "예수 믿고 성령을 모시면 하나님은 우리의 생각, 꿈, 믿음, 창조적인 외침을 통해서 우리를 위해 함께 일해주시고, 형통하게 해주시고, 위로해주십니다."126)

4.2. 성령충만의 복음: 새 존재의 성화(聖化)

영산은 중생, 성령세례, 성령충만 개념을 역동적으로 목회활동에 접목, 성도들에게 구체적으로 적용하여 신앙생활에 활력을 불어넣었다. 그의 성령운동은 초교파적으로 한국교회에 지대한 영향을 미쳤다.127) 여의도순복음교회에서 성령세례는 극히 자연스럽게 성도들에게 적용되고 지금도 경험된다.128) 나 역시 83년 중생, 성령세례, 성령충만을 경험했다. 그래서 나 자신도 그 주제들에

---

123) 인간의 마음은 지성, 감성 혹은 정서, 의지로 구성된다. 바울이 예수님을 만났을 때 자기결정능력(지성, 감성, 의지의 통합적 열매)을 초월해서 예수님의 의지를 따라가는 자가 되었다. 내 안의 의지력은 제한적이고, 한계적이지만, 예수의 영과 연합하면, 의지의 기능이 팽창하고, '나의 의지가 아니라, 예수님의 의지로 사는 자'가 된다. 내 안의 창조자, 즉 선을 지향하는 창조자의 뜻대로 사는 삶으로 전환된다. 이것은 전적인 하나님의 은혜다.

124) 새 존재가 누리는 복은 복합적이다. 즉 '친교의 복(고전1:9), 자유의 복(갈5:13), 평강의 복(골3:15), 거룩함의 복(고전1:2), 고난의 복(벧전2:20-21), 영광의 복(히3:1)' 등이 거기에 속한다.

125) 존 지지울러스, 『친교로서의 존재』, 삼원서원(2012), 37-43.

126) 조용기, "중생과 성령님", 주일설교(2015-08-30).

127) 개혁주의 신학자 김명혁 목사의 말을 인용해보자: "순복음교회를 중심으로 한 오순절계통의 성령운동은 오순절교단 뿐 아니라 한국교회 전체에 커다란 영향을 미쳤다. 이 영향은 보수교단에도 광범위한 영향을 미쳤는데, 특히 영적 활력소를 상실해가는 보수교단의 목회자들과 신학자들에게도 적지 않은 영향을 미쳤다고 하겠다. 결국 오순절주의를 표방하지 않으며 오순절주의의 문제점들을 지적하면서도 오순절주의에 호의를 가지는 목회자들과 신학자들이 생기게 된 것이다." 참조. 김명혁, "한국교회와 성령론", 『두란노 목회자료 큰백과』, 8권(1996), 72.

대한 산증인이라 할 수 있다. 영산은 "중생한 사람에게 영생이 주어지지만, 성령세례는 중생한 성도들에게 그리스도를 전할 수 있는 하나님의 권능을 줍니다."라고 말한다.[129]

성령세례는 살아계신 하나님을 인격적으로 만나는 극적 체험이자, 동시에 그리스도인의 삶에 성령의 능력을 불어넣는 경험이다. 성령이 충만하면 내적변화가 일어나며, 그 결과 성도는 하나님을 순종하고, 하나님의 뜻을 따라가게 되는 힘을 얻는다. 특히 영산은 성령세례 후에도 지속적인 성령충만을 강조하며, 그것을 5중복음 5요소 중에서 두 번째에 배치시킨다. 그의 영적논리로 보면, 성령세례와 성령충만은 자신의 사역뿐 아니라 성도들의 삶에 획기적 변화와 성장, 성숙을 가져오는 기본 개념이다. 그는 목회차원에서 성령세례의 목적을 그리스도의 사역을 위한 능력의 체험으로 이해한다. 성령의 능력은 신앙생활의 근본이자 기초다. 성령 없는 신앙생활은 능력 없는 삶 자체일 뿐이다(갈5:16, 18).

영산은 "성령충만의 삶이란 그리스도로 충만한 삶입니다(롬6:11). 즉 내가 사는 것이 아니라 철저히 그리스도가 내 안에 사는 삶(갈2:20)"이라고 강조한다.[130] 그는 하나님을 체험하는 길이 바로 성령충만이라고 말한다. 성령충만의 영적상태를 4차원영성적 개념으로 보면, '성령과 말씀 안에서 영적 일을 하기 위해 하나님처럼 생각하고, 꿈꾸고, 믿고, 선언하고자 하는 영적 마음이 충만한 상태'로 정의할 수 있다. 그런 차원에서 4차원영성은 성령충만의 의미를 보다 구체화시키며 삶 속에서 성령의 인도하심을 보다 실존적으로 응용할 수 있는 영성이다. 영산이 말하는 성령충만은 일회적으로 그치는 것이 아니라 매우 지속적이고 포괄적인 것이다.[131]

에베소서 5장 18절은 "오직 성령으로 충만을 받으라"고 말한다.[132] 영산은 성령충만을 받아야 할 이유로 '성령충만을 받을 때 권능을 받고 성령님의 도우심으로 승리하는 삶을 살 수 있기 때문'이라고 지적한다. 그는 "성령충만을 위해서는 날마다 성령님과 인격적 교제를 해야 합니다. 그래서 성령의 은사와 성령의 열매가 확실하게 나타나도록 해야 합니다. 성령의 은사가 능력이라면 성령의 열매는 인격입니다."라고 강조한다.[133] 이렇게 볼 때, 영산은 성령충만의 복음은 능력(power)과 성결함(holiness)을 동시에 강조한다. 다시 말하면, 성령세례와 성화개념을 모두 성령충만에 포함시킨다. 성령이 충만하게 되면, 내 안에 계시는 영광의 그리스도와 인격적 관계가 활성화된다. 성

---

128) 영산의 성령운동에 대하여 초기에는 상당한 오해가 있었다. 2003년 옥한흠 목사의 인터뷰내용을 상기해보자. "조 목사님의 성령운동에 대해 알레르기 반응을 보이는 교회들이 많았습니다. 당시 전통적 교회는 신학적으로 그러한 성령의 사역을 받아들이기 어려운 틀이 있었던 것 같습니다. 특히 장로교 신학은 성령세례를 역사적으로 단회적인 것이라고 이해했기 때문에 성령세례와 은사의 사역에 대해 마음을 열 수 없었던 것입니다. 사실 저도 그런 분위기에 처음 편승한 편이었습니다. … 그러한 오해는 내 개인적인 것보다는 한국교회가 한동안 공유했던 오해라고 볼 수 있습니다." 교회성장연구소 편집, 『카리스 & 카리스마』, 교회성장연구소(2003), 31.

129) 홍영기, 『조용기 목사의 영성리더십』, 교회성장연구소(2003), 86.

130) 조용기, 『성령론』, 서울말씀사, 123.

131) 임형근, "조용기 목사의 성령이해: 성령과 교제를 중심으로", 한세대학교, 영산국제신학 심포지엄(2003), 298-299.

132) "충만을 받으라" 동사는 현재 이인칭 복수 수동태 명령형으로 되어 있다. 현재 명령형은 계속적인 행동을 가르킨다. 다시 말해 현재 명령형은 문제를 단번에 해결해주는 극적이거나 결정적인 경험이 아니라, 계속적으로 성령충만을 사모하고 경험해야 하는 것을 가르킨다. 참조. 존 스토트(John R. W. Stott), 『성령세례와 충만』(Baptism and Fullness), IVP(2014), 71-73.

133) 조용기, 『현대인을 위한 오중복음 이야기』, 서울말씀사(1998), 79.

령충만으로 우리는 그리스도와 더 친밀한 지적, 감성적 및 의지적 관계를 맺게 된다. 그 결과 삶 가운데 더 풍성한 성령의 열매를 맺게 된다.

그렇다면 성령충만의 표지는 무엇인가? 존 스토트(J. Stott)는 다음과 같이 서술한다: "성령충만이란 의심할 여지없이 기적적인 것이 아니라 도덕적인 것이며, 성령의 은사에 있지 않고 성령의 열매에 있다. 신자들이 성령으로 세례를 받고 성령의 은사들로 풍성하게 채우심을 받으면서도 육적인 그리스도인들이 나타나는 것은 사랑이라는 도덕적 자질이 결여되었기 때문이다."134)

성령충만하게 되면 선을 향한 도덕적 성향, 다시 말해 자기중심에서 하나님 중심과 이웃 중심의 삶으로 활성화된다. 그 과정에서 신자들은 예수 그리스도의 인품을 닮아가게 된다. 또한 그리스도 인품을 닮아가는 과정에서 우리는 성령의 열매를 맺는다. 성령충만이란 성령의 열매를 향한 마음의 성향 및 방향이다. 성령충만은 하나님의 선하심을 향한다.

예수님은 하나님의 뜻에 순종하시고, 죽으시고, 부활하시고 승천하심으로 자신에게 주어진 사역을 성취하시고 하나님 보좌 우편으로 가셨다. 그리스도가 성부 하나님으로부터 영광을 받으시고 나서,135) 그리스도는 마침내 이 땅에 자신을 대신해서 보혜사 성령님을 보내주셨다. 오순절날 임한 성령님은 바로 그렇게 영광을 받으신 예수의 영이다. 오늘날 우리 안에 내주하시는 성령은 예수의 그리스도의 영, 바로 십자가 위에서 죽으시고, 부활하시고, 승천하셔서 영광 받으신 예수의 영이다.

1) 성령충만의 영적 효과

성령충만의 최대의 효과는 무엇인가? 그것은 예수님이 육신으로 살아계실 때 제자들과 친밀한 관계를 유지했던 것처럼, 지금 여기서, 나의 영이 내주하시는 예수 그리스도와 영적으로 친밀한 관계를 맺어가는 것이다. 하나님과 백성 사이에 친밀한 인격적 관계형성은 신앙생활의 뿌리다. 다시 말하면 우리 안에 거하시는 성령님은 2천년 전 예수님과 베드로가 나누었던 영적인 친밀한 관계를 오늘날 그리스도인도 경험할 수 있게 해주신다. 2천년 전 팔레스타인에 계셨던 예수님이 성령님을 통해서 지금 여기에 나와 함께 계신다. 성령충만은 바로 그와 같은 것을 경험하고 확신하게 해준다. 그 결과 우리는 담대하게 그리스도의 증인이 되며, 또한 그리스도의 영광을 드러내게 된다(요16:14).

성령충만하게 되면 야훼의 선하심을 맛보게 된다. "너희는 야훼의 선하심을 맛보아 알지어다(시 34:8)." 성령충만은 근본적으로 인생의 목적에 충실한 삶을 살게 하는 능력을 준다. 하나님은 아브라함에게 "너는 내 앞에서 행하여 완전하라(창17:1)"고 말씀하신다. 성령충만하다는 말은 곧 예수 그리스도의 인격으로 충만하다는 말이다.136) 성령충만해진다는 것은 나의 인격으로 사는 것이 아니

---

134) 존 스토트(John R. W. Stott), 『성령세례와 충만』(Baptism and Fullness), IVP(2014), 65.

135) "예수께서 영광을 받지 않으셨으므로 성령이 아직 그들에게 계시지 아니하시더라(요7:39)."

136) 성령충만의 의미: "우리가 성령으로 충만할 때 우리는 영향력이나 감각 또는 개념이나 사상으로 충만한 것이 아니라 하나의 인격체로 충만한 것이다. 그리고 이 인격체의 본질은 우리 안에 거하시는 그리스도의 생명이시다(시139:7, 10, 마28:20)." A. W. 토저(A. W. Tozer), 『Holy Spirit, 성령님』, 규장(2014), 27.

라 전적으로 예수님의 인격으로 사는 삶을 전제한다. 예수님은 이 땅에 왜 오셨는가? 하나님의 뜻을 행하려 오신 분이시다(요6:38). 따라서 성령충만하면, 결국 하나님의 뜻을 좇아 하나님을 영화롭게 하는 사람이 된다. 성령님은 하나님과 예수님을 영화롭게 하신다(요16:14). 그뿐만 아니라 성령충만할 때 우리는 새로운 꿈을 품을 수 있다(행2:17).

웨스터민스터 소요리문답 제1문항은 '사람의 제일의 목적의 무엇인가?'라는 질문에, 이렇게 대답한다. "사람의 제일 목적은 하나님을 영화롭게 하고 하나님을 영원히 기쁘시게 하는 것이다." 하나님을 영화롭게 하려면 우리의 마음상태가 거룩해져서 선한 일을 할 수 있어야 한다(딛2:14). 삶의 자리에서 말씀과 믿음과 기도와 성령으로 거룩해질 때 거룩한 생각, 거룩한 믿음, 거룩한 행위의 삶이 드러나게 되어 하나님을 영화롭게 할 수 있다. 성령충만하게 되면 '하나님의 뜻을 아는 것(골1:9)', '하나님을 알아가는 것(골1:10)'에 열정을 쏟아 하나님을 영화롭게 할 수 있다.

예수님이 지상에 계실 때 성령이 오면 그(성령)가 내 영광을 드러내리라고 말씀하셨다(요16:14). 예배는 영광을 탄생시킨다. 시편은 "저는 너의 주시니 너는 저를 경배할지어다(시45:11)"라고 말한다. 즉 성도가 할 일은 예배를 통하여 하나님께 영광을 돌리는 일이다.137) 예배는 성도가 하나님께 드리는 사랑의 표현이다. 그 일을 위해 우리는 이 땅에 존재하고, 그 과정을 통하여 우리는 점점 하나님의 형상을 닮아가게 된다. 신령과 진정으로 예배드려야 한다고 할 때, 성령님이 없으면 참된 예배도 없다는 의미다. 성령 안에서, 하나님 앞에 바로 서서 예배드릴 때 주께서 영광을 받으신다.138) 머레이(A. Murray)는 "교회에서 가장 절박하게 요구되는 것은 성령충만의 축복을 증거할 수 있는 사람이다. 성령충만의 축복을 선포하고 누림으로써 그리스도인의 공동체는 원래의 오순절의 능력을 되찾을 수 있다"고 강조한다.139)

우리 안의 성령의 내주는 황홀한 신비 자체다.140) 죄인이 예수를 믿어 성령충만하게 되면, 땅의 것을 보고도 하늘의 세계를 자각하는 자가 된다. 만물을 보고도 말씀을 기억해내고, 그것으로 하나님께 영광을 돌린다. 그것은 거듭난 자의 특권이며, 동시에 하나님을 영화롭게 하는 은혜의 방편이다.

신앙인은 성령의 임재와 능력 안에서 존재한다(행17:28). 신자들은 성령으로 충만하면, 창조세계의 신비와 아름다움을 깨닫게 되고, 거룩한 질서를 사모하는 자가 되고, 자아중심의 세계에서 하나님

---

137) 숨질 때까지 우리의 임무는 예배이다. "나는 마지막에 평안히 숨을 거두면서 '나는 하나님을 예배했으며, 지금도 예배하고 있으며, 앞으로도 영원히 하나님을 예배할 것입니다.'라고 말할 수 있기를 바란다(p41)." 토저는 또한 예배의 4요소를 신뢰, 감탄, 매혹(fascination), 숭모(崇慕) 등으로 본다. 이외에도 사랑, 두려움, 놀람, 갈망, 외경심, 동경, 굶주림, 갈증 등의 요소도 있다. A. W. 토저(A. W. Tozer), 『이것이 예배이다』, 규장(2014), 41 & 124-134.

138) 토저(Tozer)의 예배찬가론: "우리는 예배를 위해 태어났고 예배를 위해 거듭났다. 우리가 창조되고 또한 재창조되는 것은 하나님을 예배하기 위해서다. 예배를 위해 최초의 시작이 있었고 또 예배를 위해 중생이라는 새로운 시작이 있다. 교회의 존재목적도 예배이다. 우리의 교회는 무엇보다도 하나님을 예배하기 위해 이 땅에 존재한다." A. W. 토저(A. W. Tozer), 『이것이 예배이다』, 규장(2014), 9.

139) 앤드류 머레이(Andrew Murray), 『오순절 성령충만』, CLC(2014), 24-25.

140) 성령은 우리 몸을 성전 삼으셔서(고전6:19-20) 성화사역을 시작하신다. 즉 성령의 사역 중 하나는 그리스도를 우리에게 나타내는 것이고, 또 하나는 우리 안에 그리스도의 형상을 이루시는 것이다. 참조. 존 스토트(John Stott), 『성령세례와 충만』(Baptism and Fullness), IVP(2014), 21.

중심의 세계만을 지향하게 된다. 성령충만은 삶의 총체적 변화를 일으킨다. 무엇보다 성령충만은 십자가의 예수 그리스도를 증거하는 능력을 주며, 또한 십자가의 삶에 동참하는 힘을 준다.[141] 성령충만은 십자가의 삶을 살게 하고, 말씀을 깨닫게 해주며, 예수 그리스도를 닮아가게 하는 원동력이다.

자비와 긍휼의 하나님은 믿는 자를 성령으로 충만하게 해서, 하나님의 거룩하심을 삶을 통해서 드러내게 하신다. 그 성화는 자비로운 하나님의 선물이다. 성령충만은 나로 하여금 "예수 그리스도가 이 땅에서 일하고 계신다는 거룩의 표지판"이 되게 한다. 성령충만은 기독교인이 누릴 수 있는 가장 중요한 은사 중 하나이다. 성령충만하게 되면 성도는 당당하고, 도전적이고, 담대하게 된다.

예수님은 그냥 '나를 따라오라'고 하시지 않고, 성령을 보내주셔서 '나를 따라오라'고 하신다. 지금 이 시간도 예수님은 우리에게 "성령을 통해서 내 생각, 내 꿈, 내 믿음, 내 말을 배워라. 그러면 나를 닮아갈 수 있다"고 말하고 계신다. 십자가는 성령의 능력으로 죄인을 의인으로 만들어 성령의 전(殿)이 되게 하고, 하늘의 신령한 것을 추구하도록 만든다.

영산은 성령충만을 '그리스도인이 성령 안에 완전히 잠기는 체험'이라고 정의한다.[142] 이 성령충만은 단순히 이론적인 변화가 아니라 실존의 변화이다. 그래서 성령충만은 삶의 방식을 완전히 하나님 중심으로 변화시켜, 오직 하나님의 영광만을 드러내게 한다. 그것은 신비다. 하나님의 신비는 이론적인 연구를 통해서 알 수 있는 것이 아니라, 은혜와 계시와 경험을 통해서 깨달을 수 있다.

2) 성령세계의 비경(祕境)

영산은 "우리는 성령님 안에서 예수님을 만날 수 있고 하나님 아버지를 섬길 수 있는 성령의 시대에 살고 있습니다."라고 한다.[143] 그는 "우리에게는 인격자이신 성령님과의 교통이 여러 면에서 이루어져야 합니다. 성령님은 지성을 가지셨으므로 하나님의 말씀을 통한 지적인 교제가 이루어져야 합니다. 성령님은 우리와 같이 육체의 몸을 가지고 있지 않으시나 지성과 감성과 의지를 가지신 인격자이십니다."라고 말한다.[144]

예수님을 믿는 자가 성령님과 교통할 수 있는 영적상태에 있다면, 그는 이미 성령세계의 비경에 들어와 있는 자이다. 성령충만하면 예수 그리스도를 증거하고(행1:8), 진리로 거룩해지는 삶을 살게 되고(요17:19), 자신의 몸을 거룩하고 살아 있는 희생 제물로 드리게 된다(롬12:1-2). 말씀과 기도는 성령님과 교통하는 수단이다. 성령충만은 하나님의 말씀에 순종하며 하나님 나라의 일을 지속적으로 섬기는 것을 통해서 유지된다. 다시 말해 성령 안에서 일함으로써 우리 자신은 성령으로 충만해진다. 토저(Tozer)는 "인간의 최고 목적이 무엇이냐는 질문에 대답할 수 있도록 돕는 것은 철학이 아니라 성경"이라고 말한다.[145] 하나님은 성경말씀을 통해서 인간의 궁극의 문제들에 대답해 주시기 때문이다.

---

141) 임형근, "영산의 성령충만 복음의 목회적 유익성", 『영산신학저널』, Vol.26(2012), 130-134.
142) 조용기, 『성령론』, 서울말씀사, 122.
143) 조용기, 『성령충만』, 한세대학교출판부(2012), 149.
144) 조용기, 『성령충만』, 한세대학교출판부(2012), 148.
145) A. W. 토저(A. W. Tozer), 『이것이 예배이다』, 규장(2014), 39.

그리스도인은 성령 안에서 예수 그리스도와 하나됨을 이룬다. 그 일련의 과정은 다음과 같다. '갈보리 십자가 위에서 나의 죄가 예수님께 전가됨(갈1:4, 마20:28), 십자가 위에서 죽으심(롬6:5), 십자가 위에서 예수님과 연합됨(롬6:5, 갈2:20, 고전6:17), 부활의 예수님과 연합됨(롬6:5), 승천하시는 예수님과 연합됨(요14:20), 하나님과 화목하게 됨(롬5:10, 벧전3:18), 성령이 내 안에 내주하심(고전6:19) 등이다. 죄인이 구원받아 새 사람이 되는 모든 과정은 긍휼하신 하나님의 은혜 안에서 성취된다.

'성령을 받는 나'는 하나님과 화목하게 되어 하나님 안에 거하는 자가 된다(요14:20). '나 중심의 삶'이 아니라 '말씀중심의 삶'을 살게 되며, 나아가 복음증거를 위해 파송을 받는다(행1:8). 성령을 받으면 권능(power, 헬. 뒤나미스)을 받아 '말씀선포, 섬김(행6:3), 죄악을 이김(엡5:18-19), 사탄의 세력을 물리침(행16:18)과 같은 능력'을 발휘할 수 있다. 다시 말해, 성령충만은 '성도의 삶의 축'을 '은혜중심의 삶의 궤도'로 이전시킨다. 성령님은 보다 깊고 넓은 진리로 인도하시며(요16:13), 하나님께 속한 것을 드러내신다(요1:18).

또한 성령충만하면 방언을 받고 하나님과 신비로운 교통을 하게 된다. 영산은 "성령이 충만하게 되면 방언이 나오게 됩니다. 성령충만의 표적으로서 우리 입에 방언이 나오게 됩니다. 이 방언으로 우리가 계속 말하게 되면 은사의 방언으로 변화가 됩니다. 방언을 통하여 하나님께서 많은 은총과 축복을 주십니다."라고 말한다.146) 인간이 방언으로 하나님과 교통한다는 것은 천국언어로 서로 교통하는 것이다. 그것을 통해서 하나님의 자비와 은혜와 사랑이 우리의 마음하늘에 흘러들어오게 된다. 방언은 놀라운 기도의 언어다. 방언기도는 하늘의 비밀을 우리 마음에 풀어놓는다. 영산은 "방언으로 기도할 때 마음에 치료를 받고 마음이 정결하게 되고 마음에 안식을 얻습니다."라고 말한다.147)

믿음은 말씀을 기초로 한다. 성령충만은 말씀충만이며, 인간의 삶의 구조를 완전히 하나님 중심으로 만드는 은혜의 방편이다.148) 성령충만하면 우리는 하나님의 뜻을 따라가는 자가 되어 주님을 영화롭게 만든다. 복음서는 "내가 하늘에서 내려온 것은 내 뜻을 행하려 함이 아니요 나를 보내신 이의 뜻을 행하려 함이라(요6:38-39)"고 강조하고 있다. 성령충만하면, 삶의 방식이 '하나님 중심'으로 전환된다.

3) 4차원영성의 관점에서 바라본 성령충만한 삶

영산의 성령충만 개념은 "성령의 은사와 성령의 열매가 계속적으로 충만한 상태, 즉 그리스도로 충만한 삶(롬6:11), 내가 사는 것이 아니라 그리스도가 내 안에 철저히 사는 삶"이다.149)

그는 4차원영성의 차원에서 성령충만의 의미를 이렇게 부각시킨다. "생각을 성령님과 같이 하

---

146) 조용기, 『성령충만』, 한세대학교출판부(2012), 154-155.

147) 조용기, 『성령충만』, 한세대학교출판부(2012), 168.

148) 성령충만과 말씀충만은 성도들이 종종 사용하는 언어다. 더 정확하게 말하면 성령은 말씀과 함께 일한다(행16:14). 성령 따로, 말씀 따로 활동하는 것이 아니라, 성령은 말씀과 더불어 일하신다. 이레니우스는 하나님 아버지는 오른손이신 말씀과 왼손이신 성령님을 통해서 일하신다고 말한 바 있다.

149) 조용기, 『오중복음과 삼중축복』, 서울말씀사(2008), 114: "성령세례는 주님께서 중생한 성도에게 맡기는 사역을 감당하기 위하여 성령님께 사로잡혀 영적 능력을 힘입는 체험입니다(p98)."

고, 꿈을 성령님과 같이 꾸고, 믿음을 성령님과 같이 하고, 창조적인 생명을 소리내어 성령님과 같이 외치면 창조적이고 기이한 일들이 일어나게 됩니다."150) 영산은 성령충만의 의미를 4차원영성의 개념으로 직접적으로 설명하지는 않지만, 영적논리로 보면 새로운 차원에서의 성령충만의 의미를 진술한 것이다.

실제적으로 성령충만의 의미를 몇 개의 단어로 설명할 수 있는 것이 아니다. 하나님의 존재는 인간언어로 쉽게 옮겨 놓을 수 있는 것이 아니기 때문이다. 인간은 단지 영적 경험을 통해 그것에 대해 묘사할 수 있다. 인간은 하나님의 존재, 본성, 행동을 완전히 알 수 없고, 하나님과의 경험적 관계를 통해서 그것에 대해 조금씩 알아갈 뿐이다. 그런 맥락에서 인간이 하나님의 존재를 아는 것은 절대적으로 제한적이다. 하나님의 존재와 본질은 단지 인간의 이성만으로 이해할 수 있는 영역의 바깥에 있기 때문이다.

영산은 "성령세례는 성령충만의 시작에 불과한 것입니다. 성령세례를 받은 후에도 성령충만을 유지하기 위해 지속적인 노력을 해야 합니다."라고 강조한다.151) 그는 "성령님과 날마다 교통하게 되면 성령님께서 놀라운 믿음을 부어주십니다."라고 말한다.152)

성령충만은 곧 그리스도로 충만하게 되는 것이다. 말씀과 성령으로 충만하게 되면, 마음의 성향이 그리스도를 전적으로 지향하게 된다. 요한은 다음과 같이 말한다. "그 날에는(오순절 날) 내가 아버지 안에, 너희가 내 안에, 내가 너희 안에 있는 것을 너희가 알리라(요14:20)." 이 말씀에 기초해서 해석하면, 성령충만이란 부활의 주와 연합되어 하나님 중심의 삶을 사는 것을 의미한다.

바울은 "오직 성령충만함을 받으라(엡5:18)"고 권면한다. 성령충만을 통해 "시와 찬미로 화답하며 너희 마음으로 찬송하며 우리 주 예수 그리스도의 이름으로 항상 아버지께 감사하며 그리스도를 경외함으로 피차 복종하라(엡5:18-21)"고 강조한다. 바울의 영적논리로 보면, 성령충만하면 예수님을 찬양하고, 아버지께 감사하게 되며, 서로 화답하고 복종하게 된다. 에베소서 5장 18-21절에 근거해서 이해하면, 성령충만의 핵심은 '예배와 교제'이다.153) 스토트(J. Stott)는 "성령충만의 의미를 초자연적 현상이 아니라 영적 특질과 활동 안에서 우선적인 증거를 찾아야 한다"고 강조한다. 영산은 성령충만함을 받으려면 간절히 구하여야 한다고 조언한다. "우리는 성령께서 역사할 수 있도록 회개하며 나를 깨뜨리고 나를 죽이고 하나님 앞에서 항복해야 합니다. 간절히 구하여야 성령의 충만함을 받을 수가 있습니다."154)

성령은 진리의 영이시다. 성령은 우리로 하여금 하나님의 목적에 맞게 살게 하시며, 그리스도의 영광을 드러내게 하며(요16:14), 그리스도를 알게 하시고, 또한 의롭고 거룩한 삶(레11:45)과 하나님과

---

150) 조용기, "중생과 성령님", 주일설교(2015-08-30).
151) 영산은 성령충만을 유지하는 방법으로 "성령충만을 기대하고(행1:4), 기도하며(엡6:18), 말씀을 읽고 묵상하며(히4:12), 죄를 회개하고(요일1:9), 성령의 전을 정결케 하며(롬12:1, 고전3:17), 성령님을 슬프게 않고(엡4:30), 성령의 은사를 소멸치 않고(살전5:19), 봉사하고 전도하는 습관을 가지는 것(벧전3:15)"이라고 서술한다. 참조. 조용기, 『성령론』, 서울말씀사, 128-129.
152) 조용기, 『현대인을 위한 오중복음 이야기』, 서울말씀사(1998), 79.
153) 참조. 존 스토트(J. Stott), 『성령세례와 충만』, IVP(2014), 65-71.
154) 조용기, 『성령충만』, 한세대학교출판부(2012), 177.

친교하는 삶(요일1:3)을 살게 한다. 앤드류 머레이(Andrew Murray)는 "성령충만이란 하나님의 자녀로 살며 일하기 위한 준비를 충분히 갖추었다는 것을 의미한다"고 지적한다.155) 4차원영성적으로 보면 하나님의 생각으로 사는 것, 하나님의 꿈으로 사는 것(딤전2:4), 하나님의 믿음으로 사는 것, 하나님의 언어로 사는 것 자체가 성령충만의 의미를 적극적으로 드러낸다고 볼 수 있다.

죄인이 성령을 받으면 자기중심의 삶의 궤도에서 벗어나, 하늘궁정의 삶의 궤도 안으로 진입하게 된다. 성령충만하게 되면 마음의 성향이 예수 그리스도만을 지향하게 되며, 또한 내 안의 예수 그리스도만을 드러내는 증인의 삶을 살게 되며(행1:8), 동시에 선한 일에 힘을 쏟는다(엡2:10). 바꾸어 말하면, 성령충만은 나로 하여금 영적으로 예수 그리스도와 일치되는 삶을 살도록 거룩한 생명력을 준다. 이것이 우리가 성령을 절대적으로 받아야 할 근본적인 이유다.156)

성령을 통해서 우리는 하나님의 뜻을 알아가는 자가 되고(골1:9), 동시에 하나님을 알아가는 자(골1:10)가 된다. 떡을 손에 쥐고 있는 것과 먹어 맛보는 것은 전혀 다른 말이다. 마찬가지로, '성령님에 대하여 아는 것(knowing about Holy Spirit)과 성령님을 아는 것(knowing Holy Spirit)'은 전혀 별개의 문제다. 성령이 충만한 자는 예수 그리스도의 인격으로 충만하여 오직 하나님의 생각으로 산다(고후10:5). 하나님은 완전하시고 거룩하시므로 모든 영혼들을 거룩한 목적으로 사용하신다. 하나님은 진리의 말씀으로 우리를 낳으셨다(약1:18). 말씀과 성령은 항상 같이 동행한다.157) 토저(Tozer)는 "우리는 두 가지 극단을 피해야 한다. 하나는 성령 없는 말씀이고, 다른 하나는 말씀 없는 성령이다. 전자는 메마르고 죽었으며, 후자는 불완전하다"고 말한다.158) 말씀과 성령은 가장 가까운 짝이다.

하나님은 예수님 안에서 사시고, 예수님은 우리 안에서 사신다(요17:21-23). 새 존재는 삼위일체 하나님과 관계를 맺는다. 새로운 피조물은 하나님의 자녀들이며, 그리스도의 씨(seed)이며, 성령께서 머무시는 성전이다.159)

성령충만을 유지하고 더욱 강력하게 하려면 어떻게 해야 하는가?160) 성령으로 충만한 삶이란 어떤 삶인가?161) 토저(Tozer)는 "성령충만한 삶이란 하나님과 함께 사는 것이다. 하나님의 말씀을

---

155) 앤드류 머레이(Andrew Murray), 『오순절 성령충만』(The Full Blessing of Pentecost), CLC(2014), 136.

156) 역사 속에 계셨던 예수님은 지금 삼위 하나님의 신비로운 연합을 통해서 우리 안에 계신다. 따라서 서로 연합하게 만드는 성령의 역사를 통해서 우리는 예수 그리스도의 신비의 몸의 일부가 된다. 오스월드 챔버스, 『그가 나를 영화롭게 하리라』, 토기장이(2012), 43-45.

157) 성령은 항상 말씀과 더불어 인간의 마음에 역사한다. 참조. "하나님을 섬기는 루디아라 하는 한 여자가 말을 듣고 있을 때 주께서 그 마음을 열어 바울의 말을 따르게 하신지라(행16:14)." 곧 성령은 말씀과 함께 루디아의 마음 문을 두드린다. 그러자 루디아는 마음을 열고 말씀에 순종한다. 이와 같이 말씀과 성령은 항상 함께 일한다.

158) A. W. 토저(Tozer), 『Holy Spirit, 성령님』, 규장(2014), 159.

159) 스테판 차녹(Stephen Charnock), 『거듭남의 본질』, 지평서원(2012), 226

160) 머레이(Murray)는 성령충만의 유지에 대하여 몇 가지를 지적한다. (1) 가지고 있는 바를 굳게 지키라(합3:17, 벧전2:6), (2) 전적인 자기부정과 온전한 희생을 견지하라, (3) 이웃에게 유익을 주기 위해서 살기로 작정하라, (4) 믿음에서 그리스도가 전부가 되게 하라(하나님의 아들 예수 그리스도는 … 예만 되었느니라(고후1:19-20)). 참고. 앤드류 머레이 (Andrew Murray), 『오순절 성령충만』, CLC(2014), 121-130.

161) 성령충만하면 삶의 열매를 맺는다. 곧 기쁨(살전1:6-7), 믿음이 넘치는 삶(히11:1-2), 사랑(롬5:5), 병 고침(막16:17), 방언기도(행2:4), 기적이 충만한 삶(마28:18), 열매가 충만한 삶(갈5:22-23), 전도하는 삶(행1:8) 등이다. 참조. 조용기, 『오중복음과 삼중축복』, 서울말씀사(2008), 115. 요약하면, 성령충만의 궁극은 '예수님의 형상을 나의 내면과 삶에

듣고, 그분을 알고 사랑하고 그분의 뜻을 행하기를 기뻐하는 것"이라고 말한다.162) 영산은 성령충만을 위해 말씀과 기도로 살 것을 강조한다. "성령이 충만하면 말씀을 읽게 되고, 말씀을 읽으면 믿음이 생기고, 믿음의 기도를 통해 우리 생활에 기적이 일어납니다. 성경말씀은 성령님과 만나는 장소이고 기도는 성령님과의 대화입니다. 그러므로 기도와 말씀읽기, 묵상을 등한히 할 때 성령님과의 교통이 끊어지고 소멸됩니다. 따라서 늘 말씀을 읽고 기도를 열심히 하는 것을 쉬지 말아야 합니다."163)

성령충만한 사람의 표지란 기적 자체에 있는 것이 아니라, 도덕적 및 영적으로 예수님을 닮아가는 과정이다. 바울은 이 과정을 두고 '너희 속에 그리스도의 형상(갈4:19)'을 이루어가라고 말한다. 예수님이 자신의 뜻을 하나님의 뜻에 일치시킨 것처럼(요8:29),164) 바울이 예수님을 본받았던 것처럼(고전11:1), 이제 하나님의 형상을 회복한 우리도 '나와 나의 형상이 아니라, 예수 그리스도의 형상을 닮아가는 삶, 하나님의 계획과 뜻과 말씀에 일치되는 삶'을 살아가야 한다.165)

성령충만이란 성령이 완전히 나의 삶 전체를 인도하는 것이다. 영산은 성령충만의 의미를 술취함에 비유해 이렇게 설명한다. "성령을 술취함에 비유한다면 예수를 믿고 중생한 사람은 마치 술을 조금 마신 것과 같은 상태입니다. 곧 성령이 속에 들어와 계셔도 완전히 우리를 지배하지 못하고 계신 것입니다. 그러나 성령충만을 받으면, 마치 술취한 사람같이, 술이 완전히 사람을 점령하고 지배하는 것처럼, 성령이 우리를 완전히 채우시고 우리를 붙드시고 우리를 지배하게 되는 것입니다."166)

삶의 영적 성향이 '예수의 닮아감'을 추구할 때 비로소 우리는 주의 뜻 안에서 사는 것이다.167) 성령충만은 은혜의 선물이지만, 성령 안에서 인간의 이성적 노력도 반드시 필요하다. 그리스도의 형상을 닮아가려면 인간 안에 존재하는 생각, 감성, 의지를 예수님의 형상을 닮아가는 데 초점을 맞추어야 한다. 성령충만하면 사가랴처럼 예언을 하게 되고(눅1:67), 예수님처럼 성령의 이끌림을 받게 되고(눅4:1), 방언을 하게 되고(행2:4), 담대하게 말씀을 증거하게 되고(행4:31), 또한 기쁨이 충만하게 된다(행13:52). 스데반은 성령 충만했을 때, 하나님의 영광과 보좌우편에 계시는 예수님을 볼 수 있었다(행7:55). 하나님은 중대한 일이나 결정, 나아가야 할 방향 등은 나의 생각을 의지하는 대신에 성령충만을 입어 성령의 인도와 능력으로 해결하기를 원하신다.168)

형성해가는 것'이다(갈4:19).

162) A. W. 토저(Tozer), 『Holy Spirit, 성령님』, 규장(2014), 120.

163) 조용기, 『성령충만』, 한세대학교출판부(2012), 75.

164) "나를 보내신 이가 나와 함께 하시는도다. 내가 항상 그의 기뻐하시는 일을 행함으로 나를 혼자 두지 아니하셨느니라(요8:29)."

165) 성도에게 절대적이고 완전한 하나님의 형상은 장차 하늘나라에서 이뤄질 것이다. 장차 하늘나라에서 그리스도의 영광을 직접 볼 때 완전한 그리스도의 형상을 가지게 될 것이다. 그러나 성도는 이 땅에서 "하나님이 거룩하심으로 우리도 거룩해야 한다(레11:45)."는 신앙의 대명제를 결코 잊어서는 안 된다.

166) 조용기, "성령충만과 방언", 주일설교(1996-05-26).

167) "나의 하나님이여 내가 주의 뜻 행하기를 즐기오니 주의 법이 나의 심중에 있나이다 하였나이다(시40:8)."

168) A. W. 토저(A. W. Tozer), 『Holy Spirit, 성령님』, 규장(2014), 54: 토저(Tozer)는 성령충만을 받는 방법으로 "(1) 몸을 드리라(롬12:1-2), (2) 구하라(눅11:9-11), (3) 순종하라(행5:32), (4) 믿어라(갈3:2)"를 제시한다.

성령충만한 삶이란 기도로 사는 삶이다. 영산은 4차원의 기도를 삶 속에 적용할 것을 강조한다: "4차원의 기도란 생각하고 그것이 이루어진 모습을 바라보고 기적이 일어날 것을 믿고 입술로 고백하며 그대로 성사될 것을 계속해서 기도하는 것입니다. 그러면 반드시 이루어지는 것입니다."[169]

기도는 자기 스스로 이루고자 하는 열망을 버리고 성령님이 일하도록 맡기는 것이다. 기도란 하나님이 인간의 삶에 관여하시고 일하시게 하는 거룩한 방편이다. 동시에 기도는 하나님과 인간이 서로 이야기하는 거룩한 수단이다. 기도는 새 피조물이 예수 그리스도의 형상을 닮아가는 원동력이다. 동시에 내 안에 있는 영적인 생명을 더욱 풍요롭고 활기차게 한다. 기도는 성령으로 충만하게 해서 자아의지, 자아주장, 자아권리, 자아중심, 자아욕망을 사라지게 한다. 그 대신 인간의 마음속 가장 깊은 곳에 하나님의 생각, 하나님의 꿈, 하나님의 믿음, 하늘언어가 뿌리내리게 한다. 기도는 성령충만을 부르고, 성령은 그 기도를 이끌어주며 하나님의 일을 이루어간다.

4) 지금 여기에

영산은 "오순절날 강한 바람같이 마가 요한의 다락방에 임한 성령님은 오늘도 우리 가운데 바람같이 불같이 방언을 통하여 역사하고 계십니다. 성령은 영원토록 우리와 함께 계십니다. 우리는 이 성령님을 인정하고 환영하고 모셔들이고 의지해야 하는 것입니다."라고 말한다.[170] 중요한 것은 '지금 여기에'의 의미를 이해하는 것이다. 그것은 지금 성령님을 환영하고 모셔들이고 성령님과 동행하는 삶이다. 영산은 늘 기도할 때마다 "성령님을 인정합니다. 환영합니다. 모셔들입니다. 의지합니다."라고 말할 것을 요청한다. 성령님은 인격적 존재이며, 인격적으로 신비롭게 함께하기 때문이다.

'지금 여기에서' 신자는 성령충만으로 이성의 분별력을 새롭고 날카롭게 하여야 한다. 말씀과 성령님은 인격적으로 항상 같이 계신다. 영산은 4차원영성적으로 성령충만할 것을 강조한다. "성령님이 우리에게 오신 것은 기도할 때에 뭐 진동이나 하고 방언이나 말하도록 오신 것이 아닙니다. 물론 진동도 하고 방언도 하지만 가장 중요한 것은 여러분의 생각을 이루어주시는 것이고, 꿈을 이루어주시는 것이고, 믿음을 이루어주시는 것이고, 창조적인 선언이 이루어지게 하는 것입니다. 그 4차원의 영적요소를 통해서 여러분과 함께 일하게 되는 것입니다. 성령님은 어디에 계시느냐? 여러분 생각 속에 계시고, 꿈속에 계시고, 믿음 속에 계시고, 선언 속에 계신 것입니다. 그래서 오늘날 우리의 보혜사가 되셔서 우리를 돕기 위해서 4차원의 영성을 통해서 항상 함께 일하시고 계신 것입니다."[171]

---

169) 조용기, "4차원의 기도", 주일설교(2012-02-05).
170) 조용기, "성령강림의 축복", 주일설교(2006-06-04).
171) 조용기, "중생과 성령님", 주일설교(2015-08-30).

앤드류 머레이(Andrew Murray)는 "하나님이 나의 항복을 받으시고 내게 성령충만을 주신다는 믿음이 이 축복을 소유하게 한다"고 말한다.172) 성령충만은 받는 것도 중요하지만 유지하는 것도 중요하다. 머레이(A. Murray)는 성령충만을 유지하는 방법으로, 첫째, 하나님의 아들을 믿는 믿음 안에서 사는 것(갈2:20), 둘째, 예수님과 친교를 유지하는 것, 셋째, 예수님에게 순종하는 것(행5:32), 넷째, 공동체와 친밀하게 교제하는 것, 다섯째, 하나님 나라에 봉사하는 것을 지적한다.173)

나아가 성령충만은 그리스도의 사역을 확장시켜나간다. 하나님이 거룩하신 분이므로 우리도 거룩해야 한다.174) 성령을 통해 성도가 배워야 할 것은 예수 그리스도의 마음을 품어 하나님의 뜻을 펼쳐가는 것이다. 예수님은 지금도 하나님으로부터 받은 선물 – 사랑, 믿음, 능력, 인내, 용서 등 – 을 성령을 통해 우리에게 주시기를 원하신다. 성령충만을 통해서 하나님은 그의 뜻을 그의 아들 예수를 통해서 나에게 전달하시고, 지금 여기에서 내가 내 중심의 삶을 살 것이 아니라, 하나님 중심의 삶을 살아서 하나님의 영광을 드러내는 것을 원하신다. 스테판 차녹(Stephen Charnock)은 "한 방울의 은혜는 한 방울의 영광"이라고 말한다.175) 일평생 성도가 해야 할 일은 하나님의 은혜를 받아 주께 영광을 돌리는 일이다.

성령충만하게 되면 새 피조물은 하늘의 삶을 추구하게 된다. 즉, 삶의 양식이 말씀중심으로 바뀌며, 인간의 중심인 마음구조가 '말씀을 기초로 한 삶의 구조'로 변화된다. 인간의 지성, 감성, 의지가 성령의 능력으로 거룩하게 되어 실존적 삶과 존재론적 삶의 간격이 메꿔진다. 그 결과 생각의 구조, 꿈의 구조, 믿음의 구조, 언어의 구조가 예수님의 마음구조처럼 변화되며(빌2:5), 마음하늘에 말씀의 빛으로 충만하게 되며, 궁극적으로 거룩한 삶의 모범을 추구하게 된다. 성경은 "모든 행실에 거룩한 자가 되라(벧전1:15)"고 명한다. 성령충만하면, 인간의 의지는 하나님의 의지와 동화되어 하나님의 뜻을 따라가게 된다.

5) 성령충만: 하나님의 은혜로 차고 넘침

하나님은 인간에게 자비를 베푸셔서 성령님을 보내주시고, 말씀과 기도로 성령충만하게 하셔서 성도의 삶에 은혜가 넘치게 하신다. 그런 의미에서 성령충만은 하나님의 은혜로 차고 넘치는 것이다. 성령충만하면 하나님의 은혜로 충만하여 믿음이 견고해지고 순종의 사람이 된다(롬1:5).

영산은 삼위 하나님의 존재는 이성으로 알 수 없고, 오직 믿음으로 깨달을 수 있는 신비로운 지식이라고 강조한다. "하나님 아버지와 아들과 성령, 세 분 하나님이 한 분 하나님으로 계십니다.

---

172) 앤드류 머레이(Andrew Murray), 『오순절 성령충만』, CLC(2014), 99.
173) 앤드류 머레이(Andrew Murray), 『오순절 성령충만』, CLC(2014), 105-114.
174) 하나님이 '거룩하시다'는 표현은 매우 포괄적인 의미를 지니고 있다. 그 단어는 하나님의 존재, 속성 및 일과 관련되어 있다. 하나님의 사랑은 거룩한 사랑이고, 그분의 의도 거룩한 의이며, 그분의 자비는 거룩한 자비이고, 그분의 지식도 거룩한 지식, 그분의 영은 거룩한 영이다. 곧 하나님은 세상만물보다 무한히 뛰어나신 존재이다. 또한 하나님은 이 세상에 있는 어떤 것을 선택하고 구별해서, 그것을 거룩하게 만들 수 있으시다. 오직 하나님만 어떤 대상을 거룩하게 만들 수 있다. 참조. R. C. 스프롤(R. C. Sproul), 『하나님의 거룩하심』(The Holiness of God), 지평서원(2014), 54-55.
175) 스테판 차녹(Stephen Charnock), 『거듭남의 본질』, 지평서원(2012), 231.

우리가 신학적으로 깨닫기가 퍽 어려운 것입니다. 세 분이 한 분이고, 한 분이 세 분입니다. 아버지와 아들과 성령은 전적으로 하나됨을 이루어서 일합니다. 그러면서 각각 서로 구별되는 하나님이십니다. 이러한 영적진리는 그냥 믿어야 되는 것입니다. 이성으로서 깨달을 수 없습니다. 아버지 안에 아들과 성령이 계시고, 성령 안에 아들과 아버지가 계신 것입니다.”[176)

성령님이 계심으로 그리스도인은 성부 하나님의 존재를 간접적으로 경험한다. 영산은 “예수님은 세상에 오셨다가 33년 만에 천국으로 돌아가셨지만, 성령은 오순절날에 오셔서 떠나지 않고 우리와 함께 계시고 우리 안에 거하시고 역사하십니다. 성령은 지금도 이 자리에 함께 계십니다.”라고 말한다.[177) 인간은 예수 그리스도와 성령을 통해서 하나님을 경험한다.

인간의 마음속에서는 두 가지 성향이 갈등하고 있다. 인간은 자아를 향하든지, 아니면 하나님을 향하든지 둘 중에 하나다. 성령님은 오늘도 우리를 하나님의 도성으로 인도하시는 사역을 하고 계신다. 성령이 우리 안에 거주하는 목적은 나의 목적을 이루려는 것이 아니라, 그리스도의 영광을 나타내려는 것이다(요16:14). 개인의 욕망이 아니라, 하늘의 영광을 위해 성령이 우리 안에 계시는 것이다. 성령님은 오늘도 신자들이 하나님과 예수님의 말씀을 실행하도록 이끄셔서 그리스도의 영광을 드러내게 하신다(요16:14).

영산은 “성령의 열매는 하나님의 성품이며 예수님의 인격”이라고 말한다.[178) 성령충만은 하나님과의 관계, 이웃과의 관계, 나 자신과의 관계를 보여주는 하나의 표지이다.[179) 성령충만은 궁극적으로 성부 하나님의 크신 긍휼하심과 사랑을 맛보고 영광 돌리는 것이다. 시편 기자는 “너희는 야훼의 선하심을 맛보아 알지어다 그에게 피하는 자는 복이 있도다(시34:8)”라고 말한다. 하나님의 자비를 맛본 자 만이 하나님께 영광을 돌릴 수 있다. 영광은 주께서 나와서 오직 주께로 돌아간다. 하나님의 영광은 이와 같은 순환성을 지니고 있다.

그러면, 성령충만에 대한 인간의 반응은 무엇이 되어야 할까? 그것은 하나님 아버지가 완전하신 것처럼, 하나님의 완전함을 닮아가는 것이고(마5:48), 예수님의 형상을 닮아가는 것이고(갈4:19), 또한 하나님이 거룩하시니 우리도 거룩해지는 것이다(레11:45, 살후2:13, 레21:8). 나아가 죄를 소멸시키는 것이다. 하나님은 자신의 거룩함을 선언하시고(레11:45), 우리에게 거룩하라고 명령하시며(레11:45), 우리를 거룩하게 하실 것을 약속하신다(레21:8). 하나님은 스스로 “나는 너희를 거룩하게 하는 야훼”라고 말씀하신다(레21:8). 성령충만하게 되면, ‘임마누엘’ 하나님을 자각하게 된다.

---

176) 조용기, “중생과 성령님”, 주일설교(2015-08-30).

177) 조용기, “성령강림의 축복”, 주일설교(2006-06-04).

178) 조용기, 『성령론』, 서울말씀사, 181.

179) 스토트는 ‘사랑, 희락, 화평’을 하나님과 맺는 관계, ‘오래 참음, 자비, 양선’을 다른 사람과 맺는 관계, ‘충성, 온유, 절제’를 자신과 맺는 관계로 해석한다. 그는 성령의 9가지 열매를 ‘그리스도를 닮은 성령충만한 그리스도인의 초상’이라고 인식한다. 참조. 존 스토트(J. Stott), 『성령세례와 충만』, IVP(2014), 93-95.

거룩함과 의로움은 성도가 일평생 사모해야 할 궁극적 지향점이다.[180] 바울도 일생동안 예수님을 닮아가고자 최선의 노력을 기울였다(고전4:16, 빌3:17, 살전1:6, 살후3:7-9). 바울은 "내가 예수 그리스도를 본받는 자가 된 것 같이 너희는 나를 본받는 자가 되라(고전11:1)"고 권고한다.

구약시대 나답과 아비후는 향로에 다른 불을 담아 분향하다가 곧바로 그 자리에서 죽었다(레10:1-2). 웃사는 손을 펴 궤를 붙듦으로써 그 자리에서 죽었다(대상13:7-11). 하나님의 거룩한 곳을 더럽힌 그들은 죽음으로 끝이 났다. 하나님은 지금도 공의와 자비의 원리로 인간세계를 경영하신다. 하나님이 우리를 택할 때 죄가 없어서 택한 것이 아니라 하나님의 긍휼로 선택한 것임을 항상 기억해야 한다. 성도는 성경이 가르치는 4가지 중요한 진리, 즉 하나님의 '공의와 자비', 그리고 '죄와 은혜'를 기억해야 한다.[181]

결론적으로 말하면, 성령충만은 반딧불을 들고 사는 인간을 태양빛 아래서 살도록 만든다. 성령은 하늘의 빛을 우리 마음에 조명해준다!

4.3. 신유의 복음: 새 존재의 은혜

영산에게 신유능력은 복음의 한 요소이다. 목회전반에 걸쳐서 그는 치유사역을 강조해왔다. "병 고침의 사역은 나의 목회사역에서 빼놓을 수 없는 중요한 부분입니다. 해외이든 국내이든 관계없이 나는 복음을 들고 가는 곳마다 말씀을 선포한 후에 기도하며 병 고치는 일에 온 힘을 기울입니다."[182] 영산의 사역에서 그만큼 치유사역은 높은 비중을 차지하고 있다. 영산의 신유론은 하나님의 말씀과 복음에 기초하고 있다.[183] 그는 "병 고침은 하나님의 뜻이요, 예수 그리스도의 주된 사역이요, 우리에게 남기신 부탁이자 명령입니다. 예수님께서 이것을 하라고 명령하셨기 때문에 원하든 원치 않든 우리는 반드시 치료의 사역을 행해야 합니다."라고 말한다.[184]

영산은 "구원은 죄를 용서받고, 질병에서 놓임 받고, 범사에 강건하게 되는 것으로 우리의 영혼 육 전체가 구원받는 것입니다. 예수님의 대속의 은혜로 주신 결과 중의 하나가 바로 신유입니다."라고 강설한다.[185] 영산 스스로 젊은 시절 병으로 시달렸다.[186] 그는 스스로 아파보았기 때문에

---

[180] 아담과 하와가 창조되었을 때 그들은 의롭고, 거룩한 존재였다(엡4:24). "야훼는 의로우사 의로운 일을 좋아하시니(시11:7)." 다시 말해 하나님은 자신의 영적 가치와 일치하는 자를 사랑하시고 좋아하신다. 인간이 말씀을 사랑하면 말씀 안의 삼위 하나님의 인격에 동화되어 하나님의 성품에 참여하는 자가 된다.

[181] R. C. 스프롤(R. C. Sproul), 『하나님의 거룩하심』(The Holiness of God), 지평서원(2014), 134.

[182] 조용기, 『기도』, 서울말씀사(2013), 157.

[183] 영산의 신유론: 1) 신유는 인간의 몸속에 하나님께서 주입하시는 초자연적이고 신적인 능력이다. 2) 신유는 하나님의 말씀 곧 성경에 기초한 것이다. 3) 신유는 하나님의 뜻이다(눅13:16). 4) 신유는 예수님의 구속사역의 한 부분이다(욥33:24, 시35:17, 사53:5, 벧전2:24). 5) 신유는 오늘날 보혜사 성령님의 일이다(마12:28, 눅4:18). 6) 신유는 하나님의 은총으로서 믿음으로 받을 수 있다. 7) 신유는 교회의 역사에서 증명되고 있다. 참조. 조용기, 『오중복음과 삼중축복』, 서울말씀사(2008), 134-137.

[184] 조용기, 『오중복음과 삼중축복』, 서울말씀사(2008), 127.

[185] 조용기, 『현대인을 위한 오중복음 이야기』, 서울말씀사(1998), 90.

[186] "나는 6·25 때에 제대로 먹지 못해서 체질이 약했고, 10대에는 폐병을 앓았습니다. 18세에 의사로부터 사형선고를 받았습니다. 또 군 복무시절에는 장에 염증이 생겨서 계속 어지러웠고, 3, 40대에는 심장이 약했습니다. 그래서 강단에서

치료에 대한 성경연구와 기도를 많이 하였다. 그는 예수 그리스도의 신유사역 모델을 복음전도에 적극 활용하였다. "오랜 세월 교회는 신유에 대해 오해하고 무시해왔습니다. 그 결과 하나님의 위대하신 능력이 나타나지 않게 되었습니다. 예수님께서는 "믿는 자에게 이런 표적이 따르리니 곧 저희가 내 이름으로 귀신을 쫓아내며 … 병든 자에게 손을 얹은 즉 나으리라(막16:17-18)"고 말씀하셨습니다. 예수님도 신유사역이 복음전파에 동반되어야 함을 강조하셨습니다."187) 영산은 신유능력을 복음전파와 연결시켜 총체적으로 인식한다. 그의 치유사역은 하나님 나라가 임했음을 증거해주는 것이다. 동시에 그의 치유사역은 목회사역과 교회성장에 지대한 영향을 미쳤다.

"병든 사람에게 손을 얹은즉 나으리라 하시더라(막16:18)." 초자연적으로 일어나는 신유는 하나님의 자비와 긍휼하심과 깊은 관련이 있으며, 동시에 그것은 믿음을 기초로 한다. 예수님의 권능적 행위는 믿음과 관련되어 있다. 영산은 신유란 일반적으로 '병고침'이라고 하며, 신학적으로는 '신적 치유(divine healing) 또는 '영적 치유(spiritual healing)'라고 정의한다.188) 그는 이렇게 말한다. "하나님께서는 당신이 예수 그리스도를 통해서 이미 나았다고 말씀하십니다."

"하나님께서는 결코 당신이 '낫게 될 것'이라고 하지 않습니다. 대신에 하나님께서는 그분의 아들 예수를 통하여 이미 당신의 병이 '나았다'고 말씀하십니다."189) 그는 이미 나은 모습을 상상하고 믿으라고 요구한다. 믿음은 말씀에서 오고(롬10:17), 말씀이 계신 곳에 성령이 계시므로, 결국, '믿음-말씀-성령-기도의 연합'은 신유능력을 낳는다.190) 즉, 누구든지 죄를 회개하고 말씀을 믿고 기도하면 그리스도 대속의 은총에 의해 치료의 역사가 나타난다. 그러나 그 신유의 기적은 하나님의 주권 안에서 이루어진다. 영산은 신유의 절대주권을 이렇게 강조한다. "오늘날 우리가 진실로 배워야 할 교훈은 하나님의 은혜를 받기 위해 어린양이신 예수 그리스도의 보혈로 죄 씻음을 받아야 한다는 것과 하나님의 절대주권을 인정하며 때를 기다려야 한다는 것입니다. 우리가 이렇게 할 때 우리는 하나님의 위대한 기적을 체험할 수 있습니다."191)

영산의 신유론은 삼위일체적 하나님의 주권적 역사에 대한 관점에 기초하고 있다. 다시 말해 기적은 하나님의 주권적 역사에 의해서 이뤄진다. 하나님의 말씀에 기초해서 내가 분명하게 믿을 때 기적의 역사가 나타난다.

설교할 때나 주례할 때 안 쓰러지려고 탁자를 잡고 설교를 한 적이 많았습니다. 하지만 40대가 지나면서 점차 좋아져서 지금까지 건강을 유지하고 있습니다." 조용기, 『설교는 나의 인생』, 서울말씀사(2012), 프롤로그에서 인용.

187) 조용기, 『신유론』, 서울말씀사(2001), 68.

188) 신유란 인간의 몸속에 하나님께서 주입하시는 초자연적이고 신적인 능력이다. 조용기, 『오중복음과 삼중축복』, 서울말씀사(2008), 135.

189) 조용기, 『현대인을 위한 오중복음 이야기』, 서울말씀사(1998), 91.

190) 영산의 신유개념의 총체성: 하나님의 초월적이고 초자연적인 능력, 하나님의 말씀에 기초, 하나님의 뜻(눅13:16), 예수님의 구속사역의 일부가 됨(사53:5, 벧전2:24), 보혜사 성령의 일(마12:28, 눅4:18), 병고침의 은사(고전12:9). 참조. 조용기, 『오중복음과 삼중축복』, 서울말씀사(2008), 134-137. 총체적으로 이해하면 신유란 우리와 함께 하시는 임마누엘 하나님의 창조적 역사다. 따라서 신유의 역사의 현장과 배후에 계시는 하나님의 자비와 은혜와 사랑과 용서를 이해하는 것이 중요하다.

191) 조용기, "네가 낫고자 하느냐", 『조용기 목사 설교전집 제9권』, 서울말씀사(1996), 245.

신유는 하나님의 말씀이 진리임을 입증해주는 영적과정의 일부이다. 영산은 "어떤 인간의 논리적 체계도 성경에 근거하지 않는 한 신적인 것이 될 수 없습니다. 그리스도의 보혈과 능력이 우리의 몸을 구속해주신다는 신유의 신적 진리는 영원하신 하나님의 말씀에 기초한 것입니다. 그러므로 우리는 그리스도의 신유의 사역을 온전히 신뢰하는 것입니다."라고 역설한다.[192] 신유과정을 하나님의 주권적 개념에서 보면 자비와 은혜의 연장이다. 선교의 측면에서 보면 신유는 복음증거를 용이하게 해준다.[193] 창조의 개념에서 보면, '무질서'에서 '질서'로 회복되는 것이다. 생물학적으로 보면, 세포의 창조적 재구성의 결과이고, 의학적으로 보면 질병으로부터의 자유, 곧 건강의 회복이다. 하지만 인간의 이성만으로는 신유사건을 도저히 이해하거나 설명할 수 없다. 그 기적의 과정은 베일에 가려져 있고, 우리의 이해를 완전히 넘어선다. 영산은 "신유는 주님께서 이 땅에 오신 목적 중의 하나요 십자가에서 피를 흘려서 이루신 구속의 역사입니다(욥33:24, 시35:17, 사53:5, 벧전2:24)."라고 말한다.[194] 또한 그는 신유를 삼위일체적 사역으로 이해한다. "신유는 성부 하나님의 뜻이요, 성자 예수님의 구속사역의 일부분일 뿐 아니라, 오늘날 성령님께서 실제로 행하시는 삼위일체적 사역입니다(마12:28, 눅4:18)."[195]

신유는 결과적으로 인간의 관점에서는 신비의 역사다. 우리는 무엇보다 신유라는 기적의 배후에 있는 '하나님의 뜻'(골1:9)과 '하나님을 알아가는 데' 힘을 쏟아야 한다(골1:10, 렘9:24). 하나님의 영광스러운 능력을 알려면, 하나님의 뜻을 알아야 하고, 동시에 하나님을 아는 것에 집중해야 한다. 신유를 단지 나의 병이 '낫는 데에 목적'을 둔다면, 우리는 하나님을 큰 병원의 원장 정도로 평가절하하는 것이다. 기적 그 자체가 고유의 의미를 갖는 것은 아니다. 오히려 기적은 복음에 기초한 가치관을 갖고 살아가게 하려는 의도를 지니고 있다. 신유의 주권은 하나님에게 있다. 신유의 기적은 하나님의 선물이다. 그러나 "네 믿음이 너를 구원하였다(마9:22)"는 말씀처럼 신앙인은 신유의 선물을 믿음으로 받아들일 준비가 되어 있어야 한다. 영산의 경우 신유의 기적은 4차원영성 – 말씀과 성령으로의 생각, 꿈, 믿음, 고백 – 과 함께 광범위하게 매우 구체적으로 나타난다.[196]

또한 신유란 구원과 언약을 확신하게 한다(고후1:20). 또한 예수 그리스도와 신앙인이 연합되어 있음을 확신시켜준다(고전6:17). 하나님의 자비를 보증해주며, 하나님의 임재와 능력을 경험하게 해준다. 하나님은 복되신 하나님이시자(딤전6:15), 자비의 하나님이시다. 따라서 신유를 통해 성도가 얻는 유익은 첫째, 내안에 연합해 계시는 예수 그리스도와의 사귐을 확증하는 것이며, 둘째, 지금 여기에서 함께 하시는 하나님의 임재를 체험함으로 하나님께는 영광이요 성도 자신에게는 견고한

---

192) 조용기, 『오중복음과 삼중축복』, 서울말씀사(2008), 135.

193) 영산은 "신유는 믿음을 통해서 나타나기 때문에 누구에게나 신유의 역사가 일어날 수 있습니다. 따라서 복음증거가 용이해지게 됩니다. 귀신이 쫓겨나가고 병이 낫는 체험을 하게 되면 보다 빨리 그들의 신임을 받고 복음을 전할 수 있습니다."라고 말한다. 참조. 교회성장연구소 편집부, 『카리스 & 카리스마』, 교회성장연구소(2003), 100.

194) 조용기, 『오중복음과 삼중축복』, 서울말씀사(2008), 136.

195) 조용기, 『오중복음과 삼중축복』, 서울말씀사(2008), 136.

196) 영산은 신유의 기적을 4차원영성적으로 해석하여 설교에 적용한다. 4차원영성적 신유해석은 그의 주일설교에서 다양한 방법으로 나타난다. 예를 들면 질병이 있어도 '말씀과 성령 안에서 이미 나은 모습을 바라보고, 믿고, 고백하는 것'이 이에 해당된다.

믿음을 갖게 해준다. 나아가 신유 과정은 거룩한 삶의 필요성을 말해준다(엡1:4, 레11:45, 레21:8, 레21:23).

치유에서 중요한 것은 치유 넘어 계시는 '하나님의 자비(mercy) 혹은 긍휼(compassion)'을 깨달아 하나님께 영광을 돌리는 것이다(요11:33, 마14:14, 마20:34). 영산이 "하나님의 기적에는 하나님의 계획과 섭리가 담겨 있습니다. 병 고침을 문제의 해결로 본다면 이는 곧 하나님을 단순히 문제해결의 수단으로만 생각하는 것입니다. 기적을 행하심에는 구원이라는 하나님의 섭리가 포함되어 있습니다."라고 강조하는 것도 그런 맥락이다.[197] 하나님은 모든 일을 마음먹으면 다 하실 수 있고(시115:3, 135:6), 그 뜻대로 하시고 결정하신다(엡1:11). 하나님은 없는 것을 있는 것처럼 여기시고, 죽은 자도 산 것처럼 여기시고, 또한 죽이기도 살리기도 하시며(삼상2:6), 또한 평안을 베풀어 주시기도 환난을 일으키실 수도 있다(사45:7). 하나님의 나라의 통치는 대대로 이어진다(단4:3).

하나님은 영도 구원하시고 몸도 구원하신다. 즉 영과 몸을 이분법으로 보는 것이 아니라 하나의 개념, 즉 통전적으로 보시는 것이다. 영산은 '하늘나라 구원은 인간의 영과 혼과 육의 전인구원'이라고 강조한다.[198] 영산은 또한 "나는 예수님의 점령하신 고지를 전인구원이라고 합니다. 즉 영혼이 잘됨같이 범사에 잘되고 강건하게 되는 것입니다. 예수님이 하늘과 땅과 모든 권세를 가지고 구원의 고지를 점령하였기 때문입니다."라고 말한다.[199] 혈루증 여인이 예수님의 옷자락을 만지자, 예수님은 그 여인의 행동을 '믿음의 행위'로 보셨다. 그녀가 '예수님을 신뢰하는 믿음'을 가졌다는 것은 여인과 예수님과의 인격적 만남의 전제가 된다. '예수님의 인격－여인의 인격'이 상호연합되자, 신유의 기적이 전인적으로 일어났다.

한 맹인이 눈을 뜨게 되는 사건도 유사하다. 예수님은 "네 믿음이 너를 구원하였느니라(막10:52)"고 말씀하신다. '맹인 거지의 인격과 예수님의 인격적 연합'이 일궈낸 작품이었다. 인격적 연합 안에서 예수의 영이 인간의 영 안에서 일을 하신다. 예수님이 말하는 구원 안에는 '인격적 만남'이 전제된다. 신유는 하나님의 절대주권 안에서 예수님의 뜻과 나의 뜻과 일치될 때 일어난다. 그런 맥락에서 신유의 기도란 주님의 뜻에 나의 뜻을 맞춰가는 과정 또는 하나님의 뜻에 순종하는 과정이다. 다시 말해 하나님의 능력이 인간의 믿음 위에 역사할 때 기적이 일어난다.[200]

죄사함과 병 고침은 서로 연결되어 있다. 질병은 아담과 하와의 죄에 대한 하나님의 저주에서 비롯된 것이다. 그리스도의 십자가는 저주를 속량함은 물론 또한 질병도 대속한다(갈3:13). 신유의 본질은 믿음 안에서 '긍휼, 자비, 은혜, 사랑의 하나님과 함께 하심'에 있다. 영산은 "주님께서 심혈

---

197) 조용기, 『마태복음 강해 III』, 서울말씀사(2010), 82.

198) 조용기, 『현대인을 위한 오중복음 이야기』, 서울말씀사(1998), 89. 영산은 영혼육이라는 통전적 구원의 입장에 서 있다.

199) 조용기, 『설교는 나의 인생』, 서울말씀사(2009), 66.

200) 영산은 히브리서 11장 1절의 '실상'을 '받침대'로 해석한다. 인간 편에서 믿음의 받침대를 만들어 올려놓고, 하나님께서 그 받침대 위에 하나님의 능력을 올려놓으시면 기적이 일어난다는 의미로 해석한다. 반면 칼 바르트는 예수 그리스도 그 자체를 믿는 것을 믿음의 의미로 해석한다. 바르트는 예수 그리스도가 믿음의 창시자이고 완성자란 바탕 위에서 기적의 가능성을 찾고자 한다. 따라서 그의 신학에서 기적은 이차적 문제로 밀려나게 된다. 참고. 손영진, "믿음에서 기적에로의 길에서 만난 칼 바르트와 영산 조용기", 『영산신학저널』, Vol.36(2016), 58-60.

을 기울여 병 고치는 사역에 종사하신 것은 신유의 역사가 하나님의 사랑과 자비와 은혜를 사람들에게 베풀고, 구원을 가져오는 가장 효과적인 방법이기 때문입니다(마12:28)."라고 말한다.[201] 신유는 인간과 하나님 사이에 친교의 연장선 위에 있다. 곧 신유란 "내가 너에게 자비를 주고 사랑을 준다"는 삼위 하나님의 마음을 구체적으로 보여주시고 나타내는 것이다. 광야에서 불뱀에 물려 죽어가는 이스라엘 백성들에 나타난 신유는 바로 이런 의미였을 것이다. "이스라엘 백성들아, 내가 너희와 함께 하고 있다. 나는 너희를 사랑해!" 나아가 신유의 영역은 개인 뿐 아니라 신앙공동체와 모든 나라들을 포함해서 전 우주로 확장된다.

믿음은 신유를 낳는다. 기능적으로 보면, 신유는 믿음을 강화시키고 성장시키며, 동시에 영적으로 성장하는 은혜의 방편이 된다. 기도는 믿음과 신유 사이에서 중재 역할을 한다. 예수님은 "무엇이든지 기도하고 구하는 것은 받은 줄로 믿으라 그리하면 너희에게 그대로 되리라(막11:24)"고 말한다. 기도는 성령에 힘입어 말씀과 믿음과 신유를 상호 연결시키는 역할을 한다. 결국 신유는 하나님 자신의 주권에서 시작되며 말씀, 성령, 믿음과 기도를 통해서 그 열매가 맺힌다.

말씀은 믿음을 낳고, 믿음은 상호 친교를 낳고, 친교는 은혜를 낳고, 은혜는 인간 앞에 신유의 옷을 입고 나타난다. 그 결과 신유에 대한 인간의 반응은 '한 편의 영광스러운 이야기'다. 신유는 삼위 하나님의 영광을 증거해준다.

말씀이 믿음 안에서 기도로 활성화되면, 주의 뜻에 일치되어 신유를 낳는다. 그것은 궁극적으로 주의 영광으로 이어진다. 신유는 인간이 하나님을 의지해야 장차 영생을 누릴 수 있음을 깨우쳐준다. 신유는 장차 온전히 누리게 될 하나님 나라의 영광을 이 땅에 살면서 미리 보는 것이다. 그 모든 것은 하나님의 은혜와 권능으로 이루어진다.

중생한 자는 '새 인격, 새 마음'을 지니며, 삼위일체 하나님의 삶에 참여할 수 있는 특권을 누린다. 구원, 신유, 축복, 영생, 성령충만 등 이 모든 요소들은 하나님의 자비와 은혜와 사랑을 구체적으로 입증해준다. 그것들은 완성된 것이 아니라 현재 진행형이다.

영산은 "신유는 구원받은 사람들이 누릴 특권이요, 은혜입니다. 신유는 전적으로 하나님의 주권에 속한 것입니다."라고 말한다.[202] 믿음의 받침대도 또한 그 위에 놓이는 기적도 하나님의 선물이다. 따라서 인간이 누리는 모든 신유는 하나님의 주권적 선물이다. 복음은 '인간을 인간되게 하고, 하나님을 하나님되게 하는 은혜의 방편'이며, 동시에 '이 땅에 살면서도 하늘나라의 영광을 맛보게 하는 은혜의 선물'이다. 모든 성도는 십자가 비밀에 감춰진 신비스러운 존재들이며, 동시에 하나님의 은혜 안에서 살아가는 존재들이다. 하지만 우리는 신유의 체험이 '잠시 천국 레스토랑에 들러 하늘나라의 삶을 미리 맛보는 것'에 지나지 않는다는 사실을 기억해야 할 필요가 있다. 장차 천국에서 신유란 단어는 완전히 사라질 것이다.

마지막으로, 영산은 병 고침을 위해 몇 가지를 제시한다. 첫째, 건강을 갈망하라(요5:6, 빌2:13).

---

201) 조용기, 『설교는 나의 인생』, 서울말씀사(2009), 114.
202) 조용기, 『현대인을 위한 오중복음 이야기』, 서울말씀사(1998), 90.

둘째, 죄사함을 받으라(요일1:9). 셋째, 마음을 지키라(잠4:23, 딤전4:5, 엡5:26). 넷째, 미움, 시기, 질투를 해결하라(마6:14-15). 다섯째, 믿음의 기도를 하라(약5:15).[203] 믿음의 기도란 없는 것을 있는 것처럼 보고 바라는 창조적 선언이다.

영산이 말하는 신유의 원리와 과정은 말씀 중심이며 동시에 성령론적이다. 방법론적으로 접근하면 4차원영성적이다. 즉 건강한 모습을 생각하고, 꿈꾸고, 믿고, 고백하는 것이다. 영산의 신유의 원리와 방법은 그가 발굴한 4차원영성과 밀접한 관계에 있다.

4.4. 축복의 복음: 새 존재의 친교

왜 하나님께서 인간에게 하나님 자신의 가장 귀한 것, 곧 거룩함을 인간에게 주었는가?(히10:10) 성경은 그 거룩함을 통해서 인간이 하나님 자신의 풍성함, 행복함, 완전함, 기쁨, 사랑 등을 누리라고 말한다.[204]

이제 복음을 좀 더 자세하게 알아보자. 복음은 우리에게 "하나님을 닮아가고, 예수 그리스도를 본받으라"고 말을 건다. 왜냐하면 예수를 믿을 때 그리스도의 거룩함이 우리 마음속에 새겨지기 때문이다(시4:3, 시86:2, 히10:10, 엡4:24). 복음은 하나님의 마음과 계획과 의도를 가장 잘 드러낸다. 복음이 하나님을 서술하는 이력서라면, 그 이력서의 핵심 내용은 '십자가의 복음'일 것이다. 십자가의 복음은 하나님을 '아름다우시고 거룩하신 분'으로 묘사한다. 새로운 피조물이 누리는 복은 "하나님의 자녀가 되어 그리스도를 닮아가는 신령한 존재가 되었다(엡1:4-5, 7, 13)"는 것이다. 이 복은 영적, 인격적, 관계적, 현실적이며, 하나님 나라 지향적이다.

바울은 그리스도인의 복을 삼위일체적으로 설명한다. 그는 에베소서 1장에서 신령한 복을 삼위일체적으로 접근한다. 그는 세 가지의 신령한 복에 대해 말한다. 즉 성부로부터 받는 택함과 아들 됨의 복(엡1:4-6), 성자로부터 받는 죄사함의 복(엡1:7-12), 또한 성령으로부터 받는 인치심의 복(엡1:13-14)이다. 바울이 말하는 신령한 복이란 성부, 성자, 성령으로부터 오는 복이다(고전6:17). 다시 말하면, 우리가 받는 영적 복은 삼위일체 하나님의 공동사역이다. 성도는 창세 전부터 택함 받아 성부와 연합되고(엡1:4), 예수님이 십자가에서 죽으시고 부활하실 때 연합되고(롬6:4-5, 갈2:20), 지금 여기서 그리스도를 믿을 때 성령과 연합된다(고전6:17, 고전6:19). 나아가 그리스도 안에서 성령을 통해서 하나님 아버지와 연합된다. 모든 성도는 이런 연합적 복을 누린다. 이러한 연합의 복으로 말미암아 성도는 중생, 화목, 칭의, 양자와 같은 황금사슬의 복을 누릴 수 있다.

1) 영산의 복 개념

성경은 복을 주는 자와 복을 받는 자의 이야기로 가득하다고 말한다. 성경은 믿는 자에게 복을 주겠다고 약속한다. 하나님의 형상으로 창조되었기 때문에 인간은 하나님이 베푸시는 복을 받아야

---

[203] 조용기, 『오중복음과 삼중축복』, 서울말씀사(2008), 327-332.
[204] 새 피조물의 개념에서 보면(고후5:17), 그리스도와 내가 서로 하나됨을 이루는 것(고전6:17, 요14:20)이 지고의 복이다. 이 연합의 복은 칭의, 중생, 양자, 자녀됨, 화목, 거룩함 등과 상호연계되어 있다.

살 수 있는 존재이다. 하나님의 형상을 닮은 인간은 하나님으로부터 생명, 사랑, 행복, 평안, 재물, 건강 등을 받아야 살 수 있는 존재다. 또한 하나님의 축복은 창조주와 피조물의 관계를 활성화시키는 은혜의 방편이다.205) 복음은 '인간의 타락'을 '하나님의 거룩함'으로 교환시켜 복된 삶을 살게 만든다.

영산이 축복개념을 '십자가의 복음영역' 안으로 위치시킨 것은 대단한 시도라고 볼 수 있다. 무엇보다 영산이 강조하는 '축복의 복음'은 성결교의 4중 복음에는 나타나지 않는다. 인간은 누구나 복 받기를 원한다. 그는 인간이 '복 받고자 하는 속성'을 성경 안에서 찾아내서, 그것을 축복의 복음으로 승화시키고 사역현장에 접목시켰다. 형통의 복음은 그가 설파하는 3중축복과 연계되어 대단한 시너지 효과를 낳았다. 축복의 복음에서 축복의 현장으로의 도약은 곧바로 축복의 신학으로 승화되어 나타났다. 이 축복의 복음은 한국교회사에 획을 그은 기념비적 영적 사건이기도 하다. 3중축복은 그 시대 그 사회 안에서 5중복음과 더불어 폭발적인 교회성장에 기여했기 때문이다.

신구약에 나타나는 축복의 속성은 근본적으로 유사하지만, 예수 그리스도를 중심으로 축복의 양식이 바뀐다.206) 영산은 삼대재앙에서 삼대축복으로의 전환이 우리의 신앙생활이라고 강조한다. "삼대재앙에서 이제 삼중축복의 생활을 하는 것이 우리 신앙입니다. 하나님의 나라와 의를 먼저 구하면, 하나님께서는 예수 그리스도의 십자가 보혈을 통해서 우리의 영혼이 잘되게 해주실 뿐만 아니라 우리의 생활이 범사에 잘되고 강건하게 해주십니다. 장차 우리가 가서 살 천국은 오늘날 세상에서 누리는 삼중축복이 완성된 곳입니다. 지금 삼중축복이란 모형이요 그림자인 것입니다. 그 축복이 완성되는 곳은 천국입니다."207)

그는 또한 새 사람이 받는 삼중축복을 강조한다. "아담의 자손으로 대물림된 삼대재앙은 이제 지나가버렸습니다. 이제 우리는 예수 그리스도 안에서 삼중축복을 받은 새 사람이 된 것입니다. 예수님을 통해서 내 자신을 바라보고 내 자신이 새롭게 된 것을 알기 바랍니다."208)

2) 복은 하나님의 절대주권에 기초함

복은 하나님의 절대주권에 기초한다. 창조주 하나님과 피조물인 인간의 관계에서 복개념이 성립한다. 만약 인간이 원하는 것을 뜻대로 구할 수 있다면 하나님의 복은 의미가 없을 것이다. 복은

---

205) "나는 누구인가? 나는 축복의 사람이다. 하나님이 내 안에서 살고 계시기에 내게서 축복이 나온다. 그래서 내게는 희망이 있다." 달라스 윌라드(Dallas Willard), 『하나님의 임재』(Living in Christ's Presence), IVP(2016), 224-225.

206) 영산은 복에 대한 신구약 성경의 관점을 다음과 같이 이해한다. 1) 구약의 복은 물질적인 복(창17:8, 창14:14, 욥1:3), 자손의 번성과 가족의 형통(시127:3-5), 창12:2), 개인과 국가의 안녕과 보호(대하17:3-5), 지혜의 복(대하1:12, 잠9:10), 건강과 장수의 복(창25:7-8, 창35:28)으로 나타난다. 2) 신약의 복은 구약의 축복과 근본적으로 바뀌지 않았지만, 온 세상의 구주이신 예수 그리스도 안에서의 축복으로 바뀐다. 신약에서의 결정적인 복은 예수 그리스도의 은총으로 죄인이 죄사함을 받는 복이다. 신약에서의 복은 구원이 미래에 온전히 성취되는 것도 포함한다(마25:34, 히6:12). 신약의 축복 형태는 구체적으로 산상수훈의 복(마5:3-12), 하나님 나라와 의의 복(마6:33), 아브라함의 복(갈3:7, 갈3:14), 건강의 복(마8:16, 행14:8-10, 약5:14)으로 나타난다. 총체적으로 보면, 신구약 축복의 개념은 영적축복, 범사축복, 형통의 축복으로 이루어진 3중축복으로 나타난다. 즉 축복은 내세적인 축복과 현세적 축복의 결합으로 나타난다. 참조. 조용기, 『오중복음과 삼중축복』, 서울말씀사(2008), 173-180.

207) 조용기, "왜 삼중축복인가?", 주일설교(2006-05-14).

208) 조용기, "왜 삼중축복인가?", 주일설교(2006-05-14).

하나님의 주권 안에서 기능한다. 새 사람이란 하나님과의 영적 관계 안에 있음을 의미한다. 새 존재는 예수 그리스도와의 연합으로(고전6:17, 롬6:4-5, 요14:20, 고후5:17) 말미암아 하나님과 친밀한 관계 안에 있는 자를 말한다. 다시 말해 새 존재란 인간의 지성, 감성, 의지가 본래적 자리로 회귀한 자다. 타락한 자의 지성, 감성, 의지는 무질서하며 혼란한 상태에 있었다. 결과적으로 보면, 복 중의 복은 연합(union)의 복이다. 새 피조물은 그리스도와 연합되어 있다. 또한 그리스도 안에서 성령을 통해서 하나님 아버지와 연합되어 있다. 연합의 결과로 우리는 칭의(롬3:22), 양자(롬8:15), 성화(딤전4:5) 등의 영적 은혜를 값없이 받는다. 다시 말해 연합은 모든 파생적 복을 탄생시키는 모체요, 뿌리요, 시원점이다.

복은 예수의 피로 얻은 '죄사함의 복(엡1:7)'에서 시작된다. 십자가 위에서 흘리신 보혈 없이 인간은 결코 죄에서 벗어날 수 없다. 따라서 성도의 복은 예수님의 보혈에서 시작된다. 하늘의 복의 출발점은 예수님의 피 흘림에서 시작된다. 하늘의 복을 받아 신령한 자가 된 새 사람은(엡1:3, 고후5:17) 어떤 사람이 되어가야 하는가? 십자가는 죄인을 피로 사서 의인으로 만들고, 의롭고(롬3:22), 거룩한 삶(히10:10), 친교의 삶(요일1:3)을 통해 그리스도를 닮도록 만든다. 십자가는 기독교적 삶을 시작하게 해준다. 삶의 본질, 목적, 가치 및 성향이 오직 영광의 그리스도를 향하게 한다. 예수 그리스도 자체가 인간에게 있어서 원형적인 복이다.

하나님의 법은 인간에게 복을 주는 거룩한 은혜로 충만하다: "내가 그들에게 복을 주기 위하여 그들을 떠나지 아니하리라 하는 영원한 언약을 그들에게 세우고 나를 경외함을 그들의 마음에 두어 나를 떠나지 않게 하고(렘32:40)." 이 영원한 언약은 예수 그리스도와 함께 하는 복에서 성취된다. 섭리가 계속적인 창조라면, 성숙은 지속적인 성장이다.209) 공의의 측면에서 보면, 인간은 하나님이 베푸시는 은혜와 복을 받을 자격이 없다. 하지만 하나님의 선하심, 자비, 신실 및 사랑의 속성은 피조물에게 기꺼이 복을 베풀어주고자 한다.210) 신자가 하나님의 마음에 합당한 삶을 살고, 하나님 자신의 자비와 사랑과 은혜가 '하나님의 거룩함'과 유기적으로 연결되면, 그 삶은 축복의 삶으로 승화될 것이다.

3) 하나님과 인간 사이의 관계적 복

하나님의 영도 인격적이고, 형상을 닮은 우리의 영도 인격적이다. 따라서 하나님의 복이란 상호 인격적 교제 안에서 일어난다. 하나님의 복은 하나님의 뜻과 주권에 따라서, 그분이 정하시는 때와 장소에서 주어진다. 영산은 "성경의 모든 복은 하나님께 택함을 받고 그의 백성이 되는 것으로부터 시작됩니다. 그러므로 하나님께 선택받은 복이야 말로 복 중의 복이라고 할 수 있습니다(엡1:4). 하나님은 복의 근원이시고, 삶의 원천이십니다. 그분께 복을 구하고 누리는 것은 지극히 성경적입니다. 문제는 우선권(priority)의 문제요, 사용방법의 문제인 것입니다."라고 말한다.211) 영산이

---

209) 스테판 차녹, 『거듭남의 본질』, 지평서원(2012), 288.
210) 하나님의 거룩함이 공의로 연결되면 심판이 된다. 반면에 하나님의 거룩함이 자비와 은혜로 연결되면, 죄인에게 회복의 기회가 주어진다. 하나님은 거룩함의 경영자이시며, 자신의 기뻐하시는 뜻대로 거룩함, 공의, 자비를 서로 조화시키신다.

말하는 선택의 복이란 곧 그리스도와의 연합의 복이다(고전6:17). 복은 하나님과 인격적 관계성 안에서 시작된다. 하나님과 인간 사이의 사귐은 중요하다(요일1:3). 하나님과 화목한 관계, 즉 하나님의 의가 우리에게 전가될 때(고후5:21), 우리가 깊고 넓은 바다 안으로 들어가기 때문이다.

하나님과 피조물 사이의 관계의 핵심은 순종이다. 순종이란 말씀을 믿고 따라가는 것이다. 결국 축복이란 '말씀을 믿고 순종하는 자'로 정의된다(삼상3:19, 신29:9, 삼상15:22, 대하26:5). 영산은 "고난은 하나님을 더욱 믿고 순종하게 만듭니다. 고난은 우리를 깨어지게 하고 변화시켜 낮추는데, 그렇게 되어야 마침내 주님께서 변화된 그릇에 복을 부어주십니다."라고 말한다.212) 축복의 본질은 그리스도와 연합에서 오는 것이다. 즉 복은 하나님과의 친교에서 나타나며, 축복의 전형적 개념은 민수기 6장 24-26절의 말씀이다.213) "야훼는 네게 복을 주시고 너를 지키시기를 원하시며 야훼는 그의 얼굴을 네게 비추사 은혜 베푸시기를 원하며 야훼는 그 얼굴을 향하여 드사 평강주시기를 원하노라." 스프롤(Sproul)은 "이스라엘 백성들에게 최고의 복은 하나님의 얼굴을 보는 것이었다. 즉 하나님과 가깝고 친밀한 관계를 맺는 것이다. 하나님과 친밀할수록 더 큰 축복을 누릴 수 있다"고 강조한다.214) 그리스도와 연합된 자는 이제 그리스도를 바라볼 수 있다!

양자의 신분으로서 '하나님의 복을 누리는 삶'이란 어떤 삶인가? 새 존재로서 하나님 앞에서 살아야 할 삶은 어떤 삶인가? 그것은 하나님으로부터 택함을 받아 복의 근원이신 '하나님과 인간의 관계 안에서 사는 삶'이다. 곧 '하나님은 원래 하나님의 자리에, 인간은 원래 하나님의 의도에 맞게 사는 것'이다. 물고기는 물속에서 움직이며, 새는 공중에서 날아다니고, 짐승은 들판에서 돌아다니며, 풀은 땅에 뿌리내리듯이, 인간이 본래의 자리를 벗어나면, 그것이 곧 죄요, 악의 길을 걷는 것이다. 창세기 1장 22절에 하나님이 새와 물고기에 복을 주는 것도 복(바라크)이라고 하고, 창세기 2장 3절 하나님이 안식일 날 주시는 것도 복(바라크), 창세기 1장 28절에서 하나님이 인간에게 생육, 번성, 충만, 정복의 복도 바라크로 묘사된다. 따라서 복은 '피조물(새, 물고기, 인간도 포함)이 원래 하나님이 의도하신 질서 안에서 사는 것'을 의미한다.

모든 인간은 예수님을 구주로 믿을 때, 성부 하나님으로부터 아들됨의 복, 예수 그리스도로부터 죄사함의 복, 성령으로부터 인치심의 복과 임마누엘의 복을 누리게 된다(엡1:3-14).215) 축복받는 삶이란 하나님이 태초에 아담을 창조했을 때의 모습으로 '하나님을 겸손하게 섬기는 삶'이다. 또한

---

211) 조용기, 『오중복음과 삼중축복』, 서울말씀사(2008), 174 & 198. "구원의 개념에 축복이 포함되어 있습니다. 구원은 영적 생명뿐 아니라 육적 생명을 위한 축복까지도 누리게 됨을 의미합니다. 눈에 보이는 일시적 환경의 복도 내적인 영원의 복과 함께 있을 때 참된 행복이 될 수 있습니다(p180)."

212) 조용기, 『축복』, 한세대학교출판부(2013), 59.

213) R. C. 스프롤(R. C. Sproul), 『구원』, 생명의말씀사(2014), 96-100.

214) R. C. 스프롤(R. C. Sproul), 『구원』, 생명의말씀사(2014), 98.

215) 인간의 복은 언제 절정에 도달하는가? 그것은 그리스도를 구주로 영접하는 순간이다. 성부로부터 택함을 받아 하늘에 속한 자녀가 되고, 그리스도로부터 죄사함을 받아 거룩하고 의로운 자가 되고, 성령의 인치심을 받는 자가 되는 순간에 인간으로서 최고의 복을 누리게 된다. 삼위일체적 복을 누리는 자는 하나님의 영광스러운 은혜를 찬송한다(엡1:6, 12, 14). 인간의 진정한 복이란 하늘의 신령한 복을 깨달아 은혜의 영광을 찬송하는 것이다. 그 복은 장차 하나님 나라에서 완성된다.

그것은 '예수님 안에 거하는 삶–의롭고 거룩한 삶'이다. 우리가 누리는 참복이란 '하나님 안에서 누리는 삶, 그리스도 안에서 누리는 삶, 성령 안에서 누리는 삶(엡1:3–14)이다. 하나님의 창조의 질서, 영적원리 안에 있을 때, 주님은 피조물에게 복을 부어주신다. 그것은 또한 의인의 삶(롬5:1), 하나님의 주권적 은혜로 비롯되는 삶이다. 축복은 전적으로 수동적이다. 하나님은 수여자, 인간은 수납자다. 하나님은 언제나 주체이며, 인간은 항상 공급받는 객체다. 축복은 하나님의 자비와 은혜로 받는 것이다.

따라서 은혜로 받은 축복은 흘러가게 해야 한다. 영산은 "성경은 복을 받는 데서 그치지 않고 더 나아가 그 복을 이웃과 함께 나누며 하나님의 영광을 위해 사용할 때 진정한 복이 됩니다. 복을 받으면, 그것에 대한 책임과 의무가 생깁니다."라고 조언한다.216) 순복음영성으로 자리잡은 축복의 복음은 초기에는 '받는 것'에 치중했지만, 경제성장과 함께 축복의 복음은 성숙한 단계로 접어들어 '나누는 것'으로 승화되어 갔다. 축복의 신학은 강력한 윤리적 인식과 책임을 요구한다. 현대의 축복신학이 개인주의에 치우치는 것에 대해 교회는 강력한 반대 메시지를 전달해야 한다.217) 축복이 '자신을 위한 것(self–serving)'인지 '그 나라를 섬기기 위한 것(Kingdom–serving)'인지 생각할 필요가 있다.218)

4.5. 재림의 복음: 새 존재의 영원성

재림은 거룩함의 완성을 알려주는 나팔수다. 새 피조물은 이 땅에서 거룩한 삶을 시작하지만, 그 삶은 장차 주님 오시는 날 완성된다. 하나님은 자신의 형상을 닮아가는 자를 기뻐하신다. 그래서 하나님은 그의 아들 예수 그리스도를 이 땅에 보내시고, 그를 새로운 피조물, 곧 하나님의 자녀와 연합시키셨다(고전6:17). 하나님은 지금도 "나는 너희를 거룩하게 하는 야훼니라(레20:8)"고 말씀하신다. 하나님이 가지고 계시는 것 중에서 가장 고귀한 형상은 바로 거룩함이다. 새로운 피조물의 성화 과정은 마침내 재림의 때에 완성될 것이다. 그리스도인은 거룩한 신분이 되었다. (아직은 불완전하지만, 하나님은 그렇게 여기신다.) 그는 지금 거룩한 자로 성숙해간다. 하나님은 지금 그를 그렇게 만들어가신다. 그리고 장차 그의 거룩함은 새 하늘과 새 땅에서 완성될 것이다.

하나님의 나라가 이미 왔지만, 아직은 미완성이다. 영산은 오순절적 종말개념은 이미 온 하나님 나라를 경험하는 것과 장차 올 하나님의 나라를 균형 있게 제시하는 것이라고 강조한다. 그는 지난 반세기 동안 영혼육의 전인적 구원을 선포해왔다. 한편으로는 장차 누릴 하늘나라를 추구하고, 다른 한편으로는 장차 누릴 천상의 복을 지금 여기서 누리도록 했다. 그런 맥락에서 영산은 다음과 같이 지적한다. "성경은 예수님의 재림을 '주의 날(살전5:2)', '주 예수의 날(고전5:5)', '하나님의 날(벧후3:12)', '그 날(살후1:10)', '마지막 날(요12:48)' 등으로 묘사하고 있습니다. 예수님께서 다시 오실 '그날'을 기다리는 신앙은 성도에게 가장 소망적인 신앙입니다."219) 영산이 말하는 재림의 복음을 희망의

---

216) 조용기, 『오중복음과 삼중축복』, 서울말씀사(2008), 198.
217) 마원석, 『조용기 목사의 축복신학』, 한세대학교 주최, 영산 국제신학 심포지엄(2003), 220.
218) 마원석, 『조용기 목사의 축복신학』, 한세대학교 주최, 영산 국제신학 심포지엄(2003), 215.
219) 조용기, 『오중복음과 삼중축복』, 서울말씀사(2008), 202.

관점에서 이해하면, 장차 임할 종말적 희망과 현재 이곳에서 하나님의 뜻이 이뤄지는 희망으로 구성된다. 즉 미래의 희망과 현재의 희망이 결합되어 있다.

시간개념과 연결시킨다면, 재림은 신앙인의 현재 삶을 영원의 삶과 연결시켜주는 분기점이다.220) 재림은 성도들의 참소망이고(딛2:13), 순교자들의 열망이며(계6:10), 모든 피조물이 고대하는 것이다(롬8:19). "그 후에 우리 살아남은 자도 저희와 함께 구름 속으로 끌어 올려 공중에서 주를 영접하게 하시리니 그리하여 우리가 항상 주와 함께 있으리라(살전4:17)." 성경은 "살아 있는 자들은 마지막 나팔소리에 신령한 몸으로 변화(고전15:40, 44, 51-53)"된다고 말한다. 그때 우리의 몸은 예수님이 죽음에서 부활하신 몸과 같이 변화될 것이다.

어떻게 하면 우리가 항상 주와 함께 있을 수 있을까? 영생의 의미가 무엇일까? 여기서는 재림의 씨가 품고 있는 이야기 자체보다 영생의 의미에 초점을 맞추고자 한다. 인간이 영원히 산다는 개념은 수학공식처럼 유도해낼 수 있는 게 아니다. 영생의 의미는 신비의 차원에서 이해해야지, 그것을 수학공식을 적용하는 문제를 풀듯이 이해하려면 안 된다. 하늘의 신비는 믿음으로 이해하는 것이지, 이성의 능력으로 이해할 수 있는 것이 아니다. 먼저 성령의 빛을 받아서 옛 사람의 이성이 밝아져야 한다. 새 사람은 밝아진 이성으로 하늘의 신비와 천국의 비밀을 깨달을 수 있다.

영산은 영원과 시간에 대해 다음과 같이 설명한다. "인간은 태어나는 순간부터 시간이라는 거대한 강물의 흐름 위에 '삶'이라는 배를 타고 여행을 떠납니다. 영원이 호수이면 시간은 호수로 흘러 들어가는 물과 같습니다. 우리가 말하는 시간은 하나님이 지으셨고 하나님은 영원하심으로 시간에 구애받지 않습니다. 하나님은 시간과 공간과 물질로 제한하지 못합니다. 하나님은 영원하십니다. 그러나 하나님이 지으신 세계는 시간과 공간과 물질로 이루어져 있습니다. 하나님이 시간을 짓자, 시간은 흐르기 시작한 것입니다. 과거, 현재, 미래로 시간은 줄기차게 흐르는 것입니다."221)

그는 영원개념을 4차원영성적으로 접근하여 설명한다. "우리는 영원을 품고 영원처럼 생각하고 영원처럼 꿈꾸고 영원처럼 믿고 영원처럼 말하며 살아가는 영원의 사람들입니다. 환경이 아무리 어려워도 영원한 축복을 생각하고 꿈꾸고 믿고 입술로 고백하면, 희한한 능력이 여러분을 점령해서 영원한 축복이 따라오는 것입니다."222) 그는 창조주 하나님의 세계를 4차원 혹은 영원의 차원으로 인식하면서, "4차원은 창조적 능력입니다. 삼위일체 하나님은 영원한 차원이라고 말할 수 있습니다."라고 강조한다.223) 그는 또한 "누구든지 예수를 믿고 거듭나면 영이 살아나서 4차원영성에 속하게 됩니다."라고 말한다.

영원의 개념을 이성적으로 이해한다는 것은 쉽지 않다. 마치 개미 몇 마리를 모아놓고 수학공식을 해석하라는 것과 같을지 모른다. 새가 하루살이 곤충보고 하루종일 잘 놀다가 "내일 또 보자."

---

220) "앎이란 교리적 지식이 아니라 하나님과 그분의 아들과 그분의 영과 나누는 살아 있는 인격적 교제다. 서로 교제하시는 삼위일체의 임재가 영원한 삶이다. 하나님 나라의 삶을 지금 누릴 수 있다." 참조. 달라스 윌라드(Dallas Willard), 『하나님의 임재』(Living in Christ's Presence), IVP(2016), 윤종석 역, 24.

221) 조용기, "영원과 시간", 주일설교(2012-06-17). "시간에서 영원으로", 주일설교(2006-02-26).

222) 조용기, "영원과 시간", 주일설교(2012-06-17).

223) 조용기, "풍랑을 잠재우신 예수님", 주일설교(2014-06-01).

고 말할 때, 하루살이가 그 말을 이해할 수 있을까? 비유하자면, 인간은 하루살이고, 하나님은 영원하시다. 하나님이 '딱 하루만 사는 인간들'을 향해 "내 일 또 보자(너희들은 영원히 나와 함께 살 것이다)"라고 하실 때 이해할 수 있을까? 당연히 '이해할 수 없을' 것이다. 실상 영원개념은 이성의 능력을 완전히 초월하는 것이다. 한 가지 분명한 것은 하나님의 형상을 닮은 인간은 하나님의 형상으로서 영원히 사는 것이다. 인간이 가진 것 중에 영혼 자체는 하나님을 가장 쏙 빼 닮았다. 더 구체적으로 말하면, 영원히 사시는 하나님의 '생명나무'에 100년을 채 못 넘기는 '신자(信者)나무'를 접붙여 생명의 수액을 영원히 공급받아 사는 것이다.

영산은 "영원이란 무한한 과거와 끝없는 미래를 창조적으로 결합한 것입니다. 하나님 안에는 과거와 미래가 함께 있습니다. 하나님은 우리의 과거와 미래를 항상 현재의 손에 들고 있습니다."라고 말한다.224)

하나님과 우리의 관계를 인격적 개념에서 접근하는 것은 중요한 의미를 지니고 있다. 즉, 영원의 개념을 '인격개념'에서 출발할 수 있다. 초대교회 교부들은 하나님이 어떤 실체로 존재하시는 것이 아니라 '휘포스타시스(hypostasis)', 곧 인격으로 존재하신다고 이해했다. 하나님의 인격적 실존이 하나님의 실체를 구성하고, 그것을 휘포스타시스(인격)로 만든다. 즉 하나님의 존재는 곧 인격과 동일한 개념이다.225) 다시 말해 하나님이 존재하지 않으면 인격도 존재하지 않는다. 중생한 자, 즉 '실존적 새 존재인 우리가 영원히 산다는 것'은 새 존재를 구성하는 인격이 하나님의 인격 안에서 친교하며 영원히 산다는 것이다. 단순히 존재와 생명으로 영원히 사는 것이 아니라 하나님과의 친교와 기쁨, 사랑, 진리 안에서 영원히 산다는 의미다(요17:21-23). 장차 우리는 삼위 하나님의 삶 안으로 들어가서 영원히 살 것이다.

생명 · 인격 · 친교 · 진리 · 사랑 · 영원

성경은 우리에게 영원한 생명을 주겠다고 말한다. 예수님은 우리에게 영생을 주기 위해서 오셨다. 생명이 있어도 인격이 없으면 친교가 일어나지 않는다. 동시에 인격이 있으면, 진리와 사랑 안에서 상호친교가 이루어져야 한다. 인간의 영원성을 부득이 설명하려면 생명, 인격, 친교, 진리, 기쁨, 사랑 같은 개념들을 서로 연결시켜서 이해하는 것이 필요하다. 우리가 영원히 산다고 했을 때, 어떤 의미에서 영원히 사는 것인가? 전술한 이러한 영적 언어들의 총체적 이해가 필요하다. 그래야 영원의 이야기를 만들어갈 수 있기 때문이다. 3차원 세계에 익숙한 우리에게는 실상은 영원의 의미를 이해하기가 쉽지 않지 않지만 시도해볼 만하다.

하나님과 우리의 인격적 관계를 더 심화시켜보자. 하나님의 존재와 삶의 존재론적 원인과 원리가 하나님의 실체가 아니라 인격에 있다고 보면,226) 우리의 영원성은 성부 하나님의 인격에서 찾아야 한다. 다시 말해 우리의 거듭난 새 존재의 인격이 영원하려면, '하나님의 인격과 중생한 자의

---

224) 조용기, "예비하시는 하나님", 주일설교(2012-05-13).
225) 존 지지울러스, 『친교로서의 존재』, 삼원서원(2012), 43: 교부들의 삼위일체 신학에서 중요한 것은 하나님의 '존재'가 한 실체가 아니라 한 인격, 곧 성부에 의거한다는 점이다.
226) 존 지지울러스, 『친교로서의 존재』, 삼원서원(2012), 42.

인격'이 서로 사귀며 하나됨을 이루어야 한다(요일1:3). 그 만남이 영원하려면 사랑 안에서 만나야 하고(요3:16), 사귐 즉 친교가 있어야 한다.227) 우리의 사귐은 아버지와 그의 아들 예수 그리스도와 더불어 누리는 데에 있다(요일1:3). 사랑 없는 친교는 기계적인 만남에 지나지 않는다. 그것은 의미 없는 삶이다. 아무리 오래 살아도 친교 없는 삶, 사랑 없는 삶, 진리를 벗어난 삶은 가치가 없다. 지옥에서의 생존은 바로 이와 같은 삶이다.

인간의 생명이 유지되려면 하나님과 사귐 가운데 있어야 하고, 그 친교 내용은 또한 진리여야 한다. 그리스도만이 '길이요 진리요 생명(요14:6)'이시기 때문이다. 우리의 영은 개별적인 고유한 특성을 지니고 있지만 동시에 하나님의 삶에 참여한다.228) 즉 한 인격(person)으로 하나님과의 친교 혹은 사귐(fellowship)에 참여한다. 인격적 존재는 공동체가 없으면 실존할 수 없다. 우리는 '다 한 성령으로 세례를 받아 한 몸(고전12:13)'이 되었다. 성령세례를 통해서 우리는 신앙공동체 안에 소속되어 있고 연합되어 있다.

모든 그리스도인은 개별적으로 존재하면서 공동체 안에 연결되어 있다.229) 그리스도가 성도의 몸이기 때문이다(고전12:27). 성령님은 그리스도인을 삼위일체 하나님 안에서 신앙공동체와 결합시켜 주신다. 신앙인은 공동체 안에 있을 때 친밀하게 교제하며 성장한다. 바울은 "우리가 축복하는 바 축복의 잔은 그리스도의 피에 참여함이 아니며 우리가 떼는 떡은 그리스도의 몸에 참여함이 아니냐(고전10:16)"고 반문한다. 십계명도 하나님을 사랑하고 이웃을 사랑하는 모델을 제시한다. 이 점도 그리스도인의 개별성과 공동체에 참여하는 특성을 보여준다.

이와 같은 측면에서 성령님과의 인격적 교제는 중요하다. 고린도전서에서 바울은 "너희를 불러 그의 아들 예수 그리스도 우리 주와 더불어 교제하게 하시는 하나님은 미쁘시도다(고전1:9)"라고 말한다. 바울은 다메섹을 향해서 가던 도중에 예수님과의 짧은 대화에서 성도와 예수님이 상호연결되어 있다는 사실을 깨닫게 되었다. 부활 및 승천하신 예수님은 "나는 네가 핍박하는 예수"라고 말씀하셨다. 바울은 그리스도인들을 괴롭혔지만, 정작 핍박 받으신 분은 예수님이셨다. 바울에게 이것은 신비스러운 현장학습이었다. 다시 말해 성령은 친교와 연결되어 있다. 성령님의 이와 같은 역할은 그리스도가 몸이라는 표현을 가능하게 한다.230)

우리의 영원한 삶은 이미 우리 안에서 시작되었다. 마지막 날 그 삶은 완성될 것이다. 역사의 마지막 날 성령님은 그리스도 안에서 죽은 사람들을 살려내고, 살아 있는 사람들까지도 영화로운 몸으로 변화시킬 것이다. 또한 그들을 새 하늘과 새 땅으로 인도할 것이다.

---

227) 존 지지울러스, 『친교로서의 존재』, 삼원서원(2012): 자세한 내용은 '제2장 진리와 친교'를 참조하라.

228) 인간 영의 개별성과 참여성: "누가 야훼의 회의에 참여하여 그 말을 알아들었으며 누가 귀를 기울여 그 말을 들었느냐(렘 23:18)." "거룩한 성에 참여함을 제하여 버리시리라(계22:19)." "한 번 빛을 받고 하늘의 은사를 맛보고 성령에 참여한 바 되고(히6:4)." "우리가 시작할 때에 확신한 것을 끝까지 견고히 잡고 있으면 그리스도와 함께 참여한 자가 되리라(히 3:14)."

229) 틸리히(Paul Tillich)는 "개별화없이는 그 어느 것도 연관되어 실존할 수 없다. 참여없는 관계의 범주는 실재속에 아무런 기초도 가지지 못할 것이다." 참조. 황민효, 『폴 틸리히 신학』, 한국장로교출판사(2008), 225.

230) 존 지지울러스, 『친교로서의 존재』, 삼원서원(2012), 139.

타락한 인간의 실존은 예수 그리스도를 통해 새 존재, 즉 새로운 피조물이 된다(고후5:17). 아담의 후손은 원죄로 말미암아 영생을 잃어버렸다. 비록 타락한 실존으로 존재했었지만, 십자가의 공로로 옛 사람은 새 사람(존재)이 되었고, 하나님의 자녀로 받아들여졌다. 이 '새 존재'는 영원히 사시는 예수와 연합되어 있음으로(갈2:20) 영원한 삶을 주와 함께 살게 된다(요17:21-23).

더 구체적으로 서술하면, 우리가 하나님 안에서 존재한다는 것은 삼위 하나님과의 관계 안에서 인격적으로 존재하는 것이다. 하나님은 인격(hypostasis 혹은 person)으로 존재하신다.[231] 거듭난 존재인 우리는 삼위 하나님과 존재론적 및 인격적으로 연합되고(갈2:20, 고전6:17, 요15:5, 요17:21-23), 그 관계는 영원히 지속된다.

새 인격체가 장차 주와 함께 영원한 산다는 것은 신비 그 자체다. 그리스도의 재림에 대한 복음은 우리에게 현재와 장래의 희망을 준다. 또한 재림에 대한 믿음은 우리에게 '산 소망'을 준다. 신자는 시간에 속해 있는 동시에 또한 영원에 속해 있다. 따라서 장차 영원의 사람으로 완전히 변화될 것이다.

"아멘, 주 예수여 오시옵소서 !"

5. 5중복음: 사랑의 변증학

기독교인의 삶의 기초는 십자가 구속에서 시작하고, 복음의 위대성은 구속 안에 있다. 그 구속의 중심에는 예수 그리스도가 계신다. 십자가의 복음은 인간 안에 거룩함의 형상을 새겨 하나님을 닮아가게 한다. 하나님은 우리의 유익을 위해 그의 거룩함에 참여하게 하신다(히12:10).

복음은 하나님 자신의 '불멸의 사랑의 변증학'이다. 십자가의 구속의 은혜는 영산의 목회원리를 통칭하는 핵심이다.[232] 십자가 중심의 '사랑의 변증학'은 그에게 생명의 원리, 은혜의 원리, 영광의 원리와 목회의 원리를 내포한다. 그의 영적세계관과 가치관은 십자가 사랑의 변증학으로 일관되어 있다. 그의 설교들에는 언제나 사랑의 변증학이 스며들어 있다. 그것은 성도들의 마음하늘에 펼쳐져서 그들의 마음 한가운데 십자가 사랑으로 그려졌다. 그것은 개인의 영적성장과 교회의 성장으로 이어졌다. 영산의 복음 적용은 개인의 영혼 구원에만 국한되지 않고, 삶의 모든 영역에 이르기까지 구체적으로 확장된다.[233]

---

231) 교회사로 보면, '하나님의 인격'이라는 표현에서 '인격'이라는 말은 이해하기 어려운 용어다. 영적으로 존재하시는 하나님에 대한 총체적 서술이기 때문에 교부들은 이 용어를 사용하는 데 상당한 어려움을 겪었다. 종종 '인격'을 '실재 혹은 본질'과 동일시하기도 했다. 피조물이 창조주를 한 단어로 묘사한다는 것은 극명한 한계를 지니고 있다.

232) "은혜란 하나님이 우리 삶 속에 역사하셔서 우리 힘으로 못하는 일을 이루어 내시는 것이다. 은혜란 하나님의 사랑과 활동이 흘러나와 유익을 만들어낸다는 뜻이다." 참조. 달라스 윌라드(Dallas Willard), 『하나님의 임재』(Living in Christ's Presence), IVP(2016), 155 & 211.

233) 영산은 실업인선교회를 조직하여, 5중복음과 3중축복의 원리를 적용토록 했다. 즉, 하나님 나라의 경영원리 - 특히 바라봄의 법칙 - 를 다층적 관점에서 시도하도록 했다. 그 결과 삶의 처소는 하나님의 은혜를 체험하는 시공간이 되었다.

지난 반세기 동안 여의도 성도들은 좋으신 하나님이 우리에게 준 영적 선물들 – 5중복음과 3중 축복, 4차원영성 – 의 산맥 위에서 십자가 구속의 자비, 사랑, 은혜를 향유했다. 이미 한 세대가 지나가고 두 번째 세대로 진입했다.

강물은 아래로 흐르고, 하늘 위의 구름도 바람 따라 흐르고, 모든 산은 하늘을 향한다. 여의도순복음교회도 하늘의 순리를 따라 여기까지 왔다. 순복음의 영성은 간단하게 정리하면 십자가 영성 GBS-534(5중복음, 3중축복, 4차원영성)이다.[234] 이것은 '순복음영성의 삼중구조'에 해당되고, 그 뿌리는 '십자가 영성'이다. 하나님이 이스라엘 백성을 광야에서 40년 동안 낮에는 구름기둥, 밤에는 불기둥으로 인도했듯이, 영산은 여의도 광야 반세기를 'GBS-534'라는 구름기둥과 불기둥으로 이끌어왔다.[235] 진실로 5중복음은 궁극적으로 하나님의 나라를 지향하는 원동력이었고, 여의도순복음교회를 여기까지 이끌어온 영적 사령관이었다. 동시에 그것은 하나님 나라의 영적 비전을 건설하는 데 중추적인 역할을 해왔다. 영산에게 5중복음은 언제나 복음의 진수로 자리 잡고 있었다.[236]

그러나 이제 더 큰 은혜를 향유하기 위해, 하나님께 더 큰 영광을 돌리기 위해, 미래에 더 큰 은혜를 받기 위해, 우리에게 더 높이 올라가야 할 시점에 다가왔다. 아니 그렇게 되어야 할 것이다. 우리가 더 깊이 탐구해야 영적인 주제들 – 성화(sanctification)[237], 친교 혹은 사귐, 절대희망, 절대긍정, 절대감사 등 – 이 많이 있다. 이 시대, 사회, 문화는 성화의 신비와 참 삶의 목적과 의미를 잃어버린 채 살고 있다. 교회사 전체를 통해서 앞서간 믿음의 선배들이 다루었던 신학적인 주요 주제들을 재검토하고 더욱 깊고 넓게 이해해야 할 필요가 있다.

우리는 예수를 믿을 때 값없이 거룩함(히10:10), 의로움(롬5:1), 온전함(히10:14)을 얻은 자들이다. 이제 예수 그리스도만을 닮아가야 할 거룩한 의무가 우리에게 있다. 지난 60년 동안 성장한 5중복음,

---

234) GBS-534 = 5중복음(5-fold Gospel) + 3중축복(3-fold Blessing) + 4차원영성(4th Dimension): 이렇게 하나의 방정식으로 묘사하는 첫째, 이유는 무엇보다 기억하기에 편리하고, 둘째, 순복음영성의 전통이 유실되거나 궤도를 벗어나지 않고 늘 본래 자리에 있게 하기 위함이다. 5중복음에서 5개의 복음을 말하는 것이 아니다. 복음은 하나다. 다만 복음의 핵심요소를 5개 선택한 것이다. 그리스도의 복음은 유일성의 속성을 가진다.

235) 영산이 믿음의 후배들에게 넘겨준 GBS-534는 여의도순복음교회의 성도들에게 매우 소중한 영적 유산이다. 하지만 비온 후 하늘에 무지개가 드러나듯 새로운 패러다임의 무지개가 홀연히 드러날 수도 있다. 단지 그것이 우리에게 보이지 않을 뿐이다. 진리는 변함없지만 그것을 담는 그릇은 변할 수 있다.

236) 근본적으로 복음은 예수 그리스도의 말씀이다. 복음은 하나지만, 그 안의 강조점은 다양하게 나타난다. 영산 자신도 복음은 하나지만 그 안의 강조점을 '중생, 성령충만, 신유, 축복, 재림-다섯 가지, 즉 오중복음'으로 지적한다. 그는 이 다섯 가지가 복음의 진수라고 말한다. 참조. 조용기, 『현대인을 위한 오중복음 이야기』, 서울말씀사(1998), 10.

237) 위치적 성화는 우리를 '위해' 이루신 그리스도의 사역을 통해 이뤄지고, 점진적 성화는 우리 '안에서' 이루시는 그리스도의 사역을 통해 이뤄진다. 모두 하나님의 선물이다. "그가 거룩하게 된(being sanctified, 현재분사, 수동형) 자들을 한 번의 제사로 영원히 온전하게 하셨느니라(he has perfected)(히10:14)." 여기서 두 가지 시제가 나온다. '거룩하게 된'은 '거룩하게 되어가는' 현재형 의미로 '점진적 성화'를 의미하고, '온전하게 하셨다' 제1완료형 시제로 이미 이뤄진 일, 이것을 '위치적 성화'라고 한다. 참조. 막스 루케이도(Max Lucado), 『예수가 선택한 십자가(He chose the Nalis)』, 아드폰테스(2013), 윤종석 역, 150. 이 해석으로 보면, 모든 성도들은 이미 위치적 성화(칭의 과정)를 이룩했고, 이제 '점진적 성화(혹은 성화)'를 이뤄가고 있다. 그리고 장차 영화(glorification)를 향하여 … 모든 성도들은 주의 은혜로 오늘도 성화되고 있고, 앞으로도 그러할 것이다. 주님의 성화사역은 결코 쉼이 없기 때문이다. 은혜는 성화를 좋아하고, 성화는 은혜를 기다리고 사모한다. 은혜와 성화는 동전의 양면이다.

3중축복, 4차원영성의 봉우리를 기초로 하여 도약의 장(場, field)으로 가야할 시점에 와 있다. 그 이유는 하나님의 완전함을 닮아가야 할 의무가 우리에게 있기 때문이다(마5:48, 창17:1, 히10:14).

미국이 낳은 신학자 조나단 에드워즈(Jonathan Edwards)는 "나는 더욱 거룩하고 더욱 그리스도를 닮은 삶을 살기 위해 열심히 노력했다. 내가 갈망했던 천국은 성결의 천국"이었다고 고백했다. 구약시대 대제사장들이 정금으로 패를 만들고 그 위에 '야훼께 성결'이라는 인(印)을 새길 만큼 성결은 중요한 영적 키워드였다. 토저(A.W. Tozer)는 "진리는 언제까지나 동일한 것이나 그 모형과 강조점, 해석들은 달라진다"고 지적한다.238)

나는 5중복음이 다음 세대에서도 더욱 활성화될 것을 기대한다.239)

a) 중생은 하나님의 사랑의 절정이다

중생은 하나님의 자비와 사랑이 낳은 위대한 선물이다. 십자가 사건의 절정은 그리스도와 신자들의 연합이다(고전6:17, 롬6:5, 고후5:17). 연합을 통해 인간은 새 사람이 된다. 하나님은 아담과 하와에게 주어진 하나님의 형상을 닮아가도록 그 아들 예수 그리스도를 우리와 연합시켰다.240) 그리스도와의 연합에 기초해서 신자들에게 칭의(롬5:1), 화목(요일4:10, 엡2:13-16), 양자(롬8:15) 등이 주어진다. 연합은 최고의 복이라 할 수 있다.241) 이것은 하나님의 사랑의 궁극을 보여주는 지고한 은혜의 선물들이다. 그런 차원에서 보면, '그리스도와 연합의 복'은 모든 영적 유익을 낳는 어머니와 같다. 연합의 복은 성도의 삶에서 최고의 복이다.

십자가를 통한 하나님의 사랑은 영원한 진리이면서 동시에 행동 자체다. 사랑은 말뿐만 아니라 행동으로 표현되어야 한다. 그리스도와 연합하여 중생하면, 신자는 예수님의 십자가와 부활을 통해서 사랑을 배워가는 십자가학교의 학생이 된다. 신자들은 땅에 살고 있지만, 동시에 하늘의 삶을 살고 있다(엡2:6, 빌3:20).

나의 영과 예수의 영의 연합(갈2:20, 고전6:17)은 신앙생활의 핵심 중 핵심이다. 중생은 순서상으로 이해하면, 주의 영과 인간의 영 사이에 이루어진 연합의 결과다. 누구든지 그리스도 안에 있으면 새로운 피조물이다(고후5:17). 그리스도와 연합없는 중생은 중생이 아니다. 예수 그리스도와 연합된

---

238) A. W. 토저, 『능력』((Born After Midnight), 생명의말씀사(2012), 114.

239) 하나의 패러다임이 정립되면, 언젠가 또 하나의 패러다임이 출현한다. 진리는 같아도 그것을 전달하는 방식은 달라질 수 있다. 이미 지나온 역사가 그것을 증명해준다. 영성의 모양과 형태는 그 시대와 그 문화의 흐름 속에 떠내려 갈 수 있지만, 그 안에 생명의 복음은 변함없이 영원하다. 하지만 나는 '3중축복과 5중복음 및 4차원영성'을 모두 하나의 영적 지평선으로 결합시켜 성도의 신앙생활에 더 적극적으로 접목되기를 기대한다.

240) 이 땅에서 신자들이 하나님의 형상을 더 많이 닮아갈수록 인간은 더 많은 하나님의 풍성함을 누리게 될 것이다. 인간은 하나님의 거룩함을 눈으로 볼 수 없지만, 그 거룩함은 율법과 복음 그리고 자비와 은혜 안에 전반적으로 드러나 있다. 우리는 예수님을 통해 하나님의 거룩함을 알아가야 할 존재다. 성령 안에서 우리는 말씀, 믿음, 기도, 순종, 인내로 거룩한 존재가 되어가야 한다.

241) 조엘 비키 & 마크 존스(Joel Beeke & Mark Jones), 『청교도 신학의 모든 것』, 부흥과개혁사(2015), 556.

자는 아담의 타락으로 손상된 하나님 형상을 회복하는 길로 나아간다. 그리스도와 연합된 자는 예수의 마음을 품어 성화를 지향해야 한다. 하나님이 그의 아들 예수 그리스도를 보내신 이유는 우리가 그를 닮게 하려는 것이다(롬6:22, 롬8:29, 고전2:16, 갈2:20). 신약성경은 그리스도의 옷을 입는 삶(롬13:14), 새 피조물이 되는 삶(고후5:17), 그리스도 형상을 닮아가는 삶(롬8:29), 그리스도의 마음을 가진 삶(고전2:16)에 대해 말한다. 예수 그리스도와 연합된 자(골2:19, 갈2:20, 롬6:5)는 예수님처럼 생각하고, 꿈을 꾸고, 믿음을 가지고, 말을 사용해야 한다. 4차원영성의 신학적 기초는 '나와 예수 그리스도의 연합'에 있다. 즉 말씀과 믿음과 기도와 성령으로 예수 그리스도와 같이 되는 것이다. 요약하면 중생과 연합은 밀접한 유기적 관계를 가지고 있다.

b) <u>성령충만은 하나님과 친밀한 관계를 활성화시킨다</u>

인간의 존재목적은 죄인을 의롭고 거룩하게 만들어 하나님께 예배드리고 영광 돌리기 위함이다. 성도는 말씀과 믿음과 기도와 성령으로 거룩해진다(살전4:3, 행15:9). 하나님은 신자가 거룩하게 되는 것에 큰 관심을 갖고 계신다. 거룩해야 하나님과 친밀한 관계가 지속될 수 있기 때문이다.

성도는 말씀을 통해 마음이 정화되고 거룩해진다. 말씀과 믿음과 기도로 살면 거룩해져서 신자는 '나와 함께하는 하나님'을 인식하고, 자각하게 된다. 십자가는 죄를 죽여서 성도의 마음하늘에 거룩하고(히10:10)과 의롭게(롬3:22) 된다. 성령은 죄인을 회개시켜 성화시키고 궁극적으로 그리스도의 영광만을 드러나게 한다(요16:14). 영산은 4차원영성이란 "하나님의 말씀을 마음속에 정리하여 적용하는 방법으로서 생각, 꿈, 믿음, 말"이라고 말한다. 즉 말씀과 성령 안에서 하나님처럼 생각하고, 꿈꾸고, 믿고, 말하는 영성이다.[242]

십자가는 복음을 통해 하나님의 영광을 온 천하에 드러내는 영적 기초를 탄생시킨다. 성령님은 신자들의 삶 가운데서 그리스도의 영광을 드러내게 하신다. 성령은 하나님의 말씀을 우리 안에 성육화시켜, 하늘의 사람, 신비의 사람을 창조하여, 우리가 하늘나라 삶의 원리와 방식대로 살게 한다. 성령은 휘장을 넘어 하늘나라를 꿰뚫어보는 능력을 준다. 그리고 성령 안에서의 말씀은 인간을 성육화시켜 성화의 신비를 체험하게 한다. 말씀과 기도는 신자들의 마음의 성향을 거룩하게 만든다. "하나님의 말씀과 기도로 거룩하여짐이라(딤전4:5)." 성도의 삶의 궁극은 '거룩한 존재가 되는 것(being)'에서부터 출발하여, 이제 '거룩하여지는 것(becoming)'으로 진보되어야 한다. 다시 말해 신분상 거룩에서(히10:10) 행위적 거룩으로 승화시켜야 한다(엡1:4). 신자는 거룩하기 위해서 이 땅에 존재한다(살전4:3, 엡1:4). 하나님은 "내가 거룩하니 너희도 거룩하라(레11:45)"고 하신다.

성령의 삶이란 성령의 능력으로 예수 그리스도의 영광을 드러내는 삶(갈2:20), 은혜 중심의 삶, 성화의 삶, 말씀 중심의 창조적 삶을 추구하는 역동성을 가진다. 성령은 비전과 꿈을 주시어 내

---

242) 4차원영성의 4요소 ― 생각, 꿈, 믿음, 말 ― 는 본류는 같지만 다양한 양식으로 전개된다. 1) 예수님처럼 생각하고, 꿈꾸고, 믿고, 말한다. 2) 마음하늘에 말씀의 생각, 말씀의 꿈, 말씀의 믿음, 말씀의 언어를 적용한다. 3) 하나님처럼 생각하고, 꿈꾸고, 믿고 말한다. 4) 말씀을 생각하고, 꿈꾸고, 믿고, 입술로 선언한다. 5) 하나님이 인간과 교제하는 방식은 생각, 꿈, 믿음, 말이다. 6) 성령님과 인격적 교제하는 방법은 생각, 꿈, 믿음, 말이다. 6) 5중복음과 3중축복을 삶에 적용하는 방법은 생각, 꿈, 믿음, 말이다. 7) 하나님께서 주신 모든 은혜와 축복을 생각하고, 꿈꾸고, 믿고, 그것이 현실화되도록 기도한다. 이렇게 영산은 다양한 방법으로 4차원영성을 성도의 삶속에 적용한다.

안의 예수 그리스도를 드러내신다(요16:14). 성령충만의 궁극은 우리 안에 생명의 신비를 주어서 예수 그리스도를 증거하고, 그의 영광을 드러내게 한다. 또한 성령은 우리 안에 꿈을 심어 하나님의 뜻을 행하도록 하여 예수의 영광을 드러내게 한다. 성령은 삶 속에서 성화의 신비를 풀어놓는다.

c) 신유는 하나님의 자비와 은혜와 사랑의 결정체다

영산은 신유의 타당성을 말씀 중심으로 이해한다. 즉, '몸의 구속(롬8:23), 몸은 성령의 전(고전6:19), 성도는 그리스도의 지체(고전6:15), 하나님께 영광을 돌릴 몸(고전6:20), 영혼육의 중요성(살전5:23), 치료하시는 하나님(출15:26), 예수님의 일(눅5:12)' 등이다.[243] 영산은 "신유는 하나님께서 원하시는 일이며 현재에도 일어나는 복된 사건입니다."라고 말한다. 그는 전인적 구원을 강조한다.

신유는 '자비와 은혜와 사랑의 하나님이 우리와 함께 하심'이고, 그 결과 '신유의 능력'이 우리에게 나타나는 것이다. 하나님의 죄사함의 능력, 용서의 능력, 사랑의 능력, 신유의 능력 등은 모두 하나님의 자비에서 파생된 것이다. 복되신 하나님은 죄인들에게 자비를 베푸신다. 4차원의 영성은 말씀의 영성과 거룩의 영성이다. 하나님처럼 생각하고, 꿈꾸고, 믿고, 말하는 4차원의 영성, 그 안에는 '치료의 능력, 성화의 능력, 자비의 능력, 은혜와 사랑의 능력' 등이 포괄적으로 내포되어 있다. 인간을 향한 '하나님의 생각'은 아픈 것이 아니라 건강이고, 불행한 것이 아니라 행복이고, 미움이 아니라 사랑이고, 낙망이 아니라 기쁨이다. 다시 말해 하나님은 자비와 사랑의 하나님이시다.

또한 신유를 십자가의 말씀과 십자가의 믿음 차원에서 이해하면, 인간과 그리스도의 연합이 중요한 중심원리로 작용한다. 십자가는 수난절-부활절의 삶의 원리를 신자들에게 적용한다. 십자가의 믿음은 고난을 고난으로 보지 않고 부활의 관점에서 현실의 세계를 바라보게 한다. 우리 안의 믿음이 궁극적으로 하는 일은 영적세계의 실재(reality)가 성도의 삶 가운데 임재하는 것이다. 십자가의 믿음은 고난을 바라보는 시각을 완전히 뒤바꾼다. 십자가의 믿음은 고난을 '하나님의 뜻대로 하게 된 근심(고후7:11)'으로 보게 할 수도 혹은 '세상 근심(고후7:10)'으로 인식하게 할 수도 있다. 십자가의 믿음은 이 고난의 씨를 영광의 씨로 역전시켜서 바라보게 한다.

다시 말해 십자가의 믿음은 현재 삶의 고난을 부활의 관점에서 보고, '병을 건강으로, 약(弱)을 강(强)으로, 고난(苦難)의 씨(seed)를 영광(榮光)의 씨로, 무(無)를 유(有)로, 부(不)를 정(正)으로' 인식하게 만든다. 신유를 고난의 연장선상에서 이해하면, 고난의 현실을 십자가의 수난절-부활절에 적용하면, 신자들은 수난절 안에 숨어 계시는 하나님을 바라보는 믿음의 눈을 갖게 된다. 이것은 놀라운 신비의 능력이다.

우리 안에 임마누엘 예수님이 능력으로 존재하신다. 믿음을 품고 산다는 것은 새 왕국의 법칙과 원리에 따라 사는 것을 의미한다. 옛 세상은 소멸되고, 새 하늘의 능력의 구조 아래서 사는 삶이다. 다시 말해, 하나님과 동행하는 삶이란 '믿음의 원리와 방식으로 사는 삶'이다. 그것은 이 세상

---

[243] 조용기, 『오중복음과 삼중축복』, 서울말씀사(2008), 140-142.

에서 하나님의 통치를 인식하며 임마누엘 하나님의 은혜를 체험하게 한다. 믿음의 사람은 없는 것을 있는 것처럼 고백한다. 주와 동행하면, 곧 4차원영성적으로 살면, 믿음의 눈은 병을 보고도 건강으로 생각하고, 곧 치료된다고 믿고 받아들인다. 그런 차원에서 신유는 하나님의 권능을 드러내어 영광을 드러내는 거룩한 수단이다. 임마누엘의 삶의 본질은 예수 그리스도의 삶에 참여하여 그분의 영광을 드러내는 삶이다(요16:14). 그런 의미에서 신유는 영광의 매개체다.

d) 축복은 하늘에 속한 신령한 은혜를 맛보는 것이다

축복이란 하늘에 속한 신령한 복을 소유하는 것이며(엡1:3-14), 인간이 수용할 수 있는 최고의 신령한 복은 그리스도와 연합하여 하나님의 아들이 되는 복(엡1:5), 즉 양자가 되는 복(롬8:15), 죄사함을 받는 복(엡1:7), 성령의 인치심으로 성령의 사람이 되는 복이다(갈5:25, 엡1:13). 성도의 삶 중에 그리스도와 연합의 복은 지고한 존재론적 복이다.[244] 예수님을 얻는 복보다 더 큰 복은 없다.

하나님과 그리스도와의 사귐을 통해 우리는 하나님을 닮아가는 자가 된다. "우리의 사귐은 아버지와 그의 아들 예수 그리스도와 더불어 누림이라(요일1:3)." 그리스도와의 친교 안에서 우리는 영혼의 복, 범사의 복, 강건의 복을 누리는 신분이 된다. 축복의 본질은 하나님의 말씀에 대한 순종에 있으며 하나님과의 친교에 있다. 영산도 복 있는 사람이란 '야훼의 율법을 즐거워하는 사람(시1:2), 하나님의 말씀을 주야로 묵상하는 자(수1:8)'임을 강조한다. 또한 복과 관련해서 하나님과의 관계를 중요시한다. 즉, 말씀으로 먼저 복을 받고, 그 결과 환경과 주위 모든 것들이 형통하게 된다는 것이다.[245]

영산은 4차원의 영성을 "하나님의 말씀을 내 마음에 믿는 방법으로서 생각, 꿈, 믿음, 언어"라고 정의한다. 이러한 정의는 '말씀을 매개체로 한 하나님과의 친교'를 의미한다. 삼위일체 하나님은 '생각으로, 꿈으로, 믿음으로, 말로' 우리와 상호교통하신다. 친교란 말씀의 성육화 과정이며, 삼위 하나님과의 친밀한 사귐이다(요일1:3). 다시 말해, '4차원영성-생각, 꿈, 믿음, 말'은 하나님과의 친교를 위한 매개체라고 할 수 있다. 우리는 '하나님처럼 생각하고, 꿈꾸고, 믿고, 말'할 수 있을 때, 하나님과 더 친밀한 관계 속에 들어갈 수 있다. 그런 의미에서 4차원의 영성은 친교의 영성, 곧 관계의 영성으로 확장된다. 나아가 4차원영성은 그리스도를 닮아가는 영성으로, 의와 진리의 거룩함을 닮아가게 하는 따라감의 영성이다. 우리는 '예수의 마음을 가진 자(고전2:16)'로서 성령 안에서 예수님의 마음을 닮을 수 있다.

영산은 '위대한 발견'이라는 주일설교에서 "4차원영성은 하나님과 대화하는 영성입니다."라고 말한다.[246] 또한 영산은 "5중복음과 3중축복을 우리 삶에 적용하는 방법이 4차원영성입니다."라고 피력한다.[247] 그는 4차원 영성의 기능을 다양한 측면에서 바라본다. 즉 4차원의 영성을 친교의

---

244) 바울은 에베소서 1장에서 신령한 복을 3가지로 요약 및 정리하고 있다. 하나님의 택하심과 아들됨의 복(엡1:4-6), 죄사함의 복(엡1:7-12), 인치심의 복, 즉 임마누엘의 복(엡1:13-14)이다. 인간의 본질적인 복은 삼위 하나님이 주시는 신령한 복에서 드러난다.
245) 조용기, "복 있는 사람", 주일설교(2010-10-31).
246) 조용기, "위대한 발견", 주일설교(2011-03-27).
247) 조용기, "복 있는 사람", 주일설교(2015-06-21).

수단으로 또는 5중복음과 3중축복을 활성화하는 수단으로 인식한다. 그는 기도에도 4차원영성을 적용하여 4차원의 기도론을 펼친다.[248] 즉 4차원영성은 통전적으로 영산의 목회에 적용되고, 삶의 전반적인 영역에서 영적 유익함을 준다.

영성 안의 실재(reality)는 변하지 않지만, 영산은 영성의 적용 방식 혹은 양태는 다양함을 간접적으로 보여주고 있다. 실제적으로 인류역사를 볼 때 영성의 역사는 다양성 안에서 진보하고 발전했다.

하나님은 거룩함과 의로움의 원리로 피조물과 세상을 경영하신다.[249] 하나님은 공의의 잣대로 사람을 보시지만, 동시에 자신의 선하신 본성, 즉 자비와 은혜와 사랑과 인내의 잣대로 보신다. 비록 인간이 죄와 결점을 지니고 있지만, 은혜와 자비가 충만하신 하나님은 우리에게 복을 주신다. 그 복은 관계를 기초로 한다. 하나님은 특별히 거룩하고 의로운 자들에게 더 많은 은혜를 베푸시고 복을 주신다. 하나님이 인간과의 사귐을 통해 궁극적으로 원하시는 것은 자신의 영광이고, 또한 피조물인 우리도 은혜와 자비로 복을 받아 영광의 삶을 사는 것이다.

e) 재림은 희망의 하늘나라를 바라보게 만든다

그리스도인의 희망이란 '예수 그리스도 안에서의 희망'이다. 그리스도인이란 예수 그리스도와 연합한 존재로서 불멸의 희망의 씨를 품고 사는 존재다(고전6:17, 롬6:4-5, 갈2:20). 예수와의 연합은 희망의 모체이자 영원한 희망이다. 성도는 그리스도와 연합함으로 천국의 소망, 재림의 소망, 영원의 소망을 마음에 새긴다. 재림이 희망이며, 희망 안에 또한 재림의 씨가 내재되어 있다. '그리스도 안에서의 삶'이란, '지금 여기에서' 하나님의 자비와 은혜, 사랑을 맛보는 것이고, '장차 그곳에서' 영원히 주와 함께 천국에서 사는 것이다.

4차원영성은 예수 그리스도와 연합된 자가 영적으로 살아가는 하나의 방식 – 예수와 동등한 생각, 꿈, 믿음, 언어로 사는 삶 – 을 보여주는 삶이다.

4차원의 영성, 곧 하나님처럼 생각하고, 꿈꾸고, 믿고, 말하는 그 자체가 바로 희망이다. 하나님의 생각으로 산다는 것은 재앙이 아니라 언제나 희망이다(렘29:11). 희망이란 기다림과 준비된 긴장의 창문을 열어놓고 창조적 긴장을 향유하는 신비의 장(場)이다. 그리스도와 연합하여 중생한 자는 영생의 씨를 품은 자로서 영원의 삶, 종말적 희망을 품고 산다. 누구든지 예수 그리스도를 믿으면, 새 하늘과 새 땅을 향하여 행진하는 희망의 사람이 된다. 희망의 사람이란 지금 여기에서 하나님의 나라를 체험하는 자이다. 그것은 초월하시는 하나님과 함께 하시는 하나님에 대한 신앙이 서로 균형을 이룬 것으로 역동적 희망의 삶이다. 모든 성도는 이미 희망 자체이신 예수 그리스도의 영과 연합되어 있다(고전6:17, 갈2:20). 복음의 능력은 장차 완전하게 임할 하나님 나라의 통치가 현재 내 삶 속에서도 부분적으로 이루어지게 한다. 그것은 4차원영성적 삶의 일면이기도 하다.

---

248) 조용기, "4차원의 기도" 주일설교(2012-02-05).
249) 하나님의 '선하심'이란 한 인격의 행동이며 자기계시다. 하나님은 그 자신이 최고의 선이다. 그것은 '타인에게 유익하게 하는 것'이다. 하나님의 '의로움'이란 하나님 자신의 선하심의 형태 혹은 구조. 즉 선하심은 자신의 의로우심의 적극적인 구현이다. 참조. 존 프레임(John M. Frame), 『신론』(The Doctrine of God), P&R(2014), 587 & 643. 부언하면, 선하심과 의로움은 한 가족, 한 줄기에 붙어 있는 하나님의 속성이다.

5중복음의 지속성과 활성화

21세기에 빛날 영적 언어는 무엇일까? 그것은 자비와 거룩, 복음과 은혜, 관계와 축복, 사랑과 행복일 것으로 보인다.[250] 나는 '5중복음, 3중축복, 4차원영성'이 호흡하는 모든 자에게 영원히 기억되어 그들의 신앙생활에 기초가 되기를 희망한다. 순복음의 십자가 영성이 통전적으로 그리스도인의 삶의 자리에 잉태되어 그리스도를 닮아가기를 소원한다.[251] 진리는 영원토록 변함이 없지만, 진리를 담아가는 그릇의 양식은 그 시대, 그 문화, 그 사회에 따라 달라지기 때문이다. 지나간 세대가 그러했다. 하나님의 말씀은 때(timing)가 중요하다.

인간의 때는 연대기 시간(kronos, 크로노스)에 따라 흘러간다. 하지만 하나님의 때(카이로스, kairos)는 하나님이 정하신 바로 그때이다. 인간은 시간의 지배를 받기도 하고(being timed), 계획을 세워 어떤 때(timing)를 정하기도 한다. 삶에서 중요한 것은 하나님의 때(카이로스, timing)를 포착하는 것이다. 인간이 붙들어야 할 최고의 카이로스는 예수 그리스도의 죽으심과 부활하심이다. 곧 예수 그리스도의 십자가를 바라보는 '구원의 카이로스'다. 이것을 놓치면, 인생은 헛수고로 끝난다. 성도는 하나님의 때(카이로스)를 깨닫고, 그것을 붙들 수 있어야 한다.

영산은 지난 반세기 동안 하나님의 카이로스를 포착해서, 5중복음과 3중축복을 영의 눈으로 바라보았고, 영의 손으로 그것들을 꽉 잡았다. 그는 그것들을 지체하지 않고 성도들의 마음에 새겨주었다. 구원은 우리의 때가 아니라 하나님의 때, 즉 카이로스에 의해 진행된다(요6:37, 44). 구원은 물리적으로 진행되는 시간이 아니라, 하나님이 정해놓은 때 이뤄진다. 반면에 내 삶의 크로노스, 곧 물리적 시간은 나의 의지와 상관없이 쏜살같이 날아간다. 이 시간은 모든 사람에게 동일하게 적용된다. 내 삶에서 정말 중요한 것은 크로노스가 아니라, 하나님이 주신 '때(카이로스)'를 놓치지 않고, 지금 여기서 하늘의 은혜를 맛보는 것이다. 카이로스가 크로노스를 주도하는 삶이 될 때, 하늘나라와 의를 구하는 삶이 될 것이다. 그러기 위해서 말씀, 믿음, 기도, 성령의 능력이 필요하다.

지난 반세기 동안 영산은 하나님이 주신 은혜 – 5중복음과 3중축복 – 를 카이로스의 차원에서 전파했다. 영산은 불어오는 동풍을 놓치지 아니하고 가장 적절한 때에 돛대를 올려 '여의도순복음호'를 띄워 출항한 것이다. 하나님이 준비한 카이로스 배를 탔던 수많은 성도들은 축복과 은혜와 사랑을 풍요롭게 향유했다. 하나님의 은혜는 하나님의 때에 주어진다. 기준점이 내 쪽이 아니라 하나님 쪽에 있기 때문이다.

이제 좀 더 진보적 차원에서 접근해보자. 5중복음과 3중축복의 카이로스가 언제까지 지금처럼 유지될 것인가?[252] 이 질문에 대한 답은 성령님만 아신다. 그러나 영성의 흐름을 추적해보면, '그

---

250) 세상은 점점 편해지고 물질적으로 풍요로워지겠지만, 그 안에서 내적 삶은 더욱 황폐화되고 있다. 그 황폐화를 중단시키고 변화시킬 수 있는 이는 바로 예수 그리스도뿐이다. 오직 예수 그리스도가 이 시대의 유일한 희망이다. 또한 그는 우리의 영원한 반석이시다.

251) 진리의 내용은 그대로 일지라도 그것을 전달해주는 수단은 바뀔 수 있다.

252) 5중복음과 3중축복 안에 내재된 본질과 진리는 변치 않겠지만, 진리를 담는 그릇과 형태와 전달 양식은 그 시대의 영적 패러다임의 옷을 입을 것이다. 봄에 나무가 새 옷을 입고 새 모습을 보여주듯이 말씀의 진리도 그렇게 새 옷을 입고 새로운 형태로 나타날 것이다. 진리의 영은 인간의 생각을 초월하여 기능한다.

시대, 그 문화, 그 사회'와 더불어 영성의 본질은 같아도, 영성의 형태와 방향은 바뀔 수 있다. 사회 구조의 측면에서 살펴보면, 이제 한국은 더 이상 6·25 전쟁 후 가난에 허덕이는 나라가 아니다. 축복에 대한 강조만으로 인간의 심령을 움직이는 것은 분명히 한계가 있다. 그러나 영산이 말하는 3중축복은 눈에 보이는 축복뿐만 아니라, 또한 눈에 보이지 않는 신령한 축복도 포함되어 있다. 3중축복은 5중복음의 평생의 짝이라고 할 만큼 동전의 양면처럼 서로 결합되어 있다. 5중복음이 이론이라면, 3중축복은 실제다. 태양(5중복음)이 존재하면 반드시 빛(3중축복)도 존재한다. 태양이 있으면 빛이 있듯이, 복음의 태양이 있는 곳에 복의 빛이 비친다. 5중복음과 3중축복은 각각 십자가의 영성나무에 붙어 있는 뿌리와 열매와 같다.

새 존재로서 인간은 어떤 삶을 살아야 하는가? 그것은 예수의 모범을 따라가는 삶, 곧 의와 진리의 삶이 되어야 한다. 메이트라(Frank J. Matera)의 말을 빌리면, 성도에게 도덕적 삶이란 다음과 같다. 곧 '하나님의 구원 역사에 대한 반응'이며, '공동체적 삶에 대한 명령'이며, '하나님의 뜻을 행하는 것'이며, '바울과 예수의 본을 따르는 것'이며, '하나님과 이웃 사랑에 대한 표지'이며, 또한 '믿음의 표현'이다.253) 복음은 삶의 근본을 변화시킨다.

6. 복음의 불멸성: 기억의 신비

십자가는 옛 아담의 죄를 소멸시키고, 새 아담의 신비를 마음에 새겨준다. 십자가는 2천 년 전 골고다 언덕 위에 세워진 십자가 위의 예수 그리스도를 기억하게 한다. 십자가에서 흘러나온 복음의 신비는 내 안에서 과거, 현재, 미래를 통합시킨다. 십자가는 하나님의 거룩하심을 가장 잘 드러내준다. 십자가는 하나님을 찾아가는 이정표다.

인간은 기억의 신비 안에서 산다. 영의 능력은 기억과 함께 작동한다. 내 안에 기억이 없으면, 지각의 연속성도 소멸된다. 그러면 나는 생물학적 인간으로 전락한다. 광야에서 모세는 '쉐마(들어라)'를 반복해서 외쳤다. 그것은 이스라엘 백성에게 그들이 경험한 것에 대한 기억을 통해 하나님의 뜻을 알고(골1:9), 하나님을 아는 것(골1:10)에 힘을 다해야 한다는 의미를 내포하고 있다.

어거스틴(Augustine)은 기억 예찬론자였다.
"오, 나의 하나님! 이 기억의 힘은 얼마나 위대한지요. 그것은 너무 크고 끝이 없는 내면의 궁전입니다."254) "오 나의 주 하나님, 기억의 능력이란 실로 위대한 것이요, 무서운 존재입니다. 바로

---

253) 프랭크 메이트라(Frank J. Matera), 『신약윤리학』(New Testament Ethics), CLC(2014), 한충식 역, 543-558. 메이트라는 예수와 바울의 윤리적 유산을 7가지로 요약한다. 1) 하나님 은혜에 반응하는 것, 2) 하나님의 구원을 기대하는 것, 3) 공동체 상황에 따라 실행에 옮기는 것, 4) 예수와 바울이 보여준 개인적 모범을 따르는 것, 5) 하나님의 뜻을 행하는 것, 6) 하나님, 이웃, 그리고 원수를 사랑하는 것, 7) 자신의 믿음을 표현하는 것이다. 요약하면, 성도의 도덕적 삶이란 도덕적 명령(인간이 행해야 하는 것)과 구원의 현재적 사실(하나님이 인간을 위해 행하신 것) 사이에서 창조적 긴장 관계에 놓여 있다.

254) 어거스틴(Augustine), 『고백록』, 크리스챤(2010), 318(제10권, No.15).

그것이 내 마음이요, 나 자신입니다. … 내가 당신을 기억하고 있지 않다면 어떻게 내가 당신을 찾을 수 있겠습니까?"255)

인간은 기억을 통해서 자기 자신을 만나고 기억한다. 또한 기억은 하나님에 대한 경험을 가능하게 한다. 내적 기억을 통해 인간은 삶의 과거, 현재, 미래를 엮어간다. 외적 기억은 내적 기억을 생산하여, 인간의 내면세계는 고차원적으로 승화된다.256) 삶 속에서 영적체험을 기억하는 것은 신앙생활의 활력소로 작용한다. 기억은 과거, 현재, 미래의 경계선을 넘나들면서 삶의 회상, 관찰, 기대를 서로 엮어 보다 풍성한 삶으로 이끌어준다.

부활 및 승천하신 예수님을 만난 것에 대한 바울의 기억은 그의 모든 삶의 정황들을 변화시켰다. 예수와의 만남에 대한 기억은 그의 일생을 완전히 변화시키고 이끌었다. 자신의 마음속에 뿌리내렸던 율법, 모세, 메시아, 선지자들의 약속은 예수 그리스도를 만남으로써 재해석되었다. 그와 같은 바울의 기억은 그의 남은 생애를 오직 예수께로 지향하게 했다. 기억은 인간의 마음과 하나님의 마음을 조화시키며, 삶을 변화시키고, 과거의 것을 불러와 미래의 것을 만들어간다. 중생의 기억은 마음의 지성, 감성, 의지를 오직 하나님께로 향하게 하는 신비의 장을 펼쳐서, 악에서 돌아서게 해서 선(善)을 향하게 한다. 신비의 기억은 속(俗)을 멀리하고 성(聖)을 향하는 새 마음을 열어준다.

그렇다면 우리의 기억창고에 두어야 할 제1의 기록물은 무엇일까? 창조주 하나님은 피조물인 우리보다 먼저 존재하신 분이다. 따라서 무엇보다 우리가 품어야 할 제1의 기억의 내용은 '하나님이 나를 그분의 형상과 모양대로 창조하셨다'는 사실이다.257) 그러므로 날마다 우리는 하나님의 형상대로 지음 받은 존재임을 기억하고 고백하자. 그 기억과 고백이 우리를 예수 그리스도의 형상으로 닮아가게 하는 기초가 될 것이다. 들은 말씀까지 우리는 잊지 않고 기억하는 훈련을 할 수 있어야 한다. "그러므로 우리는 들은 것에 더욱 유념함으로 우리가 흘러 떠내려가지 않도록 함이 마땅하니라(히2:1)." 받은 은혜를 하나님 앞에서 끊임없이 기억하자(살전1:3).

그리고 이것들도 기억의 후보자들이다.
"성부께서는 나를 택하시고, 성자께서는 나를 속량하심으로써 성부의 뜻을 성취하시고, 성령께서는 새롭게 하심으로써 성부와 성자께서 목표하신 바를 이루시고 계신다."258)
"구원은 처음부터 끝까지 하나님께서 다 하신다. 하나님께서 계획하시고, 이루시고, 구속을 나누어주시고, 부르시고, 지키시고, 의롭다 하시고, 거룩하게 하시고, 영화롭게 하신다."259) "하나님이 우리를 부르심은 … 거룩하게 하심이니(살전4:7)." "하나님의 뜻은 이것이니 너희의 거룩함이라(살전4:3)."

---

255) 어거스틴(Augustine), 『고백록』, 크리스챤(2010), 329-331(제10권, No.26).
256) 게에를링스는 "기억의 내적인 면은 생각의 자기실행과 자기확신으로 나타난다고 말한다. 다시 말하면 이것은 자의식이다. 빌헬름 게에를링스(Wilhelm Geerlings), 『교부 어거스틴』(Augustinus), CLC(2013), 51.
257) 제임스 휴스턴(James M. Houston), 『즐거운 망명자』(Joyful Exiles: Life in Christ on the Dangerous Edges of Things), IVP(2009), 홍종락 역, 260-261.
258) 제임스 패커 외, 『십자가를 아는 지식』, 살림(2010), 154.
259) 제임스 패커 외, 『십자가를 아는 지식』, 살림(2010), 154.

아모스는 북이스라엘 왕국에게 회개와 축복의 약속을 결합시키면서 다음과 같이 선포했다.[260] 잘못한 것이 있으면, 곧바로 뉘우치고 주께 돌아와야 한다.

"나를 찾으라 그러면 살리라(암5:4)."

"언약의 야훼를 찾으라 그리하면 살리라(암5:6)."

"너희는 살려면 선을 구하고 악을 구하지 말지어다(암5:14)."

"너희는 악을 미워하고 선을 사랑하며 … (암5:15)."

그리고 교회를 위하여 바울이 한 일 두 가지도 기억하자!

"내가 교회의 일꾼이 된 것은 … 하나님의 말씀을 이루려 함이니라(골1:25)."

"각 사람을 그리스도 안에서 완전한 자로 세우려 함이니(골1:28)."

바울은 말씀(사역의 목적)을 세우고, 또한 신앙인을 완전한 자(사역의 주제)로 세우고자 했다. 우리도 그의 사역의 목적과 주제를 마음에 품고 주를 위해 일하자.

우리는 죄의 구속을 생각할 때 유월절 어린양을 기억하고, 애굽 땅에서 종살이하던 상태에서 벗어난 것을 기억한다. 또한 홍해에서 이스라엘 백성이 애굽 군대에서 벗어난 것도 기억한다. 유월절의 어린양의 피로 죄 씻김을 받은 것을 기억하고, 나 자신이 예수 그리스도의 피로 정결하게 된 것을 기억한다. 기억은 개인 혹은 공동체의 구속역사를 서로 연결하고 통합시켜 개인 또는 공동체가 발전되게 한다. 로버트슨(Robertson)은 이런 경향을 두고 "구속역사는 앞의 것이 뒤의 것을 바라보고 있으며[돌이켜 보며], 뒤의 것은 앞의 것을 돌이켜보면서[내다보며] 발전해 나간다."고 말하고 있다.[261]

기억의 신비는 삶의 과거, 현재, 미래를 불러 모으기도 하고 분리시키기도 한다. 또한 모든 것을 하나로 결합시키기도 한다. 기억이 일평생 하는 일은 참으로 위대하다. 기억은 삶을 만들고, 과거의 기억을 끌어와 미래의 내 삶에 징검다리를 놓아준다. 하나님은 날마다 우리를 기억하신다.

한편 예수님은 성찬을 기억하고 기념하도록 명령하셨다. 성찬에 대한 기억은 우리를 골고다 언덕 위의 십자가, 부활 및 승천, 오순절 성령강림을 기억하게 한다. 그것을 통해 우리의 삶을 변화시킨다. 이와 같이 성찬은 과거, 현재, 미래를 통합시켜 예수 그리스도를 항상 현재화시켜준다. 이렇듯 내 자신의 영적 삶의 이야기 혹은 말씀 안에 묘사된 이야기의 기억은 성도의 삶을 그리스도 중심으로 지향하게 만든다. 십자가 사건을 일평생 마음으로 상상하고, 기억하고, 사색하도록 하자. 거기서 삶의 모든 궁극의 가치, 희망, 기쁨, 생명, 사랑, 평안, 미래 등이 나오기 때문이다. 복음의 위대성은 십자가에서 흘러나온다.

---

260) 팔머 로버트슨(O. Palmer Robertson), 『선지자와 그리스도』(The Christ of the Prophets), P&R(2011), 202.
261) 팔머 로버트슨(O. Palmer Robertson), 『선지자와 그리스도』(The Christ of the Prophets), P&R(2011), 481.

맺는말

율법은 죄를 드러내지만, 복음은 죄를 소멸시켜 의인으로 만든다. 복음은 인간을 그리스도 안에서 새 사람으로 만들어 하나님께 예배드리게 하고 영화롭게 만든다. 그런 의미에서 율법은 복음을 섬기며 격려한다. 또한 복음은 의를 드러내어 하늘의 은혜를 맛보게 만든다(롬1:16-17). 십자가의 핵심 메시지는 무엇인가? 십자가에서 그리스도의 의로움과 인간의 죄가 맞교환 되는 것이다. 죄인은 그리스도와 함께 죽고 함께 부활함으로써 하나님 나라 시민의 신분을 얻게 된다. 인간의 모든 죄가 사함 받는 곳은 예수 그리스도 십자가뿐이다. 십자가는 말하는 십자가다.

영산의 5중복음은 복음에 대한 핵심이론이자 그의 목회사역의 핵심주제다. 복음을 수용한 나는 이제 더 이상 죄 가운데 머물러 있는 나가 아니라, '그리스도 안에서 존재하는 나'로 변화된다. 그리스도와 연합된 신분으로서 내 삶의 모든 원리와 방법은 변화된다. 곧 예수 그리스도 중심의 삶의 궤도로 진입하게 된다(갈6:14, 갈2:20, 고전2:2).

중생한 인간은 하나님 나라를 지향하는 삶에 목적, 의미, 가치를 두게 된다(골3:1-2). 새 존재는 하나님을 하나님답게, 인간은 인간답게 새 사람으로 사는 삶이다. 중생은 세계관과 가치관을 변혁시키고, 세속적 삶의 모델에서 복음적 모델로 승화시킨다. 중생은 새 신분, 새 존재, 새 인격, 새 사람을 만들어 세상의 원리와 방법 및 가치관을 멀리하고, 오직 하나님 나라의 원리와 방법과 가치를 좇도록 만든다. 새 사람은 이 땅에서 살고 있지만, 동시에 그의 내면과 삶의 모든 영역에 하나님의 통치가 이루어진다(고전2:16, 빌3:20).

성령충만은 고차원의 언어다. 따라서 성령충만에 대해 이성의 언어로 쉽게 설명할 수 없다. 복음은 죄인을 새 피조물 만들어 믿음과 기도로(딤전4:5) 거룩하게 만들어간다(레11:45). 성령 안에서 거룩한 마음을 품어야(딤전4:5), 거룩하고 선한 일을 하게 되고(딛2:14), 궁극적으로 하나님께 영광 돌릴 수 있기 때문이다(롬2:10). 성령충만의 삶이란 사랑의 띠인 성령을 통해서 예수님이 우리 안에, 우리가 예수님 안에 들어가, 삼위일체 하나님 안에 있는 삶이다(요14:20). 또한 4차원영성적으로 성령충만의 의미를 구체화시키면, 그것은 예수님의 생각, 꿈, 믿음, 언어에 동화되어가는 것이다. 즉 성령충만의 삶이란 예수님의 인격에 나의 인격이 동화되어가는 삶이다. 예수님이 주체이시고, 나는 그를 따라가야 하는 객체다(롬6:22).

십자가의 능력은 신유로 연결된다. "병든 사람에게 손을 얹은 즉 나으리라(막16:17-18)"는 예수님의 말씀은 새 존재의 삶에 구체적으로 나타난다. 신유의 이적 뒤에 숨어 있는 하나님의 자비, 사랑, 은혜를 깨닫는 것이 중요하다. 신유는 말씀이 진리임을 분명하게 밝혀준다. 하나님은 자신의 존재를 세상을 통해 또한 자신의 형상을 닮은 피조물을 통해 드러내신다. 신유와 관련해서 우리는 '하나님의 존재, 본성, 행동'을 알고 깨달아, 하나님께 영광과 존귀, 감사를 드려야 한다. 십자가의 능력은 오늘도 신유를 일으킨다.

십자가의 복음은 아브라함의 자손에게 주어진 약속과 연결되며, 그들을 축복의 장으로 이끌어준다. 축복은 인간과 하나님의 친밀한 관계 속에서 활성화된다. 하나님이 아브라함에게 약속한 '땅, 씨, 복'은 십자가를 통해서 우리에게 그대로 전달되었다. 십자가의 복음 뒤에는 하나님의 놀라운 비밀들이 감춰져 있다. 진리의 영이신 성령의 깨우침을 받아서 우리는 하늘의 신비를 보다 깊고 넓게 알아가야 한다(렘9:24).

인간은 영원을 사모한다. 십자가는 하늘의 신비를 가져와 우리에게 영생의 의미를 알게 해준다. 하나님은 죽은 자의 하나님이 아니요 산 자의 하나님이시다(눅20:38). 영혼은 영원하다. 하나님의 형상을 입은 영혼은 그리스도와 함께 영원하다. 십자가는 과거, 현재, 미래를 통합시켜 시간을 초월하게 만든다. 우리는 시간의 기차를 타고 있지만 동시에 영원의 기차를 타고 가고 있다. 언젠가 땅의 시민권은 소멸되고 하늘의 시민권자로 영원히 살게 될 것이다(빌3:20). 영원히 산다는 것은 영원하신 하나님과 함께 진리와 사랑 안에서 영원한 인격적 친교를 하며 산다는 것을 의미한다. 그것은 구체적이고 실재적인 영원이다.

다음 장에서는 5중복음 – 중생, 성령충만, 신유, 축복, 영생 – 이 삶의 자리에서 어떻게 적용되어 축복으로 연결되는지 살펴보고자 한다.

내가 너희 중에서 예수 그리스도와 그가 십자가에 못 박히신
것 외에는 아무 것도 알지 아니하기로 작정하였음이라
(고린도전서 2장 2절)

제2부

십자가의 영성:
복주심(Blessing)

사랑하는 자여
네 영혼이 잘됨 같이
네가 범사에 잘되고 강건하기를
내가 간구하노라
(요한삼서 1장 2절)

제4장
은혜의 십자가: 축복의 영성

요약

하나님은 복되신 하나님, 선하신 하나님이시다. 하나님이 우리를 부르심은 '복을 이어받게 하려 하심(벧전3:9)'이다. 축복이란 삼위일체 하나님이 베푸시는 복을 받고 누리는 것이다(엡1:3–14). 하나님의 형상대로 창조된 인간에게는 태초에 아담이 에덴동산에서 누렸던 삶의 축복을 누리는 것이 진정한 복이다. 선악과를 따먹은 아담은 3가지의 재앙 – 영적 죽음, 저주, 육신의 질병과 죽음 – 을 받았다. 그러나 예수 그리스도께서 우리 죄를 대신 지고 십자가에 죽으심으로써 우리의 모든 죗값이 청산되고 전인구원의 3중축복을 받게 되었다. 복 중의 복은 영생의 복이다. 예수님과 우리가 연합되었기 때문이다(고전6:17, 롬6:22). 영생이란 하나님과 그가 보내신 예수 그리스도를 아는 것이다(요17:3).

영산이 말하는 3중축복의 구성요소는 무엇보다 순종과 의와 거룩을 기초로 한 영혼의 축복, 범사의 축복, 강건의 축복이다. 다시 말해, 하나님의 뜻 안에서의 3중축복이다. 3중축복은 전인구원의 장이며, 복음이 탄생시킨 영적 열매이다. 복음과 축복은 인간을 위한 하늘나라의 가치체계이다. 그것이 인간의 삶의 자리에 적용될 때 삶의 행복이 극대화된다.[1] 영산이 발굴한 3중축복은 혁신적, 전인적, 체계적이다. 3중축복은 시대와 문화와 사회를 초월해서 삶의 공동체에 공통적으로 적용된다.

하늘의 신령한 복은 오직 그리스도 안에서 주어진다(엡1:3). 예수 그리스도 자체가 우리 안에 계심으로써 그리스도인은 이미 복의 근원 안에 들어와 있다. 그리스도인의 삶은 예수 안에서 삼위일체 하나님과 친밀한 교제와 관계가 유지되는 임마누엘의 복된 삶이다. 우주적 차원에서 보면, 신앙인은 그리스도 안에서 하나님의 창조사역의 최종 목적에 동참한다. 하나님과 인간 사이의 관계의 복은 지고의 복이자 인간의 가치를 최고로 드러내준다(눅15:7).

십자가 위에서 죽는 삶, 십자가의 발자취를 따라 사는 삶, 십자가 안에서 존재하는 삶, 또한 오직 십자가만 사랑하는 삶은 인간의 삶의 가치를 궁극적으로 드러내준다. 그것은 복된 삶 그 자체이다.

---

[1] 영산은 "삼위일체 하나님을 중심으로 섬기고 사랑을 베풀고 실천하는 삶을 살 때 진실로 행복하게 됩니다."라고 말한다. 조용기, 『축복』, 한세대학교출판부(2013), 237.

또한 의로움과 거룩함을 지속적으로 추구하는 삶이다(엡4:24). 따라서 성도는 날마다 십자가의 진리를 4차원영성적으로 생각하고, 꿈꾸고, 믿고, 선언할 수 있어야 한다. 3중축복의 영성을 통해 인간이 궁극적으로 추구해야 할 것은 그리스도의 형상, 곧 의로움과 거룩함을 닮아가는 것이다.

축복은 3차원 물질세계와 4차원 영적세계가 교차하는 인간의 마음과 삶의 현장에서 나타난다. 축복은 속(俗)과 성(聖)을 극명하게 구분하며, 오직 거룩하고 의로운 쪽을 지향한다. 삼위 하나님은 축복의 근원이시다. 인간은 그 복을 받아야 살아갈 수 있는 존재다. 영혼의 복, 범사의 복, 강건의 복은 인간이 이 땅에 사는 동안 꼭 필요한 기본요소들이다. 나아가 하나님께서 주신 다양한 복을 이웃과 나눌 때, 축복의 진정한 목적, 가치, 의미를 드러낸다. 영산은 "자기를 희생해서 이웃을 돌보는 사랑의 실천 속에 하나님께서 나타나시기 때문에 사랑 안에 복이 있고 행복이 있고 기쁨이 존재합니다."라고 말한다.2)

1. 3중축복의 본질

5중복음이 영적이론이라면 3중축복은 삶의 자리에서의 실제다.3) 3중축복은 5중복음과 연결되어 나타나는 영적 열매들이다. 영산은 "'사랑하는 자여 네 영혼이 잘 됨 같이 네가 범사에 잘 되고 강건하기를 내가 간구하노라(요삼1:2)'는 말씀은 오늘날 성경 전체를 꿰뚫는 하나님의 뜻입니다."라고 역설한다.4)

이 장에서는 5중복음에 대해 영혼, 범사 및 강건의 측면에서 살펴보고자 한다. 먼저 축복을 성서 안에서 포괄적으로 살펴보자. 복의 근원이신 하나님은 복을 베푸시기를 기뻐하신다. 하나님의 전적인 은혜로서 구원은 '허물로 죽은 우리를 그리스도와 함께 살리시는(엡2:5)' 하나님의 사역이다.5) 성경은 한편으로 구원을 주시고자 하는 하나님의 존재, 본성, 행동을 보여주고, 다른 한편으로 인간에게 구원이 필요하다는 것을 밝혀준다.6) 새 생명(롬6:4)을 얻은 인간은 비로소 하나님께 반응할 수 있으며 영적인 일을 사모하게 된다(고전2:10-16). 모든 생명은 예수 그리스도 안에 있으며(엡2:6, 갈2:20), 그 결과 신자들은 그리스도와 함께 사는 존재가 된다(롬6:8). 은혜의 사람이 되면, 인간은 땅의 것을 추구하는 것이 아니라, 위의 것을 추구하는 하나님 나라 중심의 삶의 방식을 취하게 된다(골3:2).

---

2) 조용기, 『축복』, 한세대학교출판부(2013), 240.
3) "복음이 '십자가의 의미를 전하는 것'이라고 한다면 3중축복의 메시지는 곧 복음이라고 할 수 있습니다. 왜냐하면 십자가가 주는 의미가 3중축복이 주는 의미와 같기 때문입니다. 즉, 영혼이 잘됨 같이 범사에 잘되고 강건하게 된다는 3중축복은 십자가가 우리에게 주는 의미와 동일합니다." 조용기, 『공동서신 강해-요한삼서』, 서울말씀사(2011), 475.
4) 조용기, 『삼중축복』, 한세대학교출판부(2013), 43.
5) "너희는 그 은혜에 의하여 믿음으로 말미암아 구원을 받았으니 이것은 너희에게서 난 것이 아니요 하나님의 선물이라 행위에서 난 것이 아니니 이는 누구든지 자랑하지 못하게 함이라(엡2:8-9)."
6) 브라이언 채플(Bryan Chapel), 『은혜가 이끄는 삶』, 생명의말씀사(2017), 153-160.

토저(A. Tozer)는 "은혜란 아무 자격도 없는 이들에게 축복을 베푸시는 하나님의 선하심"이라고 말한다.7) 루이스 벌코프(L. Berkhof)는 은혜를 '성령을 통해 인간의 마음에서 값없이 이루어지는 하나님의 사역'으로 정의한다. 은혜는 하나님의 속성이고, 하나님은 은혜로우시며 자비로우시시다(욜2:13). 벌코프(Berkhof)는 "우리는 때로 은혜를 고유한 속성인 양 말하지만 은혜는 성령의 내적 사역을 통해 은혜와 진리가 충만하신 그분의 충만하심에서 능동적으로 흘러나오는 거룩한 축복이다."라고 서술한다.8) 즉, 성부 하나님은 '모든 은혜의 하나님(벧전5:10)'이시고, 성자 하나님은 '은혜와 진리의 충만(요1:14)이시고', 성령 하나님은 '은혜의 성령(히10:29)'이시다.9) 하나님은 모든 것이 충만하시고 완전하시다. 하나님은 스스로 모든 생명(요5:26)과 영광(행7:2)과 선함(시119:68)과 행복(딤전6:15)을 지니고 계시기 때문에 홀로 자기 안에서 온전히 만족하신다.10)

십자가를 통해 본질상 진노의 자녀(엡2:3)가 이제 오직 은혜로 그리스도와 함께 살아난 존재가 되었다(엡2:5). 이제 예수 그리스도 안에 거하는 자(갈2:20, 엡2:6)가 되었으므로 은혜를 향한 삶의 방식을 추구해야 한다. 바울은 "푯대를 향하여 그리스도 예수 안에서 하나님이 위에서 부르신 부름의 상을 위하여 달려가노라(빌3:14)"고 역설한 것도 그러한 맥락일 것이다. 하나님의 형상을 닮은 인간의 축복의 삶이란 '의로움과 거룩함을 기초로 하는 그리스도 안에서의 삶'이다.

3중축복은 십자가를 통해 하나님의 은혜가 삶 속에 넘치는 것이다. 3중축복은 십자가에 깊게 뿌리내리고 있다.11) 하나님은 구속을 통해 우리에게 축복을 넘치게 주신다. 복 중의 복은 하나님과 인간의 인격적 만남 자체이다. 그리스도와의 연합(고전6:17, 요14:20, 갈2:20)은 지고의 복이다. 그리스도를 믿을 때 거룩함이 우리 안에 초자연적으로 들어온다(히10:10). 하나님은 십자가 구속의 은혜를 통해서 우리를 거룩하게 만드신다(히10:10). 또한 하나님은 영혼의 복, 범사의 복, 강건의 복을 회복시켜주어, 하나님 자신을 영화롭게 하셨다. 축복은 하나님의 형상을 삶 속에서 드러내는 것을 전제로 한다. 하나님은 "내가 거룩하니 너희도 거룩하라(레11:45)"고 강조한다.

---

7) 존 맥아더(John MacArthur), 『하나님의 은혜』(*The Truth about Grace*), 생명의말씀사(2012), 9. 참조. A. W. Tozer, *The Knowledge of the Holy*, Harper & Row, 100.

8) 존 맥아더(John MacArthur), 『하나님의 은혜』(The Truth about Grace), 생명의말씀사(2012), 11. 참조. Louis Berkhof, *Systematic Theology*, Eermans(1939), 427.

9) 존 맥아더(John MacArthur), 『하나님의 은혜』(The Truth about Grace), 생명의말씀사(2012), 9-11: 은혜는 하나님의 호의에 근거한다. "노아는 야훼께 은혜를 입었더라(창6:8)."에서 '은혜'를 뜻하는 히브리어는 '헨'이다. 이 단어는 '호의를 보이다, 긍휼히 여기다'를 의미하는 히브리어동사 '하난'과 관련된다. 신약에서 이 단어는 대체로 '은혜, 친절, 호의, 감사'를 뜻하는 '카리스(신약에서 155회 나타난다)'라는 헬라어로 번역된다. 즉 은혜는 '호의, 친절, 선의'의 개념을 바탕으로 한다. 존 맥아더는 은혜란 "자격 없는 죄인들의 삶 속에서 주권적으로 역사하시는 거룩하신 하나님의 너그럽고 관대한 사역"이라고 서술한다.

10) 로버트 쇼(Robert Shaw, 1795-1863), 『웨스트민스터 신앙고백해설』, 생명의말씀사(2014), 76.

11) 영산은 "저 하늘이 무너지고 이 땅이 꺼지고 지구가 흔들리고 역사가 끝나도 삼박자 축복(3중축복)은 십자가의 만세반석 위에서 변함없이 전달되고 있는 것입니다."라고 말한다. 조용기, "삼박자 축복의 십자가", 『순복음의 말씀』, 제167호 (1981-12-13).

하나님은 복되심의 하나님(출34:6), 선하심의 하나님이시다(시145:9). 하나님은 선하사(시119:68) 선을 행하신다. 하나님의 선하신 말씀은 성도의 삶에 구체적으로 적용된다. "야훼께서 이스라엘 족속에게 말씀하신 선한 말씀이 하나도 남음이 없이 다 응하였더라(수21:45)." 선한 말씀은 성령 안에서 이뤄진다. 하나님은 '전능하시고(샤다이)', '스스로 계시는 분(야훼)'이시다. 하나님은 스스로 충분, 완전, 만족하시며, 복 그 자체시다. 그에게는 부족한 것이 전혀 없다. 그의 선하고 거룩한 뜻과 계획 안에서 무엇이든 하실 수 있다. 하나님께 속하는 모든 것은 충만하고, 완전하다(마5:48). 다시 말해 선하신 하나님은(막10:18) 우리에게 줄 영적 선물들을 무한히 지니시고 있다. 창조주 하나님은 자기 백성들에게 기꺼이 주시는 분이며, 지음을 받은 피조물은 하나님의 은혜와 선물을 받는 존재다. 하나님의 본성은 주시는 것이다. 반면에 피조물은 창조주로부터 필요한 것을 받아야 살 수 있는 존재다.[12]

영산의 목회철학으로 보면, 5중복음의 신앙이론은 3중축복의 신앙생활을 탄생시킨다.[13] 즉, 3중축복은 전인구원의 복음이 낳은 영적 열매이다. 3중축복의 뿌리는 영산이 목회 초기 때부터 숙성되고 있었으며, 성령체험을 통해 그는 '장래의 은혜를 앞당겨 오는 일'에 대하여 영적으로 인식하고 있었다. 그의 3중축복은 철저히 십자가 대속에 근거한 것이다.[14] 복음과 믿음을 통해 우리는 그리스도와 연합하여 한 영이 되고(고전6:17, 갈2:20), 그 결과 신령한 축복을 소유한 자로서 살아가게 된다.

영산은 "나의 목회생활과 설교에 가장 획기적인 변화를 가져온 동기는 바로 삼중구원, 즉 전인구원에 대한 이해였습니다."라고 고백한다. 그만큼 3중축복은 영산의 목회에서 근본 철학이었다.[15] 그는 "5중복음이 참된 성경적 복음이라면 실생활에서 반드시 위대한 능력이 나타나게 됩니다. 즉 3중축복이란 5중복음이 실제 삶 가운데 적용되는 핵심적이며 요약적인 원리라고 할 수 있습니다. 3중축복은 전인구원의 결과로 다가온 축복을 말합니다."[16] 이처럼, 영산의 목회철학은 '복음과 전인적 축복의 만남'에서 비롯된다.

영산은 오랄 로버츠(Oral Roberts) 목사의 영향을 받아 요한삼서 1장 2절을 그의 목회의 핵심으로 발전시키고, '3중축복'이라는 신조어를 만들어 성도들에게 적용했다[17]. 훗날 "개인적으로 나는 오랄

---

12) 신자들이 누려야 할 축복은 원론적으로 어떤 것인가? 즉, 축복의 삶이란 '영적으로 존재하는 것(존재론)'을, '성령 안에서 지적으로 인식하는 것(인식론)'이고, 그 다음 마음으로 깨달은 것을 '믿음 안에서 행동으로 옮기는 것(행동론)'이다. 기독교적 삶의 원리는 '존재론-인식론-행동론'이라는 삼중구조의 과정을 포괄한다. 쉽게 말하면, 그 무엇이 실제로 존재하고, 또 그것을 알아도, 믿음 안에서 행동하지 않으면, 영적 열매는 나타나지 않는다. 예를 들면, 12년 혈루증 앓은 여인은 예수님의 치료능력을 인식했고, 믿음 안에서 행동으로 옮겼을 때 치료의 복을 얻었다.

13) 3중축복을 영산의 목회철학과 연결시켜 인식하고 이해하는 것이 중요하다. 영산의 목회철학과 사상의 형성에 지대한 영향을 미친 개념은 무엇일까? 이 질문에 대한 대답은 인간에 대한 영산의 존재론적 이해에서 찾는 것이 바람직하다. 그의 인간론의 핵심은 다음과 같다. 곧 '영, 혼, 육으로 이루어진 인간은 전인구원을 받기 이전까지 절대 절망적 존재'이다. 그래서 삼중적으로 타락한 인간에게 절대적으로 전인구원의 희망이 필요하다. 이 개념에 기초해서 영산은 목회현장에서 수많은 사람들에게 다가갔다. 또한 이와 같은 인간론에 기초해서, 그는 '좋으신 하나님, 인격적으로 교제하시는 성령님, 예수 그리스도 십자가의 은혜'의 삼중구조를 신학적 기초로 삼는다. 이것을 토대로 그는 '5중복음, 3중축복 및 4차원영성'을 반세기 목회사역 전반에 입체적으로 펼쳤다.

14) 조용기, "내 능력이 약한데서 온전하여 짐이라", 주일설교(2011-03-20).

15) 조용기, 『설교는 나의 인생』, 서울말씀사(2009), 138.

16) 조용기, 『오중복음과 삼중축복』, 서울말씀사(2008), 250-251.

로버츠 목사님으로부터 많은 도전을 받았으며, 그분이 늘 강조하시던 '사랑하는 자여 네 영혼이 잘됨같이 네가 범사에 잘되고 강건하기를 내가 간구하노라 '라는 구절은 내 목회사역에 큰 힘을 더하여준 말씀이 되었습니다."라고 고백한다.18) 또한 그는『믿음의 씨앗』에서 3중축복을 구체적으로 자신의 신학적 기초로 삼은 것에 대하여 이렇게 회고한다. "저는 하나님으로부터 요한복음 10장 10절을 레마, 곧 하나님이 나에게 주시는 말씀으로 받았습니다. '도적이 오는 것은 도적질하고 죽이고 멸망시키는 것뿐이요 내가 온 것은 양으로 생명을 얻게 하고 더 풍성히 얻게 하려는 것이라.' 이 말씀을 읽을 때 내 마음속에 '주님은 좋은 주님이시구나' 하는 마음이 끓어올랐습니다. 그 후에 요한삼서 1장 2절에 기록된 말씀이 나에게 레마로 다가왔습니다. "사랑하는 자여 네 영혼이 잘됨 같이 네가 범사에 잘되고 강건하기를 내가 간구하노라." 이 말씀이 내 마음에 부딪히고 베데스다 연못물처럼 끓어올라서, 거기에서 나온 신앙의 이론이 바로 3중축복입니다. 3중축복은 오늘날 내가 복음을 증거하는 신학적인 기초입니다."19)

나아가 그는 인간의 삶의 영역을 영, 혼, 육 세 가지의 총체적 영역으로 세분화하여 '영혼, 범사, 강건'의 3중축복을 구체화했다.20) 이것은 근원적으로는 십자가 영성에서 비롯된 것이다.

  a) 사랑하는 자여 영혼이 잘됨 같이: 영혼구원(요3:16-17)과 성령충만(엡5:18).

  b) 범사에 잘되고: 범사에 저주에서 해방되고 아브라함의 복을 받음(고후8:9, 갈3:13-14).

  c) 강건하기를 간구하노라: 질병에서 치료받고 건강을 회복함(마8:17, 사53:5).

그는 3중축복을 누리기 위해 4가지 조건을 조언한다. a) 진리를 확실히 알아야 한다. 진리 안에서 참된 자유를 얻는다(요삼1:2). b) 참된 자기 모습을 거울을 보듯 상상해야 한다. 믿음이 곧 실상이며 증거이다(히11:1). c) 전인구원을 믿고 기도한다. 믿고 구한 것은 받는다고 확신한다(마21:22). d) 입술의 고백으로 삶을 새롭게 해야 한다. 입으로 시인하여 구원에 이른다(롬10:10).21)

그가 요한삼서 1장 2절을 택한 것은 그 구절이 인간사에 일어나는 총체적인 일들을 모두 포괄하며, 자신의 목회철학을 대표하는 상징적 구절로 이해했기 때문이다. 즉, '영혼-범사-강건'이라는 내용을 그 구절로부터 가져와 자신의 목회철학의 핵심으로 삼은 것이다.22)

---

17) 조용기 목사의 삼중축복 관련 3가지 설교: "삼중축복"(2012-01-08), "왜 삼중축복인가?"(2006-05-14), "삼대재앙과 삼중축복"(2003-11-09)을 참조하라(www.yfgc.com).

18) 참조. 류동희,『영산 조용기 목사의 목회사상사』, 한세대학교출판부(2011), 143. 오랄 로버츠(Oral Roberts),『기적을 기대하라』, 전형철 역, '추천의 글'에서 발췌. 조용기,『오중복음 이야기』, 서울말씀사(1998), 19. 영산은 또한 이렇게 회고한다. "목회 초기 나의 꿈은 오랄 로버츠처럼 되는 것이 꿈이었습니다. 그래서 나는 그와 같이 된 모습을 그리면서 그의 책을 읽었습니다. … 그래서 나는 계속해서 TV로 그의 설교하시는 모습을 지켜보면서 말했습니다. "하나님, 성령으로 충만하게 하옵소서. 제가 오랄 로버츠 목사님처럼 설교하고 말하고 신유의 역사를 나타나게 하옵소서." 참조. 조용기,『교회성장』, 교회성장연구소(2008), 19-10.

19) 조용기, "믿음의 씨앗", 서울말씀사(2002), 76-77.

20) 참조. 조용기, "삼중축복", 주일설교(2012-01-08). 또 다른 설교를 참조하라. 조용기,『요약설교』, 서울말씀사(2003), 5-57. 그는 '삼박자 구원의 새해를'이라는 설교에서 3중축복과 5중복음을 통전적으로 상호 연결시키고 있다. 5중복음이 이론적 개념이라면, 3중축복은 실천적 개념, 즉 실천적 생활에서 드러나는 전인적 축복이다.

21) 조용기, "삼중축복", 주일설교(2012-01-08).

22) 영산의 구원의 개념: 1) 구원의 영역: 영적 구속(spiritual redemption), 생활적 축복(daily blessing), 전인적 치료(fully health), 2) 구원의 단계: 의화(justification), 성화(sanctification), 영화(glorification). 참고, 조용기,『오중복음과 삼중

그가 강조하는 3중축복은 전인적 축복이다. 그는 영육혼을 하나의 일체, 즉 전인적이고 통전적(通全的) 인간으로 보았다. "3중축복은 전인구원의 결과로 다가온 축복을 의미합니다. 예수님께서 인간을 구원하실 때 단순히 영혼만을 구원하시는 것이 아니라, 그의 삶 전체와 육체까지 구원하시는 것입니다. 이러한 전인구원의 축복이야말로 그리스도의 복음으로 말미암아 완전한 구원의 목적이며 성경의 근본적인 뜻입니다."23)

구약의 인간론에 기초하면, 인간은 전체적이고 통전적으로 지음 받았다(창1:26, 창2:7): "피부와 살을 내게 입히시며 뼈와 힘줄로 나를 엮으시고(욥10:11)." 하나님은 마음을 지으시고(시33:15), 내장을 지으시며(시139:13), 듣는 귀와 눈을 지으셨다(잠20:12). 영혼육 모두 하나님이 친히 하나됨을 이루도록 창조하신 것이다. 영산은 인간을 영혼-육체의 2분법이나 또는 영-혼-육 3분법으로 보지 않고 통전적 개념으로 본 것이다.

마귀(diabolos)는 우리 자신을 하나님 앞에서 시각장애, 언어장애, 청각장애를 일으켜 무용지물로 만든다.24) 영산은 개척초기부터 인간을 파괴시키고, 파멸로 몰아넣는 자가 누군지 분명하게 간파했다. 병도 가난도 미덕으로 생각하던 시대적인 배경에서 그는 자신과 성도들의 신유치료를 통해 인간역사에서 가장 무서운 적은 마귀라는 사실을 깨달았다. 그의 관심사는 어떻게 하면 마귀와 싸워 승리로 이끌어가는 것 자체였다. 그는 하나님의 주파수와 마음하늘의 주파수를 일치시켜 4차원의 세계가 3차원의 세계를 지배하도록 했다.

결과적으로 보면, 그는 인간을 파괴시키는 마귀와 그의 추종세력을 먼저 발견했고, 가장 먼저 방아쇠를 당겨 마귀의 세력을 진압하고 초토화했다. 그는 목회현장에서 성도들의 삶을 전인적으로 방해하는 마귀와 그의 세력을 직면하고, 그것을 예수 그리스도의 이름과 하나님의 말씀과 성령의 권능으로 물리쳤다. 이것은 영산의 믿음에서 비롯된 혁신적인 것이다.

모든 이론이 그러하듯이, 하나의 새 이론이 정형화(formulation)되려면, 다양한 혼란스러운 과정을 거쳐야 한다. 시대적으로 보면, 영산의 3중축복의 패러다임은 기존 축복개념이 위기에 처했을 때 출현했다. 이 현상은 토머스 쿤(Thomas S. Kuhn)의 『과학혁명의 구조』에서 '변칙현상(anomaly: 예상에서 벗어나는 것)'이 출현하면 새로운 패러다임이 만들어진다는 관점과 비교할 수 있을 것이다. 과학에서 변칙현상이 빈번해지면, 기존의 패러다임이 무너지고 새로운 패러다임이 나타난다.25) 영산의 3중축복도 기존 영적이론이 위기에 직면했을 때, 곧 기존이론에서 '변칙현상'이 빈번히 출현했을 때, 하나의 이정표를 땅에 박고, 3중축복이라는 새 이론을 등장시킨 것이다. 그렇게 빚어낸 3중축복을 목회현장에 접목시킨 후, 그는 훗날 이렇게 고백한다. "희망을 전하는 3중구원의 메시지가 거짓이

축복』, 서울출판사(2008), 68.

23) 참조. 조용기, 『5중복음과 3중축복』, 서울말씀사(2008), 251. "삼박자 축복과 십자가"(1981-11-11). 영산은 인간의 기본개념은 영, 혼, 육, 즉 삼분설적이다. 그러나 강단에서 영과 혼을 유기적으로 총칭하기도 한다. 그는 『순복음의 진리』(하)에서 "인간은 그 영혼이 육체라는 옷을 입고 사는 존재입니다."라고 서술하고 있다(p466).

24) 마귀(the Slanderer 혹은 the Devil)는 '디아볼로스(diabolos, διάβολος)'를 번역한 것으로 '고발자, 비난과 중상을 일삼는 자'를 뜻한다. 참조. http://biblehub.com/greek/1228.htm

25) 토머스 쿤(Thomas S. Kuhn), 『과학혁명의 구조』(The Structure of Scientific Revolutions), 까치(2013), 129-147.

라면 나는 이미 목회에 실패하고 파산했을 것입니다. 그러나 3중구원을 외치는 곳마다 놀라운 변화의 역사가 일어나고 부흥의 불길이 타올랐습니다."[26]

또한 영산의 축복개념은 선한 양심을 기초로 한다.[27] 그는 축복개념을 예수님의 십자가의 대속에 기초해서 '3중축복'을 넘어서, '5중복음의 복, 사중지위의 복'까지 확장시켜서 이해한다.[28] 그는 자신의 설교 "왜 3중축복인가?"에서 이 땅에서 성도가 누리는 3중축복은 천국에 들어가 누릴 은혜의 맛보기에 불과하다고 선언한다. "이 땅에서 체험한 그리스도의 은혜는 맛보기에 불과한 것입니다. 온전한 3중축복은 천국에서 완성됩니다. 영혼이 잘됨같이 범사에 잘되며 강건한 3중축복, 전인구원의 완성 단계가 바로 천국입니다. 영원히 하나님을 섬기는 곳에는 저주가 없으며 신령한 몸으로 부활한 성도들이 사는 영생의 낙원입니다."[29]

3중축복이 탄생한지 반세기가 지나갔다. 지난 세월을 회상해보면, 영산이 발견한 3중축복 이론은 위대한 과학자로 추앙받는 뉴턴이 발견한 과학이론의 방정식과도 비유된다.[30]

2. 3중축복의 탄생: 전인구원의 변증학

축복을 올바로 이해하려면 골고다 언덕으로 가서 십자가의 신비를 먼저 깨달아야 할 것이다. 왜냐하면, 십자가의 신비를 깨닫지 못하면, 죄인은 축복을 경험할 수 없기 때문이다. 신자들의 축복의 기초는 예수 그리스도 십자가다. 십자가의 복음과 믿음을 통해 우리는 그리스도와 연합되어(갈 2:20, 고전6:17) 하나님과 화목하게 되고, 칭의를 얻고, 양자가 된다(롬8:15). 그리스도와의 연합은 신령한 모든 축복의 시작이다(요일5:12). 신자들이 얻는 신령한 영적 축복은 그리스도와의 연합에서 탄생한다. 성도는 연합을 통해 거룩한 삶과 의로운 삶의 축복을 얻는다. 아담이 잃었던 의로움과 거룩함의 축복을 되찾는다.[31]

따라서 이 축복개념을 이해하려면 예수님이 겪으신 '수난절-부활절'을 통해 성취하신 구속의 의미를 먼저 마음에 새기고 아는 것이 중요하다. 인간이 하나님으로부터 축복을 받을 수 있는 성경적 근거는 복음을 통해 하나님의 아들, 곧 십자가 위에서 죽으시고 부활하시고 영광 받으신 우리 주 예수 그리스도를 전인적으로 믿고 영접하는 것이다.

---

26) 조용기, 『설교는 나의 인생』, 서울말씀사(2009), 61.
27) 조용기, 『설교는 나의 인생』, 서울말씀사(2009), 83-85. "기독교 신앙은 양심이 살아일어나 하나님께 부르짖는 것입니다. 양심에 기초하지 않고 단지 물질만을 구하는 것은 진정한 신앙이 아닙니다. 기독교인은 정직하고 올바르게 살아야 합니다. 하나님은 인간에게 축복을 부어주시는 기계가 아닙니다."
28) 조용기, "받은 복과 누리는 복", 주일설교(2006-06-25).
29) 조용기, "왜 삼중축복인가?" 주일설교(2006-05-14).
30) 사람들은 위대한 과학자들 중 뉴턴(Newton)에 대해 운동방정식 $f=ma$(f: 힘, m: 질량, a: 가속도)를, 아인슈타인(Einstein)에 대해 우주의 법칙을 단순화시킨 질량에너지 등가원리를 밝힌 방정식 $E=mc^2$(E: 에너지, m: 질량, c: 빛의 속도)을 머릿속에 떠올린다. '영산 조용기'와 관련해서 나는 다음 방정식을 제시하고자 한다. [십자가의 영성] = [5중복음 + 3중축복 + 4차원영성]. 영산은 성경의 진리를 세 가지로 정리해서 성도들에게 희망의 복음을 증거했다.
31) 그 의로움과 거룩함은 장차 새 땅과 새 하늘에서 완전해질 것이다. 이 땅에서 불완전하기는 하지만 십자가를 통해 인간은 이제 거룩한 존재가 되는 길이 열린 것이다(히10:10).

신자는 예수와 함께 죽고 부활함으로써 수난절을 부활절로 승화시키는 영적 체험을 한 사람들이다. 우리가 품고 있는 십자가의 믿음의 실체는 '하나님이자 동시에 인간으로 오셔서 십자가 위에서 죽으시고 부활하신 예수 그리스도'시다. 십자가는 인간의 부족함, 연약함, 무능함, 죄 많음, 어리석음 등의 하위의 것들을 최상의 것으로 교환시켜 준다.32) 십자가 믿음을 통해서만 우리는 능력, 기적 및 축복의 삶을 추구할 수 있다.

요약하면 우리가 축복을 받는 원리는 두 가지다. 첫째는 '고난과 영광'을 받으신 예수 그리스도가 우리 안에 연합(union)을 통해 지금 여기에서 우리와 함께 계신다는 사실에 있다(요14:20, 고전6:17, 요17:21-23). 즉 그리스도와 연합을 통해 신자는 의롭고 거룩한 삶을 살 수 있는 영적 자원을 소유하고 있다. 둘째는 수난절과 부활절을 체험한 십자가의 믿음이 우리 안에 지금 여기에 내재하다는 사실이다. 그 결과 우리의 믿음의 삶은 역동적이 되며, '고난을 보아도 영광을 본다', '약해도 나는 강하다', '없어도 있다', '절망을 보아도 희망이 있다', '죽어도 장래에 다시 산다'고 믿고 말한다. 그리스도가 체험한 '수난절-부활절'의 삶의 원리를 우리 삶에 적용할 때 우리는 축복의 삶을 살게 된다.

성령은 복음과 우리의 믿음을 통해 우리를 그리스도와 연합되게 하시고, 하늘의 삶, 하나님 중심의 삶, 예수 그리스도와 동행하는 삶을 살게 하신다. 따라서 하늘의 복을 받아 사는 자는 날마다 진리로 거룩해져야 한다(딤전4:5, 요17:17). 영산도 "복을 구할 때 하나님께 순종하고, 하나님 뜻을 따르기 위해 거룩함에 이르러야 합니다."라고 강조한다.33)

이제 영산의 3중축복의 탄생과정을 좀 더 면밀히 살펴보자. 16세기까지만 해도 인간은 천동설(天動說)을 믿었다. 어느 날 코페르니쿠스(N. Copernicus)가 나타나서 이렇게 말했다.
"하늘은 정지되어 있고 움직이는 것은 바로 이 땅이오!"
그 말을 들은 수많은 사람들이 그를 비웃었다. 당시 패러다임은 천동설이었고, 지동설(地動說)이 아니었다. 그 시절 사람들의 생각의 틀 속에는 천동설이 컴퓨터의 소프트웨어처럼 깔려 있었다. 갈릴레오가 금성 관측으로 지구도 움직일 수 있다는 근거를 대자 천동설 패러다임은 하루아침에 혁명적으로 바뀌었다. 하버드의 과학철학자 토머스 쿤(Thomas S. Kuhn)은 자신이 저술한 『과학혁명의 구조』에서 과학의 발전방식을 설명하기 위해 '패러다임(paradigm)'이라는 용어를 사용한다.34)

쿤은 패러다임이라는 용어의 의미를 '어떤 과학자 집단의 구성원들이 공유하는 믿음, 가치, 테크닉 등을 망라한 총체적 집합'으로 정의한다.35) 패러다임에 대한 쿤의 정의를 신앙의 측면에서 다

---

32) 십자가 위에서 일어나는 9가지 교환 - 용서, 의로움, 생명, 축복, 부요, 영광, 새 사람 등 대하여는 다음 책을 참조하라. 데릭 프린스, 『속죄』, 순전한나드(2012).
33) 조용기, 『축복』, 한세대학교출판부(2013), 59.
34) 패러다임 어원을 백과사전을 참조하면 다음과 같다. 희랍어 paradeiknumi는 para-와 deiknumi의 두 부분으로 나뉜다. 여기서 접두사로 쓰이는 para-는 '~과 함께 나란히' 혹은 '~과 비교해서'를 뜻하며, 'deiknumi'는 '보여 주다' 또는 '밝혀주다'라는 뜻이다. 그리고 이 합성어인 'paradeiknumi'는 '(~과 함께 나란히) 비교하다' 또는 '(~과 비교해서) 재현하다'를 뜻한다. 이와 관련해서 희랍어 명사인 'paradeigma'는 바로 여기서 말하는 '패러다임'의 어원으로, '패턴'(pattern), '모델'(model), '예'(example) 등을 뜻한다.
35) 토머스 쿤(Thomas S. Kuhn), 『과학혁명의 구조』(The Structure of Scientific Revolutions), 까치(2013), 294.

음과 같이 재정리해서 말할 수 있을 것이다. 곧 신앙의 패러다임이란 무엇인가? 그것은 '예수 그리스도를 중심으로 하는 어떤 신앙공동체의 구성원들이 공유하는 창조적 믿음, 기독교적 삶의 가치, 영적 삶의 원리 및 방법 등을 총망라한 것'이다.

쿤은 패러다임이 과학의 발전을 주도한다고 강조하면서, 과학혁명의 과정을 그의 저서 전반에 걸쳐 다음과 같이 서술한다. '정상과학 A(normal science, 특정 과학자 집단이 인정한 과학이론) → 변칙현상(예상이 점차 빗나감) → 위기(새로운 이론 요구) → 새로운 패러다임 출현(기존 과학이론의 변화) → 과학혁명(세계관의 변화) → 정상과학 B'.36) 여기서 눈여겨 볼 것은 정상과학 A와 정상과학 B를 갈라놓는 것은 과학적 데이터가 아니라 '패러다임'이라는 것이다. 사실 일반인이 볼 때, 과학에서 패러다임이 적용된다는 자체가 우리에게는 상당히 낯선 것이다. 인문학이 아닌 데이터를 기초로 하는 과학에서 말이다.

쿤에 의하면, 과학이란 과학지식의 축적 위에서 연속적으로 발전하는 것이 아니라 '비연속적'으로 발전한다는 것이다. 참으로 놀라운 사실이다. 다시 말하면 정상과학A는 과학지식의 축적을 통해 정상과학 B로 대치되는 것이 아니라 패러다임을 통해서 전환된다는 것이다. 정상과학 A와 정상과학 B 사이에 피치 못할 '공약 불가능성(incommensurability: 옛 이론과 새 이론 사이에 양립할 수 없는 단절이 일어남을 말한다. 즉 동일한 사물을 보면서도 관점이 달라 상대편의 주장을 서로 수용하지 못하는 것이다.)'이 존재하게 된다.37) 요약하면, 과학의 발전이 데이터를 기초로 하여 발전하는 것이 아니라, 패러다임을 통해서 새로운 과학의 장이 열린다는 것이다.

이제 토마스 쿤의 '과학의 혁명의 구조'와 영산의 '신학혁신의 구조'를 서로 비교하면서 살펴볼 차례다. 얼핏 쿤과 영산은 첩첩의 산을 사이에 두고 아주 멀리 떨어져 있는 것처럼 보인다. 1960년 초에 한 사람은 '과학혁명의 구조'라는 혁신적인 틀을, 한 사람은 '3중축복의 신학적 혁신'이라는 새로운 틀을 제시했다. 쿤은 1962년도에 과학혁명의 구조를 발표했고, 영산은 1960년 초 신앙혁명의 3중축복을 탄생시켰다.38) 한 사람은 과학에서 패러다임을 발견해냈고, 다른 한 사람은 기독교 영역에서 패러다임을 적용하여 신앙혁신을 일으켰다.

패러다임은 눈에 보이는 가시적인 것에서 출발하지 않는다. 혁명은 초기에 비가시적으로 일어난다.39) 마음에서 먼저 일어나는 혁명은 아무도 모른다. 초기에는 별관심이 없거나 대부분의 사람들로부터 환영을 받지 못한다. 새로운 패러다임이 발전되고, 수용되고, 활용되어도 한참 뒤에야 마

---

36) 좀 더 심도 있게 보려면, 다음 책을 참조하라. 토머스 쿤(Thomas S. Kuhn), 『과학혁명의 구조』(The Structure of Scientific Revolutions), 까치(2013). 과학적 내용들이 많이 나오기는 하지만, 신앙혁신의 구조와 과학혁명의 구조 사이에 상당한 유비를 발견할 수 있으며, 역학적 상호작용 인자가 존재한다. 1962년도에 출간된 이 책은 20세기에 가장 많이 인용된 학술서로 꼽히고 있다.

37) 토머스 쿤(Thomas S. Kuhn), 『과학혁명의 구조』(The Structure of Scientific Revolutions), 까치(2013). 39-44, 그리고 325 페이지를 참조하라.

38) R. C. Sproul, *Not A Chance*, Baker Books(1994), 28: 스프롤(Sproul)은 모든 패러다임에는 변칙(anomalies)이 적용되며, 그 과정의 세 가지 변칙요소들을 지적한다: 1) 사실(facts)을 부정하거나, 2) 논리(logic)를 부정하거나, 3) 기존의 패러다임을 수정한다. 영산의 경우 3)에 해당된다. 즉, 기존의 '전통적 구원의 패러다임'을 '전인구원적 패러다임'으로 수정한 것이다.

39) 토머스 쿤(Thomas S. Kuhn), 『과학혁명의 구조』(The Structure of Scientific Revolutions), 까치(2013), 242-252.

침내 인정받게 되기 때문이다.40) 영산이 3중축복 혁명을 일으켰을 때, 애초 그 혁명은 비가시적이었고, 세월이 지나면서 점점 수면 위로 부상되었다.41)

동일한 사물 혹은 동일한 말씀을 보면서도 해석관점이 전혀 다르기 때문에 말이 안 통하는 경우가 종종 있다. 대개의 경우 패러다임이 바뀌는 초기에는 부정적 반응이 강하게 일어나지만, 시간이 지나면서 새로운 패러다임에 대하여 긍정적 반응을 보여준다.42) 독일의 과학자 막스 플랑크(Max Plank)는 그의『자서전』에서 자신의 전 생애를 회고하면서 다음과 같이 말한다. "새로운 과학적 진리는 반대자들을 납득시키고 이해시킴으로서 승리를 거두기보다 결국에는 반대하는 사람들이 죽고 새로운 사실에 익숙한 세대가 성장하기 때문에 승리하게 되는 것이다."

과학사를 보면 '공약불가능성(상대측의 주장을 서로 수용 못하는 것)' 때문에 새로운 패러다임이 뭇사람들에게 수용되려면, 반세기나 심지어 한 세기가 걸리는 경우도 있다.43) 동일한 세상에서 동일한 사물을 보면서 동일한 땅 위에 살면서도 공약불가능성이라는 굴레 때문에 거의 대부분의 사람들은 결국 자신의 전통적 패러다임을 묵묵히 고집하며 살아가고 있는 것이다. 막스 플랑크의 말은 하나의 새로운 패러다임이 출현하고, 그것이 검증, 입증, 명료화, 정상화(normalization)되는 길은 험하다는 것을 잘 표현해준다.

영산은 '3중축복'으로 신학혁신의 패러다임을 진작시켰다. 그는 코페르니쿠스적 혁명을 도입한 것이다. 영산은 하나님의 말씀을 삶 속에 상황화시켰다.44) 3중축복의 변증학은 놀랍고 경이로운 아이디어였다. 영산은 인간을 파멸시키는 마귀의 진지를 발견하고, 말씀의 지혜와 성령의 능력으로 마귀의 진지를 초토화시켰다. 이것은 과히 획기적 사건이었다.『한국교회 성령운동의 현상과 구조』라는 책에 이런 내용이 서술되어 있다.

---

40) 토머스 쿤(Thomas S. Kuhn),『과학혁명의 구조』(The Structure of Scientific Revolutions), 까치(2013), 270. 오늘날 영산의 신학을 따지고, 이단으로 몰아가고, 힐난의 화살이 소멸된 것은 이미 기존의 기독교공동체로부터 그의 신학 패러다임이 안착, 수용되었기 때문이다.

41) 이성적 개념에서의 절대주의와 상대주의, 즉 정적인 측면과 동적인 측면은 항상 존재한다. 정적인 요소는 삶의 과정에서 동일성을 유지하도록 해주고(현재의 진리를 유지, 즉 극단적인 강조점을 보호), 동적인 요소는 삶의 과정에서 이성으로 하여금 자신을 실현하게 만들어주는 힘이 있다. 참조. 황민효,『폴의 틸리히 신학』, 한국장로교출판사(2008), 189. 첨언하면, 3중축복을 정적-동적 요소라는 대립구조 측면에서 이해할 때, 정적인 측면만을 강조하게 되면 절대주의로 빠지게 되고, 동적인 측면만을 강조하면 상대주의로 빠지는 경향을 띄게 된다. 영산의 3중축복 구조를 정적(static) 구조 위에 동적(dynamic) 구조를 연합시킨 것으로 인식하면, '전통적 절대주의(전통과 동일시)'가 아니라 '혁명적 절대주의(정적 구조 + 동적 구조)'라고 할 수 있다. 정과 동의 원리는 신앙의 진보에 있어서 하나의 성장원리로 기능한다. 그 당시 영산이 이단구설에 오른 것도 결국은 인간의 정적 요소와 동적 요소와의 극한 대립구조에서 나온 것이다.

42) 토머스 쿤(Thomas S. Kuhn),『과학혁명의 구조』(The Structure of Scientific Revolutions), 까치(2013), 200. 진리의 말씀은 하나인데도 교리 차이로 서로 상종하지 않는 기독교인들이 얼마나 많은가? 과학에서도 이와 유사한 일들이 발생하고 있고, 지금도 그렇고, 장차에도 그러할 것이다. 사고의 틀을 깨는 것이 얼마나 힘든 일인지를 단적으로 보여주는 사례다.

43) 토머스 쿤(Thomas S. Kuhn),『과학혁명의 구조』(The Structure of Scientific Revolutions), 까치(2013), 262. 쿤은 하나의 온전한 패러다임이 안착하기 위해서는 인내, 부여가치, 노력, 희생 등이 필요함을 역설한다.

44) Sinclair et al, *New Dictionary of Theology*, Inter Varsity Press(1988), 164-165: 상황화의 시초는 예수님이시며, 예수님의 삶과 가르침 자체는 상황화의 궁극의 모델이었다. 이웃을 사랑하는 것도 모든 나라의 족속들을 제자로 삼는 것도 상황화에 대한 명령의 예이다.

"조용기 목사의 3중축복의 신학은 기독교 역사상 초유의 교회성장과 결과로 나타났다. 1950-1960년대 절망과 가난과 질병으로 고난당하던 빈민계층에게 3중축복의 메시지는 희망과 용기를 주어 절망에서 일어나 미래와 희망을 향해 나아가게 했다. 이것은 복음이 참으로 인간의 삶을 변화시키는 놀라운 능력으로 나타나는 현상이었다."45)

이 진술은 3중축복의 영적 파장이 얼마나 역동적으로 나타났는지 역설해준다. 목회활동이 하나님의 말씀으로 사람을 변화시키고 영적으로 성장시키는 일을 포괄한다면, 영산은 3중축복의 메시지로 성도들을 영적으로 변화, 경험 및 성숙하게 하는 동기를 부여했다. 동시에 영산 스스로도 3중축복의 메시지를 통해 하나님이 누구신지를 알아가고, 무엇을 하시는지, 어떻게 하시는지에 대하여 체험적으로 인식하게 되었다. 신학과 목회는 상호연합하면서 상호보완적으로 기능한다. 성령은 목회와 신학을 이끌어주는 역학적 동인이다. 영산의 3중축복 신학은 교과서적으로 잉태된 것이 아니라, 삶의 자리에서 체험을 통해 잉태된 것이다. 그런 의미에서 3중축복 신학은 삶의 신학, 경험의 신학, 복을 경험하는 신학이다.

영산은 하나님이 원하시는 전인구원 개념을 다음과 같이 요약한다. 46)
  a) 아담의 타락으로 인해 인간은 영적 죽음, 저주, 육신의 질병과 죽음이라는
     삼대재앙을 받았다(창3:17-19).
  b) 하나님의 아들 예수 그리스도께서 우리의 죄를 대신 지고 십자가에 죽으심으로써
     죗값이 청산되고 전인구원의 3중축복을 얻게 되었다(사53:5, 요삼1:2).

이와 같이 그리스도와 연합되면 우리는 3대재앙에서 3중축복을 얻는다. 어느 날 광장에서 영산이 수많은 회중들 앞에서 생전 듣지도 보지도 못한 이 '3중축복의 성경적 원리와 전인구원론'을 소리 높여 외쳤다고 가정해보자. 나는 그것을 다음과 같이 상상하며 묘사해 보고자 한다.47)

"여러분, 예수님을 믿으면 영혼만 구원받는 게 아닙니다. 예수님을 믿으면 육체, 환경까지 포함하는 전인구원을 받습니다. 예수님을 믿으면 영혼이 잘되고 범사가 잘되고 강건하게 됩니다.
오늘부터 구원에 대한 생각을 완전히 새롭게 바꾸어야 합니다. 저는 이것을 3중축복이라고 부릅니다. 예수님은 구원자(Savior)요, 치료자(Healer)요, 축복자(Blesser) 이십니다. 인간은 3중으로 타락했습니다. 그러나 좋으신 하나님은 예수님을 보내주셔서 삼중대속의 길을 열어주었습니다. 예수를 믿으면 삼위 하나님이 전인적으로 구속시켜주시고, 인간은 구원받아 새 사람이 되고, 삶의 자리에 삼중축복이 임합니다. 하나님은 과거와 미래의 하나님일 뿐 아니라 지금 나를 돌보시는 현재의 하나님입니다.
그러므로 여러분, 예수님을 믿으면 이 3중축복을 바로 지금 내 삶의 자리에서 누릴 수 있습니다.

---

45) 참조. 서광선 외, 『한국교회 성령운동의 현상과 구조』, 대화출판사(1987), 17-21.
46) 조용기, 『요약설교』, 서울말씀사(2012), 18.
47) 다음 설교를 참조하라. 조용기, "삼대재앙과 삼중축복", 주일설교(2003.11.9.). 영산의 3중축복 발굴과정을 전쟁터로 비유하면, 적군을 섬멸하기 위해 매복 들어갔다가 가장 먼저 숨어있는 적군을 발견, 방아쇠를 당긴 것이다.

예수님을 믿으면 전인적으로 구원받습니다. 한 마디로 운명이 바뀝니다. 예수를 믿으면 미래의 구원뿐 아니라 현재의 구원도 있습니다. 영혼뿐 아니라 육체와 삶의 환경까지도 예수 그리스도의 능력이 뻗칩니다. 마귀를 물리치면 병도 떠나갑니다. 영혼육의 축복을 받으십시오. 하나님은 좋으신 하나님이십니다."

3중축복적 전인구원론은 인간의 내세적 삶뿐 아니라 현세적인 삶을 포괄한다.[48] 전인구원론은 이전의 것과 전혀 다른 혁신적인 것이다. 교리중심적으로 지성적, 미래적, 영적 구원이 강조되던 시기에 영산은 하나님의 말씀을 상황화시켜 3중축복을 토착화시켰다.[49]

그렇게 출범한 3중축복은 초기에 수많은 우여곡절을 겪었고, 많은 사람들로부터 공격을 받았다.[50] 초기에 샤머니즘 신앙이라고 공격도 받았다.[51] 그러나 그렇게 탄생된 3중축복은 성도들을 영적으로 활성화시키는 행동원리가 되었다. 또한 그 당시 현재적 구원의 능력이 상실된 교회에 복음의 능력을 회복시켜 주는 중요한 전환점을 마련해주었다.[52] 개인 차원에서는 영적, 경제적, 육체적으로 성장하는 기회를 제공했고, 교회 차원에서는 양적 및 질적으로 동반성장하는 시대를 열어주는 원동력이 되었다.

모든 패러다임의 변화에는 우여곡절이 있다. 기존의 정상 패러다임이 없어지고 새로운 패러다임이 세워질 때까지 비범한 영안과 통찰력을 가져야 하며, 무엇보다 기존의 것에 견주어 혁명적이어야 한다. 하나의 패러다임을 세우는 것은 거친 절벽 위에 높은 성을 세우는 것과 같으며, 그 일은 점진적으로 서서히 이뤄진다. 그러나 한번 세워지면 걷잡을 수 없이 퍼져나가며, 그 파장의 속도는 위력이 있다. 영산의 3중축복은 과학영역에서 패러다임 혁명이 일어나듯이 그렇게 탄생한 것이다.

영산은 그가 세운 3중축복의 패러다임에 따라 성도들이 '삶의 자리'에서 하나님을 구체적으로 경험하도록 했다(그림 4-1). 그런 맥락에서 보면, 3중축복은 하나님 나라에 대한 인간의 경험과 올바른 인식을 통해 깨닫게 되는 '인간 이해'의 실천적 장이다.[53] 즉, 삶의 방식이 천상화된 것이며, 3차원 땅의 삶과 4차원 하늘의 삶을 접촉시켜 영적 삶의 대혁신을 일으키는 은혜의 방편이다.

---

48) 장흥길, "영산 조용기 목사의 사회구원 이해에 관한 신약성서 윤리적 평가", 『영산신학저널』, Vol.17(2009), 127.

49) Allan Anderson, "The Contextual Pentecostal Theology of David Yonggi Cho", *Asian Journal of Pentecostal Studies* 7:1, January(2004), 109.

50) 1981년 12월 13일자 설교 "삼박자 축복과 십자가"에서 그는 당시 비난의 화살을 이렇게 묘사하고 있다. "오늘날 어떤 분들은 나의 신학을 '십자가 없는 신학'이라고 비난하고 있습니다. 나는 25년 동안 삼박자 축복을 증거했는데, 삼박자 축복이 십자가 기반이 없었다면, 여태까지 내가 설교하는 것은 무효가 되고 맙니다. 나의 설교를 들은 사람들의 신앙도 잘못된 신앙이 되고 맙니다." 조용기, "삼박자 축복과 십자가", 『순복음소식 제2집』, 167호(1981-12-13).

51) "샤머니즘적 기복신앙이란 하나님이 아니라 우상 사신 및 정령에게 회개와 인격이 변화없이 약속에 의하지 않고 자신의 탐심 탐욕으로 복을 달라고 주술적으로 구하는 것입니다. 이러한 신앙은 의와 거룩함과 진리를 좇는 삶이 아닙니다." 조용기, 『축복』, 한세대학교출판부(2013), 67. 실제로 영산은 오랜 세월동안 "축복받는 것이 하나님의 뜻이 아니다. 복을 구하는 것이 하나님의 뜻이 아니다. 그것은 기복신앙이다."라는 공격을 받았다.

52) 영산의 복관은 자기중심이 아니라 '타자(他者)중심'이다. 그는 "우리가 하나님을 더 잘 섬기기 위하여 복을 구하거나, 가난하고 고난당하는 이웃에게 사랑과 행복을 나누기 위하여 하나님께 복을 구하면 구하는 당사자도 복되게 됩니다."라고 강조한다. 참조. 조용기, "아브라함과 하나님의 복", 주일설교(2009-02-08).

53) 배현성, 『젓가락과 신학의 만남』, 한세대학교출판부(2006), 158-162.

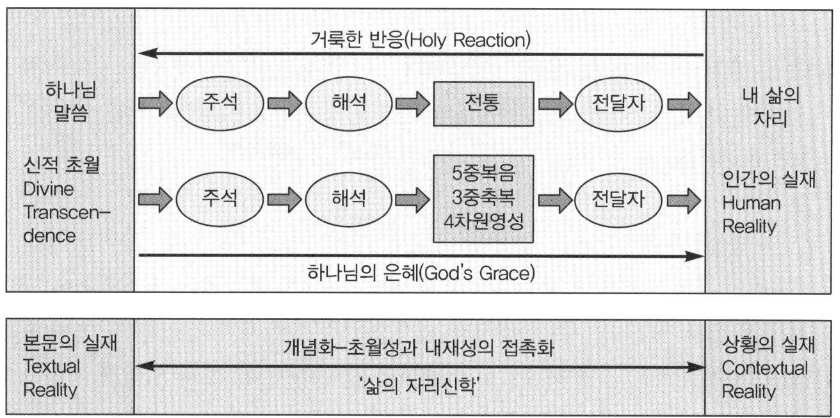

그림 4-1. 하나님 말씀-삶의 자리 임재화[54]): 영산은 초월적 하나님을 삶의 자리에서 체험하도록 했다. 그의 목회에서 5중복음, 3중축복, 4차원영성의 도입은 희망신학을 태동시켰으며, 삶의 회색지대에서 창조시대를 여는 희망의 꽃씨였다. 성령은 그 꽃씨를 역동적으로 피워 열매를 맺게 했다. 하나님의 말씀은 성령 안에서 인간의 심령을 하늘로 들어 올려서, 하나님의 궁궐에 초청한다. 그래서 하나님의 자녀가 지상에 살면서도, 천상의 삶에 참여하게 하여 하나님께 영광 돌리게 한다. 하나님의 말씀은 "하나님을 하나님 되게 하고, 피조물을 그의 본래적 자리로 되돌아가게 한다." 말씀의 궁극의 목표는 인간을 거룩하고 온전하게 해서 예수님을 닮아가게 하며, 장차 하나님 나라에서 영원히 살게 하는 것이다.

영산은 하나님을 종교적 또는 형이상학적으로 이해하는 것이 아니라 말씀의 상황화, 즉 '여기 계심과 지금 계심(hereness and nowness)'의 하나님으로 바라보게 했다.[55] 그가 강조하는 3중축복의 전인구원(holistic salvation)은 결국 태초에 인간의 본래적 자화상인 하나님의 형상을 회복하는 과정이다. 달리 말하면 하나님을 이원론적으로 대상화하는 것이 아니라 통전적 경험(holistic experience)을 하도록 한 것이다. 클라인벨(Howard Clinebell)이 그의 『전인건강』 책에서 전인건강과 하나님의 영이 서로 밀접한 관계가 있음을 강조한 것도 이와 맥을 같이 한다.[56]

영산은 말씀을 기초로 하여 흔들리지 않는 교리적 뼈대(backbone)을 만들어 회중들에게 적용시켰으며, 정통(orthodoxy)과 실천(praxis)이 조화 속에서 상호 만나는 장을 열어주었다. 그 결과 회중들은 그들의 삶의 자리에서 하나님의 나라를 경험할 수 있었다. 그는 단지 하나님을 저 멀리서 바라만 봐야 하는 하나님이 아니라 '하나님 안에 우리가, 우리 안에 하나님이 거하시는 신앙의 신비'를 지금 여기서 체험하도록 했다. 이는 탁월한 강해설교자이자 신학자 및 작가였던 존 스토트(John W.

---

54) 달라스 윌라드(Dallas Willard), 『하나님의 모략』(The Divine Conspiracy), 복있는사람(2013), 73. 윌라드는 자신의 책에 영산의 대한 글을 이렇게 싣고 있다. "젊어서 그는 불교신자였고 절망적 가난 속에서 결핵으로 죽어가고 있었다. … 그는 자신이 처한 자리에서 단순히 '그들의' 하나님께 도움을 구했다. 그들의 하나님은 과연 그를 도와주셨다. 하나님은 젊은 한국인을 치유해주셨고 가르쳐주셨으며, 예수 안에 지금도 있는 그 나라의 생명을 풍성히 부어주셨다. 바로 그 생명이 지금 조용기 목사를 통해 수많은 다른 사람들에게 흘러나가고 있다."

55) 영산의 상황화 개념은 그렌츠의 개념과 유사하다. 상황화 신학이란 하나님의 백성이 공동체 안에 살면서 시간과 공간을 통해 신자들이 서로 상호작용하는 역동적 과정이며, 성령의 조명 아래, 성경연구를 통해 자신들에게 하신 하나님의 말씀을 자신들의 언어와 사고형식으로 상황에 선포하는 것이다. 스탠리 J. 그렌츠(Stanly J. Grenz), 『복음주의 재조명』(Revisioning Evangelical Theology), CLC(2013), 105에서 재인용, 이것은 Richard J. Gehman, "Guidelines in Contextualization", *Wast Africa Journal of Evangelical Theology 2*, No.1(1983), 27에서 인용되었다.

56) 참조. 하워드 클라인벨, 『전인건강』, 성장상담연구소(1995).

Stott)가 강조한 것과 맥을 같이 한다. "기독교의 복음은 그저 의롭다 하심을 받았다는 사실을 회고하고, 영화롭게 될 것을 바라보는 정도가 아닙니다. 그리스도인은 과거에 이미 이루어졌던 구원과 그 구원이 어떻게 될 것인지에만 골몰하는 그런 존재가 아닙니다. 그리스도인은 여기에 그치지 않고, 지금 여기서(now and here) 구원의 삶을 누리는 존재입니다."[57]

영산의 전인적 영성은 통전적(holistic), 경험적, 역동적, 변혁적(transforming)이다. 과거에 동방교회는 하나님과의 신비적인 체험을 통한 만남을 강조했다. 반면, 서방교회는 주로 성경말씀에 기초해서 하나님을 아는 것을 강조했다. 영산은 동방교회가 강조했던 것을 재차 강조한 것이다. 따라서 영산의 신학은 단순히 지적으로 삼위 하나님을 이해하는 것이 아니라, 오히려 영적 체험을 바탕으로 한 경험적 신학이다. 나아가 하나님의 말씀에 기초해서 성령을 통해서 하나님에게 보다 더 신비롭고 혁신적으로 나아가는 것이라고 말할 수 있다.

2.1. 3중축복의 패러다임

영산은 "복을 구하는 인간의 심성은 지극히 정상적입니다. 사람들은 모두 복을 원합니다. 그 복을 구하는 근원을 잘못 택하면 샤머니즘이 되지만, 그 근원을 하나님으로 택하면 이것은 정상적이고 올바른 것이 됩니다."라고 말한다.[58] 그의 축복논리는 하나님께 바르게 복을 구하는 자에게 하나님은 오늘날도 복을 베푸신다는 것이다(요10:10).

영산은 3중축복 신앙의 혁신적 주창자였다. 그는 성부, 성자, 성령 삼위일체 하나님은 복 주시는 하나님이심을(창12:1-30) 누구보다 잘 알고 있었다. 그가 전하는 것은 '예수님을 믿으면 영혼이 잘되고, 이 땅에서 모든 일들이 합력하여 형통하며, 영혼육이 강건케 됨'을 전파하는 것이었다. 3중축복 혁신가로 그는 이렇게 강조한다. "3중축복은 좋으신 하나님에 대한 놀라운 계시입니다. 사랑하는 자여 네 영혼이 잘됨같이 네가 범사에 잘되고 강건하기를 간구하노라(요삼1:2)." 이것은 인간의 말이 아닙니다. 어느 신학자의 말도 아닙니다. 저 하늘과 이 땅을 지으신 일점일획도 변할 수 없는 하나님의 말씀입니다. 여러 가지 어려움에도 불구하고 여의도순복음교회가 부흥하게 된 요인은 절망적인 사람들의 마음속에 변화를 주었기 때문입니다. 사람들이 한강변에 위치한 교회라 경치가 좋아서 모여드는 것이 아닙니다. 교회건물이 크기 때문에 몰려오는 것도 아닙니다. 비가 오고 눈이 내려도 마다 않고 두 번, 세 번 버스를 갈아타고 우리 교회까지 오는 이유는 자유롭게 하는 메시지가 있기 때문입니다."[59]

영산은 하나님께서 인간의 전인구원적 영역 – 영혼의 영역, 범사의 영역, 육신의 영역 – 을 중심으로 통치한다고 보았다.[60] 영산의 3중축복 개념은 단지 현재 삶의 한가운데서 누리는 축복개

---

57) 존 스토트(John R. Stott), 『새 사람』(Men Made New), 아바서원(2012), 30-31.

58) 조용기, 『축복』, 한세대학교출판부(2013), 63-64.

59) 조용기, "삼박자 축복과 십자가", 주일설교(1981-11-11). 조용기, 『삼중축복』, 한세대학교출판부(2013), 36.

60) 영산은 전인구원에 대한 증거로, 첫째, 예수님이 우리의 죄를 대속하셨으며, 둘째, 귀신 들린 자와 병든 자를 고치시고 배고픈 자들을 먹인 것을 든다(시103:1-5, 시91:1-7). 조용기, "예수님에 대한 새로운 발견", 주일설교(2013-12-29).

념만이 아니라 미래의 재림을 기다리는 균형 있는 축복개념도 포함되어 있다. 십자가 구속의 은혜는 현재와 미래를 통합하여 입체적으로 바라보게 만든다.

5중복음이 이론적 기초라면, 3중축복은 실천적 생활이다.[61] 이론과 실천이 동일 궤적 안에서 단일과정을 구성하는 것을 전제로 하면, 이론과 실천의 관계는 주체와 객체의 관계가 아닌, 상호주체의 관계로 봄이 옳다.[62] 이론과 실천에서 중요한 것은 어느 한 쪽의 우위성이 아니라 상호연합 속에서 균형을 이루는 것이다. 5중복음도 3중축복도 십자가에서 시원(始原)하기 때문이다. 이론과 실천은 상호의존적이며, 이론은 실천을 통해 확증되고, 실천은 그 이론을 통해 더 확장된다.[63] 영산은 이론-실천의 해석학적 순환을 통해 십자가중심의 사역을 강화시켜 나갔다.

영산의 3중축복은 아담의 삼중타락에서 그 뿌리를 찾고 있으며(그림 4-2),[64] 그는 구원의 어느 일면만 강조하지 않고 영-혼-육 삶의 전영역에 적용시켰다. 아담의 타락으로 영혼, 육체, 환경이 3중적으로 타락하므로 인간은 절망적 존재가 되었으나 좋으신 하나님은 예수님을 보내주셔서 3중타락을 3중대속으로 회복케 하셨으며, 그 결과 인간은 3중축복을 받게 되어, 죽었던 영혼이 영생

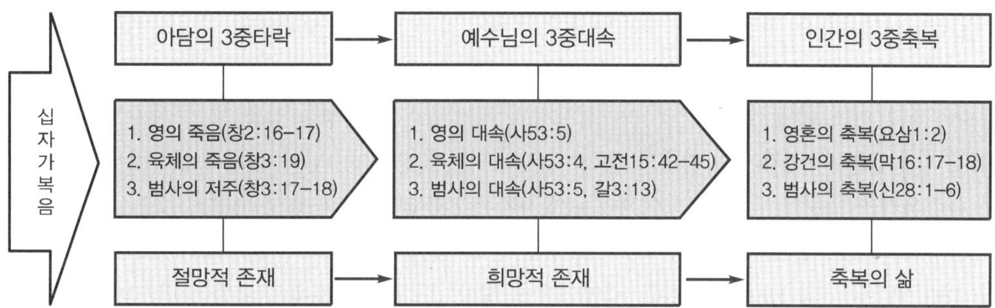

그림 4-2. 십자가 복음과 3중타락, 3중대속, 3중축복의 연계도[65]: 영산은 인간을 '영, 혼, 육의 존재'로 이해하며, 동시에 3중타락한 인간을 '절대절망의 존재'로 인식한다. 그 결과 그의 구원론은 영-혼-육의 구원, 즉 통전적 차원에서의 구원이다.[66] 다시 말해, 인간의 전인적 본성을 회복하는 것 – 영만 구원받는 것이 아니라 혼과 육이 모두, 즉 삶 전체와 육체까지 구원받는 것 – 으로 인식한다. 구원과 축복의 개념에서 보면, 영산의 차별화된 목회철학의 개념은 두 가지로 보인다. 하나는 '인간은 존재론적으로 '영-혼-육'의 삼중절망에 처해 있다'는 사실이고, 또 하나는 '구원의 방향성이 '영-혼-육'의 통전적 접근에 뿌리를 내리고 있다'는 사실이다. 영산의 '인간개념, 구원개념, 축복개념'은 상호연합되어 있으며, 총체적으로 이해함이 바람직하다.

---

61) 조용기, 『오중복음과 삼중축복』, 서울말씀사(2008), 262.

62) 참조. 데이비드 J. 보쉬(David J. Bosch), 『변화하는 선교』(Transforming Mission), CLC(2000), 628 재인용(D. T. Nel).

63) 조용기, 『오중복음과 삼중축복』, 서울말씀사(2008), 302-304. 영산은 축복을 누리는 자세로서 '생각의 전환, 축복의 법칙, 축복의 기대'를 강조한다.

64) 조용기, 『오중복음과 삼중축복』, 서울말씀사(2008), 253-259.

65) 참조. 조용기, "삼대재앙과 삼중축복", 주일설교(2003-11-09). "왜 삼중축복인가?", 주일설교(2006-05-14). "삼중축복", 주일설교(2012-01-08). 『요약설교』, 서울말씀사(2003), 1-8.

66) 멘지스(R. P. Menzies)는 영산의 이러한 통전적 접근을 두고 "대개 육체와 육체의 필요를 무시하는 정통신학을 새롭게 바로 잡았다."고 피력한다. 로버트 멘지스(Robert P. Menzies), "조용기 목사의 신학적 인간 이해: 신약 성서 번역을 위한 함의", 『영산신학저널』, Vol.11(2007), 53.

을 얻고, 병든 육체가 치료받고, 저주받았던 범사가 형통하게 되었다. 영산은 3중축복에 대해 이렇게 말한다. "3중축복이란 구원의 어느 일면만을 강조하지 않고, 우리의 영, 혼, 육 삶의 전 영역에 적용시키고자 하는 전인구원의 도식적 표현입니다. 그리스도의 3중축복의 진리는 나의 신앙을 형성한 주춧돌이며 나의 복음전파의 철학적 기초입니다."

구약의 인간론은 심신(心身) 단일체로 이해하고 있으며, 또한 인간은 육체적-심리적-인식적-정서적 기능이 상호유기적으로 묶여 있다고 강조한다. 이를 근거로 보면, 영산이 주장하는 인간은 영혼육이 상호연결되어 있고, 즉 인간은 전인적-통전적으로 하나됨을 이루고 있다.67)

죄는 하나님과 인간을 분리시키며, 인간을 죄의 노예(롬6:17)가 되게 하며, 또한 인간과 인간 사이에 갈등을 초래한다. 하나님은 십자가를 통해 하나님과의 화목을 도모하고, 인간 사이에 사랑의 관계를 맺게 한다. 그림 4-2에서 보는 바와 같이, 인간은 아담의 3중타락으로 인해 영의 죽음(창 2:16-17), 육체의 죽음(창3:19), 범사의 저주(창3:17-18)를 받았지만, 예수님의 3중대속 – 영의 대속(사 53:5), 육체의 대속(고전15:42-45, 사53:4), 범사의 대속(갈3:13, 사53:5) – 을 믿음으로써 영혼의 축복(요삼 1:2), 강건의 축복(막16:17-18), 범사의 축복(신28:1-6)을 누리게 되었다.68)

십자가는 예수님의 관점에서는 저주와 고통의 죽음의 장소였지만, 죄인인 인간의 관점에서는 구원과 생명을 얻는 장소였다. 달리 말해 십자가 위에서 예수 그리스도와 죄인 사이에 '죄의 전가, 생명의 교환'이 일어난 것이다. 영산은 십자가의 이와 같은 양면성을 강조한다. "예수님이 십자가에 못 박히셨을 때 십자가는 저주의 상징이었습니다. 하지만 예수님이 십자가에서 죽었다가 부활하셔서 우리의 구원이 되시고 난 이후에는 십자가는 자랑과 영광의 표상입니다. 그래서 우리가 목에도 걸고 벽에도 붙여놓고 십자가를 자랑으로 삼고 있는 것입니다." 예수 그리스도의 자기 낮춤과 자기 비움(kenosis, 빌2:5-8)을 통해 신앙인은 죄짐이 풀리고, 질병에서 고침을 받으며, 저주에서 해방된 것이다.

1958년 암울했던 시절, 영산은 '3중축복'이라는 대명제를 외치면서 목회의 여명기를 열었다. 이어서 '5중복음과 4차원영성'으로 여의도광야를 희망과 성장과 변화의 광장으로 이끌어갔다. 영산의 3중축복은 '5중복음'의 이론에서 실천적으로 파생된 것이다. 그는 요한삼서 1장 2절의 말씀을 핵심구절로 삼았다. "사랑하는 자여 네 영혼이 잘됨 같이 네가 범사에 잘되고 강건하기를 내가 간구하노라."

영산은 이 성경구절을 체계적으로 이해했다. 그것을 자신의 목회철학을 상징하는 성경구절로 선택했다. '영혼, 범사, 강건'의 3가지는 삶 속에서 일어나는 모든 일들을 포괄한다. 따라서 그는 개척초기부터 이 구절을 자신의 목회의 주요한 슬로건으로 삼은 것이다.

그는 믿으면 무조건 물질의 축복과 강건한 축복이 임한다고 가르치지 않으며, 무엇보다 먼저 영적인 생각을 하라고 말한다. 그는 생각이 하나님 중심으로 서 있어야 한다고 강조한다. "우리는 말씀을 받아 구원받은 영혼이 잘되어야 합니다. 오늘날 많은 사람들이 예수님을 구주로 믿는다면

---

67) 차준희, "영산의 삼중축복신학에 나타난 인간학: 구약신학적 이해", 『영산신학저널』, Vol.11, 214.
68) 칼 바르트(Karl Barth)는 신약성경에서 가장 중요한 단어는 '휘페르(huper)'라고 지적한다. 휘페르는 '대신하여' 또는 '위하여'라는 뜻이다. 예수님은 우리의 죄를 '대신하여' 속죄하셨다. 참조. R. C. 스프롤, 『구원』, 생명의말씀사(2014), 86.

서도, 깨어져 순종하는 생활을 하며 믿음, 소망, 사랑의 생활에 들어가려는 생각은 하지 않고, 생활문제에만 급급해서 현실적인 문제만 해결해 달라고 주님께 간구하는데, 이는 순서가 틀렸기 때문에 하나님께서 역사해주시지 않습니다. 우리는 먼저 구할 것과 나중 구할 것의 순서를 반드시 지켜야 합니다."[69)]

2.2. 3중축복의 해석학

영산의 복을 구하는 영적개념은 순종과 거룩함을 기초로 한다. "우리는 하나님께 더욱 순종하여 거룩함에 이르러 그리스도의 형상을 닮아가는 신앙생활을 하면서 하나님께 복을 구해야 합니다." 라고 강조한다.[70)]

순종한다는 것은 말씀을 믿고 따르는 것으로, 의와 거룩함으로 영적으로 성장한다는 의미다. 순종한다는 것은 말씀을 믿고 따라간다는 것, 하나님이 창조주이시고 나는 피조물임을 고백하는 것, 다시 말해 하나님의 뜻과 마음에 동화(同化)되는 것이다(말4:6, 고전2:16). 그런 의미에서 보면, 축복이란 순종의 도를 따라가는 것, 하나님의 뜻에 나의 뜻을 동화시키는 것, 나의 마음이 하나님의 마음을 따라가는 것이다. 영산은 "고난은 인간을 깨뜨리고 순종하게 하며 신앙을 자라게 합니다. 신앙이 자랄 때 하나님께서는 하나님의 선하신 일을 이루시기 위해서 하늘 문을 열어 축복해주십니다." 라고 강조한다.[71)] 그는 또한 "하나님께서는 믿고 순종하는 자에게 풍성한 축복을 주셔서 가난하고 헐벗고 굶주리고 병든 사람들을 구제하도록 명령하고 계십니다."라고 말한다.

영산의 영적논리를 총체적으로 이해하면, 축복개념은 "말씀, 믿음, 순종, 기도를 통하여 의롭고 거룩한 삶을 살 때, 하늘의 신령한 축복이 임한다"는 결론에 도달한다. 그는 초기부터 하나님의 말씀에 기초해서 축복의 개념을 펼쳤다.

영산의 3중축복의 뿌리는 근원적으로 보면, 예수 그리스도 십자가다. "예수 그리스도께서 십자가에서 이 삼대재앙을 다 받으시고, 대신에 삼대축복의 생수의 강을 넘쳐흐르도록 한 것입니다. 이제 예수를 구주로 모시면 재앙은 사라지고 생수의 강이 넘쳐흐르게 되는 것입니다. 그렇기 때문에 예수 그리스도는 우리에게 생명의 근원이 되십니다."[72)] 모든 축복은 십자가에서 시작된다. 3중축복 개념에서 중요한 것은 그리스도 중심의 사고방식, 즉 생명의 근원이 그리스도에게 있음을 깨닫는 것이다(요3:16, 요일5:11-12).

영산은 '하나님의 축복과 형통'라는 설교에서 그리스도를 생명의 씨앗으로 표현하며, 축복개념을 그리스도의 생명과 연결시켜서 설명한다. "인생을 살면서 가장 위대한 씨앗은 우리 주 예수 그리스도의 생명의 씨앗입니다. 예수님은 우리에게 영생의 씨앗이 되는 것입니다. 우리의 마음속에 예수 그리스도를 심으면 그 속에서 영생의 열매를 거두게 되는 것입니다. 사람들이 이 세상에서 인간

---

69) 조용기, "하나님의 축복의 순서", 주일설교(1997-04-13).
70) 조용기, 『축복』, 한세대학교출판부(2013), 53.
71) 조용기, 『축복』, 한세대학교출판부(2013), 89.
72) 조용기, "삼대재앙과 삼중축복", 주일설교(2003-11-09).

의 철학이나 윤리나 도덕이나 종교를 심어봤자 그것은 잡초밖에 되지 않습니다. 하늘에서 내려와서 우리를 위해서 십자가에 몸을 찢고 피를 흘려 죽었다가 부활하신 예수님을 심으면, 그를 통해서 우리들은 죄악을 이기고, 이 세상도 이기고, 염려 근심과 불안, 초조, 절망과 질병을 이기고, 저주를 이기고, 사망을 이긴 아름다운 영생의 열매를 거두게 되는 것입니다. 그 무엇보다도 예수를 우리 마음속에 심어 천국영생을 거두는 우리들이 되어야 할 것입니다."73)

영산의 3중축복 개념은 다음과 같이 세분화해서 정립할 수 있다. 그의 3중축복론은 구약의 인간론과 맞물려서 인식되며, 유기적 관계 안에서 이뤄진다.

첫째, 관계적 측면: 하나님은 좋으신 하나님이므로 자녀에게 강건함, 형통함을 주신다. 보다 광범위하게 이해하면, 하나님과 인간, 인간과 인간 및 인간과 피조세계의 본래적 관계가 회복되는 삶이다.74) 즉, 아담과 하와가 에덴동산에서 처음 살던 본래적 삶으로 되돌아가는 삶이요, 인간이 죄를 저지르기 이전의 모습으로 회복되는 삶이다. 다시 말해, 하나님과 순종의 관계, 거룩한 관계에 있을 때 복이 임한다. 영산은 "우리는 약속하신 말씀 위에 서서 복을 구하는 것입니다. 하나님께 순종하여 거룩함에 이르고, 그리스도의 형상을 닮아가는 신앙생활 속에서 복을 구해야 합니다."라고 말한다.75) 의와 진리의 거룩함은 신령한 복이다(엡1:3).

둘째, 삼위일체적 측면: 양자로서 삼위일체 하나님과의 관계에서 하나님과 친교를 나누는 삶이다. 하나님과 인간이 친밀한 관계를 맺는 삶 그 자체가 3중축복의 근원이며, 동행의 축복이다. 성도는 삼위 하나님의 친교와 하나됨의 삶을 최고의 모델로 본받는 삶을 살아야 한다(요14:20).

셋째, 구원적 측면: 구원받은 사람은 예수님과 연합하여 한 몸을 이룬다. 이제 예수님이 그의 삶의 주인이다(갈2:20). 그는 죄와 죽음으로부터 벗어나 자유롭고 복된 삶을 산다. 곧 시간 속에서 살지만, 동시에 영원을 향해 종말론적 시각을 지니고 살아간다. 영산은 "우리가 회개하고 예수님을 구주로 믿고 하나님께 나오면 하나님의 형벌에서 면함을 받기 때문에 우리는 가난과 죽음에서조차도 면함을 받는 하나님의 축복을 얻게 되는 것입니다."라고 말한다.76)

넷째, 실천적 측면: 말씀, 믿음, 기도로 내 영혼이 잘되고, 그 결과 범사와 강건함의 복이 삶의 자리에 임하며, 동시에 하나님과 이웃을 사랑하고, 궁극적으로 이 땅에서 온전한 삶을 사는 것이다. 또한 그와 같은 개인적 축복의 삶은 생태(환경), 사회, 국가, 세계로 확산된다.

---

73) 조용기, "하나님의 축복과 형통", 주일설교(1999-11-21).
74) J. I. Packer, *Serving the People of God*, Regent College Publishing(2008), 262-267: 제임스 패커는 영성의 성경적 기초로 다음 3가지를 지적한다. a) 하나님의 언약 안에서 새로운 관계(new relationship)의 형성, 2) 예수님의 삶과 공유하는(갈2:20, 고전6:17) 새로운 창조(new creation), 3) 새로운 공동체의 형성(new community). 환언하면, 영성은 하나님과의 관계 안에서 성장하며, 새로운 피조물은(고후15:7) 예수님이 지도하는 삶을 살게 되며, 또한 새로운 공동체(교회)안에서 영적으로 성장한다.
75) 조용기, 『축복』, 한세대학교출판부(2013), 67.
76) 조용기, 『축복』, 한세대학교출판부(2013), 119.

다섯째, 희망적 측면: 현재 삶의 희망과 천국에서의 영원한 삶의 희망(벧후3:13)이 조화된 총체적 희망이다. 신앙의 깊어질수록 가시적-현재적 희망과 장차 임할 미래적 희망이 서로 균형을 이룬다. 즉 현세와 새 하늘과 새 땅을(계21:5) 균형 있게 바라보는 삶이다. 즉, '나를 위한 삶이 아니라, 예수님의 죽으심과 부활의 희망으로 사는 자'다.77) 희망은 다른 사람과 공유되는 성질을 가지고 있다. "희망은 공허 속에 존재하는 것이 아니라 다른 사람들과 공유하는 경험 속에 존재한다."78)

여섯째, 받음과 나눔의 측면: 영산은 "우리가 하나님께 복을 받아서 가난한 사람에게 나누어 줄 때 하나님의 의가 넘치게 됩니다. 우리가 축복을 받은 것은 풍성한 구제를 하기 위함입니다."라고 말한다.79) 나 중심의 받음의 개념에서 벗어나 나눔의 개념을 삶 속에 적용해야 한다. 환언하면, 축복개념을 재해석해서 나 중심에서 타자중심으로 확장시켜야 한다.80)

일곱째, 4차원영성의 차원: 3중축복을 4차원영성적으로 이해하면 어떤 의미를 부여하는가? 4차원영성차원에서 이해하면, '영혼이 잘된다는 것은 하나님의 생각, 뜻, 믿음, 언어로 사는 삶'이다. 그렇게 살 때 영혼이 잘되고, 의롭고 거룩한 삶을 살게 되어 모든 것이 합력하여 선을 이룬다. 그 결과 마음하늘이 은혜로 충만하게 되어, 육신의 건강도 얻게 된다.

영산의 성경적 축복관은 바로 하나님이 복의 근원임을 강조한다. 따라서 축복 자체를 목적으로 보지 않는다. 『삼박자 구원』의 책을 보면, 3중축복을 성경해석의 근간으로 삼고 있음을 알 수 있다. "우리가 3중축복에 대한 구원의 깊은 의미를 분명히 깨닫고 나면, 창세기부터 요한계시록까지의 모든 성경말씀을 삼박자 구원에 기초해서 해석하게 됩니다. 그때 비로소 성경의 모든 진리들이 생생하게 살아나고 생명의 빛을 발하여 우리에게 다가오게 됩니다. 3중축복의 신학적인 기초를 튼튼히 해서 읽으면, 모든 성경이 다 연결되고 살아계신 하나님의 역사가 뚜렷이 나타나게 됩니다."81) 그가 생각하는 전인구원은 영혼, 육체, 범사(환경)이며, 중요한 것은 3중축복을 누리는 시점이 바로 지금이라는 것이다.82)

---

77) 희망차원에서 연구한 3중축복의 개념은 다음 논문을 참조. 이상윤, "희망의 신학으로 본 삼중축복", 『오순절신학논단』, Vol.10(2012), 159-177.

78) 김홍근, "영산의 보혈로 다시 그린 자화상에 관한 연구", 『영산신학저널』, Vol.17(2009), 326.

79) 조용기, 『축복』, 한세대학교출판부(2013), 93.

80) 이상윤은 "3중축복은 '나' 중심('I'-centered)에서 '우리 중심'('we'-centered)으로 확대되어야 한다."고 서술한다. 참조. 이상윤, "희망의 신학으로 본 삼중축복", 『신학논단』, Vol.10(2012), 제10호, 173.

81) 스프롤(Sproul)은 "우리는 무엇으로부터(from) 구원을 받는가, 무엇에 의해(by), 무엇을 위해(for) 구원을 받는가?"라는 질문을 전제, 그의 책, 'R. C. 스프롤, 『구원』, 생명의말씀사(2014)'에서 설명한다. 즉, 구원이란 '하나님의 진노로부터(from) 해방되는 것', '그것은 예수 그리스도 십자가에 의해서(by) 성취되며', '그 목적은 하나님의 양자가 되기 위한(for) 것'이다. 그는 양자가 되는 것이 최고의 복이라고 강조한다(p141-143).

82) 영산의 3중축복신학의 중요성은 '현재성'이며, 영혼 구원은 장차 완성되지만, 현재 삶의 자리에서 구원을 강조하며, 나아가 하나님은 단순히 미래의 하나님이 아니라 현재 내 삶의 한복판에 임재하실 때 신앙생활에 활력이 생긴다고 피력한다. 구원받은 인간은 '지금 여기서' 영생의 복, 영혼의 복을 누리고 있으며, 요한복음(6:33, 10:10, 17:10)의 말씀이 그것을 뒷받침한다. "하나님의 떡은 하늘에서 내려 세상에 생명을 주는 것이라(요6:33)." "내가 온 것은 양으로 생명을 얻게 하고 더 풍성히 얻게 하려는 것이라(요10:10)." 요한복음 20장에서는 예수님이 부활하신 후 제자들에게 성령을 받으라고 말씀하신다. 영혼의 축복은 기본적으로 성령을 받는 것이며, 성령님은 곧 능력의 출처요, 사명 감당의 선행

3중축복의 관점에서 인간을 이해하는 것도 중요한 의미가 있다.83) 복은 '사람의 힘으로 얻지 못하는 초자연적인 은혜'이다. 이와 관련해 구약에서는 다양한 인물들의 축복기도 - 이삭(창27:27-29), 다윗(삼하7:18-29), 솔로몬(왕상8:22-53), 아굴(잠30:1-9), 야베스(대상4:9-10) 등 - 가 언급된다.84)

영산이 3중축복의 패러다임을 제시하며 강조한 지 벌써 반세기가 흘러갔다. 시대가 흐르면, 토머스 쿤이 지적한 것처럼 변칙현상(anomaly)이 나타날 수 있다.85) 즉, 3중축복 하나로 인간의 삶의 모든 가치를 만족시키기에 아쉬움이 있는 그런 시대가 다가오고 있다. 무엇인가 새로운 영적가치관을 요청하는 시대가 올 것을 기대해보자.

3. 축복의 미학: 삶의 진선미애(眞善美愛)

영산은 축복을 향유하려면 먼저 마음이 영적으로 옥토가 되어야 한다고 강조한다. "하나님 앞에서 우리 인생의 어떠한 꿈의 씨앗을 심기 전에 먼저 마음을 옥토로 만들어야만 되는 것입니다. 마음이 길거리 밭이어서는 하나님께서 축복해주지 않습니다. 가시밭 넝쿨이 우거진 곳에 하나님이 복을 줄 수 없습니다. 마음을 다하고 뜻을 다하고 정성을 다하여 주님을 섬기는 옥토가 된 그곳에 우리가 씨앗을 심고 가꿔야 되는 것입니다. 우리 인생의 씨앗을 가꾸는 데는 성령의 충만한 생수의 물을 줘야 되고 우리의 마음속에 햇빛을 비춰야 됩니다."86)

축복은 인간의 마음 상태가 얼마나 거룩한지와도 관련이 있다. 영산도 "하나님의 뜻대로 살 것을 각오하고 복을 구하므로 거룩함에 이르게 됩니다."라고 말한다.87) 우리는 예수 그리스도의 마음을 소유하고 있다(고전2:16). 따라서 하늘의 복록(福祿, 욥21:16, 잠13:2, 잠12:14)이 우리에게 임재하려면 마음이 은혜와 거룩함으로 충만해야 한다.

조건이다. "이 말씀을 하시고 저희를 향하사 숨을 내쉬며 가라사대 성령을 받으라(요20:22)."

83) a) 3중축복은 본래적(intrinsic)이다. 인간은 근본적으로 하나님의 형상대로 지음을 받았다. b) 3중축복은 인간과 관계하는 하나님, 이웃 그리고 이 세상과 관계적(relational) 특성을 지니고 있다. c) 3중축복은 인간에게 조건적(conditional)이며 보상적(compensational)인 특징이 있다. 하나님의 말씀이나 명령을 순종하고 성실히 준행해야 한다. d) 3중축복은 인간 이해에 있어 통전적인 차원이 얼마나 중요한지 가르친다. 3중축복은 영혼과 범사와 육의 영역에 동시에 관여한다. e) 3중축복은 선택적(selective)이고 의지적(intentional)이다. 의지적인 자기표현이 있어야 한다. f) 3중축복은 공동체적(communal)이고 확산적(extensional)이다. 개인에서 시작하여 공동체로 확산된다. g) 영산의 3중축복은 성령론적(pneumatological)이며 경험적이다. 성령이 인간의 삶에 임재해야 한다. h) 3중축복은 역설적(paradoxical)이다. 영혼이 잘되어야 범사와 육신의 문제가 해결된다. 더 자세한 것은 다음 저서 참조. 배현성,『젓가락과 신학의 만남』, 한세대학교출판부(2006), 304-309.

84) 이것을 4차원영성적으로 이해하면 다음과 같다: a) 하늘의 기적(복받기를 구함): 4차원 생각으로 초자연적인 은혜인 복을 구했다. b) 하늘의 영향력(지경을 넓힘): 4차원 꿈으로 더 넓은 지경을 넓혀 달라는 복을 구했다. c) 하늘의 능력(기적을 기대함): 4차원의 믿음으로 하나님의 능력을 누리는 복을 구했다. d) 하늘의 보호(사단으로부터 보호): 4차원 언어로 언약의 하나님을 복의 근원인 하나님으로 고백했다.

85) 토머스 쿤(Thomas S. Kuhn),『과학혁명의 구조』(The Structure of Scientific Revolutions), 까치(2013), 129-147.

86) 조용기, "하나님의 축복과 형통", 주일설교(1999-11-21).

87) 조용기,『축복』, 한세대학교출판부(2013), 59

하나님은 복되신 하나님, 선하신 하나님이시다. 인간이 하나님의 법을 순종할 때, 인간이 하나님으로부터 받는 것은 진선미애, 즉 참되고, 선하고, 아름답고, 사랑이 담긴 것이다.

인생에서 가장 가치 있는 것은 무엇일까? 나는 무슨 일을 하기 위해 이 땅에 존재하는가? 그것을 아는 것이 중요하다. 그러나 실상은 '무엇'을 하느냐보다 '누구'와 함께 일하느냐가 중요하다. 내 삶의 주체가 누구인가? 그분을 아는 것, 다시 말해 하나님을 아는 만큼 우리는 하나님과 인격적이고 친밀한 관계를 유지할 수 있고, 더 큰 은혜와 더 큰 복 안에 거하게 된다. 청교도 목회자 리차드 얼라인(R. Alleine)은 "그리스도인이여, 여러분의 아버지이신 하나님을 더 아십시오. 여러분이 하나님을 많이 알수록 여러분은 은혜와 복을 더 많이 누리게 됩니다."라고 설파하였다.[88] 하나님을 알아가는 길은 예수님을 아는 것이다.

세상을 멀리하고, 예수 그리스도와 동행하는 자는 축복받은 자다.[89] 다시 말해 예수 그리스도의 영광을 매일의 삶 속에서 느끼고 맛보는 자가 축복을 누리는 자다.[90] 진정한 마음의 평화와 안식은 그리스도와 친교하는 데에서 오기 때문이다. 그리스도인은 명예, 재물, 장수보다 주의 인자하심을 맛볼 수 있어야 하고(벧전2:2-3), 그리스도의 향기(고후2:14)를 풍겨야 한다.

영산은 "우리를 향하신 하나님의 최선의 뜻은 '삼박자 축복'에 있습니다. 이 축복은 예수님의 보혈로 이루어졌습니다."라고 강조한다.[91] 예수님은 우리에게 더 좋은 언약의 보증이 되셨고(히7:22), 신자들은 새 언약(히8:10-12)의 복을 누릴 수 있게 되었다. 마틴 로이드 존스(Mattyn Lloyd-Jones)는 새 언약의 복들을 4가지로 요약하여 설명한다.[92] a) 새 언약으로 인해 죄사함이 단번(once for all)에 이뤄진다(히10:1-2). b) 새 언약은 하나님 앞으로 담대하게 나아갈 수 있게 한다(히10:22). c) 새 언약은 율법으로부터 해방되어 은혜 가운데 이루어나갈 힘을 준다(롬6:14, 갈4:4-5). d) 새 언약은 우리에게 구원의 확신을 준다: "그러므로 자기를 힘입어 하나님께 나아가는 자들을 온전히 구원하실 수 있으니(히7:25)."

영산은 3중축복을 전인구원 차원에서 총체적으로 강조했다.[93] 그는 "인간의 육체를 가리키는 히브리어는 '바사르'인데, 이는 원래 영과 혼을 포함해서 인간의 전 생명을 가리키는 말입니다. 즉, 전인적인 인간을 말하는 것입니다. 또한 병을 치료한다는 히브리어 '라파' 역시 육체의 질병을 치료하는 것뿐 아니라 인간을 원래의 완전한 상태로 회복시키는 것을 의미합니다."라고 말한다.[94]

---

88) 리차드 십스(Ridhard Sibbes, 1577-1635), 『영광스러운 부르심』, 지평서원(2014), 15.

89) A. W. 토저(A. W. Tozer), 『Holy Spirit, 성령님』, 규장(2014), 36. "우리는 이 세상이 어떤 일을 이루기 위한 장소라기보다 어떤 존재로 변화하기 위한 장소라는 것을 명심해야 한다."

90) 그리스도의 영광을 어떻게 볼 수 있는가? 이는 요한복음 1장 14절이 적절한 해답이 된다. "말씀이 육신이 되어 우리 가운데 거하시매 우리가 그 영광을 보니 아버지의 독생자의 영광이요 은혜와 진리가 충만하더라(요1:14)." 그리스도의 영광은 화려한 외모나 겉모습이 아니라 '은혜와 진리'를 통해서 알 수 있다. 다시 말해, 지혜와 계시의 영이 열려야 그리스도의 영광을 볼 수 있다. 또한 성령과 말씀과 믿음과 기도 안에서 우리는 그리스도의 영광을 볼 수 있다.

91) 조용기, "삼박자 축복과 십자가", 『순복음소식 제2집』, 167호(1981-12-13).

92) 마틴 로이드 존스(David Mattyn Lloyd-Jones, 1899-1981), 『성부 하나님과 성자 하나님』(God the father God the Son), 부흥과개혁사(2013), 586-596.

93) 그는 축복을 누리는 자세를 다음과 같이 요약한다. 생각을 바꾸어야 한다(빌3:15). 축복의 법칙들 - 심고 거두는 법칙, 산울림의 법칙을 사용해야 한다(갈6:7-8). 축복을 기대해야 한다(시81:10). 조용기, 『오중복음과 삼중축복』, 서울출판사(2008), 302-304.

그의 구원론은 전인적이다.

하나님이 구원을 통해 우리에게 주시는 가장 큰 축복은 하나님 자신이다.95) 하나님 안에서 인간은 진정한 복을 누릴 수 있다. 따라서 하나님은 은혜로 복을 내려주신다. 고난도 궁극적으로 선하게 바꿔주신다. 인간이 복을 통해 궁극적으로 배워야 할 것은 선하시고, 은혜로우시고, 자비로우시고, 사랑이 많으신 하나님을 알아가는 것이다. 복이란 하나님 쪽에서 보면, 인간을 본래적 피조물로서 살아가게 하는 은혜의 방편이다. 즉 하나님은 하나님의 본래 자리에, 인간은 인간 본래자리에 있게 하는 수단인 것이다. 그런 차원에서 보면, 복은 관계적이고, 영원한 축복이란 곧 하나님과 인간 사이에 오가는 사랑의 친교다.96) 복 중의 복은 하나님과의 인격적 관계의 복이다.

그리스도인이 복을 누린다는 것은 하나님이 원래 의도했던 '네페쉬 하야(생령)의 복'을 누리는 것이다. 복이란 하늘의 아름다운 보고에서 흘러나오는 것이다. 지복(至福)의 사람이란 예수 그리스도의 성품에 동화되는 복이다. 다시 말해 그리스도의 성품에 참여할 수 있을 때 인간은 진정한 복의 삶을 살 수 있다. 그리스도의 십자가로 말미암아 죄와 죽음에서 해방되고 영생을 소유할 때, 인간은 영혼, 범사, 강건이 온전한 상태가 된다.

4차원영성적 개념으로 축복을 이해하면, '하나님의 말씀을 심령에 뿌리내리게 해서 하나님이 본래 의도했던 인간의 자리로 되돌려 놓는 것'이다. 피조물인 인간이 원래의 피조물의 자리로 되돌아가는 것이다. 영산은 "하나님이 우리에게 축복을 주시기 위해서는 우리의 마음속이 감사와 찬양으로 긍정적이고 적극적이고 창조적이고 생산적인 그런 생각으로 꽉 들어차 있어야 합니다."라고 말한다.97) 4차원영성을 통해 나의 생각이 하나님의 생각으로 충만하게 되면, 하나님의 뜻을 따라가는 삶을 살게 되어, 축복의 길을 걷게 된다.

궁극적으로 보면, 하나님에게 복을 구하는 자가 "하나님, 제가 이렇게 많은 일을 행하였으니 저에게 복을 부어주시옵소서"라고 말하라고 성경은 가르치지 않는다.98) 복은 나의 업적에서 오는 것이 아니라 오직 하나님의 은혜로 온다. 복의 주권은 하나님이 소유하고 계신다.

---

94) 조용기, "왜 삼중축복인가?", 주일설교(2006-05-14).

95) 존 파이퍼 & 저스틴 테일러, 『하나님 중심적 세계관』(A God-Entranced Vision of All Things), 부흥과개혁사(2013), 53. 조나단 애드워즈(Jonathan Edwards)는 구원을 통해 얻는 가장 큰 축복을 이렇게 서술한다. "구속받은 이들에게 구속을 통해 소유하고 누리게 된 가장 큰 선은 하나님입니다. 하나님이 곧 최고선이요, 그리스도가 값 주고 사신 모든 좋은 것의 총합입니다. 하나님은 성도의 기업입니다. 하나님은 성도의 영혼이 누릴 분깃입니다. 하나님은 성도의 재산이요, 양식이자, 생명거처며, 장신구이자, 보석이며, 영원한 영예이자 영광입니다." 이것은 "The Works of Jonathan Edwards, Vol.17, 1730-1733, Yale University Press(1999), 201"에서 인용된 것이다.

96) John Owen, *The Glory of Christ*, Versa Press(2012), 9. 오웬은 영원한 축복이란 '주와 함께 있는 것'이라고 강설한다. "We shall always be with Lord(살전4:17)", "be with Christ(빌1:23)", "behold his glory(요17:24)", "we shall be made like him(요일3:2)." 신자는 이미 하나님이 영원한 축복의 친교 안에 들어와 있고, 주와 함께 영원히 살게 될 새 존재(new being)들이다.

97) 조용기, "하나님의 축복과 형통", 주일설교(1999-11-21).

98) 우리는 이렇게 복을 구해야 한다. "하나님, 저로서는 하나님께서 요구하시는 의를 이룰 수 없지만, 그리스도가 그 모든 의를 충복시켰으니 제게 복을 주시옵소서. 저 자신의 공로가 아니라, 주님의 자비를 확신하는 마음으로 구합니다. 오직 주님의 은혜로 내 안에 영광을 나타내소서." 라이언 채플(Bryan Chapell), 『성화의 은혜』(Holiness by Grace), 지평서원(2014), 조계광 역, 429.

4. 축복의 연속성

영산은 "우리가 장차 가서 살 천국은 오늘날 세상에서 누리는 삼중축복이 완성되는 곳입니다. 지금 삼중축복이란 모형이요, 그림자인 것입니다. 완성되는 곳은 천국입니다. 천국에 올라가면 우리가 세상에서 그리스도를 믿어 영혼이 잘되고 범사에 잘되며 강건하게 살았던 삶의 본처로 들어가는 것이요, 본부로 들어가는 것이요, 완성의 장소로 들어가는 것입니다."라고 말한다.[99]

이 땅에서 누리는 3중축복은 천국의 모형에 불과하다. 완전한 복은 아직 우리에게 주어지지 않았다. 우리는 지금 소망으로 구원을 얻었다(롬8:24). 천국도 부활도 우리 손에 쥐어진 것이 아니다. 먼 훗날 우리 손에 쥐어질 것이다. 장차 우리는 완전한 복 안에서 살 것이다. 그러나 우리는 아직 죄의 세력이 있는 땅 위에 살고 있다. 거룩한 삶이란 성경말씀, 즉 진리를 따르는 삶이다(딤전4:5). 의와 거룩함으로 사는 자가 복된 자다(엡4:24). 축복받은 자는 "주님, 의는 주님의 것이고, 죄는 저의 것입니다. 주님! 거룩은 주님의 것이고, 불경(不敬)은 저의 것입니다."라고 고백할 수 있는 자다. 왜냐하면, 내 안에 예수님이 계시기 때문에(고전6:17) 신자는 의롭고(롬3:22), 거룩한 신분에 있기 때문이다(히10:10).

삶 속에서의 진정한 복은 관계의 복이며, 하나님의 성품에 참여하는 복이다(벧후1:4). 그것은 내 힘으로 안 되고, 예수 그리스도 십자가의 은혜와 자비로 이뤄진다. 진정한 행복과 만족은 외적인 것이 아니고 그리스도 안에서 영적이며 내면적인 것에서 비롯된다. 축복은 절대적으로 삼위 하나님의 존재 및 삶과 연결되어 있다. 축복은 눈에 보이지 않는 하나님을 모시고, 그와 동행하는 삶이다.

그리스도인의 축복의 시작점은 그리스도의 십자가 보혈로 '죄사함' 받는 것에 있고(엡1:7-12), 실재적 축복은 '예수 그리스도가 우리 안에 계심'에 있다(갈2:20). '그리스도 안에서'라는 말은 중요하다(갈2:20). 영산은 "그리스도 안에서 산다는 것은 그리스도 안에서 행동하고, 생각하고, 호흡하는 것입니다."라고 말한다. 그는 또한 "우리가 누려야 할 복은 그리스도 안에 있는 복이라야 하고, 그리스도로부터 오는 복이어야 합니다."라고 조언한다.[100]

거룩하신 하나님은 축복의 근원인 그의 아들 예수를 우리 안에 두시고, 복이 내적으로 흐르도록 고안하셨다. 따라서 축복의 근본은 내 안에 계시는 축복의 뿌리이자 자체이신 그리스도의 인격에 동화되어가는 것이다. 즉, 그리스도의 성품 – 팔복에 나오는 8가지의 성품 – 에 참여하는 지복을 누릴 때, 진정한 행복이 삶 안에 임하게 된다. 예수님의 팔복설교는 절대적 행복원리가 무엇인지를 보여준다.[101] 팔복은 우리가 진정으로 '예수 그리스도 안에' 있을 때 누리는 복이다.

---

99) 조용기, "왜 삼중축복인가?", 주일설교(2006-05-14).
100) 조용기, 『옥중서신 강해-에베소서』, 서울말씀사(2010), 28-29.
101) 산상수훈에서 예수님의 팔복설교는 '행복한 삶을 살아가는 기초'다. 다시 말해, 팔복은 신자들이 살아가야 할 절대적 기준이다. 그 복은 예수 그리스도 십자가의 은혜와 자비 안에서 이뤄진다. 팔복은 하나님이 신자들을 위해 제시하신 최고의 행복원리다. 행복은 하나님과의 인격적 관계에서 온다.

축복은 하나님과의 관계에서 온다. 축복의 기본개념은 인간과 하나님의 관계에서 출발한다. "야훼는 네게 복을 주시고 너를 지키시기를 원하며 야훼는 그의 얼굴을 네게 비추사 은혜 베푸시기를 원하며 야훼는 그 얼굴을 네게로 향하여 드사 평강 주시기를 원하노라(민6:24-26)." 제사장의 축복은 '보호 → 은혜 → 샬롬'으로 점층적으로 확대되고, 하나로 모으면 '샬롬'으로 요약되며, 이 샬롬은 모든 영역에서 완전하고, 온전하며, 충만한 상태를 의미한다.102)

하나님과 깊은 관계를 맺고 있는 자는 복을 받는데, 이때 중요한 한 가지 조건은 순종이다. "너희가 이 모든 법도를 듣고 지켜 행하면 네 하나님 야훼께서 네 조상에게 맹세하신 언약을 지켜 인애를 베푸실 것이라(신7:12)." 그러나 여기서 순종을 기계적 및 보상적으로 이해하면 곤란하다. 하나님의 축복은 순종이 가져오는 자연적인 결과가 아니라 순종하는 자를 축복하시고자 하는 하나님의 의지의 결과이다.103)

인간은 예수의 영과 '존재론적 연합(hypostatic union)'을 이루고 있으므로(갈2:20, 고전6:17, 롬6:4-5), 실상은 축복(blessing)의 근원되신 분이 우리 안에 계시는 것이다(고전6:17, 갈2:20). 인간의 복 중에 구원의 복은 복 중의 복이다.104) 복이란 하나님과 인간의 관계에서, 또한 하나님의 뜻과 나의 뜻이 상호일치될 때, 즉 상호인격적 교제를 통해서 베풀어진다.105) "야훼여 주께서 주의 종을 위하여 주의 뜻대로 이 모든 큰 일을 행하사 이 모든 큰 일을 알게 하셨나이다(대상17:19)."

말씀을 순종하면, 하나님과의 생명적 관계가 형성되어 삶의 자리에서 신명기적 및 레위기적 복이 나타난다(신28:1-2, 레26:1-13).106) 축복은 하나님과의 관계적 삶에서 오는 것이지, 인간 편에서 기능적 차원, 즉 "저 봉사 많이 했어요, 구제도 많이 하고, 선한 일도 이것저것 많이 했으니, 이제 하나님이 저에게 주실 차례입니다. 뭐라도 좀 내어 놓으세요!"라고 하는 조건부적으로 생기는 것이 아니다. 복은 하나님의 주권적 은혜로 받는 것이다.

영산은 "복을 구할 때 하나님의 순종함에 이르러 거룩함에 이르게 됩니다."라고 말한다.107) 다시 말해 복은 하나님과의 순종의 관계, 거룩의 관계, 하나님의 뜻 안에 있을 때 주어진다. 그는 철저히 말씀을 기초로 해서 복을 구할 것을 강조한다. "기독교에서 복을 구하는 것은 약속의 말씀 위에

---

102) 차준희, 『모세오경 다시 보기』, 성서유니온선교회(2013), 164.

103) 성주진, 『사랑의 마그나카르타』, 합신대학원출판부(2007), 203-204.

104) ESV Study Bible, Crossway(2008), 2531: 구원의 축복은 성경에서 과거, 현재, 미래의 시제로 사용되고 있다. a) 칭의(justification)의 축복: 죄의 죄책으로부터 구원받았다(과거: has been saved from the guilt of sin, 엡2:8). b) 성화(sanctification)의 축복: 죄의 권세로부터 구원받고 있다(현재: is being saved from the power of sin, 고전1:18). c) 영화(glorification)의 축복: 죄의 존재로부터 구원받을 것이다(미래: will be saved from the presence of sin, 행15:11).

105) "하나님은 한 사람에게 복을 주시려고 할 때에 그 마음속에 꿈을 심어주십니다. 하나님은 먼저 아브라함에게 복을 주기 전에 먼저 꿈을 주었습니다." 참조. 조용기, 『꿈』, 한세대학교출판부(2013), 64.

106) 프린스(Derek Prince)는 신명기 28장에 등장하는 순서대로 축복과 저주를 분류한다. a) 축복(Blessing): 높은 지위와 명예(exaltation), 물질적 풍요(prosperity), 건강(health), 승리(victory), 번성(reproduction), 하나님의 총애(God's favor). b) 저주(Curse): 굴욕(humiliation), 불임-불모((barrenness-unfruitfulness), 정신적-신체적 질환(mental-physical sickness), 가정 붕괴(family breakdown), 가난(poverty), 패배(defeat, failure), 압제(opression), 하나님의 냉대(God's disfavor). 모세는 28장 13절에서 한 가지 생생한 표현으로 이렇게 매듭짓는다. "야훼께서 너로 머리가 되고 꼬리가 되지 않게 하시며…." 참조. 데레크 프린스(Derek Prince), 『저주에서 축복으로』(How to Pass from Curse to Blessing), 순전한나드(2007), 28-30.

107) 조용기, 『축복』, 한세대학교출판부(2013), 59.

서서 복을 구해야 합니다."108) 말씀은 우리와 하나님과의 관계를 친밀하게 하고, 활성화한다. 말씀 자체가 하나님의 생각이기 때문이다.

챔버스(Chambers)는 하나님과의 관계를 강조한다. "당신이 원하는 것이 축복이 아니라 하나님께만 있다면 하나님과 바른 관계 속에 들어가는 것은 쉽습니다."109) 예수님께서도 "우리와 같이 그들도 하나가 되게 하옵소서(요17:11)"라고 기도하신다. 하나님과의 관계적 복이 기능적 복보다 우위에 있다.110) 중요한 것은 하나님과의 관계적 영성이 충만하면, 기능적 축복들이 활성화되어 삶 가운데 먹을 떡이 풍성히 임한다(신명8:1-3).

영산은 "축복이 인간의 삶 속에 임하는 통로는 생각에서 시작해서 꿈과 믿음을 산출하게 되고, 그 믿음이 삶 속에 축복으로 나타나게 됩니다."라고 강조한다.111) 4차원영성은 하나님이 인간에게 주신 본래적 복을 회복시켜주는 은혜의 방편이 될 수 있다. 하나님처럼 생각하고, 꿈꾸고, 믿고, 고백하는 것을 통해서, 인간은 점진적으로 하나님 말씀, 뜻, 계획을 따라가게 된다. 이 땅에 살면서도 4차원영성을 마음에 품고 살면, 내면이 변화되어 예수님의 마음을 품고 사는 자가 되는 것이다(빌2:5).

보웨(Barbar E. Bowe)는 "영적성장과 성숙은 삶 속에서 구원과 축복의 총체적 경험 속에서 성취된다"고 강조한다.112) 달리 말하면 축복은 임마누엘 하나님을 경험할 때 축복의 하나님을 알 수 있는 것이다. 그는 자신의 책『영성의 성경적 기초』에서 '구원의 빵은 축복의 빵'이라고 역설한다.113)

그리스도인의 누려야 할 최대의 복은 하나님 나라가 임했으며(마12:28), 하나님의 양자로서(롬8:15, 요1:12), 성령이 함께 하는 성령의 사람으로서(고전6:19), 왕 같은 제사장으로서(벧전2:9), 임마누엘 하나님과 함께 사는 자체가 이미 복이다. 그것이 신령한 복이다(엡1:3-14). 하늘에 계신 하나님과 영원한 관계 속에서 친교하는 삶이 성도가 현재와 미래에 누려야 할 궁극적이며 영원한 복이다(사59:21). 영산은 아브라함의 복을 기초로 하여, 3중축복을 역동적으로 전개해서 성도들에게 현재와 미래의 꿈과 희망을 심어주었다. 그는 "예수님이 우리 저주를 대신 짊어지고 십자가에서 청산했으므로 예수 안에서 우리는 아브라함의 복을 받은 사람인 것입니다. 법적으로 말하면 2천년 전에 이미 여러분은 아브라함의 복을 받은 사람들인 것입니다. 복을 받은 사람이 복을 못 누리면 안 됩니다."라고 천명한다.114)

궁극적으로 보면, 온전한 복이란 하나님이 처음 인간을 창조했을 때 '생령의 복'을 회복하여, 하나님의 형상 안에서 임마누엘 하나님과 화목한 관계를 누리는 삶이다. 그것이 바로 3중축복의 삶

108) 조용기, 『축복』, 한세대학교출판부(2013), 56.
109) 오스월드 챔버스, 『My Utomst for His Highest』, 토기장이(2008), 스데반 황 역, 묵상집(14월27일)
110) 축복이란 하나님과의 관계를 기초로 한다. 관계의 복을 기초로 기능적 복, 즉 삶 속의 축복들이 임한다. 이스라엘 백성의 광야 40년사를 보면, 하나님과 이스라엘 백성이 영적 관계를 맺을 때, 전인적 복이 그들에게 임했다. 눈에 보이지 않는 영적 말씀이 눈에 보이는 빵을 탄생시킨다.
111) 조용기, 『삶의 궁극적 의미』, 서울말씀사(2013), 116.
112) Barbar E. Bowe, *Biblical Foundations of Spirituality*, Rowman & Little Publishers(2003), 53.
113) 위의 책, 53.
114) 조용기, "왜 삼중축복인가?", 주일설교(2006-05-14).

의 본질이다. 또한 삶의 한복판에서 영혼이 잘되고, 범사가 잘 되고, 강건하게 되는 삶이다. 위대한 성도란 고난까지도 축복으로 생각하고, 인내하고 기다리며, 마침내 합력하여 선을 이룬다는 희망을 품고 살 수 있는 자다.[115] "축복 그 자체가 목적이 아니라 하나님의 선하심을 깨닫게 되는 하나의 과정이다."[116] 진정한 성도란 삶 속에 일어난 악까지도 장래의 선으로 바라보고, 장래의 은혜를 당겨올 수 있는 믿음의 사람이다. 그런 사람이 복된 사람이다. 하나님 안에서 궁극적으로 모든 것이 합력해서 선을 이룬다.

하늘에 속한 신령한 복이란 하나님의 백성이 되는 복, 양자됨의 복, 죄사함 받음의 복, 성령의 인치심과 인도받음의 복이다(엡1:3-14). 따라서 영성차원에서 보면, 축복의 본질은 관계이며, 축복의 목적은 하나님께 영광을 드리기 위함이다.[117] 아담과 하와는 고작 선악과나 따먹고, 하나님의 자리에 걸터앉아 주인 노릇하고자 했던 영적 철부지였다. 예수님은 우리를 등에 없고 선악과 나무를 통과하여 생명나무를 먹게 하셨다. 그래서 우리는 비로소 피조물 자리로 되돌아갈 수 있었다.

그림 4-3에서 보는 것처럼, 하나님은 아브라함을 통해서 우리에게 복을 주신다(창12:1-3).[118] 아브라함의 복은 예수 그리스도 십자가를 관통하며 구원의 기초 안에서 '땅(land), 후손(민족), 하나님의 동행(임재)'으로부터 '하나님의 나라(Kingdom of God), 하나님의 자녀(son of God), 성령의 전(temple of Holy Spirit)'으로 각각 연결된다. 환언하면, 구약에 드러난 모든 축복이 예수를 하나님의 아들로 시인하고 고백하는 자들에게 임하도록 한 것이다. 아담이 '네페쉬 하야(a living being, 생령)'가 되었다는 것은 '하나님과 영적 관계를 맺고 있는 피조물'임을 의미한다. 사람이 살아 있다는 말은 곧 하나님과 영적관계를 맺고 있음을 의미한다. 그 관계가 깨어지면, 하나님은 우리를 '죽은 자'로 본다. 요약하면, 복이란 임마누엘 하나님과 함께 하는 것이며, 이것이 복의 본질이다. 하나님은 죽은 아브라함을 믿음을 주어 살렸고, 그는 그 믿음으로 의인이 되었다. 하나님과 아브라함 사이에 영적교통이 원활했다는 말이다. 즉, 아브라함은 아담의 타락이전 상태, 즉 '네페쉬 하야'의 상태로 회복한 것이다. 십자가는 사람을 하나님과 관계를 맺게 해주어 '네페쉬 하야(하나님의 생명으로 충만한 상태)의

---

115) 하나님의 생기(breath, neshamah-네솨마)가 흙 안으로 들어와 생령(a living being, 히브리어로는 네페쉬 하야 -nephesh(being) hayyah(living))이 되었을 때, 하나님과 교통할 수 있는 자가 되었다. 다시 말해 처음에는 모든 복이 아담과 하와에게 존재했다. 그러나 죄로 인해 하나님의 영이 그들을 떠나자, 원래 하나님이 의도하신 사람, 즉 '네페쉬 하야(living being)'가 손상을 입어 하나님과 교통하는 능력을 상실해 버렸다. 성경은 이런 사람을 죽은 자로 취급한다. 호흡한다고 살아있는 것이 아니라 하나님과의 영적인 친교 여부에 따라 삶과 죽음이 구분된다. 예수 그리스도는 '생령의 복'을 회복하러 오셨다. 즉 예수와 연합하여 한 영이 됨으로, 이제 원래 하나님이 만드신 '네페쉬 하야(생령)'를 회복, 임마누엘 하나님과 함께 하는 복이 우리에게 주어진다. 이것이 복의 본질이다.

116) 이영훈, 『성령과 교회』, 교회성장연구소, 259.

117) 축복의 개념은 '소유개념(having)'이 아니라 '존재개념(being)'에 두어야 한다. 우선순위에 두어야 할 것은, 바로 내 자신이 하나님 앞에 존재적으로 올바른 위치에 있어야 하고, 거기서 나 자신이 하나님께 찬송이 되고, 영광이 되게 하는 것이다. 관계의 복이 소유의 복보다 철저히 우선하며, 성도의 삶 자체는 이미 축복의 양식 안에 있다는 것을 인식할 수 있어야 한다. 거시적으로 보면, 존재개념 안에는 이미 소유개념이 내포되어 있다.

118) 영산은 복을 누리는 삶의 양식을 4가지로 압축한다. a) 약속의 말씀을 붙들고 마음을 강하게 담대히 한다(삿7:3). b) 하나님이 주신 율법을 행하면 형통함의 복을 받게 된다(수1:7-8). c) 하나님이 우리와 함께 하신다(수1:9, 11). d) 하나님의 말씀을 항상 입으로 시인하고 고백한다(롬10:10). 참조. 조용기, "어떤 사람이 복을 받아 누리나", 주일설교 (2014-01-05).

복'을 회복시키는 능력을 지니고 있다. 즉, 생명의 주, 예수 그리스도가 우리와 연합되어 있는 복
(갈2:20, 롬6:5, 고전6:17)이 지고의 복이다.

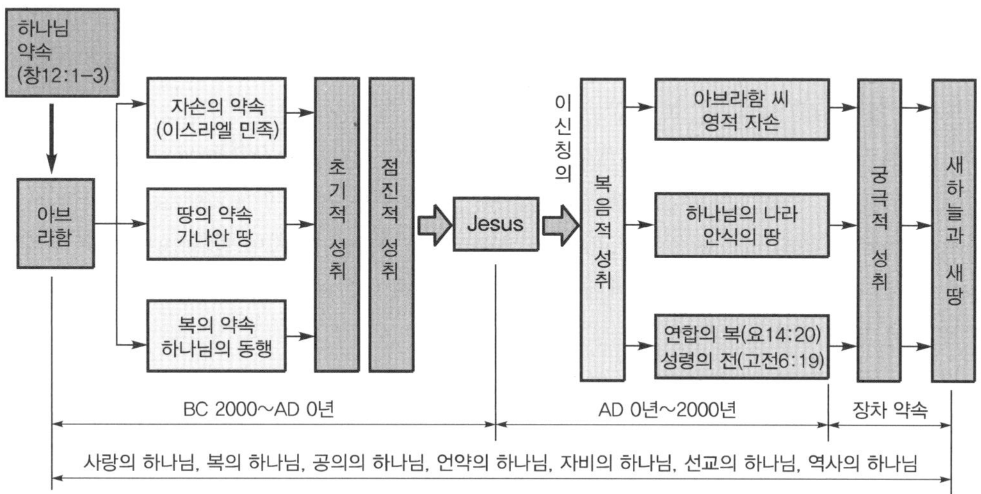

그림 4-3. 축복의 연속성 개념도: 하나님이 아브라함에게 약속한 3가지의 축복 – 땅(land), 후손(민족), 하나님의 동행의
복(Immanuel) – 이 예수 그리스도 십자가를 통해서 우리에게 임한다. 믿음으로 말미암은 자들은 아브라함의 자손이다(갈3:7).
그리스도 예수 안에서 아브라함의 복이 이방인에게 미친다. 믿음으로 말미암아 우리는 성령의 약속을 받는다(갈3:14).[119]

5. 영산이 말하는 축복의 지평선

영산은 "우리는 3중축복을 받은 사람, 전인구원을 받은 사람이다. 이것이 예수 그리스도의 진리
요. 이것이 우리의 반석입니다. 이 반석에 우리가 뿌리를 내려야 되는 것입니다."라고 강조한
다.[120] 또한 영산은 저주에서 해방된 새 인류는 축복이 따른다고 강조한다. "우리는 구(舊)인류가
아니라 신(新)인류입니다. 그러므로 그리스도 안에서 우리는 저주에서 해방되었으므로 축복이 따르
는 사람이라는 것을 알아야 합니다."[121]

영산의 3중축복은 전인구원 개념이다. 영산은 현재의 축복형태는 장차 누릴 축복의 그림자라고
조언한다. "주님이 새 하늘과 새 땅과 새 예루살렘을 만드시고 우리가 그곳에 가서 주와 함께 영원
히 살 때, 그때는 진짜로 영혼이 잘되고 범사에 잘되며 강건하고 생명을 얻되 넘치게 얻는 곳에
들어가서 우리가 살게 되는 것입니다. 그 영광스러운 천국의 지극히 적은 부분을 우리가 지금 체험

---

119) 보편적 축복에 있어서 구약시대의 성령의 사역과 오늘날 성령의 사역은 어떻게 다른가? 첫째, 모든 신자들은 이제
성령의 축복에 참여한다. 둘째, 성령이 신자 안에 내재하신다. 셋째, 본질적으로 예수 그리스도와 관련이 있다. 참조.
존 스토트(John Stott), 『성령세례와 충만』(Baptism and Fullness), IVP(2014), 29–30.
120) 조용기, "삼중축복", 주일설교(2012-01-08).
121) 조용기, 『축복』, 한세대학교출판부(2013), 255.

하고 있는 것입니다. 지금 우리가 세상에서 맛보는 주님의 구속의 은혜는 천국의 지극히 적은 맛보기에 불과합니다."122)

영산은 "우리가 예수님을 믿는 신앙생활 가운데서 복을 구하 때, 우리는 하나님의 순종함에 이르러서 거룩함에 이릅니다. 우리가 하나님께 복을 구할 때 더욱 하나님께 순종하고 더욱 하나님의 뜻대로 살 것을 각오하고 복을 구하기 때문에 하나님의 거룩함에 이르게 됩니다."123)

영산의 영적논리에 의하면, 복을 받는 영적과정을 통해 인간은 순종하게 되고, 거룩하게 된다는 것이다. 따라서 축복의 삶을 살기 위해서는 바라보고(히12:2), 하나님을 찾고(렘29:13), 사랑하며(신6:5), 경외하며(시25:14), 말씀을 사모하고 준수하며(시119:97, 시1:1-4), 자신을 부인하고(막8:34) 하나님의 뜻을 따르고(요17:4-5), 주의 이름을 의지하고(시52:9), 하나님께 가까이 나아가야 한다(약4:8). 축복의 삶과 의롭고 거룩한 삶은 상호 밀접한 관계에 있다. 고난을 통해 마음의 그릇이 순종의 그릇, 의의 그릇이 되어야 복이 임한다.

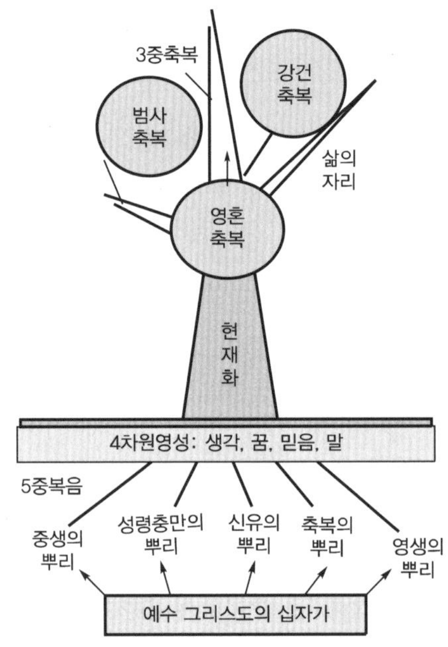

그림 4-4. 5중복음, 3중축복, 4차원영성의 연합성: 5중복음, 3중축복, 4차원영성의 연합성을 보여준다. 5중복음과 3중축복을 삶의 자리에 적용시키는 방법이 4차원영성이다. 5중복음과 3중축복, 4차원영성은 모두 십자가 영성수맥의 네트워크에 연결되어 있다. 신령한 축복은 예수 그리스도 안에서 온다(엡1:3-14). 이들은 총체적 관계 속에서 이뤄진다. 상호연합적으로 기능하면서도, 상호고유성을 유지한다.

영산은 "하나님이 주시는 축복을 감당할 그릇이 되어야 합니다. 준비된 그릇에 복이 임합니다. 하나님께서는 우리를 깨뜨려서 변화시키며 우리에게 복을 주십니다. 고난은 우리를 깨어지게 하고

---

122) 조용기, "왜 삼중축복인가?", 주일설교(2006-05-14).
123) 조용기, 『축복』, 한세대학교출판부(2013), 59.

변화를 받게 하고 우리를 낮추게 하고, 마침내 하나님께서 변화된 그릇에 복을 부어주십니다."라고 말한다.[124]

영산은 예수님의 십자가 대속의 복을 특별히 강조한다.[125]
   a) 5중복음의 복: 하나님은 십자가 대속의 은혜로 우리를 구원하시고, 성령충만, 신유, 축복, 재림의 복음의 복을 누리게 하신다(요3:16, 행1:8, 막16:17-18, 갈3:13-14, 살전4:16-17).
   b) 3중축복의 복: 영혼, 육체, 범사의 전인구원의 복을 받은 하나님의 자녀(요삼1:2).
   c) 4중지위의 복: 택하신 족속, 왕 같은 제사장, 거룩한 나라, 하나님의 소유된 백성(벧전2:9).

이 모든 복을 하나의 복으로 통칭하면 임마누엘의 복, 관계의 복이다.[126] 그는 자신의 설교 '하나님의 복과 무속적 기복신앙'이라는 설교에서 하나님께 복을 구하는 조건을 구체적으로 제시하고 있다.[127] 첫째, 회개함으로 인격적인 변화를 구하고, 둘째, 약속의 말씀을 믿고, 셋째, 순종함으로 거룩함에 이르고, 넷째 예수님의 이름으로(요14:14) 복을 구한다(렘33:3). 동시에 그는 받은 축복을 필요한 사람들과 나누기 위해 축복을 받아야 한다고 강조 한다. "우리는 축복을 받고 이 축복과 함께 우리 하나님을 두려워함으로 섬기고 거룩하고 의로운 삶을 살아가며 그리스도의 강림하심을 기다리는 것입니다. 하나님께 받은 축복을 나만 누릴 것이 아니라 이 축복을 가지고 천하만국에 그리스도의 영광을 위해 하나님 사업에 사용하는 것입니다. 가난하고 헐벗고 굶주리고 못난 사람들과 나누기 위해 우리는 축복을 받아야 합니다."[128]

공동체의 축복

영산은 "인간의 본성 중에서 가장 강한 본성이 복을 받고자 하는 본성입니다. '더 향상되고 나은 삶을 살고 싶다', '더 풍요롭고 행복한 삶을 살고 싶다'는 것은 인간의 본성입니다."라고 말한다.[129] 또한 그는 "우리 하나님은 복의 근원이십니다. 하나님께서는 복 주시는 하나님으로서 아담과 하와에게도 계시하시고, 노아에게도, 그리고 아브라함에게도 계시하셨습니다."라고 말한다.[130] 영산은 '우리 기독교 신앙에서 복을 구하는 것은 약속의 말씀에 서서 복을 구하는 것'이라고 말한다.[131] 말씀에서 오는 즐거움과 축복은 오직 그 말씀을 행함으로 알게 된다. "너희가 이것을 알고 행하면 복이 있으리라(요13:17)."[132]

---

124) 조용기, 『축복』, 한세대학교출판부(2013), 185.
125) 조용기, 『요약설교』, 서울말씀사(2012), 449.
126) A. W. 토저(A. W. Tozer), 『Holy Spirit, 성령님』, 규장(2014), 29. "복 있는 사람은 누구인가? 세상으로 눈길을 돌리지 않고 마음을 비워 깨끗하게 한 다음 그리스도의 임재를 기다리는 자가 복된 사람이다. 그분은 이런 사람에게 임하여 영광의 주님으로서 언제까지나 충만히 거하실 것이다."
127) 참조. 조용기, "하나님의 복과 무속적 기복신앙", 『요약설교』, 서울말씀사(2003), 6-4.
128) 조용기, 『축복』, 한세대학교출판부(2013), 41.
129) 조용기, 『축복』, 한세대학교출판부(2013), 48.
130) 조용기, 『축복』, 한세대학교출판부(2013), 53.
131) 조용기, 『축복』, 한세대학교출판부(2013), 56.
132) 엔드류 머레이(Andrew Murray), 『위대한 여정』(The Inner Life of Andrew Murray), 브니엘(2010), 195.

영산은 거대한 공동체를 유지하기 위해 셀개념(구역)을 도입했다. 셀조직은 지역별 소규모 단위(10명 전후)로 모이는 영성공동체이다. 그들은 모여서 귀신을 쫓아내고, 병자를 고침으로써 하나님 나라를 현재의 삶에 당겨오는 선구자적 역할을 했다. 이것은 축복의 공공성을 보여준 하나의 사례일 것이다. 교육차원에서 보면, 구역장제도는 관념적이고 사변적인 신앙원리를 터득하는 장소가 아니라, 삶의 자리에서 성도들을 영성화시키는 훈련의 장소였으며, 동시에 성도 간의 교제를 활성화시켜 상호 믿음을 강화하는 기회의 장이었다.

또한 수직적 구조가 아니라 피라미드식 구조에서 신앙의 혁명을 일으킨 구역식구들은 구성원들에게 성령을 체험하도록 기도의 용사가 되어주었다. 그들은 단순히 교과서적 역할이 아니라, 실제적으로 신앙생활에 활력을 불어넣는 조력자 역할을 했다. 그런 의미에서 구역조직은 교회성장에 커다란 영향을 준 혁신적 조직이었다. 영산은 구역 셀조직을 통해서 양적 성장을 추구했고, 구역예배를 통해 평신도에게 권한을 위임해서 목회활동에 참여하게 했다. 또한 구역장제도를 도입하면서 인재개발에 대한 지속적인 관심을 가지게 되었고, 작은 구역으로 나눔으로써 순종과 책임한계가 분명할 뿐 아니라 교회성장 이후에도 대형교회의 지속적 유지를 가능하게 했다. 구역조직은 대단한 패러다임의 전환이었으며, 여의도순복음교회에서 전형적인 하나의 모델이 되었으며 오늘날 세계의 많은 교회에서 적용되고 있다.

영산은 믿음 안에 있는 하나님의 경륜(딤전1:4)을 입체적으로 펼친 십자가경영 전문가, 즉 그리스도 중심의 창조경영을 한 것이다. 그는 하나님의 '경영(사14:24)' 방식에 따라 목회사역을 펼쳤다. 즉, 하나님이 '열방을 향하여 편 손(사14:26)'에 참여하여 하나님의 뜻을 이루어나가는 데 동참했다.

모세가 하나님으로부터 직접 지시를 받아 이스라엘 백성을 이끌었다면, 영산은 성령님으로부터 인도함을 받아 80만 성도를 이끌었다. 바울은 "너희는 성령을 따라 행하라 그리하면 육체의 욕심을 이루지 아니하리라(갈5:16)"고 조언한다. 영산은 거대한 조직을 성공적으로 이끌었다. 영산의 목회경영방식에서 성공요소 5가지를 지적하라면, 나는 '기도-말씀-믿음-성령, 비전설정 능력, 거룩한 열정, 카리스마적 리더십, 창조적 시스템'을 강조하고자 한다.133)

제1요소: 기도, 말씀, 믿음, 성령의 능력만을 의지함
제2요소: 비전설정 능력－십자가능력으로 영적비전을 세우고 명확한 목표설정 능력을 세움
제3요소: 거룩한 열정－하나님을 향한 사랑과 헌신과 인내로 일관하며 반 세기를 하루같이 성령님을 의지하고 따라감

---

133) [십자가 중심의 목회방정식] = [기도-말씀-믿음-성령] × [비전설정 능력] × [거룩한 열정] × [카리스마적 리더십] × [창조적 시스템]. 이 방정식에서 곱하기로 표시한 것은 어느 하나라도 영이 되면, 방정식이 영이 되어 성공하지 못했다는 의미이며, 그만큼 이 5가지는 상호연결 및 연합이 강하다는 것을 상징한다. 그의 조직경영 노하우는 성령님을 모시고 순종하며 일하는 것이었다. 그 결과는 대부분 만족스러운 것이었다. 그가 걸은 길은 거친 광야였고, 험난했고, 절벽일 때도 있었다. 그러나 그 험준한 길목에서도 그는 오로지 엎드려 기도하며 성령님의 인도와 도움을 간구했다: "이것이 너희의 간구와 예수 그리스도의 성령의 도우심으로 나를 구원에 이르게 할 줄 아는 고로(빌1:19)." 한편 김성국은 『CEO 조용기』 책에서 영산의 성과창출 형식을 다음과 같이 제시한 적이 있다. 포뮬러 Cho = [영적비전] × [체질적 열정] × [입체적시스템] 참조. 김성국 외, 『CEO 조용기』, ICG(2006), 89.

제4요소: 카리스마적 리더십—십자가 중심의 말씀선포, 예수 그리스도 중심의 선포적 설교
제5요소: 창조적 시스템—지식과 지혜의 영을 의지하며 셀조직과 업무의 위임으로 창조적 시
스템 운영

하나님은 그에게 고난을 주어 엎드려 기도하게 만드셨다. 또한 하나님은 그에게 헤쳐나갈 방법을 알려주셨고 막혔던 길을 열어주셨다. 이러한 그의 조직경영법은 모두 하나님으로부터 나온 것이지 경영학원리에서 터득한 것이 아니었다. 그는 수시로 성령으로 기도했다고 고백할 만큼 성령기도 전문가였다. 그는 '거룩한 믿음 위에 자신을 세우며 성령으로(유1:20)' 기도하는 자였다.

영산은 하나님과의 1:1 과외수업을 험난한 광야 길에서 철저하게 홀로 받았다. 마치 광야에서 하나님으로부터 배워가는 모세처럼, 영산은 거친 여의도광야에서 하나님으로부터 하나하나 배우면서 그것을 목회현장에 적용한 것이다. 그래서 영산 자신은 혹독할 만큼 힘들었지만, 모든 영적 프로젝트는 대부분 만족스런 결과를 낳았다.

영산은 목회가 얼마나 힘든 것인지 후배들에게 이렇게 피력한다. "목사는 세상에서 가장 힘들고 괴로운 직종입니다. 멸시천대를 각오하고 나서야 합니다. 대접받고 박수 받는 일이라고 생각하면 큰 오산입니다. 위선의 탈을 쓰고 괴롭히는 사람들이 많은 가시밭길입니다. 뼈를 깎는 각오를 하고 목회를 해야 합니다. 밥벌이를 위한 목회를 해서는 안 됩니다. 그러나 목회의 길은 힘들지만 사회를 변화시키는 역사가 있으며, 영혼을 구원의 길로 인도하고, 기독교문화를 창달할 수 있는 보람 있는 일입니다."

영산에게 자신의 영성을 목회에 접목시키는 과정은 험하고 힘들었다. 이 짧은 말속에서 그가 얼마나 험한 길과 핍박의 길을 걸었는지 역력히 드러난다. 시련 속에서도 그는 반세기를 하루같이 영성경영을 했다. 그는 영적비전, 기도, 믿음으로 50여 년을 하루같이 보내며 말씀과 성령의 종이 되어 교회를 섬겼다.

영산은 지난 반세기 동안 수많은 새 길을 시도했으며, 언제나 아무도 가보지 않은 길을 개척해 홀로 묵묵히 걸은 탓에, 그가 하는 일은 대부분 '최초 아니면 최대'라는 수식어가 따라 붙었다. 그러나 목회경영지도(tree-map)는 우연히 만들어진 것이 아니었으며, 수많은 고통과 고난과 핍박 그리고 진퇴양난의 고난의 숱한 밤을 보내면서 영글어진 것이다. 하지만 매 순간 하나님의 인도하심이 있었고, 성령님의 위로하심과 가르침이 있었다. 성령님은 모든 것 곧 하나님의 깊은 것까지도 통달(고전2:10)하신다.

영산의 고난개념은 사랑과 순종의 결합이다. "고난은 우리를 깨뜨려 기도하게 만들므로 우리가 하나님 앞에 깊이 들어가고 참으로 하나님을 사랑하게 만듭니다. 고난은 우리에게 더욱 주님을 믿고 순종하게 하는 참으로 좋은 선생입니다. 고난이란 자기의 의지를 꺾고 하나님의 뜻에 복종해서 순종하여 좋은 성도가 되게 하는 것입니다. 고난은 늘 영광과 복을 가져옵니다."134) 그의 고난개념에 의하면 고난의 궁극은 순종이며, 그 결과는 영광이다. 그는 '순종을 통해 그리스도 형상을

---

134) 조용기, 『축복』, 한세대학교출판부(2013), 182.

닮아가는 것'이라고 말한다.135) 고난의 길을 간다는 것은 곧 진리의 길을 간다는 말이다. 고난과 영광은 한 수레에 탄 손님들이다. 고난을 통해 궁극적으로 인간은 겸손을 배우게 된다.

그가 그 숱한 고난을 극복할 수 있었던 비결은 무엇일까? 첫째, 오직 그는 예수 그리스도 십자가만을 선포하는 목회를 했다. 둘째, 그 안에 내주하는 성령을 의지해 오직 성경의 진리만을 증언했다. 증언하는 이는 성령이시며 성령은 진리시다(요일5:7).

맺는말

에덴동산에서 아담과 하와가 누렸던 최대의 복은 하나님의 함께 하심, 곧 임마누엘의 복이었다. 죄로 인해 그들이 잃어버린 최대의 비극은 하나님과의 온전한 영적교통이 단절되었다는 것이다. 즉, 관계의 복이 소실된 것이다. 하나님과의 관계가 끊어지면 복줄기의 흐름이 멈추는 것이다.

3중축복의 최대 의미는 인간과 하나님 사이에 단절되었던 '관계적 복의 회복'이다. 십자가는 마귀가 파괴시킨 친교의 장을 회복시켜, 하나님-인간 사이에 대화의 선을 이어주었다. 하나님과 교제가 회복되자 영혼도 살게 되고, 육적 환경도 살고, 몸도 살아났다. 아담의 죄로 잃어버린 삶의 축복을 되찾은 것이다. 즉 영혼육이 회복되자, 인간 본래의 기능이 점진적으로 회복되었다.

영혼이 잘된다는 의미는 무엇인가? 4차원영성적으로 이해하면, 하나님의 생각, 뜻, 믿음 및 언어로 사는 삶이다. 그렇게 살면, 범사가 의로운 삶이 되어, 모든 것이 합력하여 선을 이루게 되고, 은혜로 충만하게 되어 몸까지 강건하게 된다. 영산은 "우리는 구(舊)인류가 아니라 신(新)인류입니다. 그리스도 안에서 해방되었으므로 무엇을 해도 축복이 따르는 사람입니다. 우리는 예수님의 축복을 받은 사람들입니다."라고 말한다.136)

3중축복에서 제1의 축복은 영혼의 축복이다. 영혼이 살아난다는 것은 삶의 목적, 의미, 가치가 영적으로 분명해졌다는 말이다. 즉 나의 존재가 더 이상 죄인이 아니라 의인이라는 사실이다. 이제 '의인으로 하나님께 예배드려서 하나님을 영화롭게 하는 삶'을 살 수 있다는 신분 및 존재의 가치를 깨닫게 된 것이다. 영혼이 살아나자 삶의 지향점과 정점이 분명해진 것이다. 영이 사는 것은 이전에 마귀와 짝하면서 살았지만, 이제 그와 헤어지고 오직 내 안에 임재하시는 예수 그리스도와 함께 산다는 의미다(마1:23, 요14:20, 고전6:17). 예수 그리스도의 성품에 참여하는 복이 바로 지고의 복이자, 만족이요, 기쁨이다.

---

135) 나의 관점에서 보면, 목회기간 동안 영산은 많은 고난을 겪으신 분이다. 돛대를 만들 때 후보가 될 만한 나무 한두 그루만 산에 남기고 주위의 나무들은 다 베어내는데, 이는 남아 있는 나무를 더 강하게 만들기 위해서다. 홀로 남은 나무는 모진 비바람을 견디며 부러지지 않고 성장해야 하는데, 그래야 훗날 돛대로 쓰일 수 있다. 영산은 홀로 산 위에 자란 돛대나무였다. 하나님께서는 바다 위의 어떤 바람이 불어도 그 돛대가 부러지지 않도록 천막교회 시절부터 준비된 돛대나무로 키운 것이 아닐까?

136) 조용기, 『축복』, 한세대학교출판부(2013), 255.

제2의 축복은 범사의 축복이다. 5중복음에서 축복의 복음이 여기에 연결된다. 하나님은 영적존재이시다. 인간은 하나님의 존재를 이성의 눈으로 볼 수 없고, 오직 믿음의 눈으로 볼 수 있다. 하나님은 세상이라는 테두리 안에서 피조물을 통해서, 피조물과 함께 자신의 존재를 드러내신다. 즉, 세상과 인간이라는 피조물은 하나님의 존재를 드러내는 거룩한 수단이다. 범사란 '세상과 피조물이 함께 어우러져 만들어 내는 유형, 무형의 일'이다. 하나님은 회복된 고차원의 영혼이 저차원의 범사를 조율하고, 지배하고, 통제하게 하신다. 잃어버렸던 낙원이 십자가의 믿음으로 회귀된 것이다.

제3의 축복은 강건의 축복이다. 5중복음에서 신유의 복음이 여기에 속한다. 영혼이 내적요소라면, 몸은 외적요소다. 영혼이 머무는 곳이 몸이다. 마음은 영혼의 처소다. 영의 질서가 회복되면 몸의 질서도 회복된다. 고차원이 저차원을 다스린다. 누구든지 예수를 믿으면 영생을 얻어 장차 영원히 산다. 그러나 이 땅에서의 몸도 중요하다. 영혼이 머물 몸이 질서에서 벗어나면, 영혼의 기능도 방해를 받기 때문이다. 생명의 근원이 마음에서 남으로써(잠4:23) 영혼이 잘되면, 몸도 질서 안에 있게 된다.

결론적으로 인간은 복음을 전심으로 수용하면, 영혼이 살아나고, 범사도 형통해지고, 건강도 회복된다. 영혼육이 회복되면, 이제 어떠한 삶을 살아야 하는가? 이제 하나님께서는 우리가 무엇을 하면서 살기를 원하시는가? 하나님이 그토록 원하셨던 하나님과 관계회복은 바로 하나님과 친교하는 것이다. 아담과 하와와 에덴동산에서 하나님과 교제하며 살았던 것처럼 지금도 하나님은 인간과 친밀하게 교제하기를 원하신다(요일1:3, 7, 고전1:9). 따라서 다음 장에서는 먼저 친교의 영성이라 할 수 있는 4차원영성의 탄생, 목적, 의미, 가치, 특성 등을 논하고자 한다. 그리고 그 다음 장에서는 보다 구체적으로 교제 방식을 다룰 것이다.

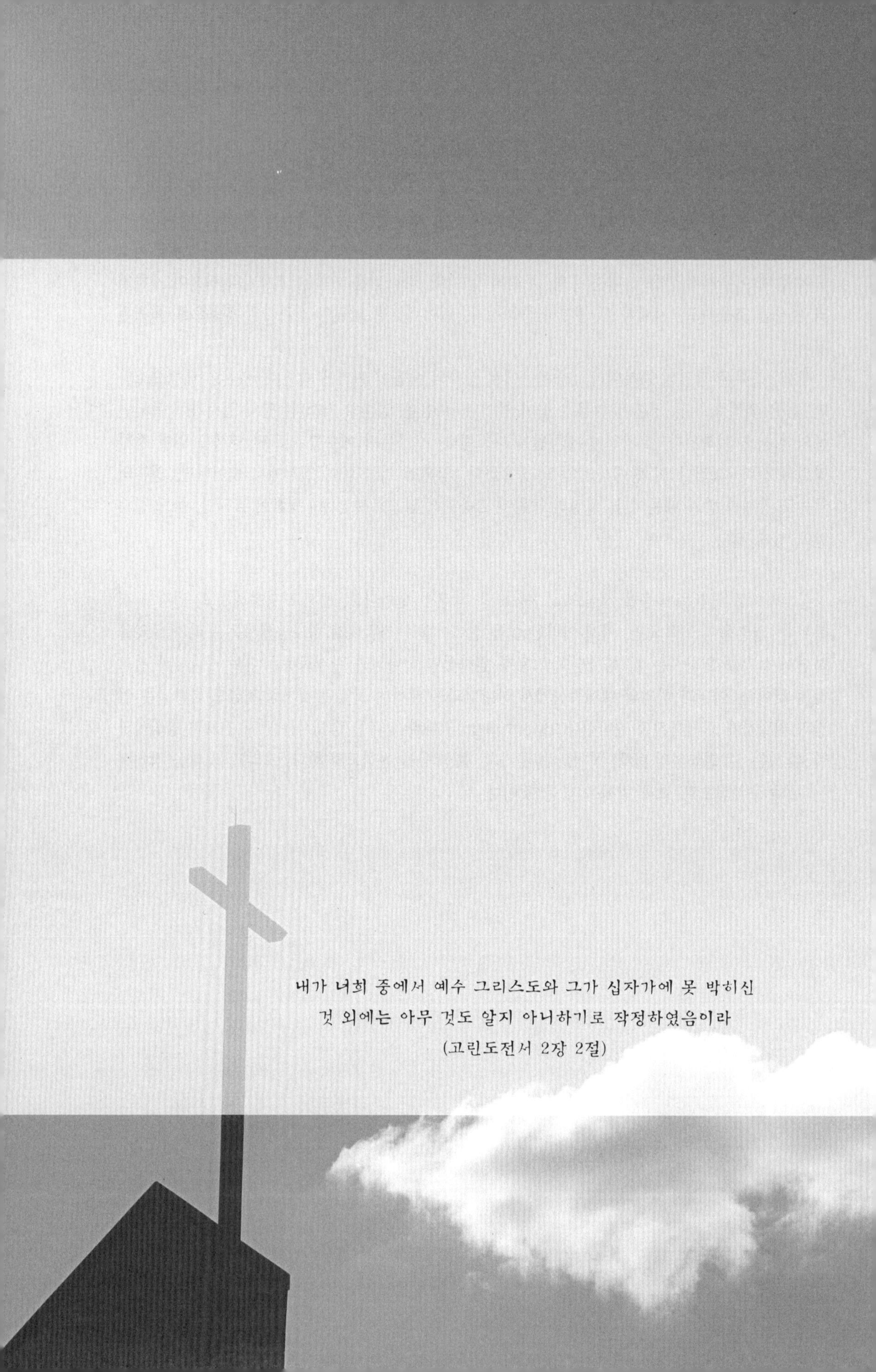

내가 너희 중에서 예수 그리스도와 그가 십자가에 못 박히신
것 외에는 아무 것도 알지 아니하기로 작정하였음이라
(고린도전서 2장 2절)

제 3 부

십자가의 영성:
친교함(Communion)

우리가 보고 들은 바를
너희에게도 전함은
너희로 우리와 사귐이 있게 하려 함이니
우리의 사귐은
아버지와 그의 아들 예수 그리스도와 더불어 누림이라
(요한일서 1장 3절)

제5장

친교의 십자가: 4차원의 영성

요약

4차원영성이란 하나님의 말씀을 마음에 적용하는 방법이다. 방법론적 4가지 요소는 생각, 꿈, 믿음, 말이다. 4차원영성을 기하학적으로 이해하면, 선은 1차원, 면은 2차원, 공간은 3차원이며, 4차원 이상은 묘사하기 어렵다. 4차원은 바로 영적세계, 말씀의 세계, 성령의 세계이기 때문이다. 눈에 보이는 물질세계는 3차원, 영의 세계는 4차원이다. 영산은 영의 세계를 기하학적으로 접근하여, 인간세계에서 영의 세계를 보다 구체적이고 실제적으로 접근해서 신앙생활에 생동성과 역동성을 주었다. 다시 말해, 하나님 나라의 역동성을 이 땅에 당겨와 성도들의 삶의 자리에 적용토록한 것이다. 그런 의미에서 4차원영성의 발굴은 기독교 영성 역사에서 위대한 업적이라 할 수 있다.

생각은 영에 속하며, 시공간을 초월하며, 성령이 들어오는 공간이자 또한 마귀가 출입하는 통로다. 말씀과 성령의 생각은 위대한 꿈을 탄생시킨다. 꿈은 인간 마음의 소원이자 동시에 하나님의 뜻을 이뤄가는 영적과정이다. 꿈은 믿음을 초청하여 동반자로 만든다. 4차원영성 요소 중에 믿음은 특별히 하나님이 주신 위대한 선물이다. 십자가의 믿음은 죄의 굴레에서 벗어나 의인이 되게하여 하나님과의 깊은 교제의 장을 열어주며, 기적의 장을 제공해 준다. 말은 믿음의 최종 완성이다. 말은 시공간을 초월해서 기능한다. 말은 영이요 생명이기 때문이다(요6:63). 말 안에는 위대한 창조력과 통제력이 내포되어 있다. 영산은 '생각, 꿈, 믿음, 말'을 서로 연결하여, "생각한 것을 바라보고 꿈꾸고, 믿고, 입술로 창조적으로 선언하면 현실에서 실질적으로 이루어진다."고 주장한다. '생각-꿈-믿음-말'은 상호연합적이고, 상호보완적이다. 4차원영성적 삶이란 새 존재가 살아가는 삶의 양식이자, 하늘나라 은혜를 삶의 자리에 풀어놓은 은혜 중심의 삶이다. 요약하면, 5중복음과 3중축복은 4차원영성을 통해 삶의 자리에 보다 역동적으로 적용된다.

5중복음이 이론이고, 3중축복이 실제라면, 4차원영성은 이론과 실제를 통합하여 삶의 자리에 적용시키는 연합적 특성을 보여준다. 5중복음의 씨를 마음밭에 심어서 3중축복의 열매가 맺게 하려면, 4차원영성으로 물과 빛과 영양을 주어 뿌려진 씨앗이 자라나게 해야 한다. 예를 들면, 5중복음의 신유의 씨를 삶 속에 심어 삶의 자리에서 신유의 열매를 맺게 하려면(3중축복), '치료받은 모습을 생각하고, 꿈꾸고, 믿고, 입술로 선언하는 것(4차원영성)'이다.

4차원영성은 성도들의 삶의 자리에 말씀을 현재화하는 것이다. 본질적으로 서술하면, 4차원영성은 하나님과 친교하고 대화하는 영성이다. 하나님은 자신의 영과 말씀으로 택하신 백성들과 교제하고 계신다(사59:21). 달이 햇빛을 달빛으로 반사하듯이, 인간은 생각과 꿈과 믿음과 말로 하나님의 말씀에 거룩한 반응을 보낸다. 이것이 바로 주님과 대화하는 영성이다. 하나님은 생각을 통해 우리와 교통하고, 꿈을 통해, 믿음을 통해, 말을 통해 우리와 교제하신다. 하나님과의 친교를 통해 인간은 영적으로 성장하며, 그리스도 형상 – 의로움과 거룩함 – 을 닮게 되며, 궁극적으로 예수 그리스도를 닮아가게 된다. 4차원영성은 친교적이며, 인격적이며, 전인적이고, 동화적(同化的) 특성을 지니고 있다.

1. 영산의 십자가 해석: 중심성과 실재성

영산의 목회핵심은 예수 그리스도의 십자가의 죽으심과 부활에 기초한 십자가 중심 사상이다. 그는 십자가의 의미를 크게 4가지로 이해한다. 곧 하나님의 사랑(롬5:8), 용서의 댓가(사53:6), 죄의 결과(사53:5), 인간의 가치(마16:26)이다.[1] 그의 십자가 사상을 이해하기 위해서는 그의 설교 내용들을 심층적으로 해부해보는 것이 효과적이다. 여기서는 먼저 십자가 설교를 제목별로 요약 및 정리하여, 십자가에 대한 영산의 핵심사상을 개괄적으로 서술하고자 한다.[2]

바라봄의 법칙 십자가에 달리신 그리스도를 본다는 의미는 무엇일까? 영산은 다양한 제목으로 십자가에 대해 설교한다. 곧 구원의 차원에서, 사랑의 차원에서, 관계의 차원에서, 우주적 차원에서, 관점의 차원에서, 그밖에 다양한 측면에서 설교한다. 그의 모든 십자가 설교를 총체적으로 이해할 때, 바라봄의 법칙을 다음과 같이 함축적으로 요약할 수 있다. '바라봄의 법칙이란 예수 그리스도 십자가의 존재적 가치와 신앙과 관련된 본질을 삶의 자리에 당겨와 현재화시키는 원형적인 힘'이다.

영산이 "구원의 말씀을 듣고 십자가를 마음에 상상하여 바라보고 믿고 고백하면 구원받는 것입니다. 바라봄의 법칙은 모든 믿음의 기초가 되는 것입니다."라고 말하는 것도 그런 차원이다.[3] 또 다른 정의는 "바라봄의 법칙이란 장차 약속대로 이루어질 꿈과 소원의 모습을 상상하고 바라보는

---

1) 조용기, 『오중복음과 삼중축복』, 서울출판사(2008), 65–67.
2) 나는 영산의 십자가 설교를 총체적으로 이해 및 평가하기 위해 그가 강단에서 선포했던 십자가 설교를 한 곳에 모았다. 지금까지 회중을 향한 십자가 설교 수십 편을 골랐다. 사실 영산의 설교 대부분에 십자가 복음이 기초로 제시되어 있지만, 여기서는 단지 그가 십자가를 주제로 설교한 것만 따로 정리해본 것이다. 그중에서 20여 편을 선택하여 핵심내용을 주제적으로 정리해서, 영산의 심령 속에 채색된 십자가의 모습을 묘사하고자 하였다. 십자가 영성으로부터 5중복음, 3중축복, 4차원영성이 발굴되었기 때문에 십자가를 중심으로 한 주제를 살펴보는 것은 의미가 있다. 또한 '법칙'이라는 소제목을 붙여서 핵심주제를 한 눈에 볼 수 있도록 하였다. 십자가로부터 '하나의 법칙'을 유도한 것이 아니라, 영산이 추구한 십자가의 이해 범주를 포괄적으로 해석하고 분석하기 위함이다. 십자가는 어떤 '법칙'으로 설명할 수 있는 것이 아니기 때문이다. 예수님은 우리의 생각, 꿈, 믿음, 말의 주인이시다.
3) 조용기, "믿음의 근원인 바라봄의 법칙", 주일설교(2012-04-22).

것”이다.4) ‘바라봄의 법칙’을 다른 말로 바꾸면 “예수 그리스도 십자가를 바라봄으로써 하나님의 은혜와 생명과 희망을 현재의 삶 속에 체험하는 것”이다.5) 바라본다는 것은 구원, 즉 생명을 얻는 것이다.

사랑의 법칙　　“천국은 용서와 사랑으로 이루어지는 것입니다. 사랑은 십자가의 고통 위에서만 피어나는 꽃입니다. 예수 그리스도의 십자가 위에서 우리가 용서하고 사랑하는 꽃이 핍니다. 우리의 인생 속에 천국의 영광스러운 꽃이 피기 위해 우리가 십자가를 지고 내게 죄지은 자를 용서하고 사랑하는 역사가 일어나야 하는 것입니다.”6)

영산은 십자가를 사랑의 십자가로 이해한다. 하나님의 불멸의 사랑은 십자가를 통해서 나타난다. 자기희생을 통하여 드러난 식을 줄 모르는 하나님의 사랑의 원리와 방식은 십자가다. 그 사랑은 절대적이며 타자적이다. 영산의 십자가 신앙은 예수 그리스도의 대속의 사랑이 삶의 현장에 믿음으로 승화되는 은혜의 장(場)이다. 성령님은 십자가의 사건을 성도의 삶 가운데 현재화시킨다. 몰트만(J. Moltmann)은 ‘하나님은 사랑이시다’라고 정의하며, 사랑은 ‘선의 자기 전달’이라고 표현한다. 선의 하나님은 십자가로 사랑을 우리에게 보여주신다. 하나님의 사랑이란 십자가 사건 그 자체이고, 하나님 자신의 역동적 구속행위이며, 동시에 예수 그리스도의 놀라운 자기 비움과 희생과 순종이다.

믿음의 법칙　　영산은 십자가의 믿음을 강조한다. “왜 믿음의 위대한 생활을 머리로서는 알면서도 실제적인 생활에 나타나지 않을까요? 그 이유는 하나님에 대한 믿음의 위대한 역사는 반드시 십자가를 통해서 나타난다는 사실을 모르고 있기 때문입니다. 십자가 없는 믿음은 절대로 믿음으로 역사하지 아니하는 것입니다.”7)

영산에게 십자가 신앙은 이성적 논리도 아니고, 학문적 논리도 아니고, 인식적 이해도 아니고, 철학적 이성도 아니다. 오직 믿음을 통해서 십자가 사건을 인격적 및 경험적으로 받아들이고 깨닫는 것이다. 예수의 죽으심, 부활 및 재림에 대한 총체적 신앙이다. 다시 말해 인식론적 차원에서의 해석학적 개념 혹은 조직신학적 관점이 아니라, 삶 속에서 십자가에 대한 믿음을 현재화해 나가는 과정이다. 십자가에 대한 영산의 믿음은 성령 안에서의 경험적 측면을 중요시 한다. 곧 그리스도의 죽으심과 부활하심에 참여하는 신앙이다. 십자가의 믿음은 장래에 온전히 임할 은혜를 미리 맛보는 거룩한 과정이다. 믿음의 법칙과 바라봄의 법칙은 상호연합적이다. 영산은 소원과 바라봄의 법칙을 이렇게 정립한다. “우리가 소원하며 그것이 이루어짐을 믿음으로 바라볼 때 하나님께서 우리의 마음의 소원을 이뤄주십니다.”8)

한편 사랑과 믿음은 상호보완적 관계에 있다고 역설한다. 영산은 “사랑이 있는 곳에 비로소 믿음이 생깁니다. 우리가 하나님의 사랑을 깨닫고 그 깨달음을 통해 이웃을 사랑할 때 비로소 심령 속

---

4) 조용기, “사차원의 기도”, 주일설교(2012-02-05).
5) 조용기, “바라봄의 법칙”, 주일설교(2010-12-19).
6) 조용기, “사랑과 십자가”, 주일설교(1991-08-25).
7) 조용기, “십자가와 믿음”, 주일설교(1988-11-06).
8) 조용기, “성경적 믿음이란 무엇인가?”, 주일설교(2010-07-18).

에 믿음이 넘쳐납니다."[9] 그는 "믿음으로 산 사람은 없는 것을 있는 것처럼 말하고 바라보는 사람입니다. 믿음의 사람은 4차원의 영성에 따라 살아갑니다."라고 말한다.[10]

복음의 법칙   영산은 5중복음의 관점에서 십자가를 이해한다. "십자가의 복음이란 죄 용서와 성결, 치료와 아브라함의 복, 그리고 부활 영생 천국입니다."[11] "예수님 때문에 우리는 죄와 허물의 고통, 가난과 질병의 고통, 죽음과 무의 공포에서 해방되었고, 흑암의 권세에서 건짐 받아 하나님의 백성이 되었습니다. 예수님을 믿음으로써 우리가 의롭다 함을 얻었습니다(롬 5:1, 갈2:16). 예수님의 죽으심으로써 말미암아 우리가 거룩함을 얻었습니다(히10:10). 예수님께서 채찍에 맞음으로써 우리가 나음을 입었습니다(사53:5). 예수님 안에서 우리는 축복과 형통함을 얻었습니다(요삼1:2, 요10:10). 예수님의 부활로 인해 우리는 부활 영생의 소망을 갖게 되었습니다(벧2:9)."[12]

데이비 하비(Dave Harvey)는 "성경의 핵심은 복음이다. 성경의 모든 기록은 복음을 위한 준비이거나 복음에 대한 선언이거나 복음에의 참여"라고 강조한다. 하나님은 복음을 계획하시고, 예수님은 복음이 되어 오셨고, 성령님은 두 분이 하신 일을 현재화한다. 곧 죄인에게 적용시킨다. 복음은 하나님 나라의 역동성을 가장 잘 드러낸다. 죽은 영혼은 복음 주사를 맞는 순간, 생명을 얻고 부활의 영광을 체험한다. 하나님은 복음을 통해 '창조, 타락, 구속'이라는 대명제에 비로소 마침표를 찍으신다.

구원의 법칙   "십자가 사건은 마귀를 무력화하고, 인간의 현재와 미래를 변화시킨 위대한 구원의 사건입니다. 그리스도가 십자가에서 '내가 다 이루었다'고 했을 때, 첫째로, 죄가 영원히 속해지고 영원히 의가 드러났으며, 둘째로, 마귀의 정사와 권세가 파멸되었고, 셋째로, 율법의 정죄와 의식이 사라졌고, 넷째로, 인간 행위의 자랑이 다 없어지고 그 은혜를 인하여 믿음으로 말미암아 구원을 얻게 됩니다."[13]

십자가는 하나님 자신의 존재, 본성, 행동을 가장 확실하게 인간에게 보여준 위대한 사건이다. 하나님의 꿈은 인류구원이다(딤전2:4). 하나님의 복음의 대명제는 '창조, 타락, 구속'이다. 십자가는 죄인을 하나님과 화목하게 만들고, 그를 하나님의 자녀로 삼는다. 십자가의 복음은 죄인을 의인으로 만들어, 인간이 악에서 떠나 선을 향하도록 한다. 죄인이 의인이 되는 과정은 인류역사에서 가장 위대한 사건이다.

축복의 법칙   "주님께서는 삼중의 무거운 형벌 – 영혼의 죽음, 육체의 죽음, 환경의 저주 – 을 제하기 위하여 십자가에 못 박혀 피를 흘리시고 살이 찢기시는 고통을 당하시고 죽어서 무덤에 들어가셨다가 사흘 만에 부활하시는 사건을 통해 삼박자 축복을 이루어 놓으신 것입니다. "사랑하는 자여 네 영혼이 잘됨 같이 네가 범사에 잘되고 강건하기를 내가 간구하노라(요삼1:2)." 이것이 대속의 복음인 것입니다."[14]

---

9) 조용기, "종교냐, 사랑이냐", 『조용기 목사 설교전집』, 제9권, 233.
10) 조용기, "성경적 믿음이란 무엇인가?", 주일설교(2010-07-18).
11) 조용기, "참 그리스도의 종", 주일설교(2010-07-04).
12) 조용기, "예수님 때문에", 주일설교(2015-05-17), "옛 사람을 벗어버려라", 주일설교(2010-12-05).
13) 조용기, "십자가에서 일어난 우주적 사건", 주일설교(2002-05-12).

영산은 "주님의 십자가 대속의 은혜를 간결하게 마음에 간직하게 하는 것이 5중복음과 3중축복입니다."라고 정립한다.[15] 다시 말하면, 예수 그리스도 자체가 우리에게 가장 큰 축복이다. 3중축복은 전인구원의 모판이다. 좋으신 하나님은 영·혼·육을 회복시켜, 예배드리게 하며, 궁극적으로 하나님께 영광을 돌리게 한다. 그는 또한 3중축복과 4차원영성을 상호연합시킨다. "인간은 긍정적인 자화상으로 자기 삶의 환경을 변화시키고 다스릴 수 있습니다. 즉 생각, 꿈, 믿음, 말을 통한 4차원의 영성이 3차원의 삶인 육체와 환경을 다스립니다." 또한 영산은 5중복음, 3중축복, 4차원영성을 상보적으로 연합시킨다. "5중복음과 3중축복을 우리 삶에 적용하는 방법은 4차원영성입니다."[16]

관계의 법칙　　"우리에게는 미움과 원한과 대결의 쓴물을 달게 할 도리가 없습니다. 예수님만이 하나님과 인간의 원수 관계를 청산하고 인간과 인간 관계의 몰이해, 미움, 분노를 중화시키는 십자가의 능력을 나타낼 수 있는 것입니다. 예수님의 십자가 이외에 용서와 의와 사랑으로 달라질 힘이 우리에게는 없습니다. 주님의 십자가를 나도 지고 인생을 사는 길만이 새로운 삶을 살아가는 방법입니다. 힘으로도 능으로도 되지 않고 예수님의 십자가로 말미암아 되는 것입니다."[17]

십자가는 관계의 회복을 주도한다. '나-하나님, 나-이웃, 나-나, 나-자연'의 관계를 총체적으로 재형성시킨다. 십자가는 인간 본래의 인격을 회복시킨다. 흑암의 나라에서 빛의 나라로 옮겨서, 땅에서 살지만 하늘의 삶을 살도록 한다. 십자가는 의, 사랑, 진리, 거룩의 씨를 인간의 마음밭에 심어, 천상궁궐의 삶, 즉 의와 평강과 희락의 삶을 추구하도록 만든다. 임마누엘의 하나님은 바로 우리의 하나님이시다. 하나님에게 철학이 있다면, 그것은 '관계철학'일 것이다.

하나됨의 법칙　　"나를 덮어쓰고, 나를 껴안고, 예수님께서 십자가에 올라가셨기 때문에 예수 죽음 내 죽음, 예수 장례 내 장례, 예수 부활 내 부활, 예수 승천 내 승천이 되었습니다. 이제는 저 멀리 계신 십자가가 아니라 내 안에 있는 십자가입니다. 내가 십자가 안에서 예수님과 연합되어 있다는 사실을 성령께서 깨닫게 해주는 것입니다."[18]

성령의 도움으로 십자가는 나의 존재가 예수님의 존재와 하나됨을 이루게 한다. 십자가는 죽음, 부활, 승천까지 동행하며 철저하게 그리스도와 하나로 엮는다. 절대초월적 존재이신 하나님은 인간을 구원시켜 철저하게 의, 거룩함, 진리로 하나되게 만든다. 영산은 초월해 있는 십자가가 아니라 갈보리 언덕 위에 세워진 십자가는 이제 내 마음하늘에 세워진 것으로 이해한다. 신자들은 더 이상 시내산 율법 아래 있는 것이 아니라, 갈보리 십자가 밑에서 은혜로 살고 있다. 보혜사 성령은 갈보리 십자가 사건을 오늘의 사건으로 현재화시킨다.

---

14) 조용기, 『삼중축복』, 한세대학교출판부(2013), 43. "삼중축복", 주일설교(2012-01-08). "축복 왜 삼중축복인가?", 주일설교(2006-05-14).

15) 조용기, 『삼중축복』, 한세대학교출판부(2013), 5.

16) 조용기, "복 있는 사람", 주일설교(2015-06-21).

17) 조용기, "십자가와 인간 관계", 주일설교(2011-08-21).

18) 조용기, "십자가의 위대한 승리", 주일설교(1987-04-26).

감동의 법칙 "예수님은 마지막까지 절대 순종, 절대 예배, 절대 믿음으로 하나님께 그 영혼을 맡겼습니다. 그래서 죽기까지 복종했습니다. 우리는 예수님의 십자가 고난 중에서 철저히 하나님이신 예수님, 철저히 인간으로 고난당하는 예수님을 볼 수 있습니다. 십자가 고난의 처절한 고통과 그 구원의 한없는 은혜와 축복을 우리는 뼛속까지 찌르는 감동으로 바라볼 수 있습니다."[19)

영산은 '봄(sight)'의 원리를 십자가에 적용한다. 예수님을 본다는 것은 구원과 생명으로 이어진다. 성령님은 십자가에 매달린 예수님을 이성의 눈이 아니라 믿음의 눈으로 보게 만든다. 영산에게 십자가는 형식과 의식의 차원을 넘어 생명을 수여받는 처소로 등장한다. 다시 말해 우리는 십자가 위에서 속죄하고, 성령충만케 하고, 치료하며, 저주에서 해방하며, 영생을 주시는 예수님을 만난다. 십자가는 감동을 넘어 한 마음으로 승화시키는 능력을 가지고 있다. 십자가는 우리 마음을 깨끗하고 새롭고 거룩하게 변화시켜, 오직 선한 마음을 품게 해서 궁극적으로 하나님을 영화롭게 만든다.

순종-겸손의 법칙 "그(Jesus)는 하나님께 순종하되 죽기까지 순종했습니다. 십자가의 죽음이란 가장 흉악한 악인이 받는 형벌입니다. 하나님의 아들임에도 불구하고 자신의 몸을 내놓고 인류의 죄를 대신 짊어지시고, 가장 흉악한 범죄자에게 가해지는 십자가 죽음을 거부하지 않고 순종하여 따르셨습니다. 여기서 예수 그리스도의 절대적인 겸손, 곧 아버지의 뜻을 받드는 그의 마음을 볼 수 있습니다. 이것이 흔들리지 않는 영원한 터전이 되는 것입니다. 이와 같은 터전 위에 세운 나라는 무너지지 않습니다. 이와 같은 마음을 가진 개인, 사회, 국가는 절대 무너지지 않습니다. 겸손하고 그리고 자신을 비워 남을 섬기는 이러한 마음 자세, 그리고 죽기까지 하나님께 충성하는 마음은 하나님께서 직접 들어서 복을 내려 주시는 것입니다."[20)

십자가를 통한 하나님의 승리의 원리는 자기비움과 자기겸비다. 십자가의 승리 안에 자기 백성을 사랑하는 하나님의 영원불멸의 열정이 드러나 있다. 신앙은 이성적 인간에게 있어서 절대적 명령도 아니고, 절대적 양심도 아니고, 자율적인 양심도 아니다. 십자가를 통해 주어진 하나님의 은혜, 자비, 사랑, 용서만이 인간을 순종하게 만들고 겸손하게 만든다. 그리스도의 절대겸손은 십자가의 표징이자 동시에 우리가 본받아야 할 삶의 영원한 모델이다. 마음은 이성과 연결되어 있으므로 신앙적 직관력이 충만한 이성이 되도록 말씀과 기도훈련이 중요하다. 모든 인간은 철학적 이성만으로는 하나님을 순종과 겸손으로 섬길 수 없다. 인간의 이성이 하나님의 말씀과 믿음과 기도로 영적 직관력을 소유할 수 있도록 바뀌어야 한다. 마음은 오직 말씀과 기도로 거룩하여진다(딤전4:5).

하나님은 절대초월적 존재이시다. 신성을 지닌 하나님의 아들은 자신의 권위와 권세를 비우는 겸비를 택하셔서 십자가를 지셨다. 영산은 하나님의 관점에서 십자가를 마음에 품기를 원한다. 인간의 눈은 흑암에 가려져 하늘의 아름다움을 보지 못한다. 십자가는 하나님 자신의 사랑의 본질이자 자신에 대한 무한한 개방이다. 십자가는 하나님 자신의 신앙고백이다.

---

19) 조용기, "십자가상의 칠언", 주일설교(1981-04-17).
20) 조용기, "바벨탑과 십자가", 주일설교(1992-05-24).

자기부인의 법칙　　신자는 십자가의 은혜로 하나님의 형상과 영혼의 불멸을 회복한 존재다. 십자가는 영적 생각과 행동을 일치시키고, 영적 원칙을 삶 속에 적용시킨다. 십자가는 자기 부인, 자기초월, 자기소멸이다. 그 길은 고난의 십자가, 자기부인의 십자가, 복음의 십자가다. 영산은 참된 십자가로 세 가지를 지적한다. "첫째, 자기를 부인하고 정과 욕을 거부하는 삶이 참된 십자가입니다. 자기를 부인하는 것, 자기의 정욕과 욕심을 거부하는 삶. 이것이 십자가입니다. 둘째, 십자가는 핍박으로 인한 고난의 십자가인 것입니다. 우리가 예수를 믿고 주님을 따라가자면 반드시 핍박을 당합니다. 셋째, 십자가는 복음을 위하여 자원하여 짊어지는 십자가입니다 이것은 내가 안 짊어져도 되는데, 예수 그리스도의 복음을 위해, 그리스도의 영광을 위해 내 스스로가 자원해서 지는 십자가인 것입니다."21)

영산은 월터 챈트리(Walter J. Chantry)의 「자기부인」 책에서 십자가를 지는 것에 대하여 5가지를 인용한다. 첫째, 십자가를 지는 것은 보편적인 일이다. 둘째, 십자가를 지는 일은 영구적인 것이다. 셋째, 십자가를 지는 것은 의지적인 일이다. 넷째, 십자가를 지는 일은 고통스러운 일이다. 다섯째, 십자가는 곧 죽음이다. 자기부인의 삶은 결국 내 계획이 없는 삶, '오직 주님의 삶'만 내 안에 있는 것이다. 나의 삶과 주님의 삶의 간격이 클수록 신앙생활의 진정성은 진리에서 멀어지고 갈등과 혼란 속으로 빠져들게 될 것이다. 따라서 신자의 삶의 체계는 십자가 중심의 틀 안에 있어야 한다. 예수님도 "내 안에 거하라 나도 너희 안에 거하리라(요15:4)"고 말씀하신다.

어떻게 이 말씀이 오늘날 나에게 적용될 수 있는가? 내가 죽고 없어지면 된다. 다시 말해, '그리스도 안에서' 사는 삶이다. 4차원영성적으로 서술하면, 내가 죽는다는 것은 '예수님의 생각, 꿈, 믿음, 말로 사는 것'이다(골3:10, 갈4:19).

고난의 법칙　　"참된 십자가는 어떤 대가를 지불하더라도 짊어지고 나아가야 되고, 거짓된 십자가는 단호히 벗어서 던져버려야만 됩니다. 참된 십자가란 남을 구원하기 위하여 내가 고통을 당할 때 그것이 참된 십자가인 것입니다."22) 그는 "하나님은 예수님이 고통 받고, 고난당하심으로 하나님과 인간을 위한 속건제물이 되도록 하셨습니다."라고 말한다.23)

십자가는 고난이다. 고난과 부활은 한 세트다. 신자의 마음에는 고난의 믿음과 부활의 믿음이 연합적으로 존재한다. 그들은 상보적으로 관계하여 서로 힘을 불어넣는다. 고난의 믿음은 부활의 믿음을 붙들고, 동시에 부활의 믿음은 고난을 자기 쪽으로 끌어온다. 고난의 시작은 곧 부활 혹은 승리의 시작이다. 고난의 씨 안에 이미 부활의 씨가 들어 있기 때문이다. 누구든지 그리스도를 따르는 자는 갈보리 십자가의 남은 고난에 참여하는 자다. '우리가 항상 예수의 죽음을 몸에 짊어짐(고후4:10)'으로써 우리는 갈보리 언덕으로 날마다 올라가 그의 고난에 참여하는 것이다. 이것이 곧 생명을 탄생시킨다. 다시 말해, 내가 그리스도 안에서 죽는다는 것은 '하나님의 아들을 믿는 믿음 안에서 사는 삶(갈2:20)'이다.

---

21) 조용기, "참된 십자가", 주일설교(1995-09-03).
22) 조용기, "무엇이 참된 십자가인가?", 주일설교(1998-09-20).
23) 조용기, "예수님의 고난", 주일설교(2010-03-28).

플러스의 법칙　　"갈보리 십자가는 우리의 영적인 삶의 모태입니다. 어머니 없는 육체적인 삶이 없듯이 갈보리 십자가 없이 우리의 영적인 삶이란 존재하지 않습니다. 하나님이 세상을 이처럼 사랑하사 독생자를 주셨다고 말했는데, 하나님의 사랑이 구체적으로 나타난 것이 바로 십자가입니다. 십자가 그늘 밑에 가면 내가 쉴 수 있습니다. 하나님이 우리에게 주신 최고, 최대의 선물은 갈보리 산 위에 있는 십자가입니다. 그 속에서 예수님이 우리를 끌어안으셨습니다. 영원히 우리를 끌어안고 옛 사람을 폐하고 새 사람으로 만들어주십니다. 아담의 후손을 멸하고 그리스도의 자손으로 태어났습니다. 지옥의 자식을 천국의 자녀로 만들어주시고, 세상에서 천국으로 가는 문으로 이끌어주는 것이 십자가입니다."[24]

십자가는 모든 신앙인들의 모태이자, 영적 고향이다. 십자가는 모든 죄인을 의인으로 만들고(롬 5:1), 거룩하게 만들고(히10:10), 온전하게 만들어(히10:14), 영원한 고향에 살게 한다. 십자가는 플러스 표로 새 사람을 만들어 천국 가는 문으로 인도하는 삶의 동반자다. 영산은 삶의 플러스관점을 4차원영성적으로도 바라본다. 영산은 4차원영성의 관점에서 "좋으신 하나님을 바라보면, 인생의 존재 목적과 이유를 하나님의 시각에서 바라보게 되고, 삶에 대한 기대와 꿈이 달라지며(시62:5-8), 믿음으로 살게 되고(히10:38), 언어생활이 달라지게 됩니다."라고 말한다.[25]

변화의 법칙　　"십자가는 하늘과 땅을 변화시키고 인간에게는 영원한 희망과 행복과 승리를 주신 하나님의 지혜요 하나님의 능력인 것입니다. 우리는 항상 십자가를 가슴에 품고 굳센 믿음과 감사함으로 일생을 살아야만 합니다. 십자가 밖에 나가면 안 됩니다. 십자가의 도안에 살고 그것만 자랑하고 살아야 합니다."[26]

영산의 변화개념은 십자가 중심이며 범우주적이다. 그는 십자가를 통한 변화개념을 우주화한다. 그러나 현실을 직시하면, 인간의 근본적 변화는 십자가의 계시적 사건을 통한 인격적 자기변화, 자기도약, 자기성장이다. 진정한 변화는 존재적 변화와 더불어 윤리적 변화까지 포괄한다. 십자가의 사건은 곧 말씀의 사건과 연계되어 신자들의 심령을 초월적으로 변하도록 만든다. 근원적으로 보면 변화란 악에서 선으로 가려는 의지적 마음 성향이다. 영산은 "생각, 꿈, 믿음, 말을 통한 4차원의 영성이 3차원의 삶인 육체와 환경을 다스립니다."라고 말한다.[27]

"인간의 삶에는 항상 쓴물이 넘쳐납니다. 미움과 분노의 쓴물, 불안과 공포의 쓴물, 열등의식의 쓴물, 좌절감의 쓴물 등. 이런 물을 늘 마시고 살면 실패합니다. 쓴물을 변화시켜야 되는 것입니다. 그리스도의 십자가를 끌어안으면 쓴물이 즉시 단물로 바뀝니다. 샘물과 같은 보혈 앞에 나와서 씻고 십자가를 우리 마음속에 끌어안으면 마음속의 모든 쓴물은 달게 되고 변화가 오게 됩니다. 예수 그리스도 안에서는 변화의 기적이 있습니다. 그리스도의 십자가는 보혈과 성령의 능력으로 우리에게 흑암에서 광명으로, 무질서에서 질서로, 죽음에서 생명으로, 추에서 미로, 가난에서 부요로 변화되는 기적을 가져다주는 것입니다. 모든 것을 변화시키고 항상 희망과 행복과 승리를 안겨줍니다."[28]

---

24) 조용기, "나의 새 생명의 모태 십자가", 주일설교(2006-12-03).
25) 조용기, "하나님을 바라라", 주일설교(2010-07-25).
26) 조용기, "십자가의 위력", 주일설교(1991-08-04).
27) 조용기, "나를 다스리는 힘", 주일설교(2010-07-11).

내적변화가 외적변화를 낳는다. 십자가는 아담의 죄로 타락하고, 파괴되고, 분열되고, 분리된 인간성을 회복시킨다. 십자가의 복음으로 옛 사람이 새 사람이 되고, 악의 사람이 선의 사람이 되고, 정결치 못한 자가 거룩하게 되며, 의롭지 못한 자가 의롭게 된다. 십자가는 내적변화를 통해 외적변화를 불러일으킨다. 즉, 십자가는 선한 태도, 선한 성향, 선한 동기부여를 주어서 궁극적으로 하나님을 영화롭게 한다. 인간의 내적 마음의 쓴물은 오직 십자가로 달게 되고, 정화되고, 생명으로 승화된다. 십자가는 장래의 천상의 은혜를 미리 당겨와 신자들의 삶의 자리에 풀어놓는다. 십자가의 능력으로 그리스도와 연합된다는 것은 혁신적 변화를 넘어 차원적 변화를 낳는다.

은혜의 법칙　　　"예수님은 옛 사람을 청산하여 새 사람으로 만들었습니다(엡4:22). 예수 믿고 옛 사람을 리모델링하는 것이 아닙니다. 옛 사람을 새로 빨래하는 것도 아닙니다. 빨래도 못하고 리모델링도 못하도록 썩고 부패한 옛 사람을 십자가에서 그리스도와 함께 죽여버리고 장사지내고 예수님 안에서 부활시켜서 새로운 사람으로 다시 지음을 받습니다. "오직 너희의 심령이 새롭게 되어 하나님을 따라 의와 진리의 거룩함으로 지으심을 받은 새 사람을 입으라(엡4:23-24)." 우리는 옛 모습을 지워버리고 새로운 신분으로 마음을 새롭게 하고 성령님과 함께 새 삶을 살아야 합니다."29) 그는 '십자가에서 출발한 구속의 은혜'라는 설교에서 '3중축복 – 영혼의 구속, 범사의 구속, 육체의 구속'을 강조한다.30)

　은혜란 죄인이 악한 마음을 버리게 하고, 그 자리에 값없이 '하나님의 생명과 선의 씨앗'을 심는 거룩한 과정이다. 십자가는 은혜의 강물로 죄인을 불러들여 정결하게 씻어 은혜의 사람으로 승화시키고, 은혜의 하늘나라에서 오직 말씀, 오직 믿음, 오직 성령, 오직 예수 그리스도의 삶만을 살게 한다. 이 은혜가 어디서 오는가? 바로 하나님의 자비에서 온다. 자비의 하나님(눅6:36)이 이 땅에 십자가를 세워 죄인인 우리를 구원시켜 주셨다.

생명의 법칙　　　"죽음과 생명이 우리 몸에 같이 역사합니다. 내가 십자가에 매달려 죽으면 죽은 만큼 예수의 부활의 생명이 나타나게 됩니다. 그러므로 우리가 항상 예수 죽음을 몸에 짊어짐은 예수의 부활의 생명이 몸에 나타나게 하려는 것입니다. 부활이 장차 올 것만이 아니라 우리가 사는 현재의 생활 속에 예수님의 놀라운 부활의 생명이 나타날 수 있는 것은 내가 십자가를 걸머질 때 체험하는 기적인 것입니다."31)

　십자가 사건, 부활사건, 오순절사건이 교회를 탄생시켰다면 십자가는 원형적 사건이다. 예수 그리스도의 성육신과 십자가 없이 부활은 없다. 부활은 과거시제가 아니라 현재시제이다. 그리스도의 죽음을 짊어지면(고후4:10), 그리스도의 생명이 내 마음하늘에 역동적으로 나타나 신앙의 도약이 일어난다. 모든 신자는 '하나님의 아들을 믿음 안에서(갈2:20)' 새 사람이다.

---

28) 조용기, "변화의 능력 십자가", 주일설교(2007-03-04).
29) 조용기, "십자가에서 이룩하신 예수님의 은혜", 주일설교(2007-10-07).
30) 조용기, "십자가에서 출발한 구속의 은혜", 주일설교(2010-08-22).
31) 조용기, "십자가와 부활", 주일설교(2009-10-11).

토마스 드레이크(Thomas Drake)는 "십자가는 하늘의 사닥다리"라고 말한다. 영국의 신학자 사무엘 러더포드(Samuel Rutherford)는 "십자가 없는 믿음은 곧 얼어버린다"고 말한다. 그는 "새에게 날개는 무거운 것이지만 그것 때문에 날 수 있다"고 말한다. 십자가는 무겁지만, 그것 때문에 생명을 얻고, 장차 천국까지 우리를 데리고 간다.

죽음의 법칙 "십자가는 예수님만 짊어진 것이 아니라 우리 각자에게도 짊어지고 가야 될 십자가가 있다는 사실을 알아야 됩니다. 내가 은혜를 받고 이웃을 은혜로 변화시키기 위해서 십자가를 짊어져야 됩니다. 변화는 십자가를 통하여 옵니다. 우리가 고난당할 때 그 고난을 참고 십자가를 짊어지고 내가 죽으면 다른 사람을 살리는 놀라운 생명의 역사가 넘쳐나게 됩니다. 크고 작은 십자가에 내가 매달려 죽어 하나님께 기도하면 부활의 역사가 나타나기 시작합니다."[32] 그는 "예수님의 죽으심과 부활하심으로써 아담 안에서 죽었던 우리가 예수님 안에서 부활했습니다. 그러므로 아담 안에서 마귀의 종이던 우리는 예수님 안에서 성령의 사람이 되었습니다."라고 말한다.[33]

죽는다는 것은 옛 자아의 사라짐이다. 옛 사람이 죽고 새 사람의 인격으로 사는 것이다. 하나님의 선이 인간 안에 새겨지면, 인간은 악을 떠나 선을 향하는 마음성향을 가지게 된다. 다시 말해, 내가 죽는 다는 것은 '하나님의 아들을 믿는 믿음 안에서(갈2:20)' 사는 것이다. 신약 전체는 내가 그리스도와 하나가 되어 그의 부활에 참여하는 이야기로 가득하다. 이제 나의 인격이 아니라, 예수 그리스도의 인격으로 사는 삶이다. 어떻게 이런 삶이 가능한가? 그것은 예수 그리스도 안에서의 삶으로, 오직 성령의 역사로만 가능하다. '나의 힘이 아니라, 오직 성령님의 능력'으로 가능한 삶이다. 영산은 죽으면 새 생명이 나타난다고 강조한다. 모든 신자는 죽음-영광의 법칙에 따라 새 사람이 되었다. 예수와 함께 죽고, 함께 부활하여 영광의 새 사람이 되었다. 십자가는 첫 사람으로 말미암아 잃어버린 것보다 둘째 사람을 통해 훨씬 더 많은 것을 우리에게 돌려주었다. 즉, 의(롬5:1)와 진리와 거룩함(히10:10)을 돌려주어 하나님과 교제하게(요일1:3, 사59:21) 하는 놀라운 은혜를 주었다.

포기의 법칙 "탐욕이란 과일은 먹음직하고 보암직하고 탐스럽습니다. 욕심을 버리는 것은 우리 삶에서 가장 큰 지혜요, 총명입니다. 그것을 버리지 못하기 때문에 항상 수렁에 빠져서 마귀의 노예가 되어버립니다. 따라서 우리는 단호하게 예수 그리스도의 십자가와 함께 정과 욕을 못 박아 버리고 예수님을 따라 살아야 합니다. 그리스도 예수의 사람들은 육체와 함께 그 정욕과 탐심을 십자가에 못 박힌 자들입니다(갈5:24)."[34]

성도는 '위엣 것을 생각하고 땅의 것(골3:2)'을 생각하지 말아야 할 존재다. 성도는 선 한 삶 혹은 성령 안에서의 삶 혹은 그리스도 안에서 삶을 살아야 한다. 영산은 탐욕을 십자가에 못 박아야 믿음,

---

32) 조용기, "아! 십자가", 주일설교(2002-12-01).
33) 조용기, "부활이요 생명이신 예수님", 주일설교(2010-04-04).
34) 조용기, "탐심을 십자가에 못 박아라", 주일설교(2003-03-02).

소망, 사랑의 삶을 살 수 있다고 한다. 내 인생의 진정한 포기란 '내가 그리스도와 그 부활의 권능과 그 고난에 참여'하는 것이다(빌3:10). 예수님은 십자가에서 자신의 삶을 포기함으로써 부활의 승리를 얻으셨다.

가치의 법칙 "예수님은 영적(마27:39-42), 정신적(사53:7-8), 또한 육체적 고통을 당하셨습니다. 우리는 주님이 당하신 고통의 대가로 얻은 열매만을 먹으며 주님의 고통을 무의미하게 만들지 말아야 하고 원수들을 기쁘게 하지 말아야 합니다. 예수 죽음은 누구의 죽음입니까? 내 죽음, 예수 부활 내 부활, 예수 승천 내 승천, 예수 천당 내 천당이 됩니다. 예수님과 내가 하나가 되는 것입니다. 예수님의 죽음을 통하여 여러분의 죄와 허물, 질병과 저주, 죽음을 청산해 버리신 것입니다."[35]

예수님의 십자가 고통은 인간의 본래적 가치를 극대화하고 회복하는 거룩한 행위이자, 하나님의 지고하신 자비와 은혜에서 온 것이다. 인간의 절대가치의 상승은 어디서 오는가? 오직 십자가 위에서 예수님이 고통 받으신 대가의 열매로부터 온다. 십자가는 인간존재의 변화, 윤리적 행동의 변화를 가져와서, 하늘의 가치를 향유하게 한다(롬12:2). 좋으신 아버지는 그의 아들 예수의 고통을 통해 우리에게 선하고 아름답고 영원한 생명을 주셨다.

초월의 법칙 "십자가에는 '과거와 나와 십자가, 현재와 나와 십자가, 그리고 미래와 나와 십자가'가 있습니다. 십자가 안에서 과거, 현재, 미래의 죄가 다 청산되었습니다. 보혈의 십자가가 나의 과거를 청산해 줍니다. 그리고 현재를 담대히 긍정적으로 살게 하는 것도 십자가입니다. 우리가 언제 죽을지 모르고 미래가 불확실해도 구원과 생명이 보증된 것은 십자가를 통해서입니다. 그러므로 항상 십자가에 못 박힌 예수님을 생각하고 5중복음과 3중축복 안에서 십자가를 통하여 주님과 더불어 사는 신앙인이 되어야 합니다. 하나님이 값비싼 대가를 지불하셨으니 믿음으로 말미암아 우리는 이 십자가의 은혜를 받아서 누려야 하는 것입니다."[36]

십자가는 시공간을 초월해, 즉 과거, 현재, 미래를 통합하여 인간의 죄의 문제를 처리한다. 보혈의 능력은 시공간을 초월해 기능하고, 역사하고, 효력을 나타낸다(히9:22). 십자가 사건만이 인간으로 하여금 선한 행동을 할 수 있는 동기를 적극적으로 부여해준다. 십자가는 인간의 존재적 변화와 윤리적 변화를 빚어낸다. 그 결과 생명의 법칙에 따라 죄인은 의인이 되고, 말씀의 씨가 뿌려져 영생을 지닌 존재가 된다.

회복의 법칙 "십자가를 통해 여러분의 옛 사람은 죽고 새 사람으로 부활했습니다. 그 십자가를 통해 하늘나라가 이 땅에 확립되었습니다. 아담과 하와의 타락으로 말미암아 이 땅에 마귀의 세력이 들어왔지만, 예수님은 십자가에서 정권교체를 했습니다. 예수님은 마귀의 권세를 쫓아내고 하늘나라를 이룩했습니다."[37]

---

35) 조용기, "예수님이 당하신 십자가 고통", 주일설교(2011-10-02).

36) 조용기, "십자가의 도", 주일설교(2012-11-18).

37) 조용기, "갈보리 십자가", 주일설교(2013-12-08).

십자가는 아담과 하와가 잃어버린 하나님의 나라를 회복시킨다. 십자가는 우리에게 땅의 나라에 살면서도 동시에 하나님 나라의 삶을 살게 한다. 십자가는 우리에게 자기 정체성을 재확립시키고, 존재의 변혁을 불러일으켜, 하나님 앞에서 거룩한 존재로 만든다. 십자가는 마귀에게 빼앗긴 인간 본래의 정체성을 회복시켜, 궁극적으로 하나님께 예배드리게 하고, 영화롭게 만든다.

승리의 법칙　　　"십자가를 통하여 우리의 죄도 용서받고 죄의 능력도 파괴되고, 십자가를 통하여 우리 주님께서 마귀의 모든 권세를 철폐해버리시고 무장해제해 버리시고, 십자가를 통하여 우리 주님께서 죽음을 멸하시고, 아버지 집으로 가는 길을 활짝 열어놓았습니다."[38]

십자가는 마귀가 인간의 마음하늘에 자주 오가는 모든 통신선로를 끊어버렸다. 찬탈자 마귀는 비진리의 우두머리가 되어 오늘도 우리에게 거짓 송신을 보낸다. 십자가 사건은 하나님의 속마음을 가장 잘 보여주는 기념비적 사건이다. 죽음에서 생명으로의 승리다(요3:16). 하나님 아버지의 구원 계획에 순종해서 하나님의 아들은 십자가 위에서 '구원성취, 마귀정복, 공의와 사랑 실현'이라는 철저한 승리를 이루셨다. 전인구원론적으로 영혼, 범사, 강건을 모두 포함하는 승리다(요삼1:2). 영산은 신앙의 승리를 4차원적 관점에서 이해한다. "4차원이 3차원을 다스림으로 믿음의 사람은 새로운 생각과 꿈, 믿음을 고백하며 승리의 삶을 살아가야 합니다."[39]

십자가 영성의 총체적 지향성(inclination)

이제까지 영산은 십자가에 대한 설교를 통해 다양한 소주제들을 이끌어내었다.[40] 영산은 다층적이고 다각적인 관점에서 십자가에 기초해서 설교했다. 그는 십자가만을 의지했고, 바라보았고, 선포했다. 그는 십자가 복음에서 탄생한 '5중복음, 3중축복, 4차원영성'이라는 3가지 목회슬로건을 고안해냈다. 그것은 영산만의 고유한 목회 슬로건이 되었고, 말씀선포의 핵심을 이루었다. 강단에서의 '6개의 설교 키워드' – 좋으신 하나님, 예수 그리스도의 구속의 은혜, 인격적 성령님, 5중복음, 3중축복, 4차원영성 – 는 그의 반평생 목회에서 동반자적 요소들이었다. 그의 설교는 자신이 만든 영적 키워드로 상호연합, 상호보완되어 한 편의 이야기로 이어진다.

그러면 이제 우리는 어떻게 살아야 하는가? 여기에 대한 답변은 영산의 설교 한 편이 적절하다.[41] 첫째, 목적이 분명한 삶을 살아야 한다. 둘째, 봉사와 헌신의 삶을 살아야 한다(눅10:37, 눅10:33-35). 셋째, 가치 있는 삶을 살아야 한다(마6:33). 그러면 가치 있는 삶은 무엇인가? 그에게 가치있는 삶이란 '항상 기뻐하고, 늘 기도하며, 범사에 감사하는 삶(살전5:16-17)', '맡은 일에 충성하는 삶(고전4:2)', '하나님을 이름을 빛내는 삶(사43:7)'이다. 넷째, '3중축복으로 행복하게 사는 삶(요삼1:2)'을 사는 것이다.

---

38) 조용기, "십자가의 승리", 주일설교(1991-09-01).
39) 조용기, "사차원의 삶", 주일설교(2010-11-07).
40) 영산의 마음구조 안에 십자가의 은혜가 여기서 법칙으로 서술한 것만 있는 것은 아니다. 그는 십자가의 은혜를 다관점, 다층적으로 설교했다. 여기서는 단지 설교내용을 중심으로 큰 맥락들만 소제목으로 서술하였을 뿐이다. 십자가는 삼위 하나님의 상호관계를 명백하게 드러내준다. 삼위 하나님이 가지고 계시는 모든 속성들 – 자비, 긍휼, 은혜, 사랑, 진리, 사랑, 친교, 기쁨, 인격, 생명, 용서, 인내 등 – 은 십자가를 통해서 드러난다. 모든 것들이 십자가를 통해 우리 안으로 흘러들어 온다. 하늘나라 모든 은혜가 십자가를 통해서 신자의 마음하늘을 뚫고 충만하게 들어온다.
41) 조용기, "나는 어떻게 살아야 하나?", 주일설교(2010-03-21).

영적으로 가치 있는 삶을 추구하는 것은 신앙인의 기본적인 자세다. 본 장에서는 4차원영성을 보다 구체적이며 실제적인 측면에서 논의하고자 한다.

2. 4차원영성의 탄생

영산의 성경해석학은 대체로 삼위일체적 특성이 강하다. 즉 '좋으신 하나님 중심의 해석', '예수 그리스도 중심의 기독론적 해석', '인격적 성령님의 사역 중심의 해석'이다. 또한 그의 성경해석학은 5중복음적이며, 삶의 자리에서 '지금 여기에서'라는 실존적 해석이 강하다. 지난 35년 동안 그의 설교를 들어보면, 그의 성경해석학은 언제나 좋으신 하나님이라는 것, 예수님의 구속이 전적으로 은혜라는 것, 말씀과 성령은 언제나 함께 일한다는 것, 신구약의 모든 말씀은 하나님의 생각이라는 것, 신구약은 모두 복음중심이라는 것, 그리고 말씀이 성령의 역사를 통해 삶의 자리에서 구체적으로 실현된다는 것 등이다.

4차원영성도 영산의 성경해석학과 무관치 않다. 그는 "좋으신 하나님을 만나서 거듭날 때 생각과 꿈이 새로워지고, 긍정적인 믿음과 선언으로 새로운 삶을 살게 됩니다."라고 강조한다.[42] 그는 믿음의 삶을 입체적으로 재정립한다. "믿음으로 사는 삶의 단계는 먼저 죄인의 삶을 회개하고 구원받아 5중복음, 3중축복, 4차원영성으로 성령님과 함께 풍성한 삶을 사는 것입니다."[43] 그는 4차원의 영성을 개별적으로 보지 않고 5중복음과 3중축복과 연계해서 다룬다.

영산은 4차원영성을 '하나님과 만나고 대화하는 영성'으로 이해한다.[44] 4차원영성을 레위기 관점에서 이해하면 번제에 접목된다. 화목제가 사람들 사이의 친교를 다지는 것이라면, 번제는 하나님과 제사 드리는 자 사이의 친교를 위한 것이다.[45] 예수 그리스도는 인간과 하나님 사이에 친교의 다리를 놓아주셨다. 할렐루야! 이제 번제 없이도 그리스도의 십자가 보혈로 하나님과의 수직적 친교가 이뤄진 것이다(고전1:9). 핑크(Arthur Pink)는 "성경적 성화는 거룩하신 하나님과 교제하기에 적합한 자가 되게 하여 하나님을 기쁘게 하는 자가 되는 것"이라고 말한다.[46]

성경은 피조물이 호흡한다고 해서 반드시 살아있다고 보지 않는다. 하나님과 친교하는지 아니면 그렇지 않은 지가 진정한 생명의 기준이다. 다시 말해 예수 그리스도의 생명을 지니고 있는가, 그렇지 않은가가 기준인 것이다. 내 안에 말씀이 있는 자는 산 자이고, 없는 자는 죽은 자다. 십자가

---

42) 조용기, "하나님을 바라라", 주일설교(2010-07-25).

43) 조용기, "믿음의 단계", 주일설교(2012-09-23).

44) 조용기, "위대한 발견", 주일설교(2011-03-27). 더 구체적으로 말하면, 생각-하나님의 사랑과 예수님의 은혜로 지음 받은 것을 생각하고 성령으로 충만하여 늘 긍정적이고 희망찬 생각을 한다(고전2:9-10). 꿈-하나님의 기쁘신 뜻을 위해 우리에게 소원을 두고 행하게 하신다(빌2:13). 믿음-믿음은 들음에서 나며 들음은 그리스도의 말씀으로 말미암는다. 말-마음으로 믿어 의에 이르고 입으로 시인하여 구원에 이른다(롬10:10). 영산은 또한 4차원의 영성을 "신령한 은혜를 누리는 길"로도 이해한다. 참조. 조용기, "수고하고 무거운 짐 진 자들", 주일설교(2014-02-02).

45) 김경열, 『레위기의 신학과 해석』, 새물결플러스(2016), 129.

46) 아더 핑크(Arthur W. Pink), 『성화론』(Sanctification), 진리의 깃발(2014), 124.

의 궁극적 목적 중 하나는 하나님의 형상을 닮아 태어난 인간이 창조주 하나님과 교제하게 하는 것이다(요일1:3). 십자가는 죄인을 의롭고 거룩한 자로 만든다. 십자가의 말씀은 하나님과 인간 사이에 친교의 다리를 놓는다. 하나님은 생각으로, 꿈으로, 믿음으로, 말로 우리와 함께 하신다. 토마스 하워드(Thomas Howard)는 친교의 중요성을 이렇게 말한다. "만약 성경읽기와 기도가 복음주의의 영성의 핵심이라면, 친교는 바로 그것을 특징짓는 활동이다." 성경적으로 하나님과의 친교에 있어서 성경적 뿌리는 '믿음으로 하나님께로부터 난 의(빌3:9)'이다. 하늘에 산다는 의미는 성삼위 하나님과 온전한 교제를 누리는 것이다. 우리의 시민권은 하늘에 있다(빌3:20).

친교를 통해 인간은 하나님의 선하심을 맛본다.[47] 시편은 "너희는 야훼의 선하심을 맛보아 알지어다(시34:8)"라고 말한다. 거듭나지 않은 사람은 하나님과 친교할 수 없다. 4차원영성은 무엇보다 '거룩하신 하나님을 알아가는 일'이며,[48] '거룩하신 하나님을 닮아가는 영성'이다.[49]

하나님과 예수 그리스도와의 친교는 오직 복음 안에서 이뤄진다.[50] 친교의 원리는 하나님 자신이 먼저 예수님을 통해 자신을 우리에게 내어주시고(갈2:20, 고전6:17), 우리 쪽에서는 하나님이 요구하시는 것을 내어놓는 것이다. 친교는 언제나 양쪽 편에서 서로 주고받는 것이다. 하나님과의 친교를 통해 영생을 얻게 된다.[51] 바울은 그리스도와 교제하는 삶을 위해 "너희 안에 그리스도의 마음(빌2:5)"을 품으라고 강조한다. 그리스도 마음을 품는다는 것은 '예수님과 동일한 생각, 꿈, 믿음, 말을 하는 삶의 양식'을 품는 것이다. 즉 친교원리 안에는 개념적으로 '받음(acceptor)-줌(donor)의 법칙'이 적용된다. '받음과 줌'의 법칙 안에는 '삼위일체 하나님과 사귀는 것',[52] '받은 은혜로 하나님께 영광 드리는 것', '하나님의 거룩한 일에 참여하는 것', '성도들과 은혜, 믿음, 구원, 복음 등을 나누는 것' 등을 포괄한다. 친교를 통해 하나님 자신의 마음과 뜻을 성도에게 알리고, 성도는 하나님의 거룩한 뜻과 마음에 반응해서 하나님과 인간 사이의 본래적 관계를 회복하는 것이다. 그 결과 신자는 그리스도 형상을 닮아가게 된다(갈4:19, 골3:10).

---

47) 친교의 성경적 의미: 친교는 'koinonia(코이노니아, κοινωνία)'이며, NASB성경에서 이 단어는 몇 가지 의미로 번역된다. 기부(contribution)의 뜻으로 2회, 사귐 혹은 교제(fellowship)의 의미로 12회, 참여(participation)의 의미로 2회의, 공유(sharing)의 의미로 3회 쓰인다. 이렇게 친교의 의미는 포괄적이다. 참조. http://biblehub.com/greek/2842.htm.

48) 그리스도인의 강함과 약함은 하나님을 아는 지식을 얼마나 많이 체득했는가에 달려있다. 하나님을 아는 데에 많은 시간을 보내야 한다. 참조. A. W. 토저, 『신앙의 기초를 세워라』(The Root of the Righteous), 생명의말씀사(2012), 14-17.

49) 4차원영성이 궁극적으로 추구하는 것은 '거룩하신 하나님을 닮아가는 것 자체'에 있다. 성도가 궁극적으로 하는 일이란 '거룩함(qodesh, 구별, 성결, 순수, 광채)을 도덕적으로 닮아감으로써 내 안에 계시는 예수 그리스도의 영광을 드러내는 삶(요16:14)'이다. '4차원영성(하나님처럼 생각하기, 하나님처럼 꿈꾸기, 하나님처럼 믿기, 하나님처럼 말하기)'은 하나님의 주권에 순응하는 삶이다. 하나님 말씀을 마음에 담으면 말씀을 닮은 생각, 꿈, 믿음, 언어가 나와서 예수 그리스도의 의로움과 거룩함을 닮아가게 된다(롬6:22).

50) 존 토스트(John R. W. Stott), 『한 백성』(One People), 아바서원(2012), 127-132. 코이노니아라는 단어의 핵심은 '공통'이란 뜻의 '코이노스'에 있다. 친교의 의미로 '코이노니아', 동료의 의미로 '코이노노스', '나누다'의 의미로 '코이노네오'를 사용한다. 이 단어들은 모두 '공통'이라는 의미를 지니고 있다. 한 아버지의 뜻과 말씀으로 잉태되어 한 아들의 피로 구원받아 한 성령의 거하실 처소가 되는 것이 코이노니아, 곧 친교이다.

51) "영생은 곧 유일하신 참 하나님과 그의 보내신 자 예수 그리스도를 <u>아는</u> 것이니이다(요17:3)." '안다'는 것은 하나님을 체험적으로 아는 것을 의미한다. 다시 말해 서로 대화를 주고받는 관계다. 즉, 영생이란 삼위 하나님과 교제하면서 영원히 사는 것을 말한다.

52) John Owen, *Communion with God*, Versa Press(2008), 4-11. 오웬(John Owen)은 성도-하나님 친교, 성도-예수님 친교, 성도-성령님 친교를 강조한다.

하나님은 인간의 생각을 통해 인간과 대화하시고 함께 일하신다. 꿈과 믿음 및 입술의 고백과 관련해서도 마찬가지다.53) 예수의 영과 연합한 우리는 한 영이다(고전6:17). 포도나무에 붙어 있는 가지로서 성도는(요15:5) 하나님과의 친교 안에 있을 때, 영적 열매를 맺을 수 있다. 그리스도와 인격적인 관계에 있을 때 우리는 창조적 삶을 살 수 있다. "너희가 내 안에 거하고 내 말이 너희 안에 거하면 무엇이든지 원하는 대로 구하라 그리하면 이루리라(요15:7)." 영산은 4차원의 세계를 영원한 차원이라고 설파한다. "4차원은 창조적 능력을 말합니다. 삼위일체 하나님은 영원한 차원이라고 말할 수 있습니다. 그러나 편의상 이해를 돕기 위하여 '지음을 받은 세계'는 3차원의 세계요, '창조주 하나님의 세계'는 4차원 및 영원한 차원이라고 부르는 것입니다. 그런데 사람이 예수님을 믿고 거듭나면 영이 살아나서 4차원의 영성에 속하게 됩니다. 이러한 사실을 깨닫고 3차원의 세계를 다스리면 우리 삶에 놀라운 일들이 일어납니다."54)

인간의 차원과 하나님의 차원의 간격을 메꿔주는 것은 근본적으로 하나님의 사랑이다(요3:16). 인간은 하나님의 사랑에 대한 반응으로 '믿음, 사랑, 신뢰, 기쁨, 순종'을 하나님께 드린다.55) 그런 의미에서 친교는 궁극적으로 '하나님으로부터 받은 사랑'에 인간이 사랑으로 반응하는 것이다. 인간의 마음 중심인 인격 – 지성, 감성, 의지 – 이 친교에서 중요한 역할을 한다.56) 말씀으로 지성을 날카롭게 하고, 감성을 예민하게 하고, 의지를 강하게 성장시키면, 마음 안에서 영적 혁신이 일어나게 되어 마음하늘이 영성화된다. 인간 안에 지성, 감성, 의지가 하나님의 사랑을 지향할 때 피조물로서 인간에게 부여된 고유한 삶을 살게 된다. 하나님은 이론보다 실제를 좋아하신다.

인간 안에 존재하는 지성, 감성, 의지는 존재론적 인격을 구성하는 수단이면서 동시에 하나님과의 거룩한 친교의 수단이다. 바울이 다메섹에서 부활의 예수님을 만났을 때 그의 지성, 감성, 의지가 총체적으로 철저하게 변화되었다. 곧 율법을 따르던 자가 복음을 좇게 되었고, 주의 백성들을 핍박하던 자가 보살피는 자가 되었고, 한 평생 예수 그리스도만을 알고 오직 복음만을 증거하는 자가 되었다. 바울과 예수님의 친교는 그 누구에게도 설명하기 어려운 신비스럽고 놀라운 것이다. 따라서 인간의 마음 – 지성, 감성, 의지 – 을 영성화하려면, 성령의 전을 더럽히지 말아야 하고(롬 12:1, 고전3:17), 성령님을 슬프게 말아야 하고(엡4:30), 부정적인 마음을 멀리하고, 성령님을 인격으로 대해야 하고(빌4:23), 또한 복음을 증거하는 습관을 가져야 한다(벧전3:15).

4차원영성은 성령의 차원이며, 영원의 차원이며, 초월의 차원이며, 동시에 마음하늘의 차원이다. 마음하늘에서 친교가 이뤄지기 때문이다. 4차원영성은 하나님-인간 사이의 '사랑의 대화'를 활성화하고, 궁극적으로 하나님의 삶에 참여하면서, 새 마음, 새 사람으로 하나님의 은혜를 삶의 한가운데 나타낸다. 4차원의 영성은 성도의 삶 '한가운데'에 구체화되는 영성이다. 이제 영산의 십

---

53) 조용기, "풍랑을 잠재우신 예수님", 주일설교(2014-06-01).
54) 조용기, "풍랑을 잠재우신 예수님", 주일설교(2014-06-01).
55) John Owen, *Communion with God*, Versa Press(2008), 5.
56) 지성, 감성, 의지는 구분해서 이해할 수 있지만 서로 분리할 수 없는 것이다. 지성 없는 의지, 감성 없는 의지나 지성은 있을 수 없다. 이 셋은 항상 총체적으로 기능한다.

자가 중심론과 실재론을 그의 설교를 중심으로 요약·정리해서 영산의 심령 속에 십자가의 모습이 어떻게 그려져 있는지 살펴보고자 한다.

2.1. 말씀의 현재화: 단맛과 쓴맛의 조화

하나님은 자신의 '영과 말씀으로' 택한 백성들과 지속적으로 관계를 맺으며, 자신의 존재, 본성, 행동을 드러내신다. 이사야는 "네 위에 있는 나의 영과 네 입에 둔 나의 말이 이제부터 영원하도록 네 입에서와 네 후손의 입에서와 네 후손의 후손의 입에서 떠나지 아니하리라 하시니라 야훼의 말씀이니라(사59:21)"고 기록하고 있다.

인간은 말씀을 통해 하나님을 만나고, 그리스도의 임재를 경험한다. 말씀은 성령 안에서 죄인을 회개시켜 하나님께로 데리고가며, 하나님과의 대화를 가능케 만든다(요일1:3). 말씀이 근본적으로 추구하는 것은 성령 안에서 '살아계신 하나님'을 만나게 하는 것이다. 성령의 역사 없이는 성경말씀은 종이 위의 글일 뿐이다. 말씀은 하나님의 생명의 본질을 드러내고 영생의 근원이 된다. 말씀은 하나님의 거룩한 본성과 인격을 그대로 반영해주며, 내가 하나님의 뜻 안에 있는지 바깥에 있는지를 분명하게 경계선을 그어준다. 하나님의 말씀은 곧 생명, 빛, 사랑, 진리, 기쁨이다. 하나님의 말씀이 임하면 인간은 생명 안에 있게 되고, 하나님을 사랑하게 되고, 진리 안에서 기쁨을 누리게 된다. 인간은 주의 기쁨을 위해 지으심을 받은 존재다(계4:11). 또한 하나님의 형상을 닮은 인간의 영은 하나님의 생명의 말씀을 받을 수 있는 능력이 잠재되어 있다. 즉, 인간은 하나님을 닮아갈 수 있는 영적 조건을 갖추고 있다. 성도는 그리스도의 마음을 소유하고 있다(고전2:16).

4차원영성은 성령 안에서 말씀의 영성이다. 영혼은 하나님의 말씀을 담는 그릇이다. 인간 안에 내제된 말은 하나님의 절대적 형상이자 하나님과의 교제 수단이다. 성령은 우리의 영혼을 통해 성경말씀을 깨닫게 할 수도 있고, 하나님의 말씀이 추구하는 방향으로 인도해 나갈 수도 있다.

구약에 보면, 에스겔은 하나님이 주시는 말씀의 두루마기를 먹고 말씀을 증거한다. "인자야 내가 네게 주는 이 두루마리로 네 배에 넣으며 네 창자에 채우라 하시기에 내가 먹으니 그것이 내입에서 달기가 꿀 같더라(겔3:3)." 말씀을 먹을 때 꿀같이 달다. 신약에서 요한은 말씀의 단맛과 쓴맛을 동시에 맛본다. "내가 천사의 손에서 작은 책을 갖다 먹어버리니 내 입에서 꿀같이 다나 먹은 후에 내 배에서는 쓰게 되더라(계10:11)." 신구약 두 말씀과 4차원영성을 통합하여 연합적으로 이해하면, 하나님의 말씀이 마음하늘에 '내적 상태'로 적용될 때에는 꿀처럼 단맛으로 나타나지만, 외적으로 삶의 자리에 적용될 때에는 힘들고, 어렵고, 고난이 온다. 말씀은 인간 안에 오염된 내적 부정결을 씻어내기 때문이다. 마음을 정화시키면 신자는 '하나님의 백성'이 됨을 자각하게 된다.

그러나 말씀을 끝까지 순종하여 따라가면, 종국에는 위로와 즐거움과 기쁨이 된다. 믿음은 내적 고난을 외적 영광으로 승화시키는 일을 한다. 종국에는 쓴맛의 말씀은 금보다 귀한 믿음을 탄생시키고(빌4:13, 마10:1), 흠없고 순결한 자로 승화시킨다(고후5:20-21). 말씀대로 산다는 것은 자기애, 자기의, 자기주장, 자기중심, 자기포기, 자아주권에서 이탈한 삶이다. 그 자체가 고난의 삶이다. 이처럼 말씀은 단맛과 쓴맛의 총체성으로 존재한다.

말씀의 삶이란 '마귀, 육신, 세상과의 영적 싸움'이다. 말씀의 단맛을 쓴맛을 조화시키기 위해서는 믿음과 기도로 마음이 성령으로 충만한 상태가 되어야 한다. 말씀을 통해 내 중심의 삶이 하나님중심의 삶이 되고, 그 결과 신자는 그리스도인답게 되고, 그리스도의 형상을 닮아가는 기회를 얻게 된다(롬8:29, 롬6:22).

성경 안에 기록된 로고스, 성령님이 주시는 말씀을 레마로 이해할 때, 4차원영성은 후자의 성격이 강하다. 성령의 능력으로 성경말씀을 깨닫는 차원을 넘어, 성령이 신자들을 향하여 능동적으로 말씀하시는 것이다. 즉 성령이 자신의 말씀으로 신자들을 인도하는 개념으로 보면 성령님과의 교제다. 다시 말해, 성령충만함을 받아 하나님의 말씀을 삶의 자리에 적용한다는 차원에서 이해하면, 4차원영성은 오순절적 성향이 우세하다. 뿌리로 본다면 4차원영성은 오순절적 신학전통에서 가지를 친 것이다. 성령충만은 곧 말씀충만이기 때문이다.

2.2. 4차원영성의 구조적 위치

십자가 위에서 예수님이 "다 이루었다(요19:30)"라고 하셨을 때, 우리가 나를 위해 죽으신 예수 그리스도를 믿으면, '죄악은 끝나고 영원한 의가 우리 안에 들어왔음'을 의미한다. 십자가 위에서 예수님이 죽으심으로 우리에게 '하나님과 화목하게(롬5:10)' 되는 길이 열리고, 그 예수를 믿음으로 우리는 양자가 된다. 우리는 예수님을 믿을 때, '우리의 옛 사람이 예수와 함께 십자가에 못(롬6:6)' 박힌다. 다시 말하면 신자는 '십자가 위에서 옛 사람이 죽고, 죄의 몸이 죽으며, 죄의 종에서 벗어나는 존재(롬6:6)'가 된다. 따라서 십자가는 우리 삶, 믿음, 신앙생활의 기초다.

4차원영성과 5중복음과 3중축복을 입체적으로 먼저 접근하는 것이 유익하다.57) 먼저 문답식으로 접근하면 다음과 같이 요약된다.

첫째, 지난 반세기 동안 영산의 메시지의 본질과 뿌리는 어디서 시작됩니까?

"그것은 예수 그리스도 십자가입니다(고전1:18)."

둘째, 신학적 기초는 무엇입니까?

"좋으신 하나님, 예수 그리스도 구속의 은혜, 인격적 성령님과의 교제입니다."

셋째, 지난 반세기의 사역의 핵심을 간략하게 묘사한다면 무엇입니까?58)

"십자가 구속의 은혜를 간결하게 마음에 담아 심는 5중복음(Gospel), 삶 속에 5중복음을 현재화
－적용화시켜 '전인구원(영혼, 범사, 강건)'을 당겨오는 3중축복, 하나님의 말씀을 마음에 새겨 하나
님 나라를 삶 속에 뿌리내리게 하는 4차원영성입니다." 하나의 키워드로 이미지화 하면 바로
십자가의 영성이다.59)

---

57) '4차원영성'과 '4차원'의 용어: a) 4차원영성: "3차원을 둘러싼 영적세계는 생각, 꿈, 믿음, 말 등의 감각 세계를 뛰어넘는 것으로 이를 편의상 4차원이라고 합니다. 우리가 살고 있는 이 세상은 1차원으로부터 4차원의 세계로 이루어져 있으며 높은 차원이 낮은 차원을 다스립니다." 참고, 사차원의 삶(2010-11-07), 주일설교(2020-11-07). b) 4차원: '영의 세계'를 편의상 '4차원'이라고 부른다. 참고, 조용기, 『4차원 영적세계』, 서울출판사(2003), 56.

58) 영산은 '5중복음, 3중축복, 4차원영성'을 '예수님의 십자가 선물'이라고 명명할 만큼 십자가 중심의 사역을 펼쳤다. 참조. 조용기, "임금과 선물", 주일설교(2009-05-31).

59) 영산에게 있어서 십자가 영성의 총체성은 '5중복음, 3중축복, 4차원영성'의 연합에서 드러난다.

넷째, 사역의 목적은 무엇입니까?

"이 땅에 하나님 말씀을 세우는 것입니다(골1:25). 십자가의 믿음과 십자가 사랑을 전하는 것입니다."

다섯째, 하나의 슬로건으로 표현한다면 무엇입니까?

"구원과 생명과 희망입니다."[60]

여섯째, 사역의 핵심주제는 무엇입니까?

"그것은 '예수 그리스도를 닮아가는 것'입니다(골1:28, 롬8:29)."

마지막으로 이 모든 일을 가능케 한 분은 누구십니까?

"그분은 바로 성령님이십니다(요14:16)."

위의 문답은 영산의 반세기 목회를 요약하는 측면에서 필자의 상상력으로 시도해 본 것이다. 영산은 십자가 구속의 은혜로 말미암아 '좋으신 성부 하나님, 구속의 은혜를 이루신 성자 하나님, 인격적으로 알게 하시고 깨닫게 해주시는 성령님'이라는 삼위일체 중심의 신학적 기초를 발아시켰고, 실천신학-조직신학의 모판인 5중복음, 3중축복, 4차원영성을 발출시켜, 성도들을 은혜의 항구로 초청하고 은혜의 바다 한가운데로 인도했다. 그리고 그들의 삶 속에 하나님의 통치가 이루어지게 해서 하나님의 온갖 은혜를 향유토록 했다.[61]

그는 스스로 4차원영성의 정의를 자신의 책『생각』서두에서 이렇게 말한다. "하나님의 말씀을 마음에 정리하여 믿는 방법이 생각, 꿈, 믿음, 말입니다."[62] 4차원영성은 하나님 나라를 현재의 삶에 당겨오는 과정이며, 그 중심에는 성령 안에서의 '말씀'이 존재한다.[63] 다시 말해 하나님의 말씀이 삶의 한복판에서 구체화되는 것이다. 멀홀랜드(M. Robert Mulholland Jr.)는『영성형성을 위한 거룩한 독서』에서 말씀의 정의를 집약적으로 이렇게 정의한다. "하나님의 말씀은 인간 생활의 한복판에서 이루어지는 하나님의 현존과 목적과 능력의 작용입니다."[64] 존 프레임(John Frame)은 하나님의 말씀을 '권능(power), 권위(authority), 임재(presence)'라는 세 가지 측면에서 서술하여 말씀이 삼위일체적으로 기능하고 있다고 지적한다.[65]

---

60) 영산은 스스로 '희망의 전도자'라고 칭하며, 하나님이 내게 주신 사명은 '5중복음, 3중축복, 4차원영성'이라고 고백한다. 참고, 조용기, "희망을 선택하라", 주일설교(2009-07-19).

61) "하나님의 나라는 구속하며 화해하고 피조물을 하나님의 의도된 이상으로 변화시키시며 세상을 하나님의 영역으로 조성하시는 하나님의 통치가 현재한 모습이다. 그것은 새 질서의 패러다임이다." 스탠리 J. 그렌츠(Stanly J. Grenz), 『복음주의 재조명』(Revisioning Evangelical Theology), CLC(2013), 전대경 역, 238.

62) 조용기,『생각』, 한세대학교출판부(2011), 첨언하면, 4차원영성은 성령의 세계다. 말씀과 성령은 항상 함께 일하시는 동역자이기 때문이다. 하나님은 말씀 없이 사역하시지 않고, 성령 없이 사용하지 않으신다. 말씀과 성령은 기차레일처럼 같이 가면서 기능한다.

63) 말씀의 백미는 시편 19편과 119편이다. 특히 시편 19편에서는 말씀의 6가지 칭호가 나온다. 야훼의 율법(완전하여 영혼을 소생시킴), 야훼의 증거(확실하여 지혜롭게 함), 야훼의 교훈(정직하여 마음을 기쁘게 함), 야훼의 계명(순결하여 눈을 밝게 함), 야훼를 경외하는 도(정결하여 영원에 이름), 야훼의 법도(진실하여 의로움). 즉 말씀은 완전하고, 확실하며, 정직하며, 순결하며, 정결하며, 진실하다. 4차원영성이 말씀을 마음에 적용하는 방법이 생각, 꿈, 믿음, 말이라고 할 때, 시편 19편의 말씀의 속성을 포괄하는 것은 유익한 접근이 될 수 있다.

64) M. 로버트 멀홀랜드,『영성형성을 위한 거룩한 독서』, 은성(2004), 53.

65) John M Frame, *The Doctrine of the Word of God*, P&R(2010), 47-68.

4차원영성을 앞에서 언급한 정의와 연결시키면, 4차원영성은 '하나님의 말씀, 즉 능력과 임재를 삶의 한복판에 적용시키는 과정'이다. 바꾸어 말하면, '하나님의 나라를 현재의 삶에 당겨오는 거룩한 행위'다. 그런 차원에서 4차원영성의 4요소인 '하나님 말씀의 생각-꿈-믿음-말'은 영적세계와 현실세계를 연결하는 매개체로서, 변혁적 영적요소들이다. 하나님 나라를 당겨오는 원리적 설명은 밀리오리(Daniel L. Migliore)의 책『기독교 조직신학 개론』에서 적절히 서술하고 있다. "삼위일체 하나님은 새로운 삶의 원천이며, 천지를 창조하신 놀라운 창조주시며, 각자 자기 길로 가버린 세상을 구원하는 종으로서의 구속주이며, 인간의 삶의 새로운 시작을 가능하게 하고 새 하늘과 새 땅을 앞당겨 실현하시는 변화의 성령이십니다."66)

2.3. 4차원영성의 배태(胚胎) 과정

4차원영성의 시작은 영산이 핵심주제로 삼았던 '십자가 중심의 희망과 긍정'에서 출발했으며, 3중축복과 5중복음과 더불어 하나의 통전적-통합적 영성으로 표현되었다. 4차원영성은 시대적으로 구원, 희망, 긍정, 변화의 과정을 거치면서 의미론적 구조가 지속적으로 팽창되었고, 신앙인의 삶의 구조를 역동적으로 활성화시켰다. 이러한 영적 배경에는 좋으신 하나님과의 관계에 기초한 영성이 통전적으로 연결되어 있으며, 동시에 그의 성령론적 기독론도 연결되어 있다. 영산이 그토록 외쳤던 4차원영성의 활성화는 마음하늘에서 시작한다. "인간의 실체는 그의 마음입니다. 그렇기 때문에 마음을 다스리는 자는 자기의 운명과 환경을 다스리게 됩니다. 하나님의 모든 약속은 인간의 마음을 통하여 이루어집니다. 따라서 하나님의 일을 이루려면, 사랑의 마음, 정화된 마음(히12:14), 꿈과 믿음의 마음(빌2:13, 막9:23), 큰 마음(시81:10), 감사의 마음(시50:23)을 품어야 합니다."67)

1979년 영문판『4차원(The Fourth Dimension)』이라는 책이 나왔고, 1996년에 한글판『4차원의 영적세계』, 2004년에『4차원의 영성』이 출판된 것을 볼 때, 영산의 4차원영성은 개척초기 희망과 긍정의 주제로 설교할 때부터 이미 그의 목회철학에 뿌리를 내렸고, 계속해서 숙성되어 왔음을 알 수 있다. 4차원의 영성은 '꿈과 성공적인 생활(1982년)'의 설교 속에서부터 이미 태동되고 있음을 인지할 수 있다. "십자가에 못 박혀 용서와 의와 거룩함을 주시는 예수 그리스도를 바라보면, 우리의 생각과 우리의 믿음과 행동(말)이 예수님으로 꽉 들어차게 되고, 계속 바라보게 되면 그 속에서 능력이 나옵니다. 바라보는 대상(꿈)에서 성령의 능력이 나와서 우리를 예수께 이끌어주고, 거룩과 성결로 살게 해주며, 날마다 그 방향과 목적으로 이끌어주는 것입니다."68)

---

66) 김도일 · 장신근,『기독교 영성교육』, 동인(2009), 193 재인용. 이것은 Daniel L. Migliore,『기독교 조직신학개론』, 한국장로교출판사(1994), 99에서 인용되었다.

67) 조용기, "마음하늘", 주일설교(2007-01-21).

68) 조용기, "꿈과 성공적인 생활", 주일설교(1982-06-27). 조용기, "꿈과 성공적인 생활", 주일설교(1982). 이 제목의 설교 전체를 보면, 5중복음과 4차원영성을 상호관계 속에서 풀어나가고 있다. 특히 설교 제목의 소주제를 보면 이렇다. '용서의 주를 바라보라', '신유의 주를 바라보라', '저주를 청산한 주를 바라보라', '부활하신 주를 바라보라', 용서의 주를 바라보면, 생각, 믿음, 행동, 꿈은 성령의 손길로, 의의 손길로 인도함을 받고, 신유의 주, 저주를 청산하신 주, 부활하신 주를 바라볼 때에도 생각, 믿음, 행동, 꿈은 성령의 손길로 인도하신다고 역설한다. 행동과 말은 동시에 일어날 수도 있으나 대개 말이 먼저 오고 그 다음 행동으로 이어짐을 고려할 때, '꿈과 성공적인 생활'의 설교주제는 "4차원영성의 삶"으로 붙여도 무방할 것이다.

그는 1982년 '눈에 안 보이는 세계'라는 주일설교에서 "성령님은 바람처럼 역사하시면서 성도들에게 영적세계를 체험하게 해주십니다. 우리가 영적세계와 교통(생각-꿈-믿음-말)을 통해 하늘의 신령한 세계가 우리 속에 들어오게 되면, 믿음, 소망, 사랑 안에서 살게 됩니다."라고 묘사한다.69)

1997년 '다윗이 골리앗을 이긴 비밀'이라는 설교에서는 마침내 4차원영성 4요소-생각, 꿈, 믿음, 말 - 가 설교의 소제목으로 구체적으로 자리 잡는다. 첫째, 다윗은 꿈을 품고 살았다. 둘째, 다윗은 하나님에 대한 지식(생각)을 가졌다. 셋째, 다윗은 믿음의 사람이었다. 넷째, 다윗은 담대한 고백을 했다. "다윗이 우연히 골리앗과 싸워서 요행히 이긴 것은 결코 아닙니다. 다윗이 일반 사울의 군인들과 다른 점은 바로 꿈이 있고 지식이 있고 믿음이 있고 담력이 다른 사람보다 뛰어났기 때문입니다. 그는 하나님에 대한 믿음을 가졌기 때문에 담대한 신앙 고백을 했습니다."70) 그는 설교 중에 다윗의 꿈을 5중복음 및 3중축복과 연결시킨다. "오늘 여러분과 제가 갈보리 십자가 밑에서 하나님이 주시는 이 5중복음과 3중축복의 꿈을 품고 나가면, 우리는 현실의 어떤 어려움 앞에서도 절대 무릎을 꿇지 않게 되고 승리하게 되는 것입니다."

그로부터 약 16년 후, 다른 설교에서 그는 다윗의 4차원영성 개념을 보다 정교하게 구체화시킨다.71)
   a) 다윗의 생각: 전쟁은 하나님께 속한 것이며 하나님이 자신과 함께하심을 확신함.
   b) 승리의 꿈을 품은 다윗: 만군의 야훼 곧 이스라엘 군대의 하나님의 이름으로 나아감(삼상17:45).
   c) 기적을 믿은 다윗: 하나님을 믿고 목자의 도구만 가지고 나아감(삼상17:48-50).
   d) 담대한 선언: 블레셋 군대의 시체를 새와 들짐승에게 주어 하나님이 계신 줄 알게함(삼상17:46).

정리해보면, 4차원영성의 4요소 - 생각, 꿈, 믿음, 말 - 가 점차 구체적으로 정리되어 형체화된다. 또한 4차원영성, 5중복음, 3중축복은 서로 분리될 수 없을 만큼 상호보완적으로 설교 중에 등장하고 있다. 이것을 통해 영산의 영적-지적-정서적 내면에 '5중복음, 3중축복, 4차원영성'이 '뿌리-줄기-가지'처럼 예수 그리스도 십자가 영성과 절대적 관계에 있음을 시사해 준다. 이처럼 4차원영성은 '5중복음과 3중축복을 상호보완적으로 활성화'하고, 또한 '하나님의 나라의 현재화'를 촉진시킨다.72)

---

69) 조용기, "눈에 안 보이는 세계", 『순복음소식 제2집』, 202호(1982-08-15).

70) 조용기, "다윗이 골리앗을 이긴 비밀", 주일설교(1997-05-25).

71) 조용기, "생각은 내가 하고 일은 하나님이 하신다", 주일설교(2013-09-15). 여기서 4차원영성 4요소인 생각, 꿈, 믿음, 언어가 구체화되고 정립된다. 모세의 4차원영성적 삶의 모델은 다음과 같다: 1) 생각을 다스린 모세: 애굽의 군대를 보고 이스라엘 백성들은 두려움에 사로잡히나, 모세는 생각을 다스려 하나님께서 구원하실 것을 바라봄(출14:10-14). 2) 분명한 목표와 꿈을 품은 모세(출14:15-20). 3) 기적을 믿은 모세: 동풍으로 바다가 물러나고 땅이 드러날 것을 믿음(출14:21-25). 4) 긍정적인 선언: 야훼께서 오늘 너희를 위하여 행하시는 구원을 보라(출14:13).

72) "For the kingdom of heaven is at hand": 하나님의 나라는 손으로 잡을 수 있는 곳에 있다.

　그는 자신의 책『나의 교회성장 이야기』에서 '미래를 현재로 앞당겨 오는 일'에 대하여 쓰고 있다. 그가 그렇게 묘사할 수 있었던 것은 죽음의 기로에서 하나님의 치료로 기적적으로 살아나서 자신의 삶의 현장에 하나님이 오심을 경험적으로 깨달았기 때문이다. 그는 3차원 세계에 살면서도 자신의 마음하늘에서 4차원의 하나님 나라를 경험했던 것이다. 그는 '실천신앙'이라는 설교에서 인간이 믿음을 가지면 자신의 '마음하늘'에 변화가 일어난다고 역설한다. "믿음을 품으면 마음의 변화가 일어납니다. 없는 것을 있는 것처럼 생각하고(상상화), 없는 것을 있는 것처럼 바라보고(시각화), 없는 것을 있는 것처럼 믿고(현재화), 없는 것을 있는 것처럼 말하게 됩니다(고백)."73)

　4차원영성은 훗날 정리되고 구체화되었지만, 그의 마음하늘에는 오랜 사역기간에 걸쳐서 예수 그리스도 안에서 '미래를 현재로 당겨오는 것'에 익숙했음을 말해준다.74) 또한 그는 존재론적 기독론보다 성령론적 기독론을 지향하며, 성령의 사역과 능력을 강조한다. 이것은 결국 4차원영성의 지평을 확장시키는데 원동력이 되었다. 영산의 4차원영성 형성과정은 다단계로 승화되고 발전되는 특징을 보여준다.75) 그는 4차원영성의 탄생에 대하여 이렇게 고백한다. "4차원영성은 책을 통해 학습하거나 배운 것이 아니라 기도 중에 성령님이 직접 깨닫게 해주신 것입니다."

　4차원영성은 갑자기 나타난 것이 아니라 반세기 동안 목회에 걸쳐 숙성된 후 나타난 것이다. 그것은 1958년 개척시절부터 일관성 있게 청중들에게 전달되어 영적 파장을 일으켰다. 영산은 성경 안에서 3차원에 사는 인간이 '생각-꿈-믿음-말'이라는 천국언어를 사용하여 4차원 영적세계를 진입할 수 있는 길을 열었다. 평범한 것 같으면서도 4차원영성은 신비에 가까울 만큼 혁신적이며 위대한 발견이다. 크리스토퍼 카이저(Christopher Kaiser)는 자신의 신학논문에서 영산의 4차원 영적 언어 - 생각, 꿈, 믿음, 말 - 에 대하여 이렇게 평가한다. "우리는 영적세계가 있다고 믿고 있지만, 영적세계를 일상세계와 연관시킬 만한 이렇다 할 언어가 없다."76) 그는 논문 결론에서 이렇게 요약한다. "4차원 신학의 큰 장점은 성령님의 역사를 언어로 이해 가능하게 하여, 다양한 부류의 사람들이 이해할 수 있게 하고, 오늘날 교회가 직면하고 있는 가장 큰 문제를 처리할 수 있다."77)

---

73) 조용기, 『291설교요약』, 서울말씀사(2003), 8-60. 괄호안의 내용은 필자가 삽입한 것이다.

74) 영산은 축복의 현재적 측면과 미래적 측면을 동시에 강조한다. "이 세상뿐 아니라 오는 세상에 일컫는 모든 이름 위에 뛰어나게 하시고(엡1:21)." 성도는 하나님께서 "함께 일으키사 그리스도 예수 안에서 함께 하늘에 앉히신(엡2:6)" 존재들이다.

75) 4차원영성 발아과정은 영산의 심령 속에서 시작되지만, 그 전개과정을 요약하면 다음과 같다. a) 4차원영성의 숙성화 과정. 자신의 책『나의 교회성장 이야기』에서 1958년 개척초기부터 '미래를 현재로 앞당겨 오는 일'에 대하여 인지하고 있었음. 다음 책들이 그것들을 증거해 준다. 1968년『병을 짊어지신 예수님』, 1976년『창조적인 삶』, 1976년『믿는 자에게 따르는 표적』. b) 4차원영성의 이론화 과정. 1974년『4차원 영적세계 출판(영문판)』. 당시는 4차원 영적세계 관점에서 하나님 나라를 이해하며, 믿음이 하나님의 나라를 현재의 삶에 당겨오는 것임을 영적으로 이해하고 이론화함. c) 4차원영성 관련 설교. 2000년 이후 4차원적 영성 설교 회수 증가. d) 1982년 '꿈과 성공적인 생활' 설교에서 4차원적 설교가 시도됨. e) 1997년 '다윗이 골리앗을 이긴 비밀'에서 4차원영성 설교가 시도됨. f) 4차원영성의 실제화 과정. g) 2005년『4차원영성』책을 출간함. 이론편인 4차원 영적세계를 더 구체화시켜 '생각, 꿈, 믿음, 말'로 4차원 영적세계에 도달하는 길을 현실적으로 제시함. 나아가, 4차원영성 관련 책들 출간함.

76) 크리스토퍼 카이저, "과학기술계에서 성령님 인식: 영산의 신학 및 목회에서의 제 4차원", 『영산신학저널』, Vol.18(2010), 11.

77) 위의 논문, 32.

4차원영성은 3차원의 삶의 구조를 4차원의 영적 구조로 승화시키는 영성이다. 즉, 3차원 세계에서 살고 있는 성도들의 삶을 말씀과 성령으로 활성화하는 은혜의 수단이다. 동시에 그것은 하나님의 존재 안에 인간의 존재 전체를 풀어놓게 한다. 말씀으로 활성화하는 삶이란 "내가 하나님을 거역하는 것이 있는가?"라는 명제를 놓고, 날마다 자문하고 진단하는 것이다. 말씀대로 산다는 의미는 내 마음이 지금 하나님의 뜻에 서 있는지, 아니면 그 반대편에 서 있는지를 분별하는 삶이다. 다시 말해 성경적 삶이란 '영적 앎'을 삶의 자리에 '영적 행함'으로 승화시키는 삶이다.

4차원영성은 마치 회색지대에 갇힌 새 한 마리가 두꺼운 벽을 뚫고 희망의 세계로 날아가는 것과 같은 이미지를 던져줄 만큼 신선하고, 도전적이며, 매혹적 신비감을 준다. 3차원 물질세계 속에 사는 인간은 하나님에 대해 언제나 멀리 있는 하나님으로 생각하기 쉽다. 그러나 영산은 고차원의 영적세계를 '하나님 말씀의 생각-꿈-믿음-말'이라는 쉬운 영적언어로 초시공적-영적세계를 교통하게 해서, 이 땅에 살면서도 하나님의 나라를 경험하도록 한 것이다. 이것은 심리학 및 철학에 기초한 '생각-꿈-믿음-말'과는 차원이 전혀 다르다. 베르나르(Charles A. Bernard)의 말을 들어보자. "성령의 인도를 받은 그리스도인은 천상보화를 구하기 위해 이 세상 재물을 버리는 데 어려움을 모른다. 그는 그 둘 차이점을 안다. 세상의 눈은 기껏해야 인생을 본다. 그것은 마치 교회 문이 닫혀 있을 때 내 눈이 기껏해야 벽을 보는 것과 같다. 그리스도인의 눈은 영원의 본질을 본다."[78]
요약하면, 4차원영성이란 무엇인가? 그것은 우리의 영혼의 맥을 짚어 치료해주고, 영적 마음상태를 거룩한 감정으로 승화시켜주며, 하나님과의 친교를 충만하게 하여 하나님을 기쁘게 해드리고, 궁극적으로 예수 그리스도의 형상 – 거룩함과 의로움 – 을 닮아가게 하는 역동적 영성이다.
예수님은 신자들의 생각, 꿈, 믿음, 말의 주인이시다!

3. 4차원영성: 신학적 함의와 목적

4차원영성은 말씀을 통해 영혼의 성향이 주님을 지향하도록 하는 은혜의 수단이다.[79] 목적은 우리 안에 계시는 그리스도의 영광을 드러내어, 궁극적으로 하나님을 영화롭게 하는 것이다(요 16:14). 4차원영성은 하나님과의 이상적 교제의 틀(frame)이라 할 수 있다.

4차원영성의 핵심내용은 '하나님의 말씀을 마음에 심는 과정'이고, 주제는 '하나님의 백성을 말씀으로 완전하게 세우는 것'이다. 따라서 친교의 수단으로서 모체는 '하나님의 말씀'이며, 친교의 4요소는 '생각, 꿈, 믿음, 말'이다. 제임스 스나이더(James Snyder)는 '아버지 하나님께서 우리를 속

---

78) 샤를 앙드레 베르나르(Charles A. Bernard), 『영성신학』(Teologia Spirituale), 가톨릭출판사(2013), 678.
79) 마음하늘의 거룩하고 은혜로운 감정은 영적 지식에서 탄생한다. 마음의 영성화를 위해 말씀연구를 많이 해야 하고, 삶 속에서 믿음과 기도와 성령으로 말씀을 깨달아가야 한다. 4차원의 영성은 말씀의 영성이다. 말씀을 통해 은혜가 임해야 인간 안에 내재된 본성적 악한 기질을 고쳐갈 수 있기 때문이다. 우리의 영혼이 은혜를 받을 때, 새로운 본성과 인격을 부여받는다. 말씀과 기도만이 인간의 마음을 거룩하게 만든다(딤전4:5, 행15:9, 롬6:22).

량하신 최대의 목적은 그분과 함께 나누는 아름답고 즐거운 교제를 회복시키는 것'이라고 강조한다.[80] 아담이 잃어버린 거룩을 회복한 것은 바로 하나님과 교제하기 위함이다. 거룩 없이 인간은 하나님과 친교할 수 없다(요일1:7, 딤전4:5).

다시 말해, 하나님과의 친교에 있어서 객관적인 틀은 '하나님의 말씀'이며, 주관적 틀은 그리스도인의 '마음하늘'이다.[81] 4차원영성이란, '하나님의 말씀'이 주체로, '마음하늘'이 객체로 참여, 성부 하나님(for Father)을 위하여, 예수 그리스도를 통하여(through Jesus), 성령의 의해서(by Holy Spirit), 하나님의 말씀이 '생각-꿈-믿음-언어'로 현재화되는 역동적 영성이다. 4차원영성을 말씀의 관점에서 서술하면, 하나님의 말씀을 '바라보는(beholding) 능력' 혹은 '말씀의 바라봄' 혹은 '마음의 말씀을 생각으로, 꿈으로, 믿음으로, 말로서 심는 것'이다. 삼위일체 하나님의 차원에서 서술하면, '하나님의 삶에 참여하는 과정'이며, 동시에 '하나님께 영광을 돌리는 은혜의 수단'이다.

4차원영성은 '객관화-주관화 구조'의 속성을 지닌다. 즉 4차원영성은 성령 안에서 객관적으로 존재하는 하나님의 말씀이 주관적 관점에 있는 개별적 마음밭에 심겨져 열매 맺는 영성이다. 성령 안에서 하나님의 말씀이 마음밭에 뿌리내리면 시간이 지나면서 무르익으며 열매를 맺는 것이다. 환언하면, 4차원영성은 하나님의 말씀을 삶 가운데 현재화시켜, 장래의 은혜를 당겨와, 하나님의 나라를 선취하여 맛보는 것이다. 그런 맥락에서 보면, 4차원영성은 하늘나라의 은혜를 내 삶의 자리에 풍성하게 임하게 하는 선취적 영성이기도 하다.

이제 3차원 세계와 4차원 세계의 실제적 관계를 알아보자. 하나님에 대하여 사도 바울은 이렇게 고백한다. "깊도다 하나님의 지혜와 지식의 풍성함이여 그의 판단은 헤아리지 못할 것이며 그의 길은 찾지 못할 것이로다(롬11:33)." 하나님은 우주 최고의 법칙을 만드시고 그 질서 안에서 움직이도록 하셨다. 이 세상 만물은 자연법칙이 적용되며, 이를테면 중력의 법칙이 적용되고, 생명의 법칙이 적용된다. 사과나무에 매달린 사과는 중력의 법칙에 따라 땅에 떨어지고, 사람은 생명이 다하면 생명의 법칙에 따라 누구나 죽는다. 좀 더 구체적으로 알아보자.

a) 중력의 법칙을 벗어난 예: 중력의 법칙을 초월, 부력의 법칙을 적용했다.
"엘리사가 나뭇가지를 베어 물에 던져 쇠도끼를 떠오르게 하고(왕하6:6)."
또한 예는 예수님이 물 위를 걸으신 장면이다. 예수님은 중력을 이기시고 물위를 걸으셨다.
"밤 사경에 예수께서 바다위로 걸어서 제자들에게 오시니(마14:25)."
b) 생명의 법칙을 벗어난 예: 생명의 법칙을 완전히 초월해서 죽은 자를 살렸다.
"이 말씀을 하시고 큰 소리로 나사로야 나오라 부르시니 죽은 자가 수족을 베로 동인 채로 나오는데(요11:43-44)."

---

80) A. W. 토저(A. W. Tozer), 『말씀이 힘이다』, 규장(2015), 9.
81) '하나님말씀'과 '마음하늘'의 역동적 관계성: 하나님과 친교에 필요한 실제 요소들은 '생각, 꿈, 믿음, 언어'다. 이들 요소를 중심으로 다층적, 다각적 차원에서 적용할 수 있다. 예 1) 성령의 생각, 성령의 꿈, 성령의 믿음, 성령의 언어. 예 2) 하나님처럼 생각하고, 하나님처럼 꿈꾸고, 하나님처럼 믿고, 하나님처럼 고백하자. 예 3) 하나님의 말씀을 생각하고, 꿈꾸고, 믿고, 고백하자. 예 4) 그리스도 형상을 닮아가기 위해 예수님의 마음을 품고(빌2:5), 예수님의 생각을 닮아가고, 예수님의 꿈에 동화되고, 예수님의 믿음을 본받고, 예수님이 사용하신 영적언어를 삶 가운데 적용하자. 이밖에도 친교의 실천적 적용 사례는 여러 가지가 가능하다. 또한 4요소 중 일부를 적용해도 효능을 발휘한다.

c) <u>경제의 법칙과 생산의 법칙을 벗어난 예</u>: 오병이어는 물질생성 법칙과 이동 질서를 완전히 벗어났다.

"떡 다섯 개와 물고기 두 마리를 가지사 하늘을 우러러 축사하시고 떡을 떼어 제자들에게 주시매 제자들이 무리에게 주니(마14:19)."

d) <u>엔트로피 법칙을 벗어난 예</u>: 떨기나무의 불은 엔트로피(entrophy) 법칙을 벗어났다. 떨기나무가 불에 타서 없어져야 하나 그대로 있었다.

"야훼의 사자가 떨기나무 가운데로부터 나오는 불꽃 안에서 그에게 나타나시니라 그가 보니 떨기나무에 불이 붙었으나 그 떨기나무가 사라지지 아니하는지라(출3:2)."

죽은 나사로가 살아 난 것도 엔트로피의 법칙을 벗어난 예다. 즉 혼돈(disorder)으로부터 질서(order)로의 세계는 하나님만이 할 수 있는 세계다.

이 사례들은 3차원 물질세계와 4차원 영적세계가 상호접촉하는 전형적인 사례로 들 수 있다. 영산은 3차원 인간과 4차원 인간을 이렇게 묘사한다. "있는 것을 생각하고, 있는 것을 믿고, 있는 것을 꿈꾸고, 있는 것을 믿고, 있는 것을 말하는 것이 3차원 인간이라면, 4차원 인간은 없는 것을 있는 것처럼 생각하고, 없는 것을 있는 것처럼 꿈꾸고, 없는 것을 있는 것처럼 믿고, 없는 것을 있는 것처럼 말하는 사람입니다."[82]

그에 의하면, 3차원 인간이 물질세계에 살면서도 성령의 능력으로 4차원 인간이 될 수 있으며, 자신의 삶의 자리에서 하나님의 임재를 경험할 수 있다는 원리다.[83] 예레미야 1장 9절에 "내가 내 말을 네 입에 두었느라"고 표현한 것은 3차원 인간의 영역과 4차원 신적 영역이 만나는 전형적 사례다. 즉 예레미야 자신이 3차원 인간과 4차원 하나님이 만나는 거룩한 장소가 되었다. "너는 내 입같이 될 것이라(렘15:19)." 이로써 예레미야는 하나님의 입이 되어, 거룩한 메신저로 4차원 영적 활동을 활발히 하게 되었다. 야곱은 길을 가던 중에 하나님의 천사들을 만났다. 그는 그 장소를 '마하나임(두 진영, two armies)'이라고 불렀다(창32:1-2). 3차원 세계에 익숙한 야곱은 그의 삶의 한복판에서 4차원 하나님의 군대를 만난 것이다.

하나님은 모세의 지팡이를 사용해 3차원 물질세계와 4차원 영적세계를 상호연합시켰다. 모세는 거룩한 영적 경험을 삶의 자리에서 다양한 방법으로 체험한 자였다.[84] 하나님은 자신의 존재와 능력을 나타내기 위해 피조물인 인간을 사용하신다. 성경에서 하나님의 능력이 나타나는 것은 다양하게 묘사된다.

---

82) 조용기, "없는 것을 있는 것 같이", 주일설교(2008-07-06). "없는 것을 있는 것처럼 부르시는 하나님"(1999-10-10).

83) "세상 사람들은 모두 다 3차원의 세계 속에서 시간과 공간과 물질에 의지해서 살지만, 우리는 3차원의 세계를 초월한 성령의 세계 속에 살고 있습니다. 성령은 말씀을 통하여 우리에게 찾아와서 오늘 말씀으로 우리의 모든 문제를 해결하여 주십니다." 조용기, "말씀 위에 선 믿음", 주일설교(2006-06-11).

84) "모세가 하늘을 향하여 지팡이를 들매 야훼께서 우렛소리와 우박을 보내시고 불을 내려 땅에 달리게 하시니라 야훼께서 우박을 애굽 땅에 내리시매(출9:23)." "지팡이를 들고 손을 바다 위로 내밀어 그것이 갈라지게 하라 이스라엘 자손이 바다 가운데서 마른 땅으로 행하리라(출14:16)." "모세가 애굽 땅 위에 그 지팡이를 들매 야훼께서 동풍을 일으켜 온 낮과 온 밤에 불게 하시니 아침이 되매 동풍이 메뚜기를 불어 들인지라(출10:13)."

4차원영성은 궁극적으로 성도가 예수님의 영광을 드러내는 고차원의 영적 행위다. 모든 영성은 근본적으로 하나님의 뜻을 드러내는 행위가 되어야 한다.[85] 영산은 종종 자신의 설교에서 다음과 같이 권면한다. "하나님처럼 생각하고, 꿈꾸고, 믿고, 고백하는 삶을 살아야 합니다.' 4차원영성은 영적 미래를 현재화시키는 능력이다. 하나님의 말씀이 영혼의 삶에 적용되면, 삶의 존재방식, 행동방식, 사고방식, 언어방식이 변화되어, 궁극적으로 삼위일체 하나님을 본받는 삶을 살게 된다(벧후1:4).

머튼(Merton)은 하나님의 성품을 닮아가려면 하나님이 소유하신 것만 가져야 한다고 강조한다. "우리는 하나님을 위해 창조되었으며 하나님 안에서 모든 것을 소유합니다. 그러나 모든 것을 소유하려면 하나님보다 못한 것을 소유해서는 안 됩니다. 하나님께 견줄 수 없는 지식과 소유와 존재에 대한 욕망을 버려야 합니다."[86] 하나님의 자리에 인간이 소유한 것을 올려놓으면, 그것은 점진적으로 우상으로 전락될 위험이 있다. 모든 성도는 하나님의 형상과 모양을 닮아갈 수 있는 잠재력을 지니고 있다. 그래서 말씀이 그의 삶 가운데 뿌리내리면, 주의 은혜로 영적성장이 일어난다. 영산은 예수를 믿으면 의화(義化), 성화(聖化), 영화(榮化)로 점점 나아간다고 이해한다.[87] 4차원의 영성은 성화과정을 보다 효과적으로 진보시키는 도구가 될 수 있다.

4차원영성적 삶이란 구조적인 측면에서 보면, 삶의 옛 구조를 벗어나서 새로운 영성적 삶의 구조, 곧 삼위일체적 하나님의 삶의 구조를 취하는 삶이다. 내면적으로 보면, 하나님의 말씀의 씨가 내 안에서 적용되어 영적 삶을 추구하는 것이다. 표면적으로는 내 삶 속에 '*하나님의 함께하심*'이 지속적으로 일어나는 생동적–관계적 과정이다. 성화는 관계적이다. 성화는 성령님과 신자가 공동으로 이루어간다. 하지만 주체는 성령님(히9:14)이고, 신자는 객체이다.[88] 하나님 앞에서는 관계적 삶이 기능적 삶보다 언제나 우선적이다. 즉, 하나님은 우리와 친밀한 관계유지를 중요하게 생각하신다.

영성형성 혹은 영성진보는 성령 안에서의 말씀(딤전4:5, 요17:17)과 믿음(행15:9), 기도로 이뤄진다(딤전4:5). 하나님은 거룩을 선언하시며, 명령하시며, 약속하신다(레11:45, 레21:23). 영성의 주체는 하나님이시고(레21:23, 21:8), 곧 영성 증여자는 하나님(딤전4:5, 딛2:14), 영성 수납자는 신자 자신이다(히9:14). 그것은 먼저 마음속에서 일어나 생각과 행동과 삶으로 이어진다. "거룩하게 하시는 이와 거룩하게 함을 입은 자들이 다 한 근원에서 난지라(히2:11)." 신자들은 그리스도 예수 안에서 거룩하여지는 존재들이다(고전1:2).

---

85) John Murray, *Principles of Conduct*, William B. Eerdmans Publishing(1957), 12–14. '행위(conduct)'란 삶의 형태를 구성하는 '행동들의 총체(sum-total of actions)'이다. 윤리적 개념으로 보면 모든 행동은 유기적으로 상호 연결되어 있다. 성경이 요구하는 삶의 양식과 행위, 믿음이 낳는 삶의 양식과 행위는 삶의 기초적 규범이다. 따라서 인간의 행위는 하나님의 뜻을 드러내는 것이라야 하고, 인간의 성취가 아니라, 하나님이 요구하시는 것을 성취해야 한다.

86) 토머스 머튼(Thomas Merton), 『십자가 성 요한과 진리의 길』(The Ascent to Truth), 바오로딸(2009), 서한규 역, 77-78.

87) 조용기, 『오중복음과 삼중축복』, 68.

88) 성화의 주체는 성령님이시다. 그것은 신인(神人) 협동적이기도 하다. 곧 거룩하게 되고자 하는 인간의 의지도 중요하다. 인간의 마음이 선을 향해야 하나님이 함께 일할 수 있기 때문이다.

멀홀랜드(Mullholland)는 『영성형성을 위한 거룩한 독서』 책에서 영성형성의 목적을 강조한다.[89] "영성형성(spiritual formation)은 기능적인 것이나 행동지향적인 것이 아니라 관계적이고 존재지향적입니다. 영성형성은 자기개선을 위한 방법이나 기법이 아니라 하나님과의 사랑 관계이며, 그 관계성이 우리의 존재를 형성해줍니다."[90] 그는 영성형성에서 기능적인 것과 관계적인 것을 구분한다. 이를테면, "주님 제가 순종해 왔으니 그 보상으로 무엇인가를 기대합니다." 또는 "내가 이것을 행하면 뭔가 보상이 오겠지요. 뭔가 결과를 가질 수 있겠지요"라고 생각하는 것은 하나님과의 '관계적' 개념이 아니라 '기능적' 개념이다. 하나님은 본질적으로 성도들과 사랑의 관계를 원하신다.[91]

4차원영성은 기능적 영성으로 무게추가 옮겨가면 안된다. 멀홀랜드는 마태복음 4장 4절은 인용하면서 관계적 영성과 기능적 영성을 이분법으로 해석한다.[92]

> a) 기능적 실체: "예수께서 대답하여 이르시되 기록되었으되 사람이 떡으로만 살 것이 아니요 (마4:4a)."
>
> b) 관계적 실체: "하나님의 입으로부터 나오는 모든 말씀으로 살 것이라 하였느니라 하시니 (마4:4b)."

즉 떡이 아니라 말씀, 즉 하나님의 행동, 하나님과의 관계가 우선되어야 한다. 삶의 기능적인 원동력은 하나님과의 사랑 관계 안에 있을 때 근원적 힘이 나온다.

신명기 8장 1절은 '기능적 삶의 실체'로, 8장 2절을 '관계적 실체'로 해석할 수 있다.

> a) 삶의 기능적 실체: "내가 오늘날 명하는 명령을 지켜 행하라 그리하면 너희가 살고 번성하고 너희의 열조에게 맹세하신 땅에 들어가서 그것을 얻으리라(신8:1)."
>
> b) 삶의 관계적 실체: "네 하나님 야훼께서 이 사십년 동안에 너로 광야의 길을 걷게 하신 것을 기억하라 이는 너를 낮추시며 너를 시험하사 네 마음이 어떠한지 그 명령을 지키는지 아니 지키는지 알려 하심이라(신8:2)."

---

89) M. 로버트 멀홀랜드(M. Robert Mullholland Jr) 『영성형성을 위한 거룩한 독서』, 은성(2004), 최대형 역, 152. 이 책에서 영성관련 언어 - 영성형성, 영성진보, 영성생활, 영적 삶, 영성적 삶, 영성개발 등의 용어들이 사용된다. 나는 원저자의 용어들을 수정 없이 그대로 받아들이고 있다. 하나님의 영은 하나님으로부터 출발해서 하나님으로 돌아간다. 특히 영신수련(靈神修鍊)이라는 용어가 있는데 이것은 로욜라의 성 이냐시오의 영신수련개념이다. 영신수련의 특성과 목적은 "무질서한 어떤 애착에 따라 스스로 결정하지 않고 자기자신을 극복하고 자신의 삶을 정돈하기 위한 영신수련"이다. (다음 책을 참조하라. 정한체, 『로욜라의 성 이냐시오 영신수련』, 이냐시오연구소(2011), 26. 축약된 특성과 목적을 요약하면, 영신수련은 '인간이 하나님의 창조목적에 따라 살아야 하는 것'으로 이해된다. 영신수련은 네 부분으로 나뉘며, 첫째, 죄에 대한 고찰과 관상, 둘째, 우리 주 그리스도의 생애, 셋째, 우리 주 그리스도의 수난, 넷째, 부활, 승천 기도로 대별되어 4주간 훈련하는 과정이다. 더 자세한 내용은 다음 책 15페이지를 참조하라. 정한체, 『로욜라의 성 이냐시오 영신수련』, 도서출판 이냐시오연구소(2011), 15.

90) 영성형성(spiritual formation)은 성경적으로 보면 갈라디아서 4장 19절에서 나타난다. My children, again I am in pains of children birth for you until *Christ is formed in you*(Gal 4:19). Human person is being transformed(= formed) into the image and likeness of Christ. 참조. James R. Estep & Jonathan H. Kim, *Christian Formation*, B&A Academic Publishing Group(2010), 240-244. 영성형성의 핵심은 내 안에 예수 그리스도의 형상을 닮아가는 것이다. 영성형성의 전형적 모델은 '정화(purgation)-조명(illumination)-합일(union)'이다(p255).

91) M. 로버트 멀홀랜드(M. Robert Mullholland Jr), 『영성형성을 위한 거룩한 독서』, 은성(2004), 159.

92) M. 로버트 멀홀랜드(M. Robert Mullholland Jr), 『영성형성을 위한 거룩한 독서』, 은성(2004), 121.

요약하면, '이스라엘 백성의 삶과 행복은 그들의 활동의 결과가 아니라, 하나님의 활동의 결과요, 그들의 기능적인 결과가 아니라 하나님과 그들의 관계의 결과'이다.93)

하나님은 우리의 마음구조가 그 아들 예수 그리스도의 마음구조를 닮아가기를 원하신다(고전2:16). 따라서 우리는 말씀과 믿음과 기도를 통해 성령 안에서 하나님과 관계를 더 친밀하게 만들어가야 한다. 우리 안의 믿음은 하나님과 우리의 관계를 활성화시키는 유익한 도구다. 그러나 마귀는 언제나 인간에게 '하나님과의 관계적 삶'보다는 '기능적 결과의 삶, 즉 빵을 추구하는 삶'을 살도록 종용한다(마4:4). 따라서 그리스도인은 관계적 삶과 기능적 삶의 경계에서 끊임없이 일어나는 유혹을 말씀과 성령과 기도와 의지로 극복해야 한다.

마귀는 하와에게 선악과를 먹으면 '하나님처럼' 된다고 말했으나(창3:5), 실상은 아담과 하와는 '마귀처럼' 되어 선악 분별능력을 상실해버렸다. 그 결과 그들은 '선(善)을 악(惡)으로, 악(惡)은 선(善)으로' 이해하고 판단하는 오류를 범하게 되었다. 그러나 인간은 예수를 믿으면 '새로운 존재양식(mode of existence)의 사람'이 된다. 곧 내 안에 형성된 '세상적 가치관'을 밀어내고, '복음적 가치관'을 정립하여 사는 삶이다.

4차원영성은 내 삶의 자리에서 '마귀처럼 살기'에서 '예수님 닮아가기'로 되돌아가는 영성이다. 4차원영성은 나 중심에서 하나님 중심으로, 또한 나 중심에서 이웃 중심으로 살아가게 한다. 성령이 내주(內住)하면, 인간은 옛 자아를 벗어난다. 그래서 그리스도 중심의 선한 생각, 선한 말, 선한 행동을 하게 되어 선한 습관이 형성된다. 선한 습관은 선한 인격을 낳아서94) 영적 자아가 주도하는 삶을 살게 된다: "또 새 영을 너희 속에 두고 새 마음을 너희에게 주되 너희 육신에서 굳은 마음을 제하고 부드러운 마음을 줄 것이며(겔36:26)."95)

영성이란 기본적으로 관계적 언어요, 소통의 영성이다. 모든 영성은 하나님과의 관계에서 나오며, 영성의 모든 주권은 나에게 없고, 오직 하나님에게만 있다. 영성생활에서 중요한 것은 '영적열매'보다 '하나님과의 관계영성 활성화'에 있다. 영성생활의 궁극적 목적은 '하나님과 친교관계를 통해 삼위일체 하나님께 영광 돌리는 것이요, 성령의 인도로 내 안에 계신 예수 그리스도의 말씀을 따라 사는 삶'이다.

영성은 또한 인간의 삶의 목적과 연관된다. 하나님이 인간을 만든 목적은 거룩한 백성을 축복해서 자신의 길과 구원, 선하심과 위대하심, 신실하심과 영원하심, 참된 주님이심을 온 열방에 드러나게 하는 것이다(시23:3, 67:1-7, 사43:1-13).

---

93) M. 로버트 멀홀랜드(M. Robert Mullholland Jr), 『영성형성을 위한 거룩한 독서』, 은성(2004), 122.

94) 위르겐 몰트만(Jürgen Moltmann), 『희망의 윤리』, 대한기독교서회(2012), 287. 인격은 들음과 행함, 경험과 감동, 질문과 답변의 사회적 네트워크 속에서 형성된다. 인간의 인격은 개체가 아니다. 공동체에 안에서는 인격만이 존재하며, 인격적 관계 속에서 인간의 사귐 공동체만이 존재한다.

95) 자아중심적인 죄는 자기의(自己義), 자기동정, 자신감, 자기충족, 자기감탄, 자기사랑 등이다. 자아는 하나님의 얼굴을 가리는 불투명한 휘장이다. 자아를 죽이기 위해서는 우리 자아의 죄를 십자가로 끌고가서 못 박아야 한다. 참조. A. W. 토저, 『하나님을 추구함』(The Pursuit of God), 생명의말씀사(2014), 53-55.

영산의 4차원영성의 뿌리는 십자가 중심의 영성이며, 예수 그리스도의 십자가 대속을 통해 나타난 좋으신 하나님, 사랑의 하나님, 자비의 하나님에 뿌리를 두고 있다. 영성의 목적은 단순히 영적 충만 상태에 머무는 것만 아니라 예수님과의 인격적 교제 속에서 성화를 추구하며 주님의 영광에 참여하는 일이며, 자신의 삶의 자리에서 영적성장을 지속적으로 일으키는 것이다.[96] 환언하면 '내 안에 계신 예수의 삶을 사는 것, 즉 성육신적 삶을 사는 것'이다. 영성생활의 궁극적 목표는 '말씀과 성령과 믿음을 통해서 완전함(perfection)에 도달하고자 하는 것'이다(마5:48). 하나님의 절대적 완전함에는 도달할 수 없지만, 상대적 완전함에 이르는 것은 성령 안에서 영적 의지력으로 가능하다. 하나님은 지금도 "너는 네 하나님 야훼 앞에서 완전하라(신18:13)"고 요구하신다.

거시적으로 보면, 4차원영성은 하늘나라 건설에 적용될 수 있는 유익한 도구이면서, 개인에 적용되면 십자가의 능력을 체험할 수 있다. 또한 교회에 적용되면 교회성장의 기회가 되는 것이다. 영산의 4차원영성의 기본 틀은 영적 변화의 삶을 통해 하늘나라를 확장시키는 것이며, 예수님의 지상명령을 수행하는 데 도구로 사용되는 것이다. 이 모든 과정은 하나님의 영광에 참여하는 것이라야 한다. 영산은 반세기 목회기간 동안 회중들에게 삶의 목적을 항상 강조했고 실천에 옮겼다.

첫째, 삶의 목적은 선교하는 것이다. 그는 700여명의 선교사를 전 세계에 파송했고, 다양한 매체를 통해 복음을 증거하고 있다. 영산 스스로 전 세계를 다니며 부흥회를 인도했다.

둘째, 삶의 목적은 제자를 양성하는 것이다. 제자양성기관을 설립해서 조직적으로 키우고 있다. 대학과 영성훈련기관 등을 통해 영성교육을 시키고 있다.

셋째, 삶의 목적은 교제를 나누는 것이다. 여러 선교회를 만들어 회중에게 소속감을 주고 있다.

넷째, 삶의 목적은 나누는 것이다. 선한 사람들, 행복과 사랑 나눔을 통해서 나누고 있다.

다섯째, 삶의 목적은 예배하는 것이다. 하나님의 능력을 매주 찬미하고 있다.

그가 그렇게 강조한 것은 스스로 예수님의 계명을 철저히 준행했기 때문이다. 신자의 의무는 마음을 다하고 목숨을 다하고 뜻을 다하여 하나님을 사랑하는 것이다(마22:37-40).[97] 4차원영성의 진원지는 십자가이며, 십자가를 바라보며 생각하고, 꿈꾸고, 믿고, 고백할 때 삶의 진정한 목적이 나오며, 십자가를 떠난 삶은 정체성 없는 삶이며, 궁극적으로 목적 없는 방랑자의 삶일 뿐이다. 결론적으로, 4차원영성의 궁극적 목적은 성부, 성자, 성령의 천국 삶의 모델을 닮아가기 위해 말씀

---

96) 로마서 8장은 성령의 능력으로 거룩하게 사는 삶, 즉 성화의 진면목을 보여준다. 존 스토트(John Stott)는 8장 3-4절과 관련해서 성화에 대한 중요한 진리를 지적한다. 왜 거룩해야 하는지, 거룩이란 무엇이며, 어떻게 거룩하게 되는가? 1) 율법 아래 있는 자들을 속량하기 위해서는 거룩함이 필요하다(롬8:3, 갈4:4-5). 즉, 우리는 그리스도의 성육신과 죽으심 때문에 거룩해져야 한다. 2) 거룩은 율법의 요구를 성취하게 한다. 다시 말해, 거룩은 율법의 의, 곧 율법의 의로운 요구들을 성취한다. "육신을 따르지 않고 영을 따라 행하는 우리에게 율법의 요구가 이루어지게 하려함이라(롬8:4)." 3) 거룩은 성령의 사역, 즉 성령의 능력으로 성취된다. 첨언하면, 바울의 성화론을 기초로 하면, 율법의 성취는 성도의 거룩, 즉 성화와 밀접한 관계가 있다. 율법이 칭의의 근거가 아니라는 점에서 우리는 법 아래 있지 않고 은혜 안에 있다. 참조. 존 스토트, 『새 사람』, 아바서원(2012), 정지영 역, 121-123. 요약하면, "예수님이 죽으심으로 율법의 원래적 요구, 곧 하나님의 참된 뜻이 우리에게서 그리고 우리 안에서 이루어진다(대한성서공회, 독일성서공회 해설, 2004, 신약성서 249면).

97) 조나단 에드워즈(J. Edwards)는 그리스도인의 기질과 성품으로 세 가지- '용서와 사랑과 자비' - 를 필수적으로 소유해야 된다고 서술한다. 존 스미스(조나단 에드워즈, Jonathan Edwards), 『신앙감정론』(The Works of Jonathan Edwards Volume 2: Religious Affections), 부흥과개혁사(2005), 498.

중심의 삶을 추구하는 것이다. 한편으로 예수 그리스도의 형상을 닮아가며, 선하시고 위대하신 하나님께 영광 돌리는 데 있고, 동시에 기능적 차원에서 하나님 나라를 현재의 삶에 당겨와 선한 일을 통해(딛2:14) 하나님께 영광과 존귀를 드리는 것이다(롬2:10).

4. 4차원영성의 신학적 가치체계와 구조

"5만 여개의 비행기 부속품을 공중에 던졌더니 보잉 747비행기가 저절로 만들어져
  공중에서 1000 km/h로 날아가더라"
"허공에 쇠덩어리 하나를 던졌더니 홀연히 시계가 되어 땅에 떨어졌더라"
"달걀을 허공에 던졌더니 병아리고 되고, 순식간에 독수리가 되어 창공을 훨훨 날아가더라"
"달걀로 바위를 쳤더니 바위가 박살 났더라"
"지팡이를 땅에 던졌더니 뱀이 되었더라"

이것을 믿을 수 있는가? 대답은 "그 확률은 영이다." 극적으로 성취될 확률은 영이다. 이성의 지식과 경험으로 이 사실들을 믿을 수 있는가? 불가하다. 이 사례들은 열역학 제2법칙, 즉 엔트로피(Entrophy) 법칙을 완벽하게 벗어나는 것들이다. 즉, 무질서에서 질서로 가는 것은 불가능하다. 땅 위의 돌멩이가 저절로 공중에 붕 올라가 춤추다가 독수리가 되어 창공을 나는 것은 불가능하다.

아담과 하와는 타락하기 이전에 하나님과 온전히 교통할 수 있었다. 하지만 타락으로 말미암아 그 즐거움을 잃어버렸다. 그 후 인간은 가시밭의 인생길을 걷게 되었다. 그러나 예수 그리스도의 십자가는 영혼의 완전한 의사로 등장해서, 고장이 난 '불의의 마음구조'를 '의의 마음구조'로 온전하게 치료하였다. 영산은 십자가 중심의 5중복음, 3중축복, 4차원영성을 기도 중에 고안해내어 수많은 영혼들의 영성을 정상적 및 역동적으로 기능하게 하였다. 그는 우리가 살고 있는 세상은 1차원부터 4차원의 세계로 이루어져 있으며 높은 차원이 낮은 차원을 다스린다고 강조한다.[98] 그는 무엇보다 4차원영성의 개념을 설명하기 위해 기하학적 차원의 개념을 도입했다. 3차원을 넘는 세계는 기하학적으로 묘사할 수 없고, 4차원 영적 개념으로만 설명이 가능하다. 기하학적으로 높은 차원이 낮은 차원을 포함한다는 원리는 4차원 영적세계가 눈에 보이는 물질세계를 지배하는 것을 의미한다. 이런 맥락에서 영산은 "눈에 보이는 이 모든 세계-3차원의 세계는 4차원영성 세계의 지배를 받습니다."라고 역설한다.

영산의 4차원영성 개념의 중심에는 예수 그리스도가 계시며, 그런 의미에서 4차원영성이란 '예수 그리스도의 십자가 대속의 은혜가 인간의 삶의 한복판에서 어떻게 나타나는 지에 대한 영적 통찰력'이라 할 수 있다.

---

98) 조용기, "사차원의 삶", 주일설교(2010-11-07).

영적세계의 무엇이 3차원의 세계를 창조하고 변화시키는가? 영산은 오늘날 우리가 살고 있는 이 세계는 영적세계에 의하여 변화될 수 있다고 강조한다. 영산은 3차원 인간세계와 4차원 영적세계를 연결하는 영적 4요소를 기도 중에 개발했다.[99] 구약시대 선지자들과 달리 그는 말씀을 전달하는 핵심 매개체를 발견한 것이다.[100]

제1요소: 생각(thinking) - 생각을 통해 인간은 하나님과 친교한다.

제2요소: 꿈(dream) - 꿈이나 환상을 통해 인간은 하나님과 친교한다.

제3요소: 믿음(faith) - 믿음을 통해 인간은 하나님과 친교한다.

제4요소: 말(words) - 말을 통해 인간은 하나님과 친교한다.

4차원영성은 기하학적-과학적 접근법으로[101] 하나님의 말씀을 마음에 적용하는 방법을 구체화시킨 것이다. 성령은 인간세계와 하나님의 세계를 연결시키는 중개자와 같으시다. 성령 하나님은 생각, 꿈, 믿음, 말을 통해서 인간세계에 역사하신다. 영산은 4차원영성의 4요소 - 생각, 꿈, 믿음, 말 - 와 관련해서 말씀의 영성, 마귀의 영성, 인간의 영성을 구분하여 설명한다.[102]

a) 하나님의 말씀에서 나오는 선한 영성: 선한 생각, 선한 꿈, 선한 믿음, 선한 말(히11:3)

b) 마귀에게서 나오는 어두움의 영성: 악한 생각, 악한 꿈, 악한 믿음, 악한 말(창3:4-6)

c) 인간의 교육에서 나오는 이성: 단순히 교육을 통해 변화되는 생각, 꿈, 믿음, 말

---

99) 영산은 개척초기 성도들의 현실적 문제를 해결하는 데 많은 관심을 쏟았다. 1979도에 출판된 영문판 『4차원 영적세계』가 그것을 뒷받침한다. 영산은 4차원 영적세계를 저술한 배경을 이렇게 설명하고 있다. "많은 사람들이 '현실 3차원 세계에서 일어나는 삶의 문제를 어떻게 영적으로 변화시킬 수 있는가?'에 대해서 잘 모릅니다. 성도들이 하나님이 계셔서 능력으로 인생을 변화시키는 것을 알고 있었지만 어떤 방법으로 변화시키는 것은 모르고 있었어요. 이 책은 3차원 물질세계가 4차원 영적세계에 지배받는 원리를 설명한 책입니다." 그 연장선에서 출판된『4차원의 영성』은 적용방법을 구체적으로 해설한 책, 즉 '4차원 영적세계의 원리'를 삶의 자리에서 적용하기 쉽게 구체화시킨 책이다. 생각, 꿈, 믿음, 말에 대한 실천편은 다음 책을 참조하라. 곽종운,『4차원 인생의 힘』, 성안당(2007): 제1장 생각의 힘을 키워라. 제2장 꿈의 힘을 키워라. 제3장 믿음의 힘을 키워라. 제4장 말의 힘을 키워라.

100) 모세시대 이전에는 하나님께서 족장들에게 환상이나 꿈, 혹은 하나님의 현현 등으로 직접 교통하였다. 족장 아브라함, 이삭, 야곱, 요셉은 모두 개인적으로 계시를 받았다. 그러나 모세시대에는 모세를 통해서만 하나님 자신의 의사를 전달하였다. 참조. 팔머 로버트슨(O. Palmer Robertson),『선지자와 그리스도』(The Christ of the Prophets), P&R(2011), 한정건 역, 45. 신약시대는 어떤가? 말씀이신 예수님이 우리 안에 연합해서 계신다. 따라서 성경말씀이 레마로 수신되면, 그것이 나 자신을 위한 계시다. 때로는 베드로나 바울처럼 환상을 통해서 이뤄진다. 종말의 드라마가 시작된 때(히1:2, 9:26, 벧전1:20), 하나님은 다양한 방법으로 인간들과 친교한다.

101) 유해룡, "영성과 영성신학",『장신논단』, 제36집(2009), 315-316. 헬미니액(Daniel A. Helminiak)은 "영성은 과학적으로 접근할 수 있는 실증주의 학문이어야 한다"는 주장을 편다. 그는 그의 책 *The Human Core of Spirituality: Mind as Psyche and Spirit*, State University of NewYork Press(1996)", Part Ⅱ 'Spirit'에서 영이 경험될 수 있는 실존이라는 것을 설명하기 위해 로너건(Bernard J. E. Lonergan)의 의식의 차원들을 활용하고 있다. 로너건의 의식차원 요약: 1) 경험적 차원: 보고, 느끼고, 감지하고, 움직이는 것들을 인식하는 차원. 2) 지성적 차원: 경험한 것을 탐구하고 이해하고 표현하는 인식활동. 2) 이성적 차원: 지성적으로 파악한 것이 진질인지 아니지를 판단하는 인식활동. 4) 책임적 차원(행동적 차원): 판단한 것을 평가하고 결단하고 행동에 옮기는 인식활동. 로버트 도란(Robert M Doran)은 로너건의 의식차원을 영적성장 과정으로 수용하고, 한편으로는 심리환원주의 가능성을 배제하려는 의도에서 로너건의 네 차원에서 '신비적 차원'을 추가하여 다섯 번째 차원으로 발전시키고 있다. 첨언하면, 영성의 논리를 과학적으로 접근하는 것은 보다 구체적이고 실현가능한 접근이므로 유익한 장점이 있다. 그러나 과학적 접근 모델들 역시 위험의 여지나 장단점이 있어서 획일적으로 모든 관점들을 만족시킬 수 없다. 다만, 영의 논리는 바람이 구름을 몰아가는 논리가 아니라 구체적이어야 성도들이 삶의 자리에서 적용할 수 있으므로, 영성가는 가능한 한 과학적-구체적 접근을 시도해 신자들에게 영의 논리를 파악할 수 있도록 길을 열어주어야 한다.

102) 조용기, "마음의 파숫군", 주일설교(2013-12-01).

어떠한 상황에서도 거듭난 성도는 일차적으로 '선한 영성'을 품고 사는 것을 목표로 해야 한다. 선하게 살면 인간은 하나님께 감사와 영광을 돌릴 수 있기 때문이다(롬2:10). 바울은 그의 서신서에서 그리스도의 형상(갈4:19)을 이루라고 강조한다.

4.1. 영성의 주체: 십자가의 도성(都城)

회심 후 바울은 '십자가 안에서(in), 십자가와 함께(with), 십자가를 위해(for), 십자가에 의해(by)' 살았다. 이것을 변증학적으로 묘사하면 다음과 같다:

    a) 내가 아니라, 주님이 하신다. "내가 한 것이 아니요 오직 나와 함께 하신 하나님의 은혜로라(고전15:10)."

    b) 내가 아니라, 내 안에 예수님이 사신다. "이제는 내가 사는 것이 아니요 오직 내 안에 예수 그리스도께서 사시는 것이라(갈2:20)."

    c) 내가 말하는 것이 아니라, 그가 말씀하신다. "명하는 자는 내가 아니요 주시라(고전7:10)."

    d) 나는 그의 안에, 주는 내 안에 계신다. "주와 합하는 자는 한 영이니라(고전6:17)."

바울 자신은 자신이 '말하는 것, 일하는 것, 사는 것, 존재하는 것'의 모든 것들을 '십자가 위에서 바라보는 총체적 삶'으로 살았다. 그는 십자가의 신비를 꿰뚫었다. 바울의 이 영적논리를 4차원영성과 연결시킨다면, 결국 '예수님처럼 생각하고, 꿈꾸고, 믿고, 말하는' 것이다. 곧 성화는 '내'가 아니라, 성령으로 '새 인격으로 창조된 나'가 주의 은혜로 점진적으로 거룩하게 되는 것이다.[103]

성화는 인간이 아니라 하나님이 주체이신 하나님의 사역이다.[104] 성경은 거룩함(레11:45, 살전4:3), 온전함(마5:48)을 좇아가도록 격려한다(벧전1:16, 약1:4). 신자들의 거룩함과 완전함에 대한 표현은 성경 여러 군데에서 드러난다(벧전1:2, 히12:14, 고후5:17, 엡5:27, 히5:14, 골2:10). 벌코프(Louis Berkhof)는 신자들의 '완전함'을 표현하는 것을 '완전히 성장했다'는 의미로 이해한다(고전2:6, 히5:14). 또한 '완전함'을 '임무를 수행할 자격을 갖추었다'는 의미로 사용할 수 있다고 지적한다(딤후3:17). 그러나 새로운 피조물이 되었더라도 이 세상에서는 영적인 발전이 불완전한 상태이므로, 신자들은 일생동안 죄와 싸워야 성화의 길을 걸어갈 수 있다(왕상8:46, 잠20:9, 전7:20, 약3:2, 요일1:8).[105] 인간은 거룩화(resacralization) 과정을 통해 영성화, 곧 하나님의 형상을 닮아가는 존재가 된다.

'모든 인간이 영성을 소유하고 있다(having)'고 말하는 것과 '그 사람이 영적인 삶을 산다(doing)'고 말하는 것은 차원이 다르다. '소유하는 것(having)'과 '행동하는 것(doing)'은 서로 연관성이 있지만 서로 차이가 있다. 칼이 칼집에만 영구적으로 있으면, '소유'는 있지만 '행동'은 없다. 칼집에 칼이 있는 것처럼 구원과 관계없이 모든 인간 안에는 영혼이 있으므로 영성을 가지고 있다. 성경은 모든

---

103) 엄밀히 말하면, 인간의 의지도 중요하다. 영성은 성령에 대해서 수동적 태도와 말씀실천과 관련해서 능동적 자세가 결합되어야 한다. 곧 인간 쪽에서 기도하고자 하는 의지, 말씀을 실천하고자 하는 의지를 갖는 것은 영성진보에서 중요하다. 의지적 생각은 위대한 힘을 발휘한다. 말씀은 이성을 변화시키고, 변화된 이성은 의지를 통해 행위를 빚어낸다.

104) 루이스 벌코프(Louis Berkhof), 『조직신학』(Systematic Theology), 크리스챤다이제스트(2000), 786.

105) 위의 책, 790-792.

사람들을 자연인과 말씀과 성령으로 거듭난 새 사람으로 구분한다. 성경은 '육에 속한 사람은 하나님의 성령의 일(고전2:14-15)'을 받지 못한다고 지적한다. 즉, 성화의 주체는 하나님이시다. 하나님은 우리를 거룩하게 하신다(레21:23).106)

소유하고 있는 영성(spirituality)을 하나님의 뜻을 이루기 위해 활용하느냐, 아니면 자기 자신의 용도로 제한하느냐에 따라 '영적 삶'을 지향할 수도 있고, '육적 삶'으로 전락할 수도 있다. 육신을 좇는 자는 육신의 일을 영을 좇는 자는 영의 일을 생각한다(롬8:5). 그런 차원에서 보면, '인간의 영성(spirituality)'은 본질이 되고, '인간의 영적 삶(spiritual life)'은 실존(實存)이 된다.107) 환언하면, 영성의 본질은 있어도 영적실존이 삶 속에 나타나지 아니하면, 결국은 하나님과 동떨어진 자신의 삶, 자기중심의 삶, 인본주의적 삶, 육의 삶을 사는 것이다. 육신의 생각은 사망이요 영의 생각은 생명과 평안이다(롬8:6).

영산의 삼위 하나님의 이야기

삼위일체 하나님에 대한 개념은 중요하다. 영산은 하나님은 한 분, 세 위격으로 존재하신다는 것을 명백하게 강조한다. "하나님은 성부 하나님, 성자 하나님, 성령 하나님의 삼위가 한 하나님이십니다. 이것은 대단한 신비입니다. 분명히 세 위격을 가지고, 세 가지의 사역을 하시나, 그분은 한 분이시며 같은 분이십니다."108)

영산은 삼위일체 하나님을 총체적으로 인식하고, 그것들을 목회와 신학에 그대로 반영하였다. 그의 신학적 지평은 삼위일체 하나님 안에서 펼쳐졌다. 영산의 기독론, 구원론, 성령론, 교회론 등은 삼위일체적 개념에 기초해서 진술된다. 영산은 특히 삼위일체적 기독론을 강조한다. 좋으신 하나님께서 구속을 계획하시고, 그 아들 예수 그리스도는 십자가를 통해 구속하시고, 성령의 능력 안에서 죄인을 회개시켜 구원시키는 삼위일체적 영성을 강조했다.109)

성부 하나님은 하늘에서 뜻을 세우시고(마6:10, 엡1:4), 성자 하나님은 아버지의 뜻을 성취하고 계시고(요19:30), 성령 하나님은 성부, 성자가 이루신 삶을 이루고 계신다(요16:13-14). 삼위일체 영성을 산봉우리로 보면 최고봉에 위치하여, 천하 비경(祕景)을 다 내려다 볼 수 있는 위치이다. 그 영성은 성경 전체 영성을 포함한다. 에베소서에는 세 위격으로 존재하시는 삼위일체 하나님이 함께 또한 다양하게 9번이나 언급된다(엡1:3, 1:12-13, 1:17, 2:18, 2:22, 3:4-9, 4:4-6, 5:18-20, 6:10-18).110)

---

106) 영성에 대한 인식론과 방법론은 영적질서와 체계와 연계된다. 영성을 생물학적 자아차원에서 이해하는 것과 신앙공동체에 속하는 자아차원에서 인지하는 것은 전혀 별개의 이야기다. 신자가 말하는 영성이란 신앙공동체의 차원에서 영적자아 인식능력을 내포한다. 곧 신앙인은 하나님을 영성의 주체로, 자신은 객체로 인식해야 한다. 바꾸어 말하면, 영성을 심리적 개념으로 보느냐 신학적 개념에서 보느냐에 따라 영성의 방향이 달라진다. 기독교 영성에 대하여 다음 책을 참조하라. Glen G. Scorgie, Approach to the Study of Christian Spirituality(John H. Coe), *Dictionary of Christian Spirituality*, Zondervan(2011), 34-39.

107) 최창국, 『기독교 영성신학』, 대서(2010), 29-33.

108) 조용기, 『빌립보서 강해』, 서울말씀사(2001), 45.

109) 영산의 삼위일체적 기독론과 더불어 삼중타락, 좋으신 하나님의 주권, 예수 그리스도의 삼중대속에 관하여는 다음 논문을 참조하라. 신문철, "영산의 삼위일체적 기독론", 『영산신학저널』, Vol.2(No.3), 92-122.

110) "너희도 성령 안에서 하나님이 거하실 처소가 되기 위하여 그리스도 예수 안에서 함께 지어져 가느니라(엡2:22)."

영성은 이론이 아니라 체험이며, 그런 의미에서 보면 영성신학은 체험의 신학이자 삶의 자리에서의 신학이다. 인간은 영성적 체험을 통해 구속주 하나님, 창조주 하나님을 알 수 있다. 전도서는 "너는 청년의 때에 … 너의 창조주를 기억하라(전12:1)"고 말한다.

영산은 삼위일체적 영성을 품고 목회하였다. "하나님 아버지는 창조주, 예수님은 구속주, 성령은 계시주(主)이십니다. 창조의 하나님, 우리를 구원하는 구속의 하나님은 예수님이신데 계시의 하나님은 성령이신 것입니다. 성령님은 우리에게 예수 그리스도에 대한 것을 계시해 주시고 하나님에 대한 것을 계시하고 깨닫게 해주시는 것입니다."111) "지금 회고해 보면, 폐병 3기로 죽음의 문턱에서 절대절망의 늪으로 빠져들어갈 때 구원을 베풀어주셨던 예수님은 제 인생의 전부요, 예수 그리스도의 십자가는 제 설교의 핵심이었습니다. 그리고 항상 제 곁에서 능력으로 채우시고 인도하시는 보혜사 성령께서 설교의 동반자가 되어주셨습니다. 절대주권자이신 창조주 하나님께서는 저의 인생에 있어서 좋으신 아버지였습니다. 저는 이러한 삼위일체 하나님에 대한 깨달음과 체험에서 비롯된 말씀을 전했습니다."112)

영산은 삼위일체적 신론, 곧 하나님은 '성부, 성자, 성령'에 대한 개념이 뚜렷하다. 그는 "세 인격이지만 하나님은 한 하나님이십니다. 한 하나님은 아버지, 아들, 성령 세 인격(위격)으로 존재하시면서, 각자 고유하게 일하십니다. 세 위격은 서로 100% 일치되는 한 하나님이십니다."라고 강조한다.113) 4차원영성은 삼위일체적 하나님의 영성이 십자가를 통해서 우리에게 주어진 파생적 영성이다. 영성의 주체는 '삼위 하나님의 말씀', 객체는 '인격적 그리스도인의 마음하늘'이다. 따라서 우리는 영성의 주체인 삼위일체 하나님의 영성을 구체적으로 알아볼 필요가 있다.

4.2. 좋으신 하나님: 복되심과 선하심의 성부 하나님

영산의 성경해석학의 기초는 좋으신 하나님, 예수 그리스도의 은혜, 성령님과의 인격적 교제로 접근하여, 하나님의 말씀을 주로 복음적 및 실존적 차원에서 해석한다. 그는 자신의 경험을 통해서 하나님은 머나 먼 하늘에만 계신 것이 아니라, '지금 여기에 계시는 하나님'이라고 강조한다.

하나님의 본질적 속성은 복되심과 선하심이다. 그 선하신 하나님은 자비와 은혜와 사랑과 참으심의 하나님이시다(출34:6). 인간이 비록 죄 많고 결점이 많아도, 피조물들에게 좋은 것을 주시고 복을 주신다. 근본적으로 복되신 하나님은 자신 안에 모든 것이 철철 넘치신다. 그래서 선한 하나님은 선한 말씀을 우리에게 맛보여 주신다. 성도는 '하나님의 선한 말씀과 내세의 능력(히6:5)'을 맛본자들이다.

"우리 주 예수 그리스도의 하나님, 영광의 아버지께서 지혜와 계시의 영을 너희에게 주사 하나님을 알게 하시고(엡1:17)."
111) 조용기, "다른 보혜사 성령", 주일설교(1985-05-26).
112) 조용기, 『조용기 목사 설교집』, 서울말씀사(1996), 3-4.
113) 조용기, 『마태복음 I』, 서울말씀사(2013), 108.

전능(샤다이)의 하나님, 스스로 존재하시는(야훼) 하나님은 모든 것이 능하시며, 완전하고, 자충족하시며, 그 자체 모든 것들이 충분하시다. 다시 말해, 선하시며 자비와 은혜의 하나님은 주고, 베푸는 것이 그의 본성이다(출34:6). 다시 요약하면, 하나님은 항상 '주시는 분(giver)'이시고, 인간은 항상 '받는 자(acceptor)'이다. 순복음의 신앙은 '구원과 복을 주시는 좋으신 하나님'을 믿는 신앙이다.

하나님이 좋으신 하나님이라는 사실은 이 땅에 십자가를 세워 예수 그리스도를 화목의 제물로 주신 것에 의해 명백하게 입증된다. 십자가는 하나님이 인간을 사랑한다는 표징의 극치이자 실제다. 십자가는 단 한 번으로 그 자체의 효력이 끝나는 것이 아니라, 이 세상이 끝날 때까지 효력이 유지된다. 십자가 안에 하나님의 모든 진귀하고 보배로운 선물이 들어 있다. 예수 그리스도와 십자가를 통해 우리는 거룩함(히10:10), 온전함(히10:14), 의롭게 됨(롬3:24), 천국 시민이 됨(빌3:20), 구속받음(엡1:7), 양자됨(롬8:15), 화목하게 됨(고후5:18) 등을 총체적으로 얻는다. 이 영적 선물들은 하나님이 좋으신 하나님이라는 것을 전적으로 입증해준다(요10:10).

영산이 말하는 '좋으신 하나님'이라고 할 때, 그 안에는 하나님의 모든 본질적 속성이 포함된다. 즉 하나님의 거룩하심, 선하심, 자비, 은혜, 신실하심, 영원하심, 변치 않으심, 지혜, 절대주권, 사랑 등이다. 하나님의 속성은 각각 분리되어 적용되는 것이 아니라 총체적으로 적용된다.

요한복음 3장 16절은 좋으신 하나님에 대해 근본적인 기초를 제시해준다. "하나님이 세상을 이처럼 사랑하사 독생자를 주셨으니 이는 저를 믿는 자마다 멸망치 않고 영생을 얻게 하려하심이니라." 하나님은 피조세계를 초월해서 존재하시면서 동시에 세상 안에, 심지어 인간의 마음하늘에도 계신다(고전6:19). 자비의 하나님은 주시는 분이시고, 베푸시는 분이시다. 물론 공의 안에서 그렇게 하신다. 하나님은 이 세상을 공의와 사랑으로 다스리신다. 하나님의 사랑의 극치는 하나님의 아들 예수 그리스도가 인류구원을 위해서 육신을 입고 이 땅에 오고, 또한 성령 하나님이 신자들의 심령 안으로 들어와서, 임마누엘의 하나님에 대한 예언과 진리를 성취하고 있는 것이다. 나아가 하나님 아버지는 우리를 그의 자녀로 삼아주셨다. 좋으신 하나님에 대한 영산의 논리도 하나님의 사랑에 기초한다. "하나님은 영이시고, 거룩하시고, 공의로우시고, 전지전능하시며, 지혜로우시며, 사랑하시는 좋으신 하나님이십니다. 이 모든 품성이 우리에게 관계될 때 그것들은 하나님의 사랑과 자비와 인자하심으로 나타납니다."114)

영산은 '참, 참 좋으신 하나님'이라는 설교 중에 좋으신 하나님에 대한 성서적 근거와 하나님에 대한 자신의 심경을 토로한다.115) 그는 좋으신 하나님이라는 명제를 설명하기 위해 두 가지를 해설한다.116) 첫째, "하나님은 우리의 죄를 영원히 대신 갚아 주시고 영원한 의로움을 주신 하나님이

---

114) 조용기, 『순복음의 진리(상권)』, 93-99. 참조. "참, 참 좋으신 하나님", 주일설교(2002-10-27). a) 좋으신 하나님은 우리의 죄를 영원히 대신 갚아 주시고 영원한 의로움을 주셨다. b) 좋으신 하나님은 환난과 고통 중에서도 우리를 돌보아 주신다. c) 좋으신 하나님은 소망을 품게 해주신다.

115) "많은 설교자들이 강단에서 좋으신 하나님을 준엄하고 무서운 심판의 하나님으로 잘못 소개하고 있습니다. 믿는다고 하면서 정작 좋으신 하나님에 대한 기대가 없다면, 그것은 참으로 비극적인 신앙입니다." 참조. 조용기, 『설교는 나의 인생』, 서울말씀사(2009), 59. 하비 콕스(Harvey Cox)도 하나님은 심판보다는 사랑을, 복종시키기보다는 따뜻한 마음을 주시는 분으로 묘사한다. Pentesostal's God is more lover than judge, more concerned with human than with commanding obedience. 참조. Harvey Cox, *Fire from Heaven: The Rise of Pentecostal Spirituality and the Reshaping of Religion in the 21st Cen.*, DaCaPress(2001), 201.

란 것을 생각할 때 좋으신 하나님이시다." "도적이 오는 것은 도적질하고 죽이고 멸망시키려는 것 뿐이요 내가 온 것은 양으로 생명을 얻게 하고 더 풍성히 얻게 하려는 것이라(요10:10)." 둘째, "하나님께서는 환난과 고통 중에서도 우리를 돌보아주시기 때문에 좋으신 하나님이시다." "사랑하는 자여 네 영혼이 잘됨 같이 네가 범사에 잘되고 강건하기를 내가 간구하노라(요삼1:2)." 그는 당시 심정을 이렇게 토로한다. "아! 하나님은 참말로 좋으신 하나님이시구나! 하나님이 좋으신 하나님이라는 것을 확실히 깨닫고 믿게 되자 마음속에 기쁨과 확신과 담력과 소망이 넘쳐났습니다."117)

좋으신 하나님에 대한 영산의 논리전개는 이렇다. a) 예수 그리스도의 대속의 은혜를 깨달음으로 '좋으신 하나님'이라는 핵심주제가 등장한다. b) 예수 그리스도는 죄로 물든 인간의 영혼을 구원하므로, '3중축복'의 명제가 부차적으로 나타난다. 즉, 좋으신 하나님은 그의 아들 예수 그리스도를 통해 우리를 구속시키고, 성령의 역사로 우리를 하나님의 자녀로 삼아 삼위 하나님과 연합시킨다. 성령이 아니고서는 누구도 예수를 주시라 할 수 없다(고전12:3).

이렇게 확립된 '좋으신 하나님'은 삼위일체 하나님 중심적인 영성의 기초가 되었으며, 또한 영산 자신의 신학적 명제로 정립되었다. 나아가 목회의 신학적 기초가 되었다. 요약하면, 영산의 '좋으신 하나님'의 핵심원리는 '하나님이 우리를 자신과 화목하게 하시고, 자녀로 삼으시고 삼위 하나님과 친밀한 관계를 맺게 하신 것'이다. '3중축복'은 우리와 하나님 사이에 화목하게 된 사랑의 관계에서 비롯되는 것이다. 나아가 그는 '좋으신 하나님'의 영적논리를 삼중축복으로 연결시켜, 그 적용 범위를 확장시킨다. 그는 자신의 책 『삼박자 구원』에서 우리의 죄를 속죄하기 위해 예수를 보내주신 좋으신 하나님이라고 소개한다. "좋으신 하나님, 우리를 위하여 독생자 예수 그리스도를 십자가에 내어주신 좋으신 하나님, 바로 그 하나님이 지금 우리를 위해 간구하고 계십니다."118)

그는 좋으신 하나님은 치유하시는 하나님(출15:26), 부요케 하시는 하나님(고후8:9)이라고 경험적으로 강조했고, 성도들에게 좋으신 하나님을 소개하고, 그들이 그 하나님을 향유하도록 했다. 그는 좋으신 하나님을 보다 구체적으로 소개하며, 성도들에게 접근했다.119)
   a) 평생토록 하나님은 선하심과 인자하심을 베풀어주신다(시34:8, 출33:19).
   b) 좋으신 하나님은 좋은 것을 주시고 풍성하게 주신다(요10:10).
   c) 하나님이 만드신 세계는 보시기에 좋았다(창1:4, 1:10).
   d) 마귀는 우리에게 나쁜 것을 주고, 도둑질하고, 죽이고, 멸망시킨다(벧전5:8, 엡4:27).

하나님의 지정의(知情意)와 진선미애(眞善美愛)의 성품을 요약하면 다음과 같다. 하나님의 사랑과 진리와 아름다움과 선함은 좋으신 하나님의 표본이요, 인간에게 그대로 전달되기를 원하신다.

---

116) 조용기, "참, 참 좋으신 하나님", 주일설교(2002-10-27). 그가 생각하는 하나님이 얼마나 좋으신 하나님인지는 설교제목 '참, 참-'으로부터 알 수 있다. 개척초기부터 그의 마음속에는 '좋으신 하나님'의 이미지가 깔려 있었다. 다음 설교 참조. "하나님의 사랑"(2009-03-29), "은혜의 하나님"(2008-06-19), "하나님 우리 아버지"(2007-07-01).
117) 조용기, "참, 참 좋으신 하나님", 주일설교(2002-10-27).
118) 조용기, 『삼박자 구원』, 서울말씀사(1983), 32
119) 조용기, "사망의 음침한 골짜기와 영적 전쟁", 주일설교(2012-09-23).

　　a) 하나님의 진(眞): 하나님의 말씀은 진리이다(민23:19, 요17:17, 히4:12).

　　b) 하나님의 선(善): 지음을 받은 사람과 만물은 서로 합력해서 선을 이룬다(롬8:28).

　　c) 하나님의 미(美): 지음을 받은 사람과 만물의 형체는 보기에 아름다웠다(창1:4, 10, 12, 18, 21, 25).

　　d) 하나님의 애(愛): 하나님은 인간을 사랑해서 인간과 만물을 지으셨다(요3:16, 창1:26-27).

하나님에 대해 우리는 한 마디로 사랑이라고 말할 수 있다. 마귀는 사랑을 흉내낼 수 없다. 패커 (J. I. Packer)는 성경적 사랑을 다음과 같이 정의한다. "하나님의 사랑은 죄인들 각자를 향한 하나님의 선하심에서 발휘된 것으로, 그들의 삶에 직접 참여하시며, 자신의 아들을 보내주셔서 그들의 구세주가 되어주시고, 또한 언약관계 속에서 그들이 하나님을 알고 향유하게 하신다."[120]

영산은 '좋으신 하나님 신관'을 3중축복이 지향하는 중심개념으로 보았다. 좋으신 하나님은 영산을 희망의 영성가로 발돋움하게 했다. "도대체 3중축복이란 무엇을 말하는가? 저는 이 대답을 드리기에 앞서 여러분을 3중축복이라는 축복의 집 현관으로 모시겠습니다. 이 현관은 바로 '좋으신 하나님'입니다."[121]

'좋으신 하나님'은 그의 아들을 이 땅으로 보내셔서 십자가를 통해 신자들에게 5중복음과 3중축복을 주었다.[122] 좋으신 하나님이므로 인간은 하나님을 사랑하는 것이 마땅하다. 하나님을 사랑한다는 것은 순종하는 것이며(신11:1-25), 하나님의 명령을 지키는 것이며(신10:12), 하나님의 음성을 들으며(신11:13, 30:16), 봉사하는 것이다(신11:13). 따라서 인간은 마음, 영혼, 정신, 힘을 다해 하나님을 사랑해야 한다(신6:4-5). 좋으신 하나님은 인류구원을 위해 예수님을 이 땅에 보내시어 구원의 길을 열어놓으셨다. 좋으신 하나님은 단순한 이론이 아니라 행동으로 사랑하신다. 성경 전체의 내용은 한 마디로 '인류를 향한 하나님의 사랑 대헌장'이다.

그림 5-1은 삼위일체 하나님의 상호관계를 도식화한 것이다.[123]

　　a) 성부 하나님(계획-예정-언약): 영원 전부터 하나님의 뜻과 경륜을 계획하시고 이끌어 가신다(엡1:3-10).

　　b) 성자 하나님(성육신-대속-중보): 하나님의 정하신 때 육신으로 오시어 하나님의 뜻과 약속을 수행하시고 성취하신다(마26:38-42, 요6:38-39).

　　c) 성령 하나님(중생-회심-성화): 하나님의 구속진리와 예수님의 구속공로를 구체적으로 계시하시고 적용하신다(요14:17, 16:13, 엡1:13).

---

120) 제임스 패커(J. I. Packer), 『하나님을 아는 지식』(Knowing God), IVP(2008), 정옥배 역, 194-195. 이 책 외에도 패커는 『근본주의와 하나님의 말씀』, 『성령을 아는 지식』, 『은혜를 아는 지식』, 『복음전도와 하나님의 주권』, 『당신을 향한 하나님의 계획』 등을 저술했다.

121) 조용기, 『삼박자 구원』, 19.

122) 좋으신 하나님에 대하여는 다음 논문을 참조하라. 도날드 W. 데이튼, 『조용기 목사의 좋으신 하나님 그리고 축복의 신학』, Vol.7: 이영훈, 『영산 조용기 목사의 좋으신 하나님 신앙이 한국교회에 미친 영향』, Vol.7.

123) 1) 아버지와 아들의 상호공유적(perichoretic) 관계: "이는 내 사랑하는 아들이요 내 기뻐하는 자라(마3:17)." "아버지께서 아들을 사랑하사(요5:20)." "아버지께서 나를 사랑하는 것은(요10:17)." "아버지께서 나를 아시고 내가 아버지를 아는 것 같으니(요10:15)." "내가 내 자의로 말하는 것이 아니라 나를 보내신 아버지께서(요12:49)." "아버지께서 내 안에 내가 아버지 안에 있는 것 같이(요17:21)." "나를 본 자는 아버지를 보았거늘(요14:9-10)." "내가 아버지 안에 거하고

삼위일체 하나님은 상호동등, 상호공유(perichoresis), 상호보완 관계에 있으며 하나의 본질(ousia, one substance)로 구성된다. 하나님은 한 분이시지만, 세 위격(hypostasis)으로 존재하신다. 하나님 아버지는 창조사역을 하시고, 하나님의 아들 예수님은 구속사역을 하시고, 성령님은 성화사역을 하신다. 성부, 성자, 성령은 하나의 같은 본질(homousia)을 가지고 계신다.

성도의 진정한 삶은 삼위일체 하나님과 연합되어, 그 삶 속에 참여하는 것이다. 삼위일체 하나님의 삶의 모델은 성도가 진정으로 본받아야 할 삶의 모델이다. 온전한 영성진보란 성도가 그리스도 안에서 성령을 통해서 하나님 아버지와 친밀히 교제하는 삶을 사는 것이며, 또한 하나님의 진리 안에 거하는 것이다(요일1:5-10). 하나님의 형상을 닮은 그리스도인은 마땅히 육신적-지상적 삶이 아니라 영성적-천상적 삶을 지향하는 자가 되어야 한다. "우리가 보고 들은 바를 너희에게도 전함은 너희로 우리와 사귐이 있게 하려함이니 우리의 사귐은 아버지와 그의 아들 예수 그리스도와 더불어 누림이라(요일1:3)." 영산은 "우리는 성령님께서 위격을 지니신 하나님으로서 교제의 대상이라는 사실을 결코 잊어서는 안 됩니다."고 말한다.[124]

인간의 진정한 삶의 모델은 삼위일체적 하나님의 삶의 모델에 참여하는 것이다.[125] 예수님은 제자들이 삼위일체 하나님과 하나됨을 이루는 것을 친히 간구하셨다(요17:21-24). 하나님의 자녀가 삼위 하나님의 삶 속에 참여하는 것이 바로 하나님이 계획하시고 의도하시는 고유하고 본래적인 삶이다. 4차원영성은 하나님의 말씀 안에 거하는 삶이며, 궁극적으로 예수님을 닮아가는 것이다.

그림 5-1에서 보는 바와 같이, 삼위 하나님의 삶의 원리는 '존재-생명-사랑-친교-진리-기쁨' 안에서 영존된다. 하나님은 스스로 '존재'하시고(출3:14),[126] '사랑'이시고(요일4:8), 예수님은 '진리와 생명'이시고(요14:6), '친교'의 하나님이시다(요17:21, 요일1:3). 삼위일체적 영성은 역동적이고 공동체적이다.[127]

아버지께서 내 안에 계심을 믿으라 그렇지 못하겠거든 행하는 그 일로 말미암아 나를 믿으라(요14:11)." 2) 성자와 성령의 상호보완적 관계(reciprocal relationality): "성령으로 잉태되심(마1:18, 20)." "하나님의 성령이 임하심(마3:16)." "그 때에 예수께서 성령에게 이끌리어 마귀에게 시험을 받으러 광야로 가사(마4:1)." "주의 성령이 내게 임하셨으니 이는 가난한 자에게 복음을 전하게(눅4:18)." "내가 하나님의 성령을 힘입어(마12:28)." "하나님의 보내신 이는 하나님의 말씀을 하나니 이는 하나님이 성령을 한량없이 주심이니라(요3:34)." "성령의 능력으로 부활하심(롬8:11)." 3) 성자와 성령의 상호공유적 관계: "내가 아버지께 구하겠으니 그가 또 다른 보혜사를 너희에게 주사(요14:16)." "보혜사 곧 아버지께서 내 이름으로 보내실 성령 그가 너희에게 모든 것을 가르치시고 내가 너희에게 말한 모든 것을 생각나게 하리라(요14:26)." "하나님이 오른손으로 예수를 높이시매 그가 약속하신 성령을 아버지께 받아서 너희 보고 듣는 이것을 부어 주셨느니라(행2:33)." 4) 성부와 성자와 성령의 상호 동등한 관계: "아버지와 아들과 성령의 이름으로 세례를 주고(마28:19)." "스데반이 성령이 충만하여 하늘을 우러러 주목하여 하나님의 영광과 및 예수께서 하나님 우편에 서신 것을 보고(행7:55)." "형제들아 내가 우리 주 예수 그리스도로 말미암고 성령의 사랑으로 말미암아 너희를 권하노니 너희 기도에 나와 힘을 같이하여 나를 위하여 하나님께 빌어(롬15:30)." "나로 이방인을 위하여 그리스도 예수의 일군이 되어 하나님의 복음의 제사장 직무를 하게 하사 이방인을 제물로 드리는 그것이 성령 안에서 거룩하게 되어 받으심직하게 하려 하심이라(롬15:16)." "주 예수 그리스도의 은혜와 하나님의 사랑과 성령의 교통하심이 너희 무리와 함께 있을지어다(고후13:13)."

124) 조용기, 『성령론』, 7.

125) 제임스 로더(James Loder), 『성령의 관계적 논리와 기독교교육 인식론』(The Relational Logic of the Spirit in Theology and Science), 대한기독교서회(2009), 464-467.

126) 하나님의 절대적 자존 10가지 의미: 1) 시작이 없다. 2) 끝이 없다. 3) 절대적 존재시다. 4) 독립적이시다. 5) 온 우주는 종속적이다. 6) 온 우주는 아무것도 아니다. 7) 영원히 동일하시다. 8) 진선미의 절대적 기준이다. 9) 모든 일에 자유로우시다. 10) 우주에서 가장 중요하고, 소중한 실재이며, 가장 중요하고, 가장 소중한 인격자이시다. 참조. 존 파이퍼(John Piper), 『독트린 매터스』(Doctrine Matters), 복있는사람(2014), 28-31.

127) 삼위일체적 영성을 4가지로 요약하면 다음과 같다. 첫째, 내면적인 동시에 외형적인 현상이다. 둘째, 개인적인 영성이며 동시에 공동체적 영성이다. 셋째, 성부는 창조, 성자는 구속, 성령은 영화에 있어서 삼위일체적 윤무(輪舞)를 능동적으로 인도한다. 넷째, 예배와 기도의 영성이다. 김도일·정성근, 『기독교 영성교육』, 동연(2009), 96-100.

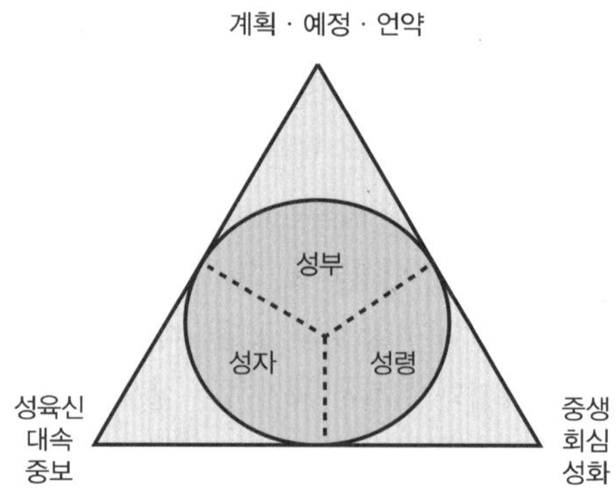

(a) 삼위일체 하나님이 하시는 일에 대한 구분

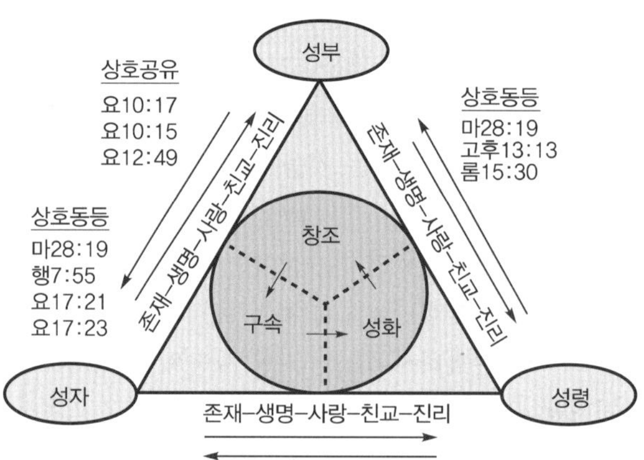

<u>상호보완</u>(마1:18, 마12:28, 롬8:11), <u>상호공유</u>(요14:26)

(b) 삼위일체 하나님과 상호공유(perichoresis) 개념 및 삼위 하나님의 삶의 양식 상상도

그림 5-1. 하나님의 삼위일체적 삶의 모델[128]: 하나님은 본질상 하나(한분)이시나, 세 위격으로 존재하신다. 삼위일체 하나님은 상호의존하시며, 서로 사랑을 주고 받으신다. 세 위격으로 존재하시는 하나님의 상호공유적 개념을 기하학적 모형으로 묘사하는 자체가 모순이 있지만, 여기서는 인간이 이해할 수 있는 측면에서 성경을 근거로 하나님의 경륜, 계획, 사역에 기초해서 그 개념을 묘사해 보았다. a) 삼위일체 하나님이 하시는 일에 대한 구분(삼위일체 하나님의 경륜적 사역개념): 성부 하나님은 계획, 예정, 언약, 예수님은 성육신, 중보, 대속, 그리고 성령은 중생, 회심, 성화중심으로 사역을 하신다. b) 삼위일체 하나님과 상호공유(perichoresis) 개념: 이 개념은 세 위격이[129] 각자의 고유성을 유지하는 한편, 각각의 위격이 다른 두 위격의 생명을 상호공유함을 의미한다. 하나님은 서로 사랑하고, 생명을 서로 공유하며, 진리로 친교하며, 사랑 안에서 영원한 관계에 있다.[130]

---

128) 삼위일체 하나님의 사역을 '창조, 구속, 성화'로 구분해서 이해할 수 있지만, 사역 영역을 구체적으로 명확하게 구분할 수 없다. 선을 긋고 경계선을 나눈 것은 이해를 돕기 위한 것이다. 성부 하나님이 사역하실 동안, 성자, 성령이 가만히 있는 것은 아니다. 삼위 하나님은 항상 함께 일하신다. 세 개의 피아노가 각각 '도, 미, 솔'을 칠 때, 우리 귀에 '도미솔 화음'이 들리는 것과 비유할 수 있다. 도미솔을 구분할 수 있지만, 분리할 수 없다. 성경적으로 창조사역을 이해한다면, 성부(창1:1), 성자(골1:16), 성령(시104:30)의 공동작품이다. 또한 구원(요6:44), 대속(히9:14) 및 부활(행2:32) 사역도 삼위 하나님의 공동사역이다. 그럼에도 불구하고 여기서 도식화한 것은 삼위 하나님의 연합적 사역을 좀 더 논리적으로 이해하기 위해서다. 삼위 하나님은 신비적으로 존재하시고, 신비적으로 함께 사역하신다. 그러면서도 삼위 하나님은 각자 고유한 모습을 보여주신다. 삼위일체 하나님은 뉴턴의 시공간이나 유클리드 기하학적(Euclidean geometry) 시공간에 관계없이 자존하시며 초월적으로 계신다.

4.3. 십자가 대속의 신비: 예수 그리스도의 은혜

영산은 "영이 죽기 전에 아담은 4차원적 존재로서 하나님과 교통할 수 있었습니다. 그런데 죄로 인해 하나님 앞에 나아가지 못하고 3차원적 존재로 살아가게 된 것입니다(창2:7). 그러므로 죄사함 받고 영이 살아나면 성령님과 교통할 수 있게 됩니다(엡2:1)."라고 말한다.131) 십자가는 인간을 3차 원적 존재에서 4차원적 존재로 승화시킨다. 십자가는 하나님의 양자를 만들어내는 자궁이라면, 말 씀은 그 양자를 키워내는 어머니와 같다. 십자가의 신비는 아무리 눈을 뜨고 보아도 보이지 않는 다. 하나님이 계시를 통해서 깨우쳐 주시지 않으면, 인간은 십자가의 의미를 깨달을 수 없다. 십자 가는 보아서 아는 것이 아니라, 믿음으로 이해할 수 있는 신비의 생명나무다.

십자가의 대속의 신비를 아는 것은 바람의 행로를 아는 만큼이나 어렵다. 십자가와 부활의 신비로 운 진리는 자연인의 지성과 경험과 상상력을 초월한다. 그러나 성령의 이끄심으로 하나님의 말씀에 기초해서 믿음을 가질 때, 우리는 십자가의 신비를 깨달을 수 있다. 그런 맥락에서 루터(Luther)는 "십자가에 달리시고 감춰지신 하나님을 만나는 법을 배워야 한다"고 강조했다.

하나님 자신과 죄인이 '하나됨(oneness)'을 이루는 장소(롬3:25-26, 갈3:13, 고전6:20, 갈5:1)가 십자가다. 성경에는 구원의 이미지가 다양하게 묘사된다. 곧 제사를 통한 화목(propitiation, 요일4:10), 노예의 대 속(redemption, 눅1:68), 법정 선고로서의 칭의(justification, 롬8:33), 가정에서의 화해(reconciliation, 고후5:18) 등으로 서술된다. 이 모든 구원의 이미지를 가능케 한 것은 바로 '그리스도께서 우리의 죄를 대신 해 십자가에서 죽으신 대속(代贖)의 십자가 사건'에 기인한다. 그리스도의 십자가 대속 사건은 구원 사역의 결정적 전환점이며, 절망에 빠진 인간들에게는 생명선(生命線)의 출현이다. 이 모든 과정은 하나님의 공의와 사랑, 자비와 은혜의 원리에 따라 이뤄진 것이다.

하나님이 '그리스도로 말미암아 우리를 자기와 화목(고후5:18)'하게 하신 것은 은혜의 선물이다. 십 자가 위에서 예수님이 우리 대신에 죽으신 것 – 대속(代贖) – 은 십자가 구원의 절대적 중심이면서, 동시에 하나님의 구원사역의 절정이었다.

영산은 구원자 예수 그리스도를 강조한다. "나는 성경을 읽고 또 읽으면서 한 가지 놀라운 사실 을 발견했습니다. 성경에서 강조하는 것은 체계적인 철학이나 의학 이론, 또는 종교적인 의식이 아니었습니다. 인상적으로 반복되는 한 가지 주제는 '예수 그리스도'였습니다. 성경은 계속해서 예 수 그리스도, 하나님의 아들에 대해서 강조하고 있습니다. 예수님께서는 자신이 직접 인류의 죄를 지고 십자가에 달리심으로 죄를 청산하셨습니다. 예수님께서는 그를 믿는 자를 하나님 아버지와 화목하게 해주신 길이요, 진리요, 생명이 되신 분입니다."132)

---

129) 위격의 의미: 위격은 'person(인격을 뜻함)'을 번역한 것으로 '다른 존재에 속하거나 다른 존재를 통해 유지되지 않으면서, 홀로 행동하고 생각하는 지적 존재'를 의미한다. 참조. 로버트 쇼(Robert Shaw), 『웨스터민스터 신앙고백 해설』(An Exposition of the Confession of Faith-Westminster Assembly of Divines), 생명의말씀사(2014), 97.
130) 참조. 달라스 윌라드(Dallas Willard), 『하나님의 임재』(Living in Christ's Presence), IVP(2016), 135-144.
131) 조용기, "육으로 난 것은 육이요 영으로 난 것은 영이니", 주일설교(2016-07-17).
132) 조용기, 『4차원 영적세계』, 서울말씀사(1996), 17.

영산의 설교는 시작부터 끝까지 십자가 중심으로 일관되어 있다.133) 그는 예수 그리스도 십자가 중심의 사역을 펼쳤고,134) 동시에 그리스도의 부활도 균형있게 다뤘다. 그는 기독론 이해과정에서 그리스도의 인격과 그리스도의 사역을 나누지 않았으며, 또한 십자가와 부활에 균형있게 설교했다.135)

영산은 부활의 빛에 비추어 십자가를 이해했고, 오직 십자가만을 사랑했고, 아꼈고, 의지했다. 그는 "죽음의 문턱에서 절대절망의 늪으로 빠져들어갈 때 구원을 베풀어주셨던 예수님은 제 인생의 전부요, 예수 그리스도의 십자가는 제 설교의 핵심입니다."라고 고백한다. 그만큼 그에게 십자가는 60년 목회철학에서 빼놓을 수 없는 중심핵이었다. 그는『나는 이렇게 설교한다』라는 책에서 "십자가 앞에 선 나의 영혼에 메아리친 복음은 3박자 구원이었습니다. 나는 여기에서 내가 믿고 전해야 할 그리스도의 복음의 언어를 얻었습니다."라고 역설한다. 그의 신학적 지평은 골고다 언덕 십자가에서 출범했고, 지금도 이 땅에 사는 동안 그것은 변치 않을 것이다.

그는 오직 예수 그리스도 십자가 안에서, 복음을 위해(for), 복음으로(of), 복음과 함께(with), 복음을 통해(through) 반세기 사역의 지평을 열었다. 그의 설교 중심에는 언제나 십자가가 중심 역할을 한다. 십자가는 영산의 설교의 기초석이다. "예수 그리스도는 기독교 진리의 핵심입니다. 그러므로 예수님에 대한 바른 지식이 없이는 기독교의 진리를 알 수 없습니다."136) 그는 하나님이 교회 안에 임재하시며, 또한 '하나님의 삶의 방식은 사랑'이었다는 사실을 구체적으로 잘 간파하고 있다.

4.4. 인격적 보혜사 성령님: 삶의 자리에 임재하시는 성령님

성령님이 인격적 존재라는 영산의 인식은 그의 목회사역과 한국교회에 매우 중요한 영향을 미쳤다.137) 영산 신학과 목회의 최고 봉우리는 '성령님을 인격적(위격적)인 존재로 인식했다는 사실'에 있다. 그는 "성령과 친밀하게 교제하는 것과 단지 성령을 체험하는 것은 완전히 별개의 것입니다."라고 강조한다.138) 그에게 성령님과의 인격적 교제는 사역의 절대적 동업자였다. 그에게 성령님은 일회적 체험대상이 아니라 지속적인 친교의 대상이었다. 그는 성령님을 '교제의 대상' 및 '사역의 동반자'로 인식했다.

---

133) 참조. 김호성, "영산의 십자가 신앙과 신약성서",『영산신학저널』, Vol.20. 류동희, "영산 조용기 목사의 십자가 영성",『영산신학저널』, Vol.20.

134) 루터는 "그리스도가 원의 중심점이고, 성경 안에 있는 모든 역사들은 올바로 보자면, 그것은 그리스도에 관한 것이다."라는 말을 남겼다. 페터 바이어하우스(Peter Beyerhaus),『그가 보내신 말씀』(Er Sandte Sein Wort: Theologie der Christlishen Mission), CLC(2008), 142. 영산은 오직 예수 그리스도 십자가만을 사역의 핵심주제로 삼았다.

135) 영산의 기독론 이해에 대하여 더 자세하게는 다음 논문을 참조하라. 임형근, "영산의 기독론 이해: 영원토록 동일하신 예수 그리스도",『영산신학저널』, Vol.2(2005), No.3, 38-65.

136) 조용기,『순복음의 진리(상)』, 서울서적(1979), 116.

137) 영산의 성령운동이 한국교회에 미친 영향은 지대했다. 2003년 사랑의교회 옥한흠 목사의 인터뷰 내용에서도 절실히 드러난다. "조 목사님의 메시지와 사역이 한국교회에 미친 영향은 성령에 대한 인식과 자각을 한국교회에 강하게 심어주었다는 것입니다. 또한 복음을 절실하게 필요로 하는 사람들에게 성육화시켜서 전할 수 있었다는 것입니다. … 한 가지 아쉬운 것은 조 목사님의 메시지가 본의 아니게 제자도에 대한 메시지가 약하다고 인식되었다는 점입니다. 이것들에 대한 새로운 신학적, 목회적 작업들이 다시 펼쳐진다면 한국교회가 건강을 회복할 수 있는 좋은 계기가 되리라고 봅니다." 참조. 교회성장연구소,『카리스 & 카리스마』, 교회성장연구소(2003), 38.

138) 교회성장연구소 편집부,『카리스 & 카리스마』, 교회성장연구소(2003), 91.

영산의 '성령님과의 인격적 교제'는 생명력으로 꽉 차 있다. "어떠한 환경에 처해 있던지 '성령님, 인정합니다, 환영합니다, 모셔들입니다, 의지합니다'라고 기도하며 고백하십시오. 성령충만을 구하십시오. 언제나 성령님과 동행하게 해달라고 기도하십시오."[139]

독일의 조직신학자 위르겐 몰트만(J. Moltmann)은 영산의 신학을 '오순절적 생명의 신학'이라고 명명한다.[140] 생명은 곧 존재요, 그것은 인격적 친교로 확장된다. 존재, 생명, 인격, 친교, 사랑은 상호연합적이면서 상호보완적으로 작용한다. 존재 없는 생명, 인격 없는 생명, 사랑과 친교 없는 인격은 상상할 수 없다. 그런 의미에서 영산의 성령론은 인격적-생명적 성령론으로 정립된다.
"우리는 같은 하늘 아래 살고 있다. 그러나 지평선은 똑같지 않다." 콘라트 아데나우어(Konrad Adenauer)의 말이다. 영산의 영적 지평선은 처음부터 주위와 달랐다. 목사인 릭 워렌(Rick Warren)이 이런 말을 남겼다. "당신이 소속한 조직체의 온도를 알고 싶으면, 지도자의 입에 온도계를 넣어보게."
초대교회 성도들은 성령과 친밀하게 교제했다(고전1:9, 행2:42, 빌2:1). 성도는 교제를 통해서 예수 그리스도의 인격에 동화된다. 따라서 성령님을 인격적으로 이해하는 것은 중요하다.[141] 영산이 품은 영성온도계는 분명 성령님의 온도계였다. 그는 성령님과 인격적으로 동행하는 사람이었다.[142] 성령의 용광로가 언제나 그의 마음을 불태웠다. 그는 인격의 성령님을 이렇게 소개한다.[143]
"성령님께서는 지식과 감정과 의지를 가진 인격자이십니다(롬8:26-27). 그러므로 우리는 성령님을 인정하고, 환영하고, 모셔들이고, 의지하고, 친교를 나눠야 합니다. 성령님은 우리 안에 계시며, 우리와 함께 하십니다(요14:17, 고전3:16)."[144]

그는 성령님이 일하시도록 하려면 인간 편에서 적극적인 입술의 고백이 중요하다고 강조한다. "하나님 말씀이 2천년 전 또는 4천년 전의 말씀이 아니라, 오늘 이 자리에서 나의 말씀이 되도록 하기 위해 내가 반드시 입술로 고백해야 되는 것입니다. 그래서 성령께서 운행하도록 해야 되는 것입니다. 그러면 놀라운 역사가 일어나는 것입니다. 긍정적인 시인을 하면 하나님 성령이 창조하시는 것입니다."[145]

---

139) 조용기, 『기도』, 서울말씀사(2013), 13-14.
140) 위르겐 몰트만, "오순절적 생명의 신학", 『영산 조용기 목사 성역 40주년 기념 논총』, 간행위원회편, 서울말씀사(1996), 111-130. 몰트만은 조용기 목사를 다음과 같이 평가했다. "나는 조용기 목사를 1995년 만났다. 나는 그와의 신학적 대화를 통해 조용기 박사가 상당한 실력을 갖춘 심오한 신학자이자 독창적인 사상가라는 것을 알게 되었다." 참조. Jürgen Moltmann, "The Blessing of Hope: The Theology of Hope and the Full Gospel of Life, JPT, Vol.13, No.2(2005), 148.
141) 신학자 토레이(R. A. Torray)가 말하는 인격적 성령님의 중요성: 첫째, 우리가 예배하기 위해서다. 둘째, 성령님에 의하여 우리가 쓰임받기 위해서다. 셋째, 인격자만이 우리를 이해하고 도와줄 수 있다. 참조. 조용기, 『성령론』, 서울말씀사(1998), 21-22.
142) "성령님은 하나님이시다, 하나님과 동일한 속성을 가지고 계신다. 삼위일체 제삼위 하나님이시다." 참조. 조용기, 『성령론』, 서울말씀사(1998), 17-20.
143) 참조. 조용기, "다른 보혜사 성령님", 주일설교(2007-05-27, 2011-07-24).
144) 영산은 "성령은 인격을 지니신 분이시다."고 역설한다. '인격적인 성령의 중요성-지성(고전2:10, 롬8:27), 감성(롬5:5, 롬8:26), 의지(고전12:11, 행16:6-7)'에 대하여 조용기의 『성령론』 참조(제2장 p21-26).
145) 조용기, "예수님의 안식 속에 살아야 한다", 주일설교(2012-02-19).

영산이 성령님과 대화를 시도한 것은 놀라운 일이었고, 당시 누구도 상상할 수 없는 일이었으며, 동시에 성령님에 대한 획기적인 이해였다.146) 영성작가로 알려진 머튼(Thomas Merton)은 하나님과의 친교를 강조한다. "하나님을 알기만 하고 사랑하지 않는 것은 끔직한 일이다. 하나님과 실재로 친교를 나누지 않으면서, 단지 이론으로 하나님의 존재를 확신하는 것은 끔직한 일이다.147)

루터(Luther)가 말씀 안에서, 말씀을 통해서 역사하시는 성령을 강조했다면, 영산은 하나님의 말씀과 성령의 인격성과 교제를 균형 있게 강조하면서, 삶 가운데 영으로 함께 하시는 하나님의 실체와 은혜와 능력의 풍성함을 피력했다.148) 신(神)인식론과 연계해서 이해하면, 전통적 신인식론이 계시와 믿음이라면, 영산의 신인식론은 기도를 통한 성령론적 인식론이다.149) 죽은 영이 살아나 하나님의 영을 감지하려면 아담 이후로 고장난 영성 탐지기를 복원시켜 원상태로 회복시켜야 한다. 거룩한 자가 하나님을 볼 수 있고(히12:2), 마음이 청결한 자가 하나님을 볼 수 있다(마5:8).

낙원에서 아담과 하와는 하나님과 영적으로 친밀하게 교제했다. 하지만 죄로 인해 하나님과 최초의 인류 사이의 영적 교제에 문제점이 생겼다. 그러나 예수님이 오셔서 십자가를 지시고 부활하시고, 또 보혜사 성령이 신자들 안에 내주하시므로, 신자들은 삼위일체 하나님과 영적으로 친밀하게 교제할 수 있게 되었다.

영산은 회복된 영성탐지장치의 주파수를 언제나 '성령님의 채널'에 고정시키고 목회활동을 펼쳤다. 그는 "저의 생활에서 가장 중요한 것은 성령이 우리에게 주시는 은사보다도 성령과의 깊은 교제입니다. 오늘날 성도들이 저지르는 잘못은 성령의 은사를 받으려고만 하지 성령 자체와의 관계나 교제는 등한시한다는 것입니다."라고 말한다.150) 그는 누구보다 성령과의 교제를 강조했다. 그 자신이 항상 성령충만을 구했으며, 보혜사 성령을 언제나 환영하고, 의지하고, 모셔들일 것을 강조했으며, 그것은 곧 희망목회로 연결되었다. 그의 목회의 열매는 성령과의 동업적 열매라고 할 만큼 그는 성령론적 영성을 강조했다. 그는 지정의 인격을 가지고 계시는 성령님과 절친한 친구였다.

성령은 영산의 실용지능을 극대화−최적화시킨 것으로 보인다.151) 심리학자 로버트 스턴버그(Robert Stemberg)는 "실용지능은 뭔가를 누구에게 말해야 할지, 언제 말해야 할지, 무엇을 해야 할지, 어떻게 말해야 최대의 효과를 거둘 수 있을지 등을 포함한다"고 말한다.152) 2005년 미국 타임지 선정 '세계의 가장 영향력 있는 100인' 중 한 명인 글래드웰(Malcolm Gladwell)은 '실용지능이란 후천적으로 습득해야 하는 지식'이라고 정의 내린다.153) 그 맥락에서 보면, 영산은 성령의 도움으로

---

146) 참조. 이영훈, "조용기 목사의 성령론이 한국교회에 미친 영향", 『영산신학저널』, Vol.1(2004). 임승안, "영산 조용기 목사의 성령론", 『영산신학저널』, Vol.1(2004). 최문홍, "조용기 목사와 성령", 『영산신학저널』, Vol.1(2004).

147) 토머스 머튼, 『십자가 성 요한과 진리의 길』, 바오로딸(2009), 137.

148) 이기성, "루터와 영산의 성령론 비교", 『영산신학저널』, Vol.1(2004), 120−124.

149) 임형근, "조용기 목사의 성령이해", 『영산신학저널』, Vol.1(2004), 156−157.

150) 교회성장연구소, 『카리스 & 카리스마』, 교회성장연구소(2003), 18.

151) "성령의 은혜로운 인도에는 두 가지 방법이 있다. 하나는 성령이 하시는 일을 성도에게 가르치는 것이고, 다른 하나는 그 가르침을 따를 수 있도록 강력하게 이끌어가는 것이다." 참조. 존 스미스(조나단 에드워즈), 『신앙 감정론』(The Works of Jonathan Edwards Volume 2: Religious Affections), 부흥과개혁사(2005), 401.

152) 말콤 글래드웰, 『아웃라이어』, 김영사(2009), 노정태 역, 124.

실용지능의 극대화를 향유한 것이다. 그는 인격적 성령 이해의 중요성을 3가지로 압축하여 설명한다. 첫째, 예배하기 위해서, 둘째, 성령님에 의하여 쓰임받기 위해서, 셋째, 오직 인격자만이 우리의 사정을 알고 도와줄 수 있어서다.154) 전지전능한 하나님이신 성령님은 인간에 대한 모든 것을 알고 계시며, 인간의 모든 문제를 해결하실 수 있다.

성령님이 인격성을 지닌 증거는 다음과 같다. 첫째, 성경은 성령님을 인격적 대명사로 표기하고 있다(요14:16, 16:13, 16:7). 둘째, 성경은 성령님께서 인격적 존재여야만 행할 수 있는 활동을 기록하고 있다(계2:7, 요14:26, 요16:13, 행16:6-7).155) 인격의 성령님은 위로하시며, 가르치시고(요14:26), 말씀하시고(행8:29), 죄를 슬퍼하시며(엡4:30), 인간의 행동을 지배하시며(행16:6-7), 신자들의 양자됨을 확신시키시며(롬8:16), 그리스도의 영광을 증거하신다(요16:14). 영산은 신학서적들을 통해 하나님의 말씀을 연구하는 데에도 힘썼지만, 또한 성령으로부터 조명을 받아 말씀을 해석하였다. 그는 '성령중심의 삶의 방식'을 철저히 준수한 사람, 성령의 사람이었다. 그는 성경말씀을 성령의 감동으로 기록된 말씀으로 이해하는 것이 중요하지만, 그 말씀을 오늘날 삶의 자리에 현재화하는 것도 중요하다고 역설한다.

무엇보다 영산은 올바른 신앙생활을 위해 중생과 성령침례가 필요함을 역설하며, 영적생활은 성령충만과 절대적인 관계에 있다고 강조한다. 그는 자신의 책『성령론』에서 중생과 성령침례에 대하여 다음과 같이 비교하여 설명한다. "중생은 성령과 말씀으로 그리스도의 몸에 접붙임을 받고 주님의 생명을 받아드리는 체험이요, 성령침례는 성도들에게 최초로 충만하게 임하는 체험입니다. 또한 중생은 영생을 얻는 체험이요, 성령세례는 중생한 성도가 하나님의 권능을 받아 능력 있는 그리스도의 증인이 되는 체험입니다."156)

성령충만의 경험은 인간을 내적, 외적으로 변화시킨다.157) 성령은 내적으로는 성화시키고(내적 역사), 외적으로는 능력을 일으킨다(외적 역사). 성령과 인격적으로 교제가 일어나려면, 무엇보다 사람이 거룩해야 한다(레11:45). 그 거룩함은 말씀과 기도에서 나온다. 바울은 "하나님의 말씀과 기도로 거룩해진다(딤전4:5)"고 말한다. 기도하면 성경말씀을 깨닫게 되고, 성령의 음성을 듣게 되고, 그 말씀은 자신의 심령을 울리는 종소리가 된다. "야훼여 나의 부르짖음이 주의 앞에 이르게 하시고 주의 말씀대로 나를 깨닫게 하소서(시119:169)."

바울은 에베소 교인들에게 말씀을 깨닫기를 간절히 기도했다(엡1:16-19). 성령은 말씀과 기도를 통해 삶의 자리에서 역사하시는 분이시다. 영산은 '성령운동은 곧 기도운동'이라고 피력할 만큼, 기

---

153) 위의 책, 125.

154) 조용기, 『성령론』, 서울말씀사(2012), 21-22.

155) 위의 책, 22-26.

156) 위의 책, 114.

157) 중생, 성령세례, 성령충만의 성서적 의미: a) 중생(거듭남): 성령님께서 나타내신 예수 그리스도의 복음을 믿음으로 우리를 씻으시고 새로운 피조물로 만드셔서(고후5:17) 영생을 얻게 하는 과정. b) 성령세례: 성령을 받는 것(행8:17), 성령을 부어주시는 것(행10:45), 위로부터 능력을 덧입히는 것(눅24:49) 등. c) 성령충만: 외적인 성령의 은사와 내적인 성령의 열매가 지속적으로 충만하게 유지되는 과정(행2:4). 중생과 성령세례는 동일한 체험이 아니다. 이 둘은 동시에 일어날 수도 있고, 기간을 두고 일어날 수도 있으며, 분명 서로 다른 체험이다. 참조. 조용기, 『성령론』, 서울말씀사(1998), 109-122.

도와 성령의 불가분 관계를 강조했다. 성도는 오직 기도를 통해 '야훼의 회의'에 참석할 기회를 얻으며, 하나님의 뜻을 아는 놀라운 은혜를 얻어, 삶의 활력을 얻는다. "누가 야훼의 회의에 참여하여 그 말을 알아들었으며 누가 귀를 기울여 그 말을 들었느뇨(렘23:18)."

영산은 스스로 '1964년도는 획기적인 해'라고 고백하고 있다. "1964년도는 저의 인생에서 획기적인 해입니다. 그것은 제가 성령님을 발견한 해이기 때문입니다. 그전까지는 성령님을 능력으로 체험만 했지 인격적으로 모시지는 않았습니다. 그러나 제가 성령님을 저의 생활전반에 걸쳐 간섭하시는 영으로서, 저의 변호사로, 선생님으로, 위로자로 인정하고, 환영하고, 모셔들이고, 의지하는 교통을 통해 예배하고 감사하고 함께 일해 왔습니다."[158]

그는 삼위 하나님과 친밀하게 교통하고자 했고, 그것은 신앙생활에 활력을 불어넣었다. 그 모든 것은 그의 기도에서 비롯된 것이었다. 영산은 하나님을 삼위일체적으로 이해한 덕분에 '좋으신 하나님', '예수님의 구속사역', '성령과의 인격적 교제'를 탄생시켰다.[159] 그에게 성령님은 완벽한 지정의를 갖추신 인격자였다. 사람은 하나님의 형상을 닮아 지정의를 가지고 있어 하나님과 인격적으로 교통할 수 있다. 인격적인 완전한 존재이신 성령님은 인간과 서로 교통할 수 있다(그림 5-2).[160] 성령님은 우리와 함께(요14:16), 우리 속에(요14:17), 우리 위에(행1:8) 거하신다. 인간은 영원하신 성령의 불멸의 능력을 의지하고 살 때 의로운 삶을 살아갈 수가 있다. 성령은 4차원의 하나님의 능력을 3차원 인간의 삶에 풀어놓으시는 분이시다. 성령은 예수 그리스도의 십자가를 통하여 그리스도인의 생각을 변화시키고, 없는 것을 있는 것처럼 꿈을 꾸게 하고, 손에 잡히지 않는 것을 이미 가진 것처럼 믿음으로 행하게 하고, 그 믿음을 긍정의 입술로 선포하게 하신다.[161]

성령님과 동업함으로써 영산의 영성은 성령님과의 인격적 교제를 통해 더욱 풍성해졌다.[162] 그는 늘 다음과 같이 성도들에게 말했다. "성령님을 인정하고, 환영하고, 모셔들입니다. 성령님 사랑합니다." 이 짧은 문구 하나만으로도 그의 신학적 지평이 나타나고 있다. 그는 성령님이 인격의 영, 능력의 영이라는 사실을 절실히 깨달았다. 이 깨달음은 그가 늘 성령충만을 사모하며 목회를 역동적으로 이끌어가는 동인이 되었다. 성령님을 그저 삼위 중 한 분으로, 교리적으로만 간주하던 시절, 그가 성령님을 하나님이자 동역자이자 친구처럼 묘사한 것은 대단히 매혹적인 것이다.

---

158) 조용기, 『성령론』, 서울말씀사(1998), 7-8.

159) 철학자 헤겔(G. W. F. Hegel)은 인격이란 '그 상대와 관계를 맺는 것'이라고 정의한다. 인격의 본질은 자신을 상대에게 자신을 내어주는 것 - 상대를 위하여 자신을 희생하는 것 - 에 있다. 즉 자신을 내어줌으로써 자신의 인격을 상대방 속에서 발견하게 된다. 참조. 스탠리 그렌즈(Stanly J. Grenz), 『조직신학』, 144 재인용.

160) 조용기, "보혜사 성령님", 주일설교(2010-01-10).

161) 조용기, "사차원의 삶", 주일설교(2010-11-07), "성경적 믿음이란 무엇인가", 주일설교(2010-07-18).

162) "사람들은 나의 목회 비결, 특히 놀라운 교회성장을 이룰 수 있었던 비결이 무엇인지를 묻곤 합니다. 그럴 때마다 내가 빼놓치 않는 답변은 '성령님과의 인격적 교제'입니다. 개인의 영적성장에도 마찬가지입니다. 성령님과의 인격적 교제가 있는 성도는 하나님과 깊은 교제를 나눌 수 있기에 그의 신앙은 끊임없이 성장합니다." 조용기, 『기도』, 서울말씀사(2013), 10.

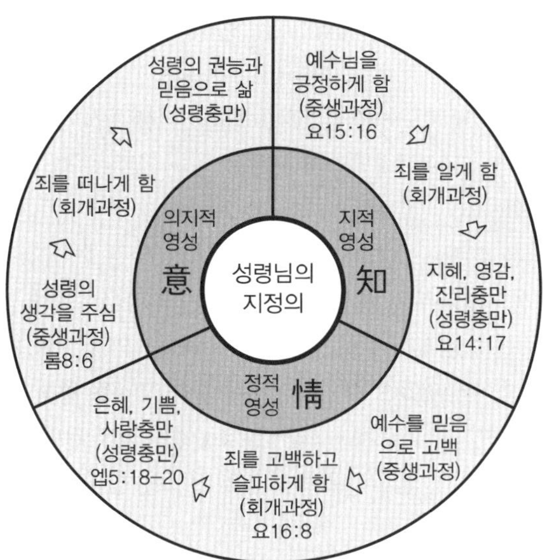

그림 5-2. 성령의 지성, 감성, 의지의 영성모델: 영산은 지정의 인격적 성령님을 사역의 동반자로 모시고 사역을 감당했다. 그는 성령님이 인격을 지니신 증거로 세 가지를 제시한다.[163] 영산은 성도들에게 살아계신 하나님의 임재를 삶의 현장에서 체험하게 하는 역동적인 메시지를 증거했다. 그 결과 성도들은 인격적으로 성령충만을 경험하게 되었고, 절대 절망에서 침몰하는 것이 아니라 절대희망의 세계로 나아가게 되었다.

영산의 '4차원영성'은 오랫동안 성령님과 인격적 교제를 나누면서 탄생된 것이다.[164] 4차원영성은 결국 성령과의 인격적 교제에서 맺혀진 거룩한 열매였다. 그는 "성령님께서 물질세계를 다스리기 때문에 편의상 성령님의 세계를 4차원이라고 부릅니다."라고 말한다.[165] 영산의 신앙의 핵심, 희망찬 설교, 성서신학, 영성신학 등의 그 모든 것들은 성령님과의 동업에서 맺혀진 거룩한 열매였다. 그는 성령님과의 교제를 누구보다 중요하게 여겼다. "성령님과의 사귐이 없이 신령한 생활을 할 수 없고, 신령한 생활 없이 능력 있고 승리하는 신앙을 유지할 수 없습니다."[166] 그는 보혜사 성령을 언제나 환영하고, 의지하고, 모셔들일 것을 강조했다.

---

163) 첫째, 성경은 성령님을 인격적 대명사로 표기하고 있다(요15:26, 요16:7-8, 요16:13). 둘째, 성경에는 성령님께서 인격적 존재만이 행할 수 있는 활동을 하신다고 기록하고 있다(계2:7, 롬8:26, 요14:26, 행16:6-7). 셋째, 성경은 성령님께서 인격적 속성을 가지고 계심을 증거하고 있다(고전2:10, 롬8:26-27, 고전12:11, 행16:6-7). 참조. 조용기, 『성령론』, 서울말씀사(1998), 22-26.

164) '어떻게 메추라기를 잡을 수 있다고 생각하느냐?' 성령과 긴밀하게 교제하는 길은 기도의 생활화 뿐입니다. 나는 이 사실을 목회초기에 깨달았습니다. 어느 날 기도 중 하나님의 음성을 들었습니다. '만일 이스라엘 백성들이 광야로 메추라기 사냥을 나간다면 몇 마리나 잡을 수 있다고 생각하느냐? 나는 '주님, 몇 마리밖에 잡을 수 없겠지요.'라고 대답하였습니다. 그러자 주님께서 또 물으셨습니다. '어떻게 해야 메추라기를 잡을 수 있다고 생각하느냐? 그때 비로소 나는 주님께서 바람으로 메추라기를 몰아주셔야 잡을 수 있음을 깨달았습니다. 그때 주님께서 내 생애를 완전히 변화시키는 말씀을 주셨습니다. 성령과 사귀어 성령과 함께 일하라! 참조. 조용기, 『나는 이렇게 기도한다』, 서울말씀사(2011), 61-62.

165) 조용기, "풍랑을 잠재우신 예수님", 주일설교(2014-06-01).

166) 조용기, 『성령론』, 서울말씀사(1998), 8-12.

영산은 "4차원 영적세계가 3차원 물질세계를 다스립니다. 성령님의 세계는 4차원입니다."라고 말한다.[167] 4차원영성은 성령의 세계이며, 하나님의 나라가 인간의 삶에 어떻게 현실적으로 나타나는지를 보여주는 것이며, 궁극적으로 전인구원의 복음이 성도들의 삶의 한복판에서 십자가의 능력을 체험하게 하는 것이다. 그는 성령님과의 교통을 통해 '삶의 자리'에서 경험적으로 일어나는 체험 신앙을 강조했다.[168]

요약하면, 영산의 영성은 한편으로 삼위일체적 영성이요, 다른 한편으로 예수 그리스도 십자가의 영성 – 5중복음의 영성, 3중축복의 영성, 4차원영성 – 의 총체성이다. 그는 삼위일체 하나님과의 관계에 기초한 영성을 통해 성도들이 삶의 자리에서 하나님의 임재를 체험하도록 했고, 동시에 그러한 하나님의 존재와 본성을 영적으로 알아가도록 했다. 4차원 영적세계는 성령의 세계다. 사람이 예수님을 믿고 거듭나면, 영이 살아나서 4차원영성에 속하게 된다. 그 결과 인격적 성령님과 교제가 가능하게 된다. 즉 생각과 꿈과 믿음과 말씀의 선언을 통해 4차원이 3차원을 다스리는 역사를 경험할 수 있다.

5. 4차원영성의 실천학적 해석

십자가 위에서 죄로 죽고, 생명으로 살아난 신자는 '나의 삶이 아니라, 예수 그리스도의 삶'을 사는 것이다(갈2:20). 바울의 지적대로 '주와 합한 자는 하나의 영(고전6:17)'이다. 두 인격이 하나의 영으로 연합되어 있는 것이다. 예수님도 '나 자신의 삶이 아니라, 성부 하나님의 삶'을 사셨다. 그는 "내가 아무것도 스스로 할 수 없노라(요5:30)"고 하셨다. 예수님은 항상 성부 하나님의 뜻을 따라 행동하셨다. 예수님은 "아들이 아버지께서 하시는 일을 보지 않고는 아무것도 스스로 할 수 없나니(요5:19)"라고 말씀하셨다. 예수님은 항상 성부 하나님의 생각으로, 꿈으로, 믿음으로, 그리고 하나님이 주시는 말을 하셨다. "내가 스스로 아무것도 하지 않고 오직 아버지께서 가르치신 대로 이런 것을 말할 줄도 알리라(요8:28)."

4차원영성은 '나 자신의 의로 사는 삶이 아니라, 하나님의 말씀으로 사는 삶'이다. 거룩한 신분을 가진 성도는 예수님 안에서 살고 있음으로 '예수님(말씀 혹은 성령)의 생각으로, 꿈으로, 믿음으로, 언어'로 살아야 한다. "우리가 그(예수님)로 힘입어 살며 기동하며 존재하느니라(행17:28)." 4차원영성이 내 안에 적용되면, 나의 인격을 이루는 지성, 감성, 의지가 '예수 그리스도의 옷'을 입어, '신령한 지성, 감성, 의지'로 변화되어 거룩한 친교적 삶, 온전한 삶을 살게 되고, 궁극적으로 내 안에 예수 그리스도의 영광을 드러내게 된다(요16:14). 이러한 영적 삶은 오직 성령의 능력으로 이뤄진다.

---

167) 조용기, "풍랑을 잠재우신 예수님", 주일설교(2014-06-01).

168) 슈나이더스(Sandra Schneiders)는 영성 연구대상에 있어서 신학적, 상황적 및 해석학적 접근보다 영적경험을 중요하게 여긴다. 이러한 견해는 영산의 영성과 맥을 같이 한다. 어반 홈스(Urban Holmes)는 그의 책『기독교 영성의 역사(A History of Christian Spirituality)』에서 기독교 영성을 4가지로 분류한다. 곧 내면생활을 위한 영성, 개인경건을 위한 영성, 지적갱신을 위한 영성, 사회적 갱신을 위한 영성이다. 참조. 김도일 · 장신근,『기독교 영성교육』, 동인(2009), 46-48.

5.1. 영성의 실존적 구조: 인간영의 활성화

하나님의 자비와 은혜가 죄인에게 전달되는 수단은 오직 십자가뿐이다. 모든 죄인은 복되신 하나님의 자비를 통해 죄사함과 구속이 이뤄진다. 육신의 죄를 십자가에 올려놓아야 죄가 소멸된다. 근원적으로 보면, 십자가는 성화의 수단이다. 십자가는 죄인과 하나님과 친교의 길, 즉 화목의 길(고후5:18)을 열어주었다.

영적인 열매를 맺는 비결은 '일하는 것'에 있지 않고, '죽는 데' 있다(고후4:7-11).[169] 4차원영성은 인격적이신 성령님의 세계 안에서, '나의 오감적 자아가 아니라, 예수 안에서 이미 죽고, 말씀으로 사는 영성'이다. 성도는 "죄에 대하여는 이미 죽은 자요 그리스도 예수 안에서 하나님께 대하여는 살아 있는 자(롬6:10-11)"가 되었으므로, 예수 그리스도와 연합된 지체이다(롬7:4). 따라서, 그리스도의 생각, 꿈, 믿음, 언어로 사는 것이 옳고, 또한 예수 안에서 뿌리를 박고 믿음에 굳게 서는 것이 성경적이다(골2:7, 갈4:19).

4차원영성은 인간영의 활동요소 -'생각, 꿈, 믿음, 말'- 를 삶의 한가운데 적용하는 영성이며, 궁극적으로 '예수 그리스도의 영광을 드러내는 삶'이다(요16:14).[170] 영산은 속사람과 겉사람을 4차원 영적으로 비교하여 설명한다. "4차원의 영성은 속사람의 삶의 방식, 즉 영적 생각, 영적 꿈, 영적 믿음, 영적 말을 의미합니다. 겉사람은 인간의 감각과 경험, 이성과 지식, 과학적 사고방식을 주장하나(롬8:7-8), 속사람은 믿음으로 세계가 하나님의 말씀으로 지어진 줄을 알고 말씀을 믿고 살아가는 존재입니다."[171]

하나님을 영화롭게 하는 영성적 삶의 방식은 일찍이 종교개혁에서 촉발되었다. 오직이라는 의미를 가지는 라틴어 단어는 '솔루스(solus)'인데, 이 말을 중심으로 다섯 가지 종교개혁의 슬로건 - 오직 성경(갈1:9, Sola Scriptura), 오직 그리스도(히7:27, Solus Christus), 오직 은혜(엡2:5, 8-9, Sola Gratia), 오직 믿음(롬3:28, Sola Fide), 오직 하나님께 영광(엡1:5-6, 롬11:36, Soli Deo Gloria) - 이 정립되었다(표 5-1).[172] 복음주의자들은 바로 이 종교개혁의 영성을 영적 유산으로 물려받은 것이다.[173]

표 5-1에서 보는 바와 같이 영산은 하나님의 말씀을 마음에 적용하는 방법으로 '하나님의 생각, 꿈, 믿음, 말'을 통해 삶의 자리에서 말씀적용 방법을 혁신적으로 개혁하였다. 영성의 핵심은 궁극적으로 하나님을 영화롭게 하는 삶 자체에 있다.[174] 본질적으로는 예수 그리스도 십자가 중심의 영성이 근저를 이루고 있으며, 영산의 4차원영성이나 개혁주의자들의 영성추구 방식에 차이점이

---

169) 제씨 펜 루이스((Jessie Penn-Lewis), 『십자가의 도』(The Centrality of the Cross), 두란노(2003), 67.
170) ESV Study Bible, Crossway(2008), p2521. 성령은 4가지 방법으로 예수 그리스도를 영화롭게 한다. 첫째, 성령은 성경 전체를 조명하여 그리스도 중심성을 강조한다(눅24:27, 44-48). 둘째, 성도로 하여금 권능 있는 복음을 선포하게 만든다(행1:8). 셋째, 성령은 죄인을 중생시켜 새 생명을 탄생시킨다(요3:5-8). 넷째, 성령은 그리스도 형상을 닮아가도록 성도를 성화시킨다(롬8:29, 요일3:2).
171) 조용기, "겉사람과 속사람", 주일설교(2011-06-26).
172) 조엘 비키(Joel R. Beeke), 『칼빈주의』, 지평서원(2012), 38-39.
173) 스탠리 J. 그렌츠(Stanly J. Grenz), 『복음주의 재조명』(Revisioning Evangelical Theology), CLC(2013), 34.
174) 영산의 4차원영성의 동선(動線)은 종교개혁의 영성과 동일한 궤도 위에서 움직인다. 다시 말해, 4차원영성과 개혁주의 영성이 고립된 영성이 아니라 '하나님 중심의 삶의 구조'라는 거대담론 안에서 방향성이 동일하다.

있다고 하더라도, 분명한 것은 한 십자가적 동심원(concentric circle)의 궤적 안에서 논하고 있다는 사실이다. 이러한 맥락에서 보면, 4차원영성은 전통적 종교개혁 영성을 이어가며, 동시에 삶의 현실 속에 효능적으로 적용할 수 있는 역동적 영성이다. 4차원영성이 말씀중심의 영성이므로 종교개혁의 영성 중 "오직성경"과 상호 연계되어 있다. 성도의 영적성장 근원은 성경이다.

표 5-1. 하나님 중심주의 관점에서 바라본 4차원영성과 종교개혁의 영성

구 분	영산의 4차원영성	종교개혁의 영성 하나님 중심주의의 영성[175]
영성 요소	하나님의 생각(Thinking of God) 하나님의 꿈(Dream of God) 하나님의 믿음(Faith of God) 하나님의 말씀(Words of God)	오직 성경(Sola Scriptura) 오직 그리스도(Solus Christus) 오직 은혜(Sola Gratia) 오직 믿음(Sola Fide) 오직 하나님께 영광(Soli Deo Gloria)
핵심	하나님을 영화롭게 하는 삶(롬11:36)[176]	

4차원영성의 4요소 – 생각, 꿈, 믿음, 말(말씀을 기초로 함) – 는 땅속의 나무뿌리가 나무줄기와 잎사귀와 연결되어 있듯이 신경망처럼 서로 연결되어 있다. 영산은 "말은 생각을 품고 있습니다. 생각은 꿈을 꾸게 하고, 꿈은 믿음에 옷을 입히고, 믿음은 입술의 선언을 가져오며, 창조적인 선언은 실상을 만들어냅니다."라고 말한다.[177] 그는 '생각, 꿈, 믿음, 말'의 4요소를 상호연합적–상보적 개념으로 인식하고 사용한다. 즉, 4요소들은 별개의 것이 아니라 상호 시너지 효과를 촉발시킨다.

4차원영성은 목회학, 기독교교육과 윤리, 실천신학, 조직신학 영역까지 유기적으로 그 뿌리가 뻗어있다. 영성이 성령, 말씀, 기도, 예배, 훈련을 통해 개발되는 은혜의 차원이라면, 신학은 지적 탐구의 능력으로 개발되는 이성적 체계화의 차원이다. 영성신학은 영성과 신학을 합친 개념이다. 그런 맥락으로 볼 때 4차원영성은 신학과 밀접한 동반자 관계에 있으며, 나아가 영성신학을 발전시키는 근거를 제공한다.

영산은 하나님의 영의 세계를 '4차원영성'이라는 특이한 비유법으로 접근하는 방법을 취했다. 그에게 있어 5중복음이 회중을 향한 복음의 진수였다면, 4차원영성은 하나님의 영의 세계를 여는 새로운 창문에 비유된다. 이제까지 영적세계가 있다고 믿고 있었지만 '4차원영성'만큼 구체화시킨

---

175) 칼빈주의를 하나의 개념으로 정의하면 그것은 '하나님 중심주의'다. 칼빈주의자들은 자신들의 신학을 하나님으로 가득 채운다. 메이슨 프리슬리(Mason Pressly)는 칼빈주의자는 하나님을 최전방에 둔다고 서술한다. "감리교는 죄인의 구원사상을, 침례교는 거듭남의 신비를 , 루터교는 이신득구 교리를, 모라비안교는 그리스도의 상처를, 로마 카톨릭교회는 교회의 보편성을 최전방에 두는 것과 같이, 칼빈주의자(개혁주의자)는 언제나 최전방에 하나님을 둔다." 참조. 조엘 비키(Joel R. Beeke), 『칼빈주의』, 지평서원(2012), 87.

176) 조엘 비키(Joel Beeke)는 '하나님 중심'으로 삶을 산 대표적 인물로 몇 사람을 꼽는다. 어거스틴(Augustine): "오 주 나의 하나님이시여, 나의 빛이시여, 나의 행복이시여, 나의 구원이시여." 칼빈(Calvin): "오직 하나님께 영광!" 조나단 에드워즈(Jonathan Edwards): "하나님을 즐거워하는 것이야 말로 우리 영혼이 얻을 수 있는 가장 유일한 행복이다." 참조. 조엘 비키(Joel R. Beeke), 『칼빈주의』, 지평서원(2012), 91-91.

177) 조용기, "말의 힘", 주일설교(2015-09-27).

사례는 없었다. '영의 세계(spiritual world)'와 '현실세계(practical world)'를 연계시키는 친숙한 언어가 부족해서 성령님의 임재와 권능을 경험하는 것이 아주 제한적이었다. 그러나 이제 인간은 4차원영성의 적용 – 생각을 통해, 꿈을 통해, 믿음을 통해, 말을 통해 – 으로 하나님의 4차원 세계의 성령과 교통이 원활하게 되었다. 그가 삶에 쉽게 이해할 수 있는 언어를 사용해서 '온전히 잘 알 수 없는 영적세계'를 '생각-꿈-믿음-말'의 언어로 사실적으로 묘사한 것은 신학적 측면에서 보면 경이적인 것이었다. 영산은 신앙생활을 하는 동안 마귀는 늘 싸움을 걸어오는데, 성도는 생각으로 싸워야 하고, 꿈속에서 싸워야 하고, 믿음으로 싸워야 하고, 말을 올바르게 사용해 싸워야 한다고 강조한다.[178)]

칸트(Immanuel Kant)는 시간과 공간이 경험적 개념이 아닌 선험적 개념이기 때문에 3차원 공간과 1차원 시간은 그 자체로서 자명한 것으로 이해하고 있었다. 뉴턴(Newton)도 1687년 출간된 그의 저서 『자연철학의 수학적 원리』에서 "절대적이고 본래적이며 수학적인 시간은 그 자체가 하나의 본성"이라고 강조했다. 나아가 "절대시간은 바깥 어떤 사물과도 무관하게, 저절로 그 본성에서부터 흐른다. ··· 절대공간은 바깥 어떤 사물과도 무관하게 그 본성 속에서 한결 같고 움직이지 않는다."고 역설했다.[179)] 그는 하나님의 속성이 절대시간, 절대시간을 구성한다고 믿었다.[180)]

그러나 영산이 말하는 4차원은 물리적 시공간적 차원이 아니라, 영적 차원을 의미한다. 3차원 세계가 시간, 공간, 물질세계라면, 4차원 영적세계는 시공간을 초월하는 세계이며, 고차원의 4차원이 저차원의 3차원을 다스린다. 4차원 영적세계를 지배하는 영적언어는 생각, 꿈, 믿음, 말이다 (표 5-2).

전복의 껍데기는 트럭이 밟고 지나가도 깨지지 않을 정도로 강한 것으로 알려져 있다. 전복껍데기는 95% 이상이 탄산칼슘($CaCO_3$)으로 구성돼 있고, 분필의 성분도 대부분이 탄산칼슘이다. 그런데 분필은 쉽게 부러지고 전복껍데기는 왜 그렇게 단단할까? 과학자들에 의하면, 전복껍데기는 여러 층(layer)으로 이루어져 있는데, 그 사이에 들어 있는 평평한 육각형 석회분자가 유연한 모르타르 역할을 하기 때문에 강도가 무려 20배나 강해진다는 것이다. 환언하면 전복껍데기의 강도는 네트워크의 복합성 때문이다. 4차원영성을 구성하는 '생각의 층-꿈의 층-믿음의 층-말의 층'도, 전복껍데기의 층들이 상호 네트워크 형태로 강하게 붙들려 있듯이, 4요소가 서로 통전적, 유기적

---

178) 참조. 조용기, "성경적 삶의 방식", 주일설교(2011-06-05). "나도 포도나무요 너희는 가지니", 주일설교(2009-12-27).

179) J. P. 모어랜드 & W. L. 크레이그(J. P Moreland & W. L. Craig), 『과학철학』(Philosophy of Science), CLC(2013), 144.

180) 뉴턴(Newton)은 영원성(eternity)과 편재성(omnipresence)이라는 신의 속성이 절대시간과 절대공간을 구성한다고 서술한다. 하나님은 영원하며 무한하다. ··· 그는 영원에서 영원까지 지속한다. ··· 그는 영원히 지속하며 어디에서나 현존한다. 공간의 모든 입자는 언제나 존재하며, 지속의 모든 시간은 어디서나 존재하기 때문에 확실히 만물의 창조주이자 주인이 없는 때와 없는 것은 있을 수 없다(p155). 참조. J. P. 모어랜드 & W. A. 크레이그(J. P Moreland & W. L. Craig), 『과학철학』(Philosophy of Science), CLC(2013), 155(특히 제4장 시간과 공간의 철학). 첨언하여 이해하면, 절대시간 개념은 뉴턴적 세계관에서는 통했지만, 아인슈타인의 상대성이론이 나오면서 시공간은 상대적 개념으로 바뀌게 된다. 뉴턴은 시간과 공간을 절대적 존재로 보았지만, 아인슈타인은 시공간은 한 몸으로 본 것이다. 즉 뉴턴은 유클리드모델에 따라 시공간을 이해했지만, 아인슈타인은 휘어진 시공간을 비(非)유클리드모델을 적용해 이해한 것이다. 시공간 개념을 기독교적 관점에서 보면, 하나님의 세계는 시공간을 초월한 세계이며, 하나님의 시계는 영원한 지금이다. 십자가는 시공간을 초월하게 하는 신비의 심연을 품고 있다.

네트워크의 복합성을 띠고 강한 힘을 주고 있어 수백톤의 마귀트럭이 지나가도 끄덕이 없을 것이다. 하나님의 생각, 꿈, 믿음, 말의 각 요소가 상호복합적으로 네트워크를 이룰 때 막강한 영적 힘을 발휘할 수 있는 것이다.

표 5-2. 4차원영성 4요소의 의미와 속성

구 분	의 미	부차적 요소들
제1요소: 생각 (Thinking)	새 존재로서의 삶: 하나님의 말씀의 생각을 품고 살면, 하나님처럼 생각하고 말하게 된다. 없는 것을 있는 것처럼 생각하고 산다는 것은 말씀과 성령 안에서 사는 것이다.	생각의 파생적 요소: 머리, 아이디어, 창조, 깨달음, 지식, 지혜 등
제2요소: 꿈 (Dream)	하나님 뜻대로 사는 삶: 하나님의 꿈은 없는 것을 믿고 꿈꾸고 말하는 사람이 된다. 아브라함처럼 하늘의 별들을 바라보면서 많은 민족을 꿈꾸는 것이다. 말씀의 생각은 꿈을 낳는다.	꿈의 파생적 요소: 마음, 비전, 목표, 소원, 바람, 희망, 계획 등
제3요소: 믿음 (Faith)	그리스도 안에서 사는 삶: 없는 것을 있는 것처럼 믿고 사는 것은 하나님의 믿음을 가지고 사는 사람이다. 믿음은 하나님의 선물이다. 믿음은 말씀 안에서 성장하고 능력을 창조한다.	믿음의 파생적 요소: 마음, 자신감, 태도, 의지, 간절함, 두려움, 떨림, 불안 등
제4요소: 말 (Confessing)	행동으로 보여주는 삶: 없는 것을 있는 것처럼 말하면 하나님은 말씀으로 역사하신다. 말씀은 창조의 능력이 있어 우리의 삶을 변화시키고, 성장시키고, 혁신시킨다.	말의 파생적 요소: 행동, 습관, 언어 등

5.2. 그리스도 형상을 닮아가는 영성: 인간의 영-예수의 영의 동화과정

제비는 '최첨단 항법장치'도 없는데 어떻게 수만리 고향길을 잊지 않고 다시 돌아 올 수 있을까? 과학자들에 의하면, 제비들은 지구자기장을 이용하여 귀향한다고 알려져 있다. 제비 머릿속에서 자석 역할을 하는 단백질 성분이 지구자기장을 이용하여 위치와 방향을 정확히 추적하여 떠났던 고향을 다시 찾아온다는 것이다. 이것은 신비에 가깝다. 결과적으로, 철새의 몸속에는 지구위치추적시스템(GPS)이 부착되어 있는 셈이다. 가을에 떠난 제비는 봄이 되면 다시 돌아오는 귀향본능이 있듯이(참조. 렘8:7) 인간의 마음속에도 저마다 '은혜의 항법장치'가 부착되어 있어 '본래의 영원한 삶의 자리'로 돌아가려는 귀환본능이 있다. 하나님께서 인간에게 영원을 사모하는 마음을 주신 탓에(전3:11), 잃어버린 낙원의 처소로 되돌아갈 때까지 인간의 심령은 외롭고 쓸쓸할 뿐이다. 따라서 아비의 마음과 자식의 마음이 영적으로 회복되어 하나가 되어야 하는 것이다(말4:6).

성도는 거룩의 신비를 풍요롭게 경험하며 살고 있기 때문에 날마다 거룩의 향기를 낼 수 있는 자들이다. 예수 그리스도의 완전함 – 지혜, 의로움, 거룩 – 이 내 안에 있다. 바울은 "너희는 하나님으로부터 나서 그리스도 예수 안에 있고 예수는 하나님으로부터 나와서 우리에게 지혜와 의로움과 거룩함(고전1:30)"이 되었다고 말한다. 이 구절은 구원의 황금사슬과 같다. 우리가 말하는 '거룩'은 우리 바깥에 계신 예수님의 완전함을 모방하는 수준이 아니라, 내 안에 계신 예수님과 하나됨을 통해(고전6:17), 말씀과 믿음과 기도와 성령을 통해(딤전4:5, 행15:9, 고전6:11) 그의 거룩이 우리에게 직접 한없이 부어진다. 곧 거룩의 본질로부터 흘러나오는 거룩인 것이다(살전5:23, 엡5:26).

영산은 심령의 밭에 농사지을 '4종류의 희망영성 종자(靈性種子) – 생각의 종자, 꿈의 종자, 믿음의 종자, 언어의 종자' – 를 기도 중에 개발했다. 그는 이 '4차원영성의 종자 혹은 영자(靈子)'를 전 세계의 사람들에게 분배해, 그들의 심령의 밭에서 자라나게 했고 영적 열매를 풍족히 맺게 했다.

1) 궁극의 영성: 완전함의 영성

성화(聖化)란 단편적으로 보면, 인간을 구성하는 '육–영' 중에서 육의 기능을 최소화하는 과정이다.[181] 신자는 구원받아 새 사람이 되었지만, 잔존해 있는 마귀의 세력들로 말미암아 아직 불완전한 요소들이 많이 있다. 4차원영성은 마음과 삶에 하나님의 말씀을 현재화시키는 영성이다. 영산은 4차원영성적 삶의 방식을 통해 하나님을 닮아갈 수 있다고 강조한다.[182]

a) 영적 생각의 양식: 요단강을 건너기 위해서는 우리의 생각과 마음을 새롭게 해야 한다(엡3:20).

b) 영적 꿈의 양식: 영롱하고 희망찬 꿈을 꾸어야 한다(시37:4).

c) 영적 믿음의 양식: 전능하신 하나님을 의지하여 믿음으로 도전하는 삶을 살아야 한다(마17:20).[183]

d) 영적 선언의 양식: 죽고 사는 것이 혀에 있으므로 긍정적으로 말하고 행해야 한다(잠18:20–21).

예수를 믿음으로써 인간은 '삶의 존재양식(mode of being)'이 '인성 신분'에서 '인성 + 신성'이라는 이중국적 신분으로 바뀐다. 즉 '절망의 자아'가 '희망적 자아'로 바뀌고, '유한한 존재'가 '무한한 존재'로 확장고, '땅의 국적'을 가지고 있으면서 '하늘의 국적'을 가지는 희망적 신분을 얻게 된다.

땅 위에서 두 개의 삶, 인성적–신성적 삶을 살아야 할 그리스도인은 삶의 운영체계가 항상 복잡하다. 영성적 삶으로 하나님 아버지의 마음을 닮아가는 것은 외나무다리를 달려가는 것만큼이나

---

181) 성화를 의미하는 히브리어 '카다쉬(qadash)'와 헬라어 '하기아조(hagiazo)'는 모두 거룩이라는 개념과 결부되어 있다. 즉 '성화'는 '거룩하게 만들다' 혹은 '따로 떼어 구별하다'의 의미를 가진다. 신학적 성화개념의 토대가 하나님의 거룩성에 있음을 보여준다. 1) 성경의 성화개념: a) 하나님을 거룩하다고 여기는 인간의 행위. b) 어떤 것이나 어떤 사람을 세속의 영역으로부터 분리하는 인간의 행위(마23:17, 19, 요10:36, 딤후2:21). c) 개별 신자들을 거룩하게 만드는 성령을 통한 하나님의 활동(요17:17, 행20:32, 26:18, 고전1:2, 살전5:23). 2) 하나님의 성화활동: a) 지위적(positional) 차원 – 우리의 영적 지위, 즉 성령이 우리의 삶에 적용한 의로운 새로운 지위(하나님–인간의 관계, 고전1:2, 성도라 부르심을 받은 자들). b) 상태적(conditional) 차원: 삶의 도덕성을 포함한 우리의 영성의 현재적 수준(우리의 성품과 행실을 가르킴). 3) 성화행위의 주체: a) 성부(살전5:23–24, 히10:10, 엡4:1), b) 성자(고전1:2, 요17:19, 히2:11), c) 성령(롬15:16, 살후2:13, 벧전1:2). 4) 성화과정: 성화의 궁극적인 주체는 성령이시다. 성화를 상태적 성화로 이해하면 성화는 하나의 과정이 된다(빌3:12–14, 고후3:18, 엡14:14, 벧전1:15–16) – 그리스도의 장성한 분량(엡4:13), 완전함의 영성(마5:48). 참조. 스탠리 그렌즈(Stanley J. Grenz), 『조직신학』(The Theology for the Community of God), 크리스챤다이제스트 (2003), 635–643.

182) 조용기, "언약궤를 짊어지고 요단강을 건너라", 주일설교(2013–03–10).

183) 내가 약할 때 하나님을 의지합니다. "저는 한 평생을 약골이었습니다. 한평생을 늘 어지럽고 심장이 뛰고 고통스러웠습니다. 하나님께 수없이 기도했습니다. 서대문에서 목회할 때도 설교하다가 쓰러져 들것에 들려서 병원에 간적이 있고 작년에도 자동차 안에서 기절해서 병원에 입원한 적도 있습니다. 그러면서도 한번도 강단을 아파서 못 선 적이 없고 해외선교에 나갈 때 몸이 아파서 선교를 못한 적은 없습니다. 사람은 약할수록 하나님께 더 의지하기 때문입니다. 하나님을 떠나서는 살 수가 없습니다. 약해야 하나님께 죽도록 매달리고 의지하게 됩니다." 참조. 조용기, "내가 약할 때 강하다", 주일설교(2011–11–27).

험하고 어렵다. 에스겔서는 이 사실을 잘 묘사해주고 있다. 우리의 마음이 '하나님의 마음 같은 체(겔28:6)' 할 수 있어도 하나님 마음과 같을 수는 없다. 우리는 사람이지 '신(겔28:2)'이 아니다. 그러나 인간은 그리스도 예수 안에 있는 믿음으로 담대하게 살아갈 수 있는 존재다(딤전3:13). 십자가를 통한 온전한 구원은 '완전한 의인판결이요, 완벽한 양자보장이요, 영원한 절대인준이요, 절대불변'이다. 십자가는 우리의 영원한 희망이며, 십자가 안에서 예수 그리스도와 연합된 삶을 살 때, 인간은 본래적 삶을 누릴 수 있으며, 의미 있는 삶, 가치 있는 삶을 살 수 있다. "만일 우리가 그의 죽으심을 본받아 연합한 자가 되었으면 또한 그의 부활을 본받아 연합한 자가 되리라(롬6:5)."

사단의 최대전략은 '구원의 확신'에 불안한 의식을 심어 '영성적 삶이 아니라 불안한 노예적 삶'을 살도록 미혹한다. 하지만 하나님은 믿는 자에게 구원의 보증으로서 성령으로 인치신다(엡1:13-14). 따라서 중생한 자는 언제나 희망적 존재다. 사단의 최대전략은 '우리의 자녀됨(sonship)'을 공격해 파괴시키는 것이다. 영산의 십자가 중심주제는 마치 하늘에 떠 있는 북극성처럼 그의 마음속에 언제나 고정되어 있다. '5중복음-3중축복-4차원영성의 별'은 반세기를 한결같이 어둠속에 밤길을 걸어가는 수많은 사람들에게 밝은 빛을 비춰주었다.

칭의(justification)는 예수 그리스도를 자신의 구주로 믿고 영접하면 곧바로 일회적으로 일어난다. 반면, 성화는 예수 그리스도 안에서 성령님과 신자가 함께 이루어가는 역동적이며 지속적인 과정이다.184) 성령의 씻음으로 우리는 '거룩함과 의롭다 하심(고전6:11)'을 받는다. 거룩하기 위해서 말씀을 기억하고 준행하여야 한다. 민수기는 "너희가 내 모든 계명을 기억하고 행하면 너희의 하나님 앞에 거룩하리라(민15:40)"고 말한다. 말씀을 순종하면 신자는 거룩해진다. 우리는 진리를 마음에 담을 때 거룩해진다(요17:17). 신자는 거룩해지면(벧전1:2) '나와 함께 계시는 하나님'을 자각하게 된다. 궁극의 영성은 완전함의 영성이다(마5:48, 신18:13).

존 헐(John Hull)은 '영성은 인간의 내면적 현상보다는 외면적 현상인 하나님과 인간 사이의 관계성이 무엇보다 중요하다'고 강조한다. 영성은 하나님의 임재 안에서 하나님과 인간의 관계회복이 무엇보다 중요하다.185) 기독교 영성은 예수 그리스도의 구속으로 내 안의 영이 본질적으로 새롭게 회복됨으로써 나타나는 관계적 영성이다. 예수 그리스도 십자가는 인간과 하나님의 영적 관계를 회복하는 과정에서 절대적으로 필요하다. 하나님과 나의 관계가 보다 친밀하고 깊을수록, 나의 정체성을 명확하게 파악할 수 있으며, 나와 내 이웃의 관계도 더 친밀해지고 깊어지며, 나아가 피조물과의 관계도 올바로 회복된다.

토마스 아 켐피스(Thomas a Kempis)는 기독교 영성이란 "예수 그리스도를 본받는 일"이라고 말했다. 이처럼 기독교 영성은 예수 중심의 영성이다.186) 영산이 말하는 영성의 뿌리도 예수 그리스도

---

184) Anthony A. Hoekema, *Reformed Perspective*, 77.
185) 심리학적 정의에서 친밀감(intimacy)이란? 자기의 정체성을 잃을 염려가 없는 가운데 개방적이며 협조적이며 부드러운 인간 관계를 맺는 체험을 할 수 있는 능력이다(Newman & Newman, 1991). 친밀감은 신학적 측면에서도 중요하다. 친밀감이 없으면 하나님과의 관계와 인간 관계가 생명력과 사랑을 상실한 채 하나의 기계적인 관계밖에 되지 않기 때문이다. 참조. 권택조, 『영성발달』, 예찬사(1999), 170-171.
186) 토마스 아 켐피스(Thomas A Kempis, 1379-1471), 『그리스도를 본 받아』(Imitatio Christi), 두란노(2010), 13-14.

십자가 중심의 영성이다. 십자가가 아니면, 인간은 거룩하신 하나님에게 접근할 수 없고, 하나님의 통치가 그의 삶의 한가운데 이루어질 수도 없다. 영산은 3차원 현실 세계에 살고 있는 인간이 4차원영성의 세계를 자신의 삶 속에 현재화할 수 있도록 하나님의 뜻과 말씀에 일치하는 생각, 꿈, 믿음, 말을 사용하도록 강력하게 권면한다.

2) 4차원영성의 심층구조: 삼위일체적 친교양식

영산은 하나님이 인간을 창조하신 목적 가운데 하나는 하나님과 인간의 교제라고 말한다. "하나님은 사랑이심으로 당신의 사랑하는 자녀들과 교제를 나누고 싶어 하십니다. 이것이 바로 하나님께서 우리 인간을 창조하신 이유 중의 하나입니다. 하나님께서 인간을 창조하신 것은 인간을 통해 영광 받으시고 인격적인 사랑의 교제를 나누시기 위함입니다. 사람은 하나님과 교제를 나누도록 지음 받은 존재입니다."187) 하나님은 그의 말씀에 기초해 성령 안에서 그의 자녀와 인격적으로 교제하신다. 하나님은 "네 위에 있는 나의 영과 네 입에 둔 나의 말이 이제부터 영원하도록 … 떠나지 아니하리라(사59:21)"고 말씀하신다. 즉 하나님은 자신의 영과 말씀으로 우리와 인격적으로 교제하신다.

죄로 말미암아 인간은 전적타락(total depravity)의 길을 걸었지만, 십자가를 통해 그리스도와의 연합으로 교통의 길이 활짝 열린다. 영산은 "우리가 먼저 아담과 하와가 저버린 그 영적인 삶을 새로 복구하고, 하나님과 뜨거운 교통과 교제가 이루어져서 영혼이 잘되면, 우리를 사랑하는 하나님께서 하나님의 백성들을 돌보아 주십니다."라고 말한다.188) 삼위 하나님과의 친교는 성도들의 삶의 핵심이다(요일1:3, 사59:21).

영산은 "성령께서 우리의 영과 연합되어 우리와 함께 사십니다. 우리는 성령과 더불어 잠자고, 일어나고, 먹고, 일합니다. 성경은 '누구든지 그 안에 그리스도의 영이 없으면 그리스도의 사람이 아니'라고 기록하고 있으며(롬8:9), 그리스도께서 우리의 영에 임하여 계시고 우리와 함께 하십니다."라고 말한다.189) 인간이 영성화될 수 있는 신학적 근거는 그리스도와의 연합(갈2:20, 행17:28, 요17:21)에 있다. 십자가의 위대성은 '나의 영-그리스도의 영'의 영적 연합에서 나타난다. 누군가가 "그리스도와 연합된 자는 무엇으로 살아야 하는가?"라고 질문한다면, 성경은 '믿음으로 사는 삶(갈2:20, 롬1:17, 갈3:11)'이라고 응답할 것이다. 성도가 성화할 수 있는 근거는, 첫째, 하나님과의 연합으로 우리 신분이 영원히 변치 않는다는 믿음이며, 둘째, 우리 자신을 변화시킬 수 있는 믿음에 있다.190)

4차원의 영성은 하나님 말씀을 마음으로 체험하는 영성이다.191) 실천적 차원에서 보면, 4차원영성은 하나님 중심의 선한 일을 경험하게 하는 영적 동기를 부여해준다. "그가 우리를 대신하여 자

---

187) 교회성장연구소 편집부, 『카리스 & 카리스마』, 교회성장연구소(2003), 106.
188) 조용기, 『삼중축복』, 한세대학교출판부(2013), 127.
189) 교회성장연구소 편집부, 『카리스 & 카리스마』, 교회성장연구소(2003), 93-94.
190) 브라이언 채플(Bryan Chapell), 『성화의 은혜』(Holiness by Grace), 지평서원(2014), 96-115.
191) 조용기, 『생각』, 한세대학교출판사(2013), 5.

신을 주심은 모든 불법에서 우리를 속량하시고 우리를 깨끗하게 하사 선한 일을 열심하는 자기 백성이 되게 하려 하심이니라(딛2:14)." 하나님은 자신의 말씀을 우리 안에 두시고 자신의 뜻을 이뤄 가신다(살전4:3).

프레임(John Frame)은 하나님의 말씀의 본질을 다음과 같이 정의한다. 첫째, 하나님의 말씀은 의사를 소통하는 존재로서 하나님 자신이다(God himself, understood as communicator). 둘째, 하나님의 말씀은 삼위일체 안에서 그의 피조물과 자유로운 상호교통의 총체다(the sum total of his free communications with his creature within Trinity).192) 즉 말씀의 핵심은 하나님과 신자 간의 '상호교통'에 있다. 교통을 통해 하나님은 인간을 축복하신다. 그것에 대한 반응으로 인간은 하나님께 영광을 올려드린다.

4차원영성을 하나님의 말씀이 성도의 마음에 임재하는 방법으로 이해할 때(하나님과 인간의 영 사이에 말씀의 상호교통), 그것은 프레임이 강조하는 하나님의 말씀에 대한 정의와 일맥상통한다. 하나님의 말씀은 그 자체로서 권위, 권능을 지니고 있고, 전달하고자 하는 의미가 있다. 프레임의 정의에 기초하면, 하나님의 말씀은 특히 '상호교통 혹은 친교'라는 핵심용어들이 나타난다. 하나님이 피조물과 상호교통을 하실 때, 하나님의 고유한 주권적 속성이 3가지 형태로 나타난다. 곧 다스리는 권능(power), 신적 권위(authority), 하나님의 임재(presence)다.193) 즉 말씀의 본질에는 하나님의 권능, 권위, 임재가 내포되어 있다. 따라서 '말씀을 마음에 적용하는 방법을 제시하는 4차원영성'은 그 안에 '말씀의 권능적 영성(성자 하나님), 권위적 영성(성부 하나님), 임재적 영성(성령 하나님)'의 속성을 포함하고 있다. 특히 4차원영성은 하나님의 말씀을 삶의 자리에서 체험하는 과정으로 이해할 때, 즉 하나님이 자신의 말씀을 그의 피조물에게 생생하게 전달하고자 할 때, 말씀의 '임재적 영성(spirituality of presence) 혹은 실존적 영성(existential spirituality)'은 중요한 기능을 담당한다. 4차원영성이 하나님의 나라를 현재의 삶에 가져오는 것을 전제로 할 때, 말씀의 '실존적 영성'은 중요한 위치에 있다.194) 성령은 언제나 말씀을 동반한다(창1:2). 예수님의 말씀은 영이요 생명이시다(요6:63). 즉, 말씀과 하나님의 영은 서로 연합해서 협력하며 일한다. 아래 예들이 그것을 보여준다.

a) 말씀과 입기운(하나님의 영): "야훼의 말씀으로 하늘이 지음이 되었으며 그 만상이 그 입기운으로 이루었도다(시33:6)."

b) 나의 신과 말: "네 위에 있는 나의 신과 네 입에 둔 나의 말이 이제부터 영영토록(사59:21)."

c) 입과 신: "야훼의 입이 이를 명하셨고 그의 신이 이것들을 모으셨음이라(사34:16)."

4차원영성은 성령님의 세계 안에서 말씀을 기초로 한 영성이며,195) 창조적 능력을 드러내는 영성

---

192) John M Frame, *The Doctrine of the Word of God*, P&R(2010), p49 & p71.

193) John M Frame, *The Doctrine of the Word of God*, P&R(2010), 71.

194) 하나님의 주권적 속성은 항상 함께 나타난다. 말씀의 계시가 사건, 말씀, 사람을 매개체로 나타나지만, 사건을 설명하기 위해서는 말씀과 사람이 필요하고, 그 역도 마찬가지다. 말씀의 임재가 나타나는 곳에, 동시에 말씀의 신적 권위와 권능이 동반된다. 그 요소들은 개별적이 아니라, 상호공통적이고, 연합적이다. 빛이 있는 곳에 파동과 입자가 항상 같이 오는 것과 맥락을 같이 한다.

195) 조용기, "하나님과 영과 나", 주일설교(2014-03-23). "풍랑을 잠재운 예수님", 주일설교(2014-06-01). "1차원인 직선이 모이면 2차원 면이 되고, 2차원이 모이면 3차원의 입체가 됩니다. 4차원은 성령의 세계이며, 눈에 보이는 3차원의 세계를 다스립니다. 4차원은 성령이십니다."

이다. 이제 4차원영성의 속성들을 요약·정리하여 보자. 영산이 이미 진술한 대로 "4차원영성이란 하나님의 말씀을 마음에 정리하여 믿는 방법이 바로 생각, 꿈, 믿음, 말입니다."라는 대명제로부터 출발한다. 이 명제 안에는 '그리스도인이 영적으로 개발해야 할 거룩함과 의로움'이 기저(基底)로 내포되어 있다. 우리는 '말씀과 기도'로 거룩하여지기 때문이다(딤전4:5, 히12:14). 성경이 우리에게 부여하는 목적은 삶의 자리에서 '은혜와 거룩함과 의로움' 안에서 성장하고 성숙하기 위함이다. 그렇게 살 때 하나님께 영광을 올릴 수 있기 때문이다. 십자가는 '하나님은 절대적으로 거룩한 존재'라는 것을 알려주는 징표다. 주를 갈망하는 자는 자신을 '깨끗하게(요일3:3)' 한다. 4차원영성은 속성상 하나님 말씀의 본질, 말씀의 권위, 권능, 임재, 그리고 성령의 속성들을 포괄한다.

먼저 영산이 정의내리는 4차원영성은 구체적으로 무엇일까? 그는 4차원의 의미를 이렇게 설명한다. "우리 인간의 생각과 이해, 꿈과 환상, 믿음, 입술의 고백은 형체가 없습니다. 생각과 꿈과 믿음과 말은 선도 없고, 평면도 아니고, 입체도 아니고, 형체가 없습니다. 따라서 여러분이 마음하늘에 가지고 있는 생각, 꿈, 믿음, 말은 모두 4차원 영에 속합니다."196) 성도는 예수님을 믿음으로 '의로움과 거룩함(고전1:30, 히10:10, 롬3:22)'을 얻는다. 그 결과 성도는 예수님과의 사귐이 일어난다(요일1:3).

이제 4차원영성의 신학적 함축적 의미와 가치, 그리고 본질, 내용, 형식을 9가지의 관점에서 총체적으로 세밀히 살펴볼 것이다.

첫째, 4차원영성은 십자가 위에서 예수 그리스도의 죽으심과 부활하심에서 시작된다. 4차원영성은 십자가 위에서 예수와 함께 죽고 부활한 믿음 안에서 사는 신자들의 거룩한 영적 활동 – 생각, 꿈, 믿음, 말 – 이다.197) 그리스도인이란 옛 사람은 죽고 새 사람 됨에서 부터 출발한다. 신자는 이미 '예수의 마음을 품고 있는 자(고전2:16)'이다. 성령의 능력으로 그리스도의 마음에 동화될 때 인간은 그리스도와 동일한 생각과 꿈과 믿음과 말을 할 수 있다. 궁극적으로 그리스도인들은 장차 "그(예수님)가 나타나시면 그(예수님)와 같을 줄을 아는(요일3:2)" 자들이다. 예수님을 바라볼 때 그리스도인들은 예수님과 같이 동화된다.

영산의 십자가론은 '오직 그리스도 안에서의 개념'이다. 그의 성경해석학은 기독론적 성격이 강하다. 그는 "예수의 죽음이 누구의 죽음입니까? 내 죽음, 예수 부활 내 부활, 예수 승천 내 승천, 예수 천당 내 천당이 됩니다. 예수님과 내가 하나가 되는 것입니다."라고 강조한다.198) 그는 "나를 덮어쓰고, 나를 껴안고, 예수님께서 십자가에 올라가셨기 때문에 예수 죽음 내 죽음, 예수 장례 내 장례, 예수 부활 내 부활, 예수 승천 내 승천이 되었습니다. 이제는 저 멀리 계신 십자가가 아니

---

196) 조용기, "사차원의 삶", 주일설교(2010-11-07).

197) 죄인이 의인이 되는 것은 십자가 위에서 죽으신 예수님, 부활하신 예수님 덕분이다. 성도가 예수를 믿는다고 하는 것은 예수와 같이 죽고, 함께 부활한 것을 포괄한다(롬6:5). 하늘의 법으로 보면, 성도란 옛 사람은 소멸되고, 새 사람으로 사는 자다. 요약하면, 4차원영성적 삶이란 새 피조물이(고후5:17) 하나님의 말씀을 마음에 담아 삶 가운데 하나님을 체험하는 영성이다. 4차원영성의 시작점은 십자가와 예수 그리스도이시다. 성령 안에서 십자가를 관통하지 않고서 결코 예수님을 알지 못하며 또한 하나님의 말씀을 깨달을 수 없기 때문이다(벧전1:2).

198) 조용기, "예수님이 당하신 십자가 고통", 주일설교(2011-10-02).

라 내 안에 있는 십자가입니다."라고 말한다."199) 요약하면, 영산의 심령에 뿌리내린 영적 사상은 예수 그리스도의 십자가와 동일한 개념에 그 뿌리를 내리고 있다. 다시 말하면 그의 영적 틀은 '예수 그리스도 안에서의 십자가 중심의 사고방식'이다.

4차원영성은 그리스도 안에서 하나님의 말씀을 성육화시키는 구체적인 방법을 포괄하며, 이는 '존재의 영성(Spirituality of being)'과200) '관계의 영성(Spirituality of relation)'을201) 활성화시켜 삶의 영성, 나아가 사역의 영성까지 확장시켜, 궁극적으로 하나님을 영화롭게 하는 영성이다. 더 단순하게 정리하면, 4차원영성이란 '하나님의 신비와 현존을 삶 속에서 인식할 수 있는 영의 눈과 귀'라고 정의할 수 있다. 4차원영성은 구원의 본질적 요소인 성화를 지향한다. 도덕적 차원에서 접근하면, 4차원영성은 말씀을 마음에 적용함으로써 아담과 하와가 잃어버린 거룩함과 의로움을 회복하는 은혜의 방편이다. 4차원영성을 통해 그리스도인들은 예수 그리스도의 형상 – 의와 진리의 거룩함(엡 4:24) – 을 닮아가게 된다. 영산은 "3차원의 세계는 인본주의적 삶의 방법입니다. 세상에서 예수 안 믿는 사람이 살아가는 방법은 인본주의입니다. 그러나 하나님의 생각, 하나님이 주시는 꿈과 믿음, 하나님이 주시는 신앙고백은 4차원의 세계인 것입니다. 예수 믿는 사람은 몸과 환경은 3차원에서 살고 있지만, 마음은 4차원에서 살아갑니다."라고 말한다.202)

십자가를 통해 예수와 연합된 자는(고전6:17, 롬6:5) 하나님처럼 생각하고, 꿈꾸고, 믿고, 말한다. 4차원영성은 은혜의 거룩한 보좌로 나아가는 수단이다. 이를 토대로 삶의 영성화가 일어난다. 나아가 그것은 관계의 영성 및 사역의 영성(Spirituality of mission)으로 활성화된다. 4차원영성은 성령 안에서 하나님과의 관계를 고도로 활성화시켜, 궁극적으로 하나님의 나라가 현재의 삶에 이루어지게 하는 것이다. 또한 4차원영성은 말씀의 현재화를 통해 점진적–존재론적 변화를 가져온다.203)

4차원영성은 정적(static) 삶이 아니라 동적(dynamic) 거룩한 삶이며, 십자가 믿음 안에서 고난절–부활절의 삶의 원리를 적용하는 삶이다.204) 영산은 하나님의 말씀을 '좋으신 하나님 안에서 그리고

---

199) 조용기, "십자가의 위대한 승리", 주일설교(1987-04-26).

200) "우리가 그를 힘입어 살며 기동하며 존재하느니라(행17:28)."

201) 관계영성의 성서적 근거: 우리의 영이 예수의 영과 연합되어 한 몸이 되어 있다. "내가 그리스도와 함께 십자가에 못 박혔나니, 그런 즉 이제는 내가 사는 것이 아니요 오직 내 안에 그리스도께서 사시는 것이라(갈2:20)." "주의 영과 합한 자는 한 영이라(고전6:17)." 참조. 요한복음 17장 21절.

202) 조용기, "사차원의 삶", 주일설교(2010-11-07).

203) 4차원영성적 개념에서 말씀의 현재화 과정을 이해하면 다음과 같다. 즉 말씀은 인격적으로 임재하고, 절대주권적으로 삶의 정황을 다스린다. 1단계: 절대주권적 은혜의 말씀으로 인식하는 과정(지각화, 은혜의 법칙, law of grace). 2단계: 말씀이 인간의 마음에 전경(picture)으로서의 임재화, 이미지화하는 과정(비전화, 바라봄의 법칙, visualization). 3단계: 말씀을 전인적으로 확신, 수용, 신뢰, 결단하는 과정(확정화, 믿음의 법칙, law of faith). 4단계: 마음에 뿌리내린 말씀을 입술로 선포, 명령하는 과정(선언화, 창조의 법칙, confessing). 5단계: 말씀이 삶의 정황에 능력으로 나타나는 과정(현재화, 영광의 법칙, realization).

204) 고난-부활(혹은 영광)의 관점에서 4차원영성을 이해하면, 고난을 고난으로 보는 것이 아니라, 부활의 관점에서 고난을 바라보는 영성이다. 고난절-부활절의 삶의 원리란 십자가 믿음의 총체성을 의미한다. 삶의 정황을 부활의 관점에서 바라보고 이해하며, 그 결과 삶 속에서 고난의 씨와 영광의 씨를 총체적으로 바라본다. 십자가의 믿음은 고난의 씨 안에 잉태하고 있는 영광의 씨를 동시에 인식하도록 만들어 삶의 활력과 생명력을 불어넣는다. 부활의 영광에 참여하는 믿음은 고난의 씨 안에서부터 자라고, 숙성하고, 마침내 그것이 가시적으로 드러나게 된다.

성령 안에서' 복음적 및 실존적으로 해석한다. 인간의 삶의 존재방식이 하나님의 삶의 양식으로 변화되기 위해서 그리스도인은 좋으신 하나님이 정해놓은 길을 따라가야 한다. 성부, 성자, 성령이 서로 가장 친밀하게 교제하듯이, 나의 영과 내 안의 주의 영과 상호친교를 통해 삶의 방식이 삼위 하나님의 삶의 양식을 따라갈 때, 온전한 영성화가 이루어진다. 궁극적으로 성도는 하나님의 구원사역에 참여하는 것이다. 주와 합하는 자는 하나의 영이다(고전6:17). 그리스도는 성령 안에서 우리 안에 계신다(요14:20). 영성개발은 하나님과의 역동적이고 생동적인 관계 안에서 하늘나라로 갈 때까지 지속적으로 성숙시켜야 한다.

예수님을 떠나서는 우리는 '아무것(요15:5)'도 할 수 없다. 예수님은 "너희가 내 안에 거하고 내 말이 너희 안에 거하면 무엇이든지 원하는 대로 구하라 그리하면 이루리라(요15:7)"고 선언하신다. 이 말씀을 보면 '존재의 영성(저가 내 안에 내가 저 안에)'과 '관계의 영성(나를 떠나서는 아무것도 할 수 없음이라)'이 있을 때 영적 열매를 거둘 수 있다(행17:28, 요17:21). 존재의 영성과 관계의 영성은 하나로 묶여 있다. 레너드 스윗(Leonard Sweet)은 "기독교의 진리는 진술이 필요한 이성의 형이상학이 아니라 구현해야 할 관계의 형이상학"이라고 강조했다.205) 관계의 영성이란 예수를 믿는 차원을 넘어 그의 삶의 발자취를 따라가는 영적 행위다. 하나님과 인간의 관계는 인간의 행위에 달려 있지 않고, 오직 하나님의 은혜의 선물로 주어진다.

구약성경에서 기드온의 영성이 '존재의 영성'에서 '관계의 영성'으로 펼쳐지는 장면을 상상해볼 수 있다. "야훼의 사자가 기드온에게 나타나 이르되 큰 용사여 야훼께서 너와 함께 하시도다(삿 6:12)." '하나님이 기드온과 함께하심'은 합일과정으로서 하나님의 주권이 기드온에게 임함을 의미한다. 기드온은 '존재의 영성'을 확인하는 차원에서 하나님께 표징을 구했으며(삿6:17), 한 단계 나아가 하나님과 관계의 영성을 확인하는 차원에서 2차 표징을 구했다(삿6:36-40). 새 존재란 하나님과 함께 하는 사람이다.

기드온에게 '존재의 영성'을 넘어 '관계의 영성'이 형성되자, 기드온은 '삶의 영성'에서 '사역의 영성'으로 나아간다. 마침내 하나님의 영의 도움으로 기드온은 미디안 백성을 쳐서 물리치고 승리할 수 있었다(삿7장). 그러한 경험은 기드온의 영적 체감지수를 쑥쑥 키워주었다. 기드온의 영성 발전과정을 구체적으로 묘사하면 다음과 같다. 존재의 영성 → [3회 확인과정] → 삶의 자리에서의 영성(우상파괴) → 관계의 영성 → 사역의 영성.

토마스 아 켐피스도 "그리스도를 본받는다는 것은 우리 삶의 모습을 바꾸기 위해 그리스도와 친밀한 관계를 맺는 일"이라고 말한다.206) 이처럼 관계의 영성은 영적성장의 중요한 과정이 된다.

이사야의 소명과정에서 나타나는 영성의 발전단계는 다음과 같다.

   a) 1단계: 존재의 영성 – 하나님이 준비한 환상을 봄, 하나님의 존재와 나의 존재(하나님이 함께 하심)를 자각하고, 하나님 안에 거함(사6:1-4).

---

205) 레너드 스윗(Leonard Sweet), 『관계의 영성』(Out of the question: into the mystery), IVP(2011), 106.
206) 토마스 아 켐피스(Thomas A Kempis, 1379-1471), 『그리스도를 본 받아』(Imitatio Christi), 두란노(2010), 83.

   b) 2단계: 관계의 영성 – 자신의 죄를 깨달음, 용서받음, 죄의 정화로 하나님과 관계회복 (사6:6-7).

   c) 3단계: 사역의 영성 – 자신의 소명에 전인적으로 순종함, 하나님과 합일됨(사6:8).

여기서 이사야의 영성 형성과정을 구체화시켜보면 몇 가지 특징이 나온다.

   a) 영성은 위에서 내려오는 다운 프로세스((down-process)이지 올라감의 프로세스(up-process)가 아니다. 영성은 절대적 내려옴이요 수동적이요, 절대 의존적이다.

   b) 위로부터 오는 영성은 인간의 생각과 환경을 순식간에 변화시킨다. 인간의 이성을 초월한다.

   c) 위로부터 오는 영성은 관계영성을 열어주며, 즉 '보내는 자'와 '보냄을 받은 자'의 관계가 형성된다.

   d) 위로부터 오는 영성은 사명감을 품게 해준다. 하나님과의 관계가 형성되자 이사야는 현실 속에서 사역자가 된다.

영성 발전단계에서 중요한 것은 '존재의 영성'이다. 존재의 영성을 경험한 이사야는 현실 속에 영성의 뿌리를 순식간에 깊숙이 내려뻗는다. 이사야가 영광의 하나님의 모습을 보자(사6:1), 그는 하나님이 자기와 함께하심을 믿었고, 하나님의 존재를 전적으로 신뢰하고 순종했다. 이처럼 존재의 영성이 강하게 임하면 관계의 영성, 삶의 영성, 나아가 사역의 영성으로 확장되는 것이다.

성경은 "보이는 것은 나타나는 것으로 되지 않는다(히11:3)."고 말한다. 영산은 4차원영성에 대한 실천을 하나의 문장으로 종종 이렇게 표현한다. "없는 것을 있는 것처럼 생각하고, 꿈꾸고, 믿고 고백하면 이루어집니다."207) 말씀과 성령 안에서 하나님처럼 생각하고, 꿈꾸고, 믿고, 말하는 과정에서 '존재, 관계 및 사역의 영성'이 활성화되어, 이 땅을 향한 하나님의 뜻을 더욱 온전케 하는 것이다. 성령을 통해 하나님의 뜻을 아는 만큼 하나님을 더욱 온전히 신뢰할 수 있다. 그 결과 구원받은 인간은 궁극적으로 하나님의 품성을 점진적으로 닮아가게 되는 것이다. 이런 맥락에서 보면 4차원영성은 기존의 기독교 영성과 생동적이고, 역동적인 관계에 있다(그림 5-3).

---

207) 이 문장 안에는 영산의 신관(神觀)과 목회철학이 내포되어 있다. 이 말에는 다양한 개념이 내포되어 있다. 즉, 이 문장 안에 '성령 안에서, 말씀 안에서, 믿음 안에서, 기도 안에서 혹은 예수 그리스도 안에서'라는 중요한 개념들이 기저로 작용하고 있다. 영산 스스로 '4차원영성이란 하나님의 말씀을 마음에 적용하는 방법으로서 생각, 꿈, 믿음, 말'이라고 설명한다. 이 진술은 단순히 어원적 개념이 아니라, '생명, 친교, 진리, 인격 안에서'라는 총체적인 의미가 내포되어 있다. 예를 들면 4차원 영적요소 중 하나인 '생각'을 놓고보자. 그냥 단일적 '생각'이라는 단어가 아니라 그것은 곧 '말씀의 생각, 성령의 생각, 하나님의 생각 혹은 예수 그리스도의 생각'을 의미한다. 즉 영적 차원의 생각이다. 4차원영성의 4요소 – 생각, 꿈, 믿음, 말 – 를 기능적으로 이해하면, 그것들은 정화과정, 친교 혹은 교제, 기도활동 등에 적용될 수 있다. 4요소들은 모두 동시에 적용할 수도 있고, 또 각각 별개로 적용할 수도 있지만, 상호연합적으로 기능할 때 더욱 효과적이다. 실제적으로 '말'을 할 때, 그 '말' 안에는 이미 생각, 꿈 혹은 소원 혹은 바람, 믿음이라는 요소들이 잠재되어 있다.

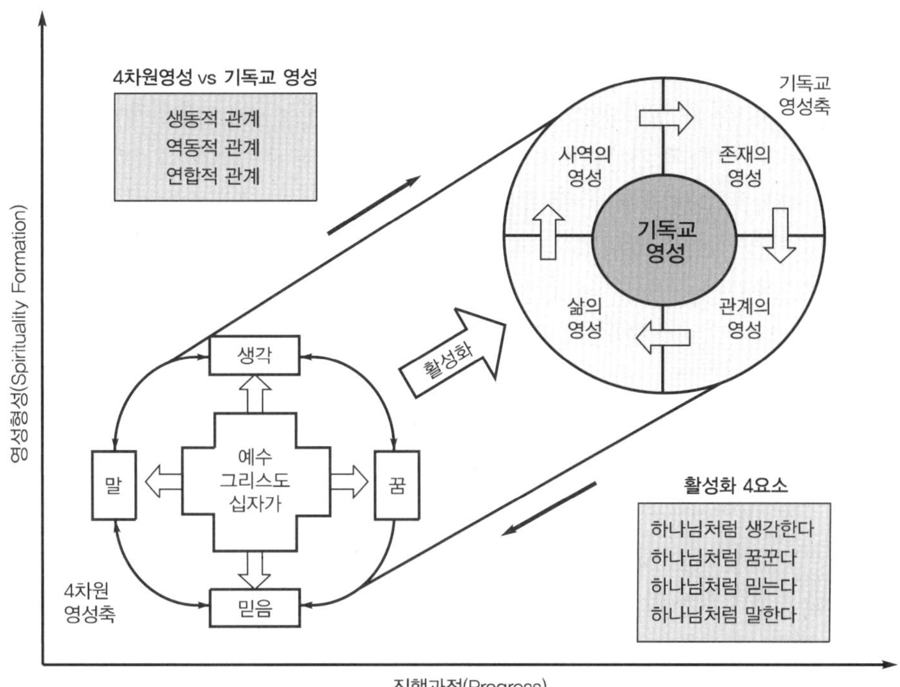

그림 5-3. 4차원영성과 기독교 영성의 관계성: 십자가는 영적 삶의 기초이며, 동시에 믿음생활의 기초다. 4차원영성과 기독교의 전통적인 영성은 서로 연결되어 있다. 4차원영성은 기독교의 전통적인 영성을 입체적으로 활성화시키며, 이 두 가지 영성은 상호보완적인 관계에 있다. 인간의 존재방식은 십자가를 중심축으로 맞물려 돌아갈 때, 하나님의 삶의 방식으로 변형될 수 있다. 예수님은 영성의 표준이다. 거시적으로 보면, 4차원영성의 근본은 삼위 하나님의 삶의 모델에 참여하는 과정이다. 인간의 삶의 원리와 방식은 삼위일체 하나님의 삶의 원리와 방식을 따라야 영성의 진보가 이루어진다. 4차원영성과 기독교의 전통적인 영성은 상호 밀접한 관계에서 상호보완적인 관계에 있다. 예수 그리스도 십자가에서 비롯되는 모든 영성은 '영성의 최고봉'에서 모두 서로 만나고, 연합되고, 일치되고, 깊어지고, 넓어진다. 따라서 4차원의 영성과 기독교의 전통적인 영성을 상호연합적 관계에서 이해하는 것이 유익하다.

4차원영성의 전형적인 인물 중 한 사람은 다윗이다. 그는 골리앗 앞에서 하나님의 생각, 하나님의 믿음, 하나님의 말을 담대히 고백함으로써 3차원 육신의 세계를 완벽하게 지배할 수 있었다. 다윗은 그의 삶 중에 4차원영성을 구체적으로 적용한 전형적인 영성가였다. 구원받은 인간은 영적 세계와 육의 세계에 살고 있는데, 기하학적으로 3차원과 4차원의 관계방정식을 좀 더 구체화시켜 보면 다음과 같다.

a) 3차원 인간세계(창1:1): [공간세계] × [시간세계] × [물질세계]

b) 4차원 영적세계: [초시공 세계] × [영원의 세계]

c) 4차원영성의 세계: [하나님의 생각] × [하나님의 꿈] × [하나님의 믿음] × [하나님의 언어]

둘째, 4차원영성은 삼위 하나님의 은혜의 보좌로부터 장차 임할 은혜의 선물을 '지금 여기서'의 삶의 자리에 적용한다. 영산은 성령 안에서 하나님의 말씀을 복음적-실존적으로 해석한다. '장차 거기서'가 아니라 '지금 여기서'의 개념으로 해석한다. 즉, 현재 삶의 자리에서 하나님의 말씀이 능력으로 임재되는 삶이다.208) 그리스도인은 성령 안에서 하나님과 생각으로, 꿈으로, 믿음으로, 입술의 고백으로 하나님과 관계적 영성을 유지할 수 있다(요일1:3, 고전1:9). 궁극적으로 4차원영성이 성령 안에서 말씀과 기도로 삶의 자리에 적용되면, 내향적 자아(롬7:1-25, 갈5:16-26)로부터 외향적 자아(마19:19)로 승화되어, 타자중심의 영성이 삶 속에서 뿌리내리게 된다. 즉, 삶의 존재방식이 인본주의가 아니라 하나님 중심으로 변형된다. 다시 말해, 4차원영성이란, '삼위 하나님의 말씀 안에 참여하는 영성' - 성부 하나님(for Father)을 위하여, 예수 그리스도를 통하여(through Jesus), 성령의 의해서(by Holy Spirit) - 으로서 하나님의 말씀이 삶의 자리에서 현재화되는 영성이다.209) 그러한 영적 행위를 통해 인간은 하나님으로부터 거룩함과 의로움을 배우게 된다.

영산은 삼위일체 하나님을 4차원영성적으로 접근하여, 하나님의 임재와 은혜를 지금 여기서 경험하게 한다. "하나님이 십자가를 통하여 우리에게 은혜를 주신 것을 꿈꾸고, 믿고, 입술로 시인하고 살아가면, 이 은혜가 여러분 속에 활성화되어 나타나기 시작하는 것입니다. 우리는 예수 그리스도의 십자가 은혜를 항상 마음속에 간직하고, 은혜 속에 살며, 성령님께 늘 의지하고 살아야 되는 것입니다."210) 4차원영성은 삶의 자리에 하나님의 임재함을 체험하는 역동적 영성이다.

4차원영성은 장차 임할 하나님의 은혜를 선취하여 맛보게 하는 영적 은혜의 장(場)이다. 은혜를 통해 하나님과 인간 사이에 관계가 깊어지고 활성화된다. 4차원영성은 성령의 은혜로 우리의 본성을 회복하고 거룩하게 한다. 그런 의미에서 4차원영성은 은혜의 언약 안에서 누리는 복이라 할 수 있다. 삶 속에서 일어나는 모든 기적들은 하나님과 그의 백성의 관계로부터 맺히는 영적 열매들이다. '말씀, 기도, 믿음'은 4차원영성을 활성화시켜 신자들이 삼위일체 하나님의 삶의 모델을 본받고 그것에 참여하게 한다(요14:20).

4차원영성은 '하나님처럼 생각하기, 꿈꾸기, 믿기, 말하기'라는 연합적 관계를 탄생시켜 삼위일체적 영성을 지향하는 역동적 영성이다. 동시에 그것은 삼위일체 하나님의 세계와 현실세계를 연결하는 영적 수단이다. 말씀을 기초로 한 4차원영성을 통해서 그리스도인들은 본성이 새롭게 변화되고, 거룩하게 되고, 의롭게 된다(벧전1:2).

하나님과의 관계 영성은 삶의 존재방식을 혁신적으로 변화시킨다. 노예 신분으로 태어난 미국 최고의 농업과학자 조지 워싱턴 카버(George Washington Carver)는 자신의 삶의 자리에서 하나님과 맺은 관계를 이렇게 고백했다. "모든 것에 대하여 위대한 하나님과 개인적으로 관계를 맺는 것이 풍족한 삶을 누리기 위한 유일한 방법입니다. 하나님과 거닐고 대화하다보면, 하나님은 당신이 갈 방향을 가르쳐줄 것입니다. 하나님은 '너는 범사에 그를 인정하라 그리하면 네 길을 지도하시리라'고 하셨습니다."

---

208) 조용기, "풍랑을 잠재우신 하나님", 주일설교(2014-06-01).
209) John Owen, *Communion with God*, Versa Press(2008), 4-11. 오웬(Owen)은 성부 하나님과의 친교, 성자 예수 그리스도와의 친교, 성령 하나님과의 친교를 구체화시키며, 삼위일체적 하나님과의 친교를 강조한다.
210) 조용기, "은혜의 하나님", 주일설교(2008-06-29).

유대계 종교철학자 마틴 부버(Martin Buber)도 관계의 중요성을 강조했다. "인간은 창조될 때부터 다양한 관계 안에서 살도록 지음 받았다. 이러한 관계를 맺기 위해서 자기부인과 자기희생이 있어야 한다."

삼위 하나님의 내적, 외적 사역의 핵심은 관계와 사랑이다. 하나님의 핵심사역 중 하나인 십자가는 삼위 하나님의 '사랑의 분깃'이다. 그 십자가는 희망의 십자가이며, 동시에 사랑의 십자가다.

셋째, 인간은 3차원에 속하면서도 4차원 영적세계에 속하는 이중적 존재다. 인간은 하나님의 형상을 닮아서 말씀과 성령 안에서 천국언어인 생각, 꿈, 믿음, 말을 통해 하나님의 형상을 닮아갈 수 있으며, 동시에 삶의 자리에서 하나님의 임재를 경험할 수 있다. 예수님이 인격적으로 우리 안에 계심으로써(고전 6:17, 갈2:20, 롬6:4-5, 고전2:16) 예수님처럼 생각하고, 꿈꾸고, 믿고, 고백할 수 있다. 즉, 인간은 4차원영성적으로 삼위 하나님과 상호 친교의 삶에 접근할 수 있다(요일1:3, 고전1:9). 그런 차원에서 보면, 4차원영성은 하나님을 하나님 되게, 인간을 인간 되게 하는 매혹적-신비적 영성이다. 삼위 하나님과의 친교를 통해 그리스도인들은 하나님의 성품을 점진적으로 닮아갈 수 있다.

보이스(James Boice)는 "거룩함이란 하나님께서 그의 피조물로부터 자신을 분리시키는 속성"이라고 말한다.211) 하나님은 그의 아들 예수 그리스도를 통해 우리를 구별해서 거룩한 존재로 만들었다(히10:10). 하나님은 자기 백성들과 친교를 통해 영광을 받으신다. 영산 스스로도 '4차원영성은 하나님과 대화하는 영성'이라고 말한다.212) 하나님과의 친교는 거룩한 마음의 상태를 기본으로 한다. 그는 "여러분도 하나님을 만날 수 있습니다. 하나님을 직접 만날 수 있습니다. 여러분의 생각과 꿈과 믿음과 말 속에서 하나님을 직접 만나는 것입니다. 여러분은 하나님을 닮은 사람들로서 하나님처럼 생각하고 말하고 행동할 수 있으니 얼마나 좋습니까? 하나님이 여러분을 창조하신 위대한 창조자이기 때문에 여러분 자신이 정말 귀하고 아름다운 존재임을 잊지 마시기 바랍니다."라고 말한다.213) 따라서 거룩함을 얻은 신자는(히10:10) 거룩함을 말씀, 믿음, 기도, 그리고 성령으로 지속적으로 유지하여야 한다(딤전4:5, 행15:9, 고전6:11, 살전5:23, 엡5:26, 유1:20).

4차원영성은 '이성적 삶의 방식에서 벗어나 하나님의 삶의 방식으로 전환시키는 힘'이며, 인간의 본래적 형상을 회복시키는 은혜의 제공 수단이다.214) 그런 차원에서, 4차원영성은 하나님과의 관계영성을 활성화시키는 거룩한 은혜의 방편이며, 하나님과의 친교를 활성화시키는 은혜의 광맥이다. 성령, 말씀, 기도 안에서 이성을 초월한 생각, 초월적인 꿈, 보이지 않는 것들에 대한 믿음, 긍정의 입술로 통해 하나님과 연합하는 영성을 체험할 수 있다.

---

211) 제임스 보이스(James M. Boice), 『기독교강요 교리설교』(Foundations of the Christian Faith), 크리스챤다이제스트 (2011), 159-161. 그는 거룩함의 4가지 요소를 엄위(majesty), 의지(will), 진노(wrath), 의(righteousness)로 이해한다.
212) 조용기, "위대한 발견", 주일설교(2011-03-27).
213) 조용기, "위대한 발견", 주일설교(2011-03-27).
214) "성령님은 성도를 새롭게 하며 거룩하게 하시는 분이십니다. 성도는 성령세례와 충만함을 통해 새로워지고, 성숙한 그리스도인으로 살아 갈 수 있습니다." 참조. 조용기, 『성령론』, 서울말씀사(1998), 109. 계속적인 성령충만을 유지하는 방법에 대하여는 동일 책 pp128-129를 참조하라.

고대 교부들은 이구동성으로 성육신(incarnation)의 목적에 대해 다음과 같이 말했다. 곧 '하나님이 인간이 되심은 인간을 자신과 똑같이 만들기 위함'이다.[215] 데니얼 클린데닌(Daniel B. Clendenin)은 『동방정교회 신학』에서 "신약성경에서 신화(하나님처럼 되는 것, Theosis)의 의미란 사람의 양자됨(갈 4:4-7), 하나님의 썩지 않음에의 참여, 그리고 말로 표현할 수 없는 영광과 축복 안에서 신의 성품에 참여하는 것"이라고 정의하였다.[216] 신화(神化, 하나님처럼 되는 것)는 곧 하나님의 거룩함을 따라가는 거룩한 과정이다. 성경은 다차원적으로 하나님의 거룩을 닮아가라고 지적한다.[217]

영산은 4차원영성을 파괴시키는 주범은 마귀라고 강조한다. "마귀는 먼저 인간이 가진 4가지를 도둑질해 갑니다. 먼저 창조적 생각을 빼앗아 갑니다. 우리의 희망을 앗아 갑니다. 믿음도 도둑질 해갑니다. 그리고 창조적인 말을 빼앗아 버립니다."[218]

불완전하지만 인간은 4차원 영적세계에 속해 있으므로 만물을 지배할 수 있다. 하나님은 우리에게 "생육하고 번성하여 땅에 충만하라, 땅을 정복하라, 바다의 고기와 공중의 새와 땅에 움직이는 모든 생물을 다스리라(창1:23)"고 하신다. 이 세상은 하나님이 만드셨고, 하나님은 세상을 지배할 수 있는 '만물 통치권'을 인간에게 맡겼다. 이 '만물 통치권'의 매뉴얼은 아주 간단한다. 그것은 자녀됨(sonship) 안에서 '말씀과 기도'이다. 3차원 세계는 성령 안에서 말씀과 기도의 지배를 받는다.

이상을 근거로 4차원의 영성과 십자가로부터 나온 영성의 연관성을 통합적으로 모델링하면 그림 5-4와 같이 묘사할 수 있다:

    a) 묵상의 영성: 하나님처럼 생각하는 묵상의 영성-하나님만을 생각하고 바라보는 '합일의 영성'이며 대표적 사례는 사도 요한이다.

    b) 성결의 영성: 하나님처럼 믿는 성결의 영성-마음의 정화를 통해 도달하는 '거룩의 영성'이며 대표적 인물은 야고보이다.

    c) 말씀의 영성: 하나님처럼 말하는 육화의 영성-삶 속에서 하나님의 임재를 체험하는 '삶의 자리의 영성'이며, 대표적 인물은 예수님과 사도 바울이다.

    d) 복음의 영성: 하나님처럼 꿈꾸는 복음의 영성-말씀을 증거하는 '복음전도의 영성'이며, 대표 인물은 베드로이다.

---

215) a) "인간은 묵상, 영적 사색, 관상에 의해서 하나님처럼 된다(오리게네스, Origen)." b) "우리를 부르신 목적은 우리로 하나님처럼 되게 하기 위함이다. 성령은 본질상 하나님이심으로 사람을 하나님처럼 만든다(바실리우스, St Basil of Caesarea)." c) "우리의 본성이 그리스도와 성령에 의해 하나님과 연합함으로 하나님처럼 된다(닛사의 그레고리우스, Gregory of Nyssa)." d) "우리 모두는 신성에 '참여'하도록 부름 받았다. 그리스도는 본성상 신이지만 우리는 신성에 참여해서 하나님처럼 된다. 그리스도의 사역은 우리 안에 하나님의 형상의 회복과 신의 성품에 참여하게 하는 일이다(알렉산드리아의 키릴로스, St Cyril of Alexandria)."

216) 대니얼 클린데닌(Daniel B. Clendenin), 『동방정교회 신학』(*Eastern Orthodox Theology*), 은성(2012), 281.

217) "이로써 그 보배롭고 지극히 큰 약속을 우리에게 주사 이 약속으로 말미암아 너희로 정욕을 인하여 세상에서 썩어질 것을 피하여 신의 성품에 참여하는 자가 되게 하셨으니(벧후1:4)." "내가 말하기를 너희는 신들이며 다 지존자의 아들들이라 하였으나(시편82:6)." "오직 너희를 부르신 거룩한 자처럼 너희도 모든 행실에 거룩한 자가 되라 기록하였으되 내가 거룩하니 너희도 거룩할지어다 하셨느니라(벧전1:15-16)." "그러므로 하늘에 계신 너희 아버지의 온전하심과 같이 너희도 온전하라(마5:48)." "저희를 진리로 거룩하게 하옵소서 아버지의 말씀은 진리니이다(요17: 17)." "하나님을 따라서 의와 진리의 거룩함으로 지으심을 받은 새 사람을 입으라(엡4:24)."

218) 조용기, "마음의 파숫군", 주일설교(2013-12-01).

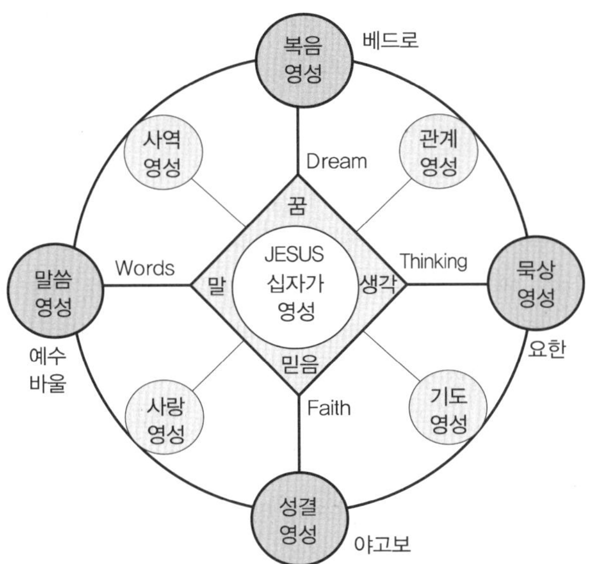

그림 5-4. **4차원영성과 묵상영성, 성결영성, 말씀영성, 복음영성과의 연계모델**[219]: 모든 영성은 예수 그리스도 십자가에서 나오며 서로 역동적, 입체적 및 상호보완적 관계를 맺는다. 십자가의 믿음은 모든 영성의 뿌리이다. 4차원영성은 생각, 꿈, 믿음, 말을 동시에 변화시키는 특성을 지니고 있다. 모든 영성은 하나님의 말씀을 매개로 해서, 각각의 영적 속성을 나타내고, 각각의 기능을 극대화 및 최적화한다. 말씀은 우리에게 궁극의 영성으로 인도하는 최고의 선물이며, 또한 하나님의 뜻을 찾아가도록 하는 네비게이터와 같다. 모든 영성은 하나의 궁극점을 향한다.

4차원영성은 십자가 영성을 역동적으로 활성화시키며, 궁극적으로 구원받은 인간이 예수님의 영성을 닮아가게 한다. 영적훈련이란 '하나님의 사랑과 그분을 아는 지식에 더욱 깊이 잠기는 일'이다.[220]

넷째, 3차원 물질세계는 제한된 공간과 시간 속에서 4차원 영적세계로부터 조율받는다(control). 영산은 4차원의 영적세계가 3차원의 물질세계를 다스린다고 강조한다.[221] 그는 "인간의 문제를 3차원적으로 해결하는 것은 인간의 수단과 방법을 이용한 해결이지만, 4차원적으로 해결하는 것은 하나님의 생각, 꿈, 믿음, 말씀과 기도를 통해서 해결하는 것입니다."라고 말한다.[222] 3차원의 현실에서 물질세계는 하나님의 영인 성령님의 지배를 받으며, 인간은 3차원 세계에 살고 있는 동시에 4차원 영적세계에 속해 있다. 4차원영성은 말씀을 통해 신자들이 자기의 삶을 거룩하게 빚어가도록 이끌어준다(살전5:23, 벧전1:2). 삶의

---

219) James R. Estep & Jonathan H Kim, *Christian Formation*, B&H Academic(2010), 250–253. 여기서 Smith와 Graybeal은 "A Spiritual Formation Workbook"라는 책에서 교회역사에서 일어난 운동을 6가지 측면에서 조율한다. 광야의 영성(고독)은 4–5세기, 사회정의 영성은 12세기, 거룩함의 영성은 18세기, 카리스마 영성은 17세기, 복음영성은 16세기, 성육신 영성은 18세기에 일어났다. Ground–Picture Model 개념에서 보면, 그림은 달라도 시대를 초월해서 그 배경의 주인은 하나님의 영이셨다. 하나님은 주권자이시다.
220) 더그 코스켈러(Doug Koskela), 『부르심』, 이른비(2016), 142.
221) 조용기, "풍랑을 잠재우신 하나님", 주일설교(2014–06–01).
222) 조용기, "사차원의 삶", 주일설교(2010–11–07).

풍성한 열매를 맺게 하고, 영적인 분별력을 갖게 해서 궁극적으로 삼위 하나님의 본질적 삶을 닮아가게 한다. 그러나 이러한 모든 영성의 주도권은 하나님에게 있다. 4차원영성은 인간의 의지가 아니라, 철저히 말씀과 성령 안에서, 주님의 뜻 안에서, 주의 영광을 향한 차원에서 이루어지는 것이다(사43:7).223)

완전한 삶(마5:48)이란 그리스도인이 성부, 성자, 성령의 친교적, 인격적, 관계적 삶을 닮아가는 삶으로서 하나님의 뜻을 이루어가며, 하나님과 이웃을 사랑하고 거룩(살전4:3)과 자비(눅6:36)를 추구하는 삶이다. 비록 이 땅에서 완전한 영성을 문자 그대로 이룰 수 없지만, 예수님은 자신의 삶을 통해 우리에게 분명한 영성모델을 보여주셨다.224) 그런 의미에서 4차원영성은 삼위 하나님의 천상적 삶을 따라가는 삶의 모델로서 적절한 방편이다. 즉, 하나님처럼 생각하고, 꿈꾸고, 믿고, 말하는 과정을 통해 인간은 삼위 하나님의 하나됨, 자기 비움 및 희생, 거룩함, 사랑의 삶을 닮아갈 수 있는 것이다. 4차원이 3차원을 점령하면 인간은 이성을 초월해서 생각하고, 없어도 있다고 말하고, 초현실적인 것을 믿고 꿈꾸고, 들리지 않아도, 보이지 않아도 입술은 '있다, 된다'고 고백하게 된다.

4차원영성은 삶의 자리에 말씀의 능력을 풀어놓는 영성이다(시119:103, 히6:5). 4차원영성은 말씀과 성령이 연합하여 일으키는 창조적-초월적 역사다. 하나님은 성령 안에서 인간을 통해 구원과 기적의 역사를 일으키신다. 말씀이 마음공간에 뿌리를 내리면, 육신의 성전화가 구현되어 거룩한 삶을 촉발시키고(고전3:16-17), 궁극적으로 삶 속에 풍성한 열매가 맺힌다.

마음속에 말씀이 뿌리내리지 않으면 그 삶은 황폐해진다. 구약시대 유다백성이 성전을 황폐하게 해놓고 자기 집을 짓기에 분주했을 때, 그들의 소산과 가축, 사람의 손으로 수고한 모든 것은 가뭄으로 말미암아 쓸모없게 되었다. 성경은 이렇게 묘사하고 있다. "내 집(하나님의 성전)은 황폐(히브리어 하레브)하였으되 너희는 각각 자기의 집을 위하여 빨랐음이라 그러므로 너희로 말미암아 하늘은 이슬을 그쳤고 땅은 산물을 그쳤으며 내가 이 땅과 산과 곡물과 새 포도주와 기름과 땅의 모든 소산과 사람과 가축과 손으로 수고하는 모든 일에 한재(히브리어 호레브)를 들게 하였느니라(학1:9-11)." 4차원영성은 그리스도인의 삶의 자리에 말씀을 뿌리내리게 해서, 삶의 거룩화를 활성화시킨다.225)

다섯째, 영산의 4차원영성은 인류학적 시공간을 초월해서 다양한 대상으로 보편적 적용이 가능하며, 즉 한 시대, 한 문화, 한 사회에 국한되지 않고 초지역적으로 적용될 수 있다. 문화화(文化化, inculturation)가 신학을 상황화(contextualization)한다는 논리를 적용하면, 4차원영성은 열등문화를 우월문화로 전화시킬 수 있는 잠재성을 제공한다.226) 광의로 보면, 4차원영성 자체는 '성령과 말씀세계'를 성도들에게 상황화

---

223) 영산은 성령 차원에서 4차원(말씀 차원에서의 생각-꿈-믿음-말), 인간 차원에서의 4차원(교육 차원에서의 생각-꿈-믿음-말), 마귀 차원에서의 4차원(마귀의 유혹의 생각-꿈-믿음-말)을 구분하여 강설한다. 참조. 조용기, "마음의 파숫꾼", 주일설교(2013-12-01).

224) 오순절에 성령이 이 땅에 오심으로써 비로소 인간은 예수 그리스도를 닮아갈 수 있는 길이 열렸다. 성령의 도움 없이 인간은 성화될 수 없다(벧전1:2, 엡5:26, 고전3:17). 말씀과 기도는 인간을 거룩하게 만들기 때문이다(딤전4:5).

225) 말씀을 삶 속에 뿌리내리게 하는 것은 삼위일체 하나님의 주권을 가져오는 거룩한 수단이다. 성부는 말씀을 통해서 주권을 행사하시고(사43:1, 엡3:14-15), 성자는 말씀이 되어 오셨고(요1:1, 롬10:6-8), 성령은 말씀을 성도들의 삶에 적용시키신다(딤후3:16, 벧후1:21, 살전1:5). 곧 말씀이 임하는 장소는 바로 삼위 하나님이 임재하시고 역사하시는 장소이다.

226) 상황영성(Contextual Spirituality)에 대하여는 다음 책을 참조하라. Glen G. Scorgie, Contextual Spirituality(Gordon

한 영적 소산물이며, 시대와 문화를 초월하여 적용할 수 있는 영성이다.[227] 요약하면, 4차원영성은 호흡하는 영혼들에게 하나님 나라의 신비와 비경을 관조할 수 있는 초인류적 영성으로 확장이 가능하다. 모든 인간은 생각하고, 꿈꾸고, 믿고, 말하는 존재이기 때문이다.

영산은 "4차원이 3차원을 다스리고 창조하는 것입니다. 여러분의 운명과 환경을 다스리고 창조하는 4차원이 여러분 속에 있습니다. 여러분의 영이 하나님의 성령으로 더불어 4차원이 되어 있는 것입니다. 하나님을 의지하면 불가능할지라도 우리가 새로운 생각, 새로운 꿈, 불가능을 믿음으로 고백하고 나갈 때, 4차원 능력으로 이 모든 일이 이루어짐을 알아야 되는 것입니다."라고 말한다.[228] 성령님은 시대를 초월해서 인간의 생각, 꿈, 믿음, 말을 통해 다스릴 수 있다. 즉 4차원영성이 그 시대, 그 문화, 그 사회를 초월해서 적용될 수 있는 것은 말씀과 성령은 시공간, 인류 문화적 상황을 초월해서 적용될 수 있기 때문이다.

기독교 영성연구 영역을 범지구 영역을 기준으로 본다면 포함시켜야 할 학문의 범위가 매우 넓다. 해당 나라와 해당 교회의 역사뿐 아니라 문화인류학, 생물학, 심리학, 철학, 사회학, 미학 등 다양한 학문의 접근이 있어야 한다. 그러나 4차원영성은 그러한 요소들을 최소화시킬 수 있는 특징을 가지고 있으므로, 시공간을 초월해서 신학을 상황화하여 새로운 문화를 재창조할 수 있다. 달리 말해 4차원영성은 종족이나, 시대의 차원을 넘어, 모든 시대의 구원받은 사람들에게 적용될 수 있다. 곧 한 세대만 상영되는 단막극이 아니라, 종말이 올 때까지 상영될 수 있는 연속극이다. 따라서 영산의 4차원영성은 '여의도신학에서 전(全)지구적 영성신학'으로 승화시킬 만한 가치가 있다.

여섯째, 4차원영성은 '끌어당김의 법칙'과 '바라봄의 법칙'이 적용되는 속성이 있다. 즉, 자석의 성질을 가지고 있어서 인간의 마음을 자석화시켜, 하나님의 사랑에 끌려가도록 만든다. 좋은 생각은 좋은 생각을 끌어당기고, 좋은 꿈은 좋은 꿈을 끌어당기고, 큰 믿음은 큰 기적을 끌어당기고, 좋은 말은 좋은 말을 끌어당기는 힘이 있다. 하나님처럼 생각하고, 꿈꾸고, 믿고, 고백하면 우리 삶에 플러스효과를 가져와 창조, 변화, 성장, 혁신, 기적이 일어나게 된다. 인간의 마음은 하나님이 일하시는 거룩한 장소다. 영성이 깊어질수록 하나님은 더 많은 일을 우리를 통해서 하실 수 있다. 요약하면 4차원영성은 '십자가를 바라보는 근원적 힘'이다. "나를 앙망하라 그리하면 구원을 얻으리라(사45:22)." 예수님을 바라보면, 생각, 꿈, 믿음, 말이 달라진다. "믿음의 주요 또 온전하게 하시는 이인 예수를 바라보자(히12:2)."

영산은 바라봄의 법칙을 통해 믿음을 삶의 자리에 적용한다. "실제로 육안으로 바라보든, 마음으로, 영안으로 바라보든 믿음은 바라봄의 실상인 것입니다. 바라보는 대상은 믿음을 통해 실제로

T. Smith), *Dictionary of Christian Spirituality*, Zondervan(2011), 205-210.

227) 4차원영성은 문화와 상황을 초월하여 적용된다. 제24회(2012년) 아세아방한성회에 참석한 대만 조웨베이따교회 임경충(林慶忠) 목사의 인터뷰 내용을 인용하면 다음과 같다. "아세아방한성회에 매년 빠지지 않고 참석한 것이 올해로 16번째입니다. 올해는 120명의 성도들과 함께 왔습니다. 이곳에서 기도의 태도를 배웠고 살아계신 하나님을 체험했습니다. 조용기 목사의 4차원영성을 토대로 목회를 했더니 2년 만에 20명의 성도에서 600명으로 부흥했습니다." 참조. 순복음가족신문(2012년 7월 22일).

228) 조용기, "사차원의 삶", 주일설교(2010-11-07).

이루어지는 것입니다. 클로드 브리스톨(Claude M. Bristol)은 『신념의 마력』이란 책에서 믿음을 '마음 속 그림 그리기'라고 표현했습니다. 즉, 믿음이란 우리 마음에 없는 것을 있는 것처럼 그려 놓고, 그 그림을 항상 바라보는 것이라고 했습니다. 우리가 소원하는 것을 생생히 그려서, 마음 깊은 곳에 뿌리를 내릴 때까지 쉬지 않고 떠올리는 것을 의미하는 것입니다."229) 그가 말하는 바라봄이란 믿음으로 실상을 주시하며 기도하면서 전인적으로 바라봄을 의미한다. 그는 "예수님 믿는 것은 예수를 바라보고 믿는 것입니다. 예수님이 십자가에 못 박혀 나를 위해 몸을 찢고 피 흘린 것을 바라보고, 그 의미를 되새기며, 내 죄, 내 허물, 내 병, 내 저주, 내 죽음을 짊어짐의 의미를 되새기면서 믿게 되는 것입니다. 그러면 그것이 내 몸에 이루어집니다. '믿음의 주요 또 온전하게 하시는 이인 예수를 바라보자.' 믿음은 바라봄이 있어야 하므로 십자가 대속의 주님을 바라보고 깨달을 때 믿음이 생겨나는 것입니다. 중생, 성령충만, 치료와 축복, 부활을 바라볼 때 마음속에 믿음이 생겨나는 것입니다."230)

인간은 바라보고, 알고, 믿는다. 내가 보지 못한 것, 알지 못하는 것은 믿지 않는다. 예수님을 믿을 때 이미 영의 눈으로 갈보리 십자가를 바라보고 알고 믿는다. 믿음의 해석학의 기초는 '본다, 안다, 믿는다, 행동한다'이다. 오늘도 십자가는 죄인들을 향해 "나를 보라!"고 선포하고 있다. 십자가에 이끌려가는 삶은 복된 삶이다. 4차원의 영성은 십자가를 바라보게 만들어, 십자가의 삶을 살도록 만드는 근원적 힘을 가지고 있다.

민유인력처럼 욕망을 바라보고 당기면 욕망이 오고, 두려움을 당기면 두려움이 오고, 불평을 당기면 불평이 오고, 행복을 당기면 행복이 오고, 희망을 품으면 희망이 끌려오고, 치료를 품으면 치료가 끌려오는 것이다. 영산은 끌어당김의 원리를 강조한다.231) 구원을 생각하면 그 생각이 나가서 구원을 끌어오고, 치료의 꿈을 소원하면 그 꿈이 치료를 당겨오는 것이고, 기적을 믿으면 그 믿음이 기적을 끌어당기는 것이다. 하나님은 그만큼 인간의 삶의 자리에 함께하시기를 원하시는 것이다. 하나님의 형상을 닮아 태어나도록 하신 것도 그런 맥락에서 이해되어야 한다.

말씀이 인간의 마음을 점령하면 영적인 것을 당기는 힘이 생긴다. 예수님은 우리에게 천국열쇠를 주셨다. "내가 천국 열쇠를 네게 주리니 네가 땅에서 무엇이든지 매면 하늘에서도 매일 것이요 네가 땅에서 무엇이든지 풀면 하늘에서도 풀리리라(마16:19)." 일을 풀고 매는 것은 나 자신의 생각, 꿈, 믿음, 고백에 달려 있다. 이 천국열쇠를 통해 인간은 '생각한 것, 꿈꾼 것, 믿은 것, 말한 것'을 밖으로부터 끌어당겨오는 것이다. 예수님은 우리에게 '생각의 열쇠, 꿈의 열쇠, 믿음의 열쇠, 말의 열쇠'를 주셨다. 중요한 것은 하나님의 뜻 안에서, 하나님의 의도를 주지한 상태에서 당겨오는 것이다.

한나는 마음속에 자식을 가지려는 꿈이 있었다. 그 소원을 바라보고, 꿈꾸고, 고백함으로써 한 아이가 그 마음에 끌려들어가 잉태되었다. 계속해서 바라보면, 그것이 믿음의 힘으로 끌려오는 것이다. 12년 혈루증을 앓던 여인이 길 가는 예수님의 뒤를 따라가다가 옷자락을 만지므로 예수님으

---

229) 조용기, "믿음의 근원인 바라봄의 법칙", 주일설교(2012-04-22).
230) 조용기, "믿음의 근원인 바라봄의 법칙", 주일설교(2012-04-22).
231) a) 생각의 자석은 그 주인이 생각한 대로 밖에 나가서 그대로 끌어당겨온다. b) 꿈의 자석은 그 주인이 소원한 대로 밖에 나가서 그대로 끌어당겨온다. c) 믿음의 자석은 그 주인이 믿은 대로 밖에 나가 그 믿은 바를 이끌어온다. d) 말의 자석은 그 주인이 말한 대로 밖에 나가서 그 열매의 씨를 가지고 돌아온다.

로부터 능력이 그녀에게로 끌려와 치료의 능력이 나타났고, 수넴 여인이 죽은 아이를 살릴 수 있다는 믿음을 품자, 그 아이에게로 생명이 끌려가 아이가 다시 살아났다. 이처럼 인간은 생각으로, 꿈으로, 믿음으로, 말로 생명을 끌어당겨오기도 하고, 질병의 치료를 끌어당겨오기도 하고, 기적을 끌어당겨오기도 한다.

일곱째, 4차원영성은 하나님의 뜻과 인간의 뜻을 연합적으로 적실하게 펼치는 하늘나라 대서사시와 같다. 즉, 4차원영성은 성도들에게 삼위일체적 자아정체성과 가치체계를 탄생시킴으로써 하나님의 뜻과 방향을 지향게 하는 영성이다. 달리 말해 하나님 나라의 역동성을 이 땅에 풀어놓는 영성이라 할 수 있다. 4차원영성은 개념적 통찰이 아니라 실존적 통찰이다. 곧 삶의 자리에서 경험적-인지적 깨달음의 통찰이므로, 궁극적으로 영혼의 성향이 예수 그리스도의 형상 – 의로움과 거룩함 – 을 닮아가게 한다. 즉, 삶 속에 하나님의 나라를 당겨와 그리스도인의 마음의 성향을 우리 안에 계시는 예수 그리스도의 형상을 닮아가게 하며, 궁극적으로 하나님의 영광만을 드러내게 하는(요16:14) 영성이다. 환언하면, 4차원영성이란 "아버지의 마음을 자녀에게로 돌이키게 하고 자녀들의 마음을 아버지에게로 돌이키게(말4:6)" 하는 영성이다.

영산은 "우리가 하나님 앞에 그릇이 되어야 그 그릇을 통해 주님이 역사할 수 있습니다. 우리가 회개하고 예수님을 구주로 모시고 하늘나라 시민권을 갖게 되고, 하나님 말씀을 듣고 읽고, 하나님 뜻을 알고 따르며 믿음으로 기도하고 명령하면, 하나님은 그 명령을 쫓아서 역사를 이루어주십니다."라고 말한다.232)

4차원영성을 거시적으로 보면, 삼위일체 하나님에 대한 사랑과 이웃 사랑에 참여하게 하는 은혜의 방편이다. 더 적극적으로 보면, 예수처럼 생각하고, 예수처럼 살고, 예수처럼 믿고, 예수처럼 말하면서 사는 것이다. 예수의 마음과 인격을 닮아가는 것이다. 영산은 하나님의 뜻을 이루는 과정을 이렇게 진술한다. "첫째, 말씀을 통하여 하나님 뜻을 알아야 됩니다. 둘째, 하나님 뜻을 통하여 내 꿈을 분명히 보아야 됩니다. 셋째, 꿈을 보고 기도하면 믿음이 생겨나는데, 믿었으면 입술로 고백해야 됩니다. 없는 것을 있는 것처럼 말해야 됩니다. 그러면 이루어지는 것입니다. 그 과정을 아브라함에게 하나님이 보여주셔서, 그의 후손인 우리가 이를 깨닫게 해주신 것입니다."233)

4차원영성은 말씀을 통해 성령 안에서 그리스도와 마음과 뜻이 하나가 되고 인격을 닮아가는 영성이다. 기도응답을 통해 그리스도인은 하나님의 임재 – 치료, 번영, 기쁨, 평화, 용서, 사랑 등 – 를 체험한다(사35:4-10). 그 결과 하나님께 영광 돌리고, 영적성장이 일어나게 된다.

하나님은 창세 전에 우리를 그리스도 안에서 택하셨다(엡1:4, 롬8:28). 예수 그리스도 십자가를 통하여 발아한 성령론적 4차원영성은 우리를 예수 그리스도의 영광의 문으로 안내하며, 아브라함의 축복관문으로 안내하며, 또한 친교를 통해 태초에 하나님이 계획하신 하나님의 통치를 누리게 한다. 삼위일체 하나님은 영원 전부터 세 위격으로 존재하시는 분이시다. 성부, 성자, 성령이신 삼위 하나님이 서로 사랑을 주고받듯이, 성령 안에서 하나님처럼 생각하고, 꿈꾸고, 믿고, 고백함으로써 그리스도인은 삼위 하나님의 '궁극적 삶의 사랑'을 배워갈 수 있다.

---

232) 조용기, "하나님의 나라와 하나님의 뜻", 주일설교(2009-03-08).
233) 조용기, "사차원의 기도", 주일설교(2012-02-05).

여덟째, 4차원영성은 영성신학을 진보시키는 역할을 기능할 수 있다. 영성생활은 하나님과 친교를 통해 영적 경험으로 이끌어준다. 따라서 '영성적 삶에서 오는 모든 것'은 모두 신학과 관련되어 있다. 영성신학을 그리스도인의 온전함(Christian perfection)에 이르게 영성생활에 도움을 주는 신학의 한 분야라고 정의한다면,234) 4차원영성은 영성신학을 실천적으로 진보시키는 동인이 될 수 있다. 즉, 신적 생명의 본질을 구체화시킬 수 있으며, 하나님의 말씀을 현실화시킬 수 있으며, 영적 경험을 보다 체계화시킬 수 있다.

베르나르는 그의 책『영성신학』에서 영성신학의 정의를 이렇게 내린다. "영성신학은 계시원리에 입각하여 그리스도인의 영적 체험을 연구하고, 영적 체험의 점진적 발전을 기술하며, 그 구조와 법칙들을 파악하는 신학의 한 분과이다."235) 이 정의에 따라 '계시원리, 그리스도인, 영적 체험, 체험구조' 등이 영성신학의 핵심단어들이라고 지적할 수 있다. 영성신학의 핵심은 성도 개인의 '영적 체험'이고, 그것은 개별적, 주관적, 수동적 및 능동적 현상이다.

아홉째, 4차원영성이 인간의 심령에 적용되면 총체적 영적성장을 기대할 수 있다.236) 하나님의 구속의 목적은 창조의 본래 목적을 완성시키는 데 있다. 성도의 삶 속에서, 성령 안에서 말씀의 현재화를 추구하는 4차원영성은 영혼육의 영역에서 영적 열매를 맺게 한다. 그래서 하나님과의 관계회복, 창조의 본래 목적을 점진적으로 성화시켜간다. 즉 피조물을 원래 자리로 되돌려주는 영성이요, 삶의 자리에 뿌리내리는 영성이다.237) 궁극적으로 성령의 생각—꿈—믿음—언어를 통해 내 안에 예수 그리스도의 영광을 드러내어(요16:14), 하나님을 영화롭게 하는 영성이다.

영산은 성령 안에서 말씀을 고백하면 창조적 역사가 나타난다고 말한다. "하나님의 말씀을 입술로 고백하고 명령하면, 성령이 역사하십니다. 말씀을 많이 읽고, 많이 외우고 고백하십시오. 말씀을 고백하면 성령이 그 말씀을 따라 역사하시는 것입니다. 성령은 말씀과 함께 역사하십니다. 여러분이 말씀을 계속해서 하면, 성령은 계속해서 역사하십니다. 그 결과 여러분은 새 사람이 되는 것입니다. 영혼이 잘됨같이 범사에 잘되며 강건해진다고 계속해서 말씀하면, 성령이 그것을 계속해서 이루어지게 해주십니다. 우리는 마음하늘을 가지고 있습니다. 하나님이 와 계시는 마음하늘을 가지고 있으므로, 이 마음하늘을 잘 지키면 성령이 새로운 세계를 만드는 장소가 됩니다."238) 영적성장은 성령님과의 인격적 교제에서 활성화된다.

---

234) 김정준, "영산의 4차원영성과 영성교육적 과제", 『영산신학저널』, Vol.18(2010), 115.

235) 샤를 앙드레 베르나르(Charles A. Bernard), 『영성신학』(Teologia Spirituale), 가톨릭출판사(2013), 98.

236) 신앙의 성장은 개개인이 체험을 통해 삼위일체 하나님에 대한 지식을 얼마나 쌓아가느냐에 비례한다. 영적 생활에서는 다른 어떤 것보다 하나님과의 교제에 힘써야 한다. 4차원영성이 말씀을 통한 하나님과의 교제로 정립되면, 영적성장에도 상당한 영향을 미칠 수 있다. 참조. A. W. 토저, 『신앙의 기초를 세워라』(The Root of the Righteous), 생명의말씀사 (2012), 16-17.

237) "40년 이상 목회생활하면서 나 자신과 다른 사람들의 신앙을 지켜본 결과 깨달은 사실이 하나 있습니다. 그것은 신앙이 성장할 때 직선적으로 계속 올라가지만 않는다는 사실입니다. 신앙성장의 곡선은 포물선을 그리면서 올라가기도 하고 내려가기도 합니다." 조용기, 『기도』, 서울말씀사(2013), 151-152.

238) 조용기, "마음하늘", 주일설교(2013-04-07).

이제까지 논의한 것을 4차원영성의 기능적 차원에서 요약 및 정리해 키워드를 뽑아내면 다음과 같다.

a) 전인적 변화(wholeness): 영혼육이 활성화되어 전인적인 삶을 살게 해준다. 4차원영성은 생각, 꿈, 믿음, 말을 동시에 변화시키는 특성을 지니고 있다. 말은 영이요 생명이다(요6:63).

b) 삶의 단순화(simplification): 4차원영성으로 살면, 자기중심의 삶을 벗어나 단순화를 추구한다(마6:33). 즉, 자기가 주인이 된 3차원적 삶을 벗어나 창조적 삶을 살게 된다.239)

c) 파워 인생(powerful life): 하나님의 믿음으로 능력이 넘치는 삶을 살게 된다(벧전3:13).

d) 하나님 중심 삶: 초대교부들이 강조하듯이 '하나님을 하나님답게 하고, 인간을 인간답게(becoming God, becoming Human)' 살게 한다. 하나님의 심장으로 사는 삶이다(빌1:8).

e) 선교중심(mission-oriented)의 삶: 하나님의 꿈을 품게 되어 선교 지향적 삶을 살게 된다.

f) 창조적 삶(productiveness): 예수의 삶을 살게 되어 창조적으로 설계하여 생산적으로 살게 한다(갈6:14). 영산은 4차원영성은 '창조적 능력'임을 강조한다.240)

g) 적극적 삶(positive attitude): 긍정의 입술로 변화되어 창조의 능력을 발휘하게 한다. 영산은 믿음의 입술에서 나오는 말은 생각을 다스리며, 꿈을 이끌어가며, 믿음을 불러오며, 마음에 긍정적인 영향을 미친다고 강조한다.241)

h) 외향적 삶: 자아중심의 삶(갈5:16-17)보다 이웃 중심을 지향한다. 지정의적 삶의 변화가 일어나며, 즉 지적으로는 나의 지식이 아니라 주의 은혜로 살게 되고, 감성적으로는 정욕과 탐심을 십자가에 못 박는 삶, 의지적으로는 자아중심적 삶이 아니라 하나님 중심의 삶을 살게 한다. 요약하면, 마음의 성향이 자기중심에서 하나님과 이웃 중심으로 바뀐다(십계명).

i) 윤리적 삶: 인간의 신앙은 '하나님, 인간, 세상'의 관계 안에서 성장한다. 그리스도인의 윤리는 자율적 윤리가 아니라, 하나님의 뜻, 계획, 말씀에 기초해서 성령의 도우심과 이끄심을 받으며 살아가는 윤리이다(갈5:28).

j) 종말적 삶: 4차원영성은 종말적 삶을 지향한다(고후5:17). 말씀을 기초로 한 하나님의 생각을 품고 살면 성도는 매순간 종말론적 삶을 살게 된다(고후5:17). 위엣 것을 생각하고 땅의 것을 생각하지 말라(골3:2).

새 존재로서의 영적성장은 하나님의 은혜를 아는 성서적 지식을 전제로 한다. 바울은 "오직 우리 주 곧 구주 예수 그리스도의 은혜와 저를 아는 지식에서 자라가라(벧후3:18)"고 권면한다. 새 생명을 가진 자는(고후5:17) 죽음을 통해 영적으로 성장할 수 있다(고후4:10). 신앙인의 목표는 '범사에 그(그리스도)에게까지(엡4:15)' 자라나는 것이다.

4차원영성은 '하나님과 나' 사이의 화목, 관계 및 동행의 영성이다. 나아가 이웃을 향한 영성이요, 전우주적 영성이다. 4차원의 영적세계는 눈에 보이는 3차원 세계를 변화시키는 힘이 있다(히11:3).

---

239) 조용기, "현실을 다스리며 사는 길", 주일설교(2013-08-04).
240) 조용기, "하나님의 영과 나", 주일설교(2014-03-23).
241) 조용기, "말의 창조적 힘", 주일설교(2013-07-28).

4차원영성의 본질은 하나님과의 관계를 회복하는 것이며, 나아가 '말씀의 성육화(incarnation) 과정을 통해 나와 하나님의 올바른 관계를 심화시키고 영적으로 성장하게 하는 것'이다.242)

　요약해서 말하자면, 4차원영성은 없는 것도 있는 것처럼 생각하고, 없는 것을 있는 것처럼 꿈꾸고, 없는 것을 있는 것처럼 믿고, 없는 것을 있는 것처럼 고백하는 것이다. 각주에 제시된 말씀처럼, 4차원영성에는 역설적 의미가 내포되어 있다.243)

5.3. 4차원영성과 기독교 영성의 비교

　조선시대 신흠(申欽, 1566-1628)의 상촌집(象村集)에 이런 시가 있다.
　　오동은 천년을 늙어도 가락을 잃지 않고(桐千年老恒藏曲)
　　매화는 일생 추워도 향기를 팔지 않네(梅一生寒不賣香)
　　달은 천 번 이지러져도 빛이 바래지 않고(月到千虧餘本質)
　　버드나무는 백번 꺾여도 새가지 돋네(柳經百別又新枝)

　이 시의 주제를 '영원히 변치 않음'이라고 붙여도 좋을 듯하다. 그리스도인은 순간과 영원의 상호 보완적 삶을 사는 존재이다. 다시 말해 중생한 자는 성령 안에서 영원한 삶을 사는 불멸의 존재다(요3:16). 십자가는 '현재의 나'를 '영원의 나'와 연결시켜, 소망의 삶을 살도록 만든다. 불멸의 존재를 영원의 개념으로 확장한다면, 이는 곧 하나님의 형상인 한 인격체로서 하나님 앞에서 자유와 책임을 영원히 누리는 것이다. 십자가의 영성은 2000년의 세월이 지난 지금도 매화처럼 향기를 잃지 않고, 달처럼 빛이 바래지도 않았다.

　초대교회 인물들 중에서 자기중심의 삶을 살다가, 회심 후에 타자중심의 삶, 공동체적 삶, 하나님 중심의 삶을 살았던 사람들이 많이 있다. 즉, 그리스도다운 삶 – 위로는 하나님 중심의 삶, 아래로는 타인중심의 삶 – 을 사는 것이다.244) 기독교 영성은 근본적으로 십자가의 영성이며,245) 예수 그리스도의 닮아감의 영성, 말씀의 영성이다.246)

　하보그(Gary Harbaugh)가 저술한 『Pastor as Person』이라는 책에서는 기독교 영성을 다음과 같이 서술한다. "영성적인 사람이 된다는 것은 인간이 되어가는 것을 말하며(becoming person), 인간이 되어간다는 것은 전인이 되는 것(the whole person)을 의미한다. 전인이 된다는 말은 개인이 다른

---

242) 4차원영성을 통해 삶의 자리에서 주와 온전한 관계를 맺어가는 역동적 영성이다(마5:48). 양자로서의 하나님의 자녀는 거룩함을 통해 하나님을 기쁘게 하는 것이 우선이며, 성도가 품은 말씀이 하나님의 뜻과 연합되고, 일치될 때 선한 열매가 맺힌다.
243) a) 주를 위해 잃는 자는 얻는다(마10:39). b) 머리가 되고자 하는 자는 종이 된다(마20:27). c) 죽은 자 같으나 산다(고후6:9). d) 근심하는 자 같으나 기뻐하게 된다(고후6:10). e) 가난한 자 같으나 부요하게 된다(고후6:10). f) 없는 자 같으나 모든 것을 가진 자다(고후6:10). g) 약할 때 강하게 된다(고후12:10).
244) 권택조, 『영성발달』, 예찬사(1999), 25.
245) 기독교 영성의 역사에 대하여 다음 책을 참조하라. L. Bouyer, et al., *A History of Christian Spirituality*, 3 Vols.(1977). P. Sheldrake, *Brief History of Spirituality*(2007).
246) 달라스 윌라드(Dallas Willard), 『그리스도를 아는 지식』(Knowing Christ Today: Why We Can Trust Spiritual Knowledge), 복있는사람(2012), 41-45.

사람들과의 관계 속에서 이루어지는 것이다. 다른 사람들과의 관계는 결국 하나님과의 관계 속에서 완성된다.”

하보그는 인간이 관계 속에서 전인(全人)이 된다는 것은 인간은 육체적인 존재, 사고하는 존재, 감성적인 존재, 사회적인 존재로서 자기를 실현해가는 것을 의미한다고 주장한다. 그리고 그리스도인으로 전인이 된다고 할 때 그것은 그리스도를 중심으로 하여 위에서 제기된 4가지 영역이 조화롭게 통합되어가는 것을 의미한다고 말한다.247) 다시 말해 인간에게 주어진 육체적, 정신적, 감성적, 사회적인 영역이 성령의 도움으로 인하여 하나님을 중심으로 움직일 때 조화로운 인격을 이루게 되며, 전인격적인 영적인 인간이 되는 것이다.

영산의 4차원영성을 기독교 영성과 연결된다. 영성회복을 삼위일체적으로 묘사하면, 하나님이 창조하신 영성을 예수 그리스도가 회복시키시고, 성령의 도움으로 회복된 영성을 지속시키는 능력이다. 근본적으로 4차원영성은 기독교 영성과 동일한 신앙적 뿌리에서 자라온 줄기이며, 그 중심핵은 ‘말씀과 기도의 영성’으로 예수 그리스도의 삶을 닮아가고, 삼위일체 하나님의 삶을 본받아 사는 것이다.

4차원영성은 말씀과 기도를 기초로 영적 4요소 – ‘하나님의 생각, 하나님의 꿈, 하나님의 믿음, 하나님의 말’ – 을 통해 하나님의 통치가 현재의 삶에 일어나게 함으로써 하나님의 함께하심과 인도하심을 경험하게 한다. 영산은 4차원 영적세계와 3차원 땅의 세계를 연결하는 ‘영적언어 – 생각, 꿈, 믿음, 말’ – 를 기하학적 접근방법으로 발굴해서, 하나님의 말씀을 삶 가운데 효과적으로 적용하게 했다.

영성은 개인의 영적 성향에 따라 다층적으로 나타난다. 즉 영성에 대한 각자의 관점에 따라 기독교 영성은 개인중심의 영성에 편향된 사람, 사회중심의 영성에 편향된 사람, 오직 하나님과의 신비적 교제에 편향된 사람, 또는 자기실현과 성취에 편향된 사람 등 다양하게 나타날 수 있다. 4차원영성과 기존의 기독교 영성은 서로 조화를 이룬다. 이 두 가지 영성의 관계를 그림 5-5와 같이 묘사할 수 있다. 크게 구분한다면, 복음형(R-E형), 학문형(E-C형), 관조형(C-I형), 사회형(I-R형)이 있다.

   a) 현재화(Realization): 하나님의 말씀을 기도로 삶의 자리에서 체험하여 하나님을 마음으로 느껴서 알아가는 과정이다. 이것은 체험중심의 영성, 오감으로 하나님을 느끼는 영성, 삶의 자리에서 뿌리내리는 영성이다.

   b) 외부화(Externalization): 하나님과 합일의 관계를 맺으며 복음중심으로 하나님을 알아가는 과정이다. 성령충만으로 거룩한 삶을 살기로 작정하는 영성, 하나님의 뜻을 행동으로 나타내는 영성이다.

---

247) 유해룡, 『영성의 발자취』, 장로회신학대학교출판부(2011), 70.

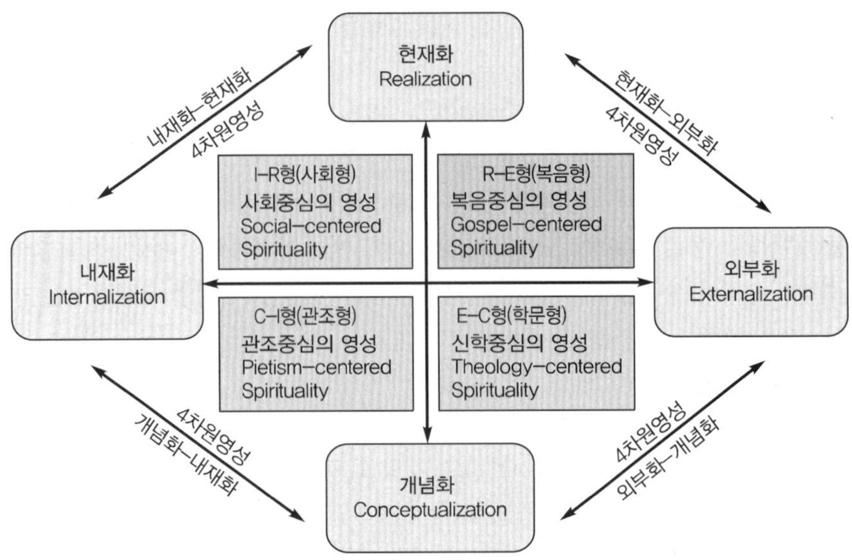

그림 5-5. 기독교 영성모델과 4차원영성과의 연결 및 비교: 4차원영성은 영적 자아를 성장시켜 하늘나라 삶의 방식을 취하게 하여, 온전한 삶의 영성을 추구하도록 도와준다. 궁극적으로 기독교 영성은 하나님의 나라를 온 땅에 펼치는 역동적 과정이며, 예수님과의 연합됨을 통하여(고전6:17) 이루어진다. 나아가 기독교 영성은 천상 중심의 삶의 모델을 본받아 삼위 하나님의 삶에 참여하게 하는 거룩한 과정이라 할 수 있다.

c) 개념화(Conceptualization): 하나님을 이론적으로 개념화하여 학문적 혹은 신학적으로 알아가는 과정이다. 마음보다 머리 혹은 교육적으로 하나님을 알아가는 사변적 영성(speculative spirituality)이다.

d) 내재화(Internalization): 하나님의 말씀을 내재화시켜 관상, 평화 등을 통해 하나님을 알아가는 과정이다. 사회에 정의와 공의를 실현하려고 하는 영성, 사회에 기독교적 마인드가 흘러들어가게 하는 영성이다.

논리적으로 보면 4개의 영역은 개인의 영적환경 혹은 영적특성에 따라 결정되며, 개인의 영적환경에 따라 이중 혹은 삼중영역으로 확장시킬 수 있다. 바울은 전형적으로 복음영성과 신학영성이라는 이중기능의 영성을 품은 인물이었고, 베드로 역시 그러한 인물로 보인다.

표 5-3은 4차원영성과 기독교 영성의 포괄적 비교를 보여준다. 4차원영성의 특징 중 하나는 기독교 영성을 활성화시킨다는 것이다. 하나님 관점에서 바라보는 생각, 꿈, 믿음, 말은 기존의 기독교 영성을 활성화하고 성장시키는 데 절대적인 영향을 미친다.

표 5-3. 4차원영성과 기독교 영성의 총체적 속성 비교

4차원영성의 특징	기독교 영성의 특징
"하나님의 말씀을 마음에 정리하여 믿는 방법이 바로 생각, 꿈, 믿음, 말씀입니다."[248]	예수 그리스도의 삶을 말씀과 기도로 내 삶 속에서 구현시키는 영성이며, 성령의 능력으로 예수의 인격을 닮아가는 것이다(빌2:5–7, 엡4:13).[249]
1) 4차원영성의 신학적 기초 • 하나님: 좋으신 하나님(사랑의 하나님) • 성령님: 인정하고, 환영하고, 모심(인격적 교제 강조) • 예수님: 십자가 구속의 은혜(십자가복음 중심) 궁극적으로 하나님과의 관계를 맺어가는 삼위일체적 영성이며, 보혈의 능력으로 예수님의 삶과 인격 및 성품을 닮아가고, 성령님과 인격적으로 교제하는 영성이다. 4차원은 영적세계, 즉 성령님의 세계다. 2) 말씀의 현재화 4요소(내면적–외면적) "하나님의 말씀을 마음에 정리하여 믿는 방법이 바로 생각, 꿈, 믿음, 말입니다." • 하나님의 생각을 통해(잠4:23, 고전2:14) • 하나님의 꿈을 통해(시81:10, 요삼1:2, 빌1:6) • 하나님의 믿음을 통해(롬1:17, 막11:23–24) • 하나님의 말을 통해(롬10:10, 잠18:21, 롬10:17) 4차원영성은 말씀과 성령의 영성이다. 영산의 성경해석학은 삼위일체적이며, 성령 안에서 복음적 및 실존적 영성이다. 3) 다스림의 영성(외면적) 4차원이 3차원을 다스린다. 하나님의 생각, 하나님의 꿈, 하나님의 믿음, 하나님의 말을 선포하면 3차원 세계를 다스릴 수 있다. "만일 누가 말하려면 하나님의 말씀을 하는 것같이 하고(벧전4:11)." 4) 하나님의 나라의 현재화 4차원영성은 말씀의 현재화로 하나님 통치가 삶 속에서 이루어지게 한다. 또한 십자가 중심의 5중복음과 3중축복과 연합하여 영적세계를 활성화시킨다. 5) 삶에 뿌리내리는 영성(전인적) 4차원영성은 삶의 존재방식, 사고방식, 행동방식, 언어방식을 변형시켜, 하나님의 성품을 닮아가게 하며(벧후1:4), 역동적 및 선교적 비전을 품게 한다.	1) 삼위일체 영성의 기초 기독교 영성이란 말씀과 기도의 영성을 통하여 삼위일체 하나님을 만나는 것이다.[250] 성령의 도우심으로 예수님과 그의 삶을 본받아 실천해 나가는 것이다.[251] 기독교 영성은 관계적 언어이며, 삼위적 특징을 가지고 있다. 즉 창조론적, 기독론적 및 성령론적 특징을 지니고 있다. 하나님은 영성을 선물로 주시고, 예수님은 영성을 회복시키시고, 성령은 지속시키신다. 따라서 구원받은 인간은 기본적으로 삼위일체 하나님과 좋은 관계에 있어야 한다. 관계적 측면에서 기독교 영성은 하나님과 인간 사이에 올바른 관계를 회복하는 것이며, 또한 하나님의 형상을 회복하는 과정이다. 2) 실천적 영성(내면적–외면적) 말씀을 알고, 깨닫고, 삶의 자리에서 행하는 것이다(마7:15–29, 약1:22, 롬2:13). 말과 행동이 일치하는 영성이다. 기독교 영성은 말씀으로 시작하고 성장하고 열매 맺는 삶이다. 3) 균형을 이루는 영성(내면적–외면적) 하나님–나 자신–이웃의 균형 잡힌 관계를 맺는 영성이며, 하나님과 나와 이웃이 서로 조화를 이루는 영성이다. 4) 교제의 영성(내면적) 하나님과의 신비적 및 영적 교제를 통해 영적성장이 이뤄진다. 창조자와 피조물 사이에 일어나는 신비적 체험이 일어나므로 하나님과의 밀접한 관계를 유지한다. 5) 선교적 영성(외면적) 베드로와 바울처럼 나 중심에서 타자중심으로 구원의 복음을 전파하는 영성이다.

---

248) 조용기, 『생각』, 한세대학교출판부(2013), 5.
249) "기독교 영성이란?: "신앙의 체험, 훈련, 실천으로 이루어지는 전인적, 총체적 삶, 다른 말로 바꾸면 그리스도 안에서 성령의 인도를 따라 하나님과의 합일을 추구하는 신앙의 삶이다." 참조. 정용석 외 5인, 『기독교 영성의 역사』, 은성

통합적으로 보면, 기독교의 영성이란 다음과 같다. 곧 수직적으로는 말씀과 기도 안에서, 하나님과 올바른 관계를 형성하고, 또한 나를 구속하여 주신 예수님을 닮아 날마다 장성한 분량에 이르기에 힘쓰며, 수평적으로는 올바른 영적 인간 관계를 형성하여, 하나님이 의도하시는 거룩한 영적 삶을 사는 완전화의 과정이다(표 5-3).

6. 4차원영성의 신학적 본질: 삶의 혁신적 구조

인류 최초이자 최대의 비극은 무엇일까? 언제 그 사건이 일어났을까? 그것은 하나님과 첫 사람 아담의 관계에서 본질적인 문제가 발생했을 때였다. 인류의 비극은 여기서부터 시작되었다. 바로 그날 인간과 사탄은 서로 놀랄 만큼 친해지기 시작했다. 인간의 육적인 생명은 사탄의 지배를 받아서 질병과 죽음에 노출되었다. 동시에 그날 인간은 하나님의 원수가 되었다(롬8:7). 그날부터 인간의 지혜는 '땅위의 것이요 정욕의 것이요 귀신의 것(약3:15)'으로 전락하게 되었다. 인간은 구불구불하고 비참한 삶의 길을 걷게 되었다. 영혼육의 전인적 타락은 예수 그리스도의 십자가를 통해 영혼육의 전인적 구원의 날만 기다려야 하는 비참한 처지가 된 것이다.

첫 사람 아담은 하나님과 영적으로 친교할 만큼 의롭고 거룩한 존재였다(엡4:24). 그러나 죄는 그의 의로움과 거룩함을 기초부터 약화시켰고, 하나님과의 교통도 끊어지게 했다. 사랑과 기쁨과 평강의 에덴동산은 저주와 절망과 죽음의 세상으로 추락한 것이다. 바꾸어 말하면, 아담의 마음에 새겨진 하나님의 형상이 일그러진 것이다. 그러나 하나님의 선하심, 자비와 은혜로 이 땅에 회복의 십자가가 세워졌다.

그러면 그리스도의 십자가는 구체적으로 무엇을 했는가? 십자가는 사탄의 영과 연합된 우리의 육적 생명을 죽게 하고, 그 대신 예수 그리스도의 영과 우리의 영을 연합시켰다. 이것이 십자가를 통한 사탄에 대한 정복 원리다. 막연히 광야 위에 진치고 있던 사탄을 무능케 하고 괴멸시킨 게 아니라, 인간의 생명과 연합해 있던 사탄의 진지(陣地)를 철저하게 파괴시킨 것이다. 즉, 그리스도의 죽으심의 효력은 인간의 육적 자아와 짝을 이루고 있던 사탄의 진지를 초토화시킨 것이다. 그 결과 우리는 사탄의 종에서 벗어나 의의 종이 되었다(롬6:18). 영산의 구원론에 기초해서 이해하면, 영혼육의 전인적 타락은 십자가의 보혈로 다시 영혼육의 통전적 구원의 은혜를 받게 된 것이다.

연합의 측면에서 이해하면, 십자가를 통해 인간의 삶의 패턴이 사탄과 인간의 연합구조에서 예수 그리스도와 신자의 연합구조로 바뀐 것이다. 즉, 십자가 대속의 은혜로 죄인이 의롭고 거룩하게 바뀐 것이다. 바울은 "하나님을 따라 의와 진리의 거룩함으로 지으심을 받는 새 사람을 입으라(엡4:24)"고 지적한다. 예수 그리스도와 연합으로 '의와 거룩함'을 되찾은 것이다(롬6:22).

(1997), 29.

250) 신문철, "기독교 영성과 4차원영성에 대한 비교연구", 『오순절신학논단』, Vol.7(2009), 78.
251) 오성춘, "기독교 영성훈련의 이론과 실제", 『영성과 목회』, 장로신학대학교출판부(1995), 45.

그리스도와 연합으로 '의와 거룩함'을 되찾은 그리스도인들은 말씀으로 살아야 한다. 4차원영성이란 궁극적으로 무엇을 의미하는가?252) 전술한 바와 같이 영산은 "하나님의 말씀을 마음에 정리하여 믿은 방법이 바로 생각, 꿈, 믿음, 말입니다."라고 말한다.253) 그는 또한 "보이지 않는 말씀이 인간의 마음을 통해서 나타나기 위해서는 생각, 꿈, 믿음, 입술의 고백이 말씀으로 채워져야 합니다."라고 말한다.254) 환언하면, 4차원영성이란 하나님의 성품을 이뤄가는 것, 하나님의 뜻을 이뤄가는 것, 예수 그리스도의 형상 – 의로움과 거룩함 – 을 닮아가는 것 혹은 예수님의 인격을 닮아가는 것을 포괄한다. 이제 "우리는 하나님의 동역자들(고전3:9)"이다!

바울이 만약 신약성서를 보고 4차원영성을 주제로 강의한다면 무슨 말씀을 주제로 이끌어낼까? 나는 그 말씀이 고린도전서 2장 16절 또는 요한복음 14장 20절이 적절하다고 생각한다. "누가 주의 마음을 알아서 주를 가르치겠느냐 그러나 우리가 그리스도의 마음을 가졌느니라(고전2:16)." 즉, 신자의 마음상태가 성령 안에서 그리스도의 마음으로 동화되는 것이 4차원영성이라고 정의해도 무방할 것이다. 신자의 마음이 예수의 마음으로 동화되는 유일한 길은 오직 '성령의 나타나심과 능력(고전2:4)'으로 가능하다. 그런 의미에서 보면, 4차원영성은 말씀과 성령의 영성이다. 4차원영성이 제대로 적용되면 성화의 길을 걷게 된다.

궁극적으로 4차원영성을 통해 우리가 추구해야 할 것은 예수 그리스도를 닮아가는 것이다. 예수와 같은 생각, 뜻, 믿음, 말을 가지고 산다는 것은 곧 그를 모든 측면에서 닮아간다는 것이다: "그가 나타나면 우리가 그와 같은 줄을 아는 것은 그의 참모습을 그대로 볼 것이기 때문이니(요일3:2)." 즉 예수 그리스도를 바라봄으로써 그리스도인은 언젠가 예수님과 같이 될 것이다.

4차원영성은 말씀과 연결되어 있다. 말씀은 무슨 역할을 하는가? 말씀은 거룩함과 의로움을 낳아 하나님과 친밀하게 교제하게 한다(딤전4:5, 요17:17, 행15:9). 말씀과 기도는 신자를 거룩하게 만든다(딤전4:5). 이와 같이, 4차원영성은 의로움과 거룩함과 연결되며, 이는 하나님의 성품을 닮아가게 하는 기초를 제공한다. 4차원영성의 표면적 기능은 5중복음과 3중축복을 삶의 자리에 적용시키는 역할을 하지만, 내적 본질은 예수 그리스도의 형상 – 의로움과 거룩함 – 을 닮아가는 것에 있다(롬8:29). 더 근원적으로 접근하면, 4차원영성이란 예수님의 존재, 본성, 행동에 대한 거룩한 영적 반응(reaction)이다.

그런 측면에서 보면, 4차원영성은 첫 사람 아담이 소유했던 의와 거룩함을 회복시켜 주는 수단이자 친교를 활성화시키는 수단이다. 4차원영성과 십자가는 서로 밀접하게 연결되어 있다. 십자가에

---

252) "3차원의 물질적 세계는 눈에 보이는 세계요 감각적인 세계입니다. 그러나 생각, 꿈, 믿음, 말은 보이지 않는 세계입니다. 이처럼 3차원을 넘어선 보이지 않는 세계를 정의할 수 없어서 4차원이라고 불러보는 것입니다." 조용기, "나는 믿음의 사람인가?", 주일설교(2016-06-19).

253) 조용기, "심고 거두는 법칙", 주일설교(2014-09-07). 영산의 이러한 정의는 총체적으로 그리고 본질적으로 이해함이 옳다. 4차원영성이란 일차적으로는 성도의 삶 속에 말씀을 체험하여 하늘의 은혜를 맛보는 것이고, 궁극적으로는 예수 그리스도의 마음에 점진적으로 동화되는 것에 있고(고전2:16), 또한 그리스도의 형상을 입어 지속적으로 완전하게 되어가는 것(마5:48, 신18:13, 골1:28)이다. 신자들은 현재 은혜의 상태에 머물고 있지만, 장차 도래할 영광의 상태를 기다리고 있다. 예수님은 은혜의 나라를 통치하고 있지만, 장차 영광의 나라를 통치할 것이다. 4차원영성은 은혜의 나라와 영광의 나라의 경계선에 있다. 4차원영성의 본질은 오직 그리스도의 영광을 드러내는 것이며(요14:16), 또한 삶의 자리에서 하나님의 말씀을 통해 하늘의 영광을 맛보는 친교로서의 장이다.

254) 조용기, "삼중축복", 주일설교(2012-01-08).

죄를 못 박고, 나를 못 박고, 세상을 못 박음으로써 성도는 점점 성화된다. 즉, 십자가는 성도를 거룩하게 만든다. 십자가는 궁극적으로 죄인을 의인으로 만들어(롬3:22), 하나님과 화목하게 하고, 양자 만들어(롬8:15) 하나님과 친교하게 만든다(골1:22, 히12:14, 고후7:1).

신약성경이 화목과 양자에 핵심을 두고 있다면, 친교는 양자와 화목의 열매다. 4차원영성의 신학적 총체성은 복합적이며 다층적으로 이해해야 한다.255) 이 장(章)에서는 4차원영성의 성서적 근거를 그리스도와의 연합에서 그 뿌리를 찾아 해설하고, 동시에 4차원영성의 본질과 특성을 신앙적 관점 및 삶의 실제적 관점에서 진술하고자 한다.

6.1. 그리스도와의 연합: 삶의 혁명적 구조256)

그리스도인의 최고 복은 그리스도와의 연합이다. 청교도 신학자 토머스 굿윈(Thomas Goodwin)은 '연합은 그리스도인의 근본법칙'이라고 지칭한다. 연합을 통해 화목, 칭의, 양자의 복을 얻는다. 좋으신 하나님은 십자가를 통해 죄인을 구원하시고, 그 아들 예수 그리스도를 우리의 영과 연합시켜주셨다. 영산은 "십자가에 매달린 예수를 쳐다볼 때 하나님이 우리를 사랑하시는 좋으신 하나님이란 사실을 결코 의심할 수 없습니다."라고 설파한다.257) 그는 참 좋으신 하나님을 십자가에서 찾는다. 좋으신 하나님은 그 아들 예수를 우리와 함께 연합시켜주셨다(고전3:17, 엡5:26).

영산의 구원관은 좋으신 하나님에서 출발한다. 그의 구원개념은 '인간의 영혼육의 전적타락과 영혼육의 전인구원'이다. 즉 그는 인간을 영, 혼, 육이 하나로 결합된 존재로 인식한다. 따라서 그의 구원론도 '영혼육의 전인구원 개념'이 근저를 이룬다. 여기서 4차원영성의 개념도 이와 같은 측면에서 논의할 것이다.

십자가는 '하나님과 사람의 관계'를 변혁시켜 놓는다. 십자가 사건을 통해서 하나님은 자신이 의로우신 분이며, 또한 죄인을 의인으로 만드신다고 알려준다(롬3:26). 십자가는 신자들에게 영광스러운 처소를 예비하여 주는 은혜의 장소다(요14:1-2). 십자가의 위대한 능력 중에 하나는 바로 그리스도와 우리를 하나로 묶는 것이다(고전6:17, 갈2:20). 즉, 사탄과 인간의 연합구조를 붕괴시키고, 그 대신 예수와 신자들을 하나로 연합시키는 구조로 변혁시킨다. 그리스도와 우리의 연합은 인간의 상상을 초월하는 신비다. 연합이란 예수의 인격과의 연합이요, 동시에 믿음 안에서 십자가 사건 – 죽으심, 부활하심, 승천하심의 사건 – 과의 연합이다. 이보다 더 큰 신비는 없다.

---

255) <u>4차원영성 – 성령의 생각, 성령의 꿈, 말씀의 믿음, 성령의 언어 – 의 신학적 총체성을 저자의 관점에서 서술하면 다음과 같다. a) 신학적 목적(purpose): 예수 그리스도의 영광을 드러냄(요16:14), b) 신학적 본질(essence): 예수님의 형상을 닮아감(갈4:19), c) 신학적 기초(foundation): 하나님과의 친교(communion, 요일1:3), d) 신학적 형태(form): 하나님 말씀의 현재화(요15:7), e) 신학적 기능(function): 삶의 영적 변화와 영적성장(엡4:13), f) 신학적 초점(focus): 십자가 중심의 영성(고전2:2). 따라서 4차원영성은 '예수 그리스도 안에서의 삶'을 구체화시키는 것이고, 예수님의 죽음을 짊어지는 삶(고후4:10), 새로운 피조물로서의 삶(고후5:17), 성령으로 사는 삶(갈5:25), 성결의 삶(살전4:7) 등을 포괄한다. 4차원영성은 하나님 나라의 삶을 이 세상에서 미리 맛보게 하는 기능을 지니고 있다. 4차원영성은 은혜의 현재성을 활성화시킨다.</u>

256) 연합은 구속사 관점에서 그리스도와의 연합과, 구원의 과정(서정)의 관점에서 그리스도와 연합으로 나눈다. 여기서는 후자, 즉 각 개인에게 적용되는 주관적 측면의 연합을 다룰 것이다. 다음 책 참고. 이윤석, 『조나단 에드워즈의 성화론』, CLC(2017).

257) 조용기, "참, 참 좋으신 하나님", 주일설교(2002-10-27).

빌링스(J. Billings)는 '하나님을 향한 의존적 연합은 인간됨의 본질'이라고 강조한다.[258] 칼빈(Kalvin)도 "우리는 그리스도를 통하여 하나님과 연합하며, 우리가 그리스도와 연합하는 것은 오직 하나님이 우리 안에 거하심으로만 이뤄진다"고 말한다.[259] 이처럼 믿음은 그리스도와의 연합을 탄생시켜, 하나님과 교제하도록 발판을 놓는다. 믿음의 창시자가 그리스도임을 자각하면(히12:2), 결국 연합은 예수 그리스도가 성령 안에서 주도한다. 또한 하나님 아버지께서 이끌지 아니하시면 아무도 그리스도께 나아갈 수 없다(요6:44). 따라서 연합은 삼위일체 하나님이 주도하시는 공동 작품이다.

그러나 연합은 신비 중의 신비라서 이성의 논리로 명확하게 묘사할 수 없다. 연합의 신비는 그리스도께서 십자가 위에서 피를 흘리시기 이전부터 시작되었다. 창세 전부터 성부와 연합되어 있었고(엡1:4), 우리는 예수님이 십자가 위에서 죽으시고 부활하실 때 그리스도와 연합되었고(롬6:4-5), 지금 그리스도를 믿을 때 그와 완전하게 연합한다(고전6:17).

하나님의 은혜로 예수를 구주로 믿을 때, 그리스도와 나 사이에 인격적 연합(갈2:20, 고전6:17)이 이루어진다. 예수 그리스도가 우리와 연합되어 있다는 사실은 곧 성령 안에서 성부 하나님과의 친교를 가능케 하는 통로임을 의미한다. 복음의 궁극의 목적이 장차 그리스도인들이 주와 '얼굴과 얼굴을 대하여(고전13:12)' 보는 날임을 상상할 수 있다면, 연합은 하나님과 교제를 시작하는 출발점이다. 이 모든 일을 예수 그리스도의 십자가가 해냈다.

성도가 장차 불멸의 삶을 산다는 것은 곧 하나님과 친교, 사랑, 진리 및 기쁨 안에서 산다는 의미다. 예수님과의 연합을 통해 우리는 신비 그 자체이신 하나님과 사귐을 가질 수 있다(요일1:3). 그러한 사귐은 결국 우리가 예수 그리스도의 형상을 닮아가는 데 원동력을 제공해준다. 하나님의 얼굴을 대할 때까지 하나님과 거룩한 친교를 통해 하나님의 형상을 더욱 닮아가야 하는 거룩한 의무가 우리에게 주어져 있다. 신자의 영적 삶에서 연합의 진리는 중요하다. 연합은 나와 그리스도가 십자가 위에서 '함께 죽음'에서 탄생한다. '좋으신 하나님'은 그리스도와 우리를 연합시켜서 하늘의 사람으로 만들어주셔서 하나님과 사귀게 해주셨다(요일1:3, 고전1:9).

  a) <u>연합의 서술적 해석과 형태</u>: 성도와 그리스도의 연합형태는 다각적으로 서술되고 있다.[260]
    ① 하나 되게 하심: "곧 내가 그들 안에 있고 아버지께서 <u>내 안에 계시어</u> 그들로 온전함을 이루어 하나가 되게 하려 함은(요17:3)."
    ② 연합하게 하심: "주와 합한 자는 한 영이니라(고전6:17)."[261]
      "우리가 그리스도의 마음을 가졌느니라(고전2:16)."
      "너희도 그들 중에서 예수 그리스도의 것으로 부르심을 받은 자니라(롬1:6)."

---

258) 토드 빌링스(J. Todd Billings), 『그리스도와의 연합』, CLC(2014), 107.

259) 토드 빌링스(J. Todd Billings), 『그리스도와의 연합』, CLC(2014), 143.

260) 참조. 옥타비우스 윈슬로우(Octavius Winslow, 1808-1878), 『내가 그리스도와 함께』(At the Foot of the Cross), 지평서원(2009), 167-170.

261) 고전6:17에서 '합하다(unite)'는 헬라어 '콜라오(kollao)'이며, 아교 등으로 '두 개의 물체를 단단히 접착시키는 것'을 말한다. NASB Translation: associate (3), cling (1), clings (1), hired (1), join (1), joined (2), joins (2), piled (1). 참조. http://biblehub.com/greek/2853.htm.

③ 머리와 몸 되게 하심: "그는 머리니 곧 그리스도라 그에게서 온 몸이 각 마디를 통하여 도움을 받음으로 연결되고 결합되어(엡4:15-16)."

④ 부부됨: "그러므로 사람이 부모를 떠나 그의 아내와 결합하여 그 둘이 한 육체가 될지니 이 비밀이 크도다 나는 그리스도와 교회에 대하여 말하노라(엡5:31-32)."

⑤ 포도나무와 가지: "나는 포도나무요 너희는 가지라(요15:5)."

여기서 어느 해석이 가장 수용할 만한가? 그것은 개별적 접근보다는 총체적으로 접근하여 이해하는 것이 더 바람직하다. 4차원영성의 성서적 근거는 예수 그리스도와의 연합에 뿌리를 두고 있다. 신자의 삶의 구조는 예수 그리스도의 십자가 위에서 죽으심과 부활하심에서 비롯된다. 바울은 "우리가 그리스도의 마음을 가졌느니라(고전2:16)"라고 말한다. 즉, 4차원의 영성가란 그리스도의 마음을 품고 생각하고, 꿈꾸고, 믿고, 말하는 자, 주와 동일한 마음을 가진 자로서 사는 삶이다. 또한 4차원영성을 구약말씀으로 이해하면, "나는 너희 하나님이 되겠고 너희는 내 백성이 되리라(렘7:23)"는 인격적 관계가 기초가 된다(렘31:33, 레26:12). 영성에서 중요한 것은 하나님과 관계성이다.

b) <u>연합 내용과 효력</u>: 연합은 칭의, 성화와 연결된다.[262] 또한 연합은 사귐의 기초가 된다. 중생과 더불어 연합이 오고, 그 다음 칭의, 성화로 이어진다.[263] 그러나 영적으로 일어나는 과정들은 총체적으로 일어나기 때문에 서로 구분할 수 있지만, 각자 분리할 수는 없다.

① 의(義)의 전가: "그리스도 예수 안에 있는 속량으로 말미암아 하나님의 은혜로 값없이 의롭다함을 얻은 자 되었느니라(롬3:24)."

② 인격적 연합: "지금 것이나 장래 것이나 다 너희의 것이요 너희는 그리스도의 것이요 그리스도는 하나님의 것이라(고전3:22-23)."

③ 상호 내재성을 통한 친교: "너희가 내 안에 거하고 내 말이 너희 안에 거하면 무엇이든지 원하는 대로 구하라 그리하면 이루리라(요15:7)." 연합은 친교를 활성화시킨다(요일1:3).

④ 연합의 이중성: "만약 우리가 그의 죽으심과 같은 모양으로 연합한 자가 되었으면 또한 그의 부활과 같은 모양으로 연합한 자도 되리라(롬6:5)."[264]

---

262) "성화는 죄를 덜 저지르거나 작은 죄를 저지르는 것이 아니다. 성화는 하나님께 더 가까이 나아가는 것이다." R. C. 스프롤(R.C. Sproul), 『하나님은 믿는 것』(Believing God), 생명의말씀사(2014), 184.

263) 영산은 '의롭다하심(칭의)'를 법정용어로 이해한다. 그는 '의롭다(다카이오스)'는 말을 세 가지 의미로 정리한다. 1) 한 번도 죄를 짓지 않은 상태, 2) 하나님 앞에 부끄러움 없이 설 수 있는 자격, 3) 마귀로부터 참소 받지 않는 상태이다. 조용기, 『순복음의 진리(하)』, 영산출판사(1980), 330-331. 첨언하면, 칭의 논쟁은 신학대전(大戰)이라 할 만큼 신학자들의 생각이나 의견들이 다양하다. 다음 책에서 칭의의 다섯 가지 논쟁이 심도 있게 펼쳐진다. 참조. 제임스 베일비(James K. Beilby) & 폴 에디(Paul R. Eddy), 『칭의 논쟁』, 새물결플러스(2015). 칭의는 새로운 지위이며 성령을 통해 그리스도 안에서 믿음으로서 하나님과 맺는 새로운 관계다(p357). 칭의는 법정적 개념이며, 언약적이고, 종말적이고, 삼위일체적이다(p233). 칭의는 하나님이 새로운 백성을 새로운 신분으로, 새 언약 안에서, 새 시대의 전조로 창조하시는 활동이다(p235). 칭의 개념은 포괄적이며, 다층적이며, 총체적이다. 칭의 개념은 그리스도와의 연합, 성화의 개념과도 연결되어 있다.

264) 로마서 6장 5절에서 '연합하다(grown together, united with)'의 의미는 헬라어 '쉼휘토스(sumphutos, σύμφυτος)'이며 대목에 접수(接穗)하는 것을 의미한다. 참조. 옥타비우스 윈슬로우(Octavius Winslow, 1808-1878), 『내가 그리스도와 함께』(At the Foot of the Cross), 지평서원(2009), 169. 첨언하면, 하나님의 생명나무에 성도가 접붙이기 되어(수동적) 주와 함께 영원히 사는 것이다.

⑤ 지혜, 의로움, 거룩함, 구원함: "너희는 하나님으로부터 나서 그리스도 예수 안에 있고 예수는 하나님으로부터 나와서 우리에게 지혜와 의로움과 거룩함과 구원함이 되셨으니(고전1:30)."

⑥ 그리스도와 성도의 상호교통: "우리의 사귐은 아버지와 그의 아들 예수 그리스도와 더불어 누림이라(요일1:3)."

c) <u>연합의 신학적 핵심</u>: 연합의 본질은 하나님과 화목을 이루고 양자가 되어 영원한 생명을 취함에 있다. 우리와 그리스도의 인격적 연합은 성부 하나님과의 온전한 친교의 바탕이 된다. 하나님과의 친교를 통해 인간은 점진적으로 하나님을 닮아간다.

① 생명: "아버지께서 자기 속에 생명이 있음같이 아들에게도 생명을 주어 그 속에 있게 하셨고(요5:26)."

② 양자됨: "너희는 다시 무서워하는 종의 영을 받지 아니하고 양자의 영을 받았으므로 우리가 아빠 아버지라고 부르짖느니라(롬8:15)."

③ 성령의 법이 적용됨: "이는 그리스도 안에 있는 생명의 성령의 법이 죄와 사망의 법에서 너를 해방하였음이라(롬8:2)."

d) <u>연합의 현재화</u>: 연합의 궁극은 하나님의 뜻을 순종하여 하나님께 영광 돌림에 있다. 연합으로 인해 죄인된 인간은 첫 사람 아담이 잃었던 '의와 진리의 거룩함'을 회복하고, 하나님과 친밀하게 교제하게 되었다.

① 실존적-인식론적 연합: "그 날에는 내가 아버지 안에, 너희가 내 안에, 내가 너희 안에 있는 것을 너희가 알리라(요14:20)." 이 말씀은 오순절날 현실화된다.

② 하나님의 능력: "너희는 하나님으로부터 나서 그리스도 예수 안에 있고(고전1:30)." "이것은 너희에게서 난 것이 아니요 하나님의 선물이라(엡2:8)."

③ 연합의 열매: "내 안에 거하라 나도 너희 안에 거하리라 가지가 포도나무에 붙어 있지 아니하면 스스로 열매를 맺을 수 없음 같이 너희도 내 안에 있지 아니하면 그러하리라(요15:4)." "우리가 하나님을 위하여 열매를 맺게 하려 함이라(롬7:4)."

④ 연합의 불멸성: "누가 우리를 그리스도의 사랑에서 끊으리요(롬8:35)."

⑤ 연합의 영광 : "너희가 열매를 많이 맺으면 내 아버지께서 영광을 받으실 것이요(요15:8)." "우리는 그 몸의 지체라(엡5:30)."

⑥ 연합의 정체성: "너희는 그리스도의 것이요 그리스도는 하나님의 것이라(고3:23)."

⑦ 연합의 충만함: "다 너희의 것이요(고전3:22)." "하나님의 약속은 얼마든지 그리스도 안에서 예가 되니(고후1:20)."

e) <u>삶의 한가운데서 연합의 적용</u>: 하나님을 하나님 되게 하고, 피조물은 피조물 되게 한다.

① 그리스도의 마음을 소유함: "우리가 그리스도의 마음을 가졌느니라(고전2:16)." 하나님처럼 생각, 꿈꾸고, 믿고, 말한다. 즉, 말씀과 성령의 생각, 꿈, 믿음, 말의 영성이다.

② 타자중심의 삶: 그리스도가 몸이고, 성도는 몸으로 하나로 연결되어 있기 때문이다. "하늘에 있는 것이나 땅에 있는 것이나 다 그리스도 안에서 통일되게 하려 하심이라(엡1:10)."

③ 상호 친교 강화: "너희는 그리스도의 것이요 그리스도는 하나님의 것이라(고전3:23)." 그리스도와 신자의 인격적 연합으로 하나님과의 온전한 사귐이 존재한다(요일1:3).

④ 불멸의 은혜: "너희 생명이 그리스도와 함께 하나님 안에 감추어졌음이라(골3:3)."

⑤ 죄의 소멸: 죄의 성향, 두려움, 의심, 악의 생각이 점차 약화된다.[265] 왜냐하면 예수 그리스도가 교회의 머리이고, 우리는 몸이기 때문이다(골1:18).

⑥ 내 삶 속에 오직 예수님: "주여 나의 모든 소원이 주 앞에 있사오며 나의 탄식이 주 앞에 감추이지 아니하나이다(시38:9)." "우리에게 있는 대제사장은 우리의 연약함을 동정하지 못하실 이가 아니요(히4:15)."

⑦ 떠나지 아니함: "내가 결코 너희를 버리지 아니하고 너희를 떠나지 아니하리라(히13:5)." "내가 너희를 고아와 같이 버려두지 아니하고 너희에게로 오리라(요14:18)."

f) 연합의 궁극성: 하나님 의존적 연합을 통해 성도가 궁극적으로 무엇을 얻는가? 마샬(W. Marshall)은 "그리스도가 죽은 것은 그리스도와의 연합과 사귐을 통해 우리가 그리스도 안에 예비된 거룩한 본성을 받아 누리기 위함"이라고 말한다.[266] 우리는 하나님과의 사귐을 통해 주께 영광을 드린다(요일1:3).

요약하면, 우리는 성령으로 예수 그리스도와 연합되고, 좋으신 하나님 아버지와 연합된다. 신자는 그리스도를 통해서 아버지와 연합되어 삼위일체적 하늘의 삶을 살게 된다. 이렇게 보면, 성령님께서는 첫 번째 아담보다도 우리를 보다 고차원적으로 그리스도와 연합시켜 놓은 셈이다. 즉, 아담이 몰수당한 것보다 더 많은 것을 챙겨주신 것이다. 하나님 아버지와 연합된 신자는 아버지의 생각, 아버지의 뜻과 의지, 그리고 아버지의 믿음과 언어로 살아가야 한다. 양자는 양자답게 살아야 한다(롬8:15). 그리스도와 성령의 능력으로 모든 신자는 성부와 연합되어 하나됨을 이룬다(요17:21-23). 궁극적으로 십자가는 죄인을 예수와 연합시켜 의인을 만들고, 예배를 통해 하나님을 영화롭게 하고, 영원히 하나님을 기쁘시게 한다.

서술한 내용을 재정리하면, 성도와 그리스도와의 연합은 신앙생활의 기초이다. 머리이신 그리스도와 몸인 신자 사이에 능력과 인격의 차원에서 비대칭성(asymmetry)이 존재한다. 하지만 신자가 그리스도를 닮아갈 수 있는 여건이 마련된 것이다. 연합은 그리스도인의 삶을 역동화시키는 절대적

---

[265] 영산은 사탄은 인간의 마음에 세 가지의 의심을 심어준다고 강조한다. 즉 선에 대한 의심(창3:1), 하나님의 신실하심에 대한 의심(창3:4), 하나님의 거룩하심에 대한 의심(창3:5)이다. 조용기, 『순복음의 진리(하)』, 영산출판사(1980), 278-279.

[266] 월터 마샬(Walter Marshall, 1628-1680), 『성화의 신비』(The Gospel Mystery of Sanctification), 복있는사람(2013), 73.

기초이다. 또한 연합은 그리스도인의 훌륭한 대변자 역할을 수행한다. 연합을 통해 성도는 나 중심에서 예수님 중심으로 또한 이웃 중심으로 삶의 영역을 확장시킨다. 연합의 측면에서 이해한다면, 인간이 자율로 사느냐, 아니면 그리스도와의 연합으로 사느냐는 죄의 노예로 사느냐, 아니면 하나님의 은총 아래 사느냐의 차이다. 전자가 절대타락, 절대절망의 삶이라면, 후자는 절대구원, 절대희망의 삶이다.

1) 4차원영성과 십자가

이제 4차원영성을 십자가 위에서 죽으시고 부활하신 예수 그리스도와의 연합과 연관해서 좀 더 구체적으로 알아보자. 전술한 것처럼, 4차원영성의 신학적 근거는 '예수 그리스도와 신자의 연합'에서 비롯된다.[267] 신자가 예수와 연합되어 있다는 사실은 '예수님의 존재, 본성, 행동에 근접한 삶을 살 수 있다.'는 근거가 된다(요17:21-13, 14:20). 동시에 '말씀, 믿음, 기도, 성령'은 그리스도를 본받아 그의 영광을 드러내는 삶을 위해 주어진 은혜의 방편이다.

우리의 옛 사람은 십자가 위에서 죽고, 부활, 승천하여 새 사람이 되었다.[268] 즉 예수와 함께 죽음으로 죄와 죄책감에서 해방되었고, 예수와 함께 부활함으로 하나님의 능력으로 살게 되었고, 예수님과 함께 승천함으로(엡2:6) 만물을 다스리는 위치에 서게 되었다. 실로 중생한 자의 영적 신분은 놀랍고 신비스럽다.[269]

4차원영성적 삶이란 십자가 위에서 예수와 함께 죽고, 함께 부활한 영적 위치에서의 삶, 다시 말해 '예수영-인간영'의 연합의 삶이다(고전6:17, 롬6:5, 요15:5, 요17:21-23). 바울은 "죽은 우리를 그리스도와 함께 살리셨고 또 함께 일으키사 그리스도 안에서 함께 하늘에 앉히시니(엡2:5-6)"라고 기록하고 있다.

4차원영성을 새 사람의 관점에서 보면, 나와 그리스도가 십자가 위에서 함께 못 박힘에서 비롯된다. 그래야 육적 생명의 '생각-꿈-믿음-언어'가 소멸되고, 예수님의 마음을 품어(빌2:5), 신적 생명의 '생각-꿈-믿음-언어'를 구사할 수 있기 때문이다. "너희 자신을 죄에 대하여는 죽은 자요 그리스도 예수 안에서 하나님께 대하여는 산 자로 여길지어다(롬6:11)." 옛 사람은 이미 죽었다. 이제 새 사람이 산다. 성령의 능력으로 예수의 죽음을 항상 짊어지는 삶을 살 때, 예수의 생명이 나타나서 '그리스도의 생각-꿈-믿음-말'에 동화될 수 있다(고후4:10-11). 누구든지 십자가 위에 올라가면, 옛 자아는 소멸된다. 거기서는 오직 예수의 인격으로, 예수의 마음으로 살 뿐이다(빌2:5).

신자가 '그리스도 예수 안에서(롬6:10-11)' 산다는 것은 부활하신 주님과 연합해서 산다는 말이다. 거기에는 '내 생각, 내 꿈, 내 믿음, 내 말'은 소멸되고 없고, 오직 '그리스도의 생각, 꿈, 믿음, 그리고 말'만 있다. 바울이 "내가 그리스도와 그 부활의 권능과 그 고난에 참여함을 알고자 하여 그의

---

267) 참조. 존 플라벨(John Flavel), "성도가 누리는 그리스도와의 연합", 옥타비우스 윈슬로우(Octavius Winslow, 1808-1878), 『내가 그리스도와 함께』(At the Foot of the Cross), 지평서원(2009), 부록 pp166-207.
268) "죽은 자 가운데서 그를 일으키신 하나님의 역사를 믿음으로 말미암아 그 안에서 함께 일으키심을 받았느니라(골2:12)."
269) 예수와 함께 죽고, 부활하고, 승천했다는 믿음에 기초해서, 4차원영성을 적용하여 다음과 같은 영적논리를 전개시킬 수 있다. 즉 그리스도와 같은 생각, 같은 꿈, 같은 믿음, 같은 언어로 살아야 한다.

죽으심을 본받아 어떻게 해서든지 죽은 자 가운데서 부활(빌3:10-11)"에 이르려고 한 것도 그런 맥락이다. 그리스도의 죽음 안에서 사는 삶이란 옛 자아는 없어진 삶이다. 즉, 신자는 그리스도의 십자가의 뿌리에서 영적 영양분을 흡수해야 살 수 있다. 십자가 위에서 그리스도와 함께 죽을 때, 신자는 예수님처럼 "내가 아무것도 스스로 할 수 없노라(요5:30)"라는 고백을 할 수 있다. 바울이 그토록 원하는 영적 삶은 성령의 능력으로 그리스도와 하나로 결합되는 것이었다. 그 연장선에서 바울은 "주의 영과 합한 자는 한 영(고전6:17)"이라고 외쳤던 것이다.270) 바울은 또한 담대히 "너희는 내게 배우고 받고 듣고 본 바를 행하라(빌4:9)"고 권면했다.

요약하면, 4차원영성의 시원점은 십자가 위에서 죽은 삶 –"아무것도 스스로 할 수 없나니(요5:19), 즉 나는 이미 죽은 자입니다."라고 고백하는 삶이다. 따라서 신자의 삶은 '성령의 생각, 꿈, 믿음, 언어'로 사는 자다. '골고다 언덕 위의 그리스도의 죽으심 안에 영적 삶의 뿌리를 내리는 것(골2:7)'이 바로 4차원영성의 성서적 뿌리며 원리다. 신자는 그리스도와 함께 장사되고, 함께 일으키심을 받았고, 함께 보좌에 앉아 있는 신분이다.

4차원영성은 십자가의 죽음과 부활의 생명을 조화롭게 하는 영성이다. 4차원영성의 4요소 –'생각, 꿈, 믿음, 말'은 옛 자아도 사용할 수 있고, 새 피조물 즉 새 존재도 사용할 수 있다. 다시 말하면, 옛 생명과 새 생명이 모두 4차원영성의 4요소 – 생각, 꿈, 믿음, 말 – 를 사용하되, 옛 생명은 4요소의 방향이 내가 중심이 되거나, '육적인 것'을 지향하는 삶이었다면, 새 생명은 영성의 4요소들을 거룩하신 하나님을 위해, 그리스도의 형상을 닮아가기 위해, 선한 일을 하기 위해 사용하는 삶이다. 요약하면, 방향성(orientation)의 문제다. 선을 향할 것이냐 악을 향할 것이냐, 나를 향해 사용하느냐, 하나님과 내 이웃을 위해 사용할 것이냐의 차이이다.

영원 전부터 그리스도 안에서 성도가 선택함을 받는다는 사실은 구원론 전체의 기초가 된다: "찬송하리로다 하나님 곧 우리 주 예수 그리스도의 아버지께서 그리스도 안에서 하늘에 속한 모든 신령한 복을 우리에게 주시되 곧 창세 전에 그리스도 안에서 우리를 택하사 우리로 사랑 안에서 그 앞에 거룩하고 흠 없게 하시려고(엡1:3-4)." 구원의 모든 복이 신자에게 임하는 본질적 이유는, 오직 '창세 이전에 미리 정해진 자'라는 사실과 함께, 그가 그리스도와 연합되어 있다는 것에 있다(요14:20).271)

예수와 연합 한 자는 그리스도 안에 거주함으로(고전6:17), 그의 생각도, 꿈도, 믿음도, 말도 예수와 연합하여 하나가 될 수 있다. 베드로는 "만일 누가 말하려면 하나님의 말씀을 하는 것 같이(벧전4:11)" 하라고 강조한다. 4차원영성은 성도들에게 영적 분별력을 극대화시켜준다. "너희가 주의 인자하심을 맛보았으면 그리하라(벧전2:3)." 우리가 예수의 영과 연합되어 있다는 사실은(갈2:20, 롬6:5), 예수님을 본받는 삶을 살아야 한다는 영적 논리로 연결된다. 예수 그리스도를 믿으면, 옛 사람은 죽고(롬6:6), 영적으로 살아난다.

---

270) 고차원의 영적 삶이란 내 자아가 얼마만큼 십자가 위에서 죽는가에 달려 있다. 이성의 자아와 경험의 자아가 내 삶의 주도권 혹은 통제권을 가지고 있는 한, 부활의 생명과 권능은 희미하거나 나타나지 않는다. 훌륭한 신앙생활이란 얼마만큼 나의 육적인 자아가 십자가 위에서 죽느냐와 정비례한다. 바울은 일생 동안 십자가 위에서 죽는 영적훈련을 했다. 그는 매일 옛 자아를 십자가에 못 박는 것을 통해서 예수의 생명이 나타나게 하는 삶을 살았다.

271) 앤서니 후쿠마((Anthony A. Hockema), 『구원론』(Saved by Grace), 부흥과개혁사(2013), 83-84.

신자의 삶은 '영적 삶의 구조'가 '이성의 삶의 구조'를 조율하는 삶이다. 즉 삶의 구조가 혁신적으로 전환된 것, 다시 말해 신자 안에 새로운 영적질서가 탄생하는 삶이다. 그것은 신자가 삼위 하나님과 연합된 삶을 사는 것이다. 곧 땅에 살면서도 하늘의 시민권을 가진 자가 되는 것이다(빌3:20). 그렇다면, 이제 주와 연합된 성도는 어떤 삶의 구조와 형태를 가져야 하는가? 성경은 신비로운 영적 성장전략을 제시해준다.

   a) "우리가 다 하나님의 아들을 믿는 것과 아는 일에 하나가 되어 온전한 사람을 이루어 그리스도의 장성한 분량이 충만한 데까지 이르리니(엡4:13)."

   b) "나의 자녀들아 너희 속에 그리스도의 형상을 이루기까지 다시 너희를 위하여 해산하는 수고를 하노니(갈4:19)."

   c) "새사람을 입었으니 이는 자기를 창조하신 이의 형상을 따라 지식에까지 새롭게 하심을 입은 자니라(골3:10)."

   d) "만일 우리가 성령으로 살면 또한 성령으로 행할지니(갈5:25)."

요약하면, 성령의 사람은 성령으로 살아 예수 그리스도의 인격을 닮아가는 삶, 즉 예수 그리스도의 형상을 이뤄가는 삶을 사는 것이다. 그렇다면, 성도는 구체적으로 어떻게 해야 그리스도 인격을 삶의 한가운데서 닮아갈 수 있을까?(마5:48, 눅6:36)

이상적인 하나의 모델은 '예수 그리스도의 형상을 이뤄가는 삶'과 '4차원의 영성'을 서로 연결시키는 것이다. 즉 예수님처럼 생각하고, 꿈꾸고, 믿고, 창조적 말을 하는 것이다. 생각이 같으면, 불완전하지만 동일한 혹은 동화된 삶을 사는 것이다. 생각이 서로 같을 때, 동일한 꿈, 동일한 믿음, 동일한 말을 할 수 있는 기본적 틀을 갖추게 된다. 처음에 바울은 예수님의 생각과 반대되는 생각을 했었다. 그러나 다메섹으로 가던 중에 예수님을 인격적으로 만나자, 그는 예수님과 생각이 동일하게 되어, 일평생 십자가 중심의 삶을 사는 자가 되었다.

결론적으로, 예수 그리스도와 연합된 신자가 예수님처럼 생각하고, 꿈꾸고, 믿고, 말하는 삶을 살면, 예수 그리스도의 형상을 닮아가는 놀라운 삶, 그리스도의 인격을 닮아가는 삶, 또한 '예수 그리스도의 영광 안에 참여하는 삶'을 살게 된다. 단순히 바깥에 있는 누구를 닮거나 모방하거나 동화되어가는 것이 아니라, 신비 속에서 연합된 그리스도를 닮아가는 삶이다. 그리스도인은 예수님의 이름으로 무엇이라도 구할 수 있는 위치에 있다(요14:13). 십자가는 궁극적으로 죄인의 삶을 의인의 삶으로 전환시켜 하나님을 영화롭게 한다. 4차원영성은 의인의 생각, 꿈, 믿음 말을 통해 하나님을 영화롭게 하는 것이다.

십자가와 4차원영성은 하나로 연결되어 있다. 4차원영성은 '성전, 성소, 지성소'를 포괄하는 영성이다. 4차원영성은 십자가가 탄생시킨 파생적 영적 선물이다. 예수 그리스도가 십자가 위에서 피를 흘리지 않았다면, 믿음도 없고(롬3:15), 지성소에 감히 들어가 기도할 수도 없다(히9:12). 오직 십자가만이 신앙의 기초요 뿌리다. 루터(Luther)의 말대로 "십자가만이 우리의 신학이다."

4차원영성: 초자연적 영적 미각

인간의 '생각, 꿈, 믿음, 말'이 성경의 진리와 부합될 때, 신자는 진정한 '진리의 맛'을 보게 될 것이다.

영산은 "나의 목회는 4차원의 영적세계의 진리를 발견함으로 대변혁이 일어났습니다. 우리의 삶도 역시 이 진리를 깨달으면 큰 변화가 일어날 수 있습니다."라고 말한다.[272] 그는 "우리는 믿음의 영역인 성령의 4차원 영적세계를 통해 예수 그리스도의 이름으로 생활과 환경에 기적이 일어나도록 명할 수 있습니다."라고 말한다.[273] 4차원의 성령님은 3차원 인간세계를 지배하신다.

십자가는 성령의 능력과 권능으로 그리스도와 우리를 연합시켜, 한 몸 안에서 살게 하며, 또한 삼위 하나님의 삶에 참여하여 하늘나라의 맛을 보게 한다(벧전2:2-3, 고후2:14). 그리스도와 연합된 삶은 신비롭고, 매혹적이며, 지고의 삶 자체다. 영성이란 역학적으로 서술하면, '인간의 마음이 그리스도의 마음 안으로 뚫고 들어가는 과정'이다(고전2:16, 갈2:20, 고전6:17). 즉 그리스도의 성품에 참여하는 과정이다.

그리스도와의 연합은 곧 하나님의 삶에 참여를 의미하고,[274] 또한 성령님의 내주하심을 전제로 한다. 4차원영성은 기초적으로 말씀의 영성이다. 하나님의 말씀은 우리에게 '영적 미각'을 준다. "주의 말씀의 맛이 내게 어찌 그리 단지요 내 입에 꿀보다 더하나이다(시119:103)." 조나단 에드워즈(Jonathan Edwards)는 "하나님께서 영적이고 초자연적인 감각(supernatural sense)을 주시면, 사람은 큰 변화를 겪게 된다"고 강조한다.[275]

말씀의 영성으로서 4차원영성은 영혼의 영적 미각을 민감하게 해서 하나님의 선을 지향하도록 할 것이다: "입이 음식물의 맛을 분별함 같이 귀가 말을 분별하나니(욥34:3)." 또한 영혼의 거룩한 미각은 마음의 성향과 미각을 새롭게 한다. "오직 마음을 새롭게 함으로 변화를 받아 하나님의 선하시고 기뻐하시고 온전하신 뜻이 무엇인지 분별하도록 하라(롬12:2)." 이런 맥락에서 보면, 4차원영성은 '하나님의 거룩함을 닮아가는 영성'이고, '하나님과 상호친교하는 영성'이며, 궁극적으로 '친교를 통해 하나님을 영화롭게 하고, 인간 본래의 자리로 돌아가게 하는 거룩한 수단'이다. 조나단 에드워즈(Jonathan Edwards)는 "거룩함은 특히 신적 속성의 백미다. 거룩함은 하나님의 다른 모든 속성보다 영광스럽고 사랑스럽다"라고 말한다. 4차원영성은 성령의 능력으로 거룩함을 회복하는 수단이 될 수 있다. 인간은 거룩 없이 주를 보지 못한다(히12:14). 모든 성도들은 거룩함을 추구해야 하고(엡1:4), 성화를 통해 구원을 완성시켜가야 한다. 성화는 구원의 본질적 요소 가운데 하나이기 때문이다. 영산 스스로도 4차원영성은 '하나님과 만나고 대화하는 영성'이라고 말한다.[276]

---

272) 조용기, 『4차원의 영적세계』, 서울말씀사(2003), 61.
273) 조용기, 『4차원의 영적세계』, 서울말씀사(2003), 85-86.
274) 하나님의 삶에 참여한다는 의미를 실존적으로 이해하면 하나님의 도덕적 속성을 닮아가는 삶을 두고 말한다. 이를테면, 거룩한 삶은 하나님의 뜻이다(살전4:3). 따라서 거룩한 삶을 살 때 우리는 하나님의 삶에 참여하는 것이다. 말씀을 마음하늘에 내재화시키면 그것이 외적 행동으로 드러나게 된다. 즉 선한 삶이다.
275) 존 스미스 편집(조나단 에드워즈), 『신앙감정론』(The Works of Jonathan Edwards Volume 2: Religious Affections), 부흥과개혁사(2005), 402-403.
276) 조용기, "위대한 발견", 주일설교(2011-03-27).

4차원의 영성은 인간의 영과 하나님의 영 사이에 서로 교통하는 특성을 지니고 있다. 다시 말해, 성령의 생각-꿈-믿음-말의 단위 요소들은 영적 미각을 증가시키는 요인이며, 인간의 영과 하나님의 영 사이의 연합을 더욱 친밀하고 견고하게 한다. 즉, 4차원영성은 마음의 성향을 거룩하게 만들며, 위엣 것을 사모하게 하고(골3:1-2), 또한 은혜로 가득한 마음과 거룩의 감정을 빚어낸다.

나아가 4차원영성은 성도에게 초자연적인 영적 분별력을 주어, 하늘나라가 마음하늘에 임하게 하여, 하나님의 은혜, 기쁨, 평안이 넘치게 한다. 인식론적으로 보면, 4차원영성은 '신적인 것(divine)'과 '인간적인 것(human)'을 분리해서 이원화하는 것이 아니라, 그 두 요소를 서로 연결시켜 영적 영광의 아름다움을 최대화하고, 예수 그리스도의 영광을 더욱 충만하게 한다.277) 성령은 하나님의 신비로운 아름다움을 드러내시기를 원하신다(요16:14).

성경적으로 보면, 상호교통의 목적은 진리 안에서 사랑과 기쁨의 교환에 있다. 예수님이 세례를 받으시고 물에서 올라오실 때, 하나님이 "내 사랑하는 아들이요 내 기뻐하는 자(마3:17)"라고 하셨다. 하나님과 예수님의 교제의 핵심은 '사랑과 기쁨'이었다. 친교는 '사랑과 기쁨'의 근원이다. 하나님의 본질적인 아름다움은 영적 영광이다. 우주론적으로 보면, 하나님 자신은 만물을 다스리시고 이끄시는 영광의 주님이시다.

아담이 타락하기 이전에는 하나님과 아담 사이에 완전한 사랑의 교제가 가능했었다. 그러나 아담의 죄로 말미암아, 그 교제가 깨어졌다. 하나님이 먼저 찾아오셔서 길을 열어주시지 않는 한, 인간은 땅 위에서 살다가 언젠가 죽어야만 하는 비참한 신세가 되었다. 그러나 하나님은 구약시절부터 자신의 법을 인간에 마음에 두시기로 작정하신다. "내가 나의 법을 그들의 속에 두며 그들의 마음에 기록하여 나는 그들의 하나님이 되고 그들은 내 백성이 될 것이라 야훼의 말씀이니라(렘31:33)." 히브리서 저자는 동일한 말씀을 이렇게 인용한다. "내 법을 그들의 마음에 두고 그들의 생각에 기록하리라(히10:16)." "내 법을 그들의 생각에 두고 그들의 마음에 이것을 기록하리라(히8:10)."278) 4차원의 영성을 이 구약말씀으로 이해하면, 하나님과 백성 사이에 관계적 영성을 이끌어낸다고 볼 수 있다. 하나님은 그의 법을 인간의 생각과 마음속에 두시고 그의 뜻을 펼치신다. 우리의 마음은 하나님의 법이 임하며 역사하는 위대한 처소다. 마음 안에 생각이 있고, 생각 안에 마음이 존재한다.279)

---

277) 4차원의 영성은 '말씀의 존재론적 구조, 인식론적 구조, 행동론적 구조' 안에서 활성화된다. 신자들의 신앙생활을 극적으로 강화시키려면, 이미 존재하는 약속의 말씀을 철저하게 인식할 수 있어야 한다. 그래야 행동의 단계로 진입할 수 있기 때문이다. 즉 신자는 '존재하는 것'을 알기 위해 '인식하는 능력'을 길러야 하며, 동시에 '행동하는 것'과 '반복하는 것'도 훈련해야 한다.

278) This is the covenant I will make with them after that time, says the Lord, I will put my laws in their hearts(생각), and I will write them on their minds(마음)(히10:16). This is the covenant I will make with the house of Israel after that time, declares the lord. I will put my laws in their minds(마음) and write them on their hearts(생각)(히8:10). 하나님은 자신의 법을 인간의 마음과 생각에 기록하신다. 참조. The Holy Bible, Archaeological Study Bible, New International Version(2005).

279) 히브리어 마음(레브, leb)은 영어에서 'heart'의 의미로 주로 번역되지만, NASB 영어성경을 기준하면, 히브리어 단어 '레브'는 아주 폭넓게 번역되고 있다. 마음과 생각은 같은 범주에 존재한다(괄호 안은 사용 횟수). heart(396), hearts(40), thought(3), mind(36), minds(3), sense(10), imagination(1), accord(1), attention(4), attention(1), bravest (1), 참조. http://biblehub.com/hebrew/3820.htm.

신약성경의 관점에서 보면, 성도가 성화될 수 있는 근거는 무엇보다 성도가 '예수의 마음(고전 2:16)'을 가지고 있고, 성령을 통해 예수 그리스도와 연합됨에 있다(갈2:20, 고전6:17).[280] 하나님과 연합의 궁극적의 의미는 인간의 삶의 구조가 혁명적으로 전환됨을 의미한다. 이는 삶의 형태, 삶의 성향, 삶의 지향점이 절대적으로 재설정된 삶의 존재양식이므로, 혁명 중의 혁명이다. 예수님의 생각, 꿈, 믿음, 언어가 나에게로 전위되면, 신자가 "예수님처럼 생각하고, 꿈꾸고, 고백하고, 말할 수 있다"는 원리는 그 자체가 혁명적이다. 4차원의 영성은 인간의 욕망을 채우는 것이 아니고, 성공을 위한 발판도 아니고, 심리적 에너지를 발굴하는 것이 아니다. 4차원영성은 말씀의 삶을 삶의 자리에서 추구하는 영성이다.

2) 4차원의 마음하늘: 초월성과 내재성

인간언어는 부적절하지만 십자가언어는 확실성, 명확성, 초월성을 준다. 십자가의 신비는 인간의 마음을 의인의 상태로 혁명적으로 전환시키는 데에 있다. 십자가는 날마다 우리에게 이런 질문을 던진다. 너는 신비의 십자가를 들어본 적이 있느냐? 너는 십자가의 신비를 얼마만큼 알고 있느냐? 십자가를 경험하고 있느냐? 십자가의 신비한 힘이 어디서 나오는지 알고 있느냐? 십자가에 대한 믿음은 2천 년 전의 사건을 지금 여기의 사건으로 돌려놓는다. 다시 말해 십자가 사건이 나를 통해 반복된다. 십자가의 능력은 시공간을 초월해서 기능한다.

하나님은 초월하시면서도, 즉 모든 나라보다 높으시며 그의 영광은 하늘보다 높으시지만(시113:4), 인격적으로 완전히 피조물의 삶에도 관여하신다. "나 야훼는 말하고 이루느니라(겔17:24)."

> a) 하나님의 초월성: "지극히 존귀하며 영원히 거하시며 거룩하다 이름하는 이가 이와 같이 말씀하시되 내가 높고 거룩한 곳에 있으며(사57:15)."
> b) 하나님의 내재성: "또한 통회하고 마음이 겸손한 자와 함께 있나니 이는 겸손한 자의 영을 소생시키며 통회하는 자의 마음을 소생시키려 함이라(사57:15)."

십자가에서 시원한 4차원영성은 초월성의 하나님을 내 삶 가운데 내재성(하나님이 피조물과 가까이 계시고 임재하시는 경향성)을 활성화시켜 하나님의 초월성과 내재성의 상호균형을 유지토록 한다. "우리가 그를 힘입어 살며 기동하며 존재하느니라(행17:28)."

4차원의 영성은 한편으로 마음하늘에 복음의 진리성을 심층적으로 강화시킨다. 다시 말해, 하나님의 언약성을 강화시켜, 성도의 삶의 자리에서 하나님의 영광과 완전성을 드러내게 한다. 영산은

---

280) 그리스도와 신자의 신비적 연합은 하나님의 은혜 중에 은혜다. 루이스 벌코프는 연합의 특성을 6가지로 구별한다. a) 유기적 연합: 그리스도와 신자는 한 몸을 형성한다(요15:5, 고전6:15-19, 엡1:22-23), b) 생동적 연합: 그리스도는 신자에게 생명을 부여한다(갈4:19, 롬8:10, 고후13:5). c) 성령의 중재에 의한 연합: 성령을 통해 그리스도는 신자들 안에 내주하신다(고전6:17, 고후3:17, 갈3:2-3). d) 상호작용을 내포하는 연합(요14:23, 갈2:20). e) 개인적 연합: 모든 신자는 직접 그리스도와 개인적으로 연합된다(요14:20, 고후5:17, 엡3:17). f) 변혁적 연합: 그리스도 형상을 닮아간다(마 16:24, 롬6:5, 골1:24, 갈2:20, 벧전4:13). 참조. 루이스 벌코프(Louis Berkhof), 『조직신학』((Systematic Theology), 크리스챤다이제스트(2000), 권수경·이상원 역, 697-698.

믿는 사람에게는 새로운 차원의 세계, 가슴 속에 '하-늘'이 들어온다고 강설한다. "하나님은 지금 성령을 통하여 우리 마음 가운데 와 계십니다. 그가 지금 우리 마음 가운데 계시기 때문에 우리 마음은 하늘나라가 됩니다."281) 성령님이 인간의 마음을 지배하면, 인간의 마음은 하나님의 나라가 된다. "하나님께서 우리 마음 가운데 와 계시면 그 순간부터 우리는 하나님 아버지의 통치와 지배를 받게 됩니다. 하나님께서 지배하시고 통치하시는 그곳이 바로 하나님 나라가 되는 것입니다."282)

따라서 누구든지 예수를 믿으면 그의 안에 하나님의 통치가 이루어지므로, 그에게는 말씀과 믿음으로 삶을 사는 특권이 주어진다.283) "사람이 떡으로만 살 것이 아니요 하나님의 입으로부터 나오는 모든 말씀으로 살 것이라(마4:4)."

4차원영성은 하나님 나라의 통치 안에서 사는 성도를 위한 방편이다. 그 영성은 오직 하나님의 말씀으로부터 시작된다.284) 그 본질은 예수 그리스도 십자가다. 구원받은 자의 삶의 방식은 그의 안에서 예수님이 삶의 모든 주도권을 갖고 이끄는 삶(갈2:20)이다. 영산은 십자가 앞에서 새 자화상을 가진 성도는 십자가적 사고방식으로 살아야 한다고 강조한다. "십자가 앞에 나와서 우리는 새 사람이 되고 새로운 자화상을 얻을 수 있습니다. 거기에서 5중복음과 3중축복의 자화상을 얻고 우리는 마음에 강하고 담대하여 소망이 넘치고 낙관적이고 긍정적인 삶을 살아 갈 수 있고, 우리의 생활 속에 위대한 승리를 가져올 수 있는 것입니다."285)

챔버스(O. Chambers)는 "영적으로 가장 어려운 것은 하나님께 집중하는 일입니다. 그러나 우리가 하나님을 앙망할 때 마음을 짓누르는 어려움, 고난, 염려들이 다 사라집니다."라고 서술한다.286) 보이지 않는 하나님과 교제하고, 함께 일하는 것은 결코 쉬운 일이 아니다. 영산은 하나님과 일하기 위해서는 4차원영성을 가져야 한다고 강조한다.287)

---

281) 조용기, 『하늘에 계신 우리 아버지: 주기도문 강해』, 영산출판사(1979), 100.

282) 조용기, 『하늘에 계신 우리 아버지: 주기도문 강해』, 영산출판사(1979), 116-117.

283) 조용기, "마음하늘", 주일설교(2007-01-21).

284) 존 프레임(John Frame)은 하나님의 말씀에 대해 이렇게 정의한다. "God's word is, certainly, the sum total of his communications, everything that he has said, is saying, and will say." 하나님의 말씀이란 하나님과 인간 사이의 교통의 총체이다. 그것은 하나님이 과거에 말씀하신 것, 현재 말씀하시는 것, 또한 장차 말씀하실 모든 것을 포괄한다. 프레임은 더 구체화시켜서 다음과 같이 서술한다. (1) God himself, understood as communicator, and (2) the sum total of his communications with his creatures. 참조. John M Frame, The Doctrine of the Word of God, P&R(2010), 48-49.

285) 조용기, "삶의 성공과 실패를 가져오는 자화상", 주일설교(2001-07-01).

286) 오스월드 챔버스(Oswald Chambers), 『My Utomst for His Highest』, 토기장이(2008), 스데반 황 역, 묵상집(1월22일).

287) 4차원영성의 해석 관점 - 삶에 뿌리 내리는 4차원영성적 삶을 저자의 관점에서 보면 다양한 해석이 가능하다.
  a) 구속사적 해석 관점: 십자가 영성의 활성화(5중복음의 활성화), 삼위일체적 하나님의 삶을 구현하는 삶.
  b) 성경신학적 해석 관점: 예수 그리스도 중심의 삶을 구현시켜, 제자로서 사는 삶.
  c) 복음적-선교적 해석 관점: 삶의 자리를 거룩하게 하여 사명적 삶을 구현시키는 삶, 또한 땅끝까지 복음화하려는 의지적 삶.
  d) 희망적 해석 관점: 삶의 현재(3중축복)와 미래를 균형 있게 추구하여 초월적 희망 안에서 사는 삶.
  e) 로고스적 해석 관점: 말씀에 대한 묵상, 고백 및 적용을 통한 삶의 영성화. 말씀은 삶을 성화시키는 역동적 원리를 내포하고 있다.
  f) 기독교 윤리적 해석 관점: 하나님처럼 생각하고, 바라보고, 믿고, 말한다는 영적논리 자체는 단순히 하나님을 인식론적 관점에서 보는 것이 아니라 기독교윤리를 총체적으로 포함하는 삶.
  g) 상황화 해석 관점: 하나님이 세상을 향한 마음이 긍정이듯이 현실적인 상황을 긍정하는 삶(눅4:18).
  h) 문화화 해석 관점: 4차원의 영성은 열등문화를 우월문화로 재창조하는 촉매(catalyst)적 기능을 부여(신학의 상황화).

"하나님과 함께 일하기 위해서는 4차원의 영성을 가져야 합니다. 하나님은 영이시기 때문에 물질세계와 감각을 통해서는 하나님과 대화할 수 없습니다. 우리는 마음의 영성을 통하여 하나님과 대화할 수 있습니다. 우리의 생각과 꿈, 믿음과 신앙고백을 통하여 하나님을 우리 삶에 모시면 하나님께서 일을 이루어 주시는 것입니다."[288]

4차원영성적 인간 이해

기능적 차원에서 보면, 4차원영성은 말씀을 통해 하나님의 성품을 닮아갈 수 있는 삶을 살도록 해준다. 말씀에 기초한 4차원영성은 삼위일체 하나님의 삶을 궁극적으로 지향한다. 영산은 '4차원영성'이라는 영적원리를 개발하여 '지상의 삶'을 사는 자들에게 '삼위일체적 천상모델의 삶'에 접근하는 방법을 깨우쳐주고 설명해주었다.

사람이란 마음에 무엇을 품고 사느냐에 따라 내 눈에 수용되는 것이 달라진다. 진리를 보고 이해하려면, 내 안에 진리에 대한 영적 분별력이 있어야 한다. 바울의 사역의 본질이 '말씀을 이루려 함(골1:25)'이었다면, 그의 사역의 주제는 '완전한 자로 세우려 함(골1:28)'이었다. 그의 마음속에는 언제나 '기도의 힘으로 말씀을 세우는 것과 완전한 자로 키우는 것'으로 꽉 차 있었다. 연은 하늘 높이 올라갈수록 줄이 팽팽해져 쉽게 끊어지지만, 인간의 심령의 연은 하늘 높이 올라갈수록 땅과 멀어지고 하나님과 더 가까워진다. 그래서 하나님과 더 화목하게 되고 영성이 발전하게 된다.[289] 십자가는 새 언약의 시작이요, 율법의 완성이요, 구원과 영생의 길이다. 누구든지 그리스도 안에서 새 사람이 되면, 그는 '옛 생각, 옛 꿈, 옛 지식, 옛 말'을 버리고 거룩함을 입어 새 사람이 되어, 하나님의 성품을 점진적으로 닮아간다. 인간은 하나님의 본질은 따라갈 수 없지만, 그분의 인격과 성품을 닮아갈 수 있다.

    a) 하나님의 본질(인간이 결코 닮을 수 없는 영역): 전지하심, 전능하심, 무소부재, 영원하심 등
    b) 하나님의 인격(인간이 가지고 있는 영역): 지성, 감성, 의지, 자유와 책임 등
    c) 하나님의 성품(인간이 닮아가야 할 영역): 거룩, 사랑, 자비, 착함, 선함, 긍휼 등

영산은 인격회복을 강조한다. 우리의 신앙생활의 궁극적인 목표는 예수님을 닮는 것입니다. 하나님께서는 우리의 성품과 행실이 예수님을 닮을 때 비로소 기뻐하십니다. 우리는 하나님의 말씀을 통해서 예수님을 닮을 수 있습니다. 구원받아 새로운 피조물이 된 그리스도인은 영·혼·육이 질서를 가지고 있으며, 영은 하나님의 뜻에 따라 혼을 지배하고 혼은 육을 지배하므로 주 안에서 아름답고 조화로운 인격체를 회복할 수 있습니다."[290]

---

288) 조용기, "생각은 내가 하고 일은 하나님이 하신다", 주일설교(2013-09-15).
289) 본래 인간은 하나님을 알고, 하나님과 올바른 관계를 맺고, 하나님을 위해 살도록 창조되었다. 그러나 아담의 타락으로 지성이 부패(딤전6:5)하고, 혼미해지고(고후4:4), 허망해지고(엡4:17-18), 또한 절대절망의 늪에 빠져버렸다. 하나님의 형상을 닮아 태어난 인간은 낙원에서 본래적 사명의 자리에 있었지만, 아담의 죄로 인해 그 본래적 소명을 잃어버렸다. 그러나 인간은 성령의 창조적인 역사로 새로운 피조물로 재창조되었다(고후5:17). "새 사람을 입었으니 이는 자기를 창조하신 자의 형상을 좇아 지식에까지 새롭게 하심을 받은 자니라(골3:10)."
290) 조용기, "신앙생활과 신앙인격", 주일설교(2012-05-06).

조화로운 인격체의 회복은 삼위일체 하나님과 친교 안에서 가능하다. 희랍정교 신학자 지지울러스(J. Zizioilas)는 그의 책『친교로서의 존재』에서 "하나님의 생명이 영원한 것은 그것이 인격적이기 때문이며, 생명과 사랑은 인격을 통해 동일해진다"고 강조한다. 또한 그는 "하나님의 생명이 영원한 것은 성부, 성자, 성령 사이에 인격적 사랑과 인격적 친교가 이뤄지기 때문"이라고 요약한다. 나아가 그는 "하나님의 인격성(personhood)은 하나님의 형상과 모양에서 오며, 하나님이 삼위일체적으로 존재하시기 때문에 하나님의 인격성이 존속될 수 있다"고 서술한다.291)

좋으신 하나님의 법

우리 안에 새겨진 마음의 법은 하나님의 말씀을 사모하고, 수용하고, 앙망한다. 흙의 형상에 속한 옛 사람은 아담의 본성을 좇아가지만, 하늘의 형상에 속한 새 사람은 그리스도의 본성을 좇아가고, 궁극적으로 하나님의 영광을 드러낸다. 새 사람의 마음속에는 하나님의 말씀이 새겨져 주의 뜻을 이루어가게 한다. 4차원영성은 마음의 법을 활성화시키는 적극적인 학생이다. 마음의 법이 새겨진 새 존재는 하나님의 사랑과 믿음, 거룩을 닮아가는 특성을 지니고 있다. "너희가 그가 의로우신 줄을 알면 의를 행하는 자마다 그에게서 난 줄을 알리라(요일2:29)."

하나님은 우리가 그리스도의 인격을 닮아 이 세상에 선한 영향력을 미치기를 원하신다. "너희는 이 세대를 본받지 말고 오직 마음을 새롭게 함으로 변화를 받아 하나님의 선하시고 기뻐하시고 온전한 뜻이 무엇인지 분별하도록 하라(롬12:1-2)." 성령님은 자연적 수단과 초자연적 은혜의 수단을 동원해서 그리스도인을 영적으로 성장시키고, 궁극적으로 예수님의 인격을 닮아가게 하신다. 예수님의 인격을 닮게 되면, 각자에게 '선한 마음'이 생겨서, 선한 말, 선한 행동을 하게 된다. 그리고 그리스도인을 통해서 하나님의 사랑이 이웃에게 흘러들어가게 된다. 사랑의 하나님은 궁극적으로 자신의 사랑이 택함 받은 자들에게 흘러가기를 원하신다.

태양의 본질이 지구를 향해 빛을 발산하는 것이라면, 4차원영성의 본질은 말씀의 빛을 인간의 심령에 비추는 것이다. 인간의 심령에 하나님을 닮은 생각의 빛, 꿈의 빛, 믿음의 빛, 말의 빛이 비추면 인간은 영성화되고 거룩하게 되어, 그리스도의 형상을 닮아가게 된다. 영산의 마음하늘에는 '5중복음-3중축복-4차원영성의 별'이 밤하늘의 북두칠성처럼 언제나 고정되어 있다.

4차원영성은 기능적으로 서술하면 '마음 공간에 하나님의 말씀이 임하는 방법을 구체화시킨 영적 모델'이다. 기독교의 본질은 그리스도의 사역에 기초해서 신자가 성령을 통해서 삼위일체 하나님과 하나됨을 이루는 것이다. 우리는 그리스도를 힘입어 살며(live), 기동하며(move), 존재(being)한다(행17:28). 4차원영성을 삶의 자리에서 현실화하려면, '생각한 것을 꿈꾸고, 믿고, 고백하는 훈련'이 절대적으로 필요하다. 하나님의 성품을 닮아가는 전형적인 훈련 중 하나는 다음 문구가 될 수 있다.

---

291) 존 지지울러스(John D. Zizioulas), 『친교로서의 존재』(Being as Communion), 삼원서원(2012), 50-51. 희랍정교 신학자 존 지지울러스(John D. Zizioulas)는 가장 영향력 있는 차세대 정교회 신학자 중 한 사람으로 인정받고 있다.

"나는 하나님처럼 생각하고, 하나님처럼 꿈꾸고, 하나님처럼 믿고, 하나님처럼 선언하겠다." 292)
4차원영성의 본질은 예수 그리스도 십자가에서 비롯된다. 십자가를 떠난 4차원영성은 심리적
개념에 불과한 것이다. 4차원영성은 인간정신에 의해 심리적 또는 관념적으로 조정되는 것이 아니
다. 왜냐하면 말씀을 기초로 하기 때문이다. 4차원영성에서 십자가 중심의 생각, 꿈, 믿음, 말은
근원적 기초다. 십자가 때문에 우리는 속죄받고 구원받는다. 생각, 꿈, 믿음, 말은 서로 밀접하게
연결되어 있다.

3) 영의 인식론과 방법론

4차원영성의 가치체계는 '인간의 존재, 본성, 행동을 영적으로 변화시키는 힘'에 있다. 4차원영
성은 하나님의 말씀을 마음에 적용하는 방법을 포괄한다. 하나님의 말씀은 인간의 생각, 꿈, 믿음,
말을 통해 우리 안에 들어온다. 말씀 그 자체는 영이요 생명이다(요6:63). 말씀이 심령에 새겨지면
인간의 마음은 의롭고, 거룩하고, 선해져서 생명으로 충만하게 된다. 4차원영성을 명제적 교리로
서술하면 다음과 같이 말 할 수 있다. "4차원영성이란 말씀의 권위, 능력, 임재를 생각하고, 꿈꾸
고, 믿고, 고백하는 과정이다."293)

하나님의 말씀은 권위(meaningful authority), 권능(controlling power), 임재(personal presence)의 속성을 가
지고 있다. 따라서 '말씀이 우리 안에 임재함'은 하나님과 인격적 관계를 갖는다는 말과 같다.294)
말씀은 성부, 성자, 성령의 3중구조(triad)를 가지고 있다. 따라서 말씀이 가는 곳에 삼위 하나님이
함께 하신다. 그런 차원에서 말씀의 본질은 하나님과 인간 사이에 교통 혹은 친교의 수단이다.295)
4차원영성은 하나님의 말씀을 인간의 삶의 자리에 다음과 같이 적용시킨다.

a) 말씀의 소유화(내적): 말씀이 마음에 새겨지고 소유된다(시119:56, 렘31:33).

b) 말씀의 잠재화(내적): 말씀이 마음속에 뿌리내린다(롬10:8).

c) 말씀의 활성화(내적): 성령이 말씀을 기억나게 한다(롬8:27). 즉 말씀이 생각과 연합하고, 말씀
이 꿈과 연합하고, 말씀이 믿음과 연합하고, 말씀이 입술의 말과 상호 연합한다(롬10:10, 고전
2:16, 요14:20).

d) 말씀의 임재화(외적): 믿음과 기도와 성령의 역사를 통해서 말씀이 삶의 자리에서 이뤄진다
(시119:41, 눅1:38, 롬10:8, 10).

---

292) 4차원영성은 육안의 눈으로 사물을 보는 것이 아니라, 하나님의 관점에서 4차원 영의 눈으로 세상과
나 자신 그리고 이웃을 보는 것이다. 왼쪽 그림을 보면 각도에 따라 그 모습이 다르게 보인다.
왼쪽으로 보면 토끼가 보이고, 오른쪽으로 보면 오리가 보인다. 어느 하나를 선택하면 다른 것은
배제시켜야 한다. 내 마음의 눈을 통해서 한편으로 쏠리는 성향이 나타나기 때문이다. 따라서 이미지
를 결정하는 것은 그림이 아니라, 어떤 관계를 맺고자 하는 자신의 '마음'이다. 

293) 4차원영성이 세계적으로 알려지고, 관심의 대상이 된 근본적 이유가 바로 여기에 있다. 4차원영성이 머무는 곳에
하나님의 말씀의 권위, 권능이 임하여 삶의 자리에서 능력이 나타나기 때문이다. 말씀의 본질이 성도들의 삶 가운데
실천적으로 적용되는 4차원영성은 성도의 삶을 변혁시키는 말씀중심의 영성으로, 성도들에게 진정한 친교의 좌표를
설정해준다. 믿음의 십자가와 말씀의 십자가는 신앙생활의 근저다. 말씀과 기도는 신자들을 거룩하게 만들어(딤전4:5),
거룩한 은혜의 감정을 탄생시키고, 궁극적으로 신자가 선한 일을 하게 만든다(딛2:14). 그 결과 하나님의 영광이 나타나게
된다(롬2:10). 그렇게 영적 삶을 통해 성도는 그리스도의 형상 – 거룩함과 의로움 – 을 닮아가게 된다(롬8:29).

294) John M Frame, *The Doctrine of the Word of God*, P&R(2010), Ch.9(50–53), Ch.10(62), Ch.11(63–68).

295) John M Frame, *The Doctrine of the Word of God*, P&R(2010), 48.

요약하면 4차원영성은 말씀의 '소유화 개념(having)'보다는 말씀을 현실의 삶에 적용하고 실행하는 '현재화 개념(being)'이다. 4차원의 영성은 개념(conception)의 이해가 아니라 실재의 이해이다. 즉 마음에 새겨진 말씀을 외적으로 승화시키는 과정이다. 이 영적과정에서 그리스도인은 점진적으로 그리스도의 형상 – 거룩함과 의로움 – 을 닮아가게 된다(롬8:29).

인간의 삶에서 절대기준은 하나님의 말씀이다. 말씀은 삶의 궁극의 좌표이다. 삶의 방향이 빗나갈 때, 말씀은 등대의 역할을 한다. 따라서 4차원영성, 삼위일체 하나님, 말씀, 기도, 성령의 관계를 다양하게 구체적으로 살펴볼 필요가 있다. 그것에 대한 개관이 그림 5-6에 제시되어 있다. 그림 5-6에서 보는 바와 같이, 4차원영성의 본질은 삼위일체 영성의 지류에 위치한다. 4차원영성은 인간의 삶의 자리에 말씀을 구체적으로 적용하고 실천하게 한다. 성도의 성화는 성부, 성자, 성령 하나님의 은혜와 인도와 신자의 순종으로 이루어진다. 즉 성화는 하나님 아버지의 주권적 은혜와 예수 그리스도와의 연합에 기초해서 성도 안에 거하는 성령의 역사를 통해서 완성된다.296)

그림 5-6에서 보는 바와 같이 4차원영성은 하나님과의 전인적 관계를 맺게 하는 고차원의 영성 모델이다. 삼위일체 하나님의 영성이 인간의 삶 속에 역동적으로 연합되어 영성화되기 위해서는 '활성자(activator) 또는 개시자(initiator)'가 필요하다. 4차원영성의 생각, 꿈, 믿음, 말은 그 역할을 수행해준다.

하나님의 계시는 '사건(events), 말씀(Word), 사람(person)'의 이 세 가지를 통해 주로 나타난다.297) 그 중에 '말씀(divine voice)'은 하나님과 인간이 서로 친밀하게 사귀게 해주는 도구다. 인간은 하나님을 절대적으로 의존해야 하는 존재이다(요15:5). 따라서 하나님 중심의 인격과 사랑과 교제를 나누어야 한다. 4차원영성은 영적 자아를 하나님의 말씀으로 깨우치고 성장시켜서, 하나님의 삶의 존재 방식을 따르게 한다. 또한 4차원영성은 삶의 자리에서 하나님의 말씀을 현재화하여, 인간의 영성적 삶을 촉진시킨다. 4차원영성의 4요소는 서로 상호성, 연합성, 고유성, 공존성을 지니고 있다.298) 또한 4차원영성은 삼위일체 하나님의 삶의 모델을 인간의 마음속에 연합시키고 적용시키는 중간적 역할을 수행한다. 궁극적으로 4차원영성이 추구하는 것은 성도가 이 땅에 사는 동안, 거룩하고 의로운 삶을 살아서, 하나님께 존귀와 영광을 돌리게 한다. 그런 의미에서 4차원영성은 십자가에서 시작하여 삶의 종착역까지 인도해주는 역동적인 영성이다.

---

296) 삼위일체적 성화론에 대하여 더 자세한 설명은 다음 논문을 참조하라. 신문철. "오순절주의 성화론", 『오순절 신학논단』, Vol.10(2012), 37-68.

297) John M. Frame, *The Doctrine of the Word of God*, P&R(2010), 72. 프레임(Frame)은 하나님의 계시 범주를 '사건(event-media), 말씀(word-media), 사람(선지자들 혹은 사도들)'의 3가지로 분류한다.

298) 4차원영성의 4요소는 말씀과 성령 안에서 역동적으로 기능하며, 상보성 내적 원리로 통합되어 움직인다. '생각 ⇌ 꿈 ⇌ 믿음 ⇌ 말 ⇌ 생각' 이들 요소는 상호 배타성(Mutual Exclusiveness: 이들은 공존하지만 독자성을 가지고 서로 혼합되지 않는다. 즉 생각은 생각이고, 말은 말이지만, 생각 안에 말이 있고, 말 안에 생각이 있다. 연합적 특성(Conjugate Property)을 가진 '생각-꿈-믿음-말': 생각은 상상력을 주고, 꿈은 생각이 상상한 것을 시각화시키고, 믿음은 시각화 한 것을 현재화시키고, 말은 믿은 것을 고백하거나 선포한다. 또한 '상상력-시각화-현재화-고백화'는 분리된 것이 아니라 4요소 모두 '말씀의 씨'를 소유하고 있다는 점에서 공통적 특성(common property)을 품고 있다. 또한 이들 4요소는 상호성(reciprocity), 즉 생각의 시각화, 꿈의 사고화는 상호교환적이고, 생각의 고백화, 말의 사고화도 마찬가지다. 어느 요소를 먼저 시작하던, 그들은 상호적 특성을 가지고 공동 역할을 수행한다. 그러면서도 4요소들은 각각 고유의 기능을 가지고 활동한다. 또한 이 4요소는 한 성령의 지배를 받아 활동함으로써 공존성(coinherence)의 특징을 가지고 있다. 말씀의 영(spirit) 안에서 4요소 – 생각, 꿈, 믿음, 말 – 는 상보적 원리로 작동하여, 총체적으로 하나님의 나라가 임하고 이루어지게 하는 일을 역동적으로 수행한다.

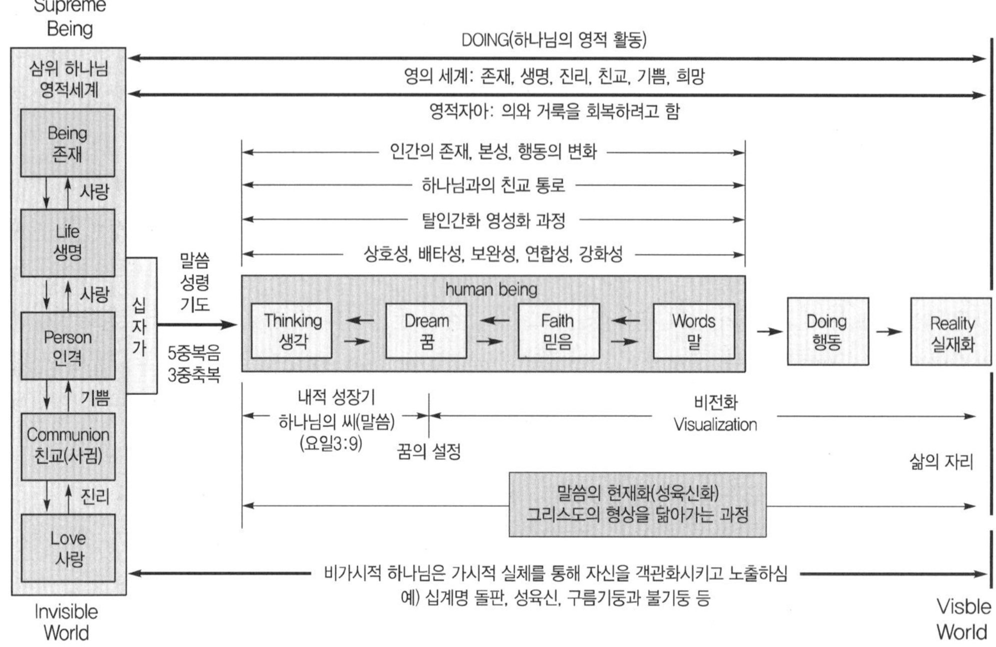

그림 5-6. 삼위일체 영성과 4차원영성의 관계성: 삼위 하나님의 세계를 진술하는 언어 –'존재(출3:14), 생명(요14:6, 요1:4), 인격(요14:16-17, 고전2:10-11, 요14:26), 진리(요14:6), 친교(요17:21, 마3:17, 요14:20), 사랑(요일4:7-8), 기쁨(마3:17)' 등은 삼위일체 하나님을 이해하는 데 중요한 용어들이다. 존재, 생명, 인격, 진리, 친교, 사랑과 기쁨은 상호연합적으로 기능한다. 사랑은 진리와 인격 안에서의 사랑이다. 친교도 인격과 진리와 사랑 안에서의 친교다. 또한 기쁨도 사랑과 진리와 인격 안에서의 기쁨이다. 십자가는 삼위 하나님의 삶 속에 있는 요소들을 인간에게 적용시킨다. 인간을 이해할 때 가장 기초적이며 필수적인 것은 하나님이 인간을 창조할 때 만드신 기본계획서를 이해하는 것이다. 인간은 말씀을 통해 하나님에게 다가가고, 하나님도 말씀을 통해 우리에게 다가와 교제하신다(요일1:3). 말씀의 궁극적 본질은 '신자들을 의롭고(롬5:1) 거룩하게 만들어(딤전4:5, 히10:10, 레11:45)' 하나님과 인간 사이의 관계를 더 친밀하게 하는 것이다.

　　4차원영성의 근본적 본질은 말씀을 통해 신자를 삼위 일체 하나님의 보좌로 연결시켜서 왕 같은 제사장 자격으로 살게 하는 것이다. 영산은 하늘보좌를 4차원영성적으로 접근하여, 생각의 보좌, 꿈의 보좌, 믿음의 보좌, 입술의 보좌로 구분해서 성도들이 이 땅에 살면서도 하나님 나라를 체험하도록 했다(표 5-6). 그는 하나님의 주소는 인간의 마음하늘이라고 강조한다. "하나님께 편지를 써서 부치려고 한다면, 하늘에 계신 하나님의 주소는 무엇일까요? 하나님의 주소는 바로 우리의 주소입니다. 왜냐하면 하나님이 우리 마음을 보좌로 삼고 계시기 때문입니다. 하나님 나라는 바로 우리 안에 있다고 예수님께서 말씀하셨습니다."299)

---

299) 조용기, "하나님의 주소", 주일설교(2008-11-23).

하나님은 보좌를 하늘에 세우시고 그의 왕권으로 만유를 다스리고 계시며, 예수님께서도 하늘나라를 우리에게 주셨다. 또한 하나님은 예레미야를 열방 만국 위에 세워 만유를 다스리게 했다.[300] 성경에서 하나님이 인간에게 메시지를 전달하는 방법은 다양하게 나타난다(표 5-4). 천사들, 하나님의 아들, 말씀, 떨기나무, 말, 환상, 꿈, 생각 등이다. 이중에서 가장 역동적인 방법은 하나님의 아들이신 예수를 통해 '말씀으로' 우리에게 메시지를 전하게 한 것이다. 4차원의 영성은 하나님의 말씀을 인간의 마음에 '생각으로, 꿈으로, 믿음으로, 언어로' 새겨서, 삶의 자리에 뿌리내리게 하는 영성이다.

표 5-4. 하나님의 메시지 전달 방법

대상	메시지 전달방법	성경구절
아브라함, 모세	말씀을 통해	창12:1–4, 출7:8, 마3:13–17
벨사살	벽에 글을 쓰심	단5:5–9
발람	말하는 나귀	민22:21–35
이스라엘 백성들	구름기둥, 불기둥	출13:21–22
모세	불타는 떨기나무	출3:2
야곱, 요셉, 이사야	꿈을 통한 계시	창28:10–22, 창37:5–10, 사1:1
베드로, 바울	환상을 통해	행10:15, 행16:9, 행18:9
야곱, 사가랴, 마리아	천사들	창32:22–32, 눅1:13, 30, 2:10
우리들	하나님 아들을 통해	히1:1–2
마르다	말씀을 통해	요11:40
백부장	말씀을 통해	마8:10
제자들	말씀을 통해	요8:26
우리들	생각을 통해	요14:26
바울	생각을 통해	행16:6–7

4) 인간의 본질, 실존 그리고 새 존재

4차원영성은 인간의 속성과 깊은 관련이 있다. 영산의 인간론은 "하나님의 형상으로 창조된 인간"에서 시작하고, 인간의 본성적 구조는 '영, 혼, 육'으로 구성된다고 본다. 그는 또한 "하나님의 형상을 닮은 인간은 영성, 도덕성, 이성과 선한 생각, 영생의 능력, 지배권을 가지고 있으며, 우리를 창조하신 하나님 아버지의 창조 목적은 감사와 찬양을 통하여 영광을 받으시기 위함입니다."라고 강조한다.[301] 중생하면 인간은 본래적 삶을 추구하는 존재로 승화된다.

---

300) "야훼께서 그의 보좌를 하늘에 세우시고 그의 왕권으로 만유를 다스리는도다(시103:19)." "적은 무리여 무서워 말라 너희 아버지께서 그 나라를 너희에게 주시기를 기뻐하시느니라(눅12:32)." "보라 내가 오늘날 너를 열방만국 위에 세우고 너를 뽑으며 파괴하며 파멸하며 넘어뜨리며 건설하며 심게 하였느니라(렘1:10)."

301) 조용기, 『순복음의 진리(하)』, 영산출판사(1980), 257–265.

십자가를 통해 얻어지는 거룩함이란(히10:10) 하나님의 도덕적 탁월함의 총체다.302) 하나님은 거룩하신 분이기 때문에(레11:45) 우리도 거룩해야 하나님과 친교의 관계가 활성화된다. 하나님과의 사귐을 통해서(요일1:3) 우리는 하나님께 영광을 돌릴 수 있다. 거룩하게 되는 것은 하나님의 본질적인 속성이고(사6:3, 계4:8, 시89:35, 시99:3), 하나님의 명령이고(말1:6, 약4:12, 신18:13, 창17:1), 그리스도의 영광을 위한 것이다(고전6:19-20, 벧전2:9).303)

표 5-5. 4차원 하늘보좌의 영성304)

4차원 생각의 보좌	1) 행동원칙: 없는 것을 있는 것처럼 생각한다. 2) 예수님 안에서의 생각: 마음속에서 일어나는 부정적인 생각을 긍정적인 생각으로 품어야 한다(빌4:13). 3) 거듭나고 변화된 생각: 생명의 근원인 마음을 잘 지켜야 한다(잠4:23). 4) 대속의 은혜에 대한 생각: 우리를 흑암에서 건지시어 아들의 나라로 옮기셨다(골1:13). 5) 말씀 충만의 생각: 말씀의 능력 가운데 거하도록 한다. "너희가 내 안에 거하고 내 말이 너희 안에 거하면 무엇이든지 원하는 대로 구하라 그리하면 이루리라(요15:7)."
4차원 꿈의 보좌	1) 행동원칙: 없는 것을 있는 것처럼 바라보고 꿈꾼다. 2) 하나님 중심의 꿈: 십자가를 바라보며 예수님의 의를 펼치는 꿈을 품어야 한다(렘33:3). 3) 하나님이 주시는 꿈: 하나님의 기쁘신 뜻을 위하여 우리에게 소원을 두고 행하게 하시므로 우리는 없는 것을 있는 것같이 바라보며 꿈을 꾸게 된다(롬4:17). 4) 5중복음의 꿈: 중생·성령충만·신유·축복·재림의 5중복음의 꿈을 통해 우리는 영혼이 잘됨같이 범사에 잘되고 강건한 3중축복의 전인구원을 이루게 된다. 5) 천국 영생의 꿈: 마음의 근심을 버리고 아버지 집을 향해 나아가라(요14:1-3).
4차원 믿음의 보좌	1) 행동원칙: 없는 것을 있는 것처럼 믿는다. 2) 긍정의 믿음: 마음속에 부정적 태도를 항상 긍정적 태도로 바꾸어 품게 된다. 언제나 바라봄의 법칙을 적용한다(롬4:17-18). 3) 하나님을 믿으라: 우리를 위해 독생자를 주신 하나님의 사랑을 믿는다(요3:16). 4) 예수님의 은혜를 믿으라: 믿음으로 받은 구원은 하나님의 선물(엡2:8-9)임을 믿는다. 5) 성령님의 도우심을 믿으라: 우리를 고아와 같이 버려두지 않으시는 예수님은 하나님 보좌로 가시면서 우리와 함께 있을 또 다른 보혜사를 주셨음(요14:16)을 믿는다.
4차원 말의 보좌	1) 행동원칙: 없는 것을 있는 것처럼 고백한다. 2) 희망의 언어 사용: 마음속에 축복, 격려, 사랑의 천국의 언어를 사용하게 된다. 항상 긍정적 언어를 사용한다(잠18:20-21). 3) 입술고백은 하나님의 수레: "혀도 작은 지체로되 큰 것을 자랑하도다(약3:5)." 4) 입술고백은 하나님의 손길: "입으로 시인하여 구원에 이르느니라(롬10:10)." 5) 입술고백은 하나님의 능력의 수단: "이 산더러 들리어 바다에 던져지라 하며 그 말하는 것이 이루어질 줄 믿고 마음에 의심하지 않으면 그대로 되리라(막11:23)."

---

302) 아더 핑크(Arthur W. Pink), 『성화론』(Sanctification), 진리의 깃발(2014), 119.
303) 아더 핑크(Arthur W. Pink), 『성화론』(Sanctification), 진리의 깃발(2014), 56-69.
304) 소주제는 저자가 별도로 첨가한 것이고, 원내용은 영산이 기록한 것이다.

첫 사람 아담에게 '의로움과 거룩함'이 존재했으나, 마귀는 하나님의 도덕적 형상인 '의와 거룩'에 치명적 손상을 입히고 본래적 기능을 못하도록 무능화시켰다. 그 결과 하나님과의 교통이 끊어지고, 아담의 후손들은 절대절망의 비참한 삶의 현실로 빠져들었다. 그러나 죄인은 예수님을 믿음으로써 아담이 잃어버렸던 의로움과 거룩함보다 더 강한 하나님의 도덕적 형상을 회복하였다(엡1:3-5, 갈2:20). 하나님은 사람들을 그 아들 예수 그리스도와 연합시켜(요14:20, 엡5:26), 다시는 죄에 종노릇 못하게 '완전한 의인, 완전한 거룩인'으로 만들었다(벧전2:9).

죄인이 거듭나면, 하나님의 형상이 상당 부분 회복되어 새 존재가 된다. 또한 하나님과 인격적으로 교통할 수 있는 길이 열린다.305) 하나님은 인격적으로 존재하시기 때문에 인간의 영도 인격적으로 존재한다. 하나님의 자존적 존재(self-existent being)는 영원하고, 그 자체가 '존재의 근원적 힘(intrinsic power of being)'이다.306)

4차원영성은 '하나님의 인격의 말씀을 마음에 적용하는 방법'이다. 하나님의 씨(요일3:9), 즉 하나님의 말씀이 마음의 토양에서 자라면, 죄를 떠나 영적 열매를 맺는다. 즉 4차원영성은 인격적 하나님의 근원적인 '존재의 힘(power)과 의미(meaning)'에 연결되어 있다. 하나님은 우리에게 '하나님의 존재 자체의 힘(power)'만을 의존하기를 원치 않으시고, '자신의 신적 삶의 본래적 의미'에까지 기꺼이 동참해주기를 바라신다. 신적 삶의 구조는 인격을 기초로 한 '능력(power)-의미(meaning)의 축'으로 이루어져 있다. 따라서 새로운 존재로서의 인간은 다음 두 개의 질문이 중요하다.307)

   a) 인간은 본질적으로 무엇인가?(what it is?): 존재의 근원 혹은 존재의 능력(하나님과의 일치상태)

   b) 인간은 무엇이 되어야 하는가?(what should be?): 본질의 의미(윤리적 혹은 도덕적 의미)

'힘'만 있으면 기계와 같은 사람이 되어버리고, '의미'만 가진 인간은 무능한 사람이 되어버린다. 따라서 '능력과 의미'는 상호 짝을 이뤄 균형을 이뤄야 한다. 하나님이 인격성을 가진 것은 '의미 자체'를 중요하게 생각하시기 때문이다. 하나님 앞에서 '삶의 의미'란 하나님의 뜻대로 사는 삶, 예수님의 삶을 닮아가는 삶이다. 그것은 거룩함을 기초로 한다. 내가 거룩하니 너희도 거룩할지니라(레11:45).308) 거룩하기 위해서는 성화과정이 반드시 필요하다. 왜냐하면 성화는 성도로 하여금 거룩하신 하나님과 교제하기에 적합한 상태로 만들어 주기 때문이다.309) 하나님과 친교가 이뤄지려면, '거룩한 신자-거룩한 하나님'의 만남이 기본 조건이기 때문이다(골1:22, 히12:14).

---

305) 십자가의 능력 없이 인간은 영원히 타락한 실존으로 살 수밖에 없는 존재다. 타락한 인간의 실존은 원래의 본질과 존재의 근원에서 소외된 자다. 거듭나면 인간은 실존과 새 존재의 경계선을 이동하면서 사는 이중적 존재가 된다. 그래서 신앙생활에서 여전히 영적 전쟁이 일어난다. 우리는 마귀가 인간의 실존과 새 존재의 신분을 훤히 꿰뚫고 있다는 것을 항상 기억해야 한다. 중생한 자는 실존 세계에서 죄의 본질적인 지배에서 벗어났지만(롬6:14, 18), 지금도 죄의 권세와 맞서 싸워야 한다(성화).

306) R. C. Sproul, *Not A Chance*, Baker Books(1994), 185-192. "An Eternal Being, A Higher Being, A Personal Being" 참조.

307) 황민효, 『폴 틸리히의 신학』, 한국장로교출판사(2008), 240.

308) 제럴드 리드(Gerad Reed), 『C. S. 루이스를 통해 본 거룩한 삶』, 엔크리스토(2006), 183. 거룩해진다는 것은 하나님의 뜻을 따르는 것이다. 순종은 거룩함의 문을 열 수는 있지만, 순종 그 자체로서 성결해지는 것은 아니다. 성결은 오직 하나님으로부터 온다(벧전1:2).

309) 아더 핑크(Arthur W. Pink), 『성화론(Sanctification)』, 진리의 깃발(2014), 124.

인간이 하나님의 말씀을 깨닫는다는 것은 '하나님의 말씀의 능력과 본래적 의미를 입체적으로 깨닫는 것'이다. 즉 하나님의 말씀을 내 삶에 적용하여, 하나님의 임재를 권능 안에서 체험하고, 또한 참 삶의 의미를 깨달아, 궁극적으로 하나님의 의도에 일치하는 삶을 추구하는 것이다.

따라서 4차원영성의 본질을 이해하려면, 인간의 본질, 실존 및 새 존재에 대한 기초적 이해가 필요하다.310)

    a) 인간의 본질(essence): 범죄하기 전의 아담의 상태311)

    b) 인간의 실존(existence): 타락한 아담의 상태

    c) 인간의 새 존재(the New Being): 예수를 믿은 사람의 상태, 즉 새로운 피조물(고후5:17)

지구 위에 사는 인간의 두 부류는 '옛 존재(old being)'와 '새 존재(new being(고후5:17)'이다. 전자는 타락한 실존이고, 후자는 새롭게 창조된 실존이다. 따라서 이 두 사람은 겉보기는 같아보여도, 전자에게는 예수의 영이 없고, 후자에게는 주의 영이 내재하신다. 다시 말해, 전자는 쭉정이고, 후자는 사랑의 아들 나라로 옮겨진 하나님의 가족, 즉 알곡이다. 새 존재는 예수 그리스도와 연합된 사람이다. 그 사람은 거룩한 자이다(벧전2:9). 거룩한 자이므로 거룩한 하나님과 친밀하게 교제할 수 있다. 그런 맥락에서 4차원영성은 친교의 영성이다.

시공간 개념에서 보면, 새 존재는 시공간을 초월해서 땅의 것을 보고, 위엣 것을 깨닫는다. 반면에 옛 존재, 즉 옛 사람은 시공간 안에서 땅의 것을 보고, 땅의 것으로만 사는 자들이다(성경에서는 이런 자들을 죽은 자라고 봄(눅9:59-60)). 하나님의 말씀은 땅의 것을 너머서 위엣 것을 바라보도록 깨우쳐 준다. 신앙인은 하나님의 말씀에 기초해서 땅의 것을 분별하며, 또한 위엣 것을 바라보고, 생각하고, 소망하는 존재이다. 곧 땅에 살면서도 하늘의 삶을 사는 자이다. 신앙인의 삶은 궁극적으로 삼위일체 하나님의 삶에 참여하는 것이다.

기독교는 '새로운 존재'(New Being)에 대한 메시지다. 즉 예수님의 오심과 더불어 나타난 '새로운 실재(new reality)'에 대한 메시지다. 오직 새로 지음을 받은 것만이 중요하다(갈6:15). 화해(Re-conciliation, 롬8:15), 재결합(re-union, 갈2:20, 고전6:17), 부활(Re-surrection, 롬6:5)의 세 가지는 인간의 '새로운 창조(new creation), 새로운 존재, 새로운 상태'를 말해준다.312) 바울은 고린도전서 15장 45-49절에서 인간의 존재적 지평을 시간개념에서 이해한다.313) a) 인간이 오기 전에 영적으로 불멸의 존재였던 하늘의 인간, b) 죽음에 구속되고, 죽음을 이 세상에 가져온 육신의 인간인 아담, c) 죽음을 극복한 하늘의 인간이다. 여기서 바울은 '인간의 본질, 실존, 새 존재'의 용어들을 존재론적으로 풀어서 설명한다.

요약하면, 인간은 '실존'안에 있으면서도, 동시에 '새 존재'로서 하나님 나라 궤도 안으로 진입해 있는 상태다. "너희가 내 안에 거하고 내 말이 너희 안에 거하면 무엇이든지 원하는 대로 구하라

---

310) 황민효, 『폴 틸리히의 신학』, 한국장로교출판사(2008), 281. 여기서 뉴 포트(John P. Newport)는 틸리히의 존재론적 구조의 세 가지 범주를 '본질, 실존, 새 존재'로 소개하고 있다.

311) ESV Study Bible, Crossway(2008), 2530. 죄의 정의는 하나님의 도덕법에 기초한다. 즉 죄란 하나님의 거룩한 속성과 일치되지 않은 것들 혹은 거룩한 속성으로 표현될 수 없는 것들이다(그것이 생각이든, 행동 혹은 태도이든 관계없다).

312) 폴 틸리히(Paul Tillich), 『새로운 존재』(The New Being), 뉴라이프(2012), 48.

313) 황민효, 『폴 틸리히의 신학』, 한국장로교출판사(2008), 281.

그리하면 이루리라(요15:7)."314) 즉, 누구든지 중생하면, 그들은 하나님과 거룩한 친교를 누릴 수 있는 자가 된다. 바울이 말하는 '새 피조물 개념'과 영산이 말하는 '4차원영성의 개념'을 상호적용하면 다음과 같이 서술할 수 있다.315)

> a) 생각의 본질화: 실존적 생각구조가 아니라, 새 존재 혹은 새 피조물 안에서의 생각구조316)
> 새 존재로서의 생각구조로 살아야 할 신분이 된다(고후5:17, 엡4:24, 고전1:30).
>
> b) 꿈의 본질화: 실존 안에서의 삶의 구조가 아니라, 새 존재로서의 신적 삶의 구조317)
> 그 결과 새 존재는 하나님의 뜻에 따라 살아야 할 존재가 된다(마6:33, 신18:13).
>
> c) 믿음의 본질화: 이성적 구조의 삶이 아니라, 실존을 초월한 말씀중심의 삶의 구조
> 그리스도인들은 '그리스도 안의 삶'을 추구하게 된다(갈2:20).
>
> d) 말의 본질화: 이성적 언어구조의 삶이 아니라, 실존을 초월한 천상중심의 언어구조318)
> 그리스도인들은 행동으로 보여주는 삶을 살아야 할 의무가 주어진다(고전11:1).

---

314) 진리의 말씀이 인간의 마음에 내주(indwelling)하게 되면, 마음의 중심부가 변화되어, 존재방식(mode of being)의 변화가 일어난다. 곧 [우리의 영] + [하나님의 영] = [영혼의 구원, 새로운 존재, new being, 고후5:17, 고전6:17]. 예수님의 말은 영이요 생명이다(요6:63). 하나님은 말씀을 주시고(시107:20), 그 말씀은 땅위에서 달리시며 일하시고(시147:15), 말씀은 살아 있고(히4:12), 말씀은 하나님과 친교의 창문이며(요15:7), 존재의 변화를 낳는다(갈2:20, 고전6:17). 즉, 실존으로서의 말씀은 인간의 옛 마음을 새 마음으로 전환시켜 하늘의 것을 보게 한다(골3:2).

315) 신자는 '실존적 새 존재(existential new-being)'다. 타락한 실존적 세상 안에 살면서도, 실존적 세상을 초월하여 하늘나라의 새로운 존재로서 살아야 할 자이기 때문이다. 즉 실존 안에 새 존재가 있고, 새 존재 안에 실존이 있다. 이 원리는 빛의 파장 안에 입자가 있고, 입자 안에 파장이 있는 것과 비슷하다. 이 땅에서 성도의 삶에서, '실존과 새 존재'는 상호연합적이며, 공통적이고, 배타적이다. 실존은 궁극적으로 완전한 새 존재로 대치된다. 인간은 존재론적으로 복잡한 양상을 지니고 있다. 마귀의 소행은 근본적으로 삶의 형태를 복잡하게 해놓고 혼란을 조성하기 때문이다. 인생은 한편으로 복잡하지만, 다른 한편으로 단순한 것이다. 단, 성령의 사람이 성령으로 살 때만(갈5:25) 그렇다.

316) John Owen, *The Glory of Christ*, Versa Press(2012), 82-90. 하나님은 영원한 존재의 근원이시며, 창조를 통해 자신의 신적 속성인 '능력(power)'과 '선(goodness)'을 드러내셨다(행14:15-17, 17:24-29). 하나님은 예수님을 교회의 머리로 삼으셨고(골1:17-19), 예수님 안에 지혜와 지식과 모든 보화와(골2:3), 그리고 신성으로 충만케 하셨다(골2:9). 하나님이 성령님을 통해 예수님과 우리를 연합하게 만들어 '새 사람(new man)'이 되게 하셨다(고전6:17, 갈2:20). 하나님은 성령을 통해 하나님 자신의 능력, 선, 은혜, 생명, 자비와 같은 속성을 우리 안에 나타나게 하신다. 그것을 통해서 하나님 자신의 영광을 드러내신다. 환언하면, 하나님은 죄많은 인간을 택해서 새 사람을 만들고, 그 안에서 자신의 영광이 드러나게 하시는 것이다. 따라서 새 피조물의 영적 생각구조는 무엇보다도 하나님의 영광을 온전히 드러내는 것이다.

317) 4차원영성에서 꿈이란 단순히 인간이 소원하는 것, 원하는 것, 바라는 것 등도 물론 포함하지만, 그 이상이다. 근원적으로는 꿈이란 삼위일체적 하나님의 삶, 즉 신적 삶에 참여하는 거룩한 행위로 인식함이 옳다. 꿈의 존재론적 가치는 하나님의 삶에 깊이 참여하여, 하나님과의 친교 혹은 사귐, 사랑과 기쁨의 나눔(마3:17), 존귀와 영광 돌림에 있다. 우리의 삶의 최종 목적은 거룩함에 있다는 것을 잊어서는 안 된다. 내가 거룩하니 너희도 거룩할지어다(레11:45). 성도의 생각도, 꿈도, 믿음도, 말도 결국은 거룩해짐에 있다(엡1:4, 롬6:22). 거룩함이란 신적 삶을 사는 것(히12:14), 예수의 형상을 닮아가는 것(갈4:19)이다. 거룩함은 하나님 앞에 우리의 존재목적이다.

318) 인간의 말과 하나님의 말은 형상적으로 닮았지만, 근원적 깊이, 권위, 권능과 관련해서 서로 차원이 다르다. 하나님의 말은 존재 그 자체, 즉 "나는 스스로 있는 자니라(출3:14)"에서 나온 말, 즉 '하나님 자신의 현시적 말씀(the Word)이면서, 동시에 예수 그리스도 자체'이시다. 반면, 인간의 영적 말이란 일차적으로 하나님의 말씀을 마음에 담은 것을 이차적으로 입술로 표현하는 간접적 과정이다. 4차원영성에서 말의 특징은 구어적이며, 동시에 초월적이며, 자기 보존적이다. 하나님의 말씀을 근원으로 삼기 때문이다. 인간의 말은 간단하지만, 기능적 차원으로 확장시키면, 개별성(단독성), 역동성(초월성), 형태성(보전성), 참여성(대상성), 자유성(선택성), 운명성(결정성) 등이 폭넓게 내포되어 있다. 그런 까닭에 성도의 말이라도 말씀의 옷을 입으면, 상대방에게는 하나님의 말씀 혹은 메시지로 혹은 권능 있는 말씀으로 전달되어 창조, 기적 및 구원의 역사를 일으킬 수 있다. 하나님의 말씀은 '존재 그 자체, 절대적 권능의 말씀'이지만, 한편으로는 인간의 입술에서 나오는 말은 상대적 권능의 말씀이다. 즉 성도의 삶 속에서 말씀의 임재는 정황적이면서 유한적이다. 한 가지 분명한 것은 인간의 말은 '내적 잠재성'을 외적으로 현실화시키는 위대한 수단이다.

6.2. 4차원영성 4요소의 속성

1) 생각의 본질과 속성

생각의 본질은 인간 자체의 영에 있다. 하나님이 흙으로 사람을 만드시고 생기를 코에 불어넣으매 사람은 생령이 되었고, 인간은 마침내 하나님처럼 생각할 수 있는 존재가 되었다. 생령이 되었지만, 죄는 인간의 생각을 왜곡시켰다. 그러나 하나님의 자비로 죄의 용서함을 받고 구원받아, 새 사람(고후5:17)이 되었다. 따라서 생각의 본질은 하나님의 형상의 회복에서 시작된다. 생각의 본질적 출발점은 '그리스도와 십자가'이다.

새 존재로서의 생각의 본질은 예수 그리스도의 죽으심과 부활 안에서, 그리고 하늘의 보좌에서 찾아야 한다. 바울은 "우리가 그리스도의 마음(mind)을 가졌느니라(고전2:16)"고 말한다. 이 말씀은 생각법칙에서 황금율에 해당된다. 우리의 마음이 그리스도의 마음에 동화될 수 있다면, 우리는 그리스도처럼 생각하면서 살 수 있을 것이다. 신자들이 그리스도의 마음을 품고 있다는 것은 "그리스도를 아는 지식의 형상을 내 마음속에 품고 있다(고전2:16, 갈2:20)"는 말과 같은 말이다.319) 아버지의 뜻은 '아들을 보고 믿는 자마다 영생(요6:40)'을 얻게 하는 것이다.

영산은 "우리는 십자가를 통해서 하나님께서 그리스도의 피를 흘려 대속시켜준 귀한 생각으로 우리 마음에 심어야 됩니다."라고 강조한다.320) '영적 생각-꿈-믿음-언어'는 인간의 마음을 다스리고 변화시키고 새로운 인격을 만들어간다. 마음의 변화란 마음공간의 영적 성향의 변화다. 다시 말해 선을 행하고자 하는 마음의 성향(inclination)이다. 선을 향할 것이냐, 악을 향할 것이냐는 마음의 성향과 방향의 문제다. 이 근본적인 변화는 오직 십자가 안에서 예수와 함께 죽고 부활한 자, 그리고 성령의 능력으로 가능하다. 생각의 변화는 곧 마음의 변화, 인격의 변화, 예수 안에서의 삶이다.321)

신학자 틸리히(Paul Tillich)는 인간의 영은 '힘(power)과 의미(meaning)의 통합'이라고 주장한다.322) 확장하여 이해하면, 영적존재인 인간이 만약 '영의 힘(power)만 생각하고(thinking)' 산다면, 인간은 기계나 로봇에 불과한 존재가 된다. 반면에 '영의 의미(meaning)만 생각하면', 아무것도 할 수 없는 무능한 존재가 된다. 따라서 하나님의 형상을 닮은 인간은 '하나님의 능력을 의존함과 동시에 가치 있는 의미를 추구하는 존재'가 되어야 한다. 즉 능력의 생각과 의미의 생각을 조화시켜야 한다.

---

319) 그리스도와 같은 생각을 가지기 위해서 내 안에 각인된 '그리스도를 아는 지식의 형상'을 볼 수 있는 영적 시력이 있어야 한다. 그리스도를 아는 지식을 계시해주시는 분은 오직 성령님이시다. 성령의 나타나심(고전2:4)이 없이는 그리스도의 마음이 나의 마음에 알려지거나 계시되지 않는다. 신앙생활에서 '본다, 안다, 믿는다, 행동한다'는 영적 인식능력의 중요한 수단이다. 보지 않으면, 알지 못하고 믿을 수 없고 행동할 수 없기 때문이다.

320) 조용기, 『생각』, 한세대학교출판부(2011), 79.

321) 데일 카네기(Dale Carnegie): "평생 배운 가장 중요한 교훈은 우리의 생각이 지니는 엄청난 중요성입니다. 우리는 생각을 바꿈으로서 삶을 바꿀 수가 있습니다." 참조. 조용기, 『꿈』, 한세대학교출판부(2012), 168.

322) 황민효, 『폴 틸리히의 신학』, 한국장로교출판사(2008), 255. 틸리히는 "하나님이 영이시라는 명제는 영으로서의 생명이 신적인 삶을 위한 포괄적인 상징"이라고 서술한다. 영의 의미를 구체화시키면 '되어야 하는 무엇(what should be?)'이고, 레위기 11장 45절을 인용하면, "내가 거룩하니 너희도 거룩할지니라"가 적용된다.

토저(A. W. Tozer)는 "인간이 품을 수 있는 가장 위대한 생각은 하나님에 관한 생각이다."라고 말했다. 생각의 기본적 본질은 하나님의 거룩함을 닮아가는 데 있다. "내가 거룩하니 너희도 거룩하라(레11:45)." 하나님은 법(laws)을 인간에 마음과 생각에 기록하시고 자신의 뜻을 펼치신다. "내가 나의 법을 그들의 속에 두며 그들의 마음에 기록하여 나는 그들의 하나님이 되고 그들은 내 백성이 될 것이라 야훼의 말씀이니라(렘31:33)." "내 법을 그들의 마음에 두고 그들의 생각에 기록하리라(히10:16)." "내 법을 그들의 생각에 두고 그들의 마음에 이것을 기록하리라(히8:10)." 하나님의 법은 기본적으로 '거룩과 관련된 법'이다. 따라서 인간의 생각의 법은 거룩의 기초 위에 세워져야 한다.

생각은 고차원이다. 그것은 마음하늘에 머물며 일한다. 마음은 의지와 감정과 연결되고, 또한 생각과 밀접하게 관련되어 있다. 생각은 개별성과 참여성을 지니고 있으면서, 또한 초월성과 보존성을 지니고 있다. 즉 생각은 한 개체로서 의지에 참여할 뿐 아니라, 상황에 따라 현재의 상태를 초월한다. 동시에 의지의 조율을 받아 현재의 상태를 보존하려는 기능도 발휘한다. 생각은 그 사람의 인격 안에서 활동하고, 기능하고, 움직인다(롬8:6, 27, 고후10:5).

마음은 양자역학적이다. 마음 안에서 작용하는 생각도 활동범위가 광범위하여 인간 자신도 지향점을 예측하기 어렵다. 생각은 단독으로 기능하는 것이 아니라 다층적 및 다각적으로 움직인다. 생각 혹은 지성, 감정, 의지는 상호연합적이며, 상보적 관계에 있다. 그런 의미에서 인간의 생각은 신비 그 자체이며, 존재의 심연에 뿌리를 두고 있다. 생각은 인간 안에 근원적으로 존재하면서 인간 본성의 총체성을 대변한다. 인간의 성품이 자아의 내면적-총체적 구조라고 정의내리면, 생각은 자아구조의 역동성을 일으키는 기초적 요소에 해당된다. 그런 차원에서 보면,323) 인간의 생각을 변화시키면 성품도 변화시킬 수 있다. 인간의 성품이 변할 수 있는 것도 곧 말씀으로 생각의 변화가 가능하기 때문이다. 그 연장선에서 윌라드(D. Willard)는 "인간의 전인격적 변화는 생각과 감정 변화 없이 이루어질 수 없다"고 강조한다.324) 생각은 위대한 일을 한다. 철학자 데카르트(R. Descartes)는 "우리의 인생은 생각하고 그린대로 이뤄진다"고 말했다.

영산은 인간이 하나님처럼 생각할 수 있다고 말한다. "우리 영이 하나님과 닮았고, 도덕성이 하나님과 닮았고, 우리의 모습이 하나님의 형상과 모양을 따라 지음을 받았기 때문에, 여러분은 지금 하나님처럼 생각하는 것입니다. 하나님처럼 위대하게 생각하고 하나님처럼 창조적으로 생각하는 것입니다."325)

에드 머피(Edward F. Murphy)는 『영적전쟁』이라는 책에서 "사탄은 사악한 생각과 상상이라는 씨앗을 인간의 마음에 심고 그것을 자극한다(행5:1-3, 고전7:5, 살전3:5, 고후10:3-5, 빌4:8)"고 강조한다.326) 그는 또 "마음과 감정과 의지가 포함된 우리 마음은 우리 믿는 자들의 삶 가운데 두 왕국 - 하나님의 나라와 사탄의 세력 - 의 싸움터"라고 지적한다.327) 따라서 마음 안에서 성령의 소욕이 육체의

---

323) 달라스 윌라드(Dallas Willard), 『마음의 혁신』(Renovation of the Heart), 복있는사람(2014), 242.
324) 달라스 윌라드(Dallas Willard), 『마음의 혁신』(Renovation of the Heart), 복있는사람(2014), 241.
325) 조용기, "나, 나의 생각", 주일설교(1981-06-21)
326) 에드 머피, 『영적전쟁』(The Handbook for Spiritual Warfare), 두란노(1999), 59.

소욕과 싸워서 이기면, 그 전쟁에서 우리는 승리하는 것이다(고후10:3-5). 아담과 하와도 마음 전쟁터에서 사탄과 싸웠지만 완패했다. 에덴동산의 전쟁이 맨 처음 일어난 곳은 바로 하와의 마음동산이었다.

바울은 마음(mind)을 설명하기 위해 두 개의 그리스 단어 – 누스(nous)와 노에마(noema) – 를 사용한다. 누스(마음)는 '깊이 성찰하는 의식의 자리로서 지각과 이해능력, 느끼고 판단하고 결정하는 능력(롬1:28-32, 골2:18)'으로 사용되었다. 그리고 노에마(마음)는 '사고와 계획(고후3:14, 4:4, 11:3, 빌4:7)'으로 사용되었다. 특히 바울은 마음을 새롭게 하라는 의미로 로마서 12장 2절에서는 누스를 사용한다.328)

성경의 이해에 기초하면, 굳은 마음(엡4:18)은 인간을 비이성적이며 영적 무지로 이끈다. 성령은 굳은 마음을 부드러운 마음으로 변화시켜서 새 사람의 마음을 영성화시킨다. 인간의 악한 생각은 마음의 부패(딤전6:5), 불의(롬1:21), 사고력의 장애(딤전3:8, 4:2-4)에서 비롯된다. 죄악된 생각에서 벗어나는 것이 얼마나 힘든지에 대해 바울은 '죄의 몸(롬6:6)', '사망의 몸(롬7:24)', '죽을 수밖에 없는 몸(롬8:11)'이라는 표현들을 사용한다.329)

성령은 하나님의 생각을 우리에게 넣어준다. 영산의 주장을 들어보자. "기도할 때 성령께서 하나님의 생각을 여러분의 생각 속에 넣어주시는 것입니다. 그러므로 여러분이 꿈을 가지고 하나님께 엎드려 기도할 때, 하나님께서 여러분의 생각 속에 하나님의 생각을 넣어주셔서 나아갈 목표를 분명하게 설정해주고, 그 다음 목표를 단계적으로 이룰 수 있는 계획을 보여주시는 것입니다."330)

인간은 존재론적으로 삼위일체 하나님의 삶 안에 참여할 수 있는 존재다. 하나님은 자존하시는 분이시며(출3:14), 생명(요5:26)이시며, 진리(요14:6)이시며, 또한 인격적 존재이시다. 존재와 생각은 상보적(相補的) 관계에 있으며, 존재 안에 생각이 있고, 생각 안에 존재가 있다. 또한 생명은 곧 영이다.

그러나 새 자아가 되어도 인간은 죄성이 남아 있어 오직 성령의 생각을 통해서만 생각을 깨끗하게 하고 거룩하게 할 수 있다. "내가 이르노니 너희는 성령을 좇아 행하라 그리하면 육체의 욕심을 이루지 아니하리라(갈5:16)." 바울이 왜 로마서에서 '죄의 몸(롬6:6), 사망의 몸(롬7:24), 죽을 수밖에 없는 몸(롬8:11)'과 같이 처절하게 절규했는지 상상할 수 있다면, 마음의 정화가 얼마나 높은 장벽인지 이해할 수 있을 것이다.331)

---

327) 위의 책, 91.

328) 위의 책, 93-95. 로어(J. M. Lower)는 "마음(heart)은 속사람, 정신의 작용, 기억과 생각이 일어나는 곳, 육적 및 영적 삶의 중심, 생각, 감정, 욕망, 식욕, 목적, 노력 등이 자리하는 원천이나 자리 같은 혼이나 정신이다."라고 정의한다. 마음은 감정의 핵심이자 근원, 감수성의 중심이자, 내적 본질 및 핵심이다.

329) John Owen, *Indwelling Sin in Believers*, Versa Press(2010), 1-6. 존 오웬은 죄의 본질을 인간의 영혼 안에 있는 경향성(inclination), 즉 마음의 성향을 죄의 작용의 본질로 본다. 즉 성도의 마음 안에는 악을 행하고자 는 마음의 경향과 선을 행하고자 하는 마음의 경향이 상존한다고 보는 개념이다. 이는 바울의 죄에 대한 개념을 확장시킨 것이다. "육체의 소욕은 성령을 거스르고 성령은 육체를 거스르나니(갈5:17)." 이처럼 신자의 마음속에는 육체의 법(혹은 악의 법)과 성령의 법(혹은 선의 법)이 대립하고 있다.

330) 조용기, "성취하며 나아가는 길", 주일설교(1982-02-14).

331) 조나단 에드워즈는 다음 두 가지를 통해 죄를 얼마나 깨달았는지를 판단한다. 첫째는 죄책(guilt)과 오염(pollution)을 얼마나 의식하는가, 둘째는 죄성(sinfulness)을 얼마나 인식하고 있는가이다. 참조. 존 스미스(조나단 에드워즈), 『신앙감정론』(The Works of Jonathan Edwards Volume 2: Religious Affections), 부흥과개혁사(2005), 471.

영산은 생각의 보좌는 마음하늘에 있다고 말한다. 갈보리 십자가 안에는 생각의 하늘보좌가 있다. 하나님은 인간의 마음속이 예수 그리스도의 생각으로 충만하게 채워지기를 원하신다. 그가 말하는 생각의 기본뿌리는 성령과 말씀 안에서 예수 그리스도 십자가 중심의 생각을 하는 것이다.332) 십자가를 통하여 나오는 생각만이 참된 영적 생각이기 때문이다. 영산의 생각구조는 5중복음적이다. a) 의와 용서를 생각하라. b) 거룩과 성령충만을 생각하라. c) 건강과 치료를 생각하라. d) 형통과 축복을 생각하라. e) 부활과 영생을 생각하라. 즉 그의 생각구조는 십자가 중심의 복음적 사고방식이다.

하나님은 원래 인간 내면 안에 '진선미애(眞善美愛)'의 모델을 따라 생각하도록 만들었다. 그러나 마귀의 침입으로 인간의 내면은 산산조각이 났다. 하나님의 형상을 닮은 인간은 하나님의 말씀의 생각으로 살아야 한다. 생각은 인간이 하나님의 형상을 닮아가는 과정에서 발전되고 고상하게 된다.333) 좀 더 구체적으로 생각의 속성을 알아보자.

가. 영의 생각은 십자가를 통해 내재하시는 예수 그리스도와의 연합에서 시작한다.

예수를 믿으면 죽은 영이 살아나서 영의 생각을 하게 된다. 영의 생각은 육의 생각을 지배하게 된다. 영의 생각은 오직 예수 그리스도 십자가를 통해서 살아나고 본래적 기능을 회복할 수 있다. 모든 성도는 거룩하고 흠 없는 사람이 되도록 부름 받았다(엡1:4). 모든 신자는 십자가 안에서 새 피조물이 되고(고후5:17, 고전6:17), 동시에 예수의 마음이 우리 안에 거한다(고전3:17, 고전2:16). 성도가 예수처럼 생각할 수 있는 근거는 성령 안에서 예수의 영이 우리의 마음 안에 내재하기 때문이다.

성령님은 인간의 이성적 마음을 그리스도의 마음에 동화시키기 위해, 인간중심의 사고체계를 그리스도 중심의 체제로 혁신적으로 변화시킨다.334) 마음하늘에 오직 그리스도의 영광만이 충만하기 위해서(요14:16), 기존의 사고방식 체계는 다시 새롭게 조율되어야 한다(엡4:24).

영산은 "십자가 보혈을 통해 순종의 생각으로, 축복의 생각으로, 치료의 생각으로, 영생의 생각으로 바꿀 수 있습니다."라고 강조한다.335) 우리는 '예수 그리스도의 마음(빌2:5)'을 품고 있다(고전2:16). 마음의 주인이 예수 그리스도시므로 생각의 주체도 예수 그리스도가 되어야 한다.

---

332) R. C. 스프롤, 『구원』(Saved from What?), 생명의말씀사(2014), 60-62. 왜 십자가가 필요한가? 죄는 빚이고, 반목이며, 범죄이기 때문이다. 첫째, 인간이 진 빚은 반드시 누군가 갚아야 한다. 둘째, 반목으로 관계가 파괴되었으므로, 관계회복이 필요하다. 또한 범죄에는 마땅히 형벌이 주어져야 한다.

333) 하나님의 완전한 형상은 새 피조물이 된다고 즉시로 완전한 형상으로 변화되는 것이 아니다. 일생동안 점진적으로 진행된다. 바울의 하나님 형상을 닮아가는 변화과정(the process of transformation)을 보면 다양한 시제로 구사한다. 곧 being new(고후4:16, 골3:10), being saved(고전1:18, 15:2, 고후2:15), will be saved(롬5:9-10, 9:27, 10:9), might be saved(고전5:5, 10:33), have been saved(엡2:5, 8), being rooted and grounded in love(엡3:17). 멀홀랜드(M. Robert Mulholland Jr)는 이 과정을 "We are being transformed into God's image."로 서술한다. 참조. Glen G. Scorgie, Spirituality and Transformation(M. Robert Mulholland Jr), *Dictionary of Christian Spirituality*, Zondervan(2011), 218-219.

334) 성령님이 하시는 일은 그리스도를 영화롭게 하고(요16:13-14), 그리스도를 가르치며(요16:12-13), 사람들을 그리스도께로 이끌며(요14:17, 요3:3), 그리스도의 성품을 재현하게(갈5:22-23) 한다. 참조. 제임스 보이스(James M. Boice), 『기독교강요 교리설교』(Foundations of the Christian Faith), 크리스찬(2011), 507-517.

335) 조용기, 『생각』, 한세대학교출판부(2011), 68.

중생한다고 영혼의 기능이 변하는 것은 아니다. 오히려 영혼의 성향이 나 중심에서 그리스도 중심으로 변하는 것이다. 즉 중생하면, 내 삶의 방향과 기능이 나 중심에서 하나님 중심으로, 세상적 가치관에서 복음적 가치관으로, 땅의 것에서 하늘의 것으로, '나와 나의 생각이 아니라, 하나님의 영광을 위한 삶'으로 바뀐다.

하나님은 인간의 눈에 보이는 하나님으로 존재하시는 것이 아니라 인격적으로 존재하신다. 즉 하나님의 존재론적 근거는 하나님의 본성이 아니라 인격적 실존에 있다.336) 그러므로 하나님의 형상을 닮아 태어난 인간은 인격적으로 예수 그리스도를 닮아가야 한다(고전11:1, 고전2:16).

40년 동안 이스라엘 백성은 광야교육을 통해 하나님의 생각을 배웠다.337) 곧 사람은 하나님의 뜻을 알고 따라가기 위해서 '하나님처럼 생각하는 고차원의 영적훈련'을 쌓아야 한다. 이스라엘 백성이 생각하기에 홍해를 건너는 것은 절대 불가능한 것이었지만, 하나님은 이미 홍해 바닥의 땅 위에 큰 길을 뚫어놓고, 이스라엘 백성이 걸어가는 장면을 보고 계셨다. 따라서 인간의 생각이 하나님의 생각을 닮아가려면, 기존의 사고방식의 틀을 통째로 하나님의 방식대로 변형시켜야 한다.

아담과 하와는 맨 처음에 하나님의 생각으로, 즉 하나님이 그들 마음에 새겨준 의와 거룩함으로 살도록 창조되었다. 하지만 하나님과 교류하는 아담과 하와의 생각채널 장치가 치명적인 바이러스에 걸리자, 그들의 생각체계는 '하나님이 보시기에 좋았더라'에서 '자신이 보기에 좋았더라'로 바뀌어 버렸다. 곧 하나님 중심에서 나 중심으로 변질되었다. 그 결과 인간은 '마귀의 삶의 방식'을 추종하게 되었다. 마귀가 첫 아담의 의와 거룩함을 빼앗아버린 것이다. 마귀는 언제나 생각채널을 통해 사람을 지속적으로 현혹시키고, 하나님의 의도대로 생각하지 못하도록 훼방한다. "마귀가 벌써 시몬의 아들 가룟 유다의 마음에 예수를 팔려는 생각을 넣었더라(요13:2)."

마귀가 하는 일이란 인간으로 하여금 '마귀의 삶의 방식'을 따라오도록 하는 것이다. 그래서 예수님은 마귀의 일을 멸하여 오셨다. "죄를 짓는 자는 마귀에게 속하나니 마귀는 처음부터 범죄함이라 하나님의 아들이 나타나신 것은 마귀의 일을 멸하려 하심이라(요일3:8)." 하나님은 본래 사람이 생육, 번성, 충만, 정복 및 다스림에 대한 생각을 품고 살도록 하셨다(창1:28).

나. 새피조물로서의 거룩한 생각은 그리스도의 영광만을 드러낸다.

십자가는 우리의 육적 생명과 연합된 사탄의 세력을 물리치고, 그리스도인을 그리스도와 연합하게 한다. 십자가 위에서 옛 아담에게 속한 육적인 생명이 죽고, 그리스도인은 그리스도와 하나됨을 이룬다(갈2:20, 롬6:5). 새 피조물은 말씀과 성령으로 다시 태어나서 본질적으로 새롭게 된 존재이다. 따라서 새 존재로서의 모든 생각의 기초는 '그리스도의 영광'을 드러내는 데 초점을 맞추어야 한

---

336) 존 지지울러스(John D. Zizioulas), 『친교로서의 존재』(Being as Communion), 삼원서원(2012), 46.

337) 광야 40년 동안 이스라엘 백성의 학습 이해도는 오늘날 학습 개념으로 보면 극히 저조하다: 학습수준(level of learning), 학습정도(extent of learning), 학습방법(avenues of learning), 학습준비도(readiness of learning), 학습의 본질(nature of learning)에 대한 개념이 전반적으로 부족했다. 그 결과는 비참했다. 학습개념에 대해 다음 책 참조. 로날드 하버마스 & 클라우스 이슬러, 『화목을 위한 가르침』, 디모데(1997), 154.

다. 성령은 오직 예수 그리스도의 영광만을 드러낸다. "그가 내 영광을 나타내리니 내 것을 가지고 너희에게 알리겠음이라(요16:14)." 십자가는 하나님의 영광을 위해 이 땅 위에 세워졌다(사43:7). 새 사람은 생각의 방향을 삼위 하나님에게 향하게 해야 한다. 새 사람은 마귀가 다닐 수 있는 두려움, 의심, 나쁜 생각과 같은 통신 선로를 더 이상 마음공간에 설치해서는 안 된다(히12:14).

따라서 신자는 생각과 마음을 성령 안에서 말씀과 기도와 믿음으로 거룩하게 유지해야 하며, 하나님께 영광 드리는 삶에 초점을 맞추어야 한다. 새 사람은 거룩한 성전이 되어가야 하고(엡2:21), 진리와 거룩함으로 새 인간성을 이뤄가야 한다(엡4:24). 새 백성이란 거룩한 생각으로 충만한 자들이다. 삶에서 일어나는 모든 일들은 맨 먼저 마음과 생각에서 시작된다. 인간의 마음은 마귀가 일하는 공간이자, 성령이 일하는 공간이다. 옛 생명, 육적 자아의 활동이 거세질수록, 마귀의 통신선로 수백 개를 설치하는 양상이 되어, 마음은 점점 혼란에 빠지게 될 것이다. 이것을 좀 더 구체적으로 알아보자. 생각은 마음과 직결되어 있다. 즉, 생각은 마음에서 싹튼다. 생각과 마음은 서로 밀접하게 연결되어 있다.338) 마음 안에 생각이 생각 안에 마음이 기능한다. 영산도 마음과 생각은 상호연합되어 있다고 강조한다. "마음에 여러분이 생각하고 있으면 그것이 밖으로 나와서 옷을 입고 현실화되는 것이고, 마음에 꿈을 꾸고 있으면 꿈이 현실의 옷을 입고 나오는 것이고, 마음에 믿으면 믿음이 현실의 옷을 입고 나오는 것이고, 마음에 늘 말하면 말의 옷을 입고 나오는 것입니다."339)

바울은 우리의 마음공간에 하나님이 계신다고 역설한다. "너희가 하나님의 성전인 것과 하나님의 성령이 너희 안에 거하시는 것을 알지 못하느뇨(고전3:16)." 마음은 하나님의 뜻을 잉태시키는 원천이며, 하나님은 마음을 거처로 사용하신다.340) 따라서 그리스도인의 마음공간은 영광을 창조해 내는 거룩한 공간이 되어야 한다(고후7:1, 엡2:21, 벧전1:2).

영산은 그리스도 안에서 예수의 마음과 생각을 품는 삶을 다음과 같이 밝힌다. "성령충만한 삶은 곧 그리스도로 충만한 삶입니다(롬6:11). 내가 사는 것이 아니라 그리스도가 내 안에 철저히 사시는 것입니다. 나의 몸은 이제 그리스도의 뜻을 성취하기 위해 쓰이는 몸이 되고, 나의 마음은 그리스도의 생각을 품는 마음이 되고, 나의 의지는 주님의 의지의 지배를 받고, 나의 인격과 재능은 남김 없이 주님의 것이 되는 삶인 것입니다."341)

마음은 모든 신체적 유기체를 다스린다. 그리고 은혜가 마음을 온전히 다스릴 때, 마음은 모든 지체와 생각들을 지배한다. 마음은 그리스도의 궁전이다. 왕이신 그리스도는 그곳에 오셔서 계신다. 마음은 몸과 영혼, 의식과 초의식, 인성과 신성 등이 만나는 곳이다.342) 하나님은 마음을 지으신 분이시며(시33:15), 이 마음은 바로 '생각과 결단의 자리'다(고후2:1, 눅9:51).

토마스 아 켐피스는 "그리스도를 본받는다는 것은 우리 마음에 하나님만을 위한 공간을 마련하

---

338) 존 파이퍼, 『존 파이퍼의 생각하라』, IVP(2011), 104-105.
339) 조용기, "마음의 파숫군", 주일설교(2013-12-01).
340) 조용기, 『4차원 영적세계』, 서울말씀사(1996), 192-193.
341) 조용기, 『오중복음과 삼중축복』, 서울말씀사(1997), 114-115.
342) 버나드 맥긴 · 존 마이엔도르프 · 장 레크레르크 편집, 『기독교 영성(I)』, 은성(2003), 646.

고 성령님를 환영한다는 것입니다. 그러한 사람만이 하나님께 속한 사람입니다."라고 강조했다.343) 인간의 마음은 성령이 사시는 거룩한 공간이다. 영산은 마음을 새롭게 하는 방법을 3가지로 요약한다. 첫째, 변화된 사고방식, 즉 부정적 사고를 긍정적 사고로 바꾸고, 둘째, 기적의 관점에서 생각하고, 셋째, 하나님의 생각을 품는다.344)

생각과 마음은 서로 구별되며, 상호의존적이며, 공존적이며 또한 연합적 특성을 지니고 있다. 생각과 마음은 마치 입자와 파동이 상보적으로 활동하는 것처럼, 서로 상보적 관계에 있다. 입자 안에 파동이 있고, 파동 안에 입자가 존재하는 것처럼, 마음 안에 생각이 있고, 생각 안에 마음이 있다. 인간은 마음으로 생각하는 존재다(고전2:9). 마음과 생각은 구분할 수 있으나, 분리할 수는 없으며, 동전의 앞과 뒤의 관계와 같다.345)

예수님도 마음에서 생각이 활동하고 있다고 알려주신다. "예수께서 그 생각을 아시고 대답하여 이르시되 너희 마음에 무슨 생각을 하느냐(눅5:22)." 하나님도 "사람의 죄악이 세상에 관영함과 그 마음의 생각의 모든 계획이 항상 악할 뿐임을 보시고(창6:5)" 계셨다. 마귀가 가룟 유다에게 예수를 팔려는 생각을 넣자, 유다의 마음은 곧 예수를 팔려는 마음으로 가득 차게 되었으며, 결국은 그가 마음먹은 대로 행동으로 옮기게 되었다(요13:2).

마음은 어떤 생각을 넣어주느냐에 따라서 움직이는 특성이 있다. 가나안의 12 정탐꾼 중 10명은 가나안 정탐보고에서 부정적인 생각이 들자, 그들의 마음은 곧바로 부정적으로 움직였다. "우리는 능히 올라가서 그 백성을 치지 못하리라(민13:31)." 그들은 "거기서 본 모든 백성은 신장이 장대한 자들(민13:32)"이라고 불평했다. 또 그들은 스스로 "메뚜기(민13:33)" 같다고 부정적인 말을 했다.

다. 말씀의 생각은 영혼의 지정의적 기능을 활성화시킨다.

십자가는 옛 인격의 핵심인 지성, 감성, 의지를 혁신시켜서, 새 지성, 새 감성, 새 의지로 살게 만든다. 즉 신자는 육적 생명이 아니라 하나님이 주신 영적 생명으로 사는 자다. 영적인 측면에서 우리는 그리스도 안에서 그와 함께 하늘에 앉아 있다(엡2:6). 그리스도인은 옛 생명은 죽고 새 생명으로 사는 자다. 모든 인간의 지성, 감성, 의지는 그 사람의 인격을 움직이는 중심부이다. 십자가는 죄인을 의인 만들어 지성, 감성, 의지를 영적으로 변화시켜서, 예수 그리스도의 마음을 품도록 한다. 온전한 마음과 생각은 야훼의 교훈과 계명에서 온다(시19:7-10). 온전한 생각은 삶을 꼭대기로 올려놓는다.346)

---

343) 토마스 아 켐피스(Thomas A Kempis, 1379-1471), 『그리스도를 본 받아』(Imitatio Christi), 두란노(2010), 203.
344) 조용기, 『4차원 영적세계』, 서울말씀사(1996), 142-169. 영산의 영성특성은 구체적이고, 실제적이다.
345) 생각과 마음은 심오한 신비의 관계이지만, 같은 것이 아니고 통전적으로 보면 상보적(complementary)이다. 즉 이들은 개별성을 유지하면서도, 상호유기적 관계 속에서 통합적으로 움직인다. 빛이 파동과 입자로 존재하지만, 파장이 상위 차원에서 하위 차원의 입자를 조절하는 것처럼, 생각과 마음도 서로 밀접한 관계를 유지하면서 상호보완적으로 활동한다.
346) "전쟁터에 있을 때처럼 긴장해서 생각하고, 외나무다리를 건널 때처럼 조심스럽게 생각하라. 정상으로 가는 길은 아주 좁다. 그러나 꼭대기에는 자리가 많다." 다음 책 제1장 '생각의 힘을 키워라' 참조. 곽종운, 『4차원 인생의 힘』, 성안당(2007), 22.

영산은 '나, 나의 설교'에서 "그리스도의 보혈로 생각이 바뀌고 말씀으로 생각"이 바뀌어야 한다고 강조한다.347) 생각은 영혼의 중심부인 '지성, 감성, 의지의 기능을 활성화시키는 단위요소'이며, 동시에 생물학적 자아를 활성화시키는 개시제(initiator)다. 파이퍼(Piper)는 마음(heart), 영혼(soul, 목숨), 지성(mind)을 다음과 같이 구분하여 설명한다.348) a) 마음(heart): 의지적이고 감성적인 삶의 중심(눅1:51). b) 영혼(soul, 목숨): 인간의 생명을 하나의 전체로서 강조(창2:7). c) 지성(mind, 뜻): 생각하는 능력(막12:30, 눅21:36).

영혼의 기능 중 하나는 육체에 생명을 부여하여 지정의 기능이 가능토록 하는 것이다. 또한 예수를 닮아간다는 것은 지정의적 인격(personality)을 닮아간다는 말이다. 예수님은 우리와 인격적으로 서로 연합되기를 소원하신다. "내게 주신 영광을 내가 그들에게 주었사오니 이는 우리가 하나가 된 것 같이 그들도 하나가 되게 하려 함이니이다(요17:22)." 생각이 하나 되면, 꿈도, 믿음도, 말도 하나가 된다. 그리스도의 생각을 따라가려면, 오직 말씀과 믿음과 성령으로 살아야 한다.

라. 말씀의 생각은 하나님의 영과 인간의 영이 교제하는 방편이다.

생각은 시공간을 초월하며 역동적으로 기능한다. 생각은 과거, 현재, 미래를 자유자재로 통합, 해체, 재창조, 변화시킨다. 십자가는 인간의 생각을 사로잡아, 그리스도의 종으로 일하게 한다. 십자가는 인간의 생각을 그리스도의 생각에 근본적으로 동화(同化)시키는 영적 여건을 만들어냈다. 영산은 "예수님을 믿는 사람에게는 생각을 변화시키는 예수 그리스도의 구속의 은총이 있습니다."라고 피력한다.349) 온전한 친교는 상호간의 생각의 동화에서 이뤄진다. 십자가는 왜곡된 생각을 그리스도 중심으로 바꾸어 하늘의 영광이 드러나게 한다. 생각의 동화는 상호친교를 활성화시키는 동인이다.

구원받은 인간은 '말씀 중심의 삶'을 살아야 한다. 즉, 중생한 자는 말씀으로 인간세계와 피조물 세계를 다스리시는 하나님의 권능으로, 말씀의 권위로, 말씀의 인격적 임재로 살아야 할 존재다.350)

거룩한 감정을 가질 때 인간은 하나님처럼 생각할 수 있다. 하나님이 거룩하시므로 우리도 거룩해야 한다(레11:45, 벧전1:16). 마음하늘이 거룩한 감정으로 충만할 때, 하나님과의 사귐이 일어날 수 있다(요일1:3). 예수님도 "저희를 진리로 거룩하게 하옵소서(요17:17)"라고 말씀하신다. 인간은 말씀으로 거룩해질 때 비로소 하나님과 상호교제가 이뤄진다.

바울은 "누구든지 하나님의 성전을 더럽히면 하나님이 그 사람을 멸하시리라 하나님의 성전은 거룩하니 너희도 그러하니라(고전3:17)"고 말한다. 또한 마귀의 영도 생각을 통해 인간을 훼방한다. 마귀는 가룟 유다의 마음에 예수를 팔려는 생각을 넣은 장본인이다(요13:2). 마귀가 인간의 생각으로 들어오면 마음은 온전한 기능을 잃어버리고 비정상적으로 가동된다. 그래서 마음속에서 불안, 초조, 불평 등이 생겨난다. 이처럼 성령의 통로도 생각의 채널이고, 마귀의 통로도 생각의 채널이다.

---

347) 참조. 조용기, 『생각』, 한세대학교출판부(2011), 69-71.
348) 존 파이퍼(John Piper), 『존 파이퍼의 생각하라』, IVP(2011), 96-98. 여기서 마음, 영혼, 지성을 나눈 것은 이해를 위함이지, 이들은 속성상 서로 분리할 수 없다.
349) 조용기, 『생각』, 한세대학교출판부(2011), 71.
350) John M Frame, *The Doctrine of the Word of God*, P&R(2010), 71-74.

생각의 길은 성령과 마귀가 동시에 사용하는 교차로다. 따라서 인간의 생각의 교차로는 항상 복잡하고, 어지럽고, 혼란스럽다.

마. 말씀의 생각은 시공간을 초월하여 기능한다.

십자가는 과거, 현재, 미래의 모든 시공간을 초월하여 기능한다. 이것은 신비다. 십자가의 믿음은 2천 년 전 골고다 십자가 사건의 효력이 현재의 우리의 삶 속에 나타나게 한다. 그 결과 우리는 시공간을 초월하여 십자가를 경험하는 은혜를 얻게 되고, 고난과 영광의 삶의 원리를 따라 살게 된다. 십자가는 영원의 삶과 시간의 삶을 교차하게 만든다. 하나님은 십자가를 통해서, 지금 여기서 하늘의 일을 땅에서 행하신다. 하나님의 일 자체가 신비다. 왜냐하면 영의 하나님은 우리 눈에는 보이지 않으면서 일하시기 때문이다.351) 하나님은 십자가를 통해 물리적 시공간을 초월하면서, 동시에 시공간을 뚫고 들어와 일하신다. 신앙생활이란 하나님이 성취하시는 일의 신비를 수용하고, 믿고, 영광 돌리는 것이다(롬2:10).

인간은 시공간을 초월하는 영의 생각 안에서 그리스도 예수의 은혜를 깨달을 수 있다. 육의 생각이 아니라 영의 생각을 하려면, 무엇보다 말씀의 옷을 입어야 한다.352) 우리는 은혜로 의롭다 하심을 얻은 자 들이다(롬3:24). 하나님의 은혜를 깨닫는 유일한 길은 말씀으로 사고방식을 전환시켜야 한다. 영산은 "예수 그리스도 십자가를 바라보고 우리의 생각이 바뀌어야 합니다."라고 강조한다.353) 십자가는 인간의 생각을 그리스도의 생각을 닮아가게 하는 훌륭한 교사요, 지도자요, 감독관이다(롬6:22, 고전11:1).

이 시간, 우리의 생각은 2천년 골고다 언덕으로 갈 수 있다. 즉, 인간은 생각의 능력으로 시공간을 초월해서 2천년 전의 십자가 사건을 상상할 수 있다. 상상의 힘은 위대하고, 모든 것이 상상을 통해 이뤄진다.354) 알렉산더 화이트(Alexander White)는 "상상은 신성한 직분과 화려한 봉사입니다."라고 했고, 아빌라의 테레사(Teresa)는 상상의 힘을 두고 "나의 명철로는 숙고할 수 없음으로 내 안에 계신 그리스도를 통하여 상상할 수밖에 없습니다."라고 했으며,355) 아크의 조엔(Joan)은 "상상은 하나님께서 나에게 말씀하시는 방법입니다."라고 고백했다.356)

생각은 바로 이 순간 시공간을 초월해서 나이아가라 폭포로 보낼 수도 있고, 예루살렘으로 보낼 수도 있다. 인간은 동물과 달리 시공간을 초월해서 장차 일어날 일을 먼저 생각하고 상상할 수 있

---

351) "신앙생활이란 감각을 통하지 않아도 하나님이 있는 것으로 믿는 것이다." 조용기, 『생각』, 한세대학교출판부(2011), 217.

352) "육의 생각이 부정의 말을 해도 영의 생각이 말씀을 따라서 마음을 훈련시켜야 합니다." 조용기, 『생각』, 한세대학교출판부(2011), 228-229.

353) 조용기, 『생각』, 한세대학교출판부(2011), 115.

354) "상상할 수 없는 것은 하나도 없다. 상상할 수 없는 것을 상상하라. 모든 것이 가능하다. 모든 일이 일어날 수 있다. 준비되었는가? 변화가 다가오고 있다. 엄청나게 빠른 속도로!" 참조. 톰 피터스(Tom Peters), 『미래를 경영하라』(Re-imgine), 21세기 북스(2005), 57. "경영도, 정치도, 예술도, 문학도, 과학도, 사회도 인간의 상상력이 이끌어간다. 성서는 상상력의 보고이며, 재창조의 근원이다."

355) 리처드 포스터(Richard Foster), 『영적훈련과 성장』, 생명의말씀사(2010), 62.

356) 위의 책, 85.

다. 이것은 인간만이 가질 수 있는 특권이다. 따라서 성도는 영의 생각으로 세워 주의 뜻에 일치시키는 삶을 살아야 한다. 시편 기자처럼 "주는 나의 하나님이시니 나를 가르쳐 주의 뜻을 행하게 하소서 주의 영은 선하시니 나를 공평한 땅에 인도하소서(시143:10)"라고 기도하자.357)

2) 꿈의 본질과 속성

성도는 예수 그리스도와 함께 죽고, 부활한 자로서 새로운 피조물이다(롬6:4-5, 고후5:17). 십자가는 죄인을 새 피조물로 만들어 하늘의 영광을 위해 살게 만든다. 따라서 새 피조물은 십자가 안에서 하나님의 뜻과 목적, 하나님의 기쁨(요일3:22)을 위해 살아야 한다. 예수 그리스도는 꿈의 근원이다. 영산은 "우리에게 가장 영롱한 꿈을 심어줄 분은 우리 주 예수 그리스도밖에 없습니다."라고 말한다.358) 그는 "하나님의 꿈은 예수를 십자가에 내어주심으로써 우리의 죽음을 제거하시고 천국과 영생을 주는 것입니다."라고 강조한다.359) 총체적으로 보면 성경에서 신앙인의 꿈은 삼위 하나님의 삶에 참여하는 것, 하나님의 성품을 지속적으로 닮아가는 것, 예수 그리스도 성품 – 거룩함과 의로움의 형상 – 을 닮아가는 꿈이요, 보혜사 성령님께 마음을 철저히 위탁하는 것이다. 꿈이란 하나의 목적을 주어진 시간에 단순히 이루고 끝내는 차원이 아니다. 꿈은 불연속성이 아니라 연속성이다. 꿈이란 일생동안 하나님의 말씀을 믿고 순종하며 의를 이뤄가는 과정이다(창15:5-6).

하나님의 꿈을 가질 수 있는 성경적 근거는 성령에 의해서 그리스도와 신앙인이 연합되어 있다는 것에 근거한다(롬6:5, 갈2:20). 인간 스스로를 위한 꿈은 육체의 정욕(경제), 세상의 권력(정치), 영적 교만(종교)에서 오는 것이다. 그것은 '욕망'이다. 이 책에서는 꿈의 기본적 개념을 '예수 그리스도와 연합된 신자가 하나님께 영광 돌리기 위해 하나님의 뜻과 목적을 성령의 능력으로 세상에 펼쳐가는 거룩한 과정'으로 본다.360) 그런 차원에서 보면, 꿈은 날마다 하나님의 뜻을 성취하는 수단이다. 꿈의 본질은 믿음의 성장을 통한 성화(sanctification), 즉 거룩하고 의로운 행위를 통해 하나님께 영광을 돌려드리는 것이다. 궁극적으로 보면, 꿈이란 일평생 선한 일을 하는 것이다.

하나님 쪽에서 보면, 꿈이란 '자신의 신적 삶에 인간을 초청하는 무대가 되는 것'이고, 인간 쪽에서 본다면 '하나님의 신적 삶에 인간이 참여하는 무대'가 된다.361) 결국 꿈이란 '신(神)–인(人) 사이의

---

357) 생각개발전략: a) 내 인생의 자화상을 글로 적고 선포하라(고후5:17). b) '나도 그렇게 될 수 있다'고 생각하고, 고백하라(엡4:22). c) 하나님의 말씀의 생각을 마음에 채워라(시119:11). d) 긍정적이고 창조적인 생각을 채워라(골3:17). 참조. 곽종운, 『4차원 인생의 힘』, 성안당(2007), 23.

358) 조용기, 『꿈』, 한세대학교출판부(2012), 43.

359) 조용기, 『꿈』, 한세대학교출판부(2012), 43.

360) 이 책에서 꿈이란 '인간 자신을 위해 가치를 추구하는 심리적 혹은 철학적 과정'이 아니라, '십자가를 통해 죽고, 부활한 새 피조물로서 하나님을 영화롭게 하기 위해 하나님의 목적 혹은 뜻 혹은 의지를 이뤄가며, 동시에 하나님을 기쁘게 하는 과정'에 일차적 관심을 둔다. 광의로 보면, 그리스도 이름으로 성도가 행하는 모든 일은 주께 속한다(골3:17). 꿈의 의미를 논리적으로 진술하면, '모든 일의 방향이 삼위 하나님을 향하도록 하는 마음의 성향'이다. 즉 의지적 성향이 하나님의 선한 일을 지향하도록 하는 것이다(엡2:10). 그리스도와 연합된 신자는 범사를 주님의 일로 승화시켜(골3:17), 그리스도의 영광을 드러낼 수 있어야 한다(요16:14). 다시 말해, 신자들은 모든 일의 목적을 주님 안에서 찾아야 한다. 성경말씀이 그것을 뒷받침 해준다. "범사에 감사하라 이것이 그리스도 예수 안에서 너희를 향하신 하나님의 뜻이니라(살전5:18)." 하나님이 계시하면, 우리에게는 그것이 곧 꿈과 비전이 된다.

361) 틸리히(Paul Tillich)가 하나님의 영을 '힘(power)과 의미(meaning)의 통합의 구조'로 인식한다면, 꿈의 본질도 '영의

관계 및 교제의 삶'이다. 기독교 영성 형성(spiritual formation)은 다른 사람을 위해서, 즉 나 자신이 아니라 타자를 위해서, 그리스도의 형상과 연합(고전6:17) 및 일치되어가는 과정이다.362) 그런 맥락에서 꿈은 하나님 자신의 뜻을 인간을 통해 세상 무대에서 펼치는 거룩한 행위다. 하나님은 모든 일을 그의 뜻대로 행하신다(단4:35). 그는 "모든 일을 그의 뜻의 결정대로 일하시는 이(엡1:11)"시다.

성령은 꿈을 주시고, 꿈은 일을 낳고, 일은 목표를 낳는다.363) 꿈의 궁극의 목표는 삶 속에서 예수님의 영광을 드러내는 거룩한 행위다. 즉 꿈을 꾸는 것이란, 첫째는 내 안에 계신 예수님을 믿는 것이고, 둘째는 내 안에 계신 예수님의 능력을 의지하는 것이며, 셋째는 예수님의 뜻을 따라 순종하는 과정이며, '나(我)-예수님의 하나됨'을 이루는 과정이다. 그리스도를 닮아간다는 것은 '그리스도의 형상을 이루는 것(갈4:19)'이 되어야 한다.

영산은 『4차원의 영성』에서 꿈이 3차원의 세계를 변화시킨다고 역설한다. "현실이 아무리 어려워도 마음속에 성령이 준 꿈이 있으면, 그 꿈은 3차원 세계를 점령하고 변화시킵니다. 4차원의 꿈은 3차원의 세계를 변화시킵니다. 변화는 4차원 세계에서 나타납니다."364)

성도가 삶의 목적을 위해 꿈과 목표를 품어야 할 성서적 근거는 다양하다. 그중에서 요한복음 15장 16절이 가장 적절할 것이다. "너희가 나를 택한 것이 아니요 내가 너희를 택하여 세웠나니 이는 너희로 가서 과실을 맺게 하고 … 내 이름으로 아버지께 무엇을 구하든지 다 받게 하려 함이라." 성령과 말씀 안에서, 성도는 예수님과 인격적 관계 안에서 그 무엇을 할 수 있는 존재, 과실을 맺을 수 있는 존재다. 그 과실을 통해서 성도는 하나님의 의를 드러내는 것이다. 하나님이 자기 백성들을 부르신 목적은 그들이 도를 지키고 의를 행하기 위함이다(창18:18-19). 꿈의 궁극은 열매 자체에 있는 것이 아니라 결실을 통해 하나님을 온 땅에 드러내는 것이다. 따라서 성도는 모든 일을 통해 하나님의 형상을 드러낼 수 있어야 한다(고전15:49, 골3:10).

꿈은 하나님의 일이고, 궁극적으로 삼위 하나님의 삶에 참여하는 것이다. 꿈은 삶의 역동성과 자기보존적 형태를 유지하면서도, 동시에 신적 삶을 추구하는 은혜의 장(場)이다.365) 하나님은 '예수님 안에서 자신의 삶'을 사시고(고전1:30), 예수님은 '우리 안에서 자신의 삶'을 살고 계신다(요17:21). 할렐루야! 하나님은 거룩한 꿈을 통해 당신을 드러내신다.

힘과 의미'에서 이끌어낼 수 있다. 꿈이란 영의 의미를 극대화시키는 거룩한 행위가 된다. 즉, 꿈의 본질은 '인간의 영의 힘-의미'와 '하나님의 영의 힘-의미'를 상호작용시켜 극대화시키는 은혜의 방편이다. 황민효, 『폴 틸리히의 신학』, 한국장로교출판사(2008), 255.

362) M. 로버트 멀홀랜드, 『영성형성을 위한 거룩한 독서』, 은성(2004), 31. 또 한권의 책을 참고하라. 달라스 윌라드 외, 『제자도와 영성형성』, 국제제자훈련원(2012). 저자들은 여기서 영성형성의 개념을 과정적 요소로 복음, 관계, 순종, 변화, 능력, 고난, 선교 측면에서 다루고, 신학적 요소로서 삼위 하나님, 성령, 말씀 차원에서 다룬다.

363) 참조. 성령은 꿈을 주고(행1:8), 꿈은 목표를 낳고, 목표는 계획을 낳고, 계획은 행동을 낳는다. 다음 책 3장을 참조하라. 곽종운, 『플러스 인생을 경영하라』, 예영커뮤니케이션(2002), 40-48.

364) 조용기, 『4차원의 영성』, 교회성장연구소, 43.

365) 성경 안에서의 꿈은 초월적이면서 내재적이다. 현실 안에서 내 자신이 그 일을 이루고 있지만, 동시에 나 자신은 그 일을 초월해서 삼위 하나님의 삶 안에 참여하는 삶을 살고 있기 때문이다. 성경 안에서의 꿈은 놀라운 신비요, 비밀의 장이다. 그래서 성령님은 말씀 위에 세워진 꿈과 환상을 가진 자와 함께 일하기를 좋아하신다.

영산이 말하는 꿈은 오직 십자가 중심이다. 그는 "예수님께서 십자가 고통을 받으시고 '내가 다 이루었다(요19:30)'라고 외치실 때, 용서, 성결, 치료, 축복, 영생, 부활, 천국, 인류 대속의 꿈이 이루어졌습니다(사53:10)."라고 선포한다.366) 따라서 그가 강조하는 말씀의 꿈은 5중복음의 꿈이다. a) 의와 용서의 꿈을 가져라. b) 거룩과 성령충만의 꿈을 가져라. c) 건강과 치료의 꿈을 가져라. d) 형통과 축복의 꿈을 가져라. e) 부활과 영생의 꿈을 가져라. 하나님은 죽은 자를 살리시고, 없는 것을 있는 것처럼 보시며, 우리 안에 마음 성전을 지으셔서, 하나님의 방법으로 하나님의 뜻을 좇아서 경영하게 하셨다. 마음 성전은 인간의 4차원영성이 개발되는 놀라운 곳이며, 삶의 형통과 축복의 줄기를 왕성하고 창대하게 생산해내는 인큐베이터와 같다.

성령이 주시는 꿈은 하나님, 세상, 인간을 총체적으로 바라보게 한다. 영산은 "세상은 꿈꾸는 자가 변화시킵니다. 꿈을 품고 있으면 그 꿈을 통하여 모든 것을 지배합니다. 꿈꾸는 자가 되어야 역사가 일어납니다. 하나님의 성령은 꿈을 배급하는 영이십니다."라고 강조한다.367)

가. 꿈은 인간의 삶의 방식을 삼위일체 하나님의 삶의 방식에 참여시키는 과정이다.

우리는 성령의 전이다. 성전의 주인은 예수 그리스도시다. 따라서 종이 된 우리는 그리스도의 삶을 본받는 삶을 살아야 한다. 곧 중생한 자는 그리스도의 삶의 방식에 참여하는 삶을 살아야 한다. 영산은 "꿈꾼다는 것은 지금 없는 것을 있는 것 같이 마음속에 바라보는 것입니다."라고 말한다.368) 내 안에 계시는 예수 그리스도는 내가 볼 수 없는 것을 보시고, 없는 것을 있는 것처럼 보신다.

진정한 꿈이란 어떤 일을 할지라도 그 일들을 통해 그리스도의 성품을 닮아가는 것이다. 꿈을 통해 우리는 도덕적으로 하나님을 닮아가야 하고, 나아가 하나가 되어야 한다(요17:21, 고전6:17). 예수님도 "하늘에 계신 너희 아버지의 온전하심과 같이 너희도 온전하라(마5:48)"고 말씀하신다.

예수님은 분명 아버지의 뜻을 이루기 위해 3가지 비전을 품고 이 땅에 오셨다. 첫째는 십자가를 지시는 일이요(마26:2), 둘째는 교회를 세우는 일이요(마16:18), 셋째는 성령을 우리에게 보내주시는 일(행2:33)이다. 이 세 가지의 비전을 한 마디로 말하면 '인류구원'이다(딤2:4). 인류구원은 숨지는 그 날 까지 우리가 동참해야 할 일이다. 그런 의미에서 보면 그리스도인의 꿈은 끝이 없다. 그리스도인은 어떠한 처소에 있을지라도 인류구원의 꿈을 바라보아야 한다. 그러기 위해서 '오직 그리스도 안에서의 삶, 자기를 부인하는 삶'을 추구해야 한다. 그러한 삶은 일회성이 아니라 이 땅을 떠날 때까지 이뤄가야 하는 것이다(히6:2, 골1:28).

하나님은 지금도 일하고 계시며, 그 일의 종국은 인류구원이다. 따라서 인간은 무엇을 하든지 주 예수 이름으로 일해야 한다. 바울은 "또 무엇을 하든지 말에나 일에나 다 주 예수의 이름으로 하고 그를 힘입어 하나님 아버지께 감사하라(골3:17)"고 강조한다. 범사에 하나님을 인정하는 삶(잠3:6)이다. 삶의 자리에서 이루는 꿈은 하나님의 말씀을 현실화시키는 과정이다. 거시적으로 보면,

---

366) 조용기, "보라, 꿈꾸는 자가 오도다", 주일설교(2007-03-11).
367) 조용기, 『꿈』, 한세대학교출판부(2012), 116-117.
368) 조용기, 『꿈』, 한세대학교출판부(2012), 116.

성령의 꿈이란 하나님의 일을 하는 것이며, 그 일은 곧 예수님을 믿게 하는 것이다. "저희가 묻자오되 우리가 어떻게 하여야 하나님의 일을 하오리까. 예수께서 대답하여 가라사대 하나님의 보내신 자를 믿는 것이 하나님의 일이니라(요6:28-29)."

나. 꿈은 하나님과의 교제를 활성화시켜 하나님을 영화롭게 하고 하나님을 닮아가게 한다.

영산은 "영의 세계는 꿈과 환상을 통하여 교제가 이루어집니다. 하나님께서 젊은이에게는 환상을, 늙은이에게는 꿈을 주셨습니다."라고 말한다.369) 교제 자체가 곧 하나님을 영화롭게 하는 것이다. 하나님은 우리를 통해서 '그 무엇을 이루는 것(what)'보다 '하나님 앞에서 어떤 사람이 되어가느냐(who)'에 관심이 있으시다. 십자가는 삶의 모든 정황을 하나님을 영화롭게 하는 데 초점을 맞춘다. 신자의 꿈이 하나님의 뜻과 목적 및 기쁨을 이뤄가는 일에 초점을 맞춘다면, 그 일을 통해 거룩한 교제가 일어난다. 선한 꿈은 하나님과 인간 사이에 사귐을 갖게 한다(요일1:3).

영산은 "십자가를 통하여 하나님의 꿈을 우리 가슴속에 받아들이면, 하나님의 꿈이 우리를 통하여 역사합니다."라고 말한다.370) 십자가는 꿈의 시작점이요, 완성점이다. 꿈은 저절로 이뤄지는 것이 아니라 하나님과 인간 사이의 거룩한 교제를 통해 이뤄진다. 거룩한 교제의 수단은 오직 말씀, 믿음, 순종, 기도, 성령이다.

성령님은 인간과의 교제를 통해서 성부 하나님 자신의 일을 하게 하시고, 그 일을 통해 영광을 취하신다.371) 성령님은 소외된 인간과 하나님을 다시 연합하게 해서, 하나님의 자녀가 그의 사역에 참여하게 하신다. 틸리히는 하나님은 개별적으로 인간과 교제하시며, 자신의 사역에 참여하게 하신다고 말한다.372) 우리는 하나님을 볼 수 없지만, 하나님과의 인격적 교제를 통해서 일할 수 있다.373) 성도는 예수 그리스도 안에서 보이지 않는 하나님과 말씀과 믿음으로 교제한다. 그런 과정을 통해 우리는 '그리스도의 형상(갈4:19)'을 점진적으로 닮아가게 된다(롬8:29).

인간은 꿈을 통해 하나님의 선하심과 자비와 사랑을 배운다. 하나님과 인간이 친밀하게 인격적으로 교제할 때, 인간은 하나님의 성품을 알게 되고 배우게 된다. 꿈은 하나님을 더 알게 해서 더 큰 영광을 돌리게 한다. 그 과정에서 우리는 더 많은 복을 누리게 된다. 성부, 성자, 성령이 상호친교를 통해 자신의 삶을 사시는 것처럼, 예수 그리스도는 친교를 통해 우리 안에서 자신의 삶을 사신다.374), 375)

---

369) 조용기, 『설교는 나의 인생』, 서울말씀사(2012), 291.

370) 조용기, 『꿈』, 한세대학교출판부(2012), 56.

371) John Owen, *Communion with God*, Versa Press(2008), 109-117. 오웬은 친교의 열매를 다음과 같이 요약한다. a) 예수님이 성도를 귀하게 여기신다. "그들을 나의 특별한 소유로 삼을 것이요(말3:17)." b) 신자도 예수님을 귀하게 여긴다(시73:25). c) 예수님이 성도들을 도와주신다(엡5:29). d) 신자는 예수님께 충성하게 된다. e) 예수님이 사랑의 증거를 보여주신다(요1:16, 엡3:20, 롬5:17).

372) 황민효, 『폴 틸리히의 신학』, 한국장로교출판사(2008), 255.

373) 존 지지울러스(John D. Zizioulas), 『친교로서의 존재』(Being as Communion), 삼원서원(2012), 이세형·정애성, 43.

374) 꿈은 친교의 한 방편이다. 그리스도인은 예수님 안에 있는 자이므로 꿈도 예수님과 하나됨을 이루어야 한다. "아버지여, 아버지께서 내 안에, 내가 아버지 안에 있는 것 같이 그들도 다 하나가 되어 우리 안에 있게 하사 세상으로 아버지께서 나를 보내신 것을 믿게 하옵소서(요17:21)."

다. 꿈은 말씀을 이미지화시켜 현실화시키는 영성적 과정이다.

꿈이란 삶의 자리에서 말씀을 현재화(realization)하는 과정이다. 말씀이 이뤄지려면 순종의 믿음이 절대적이다. 말씀은 신비적이고 권능을 지니고 있다. 말씀이 성령의 능력을 입으면 새 창조, 기적, 구원의 역사를 만들어낸다. 성령님은 말씀의 능력을 삶 가운데 현재화시켜, 하늘의 영광을 나타낸다.

새 사람이 갖는 꿈이란 4차원의 성경말씀을 3차원의 세계에 적용시키는 과정이다. 하나님은 성령 안에서 말씀을 통해 임재하시고 활동하신다. 하늘의 삶의 양식은 말씀을 통해서 주어진다. 말씀 안에는 장차 일궈낼 결실의 씨가 들어 있다. 말씀의 열매를 맺으려면, 말씀에 대한 믿음과 순종이 절대적으로 필요하다.376) 영산은 꿈을 현실화시키기 위해서 믿음과 꿈의 마음공간이 필요하다고 역설한다. "하나님은 현실을 뛰어넘어 꿈을 꾸시고 그 꿈을 가지고 새로운 세계를 만들어 내십니다. 하나님과 동행하려면 없는 것을 있는 것처럼 보고 말하고 행동할 수 있는 꿈꾸는 마음의 공간이 있어야 합니다."377)

4차원영성에서 생각이 화가라면, 꿈은 이미지(image), 믿음은 실재(reality), 말은 '완성된 그림'에 비유할 수 있다. 이 4개의 그림을 하나의 문장으로 표현하면, 영산의 설교에서 자주 언급되는 '없는 것을 있는 것처럼 고백하는 것'이다. 이 과정에서 꿈은 믿음을 낳고, 믿음과 동업하며, 믿음과 일을 연합하여 성취시킨다. 꿈은 믿음을 필요로 하고, 그 역도 동일하다.

하나님은 무한성을 가지고 계시고, 인간은 3차원 공간 안에서 유한성을 가지고 있다. 따라서 인간은 창조주 하나님을 의지해야만 '그 무엇을 가질 수 있는 존재'다. 하나님은 인간에게 상상력을 주어 삶의 존재방식을 변형시키는 잠재력을 주셨다. 상상력을 통해 인간은 '유한성을 점진적으로 무한성으로 확장시켜' 나갈 수 있다. 그러나 상상력의 과대화는 오히려 '유한의 절망'을 낳고, 과소화는 '무한의 절망'을 양산할 수 있으므로 적절한 균형이 필요하다.

키에르케고르(Kierkegaard)는 "상상력은 인간의 삶을 변형시켜 그리스도의 본성을 따라 재구성할 수 있는 가능성을 열어준다"고 강조한다.378) 하나님은 아브람에게 자식의 꿈을 주었지만, 그는 이루지 못해 쩔쩔매고 있었다. 그러자 하나님은 새벽에 아브람을 천막 밖으로 데리고 나가, 하늘의 별을 보여주며 후손이 하늘의 별처럼 될 것임을 상상하게 했다. 아리스토텔레스(Aristoteles)도 "우리의 정신은 꿈을 그리지 않고는 결코 생각할 수 없다"고 강조했다. 상상력은 꿈의 성취를 이뤄가는 인자(因子)이다. 꿈은 상상력을 활용하는 천재적인 소질을 가진 응용가다. 리처드 포스터(Richard J. Foster)는 "상상은 종종 믿음의 문을 연다"고 강조한다. 이와 같이 꿈, 상상, 믿음은 서로 밀접하게 연결되어 있다.379)

---

375) John Owen, *Communion with God*, Versa Press(2008), 4-11. a) 하나님과의 친교(요일5:10) – 신자는 하나님의 사랑에 반응한다. 신자는 믿음, 사랑, 신뢰, 기쁨, 순종으로 하나님의 사랑에 반응한다. b) 예수님(요14:1, 요9:36) 및 c) 성령님과 친교한다(마28:19). 즉 신자는 삼위일체 하나님과 친교할 수 있는 '실존적 새 존재들'이다.

376) "성경의 세 가지 기능은 첫째, 구원의 지식을 전하고, 둘째, 우리에게 믿음을 불어넣어 주고, 셋째, 우리가 순종하도록 만드는 것이다. 우리가 마음의 문을 열고, 진리를 배우고, 믿고, 그 진리에 따라 순종할 때 비로소 성경은 우리에게 유익이 된다." A. W. 토저(Tozer), 『Holy Spirit, 성령님』, 규장(2014), 228.

377) 참조. 조용기, 『꿈』, 한세대학교출판부(2012), 90-91.

378) 영적 차원에서 상상력의 중요성에 대하여 다음을 참조하라. 제임스 로더(James Loder), 『성령의 관계적 논리와 기독교교육 인식론』(The Relational Logic of the Spirit in Theology and Science), 대한기독교서회(2009), 365-380.

성경적으로 보면, 꿈이란 성령의 인도함 따라 말씀을 현실화시키는 방편이다. 현재는 없지만 믿음으로 장차 있을 것을 바라보는 것이다. 보이는 것은 나타난 것으로 말미암아 된 것이 아니다(히 11:3). 우리 안에서 착한 일을 시작하신 하나님은 그리스도 예수의 날까지 그 일을 하신다(빌1:6).

라. 꿈은 타자지향적 자비와 은혜와 사랑을 베풀게 하는 방편이다.

하나님은 인간을 위해 사랑과 자비와 은혜로 일하시는 분이시다. 하나님은 절대 타자적(他者的) 이시다. 복되심과 선하심의 하나님은 항상 우리에게 온갖 은혜를 베푸신다. 하나님은 모든 것이 자족하시며, 충분하시고, 완전하시고, 그의 안에는 모든 것이 넘친다. 십자가는 하나님 자신의 본성을 드러내는 장소이자, 죄인들에게 하나님 자신의 것들을 값없이 주시고자 하시는 거룩한 수단이다.

하나님의 관점에서 꿈을 바라보면, 하나님의 선하심의 근원으로부터 흘러나오는 '자비, 은혜, 사랑, 참으심'이 신자들의 마음으로 흘러들어오는 과정이다. 십자가 위에서 예수님이 우리를 위한 삶, 즉 타자(他者) 중심의 삶을 사신 것처럼, 십자가 안에서 죽고 부활한 우리도 예수님처럼 자비와 은혜의 삶을 살아야 한다.

영산은 "생각과 꿈과 믿음과 말씀이 자기 자화상을 다스립니다."라고 역설한다.380) 타자중심의 삶이란 내 안의 영적 의지와 마음의 성향을 온전히 주를 향하도록 하는 삶이다. 인간의 생각, 꿈, 믿음, 언어는 '마음의 성향'에 절대적인 영향을 미친다. 또한 영산은 "생각, 꿈, 믿음이 우리를 변화시키고, 말씀이 우리 자화상을 변화시킵니다."라고 강조한다.381) 인격의 변화는 영적 변화를 기초로 한다.

모든 인간은 인격을 가지고 있고, 예수 그리스도 안에서 그 인격은 영원하다. 따라서 성도가 품고 있는 말씀은 나 중심이 아니라 이웃 중심을 지향하도록 해야 한다. 하나님의 뜻은 모든 인간이 구원받는 것이다(딤전2:4).382) 총체적으로 보면 꿈이란 하나님의 주권 안에서 삼위일체 하나님의 '인격, 친교, 사랑, 진리, 생명, 기쁨'과 같은 복을 누리는 거룩한 삶의 과정이다.383)

꿈과 믿음은 짝이다. 믿음은 항상 실상을 바라보기 때문이다. 꿈이 하나의 분명한 실체를 바라보는 과정이라면, 믿음이란 바라본 실체를 현실로 당겨오는 과정이다. 꿈은 자석처럼 믿음을 강하게 끌어당긴다. 꿈이 믿음에게 이렇게 고백한다.

"믿음아, 너는 지금까지 나를 여기까지 데리고 왔다. 계속 너의 도움이 필요하다."

그러면 믿음도 꿈에게 이렇게 외친다.

"나는 너 없이 아무것도 할 수 없다. 너는 항상 내 곁에 있어야 한다."

---

379) 리처드 포스터(Richard Foster), 『영적훈련과 성장』, 생명의말씀사(2007), 68.
380) 조용기, 『꿈』, 한세대학교출판부(2012), 164.
381) 조용기, 『꿈』, 한세대학교출판부(2012), 165.
382) 꿈은 하나님의 은혜에 대한 인간의 거룩한 반응이다. 그런 까닭에 하나님의 꿈의 방향은 자아중심이 아니라 십계명처럼 타자지향적이다. 불멸의 생명의 씨를 가진 자는 타자를 향해 불멸의 꿈을 가져야 한다.
383) 주권의 의미: 왕으로서의 하나님은 피조세계에 대해 절대적 지배권을 소유하시고, 일어나는 모든 일을 결정하신다. 참조. ESV Study Bible, Crossway(2008), 2512.

영산은 "우리 마음은 새로운 세계를 지을 수 있는 꿈과 희망과 용기를 수용할 수 있는 보고입니다."라고 강조한다. 꿈은 마음밭에서 자라고, 성숙하고, 삶을 인도해간다.[384] 꿈은 믿음과 서로 친밀하게 교제하는 관계(perichoresis)에 있다. 즉 꿈은 믿음이 하는 일에도 적극 가담하고, 역으로 꿈이 일할 때 믿음도 적극적으로 돕는다.

마. 꿈은 입술의 고백으로 강화되며 진보한다.

말은 영이요 인격이다(요6:63, 요1:1-3). 영의 생각이 회복되면 언어방식도 바뀐다. 십자가는 죄인을 의인으로 만들고, 또한 신자의 언어 사용방식을 철저하게 바꾼다. 하늘의 언어로 하늘의 방식으로 살게 만든다. 하나님의 형상을 닮은 인간은 말 안에 능력을 품고 있다. 따라서 그리스도와 연합해서 새로운 피조물이 된 자는 하나님의 통치의 원리에 어울리는 언어를 사용해야 한다.

4차원의 신령한 언어를 사용하면, 3차원의 땅의 삶을 지배할 수 있다. 하늘의 뜻이 땅에서 이뤄지는 것은 하늘언어의 사용을 전제로 한다. 영산은 "꿈을 꿨으면 '할 수 있다', '하면 된다', '해보자'라는 긍정적이고 적극적이고 창조적인 분명한 말을 하십시오. 그 말이 당신을 변화시킵니다."라고 역설한다.[385] 꿈은 믿음을 통해, 입술의 고백을 통해 강화된다. 꿈과 믿음은 친한 친구와 같다. 그들은 서로 격려한다. 영적존재는 영적 언어를 구사함이 옳고, 성도는 고백, 선포, 기도, 선언을 통해 하늘의 일을 할 수 있다. 우리의 입술은 4차원의 말씀이 임하는 자리다(출4:12). "내가 내 말을 네 입에 두었노라(렘1:9)."

마귀는 언제나 죄성, 두려움, 의심, 사악한 생각을 주어서 꿈을 방해한다.[386] 성령 안에서 꿈을 품을지라도 성도는 세상의 염려에 항상 노출된다. 그러나 하나님은 인간에게 말할 수 있는 영을 부어주셔서, 고난이 올 때마다 선포, 명령, 고백할 수 있는 입술의 혀를 주셨다. 우리 안의 영은 입술의 혀를 통해서 운동력을 발휘한다(히4:12). 입술은 꿈을 강화시키는 놀라운 힘을 준다. 인간의 영이 활동을 하려면 고백이 필요하다. 영은 말로 활동한다(히4:12, 시147:15, 시107:20).

중생한 자는 하나님의 형상을 닮아가는 존재다. 우리 안에 그리스도가 계심으로 예수님의 삶을 확장시키며 살아야 한다. 성령 안에서 입술로 선포할 때 창조의 역사가 나타난다. 하나님은 '입술의 열매를 창조하는 자(사57:19)'이시다. 히브리서 기자는 "우리는 예수로 말미암아 항상 찬송의 제사를 하나님께 드리자 이는 그 이름을 증언하는 입술의 열매니라(히13:15)"고 말한다. 아브라함은 없는 것을 있는 것처럼 꿈꾸고, 믿고, 선포했다. 그는 바랄 수 없는 것을 바랐고, 없는 것을 있는 것처럼 고백했다.

3) 믿음의 본질과 속성

예수 그리스도 십자가를 통해 인간의 영이 살아나면, 그리스도인은 영적세계를 맛볼 수 있는 '믿음으로 사는 방식'을 선물로 얻는다. 영적 활동의 기초는 '그리스도 안에서 믿음으로 사는 삶'이다.

---

384) 조용기, 『꿈』, 한세대학교출판부(2012), 235.
385) 조용기, 『꿈』, 한세대학교출판사(2012), 200.
386) 마귀는 언제나 인간에게 병의 두려움, 죽음의 두려움을 준다. 그러나 생명의 주관자는 하나님이시다. "내가 너의 날 수를 채우리라(출23:26)." "네가 사는 날을 따라서 능력이 있으리로다(신33:25)." 아멘!

영산은 "믿음, 사랑, 거룩함은 삼위일체적으로 활동합니다. 이 세 가지는 신앙생활의 기본요소로 이것이 없이는 믿음의 생활은 불가능합니다."라고 강설한다.387) 다시 말해 신앙생활의 핵심은 십자가에서 탄생하는 믿음 안에서 시원(始原)한다. 그 믿음은 말씀을 바라본다. 우리가 하나님의 말씀을 믿을 때 하나님은 우리를 의롭게 여겨주신다(창15:6). 그런 의미에서 믿음의 본질은 '하나님의 의를 드러내는 영적 행위'이다.

신자는 예수 그리스도를 봄으로써(요6:40, 고전2:16, 요6:37) 믿음이 생긴다. 인간은 그리스도를 영의 시각으로 보고, 알고, 믿는다. 성경적으로 이해하면, "아들을 보고 믿는 자마다 영생(요6:40)"을 얻는다. 그리스도인이란 십자가의 믿음을 품고 사는 자들이다. 십자가를 믿음으로써 그리스도인은 수난절과 부활절을 경험하는 신비로운 자가 된다. 중생한 자는 삶 속에 어떤 고난이 올지라도, 고난의 관점에서 보는 것이 아니라 부활과 영광의 관점에서 바라본다. 십자가의 믿음으로 사는 그리스도인은 고난 속에서 영광의 날을 바라보고, 영광 안에서 고난의 씨를 바라본다(시119:71).

십자가의 믿음은 또한 사랑으로 활동한다. 사랑과 믿음은 짝이다. 바울은 "사랑으로써 역사하는 믿음뿐이니라(갈5:6)"고 말한다. 십자가는 믿음의 탄생을 알리는 신호탄이자, 경계점이요, 동시에 새 피조물을 창조하는 시작점이다. 십자가는 믿음의 원천이자 모판이다. 우리는 십자가 안에서 죽고 부활한 존재가 됨으로써 믿음의 삶을 살 수 있는 영적 뿌리를 가지게 되었다. 십자가는 2천 년 전 역사 안에서 발생한 사건이지만, 시공간을 초월해서 인류역사를 뚫고들어와 신비의 생명을 탄생시킨다. 십자가는 흩어진 퍼즐조각의 인류역사를 다시 원래 상태로 회복시킨다. 그 십자가 중심에 믿음이 존재한다(고전2:2).

예수님은 믿음의 창시자이면서 완성자시다. 십자가를 통한 속죄의 최종목표는 양자됨과 하나님과의 화목에 있으며, 또한 그리스도 안에서 삼위일체 하나님과 영원히 하나됨을 이루는 데 있다(고전6:17, 롬6:5). 십자가를 통해 인간은 죄를 예수님께 전가시키고, 예수님은 자신의 의를 우리에게 전가시킨다. 그래서 우리에게 '새 생명, 새 인격, 새 마음'을 주신다(고후15:7). 예수님은 '믿음의 인도자(창시자)'이시며, 동시에 '온전케 하시는 이(완성자)'시다(히12:2). 예수님은 보좌에 앉아서 대제사장으로서 자기 사람들을 온전케 하는 권세를 가지고 계신다(히10:14, 히7:25). 따라서 믿음의 불멸의 본질은 예수님 안에서 발견된다. "예수를 너희가 보지 못하나 사랑하는도다(벧전1:8)." 믿음은 사랑과 직접 연결되어 있다(그림 5-7).

에드워즈는 "참된 믿음은 대체로 거룩한 감정 안에 있다."고 말한다.388) 믿음은 거룩한 감정과 관계된다. 거룩한 믿음은 순수한 사랑과 짝을 이뤄 자아 전체가 하나님께 영광을 돌리게 만든다.389) 인간은 말씀을 믿음으로써 거룩하게 된다(딤전4:5, 행15:9). 믿음이 궁극적으로 하는 일은 하나님께 영광 돌리는 일이다(요15:8, 마5:16, 벧전2:12, 엡5:8). 믿음을 가진 자는 무엇을 해도 주의 영광을

---

387) 조용기, 『믿음』, 한세대학교출판부(2012), 79.
388) 존 스미스(조나단 에드워즈, Jonathan Edwards), 『신앙감정론』(The Works of Jonathan Edwards Volume 2: Religious Affections), 부흥과개혁사(2005), 35.
389) 위의 책, 35.

드러내어야 한다. 바울은 "무엇을 하든지 다 하나님의 영광을 위해 하라(고전10:31)"고 말한다. 그리스도인은 삶 자체가 하나님께 영광이 되어야 하고, 되어가야 한다(고전10:31, 롬2:10).

거룩하신 하나님이 창조하신 인간은 거룩해지는 것을 삶의 목표로 삼아야 한다. 하나님은 "내가 거룩하니 너희도 거룩할지어다(벧전1:16)"라고 말씀하신다. 예수님은 우리를 위하여 십자가를 지심으로써 자신을 거룩하게 하셨다(요17:19). 하나님은 우리를 온전히 거룩하게 하신다(살전5:23). 거룩함(holiness) 혹은 온전함(perfection)은 예수를 닮아가는 것이다. 그 닮아감이란 나의 뜻을 포기하고 주님의 뜻과 계획에 순종하는 것이다. 또한 인격적으로 예수님의 성품을 닮아가는 것이다. 성화는 죄를 떠나는 것 이상의 깊은 의미를 지니고 있다.390)

영산은 "오늘날 가장 위대한 발견은 하나님이 우주를 만들었다는 것과 인간이 예수님을 영접하면 하나님의 자녀가 되는 것"이라고 강조한다.391) 하나님의 자녀는 하나님의 성품을 닮아가야 하고, 그 아들 예수 그리스도와 연합한 존재이므로 성화(聖花)를 지향하는 삶을 살아야 한다. 믿음은 인간의 의지를 하나님의 의지에 일치시킨다. 머튼(T. Merton)은 '믿음만이 영혼을 하나님과 하나 되게 하는 직접적인 방법'이라고 강조하는 것도 그러한 맥락이다.392) 믿음의 궁극적 목표는 예수 그리스도를 세상에 드러내는 것이다(요14:16).

영산은 "믿음은 말씀을 통해 자라나지만, 자란 믿음이 더 강력하고 흔들리지 않는 믿음이 되기 위해서는 점점 더 많은 영적 체험을 해야 합니다."라고 강조하는 것도 그런 맥락이다.393) 그는 믿음의 사람의 특징을 4차원적으로 설명한다. "4차원이 3차원을 다스리고 창조하므로 믿음의 사람은 생각과 꿈, 믿음을 고백하며 승리의 삶을 사는 것입니다."394)

영산이 말하는 믿음의 기본 뿌리는 십자가 중심의 5중복음과 말씀을 핵심적으로 믿는 것이다. a) 의와 용서의 믿음을 가져라. b) 거룩과 성령충만의 믿음을 가져라. c) 건강과 치료의 믿음을 가져라. d) 형통과 축복의 믿음을 가져라. e) 부활과 영생의 믿음을 가져라.

영산은 믿음이 좋아하는 분위기에 대하여 이렇게 말한다. "믿음은 말씀을 통하여 자라나고 성령을 통해 자라나고 사랑을 통해 자라나는 것입니다. 사람마다 믿음의 분량을 가지고 있습니다. 믿음을 가지고 있느냐, 안가지고 있느냐가 아니고, 믿음을 사용하느냐 사용하지 않느냐 입니다. 믿음은 좋아하는 분위기를 만들어주면 자연스럽게 따라옵니다. 분명한 목표를 바라보고 끈질기게 간절히 기도하면 이루어진 모습이 보이며, 나중에 자연스럽게 그것을 믿게 되고, 결국 없는 것을 있는 것처럼 고백하게 됩니다. 예수님의 사랑을 깨달으면 깨달을수록 믿음이 강해지고 하나님의 영광을 더 믿을 수가 있게 되는 것입니다."395)

---

390) 성서적으로 성화는 예수님의 보혈로(요일1:7), 성령의 능력으로(벧전1:2, 엡5:18), 하나님의 말씀으로(요17:17, 시119:9) 거룩함에 이른다. 성화는 마음의 성향이 새 사람(고후5:17) 중심으로 사는 거룩한 과정이다(롬6:22).
391) 조용기, "위대한 발견", 주일설교(2011-03-27).
392) 토머스 머튼(Thomas Merton), 『십자가 성 요한과 진리의 길』(The Ascent to Truth), 바오로딸(2009), 311.
393) 조용기, 『믿음』, 한세대학교출판부(2012), 62.
394) 조용기, "사차원의 삶", 주일설교(2010-11-07).

영산은 "하나님의 믿음은 시간, 공간, 물질을 다스리는 4차원의 세계이며, 믿음이란 바라는 것들의 실상으로, 작은 믿음은 작은 실상을, 큰 믿음은 큰 실상을 가져온다."고 강조한다.[396] 성경에서 말하는 믿음과 관련된 일련의 과정들을 그림 5-7에 도시하였다.

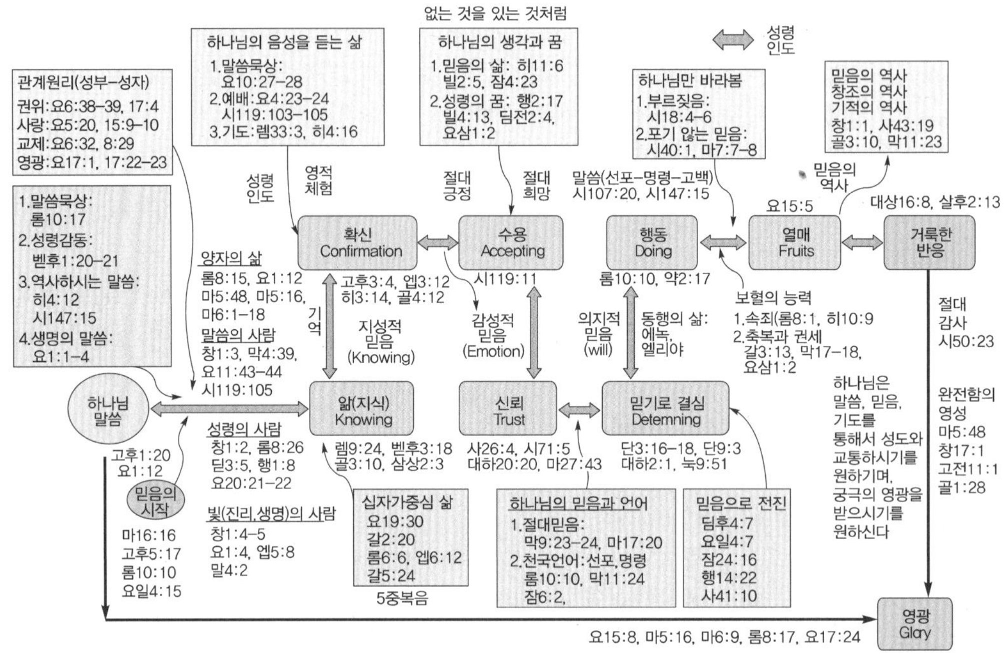

그림 5-7. 믿음의 성서적 접근 방식: 십자가는 복음을 낳고, 복음은 믿음을 낳아 생명을 낳고, 그 생명을 통해 영광 받으시고 하나님은 기뻐하신다. "믿음이 없이는 하나님을 기쁘시게 하지 못하나니 하나님께 나아가는 자는 반드시 그가 계신 것과 또한 그가 자기를 찾는 자들에게 상 주시는 이심을 믿어야 할지니라(히11:6)." 믿음의 과정은 험난한 산맥이며, 등정로 곳곳에 '되돌아감의 지뢰'가 있어 여차하면 출발지로 되돌아가야 한다. 믿음은 인간을 하나님이 계신 하늘로(시2:4, 시103:19, 신4:36) 데리고 가지만, 그 등정로는 위험한 길이어서, 기도하는 삶, 즉 코람데오(koram Deo, 하나님 앞)의 삶이 절대적으로 필요하다. 그림에서 보는 바와 같이 믿음은 '말씀에서 발원하여 지성적 믿음-감성적 믿음-의지적 믿음-고백적 믿음-행동적 믿음'까지 흘러간다. 그 믿음의 강은 나의 의지적 믿음, 하나님의 뜻의 합일 정도에 따라 극히 짧을 수도 있고, 아니면 길 수도 있다. 따라서 성령의 사람은 성령으로 살아야 한다(갈5:25). 그래야 믿음으로 모든 어려움을 극복할 수 있기 때문이다. 믿음은 삼위 하나님이 주신 선물이다.

믿음은 신앙생활의 핵심이다. 그것은 말씀, 기도, 순종, 성령, 복음, 영광, 반응, 기적, 생각, 꿈, 고백과 같은 영적 언어들과 관계된다. 그림 5-7에서 말하고 싶은 것은 믿음이란 하나의 영적논리, 즉 영적 리듬을 탄다는 것을 보여주기 위함이다. 여러 개의 음이 하나의 곡을 만들어내듯이, 믿음도 말씀의 건반을 두드려서 영광의 곡을 만들어낸다. 성령 안에서의 믿음은 말씀 안에 있는 지고의 보배를 추출해서 그리스도의 영광을 드러낸다(요14:16).

---

395) 조용기, "어떻게 믿어야 하나", 주일설교(2013-06-02).
396) 조용기, "믿으면 영광을 보리라", 주일설교(2010-01-17).

믿음의 응답은 혈루증을 앓던 여인처럼 순식간에 일어날 수도 있고, 한나처럼 긴 시간이 요구될 수도 있다. 또한 가나안 여인처럼 의지적 믿음이 강하게 요구될 수도 있고, 주님의 뜻에 따라 응답이 장기간 불발될 수도 있다. 믿음은 원하는 대상과 환경에 따라 일시에 아니면 단기간 혹은 몇 년의 세월이 요구될 수도 있다. 문제는 하나님의 뜻과 신자의 뜻이 동화되는 접촉점, 하나님의 마음과 우리의 마음이 하나가 되는 변곡점이 중요하다(말4:6).

응답의 날은 전적으로 베일에 가려져 있다. 응답은 주권을 가지신 하나님의 소관이기 때문이다. 인간은 믿음의 받침대를 가지고 단지 하나님의 응답을 기다릴 뿐이다. 응답의 때는 오직 주님만이 아신다. 십자가는 위대한 믿음을 탄생시키는 본질적 뿌리다. 하나님은 주권의 하나님이시다.

가. 믿음은 초월적 말씀으로 오신 예수 그리스도를 보고, 알고, 믿는 것이다.

"아들을 보고 믿는 자마다 영생(요6:40)"을 얻는다. 아들을 본다는 것은 내 마음에 새겨진 '그리스도를 아는 지식의 형상'을 본다는 의미를 내포한다. 바울이 "우리가 그리스도의 마음(mind)을 가졌느니라(고전2:16)"고 한 것도 그런 의미이다. '예수를 본다'고 할 때, 그것은 자연인에게도 적용이 되는가? 그렇지 않다. 그 일은 바로 성령님이 하신다. 먼저 성령이 내 마음에 하늘의 빛을 비추어주어야 한다. 다시 말해, 예수를 볼 수 있는 영적 시각은 '성령의 나타나심과 능력(고전2:5)' 안에서 가능하다.

신자들이 성령의 능력으로 '그리스도를 영적으로 본다'는 것은 믿음의 본질 중의 본질이다. 내가 그리스도를 보고, 알고, 믿는다고 하는 것은 내 영혼의 초점이 전적으로 예수님의 인격에 맞추어져 있음을 말한다. 바울은 이 과정을 예수의 영과 나의 영이 연합된다고 말한다(고전6:17). 자비와 은혜의 예수님은 '내게 오는 자(요6:37)'를 내쫓지 아니하시고 믿음을 주신다. 믿음에서 '예수 그리스도의 봄(sight)과 앎(knowing)'은 서로 밀접하게 연결되어 있다. 성령이 우리에게 영적인 분별력을 줄 때, 비로소 우리는 말씀에 기초해 예수 그리스도를 보고 알고 믿을 수 있다.

이제 예수 그리스도의 봄과 앎에 대하여 좀 더 사실적으로 접근해보자. 십자가는 죄인의 영혼육을 쪼개어 영을 분리시키고 예수의 영과 연합시킨다. 영혼육이 분리된다는 말은 십자가에서 우리가 죽는 것을 의미한다. 영이 우리 몸과 분리된다는 것은 곧 죽음을 뜻한다. 죽지 않고는 우리의 영과 예수의 영이 연합될 수 없다. 죄의 옷을 걸친 채로 예수의 영과 우리의 영이 연합될 수 없기 때문이다. 하나님은 중간방법은 취하시지 않는다. 하나님은 철저하게 우리를 십자가 위에 올려놓고 먼저 죽게 한 다음, 즉 우리의 영을 분리시켜 그 아들 예수의 영과 연합하게 하여 하나님의 자녀로 삼는다. 성령은 우리의 죄를 예수께로 넘겨주고, 그 대신 우리에게 그리스도의 의를 가져다주었다. 따라서 우리의 믿음의 대상은 근원적으로는 하나님 아버지의 자비와 은혜이고, 실존적으로 보면 영원히 우리와 연합되어 함께 사시는 예수 그리스도시다(갈2:20, 롬6:5, 요17:21-23). 따라서 우리의 믿음의 뿌리는 예수 그리스도에게서 시작된다(히12:2).

총체적으로 보면, 신자의 믿음의 대상은 하나님의 선하심과 복되심, 자비와 은혜와 사랑과 예수 그리스도와 십자가다. 하나님의 선하심, 자비, 은혜, 사랑, 참으심이 없었더라면, 인간에게 구원의 길은 원천적으로 막혀 있다. 하지만 은혜와 사랑이 풍성하신 하나님은 우리의 구원을 위해서 그의 아들을 십자가에 내어주셨다. 믿음이란 하나님의 존재를 넘어 하나님과의 인격적이고 신뢰적 관계를 맺는 것이다(요14:20, 갈2:20).

십자가 위에서 죽으시고 부활하신 예수님을 믿음으로 죄인은 구원받아 새 피조물이 된다(고후 5:17). 새 존재란 어떤 사람인가? 그 안에 그리스도의 생명이 있는 자, 동시에 새 생각, 새 꿈, 새 믿음, 새 언어를 사용하는 자다. 믿음은 언제 우리에게 오는가? 이에 대하여 영산은 이렇게 요약한다. "우리가 회개하여 구원을 받을 때 성령께서는 우리들 각자에게 하나님과 예수님을 믿을 수 있는 능력을 허락해 주십니다. 그리고 믿음은 사랑할 때 생겨나고, 사랑은 의와 거룩함을 좇을 때 생성됩니다. 믿음, 사랑, 거룩함은 신앙생활의 기초입니다."397)

십자가를 통해 얻은 믿음은 우리를 예수 그리스도와 연합시킨다. 그 믿음을 받아들이시고, 하나님은 우리에게 자비와 은혜를 베푸신다. 예수님은 믿음의 창시자이면서 완성자시다(히12:2). 인간은 예수를 믿음으로써 구원을 얻는다. 믿음은 말씀으로 오신 예수님을 믿는 것이며, 말씀이 우리 안에 들어오고, 그 말씀을 믿고 선포하면 성령이 역사하셔서 구원의 역사, 창조의 역사, 기적의 역사가 나타난다. 말씀은 '권능(power), 권위(authority), 임재(presence)'를 싣고 와서, 우리의 존재와 삶에 역동적으로 영향을 미친다.398) 말씀을 믿음으로 확신하고, 수용하고 신뢰하면, 그 믿음으로 그리스도인은 없는 것을 있는 것처럼 바라보게 되고, 없는 것을 있는 것으로 고백하게 만든다.

말씀의 본질은 하나님 자신이면서, 하나님과 인간이 서로 친교하고 대화하게 하는 모든 것이다.399) 따라서 말씀을 인격적으로 삶 속에 수용하는 기본원리는 순종과 믿음이다. 믿음은 자아능력을 초월하여 하나님의 말씀을 수용하고, 신뢰하는 영적 행위이며, 동시에 거룩한 말씀에 대한 인간의 반응이다. 믿음은 말씀에 기초한다. 그 믿음의 결국은 하나님과 인간의 상호반응을 통한 구원이요 생명이다(벧전1:9). 보이지 않는 것을 보이는 것처럼 믿을 수 있는 근거는 바로 믿음이다. 믿음은 내 삶 가운데서 '하나님의 삶의 방식을 구현하는 기준점이요 경계점'이다. 그 믿음은 하나님의 절대적 은혜로 이뤄진다.

나. 믿음은 말씀을 알고, 확신하고, 고백하여 승인하고, 신뢰하는 과정이다.

아브라함이 하나님을 믿으니 하나님이 이를 그의 의로 여기셨다(창15:6). 이를 통해서 보면 믿음의 본질이란 '하나님의 말씀을 믿음으로서 의를 드러내는 행위'다. 즉, 믿음은 하나님의 의를 가져오는 은혜의 수단으로 기능한다. 말씀은 믿음을 주도하고(롬10:17), 말씀은 새 생명을 주며(벧전1:23), 말씀은 거룩하게 하며(요17:17), 말씀은 영적으로 자라나게 한다(벧전1:23). 요약하면 성령 안에서의 말씀과 믿음은 하나님의 의를 드러내는 영적 활동의 기초가 된다. 죄인은 십자가를 통해 하나님의 말씀을 마음판에 새기게 된다(렘31:33). 그 말씀은 믿음과 더불어 하나님의 뜻을 일궈간다. 믿음은 예수 그리스도를 닮아가는 과정에서 강화되고 진보된다. 그리스도를 닮을 수 있는 성경적 근거는 '주의 영과 합한 자(고전6:17)'이고, '그리스도의 마음(고전2:16)'을 가졌기 때문이다(갈4:19, 고전15:49).

---

397) 참조. 조용기, 『믿음』, 한세대학교출판부(2012), 78-79.
398) John M Frame, *The Doctrine of the Word of God*, P&R(2010), 75-81. 말씀의 권능, 권위, 임재는 독립적이 아니라 소진적, 연합적으로 나타난다.
399) John M. Frame, *The Doctrine of the Word of God*, P&R(2010), 48.

우리의 믿음 수준을 어디까지 상승시켜야 할까? 구약에 좋은 성경귀절이 있다. "야훼께서 나귀 입을 여시니 발람에게 이르되 내가 당신에게 무엇을 하였기에 나를 이같이 세 번을 때리느냐(민22:28)." 하나님은 당나귀를 이용하셔서 선지자 발람을 호되게 꾸중하는 분임을 기억하자. 하나님은 전지전능하시다. 당나귀도 말을 할 수 있게 하시는 하나님이시다. 우리의 믿음을 이 수준까지 끌어올리자. 믿음은 실재(reality)이며, 그 능력의 뿌리는 삼위 하나님 자신이다. 믿음이란 마음의 왕좌에 예수 그리스도를 모시고 사는 삶, 언약의 약속을 믿고, 기대하고, 의지하는 삶이다. 영산은 "작은 소원이라도 있으면 믿음을 가질 수 있습니다. 목표를 분명히 바라보고 소원하고 간절히 꿈꾸며 기도하면 믿음이 생겨납니다."라고 피력한다.400) 믿음이란 하나님을 절대 신뢰하는 것이다.

영산은 믿음이 자라는 비결을 이렇게 요약한다. "마음에 믿음이 생겼으면 믿음이 강하게 자라도록 해야 합니다. 믿음이 강하게 자라도록 하려면 마음이 항상 긍정적이 되어야 합니다. 믿음이 자라는 밭이 바로 마음의 생각입니다. 따라서 마음에서 믿음이 자라도록 해야 합니다."401)

믿음이란 복음의 메시지를 알고, 확신하고, 선포된 하나님의 말씀에 동의한다는 의사 표시로 '아멘'이라고 고백하고(고후1:20), 마지막으로 내가 의지하는 것을 포기하고, 예수님을 전폭적으로 신뢰하는 과정이다. "너희는 야훼를 영원히 신뢰하라 주 야훼는 영원한 반석이심이로다(사26:4)." 즉 믿음이란 나의 존재를 하나님의 뜻에 일치시켜 나가는 과정이다. 영산은 '하나님의 말씀은 4차원의 영적세계를 다스리는 하나님의 권세'라고 강조한다. 믿음과 말씀은 하나님의 권세를 대행하는 것이므로, 성도는 말씀과 믿음을 통해 창조적 능력과 권세를 드러낼 수 있다(계2:26, 골1:13).

믿음의 최종결산은 입술의 고백에 있다(벧전1:9). 마음으로 믿은 것을 똑같이 입술로 표현하는 것이 고백이다. 히브리서 3장 1절은 고백의 중요성을 강조하는 그리스도의 계시다: "우리가 믿는 도리의 사도이시며 대제사장이신 예수를 깊이 생각하라(히3:1)." 프린스(D. Prince)는 이 말씀을 "지상에 있는 우리가 입으로 고백하는 하나님 말씀의 모든 진리와 관련하여 하늘에 계신 그리스도가 우리의 변호자요 대표자 역할을 하신다"는 의미로 해석한다.402)

동일한 말씀 구절을 놓고 벵엘(J. A. Bengel)은 "예수는 우리에게 하나님의 일을 하시고, 하나님께는 우리의 일을 대변하신다"는 의미로 해석한다. 요약하면, 지상에서 입술의 문을 닫으면, 하늘에 계신 변호자 그리스도도 입술을 닫고, 내가 입술을 열면 변호자 예수님의 입술도 여신다.403)

믿음은 입술로 고백하고 시인하는 것이요, '믿겠다'고 확정하고 선언하는 것이다. 예수님은 "누구든지 사람 앞에서 나를 시인하면 나도 하늘에 계신 내 아버지 앞에서 그를 시인할 것(마10:32)"

---

400) 조용기, 『믿음』, 한세대학교출판부(2012), 250.
401) 조용기, 『믿음』, 한세대학교출판부(2012), 251.
402) 데레크 프린스, 『성령충만한 그리스도인의 지침서』, 믿음의 말씀사(2012), 188-189.
403) 믿음이 대못이라면, 고백은 망치와 같다. "기록된 바 내가 믿었으므로 말하였다 한 것 같이 우리가 같은 믿음의 마음(spirit of faith)을 가졌으니 우리가 믿었으므로 또한 말하노라(고후4:13)." 즉 인간의 영은 말을 해야 하고, 마음의 믿음도 명령, 선포, 고백, 기도로 응답해야 창조와 기적의 역사가 나타난다.

이라고 말씀하신다.404) 영산은 "믿음의 사람은 믿음의 말을 사용합니다. 하나님의 말씀을 믿고 하나님의 능력을 의지해서 말하는 것입니다."라고 말한다.405) 입술의 언어를 영적으로 사용하면 하늘의 일을 땅에 풀어놓는다(마16:19).

다. 믿음은 하나님의 삶의 양식을 수용하여 영광의 삶을 지향한다.

영산은 "믿음으로 산다는 것은 하나님을 나의 영원하고도 절대적이고 무한한 근원과 자원으로 삼고 사는 것"이라고 강조한다.406) 이것을 달리 해석하면, 믿음의 삶이란 이 땅에서의 자연적 삶이 아니라 하늘나라 양식으로 사는 삶의 양식이다. 그리스도인의 삶의 원리는 십자가 원리다. 즉, 십자가 위에서 예수와 함께 죽고, 함께 부활하고, 함께 승천한 자신의 존재를 삶 속에 적용하는 것이다. 왜냐하면 나는 죽고 그리스도가 내 안에 사시기 때문이다. 십자가 중심의 삶을 통해서 우리는 하나님의 삶의 양식을 배워갈 수 있다.

토저(Tozer)는 "믿음이란 육신의 눈으로는 일시적인 세상의 것들을 바라보면서, 영혼의 눈으로는 하나님을 바라볼 수 있는 능력"이라고 강조한다.407) 믿음은 십자가 위의 예수님을 살리고, 예수님을 마음하늘로 초청해서 생명의 신비를 품게 해준다(요3:16). 그 생명은 예수 그리스도의 영광을 드러낸다. 십자가는 죄로 죽은 자를 살려내어 양자로 만들고, 영생을 선물로 주어, 주와 함께 영원히 살게 한다. 믿음이 탄생시킨 '새 생명(new life) 혹은 새 인격(new person)'은 변화의 중심축이 되어, 땅의 것과 하늘의 것을 서로 연결시키며, 본래적 인간의 삶을 살도록 한다. 나아가 믿음은 삼위 하나님의 영광을 보여준다. 예수님은 "내 말이 네가 믿으면 하나님의 영광을 보리라(요11:40)"고 강조하신다. 말씀을 믿고, 행하면 하나님 아버지께 영광을 돌리며, 또한 진정으로 주님의 제자가 된다. "너희가 열매를 많이 맺으면 내 아버지께서 영광을 받으실 것이요 너희는 내 제자가 되리라(요15:8)."

믿음은 신앙생활의 본질이다. 영산은 "믿음의 씨앗은 실제적인 행동을 통해서 내 믿음을 하나님께 보여드리는 것입니다. 그 믿음을 보시고 하나님께서는 보이는 믿음 위에 기적을 베풀어주십니다."라고 말한다.408) 믿음은 여러 가지 영적요소들을 포괄하면서 기능한다. 곧 사랑(고전13:13), 소망(시146:5), 경외(시147:11), 악을 미워함(잠8:13, 시편 97:10), 거룩한 갈망(사26:8, 시27:4), 기쁨(시97:12, 시33:1, 빌4:4), 애통함(마5:4, 시51:17), 자비(시37:21, 잠14:31), 열정(딛2:14, 계3:15-16), 감사(시50:23) 등과 통합적으로 기능한다. 믿음은 거룩한 감정 안에서 여러 형태의 영적요소들과 연합적으로 기능하면서, 성도들의 삶을 영성화시킨다.

---

404) "네가 만일 네 입으로 예수를 주로 시인하며 또 하나님께서 그를 죽은 자 가운데서 살리신 것을 네 마음에 믿으면 구원을 받으리라(롬10:9)." "모든 입으로 예수 그리스도를 주라 시인하여 하나님 아버지께 영광을 돌리게 하셨느니라(빌2:11)." "아들을 부인하는 자에게는 또한 아버지가 없으되 아들을 시인하는 자에게는 아버지도 있느니라(요일2:23)."
405) 조용기, 『믿음』, 한세대학교출판부(2012), 191.
406) 조용기, 『믿음』, 한세대학교출판부(2012), 59.
407) A. W. 토저, 『하나님을 추구함』(The Pursuit of God), 생명의말씀사(2014), 190.
408) 조용기, 『믿음』, 한세대학교출판부(2012), 57.

믿음은 이성의 분별력을 예리하게 해서 하나님 나라를 올바로 이해하게 한다. 또한 믿음은 하나님의 뜻에 전적으로 신뢰하며 따라가는 거룩한 행위이다. 믿음의 주체는 하나님이요, 인간은 객체이며, 하나님의 절대주권과 뜻에 수동적인 존재이다. 하나님이 우리의 믿음의 받침대에 '하나님의 믿음'을 올려주셔야 역사가 나타난다. 즉 하나님의 의지와 우리의 의지가 일치될 때 믿음이 현실화된다.409) 그런 맥락에서 성도가 이 땅에서 품어야 본질적 믿음의 행위는 하나님의 약속이 예수님을 통해 성취될 것이라는 희망을 품고 사는 것이다.

라. 믿음은 하나님과의 인격적 관계를 강화시킨다.

믿음의 본질은 하나님의 말씀을 믿어 의를 드러내는 행위다. 십자가는 죄인을 거룩하게(히10:10), 의롭게(롬3:22), 온전하게(히10:14) 만들어 하늘의 사람이 되게 하고(빌3:20), 하나님과 인격적으로 친교하게(요일1:3) 만들며, 궁극적으로 하나님을 영화롭게 만든다(사43:7). 십자가는 지상의 모든 영광을 하늘로 뽑아올리는 펌프와 같다. 신비의 십자가는 죄인을 의인으로 만들어, 하늘의 영광을 위해 살게 만든다. 신자는 하나님의 계명을 지켜서 그에게 영광을 돌리고, 그를 기쁘시게 한다(요일3:22).

영산은 "믿음의 사람이란 하나님과 동행하는 사람으로 하나님의 성품을 닮아가야 합니다."라고 지적한다.410) 신약의 핵심이 화목과 양자됨에 있다면, 우리와 하나님의 인격적 관계는 행동의 결실이다. 하나님의 성품을 닮는 일은 곧 그분의 인격을 닮는 일이다. 토저(A. W. Tozer)는 "믿음이란 구원하시는 하나님을 향한 한 영혼의 바라봄(민21:4-9, 요3:14-15, 시34:5 요5:19-21)"이라고 정의한다.411) 믿음은 하나님을 바라보는 내적 습관을 강화시킨다. 챔버스(Chambers)는 "믿음은 우리를 하나님과 올바른 관계를 맺게 하는 것이며, 하나님께 우리의 믿음을 통해 일할 기회를 드리는 것입니다."라고 강조한다.412) 칼 바르트(Karl Barth)는 하나님과 인간의 관계에는 존재의 유비(analogy of being)뿐만 아니라 관계의 유비(analogy of relation)도 있다고 주장한다. 그러면서 그는 하나님과 인간 사이의 관계를 '나와 너'의 유비 관계로 인식해서, 인간 존재의 본질은 하나님과 인간 사이의 친교 능력에 있다고 밝힌다.413)

하나님 앞에서는(coram Deo) 관계가 중요하다. 예수님은 우리가 하늘의 가족임을 상기시킨다. "그러나 귀신들이 너희에게 항복하는 것으로 기뻐하지 말고 너희 이름이 하늘에 기록된 것으로 기뻐하라(눅10:20)." 성도가 주 안에서 하는 일들이 한결같이 소중한 것이지만, 그중에 중요한 한 가지는 주님과의 인격적 관계다. 예수님은 많은 이들을 이끌어 거룩하게 만들고, 종국적으로 영광에 들어가게 하신다(히2:10). 삶의 온전한 성공여부는 하나님과의 관계가 기준점이다. "그런즉 이

---

409) 성도는 영원하신 하나님을 마주하며 살아가는 초월적 종말론적 존재로서 하나님의 의지에 따라 살아야 한다. 왜냐하면 하나님은 '영원'의 근원이시고, 이 땅에서의 인간은 '시간성'을 가지고 있기 때문이다. 그런 의미에서 성도의 삶은 매순간 종말론적인 사건과 희망에 직면해 있다. 성도는 하나님이 준비한 3가지 본질적 약속 – 의, 생명, 하나님 나라의 약속 – 을 잠시 향유하다가, 그 희망 안에서 역사의 무대를 떠나가는 나그네다. 단순히 생물학적 측면에서 바라보면, 인간은 허무한 존재이다. 그러나 하나님 나라에 속한 자아의 측면에서 바라보면, 성도는 영원히 희망적인 존재이다.

410) 조용기, 『믿음』, 한세대학교출판부(2012), 191.

411) A. W. 토저, 『하나님을 추구함』(The Pursuit of God), 생명의말씀사(2014), 99.

412) 오스월드 챔버스(Oswald Chambers), 『My Utomst for His Highest』, 토기장이(2008), 묵상집(10월31일).

413) Anthony A. Hoekema, *Created in God's Image*, Eerdmans Publishing(1994), 50.

제는 내가 사는 것이 아니요 오직 내 안에 그리스도께서 사시는 것이라 이제 내가 육체 가운데 사는 것은 나를 사랑하사 나를 위하여 자기 자신을 버리신 하나님의 아들을 믿는 믿음 안에서 사는 것이라(갈2:20)."

믿음은 인격적 실존인 하나님을 하나님답게 하는 행위이다. 궁극적으로 믿음이란 하나님과의 친교를 강화시키는 거룩한 방편이다. 인간의 '존재(being)'는 하나님 앞에 '행함(doing)'으로 자신을 나타낼 수 있고, 역으로 하나님은 '응답 행위'로 자신의 존재를 우리에게 밝혀주신다. 믿음이란 '존재와 행동 사이의 간격(BDG: being-doing gap)'을 줄이는 힘이다. 아무리 믿음이 있어도 행함으로 연결되지 아니하면 죽은 믿음이다. "행함이 없는 믿음은 그 자체가 죽은 것이라(약2:17)." 원래부터 믿음과 행동은 짝이다. 동전의 앞과 뒤의 관계다. 로마서는 믿음을 강조하고, 야고보서는 행동을 강조한다. 그 둘은 원래부터 한 동네 친한 동무였다. 믿음과 행동이 합쳐지면 실로 놀라운 일이 일어난다. "예수께서 이르시되 딸아 네 믿음이 너를 구원하였으니 평안히 가라 하시더라(눅8:48)." 하나님은 영이시므로 우리의 믿음 없이는 하나님을 기쁘시게 하지 못한다(히11:6).

하나님과의 인격적 관계를 맺어가는 핵심은 믿음에 기초한 의지가 중요한 역할을 한다. 예를 들면, 바디매오는 믿음에 기초한 강한 의지를 보여준 전형적인 모델이다. 바디매오는 <u>의지적 믿음</u>을 예수님께 보여줌으로 눈을 뜨게 되었다.

   a) 지식적 믿음: "나사렛 예수시란 말을 <u>듣고</u>(막10:47)."
      그는 먼저 예수에 대한 영적 지식을 들었다. 믿음의 기초는 먼저 말씀을 듣고 머리에서 기억하는 것이다.
   b) 감성적 믿음: "소리 질러 가로되 다윗의 자손 예수여 나를 불쌍히 여기소서(막10:47)."
      머리의 영적 지식을 마음을 다해 외치는 것이다. 머리의 믿음을 마음의 믿음으로 부르짖고 고백하는 것이다.
   c) 의지적 믿음: "많은 사람이 꾸짖어 가로되 잠잠하라 하되 그가 <u>더욱 심히 소리질러</u> 가로되(막10:48)."
      여기서 '<u>더욱 심히 소리질러</u>'는 바디매오가 지니고 있는 믿음의 강한 의지를 나타낸다.

마. 믿음은 삼위일체 하나님의 친교적 진리와 사랑에 참여하게 한다.

영산은 "믿음이란 입술의 고백입니다. 믿은 대로 말해야 합니다."라고 강조한다.414) 믿은 것을 고백한다는 것은 삼위 하나님에게 인격적으로 반응하는 행위다. 영산은 하나님과의 친교원리에 '믿음의 최소법칙'을 적용한다. 곧 그는 "아무리 작은 믿음이라도 겨자씨 한 알만한 믿음만 있으면 기적이 일어납니다."라고 강조한다.415) 이것은 믿음이란 삼위 하나님과의 인격적 관계가 중요하다는 것을 암시해 준다. 우리의 믿음의 눈은 철저하게 삼위 하나님을 바라본다.

---

414) 조용기, 『꿈』, 한세대학교출판부(2012), 251.
415) 조용기, 『믿음』, 한세대학교출판부(2012), 279.

십자가는 믿음의 시작점이다. 2천 년 전에 일어난 사건일지라도, 믿음을 통해 십자가는 시간을 초월해서, 인간의 삶 속에 현재화된다.416) 믿음은 죄에서 우리를 해방시킨다. 동시에 믿음은 그리스도와 우리를 연합시킨다. 믿음은 해방과 연합을 동시에 가져온다.

믿음이란 하나님의 진리에 반응하는 과정이다. "하나님을 가까이 하라 그리하면 너희를 가까이 하시리라(약4:8)." 즉 인격 안에서 친할수록, 하나님은 더 가까이 우리에게 다가오신다. 믿음의 최고 절정은 '내가 예수님 안에, 예수님이 내 안에 연합하는 것'이다. 인간은 그리스도와 하나가 됨으로(고전6:17) 삶의 활력을 얻게 되고, '영적 자아정체성'이 확립된다. 나아가 믿음의 능력으로 성화의 길을 걸을 수 있다. 우리는 믿음을 통해 삼위 하나님의 영적 말씀을 수용하고, 신뢰하고, 믿고, 의지한다.

믿음은 영적 자아를 강화시키는 거룩한 수단이며, 최종 목적은 영혼 구원이다(벧전1:9). 인간의 영적 정체성은 믿음의 창시자요, 완성자이신 예수님을(히12:2) 믿을 때 확립된다. 삼위일체적 하나님의 내적 생명력을 취하는 첫 과정의 관문은 바로 믿음이다. 믿음은 성도들의 영적 정체성을 강화시켜, 의인으로서의 삶에 부족함이 없도록 도와주고 이끌어준다. 믿음은 하나님의 은혜와 말씀에 기초한다.417) 또한 믿음은 말씀에 일치하는 기도를 통하여 더욱 강화되고 성장한다.418)

4) 말의 본질과 속성

십자가는 생명 언어들 – 구원, 화목, 양자, 칭의, 거룩함, 온전함, 생명, 사랑, 믿음 등 – 을 만들어냈다. 십자가는 말의 본질과 진정성을 회복시켜 하늘의 삶의 양식으로 살게 만든다. 십자가를 통해 하나님의 형상 중 하나인 언어 능력이 회복되었다. 말이 회복된다는 것은 곧 그 사람의 인격이 회복되는 것을 의미한다. 인격의 진정성은 그리스도 형상을 기초로 한다(골3:10).

우리가 사용하는 말은 영이며 생명이다(요6:63). 말은 하나님의 형상 중 하나다. 영적인 존재는 말을 할 수 있다. 인간은 흙이었으나 하나님의 영이 들어옴으로 호흡하면서 말을 하게 되었다. "하나님이 땅의 흙으로 사람을 지으시고 생기를 그 코에 불어넣으시니 사람이 생령이 되니라(창2:7)." 하나님의 생명을 얻은 자만이 말을 할 수 있다. 다시 말하면, 말의 본질적 뿌리는 하나님의 영에

---

416) "믿음에는 시간적 요소를 초월하는 본질적인 힘이 있다. 신앙의 모든 영역은 초시간적이다. 모든 구원은 시간과 감각을 초월하는 세계에 속한다." 참조. 휴 마틴(Hugh Martin), 『그리스도의 임재』(The Abiding Presence), 지평서원(2010), 황의무 역, 272.

417) "보라 그의 마음은 교만하며 그 속에서 정직하지 못하나 의인은 그의 믿음으로 말미암아 살리라(합2:4)." "바울이 말하는 것을 듣거늘 바울이 주목하여 구원받을 만한 믿음이 그에게 있는 것을 보고(행14:9)." "그러므로 믿음은 들음에서 나며 들음은 그리스도의 말씀으로 말미암았느니라(롬10:17)." "이에 예수께서 대답하여 이르시되 여자여 네 믿음이 크도다 네 소원대로 되리라 하시니 그때로부터 그의 딸이 나으니라(마15:28)." "예수께서 그들의 믿음을 보시고 중풍병자에게 이르시되 작은 자야 네 죄사함을 받았느니라 하시니(막2:5)." "그런즉 믿음으로 말미암은 자들은 아브라함의 자손인 줄 알지어다(갈3:7)." "그러므로 믿음으로 말미암은 자는 믿음이 있는 아브라함과 함께 복을 받느니라(갈3:9)." "너희가 다 믿음으로 말미암아 그리스도 예수 안에서 하나님의 아들이 되었으니(갈3:26)." "어떤 사람은 말하기를 너는 믿음이 있고 나는 행함이 있으니 행함이 없는 네 믿음을 내게 보이라 나는 행함으로 내 믿음을 네게 보이리라 하리라(약2:18)."

418) "기도하고 구한 것을 내 것으로 믿는 믿음은 기도하는 동안 생각을 통해, 마음의 영상을 통해, 확신을 통해서 이루어집니다." 조용기, 『말』, 한세대학교출판부(2012), 57.

있다. 하나님의 말씀은 인간을 거룩하게 만들어 거룩한 말을 하게 만든다(딤전4:5). 하나님의 말씀은 인간의 마음을 거룩하게 하여 언어 성향을 거룩하게 만든다. 인격의 핵심부인 지성, 감성, 의지가 하나님의 말씀으로 성화되면(딤전4:5), 그 입술에서 나오는 최종적인 말도 하나님의 성품을 닮아가는 언어를 사용하게 된다. 또한 성도는 예배를 통해 말과 관련된 영성이 진보된다. 선포된 말씀과 세례와 성찬은 영적성장을 위한 고차원의 수단이기 때문이다.

마음이 성화되면, 말도 성화된다. 마음이 거룩해지면, 그 마음을 닮은 거룩한 언어가 탄생한다. 거룩은 하나님의 본질 중 본질이다(사6:3, 사57:15). 하나님은 "내가 높고 거룩한 곳에 있으며(하나님의 초월성) 또한 통회하고 마음이 겸손한 자와 함께(사57:15)" 계신다고 말씀하신다. 즉, 하나님이 인간 영혼에 내재하신다. 말의 원래의 형상은 하나님이시다. 하나님의 말을 배우려면, 전인적으로 삼위일체 하나님을 닮아가려는 영적 의지가 있어야 한다. 즉 성부 하나님의 성품을 닮아갈 수 있어야 하고, 그리스도 형상을 닮아가야 하며(고전2:16, 빌2:5), 성령님께 내 마음을 철저히 복종시킬 수 있어야 한다. 그리고 성령의 능력으로 죄를 철저히 죽일 수 있어야 한다.

십자가는 삶의 자리에서 죄인을 의롭고 거룩하게 만들어 언어를 순화시킨다. 십자가는 옛 언어를 버리게 하고, 새 언어를 사용하게 한다. 따라서 십자가 원리에 따라 언어를 활용해야 한다. 영산은 "입술에서 나오는 말씀은 성령의 능력을 풀어놓으며 당신 자신을 변화시킵니다. 사람은 입으로 시인하는 말대로 인격이 변화됩니다."라고 말한다.[419] 생각과 말은 하나님이 주신 선물이다. 하나님의 형상에 속한 것 중에 가장 강력한 것이 바로 말이다. 하나님은 지금도 자신의 생각과 말을 성경말씀을 통해 우리에게 주신다. 성령은 성경말씀을 하나님의 음성으로 전환시켜 성부 하나님의 말씀이 되게 하신다.

하나님은 계시를 통해 자신의 인격, 본질, 존재를 보여주신다.[420] 하나님은 손을 가지고 계시며(신2:15, 11:2), 눈으로 보시며(신11:12, 12:28, 32:10), 사람과 대면하시고(신5:4, 31:18, 34:10), 또한 영이신 하나님은 자신의 말로 인간과 대화를 나누신다(신1:26, 8:3, 9:23, 19:15, 34:4). 즉 신인동형동성론적으로 인간을 만나주신다.[421]

말은 인격이며, 하나님의 영과 인간의 영이 서로 친교하는 수단이다. 그런 차원에서 인간의 말은 하나님의 형성을 닮았다는 증거가 된다. 하나님이 말을 하신다는 것은 곧 인간이 하나님의 말의 형상을 닮았다는 것을 가리켜준다. 인간은 인격적 혹은 지정의적 말로 하나님께 자신의 처지를 알리고, 하나님은 말씀으로 인간에게 뜻과 계획을 전달하신다. 하나님 앞에서 새 사람, 새 마음이 되었으면, 언어에 대한 가치관도 바뀌어 하늘나라 언어를 사용해야 한다. "그런즉 누구든지 그리스도 안에 있으면 새로운 피조물이라 이전 것은 지나갔으니 보라 새 것이 되었도다(고후5:17)." 언어

---

419) 조용기, 『말』, 한세대학교출판부(2012), 45.
420) 유진 메릴(Eugene H. Merrill), 『모세오경 신학』(A Theology of the Pentateuch), 크리스찬(2011), 류근상 역, 106-107.
421) ESV Study Bible, Crossway(2008), p2510. 하나님은 자신을 계시하는 방법에는 4가지 유형이 있다. 첫째, 행동(actions)으로서의 계시: 창조, 심판, 구속. 둘째, 이름으로서의 계시: '야훼', '전능하신 하나님', '주님'. 셋째, 이미지로서의 계시: 아버지, 반석, 남편, 목자. 넷째, 속성으로서의 계시: 거룩함, 선하심, 사랑, 은혜, 진노 등.

방식의 변화는 삶의 방식의 변화를 가져온다. 성령이 임하면 언어도 회복된다.[422] 영산은 3차원의 말은 4차원에 부정적인 프로그래밍을 한다고 역설한다. "부정적인 말은 자신의 4차원에 부정적인 프로그래밍을 하는 것입니다. 다른 사람을 비방하고 욕하는 사람은 자신의 4차원을 그렇게 프로그래밍하기 때문에 자기의 3차원인 욕으로 돌아오는 것입니다."[423]

말의 본질은 근원적으로 하나님과의 관계회복에서 찾아야 한다. 사람은 하나님의 형상을 닮아 창조되었으므로, 하나님의 '말의 형상'도 가지고 태어난다. 예수님이 하나님의 아들임을 고백할 때, 생명의 씨가 살아나 언어의 본래의 씨가 회복될 수 있다. 삼위 하나님의 사랑과 친교는 말을 통해서도 이뤄진다. 예수님이 요단강에서 세례를 받으시고 기도하실 때 하나님께서 그 아들 예수께 말씀하셨다. "하늘로부터 소리가 있어 말씀하시되 이는 내 사랑하는 아들이요 내 기뻐하는 자라 하시니라(마3:17)." 하나님은 그 아들에게 '내 사랑하는 아들, 내 기뻐하는 자'라고 선언하신다.

영산은 말의 본질을 십자가 중심의 창조적 말씀에 둔다. 십자가 중심의 천국 언어가 삶을 변화시키고, 궁극적으로 삼위 하나님의 삶을 닮아갈 수 있기 때문이다. 그가 주장하는 말의 기본뿌리는 십자가 중심의 5중복음이다. a) 의와 용서의 말을 하라. b) 성결되고 거룩한 말을 하라. c) 건강과 치료의 말을 하라. d) 형통과 축복의 말을 하라. e) 부활과 영생의 말을 하라.

말의 본질은 영에 있으며, 말의 본래의 기능은 우리의 영과 하나님의 영과의 지정의적 소통에 있다. 낙원에서 아담과 하와가 하나님과 친교하는 매개체는 '말'이었다. 말은 '하나님과의 관계적 언어'이면서 동시에 '인간과 인간 사이의 소통 언어'로서 기능을 가지고 있다. 영적 자아는 '구원, 권세, 창조, 치료, 전도, 축복'과 같은 하나님 중심적, 이웃 중심적 천국 언어를 주로 사용하지만, 육적 자아는 '육신의 정욕, 안목의 정욕, 이생의 자랑'과 같은 자기중심적 말, 세상 언어를 사용한다. 따라서 성도는 천국 언어로 지상 언어를 지배하는 위치에서 살아야 한다. 영산은 "믿음의 말씀의 고백은 바로 우리 속에 있는 성령님을 활동하게 합니다. 우리 입에서 나오는 말씀으로 우리 자신이 변화되고, 하나님의 능력이 역사하게 됩니다."라고 강조한다.[424]

가. 말은 영의 속성을 총체적으로 내포한다.

영산은 "믿음은 하나님께서 말씀과 성령을 통해서 주시는 것이지만, 그것을 풀거나 묶는 것은 여러분의 입술의 시인에 달려있습니다."라고 강조한다.[425] 영적인 말은 영적 구원을 일으킨다. 예수님의 말은 곧 영이요 생명이다(요6:63). 따라서 신자는 거룩하고 의로운 말을 해야 한다. 영적 속성을 지닌 말은 영의 일을 일으키는 원동력을 가지고 있다. 하나님 자신은 영으로 존재하시지만,

---

422) 태초에 언어가 하나였으나 죄로 인해 언어가 혼잡하게 되었다(창11:7). "온 땅의 언어가 하나요 말이 하나였더라(창11:1)." 그러나 오순절 기적(행2:1-11)은 언어의 장벽을 없애버렸다. "우리가 우리 각 사람이 난 곳 방언으로 듣게 되는 것이 어찜이냐(행2:8)." 성령이 오심으로써 언어 기적이 일어났고, 성령이 충만하자 언어 회복이 있어났다. 그 결과 언어 장벽이 제거되고, 모르던 언어를 구사하게 되었다. 성령은 말을 하나로 통일시키는 회복의 길을 열어준 것이다.
423) 조용기, 『4차원의 영성』, 교회성장연구소(2006), 45.
424) 조용기, 『말』, 한세대학교출판부(2012), 41.
425) 조용기, 『말』, 한세대학교출판부(2012), 62.

영이 말씀과 더불어 역사하면 능력을 일으킨다. 즉, 하나님이 "빛이 있으라"고 말씀하시면, 말씀하신 그대로 창조의 능력이 일어난다. 4차원 영적세계가 3차원 물질세계를 만들어내는 것이다. 인간 안에 창조된 새 영은(고후5:17) 새 말을 해서 하나님께 영광을 돌리게 만든다(골3:17).

십자가 위에서 우리는 예수와 함께 죽고, 함께 부활하여 새로운 피조물이 된 자들이다. 옛 아담의 언어를 버리고, 새 아담의 언어를 구사하여, 삼위 하나님을 영화롭게 하는 것이 성도의 신분이다. 죽은 자는 말을 할 수 없다. 따라서 새 피조물이 된 자로서 영적 언어로 살아야 한다. 영산은 "하나님의 약속의 말씀을 마음속에 받아들이고 입으로 시인하면, 그 말씀을 통하여 예수님이 당신 안에 들어와 계십니다(롬10:8-10)."라고 말한다.426)

예수님 안에 우리가 사용해야 할 '말의 씨'가 들어 있다. 마치 도토리 안에 장차 성장할 도토리나무가 들어 있는 것처럼, 십자가 위에서 죽으시고 부활하신 예수 그리스도 안에 우리가 사용할 모든 말의 씨가 잠재되어 있다. 새 사람이 살아가야 할 영적 언어는 십자가의 원리에서 배워야 한다. 베드로는 "만일 누가 말하려면 하나님의 말씀을 하는 것 같이(벧전4:11)" 하라고 권면한다.

하나님은 존재와 생명의 근원이시다. 하나님의 형상을 닮은 인간의 말은 존재의 근원이신 하나님의 생명 안에 있을 때 효능이 있다. 생명이란 잠재적인 존재가 현실화되는 과정이라고 정의할 때,427) 신자는 결국 하나님의 생명 안에서 말하는 것이다.

인간의 입술은 하나님의 말씀을 명령하고, 선포하고, 고백하는 장소다. 다음 성경구절이 그것을 대변한다. "네 위에 있는 나의 영과 네 입에 둔 나의 말이 이제부터 영원하도록 네 입에서와 네 후손의 입에서와 네 후손의 후손의 입에서 떠나지 아니하리라(사59:21)." 영의 중요한 기능 중 하나는 말이며, 그 말은 개별적이며, 역동적이고, 참여적이다. "그의 명령을 땅에 보내시니 그의 말씀이 속히 달리는도다(시147:15)." 하나님은 말하시고 이루시는 분이시다. 성경은 "나 야훼는 말하고 이루느니라(겔17:24)"고 기록하고 있다. 말은 나의 법-자율과 타인의 법-타율을 연결시키는 은혜의 방편이며, 동시에 하나님의 법에 응답하는 영적 도구이다.

영산은 말에 대하여 다음과 같이 강조한다. "하나님의 말씀을 통하여 우리의 생각과 꿈과 믿음과 말이 달라지면, 영혼이 잘됨 같이 범사에 잘되고 강건한 복을 받게 됩니다. 하나님은 이 세상의 모든 만물을 말씀으로 창조하셨습니다. 인간은 하나님의 형상과 모양대로 지음을 받았기 때문에 말을 할 수 있습니다. 인간은 말로써 자신의 세계를 지어가는 존재입니다."428)

하나님의 형상을 닮은 인간은 영적존재며, 생명과 인격을 지니고 있다(요3:16, 요5:26). 생명을 지닌 영적존재는 말을 할 수 있다. 신자는 예수님 안에서 살고(living), 움직이고, 존재한다(행17:28). 예수님과 신자는 서로 인격적 관계에 있다. 성도가 영원히 산다고 하는 것은 인격체로서 서로 사랑하고 친교하며 완전한 생명을 영원히 향유하는 것이다.429) 말은 또한 인격의 핵심부인 마음과 역동적-

---

426) 조용기, 『말』, 한세대학교출판부(2012), 36-37.
427) 황민효, 『폴 틸리히의 신학』, 한국장로교출판사(2008), 254. 존재의 근원으로서 하나님은 잠재성과 현실성의 구별이 없다.
428) 조용기, "마음의 파숫군", 주일설교(2013-12-01).

통전적으로 묶여 있다. 말과 영이 활동하는 마음은 인격적으로 상호연결되어 있으며, 마음 안에 말과 그 씨가 있다. 말은 인격의 핵심부인 마음을 전달해준다. 마음은 생명의 근원이다(잠4:23). 마음에 가득한 것이 입으로 나온다.

요약하면, 인간은 지정의로 이루어진 인격을 지니고 있다. 인격을 지닌 인간은 하나님과 서로 교제할 수 있다. 하나님은 "너희 말이 내 귀에 들린 대로 행하리라(민14:28)"고 말씀하신다.

나. 말은 하늘나라 능력을 3차원 세계에 구현시키는 성취적 통로다.

모든 신자들은 은혜의 나라와 영광의 나라를 겸해서 살고 있다. 따라서 십자가를 통해 새 사람이 된 자는 하나님의 속성을 닮아가는 언어를 사용함이 옳다. 즉 '자비와 은혜의 언어, 인내의 언어, 선의 언어'를 삶 속에 적용하여 하늘의 영광을 맛볼 수 있어야 한다.

영산은 "믿음의 기도와 입의 시인으로 믿음의 에너지를 풀어놓음으로 운명과 환경을 정복하고 다스리고 변화할 수 있습니다."라고 말한다.430) 다시 말해, 말은 영적 능력을 발산하는 장소이자, 창조의 근원이다. 십자가는 고난의 언어와 부활의 언어를 동시에 사용하게 만든다. 고난 없는 영광이 없기 때문이다. 십자가는 하나님을 만나게 하는 이정표다.

하나님의 말씀을 삶 속에 영적으로 적용한다는 것은 하나님의 거룩성, 탁월성, 신실성 등을 맛보는 것을 의미한다.431) 성도는 기도, 명령, 선포, 고백을 통해 하늘나라 말씀의 능력을 3차원 세계 안으로 당겨와 땅 위에 나타낼 수 있다. 성도의 말은 영적 기능을 가지고 있어서 하늘과 땅을 연결하는 거룩한 영적통로이다. 신자의 말은 '십자가 중개소'를 통해 하늘나라에 전달된다.

영산은 말을 삶을 변화시키는 원동력으로 본다. "우리를 선하게 변화시키는 말을 습관적으로 해야 합니다. 우리 입으로 항상 '감사합니다', '찬양합니다', '축복합니다'라고 말하면, 나 자신과 이웃이 변화됩니다. 부정적이고 파괴적인 말은 마귀가 역사하는 통로입니다. 그러나 하나님의 말씀을 소리내어 복창하면, 하나님의 놀라운 능력이 나타납니다."432)

하나님은 말씀과 성령으로 모든 피조물을 창조하셨다: "하나님이 가라사대 빛이 있으라 하시매 빛이 있었고(창1:3)." 믿음으로 모든 세계가 하나님의 말씀으로 지어졌음을 알 수 있다(히11:3). 하나님의 말씀을 선포하는 입술의 말은 삶의 존재방식을 변화시켜, 새로운 자아를 창조하는 힘이 있다. 인간은 하나님의 형상을 따라 지음 받았기 때문에, 말 안에는 '자아를 변화시키는 잠재력의 씨'가

---

429) 인간의 존재론적 목표는 하나님과의 인격적 관계를 맺는 일, 즉 사랑으로 교제함에 있다. 따라서 말의 중요한 본질 중 하나는 '하나님과 사람 앞에서 인격적 존재와 생명을 나타내는 수단'에서 찾아야 한다. 사람은 영적이며, 인격적 존재이므로 언어로 하나님과 교제할 수 있다. 오직 구원받은 성도만 인격적 존재로서 하나님 앞에 나아가 말을 할 수 있다. 이것은 사랑 안에서 영생을 누릴 수 있는 한 가지 근거를 제공해준다.

430) 조용기, 『말』, 한세대학교출판부(2012), 67.

431) 말씀을 적용한다는 것은 사람들의 마음의 눈을 열어 약속하신 축복의 거룩한 탁월성과 달콤함을 맛보게 하고, 약속하신 분의 거룩한 탁월성과 신실함과 충분하심을 보게 하는 것이다. 즉, 말씀을 심령에 적용하여 영적인 눈을 뜨게 하고, 거룩하게 하는 영향력을 끼치는 것이다. 하나님이 베푸시는 축복을 맛보게 될 때, 말씀하신 것을 소유하게 되었다는 확신을 갖게 된다. 존 스미스 편집(조나단 에드워즈), 『신앙감정론』(The Works of Jonathan Edwards Volume 2: Religious Affections), 부흥과개혁사(2005), 327-328.

432) 조용기, "우리를 변화시키는 말", 주일설교(2010-05-16).

내포되어 있고, 또한 '외부환경을 변화시키는 힘'이 들어 있다. 왕 같은 제사장으로서 성도는 자신의 말 속에 '창조력, 통치력, 지배력, 변화력, 축복의 힘'을 가지고 있다.[433]

> a) 창조력: "내가 진실로 진실로 너희에게 이르노니 나를 믿는 자는 나의 하는 일을 저도 할 것이요 또한 이보다 큰 것도 하리니 이는 내가 아버지께로 감이니라(요14:12)."
>
> b) 통치력: "진실로 너희에게 이르노니 무엇이든지 너희가 땅에서 매면 하늘에서도 매일 것이요 무엇이든지 땅에서 풀면 하늘에서도 풀리리라(마18:18)."
>
> c) 지배력: "하나님이 그들에게 복을 주시며 그들에게 이르시되 생육하고 번성하여 땅에 충만하라, 땅을 정복하라, 바다의 고기와 공중의 새와 땅에 움직이는 모든 생물을 다스리라 하시니라(창1:28)."
>
> d) 변화력: "하나님이여 내 마음이 확정되었고 내 마음이 확정되었사오니 내가 노래하고 찬송하리다(시57:7)."
>
> e) 축복권: "야훼는 네게 복을 주시고 너를 지키시기를 원하며 야훼는 그의 얼굴을 네게 비추사 은혜 베풀기를 원하며 야훼는 그 얼굴을 네게로 향하여 드사 평강 주시기를 원하노라 할지니라 하라(민6:24-26)."

말은 성도들의 삶을 바꿔준다. 믿음의 말을 통해 생각을 다스릴 수 있으며(삼상17:34-35), 입술의 말을 통해 상상의 나래를 펴서 꿈을 이루어갈 수 있다. 믿음 안에서의 말은 새로운 삶을 빚어간다. 하나님의 말씀의 주체는 하나님이시다. "사람이 마음으로 믿어 의에 이르고 입으로 시인하여 구원에 이르느니라(롬10:10)." 여기서 '~믿어'와 '~시인하여'는 헬라어로 각각 '피스튜에타이'와 '호몰로게이타이'인데, 모두 '현재 수동태 단수형'으로 되어 있다. 즉 <u>믿음</u>은 내 쪽에서 생산하는 것이 아니라 하나님이 주시는 전적인 선물이다. 또한 하나님의 은혜에 긍정적으로 반응할 때, 예수를 주로 시인할 수 있다. 말이 능력을 품고 있는 것은 바로 이 때문이다.

다. 말은 믿음의 행위를 노출시키는 방편이다.

십자가는 믿음을 탄생시키고, 믿음은 하늘 언어를 사용하여 영적 일을 수행한다. 십자가는 옛 아담의 언어를 초월해서 새 아담의 언어를 사용하도록 만든다. 십자가는 아담이 잃었던 언어들 – 의로운 말, 거룩한 말 – 을 찾아내 다시 사용하게 한다. 십자가는 믿음의 능력을 낳아, 언어의 능력을 발아시키고, 종국에는 행동의 힘을 창조한다. 십자가는 관념이나 개념의 세계가 아니라, 참 생명을 다루는 신비의 세계다.

영산은 "입술의 말로서 강한 믿음을 갖게 되며 하나님의 역사를 나타내며 마귀를 이기고 삶에 변화를 가져올 수 있습니다."라고 강조한다.[434] 능력 있는 말을 하면, 말 그 자체가 권위를 가지게 되고, 마음에는 새 창조의 분위기가 조성되고, 듣는 자에게 도전과 응전의 말이 되고, 하나님에게

---

433) 조용기, "위대한 발견", 주일설교(2011-03-27).
434) 조용기, 『말』, 한세대학교출판부(2012), 106.

영광이 된다. 말은 행동을 구체화시키는 수단이며, 또한 행동으로 이끈다. 말은 생각과 마음의 짝이면서 동시에 행동의 짝이다.435) 동일한 바람일지라도 돛단배를 동쪽으로도 서쪽으로도 가게 할 수 있는 것처럼, 내 안의 말은 삶의 방향을 동쪽이나 서쪽으로 향하게 할 수 있다.

에드워즈(Jonathan Edwards)는 "인간의 본질을 창조하신 하나님께서는 인간에게 감정을 주었으며, 그 감정은 행동의 발원지가 된다. 감정은 인간의 본질에 속해 있으며, 거룩한 감정은 참된 믿음에 속해 있고, 참된 믿음은 본질상 실천적이다."라고 서술한다.436) 따라서 인간의 본질이 원래 이렇기 때문에 사랑이나 미움, 갈망, 희망, 두려움 같은 감정들의 영향을 받지 않으면 인간은 소극적인 존재가 된다.437) 인간은 말씀을 통해 영혼의 거룩한 감정이 활성화되어 하나님의 거룩하심과 신실하심이 드러나게 된다. 하나님의 말씀은 믿음과 성령 안에서 선포될 때 능력이 나타난다. 입술의 고백은 믿음을 강화시키며, 동시에 생각과 꿈을 강화시킨다. 말은 믿음과 상호보완적으로 연결되어 있다. 그 이유는 말로 믿은 것을 고백하기 때문이다. 바울은 믿음과 고백의 관계를 적절히 묘사하고 있다. "기록된 바 내가 믿었으므로 말하였다 한 것 같이 우리가 같은 믿음의 마음을 가졌으니 우리도 믿었으므로 또한 말하노라(고후4:13)."

믿은 것을 고백한다는 의미는 곧 '내 안의 예수 그리스도와의 관계를 고백하는 행위'다. 궁극적으로 주 안에서의 말은 권세가 있어 내가 '믿고 있는 것'을 고백하면, 그 믿음은 '능력 행함(doing)'을 낳는다. 없는 것을 있는 것처럼 말하는 것은 '믿음'을 전제로 한다. 아브라함은 없는 것을 있는 것처럼 고백했으며, 그 말이 씨가 되어서 100세에 아들을 낳았다. 입술을 통해 나간 말은 씨앗과 같아 선한 말이든 악한 말이든 결과를 가져온다. 잠언서는 이것을 정확하게 지적한다. "네 입의 말로 네가 얽혔으며 네 입의 말로 인하여 잡히게 되었느니라(잠6:2)." 성도가 하나님의 말씀을 믿고 동의하며 고백하면, 하나님이 하늘 보좌에서 그것을 이뤄주신다. "그러므로 우리에게 큰 대제사장이 있으니 승천하신 자 곧 하나님 아들 예수시라 우리가 믿는 도리를 굳게 잡을 지어다(히4:14)."438) 여기서 믿는 도리를 굳게 잡는다 함은 내가 믿은 것을 입술로 고백해서 단단히 붙들라는 말이다. 고백한다는 것은 마음에 새긴 말씀을 떠내려가지 못하게 마음의 항구에 밧줄로 단단히 묶는 것과 같다. 고백의 능력은 곧 마음하늘에 말씀을 붙드는 능력이다.

예수님은 믿음의 말씀 속에 거하신다(롬10:8). 인간은 하나의 혀를 가지고 있다. 하지만 혀의 방향에 따라 축복도 올 수 있고, 저주도 올 수 있다. 따라서 인간은 하나님의 형상을 닮은 존재이므로 단물의 말을 해야 한다. "한 입으로 찬송과 저주가 나는도다 내 형제들아 이것이 마땅치 아니하니라 샘이 한 구멍으로 어찌 단 물과 쓴 물을 내겠느뇨(약3:10-11)."

---

435) "말은 우리의 생각과 마음을 표현하는 소리이기도 하지만 말에 의해 우리의 생각과 마음은 움직이기도 합니다." 첨언하면, 말은 인격의 수부를 드러내며, 동시에 삶의 지정의적 총체성을 드러낸다. 조용기, 『말』, 한세대학교출판부(2012), 220.

436) 존 스미스(조나단 에드워즈, Jonathan Edwards), 『신앙감정론』(The Works of Jonathan Edwards Volume 2: Religious Affections), 부흥과개혁사(2005), 155-156.

437) 위의 책, 156.

438) "우리가 믿는 도리를 굳게 잡을지어다."(we should hold fast the confession.) 우리가 하나님의 말씀을 고백할 때, 성령이 역사해서 하나님의 능력이 나타난다. 따라서 우리의 입술에서 나오는 고백(헬. 호모로기아)은 중요하다.

잡초의 말이 나가면 잡초의 말이 자라고, 열매 맺는 말이 나가면 떨어져 열매의 말이 자라게 된다. 혀는 곧 불이요, 불의의 세계다(약3:6). 영산은 "마음에 있는 말이 말을 하면 밖에 나가서 실제로 활동을 하기 시작합니다. 말하고 나면 말이 사라지는 것이 아니라 나가서 열매를 맺습니다."라고 강조한다.439) 믿음으로 하는 영적인 말은 열매를 맺게 하는 창조적 도구다.

라. 말은 시공간을 초월하여 효력을 발휘한다.

영산은 "말 한마디의 힘은 우리의 상상을 초월합니다. 말은 삶의 방향을 결정하는 힘을 가지고 있습니다."라고 말한다.440) 사람은 입의 열매로 말미암아 좋은 것을 넉넉하게 얻으며, 자기가 손수 일한 만큼 되돌려 받는다(잠12:14). 영적 언어는 장래의 것을 미리 당겨와 현재화하는 속성을 지니고 있다. 즉 말은 시공간을 초월하는 힘이 있다. 말은 하늘의 것과 땅의 것을 상호연결하는 거룩한 수단이다. 땅에서 매면 하늘에서 매이고, 땅에서 풀면 하늘에서 풀린다(마16:16). 영산은 "우리가 하나님의 능력을 따르는 말을 할 때 그 말을 따라서 주님이 하늘에서 여시기도 하시고 닫기도 하신다"고 말한다.441) 언어가 이렇게 시공간을 초월해서 작용할 수 있는 것은 바로 말이 영적 속성을 가지고 있기 때문이다(요6:63). 말은 하늘의 신비를 내포하고 있다. 말은 영적 속성이다.

'존재 그 자체로서의 하나님'은 '본질과 실존'을 초월해 계신다.442) 즉 하나님은 본질적 존재와 실존적 존재의 대립을 초월하시면서, 동시에 우리 안에 존재하신다(갈2:20). 이것은 인간의 이성으로 알 수 있는 것이 아니고, 믿음의 지혜로 깨달을 수 있는 것이다. 우리의 삶과 연결시키면, 하나님이 우리 안에 존재하심으로써 우리의 입술은 주님의 계시와 뜻에 따라 하나님의 입술이 될 수 있다. "내가 네 입과 그의 입에 함께 있어서 너희들이 행할 일을 가르치리라(출4:15)." 이 말을 이해할 수 있는가? 경험하는 자만 알 수 있다. 지금 여기서 믿음으로 먼저 이해하고, 나중에 경험으로 알아가는 것이다. 하나님의 말씀은 먼저 믿고, 그 다음 계시의 영으로, 그리고 삶 속에서 경험으로 알아가는 것이다.

말의 역동성은 인간의 유한성을 초월한다. 말은 영이므로(요6:63), 말 안에는 말의 씨, 즉 잠재성을 현재화시키는 힘이 들어 있다. 다음 성경구절이 그것을 말해준다. "나 야훼는 말하고 이루느니라(겔17:24)." 따라서 하나님의 말씀이 인간의 입술로 '선포, 고백, 명령, 기도'를 통해 선포되면, 즉 말씀들이 입술의 옷을 입고 시공간 속에 발화되면 다양한 능력이 나타난다(사55:10-11). 하나님의 능력의 말씀은 언어를 통해서 자신이 성취하고자 하는 최종 목표물을 추적하여 찾아간다. 마치 미사일이 최종 목표물을 찾아가 터지듯이, 말씀이 인간의 입술로 선포되면 놀라운 일들이 일어난다. 따라서 성도는 영적언어를 효과적으로 사용할 수 있어야 한다.

영적 언어는 시공간을 초월한다. 말씀은 다음과 같이 종처럼 다니며 일한다. "그러므로 내가 주께 나아가기도 감당치 못할 줄을 알았나이다 말씀만 하사 내 하인을 낫게 하소서(눅7:7)." 예수님의

---

439) 조용기, 『말』, 한세대학교출판부(2012), 278-279.
440) 조용기, 『말』, 한세대학교출판부(2012), 248.
441) 조용기, 『말』, 한세대학교출판부(2012), 249.
442) 황민효, 『폴 틸리히의 신학』, 한국장로교출판사(2008), 251.

말씀으로 곧바로 그 하인이 시간과 공간을 초월해서 병고침을 받았다. 내 입술의 고백은 하나님께 영광을 드리는 수단이면서, 동시에 삶을 변화시키는 거룩한 수단이다. "그 마음의 소원을 들어주셨으며 그 입술의 구함을 거절치 아니하셨나이다(시21:2)."

인간은 비록 물질, 공간, 시간이라는 3차원 공간 안에 존재하지만, 하나님의 형상을 닮은 인간의 말은 시공간을 뛰어넘어 창조, 구원, 기적의 역사를 일으킬 수 있다. 이 얼마나 장엄한 은혜인가!

마. 말은 삼위 하나님과 친교하는 은혜의 방편이다.

영산은 "하나님의 형상과 모양대로 지음을 받은 인간의 말에는 창조적인 능력이 들어있습니다. 우리의 말은 나 자신의 현재와 미래의 인격을 변화시킵니다."라고 말한다.[443] 말은 삼위 하나님의 능력을 이끌어내는 수단이다. 동시에 성령 안에서 인간의 언어는 삼위 하나님과 친교하는 교제의 수단이다. 이제 신자들은 아담의 죄 때문에 잃어버렸던 '거룩과 의의 언어'를 되찾아 마음하늘에 심어야 하고, 몸과 마음도 의롭고 거룩해져야 한다.

'나와 세상'은 하나님의 영광을 위해 지음 받았으므로, 말의 본질 중 하나는 '주님께 영광이 되는 말'이다. 말은 하나님의 형상이다. 인간은 하나님의 형상인 말을 가지고 있다. 입술의 시인이 구원에 이르게 한다. 말 안에는 위대한 능력의 씨가 잠재되어 있다. 말씀이 우리 안에 육화되면 새 존재가 되고(고후5:17), 예수님 안에 사는 신분으로 승화되며(갈2:20), 친교의 관계가 세워진다. 바울은 "너희를 불러 그의 아들 예수 그리스도 우리 주와 더불어 교제하게 하시는 하나님은 미쁘시도다(고전1:9)"라고 말한다.

하나님의 영이 인간의 입술에 함께 거한다는 것은 말과 영이 한 속성을 가지고 있다는 것을 말해준다. "이제 가라 내가 네 입과 함께 있어서 할 말을 가르치리라(출4:12)." 이것은 믿음이 있는 자만 알 수 있다. 예레미야의 입술에 하나님의 능력의 말이 임하자, 그의 입술은 하나님의 입술이 되었다. 예레미야의 입술은 4차원의 하나님의 말씀을 만나는 접촉점이 된 것이다. "내가 이르되 슬프도소이다 주 야훼여 보소서 나는 아이라 말할 줄을 알지 못하나이다 하니 야훼께서 내게 이르시되 너는 아이라 말하지 말고 내가 너를 누구에게 보내든지 너는 가며 내가 네게 무엇을 명령하든지 너는 말할지니라(렘1:6-7)."

소금의 본질이 맛이라면, 말의 본질 중 하나는 은혜다. 은혜는 하나님께 속한 것이며, 은혜는 받는 것이고, 은혜는 예수 그리스도이시며, 그 은혜는 지성, 감성, 의지까지 뻗는다. 하나님의 은혜를 받으면, 사람은 똑똑해지고 총기가 넘치게 되며(지성), 눈물을 흘리거나 감격해 하며(감성), 도덕성까지 바뀐다(의지). 그 은혜는 겸손한 자에게 임한다(약4:6).[444] 하나님의 은혜는 인간의 언어 표현방식을 바꾸는 일차적 요인이다. 은혜가 충만하게 되면 언어도 달라진다.

---

443) 조용기, 『말』, 한세대학교출판부(2012), 108.
444) 율법적 겸손과 복음적 겸손: 복음적 겸손은 그리스도인 자신이 전적으로 무능하고, 혐오스럽고, 추악한 심령을 가진 존재임을 아는 것이다. 율법적인 겸손은 거듭나지 않고도 은혜로운 감정이 없어도 경험할 수 있는 것이며, 복음적 겸손은 참된 성도에게만 나타나는 것이다. 참조. 존 스미스(조나단 에드워즈), 『신앙감정론』(The Works of Jonathan Edwards Volume 2: Religious Affections), 부흥과개혁사(2005), 440-441.

5) 4차원영성의 신학적 기능

영산은 "인생이란 현실은 눈에 안 보이는 생각과 꿈과 믿음과 언어가 옷을 입고 나오는 것입니다."라고 강조한다.[445] 이 신학적 진술은 '4차원영성의 의미'를 삶의 한 폭 안에 접목시키는 의미심장한 표현이라 할 수 있다. 없는 것을 있는 것처럼 생각하고, 바라보고, 믿고, 말하기 위해서 마음의 도화지부터 영적인 색채로 바꾸어야 한다. 십자가는 마음의 색깔을 천국의 색으로 바꾸어 준다. 성도가 하는 일이란 그 도화지 위에 말씀의 붓으로 '하늘나라의 의미 있는 삶의 그림을 그리는 것'이다(갈4:19, 롬8:29, 고전15:49).

성도는 말씀을 분별하여 하나님으로부터 인정된 자로 살 수 있는 존재다. 바울은 "너는 진리의 말씀을 옳게 분별하여 부끄러울 것이 없는 일꾼으로 인정된 자로 자신을 하나님 앞에 드리기를 힘쓰라(딤후2:15)"고 권면한다. 4차원의 영성은 말씀을 통해 삼위 하나님의 사랑의 힘을 삶 속에 흘러넘치게 하며, 동시에 말씀의 사람이 되어 그 입술로 영적 언어를 선포한다. 12제자들이 영성이 약할 때 뿔뿔이 흩어지기도 하고 오합지졸의 모습을 보여주기도 했다. 하지만 성령이 충만해지고 영성이 성숙되자, 그들은 한결같이 온전한 영성적 삶의 길을 걸었다.[446]

긍휼을 베푸시는 하나님이 사람을 가르치는 방법은 다양하시다. 사람의 귀를 열어서 하는 방법도 사용하시고(욥36:10, 사50:5), 학자같이 알아듣게도 하시고(사50:4), 때로는 자신의 손으로 행하신 것을 통해서도(사29:23-24) 하시고, 부지런히 가르치시기도 하며(렘32:33), 성경말씀을 통하여(딤후3:16) 가르치시기도 한다(살후2:15, 딤전4:16).

영성적 삶이란 영성이 삶 속에 뿌리내리는 삶이다.[447] 영성은 예수 그리스도로 회복되며, 성령의 능력으로 역동적으로 유지되는 특성을 가지고 있다. 인간은 영성진보 혹은 영적성장을 통해 보다 성숙된 영적 삶을 살 수 있다. 유형별 차원에서 서술하면, 영성은 '하나님과 나, 나 자신과 나, 이웃과 나, 피조물과 나'의 관계 속에서 성숙되어가는 과정이다. 궁극적으로 '사랑의 영성'이다.

성도는 창세 전에 선택받은 존재이며, 어느 날 이 세상에 태어나서 살다가, 장차 새 하늘과 새 땅에서 하나님과 영원히 친교하며 살게 될 불멸의 존재이다. 따라서 내 영혼이 이미 하늘나라에 올라가 지금 나의 모습을 바라볼 수 있는 초월적 및 천상적 정체성을 품을 수 있어야 한다.

---

445) 조용기, 『생각』, 한세대학교출판부(2011), 203.
446) 게리 토마스(Gary Thomas)는 영성을 9가지로 분류한다. 자연주의 영성(야외에서 하나님을 사랑), 감각주의 영성(오감으로 하나님을 사랑), 전통주의(의식과 상징으로 하나님을 사랑), 금욕주의 영성(고독과 단순성으로 하나님을 사랑), 행동주의 영성(참여와 대결로 하나님을 사랑), 박애주의 영성(이웃사랑으로 하나님을 사랑), 열정주의 영성(신비와 축제로 하나님을 사랑), 묵상주의 영성(사모함으로 하나님을 사랑), 지성주의 영성(생각으로 하나님을 사랑). 참조. 게리 토마스(Gary Thomas), 『영성에도 색깔이 있다』(*Sacred Pathways: Discover Your Soul's Path to God*), CUP(2007), 목차(p13). 첨언하면, 9개의 영성을 총체적으로 이해하면, 전인적으로 하나님을 사랑하는 영성이고, 이분법으로 보면 하나님 사랑과 이웃 사랑이며, 압축시키면 십계명적 사랑이고, 존재적 관점에서 보면, '관계적 영성'의 확장이다.
447) a) 예수 제일주의의 삶(마10:37), b) 자기 십자가를 지는 삶(마10:38), c) 세상 소유를 포기하는 삶(눅14:33), d) 자기 목숨을 버리는 삶(마10:39), e) 말씀 안에 거하는 삶(요8:31), f) 열매 맺는 삶(요15:8), g) 푯대를 향한 삶(빌3:14).

영성은 정적이 아니라 동적으로 형성되어간다. 성령 안에서 형성과 재형성의 과정을 거듭하는 과정을 거치며, 궁극적으로 창조, 구원, 기적의 역사를 일으킨다. 그래서 성도가 점점 더 의롭고 거룩하게 변화되고(엡2:21), 보다 생명력과 능력으로 충만해져서, 하나님께 기쁨을 드리며, 또한 더 큰 영광을 돌리게 한다.

4차원영성은 성도의 존재의 영성, 관계의 영성을 활성화시키는 강력한 도구다. 궁극적으로 영성 훈련은 하나님의 영광을 구하며(고전6:19-20), 나아가 하나님 사랑과 이웃 사랑을 추구한다(마7:1-13). 요한, 베드로, 야고보가 변화산에서 신비롭고 황홀한 체험을 하고 나서 산 밑에 있는 사람들을 향해 산을 내려갔듯이, 4차원영성의 특징적 기능 중 하나는 구원받은 사람들이 자신들의 삶의 자리에서 역동적이고 생동적인 삶을 살게 하는 것이다. 달리 말해 4차원영성은 기독교의 생활화, 사회화, 나아가 국가화 및 세계화 과정으로 연결된다.

근본적으로 4차원영성의 4요소 – 생각, 꿈, 믿음, 말 – 는 하나님을 알게 하고, 하나님과 이웃을 사랑하는 삶과 나아가 예수님을 온 세상에 드러내는 삶을 살게 하는 것이다. 기본적으로 영성의 4요소 – 생각, 꿈 믿음, 그리고 말 – 는 각각 개별성, 역동성, 자유성의 속성을 가지고 기능한다. 영산은 4차원의 영적 기능을 포괄적으로 다음 4가지로 제시한다. 첫째, 하나님과 대화하는 언어, 둘째, 영적 전쟁에서 승리케 하는 무기, 셋째, 3차원의 세계를 변화시키고 다스리는 힘, 넷째, 자기 자신에게 힘을 더하는 능력이다.[448] 이를 토대로 신학적 차원에서 4차원영성의 종자적(種子的) 기능을 구체적으로 서술하고자 한다.[449]

가. 생각의 기능

① 나쁜 생각과 좋은 생각: 마음에서 선한 생각 혹은 나쁜 생각이 나온다(잠8:6). "선한 사람은 그 쌓은 선에서 선한 것을 내고 악한 사람은 그 쌓은 악에서 악한 것을 내느니라(마12:35)."

② 육의 생각과 영의 생각: 땅엣 것과 위엣 것을 생각할 수 있다(롬8:5-6, 골3:2). 영의 생각은 육의 삶의 방식을 하나님의 삶의 방식으로 전환시킨다.

③ 생각의 과거, 현재, 미래: 생각은 과거, 현재, 미래를 통합하는 일을 하며, 인격과 행동을 변화시킨다.[450] 그 생각의 속도는 빛보다 빠르다.

④ 해결 방법의 도출: 생각을 반복하게 되면, 머릿속에 새 길이 생긴다. 생각에는 옛 길과 새 길이 있다(삼상10:9, 겔36:26).

⑤ 상상력 촉진: 생각은 이성과 감성과 지성, 영성을 통합시키는 능력이 있다(창30:35, 30:40). 생각은 자기 확신을 낳고, 자기 행동을 낳는다.

---

448) 조용기, "자유와 해방을 주시는 하나님", 주일설교(2015-04-12).

449) 4차원영성 기능은 앞서 서술 4차원영성의 본질과 밀접한 연관을 맺는다. 본질이 기능보다 선재(先在)한다.

450) 제럴드 싯처(Gerald L. Sittser), 『하나님의 은혜』, 성서유니온교회(2013), 189(Augustine, *The Confessions*, New York(1997), 300): 어거스틴(Augustine)은 다음과 같이 말했다. "과거, 현재, 미래– 이 세 가지 실체는 머릿속에만 존재할 뿐 내가 아는 한 다른 데는 존재하지 않는다. 과거의 현재는 기억이고, 현재의 현재는 주목이고, 미래의 현재는 기대다."

나. 꿈의 기능

① 하나님의 뜻을 바라보게 함: 꿈은 믿음을 낳는다(히11:1).

② 현재 없는 것을 장차 있게 함: 말씀을 현실화시킨다. 즉 마음에 품은 것이 장차 이뤄진다(요15:7).

③ 인생의 방향 설정: 배 위의 돛대처럼 삶의 방향을 잃지 않게 하여 주의 일을 가속화시킨다. 꿈은 삶의 모든 것을 바치게 한다(고전9:26).

④ 거룩과 의의 훈련: 마음하늘에 선한 일, 옳은 일, 위대한 일을 탄생시키고, 거룩과 의를 배우게 한다. 인간의 욕망과 하나님의 꿈이 있다(요5:29, 롬12:17).

⑤ 삶을 비전을 빚어냄: 꿈은 비전을 낳고, 비전은 목표를 낳고, 목표는 계획을 낳는다.

다. 믿음의 기능

① 믿음은 하나님과의 관계를 열어주며, 하나님과의 관계를 강화시킴: 사람을 영적으로 변화시키고 성장시킨다. "믿음의 결국 곧 영혼의 구원을 받음이라(벧전1:9)."

② 마음속의 의심, 공포, 나쁜 생각, 두려움을 물리침: 믿음은 두려움을 내어 쫓는다(요일4:18).

③ 현재 없는 것을 있는 것처럼 바라보게 함: 믿음 없는 것을 있는 것처럼 믿게 한다(롬4:17).

④ 입술로 고백 혹은 선포하게 하게 함: 믿음을 품으면 그 믿은 것을 입술로 고백하게 된다.

⑤ 믿음은 하나님을 영화롭게 함: 영적 열매를 맺게 해서 영광을 돌리게 한다(요15:8).

라. 말의 기능

① 입술의 열매를 맺게 해줌: 사람은 말의 근원이신 하나님을 닮아서 창조하는 능력이 있다.

② 축복의 샘과 저주의 샘: 한 입으로 축복의 말, 감사의 말, 칭찬의 말, 저주의 말이 가능하다.

③ 마음하늘의 상태를 드러냄: 선한 것 혹은 악한 것을 드러낸다(창6:5).

④ 믿음을 강하게 혹은 약하게 함: 반복하면 믿게 된다. 동일한 말을 반복하면 말한 대로 행동하게 된다. "약한 자도 이르기를 나는 강하다 할지어다(욜3:10)."

⑤ 일의 방향을 부정적 혹은 긍정적으로 조절: 악으로 혹은 선으로 이끌어갈 수도 있다. 말하는 대로 인생이 된다(신14:28).

4차원영성은 '하나님-세상-인간'을 통합시켜 3가지 기능 - 인간의 정체성, 세상의 재창조, 하나님의 비전 - 을 품게 해 궁극적으로 하나님의 나라를 확장시킨다.[451] 3차원적 존재이면서도 부분적으로 4차원적 존재인 인간은 '하나님-세상 관계'속에서 존재적 정체성을 찾을 수 있다. 3차원에 속하는 육신의 세상은 하나님-인간의 상호작용을 통하여 재창조의 역사가 나타난다. 삼위일체 하나님-성령님-예수님은 '인간-세상과의 관계'속에서 그들의 비전을 제시하여, 궁극적으로 하나님의 나라를 확장하게 하신다.

---

451) [4차원영성의 기능] = [인격적 인간의 정체성 창조] + [말씀을 통한 세상의 재창조] + [하나님의 비전 창출]. 4차원영성의 궁극은?: "하나님은 원래 하나님의 자리에, 인간은 원래 인간의 자리에!"

7. 5중복음, 3중축복, 4차원영성: 불멸의 자비와 은혜의 미학

하나님은 선하신 분이시다. 시편 기자는 "주는 선하사 선을 행하시오니 주의 율례로 가르치소서(시119:68)"라고 말한다. 하나님은 모세에게 "내가 내 모든 선한 것을 네 앞에 지나가게 하고(출33:19)"라고 말씀하신다. 모세는 하나님의 얼굴을 보는 대신 하나님의 선하심을 맛보는 체험을 했다(벧전2:2-3). 모든 죄인들은 하나님의 선하심으로 말미암아 자비와 은혜와 사랑을 받는다. 오늘날 우리는 말씀과 성령을 통해 마음하늘에 그리스도를 아는 빛이 비춰진다(고후4:6).

십자가는 신비의 사랑을 탄생시키는 특성을 가지고 있다. 누구든지 십자가 사랑을 맛보면, 마음의 성향이 하나님의 선과 사랑을 지향하게 된다. 십자가는 마음속에 거룩한 성향의 씨를 심어(롬6:22), 새로운 생명의 씨를 싹트게 하고, 이전과 다른 영적 삶의 꽃을 피게 한다. '5중복음-3중축복-4차원영성(GBS-534)'은 십자가로부터 파생한 거룩과 생명과 희망의 씨이다. 영산은 '십자가의 영성과 인간의 마음하늘을 유기적으로 연결하고' 하나님의 나라를 확장하기 위해 '독특한 영적 매체(media)'를 발굴했다. 그 매체(media)가 바로 영산이 일생동안 사역의 동반자로 삼았던, '5중복음, 3중축복, 4차원영성'이다. 그는 '인간의 마음하늘-십자가의 천상 신비'를 십자가의 신비로 서로 연결시켜, 성도가 지금 여기에서 하늘나라를 맛볼 수 있도록 하였다. 다시 말해, GBS-534는 하늘의 삶과 땅의 삶을 연결시켜 하늘나라 영광을 올려드리는 징검다리 역할을 하였다(골3:10).

영산은 GBS-534를 통해 목회사역 반세기 동안 하나님 나라의 현재적 및 미래적 특성을 역동적으로 펼쳤다. 5중복음과 3중축복과 4차원영성은 하나님 나라의 현재성과 미래성을 동시에 추구하는 이중적 구조를 추구한다. 5중복음의 중생, 성령충만, 신유, 축복은 현재적 실제이지만, 재림은 아직 오지 않은 미래적 실존이다. 그리고 4차원영성은 '장차 거기서' 맛볼 하나님의 은혜를 '지금 여기서' 체험하게 하는 생동적 방편이다. 다시 말해, 영산은 신학적 차원에서 보면, 하나님의 나라를 '좋으신 하나님, 그리스도의 구속의 은혜, 성령님과의 인격적 기초' 위에서 인식하였고, 신학사상 측면에서 보면, 5중복음, 3중축복, 4차원영성이라는 십자가 중심의 영성을 통해서 '지금 여기서의 하나님의 나라와 장차 거기서의 하나님의 나라'를 동시에 추구했다. 환언하면, 한편으로 현재 이 땅에서의 삶에 대한 희망을 바라보게 하고, 다른 한편으로 종말론적 희망을 마음에 새기고 살도록 했다(고후5:15).

GBS-534의 삼중구조는 그 안에 고귀한 십자가의 신비와 능력을 품고 있으며, 보다 구체화하면 다음과 같이 정리된다.

첫째, 연합의 원리(Principle of union)

GBS-534 복음영성은 그리스도와의 연합을 기초로 한다(고전3:16, 갈2:20, 고전6:17). 그리스도인이 예수 그리스도와 연합하는 것은 지고의 영적 사건이다. 이는 형용할 수 없는 놀라운 신비(神祕)이다. 하나님은 자신과 우리를 하나로 묶어 놓고 일을 하신다. 이 점과 관련해서 예수님은 이렇게 말씀하신다. "내가 그들 안에 있고 아버지께서 내 안에 계시어 그들로 온전함을 이루어 하나 되게(요17:23)"

하는 것이다. 바울은 예수와 성도가 하나됨을 머리와 몸(엡4:15-16) 및 부부 관계로(엡5:31-32) 비유했다. 또 그는 주와 합한 자는 한 영(고전6:17)이라고 강조한다.

예수님은 하나됨의 원리를 포도나무와 가지의 관계로 비유한다. "나는 포도나무요 너희는 가지라(요15:5)." 주님과 우리는 견우성과 직녀성처럼 떨어져서 만나는 관계가 아니라, 완전히 연합되어 함께 산다. GBS-534는 연합의 원리를 기초로 한다. 연합은 신비로운 진리이다. 이 진리는 신앙, 천국, 부활, 새 하늘과 새 땅에 대한 신비까지 내포하고 있다.

둘째, 성육신의 원리(Principle of incarnation)

GBS-534는 십자가 구속의 은혜와, 성령의 생각, 꿈, 믿음, 언어를 포괄하는 십자가 영성이다. 그리스도인이 GBS-534를 자신의 마음하늘에 새기면, 그는 역동적인 신앙생활을 하게 된다. 5중복음은 성도에게 영적 자아정체성을 확인시켜 줄 뿐 아니라, 또한 생동감이 넘치는 신앙생활의 원동력을 제공해준다. 성도의 마음하늘에 GBS-534를 내재화시키면, 멸망의 법이 은혜의 법으로, 죄의 법이 성령의 법으로, 질병의 몸이 치료의 몸으로, 저주의 몸이 축복의 몸으로, 사망의 법이 생명의 법으로 전환된다. 그래서 전인구원의 신비로운 영적세계가 열리며, 성도는 땅에 살면서도 하늘의 삶을 당겨오는 4차원영성적 삶을 살게 된다. GBS-534는 성도를 성화로 이끌어 궁극적으로 예수 그리스도의 형상을 닮아가게 하는 통전적 영성(holistic spirituality)이다.

셋째, 상황화 원리(Principle of contextualization)

GBS-534는 성경 본문(text)과 상황(context)을 조화시킨 상황화된 영성이다. 5중복음은 교리적 정통성을 분명하게 밝히고, 3중축복은 삶의 자리에서 실천을 추구하고, 4차원영성은 '말씀의 성육화'를 심화시킨다. 영산은 시대적, 사회적, 문화적 상황에 조화되는 상황화 신학을 적용하였다. 특히 5중북음과 3중축복은 민중의 암담한 현실을 반영하는 것이어서 '변환의 상황화 모델'과 '실천(praxis)의 상황화 모델'이 연합적으로 적용되어 있다.452) 특히 5중복음의 5요소 중 하나인 '성령충만'은 성령세례를 기초로 함으로써 영산의 상황화 신학을 '초월의 상황화 모델'까지 확장시킬 수 있다. 또한 4차원의 영성은 '초월적 하나님'을 성도들의 삶 속에서 역사하시는 '내재적 하나님'으로도 경험하게 해준다. 즉, 4차원영성은 성령의 능력으로 초월성과 내재성의 균형을 이루게 한다. 요약하면, GBS-534는 영산의 그리스도인들의 시대적, 사회적, 문화적 요구에 따라 상황화된 복음영성으로 볼 수 있다. GBS-534는 진리의 말씀을 손상시키지 않는 범위에서 본문과 상황을 적확하게 조화시킨 영성이다.

---

452) 상황화의 과정이나 체계화 과정을 구체적으로 추적하는 것은 용이하지 않다. 내적, 외적 변화 요인들 – 지적, 역사적, 문화적, 사회적, 정신적, 정치적, 경제적 등의 요인들 – 이 역동적으로 작용하기 때문이다. 중요한 것은 예수님이 바로 상황화 모델 자체라는 것이다. 예수 그리스도는 영원토록 동일하시다. "예수 그리스도는 어제나 오늘이나 영원토록 동일하시니라(히13:8)." 따라서 어떤 상황에서도 '예수 그리스도의 본래적 복음 혹은 하나님이 의도하신 하나님의 말씀'에 가장 가깝게 선포하거나 적용하는 것이 중요하다. 본질을 벗어나면, 복음은 인간중심적인 종교 사상으로 변질된다. 참조. 정흥호, 『상황화 신학』, 한국로고스연구원(1996), 33-93.

넷째, 변혁의 원리(Principle of transformation)

십자가는 죄인을 의인으로 만들어 하나님을 영화롭게 한다. 중생한다는 것은 우리의 영이 예수의 영과의 연합을 의미한다(고전6:17). 그것은 신비적, 생명적, 유기적 연합이며, 모든 영적 변혁의 기초가 된다. 그리스도와의 연합은 우리의 영적 지위, 상태, 신분을 본질적으로 바꾸어준다. 누구도 하나님과 우리 사이를 끊을 수 없다(롬8:38-39). 그것은 형식적 관계가 아니라, 자비와 사랑 안에서 생명을 수여받는 관계이다. 다시 말해 큰 나무에 나뭇가지를 접붙여 성장시키듯이, 그리스도인은 예수와 연합하여 그의 생명을 받아 살아가는 존재다(행17:28).

그리스도인들이 영적 변혁의 원리를 적용할 수 있는 근거는 바로 우리가 그리스도 안에서 하나님의 성품에 참여할 수 있는 영적 지위를 얻었기 때문이다. 그러나 중생한다고 해서 인간 본성이 본질적으로 변화한다는 것을 의미하지는 않는다. 중생한다고 하루아침에 전혀 다른 사람이 되는 것은 아니다. 중생은 영혼의 기능의 변화가 아니다. 영혼의 기능은 지성, 기억, 감정, 의지, 양심인데, 중생하면 이런 기능에 무엇이 추가, 감소, 보완되는 것이 아니다. 중생은 근본적으로 성향(disposition)의 변화를 의미한다.453) 예를 들면, 바울은 중생 이전에 교회를 핍박하고 없애고자 하는 '악의 성향'을 지니고 있었다. 하지만 다메섹으로 가던 도중에 예수님을 만난 이후로, 그의 악한 성향은 '선한 성향'으로 변화되었다. 나침판이 항상 남북을 가리키듯이, 중생의 의미는 내 마음의 방향이 항상 주를 향하는 것이다. 그것이 새로 거듭난 자의 속성이다(골3:10).

다시 말해, 바울은 이전과 동일한 재능, 동일한 능력, 동일한 인격을 가지고 있었지만, 그의 방향, 경향, 사고방식 전체가 변한 것이다.454) 즉, 삶에 대한 바울의 원리, 가치, 방법 및 방향이 바뀐 것이다. 마침내 새로운 마음의 성향이 그의 전 인생을 십자가 중심의 삶으로 이끌게 되었다. 이 모든 것은 그를 새 사람으로 보이게 했다. 요약하면, 중생은 내 안의 모든 영혼의 기능들이 하나님의 선하심과 사랑을 지향하게 된다.

다섯째, 성령임재의 원리(Principle of presence of Holy Spirit)

궁극적으로 보면 십자가 구속의 은혜는 하나님의 거룩하심과 의로우심, 선하심과 자비와 사랑의 총체성에서 파생된 하나님 자신의 사역이다. 십자가는 죄인을 구원시켜 하나님 나라의 통치 원리와 방법에 일치하는 삶을 살게 만든다. 십자가 구속의 은혜, 좋으신 하나님과의 친교, 성령님과의 인격적 관계를 내포하는 GBS-534는 성도가 자연인이 아니라, 하나님 나라의 시민으로서 영적 변혁의 길을 사모하도록 만든다.

영산은 "우리는 성령님과 같은 생각을 하고, 꿈을 가지고 살아가야 하고, 믿음으로 살아야 하고, 창조적인 말을 해야 합니다."라고 강조한다.455) 영이신 성령은 성도를 거룩하게 만들어 가고, 그의 삶에 거룩함이 나타나게 한다(롬6:22, 엡5:26, 벧전1:2). 그리스도 안에서 성령을 통해 하나님과 연합된 그리스도인은 두 차원의 삶, 곧 땅 위의 삶과 하나님 나라에 속한 삶을 살아가야 한다. 따라서

---

453) 로이드 존스(Martyn Lloyd Jones), 『성부 하나님과 성자 하나님』, 부흥과개혁사(2013), 131-142.
454) 위의 책, 136-137.
455) 조용기, "삶의 위기를 당할 때", 주일설교(2015-05-24).

성도의 삶은 날마다 예수 그리스도의 형상을 닮아가는 삶이 되어야 한다. 그리스도인은 성령의 전(고전6:19)으로서, 성령님의 도우심과 이끄심을 받으며 이 세상에서 살아간다.

영산의 지적대로, 거룩의 삶이란 성령의 생각, 꿈, 믿음, 언어를 구사하며 성령님과 동역하는 삶을 살아가는 것이다. 예수님이 자신의 의도대로 사신 것이 아니라 아버지의 일을 하셨던 것처럼(요14:10), 또한 성령님도 우리 안에 거하시면서 우리가 예수 그리스도를 영화롭게 하는 삶을 살도록 도와주시고 이끄신다(요16:14). 성령의 사역은 자신을 영화롭게 하는 것이 아니라, 오직 그리스도를 영화롭게 하신다. "그가 내 영광을 나타내리니 내 것을 가지고 너희에게 알리시겠음이라(요16:14)." 성령님은 성부와 성자의 뜻과 계획을 따라서 일하신다. 요약하면, GBS-534는 성령을 통해서 내 안에 내주하시는 예수 그리스도를 영화롭게 하는 씨(seed)를 내포하고 있다.

7.1. 영성의 삼중구조

영이시고, 인격체이시고, 거룩하신 하나님은 인간과 교통하시려고 말씀을 매개체(media)로 두셨다. 그러나 십자가를 통하지 않으면, 누구도 하나님의 말씀을 알 수 없고, 또한 하나님과 교제할 수 없다. 십자가를 마음하늘에 세우면, 모든 인간은 땅과 하늘을 연결시키는 말씀을 알게 되고, 주와 사귐이 있게 되고(요일1:3), 궁극적으로 인간 본래의 자리로 회귀(回歸)한다.

십자가 영성에서 파생한 '5중복음-3중축복-4차원영성(GBS-534)'456)은 완료형이 아니라 항상 현재진행형이다. 곧 정적이 아니라 동적이며, 형식적이 아니라 역동적이다. 중생한 자는 '장차 거기서 맛볼 영원한 천국'과 '지금 여기서의 마음속 천국, 즉 내재적 천국'을 동시에 바라보는 자들이다. 성도는 그리스도와 생명으로 연합되어 있음으로(롬6:5, 고전6:17), 그들이 행하는 영적인 사건은 동사적이며, 현재진행형이고, 동시에 미래지향적이다. GBS-534의 신학적 가치체계는 총체적이고 오순절적이다. 순복음신학의 진정한 가치는 5중복음과 3중축복의 진리의 말씀을 4차원영성의 옷에 입혀 그리스도인들의 삶의 자리에 현재화는 과정을 총체적으로 포괄한다는 데 있다. GBS-534는 성도들이 개별적으로 하나님의 임재를 삶의 자리에서 체험하도록 이끌어준다.

영산은 "하늘나라라고 말하면 하나님의 정부가 우리 가운데 와 있다는 것입니다. 다시 말하자면, 성부와 성자와 성령 삼위일체 하나님께서 우리 가운데 와 계신다는 것입니다."라고 말한다.457)

십자가는 역사적 사건이지만, 이 시대에도 역동적으로 기능하는 현재 사건이다. 십자가의 효능은 인류역사의 모든 시간에 적용된다. 따라서 십자가의 효능은 지금 나에게도 적용되며, 나는 그것을 경험한다. 십자가는 우리에게 거룩의 길을 열어주었다(롬6:22).

인간을 사랑하기 위해 하나님은 십자가 위에서 자신의 모든 힘을 포기하셨다.458) 그 결과 십자

---

456) 5중복음, 3중축복, 4차원영성을 상보적관계로 통합한다는 의미는 GBS-534가 '성령 안에서의 영적 삶을 총체적으로 추구하는 것'을 의미한다. GBS-534의 통합 영성을 정의할 때 모든 사람들이 수용할 만한 정의는 할 수 없지만, 영성신학적인 측면에서 '십자가 위에서 죽고 부활한 새 존재가 하나님의 말씀을 성령 안에서 인간의 삶에 역동적으로 적용하여, 삼위 하나님의 삶에 참여하는 역동적 및 관계적 영성'으로 이해할 수 있다.

457) 조용기, "나라이 임하옵시며", 주일설교(1986-08-31).

458) Philip Yancey, *The Jesus I Never Know*, Zondervan(1995), 204-205. "십자가는 사랑을 위해 하나님이 자신의 모든 힘을 기꺼이 포기할 수 있는 분으로 다시 정의해준다."

가는 인간에게 새로운 삶의 구조 - 새 마음, 새 생각 - 를 주어 삶을 전적으로 변화되게 하는 근원적 힘을 준다(겔36:26, 삼상10:9, 엡4:24). 존 스토트(John Stott)는 "십자가로부터 나왔거나 십자가에 초점을 맞추지 않은 신학은 진정한 의미에서 기독교 신학이 아니다."라고 선언한다.459) 십자가는 인간의 삶의 모든 것을 변혁시키는 기초이기 때문일 것이다.

그리스도의 십자가의 핵심은 하나님의 아들이 죄인을 대속하기 위해서 하나님 아버지에게 자기 자신을 희생 제물로 드린 것이다.460) 영산은 "십자가를 통한 5중복음, 3중축복, 4차원영성으로 자기개발을 해서 희망을 품으라"고 역설한다.461) 그는 믿음의 단계에서 '5중복음, 3중축복, 4차원영성'을 삶 속에 적용할 것을 통합적으로 강조한다. "믿음으로 사는 삶의 단계는 먼저 죄인이 회개하고 구원받아, 십자가를 통한 5중복음, 3중축복, 4차원의 영성으로 성령님과 함께 풍성한 삶을 사는 것입니다."462)

그는 '하나님의 초월성과 내재성 개념'을 자신의 목회의 핵심으로 사용했다. 다시 말해 그는 하나님의 말씀에 대한 올바른 이해와 그것에 대한 실천을 성도들의 삶에 적용시켜, 4차원 영적세계와 3차원 인간세계 사이에 조화를 이루게 했다. 성도들의 삶의 자리에 하나님이 임재하신다는 것은 하나님의 초월성과 내재성이 한 점에서 서로 만나는 것을 의미하며, 거기서 하나님의 창조의 역사가 나타난다.463)

삼위일체적 관점에서 '5중복음, 3중축복, 4차원영성'에 대해서 다음과 같이 구분할 수 있을 것이다. 곧 영산은 예수 그리스도의 구속사적 차원에서 5중복음을, 성부 하나님의 전인구원적 차원에서 3중축복을, 또한 성령님과의 인격적 차원에서 5중복음과 3중축복을 서로 연결시켜, 삶의 자리에 적용하는 4차원영성을 발굴했다. 그는 이것을 목회활동에 도입해서, 성도의 마음공간에 삼위일체 하나님의 중심 메시지를 국내외에서 전파했다.464) 그는 신학의 핵심 내용과 실천적 신앙을 4차원영성 안에 통합시켜, 목회사역 전반에 효율적으로 적용했다. 5중복음의 교리적 정통성을 유지하면서, 그 핵심 내용을 3중축복을 통해 삶의 자리에 구체적으로 실천하게 했다. 그는 5중복음과 3중축복의 목회철학을 도서관에서 연구하면서 찾아낸 것이 아니라, 오히려 시대적, 사회적, 문화적 배경 속에서 삶의 온갖 아픔과 슬픔을 통해서 찾아낸 것이다. 따라서 5중복과 3중축복은 '삶 속의 신학'으로서 현실의 삶과 구체적이며 밀접하게 연결되어 있다.

---

459) John R. W. Stott, *The Cross of Christ*, IVP(1986), 211. "No theology is genuinely Christian which does not arise from and focus on the cross."

460) John R. W. Stott, *The Cross of Christ*, IVP(1986), 165.

461) 조용기, 『꿈』, 한세대학교출판부(2013), 137. 그는 5중복음, 3중축복, 4차원영성을 희망의 기초로 삼는다.

462) 조용기, "믿음의 단계", 주일설교(2012-09-23).

463) 하나님을 초월적 하나님으로 보느냐, 이 땅에 현실 속에 내재하시는 하나님으로 보느냐에 따라 신앙생활의 활력이 달라진다. 성령세례는 초월적 하나님이 아니라, 내 안에 임재하시는 하나님에 대한 '내재적 경험'의 출발점이다. 하나님의 초월성과 내재성을 얼마나 균형 있게 유지하느냐는 신앙생활에서 매우 중요한 요소이다.

464) 영산은 아세아 방한성회 성도들에게도 5중복음, 3중축복, 4차원영성을 적용하여 많은 참석자들에게 영적 영향력을 미쳤다. 제24회(2012년) 방한성회에 참석한 대만 우창교회 정박인(鄭博仁) 목사는 성회에 대한 소감을 다음과 같이 밝힌다. "2001년부터 연속 12회 참석해 왔습니다. 처음 왔을 때 20년 동안 앓던 간염을 치유받았습니다. 성회를 통해 조용기 목사의 5중복음, 3중축복, 4차원의 영성에 감동과 영향을 받았습니다. 12년 동안 교회가 크게 부흥하여 4개의 교회를 세우고, 800명에서 2000명의 교회로 성장했습니다." 참고. 순복음가족신문(2012년 7월 22일).

4차원영성은 5중복음과 3중축복을 통합해서, 삶의 자리에 적용시키는 창조적-희망적 목회의 기초가 되었다.465) 그는 십자가의 5중복음과 3중축복의 은혜를 누리는 길은 4차원영성이라고 선언한다. "5중복음과 3중축복을 누리기 위해서 우리는 긍정적인 믿음의 생각을 해야 하고, 목표 있는 꿈을 가져야 하고, 하나님이 이루실 것을 믿어야 하고, 믿은 것을 선포하며 나아갈 때 창조적인 역사가 나타납니다."466)

4차원의 영성은 5중복음 이론과 3중축복 실천의 해석학적 순환을 가속화시켜, 삶 속에 말씀의 능력을 현재화하는데 역동적으로 작용케 한다. 또한 영산은 성도들이 5중복음을 품고 살면 3중축복이 임한다고 역설한다. "성도가 마음에 5중복음의 꿈을 품고 살면, 죄를 극복하고, 세속과 마귀를 극복하고, 질병과 고통을 극복하고, 저주와 가난을 극복하고, 죽음과 절망을 극복하고, 3중축복, 즉 영혼이 잘됨같이 범사에 잘되며 강건하고 생명을 얻되 풍성히 얻는 사람으로 거듭나게 됩니다. 예수님이 승천하신 후 제자들은 성령께서 주신 꿈을 붙잡고 천하에 복음을 전하기 시작했습니다."467)

요약하면, 십자가의 구속의 은혜로 주어진 5중복음과 3중축복, 하나님 말씀중심의 4차원영성은 상호보완적, 연합적 및 공통적이다. 이들은 서로를 활성화시켜준다. 거시적으로 보면, 5중복음-3중축복-4차원영성은 십자가의 구속의 은혜가 가져다주는 선물이다. 삶의 상황의 관점에서 보면, 풍성한 삶의 원동력이다. 하나님 관점에서 보면, 하나님 자신의 뜻을 세상에 나타내는 한 방편이다. 영적성장 개념에서 보면, 삶 속에 하나님의 나라가 임하게 해서 영적 진보를 빚어내며, 또한 삶을 통해 예수님을 보여주는 것이다(갈4:19, 골3:10).

영산은 4차원영성과 3중축복의 관계를 이렇게 설파한다. "하나님의 말씀을 통해 우리의 생각과 꿈과 믿음과 말이 달라지면, 영혼이 잘됨같이 범사에 잘되고 강건한 복을 받게 됩니다."468) 현재의 하나님이시기 때문에, 영의 역사는 언제나 현재다. 먼저와 나중의 구분이 없다. 3중축복 안에 4차원영성이 있고, 4차원영성 안에 3중축복, 5중복음 안에 3중축복이 들어 있다. 이 요소들은 모두 십자가 영성 안에 서로 연결되어 있으며 또한 서로 보완해주는 역할을 한다.

영산의 영성 삼중구조는 5중복음-3중축복-4차원영성이다. 이 세 가지는 십자가 위에서 그려진 삼중 동심원이다. 근본적으로 '4차원영성, 3중축복, 5중복음'이 추구하는 것은 하나님의 거룩함을 닮아가는 것, 완전하게 되어가는 것이다. "잘 먹고 잘 살자, 복 많이 받아 혼자 잘 먹고 잘 살자!"의 차원이 아니다. 무엇보다 '먼저 하나님의 뜻을 이뤄가는 삶이며, 그 다음 받은 복을 이웃들과 나누는 삶'이다. 그렇다면 성도의 영성적 삶의 기초는 무엇일까? 그것은 하나님의 말씀(히4:12), 주의 보혈(계12:11), 하나님의 능력(고후10:4), 믿음(요일5:4), 하나님의 전신갑주(엡6:11), 지속적인 기도다(엡6:18). 이 모두를 통합해서 하나의 주제로 표현한다면, 그것은 '완전한 삶(마5:48, 신18:13)' 또는 '예수 그리스도를 닮아가는 삶(롬8:29)'이다.

---

465) '5중복음, 3중축복, 4차원영성(GBS-534 통합영성)'은 사회학, 역사학, 경제학, 심리학, 미학, 언어학, 경영학, 윤리학, 과학, 예술, 철학과 연계시켜서 연구해볼 만한 과제다. 영산의 영적인 통찰이 어떤 학문 분야를 넘어서 다양한 학문 분야에서 공동으로 논의된다면, 그것은 각각의 학문의 연구와 발전에도 기여할 수 있을 것이다.

466) 조용기, "수고하고 무거운 짐진 자들아", 주일설교(2014-02-02).

467) 조용기, 『요약설교』, 서울말씀사(2012), 215.

468) 조용기, "마음의 파수꾼", 주일설교(2013-12-01). 또 역으로 영혼이 잘되면, 하나님의 생각을 하고, 하나님의 꿈과 믿음, 그리고 창조적 선언을 하는 것이다.

5중복음이 이론적 부분이라면, 3중축복은 그것의 적용방법이다.469) 영산에게 있어 이론과 실천의 해석학적 모델은 십자가 복음을 활성화시키는 동인이 되었다. 5중복음이 십자가 구속의 은혜라면, 4차원영성은 하나님 말씀을 삶 속에 적용 및 실천하는 것이다. 4차원영성은 십자가와 떨어져 있는 것이 아니라, 십자가에 기초한 말씀의 영성이다. 4차원영성은 삼위일체의 영성이며, 철저하게 십자가 중심의 사도적 신앙을 뿌리로 하고 있다(고전2:1-2). 하나님은 인류구원의 생각, 꿈, 믿음, 말을 지니고 계신다. 예수님은 인류구원을 위해 십자가를 지시고, 인류에게 5중복음과 3중축복을 주신다. 성령님은 말씀과 기도를 통해서 지금도 하나님의 인류구원의 목적을 이루어가신다. 그림 5-8은 영산의 4차원영성, 5중복음, 3중축복의 연관성을 구체적으로 설명해준다.

영산의 영성진보는 과학발전과 유비된다. 뉴턴의 고전물리학은 가시적이고 기계적이고 눈에 보이는 학문이었다면, 아인슈타인의 양자학(量子學)은 육안으로 볼 수 없는 소립자의 거동을 이해하고자 했던 학문이다. 환언하면, 뉴턴은 공간 중에 야구공같이 큰 물체가 움직이는 것을 연구한 것이라면, 아인슈타인은 공기 중에 보이지도 않는 미세먼지 입자가 움직이는 것을 연구한 것이다. 뉴턴의 세계관이 시공간은 절대불변이라고 공표한 반면, 아인슈타인의 세계관은 시공간의 질서가 상대적이고 가변적이라고 밝혔다.

아인슈타인의 상대성이론이 나오자 뉴턴의 시공간 개념은 폐기되었고, 이는 과학의 일대변혁을 일으킨 사건이었다. 아인슈타인이 기존의 '관성의 법칙'과 '중력의 법칙'을 하나의 원리로 통합하여 '휘어진 시공간 세계'를 발견한 것처럼, 영산은 기존의 '4중복음 모델'과 자신의 '경험신학 모델'을 연계하여 '5중복음-3중축복-4차원영성'이라는 십자가 중심의 통합모델을 발굴하여, 기존 영적세계에 일대 변혁을 일으켰다. 진리는 바로 우리 곁에 있었다.

영산의 '5중복음-3중축복-4차원영성'이 영성계에 미친 파장을 비유하자면, 흡사 아인슈타인의 세계관이 뉴턴의 세계관에 미친 영향과 유사하다. '신학과 기하학의 만남'이라는 상보적 관계를 유추하여, 하나님을 더 구체적으로 친교하는 방법론을 제시하였다는 차원에서, 그의 영성적 이해의 접근방법은 고차원적이다.

영산의 '5중복음-3중축복-4차원영성'은 하나님의 중심부를 지향하는 초자연적 미각(味覺)이요, 삶과 복음을 이어주는 신학이요, 삶의 자리에서 하나님의 임재를 경험하게 하는 오순절적 체험신학이요, 호흡하는 자들에게 미래의 지평선을 열어주는 희망신학이며, 장차 하나님과 영원한 친교의 관계를 맺어주는 종말론적 신학으로 확장된다. 성육신 관점에서 이해하면, 영산은 5중복음, 3중축복, 4차원영성의 진리의 말씀을 성도들에게 성육화시켜, 그들의 삶의 자리에서 하나님의 임재를 실재적으로 체험하도록 했다.470)

---

469) 조용기, 『오중복음과 삼중축복』, 서울말씀사(2008), 34.

470) 이 영적논리는 순복음영성의 핵심을 이루는 신학적 체계이기도 하다. 그리스도인은 예수님의 신성 및 인성과 나 자신의 인성이 서로 연합되어, 그리스도의 신비의 몸 안에서 살고 있는 자다. 성령님은 과거의 역사 속의 예수님뿐만 아니라 또한 현재 내 삶 속에도 함께하시는 예수님을 체험하도록 하신다. 또한 성령님 안에서 나는 그리스도와 친밀하게 교제할 수 있다. 하나님은 인간과 소통하시려고 그 아들 예수님을 보내주셨다. 성령님은 하나님의 초월성과 내재성을 통합시켜, 우리가 좋으신 하나님을 체험하게 하신다. 이것은 하나님의 전적인 자비다.

5중복음과 3중축복을 삶의 자리에 적용하기 위해서 '적절한 적용수단'이 필요하다. 4차원의 영성은 그 자체가 영성의 내용이면서, 동시에 5중복음과 3중축복을 성도들의 삶의 자리에 적용시켜준다. 그림 5-8처럼, 복음의 스펙트럼과 삶의 스펙트럼이 서로 합쳐지면 '삶의 구속과 새 창조'가 일어나 십자가적 영성의 삶을 살게 된다. 십자가의 복음을 받아들이는 자는 일그러졌던 영혼육의 기능이 정상적으로 회귀되는 은혜가 임하게 된다.

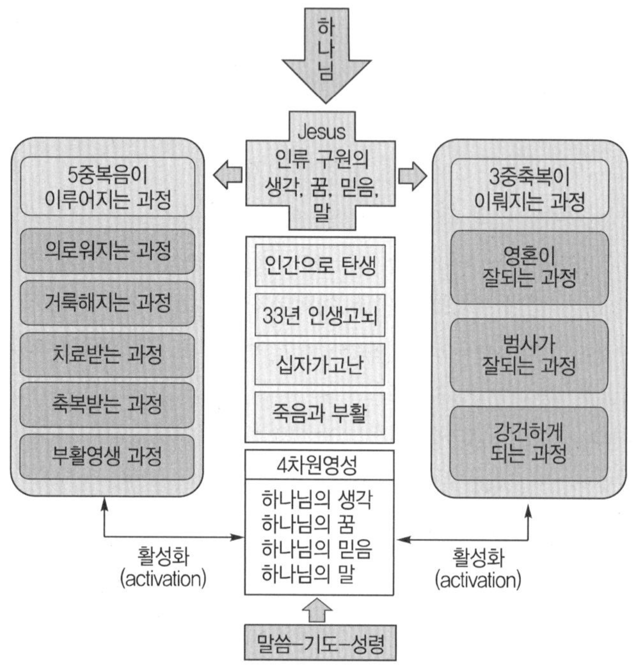

그림 5-8. 4차원영성, 5중복음, 3중축복의 역동적 관계성: 5중복음과 3중축복은 4차원영성의 채널을 통해 삶의 자리에 나타난다. 그들은 서로 역동적 관계에 있다. 십자가에서부터 시작하는 모든 일은 영성의 최고봉에서 서로 만난다. 산꼭대기가 하나인 것처럼, 진리의 최고봉도 하나요, 영성의 최고봉도 하나다.[471)]

'5중복음-3중축복-4차원영성'이 궁극적으로 추구하는 것은 완전함을 향하여 '하나님의 삶의 모델'을 극대화시켜 주님을 영화롭게 하는 것이다. 그림 5-8에서 보는 바와 같이, 전인구원을 받은 그리스도인은 말씀과 성령 안에서 이성의 생각보다 하나님의 생각을 품어야 하고, 욕망의 꿈보다 하나님의 꿈을 품어야 하고, 이성이나 경험보다 하나님의 믿음을 품어야 하고, 땅의 언어보다 천국 언어를 마음에 품어야 한다. 그래야 삶의 한복판에서 변화, 창조. 성장, 기적이 일어나 하나님의 말씀을 삶의 자리에서 체험할 수 있다. 의인이 되었으면 의인의 신분에 어울리는 거룩한 삶을 살아야 하나님의 신령한 은혜를 체험할 수 있다. "나는 너희의 하나님이 되려고 너희를 애굽 땅에서 인도하여 낸 야훼라 내가 거룩하니 너희도 거룩할지어다(레11:45)."

---

471) 조용기, "꿈과 환상", 주일설교(2009-11-08).

4차원영성을 통해 궁극적으로 향하는 성도의 길은 하나님과 이웃 사랑, 즉 '완전함'을 향해 가는 것이다(신18:13, 히6:2). "그러므로 하늘에 계신 너희 아버지의 온전하심과 같이 너희도 온전하라(마5:48)." 하나님은 아브라함에게도 "나는 전능한 하나님이라 너는 내 앞에서 행하여 완전하라(창17:1)"고 명하셨다. 바울도 "내가 그리스도를 본받는 자 된 것 같이 너희는 나를 본받는 자가 되라(고전11:1)"고 권면한다. 중생한 자가 추구해야 할 거룩한 덕목은 '완전함을 향한 영성, 즉 예수 그리스도를 본받는 영성'이다.

따라서 성도는 예수를 닮아가며 소유 개념에서 존재 개념으로 점진적으로 성장해가야 한다(엡4:13, 엡2:21). 받는 자의 개념에서 주는 자의 개념으로 가야하고, '나 중심'에서 '타자중심', '주님 중심'으로 이동해야 한다. 성도는 십자가와 말씀을 자신에게 적용하고 연결시킬 때 영적으로 활성화되어, 하나님의 삶에 참여할 수 있다. 십자가와 하나님의 말씀은 상호보완적이며 서로 밀접하게 연결되어 있다. 하나님은 십자가를 통해서 자신을 계시하시고, 성도는 그리스도 십자가를 통해서 하나님을 알아갈 수 있다.

십자가 영성과 5중복음, 4차원영성, 3중축복은 서로 유기체적인 관계를 유지하고 있다. 472) 서로 구분할 수 있으나 분리할 수 없다. 각자의 정체성을 유지하면서도, 서로 밀접하게 연결되어 있다(그림 5-9). 영산은 "5중복음과 3중축복을 우리 삶에 적용하는 방법이 4차원영성입니다."라고 피력하는 것도 그 연장선에서 이해해야 한다.473) 영적요소들은 상호연합 체계, 협력체계를 이루면서 궁극적으로 하나님의 뜻을 펼쳐간다. 3중축복 4차원영성이 이중구조로 결합되면, '영혼, 범사, 강건이 잘되는 생각, 꿈, 믿음, 말'을 삶에 적용할 수 있고, 5중복음을 4차원영성과 결합하면, '중생, 성령충만, 신유, 축복, 재림을 갈망하는 생각, 꿈, 믿음, 말'을 삶에 적용할 수 있다. 그러나 3중구조-5중복음, 3중축복, 4차원영성이 결합되면, 4차원영성은 5중복음을 활성화시켜 3중축복을 가속화시킨다. 즉 4차원영성은 5중복음과 3중축복을 삶의 자리에 적용시키는 수단이 된다(그림 5-9).

하나님의 말씀을 중심으로 하는 4차원영성, 그리고 십자가 구속의 은혜에서 출발한 5중복음과 3중축복은 4차원영성과 상호 역동적-통전적으로 작용한다.474) 십자가 영성의 궁극은 삼위일체적 삶에 참여하여 주님께 영광 돌리는 것이다. 복음의 스펙트럼과 삶의 스펙트럼이 상호분리되어 있는 것 같으나, 십자가에서 출발했기 때문에, 궁극적으로 '하나됨'을 지향한다. 영산은 "우리가 하나님이 기뻐하시는 긍정적인 생각과 꿈과 믿음을 선포하며 나아갈 때 우리에게 허락된 5중복음과 3중축복의 은혜를 풍성히 누리며 살아갈 수 있습니다."라고 선언한다.475) 삼위 하나님의 삶에 참여하는 삶은 궁극적으로 하나님을 영화롭게 하고, 하나님을 영원히 기쁘게 하는 삶이다. 십자가의 영성은 시작도 끝도 하나님의 영광만을 지향한다.

---

472) 영산의 십자가 영성, 그리고 십자가와 4차원의 영성의 관계성에 대하여는 다음 논문을 참조하라. 이영훈, "영산의 십자가 영성과 제자사역", 『영산신학저널』, Vol.20(2010), 147-183.
473) 조용기, "복있는 사람", 주일설교(2015-06-21).
474) 조용기, "주의 선하심과 인자하심", 주일설교(2005-10-09).
475) 조용기, "수고하고 무거운 짐 진 자들", 주일설교(2014-02-02).

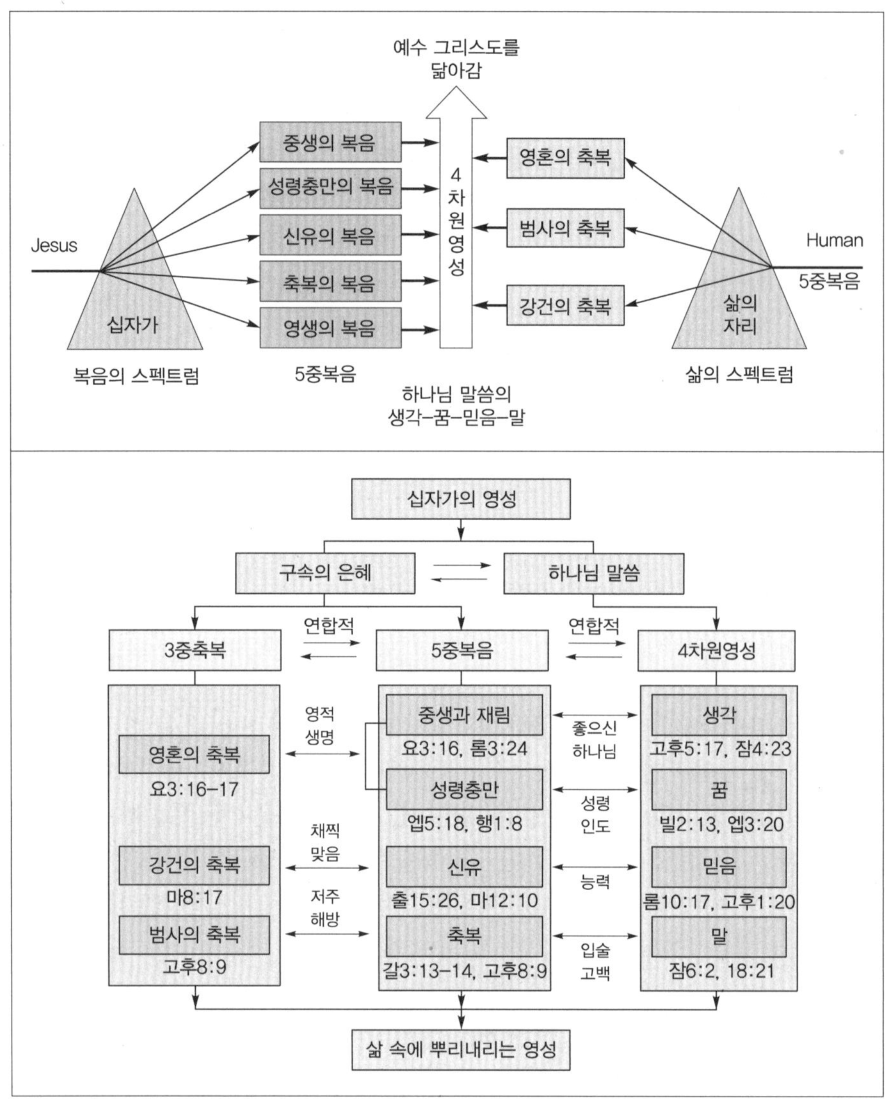

그림 5-9. 영산의 십자가 영성의 구조적 속성: '5중복음-3중축복-4차원영성'과 '십자가 영성'의 관계성.476) 5중복음과 3중축복은 십자가 구속의 은혜에서부터 출발하고, 4차원영성은 하나님의 말씀에서 출발하지만, 기초는 예수 그리스도의 십자가다(갈6:14). 십자가를 통하지 않으면, 누구도 주의 말씀을 알 수 없고, 새로운 피조물이 될 수 없기 때문이다. 여기서 중생, 재림, 성령충만은 영혼의 축복과 상관성이 있으며, 신유는 강건의 축복으로(사53:5-6), 생활의 형통은(고후8:9) 축복의 복음으로 확장된다.477)

---

476) 영산은 5중복음, 3중축복, 4차원영성 및 4중 지위(택하신 족속, 왕 같은 제사장, 거룩한 나라, 소유된 백성)를 예수님의 십자가의 선물이라고 부른다. 참조. 조용기, "임금과 선물", 주일설교(2009-05-31).

477) 조용기, 『오중복음과 삼중축복』, 서울출판사(2008), 263.

5중복음, 3중축복, 4차원영성: 심층적 이해

빛에 대하여 닐스 보어(Niels Bohr)는[478] 파동과 입자라는 상호보완적 개념으로 이해했다. 반면, 하이젠베르크(Heisenberg)는 입자의 위치와 속도를 동시에 알 수 없다는 불확정성(uncertainty)의 개념으로 파악했다. 관찰자의 입장에서 볼 때, 이 두 개념은 모두 옳다. 이것과 유비해서 말하자면, 하나님의 영성 개념은 관찰자의 환경에 따라서 다르게 나타나지만 그 본질은 동일하다.

한편 '5중복음-3중축복-4차원영성'의 상호성과 연합적 특성을 뫼비우스의 띠로 묘사하면 그림 5-10과 같다. 이 그림에서 보는 바와 같이 하위적 요소는 상위적 요소로부터 한계적, 비대칭적 조율을 받는다. 십자가 영성은 5중복음 개념보다 상위 요소이므로 한계적 조율을 수행할 수 있다. 5중복음은 십자가 영성과 뫼비우스 띠의 한 면(plane)에 존재하지만 십자가 영성의 일부에 속한다. 또한 5중복음이 그리스도인의 삶 속에 적용되려면 4차원영성, 즉 하나님처럼 생각하고, 꿈꾸고, 믿고, 고백하는 과정이 중요하다. '5중복음' 그리스도인의 삶 속에 적용되기 위해서는 호환성 있는 운영체계가 필요한데, 4차원영성이 그 역할을 수행한다. 스마트폰에 각자의 운영체계가 있듯이, 4차원영성은 '5중복음'이 그리스도인의 삶의 운영체계로 호환되어, 삶 속에 적용이 가능하게 해준다. 거시적으로 보면, 4차원영성은 5중복음과 3중축복을 삶의 자리에 적용시켜, 예수님의 구속의 은혜를 맛보게 한다. 4차원영성은 '선한 말씀의 맛(히6:5)'을 보게 만든다.

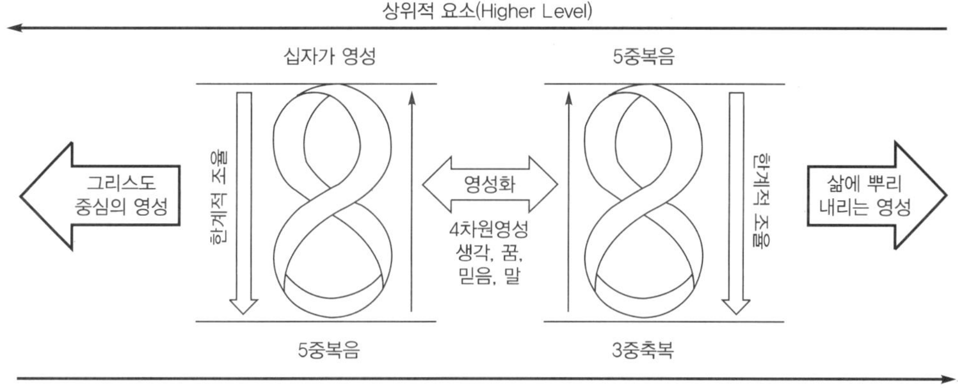

그림 5-10. 복음과 축복과 영성의 조화: '4차원영성과 3중축복'이 상호보완적으로 존재한다. 이들은 서로 분리되어 있지 않고, 하나의 영적 본질 안에서 고유성을 지니고 있으면서도, 상호 공존적 특징을 가지고 있다. '나의 영, 하나님의 영, 5중복음, 십자가의 영성, 4차원영성, 인간의 영·혼·육'은 '존재론적 삼위일체 영성' 안에서 논하는 것이므로 하나의 본성 안에 있는 것이다. 4차원영성은 하나님의 말씀을 마음속에 적용하는 방법인데, 말씀이 삶에 적용될 때 3중축복이 삶 가운데 임한다. 4차원영성은 말씀의 현재화, 즉 하나님 나라를 현재적 삶에 가져오는 은혜의 방편이다. 이 그림에서 상위요소와 하위요소는 계층적 개념으로 구분한 것이 아니라, 상호 연합적 관계 안에서 상호협력 개념에서 사용한 것이다.

---

478) 제임스 로더(James Loder), 『성령의 관계적 논리와 기독교교육 인식론』(The Relational Logic of the Spirit in Theology and Science), 대한기독교서회(2009), 119-131.

빛 안에 입자와 파동이 상호보완성, 연합성을 갖는 것과 같은 맥락이다. 빛 안에 존재하는 입자와 파동은 서로 구분할 수 있지만, 서로 분리시킬 수 없다. 즉, 5중복음 안에 십자가 영성이 내포되어 있고, 십자가 영성 안에 이미 5중복음이 내포되어 있다. 영적 요소들은 우위적 개념이거나 계층적 구조로서 존재하는 것이 아니라, 상호 개별적 속성을 유지하면서도, 상호 연합하는 구조적 특성을 지닌다. 궁극적으로 묘사하면, 4차원영성은 5중복음과 3중축복을 삶 속에 활성화시키는 은혜의 방편이다. 동시에 4차원영성은 그리스도인의 삶에 개별적으로 역사하고, 하나님의 나라를 지향하게 하는 은혜 중심의 영성이다.

영산은 "믿음이란 천지가 무너져도 일점일획도 변하지 않고 없어지지 않는 하나님의 말씀에 굳게 서는 것"이라고 강조한다.479) 그는 '마음하늘' 설교에서 '십자가, 4차원영성, 마음하늘, 5중복음, 3중축복'을 하나로 묶어서 서로 영향을 미치는 것으로 설명한다. "예수님의 십자가를 바라보고 마음을 다스리십시오. 십자가의 보혈의 능력으로 나는 용서받은 의인이 되었다고 생각하고 꿈꾸고 믿고 말하십시오. 나는 거룩하고 성령 충만한 사람이 되었다고 생각하고 꿈꾸고 믿고 말하십시오. 나는 치료받고 건강한 사람이 되었다고 생각하고 꿈꾸고 믿고 말하십시오. 나는 저주에서 해방된 사람이며 아브라함의 복을 받은 사람이라고 생각하고 꿈꾸고 믿고 말하십시오. 나는 그리스도와 함께 죽고 장사지내고 함께 부활하여 하늘에 앉은 구원받은 사람이라는 것을 생각하고 꿈꾸고 믿고 말하십시오. 그렇게 하면 그것이 마음을 점령하면 마음에서 일어난 것이 환경과 운명에 나타나게 되는 것입니다. 하늘에서 이룬 것이 땅에서 이루어지게 되는 것입니다. 여러분 마음속에 나는 영혼이 잘되고 범사에 잘되며 강건하고 생명을 얻되 풍성하게 얻었다고 늘 생각하고 꿈꾸고 믿고 말하십시오. 그러한 역사가 일어나게 되는 것입니다."480)

그는 5중복음과 3중축복을 변화의 역사를 일으키는 은혜의 방편으로 보고, 4차원영성에 대해서는 영적환경을 변화시키는 수단으로 본다. "예수님께서는 죄악과 저주를 멸하셨고, 5중복음과 3중축복으로 변화의 역사를 일으키시며, 4차원의 영성으로 환경을 변화시킵니다. 그 결과 어떤 일이라도 십자가와 4차원의 영성에 부딪히면 다 깨어지고 변화되어 선을 이루는 것입니다."라고 말한다.481) 종국적으로 '5중복음, 3중축복, 4차원영성'이 삶의 자리에 적용되면 모든 것이 합력하여 선을 이루게 된다고 역설한다. 나아가 그는 "하나님의 절대적인 사랑과 주권 하에서 예수님을 닮아가도록 성장시킵니다."라고 말한다.482) 십자가의 영성의 궁극은 그리스도의 형상 – 의로움과 거룩함 – 을 닮아가는 것이다. '하늘의 은사 맛(히6:4)'을 보면 사람은 은혜로 살아 그리스도를 닮아가게 된다.

그림 5-11은 영산의 마음하늘 설교-십자가의 도, 5중복음, 4차원영성, 3중축복을 영적논리에 따라 도식화한 것이다.483) 우리의 인생은 십자가가 중심이 되어야 한다. 칼빈은 "십자가는 신자를

---

479) 조용기, 『요약설교』, 서울말씀사(2012), 150.

480) 조용기, "마음하늘", 주일설교(2007-01-21)

481) 조용기, "모든 것이 합력하여 선을 이루느니라", 주일설교(2015-09-06).

482) 조용기, "모든 것이 합력하여 선을 이루느니라", 주일설교(2015-09-06).

483) 이 책에서 영성 개념과 총체적 의미에 대해 주로 개인적 측면에서 다루고 있다. 개별적 영성은 신앙공동체와 유대 관계 안에서 성장해야 한다. 개별적 영성이 존재하는 근본적 이유는 공동체를 위함이다. 십계명의 영성도 나 중심이

낮추어 하나님의 은혜를 의지하게 한다.484)"고 말한다. 십자가는 은혜를 전달하는 거룩한 통로이다. 하나님의 은혜는 죄인을 구원하고 성화시켜 장차 영광의 나라로 이끌어갈 것이다(롬8:29-30). 모든 은혜는 하나님의 주권에 의해 이뤄진다.485) 하나님은 우리에게 십자가를 주어 마음하늘에서 우리의 생각과 꿈과 만나고, 우리의 믿음과 말과 만난다.486) 하나님이 일을 하시기 위해서는 인간의 마음공간이 필요하다. 하나님의 믿음이 작동되는 곳은 인간의 마음하늘이므로 마음공간이 말씀과 기도로 거룩한 상태로 회복되어야 한다. 거룩함을 얻은 신자(히10:10)는 지속적으로 그 거룩함을 말씀, 믿음, 기도, 성령으로 활성화시켜야 한다.

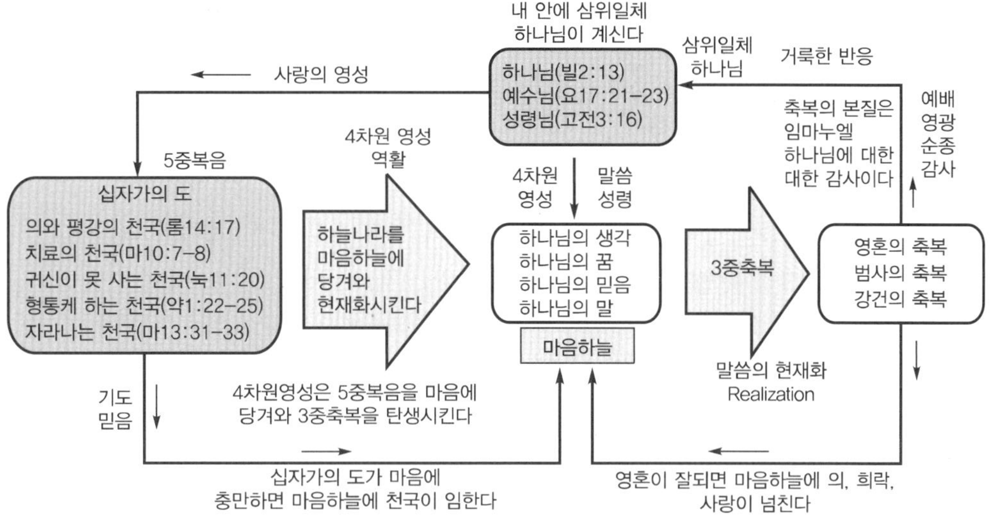

그림 5-11. 마음하늘 개념화를 통한 하나님 나라의 이해: '5중복음-4차원영성-3중축복'은 십자가가 낳은 한 가족들로 볼 수 있다. 그들은 상보성, 고유성, 공통성, 연합성 안에서 똘똘 뭉친다. 영산은 성도가 각자의 마음하늘에 십자가를 세우고 하늘나라의 신비로운 영적 선물들을 받아서, 땅에 살면서도 하늘의 삶을 살도록 권면한다. 5중복음은 십자가 구속의 은혜로 하늘나라를 가져오고, 4차원영성은 말씀을 기초로 마음하늘에 5중복음이 선포되게 해서, 3중축복을 누리게 한다. 5중복음-4차원영성-3중축복은 십자가 구속의 은혜 안에서 하나됨을 지향한다. 중요한 것은 성도의 삶이 십자가 구속의 은혜 안에서 믿음과 말씀과 성령으로 충만해 있는 가이다. 뿌리 없는 나무, 줄기 없는 나무, 잎 없는 나무는 상상할 수 없다. 잎, 줄기, 뿌리가 모여서 온전한 한 그루의 나무가 되듯이, 5중복음, 4차원영성, 3중축복도 한 그루의 나무처럼 서로 밀접하게 연결되어 있다. 마음하늘은 이렇게 역학적으로 통치되고, 상응하는 열매를 맺는다.487)

아니라, 하나님과 공동체 중심이다. 이스라엘 백성은 개인으로 존재한 것이 아니라, 신앙공동체와 민족 공동체의 구성원으로 존재했다. 영성의 발전은 개별 차원에서 사회적, 국가적, 세계적 차원으로 점진적으로 확장되어 가야 한다. 궁극적으로 개별적 영성은 장차 새 하늘과 새 땅의 차원으로 승화된다. 영성은 정적이 아니라 동적이다. 영성은 은혜 상태에서 장차올 영광의 상태를 기대하고, 희망하고, 간절히 사모하기 때문이다.

484) 존 칼빈, 『기독교강요(중)』, 크리스챤다이제스트(2010), 219.

485) 존 맥아더, 『구원이란 무엇인가』, 부흥과개혁사(2008), 87-88.

486) 은혜는 관념적인 것이 아니고 역동적이고 활동적이다. 은혜는 하나님이 죄인들에게 베푸시는 절대주권적인 행위이다(엡 1:5-6). 은혜는 구원의 모든 과정을 포괄한다(고전1:4, 고후6:1, 갈2:21). 은혜는 구원의 모든 것을 처음부터 끝까지 두루 살피고 지켜본다. 은혜는 그 사역을 마치기까지 멈추지 않는다. 은혜는 하나님의 전지전능한 능력이다. 참조. 존 맥아더, 『구원이란 무엇인가』, 부흥과개혁사(2008), 81-86.

7.2. 복음과 영성의 이중결합

십자가의 복음을 통한 하나님의 영원한 계획은 새 하늘과 새 땅을 향하여 진행되어간다. 5중복음, 3중축복, 4차원영성은 이 땅에서는 불완전하지만 장차 하늘나라에 가면 모두 완전하게 이뤄지는 것들이다. 복음과 영성은 서로 밀접하게 연결되어 있다. 복음은 구원의 길을 열어준다. 영성은 새 피조물로서 거룩한 삶을 살게 하여, 그리스도의 형상을 닮아가게 해준다. 영성생활이란 성령 안에서의 삶이다.488) 하나님의 은혜에서 비롯되는 영성은 삶의 목적, 의미, 가치 등을 조율한다. 영성은 성령의 도우심과 이끄심 및 말씀에 대한 인간의 순종으로 성숙해간다.

복음은 죄인을 의인으로 만들어 영적 삶을 살게 한다. 4차원영성은 성도의 삶에 하나님의 은혜가 더욱 넘치도록 이끌어준다. 영산은 하나님의 나라를 3차원 삶의 자리에 구체화시키고 현실화시키는 놀라운 능력을 4차원영성을 통해 일궜다.489) 그는 이 시대, 이 문화, 이 사회 속에서 영성경영 전문가(5P)로 불릴 만하다. 490)

a) 자신만의 복음전달 능력을 가진 자(professional)

b) 구속과 새 창조의 영적 변화를 일으켜 인간에게 참된 유익을 전달해주는 자(profitable)

c) 성령의 인도함을 받는 카리스마적 추진력이 있는 자(progress)

d) 성령과 말씀의 연합을 극대화하여 활용하는 자(powerful)491)

e) 고난 중에 있는 자에게 현재와 미래의 희망을 주는 자(pain-hope)

---

487) 마음하늘의 역학적 통치구조: 마음하늘에는 의장대 하나가 있다. 평상시에는 '이성(理性)'이 단상에 올라가 마음하늘을 다스리는 일장연설을 한다. 그러나 마귀도 종종 그 자리에 등장한다. 이성과 마귀는 의장대 주도권을 놓고 늘 싸운다. 어느 날 믿음이 말씀과 손잡고 마음하늘에 위엄 있게 입성한다. 이성이 올라가는 의장대에 말씀이 성령과 함께 올라가 마음하늘 통치권이 자신에게만 있다고 공포한다. 그러나 이제까지 마음하늘을 지배해왔던 이성의 법, 마귀의 법들은 이에 만만찮게 강하게 반발한다. 결국 마음하늘에는 이성 사령부, 마귀 사령부, 말씀-성령 사령부가 지배하는 삼중구조의 삶이 형성되며, 그들 사령부들은 경쟁체제로 들어간다. 최고의 의장대 자리에 누가 올라가느냐에 따라 마음하늘의 통치권을 행사할 수 있기 때문이다. 마음하늘은 누가 의장대에 올라가서 연설하든 관계하지 않고, 의장대에 올라간 자의 말이나 지시를 철저히 따라가는 속성을 가지고 있다. 마음의 기능은 의장대의 연설자의 뜻에 따라 창조의 세상을 만들어낼 수도 있고, 혼란과 무질서의 세상으로 전락할 수도 있다. 그것은 마음하늘의 특징이다. 마음하늘의 의장대에 말씀이 올라가느냐, 마귀가 등단하느냐에 따라 삶의 구조는 하나님의 뜻을 지향하는 방향으로 갈 수도 있고, 그 반대로 갈 수도 있다. 마음의 경향성 문제다.
마음신앙의 삶이란 마음의장대에 성령님이 주권을 가지고 사는 삶이다. 여기서 필자가 강조하는 것은 이성, 특히 마음 안에 존재하는 지성, 감성, 의지가 믿음생활에 상호관계성 안에 있음을 말하고자 함이다. 성령은 이성을 파괴시키는 것이 아니라 고쳐서 믿음에 협조하도록 하고, 믿음과 대립적 협력구조를 갖게 해서 하나님의 뜻을 온전히 좇아가도록 만든다. 성령은 이성의 논리성을 적극 활용한다. 또 한편으로 믿음은 이성을 초월하면서 기능한다.

488) 영성은 이론, 개념, 정의, 의미보다 항상 행동, 경험, 알아가는 것, 의지하는 것 등에 강조점을 둔다. 영성적 삶이란 이론에 머무르는 것이 아니라. '실제에 대한 영적인 경험'이다. 그런 차원에서 보면, 영성신학은 성서신학, 조직신학, 실천신학 등 다양한 신학영역과 상호연관성을 가질 뿐 아니라, 실제의 삶 속에서 경험하는 것이므로, 사회학, 미학, 철학, 심리학, 경영학, 과학 등과도 밀접하게 연결되어 있다. 영성은 인간의 삶의 모든 영역을 조율한다. 그러나 영성은 의롭고 거룩한 삶을 살게 하여, 궁극적으로 그리스도의 형상을 닮게 한다.

489) 참조. 김판호, "오중복음과 삼중축복 사상에 나타난 하나님 나라", 『영산신학저널』, Vol.13(2008), 91-130.

490) 참조. 곽종운, 『플러스 인생을 경영하라』, 예영커뮤니케이션(2002), 225. 전문가란 일을 왜 해야 하는지 아는 사람(Why), 일을 언제 해야 하는지 아는 사람(When), 그 일을 어떻게 해야 하는지 아는 사람(How), 일을 행동에 옮길 줄 아는 사람(What), 누가 그 일을 해야 하는지 아는 사람(Who), 그 일을 어디서 해야 하는지를 아는 사람이다(Where). 영산은 영의 논리에 따라 영의 활용 능력을 극대화시켰다. 십자가, 말씀, 성령, 기도, 믿음은 그를 능력 있는 종으로 인도했다.

그의 영성경영의 원리는 무엇보다 성령충만에 있다. 그는 "영혼이 잘 되는 길은 성령님과 함께 사는 길밖에 없습니다. 그러기 위해서는 날마다 성령충만한 생활이 계속되어야 합니다."라고 강조한다.492)

영산의 영성형성 핵심의 근원은 어디일까? 그것은 오직 십자가 중심의 영성이다. 부활하신 예수의 영과 연합하여 창조경영을 효율적으로 도출한 것이다. 영산은 항상 성령충만을 사모하며 기도했으며, 언제나 성령님의 이끄심에 순종하고자 했다.493) 그는 부활하신 예수 그리스도의 영과 하나 되어 영성목회를 주도했다. '4차원영성-5중복음 연계 영성모델'을 보면, 서로 불가불의 관계로 연결되어 있음을 알 수 있다. 또한 5중복음은 십자가의 핵심 내용으로서 목회의 소프트웨어였다. 그것으로 독특한 기법으로 창조경영을 하였다. 축약하면 4차원영성 4요소와 5중복음의 5요소는 서로 밀접하게 연결되어 전체를 구성하는 하이브리드(hybrid)형 영성이다.494)

그림 5-12에서 보는 것처럼 4차원영성은 5중복음을 활성화(activation)하며, 5중복음과 상호작용, 상호연합 속에서 최적화시키고, 발전시킨다. 이성의 생각, 꿈, 믿음, 말이 아니라 하나님의 말씀을 통한 생각, 믿음, 꿈, 언어는 그 자체에 능력의 씨를 내포하고 있다. 십자가 중심의 영성 인식론과 방법론의 극대화는 4차원영성을 통해서 촉진되었다. 영산은 5중복음을 불변의 진리로 선언하여, 자신의 신학적 진술의 대명제로 삼았다. 또한 5중복음을 4차원영성에 접목시켜 성도들의 삶에 구체적으로 적용되게 했다. 다시 말해, 그는 하나님이 십자가 위해서 일궈내신 '인류구원, 마귀정복, 계시의 말씀'을 4차원의 영성궤도로 입체적으로 진입시켜서 성도들의 삶의 한복판에 말씀의 현재화를 극대화시켰다. 전략적 진술로 묘사하면, 그는 영성 인식론과 방법론을 균형 있게 조화시켜, 말씀의 본질을 성도들의 삶 속으로 절묘하게 진입시킨 것이다.495)

그러한 비결은 전적으로 그의 말씀훈련, 기도훈련, 성령훈련에서 온 것이다. 또한 그와 같은 경영원리는 오직 말씀과 기도와 성령 안에서 전수받은 것이었다.496)

---

491) 윌프 힐데브란트(Wilf Hildebrandt), 『구약의 성령신학의 입문』(An Old Testament Theology of the Spirit of God), 이레서원(2005), 133. 말씀과 성령님은 함께 활동하여 언약의 약속들이 세대에서 세대를 걸쳐 하나님 백성들의 경험 가운데 성취시킨다. "네 위에 있는 나의 영과 네 입에 둔 말이 이제부터 영원하도록 네 입에서와 네 후손의 입에서와 네 후손의 후손의 입에서 떠나지 아니하리라 하시니라 야훼의 말씀이니라(사59:21. 참조. 사42:6, 49:8, 54:10, 55:3, 61:8)." 성령이 계신 곳에 말씀이 있고, 말씀이 있는 곳에 성령이 계신다. 천지 창조의 시점에서부터 말씀과 성령은 불가분의 관계 안에서 함께 일한다.

492) 조용기, 『오중복음과 삼중축복』, 서울말씀사(2008), 289.

493) "만군의 야훼께서 맹세하여 이르시되 내가 생각한 것이 반드시 되며 내가 경영한 것을 반드시 이루리라(사14:24)."

494) 하나님의 영성은 십자가를 관통하면서 십자가의 영성과 말씀의 영성이 성도의 삶 속에 통합적-전인적으로 나타난다.
   [전인적 영성] = [4차원영성(생각, 꿈, 믿음, 말)] + [5중복음의 영성(구원, 성령, 치료, 축복, 영생)]

495) John M Frame, *The Doctrine of the Word of God*, P&R(2010), 48-49. 말씀의 본질은 '하나님과 인간 영 사이의 상호교통'이다. 하나님은 말씀을 통해 인간과 교통하시며, 자신의 뜻을 이뤄가신다.

496) 4차원영성은 영산으로 하여금 없는 것을 있는 것처럼 바라보는 위대한 능력을 품게 했으며, 성령님의 역사로 다양한 창조능력을 발휘하게 했다. 그는 아브라함처럼 없는 것을 있는 것처럼 생각하고, 꿈꾸고, 믿고, 고백했다. 그 결과 그는 다양한 영적 열매를 거두었다.

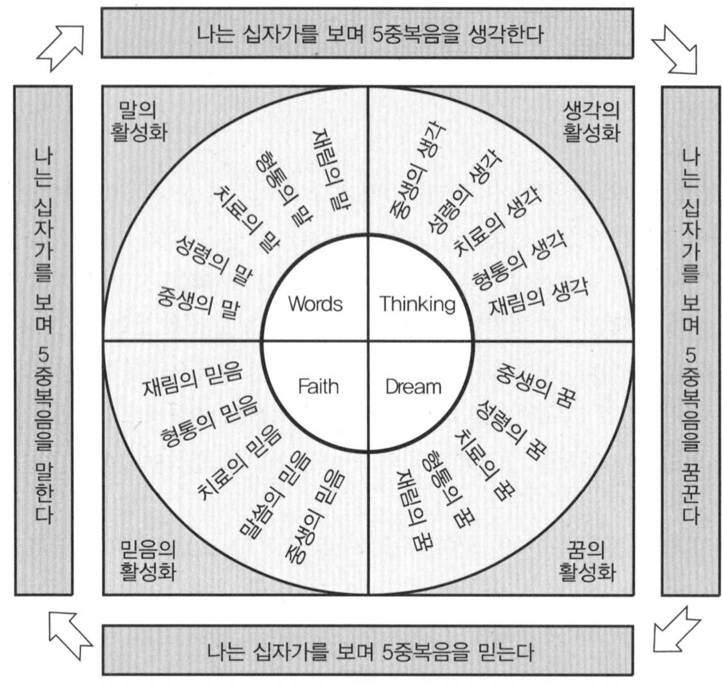

그림 5-12. 4차원영성과 5중복음의 통합(integration) 구조: 5중복음과 4차원영성이 만나면, 삶 속의 영성이 뿌리를 내린다.[497] 5중복음은 4차원영성을 통해 삶 속에 활성화되며, 본래적 기능이 발휘된다. 하나님의 말씀은 최종적으로 입술의 고백, 명령, 선포, 기도를 통해서 역사한다. 속사람의 삶의 방식이 현재화되려면, 하나님의 말씀과 성령을 통한 생각, 꿈, 믿음, 말의 4차원영성이 삶 속에 나타나도록 해야 한다.[498] 결론적으로, 4차원영성과 5중복음이 만나면, 그림에는 도시하지 않았지만 삶의 자리에 3중축복이 잉태된다.

영산의 반세기 목회의 결과를 경영학적 측면에서 보면, 다양한 성과가 나타난다.[499] 그가 일궈낸 모든 창조물들은 4차원 영성경영으로 낳은 산물들이다. 그는 4차원 영적세계를 통해 3차원 세상을 변화시키는 영적 인식론을 발굴했으며, 성령님은 그에게 무한하고 영원한 하나님의 세계를 꿰뚫는 영적인 은사를 주셨다.

---

497) 팀 켈러(Timothy Keller), 『일과 영성』(Faith & Work), 두란노(2013), 71-72 & 91. 우리가 하나님의 형상을 닮은 존재라면 주님의 사역 패턴을 따라 일해야 마땅하다. 일은 하나님을 닮아가는 수단이며, 일은 이웃을 사랑하는 수단이다.

498) 조용기, "내 능력이 약한 데서 온전하여 짐이라", 주일설교(2011-03-20).

499) 첫째, 영산은 믿음과 성령의 역사로 단지 성도 5명에서 80만 명을 일궈냈다. 그는 세계 제일을 추구했으며, 단일교회로서는 가장 큰 교회의 꿈을 성령의 도우심으로 실현하였다. 둘째, 그는 자기 영역에서 세계화(글로벌화)를 추구했다. 1970년대에 세계오순절대회를 주관했고, 세계성장연구회를 창립하였고, 세계하나님의성회 총재를 맡았으며, 세계 대부분의 수도에서 집회를 열었고, 지구를 100바퀴 이상을 돌았다. 셋째, 그의 목회방식은 '나눔과 사랑'에서 찾을 수 있다. 그는 사회공헌에 크게 이바지했는데, 엘림복지타운을 설립해 기부했고, 선한사람들, 어린이심장병치료활동 재단 등을 설립해 사회봉사를 추진하고 있다. 넷째, 그는 인재양성에 특별한 관심이 있다. 후배양성을 위해 한세대를 설립해 후학도를 길러내고 있다. 다섯째, 그는 80만의 거대한 조직을 성공적으로 이끌게 한 셀조직의 창설자였다. 그는 살아 있는 구역조직을 창출해서 초대형교회를 만들었다. 영산은 이 모든 것이 성령님의 도우심이며, 또한 자신이 성령님의 이끄심에 순종한 결과라고 고백한다.

사실 영산의 조직경영철학은 아주 간단하다. 그에게는 사업계획서란 게 필요 없다. 그는 거대한 프로젝트를 진행할 때 거대한 계획서가 필요하지 않았다. 단지 마음속에 그려지는 한 장의 화폭밖에 없었다. 오직 하나님만 알고 있는 베일에 가려진 사업계획서였다.

오직 하나님만이 아는 사업계획서를 가지고 영산은 일을 진행시켰다. 한마디로 엄청난 모험이 걸린 창조경영이었다. 영산 자신도 일의 시작과 끝만 알지 중간과정은 알 수 없었다. 그는 언제나 먼저 믿음으로 결과를 보고 일을 시작했다. 곧 영산만의 독특한 경영기법이었다. 그는 잠언 16장 3절의 말씀을 철저히 따라간 셈이다. "너희 행사를 야훼께 맡기라 그리하면 너의 경영하는 것이 이루리라."

'할 수 있다! 하면 된다! 해보자!'[500) 이 메시지는 4차원영성의 원리에서 나온 영산의 경험적 산물이요 메시지였다. 이 짧은 문장 속에는 영산의 강력한 희망의 메시지와 무한한 가능성의 메시지, 또한 끝없는 비전에 대한 도전적 메시지가 담겨 있다. 성령이 내재하면, 마음영성이 활성화된다. 누구든지 이 말을 들으면, 가슴이 설레고 심장이 뜀박질한다. 이 메시지는 수많은 사람에게 희망으로 가득한 미래를 보여준다.

4차원영성과 영적진보

영산은 "우리가 예수님 안에서 얻은 정체성을 알고 4차원의 영성을 가지고 성령님을 의지하면서 나아가면, 삶의 환경이 변화될 뿐 아니라 사랑을 나누고 베푸는 최고의 삶을 살게 됩니다."라고 말한다.[501) 4차원의 영성은 말씀과 성령의 영성이다. 말씀의 사람이 된다는 것은 신비다. 성결의 영성이 존재의 능력에 중점을 두고 카리스마 영성이 행동의 능력에 중점을 둔다면, 성육신의 영성은 삶의 자리에서 좋으신 하나님의 말씀을 체험하는 능력이다. 바울은 "또 무엇을 하든지 말에나 일에나 다 주 예수의 이름으로 하고 그를 힘입어 하나님 아버지께 감사하라(골3:17)"고 강조한다. 바울은 바로 '삶의 자리에서의 영성'을 강조하고 있다(히6:2, 엡2:21).

4차원영성은 하나님의 말씀을 삶의 자리에 구체적으로 적용하는 과정이다. 4차원영성으로 삶의 자리에서 하나님의 임재를 체험하려면, 먼저 말씀중심의 4차원적 기도로 4차원영성을 활성화시켜야 한다(그림 5-13).

  a) 정화영성의 활성화: 하나님처럼 생각하기 위해서는 먼저 마음이 정화(淨化)되어야 한다.
  b) 복음영성의 활성화: 하나님처럼 꿈꾸기 위해서는 하나님의 뜻을 알 수 있는 능력, 구원의 꿈을 품어야 한다.
  c) 창조영성의 활성화: 하나님에 대한 믿음은 말씀에 기초한다. 그 믿음이 창조를 낳는다.
  d) 행함영성의 활성화: 하나님처럼 말하기 위해서 성령 충만해야 한다.

---

500) 이 메시지는 문화를 초월해서, 아세아방한성회에 참석한 성도들에게도 상당한 영향력을 미쳤다. 제24회(2012년) 아세아방한성회 참석한 대만 활수교회 주상웅(周湘雄) 목사의 인터뷰에 이런 내용이 들어있다. "저는 2003년부터 본 성회에 참석했는데 성령충만을 받자 모든 것이 바뀌었습니다. 저는 매일 거울 앞에서 "할 수 있다, 하면 된다, 해보자!"라고 외칩니다. 우상숭배가 많은 시골지역이지만 성령충만함으로 100명에서 300명으로 성도수가 증가하였습니다." 참조. 순복음가족신문(2012년 7월 22일).
501) 조용기. "배우고 확신한 일에 거하라". 주일설교(2015-01-11).

그냥 가만히 있는데 하나님처럼 생각하고, 꿈꾸고, 믿고, 고백하는 영성이 저절로 생겨나지 않는다. 4차원 기도와 말씀과 성령의 능력으로 먼저 이성적 생각, 꿈, 믿음, 언어를 지속적으로 영성화(spiritualization)시켜야 한다. 그래야 3차원적 생각-꿈-믿음-말이 영성화(靈性化) 혹은 영적성장이 이루어져 하나님의 완전함을 닮아갈 수 있다. 성화는 마음의 정화요, 영혼을 단련시키는 과정이다.502) 그런 맥락에서 보면 회심한 바울은 전형적인 육화영성 모델이라 할 수 있다.

삼위일체 하나님의 영성을 닮아가는 방법으로 하나님은 가장 이상적 모델로서 예수님의 육화(성육신) 모델을 우리에게 보여주셨다.503) 예수님의 육화 모델은 땅의 나라와 하늘나라를 연결하는 거룩한 사닥다리요, 3차원 인간세계와 4차원 영적세계를 연결하는 통로이다. 따라서 그 모델은 인간이 살아가야 할 가장 이상적인 영적 삶의 모델이다. 육화영성은 육화적 삶을 낳는다. 육화적 삶(life of incarnation)이란 곧 예수님을 닮아가는 삶이다(빌2:5, 롬8:29). 육화적 삶의 기본은 성령의 능력으로 '없는 것을 있는 것처럼 생각하고, 꿈꾸고, 믿고 고백하는 삶'이다(그림 5-13).

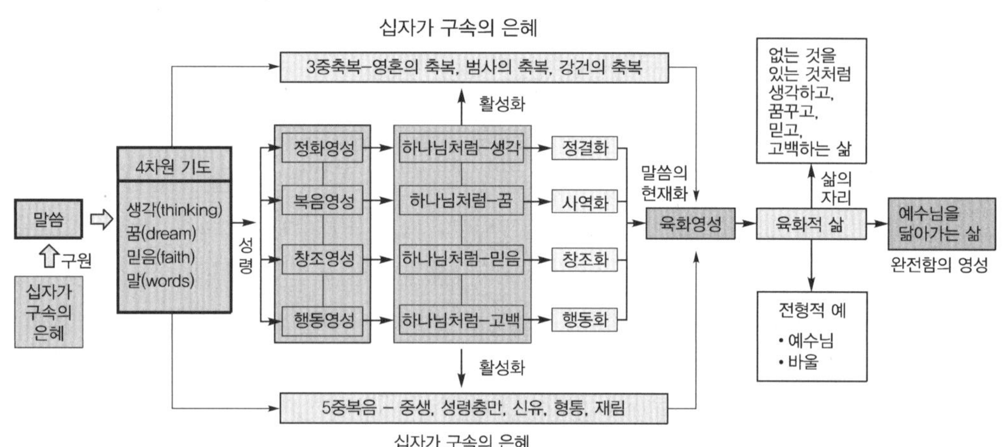

그림 5-13. 4차원영성이 그리스도 형상을 닮아가는 삶(갈4:19)에 미치는 영향: 4차원영성이 삶 속에 뿌리를 내리려면, 4차원적 기도가 필요하다. 기도, 말씀과 성령으로 4차원영성이 성도에게 뿌리내리면, 육화영성이 전인적으로 기능하여 영적 열매를 맺게 된다. 4차원영성은 하나님의 말씀을 성도의 마음하늘에 임하게 하여, 육화영성(spirituality of incarnation)을 빚어낸다. 그러면 성도는 궁극적으로 완전함(perfection)의 영성을 추구하게 되고, 예수님을 점진적으로 닮아가게 된다. 영성화란 내 안의 예수 그리스도의 삶을 드러내는 거룩한 행위다. 하나님처럼 생각하고, 꿈꾸고, 믿고, 고백하기 위해서 먼저 생각을 정화시켜야 하고, 복음을 꿈꿔야 하고, 창조적 믿음을 선언해야 하고, 고백을 통한 행동이 필요하다. 영산은 "우리가 하나님이 기뻐하시는 긍정적인 생각과 꿈과 믿음을 선포하며 나아갈 때 우리에게 허락된 5중복음과 3중축복의 은혜를 풍성히 누리며 살아갈 수 있습니다."라고 강조한다. 504)

---

502) 토마스 왓슨은 성화의 소극적 부분은 죄로부터 정화되는 것이고(고전5:7), 적극적 부분은 영혼을 영적으로 단련시키는 것이다. 즉 '우리의 마음을 새롭게 하는 것(롬12:2)'이고, '신의 성품에 참여하는 것(벤후1:4)'이다. 참조. 토마스 왓슨 (Thomas Watson, 1620-1686), 『신학의 체계』(A Body of Divinity), 크리스챤다이제스트(2002), 425.

503) 창세기 17장 1절에서 하나님은 아브람에게 "나는 전능한 하나님이시라 너는 내 앞에서 행하여 완전하라(창17:1b)"고 말씀하시고, 마태복음 5장 48절에서 예수님께서도 제자들에게 이렇게 말씀하신다. "하늘에 계신 너의 아버지의 온전하심과 같이 너희도 온전하라(마5:48)." 하나님과 예수님은 '온전함 혹은 완전함'을 강조하신다. 이 말을 좀 더 확장해서 이해하면, 관계영성이며, 실천적 차원에서 말하면 하나님과 이웃에 대한 사랑이다.

구약인물 중 다윗은 하나님의 완전함을 좇아 하나님처럼 살기를 갈구했던 한 모델이다: "내가 이새의 아들 다윗을 만나니 내 마음에 합한 사람이라 내 뜻을 다 이루게 하리라 하시더니(행13:22)." 하나님은 '내 마음에 쏙 드는 사람, 내 마음에 딱 맞는 사람'이라는 칭호를 준 적이 없기 때문이다. 아브라함에게도, 모세에게도, 요셉에게도, 야곱에게도 하나님은 그런 호칭을 주지 않았다. 다윗은 그의 시대에 하나님의 뜻을 좇아 섬기다가 잠들었다(행13:36). 다윗의 인생 성적표에는 A학점에서 F학점까지 골고루 들어 있었다. 하지만 다윗의 마음 중심은 누구보다도 하나님 뜻에 꼭 들어맞았다.

인간의 영적목표는 오로지 '하나님을 온전히 닮아가는 것'에 있다. 하나님 앞에서는 '그 무엇을 잘 하는 것이 중요한 것'이 아니고, 하나님 앞에서는 '어떤 사람이 되느냐가 중요한 것'이다. 거룩하신 하나님은 거룩한 인간을 원하신다(레11:45, 살전5:23, 4:7, 유1:20).

어느 날 하나님이 우리에게 '바닷물을 두레박으로 다 퍼낼 수 있겠느냐?'고 물으실 수 있다. 그러나 그런 절대불가 앞에서도 하나님은 "예, 주님! 주님을 믿고 한 번 해보겠습니다"라고 고백하는 음성을 듣기를 원하신다. 다윗은 적어도 그렇게 했다. 그것이 바로 4차원영성의 생각, 믿음, 고백이며, 하나님의 뜻에 합당한 태도다. 베드로도 영으로 하나님처럼 살 것을 강조한다. "이를 위하여 죽은 자들에게도 복음이 전파되었으니 이는 육체로는 사람처럼 심판을 받으나 영으로는 하나님처럼 살게 하려 함이니라(벧전4:6 참조. 신18:13, 창17:1)."

8. 4차원영성론과 에드워즈의 신앙감정론

하나님의 마음과 인간의 마음은 유사하다. 하나님은 사랑과 기쁨과 슬픔을 느끼신다. 스바냐 선지자는 유다 백성에게 "그가 너로 인하여 기쁨을 이기지 못하여 하시며 너를 잠잠히 사랑하시며 너로 인하여 즐거이 부르며 기뻐하시리라(습3:17)"고 선포한다. 인간의 감정은 마음상태에 따라 불안한 영적감정 혹은 은혜로운 감정을 가질 수 있다. 마음은 인격의 중심이자 영적활동이 일어나는 신비로운 공간이다. 영산은 "인간은 예수님을 만남으로, 하나님의 말씀을 읽고 기도함으로써 성령의 도우심을 따라 살아갈 때 변할 수 있습니다."라고 말한다.[505] 그는 꿈을 품으면 변화가 온다고 강조한다. 인간의 마음에서 변화의 핵심은 말씀과 기도와 성령과 믿음에 달려 있다. 인간의 마음 공간에서 기능하는 마음알갱이들의 동선(動線)을 추적하는 것은 쉽지 않다. 야고보는 "두 마음을 품은 자들아 마음을 성결하게 하라(약4:8)"고 한다. 시편 기자도 "그들이 이웃에게 각기 거짓을 말함이여 아첨하는 입술과 두 마음으로 말하는도다(시12:2)"라고 읊는다. 마음공간에서 움직이는 마음알갱이는 이처럼 고전역학적이 아니라 양자역학적이다. 다시 말해 위치와 속도를 동시에 알 수 없다는 하이젠베르크의 불확정성 원리(Heisenberg's Uncertainty Principle)가 우리 마음에 적용된다. 사실 내 마음을 나 자신도 모른다. 다시 말해 성령이 지배하지 않으면 내 마음의 방향을 알아내기 어렵다.

---

504) 조용기, "수고하고 무거운 짐 진 자들", 주일설교(2014-02-02).
505) 조용기, "삶의 환경은 주어진 것보다 만들어 가는 것", 주일설교(2015-02-15).

성령 안에 거할 때 인간은 성령의 능력으로 마음이 지향하는 것을 분별할 수 있다. 우리는 우리 안에 거하시는 성령에게 각자의 마음을 주관하시도록 간청하고 맡겨야 한다. "그의 성령을 우리에게 주시므로 우리가 그 안에 거하고 그가 우리 안에 거하시는 줄을 아느니라(요일4:13)." 마음공간은 영적요소들이 일하는 장소이다. 따라서 이성의 언어로 추적하여 마음알갱이의 방향과 위치를 정확하게 파악하는 것은 사실상 어렵다. 그러나 여기 마음알갱이의 메커니즘(mechanism)을 신앙생활 측면에서 효능적인 영적접근 방법으로 밝혀낸 두 인물이 있다. 여기서 마음공간의 본성적 속성과 기능적 특성을 개괄적으로 살펴보고자 한다(그림 5-14).

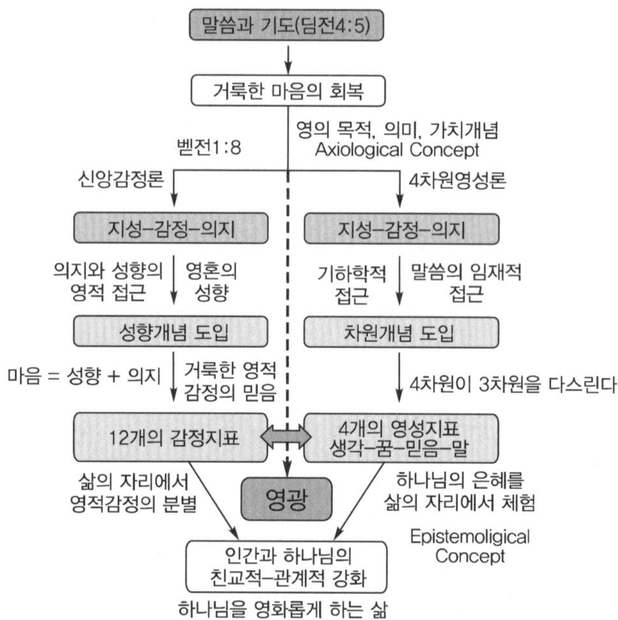

그림 5-14. 4차원영성과 에드워즈의 신앙감정론과 상호연합성: 이들의 마음역학 영적 메커니즘(기능적 구조)은 서로 연결되어 있으며, 또한 공통점을 지니고 있다. 신앙감정론이 '성향(inclination) 개념'을 도입했다면, 4차원영성은 '차원(dimension) 개념'을 도입하여 마음하늘의 속성을 설명한다. 그러나 이들이 추구하는 마음공간에서 영적 지향성은 동일하다. 성령의 영적 열매라는 궁극의 목적과 관련해서, 에드워즈는 '거룩한 믿음의 감정'이 신앙생활에서 백미라고 강조한다. 영산은 말씀의 생각, 꿈, 믿음, 말을 통한 하나님과의 교제를 신앙의 최고봉이라고 역설한다. 비록 이들의 접근 방법은 서로 다르지만, 성령의 열매를 맺고, 하나님께 영광 돌리는 측면에서 이들은 동일한 방향을 추구했다.

바울은 "우리가 예수 그리스도의 마음을 가졌느니라(고전2:16)"고 말한다. 다른 말로 바꾸면, 예수를 보고, 알고, 믿는다는 말이다. 왜냐하면 우리의 마음속에 그리스도를 아는 지식의 형상이 새겨져 있기 때문이다. 우리는 2천 년 전의 그리스도를 육신의 눈으로 볼 수 없다. 하지만 우리는 마음속에 새겨진 영적 시각으로 그리스도를 볼 수 있다. 이는 우리 가운데 "성령의 나타나심과 능력(고전2:4)"이 머물기 때문이다. 그리스도의 마음을 가졌으니 이제 신자는 말씀과 믿음과 성령으로 자기의 마음을 거룩하게 해서(딤전4:5), 거룩한 일, 선한 일을 이루어(딛2:14) 하나님을 영화롭게 해야 한다.

4차원영성론과 신앙감정론은 모두 성령 안에서 마음공간에서 일어나는 신자들의 영적활동과 상태에 관한 것이다. 영산은 4차원영성을 통하여 마음하늘의 인식체계를 기하학적으로 정립화하였다(그림 5-14). 조나단 에드워즈(J. Edwards) 역시 『신앙감정론』이라는 대작을 통하여 마음공간에서 일어나는 '거룩한 영적 감정, 또한 감정의 진위여부를 판별하는 표지들'에 대하여 체계적으로 연구하였다. 그들은 서로 약 300년 시공간의 차이가 있었지만, 마음에 대한 그들의 경험과 연구는 영적인 측면에서 공통점을 지니고 있다. 이들은 상호 마음공간 안에서 일어나는 영적요소들을 내적-외적으로 적용하고, 실천적으로 해석하였다. 그림 5-14에서 보는 바와 같이 이들은 공히 마음공간에서 자신들의 영적세계의 메커니즘을 구상하고 펼친다.506)

기능적 측면에서 인간의 영혼은 첫째, '그 무엇을 아는(knowing) 능력'과 둘째, '그 무엇에 반응하는(reacting) 능력'으로 이루어져 있다. 전자는 사물에 대한 앎이다. 후자는 호감-반감, 좋아함-싫어함, 수용-거절 또는 기쁨-절망 등 다양한 상태로 나타난다. 전자는 지성적 특성으로 나타나고, 후자는 감정적-의지적 특성으로 나타난다. 그 결과 인간의 마음은 '지성적 혹은 사고적이다', '감정적 혹은 정서적이다', 혹은 '의지적이다'라고 말할 수 있다. 에드워즈는 신앙감정을 논할 때 영혼의 성향 혹은 영혼의 의지라는 표현을 사용한다. 그는 마음을 성향과 의지의 총체라고 본다. 성향(inclination)이란 한 마디로 어느 한 쪽으로 기울거나 쏠리거나 집중하는 것이다. 감정이 한 쪽으로 치우치면, 의지의 경계선을 넘어가서 마침내 어떤 것을 결정하게 된다. 의지가 선택되거나 한번 설정되면, 감정과 사고는 의지와 다시 연합해서 기능한다. 지성과 감정이 의지에게 전권을 부여하고, 그들은 잠시 물러선다. 하지만 의지가 결정되면, 다시 그들 3인방은 연합해서 기능한다. 즉, 지성과 감정이 연합해서 의지를 빚어내지만, 그들은 다시 연합한다. 이처럼 지성 혹은 사고, 감정, 의지는 상호 순환적, 연합적으로 기능하는 속성이 있다. 따라서 에드워즈는 지성, 감성, 의지에 대해 개념적으로 명확한 경계선을 긋지 않는다. 이 요소들은 서로 구분되지만, 나눌 수 없다.

인간의 마음은 어떻게 정화(淨化)하는가? 인간의 마음은 말씀과 기도로 거룩하여진다(딤전4:5). 마음은 거룩하여진다는 것은 먼저 마음이 정화된다는 것이다. "그가 우리를 대신하여 자신을 주심은 모든 불법에서 우리를 속량하시고 우리를 깨끗하게 하사 선한 일을 열심히 하는 자기 백성이 되게 하려 하심이라(딛2:14)." 마음이 정화되면, 마음의 성향이 선한 일을 향하게 된다(벧전1:2). 또한 마음이 정화되고 거룩해진다는 것은 세상이나 자기 경험 또는 이성(理性)을 의지하는 것에서 벗어나서 오직 그리스도만을 바라보는 것이다. 다시 말하면, 마음이 정화된다는 것은 마음의 성향이 선의 방향으로 기운다는 것을 뜻한다. 미움 대신에 사랑을, 절망 대신에 희망을, 고난 대신에 영광을,

---

506) 에드워즈의 지성, 감정, 의지 개념은 총체적 개념이 강하다. 인격의 중심부로 알려진 지정의 개념은 영혼의 성향과 의지 차원에서 논의된다. 그는 감정과 의지를 본질적으로 구분할 수 없는 것으로 본다. 단지 얼마나 생기 있게 작용하는지, 얼마나 느낄 수 있는지에 따라서 차이를 보일 뿐이라고 정립한다. 존 스미스(조나단 에드워즈, Jonathan Edwards), 『신앙감정론』(The Works of Jonathan Edwards Volume 2: Religious Affections), 부흥과개혁사(2005), 149. 덧붙여 말하자면, 지성은 사물을 인지하거나 사유하는 특성을 지니고 있다. 그러나 감정과 의지의 기능을 서로 명확하게 구분하는 것은 쉽지 않다. 의지는 사고와 감정을 의존하고, 역으로 사고와 감정은 의지의 동의를 구한다. 이 요소들은 서로 구별되지만 또한 서로 연합적 관계에 있다. 마음의 질서는 성령님만이 꿰뚫고 계신다.

없는 것 대신에 있는 것을, 불의 대신에 의를 바라보는 것이다. 그 선함은 하나님의 영광을 탄생시 킨다(롬2:10). 지성, 감정, 의지가 말씀으로 정화되면, 거룩한 믿음의 감정이 빚어져서 거룩한 생각, 꿈, 믿음, 언어가 나온다. 거룩한 감정 없이 거룩한 일을 할 수 없다(유1:20).

영산은 성령과 말씀은 4차원 영적세계에 속하고, 눈에 보이는 물질세계를 3차원에 속한다고 정 의한다. 이 영적논리에 따르면, 4차원의 성령과 말씀은 마음하늘에 존재하는 생각, 꿈, 믿음, 말을 사용하여 3차원의 세계를 변화시킨다. 말씀으로 마음을 거룩하게 만드는 과정에 관한한 4차원영 성론과 신앙감정론은 대체로 동일하다. 신앙감정론은 결국 거룩한 영적 감정으로 선한 일을 통해 하나님께 영광 돌리는 것이다. 문제는 에드워즈가 강조하는 것처럼, 영적 감정이 거룩함에서 온 것인지 아닌지를 분별하는 능력이다. 에드워즈는 거룩한 감정을 분별하는 12개의 표지들을 정립했 다.507) 에드워즈가 정립한 12가지 진위(眞僞) 표지들은 4차원영성의 4요소 – 생각, 꿈, 믿음, 말 – 가 거룩한 감정에서 온 것인지, 아니면 육적 상태에서 온 것인지 분별하는 데 유용하게 활용될 수 있을 것이다.

그림 5-14에서 에드워즈(J. Edwards)는 사고, 감정, 의지를 범주화하는 과정에서 '거룩한 믿음의 감정'이라는 포괄적 영적 언어를 이끌어낸다. 나아가 그것을 신앙감정의 상태에 대해 진술하는 것 과 서로 연결시킨다. 그는 무엇보다 진정한 믿음이 거룩한 감정 안에 존재한다는 것을 전제한다. 베드로는 "예수를 너희가 보지 못하였으나 사랑하는도다 이제도 보지 못하나 믿고 말할 수 없는 영광스러운 즐거움으로 기뻐하니(벧전1:8)"라고 말한다. 그는 이 말씀을 통해 "믿음의 시련은 참된 신앙과 거짓된 신앙을 구별해 주는 역할을 한다"고 강조한다.508) 다시 말해 에드워즈는 참된 신앙 은 그리스도의 사랑과 기쁜 감정 속에 있다는 중요한 관점을 이끌어낸다. 동시에 그는 신앙감정론 을 통해서 감정의 본질적 중요성과 신앙생활에서 감정의 중요성을 역설한다. 그리고 그는 신앙감 정이 은혜롭고 거룩한 감정인지 아닌지를 구별해주는 표지에 대하여 그의 책 『신앙감정론(Religious Affections)』을 통하여 심도 있게 펼친다.

에드워즈는 거룩한 믿음의 감정을 포괄적으로 이해한다. 그는 감정과 의지를 두 개의 분리된 기 능으로 보지 않고, 강렬한 힘과 생동감만이 다를 뿐이라고 본다. 영혼의 성향이 호감을 가지거나 혹은 반감을 가지는 능력이라면, 영혼의 의지는 그것을 결정하고 판단하는 힘이다. 그런 차원에서 에드워즈는 감정이란 '한 인간의 영혼을 구성하고 있는 의지와 성향이 지닌 더 활기차고 감지할

---

507) 에드워즈는 진정으로 은혜로운 거룩한 감정을 분별하는 표지로서 12가지를 제시한다. 성령의 내주, 하나님 되심에 대한 인식, 하나님의 아름다움에 대한 인식, 하나님을 아는 지식, 진리에 대한 깊은 확신, 참된 겸손, 성품의 변화, 그리스도의 성품을 닮아감, 하나님을 두려워 함, 신앙의 균형, 하나님을 향한 갈망, 행위로 나타나는 신앙. 존 스미스(조나 단 에드워즈, Jonathan Edwards), 『신앙감정론』(The Works of Jonathan Edwards Volume 2: Religious Affections), 부흥과개혁사(2005), 정성욱 역, 283-540. 이 은혜로운 12가지 감정을 요약하면, '성령 안에서 예수 그리스도의 형상을 닮아가기 위한 내적-외적 영적 변화와 영적성장의 표지들'로 이해된다. 이 축약된 내용과 4차원영성에서 '하나님의 생각, 꿈, 믿음, 말'은 서로 연관성이 있다.

508) 위의 책, 143.

수 있는 활동'이라고 정의할 수 있을 것이다.509) 그의 마음개념을 보면, 감정이 마음의 내면적-총체적 구조를 대변하는 것으로 이해된다.510) 거룩한 감정이 마음하늘에 충만해지면, 거룩한 생각, 꿈, 믿음, 언어가 빚어질 것이다. 그런 맥락에서 보면, 신앙감정론은 4차원영성론과 입체적으로 상호 연결점을 갖는다.

에드워즈는 "마음공간에서 영혼의 본성적 성향과 거룩한 믿음의 감정과의 관계를 은혜와 분별의 측면에서 체계화해서, 삶 속에서 은혜로운 성령의 열매를 이루는 과정"으로 묘사했다. 영산은 "마음하늘에 성령의 생각, 꿈, 믿음, 언어를 적용하여, 삶의 자리에서 하나님의 임재를 체험화하는 과정"을 입체적으로 그려냈다.511) 이들은 동일한 공간인 '인간의 마음'안에서, 동일한 하나님의 '성령과 말씀'으로, 동일한 성령의 열매를 삶 속에서 맺게 하는 영성을 개발한 것이다. 그런 차원에서 에드워즈의 신앙감정론과 영산의 4차원영성을 상호연합해서 다루면, '거룩한 감정의 생각, 꿈, 믿음, 언어'로 확장된다. 역으로 거룩한 감정인지 아닌지를 분별하는 방법으로 현재의 신앙감정이 '거룩한 생각'에서 온 것인지, '거룩한 꿈'에서 온 것인지, '거룩한 믿음'에서 온 것인지, '거룩한 말'에서 온 것인지를 평가하면 될 것이다.

4차원영성은 하나님의 생각-꿈-믿음-언어라는 총체적 영성을 말씀 자체에서 추구한다. 그 결과 하나님의 뜻에 동화되는 삶을 역동적으로 수행하는 능력을 가지게 된다. 예수님이 그런 삶을 사셨다. "나를 보내신 이가 나와 함께 하시도다 내가 항상 그의 기뻐하시는 일을 행하므로 나를 혼자 두지 아니하셨느니라(요8:29)."

요약하면, 약 300년의 시차를 두고 있지만, 한 마음, 한 성령, 한 말씀 아래, 영산과 에드워즈는 마음영성 개발에 관한한 유사한 영적 사상을 갖고 있다. 끝으로 에드워즈의 신앙감정론과 영산의 4차원영성을 개괄적으로 상호비교하면 표 5-6과 같다. 이들의 특징을 간략하게 이해하면, 4차원영성이 4차원의 기도를 통해 하나님의 은혜를 당겨오는 것이라면, 에드워즈의 신앙감정은 이미 이루어진 영적 경험들을 분별하는 데 관심을 둔다. 즉 에드워즈는 은혜의 감정들을 분별하는 기준들을 제시한다.

---

509) 위의 책, 148.

510) "감정 또한 기독교적 영성개발의 핵심이다. 개인이 하나님께 회복되려면 감정도 변화되어야 한다. 옛 감정을 없애거나, 철저히 고치거나, 새로운 감정들을 도입하거나, 적어도 강도를 높여야 한다." 달라스 윌라드(Dallas Willard), 『마음의 혁신』(Renovation of the Heart), 복있는사람(2014), 201. 윌라드는 "감정을 정의한다는 것은 만만찮은 일이다"라고 일축한다. 그 이유는 인간감정에 완성된 목록이 없기 때문이다(p207).

511) 4차원영성은 또한 청교도 목회자 아이작 암부르스(Issac Ambrose) 바라봄의 영성(9가지 원칙)과 상통한다. 암부르스는 『예수를 바라보라 1』책에서 예수님의 사역을 삶 속에 적용하는 방법론으로 9가지 기준을 제시한다. 곧 "구원을 위해 위대한 사역을 수행하신 예수님을 알고, 생각하고, 갈망하고, 소망하고, 믿고, 사랑하고, 기뻐하고, 간구하고, 닮아가는 것"이다. 이 9가지를 4차원영성과 "생각-앎과 생각", "꿈-갈망과 소망", "믿음-믿음과 사랑", "말-기뻐함, 간구함, 닮아감"으로 연결시킬 수 있을 것이다. 따라서 이 둘 사이에도 서로 연관성이 있다. 거시적으로 보면, 영산의 4차원영성과 암부로스의 바라봄의 9가지 원칙은 전개 양식이 서로 비슷하다. 영산은 기하학적 개념에서 영적요소를 접근하지만, 암부로스는 평면적 전개방식으로 영적요소들을 여러 관점에서 바라보았다. 그러나 이들이 궁극적으로 추구하는 것은 "영적 열매를 맺으며, 의와 거룩함으로 그리스도를 닮아감"이므로, 서로 공통성을 지니고 있다. 참조. 아이작 암브로스(Issac Ambrose, 1604-1664), 『예수를 바라보라 1』, 부흥과개혁사(2011), 617-695.

표 5-6. 신앙감정론과 4차원영성의 비교

구 분	신앙감정론	4차원영성론	비 고
1. 대명제	참된 믿음은 거룩한 감정 안에 있다.[512]	하나님의 말씀을 마음에 정리하여 담는 방법이 생각, 꿈, 믿음, 말이다.[513]	신앙감정론도 4차원영성도 결국은 마음하늘을 무대삼아서 한편의 이야기를 엮어낸 것이다.
2. 적용 원리	초자연적 원리 (은혜주입)	기하학적 원리 차원의 원리	4차원이 3차원을 다스린다. 이것은 동일성의 원리다.
3. 성경적 원리	사랑과 믿음 (벧전1:8)	친교: 생각–꿈–믿음–말 (잠4:23, 시37:4, 막9:23, 민14:28)	사랑과 친교는 같은 범주 안에 있다(요일1:3).
4. 키워드	성향개념(inclination)	차원개념(dimension)	에드워즈의 성향개념은 철학적–과학적–신학적 개념의 총체이다.
5. 성령의 역사	성령의 내주 강조	성령충만 강조	성령과 말씀 중심 (하나님의 주권)
6. 객관화 원리	12개의 감정 표지	4개의 영성 표지 – 생각, 꿈, 믿음, 말	1) 하나님처럼 생각한다. 2) 성령의 꿈을 품는다. 3) 없는 것을 있는 것처럼 믿는다. 4) 긍정적 고백을 한다.
7. 연속성	계속적으로 영적 감정을 분별해 나가야 한다.	성령 안에서 4차원의 기도를 통해 영성을 지속한다.	없는 것을 있는 것처럼 생각하고, 믿고, 입술로 고백하는 기도
8. 영성의 명명 (命名)	분별의 영성	4차원의 영성	분별영성은 거룩한 감정과 일반적인 정서(emotion)를 분별하는 것을 말한다.
9. 궁극의 지향점	하나님의 영광	하나님의 영광	4차원영성은 친교의 영성이다. 즉, 은혜의 활성화 개념이다.
10. 마음개념	성향 + 의지	지성–감성–의지	에드워즈는 마음을 역동적으로 성향개념을 도입하여 이해한다.

　그러나 신앙감정론은 영적성장의 지표로서도 활용이 충분히 가능하다. 4차원영성이 생각, 꿈, 믿음, 말이라는 4요소를 중심으로 은혜의 영성을 나타내는 데 치중했다면, 에드워즈는 '감정'이라는 독특한 요소를 평가지표로 내세워 영적 경험들을 분별한다. 4차원영성이 장차 누릴 은혜를 지금 여기서 맛보게 하는 것이라면(히6:5, 벧전2:3), 에드워즈는 거룩한 감정을 24개의 지표를 통해 연속적으로 평가하게 한다. 그의 영성 개념은 분별의 영성으로 적합하다. 4차원영성이 4차원의 영적세계가 3차원의 물질세계를 다스리는 '차원 개념'을 도입하여 4차원영성을 구체화, 체계화했다면, 에드워즈는 '성향 개념'을 도입하여 거룩한 감정의 평가기준들을 제시한다. 4차원 개념의 경우 처음부터 성령의 내주를 전제하므로, 인간의 일반적 감정이 애초부터 제외된다. 다시 말해 하나님의 말씀을 기초로 하나님처럼 생각하고, 꿈꾸고, 믿고, 말하는 그 자체가 거룩한 영적 감정으로 볼 수 있다.

---

512) 에드워즈, 『신앙감정론』, 32.
513) 조용기, 『말』, 한세대학교출판부(2012), 5.

4차원영성의 경우 '인간의 생각인지 하나님 생각인지, 하나님이 주신 꿈인지 자신이 만든 정욕의 꿈인지, 자신의 이성과 경험을 믿는 것인지, 자기의 말인지 하나님이 주신 말인지를 분별할 수 있는 표지들'도 필요하다고 본다. 다시 말해 인간중심의 4차원영성인지 말씀으로부터 온 4차원영성인지를 분별할 수 있어야 한다. 적용 측면에서 보면, 24개의 표지를 기독교인의 삶 속에 연속적으로 활용하는 것이 쉽지 않다. 대신에 4차원의 영성은 4표지로 구성되어 있어 적용하기가 상대적으로 쉬우며, 4차원의 기도를 통해 거룩한 감정의 활성화 과정이 보다 유연하다.514)

맺는말

인간안에 내재된 생각, 꿈, 믿음, 말은 신앙생활에 절대적으로 중요한 요소들이다. 신앙인은 이 4가지 요소를 영적으로 잘 활용하면 성공적이고 영적인 신앙생활을 할 수 있다. 4차원영성을 소극적으로 이해하면 하나님과 인간 사이에 일어나는 교제의 영성이다. 그러나 적극적으로 보면 의와 거룩함으로 예수 그리스도를 닮아가는 궁극의 영성이다(롬8:29). 4차원영성의 구조적 기능은 '예수님과 같은 생각, 같은 삶, 같은 믿음, 같은 언어'로 살게 함으로 예수님의 형상을 닮아가는 데 있다(롬8:29). 그리스도인의 생각, 꿈, 믿음, 말의 주인은 예수 그리스도시다.

4차원영성의 또 하나의 큰 기능은 하나님과의 교제를 활성화시키는 데 있다(요일1:3, 몬1:6, 요일1:7). 아담과 하와가 지니고 있다가 잃어버린 최초의 교제권은 십자가의 구속의 은혜로 회복되었다. 이것은 기념비적인 것이다. 그리스도의 십자가를 통해 하나님과 인간 사이에 친교의 회복이 이루어졌다. 십자가의 위대성은 하나님과 인간을 화목하게 해서, 신자를 하나님의 양자로 만든 것이다. 4차원영성은 생각으로, 꿈으로, 믿음으로, 말로 하나님과 교제하는 영성이다. 나아가, 4차원 영성은 개인의 실존의 한계를 초월해서, 전능하신 하나님과 교통하는 능력을 준다.

4차원영성은 신앙인의 이성적 구조의 삶을 말씀의 구조로 전환시키는 구체적인 영적 방편이다. 거듭나지 않은 인간은 자신의 이성(지성)과 감성과 의지를 믿고 살지만, 4차원의 영성은 인간의 마음구조를 철저하게 말씀으로 성화시켜, 말씀의 임재가 삶의 자리에 나타나게 한다. 하나님의 말씀은 하나님의 생각이므로 인격적이다. 인간도 하나님의 형상을 닮아 인격적 존재다. 따라서 인격자 간에 주고받을 수 있는 친교 수단은 생각, 꿈, 믿음, 말이다. 인간이 소유한 것 중에 생각, 꿈, 믿음, 언어는 4차원 영적세계에서 사용될 수 있다. 이 요소들은 3차원 물질세계를 변화시키고 지배하는 근원적인 힘을 준다. 결론적으로 4차원의 영성은 나를 뛰어넘어 하나님께로 향해 나아가는 역동적 영성이다.

---

514) 어느 시대에나 인간의 마음은 복잡하고, 어지럽고, 죄성으로 가득 차 있다. 영산과 에드워즈의 마음 연구는 시대를 초월해서 성도들의 삶에 적용될 수 있을 것이다. 왜냐하면 아담의 타락 이후로, 인간의 죄성은 이 세상에서 완전히 없어지지 않을 것이기 때문이다. 참조. 달라스 윌라드(Dallas Willard), 『마음의 혁신(Renovation of The Heart)』.

4차원의 영성 제1요소는 생각이다. 십자가는 생명 언어 – 구원, 화목, 칭의, 중생 등 – 를 창조했다. 신자는 십자가에서 비롯된 십자가 중심의 생각 언어를 사용할 수 있어야 한다. 하나님은 인간에게 지성을 주어서, 지성이 감정과 의지를 이끌게 한다. 지성의 생각은 완전하지는 않지만 하나님의 형상을 반영한다. 따라서 그것은 창조의 능력을 가지고 있다. 마음은 인간의 중심이다. 생각은 마음에서 비롯된다. 말씀의 생각은 삶의 과거, 현재, 미래를 서로 연결시켜서, 신자들의 영적 기능을 활성화시킨다. 영산은 생각을 말씀으로 담금질하면, 거룩한 생각, 성령의 생각으로 승화시켜 하나님처럼 생각할 수 있다고 말한다. 생각의 위대성은 시공간을 초월해서, 현재의 삶의 자리에서 미래에 실현될 것을 미리 맛보게 하는 것이다. 생각은 꿈을 초청해서, 꿈꿀 재료를 제공한다. 즉 말씀의 생각은 그리스도를 닮아가는 삶을 살게 하는 동기를 부여해준다(히6:5).

4차원영성의 제 2요소는 꿈이다. 하나님이 이 땅을 향해 바라시는 것이 무엇일까? 그것은 하나님의 뜻과 목적 그리고 의미와 관계된다. 그것은 바로 예수님과 같은 삶을 사는 것이다. 하나님의 대서사적 꿈은 인류구원이다(딤전2:4). 우리에게 영원한 생명을 주는 것이다(요6:40). 그 다음 생명을 가진 자는 그리스도를 닮아가는 꿈을 꾸어야 한다(롬8:29). 바울이 그렇게 살았다(고전11:1). 신령한 꿈은 신앙인에게 삶의 의미와 가치를 부여한다. 꿈을 통해서 인간은 거룩함과 의로움을 배우고, 하나님의 성품을 닮는 것을 목적으로 삼아야 한다. 소원하는 그 자체가 목적이 되어서는 안 된다. 현상이 아니라 본질을 추구해야 한다. 영적존재는 환상과 꿈을 통해 하나님과 교제할 수 있다. 꿈의 위대성은 하나님이 피조물과 함께 또한 피조물을 통해서 역사하는 것에 있다. 하나님은 모세가 손에 든 지팡이를 통해 홍해를 갈라지게 하셨다. 모세와 그의 지팡이는 하나님의 소원을 이루는 은혜의 방편이었다. 즉, 꿈은 매일의 삶 가운데서 하나님의 뜻을 이루어가는 거룩한 방편이다. 인간 쪽에서 보면, 꿈은 하나님이 행하시는 일을 맛보는 과정이다. 또한 꿈은 믿음을 초청하여, 믿어야 할 대상을 알려준다. 꿈을 꿀 때, 모든 일에 하나님을 인정하는 것이 중요하다(잠3:6).

4차원영성의 제 3요소는 믿음이다. 십자가는 자연인을 불러서 믿음의 사람으로 만든다. 믿음은 꿈을 기초로 작용한다. 즉 꿈은 실상을 제공하고, 믿음은 그 실상을 현재의 눈으로 바라본다. 믿음은 보고, 알고, 신뢰한다. 이성의 믿음이 아니라, 하나님의 말씀에 기초한 하나님의 믿음을 품게 한다. 십자가는 말씀의 믿음을 심령에 심어서 하늘의 기적을 맛보게 한다. 그 믿음은 장차 온전히 누리게 될 은혜를 현재의 삶의 자리에서 맛보게 만든다. 믿음은 3차원의 세계를 변화시키는 원동력이다. 말씀, 순종, 믿음은 서로 짝을 이루어 작용하며, 하늘의 신비를 삶의 자리에 나타낸다. 믿음이 기능하게 하는 것 중에 중요한 것은 입술로 명령, 선포, 고백하는 것이다. 믿음은 2천년 전의 예수님, 하늘 보좌에 앉으신 예수님을 지금도 현실 속에서 역사하시는 분으로 만나게 해준다.

4차원영성의 제 4요소는 말이다. 창조의 능력은 말 안에 있다. 말은 영이요, 생명이고(요6:63), 인격이다. 영적존재만이 말할 수 있다. 말은 초월적 신비에 속해 있다. 말은 존재와 본성을 대변하는 인격의 중심부다. 말은 생각하고, 꿈꾸고, 믿은 것을 최종적으로 선포하고 들리게 한다. 또한 말은 4차원 4요소 중 순서상 제일 마지막에 온다. 말은 믿음의 완성이기 때문이다. 4가지 요소 중에서 말은 하나님의 형상을 가장 닮은 핵심적인 요소다. 말은 선포, 명령, 고백의 형태를 가질 수 있다. 성령님은 인간의 입술을 활용하신다. 성령님이 인간의 생각과 입술을 활용하시는 과정은 신비다. 이성의 언어로 설명할 수 없다.

4차원영성은 그 자체적으로도 기능할 수 있지만, 5중복음과 3중축복과 결합되면 시너지효과를 나타낸다. 인간이 가진 4차원 영적요소들 – 생각, 꿈, 믿음, 말 – 은 영의 세계에 속해 있고, 이들은 하나님의 뜻을 이뤄가는 데 사용되는 요소들이다. 하나님은 인간의 마음에 내재된 4차원 영적요소들을 하나님의 은혜가 임하게 하는 수단으로 사용하신다. 인간의 관점에서 보면, 그 요소들은 하늘의 자비와 은혜와 사랑이 성도에게 부어져서, 예수 그리스도를 닮아가는 수단이다. 하나님의 관점에서는 자신의 뜻을 이루어가는 수단이다. 4차원영성을 달리 표현하면, '아버지의 마음이 자녀에게로, 자녀의 마음이 아버지께로 되돌아가게 하는 영성'이다. 나아가, 4차원영성을 통해 '말씀과 능력의 맛(히6:5)', '하늘 은사의 맛(히6:4)'을 누릴 수 있어야 한다.

제1장부터 제4장에 걸쳐서 십자가 영성의 기초와 개념, 그리고 '인간은 누구인가?'에 대하여 다양한 관점에서 논하였다. 또한 십자가 영성의 복음과 축복을 통해 인간성이 어떻게 회복되는지에 대하여 본질적 및 실존적 측면에서 논하였다. 제5장에서는 회복된 인간성 안에서 작용하는 생각, 꿈, 믿음, 말의 본질적 속성에 대해 개괄적으로 서술하였다. 이제 친교의 십자가 영성으로서 생각, 꿈, 믿음, 말의 영성에 대하여 구체적으로 살펴보고자 한다.515)

---

515) 생각, 꿈, 믿음, 말의 순서: 논리적으로 보면 생각한 것을 꿈꾸고, 믿고 말하는 것이 옳지만, 순서는 중요하지 않다. 생각 안에 이미 말의 씨가 잠재되어 있고, 꿈 안에 이미 믿음이, 말 안에 생각의 씨가, 꿈 안에 이미 말의 씨가 들어 있다. 4개의 요소들은 상호보완적 및 연합적으로 기능한다.

내가 너희 중에서 예수 그리스도와 그가 십자가에 못 박히신
것 외에는 아무 것도 알지 아니하기로 작정하였음이라
(고린도전서 2장 2절)

제4부
십자가의 영성:
성장함(Growing)

그러므로
함께 하늘의 부르심을 받은 거룩한 형제들아
우리가 믿는 도리의 사도이시며 대제사장이신
예수를 깊이 생각하라
(히브리서 3장 1절)

제6장
성장의 십자가: 생각의 영성

요약

생각은 인간의 존재, 본성, 행동에 총체적으로 참여한다. 생명 안에 생각이, 생각 안에 생명이 존재한다. 생명은 곧 존재이며, 그 존재는 곧 생각으로 충만하다. 생각이 바뀌면 삶의 궤도가 바뀐다(엡3:20-21). 영적존재는 생각한다. 하나님의 형상을 닮은 인간은 생각의 능력도(창2:19) 하나님을 닮았다. 몸 안에서 생각은 작지만, 일하는 영역은 초우주적으로 기능한다. 생각이 위대하면 삶도 위대해진다. 생각은 모든 삶의 시작점이며 삶의 방향을 결정한다. 키의 방향에 따라 배의 방향이 달라지는 것처럼 생각의 방향에 따라 삶의 지향점이 달라진다(마5:48).

영산은 창세기부터 요한계시록까지 하나님의 말씀을 하나님의 생각으로 본다. 4차원영성의 4요소 - 생각, 꿈, 믿음, 말 - 에서 생각은 순서상 가장 먼저 온다. 인간은 맨 먼저 생각하기 때문이다. 인간의 마음하늘에는 이성(理性)의 생각, 마귀의 생각, 성령 또는 말씀의 생각이 번갈아 떠오른다. 마음공간에서 생각의 주도권을 누가 쥐느냐에 따라 마음의 성향이 악을 지향할 수도, 선을 지향할 수도 있다. 세 가지 생각이 떠오를 수 있기 때문에 마음하늘에서 생각의 장(場)은 늘 혼란스럽고, 불확실하며, 불안정하고, 예측불가하고, 양자역학적이다(약1:8, 4:8).

거듭난 자의 생각은 십자가 중심의 가치체계를 품게 된다. 영산은 항상 5중복음의 생각 - 중생의 생각, 성령충만의 생각, 신유의 생각, 형통의 생각, 재림의 생각 - 과 3중축복의 생각 - 영혼이 잘되는 생각, 범사가 잘되는 생각, 강건하게 되는 생각 - 으로 충만할 것을 강조한다. 새 피조물은 이미 십자가에서 죽고 부활하여 사는 자다. 따라서 모든 생각의 근원은 '예수 그리스도 안에서' 기능해야 한다. 죽은 자는 생각이 없다. 이성의 생각은 사실상 이미 소멸되었다. 그것을 하나님의 말씀에 기초한 인식론적으로 이해하고 인정할 때, 신앙생활에 활력이 부어진다. 그리스도인의 생각은 그리스도의 마음 안의 생각이 되어야 한다(고전2:16, 갈2:20). 말씀의 생각, 성령의 생각, 그리스도의 생각으로 살아야 하는 것이 새 피조물이 가져야 할 생각의 양식이다. 생각이 컴퓨터 하드웨어라면, 말씀은 소프트웨어와 같다. 말씀이 마음 안에 세팅되어야 인간의 생각이 말씀대로, 말씀 안에서, 말씀을 위해, 말씀을 통해서 영적 기능을 발휘할 수 있다. 말씀대로 이뤄지는 자에게 복이 있다(눅1:45).

생각이 영적으로 기능하기 위해서는 마음하늘이 늘 말씀으로 충만해야 하고, 기도와 믿음과 성령으로 충만해서, 생각이 정화되고 거룩해져야 한다(딤전4:5). 하나님의 사랑을 수용할 수 있는 마음의 성향이 되어야 한다. 생각이 거룩해지면, 은혜의 감정 – 중생의 생각, 성령충만의 생각, 신유의 생각, 축복의 생각, 영생의 생각 – 이 생겨서, 선한 일을 하게 되고, 궁극적으로 하나님께 존귀와 영광을 돌리게 된다(롬2:10). 영혼이 잘되는 생각, 범사가 잘되는 생각, 강건해지는 생각은 영적활동의 기초다. 예수 그리스도 중심의 생각, 이것이 궁극의 영적 생각이다(갈4:19).

1. 생각의 성경적 본질

인간만이 생각한다. 하나님의 형상을 품은 자는 생각의 능력을 가지고 있다. 생각은 삶의 원천적 본질이다.1) 말씀의 생각은 은혜로운 감정을 일으키고, 궁극적으로 행동의 동기와 방향을 결정한다. 자연인의 생각은 이성중심의 지성, 감성, 의지의 틀에 기초한다. 그러나 그리스도인은 그리스도의 마음을 가지고 있고(고전2:16), 그리스도와 연합되어 있다(고전6:7). 따라서 그리스도인의 생각의 원천은 예수 그리스도와의 인격적이며 영적인 사귐에서 그 뿌리를 찾을 수 있다. 영산은 "예수님의 십자가 대속의 고난으로 말미암아, 우리에게 5중복음과 3중축복이 주어진 것을 깨닫고, 성령님께서 우리와 영원토록 함께 하신다는 사실을 알아야 합니다."라고 강조한다.2) 한 마디로 말하자면, 생각에 대한 영산의 개념은 '예수 그리스도의 십자가 대속'에서 비롯된다. 그는 예수 그리스도의 생명에 생각의 뿌리를 내리고 있다. 그리스도인은 새 마음과 초자연적인 생각으로 은혜의 삶을 추구해야 하는 존재들이다. 십자가의 생각을 영성차원에서 보면, '거룩함과 의로움에 대한 생각의 총체'이다. 새 피조물인 그리스도인은 의와 진리의 거룩함으로 살아야 할 존재이기 때문이다(엡4:24, 고전1:30, 롬3:22).

십자가는 죄인을 의인으로 만들어 예배드리게 하고 궁극적으로 하나님께 영광을 돌리게 한다. 죄인이 십자가 위에서 죽으시고 부활하시고 영광 받으신 예수 그리스도를 믿으면, '거룩함'에 참여하는 자가 된다(히10:10).3) 따라서 그리스도인의 거룩함의 기초는 그리스도와 함께 십자가에 못 박히고 부활한 사건에 뿌리를 두고 있다(갈6:14, 고전2:2). 마땅히 그리스도인의 생각, 신앙, 삶의 기초는 십자가 사건에서 모든 뿌리를 찾아야 한다.

주의 영과 합한 자는 하나의 영이다(고전6:17, 갈2:20). 생각영성의 핵심은 그리스도의 인격에 동화되는 것이다. 생각의 영성은 그리스도의 마음과 그리스도인의 마음 사이에 작용하는 정동적(靜動的)

---

1) 사전적인 생각의 정의는 다음과 같다. a) 사람이 머리를 써서 사물을 헤아리고 판단하는 작용, b) 어떤 사람이나 일 따위에 대한 기억, c) 하고 싶은 어떤 일 또는 그런 일에 대한 관심. 윌라드(Willard)는 생각은 우리가 사물을 의식하는 모든 방식을 가리킨다고 서술한다. 여기에는 기억, 지각, 신념이 포함된다. 참조. 달라스 윌라드(Dallas Willard), 『마음의 혁신』(Renovation of the Heart), 복있는사람(2014), 윤종석 역, 162.
2) 조용기, "행복이 머무는 곳", 주일설교(2013-10-20).
3) "이 뜻을 좇아 예수 그리스도의 몸을 단번에 드리심으로 말미암아 우리가 거룩함을 얻었노라(히10:10)."

관계를 통해 발전한다. 바울은 우리가 "그리스도의 마음을 가졌느니라(고전2:16)."라고 말한다. 그것은 신자의 마음에 그리스도의 인격과 성품이 새겨진 것을 의미한다. 그리스도의 마음을 소유하였다 함은 신자가 영적세계를 인식할 수 있는 능력을 가졌다는 것이다. '신자의 마음에 새겨진 그리스도의 마음'에 기초해서 거룩한 생각이 빚어진다.

자비의 하나님은 그의 아들 예수를 통해 죄 많은 인간을 자신의 가족으로 만들었다. 따라서 거룩하신 하나님의 형상을 닮은 인간은 근원적으로 자비의 생각을 품고 거룩함을 추구하는 것을 목표로 삼아야 한다. "너희 아버지의 자비하심 같이 너희도 자비하라(눅6:36)." "내가 거룩하니 너희도 거룩할지니라(레11:45)." 토저(A. W. Tozer)는 '인간이 품을 수 있는 생각 중에 가장 큰 생각은 하나님에 관한 생각'이라고 강조하면서, "생각과 말은 하나님이 자신의 형상으로 창조한 피조물에게 주신 선물"이라고 서술하고 있다.4)

1.1. 생각의 시원점

하나님은 영이시며(요4:24), 인간은 하나님의 형상을 닮게 창조되었다(창1:27). 아담이 지음 받았을 때 생각의 능력도 받았다(창2:19). 인간의 창조성은 생각에서 시작된다.

영산은 하나님의 말씀을 시인할 때 내 것이 된다고 말한다.5) 그는 말씀 속에 계신 하나님을 설교를 통해 강조하고 있다.6) 영산은 "예수님의 십자가가 우리 생각의 근원이 되어야 합니다."라고 강조한다.7) 십자가 위에서 예수와 함께 죽고 부활한 성도의 생각과 말의 근원은 어디서 시원(始原)하는가? 곧 성령 안에서 우리와 함께 계시는 예수 그리스도시다. 우리는 십자가 위의 그리스도를 바라보아야 한다. 우리의 속죄를 위해 하나님은 예수 그리스도를 이 땅에 보내주셨기 때문이다. 우리 생각의 뿌리는 오직 예수 그리스도시다. 새로운 피조물은 옛 자아가 아니라 새 자아로서 그리스도 안에서 살아가야 할 신분이기 때문이다(고후5:17).

하나님은 그리스도 안에서 사시고, 예수님은 우리 안에서 사신다(고전1:30, 요17:21-23). 따라서 신자는 말씀과 성령을 통해 '내 안에서 예수 그리스도를 드러내는 삶(행1:8, 요16:14)'을 살아야 한다. 신앙생활에서 생각의 본질적 근저는 말씀과 성령에 있다. 하나님은 자신의 생각을 말씀 안에 두셨다. 예수님은 말씀이 되어 이 땅에 오셨다. 성령님은 말씀을 깨닫게 하신다. 하나님의 양자가 되었으므로(롬8:15), 그리스도인은 예수님 안에서 '하나님의 생각'을 통해 '하나님의 말씀을 하는 것 같이(벧전4:11)' 말을 하며 살아야 한다. 성도가 '하나님의 생각'을 품고 산다는 것은 성부, 성자, 성령 하나님의 생각에 동화되는 것을 의미한다(신18:13, 창17:1, 빌2:5, 고전2:16).

---

4) 토저(A. W. Tozer), 『하나님을 바로 알자』(The Knowledge of the Holy), 생명의말씀사(2012), 13-14.
5) 조용기, "입으로 시인하는 말씀의 능력", 『조용기목사 설교전집』, 5집, 116-117.
6) 조용기, "말씀 속에 계신 하나님", 『조용기 목사 설교전집』, 18집, 159-168.
7) 조용기, "나의 생각이 나를 다스린다", 주일설교(2017-06-11).

1.2. 의와 거룩의 생각

이제 의와 거룩을 좀 더 구체적으로 알아보자. 인간이 말씀과 기도로 거룩해지는 것이 하나님의 뜻이다(딤전4:5, 살전4:3). 우리는 그리스도의 마음을 소유하고 있어(고전2:16, 빌2:5) 예수님의 의와 거룩을 닮아갈 수 있는 씨가 마음에 잠재되어 있다. 즉, 성도는 의와 거룩으로 예수님의 성품을 닮아갈 수 있어야 한다(엡4:24, 고전1:30). 그것이 우리가 이 땅에 존재하는 이유다(엡1:4). 그러기 위해 성도들은 날마다 십자가를 바라보려는 영적 의지가 충만해야 한다. 즉 성육신으로 오신 예수님의 삶 – '33년의 삶, 세례 받으심, 시험 받으심, 죽으심, 부활하심, 승천하심, 중재하심, 성령으로 오심' – 을 바라보고, 믿고, 소망하고, 사랑하고, 고백하는 것이다.[8] 그리스도를 바라봄으로써 '성령 안에서 예수님과 같은 생각, 같은 삶, 같은 믿음, 같은 말과 언어'로 살 수 있다. 바울은 "그리스도와 그 부활의 권능과 그 고난에 참여함을 알고자 하여(빌3:10)"오직 십자가와 예수만을 바라보았다. 예수를 바라보면, 내 인격이 그의 인격에 동화된다.

우리의 믿음은 그리스도의 십자가 죽음과 부활에 기초하고 있다. 십자가 믿음과 사랑은 그리스도인을 겸손하게 만든다(롬1:5). 영산은 "십자가를 껴안으면, 생각과 꿈과 믿음과 말이 달라지고 삶에 놀라운 변화가 일어납니다."라고 한다.[9] 마음이 거룩해질 때, 즉 은혜로운 감정이 충만할 때 생각도 거룩해진다. 생각의 궁극은 내 안에 거룩하신 예수님의 마음 – 거룩함과 의의 마음 – 을 본받는 것이다. 인간은 예수 그리스도를 믿을 때, 하나님의 영원한 자비로(사54:8) '새 생명, 새 생각, 새 인격'으로 재창조된다(고후5:17, 갈6:15).[10] 예수 그리스도의 십자가 복음은 생명을 낳아(딤후1:10), 거룩한 생각을 탄생시킨다. 따라서 신자는 영적 생각 – 의와 거룩 – 을 품고 살아야 한다.[11] 예수 그리스도의 십자가는 생명, 생각, 인격을 본질적으로 회복시킨다. "아들이 있는 자에게는 생명이 있고 하나님의 아들이 없는 자에게는 생명이 없느니라(요일5:12)." "우리의 옛 사람이 예수와 함께 십자가에 못 박힌 것은 … 다시는 우리가 죄에게 종노릇 하지 아니하려 함이니(롬6:6-6)."

성경은 생각의 개념과 이미지를 고차원적으로 다루고 있다.[12]

---

8) 바라본다는 것은 영적 의지력이다. 지성, 감성, 의지를 총동원하여 예수님께 한 마음으로 집중한다는 의미다. 예수를 바라본다는 것은 연약한 피조물이 그리스도의 자비와 은혜와 관대함을 사모하고, 사랑하고, 의지한다는 의미다.

9) 조용기, "나의 생각이 나를 다스린다", 주일설교(2017-06-11).

10) 새 피조물은 그의 생각하는 방향이 그리스도를 향한다. 생각은 몸을 주도하기 때문에, 생각이 바뀌면 전인적 변화가 일어난다. 십자가는 인간의 정신적 삶의 구조를 이성적 구조에서 하늘구조로 전환시키는 신비로운 능력을 품고 있다. 새 존재, 곧 거듭난 자의 생각구조는 죄성과 대적 관계에 있다. 옛 사람이 새 사람이 되면, 성령의 생각이 육의 생각을 거부하고 다스린다. 새 사람 안에 임재하는 성령의 생각은 삼위일체 하나님의 생각을 추구한다.

11) 존 오웬(John Owen), 『영의 생각, 육의 생각』(Thinking Spirituality), 생명의말씀사(2013), 22-23. 오웬은 '영의 생각이란 신자 속에서 일어나는 새로운 영적 생명의 활동'이라고 정의한다. 영적인 마음은 세 가지로 구성된다. 첫째, 영적인 것에 늘 집중하는 마음을 가져야 하고, 둘째, 영적인 것을 더 많이 사랑하고, 셋째, 영적인 것으로 참 만족을 느끼는 것이다.

12) 생각의 영역에는 '개념, 이미지, 정보, 사고력'이 있다. 여기서 중요한 것은 개념과 이미지다. 개념이란 현실에 대한 개략적 모델이나 가정들이다. 개념은 신념보다 훨씬 이상적인 것이며, 신념에 의존하지 않는다. 개념이란 사물을 생각하고 해석하는 방식이다. 참조. 달라스 윌라드(Dallas Willard), 『마음의 혁신』(Renovation of the Heart), 복있는사람(2014), 윤종석 역, 162-164. 신자는 하늘과 세상의 개념과 이미지를 상호구별하는 능력을 말씀과 성령과 기도와 믿음으로

가. 영의 생각은 예수님의 마음에 동화되고 참여하는 것이다.

영산은 "예수님을 믿고 구원받아 하나님의 자녀가 되면 우리의 마음이 성전, 곧 하나님이 거하시는 마음하늘이 됩니다."고 말한다.13) 아들이 있는 자에게는 그 안에 생명이 존재한다(요일5:12). 예수의 마음을 가지고 사는 신자의 모든 생각의 시원점은 예수 그리스도의 본성 안에 있다. "우리가 그리스도의 마음을 가졌느니라(고전2:16)." 따라서 신자의 마음에서 나오는 생각은 그리스도의 마음에 동화되어 가야 한다. 십자가 위에서 예수와 함께 죽고 부활한 성도는 이제 옛 자아는 죽고, 새 사람이 되었다. 예수와 연합한 자는(고전6:17, 롬6:5) 예수의 거룩한 본성에서 생각의 뿌리를 찾아야 한다.14) 나의 의가 아니라, 예수 그리스도의 의를 전수받아 생각해야 한다. 성령으로 난 것은 영이다(요3:6). 영이신 하나님은 생각하시는 분이시다. "내 생각은 너희 생각보다 높으니라(사55:9)." 따라서 신자는 이제 하나님처럼 거룩함을 추구해야 한다(레11:45).

영산은 "믿는 자의 삶은 눈에 안 보이는 생각과 꿈과 믿음과 언어가 옷을 입고 나오는 것입니다."라고 말한다.15) 그는 신자의 삶의 개념을 4차원영성적으로 인식해서, 4차원의 영이 3차원의 물질세계를 지배하는 것으로 본다. 신자는 예수 안에서 4차원의 영적 생명이 유지되고, 존재하며, 생각하는 인격체다. "우리가 그(예수 그리스도)를 힘입어 살며 기동하며 존재하느니라(행17:28)." 인간은 예수 안에서 실존하고 생각하는 존재다. 성경은 단순히 호흡하고 있다고 해서, 사람이 살아 있다고 말하지 않는다. "죽은 자들로 자기의 죽은 자들을 장사하게 하고 너는 가서 하나님의 나라를 전파하라(눅9:60)." 죽은 자가 어찌 죽은 자를 장사할 수 있는가? 죽은 자는 먼지와 같아 생각할 수 없는 존재이며, 생명이 없는 자다. 이 영적논리로 보면, 예수를 믿기 전에 '우리의 생각'은 하나님이 보실 때에 '죽은 자의 생각'인 것이다.16)

하나님은 예수님 안에 존재하는 자만을 살아 있는 존재로 여기고, 생각할 수 있는 자로 간주한다. 따라서 중생한 자는 새 생각으로 살아가는 존재이다. 이것은 신비 그 자체다. 즉, 영적논리로 보면, 죽은 자에게는 생명이 없고 생각의 실존도 없다. 중생할 때 비로소 하나님으로부터 새 생명을 수여받아, 새 생각으로 살 수 있는 새 존재가 된다. 이것은 신비로운 영적 진리다.

생명이 있는 자만이 생각할 수 있다. "아들이 있는 자에게는 생명이 있고 하나님의 아들이 없는 자에게는 생명이 없느니라(요일5:12)."17) 하나님께로 난 자는 그 안에 하나님의 씨, 즉 말씀이 있어

점차적으로 키워가야 한다. 신자의 마음 공간에는 두 개의 개념체계가 공존하고 있음을 인식할 수 있어야 한다. 신자는 흑암의 권세에서 사랑의 아들의 나라로 옮김을 받았기 때문이다(골1:13). 우리 안에 두 개의 신분이 있음으로, 두 개의 개념체계가 존재하는 것이다.

13) 조용기, "마음하늘", 주일설교(2013-04-07).

14) 우리는 자연적인 출생(natural birth)에 의해서 아담의 본성에 참여하고, 영적 출생에 의해 그리스도의 본성에 참여한다. 참조. 스테판 차녹(Stephen Charnock, 1628-1680), 『거듭남의 본질』(The New Birth II), 지평서원(2012), 188.

15) 조용기, "나의 삶을 다스리는 법칙", 주일설교(2008-04-27).

16) 지구상에는 70억 명의 인구가 살고 있지만 하나님의 말씀이 없는 사람은 이미 죽은 자이며, 그들은 스스로 생각한다고 하지만 하나님의 눈에는 '죽은 생명, 죽은 생각'으로 보인다. 이것은 하늘나라의 이해에 중요한 단서를 제공한다. 그리스도인은 하나님 관점에서 보는 사람들이며, 생명에 대한 개념이 완전히 다르다.

생명이 있다. 또한 생명이 있는 자로서 예수님 안에서 생각할 수 있는 존재가 된다. "하나님께로부터 난 자마다 죄를 짓지 아니하나니 이는 하나님의 씨가 그의 속에 거함이요 그도 범죄하지 못하는 것은 하나님께로부터 났음이라(요일3:9)."

따라서 타락한 실존은 오직 예수를 믿음으로써 '옛 생각(타락 후 생각)'을 '새 생각(중생 후 생각)'으로 회복시킬 수 있다. "그 날에는 내가 아버지 안에, 너희가 내 안에, 내가 너희 안에 있는 것을 너희가 알리라(요14:20)." 생각은 생명 안에 있고, 생명 안에 생각이 있다. 생명과 생각 및 존재는 서로 분리할 수 없으며 밀접하게 연결되어 있다. 영산은 "우리는 예수님을 믿음으로 새로운 피조물이기 되었기 때문에 예수님이 주신 5중복음과 3중축복의 새 옷을 입고 살아야 합니다"라고 말한다.[18) 그리스도의 옷을 입을 때 우리는 그리스도의 생각에 동화될 수 있다.

나. 영의 생각은 거룩함과 의로움 안에서 성장하고 진보한다.

하나님은 거룩하다고 선언하시며(레11:45), 이스라엘 백성에게 거룩하라고 명령하시며(레11:45), 그들을 거룩하게 하겠다고 약속하신다(레21:8). 의와 거룩으로 새 사람을 입은 자(엡4:24)는 거룩과 의의 생각으로 충만해야 한다. 영산은 "생명이 근원이 되는 마음을 잘 지키고 하나님의 말씀을 공부하고 묵상할 때 항상 생각이 긍정적으로 되고 거룩하게 됩니다."라고 한다.[19) 예수를 믿으면, 사물을 향한 생각의 개념과 이미지가 극적으로 전환된다.[20) 십자가를 통해 거듭난 자는 의롭고 선하고 신실한 일을 행하는 자들이다. "너희가 그의 의로우신 줄을 알면 의를 행하는 자마다 그에게서 난 줄을 알리라(요일2:29)." 의를 행하는 자마다 하나님의 거룩함을 닮아가는 자이다. 거룩은 하나님의 속성인 '의, 선함, 사랑, 신실함, 오래 참음'과 상호연결되어 있다. 인간은 스스로 그러한 의를 행할 수 없지만, 오직 주님의 은혜로 가능하다. 의롭고 거룩한 생각은 위대한 영적 열매를 낳는다.

영산은 "생각은 미래를 창조하는 재료"라고 말한다.[21) 생각은 과거, 현재, 미래를 통합하는 능력을 품고 있으며, 동시에 인격과 행동을 진보시킨다. 본질적으로 죄지은 인간은 십자가의 은혜로만 생명을 유지할 수 있다. 하나님의 은혜로 택하심을 받고(롬11:5), 선택함을 받으며(엡1:4-5), 부르심을 받고(딤후1:9), 의롭다 하심을 받았다(롬3:24).[22) 따라서 성도는 은혜의 생각으로 살아야 한다. 은혜의 생각은 곧 하나님 중심의 생각이다. 영의 생각은 동화(同化) 능력이 있다. 생각한 그것이 장차 드러난다. 마음의 생각이 사람됨을 만든다(잠23:7).

---

17) 존 오웬(John Owen), 『영의 생각 육의 생각』(*Thinking Spirituality*), 생명의말씀사(2013), 146. 생명을 가진 자의 세 가지 특권: 1) 하나님 앞에서 의롭다 함을 받는다(롬5:17). 2) 영적인 것들을 사랑하는 마음을 갖는다(롬8:9). 3) 새로운 삶을 매일 실제적으로 누리는 기쁨이 있다.

18) 조용기, "새로운 피조물", 주일설교(2015-01-18).

19) 조용기, "항상 긍정적으로", 주일설교(2011-02-20).

20) 죄인 신분에 있는 인간은 세속적 가치체계와 사고의 중심개념이 철저히 자아중심적 틀(frame)에 갇혀 있지만, 그리스도를 통해 죄인이 의인이 되면, 무엇보다 사물을 향한 개념의 변화가 극적으로 일어난다. 이것은 혁신이며, 기적이다. 삶의 추상적 개념뿐 아니라 구체적 이미지까지 변화된다. 다시 말해 옛 자아의 총체성이 그리스도 안에 있게 됨으로써 철저한 변화가 일어나 새 자아의 정체성이 정립된다. 생각은 새로운 자아생성에 적극적 기능을 발휘한다.

21) 조용기, "나의 생각이 나를 다스린다", 주일설교(2017-06-11).

22) 존 파이퍼(John Piper), 『장래의 은혜』, (Future Grace), 좋은씨앗(2013), 209.

아들이 있는 자에게는 생명이 있다(요일5:12). 그 생명은 성령 안에서 말씀과 믿음과 기도로 성장한다. 성령은 우리의 영혼을 새롭게 함으로써 우리로 하여금 예수님을 닮아가게 한다(갈4:19). 신자는 '우리 주 예수 그리스도 알기에 게으르지(벧후1:8)' 말아야 한다. 존 스토트(John Stott)는 예수 그리스도는 자신의 신성을 4가지 형태로 함축적으로 밝히고 있다고 역설한다.[23] 즉 죄를 용서하시고(약2:1-12, 눅7:36-50), 생명을 주시고(요14:6, 요11:25), 진리를 가르치시고(막6:2-3, 요7:15), 세상을 심판하신다(요5:28-29). 따라서 하나님의 형상을 닮은 우리는 예수님의 신성을 닮아가는 사고방식을 품고 살아야 한다. 십자가는 불멸의 신성을 제공해주는 거룩한 성소다.

영산은 "우리 인생의 터는 바로 말씀의 생각입니다. 생각이 바로 잡혀야 인생이라는 집을 튼튼하게 잘 지을 수가 있습니다."라고 말한다.[24] 생각의 위대성은 십자가 안에서 탄생한다. 생각의 대명제는 도덕적으로 하나님의 거룩한 생각을 닮아가는 것이다. 그리고 성령 안에서 내 안의 그리스도의 영광을 드러내는 일을 날마다 생각하는 것이다(요16:14). "네 마음을 다하고 목숨을 다하고 뜻을 다하고 힘을 다하여 주 너의 하나님을 사랑하라(막12:30)."

또한 기도는 거룩하고 은혜로운 생각을 탄생시켜 은혜의 보좌를 움직인다. 모세가 손들고 기도할 때 싸움에서 이겼고(출17:11), 한나도 기도하자 하늘의 보좌를 움직였고(삼상1:15-18), 예수님의 옷자락만 붙들어도 좋겠다고 기도하던 혈루증 앓던 여인도 하늘의 보좌를 움직였다. 생각의 보좌와 은혜의 보좌를 연결하는 것은 말씀과 믿음과 기도와 성령이다. 결론적으로 그리스도인이 소유하고 있는 거룩한 생각, 의로운 생각을 잘 보존해야 하고, 그것들을 삶의 자리에 적용해야 한다.

다. 영의 생각은 그리스도 영광을 드러내며, 하나님을 존귀하게 한다.

영산은 "우리 죄를 대신 감당하신 예수님의 대속의 은혜로 인해 인간은 본래의 영광을 회복할 수 있게 되었습니다."라고 말한다.[25] 십자가는 영광회복의 수단이자, 인간성 회복의 길을 열어준다. 토마스 왓슨(Thomas Watson)은 "하나님을 영화롭게 하는 것은 하나님을 우리의 생각에서 최고로 삼는 것"이라고 말한다. 십자가는 하나님의 존재, 본성, 행동을 드러내는 장소다. 인간이 할 수 있는 가장 위대한 생각은 하나님을 생각하는 것, 예수 그리스도를 생각하는 것이다. 바울의 십자가 중심의 사고체계는 믿음과 사랑이었다. 바울은 골고다 언덕의 십자가 위에 올라가 십자가의 믿음을 경험적으로 배웠다. 그 믿음과 사랑은 바울에게 있어서 하나님의 영광을 드러내는 원동력이었다.

"사람의 제일 되는 목적은 무엇인가? 사람의 제일 되는 목적은 하나님을 영화롭게 하고 하나님을 영원토록 즐거워 하는 것이다."[26] 하나님은 자존하시는 분, 자충족하신 분이시다. 하나님은 존귀하시고 무한한 지고의 가치를 가지고 계신다. "야훼께서는 지극히 존귀하시니 그는 높은 곳에

---

23) 존 스토트(John R. W. Stott), 『기독교의 기본진리』(Basic Christianity), 생명의말씀사(2014), 50-55.
24) 조용기, "생각의 터전", 주일설교(2013-11-03).
25) 조용기, "너 자신을 알고 진리를 따라 살아라", 주일설교(2014-12-14).
26) 웨스터민스터 소요리문답 제1항(제1문). 참고. 고전10:31, 시73:24-26.

거하심이요(사33:5).” 성경은 “우리 주 하나님이여 영광과 존귀와 권능을 받으시는 것이 합당하오니 (계4:11)”라고 말한다. 따라서 지고(至高)의 삶이란 하나님 중심의 사고방식을 가져서 하나님께 영광을 올리는 삶이다. “내 이름으로 불려지는 모든 자 곧 내가 내 영광을 위하여 창조한 자를 오게 하라 그를 내가 지었고 그를 내가 만들었느니라(사43:7).”27) 우리의 삶은 그리스도의 존귀하심을 드러내는 일이고, 그것은 선한 일을 통해서 드러난다.28) 신자들의 궁극의 생각은 하나님을 영화롭게 하고 하나님을 영원히 즐거워하는 것에 있다.29)

궁극적으로 보면, 고차원의 생각이란 예수 그리스도의 영광으로 충만한 생각이다. 영산은 “인간은 원래 하나님의 형상과 모양을 따라 지으심을 받았기 때문에 그 존귀와 영광이 말할 수 없이 영화롭습니다.”라고 말한다.30) 우리 안에 성령의 전은 영광을 드러내는 처소다. 성령님은 우리의 믿음을 통해 우리 안에 계시는 그리스도의 영광을 드러내신다. “그가 내 영광을 나타내리니 내 것을 가지고 너희에게 알리겠음이라(요16:14).” 성도가 그리스도의 영광을 나타내려면 절대적으로 믿음이 필요하다. 성령님 혼자로 일하실 수 있는데도 우리의 믿음을 통해서 일하시는 이유는 성령님은 우리 안에 내재하시면서(갈2:20) 그리스도의 영광을 드러내시는 것을 좋아하시기 때문이다.

그러면 인간에게 고차원의 영광의 생각은 어떤 정황에서 창조되는가? 그 일은 인간의 이성이 하는 것이 아니라 하나님이 하신다. “하나님께서 예수 그리스도의 얼굴에 있는 하나님의 영광을 아는 빛을 우리 마음에 비추셨느니라(고후4:6).” 인간의 마음에 영광(지혜, 지식, 사랑, 겸손, 자비 등)의 빛, 진리의 빛, 말씀의 빛이 비추면, 성도는 궁극을 지향하는 생각의 궤도로 진입하여 최상의 영적 생각을 하게 된다.

자연인으로서 사는 생물학적 자아가 성령을 거스르는 저차원이라면(갈5:17), 예수 그리스도 중심으로 살면서 성령의 인도함을 받는 자아는 하늘나라 생명책에 기록된 고차원적 자아다(엡1:4-5). 말씀과 믿음으로 사는 성령에 속한 자아는 타락으로 왜곡된 모든 부정적 요소들을 냉혹하게 거부하며, 동시에 마음하늘에 천국적 사고로 충만하게 하여, 천국적 삶을 지향하게 한다(엡2:10). 저차원의 마음하늘은 세상적 가치관의 기준을 따라가지만, 고차원의 마음하늘은 십자가에 절대적 가치관을 두고(갈2:20), 하나님의 생각, 하나님의 영광, 하나님의 뜻 – 예수와 같은 삶 – 을 이루는 데 초점을 둔다. 사마리아 여인에게 절대적 가치관이 마음에 닿자마자, 그녀는 물동이를 버려두고 마을로 들어가 복음을 전한 것은 좋은 사례다.

중생한 자는 하나님의 씨(말씀)를 품는 존재가 되어(요일3:9), 하나님처럼 생각할 수 있게 된다.

---

27) “내 이름을 위하여 내가 노하기를 더디 할 것이며 내 영광을 위하여 내가 참고 너를 멸절하지 아니하리라(사48:9).”
28) “온전히 담대하여 살든지 죽든지 내 몸에서 그리스도가 존귀하게 되게 하려 하나니(빌1:20).” “선을 행하는 각 사람에게는 영광과 존귀와 평강이 있으리니 먼저는 유대인에게요 그리고 헬라인에게라(롬2:10).”
29) “또 무엇을 하든지 말에나 일에나 다 주 예수의 이름으로 하고 그를 힘입어 하나님 아버지께 감사하라(골3:17).”
30) 조용기, “네 자신을 알고 진리를 따라 살아라”, 주일설교(2014-12-14).

하나님의 생각은 인간의 생각보다 우월하고, 고차원적이며, 그 결과 저차원의 생각은 하나님의 고차원적 생각으로부터 조율 받는다. 하나님은 항상 우리보다 고차원의 생각을 하신다(사55:9).[31] 따라서 경건한 삶을 위해 인간은 자신의 생각이 하나님의 생각으로 조율되게 해야 한다.[32]

결론적으로, 인간의 생각의 본래적 목적은 하나님을 존귀하게 여기고 그리스도를 영화롭게 하는 데 있다.

라. 영의 생각은 일원론적이다: 선한 생각은 선을 낳고, 악한 생각은 악을 낳는다.

거듭난 영의 거룩한 생각은 선을 향한다(딛2:14). 거룩과 선한 일은 상호역동적 관계에 있다. 영산의 영의 생각개념은 그리스도의 죽으심과 부활에서 시원(始原)한다. 그는 "예수님께서 우리 옛 사람을 안고 십자가에서 죽으시고 또 우리를 안고 무덤에서 부활하심으로써 우리는 믿음으로 구원을 얻어 새 사람이 되었습니다."라고 강설한다.[33] 환언하면, 중생한 자는 새로운 자기와 변화된 생각으로 살아야 한다. 그리스도와 연합되었기 때문이다.

하나님이 십자가 위에서 하신 일은 우리를 예수 그리스도와 연합시키시고, 마귀를 정복하시고, 하나님의 공의와 사랑을 계시하신 것이다. 따라서 성령 안에서 그리스도와 연합된 우리는 이제 선(善)의 생각을 추구해야 한다. "그리스도 예수의 사람들은 육체와 함께 그 정과 욕심을 십자가에 못 박았느니라(갈5:24)." 다시 말해, 선과 악의 중간지대는 없다.[34] 하나님의 모든 일은 선하고 거룩하다. 말씀을 기초로 한 생각체계는 일원적이고, 오직 한 가지 이미지, 곧 예수 그리스도의 이미지만을 추구한다(갈4:19, 롬8:29).

인간이 이 땅에서 하는 일은 두 가지다. 하나는 보이지 않는 성령의 전을 지어 하늘나라를 확장하는 일이고, 다른 하나는 눈에 보이며 잠시 있다 사라지는 인간의 전을 짓는 일이다. 전자는 선한 일이고, 후자는 악한 일이다. 적어도 구원의 관점에서는 그렇다.

영산은 "영으로 사는 사람이란 하나님의 뜻을 따라 의, 진리, 거룩함으로 변화되어 사는 새 사람입니다."라고 말한다.[35] '새 영'을 받은 자는 굳은 마음을 버리고 부드러운 마음으로 살게 된다(겔36:26). 새 영은 새 마음을 탄생시켜, 새 생각으로 살게 하며, 선한 일을 낳는다. 생각은 '선의 길-악의 길'의 경계선을 이동하면서 기능한다. 또한 생각은 지성, 감성, 의지의 경계선을 넘나들면서 상호연합, 견제, 통합하는 놀라운 기능을 발휘한다. 그 연장선에서 생각은 인간의 인격과 행동을 조율하며, 인간 안에서 신비로운 일들을 척척 해낸다. 생각은 하나님의 일을 행함에 있어서 절대적으로 필요한 생명과 같다. 생각이 악을 품으면, 하나님이 추진하시는 모든 일들은 허사가 된다.

---

31) "야훼의 계획은 영원히 서고 그의 생각은 대대에 이르리로다(시33:11)." "주께서 내가 앉고 일어섬을 아시고 멀리서도 나의 생각을 밝히 아시오며(시139:2)." "또 주께서 지혜 있는 자들의 생각을 헛것으로 아신다 하셨느니라(고전3:20)."

32) 루이스 베일리(Lewis Bayly: 1575-1631), 『경건』(The Practice of Piety), 생명의말씀사(2013). 제2부 그리스도를 닮아가는 경건연습, 7장을 참조하라. 생각 다스리기, 말 다스리기, 행동 다스리기.

33) 조용기, "생각의 터전", 주일설교(2013-11-03).

34) "악이란 하나님을 버리고 인본주의에 서는 것입니다." 조용기, 『갈라디아서 데살로니가 전서: 갈라디아서』, 서울말씀사(2011), 31.

35) 조용기, "보이지 않는 나와 보이는 나", 주일설교(2005-10-16).

그것을 아는 마귀는 기회가 생길 때마다 인간에게 '악한 생각, 죄성의 생각, 두려움의 생각, 의심의 생각'을 지속적으로 주입시키고자 한다.

선한 생각은 정한 마음, 정직한 영에서 생긴다. "하나님이여 내 속에 정한 마음을 창조하시고 내 안에 정직한 영을 새롭게 하소서(시51:10)." 생각은 결과를 낳는다. 나쁜 생각은 나쁜 결과를 거두고, 좋은 생각은 좋은 결과를 거두는 것이다.36) "땅이여 들으라 내가 이 백성에게 재앙을 내리리니 이것이 그들의 생각의 결과라 그들이 내 말을 듣지 아니하며 내 율법을 거절하였음이니라(렘6:19)."

생각의 중간 회색지대는 없다. 악한 생각을 품으면 악한 일이 밖으로 나온다. "예수께서 그 생각을 아시고 이르시되 너희가 어찌하여 마음에 악한 생각을 하느냐(마9:4)." 모든 삶의 시작은 생각에서 시작한다. 생각은 사람의 인격의 중심부를 움직이므로, 생각의 방향에 따라 삶의 방향도 정해진다. 생각은 인간 속에 존재하는 제2의 인물이다.

마. 영의 생각은 진선미애의 은혜를 추구한다.

영산은 "주님 안에서 새롭게 변화된 모습을 깨달아 믿고 살아갈 때 우리 마음의 생각이 생명의 과실로 나타납니다."라고 말한다.37) 새롭게 변화된 새 존재는 진선미애(眞善美愛)를 추구하는 존재다(딛2:14). 말씀의 생각은 때를 따라 돕는 은혜를 얻기 위하여 은혜의 보좌 앞에 담대히 나아간다(히4:16). 따라서 진정한 진선미애의 은혜를 향유하려면 성령의 일을 항상 생각해야 하고(롬8:5-6), 성령의 인도하심을 따라야 하고(롬8:14), 내 안에서 생수의 강이 흘러넘치게 해야 한다(요7:38-39). 성령을 좇아 십자가 중심의 삶을 살면, 성령의 사람이 되어 선한 일에 집중하게 된다(엡2:10). 새 본성을 가진 신자가 말씀의 생각구조로 살면, 성령님의 사역과 이미지로 꽉 차 있게 된다. 말씀의 생각은 인간의 모든 세속적 가치체계를 붕괴시키고, 오직 선과 복음적 가치체계만 추구하는 특성이 있다.

십자가는 죄인을 불러 진선미애를 추구하도록 만든다. 영산은 "하나님의 사랑을 받은 우리는 이제 의와 사랑과 거룩함을 따라 살아야 합니다."라고 강조한다.38) 십자가는 자연인을 성령의 사람으로 만들어 하늘의 거룩한 생각으로 살게 만든다. 자연인은 악의 경향을 가지지만, 중생한 자의 생각은 진선미애가 가리키는 방향으로 나아간다. 하나님의 말씀 자체는 하나님의 진선미애의 생각으로 충만해 있다.

'생각이라는 인물'은 회복선(回復線) 쪽을 향할 수도 있고, 타락선(墮落線)을 지향할 수도 있다. 생각의 성향에 따라 인간은 긍정적 사고를 가질 수도 있고, 그 반대일 수도 있다. 우리를 무능케 하는 것은 마치 생각의 손에 수갑을 채워놓은 것과 같다. 생각은 모든 일에 앞서 빚어진다. 하와가 선악과를 먹기 전에 그녀는 먼저 생각으로 먹었다. 행동은 다음 단계였다. 따라서 삶의 모든 문제는 생각구조의 변혁에서 시작해야 한다. 생각의 개념과 이미지를 바꾸지 않는 한 진정한 변화는 일어나지 않는다.

---

36) 조용기, 『설교는 나의 인생』, 서울말씀사(2009), 121, "우리가 현재 살고 있는 우주는 하나님의 생각이 현실화된 것입니다. 하나님께서 인간에게 주신 최대 보화는 생각할 수 있는 능력입니다. 인간은 생각할 수 있다는 점에서 하나님의 창조적인 능력에 참여할 수 있습니다."

37) 조용기, "생각의 터전", 주일설교(2013-11-03).

38) 조용기, "사랑 없는 종교도 있나요?", 주일설교(2016-07-03).

예수를 믿으면 인본중심의 마음구조가 예수님의 마음구조로 바뀐다. 바울은 다메섹으로 가던 길 위에서 '예수 그리스도의 마음'을 이식(移植)받은 후, 그의 생각의 경향은 '오직 예수 그리스도의 십자가 중심'으로 변혁되었다. 바울이 다메섹 도상에서 영적 대사건을 경험하지 않았다면, 그는 자신의 생각을 일평생 율법의 족쇄로 채워놓고 살았을 것이다. 그러나 생각의 자물쇠가 하나님의 손에서 풀리자, 영이 자유함을 얻어 일평생 오직 십자가만 자랑하는 자가 된 것이다(갈6:14).

영의 생각은 성령중심의 사고방식이다: "너희는 성령을 좇아 행하라(갈5:16)." 영산은 "영으로 사는 사람은 항상 긍정적, 적극적, 창조적인 천국언어를 사용하며 사는 사람입니다."라고 말한다.[39] 세상을 향한 하나님의 생각은 언제나 창조적, 긍정적, 희망적이다. 따라서 성도는 창조주이신 예수님의 생각이 날마다 드러나는 삶, 즉 예수 그리스도의 마음을 품어야 한다(빌2:5).

바. 영의 생각은 십자가의 믿음으로 순종하는 삶을 살게 한다.

영산은 "십자가는 하나님의 사랑과 긍휼의 절대적 표상입니다. 그곳은 거룩하신 하나님과 죄인이 만나는 곳입니다."라고 말한다.[40] 죄인이 십자가에서 하나님을 만나면 십자가의 믿음을 선물로 얻는다. 십자가의 믿음은 순종의 삶, 즉 하나님 생각으로 사는 삶이다. 하나님으로부터 온 영을 받은 자는(고전2:12) 십자가의 믿음으로 사는 자다. 신자는 그리스도와 함께 죽고 부활한 존재이다. 따라서 하나님 앞에서 순종의 삶을 살아야 하고, 사람 앞에서는 사랑의 삶을 살아야 한다. 믿음과 사랑은 짝이다. 그리스도인이 십자가 위에서 죽고, 부활한 경험을 현재의 삶의 자리에서 적용할 때, 그를 통해 능력이 나타난다. 영산은 "믿음으로 구원받고 새 사람으로서 예수님을 따라가는 변화된 삶을 살아야 합니다."라고 말한다.[41] 그는 "말씀에 굳게 서서 생각과 마음을 잘 다스려야 한다"고 강조한다. 바울의 사역은 가는 곳마다 사람들을 '믿어 순종케 하는 삶'(롬1:5)을 설파하는 것으로 목적이 바뀌었다. 바울의 인생관은 '나 중심'에서 '타 중심'의 삶을 추구했다.

성경의 모든 말씀은 거룩하신 하나님의 생각이자 능동적 표현이다. 십자가는 믿음을 탄생시켜, 믿음의 생각을 품도록 만든다. 성령 안에서 믿음은 마음을 정화시킨다. 믿음이 우리의 마음을 깨끗이 한다(행15:9). 그 결과 믿음은 선한 생각을 탄생시키는 원동력이 된다.

키에르케고르(Kierkegaard)는 '마음의 깨끗함이란 한 가지 뜻을 품는 것'이라고 묘사한다. 생각이 영적 역동성 유지하려면 그리스도의 마음으로 충만해야 한다. 성경은 "너희 안에 이 마음을 품으라 곧 그리스도 예수의 마음(빌2:5)"이라고 말한다. 손상된 자아는 믿음으로 마음이 정화되어야 한다. "믿음으로 그들의 마음을 깨끗이 하사 그들이나 우리나 차별하지 아니하셨느니라(행15:9)." 하나님의 생각은 하나님 자신의 말씀에 근거한다. "내 아들아 나의 법을 잊지 말고 네 마음으로 나의 명령을 지키라 그리하면 그것이 너로 장수하여 많은 해를 누리게 하며 평강을 더하게 하리라(잠3:1-2)." 하나님의 평강이 그리스도 예수 안에서 우리의 마음과 생각을 지켜주신다(빌4:7).

---

39) 조용기, "보이지 않는 나와 보이는 나", 주일설교(2005-10-16).
40) 조용기, "용서와 사랑, 정죄와 심판", 주일설교(2016-10-23).
41) 조용기, "변화와 기적을 가져오는 믿음", 주일설교(2009-07-12).

하나님의 말씀을 순종할 때 하나님의 생각을 닮아갈 수 있다. 순종을 통해 인간의 삶은 형통하게 된다(신29:9, 대하26:5). 예수 그리스도의 생각으로 사는 삶이란 곧 말씀에 순종하는 삶이다. "내 계명을 지켜 살며 내 법을 네 눈동자처럼 지키라 이것을 네 손가락에 매며 이것을 네 마음판에 새기라(잠7:2-3)."

사. 영의 생각은 생명과 평안이다.

마음을 다하고 성품을 다하여 하나님을 사랑하면 생명을 얻는다(신30:6). 영의 생각이 충만하면 평안한 상태, 즉 하나님과 친밀한 관계가 이뤄진다. 평안이란 하나님과 좋은 관계, 즉 창조주와 피조물이 조화를 이루는 상태다. 현존하시는 하나님은 존재하시는 분이시며, 생각하시고, 인격적으로 일하시는 분이시다. 성서는 "만군의 야훼께서 맹세하여 가라사대 나의 생각한 것이 반드시 되며 나의 경영한 것이 반드시 이루리라(사14:24)"고 말하고 있다. 하나님이 존재하기 때문에 인간도 존재한다. 인간의 존재(being)는 생명(life)이며, 인격(person)이다. "아버지여, 아버지께서 내 안에, 내가 아버지 안에 있는 것 같이 그들도 다 하나가 되어 우리 안에 있게 하사 세상으로 아버지께서 나를 보내신 것을 믿게 하옵소서(요17:21)." 하나 된다는 것은 마음이 서로 같다는 것이다. 하나님은 우리의 마음을 원하신다: "내 아들아 네 마음을 내게 주며(잠23:26)." 우리가 마음을 하나님 아버지에게로 돌이킬 때(말4:6), 생명이 충만하게 되며, 평안이 넘쳐나게 된다. 따라서 아버지의 마음을 닮아가고자 하는 영의 생각이 중요하다(빌1:8, 말4:6).

인격적 존재는 지정의 기능을 소유함으로써 하나님과 친교(communion)할 수 있다. 존재 안에 생명이 있고, 생명 안에 생각이 있으며, 생각과 존재는 상호보완적 관계에 있다. 근원적으로 살펴보면, 생각은 근본적으로 '창조주요, 생명주요, 구속주이신 삼위일체 하나님과의 관계'에서 시작된다. 예수 그리스도의 죽음을 날마다 짊어질 때, 그의 생명이 내 안에 나타나기 때문이다(고후4:10).

영산은 "우리의 마음은 하나님께서 주신 보배입니다. 마귀는 이 보배를 빼앗으려 모든 수단과 방법을 동원합니다."라고 강조한다.[42] 그는 "우리는 언제나 마음에 용서와 의와 거룩함과 건강을 받았다는 것을 깨달아야 합니다."라고 말한다. 영산의 심관(心觀)은 십자가 중심의 5중복음의 충만성이다(롬1:16-17).

구원이란 마음하늘의 영적 상태의 변화, 즉 죽음에서 생명으로의 변화다. 복음은 믿음을 낳아, 새 생명을 낳고, 그 생명은 새 생각을 탄생시킨다. 영의 생각이란 영적 마음의 성향, 다시 말해 영적 생명의 활동이며, 삼위 하나님과 친교의 시작점이다. 영의 생각은 거룩함을 유지하며, 궁극적으로 하나님과 친교하는 상태로 이어진다. 하나님과 의의 관계에 있을 때, 생각은 생명력을 가지며 생명과 평안을 탄생시킨다. 생각은 생명의 본질이며, 그 생각은 존재, 인격, 친교, 진리, 기쁨으로 이어진다(마3:17, 막1:11, 요일1:3, 막9:7).

영적 생각이란 무엇인가? 그것은 '하나님의 생각'에 참여하는 것이다. 곧 친교요, 사랑과 기쁨 안에서의 대화다. 하나님과 친밀한 관계에 있는 것이다. 그러면 '하나님의 거룩한 생각'을 어디서 찾을 수 있는가? 그것은 성경말씀이다. 성도는 말씀과 기도로 거룩하여진다(딤전4:4-5). 믿음과 성

---

42) 조용기, "네 마음을 지켜라", 주일설교(2010-09-19).

령으로 거룩하여진다(행15:9, 고전6:11). 하나님의 말씀은 생명의 씨이며, 생각의 근원이며, 생각 그 자체는 하나님의 자신의 생각이다. 생명의 말씀은 친교의 매개체이며, 생명과 평안의 근원이 된다. 영의 생각은 하나님의 삶의 궤도로 진입하는 출발점이다. 스데반이 영의 생각으로 충만하자, 하늘 보좌 우편에 계시는 영광의 예수님을 볼 수 있었다(행7:55-56).

아. 영의 생각은 굳은 마음을 부드러운 마음으로 바꾼다.

영산은 "마음에 예수님의 십자가 대속과 5중복음과 3중축복의 씨를 심어야 한다"고 강조한다.[43] 그는 "하나님의 말씀이 우리 마음에 가득하면 우리 삶은 아름답고 풍성한 열매를 맺습니다."라고 피력한다. 성령님은 마음하늘에서 말씀과 함께 일하신다. 말씀이 생각의 옷을 입고 마음하늘을 움직인다. 말씀도 거룩하고, 의롭고, 선하며, 성령님도 그러하다.

십자가는 영의 생각으로 살 수 있는 마음분위기를 탄생시킨다. 즉 십자가를 통해 죄인은 의와 거룩함과 진리의 마음터전을 얻는다. 신자의 영적 생각하늘은 하나님이 일하시는 성소다. "내가 높고 거룩한 곳에 거하며(초월성) 또한 통회하고 마음이 겸손한 자와 거하나니(내재성) 이는 겸손한 자의 영을 소성케 하여 통회하는 자의 마음을 소성케 하려 함이라(사57:15)." 초월적 존재이신 하나님은 또한 우리 안에도 내재하신다. 하나님은 "내가 거룩하니 너희도 거룩하라(레11:45)"고 명령하신다. 따라서 우리의 생각은 거룩함을 추구하고 유지해야 한다. 영산은 "아담은 하나님과 동등하게 되려는 생각 때문에 죄를 지었고, 사탄과 함께 저주를 받아 가시덤불과 엉겅퀴가 가득한 삶을 살아가게 되었습니다."라고 말한다.[44] 생각이 거룩함에서 멀어지면, 그 삶은 곧바로 고난과 불행과 죽음으로 이어진다.

마귀의 주요 공격로는 마음이다. 따라서 그리스도인은 마음을 잘 지켜야 한다. "마귀가 벌써 시몬의 아들 가룟 유다의 마음에 예수를 팔려는 생각을 넣었더라(요13:2)."[45] 인간의 마음은 선한 일을 낳기도 하고(엡2:10), 악한 생각으로 악한 일을 낳기도 한다(막7:21). 생각은 성령이 일하는 공간이면서 동시에 마귀가 일하는 공간이다. 따라서 말씀과 성령으로 마음을 거룩하게 하는 것이 거룩한 생각을 낳아 온전한 신앙생활을 할 수 있는 유일한 방법이다. 그 결과 '말씀의 맛(히6:5)'을 보게 된다.

자. 영의 생각의 근원은 말씀 안에 있다.

영산은 "하나님의 말씀만이 천국을 가져오며, 하나님의 말씀은 생각을 통하여 우리 속에 들어옵니다(요1:1)."라고 말한다.[46] 마음하늘에 말씀이 임하면 그리스도로 충만하게 된다. 말씀을 순종하는 것이 곧 그리스도를 따라가는 길이다. '말씀의 생각'은 시편 19편 7-9절이 백미다.[47] 즉, 야훼의 율법은 완전하여 영혼을 소성케 하며(시19:7), 야훼의 증거는 확실하여 지혜롭게 하며(시19:7), 야훼

---

43) 조용기, "심고 거두는 법칙", 주일설교(2014-09-07).

44) 조용기, "그의 은택을 잊지 말지어다", 주일설교(2016-07-10).

45) 마음하늘은 죄성, 의심, 두려움, 악한 생각에 민감하다.

46) 조용기, "마음의 파숫군", 주일설교(2013-12-01).

47) 참조. 시편 119편(하나님의 말씀의 영광을 드러내는 시). 알파벳 시편의 백미다(이 시는 히브리어 자음 22개 × 8절 = 176절로 구성되어 있다).

의 교훈은 정직하여 마음을 기쁘게 하고(시19:8), 야훼의 계명은 순결하여 눈을 밝게 하고(시19:8), 야훼를 경외하는 도는 정결하여 영원에 이르게 하며(시19:9), 야훼의 규례는 확실하여 다 의로우시다(시19:9). 따라서 신자는 말씀의 생각 – 완전의 생각, 확실의 생각, 정직의 생각, 순결의 생각, 정결의 생각, 진실의 생각 – 을 통해 말씀이 주는 유익(benefits)을 누릴 수 있어야 한다.

말씀은 곧 예수 그리스도시다. 십자가는 그리스도의 영과 연합하게 '나의 인격이 아니라, 예수 그리스도의 인격'을 지향하도록 만든다. 성도는 그리스도로 옷 입은 자들이다. "누구든지 그리스도와 합하기 위하여 세례를 받은 자는 그리스도로 옷 입었느니라(갈3:27)." 이는 내 삶의 모든 결정권이 주께 있음을 의미한다.[48] 따라서 삶의 뿌리는 예수께 있으며, 모든 생각의 근원도 거기서 발원한다. 하나님이 원하시는 완전한 표상은 우리 자신이 예수님의 형상을 닮아가는 데 있다.

부활하신 예수 그리스도의 영과 연합하여 하나의 영이 된 자는 예수님처럼 생각하고, 꿈꾸고, 믿고, 고백한다. 왜냐하면 '주와 합한 자는 한 영(고전6:17)'이기 때문이다. 따라서 구원받은 자는 항상 위엣 것을 생각하고, 바라보고, 믿고, 말해야 한다. "위의 것을 생각하고 땅의 것을 생각하지 말라 이는 너희가 죽었고 너희 생명이 그리스도와 함께 하나님 안에 감추어졌음이라(골3:2-3)."

차. 생각은 성령과 마귀가 잠입하는 통로다.

영산은 "부정적이고 파괴적인 말은 마귀가 역사하는 통로가 됩니다. 그러나 하나님의 말씀을 소리내어 복창하면 하나님의 놀라운 능력이 나타납니다."라고 말한다.[49] 생각이 부정적이면 부정의 말이 나오고, 긍정적이면 긍정의 말이 밖으로 나온다. 생각의 회로는 마귀도 다니고 성령님도 다니는 길이다. 그래서 신앙인은 항상 머리와 마음이 복잡하다. 말씀, 믿음, 기도, 성령만이 복잡한 그 길을 통제할 수 있다.

그리스도인은 십자가 위에서 예수와 함께 죽고 부활한 신분이지만, 여전히 죄의 영향 안에 있다. 다시 말해 죄의 종에서 의의 종이 되었지만, 죄의 오염에는 늘 노출되어 있다. 그래서 천국 가는 그날까지 모든 성도는 성화과정이 필요하다. 마귀는 인간의 생각을 죄로 오염시켜 하늘을 향하는 영광을 중간에서 가로챈다. 성령님은 우리의 마음의 생각을 통해 역사한다. "보혜사 곧 아버지께서 내 이름으로 보내실 성령 그가 너희에게 모든 것을 가르치고 내가 너희에게 말한 모든 것을 생각나게 하시리라(요14:26)." "마음을 살피시는 이가 성령의 생각을 아시나니 이는 성령이 하나님의 뜻대로 성도를 위하여 간구하심이니라(롬8:27)."

하나님은 인간에게 자신의 생각을 주어서 하나님에게로 돌아오게 하실 수 있다. "내가 야훼인 줄 아는 마음을 그들에게 주어서 그들이 전심으로 내게 돌아오게 하리니 그들은 내 백성이 되겠고 나는 그들의 하나님이 되리라(렘24:7)." 생각은 또한 마귀가 마음하늘에 잠입하는 통로다. 마귀는 생각을 통해 인간을 훼방한다. "마귀가 벌써 시몬의 아들 가룟 유다의 마음에 예수를 팔려는 생각을 넣었더니(요13:2)." 따라서 생각의 요새를 지키기 위해서는 말씀, 기도, 성령으로 무장해야 한다.

---

48) 성경(독일성서공회, 2004), 로마서 13장 14절 해설(p257). '그리스도로 옷 입고'의 의미는 전적으로 그리스도께 결정권을 맡기는 것을 의미한다.
49) 조용기, "말의 창조의 힘", 주일설교(2013-07-28).

"자기의 마음을 제어하지 아니하는 자는 성읍이 무너지고 성벽이 없는 것(잠25:28)"과 같고, "노하기를 더디 하는 자는 용사보다 낫고 자기의 마음을 다스리는 자는 성을 빼앗는 자(잠16:32)"보다 낫다. 17세기 철학자 파스칼(Blaise Pascal)은 "믿음에서 생겨나는 고결한 두려움도 있고, 회의와 불신의 산물인 잘못된 두려움도 있다."고 역설한다.[50] 마귀가 주는 두려움은 거룩한 두려움이 아니라, 불안하고 악한 두려움이다.

카. 영의 생각은 궁극적으로 하나님의 영광을 지향한다.

십자가는 죄인인 인간에게 구속의 장(場)이지만, 하나님의 눈에는 화목과 영광의 장(場)이다. 영산은 "우리가 십자가 대속의 주님을 바라보고 깨달을 때 믿음이 생깁니다."라고 말한다.[51] 십자가의 믿음은 영광을 탄생시킨다. 영의 생각의 기초는 예수 그리스도의 십자가를 바라보는 일이다. 하늘의 영광은 십자가를 통해 드러나기 때문이다. 성도에게 삶의 진정한 공식이 하나 있다면, 그것은 일생동안 '주께 영광을 돌리는 삶'이다. 신자는 성령의 전(殿)이다. 신자는 나 자신의 것이 아니라 그리스도가 값으로 산 것이므로, 몸으로 하나님께 영광을 돌려야 한다(고전6:19-20).

생각은 궁극적으로 '예수 그리스도의 인격의 영광을 믿음의 눈으로 보는 것'이다. "내게 주신 나의 영광을 그들로 보게 하시기를 원하옵나이다(요17:24)." 우리는 하나님의 영광을 위해 지음 받은 자들이다(사43:7). 성도는 믿음으로 행하는 이들이지, 보는 것으로 행하는 이들이 아니다(고후5:7). 즉 우리 영혼은 '믿음(faith)'의 기능과 '봄(sight)의 기능'을 소유하고 있으며, 믿음은 '보이지 않는 것'을 바라보게 하는 능력을 준다. 복음은 우리 영혼의 믿음 기능을 정상화시켜 예수 그리스도의 영광의 빛이 드러나게 한다. 그 과정에서 우리는 예수님의 형상을 닮아가게 된다. 은혜는 인간의 본성을 새롭게 하고 영광은 은혜를 새롭게 한다.[52]

바울은 '자신이 현재 처한 곳에서' 하나님의 뜻을 드러내어 주께 영광 돌리는 삶을 살 것을 강조한다. 즉, "무슨 일을 하든지 마음을 다하여 주께 하듯 하고 사람에게 하듯 하지 말라(골3:23)"고 강조한다. 또한 그는 "그런즉 너희가 먹든지 마시든지 무엇을 하든지 다 하나님의 영광을 위하여 하라(고전10:31)"고 설파한다.

성경에는 예수 그리스도의 영광이 세 가지 형태로 드러난다. 율법 아래서 그의 영광은 그림자(shadow)로(히10:1), 복음 아래서 '참 형상(perfect image)'으로(히10:1) 나타난다. 그리고 장차 천국에서는 얼굴과 얼굴로 대하면서 그리스도의 영광의 실재(reality)를 보게 될 것(고전13:12)이라고 한다.[53] 성도는 현재의 육신의 눈으로 그리스도의 영광을 볼 수 없다, 예수의 제자들은 변화산에서 그리스도의 영광을 보고 두려워하거나(마17:6), 무서워하였다(눅9:34). 육신의 눈으로 우리는 그리스도의 영광을 볼 수 없다. 장차 하늘나라에서 육신의 눈이 변화되어, 우리는 영광의 예수 그리스도를 직접 볼 수 있을 것이다(욥19:25-27).

---

50) 제럴드 L. 싯처(Gerald L. Sittser), 『하나님의 뜻』(The Will of God as A Way of Life), 성서유니온선교회(2014), 263.
51) 조용기, "믿음의 근원인 바라봄의 법칙", 주일설교(2012-04-22).
52) John Owen, *The Glory of Christ*, Versa Press(2012), 104: *Grace renews nature and glory perfects grace!*
53) John Owen, *The Glory of Christ*, Versa Press(2012), 107.

영산은 "땅을 바라보면 공허하고, 혼돈하고, 마귀가 넘쳐나고, 불안하고, 절망으로 가득 합니다. 그러나 하늘을 보면, 우리와 함께 하시는 하나님, 기도를 들어주시는 하나님, 전지전능하신 하나님, 사랑과 복을 주시는 하나님, 구원의 하나님이 계십니다."라고 말한다.54) 영의 생각, 육의 생각은 방향의 문제다. 십자가 위에서 죽고 살아난 그리스도인에게도 자신의 마음의 궁극적 의지가 선을 향할 것이냐, 악을 향할 것이냐의 극명한 갈림길에 놓이게 된다. 성도는 이 두 갈래의 길 중에서 선의 길을 선택해야 한다.

2. 생각의 존재적 의미와 실천적 중요성

영산은 "영으로 사는 것이란 성령의 생각과 꿈과 믿음과 고백으로 사는 것입니다. 성령을 의지하고 영으로 살면 3차원 물질세계를 변화시킬 수 있습니다."라고 말한다.55) 존 스토트(John Stott)는 "그리스도 십자가의 온전한 이해는 하나님을 향한 우리의 태도를 혁신적으로 변화시킬 뿐만 아니라 우리 자신을 바라보는 방식도 근본적으로 바꾸어 놓는다"고 역설한다.56) 십자가는 인간의 생각의 본질을 변화시킨다.57) "이제 내가 산 것이 아니요 오직 내 안에 그리스도께서 사신 것이라(갈 2:20)." 이 말 속에는 삶의 형태, 본질, 성향이 구조적으로 전환됨을 의미한다. 모든 성도들은 예수의 마음을 품고 은혜로 사는 자들이다(고전2:16). 따라서 오직 은혜의 생각, 다시 말해 예수 그리스도의 인격의 영광으로 충만해야 한다.

존 파이퍼(John Piper)는 "어떻게 하면 하나님의 은혜를 헛되게 하지 않고 돋보이게 할 수 있을까?"를 가장 중요하게 생각해야 한다고 강조한다.58) 영산은 "영적으로 생각을 변화시키기 위해서 절대예배의 생각, 절대믿음의 생각, 절대순종의 생각, 절대 하나님 중심의 생각을 품어야 합니다. 다시 말해 우리의 생각을 구속의 생각으로 변화시켜야 합니다."라고 강조한다.59) 하나님 중심의 생각이란 절대말씀 중심의 생각(시81:10), 절대구원의 생각, 절대긍정의 생각으로 사는 자다(마8:17, 사53:5). 부정은 절망을 낳고, 긍정은 희망을 낳는다.

토저(A. W. Tozer)는 "이제껏 하나님은 나에게 '나는 너의 생각 안에 거한다. 너의 생각이 내가 거할 수 있는 성소가 되게 하라'고 말씀하셨다"고 고백할 만큼 생각의 중요성을 강조한다.60) 영산도 "하나님은 생각의 보좌, 꿈의 보좌, 믿음의 보좌, 말의 보좌에서 일하십니다. 따라서 거듭나고 변화된 생각, 대속의 은혜의 생각, 그리고 말씀의 충만한 생각을 해야 합니다."고 설파한다.61)

---

54) 조용기, "예수를 바라보자", 주일설교(2011-11-13).

55) 조용기, "너를 떠나지 아니하리라", 주일설교(2014-11-23).

56) John R. W. Stott, *The Cross of Christ*, IVP(1986), 350.

57) "우리 인간적인 차원의 생각과 하나님 차원의 생각은 완전히 다릅니다. 그러므로 우리는 성경을 읽고 기도하고 성령의 음성을 들어 하나님의 차원에서 생각해야 되는 것입니다. 인간적인 차원에서 생각하면 안 되는 것입니다. 그리고 하나님의 차원을 따라 꿈을 꿔야 되는 것입니다." 참조. 조용기, "차원이 다른 삶", 주일설교(2009-05-24).

58) 존 파이퍼(John Piper), 『장래의 은혜』(Future Grace), 좋은씨앗(2013), 295.

59) 조용기, "나, 나의 생각", 『순복음소식합본 제2집』, 143호(1981-06-28).

60) A. W. 토저(A. W. Tozer), 『이것이 예배이다』, 규장(2014), 194.

61) 조용기, "하나님의 주소", 주일설교(2008-11-23).

영산과 토저는 동 시대에 살면서 서로 만난 적은 없지만, 생각에 대한 그들의 관점은 공통점을 지니고 있다.

성서적으로 하나님의 생각이 그리스도인들에게 어떻게 나타나는지 구체적으로 알아보자.

첫째, 하나님의 생각의 신비를 알아보자. 성경말씀은 하나님 자신의 생각이자 표현이다. 더 구체적으로 말하면, 하나님의 생각은 말씀과 그 아들 예수 그리스도를 통해서 드러난다. 하나님의 생각의 절정은 말씀의 성육신이다: "말씀이 육신이 되어 우리 가운데 거하시매(요1:14)." 하나님의 생각은 그리스도 안에서 표현되고 그려진다. 하나님은 그 아들 예수를 통해 자신의 생각을 온 우주에 펼치셨다. 하나님이 땅을 향한 첫 번째 생각은 빛을 만드시는 것이었다: "하나님이 가라사대 빛이 있으라 하시매 빛이 있었고(창1:3)." 사람도 하나님 자신의 생각이 구체적으로 형태화되어 이 땅에 창조된 것이다. 하나님의 생각의 신비는 온 천지에 뻗어 있다.

둘째, 하나님의 생각의 수단을 살펴보자. 하나님의 생각과 말씀은 절대적으로 밀접한 관계에 있다. 모든 만물은 먼저 하나님의 생각으로 형성되고, 그 다음 하나님 자신의 언어로 실물이 만들어졌다. 즉, 우주 만물은 2단계를 거쳐서 창조되었다. 1단계는 하나님의 생각으로, 2단계는 말씀으로 현실화된 것이다. 하나님 자신의 생각은 '말씀'의 수단을 통해 우주에 전달되었다. "태초에 말씀이 계시니라 이 말씀이 하나님과 함께 계셨으니 이 말씀은 곧 하나님이시니라(요1:1)." 하나님은 말씀으로, 예수님은 말씀의 성육신으로, 성령님은 말씀의 임재로 우리와 함께 하신다. 말씀 그 자체가 하나님의 생각이다. 따라서 하나님의 생각은 그 아들 예수를 통해서 알 수 있다.

셋째, 예수님의 생각교육을 보자. 예수님은 "내게 주신 나의 영광을 그들로 보게 하시기를 원하옵나이다(요17:24)"라고 말씀하셨다. 이것을 생각의 교육 차원에서 이해하면, 예수 그리스도의 인격의 영광을 볼 수 있는 자만이 그리스도의 생각을 닮아갈 수 있다는 의미를 내포한다. 그리스도의 영광을 본다는 것은 예수님의 인격, 능력, 은혜, 거룩함, 자비, 사랑, 직무 등을 총체적으로 본다는 의미다. 예수님의 생각이란 하늘나라의 총체성을 대표한다. 그러한 생각의 훌륭한 모델 중 하나는 주기도문이다. 주기도문 자체는 삼위일체 하나님의 생각의 교육 주체로서 가장 모범적이고 고차원의 영적 생각의 교육모델이다.

넷째, 성령님의 생각교육을 보자. 성령님은 우리의 생각과 마음을 감찰하신다. 성령님은 중생한 자의 생각과 마음을 하나님이 기뻐하시고 인정하시는 수준으로 끌어올려, 성화된 삶, 거룩해지는 삶, 온전해지는 삶을 살도록 인도하신다. 예수님은 승천 후 성부 하나님으로부터 성령을 받아 오순절에 각각의 신자에게 임재하셨다: "마치 불의 혀처럼 갈라지는 것들이 그들에게 보여 각 사람 위에 하나씩 임하여 있더니(행2:3)." 성령의 인도를 받은 성도는 성령세례 기억을 통해 성령님을 생각하는 훈련을 받는다. 성령님의 교육 중 가장 궁극적이고 지고(至高)한 교육은 구원받은 성도가 자신 안에 내주하시는 예수 그리스도의 영광을 하나님께 올려드리는 것이다(요16:14).

<u>다섯째, 하나님의 생각이 현재화되는 과정을 보자.</u> 하나님의 생각을 할 수 있는 성서적 뿌리는 '예수 그리스도와의 연합'에 있다. 예수 그리스도를 통해 성도는 하나님의 생각을 품을 수 있고, 동시에 하나님의 생각을 경험할 수 있다. "우리의 사귐은 아버지와 그의 아들 예수 그리스도와 더불어 누림이라(요일1:3)." "영생은 곧 유일하신 참 하나님과 그가 보내신 자 예수 그리스도를 아는 것이니이다(요17:3)." 그리스도를 안다는 것은 곧 그의 계명을 지키는 것이고, 예수님을 사랑하는 것이다(요14:15). 생각의 현재화는 삼위 하나님과의 사귐 자체에 있다.

우리는 십자가를 통해 옛 생각은 땅에 묻고, 새 생각으로 살아가야 할 자들이다. 다시 말해 인본주의적 삶의 본질은 땅에 묻고, 하나님 나라 중심적 삶을 살아야 할 신분이다. 예수를 믿는 순간, 우리는 죄에 대하여 죽고 의에 대하여 산 자가 되었다. "우리로 죄에 대하여 죽고 의에 대하여 살게 하려 하심이라(벧전2:24)." 죄는 인간의 생각을 오염시켜 파괴의 길을 걷게 한다.[62]

인간은 하나님이 이 땅에서 행하신 사건을 보면서 하나님의 생각을 배울 수 있다. 성경은 하나님의 생각의 책이다. 하나님에 관한 인간의 지식은 본질상 파생적이다. 따라서 인간은 하나님의 생각을 따라 사고해야 한다.[63] 인간은 하나님이 가지고 계시는 원형적 생각 능력을 소유할 수 없다. 하지만 하나님이 하시는 일들로부터 파생되는 사고능력을 소유하고 있다. 이를테면 광야 40년 동안 행하신 하나님의 생각을 우리는 성경을 통해 배울 수 있다.

윌라드(D. Willard)는 그의 책 『마음의 혁신』에서 "영성형성은 생각을 요한다. 우리는 하나님의 말씀으로 그 분의 말씀에 우리 생각을 적용해야 한다. 하나님의 사역 확장은 사람들의 바른 생각에 달려 있다"고 강조한다.[64] 토마스 왓슨(Thomas Watson)은 "하나님을 거의 생각하지 않는 자들은 그 분을 사랑하는 자리에서 얼마나 먼 가! 죄인은 하나님을 생각 밖으로 몰아낸다"고 역설한다. 또한 스프롤(R. C. Sproul)은 "예수님을 닮아가기 위해서 혹은 일치된 삶을 살기 위해서 우리는 예수님처럼 생각해야 한다"고 말한다.[65]

영성형성의 기초는 인간의 생각의 터전에서 일어난다. 진정한 변화는 '하나님, 세상, 우리 자신'에 대하여 이해할 수 있을 때 일어나며, 궁극의 변화는 예수 그리스도의 삶과 일치되는 삶을 사는 것이다.

영산은 "하나님의 말씀은 하나님의 생각이요, 꿈이요, 믿음이요, 창조적 선언입니다."라고 강조한다.[66] 하나님의 말씀은 하나님의 생각을 글로 옮겨놓은 것이며, 기도를 할 때마다 이러한 하나님의 생각이 우리 안으로 들어온다.[67] 영산은 생각의 출처를 개괄적으로 인간의 마음(선과 악), 외부

---

62) 우리 모두는 죄에 노출되어 있다. a) 죄는 우리 존재의 핵심을 오염시킨다(막7:14-23, 마12:33-37, 롬7:18). b) 죄는 선함(goodness)를 왜곡시킨다(롬7:8-11, 약4:17, 요9:41). c) 죄는 보편적이다(롬3:23, 왕상8:46, 롬3:10-20). 죄는 인간이 하나님의 본성을 노출시키지 못하도록 철저히 가로막는다. 죄는 궁극적으로 하나님과 인간 사이에서 또한 피조세계에서 인간이 실패하는 것을 말한다. 즉 창조주께서 그의 피조물들에게 원하시는 것으로서 하나님의 공동체에 참여해야 하는 목적에서 빗나가는 것이다. 참조. 스탠리 그렌즈(Stanley J. Grenz), 『조직신학』(The Theology for the Community of God), 크리스챤다이제스트(2003), 281-289.
63) 존 M. 프레임, 『성경론』, P&R(2014), 31.
64) 달라스 윌라드(Dallas Willard), 『마음의 혁신』(Renovation of the Heart), 복있는사람(2014), 176-177.
65) R. C. Sproul, *The Holiness of God*, Tyndale House Publishers(1998), 163.
66) 조용기, "보이지 않는 능력", 주일설교(2013-04-21).

환경(선과 악), 영적 근원(하나님의 말씀과 성령, 마귀)으로 본다.68) 성령으로부터 오는 생각은 삶의 존재방식(mode of being)을 변화시키는 거룩한 잠재의 씨를 가지고 있다. 성령적 생각은 영성과 밀접한 관계를 형성한다. 도네이(Michael Downey)는 '영성이란 인간 본성의 필수적 구성요소'라고 강조하며, 동시에 '인간의 실존적 차원을 서술하는 것'이라고 말한다.69) 그런 맥락에서 보면, 생각은 영성과 직접적인 관계를 맺고 있다. 존 콘(John W. Conn)은 '영성이란 자기초월 능력'70)이라고 강조함을 볼 때, 생각은 영적 삶을 진보시키는 데 중요한 역할을 한다. 생각은 우리의 실존을 초월해서 기능하는 능력을 가지고 있다. 따라서 인간의 생각의 기초는 하나님의 말씀 위에서 세워져야 하며, 그 결과 하나님의 생각이 마음에 새겨져 믿음이 생기고, 궁극적으로 영적성장을 이루게 된다.71)

리드(P. Reed)는 영성이란 자아, 타자 및 초월적인 하나님과 관계하는 능력, 즉 내적, 외적, 위의 것을 관계하는 능력이라고 강조한다.72) 영성의 중심에서 생각이 매개적 역할을 수행한다. 생각의 영성은 '나-이웃-하나님'을 역동적으로 연결하면서, 동시에 영적활동 전반에 영향력을 미친다.

예수를 믿으면 내 안에 새로운 영적 자아가 창조된다(고후5:17). 그래서 새 마음으로 그리스도 중심적인 삶, 성령의 인도함을 받는 삶을 살게 된다.73) 영적 존재방식으로 살 것이냐, 아니면 육적 존재방식으로 살 것이냐는 자신의 의지에 달려 있다. 성도는 지금 이 세상에서 살고 있지만, 동시에 하나님 나라의 시민으로 살고 있다. 따라서 온전한 생각의 삶이란 '나의 생각이 아니라, 그리스도의 심장, 그의 생각으로 사는 삶'이다.

하나님이 인간에게 이성의 힘, 즉 생각의 능력을 선물로 주셨다. 그것은 하나님을 알고, 하나님을 사랑하고, 이웃을 사랑하고 섬기라고 준 것이다. 동시에 성령 안에서 하나님의 진선미애(眞善美愛)를 깨달아, 힘을 다해 하나님을 사랑하라고 생각할 수 있는 능력을 선물로 주셨다. 마귀는 하나님의 일을 흉내낼 수 있어도 하나님의 진선미애는 흉내낼 수 없다. 따라서 영성에 대한 이해능력은 매우 중요하다. 무엇보다 영성을 온전하게 이해하기 위해서는 영적인 직관과 통찰력이 필요하다.74) 다시 말해 사고능력은 영성 이해에 절대적 영향을 미친다. 기독교의 목적이 변화에 있다면,

---

67) "기도할 때 하나님의 성령께서 하나님의 생각을 여러분의 생각 속에 집어넣어 주시는 것입니다. 꿈을 가지고 하나님께 엎드려 기도할 때 하나님께서는 여러분의 생각 속에 하나님의 생각을 넣어주십니다. 그래서 나아갈 목표를 분명하게 설정해주고, 그 다음 목표를 단계적으로 이룰 수 있는 계획을 하나님께서 보여주시는 것입니다." 참조. 조용기, "성취하며 사는 길", 주일설교(1982-02-14).

68) 생각은 어디서 오는가? <u>a) 마음 자체에서</u>: 지혜로운 생각과 악한 생각이 있으나 사람의 마음이 계획하는 바가 어려서부터 악함(창8:21). <u>b) 외부의 감각을 통해서</u>: 외부로부터 좋은 생각 혹은 악한 생각이 심어짐. <u>c) 영적인 근원에서</u>: 성령의 생각과 마귀의 생각이 있음. 따라서 마음에 좋은 생각의 씨를 심어야 한다. "사람이 무엇으로 심든지 그대로 거두리라(갈 6:7)." "영적인 세계는 생각의 세계입니다. 마귀는 여러분의 생각을 통하여 여러분을 점령하여 파멸시킵니다." 참조. 조용기, "좋은 땅에 떨어진 씨앗, 『삶의 궁극적 의미』, 서울말씀사(2013), 102-117.

69) Michael Downey, *Understanding Christian Spirituality*, New York: Paulist Press(1997), 14.

70) 위의 책, 14.

71) 조용기, 『삶의 궁극적 의미』, 서울말씀사(2013), 116. "인간이 경영하는 마음밭은 심는 씨앗이 무엇이든, 자라게 해서, 열매 맺게 하고, 결과를 산출한다. 마귀도 마음밭을 활용하고, 성령님은 하나님의 말씀을 가지고 똑같은 마음밭을 경영한다. 인간은 누구에게 먹이를 받느냐에 따라 선한 열매를 맺을 수도 있고, 악한 열매를 맺을 수도 있다. 말씀-믿음-기도-성령만이 하나님의 생각을 품게 할 수 있다.

72) Marget A. Burkhardt & Mary Gail Nagel-Jacobson, *Spirituality: Living our Connectedness*, Thomson Learning Inc(2002), 19.

73) 토마스(Thomas)는 "내적 자아와 외적 자아의 씨름은 하나님의 숨은 활동의 산물"이라고 지적한다. 참조. 토마스 머튼(Thomas Merton), 『묵상의 능력』(The Inner Experience), 두란노(2006), 119.

기독교의 본질은 타락한 인간이 하나님과 관계를 회복하는 것이다.75) 변화는 먼저 생각에서부터 시작된다. 바울이 다메섹 도상에서 예수님을 만나자, 그의 생각에 가장 먼저 변화가 나타났다(행 9:1-9). 인간이 보고 느끼는 힘의 중심에는 생각의 힘(thinking), 감정의 힘(feeling), 감각의 힘(sensation), 직관의 힘(intuition)이 존재한다. 그중에서 '생각의 힘'은 인간을 변화시키는 원동력이다.

하나님은 생각하시는 하나님이시며, 또 스스로 생각하신 것을 이뤄내시는 분이시다. "만군의 야훼께서 맹세하여 이르시되 내가 *생각한 것이 반드시 되며* 내가 경영한 것을 반드시 이루리라(사 14:24)." 나아가 하나님은 생각하신 것을 이루시는 분이시요, 일하시기 전에 생각하신다.76) 따라서 인간은 하나님의 생각을 품고 일해야 하며, 하나님의 사고방식대로 행동할 때 창조의 역사가 나타나게 된다. 생각은 눈에 보이지 않으나 하나님이 창조하신 창조물이며, 하나님은 눈에 보이는 것과 보이지 않는 것을 만드셨다: "만물이 그에게서 창조되되 하늘과 땅에서 <u>보이는 것들</u>(visible)과 보<u>이지 않는 것</u>(invisible)들과 혹은 왕권들이나 주권들이나 통치자들이나 권세들이나 만물이 다 그로 말미암고 그를 위하여 창조되었고(골1:16)." 생각은 눈에 보이지 않으나 하나님의 창조 작품에 속하며, 영에 속해 있다. 영산은 생각의 중요성을 역설한다. "여러분이 하나님의 말씀으로 마음을 새롭게 변화시키면, 하나님의 생각을 알게 됩니다. 여러분의 생각 속에 하나님의 생각을 받아들이면, 믿음을 산출하게 됩니다. 생각은 매우 중요하기 때문에 마음을 새롭게 해야 합니다. 마음을 새롭게 하려면, 변화된 사고방식을 가져야 하고, 기적의 관점에서 생각할 줄 알아야 하고, 하나님의 생각을 품고 살아야 합니다."77)

뇌를 연구하는 한 과학자는 우리의 뇌세포는 98%가 말의 지배를 받는다고 말한다. 미국의 심리학자인 셰드 헴스테더 박사(Shedd Hampstead)에 의하면 "인간은 하루에 '5만에서 6만가지 생각'을 하며, 그중 75%는 부정적인 생각이고, 25%만 긍정적인 생각에 속한다.'고 말한다.

2.1. 말씀의 생각은 삶의 방식을 영광으로 전환시킨다

하나님의 말씀을 마음에 적용하는 방법은 무엇일까? 영산에 의하면 그것은 생각, 꿈, 믿음 말, 곧 4차원영성의 4가지 요소들이다. 인간의 마음에 영향을 미치는 요소들 중 핵심은 바로 생각이다.

---

74) Marget A. Burkhardt & Mary Gail Nagel-Jacobson, *Spirituality: Living our Connectedness*, Thomson Learning Inc(2002), 18.

75) A. W. Tozer, *God's Power for Your Life*, Regal(2013), 145. 성도의 신앙생활에서 가장 중요한 것은 예수 그리스도를 통해서 하나님과 인격적 관계를 맺으며 성장해 나가는 것이다.

76) "나는 그들에게 행하기로 생각한 것을 너희에게 행하리라(민33:56)." "야훼의 계획은 영원히 서고 그의 생각은 대대에 이르리로다(시33:11)." "야훼께서 우리를 생각하사 복을 주시되 이스라엘 집에도 복을 주시고 아론의 집에도 복을 주시며 (시115:12)."

77) 조용기, 『4차원의 영적세계』, 141-171. 영산이 강조하는 생각의 중요성 a) 하나님께서는 생각을 통해 말씀하십니다. 아무런 생각을 가지고 있지 않다면 하나님께서는 여러분에게 이야기 할 통로가 없는 것입니다. 여러분은 생각을 통해서 하나님을 만날 수 있습니다. b) "우리가 하나님의 뜻을 알려면 마음을 새롭게 하여 영의 생각을 가져야 합니다. 여러분의 생각을 새롭게 할 때 영 속에 믿음이 역사하는 것입니다. 먼저 말씀을 잘 들어야 합니다. 들음으로써 하나님의 말씀이 우리의 생각 속에 들어옵니다. 우리의 사고방식을 통해서 하나님의 생각이 우리의 영에 임하여서 믿음이 생겨납니다. c) 하나님의 생각은 성령의 감동으로 기록된 그분의 말씀을 통해 드러납니다. 하나님의 말씀은 여러분의 생각에 근본적인 영향을 미치며, 여러분의 마음을 계속 새롭게 해줍니다.

마음은 사람의 중심이다. 마음에서 생각이 나온다. 이 생각은 하나님의 말씀에서 올 수도 있고(영적 4차원), 마귀에서도 올 수 있고(마귀적 4차원), 인본주의 교육사상(인간적 4차원)에서 올 수도 있다.[78] 4차원영성에서 말하는 생각은 '하나님의 말씀 혹은 성령에서 오는 생각'을 전제로 한다.

마귀들은 십자가 밑에 와서 서성거리지만 이미 패배한 자들이다. 사탄이 하는 일이 무엇일까? 그들이 온 종일 하는 일은 하늘로 올라가는 영광을 빼내가는 일이다. 다시 말해, 사탄은 우리에게 영의 생각을 품지 못하도록 활동한다. 하나님의 뜻을 궤멸시키는 바이러스를 만들어, 생각체계에 일격을 가해 혼란에 빠지게 하는 것이다. 그렇게 해서 사탄은 십자가의 고난과 부활의 기쁨을 모두 앗아가버린다. 사탄의 추종 세력인 마귀들은 신자들에게 '죄성, 두려움, 의심, 악한 생각'을 준다. 마귀들은 아담 이래 인류역사를 보아온 산 증인들이다. 그들은 인간의 약점을 너무 잘 안다(약1:8, 4:8). 그들은 '신자들의 영광 가로채기 매뉴얼'을 가지고 있다.

영광의 삶이란 십자가의 영향 아래 있는 삶이며, 그 안에서 거룩함을 추구하는 삶이다. 마귀들에게 영광을 빼앗기지 않도록 하는 삶이 곧 '거룩한 삶 혹은 성화의 삶'이다. 하나님은 거룩하니 우리도 거룩해야 한다. 하나님 뜻은 우리가 거룩하게 되는 것이다(살전4:3). 거룩해야 '선한 일을 할 수 있는 마음성향'을 유지할 수 있기 때문이다(딛2:14). 마음 상태가 거룩해지면, 거룩한 생각이 나와, 선한 일을 하게 된다. 예수님의 몸으로 단번에 제사를 지냄으로써 죄인인 우리는 '거룩함'을 얻는다(히10:10). 이 '거룩함'은 하나님의 '의와 공의, 선하심과 사랑, 자비와 긍휼, 신실하심'과 서로 밀접하게 연결되어 있다(신18:13, 마5:48, 눅6:36). 다시 말해, 하나님은 선하시므로 선한 일을 해야 하고, 그 선한 일을 함으로써 마음상태가 거룩해진다. 인간이 말씀과 기도로 거룩한 생각으로 충만하게 되면(딛2:14), 선한 일을 하게 된다(엡2:10).

죄인이 십자가를 체험하면 삶의 구조자체에 혁신적 변화가 일어난다. 중생한 인간이 말씀으로 살면, 생각의 거룩화가 일어난다. 예수님은 우리가 '진리로 거룩함을 얻게 하려' 이 땅에 오셨다(요 17:19). 존 오웬(J. Owen)은 "영의 생각은 하나님의 사랑을 감지하고, 종교적 의무를 이행하며, 천상의 것을 미리 맛보게 하는 유일한 길이자 최선의 방편"이라고 강조한다.[79]

영산은 '보이지 않는 4차원 힘은 생각, 꿈, 믿음, 말'이라고 말한다.[80] 인간의 생각이 죄로 더러워지면 인간의 삶 전체가 오염된다. "향락을 좋아하는 자는 살았으나 죽었느니라(딤전5:6)." 생각에서 비롯되는 죄는 인간의 지성, 정서, 의지뿐 아니라 영혼 전체가 본래 고유의 기능을 수행하지 못하게 하고, 궁극적으로 인간 본연의 거룩함을 드러낼 수 없게 만든다. 따라서 우리의 마음을 말씀으로 가득 채우고, 말씀에서 비롯되는 생각이 삶의 기초가 되게 해야 한다. "그러므로 우리는 들은 것에 더욱 유념함으로 우리가 흘러 떠내려가지 않도록 함이 마땅하니라(히2:1)." 또한 인간의

---

78) 조용기, "마음의 파수꾼", 주일설교(2013-12-01).
79) 존 오웬(John Owen), 『영의 생각 육의 생각』(*Thinking Spirituality*), 생명의말씀사(2013), 151.
80) 조용기, "보이지 않는 능력", 주일설교(2013-04-21).

생각은 인간의 중심부를 차지하고 있는 양심과 연결되어 있다. 생각이 오염되면, 인간의 양심도 오염되어 죄악의 행동이 빚어진다. 오웬(John Owen)은 "죄는 인간적 양심을 만족시키기를 좋아하고, 칭찬받기 좋아하는 사람들을 만든다"고 서술한다.81) 죄는 언제나 '인간 자신의 의(義)'를 따르게 한다. 인간은 무엇을 하든 하나님을 영화롭게 해야 한다(고전10:31).

영성은 존재의 본질로서, 내가 누구인지, 무엇을 해야 하는지, 궁극적으로 어떤 길을 걸어가야 할 지와 관련해 나의 삶의 길을 가리켜준다.82) 인간은 영적존재이므로 생명체이며 인격체이다. 그 안에 생각의 씨가 잠재하여 성장하고 있다. 말씀의 생각은 정적이 아니라 동적이며, 삶의 방식을 변화시켜 하나님의 말씀을 따르게 한다. 말씀은 성령과 함께 삶의 방식을 전환시키는 모체이면서, 육체를 움직이는 역동적 요소다.

영산은 생각의 씨앗을 마음에 심고 계속 바라보면 환경의 변화가 온다고 역설한다. "좋은 생각의 씨앗은 기쁘고 행복하고 복된 현실로 옷을 입고 나타납니다. 좋은 생각을 갖고 있으면 그것이 좋은 옷을 입고 나타납니다. 하나님은 사람의 생각을 창조력이 있게 만들었습니다. 생명의 근원이 바로 마음에서 나옵니다. 좋은 생명도 거기에서 나오고 나쁜 생명도 거기에서 나옵니다."83)

데이비드 슈워츠(David Schwartz)는 생각의 크기가 인생의 크기라고 말한다. "성공 여부는 어느 누구도 키나 체중, 대학학위, 집안배경으로 판단되지 않는다. 그것은 그들의 생각의 크기에 의해 판단된다." 그림 6-1에서 보는 것처럼 생각의 방향에 따라 인생에서 얻어지는 결과도 달라진다. 존 맥스웰(John Maxwell)은 생각의 방향을 다음과 같이 분류했다.84)

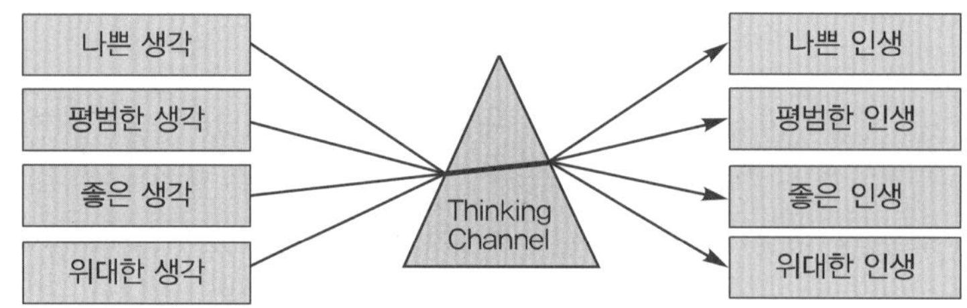

그림 6-1. 생각의 방향성이 삶의 결실에 미치는 영향: 인생의 밭에 무엇을 심느냐에 따라 열매도 달라진다(마7:18, 눅 6:43). 우리의 마음은 농사짓는 텃밭이다.85) 영산은 "우리 인생의 터는 바로 생각입니다. 생각이 바로 잡혀야 튼튼한 집을 지을 수 있습니다."라고 조한다.86) 우리의 생각은 '영(靈)'에 속해 있다.

---

81) John Owen, *Indwelling Sin in Believers*, Versa Press(2010), 84.
82) Marget A. Burkhardt & Mary Gail Nagel-Jacobson, *Spirituality: Living our Connectedness*, Thomson Learning Inc(2002), 19.
83) 조용기, "생각의 씨앗", 주일설교(1986-07-20).
84) a) 나쁜 생각은 일을 안 되는 쪽으로 진행시킨다. b) 평범한 생각은 일을 진행시키지 못한다. c) 좋은 생각은 일을 되는 쪽으로 진행시킨다. d) 위대한 생각은 일이 되도록, 그것도 빠르게 되도록 진행시킨다.
85) 조용기, "네 가지 땅에 떨어진 씨", 주일설교(2010-12-12).
86) 조용기, "생각의 터전", 주일설교(2013-11-03).

성공하려면 마음밭에서 '성공을 향한 생각의 뿌리'가 먼저 내려야 한다. 그리스도인들은 마음하늘에서 먼저 성공의 생각을 하고, 성공의 꿈을 꾸고, 성공의 말을 할 수 있어야 한다. 영산은 좋은 마음밭에 좋은 씨앗을 심어야 좋은 열매를 맺는다고 말한다. "우리가 매일 매일 생각하는 그 생각이 바로 마음밭에 뿌려서 매일 거두게 되는 씨앗임을 알아야 합니다. 우리의 생각이 바로 씨앗인 것입니다. 마음밭에 우리의 생각의 씨앗을 뿌려놓았다가 그것을 매일 거두게 되는 것입니다. 잘못된 생각을 우리 마음밭에 뿌려놓으면 처참한 파괴를 매일 거두는 것입니다."87)

그리스도인은 '말씀의 생각'으로 충만해져, 오직 하나님의 영광을 위한 의지적 마음성향을 품는 것이 중요하다.88)

2.2. 말씀의 생각은 생물학적 자아에 영향을 미친다

영산은 "인간은 혼자의 힘으로 살 수 없는 허무하고 무능한 존재입니다."라고 말한다.89) 다시 말하면 생물학적 자아는 궁극적으로 무능한 존재다. 그는 "인간의 존재형식은 성령님이 거하시는 성전, 하나님을 모시는 질그릇, 포도나무이신 예수님께 붙은 가지로서 살아야 합니다(고전6:19-20, 고후4:7, 요15:5)."라고 말한다.90) 곧 새로운 피조물, 거듭난 자아는 성령님이 거하시는 성전으로서의 자아다. 성령의 전은 하나님의 말씀이 거하는 장소다.

불안한 생각을 하면 심장이 두근거린다. 불안과 공포의 생각은 육체적인 고통을 준다. 기쁜 생각을 하면 마음이 즐거워진다. 그러나 하나님이 우리에게 주는 생각은 생명과 평안의 길이다. "야훼의 말씀이니라 너희를 향한 나의 생각을 내가 아나니 평안이요 재앙이 아니니라 너희에게 미래와 희망을 주는 것이니라(렘29:11)." 육신의 생각은 사망이지만, 영의 생각은 생명과 평안이다(롬8:6). 영의 생각과 육의 생각은 삶의 방향을 바꾼다. 영산은 『4차원의 영성』이라는 책에서 생각은 신체에 영향을 미친다고 강조한다. "4차원 세계에서는 너와 나의 구별이 없습니다. 오직 메시지만 있습니다. 4차원 영적세계에서는 그 메시지가 생각속에 기록되면 제일 먼저 가까운 몸, 생활속에 영향을 미칩니다."91) 생각은 삶의 전 영역에 영향을 미친다. 생각은 자기 실현성이 강하다.

영산은 믿음을 택할 것인가, 아니면 불안과 공포를 택할 것인가는 마음의 선택에 달려 있다고 말한다. "내가 믿음을 선택할 것이냐, 불안과 공포를 선택할 것이냐는 마음의 선택에 달린 것입니다. 베드로가 물 위로 걸어갈 때 물과 바람을 선택할 것이냐 예수를 바라볼 것이냐 선택에 달린

---

87) 조용기, "믿음의 말, 생각의 씨앗", 주일설교(1986-07-20).
88) 그리스도인은 말씀의 생각으로 충만할 때 온전한 영광이 드러난다. 성경적 근거는 다음과 같다. 곧 그리스도인은 말씀에 대한 믿음을 품는다(창15:6, 마8:13). 그리스도인은 말씀을 준수하고, 묵상한다(시1:2, 약2:14-26). 그리스도인은 하나님의 임재를 확신한다(마28:20). 그리스도인은 강하고 담대하며, 좌우로 치우치지 않는다(잠28:1, 히10:35, 잠4:27). 그리스도인은 교만하지 않다(약4:6). 그리스도인은 범사에 주님을 인정한다(잠3:6). 그리스도인은 믿음으로 전진한다(빌3:13-16). 그리스도인은 하나님의 뜻에 순종한다(신28:1-14).
89) 조용기, "네 입을 넓게 열라", 주일설교(2005-08-14).
90) 조용기, "네 입을 넓게 열라", 주일설교(2005-08-14).
91) 조용기, 『4차원의 영성』, 교회성장연구소, 39.

것입니다."[92] 그는 생각이 긍정적인 결과와 부정적인 결과를 낳는 실체라고 피력한다.[93] "생각은 눈으로는 보이지 않지만 3차원의 인생을 결정하는 4차원의 중요한 요소입니다. 생각은 긍정적인 결과와 부정적인 결과를 낳을 수 있는 실체입니다."[94] 하나님의 말씀, 성령의 생각, 생산적 믿음, 창조적 말, 반복적 습관은 좋은 생각을 만드는 원료다.[95]

2.3. 말씀의 생각은 삶의 가능태(可能態)에 영향을 미친다

영산은 "우리는 말씀공부를 열심히 해야 합니다. 그래야 주님을 깊이 알 수 있고(롬10:17), 주님의 뜻을 이해할 수 있습니다."라고 말한다.[96]

'의와 거룩'으로 중생한 자는 영적 감정이 의와 거룩으로 충만하므로 창조적 삶을 살 수 있다. 말씀의 생각은 인격을 창조하고, 행위를 창조하고, 삶 그 자체를 그리스도의 삶에 동화시켜준다. 예수를 믿으면 삶이 단순해진다. 의와 거룩은 삶을 단순화시킨다. 토마스(T. A Kempis)는 "순수함과 단순함에 숨은 비밀과 삶이 주는 귀중한 메시지를 알 수 있다"고 고백했다.[97] 단순한 삶은 한 가지에 집중함으로 삶의 가치를 향상시킨다. 예수를 믿으면 삶이 단순해진다.

하나님의 자녀는 하나님의 영으로 인도함을 받는다(롬8:14). 따라서 인간의 생각은 사랑 안에서 거룩하고 흠이 없어야 한다(엡1:4). 그리스도 안에는 지혜와 지식의 보화가 감추어져 있다(골2:3). "하나님이여 주의 생각이 내게 어찌 그리 보배로우신지요 그 수가 어찌 그리 많은지요(시139:17)."

영산은 생각이 우리의 삶을 향상시킨다고 말한다. "생각의 성장은 성숙의 질적인 면과 양적인 면에서 깊은 관련이 있습니다. 사람의 생각은 창조성이 있기 때문입니다." 인간의 창조력은 십자가를 바라보며 생각할 때 나온다. 죄에서 사함 받았다는 생각, 성결하고 성령충만한 생각, 병 고침 받았다는 생각, 아브라함의 복과 형통함에 대한 생각, 부활, 영생, 천국을 누리는 생각으로 가득 찰 때, 인간은 진정한 창조력을 발휘할 수 있다.

존 맥스웰(John Maxwell)은 생각은 인생을 발전시키는 원동력이라고 강조한다(그림 6-2). 첫째, 성공하지 못하는 사람들은 생각이 생존에만 집중되어 있다. 둘째, 평범한 사람들은 생각이 현상유지에 주로 집중되어 있다. 셋째, 성공한 사람들은 생각이 발전에 집중되어 있다.[98]

---

92) 조용기, "변화의 능력 십자가", 주일설교(2007-03-04). 미움과 분노의 쓴물, 공포와 불안의 쓴물, 열등의식의 쓴물, 좌절감과 낙심의 쓴물.

93) 맨 땅에 길이 3m × 폭 30cm × 두께 15mm 철판이 있다. 사람이 올라가도 끄떡없다. 당신은 이 철판 위를 걸어갈 수 있을까? 누구나 걸어갈 수 있다. 그러나 만약 이 철판을 높이 100미터짜리 두 건물 꼭대기에 서로 연결해 놓았다고 생각해보자. 눈보라가 세차게 친다고 상상해보라. 당신을 걸어갈 수 있겠는가? 아무도 100미터 위에 놓여 있는 철판 위를 걸어가려고 하지 않을 것이다. 철판이 맨 땅에 놓여 있을 때와 높이 100미터 높이의 건물 사이에 놓여 있을 때의 차이점 무엇인가? 그것은 '만약 떨어지는 날에는 나는 반드시 죽는다.'는 두려움이다. 두려움은 생각의 기능과 몸의 기능을 무너뜨린다. 생각은 우리의 신체 활동에 영향을 준다. 무슨 일을 앞에 놓고 실패할지 모른다는 두려움, 위험에 빠질 수 있다는 두려움, 실수할지 모른다는 두려움 등은 신체적 활동에 엄청난 영향을 미친다.

94) 조용기, "사차원의 삶", 주일설교(2010-11-07). "생각은 내가 하고 일은 하나님이 하신다", 주일설교(2013-09-15). "마음의 파숫군", 주일설교(2013-12-01).

95) [하나님의 생각개발] = [하나님 말씀] + [성령적 생각] + [긍정의 믿음] + [긍정적 선언].

96) 조용기, "주님과 함께 살기 위하여", 주일설교(2009-02-01).

97) 토마스 아 켐피스(Thomas A Kempis, 1379-1471), 『그리스도를 본 받아』(Imitatio Christi), 두란노(2010), 92.

98) 존 맥스웰, 『생각의 법칙』, 청림출판(2003), 26-28.

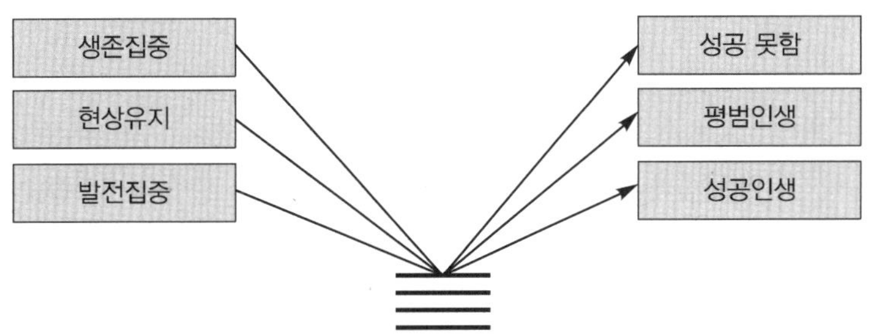

그림 6-2. 생각의 실재적 존재양식: "성령님이 거하시면 천국의 마음이 되어 말씀과 성령 안에서 영혼이 잘됨 같이 범사에 잘되며 강건한 축복 가운데 살아갈 수 있지만, 마귀가 거하면 마귀의 종 된 마음으로 세상적인 마음이 됩니다."99)

2.4. 말씀의 생각은 마음하늘을 영적으로 활성화시킨다

영산은 경험적으로 체득한 성령님의 인도를 받는 길을 이렇게 제시한다. "성령님은 우리 삶을 인도해주십니다. 즉 특별계시를 통하여(행2:17-18), 마음의 소원이나 환상을 통하여(빌2:13, 빌4:6-7, 마1:20-21), 주위 환경을 통하여(요16:13, 고전2:9, 행10:19-20), 하나님의 말씀을 통하여(사8:19-20, 롬10:17) 우리를 이끌어주십니다."100)

죄인이 십자가 위에 올라가면, 영혼의 철저한 변혁이 일어난다. 즉, 기존의 이성적 생각구조가 '의와 거룩의 생각구조'로 바뀐다. 그 결과, 마음하늘은 하나님의 뜻을 담는 온전한 그릇이 된다. 또한 생각의 틀은 철저하게 선(善)의 성향을 띠어, 하나님 중심의 생각구조로 변환된다. 인간의 생각은 하나님의 생각을 닮아 무한성과 영원성을 가진다. 유한한 상태에서도 무한의 차원에 대해, 시간 안에 있으면서도 영원의 차원에 대해 생각할 수 있다. 생각 그 자체는 신비다.

영산은 말씀을 통해 생각을 바꿀 수 있다고 강조한다. "우리는 하나님의 말씀인 성경을 통해 생각을 바꿀 수 있습니다. 성경은 살아계신 하나님의 능력 있는 말씀이기 때문입니다. 하나님의 말씀은 마음과 생각을 감찰합니다(히4:12)."101)

인간의 영은 현재의 삶을 뛰어넘는 초월성을 가지고 있다. 즉 머릿속에 저장된 기존의 삶의 프로그램을 계속 수정하여 새로운 삶을 개척하는 능력을 지니고 있다. 다시 말하면 자기초월적 특성을 가지고 있다. 그리스도인은 새로운 피조물로서102) 무한도전을 향해 기존의 삶의 프로그램을 지속적으로 수정해 나가는 존재다(골3:1-3). 생각은 인지능력의 기초골격을 이룬다. 인지적 작용은 영성

---

99) 조용기, "천국마음", 주일설교(2011-10-09).

100) 조용기, "성령님의 인도를 받는 길", 주일설교(2009-03-15).

101) 조용기, 『4차원의 영성』, 교회성장연구소(2006), 63.

102) 틸리히의 3가지 존재론적 범주는 본질(essence), 실존(existence), 그리스도 예수 안에 있는 새로운 존재 혹은 새로운 피조물(the New Being, 고후5:17)이다. 즉 범죄하기 전의 아담의 상태(본질), 타락한 상태에 있는 아담(실존), 마지막 아담으로서의 그리스도의 나타나심(실존)이다. 실존은 본질로부터 전이된 상태이고, 존재는 실존으로부터 전이된 상태를 말한다. 참조. 황민효, 『폴 틸리히의 신학』, 한국장로교출판사(2008), 280-282. 틸리히(Paul Tillich)는 새로운 존재의 정의를 다음과 같이 한다. "단순히 오래된 존재의 자리를 대신하는 것이 아니라, 그보다 그것은 타락되고, 왜곡되고, 분열되고, 거의 파괴되었던 것의 소생을 의미한다. 말하자면 그것은 새로운 세 가지의 화해(re-conciliation), 재연합(re-union), 그리고 부활(re-surrection)이다."

생활에 있어서도 지대한 영향을 미친다. 메이어(R. E. Mayer)는 '인지심리학이란 효과적인 행동을 하기 위한 인간의 행동을 과학적으로 연구하는 학문'이라고 서술한다.103)

성령 안에서 하나님의 말씀은 인간의 인지능력에 절대적 영향을 미친다. "하나님은 영이시고 인간의 영혼도 영이다. 영의 중요한 속성들은 이성(reason), 의식(conscience) 그리고 의지(will)이다.104) 영은 이성적이며, 도덕적인데, 하나님은 인간에게 자기의 속성에 속하는 요소들을 부여하셨다. 이성은 인지적 영역에 속한다."105)

성령님은 지성, 감성, 의지를 가지고 계시므로 인간은 성령과 인격적으로 교제할 때 인지능력을 향상시킬 수 있다: "너희로 하여금 모든 신령한 지혜와 총명에 하나님의 뜻을 아는 것으로 채우게 하시고(골1:9)." 여기서 '지혜, 총명, 하나님의 뜻을 아는 것'은 인지적 용어와 상관이 있으며, 영적성장과 깊은 관련이 있다.106) 하나님에 대한 '인격적 지식'을 가질 수 있어야 한다.

벤자민 디즈레일리(Benjamin Disraeli)는 "위대한 생각을 키워라. 사람은 자신의 생각보다 더 위대해질 수 없기 때문"이라고 말했다. 생각은 인간의 잠재력을 깨우는 알람장치와 같다. 생각은 향상시키지 않으면 퇴화한다. 영산은 마음속에 어떤 신념을 심느냐에 따라 인생의 열매가 달라진다고 말한다. "사람이 무엇을 심든지 그대로 거둔다고 성경에 말했기 때문에, 우리는 심고 난 다음에 눈에는 아무 증거 안보이고, 귀에는 아무 소리 안 들리고, 손에는 잡히는 것이 없고, 폭풍우가 휘몰아쳐도, 흔들리지 않는 신념으로 무엇을 심었든지 그대로 거둔다는 신념을 가지고 그리스도 안에서 견디고 나가면, 우리의 심은 것을 30배, 60배, 100배로 거두게 되는 것입니다."107)

2.5. 말씀의 생각은 삶을 창조하는 씨를 품고 있다

창조적 생각의 뿌리는 십자가의 믿음 – 십자가 위에서 죽으시고 부활하신 예수 그리스도를 믿는 믿음 – 수난절과 부활절을 경험하신 예수 그리스도를 신뢰하고 의지하는 믿음에 있다. 새 피조물의 창조능력은 옛 사람 아담에게서 나오는 것이 아니라, 새 사람 안에 내재하시는 예수 그리스도의 능력에서 나온다. 그리스도인의 삶이란 내 생각이 아니라 예수 그리스도의 생각으로 사는 것이다.

인간은 하나님의 형상을 닮아 생각한 것을 행동으로 옮긴다. "나는 그들에게 행하기로 생각한 것을 너희에게 행하리라(민33:56)." 영산은 미래의 꿈을 현재의 생각에 심으라고 강조한다. "내일의 꿈을 품고 이뤄진다는 생각을 현재에 심을 때 우리의 생각 속에서 과거와 현재와 미래가 실현되는

---

103) 권택조, 『영성발달』, 예찬사(1999), 128.
104) Jonathan Edwards(1703-1758), *Freedom of Will*, Dover(2012, originally published in 1754), 2-8. 의지란 선택하는 능력 또는 힘이다. 의지는 강한 동기부여에 따라 결정된다. 의지란 '외관상 항상 보기에 가장 좋은 것(greatest apparent good)' 혹은 '보기에 가장 마음에 드는 것(most agreeable)'이다. "that the Will always is as the greatest apparent good" or "as what appears most agreeable."
105) 권택조, 『영성발달』, 예찬사(1999), 139-140.
106) 권택조, 『영성발달』, 예찬사(1999), 145.
107) 조용기, "마음의 밭, 생각의 씨앗", 주일설교(1986-07-20).

것입니다."108) 그는 또한 인간의 생각은 무질서하나 생각이 성령에 사로잡히면, 3차원의 환경이 변화된다고 역설한다. "사람의 생각은 럭비공과 같아서 어디로 튈지 모르는 예측불허의 요소입니다. 생각은 지식과 감정과 의지가 섞여서 더욱 그렇습니다. 그러나 성경말씀에 사로잡히고, 그 말씀을 순종하면, 3차원의 환경이 변화되는 능력이 나타납니다."109)

창조는 위의 것을 생각하는 습관에서 나온다. 위대한 교육자 호레이스 만(Horace Mann)은 습관에 대한 이런 명언을 남겼다. "습관은 밧줄과 같은 것이다. 우리는 습관이라는 밧줄을 매일 짜고 있다. 그런데 이렇게 일단 짜인 습관은 결코 파손되지 않는다."

예수님의 거룩한 습관은 아버지의 뜻을 이루는 것이었다. "인자가 온 것은 잃어버린 자를 찾아 구원하려 함이니라(눅19:10)." 예수님은 우물가에서 사마리아 여인, 뽕나무에 앉은 삭개오까지 불러서 전도했다. 이미 형성된 생각을 바꾸어야 새로운 습관이 형성될 수 있다. 영산은 생각을 바꿀 수 있는 것이라고 말한다. "우리는 하나님의 말씀인 성경을 통해 생각을 바꿀 수 있습니다. 성경은 살아계신 하나님의 능력 있는 말씀이기 때문입니다."

생각을 바꾸는 그 자체가 새로운 창조의 출발점이다. 이스라엘 백성들이 애굽에서 나와 광야행군을 할 때 가장 힘들었던 것이 종살이 생각의 습관을 뜯어고치는 것이었다. 날마다 불평과 원망의 소리가 하늘을 찔렀으며, 그러한 이스라엘 백성에게 하나님은 그들의 생각 습관부터 확 뜯어 고치기로 작정하셨다. 그러나 그들에게 430년의 종살이에서 몸에 벤 3차원 인간의 오랜 생각의 습관을 벗어버리는 것은 매우 힘들고 어려웠다. 생각을 바꾸는 차원에서 보면, 이스라엘 백성들이 광야에서 생각을 바꾸는데 40년이 걸렸다. 그런데도 그들의 생각은 온전치 못했다.

생각을 바꾸면 새로운 습관이 형성되며, 반복된 생각이 행동을 낳고, 반복된 행동이 좋은 습관을 낳아, 결국 창조적이고 생산적인 열매를 맺게 된다. 그러나 행동하는 것이 얼마나 어려운가? 블링크 이론이 이를 뒷받침 한다. 영어에는 최초의 펭귄(First Penguin)이라는 관용어가 있는데, 이를테면 바닷가로 떼를 지어 우르르 모여들어도 막상 바닷가에 와서는 머뭇거린다는 것이다. 맛있는 먹잇감도 있지만 괜히 들어갔다가 바다표범에게 물리는 날에는 끝장이라는 생각이 머뭇거리게 만드는 이유 중 하나다. 그런데도 그 절박한 상황에서 펭귄의 무리 가운데서 맨 먼저 첨벙 뛰어드는 펭귄이 있다는 것이다. 그러면 머뭇거리며 뒤뚱뒤뚱하던 겁 많은 펭귄들도 일제히 우르르 뛰어든다는 것이다. 말콤 그래드웰(Malcolm Gladwell)은 이 최초의 펭귄과 같은 행동을 '블링크(Blink) 이론'으로 설명한다. 펭귄들은 이론과 경험을 토대로 행동하는 것이 아니라, 무의식 영역에서 2초 동안의 순간적인 감으로 뛰어든다는 것이다. 유사하게 사람도 어떤 큰 결정을 할 때 오랫동안에 쌓인 순간적인 2초의 감(feeling)으로 결정한다는 것이다.

새로운 것은 언제 출현하는가? 바로, 내 생각의 변화, 습관의 변화에서 새 것과 새 미래가 온다. '행동이 쌓이면 습관을 낳고 습관이 쌓이면 삶의 결실을 낳는다. 경험적으로 보면 좋은 습관(기도의 습관, 은혜의 습관, 사랑의 습관 등)의 형성은 복합적으로 이뤄진다.110)

---

108) 조용기, "마음의 생각을 지키라", 주일설교(2010-05-23).
109) 조용기, 『4차원의 영성』, 교회성장연구소(2006), 63.

2.6. 말씀의 생각은 외적 지향성을 활성화시킨다

영산은 "우리가 하나님께서 기뻐하시는 삶을 살기 위해서는 먼저 하나님의 뜻을 알아야 합니다. 그리스도인은 언제나 하나님의 뜻을 먼저 구하는 기도를 해야 합니다."라고 말한다.111) 하나님의 뜻은 근본적으로 하나님과 이웃을 사랑하는 것이다. 하나님의 뜻은 그리스도인의 생각을 '안에서 바깥으로' 향하게 한다. 즉 삶의 지향점은 하나님과 내 이웃이다.

모든 인간은 자율주의 아니면 타율주의 중심으로 산다. 십자가는 나 중심으로 사는 자율주의자, 즉 자기중심주의자가 아니라 다른 사람 중심으로 살게 하는 타율주의자로 살게 한다. 십자가 삶의 모델은 타율적 방식이다. 다시 말해, 십자가의 믿음은 '내 중심의 삶의 방식'에서 '타인 중심의 삶 혹은 이웃 중심의 삶'으로 변형되도록 만든다. 그런 의미에서 십자가는 10계명을 현실화시킨다. 영산은 "생각, 꿈, 믿음, 말을 통한 4차원의 영성이 3차원의 삶인 육체와 환경을 다스립니다."라고 말한다.112) 말씀의 생각은 항상 내 중심에서 시작해서 타자중심으로 지향한다. 4차원의 영성은 말씀을 마음에 적용하는 방법으로, 내적 경향성이 아니라 외적 경향성을 지향한다. 마음 안에서 탄생한 진리는 반드시 바깥을 향한다. 진리는 마음에서 시작해서 선을 향하고, 궁극적으로 하나님을 영화롭게 만든다. 십자가의 능력은 다른 사람을 살리는 거룩한 수단이다. 십자가의 삶만이 이웃을 지향하는 삶을 추구하여, 하나님의 영광을 드러나게 한다.

하나님이 중심을 보신다는 것은(삼상16:7) 무엇인가? 그것은 생각의 순전성을 보는 것이요, 마음의 건강상태를 보는 것이다. 즉, 마음이 건강하고 거룩할수록, 그 마음은 '나보다 외부 혹은 이웃'을 지향한다. 막스 셸러(Max Scheler)는 그의 저작 『자연에서의 인간의 위치(Man's Place in Nature)』에서 '인간의 독특성은 세상에 대한 개방성'이라고 말했다.113) 인간이란 스스로 자신을 알 수 있는 것이 아니라 다른 사람과의 상호작용 속에서 알 수 있다는 것이다. 인간의 영은 근본적으로 외부중심성 (exocentricity)을 가지고 있으므로, 생각의 흐름도 외부 지향적이다. 십계명이 '하나님과 이웃이라는 외부 지향적 가르침'임을 주지할 필요가 있다. 성령의 생각은 외부 지향성을 가지므로 대인관계를 활성화시킨다. 영산은 성령이 충만해지면 생각이 변화된다고 강조한다.114) "성령의 충만함을 받으

---

110) 영적 습관은 하나님의 말씀으로 뿌리를 내리는 거룩한 과정이다. 습관은 제2의 인생을 창출하는 과정이다. 의지적 목적과 노력이 있어야 한다. [영적 습관의 창출 방정식] = [말씀의 생각] + [믿음] + [말] + [행동] + [열정] + [노력] + [반복] + ⋯ 신자들은 은혜의 습관, 기도의 습관, 거룩의 습관 등을 키워야 한다.

111) 조용기, "하나님의 뜻 알기", 주일설교(2010-08-01).

112) 조용기, "나를 다스리는 힘", 주일설교(2010-07-11).

113) 여기서 '세상에 대한 개방성'이란 외부지향성(exocentricity)과 동일한 말이다. 참조. 제임스 로더, 『인간발달』, CLC(2006), 유명복 역, 21-22. 예수를 믿으면 새 사람으로서 사는 자다. 즉, 나의 영은 나 자신의 자율보다 타율을 지향하게 된다. 십자가는 하나님 사랑, 이웃 사랑이다. 다시 말해, 예수를 믿으면 타자적(他者的) 삶의 모델을 적용한다.

114) 세례가 독특한 입문적인 경험이라면, 충만은 계속되는 영구적인 결과로 그리스도인의 삶의 표준이 되도록 의도된 것이다(행2:4, 고전6:19, 엡1:17-19). "성령충만을 받으라(엡5:18)"의 의미는 다음과 같다. 1) 명령형: 성령충만은 모든 그리스도인에게 선택이 아니라 명령이다. 2) 복수형: 모든 하나님의 사람들에게 주어진 명령이다. 3) 수동태: 충만함을 누리는 길은 전적으로 맡기는 것이다. 4) 현재형: 현재형의 명령은 계속적인 행동을 의미한다. 즉 요약하면 모든 그리스도인들은 의무적으로 성령충만을 지속적으로 유지해야 한다. 참조. 존 스토트(John R. W. Stott), 『성령세례와 충만』(Baptism and Fullness), IVP(2014), 56 & 71-73.

면 우리의 생각이 성령님을 닮게 됩니다. 성령은 인간의 생각을 변화시켜 긍정적-창조적 믿음으로 채워줍니다." 115)

성령의 생각은 인내, 자비, 양선과 같은 성령의 열매를 맺게 해서 대인관계를 원활하게 만든다. 바울에게 예수의 영이 임하자 그는 최악의 사람에서 최상의 사람으로 바뀌어, 모든 사람들을 품을 수 있는 자비와 긍휼의 마음을 가지게 되었다. 이성의 생각은 이성의 삶을 살게 하고, 성령의 생각은 성령의 열매를 맺게 한다. 스데반은 성령의 능력으로 돌로 자기를 치는 사람들을 용서하며, 육신의 삶을 마감했다. "그들이 돌로 스데반을 치니 스데반이 부르짖어 이르되 주 예수여 내 영혼을 받으시옵소서 하고 무릎을 꿇고 크게 불러 가로되 주여 이 죄를 저들에게 돌리지 마옵소서 이 말을 하고 자니라(행7:59-60)."

이것은 이성의 생각으로는 도저히 상상할 수 없는 신비로운 장면이다. 성령의 능력으로 스데반은 예수님처럼 자신을 죽이는 사람들을 용서했다. 영산은 생각이 바뀌려면, 성령으로 충만해야 된다고 말한다. "성령 충만을 받으면, 우리의 생각이 성령님을 닮게 됩니다. 그래서 긍정적이고 창조적으로 바뀌고, 무엇이든 할 수 있다는 믿음으로 가득 채워지면서 담대해지는 것입니다."116)

생각은 인간의 지성을 통합시킨다. 즉, 성령이 임재하면 생각은 인간의 지성, 감성, 의지를 총체적으로 통합시켜, 전체성(totality)을 유지하게 한다. 성령이 충만하면, 생각은 인간의 이성적 개별성을 하나의 단선(單線) 안에 가두고, 하나의 의미를 갖도록 전환시킨다. 바울에게 다메섹 도상에서 성령이 임재하자, 그의 생각은 모든 이성적 요소들을 통합해 '오직 그리스도 십자가만'을 선포하게 된다. 성령은 온갖 잡다한 생각들을 없애고 그리스도만을 생각하게 하는 단일의 생각으로 전환시킨다. 성령으로 충만하면 생각이 긍정적으로 바뀐다. 생각이 긍정적이면 말도 긍정적이다. 머릿속에 예수님의 생각으로 가득 차 있을 때 "주는 그리스도요 살아계신 하나님의 아들이시니이다(마 16:16)"라고 저절로 고백하게 된다. 마음 안에 있는 것이 밖으로 나오는 것이다. 117)

2.7. 말씀의 생각은 차원 높은 영의 세계를 열어준다

십자가의 생각은 뇌의 혁신을 일으켜 삶을 영적으로 변화시킨다. 마음하늘에 십자가를 세워놓고 내 마음을 거기에 단단히 묶어놓고 살면, '나도 세상도 소멸되고, 오직 예수의 생명'만 드러나게 된다. 하나님은 우리를 실제로 십자가 위에서 죽고, 다시 부활한 상태의 새 사람으로 보신다. 우리 뇌의 대변혁이 일어나는 것은 내 힘이 아니라 성령의 힘이다.

우리가 그리스도와 함께 십자가에서 죽고 부활하면, 비록 우리의 몸은 이 땅에 살고 있지만, 우리의 마음속에 하나님의 통치가 이루어진다. 영산은 "우리가 예수님의 십자가를 지고 인생을 살 때 마음이 변화되어 새로운 삶을 살 수 있습니다."라고 말한다.118) 십자가는 자기초월적 변화를

---

115) 조용기, 『4차원의 영성』, 교회성장연구소(2006), 66.
116) 조용기, "마음의 생각을 지키라", 주일설교(2010-05-23), "사차원의 삶"(2010-11-07), "마음의 파숫군"(2013-12-01).
117) 성령의 생각 → 은혜의 감정 → 긍정의 의지 → 긍정의 말 → 긍정의 대인관계.
118) 조용기, "십자가와 인간 관계", 주일설교(2011-08-21).

지향하며, 무제한적 개방을 향해 도전한다. 말씀의 생각은 하나님의 차원 높은 질서를 깨닫도록 안내해준다. 따라서 하나님 나라의 삶의 방식을 따라가기 위해 우리는 하나님의 고차원의 세계에 접근할 수 있도록 마음을 항상 말씀으로 충만하게 하고 거룩함을 유지해야 한다. 영산은 "우리 마음은 하나님께서 주신 보배입니다. 마귀는 이 보배를 빼앗으려고 모든 수단과 방법을 동원합니다. 마음이란 보배는 우리 자신이 지켜야 합니다."라고 강조한다.[119]

그는 "예수 믿는 사람은 3차원 환경에 살고 있지만 마음은 4차원의 세계에 있습니다."라고 말한다.[120] 즉 마음에서 나오는 하나님의 생각은 4차원적으로 존재하며, 눈에 안보이지만 현실 속에 장차 노출될 수 있다.

3. 생각의 실천적 해석학

생각은 인간의 존재, 본질, 행동의 영역에서 뿌리이자, 초월적으로 기능한다. 영산은 "4차원이 3차원을 다스리기 위해서는 먼저 '생각'을 다스려야 합니다."라고 강조한다.[121] 왜냐하면 논리상 영적 생각이 꿈을 잉태시키고, 그 꿈이 믿음을 갖게 하고, 그 믿음이 고백을 낳기 때문이다. 다시 말하면, 십자가 중심의 생각은 삶의 변화와 행동의 뿌리이다. 그리스도인이 잊지 말아야 하는 것은 예수와 함께 죽고 부활한 존재라는 사실이다. 따라서 모든 생각의 시작과 끝은 바울의 지적대로 '그리스도 안에서'라는 대명제를 늘 기억해야 한다.

마음하늘은 성령이 일하는 공간이며, 동시에 마귀가 일하는 공간이다. 마귀는 성도로 하여금 성전의 찢어진 휘장을 다시 꿰매게 하여 인간중심의 삶을 살도록 한다. 마귀는 창세기 3장에서 출현하여 계시록 20장에서 사라진다. 다시 말해, 계시록 21장 1절에서 새 하늘과 새 땅이 올 때까지 마귀는 인간 사회 안에서 쉬지 않고 활동한다. 마귀는 신자들에게 죄를 짓는 힘과 죄를 지속시키는 의지를 부어주려고 미혹한다.[122] 인간의 역사는 구원차원에서 보면 창조, 타락, 구속의 역사이고, 기능차원에서 보면 나의 법(자율, 自律, 나의 의), 타인의 법(타율, 他律), 하나님의 말씀(신율, 神律)의 삼각 구조로 점철되어 있다.[123]

창조된 인간은 마귀의 공격으로 본래의 본성이 무력화되었고, 그 결과 타락의 길을 걷게 되었다: "내 육신에 선한 것이 거하지 아니하는 줄을 아노니(롬7:18)." 타락 이후로 인간 영혼의 주요 기능인 지성, 감성, 의지가 어둠 속으로 갇히게 되고, 본래적 기능을 상실하게 되었다. 보다 구체적으로

---

119) 조용기, "네 마음을 지켜라", 주일설교(2010-09-19).

120) 조용기, "사차원의 삶", 주일설교(2010-11-07).

121) 조용기, "너 자신을 알고 진리를 따라 살라", 주일설교(2014-12-14).

122) John Owen, *Indewelling Sin in Believers*, Versa Press(2010), 111-113. 죄가 일어나려면 두 가지 힘이 있어야 한다. 하나는 '죄를 짓는 힘(power to do sin)'이고, 또 하나는 '죄를 계속 짓게 하는 의지(continued will to sin)'이다. 따라서 죄를 막으려면 둘 중의 하나를 일어나지 못하도록 막아야 한다. 하나님은 섭리와 은혜를 통해서 죄를 막으신다(왕하 18:18-35, 출15:9-10).

123) 황민효, 『폴 틸리히의 신학』, 한국장로교출판사(2008), 188.

설명하면, 사물을 인식하고 판단하는 지성의 눈이 멀어 인식능력이 절대적으로 저하되었고, 정서는 보기에 선한 것보다 악한 것을 집요하게 쳐다보게 되었고,124) 의지는 교만과 완고함을 고집하는 경향을 띠게 되었다. 따라서 성도는 '굳건한 마음으로 주와 함께 머물러 있어야(행11:23)' 한다.

인간의 이성은 '자아-세계 구조'를 갖는다.125) 진정한 자아는 세상 안에서 발견된다. 마귀는 인간이 소유하고 있는 자아구조(지성, 감성, 의지)를 마귀구조로 전복시키는 놀라운 기술과 전략을 가지고 있다. 인간 스스로는 자아구조를 보호하고 보존할 능력이 없다. 성령만이 인간의 자아구조를 보호하며, 마귀가 지배하지 못하도록 막을 수 있다. 따라서 성도는 말씀, 기도, 성령의 능력으로 인간의 이성구조가 전적으로 하나님의 뜻을 따라갈 수 있도록, 즉 은혜의 법 아래서 살 수 있도록 해야 한다. 인간의 지성, 정서, 의지가 마귀의 옷을 입게 되면, 삶의 구조는 하나님의 은혜와 극적으로 멀어지게 된다. 그러므로 나의 내적 자아가 오직 '위의 것을 생각하고 땅의 것(골3:2)'을 멀리하는 성향을 띠게 해야 한다. 바울의 내적 자아구조는 오직 그리스도와 십자가만을 생각하는 것으로 구성되어 있다(갈6:14, 고전2:2). 그의 자아구조는 영의 생각으로 충만했다(갈4:19, 골3:10).

성령의 생각을 최대화 할 수 있는 구체적인 방안은 무엇인가? 어떻게 하면 성령이 인간의 이성적 생각을 지배할 수 있는가? 그것은 곧 마음의 죄악을 정화하는 것이다. "내면적 자기성찰의 대상은 바로 우리의 죄악이다."126) 토마스 아 켐피스의 말이다. 즉, 성령의 생각으로 충만하려면 죄악을 멀리하는 것이다. 죄악은 인간의 자아구조를 파괴시킨다. 이성이 말씀으로 깨어 있어서 죄의식을 현명하게 판단하지 못한다면, 죄는 지성의 경계선을 무사히 통과하고, 나아가 정서선(情緒線)을 넘어 의지선(意志線)까지 도달한다.127) 죄가 의지선을 넘으면 인간은 죄를 저항할 힘을 잃어버린다. 죄는 처음에는 지성을 점령하고, 그 다음 감성을, 마지막으로 인간의 의지를 점령한다.

영산은 "4차원영성적 생각의 삶을 살기 위해서 거듭나고 변화된 생각, 대속의 은혜의 생각, 말씀으로 충만한 생각을 품어야 합니다."라고 역설한다.128)

---

124) "그러므로 땅에 있는 지체를 죽이라 곧 음란과 부정과 사욕과 악한 정욕과 탐심이니 탐심은 우상숭배니라(골3:5)."
125) 인간의 존재론적 구조는 '자아-세계'의 총체이다. 즉 자아는 세계를 대상으로 가짐과 동시에 자아는 그 세계 속에 소속된다. 인간은 자아와 세계의 상호의존성을 가지며, 인간은 자아-세계 구조를 통해서만 자신을 만날 수 있다. 따라서 자아-세계의 양극성은 이성의 주관-객관 구조의 기초가 된다. 참조. 황민효, 『폴 틸리히의 신학』, 한국장로교출판사(2008), 221-223. 나의 존재를 알려면 공동체 속에 혹은 조직 속에 내가 무슨 목적을 가지고, 무엇을 위해 일하고 있는지를 보면 알게 된다.
126) 토마스 아 켐피스(Thomas A Kempis, 1379-1471), 『그리스도를 본 받아』(Imitatio Christi), 두란노(2010), 61.
127) 정서 혹은 감정과 의지의 구분은 쉽지 않다. 감정이 지속되면 그것이 의지로 승화된다. 정확히 묘사하면, 감정 안에 이미 의지의 씨가 자라고, 역으로 의지 안에는 이미 또 다른 감정의 씨가 자라기 때문이다. 인간의 마음이 늘 어지럽고 복잡한 것도 감정과 의지가 상호교차하기 때문이다. 예를 들면, 물건 고르기가 힘이 드는 것은 지성과 감정과 의지가 서로 엇갈리기 때문이다. 그러나 성령충만하면, '지성-감성-의지'는 성령의 지배를 받는다!
128) 조용기, "하나님의 주소", 주일설교(2008-11-23). 영산의 생각개념은 인간을 생물학적, 심리학적, 철학적 관점에서 사유하는 '인본주의적 생각'이 아니라, 십자가를 통해 거듭난 그리스도인이 하나님의 말씀과 성령을 기초하여 발아(發芽)하는 생각이다. 따라서 4차원영성을 구성하는 '생각요소'의 출처는 궁극적으로 '하나님 말씀의 생각'이다. "너희 안에 이 마음을 품어라 곧 그리스도 예수의 마음이니(빌2:5)." 영산의 생각개념을 확장시키면, '예수님의 생각으로 사는 삶(갈2:20, 고전6:17)', '없는 것을 있는 것처럼 생각하는 삶'이다.

그는 천국적 생각의 존재방식을 삶 가운데 적용하는 실천적 원리를 말씀에서 찾는다.129)
    a) 목자중심의 삶: "야훼는 나의 목자시니 내게 부족함이 없으리로다(시23:1-6)."
    b) 영혼 중심의 삶: "사랑하는 자여 네 영혼이 잘됨 같이 네가 범사에 잘되고 강건하기를 내가
       간구하노라(요삼1:2)."
    c) 전인치료의 삶: "그가 채찍에 맞음으로 너희는 나음을 얻었나니(벧전2:24)."
    d) 성령과 동행하는 삶: "내가 너를 굳세게 하리라 참으로 너를 도와주리라(사41:10-11)."
    e) 보호받는 삶: "그가 나를 사랑한즉 내가 그를 건지리라(시91:14)."

따라서 성도는 행동적-실천적 차원에서 마음을 다스려야 한다. 마귀는 끊임없이 마음을 공격하기 때문에 성도는 말씀으로 마음을 지켜야 한다. 마음은 생각의 공장이며, 생각은 행동을 낳는다.130)
    a) 생각을 다스림: 고통을 주는 마이너스 생각을 버리고 말씀의 플러스로 다스려라(롬7:12).
    b) 부정적인 기대를 다스림: 항상 좋은 일이 일어날 것으로 기대하라(롬8:28).
    c) 불안과 공포를 다스림: 하나님께 소망을 두고 그의 도우심을 기대하라(시42:5).
    d) 마음의 근심을 다스림: 언제나 긍정적이고 희망에 찬 말을 하라(잠12:25).
    e) 감사를 고백함: 항상 기뻐하고 기도를 쉬지 않으며 범사에 감사하라(살전5:16-18).

그러므로 성도는 성령중심의 사고 능력을 키워나가야 한다. 성령님은 우리 안에 계시고, 말씀을 생각나게 하시고, 연약함을 강하게 하시고, 생명의 영으로 활동하신다.131)
    a) 진리의 성령님이 우리 안에 보혜사로 계심을 생각하라(요14:16-18).
    b) 성령님은 가르치시고 생각나게 하시는 분임을 생각하라(요14:25-26).
    c) 성령님은 우리의 연약함을 강하게 해주시는 분임을 생각하라(롬8:1-4).
    d) 성령님은 하나님의 깊은 것 까지도 통달하시는 분임을 기억하라(롬8:26, 고전2:9-10).

인본주의의 생각은 불안하고, 완전하지 못하고, 때로는 어리석고, 바보 같은 것이므로, 오직 성령이 주시는 생각만이 완전하고, 절대적이고, 완벽하다.132) 성령님은 우리와 함께(요14:16), 우리 속에(요14:17), 우리를 위해 계신다(행1:8). 성령님은 우리를 거룩하게 하신다(벧전1:2, 엡5:26).

---

129) 조용기, "낙망하고 불안해 하지 말라", 주일설교(2012-03-11). 소제목은 필자가 단 것이다.

130) 경영학과 교수인 조지 녹스(George Knox)는 생각의 중요성을 이렇게 정립한다. "현재의 나는 어제의 나의 결과물이다. 우리가 오늘 한 생각이 우리가 내일 할 행동을 결정짓게 된다." 다음 책 pp148-149를 참고하라. 존 맥스웰(John Maxwell), 『어떻게 배울 것인가』(Sometimes You Win Sometimes You Learn), 비즈니스북스(2014).

131) 조용기, "예비하시는 하나님", 주일설교(2012-05-13).

132) "생각한다는 것은 위대한 일이다. 잘 훈련되고 온전히 형성된 지성을 소유한 자가 가장 잘 생각할 수 있다. 최선의 사고는 모든 피조물을 통치하시는 왕 되신 하나님을 경외하는 마음을 품을 때 비로소 가능하다." 참조. 고든 맥도날드(Gordon MacDonald), 『내면세계의 질서와 영적성장』(Ordering Your Private World), IVP(2003), 176-177. 창조적이고, 역동적이고, 완벽한 생각은 성령과 말씀 안에서 창출된다.

3.1. 십자가를 본받는 삶의 원리: 생각의 십자가화

영산의 십자가론은 예수 그리스도의 대속 은혜에서 시작된다. 그는 "예수님의 십자가 대속과 5중복음과 3중축복의 씨앗을 마음의 터전에 심어야 합니다. 심은 대로 거두는 법칙은 자연에서만 일어나는 것이 아니라 우리 마음의 터전에서도 일어나고 있습니다."라고 말한다.133) 이것은 그의 십자가에 대한 대명제이자, 사역의 뿌리다. 영산의 마음하늘에는 십자가가 모든 삶의 영역을 주관한다.

하나님은 십자가 위에서 무슨 일을 하셨을까? 무엇보다 구원의 일을 하셨다. 십자가 위에서 예수님은 대제사장으로서 예수 그리스도였다. 성부 하나님은 성자 하나님에게 형벌을 가하시고, 성자 예수는 그 형벌을 받으시고, 성령 하나님은 우리의 죄를 사하셨다. 다시 말해 성령님은 하나님과 예수님이 하신 일을 사람들에게 현재화시키신다. 우리의 죄는 삼위일체 하나님이 해결하셨다.

땅에서 온 아담은 우리를 죄인으로 만들어 죽게 했지만, 하늘에서 오신 예수님은 하나님을 순종하심으로 우리를 의인이 되게 하셨다. 따라서 신자는 의인의 생각으로 살아가야 한다. 그리스도의 '순종'으로 많은 사람이 의인이 되었다(롬5:19). 우리는 십자가 위에서 실제적으로 죽고 살아난 자들임을 인식해야 한다. 반쯤 죽어서 내려온 것이 아니라 완전히 죽고, 부활한 자 들이다. 바울은 "사망이 한 사람으로 말미암았으니 죽은 자의 부활도 한 사람으로 말미암는도다(고전15:21)"고 말한다.

십자가 위에서 또 어떤 일이 일어났는가? 구체적으로 묘사하면 예수의 영과 우리의 영의 연합되었다. "만일 그의 죽으심과 같은 모양으로 연합한 자가 되었으면 또한 그의 부활과 같은 모양으로 연합한 자도 되리라(롬6:5)." 우리는 분명 죽으시고 부활하신 예수 그리스도의 영과 함께 있다. 이 사실을 실제적으로 믿고, 십자가를 본받는 삶을 현재 내 삶의 자리에 적용할 수 있어야 한다. 십자가는 예수 그리스도와 나를 연합시켜 새 존재, 새 피조물, 새 사람으로 살게 한다. 하나님은 실제로 그 아들 예수를 믿고 살면, 의인으로(롬3:22), 거룩한 자로(히10:10), 온전한 자로(히10:14), 양자로(롬8:15) 인정해주신다.

하나님은 십자가 위에서 무슨 일을 성취하셨는가? 그것은 마귀의 정복이다. 예수님이 이 땅에 오신 목적은 마귀의 일을 멸하려 하심이었다. "죄를 짓는 자마다 마귀에게 속하나니 마귀는 처음부터 범죄함이니라 하나님의 아들이 나타나신 것은 마귀의 일을 멸하려 하심이라(요일3:8)." 예수님은 정사와 권세를 십자가로 승리하셨다(골2:14-15). 마귀를 정복함으로 우리는 죄의 종에서 벗어나 의의 종이 되었고(롬6:18), 하나님과 화목한 관계가 되었다. 하나님은 우리를 사랑하사 우리 죄를 위하여 화목제로 그 아들을 보내주셨다(요일4:10). 우리의 죄가 예수님께 전가됨으로써 죄인이 하나님의 의를 얻어 의인이 되었다. 하나님은 '믿는 자를 의롭다(롬3:25-26)'고 선언하신다.

---

133) 조용기, "심고 거두는 법칙", 주일설교(2014-09-07).

궁극적으로 십자가 위에서 하나님이 하신 일은 자신의 영광을 위함이었다. 십자가는 우리를 위한 것이자, 동시에 하나님의 영광을 위한 것이었다. 하나님은 궁극의 영광을 추구하신다. 하나님 자신은 자충족, 완전함, 존귀함, 지고의 가치, 지고의 아름다움을 가지고 계신다. 하나님은 '거룩함의 영광(히10:10), 온전함의 영광(히10:14), 의로움의 영광(롬3:22), 연합의 영광(고전6:17, 갈2:20)'을 가지고 계신다. 신자는 하나님의 영광을 반사시키는 거울이다.

1) 십자가 중심의 생각구조

순종과 믿음은 인간의 영혼을 지탱하는 양쪽 날개와 같다. 영산은 "순복음 신앙은 철저히 예수 그리스도의 갈보리 십자가로부터 시작합니다. 왜냐하면 죄로 인해 타락한 인간이 구원받을 수 있는 유일한 길인 예수 그리스도를 믿고 구세주로 영접하는 것밖에 없기 때문입니다."라고 말한다.134) 그의 사역의 중심에는 예수 그리스도와 그의 십자가가 놓여 있다.

<u>첫째, 십자가를 본받는 삶의 방식은 '순종과 믿음의 구조'다.</u>
영산은 "순종과 믿음의 삶을 위해서 먼저 예수 그리스도의 십자가를 통하여 하나님과 우리 사이에 사랑의 관계가 이루어져 합니다."라고 강조한다.135) 믿음의 삶을 살기 위해서 먼저 하나님과의 사랑의 관계가 중요하다. 사랑과 믿음은 짝이다. 예수님은 '죽기까지 복종(빌2:8)'하셨다. 그는 의로운 행위로 자신을 내주셨다. 예수님의 의로운 행위로 말미암아, 많은 사람이 의롭다 하심을 받아 생명을 누리게 되었다(롬5:18). 우리는 예수를 믿음으로써 의인이 되었다. 그리스도를 믿음으로 말미암아 하나님의 의가 모든 믿는 자에게 미친다(롬3:22). 우리가 예수님으로부터 가장 먼저 배워야 할 것은 '순종과 믿음의 생각'이다. 영산은 4차원영성적으로 믿음의 삶을 살 것을 주문한다. "예수님께서 우리에게 주신 전인구원의 터전 위에 굳게 서서 생각하고, 믿고, 말해야 합니다(요삼1:2)."136) 신앙의 기초는 말씀을 믿고 순종하는 것이다(히6:2, 골1:28, 롬1:5).

<u>둘째, 십자가를 본받는 삶의 방식은 '은혜와 사랑의 구조'다.</u>
영산은 "십자가 구속을 삶의 터전으로 삼고 말씀을 깨달을 때 은혜가 나타납니다(요1:16-17)."라고 말한다.137) 그는 또한 "은혜로 사는 사람은 주님을 믿고 순종하여 모든 것을 주님께 다 맡기고, 주님을 따라가는 사람은 은혜로 인생을 사는 것입니다."라고 부언한다.138) 십자가는 은혜와 사랑의 뿌리다. 예수님의 사랑의 원리는 자신을 포기하는 것이다. 예수님은 우리를 사랑하사 '자기 자신(갈2:20)'을 내어주셨다. 우리가 비록 죄인이지만 예수님은 우리를 위해 은혜를 베풀어주신다(롬8:9). 예수 그리스도의 은혜로 말미암아 많은 선물이 우리에게 주어졌다(롬5:15). 복되신 하나님께서 우리에게 선한 것 - 자비, 은혜, 사랑, 오래 참으심 - 을 선물로 주셨다. 예수님의 사랑은 자기비

---

134) 조용기, 『오중복음과 삼중축복』, 서울말씀사(2008), 12.
135) 조용기, 『요약설교』, 서울말씀사(2012), 130-131.
136) 조용기, "생각의 터전", 주일설교(2013-11-03).
137) 조용기, "생각의 터전", 주일설교(2013-11-03).
138) 조용기, "믿음과 순종", 주일설교(2004-04-25).

움과 자기희생까지 내려간다. 그리스도께서 우리 죄를 위하여 죽으셨다(고전15:3). 이 악한 세대에서
우리를 건지시려고 우리 죄를 대속하기 위하여 자기 몸을 주셨다(갈1:4).

하나님이 우리를 용서해 주시는 목적은 무엇인가? 그것은 우리가 거룩함(히10:10), 의로움(롬3:22),
완전함(히10:14)을 얻어, 하나님의 자녀의 신분으로서, 주께 영광을 돌리는 것이다. 하나님은 십자가
를 세워 죄인을 거룩한 자로 만들어 하나님 자신에게 예배로 영광 드리는 것을 최고의 목적으로
삼으신다. 우리를 의인으로 삼고자 예수님이 우리의 죄를 대속하신 것이다. "예수께서 우리를 위
하여 죽으사 우리로 하여금 깨어 있든지 자든지 자기와 함께 살게 하려 하셨느니라(살전5:10)."[139]
하나님은 우리가 임마누엘의 삶을 살기를 원하신다. 그리스도의 대속을 통해서 하나님은 자신이
의로운 분이시라고 입증하시고, 또한 우리를 의롭다고 선언하신다(롬3:26).

예수님의 은혜와 사랑의 극치는 십자가 위에서 자발적으로 받으시는 고난이다. 영광의 성취를
위해 십자가의 삶을 본받는 원리는 고난의 삶까지 포함한다. 바울은 "그와 함께 영광을 받기 위
하여 고난도 함께 받아야 될 것(롬8:17)"이라고 말한다.[140] 십자가의 믿음 안에는 고난과 영광의 씨
가 들어 있다. 삶 가운데에 나타나는 고난의 씨는 궁극적으로 무엇을 위한 것인가? 그것은 영광
의 씨가 꽃을 피우고 열매를 맺게 하려는 것이다. 다시 말해, 고난은 하나님의 은혜가 나타나는
수단이다.

<u>셋째, 십자가의 삶을 본받는 방식은 '변화와 능력의 구조'다.</u>
영산은 십자가의 변화와 능력을 이렇게 요약한다. "인간의 삶에는 항상 쓴물이 넘쳐납니다. 그리
스도의 십자가는 우리에게 보혈과 성령의 능력으로 흑암에서 광명으로, 무질서에서 질서로, 죽음
에서 생명으로 변화시키는 기적을 보여줍니다. 예수 그리스도 안에서는 변화의 기적이 있습니다.
샘물과 같은 보혈 앞에 나와서 씻고 십자가를 우리 마음속에 끌어안으면 우리 마음의 모든 쓴물은
달게 되고 변화가 오게 됩니다."[141]

<u>넷째, 십자가를 본받는 삶의 방식은 '기다림과 희망의 구조'다.</u>
영산의 희망관의 중심은 항상 예수 그리스도 십자가다.[142] 우리는 무엇을 기다려야 하는가? 그
는 "일을 성취하시는 하나님을 기다려야 하고(시123:1-2), 하나님의 섭리가 있을 때까지 기도하며 기
다려야 하고(렘33:3), 하나님보다 앞서 가지 말고, 너무 늦게 가지도 말아야 한다."고 조언한다.[143]
신자는 두 방향의 삶을 살고 있다. 하나는 땅의 시민권자로, 다른 하나는 하늘의 시민권자(빌3:20)

---

139) "한 사람이 모든 사람을 대신하여 죽은 즉 모든 사람이 죽은 것이라(고후5:14)." "그들 자신을 위하여 살지 않고 오직
　　그들을 대신하여 죽었다가 다시 살아나신 이를 위하여 살게 하려함이라(고후5:15)."
140) "그리스도의 고난이 우리에게 넘친 것 같이 우리가 받는 위로도 그리스도로 말미암아 넘치는도다(고후1:5)." "내가
　　그리스도와 그 부활의 권능과 그 고난에 참여함을 알고자 하여 그의 죽으심 본 받아(빌3:10)." "또 너희는 많은 환난
　　가운데서 성령의 기쁨으로 말씀을 받아 우리와 주를 본받은 자가 되었으니(살전1:6)."
141) 조용기, "변화의 능력 십자가", 주일설교(2007-03-04).
142) 조용기, "허망이냐 희망이냐", 주일설교(2014-05-04).
143) 조용기, "기다리는 삶", 주일설교(2015-01-04).

로 산다. 신자의 희망이란 지금 여기서 하나님의 임재를 미리 맛보는 것이고, 장차 새 하늘과 새 땅에서 하나님과 영원히 함께 사는 것이다. 영산은 "예수님을 믿는 사람들은 죽음을 이기고, 부활하신 예수님으로 말미암아 오늘도 부활 영생의 소망을 가지고 살아갑니다."라고 말한다.[144] 예수님은 분명 살아나셨다. 그는 장사 지낸 바 되셨다가 성경대로 사흘 만에 다시 살아나셨다(고전15:3). 성결의 영으로는 죽은 자들 가운데서 부활하셨고, 능력으로는 하나님의 아들로 선포되셨다(롬1:4). 부활하신 예수님은 우리를 위하여 기도하고 계신다. "그는 하나님 우편에 계신 자요 우리를 위하여 간구하시는 자시니라(롬8:34)." 우리가 바라볼 분은 믿음의 주요 또 온전하게 하시는 이인 예수님이시다. 그 예수님은 하나님의 '보좌 우편에(히12:2)' 앉아 계신다. 결론적으로 영산은 "하나님의 약속은 하나님의 때에 하나님의 방법으로 성취됩니다. 믿음의 기초가 이루어졌으면, 하나님의 때를 기다려야 합니다."라고 말한다.[145]

2) 나의 십자가: 더 큰 영광을 위한 삶

십자가는 생각을 고쳐준다. 복음은 생각을 치료하는 약이다. 생각은 회개를 통해 회복된다. 회개하면 성령의 임재로 생각이 절대긍정의 생각으로 변하게 된다(히9:22, 갈3:13, 고후8:9).

십자가는 인간을 점점 작게 만들고, 그리스도만을 점점 크게 만들어간다. 십자가는 삶의 사고방식을 확장시켜준다. 따라서 성도는 십자가를 통해 영적사고의 훈련을 쌓아가야 한다. 십자가는 고난의 삶과 영광의 삶의 총체이다. 십자가의 고난은 누가 시켜서 받는 고난, 곧 수동적 고난이 아니라, 내가 자발적으로 받는 고난, 곧 적극적 고난이다. 그래서 십자가의 고난은 가치가 있다. 그것은 하나님이 인정해주시는 고난이다. 그 고난은 그리스도 형상을 닮아가게 한다. 십자가는 고난과 영광이 조화를 이루게 한다. 예수님이 우리에게 남겨주신 십자가의 발자취로부터 우리는 무엇을 배워야 하고, 또한 그것을 내 삶에 어떻게 적용하여야 하는가?

첫째, 나의 십자가는 '제자됨(discipleship)-따라감의 삶의 원리'다.

왜 우리가 예수님의 제자가 되어야 하는가? 근본적 이유는 '연합(고전6:17, 롬6:5)'에 있다. 함께 죽고 함께 부활한 예수 그리스도가 나와 함께 계시기 때문이다. 우리에게 영성이 필요한 것도 이 때문이다. 훌륭한 제자도가 되기 위함이다. 영산은 "우리는 우리의 십자가를 짊어져야 합니다. 하나님 앞에서 자기를 버리고 삶을 하나님께 드리며 자기 십자가를 지고 예수님을 따라가야 합니다(마10:37-39, 갈2:20)."라고 말한다.[146] 예수님은 "너희가 열매를 많이 맺으면 내 아버지께서 영광을 받으실 것이요 너희는 내 제자가 되리라(요15:8)"고 말씀하신다. 제자는 영적 열매를 맺어야 한다.

십자가의 삶이란 제자로서 예수님의 발자취를 따라가는 삶이다. 십자가는 예수와 나를 연합시킨다. '함께 죽음과 함께 부활'은 연합의 기초가 된다. 내 안에 계시는 예수님을 따라가는 삶의 뿌리는 연합이다. 연합의 의미는 무엇인가? 그것은 예수님의 인격과 나의 인격이 서로 만나는 접촉점이자, 동시에 십자가 사건을 내가 경험하는 것이다. 예수를 믿으면 예수와 함께 죽고 함께 부활한

---

144) 조용기, "죽음이라는 병", 주일설교(2015-05-31).
145) 조용기, 『요약설교』, 서울말씀사(2012), 151.
146) 조용기, 『요약설교』, 서울말씀사(2012), 185.

다(롬6:5). 누구든지 예수를 믿으면, 그에게 거룩한 의무가 주어진다. 예수님은 제자들에게 "누구든지 나를 따라오려거든 자기를 부인하고 자기 십자가를 지고 나를 좇을 것이니라(마16:24)"고 말씀하신다. 그리고 "누구든지 자기 십자가를 지고 나를 따르지 않는 자도 능히 내 제자가 되지 못하리라(눅14:27)"고 분명하게 말씀하신다. 예수님을 따르는 자들만이 '그리스도인이라 일컬음(행11:26)'을 받을 수 있다.

　　둘째, 나의 십자가는 '의로움과 거룩함의 원리'다.

　영산은 "우리는 옛 사람을 청산하고 새로운 신분을 가진 새 사람, 즉 의의 사람, 거룩한 사람, 진리의 사람으로 살아야 합니다. 무엇보다 마음을 새롭게 하고 성령님과 함께 살아야 합니다."라고 말한다.147) 신자는 그리스도를 구주로 믿음으로 거룩함을 얻는다. 그리스도의 몸을 단번에 드리심으로 말미암아 우리가 '거룩함(히10:10)'을 가지게 되었다. 신자는 그리스도를 믿음으로써 온전한 자가 된다(히10:14). 신분상 신자는 거룩한 신자로 하늘나라에 등록된다. 베드로는 "너희는 택하신 족속이요 왕 같은 제사장들이요 거룩한 나라요 … 아름다운 덕을 선포하게 하려 하심이라(벧전2:9)"고 밝혀준다. 비록 하나님의 절대적 거룩하심, 즉 하나님의 존재론적 거룩함을 따라갈 수 없지만, 우리는 도덕적 거룩함은 닮아갈 수 있다. 하나님은 "내가 거룩하니 너희도 거룩할지어다(레11:45)"라고 말씀하신다.148) 또한 하나님은 내가 너희를 거룩하게 하겠다고 약속하신다(레21:8). 이 말은 하나님의 형상을 닮은 자는 하나님처럼 도덕적으로 거룩해질 수 있음을 전제한다. 다시 말하면, 하나님은 거룩하다고 선언하시고(레11:45), 거룩하라고 명령하시고(레11:45), 또한 거룩하게 하시겠다고 약속하신다(레21:8).

　　셋째, 나의 십자가는 '자기부인-삶의 통제권 포기의 원리'다.

　영산은 자기비움의 세 가지 법칙을 제시한다. "a) 세상과 마귀를 버려야 천국과 하나님을 얻는다(막10:28-31, 고후6:14-18), b) 자기를 버려야 영원한 주인 되신 예수님을 얻는다(마6:33, 갈2:20), c) 욕심을 버려야 풍성한 물질을 부어주신다(고후9:8)."149)

　십자가 위에 올라가면 내 계획은 없어진다. 모든 게 상황 종료다. 내 삶의 포기 원리를 분명하게 깨달아야 내 삶을 포기 할 수 있다. 잘못 이해하면, 내 삶이 회색지대로 빠져들 수 있다. 내가 십자가 위에서 죽는다는 말을 반쯤 이해하면, 십자가 위에서 반쯤 죽고 내려온다. 그렇게 살면 어지럽고, 혼란에 빠지며, 방랑자의 삶을 걷게 된다. '반쪽 신앙'은 성경에는 나오지 않는다.

　완전한 죽음이 필요하다. 어떻게 해야 완전히 죽는 것인가? 정말 죽어서 관속에 들어갔다 살아나는 것인가? 내 삶 속에서 죽는다는 의미는 무엇인가? 이 질문에 바울은 골로새서 3장 17절에서 다음과 같이 대답한다. "또 무엇을 하든지 말에나 일에든지 주 예수의 이름으로 하고 그를 힘입어 하나님 아버지께 감사하라." 내가 십자가 위에서 죽는다는 말은 "나를 사랑하사 자기 자신을 버리

---

147) 조용기, 『요약설교』, 서울말씀사(2012), 374-375.
148) 거룩함은 소극적 의미로는 '죄와 분리, 구분됨'을 의미하지만, 좀 더 적극적 의미로는 하나님 자신의 '완전 순결, 매혹, 경외심, 떨림, 두려움' 등의 속성을 우리가 따라가는 것을 의미한다.
149) 조용기, 『요약설교』, 서울말씀사(2012), 237.

신 하나님의 아들을 믿는 믿음 안에서 사는 것(갈2:20)"임을 고백하고, 또한 현실의 삶에서 무엇이든 예수님의 이름으로 일하는 것이다. 모든 일을 예수님 이름으로 한다는 것은 힘들고 어렵다. 신자의 말과 행동반경은 극도로 좁아진다. 왜? 예수님을 믿는 자로 알려졌기 때문이다. 그러나 그 안에서 신자는 진정한 자유를 누리게 된다. 내 삶 속에서 예수님 이름 때문에 고난을 받는 것이 바로 내가 죽는 삶이다. 다시 말해, 나를 위한 삶이 아니라, 예수 그리스도를 위한 삶이며 자기부정의 삶이다.

나의 십자가의 의미란 '자기애, 자기의, 자기이름, 자기명예, 자기주권의 포기'를 말한다.150) 그 결과 어떤 삶이 되는가? 그리스도 이름과 영광(요16:14)을 위해 사는 삶이 된다. 나의 뜻이 아니라 하나님의 뜻, 육의 삶 대신에 영의 삶, 이성의 삶 대신에 성령의 삶을 사는 것이다. 그리스도 예수의 사람들은 육체와 함께 그 정욕과 욕심을 십자가에 못 박은 자들이다(갈5:24). 예수님은 "이 세상에서 자기 생명을 미워하는 자는 영생하도록 보존하리라(요12:24-25)"고 강조한다. 바울은 자기 몸을 쳐서 자신의 통제권을 포기했다. 그는 내 몸을 쳐 복종시켰다고 말한다(고전9:26-27). 자기를 부인하는 삶이란 곧 그리스도와 연합된 영적 자아의 삶을 사는 것이고, 곧 그리스도의 영광을 드러내는 삶이다.

<u>넷째, 나의 십자가는 '겸손-순종의 원리'다.</u>

예수님은 '무한 수치-무한 영광'의 원리를 자신의 삶에 적용하신 분이다. 겸손의 씨 안에 그 무엇이 들어 있다. 은혜의 씨, 영광의 씨와 같은 보배로운 가치가 들어 있다. 영산은 "자기의 노력으로 사는 사람은 주님을 믿지 않고 순종하지 않는 사람이며 자기 힘을 의지합니다. 그러나 은혜로 사는 사람은 주님을 믿고 순종하여 모든 것을 다 맡기고 기적을 체험하며 삽니다."라고 역설한다.151) 그리스도를 닮아감이란 겸손을 따라가는 삶이다. 예수님의 삶은 지고의 겸손모델이다. 그는 "나는 마음이 온유하고 겸손하니 나의 멍에를 메고 내게 배우라(마11:29)"고 말씀하신다. 십자가의 믿음 안에는 '수난과 부활'의 삶이 총체적으로 내포되어 있다. 우리의 믿음은 겸손을 바라보며, 동시에 순종을 추구한다. 예수님의 수난은 겸손의 극치, 지고의 겸손이다, 특히 성육신은 그 자체가 지고의 겸손이었다. 겸손이란 오직 '하나님 얼굴'과 '이웃 얼굴'을 보며 사는 것이다(십계명).

<u>다섯째, 나의 십자가는 '고난과 영광의 원리'다.</u>

고난의 원리와 영광의 원리는 신자들의 신앙생활에 절대적 영향을 미친다. 영산은 "고난은 하나님께서 기적을 보내시겠다는 표시입니다. 그러므로 주님을 믿고 의지하며 기도하고 낙심하지 아니하면, 고난이 길은 영광으로 나아가는 길이 됩니다."라고 말한다.152)

---

150) '자아를 포기하는 삶 혹은 자아부인의 삶'은 내 힘으로 할 수 있는 것이 아니다. 오직 성령의 능력과 도움이 있을 때 가능한 것이다. '완전한 삶 혹은 자아부인의 삶 혹은 오직 내 안의 예수 그리스도가 사는 삶'이란 신자가 일평생 추구해야 할 궁극적 삶의 모델이다. 예수 그리스도의 형상을 닮아가야 할 신자는 오늘도 옛 사람과 새 사람의 경계선에 서 있다. 그만큼 자아부인의 삶이 어렵다. 예수의 죽음을 짊어지는 삶, 그것만이 예수의 생명을 품고 사는 삶이다(고후 4:10).

151) 조용기, 『요약설교』, 서울말씀사(2012), 181.

152) 조용기, 『요약설교』, 서울말씀사(2012), 29.

신자에게 '고난과 영광의 믿음의 원리'는 중심이요 기초다. 십자가의 믿음으로 산다는 것 안에는 '고난의 믿음과 영광의 믿음'이 내포되어 있다. 다시 말해, '하나님의 아들을 믿는 믿음(갈2:20)' 안에는 '고난을 영광으로 바꾸는 믿음'이 함께 존재한다. '고난 하나'가 들어오면, 내 안에 이미 존재하는 '십자가의 고난과 영광의 믿음 체계'는 '그 고난'을 흡수해버린다. 즉 '영광의 믿음'은 '현재의 고난 또는 문제'를 자신의 영광 안으로 끌어안는다. 그 결과 신자는 '고난'이 들어와도 고난은 보이지 않고 '영광, 기쁨, 승리, 결실과 같은 실상'을 보게 된다. 할렐루야!

십자가의 궁극의 목적은 영광 회복이다. 우리는 '영광을 위하여 창조된 자(사43:7)'들이다. 하나님은 우리로 하여금 하나님을 '찬송(사43:21)'하게 하려고 지으셨다. 바울은 "너는 그리스도 예수의 좋은 병사로 나와 함께 고난을 받으라(딤후2:3)"고 말한다. 영산은 "고난을 통해 '어디서 와서 어디로 가는지 왜 사는가를 생각하게 됩니다(히12:3-8)."라고 말한다.[153]

그리스도인의 고난에는 해석학적 순환개념이 적용된다.[154] 성서적으로 요약하면 다음과 같다.

a) 고난-순종(Obedience)의 원리(피조물의 법칙): 순종은 피조물이 따라야 하는 삶의 법칙이다. 예수님은 하나님의 아들이시면서도 고난으로 순종함을 배우셨다(히5:8).[155]

b) 고난-위로(Console)의 원리(동행의 법칙): 바울은 "우리가 환난 당하는 것도 너희가 위로와 구원을 받게 하려는 것이요 우리가 위로를 받는 것도 너희가 위로를 받게 하려는 것이니 이 위로가 너희 속에 역사하여 우리가 받는 것 같은 고난을 너희도 견디게 하느니라(고후1:6)"고 말한다.

c) 고난-오래 참음(Patience)의 원리(숙성의 법칙): "형제들아 주의 이름으로 말한 선지자들을 고난과 오래 참음의 본으로 삼으라(약5:10)."

d) 고난-은혜(Grace)의 원리(받음의 법칙): "그리스도를 위하여 너희에게 은혜를 주신 것은 다만 그를 믿을 뿐 아니라 또한 그를 위하여 고난도 받게 하려 하심이라(빌1:29)."

e) 고난-복(Blessing)의 원리(축복의 법칙): 의를 위하여 고난을 받으면 복 있는 자(벧전3:14)이며, 선을 행함으로 고난 받는 것이 하나님의 뜻이다. 악을 행함으로 고난 받는 것보다 낫다(벧전3:17).

f) 고난-영광(Glory)의 원리(궁극의 법칙): 바울은 "고난을 받되 부끄러워하지 아니함은 내가 믿는 자를 내가 알고 또한 내가 의탁한 것을 그 날까지 그가 능히 지키실 줄을 확신함이라(딤후1:12)"고 말한다. 그는 또 "우리가 그와 함께 영광을 받기 위하여 고난도 함께 받아야 할 것이니라(롬8:17)"고 강조한다. 하나님께 영광을 돌리는 자는 고난을 받아도 부끄러워하지 하지 않는다(벧전4:16).

---

153) 조용기, "내 영혼의 내진설계", 주일설교(2016-11-20).

154) OCP^GBG(Obedience, Consolation, Patience, Grace, Blessing, Glory의 약어). [고난의 원리] = [순종 + 위로 + 참음 + 은혜 + 복 + 영광]= OCP^GGB 십자가 고난의 원리를 어떻게 이해하느냐가 가장 중요한 대목이다. 신자들이 고난과 맞설 때, 하나님은 영적 선물을 상황에 대처하도록 적절히 주신다. 수난절과 부활절의 경계선에서 하나님은 그분의 백성에게 창조적 긴장을 주시고, 동시에 하나님 자신도 고난에 관여하신다. 하나님은 신자들에게 고난을 주실 뿐만 아니라, 또한 적극적으로 고난 속에 함께 하신다. 신자는 고난을 통해 겸손을 배운다.

155) "공의와 인자를 따라 구하는 자는 생명과 공의와 영광을 얻느니라(잠21:21)." "겸손과 야훼를 경외함의 보상은 재물과 영광과 생명이니라(잠22:4)." "왕이 범죄하였으니 하나님 야훼에게서 영광을 얻지 못하리이다(대하26:18)."

예수님의 열두 제자들과 초대교회 성도들은 이러한 고난과 부활의 패턴에 익숙해 있었다. 그들은 고난을 부활과 연결시켜서 바라보고, 부활의 능력을 그들의 삶에 적용했다. 고난 자체만 바라볼 것인가? 아니면, 고난을 부활 혹은 영광의 관점에 바라볼 것인가? 이 질문에 어떤 입장을 취하는가에 따라 고난이 하나님의 뜻 가운데 있다고 이해할 수도 있고, 반면에 그것으로 말미암아 세상 근심에 빠질 수도 있다. 고난과 영광은 '이미-아직 아니다(already-not yet)'의 상태에 놓여 있다. 곧 하나님의 은혜 가운데 고난 속에서 영광을 내다보는 조화의 관점이 중요하다. 고난절만 지나치게 바라보면 패배의 정신을 갖게 되고, 부활절만 바라보면 현실을 무시한 채 영적인 승리에 도취될 수 있기 때문이다. 따라서 적절한 균형이 중요하다.

여섯째, '자비-은혜-사랑의 원리'다.

영산은 "예수님의 십자가 대속의 복을 누리려면 죄를 버리고, 하나님을 섬기고 순종해야 합니다. 또 받은 복, 즉 5중복음의 복, 3중축복의 자화상, 4중지위를 날마다 입으로 시인하고 감사할 때 받은 복을 누릴 수 있습니다."라고 말한다.156) 하나님은 복되심의 하나님, 선하심의 하나님이시다. 그래서 항상 우리에게 주신다. 그게 하나님의 본성이다. 요한복음 3장 16절의 말씀이 그것을 대변한다. 하나님이 세상을 이처럼 사랑하사 그 아들 예수를 우리에게 주셨다. "하나님이 우리를 사랑하사 우리 죄를 위하여 화목제로 그 아들을 보내셨음이니라(요일4:10)." 따라서 신자들은 "지식이 넘치는 그리스도의 사랑을 알아 그 넓이와 길이와 높이와 깊이가 어떠함을 깨달아야(엡3:18-19)" 한다.

일곱째, 나의 십자가는 '기다림-희망의 원리'다.

우리 안에 내재하는 고난은 고난절 및 부활절과 연결되어 있다. 인생이란 고난과 승리로 꼬인 새끼줄과 같다. 십자가의 도성에서 영광은 언제나 고난의 수레를 타고 다닌다. 영산은 "믿음은 응답을 얹어 놓을 받침대가 준비된 것을 말합니다. 하나님의 응답을 받으려면 믿음의 토대 위에서 바라고 기다려야 합니다. 믿었으면 믿음에 굳게 서서 기다려야 합니다."라고 조언한다.157) 믿음과 기다림은 연합적으로 기능하면서 최종 목적지를 향해서 나아간다.

오래 참음의 수단은 무엇인가? 그것은 성령 안에서 말씀과 믿음, 기도를 통해서 소망하며 기대하는 것이다. 신자는 오래 참음으로 영적 결실(fruits), 성화(sanctification), 감사와 영광(glorification)과 같은 영적 선물들을 받는다. 바울은 "만일 우리가 보지 못하는 것을 바라면 참음으로 기다릴지니라(롬8:25)"고 말한다. 영산은 "기다리며 산다는 것은 참으로 힘들고 답답한 삶입니다. 그러나 하나님을 기다리는 자의 삶은 복된 삶입니다."라고 말한다.158) 사울은 사무엘을 기다리지 못하고 제사를 지냈기에 책망을 받았다(삼상13:13-14).

---

156) 조용기, 『요약설교』, 서울말씀사(2012), 449.
157) 조용기, 『요약설교』, 서울말씀사(2012), 150-151.
158) "조용기, "기다리는 삶", 주일설교(2015-01-04). 아브라함은 약속의 아들을 위해 25년, 야곱은 아내와 양 떼를 얻기 위해 20년, 요셉은 꿈의 성취를 위해 13년, 모세는 광야 40년을 기다렸다.

결론적으로 십자가를 본받는 삶을 어떤 것인가? 즉 십자가의 사고방식으로 사는 삶이란 무엇을 의미하는가? 그것은 고난절과 부활절의 원리를 삶에 적용하는 삶이다. 또한 그것은 궁극적으로 하나님께 영광을 드리며, 하나님과 친교하는 삶이다. 곧 삼위 하나님의 삶에 참여하며(요일1:3, 요 17:21-23), 하나님을 영원히 즐거워하는 것이다.

3.2. 십자가 중심의 생각구조: 선택의 과학

영산은 예수님을 마음 중심에 모시는 삶으로 4가지를 지적한다. "그 나라와 의를 먼저 구하고, 즉 예수님 제일주의로 살고(마6:33), 하나님의 계명을 지키며(요14:15, 요일5:3), 말씀과 기도로 살며(행 6:4), 성령님과 동행하는 삶을 추구해야 합니다(요14:16-17)."[159] 영산이 말하는 주님 중심의 삶은 삼위일체적이며 말씀 중심적이다.

하나님의 최종 목표는 죄인을 거룩하게 만들어 선한 일을 하게 함으로써 온전한 하나님의 백성이 되게 하시는 것이다(벧전1:15-16). 십자가 없이 죄인은 결코 거룩함을 얻을 수 없다(히10:10). 그래서 하나님은 이 땅에 십자가를 세우셨다. 하지만 거듭난 사람들도 그 생각이 선과 악의 경계선을 넘나든다. 따라서 성령 안에서 살기 위해 중생한 자들은 말씀, 믿음, 기도로 철저하게 무장되어야 한다.

이 땅에 사는 인간의 생각은 매우 복잡하다. 생각은 경제학처럼 '선택의 과학'이다. 즉, 생각의 경제학은 내 자신이 어떤 생각을 구입해야 할지, 어떤 결정을 내려야 할지에 관한 이론이라 할 수 있다. 내가 성령님이 직접 지도하는 생각을 구매해야 할지, 경험이나 오감으로부터 오는 생각을 구매할지는 자신의 가치관과 선택적 의지에 달려 있다. 은혜의 생각을 지속적으로 구매하기 위해서는 성령의 도움이 필요하며, 동시에 말씀, 믿음, 기도가 필요하다. 생각의 경제학은 일반 경제학과 달리 형이상학적 경제이며, 특히 행동경제학과 밀접한 관계가 있다.[160] 바울은 다메섹에서 가장 위대한 예수님으로부터 은혜의 생각을 받아 삶을 변혁시켰다(본질적 변화).

마귀는 우주적 포식자요, 그 시대, 그 문화, 그 사회를 닥치는 대로 먹어치우는 초대형 걸식자다. 위장술을 거미줄처럼 교묘히 쳐놓고, 자신의 전략을 입체적으로 이뤄간다. 마귀는 싸구려 생각을 대량 생산해서 팔기를 원한다. 또한 '생각제품'이 진짜인지 가짜인지 분별하지 못하도록 항상 그럴듯하게 포장하고 가짜를 진짜로 속여서 판다. 마귀는 회초리를 들고 신자들을 공격하는 것이 아니라, 신자들의 생각을 미혹시켜 추락의 늪으로 이끌고간다. 아담과 하와의 경우를 보라! 마귀는 그들을 죽을 만큼 때려서 선악과를 먹게 한 것이 아니라, 그들의 생각과 가치관을 그릇된 방향으로 유도해 하나님과 관계를 끊게 했다.

마귀는 아담 스미드(Adam Smith)의 경제학을 매우 잘 알아 '생각상품의 수요와 공급'을 적절히 조절한다. 즉, 마귀가 만든 '생각상품(왜곡된)'을 구매하려는 수요가 낮음에도 불구하고, 언제나 수요가

---

159) 조용기, 『요약설교』, 서울말씀사(2012), 353.

160) 마이클 페럴먼(Michael Perelman, 캘리포니아 주립대 교수), 『무엇이 우리를 무능하게 만드는가』(The Invisible Handcuffs of Capitalism), 어바웃어북(2014), 145. 리차드 탈러(Richard Thaler)는 행동경제학은 '시장 속의 인간에 대한 연구'라고 강조한다. 첨언하면, 인간의 중심부에는 마음이 있고, 생각은 마음에서 비롯된다. 1차 경제의 흐름은 인간의 마음공간에서 가장 먼저 일어난다.

아주 많은 것처럼 눈가림하여 비싸게 판다. 불행히도 그리스도인은 자신의 오감만으로 마귀의 왜곡된 상품'을 감지하는 것이 쉽지 않다. 번번이 속는다. 마귀는 자신이 만든 상품을 팔 때 언제나 그 안에 죄성, 두려움, 의심, 나쁜 생각을 몰래 숨겨놓는다. 한 번 '사악한 상품'을 잘못 구매해 마음에 심으면, 마음은 왜곡된 생각의 씨를 키우고, 그 때부터 삶 자체가 왜곡된다.

영산은 4차원 영적 삶의 원리를 다음과 같이 피력한다. "3차원의 세계는 인본주의적 삶의 방법입니다. 그러나 하나님의 생각, 하나님이 주시는 꿈과 믿음, 하나님이 주시는 신앙고백은 4차원 세계입니다."[161] 하나님의 생각은 자신의 본성에서 나오는 고차원의 생각이다. 인격의 하나님은 지성, 감성, 의지를 가지고 계신다. 하나님이 존재(Being)하시므로, 하나님의 형상인 인간도 존재(being)한다. 하나님의 존재는 실체가 아닌 한 분의 인격, 성부에게서 비롯된다. 하나님은 눈에 보이는 실체가 없으시다. 따라서 존재는 실체가 아닌 인격에서 탄생한다.[162] 존재, 인격, 생명은 서로 밀접하게 연결되어 있다. 인격 없는 생명, 생명 없는 인격은 있을 수 없다. 하나님의 인격적 실존이 하나님의 존재를 구성한다. 하나님의 존재는 그의 인격과 동일하다. 하나님의 형상을 닮은 인간의 실체도 인격에서 찾아야 하며, 생각의 근원도 인격에 기초하고 있다. 나아가 그 인격은 하나님과 우리 사이에 친교의 뿌리가 된다. 하나님처럼 생각한다는 것은 하나님의 인격 안에서 생각한다는 말과 동일하다(요일1:3, 히6:5).

4차원 하나님의 생각은 지성을 통합시키는 능력을 주고, 성령은 사람의 생각을 극대화, 최적화, 온전화시킨다. 아브라함은 모리아 산에서 하나님의 생각을 극대화시켰다(하나님 생각 = 아브라함 생각). 바울도 다메섹 도상에서 예수님의 생각을 극대화시켜, 일평생 예수 그리스도만 생각하며 살았다. 또한 스데반도 예수님의 생각으로 꽉 차 있어 돌에 맞아서 죽어가면서도 하늘보좌 우편에 계신 예수님을 바라볼 수 있었다.

'성숙한 신앙인'이 될 것인가, '능숙한 신앙인'이 될 것인가? 그 해답은 '믿음의 성장'에 있다. 거듭난 인간의 생각은 성장하고 발전하는 특징이 있다. 영산은 "우리의 생각이 무엇을 받아들이느냐에 따라 삶이 달라집니다. 그러므로 언제나 예수님의 십자가의 죽으심과 부활을 바라보며 믿음의 생각을 해야 합니다."라고 강조한다.[163] 영적성장은 곧 영적 사고방식의 발전이다(겔36:26). 하나님이 인간에게 생각의 능력을 준 것은 하나님이 정한 삶의 원리를 따라가라고 준 것이다. 그것을 벗어나면, 의의 길에서 벗어나게 된다.

4차원영성의 생각은 이성을 초월한 생각이며, 나 중심의 생각에서 벗어나 타자중심의 생각, 더 나아가 하나님 중심에서 생각하는 것이다. 그러기 위해서 하나님의 말씀을 마음에 채워야 하고, 성령님의 인도함을 받아야 하고, 항상 깨어 있으면서 기도해야 한다. 바울은 "마음을 살피시는 이가 성령의 생각을 아시나니 이는 성령이 하나님의 뜻대로 성도를 위하여 간구하심이니라(롬8:27)"고 기록하고 있다.

---

161) 조용기, "사차원의 삶", 주일설교(2010-11-07).
162) 존 지지울러스(John D. Zizioulas), 『친교로서의 존재』(Being as Communion), 삼원서원(2012), 43.
163) 조용기, "10대 2의 정탐보고", 주일설교(2017-06-04).

영산이 강조하는 것은 '성령 안에서의 생각'이다. 요한복음 14장 26절은 이것을 뒷받침해준다. "보혜사 곧 아버지께서 내 이름으로 보내실 성령 그가 너희에게 모든 것을 가르치고 내가 너희에게 말한 모든 것을 생각나게 하리라." 영산은 생각을 개발하려면, 우리의 마음속을 십자가 중심의 5중복음과 3중축복으로 채워야 한다고 말한다. "하나님의 말씀을 통해 마음이 어떻게 변화됩니까? 하나님의 말씀을 통해서 영혼이 잘되고 범사에 잘되며 강건하고 생명을 얻되 풍성하게 얻는 생각으로 꽉 들어차야 되는 것입니다. 용서와 의로움을 받은 생각으로 꽉 들어차야 되고, 거룩함과 성령충만의 생각으로 꽉 들어차야 되고, 치료와 건강의 생각으로 꽉 들어차야 되고, 아브라함의 축복과 형통의 마음으로 꽉 들어차야 되고, 부활, 영생, 천국의 마음으로 꽉 들어차야 되는 것입니다."[164]

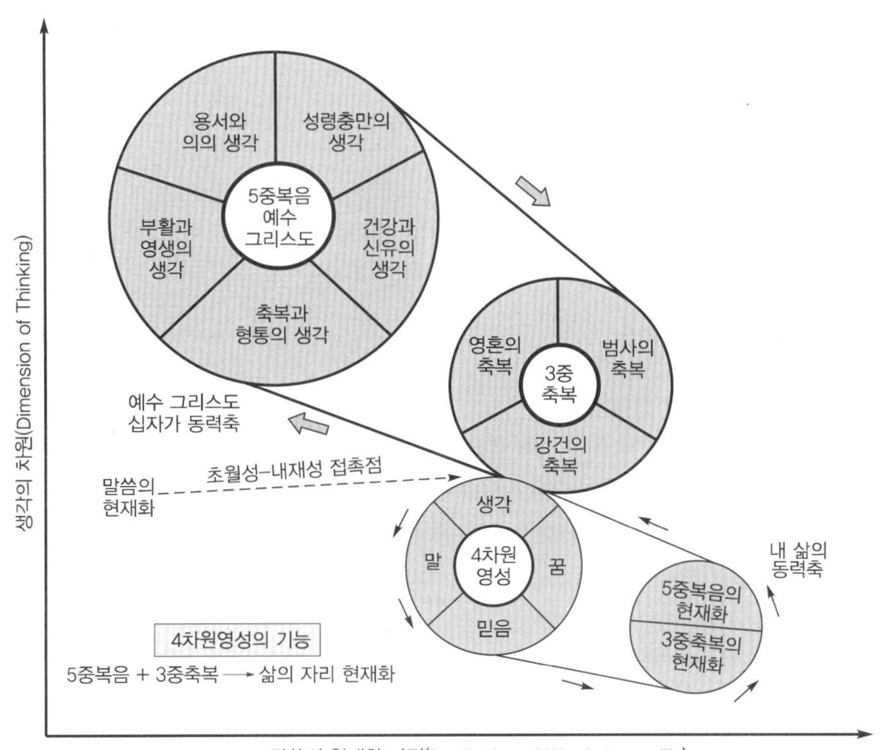

그림 6-3. 5중복음-3중축복-4차원영성과 생각개발 모델: 십자가는 위대한 삶의 모델을 제공한다. 십자가는 죄인을 의인으로 만들어, 예배를 통해 하나님께 영광을 돌리게 한다. 4차원영성은 5중복음의 말과 3중축복의 생각을 삶의 자리에 적용하는 구체적이고 입체적인 방법을 제시해준다. 4차원영성은 내 삶이 예수 그리스도 십자가 모델에 기초하게 하며, 하나님의 생각을 품게 하고, 없는 것을 있는 것처럼 생각하게 해서, 창조적인 일을 할 수 있게 한다. 삼위 하나님과 하나됨을 이루면, 인간의 생각은 영성화되어 하나님의 생각을 닮아가야 궁극적으로 성령의 생각방식을 품게 된다. 영산은 "하나님의 말씀을 통해 우리의 생각과 꿈과 믿음과 말이 달라지면, 영혼이 잘됨 같이 범사에 잘되고 강건한 복을 받게 됩니다."라고 말한다.[165] 생각은 영에 속함으로 영적으로 이해해야 한다.

---

164) 조용기, "마음의 생각을 지키라", 주일설교(2010-05-23).
165) 조용기, "마음의 파숫군", 주일설교(2013-12-01).

그림 6-3에서 보는 바와 같이 나의 생각이 십자가 모델에 기초하도록 해야 한다. 그래야 내가 영성적 삶을 살 수 있다. 철학이나 삶의 경험이나 인간의 이성에 근거해서 생각하면, 삶이 잠시 편안할 수 있으나, 마지막에는 헛것에 지나지 않는다. 따라서 내 삶과 생각이 5중복음과 3중축복의 희망의 십자가에 기초하게 해야 한다.

영산은 인본주의 생각을 버리고, 우리의 생각을 사로잡아 그리스도께 복종시켜야 한다고 강조한다(고후10:5).[166] 그림 6-3을 보면 영산의 생각의 대원칙은 십자가 중심의 생각이다.[167] 마음의 변화는 갈보리 십자가 구속의 은혜로 일어날 수 있다.

원칙 1: 용서와 의에 대한 생각
  ① 죄인이 예수 그리스도와 십자가에서 하나 됨으로 옛 사람을 벗게 된다(고후5:17).
  ② 예수님의 은혜로 용서와 의의 선물을 받게 된다(롬3:23-24).
  ③ 예수님의 은혜의 보혈로 죄사함을 받는다(엡1:7).

원칙 2: 성결케 하는 성령에 대한 생각
  ① 성결하지 못한 사람이 예수님과 합하여 십자가에서 죽음으로써 옛 사람을 벗는다(히10:10).
  ② 예수님의 이름과 성령 안에서 씻음과 거룩함을 받는다(고전6:11).
  ③ 예수님의 은혜로 성령을 풍성히 받는다(딛3:6-7).

원칙 3: 치료와 나음을 받는 생각
  ① 병든 사람이 예수님의 죽음을 짊어짐으로써 옛 사람이 죽고 치료와 건강을 얻는다(사53:5).
  ② 예수님이 채찍에 맞음으로써 우리가 나음을 입는다(벧전2:24, 사53:4-5).
  ③ 예수님의 죽으심을 통하여 옛 사람이 죽는다. 이제는 내가 사는 것이 아니요 내 안에 그리스도께서 사시는 것이다(갈2:20).

원칙 4: 축복과 부요를 누리는 생각
  ① 예수님께서 가난하게 되고 저주를 받아 우리를 율법의 저주에서 속량하시고 부요하게 하신다(고후8:9, 갈3:13-14).
  ② 우리는 어머니 뱃속에서부터 저주받은 상태로 태어난다(시51:5).
  ③ 모든 일에 항상 모든 것이 넉넉하여 모든 착한 일을 넘치게 하게 하려 하신다(고후9:8).

원칙 5: 부활 및 영생의 새 사람에 대한 생각
  ① 지옥 갈 사람이 예수 그리스도의 죽음을 몸에 짊어짐으로써 예수님과 함께 천국을 얻는다.
  ② 예수님과 함께 부활과 영생의 새 사람을 얻는다(고전15:12-22, 골3:10).

---

166) 조용기, "마음의 생각과 그 사람", 『순복음뉴스』, 289호(1984-04-15).
167) "하나님의 생각을 마음속에 이식해서 심어놓으면 위대한 구원의 은총을 거두게 되는 것입니다. 우리는 십자가를 통해서 하나님께서 그리스도의 피를 흘려 대속시켜준 귀한 생각으로 우리 마음에 심어야 됩니다." 참조. 조용기, "마음의 밭, 생각의 씨앗", 주일설교(1986-07-20).

③ "나는 부활이요 생명이니 나를 믿는 자는 죽어도 살겠고 무릇 살아서 나를 믿는 자는 영원
　히 죽지 아니하리라(요11:25-26)."

따라서 우리의 마음속을 언제나 '십자가모델을 바라보는 생각'으로 가득 채워야 하나님의 생각을
할 수 있다(그림 6-3). 영산은 언제나 예수 그리스도를 가장 먼저 생각해야 한다고 강조한다. "예수
그리스도가 생각의 기초가 되어야 합니다. 구원받았다는 생각, 성령충만의 생각, 치료의 생각,
저주에서 벗어난 형통의 생각, 그리고 부활영생의 생각을 자나깨나 해야 합니다. 이것이 생각의
기초입니다."168) '나는 거룩한 존재다. 나는 의로운 존재다.'라고 고백하는 것은 신앙인의 삶의 기
초다. 인간은 고백을 통해 그리스도의 형상을 닮아간다(갈4:19, 골3:10).

이와 같이 영산은 5중복음을 4차원영성 생각 요소와 연결시킨다. 그는 생각영성을 개발하면서
5중복음을 중요한 요소라고 밝힌다. 무엇보다 4차원영성이 인간의 삶에 적용되기 위해서 예수 그
리스도의 십자가 대속에서 흘러나온 5중복음으로 먼저 활성화(activation)되어야 한다고 말한다. 그
는 "4차원의 영성을 가지고 예수님의 십자가를 바라보면 5중복음과 3중축복의 은혜를 누릴 수 있
습니다."라고 말한다.169) 그는 "성령님은 우리의 생각, 꿈, 믿음, 말을 변화시켜서 우리로 5중복음
과 3중축복을 누리게 하십니다."라고 한다.170) 예수 그리스도의 대속과 생명으로 활성화되어야 신
자의 삶을 영적으로 변화시키고 성장시킬 수 있다. 영산은 반세기 목회 동안 5중복음-3중축복-4
차원영성을 항상 서로 밀접하게 연결시키면서 설교했다.

영산은 다윗처럼 하나님의 생각을 품어야 인생에서 승리한다고 말한다. "다윗은 하나님의 사람
이고 골리앗은 인간이었습니다. 인간과 하나님의 사람과의 대결이었습니다. 골리앗은 인간의 생각
을 가졌고, 다윗은 하나님의 생각으로 무장한 것입니다. 다윗은 생각의 싸움에서 밀리지 않았습니
다. 우리는 삶의 대적 골리앗 같은 문제에 대하여 하나님의 생각으로 대결해야 합니다."171)

다윗은 전형적으로 하나님의 생각을 품어 4차원 영적세계를 경험하였다. 그러나 마귀는 인간의
삶의 한복판에서 하나님의 생각을 품고 살지 못하도록 고도의 계략을 꾸미고 있다. 인간은 자신의
처지를 항상 누구의 탓으로 돌리기를 좋아하는데, 아담과 하와 시절부터 인간은 그러했다. 현대
심리학적 용어로 아담과 하와는 '근본적 귀인오류(fundamental attribution error)'의 원리를 범한 것이
다.172) 최초의 인류는 전형적으로 서로 '누구의 탓'으로 돌리는 오류를 범한 것이다. 이 '귀인오류'

---

168) 조용기, "나, 나의 생각", 주일설교(1981-06-21). "마음의 생각을 지켜라", 주일설교(2010-05-23).
169) 조용기, "10대 2의 정탐보고", 주일설교(2017-06-04).
170) 조용기, "나의 생각이 나를 다스린다", 주일설교(2017-06-11).
171) 조용기, "하나님의 생각 우리의 생각, 하나님의 길, 우리의 길", 주일설교(2010-05-23).
172) 사회심리학자들이 발견한 '근본적 귀인오류(Fundamental Attributional Error)'에 의하면 행동의 원인을 행동에 미치는
　　사회적 영향의 요소나 상황을 고려하기보다 행동한 사람의 성격이나 태도, 가치관 등에 돌리는 경향이 있다는 것이다.
　　예를 들면, 어떤 사람이 승강기 안에서 중요한 전화가 와서 큰 소리로 통화하면, 그 사람의 태도나 가치관이 문제가
　　있다고 생각하지 그가 처한 상황의 중요성에 대해 전혀 관심이 없다는 것이다. 또 인간은 종종 실패에 대해서 남의
　　탓(external attribution), 성공의 대해서 자기 몫(internal attribution)으로 돌리는 경향이 있다. 삶 속에서 귀인오류는

는 오늘날 이 시대에 마귀가 가장 애용하는 단골메뉴가 되었다. 마귀는 언제나 사람들이 '내 탓이 아니라, 항상 남의 탓'으로 돌리게 만든다.

하나님의 말씀만이 인간의 머릿속에 물든 '옛 생각의 물감'을 지울 수 있다. 마귀는 오늘도 자꾸 우리에게 이렇게 빈정댄다.
"그렇게 한다고 되겠느냐? 오늘까지도 나는 네 생각을 지배해왔는데..."
"그렇게 한다고 될까? 어림없지. 나는 너를 잘 알고 있지."
"오늘은 네가 그렇게 생각하겠지만, 내일은 다시 원래대로 돌아갈 걸!"

3.3. 생각의 영적 활성화: 십자가를 바라봄

영산은 인간의 생각 차원을 하나님 차원에 맞추라고 조언한다. "어디서 우리가 하나님의 생각을 접할 수 있습니까? 바로 하나님의 기록된 말씀을 통해 우리는 하나님의 생각을 알 수 있습니다. 하나님께서는 성경에 그분의 생각을 기록해놓으셨습니다. 우리가 하나님 앞에서 열린 마음으로 하나님의 말씀을 읽고 그 말씀에 우리의 생각을 맞추고 하나님을 앙망하면, 하나님께서 그의 선하신 뜻을 따라 우리의 기도에 응답하시고 성취시켜줍니다."173)
신자들은 항상 생각의 전쟁터에 놓여 있다. 인간 차원의 생각이냐 하나님 차원의 생각이냐. 신자들의 영적 전쟁은 옛 생각과 새 생각의 싸움이다. 아담의 생각으로 사느냐, 그리스도의 생각으로 사느냐. 모든 그리스도인은 그 경계선에서 날마다 힘겨운 영적 싸움을 하고 있다. 영산은 "십자가를 껴안으면 생각과 꿈과 믿음과 말이 달라지고, 이를 통해 우리 삶에 놀라운 변화의 역사가 일어나는 것입니다."라고 강조한다.174) 십자가는 아담의 생각과 그리스도의 생각을 철저하게 분리시켜 놓는다. '옛 생각'과 '새 생각'은 양립할 수 없는 싸움꾼이다.

성경말씀은 하나님 자신의 차원 높은 문장, 고도의 은유들, 성찰을 요하는 영적 원리, 죄인들을 설득하기 위한 고도의 수사학적 표현들, 하나님의 행동으로부터 배우는 경험적 추상(abstraction)과 성찰에 기초한 추상 등 '하나님의 지고하신 생각을 배울 수 있는 온갖 영적 이야기'로 채워져 있다. 성경 자체는 하나님 자신의 생각이다.175) 피조세계의 혈관 안에는 하나님 자신의 생각이 충만해 있다.

무수히 일어나고 있다. 참조. 리처드 니스벳, 『인텔리전스』, 김영사(2009), 설선혜 역, 258-265.
173) 조용기, 『설교는 나의 인생』, 서울말씀사(2012), 276-277.
174) 조용기, "생각이 나를 다스린다", 주일설교(2017-06-11).
175) 성경말씀에 대한 지각적 추상과 자신의 경험적 추상(empirical abstraction), 이 둘을 순환적 상호작용하면, 논리적-추상적 영적지식이 충만하게 되어, 하나님의 영적세계에 더 근접하여 이해할 수 있다. 경험적 추상 자체로만 끝나면, 영적진보를 기대하기 어렵다. 영적성장을 위해서는 성경말씀과 경험한 말씀 사이에 개념적 통합(conceptual integration) 과정, 즉 성찰과정이 중요한 역할을 한다. 하나님의 말씀은 사변적, 공론적이 아니다. 삶 속에서의 실재(reality)다. 말씀은 삶 자체를 역동화시키며, 이끌어 간다. 십자가는 말씀과 성령을 등에 업고, 이 시대, 이 문화, 이 사회에 사는 죄인들, 그리고 신자들을 대상으로 변화, 성장, 변혁시킨다.

영원하신 성령님(히9:14)은 기록된 모든 말씀 가운데 임재하신다. 성령님은 그 말씀이 단순히 과거의 말씀이 아니라, 지금도 살아서 역사하시는 하나님의 말씀이 되게 한다. 따라서 생각이 영적으로 활성화되려면, 하나님의 말씀이 성령의 도움으로 현재화되도록 해야 한다. 이것은 놀라운 신비다. 영산은 말씀을 구할 때 레마의 말씀을 강조한다. 그는 "레마의 말씀이란 성령님을 통하여 개인적으로 나의 마음속에 말씀하시어 믿음이 생기게 하는 말씀입니다."라고 정의한다.176) 예를 들면, 예수님과 베드로와의 대화는 전형적인 레마의 예이다(마14:28-29). (베드로) "나를 명하사 물 위로 오라 하소서." (예수님) "오라!" 레마의 말씀을 통해 신자는 하나님의 생각에 그대로 동화될 수 있다. 즉 레마를 통해 하나님처럼 생각할 수 있다.

휴 마틴(Hugh Martin)은 "주님은 말씀 속에 계시며 그 말씀과 하나가 되어 살아 있는 능력과 음성으로 생명의 말씀이 되게 하신다. 또한 그것으로 자신의 영원한 거처를 삼아 자신의 임재를 나타내시고, 모든 시대이든 자신을 찾게 하신다"고 강조한다.177) 성도가 품는 모든 생각의 근원이 하나님의 말씀이 될 때 '예수님과 같은 생각'을 품을 수 있다. 성경은 고도의 영적 말씀을 십자가 중심으로 범주화한 것이다. 그래서 말씀을 읽으면 생각 능력이 영적으로 향상되고, 그 결과 영적으로 보고 깨닫고 듣고 말하는 능력이 활성화된다.

예수님이 포도나무라면, 우리는 가지다. 우리는 예수와 연합되어 있다. 수액을 받아야 살 수 있다. 인간이 생각 능력을 가질 수 있는 것은 그분이 생명을 매 순간 공급하여 주시기 때문이다. 우리는 하나님의 것이다. 우리는 하나님의 백성이요 그가 기르시는 양이다(시100:3). 생각의 영적 활성화는 지적능력을 초월적으로 확장하는 것이다. 지적 기능이 말씀으로 민감해져야 죄를 정확하게 인식할 수 있으며 거룩한 삶을 살 수 있다. 영적성장을 위해 성도가 해야 할 의무는 '지성(知性)'이라는 일꾼'에게 말씀의 옷을 입혀, 일차적으로 '하나님의 선한 일을 하는 성향'을 갖게 하는 것이다. 지성의 눈이 육의 세상을 바라보면, 영의 일과 육의 일을 제대로 판단하지 못하게 된다(롬8:5-7). 그래서 총체적으로 혼란이 일어나고, 비뚤어진 길로 가게 된다.

하나님을 아는 자는 하나님에 대하여 위대한 생각을 품고 있는 자다.178) 하나님이 존재하지 않는다면 인격도 존재하지 않는다.179) 따라서 생각의 출발점도 하나님의 형상대로 지음 받은 인간의 인격이다. 인간의 인격은 하나님이 주시는 은혜를 통해 개선되고, 궁극적으로 예수님을 닮게 된다.180)

---

176) 조용기, "믿음이 작은 자여", 주일설교(2007-06-24).

177) 휴 마틴(Hugh Martin, 1821-1885), 『그리스도의 임재』((The Abiding Presence), 지평서원(2010), 황의무 역, 61.

178) J. I. Packer, *Knowing God*, IVP(1993), 29.

179) 존 지지올러스(John D. Zizioulas), 『친교로서의 존재』(Being as Communion), 삼원서원(2012), 45.

180) "은혜란 영혼의 죄가 하나님의 뜻과 하나님의 율법과 하나님의 존귀하심을 얼마나 크게 거역하는 것인지 깨닫게 한다. 하나님이 얼마나 죄를 혐오하시며 불쾌해 하시는지 깨닫게 하며, 죄의 형벌이 얼마나 두려운지를 알게 한다. 또한 은혜는 율법적 깨달음만으로는 영혼의 죄에 대해 보지 못했던 것들을 더 크게 보이게 한다." 참고. 존 스미스 편(조나단 에드워즈), 『신앙감정론』(The Works of Jonathan Edwards Volume 2: Religious Affections), 부흥과개혁사(2005), 513.

브라이언 채플(Bryan Chapell)은 "생각은 성경이 정해놓은 길을 따라 흘러가야 한다. 성경이 정해 놓은 길을 따라갈 때, 성령은 영혼의 성장에 필요한 열매를 맺게 한다."고 강조한다.[181] 성경에 기초해서 생각이 진보되려면, 그 생각을 창출하는 마음궁궐의 분위기가 천상궁궐을 지향해야 한다. 곧 하나님의 뜻을 생각해야 한다. 나쁜 생각이 들어와도 마음이 성경말씀으로 정화되어 있으면 나쁜 영향을 미치지 못한다. 시편의 거룩한 시인도 "하나님이여 내 속에 정한 마음을 창조하시고 내 안에 정직한 영을 새롭게 하소서(시51:10)"라고 기도한다. 영적 생각의 진보는 오직 하나님의 은혜와 말씀으로 이뤄진다. 영산은 4차원적 관점에서 "긍정적인 생각을 자신의 마음과 주변에 가득하게 채우십시오. 우리의 입술의 창조적 선언은 삶에 변화를 가져옵니다."라고 강조한다.[182]

영산은 환경을 초월한 4차원 생각을 하라고 강조한다. "고장난 4차원의 생각은 삶을 긍정적이고 창조적인 생각과 마음으로 보지 못하게 합니다. 누구든지 자기의 무능력과 환경의 절망만을 바라보면 인생의 배는 침몰하고 맙니다. 자신의 환경을 초월해서 긍정적인 생각을 하는 사람은 그 생각의 열매를 따게 되는 것입니다."[183]

사전적으로 생각의 정의는 '결론을 얻으려는 관념의 과정으로 목표에 이르는 방법을 찾으려고 하는 정신 활동'을 의미하며, 상상의 정의는 '과거의 경험으로 얻게 된 심상(心像)을 새로운 형태로 재구성하는 정신작용'이다.[184] 상상은 생각을 기본단위로 구성되는 한 차원 높은 생각의 기술이다. 아인슈타인은 "상상력은 지식보다 중요하다"고 했으며, 나폴레옹은 "상상력으로 세계를 지배한다"고 말했다. 생각의 힘은 위대하며, 실질적인 능력을 발휘한다.

1) 영적 동기부여

동기부여란 지성, 감성, 의지를 일하게 하는 힘이며, 궁극적으로 의지의 기능이 활성화되도록 하는 힘이다. 구체적인 영적 동기부여가 기드온의 이성을 뒤흔들었을 때(삿6:36-40), 그의 의지는 두말하지 않고 하나님이 시키는 대로 일했다. 그는 그의 이성이 주의 말씀으로 동화될 때까지 하나님을 대상으로 무려 3차례나 자기가 정한 테스트를 감행했다(삿6:11-40). 이와 같이 인간의 이성을 움직이는 절대적 동기부여는 신적 계시나 활동이 있을 때 가능하다. 하나님의 형상대로 지음을 받은 인간에게 오직 하나님만 진정한 동기를 부여하실 수 있다.

내가 어느 쪽을 택할 것인가를 보면, 하이젠베르크(Werner K. Heisenberg)가 발견한 불확실성 원리가 마음에 적용된다. 마음은 나 스스로 조절할 수 없으며 예측할 수도 없다. 생각의 방향이 어디로

---

181) 브라이언 채플(Bryan Chapell), 『성화의 은혜』(Holiness by Grace), 지평서원(2014), 422.
182) 조용기, "우리가 어디서 떡을 사서 이 사람들을 먹이겠느냐", 주일설교(2016-11-27).
183) 조용기, "성경적 믿음이란 무엇인가", 주일설교(2010-07-18), "사차원의 삶"(2010-11-07).
184) 1972년 생리학 및 의학부문 노벨상을 수상한 에딜먼(G. M. Edelman)은 생각을 이렇게 정의한다. "사고는 가장 높고 가장 추상적인 수준에서 기호적인(언어적인) 능력에 의존하는 하나의 기예(skills)이다. 이 기예에는 논리학, 수학, 언어 공간적 기호, 음악적 기호 등이 사용되며, 은유적인 과정, 환유적인 과정의 지원도 필요하다." 또한 그는 인간의 의식을 1차적 의식(하위 의식, 언어를 사용하지 않음)과 고차적 의식(언어 사용)으로 구분하여 말한다. 이를테면, 개와 고양이는 1차적 의식은 있지만, 고차적 의식은 없다. 참고. 김용규, 『생각의 시대』, 살림(2014), 33.

향할지 알지 못한다.185) 그래서 인간의 마음상태를 최적화시키고, 영적으로 극대화시켜 줄 마음의 선생이 필요하다. 그분이 바로 성령님이시다. 성령님은 '분할의 힘이 아니라 융합의 힘'을 주신다. 십자가의 은혜를 통해 구원받은 인간에게 4가지 동기가 분명하게 부여된다고 영산은 강조한다.186)

  a) 생각이 달라짐: 삶의 목적과 존재 이유에 대하여 하나님의 시각으로 바라보게 된다.187)

  b) 꿈이 달라짐: 인생의 꿈과 소망은 하나님에게서 나오므로, 오직 하나님을 의지할 때 구원과 영광을 이룬다(시62:5-8).

  c) 믿음으로 살게 됨: 나의 의인은 믿음으로 말미암아 산다(히10:38).

  d) 언어생활이 달라짐: 입술의 고백과 선언을 통해 우리의 소원을 이룬다(마16:19). 인간은 인격의 중심인 언어가 바뀌면, 행동도 달라지고 삶도 달라진다.

영산은 진정한 동기부여는 4차원 생각에서 출발한다고 말한다. "우리는 예수 그리스도의 십자가 안에서 날마다 환경을 초월해 변화할 수 있습니다. 십자가는 죽은 자를 살리는 능력이요, 없는 것을 있게 하는 힘이며, 절망을 희망으로 바꾸는 권능입니다. 긍정적인 4차원의 생각은 현실을 바꾸는 원동력입니다."188)

영산은 성령의 능력으로 부흥회를 위해 전 세계를 100회 이상 돌았다. 만약 그에게 성령님께서 확실한 동기를 부여해주지 않았다면, 그는 중도에 지치고 힘들어 일찌감치 포기했을 것이다. 성령님은 영산에게 무한한 동기를 부여해주었으며, 그 결과 영산은 수많은 영적 열매를 거둬들였다. 그는 "우리가 믿음을 가지고 없는 것을 있는 것으로 시인할 때 성령님께서 역사하시는 것입니다."라고 말한다.189) 성령님만이 인간에게 본질적이고 확실한 삶의 동기를 부여해줄 수 있다.

2) 성령의 생각: 가능성과 창조성

영산은 "하나님과 예수님은 성령으로 우리 안에 와 계시므로 우리의 주소는 하나님 안이고, 하나님의 주소는 우리 안입니다(요14:20, 23)."라고 말한다. 즉 말씀 안에 우리가, 우리 안에 말씀이 연합적으로 존재한다.190) 환언하면, 마음공간에서 말씀이 성령의 생각으로 전위되어 인간 안에 하나님

---

185) 마음은 양자역학적이다. 마음알갱이가 어디로 튀어갈지 예측하기 어렵다. 고전역학에서는 인과원칙이 적용되지만, 양자 혹은 소립자에서는 적용되지 않는다. 마음은 자연계처럼 인과관계에 따라 움직이지 않는다. 그 결과 인간은 자신의 마음을 마음대로 조절할 수 없다. 마음은 불확실성, 예측불허성, 불안정성의 특성을 지닌다. 오직 마음을 알고 마음을 조율하실 수 있는 분은 우리 안의 성령님이시다.

186) 조용기, "사차원의 삶", 주일설교(2010-11-07). "마음이 낙심될 때"(2012-07-22). "항상 긍정적으로"(2011-02-20). "마음의 파숫군"(2013-12-01), "성경적 믿음이란 무엇인가"(2010-07-18).

187) John Owen, *Indwelling Sin in Believers*, Versa Press(2010), 21-25. 죄의 본성은 첫째는 적의(enmity) 그 자체이고, 둘째는 하나님에 대한 적의(롬8:7)이다. 육신의 생각은 하나님을 향한 적의(롬8:7). 다시 말해, 죄는 하나님에 관계된 모든 것들을 포괄하며, 동시에 인간 영혼과 관련하여 총체적으로 영향을 미친다(The enmity is universal to all of God, and in all of the soul), 또한 죄는 지속적이어서 포기하지 않고 끝까지 대든다(constant and unwavering). 오웬의 죄의 논리로 보면, 인간이 하나님처럼 생각한다는 것은 결코 쉽지 않다. 하나님처럼 생각하기 위해서 기본적으로 말씀의 순종과 기도 및 성령의 도움이 절대적으로 필요하다.

188) 조용기, "사차원의 삶", 주일설교(2010-11-07)

189) 조용기, "우리가 어디서 떡을 사서 이 사람들을 먹이겠느냐?", 주일설교(2016-11-27).

190) 조용기, "영적으로 함께 사는 삶", 주일설교(2007-06-17).

의 생각이 자라나게 된다. 로고스가 아니라 레마로서의 말씀은 3차원의 인간적 생각을 하나님의 생각으로 승화시켜, 하나님의 생각으로 살게 한다. 영산은 "생각은 인생의 미래를 창조하는 재료입니다. 성령으로 거듭난 우리는 예수님의 십자가를 바라봄으로써 생각이 달라지고, 믿음이 달라지고, 삶이 변화되어야 합니다."라고 역설한다.191) 성령의 생각으로 살면 인간의 인격성은 본래적으로 회복될 수 있다. 영적 생각은 '온전한 그리스도인(갈4:19, 마5:48)'을 창출한다.

하나님의 말씀 안에는 '하나님의 권위, 예수님의 권능, 성령님의 임재'가 내포되어 있어 절대 가능성을 지향한다. 가능성(possibility)은 이성의 생각과 성령의 생각의 경계선에 존재한다. 그러나 성령님은 이성을 초월하고, 인간의 정신구조를 초월하여 활동하신다. 성령님은 이성의 자율-타율 구조도 뛰어넘고, 절대적-상대적 개념도 초월하고, 형식적-정서적 개념도 초월하고, 또한 인간이 세운 모든 철학적 및 경험적 관념까지도 초월하신다. 성도는 예수와 연합된 새 존재이다(갈2:20, 롬6:4-5, 갈6:15). 거룩하고 의로운 존재다. 따라서 성도는 성령의 역사로 이성의 한계와 능력을 초월할 수 있다. 영산은 "우리가 예수님을 보배로 삼고 항상 긍정적으로 생각하고, 꿈꾸고, 믿고, 말할 때 5중복음과 3중축복의 놀라운 은혜를 체험하게 됩니다."라고 말한다.192)

천지를 지으신 하나님은(렘32:17) 능치 못할 일이 없으시다. 하나님은 "나는 야훼요 모든 육체의 하나님이라 내게 능치 못할 일이 있겠느냐(렘32:27)"고 반문하신다. "믿음이 긍정적인 생각을 자극합니다. 그리고 긍정적인 생각은 모든 가능성을 보도록 자극합니다."193) 로버트 슐러(Robert Schuler)의 말이다. 생각과 믿음은 서로 밀접하게 연결되어 있으며, 서로를 보완하는 역할을 한다.

인간의 지능에 대한 정의는 학자들마다 상이하다. 인간의 온전한 이해가 그만큼 어렵다는 말이다. 교육학 용어사전에 나오는 '지능요인'을 참조하면, 스피어만(C. E. Spearman)은 지능을 일반요인(G요인)과 특수요인(S요인)으로 구분하고, 이 두 가지 지능을 연속선상에 놓인 어떤 특성으로 보고 있다. 반면에 케텔(R. B. Cattell)은 경험이나 교육과는 다소 무관한 개인의 잠재력을 나타내는 유동성 지능과, 문화적 경험이 내포된 지식, 기능을 포함하는 결정성 지능으로 구분하고 있다.

진정한 인간의 지능은 '거듭난 존재(being) 또는 새로운 인격' 안에서, 즉 '회복된 하나님의 형상' 안에서 찾아야 한다. 인간의 가능성 원리는 심리학적 차원에서 '나는 할 수 있다'에서 찾을 것이 아니라, 회복된 하나님의 형상 안에서 '나는 할 수 있다'를 찾아야 한다. 예수를 믿음으로써 인간의 존재양식은 '인성차원'에서 '인성차원 + 신성차원'의 존재가 되었다. 따라서 새 사람의 가능성도 하나님의 능력과 새 사람의 능력의 결합에서 찾아야 한다. 거듭난 존재는 성령의 역사 없이 창조적 삶을 살 수 없다. 영산은 "성령님께서는 우리 입술의 고백을 따라 역사합니다. 입술의 고백은 우리의 삶에 놀라운 변화와 창조를 가져올 것입니다."라고 말한다.194) 신앙인은 없는 것을 있는 것처럼 말하고, 선언하고, 바라보는 삶을 살아야 한다(롬4:17, 요일5:14-15).

---

191) 조용기, "나의 생각이 다스린다", 주일설교(2017-06-11).
192) 조용기, "항상 긍정적으로", 주일설교(2011-02-28).
193) 로버트 슐러, 『날마다 새 삶을 찾아서』, 길한문화사(1984), 115.
194) 조용기, "평범한 삶과 신앙", 주일설교(2016-10-09).

궁극적으로 그리스도인은 그리스도를 닮아가는 생각구조를 가져야 한다. 영산이 강조하는 생각의 4차원 성경적 원리는 다음과 같다.

① 옛 사람의 신분과 정체성:[195] 무슨 일을 해도 '헛것(nothing)'을 좇아가는 사람
   a) 사람의 속임수와 온갖 교훈의 풍조에 밀려 간사한 유혹에 넘어지는 사람(엡4:22).
   b) 육신의 정욕과 안목의 정욕, 이생의 자랑으로 욕심의 노예가 된 사람(약1:14-15).
   c) 육신의 욕심을 따라 육체와 마음이 원하는 것으로 썩어져가는 사람(엡2:1-3).
   d) 하나님의 나라를 유업으로 받지 못할 육체의 일로 구습을 벗어나지 못하는 사람.

② 새 사람의 신분과 정체성: 하나님 안에서 '새로운 것(something)'을 창조하는 사람[196]
   a) 의의 사람: 예수님의 십자가 대속의 은혜로 값없이 의롭다 하심을 얻음(롬3:24).
   b) 성령충만한 사람: 진리의 영이 우리와 함께 거하시며 우리 안에 계심(요14:16-17).
   c) 거룩한 사람: 성령 안에서 씻음과 거룩함과 의롭다 하심을 얻음(고전6:11).
   d) 치료받은 사람: 예수님께서 채찍에 맞음으로 우리가 나음을 입음(벧전2:24).
   e) 형통한 사람: 부요한 자이나 가난하게 되심으로써 우리를 부요하게 하심(고후8:9).
   f) 부활, 영생, 천국의 사람: 예수 안에서 죽은 우리를 살리시고 함께 하늘에 앉히심(엡2:4-6).

③ '나는 할 수 있다'의 새 사람의 정체성: 주 안에서 위대한 가능성을 가지고 살아가는 사람[197]
   a) 생각으로 할 수 있는 사람: 마음을 지킬 때 생명의 근원이 생각을 통해 나타남(잠4:23).
   b) 꿈으로 할 수 있는 사람: 꿈을 통해 영·혼·육과 내일의 삶이 더욱 강해짐(요삼1:2).
   c) 믿음으로 할 수 있는 사람: 믿음으로 우리는 모든 것을 할 수 있음(빌4:13).
   d) 말로써 할 수 있는 사람: 말로써 우리 삶과 정체성을 구체적으로 이룸(롬10:10).[198]

④ 숨은 자신의 정체성을 회복한 성경적 사례[199]
   a) 아브라함: 아브람은 아브라함으로 사래는 사라라고 불리며, 믿음의 조상이 되어 번성하고 복의 근원이 됨(창17:5-6).

---

195) "여러분의 정체성은 생각에서 먼저 발견해야 됩니다. 내 생각에서 옛날 생각을 버리고 긍정적이고 적극적이고 창조적인 생각으로 옮겨야 정체성이 달라질 수 있습니다. 우리는 예수 그리스도의 십자가를 통하여 생각이 바뀔 수 있습니다. 십자가의 보혈을 통해서 나는 용서받은 나다. 나는 성령충만한 나다. 나는 십자가의 보혈을 통해서 치료받은 나다. 나는 아브라함의 복을 받은 형통한 나다. 나는 부활, 영생, 천국을 얻은 나다. 나는 영혼이 잘됨같이 범사에 잘되며 강건하고 생명을 얻되 넘치게 얻은 나다. 그를 통해서 여러분의 정체성이 개발되는 것입니다." 참고, 조용기, "내 속의 숨은 정체성을 보라", 주일설교(2010-11-14).
196) 조용기, "십자가에서 이루신 하나님의 은혜", 주일설교(2007-10-07)
197) 조용기, "내 속의 숨은 정체성을 보라", 주일설교(2010-11-14)
198) 에스티 로더(ESTEE LAUDER)의 CEO 바비 브라운(Bobbi Brown)은 "저는 정체성이 확실한 사람, 의견이 있는 사람, 진실한 사람, 관습을 깨는 것을 두려워하지 않는 사람을 좋아합니다. 언제나 예스를 말하는 사람을 정말 싫어합니다." 조선일보 위클리 비즈팀, 『위클리비즈』(WeeklyBiz Insight), 21세기북스(2010), 300.
199) 조용기, "내 속에 숨은 정체성을 보라", 주일설교(2010-11-14)

　　b) 기드온: 기드온은 겁쟁이였으나 하나님이 함께 하시므로 큰 용사가 되어 이스라엘을 구함
　　　 (삿6:12-14).

　　c) 다윗: 이새의 막내아들 다윗은 목동이었으나, 훗날 왕이 될 정체성이 그의 안에 있었음.

　　d) 베드로: 예수님을 세 번이나 부인한 그였지만, 성령 받고 위대한 사도가 됨.

가능성 원리는 정체성 회복과 연관이 있다. 그 원리는 십자가를 중심으로 한 5중복음과 3중축복 및 4차원영성과 연결되어 있다. 영산이 강조한 '할 수 있다', '하면 된다'. '해보자'는 3중축복, 5중복음, 4차원영성이 골고루 채색되어 있으며, 인간의 정체성과 가능성을 찾게 해준다. "하나님은 우리의 피난처시요 힘이시며 환난 중에 만날 큰 도움이시라(시46:1)." 인간은 하나님의 형상을 따라 지음을 받았기 때문에 잠재성과 가능성을 지니고 있다.200)

인간의 가능성은 시도해보기 전까지 아무도 모른다. 그러므로 어떤 사람이 관 속에 들어갈 때까지, 누구든지 그 사람의 가능성을 '불가능의 틀'에 가둬서는 안 된다. 하나님은 인간에게 새 마음과 새 영을 주신 분이고(겔36:26-28), 계곡의 마른 뼈도 생명체로 살릴 수 있는 분(겔37:1-14)이시다. 따라서 하나님 안에서의 가능성을 포기해서는 안 된다.

3) 거룩한 영적 반응

"즉시 보상을 받는 행동은 빈도수가 높아지고, 즉시 처벌 받는 행동은 빈도가 줄어든다." 이것은 교육심리학자 손다이크(E. Thorndike)가 주장하는 '효과의 법칙'이다. 다시 말하면, 적절한 보상이 사람에게 발전과 성장을 가져온다는 법칙이다. 성도는 세상에서 얻지 못하는 무한의 보상을 하나님으로부터 받는다.

예수님을 믿음으로써 인간은 구원이라는 위대한 보상을 얻어 새 사람이 되고 천국 백성으로 살아가게 되었다. 예수님을 믿음으로써 인간은 하나님의 생각, 하나님이 주시는 꿈과 믿음, 하나님이 주시는 신앙고백을 받아, 놀라운 영적세계를 맛보게 된다. 4차원영성의 삶을 살면, 다음과 같은 영적 유익을 얻는다.201)

　　a) 이전과 다른 새로운 생각을 품게 됨: 우리가 구하거나 생각하는 모든 것보다 넘치게 받는다(엡3:20).

　　b) 욕망을 초월한 새로운 꿈을 가지게 됨: 하나님의 기쁘신 뜻을 위해 우리에게 행하게 하신다
　　　 (빌2:13).

　　c) 불가능을 믿게 됨: 믿는 자에게는 능히 하지 못할 일이 없다(막9:23).

　　d) 창조적인 고백을 하게 됨: 죽고 사는 것이 혀의 힘에 달렸다(잠18:21).

영산은 우리의 생각을 올바른 생각, 승리의 생각, 축복의 생각으로 변화시켜야 한다고 말한다. "병든 생각을 가진 사람은 병든 인간이 되고, 가난한 생각을 가진 사람은 가난한 인간이 되고, 패배한 생각을 가진 사람은 패배한 인간이 되고, 악한 생각을 가진 사람은 악한 인간이 되기 때문에,

---

200) 84년도 대학원 박사과정 시절에 나는 3개월 하숙비가 밀린 적이 있어 성서 관련 책 한 권을 번역하게 되었다. 번역을 끝내고 당시 내가 깨달은 것은 딱 하나였다. "우와! 내 안에 영어 번역 능력이 있었네!"

201) 조용기, "사차원의 삶", 주일설교(2010-11-07).

구원받은 인간은 생각을 바꾸어서 올바른 생각, 승리의 생각, 축복의 생각으로 변화를 시켜야만 하는 것입니다."202)

3.4. 새 존재로서의 삶의 구조

십자가는 죄인을 의인으로 만들어 그리스도 중심의 생각구조로 살게 한다. 새 존재는 절대구원의 생각 – 절대믿음, 절대치료, 절대축복의 생각 – 으로 사는 자다. 즉, 새 존재는 3중축복의 삶 – 믿음으로 영을 지키는 삶, 절대치료로 육신을 지키는 삶, 절대축복으로 범사를 지키는 삶 – 을 사는 자다. 그러기 위해서는 말씀과 믿음과 기도와 성령으로 마음을 거룩하게 유지해야 한다(딤전 4:5, 행15:9, 고전6:11). 거룩하게 되면 '완전한 영성(신18:13, 마5:48)'을 지향하게 될 것이다.

영산은 "겉사람은 육신의 정욕, 안목의 정욕, 이생의 자랑을 좇아 살지만, 속사람은 마음에 예수님을 모시고 성령님의 인도하심을 받으며 천국소망을 가지고 세상을 이기며 살아갑니다."라고 강조한다.203) 새 존재의 삶이란 그리스도와 내가 하나가 되어 그리스도 중심의 삶을 사는 것이다(고전6:17).

십자가 위에서 예수와 함께 죽고 함께 부활한 그리스도인은 옛 자아의 생각구조가 소멸되고, 새로운 피조물로서 영적 생각구조를 가진 자들이다(고후5:17). 그리스도인의 생각은 오직 그리스도의 영광에 초점을 맞추어야 한다.

그리스도의 인격이 성부의 인격과 서로 구별되어 가장 친밀하게 교제하는 것처럼(요17:21-23), 성도의 인격은 그리스도의 인격과 구별되어 존재한다. 하지만 그리스도와 성도는 성령 안에서 서로 연합되어 있다. 예수님은 우리 안에 계시고, 하나님은 그리스도 안에 계신다(요17:23). 이 연합에 기초해서 성도의 생각구조는 우리 안에 계시는 예수 그리스도의 생각구조에 동화되어야 한다. 성령의 능력으로 지속적으로 예수님의 생각구조로 승화시켜갈 수 있어야 한다. 바울이 "내가 그리스도를 본받는 자가 된 것 같이 너희는 나를 본받는 자가 되라(고전11:1)"고 한 것도 그러한 맥락이다.204) 닮아간다는 것은 생각구조가 서로 닮는다는 것이다. 생각이 같아지면 가치관도 닮게 된다.

성도의 영이 예수의 영과 연합되어 있다는 사실은(고전6:17, 갈2:20, 롬6:5), 성도의 생각구조가 본질적으로 예수님의 인격 안에서 기능해야 한다는 것을 말해준다. 예수를 믿으면 옛 사람은 죽어 소멸되고(롬6:6), '새로운 피조물(고후5:17)', '그리스도의 옷(갈3:27, 롬13:14)', '영으로 난 것(요3:6)', 새 사람(엡4:24)', '그리스도의 형상(고후3:18)', '신성한 성품에 참여하는 자(벧후1:4)' 혹은 '택하심을 받은 자들(벧전1:2)' 등의 다양한 호칭이 주어진다. 따라서 육신 중심의 옛 사람은 영적 중심의 새 사람으로 생각구조가 근본적으로 변혁되어야 한다. 그러한 삶을 살기 위해서 영산은 "마음을 말씀으로 다스리고(히4:12), 믿음으로 다스리고(막9:23), 꿈으로 다스리고, 입술의 고백으로 다스려야 합니다(롬10:10, 잠18:20-21)."라고 강조한다.205)

---

202) 조용기, "네 마음을 지켜라", 주일설교(2010-09-19). "마음을 다스려야 삶을 다스릴 수 있다"(2011-05-29). "마음의 장애를 고쳐라"(2012-04-29).
203) 조용기, 『요약설교』, 서울말씀사(2012), 65.
204) 바울은 본받는 자에 대하여 여러 측면에서 서술한다. 참조. 고전4:16, 엡5:1, 빌4:9, 살전1:6, 히6:12.
205) 조용기, 『요약설교』, 서울말씀사(2012), 95.

존 오웬(John Owen)은 "생각이 하늘에 속한 것들을 향하고 있는 사람은 십자가의 고통을 느끼지 않는다"고 말했다.206) 인간의 생각의 본질은 십자가를 통해서 새로워진다. 그리스도인은 장차 새 하늘과 새 땅에서 완전한 인격체로 변화될 것이다. 바울은 이 사실을 놓고 "그와 같은 형상으로 변화하여 영광에서 영광(고후3:18)"에 이를 것이라고 말한다.

마음 안에는 이성의 법, 성령의 법, 마귀의 법(롬7:23)이 삼중구조 안에서 입체적으로 존재하며, 각자의 일을 수행한다.207) 가장 이상적인 구조는 이성의 법이 성령의 법에 순종하면서 하나가 되어 마귀의 법과 맞서는 것이다.208) 그러나 마음이 이성부대, 천상부대, 마귀부대, 즉 삼각구조 편대로 구성되면, 그때부터 마음은 무질서해지고, 혼란 그 자체가 된다. 성장해가는 성도의 마음구조는 '이성이 성령에 순종하면서 함께 일하는 것'이다. 따라서 성도의 생각구조는 성령의 법에 편입되어야 하고, 그 안에서 생각의 자유를 향유하는 것이다. 생각이 성령의 옷을 입지 않으면, 언제나 마귀의 법에 휘둘려 패배할 수 있다.209)

보웨(Barbar E. Bowe)는 영성개념을 '하나님의 신비에 응답하는 삶의 양식'이라고 강조한다.210) 그가 영성의 정의를 영적 삶의 양식을 포괄하는 언어로 본 것은 현실 속에서 하나님의 임재를 체험하는 과정을 중요하게 생각했기 때문이다. 즉 영성생활에서 중요한 것은 생각방식의 변화가 선행되는 것이다. "생각이 하나가 되면, 마음이 하나가 되고, 마음이 하나가 되면 행동이 하나가 되고, 행동이 하나가 되면, 이미지가 하나가 된다."211) 생각은 삶의 이미지까지 뻗어간다.

마귀가 하는 일은 오늘도 인간을 죄에 대해 탄핵하며, 생각의 회로에 죄를 넣어서 생각이 본래의 기능을 발휘하지 못하게 하는 것이다. 그 대표적인 사례는 하늘궁궐에서 사탄이 하나님 앞에서 땅 위의 일로 욥을 참소한 사건이다. 생각 회로가 건강하게 유지되려면, 오직 말씀의 생각으로 가득

---

206) 존 오웬, 『그리스도의 영광』(The Glory of Christ), 지평서원(2013), 25.

207) 마음의 역동성은 '자기 초월적'으로 나타난다. 동시에 형태적 개념에서 보면, 마음은 '자기 보존적'이다. 성령 안에서 마음은 역동성과 자기 보존을 적절히 균형 있게 유지한다. 바꾸어 말하면, 그리스도인의 마음은 '자아라는 존재의 정체성'을 유지하면서도, 성령의 능력으로 '현실을 뛰어넘게' 한다. 이 진리는 오직 경험을 통해서 알 수 있는 영적 현상이다. 마음의 역동성과 형태성은 상호 조화를 이룬다(성령 안에서).

208) 이성의 생각이 내리는 결정은 언제나 불안하다. 세계적인 경제학자 노리나 허츠(Noreena Hertz, 케임브리지대학, 경제학박사)는 『누가 내 생각을 움직이는가』라는 책에서 생각과 관련된 6가지 주제를 설명한다. 1) 왜 우리의 선택은 늘 완벽하지 못할까? 2) 당신의 결정이 착각하는 것들, 3) 내 생각은 누구로부터 오는가, 4) 보이지 않는 가상 세계에서 진실을 보는 법, 5) 현명한 선택을 위한 생존 기술을 연마하라, 6) 우물 안 나에게서 벗어나라. 저자가 여기서 이 책을 언급하는 이유는 오직 한 가지다. 곧 이성에 의한 생각이 얼마나 힘들고, 어렵고, 험한 길인지를 보여주려는 것이다. 생각은 경제학처럼 선택과학이다. 따라서 항상 복잡하고 변수가 다양해서 한 가지 결정을 내리기가 쉽지 않다. 그러나 성령의 임재는 마귀적 혹은 이성적 생각을 초월해서 인간의 모든 생각을 단일화시키거나 조화시켜 하나의 초점을 향하도록 한다. 다시 말해, 성령은 가장 완벽하고 정확하게 생각하도록 인도하여 주고 도와준다. 그 성령님이 우리 안에 계신다. 성령님은 우리를 인도해 주신다(갈5:18).

209) John Owen, *Indewelling Sin in Believers*, Versa Press(2010), 62-63. 마귀는 죄를 5단계에 걸쳐 성장시킨다. 1) 생각을 사로잡는다(drawing away, 지성적 접근). 2) 미혹한다(enticement, 정서적 접근). 3) 죄를 잉태시킨다(conception, 의지적 접근). 4) 죄를 낳는다(bring forth, 습관으로 이어간다). 5) 죄가 장성한다(death, 사망을 낳게 한다). "욕심이 잉태한즉 죄를 낳고 죄가 장성한즉 사망을 낳느니라(약1:15)."

210) Barbar E. Bowe, *Biblical Foundations of Spirituality*, Rowman & Little Publishers(2003), 19.

211) 곽종운, 『4차원 인생의 힘』, 성안당(2007), 195.

해야 한다. 영산은 "하나님의 말씀만이 천국의 생각을 가져오며, 하나님의 말씀은 생각을 통하여 우리 속에 들어옵니다. 마음은 운명을 다스리는 기관입니다."라고 말한다.[212]

인간을 지으셨을 때, 하나님은 인간 속에 하나님처럼 생각할 수 있는 능력을 주셨다. 영산은 타락한 사람의 생각을 '고치방에 들어간 파리'로 비유한다. "누에가 있는 방에 파리가 들어가면 큰일납니다. 저는 처음 누에를 치는 데 어릴 때 뭣도 모르고 파리를 마음대로 날아다니게 놓았습니다. 그 파리가 누에 위에 올라가서 전부 알을 까버립니다. 얼마 있지 않아서, 그 고치에서 구더기가 꿈실꿈실 나오는데 누에마다 몸 전체가 구더기가 되어 가지고 나옵니다. 고치에서 나비가 나오는 것이 아니라, 구더기가 나옵니다. 오늘날 인간의 생각이 바로 그렇습니다."[213]

수학에 1차방정식이 있는가 하면, 2차·3차·4차방정식도 있다. 오랜 세월을 두고 사람들은 4차방정식까지 근의 공식이라는 해법을 찾아내었으나, 5차의 고차방정식부터는 실마리가 보이지 않았다. 아무리 노력해도 풀리지 않은 채로 19세기를 맞이하는데, 1824년 노르웨이 출신의 아벨(Abel)이라는 수학자에 의하여 '5차 방정식을 푸는 근의 공식은 없음'이 증명되었다.[214] 그 후 사람들은 생각을 바꾸었으며, 대수학적 방법으로는 해법을 구할 수 없으므로 근삿값이라도 구하려고 미적분 해석법에 눈을 돌렸다. 안 되는 것을 증명한 덕택에 아벨은 위대한 수학자로 남게 되었고, 또한 안 되는 것을 명확히 밝혀줌으로써 많은 사람들의 시간을 아껴준 셈이다.

우리 인생에서도 고차원 인생방정식이 있다. 아무리 인생의 문제를 풀려고 해도, 해결 안 되는 문제가 있다. 이를테면 우리 스스로 해결 못하는 영혼 구원의 문제, 질병의 문제, 죽음의 문제가 바로 그런 것이다. 인간이 홀로 풀 수 없는 고차원 인생의 문제를 해결해주실 분은 지구에 딱 한 분, 바로 우리의 구세주 예수님이시다. 영산은 "중생할 때 삶의 목적이 달라지는데, 삶의 중심을 하나님께 두고 삽니다."라고 말한다.[215] 삶의 목적을 모르고 삶의 근본적인 문제를 해결할 수 없다. 중생한 자 만이 삶의 문제를 근본적으로 풀 수 있다. 삶의 고차방정식은 오직 그리스도 안에서 해결된다. 우리 인생길 고차방정식의 해결사는 성령님이시다!

영산은 "우리는 믿음으로 우리 안에 있는 정체성을 찾아서, 그 안에 감춰진 잠재적 가능성을 살려야 합니다."라고 말한다.[216] 하나님 앞에서 쓰임 받는 기준은 믿음과 순종이다.

하나님은 단순히 우리를 일터에서 어떤 전문가나 또는 사역자로 부르신 것이 아니고, 분명한 목적이 있어서 부르신 것이다. 하나님은 인간 자체를 사용하는 것이 아니고, 우리 안에 있는 믿음을 사용하신다. 이사야서에는 "나 야훼가 의로 너를 불렀은즉 내가 네 손을 잡아 너를 보호하며 너를 세워 백성의 언약과 이방의 빛이 되게 하리니(사42:6)"라고 기록되어 있다.

---

212) 조용기, "마음의 파숫군", 주일설교(2013-12-01).
213) 조용기, "나, 나의 생각", 주일설교(1981-06-21).
214) 5차방정식의 일반식: $ax^5 + bx^4 + cx^3 + dx^2 + ex + f = 0$
215) 조용기, "오늘 네가 나와 함께 낙원에 있으리라", 주일설교(2016-10-02).
216) 조용기, "내 속의 숨은 정체성을 보라", 주일설교(2010-11-14).

그렇다면, 우리는 왜 생각을 개발하고 발전시켜야 하는가?

첫째, 사람의 하루 일과 중 95%는 어제와 동일하기 때문에 생각을 개발해야 한다. 인간은 하나님의 형상을 닮아 태어났으므로, 하나님을 닮아갈 수 있는 기질을 가지고 있다. 영산은 "속사람은 항상 성령 안에서 기도의 호흡을 통해 생명을 얻습니다(엡6:18). 십자가 대속의 은혜와 하나님의 말씀은 속사람의 생명입니다."라고 말한다.[217]

둘째, 생각은 위대한 자원이기 때문에 개발해야 한다. 영산은 "은혜와 축복을 생각하고 꿈꾸고 믿고 확신하여 그것이 현실화되도록 기도해야 합니다."라고 말한다.[218] 십자가를 통해 그리스도인이 얻은 것은 그 자체가 위대한 것이다. 받은 축복과 은혜의 현실화는 기도의 힘으로 나타난다. 기도는 천상의 은혜의 강으로부터 은혜의 물이 흘러넘치게 한다.

십자가는 죄의 생각을 영의 생각으로 바꾸어준다. 새 피조물은 새로운 영의 생각으로 살아야 할 자들이다. 미국 스탠포드대학의 경영학 교수 짐 콜린스(Jim Collins)는 다음과 같이 말했다. "큰 생각이 없는 비전은 아무런 쓸모가 없다."

생각이 크다는 것은 무슨 의미일까? 그것은 성령의 생각을 따라가는 것이다. 영산은 "언제나 하나님이 함께 계심을 알고 강하고 담대한 생각을 해야 합니다."라고 말한다.[219] 성령 안에서 생각이 크면, 사람도 커지게 되어 큰 꿈을 꾸고, 큰 일을 하게 된다. 하나님은 생각방식을 변경시켜 하나님의 일을 하도록 계획하신다. 나폴레옹 힐도 이렇게 말했다. "황금은 땅속에서 보다 오히려 인간의 생각 속에서 더 많이 채굴되었다." 예수를 깊이 생각하는 삶이 위대한 자원을 캐는 삶이다. 인간의 생각이 아니라 하나님의 생각을 품을 때, 예수님을 닮아가는 인생을 살 수 있다.

셋째, 생각은 창조적인 열매를 맺게 해주기 때문에 개발해야 한다. 영산은 "인간은 하나님과 같이 영적존재이며(창2:7, 고전2:11-13), 하나님을 닮은 창조력과 통치력을 가지고 있습니다(창1:28, 요14:12)."라고 말한다.[220] 작가 맨켄(H. L. Mencken)은 "80% 이상의 사람들이 창조적인 생각을 하지 못한 채 생을 마감한다"고 말했다. 영산은 "성을 지키기 위해 파수꾼을 세우듯이 생각에도 파수꾼을 세워야 합니다."라고 말한다.[221]

3.5. 생각의 두 차원: 4차원과 3차원

영산은 "인간은 영혼육을 가진 존재로서 영이 육신을 입고 삽니다. 우리의 영은 4차원에 속하고 육신은 3차원에 속합니다. 사람은 영적존재이기 때문에 하나님께서 사용하는 그릇이 될 수 있습니다."라고 말한다[222]. 그는 "성령의 도우심을 의지하여 생각이 바뀌면 삶의 환경에도 변화가 일어납니다."라고 강조한다. 자연인의 생각은 절대 스스로 변하지 않는다. 따라서 성령님의 도움이 절대적으로 필요하다. 그리스도인의 최대의 난제는 '영의 생각-4차원의 생각'과 '육의 생각-3차원 이성적

---

217) 조용기, "겉사람과 속사람", 주일설교(2011-06-26).
218) 조용기, "네 마음을 지켜라", 주일설교(2010-09-19).
219) 조용기, "새해를 맞이하며", 주일설교(2012-01-01).
220) 조용기, "위대한 발견", 주일설교(2011-03-27).
221) 조용기, "위로와 희망", 주일설교(2017-03-26).
222) 조용기, "하나님의 뜻에 합당한 자", 주일설교(2015-02-08).

생각'의 경계선에서 살고 있다는 사실이다. 4차원의 생각과 3차원의 생각이 공존하는 회색지대는 없다. 영산은 "영적 전쟁에서 중립은 있을 수 없습니다. 예수님 편에 서든지 사탄 편에 서든지 양자택일을 해야 합니다."라고 말한다.[223] 그리스도인의 삶은 영의 생각 아니면 육의 생각이다. 둘 중 하나를 택해야 한다. 그래서 신자의 마음은 실상 늘 어지럽다. 나아가 그는 "십자가는 우리를 성화시키고, 순종하게 하며, 기도하며 믿음을 더욱 강하게 하여 터를 견고하게 해줍니다(갈5:24, 벧전5:10)."라고 강조한다.[224] 십자가는 신자의 생각을 혁신시키고, 안정화시키며, 늘 하늘중심의 사고방식을 품게 만든다.

영원하신 성령님(히9:14)은 영원한 속죄(히9:12)를 통해 우리에게 영원한 그리스도의 생명을 주었다. 모든 인간은 하늘의 대속물을 통해 하늘의 구속함을 받아야 하나님의 백성이 될 수 있고, 마침내 의롭다 함을 얻는다.[225] 생각의 영적 진보는 하나님의 말씀과 성령의 도움으로 가능할 뿐이며, 심리학적 혹은 철학적 수단을 통해 변화시킬 수 없다. 영의 생각은 오직 영의 능력으로 변화될 수 있다. 영산은 "생각과 꿈과 믿음과 입술의 선언이라는 4차원의 영성을 적용하면, 날마다 믿음이 자라나고 그 삶에 놀라운 변화와 창조의 역사가 일어나게 됩니다."라고 말한다.[226]

인간의 인격은 그리스도의 인격과 연합되어 있다(갈2:20, 고전6:17).[227] 십자가는 마귀에게 잃었던 인간의 본래의 정체성, 즉 생각의 가치체계를 회복시켜 주었다. 예수님 안에는 지혜와 지식의 모든 보화가 감추어(골2:3) 있고, 동시에 측량할 수 없는 은혜로 충만하시다(엡3:8). 따라서 생각의 영성화란 본질적으로 나 자신의 인격으로 사는 것이 아니라 예수 그리스도의 인격에 참여하여, 예수님의 인격이 내 삶을 통해서 드러나게 하는 것이다.

조나단 에드워즈(Jonathan Edwards)는 "신적인 일들을 인간의 심령과 감정에 각인 시키는 것은 참으로 하나님께서 세우신 하나의 위대하고 중요한 목적"이라고 서술한다.[228] 하나님의 말씀을 인간의 심령 속에 심는 것은 삶의 기초요, 근본이다.[229] 베너(David Benner)는 『영혼의 영성』에서 '생각은 인간성을 구현시키는 기초적 요소'라고 강조한다.[230] 달리 말하면, 인간이 인간답게 되기 위해서 생각이 결정적 역할을 한다는 것이다. 그는 또한 영성이란 내적 에너지를 통합시키는 능력이라고 강조한다. [231]

---

223) 조용기, 『누가복음 강해 II』, 서울말씀사(2011), 36.
224) 조용기, "십자가와 부활", 주일설교(2009-10-11).
225) 존 맥아더(John F. MacArthur), 『오직 믿음으로』(Justification By Faith Alone), 지평서원(2014), 60. "칭의는 인간이 의롭게 되는 과정이 아니라 그리스도인이 의롭다함을 받는 법정적 선언이다. 그것은 '본성의 변화'라기보다 '신분의 변화'에 관한 것이다. 칭의가 신자를 의롭다고 선언하는 외적 행위라면, 중생은 성령에 의한 내적 갱신의 과정이다."
226) 조용기, "내 믿음의 가나다라", 주일설교(2017-03-05).
227) 그리스도인은 죄를 멀리해야 할 분명한 이유(그리스도 안에서 하나님의 사랑)와 죄를 멀리할 수 있는 최대의 자원(내주하시는 성령)을 가지고 있다. 참조. 제임스 패커, 『주기도문』, 아바서원(2013), 86.
228) 존 스미스 편(조나단 에드워즈), 『신앙감정론』(The Works of Jonathan Edwards Volume 2: Religious Affections), 부흥과개혁사(2013), 175.
229) 존 오웬(John Owen), 『영의 생각, 육의 생각』(Thinking Spirituality), 생명의말씀사(2013), 43-51. 오웬은 영의 생각을 개발시키는 방법을 제안한다. a) 섭리적 역사를 통한 하나님의 말씀에 귀를 기울이라. b) 자신에게 주어진 시련과 시험에 대해 주의 깊게 생각하라. c) 성경의 진리로 마음을 채워라. d) 하늘에 대한 생각으로 믿음과 소망을 품어라.
230) David G. Benner, Soulful Spirituality, MI: Brazos Press(2011), 28-29.
231) 위의 책, 21. 인간의 내적 에너지는 삶을 향상시키는 영성(Life-Enhancing Spirituality)으로 연결된다.

인간의 마음은 그리스도의 궁전이다. 인간의 존재는 예수님 안에 있으며(행17:28), 존재 안에 생각이 있고, 생각 안에 존재가 있다. 바울이 예수님 안에 있을 때 비로소 그의 생각이 십자가 중심주의로 전환되어 삶의 사고방식, 행동방식 그리고 존재방식이 개혁적으로 변화될 수 있었다.

모세는 신명기에서 이스라엘 백성에게 젖과 꿀이 흐르는 가나안 땅에 들어가면 '한 하나님을, 한 장소에서, 한 마음으로' 섬기도록 반복적으로 당부했다. 하지만 그들은 모세의 권면을 따르지 않았다. 결국 그들은 하나님의 언약의 말씀에 순종하는 삶을 살지 못했다. 따라서 가나안 땅은 가차 없이 그들을 머나먼 바벨론 땅까지 토해버렸다(레18:27-28). 광야 40년 동안 '하나님처럼 생각하는 훈련'을 받았지만, 그들은 마귀의 생각과 싸우는 전쟁터에서 패배한 것이다. 생각의 패배는 곧 현실의 낭패로 이어진다.

영산은 "우리는 예수님의 십자가라는 기초 위에 '생각, 꿈, 믿음, 말'이라는 네 가지 재료를 가지고 집을 짓습니다."라고 말한다.232) 성경은 하나님의 생각을 적어놓은 것이며, 말씀과 믿음 위에 성령이 내주하면, 인간은 하나님처럼 생각하게 된다. 그 하나님의 생각은 창조적인 꿈을 낳고, 그 꿈은 믿음을 빚어낸다. 그 믿음을 통해 인간은 삶을 변화시킬 수 있고, 나아가 큰일을 할 수 있으며, 그 과정 속에서 생각은 발전되며 향상된다.

성경은 창조적 도구로 가득 차 있다. 로버트 루트번스타인(Robert Root-Bernstein)과 미셸 루트번스타인(Michele Root-Bernstein)은 생각의 도구 – 관찰, 형상화, 추상화, 유추, 감정이입 등 13가지의 생각 도구 – 를 통해 상상력을 발휘할 수 있으며, 이러한 상상력으로 이전에 없는 것을 창조할 수 있다고 강조한다.233) 성경말씀은 상상력의 위대한 도구가 될 수 있다. 위대한 생각은 위대한 상상력을 낳아 위대한 일을 창조한다. 그런 맥락에서 성경말씀은 생각의 방향을 옳게, 의롭게, 선하게 잡아주는 기본 잣대다(롬7:12).

영산은 생각의 방향이 삶의 결과를 서로 다르게 낳는다고 말한다. "생각이 부정적인 사람은 당연히 지배받는 3차원에 부정적인 일이 생기지만, 긍정적이고 적극적인 사람은 그의 생각처럼 좋은 일이 일어나게 됩니다. 우리의 몸은 일종의 4차원 컴퓨터실입니다. 생각은 4차원의 세계에 파장을 일으킵니다. 그 파장은 3차원에 영향을 미치고 우리의 삶에 결과를 출력하게 만듭니다."234)

여호수아와 갈렙처럼 긍정적인 자화상을 가지고 믿음과 인내로 무장할 때 하나님을 온전히 좇아갈 수 있다. 표 6-1를 보면, 여호수아와 갈렙의 자화상과 10인의 자화상은 서로 확연히 다르다.

---

232) 조용기, "내 믿음의 가나다라", 주일설교(2017-03-05).

233) 로버트 루트번스타인(Robert Root-Bernstein) 부부가 저술한 "생각의 탄생"(Spark of Genius, 2007년, 에코의서재)을 참고하라. 그들의 관점에 의하면 상상력을 학습하는 13가지 도구는 다음과 같다. 곧 관찰, 형상화, 추상화, 패턴인식, 패턴형성, 유추, 몸으로 생각하기, 감정이입, 차원적 사고, 놀이, 변형, 통합이다. 생각의 도구는 다양한 관점에서 나타난다. 즉, 메타포라(은유), 아르케(원리), 로고스(문장), 아리스모스(수, 數), 레토리케(수사)가 있다. 참조. 김용규, 『생각의 시대』, 살림(2014).

234) 조용기, "마음의 파숫군", 주일설교(2013-12-01). "성경적 믿음이란 무엇인가?"(2010-07-18). "사차원의 삶 (2010-11-07)."

표 6-1. 4차원 생각과 3차원 생각의 비교(민13:30-33, 14:1-10)

여호수아와 갈렙의 자화상	10인의 자화상
a) 주님 인도: 여호와께서 우리를 그 땅으로 인도하신다.	a) 자기중심: 그 땅의 거민은 강하다.
b) 믿음 중심: 그 땅을 우리에게 주신다.	b) 육신의 믿음: 성읍은 견고하고 심히 크다.
c) 경험 초월: 그 땅의 백성을 두려워 할 필요가 없다.	c) 비교 의식: 거인 아낙자손이 있다.
d) 긍정적 태도: 그들은 우리의 밥이다.	d) 열등감 의식: 그들은 우리보다 강하다.
e) 하나님 중심: 그들의 보호자는 그들에게서 떠났다.	e) 이성과 경험: 능히 올라가 그 백성을 치지 못할 것이다.
f) 긍정적 자화상: 야훼는 우리와 함께 계신다.	f) 패배적 자화상: 우리는 스스로 보기에도 메뚜기 같다.
특징: 4차원영성–긍정적 · 도전적 · 적극적	특징: 3차원 사고방식–부정적 · 비관적 · 소극적

표 6-1에서 보는 바와 같이 4차원적 사고방식을 가진 자화상과 3차원적 사고방식을 가진 자의 특성은 삶의 열매로 나타난다. 10인은 그 자리서 죽고, 백성들은 40년을 광야에서 방황하며 지냈다. 반면에 4차원영성으로 삶을 대처한 갈렙과 여호수아는 약속의 땅 가나안으로 들어갈 수 있었다.

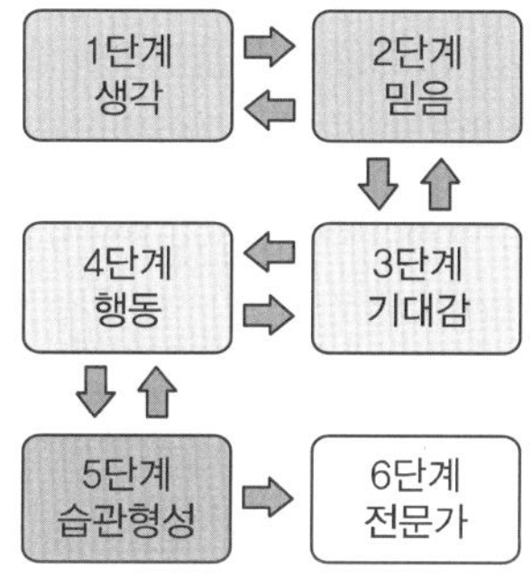

그림 6-4. 말씀을 기초로 하는 생각의 진화과정: 생각은 정지된 것이 아니라, 내 안에서 제2의 사람이 되어 역동적으로 일한다. 말씀의 생각은 실체인 꿈을 낳고, 그 꿈은 믿음을 낳고, 궁극적으로 말을 통해 행동으로 연결된다. 영산은 "생각의 근원인 마음을 하나님의 말씀에 기초하여 천국으로 채우면, 하나님의 축복이 가득한 세계를 만들어 갈 수 있습니다."라고 강조한다.235)

아담과 하와의 자손들은 마음속에 죄성(sinful nature)이 있어 인간은 긍정의 생각보다 부정의 생각에 더 쏠려 있다. 죄성을 지닌 인간은 예수님을 믿을 때, 비로소 희망적 사고를 할 수 있다. 예수님은 죄에 빠진 우리에게 희망을 주려고 오셨기 때문이다. 연상적 활성화(associative activation) 개념에서 보면, 한번 활성화된 생각은 더 많은 생각을 활성화시킨다.236) 하나의 생각은 또 다른 생각을 연상시켜 상호연결되어 계속 뻗어간다. 그림 6-4에는 생각의 발전과정을 단계적으로 도시(圖示)하였다.237)

---

235) 조용기, "마음의 파숫군", 주일설교(2012-12-01).
236) 대니얼 카너먼, 『생각에 관한 생각』, 김영사(2012), 76-82.

<u>첫째(1단계 → 2단계): 말씀을 기초로 한 창조적인 생각은 믿음을 낳는다(믿음의 힘).</u>

토마스 왓슨(Thomas Watson)은 "생각이란 마음의 여행객과 같다"고 말한다. 창조적인 생각이란 하나님의 생각으로 가득 채우는 것을 전제로 한다. 창조적인 생각의 뿌리는 십자가 위에서 예수와 함께 죽고, 부활한 사건에서 찾아야 한다. 다시 말하면, 옛 생각의 뿌리는 첫째 아담에게서 온 것이다. 새 생각은 하늘에서 내려오신 둘째 아담 예수 그리스도시다. 우리의 창조적 생각은 둘째 아담으로부터 비롯된다. 거기서 진정한 창조의 뿌리가 있다.

믿음은 창조적인 생각을 회복시킨다고 영산은 말한다. "원래 하나님은 인간을 창조적인 생각을 품고 살도록 지었습니다. 그런데 마귀가 창조적 생각을 앗아갔습니다. 예수 그리스도를 믿음으로써 우리는 창조적인 생각을 회복할 수 있습니다. 생각이 회복되면 믿음도 회복됩니다." 238)

인간은 사물을 생각하고, 꿈꾼 것을 믿고, 믿은 것을 고백하는 존재다.

<u>둘째(2단계 → 3단계): 믿음이 생기면 기대감이 생성된다(바람의 힘).</u>

영산은 "말씀이 육신을 통해 나타나기 위해서 신령한 지식, 꿈, 믿음, 입술의 선언이 있어야 합니다."라고 말한다.239) 삶에 대한 기대감을 가질 수 있는 근원은 말씀이다. 십자가를 통해 말씀이 우리 안에 임한다. 말씀으로 잉태된 믿음은 언제나 선을 향하게 하고 신선한 기대감을 빚어낸다. 그 믿음은 고난이 아니라, 부활의 관점에서 모든 사물을 바라보게 한다. 믿음이 생기면 기대감이 생기고, 기대감을 가지면 또 믿음이 생긴다. 바울은 간절한 기대와 소망을 따라 그리스도의 '존귀(빌1:20)'를 드러내는 삶을 살았다. 부정의 생각은 부정의 마음알갱이를 심고, 긍정의 생각은 긍정의 마음알갱이를 마음에 심는다. 부정의 씨는 장차 부정의 열매를, 긍정의 씨는 긍정의 열매를 맺는다.

<u>셋째(3단계 → 4단계): 기대감을 품으면 행동하게 된다(행동의 힘).</u>

영산은 "말씀이 우리를 통해 구체적으로 나타나면, 성령께서 일하셔서 창조하시고 다스립니다."라고 말한다.240) 성경말씀은 기대감을 낳는 약속의 말씀으로 채워져 있다. 바디매오가 평생 입던 겉옷을 던져버리고 예수님 앞에 나아간 행동은 눈을 뜨리라는 기대감과 믿음이 있었기 때문이다. 하나님은 믿음의 척도로 사람의 행동을 달아보신다. "야훼는 지식의 하나님이시라 행동을 달아보시느니라(삼상2:3)."

<u>넷째(4단계 → 5단계): 동일한 행동이 반복되면 좋은 습관을 낳는다(습관의 힘).</u>

영산은 "우리는 하나님을 마음의 주인으로 모시고 말씀에 굳게 서서, 생각과 마음을 잘 다스려야 합니다."라고 말한다.241) 좋은 습관이란 말씀으로 생각과 마음을 다스리는 힘이다. 말씀만이 인간

---

237) 존 맥스웰이 저술한 『생각의 법칙(Thinking for a Change)』(2003, 청림출판)을 참고하라. 이 책에는 11 가지 사고의 기술이 나와 있으므로 좀 더 폭넓게 알고자 하는 독자에게는 유익할 것이다. 큰 사고의 이해, 집중적 사고, 창의적 사고, 현실적 사고, 전략적 사고, 가능성의 사고에 대하여 논의된다.

238) 조용기, "마음의 파숫군", 주일설교(2013-12-01). 영성의 3가지: 하나님의 말씀에서 오는 영성, 마귀에게서 오는 영성(바라봄의 유혹: 생각, 꿈, 믿음, 말), 인간적인 4차원 영성(교육: 생각의 변화, 꿈, 믿음, 말).

239) 조용기, "어떻게 살아야 옳게 사는 것인가?", 주일설교(2012-03-04).

240) 조용기, "어떻게 살아야 옳게 사는 것인가?", 주일설교(2012-03-04).

241) 조용기, "낙망하고 불안해 하지말라", 주일설교(2012-03-11).

의 마음을 고정시키고, 절대믿음, 절대긍정, 절대희망으로 이끈다. 좋은 행동이 반복되려면 우리 안에 기억력이 활성화되어야 한다. 기억력은 인간에게 주어진 하나님의 고귀한 선물이다. 우리는 기억으로 하나님을 섬기고, 사랑하고, 하나님께 영광을 드린다. 그러나 기억은 그냥두면 사라지기 때문에 반복훈련으로 붙들어야 한다. 하나님은 애굽을 탈출한 이스라엘 백성에게 무엇보다 반복교육을 통해 그들의 종살이 사고방식을 바꾸기 원하셨다. 이스라엘 백성은 40년 동안 최고의 '광야' 명문대학을 다녔지만, 여호수아와 갈렙만이 하나님이 운영하는 대학에서 졸업학점을 인정받아 가나안 땅으로 입성할 수 있었다. 그만큼 좋은 습관을 만들기가 어렵다.

이스라엘 백성은 광야생활에서 하나님의 생각에 협력하는 대응요소들을 찾지 못했다. 그 결과 여호수아와 갈렙만 가나안 땅에 입성하였다.[242] 노아는 120년 동안 해가 뜨면 낫 들고 칼 들고 산에 가서 나무를 베고, 대패질하고, 다듬고, 배를 건조하는 일에 열정을 쏟아부었다. 그가 그렇게 할 수 있었던 것은 믿음 안에서 형성된 좋은 습관 덕분이었다. 영산은 "성품은 태어날 때부터 가지고 태어나지만, 인격은 수련을 통해서 얻을 수 있습니다(약1:2-4)."라고 말한다.[243] 말씀과 믿음과 기도는 삶의 습관적 변화를 일으켜 인격을 변화시킨다.

예수님도 습관에 따라 기도하셨다. 복음서는 "예수께서 나가사 습관을 좇아 감람산에 가시매 제자들도 좇았더니(눅22:39)"라고 적고 있다. 그러나 습관은 지속성이 있어 한번 형성되면 저절로 잘 바뀌지 않는다. 의지적 노력이 절대적으로 필요하다. 성경은 습관의 중요성에 대해 다음과 같이 지적한다. "네가 평안할 때에 내가 네게 말하였으나 네 말이 나는 듣지 아니하리라 하였나니 네가 어려서부터 내 목소리를 청종하지 아니함이 네 습관이라(렘22:21)."[244]

다섯째(5단계 → 6단계): 좋은 습관은 최고의 전문가를 만든다(재능(才能)의 힘).

예수님은 하나님의 인류구원의 꿈을 이양 받아 지상의 온 인류에게 구원받는 길을 열어준 인류 구원 전문가였다. 노아는 당대에 배를 만드는 최고 기술자, 최초의 기술자, 최상의 전문가였다. 모세는 종살이하던 3차원의 이스라엘 백성들을 광야로 데리고 나와서, 오경의 말씀으로 영성교육을 훈련시킨 당대 최고의 교육전문가이자 지도자가 되었다. 중생의 신앙은 교육으로 얻을 수 없지만, 신앙의 성장과 성숙은 교육으로 어느 수준까지는 가능하다. 생각이 영적으로 진보하려면 새로운 생각, 새로운 꿈, 불가능은 없다고 믿고, 창조적인 고백과 같은 훈련이 필요하다.

---

242) 광야생활 40년을 성찰해보면, 이스라엘 백성은 지각적 범주화는 일어났지만, 성찰로 일어나는 개념적 범주화는 이르지 못했다. 다시 말해 경험적 추상에 머물렀지, 성찰적 추상에 도달하지 못했다. 이는 종살이 사고방식을 벗어나는 것이 얼마나 힘든 일인지 단적으로 보여주는 사례. 인지과학적으로 보면, 그들은 개념적 혼성(conceptual blend)에서 하나님과 맞서는 대응요소를 찾지 못했고, 다시 말해 개념적 혼성 공간에서 선택적 투사 요소를 찾지 못했으며, 그 결과 그들은 불평, 원망, 탄식으로 이어졌고, 오직 여호수아와 갈렙만이 가나안 땅에 들어갈 수 있었다. 바꾸어 말하면, 수많은 기적을 보고도 그들은 하나님을 '더' 사랑해야겠다 혹은 이제부터 '덜' 불평해야겠다는 논리수학적 지식을 이끌어 내지 못했던 것이다. 신자에게 '성찰능력'은 영적 생활에 중요한 역할을 한다.

243) 조용기, "동굴과 터널", 주일설교(2012-06-03).

244) "야훼께서 이와 같이 말씀하시니라 보라 술잔을 마시는 습관이 없는 자도 반드시 마시겠거든 네가 형벌을 온전히 면하겠느냐 면하지 못하리니 너는 반드시 마시리라(렘49:12)."

영산은 4차원영성의 개발 대하여 이렇게 강조한다.
  a) <u>새로운 생각</u>: 우리가 구하거나 생각하는 모든 것보다 넘친다(엡3:20).
  b) <u>새로운 꿈</u>: 하나님의 기쁘신 뜻을 위해 우리에게 소원을 주신다(빌2:13).
  c) <u>불가능은 없다는 믿음</u>: 믿는 자에게는 능히 못할 일이 없다(막9:23).
  d) <u>창조적인 고백</u>: 죽고 사는 것이 혀의 힘에 달렸다(잠18:21).[245]

영산의 4차원 생각은 말씀으로 시작한다. 그는 생각을 하나님의 수준으로 향상시키려면, 하나님처럼 생각해야 한다고 주장한다. "우리 영이 하나님과 닮았고, 우리 도덕성이 하나님과 닮았고, 우리의 사고방식이 하나님의 형상과 모양을 따라 지음을 받았기 때문에, 하나님처럼 생각하는 것입니다. 그러나 타락한 인간의 생각 속에는 절망적인 부패가 심어졌습니다. 그 영도 부패하고 도덕도 부패하고 인간의 생각이 처참하게 부패해진 것입니다. 이 부패한 생각을 예수 그리스도의 십자가의 구속을 통해서 생각을 바꿔야 합니다. 예수께서 우리의 영을 치료하고 우리의 생각을 고쳐서 그 속에 영생과 성령을 넣어야 하나님을 예배하게 되고, 순종하고, 믿는 자리로 바로 돌아오게 되는 것입니다."[246]

신앙생활의 활력은 하나님의 생각개념과 가치체계에 우리의 사고방식을 동화시키는 능력에서 온다. 하나님의 사고체계에서 멀어질수록, 하나님의 가치체계에서 동떨어질수록 신자들의 삶은 하나님의 뜻과 멀어지게 된다. 결국 '나 중심의 삶의 방식' 혹은 '선이 아니라 악을 지향하는 삶의 방식'으로 이동하게 된다. 영산은 "우리의 생각체계를 하나님의 약속의 말씀으로 채워놓아야 합니다. 마음과 입술의 말이 일체가 될 때, 하나님의 능력이 역사합니다."라고 말한다.[247]

3.6. 생각의 방향성: 선과 악

영산은 "우리가 생각의 방향을 어떻게 잡느냐에 따라 우리 삶의 운명이 달라집니다. 똑같은 바다 위에서 똑같은 바람을 받는 두 돛단배가 한 척은 동쪽으로 가고 한 척은 서쪽으로 갑니다. 인생도 마찬가지입니다. 생각의 방향에 따라 성공으로 혹은 실패로 갑니다."라고 말한다.[248]

하나님은 선하심의 하나님이시다. 영산은 이러한 하나님을 좋으신 하나님이라고 고백한다. "저는 한평생 좋으신 하나님을 믿고 전하며 살아왔습니다. 47년간 목회를 했으니 산전수전 다 겪었습니다. 많은 좌절을 느낄 때도 있었고, 깊은 사망의 음침한 골짜기를 지날 때도 있었습니다. 모든 것을 포기하고 돌아서고 싶은 생각이 날 때도 있었습니다. 고난의 폭풍에 휘말리고 외로울 때도 언제나 배후에 계신 좋으신 하나님을 바라보고 믿고 꿈과 희망을 버릴 수 없었습니다."[249]

---

245) 조용기, "사차원의 삶", 주일설교(2010-11-07).
246) 조용기, 『생각』, 70.
247) 조용기, 『옥중서신 강해: 에베소서』, 서울말씀사(2010), 92.
248) 조용기, 『설교는 나의 인생』, 서울말씀사(2012), 122.
249) 조용기, "주님의 선하심과 인자하심", 주일설교(2005-10-09).

하나님은 악을 창조하지 않았다. 신자는 하나님의 복되심과 선하심의 복을 받은 자들이다(출34:6, 출33:19). 따라서 새 피조물로서 생각의 방향은 선을 향해야 한다. 성도는 말씀과 믿음으로 선의 도성(都城) 안에 있어야 한다.

마귀는 성도와 하나님이 교통하는 접촉점에 숨어 있다가 성도가 하나님께 올려드리는 '영광'을 고도의 전략으로 가로챈다. 마귀는 언제나 나쁜 생각, 부정의 생각, 두려움의 생각, 의심의 생각을 우리의 마음속에 집어넣어 주께 드리는 영광을 소멸시킨다. 성령은 생각을 통해 일하지만, 마귀도 그렇다. 악한 생각은 악한 말을 낳고, 악한 행동을 낳는다. 악은 두 종류로 존재한다. 하나는 우리의 외부적인 악, 즉 난관, 슬픔, 질병과 같은 환경적인 악이다. 또 하나는 내면적인 악, 즉 타락한 천사들과 나쁜 사람들로부터 비롯되는 악이다. 전자는 수동적이나, 후자는 능동적이다. 인간은 원하지 아니하는 '악(롬7:19)'을 행한다.250)

영산은 큰 생각, 큰 성장에 맞는 행동이 뒤따라야 한다고 강조한다. "무조건 큰 생각을 한다고 큰 열매가 나타나는 것은 아닙니다. 생각은 시작일 뿐, 그 생각에 맞는 행동이 뒤따라야 합니다. 생각을 이루기 위해 피나는 기도와 헌신 그리고 연구와 노력을 해야 합니다. 생각을 가졌으면, 반드시 행동의 씨를 뿌려야 합니다."251)

거듭난 사람은 '신성-인성 사이의 경계영역에서 사는 존재'다. 그 경계영역에서 마귀들이 그들의 사고방식을 주입시키려고 서성거린다. 따라서 말씀, 기도, 성령의 힘으로 생각을 방해하는 요소들을 물리쳐야 한다. 성도는 '완전한 데(히6:2)'로 나가야 한다.

인간은 마귀가 주인인 3차원 세상에 살고 있으므로 불안과 두려움을 가지고 있다. 포르투갈의 신경학자 에가스 모니스(Egas Moniz)는 정신질환의 근치술로서 전두엽절제술(前頭葉切除術, prefrontal lobotomy)을 개발한 공로로 1949년 노벨상을 수상했다. 그는 전두엽 앞부분의 피질을 잘라내면 공포를 느끼지 않게 된다는 사실을 발견했다. 이 부위는 미래에 일어날 가능성이 있는 일들을 상상하는 기능을 지니고 있다.252) 마귀는 어떤 일이나 문제 앞에서 '인간이 두렵고 불안한 생각'을 가질 수 있도록 전두엽피질의 기능을 최대한 활용하는 것이다. 마귀는 똑똑하다.

마귀는 인간이 '하나님의 생각'을 하지 못하도록 훼방하는 글로벌 악독 전략가이다. 영산은 타락으로 말미암아 인간의 생각에는 부정적인 4요소가 있다고 말한다. "타락한 성품을 지닌 우리 사람의 생각은 근본적으로 부정적인 요소로 이루어져 있습니다. 사람들의 생각에는 부정적이고 파괴적으로 만드는 요소들이 있습니다. 그것은 우리 마음속에 일어나는 크고 작은 미움과 분노, 공포와 불안, 슬픔과 좌절, 그리고 죄악과 세속의 파도입니다."253)

---

250) 제임스 패커(James Packer), 『주기도문』, 아바서원(2013), 106-107. 패커의 악에 대한 개념은 다음과 같다. 첫째, 악은 실제로 존재한다. 둘째, 악은 비합리적이고, 가치가 없고, 이치에 맞지 않고, 선을 왜곡한다. 셋째, 하나님은 악을 제거하신다.
251) 조용기, 『4차원의 영성』, 교회성장연구소(2006), 70-71.
252) 베르나르 베르베르, 『상상력 사전』, 열린책들(2011), 67.
253) 조용기, "변화의 능력 십자가", 주일설교(2007-03-04).

마귀는 항상 사람의 '머리'에 둥지를 틀고 기회만 생기면 사람의 생각회로를 파괴시키거나, 부수거나, 흠집을 낸다. 그래서 생각이 정상적으로 돌아가지 못하게 훼방을 놓으며, 무단 잠입하여 우리의 '생각회로'를 못 쓰도록 바이러스로 감염시킨다. 아담과 하와의 타락 이후로 인간의 생각회로는 고장났다. 예수님이 생각회로를 회복시켰지만, 인간이 이 세상에 살고 있는 동안 그것은 완벽하게 복구되지 않는다.

삶의 여정 가운데 시련과 환난, 가난과 실패도 수시로 찾아와 근심과 괴로움을 주고, 육체적 죽음과 사별의 슬픔도 겪게 되며, 종국에는 심판에 이른다(히9:27). 언제나 마귀가 원하는 것은 생각회로의 파괴다. 하지만 하나님이 시련을 주실 때는 분명한 목적이 있다.254)

영산은 긍정적 생각을 방해하는 요소를 다음 4가지로 압축시켜서 설명하고 있다. "염려와 근심의 생각, 공포와 불안의 생각, 열등의식의 생각, 좌절감과 낙심의 생각이 그러한 요소들입니다."255)

마귀는 종종 삶과 죽음이라는 이분법을 생각하게 해서 인간의 생각구조를 정상 운영되지 못하도록 훼방한다. 조지 뮬러(George Muller)는 "염려의 시작은 신앙의 종말이며, 참된 신앙의 시작은 염려의 종말"이라고 말했다. 마귀는 인간에게 죄를 발생시키고, 그 죄로 인간의 마음구조를 마귀화시키며, 궁극적으로 영적 생활에서 멀어지게 만든다.256) 심리학자들은 대체로 인간은 70여 가지 이상의 공포증으로 두려워하면서 산다고 주장한다. 나폴레옹 힐(Napoleon Hill)은 두려움에 대한 정의를 이렇게 내렸다. "두려움은 모든 논리를 무력하게 만들고 모든 상상을 파괴하며, 자신감을 꺾어버리고, 무엇인가 하고자 하는 열성과 의욕을 없애 버리는 힘을 지니고 있다. 그리고 사람들은 두려움으로 나태와 비참한 상태에 빠지게 된다."

두려움은 인생의 최대 방해자요, 무서운 파괴력을 가지고 있으며, 보이지 않는 인생의 최대 공격자다. 인간이 공포와 불안의 생각에서 벗어날 수 있는 길은 무엇일까? 그것은 인간의 영이 하나님의 영에 참여하면, 하나님이 모든 두려움을 이기게 해주신다는 긍정적 믿음이다. 이러한 과정을 '인간 영혼의 자기참여적 긍정(self-involving affirmation)'이라고 부른다.257) 실제로 10명 중에 8명은 자신이 싫다고 고백한다. 하나님은 우리의 '중심(삼상16:7)'을 보신다. 긍정의 생각을 가장 위협적으로 방해하는 요소는 두려움이다. 하나님은 '모든 두려움에서' 우리를 건지시는 분이다(시34:4).258)

---

254) 하나님이 시련을 주시는 목적: 시련은 순종의 여부를 알기 위해 주신다(창22:1-19). 연단시키기 위해 주신다(시26:2, 벧전1:6). 시련은 하나님을 경외하게 만든다(출20:20). 시련은 복을 주시는 통로다(신8:16). 시련은 교만하지 않게 한다(고후12:7). 시련은 인간의 연약함을 깨닫게 한다(전3:18). 시련은 하나님을 향한 사랑의 여부를 묻는 시험이다(신13:3).

255) 조용기, "변화의 능력 십자가", 주일설교(2007-03-04).

256) 2차 세계대전 당시 전쟁으로 약 20만 명의 미국 군인이 전사했다. 그런데 같은 시기에 약 200만 명이 자식들을 군대에 보내고 염려, 근심, 불안, 초조로 말미암아 심장마비로 죽었다. 전쟁에 죽은 사람은 20만 명인데 심장마비로 죽은 사람은 200만 명이었다. 무려 10배나 많은 사람이 염려, 근심, 불안, 초조, 절망으로 죽었다. 이처럼 질병이나 전쟁보다 더 무서운 것이 염려이다. 실제로 당뇨병 환자를 대상으로 조사해본 결과 마음속에 근심이 있으면, 당 수치가 급격히 올라간다고 말한다. 말세가 되면 평안이 사라지는데 이는 마귀가 사람들의 생각과 마음을 강력하게 사로잡고 있기 때문이다. "일평생에 근심하며 수고하는 것이 슬픔뿐이라 그의 마음이 밤에도 쉬지 못하나니 이것도 헛되도다(전2:23)."

257) 제임스 로더(James Loder), 『성령의 관계적 논리와 기독교교육 인식론』(The Relational Logic of the Spirit in Theology and Science), 대한기독교서회(2009), 244.

258) 미국 남북전쟁 어느 날 남군의 잭슨(Stonewall Jackson) 장군이 참모들과 세나도아 계곡의 돌격작전에 대해 계획을 세우고 있었다. 그 작전은 전략적으로 매우 중요한 전투였다. 작전 수행을 곤란하게 하는 장애요인도 많았지만, 성공 가능성이 없는 것도 아니었다. 회의가 끝날 무렵, 참모 하나가 일어나 말했다. "장군님! 두려운 게 하나 있습니다.

3.7. 마음하늘의 십자가: 생각의 창조화

영산은 "마음이 부정적, 범죄적, 패배적인 것으로 가득 차 있으면 환경도 그와 같이 됩니다. 부정적인 생각을 주님 안에서 '할 수 있다'의 긍정적인 생각으로 변화시켜야 합니다(빌4:13). 4차원 세계의 마음을 변화시키는 4가지 요소는 생각, 꿈, 믿음, 말입니다."라고 말한다.259)

그러면 어떻게 해야 예수님처럼 생각하고, 꿈꾸고, 믿고, 말할 수 있는가? 그것은 날마다 예수님의 십자가를 짊어지는 것이다. 그리스도의 생명이 내 안에 머물러 있도록 예수의 십자가를 짊어져야 한다(고후4:10). 그리스도인은 예수의 영과 나의 영이 연합된 상태에 있다(고전6:17).260)

영산은 "예수를 믿는 사람은 고난 앞에 굴복하거나 무릎 꿇지 않고 고난을 이기며 사는 자입니다."라고 말한다.261) 우리 안에 믿음의 방식은 어떤 일, 어떤 고난을 만나도 "고난-부활의 믿음의 방식"의 관점에서 바라본다. 이것이 생각의 창조화의 원리다. 그 결과 고난-부활과 연결되는 십자가 믿음은 마음 안에서 항상 창조적인 일을 수행한다. 예를 들면, 우리의 이성이 '없다'고 말할 때, 우리 안의 믿음은 '있다'고 말한다. 이성이 '상황이 나쁘다'고 할 때 믿음은 '상황이 좋다'고 말한다. 이성이 '최악'이라고 하면, 믿음은 '최상'이라고 한다. 그러나 믿음은 이성을 초월하면서도 서로 상충하지 않는다.

우리의 마음성향은 '말씀과 기도'로 거룩하여지며(딤전4:4-5), 성령으로 정화된다(고전6:11). 성령이 충만하게 되면, 영혼의 성향이 오직 주님을 향하게 된다. 마음은 창조적 생각을 빚어내는 거룩한 공간이면서, 이성의 활동을 최대화시키는 체계를 갖추고 있다. 마음공간에서 활동하는 지성, 정서, 의지가 이성의 법을 수용하느냐, 성령의 법을 수용하느냐에 따라 마음의 창조 역학은 '어둠의 일을 벗어 빛의 갑옷(롬13:12)'을 입을 수도 있고, '열매 없는 어둠의 일에 참여(엡5:11)' 할 수도 있다.

영성 형성(Spiritual formation)의 목표는 예수님과 온전한 관계를 맺는 것이며, 매일의 삶 속에서 예수님처럼 사는 것이다.262) 인간의 마음은 하늘보좌가 존재하는 거룩한 공간이다. 영산은 마음하늘은 4차원영성으로 다스려야 한다고 강조한다. "무엇이 마음을 움직이는 것입니까? 생각과 꿈과 믿음과 말인 것입니다. 우리의 생각이 우리 마음을 움직이는 것입니다. 생각이 긍정적인 생각을 하면, 마음이 긍정적이 되고 운명과 환경이 긍정적으로 변합니다. 생각이 부정적이 되면, 마음도

아무래도 장애요인이 많아 작전을 제대로 수행하기 힘들 것 같습니다." 그러자 잭슨 장군이 그의 어깨에 두 손을 얹고 이렇게 말했다. "두려움의 충고를 듣지 말게! 두려움이 충고하는 말에 귀 기울이지 말게!"

259) 조용기, "마음하늘", 주일설교(2007-01-21).

260) "연합의 교리는 모든 교리 중에서도 가장 중요하며 다른 모든 교리들의 근거가 된다." 옥타비우스 윈슬로우(Octavius Winslow, 1808-1878), 『내가 그리스도와 함께』, 지평서원(2011), 146.

261) 조용기, "예수님을 믿는 자도 고난을 당하는가?", 주일설교(2016-09-18).

262) Catherine Stonehouse, *Joining Children on the Spiritual Journey*, Baker Books(1998), 21. Robert Mullholland defines as "a process of being conformed to the image of Christ for the sake of others" in Invitation to a Journey: A Road Map for Spiritual Formation(Downers Grove, III: IVP, 1993), 12. Lawrence Richards says, "Christian spirituality is living a human life in this world in union with God" in *A Practical Theology of Spirituality*(Grand Rapids: Zondervan, 1987), 50. 스톤하우스(Stonehouse)와 리차드(Richards)가 정의하는 영성형성을 요약하면, 각각 '예수님과 합치되는 이미지를 드러내는 삶, 그리고 하나님과 합일되는 과정 속에서 사는 삶'으로 요약된다. 인간의 마음하늘은 하나님의 삶이 이뤄지는 거룩한 공간이다.

부정적이 되고 결과적으로 운명과 환경이 부정적으로 되는 것입니다."[263]

그는 또한 마음에 십자가의 은혜를 품으라고 강조한다. "마음에 용서와 의와 거룩함을 받았다는 생각, 꿈, 믿음, 신념을 갖고 마음에 치료와 건강을 받았다는 의식 즉, 생각과 꿈과 믿음과 신념을 갖고 마음에 축복과 부요를 선물로 받았다고 생각하고 꿈꾸고 믿고 생각하며, 그것이 실현되도록 기도하면, 하나님께서 영혼이 잘됨같이 범사에도 잘되고 강건하게 만들어주는 것입니다."[264]

그의 영적논리에 의하면, 인간의 사고틀이 십자가 중심의 사고의 옷, 곧 5중복음의 옷을 입으면 영적사고로의 전환이 일어난다.

아인슈타인은 과학 발전에 마음의 발전을 유비시킨다. 그는 마음의 발전을 3단계 – 지각 (perception), 개념(conception), 실제이해(comprehension)의 단계 – 로 나눈다.[265] 이것을 영적 차원에 적용하면 다음과 같이 적용할 수 있다.

    a) 지각 단계: 하나님의 사건을 보고, 알고, 분류하고 이해하는 능력

    b) 개념 단계: 하나님의 신비의 세계를 상상 속에 개념화하여 이해할 수 있는 능력

    c) 실제이해 단계: 하나님의 나라를 개인의 삶에서 체험하는 능력

십자가는 옛 생각을 소멸시키고, 새 생각으로 살도록 만든다. 믿음, 말씀, 기도, 성령을 통해 우리의 생각은 그리스도를 닮아갈 수 있다. 영산은 생각의 영성개발 원리를 다음과 같이 제시한다. "4차원적 생각을 가져야 합니다. 우주를 지으신 하나님의 사랑과 예수님의 은혜로 지음 받은 것을 생각하고, 성령으로 충만하며 늘 긍정적이고 희망찬 생각을 해야 합니다(고전2:9-10)."[266]

1) 마음하늘을 말씀으로 정화한다

영산은 "예수님은 우리 마음하늘에 계십니다. 따라서 십자가 대속의 은혜로 용서와 의, 거룩함과 성령충만, 치료와 아브라함의 복, 영생천국으로 꽉 채워야 합니다(딛3:6-7, 요14:1-3)."라고 말한다.[267]

마음은 말씀과 믿음과 기도로 거룩하여지고 정화된다(딤전4:4-5). 모든 성도는 지적-윤리적, 정서적-실존적으로 하나님을 섬기며 하나님을 닮아가는 존재들이다. 인간의 영(soul)은 현재의 삶을 뛰어넘는 자기 초월성을 가지고 있다. 인간의 영은 변형적 초월이 아니라 관계적 초월이다. 다시 말해 성령 안에서 인간의 마음의 회로도와 뇌의 회로도는 신적 세계를 향해 상호 유기적 관계 속에서 하나 됨을 이루며 발전해간다. 예를 들면, 바울이 다메섹 도상에서 예수를 만나자, 그의 마음과 뇌는 하나로 통일되어 움직였다. 오직 그리스도와 십자가만을 바라보게 되었다. 더 이상 머리 따로 마음 따로가 아니다. 그런 차원에서 성도의 모든 삶의 주권은 하나님에게 묶여 있다. 하나님이

---

263) 조용기, "마음하늘", 주일설교(2007-1-21)

264) 조용기, "마음의 생각을 지키라", 주일설교(2010-05-23).

265) 제임스 로더(James Loder), 『성령의 관계적 논리와 기독교교육 인식론』(The Relational Logic of the Spirit in Theology and Science), 대한기독교서회(2009), 274.

266) 조용기, "위대한 발견", 주일설교(2011-03-27).

267) 조용기, "마음하늘", 주일설교(2007-01-20).

은혜의 샘물을 우리 마음에 퍼부어 주시면, 머리와 마음의 기능은 선을 향하여 간다. 보혈의 십자가는 성도의 마음과 생각을 십자가에 연결시켜, 오직 그리스도만을 생각하는 삶을 살게 한다. 영산은 "십자가를 껴안으면 생각과 믿음과 말이 달라집니다."라고 말한다.[268]

머리와 마음은 양극관계에 있지만, 양극간의 관계적 통일을 이뤄가는 상보적 관계에 있다. 환언하면, '주체적 나(self)'와 '목적적 나(self)'가 양극에 위치해 있지만, '주체적인 나'가 우선권을 가지고 '목적적인 나'를 조절하면(marginal control) 놀라운 일이 일어난다. 즉, 하나님이 동행하면 삶의 마음 구조가 혁명적으로 전환된다. 예를 들면, 기드온이 하나님이 함께 하자 마음주체가 머리주체를 누르고 300명의 용사를 데리고도 미디안을 공격하는 배짱 좋은 장군이 되었다. 역동적 신앙생활이란 마음기능과 머리기능을 상호 통일시켜 하늘나라의 삶을 효과적으로 살게 하는 것이다.

요나가 고난에 빠졌을 때 그는 결국 야훼를 향하여 3일 만에 기도를 올린다(욘2:1-10). '주체적 요나'의 마음이 '목적적 요나'의 머리를 누르고 이기고 나서야, 그는 기도의 문을 열 수 있었다. 다시 말하면, 요나의 머리와 마음이 상호관계안에서 '자아적 통일'을 이루는 데 3일이 걸렸다. 더 이상 마음 따로 머리 따로가 아니었다. 그런 의미에서 마음은 머리를 조율한다. 마음과 머리를 하나 되게 하는 작업은 이성의 힘으로는 불가능하다. 따라서 영의 생각의 활성화가 중요하다. 그리스도인은 어떤 상황에서도 마음과 생각이 야훼를 향해야 한다. 선지자 요나는 "내 영혼이 내 속에서 피곤할 때에 내가 야훼를 생각(욘2:7)"하였다고 고백한다.

성령은 인간을 새롭게 하며(딛3:5), 신자들 안에 거주하며(롬8:9-11), 또한 신자들을 거룩하게 만들고(살후2:13), 속사람을 강건하고 만들고(엡3:16), 능력과 힘의 원천이 되게 하시며(삿3:9-10), 예술적인 기술까지 주시는 분이다(출31:2-5). 성령만이 마음을 정결하게 할 수 있으며(겔36:25-29), 헌 마음을 새 마음으로 바꾸실 수 있다.

마음에 하나님의 말씀을 심으면, 그 말씀을 닮은 생각이 성장하여 입술로 고백하게 되며, 장차 그것이 행동의 씨앗을 낳아 의와 생명과 빛의 열매를 맺게 된다. 영산은 우리의 생각이 대나무 죽순처럼 성장한다고 말한다. "왕대밭에 왕대가 납니다. 생각은 똑같은 모양으로 머물러 있는 존재가 아니라 커지고 자라는 속성을 가지고 있습니다. 그리고 생각을 가졌으면 반드시 행동의 씨앗을 뿌려야 합니다. 씨를 뿌리지 않으면 열매를 거둘 수가 없습니다."[269]

악한 것을 심으면 악한 것이 자라고, 좋은 것을 심으면 좋은 것이 자란다. 영산은 좋은 생각이 좋은 결실을 맺는다고 말한다. "교육은 생각의 밭에 씨앗을 뿌리는 것입니다. 우리가 가정교육, 학교교육, 사회교육 등을 통해서 생각을 자꾸 심어줘요. 그 생각이 마음에 내리면, 그 다음에 열매를 맺는 것이 여러분의 삶입니다. 그러므로 잘못된 교육을 하면, 잘못된 생각을 심어서 악의 열매를 맺습니다. 좋은 교육을 시키면, 좋은 생각을 심어서 좋은 결실을 맺게 되는 것입니다."[270]

---

268) 조용기, "나의 생각이 나를 다스린다", 주일설교(2017-06-11).
269) 홍영기, 『조용기 목사의 교회성장리더십』, 교회성장연구소(2005), 91. 조용기, "마음의 밭, 생각의 씨앗", 주일설교(1986-07-20), "네 가지 땅에 떨어진 씨"(2010-12-12).
270) 조용기, "나, 나의 생각", 주일설교(1981-06-21).

마음이 행복할 때 긍정적이고 생산적인 생각이 나온다(그림 6-5). 아무리 생각훈련이 잘 되어 있어도 마음 밭이 우울하고, 근심으로 가득 차 있고, 괴로움과 우울함이 차 있으면 좋은 생각이 나올 수 없다.

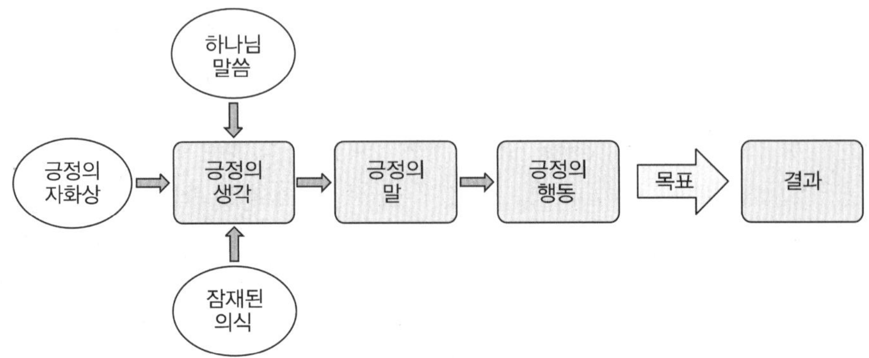

그림 6-5. 긍정의 생각이 결과를 낳는 과정: 하나님의 말씀은 절대적이다. 영산은 긍정적 자아 정체성을 찾으라고 말한다. "인간의 정체성은 '생각에서, 꿈에서, 믿음에서, 말에서' 자라납니다. 우리 안에는 하나님만이 알고 계시는 숨겨진 우리의 정체가 있습니다. 숨어 있는 '나'란 정체를 찾아내면, 우리 삶은 더 큰 변화와 새로움이 다가와 더욱 풍성한 열매를 맺을 수 있습니다."271) 긍정의 생각은 긍정의 결실을 낳는다.

아담의 타락으로 인간은 영원한 존재에서 유한한 존재로 추락했다. 인간의 실체를 단일차원으로 생각할 것이 아니라, 두 가지 차원에서, 곧 '시간성 + 영원성'이라는 연속선 위에서 생각의 영성을 발전시켜야 한다. 예수님은 이 땅에 영원성을 가지고 오셨다.

2) 작은 것에서 큰 것으로 팽창시킨다

영산은 '성공적인 삶의 다섯 단계'라는 설교에서 "가장 작은 일부터 시작해야 합니다. 보리떡 5개, 물고기 2마리로 시작하십시오"라고 조언한다.272) 로버트 슐러(Robert Schuler)는 이렇게 말한다. "인생이 어려워질 때는 1야드씩 어려워지고, 인생이 쉬워질 때는 1인치씩 쉬워진다. 자동차 혁신가 헨리 포드(Hery Ford)는 '문제를 작은 일로 나누면 어떤 것도 어렵지 않다'고 했다. 일의 시작은 작은 것에서 출발하면 된다.

예수님께서 말씀하셨다. "인자가 온 것은 잃어버린 자를 찾아 구원하려 함이니라(눅19:10)." 예수님은 이 땅에 계실 때 한 사람 한 사람 구원할 사람을 찾으셨다. 베드로는 처음에 조그마한 배를 타고 고기를 낚는 어부였으나, 훗날 진심으로 회심하자 성령의 능력으로 하루에 수천 명의 사람들을 구원하는 도구로 쓰임 받았다. 노아는 망치질하고 대패질하고 배를 만들다가 세상 사람들의 조상이 되었고, 당대에 조선 건조의 최고전문가가 되었다.

---

271) 조용기, "내 속의 숨은 정체성을 보라", 주일설교(2010-11-14).
272) 조용기, 『291설교요약』, 서울말씀사(2003), 7-16.

영산은 1958년에 성도 5명에서 출발하여 80만 명의 성도로 교회를 성장시켰다. 그의 목회의 시작은 극히 미약했으나 종국에는 창대하게 되었다. 아브라함은 100세에 아들을 얻었고, 그를 통해서 수많은 후손이 생겨났으며, 믿음의 조상이 되었다. 나중에 그는 이삭을 데리고 모리아 산까지 가는 위대한 일을 했다. 성경에 등장하는 인물들을 살펴보면, 처음부터 휘황찬란한 인물은 거의 없다. 육신의 눈으로 보면, 그들 가운데 많은 이들은 처음에는 보잘 것 없는 인물들이었다.

찬 물 한 그릇 떠서 주는 것부터 시작하다보면 나중에 우물을 파서 남들에게 주게 될 것이다. 나이아가라 구름다리는 연줄을 시작으로 이루어졌다. 처음에는 연을 날려 실을 맞은편으로 보내고, 그 다음 실에 철사 줄을 매달아 맞은편으로 보내는 것을 반복해서, 결국 구름다리가 완성된 것이다. 모든 사람들이 불가능하다고 생각하고 있었을 때 한 사람이 이런 아이디어를 내었다. 생각 → 연줄 → 코일 → 철사 → 밧줄 → 쇠밧줄 → 구름다리 완성. 그 거대한 구름다리는 머릿속의 작은 생각에서 이루어졌으며, 눈에 보이는 구름다리는 결과일 뿐이다. 우리 눈에 보이는 것은 누군가의 머릿속에서 먼저 만들어지고 지어진 것들이다.

3) 상상력의 법칙을 삶의 시공간에 활용한다

영산은 "보이지 않는 말씀이 인간의 마음을 통해 나타나기 위해서는 생각, 꿈, 믿음, 입술의 고백이 말씀으로 채워져야 합니다."라고 말한다.[273] 이 논리로 보면, 말씀은 무한한 상상력을 탄생시켜 없는 것을 있도록 하는 원인을 제공한다. '예수 그리스도 십자가 안의 상상력'은 십자가 뒤에 감춰진 비밀들을 드러나게 하는 원천적 힘이다.

십자가는 상상력의 보고(寶庫)이자, 창조능력의 원천이다. 믿음의 창조자요 완성자이신 그리스도가 마음하늘에 보좌를 세우시고 계시기 때문이다(히12:2). 모든 신자는 수난절-부활절을 경험한 사람들이다. 예수를 믿을 때 십자가의 경험을 반복하기 때문이다. 그 결과 십자가의 경험은 나의 것이 된다. 거룩한 상상력은 거룩한 신앙을 탄생시킨다. 상상력은 삶을 개혁시키는 기초적 수단이다.[274] 사람의 크기는 곧 존재의 크기요, 생각의 크기요, 궁극적으로 행동의 크기다. 인간의 영은 변형을 통해 창조적 활동을 한다. 삶을 변형시킬 때 가장 중요한 역할을 하는 것은 바로 상상력이다.[275] 영적 존재는 상상력을 삶 속에 풀어놓을 수 있다(말씀과 성령 안에서).

영산은 풍부한 상상력을 지닌 목회자이면서 경영가였다. 그는 성서에 기초한 상상력과 시적(詩的) 상상력을 발휘했다. 그가 작성한 한 편 한 편의 설교는 상상력으로 가득 차 있다. 그는 언제나 성도들이 변하는 모습을 상상하면서 설교했다. 그 덕분에 성도들은 쉬운 설교, 기억하기 좋은 설교를 들을 수 있었다. 상상력은 보이지 않는 영적 세계를 이해하게 만든다.

---

273) 조용기, "삼중축복", 주일설교(2012-02-08).

274) 거룩한 상상력은 거룩한 신앙을 탄생시킨다. 하지만 마귀도 인간의 상상력을 활용한다. 마귀는 인간에게 접근해서 어떤 것을 생각하게 하고 유혹하고 속일 수 있다. 인간이 죄를 짓도록 유혹할 때, 마귀가 할 수 있는 가장 큰 일은 어떤 생각을 떠오르게 해서 설득하는 것이다. 생각으로 짓는 곧바로 그 사람 전체를 장악한다. 참조. 존 스미스 편(조나단 에드워즈), 『신앙감정론』(The Works of Jonathan Edwards Volume 2: Religious Affections), 부흥과개혁사(2005), 408-413.

275) 제임스 로더(James Loder), 『성령의 관계적 논리와 기독교교육 인식론』(The Relational Logic of the Spirit in Theology and Science), 대한기독교서회(2009), 365.

프랑스의 베르나르 베르베르(Bernard Werber)는 소설 『개미』(1994), 『파피용』(2007)을 출간해서 밀리언셀러가 된 작가이다. 한국에만 약 70만 명의 팬클럽이 있다. 그는 창의력에 대하여 이렇게 말한다. "자신의 창의력을 믿는 사람과 그렇지 않는 사람 사이엔 나중엔 큰 차이가 생깁니다. 위험을 감수하는 것을 두려워 말아야 합니다. 위험을 받아드릴 줄 모르면 아무것도 할 수 없어요. 승리 자체보다는 위험을 수용하는 것을 감수해야 합니다."

야곱은 상상력이 풍부한 사람이었다. 양들이 물을 먹을 때 단풍나무 신풍나무 등을 꺾어서 껍질을 군데군데 벗겨서 양들이 먹는 물 앞에 꽂아 놓고, 날마다 점이 있는 새끼양들이 나오는 것을 상상하고, 꿈꾸고, 믿고, 고백했다(창30:25-43). 하나님은 인간에게 상상력을 주어서 창조적인 삶을 살도록 했다.

상상력 차원에서 인간은 3가지의 특징을 가지고 있다.[276]

첫째, 인간은 상상할 수 있는 능력을 가지고 있다(Imagination 과정).

둘째, 인간은 상상한 것을 시각화할 수 있는 능력을 가지고 있다(Visualization 과정).

셋째, 인간은 상상한 것을 구체화하여 말할 수 있는 능력을 가지고 있다(Solidification 과정).[277]

4) 말씀의 생각으로 삶의 얼음벽을 녹인다

영산은 "우리가 말씀을 듣고 그것을 마음에 새기며 믿고 말하면 그대로 이루어집니다."라고 조언한다.[278] 말씀을 마음에 새긴다는 의미는 그리스도의 마음과 일치되는 믿음을 의미한다. 그리스도인들은 그리스도의 마음과 연결되어 있다(고전2:16, 빌2:5, 갈2:20). 그리스도인은 성령님과 함께 창조적인 일을 할 수 있다. 우리가 말씀을 선언할 때 성령님은 일하신다.

예수님을 믿기 전에는 마귀가 인간의 마음공간의 안방을 차지하고 있었다. 믿음으로 구원받은 사람의 마음의 주인은 예수님이다. 인간의 생각은 두 주인의 점령 수준에 따라 갈등이 올 수도 있고, 평안이 올 수도 있다. 영산은 현실을 바꾸는 힘은 4차원 생각에서 시작하며, 그것이 기도로 바뀔 때 힘을 발휘한다고 말한다. "생각이 기도에 의해 움직여갈 때, 생각은 열매로 나타납니다. 기도는 4차원의 생각을 현실로 바꾸는 힘입니다. 기도는 3차원의 행위지만 4차원을 움직이는 실제입니다."[279]

---

276) 상상에 대하여 여러 사람들이 명언을 남겼다. "상상력은 신앙을 성장시키는 본질적인 사역 중 하나다(유진 피터슨, Eugene Peterson)." "하나님의 영광을 드러내고 인간을 교육시키는 데 있어서 상상은 진리를 독특한 방법으로 표현하게 한다(릴랜드 라이켄, Leland Lichen)." "상상은 영혼의 눈이다(조세프 주베르, Joseph Joubert)." "상상은 지식보다 유용하다(아인슈타인, Albert Einstein)." "모든 사고는 은유적이다(로버트 프로스트, Robert Frost)." "많은 설교들이 그림으로 묘사되기보다는 개념들로 꽉 차 있어 안타까울 뿐이다(조지 버트릭, George Buttrick)." "하나님의 진리를 표현하는 성경의 가장 일상적인 방법은 설교나 신학적 진술이 아니라, 이야기이며, 편지이며 또는 문학적 형태의 상상력의 산물이다(릴랜드 라이켄, Leland Lichen)."

277) GE사의 사훈은 5개의 창조적 언어로 구성되어 있다. 곧 [GE 사원] = [호기심] + [추진력] + [상상력]/[위험] × [노력]^{2}이다. 이것을 말로 풀면, "GE사 직원들은 엄청난 호기심과 추진력이 있어야 하며, 상상력이 커지는 만큼 위험도 커지므로, 아이디어를 현실화시키기 위해서는 노력에 노력을 거듭해야 한다"는 말이다.

278) 조용기, "믿음의 근원인 바라봄의 법칙", 주일설교(2012-04-22).

279) 조용기, "사차원 기도", 주일설교(2012-02-15). "다스리는 삶"(2012-02-26).

5) 인간의 이성적 생각구조를 십자가 중심의 생각구조로 전환시킨다

영산은 십자가 중심의 마음구조를 강조한다. "예수님의 십자가를 통해 5중복음으로 변화된 새 사람은 새로운 신분으로 살아가야 합니다. 달라진 새 사람은 좋으신 하나님의 뜻을 좇아 생각을 바꾸어야 하고(고후5:17), 우리 속에 거하시는 성령님의 인도를 받아 꿈을 바꾸어야 하고(빌2:13), 말씀에 의지하는 믿음을 가져야 하고(롬10:17), 창조적이고, 적극적이고, 생산적인 신앙고백의 말로 살아야 합니다(잠6:2, 18:21)."[280]

십자가는 생각의 구조를 변혁시킨다. 옛 사람의 생각구조는 타락한 첫 아담의 생각구조다. 십자가는 하나님의 말씀을 성도의 마음에 새겨서 하나님의 생각구조로 살게 하며, 삶 속에 하나님의 생각을 드러내게 한다. 옛 아담의 삶의 방식은 개별적으로 성장하는 것이었지만, 중생한 자의 삶은 신앙공동체 안에서 성장한다: "우리가 다 하나님의 아들을 믿는 것과 아는 일에 하나가 되어 온전한 사람을 이루어 그리스도의 장성한 분량이 충만한 데까지 이르리니(엡4:13)."

그리스도는 '보이지 않는 하나님의 형상'(골1:15)이다. 따라서 하나님의 생각구조를 닮아가려면, 그리스도의 생각구조를 본받으면 된다. 우리는 그리스도의 마음형상을 이미 소유하고 있다. 바울은 "우리가 그리스도의 마음을 가졌느니라(고전2:16)"고 말한다. 우리가 그리스도의 마음을 가졌다는 것은 4차원영성적으로 '우리의 마음에 그리스도의 생각, 꿈, 믿음, 언어를 가졌다'고 해석할 수 있다. 그리스도의 세계관을 소유할 수 있다면, 바울처럼 우리는 예수님의 삶을 본받을 수 있다(고전11:1).

하나님의 말씀은 작은 도랑이 아니라, 생수가 샘솟는 깊은 샘물이다. "내가 주는 물은 그 속에서 영생하도록 솟아나는 샘물이 되리라(요4:14)." 하나님의 사고방식의 근원은 내 안에 계신 예수님이시며, 그 생수의 강에서 '신비적, 창조적, 생산적, 매혹적 생각'이 솟아난다. 따라서 성도는 하나님에 관한 생각으로 충만해야 한다.[281] 위대한 생각이란 바로 하나님을 생각하는 것이다.

영산은 '나, 나의 생각'이라는 설교에서 "하나님의 생각 교육이란 하나님 중심의 생각(절대예배, 절대믿음, 절대순종), 구원받은 생각, 적극적인 생각, 할 수 있다는 위대한 생각입니다."라고 피력한다.[282]

페레드릭 파버(Frederik W. Faber)는 하나님을 생각하는 시를 지었다: [283]

가만히 앉아서 하나님을 생각하니 그 얼마나 기쁜가!
그 생각을 하고 그 이름을 호흡하니
이 땅에서 그 일보다 더 기쁜 일은 없다

---

280) 조용기, "신분", 주일설교(2005-09-18).
281) 존 오웬(John Owen), 『영의 생각, 육의 생각』(Thinking Spirituality), 생명의말씀사(2013), 72-75. 오웬은 하나님에 관한 생각을 많이 하라고 강조한다. 첫째, 하나님의 존재에 관한 생각, 둘째, 하나님의 전능하심에 관한 생각, 셋째, 하나님의 권능에 관한 생각, 넷째, 범사에 하나님에 관한 생각을 하라.
282) 조용기, 『291설교요약』, 서울말씀사(2003), 8-8.
283) 리차드 포스터, 『영적훈련과 성장』, 생명의말씀사(2007), 42-43.

인간은 하나님을 생각해야 하는 존재다. 죄를 용납하면 마귀의 생각으로 살게 된다. 마귀의 생각은 언제나 거룩함과 의로움과 선함을 파괴시키는 일에 집중한다. 성도는 무슨 말을 하든지 무슨 일을 하든지 예수님의 생각을 품고 해야 한다. 이 말은 삶의 우선순위가 나에게 있는 것이 아니라 예수님께 있음을 가리킨다. 바울은 "무엇을 하든지 말에나 일에나 주 예수의 이름으로 일하고 그를 힘입어 하나님 아버지께 감사하라(골3:17)"고 조언한다. 실존주의가 '나 중심의 인생관'이라면, 성도는 '예수님 중심의 인생관(Jesus-centered view)'을 지니고 있다.

성경에는 전형적으로 하나님의 관점에서 사물을 4차원적으로 생각하고, 하나님처럼 싸운 인물들이 있다.

    a) 삼갈: 소 모는 막대기로 블레셋인 600명을 죽였다(삿3:31).

    b) 드보라와 바락: 기손 강 싸움에서 시스라와 900승의 철병거를 쳐부쉈다(삿4:13-16).

    c) 기드온: 300명의 군대로 미디안 사람들과 싸워 승리했다(삿7:2-22).

    d) 입다: 암몬을 진압하고 20여 개의 성읍을 정복했다(삿11:32-33).

    e) 삼손: 다곤 신전을 무너뜨려 약 3000명의 블레셋인을 죽이고 자신도 죽었다(삿16:23-31).

이 사건들은 아무리 보아도 인간의 힘으로는 불가능한 것들이다. 그러나 삼갈, 드보라, 기드온, 입다, 삼손 같은 인물들은 이성이나 경험의 생각이 아니라 하나님의 생각, 믿음, 말로 싸움에 임했다. 그 결과 하나님의 능력이 그들을 통해 극적으로 나타났다. 그들은 싸움에서 단지 도구에 불과했다. 인간은 하나님의 차원에서 살려면 하나님처럼 생각하는 훈련이 필요하다. 하나님의 생각을 품고 산다는 것은 하나님 말씀에 따라 순종하는 삶이다. 무슨 일을 해도 하나님의 생각을 가지고 일하라고 영산은 강조한다. "다윗은 목동이었습니다. 다윗은 어릴 때부터 하나님을 경배하고 하나님을 섬기며 하나님의 생각을 늘 묵상했습니다. 다윗은 늘 생각하기를 하나님의 말씀을 따라 만물을 정복하고 만물을 다스려야 한다고 생각했습니다."[284]

다윗은 단지 이론적으로만 하나님의 생각을 한 것이 아니라 실제 그의 삶 속에 하나님의 생각을 접목했다. 그의 마음속에는 하나님의 생각으로 가득 차 있었다. 골리앗 앞에 섰을 때 그는 소년 다윗의 생각이 아니라, 위대하신 하나님의 생각으로 큰 소리로 선포했다. 그 결과 그는 하나님의 위대한 능력을 발휘할 수 있었다.

다윗의 경우 4차원영성적 접근양식은 다음과 같다. [285]

    a) <u>다윗의 생각</u>: 전쟁은 하나님께 속한 것이며 하나님이 자신과 함께하심을 확신함.

    b) <u>승리의 꿈을 품은 다윗</u>: 만군의 야훼 곧 이스라엘 군대의 하나님의 이름으로 나아감(삼상17:45).

    c) <u>기적을 믿은 다윗</u>: 하나님을 믿고 목자의 도구만 가지고 나아감(삼상17:48-50).

    d) <u>담대하게 선언한 다윗</u>: 블레셋 군대의 시체를 새와 들짐승에게 주어 하나님이 계신 줄 알도록 함(삼상17:46).

---

284) 조용기, "생각은 내가 하고 일은 하나님이 하신다", 주일설교(2013-09-15).
285) 조용기, "생각은 내가 하고 일은 하나님이 하신다", 주일설교(2013-09-15).

또한 모세의 경우 4차원영성 양식은 다음과 같다. 286)

  a) <u>생각을 다스린 모세</u>: 모세는 생각을 다스려 하나님께서 구원하실 것을 바라봄(출14:10-14).

  b) <u>분명한 꿈과 목표를 품은 모세</u>: 바라보는 꿈이 분명하고 구체적이어야 함(출14:15-20).

  c) <u>기적을 믿은 모세</u>: 모세가 바다 위로 손을 내밀자 바다가 갈라짐(출14:21-25).

  d) <u>긍정적으로 선언한 모세</u>: "야훼께서 오늘 너희를 위하여 행하시는 구원을 보라(출14:13)"고 선언함.

그림 6-6처럼 구성원들이 하나님의 생각을 많이 하게 하려면 나침반만 주고 일을 시켜야 한다. 곧 방향만 알려주고, 나머지 방법론적인 것들은 구성원들이 스스로 해결하도록 해야 한다. 그래서 그들이 하나의 일을 통해서 더 많은 것을 생각하게 하고, 또한 더 많이 배울 기회를 제공해주어야 한다.

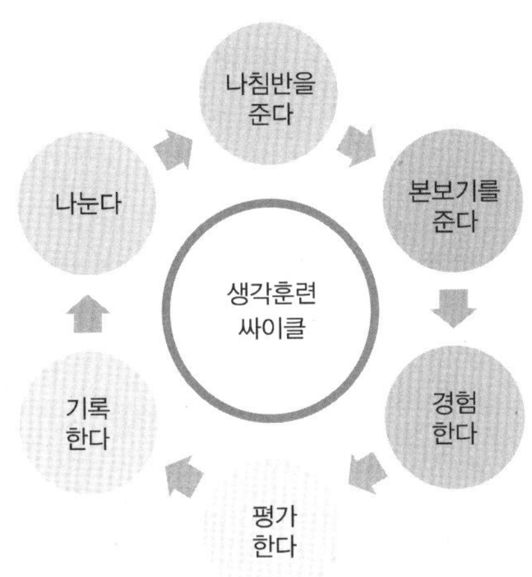

그림 6-6. 생각의 힘을 키우는 사이클: 본보기는 가장 강력한 생각 훈련 과정이다. 바울이 환상을 통해 예수님을 만났을 때, 자신의 모든 사고방식이 인본주의에서 신본주의로 전환되었다. 인간은 본보기를 통해서 가장 많이 배우고, 많이 생각한다. 이스라엘 백성들이 여리고 성과 아이 성을 통해서 하나님의 뜻을 알아가듯이, 인간은 삶의 본보기를 통해서 새로운 것을 터득한다. 새로운 생각은 새로운 꿈을 낳고, 새로운 믿음을 낳고, 창조적인 고백을 낳는다.287) 성경에 나오는 신구약 믿음의 인물들은 오늘날 우리들에게 모든 귀감되는 '생각배움 모델들'이다

나침반을 주면서 하나의 본보기 모델을 경험하게 하면 스스로 생각훈련을 쌓을 수 있다. 눈은 항상 귀보다 더 똑똑한 학생이다. 사람마다 잠재능력을 지니고 있기 때문에, 보여주고 일할 기회를 만들어주면, 생각훈련이 자연스럽게 이루어진다. 그리고 평가한 것을 기록하게 하고 최종적으로 발표하게 하면, 완벽한 생각의 파노라마를 경험하게 된다. 하나님은 이스라엘 백성에게 광야에서 다양한 기적을 보여주심으로써 종살이 생각에서 벗어나 하늘나라 중심의 사고방식으로 전환하도록 이끄셨다. 홍해를 건너는 사건은 이스라엘 백성에게 가장 강력한 '하나님 생각대로 살기' 훈련이었다.

모세가 여호수아를 자신의 후계자와 이스라엘 백성의 지도자로 삼았을 때, 여호수아는 어떤 일 앞에서도 강하게 담대하게 지도자 역할을 해야 했다. 하나님은 여호수아에게 이렇게 권면하며 약

---

286) 조용기, "생각은 내가 하고 일은 하나님이 하신다", 주일설교(2013-09-15).
287) 조용기, "사차원의 삶", 주일설교(2010-11-07).

속하신다. "마음을 강하게 하고 담대히 하라 두려워 말며 놀라지 말라 네가 어디로 가든지 네 하나님 야훼가 너와 함께 하느니라(수1:9)." 이 말씀은 오늘날 우리에게도 동일하게 적용된다.

6) 생각을 예수 프리즘으로 통과시켜 영성화시킨다

신자는 그리스도의 생각으로 충만해야 한다. 영산은 "예수님은 죄인인 인간과 함께 하셔서 우리 대신 십자가에서 형벌을 받으시고 함께 부활하여 영화롭게 하심으로 하나님의 사랑을 나타내셨습니다(벧전2:24, 엡2:5-6)."라고 말한다.[288] 신자의 영적 본질은 '예수 그리스도의 사랑의 사고방식'에 동화되어 가는 것이다. 즉 예수님의 생각이 나의 생각을 주관하게 해야 한다: "모든 생각을 사로잡아(고후10:5)." 나의 마음을 그리스도의 마음에 동화시켜 가겠다는 영적 의지가 중요하다. 영산은 예수님을 생각하고, 모시고, 그의 길을 따라가는 것이 참 인생의 길이라고 피력한다.[289]

미국의 아동심리학자이며 하버드의대 정신의학과 교수인 로버트 콜스(Robert Coles) 박사는 미국에서 성공한 사람, 정치인, 사업가, 학자 등 3천 명을 조사하여, 이들의 공통적인 성공요인을 분석했다. 이들의 공통적인 성공요인으로는 첫째, 성경을 많이 읽었고, 둘째, 예배에 잘 참석했다는 것이다. 결론적으로 성경을 많이 읽고 예배에 잘 참석한 사람이 성공했다는 말이다.

표 6-2. 예수님의 C.R.E.A.T.E 프리즘

C.R.E.A.T.E	내　용
연결(Connect): 당신의 삶을 예수님과 연결시켜라	당신의 생각을 예수님과 연결시켜라. 그분의 생각, 그분의 꿈, 그분의 믿음, 그분의 말을 배워라. 5중복음과 3중축복 그리고 4차원영성을 당신의 삶에 심어라. 기독교는 변화의 종교이므로 예수님을 만나면 변하게 되어 있다.
연관(Relate): 당신의 일을 예수님과 연관시켜라	당신 삶에 일어나는 모든 것들을 '예수님이라면 어떻게 하실까?'를 생각하라. 그러면 그분의 인도함을 받을 것이며, 예수님의 생각을 품고 일하면 가장 선한 방법으로 일이 성취될 것이다.
탐구(Explore): 예수님을 날마다 탐구하라	말씀을 보고 세밀하게 탐구하라. 성경 인물들의 삶의 발자취를 두루 살피면, 거기서 삶의 진리를 배울 수 있다. 하나님 말씀으로 충만하면 하나님의 생각, 꿈, 믿음, 말로 하나가 되어, 하나님처럼 살게 될 것이다.
분석(Analyze): 예수님의 활동을 분석하라	예수님이 하신 일을 당신 삶에 적용시키려면, 그분의 활동을 분석하라. 예수님의 3년 반의 삶의 궤적을 면밀히 분석하면, 인간이 살아야 할 방향과 삶의 지표를 알게 될 것이다.
닮음(Transform): 예수님의 인생을 닮아가라	예수님을 닮아가라. 그의 겸손, 희생, 인내를 배울 때 우리는 영적으로 닮아갈 수 있다. 대표적인 닮음의 모델은 성령의 9가지 열매를 맺는 것이다.
경험(Experience): 예수님의 삶의 발자취를 경험하라	예수님은 3대 사역을 본받는 것은 거룩한 일이다. 예수님은 이 땅에 계실 때 가르치고, 전도하고, 고치는 일에 최선을 다하셨다. 이 땅에서 그리스도인의 삶도 최선을 다해서 실행해야 한다.

---

288) 조용기, "주님의 선하심과 인자하심", 주일설교(2005-10-09).
289) "예수님을 모시고 따르는 것이 사는 길이요, 의의 길이요, 성결의 길이요, 치료의 길이요, 형통의 길이요, 천국길이 되는 것입니다. 참조. 조용기, "보혈로 그린 자화상", 주일설교(1992-03-01).

빛을 프리즘으로 보면 빨주노초파남보 색깔이 나오듯이, 인간의 생각을 예수님의 '창조(C.R.E.A.T.E) 프리즘'으로 통과시키면 다양한 빛의 영성요소들이 창출된다(표 6-2).[290] 예수의 이미지가 우리 안에 각인되면, 예수님의 말씀과 행동윤리가 우리 안에 각인되어 주를 닮아가게 된다. 이미지는 언어를 넘어선 언어이며, 창조적 행동의 심장이며 맥박이다.[291]

7) 시공간에 갇힌 생각을 초월적 영역으로 확장시킨다

영산은 "우리의 영이 하나님의 영과 하나가 되면 3차원의 세계를 다스릴 수 있습니다."라고 강설한다.[292] 영은 내적상태에서 외적상태로 팽창한다. 즉 영은 우리의 외적 세계를 활성화시킨다. 또한 영에 속하는 믿음도 인간의 내적상태를 외적상태로 현실화시키는 힘을 가지고 있다. 동시에 믿음은 없는 실체를 있는 것처럼 바라보게 하고 현재화시킨다. 그리스도인은 '하나님의 아들을 믿는 믿음 안에서 사는 자(갈2:20)'이며, 그리스도 세계관을 품고 있어(고전6:17), 성령이 임하시면, 창조의 능력이 나타난다.

십자가는 초월성과 시간성을 포괄한다. "너희가 이 떡을 먹으며 이 잔을 마실 때마다 주의 죽으심을 그가 오실 때 까지 전하는 것이니라(고전11:26)." 십자가는 과거, 현재, 미래를 이어준다. 이 또한 신비다. 십자가는 시간 안에 있으면서도 시간을 초월해 기능한다. 십자가는 역동적이다. 정적(靜的, static)이 아니고 동적(動的, dynamic)이다. 성찬의 떡과 잔은 곧 생명이며, 이 생명은 곧 존재로 이어지고, 동시에 생명은 인격으로 이어진다. 궁극적으로 생명은 친교로 이어져, 하나님과 성도 사이에 사귐이 일어난다(요일1:3).

십자가는 자연인의 '유한한 생각방식'을 신자의 '무한한 생각방식'으로 바꾸어준다. 십자가는 '나 중심 생각'에서 예수 그리스도 중심으로 시공간을 초월해 '무한 확장'시킨다. 다시 말해 십자가를 통해 신자는 초자연적 생각, 초월적 생각으로 살게 된다. 이것이 정말 가능한가? 그 근거는 그리스도와 신자의 연합에 있다(고전6:17, 갈2:20). 영산은 "우리는 믿음으로 우리 안에 있는 정체성을 찾아 그 안에 감춰진 잠재적 가능성을 살려야 합니다. 우리의 정체성은 생각에서(잠4:23), 꿈에서(요삼1:2), 믿음에서(빌4:13), 말에서 자라납니다. 우리 안에 감춰진 내면적 실상을 찾아야 합니다."라고 말한다.[293] 우리의 정체성은 예수님 안에 존재한다(행17:28).

인간은 유한한 존재다. 토마스 아 켐피스(T. A Kempis)는 "오늘이 우리의 마지막 날일 수 있다는 마음가짐으로 살아야 한다"고 고백했다.[294] 성도는 시간과 영원의 경계에서 조화를 이루는 삶을 살아야 한다. 그래야 생각의 지평선이 확장되고, 시야가 확장된다. 예를 들면, 한나는 아이 얻기를 사모하여 계속 바라보니, 바라보던 그 아이가 그 몸속에 들어와 생각대로 이루어졌다. 야곱도 나뭇

---

290) 토드 사일러(Todd Siler), 『천재처럼 생각하기』(Think Like A Genius), 한언(1997), 37-40. 그는 창조적 아이디어창출 개념으로 'C.R.E.A.T.E' 모델을 제시하고 있다. 여기서는 'C.R.E.A.T.E' 개념을 영성개발에 적용하였다. '우리의 생각과 예수님의 생각 관계성'을 'C.R.E.A.T.E 프리즘'으로 메타포밍(metaphorming)하여 상관관계를 유도하였다.

291) 제임스 로더(James Loder), 『성령의 관계적 논리와 기독교교육 인식론』(The Relational Logic of the Spirit in Theology and Science), 대한기독교서회(2009), 374.

292) 조용기, "나는 누구인가?", 주일설교(2014-08-17).

293) 조용기, "내 속의 숨은 정체성을 보라", 주일설교(2010-11-14).

294) 토마스 아 켐피스(Thomas A Kempis, 1379-1471), 『그리스도를 본 받아』(Imitatio Christi), 두란노(2010), 66.

가지를 꺾어 주야로 바라보자 그 생각대로 점 있는 양을 얻었다. 하나님의 말씀은 상상력의 보고다.

애플 컴퓨터의 공동 창시자인 스티브 잡스(Steve Jobs)는 펩시콜라 CEO였던 존 스컬리(John Scully)를 영입하려고 노력했다. 수차례 영입에 실패하자, 그는 마지막 승부수를 이렇게 던졌다고 한다. "당신은 설탕물이나 팔면서 나머지 인생을 허비하시겠습니까? 아니면 세상을 바꾸는 일에 자신을 던지시겠습니까?" 잡스의 한 마디가 그의 마음을 움직였다고 한다.

영산은 인생을 하나님의 생각대로 크게 살려면 생각의 터를 먼저 넓히라고 강조한다. "하나님께서는 우리가 인생의 터, 즉 생각의 터를 넓히고 튼튼히 하기를 원하십니다. 생각의 터전을 통해서 하나님이 우리 가운데 역사하십니다. 성공적인 삶을 원한다면, 우리는 무엇보다도 긍정적인 생각, 창조적인 생각, 믿음의 생각으로 터를 넓혀야 되는 것입니다."295)

8) 인본적 생각구조를 거룩한 생각구조로 전환시킨다

영산은 "하나님의 생각, 하나님이 주시는 꿈과 믿음, 하나님이 주시는 신앙고백은 4차원의 세계입니다."라고 말한다.296) 거룩의 측면에서 4차원영성을 이해하면, '하나님의 은혜를 힘입어 그분의 거룩한 마음에 동화'되려고 하는 마음, 생각, 일과 삶으로 이해할 수 있다. 하나님의 마음을 닮아가는 과정은 곧 거룩의 길을 걷는 것이다.

하늘의 생각구조는 거룩함이 기초다. 하나님은 왜 성도가 거룩한 삶의 족적을 남기기를 원하실까? 하나님은 왜 거룩함을 좋아하실까? 왜 의(義)를 좋아하실까? 왜 선(善)을 좋아하실까? 그 이유는 성도가 거룩할 때, 옳은 일을 생각하고, 선한 일을 하고, 사랑을 만들고, 신실해지고, 오래 참으면서, 영광의 삶을 살 수 있기 때문이다(딛2:14, 롬2:10). 다시 말해 거룩해야 인간이 원래의 창조 목적을 달성할 수 있기 때문이다. "내 이름으로 불려지는 모든 자 곧 내가 내 영광(히. '카보드')을 위하여 창조한 자를 오게 하라 그를 내가 지었고 그를 내가 만들었느니라(사43:7)." 하나님은 십자가를 세워 잃어버렸던 영광을 찾기를 간절히 원하신다. 영산이 "우리가 늘 바라는 것은 하나님을 우리 마음의 중심에 모시고 하나님과 교제하며 항상 기뻐하는 것입니다."라고 지적하는 것도 그런 맥락이다.297) 교제를 통해 우리는 주님께 영광을 드리고, 은혜를 체험한다. 하나님은 성령님을 통하여 그 아들 예수 그리스도의 영광을 드러나게 하신다(요16:13-15).

십자가를 의지하는 삶은 생각의 활성화가 지속적으로 일어나, 삶의 역동성이 드러난다. 신약에서 하나님의 형상은 거시적으로 보면 인류학적(anthropological)이고, 그리스도론적(Christological)이고, 구원론적(soteriological)이다.298) 우리는 성경을 통해서 위대한 하나님의 생각을 배울 수 있다.

영산은 과거의 아픈 생각에 사로잡히지 말고 앞으로 나아가라고 말한다. "과거를 자꾸 기억케 하는 마귀의 생각을 쫓아버려야 합니다. 자꾸 마귀가 따라다니면서 말해요. '네가 과거에 이렇게 살았는데, 네 팔자가 무슨 좋은 팔자가 되겠어? 갑자기 네 팔자가 좋아지겠어? 너는 이렇게 살

---

295) 조용기, "생각의 터전", 주일설교(2013-11-03).
296) 조용기, "사차원의 삶", 주일설교(2010-11-07).
297) 조용기, "두려움 없이 사는 길", 주일설교(2010-03-14).
298) James R. Estep & Jonathan H Kim, *Christian Formation*, B&H Academic(2010), 17.

팔자야.' 자꾸 그런 생각이 떠오르게 합니다. 도둑이 오는 것은 도둑질하고 죽이고 멸망시키려는 것뿐인데, 마귀가 하는 짓이 그것입니다."299)

십자가 안에서 인간의 생각구조 자체를 변혁시킬 수 있다. 왜냐하면, 생각구조의 원형인 예수님과 존재론적으로 연결되어 있기 때문이다(갈2:20, 빌2:5, 고전6:17).

첫째, 생각을 모험적으로 하라(Venture).

영산은 "우리가 옛 사람을 벗고 새 사람을 입으려면, 예수님의 십자가 고난을 믿음으로 우리 몸에 짊어져야 합니다. 즉, '예수 죽음, 내 죽음, 예수 부활 내 부활'이라고 늘 입술로 말할 때 하나님의 능력이 나타납니다."라고 강조한다.300) 그리스도인의 삶은 모험의 삶이다. 신자들은 이미 십자가 위에서 죽고 부활한 경험이 있다(갈2:20). 이 사실이 모험적으로 살 수 있는 성경적 근거다. 이보다 더 큰 경험은 없다. 이 사실을 날마다 깨달아 가는 것이 곧 신앙생활이다. 생각의 모험은 존재의 모험이다. 예수님은 십자가를 지심으로 인류역사상 가장 큰 모험적인 일을 했으며, 그 결과 인간은 구원의 길을 걸을 수 있게 되었다.

둘째, 생각한 것을 선포하라(Verbalize).

영산은 "소원하는 것을 꿈꾸며 믿음으로 기도하고 담대히 명령하고, 선포하고, 고백해야 합니다."라고 말한다.301) 생각의 선포는 곧 존재의 선포, 마음의 노출이다. 선포는 믿음의 완성이다. 예수님 안에서의 존재적 선포는 능력이 나타난다. 하나님은 하늘에서 '십-자-가' 세 음절을 이 땅 위에 선포하셔서, 온 우주의 질서를 정립시키셨다. 마음하늘에 십자가를 세우고 예수 그리스도의 고난-부활의 삶의 원리를 선포하면 새로운 마음환경이 조율될 것이다. 생각은 입술의 언어를 통해 능력을 풀어놓는다. 환경을 바꾸려면 말씀을 긍정의 입술로 선포하는 것이 중요하다. 아브람은 믿음으로 100세에 이삭을 갖기 전부터 '열국의 아버지'로 불렸고(창17:5), 아브람의 아내 사래는 '열국의 어머니'로 불렸다(창17:15). 인간의 말에 창조의 능력이 내포되어 있기 때문에 믿음을 말로 고백하는 것은 중요하다.

셋째, 생각을 바라보라(Visualize).

영산은 바라봄의 법칙의 설교에서 "꿈을 품었으면 믿음으로 바라보아야 합니다."라고 말한다.302) 믿음으로 바라본다는 것은 현재 없지만 장래에 나타날 실체를 믿음의 눈으로 '지금 여기서' 바라본다는 것이다. 하나님은 인류구원을 바라보았고, 예수님은 죄사함을 바라보았고, 성령님은 자신의 사역을 바라보았다. 12년 동안 혈루증을 앓던 여인은 예수님의 옷자락을 만지면 나을 수

---

299) 조용기, "마음의 생각을 다스리라", 주일설교(2010-05-23). "마음의 장애를 고쳐라"(2012-04-29). "마음이 낙심될 때"(2012-07-22).

300) 조용기, "옛 사람을 벗어 버려라", 주일설교(2010-12-05).

301) 조용기, "준비하시는 하나님", 주일설교(2010-10-03).

302) 조용기, "바라봄의 법칙", 주일설교(2010-12-19).

있다는 믿음으로 건강한 몸을 상상해서 바라보았다. 모세는 홍해바다가 갈라지는 모습을 먼저 바라보았다. 영산은 "십자가 대속의 은혜-5중복음을 바라보라, 전인구원-3중축복의 은혜를 바라보라"고 조언한다.303)

　넷째, 생각에 생명력을 불어넣어라(Vitalize).

　영산은 "예수님의 생명으로 사는 사람이란 예수님의 죽음을 짊어지는 삶입니다. 구원받아 새 사람이 된 후에는 오직 말씀과 성령으로 사는 사람입니다."라고 말한다.304) 인간의 생명력은 말씀과 기도와 사랑으로 섬기는 삶에서 탄생한다. 십자가는 하늘의 생명을 우리 안에 배달해주는 생명 전달체다. 하나님은 십자가를 통해서 자신의 생명을 피조물에게 주셨다. 인간의 존재는 '예수님 안에서의 생명이며, 인격이며, 사랑이며, 친교'다. 인격은 사랑과 생명을 연결시키는 거룩한 방편이다. 생각의 생명력은 곧 존재의 생명력이며, 예수 안에 있는 자는 생명력이 넘쳐나는 자다.305)

4. 생각의 영성형성: 순환적 구조

　가장 높은 차원의 영성이란 어떠한 상황에서도 하나님의 말씀을 그 상황 속에 풀어놓을 수 있는 능력이다. 하나님의 생각은 항상 거룩하고, 의롭고, 선하시다. 영산의 생각론은 하나님의 영에 동화되는 개념이다. "하나님께서 인간을 지으셨을 때 하나님은 인간 속에 하나님처럼 생각할 수 있도록 생각을 집어넣어 주셨습니다. 우리 영이 하나님과 닮았고 우리 도덕성이 하나님과 닮았고 우리의 생각하는 것이 하나님의 형상과 모양을 따라 지음을 받았기 때문에 여러분은 지금 하나님처럼 생각하는 것입니다. 하나님처럼 위대하게 생각하고 하나님처럼 창조적으로 생각하는 것입니다."306) 하나님의 형상을 닮은 인간은(창1:27) 하나님처럼 생각하는 것이 성경적이다.

　십자가는 죄인의 마음을 의로운 자의 마음성향으로 만들어 하나님의 영광의 빛을 알게 한다(고후4:6). 그리스도는 하나님의 형상이다(고후4:4). 따라서 의인의 생각의 기초는 예수 그리스도이다. 곧 십자가 위에서 죽으시고, 부활하시고, 승천하셔서, 하나님으로부터 영광 받으시고, 지금 하나님 보좌 우편에 계시는 예수 그리스도시다.

　죄는 사망을 불러와서 인간으로 하여금 멸망의 길을 걷게 했다(롬5:12). 죄는 마음을 심히 부패하게 만들었다(렘17:9). 그 결과 생각도 부패로 얼룩지게 되었다. 그 어떤 좋은 프로그램도, 철학도, 심리학도, 사회학도, 윤리학도 인간의 생각을 타락 이전으로 바꿀 수 없다. 오직 복음만이 회개를 통해 인간의 생각을 영적으로 변화시킬 수 있다.

---

303) 조용기, "나의 도움이 어디서 오나?", 주일설교(2012-09-02).
304) 조용기, "겉사람과 속사람", 주일설교(2012-01-22).
305) "우리가 항상 예수의 죽음을 몸에 짊어짐은 예수의 생명이 또한 우리 몸에 나타나게 하려 함이라(고후4:10)." "이제는 우리 구주 그리스도 예수의 나타나심으로 말미암아 나타났으니 그는 사망을 폐하시고 복음으로써 생명과 썩지 아니할 것을 드러내신지라(딤후1:10)." "하나님은 죽은 자의 하나님이 아니요 살아있는 자의 하나님이시라 하나님에게는 모든 사람이 살았느니라(눅20:38)."
306) 조용기, "나, 나의 생각", 주일설교(1981-06-21).

인간의 생각이 본래의 길을 회복하는 방법은 오직 한 길뿐이다. 즉 예수 그리스도와 인격적으로 한 몸이 되는 것이다(고전6:17). 다시 말해, 십자가 위에서 예수와 함께 죽고, 부활하는 방법 외에 다른 방법은 없다. 죄인이 십자가 밑으로 나가는 것이 생각의 본래 기능을 회복하는 유일한 방법이다. 오직 복음을 통해 생각이 회복된다. 토저(A. W. Tozer)는 생각을 영적으로 조절할 수 있다고 강조한다. "생각을 가장 잘 조절하는 방법은 우리의 지적인 부분을 하나님께 온전히 내어 드리는 것이다. 그러면 성령께서 즉시 우리 마음과 생각을 주장하기 시작할 것이다."307)

생각은 인간의 삶을 역동적으로 만들어간다. 영산은 '삶의 터전은 바로 우리의 생각'이라고 선언한다.308) 생각은 보이지 않지만, 인간 내면세계에서 역동적으로 활동하는 영적존재이다. 인간 안에 생각은 이론이 아니라 실존적 존재이다. 인간은 누구나 개별적으로 하나님을 사랑하고 이웃을 사랑할 수 있다. 실존 안에 존재하면서도 현실을 초월할 수 있다. 어떤 것을 자유롭게 선택할 수도 있다. 이 모든 것은 생각의 총체성 덕분이다.309) 말씀의 생각은 꿈과 믿음을 생산하는 놀라운 일을 한다. 영산은 "말씀의 생각, 꿈과 믿음을 가지고 기도하면 성령님께서 역사하셔서 우리를 둘러싼 환경이 변화되고 나아가 인생이 바뀝니다."라고 말한다.310)

생각의 영성은 내가 하나님의 자녀(갈4:4-7)이며, 양자가 된 것(롬8:15)에서 비롯된다. 또한 하나님의 말씀에 기초해서 생각의 영성이 형성된다. "주께서 내 마음을 넓히시면 내가 주의 계명들의 길로 달려가리이다(시119:32)." 따라서 생각의 영성을 형성하기 위해서는 말씀을 통해 마음속을 하나님의 은혜로 넘치게 하는 것이 중요하다. "야훼를 경외함으로 섬기고 떨며 즐거워할지어다(시2:11)."311) 신자는 예수의 영으로부터 지속적인 조율(control)을 받아야 한다.

제임스 패커(James I. Packer)는 '예수님에게 하나님은 아버지가 되심'에 대하여 4가지로 압축한다.312)

   a) <u>아버지 되심은 권위를 의미한다.</u> "내가 하늘로서 내려온 것은 내 뜻을 행하려 함이 아니요 나를 보내신 이의 뜻을 행하려 함이니라(요6:38)."

   b) <u>아버지 되심은 사랑을 의미한다.</u> "아버지께서 나를 사랑하신 것 같이 … 내가 아버지의 계명을 지켜 그의 사랑 안에 거하는 것 같이 … (요15:9-10)."

   c) <u>아버지 되심은 교제를 의미한다.</u> "그러나 내가 혼자 있는 것이 아니라 아버지께서 나와 함께 계시느니라(요16:32)."

   d) <u>아버지 되심은 영광을 의미한다.</u> "아버지여 … 아들을 영화롭게 하사 아들로 아버지를 영화롭게 하게 하옵소서(요17:1)."

---

307) A. W. 토저, 『능력』((Born After Midnight), 생명의말씀사(2012), 64.

308) 조용기, "생각의 터전", 주일설교(2013-11-03).

309) 다시 말해, 생각은 이성의 존재론적 기능이라 할 수 있는 개별성과 참여성, 역동성과 형태성, 자유성과 운명성을 총체적으로 포괄한다.

310) 조용기, "나는 믿음의 사람인가?", 주일설교(2016-06-19).

311) 생각영성의 뿌리가 심령 안에서 자라나도록 하려면, 야훼를 전심으로 경외하는 것이다. "야훼는 그 경외하는 자 곧 그 인자하심을 바라는 자를 살피사 저희 영혼을 사망에서 건지시며 저희를 기근시에 살게 하시는도다(시33:18-19)."

312) 제임스 패커(James Packer), 『하나님을 아는 지식』(Knowing God), IVP(2008), 323.

하나님의 말씀이 인간의 영을 지배하면, 인간의 생각영성이 발전되고 활성화된다. 모든 말씀은 하나님 자신의 뜻을 지향한다. 따라서 하나님의 뜻을 지향하면, 인간은 하나님의 생각을 닮아갈 수 있는 길이 열리고, 동시에 생각의 영성형성(spiritual formation)이 촉진된다. 하나님의 뜻을 따라가는 삶의 원리는 성경의 여러 곳에서 나타난다.

    a) 예수님의 뜻과 일치되는 삶: "나는 포도나무요 너희는 가지라 그가 내 안에, 내가 그 안에 거하면 사람이 열매를 많이 맺나니 나를 떠나서는 너희가 아무것도 할 수 없음이라(요15:5)."

    b) 하나님 아버지를 본 받는 삶: "이같이 한즉 하늘에 계신 너희 아버지의 아들이 되리니 … 그러므로 하늘에 계신 너희 아버지의 온전하심과 같이 너희도 온전하라(마5:45, 48)."

    c) 하나님 아버지께 영광을 돌리는 삶: "이같이 너희 빛이 사람 앞에 비치게 하여 그들로 너희 착한 행실을 보고 하늘에 계신 너희 아버지께 영광을 돌리게 하라(마5:16)."

    d) 하나님 아버지를 기쁘시게 하는 삶: "믿음이 없이는 하나님을 기쁘시게 하지 못하나니 하나님께 나아가는 자는 반드시 그가 계신 것과 또한 그가 자기를 찾는 자들에게 상 주시는 이심을 믿어야 할지니라(히11:6)."

    e) 하나님 얼굴을 뵈옵는 삶: "너희는 내 얼굴을 찾으라 하실 때에 내가 마음으로 주께 말하되 야훼여 내가 주의 얼굴을 찾으리이다 하였나이다(시27:8)."

    f) 하나님으로부터 초월적 보호를 받는 삶: "평강의 하나님이 친히 너희로 온전히 거룩하게 하시고 또 너희의 온 영과 혼과 몸이 우리 주 예수 그리스도께서 강림하실 때에 흠없게 보전되기를 원하노라(살전5:23)."

성도는 4차원 영적 관점에서 생각하고, 꿈꾸고, 믿고 말해야 한다. 왜냐하면 새로운 피조물은 하늘의 것을 바라보고 살아야 할 존재이기 때문이다(골3:2). 예수님과 함께 죽은 자는(골3:3), 이제 '새 생명 가운데서(롬6:4)' 살아야 한다. 영산은 『4차원 영적세계』에서 인간의 4차원 영적세계의 탄생과정을 묘사하고 있다. "사람을 창조할 때 하나님께서는 동물과 달리 하나님 자신의 생기를 그 코에 불어 넣으심으로 생령이 되었습니다(창2:7). 이로써 하나님께서는 4차원의 영적세계가 존재하게 된 것입니다."313) 4차원 영적존재는 영의 말씀으로 살아야 한다는 말이다.

생각의 원천에는 세 종류가 있다. 하나님에게서 오는 것, 악마에서 오는 것, 그리고 우리 자신에게서 오는 것이다.314) 신자는 말씀을 기초로 하나님의 거룩한 생각으로 사는 것이 옳다. 예수님께서 믿는 우리를 신들이라고 칭하신다: "내가 말하기를 너희는 신들이며 다 지존자의 아들들이라 하였으나(시82:6 참조. 요10:34)." 따라서 인간은 기도, 말씀, 성령의 능력으로 지속적으로 도덕적으로 거룩해질 수 있다. 거룩할 때 인간은 하나님과 대화가 이루어진다(요일1:3). 베드로는 지상에서의 삶의 목적을 '신의 성품에 참여하는 자(벧후1:4)'라고 말한다.315)

---

313) 조용기, 『4차원 영적세계』, 서울말씀사(2003), 66-67.
314) 정한채, 『로욜라의 성 이냐시오 영신수련』, 이냐시오연구소(2011), 36.
315) 대니얼 클린데닌, 『동방 정교회 신학』, 은성(2012), 주승민 역, 278.

4.1. 영성형성의 기초: 생각의 거룩화

영산은 생각개념은 '씨앗'이며, 삶 속에서 적용을 강조한다. "생각은 보이지 않지만, 우리가 늘 긍정적인 생각을 하고 희망에 찬 꿈을 품으면 끊임없이 우리의 삶 속에서 현실로 나타나게 됩니다. 지금 마음속에 품고 있는 꿈이 내일 반드시 옷을 입고 나타나게 됩니다."316) 영산의 관점에 의하면, 영의 생각은 정적이 아니라 동적 개념이다. 곧 역동적이고 생동적이다. 그는 반세기 동안 심은 믿음의 씨앗을 이렇게 요약한다. "5중복음의 씨앗, 3중축복의 씨앗, 4차원영성의 씨앗, 희망의 복음 씨앗, 십자가 중심의 복음 씨앗을 심었습니다."317) 이 말 안에 그의 신관, 목회관, 설교관, 삶의 가치, 목적, 의미와 영적 삶의 본질 및 핵심이 모두 담겨 있다. 또한 이 말은 이 책 전체의 핵심 내용이기도 하다.

영성형성의 기초는 옛 사람과 새 사람을 영적으로 구분하는 데 있다. 옛 자아는 '봄(sight)'으로써 살지만, 새 자아는 '믿음(faith)'으로 산다. 영적 생각은 '옛 자아가 죽은 새로운 피조물(고후15:7)', '십자가 위에서 죽고 부활한 새 존재(롬6:5)', '육체와 정욕을 십자가에 못 박은 새 존재(갈5:24)'에 기초한다. 나의 의지는 그리스도 안에서 소멸되었다.318) 신자는 이미 십자가 위에서 옛 자아가 죽었다. 동시에 신자는 하늘나라의 시민권을 지니고 있다(빌3:20). 따라서 신자가 가진 생각의 방향은 '그 무엇을 하는 것'이 아니라 '십자가 위에서 죽는 것'에 초점이 맞추어져 있다. 새 존재의 생각의 방향은 악이 아니라 항상 선이다.

영성형성의 기초는 십자가의 믿음에 있다. 영산은 "믿음의 사람은 아직 보이지 않는 미래를 현재의 것으로 품는 사람입니다(빌2:13)."라고 말한다.319) 하늘의 헌법으로 보면, 모든 그리스도인들은 이미 십자가 위에 예수와 함께 올라가 죽고, 함께 부활한 사람들로 인식된다(갈2:20, 롬6:5). 하늘의 법에 따르면 그렇다. 신자는 거룩함을 얻어(히10:10) 새 사람이 되었고(고후5:17), 하나님의 양자가 되고(롬8:15), 상속자가 되었다. 따라서 영성형성의 뿌리는 십자가 위에서 죽고 부활한 새로운 피조물의 신분이다. 다시 말해, 내 안에 계시는 예수 그리스도의 성품을 따라가는 삶이 영성형성의 본질적 기초다. 영적 삶이란 우리 안에 하나님의 사랑이 머물게 하는 것이다. 거룩은 오직 말씀과 기도로 이뤄진다(딤전4:4-5). 영적 삶은 우리의 마음이 하나님의 생각으로 꽉 차야 하고, 대적의 생각을 소멸시켜야 한다(고후10:3-5).

하나님은 스스로 존재하시는 분이시며(출3:14), 우리는 그분의 생명과 호흡을 받아 사는 존재다(요5:26, 행17:25). 신앙의 거룩한 감정은 영성형성의 기초가 된다. 예배는 거룩한 감정을 낳는 기초다. 토저(Tozer)는 『거룩의 지식(The Knowledge of the Holy)』에서 다음과 같이 말한다. "우리에게 가장 중요한 문제는 하나님을 어떻게 생각하느냐이다. … 참예배와 거짓예배는 하나님을 높게 생각하고 있는지, 아니면 낮게 생각하고 있는지에 달려 있다. 교회의 실체를 가장 잘 드러내는 것은 바로 하나님께 대한 생각이다."320)

---

316) 조용기, "마음의 생각을 지키라", 주일설교(2010-05-23).
317) 조용기, "심은 대로 거둔다", 주일설교(2011-11-20).
318) 청교도 신학자 윈슬로우(O. Winslow)는 "나의 의지와 하나님의 의지가 완전히 사로잡히는 것이 거룩한 상태"라고 말한다. 옥타비우스 윈슬로우(Octavius Winslow, 1808-1878), 『성령님의 구원사역』, 지평서원(2011), 191.
319) 조용기, "나는 믿음의 사람인가?", 주일설교(2016-06-19).

영산은 하나님과 함께 일하기 위해서는 4차원영성을 관통해야 한다고 말한다. 우리가 하나님과 함께 일하기 위해서는 4차원의 영성을 통해야 됩니다. 4차원의 영성은 여러분이 하나님과 함께 할 때 생겨나는 것입니다. 하나님과 함께 긍정적으로 생각해야 합니다. 하나님과 함께 나 스스로 꿀 수 없는 꿈을 꾸고 또한 하나님과 함께 꿈을 꾸어야 합니다. 그 다음 하나님을 믿는 기적을 가지고, 즉 하나님이 계시니까 기적을 믿고, 긍정적으로 말하는 것입니다.321)

모든 일은 하나님의 말씀에 대한 생각에서 출발한다. 토마스는 "영적성장의 완성은 온 마음을 다하여 나 자신을 하나님에게 헌신하는 것이며, 작은 일이든 큰 일이든 일시적으로나 영구적으로나 자기 자신을 위한 것을 추구하지 않을 때 비로소 영적성장이 완성된다"고 강조한다.322)

그리스도인은 '과거-현재-미래'의 세계 안에 있으면서도, 동시에 '초월적 영원'의 세계에 접속되어 두 개의 영역 안에서 사는 존재다. 즉, '현재적 삶 + 초월적 삶'이라는 두 개의 삶을 산다. 영적 삶이란 타자를 위한 삶이다. 십계명이 하나님 사랑과 이웃 사랑으로 대별(大別)되는 것도 그런 맥락이다.

생각영성의 근원은 말씀이다. 챔버스(Chambers)는 말씀 듣는 습관을 강조한다. "'주님, 말씀하소서(삼상3:9)'라고 말하는 습관을 가지십시오. 그러면 인생은 하나님과의 사랑의 연주곡이 될 것입니다."323) 말씀이 마음공간에 뿌리를 내리면, 사람은 '혈육과 의논하지 아니하고(갈1:16)', 말씀의 생각에서 아이디어를 찾게 된다. 하나님은 정한 마음을 창조하시고, 정직한 영을 새롭게 하신다(시51:10). 따라서 사람의 생각을 정화할 수 있는 수단은 하나님의 말씀이다. 온전한 생각의 진보는 예수 그리스도의 형상을 빚어가는 것이며(갈4:19, 고전15:49), 그의 마음을 품는 것이며(빌2:5), 그의 형상을 본받는 것이다(롬8:29). 4천 명을 먹이는 광야모델(마15:32-38), 하나님의 나라 모델(눅18:15-17)은 예수님의 선하고 위대한 생각모델의 한 예다.

영산은 생각에 대하여 다양한 어록을 남겼다. "생각의 용량을 넓히라. 생각의 크기만큼 얻게 될 것이다." "우리의 생각 속에 채워야 할 하나님의 생각은 예수 그리스도 십자가이다." "십자가를 가슴에 끌어안으면 모든 것을 플러스로 볼 수 있다." "생각은 눈으로 보이지 않지만, 3차원의 인생을 결정짓는 4차원의 핵심이다."

피아제(Piaget)는 인간의 생각의 발전을 4단계로 구분해서 설명한다.

1단계: 반사적 사고능력(reflective thinking) - 감각적 의존의 시기

2단계: 직관적 사고능력(intuitive thinking) - 지각적 판단의 시기, 어린아이 수준(Child, 요일2:12)

3단계: 구체적 사고능력(concrete thinking) - 논리적 사고의 시기, 청년 수준(Youth, 요일2:14)

4단계: 추상적 사고능력(abstract thinking) - 추상적 사고와 응용시기, 어른 수준(요일2:13-14)324)

---

320) 존 맥아더(John MacArthur), 『다른 불』(Strange Fire), 생명의말씀사(2014), 201(이 글은 A. W. Tozer, *The Knowledge of the Holy*, HarperCollins(1978), p1에서 인용된 것이다).

321) 조용기, "생각은 내가 하고, 일은 하나님이 하신다", 주일설교(2013-09-15).

322) 토마스 아 켐피스(Thomas A Kempis, 1379-1471), 『그리스도를 본 받아』(Imitatio Christi), 두란노(2010), 190.

323) 오스월드 챔버스, 『My Utomst for His Highest』, 토기장이(2008), 묵상집(1월30일).

324) James R. Estep & Jonathan H Kim, *Christian Formation*, B&H Academic, 2010, 68에서 재인용.

예수님을 믿으면 인간은 육적 생각보다 영적 생각을 하게 된다(롬8:6). 초기에는 '눈에 보이는 것들'이 중심이 되나, 점점 믿음이 성장할수록 영적 사고능력과 추상적 사고능력을 삶의 자리에 활용하게 된다.

영산이 말하는 긍정의 생각은 십자가에서 출발한다. 근본적으로 십자가의 5중복음은 인간의 생각을 긍정적, 창조적, 생산적으로 변화시켜 하나님의 생각을 닮아가게 한다. 영산은 언제나 설교를 준비할 때 성도들의 생각이 변하는 것을 상상하면서 준비한다. 그는 설교할 때마다 성도들의 삶의 자리에서 5중복음과 4차원영성의 열매를 맺을 수 있도록 강력하게 요청하고 권면했다. 그 결과 많은 성도들의 생각이 변화되고 성장했다. 그는 사람됨을 바꾸려면, 먼저 생각을 바꾸어야 한다고 강조한다. "우리들은 흔히 사람을 나쁜 사람, 악한 사람, 혹은 좋은 사람, 성공한 사람이라고 말합니다. 무엇이 사람을 이렇게 각기 달라지게 할까요? 그것은 그 사람의 마음의 생각이 그렇게 만들었기 때문입니다. 우리들 자신의 사람됨을 바꾸려면, 먼저 생각을 바꾸어야 합니다. 마음의 생각을 변화시키는 길은 그리스도께 복종하는 것입니다."325)

4.2. 예수 그리스도의 생각: 영광의 영성

영산은 "하나님은 갈보리 십자가에서 생명의 빛을 비춰주셨습니다. 즉 용서와 의의 빛, 거룩함과 성령충만의 빛, 축복과 형통의 빛, 부활과 영생의 빛을 주셨습니다."라고 말한다.326) 그의 마음하늘에는 언제나 예수 그리스도 십자가의 빛으로 충만해 있다. 그는 또 "하나님과 예수님, 성령님과의 교제 속에서 꿈과 소망을 가지고, 믿음으로 맑고 밝고 환한 삶을 살 수 있습니다."라고 강조한다.

우리 안에 영광의 본체이신 예수 그리스도가 계신다. 이는 아름다운 영광의 보좌가 우리 안에 있음을 의미한다. 따라서 생각의 기초는 내 안에 계시는 영광의 예수 그리스도시다. 신자가 일평생 해야 할 일은 하나님께 영광 돌리는 생각으로 충만한 것이다.327) 그리스도 안에서 하나님과 우리의 관계는 영원하다. 그리스도를 향한 생각은 위대한 삶의 흔적을 남긴다.

어떻게 하면 인간이 옳은 생각을 할 수 있을까? 인간의 마음을 가장 처절하게 괴롭히는 것은 바로 내 안에 존재하는 '마음 자체'다. 다시 말해 마음이 마음을 괴롭히는 일차적 원인인 것이다.

---

325) 조용기, "세상마음과 천국마음", 주일설교(2011-10-09), "마음의 생각을 지키라"(2010-02-20), "항상 긍정적으로"(2011-02-20), "마음의 장애를 고쳐라"(2012-04-29), "마음하늘"(2013-04-07).

326) 조용기, "생명의 빛이신 예수님", 주일설교(2014-12-28).

327) 기독교인의 삶은 하나님께 영광을 드리는 삶이다. 성경은 영광언어를 다양한 방법으로 묘사하고 있다. 1) 영광과 권능: "주의 오른손이 권능으로 영광을 나타내시니이다(출15:6)." "영광과 권능을 야훼께 돌릴지어다(대상16:28)." "영광과 능력을 야훼께(시29:1)." 2) 영광과 거룩: "주와 같이 거룩함으로 영광스러우며(출15:11)." 3) 영광의 활동성: "내 영광이 지나갈 때에 내가 너를 반석 틈에 두고(출33:22)." "하나님의 궤를 빼앗겼으므로 영광이 이스라엘을 떠났다 하였더라(삼상4:22)." "원하건대 주의 영광을 내게 보이소서(출33:22)." 4) 영광, 찬송, 명예: "모든 민족 위에 뛰어나게 하사 찬송과 명예와 영광을 삼으시고(신26:19)." 5) 영광의 주체와 수동성: "지혜로운 자는 영광을 기업으로 받거니와(잠3:35)." "영광의 왕이 누구시냐 만군의 야훼께서 곧 영광의 왕이시로다(시24:10)." "너는 위엄과 존귀로 단장하며 영광과 영화를 입을지니라(욥40:10)." 6) 영광과 믿음: "예수께서 이르시되 내 말이 네가 믿으면 하나님의 영광을 보리라 하지 아니하였느냐 하시니(요11:40)." 7) 영광과 이름: "아버지여, 아버지의 이름을 영광스럽게 하옵소서 하시니 이에 하늘에서 소리가 나서 이르되 내가 이미 영광스럽게 하였고(요12:28)." 8) 영광과 고백: "모든 입으로 예수 그리스도를 주라 시인하여 하나님 아버지께 영광을 돌리게 하셨느니라(빌2:11)."

영산은 "예수님과 하나된 마음을 가져야 합니다. 십자가에 예수 그리스도와 하나 되어 죽고 함께 부활한 것을 마음속에 받아들여야 합니다(롬6:4, 엡1:7, 벧전4:8)."라고 강조한다.[328] 그리스도인은 예수의 마음을 이미 품고 있는 존재다(고전2:16). 영산은 "우리의 영과 마음은 영적세계에 속하며 3차원의 물질세계에 속한 몸과 환경을 다스립니다."라고 말한다.[329] 우리의 마음이 영에 속함으로써 성령의 지배를 받아 변화와 창조의 역사를 일으킬 수 있다.

어떻게 초월적 생각을 배울 수 있을까? 우리가 배울 것은 이성적 생각이 아니라, 하나님의 초월적 생각이다. 하나님은 초월적 생각을 가지고 계신다. 하나님은 중력의 힘을 초월해서 도끼를 물 위로 올릴 수도 있고, 당나귀를 이용해 선지자 발람까지 호되게 야단치실 수도 있다. 그렇게 하나님의 생각은 초자연적이다. 그러므로 성령의 사람은 성령으로 살아야 한다(갈5:15).

하나님의 생각은 성령 안에서 말씀과 그리스도를 통하여 삼위일체적으로 나타난다. 그렇다면 예수님의 궁극의 생각모델은 무엇일까? 그 대답은 마태복음 5장 48절에서 찾을 수 있다. "그러므로 하늘에 계신 너희 아버지의 온전하심과 같이 너희도 온전하라(마5:48)."[330] 이 말씀은 제자도에 대한 대명제라 할 수 있다. 하나님 아버지를 닮아가는 것이 생각영성의 핵심이다. 하나님 아버지가 거룩함으로 우리도 거룩해져야 한다(레11:45). 내가 거룩하기 위해서 거룩하신 예수의 영이 내 삶의 주도권을 가져야 한다. 영산은 "말씀으로 마음을 굳건히 하고, 꿈과 믿음으로 채우고, 입술의 고백을 통해 마음을 다스려야 합니다."라고 말한다.[331] 우리의 마음하늘은 성령이 거하는 성전이다.

따라서 성령의 사람은 오직 성령으로 살아야 한다. 우리가 성령으로 살면 또한 성령으로 행해야 한다(갈5:25). 성령은 들은 것만 말씀하시고(요16:13), 성령은 예수님의 것을 가지고 우리에게 알려주시며(요16:14), 결코 임의로 말씀하시지 않는다. 성령은 우리를 통해 그리스도를 영화롭게 하신다. 하나님의 삶의 방식은 사랑이다. 사랑은 무엇인가? 그것은 선을 향한 의지다.[332] 하나님은 예수 안에 계시고, 예수님은 아버지 안에, 그 예수님은 우리 안에 계신다(요17:21). 따라서 예수님의 생각모델은 하나님 자신이시고, 우리가 본받아야 할 생각모델도 우리 안에 계신 예수님이시다.

예수님으로부터 배워야 할 생각모델은 다양하지만 몇 가지 예를 들면 다음과 같다.

a) 십자가 생각(Cross model)

영산은 "우리의 생명이 변화되는 곳은 십자가입니다. 우리는 오직 십자가 밑에서 새 생명과 새 희망을 얻습니다. 우리는 예수님의 십자가 은혜로 율법의 저주에서 해방되었기 때문입니다."라고 말한다.[333] 십자가의 생각을 품으면 하나님 나라의 삶을 살게 된다. 즉 내 삶 가운데 임마누엘 하나님이 나와 동행하는 삶이다. 그리스도인은 십자가를 통해서만 생명을 얻는다. 그리스도의 생명

---

328) 조용기, "마음", 주일설교(2003-09-14).
329) 조용기, "마음하늘", 주일설교(2013-04-07).
330) 병행구절은 누가복음 6장 36절에 나타난다. "너희 아버지의 자비로우심 같이 너희도 자비로운 자가 되라."
331) 조용기, "마음성전", 주일설교(2007-10-14).
332) "사랑이란 정확히 무엇인가? 그것은 선을 향한 의지라 할 수 있다. 사랑의 반대는 악의다." 달라스 윌라드, 『마음이 혁신』, 복있는사람(2014), 222.
333) 조용기, "이해와 동정과 사랑과 용서", 주일설교(2012-04-01).

안에 생각의 진성성이 있다. 존 오웬(John Owen)은 "생각이 하늘에 속한 것들을 향하고 있는 사람은 십자가의 고통을 느끼지 않는다"고 역설한다.334) 십자가는 인간의 존재론적 본질을 깨닫게 해준다. 예수님은 십자가를 지심으로 인간을 먼저 사랑하셨다. 가장 낮은 자리로 내려가 십자가를 지심으로써 섬기는 종이 되셨다(막9:35).335)

십자가 없는 생각은 헛것이요, 무익한 것이다. 인간이 가장 본 받아야 할 생각의 기초는 예수님의 십자가모델을 생각하고 닮아가는 것이다. 십자가는 내가 먼저 낮아지면 하나님이 올려주시는 역설적 모델이다. 영산은 부활의 관점에서 예수 그리스도의 십자가를 바라보고, 희망의 복음, 즉 5중복음을 탄생시켰다. 또한 그 복음을 삶의 자리에서 3중축복으로 열매 맺게 했다. 그리고 4차원영성은 5중복음과 3중축복을 활성화시켜, 하나님의 나라가 보다 효과적으로 삶의 자리에 임하게 한다.

b) 수용적 생각(accommodation model)

예수님은 눈높이 구원을 위해 오셨다. '인간구원'을 위해 '인간으로' 이 땅에 오셨다. 십자가 밑에서 솟아나는 영원한 생수는 그것을 마시기를 원하는 모든 이에게 흘러들어간다. 영산은 "이 세상에서 이루어야 할 가장 위대한 삶은 예수님을 따라가는 삶으로 변화된 인격으로 성령의 권능을 나타내며 천국으로 가는 것입니다."라고 말한다.336) 우리 삶의 목적, 의미, 가치는 예수님에게 있다. 따라서 신자는 그리스도의 생각의 눈높이로 살아야 한다.

십자가는 죄를 사서 용서를 만들고, 하나님의 진노를 사서 화목을 만들고, 불의를 사서 의를 만들고, 미움을 사서 사랑을 만들고, 불평을 사서 감사를 만들고, 고난을 사서 영광을 만든다. 십자가는 겸손과 순종을 배우게 해서, 예수 그리스도를 닮아가게 만든다. 십자가는 세상의 악한 것들을 수용해서 모두 선한 것으로 변혁시킨다. 예수님은 연약한 어린 아이도 영접하는 겸손을 보여주셨다(막9:35).337) 이는 힘없고, 권력 없고, 전혀 도움이 안 되어도 품어주고, 영접해주는 눈높이 생각모델이다.

c) 확장적 생각(Width model)

십자가는 생각방식을 이성적 방식에서 초월적 방식으로 확장시킨다. 생각의 활동범위가 성령을 통해 땅에서 하늘까지 뻗는다. 다시 말해, 성령 안에 거하면 인간의 생각은 1차원적 직선적 사고에서, 2차원 평면적 사고로, 거기서 더 나아가 다차원적 사고방식을 품게 된다. 성령은 인간의 생각을 이성을 초월하는 사고방식으로 이끈다. 영산은 "성령님은 우리의 생각을 변화시키고, 꿈을 주고, 믿음과 담력을 주고, 말의 선언을 달라지게 합니다."라고 말한다.338) 예수님은 생각의

---

334) 존 오웬(John Owen), 『그리스도의 영광』(The Glory of Christ), 지평서원(2013), 25.

335) "사람의 모양으로 나타나사 자기를 낮추시고 죽기까지 복종하셨으니 곧 십자가에 죽으심이라(빌2:8)." "누구든지 자기 십자가를 지고 나를 따르지 않는 자도 능히 내 제자가 되지 못하리라(눅14:27)." "그리스도 예수의 사람들은 육체와 함께 그 정욕과 탐심을 십자가에 못 박았느니라(갈5:24)."

336) 조용기, "믿음의 단계", 주일설교(2012-09-23).

337) "하나님 앞에서 겸손이란 하나님의 주권이라는 측량할 수 없는 신비 앞에서 침묵하는 것이다." 참조. 브라이언 채플(Bryan Chapell), 『성화의 은혜』(Holiness by Grace), 지평서원(2014), 426.

폭이 무한대이시다. 예수님은 원수도 사랑하라고 하신다(마5:44). 예수님은 생각의 폭이 넓고, 무한하시다.339)

영산은 생각변화의 기초는 예수 그리스도의 십자가라고 강조한다. "우리 예수 믿는 사람은 우리 생각이 부패에서 씻음을 받습니다. 이제 우리의 생각이 하나님 중심, 예수님 중심, 성령님 중심의 생각으로 돌아와야 합니다. 이제 우리의 생각을 변화시키고 교육시켜야 하는데 어떻게 해야 할까요? 우리는 예수 그리스도의 십자가의 구속을 통해서 그것을 기초로 해서 우리의 생각을 바꿔야 합니다."340)

생각의 기본모델은 십자가 모델이다. 하나님의 생각을 품기 위해서 내가 십자가 위에서 죽고 부활한 존재가 되지 않으면 불가능하기 때문이다(갈6:14). 예수님만이 인간의 영을 치료할 수 있고, 도덕성을 치료할 수 있고, 3차원 육의 생각을 4차원 영적 생각으로 치료할 수 있다.341) 새로운 피조물, 즉 새 존재가 되었으면, '새 존재의 지성, 감성, 의지'를 예수님의 형상(갈4:19)으로 동화(同化)시켜 가야 한다. 영산은 십자가의 생각을 강조한다. 신자는 예수님의 5중생각(five-fold thinking of Jesus)을 통해 자신이 예수님의 형상을 닮아가게 할 수 있다.

십자가 생각모델 1: 죄의 대속을 생각하고 바라보라(롬3:23-24)

십자가 생각모델 2: 부패한 삶의 대속을 생각하고 바라보라(고전6:11)

십자가 생각모델 3: 병의 대속을 생각하고 바라보라(벧전2:24)

십자가 생각모델 4: 저주의 대속을 생각하고 바라보라(갈3:13-14)

십자가 생각모델 5: 죽음의 대속을 생각하고 바라보라(요11:25-26)

예수님은 할 수 있으면 사람들이 많은 생각을 하도록 문제들을 제기했다. 육의 생각이 아니라 영적 생각을 하게 함으로 온전한 변화를 유도한 것이다. 허만 호온(Herman Horne, 1982)이 저술하고, 로날드 하버마스(Ronald Habermas)와 클라우스 이슬러(Klaus Issler)가 수정 및 보완한 '마가복음에서 예수님이 사람들에게 던지신 생각할 재료들'은 아주 다양하게 나타나고 있다.342)

---

338) 조용기, "나의 도움이 어디서 오나?", 주일설교(2012-09-02).

339) "네 원수가 배고파하거든 음식을 먹이고 목말라하거든 물을 마시게 하라(잠25:21)." "나는 너희에게 이르노니 너희 원수를 사랑하며 너희를 박해하는 자를 위하여 기도하라(마5:44)." "네 원수가 주리거든 먹이고 목마르거든 마시게 하라 그리함으로 네가 숯불을 그 머리에 쌓아놓으리라(롬12:20)."

340) 참조. 조용기, "나, 나의 생각", 주일설교(1981-06-21), "십자가의 위력"(1991-08-04). "십자가의 도"(2012-11-18).

341) C. S. 루이스(Clive Staples Lewis), 『순전한 기독교』(Mere Christianity), 홍성사(2014), 123. 도덕은 3가지와 관련이 있다. 첫째, 각 개인에게 서로 공평하게 처신하며 조화를 이루는 일과 관련된다. 둘째, 개인의 내면에 있는 것을 정돈 또는 조화시키는 일과 관련이 있다. 셋째, 인간은 무엇을 위하여 창조되었는가? 인생 항로의 최종 목적지는 어디인가? 궁극적으로 도덕성은 인간됨을 만들어 하나님의 거룩함을 품게 하는 것이다. 이 과정은 이성의 힘으로 안 되고, 말씀과 성령의 능력으로 가능하다.

342) 로날드 하버머스 & 클라우스 이슬러, 『화목을 위한 가르침(Teaching for Reconciliation)』, 서울, 디모데, 김성웅 역, 256. a) 누가 사죄할 수 있는가? 서기관들(2:7), b) 예수께서 죄인과 세리들과 함께하심: 바리새인의 서기관들(2:16), c) 안식일을 지키는 일: 바리새인들(2:24), d) 예수께서 귀신을 어떻게 좇아내는가? 서기관들(3:22), f) 예수의 권세 원천은 어디서 오는가? 고향사람들(6:2-3), g) 제자들이 왜 장로들의 유전을 지키지 않는가? 서기관과 바리새인들(7:5), h) 표적을 원함: 바리새인들(8:11), i) 엘리야가 먼저 오는 일: 베드로, 야고보, 요한(9:11), j) 누가 가장 크냐? 제자들(9:34), k) 다른 사역자들에 대한 관용: 요한과 다른 사람들(9:38), l) 이혼: 바리새인들(10:2), m) 영생을 얻기 위한 방법: 젊은 부자 관원(10:17), n) 예수님의 좌우에 앉는 일: 야고보와 요한(10:37), o) 부활: 사두개인들(12:23), p)

십자가의 생각은 옛 사람의 생각을 지배하고 조율한다. 인간의 옛 감정은 자신의 의지력만으로는 조절할 수 없다. 오직 그리스도 안에서 삶의 위계질서가 회복될 때 가능하다. 즉 창조주 하나님은 원래 하나님의 자리로, 피조물인 자신은 원래 피조물의 자리로 내려가는 것이다. 옛 감정을 새 감정 – 의, 평강, 희락, 거룩 등 – 으로 하나씩 채워나갈 때 옛 감정을 점진적으로 소멸시킬 수 있다.

십자가는 거듭나기 이전의 인간의 마음을 성령적 마음공간으로 만들어 성령의 도움으로(요16:14) 그리스도의 영광을 드러나게 한다. 영산은 마음과 생각이 새로워지는 과정은 일평생 해야 할 일이라고 강조한다. "새 사람으로 거듭 난 후 여러분의 마음과 생각은 성령에 의해 점진적으로 새로워집니다. 즉 성화가 일어납니다."343)

영산은 성경말씀을 하나님의 생각으로 인식한다. 영산의 성경해석학 중의 하나는 하나님의 말씀을 하나님의 생각으로 인식하는 것에 있다. 즉, 새 생각의 뿌리는 말씀의 생각이다.

새 생각이란 예수 그리스도와 연합된 자로서의 생각이다(롬6:5). 십자가의 능력으로 완전히 질적으로 달라진 새 생각을 의미한다. 나아가 새 생각은 '완전함'을 생각하는 것이다(신18:13, 창17:1, 마5:48).

새 피조물, 새 마음, 새 생각은 서로 밀접하게 연결되어 있다. 영산은 좋은 생각이 좋은 환경을 만들어 새 사람을 만든다고 한다. "현재에 좋은 씨앗을 심으십시오. 좋은 생각의 씨앗은 기쁘고 행복하고 복된 현실로 옷을 입고 나타납니다. 좋은 생각을 갖고 있으면, 그것이 좋은 옷을 입고 나타납니다. 새 환경에 나타납니다. 하나님이 사람의 생각을 얼마나 창조력 있게 만드셨든지 지킬 만한 것보다 생각을 지켜라 생명의 근원이 거기에서 나오고, 좋은 생명도 거기에서 나오고 나쁜 생명도 거기에서 나옵니다."344)

미국의 성공학자로서 경영컨설턴트인 마크 스티븐스(Mark Stevens)는 최고 경영자가 되고 남보다 앞서기 위해서 "세 가지가 옛 것으로부터 벗어나야 한다"고 말한다. 첫째, 나이에서 벗어나 낡은 생각을 버려라. 둘째, 낡은 지식을 과감히 버리고 새로운 지식을 배우고 새로운 시대에 적응하라. 셋째, 과거에 실패했든 성공했든 낡은 경험은 벗어 던져 버려라.

영산은 생각의 힘과 말의 힘을 이렇게 강조한다. "우리는 생각과 꿈과 입술의 고백으로 우리의 삶을 만듭니다. 언제나 생각이 분명하고 긍정적이며 내일에 대한 꿈이 분명해야 합니다. 또한 '할 수 있다', '하면 된다', '해보자'라는 입술의 고백으로 복된 삶을 주장할 수 있어야 합니다."345) 구체적으로 보면, 예수님의 삶의 방식 – 생각의 양식, 믿음의 양식, 언어의 양식 – 을 따라가는 삶이 중요하다. 예수님은 항상 위의 것을 생각하셨고, 위의 것을 말씀하셨고, 위의 것을 행동에 옮기셨다. 언제나 가르치시고, 전도하시고, 고치셨다. 마음의 변화는 생각의 변화를 가져온다. 생각의 변화는 말의 변화를 가져온다. 또한 말의 변화는 행동의 변화를 가져온다.

첫째 계명: 서기관(12:39), q) 어느 때에 이런 일이 일어나는가? 베드로, 야고보, 요한, 안드레(13:4), r) 향유의 낭비: 시몬의 집에서 식사하실 때의 어떤 사람들(14:4), s) 예수께서 자신을 그리스도라고 주장한 일: 대제사장(14:61).

343) 조용기, 『4차원 영적세계』, 서울말씀사(1996), 136. "모든 지킬 만한 것 중에 더욱 네 마음을 지키라 생명의 근원이 이에서 남이니라(잠4:23)."

344) 조용기, "마음의 생각을 지키라", 주일설교(2010-05-23).

345) 조용기, "말의 힘", 주일설교(2011-02-13).

4.3. 생각의 거룩화 모델: 고난-부활의 구조

영산의 4차원영성 개념에서 거룩을 정의하면, "주님처럼 생각하고, 주님처럼 꿈꾸고, 주님처럼 믿고, 주님처럼 말하는 영적 상태"로 볼 수 있다.346) 즉 거룩이란 도덕적 차원에서 보면 하나님의 마음에 동화된 마음의 상태로 볼 수 있다. 거룩함이란 구체적으로 무엇일까?347) 사람에게 적용하면 거룩의 의미는, '하나님의 거룩한 백성, 성도, 성자'의 의미를 지닌다. 거룩함이란 헌신과 동화(同化), 즉 '하나님을 섬기는 삶'과 '하나님처럼 되기 위해 닮아가고 순종하는 행위'가 포함된다.

거룩은 도덕성(십계명)과 영성(말씀-기도-성령)의 총체이다. 따라서 성도가 거룩한 삶을 살기 위해서 '하나님이 정하신 도덕법(기준점)'과 성령 안에서 '예수님의 삶'을 모델로 삼아서 사는 것이다. 존재론적 측면에서, 인간은 하나님처럼 절대적으로 거룩할 수 없다. 또한 변화산과 다메섹 도상에서 나타난 예수님의 절대적 거룩함은 따라갈 수 없다. 하지만 도덕적 측면에서 말씀과 기도로 하나님과 예수님의 거룩함을 닮아갈 수 있다(딤전4:5).

예수를 믿을 때 우리는 거룩함을 얻고(히10:10), 의를 얻는다(롬3:22, 롬5:1), 따라서 거룩과 의는 지속적으로 말씀과 믿음과 기도로 유지해야 한다. 신자들은 그것을 일생동안 추구해야 할 목표로 삼아야 한다. 신자들은 '그리스도 안에서 선한 일을 위하여 지음을 받은 자(엡2:10)'들이다. 바울은 "의와 진리와 거룩함으로 지으심을 받은 새 사람이 되라(엡4:24)"고 강조한다. 신자는 거룩함을 통하여 주를 만난다(히12:4).

성경은 거룩한 말씀의 책이다.348) 처음부터 끝까지 거룩함에 관하여 말한다. 말씀 자체가 거룩이다. 그리스도인은 '화평함과 거룩함(히12:14)'을 따를 때 주를 볼 수 있다. 레위기는 하나님이 우리에게 보내신 거룩한 사랑의 편지다. 거룩한 삶이란 내 안의 예수 그리스도 삶과 인격을 나타내는 것이다. 그것이 예수를 아는 지식에서 자라가는 것이다(벧후3:18).

예수님이 단번에 제사를 드림으로써 신자는 거룩함을 얻었다. "예수 그리스도의 몸을 단번에 드리심으로 말미암아 우리가 거룩함을 얻었노라(히10:10)." 이 위대한 일을 예수 그리스도의 십자가가 해냈다. 하나님, 예수님, 성령님을 알아가는 일은 십자가의 신비를 통해서 선물로 주어진다. 존 웨슬리(J. Wesley)는 "성경에 입각하여 거룩함을 이 땅에 전파하기 위하여" 감리교를 창설했다. 그는 거룩함에 온 삶을 걸었다.

왜 거룩해야 하는가? 그것은 선한 일을 하기 위해서다(딛2:14). 그래야 영광이 나타난다. 하나님이 우리를 거룩하게 하는 것은 우리로 하여금 '선한 일을 열심히 하는 자기 백성이 되게(딛2:14)' 하는 것에 있다. 하나님의 속성과 목적이 가장 잘 드러나는 곳은 어디일까? 바로 십자가다. 생각의 거룩

---

346) 조용기, "나는 포도나무요 너희는 가지니", 주일설교(2009-12-27).

347) 거룩은 히브리어로는 카도쉬(qadosh), 영어의 의미로는 "consecrated, holy, Holy One, saints" 등의 의미를 지닌다. 즉 "하나님을 위해 따로 놓음, 구별, 그분께 이관함"의 의미를 지닌다.

348) 하나님 스스로 거룩하시다. "내가 거룩하니 너희도 거룩할지어다(레11:45)." 왜 우리가 거룩해야 하는가? "하나님의 뜻은 너희의 거룩함이니라(살전4:3)." "가서 다시는 죄를 범하지 말라 하시니라(요8:11)." 그렇다면 거룩의 회복목표는 무엇인가? "우리를 깨끗하게 하사 선한 일을 열심히 하는 자기 백성이 되게 하려 하심이라(딤2:14)." "물로 씻어 말씀으로 깨끗하게 하사 거룩하게 하시고 자기 앞에 영광스러운 교회로 세우사 … 거룩하고 흠이 없게 하려 하심이라(엡5:26-27)." "창세전에 그리스도 안에서 우리를 택하사 우리로 사랑 안에서 그 앞에 거룩하고 흠없게 하시려고(엡1:4)."

화는 십자가 위에서 예수와 함께 죽고 부활한 사건에 뿌리를 두어야 한다. 인간의 속성과 목적도 결국 십자가 안에서 그 해답을 찾아야 한다. 십자가는 믿음과 신자와 교회의 기초다. 동시에 진리와 의와 거룩함의 기초다.

그래서 신자는 고난과 부활의 경계선에서 갈등과 긴장을 하면서 산다. 정상적인 신자라면, 항상 창조적 갈등 안에서 산다. 영산의 '고난-부활론'을 인용해보자. "나의 죄를 위해서 죽으신 예수님의 십자가를 바라보고 늘 주님의 십자가를 나도 지고 예수님이 죄인들을 위해서 희생한 것처럼 나도 내 자신을 희생하면 반드시 부활이 다가오는 것입니다. 예수님이 십자가에 죽지 않았으면 부활하지 못했을 것입니다. 죽으셨기 때문에 부활했습니다. 우리도 그리스도와 함께 죽으면 반드시 그리스도와 함께 부활을 얻게 되는 것입니다."349) 그는 고난-부활을 하나의 장(場)으로 인식하고, 삶 속에 적용할 것을 요청한다.

신자들은 종종 고난의 산에 머물고 있지만, 장차 부활의 산에 올라갈 것이다. 루터(Luther)의 표현대로, 현재는 하나님의 뒷모습을 보지만, 장차 하나님의 얼굴을 직접 볼 것이다. 신자들의 생각의 기초는 예수 그리스도 십자가다. 그리스도인은 죄사함 받아 거룩함을 얻었으므로(히10:10), 십자가와 십자가에 달리신 예수 그리스도가 그의 생각의 뿌리가 되어야 한다. 십자가는 시공간을 초월해서 과거-현재-미래를 통합시킨다. 그리스도인은 '주의 죽으심을 그가 오실 때까지(고전11:26)' 전해야 한다. 아우구스티누스(Augustinus)는 "십자가만이 우리의 신학(고전1:18-2:5)"이라고 선언한다. 루터도 "참된 신학과 하나님에 대한 지식은 십자가에 달리신 그리스도 안에 있다"고 강조한다.

1) 하나님의 거룩 사역

영산은 "기독교 신앙이란 저주받은 세상 삶에서 예수님의 대속의 은혜를 마음에 받아들여 새 사람으로 변화되는 것입니다."라고 말한다.350) 생각이 거룩으로 충만하려면, 성령의 씻음을 받아야 한다(고전6:11, 딛3:5). 즉, 성령 안에서 예수님의 존재와 삶을 총체적으로 바라보려고 하는 영적 의지와 훈련이 필요하다. 그러면 우리는 무엇을 바라보아야 하는가? 예수님의 성육신, 십자가의 죽으심과 부활하심, 승천하심과 영광 받으심, 중재하심, 성령으로 오심 등을 바라보는 것이다. 바라본다는 것은 내 마음을 한 곳에 집중한다는 의미다. 십자가를 바라보는 자에게 삼위 하나님은 자비, 은혜, 죄 사람, 생명 및 사랑을 선물로 준다.

성령님은 성화의 주체시다. 즉 신자를 거룩하게 하시는 분은 그의 안에 거하시는 성령님이시다. 성도의 몸은 '성령의 전(고전6:19.)'이다. 그것은 우리의 것이 아니다. 성령님의 사역은 증거하시고(요16:13-14), 통치하시며(엡5:18), 계시하시고(고전2:9-10), 능력을 주시고(고전2:4-5, 살전1:5), 은사를 주신다(고전12:11, 고전12:4-6).

성경적으로 보면, 거룩을 회복하는 방편은 말씀과 믿음과 기도와 성령의 힘이다(딤전4:5, 행15:9, 요17:17, 고전6:11). 거룩함을 유지해야 할 이유는 우리가 깨끗하게 되어 선한 일을 열심히 하는 백성이 되어야 하기 때문이다(딛2:14).351) 따라서 신자의 거룩한 삶은 성령 안에서 의지적 노력을 통해 이뤄

---

349) 조용기, "십자가와 부활", 주일설교(2009-10-11).
350) 조용기, "네 가지 땅에 떨어진 씨", 주일설교(2010-12-12).

진다. 성령 안에서 자기조절, 자기통제, 타자중심의 삶을 통해 그리스도의 형상을 닮아가는 삶이다. 자연인은 거룩함을 가질 수도 없고, 흉내를 낼 수도 없다. 거룩 사역은 성령님의 고유사역이다. 성령님은 그리스도의 보혈로 우리를 깨끗하게 씻어서 거룩하게 하신다(고전6:11).

패커(J. Packer)는 그의 책『거룩함의 재발견』에서 거룩함을 알아가는 길을 몇 가지로 제안한다. 첫째, 거룩함은 경험 안에서 배운다(마음 정화와 의로운 삶을 힘쓰는 가운데 거룩함을 배움). 그리스도는 하나님의 아들이면서도 고난을 당함으로써 순종(히5:8)을 배우셨다. 거룩이란 말씀에 순종하는 것이다. 새 피조물이 될 때 거룩함의 본능을 받지만, 거룩 훈련을 계속해야 한다. 둘째, 거룩함은 죄와 사탄과의 싸움이다. 셋째, 거룩함은 그리스도와의 친교 안에서 성숙해간다. 패커는 거룩함을 지속적으로 유지하려면, 외적인 면과 내적인 면의 조화가 필요하다고 강조한다.

거룩함을 유지하려면 어떻게 해야 하는가? 그것은 성령 안에서 소원한 것이 이뤄질 것을 기대하고, 받은 은사를 활용하여 진정한 의를 추구해가며, 타자중심의 삶을 사는 것이다.352) 성화 과정은 인간의 내부로부터 시작된다. 거룩함을 지속적으로 유지하기 위해서는 그리스도의 사랑을 깨닫고 그 사랑에 감동하며 그것을 실행해나가야 한다(고후5:14).

2) 거룩의 궁극: 하나님의 영광

거룩 훈련은 어떻게 하여야 하는가? 성령 안에서(고전6:11) 하나님의 생각인 말씀을 품고 순종하는 것이다(딤전4:5). 말씀과 믿음으로 우리의 마음이 정화된다(엡5:26, 행5:19). 거룩의 궁극은 하나님의 영광이다. 왜냐하면 거룩의 기초는 십자가 위에서 그리스도의 죽으심과 부활하심에 있기 때문이다. 성령님이 인간을 다루는 영역은 지성, 감성, 의지다. 지성을 통해 진리를 각인시키고, 감정이나 정서를 통해 희로애락이나 진선미애를 느끼게 하고, 의지를 통해 하나님의 뜻을 결정하게 한다. 따라서 성도는 거룩한 하나님의 생각, 거룩한 삶의 양식을 통해 하나님께 영광을 드린다(롬6:22).

하나님께서 이 땅에 십자가를 세우신 것은 죄인들을 의인으로 만들어서 거룩한 삶을 살게 하여 하나님과 친밀한 관계를 갖게 하는 것이다. 하나님이 십자가 위에서 이루신 일이 '성도의 거룩함'이라면, 우리에게 그것을 지키며 살아야 할 의무가 주어진다. 우리는 예수 그리스도가 십자가 위에 올라가셔서 죽으시고, 부활하심으로 '거룩함'을 얻었다. 예수님이 몸을 단번에 드리심으로 말미암아 우리가 '거룩함(히10:10)'을 얻었다. 성도의 존재 목적은 의롭고 거룩한 존재 안에서 하나님께 예배드리고, 궁극적으로 하나님을 영화롭게 하는 것이다. 이렇게 살 때 우리의 삶 속에 영, 혼, 육이 조화를 이루게 되어 풍성한 축복이 임하게 된다.

하나님은 이 거룩함이 삶 속에서 유지되는 것을 원하신다. 예수를 믿을 때 본능적으로 받은 거룩함을 유지하지 않으면, 우리 안에서 '선한 일'들이 나오지 않기 때문이다. 선한 일이 없으면, 하나님께 올라갈 영광의 빛도 나오지 않는다(롬2:10). 거룩함은 선한 일을 낳아, 하나님의 영광을 드러낸

---

351) "하나님께서 지으신 모든 것이 선하매 감사함으로 받으면 버릴 것이 없나니 하나님의 말씀과 기도로 거룩하여짐이라(딤전 4:4-5)." "이는 곧 물로 씻어 말씀으로 깨끗하게 하사 거룩하게 하시고(엡5:26)."
352) 제임스 패커,『거룩의 재발견』, 토기장이(2011), 326-339.

다. "우리를 깨끗하게 하사 선한 일을 열심히 하는 자기 백성이 되게 하려 하심이라(딛2:14)."

'거룩함(히10:10)'과 '선한 일(엡2:10)'은 뿌리와 나무줄기처럼 밀접하게 연결되어 있다. '거룩함', '의와 공의', '선하심과 사랑', '진실하심', '오래 참으심'과 같은 하나님의 속성들은 서로 밀접하게 연결되어 있으며, 도덕적 삶의 기초다. 하나님과 친밀한 관계를 맺기 위해서 '성도의 거룩한 삶'이 절대적으로 요구된다. 거룩함은 '관계'와 직결되어 있다. 성경은 "모든 사람과 더불어 화평함과 거룩함을 따르라 이것이 없이는 아무도 주를 보지 못하리라(히12:14)"고 권면한다.

거룩함으로 올라가는 진리의 길은 어렵고 힘들다. 그러나 하나님은 "내가 거룩하니 너희도 거룩하라(레11:45)"고 명령하신다. 하나님은 '창세기부터 요한계시록까지' 거룩을 이야기하신다.

4.4. 생각의 역동성: 변화적 논리

영산은 "생각, 꿈, 믿음, 말씀으로 내일의 희망을 품고 긍정적인 자화상을 가지면 환경을 다스릴 수 있습니다."라고 말한다.[353] 생각이 바뀌면 자화상도 바뀌고 환경도 변화된다. 그는 "하나님이 생각의 보좌에 계심으로써 거듭나고 변화된 생각(잠4:23), 대속의 은혜의 생각(골1:13), 말씀으로 충만한 생각(요15:7)으로 꽉 채워야 합니다."라고 말한다.[354] 영의 생각은 인간의 내적변화를 일으키는 근본적 요소다. 내적변화 없는 외적변화는 순간적으로 나타났다 사라진다. 예수의 생명으로 우리의 생각이 활성화될 때, 비로소 생각의 진정한 변화가 나타나게 된다. 베드로는 예수님이 누구인지, 십자가의 의미가 무엇인지 진정으로 깨닫고, 또한 성령강림 사건을 경험한 다음, 비로소 본질적으로 변화되었다.

나는 하나님이 주시는 생각을 어떻게 삶 속에서 향유할 수 있는가? 그것은 의지적으로 '아담형 생각구조'를 소멸시키고, 십자가 위에서 새로 이식된 '십자가 중심형 사고구조'를 믿고, 선포하고, 고백하는 것이다. 다시 말해, 모든 사고구조를 부활의 관점에서 보도록 생각의 틀을 변혁시키는 것이다. 이미 십자가에서 '예수님이 이뤄놓으신 것'을 마귀 앞에서 소유권을 주장하는 것이다. 영산은 "내일의 꿈을 품고 그것이 이뤄질 것을 현재의 생각에 심을 때 우리의 생각 속에서 과거와 현재와 미래가 실현됩니다."라고 말한다.[355] 우리의 생각은 보이지 않지만, 성령 안에서 믿고, 고백하면 현실로 나타난다. 영산은 "믿음은 말을 통하여 상승 작용을 합니다. 그러므로 믿고 말하십시오(롬10:10)"라고 강조한다.[356] 생각은 믿음 안에서 발전하고, 말을 통해 표현된다.

생각의 구조, 기능, 역학적 흐름을 좀 더 구체적으로 알아보는 것도 유익할 것이다. 2002년 노벨경제학상을 받은 인지심리학자 대니얼 카너먼(Daniel Kahneman)은 그의 책 『생각에 관한 생각』에서 두 가지 자아, 즉 경험자아(experiencing)와 기억자아(remembering self)에 대해서 소개한다. 곧 현재 느끼는 자아(경험자아)와 지난 일을 회상하는 자아(기억자아)에 대해서 말한다.[357] 생각은 현재와 과거를

---

353) 조용기, "나를 다스리는 힘", 주일설교(2010-07-11).
354) 조용기, "하나님의 주소", 주일설교(2008-11-23).
355) 조용기, "마음의 생각을 지켜라", 주일설교(2010-05-23).
356) 조용기, "마음의 파숫군", 주일설교(2013-12-01).
357) 대니얼 카너먼, 『생각에 관한 생각』, 김영사(2012), 458-469.

서로 연결하여 조화를 이뤄주는 매개체다. 이를테면 경험자아는 여행을 가서 사물을 보고 느끼는 데 치중하는 반면, 기억자아는 사진 찍는 데 몰두하는 자아다. 기억자아는 결정을 내리는 자아로서 경험자아를 조율하며 상호보완적으로 기능한다.

경험자아와 기억자아와 관련해서 말하자면, 사도 바울은 일평생 경험자아보다 기억자아로서 살았다. 바울은 다메섹 도상에서 단 한 번의 경험자아로 일평생 '예수님을 회상하는 기억자아'로 살았다. 수학기호로 묘사하면 '기억자아 > 경험자아' 이다. 그의 경험자아는 기억자아로 완전히 전위되었고, 그 결과 한 평생 예수 그리스도의 십자가만을 기억하면서 사도 역할을 수행했다. 영산도 죽어야 할 폐병에서 고침 받고 기억자아로서 예수님의 은혜를 잊지 않았다. 그러나 기억자아만 중요한 것은 아니다. 조화가 중요하며, 현재 그리스도의 사랑을 느끼는 경험적 자아도 중요하다. 그런 의미에서 인지심리학적으로 성도는 통합적 자아로서 균형 있게 사는 것이 중요하다.358)

영산은 "생각, 꿈, 믿음, 말을 통한 4차원의 영성이 3차원의 삶인 육체와 환경을 다스립니다."라고 강조한다.359) 생각은 내 삶의 과거, 현재, 미래를 통합하는 기능을 가지고 있다. 성도는 지난 과거와 현재 그리고 미래를 통합적으로 생각하면서, 동시에 매순간이 마지막이라는 마음으로 살아야 한다. 또한 예수 그리스도의 삶, 죽음, 부활을 통하여 하나님의 약속과 계시를 기대하며, 희망하며, 기리며 살아야 한다. 그런 맥락에서 바울은 성도들이 위의 것을 기리며 살아야 한다고 강조한다. "위엣 것을 생각하고 땅엣 것을 생각하지 말라(골3:2)."

위의 것을 생각하려면 하나님을 늘 기억하고 회상하는 훈련이 있어야 한다. 성도는 경험자아와 기억자아의 균형 속에 있어야 한다. 아우구스티누스는 그의『고백록』10권(15)에서 이렇게 고백했다. "오! 하나님, 이 기억의 힘은 얼마나 위대한지요! 그것은 너무 크고 끝이 없는 내 궁전입니다. 누가 그 깊이를 측량할 수 있겠습니까?"

인간은 하나님의 생각을 배워가는 영적 태도가 필요하다. 주께서는 지혜 있는 자들의 생각을 헛것으로 아신다(고전3:20). 인간의 모든 생각은 예수 그리스도 앞에서 굴복할 만큼 초라한 것들이다. 따라서 신자는 예수 그리스도의 생각을 품는 데 시간을 쏟을 만하다. 모든 생각은 그리스도께 복종한다(고후10:5). 그 어떤 똑똑한 이성의 생각도 예수님 앞에서는 초라한 것이다.

인간은 '정형화된 굳은 생각'을 말씀의 능력으로 유연하게 해서, 창조적 삶을 사는 데 힘써야 한다. 하나님 중심의 생각은 절대예배, 절대믿음, 절대순종이지만, 마귀의 종 된 3차원 인간의 생각은 병든 생각, 가난한 생각, 패배한 생각, 악한 생각이다. 영산은 "4차원영성으로 끈기 있게 운행하면 3차원은 힘을 잃고 4차원의 지배를 받습니다. 4차원의 영성이 3차원인 우리의 환경을 압도적으로 지배합니다."라고 말한다.360)

말씀과 성령을 따르는 생각이 얼마나 어려운가? 이스라엘 백성이 애굽에서 종살이 할 때에는 시키는 대로만 일하고 아무 생각 없이 살면 되었다. 하지만 이집트에서 빠져나와 메마른 광야생활

---

358) [통합자아] = [경험자아] + [기억자아].
359) 조용기, "나를 다스리는 힘", 주일설교(2010-07-11).
360) 조용기, "마음의 파숫군", 주일설교(2013-12-01).

을 할 때부터 생각을 바꾸지 않으면 안 되었다. 하나님은 그들을 비굴한 종살이 집단으로 보지 않고 막강한 하나님의 군대로 보셨다. 그래서 출애굽할 때에도 군인처럼 항오를 지어서 나오게 했다(출12:17). 하나님은 이스라엘 백성에게 3차원 인간생각을 4차원 하나님의 생각으로 전환시키는 훈련을 감행하셨다. 하나님의 관점에서 해결해야 할 일은 이스라엘 백성들의 3차원 육의 생각을 4차원 영적 생각으로 바꾸어주는 것이었다. 즉 종살이 습관을 하나님의 거룩한 삶의 습관으로 바꾸는 것이었다. 하나님은 광야에서 여러 가지 방법으로 거룩교육을 실시했다. 하나님은 다양한 기적들, 곧 홍해의 갈라짐, 쓴 물에서 단물 전환, 하늘의 만나, 바위에서 생수 만들어내기 등은 거룩교육의 단과수업이었다.

구원받은 성도라도 생각의 전환이 쉽게 일어나지 않는다. 생각의 길은 한 번 뚫리면 이변이 없는 한 보수하지 않고 그대로 사용하기 때문이다. 따라서 인간의 내면의 변화과정을 인지하여 성도의 삶 속에 적용하는 것이 유익하다. 예를 들면, 12년 동안 혈루증을 앓던 여인의 생각 흐름은 다음과 같다(막5:25-34). 즉 필요성(motive) → 인정(cognition) → 행동(action) → 변화(change)와 같은 과정을 거친다.

a) 필요성: 갈등의 단계로 그녀는 병의 고침이 절대적으로 필요했다.

b) 인정: 그녀는 자신을 관찰하고, 예수님 앞에 나가면 고칠 수 있다는 것을 스스로 인정했다. 대개의 사람들은 여기서 멈춘다. 더 이상 진전시키지 못한다. 마음의 결정과 행동은 별개의 것이다.

c) 행동: 그녀는 마침내 군중들을 헤치고 들어가 예수님의 옷자락을 만지는 데 성공하는 경험을 취한다.

d) 변화: 마침내 그녀는 12년 동안 앓던 혈루증에서 완전히 치료받아 영적 및 육체적으로 건강하게 된다.

아이디어도 생각의 전환에서 일어난다. 『마케팅의 시크릿』의 저자 홍은 그의 책에서 "촛불을 아무리 들여다봐도 전구를 발명할 수 없다. 새로운 아이디어는 형태(form)가 아니라 새로운 시각(sight)에서 비롯된다"고 강조한다. 그러나 온전한 생각의 힘을 발휘하려면, 육의 생각 대신에 영의 생각을 해야 한다. 여호수아는 하나님의 능력에 대한 생각으로 충만했기 때문에 '태양아 멈추라'고 외칠 수 있었다.

영산은 "생각은 보이지 않지만 끊임없이 우리의 삶 속에 현실로 나타납니다."라고 말한다.361) 생각은 경험을 통해 끝없이 과거, 현재, 미래를 순환하며 발전한다. 경험을 많이 한 사람은 통찰력이 생긴다. 통찰력은 어떻게 생기는가? 내가 경험한 것을 반추하고(reflection), 다른 사물과 연결시키고(connection), 다른 사물과 통합시키며(integration), 다른 사물들과 더하거나 빼거나 나누거나 곱하며(combination), 사물을 쪼개어서 세분화하는 과정(dividing)을 통해서 통찰력이 생긴다. 자신감은 경험을 통해 얻은 통찰력에서 생긴다. 학식이 없어도 경험을 통해 수많은 아이디어나 새로운 발명품을 만들어내는 것은 통찰력이 축적되었기 때문이다. 그러나 진정한 명철과 통찰력은 하나님의 말씀에서 온다(시119:66).

---

361) 조용기, "마음의 생각을 지켜라", 주일설교(2010-05-23).

4.5. 영의 생각과 육의 생각

성경은 하늘중심의 삶의 방식을 전해주는 이야기로 가득 차 있다. 영산은 "인생의 존재목적과 이유에 대하여 하나님의 시각에 서서 바라보면 생각이 달라집니다."라고 말한다.362) 생각의 가치는 하나님을 생각할 때 극대화된다. 그리스도의 영이 있는 자는 육신에 있지 아니하고 그리스도 안에 있는 자다. 그렇다면 생각의 근원은 누구인가? 나 자신인가? 내 안의 예수 그리스도인가? 생명의 근원이신 예수님이 우리 안에 계시므로 영적 생각의 근본은 예수님, 즉 진리의 말씀 자체에 있다. 생각은 하나님이 거하시는 처소다. 하나님은 통회하고 마음이 겸손한 자와 함께 거하신다(사57:15).

'내 안의 예수 그리스도'가 '나의 영'을 지배하는 삶은 행복한 삶이다. 내 안의 예수의 영은 나의 영을 조율한다. 예를 들면, 바울이 무시아 앞에 이르러 비두니아로 가고자 했을 때 예수의 영이 허락하지 않은 것이 한계적 조율의 좋은 사례다(행16:7). 예수의 영이 우위의 위치에서 인간의 영을 조율한다. 이성의 생각은 결코 영의 생각을 능가하지 못한다. 그러면서도 그 둘은 상호연합하고, 독립적이고, 공통적이다. 이처럼 예수의 영은 인간의 이성적 힘을 적극 활용한다.

논리적으로 보면, 생각의 본질적 근원은 그리스도의 사람, 곧 양자 신분에서 찾는 것이 옳다. 하나님의 영으로 인도함을 받는 자는 곧 '하나님의 아들(롬8:14)'이다. 양자의 신분으로 하나님을 아바 아버지로 부르는 자는 당연히 양자의 영으로서 생각해야 한다. 성도가 하나님의 뜻을 모를 때 성령이 하나님의 뜻을 알려주신다(롬8:26).

그러면 양자 신분으로서 어떻게 하면 영적으로 진리의 생각, 적극적 생각, 의지적 생각을 개발할 수 있는가? 영산은 새로워진 생각으로 사는 삶에 대하여 이렇게 강조한다. "사람들은 자신의 삶을 하나님의 생각에 전적으로 맡기지 않습니다. 이런 이유 때문에 그들 안에 성령으로 거하시는 하나님께서 그들의 생각을 통해 자유로이 역사하시지 않는 것입니다."363) 무엇보다도 성도가 하나님을 절대적으로 신뢰하는 것이 중요하다.

말씀으로 조율 받는 삶을 살게 되면, 삶의 구조가 적극성과 혁신성을 유지하게 된다. 예수님은 말씀을 통해 생각의 영적 확장과 혁신적-천국적 사고방식을 요구하신다. "너희는 먼저 그의 나라와 의를 구하라 그리하면 이 모든 것을 너희에게 더하시리라(마6:33)." 이 말씀 안에는 적극적, 생산적, 창조적, 혁신적 메시지가 내포되어 있다. '오직 하늘나라의 일을 힘써라!' '주님만 의지하라!' '오직 나만 믿고 따라오라!' '나와의 관계를 지속시켜라!' 같은 의미들을 내포하고 있다. 이 말씀은 삶의 사고체계를 본질적으로 또한 혁신적으로 전환시키는 말씀모델이다. 영산은 "시작도 끝도 모르는 혼돈 속에서 우리가 행복하게 잘 잘고 바르게 살 수 있는 길을 가르쳐 주는 것이 성경입니다."라고 강설한다.364) 말씀이 삶을 지배할 때, 마침내 신자는 은혜의 삶을 살게 된다.

---

362) 조용기, "하나님을 바라라", 주일설교(2010-07-25).
363) 조용기, 『4차원 영적세계』, 서울말씀사(1996), 137.
364) 조용기, "어떻게 살아야 옳게 사는 것인가?", 주일설교(2012-03-04).

말씀의 능력이 삶 속에 나타나면, 하나님을 적극적으로 섬기게 된다. 예수님은 지성(뜻, mind)을 다하여 하나님을 섬기라고 하셨다. "예수께서 이르시되 네 마음(heart)을 다하고, 목숨(soul, 영혼)을 다하고, 뜻(mind, 지성)을 다하여 주 너의 하나님을 사랑하라(마22:37)." 지성은 생각의 능력이다. 존 파이퍼(John Piper)는 "지성을 다해 하나님을 사랑한다는 것은 하나님을 사랑하는 데 우리의 모든 생각을 몰두하는 것"이라고 강조한다.365) 바꾸어 말하면, 뜻을 다하여 하나님을 사랑한다는 것은 단지 머리로만 사랑하는 평면적인 것이 아니라, 온몸으로도 적극적으로 하나님을 사랑하는 것을 말한다.

루댜드 키플린(Rudyard Kipling)은 다음과 같은 말을 했다. "일등상은 항상 영리한 자나 강자가 차지하는 것이 아니다. 머지않아 할 수 있다고 생각하는 자는 승리자가 된다." 12년 동안 혈루증을 앓던 여인은 동구 밖 외딴집에 혼자 외로이 살았다(참조. 눅8:43-48). 부정 탄다고 아무도 그를 찾지 않았다. 그녀는 절망 중에 있었다. 그런데 어느 날 옛 친구가 찾아와 이렇게 말했다.

"친구야, 내일 모레 이맘때 나사렛 예수가 이곳을 지나간단다. 그분께 가서 간구하면 네 혈루증이 나을 거야. 그분이 수많은 병자들을 치료했대. 그러니 너도 나을 수 있어. 한 번 가봐."

"아이구 안돼. 말은 고맙지만, 나는 못가. 내 몸을 봐. 부정한 여인이 어찌 무리 앞에 나가? 들키는 날엔 돌에 맞아 죽고 말거야."

"이렇게 죽으나 저렇게 죽으나 마찬가지 아니니. 내 말을 듣고 예수님을 만나봐! 그분은 모든 병을 다 고쳐!"

혈루증을 앓던 여인은 친구를 한참 쳐다보더니 이렇게 말했다. "그래 내가 이렇게 죽을 바에는... 죽으면 죽으리라는 심정으로 그분을 한번 만나봐야겠다. 옷자락이라도 만지면 낫겠지. 네 말대로 할게. 낫기만 한다면 죽을 각오도 해야지."

이 이야기는 내가 인문학적 관점에서 상상해본 것이다. 치료에 대한 그 여인의 기대감은 점점 자라서 믿음을 낳게 되었다. 그러자 그녀의 생각 속에는 예수님의 옷자락을 만지는 장면이 수없이 떠올랐다. 여인은 한 가닥 희망이 생기자 긍정적이고 적극적인 생각을 품었으며, 낫겠다는 모습을 간절히 상상했다. 그녀가 밤새 하는 일은 '자신의 생각'을 '예수의 생각'으로 바꾸는 것이었다. 즉, 예수님의 말씀이 그 여인의 마음과 생각 안에서 삶을 조율시키는 과정을 수없이 반복한 것이다. 육의 생각이 영의 생각으로 바뀌는 데 영적 의지가 중요하다. 여인의 생각구조가 점차적으로 예수님의 생각구조에 접근하자, 그녀는 마침내 '예수님의 옷자락을 만지면 치료받는다'는 놀라운 영적 생각을 하게 된 것이다. 생각은 위대한 일을 한다.

이미 앞에서 간단하게 혈루증 여인의 생각 흐름에 대하여 살펴본 바 있지만, 여기서 혈루증을 앓던 여인의 말씀적용과정을 더 구체화시키면 다음과 같다.

1단계: 말씀의 생각 단계(Positive Thinking)

말씀은 영적 생명의 활동에 있어서 기초다. 혈루증을 앓던 여인의 치료의 첫 단계는 '어떤 사람으로부터 전해들은 예수님의 말씀'이 치료의 첫 단계였다. 자신의 환경을 보지 않고 예수님의 옷자

---

365) 존 파이퍼, 『존 파이퍼의 생각하라』, IVP(2011), 104-105.

락이라도 만지면 낫겠다는 긍정적 믿음의 생각은 치료받을 수 있다는 자신감을 갖게 했다. 이 여인의 치료 과정에서 1단계는 '말씀을 들음'으로부터 오는 생각의 치료(변화)였다. 마음이 치료되면 생각이 치료되고, 생각이 치료되면 말로 고백하게 되어 치료의 역사가 나타난다.

2단계: 말씀의 지식화 단계(Knowledge)

혈루증을 앓던 여인은 주위로부터 들은 예수님의 말씀을 자신의 삶 속에 적용시켰다. 처음에는 예수님이 그 근처 마을에 지나간다는 단순한 정보를 들었다. 그녀는 말씀정보를 그냥 흘리지 않았다. '어떻게 하면 나을 수 있을까'하는 적극적 생각을 품었다. 그녀가 품은 영적 감정은 이성의 것이 아니라 말씀으로부터 오는 것이었다.

3단계: 말씀의 실천 단계(Practicing)

혈루증을 앓던 여인은 '누구로부터 들은 말씀'을 삶의 현장 속으로 데리고 가는 역동적 행동을 감행한다. 단순한 은혜의 감정을 넘어, 이제 의지적 감정으로 도약하는 단계다. 예수님을 만나러 가는 행위는 삶 속에 예수님을 모시고 오는 행위 자체였다. 영적으로 '아는 것(knowing)을 행동(doing)에 옮기는 단계'다. 하나님의 말씀을 삶 속에 가지고 들어가는 것이 기적의 시작이다.

4단계: 말씀의 현재화 단계(Actualization)

예수님의 옷자락을 만지는 것은 말씀의 현재화를 위한 마지막 단계였다. 그녀는 의지적 믿음을 다해 예수님의 옷자락을 만졌고, 그 순간 그녀의 믿음이 절정에 도달해서 기적의 역사가 그녀의 삶 속에 나타났다. 하나님은 말씀을 이 땅에 보내시어 성도들을 치료하신다. "그가 그의 말씀을 보내어 그들을 고치시고 위험한 지경에서 건지시는도다(시107:20)." 하나님이 말씀을 명하시면 그 말씀은 목표지점까지 달려가서 구원, 기적, 창조를 일으킨다. 시편 기자는 "그의 명령을 땅에 보내시니 그의 말씀이 속히 달리는도다(시147:15)"라고 묘사한다.

그러나 하나님의 말씀을 우리의 삶 속에 적용한다고 '금 나와라 뚝딱!', '아버지, 주세요!', '봉사도 많이 했으니 이제 주실 때 됐습니다'가 아니다. 성령 안에서 나의 영적 의지와 주님의 의지가 일치될 때 말씀의 역사가 나타난다. '말씀, 믿음, 성령, 의지, 기도, 순종'이 한 세트가 되어서 하나님의 놀라운 기적, 구원, 창조의 역사가 나타난다. 말씀의 생각을 품었으면, 삶 속에 말씀의 현재화를 위해 반복하고, 연습하고, 애쓰고, 기도하고, 전인적 의지를 다해서 실천해야, 마침내 삶 속에 열매로 나타난다.

4.6. 생각의 발전

영산은 "내일의 꿈을 품고 그것이 이뤄질 것을 현재의 생각에 심을 때 우리의 생각 속에서 과거와 현재와 미래가 실현됩니다."라고 말한다.[366] 그는 생각을 정적으로 보지 않고 발전하는 것으로

---

366) 조용기, "마음의 생각을 지켜라", 주일설교(2010-05-23).

본다. 생각에 대한 영산의 관점은 역동적이다. 말씀의 생각은 마음에 꿈을 심어, 그것이 믿음 안에서 자라게 한다.

그리스도를 닮아간다는 것은 곧 예수님의 생각을 닮아가는 것이다. 예수 그리스도의 생각의 중심에는 '거룩함', '의로움', '선함', '사랑', '진실', '오래 참음'과 같은 하나님의 속성들이 있다. 우리가 그리스도를 닮는다고 할 때, 바로 그러한 도덕적 속성들을 하나하나 추구하여 닮아가는 것이다. 그것은 구체적, 현실적, 효능적이어야 한다. 기독교는 이론과 지식과 실제를 모두 포괄한다.

플라톤(Platon)은 "자기성찰이 없는 삶이란 살 가치가 없다"고 말했다. 마음은 생각의 맷돌을 회전시키는 곳이다. 인간의 두뇌는 성령의 생각이 교통하는 처소다. 21세기 신경과학자 뷰리가드(M. Beauregard)와 오리어리(D. O'Leary)는 신(神)의 존재를 증명하는 신경과학적 연구를 시도했다.[367] 그들은 성도가 신비적 체험을 할 때 뇌 속의 변화를 탐지하기 위해 뇌파검사와 기능성 자기공명영상을 이용했다. 그들의 연구 결과에 의하면, '머리 안에 어디에도 하나님을 관장하는 부위가 없다.'는 것이었다. 뇌의 측두엽에 신(神)을 관장하는 부위가 없음을 입증한 것이다. 인간의 뇌 자체는 바로 하나님의 창조물이다.

생각의 발전은 자아세계의 확장이 아니라, 하나님의 성품을 닮아가는 데 있다. 하나님의 성품은 성도의 성품을 통해 이 땅에 펼쳐진다. 그러므로 성도는 '신성한 성품에 참여하는 자(벤후1:4)'가 되어 생각을 날마다 아래와 같이 영적으로 향상시켜야 한다.

a) 경험중심적 실존방식: 12년 간 혈루증을 앓던 여인. 경험을 통해 새로운 영적 사실을 생각함.
b) 인식중심적 실존방식: 라합. "너희의 하나님 야훼는 상천 하지에 하나님이시니라(수2:11)."
c) 진리중심적 실존방식: 모세, 여호수아. 하나님의 말씀을 진리로 받아들여 간직함.
d) 주권중심적 실존방식: 사무엘, 모세, 이사야, 예레미야. 하나님의 생각이 주권적으로 임함.
e) 영광중심적 실존방식: 믿음의 궁극은 주께 영광을 돌림.

하나님은 은혜로 주신 것을 성도가 체험보다 인식론적으로 알기를 원하신다. "우리가 세상의 영을 받지 아니하고 오직 하나님으로부터 온 영을 받았으니 이는 우리로 하여금 하나님께서 우리에게 은혜로 주신 것들을 알게 하려 하심이라(고전2:12)." 영적 체험을 하지 않아도 하나님의 은혜를 찬양하고 영광 돌리며, 날마다 하나님의 절대주권에 기초해서 사고하는 삶을 살아야 한다. "보지 못하고 믿는 자들은 복되도다(요20:29)." 생각의 위대성은 하나님의 존재, 본성, 행위를 영적으로 인식하고 그것에 반응하는 것이다.

하나님은 자신의 법을 성도의 마음에 새겨놓고, 성도가 성령 안에서 말씀대로 살기를 원하신다. 성도는 생각을 무한하게 확장시킬 수 있는 영적인 존재다. 20세기의 위대한 물리학자 앨버트 아인슈타인(Albert Einstein)은 영적 체험담을 이렇게 회고한다. "우리가 경험할 수 있는 가장 아름다운 체

---

367) 마리오 뷰리가드(Mario Beauregard) & 데니스 오리어리(Denyse O' Leary), 『신은 뇌 속에 갇히지 않는다』(The Spiritual Brain: A Neuroscientist's Case for the Existence of the Soul), 21세기북스(2010), 450-461.

험은 신비체험이다. 그것은 또한 모든 참된 예술과 과학의 힘이기도 하다. 이러한 감정이 낯선 이방인 같고, 그 경이로움에 놀라지 않고 마음을 빼앗기지 않는 사람은 죽은 거나 다름없다.”

하나님이 창조한 인간의 뇌는 하나님을 알고 느끼도록 고안되었다. 생각은 인간의 지적능력을 통합하는 일을 한다. 생각의 속도는 광속보다 빠르다. 빌 게이츠(William Henry Gates III)는 그의 책『생각의 속도』에서 “크게 성공하려면, 크게 모험을 해야 한다”고 강조한다.368) 큰 북에서 큰 소리가 나고, 큰 생각에서 큰일이 빚어진다.

예수를 믿으면 사고방식이 삼위일체 하나님의 삶을 따라가 길고, 넓고, 깊고, 높은 고차원적 생각을 하게 된다.369) 영산은 “하나님이 보내신 예수님을 질그릇인 우리 안에 모시면, 우리의 삶의 위치가 달라집니다.”라고 말한다.370) 삶의 위치 변화란 곧 삶에 대한 생각의 변화다. 프린스(Derek Prince)도 “우리가 하나님의 말씀을 읽고, 공부하고, 묵상하면 우리의 사고방식이 바뀐다”라고 강조한다.371) “당신이 성경을 읽을 동안 성경도 당신을 읽고 있다는 것을 기억하라”는 말이 있다. 존슨(Samuel Johnson)은 “사람은 가르쳐야 할 때보다 기억시켜야 할 때가 더 많다”고 지적한다.372) 말씀의 기억은 생각을 영적으로 성장시키고 확장시킨다.

하나님의 생각은 온 우주에까지 뻗어 있다. 우주의 크기에서부터 분자, 원자, 전자, 그리고 가장 작은 쿼크(초소립자, 超素粒子)에까지 이른다.373) 하나님은 크신 분이시지만, 초소립자 세계에까지도 관심을 가지시고 만드셨다. 이 우주의 경영은 보이지 않는 쿼크들의 활발한 활동의 결과라고 해도 과언이 아니다. 물리적으로 보면, 말씀도 파동으로 존재하고, 쿼크도 파동으로 존재한다. 결국 이 세상 만물은 하나님을 위해서, 하나님 안에서, 하나님과 함께 유지되고 있다. 말씀은 위대하다.

---

368) 빌 게이츠, 『생각의 속도』, 청림출판(2000), 326.
369) 데이비드 슈워츠(David Schwartz), 『크게 생각할수록 크게 이룬다』(The Magic of Thinking Big), 나라(2000), 105-113. 조지아 주립대학 경영관리학부 슈워츠 교수는 큰 생각을 위해 마음을 크게 넓혀야 한다고 말한다. 그는 크게 생각하는 방식 중 하나는 어휘력를 개발하는 것이라고 주장하며, 다음과 같이 제안한다. “포용적-긍정적 언어를 사용하라. 타인을 표현할 때 명랑하고, 우호적 단어를 사용하라. 타인에게 긍정적 언어로 격려하라. 자신의 계획을 세울 때 긍정언어를 사용하라. 크게 생각하기 위해서 긍정적인 정신적 이미지를 만들어내야 한다.”
370) 조용기, “이 보배를 질그릇 속에 가졌으니”, 주일설교(2010-05-23).
371) 데레크 프린스(Derek Prince), 『성령충만한 그리스도인의 지침서』, 믿음의 말씀사(2012), 143.
372) C. S. 루이스(Clive Staples Lewis), 『순전한 기독교』(Mere Christianity), 홍성사(2014), 137 재인용.
373) 말씀과 쿼크(quark)의 관계성: 하나님은 전자가 어떤 궤도로 움직이고, 얼마만한 에너지를 가지고 도는지, 또한 전자의 위치와 운동량도 모두 알고 계신다. 인간은 빛을 따라, 전자궤도를 따라 함께 여행할 수 없다. 그러나 존재를 가능케 하신 하나님은 전자와 함께 돌 수도 있고, 빛과 함께 달릴 수도 있다. 초미립자 쿼크(quark)가 어떻게 움직이고, 어떤 진동수를 가지고 움직이는지도 아신다. 말씀과 쿼크의 관계를 살펴보면 흥미롭다. 하나님은 말씀으로 만물을 만드셨다. 말씀이 소리 에너지로 변환되면, 그 자체는 진동 에너지를 가지고 있다. 만물도 쪼개고 또 쪼개면 초미립자, 쿼크라는 것이 존재한다. 이 쿼크도 진동 에너지를 가지고 있다. 동적 개념에서 보면, 말씀도 진동 에너지, 만물도 진동 에너지로 존재한다. 말씀 에너지가 만물의 소리 에너지(진동 에너지)로 전이된 것이다. 그렇게 보면, 만물 안에는 하나님의 말씀의 에너지가 내포되어 있다. 쿼크 개념으로 이해하면, 참새, 코스모스, 돌멩이, 하늘의 구름, 공기 중의 산소나 질소 등, 그 모든 피조물은 결국 저마다 소리내어 창조주를 찬양하는 것이 아닐까? 우리는 쿼크들이 소리내어 외치는 것을 듣지 못하지만, 창조주 하나님은 분명 들으실 것이다. 쿼크 자체는 지금도 활동하고 있다. 이와 같이 말씀은 신비 그 자체다.

하나님은 인류를 대상으로 위대한 생각을 품으시고, 위대한 일을 하셨고, 지금도 하고 계신다. 손자병법의 핵심교훈 중 하나는 '크게 주고 크게 얻으라(大予大取)'이다. 하나님은 온 인류의 구원을 위해서 그 아들 예수를 내어주셨다.

야베스는 삶의 지경을 넓혀달라고 간구했다. 삶의 영역을 넓히는 것은 곧 생각영역을 확대하는 일이다. "야베스가 이스라엘 하나님께 아뢰어 이르되 주께서 내게 복을 주시려거든 나의 지역을 넓히시고 주의 손으로 나를 도우사 나로 환난을 벗어나 내게 근심이 없게 하옵소서 하였더니 하나님이 그가 구하는 것을 허락하셨더라(대상4:10)." 그리스도를 믿으면 생각이 성장하고 발전되고 확장된다.

성경에 의하면, 하나님의 구원 계획도 점차적으로 확장되었음을 알 수 있다. 즉 하나님은 인류구속을 위해 4단계로 점진적으로 확대하셨다. 구약시대에는 개인, 가족, 국가 단위로 죄사함의 길을 열어놓으셨다. 신약시대에는 전 인류를 대상으로 죄를 사하는 길을 열어놓으셨다. 하나님은 온 인류를 대상으로 예수님의 단 한 번의 희생제사로 죄사함의 길을 터 놓으셨다(요1:29). 우리는 그 하나님을 경외하여야 한다. 하나님을 경외할 때, 우리의 생각영성이 성장하고 확장될 수 있기 때문이다(골1:28, 히6:2, 신18:13).

전도서에서 솔로몬의 초점은 개괄적으로 3가지로 압축된다.
    a) 명제: 헛되고 헛되며 헛되고 헛되니 모든 것이 헛되도다(전1:2).
    b) 논증: 내가 살아보니 삶이 정말 헛되다(전2:1-12:12).
    c) 결론: 하나님을 경외하고 그 명령을 지킬지어다(전12:13).

전도서의 삶의 논리로 보면, '생각의 영성'이 좇아가야 할 마지막 종착역은 '하나님을 경외하는 것'이다. 그것이 삶의 근본이요, 생각이 추구해야 할 최고의 선이다. 솔로몬이 내린 결론은 결국 '인간이 인간답게 살려면 하나님을 경외하라는 것'이었다. 하나님을 경외하라는 대명제만큼 중요한 것은 없다. 십자가를 체험한 신자는 하나님을 경외하는 것이 삶의 제1원칙이 되어야 한다. 십자가의 구속을 체험한 인간은 잃어버린 자아를 찾음으로써 삶을 재발견해야 한다. 곧 '그리스도와 동화된 자아', '성령으로 살아가는 자아', '은혜로 살아가는 자아'를 발견할 수 있어야 한다. 신령한 생각을 하면 인간은 새 창조의 자아가 생겨 새 삶을 개발하는 길이 열린다. 욥이 처음엔 하나님 앞에서 의로운 체하다가 나중에 "내가 주께 대하여 귀로 듣기만 하였사오나 이제는 눈으로 주를 뵈옵나이다(욥42:5)"라고 고백한다. 놀라운 생각의 전환이자 발전이다. 영적 체험은 인간의 생각의 크기를 초월적으로 넓혀준다.

하나님의 형상대로 지음 받은 인간은 하나님처럼 생각할 수 있는 잠재력을 지니고 있다.374) 법씨 안에 장차 맺을 열매가 잠재되어 있듯이 인간도 그러하다. 그러나 3차원 공간, 시간, 물질세계

---

374) 하나님처럼 생각할 수 있는 이유: "하나님께서 인간을 지으셨을 때 하나님은 인간 속에 하나님처럼 생각할 수 있도록 생각을 집어넣어 주신 것입니다. 우리 영이 하나님과 닮았고 우리 도덕성이 하나님과 닮았고 우리의 생각하는 것이 하나님의 형상과 모양을 따라 지음을 받았기 때문에 여러분은 지금 하나님처럼 생각하는 것입니다. 하나님처럼 위대하게 생각하고 하나님처럼 창조적으로 생각하는 것입니다." 참조. 조용기, "나, 나의 생각", 주일설교(1981-06-21).

에 사는 인간은 하나님의 생각을 품고 지키기 위해 마귀와 끝없는 전투를 해야 한다. 영산은 이렇게 말한다. "성령은 하나님의 영으로 4차원이고, 마귀도 악한 4차원입니다. 이 세상에 3차원의 물질적인 세계만 있는 것이 아니라 물질적인 세계를 다스리고 변화시키고 창조하는 4차원의 영적세계가 있습니다. 마음밭에 심어지는 세 가지 생각이 있습니다. 인간의 생각은 인간적 결과를 낳고, 악마의 생각은 악마적 결과를 낳고, 하나님의 생각은 하나님의 결과를 낳습니다. 하나님의 말씀은 하나님의 생각이며 성령은 하나님의 생각을 이루시는 하나님의 능력입니다. 따라서 끊임없이 하나님의 생각으로 표현해야 합니다."[375]

컬럼비아대학교 경영대학원 번드 슈미트(Bernd H. Schmitt) 교수는 브랜드화 전략에 있어서 세계 최고의 전문가다. 소니, 포드, IBM, 롯데그룹 등이 그에게서 컨설팅을 받고 있다. 그의 간결한 화두는 의미심장하다. "통념을 깨고 큰 생각을 하세요."[376]

슈미트 교수가 특별히 관심을 가지는 이야기가 하나 있다.
"트로이(Troy) 목마야 말로 큰 생각을 가장 잘 보여주는 신화지요. 트로이를 정복하려 했던 아가멤논(Agamemnon)은 그리스의 훌륭한 장군이었지만 '작은 생각(small thinking)'의 한계 때문에 똑같은 전법을 되풀이해 10년 동안 지루한 전쟁을 계속할 수밖에 없었지요. 결국 트로이를 함락시킨 장본인은 오디세이였습니다. 트로이에 선물을 바친다는 명목으로 대형목마에 아군을 몰래 싣고가 하룻밤 만에 트로이를 손에 쥐었습니다. 제가 이 이야기를 좋아하는 것은 비즈니스에서 정말 소비자들이 좋아하는 창조적인 방법을 이용하면 상황을 완전히 바꿀 수 있다는 겁니다."

그의 논지는 틀에 박힌 작은 생각들, 통념적이고 구시대적인 옛 생각들은 다 쓰레기통으로 가야 한다는 것이다. 세상에는 산을 향하여 돌을 굴리는 사람이 있는가 하면, 언덕 아래로 돌을 굴리는 사람도 있다. 옛 생각을 버려야 한다. 이 시대에는 오디세이(Odyssey)처럼 오랜 전쟁을 단번에 확 뒤집어 엎어버리는 파괴적이면서도, 창조적인 생각이 필요한 때다. 우리의 예수님은 지구촌의 모든 죄악을 물리칠 일을 단 한번으로 완결하신 분이다.
인생이란 내가 아는 것이 전부가 아니다.[377] 사람은 제한된 공간에서 살기 때문에 제한된 생각을 하기 쉽다. 생각을 확대시키면 이전에 보지 못한 것을 경험할 수 있다. 오디세이의 사고전략이 이 시대에 맞는 전략이다.

---

375) 조용기, "마음의 파숫군", 주일설교(2013-12-01). "사차원의 삶"(2010-11-07).
376) 조선일보 위클리비즈팀, 「위클리비즈」(WeeklyBiz Insight), 21세기북스(2010), 36-41.
377) 한 대학 교수가 배를 타고 여행을 하게 되었다. 그 교수가 한 선원에게 물었다. "여보게, 자네 철학을 아는가?" "모르겠는데요." "허허, 자네는 자네 생애의 4분의 1을 잃었군. 그럼 지질학에 대해서는 아는가?" "전혀 모르는데요." "자네는 생애의 절반을 잃었군. 천문학에 대해서는 어떤가?" "들어보지도 못했습니다." "자네는 생애의 4분의 3을 잃었군." 그때 갑자기 배가 기울어져서 둘 다 물에 빠지게 되었다. 선원이 교수에게 물었다. "교수님, 헤엄칠 줄 아십니까?" "못 치네." "그럼 교수님은 생애의 전부를 잃은 것입니다."

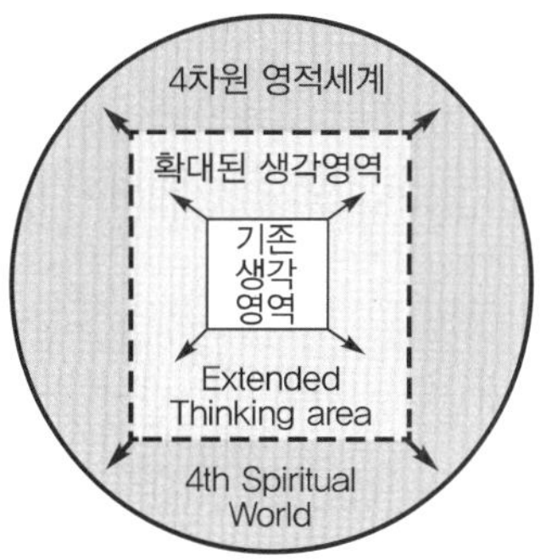

그림 6-7. 생각의 발전모델: 영산은 생각의 위대성을 이렇게 설파한다. "예수 그리스도의 십자가의 구속으로 말미암아 여러분의 생각을 변화시키면, 비로소 십자가를 통한 새로운 생각이 마음에 꽉 들어차서 적극적이고 긍정적이며 창조적이고 생산적인 위대한 생각을 가질 수 있습니다. 사람의 생각이 위대해지면 그 삶도 위대한 삶을 살게 되는 것입니다. 지킬 만한 것보다 네 마음을 지켜라. 생명의 근원이 거기서 나옵니다. 우리의 미래는 오늘 여러분의 생각에서 나옵니다. 우리의 운명도 우리의 생각 속에서 만들어져 나옵니다. 우리의 온갖 구하는 것이나 생각하는 것에 더 넘치도록 능히 하실 하나님이십니다."[378]

그림 6-7은 생각의 영역을 확대시킨 것이다.[379] 사람은 기존의 생각 경계선(existing thinking borderline)에서 더 이상 벗어나기를 싫어하고, 그 대신 기존의 생각의 틀을 따라가기를 좋아한다. 광야 40년 동안 이스라엘 백성들이 전형적인 예다. 하나님의 영적세계로 생각의 영역을 확장시켜 나갈 때, 우리는 더 큰일을 창조적으로 할 수 있다. 큰 믿음이 큰 생각을 탄생시킨다. 믿음은 이성을 초월하도록 만들어서 생각의 영역을 무한대로 확장시킨다.

영산은 인간의 몸은 거인이 아니지만, 생각은 거인이라고 말한다. "인간은 생각하는 것에 그 위대성이 놓여 있는 것입니다. 몸은 형편없어도 그 속에 있는 생각은 거인입니다. 왜냐하면 인간은 이 생각을 통해서 저 별, 저 우주의 무한한 끝까지 미치며, 인간의 사고를 통해서 바다 깊이 어느 곳에도 미치지 않는 곳이 없고, 인간의 생각은 이 물질의 근원인 미립자인 원자까지 파고 들어가서 그것을 파헤치는 것입니다. 그러므로 인간의 위대성은 그 몸에 있지 않고 생각에 있습니다. 인간의 몸은 거인이 아니지만, 그 생각은 위대한 거인인 것입니다."[380]

생각이 거인이 되려면, 십자가 복음을 마음에 품고 하나님의 생각을 닮아가려고 노력해야 한다. 생각이 거인이 되게 하는 유일한 길은 하나님을 경외하고, 하나님의 계명을 지키는 것이다. 구약의 모세오경(Torah)의 주제가 하나님의 계명을 지키는 것이라면, 성문서(Kethuvim)는 하나님을 경외하는 것이고, 선지서(Neviim)는 하나님이 모든 행위를 심판하신다는 것이다. 생각이 거인이면 몸이 거인이 되고, 생각이 움직이면 몸도 움직인다.

4.7. 육의 생각모델: 죄의 정욕

영산은 "마음의 최악의 장애는 자기중심적으로 살고자 하는 악한 생각, 말씀을 거역하는 죄, 탐심과 욕심, 교만과 오만입니다."라고 말한다.[381] 그러나 십자가는 육의 생각을 소멸시키고, 영의 생각으로 살게 한다. 예수님은 "내게 주신 나의 영광을 그들로 보게 하시기를 원하옵나이다(요17:24)"

---

378) 조용기, "나, 나의 생각", 주일설교(1981-06-21).
379) 윌라드는 생각의 영역을 개념, 이미지, 정보, 사고력으로 나눈다. 이중에서 개념과 이미지가 가장 강력한 것이라고 말한다. 그는 생각이란 우리가 사물을 의식하는 모든 방식을 가리킨다고 말한다. 참조. 달라스 윌라드(Dallas Willard), 『마음의 혁신』(Renovation of the Heart), 복있는사람(2014), 163.
380) 조용기, "나, 나의 생각", 주일설교(1981-06-21).
381) 조용기, "마음의 장애를 고쳐라", 주일설교(2012-04-29).

라고 기도하신다. 그러나 마귀는 철저하게 성도들이 그리스도의 영광을 보지 못하도록 훼방하고, 가로막고, 가로챈다. 죄인이 의인이 된 후, 지고의 행복과 평안을 누릴 수 있는 일체의 비결은 예수 그리스도의 영광을 보는 것이다. 존 오웬(John Owen)은 신자들이 누릴 수 있는 최고의 특권 중 하나는 예수 그리스도의 영광을 보는 것이라고 말한다.382)

마귀의 생각은 삶을 창조적으로 빚어가는 것을 훼방한다. 반면에 성령님은 창조의 근원이시며, 창조적인 삶으로 이끄신다.383) 하나님의 말씀이 삶에 적용된다는 의미는 육이 영의 지배를 받아서 활동한다는 말이다.384) 그러나 마귀는 고도의 전략으로 성도를 죄의 섬으로 유배시켜서 자신의 권좌를 보좌하도록 만든다. 성도의 삶은 유배지로 끌려가 죄의 노예로서 사느냐, 아니면 하나님의 나라의 임재 안에서 말씀과 성령으로 사느냐이다. 성도들은 그 경계선에서 살고 있다. 마귀는 언제나 죄악의 생각을 부어서 성도가 거룩한 삶을 살고자 하는 것을 끊임없이 방해한다. 마귀는 자신의 모든 힘을 동원해서 인간세계를 무너뜨리려고 시도한다. 대표적으로 다음과 같은 4가지 전략모델을 구사한다.385)

1단계: 정욕(lust) – 죄의 전형적 성향은 정욕(lust)이다. 정욕으로 인간의 생각을 흩뜨려 놓는다. "육체의 소욕은 성령을 거스르고 성령은 육체를 거스르나니 이 둘이 서로 대적함으로 너희가 원하는 것을 하지 못하게 하려 함이니라(갈5:17)."

2단계: 싸움(fights) – 죄는 마음의 법과 싸움(fights 혹은 wars)을 건다(롬7:23, 약4:1, 벧전2:11). "너희 중에 싸움이 어디로부터 다툼이 어디로부터 나느냐 너희 지체 중에서 싸우는 정욕으로부터 나는 것이 아니냐(약4:1)." "사랑하는 자들아 나그네와 행인 같은 너희를 권하노니 영혼을 거슬러 싸우는 육체의 정욕을 제어하라(벧전2:11)."

3단계: 포획(captivity) – 마귀가 싸움에서 승리하여 영혼을 죄의 법 아래로 사로잡아 온다. "내 지체 속에서 한 다른 법이 내 마음의 법과 싸워 내 지체 속에 있는 죄의 법 아래로 나를 사로잡아 오는 것을 보는도다(롬7:23)."

4단계: 광기(madness) – 죄가 가득하면 결국 마음에 광기를 품고 살게 된다. "모든 사람의 결국은 일반이라 이것은 해 아래에서 행해지는 모든 일 중의 악한 것이니 곧 인생의 마음에는 악이 가득하여 그들의 평생에 미친 마음을 품고 있다가 후에는 죽은 자들에게로 돌아가는 것이라(전9:3)."

---

382) 존 오웬, 『그리스도의 영광』(The Glory of Christ), 지평서원(2013), 47.

383) 영산은 "성령님은 인간의 생각과 꿈, 믿음과 말을 통해 일하시기 때문에 인간은 4차원의 영성을 통해 하나님의 그릇이 됩니다. 따라서 창조적인 생각이 먼저 있어야 합니다(잠4:23, 렘33:3)."라고 말한다. 조용기, "생각은 내가 하고 일은 하나님이 하신다", 주일설교(2013-09-15).

384) 필립스(Tichard D. Phillips)는 "복음주의 기독교 인식론은 '진리(말씀)는 현실에 상응'한다는 전제에서 출발한다."고 말한다. 참조. 카슨(D. A. Carson) & 켈러(Timothy Keller), 『복음이 핵심이다』(The Gospel as Center), 아가페북스(2014), 332.

385) John Owen, *Indwelling Sin in Believers*, Versa Press(2010), 35-49. 마귀는 영혼을 포획하기 위해, 점진적으로, 단계적으로 강도를 높여간다. 여기에 걸려들면 좀처럼 빠져나오기 힘들다. 한번 포획되면 외부로부터 절대적 도움이 필요하다.

마귀는 고도의 전쟁전략을 가지고 있고, 절대기밀을 유지하면서 성도들의 영적터전을 뚫고 들어와 정욕으로 교란시키고 훼파시킨다. 마귀는 죄의 포로가 된 자들을 포획해서 그들의 나라로 끌고 가고, 일평생 미친 마음을 품게 하고, 종국에는 죽음으로 끝내게 한다. 마귀의 입장에서 보면, 그럴듯한 최고의 걸작이다.

이렇게 보면, 결론은 오직 하나다. 곧 성령의 사람은 성령의 능력으로 살아야 한다(갈5:25). 영산은 "믿음이란 예수님이 이루신 부활의 열매인 중생, 성령충만, 신유, 축복, 재림의 5중복음과 3중축복을 함께 받아들이는 것입니다."라고 말한다.386) 우리의 믿음만이 죄의 정욕을 물리칠 수 있다.

4.8. 생각영성의 지고(至高)의 삼중구조: 사도신경-주기도문-십계명

영산은 "예수님은 부활의 생명을 가지고 우리 안에 계십니다(고후4:10). 따라서 우리는 우리 안의 보배이신 예수님을 생각해야 합니다."라고 말한다.387) 인간의 생각은 보이지 않는 하나님과 사탄의 전쟁터에 놓여 있다.388) 하늘나라 시민권을 가진 성도들을 사탄으로부터 보호하기 위해 하나님은 우리에게 믿음과 말씀을 주었다. 사탄은 언제나 하늘나라 시민들의 생각을 무너뜨리려고 시도한다. 즉 죄성, 두려움, 의심, 악한 생각을 심어서 성도들의 삶을 훼방한다. 마귀가 날마다 하는 일은 성도가 예수 그리스도의 영광, 감사, 인격, 능력, 은혜, 거룩함 등을 묵상하지 못하도록 막는 것이다. 마귀는 날마다 성도들이 하나님께 드려야 할 영광을 못 드리도록 중간에서 가로챈다. 마귀는 하나님이 좋아하시는 메뉴를 정확히 알고 있다. 그리스도인은 이것을 잊지 말자. 영적존재인 인간은 믿음으로 그리스도 안에서 하나님의 형상을 회복하는 데 많은 시간을 보내야 한다(고전 15:42-44).

하나님은 인간에게 신령한 편지, 즉 성경을 주어, 자신의 뜻 안에서 살도록 하셨다. 그리스도인의 생각영성에서 가장 중요하고 핵심적인 삼중구조는 사도신경(기독교 신앙의 핵심이면서 진리), 주기도문(생명 안에서의 하나님과의 친교), 그리고 십계명(행동 규범 - 하나님 사랑과 이웃 사랑)이다. 사도신경의 기초 위에서, 주기도문으로 하나님과 친교하고, 하나님의 행동규범을 지키면, 지고의 생각영성모델로 정식화된다.389) 윤리적 측면에서 보면, 십계명은 인간의 인격구조를 하나님 중심의 인격구조로 승화시키는 수단이다. 다시 말해 더 이상 세상중심의 생각구조가 아니라 하늘중심으로 생각개념이 전환된다.

---

386) 조용기, "영원과 시간", 주일설교(2012-06-17).
387) 조용기, "보배를 질그릇 안에 가진 삶", 주일설교(2012-08-05).
388) 바빙크(Bavinck)는 『*Our Reasonable Faith*』라는 책에서 "세계사는 맹목적으로 작용되는 진화 과정이 아니라 하늘나라의 밑에 있는 잡귀와의 전쟁, 그리스도와 적그리스도와의 전쟁, 하나님과 사탄(사탄 이름의 뜻은 '원수'다)의 전쟁이다."라고 말한다. 참조. 카슨(D. A. Carson) & 켈러(Timothy Keller), 『복음이 핵심이다』(The Gospel as Center), 아가페북스(2014), 85.
389) 제임스 패커(James I. Packer)는 사도신경으로부터 다음 세 가지 사실을 알면 하나님 나라에서 멀지 않다고 강조한다. 첫째, 온 세계와 나를 지으신 성부 하나님을 내가 믿는다. 둘째, 온 인류와 나를 구원하신 성자 하나님을 내가 믿는다. 셋째, 선택받은 하나님의 모든 백성과 나를 성화시키는 성령 하나님을 내가 믿는다. 참조. 제임스 패커(James Packer), 『사도신경』, 아바서원(2013), 14-15.

주기도문은 생각영성의 성장과 발전을 위한 모델로서 훌륭한 것이다. 생각영성의 관점에서 주기도문을 살펴보면, 그리스도인의 생각을 영성화시키는 최고의 모델이다. 주기도문은 예수님의 하늘나라 중심의 생각을 압축시킨 고도의 영적성장의 비결을 담고 있기 때문이다. 제임스 패커(James Packer)는 주기도문 전반부를 이렇게 요약한다. 곧 구원하심에 대한 찬양(아버지여), 하나님의 초월적인 위대함에 대한 경배(하늘에 계신), 하나님의 영광을 위하는 열정(이름이 거룩히 여김을 받으시오며), 하나님의 승리에 대한 갈망(나라가 임하시오며), 자신을 하나님께 바치는(뜻이 이루어지이다) 이다. 그는 이것을 ACTS(높임, 성별, 감사, 간구)로 설명한다.390) 즉, 주기도문 전반부는 구원, 찬양, 영광, 열정, 승리, 헌신의 생각으로 가득 차 있다.

주기도문의 후반부는 물질적 필요를 채워주시는 하나님(우리에게 일용할 양식을 주옵시고), 신실하지 못한 데 대한 회개와 자비롭지 못한 삶의 방식의 포기(우리가 … 사하여 준 것같이 … 사하여 주옵시고), 또한 우리가 원수들 앞에서 연약하다는 것(우리를 시험에 들게 마옵시고, 다만 악에서 구하옵소서)에 대해 다룬다. 그리고 마지막으로 다시 찬양으로 돌아간다.391) 주기도문은 찬양으로 시작하여 찬양으로 끝맺는다. 후반부는 풍요, 정화, 연약함, 찬양의 생각으로 가득 차 있다. 전체적으로 보면, 주기도문의 영성은 '전인적 생각영성의 성장과 발전'을 낳는 은혜의 수단이 된다. 그러한 맥락으로 보면, '주기도문적 생각영성 모델'을 가지고 살면, 예수 그리스도의 형상을 닮아가는 삶을 살 수 있다.

인생이란 무엇인가? 그것은 십자가의 삶이다. 영산은 "십자가를 짊어지고 죄악과 허물을 씻고 의와 진리의 거룩한 삶을 살고 성령님의 섬기는 삶을 살아야 합니다."라고 말한다.392) 구원받은 자가 제1의 가치로 추구해야 할 것은 '의와 진리와 거룩함'이다. 신분의 측면에서, 그리스도인은 비록 의롭고 거룩하지만, 도덕적 측면에서 날마다 말씀과 기도로 더 의로워져야 하고, 더 거룩해져야 한다. 그래야 하나님의 영광을 드러낼 수 있다. 그것이 성도의 존재 이유다. 십자가는 사도신경, 주기도문, 십계명을 총체적으로 우리 마음 가운데 심어준다. 영산은 "우리는 생활하면서 삶의 중심이 십자가에 있어야 합니다. 하늘을 볼 때나 땅을 볼 때나 십자가에 못 박히신 예수님이어야 합니다."라고 말한다.393)

신자들의 삶이란 이 땅에서 하나님을 섬기고, 예배하고, 찬양하다가 장차 천국에 가서 하나님을 찬양하며 영화롭게 하는 것이다. 영산은 "우리는 천국 자화상을 항상 마음에 간직해야 합니다."라고 말한다.394) 지구 위의 모든 인간의 삶의 목적은 장차 볼 예수 그리스도를 생각하면서 하나님의 뜻을 이루어가며 하나님을 영화롭게 하는데 있다.

---

390) 제임스 패커(James Packer), 『주기도문』, 아바서원(2013), 김진웅 역, 111. ACTS: 높임(Adoration), 성별(Consecration), 감사(Thanksgiving), 간구(Supplication).
391) 위의 책, 112.
392) 조용기, "언약궤를 짊어지고 요단강을 건너라", 주일설교(2013-03-10).
393) 조용기, "최대의 관심사", 주일설교(2010-01-03).
394) 조용기, "자화상과 자존심", 주일설교(2011-11-06).

5. 삶의 자리에서의 생각영성

하나님의 은혜로 초자연적으로 하늘나라 시민권을 획득한 성도는 생각도 하늘나라의 방식대로 지녀야 한다. 그리스도인은 예수와 함께 죽고, 부활하고, 승천한 존재다(엡2:5-6). 그리스도와 연합된 신자는 생각도 그리스도의 사고방식을 닮아가야 한다. 영성형성의 본질은 그리스도의 형상을 닮아가는 것이다.395) 그 핵심은 나 중심이 아니라 이웃 중심이다. 영산은 생각의 초월적 개념을 역설한다. "우리의 생각의 보좌에 하나님이 앉아 계십니다. 예수를 믿으면 생각이 거듭나게 됩니다. 세상 생각에서 하늘나라 생각으로, 세상을 따라가던 삶에서 하나님을 따라가는 삶으로, 마귀의 집에서 예수 그리스도의 나라로 옮겨서 우리의 생각이 달라지는 것입니다."396)

하나님은 정한 마음을 창조하시고 우리 안에 정직한 영을 새롭게 하신다(시51:10). 그는 말씀이 생각에 본질적인 영향을 미친다고 피력한다. "하나님의 생각은 성령의 감동으로 기록된 그분의 말씀을 통해 드러납니다. 하나님의 말씀은 여러분의 생각에 근본적인 영향을 미치며 마음을 계속 새롭게 해줍니다."

영산은 4차원영성의 관점에서 인간이 생각을 통해서 하나님을 만날 수 있다고 강조한다. "하나님께서는 때때로 여러분의 생각을 통해 말씀하십니다. 여러분이 아무런 생각도 가지고 있지 않다면, 하나님께서는 여러분에게 이야기할 통로가 없다는 것입니다."397)

생명에 대한 하나님의 인식론과 인간의 인식론 사이에는 현저한 차이가 있다. 영성개념을 보면, 하나님과 그의 아들을 아는 것이 영생이다(요17:3). 따라서 인간의 생각영성의 기초는 내 안에 살아 계시는 하나님의 말씀이다. 온전한 생각영성은 하나님의 말씀에서 비롯된다. 그리스도인의 삶에서 '말씀을 통해 하나님을 알아가는 일'과 '성령을 통해 삶의 인도받는 일'은 중요하다.

하나님은 인간에게 두 개의 책을 주셨다. 하나는 글로 쓰인 성경이고, 또 하나는 눈으로 볼 수 있는 아름다운 피조세계이다. 우주 전체가 아름답고 신비한 그림책이다. 하나님은 성경과 피조세계를 통해서 계시하신다. 영적존재로서 인간은 성경과 자연의 책을 보며 삶을 빚어간다.

하나님 자신은 '계시하는 분', 예수님은 '계시된 분', 성령님은 '계시 사건'으로 이해할 수 있다. 하나님의 '말씀계시'는 '하나의 사건'으로 우리 삶의 한가운데서 일어난다. 인간은 삶의 한복판에서 날마다 마귀와 싸우고 있다. 말씀이 없으면, 인간은 맥없이 마귀의 전략에 걸려든다. 말씀의 계시가 삶 속에 나의 사건으로 현실화될 때, 우리의 삶 속에 변화가 일어난다. 하나님은 말씀을 보내신다(시107:20). 말씀은 지금도 주님의 뜻을 이루기 위해 땅위에서 신속하게 달리고 있다(시147:15, 사55:10-11). 하나님의 말씀은 우리의 가장 중요하고 확실한 영적 무기다.

내가 좁은 길, 좁은 문으로 들어갈 것인가? 넓은 길, 넓은 문을 걷는 사람이 될 것인가?(마7:13-14) 내가 반석 위에 집을 지을 것인가? 모래위에 집을 지을 것인가?(마7:24-27) 열매 맺는 사람이 될 것

---

395) M. Mulholland Jr, *Invitation to the Journey: A Roadmap for Spiritual Formation*, IVP(1993), 15-44.
396) 조용기, "하나님의 주소", 주일설교(2008-11-23, 렘31:35).
397) 조용기, 『4차원 영적세계』, 서울말씀사(1996), 140.

인가? 열매 없는 사람이 될 것인가?(마25:14-27) 구원받은 사람이 될 것인가? 정죄 받은 사람이 될 것인가?(막16:15-16) 양무리에 들어갈 것인가? 염소무리에 들어갈 것인가?(마25:32-33) 하나님을 섬길 것인가? 재물을 섬길 것인가?(마6:24) 이것은 말씀에 기초한 양자택일의 문제다.

선지자 아모스가 하나님의 말씀을 선포할 때 벧엘의 제사장 아마샤는 제사장 신분인데도 불구하고 하나님의 말씀보다 오히려 여로보암의 왕권을 더 높게 여겼다. 그 결과 자기도 망하고 나라도 망하게 되었다(암7:10-17). 위대한 생각은 '사람의 생각'에서 오는 것이 아니라 '위대한 하나님의 말씀'에서 온다. 왕 아래 말씀이 있는 것이 아니라 왕 위에 말씀이 있다. 양자택일의 문제 앞에서 하나님의 말씀은 절대적 기준점이다.

4차원 생각의 최고 모델은 예수님이시다. 인간은 예수님의 사고모델을 따라갈 때 진정한 삶의 길을 걸을 수 있다. 사람은 어떤 생각을 결정하느냐에 따라 삶의 방향과 가치관이 완전히 달라진다. 하나님은 시내산에서 이스라엘을 그분의 백성으로 선택하시고, 그들이 지켜야 할 율법을 주셨다. 애굽에서 나온 이스라엘 백성이 해결해야 할 가장 큰 일은 종살이 습관에서 벗어나는 것이었다. 가나안 정착 후, 12지파로 흩어진 이스라엘은 주변세력들과 맞서는 데 심각한 어려움을 겪었다. 그럴 때마다 사사들은 야훼에게서 영적권능을 받아 적들을 물리쳤다. 그러나 이스라엘을 가장 크게 위협한 것은 주변세력이 아니라, 오히려 가나안 땅의 종교, 곧 우상숭배였다. 사탄의 영은 이스라엘 백성의 생각을 지배하기 위해 바알을 끈질기게 섬기도록 했다. 마귀는 끝없이 인간의 생각이 하나님을 섬기지 못하도록 오염시키고, 파괴시키고, 혼란이 일어나도록 만든다.

인간은 어떻게 생각하느냐에 따라 인생에서 성공할 수도 있고 실패할 수 있다. 뿌리가 썩으면 나무는 저절로 말라버리듯이, 인간은 생각이 썩으면 몸도 썩는다. 영산은 인생의 성공에 대하여 이렇게 말한다. "하나님에게 실패란 없습니다. 그리고 하나님의 작품 중에도 실패작이란 없습니다. 오직 인간과 마귀가 스스로 실패 속에 뛰어들었을 뿐입니다. 그 때문에 인간에 대한 하나님의 뜻은 오직 성공뿐입니다. 성공적인 삶만이 정상적인 삶이요, 실패의 삶은 비정상입니다. 할 수 없다고 생각할 때 성공은 오지 않습니다. 환경을 바라보고 두려워 할 때, 열등의식에 잡힐 때 꿈을 저버릴 때 실패하고 맙니다."398)

컴퓨터에서 소프트웨어가 고장 나면 하드웨어의 작동은 엉망이 되듯이, 생각경영을 실패하면 인생경영도 실패다. 생각이 발전되고 향상되어야 삶도 향상된다. 생각 안에 생명력이 있어야 삶 속에도 생명력이 넘치게 된다. 생각은 인간에게 가장 큰 무형의 자산이다. 기업혁신과 글로벌 전략 분야의 최고 석학인 인시아드(Insead) 이브 도즈(Yves Doz) 교수는 다음과 같이 말했다.399) "변화에 빨리 대응하려면, CEO들은 일상 업무에서 벗어나 외부전문가들을 자주 만나야 합니다. 그리고 업무 시간 중 1/3은 창밖을 보면서 외부의 변화를 어떻게 활용할지 생각해야 합니다."

---

398) 참조. 조용기, "삶의 성공과 실패를 가져오는 자화상", 주일설교(2001-07-01). "성공적인 삶을 위하여"(2000-09-10). "성공적인 삶의 3가지 요소"(1993-03-14). "성공으로 가는 7가지 이정표"(1985-08-11).
399) 조선일보 위클리비즈팀, 「위클리비즈」(WeeklyBiz Insight), 21세기북스(2010). 96.

생각은 개인뿐만 아니라 조직의 경우에도 최고의 자산이다. 생각을 많이 할수록 더 좋은 아이디어가 나오기 때문이다. 어느 신출내기 화가가 원로작가에게 가서 이렇게 물었다. "선생님 저는 2, 3일이면 한 작품을 완성합니다. 그런데 그 그림이 팔리려면 2, 3년이나 걸립니다." 그러자 원로화가가 청년의 어깨를 두드리며 말했다. "2, 3년 걸려서 그림을 완성해 보게. 그러면 2, 3일 만에 팔릴 걸세."

그만큼 생각을 많이 하라는 말이다. 쓸 만한 생각이 하루아침에 뚝딱 개발되는 것은 아니다. 오랫동안 훈련과정이 필요하며, 끈기와 인내가 있어야 한다. 꿀 한 숟가락은 꿀벌이 4000번 이상 꽃을 찾아다니며 얻은 것이다. 영어사전 '웹스터(Webster Dictionary)'를 편집한 웹스터는 36년 동안 그 일만 했으며, 작곡가 하이든이 800여 편의 작품을 완성한 다음 '천지창조'라는 오라토리오가 탄생할 수 있었다. 미켈란젤로의 '최후의 만찬'은 8년 동안 2천 번이나 스케치한 결과이다. 이 모든 것은 땀과 인내가 이루어낸 것이다.

5.1. 십자가 중심의 생각: 5중복음과 3중축복을 마음에 새긴다

그리스도인의 절대적 삶의 원리는 십자가의 수난절과 부활절의 원리다. 다시 말해, 십자가 위에서 죽고 부활한 자신의 존재를 삶의 자리에 적용하는 것이다. 성도가 할 일은 바로 이것이다. 왜냐하면 이미 우리는 죽었고, 내 안에 그리스도의 삶만이 존재하기 때문이다(갈2:20).

근본적으로 영적 생각의 기초는 '하나님의 존재(살아계신)', '하나님의 전지전능하심', '하나님의 권능'에 있다. 그러나 죄인은 이 영적 사실들을 하나님의 계시 없이 알지 못한다. 십자가 위에서 예수님과 함께 죽고, 함께 부활을 경험하지 않으면, 우리는 하나님에 관한 일체의 정보를 알 수 없다. 오직 십자가를 통해 죄인은 하나님과 그분의 은혜를 알 수 있다. 또한 나를 위해 죽으시고 부활하신 예수 그리스도를 알 수 있다. 결국 십자가는 우리 삶의 중심이며, 우리의 믿음과 삶의 기초이다.

인간이 자기의 마음을 하나님의 법으로 지배하느냐, 죄의 법으로 지배하느냐에 따라 삶의 영적 성향과 방향이 달라진다. 죄의 지배를 받으면 죄성을 드러내게 된다. 반면에 주의 법을 따르면 영성을 드러내게 된다.[400]

영산은 5중복음과 3중축복의 포물선을 성도들의 마음의 접촉점에 도달시키기 위해 최대화—극대화시켰다. "저는 성도들에게 5가지 복음과 3가지 축복을 늘 생각하라고 가르쳤습니다. 성경은 모든 것이 선하고, 착하고, 칭찬할 만하고, 될 만한 것을 말하고 있습니다. 그래서 저는 매일같이 이러한 복음과 축복을 생각합니다."[401]

이스라엘 백성들이 430년 달고 다니던 종살이 꼬리표를 떼어내는 데 광야에서 40년이 걸렸다. 종살이 사고방식의 족쇄를 끊어버리는데 긴 세월을 보낸 것이다. 그만큼 인간의 생각을 바꾸는 것

---

400) John Owen, *Indwelling Sin in Believers*, Versa Press(2010), 7. 인간에게 두 종류의 지배가 있다. 하나는 사람을 도덕적 및 권위적 차원에서 지배하는 것이고(moral, authoritative dominion over man), 다른 하나는 인간 내면에서 실제적 및 효능적으로 지배하는 것이다(real, effective dominion in man). 전자는 하나님의 법과 연관되고, 후자는 죄의 법과 연관된다.

401) 조용기, 『4차원의 영성』, 교회성장연구소(2006), 79.

이 힘들고 어렵다. 그들의 존재방식은 한결같이 종살이적 사고방식이었다. 근본적으로 인간의 생각의 변화는 오직 예수 그리스도의 십자가의 능력으로 가능하다. 중생한 자는 하나님처럼 생각하면서 살아야 한다. 그래야 삶의 복이 임한다. 성경은 "야훼께서 우리를 생각하사 복을 주시되 이스라엘 집에도 복을 주시고 아론의 집에도 복을 주시며(시115:12)"라고 기록하고 있다.

원리 1: 마음궁정을 영성화시켜라.

십자가의 믿음을 품은 자는 마음하늘에 십자가가 세워져 있다. 마음하늘이 영성화되기 위해서 마음을 십자가에 단단히 묶어놓아야 한다. 바울은 일생동안 자신을 십자가에 매달아 오직 십자가 중심의 삶을 살았다. 영산은 "그리스도와 함께 십자가에 못 박혀 죽었기 때문에 이제 우리 안에 그리스도께서 사시는 것입니다. 이러한 사실을 믿고 입술의 말로 고백함으로써 언제나 주님과 함께 하는 삶을 살 수 있습니다."라고 말한다.402) 영산은 마음하늘의 거룩화는 4차원영성적이다. 즉, 마음을 움직이는 4요소 - 생각, 꿈, 믿음, 말 - 를 통해 마음하늘을 영성화시킨다.

   a) 다윗의 영성화의 길: 다윗의 마음하늘이 온전한 영성을 유지하고 있었을 때, 하나님은 그에게 손을 대는 것마다 승리의 길, 위대한 길을 걷게 하셨다. 즉 예루살렘 정복(삼하5:7), 언약궤를 다윗성으로 옮김(삼하6장), 블레셋 격퇴(삼하8:1), 모압 격퇴(삼하8:2), 암몬 격퇴(삼하10장)와 같은 굵직한 승리가 있었다.

   b) 다윗의 반영성화(反靈性化)의 길: 그러나 다윗의 마음하늘이 반영성화의 길로 접어들자, 그는 우리아의 아내 밧세바와 관계를 갖게 되었다. 아들이 생기고(삼하11:5), 회개하지만 아이는 죽었다(삼하12:18). 또한 암논이 살해당한다(삼하13:28-29). 자기 힘을 자랑하려고 인구조사를 시행해서 온역을 겪는다(삼하24:15). 다윗의 아들 중 압살롬은 늠름하고 준수한 아들이었으나, 그의 심중에는 교만, 욕망, 시기, 분노, 욕심, 나태, 탐욕이 가득했다. 결국 압살롬은 반역을 일으켰다. 다윗의 군대를 피해 낮게 드리운 상수리나무 사이를 지나다가, 압살롬의 머리타래가 나뭇가지에 걸려 뒤따라오는 장수 요압에 의해 죽임을 당했다(삼하18:9-18).

영산은 마음을 개발하기 위해서 과거의 불행한 생각을 버리고, 현재에 좋은 씨앗을 심고, 미래의 꿈을 현재의 생각에 심으라고 말한다. "생각은 보이지 않지만, 끊임없이 우리의 삶 속에 현실로 나타납니다. 그러므로 우리는 먼저 우리의 마음을 지켜야 합니다. 과거의 불행을 생각할 것이 아니라, 현재의 생각에 기쁘고 복된 좋은 씨앗을 심어야 합니다. 내일의 꿈을 품고 그것이 이뤄질 것을 현재의 생각에 심을 때, 우리의 생각 속에서 과거와 현재의 미래가 실현되는 것입니다."403)

영산의 마음을 개발하는 방법은 표 6-3과 같다. "모든 지킬 만한 것 중에 더욱 네 마음을 지키라 생명의 근원이 이에서 남이니라(잠4:23)." 그는 이사야서 54장 2절을 인용하면서 인생의 장막터가

---

402) 조용기, "나나 너가 아닌 우리", 주일설교(2013-09-29).
403) 조용기, "마음의 생각을 지키라", 주일설교(2010-05-23).

중요하다고 말한다. "내 장막터를 어떻게 넓힙니까? 우리가 성공적인 삶을 원한다면, 우리는 무엇보다도 긍정적인 생각, 창조적인 생각, 믿음의 생각으로 터를 넓혀야 합니다."[404]

표 6-3. 영산의 마음개발 방법

구 분	마음개발 방법
과거의 생각	과거의 불행을 현재로 끌고 오지 않는 방법: 1) 불행하고 슬프고 고통스럽던 과거의 생각을 회개하고 기도하여 모두 씻어버려라 2) 과거를 자꾸 기억하게 하는 마귀의 생각을 쫓아버려라(벧전5:8–9)
현재의 생각	현재에 좋은 씨앗을 생각에 심는 방법: 1) 마음에 5중복음과 3중축복을 확고히 심어라. 매일 반복해서 다음 5가지를 고백하는 훈련을 하라 　① 나는 구원받은 사람이다.　② 나는 성령충만한 사람이다. 　③ 나는 건강한 사람이다.　④ 나는 복받은 사람이다. 　⑤ 나는 영생을 누릴 사람이다. 2) 긍정적이고 창조적인 생각을 하라(빌4:13, 요14:26)
미래의 생각	미래의 꿈을 현재의 생각에 심는 방법: 1) 영혼이 잘되고 범사에 형통하며 건강한 꿈을 생각하라. 매일 반복해서 아래 3가지를 고백하는 훈련을 하라 　① 나는 영혼의 복을 누리는 사람이다.　② 나는 범사의 복을 누리는 사람이다. 　③ 나는 건강의 복을 누리는 사람이다. 2) 내 소원이 이뤄지는 꿈을 생각하라 3) 천국에 들어가서 넘치는 행복과 기쁨으로 사는 것을 생각하라

그는 매일 5중복음과 3중축복을 생각하라고 조언한다. 하나님의 생각을 품기 위해서 5중복음과 3중축복을 마음에 심고 매일 생각해야 한다는 것이다. "매일 아침에 일어나면 5중복음과 3중축복을 생각하십시오. 영혼이 잘됨같이 범사에 잘되며 강건하게 됩니다. 갈보리 십자가가 없으면 이런 신앙을 고백할 수 없습니다."[405]

원리 2: 4차원 생각의 기도를 하라.

영산은 기도개념을 다음과 같이 강설한다. "나는 기도할 때 내게 주신 영의 눈으로 성경말씀을 읽으며 주님의 임재하심을 알 수 있습니다. 때때로 나는 기도하며 성령과 교제하는 동안 하나님께서 아주 가까이 임하심을 느낄 수 있습니다."[406] 그는 "성령과 교제하는 길은 기도의 생활뿐입니다."라고 말한다.[407]

---

404) 조용기, "생각의 터전", 주일설교(2013–11–03).
405) 조용기, "마음의 생각을 지키라", 주일설교(2010–05–23).
406) 조용기, 『나는 이렇게 기도한다』, 서울말씀사(2011), 33.
407) 지금까지 영산의 기도연구 주제들은 교회성장과 기도와의 관계성, 성경해석에 관한 영성적 차원, 치유신학의 입장, 듣는 기도의 관점, 기도와 성경 텍스트와의 관계 등의 차원이다. 영산의 기도연구에 대하여는 다음 논문을 참조하라. 유재경, "Heiler의 예언적 기도의 관점에서 본 영산 조용기 목사의 기도", 『영산신학저널』, Vol.26(2012), 147–178. 영산기도의 특징이 다양하지만, 무엇보다 성경과 언약의 신학에 기초한다는 사실에 있다.

영산은 신학의 핵심사상의 하나라고 할 수 있는 4차원영성적 기도를 강조한다. "기도는 새롭게 프로그래밍된 4차원의 요소를 하나님 나라에 올리는 것입니다. 4차원의 세계를 프로그래밍하고 하나님께 기도하면 우리의 믿음대로 이루어 주십니다."408) 4차원영성이 '하나님의 말씀을 마음에 적용하는 방법'이라고 이해하면, 기도는 성령의 능력으로 말씀을 마음하늘에 풀어놓는 능력을 제공한다. 인간의 '생각, 꿈, 믿음, 말'이 인격을 향상시키는 지고의 영적요소라고 보면, 4차원영성에 기초한 기도는 고차원적으로 준비된 목적지향적 기도라고 할 수 있다.409) 오스카 쿨만(O. Cullman)이 "기도에 대한 관점은 하나님에 대한 그 사람의 관점"이라고 지적하였듯이, 영산의 기도관에는 그의 영적 핵심사상이 그대로 반영되어 있다.

휘걸(F. Huegel)은 "진정한 기도는 십자가에 '함께 못 박힘'에 기초해서 시작될 수 있다"고 지적한다. "너희가 내 안에 거하고 내 말이 너희 안에 거하면 무엇이든지 원하는 대로 구하라 그리하면 이루리라(요15:7)." 다시 말해 우리의 옛 생명을 십자가 위에서 죽이지 않으면, 온전한 의미에서 그리스도 안에 있을 수 없다. 그리스도 안에서 기도해야 능력이 나타난다.

따라서 기도로 하나님과 참된 교제를 하기 위해서 먼저 내가 죽어야 한다. 내가 죽지 않으면, 영의 활동이 방해를 받아 하나님과 온전한 교통을 할 수 없다. 내가 죽을 때, 다시 말해, 내 의지가 없어질 때 혹은 나의 삶의 주도권을 예수님을 위해 포기할 때 혹은 내 삶의 우선순위를 예수님을 최고자리에 둘 때, 비로소 그리스도 안에 머물게 되며, 예수 그리스도의 생각과 언어로 기도할 수 있다. 거시적으로 보면, 기도는 십자가를 통해 궁극적으로 하나님의 거룩함, 선하심, 사랑과 진실하심을 드러내어 하나님의 영광을 나타낸다.

그리스도인은 십자가를 통해 단번에 거룩함을 받은 자다(히10:10). 따라서 신자는 거룩한 생각으로 충만해야 한다. 하나님의 뜻은 우리의 '거룩함(살전4:3)'에 있다. 거룩함을 유지하기 위해서 말씀과 기도로 무장해야 하고(딤4:5), 믿음으로 마음을 정화해야 하며(행15:9), 성령의 씻김을 받아야 한다(고전6:11). 무엇보다 하나님의 생각대로 기도하려면, 먼저 하나님을 알아야 한다. 바울은 "우리 주 예수 그리스도의 하나님, 영광의 아버지께서 지혜와 계시의 영을 너희에게 주사 하나님을 알게 하시고(엡1:17)"라고 기도한다. 바울은 또한 하나님은 "우리를 깨끗하게 하사 선한 일에 열심하는 친 백성이 되게 하려 하심이니라(딛2:14)"고 말한다.

존 오웬(John Owen)은 예수 그리스도의 죽음을 통해 무엇이 이루어졌는지 5가지로 요약하여 설명한다. 곧 죄인이 하나님과 화목하게 된다(롬5:1). 죄인이 죄를 용서받고 의롭다 함을 얻는다(롬3:24). 죄인이 거룩해지고 깨끗해진다(히9:14). 죄인이 하나님의 자녀로 입양된다(갈4:4-7). 죄인이 영광과 영생을 얻는다(히9:15).410) 여기서 총체적으로 중요한 것은 예수 그리스도가 십자가 위에서 죽으실 때 우리도 함께 죽었다는 사실이다. 즉 십자가 위에서 죽으심으로써 우리는 그리스도와 한 몸이 되고

---

408) 조용기, 『4차원의 영성』, 교회성장연구소(2005), 47.
409) 영산은 기도의 방법으로 "분명한 목적을 가진 기도, 중언부언치 말고 집중하는 기도(마6:7-8), 뜨거운 소원의 기도(시 145:19), 믿음의 기도(롬4:17), 응답을 기대하는 기도(렘33:3)"에 대해 말한다. 조용기, "기도", 주일설교(2010-02-14).
410) 존 오웬(John Owen), 『그리스도의 죽으심』(Life by His Death), 생명의말씀사(2014), 23-24.

(고전6:17), 그 결과 신자 안에는 그리스도가 이룬 모든 것, 곧 오웬(Owen)이 지적하는 5가지도 우리의 것이 된다.

4차원의 기도는 먼저 십자가 위에서 그리스도와 함께 죽고 함께 부활한 기초 위에서 하는 기도다. 다시 말해 예수 그리스도의 생각, 꿈, 믿음, 언어로 기도하려면, 먼저 내가 그리스도와 함께 십자가 위에서 죽는 것에서 시작한다. 그래야 예수님의 마음에 동화된 기도를 할 수 있기 때문이다. 내가 죽어야 그리스도의 생각으로, 꿈으로, 믿음으로, 언어로 기도할 수 있다.

4차원 기도란 4차원의 생각을 마음에 심고, 그것을 바탕으로 기도한다. 영산은 위대한 생각은 위대한 기도를 낳는다고 강조한다. "위대한 생각을 꽉 채워 놓으면 위대한 기도를 하게 되고 위대한 믿음을 가지게 되고 위대한 걸음걸이를 하게 되고 위대한 삶을 살게 됩니다. 타락한 아담의 후예로 살지 말고, 마지막 아담 예수로 말미암아 구원받은 사람으로서 생각을 바꾸어 위대한 삶을 살게 되시기를 바랍니다."[411]

성도는 기도를 통해 궁극적으로 무엇을 추구해야 하는가? 주께 영광인가, 응답 자체에 있는가? 영산은 "기도의 목적은 하나님의 나라와 권세와 영광을 위함입니다. 먼저 하나님의 뜻이 이루어지기를 기도한 후에 개인적인 소원을 간구해야 합니다"라고 강설한다.[412] 그는 4차원적 기도를 강조한다. "우리는 하나님께서 주신 모든 은혜와 축복을 생각하고, 꿈꾸고, 믿고, 확신하여 그것이 현실화되도록 기도해야 합니다. 없는 것을 있는 것처럼 생각하여 마음에 그려보아야 합니다. 또한 믿음으로 시인하여 이루어지기를 기도해야 합니다."[413]

브리즈(J. Bridge)는 '기도의 주된 목적은 기도를 통하여 자기 중심주의에서 하나님 중심주의로 변화를 받아야 한다'고 정의하고, 피니와 말로니(Finney & Malony)도 유사하게 "기도의 주된 목적은 기도를 통한 하나님과의 연합으로 자기 자신을 추구하기보다 하나님께 대한 헌신"이라고 말한다.[414] 결론적으로 말하면, 기도란 나의 뜻을 이루는 과정이 아니라, 하나님의 뜻을 이루게 하는 거룩한 행위다. 따라서 기도는 하나님 중심의 삶을 핵심으로 삼는 영성발달의 위한 중요한 요소다.[415]

영산은 생각과 기도의 상호관계를 이렇게 서술한다. "우리의 생각이 영적인 호흡이며, 하나님과의 기도로 표현되어, 생각이 기도에 의해 움직여질 때, 생각은 열매로 나타나는 것입니다. 기도는 4차원의 생각을 현실로 바꾸는 힘입니다. 기도는 3차원의 행위지만 4차원을 움직이는 실체입니다."[416] 하나님은 절대주권을 가지고 계시지만, 인간 편에서 기도를 하면 응답해주실 것이라고 믿

---

411) 조용기, "나, 나의 생각", 주일설교(1981-06-21).
412) 조용기, 『요약설교』, 서울말씀사(2012), 85.
413) 조용기, "네 마음을 지키라", 주일설교(2010-09-19).
414) 권택조, 『영성발달』, 예찬사(1999), 165.
415) 권택조, 『영성발달』, 예찬사(1999), 162.
416) 조용기, 『4차원의 영성』, 교회성장연구소(2006), 83.

것이 중요하다. 이는 '영산의 신관인 좋으신 하나님'에서 비롯된 것으로 보인다. 좋으신 하나님, 충만 그 자체이신 하나님은 그분의 자녀들에게 좋은 것을 주신다.

설교는 우리를 향한 하나님의 사역인 반면에, 기도는 하나님을 향한 우리의 사역이다.[417] 웨어(Bruce A. Ware)는 "기도는 성령의 도우심으로 우리의 마음과 뜻이 하나님의 마음과 뜻에 맞추어 재편성될 때, 우리가 하나님의 사역에 참여하도록 정해진 도구로 기능한다"고 강조한다.[418] 에드워드 바운즈(Edward Bounds)는 기도에서 놓치지 말아야 할 4가지를 지적한다.

첫째, 하나님께서 우리의 기도를 들으신다(관심).

둘째, 우리의 기도에 주목하신다(주의).

셋째, 우리의 기도에 응답하신다(자비).

넷째, 우리의 기도를 통해 응답하신다(주권).[419]

케빈 드영(Kevin DeYoung)은 그리스도인에게 왜 기도가 필요한지에 대하여 이렇게 서술한다. "하나님은 하나님의 은혜와 성령을 받기 위해 쉬지 않고 기도하고 진심으로 탄식하며 하나님께 간구하고 감사하는 사람들에게만 은혜와 성령을 주시기 때문이다."[420] 남아프리카의 성자로 불리는 영성가 머레이(Murray)는 "우리의 자아가 하나님의 영광을 위한 열망 속에서 포기되고 우리의 삶이 하나님을 위해 헌신될 때 기도하는 능력이 임한다."고 강조한다.[421]

우리가 기도한다는 것은 기도 안에 '자기포기, 자아소멸, 자아축소, 자아겸손, 절대복종, 절대순종'의 의미를 포함하고 있다. 곧 기도는 자기의 연약함을 인정하고 고백하며 자기를 포기하고 내가 아니라, 오직 예수 그리스도만을 의지하는 거룩한 행위다. 그럴 때 예수님과의 연합이 일어나 거룩한 완성을 향해 나아갈 수 있고, 하나님의 뜻을 이룰 수 있다. 기도란 내가 이제까지 쌓았던 삶의 모든 것들을 포기할 때 비로소 능력으로 나타난다. 기도는 '내 자신은 아무것도 아니야, 단지 흙일뿐이야.' '나는 초라한 존재야, 나는 내 자신을 믿을 수 없어, 내 삶의 주인은 오직 예수님뿐이야…' 그런 고백이 있을 때 예수님의 믿음이 내 안에 채워지고, 기도할 힘이 생기고, 예수님의 능력을 받을 그릇이 되는 것이다. 기도는 하나님이 우리에게 주신 특권이다.

그레엄 골즈워디(Graeme Goldsworthy)는 그의 책 『그리스도 중심 성경신학』에서 신약성경에 나타나는 기도의 원리에 대해 다음과 같이 정의한다. 곧 "우리는 성자를 통해, 성령의 능력에 힘입어, 성부께 기도한다."[422] 따라서 기도는 일평생 삼위일체 하나님과 함께 하는 삶이다. 기도는 삶의 방식을 역동적으로 변화시키는 영적 촉매제(catalyst)이며, 동시에 '이성의 나'와 '새 자아'를 영성적으로 연결시켜준다.

---

417) 유해무, 『삼위일체 하나님을 향한 송영』, 성약(2007), 209. 원인용 문구는 다음과 같다(p230). "설교는 우리를 향하여 하나님께서 행하시는 신적 직무이다. 그런데 기도는 하나님을 향한 우리의 직무이다."

418) 브루스 웨어, 『더 큰 하나님의 영광』, 부흥과개혁사(2008), 259.

419) E. M. 바운즈, 『기도의 강자』, 규장(2013), 85-87.

420) 케빈 드영, 『왜 우리는 하이델베르크 교리문답을 사랑하는가』, 부흥과개혁사(2012), 382.

421) 엔드류 머레이(Andrew Murray), 『위대한 여정』(The Inner Life of Andrew Murray), 브니엘(2010), 114.

422) 그레엄 골즈워디(Graeme Goldsworthy), 『그리스도 중심 성경신학』(Christ-centered Biblical Theology), 부흥과개혁사(2013), 312-313.

온전한 마음에서 온전한 생각이 빚어지며, 입술로 온전한 기도를 말하게 된다. 따라서 성도는 자기의 연약함을 인정하고 겸손히 기도해야 한다. 존 칼빈은 다니엘 9장 18-19절을 인용하면서 "하나님의 임재 속에 나아가 기도하는 사람은 온갖 헛된 망상을 버리고, 자기 자신이 가치 있는 존재라는 생각을 버리고, 겸손하게 하나님께 영광을 돌려야 한다"고 강조한다.[423]

성령 안에서의 기도를 통해(엡6:18), 하나님은 원래의 하나님의 자리로, 인간은 원래의 인간 자리로 되돌아간다. 기도하면 인간은 강해지고, 인간 본래의 모습으로 회귀할 수 있다.[424] 영산은 열정을 다해 소원을 간구하는 네 가지 기도의 실례를 다음과 같이 서술한다.[425]

 a) <u>집중적 기도</u>: 한나는 하나님께 아들을 달라고 통곡하며 간구함(삼상1:11).
 b) <u>전심전력의 기도</u>: 엘리야는 갈멜 산에서 비가 오기를 일곱 번 엎드려 기도함(왕상18:41-44).
 c) <u>강청하는 기도</u>: 과부는 재판관을 끈질기게 찾아가 강청함(눅18:5).
 d) <u>필사적인 기도</u>: 에스더는 죽음을 각오하고 왕 앞에 나아가는 소원을 빌었음(에4:16).

동일한 사물 앞에서 무슨 생각하느냐에 따라 인간은 긍정의 기도를 할 수도 있고, 부정의 생각을 할 수도 있다. 심령의 밭에 심어지는 생각의 씨앗은 크게 보면 '인간의 생각종자, 악마의 생각종자, 하나님의 생각종자 즉 말씀의 종자' 세 가지다. 인간은 무슨 종자를 심느냐에 따라 삶의 열매가 악(惡)이 될 수도, 선(善)이 될 수도 있다. 가룟 유다는 '마귀의 생각종자'를 그 마음밭에 심어 결국 예수를 파는 일을 하게 되었다(눅22:3-6). 따라서 인간은 하나님의 생각을 '입술의 고백으로, 가르침으로, 행동으로, 기록함으로, 선포함으로, 명령함으로' 표현하는 훈련을 해야 한다.

4차원의 성령의 생각을 통해 인간은 진정한 영적 삶을 살 수 있다. 성령의 인도함을 받는 생각의 중요성은 사도행전 16장 6-10절에 구체적으로 나타난다. 곧 바울의 생각이 성령의 생각으로 바뀌는 장면이 나타난다.

 a) 사역지에 대한 바울의 생각과 성령의 생각: 성령은 아시아에서 말씀을 전하지 못하게 함(행16:6).
 b) 선택에 대한 바울의 생각과 성령의 생각: 예수의 영이 비두니아로 감을 허락하지 않음(행16:7).
 c) 드로아에서 바울의 생각과 성령의 생각: 환상을 본 후 마게도냐로 건너감(행16:9-10).

여기서 바울은 온전히 성령의 생각을 따라갔으며, 3차원 인간의 생각은 4차원 성령의 생각의 지배를 받고 있음을 알 수 있다. 따라서 4차원 생각으로 영성적 삶을 살려면 성령의 인도함을 받는 것이 절대적으로 필요하다. 영산이 주장하는 4차원의 영성은 말씀과 성령의 영성이다.

3차원 인간의 생각을 어떻게 정화시켜 4차원 성령의 생각으로 변화시킬 수 있는가? 말씀과 기도는 인간의 생각회로망에 연결된 마귀의 통신통로망을 철저하게 파괴하는 역할을 한다. 인간의 생

---

423) 존 칼빈, 『기독교강요(중)』, 크리스챤다이제스트(2010), 428.

424) E. M. 바운즈(E. M. Bounds), 『기도의 강력』(Power Through Prayer), 규장(2012), 102. 기도하면 분별력이 생기고, 지혜롭게 되고, 마음이 넓어지고 강해진다. 기도의 골방은 설교자를 위한 완벽한 학교선생이요 교사이다. 기도를 통해 사고가 밝아지고 명료하게 될 뿐 아니라, 사고가 기도를 통해서 태어난다. 이 세상 어디에서도 깨달을 수 없는 것을 기도의 골방에서 깨달을 수 있다.

425) 조용기, 『요약설교』, 서울말씀사(2012), 79.

각을 정화시키는 유일한 방법은 하나님의 말씀을 마음에 담아 읽고, 묵상하고, 선포하고, 명령하는 것이다. 말씀만이 인간의 혼란스럽고, 부정하고, 불안하고, 꽉 막힌 담을 넘어드릴 수 있고, 정화시킬 수 있다. 인간의 마음은 항상 선과 악이 싸우는 전쟁터다. 선한 생각을 하려면 생각을 바꾸는 기도훈련이 필요하다. "무릇 지킬 것만한 것보다 더욱 네 마음을 지켜라 생명의 근원이 이에서 남이니라(잠4:23)."

생각은 성령이 역사하는 통로이면서, 한편으로 마귀가 활동하는 통로이기도 하다. 마틴 루터(Martin Luther)는 "내가 아침에 2시간씩 기도하지 않으면 그 날은 마귀가 계속 승리한다. 나는 할 일이 너무 많기 때문에 매일 3시간 동안 기도하지 않으면 그 일들을 감당할 수 없다"고 말했다.426) 바운즈(E. M Bounds)는 이렇게 고백한다. "기도는 하나님과 사람 사이를 하나로 이어줄 뿐 아니라 사람과 사람 사이도 하나로 이어준다. 그러므로 기도는 가장 기본적이고, 항상 있어야 하는 것이고 항상 증가해야 한다."427)

땅에 사는 성도는 그 마음에 무엇을 품느냐에 따라 하늘에서 반응이 달라진다. "내가 천국열쇠를 네게 주리니 네가 땅에서 무엇이든지 매면 하늘에서도 매일 것이요 네가 땅에서 무엇이든지 풀면 하늘에서도 풀리리라(마16:19)." 인간의 부정적 생각을 좀 먹는 마귀의 생각을 말씀의 지혜와 성령의 권능으로 묶어버려야 한다. 인간의 생각이 말씀으로 정화될 때, 인간의 마음속이 비로소 하나님의 생각으로 꽉 채워진다. 동방정교회에서는 생각을 정화시키는 영적 방법 중 하나로 예수기도를 활용한다.

a) 예수기도(Jesus prayer): 짧은 기도문을 반복한다. ㉲ 하나님의 아들 주 예수 그리스도여, 저에게 자비를 베푸소서.

b) 구심기도(centering prayer): 한 단어를 중심으로 기도한다. ㉲ 예수, 사랑, 자비, 성령, 화평 등.

c) 묵상기도: 하나님의 살아 있는 말씀을 읽고 듣는다(말씀에 동화(同化)).

끝없이 마귀를 대적하는 기도, 회개의 기도, 예수 이름으로 선포하는 기도를 통하여 인간의 생각이 정화될 수 있다. 생각을 정화하려면 마음을 정화해야 한다.428) 인간이 어떻게 마음을 깨끗하게 할 수 있는가? 예수님은 광야에 나가셔서 기도로 지순지결(至純至潔)의 마음을 가지셨다.

---

426) E. M. 바운즈(E .M. Bounds), 『기도의 강력』(Power Through Prayer), 규장(2012), 61.

427) E. M. 바운즈(E. M. Bounds), 『기도의 강력』(Power Through Prayer), 규장(2012), 71.

428) 마음정화의 원리: 원리 1. 회개(메타노이아, matanoia): 심령의 정결은 마음의 정결에 있다. 예수님께서도 '회개하라 천국이 가까웠다'고 선언하셨다. 따라서 생각의 정화를 위해서 회개의 과정이 필요하다. 욥은 하나님께 참회의 눈물을 흘리면서 회개했다(욥42:6). 원리 2. 자기부정(아파테이아, apatheia): 자기 중심주의를 포기하는 과정이다. 멸아(滅我, selflessness) 과정, 초탈(detachment) 과정이다. "또 무리에게 이르시되 아무든지 나를 따라오려거든 자기를 부인하고 날마다 제 십자가를 지고 나를 따를 것이니라(눅9:23)." 원리 3. 말씀, 기도, 성령충만: 하나님의 말씀은 하나님의 생각이며, 성령은 하나님의 생각을 이루시는 하나님의 능력이다. 하나님의 진리의 말씀과 기도는 영을 정화한다. 기도는 하나님의 영인 성령이 마음공간에 내주하며(indwelling) 활동하게 하는 최상의 방법이다. 기도할 때, 말씀을 입술로 고백할 때 성령님이 역사하신다. 원리 4. 신령한 예배(Sacrament): 신령과 진정의 예배는 영적 정화의 성례(sacrament)이며 거룩한 의식(儀式, liturgy)이며, 하나님의 영성이 인간에게 임하는 동화작용(assimilation)이다. 예배를 통해 인간은 하나님을 경배하고, 하나님은 복을 내리신다. 원리 5. 경건한 독서(Lectio Divina): 영혼을 정화시키는 방법 중 하나는 고대 교부들과 영성가들이 즐겨했던 렉티오 디비나(lectio divina), 즉 경건한 독서를 통해 생각을 정화시키는 훈련을 하는 것이다.

5.2. 삼위일체적 사고방식: 삼위 하나님의 삶에 참여하는 자화상을 품는다

영산은 "우리는 불신앙이나 두려움이 아니라 오직 믿음을 택해야 합니다(막11:20-24)."라고 말한다.429) 하나님의 삶은 믿음의 삶이자, 말씀의 삶, 성령의 삶이다. 십자가의 믿음은 삼위 하나님과 함께 하는 근원적 요소다. 그리스도인의 삶이란 '말씀을 통해 객관적으로 하나님을 알아가는 삶'이며, '성령을 통해 주관적으로 하나님의 인도함을 받는 삶'이다.

십자가는 죄인을 의인으로 만들어 삼위 하나님의 삶에 참여시켜 영광의 삶을 살도록 한다. 존 스토트(John Stott)는 "그리스도를 따른다는 것은 삶에 대한 권리를 주님께 넘겨드리는 것을 의미한다"고 주장한다.430) 다른 말로 바꾸면, 모든 일과 모든 입술의 말에서 예수님의 이름으로 사는 것이다(골3:17).

성도가 어떻게 하면 삼위 하나님의 삶에 참여하여 하나님 나라를 현재의 삶에 임하게 할 수 있는가? 하나님 스스로 하나님 자신의 삶에 참여하는 삶을 강조하신다: "너희가 내 이름으로 무엇을 구하던지 내가 시행하리니(요14:13)." 예수님 안에 거하는 것은 하나님의 뜻이다. "너희가 내 안에 거하고 내 말이 너희 안에 거하면 무엇이든지 원하는 대로 구하라 그리하면 이루리라(요15:7)." 성도는 어떻게 예수님과 하나됨을 이루게 되었는가(고전6:17)? 예수의 영은 우리 안에 어떤 방식으로 거하시는가? 이것은 인간의 이성을 초월하는 질문이다. 십자가가 낳은 신비는 이성의 지식을 초월한다. 영산은 성도들이 4차원영성적으로 삼위 하나님의 삶에 참여하는 원리를 제시한다.431)

a) 우리와 함께 하시는 하나님을 믿고 부정적인 생각을 버려라(막9:23)

b) 예비하시는 하나님께서 우리를 도우실 것을 바라보고, 소원하고, 기도하라(마7:7-11)

c) 하나님께서 행하실 놀라운 기적을 기대하라(막11:22-23)

d) 하나님께서 역사하실 것을 믿고 승리의 선언을 하라(롬10:10)

그의 생각영성 개념은 '동화(同化)개념'이 강하다. 성령이 능력으로 하나님의 생각에 동화되는 개념이다. 그는 "생각은 보이지 않지만 끊임없이 우리의 삶 속에 현실로 나타납니다. 과거의 불행을 생각할 것이 아니라 현재의 생각에 기쁘고 복된 좋은 씨앗을 심어야 합니다."라고 천명한다.432) 생각은 씨앗과 나무처럼 자라난다.

신앙생활이란 삶의 존재방식을 하늘나라 방식으로 전환시키는 과정이다. 곧 하나님의 삶의 존재방식을 따라가는 것이고, 삼위일체 하나님의 삶 안에 참여하는 것이며, 동시에 온전한 인격을 이뤄가는 거룩한 과정이다. 기도, 말씀, 믿음은 삼위 하나님을 닮아가는 거룩한 수단이다.

---

429) 조용기, "어떻게 믿어야 하는가?", 주일설교(203-06-02).

430) 존 스토트(John R. W. Stott), 『기독교의 기본진리』(Basic Christianity), 생명의말씀사(2014), 177.

431) 조용기, "우리를 위한 하나님의 예비하심", 주일설교(2013-10-27).

432) 조용기, 『생각』, 291.

겨자나무는 잡초 중에 잡초요 볼품없는 나무지만, 한 알의 씨를 정원에 심으면 공중의 새가 깃들 만큼 거목으로 가꿀 수 있다(막4:31-32). 이와 비슷하게 내 삶이 말라비틀어진 작은 나무 같을지라도, 하나님이 정원에 옮겨 심으시고 돌보시면 거목이 될 수 있다. 사도 바울은 로마 성도들에게 성도의 세 가지 신분을 분명하게 보여주었다(롬1:6-7).

　　a) 예수 그리스도의 것(소속감): 나는 예수 그리스도의 것이다.
　　b) 하나님의 사랑을 입은 자(자존감): 나는 하나님으로부터 사랑받고 있는 자다.
　　c) 성도로 부르심을 입은 자(선택받은 자): 나는 부르심을 받은 거룩한 자이다.

　영산은 정체성 확립을 강조한다. "예수님의 십자가 대속으로 의롭게 된 나, 거룩함을 입은 나, 건강해진 나, 저주에서 해방된 나, 천국백성이 된 나가 되어야 합니다. 우리의 생각이 새로워지고, 꿈이 새로워지고, 강하고 담대한 믿음으로 나아가 권세 있는 말씀을 선포하면, 아름다운 세계를 만들 수 있습니다. 새로운 사람, 새로운 인격자로 변화되고 창조되는 비결은 예수 그리스도를 구주로 믿는 믿음 안에 있습니다. 누구든지 예수님을 구주로 영접하면 흑암과 혼돈 중에 있던 옛 사람을 벗고 새로운 사람으로 창조될 수 있습니다."433), 434)

　하나님의 형상을 닮아 태어난 인간은 예수님을 믿음으로써 하나님의 생각, 하나님의 꿈, 하나님의 믿음, 하나님의 말씀을 고백할 때 하나님의 자화상을 닮아갈 수 있다. 3차원 인간이 고차원적인 하나님의 세계를 온전히 닮아갈 수 없지만, 말씀과 성령님의 도움으로 하나님에게 가까이 접근할 수 있다. 영산은 마음속에 자신의 그림을 그려놓고 바라보는 대로 인생이 그려진다고 말한다. "우리는 예수님 안에서 십자가 피로 그린 새로운 자화상을 가지게 되었습니다. 우리는 이 모습과 익숙해지고, 이 모습과 일체가 되어, 이 모습대로 생각하고 말하고 행동해야 합니다. 그럴 때만이 새로운 피조물이 새 것이 되어 새로운 위대한 능력으로 살아가게 되는 것입니다."435)

　진정한 자화상이란 '내가 나를 보는 것이 아니라 예수님이 나를 바라보는 모습'이다. 예수님을 믿게 되면 땅에 있는 거울로 우리의 모습을 보는 것이 아니라 하늘에 있는 거울로 나의 모습을 보는 것이다. 인간은 창조주 앞에서 피조물이요(시100:3), 포도나무에 붙은 가지다(요15:5). 주는 토기장이며, 나는 진흙이다(사64:8). 하나님은 우리의 아버지시다(몬1:3).

---

433) 참조. 조용기, "마음하늘", 주일설교(2013-04-07). "성도의 신분변화"(2009-01-18).
434) 스티븐 움(Stephen Um)은 하나님 나라 관점에서 성도의 3가지 정체성을 피력한다. 그리스도인의 정체성은, 첫째 은혜의 역사(죄인은 하나님의 은혜로 중생하고 화해하여 하나님 나라에 들어간다. 갈2:20, 롬6:5), 둘째, 은혜의 혜택(하늘나라 시민권을 얻는다. 엡2:19), 셋째 은혜의 결과(하늘나라 왕을 대변할 책임이 있다). 참조. 카슨(D. A. Carson) & 켈러(Timothy Keller), 『복음이 핵심이다』(The Gospel as Center), 최요한 역, 아가페북스(2014), 237-242.
435) 참조. 조용기, "보혈로 그린 자화상", 주일설교(1992-03-01). "성도의 신분변화"(2009-01-18).

5.3. 그리스도의 생각구조: 주님의 뜻을 지향하는 생각구조를 품는다

영산은 "예수님의 십자가 보혈을 믿음으로써 생명의 언약을 알면 담대한 믿음을 가지고 살 수 있습니다."라고 말한다.[436] 십자가의 보혈은 생명의 빛을 우리 마음에 비춰 주를 알게 하고, 주를 믿게 하고, 주 안에 거하게 만든다. 하나님에 대한 생각의 본질은 우리의 내적 삶을 거룩함과 의의 방향으로 지향하도록 하는 것에 있다. 십자가 위에서 예수와 함께 죽고, 함께 부활한 관점에서 사는 것이 그리스도인이다. 모든 생각의 기초는 죽음과 부활에 있다.

십자가는 인간의 지성, 감성, 의지의 구조를 하늘의 방식으로 바꾼다. 바울은 다메섹 도상에서 부활의 주를 만나자 그의 지성, 감성, 의지, 곧 그의 인격 전체가 그리스도의 마음성향으로 바뀌었다. 의지는 인간의 제2의 인물이다. 이 의지를 깨끗하게 하는 분은 하나님이시다(시112:7). 성령으로 충만하면 인간의 의지는 지성과 감성을 통제하고, 오직 마음성향이 주님만을 지향하도록 만든다.

하나님의 생각에 동화되는 삶은 곧 그분의 뜻과 말씀에 순종하는 삶이다. 예수님은 "너희가 이것을 알고 행하면 복이 있으리라(요13:17)"고 말씀하신다. 순종이 제사보다 낫다(삼상15:22). 우리의 앞날은 아무도 모른다. 우리의 미래는 통제할 수 없다. 그러면 순종이 낳는 최고의 미덕은 무엇인가? 왜 주님은 순종을 그토록 강조하는가? 챔퍼스(Champers)는 순종의 중요성을 이렇게 비유한다. "만일 당신이 세상의 항구에 매인 밧줄을 끊지 않으면, 하나님께서 폭풍으로 그 줄을 끊으시고 당신을 바다로 내보내실 것입니다. 당신의 인생의 배를 하나님께 매달고 하나님의 목적이 담긴 커다란 바다를 향해 나아가십시오."[437] 순종이란 환경을 바라보지 않고 미래를 향하여 나아가게 하는 힘을 준다. 순종은 나의 연약함을 드러내는 겸손의 행위다.

영산은 "우리가 하나님의 차원에서 살기 위해서는 하나님의 생명을 받고 하나님의 감동이 있어야 합니다."라고 설파한다.[438] 하나님의 말씀을 듣고 감동을 받으면, 하나님의 생각에 동화되어 하나님의 뜻을 따라가게 된다. 하나님의 뜻이란 지금 여기서 하나님을 섬기고, 예배하고, 사랑하는 데에 있다. 하나님의 뜻은 미래뿐만 아니라 지금 매일 매일의 삶 속에도 있다.

영성은 자기중심에서 벗어나 자기개방을 향하게 하는 기질, 즉 나 중심의 세계에서 이웃 중심의 세계로 지향하는 특징이 있다. 예수님은 "나를 따라오라(막1:17)"고 하신다. 영성이 발전할수록 자기지향적 궤도에서 벗어나서 타자지향적 궤도로 진입한다. 영성을 가진 자의 특권은 '하나님을 통해 3차원을 지배'할 수 있다.[439]

하나님의 뜻은 인류구원이며(딤2:4), 그 아들 예수를 믿게 해서 믿는 자들에게 영생을 주는 것이다(요3:16). 성경에 기초하면, 주님의 뜻대로 사는 삶이란 곧 '말씀을 지키며 사는 삶', '예수의 영으로 사는 삶', '성령의 인도함을 받는 삶', '십자가의 도를 따라가는 삶'이다. 또한 궁극적으로 삶 속에서

---

436) 조용기, "삼중축복", 주일설교(2012-01-08).
437) 오스월드 챔버스, 『My Utomst for His Highest』, 토기장이(2008), 묵상집(5월14일).
438) 조용기, 『생각』, 267.
439) 조용기, 『4차원의 영성』, 교회성장연구소(2005), 33.

십계명을 구체적으로 지키면서 하나님 중심의 삶과 타자지향적 삶을 사는 것이다. "너희가 내 안에 거하고 내 말이 너희 안에 거하면 무엇이든지 구하라 그리하면 이루리라(요15:7)."

영산은 영적 삶을 사는 과정에서 하나님 중심의 사고방식을 절대적으로 강조한다.440)

1단계-생각을 긍정적으로 하라. 생명의 근원이 되는 마음을 잘 지키고 하나님의 말씀을 묵상할 때 생각이 긍정적으로 변하게 된다(잠4:23).

2단계-꿈을 긍정적으로 세워라. 성령님은 우리에게 새로운 꿈과 소망을 주시는 분이므로 성령으로 충만할 때 긍정적인 꿈을 가질 수 있게 된다(행2:17).

3단계-믿음을 긍정적으로 하라. 기도를 통하여 우리가 구하거나 생각하는 모든 것에 더 넘치도록 능히 하실 하나님에 대한 믿음은 삶 속에서 기적을 체험하게 한다(엡3:20).

4단계-말을 긍정적으로 하라. 죽고 사는 것이 혀에 달렸듯이 말에는 놀라운 위력이 있기 때문에 긍정적이고 창조적인 말을 할 때 하나님의 역사가 나타난다(잠6:2).

여기서 긍정의 뿌리는 인문학적, 철학적 및 심리학적 개념이 아니라 '말씀'이다. 말씀의 생각에 기초한 긍정이다.

회당장 야이로는 딸이 죽었지만 절망하지 않고 희망을 품고 예수님의 발 앞에 엎드려 살려달라고 간구했다. 그가 다음과 같이 부정적인 고백을 했으면, 그의 딸은 살아나지 못했을 것이다. "예수님, 이제 필요 없습니다. 돌아가십시오. 모든 게 끝장입니다. 이미 늦었습니다." 그러나 그는 예수님이 기적적으로 딸을 살릴 것을 믿었다. 그것이 하나님께 부합된 생각이었다. 그래서 영산은 좋은 생각의 씨앗을 마음에 심으라고 강조한다. "좋은 생각의 씨앗을 심으면 우리 삶 가운데 기쁘고 행복하고 복된 현실로 나타납니다. 마음에 5중복음과 3중축복을 확고히 심으십시오. 육신의 생각은 사망이요 영의 생각은 생명과 평안입니다."441)

영산은 항상 하나님께서는 우리의 생각과 믿음을 통해 역사한다고 피력한다. "하나님께서는 변하지 않습니다. 그러나 하나님께서는 오직 우리들의 생각과 믿음을 통하지 않고는 일하지 않습니다. 없는 것을 있는 것처럼 생각하고 고백해야 합니다. 죽은 자를 살리시는 하나님을 상상할 줄 알아야 합니다. 그리고 고백해야 합니다. 아브라함과 같은 믿음은 오늘날도 아브라함과 같은 삶을 결과를 산출합니다."442)

어떻게 하면 내가 예수님의 뜻에 부합된 삶을 살 수 있을까? 주님의 뜻에 부합되는 삶이란 성령 안에서 예수님의 제자로 살아가는 것이다. 내 삶의 우선순위를 예수님이 기뻐하시는 길을 걸어가는 것에 위치시키는 것이다. 곧 다음과 같이 고백하고 결심하며 제자의 길을 걷는 것이다. "나는 예수님을 섬기므로 최고의 삶을 살겠다(마10:37). 나는 내가 짊어져야 할 십자가를 기꺼이 지며 살겠다(마10:38). 나는 내가 가진 소유를 버리고 예수님을 따르겠다(눅14:33). 나는 예수님을 위해 목숨을

---

440) 조용기, "항상 긍정적으로", 주일설교(2011-02-20).
441) 조용기, "마음의 생각을 지키라", 주일설교(2010-05-23).
442) 조용기, "없는 것을 있는 것 같이", 주일설교(2008-07-06).

버리겠다(마10:39). 나는 날마다 말씀 안에 거하겠다(요8:31). 나는 열매 맺는 삶을 살겠다(요15:8). 나는 푯대를 향하여 달려가는 사람이 되겠다(빌3:14)."

삶의 중요한 결정들은 대개 '습관, 확신, 방향'에 따라 정해진다. 어떻게 하면 주님의 뜻에 일치하고 조화되는 삶을 살 수 있는가?

원리 1: 나는 하나님께 기쁨을 드리기 위해 살겠다.

예수님은 우리의 기쁨이시다(요15:11). 영산은 하나님의 기쁨을 위해 반세기를 하루같이 열정을 다해 섬겼다. 그는 일생동안 휴가 한 번 없이 하나님을 섬겼다. 회심하고 나서 성경연구와 선교에 헌신했던 오스트리아의 폰 웰츠(Justinian Von Welz)는 예수님을 만난 후 그의 삶을 헌신하며 이렇게 말했다. "내가 예수 안에서 다시 태어난 지금 가문 좋다는 것이 나에게 무엇이냐? 내가 그리스도의 종이 되고자 할 때 귀족의 작위가 나에게 무슨 소용이냐? 내가 하나님의 은총을 필요로 할 때 '각하'라고 불리는 것이 무슨 소용이냐? 나는 이 모든 허영을 버리고 내가 경외하는 예수님 발아래 모든 것을 바치겠다."

하나님께 어떻게 기쁨을 드릴 수 있을까? 하나님은 예배드리는 삶을 기뻐하시며, 신령과 진정으로 예배드릴 때 하나님은 너무 기뻐하시며, 몸으로, 마음으로, 산제사로 드리는 삶을 기뻐하신다.

원리 2: 나는 예수님의 닮아가는 삶을 살겠다.

영산은 "우리에게 하나님의 나라는 예수님을 섬기는 것입니다."라고 말한다.[443] 그는 날마다 성령님을 의지했고, 환영했고, 모셔들였고, 모든 일에 성령님께 간구했고, 그분의 지시를 따랐다. 성령의 인도함을 받는 삶은 곧 그리스도 안에 거하는 삶이다(요15:4). 바울은 "내가 그리스도를 본받는 자가 된 것 같이 너희는 나를 본 받아라(고전11:1, 4:16)"고 권면한다. 그리스도 안에 있는 자는 하나님의 일을 좋아한다. 예수 그리스도는 오직 하나님의 일만 하셨다. 하나님의 일이란 무엇인가? 그것은 예수님을 믿게 하는 일이다(요6:29). 바울은 그리스도를 삶의 모델로 살았다. 그는 예수 안에서 변화의 삶, 전도의 삶, 제자도의 삶을 살았다(고전11:1). 제자란 삶 속에서 말씀과 성령의 능력으로 그리스도의 형상을 닮아가는 삶이다(롬8:29, 고전15:49, 골3:10).

원리 3: 나는 지금 여기서 하나님의 뜻을 이루며 살겠다.

하나님의 뜻은 날마다 내 삶 속에서 행하는 작은 것으로 이뤄진다(눅16:10). 하나님의 뜻은 그리스도를 통해 하나님을 섬기고, 예배드리고, 사랑하는 것이다. 하나님의 뜻은 미래가 아니라 지금이다(마6:33). 하나님의 뜻은 매일의 삶 속에서 하나님의 말씀을 순종하는 삶이다. 하나님의 뜻은 지금 여기서 그의 나라와 의를 구하는 일이다(마6:33, 롬12:2).

---

443) 조용기, "그의 나라와 그의 의를 먼저 구하라", 주일설교(2011-02-27).

원리 4: 나는 예수 그리스도 안에서 거룩한 삶을 살겠다.

존 맥아더(John MacArthur)는 "하나님이 우리를 부르심은 순결하게 하고 거룩하게 하려는 것"이라고 말한다. 하나님도 "내가 거룩하니 너희도 거룩하라(레11:45)"고 말씀하신다. 바울도 "하나님의 뜻은 너희가 거룩하게 되는 것(살전4:3)"이라고 기록하고 있다. 오늘도 하나님은 우리의 유익을 위하여 "그의 거룩하심에 참여하게(히12:10)" 하신다. 거룩한 말씀은 거룩한 생각을 만든다.

5.4. 인격적 성령의 생각: 말씀을 마음에 담아 성령님을 인격적으로 모신다

십자가는 영혼 속에 꺼져버린 등불을 다시 밝혀주어, 잃었던 길을 다시 찾아 원래의 길로 걷게 한다. 십자가는 진리의 빛을 마음에 비춰, 하나님 말씀 중심으로 살게 하며, 종국에는 생명의 길로 걷게 한다. 이 모든 삶의 여정에 성령님이 함께 하신다.

오웬(Owen)은 "우리는 영적으로 생각하는 습관을 개발함에 있어서 성경을 안내서로 삼아야 한다"고 강조한다.444) 바울은 "너희 안에 이 마음을 품어라 곧 그리스도 예수의 마음(빌2:5)"이라고 권면한다. 성령이 말씀을 좇아가는가? 말씀이 성령을 좇아가는가? 말씀과 성령은 항상 함께 일한다. 말씀 가는 곳에 성령님도 함께 가신다. 말씀이 선포되고 증거되는 곳에 성령의 충만함이 있다 (행12:24, 엡5:18).

4차원영성적 삶을 살기 위해서 영산은 말씀의 충만을 강조한다. "하나님의 말씀만이 천국의 생각을 가지고 오며 하나님의 말씀은 생각을 통하여 우리 속에 들어옵니다. 그러므로 말씀을 깨닫고 깊이 묵상하여야 합니다. 하나님의 말씀의 생각이 꿈을 낳고, 믿음을 낳고, 그 믿음은 말을 통하여 상승작용을 합니다. 그러므로 믿었으면 선언적 고백을 해야 합니다."445)

원리 1: 말씀을 마음에 새긴다.

하나님은 사무엘과 함께 하시면서, 그가 말씀하신 것이 하나도 땅에 떨어지지 않고 다 이루어지게 하셨다(삼상3:19). 모든 것이 말씀대로 이뤄지는 삶이 가장 아름다운 삶이 아닐까? 말씀이 강력하게 증거되고 선포될 때 놀라운 역사가 나타난다. "하나님의 말씀은 흥왕하여 더하더라(행12:24)." 말씀이 충만하게 되면 성령의 역사가 나타난다. 말씀대로 이루어지는 삶은 축복의 삶이다(눅1:45). 하나님의 말씀은 내 육신의 미각에는 쓰지만, 영혼의 미각에는 달다(겔3:3, 계10:9-10). 육과 영의 경계선에서 말씀은 능력을 발휘한다. 성경의 말씀은 불멸의 말씀, 영원한 말씀, 능력의 말씀이다.

원리 2: 성령의 역사를 기대한다.

영산은 "4차원의 영성을 실천하려면, 먼저 성경말씀과 기도를 통한 성령님의 감동으로 희망찬 꿈을 품고, 믿음으로 선언해야 합니다."라고 조언한다.446) 성령님은 오셔서 우리 삶 가운데 예수님의 일을 행하시며, 우리의 일을 아시고, 우리의 근심도 먼저 아시고 예수님의 가르침을 깨닫게

---

444) 존 오웬(John Owen), 『영의 생각 육의 생각』(Thinking Spirituality), 생명의말씀사(2013), 131.
445) 조용기, "마음의 파수꾼", 주일설교(2013-12-01).
446) 조용기, "기도하고 구한 것은 받은 줄로 믿으라", 주일설교(203-06-6).

해주시며(요14:26), 나아가 성령 충만함을 받아 성령님과 대화하면 우리는 놀라운 비밀의 일을 행할 수 있다. 중요한 것은 말씀충만과 함께 성령충만을 추구하여야 조화된 신앙생활을 할 수 있다. 말씀만 있고, 성령을 통해 내적 경험이 없으면 신앙의 역동성이 떨어진다. 역으로 성령만 충만하고 말씀이 빈약하면 뿌리가 약해 쉽게 흔들릴 수 있다.

원리 3: 말씀으로 잠재능력을 확대시킨다.

말씀은 위험에 빠진 우리를 건져준다. 성경은 "저가 그 말씀을 보내어 저희를 고치사 위험한 위경에서 건지시는도다(시107:20)"라고 말한다. 성경의 저자는 성령이시다. 우리 인간의 잠재능력이 무엇일까? 그것은 말씀 자체에 있다. 성령을 통해 인간은 삼위일체 하나님을 알게 된다. 말씀이 우리 안에 들어오면, 의로움과 거룩함과 선함으로 충만하게 된다. 하나님의 모든 말씀들은 본질적으로 거룩하고, 의로우며, 선하다(롬7:12). 인간의 진정한 잠재능력은 말씀의 힘이며, 그 힘은 악이 아니라 선을 향한다.

말씀은 성령을 통해 인간의 잠재능력을 극대화해준다. 성령님은 인간의 모든 잠재능력을 기본적으로 활용하고, 부족한 부분은 자신이 충당하신다. 미국 플로리다주립대 엔더스 에릭슨(Anders Ericsson)은 최근 세계적인 연주자와 운동선수들에 대한 연구조사를 토대로 "천부적인 재능이 아니라 연습만이 일류 운동선수와 예술가를 만든다"고 주장했다. 이 사실을 입증하기 위해서 미국 카네기멜론대 학생들을 대상으로 1초마다 한 개씩 102개의 숫자들을 들은 후 정확히 반복하도록 하는 훈련을 시켰다. 평범한 학생들을 선발해서 50시간의 연습을 시킨 후 난수를 발생시켜 시험한 결과, 학생들 중 4명은 숫자를 20개까지 기억해내었다. 어떤 평범한 학생은 4백 여 시간 후 숫자 102개를 모두 기억해내는 놀랄 만한 기억력을 보였다.

오랜 세월동안 많은 학자들이 연구와 경험 속에서 알아낸 결과는 다음 두 가지였다.

첫째, 스스로에게 무한한 가능성이 있음을 믿고, 주변 사람들로부터 칭찬과 격려를 받게 되면 엄청난 잠재능력을 발휘하게 된다. 바울은 "너희 안에서 행하시는 이는 하나님이시니 자기의 기쁘신 뜻을 위하여 너희에게 소원을 두고 행하게(빌2:13)" 한다고 말한다.

둘째, 사람의 두뇌는 쓸수록 계발된다. 인간의 뇌는 쓸수록 닳아서 노화되는 것이 아니라 더욱 빛을 발하게 된다. 철이 철을 날카롭게 하는 것처럼(Iron sharpens iron), 생각은 세포를 더욱 활성화시킨다. 보리스 시디스(Boris Sidis)는 그의 저서 『미개한 사람과 천재(Philistine and Genius)』라는 책에서 다음과 같이 말했다.

"교육의 이상은 결코 시험점수가 높은 것이나 수학한 과목 수가 많은 것이 아니다. 교육의 이상은 선천적 개성의 발전과 독립적 견해의 획득과 독창적 사상의 양성이다. 생물학, 생리학, 정신병리학 등의 연구에 의하면 우리는 태어나면서부터 비상한 능력을 부여받았다. 다만 이 능력은 우리의 표면에 나타나지 않는다. 우리의 내면 깊은 곳에 잠재하고 있다. 나는 이것을 '잠재능력'이라고 칭한다. 이 잠재능력을 발휘하는 사람이 천재인 것이다. 따라서 천재성은 우리가 일반적으로 믿고 있는 것처럼 어떤 특정한 소수의 사람에게만 주어지는 특수한 능력이 결코 아니다. 천재성은 어떤 사람이나 다 가지고 있는 잠재능력이 그 자체인 것이다. 우리는 이 잠재능력을 쓰기만 하면 비상한 일을 할 수 있다. 그러나 많은 사람들은 교육을 잘못 받기 때문에 이 잠재능력을 쓸 수 없다. 세상에 천재가 적은 것은 이 때문이다.”

5.5. 복음관점의 생각구조: 만물을 복음적-희망적-긍정적 관점에서 바라본다

영산은 “‘할 수 있다’, ‘자신 있다’, ‘능력이 있다’라고 생각하면 그 마음에 희망찬 꿈이 생기고 믿음이 들어와서 긍정적인 말을 하게 되고 하나님의 놀라운 기적이 우리 삶에 나타나게 됩니다.” 라고 말한다.447)

십자가는 죄인의 의식구조를 철저하게 변혁시켜, 창조적이고 복음적인 가치관을 갖게 한다. 심령으로 새롭게 된 자는(엡4:23) 새 사람이므로 새 생각으로 살아야 한다. 더 이상 옛 사람이 아니다(고후5:17). 토저(Tozer)는 인간이 세 가지를 할 수 있도록 창조되었다고 서술한다. 첫째는 생각하는 것이요, 둘째는 예배하는 것이요, 셋째는 일하는 것이다.448) 즉, 인간의 본성은 ‘생각하고, 예배하고, 일하는 것’이다. 인간 안의 최고의 꼭대기는 인간의 이성이 아니라 영이다. 최고봉에 존재하는 영은 하나님과 초자연적 관계를 맺고 지시를 받아 마음에 전달한다. 마음은 행동하도록 의지에 동기를 부여해준다. 영적 생각은 땅의 것과 하늘의 것을 통합하여 하나님 중심의 일을 하게 한다.

영산은 마음 밭에 좋은 생각의 씨를 심어야 한다고 강조하며,449) 하늘나라 삶의 양식을 살기 위한 새 삶의 길을 다음과 같이 제시한다.450)

a) 오직 믿음으로 순종하고 선악에 대해 자기 스스로 판단하는 행위를 버려야 한다(롬1:17).
b) 우리의 기도에 응답하시는 하나님께 부르짖어 기도해야 한다(렘33:3).
c) 하나님의 인도하심을 따르고 하나님께서 우리를 위해 이루신 일을 누려야 한다(갈5:16, 18).
d) 일을 행하시는 분은 하나님이시므로 하나님께 모든 것을 맡겨야 한다(시37:5-6).

한 마디로 말하면, ‘내가 아니라, 예수님 중심의 삶’이다. 아인슈타인(Albert Einstein)은 사물을 바라볼 때 기적이 일어날 것 같은 적극적인 긍정 마인드를 품고 살았다. “인생을 사는 방법은 두 가지다. 하나는 아무 기적도 없는 것처럼 사는 것이요, 다른 하나는 모든 일이 기적인 것처럼 사는 것이다.” 성경은 기적으로 꽉 찬 이야기로 충만하다.

잔디에 뛰노는 양(羊)들이 아무리 말썽을 부려도 양털은 따뜻한 것처럼, 어떤 사물도 긍정적 관점에서 바라보면 좋은 것으로 보이는 법이다. 우슬초는 꽃과 줄기 모두 볼품없지만, 정결 의식에서 물이나 피를 찍어 뿌리는 데 사용된다(민19:2-6).

---

447) 조용기, “기도하고 구한 것은 받은 줄로 믿으라”, 주일설교(2013-06-16).
448) A. W. 토저, 『예수 방향으로 가라』, 규장(2013), 172. 생각, 예배, 일은 궁극적으로 거룩한 삶을 살아 하나님께 영광 드리는 요소들이다.
449) “우리의 생각이 바로 씨앗입니다. 마음 밭에 좋은 생각의 씨앗을 뿌려놓으면 좋은 결과를 거두고, 잘못된 생각을 뿌려놓으면 처참한 파괴의 결과를 거두는 것입니다.” 참조. 조용기, “마음의 밭, 생각의 씨앗”, 주일설교(1986-07-20).
450) 조용기, “맡기는 신앙”, 주일설교(2013-09-22).

하나님은 평민 미가도 선지자로 사용했고, 선지자 교육을 받지 않은 목자 아모스도 하나님의 방법대로 유용하게 사용하셨다. 애굽의 바로 왕은 이스라엘 백성들을 종의 차원에서 보았지만, 하나님은 그들을 종이 아니라 '내 군대, 내 백성 이스라엘 백성(출7:4)'으로 보았다. 한쪽은 종의 신분으로, 반면에 다른 한쪽은 군대와 자기 백성으로 보았다. 관점의 차이는 삶의 질을 바꾼다.

"예수를 바라보라(히12:2)." 예수를 자꾸 바라보면 생각이 바뀐다. 내가 나를 바라보는 것이 아니라, 내 안에 계시는 예수를 바라보아야 한다. 그래야 모든 사물을 예수님의 관점에서 바라볼 수 있기 때문이다. 예수님의 마음을 닮아가는 비밀은 그분을 날마다 '생각하고, 바라보고, 느끼는' 데 있다.451) 끝까지 바라보면 그리스도 형상이 삶 속에 드러날 것이다(갈4:19).

영산은 오감으로 사물을 보지 않고 사물을 창조하신 주님을 바라보았으며, 어떤 환경에서도 그는 뒤로 물러서지 않고 전진했다. 그는 이렇게 고백한다. "내 앞에 있는 현실을 바라보면 어지러워요. 한 시도 마음이 편치 못해요. 4차원으로 생각하지 않으면, 모든 게 어렵고 캄캄합니다." 영산은 절대 긍정의 삶을 살기 위해서 긍정적인 마음을 가져야 한다고 다음과 같이 강조한다.452)

> a) <u>마음에 하나님 생각이 뿌리 내린 자</u>: 마음과 뜻을 다하여 하나님을 사랑하고 그의 나라와 의를 구하는 삶(마6:33, 22:37)
>
> b) <u>하나님과 대화를 늘 하는 자</u>: 말씀을 기다리고 들으며 마음으로 묵상하고 기도로 주님과 교제하는 삶(시19:14, 130:5)
>
> c) <u>하나님을 기쁘게 섬기는 자</u>: 신령과 진정으로 경외하고 찬양하는 삶(시2:11, 100:2)
>
> d) <u>하나님 자랑하기를 기뻐하며 실행하는 자</u>: 그 이름을 높이고 증거하는 삶(시91:14-16)
>
> e) <u>그의 뜻대로 부르심을 입은 자</u>: 그리스도 안에서 은혜로 자녀가 된 삶(요14:6, 엡1:5)
>
> f) <u>하나님 섬기는 것이 삶의 목적이 된 자</u>: 무엇을 해도 하나님의 영광을 위한 삶(요12:26, 고전10:31)

긍정적인 마음은 하나님의 생각 안에서 이뤄진다. 영산은 언제나 하나님의 생각으로 사물을 보았으며, 서대문에서 여의도로 교회를 옮길 때에도 그랬고, 신문사를 창간할 때에도 그랬으며, 인간의 생각으로 보았으면 모든 것이 부정적이었다. 그러나 그는 하나님의 생각, 하나님의 믿음을 품고 긍정의 인생을 살았다.

영산은 생각의 위대성에 대하여 이렇게 말한다. "인간의 참된 위대성은 생각에 있습니다. 인간은 그 생각에 있어서 거인입니다. 인간의 생각은 우주에 뻗고, 바다 속까지, 물질의 원자까지 뻗어있습니다. 어떤 사람의 생각이 약하면, 그는 약한 인간입니다. 생각이 병들면 병든 인간, 생각이 약하면 약한 인간입니다. 성경은 가장 좋은 생각의 양식입니다."453)

---

451) 로버트 웨버(Robert Webber)는 영성이란 '그리스도와 일치하는 것을 인도받는 삶의 과정'이라고 서술한다. 참조 스탠리 J. 그렌츠, 『복음주의 재조명』(Revisioning Evangelical Theology), CLC(2013), 63에서 재인용(Robert E. Webber, *The Majestic Tapestry*, Thomas Nelson(1986), 114).

452) 조용기, "절대긍정의 삶", 주일설교(2007-06-03).

453) 조용기, "나, 나의 생각", 주일설교(1981-06-21).

성경은 생각이 긍정적으로 성장하는 데 필요한 양식으로 가득 차 있다. 아브라함 링컨(Abraham Lincoln)이 이렇게 말했다. "우리는 우리가 행복해지려고 마음먹은 만큼 행복해질 수 있다. 우리를 행복하게 만드는 것은 우리를 둘러싼 환경이나 조건이 아니라, 늘 긍정적으로 세상을 바라보며 아주 작은 것으로부터 행복을 찾으려는 우리 자신의 생각에 있다." 영산은 "생각은 보이지 않지만 끊임없이 우리의 삶 속에 현실로 나타납니다."라고 말한다.454) 생각한 것이 눈에 보이는 세계가 된다.

프랑스의 철학자 데카르트(Rene Descartes)는 "당신의 인생은 당신이 생각하고 그린 대로 이루어진다"고 했고, 영국의 정치가 윈스턴 처칠(Winston Leonard Spencer Churchill)은 "비관적인 사람은 모든 기회에서 어려움을 발견한다. 그러나 낙관적인 사람은 모든 어려움에서 기회를 발견한다"고 말했다. 이것은 관점의 차이이다. 부정적으로 보느냐, 긍정적으로 보느냐의 차이이다. 미국의 심리학자인 세드 헴스테터(Shad Helmstetter) 박사에 의하면, 인간은 하루에 5만에서 6만 가지 생각을 한다고 한다. 그중 75%는 부정적인 생각을 하고 25%만 긍정적인 생각을 한다는 것이다. 윌리엄 셰익스피어(William Shakespeare)는 "세상에 절대적으로 좋거나 나쁜 것은 없다. 다만 우리의 생각이 그렇게 만들 따름"이라고 말했다. 생각의 공장은 선도 만들고 악도 만들어 낸다.

원리 1: 희망의 씨를 마음에 품는다.

십자가는 믿음의 시작점이자, 동시에 희망의 출발점이다. 희망의 씨는 말씀 안에서 자라며, 그 희망은 기쁨과 연결되어 있다.455) 영산이 추구하는 희망은 실존적 차원의 희망과 천상적 희망을 모두 포함한다. 실존적 차원으로서의 인간은 현재적 희망을 간구해야 하지만, 천상적 차원으로서의 인간은 종말적 희망, 즉 삼위일체 하나님과 영원히 하나 됨에 있다(요17:21-23). 예수 안에 있는 자만이 영원한 생명을 지니고 있기 때문이다(요3:16).

원리 2: 부정의 생각을 초월한다.

육적 상태의 인간들의 속성은 그 생각하는 것이 '항상 악할 뿐(창6:5)'이다. 성령의 충만함이 있는 곳에 부정의 생각은 소멸된다(엡5:18-19). 부정과 긍정은 근원적으로 보면, 속(俗)과 성(聖)의 대립구조에서 온다. 전자는 아담의 성품, 후자는 그리스도의 성품이다. 부정의 근원은 마귀가 주로 사용하는 '죄성, 두려움, 의심, 나쁜 생각'에 뿌리내리고 있다. 따라서 긍정의 생각을 마음에 뿌리내리기 위해서는 예수 그리스도를 마음의 왕좌에 앉혀드려야 한다. 예수님의 생각의 형상을 닮아갈 때 마귀의 부정의 형상을 제거할 수 있다. 마귀는 '마음에 불의를 품어 간사(사32:6)'를 행하도록 유혹한다. 선한 사람은 선을 내고, 악한 사람은 악을 낸다(마12:35). 부정의 생각은 부정의 일을 만들고, 긍정의 생각은 결실을 만들어 낸다.

---

454) 조용기, "마음의 생각을 지키라", 주일설교(2010-05-23).
455) 나는 구원받은 것으로 인해 기쁘다(시13:5, 시35:9). "나는 죄사함을 받아서 기쁘다"(시51:8, 12). "나는 그리스도의 부활로 기쁘다"(마28:8). "나는 주안에서 승리해서 기쁘다"(삼상18:6, 시20:5). "나는 영적 만족으로 기쁘다"(마13:44). "나는 믿음을 가져서 기쁘다"(벧전1:8). "나는 장래소망을 가져서 기쁘다"(벧전1:6-7). "나는 이름이 천국에 기록되어 기쁘다"(눅10:17, 20).

영산은 긍정의 생각을 강조한다. "마음속에 긍정적인 생각을 가지면, 그의 안에 계신 하나님의 성령이 그를 통해서 여러 가지 새로운 계시도 주시고 묵시도 주시고 인도해주십니다. 그러나 사람이 부정적인 생각을 하면, 아예 문을 딱 닫아 버리는 것입니다. 영적인 문을 닫아 버리기 때문에 아무런 계시도 인도도 없기 때문에 갈 길이 없습니다."[456)

영산은 말씀을 바라보아야 창조적인 삶을 살 수 있다고 강조한다. "자신과 세상을 바라보면, 계산적이고 부정적이 됩니다. 그러나 믿음의 주요 또 온전케 하시는 예수님을 바라보고 말씀을 받아들이면, 담대한 믿음으로 긍정적이고 창조적인 일을 할 수 있습니다."[457)

인간은 시험에 들면 부정적인 생각에 빠지게 된다. 시험에 들지 않기 위해서 영산은 5가지 가이드라인을 제시한다.[458)

   a) 하나님 중심의 삶: 마음과 뜻을 다하여 전심으로 하나님을 사랑하고 섬기기로 결심하라(신10:12)

   b) 변화된 자화상: 십자가 보혈로 나를 거룩하게 하신 새로운 내 모습을 항상 바라보라(고후5:17)

   c) 위의 것을 바라봄: 정욕 때문에 세상에서 썩어질 나쁜 유혹이 있는 곳을 피하라(시1:1, 벧후1:4)

   d) 영적 환경: 깨어 의를 행하고 죄를 짓지 않도록 유혹이 되는 친구를 떠나라(고전15:33-34)

   e) 기도 중심의 삶: 믿음을 굳게 하고 마귀를 대적하며 유혹에 들지 않게 기도하라(마26:14-16)

기도는 변화를 낳는다. 진정으로 기도할 때 우리는 하나님의 생각을 따라 생각하게 된다.[459) 삼위 하나님 안에서의 삶은 부정적, 파괴적 언어는 존재하지 않는다.

5.6. 창조관점의 생각구조: 창조적-긍정적 관점에서 삶의 자리를 바라본다

하나님 중심의 생각이란 절대구원의 생각, 절대긍정의 생각, 절대축복의 생각이다. 십자가는 삶의 구조를 하나님의 삶의 양식으로 철저하게 변혁시킨다. 왜 성도는 창조의 삶을 살아야 하는가? 그것은 내 안에 예수 그리스도가 내재하시기 때문이다. 그리스도인들은 십자가 위에서 예수와 함께 죽고, 함께 부활한 신분이므로 삶의 주권이 그리스도에게 있다.

절대믿음은 우리의 영을 지키는 은혜의 방편이다. 인간의 영은 말씀을 믿어야 생동력이 넘쳐나게 된다. 예수님은 믿음의 창시자이면서 완성자시다(히12:2). 다시 말해, 창조적 삶의 성경적 뿌리는 성도 자신은 새 사람(고후5:17)이며, 그리스도와 연합되어 있고(고전6:17, 갈2:20), 성령의 사람(갈5:25)이기 때문이다. 영산은 "우리는 시간 안에 살면서 진리를 깨닫고 예수님과 하나 됨을 바라보고 믿고 시인하여 고백해야 합니다. 믿음은 예수님이 이루신 부활의 열매를 함께 받아들이는 것입니다."라고 말한다.[460)

---

456) 조용기, "차원이 다른 삶", 주일설교(2009-05-24).
457) 조용기, "믿음의 주요 또 온전케 하시는 예수님을 바라보라", 주일설교(2012-11-25).
458) 조용기, "우리를 시험에 들게 마옵시고", 주일설교(2007-09-09). 소제목은 필자가 별도로 추가한 것이다.
459) 리차드 포스터, 『영적훈련과 성장』, 생명의말씀사(2010), 56-60.
460) 조용기, "영원과 시간", 주일설교(2012-06-17).

예수 안에서 창조적 삶을 구현하려면, 일차적으로 예수 그리스도를 아는 지식에 힘을 모아야 하고(빌3:10), 그리스도의 장성한 분량에 이르려는 영적 의지가 충만해야 한다(엡4:13). 삶의 추구목표가 나의 것이 아닌, 예수님 자신이 되어야 한다. '삶의 창조'라는 대명제 앞에서 내가 할 수 있는 일은 '나 자신이 아니라, 내 안에 계신 예수님! 오직 예수님! 오직 예수님!'이라고 고백하고 선포하는 것이다. 창조적 삶의 열매는 그 동안 내가 이룩했던 가치 있던 것들이 하나씩 둘씩 사라진 후에 비로소 나타난다. 이것이 하늘나라의 창조적 삶을 사는 방식이다. 영적존재는 영적 일의 원리에 따라가야 한다.

영산은 "인생이란 현실은 눈에 안 보이는 생각과 꿈과 믿음과 언어가 옷을 입고 나오는 것입니다. 그러므로 예수의 십자가가 우리 중심에 꽉 들어서 있어야 합니다."라고 말한다.[461] 그는 "우리는 십자가를 통하여 우리의 마음을 긍정적이고, 적극적이고, 창조적이고, 생산적인 생각으로 가득 채워서 마음천국을 이뤄야 합니다."라고 말한다.[462] 삶의 창조는 십자가의 능력으로 이뤄진다. 영산은 창조적 삶의 영적 원리를 다음과 같이 강조한다. "창조적인 삶은 없는 것을 있는 것처럼 생각합니다. 없는 것을 있는 것 같이 믿고, 있는 것 같이 말합니다. 우리 눈에 안 보이는 성령이 내 속에 들어와 계신 것을 믿어야 합니다."[463]

그는 고난이 닥쳐왔을 때 창조적 생각의 원리를 이렇게 서술하고 있다.[464]
  a) 하나님의 도우심을 구하라. "저가 내게 간구하리니 내가 응답하리라(시91:15)."
  b) 고난의 이유를 반성하라. "모든 재난을 듣고 각기 악한 길에서 돌이키리니(렘36:3)."
  c) 하나님께 전적으로 항복하라. 죄를 뉘우치고 야훼께로 돌아가라(호5:15-6:1).
  d) 고난의 유익을 생각하라. "현재의 고난은 장차 우리에게 나타날 영광과 족히 비교할 수 없도다(롬8:18)."
  e) 도우심의 때를 생각하라. "하나님의 영광을 생각하고 기뻐하라(벧전4:12-13)."

하나님은 들을 귀와 눈을 창조하셨다(잠20:12, 출4:11, 시94:9). 위대한 과학자이며 그리스도인인 막스웰(J. Maxwell)은 전기장과 자기장을 합쳐서 '전자기파'를 만들었는데, 그는 거기서 빛의 존재를 발견했다. 그는 '자기장아, 전기장아 모두 나와서 빛을 만들어라!'고 외친 것이다. 하나님은 원래의 창조자, 그는 제2의 창조자 또는 발견자였다. 오늘날도 그가 만든 막스웰 방정식을 통해 전기를 만들고 있다.

창조적인 일이란 예수님을 믿게 하여 영생을 얻게 하는 일이다. 그리스도인은 십자가 위에 올라가 죽고, 부활한 신분임을 잊으면 안 된다. 신자와 관련된 모든 일은 바로 십자가에서 시작된다. 영의 일은 보이지 않는 일을 하는 것이고, 궁극적으로 그것이 장차 열매 맺게 하는 것이다. 기드온은 300명의 군사로 미디안족을 섬멸했다. 요셉에게는 하나님의 도움으로 가는 곳마다 창조적인

461) 조용기, 『생각』, 203.
462) 조용기, 『요약설교』, 서울말씀사(2012), 93.
463) 조용기, 『생각』, 236-237.
464) 조용기, "삶과 고난", 주일설교(2007-12-16).

일이 생겨났다. 성령의 권능과 믿음으로 우리도 창조적인 일을 할 수 있다.

영산은 하나님을 믿는 신앙생활을 3가지로 요약한다. 첫째, '감각을 통해서 체험할 수 없지만 하나님을 있는 것으로 믿는 삶(고후5:7)'이다. 둘째, '성경말씀이 하나님의 말씀인 것을 생각과 감각을 초월해서 믿는 삶(히11:3)'이다. 셋째, '없는 것을 있는 것처럼 말하는 삶(롬4:17-22)'이다. 인간은 눈으로 보고, 귀로 들어 감각적으로 확인해야 믿는다. 육신의 눈과 영의 눈은 차원이 다르다. 영산은 창조적인 삶에 대하여 4가지로 요약해서 설명한다. a) 없는 것을 있는 것 같이 생각한다. b) 없는 것을 있는 것 같이 꿈꾼다. c) 없는 것을 있는 것 같이 믿는다. d) 없는 것을 있는 것 같이 말한다.

인간은 하나님의 형상을 닮아서 태어난 존재이므로 하나님처럼 생각하고, 꿈꾸고, 믿고, 고백할 때 창조적인 삶을 살 수 있다. 영산은 승리하는 창조적인 신앙생활을 4가지로 압축한다.465)

　a) 말씀에 기초해서 생각이 달라져야 한다. 새로운 피조물로 꿈과 소망을 가진다(고후5:17).

　b) 꿈이 있어야 한다. 하나님의 기쁘신 뜻 가운데 우리에게 소원을 주신다(빌2:13).

　c) 믿음으로 살아야 한다. 믿음으로 살아갈 때 하나님을 기쁘시게 한다(히10:38).

　d) 긍정적인 말을 해야 한다. 죽고 사는 것이 혀의 힘에 따라 열매 맺는다(잠18:21).

창조적인 일이란 하나님의 일을 하는 것이다. 왜냐하면 옛 사람은 죽고, 새 사람, 즉 하늘의 일을 사모하는 신분으로 바뀌었기 때문이다. 하나님의 일을 어떻게 할 수 있는가? 요한복음 6장 29절처럼 '하나님의 보내신 자를 믿는 것'이 하나님의 일이다.

타임지에서 선정한 20세기까지 최고의 인물은 칭기즈 칸이라고 한다. 그는 첫째, 크고 넓고 다르게 보는 대승적 사고능력을 가지고 있었다고 한다. 둘째, 유럽의 기사단에 비해 상상할 수 없는 스피드를 가지고 있었다고 한다. 칭기즈 칸은 말과 활을 이용한 스피드 있는 기마전으로 그 당시 세계를 제패했다. 구원받은 인간은 복음의 능력으로 세계를 제패할 수 있다. 창조적 일이란 하나님 안에서 위대한 일을 꿈꾸고 세계 복음화를 꿈꾸는 것이다.466)

창조적인 생각은 영의 생각에서 출발한다. '육신의 생각은 하나님의 원수(롬8:7)'다. 창조적 아이디어와 창조적인 생각을 품은 자는 어떤 사람인가?

원리 1: 생각이 창조적이고 진취적이어야 한다.

자동차 브랜드 중에서 도요타는 '신뢰', 볼보는 '안전', 페라리는 '속도', 벤츠는 '엔지니어링', BMW는 '최상의 운전장치'를 상징한다. 이들 회사는 생각의 창조화를 극대화한 회사들이다.

---

465) a) 말씀에 따라 생각이 달라져야 한다. 새로운 피조물로 꿈과 소망을 가진다(고후5:17). b) 꿈이 있어야 한다. 하나님의 기쁘신 뜻 가운데 우리에게 소원을 주신다(빌2:13). c) 믿음으로 살아야 한다. 믿음으로 살아갈 때 하나님을 기쁘시게 한다(히10:38). d) 긍정적인 말을 해야 한다. 죽고 사는 것이 혀의 힘에 따라 열매 맺는다(잠18:21).

466) 저자의 판단에 의하면, 세상에서 위대한 일에 대한 정의는 대체로 이렇다. 주로 '크다, 많다, 높다, 길다'가 중심이다. 즉 양적(量的)인 것을 내세운다. 그러나 성서적으로 위대함이란 예수 그리스도 형상을 닮아가는 질(質)이다. 전자는 아담의 성품이고, 후자는 그리스도의 성품이다. 전자는 심판의 태풍이 불면 지푸라기 하나 남지 않고 휩쓸려갈 것이다. "너희 중에 누구든지 크고자 하는 자는 너희를 섬기는 자가 되고 너희 중에 누구든지 으뜸이 되고자 하는 자는 너희 종이 되어야 하리라(마20:26-27)." 인간이 가질 수 있는 가장 큰 영광이란 예수님의 성품과 같아지는 것이다.

영산은 거대한 프로젝트를 오감으로 판단하지 않고, 언제나 하나님의 관점에서 바라보았다. 주위 사람들이 수없이 '안 된다', '불가능하다', '어렵다', '실패할 수 있다'고 해도 그는 언제나 오감을 초월한 영의 눈으로 모든 일을 바라보았고 전진시켰다. 절대구원의 생각, 절대믿음의 생각으로 살면 창조적인 삶을 살 수 있다.

원리 2: 끝까지 인내하고 기다린다

영산은 "우리 삶은 생활의 모든 면에서 기다림이 필요합니다. 믿음의 진실성을 증명하기 위하여 또는 하나님의 절대주권에 순복하기 위하여 기다림은 더욱 절실히 필요합니다."라고 말한다.[467]

그리스도인의 믿음은 고난-부활을 경험한 십자가의 믿음을 품고 있는 자들이다. 따라서 고난을 고난으로 보지 않고, 부활의 관점에서 현재의 고난을 바라본다. 우리 안의 믿음이 그 일을 한다. 이것이 십자가의 믿음이다. 십자가의 믿음은 인내 안에 이미 존재하는 승리의 깃발을 본다. 십자가의 믿음을 가진 자는 패배의 역정이 아니라, 처음부터 있었던 영광을 선포하는 자가 된다.

원리 3: 창조적 아이디어를 발굴한다.

아이디어의 뿌리는 지혜의 근원이신 성령님이시다. 인간의 반짝이는 아이디어나 지혜는 잠시 좋아보여도 궁극의 지혜나 아이디어가 되지 못한다. 인간에 지혜는 만족을 주지 못한다. 우리의 만족은 오직 하나님으로부터(고후3:5) 나온다. 최고의 지혜는 어디서 오는가? 영산은 그 해답을 십자가에서 찾는다. 그는 "십자가를 바라봄으로 생각을 새롭게 하고 꿈을 새롭게 하고 믿음을 새롭게 하는 삶에서 최고의 지혜가 나옵니다."라고 말한다.[468] 무슨 일을 해도 예수 그리스도의 이름으로 일하고 주께 감사하면(골3:17) 지혜가 충만한 자가 될 것이다. 영산은 "언제나 새로운 아이디어를 마음속에 수용해야 한다"고 말한다.[469] 성령은 인간의 생각을 통해서 역사하신다.

영산은 그리스도인의 창조적인 아이디어는 언제나 하나님에게서 온다고 말한다. "우리가 두려워할 것은 자원고갈 같은 문제가 아닙니다. 인류에게 끊임없는 새로운 아이디어가 산출되지 않을 때, 삶은 파멸되고 맙니다. 창조적인 아이디어는 오직 하나님께로부터 나옵니다. 가장 위대한 아이디어는 예수 그리스도입니다."[470]

인간의 아이디어가 반딧불이라면, 하나님의 아이디어는 번갯불이다. 아이디어의 근본은 주님이시다. 아이디어 창출과정이 그림 6-8에 도시되어 있다. 더 많은 아이디어를 창출하려면 내가 경험한 것을 기록하고 자주 바라보아야 한다. 결과적으로 아이디어는 '경험 + 지식 + 우뇌의 작품'이다. 토마스 에디슨(Thomas Edison)은 "독창성이란 출처를 감추는 기술"이라고 했고, 벤자민 프랭클린(Benjamin Franklin)은 "천재는 단지 인내하는 습관을 기른 사람일 뿐"이라고 강조했다. 천재는 수많은 노력으로 이뤄짐을 강조한 것이다. 독창성이란 누군가 먼저 해놓은 것을 힘을 다해 지속적으로 더 진보시키고 응용한 결실이다.

---

467) 조용기, "기다리는 것", 주일설교(2010-02-21).
468) 조용기, "새로운 피조물", 주일설교(2015-01-18).
469) 조용기, 『21세기를 선도하는 영적 지도자』, 서울말씀사(2000), 118-122.
470) 조용기, 『291요약설교』, 서울말씀사(2003), 6-2.

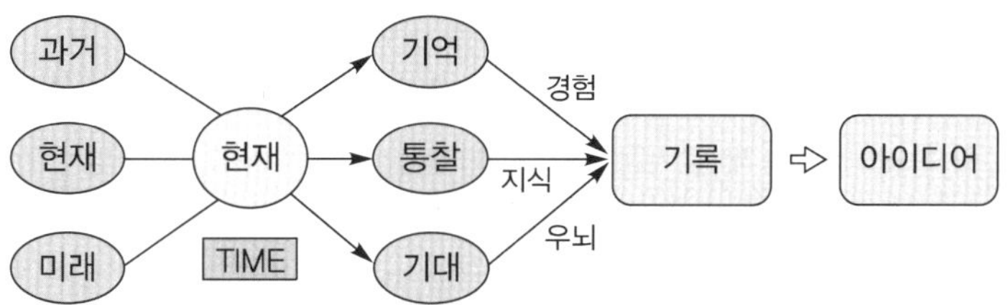

그림 6-8. 삶 속에 아이디어 창출모델: 기록은 중요하다. 하나님도 십계명을 돌판에 새겨서 인간에게 주셨다. 기록-기억은 인간이 영적 삶의 양식을 취할 때 중요하다.[471] 영산은 "보이지 않는 창조적인 힘은 하나님의 말씀에서 옵니다. 하나님의 말씀은 하나님의 생각이요, 꿈이요, 믿음이요, 창조적인 선언입니다. 우리의 삶과 환경에 변화를 가져올 수 있는 힘은 우리에게 있습니다."라고 강조한다.[472] 기억은 과거, 현재, 미래를 통합하여 새로운 것을 만들어낸다.

토드 사일러(Todd Siler)는 창조적 생각을 메타포밍(metaphorming) 4단계로 구분한다.[473]

단계 1-연결(Connection): 지금 내가 하는 사물과 다른 것과 연계시킨다. ㉠ 새-비행기

단계 2-발명(Invention): 날개 모양, 날개 부착위치, 몸길이, 날개 길이 분석

단계 3-개발(Development): 새를 모델로 모형 비행기를 만들어본다.

단계 4-응용(Application): 여러 다른 비행기에 응용한다.

자연은 위대한 학습대상이다. 내가 생각한 것을 식물, 동물, 사물과 연계시키는 능력을 키워야 한다. 솔로몬은 3000개의 잠언과 1005개의 시를 지었는데, 동식물, 어류, 파충류 등에 대해 광범위한 지식을 지니고 있었다. 그는 동식물과 사물에 대한 원리를 꿰뚫고 있었던 것이다.

5.7. 마음구조의 성령화: 내 생각을 성령의 생각에 맞춘다

영산은 "하나님 아버지는 만물을 계획하시고, 아들 예수님은 아버지의 뜻에 따라 우리를 구속하시고, 성령님은 만물을 유지하시고 아버지와 아들의 존재와 뜻을 우리에게 가르쳐줍니다."라고 말한다.[474] 우리의 마음구조를 삼위일체화할 때 성령님의 생각을 극대화할 수 있다. 진리의 성령님이 우리를 인도하신다(요14:16-17, 16:7-8).

하나님은 이 땅에 십자가를 세워서 죄인을 의인으로 만들고, 그 아들 예수 그리스도와 연합시켜 영으로 한 몸을 만들고(고전6:17), 또한 성령의 능력으로 성도가 하나님의 뜻을 순차적으로 펼쳐가도록 만드신다. 성령님은 십자가 위에서 "다 이루었다(요19:30)"고 외치신 그리스도의 생각을 성도들의 마음에 불어넣어 현재화시킨다.

---

471) 레너드 스윗(Leonard Sweet)은 "기억이란 단순한 뇌의 기능이 아니라 전신의 기능이다. 기억에는 신체적 감각과 사회적 감각을 비롯하여 우리의 모든 감각이 동원된다."고 강조한다. 참조. 『관계의 영성』(*Out of the question: into the mystery*), IVP(2011), 134. 성령님은 인간의 기억을 통하여 자신의 일을 창조해가신다.

472) 조용기, "보이지 않는 능력", 주일설교(2013-04-21).

473) 토드 사일러(Todd Siler), 『천재처럼 생각하기』(Think Like A Genius), 한언(1997), 40-52. Metaphorming 용어는 그리스어인 meta(초월, 초탈)와 phora(전이)에서 유래, 특정한 사물이 어떤 상황에서 갖고 있는 내용과 다른 상황으로 전이시키는 행위를 말한다(p19). 예수님은 만물의 이치와 원리를 통달하심에 메타포밍의 달인이셨다.

474) 조용기, "보혜사 성령님", 주일설교(2010-01-10).

우리는 은혜 안에서 예수님과 서로 교제할 수 있다.475) 그러나 마귀는 인간의 마음을 무질서하게 만들어 예수님과 성도의 교통을 훼방한다. 영산은 "하나님께서 우리의 생각을 통해서 역사하시듯이, 마귀도 우리의 생각을 통해서 역사합니다. 이처럼 우리의 생각은 영적인 만남의 광장이요, 하나님 또는 마귀가 역사하는 본거지이기도 합니다."라고 말한다.476) 마귀의 최대전략은 인간이 반쪽 마음을 갖게 하는 것이다. 마귀는 간사한 전략을 구사하여, 하나님을 지향하고자 하는 인간의 생각을 없애버리려고 시도한다. 그래서 조금이라도 방심하면 신자의 마음하늘에 먹구름이 낄 수 있다.

마귀는 인간에게 숨지는 그날까지 자기중심적인 생각을 품도록 유혹한다. 이와 달리 하나님은 밖으로 향하는 생각, 곧 하나님 중심과 이웃 중심의 생각을 품도록 이끄신다. 마귀는 인간이 오직 자기 자신만을 생각하게 해서, 결국 인간 스스로 교만, 욕심, 탐욕에 빠지게 해서 멸망의 길로 미혹하려고 한다. 아담과 하와의 후손은 '자기만을 생각하는 마음의 성향과 습성'을 지니고 있다. 마귀는 언제나 인간의 이와 같은 취약점을 극단적인 방법으로 교묘히 사용한다.

마귀는 사람들의 생각과 마음을 점령해서 그들이 정상적인 삶에서 벗어나서 무기력한 삶을 살도록 유혹하고 있다. 마귀는 욕심이라는 첨단무기를 동원해서 믿는 자를 넘어뜨리고 있다. 그들은 연중무휴 24시간 우리의 '생각 진지'를 공격하고 있다. 마귀는 인간의 '생각 진지'만 파괴시키면 반은 성공한 것이다. 생각이 인간의 행위를 대부분 결정하기 때문이다.

마귀와 그의 추종 세력의 '인생망치기 고도전략'은 다음과 같다. 처음에는 믿는 자들을 살살 따라다니다가, 집착 단계(obsession)로 들어간다.477) 허술한 틈이 보이면, 인간의 마음공간에 눌러앉는 억압 단계(oppression)로 넘어 간다. 그 다음은 눌림 단계(depression)이다. 이 단계에서는 한 등급 더 올려 우울증에 걸리게 만들고, 심하면 죽고 싶은 마음이 들게 한다. 마지막 단계는 점령 단계(possession)이다. 이 단계에서는 인간의 마음은 마귀에게 완전히 점령당해 본인의 의사와 관계없이 마귀와 그의 세력이 하라는 대로 이리저리 끌려다니게 된다. 이 정도 되면 거의 광인(狂人)이다.478)

육체의 소욕(갈5:16-21), 육신의 정욕(요일2:15-17), 악의 영(엡6:12)의 지배를 받으면, 죄의 연속적 과정이 진행된다.479) 즉 '생각 → 선택 → 습관 → 자기 통제력 상실 → 속박 → 전적으로 통제당함'의 순서로 일어난다. 따라서 그렇게 되지 않으려면 모든 생각을 하나님의 능력에 의지해야 하며(고후 10:3-5), 하나님의 성품을 닮아가는 능력을(빌4:8) 길러야 한다. 육의 생각은 사망이지만 영의 생각은

---

475) John Owen, *Communion with God*, Versa Press(2008), 46-53. 오웬은 은혜에 대해 다음과 같이 설명한다. 첫째, 은혜는 개별적으로 임하고 아름다운 것이다. 둘째, 은혜는 공로 없이 그냥 받는 것이다. 셋째, 은혜는 우리의 본성을 성화시키고 새롭게 한다. 은혜는 궁극적으로 악을 떠나게 하고, 하나님의 목적과 계획에 부합되는 백성으로 만들어간다.
476) 조용기, 『요한복음 강해 II』, 서울말씀사(2012), 96.
477) 마귀가 사람을 사로잡는 단계를 구체적으로 묘사하면 다음과 같다. 유혹 단계(Temptation) → 집착 단계(Obsession) → 억압 단계(Oppression) → 눌림 단계(Depression) → 포기 단계(Recession) → 점령 단계(Possession).
478) 조용기, "내 이름으로 귀신을 쫓아내라", 주일설교(2010-10-17).
479) 에드 머피, 『영적전쟁』(The Handbook for Spiritual Warfare), 두란노(1999), 270-273.

생명과 평안이다. 사탄의 1차 핵심 공격대상은 그림 6-9처럼 '사람의 생각과 마음'이다. 생각과 마음을 점령하면, 마귀들의 관점에서 보면 90%는 성공이기 때문이다. 따라서 마귀들은 생각과 마음을 혼미케 하려고 극성을 부리는 것이다.

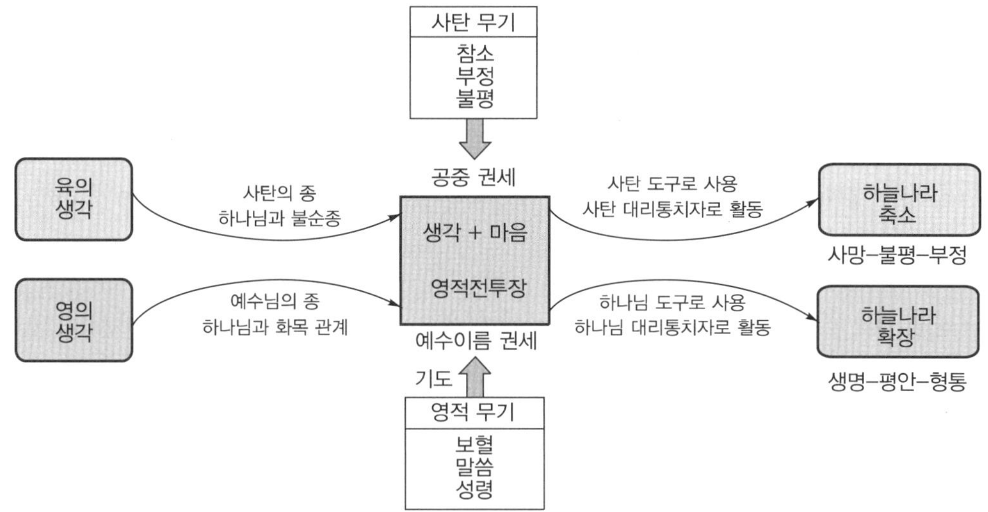

그림 6-9. **육의 생각과 영의 생각의 비교**: 마귀는 우리를 훼방하고 억압하며 몸과 마음을 병들게 하고 우울하게 만든다. 또한 악한 일을 도모하게 한다(눅10:19). 영산은 "마음을 지키기 위해서 먼저 '할 수 있다'는 긍정적인 생각, 하나님의 기쁘신 뜻을 위해 우리에게 주신 희망찬 꿈, 강하고 담대한 믿음, 긍정적인 입술의 고백으로 창조적인 선언을 해야 합니다."라고 역설한다.[480]

하나님과 화목한 관계를 유지할 때, 우리는 하나님의 대리 통치자로 하늘나라를 확장할 수 있다. 반면에 하나님에게 불순종하게 되면, 공중 권세 잡은 사탄의 힘에 눌려 하늘나라를 축소시키는 데 이용된다. 사탄의 세력은 항상 우리를 불평하게 만들고, 부정적 생각을 주어서 패배의 말을 하게 한다. 마침내 우리 자신을 사탄의 종으로 부려먹는다. 마귀는 믿음이 있는 자를 골라서 공격한다. 따라서 평소에 성령충만을 위해 항상 기도하며, 마귀의 공격에 무너지지 않도록 대비해야 한다.

원리 1: 마귀의 전략을 먼저 알고 최선의 방어전략을 펼친다.

스프롤(R. C. Sproul)은 "사탄은 우리가 죄인이라는 사실을 잊게 하는 것보다 우리가 죄의 현실에 친숙하게 만든다. 사탄은 우리가 하나님의 은혜를 잊어버리기 원한다"고 조언한다.[481]

예수님은 거라사인 지방에서 귀신 들린 어떤 사람을 만나게 되었다. 귀신 들린 사람의 말을 분석해보면, 대체로 귀신은 초자연적 지식을 가지고 있었다. 오늘날 신학자가 연구하는 신론, 기독론, 종말론까지 훤히 알고 있다(막5:1-20, 마8:29).

---

480) 조용기, "마음하늘", 주일설교(2013-04-07).
481) R. C. 스프롤(R. C. Sproul), 『하나님은 믿는 것은』(Believing God), 생명의말씀사(2014), 172.

　　a) 신론: 더러운 귀신 들린 자는 하나님을 알고 있었다(막5:6-7).

　　b) 기독론: 그는 예수가 하나님의 아들임도 알고 있었다(막5:7, 막1:24).

　　c) 종말론: 그는 자신의 때를 알고 있었다(마8:29).

고도의 초자연적 지식을 가지고 있는 마귀는 인간의 3영역을 집중해 공격해서 전인적으로 망가뜨리려고 시도한다.[482]

　　a) 생각 영역(thinking): 열등감, 죄의식, 부정적 사고체계를 갖게 함(고후10:3-5, 잠23:7, 빌4:8).

　　b) 마음 영역(Mind): 교만, 자만, 불신앙, 두려움 등으로 마음을 공격함(잠4:23, 히12:15, 마15:17-20).

　　c) 입술 영역(confessing): 비판적, 부정적, 절망적인 말로 언어생활을 망치게 함(잠18:21, 시52:2, 약1:26, 마15:18).

이처럼 마귀는 인간의 생각 영역을 초토화시키고, 인간의 자기정체성을 파괴시켜 현세에서 지옥과 같은 삶을 경험하게 한다. 육신의 죄는 마귀들을 향해 열린 출입문이며, 초기에는 생각을 통해 침입한다. 심리학자인 버포드(R. K. Bufford)는 "육체가 짓는 죄는 마귀의 영향력 안으로 들어가는 길을 제공한다"고 역설하는 것도 그런 맥락이다.[483] 우리의 옛 자아는 십자가 밑에 끌려가 죽고(롬6:6),[484] 새 자아로 살고 있지만(롬6:5-8, 고후4:7-11, 갈2:20), 마귀의 유혹에 빠지면 기억체계, 사고체계, 행동습관들은 철저하게 마귀의 영향을 받게 되어, 이전의 죄의 습관대로 하나님을 대적하는 삶을 살게 된다.[485]

영산은 마귀가 사용하는 도구를 5가지로 압축시켜 설명하고 있다.[486]

　　a) <u>말을 이용함</u>: 마귀는 아담과 하와를 죽이고 멸망시키기 위해 1:1로 대화했다(창3:4-5).

　　b) <u>세상에 있는 것들을 활용함</u>: 광야에서 마귀가 예수님을 시험할 때 육신의 정욕, 안목의 정욕, 이생의 자랑으로 유혹했다(마4:1-10). 마귀는 인간의 '과거, 현재, 미래'를 통째로 건드린다.

　　c) <u>죄의 탈을 쓰고 옴</u>: 마귀는 죄의 탈로 쓰고 다가온다. 죄짓는 자는 마귀에 속한 자이다(요일3:8). 마귀는 선을 거두고, 악을 드러나게 한다.

　　d) <u>부정적인 감정을 활용함</u>: 가인이 질투의 감정으로 아벨을 죽였다. 미움과 살인의 배후에는 악한 마귀가 있다(요일3:10-12, 15).

---

482) 달라스 윌라드(Dallas Willard), 『마음의 혁신』(Renovation of the Heart), 복있는사람(2014), 291-295. 윌라드는 전인적으로 몸의 영성 형성을 강조한다. "너희 몸을 하나님이 기뻐하시는 거룩한 산 제사로 드리라(롬12:1)." 즉 몸을 하나님께 맡겨서 하나님의 능력과 뜻에 적극적으로 바칠 수 있어야 하고, 또한 내 몸을 내 삶과 다른 사람들의 삶을 위해 하나님의 뜻을 이루는 도구로 쓰이도록 드릴 수 있어야 한다. 또한 자신의 몸을 잘 아끼는 자가 되어야 한다. 마귀의 영과 하나님의 영 사이에 건널 수 없는 간격이 존재한다.

483) 에드머피, 『영적전쟁』(The Handbook for Spiritual Warfare), 두란노(1999), 223.

484) 앤서니 후크마(Anthony A. Hoekema), 『인간론』(Created in God's Image), 부흥과개혁사(2012), 156-157. 인간은 회심과 동시에 새자아가 된다. 옛 자아인 동시에 새 자아가 아니다. 옛 자아는 죄의 노예가 된 전인격, 새 자아는 성령의 인도 아래 있는 전인격을 말한다.

485) 위의 책, 228-232.

486) 조용기, "눈에 안보이는 대적", 『요약설교』, 서울말씀사(2012), 334.

e) <u>악한 생각을 넣음</u>: 유다에게 예수님을 배신하고 팔려는 생각을 넣어준 것은 마귀이다(눅22:3, 요13:2). 생각은 인간의 몸이 움직이게 한다.

영산은 마귀를 대적하라는 설교에서 마귀의 심리적 접근법을 소개했다.[487] 심리학자 핸슨(David Sim Hanson)은 사탄이 인간을 유혹할 때 쓰는 방법은 지극히 심리학적이라고 말한다. 마귀는 먼저 우리 마음속에 자신에 대한 부정적인 사고를 집어넣는다. "나는 무능하다. 나는 아무 쓸모가 없다. 나는 패배자다. 나는 바보다." 이렇게 자존심을 짓밟아버리는 것이다. 낮은 자존감을 갖게 하는 것이다. 마음에 고통을 가져와서 마음을 죽이고 좌절시키고 절망시킨다. 미움, 시기, 분노, 질투와 방탕을 가져와서 마음을 죽이고 영을 죽이는 것이다. 마침내 하나님을 잊어버리게 하고 제멋대로 살게 함으로써 그리스도인들을 하나님과 완전히 단절시킨다.

마귀와 그의 세력은 신자의 마음에서 믿음, 소망, 사랑, 의, 희락을 빼앗는다. 살아갈 희망과 용기를 빼앗는 것이 그들의 주된 임무다. 그러나 예수님은 사탄을 이길 모든 영적 무기를 가지고 계신다. 예수님 앞에서 마귀는 허풍쟁이며 큰소리만 치는 존재에 지나지 않는다.[488]

적군을 물리치는 데에는 사전방어가 최선의 공격이다. 성경도 "마귀로 틈을 타지 못하게 하라(엡4:27)"고 말한다. 하나님께 순종하는 사람은 마귀를 쫓을 수 있다. 야고보서는 "마귀를 대적하라 그리하면 너희를 피하리라(약4:7)"고 말한다.

원리 2: 마귀의 신분, 능력, 위치를 파악한다.

마귀는 성도들의 마음렌즈를 흐리게 해서 진리의 말씀을 보아도 빛을 받아들이지 못하게 한다. 마귀는 두 가지 방법으로 인간을 자신의 노예로 만든다. 하나는 몸의 노예화(slavery of boy)이고, 또 하나는 마음의 노예화(slavery of mind)다.[489] 마귀는 이 두 가지를 집중공략하여 자신의 영역을 확장해간다. 마귀는 인간의 가장 취약한 부분을 건드리며, 인간의 마음을 굳게 만든다. 성경에서 굳은 마음이란 경건한 감정이 없는 마음이다. 은혜로운 마음이란 경건한 감정을 가지는 것과 그런 감정에 쉽게 영향을 받는 것을 의미한다.[490] 첫 사람 아담을 유혹할 때뿐만 아니라 광야에서 40일 금식기도를 하신 예수님을 시험할 때에도 그랬다. 마귀는 다음과 같은 세 가지로 인간을 유혹한다.

a) 육체의 정욕(경제적 문제, 요일2:16): (아담) 먹음직도 하고(창3:6), (예수님) 돌들에게 명하여 떡덩이가 되게 하라(눅4:3).

---

487) 조용기, "눈에 안보이는 대적", 주일설교(2004-11-14).

488) 영적 아군과 사탄 적군의 전력을 비교하면 하나님의 나라가 절대 우위에 있다. 하나님 나라 아군은 '예수 그리스도 + 2/3의 천사들 + 그리스도인들'이고, 마귀의 나라 적군의 구성은 '루시퍼 마귀 + 1/3의 천사들 + 불신자들'이다. 적군의 수장 마귀는 졸개들을 시켜서 틈만 있으면 인간에게 부정적인 생각과 두려운 생각을 심는다. 마음속에 쓴 뿌리, 낙담하는 마음, 우울한 마음, 교만한 마음을 주어서 무기력한 삶을 살도록 꾄다. 무엇보다 마귀의 특징은 교만하게 만들어 속이는 것이다. 마귀는 우리의 생각 영역에 침투하여 미혹시키고 혼미하게 한다(고후4:4).

489) A. W. Tozer, *God's Power for Your Life*, Regal(2013), 91-92.

490) 존 스미스 편(조나단 에드워즈), 『신앙감정론』(The Works of Jonathan Edwards Volume 2: Religious Affections), 부흥과개혁사(2005), 178.

   b) 안목의 정욕(정치적 문제, 요일2:16): (아담) 보암직도 하고(창3:6), (예수님) 천하만국을 보이며(눅4:5).

   c) 이생의 자랑(종교적 문제, 요일2:16): (아담) 탐스럽기도 한 나무(창3:6), (예수님) 여기서 뛰어 내리라(눅4:9).

세상적인 판단기준에 의하며 마귀는 기가 막힌 전략을 편 것이다. 사탄은 언제나 생각을 통해 인간을 넘어뜨리고 파괴시키고 파멸시키고자 한다. 마귀는 환상(illusion)을 품게 해서 인간으로 하여금 내리막길을 걷게 한다. 이를테면, 돈이 많을수록 행복해질 것이라는 착각에 빠지게 만든다.

영산은 마귀와의 싸움에서 마귀가 주로 활용하는 지성, 감정, 의지, 육체, 환경 전술들을 사례로 든다.[491]

   a) 지성: 하와에게 거짓정보를 주어 속여 선악과를 먹게 한다(창3:4-5).[492]

   b) 감정: 하나님처럼 되고 싶은 탐욕의 마음을 넣는다(창3:6).

   c) 의지: 마귀는 할 수 있는 한 의지를 다해 일한다. "마귀가 모든 시험을 다 한 후에 얼마 동안 떠나니라(눅4:13)."

   d) 육체: 사람들을 억압하고, 병들게 한다(행10:38).

   e) 환경: 마귀는 3차원 주위 환경을 이용한다. 욥의 고난의 환경 뒤에는 마귀가 있었다(욥1:9-10). "가라지를 뿌린 원수는 마귀요(마13:39)." "마귀가 또 예수를 이끌고 올라가서 순식간에 천하만국을 보이며(눅4:5)."

이처럼 마귀는 자신의 지정의(知情意)을 치밀하게 계산하여 인간세계를 파괴시킨다.[493] 성경에는 "마귀가 벌써 시몬의 아들 가룟 유다의 마음에 예수를 팔려는 생각을 넣었더니(요13:2)"라고 기록되어 있다.

동일한 이야기를 누가복음 22장 3절에는 '사탄이 유다에게 들어갔다'고 표현하고 있다. 이처럼 사람의 생각은 하나님의 생각이 접촉하는 장소이면서, 동시에 마귀가 들락날락하는 요충지가 되기도 한다. 이를 막기 위해 하나님은 말씀과 성령으로 우리 인간의 생각을 다스리라고 하신다.

영산은 마귀가 인간을 대상으로 시험하는 방법을 5가지로 요약·제시한다.[494]

   a) <u>탐심과 욕심</u>: 탐욕을 품게 해서 마귀의 말에 유혹을 받고 따르게 한다(창3:4-5).

   b) <u>참소함</u>: 욥이 하나님께 불신앙으로 떨어지도록 무자비하게 참소하며 시험했다(욥1:8-11, 2:2-6).

---

491) 조용기, "마귀와의 싸움", 『요약설교』, 서울말씀사(2012), 336. "마귀를 대적하라", 주일설교(2006-11-12).

492) E. M. 바운즈(E.M. Bounds), 『기도의 강력』(Power Through Prayer), 규장(2012), 111. 기름 부으심이 임하면 지성에 영감을 불어넣어, 지성의 활동을 명료하게 해준다. 기름 부으심은 또한 통찰력과 이해력과 표현력을 준다. 즉, 성도가 기도로 성령충만하면, 지성이 날카롭게 되어 삶 가운데 영적 능력을 발휘할 수 있다. 지성은 영적활동에 중요한 매개체다.

493) "우리의 생각, 감정, 상상, 의지 등 이 모든 것을 포괄하여 마음을 새롭게 하는 유일한 길은 그리스도의 말씀이 우리 안에 풍성히 거하여, 우리의 모든 생각과 감정을 다스리고 하나님께 방향을 맞추도록 하는 것이다." 오대원(David E. Ross), 『묵상하는 그리스도인』(The Meditating Christian), 예수전도단(2013), 271.

494) 조용기, "마귀를 대적하라", 『요약설교』, 서울말씀사(2012), 340-341.

    c) <u>육체적 질병</u>: 사탄은 욥의 온몸에 종기가 나서 고통당하게 했다(욥2:7).
    d) <u>생활의 환난</u>: 사탄은 욥의 가축을 빼앗고, 종들을 죽이고, 집을 무너뜨리며, 자녀들을 죽게
       했다(욥1:14-19).
    e) <u>핍박</u>: 욥의 아내도 그의 친구들도 욥을 정죄하며 공격했다(욥2:8-9).

원리 3: <u>예수님이 이미 마귀를 무장해제 시켰음을 이해한다.</u>

    하나님은 예수님에 대해 "모든 정사와 권세와 능력과 주관하는 자와 이 세상뿐 아니라 오는 세상
에 일컫는 모든 이름 위에 뛰어나게 하시고 또 만물을 그 발아래 복종하게 하시고(엡1:21-22)라고
했다. 이제 예수님은 만왕의 왕과 만유의 주가 되셨다. 예수님은 사단의 모든 권세와 능력을 무장
해제시키셨다. 예수님은 "우리를 거스리고 우리를 대적하는 의문에 쓴 증서를 도말하시고 제하여
버리사 십자가에 못 박히시고 정사와 권세를 벗어버려 밝히 드러내시고 십자가로 승리(골2:14-15)"하
신 분이다. 그는 세상에 있는 자(사탄)보다(요일4:4) 크신 분이다.

    사탄이 아무리 위협해도, 사탄과 그의 세력은 이미 무장해제 당한 군대라 아무 힘이 없다. 더는
두려워 할 대상이 아니다. "하나님의 아들이 나타나신 것은 마귀의 일을 멸하려 하심이니라(요일
3:8)." 이 세상에는 이미 예수님이 싸워서 이긴 전쟁에서 잔당들이 출몰하는 전투만 남아 있을 뿐이
다. 요한은 "세상을 이긴 이김은 이것이니 우리의 믿음이니라(요일5:4)"고 말한다.

원리 4: <u>그리스도인의 영적 전투력을 이해한다.</u>

    예수님을 믿음으로써 그리스도인들에게는 예수님과 함께 온 땅을 다스리는 권세가 주어질 것이
다: "긍휼이 풍성하신 하나님이 우리를 사랑하신 그 큰 사랑을 인하여 허물로 죽은 우리를 그리스
도 예수와 함께 살리셨고(너희가 은혜로 구원을 얻은 것이라) 또 함께 일으키사 그리스도 예수 안에서 함
께 하늘에 앉히시니(엡2:4-6)."

원리 5: 범사에 감사의 말을 한다.

    그리스도인들에게 감사는 위대한 고백이다. 감사의 말은 마귀의 전략을 무너뜨리는 방법 중 하나
다. 라이언(Lion)은 「감사」라는 책에서 인생을 변화시키는 감사의 힘에 대하여 이렇게 말한다. "감사
하면 기쁨이 넘치며, 언제나 생기가 있고, 우울증이 치유된다. 감사하면 건강해지고, 걱정 근심이
없어지며, 매력적인 사람이 되고, 고통과 분노가 사라지며, 부족함을 받아들일 수 있다. 감사하면
공허하지 않으며, 지금 이 순간이 소중하게 되고, 상처 받더라도 사랑하며, 무엇이든지 나누어주고
싶어진다. 감사하면 모든 생명체와 교감이 생기며, 평범한 일상도 은총으로 받아들이게 된다."

    초대 교회의 교부였던 크리소스톰(John Chrysostom)는 "사람에게 근본적인 죄가 하나 있는데 그것은
바로 감사하지 않는 죄"라고 말했다. 영국의 격언에 의하면, "지옥이란 감사할 줄 모르는 사람들이
가득 찬 곳이고 천국이란 감사할 줄 아는 사람들로 가득 찬 곳이다." 템플턴상으로 유명한 존 템플
턴(John Templeton)은 그의 책 『열정』에서 감사의 생활을 실천할 것을 당부하고 있다.[495] 사탄은 사람
들에게 감사의 마음을 앗아간다. 감사의 생각을 마음속에 늘 품고 있어야 한다.

5.8. 의인의 생각으로 하늘나라를 확장시킨다

과연 그리스도인은 이 땅에서 의인의 삶을 살 수 있는가? 흉내만 내다가 장차 슬그머니 천국으로 가는 것인가? 그렇지 않다. 이제 그리스도 예수 안에 있는 자에게는 결코 정죄함이 없다(롬8:1). 따라서 의인은 의인답게, 성령의 사람은 성령으로 살아야 한다(갈5:25). 의인은 성령의 생각을 좇아서 사는 자다(롬8:27). 신자들은 절대감사, 절대긍정의 믿음으로 살아야 한다. 영산은 '예수님께서는 우리를 종의 사고방식에서 자유인의 사고방식을 갖게 하려고 십자가를 짊어지신 것입니다.'라고 피력한다.496) 의인은 내가 힘쓰고 애써서 된 것이 아니고, 예수를 믿음으로 말미암아 하나님이 나를 의인으로 선언하신 것이다. 곧 우리가 구약의 율법을 다 지키지 않아도 모두 지킨 것으로 여긴다는 것이다.

현대에서 포스트모던 시대로 넘어가면서 타율적 공동체는 자율적 공동체로, 거대담론(巨大談論, metanarrative) 개념에서 파편화(破片化) 개념으로 옮아가고 있다. 포스트모더니즘에서는 모든 것이 상대적이다. 보편성, 객관성, 절대성이 쇠퇴하고, 무비판적, 비이성적, 혼합주의적, 다원적 경향 등이 거세지고 있다.

이 시대는 과연 어떤 시대인가? 인간의 지성, 이성, 감성, 도덕 등의 기능과 역할이 모두 상대주의적으로 재구성되어 간다. 이와 같은 혼란한 시기에 우리는 살고 있다. 이 난세에 시대와 문화를 초월해도 변치 않고 가장 보편적이면서도 객관적이며, 절대적인 것이 존재할 수 있는가? 다행인 것은 하나님의 말씀이 있고, 복음이 있고, 십자가의 사랑이 있다. '복음(Gospel of Christ)'만이 시대, 민족과 나라, 문화를 초월해서 '절-대-적 정의의 가치관'을 유지할 수 있다. 구속과 새 창조로 구원받은 의인은 이 혼란스러운 시대에도 믿음과 소망과 사랑으로 살아갈 수 있다.

믿음은 하나님이 초자연적으로 우리 마음에 부어주시는 것이다. 영산은 믿음을 갖게 되는 것에 대해 이렇게 말한다. "믿음이란 것은 회개할 때 성령께서 예수님과 하나님을 믿을 수 있는 능력을 초자연적으로 여러분의 가슴속에 넣어주십니다. 그러므로 믿는다는 것 자체가 기적입니다. 인간의 이성은 무엇이든지 논리적으로 증명할 수 없는 것은 절대로 믿으려고 하지 않습니다."

1833년 진화론의 주창자였던 찰스 다윈(Charles R. Darwin)은 자신의 이론을 뒷받침할 만한 진화의 흔적을 찾기 위해 식인종이 살고 있는 한 섬을 찾아갔다. 그곳에서 그는 식인종들을 관찰한 후 이들보다 더 원시적이고 퇴화한 인간은 있을 수 없다는 결론을 내렸다. 그는 그들에게는 희망도 없고 변화도 기대할 수 없으며, 가장 동물에 가까운 원시적인 인종이라고 판단했다.

그로부터 34년이 지난 후, 다윈은 다시 그 섬을 찾아가게 되었다. 놀랍게도 희망이라고는 전혀 찾아볼 수 없다고 생각했던 그 식인종들이 교회를 세우고 학교를 다니고 가정에서 예배를 드리고

---

495) 첫째, 감사할 대상을 찾아 칭찬하고 감사의 마음을 전하라. 둘째, 우리가 열망하는 좋은 일이 실제로 일어나기 전에 미리 감사부터 먼저 하라. 셋째, 우리에게 닥친 문제와 도전 과제에 감사하라.

495) 조용기, 『생각』, 115.

496) 조용기, "의인은 믿음으로 살리라", 주일설교(1982-08-01).

있었으며 문명한 사람들이 되어 있었다. 존 페이턴(John G. Paton)이라는 선교사가 그 섬에 들어가서 복음을 전해서 예수를 믿고 거듭나자, 그들은 하나님 자녀가 되고 하나님 은혜를 받아 완전히 문명화된 사람들로 변화된 것이다. 예수의 복음이 들어가면 어떠한 미개인들도 문명(文明)의 사람들이 된다. 식인종들조차 새 사람이 되어, 문명인이 된다. 무식한 사람도 성경에서 하나님의 지혜와 총명을 얻어 진정한 지식인으로 살아가게 된다.

예수님을 믿으면 죄인이 의인이 되고, 무식한 사람이 유식해지고, 죽을 자가 영원한 생명을 얻게 되며, 삶의 진정한 변화가 일어난다.

원리 1: 영의 삶을 추구한다.

기독교인은 근본적으로 마음에 심긴 도를 온유함으로 받아서(약1:21) 삶 속에서 기적을 일으키는 자들이다. 마음에 심긴 말씀은 기적의 모판이며 새 창조를 일으키는 원동력이다. 말씀은 영이다(요 6:63). 예수의 영이 임할 때 사람은 변화되고 영적 삶을 추구한다. 영적 삶을 산다는 것은 말씀의 능력으로 산다는 것이다. 말씀으로 산다는 것은 내 삶의 모든 우선순위가 하나님의 영광을 위해 산다는 것을 의미한다.497) 다윗이 인생의 크기가 손바닥 넓이 같다고 고백한 것처럼(시39:5), 인생의 날은 주 앞에서는 없는 것과 같다(시39:5). 따라서 말씀 안에서, 주의 뜻을 위해 사는 삶, 예수의 삶을 따라가는 삶이 최고의 삶이다.

니체(Nietzsche)는 인간의 본성을 '의지'라고 보았다. 쇼펜하우어(Schopenhauer)도 인간의 '의지'에 관심을 기울였다. 그러나 쇼펜하우어는 단순히 살기 위한 맹목적 의지(will to live)를 말했고, 니체는 좀 더 투쟁적이고 정복적이며 창조적인 '권력 의지(will to power)'를 주장했다. 하나님이 태초에 낙원을 지어놓고 아담과 하와를 살게 했을 때, 모든 것은 완벽했고 부족함이 전혀 없었다. 그러나 사탄이 그들을 유혹하자 그들에게는 하나님처럼 되고 싶은 욕망이 생겼다. 그 욕망은 곧 권력을 향한 의지(will to power)였다. 권력을 갖고자 하는 의지를 품자, 결국 하나님을 대적하는 불행을 저지르게 되었다. 사탄은 오늘날에도 사람들에게 권력을 얻고 행사하고자 하는 의지를 끝없이 불어넣으며 미혹하고 있다.

원리 2: 의인의 삶을 추구한다.

영산은 "우리는 용서와 의의 하나님의 영광을 얻은 자로서 의의 사고방식을 가져야 합니다."라고 말한다.498) 의인이란 한 번도 죄를 안 지은 사람, 마귀가 하나님 앞에서 참소할 수 없는 사람이 아니라, 과거에는 죄인이었으나 오직 예수 그리스도에 대한 믿음으로 하나님으로부터 의롭다 여김을 받은 사람들이다. 신자의 내면세계는 성령의 능력으로 변화시킬 수 있다. 토저(Tozer)는 "내적인 세계는 우리의 생각과 정서로 구성되어 있고, 우리의 의지에 따라 이끌려간다"고 말한다.499) 이미

---

497) "값으로 산 것이 되었으니 그런즉 너희 몸으로 하나님께 영광을 돌리라(고전6:20)." 인간의 몸과 일과 삶은 하나님의 위대함, 선하심을 드러내는 거룩한 전시장이다.
498) 조용기, 『생각』, 115.
499) A. W. 토저, 『능력』((Born After Midnight), 생명의말씀사(2012), 96.

전개된 외부 환경은 변화시킬 수 없지만, 생각이나 의지는 성령으로부터 조율받아 변화될 수 있다.

민음의 본질 중 하나는 의에 있다. 믿음으로 의인이 된 자는 어떤 성품의 특성을 가졌을까? "의인이란 사자같이 담대하고(잠28:1), 거짓이 없고 선하며(사63:8), 어질고 자비롭고(시112:4), 마음이 청결하고(딤후2:21), 거룩하고(엡1:4), 경건하며(시4:3), 지혜롭고(시37:30), 심지가 굳고(마7:24-27), 오래참고 견디는(골1:11) 사람이다."

성경에서 죄인을 의롭다고 부르신 예는 누가복음 15장에서 기다리는 아버지의 비유가 가장 적합하다. 탕자였던 작은 아들이 거지행색으로 집에 돌아오자, 아버지는 맨발로 달려나가 '너는 잃어버린 내 아들이라', ' 너는 죽었다가 살아난 내 아들이라', '너는 나의 아들이라!' 외치는 아버지의 모습에서 가장 쉽게 의미를 이해할 수 있다. 하나님은 죽었다가 살아난 의인을 통해서 일하시기를 원하신다: '나 야훼가 의로 너를 불렀은즉 내가 네 손을 잡아 너를 보호하며 너를 세워 백성의 언약과 이방의 빛이 되게 하리니(사42:6)." 하나님은 우리를 통해 일하시기를 원하시는데, 영산은 이에 대해 이렇게 말한다. "하나님이 우리를 통해서 일하기 위해서 우리는 주님처럼 생각하고, 주님처럼 꿈꿔야 하고, 주님처럼 믿어야 하고, 주님처럼 말해야 합니다." 500)

의인의 길은 단순하면서도 인내와 헌신을 요구한다. "오직 나의 의인은 믿음으로 말미암아 살리라 또한 뒤로 물러가면 내 마음이 저를 기뻐하지 아니하리라 하셨느니라(히10:38)." "내 영혼아 어찌하여 낙망하여 어찌하여 내 속에서 불안하여 하는고 너는 하나님을 바라라 그 얼굴의 도우심을 인하여 내가 오히려 찬송하리로다(시42:5)." 의의 삶은 내 힘으로 사는 것이 아니라, 성령의 힘으로 사는 것이다.

의인이 세상을 다스릴 때 하늘나라 확장의 길이 더 열리고, 아이디어도 좋은 기술도 좋은 발명품도 더 많이 창출될 것이다. "그러므로 너는 무리에게 고하기를 만군의 야훼께서 이처럼 이르시되 너희는 내게 돌아오라 나 만군의 야훼의 말이니라 그리하면 내가 너희에게 돌아가리라 나 만군의 야훼의 말이니라(슥1:3)." 의인으로 살면, 하나님이 도와주신다.

하나님을 향한 모든 영성은 그 어떤 의미로 정의하여 마음에 품든 결국 그리스도의 십자가에서 만난다. 4차원영성은 십자가에 기초한 영성이다. 예수 그리스도와 하나가 되어, 나는 죽고 내 안에 예수의 영이 내 삶을 이끌어갈 때 진정한 합일(合一)의 영성이 나타날 수 있다. 영성은 기능적 차원에서 보면 비움과 채움의 연속과정이다(막6:8-9, 잠24:4). a) 가난한 자에게 복이 있나니(비움), 천국이 저의 것임이요(채움). b) 내 뜻대로 마시고(비움), 아버지 뜻대로 하옵소서(채움).

---

500) 조용기, "나는 포도나무요 너희는 가지니", 주일설교(2009-12-27). 영적인 메시지를 삶의 한복판에 적용하려면, 구체화된 진술이어야 한다. 그런 차원에서 보면, 영산의 이 짧은 성경적 문구는 성도의 삶 속에 구체적으로 적용할 수 있는 과학적 접근방식이다. 인간은 상상할 수 없는 말은 이해할 수 없고 삶 속에 적용할 수 없다. 성도들에게 추상적인 메시지를 주면 추상적으로 수용할 뿐이며 삶 속에 구체적으로 적용할 수 없기 때문이다.

인간은 영적으로 예수님의 영과 하나 됨을 이룰 때 진정한 영성화가 일어난다. 하나됨의 영성은 기독교 영성의 정수(精髓)이며 최고봉이다. 따라서 생각영성의 훈련기준은 먼저 내 자신이 정화 단계에 있는지, 조명 단계에 있는지, 일치 단계에 있는지를 매일 점검하여 생각영성을 키우는 훈련을 쌓아야 한다(히6:5). 말씀의 맛과 은사의 맛을 통해 '생각영성'은 강해진다(히6:4, 5).

영산은 생각훈련의 한 방법으로 천국적인 마음의 성장을 다음과 같이 강조한다.
  a) 예수님의 생각을 따라 마음이 변화되고 생각이 변화되어야 한다(잠4:23).
  b) 말씀과 성령을 따라 꿈과 소망을 가져야 한다(빌2:13).
  c) 의인은 믿음으로 살리라는 말씀에 따라 나의 믿음을 견고히 해야 한다(히10:38-39).
  d) 늘 긍정적이고 적극적인 믿음의 천국언어를 사용해야 한다(마6:19).

생각의 영성진보가 일어나려면 마음 정화훈련이 필요하다. 보혈의 기도, 대적과 명령기도, 회개 기도, 선포기도를 통해 마음을 정화할 수 있다.

묵상훈련 묵상은 하나님의 마음에 동화되는 능력이다. 그리스도의 마음을 품은 자(고전2:16)는 그리스도의 마음에 지속적으로 동화되어가야 한다. 묵상은 하나님과 친밀한 관계를 이어주는 거룩한 수단이다. 어떤 사람은 묵상을 마치 들짐승이 배가 고파 잠을 이루지 못하고 먹이를 애타게 찾아헤매는 모습에 비유한다. 묵상의 종국적 의미는 하나님의 말씀을 얼마나 내 삶의 자리에 구체적으로 적용하고 실천하는가이다.

묵상은 오직 주님만 집중해서 바라보는 것이다. 온 마음으로 갈구하는 '바라봄의 영성'이다. 사도 요한은 묵상영성의 시초다. 요한복음이 묵상복음이라고 불릴 만큼 요한은 묵상훈련 전문가였다. 예수님도 광야에서 묵상하셨다(막1:35). 시편은 "내 입의 말과 마음의 묵상이 주의 앞에 열납되기를 원하나이다(시19:14)"라고 고백한다. 복 있는 사람이란 "오직 야훼의 율법을 주야로 묵상하는 자(시1:1-3)"이다.

묵상은 더 큰 세상으로 나아가기 위한 일보 후퇴이며, 더 완전히 하나님께 헌신하기 위한 준비 단계다. 묵상은 '내 안의 나를 찾아가는 신비로운 길'이다. 묵상을 통해 하나님의 말씀이 마음공간에 뿌리내릴 수 있다. 묵상훈련은 성령님의 도움으로 말씀을 깨닫는 훈련이다. 묵상의 기대 효과로서 다음과 같은 것이 있다.[501]
  a) 묵상하면 예수님을 닮아가게 되어(갈4:19), 그리스도의 장성한 분량에 이르게 된다(엡4:13).
  b) 묵상을 통해 성도의 삶을 형통하게 하고(수1:8), 즐거움의 근원이 된다(렘15:16).

---

501) 시편에 묵상언어가 자주 등장한다. 그 만큼 믿음의 선배들은 묵상을 중요하게 생각했다는 의미다. "오직 야훼의 율법을 즐거워하며 그 율법을 주야로 묵상하는 자로다(시1:2)." "야훼여 내 입의 말과 마음의 묵상이 주의 앞에 열납되기를 원하나이다(시19:14)." "내 입은 지혜를 말하겠고 내 마음은 명철을 묵상하리로다(시49:3)." "내가 나의 침상에서 주를 기억하며 밤중에 주를 묵상할 때에 하오리니(시63:6)." "나의 묵상을 가상히 여기시기를 바라나니 나는 야훼를 인하여 즐거워 하리로다(시104:34)." "내가 주의 법을 어찌 그리 사랑하는지요 내가 그것을 종일 묵상하나이다(시119:97)." "주의 존귀하고 영광스러운 위엄과 주의 기사를 나는 묵상하리이다(시145:5)."

c) 묵상을 하면 영적 양식이 되고(신8:3), 영적 무기가 되고(엡6:17), 지혜를 얻는다(잠3:15).
d) 묵상을 하면 행실의 기준이 되며(시119:9), 삶을 안내하고(시119:105), 과실을 맺는다(시1:2-3).
e) 말씀묵상을 통해 열매를 맺을 때 하나님께서 존귀와 영광을 받으신다(요15:8).

협력훈련　인도의 마하트마 간디(Mahatma Gandhi)는 막대한 돈과 무기, 철저한 군사조직을 가졌던 영국정부와 대결하여 승리를 거두었다. 맨손만 가지고 무섭게 무장한 영국과 대결해서 인도를 독립시킨 것이다. 승리를 거둔 후, 간디는 말했다. "목표의 힘은 군사력보다 강하다. 조직적인 정신력은 조직적인 군사력보다 위대하다." 하나의 팀처럼 단결한다는 것은 엄청나게 무서운 것이다.

그리스도인은 공동체다. 그리스도는 머리시고, 성도는 몸이다. 몸인 성도는 머리이신 예수님과 하나가 되어야 한다. 그리스도인은 복음의 신앙을 위해 서로 협력해야 한다. 바울은 "한마음으로 서서 한 뜻으로 복음의 신앙을 위하여 협력하는 것(빌1:27)"을 강조한다. 한 그릇의 물은 힘이 없지만, 모이면 집도 나무도 산도 무너뜨릴 수 있다. 큰 일 일수록 모여서 힘을 합쳐야 한다. 바울은 "너희도 성령 안에서 하나님이 거하실 처소가 되기 위하여 그리스도 예수 안에서 함께 지어져 가느니라(엡2:22)"고 말한다.

맺는말

하나님 중심의 삶이란 절대구원의 생각, 절대긍정의 생각, 절대축복의 생각으로 사는 삶이다. 이 장에서는 생각의 중요성, 다양한 생각모델과 십자가의 능력으로 회복된 인간의 생각구조와 기능 및 속성에 대하여 4차원영성적으로 접근하여 서술하였다. 동시에 생각의 기능을 영적 생활에 적용하여, 하나님의 뜻과 목적을 이뤄가는 데에 적용하고자 하였다. 영산의 생각개념은 말씀의 생각 혹은 성령의 생각이요, 5중복음의 생각이요, 3중축복의 생각이 틀(frame)을 이룬다.

하나님처럼 생각하며 산다는 것은 하나님의 마음에 동화되어 사는 삶이다. 근원적으로 보면, 생각영성은 곧 하나님의 거룩함과 의로움을 지속적으로 회복하고 닮아가는 은혜의 방편이다. 새 사람의 신앙은 임마누엘 신앙으로서 하나님과 동행하는 삶, 즉 하나님과 동행하는 동행의식(together consciousness)을 가지고 살아야 한다.

마음구조가 복잡한 것처럼, 인간의 마음 안에 기능하는 생각의 동선(動線)도 복잡하다. 생각은 창조력의 기초를 제공하지만, 예측 불허, 불확실성의 요소들도 잠재되어 있다. 기능적인 측면에서 생각은 이성적 구조와 영적 구조로 구분할 수 있다. 그 결과 생각의 장(場)은 항상 전쟁터가 된다. 좀 더 구체적으로 말하면, 인간의 생각회로는 성령님도 다니시고, 마귀들도 수시로 들락날락한다. 그런 의미에서 신앙생활은 생각의 전쟁터이다.

생각은 마음하늘에 일어나는 모든 일에 적극 참여한다. 생각은 고차원의 영적활동을 하는 마음하늘의 충성스런 일꾼과 같다. 문제는 이 생각이 영의 생각으로 일하느냐, 육의 생각으로 일하느냐다. 생각은 잘 다스려지지 않는다. 종종 생각의 동선(動線)을 추적하기도 파악하기도 힘들다. 따라서 인간이 자기를 다스리는 것은 곧 생각을 다스리는 것이다.

마귀는 모든 전략을 동원해서 신자의 생각이 영적활동을 못하도록 생각회로를 망가뜨리려고 시도한다. 생각회로를 육신이 점령하느냐 영이 점령하느냐에 따라 생각의 질이 달라지고, 추구하는 영적 일들도 달라지기 때문이다. 따라서 날마다 마음을 새롭게 한다는 것(롬12:2)은 신앙인에게 매우 중요하다. 영적 생각이 강화되려면, 삶 속에서 '주의 인자하심(벧전2:3)'을 맛보아야 하고 '하나님의 선한 말씀과 내세에 능력(히6:5)'을 맛보아야 하고 '하늘의 은사의 맛(히6:4)'을 경험해야 한다. 그래야 영적 생각이 새롭게 되고 성장한다.

그래서 생각을 말씀을 통해 지적으로, 감성적으로, 의지적으로 영성화시켜야 한다. 생각을 거룩하게 하는 적극적인 방법은 무엇인가? 바울이 제시한 '그리스도 안에서'라는 개념을 도입하는 것이 매우 유익하다. 다시 말하면, '십자가 위에서 그리스도와 함께 죽고 함께 부활한 존재임을 고백하는 믿음의 생각'이다. 마귀는 죽은 자는 더 이상 괴롭히지 않는다. 마귀가 바보가 아닌 이상, 죽은 자는 손대지 않을 것이다. 이 진리는 매우 중요하며 심오한 의미가 내포되어 있다. 죽었다고 고백하고, 죽은 사람처럼 살 때, 하나님의 말씀이 능력을 발휘한다. 그러면 신자의 생각은 오로지 영적 일만 행하게 될 것이다. 신자가 이 세상에 살아 있는 동안 마귀들은 생각회로의 이곳저곳에서 숨어서 기다리며, 성령님이 하시는 일을 방해할 것이다.

그러면 '어떻게 매일 죽는가?' 내가 죽는다는 것은 자아소멸, 곧 나의 육적인 요소들을 모두 없애는 것을 의미한다. 나의 의지를 죽이는 것이다. 나의 마음하늘에 거룩함을 회복하는 것이다. 날마다 말씀과 기도로 거룩하게 되는 것이다(딤전4:5). 더 근본적으로는 예수님이 설교하신 팔복개념 – 심령을 가난하고 만들고, 죄를 애통해 하고, 겸손과 온유하고, 의에 주리고, 긍휼을 베풀고, 마음을 청결하게 유지하고, 화평을 심는 삶 – 을 적용하는 것이다.

결론적으로, 영적 생각을 활성화시키고 향상시키기 위해서 '성령과 말씀과 믿음과 기도' 외에 다른 방법은 없다. 나와 세상을 십자가에 못 박고, 애통한 심령으로 죄를 죽이고, 말씀과 기도(딤전4:5)로 거룩훈련을 하는 것이 성경이 가르치고 제시하는 최선의 방법이다(롬6:22, 벧전1:2, 엡5:26).

4차원영성의 4요소 중 첫 번째인 생각은 꿈의 영성으로 연결된다. 생각은 꿈을 초청해서, 꿈을 품을 대상을 제공한다. 말씀의 생각과 꿈은 단짝이다. 성령의 생각만이 성령의 꿈을 꾸게 할 수 있기 때문이다. 생각은 꿈과 믿음과 언어를 통해서 일한다. 다음 장에서는 꿈의 영성에 대해 구체적으로 살펴보고자 한다.

너희 안에서 행하시는 이는
하나님이시니
자기의 기쁘신 뜻을 위하여
너희로 소원을 두고 행하게 하시나니
(빌립보서 2장 13절)

제7장
성장의 십자가: 꿈의 영성

요약

거룩하고, 의롭고, 선한 말씀의 씨를 마음밭에 심으면, 그것이 자라나 소원의 나무가 되고, 그것을 바라보고 믿고 말하면, 그 나무에서 꽃이 피고 열매가 맺히게 된다. 꿈이란 하나님의 선한 말씀이 삶의 자리에서 현재화되는 과정이다. 하나님은 아브라함에게 말씀을 주시고, 아브라함은 일생 동안 그 말씀을 따랐다(창12:4). 말씀이 우리의 인생을 이끌어간다. 하나님의 말씀은 거룩하고 의롭고 선하기 때문에 꿈이 추구하는 것도 거룩하고 의롭고 선하다.

하나님이 성령을 통해 우리에게 말씀을 계시하시면, 우리에게는 그것이 곧 꿈이 되고 비전이 된다. 성경말씀은 모두 꿈의 재료들이다. 성경말씀 안에는 하나님의 생각과 뜻이 담겨져 있다. 그런 의미에서 꿈이란 하나님의 뜻이 우리의 삶 가운데 이루어지는 과정이다. 꿈은 인류구원(딤전2:4, 막16:15)이라는 대명제를 바라보고, 죄인의 마음에 생명이 싹트는 것을 바라본다(요3:16). 하나님은 오늘도 말씀을 통해 자신의 뜻을 보여주시며, 나아가 우리의 삶 안에서 자신의 자비와 은혜와 사랑을 보여주신다. 꿈은 '하나님의 뜻을 이뤄가는 것(요6:38)'에 초점을 맞춘다.

꿈의 주체는 하나님이다. 인간은 단지 꿈을 빚어내는 객체에 지나지 않는다. 영산이 말하는 꿈은 4차원영성의 4요소 – 생각, 꿈, 믿음, 말 – 중에서 두 번째에 위치한다.1) 영산이 역설하는 꿈이란 5중복음의 꿈, 즉 '용서받아 의인이 되는 꿈', '성령충만으로 신령한 삶을 사는 꿈', '건강하게 사는 꿈', '축복받아 나누는 삶을 사는 꿈', '다시 오실 예수님을 기다리는 꿈'이다. 그리고 3중축복의 꿈, 즉 영혼이 잘되고, 범사에 형통하고, 강건하게 되는 꿈이 삶의 자리에서 이뤄지는 꿈이다(딛2:14). 또한 영산이 강조하는 꿈이란 십자가 밑에서의 꿈, 즉 예수 그리스도 안에서 하나님의 뜻을 일궈가는 꿈이다. 그리스도 안에서의 삶은 그 자체가 거룩하고, 의롭고, 선한 꿈으로 이어진다. 따라서 새 피조물이 가져야 할 마음의 태도는 첫째는 그리스도 안에서 사는 것이며, 둘째는 십자가 사건에 기초한

---

1) 4차원영성의 4요소 순서로 보면 생각 다음은 꿈, 꿈 다음은 믿음, 믿음 다음은 말이 오지만, 4요소들은 개별적으로 기능할 수도 있고, 서로 연합해서 기능할 수도 있다. 4가지 중 한 가지를 선택해도 결국은 상호연합적으로 기능하게 되어 있다. 말은 생각을 강화하고, 꿈을 강화하고, 동시에 믿음을 강화한다. 꿈도 마찬가지다. 생각은 꿈을 강화하지만, 꿈도 역으로 생각의 능력을 강화하고, 동시에 믿음을 강화한다. 4차원영성의 4요소는 순서와 무관하게 독립적으로 또한 상호연합적으로 기능한다.

믿음과 말씀 안에서 사는 것이고, 셋째는 성령의 인도함을 받는 삶이다.

말씀에 기초한 꿈을 성취하기 위해서는 믿음이 필요하다. 믿음이 없으면 꿈은 힘을 잃는다. 그런 의미에서 꿈이란 믿음을 통해 하나님과의 거룩한 친교의 장을 만들어준다. 꿈을 통해 하나님과의 사귐이 생기고, 하나님과 더 친밀한 관계를 유지할 수 있기 때문이다(요일1:3). 말씀의 꿈은 성취를 위해 믿음을 부르고, 그 믿음은 순종과 기도를 부른다.

꿈이 궁극적으로 추구하는 것은 '꿈을 이뤄가는 과정에서 인간이 의로워지고 거룩해지는 것(엡4:24)'이다. 하나님은 꿈을 주시고, 말씀과 성령과 더불어 그 꿈을 이루어가시고 완성하신다. 결론적으로 말하면, 우리의 진정한 꿈이란 예수님을 닮아가는 삶을 사는 것이며, 말씀과 성령 안에서 하나님의 뜻을 이루어가는 것이다.

1. 꿈의 성경적 본질: 하나님의 뜻

하나님의 말씀이 우리의 마음밭에 심어지면, 인생에서 아름다운 꽃이 피게 된다. 하나님은 우리의 삶의 과정에서 거룩의 꽃, 의(義)의 꽃이 피기를 기대하신다(레11:45, 롬6:22, 마6:33). 영적 삶은 하나님을 알아가는 것(렘9:24)과 하나님을 영화롭게 하는 것을 목표로 삼는다. 꿈의 대명제는 삶의 자리에서 하나님의 뜻을 이루어가는 것이다(요6:37-40). 기독교 신앙의 핵심모델은 십자가 위에서 죽으시고 부활하신 예수 그리스도의 삶에 참여하는 삶이다.

하나님은 항상 인류구원이라는 대명제를 염두에 두시고 세상과 인간을 바라보신다(딤전2:4). 하나님 아버지의 뜻에 대해 성경은 "아들을 보고 믿는 자마다 영생을 얻는 이것(요6:40)"이라고 기록하고 있다. 예수님도 그 일을 위해서 오셨다(요6:38). 십자가는 하나님 자신의 꿈을 이루는 은혜의 방편이다. 그런 맥락에서 인간이 품어야 할 꿈의 본질은 십자가에서 비롯된다.[2] 영산은 큼직한 소망과 꿈의 옷을 입어야 한다고 말한다. 그는 "5중복음의 오색 옷을 입고 3중축복의 두루마기를 입고 살

---

[2] 이 책에서 꿈의 의미와 개념들: 하나님의 뜻(빌2:13), 착한 일(빌1:6), 선한 일(딛2:10), 열매(요15:5), 하나님의 일 혹은 예수를 믿는 일(요6:29) 등 여러 가지의 의미를 포괄적으로 적용할 것이다. 요약하면, 꿈이란 그리스도인이 자신의 삶의 자리에서 '의로운 삶을 사는 것'이다. 세상의 빛을 따르지 아니하고, 생명의 빛을 따르는 삶이다(요8:12). 영산은 꿈의 개념에 대해 다양하게 접근한다. "꿈이란 자기 마음에 간절히 소원하는 것입니다(행2:17). 아브라함과 야곱과 요셉처럼 바라봄의 법칙을 적용하십시오(창15:5). 생각과 꿈과 믿음과 말로써 3차원의 관념을 변화시킬 수 있습니다." 조용기, "하나님의 뜻에 합당한 자", 주일설교(2015-02-08). "꿈을 품고 그것을 실제의 모습으로 바라보아야 소유하게 되고, 없는 것을 있는 것 같이 보아야 믿음이 생깁니다(롬4:17-18, 히11:1)." 참조. 조용기, "어떤 사람이 복을 받아 누리나", 주일설교(2014-01-05). "꿈을 품고 믿음으로 기도하여 바라보아야 합니다." 참조. 조용기 "바라봄의 법칙", 주일설교(2010-12-19). "하나님은 기쁘신 뜻을 위해 우리에게 소원을 주고 행하게 하십니다(빌2:13). 존재하시는 하나님을 생각하며, 바라보고, 믿고, 입술의 고백으로 나아갈 때 우리도 하나님처럼 살게 됩니다." 참조. "위대한 발견", 주일설교(2011-03-27). "말씀과 성령을 따라 꿈과 소망이 생깁니다. 마귀가 거하면 마귀의 종이 되어 세속적인 마음이 됩니다." 참조. 조용기, "세상마음과 천국마음", 주일설교(2011-10-09). "꿈과 희망의 십자가를 바라보십시오. 바라봄의 법칙을 사용하십시오." 참조. "마음이 낙심될 때", 주일설교(2012-07-22). 영산은 꿈과 반대되는 개념으로 다음과 같이 접근한다. "욕심과 탐심의 꿈, 즉 시험과 환난은 자기 욕심에 끌려 미혹된 것으로 욕심이 잉태한즉 죄를 낳고 죄가 장성한즉 사망을 낳습니다(약1:14-15)." 참조. "나의 시민권", 주일설교(2011-07-03).

아야 합니다. 예수님의 보혈로 구원받아 의롭게 되고 성령충만과 치료와 축복과 영생천국의 꿈을 입어야 합니다(롬8:12, 계22:2, 요삼1:2)."라고 말한다.3) 그의 꿈의 개념은 십자가에 뿌리내리고 있다. 십자가는 그리스도와 신자를 연합시켜 하늘의 뜻을 이루게 한다. 십자가의 복음은 믿음을 탄생시키고, 믿음은 우리를 그리스도와 하나로 연합시킨다. 성도와 그리스도와의 연합(union)은 기독교의 핵심 진리 가운데 하나이다. 십자가는 그리스도인의 삶 자체를 근본적으로 변화시킨다. '나와 예수 그리스도의 영적 연합(고전6:17, 롬6:22, 고후5:17, 갈2:20)'은 성도의 신앙생활에서 기본이며 핵심이다.

왜 우리는 십자가 안에서 꿈을 발견하고 소유해야 하는가? 그것은 예수와 함께 죽고 부활하여 새 사람이 되었기 때문이다(고후5:17). 새 사람은 '그리스도 안에서 사는 삶'을 추구해야 한다. 꿈이란 '그리스도 안에서의 삶 자체'다. 영산은 "영으로 사는 속사람이란 전인구원의 새 신분과 자화상을 가진 성령의 꿈과 감동으로 사는 사람입니다."라고 역설한다.4)

우리는 십자가를 통해 거룩함을 얻어(히10:10) 의인이 되었다. 옛 사람은 이미 역사 속으로 사라졌다. 바울은 십자가를 통해 인간이 얻은 의를 이렇게 묘사한다. "우리가 알거니와 우리의 옛 사람이 예수와 함께 십자가에 못 박힌 것은 죄의 몸이 죽어 다시는 우리가 죄에게 종 노릇 하지 아니하려 함이니 이는 죽은 자가 죄에서 벗어나 의롭다 하심을 얻었음이라(롬6:6-7)." 그리스도 안에서 우리의 꿈은 '그리스도 안에서 거룩하고 의롭게 사는 삶 자체(히6:2)'이다. 따라서 그리스도인은 하나님이 일하시는 곳에서 일꾼으로서 저마다의 사명을 다하는 것이다. 그것이 성도로서 가져야 할 거룩한 꿈이다. 신자가 할 일은 먼저 그의 나라와 의(마6:33)를 추구하는 것이다(딤전2:4, 행1:8).

예수 그리스도는 하나님의 뜻을 이루기 위해 이 땅에 오셨다(요6:37-40). 그러므로 우리도 하나님의 뜻을 이루는 데 쓰임을 받고자 하는 꿈을 갖고 이 땅에서 살아야 한다. 죄에 대하여 죽은 자는 이제는 더 이상 나와 나의 삶이 없고 오직 그리스도를 위한 삶만이 존재한다(갈2:20, 고후5:17). 바울이 말하는 기독교인의 삶의 방식은 죽음과 삶의 법칙에서 잘 드러난다. "너희 자신을 죄에 대하여는 죽은 자요 그리스도 안에서 하나님을 대하여는 산 자로 여길지어다(롬6:11)." 이제 그리스도인은 자신의 육신의 온갖 욕망을 없애는 거룩한 싸움을 시작해야 한다(롬8:13).5)

우리의 시민권은 하늘 위에 있다(빌3:20). 그러나 장차 새 하늘과 새 땅에서 살 때까지 성도는 예수님이 오직 하나님의 뜻을 좇아 사셨던 것처럼(요6:38-40) 하나님의 뜻을 이뤄가는 삶을 추구해야 한다. 하나님의 일이란 무엇인가? 그것은 '하나님께서 보내신 이를 믿는 것(요6:29)'이다. 그리스도인은 무슨 말을 해도, 무슨 일을 해도 주 예수 이름으로 해야 한다(골3:17). 그러면 하나님의 뜻을 이뤄가기 위해 무엇을 하여야 하는가? 영산은 먼저 우리의 생각이 변화되어야 한다고 지적한다. "꿈과 희망을 소유하기 위해서 마음속에 있는 생각을 변화시켜야 합니다. 그리기 위해서 먼저 하나님의 뜻에 반역하는 불순종의 생각을 예수 그리스도의 순종의 생각으로 바꾸어야 합니다."6)

---

3) 조용기, "새해를 위한 각오", 주일설교(2005-01-02).
4) 조용기, "보이지 않는 나와 보이는 나", 주일설교(2005-10-16).
5) 그리스도인은 이미 예수와 함께 십자가 위에서 죽었고(갈2:20), 세상에 대하여도 죽은 존재다(갈6:14).

통합적으로 보면, 꿈이란 하나님이 자신의 뜻을 지상에 펼치시는 것이고, 동시에 우리는 삼위일체 하나님의 거룩한 일에 동참하는 것이다. 하나님은 인간에게 말씀을 계시하셔서 자신의 생각을 이루어가신다. 실천적인 측면에서 보면, 꿈이란 '인간의 영적 자아 정체성을 하나님의 삶의 존재방식으로 변형시키는 거룩한 과정'이다. 또한 꿈이란 예수 그리스도 십자가의 능력으로 하나님의 영원한 언약의 성취 과정으로 들어가는 것이다.7) 하나님은 우리의 인생길에 자신의 형상을 닮은 꽃들이 만발하기를 원하신다.

말씀을 기초로 한 꿈은 다음과 같이 다양하게 묘사할 수 있다. 꿈은 삼위일체 하나님의 뜻을 세상에 드러내고 성취시켜가는 과정이다(요3:16). 꿈은 하나님의 말씀을 내 삶의 자리에 현재화시키는 역동적 과정이다(딤전4:6, 딤후3:16). 십자가를 통한 인류구원의 목적을 성취해가는 역사적 과정(딤전2:4)이다. 또한 하나님의 사랑을 지상에서 펼치는 거룩하고 의로운 삶의 실천적 행동이다. 나아가 그리스도인이 하나님의 삶에 참여하는 과정(요17:21, 요일1:3, 고전6:17)이기도 하다.

영산은 "하나님을 통해 품게 된 꿈은 4차원 안에 있습니다. 그래서 이 꿈은 3차원을 점령하여 현실로 이루어지는 것입니다."라고 강조한다.8) 영산이 강조하는 꿈에 대한 대명제는 '주님처럼 생각하고, 꿈꾸고, 믿고, 말하는 것'에 기저(基底)를 둔다.9)

가. 꿈은 성령 안에서 하나님의 일을 행하는 은혜의 방편이다.

하나님은 말씀을 우리에게 주어서 꿈을 꾸게 하고(내면화), 그 말씀이 성령 안에서 믿음을 통해 이뤄지게 하신다(외면화). 꿈이란 내적으로는 말씀의 내면화(육신화), 외적으로는 말씀의 현실화다. 그렇게 보면, 꿈이란 '말씀의 내적화-외적화의 총체성'이다. 영산은 "꿈은 우리가 하나님과 함께 일하는 방법입니다."라고 강조한다.10) 성령님은 자신의 계획을 우리에게 알려서 인간과 함께 일하시기를 원하신다(행13:1-4). 성령님은 바나바와 바울을 세워 자신의 뜻을 이루셨다. 하나님의 뜻을 따라 사는 자는 복되다. 성경자체는 하나님의 생각과 뜻이 담겨져 있다.

하나님은 모든 사람이 구원받기를 원하며 진리를 알기 원하신다(딤전2:4). 하나님의 뜻을 펼치기 위해서 우리는 하나님을 진리를 깊이 알아가야 한다. 우리가 하나님을 알아갈 때 하나님은 기뻐하신다(렘9:24). 로이드 존스(Lloyd Jones)는 "우리의 목적은 하나님을 아는 것이며, 하나님을 아는 것은 그분을 예배하는 것"이라고 말한다.11) 그리스도인들은 꿈을 통해 혹은 하나님의 뜻을 통해 하나님이 어떤 분인지, 무엇을 하시는 분인지를 알아가게 된다. 인간은 먼저 '무엇(what)'인지 알아야, 그 다음 '방법(how)'을 추구할 수 있다. 하나님께서 우리에게 말씀으로 계시하시면, 인간 편에서는

---

6) 조용기, 『설교는 나의 인생』, 서울말씀사(2009), 49.
7) 콜린 브라운, 『철학과 기독교 신앙』, CLC(2010), 149. 키에르케고르(S. A. Kierkegaard)는 "자신을 이해하는 일은 실제로 하나님이 나에게 무엇을 원하는 가를 아는 것이다."라고 말한다.
8) 조용기, 『4차원의 영성』, 교회성장연구소(2006), 122-123. 영산은 꿈을 영적세계의 일로 바라본다. 다시 말해, 고차원의 영적세계가 3차원의 물질세계에 구체화되는 과정으로 이해한다. 영산의 관점에 의하면, 꿈은 3차원 세계를 조율하며, 동시에 영적세계와 현실세계를 이어준다.
9) 조용기, "나는 포도나무요 너희는 가지니", 주일설교(2009-12-27).
10) 조용기, "새해를 이렇게 살자", 주일설교(2016-01-03).
11) 로이드 존스(Martyn Lloyd Jones), 『성부 하나님과 성자 하나님』, 부흥과개혁사(2013), 92. 존스는 하나님을 아는 지식은 궁극적으로 다른 모든 교리의 총합이라고 단언할 만큼 하나님을 알아가는 것을 중요하게 생각한다.

그것이 곧 꿈이 된다(창12:1-4). 아브라함도 하나님의 말씀을 받아서 일했고, 모세도 그러했다(출 6:1-13). 하나님의 말씀은 거룩하고 의롭고 선하다(롬7:12). 따라서 말씀에서 자라난 꿈도 거룩하고 의롭고 선하다. 그런 차원에서 꿈은 궁극적으로 거룩을 추구하고, 의를 추구하고, 선을 추구한다.

그리스도인의 꿈이란 '하나님의 말씀을 기초로 하나님의 일을 하는 것'이다. 하나님의 일에 대한 가장 기본적인 정의는 예수님과 그의 제자들과의 대화에서 잘 묘사되어 있다. "저희가 묻되 우리 가 어떻게 하여야 하나님의 일을 하오리까 예수께서 대답하여 가라사대 하나님의 보내신 자를 믿 는 것이 하나님이 일이니라(요6:28-29)." 영산은 "우리 속에 거하시는 성령님의 인도를 받아 우리의 꿈을 바꿔야 합니다."라고 말한다.

성도의 꿈이란 궁극적으로는 '예수님을 통하여 하나님의 영광의 광채를 드러내는 것'이다(히1:3). 예수님이 하나님의 영광의 대리자였듯이(엡3:9-11, 요1:18, 요14:7-10), 그리스도인 또한 주의 영광을 드 러내는 삶을 살아야 한다(사43:7). 예수님도 "아버지께서 내게 하라고 하신 일을 내가 이루어 아버지 를 이 세상에서 영화롭게 하였사오니(요17:4)"라고 말씀하셨다.

하나님의 관점에서 보면, 예수님이 처음부터 십자가를 지시기 위해서 아버지의 뜻을 기꺼이 받 아들인 것이다(요3:16, 사53:10, 마26:39, 42). 하지만 인간적 측면에서 보면, 가룟 유다는 욕심 때문에 그리스도를 제사장에게 넘겨주었고, 대제사장과 유대의 지도자들은 시기와 질투심 때문에 그리스 도를 빌라도에게 넘겨주었고, 빌라도는 자신의 야망과 두려움 때문에 예수 그리스도를 십자가에 못 박도록 내어주었다. 결국 인간의 욕심과 정욕, 시기와 질투, 야망과 두려움 등이 예수님을 십자 가에 못박게 한 것이다.

그러면 우리의 마음속에 있는 온갖 정욕들을 죽일 수 있는 본질적인 방법은 무엇인가? 그것은 정욕과 탐심을 십자가에 못 박는 것이다. 바울이 실천한 십자가 중심의 삶의 법칙은 바로 이 말씀 안에 있다. "그리스도 예수의 사람들은 육체와 함께 그 정욕과 탐심을 십자가에 못 박았느니라 (갈5:24)."

하나님은 우리의 죄를 위해 십자가 위에서 그의 아들을 희생하셨다. 그 결과 죄인의 구원과 마귀 의 궁극적인 패배와 죽음의 정복이 성취되었다.12) 이제 하나님의 아들을 믿는 믿음(갈2:20)으로 하 나님이 십자가 위에서 이루신 것을 나의 것으로 받아들일 차례다. 그 길은 내가 죽는 것이다. 내가 죽는다는 것은 내 계획, 내 삶, 내 의지, 내 중심이 없어지고, 오직 그리스도 중심의 삶 - 의와 거룩의 삶 - 을 사는 것이다(엡4:24). 이것은 오직 성령의 능력으로 가능하다. 나의 힘으로 되는 것이 아니다. 꿈은 오직 말씀, 믿음, 기도, 성령의 능력으로 시작되어, 진행되고, 완성된다.

---

12) John R. W. Stott, *The Cross of Christ*, IVP(1986), Chapter 7-9.

나. 꿈은 성령 안에서 하나님의 품성을 닮아가는 과정이다.

영산의 꿈의 개념은 삼위일체 하나님의 존재와 사역에 기초한 총체적 개념이다. 그는 성경을 삼위일체적, 복음적 및 실존적으로 해석한다. 그는 꿈을 '성령 안에서 예수 그리스도의 십자가를 바라보는 것과 소원하는 것'으로 이해한다.

  a) "꿈이란 자기 마음에 간절히 소원하는 것입니다(행2:17)."[13]
  b) "꿈을 품고 그것을 실제의 모습으로 바라보아야 소유하게 되고, 없는 것을 있는 것 같이 보아야 믿음이 생깁니다(롬4:17-18, 히11:1)."[14]
  c) "꿈을 품고 믿음으로 기도하여 바라보아야 합니다."[15]
  d) "십자가 밑에서 꿈을 품어야 합니다(고전1:30). 성령님은 꿈과 환상을 통해 일하십니다."[16]
  e) "하나님은 우리 마음을 보좌로 삼고 계십니다. 따라서 하나님이 주시는 꿈을 가져야 합니다. 5중복음과 3중축복의 꿈을 품어야 합니다."[17]
  f) "우리 속에 거하시는 성령님의 인도를 받아 꿈을 바꿔야 합니다."[18]
  g) "꿈은 바라보아야 하고, 구체적이어야 합니다."[19]

영산의 꿈에 대한 개념을 총체적으로 이해하면 다음과 같다. 곧 꿈은 '말씀과 믿음과 기도와 성령의 힘'으로 성취된다. 꿈이란 '성령의 인도함을 받아 예수 그리스도 십자가를 바라보는 것 혹은 소원하는 것'이다. 그 뒤에는 삼위일체 하나님이 계신다. 다시 말해, 육신의 꿈이 아니라, 철저히 하나님 편에서 말씀을 기초로 한 꿈이다. 영산이 추구하는 꿈은 삼위일체 하나님의 계획과 뜻 안에서 이뤄지는 꿈이다. 꿈을 영적 성장 차원에서 보면 '완전함(마5:48, 신18:13)'을 향하여 나아가는 것이다.

3차원적으로 이해하면 영산이 의미하는 꿈이란 '바라보는 것 혹은 소원하는 것'을 성취하는 것이지만, 4차원적으로 이해하면, 그 꿈을 이루어주시는 하나님의 자비와 은혜와 사랑을 체험하는 것이다. 다시 말해, 꿈을 통해 하나님의 거룩함과 의로움을 알고 배우고 닮아가는 과정이다. 영산은 "믿음의 사람은 그리스도의 은혜로 구원받아 하나님과 동행하며 하나님의 성품을 닮아가게 됩니다."라고 말한다.[20] 그리스도인은 성령의 꿈과 믿음을 통해 3차원 세계를 지배할 수 있다. 왜냐하면 4차원의 꿈은 3차원 물질세계보다 한 차원 높기 때문이다. 성령의 꿈은 위대한 창조력을 발휘한다(창1:1-2). 하나님의 일은 항상 선하고 아름다우며, 그 일에 하나님의 영광, 존귀, 평강이 머문다(롬2:10).

말씀에서 뿌리내린 꿈이 성취되는 과정을 영적차원에서 인식하면, 그것은 마음을 새롭게 하는 것(롬12:2)과 신적인(하나님의) 성품을 닮아가는 것(벧후1:4)이다. 달리 표현하면 꿈이란 성령 안에서 일생동안 일궈가야 할 성화의 과정이다.

---

13) 조용기, "하나님의 뜻에 합당한 자", 주일설교(2015-02-08).
14) 조용기, "어떤 사람이 복을 받아 누리나", 주일설교(2014-01-05).
15) 조용기, "바라봄의 법칙", 주일설교(2010-12-19).
16) 조용기, "나는 과연 믿음의 사람인가?", 주일설교(2006-08-20).
17) 조용기, "하나님의 주소", 주일설교(2008-11-23).
18) 조용기, "신분", 주일설교(2005-09-15).
19) 조용기, "믿음 속에 사는 삶", 주일설교(2007-12-30).
20) 조용기, "나는 과연 믿음의 사람인가?", 주일설교(2006-08-20).

그렇다면 어떻게 주님을 닮아가는가? 예수 안에서 우리는 이제 거듭난 새 존재이며, 하나님 나라의 시민이며, 성령의 사람이다(고후5:17). 이제 새 피조물은 정적(static)이 아니라 주를 위한 동적(dynamic) 삶을 추구하는 자이다.[21] 내 자신의 삶을 보는 것이 아니라 내 안의 예수님이 무엇을 역동적으로 행하시는지를 바라보아야 한다. 내 안의 그리스도를 믿음의 눈으로 보기 위해서 내 마음이 말씀과 기도로 정화되고(딤전4:5), 거룩해져야 한다.

하나님의 뜻은 우리 자신이 거룩하게 되는 것이다(살전4:3, 7, 벧전1:16). 기독교인의 최고 목표는 '거룩함의 완성'이며(히12:14), '완전함의 도달'에 있다(마5:48). 따라서 거룩함을 온전히 이루어 거룩함을 완성시키려는 의지적 노력이 필요하다(고후7:1). 성화는 하나님의 도덕적 속성을 공유하기 위한 하나님의 부르심이다(벧전1:16). 신자들은 '거룩함에 이르는 열매(롬6:22)'를 맺은 자들이다.

결론적으로 꿈이란 삼위일체 하나님의 형상을 닮아가는 거룩한 행위이며, 하나님의 성품에 참여하는 것(벧후1:4-7)이다. 곧 하나님의 마음에 나의 마음을 일치시키는 것이다(말4:6). 바울은 "내가 그리스도를 본받는 자 된 것 같이 너희는 나를 본받는 자 되라(고전11:1)"고 강조한다. 성경은 "내가 말하기를 너희는 신들이며 다 지존자의 아들들(시82:6)"이라고 역설하고 있다. 예수님도 "너의 율법에 기록한 바 내가 너희를 신이라 하였노라하지 아니 하였느냐(요10:34)"고 인용하신다. 꿈이란 거룩한 믿음 위에 자신을 세우는 일이요(유1:20), 믿음의 선한 싸움이요(딤전6:12), 하나님의 뜻을 성취해가는 의식적 및 의도적 과정이다. 꿈을 성취하기 위해서는 믿음에 기초한 일관성과 담대함과 오래 참음이 있어야 한다(딤전3:13). 왜냐하면 꿈과 믿음은 한 짝이기 때문이다.

다. 꿈은 하나님의 뜻을 삶 가운데 드러내고 실현시키는 과정이다.

아브라함, 요셉, 다니엘, 베드로, 바울은 꿈과 환상을 통해 하나님의 뜻을 찾았다. 하나님의 계시는 성경 66권 안에 나타나 있다. 성경 안에는 하나님은 무엇을 좋아하시고, 무엇을 싫어하는지 분명하게 밝혀져 있다. 가장 본질적인 원칙은 도덕적인 뜻(10계명)을 이루는 것이다. 그것은 하나님을 사랑하고 이웃을 사랑하는 것이다.

영산은 "하나님께서는 믿는 자들의 꿈과 믿음과 창조적 선언을 통해 문제를 해결하십니다."라고 말한다.[22] 하나님은 자신의 뜻을 인간의 꿈과 믿음과 입술을 통해 펼치신다. 그는 "4차원에 속한 우리는 생각과 꿈과 믿음과 말로써 3차원 환경을 변화시킬 수 있습니다."라고 말한다.[23]

예수 믿고 잘 먹고 잘사는 것이 아니라, '나를 위한 삶 대신에 하나님의 소원을 이뤄가는 삶'이 되어야 한다. 하나님의 뜻을 분명히 알면, 우리가 추구할 꿈도 분명해진다. 하나님의 뜻대로 사는 삶이란 주님 중심의 삶이다. 영산은 예수님을 항상 중심에 모시고 사는 원리와 방법을 다음과 같이 요약한다. "그의 나라와 의를 먼저 구하고(마6:33, 빌1:11), 하나님의 계명을 지키고(요13:34, 롬13:8), 말씀과 기도에 열심을 쏟고(시119:58, 엡6:17-18), 성령님과 동행하는 것입니다(요14:16)."[24]

---

21) Anthony A. Hoekema, *Created in God's Image*, Eerdmans(1994), 111. "그리스도인은 그들 자신이 성령의 능력으로 새로워지는 모습을 바라볼 수 있어야 한다. 영은 정적이 아니라 동적이다."

22) 조용기, "광야를 지나는 삶", 주일설교(2016-05-22).

23) 조용기, "하나님의 뜻에 합당한 자", 주일설교(2015-02-08). 그는 꿈을 가슴에 품으면 꿈이 그 사람의 인생을 이끌어간다고 말한다.

영산은 하나님의 뜻과 꿈을 서로 연결시킨다.25) 영산은 "우리가 하나님의 뜻을 알면 어떤 상황에서도 꿈과 소망을 잃지 않고 기쁘고 힘차게 살아갈 수 있습니다."라고 말한다.26) 하나님의 뜻을 분명히 알 때, 우리는 꿈의 방향을 명확하게 결정하고 달려갈 수 있다. 꿈은 십자가 위에서 이루신 하나님의 뜻을 행하는 것이다. 하나님이 그의 자녀들에게 요구하시는 뜻은 삶 속에서 날마다 말씀에 순종하는 삶이다. 꿈이란 하나님의 목적과 구원 계획을 실현하기 위해 삶을 온전히 드리는 거룩한 과정이다. 히브리서 기자는 "이에 내가 말하기를 하나님이여 보시옵소서 두루마리 책에 나를 가리켜 기록된 것과 같이 하나님의 뜻을 행하러 왔나이다 하셨느니라(히10:7)"고 말한다. 하나님의 모든 뜻은 십자가 위에서 이루신 구원 계획에 초점이 맞추어져 있다. "하나님의 뜻대로 하는 근심은 후회할 것이 없는 구원에 이르게 하는 회개를 이루는 것이요(고후7:10)." 하나님의 뜻을 이루어가기 위해서는 인내가 필요하다. 바울은 "너희에게 인내가 필요함은 너희가 하나님의 뜻을 행한 후에 약속하신 것을 받기 위함이라(히10:36)"고 강조한다.

라. 꿈은 예수님과 연합하여 살아가는 동행적 삶이다.

그리스도인은 예수 그리스도와 신비스럽게 연합되어 있다(갈6:15, 고전6:17, 고후5:17). 영산이 "성령으로 생각하고, 꿈꾸고, 믿고, 말하면 그대로 됩니다."라고 말하는 것도 우리가 그리스도와 서로 연합되어 있음을 전제로 한다.27) 주와 연합되어 있으므로 중생한 자는 그리스도의 마음을 품고 사는 존재다(고전2:16). 그리스도인들은 그리스도의 인격적 세계관을 공유하는 자들이다.

주 안에서의 꿈은 임마누엘 그리스도이신 주와 동행하는 과정이다. 성경은 "두 사람이 뜻이 같지 않은데 어찌 동행하겠으며(암3:3)"라고 말한다.28) 그리스도인의 꿈은 하나님의 뜻을 따라 살아가는 과정이다. 단지 나의 뜻을 정해놓고 그것을 성취하는 것이 아니라, 하나님의 뜻 안에서 꿈을 이뤄가는 창조적인 과정이다(행13:1-4). 꿈이란 예수님의 삶의 궤도 안으로 진입하여, 예수님의 생각, 예수님의 꿈, 예수님의 믿음, 예수님의 언어로 예수님의 뜻을 펼쳐가는 거룩한 과정이다. "나는 포도나무요 너희는 가지니 저가 내 안에 내가 저 안에 있으면 이 사람은 과실을 많이 맺나니 나를 떠나서는 너희가 아무것도 할 수 없음이라(요15:5)." 예수와 연합된 삶을 온전히 살면(고전6:17) 열매가

---

24) 조용기, "주님 중심의 삶", 주일설교(2006-10-01).

25) "1958년도에 제가 불광동에서 천막을 치고 가마니를 깔고 교회를 시작할 때 외형적으로 볼 때 절대로 소망이 없었습니다. 비가 오면 성도들보다 개구리가 더 많이 와서 예배드리는 비참한 광경이었습니다. 그러나 제 마음속에 하나님이 꿈을 심어주었습니다. 큰 교회를 세운 비결은 다른 것이 아니라, 하나님이 마음속에 설레는 꿈을 주실 때 그 꿈을 받아들였다는 것입니다. 그 처지에서 황당하기 짝이 없는 꿈이었을 것입니다. 천막을 치고 가마니를 깔아놓은 당시의 처지에서 '한국 최대의 교회가 될 것이다. 세계 최대의 교회가 될 것이다.'라는 설레는 꿈이 마음속에 들어왔습니다. 자나 깨나 그 꿈이 활활 타올랐습니다. 너무나 황당한 꿈이라 사람들에게 말하면 미쳤다는 소리밖에 들을 수 없습니다. 하나님께서는 그 꿈속에서 나에게 세계를 교구로 주셨습니다. 천하에 나가서 복음을 전하라는 설레는 꿈입니다. 나는 다른 사람보다 지혜가 많은 것도 아니고 지식이 있는 것도 아니고 교육을 많이 받은 사람도 아닙니다. 능력이 있는 사람도 아닙니다. 그러나 가슴속에 설레는 꿈 때문에 그 꿈에 사로잡혀서 북남미, 유럽, 아프리카, 태평양, 대양주 쉴 새 없이 뛰었습니다." 참조. 조용기, "적극적으로 나아가라", 주일설교(1994-09-11).

26) 조용기, "모든 은택을 잊지 말지어다", 주일설교(2014-12-21).

27) 조용기, "실천적 믿음", 주일설교(2015-06-07).

28) John Owen, *Communion with God*, Versa Press(2008), 97-98. 오웬은 주와 동행하는 원리 6가지를 지적한다. 1) 하나님과 뜻이 같아야 하고(암3:3), 2) 하나님과 친구가 되어야 하고, 3) 거룩함의 길을 걸어야 하고, 4) 강해져야 하고(빌4:13, 고후3:5), 5) 자신감을 가져야 하고(히12:29, 엡3:12), 6) 하나님과 동일한 목적과 목표를 품어야 한다(딤전2:4).

맺힌다.29) 나의 생각이 하나님의 생각에 동화되어야하고, 하나님의 꿈이 나의 꿈이 되어야 하고, 나의 믿음이 하나님의 믿음을 닮아가야 하고, 나의 말이 하나님의 말을 닮아가야 회복된 형상으로서 예수님을 닮아가는 삶을 살 수 있다(갈4:19, 롬6:22).

마. 꿈은 하나님의 주권성이 피조물로 이동되는 과정이다.

인간은 지음 받은 존재로서 하나님과 교제할 수 있는 인격을 지니고 있다. 인간은 기계가 아니다. 하나님은 피조물인 인간에게 자신의 주권을 행사하신다. 인격을 지닌 인간은 하나님의 주권에 반응하는 삶, 곧 책임을 다하는 삶을 살아야 한다. 피조물인 인간은 모든 면에서 한계에 직면해 있다. 따라서 인간은 전지전능하신 하나님의 절대주권에 기초한 지도와 도움을 받아야만 살아갈 수 있는 존재다.

인간이 하나님의 꿈을 품으면, 그 꿈을 성령님이 이끄시며 이루어주신다. 영산은 "여러분, 성령으로 충만함을 받으십시오. 성령님을 매일같이 인정하고 환영하고 모셔들이고 의지하십시오. 그리고 성령께 의지해서 사십시오. 여러분보다 초인적인 능력을 구하십시오. 초인적으로 살도록 성령님이 여러분과 같이 계십니다."30)

하나님은 자신의 법을 우리가 마음 안에 새기고 그 말씀을 지키며 살기를 원하신다(렘31:33). 요엘서는 "그 후에 내가 내 신을 만민에게 부어 주리니 너희 자녀들이 장래 일을 말 할 것이며 너희 늙은이는 꿈을 꾸며 너희 젊은이는 이상을 볼 것(욜2:28)"이라고 말한다. 하나님은 말씀과 성령을 통해서 또한 꿈과 비전을 통해서 믿는 자에게 자신의 뜻을 알려주신다.31)

바. 꿈은 하나님의 경륜을 이루어가는 과정이다.

영산은 "꿈을 바라보고 믿고 말씀을 고백하면 우리 삶에 4차원의 기적이 일어납니다."라고 강조한다.32) 그는 또한 "꿈을 바라보고, 기도하고, 명령하라"고 가르친다. 말씀을 기초로 한 꿈은 하나님이 자신의 뜻과 계획을 이뤄가는 수단이다. 프레임(John Frame)은 하나님의 계시 방법은 사건(events), 말씀(Words), 사람(persons)이라고 말한다.33) 하나님은 그의 일을 위해서 사람들을 사용하시고, 그들에게 말씀하시고, 또한 사건들을 일어나게 하신다.

꿈이란 믿음 안에서 하나님의 계획을 이뤄가는 거룩한 과정이다. 바울은 "영원부터 만물을 창조하신 하나님 속에 감춰었던 비밀의 경륜이 어떠한 것을 드러내게 하려 하심이라(엡3:9)"고 말한다. 십자가 위에서 이루신 일을 인식할 수 있는 자들, 곧 그리스도인들을 통해 하나님은 역동적으로

---

29) A. W. Tozer, *Mornings with Tozer*, WingSpread Publisher(2008), January 11. 토저(Tozer)는 "온전한 의미에서 예수와 하나 되는 삶이란 신학적 의미에서가 아니고, 삶 속에서 예수님이 동행하신다는 것을 마음으로 느낄 수 있어야 하고, 경험할 수 있어야 한다."고 강조한다.

30) 조용기, "보혜사 성령님", 주일설교(2010-01-10).

31) "성경말씀을 통해 성령의 언어를 배웁니다. 꿈과 비전은 성령의 언어입니다. 성령을 의지하십시오. 마음과 생각 속에는 물질적인 3차원의 세계를 지배하고 다스리는 성령의 4차원의 세계가 있습니다." 참조. 조용기, 『4차원 영적세계』, 서울말씀사(2003), 84-85.

32) 조용기, "하나님을 믿으라", 주일설교(2015-05-10).

33) John M. Frame, *The Doctrine of the Word of God*, P&R(2010), Chapter 12, 71-74.

자신의 뜻과 계획을 펼치신다. 하나님은 사랑이시다(요일4:8). 하나님은 그의 사랑을 하나님의 자녀를 통하여 세상에 드러내신다. 또한 하나님은 자신의 뜻을 이루기 위해 인간의 적극적인 참여와 활동을 기다리고 계신다. 시편 기자는 "네 입을 넓게 열라 내가 채우리라(시81:10)"고 말한다.

하나님은 성도에게 세계를 향한 도전적 삶을 요구하신다. 하나님은 원대한 꿈을 품은 자에게 "너는 일어나 그 땅을 종과 횡으로 행하여 보라 내가 그것을 네게 주리라(창13:17)"고 말한다. 하나님은 온 우주에 관심을 가지시고 자신의 뜻을 펼치신다. 그리스도인은 믿음의 비밀을 가진 자로서(엡3:9, 고전4:1), 삼위일체 하나님의 뜻과 계획을 세상에 드러내는 거룩한 일을 맡은 자다.

사. 꿈은 삶의 방식을 말씀중심으로 전환시킨다.

하나님이 인간에게 말씀을 계시하시면, 그것은 우리에게 꿈으로 승화된다. 영산은 "하나님의 말씀을 따라 소원이 생기고, 그 소원이 그리는 그림이 꿈입니다. 그러므로 바라봄의 법칙을 따라, 꿈을 집중하여 바라보고 기도하십시오"라고 조언한다.[34] 하나님의 말씀은 삼위 하나님의 존재와 하시는 일들에 대해 증거한다. 따라서 하나님의 자녀는 말씀에 기초해서 꿈을 갖고 그것의 성취를 위해 기도해야 한다. 말씀을 기초로 하지 않은 꿈은 힘과 지속성을 잃는다. 하나님의 꿈은 그리스도인의 삶의 방식을 하나님의 뜻에 맞추어 변형시키는 거룩한 도구다. 바울은 "너희 속에 착한 일을 시작한 이가 그리스도 예수의 날까지 이루실 줄을 우리가 확신하노라(빌1:6)"고 말한다. 하나님이 우리에게 말씀을 계시하시면, 그것은 곧 우리에게 꿈이 된다.

아. 꿈은 환난과 인내와 연단을 거친다.

신자는 십자가의 믿음을 품고 사는 자, 다시 말해, 십자가 위에서 죽고 부활을 경험한 자신의 존재를 삶에 적용하는 자다. 성도는 이미 수난절과 부활절을 믿음 안에서 경험한 자이다. 십자가의 믿음을 삶 속에 적용할 때, 성도는 그리스도 안에서 고난을 참을 수 있고, 인내를 통해 영광의 날을 맞이하게 될 것이다. 다시 말해, 꿈은 고난과 더불어 장차 임할 그리스도의 영광을 바라보며 그것을 향해서 나아가는 과정을 포괄한다. 말씀을 기초로 한 꿈은 믿음과 순종과 인내의 과정을 통해서 성취된다. 아브라함도 모세도 그러했다.

영산은 "큰 사명에는 언제나 큰 고난이 다가오므로, 말씀을 통하여, 성령충만의 은혜를 통하여, 특별한 은혜의 체험을 통하여 하나님의 위로를 구해야 합니다(시119:50, 롬8:26)."라고 말한다.[35]

우리 안에 소망은 인내와 연단과 더불어 견고해진다. 꿈이 이루어지려면, 수많은 연단과 인내가 필요하다. 요셉은 꿈을 꾸고 13년이라는 긴 세월 동안 연단 과정을 거쳤다. 노아는 하나님으로부터 큰 사명을 받았다. "노아야, 나는 일평생 배를 만들어야 할 일을 너에게 주겠다. 네가 배를 만들 수 있겠느냐?" 노아는 이렇게 대답했을 것이다. "네. 말씀에 순종하며 한평생 인내하며 그렇게 하겠습니다." 영적으로 가치 있는 꿈은 믿음을 통해 모든 고난의 과정을 초월한다.

---

34) 조용기, "마음의 파숫군", 주일설교(2013-12-01).
35) 조용기, "위로와 환난", 주일설교(2007-09-23).

자. 꿈은 삶의 가치관을 천상중심을 지향하게 한다.

꿈은 인간 중심의 가치관과 하나님 중심의 가치관 두 방향을 가지고 있다. 그러나 신자는 하나님을 향한 꿈을 가져야 한다. 영산은 "목적 있는 꿈이나 환상을 믿고, 그 믿은 바를 명령하고 선언하면 이뤄집니다(막11:23-24). 3차원의 물질세계는 4차원의 영적 권세의 지배하에 있습니다(창1:2)."라고 말한다.36) 하나님이 주시는 꿈은 목적 있는 삶의 가치에 초점을 맞춘다. 영적으로 보면, 예수 안에 있는 자는 영광의 소망이 될 자들이다(골2:27). 말씀은 거룩하고, 의롭고, 선하기 때문에 꿈이 추구하는 것도 거룩하고, 의롭고, 선하다. 꿈은 언제나 말씀 안에서 자란다.

영산은 "삶의 목적은 천국에 가는 것, 삶의 의미는 하나님과 예수님을 기쁘게 하는 것, 삶의 가치는 복음을 증거하여 천국에서 상을 받는 것"으로 정의한다.37) 죄인은 예수님을 만남으로써 삶의 존재, 본성, 행동이 근본적으로 변화된다. 존재 가치가 땅에서 하늘로 수직상승한다. 십자가는 인간의 삶의 가치관을 변혁시켜, 삶의 영역을 지상영역에서 천상영역으로 확장시킨다(갈5:25). 구속받은 자는 십자가에 기초해서 삶의 궁극적 좌표를 설정하고, 삶의 가치관이 하나님을 지향해야 한다. 바울은 "위의 것을 생각하고 땅의 것을 생각하지 말라(골3:2)"고 강조한다. 성령님은 인간의 가치관을 세상적 관심에서 복음적 관심으로 옮겨주시고(고후3:18, 갈5:22-23), 동시에 성령님 스스로 영원히 신자 안에 거하신다(요14:16-17). 성령님의 능력은 인간의 성품을 변화시켜(갈5:22-24) 예수님 중심의 삶을 살게 한다(갈2:20).

차. 꿈은 성령님이 날마다 인도해주신다.

영산은 "성령은 꿈을 부어주시는 영이십니다. 세상은 꿈꾸는 자가 변화시킵니다, 꿈은 현실을 이끌어갑니다."라고 말한다.38) 그는 "보혜사 성령께서 항상 우리와 같이 계시고 우리를 도와주십니다. 성령님은 꿈을 통하여, 환상을 통하여, 음성을 통해서, 지시를 통해서, 마음의 소원을 통해서, 혹은 성경의 레마를 통해서 우리를 인도하십니다."라고 말한다.39)

성령님이 인도해주시는 꿈은 항상 그 자체가 선하고, 거룩하고, 의로운 것이다. 바울은 성령님의 인도로 아시아로 가지 않고 마게도냐로 가서 말씀을 전했다(행16:6-10). 하나님은 항상 자신의 말씀으로 인간세상을 선하게 만들어가신다. 하나님의 일은 언제나 가치가 있다. 그것은 선하고 아름답고 거룩하여 항상 감사와 영광이 충만한 상태이기 때문이다. 하나님은 피조물을 위에서(over) 다스리시고, 피조물을 통해서(through) 다스리신다. 하나님은 피조세계를 초월해서 존재하시면서, 그의 말씀의 지혜와 성령의 권능을 통해 피조세계에 관여하며 다스리신다: "지존무상하며 영원히 거하며 거룩하다 이름하는 자가 이같이 말씀하시되 내가 높고 거룩한 곳에 거하며(하나님의 초월성) 또한 통회하고 마음이 겸손한 자와 함께 거하나니(하나님의 내재성, 사57:15)."

---

36) 조용기, "실천적 믿음", 주일설교(2015-06-07).
37) 조용기, "내가 메시아를 만났다", 주일설교(2007-10-28).
38) 조용기, "보라 꿈꾸는 자가 오는 도다", 주일설교(2007-03-11).
39) 조용기, "성령님의 인도를 받는 길", 주일설교(2009-03-15).

인간의 일은 이성으로 시작해서 이성으로 끝을 맺는다. 즉 인간은 유한의 3차원 세계 속에서 움직이고 활동한다. 그러나 성령님은 말씀과 함께 4차원적으로 일하신다. 양자 간에는 근본적인 차이가 있다.

영산은 "꿈은 성령의 언어입니다, 성령님은 우리 마음에 있는 꿈을 보시고 그 꿈을 따라 우리 삶에 놀라운 창조의 역사를 일으켜주십니다."라고 말한다.40) 구속받은 자의 온전한 꿈은 성령님이 이루어가신다. 바울은 "소망이 부끄럽게 아니함은 우리에게 주신 성령으로 말미암아 하나님의 사랑이 우리 마음에 부은 바 됨(롬5:5)"이라고 강조한다. 시편에서도 "네 마음의 소원대로 허락하시고 네 모든 계획을 이루어 주시기를 원하노라(시20:4)"고 말한다. 하나님의 뜻과 계획에 기초한 나의 꿈은 궁극적으로 삼위일체 하나님께서 나와 함께 또한 나를 통해서 이루어가신다.

카. 꿈은 하나님의 뜻을 분별함으로 이뤄진다.

꿈은 하나님의 뜻 안에서 이뤄진다. 본질적으로 하나님의 뜻을 이해하면, 죄인이 주를 믿어 영생을 얻는 것이며(요6:40), 거룩함과 의로움으로 그리스도를 닮아가는 것이며(롬8:29), 동시에 사명적 차원에서 보면, 하나님의 나라와 의를 구하는 일이며(마6:33), 온 천하에 복음을 전하는 일이다(마5:48). 나아가 영적 성장 차원에서 보면, 곧 꿈이란 '말씀순종(창15:5-6)'이다

성경은 무엇보다 하나님의 뜻을 분별하라고 말한다. 바울은 로마서 12장 2절에서 "너희는 이 세대를 본받지 말고 오직 마음을 새롭게 함으로 변화를 받아 하나님의 선하시고 기뻐하시고 온전한 뜻이 무엇인지 분별하도록 하라"고 말한다. 하나님의 뜻을 분별하는 기준점이 여기에 나와 있다. 첫째는 선함, 둘째는 기쁨, 셋째는 온전함이다. 내가 하는 일이 하나님의 뜻을 이루는지 그렇지 못한지는 이 세 가지에 기준점을 두고 평가하면 된다. 무슨 일을 하든 그 일이 선하고, 기쁘고, 온전한 것이면 하나님의 뜻을 따라가는 것이다.

하나님의 뜻은 날마다 우리가 삶의 자리에서 내리는 크고 작은 결정과 선택에 있다. 바울은 "무슨 일을 하든지 마음을 다하여 주께 하듯 하라(골3:23)"고 역설한다. '범사에 온유함(딛3:2)'을 드러내는 것이 하나님의 뜻이다. 매일의 삶 속에서 하나님의 뜻을 구하라는 말이다. 예수님은 "너희는 먼저 그의 나라와 의를 구하라(마6:33)"고 말씀하신다. 따라서 하나님의 뜻은 '장차 저기에' 있는 것이 아니라 '지금 여기에' 있다. 싯처(G. L. Sittser)가 "하나님의 뜻을 알고 행하도록 우리에게 주어진 시간은 지금 이 순간"이라고 말한 것도 그런 의미다. 예수님은 "한 날의 괴로움은 그날로 족하니라(마6:34)"고 말씀하신다. 따라서 성도는 '말씀 가운데 있는 하나님의 뜻'을 잘 발견할 수 있어야 한다. 동시에 '내 삶 속에 있는 하나님의 뜻'을 잘 발견하여 서로 조화를 이루도록 해야 한다. 그래서 아버지의 마음과 나의 마음이 같아져야 한다(말4:6). 왜냐하면 우리가 그리스도의 마음을 품고 있기 때문이다(고전2:16). 패커(James Packer)는 "인생에서 가장 중요한 순간은 결단과 헌신의 시간"이라고 말한다.

---

40) 조용기, "새해를 이렇게 살자", 주일설교(2016-01-03).

하나님의 뜻을 따르는 목적은 우리가 진리 안에서 행하기 위함이다. 말씀을 순종할 때 형통함이 생긴다(신29:9, 삼상3:19, 대하26:5). 하나님의 꿈, 하나님의 뜻, 하나님의 인도하심을 4차원영성 차원에서 총체적으로 적용하면, 말씀의 생각, 말씀의 꿈, 말씀의 믿음, 말씀의 고백을 통해 우리는 하나님의 꿈과 인도하심 그리고 하나님의 뜻을 한 궤도 안에서 이루게 된다.

2. 꿈의 존재적 의미와 실천적 중요성

영산은 "좋으신 하나님 자체가 꿈이요, 희망임을 확신해야 합니다."라고 역설한다.[41] 그는 "꿈이 필요한 것은 소원을 이루게 하는 씨앗이기 때문입니다."라고 말한다.

성도가 궁극적으로 가져야 할 꿈은 예수님을 통하여 하나님의 영광의 광채를 드러내는 것이다(히1:3). 무슨 말을 하든지 무슨 일을 하든지, 그 모든 것은 하나님의 영광을 올려드리는 것이다(골3:17). 선한 일들은 모두 그 자체로 아름답고, 거룩하고, 존귀한 것이어서 영광의 빛을 충만하게 한다. 우리가 선한 꿈을 꿔야 하는 근본 이유도 거기에 있다. 선한 일이 영광과 존귀를 탄생시키기 때문이다(롬2:10).

영산은 "인간은 두 가지 길 중 한 길을 택하여 삽니다. 세상의 넓은 길은 인본주의, 거짓, 죽음의 길이고, 예수님의 좁은 길은 신본주의, 진리, 생명의 길입니다(마7:13-14, 요14:6)."라고 말한다.[42] 선한 일을 행하는 것은 하나님이 우리를 창조하신 목적이다(사43:7). 우리는 하나님께로부터 나서 그리스도 예수 안에 있는 자들이다(고전1:30). 예수 안에 있는 우리는 성령의 도움으로 그리스도의 영광을 드러내야 한다(요16:14).

십자가는 피조물을 존재적-인격적으로 변화시킨다. 십자가는 하나님과 우리가 새로운 관계를 맺게 해준다. 또한 우리가 하나님께 예배드리게 하며, 우리 자신을 균형 있게 성장시켜준다. 나아가 선교에 대한 동기를 부여해주고, 원수까지 사랑할 수 있게 하며, 고난과 맞설 수 있는 용기를 준다.[43] 따라서 우리의 꿈은 십자가 위에서 우리 죄를 담당하신 하나님을 인식하는 것에서 비롯된다.

스토트(John Stott)의 십자가론에 의하면, 꿈이란 십자가 위에서 "하나님이 하신 바로 그 일, 즉 죄인을 구원하신 일(구원), 하나님 자신의 영광과 공의와 사랑을 보여주신 일(계시), 마귀의 세력을 멸하신 일(악의 정복)을 행하는 것"이라고 말한다.[44]

---

41) "저는 한평생 좋으신 하나님(마7:11, 겔37:23, 창15:5-6)을 믿고 전하며 살아왔습니다. 수없이 산전수전을 겪고 고난의 폭풍우를 지날 때에도 배후에 계신 좋으신 하나님을 바라보고 믿음과 꿈과 희망을 버리지 않았습니다. 하나님께서는 한 번도 저를 실망시키지 않았습니다." 조용기, "주님의 선하심과 인자하심", 주일설교(2005-10-09).

42) 조용기, "나의 갈길 다 가도록", 주일설교(2006-05-21).

43) John R. W. Stott, *The Cross of Christ*, IVP(1986), 17.

44) 참조. John R. W. Stott, *The Cross of Christ*, IVP(1986), chapter 7-9.

실존적 측면에서 보면, 꿈은 십자가 위에서 하나님이 인간을 위해 하신 모든 일을 우리 삶 가운데 드러나게 하는 과정이다. 하나님이 인간에게 자신을 뜻을 알리는 방법 중 하나는 이상이나 꿈이다.45) 영산은 꿈은 성령님께서 우리에게 주시는 것이라고 역설한다. "인간은 시간과 공간에 제한된 존재이므로 오직 성령께서 우리에게 주시는 상상력과 비전과 꿈을 통해 3차원의 세계를 부화시킬 수 있습니다. 그래서 성령께서는 우리가 창조적인 일을 할 수 있도록 젊은이에게는 환상을, 늙은이에게는 꿈을 꾸게 도와주시는 것입니다(욜2:28, 행2:17)."46)

동시에 꿈은 믿음의 중요한 기초가 된다. "믿음을 가진다는 것은 반드시 믿음 전에 여러분과 내 마음 가운데 분명하고도 영롱한 꿈이 있어야 믿음이 생겨나는 것입니다. 믿음이 앞서 오는 것이 아니라 먼저 꿈이 앞서오는 것입니다. 믿음은 바로 실상입니다. 그러기 때문에 꿈을 가지면 믿음은 자동적으로 꿈을 통해서 생겨나는 것입니다. 분명한 목표를 두고 그것이 이루어진 모습이 마음속에 꿈으로 찬란하게 나타나지 않는 이상, 믿음은 우리 마음속에 생겨나지 아니하는 것입니다. 그렇기 때문에 믿음의 가장 큰 전제조건은 마음속에 확실한 목표를 두고 그것이 이루어진 모습을 꿈꾸는 것입니다."47)

매슬로(A. Maslow)는 "당신이 가진 도구가 망치뿐이라면, 당신은 모든 문제들을 못으로 보게 될 것"이라고 말한다. 인간은 마음에 무엇을 품고 사느냐에 따라 삶의 방향과 가치관이 달라진다. 하나님의 형상을 닮고 태어난 인간은 하나님의 일을 대리할 수 있는 존재들이다. 하나님의 형상을 기능적, 관계적, 목적론적 관점에서 진술하면 다음과 같다.48)

첫째, 기능적(functional) 관점이다. 하나님 형상(Imago Dei)으로서 인간을 기능적으로 분석하면 생육하고, 번성하고, 충만하고, 땅을 정복하는 것이다(창1:26-28). 하나님은 인간의 내면 깊이 목적의 씨를 심어 하나님의 뜻에 맞게 일하게 하신다(요5:17, 9:3-4). 예수님은 "내 아버지께서 이제까지 일하시니 나도 일한다(요5:17)"고 말씀하신다.49)

둘째, 관계적(relational) 관점이다. 하나님의 형상의 특징 중 하나는 하나님과 인간 및 인간과 인간 사이의 관계의 특성을 지닌 것이다. 사람은 하나님의 형상대로 지음 받은 존재로 상호관계를 맺도록 창조되었다(창2:18, 23, 3:6-8, 4:1).

셋째, 목적론적(teleological) 관점이다. 하나님 형상으로서의 인간은 하나님의 목적을 성취해야 한다. 성도는 시간 속에서 또 영원히 하나님과 함께 해야 하는 존재다.

---

45) "이르시되 내 말을 들으라 너희 중에 선지자가 있으면 나 야훼가 이상(히, '밤마르아')으로 나를 그에게 알리기도 하고 꿈(히, '바할롬')으로 그와 말하기도 하거니와(민12:6)." "다니엘이 그의 침상에서 꿈을 꾸며 머리 속으로 환상을 받고 그 꿈을 기록하며 그 일의 대략을 진술하니라(단7:1)." 하나의 꿈 안에 여러 개의 비전이 상호연관 속에서 나타난다. 꿈은 하나님의 뜻을 인간에게 전달해주는 하나의 교통방식이며, 하나의 그림언어이다. 영적존재인 하나님은 피조물이며 영적존재인 인간에게 한 단계 수준을 낮추어서 상호관계를 맺으신다. 이것은 전적인 은혜다. 다음 책 참조. 헤르만 리폴, 『꿈을 통해서 말씀하시는 하나님』, 순전한나드(2005).

46) 조용기, 『4차원 영적세계』, 서울말씀사(2003), 61.

47) 조용기, "꿈과 믿음", 주일설교(1984-11-04).

48) James R. Estep & Jonathan H Kim, *Christian Formation*, B&H Academic, 2010, 18. 17-19. 하나님의 형상의 관점에서 필자가 인간의 목적론적 특징을 요약해서 정리한 것이다. 더 자세한 내용은 본 책의 제1장을 참조하라.

49) A. W. Tozer, *Mornings with Tozer*, Wing Spread Publisher(2008). 토저(A. W. Tozer)는 "인간됨이란 하나님과 관계를 맺는 것이고, 그 관계 안에서 영적 확신을 가질 수 있다."고 지적한다. 모든 일의 시작은 예수님과의 관계에서부터 시작한다.

하나님은 우리에게 그 무엇을 하기를 원하신다. 하나님의 뜻은 하나님과 나의 인격적 관계 안에서 이뤄진다. 하나님은 이 세상에서 자신의 형상대로 지음 받은 하나님의 백성을 통해서 자신의 뜻과 계획을 이루어가신다.

실천적 차원에서 이해하면, 꿈이란 하나님의 뜻을 이뤄가는 거룩한 여정이요, 새 하늘과 새 땅을 향해서 나아가는 길 위에서 이뤄야 할 거룩한 행위다.[50] 그런 차원에서 꿈이란 하나님의 언약의 역사 안에서 이 세상에 사는 동안 주를 위해 사는 최고의 삶을 창조하는 과정이다.

꿈은 또한 우리가 성령님께서 일하시도록 기회를 드리는 거룩한 행동이다.[51] 하나님은 인간이 하나님의 꿈을 품고 '가치 있는 인생', '의미 있는 인생', '목적 있는 인생', '영광 돌리는 인생', '행복한 인생'을 살기를 원하신다(신10:13, 신18:13).

트루엣(George W. Truett)은 "하나님의 뜻을 아는 것은 가장 위대한 지식이다. 하나님의 뜻을 이루는 것은 가장 위대한 경험"이라고 말한다.[52] 삶의 기회란 결국 예수 그리스도 안에서 하나님 영광을 위해 열매를 맺는 삶이다. 히브리서 기자의 말대로 인생은 하나님의 뜻을 행하기 위해 이 땅에 존재한다. "이에 내가 말하기를 하나님이여 보시옵소서 두루마리 책에 나를 가리켜 기록된 것과 같이 하나님의 뜻을 행하러 왔나이다 하셨느니라(히10:7)." 또한 바울은 "다윗은 당시에 하나님의 뜻을 좇아 섬기다가 잠들어 그 조상들과 함께 묻혀 썩음(행13:36)"을 당하였다고 말했다. 하나님의 뜻대로 사는 삶이란 장차 저기서가 아니라 지금 여기서 하나님의 뜻을 이뤄가는 삶이다.

인간은 꿈이 있어야 믿음도 생기고 열정이 생긴다. 영산은 꿈의 중요성을 이렇게 강조한다.[53]
   a) 꿈이 없으면, 희망찬 미래도 이룰 만한 성취도 없다(잠29:18).
   b) 꿈이 없으면, 뚜렷한 목표의식도 없으므로 삶에 대한 사랑도 열정도 애착도 없다.[54]
   c) 꿈이 없으면, 이루고자 하는 대상이 없는 것이므로 강한 도전의식도 믿음도 없다.[55]
   d) 꿈이 있어야, 뒤로 물러나지 않고 강하고 담대한 믿음의 모험도 있다(히10:38).

---

50) 하나님의 뜻을 깨닫고 알아가는 과정은 다음과 같다. "나는 레마의 말씀, 뜨거운 소원, 분명한 이해, 환경을 통한 강권, 성경을 통한 확인, 평안함, 마지막으로 환경을 통한 증거의 과정을 거쳐서 하나님의 뜻인지 아닌지를 확인합니다. 나는 인간적인 생각으로 일을 시작하지 않습니다. 내 환경의 문을 여시고 직접 지시해주시지 않으면 결코 일을 시작하지 않습니다. 이것은 사역을 하는 데 있어서 매우 중요합니다." 참조. 조용기, 『나의 교회성장 이야기』, 330.
51) 우리 인생에서 돌아오지 않는 것이 4가지가 있다. 입으로 한 말, 날아간 화살, 지나간 인생, 놓쳐버린 기회. 우리의 인생길에서 성령님께 더욱 의지해서 더 많은 삶의 기회를 포착해야 한다. 참조. 곽종운, 『플러스 인생을 경영하라』, 예영커뮤니케이션(2002), 25-29.
52) 참조. 조용기, "하나님의 뜻 알기", 주일설교(2010-08-01). "너희를 향한 하나님의 뜻"(1997-11-16), "하나님의 뜻을 분별하려면"(1997-07-06), "하나님 중심의 삶"(2004-09-12), "자기를 비워야 하나님의 뜻이 이뤄진다"(2005-01-09), "하나님의 참뜻은 하나님 자신의 꿈을 이뤄가는 것이다"(2000-04-23).
53) 조용기, "주님과 함께 살기 위하여", 주일설교(2009-02-01). 영산의 꿈 개념과 영적 이미지를 면밀히 관찰해보면, 꿈과 믿음이 서로 밀접하게 연합되어 있다. 그의 꿈 개념은 4차원적 믿음으로 성취하는 과정까지 포괄한다.
54) "분명한 목표를 설정하고, 목표가 이루어진 영상을 마음속에 그리고, 목표를 이루기 위해 힘을 다할 때 하나님의 역사로 기적이 일어납니다." 조용기, 『설교는 나의 인생』, 서울말씀사(2012), 241.
55) "희망을 현실적으로 변화시키기 위해서 분명한 목표를 정하고, 목표기한을 정하고, 계획을 분명하게 세우고, 자나깨나 꿈이 이뤄지는 모습을 마음속에 그려야 합니다." 조용기, "하나님의 축복과 깨어진 사람", 『순복음소식 합본 제2집』, 145호.

피조물인 인간은 하나님의 꿈을 품어야 인간다운 인간이 된다.56) 하나님의 꿈은 이론적인 신앙이 아니라, 창조적 신앙의 모체다. 인간의 마음은 하나님의 영과 교류하는 거룩한 공간이다. 하나님의 꿈으로 꽉 찰 때까지 인간의 마음은 공허할 뿐이다. 인생에서 성공이란 구원(요일5:10-12), 깨달음(렘9:23-24), 믿음과 자신감(히11:6)이며, 헌신(계2:10), 열정(고후11:2), 기쁨과 웃음(빌4:4) 및 봉사(갈6:9)다.

내일 볼 수 있는 모든 꽃들은 오늘 볼 수 있는 씨앗 속에 들어 있다. 마찬가지로 먼 훗날 내가 볼 수 있는 '내 인생의 꽃'은 오늘 내 마음에 심은 '꿈의 씨' 안에 들어 있다. 그 꿈의 씨가 어떻게 열매 맺을지는 오직 하나님만이 알고 계신다. 중요한 것은 내 마음에 '꿈의 씨'를 심고 날마다 믿음의 힘으로 성취해나가는 것이다. 오스트리아의 카톨릭 성자 에반 일리히(Evan Illihi)는 수확체감의 법칙이 인간의 행동에도 적용될 수 있다는 생각에 기초해서 '일리히의 법칙'(The Rule of Illihi)을 만들었다.57)

이 법칙에 의하면 "인간의 활동은 어떤 한계를 넘어서면 효율이 감소하며 나아가서는 역효과를 낸다."는 것이다. 노동의 양을 늘린다고 생산성이 비례해서 계속 증가하는 것이 아니라는 것이다. 그러나 인간이 꿈을 품고 성령님의 도움을 구하면서 일하면, 경제학의 개념, 즉 '일리히의 법칙'을 초월해서 삶의 생산성을 증가시킬 수 있다. 문제는 성령 안에서 하나님 중심의 꿈(하나님의 말씀을 기초로 한 꿈)을 가지고 있느냐이다. 인간은 바라보는 것이 없으면 믿음도 생기지 않는다. 믿음은 대상을 필요로 한다. 꿈과 믿음은 마치 동전의 앞뒤와 같다.58)

꿈의 중요성에 대하여 영산은 이렇게 강조한다. "꿈이 없으면 다시 말해 4차원이 꿈으로 프로그래밍 되어 있지 않으면 3차원 인생은 희망이 없습니다. 우리는 시간과 공간에 제한된 존재이므로 오직 성령께서 우리에게 주시는 상상력과 비전과 꿈을 통해 부화할 수 있습니다. … 따라서 성령 안에서 꿈을 꾸어야 합니다. 하나님께 귀하게 쓰임 받고자 하는 소원을 가지고 꿈을 개발해야 합니다. 그 꿈을 깊이 생각하십시오. 그 꿈을 부화하십시오. 성령께서 그 꿈이 성취되도록 도와주실 것입니다. … 사람의 미래는 그가 어떤 꿈을 말하는 가를 보면 알 수 있습니다. 5중복음과 3중축복의 원리를 알면 위대한 꿈을 품을 수 있어요. 십자가를 통한 꿈을 키우는 거지요. 영혼이 잘됨같이 범사에 잘되고 강건한 꿈을 심어주는 겁니다." 59)

---

56) 하나님의 꿈은 하늘나라를 세우는 것이다. "하나님께서는 에덴 천국의 임금님으로서 에덴 천국을 온전히 하나님이 지배하시고 다스리고 경영하시려고 하셨습니다. 우리 하나님께서는 이 땅에 하늘나라를 세우시기 위하여 거대한 계획을 세우셨습니다. 그것은 바로 하나님의 아들을 직접 이 세상에 보내셔서 하나님의 나라를 이 땅에 세우려고 하신 것입니다. 예수님께서 세우신 하늘나라 속에 오늘 우리가 들어와 있는 것입니다." 참조. 조용기, "하나님의 소원", 주일설교(1998-05-03).

57) 베르나르 베르베르, 『상상력의 사전』, 열린책들(2011), 31.

58) "주님은 우리 마음의 꿈의 보좌에 앉아 계십니다. 꿈이란 것은 없는 것을 있는 것 같이 바라보는 것입니다. 꿈을 꾸는 것은 현재가 아니고 미래에 이루어질 것을 꿈꾸는 것입니다. 꿈이란 것은 지금 이루어진 것이 아니라 내일, 모레 장차 이루어질 것을 바라보는 것입니다. 따라서 꿈이 생기면, 믿음이 따라옵니다. 믿음이 있어야 하나님이 역사할 수 있기 때문입니다. 꿈과 믿음은 한 형제처럼 함께 움직입니다." 참조. 조용기, "하나님의 주소", 주일설교(2008-11-23).

59) 조용기, "꿈과 믿음", 주일설교(1984-11-04). "꿈을 통하지 아니 하고서는 없는 것을 있는 것같이 절대로 볼 수 없습니다. 그러므로 오늘 하나님께서 함께 일하는 사람은 꿈꾸는 사람들인 것입니다. 하나님 말씀에 기초해서 우리가 기도할 때, 우리의 마음속에 지금은 없지만 성령의 감동을 통해서 이것이 있는 것처럼 마음속에 받아들여서, 그것이 있는 것처럼 생각하고, 있는 것처럼 꿈꾸고, 있는 것처럼 입으로 시인하는 것입니다. 그렇게 나갈 때, 하나님께서는 이러한 사람과 함께 역사하십니다."

꿈은 하나님을 경외하도록 만들고, 삶을 가치 있게 만든다. 미켈란젤로(Michelangelo)는 우상을 위해 바친 시간을 한 줄기 잃어버린 시간으로 간주했다. 그는 그만큼 위의 것을 소중히 여겼던 것이다.60) 사람은 무엇을 바라보고 사느냐에 따라 가는 길이 달라진다. 위의 것을 바라볼 것인가? 땅의 것을 바라보고 살 것인가? 자신의 육체만을 위해 살았던 북이스라엘 아합 왕의 비참한 최후와 목숨을 걸고 하나님의 일을 하면서 갈멜 산에서 하나님을 증거했던 엘리야의 승천(왕하2:11)은 3차원 인간의 길과 4차원 야훼의 길을 극명하게 대조시켜 준다.

프랑스의 과학철학자 바슐라르(Gaston Bachelard)는 "인간의 삶이 시작되는 것과 동시에 꿈도 시작된다"고 말했다. 꿈은 '우리 마음밭에 말씀을 심어 주의 영광을 위해 성장하게 하는 거룩한 과정'이다.61) 말씀이 생명의 씨가 되어서 꿈으로 자라나 거룩한 열매를 맺는 것이다. 컴퓨터에 소프트웨어가 없으면, 아무리 하드웨어가 좋아도 그 컴퓨터는 물건에 불과하다. 꿈은 우리 인생의 소프트웨어와 같다. 4차원의 꿈이 3차원이 삶을 지배한다.

슈바이처(Albert Schweitzer)는 "꿈의 힘은 무한하다. 한 방울의 물은 무력하게 보이나 그것이 바위 틈새에 들어가 얼면 바위도 터지고 만다"고 말했다. 톨스토이(Lev Tolstoi)는 "꿈은 길잡이다. 그것이 없으면 확실한 방향이 없어진다. 방향이 없어지면 행위도 없고 생활도 없다"고 주장했다. 이처럼 꿈은 미래를 만들고 인생의 방향을 결정한다.

그러면 어떤 사람이 하나님의 꿈을 꿀 수 있는가? 예수님이 누구신지, 어떤 존재이신지를 분명히 알면 나 자신의 신분에 대해서도 알 수 있다.62)

2.1. 성령의 꿈: 말씀의 현재화

영산은 항상 "예수님의 십자가 대속의 은혜만이 우리의 꿈이요, 믿음이요, 소망입니다. 십자가 없는 신앙은 헛된 꿈입니다."라고 말한다.63) 하나님의 아들인 예수님이 왜 죽으셨는가를 알면 꿈의 궁극적인 방향과 목표점이 분명해진다. 디도서 2장 14절을 이해하면 회심 후 신자가 무엇을 하면서 어떻게 살아야 할지 분명해진다.

  a) 그가 우리를 대신하여 자신을 주심은(죽으심의 이유)
  b) 우리를 불법에서 속량하시고(죄에서 해방)
  c) 우리를 깨끗하게 하사(성화, 살전5:23, 벧전1:2).
  d) 선한 일을 열심히 하는 자기 백성이 되게 하려 하심이라(선한 일을 하는 백성, 딛2:14).

---

60) 그러므로 이제 나로 하여금 예술을 우상과 왕으로 섬기게 만든 이 미친 열정으로부터 예술이 짊어진 무거운 오류를 배웠다. 사랑의 욕구에서 생겨난 무서운 불행 … 세상의 부질없는 짓에 몰두하느라고 하나님을 경외하기 위해 주어진 시간을 빼앗겨 버렸다(미켈란젤로). 참조. 필립 안시, 『내 눈이 주의 영광을 보네』, 좋은 씨앗(2004), 366. 원문 참조: Philip Yancey, *Rumours of Another World*, Zondervan(2003), 244.

61) "사람이 무엇으로 심든지 그대로 거두리라 자기의 육체를 위하여 심는 자는 육체로부터 썩어질 것을 거두고 성령을 위하여 심는 자는 성령으로부터 영생을 거두리라(갈6:7-8)."

62) 나는 생명의 떡이다(요6:35). 나는 세상의 빛이다(요8:12). 나는 양의 문이다(요10:7-9). 나는 선한 목자다(요10:11-14). 나는 부활이요 생명이다(요11:25). 나는 길이요 진리요 생명이다(요14:6). 나는 참 포도나무다(요15:15).

63) Youngsan Theological Institute(editor), *Dr Yonggi Cho's Ministry & Theology*, Hansei University Logos(2008).

요약하면 예수님이 죽으신 이유는 죄인이 속량 받아 마음을 성화시켜 선한 일을 하는 백성이 되게 하려는 것이다. 신자가 꿈을 생각할 때 성령 안에서 이 말씀을 깊이 묵상하는 것이 중요하다.64) 하나님은 신자의 마음에 선한 일을 지향하는 마음의 씨를 심어, 자신의 뜻을 펼쳐나가도록 하신다. 그것이 신자가 구원받은 후에 천국으로 직행하지 않고 이 땅에 남아 있어야 할 이유다. 포괄적으로 보면, 꿈은 영적훈련의 과정이다. 영적훈련은 선한 일은 꿈꾸는 것부터 시작된다. 인간은 말씀과 기도로 거룩하여지고(딤전4:5), 그 결과 선한 일을 하게 되고(딛2:14), 궁극적으로 주께 영광을 드리게 된다.

하나님이 신자를 통해 일하시는 과정은 다음과 같다. 맨 먼저, 인간의 마음속에 소원을 품게 하신다. 그 다음, 그 소원을 믿음으로 받아들이게 하신다. 마지막으로, 은혜로 믿었던 것이 현실적으로 일어나게 하신다(빌1:6, 요15:5). 우리 안에서 행하시는 하나님은 "자기의 기쁘신 뜻을 위하여(빌2:13)" 소원을 두고 행하신다. 꿈의 모든 과정 안에는 '하나님의 기쁘신 뜻'이 놓여 있다. 또한 꿈은 믿음을 갖게 해준다. 좀 더 구체적으로 말하면, 하나님은 일을 통해서 우리 안에 믿음이 생겨나게 하신다. 또한 그 믿음으로 자신의 일을 이루어가신다. 방법론적으로 보면, 하나님의 뜻은 매순간 우리가 믿음으로 사는 것이다. 하나님의 일은 그 자체가 선하고 거룩하고 의롭다. 이것을 4차원영성의 측면에서 말하자면, 일의 창조적 순서는 생각한 것을 꿈꾸고, 꿈꾼 것을 믿고, 행하는 것이다. 곧 말씀의 현재화는 '생각-소원(바람)-신뢰(믿음)-행동'의 과정으로 성취된다. 요약하면, 말씀은 믿음을 갖게 하고 역동적인 힘을 준다. 믿음은 하나님의 은혜로 일을 활성화하고 성취시킨다. 선한 일은 말씀을 통해 나오고, 말씀 안에서 성취되고, 말씀을 위해 존재한다.

꿈은 주님과 함께 사는 거룩한 과정이다. 또한 그것은 하나님과의 친교 및 동행으로 이어진다. "우리가 주님 제일주의로 거룩한 삶을 살며, 늘 말씀공부를 하고, 꿈과 믿음이 있을 때 주님과 함께 살 수 있습니다."65) 말씀이 우리 안에 있으면, 생명이 있다. 말씀은 주님과 동행하는 길을 열어준다. 말씀을 품고 있는 자가 이웃에게 꿈을 심어줄 수 있다.66)
지구에는 중력의 법칙이 작용하지만, 하늘나라에서는 은혜의 법칙이 적용된다. 꿈은 은혜의 법칙 안에서 이루어진다. 삶 속에서 꿈이란 '하나님의 성품, 그리스도의 형상을 닮아가는 과정'이다. 토마스 아 켐피스가 "진정한 영적성장은 세상의 위로가 우리를 떠나도 인내하여 마음이 흔들리지

---

64) "영원하신 성령으로 말미암아 흠 없는 자기를 하나님께 드린 그리스도(히9:14)." 우리 안에 계신 성령님은 이미 십자가를 경험하신 분이시다. 영원하신 성령님은 십자가 위의 예수 그리스도를 통해 영원한 속량을 이루셨다. 그 결과 우리는 영원한 의를 품게 되었다(사51:6, 롬3:22, 5:1). 그러면 의인이 된 우리는 어떻게 살아야 하는가? 꿈은 이것을 묵상하는 것으로부터 시작되어야 한다.

65) 조용기, "주님과 함께 살기 위하여", 주일설교(2009-02-01).

66) 식물학자인 윌리암 클라크(William S. Clack)는 젊은이들에게 다음과 같은 유명한 말을 남겼다. "소년들이여, 꿈을 품으라(Boys, be ambitious)." 그는 일본 삿뽀르 대학에 교환교수로 갈 때, 생물학 책보다 성경을 더 많이 가져갔다. 그 때 삿뽀르대학 측에서는 생물학 교수에게 그렇게 많은 성경책이 왜 필요하냐고 하면서, 성경을 가르칠 수 없다고 말했다. 그렇다면 다시 미국으로 돌아가겠다고 하는 바람에 결국 그는 수업시간 외에 성경을 가르치는 것을 허락받게 되었다. 교환교수 임기가 끝나고 고국으로 돌아갈 때, 수많은 그의 제자들이 그를 전송하려고 몰려들었을 때, 그는 이렇게 말했다. "소년들이여, 꿈을 품으라."

않고 확고할 때 이뤄진다"고 고백한 것도 바로 그와 같은 맥락이다.[67)]

백부장은 예수님의 말씀이 현실화되는 것을 담대하게 믿었다: "주여 내 집에 들어오심을 나는 감당하지 못하겠사오니 다만 말씀으로만 하옵소서 그러면 내 하인이 낫겠사옵나이다(마8:8)." 예수님은 백부장에게 "내가 진실로 너희에게 이르노니 이스라엘 중 아무에게서도 이만한 믿음을 보지 못하였노라(마8:10)"고 칭찬하신다. 믿음의 현재화는 행함에서 나타난다. 백부장이 삶 속에서 그의 믿음을 담대하게 접목시켰을 때 말씀의 현재화가 이루어졌다. 곧 즉시로 병이 낫는 놀라운 기적이 일어난 것이다. 이처럼 믿는다면 그 믿음을 선포해서 삶 속에 접목시켜야 한다(렘51:10).

하나님은 인간에게 말씀을 주어 삶 속에서 말씀의 현재화가 이뤄지도록 특수 설계를 하셨다. 하나님이 사무엘과 함께 하실 때 그가 한 말이 하나도 땅에 떨어지지 아니하고 다 이루어졌다(삼상3:19). 마리아처럼 "말씀이 반드시 이루어지리라"고 믿고 고백할 때(눅1:45), 성령의 능력으로 주어진 말씀이 삶 속에 역사한다. 말씀은 꿈을 낳고 기르고 성장시키고 열매 맺게 하는 어머니와 같다.[68)] 하나님은 인간의 본능코드에 영원한 것을 바라보고 살도록 디자인하셨다. 아담의 타락이 없었다면, 인간의 본능코드는 삶의 궤도를 벗어나지 않고 야훼의 길을 걷도록 설계되었다. 인간이 말씀을 현실화시키는 삶을 살 때, 비로소 본래의 기능을 드러내는 삶을 사는 것이다.[69)]

2.2. 성령의 꿈: 성령 중심의 삶의 양식

영산은 "성령 없으면 이 곤비한 세상을 이겨나갈 수도 없고, 죄에 대하여 의에 대하여 마귀에 대해서 승리할 수도 없습니다. 성령을 인정하고 환영하고 모셔들이고 의지하는 삶을 살아야 합니다."[70)] 성령님은 자신의 계획을 우리에게 알려주신다(행13:1-4).

맥스 터너(Max Turner)는 성령의 인도함을 받는 삶에 대해 다음과 같이 말한다. "그리스도인의 삶은 성령에 의해 시작되며(고전3장, 갈3:3-5), 육체에 대항하는 싸움과(갈3장, 5-6장, 롬8장) 공동체의 한 몸으로 새로워진 '사귐'으로(빌2:1, 고후13:13) 성령에 의해 유지된다. 그리고 그 삶은 성령 안에서 완성된다. 성령은 믿는 자들의 부활생명에 대한 첫 할부금이다."[71)] 곧 성도는 성령에 의해 새 사람이 되고, 장차 성령으로 그리스도의 형상으로 변화하게 한다.

---

67) 토마스 아 켐피스(Thomas A Kempis, 1379-1471), 『그리스도를 본 받아』(Imitatio Christi), 두란노(2010), 143.

68) "성경에는 인생을 살리는 꿈이 들어있습니다. 성경과 친해지면 꿈을 품을 수 있습니다. 말씀을 믿어 담대하게 되어 믿음으로 나아갈 때, 우리는 새로운 생각과 꿈을 품게 되고, 삶의 열정이 생기게 됩니다. 우리 마음은 새로운 세계를 지을 수 있는 꿈과 희망과 용기를 수용할 수 있는 보고입니다. 꿈이 있고 희망이 있고 용기만 있으면, 새로운 세계를 마음속에 품을 수 있습니다. 그리고 성령으로 말미암아 꿈과 희망을 가지고 믿음으로 담대하게 용기를 가지고 살 수 있는 것입니다. 이 마음이 갈보리 십자가를 바라볼 때 모든 보배와 함께 임하는 그릇이 되는 것입니다." 조용기, "꿈, 희망, 용기를 갖고 살아라", 주일설교(2011-01-23).

69) 야곱의 양떼가 아주 풍부하게 된 것은 야곱의 인의적인 노력이 아니라(창30:37-43) 하나님께서 라반이 야곱에게서 착취하였던 것을 찾아 야곱에게 준 것이다. "하나님이 이같이 그대들의 아버지의 짐승을 빼앗아 내게 주셨느니라(창31:9)." 야곱은 삶 속에 하나님의 말씀이 현재화되어 나타났다. 자신의 힘으로 된 것이 아니라 하나님의 도우심이었다. "이르시되 네 눈을 들어 보라 양 떼를 탄 숫양은 다 얼룩무늬 있는 것, 점 있는 것과 아롱진 것이니라 라반이 네게 행한 모든 것을 내가 보았노라(창31:12)."

70) 조용기, "다른 보혜사 성령님", 주일설교(2011-07-24)

71) 맥스 터너(Max Turner), 『성령과 은사』, 새물결플러스(2011), 251-252.

예수를 닮아감은 인격 측면에서는 다른 사람을 위한 삶, 즉 타자중심주의이고, 행위 측면에서는 성령의 능력으로 영적권능이 충만한 삶을 사는 것이다.72) 꿈은 의지 및 행동과 관련된 연속 과정이다. 꿈을 궁극적으로 성취하시는 분은 바로 성령님이다. 새 피조물인 영적 자아는 시간 안에 있으면서도 영원 안에서 존재한다.73) 영산은 "꿈과 비전은 영적 언어입니다. 성령께서는 여러 가지 꿈과 비전을 여러분의 마음속에 불어 넣어주시고 그것들을 통해 계속 말씀하고 계십니다."라고 강조한다.

새로운 피조물인 하나님의 자녀는 삶의 모든 과정에서 하나님의 영으로부터 인도함을 받는다. 바울은 이렇게 말한다. "무릇 하나님의 영으로 인도함을 받는 그들은 곧 하나님의 아들이라(롬 8:14)." 그리스도인으로서 최고의 삶은 삶의 모든 과정이 진리 가운데로 인도함을 받는 것이다. 행복한 삶이란 성령과 동행하는 복을 누리는 사람, 하나님을 사랑하고 이웃을 사랑하는 삶이다.74) 행복한 삶이란 성령을 통해 우리가 '진리 가운데로 인도 받는 것(요16:13)'이다. 진리 안으로 들어가면 기뻐지기 때문이다(요15:11). 행복이란 하나님이 주신 축복을 향유하는 것이다.

표 7-1. 성도의 삶의 길을 인도하는 성경적 방식

항목	관련 말씀
목소리로 인도하신다	내 양은 내 음성을 들으며 나는 그들을 알며 그들은 나를 따르느니라(요10:27).
이름을 부르신다	문지기는 그를 위하여 문을 열고 양은 그의 음성을 듣나니 그가 자기 양의 이름을 각각 불러 인도하여 내느니라(요10:3).
교훈과 책망으로 갈 길을 보여주신다	내가 너의 갈 길을 가르쳐 보이고 너를 주목하여 훈계하리로다(시32:8). 주의 교훈으로 나를 인도하시고 후에는 영광으로 나를 영접하시리니(시73:24).
영원까지 우리를 돌보신다	이 하나님은 영영히 우리 하나님이시니 우리를 죽을 때까지 인도하시리로다(시48:14).
나의 오른손을 붙드신다	이는 나 야훼 너의 하나님이 네 오른손을 붙들고 네게 이르기를 두려워 말라 내가 너를 도우리라 할 것임이니라(사41:13).
나를 항상 인도하신다	나 야훼가 너를 항상 인도하여 마른 곳에서도 네 영혼을 만족케 하며 네 뼈를 견고케 하리니 너는 물댄 동산 같겠고 물이 끊어지지 아니하는 샘 같을 것이라(사58:11).
우리보다 앞서 가신다	자기 양을 다 내어 놓은 후에 앞서 가면 양들이 그의 음성을 아는 고로 따라오되(요10:4).
진리로 이끌어주신다	그러나 진리의 성령이 오시면 그가 너희를 모든 진리 가운데로 인도하시리니 그가 자의로 말하지 않고 오직 듣는 것을 말하시며 장래 일을 너희에게 알리시리라(요16:13).
우리 길을 지도하신다	너는 마음을 다하여 야훼를 의뢰하고 네 명철을 의지하지 말라 너는 범사에 그를 인정하라 그리하면 네 길을 지도하시리라(잠3:5–6).
최종목표는 구원이다	대저 야훼는 우리 재판장이시요 야훼는 우리에게 율법을 세우신 이요 야훼는 우리의 왕이시니 그가 우리를 구원하실 것임이라(사33:22).

---

72) 권택조, 『영성발달』, 예찬사(1999), 228.

73) Anthony A. Hoekema, *Created in God's Image*, Eerdmans(1994), 62. 새로운 자아는 삶의 방향을 새롭게 한다. 새로운 삶이란 새로운 탄생이며, 사랑으로 사는 삶이며, 진리 위에 걸어가는 삶이며, 죽음에서 생명으로 옮겨진 삶이다.

74) C. S. 루이스의 행복론: "행복이란 사랑과 즐거움의 절정에서 자유로우면서도 자발적으로 하나님과 연합하며, 이웃과 연합하는 것에서 생겨난다." 곧 하나님 사랑과 이웃 사랑이 행복을 낳는다. 참조. C. S 루이스(Clive Staples Lewis), 『순전한 기독교』(Mere Christianity), 홍성사(2014), 87.

영산은 하나님의 꿈은 3차원 세계를 점령한다고 말한다. "하나님을 통해 품게 된 꿈은 4차원 안에 있습니다. 그래서 이 꿈은 3차원 세계를 점령하여 이루어지는 것입니다. 하나님의 꿈은 우리로 하여금 어떤 환경과 고난도 뛰어넘게 합니다." 그는 "하나님이 우리에게 꿈을 보여주실 때에는 결과만 보여주지 중간과정은 보이지 않습니다. 그래서 힘들고 어렵습니다."라고 말한다. 영광은 고난을 극복할 때 주어지는 것이다. 따라서 말씀과 성령으로 인도함 받는 것이 중요하다. 이스라엘 백성들은 낮에는 구름기둥으로, 밤에는 불기둥으로 인도받았다. 베드로, 안드레, 야고보, 바울의 경우에도 하나님은 처음부터 그들의 사명에 대한 매뉴얼을 주시지 않았다. 따라서 그들은 날마다 또한 매순간 주님의 음성에 귀를 기울여야 했다. 표 7-1처럼 그리스도인은 우리의 삶을 인도해주시는 주님의 말씀에 귀를 기울여야 한다(갈5:16, 18).

2.3. 성령의 꿈: 하나님의 뜻

하나님의 뜻[75]은 '나라와 의(마6:33)'를 구하는 데 있다. 이것은 먼 훗날의 일이 아니라, 지금 당장 여기서 추구해야 하는 것이다. 싯처(Sittser)는 "하나님의 뜻은 하나님 나라와 의를 구하라 하신 예수님의 명령에 들어 있다."고 말한다.[76] 그는 "하나님의 뜻은 앞날의 선택이 아니라 지금 이 순간에 대한 것이다."라고 말한다. 영산은 하나님의 뜻에 합당한 삶을 이렇게 정립한다. "영은 4차원에 속하고 육신은 3차원에 속합니다. 하나님께서는 꿈을 꾸는 하나님이십니다. 우리가 하나님처럼 꿈을 꾸고 살고, 하나님처럼 믿음을 갖고 살고, 하나님처럼 말로 창조하고 살려고 할 때, 하나님은 우리와 함께 살기를 원합니다. 그렇게 하면, 하나님의 마음에 합당한 사람으로 여겨져 다윗에게 복을 준 것처럼 여러분에게도 복을 내려주십니다."[77] 하나님의 생각으로 사는 것이 바로 진정한 영적 삶이다.

십자가는 죄인을 회개시켜 거룩하게 만들어 하나님의 양자로 만들고, 하늘의 시민권자로 살게 만든다. 이것은 신비의 과정이다. 거룩한 신분, 의인의 신분이 되면, 삶의 방향은 악을 떠나 선으로 향하여 하나님을 영화롭게 만든다(롬2:10). 하나님은 자신의 왕권으로 만물을 다스리신다(시103:19). 하나님은 창조하신 것들을 보존하시고, 인도하시고, 상호관계 속에서 활동하게 하셔서 점진적으로 자신의 뜻을 이루어가신다.[78]

그리스도인의 꿈은 '새 피조물로서(고후5:17)', '새 자아로서', '새 마음을 가진 자로서' 주의 뜻을 따라가야 할 거룩한 신분을 가지고 있다. 하나님은 자신의 말씀으로 자신의 뜻을 이루어 가신다

---

75) 아더 핑크(Arthur W. Pink, 1886-1952)는 '하나님의 뜻'을 계시된 뜻과 은밀한 뜻으로 구분한다. a) 계시된 뜻: "하나님의 뜻은 이것이니 너희의 거룩함이라(살전4:3)." b) 은밀한 뜻: "누가 그 뜻을 대적하느냐(롬9:19)." 첫 번째 구절은 우리의 구원 및 거룩함과 관련이 있고, 두 번째 구절은 하나님의 은밀한 뜻은 불변하며 피조물의 불순종에도 불구하고 반드시 이루어진다는 것이다. 참조. 아더 핑크(Arthur W. Pink), 『하나님의 주권』, 요단(2014), 383.

76) 제럴드 싯처(Gerald L. Sittser), 『하나님의 뜻』, 성서유니온선교회(2014), 72.

77) 조용기, "하나님의 뜻에 합당한 자", 주일설교(2015-02-08).

78) 섭리에는 세 가지 측면이 있다. 곧 창조한 것의 보존(perseverance), 한 가지 목표를 향하여 나아가는 지속적인 통치, 또한 배후 활동을 작용케 하는 협력(concurrence)이다. 섭리는 창조주가 자신의 모든 피조물을 유지하시는 신적 에너지의 끊임없는 실행으로, 세상에서 발생하는 모든 일에서 작용하고 있고, 모든 것을 목적을 향해 가도록 인도한다. 참조. 로이드 존스(Martyn Lloyd Jones), 『성부 하나님과 성자 하나님』, 부흥과개혁사(2013), 248-254.

(삼하7:21).79) 하나님은 인격의 하나님이시며, 인간도 인격체이다. 하나님과 인간은 인격을 가지고 있음으로 서로 사귈 수 있다(요일1:3).80) 영산은 "그리스도인은 그리스도와의 사귐 안에 있어야 합니다. 이것은 예수 그리스도의 뜻입니다(요17:21, 고전1:9, 요14:20)."라고 말한다.81) 『말씀이 힘이다』라는 토저(A. W. Tozer)의 책 서문에 이런 말이 적혀 있다. "아버지 하나님께서 우리를 속량하신 최대의 목적은 그분과 함께 아름답고 즐거운 교제를 나누려는 것이다. 그리스도인은 창조주 하나님과 아름다운 교제를 나누는 존재이다."

1) 분명한 목표를 세우고 바라보라

꿈은 목표를 낳고, 목표는 계획을 낳는다. 영적존재인 인간은 '하나님의 존재방식'을 닮아가는 속성을 가지고 있다. 신자라면, 하나님처럼 사랑하고, 자비를 베풀고, 용서하고 인내하면서 살기를 원할 것이다. 그리스도인들이 가져야 할 삶의 양식은 '예수 안에서, 예수를 위해, 예수에 의해' 사는 것이다(갈2:20). 하나님의 꿈은 이 땅에 호흡하는 모든 자가 구원을 받아서 진리를 알아가는 것이다 (딤전2:4). 따라서 그리스도인은 십자가의 길을 따라가는 것이 삶의 목표가 되어야 한다.

자기를 부인한다는 것은 내 삶의 우선순위를 십자가의 삶에 두는 것이다. 나의 만족이 아니라, '예수님의 만족(영광의 삶)'을 위해 달려가는 것이다. 십자가를 바라봄은 믿음의 주를 바라보는 것이요, 온전케 하시는 주를 바라보는 것이다(히12:2). 이 말씀 안에는 고난, 기쁨 및 슬픔 중에도 언제나 그리스도와 가까이해야 한다는 의미가 내포되어 있다. 꿈이란 "푯대를 향하여 그리스도 예수 안에서 하나님이 위에서 부르신 부름의 상을 위하여 좇아가는(빌3:14)" 고차원의 행위다. 바울은 일평생 꿈의 푯대를 향하여 달려갔다. 주의 뜻을 분명하게 알면, 내가 바라보아야 할 푯대도 선명해질 것이다. 그런 의미에서 삶 가운데 주의 뜻이 무엇인지를 총체적으로 아는 것이 중요하다(엡5:17). 그러나 감추어진 하나님의 뜻을 알려고 하는 자는 어리석다.82)

하나님을 향한 삶의 목적이 분명할 때, 인간은 비로소 분명한 꿈을 세울 수 있고, 구체적이고 분명한 목표를 세울 수 있다.83) 또한 하나님의 뜻을 이루기 위해 거룩한 꿈을 품었다면 구체적인

---

79) 나 자신의 육신의 꿈은 이미 십자가에서 소멸되었으므로, 성도는 오직 주의 꿈, 주의 뜻을 이뤄가야 하는 신분이다. "야훼여 주께서 주의 종을 위하여 주의 뜻대로 이 모든 큰 일을 행하사 이 모든 큰일을 알게 하셨나이다(대상17:19)." "나의 하나님이여 내가 주의 뜻 행하기를 즐기오니 주의 법이 나의 심중에 있나이다 하였나이다(시40:8)." "주인의 뜻을 알고도 준비하지 아니하고 그 뜻대로 행하지 아니한 종은 많이 맞을 것이요(눅12:47)." "주는 나의 하나님이시니 나를 가르쳐 주의 뜻을 행하게 하소서 주의 영은 선하시니 나를 공평한 땅에 인도하소서(시143:10)." "그러므로 어리석은 자가 되지 말고 오직 주의 뜻이 무엇인가 이해하라(엡5:17)."

80) 존 지지울러스(John D. Zizioulas), 『친교로서의 존재』(Being as Communion), 삼원서원(2012), 114.

81) 조용기, 『순복음의 진리(하)』, 영산출판사(1980), 406-407.

82) 우리의 삶 속에서 주의 뜻을 모두 알 수 있는 것은 아니다. 욥은 그의 삶 속에 하나님이 무슨 일이 하고 계신지, 요셉은 왜 우물에 갇히고 옥에 갇혔는지, 요나는 왜 고기 뱃속에 갇혔는지 전혀 알지 못했다. 세월이 지나서야 그들은 하나님의 뜻을 알았을 것이다. 성경 안에는 그런 사례들이 무수히 나온다. 이런 맥락에서 보면, 하나님의 뜻은 '드러난 것'도 있지만, 반면에 '드러나지 않은 것'도 있다. 우리가 아무리 애를 써도 후자는 알지 못한다. 나중에 성취되면 알게 될 것이다. 감추어진 모든 것은 종말이 되면 온전히 밝혀진다. '감추어진 일(신29:29)'은 오직 하나님의 주권 안에서 이뤄지기 때문이다. 하나님이 의도적으로 감추신 것을 알려고 하는 자는 어리석은 자다. 성경은 "감추어진 일은 우리 하나님 야훼께 속하였거니와(신29:29)"라고 말하고 있기 때문이다!

83) C. S. 루이스(C. S. Lewis), 『고통의 문제』(The Problem of Pain), 홍성사(2013), 70. "하나님이 우리를 만드신 주된 목적은 우리로 하여금 하나님을 사랑하게 하려는 데 있는 것이 아니라(물론 이 목적도 있지만), 하나님이 우리를 사랑하심

목표를 적어놓고 매일 바라보아야 한다.84) 영산은 꿈을 가졌으면 붙여놓고 늘 바라보라고 조언한다. "당신의 꿈은 무엇입니까? 지금 당장 꿈의 목표를 기록해두기 바랍니다. 꿈이 이루어지는 모습을 바라보아야 하기 때문입니다. 성취된 모습을 늘 바라본다는 것은 굉장히 중요합니다. 그것은 실제로 우리에게 이루어질 모습이기 때문입니다. 목표는 아주 구체적이어야 합니다. 그래야 한 가지에 힘을 쏟을 수 있습니다." 85) 그는 자신의 책 『4차원 영적세계』에서 "성령께서 주시는 꿈이 없으면 인간은 창조적인 사람이 될 수 없습니다. 창조적인 사람이 안되면 목적과 목표를 쉽게 상실하고 말 것입니다."라고 강조한다. 영산의 꿈의 중심 개념은 성령중심의 삶의 방식이다.

미국의 사회심리학자 웨스트우드(Westwood) 박사는 초등학교 1학년 어린이 100명을 대상으로 재미있는 실험을 했다. 그는 아이들에게 "장래에 너는 어떤 사람이 되고 싶으냐?"고 물었다. 아이들의 대답은 축구선수, 변호사, 선생님, 작가 등 다양했다. 웨스트우드 박사는 그 대답을 기록하고, 그들이 고등학교를 졸업할 때까지 해마다 똑같은 질문을 했다. 그리고 그때마다 "너는 네가 원하는 대로 꼭 이룰 것"이라고 격려해주었다. 아이들이 고등학교를 졸업하고 10년이 지난 후, 박사는 조사에 응했던 100명을 다시 면담하면서 그들의 직업을 물었다. 그 결과 100명 중 98명이 자신이 원하는 직업을 갖게 되었다는 사실을 발견했다. 초등학교 때 무엇이 되겠다고 목표를 정한 것이 98%가 그대로 되었으며, 100명 중에 98명이 자신이 원하는 직업을 갖게 되었다는 것이다.

2) 장성한 분량으로 성장하라

노아가 배를 만들어야 한다는 꿈이 생기자 크고 작은 목표물이 생겼다. "의인은 기뻐하여 하나님 앞에서 뛰놀며 기뻐하고 즐거워할지어다(시68:3)." 노아는 120년을 꿈을 향해 달린 의인이었다. 꿈을 꾸고 인간 편에서 해야 할 일에 대해 인내했던 것이다. "너희에게 인내가 필요함은 너희가 하나님의 뜻을 행한 후에 약속하신 것을 받기 위함이라(히10:36)." 꿈은 인내라는 영양제를 먹고 자란다. 꿈은 힘을 주고, 목표는 집중력을 준다. 스탠 톨러(Stan Toler)는 "꿈꾸는 힘이 없는 자는 사는 힘도 없다"고 말했다. 비전을 보아도 자기의 것으로 추구하지 않는 사람은 낙오된 인생이며, 비전을 보고 자기 것으로 성취하는 사람은 성취자이고, 비전을 보고 추구하며 나아가 주위 사람들에게 비전을 품게 하는 사람은 지도자이다.

하나님을 떠난 인생길은 혼란스럽다. "사람의 걸음은 야훼께로서 말미암나니 사람이 어찌 자기의 길을 알 수 있으랴(잠20:24)." "사람이 미련하므로 자기 길을 굽게 하고 마음으로 야훼를 원망하느니라(잠19:3)." 인간은 하나님이 주시는 꿈이 있을 때, 혼란스런 삶의 길에서 벗어나 정상의 길을 걸어갈 수 있다. 인간의 영적성장 목표는 예수 그리스도의 영적 상태에까지 도달하는 것이다(마5:48).

으로써 그의 사랑이 '아주 기쁘게' 머물 수 있는 대상으로 우리를 만드시려는 데 있습니다."

84) "눈가림만 하여 사람을 기쁘게 하는 자처럼 하지 말고 그리스도의 종들처럼 마음으로 <u>하나님의 뜻</u>을 행하고(엡6:6)." "이에 내가 말하기를 하나님이여 보시옵소서 두루마리 책에 나를 가리켜 기록된 것과 같이 <u>하나님의 뜻</u>을 행하러 왔나이다 하셨느니라(히10:7)."

85) 조용기, 『4차원의 영성』, 134-137.

사도 바울은 신자들이 예수님의 완전함의 경지에까지 이르게 하려고 이렇게 권면한다: "우리가 다 하나님의 아들을 믿는 것과 아는 일에 하나가 되어 온전한 사람을 이루어 그리스도의 장성한 분량이 충만한 데까지 이르리니(엡4:13)."

하나님이 주신 꿈의 성취와 관련해서 무엇보다도 순종과 하나님의 때(헬. 카이로스)를 기다리는 것이 중요하다. 인간의 때(헬. 크로노스)보다 하나님의 때를 기다려야 한다. 하나님이 세운 꿈은 이성적 경험이나 이론적 지식보다 하나님 앞에서 그저 '순종하고 기다림'이 최고의 방법이다. 아브라함도, 요셉도, 야곱도 모두 '순종과 기다림'을 통해 그들의 꿈을 성취할 수 있었다. 그들은 결코 기묘한 방법이나 당대 최고전문가들의 도움을 빌리지 않았다. 하나님은 말씀하시고 이루신다(겔17:24).

영산은 말씀은 꿈의 위대한 재료라고 강조한다. "성경은 창세기부터 요한계시록까지 위대한 하나님의 약속과 은혜의 말씀들로 채워져 있습니다. 그 말씀들은 꿈을 심어주고 환상을 줍니다. 성경은 그들에게 꿈을 심어주고 내일에 대한 찬란한 희망을 갖게 만들어줍니다. 꿈은 여러분과 나의 내일을 성공적으로 살게 하는 위대한 숨은 재료입니다."[86]

성경은 창세기 1장 28절에서 성장 비전을 5가지로 요약하고 있다. 첫째, 성장하라(Be fruitful). 둘째, 번성하라(Increase in number). 셋째, 땅에 충만하라(Fill the earth). 넷째, 땅을 정복하라(Subdue the earth). 다섯째, 만물을 다스리라(Rule over everything). 이 말씀은 인간이 비전을 품을 수 있는 초석 같은 말씀이다. 성경은 "내가 너로 큰 민족을 이루고 네게 복을 주어 네 이름을 창대케 하리니 너는 복의 근원이 될지라(창12:2)"고 역설한다. 구원받은 인간은 이웃 사람들에게 복의 근원이 되는 꿈과 비전을 품어야 한다. 그것은 성경적이다.

종교개혁의 선구자 존 위클리프(John Wycliffe)는 "내가 죽지 않고 살아서 야훼의 행사를 선포하리로다(시118:17)"라는 말씀을 내세우며, 라틴어 성경을 모국어인 영어로 번역하는 작업에 착수했다. 그의 영성은 죽지 않고 하나님의 일을 선포하는 것이었으며, 그의 번역작업은 성경이 유럽 각국의 언어로 번역되는 계기를 마련해주었다. 그의 비전은 후시대에도 사라지지 않고, 번역 성경들을 통해서 하나님의 일을 선포하게 되었다.

꿈을 성공적으로 성취하기 위해서는 하나님께 헌신하는 마음의 태도가 중요하다. 영산은 "간절한 꿈은 제4차원의 영, 즉 성령의 그릇입니다. 우리가 간절히 꿈꾸면 성령께서 역사하셔서 그 꿈을 이뤄주십니다."라고 역설한다.[87]

하나님이 먼저 인간의 구원과 성화를 위해 하나님의 아들과 성령을 보내셨으므로, 우리도 하나님의 은혜에 감사하고 그를 찬양하며 그에게 순종하고 헌신해야 한다.

첫째, 나 자신을 하나님께 예배(Worship)로 헌신해야 한다(시29:2, 시96:9, 요4:23).

둘째, 하나님의 일을 위해 열정을 다해야 한다(롬12:11, 왕하19:31).[88]

셋째, 하나님이 나에게 맡긴 삶에 최선을 다하며 청지기적 삶을 살아야 한다. "각각 은사를 받은 대로 하나님의 각양 은혜를 맡은 선한 청지기같이 서로 봉사하라(벧전4:10)."

---

86) 조용기, "성취하며 사는 길", 주일설교(1982-02-14).
87) 조용기, "꿈꾸는 자가 오도다", 주일설교(2014-04-27).
88) "너희는 나를 불러 주여 주여 하면서도 어찌하여 내가 말하는 것을 행치 아니하느냐(눅6:46)."

2.4. 성령의 꿈: 교회의 실존방식

영산은 "예수님이 받은 꿈은 인류구원입니다. 그러므로 하나님의 꿈을 내 꿈으로 받아들이고, 희망을 버리지 말고, 믿고 기도하고, 찬미하며 인내하십시오. 그러면 이루어집니다."라고 강조한다.[89] 하나님은 죄인들을 의인으로 만들어 교회를 탄생시키고, 교회를 통해 자신의 꿈을 펼쳐가신다. 하나님은 교회를 세우시고, 우리를 통해서 일하신다(행13:1-4). 교회인 우리는 하나님의 꿈이 이뤄지는 통로가 된다. 교회가 하나님의 일을 이뤄갈 때, 거룩함과 의로움을 유지할 수 있다.

인간은 내 안에 '나'가 있지만, 보거나 만지거나 할 수 없다. 내 안의 '나'는 삶을 통해서 드러난다, 우리는 일이나 어떤 사건을 통해서 '나'를 드러낼 수 있다. 여호수아의 마음 안에 있는 '그'는 여리고성을 무너뜨리는 믿음을 통해 드러나게 되는 것과 같다. 꿈은 '나의 참모습'을 드러내는 가장 좋은 수단이다. 성경에는 다양한 사람이 다양한 꿈의 모델을 품고, 여러 장소에서 일했다. 그것은 결국 하나님의 뜻, 곧 인류구원이라는 대명제를 이루기 위해서였다.

아우구스티누스(Augustinus)는 "인간이 하나님을 회상하고 인식하고 사랑한다면, 그는 대부분 삼위일체 하나님의 형상"이라고 말한다.[90] 그에 따르면 마음은 하나님의 형상에 따라 창조된다. 인간에게 마음은 꿈을 꾸는 장소이면서, 동시에 하나님께서 일하고 계신 장소이다. 하나님 아버지의 뜻은 아들을 보고 믿는 자마다 영생을 얻게 하는 것이다(요6:40, 딤2:4).

성령의 꿈은 신앙공동체인 교회를 통해 이루어진다. 교회는 성령의 인도에 따라 주의 일을 행해야 한다. 하나님은 택함 받은 자들, 곧 성도들에게 영적인 일을 할 수 있는 기회를 주셨다.[91] 꿈은 '내 안을 바라보는 것(insight)'과 '바깥을 바라보는 것(foresight)'이 온전히 연합될 때 정확한 방향이 설정된다. 예수님의 3대 비전 – 십자가를 지심, 성령을 보내주심, 교회를 세우심 – 이 나의 비전이 될 때, 그 비전을 바깥세상을 향하여 실현할 수 있다.

꿈은 인간에게 열정의 불을 지피는 원료와 같아서, 인간으로 하여금 지속적으로 열심을 쏟게 한다. 말콤 글래드웰(Malcolm Gladwell)은 자신의 책『아웃라이어』에서 인생에서 뭔가 큰 일을 해보려면 1만 시간의 연습이 필요하다고 주장한다.[92] 하루 3시간 연습한다면 10년이 걸린다. 꿈은 인간에게 장기적으로 열심을 쏟게 하는 힘을 준다.

하나님은 인간에게 사명감을 주어 앞에 있는 푯대를 지속적으로 바라보게 하신다. 예수님과의 거룩한 친교는 삶의 추진력을 지속적으로 활성화시킨다. 예수님은 그리스도인에게 분명한 꿈과 사명감을 주었다.[93] 제자들은 "온 천하에 다니며 만민에게 복음을 전파하라(막16:15)"는 사명을 받았다. 예수님은 "모든 족속으로 제자를 삼아 아버지와 아들과 성령의 이름으로 세례를 주라(마28:19)"

---

89) 조용기, "성령의 보내심을 받은 교회", 주일설교(1982-06-20).

90) 빌헬름 게에를링스(Wilhelm Geerlings),『교부 아우구스티누스』(Augustinus), CLC(2013), 84.

91) 하나님이 인간에게 주신 삶의 기회: 하나님은 구원을 위한 회개의 기회를 주셨다(겔36:32). 하나님은 주님을 영접할 기회를 주셨다(눅19:41-42). 하나님은 우리에게 소명을 맡겨 일 할 기회를 주셨다(마25:26-27). 하나님은 참다운 헌신을 할 기회를 주셨다(마25:44-45). 하나님은 주님의 뜻을 같이해, 함께 일할 기회를 주셨다(마26:40-41). 하나님은 부활의 주님을 뵐 기회를 주셨다(요20:24). 하나님은 다시 오실 예수님을 맞을 기회를 주셨다(눅24:34-35).

92) 말콤 글래드웰,『아웃라이어』, 김영사(2009), 54-59.

93) 조용기, "예수님 오심의 사명", 주일설교(2010-12-26).

고 명령하셨다. 바울은 "부지런하여 게으르지 말고 열심을 품고 주를 섬기라(롬12:11)"고 권고한다. 아놀드(H. Arnold)는 "열정을 상실한 인간이야 말로 최악의 파산자"라고 말한다. 인간에게는 일평생 열정을 다해 뛸 수 있는 일이 필요하다. 유명한 사상가 에머슨(R. W. Emerson)은 말했다. "열정이 없으면 아무것도 성취할 수 없다." 데이비드 소로(Henry David Thoreau)도 "열정을 상실한 인간보다 더 노쇠한 인간은 없을 것"이라고 했다. 예수님을 믿고 성령충만을 받으면, 사명을 받아서 거룩한 열정을 품게 된다. 예수님은 "잃어버린 자를 찾아 구원하려 함이라(눅19:10)"고 자신이 오신 목적을 밝혔다. 하나님 자신은 열정의 하나님이시다. 창세 전부터 인간을 향한 계획을 세우셨다. 하나님은 지금도 일하시고 계신다. 예수님도 "내 아버지께서 이제까지 일하시니 나도 일한다(요5:17)"고 말씀하신다.

영산은 꿈을 가지면 사명감이 생겨 살아갈 힘이 생긴다고 말한다. "꿈을 꿀 힘도 없으면 살아갈 힘도 없게 됩니다. 토마스 케리(Thomas. S. Kerry)는 '위대한 사람이란 따로 없다. 단지 위대한 꿈이 있을 뿐'이라고 말했습니다. 스탠 톨러(Stan Toler)는 '꿈꾸는 힘이 없는 자는 사는 힘도 없다.'고 말합니다. 바라봄의 법칙을 통해 그 꿈이 이루어질 것을 집요하게 바라보고 요동치 말고 나아가면 그 꿈은 성취됩니다."94) 꿈은 온전한 사명감을 주어서 뒤로 물러나지 않고 강하고 담대한 믿음을 품고 전진하게 한다(히10:38). 꿈이 없으면 희망찬 미래도, 소망의 내일도 없다(잠29:18).95)

2.5. 성령의 꿈: 복음적 삶의 가치관

복음은 인간의 생각을 천상중심으로 바꿔준다. 십자가는 신자의 죄를 선으로, 불의를 의로, 불경을 거룩으로 전환시켜준다. 누구든지 십자가의 믿음과 말씀을 품고 살면, 땅을 향한 가치관이 아니라 하늘을 향한 가치관, 즉 복음적 가치관을 품게 되어 하나님의 뜻을 이루는 꿈을 가지게 된다. 이것은 새 피조물에게 주어지는 선물이다. 영산은 희망찬 꿈을 품으라고 말한다. "우리 마음속에 크고 비밀한 일이 나타날 것을 꿈꾸어야 합니다. 언제나 희망으로 가득 찬 긍정적이고 낙관적인 꿈을 꾸어야 됩니다. 그러면 반드시 크고 비밀한 일을 나타내주실 것입니다. 하나님의 기적을 기대하며 입을 넓게 열고 있어야 되는 것입니다."96)

---

94) 조용기, "하나님의 믿음", 주일설교(2009-08-09).

95) 중세의 어느 수도원에서 수련하던 많은 수련생들이 힘들어서 수도원을 떠났다. 그래서 한 수도사가 원장에게 가서 물었다. "원장님, 제자들이 이렇게 수도원을 버리고 떠나는데 왜 수수방관 하고 계십니까? 말려야지요." 원장이 가만히 있다가 이렇게 이야기했다. "사냥꾼이 개를 데리고 토끼 사냥을 갔는데, 개들 중 한 마리가 토끼를 보고서 큰소리로 짖으면서 뛰어가니까 다른 개들은 토끼를 보지도 못한 채 뒤따라서 전부 짖으며 뛰어가다가 가시밭길을 만나고 돌밭을 만나고 험한 길을 만나니까, 그만 다 뿔뿔이 흩어지고 말았다. 그러나 토끼를 본 사냥개는 끝까지 토끼를 향해 뛰어가 결국 토끼를 잡았다. 인생에 목표를 가지고 사명을 가진 사람은 끝까지 임무를 추구해서 완성하나, 남이 하니까 나도 따라서 해보자고 목표도 없고 사명감도 없이 뛰어가는 사람은 중도에 탈락하고 만다." 꿈은 사람에게 사명감을 주고 열정을 품게 하며, 사명감을 가진 사냥개처럼 끝까지 좇아가 토끼를 잡게 하지만, 사명감이 없으면 험한 길을 만나자 다 뿔뿔이 흩어지고 마는 것이다.

96) 조용기, 『4차원의 영성』, 교회성장연구소(2006), 130.

앤소니 캠폴로(Anthony Campolo) 박사가 95세 이상의 노인 50명을 대상으로 실시한 사회학적 연구 결과는 흥미롭다. 그는 설문지에서 이렇게 물었다. "인생을 다시 살 수 있다면 무엇을 바꾸겠습니까?" 다양한 응답이 나왔지만, 다음 세 가지가 반복되는 것을 발견했다.[97]

첫째, 인생을 다시 살게 된다면 좀 더 심사숙고하는 삶을 살겠다(진정성).

둘째, 인생을 다시 살게 된다면 좀 더 모험적인 삶을 살겠다(도전성).

셋째, 인생을 다시 살게 된다면 내가 죽은 후에도 계속될 일을 더 많이 할 것이다(연속성).

요약하면 이런 말이다. 덤벙대지 않고 삶을 진지하게 생각하고, '내일하지', '다음에 하지', '차차 하지'가 아닌 희망적이고 도전적인 삶, 그리고 내 다음 세대에도 계속될 꿈을 품은 삶이다.

이 세 가지를 만족시키는 일과 꿈은 '하나님의 일, 다시 말해 예수 그리스도를 믿게 하는 일(요 6:40, 요6:29)'뿐이다. 그리스도인들은 세상적-육적 가치관을 포기하고, 천상적-복음적 가치관을 품고 바울처럼 베드로처럼 살아야 할 자들이다. 따라서 모든 꿈은 복음적 가치관 안에서 하나님을 영화롭게 하는 것이 되어야 하고, 그것이 삶의 목적이 되어야 한다. 하나님의 뜻은 우리에게 영생을 주는 것이기 때문이다(요6:38-40).

삶은 성령 안에서의 거룩한 경영이다. 새로운 피조물인 성도는 성령의 도우심과 이끄심을 받으며 말씀이 가르치는 것을 추구하고 이루어나가야 한다. 하나님은 말씀과 성령으로 성도를 통해서 자신의 뜻과 계획을 이루어가신다. 하나님은 진선미애(眞善美愛)를 가지신 분으로 세상을 지금도 삼위일체적으로 경영하신다.[98] 하나님이 흙으로 사람을 지으시고 생기를 그 코에 불어넣으시니 사람이 되었다(창2:8). 하나님의 생기를 품은 인간은 하나님의 꿈을 품어야 삶의 힘이 솟는다. 톨스토이(Leo Tolstoy)는 "꿈의 힘은 무한하다. 한 방울의 물은 무력하게 보이나 그것이 바위 틈새에 들어가 얼면 바위도 터지고 만다"고 했다. 산을 태우는 데에는 성냥 한 알로 족하다.

그림 7-1에서 보는 바와 같이 평상시 사람들은 대체로 자신이 가지고 있는 잠재력의 10% 미만밖에 쓰지 못하며, 90%는 아직도 수면 아래서 잠자고 있다.[99] 사람들은 눈에 보이는 10%의 인생

---

97) 존 막스웰(John Maxwell), 『리더십의 법칙』, 비전과 리더십(2003), 65.

98) 우리시대 가장 영향력 있는 비즈니스 사상가, 최고의 경영전문가인 톰 피터스(Tom Peters)는 "경영서들을 보면 흥미로운 공통점을 발견하게 됩니다. 경영서들은 '조직구조'와 '동기유발', 그리고 '마케팅 전략'을 비롯해 거의 모든 것을 다루고 있습니다." 참조. 톰 피터스(Tom Peters), 『미래를 경영하라』(Re-Imagine), 21세기북스(2005), 15장, 193. 좀 더 피력하면 이런 논리다. 피터스가 말하는 경영서를 성서와 비유하면, 조직구조는 '삼위일체 하나님의 천상적 구조', '동기유발'은 내 안에 계신 성령님(성령님만이 진정한 동기 유발자이심), '마케팅 전략'은 '예수 그리스도 십자가'에 비유된다. 경영측면에서 성서와 경영서를 비유하면 닮은 꼴이 성립한다. 경영서는 하나님의 피조물이 만들었다는 점을 인식하면, 모든 경영서적들은 하나님의 지식과 지혜에서 쏟아진 소품들이다. 따라서 온전한 경영자는 하나님을 의존하고 순종할 때 최고의 경영전문가가 될 수 있다.

99) 잠재력을 끄집어내는 사례의 한 가지로, 한 사령관이 섬을 점령하기 위해 병사를 배에 태우고 섬에 도착했다. 그런데 사령관은 타고 온 배를 불태우고, 모든 병사를 불러 모아 다음과 같이 명령했다. "제군들, 이제 우리는 타고 갈 배가 없다. 적과 싸워서 이기지 못하면 우리 모두 죽게 된다. 이제 길은 하나다. 모두 싸워서 이겨야 한다. 있는 힘을 다해 잘 싸우고, 모두 살아서 이 섬을 빠져나가기를 바란다. 모두 건투를 빈다. 이상!" 이 상태에서 병사들은 어떤 마음을 품었을까? '이제 우리는 지면 다 죽는다.' '어떻게 해서라도 우리는 싸움에서 이겨야 한다.' 우리가 살아야 한다는 소원이 그 전투를 승리로 이끈 것이다.

을 보고 사람을 평가하나 하나님은 아직 쓰지도 보지도 못한 나머지 90%의 잠재능력을 바라보시는 것이다. 하나님은 인간에게 준 잠재력이 하나님 자신을 위해 쓰이기를 원하신다.

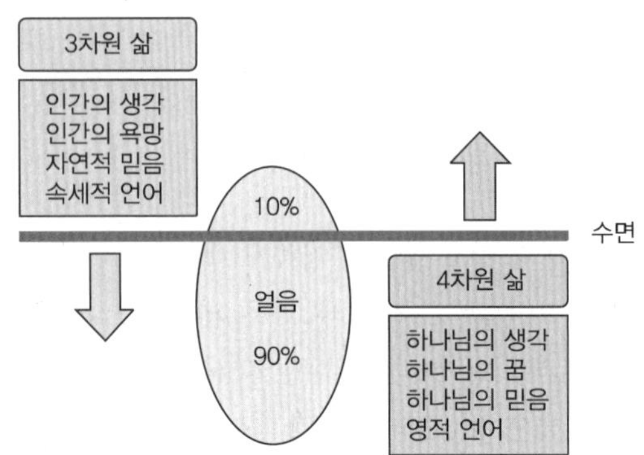

그림 7-1. 하늘의 삶과 땅의 삶의 차원적 비교: 인간의 마음에는 4차원 생각, 꿈, 믿음, 언어가 있어 창조적인 일을 수행할 수 있는 능력이 있다. 하나님은 인간의 내면속에 잠자는 90%의 잠재력을 깨우시기를 기대하신다. 영산은 "하나님의 꿈이 사람에게 주어질 때, 꿈이 이뤄지는 구체적인 과정보다 항상 그 결과를 보여주십니다. 꿈이 우리가 도달할 하나의 목표점이라면, 그 꿈을 이루기 위해서 우리는 지금 출발하여 마라톤의 과정을 뛰어야만 합니다."라고 말한다.100) 성도가 가지는 꿈이란 4차원의 삶을 사는 것이다. 안보이는 것을 보는 것처럼 믿고 달려가는 것이다.

선한 꿈을 세우면 하나님은 선한 일을 행할 능력을 주신다. 선한 일이란 무엇인가?101) 케빈 드영(Kevin DeYoung)은 그의 책에서 3가지로 압축해서 설명한다.102)

　a) 선한 일은 믿음에서 나오는 것이다(요15:5, 히11:6).

　b) 하나님의 말씀에 일치하는 것이다(삼상15:22, 엡2:10).

　c) 하나님에게 영광을 돌리기 위해 하는 것이다(고전10:31).

결국 선한 일은 선하신 하나님의 사랑에서 비롯되는 하나님의 일이다.103) 선한 일은(골1:10, 엡2:10) 내 힘으로 하는 것이 아니라, 내 안에 예수 그리스도 영과 연합하여(고전6:17), 새 일을 창조적으로 행하는 것이다(사43:19). 하나님은 성도를 온전한 사람으로 만들어 '모든 선한 일을 행할 능력을 갖추게(딤후3:17)' 하신다. 인간은 선한 일을 통해 '하나님을 아는 것(골1:10)'에 이르게 된다.

---

100) 조용기, "꿈과 환상", 주일설교(2009-11-08).

101) 위르겐 몰트만, 『희망의 윤리』, 대한기독교서회(2012), 227. "하나님은 자신으로부터 사랑을 끄집어 내셨고 이를 창조 모험속으로 가져가셨다. 사랑은 선(善)의 자기전달이다."

102) 케빈 드영, 『왜 우리는 하이델베르크 교리문답을 사랑하는가』, 부흥과개혁사(2012), 291.

103) "모든 선한 일에 너희를 온전하게 하사 자기 뜻을 행하게 하시고 그 앞에 즐거운 것을 예수 그리스도로 말미암아 우리 가운데서 이루시기를 원하노라 영광이 그에게 세세무궁토록 있을지어다 아멘(히13:21)." 작가 윌리엄 사로이언 (William Saroyan)는 "선한 사람들이 선한 이유는 실패로 통해 지혜로워졌기 때문"이라고 말한다.

2.6. 성령의 꿈: 하나님의 삶의 방식

영산은 "삼위일체 하나님 아버지와 주 예수님과 보혜사 성령님과 더불어 사는 우리야말로 행복하고 평안하고 기쁘지 않을 수 없습니다."라고 말한다.104) 영산은 삼위일체적 하나님의 삶을 체험하기를 원한다. 진정한 꿈은 삼위 하나님과의 관계에 기초한 영성 안에서 사는 것이다.

십자가는 나의 주권을 포기하고, 하나님의 주권을 따라가는 삶을 살게 한다(갈2:20). 십자가 위에서 죽음으로 옛 삶은 소멸되고, 부활함으로써 새 삶이 시작된다. 십자가를 통해 신자들은 '나와 나의 삶을 포기하고, 예수님에게 삶의 주권을 넘겨준 삶'을 살게 된다. 하나님의 삶의 방식으로 산다는 것은 나의 삶의 통제권을 주님께 드린다는 말이다. 진정한 꿈은 하나님의 주권에 전적으로 끌려가는 삶이며, 동시에 나의 편에서 삶의 진정한 만족을 누리는 삶, 즉 영광을 올려드리는 삶이다.

예수를 믿음으로 말미암아, 신자는 하나님의 약속의 성취의 역사를 향하여 달려가는 종말론적 존재다. 영생의 씨를 가진 신자는 '영원의 현재 안에서 사는 존재'이다. 그는 매순간 현실을 초월하는 종말론적 관점을 지니고 살고 있다. 따라서 내 안의 꿈도 영원을 향하여 펼쳐지는 하나님의 약속의 궤도를 따라가면서, 동시에 현재의 삶도 하나님의 약속을 향한 도전이어야 한다.

우리는 어떻게 하나님께 드리는 삶을 살 수 있는가? 찬양과 영광과 존귀를 드리고 시간과 물질과 마음을 다해 섬기며 우리 몸을 주께 드려 헌신하고 봉사하는 것이다(계4:10-11, 시91:14-16). 인생은 무엇을 심든지 그대로 거둔다. 천로역정의 저자 존 번연(John Bunyan)은 이런 말을 남겼다. "외형적이고 물질적인 것을 아무리 많이 가질지라도 마음에 평안이 없는 자는 마치 발에 통풍병이 걸린 사람이 황금 슬리퍼를 신고 있는 것과 같다."

곤충학자에 의하면 날벌레는 앞에 있는 것들만 따라가는데, 앞서가는 날벌레가 빙빙 돌면 아무 생각 없이 헛것을 따라 돌다가, 마침내 먹을 것을 제대로 못 먹어 떨어져 죽는다고 한다. 생각 없이 사는 것은 아무 희망 없이 사는 것이다. 인간은 하나님의 형상을 닮아 영원한 희망을 추구하는 존재다. 우리의 희망은 그리스도 형상을 닮아가는 것이다. 또한 이 세상의 유한한 것들이 아니라, 하나님 나라의 영원한 영광의 가치를 추구하는 것이다.105) 욥은 "나의 희망이 어디 있으며 나의 희망을 누가 보겠느냐(욥17:15)"고 고백할 만큼 희망을 자신의 마음속에 그렸다.

인간의 진정한 희망은 예수 안에서 생명을 얻는 것이다. 오직 예수 안에 있을 때에만 생명이 있고 희망이 있다. 예수님만이 "길이요 진리요 생명(요14:6)"이다. 성경은 "오직 이것을 기록함은 너희로 예수께서 하나님의 아들 그리스도이심을 믿게 하려 함이요 또 너희로 믿고 그 이름을 힘입어 생명을 얻게 하려 함이니라(요20:31)"고 기록하고 있다.

세상 사람들은 '썩어지지 아니하는 하나님의 영광'을 자신의 삶을 위해 '사람과 새와 짐승과 버러지 형상'으로 바꿔서 헛것을 바라보고 살고 있다(롬1:23). 세상 사람들은 인간과 그들이 만들어낸 우상들을 마음과 생각과 삶의 중심에 위치하게 한다. 사단은 전략적으로 하나님의 자리에 인간을 대

---

104) 조용기, "더불어 사는 삶", 주일설교(2007-04-22).
105) "야훼의 말씀이니라 너희를 향한 나의 생각을 내가 아나니 평안이요 재앙이 아니니라 너희에게 미래와 희망을 주는 것이니라(렘29:11)." "우리는 우리 조상들과 같이 주님 앞에서 이방 나그네와 거류민들이라 세상에 있는 날이 그림자 같아서 희망이 없나이다(대상29:15)."

체시키고, '절망의 우상'을 바라보고 섬기도록 미혹한다. 하지만 복음은 썩지 아니하는 생명을 낳는다.[106)

인간은 누구를 보고 따라가느냐에 따라 삶의 가치가 달라진다. 해가 '어디로 잠기는지' 보기를 원하는 사람은 동에서 서쪽으로, 해가 '어디서 오는지'를 보려는 사람은 서에서 동쪽으로 가야하는 것처럼, '희망의 해'가 어디서 떠오르는지를 보려면 인간은 예수 그리스도 십자가를 향하여 걸어가야 한다(갈6:14, 고전2:2).

3. 꿈의 실천적 해석학

그리스도인의 삶의 원리는 십자가 위에서 예수와 함께 죽었다 부활한 자신의 존재를 삶의 자리에 적용하는 것이다. '예수 그리스도의 죽음-부활의 신앙적 삶의 모델'은 성도들에게 지고한 삶의 방정식이다. 신앙생활의 핵심은 골고다 십자가 안에서 이뤄진다. 삶의 원천적 출발점은 십자가를 통해 거듭난 양자의 신분과 의인의 신분에 있다. 십자가는 죄인을 의인으로 만들어 예배를 통해 하나님을 영화롭게 한다. 우리는 오직 십자가를 통해서 하나님을 아는 지식으로 충만해질 수 있다. 루터(Luther)는 "참된 신학과 하나님에 대한 지식은 십자가에 달리신 그리스도 안에 있다"고 말한다.

하나님의 꿈은 이루는 것도 중요하지만, 그 과정도 중요하다. 싯처(Sittser)는 "하나님의 뜻은 앞날에 대한 것이 아니라 지금 이 순간에 대한 것"이라고 말한다.[107) 예수님도 "그러므로 내일 일을 위하여 염려하지 말라 내일 일은 내일 염려할 것이요 한 날 괴로움은 그 날에 족하니라(마6:34)."고 말씀하셨다. 지금 이 순간이 하나님을 섬기는 최적의 시간이다. 그리스도인의 삶의 대명제는 "너희는 먼저 그의 나라와 그의 의를 구하라(마6:33)"이다. 삶의 자리에서 하나님 나라와 그의 뜻을 먼저 구하면, 미래의 어떤 일을 선택해도 그 모든 일은 하나님의 뜻 안에서 사는 것이고, 하나님을 위한 일이고, 영적 삶의 과정이다. 꿈이란 하루 하루가 모여서 이뤄진다. 싯처(Gerald Sittser)가 "하나님의 뜻은 새로 찾아내야 하는 것이 아니라, 우리가 이미 알고 있는 것과 상관이 있다."고 말한 것도 그런 맥락이다. 하나님의 총체적 뜻은 성경 66권 안에 이미 다 알려져 있다. 다만 감추어진 '감추어진 일은 하나님께 속한 것(신29:29)'이므로 우리는 알지 못한다.

영산은 "하나님의 꿈이 사람에게 주어질 때에는 꿈이 이뤄지는 과정보다 항상 그 결과만 보여주십니다. 하나님의 꿈은 반드시 이뤄집니다."라고 말한다.[108) 꿈이 이뤄지는 과정을 통해 인간은 은혜를 체험한다. 하나님은 거시적으로 인류구원의 꿈을 가지고 계시며, 그 일을 위해 십자가를 세우셨다. 우리는 십자가 아래서 꿈을 만들고, 그 꿈은 성도의 삶을 만든다. 영산은 "4차원영성의 꿈

---

106) "이제는 우리 구주 그리스도 예수의 나타나심으로 말미암아 나타났으니 그는 사망을 폐하시고 복음으로써 생명과 썩지 아니할 것을 드러내신지라(딤후1:10)." "아들이 있는 자에게는 생명이 있고 하나님의 아들이 없는 자에게는 생명이 없느니라(요일5:12)."
107) 제럴드 싯처(Gerald Sittser), 『하나님의 뜻』, 성서유니온선교회(2014), 72.
108) 조용기, "꿈과 환상", 주일설교(2009-11-08).

으로 살려면 하나님이 주시는 꿈, 5중복음의 꿈, 천국 영생의 꿈을 마음에 품어야 한다."고 강조한다109). 꿈의 주체는 하나님이다. 하나님은 십자가를 통해 이끄시며, 인간은 은혜로 참여한다.110)

전인구원은 꿈과 희망과 감동을 준다고 영산은 강조한다.111) 그 꿈은 관계적이다. 하나님은 자신의 일을 펼치기 위해 인간을 부르신다. 인간은 성령 안에서 꿈을 통해 하나님의 세계 안으로 초청받는다. 하나님의 말씀은 꿈을 통해 창조적 역사와 구원의 역사를 일으킨다. 인간은 수동적 위치에서 그 일에 참여한다. 멀홀랜드(M. Robert Mulholland)는『영성형성을 위한 거룩한 독서』에서 하나님과 관계의 중요성을 피력한다. "영성훈련이 하나님과 관계에서 비롯된 것이 아닐 때, 그것은 대단히 교묘하고 파괴적인 '행위-의(work-righteousness)의 형태'가 됩니다. 따라서 하나님께서 말씀하시는 모든 것에 항상 복종하여 하나님과 관계로부터 우리의 기능적인 활동들이 흘러나오게 해야 합니다."112) 인간은 하나님과 인격적인 관계 안에서 일할 수 있는 존재이다.

꿈은 신자들이 '거룩하고 의로운 상태'를 유지하게 만드는 은혜의 방편이다. 선한 일은 언제나 놀랍고, 매혹적이고, 황홀하고, 달콤하다. 영산은 인간됨의 요소를 다음 세 가지로 이해한다.

첫째, 비전이 있는가?(Visualization)

둘째, 열정이 있는가?(Passion)

셋째, 마음에 확신이 있는가?(Confirmation)113)

꿈은 인간을 움직이게 만드는 하늘나라의 소프트웨어와 같다. 영산은 "믿음의 삶을 살기 위해서는 성령충만해야 하고, 꿈을 가지고 간절히 기도하며, 긍정적인 언어를 사용해야 한다."고 강조한다.114) '내가 아니라, 내 안의 성령님'이 일하도록 모든 삶의 주도권을 성령님께 맡겨야 한다.

마귀는 인간에게 선악과를 따먹도록 미혹해서 '하나님을 위한 삶'에서 '나를 위한 삶'으로 바뀌게 했다. 반면에 예수 그리스도 십자가는 다시 인간을 '자아중심'에서 '하나님 중심'으로 돌려놓았다. 그리스도인은 하나님이 새 하늘과 새 땅에서 계획하신 영원한 삶을 향해 나아간다. 곧 실낙원에서 새로운 낙원을 찾아가는 희망의 순례자다.

성령의 전 안에서의 삶   그리스도인은 '성령의 전' 안에서 사는 존재다(고전3:16). 누구든지 예수를 믿으면 생물학적 자아 신분에서 그리스도의 신비로운 몸에 속하는 신분으로 바뀐다(마16:18). 곧 옛 사람의 생물학적 자아는 소멸되고, 그리스도의 신령한 몸에 속한 새 사람의 신분이 되어 그리스도 중심의 삶을 살도록 초청받는다. 그리스도의 신령한 몸에 속한

---

109) 참조. 조용기, "하나님의 주소", 주일설교(2008-11-23). 영산의 꿈의 대한 개념은 무엇인가? 그의 사역을 총체적으로 사고해 볼 때, 그의 꿈 개념은 '십자가 안에서 말씀의 현재 및 미래적 측면을 통합적으로 사고하는 능력'에서 발견된다. 그런 맥락에서 그의 꿈은 '장차 있을 것을 현재 있는 것처럼 생각하고 바라보는 희망적 개념'에서부터 시작된다. 십자가는 과거, 현재, 미래의 모든 시간을 포괄한다는 점을 고려할 때, 영산의 꿈에 대한 개념은 거시적으로 '하나님의 관점과 인간의 관점'을 연합시키고 조화시키며, 또한 희망의 영성, 곧 십자가 영성과 연결시킨다.

110) 예수님께서 십자가를 지심으로 구원의 꿈, 성령충만의 꿈, 치료의 꿈, 축복의 꿈, 영생의 꿈이 온 인류에게 제시되고 있다.

111) 조용기, "예수님, 나의 목자", 주일설교(2012-07-08).

112) M. 로버트 멀홀랜드, 『영성형성을 위한 거룩한 독서』, 은성(2004), 126-128.

113) 조용기, 『21세기를 선도하는 영적 지도자』, 서울말씀사(2000), 123-127.

114) 조용기, "믿음을 실천하며 새해를 살자", 『순복음소식 제2집』, 223호(1983-01-09).

신분을 가지게 되면, 그리스도인은 다음과 같은 속성을 가지게 된다.

첫째, 예수님의 삶을 본받는다(골1:18, 행17:28). 예수님의 교회의 머리이며, 그리스도인은 그 안에서 움직이며 살아간다.

둘째, 하나님 나라를 지향한다(눅12:32).115) 위의 것을 생각하고 땅의 것을 생각하지 않는다(골3:2).

셋째, 마음하늘에 성령의 전을 세운다. "너희 몸은 너희가 하나님께로부터 받은 바 너희 가운데 계신 성령의 전인 줄을 알지 못하느냐 너희는 너희의 것이 아니라(고전6:19)."

넷째, 하나님의 백성이다(벧전2:9-10, 고후6:16). 그리스도인은 하나님께서 선택하신 족속이고, 왕 같은 제사장이며, 거룩한 나라이고, 하나님의 소유된 백성이다.

그리스도의 신비로운 몸에 속하는 신앙공동체의 삶은 지고의 아름다운 삶이다. 신자들이 가져야 할 진정한 꿈은 그리스도의 몸에 속하는 신분으로 사는 것이다. 하나님의 꿈은 죄인이 구원받아 의인으로서 그리스도의 몸에 속하는 삶을 살기를 원하신다.116)

꿈을 주시는 예수 그리스도   예수님의 수난이 예견된 시점에서 베드로, 요한, 야고보는 변화산에서 예수님의 변화된 모습과 장차 일어날 일을 보았다. 마가복음(9:2-9)에서는 '그들이 본 것(헬. 하 에이돈)'으로, 마태복음(17:1-9)에서는 '꿈(헬. 토 호라매[본 것])'으로 묘사된다. 마태가 특별히 꿈(본 것)을 강조한 것은 예수님의 변모가 세 제자에게 지대한 영적 영향을 미쳤기 때문일 것이다. 결과적으로 변화산에 동행한 베드로, 요한, 야고보는 변화된 예수님을 바라보고 그들이 장차 해야 할 일에 대한 위대한 꿈(비전)을 꾸었다.

변화산 사건에서 예수님이 세 제자에게 비전을 보여주신 것을 구체적으로 묘사하면 다음과 같다.

첫째, 선택의 원리다. 많은 제자 중 세 제자만 데리고 변화산에 올라갔다. 구원받은 자가 진정한 하나님의 꿈을 품을 수 있다(엡1:4, 딤후2:10, 마22:14).

둘째, 동행의 원리다. 예수님과 연합해야 진정한 꿈을 꿀 수 있다. 나아가 성령님의 인도하심을 받아야 한다(갈5:16, 18).

셋째, 바라봄의 원리다. 베드로가 꿈을 꾼 것이 아니라 예수님이 장차 일어날 일을 보여주셨다.

넷째, 내려옴의 원리다. 이 땅은 하나님의 꿈을 펼치는 곳이다. 하나님이 내려주는 꿈을 품어야 한다. 떨기나무 앞에서 하나님이 모세에게 꿈을 주었다(출3장).

다섯째, 선포의 원리다. 세 제자는 그들이 본 꿈을 선포했다. 꿈을 품었으면 선포해야 한다. 이제 제자들은 신앙공동체 안에서 또한 세상을 향해서 자신이 보고 들은 것을 선포해야 한다.

5중복음과 3중축복의 꿈   영산은 십자가를 바라볼 때 진정한 꿈을 꿀 수 있다고 역설한다. "어디에서 꿈을 얻을 수 있습니까? 십자가를 바라보면 꿈을 얻을 수 있

---

115) "우리에게 '하나님의 나라'는 예수님을 섬기는 삶입니다." 조용기, "그의 나라와 그의 의를 먼저", 주일설교(2011-02-27).

116) 꿈은 하나님이 인간세상을 움직이는 방법으로 자주 사용하신다. 신약성서에서 명사형 꿈과 관련된 단어는 세 종류로 나타나고 있다. 꿈과 비전의 의미를 가진 오라마(ὁ ὁραμα)는 마태복음 17:9, 사도행전 9:10, 10:3, 17, 19, 11:5, 16:9, 10, 18:9에 나타나고, 일상적으로 꾸는 꿈(τὸ ovαρ)은 마태복음 1:20, 2:12, 13, 19, 22에서 각각 나타나고, 단순한 꿈(τὸ ἐνυπνον) 또는 꿈속에서 본 환상을 의미로 사도행전 2:17에 한 번 나타난다. 참조. 이영호, "변화산 사건에 대한 연구", 『영산신학저널』, Vol.21, 127-147.

는 것입니다. 마음이 무엇으로 변화되는 것입니까? 꿈을 바라볼 때 마음이 변화되는 것입니다. 예수님은 십자가를 통하여 나를 의롭다하고 용서해주신 것입니다. 십자가를 통하여 용서 받은 의인이 된 꿈을 얻을 수 있는 것입니다. 예수님이 우리에게 거룩함과 성령충만을 주셨으니, 십자가를 통하여 거룩함과 성령충만의 꿈을 얻을 수 있었던 것입니다. 예수님이 치료의 은혜를 베풀어주셨으니, 십자가를 통하여 치료의 꿈을 얻을 수 있는 것입니다. 예수님이 십자가에서 나를 위하여 저주를 담당하시고 청산하셨기 때문에 십자가를 통하여 아브라함의 복과 형통이 임하는 것을 꿈꿀 수 있습니다. 내가 비록 죽을지라도 십자가를 바라보고 영생을 꿈꿀 수 있는 것입니다."117)

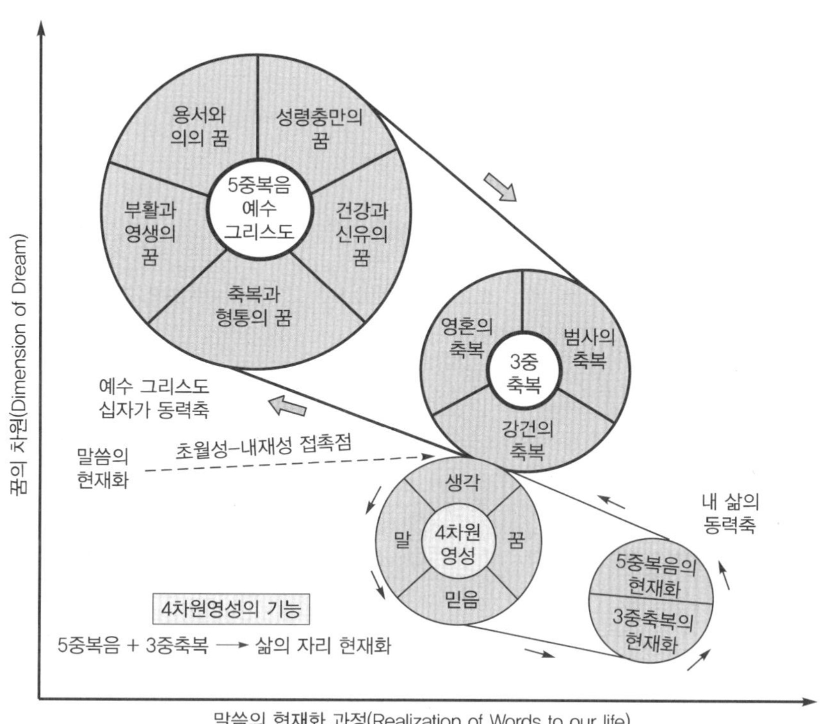

그림 7-2. 삶의 존재방식을 변형시키는 5중복음-3중축복-4차원영성과 꿈의 현재화: 영산이 말하는 꿈은 십자가 중심의 꿈이다. 십자가의 꿈은 하나의 주제로 주어지는 것이 아니라, 5중복음, 3중축복, 4차원영성이 상호연합되어 총체적으로 나타나는 꿈이다. 여기서 4차원영성은 5중복음의 꿈과 3중축복의 꿈을 삶의 자리에 적용하는 구체적인 방법을 제시해준다. 내가 그리스도 십자가와 연합된 삶을 살 때, 나에게 하나님의 꿈이 생겨서 하나님의 일을 할 수 있게 된다. 궁극적으로 5중복음, 3중축북, 4차원영성은 십자가의 영성에서 비롯된 것이다. 성령 안에서 하나님의 꿈 – 거룩하고, 의롭고, 선하다(롬7:12) – 을 믿고 받아들이면, 그것은 내 꿈이 된다.118) 인간은 하나님을 닮은 창조력과 통치력을 가지고 있어서 하나님의 꿈을 품고 살면 놀라운 일이 일어나고, 나아가 하나님의 꿈과 일치하는 마음의 소원도 이루어진다.119) 하나님이 말씀을 계시하면, 우리에게는 그것이 곧 꿈이 된다(창12:1-3, 출3:1-14, 렘1:4-19).

---

117) 조용기, "꿈과 믿음", 주일설교(1984-11-04). "꿈이 있는 자만이 생존한다"(1998-08-23). "꿈과 환상"(2009-11-08).
118) 조용기, "꿈과 환상", 주일설교(2009-11-08).
119) "나를 믿는 자는 내가 하는 일을 그도 할 것이요 또한 그보다 큰일도 하리니 이는 내가 아버지께로 감이니라(요14:12)."

십자가를 의지하는 삶이란 '영적존재 방식을 그리스도 중심으로 바꾸는 영적 행위'다. 십자가를 바라보면 5중복음이 생기고, 마음에 5중복음이 꽉 차면 십자가의 꿈이 생긴다. 영산은 『4차원의 영성』 책에서 5중복음과 3중축복의 원리를 꿈과 연결시켜서 서술한다. "제가 5중복음과 3중축복의 원리를 계속해서 주장하는 데는 이유가 있습니다. 그것은 십자가를 통해 꿈을 심어주기 위함입니다."120) 그림 7-2를 보면, 영산이 가진 꿈의 원칙은 십자가 중심의 꿈이며,121) 어떤 '삶의 자리'에 있을지라도 십자가를 향한 꿈을 가슴에 품고 있음을 알 수 있다.

하나님은 모든 사람이 구원받기를 원하신다(딤2:4). 하나님은 그 꿈을 성취하기 위해 예수님을 이 땅에 보내셨다. 그림 7-3은 하나님의 꿈이 성취되는 과정을 그린 것이다(딤전2:4).

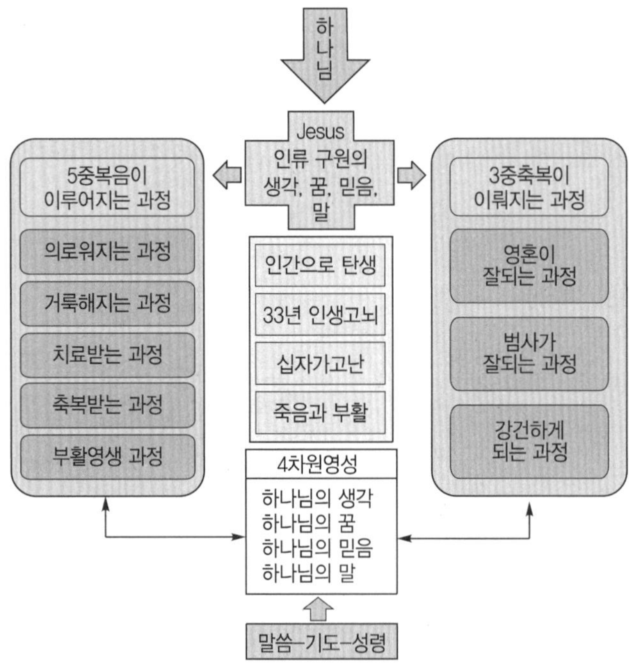

그림 7-3. 영산이 말하는 하나님과 예수님의 꿈이 이뤄지는 과정: 말씀이 육신을 통해 나타나려면 신령한 지식, 목표와 꿈, 믿음, 입술의 선언이 있어야 한다. "내가 천국 열쇠를 네게 주리니 네가 땅에서 무엇이든지 매면 하늘에서도 매일 것이요 네가 땅에서 풀면 하늘에서도 풀리리라(마16:19)." 영산은 "하늘의 뜻이 땅에서도 이루어져 하나님이 기뻐하시는 삶을 사는 것이 신자가 이 세상에서 살아가는 의미와 가치입니다."라고 말한다.122)

---

120) 조용기, 『4차원의 영성』, 교회성장연구소, 43.
121) 원칙 1. 용서와 의에 대한 꿈(구원): 예수님의 은혜로 용서와 의의 선물을 받게 된다(롬3:23-24). 원칙 2. 성결케 하는 성령과 동행하는 꿈(성화): 성령 안에서 씻음과 거룩함을 받는다(고전6:11). 원칙 3. 치료와 나음을 받는 꿈(믿음의 현실): 예수님이 채찍에 맞음으로 우리가 나음을 입는다(벧전2:24, 사53:4-5). 원칙 4. 축복을 누리는 꿈(하나님과의 친교): 율법의 저주에서 속량하시고 부요하게 하신다(고후8:9, 갈3:13-14). 원칙 5. 부활, 영생, 천국을 바라보는 꿈(미래화-희망): 나는 부활이요 생명이니 나를 믿는 자는 죽어도 산다(요11:25-26).
122) 조용기, "어떻게 살아야 옳게 사는 것인가?", 주일설교(2012-03-04).

여기서 중요한 것은 '그렇다면 나의 꿈은 궁극적으로 무엇을 추구하는가?'이다. 바울은 "무슨 일을 하든지 마음을 다하여 주께 하듯 하고 사람에게 하듯 하지 말라(골3:23)"고 역설할 뿐만 아니라, "범사에 온유함을 모든 사람에게 나타낼 것을 기억하게 하라(딛3:2)"고 권면한다. 중생한 자는 모든 일을 하나님의 영광을 위해서 해야 한다. 바울은 "그런즉 먹든지 마시든지 무엇을 하든지 다 하나님의 영광을 위하여 하라(고전10:31)"고 강조한다.

3.1 꿈은 신자의 마음궁정에서 성장한다

마음하늘에 말씀이 임재하면, 선의 개념체계가 악의 개념체계를 지배하게 된다. 신자는 흑암의 권세에서 사랑의 아들의 나라로 옮겨진 신분이기 때문이다(골1:13). 영성진보의 본질은 '그리스도의 예수의 마음(빌2:5)'으로 이 세상에서 악한 가치체계를 선한 가치체계로 변화시켜나가는 것이다. 다시 말해 성령의 꿈은 하늘나라의 문화로 땅의 문화를 철저히 개선시킨다. 말씀 중심의 문화는 거룩하고, 의롭고, 선하다. 말씀은 삶 가운데 복의 근원이다.

하나님은 자신의 마음과 뜻을 펼치기 위해서 사람들을 부르셔서 사용하신다. 하나님이 사용하시는 가장 좋은 도구는 '사람'이다.123) 하나님은 사람들과 함께 피조물을 다스리신다. 인간의 마음은 십자가의 꿈을 잉태시키는 거룩한 장소다. 영산은 하나님의 자녀는 성령이 주시는 꿈을 꿀 수 있다고 역설한다. "예수 그리스도를 구주로 영접하는 사람은 거듭나서 성령과 함께 살 수 있고 성령의 역사로 비전과 꿈을 소유할 수 있습니다. 그리고 인간의 삶의 터전인 3차원의 세계를 지배하시는 성령과 함께 일하는 존재로 놀랍게 변화되는 것입니다."124)

꿈의 사람이란 영광과 존귀와 썩지 아니할 것을 구하는 자요, 복음에 기초한 가치관을 품은 자다. 구원받은 인간이 꿈을 품으면, 그의 삶에 어떤 변화가 나타나는가?

변화 1: 무릎으로 사는 사람이 된다. 인간의 힘으로 도저히 할 수 없을 때 인간은 기도하게 된다.125) "(우리의) 마음과 손을 아울러 하늘에 계신 하나님께 들자(애3:41)."

변화 2: 말씀을 의지하는 사람이 된다. 꿈은 말씀에서 나오고, 말씀 안에서 성장하고, 말씀 안에서 성취된다. "나의 계명을 지키는 자라야 나를 사랑하는 자니 나를 사랑하는 자는 내 아버지께 사랑을 받을 것이요 나도 그를 사랑하여 그에게 나를 나타내리라(요14:21)."

변화 3: 성령을 의지하는 사람이 된다. 성령은 지혜의 영, 총명의 영, 지식의 영으로 돕는다. "그의 위에 야훼의 영 곧 지혜와 총명의 영이요 모략과 재능의 영이요 지식과 야훼를 경외하는 영이 강림하시리니(사11:2)."

---

123) E. M. 바운즈(E. M. Bounds), 『기도의 강력』(Power Through Prayer), 규장(2012), 19. "교회는 끊임없이 새로운 방법과 계획을 찾지만, 하나님은 항상 더 나은 사람을 찾고 계신다. 복음을 전하는 사람이 어떤 사람이냐에 따라 복음의 영광이 임하기도 하고, 떠나기도 한다. 전심으로 하나님을 향하는 자를 위하여 하나님은 기꺼이 그 능력을 베푸신다."

124) 조용기, 『4차원 영적세계』, 67.

125) E. M. 바운즈(E. M. Bounds), 『기도의 강력』(Power Through Prayer), 규장(2012), 111. 기도는 그 자체로 전능한 힘을 가지고 있기 때문에 모든 사람들에게 생명과 힘을 준다. 자신의 삶과 사역에서 기도를 강력한 무기로 만들지 못한다면 평신도이건 사역자이건 그 누구도 하나님의 일의 진보에 기여하지 못한다. 기도로부터 나오는 강력한 능력 없이 이 세상에서 하나님의 뜻을 이룰 수 없다.

변화 4: 예수 그리스도 십자가를 바라보게 된다. 십자가 안에 능력이 있고, 속죄함이 있고, 형통이 있다. "너희가 내 이름으로 무엇을 구하든지 내가 행하리니(요14:13)."

변화 5: 부활, 영생, 천국을 바라보게 된다. 천국에서의 상급을 바라보고 전도의 열정을 품는다. "천국은 마치 밭에 감추인 보화와 같으니 사람이 이를 발견한 후 숨겨두고 기뻐하며 돌아가서 자기의 소유를 다 팔아 그 밭을 사느니라(마13:44)."

하나님의 꿈을 품으면, 나 중심의 삶이 아니라, 하나님 중심의 삶, 타자지향적 삶, 십자가 중심의 삶을 살게 된다.126) 매화나무 가지 안에 매화꽃의 정체가 들어 있는 것처럼, 인간의 마음 안에는 하나님의 꿈을 품을 정체성이 들어 있다. 인간은 하나님의 꿈을 품을 때까지는 길을 잃어버린 나그네와 같은 존재이다. 인간의 마음공간은 하나님의 꿈이 성장할 수 있는 인큐베이터와 같은 것이다.

하나님은 사람의 마음을 설계하실 때 생각, 꿈, 믿음, 말로 마음을 다스리게 하셨다.127) 하나님은 사람을 지으실 때에 눈에 보이는 것과 보이지 않는 것을 지으셨다(골1:16). 영산은 꿈이 믿음을 낳고, 믿음은 시험을 통하여 굳세어진다고 강조한다. "꿈은 믿음을 낳고, 꿈과 믿음을 통하여 하나님은 우리의 생활 속에서 창조적인 역사를 나타내십니다. 그런데 믿음은 하나님의 역사를 받아들이는 받침대인데, 즉 튼튼한 받침대인지 약한 받침대인지 주님께서 반드시 시험해보시고 흔들어보시는 것입니다. 그러므로 여러분은 시험을 당할 때 결코 낙심하거나 포기해서는 안 되는 것입니다. 끝까지 참고 견디면 꿈은 믿음을 낳고 믿음은 시험을 통하여 굳세어집니다."128)

마음 밭에 꿈의 씨를 심기 위해서는 마음이 옥토가 되어야 한다. 이에 대하여 영산은 네 가지 가이드라인을 제시한다.

첫째, 분명한 삶의 목적이 있어야 한다.
바다의 배는 방향키를 가지고 있을 때 정확한 목적지에 도달할 수 있다(빌3:14). 삶의 목적이 분명한 자만이 진정한 꿈과 목표를 품을 수 있다. 꿈이 없는 목표는 키 없는 배를 타고 바다를 항해하는 것이다. 예수님도 이 땅에 분명한 삶의 목적을 가지고 오셔서, 인류구원이라는 꿈을 성취하고자 하셨다.

둘째, 성취하고자 열정의 마음이 있어야 한다.
프랑스의 시인이자 신학자인 알랭(Alain de Lille)은 "다리를 움직이지 않고는 아무리 좁은 도랑도 건널 수 없다"고 했다. 사람은 무슨 일을 해도 부지런히 움직여야 한다. 자갈밭에 씨를 뿌리면 그 씨는 자랄 수 없으며, 자갈을 치우고 땅을 갈아엎고, 거름도 주고 땅을 기름지게 해야 한다.

---

126) "하나님께서 우리에게 주신 최고의 꿈과 희망의 선물은 예수 그리스도의 십자가입니다. 우리는 예수 그리스도의 십자가만 모시고 있으면, 하나님이 다른 보혜사 성령을 주시는데 성령님은 오시자마자 우리에게 환상과 꿈을 줍니다. 꿈은 인생을 변화시키는 가장 위대한 힘이 되기 때문에, 성령님이 그 무엇보다도 먼저 꿈과 소망과 희망을 주는 것입니다." 참조. 조용기, "꿈과 희망", 주일설교(2012-09-30).
127) "마음은 꿈으로 다스릴 수가 있습니다. 마음은 마음속에 꿈이 있을 때 그 마음을 점령하고 마음을 다스릴 수 있습니다." 참조. 조용기, "마음성전", 주일설교(2007-10-14).
128) 조용기, "믿음 속에 사는 삶", 주일설교(2007-12-30).

셋째, 헌신과 인내의 마음이 있어야 한다.

꿈을 꾸고 나아가면 환난도 오고, 핍박, 괴로움도 온다. 꿈은 그냥 이뤄지는 것이 아니고 수많은 고난과 역경이라는 터널을 통과하여야 한다.129) 가시밭에 씨앗을 뿌리면 그 씨앗은 자라다 기운을 얻지 못해 성장하지 못하게 되는데, 이럴 때 헌신이 필요하다. 땀을 흘린 만큼 열매를 거두는 법이며, 세상에 공짜는 없고, 콩 심은 데 콩 나고 팥 심은데 팥 난다.

넷째, 나눔의 마음이 있어야 한다.

옥토에 씨앗을 뿌려서 많은 결실을 맺으면 나누는 삶을 살아야 한다. 그리스도인의 진정한 꿈은 나와 이웃을 위한 꿈이다. 이웃을 향해 달려가는 꿈은 목적이 분명하고, 열정이 있고, 헌신과 인내가 있는 꿈이다. 마음속에 꿈이 잘 자라나기 위해서는 이웃을 위한 것이라야 한다. 영산이 말하는 꿈의 이론 방정식은 총체적이다.130)

꿈의 진행과정을 구체적으로 기술하면 다음과 같다.

먼저, 꿈의 씨앗을 구체적으로 선택해야 한다. 내가 호박씨를 심을 것인지 포도씨를 심을 것인지 아니면 겨자씨를 심을 것인지는 기도와 말씀 안에서 성령님의 인도함 속에서 선택한다. 영산은 꿈은 구체적이어야 한다고 강조한다. "4차원영성의 요소인 꿈은 목표가 구체적이어야 합니다. 왜냐하면 3차원에 나타나야 할 현실의 상황은 구름을 잡는 듯한 막연한 것이 아니라, 실제로 일어나는 아주 구체적인 것이기 때문입니다. 실제의 모습을 바라보고 목표를 설정하십시오."131) 그 다음으로, 꿈을 선택했으면 마음의 밭에 심어야 한다. 마음에 꿈을 심는다는 것은 매일 꿈을 바라보는 것이며, 매일 꿈을 바라보려면 적어놓아야 한다. 그렇지 않으면 잊어버린다. 꿈을 성취하기 위해 목표를 잘 보이는 곳에 붙여놓고 매일 바라보고 이루어질 것을 믿고 선포해야 한다. 목표를 마음속에 그냥 두는 것과 글로 적어놓고 매일 바라보는 것과의 차이는 굉장히 크다. 마지막으로, 꿈의 씨를 심었으면 부지런히 가꾸어야 한다. 마음밭을 가꾸지 않으면 잡초가 자라나 꿈이 정상적으로 자랄 수 없게 되므로 기도와 하나님 말씀으로 꿈을 성장시키고, 훈련시키고, 교육시켜야 한다.

미국 증시의 비상장 회사 중 MS나 P&G의 매출액보다 더 큰 회사가 하나 있다. 바로 코크인더스트리즈(Koch Industries)다. 찰스 코크(Charles G. Koch) 회장은 직원에 대해 이렇게 말한다. "저는 직원들을 평가할 때 재능(talent)보다 성실을 더 우선 순위에 둡니다. 지금까지 제 경험으로 보았을 때 성실(integrity)과 순응(compliance)이 결여된 직원은 재능이 부족한 직원보다 결과적으로 기업에 더 큰 손해를 끼쳤습니다."132)

---

129) "우리가 환난 중에도 즐거워하나니 이는 환난은 인내를, 인내는 연단을, 연단은 소망을 이루는 줄 앎이로다(롬5:3-4)." "무릇 그리스도 예수 안에서 경건하게 살고자 하는 자는 핍박을 받으리라(딤후3:12)." "나를 인하여 너희를 욕하고 핍박하고 거짓으로 너희를 거슬려 모든 악한 말을 할 때에는 너희에게 복이 있나니 기뻐하고 즐거워하라 하늘에서 너희의 상이 큼이라 너희 전에 있던 선지자들을 이같이 핍박하였느니라(마5:11-12)."
130) [꿈의 성장 방정식] = [꿈의 선택] + [마음속에 심기] + [생각과 노력과 열정으로 성장] + [열매 맺음] + [나눔].
131) 조용기, 『4차원의 영성』, 교회성장연구소(2006), 136-137.
132) 조선일보 위클리비즈팀, 『위클리비즈』, 21세기북스(2010), 164-167.

궁극적으로, 꿈이 성장하면 충실한 열매를 맺는다. 성취한 꿈은 나누는 것이다. 진정한 꿈은 나와 이웃을 위한 꿈이다. 바울은 "선을 행하고 선한 사업을 많이 하고 나누어주기를 좋아하며 너그러운 자가 되게 하라 이것이 장래에 자기를 위하여 좋은 터를 쌓아 참된 생명을 취하는 것이니라(딤전6:18-19)"고 말한다.

3.2. 꿈의 성장 메커니즘

영산은 꿈의 탄생과 성장 메커니즘(mechanism)에 대하여 이렇게 서술한다. "우리의 가슴은 들판입니다. 여러분이 성경을 읽고 기도하고 묵상하면, 씨앗을 가슴속에 뿌리는 것입니다. '그 무슨 꿈같은 소리냐?'고 하지만, 꿈은 굉장히 힘이 있습니다. 씨앗 속에 굉장한 에너지가 들어 있는 것처럼 꿈속에는 굉장한 에너지가 들어 있어서, 그 꿈이 껍질을 벗기고 장애물을 밀쳐내고 푸른 나무가 되어 일어나면, 굉장한 열매를 맺게 되는 것입니다."[133]

그리스도인은 예수와 함께 십자가에서 죽고 부활한 자신의 존재를 삶의 자리에 적용할 수 있는 자다. 믿음은 부활의 관점, 즉 승리의 관점에서 고난을 바라본다. 꿈을 품으면 반드시 고난이 따른다. 하나님은 고난을 통하여 꿈을 점진적으로 성장시킨다. 꿈은 두 마음이 아니라 한 마음의 세계관을 품고 사는 자다(약1:8). 말씀으로 세운 꿈은 믿음과 입술의 고백으로 성장한다.[134] 꿈은 마음체계와 머리체계가 하나가 되어가는 삶이다. 그 꿈은 삶의 경험으로 성장하는 것이 아니라 말씀의 능력으로 성장한다.[135] 영산은 "성경말씀과 기도를 통한 성령님이 감동으로 희망찬 꿈을 품으라"고 역설한다.[136] 하나님을 생각하는 것이 모든 일에 근본이 되어야 한다. 하나님이 함께 하지 않으면 아무리 수고해도 헛된 결과를 가져오기 때문이다(시127:1-2).

영산은 하나님의 말씀이 주시는 꿈을 강조한다. "하나님을 의지하면, 이성적, 감각적, 경험적으로 불가능해도 하나님의 말씀에 입각해 위대한 꿈을 꿀 수 있습니다(롬4:17-18). 하나님께서는 우리의 마음속에 꿈을 주시고 그 꿈이 이뤄지게 하십니다(빌2:13)."[137] 따라서 꿈이 근본적으로 성장하기 위해서 꿈은 하나님의 말씀에 기초해서 시작되어야 한다.[138] 궁극적으로 하나님 자신이 의도하시는 것을 사람을 통해서 이루시기 때문이다. 말씀이 마음속에 뿌리내리면 거룩한 열망이 솟아난다.

---

133) 조용기, "하나님을 아는 지도자", 주일설교(2015-07-19).

134) 영산은 꿈이 현실화되는 과정을 5가지로 요약한다. 1) 꿈이 우리 삶에 현실로 나타나기 위해서는 마음에 간절한 소원이 있어야 한다. 2) 마음의 간절한 소원은 상상의 날개를 펴고 미래의 꿈을 마음에 품게 한다. 3) 마음의 꿈을 바라보며 하나님께 나아가 간절히 기도해야 한다(렘33:3). 4) 아브라함의 꿈이 믿음을 낳은 것처럼, 꿈이 믿음을 생산한다(롬4:17-18). 5) 우리 마음에 믿음이 생기면, 없는 것을 있는 것처럼 입술로 고백하게 된다.

135) "성공경험은 사람을 성장시킨다. 이 말은 틀림없는 말이다. 그러나 시간이 흘러 주위의 환경이 바뀌었을 때, 유효기간이 지난 성공경험은 오히려 족쇄가 된다." 참조. 나가이 다카히사, 『작은 조직이 어떻게 큰 조직을 이기는가?』, 성안북스(2014), 136. 첨언하면, 세상에서 성공요인은 인간의 지식, 경험, 기술, 태도, 머리 등 여러 가지 요인에 의해 결정된다. 그러나 기독교적 차원에서 성공이란 그 뿌리가 하나님의 말씀에 있다. 말씀의 능력은 유효기간과 무관하다.

136) 조용기, "기도하고 구한 것은 받은 줄로 믿으라", 주일설교(2013-06-16).

137) 조용기, "하나님을 믿으라", 『요약설교』, 서울말씀사(2012), 154-155.

138) "하나님의 말씀에 깊이 잠길 때 하나님은 그 말씀의 진리들을 우리의 마음속에 새겨넣어 그것이 거룩한 열망이 되게 한다." 참조. 존 파이퍼(John Piper), 『선교를 열망하라』, 좋은씨앗(2013), 23.

브루스 웨어(Bruce A. Ware)는 『더 큰 하나님의 영광』이라는 책에서 "하나님은 피조물 위에서 다스리시고, 피조물을 통해 다스리시고, 피조물과 함께 다스리신다"고 주장한다.[139] 하나님은 이 세상을 다스리기 위해 피조물인 인간을 사용하신다. 또한 하나님은 우리를 통해 자신의 뜻을 이루신다.

꿈은 하나님과 피조물의 사이의 관계를 지속시켜주는 매개체 역할을 한다. 진정한 꿈이란 생물학적 자아로서의 꿈이 아니라, 영적 자아로서 초월적 주체성 안에서 성장하고, 진보하고, 성숙된다. 하나님이 주신 꿈을 먹고 살았던 요셉처럼 영적 자아는 점진적으로 발전하면서 성장하는 특성이 있다.[140] 꿈은 고난과 환난을 겪으며 성장하고 자라난다. 바울도 "내가 내 몸에 예수의 흔적을 가졌노라(갈6:17)"고 고백할 만큼 그는 선을 행하면서 고난도 함께 겪었다.[141] 그는 누구보다 영원의 현재 속에서 하나님의 약속을 펼쳐가는 현재적 종말론을 실천하는 자였다.

영산은 개척시절에 성령 안에서 '세계 최대의 교회를 세우는 것'과 '전 세계로 다니며 복음을 증거하는 꿈'을 꾸었다. 그는 두 가지의 꿈을 반세기 목회기간 동안 다 이루었으며, 소원의 텃밭에 꿈을 심고 성령님의 손을 잡고 일평생 함께 걸은 결과, 그 모든 것을 다 이루었다. 그 과정은 험난했고, 고통으로 채워진 날들이었다. 그는 꿈을 가지면 하나님이 그와 함께 역사하신다고 말한다. "하나님의 꿈은 반드시 이뤄집니다. 그러므로 하나님의 꿈을 내 꿈으로 받아들이십시오. 단순히 자신의 목적을 위해 꾸는 꿈은 하나님이 원하시는 꿈이 아닙니다. 하나님이 원하시는 꿈을 꾸며 기도할 때 하나님이 역사하십니다. 나의 꿈이 하나님의 꿈이 되며 하나님의 꿈이 나의 꿈이 됩니다."[142]

영산은 "꿈이 있으면 믿음이 생기고, 믿음이 있으면 꿈"이 생긴다고 강조하며, 꿈이 있을 때 믿음이 생기고, 꿈이 있을 때 바라보는 힘이 생긴다고 역설한다. '없는 것을 바라보는 힘'을 가지려면 꿈이 있어야 하며, 내가 바라볼 실체가 없다면 바라보는 힘이 나올 수 없기 때문이다. 분명한 꿈이 있고 분명한 대상이 있어야 불타는 열정이 생기고, '할 수 있다', '하면 된다', '해보자'라는 도전의식도 생기는 것이다. 진정한 꿈은 영적으로 '완전한 데로' 나아간다(히6:2).

1) 꿈은 없는 것을 있는 것처럼 바라본다

"배를 짓고 싶다면 북을 쳐서 남자들을 불러모아 자재를 마련하고, 임무를 부여하고, 일을 나누어줄 것이 아니라, 그들에게 무한히 넓은 바다에 대한 동경을 가르쳐라." 이 말은 프랑스 소설가 생텍쥐페리(Saint Exupery)의 말이다. 꿈이란 무한히 넓은 세상에서 무엇이 진정으로 가치 있는 일인지를 바라보고 분별하는 힘이다. 가치 있는 일은 열망과 동경을 불러일으키기 때문이다. 하나님의 갈망이 있는 자는 강력한 영적 의지력이 발동해서 꿈의 성취능력도 촉진된다.

---

139) 브루스 웨어(Bruce A. Ware), 『더 큰 하나님의 영광』, 부흥과개혁사(2008), 6.

140) 조용기, "꿈을 먹고 사는 사람", 주일설교(1997-02-02).

141) C. S. 루이스(C. S. Lewis), 『고통의 문제』(The Problem of Pain), 홍성사(2013), 7. 조지 맥도널드(George Macdonald)는 "하나님의 아들은 인간의 고난을 면제해주기 위해서가 아니라 그들의 고난을 자신의 고난이 되도록 하기 위해 죽기까지 고난받으셨습니다."라고 말한다.

142) 조용기, "꿈과 환상", 주일설교(2009-11-08), "꿈과 희망", 주일설교(2012-09-30).

영산은 "꿈을 꾼다는 것은 지금 없는 것을 있는 것 같이 마음으로 바라보고 분명한 목표로 삼아 소원하고 열심히 노력하는 것입니다."라고 말한다.[143] 이 세상에서 시간과 공간에 매어 있는 인간은 초월적 대상을 눈으로 볼 수 없다. 따라서 하나님은 인간에게 꿈을 주어 장래의 것을 미리 바라보게 하고, 그것을 믿고, 믿음 안에서 전진하게 한다. 영산은 꿈이 현재 없는 것을 장차 이루어질 것으로 바라보는 것이라고 말한다. "꿈이란 없는 것을 있는 것같이 바라보는 것입니다. 꿈을 꾸는 것은 현재가 아니고 미래에 이루어질 것을 바라보는 것입니다. 꿈이란 지금 이루어진 것이 아니라 내일, 모레 장차 이루어질 것을 바라보는 것입니다. 그런데 없는 것을 꿈을 통해서 바라보는 믿음을 가져야 하나님이 우리와 같이 계시는 것입니다. 소원이 있고 계획이 있어야 하나님이 이루어주시는 것입니다. 마음에 뜨거운 소원을 가지고 꿈을 꾸고 계획을 갖고 기도할 때 하나님이 응답하시고 우리에게 역사하시는 것입니다."[144] 꿈은 초월적인 것이다. 따라서 신자는 하나님의 보좌와 눈으로 그것을 바라볼 수 있어야 한다.

하늘의 일은 연속성이라는 속성이 있다. 단 한 번의 대작으로 끝나는 것이 아니다. 꿈도 연속성이 있다. 열두 제자들은 예수님이 하신 일들을 그대로 이어받았다. 진정한 꿈은 대를 이으면서 지속된다. 다시 말해, 하나님의 꿈은 모든 세대를 넘어 지속적으로 이어진다. 복음전파도 그렇다. 복음은 한 인간의 마음을 꿰뚫고 들어와서 다른 이의 마음으로 흘러들어가는 속성이 있다.[145] 예레미야는 "일을 행하시는 야훼, 그것을 만들며 성취하시는 야훼(렘33:2)"라고 기록한다. 하나님의 일은 단 한 번의 일로 끝나지 않는다.

성도는 주님의 비밀을 맡은 자이다. 그 비밀은 예수 그리스도시다(골1:27). 바울은 "사람이 마땅히 우리를 그리스도의 일꾼이요 하나님의 비밀을 맡은 자(고전4:1)"로 인식하여 주기를 바랐다. 하나님은 예수 안에서 자신의 삶을 사시고, 예수님은 인간 안에서 자신의 삶을 사신다(고전1:30). 하나님은 인간과 세상을 만들었고, 인간을 통해 세상을 통치하시고 계신다. 하나님의 능력은 세상 속에서 인간을 통해서 역사한다.

그림 7-4는 미지의 인생영역 모델을 나타낸 것이다.

창문 1: 이 세계는 나도 알고 다른 사람도 아는 세계다. 이 세계의 꿈은 상당한 경쟁이 있는 세계다.

창문 2: 이 세계는 나에게는 많이 알려지지 않고 다른 사람에게는 잘 알려진 세계다.

창문 3: 이 세계는 나에게는 잘 알려져 있고 다른 사람들은 잘 모르는 세계다. 나에게만 잘 알려진 비밀의 세계일 수도 있다.

창문 4: 이 세계는 나에게도 알려지지 않고, 다른 사람에게도 알려지지 않는 미지의 세계다. 오직 성령의 능력으로 이 세계를 알 수 있다.

---

143) 조용기, "보라, 꿈꾸는 자가 오는도다", 주일설교(2007-03-11).

144) 조용기, "없는 것을 있는 것 같이", 주일설교(2008-07-06).

145) E. M. 바운즈(E. M. Bounds), 『기도의 강력』(Power Through Prayer), 규장(2012), 103. 세상을 구원하는 것은 마음이다. 머리로는 세상을 구원할 수 없다. 두뇌, 천재성, 탁월함 같은 천부적 재능은 세상을 구원할 수 없다. 복음은 마음을 통해 흘러나온다. 우리는 마음으로 하나님을 섬긴다. 머리를 높이는 일이 천국에서는 인정되지 않는다.

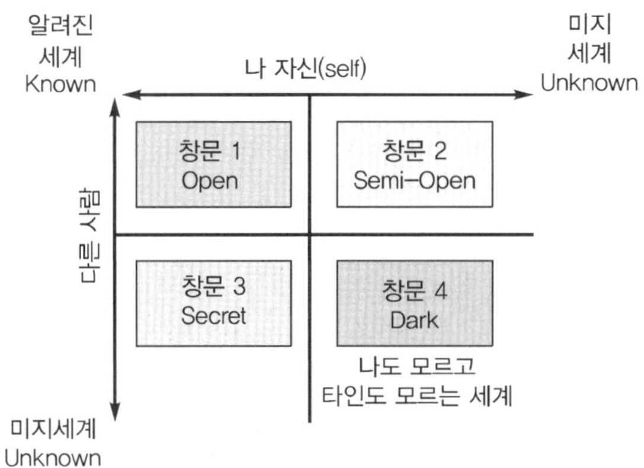

그림 7-4. 죠하리의 창과 꿈의 관계: 미지의 세계는 오직 성령님만이 아신다. 인간은 꿈을 꿨으면 하나님을 의지하고, 성령님의 인도함을 받아야 한다(갈5:16). 주님이 우리와 일을 하시려면 인간 쪽에서 준비해야 할 일이 있다. 곧 주님처럼 생각하고, 주님처럼 꿈꿔야 하고, 주님처럼 믿어야 하고, 주님처럼 말하는 것이다.[146] 하나님은 거룩하시므로 인간도 거룩해야 하나님과 함께 일할 수 있다(벧전1:15-16, 벧전1:2, 유1:20, 엡5:26, 살전5:23).

창문 1의 세계는 인생이 힘들고 고달프며, 이는 치열한 경쟁 속에서 살아가야 하기 때문이다. 창문 1은 만인들에게 알려진 것들을 생산하거나 유사한 것을 만들어내는 것이다. 반면에 꿈의 창문 4는 미지의 개척지라 힘들고 어려운 코스이지만, 한번 성취하면 엄청난 결과물을 창출하는 세계다. 다른 사람이 쉽게 접근할 수 없는 미지의 세계를 향한 꿈을 추진하려면 창문 4에 접근해야 한다. 벤처 정신을 가진 자는 대개 꿈의 창문 3이나 4에서 일하는 사람이다. 다메섹 도상에서 예수님을 환상 중에 만난 바울은 창문 3에서 역동적인 인생을 보낸 대표적 인물이다.

그렇다면 미지의 세계를 어떻게 알 수 있는가? 기도와 말씀, 성령님의 도우심으로 우리가 알지 못하는 비밀의 세계를 열 수 있다. 성령님은 우리에게 창문 4를 열어주시는 분이시다. "내가 천국 열쇠를 네게 주리니 네가 땅에서 무엇이든지 매면 하늘에서도 매일 것이요 네가 땅에서 무엇이든지 풀면 하늘에서도 풀리리라(마16:19)."

요셉은 13년 동안 괴로움을 겪었다. 형들의 배반과 종살이 10년, 보디발의 아내의 무고로 말미암아 감옥살이 3년을 겪었다. 요셉은 하나님께 꿈을 받은 후 오랜 기간의 고난을 거쳐 꿈을 이뤘다. 꿈의 종결점에 이르는 길은 험난하다. 요셉은 창문 4를 향하여 걸은 사람이요, 하나님의 놀라운 비밀의 창문을 연 사람이다. 요셉이 창문 4를 열은 과정을 단계적으로 분석해보면 다음과 같다.

1) 요셉은 형들이 시기하여 죽이려고 빈구덩이에 던져졌다(창37:23-24).
2) 미디안 상인에게 헐값에 종으로 팔렸다(창37:28).
3) 보디발의 아내의 유혹을 뿌리치자 억울한 누명을 쓰고 감옥생활을 했다(창39:7-23).
4) 바로의 꿈을 해석하여 애굽의 총리가 되었다(창41:25-45).
5) 많은 백성의 생명을 구하고, 형들과 화해하고 그들을 부양했다(창50:20).

---

146) 조용기, "나는 포도나무요 너희 가지니", 주일설교(2009-12-27).

요셉은 창문 4를 열기 위해 수많은 절망적 환경을 통과했다. 하나님이 예비하신 창문 4를 찾아가기 위해 13년이란 긴 세월이 걸렸다. 그가 묵묵히 모든 일에 충성하고, 인내하고, 헌신했을 때, 마침내 창문 4가 활짝 열렸다.

영산도 반세기 동안 창문 4를 향하여 뚜벅 뚜벅 걸은 위대한 지도자였다. 영산은 서대문의 교회에서 70년대 여의도로 나올 때 환경적으로 인도해주시는 하나님을 이렇게 고백했다. "여의도 모래벌판을 개발하는 데 반대가 심했어요. 그때 여의도 개발을 모두 다 반대했습니다. 신문에서도 반대하고. 그러나 나는 기도를 하는데, 성령께서 '너를 위해 개발하는 것이다'라는 계시가 보였어요. 그래서 우리 장로님들에게 여의도 개발한다는데 여의도로 가자고 하니까 '말도 안 되는 소리 하지 마라. 그런 곳으로 어떻게 가느냐. 안된다. 돈도 없거니와 여의도에 길도 없고 자동차도 가지 않고, … 거기 가면 망한다.' 그런데 제가 또 기도를 드리니까 성령께서 '그 말 듣지 마라. 내가 시키는 대로 하라. 가라!' … 그랬던 이 여의도 땅에 80만 명이 주일날 왔다 갔다 하게 됐으니 기가 막히지 않습니까? 하나님이 환경을 통해 우리를 인도할 때가 많이 있습니다."[147]

영산은 아무도 보지 못했던 미지의 창문 4를 성령님의 인도하심으로 출구를 보게 되었다. 그에게 성공비결은 바로 성령님의 인도를 따라 살아온 덕분이었다. 이처럼 진정한 꿈의 성장은 성령님의 인도하심이 있을 때 활성화된다.

2) 꿈은 하나님과의 친교 방편이다

영산은 "우리는 옛 사람을 청산하고 새로운 신분으로 마음을 새롭게 하여 성령님과 함께 살아야 합니다."라고 말한다.[148] 성령님과 친교를 통해 우리는 하나님 아버지와 그의 아들과 영적으로 사귀게 된다. 요한은 "우리의 사귐은 아버지와 그의 아들 예수 그리스도와 더불어 누림이라(요일1:3)"고 말한다.

영산은 하나님이 꿈과 환상을 통해 역사하신다고 말한다. "하나님께서 꼭 필요하면 성령이 꿈과 환상으로 우리에게 계시해주시는 것입니다. 그러므로 하나님이 우리와 같이 계시기 때문에 꼭 필요할 때 그런 인도를 해주시는 것입니다. 그렇지 않으면 마음에 깨달음을 주시는 것입니다. 예수를 믿으면 하나님께서 성령으로 지혜와 총명과 모략과 재능을 주십니다."[149]

영산은 꿈을 품으면 현실화되어 삶 속에 나타난다고 말한다. "소원과 희망이 꿈입니다. 하나님은 우리 마음속에 꿈을 주시고 그것을 통해 역사하십니다. 우리는 말씀을 통하여 항상 큰 꿈을 꾸어야 되는 것입니다. 십자가를 바라보고 5중복음과 3중축복의 꿈을 항상 꿔야 되는 것입니다. 꿈꾸지 아니하면 바라던 실상이 성취되지 않습니다. 꿈은 없는 것을 있는 것처럼 부릅니다."[150]

---

147) 조용기, "베드로의 믿음", 주일설교(2012-06-24), "성령님의 인도를 받는 길"(2009-03-15).
148) 조용기, "십자가에서 이룩하신 예수님의 은혜", 주일설교(2007-10-07).
149) 조용기, "꿈과 환상", 주일설교(2009-11-08).
150) 조용기, "꿈과 환상", 주일설교(2009-11-08).

3) 꿈은 부정적 분위기를 초월한다

영산은 "하나님을 자기 삶의 주인으로 모신 사람은 4차원의 영성을 통하여 창조적인 삶을 살아갑니다."라고 말한다.151) 하나님의 말씀이 주시는 꿈을 품으면, 인본적 삶의 방식을 따라가지 않고, 천상적 삶의 방식을 따라가게 된다.152) 따라서 꿈을 품었으면, 말씀과 기도로 하나님의 믿음을 품고 긍정적로 일을 해야 한다.153) 영산은 의심하지 않는 믿음을 유지하는 3가지 비결을 제시한다.

    a) 과거형 기도: 미래형이나 현재형이 아니라 이미 이뤄진 것으로 고백하는 믿음이 있어야 한다(막11:24, 욘2:6-7).

    b) 감사와 찬양: 원망, 불평하며 의심이 들려고 할 때 감사와 찬양을 드리는 믿음이 있어야 한다(롬4:20-21).

    c) 용서하는 마음: 마음의 죄책감은 의심을 유발시킨다. 이웃을 용서할 때 응답의 길이 열린다(마6:15, 엡4:32).154)

단순히 현실 속에서 꿈을 세우는 자는 현실의 방해물을 바라본다. 그러나 그리스도인은 은혜의 법칙이 적용되는 장차 새 하늘과 새 땅에서 존재할 것을 미리 이 땅에서 현재화시킨다. 은혜의 법칙이 우세할수록, 죄의 법칙의 효능이 떨어져서 하나님의 뜻이 활성화된다. 꿈은 은혜의 법칙이 죄의 법칙을 지배하도록 만든다. 죄는 꿈을 방해하고, 은혜는 꿈을 성취하도록 도와준다.

영산은 작은 일에도 충성하라고 권유한다. "계신 곳이 어디든 최선을 다하십시오. 주님이 여러분을 도와주시고 함께 해주십니다. 작은 일에도 충성을 다해야 합니다. 하나님이 모든 걸 보시고 우리의 마음을 아십니다. 항상 맡은 일에 최선을 다해야 합니다(벧전3:13)."

사람들에게는 대개 '긍정의 말 : 부정의 말 = 8 : 2'이다. 곧 다른 사람의 말을 듣고 부정적으로 반응하는 사람이 80%, 긍정적 반응을 보이는 사람이 20%라는 것이다. 사람은 죄의 본성이 있어서 무슨 일이든 먼저 '안된다', '힘들다', '어려울 것이다', '말도 안된다'라는 말을 더 좋아한다. 오병이어 사건에서 예수님의 제자 안드레는 좀 체념적이기는 했지만, 그래도 긍정의 채널 P를 가동했다. 빌립은 철저하게 계산적으로 부정의 채널 N을 가동했다. 한편 가나안 정복에 앞서, 12정탐꾼 중 여호수아와 갈렙만이 긍정의 P형, 나머지 10명은 극단적인 자세로 부정의 채널 N을 가동했다.155)

---

151) 조용기, "현실을 다스리며 사는 길", 주일설교(2013-08-04).

152) 곽종운, 『플러스 인생을 경영하라』, 예영커뮤니케이션(2002), 65. 꿈을 품었으면, 6가지를 늘 가슴에 품고 점검해야 한다. Where: 나의 꿈이 어디로 가고 있는가? Why: 왜 이 꿈을 이뤄야 하는가? What: 나의 꿈에서 무엇이 가장 중요한가? Who: 누구를 위해 이 꿈을 가져야 하는가? How: 나의 꿈을 어떻게 실현시킬 것인가? When: 그 꿈은 언제 성취될 것인가?

153) 꿈과 긍정은 한 세트다. "꿈이 긍정적이면 그 마음이 긍정적이 되어서 긍정적인 운명과 환경을 만들어 가고, 꿈이 부정적이고 파괴적이면 운명과 환경도 부정적이고 파괴적이 되는 것입니다. 생각과 함께 꿈도 우리 마음을 만들어가는 중대한 요소가 되는 것입니다." 참조. 조용기, "마음하늘", 주일설교(2007-01-21).

154) 조용기, 『요약설교』, 서울말씀사(2012), 155.

155) 던킨 도너츠를 만든 윌리암 로젠버그(William Rosenberg)는 1916년 보스턴 태생으로, 1930년 경제대공황의 시련을 겪고, 1937년 회사 지배인이 되었고, 1946년 모빌런치 서비스회사를 설립했다. 72세 생일 축하파티에서 그는 이렇게 고백했다. "나는 몹시 어둡고 무서웠던 시절을 보냈습니다. 교육도 제대로 받지 못했습니다. 하지만 세상에서의 성공은

하나님은 사람들을 교육시킬 때 이론을 통해 가르치지 않고 항상 환경을 통해 가르치신다. 인내가 필요한 자에게 인내의 현장에 몸을 담게 하시고, 사랑이 필요한 자에게 사랑의 현장에서 일하게 하시고, 고난이 필요한 자에게 고난의 현장에 있게 하신다. 하나님은 언제나 이론교육보다 현장교육을 중요하게 생각하신다. 하나님은 아브라함, 이삭, 야곱, 요셉 등이 저마다 극심한 고난을 겪게 하고 나서, 그들의 소원을 이루어주셨다(신8:16, 시119:71).

4) 꿈은 충성을 먹고 자란다

영산은 "성경말씀과 기도를 통해 성령님의 감동으로 꿈을 품어라(행2:17)."라고 강조한다.[156] 하나님이 함께 하시지 않으면 수고하고 노력해도 헛된 결과를 낳는다(시127:1-2). 그러나 꿈은 하나님의 약속이 실현되는 과정이지만, 나 자신의 의지력 또한 중요하다. 꿈의 씨를 삶의 터전에 심으면 자라나게 하시는 분은 하나님이시지만, 물을 주고, 벌레를 잡아주고, 잡초를 제거해주는 것은 사람의 몫이다. 따라서 인간 편에서도 땀, 헌신, 인내, 노력이 필요하다. 예수님도 "네가 적은 일에 충성하였으매 내가 많은 것을 네게 맡기리니 네 주인의 즐거움에 참여할지어다(마25:21)"라고 말씀하신다.

영산은 목회생활 반세기를 하루같이 열정을 다해서 하나님을 위해 살았으며, 하나님 앞에서 열심을 내어 충성, 인내, 헌신을 다했다. 바울도 "부지런하여 게으르지 말고 열심을 품고 주를 섬기라(롬12:11)"고 권면한다. 그는 "내가 하나님의 열심으로 너희를 위하여 열심을 내노니(고후11:2)"라고 말한다.

4. 꿈의 영성형성: 해석학적 모델

인간은 세상의 성(城)에서 사는 나그네지만, 예수를 믿으면 하늘의 성(城)에서 살아가는 자가 된다(벧전2:9). 나그네가 의지할 수 있는 유일한 분은 오직 한 분, 우리 주 예수 그리스도시다. 예수님이 "너희가 나를 선생이라 또는 주라 하니 너희 말이 옳도다 내가 그러하다(요13:13)"고 말씀하시기 때문이다. 꿈이란 매일 매일 주의 뜻을 순종하며 따라가는 거룩한 여정이다. 꿈을 통해서 신자는 날마다 은혜 안에서 거룩함과 의로움을 배운다. 선한 일을 통해 성도가 배우는 것은 하나님의 성품을 깨닫는 것이며(골1:10), 그 성품을 삶 가운데 밖으로 드러내는 것이다. 신자는 영적 꿈을 통해 하나님의 성품을 배워간다. 선한 일을 하면 하나님을 알아 가게 된다(골1:10).

지식보다 태도에 있다고 생각합니다." 이 말 속에는 "수많은 고난과 역경 속에서도 내가 일어설 수 있었던 것은 언제나 '할 수 있다'는 태도를 보였기 때문"이라는 의미였을 것이다. 그는 채널 P를 가동한 사람이었다. 고난이 오면 인간은 자신을 뉘우치고 돌이켜 십자가 밑에 엎드리게 되고(호5:15-6:1), 시련기에 접어들어야 사람은 어쩔 수 없이 세상과 탐욕을 벗어버리고 영적으로 깨어 죄의 길을 떠나게 되는 것이다(시119:107).

156) 조용기, "기도하고 구한 것은 받은 줄로 믿으라", 주일설교(2013-06-16).

투레틴(F. Turretin)에 의하면 신학의 목적이란 '구원의 하나님을 가르치는 것'이고, 신학이란 '성경의 가르침을 요약한 핵심'이다.157) 또한 신학이 신앙공동체의 신앙에 대한 지성적 반성이라면,158) 신학자의 목표는 계시에 대한 답을 상술하는 것이다.159) 그 연장선에서 꿈을 이해하면, 꿈이란 성경의 가르침을 요약한 핵심 정수를 삶 속에서 현실화시키고, 신앙생활에 대한 지성적 반성의 확장으로 볼 수 있다. 왜냐하면 거기에는 하나님의 분명한 뜻이 반영되기 때문이다.

영산의 꿈의 개념과 이미지를 형상화하면 포괄적이다.160) 그는 "꿈은 모든 것을 초월합니다. 모든 인간의 행위는 3차원이지만, 꿈은 4차원입니다. 높은 차원의 꿈은 낮은 차원의 행동을 지배합니다. 따라서 꿈을 품는다는 것은 새로운 창조를 가슴에 품는 것을 말합니다."라고 역설한다.161) 인간이 궁극적으로 품어야 할 성경적-영성적 꿈(dream)은 죄의 길에서 벗어나 하나님의 뜻을 이루어가는 길을 걷는 것이다. 바울은 "우리가 다 하나님의 아들을 믿는 것과 아는 일에 하나가 되어 온전한 사람을 이루어 그리스도의 장성한 분량(엡4:13)"에 이르기를 기대한다.

4.1. 영성형성의 기초: 삼위 하나님의 일

영산은 "하나님의 뜻은 모든 인간이 믿음으로 구원받아 하나님의 자녀가 되는 것일 뿐 아니라, 이 땅에서 성령의 능력으로 하나님의 말씀을 실천하고 살면서 하나님을 뜻을 이루어가는 것입니다."라고 말한다.162) 그리스도인의 영성은 하나님의 일과 역사와 관련이 있다.

영성형성의 기초는 하나님 얼굴을 보는 것에서 비롯된다. 하나님은 자신의 얼굴을 우리에게 비추사 은혜 베푸시기를 원하신다(민6:25). 그렇다면 어떻게 주의 얼굴을 보는가? 그것은 곧 말씀의 얼굴이다. 성도는 이제 말씀으로 주의 얼굴을 본다. 말씀은 하나님의 초상화와 같다.

그리스도인은 장차 임할 하나님의 나라를 내 삶의 한가운데로 당겨올 수 있는가? 성경적 대답은 '그럴 수 있다'이다. 바울은 이것을 염두에 두고 "이 말씀이 또한 너희 믿는 자 가운데서 역사하느니라(살전2:13)"고 말한다. 그리스도인은 그리스도 안에서 성령과 함께 하나님의 거룩한 뜻을 성취할 수 있다. 인간은 성령 안에서 자신의 생명의 본래적 기능을 발휘할 수 있다.163)

---

157) 스탠리 J. 그렌츠(Stanly J. Grenz), 『복음주의 재조명』(Revisioning Evangelical Theology), CLC(2013), 96.

158) 스탠리 J. 그렌츠(Stanly J. Grenz), 『복음주의 재조명』(Revisioning Evangelical Theology), CLC(2013), 118.

159) 스탠리 J. 그렌츠(Stanly J. Grenz), 『복음주의 재조명』(Revisioning Evangelical Theology), CLC(2013), 131.

160) 영산의 꿈에 대한 포괄적 개념과 이미지는 다음과 같다. a) 꿈은 현실이 아니다. 꿈이 없으면 목표를 얻지 못하고 고난을 맞았을 때 절망에 빠지기 쉽다(빌2:13). b) 꿈이란 마음의 화폭 위에 그린 소원이다. 소원을 가진 사람은 꿈을 바라보고 감사의 기도를 드린다(빌4:6). 꿈은 바라봄의 법칙을 통해 이뤄진다. c) 꿈을 품고 기도하라. 꿈의 성취는 하나님이시다(창15:4-5). d) 꿈은 불가능을 가능케 한다. 하나님의 꿈은 불가능한 환경을 초월한다. f) 꿈은 기적을 가져온다. 하나님의 꿈은 변화와 기적을 동반한다. 참조. 조용기, "나도 꿈꾸는 사람인가?", 주일설교(2015-06-28). 영산의 꿈 개념을 총체적으로 이해하면, 꿈이란 창조주의 말씀에 대한 피조물의 영적 반응의 과정이다. 다시 말해, 4차원 하늘나라의 일이 3차원 물질의 세상에 펼쳐지는 거룩한 과정으로 볼 수 있다.

161) 조용기, "보라 꿈꾸는 자가 오도다", 『꿈』, 한세대학교출판부(2013), 100.

162) 조용기, "하나님의 능력으로 사는 삶", 주일설교(2007-11-04).

163) 위르겐 몰트만, 『희망의 윤리』, 대한기독교서회(2012), 127-129. 인간성 발휘를 위한 4가지 요소: a) 생명의 긍정: 자신의 생명을 긍정하는 체험이 중요하다. b) 생명의 수용: 자신의 생명을 긍정하고 가치를 존중할 때 육체와 영혼 안에 있는 동기부여 시스템이 활성화된다. c) 생명의 참여: 다른 생명에 참여할 때 생동적으로 살아 있게 된다(인간은 사회적 존재). d) 생명의 성취: 인간 생명력의 잠재력은 만족할 수 있는 방법으로 실현되어야 한다.

인간이 가져야 할 꿈은 하나님의 일에 참여하는 자이다. 곧 성령과 함께 역사 과정 속에서 하나님의 언약을 성취해가는 것이다. 그리스도를 믿는 자는 그리스도가 하신 일을 행하는 자이다 (고전6:17).

하나님의 자녀가 일생동안 가슴에 품고 살아야 할 삶의 목적과 본질은 무엇인가? 그것은 다음과 같은 정리할 수 있다.

  a) 하나님을 알아가는 삶(렘9:24, 엡1:17)
  b) 예수 그리스도를 닮아가는 삶(마5:48, 엡4:13, 갈4:19, 롬8:29)
  c) 하나님과 이웃을 섬기는 삶(신10:12-13, 눅10:27)
  d) 하나님을 증거하는 삶(행1:8)

이러한 것들은 곧 나를 위한 삶이 아니라, 하나님과 이웃을 위한 삶이다. 그리스도인은 바울처럼 일평생 말씀 안에서 목적 있는 삶을 살아야 한다. 100년을 살아도 한 인간은 하나님 앞에서 단지 한 점일 뿐이다.[164] 토마스 아 켐피스는 이렇게 고백한다. "주님, 저는 아무것도 아니며, 아무것도 가진 것이 없으며, 아무것도 할 수 있는 것이 없습니다. 주님은 홀로 선하시고, 의로우시며, 거룩하십니다."[165]

4.2. 꿈의 연합성: 경영모델

꿈을 철학적 및 신학적 관점에서 묘사하면, '위의 것을 가지고 땅의 것을 창조해가는 것'이다. 하나님의 꿈은 말씀을 기초로 성령 안에서 이뤄진다. 말씀은 믿음을 통해 하늘의 것과 땅의 것을 연결하여 가시적인 것을 창조해내는 권능의 매개체다. 영산은 "3차원적 상황을 생각하고 꿈꾸고 믿고 말하면 기적이 일어나게 됩니다. 4차원적인 마음 가짐을 가지면, 성령께서 마음의 꿈을 이루시는 기적을 행하여 주십니다. 4차원의 영성은 인간이 하나님과 벗이 되어 함께 살 수 있는 길을 보여주십니다."[166] 그의 꿈 개념은 성령과 인간의 관계적 연합이다. 곧 성령님의 깨우침(갈5:16) 및 이끄심과 더불어 신자가 최선의 노력을 다할 때 꿈이 이뤄진다는 것이다.

꿈은 인간 자신의 계획과 의도를 성취하기 위한 수단인가? 아니면 하나님이 자신의 뜻을 이뤄가는 수단인가? 이 질문에 대한 올바른 대답은 '하나님 자신의 뜻을 성취해가는 것'이다. 성경은 "너희 안에서 행하시는 이는 하나님이시니 자기의 기쁘신 뜻을 위하여 너희로 소원을 두고 행하게 (빌2:13)" 한다고 기록하고 있다. 하나님은 나의 마음공간을 일터로 삼으시고, 자신의 말씀으로 자신의 꿈을 경영해 나가신다. 하나님은 인간의 영과 하나님의 영이 상호연합하여 하나님의 자신의 일을 협력경영하도록 계획하셨다. 하나님 혼자 일하시는 것이 아니라, 이성을 가진 인간과 연합하여 일하신다(출4:12, 출4:16, 신30:14).

---

164) 영산이 제시한 '인생의 세 가지 발견': 잃어버린 자아의 발견(눅19:10), 예수 그리스도의 발견(행16:31, 요3:16), 그리스도 안에 있는 새로운 피조물에 대한 발견(고후5:17). 조용기, 『오중복음과 삼중축복』, 서울출판사(2008), 70-71.
165) 토마스 아 켐피스(Thomas A Kempis, 1379-1471), 『그리스도를 본 받아』(Imitatio Christi), 두란노(2010), 131.
166) 조용기, "마음 다스리기", 주일설교(2014-03-30).

패커(J. Packer)는 "그리스도인은 인생에서 어떤 목표를 세워야 하는가? 그것은 하나님을 알아가는 일"이라고 말한다.167) 꿈은 목표를 낳아서 인간에게 힘을 주고, 목표는 집중력을 높여준다.168) 꿈은 나를 향한 하나님의 뜻을 실행해가는 과정이다. 시편 기자도 "나의 하나님이여 내가 주의 뜻 행하기를 즐기오니(시40:8)"라고 고백한다. 예수님과의 연합과 친교에 기초해서 모든 성도에게는 주의 뜻을 이룰 자격이 주어진다. 예수님은 우리를 '친구(요15:15)'라고 부르신다. 신자들에게 꿈은 한결같이 하나님에게서 온다. 아나니아가 바울과 관련하여 본 꿈(행9:10), 고넬료가 베드로를 만나는 꿈(행10:3, 17), 바울이 비두니아로 가려 했으나 환상을 통해 행로가 바뀌는 사건을 보면(행16:10), 꿈은 한결같이 하나님으로부버 내려온다. 곧 '꿈은 올라감이 아니라 내려옴의 프로세스(down-process)'다. 인간의 기도가 '올라감의 프로세스(up-process)'라면, 하나님이 주시는 꿈은 '내려옴의 프로세스'다.

기업경영도 엄밀하게 말하면 한 인간의 꿈을 경영하는 것이다.169) 한 인간의 꿈이 거대한 조직을 이끈다. 영산은 꿈을 세웠으면 바라봄의 법칙에 따라 계속 바라보라고 조언한다. 아브라함도 야곱도 온 마음으로 집중적으로 끊임없이 바라보는 자였다.170) 영산의 꿈에서 기본 경영모델은 바라봄의 법칙이다. 영산은 없는 것을 있는 것처럼 지속적으로 바라볼 때 창조적인 역사가 나타난다고 고백한다. 소원을 계속 바라본다는 것은 '소원에 대해 응답을 주시기 위해 계시는 예수님을 바라보는 것'이다.

사람에게 꿈이 없다면 마음이 죽는다. 우리 마음속에 꿈과 소망이 없다면, 아무리 잘 입고 잘 먹고 잘 살아도 그 마음은 죽어가고 있는 것이다. 인간에게는 강한 욕망이 있다. 하나님 안에서의 희망은 그런 욕망을 순화시키고 극대화하는 능력이 있다.171)

가. 성령님의 삶의 방식은 시스템적 사고방식이다.

영산은 4차원의 꿈을 꾸는 행위를 마치 암탉이 알을 품으면서 부화를 기다리는 행위에 비유한다. 그리스도인은 성령이 주신 약속을 생생한 모습으로 시각화하여 자신의 마음에 그릴 수 있다. 신자가 하나님이 주시는 꿈을 받았으면, 그는 자신의 모든 생각, 노력, 열정, 헌신으로 그 꿈을 펼쳐나가야 한다. 그러나 꿈을 품는 순간 많은 문제들이 우리 앞을 가로막기 시작하므로, 신자는 시스템적 사고능력을 키워야 그 꿈을 전진시킬 수 있다.

성령님은 개별적 사고가 아니라 시스템적 사고방식을 하도록 인도해주신다.172) 성령님은 하나

---

167) J. I. Packer, *Knowing God*, IVP(1993), 33.
168) 곽종운, 『4차원 인생의 힘』, 성안당(2007), 216.
169) 사례 1: (포드) 자동차를 대중화한다(1916). 사례 2: (보잉) 민간기업의 선두주자가 되어 세계를 제트 시대로 이끌자(1950). 사례 3: (나이키) 아디다스를 격파하자(1960). 사례 4: (스탠포드대) 서부의 하버드대가 된다(1940). 사례 5: (GE) 우리가 경쟁하는 모든 산업에서 1-2위가 되지 않으면 철수하라(1980).
170) 참조. 조용기, "바라봄의 법칙", 주일설교(2010-12-19). "믿음의 근원인 바라봄의 법칙"(2012-04-22).
171) 참조. 조용기, "꿈과 환상", 주일설교(2009-11-08). "꿈과 희망"(2012-09-30). "삶과 희망"(2009-10-04).
172) "성령님께서 성도를 가르치는 방법은 대략 두 가지로 구분할 수 있습니다. 하나는 말씀을 통해서이고, 다른 하나는 실생활의 경험을 통해서입니다." 참조. 조용기, 『성령론』, 서울말씀사(1998), 95. 그는 "보혜사 성령께서 항상 우리와 같이 계시고 우리를 도와주셔서 혹은 꿈을 통하여 혹은 환상을 통하여 혹은 음성을 통해서 혹은 지시를 통해서 혹은

의 사물을 정확히 꿰뚫는 통찰력도 주시지만, 여러 개의 사물을 통합시켜 분석할 수 있는 시스템적 사고능력도 주신다(고전12:10).

예를 들면, 구름이 모여들고, 하늘이 검게 변하고, 바람이 불고, 나뭇가지가 흔들리는 현상이 나타나는 경우, 개별적인 사고를 가지고 각각의 현상을 본다면 아무것도 예측할 수 없다. 하지만 경험이 많은 사람의 '시스템적 사고'의 관점에서 보면, 곧 비가 올 것이라고 예측할 수 있다.173) 성령님은 3차원 인간의 사고로 알 수 없는 것까지도 깨닫게 하시는 분이다. 성령님은 사물을 바라보실 때 시스템적 사고(systematic thinking)를 하게 해서, 미지의 영역에 있는 것까지 바라보게 하신다. 모세가 이스라엘 백성을 이끌고갈 때, 하나님의 영이 늘 함께 계셔서 그는 언제나 시스템적 사고를 할 수 있었다.

영산의 지난 반세기 사역활동을 살펴보면, 성령님의 도우심으로 그는 언제나 시스템적 사고로 문제를 해결했다. 교회를 서대문에서 여의도로 옮길 때에도 그는 거대한 교회시스템을 움직이는 하나님의 손을 영안으로 바라보았다. 교회를 옮길 때 그는 3차원 사고로 결정하지 않고, 성령님의 도움으로 시스템적 사고를 통해 이전을 결정하고 실행했다. 만약 눈앞에 보이는 현실만 들여다보았다면, 교회를 여의도로 결코 옮길 수 없었을 것이다. 그러나 그는 성령님이 주시는 통찰의 눈으로 전체를 바라보았다. 지난 60년을 뒤돌아보면, 그는 모든 것이 하나님의 예비하심이요 성령님의 인도하심이었다고 종종 고백한다. 그러면서 그는 성도들에게 성령님과 동행할 것을 강조한다.174)

『제5경영』을 저술한 MIT슬론 경영대학원 피터 셍게(Peter Senge) 교수는 지속가능한 경영과 창조경영을 위해서 '시스템적 사고'가 필요함을 강조한다. 비즈니스 스트래티지 저널(Business Strategy Journal)에서 '지난 100년간 경영전략에서 가장 영향력 있는 인물'로 선정되기도 한 그는 창조경영을 위해서는 현실을 객관적으로 파악할 수 있는 '개인적 숙련도(personal mastery)', 사물에 대한 종합적 인식능력인 '정신적 모델(mental model)', 조직의 목표와 가치를 함께 인식하는 '비전 공유(vision sharing)', 대화를 통한 '팀단위 학습(team learning)'이 창조경영에 필요한 항목이라고 지적한다.175)

개인의 꿈을 성취하는 과정도 앞에서 경영에 대해 언급한 것과 비슷하다. 내가 설정한 꿈을 성취하기 위해서 개별적 사고가 아닌 시스템적 사고로 접근해야 한다. 사물 전체를 보는 능력을 키워야 하고, 전문능력을 키워야 하고, 사물을 이해하는 능력과 사물을 긍정적으로 바라보는 능력, 비전

마음에 소원을 통해서 혹은 성경의 레마를 통해서 우리를 인도하여 주십니다."라고 말한다. 참조. 조용기, "성령님의 인도를 받는 길", 주일설교(2009-03-15).

173) a) 개별적 사고방식: 구름이 모여듦, 하늘이 검게 변함, 바람이 붐, 나뭇가지가 흔들림(각각 독자적인 현상으로 인지). → 아무 정보도 예측 못함. b) 시스템적 사고방식: 구름이 모여듦 ↔ 하늘이 검게 변함 ↔ 바람이 붐 ↔ 나뭇가지가 흔들림(이 모든 것을 유기적 현상으로 인지) → 비가 올 것을 예측함.

174) 조용기, "성령님의 인도를 받는 길", 주일설교(2009-03-15). "새해를 성령님과 함께"(2000-01-09). "평범한 생활 중의 성령님의 인도"(1984-02-19).

175) 조선일보 위클리비즈팀, 『위클리비즈』, 21세기북스(2010), 88-93.

을 바라보고 분석할 수 있는 능력을 키워야 한다. 성령님은 우리에게 시스템적 사고능력을 주셔서 없는 것을 있는 것처럼 바라보게 하시는 분이다. 또한 우리가 보지 못하는 것을 볼 수 있게 하시는 분이다. 성경에는 인간이 시스템적 사고를 하도록 이끌어주는 무한한 자원이 내포되어 있다.

신구약 시대를 통틀어 하나님은 이 땅에 십자가를 세우기 위해 시스템적 사고를 하셨다.

나. 하나님은 마음의 보좌를 말씀으로 경영하신다.

영산은 "하나님의 약속의 말씀이 현실화되는 신앙을 가져야 합니다. 우리는 생각과 꿈과 믿음과 말을 통해 놀라운 변화의 역사를 일으키는 말씀의 능력을 체험해야 합니다."라고 말한다.[176] 꿈이란 삶의 자리에서 말씀이 성육신화하는 과정이다. 그리스도인은 십자가에서 죽었다가 부활한 존재이므로 항상 말씀의 능력 안에 있어야 한다.

하나님은 인간의 과거의 악을 선으로 바꿔주셨고, 현재 그리고 장래에 일어날 악까지도 모두 선으로 바꿔놓고 사랑의 손길로 우리를 기다리고 계신다. 하나님은 오직 한 번만 은혜를 베푸시는 것이 아니라, 지속적으로 은혜를 베풀어 인간을 축복으로 이끌어가신다. 하나님은 인류의 과거, 현재, 미래를 통합적으로 바라보시며, 그의 구원 계획을 이루어가신다.

사람의 마음은 성령이 거하시는 성전이다(고전3:16). 사람의 마음은 성령님이 일하는 거룩한 장소요, 성령님이 꿈을 성취하기 위해 일하시는 집무실이다. 그리스도인이 할 일은 성령님께서 일을 더 많이 하실 수 있도록 기회를 제공해 드리는 것이다. "사람의 마음에는 많은 계획이 있어도 오직 야훼의 뜻이 완전히 서리라(잠19:21)." 그러기 위해서 하나님의 말씀을 늘 마음의 창고에 가득 채워놓아야 한다.

그림 7-5에 나타낸 것처럼 꿈은 목표를 낳고, 목표는 계획을 낳고, 계획은 행동을 낳는다.[177] 신자의 목표는 하나님이 그에게 보여주신 꿈에서 가지를 쳐 나온 것이다. 그 꿈의 기초는 말씀과 십자가이다.

영산은 그리스도인이 마음을 다스리는 방법에는 4가지가 있다고 한다.
첫째, 생각으로 마음을 조율: 하나님의 생각을 품어야 한다(말씀을 기초로 한 생각).
둘째, 꿈으로 마음을 조율: 하나님의 꿈을 품어야 한다(말씀을 이루는 꿈).
셋째, 믿음으로 마음을 조율: 하나님의 믿음을 가져야 한다(말씀을 순종하는 믿음).
넷째, 언어로 마음을 조율: 하나님의 말로 긍정적으로 고백해야 한다(말씀을 고백하는 말).[178]

---

176) 조용기, "야훼를 찾는 자는 모든 것에 부족함이 없다", 주일설교(2015-06-14).

177) 롤프 스미스(Rolf Smith)가 저술한 『변화의 7단계』(The 7 levels of change: The Guide Innovation in the World's Largest Corporation, 1997년, The Summit Publishing Group에서 출판)를 참조하라. 이 책에서는 계획 단계에서 변화과정을 7단계로 구분하여 설명한다. 1단계: 올바른 일을 하는 과정, 2단계: 일의 효율을 증가시키는 과정, 3단계: 현재의 일을 개선하는 과정, 4단계: 불필요한 일 없애는 과정, 5단계: 다른 사람의 일을 모방하는 과정, 6단계: 독창적으로 일하는 과정, 7단계: 무한도전의 과정.

178) 조용기, "마음성전", 주일설교(2007-10-14).

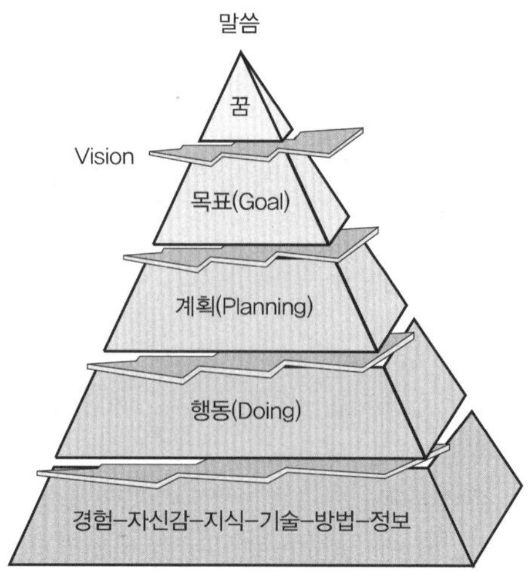

그림 7-5. 꿈과 말씀의 계층적 위치와 관계: 말씀과 성령은 꿈의 성취를 위한 최고 사령탑에 있다. 성령의 생각은 하나님의 꿈을 낳고, 꿈은 믿음을 낳고, 믿음은 입술의 선언을 낳아, 나아가 목표가 나오고, 계획이 주어지며, 그 계획은 행동을 낳는다. 최상위 요소에 '말씀'이 위치하여 하위 요소들을 위계적으로 조율하고 이끈다. 통합적으로 보면 '생각-꿈-믿음-말'은 친구처럼 상호연합하며, 하나의 목표를 지향한다. 성령님이 주시는 꿈과 환상을 가지고 나아가면, 진리의 성령님이 우리를 인도하신다(요16:13-14).[179]

이 4가지 원리를 통해서 인간은 하나님의 삶의 방식을 본받을 수 있다. 영산은 패배는 마음에서 시작되며, 모세가 가나안 땅 정탐을 위해 보낸 12명의 정탐꾼 중 10명의 마음의 패배를 그들의 생각, 자화상, 부정적 마음에서 온 것이라고 강조한다.[180] 인간이 품어야 할 궁극적 꿈이란 '하나님의 삶의 양식을 본받아 사는 삶'이다. "적은 무리여 무서워 말라 너의 아버지께서 그 나라를 너희에게 주시기를 기뻐하시느니라(눅12:32)." 성령이 이끄시는 삶을 살 때, 비로소 인간은 온전한 삶, 희망의 삶을 살 수 있다. 성령이 인도하시는 꿈을 품을 때, 신자는 천국을 지향하는 삶을 사는 것이다. 성령님은 신자가 '땅을 지향하는 삶'에서 벗어나 '천상을 지향하는 삶'으로 이끌어주신다.

---

179) 성령이 인도하시는 구체적 방법. a) 성령님께서 깨닫게 해주신다(눅24:32). b) 진리인 말씀의 확증을 구해야 한다. c) 마음의 평안을 주신다. d) 환경적으로 문을 열어 주신다. 참조. 조용기, 『성령론』, 서울말씀사(1998), 99-100.

180) 조용기, 『요약설교』, 서울말씀사(2012), 122-123. "패배자는 설 곳이 없다", 주일설교(2005-09-11). a) <u>그들은 생각에서 패배했다.</u> 이스라엘 백성이 광야 끝 가데스 바네아에 와서 12명의 정탐꾼을 가나안 땅에 보냈으나 여호수아와 갈렙을 제외한 10명이 패배적인 보고를 한 것에 하나님은 진노하셨다. 하나님이 창조한 사람은 영적존재요, 인격적 존재다. 생각의 패배는 곧 존재론적 패배이며, 인격의 하나님을 멸시하는 행위다. 생각이 부정적이면 삶에서 패배한다(민13:31-32). b) <u>그들은 자화상에서 패배했다.</u> 가나안 땅의 대장부에 비해 자기들은 스스로 메뚜기 같다고 자조했는데, 이처럼 패배자의 자화상을 가진 사람은 침몰하는 배와 같은 존재인 것이다(민13:32-33). 하나님은 환경을 보지 않고 우리의 중심을 보고 역사하시는 분이시다. 다윗은 골리앗보다 덩치가 비교할 수 없을 만큼 작았지만 하나님의 말씀을 붙들고 나가서 싸움에서 승리했다. c) <u>그들은 패배자의 믿음을 가졌다.</u> 믿음은 현실적 감각을 초월한 것이며, 불완전하지만 인간은 하나님과 같은 믿음을 가질 때 큰일을 할 수 있는 존재다. 그들은 "성이 높고 그곳 주민은 대장부라 그들을 칠 수 없다."고 보고했는데, 이처럼 하나님 관점에서 보지 않고 환경을 바라보는 것은 믿음이 아니다(신7:21, 민14:11). d) <u>그들은 패배자의 말을 했다.</u> 부정적인 말은 사람을 부정적 환경으로 몰아간다. 그들의 보고를 듣고 이스라엘 백성들이 울면서 차라리 "이 광야에서 죽었으면 좋았을 걸."이라며 하나님을 원망했으며, 결국 그러한 원망의 말이 씨가 되어 10명의 정탐꾼은 재앙으로 죽고, 이스라엘 백성들은 광야에서 죽었다(민14:1-3, 잠18:21).

성령은 하나님이 기뻐하시는 생각을 가져오며(롬8:5-6), 내일의 희망과 꿈을 품게 해주며(욜2:28), 믿음으로 담대하게 전진하게 해주며(막9:23), 긍정적이고 희망찬 믿음의 선포를 가능하게 한다(잠18:21). 꿈은 4차원의 기도를 통해 이뤄진다고 영산은 말한다. "우리는 꿈과 믿음과 입술의 고백 속에 응답받은 실상과 확신의 증거를 가지고 기도하는 것입니다."181) 진정한 희망의 삶이란 예수님을 믿으며, 예수님께 희망을 두며, 예수님을 가슴 저리게 사랑하며 순종하는 삶이다.182)

하나님은 우리 인간에게 다섯 곳의 신체 부위를 주어 하나님 자신의 삶의 방식을 본받도록 하셨다(표 7-2). 이 다섯 곳의 부위는 서로 밀접하게 연결된 채 서로 도와가며, 하나의 목표를 지향한다. 하나님을 향한 삶은 영혼육이 통전적으로 연합하는 삶이다.

표 7-2. 삶의 신체적 요소와 꿈의 성취와의 관계

마음	최고사령부	꿈과 비전을 담고 나머지 모든 부서를 관할한다.
두뇌	총괄사업부	사물을 바라보고, 철저히 분석, 평가, 판단한다.
눈·귀	정보사업부	온 세계를 바라보고 미래를 바라본다.
손	사업개발부	기회가 주어지면 바로 내 것으로 만든다.
발	추진사업부	세운 꿈과 목표를 향해 행동으로 실천한다.

다. 하나님은 목표를 가지고 우주를 경영하신다.

영산은 "나의 삶에 항상 꿈이 살아 있게 하여야 합니다. 마음에 분명하게 품은 꿈은 반드시 이루어집니다. 꿈을 마음에 기록하고 뜨겁게 소원하면 반드시 이루어집니다."라고 말한다.183)

벌겋게 달군 쇳덩이를 두드릴 때, 칼이나 낫이나 도끼같이 만들고자 하는 물건을 먼저 결정하고 두드려야 원하는 목표물이 나오는 것처럼 삶의 방향도 목표물이 분명해야 결과를 기대할 수 있다.184) 벌겋게 달군 쇳덩이 앞에서 최종 목표물을 머릿속에 먼저 상상하고 망치를 내리쳐야 한다.

영적 존재인 인간은 인격적으로 하나님과 사랑의 관계를 통하여 하나님의 뜻을 이 땅에 드러낼 수 있다.185) 그 과정에서 영적 기록과 기억은 신앙생활에 절대적 영향을 주는 요소들이다. 아우구스티누스(St Augustine)는 그의 『고백록』에서 '기억은 위대한 것'이라고 말했다. 기억하지 못하면 영성적 삶의 기회를 잃어버린다. 하나님은 기록의 중요성과 활용에 대해 말씀하신다.186) "야훼께서 모세에게 이르시되 이것을 책에 기록하여 기념하게 하고 여호수아의 귀에 외워 들리라(출17:14),"

---

181) 조용기, "사차원의 기도", 주일설교(2012-02-05)
182) 조용기, "그의 나라와 그의 의를 먼저 구하라", 주일설교(2011-02-27).
183) 조용기, "꿈꾸는 자가 오도다", 주일설교(2014-04-27).
184) 조용기, 『21세기를 선도하는 영적 지도자』, 서울말씀사(2000), 210-214.
185) 하나님의 뜻을 찾는 지식. a) 성경을 통하여(롬2:18, 10:17), b) 성령님의 인도로(눅1:35, 행9:3-7, 마11:27, 빌2:13), c) 환경을 통하여(베드로와 고넬료의 만남, 행10:19-20). 참조. 조용기, "하나님의 뜻이 있는 곳에 길이 있다", 주일설교(2005-03-06).
186) "종이에 적어서 그것을 여러분의 책상 앞에 붙여놓고 늘 보고 읽고 꿈꿔야 합니다. 기록만큼 큰 힘이 있는 것이 없습니다. 사람들은 그냥 백일몽을 꿀 때가 많습니다. 전부 헛된 일입니다. 꿈은 반드시 구체적이어야 되고, 마음에 분명히 새겨야 하고, 종이에 적어 여러분이 읽어야 하는 것입니다." 참조. 조용기, "변화와 기적을 가져오는 믿음", 주일설교(2009-07-12).

신명기에는 '기억하라'라는 말이 30번 이상 언급된다. 인간은 망각의 존재임을 하나님이 너무나 잘 아시기 때문이다. 그래서 목표를 정했으면, 기록해놓고 잊지 않게 반복해서 보아야 한다. 영산은 "하나님이 주시는 꿈과 비전을 삶의 확고한 목표로 삼을 때 우리는 진정한 성공자가 됩니다."라고 말한다.[187] 삶의 효율을 증가시키려면 목표를 적어놓고 분명하게 볼 수 있어야 한다. 바울은 하나님이 기뻐하시는 일을 자신의 삶의 목표로 삼았다. 그는 목표의식이 분명했다. 하나님이 위에서 부르신 부름의 상을 위하여 그는 목표만을 바라보고 달려갔다(빌3:14).

심리학자 프로이트(Sigmund Freud)는 "목표설정은 위험하다. 목표가 달성되지 않으면 자존감이 훼손되기 때문"이라고 말한 반면, 정신과 의사인 빅터 프랭클(Viktor Frankl)은 "목표를 설정하지 않는 것이 목표달성을 못하는 것보다 위험하다"고 주장했다.[188] 리더십개발 전문가 폴 마이어(Paul Meyer)는 "모든 것을 실현하고 달성하는 열쇠는 목표설정에 있다. 나의 성공의 75%는 목표설정에서 시작되었다"고 말했다. 그는 "꿈은 정적인 생각이고 목표는 움직이는 행동"이라고 강조한다.[189] 예수님을 따르는 자마다 인생의 새로운 목표가 주어졌다(마28:16-20). 예수님은 12제자를 키우는 목표를 가졌다면, 그의 제자들의 목표는 다른 사람들을 예수 그리스도의 제자로 만드는 것이었다.

목적이 있는 삶은 분명한 꿈을 추구하는 자가 되고, 꿈을 품으면 삶의 목표가 생겨 삶의 단순화가 일어난다.[190] 하나님의 나라와 의를 먼저 구하면 삶의 단순화가 일어난다. 따라서 그리스도인이 품어야 할 명제적 진리는 "너희는 먼저 그의 나라와 그의 의를 구하라 그리하면 이 모든 것을 너희에게 더하시리라(마6:33)"는 말씀이다.

삶의 제1의 목표를 정하면, 그때부터 삶의 단순화가 일어난다. 영국의 의회에서 노예무역폐지법안 통과에 주도적인 역할을 했던 윌리엄 윌버포스(William Wilberforce)는 일기장에 이렇게 썼다. "전능하신 하나님이 내 앞에 두 가지 목표를 두셨다. 하나는 노예무역을 폐지하는 것이고 다른 하나는 영국사회의 도덕성을 회복하는 일이다." 훗날 그가 세운 목표대로 이루어졌다. 그가 죽기 며칠 전 의회는 영국 영토 내의 모든 노예를 해방한다고 발표한 것이다. 우리가 선을 행하되 낙심하지 않으면 때가 이르면 거두게 된다(갈6:9).

꿈은 없는 것을 있는 것처럼 바라보는 능력을 가지고 있다. 또한 꿈은 목표를 낳는다.[191] 폴 마이어(Paul J. Meyer)는 목표성취를 위한 가이드라인을 다음과 같이 제시한다.

---

187) 조용기, "삶의 푯대와 인생", 주일설교(2008-04-20).
188) "목표가 없으면 일의 우선순위를 매길 수 없다. 그렇게 되면 항상 바쁘다고 말한다. 대개 목표가 없는 사람은 우선순위가 없어 바쁘다는 말을 많이 한다." 참조. 곽종운, 『플러스 인생을 경영하라』, 예영커뮤니케이션(2002), 42.
189) 최고의 경영전문가인 피터스(Peters)는 경영차원에서 볼 때 "진실성(intergrity) 안에서 동분서주하는 대담한 비전이 '성공'보다 중요하다."고 강조한다. 참조. 톰 피터스(Tom Peters), 『미래를 경영하라』(Re-Imagine), 21세기북스(2005), 29.
190) 삶의 단순화는 삶의 목적과 연관이 깊다. 삶의 단순화는 내 안에 꿈이 분명할 때 가능하다. 참조. *Simplify Your Life: 100 Ways to Slow Down and Enjoy the Things That Really Matter*(Elaine St. James 저, 1994), *Simplify Your Life: Get Organized and Stay That Way*(Marcia Ramsland 저, 2004)를 참조하라. 또한 국내 번역본으로는 "단순하게 살아라"(베르너 티키 퀴스텐마허, 로타르 자이베르트 저, 유혜자 역, 2002)를 참조하라. 이 책에는 '물건들을 단순화시켜라', '재정상태를 단순화시켜라', '시간을 단순화시켜라', '건강을 단순화시켜라' 등의 내용이 구체적으로 설명되어 있다. 그리스도인으로서 삶의 단순화는 삶의 목적을 분명하게 세울 때 가능하다(엡1:4). 성도가 이 땅에서 살아야 할 삶은 거룩함이요, 완전함의 영성에 도달하는 것에 있다(마5:48).

첫째, 당신의 생각을 구체화시켜라

둘째, 목표기한을 정해 놓고 일하라

셋째, 당신의 인생에서 원하는 것을 얻기 위해 불타는 열정을 품어라

넷째, 자신감과 능력을 개발하라[192]

마지막으로, 확고한 결정능력을 키워라.

목표는 한꺼번에 이루어지지 않는다. 중요한 것은 나 자신 안에 목표가 있느냐 없느냐이다. 바라보는 목표가 정해졌으면, 무슨 일을 해도 무슨 말을 해도 예수 이름으로 해야 한다(골3:17). 또한 목표를 바라보았으면, 이미 이뤄진 모습을 상상하고 꿈꾸고 고백해야 한다. 보이지 않는 말씀이 인간의 마음을 통해서 나타나기 위해서는 우선적으로 생각, 꿈, 믿음, 입술의 고백이 말씀으로 채워져야 한다.[193]

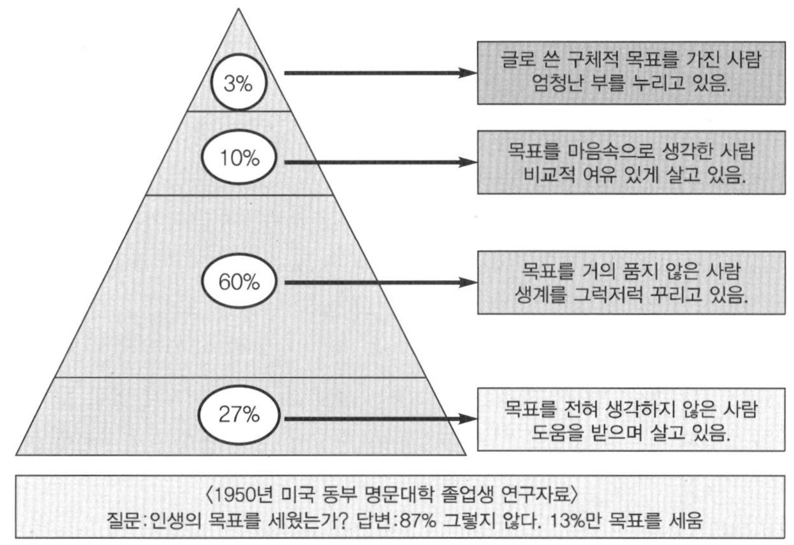

그림 7-6. **목표설정의 중요성**: 하나님은 좋으신 하나님이시며(마7:11), 인간에게 희망을 주어 창조적 삶을 살게 하신다. 인간의 마음은 새로운 세계를 지을 수 있는 보고(寶庫)다.[194] 꿈이 없으면 목표의식이 없으므로, 삶에 대한 사랑도 강한 도전 의식도 없다. 꿈이 있어야 강하고 담대한 믿음의 모험을 할 수 있다(히10:38).[195] 하나님의 사랑은 우리가 좋은 열매를 맺을 것을 기대하시므로, 우리가 하나님의 사랑에 의지하면 이상적인 미래를 꿈꿀 수 있다.[196]

---

191) 영산은 인생의 목표에 대하여 다음과 같이 말한다. "목표는 삶에 방향을 제시해줍니다. 인생의 실패자의 공통점은 목표가 없다는 것입니다(삶의 방향). 목표가 있어야 달려갈 의욕이 생깁니다(뜨거운 열정). 목표가 있어야 얼마나 성취했는지 잴 수 있습니다(측량화). 목표가 있어야 없는 것을 있는 것처럼 말할 수 있습니다(상상력)." 조용기, "바울의 성공적인 삶의 비결", 『요약설교』, 서울말씀사(2003), 1-40.

192) "인생의 자신감은 이미 알려진 사실로서 아는 것이 아니라 스스로 행동할 때 소유하게 되는 원초적인 느낌 같은 것이다." 다음 책을 참고하라. 곽종운, 『4차원 인생의 힘』, 성안당(2007), 110.

193) 조용기, "삼중축복", 주일설교(2012-01-08).

194) 조용기, "꿈, 희망, 용기를 갖고 살아라", 주일설교(2011-01-23).

195) 조용기, "주님과 함께 살기 위하여", 주일설교(2009-02-01).

그림 7-6처럼 목표를 적어놓고 일생을 산 사람은 잘 살게 되고, 그렇지 못한 사람들은 부유하지 못했음이 통계적으로 밝혀져 있다. 3%는 글로 목표를 쓰고, 10%는 마음속에 목표를 새기고, 나머지는 목표 없이 그럭저럭 인생을 산다는 것이다. 구약성경에 등장하는 야곱은 구체적인 목표를 가진 전형적인 사람이었다. 그는 나뭇가지를 꺾어놓고, 매일 양들이 물을 먹을 때 이를 보게 했고, 자신도 계속적으로 성취될 모습을 꿈꾸고 바라보았다. 그는 나뭇가지로 그림글자를 써놓고 날마다 바라본 것이다(창30:37-39).

4.3. 꿈의 초월성: 시그모이드 모델

영산의 마음 지평선에는 언제나 십자가가 뻗어 있다. "여러분은 갈보리 십자가를 발견했으므로 그 밑에 캠프를 치고 아예 십자가를 쳐다보고 살아야 되는 것입니다. 십자가에 대해 깨달으면 깨달을수록 여러분께서 그것을 믿게 되고, 말로 고백하는 순간 기적이 생성되는 것입니다. 십자가를 걸머지고 사는 인생은 절대로 패배하지 않습니다."197) 그는 십자가를 바라보며 사역 반세기를 걸었다. 십자가 그 자체가 영산에게는 꿈이었다. 그는 십자가 안에서 성령과 함께 교제하고, 꿈꾸고, 사역하였다.

꿈이란 하나님의 뜻을 이루는 것이요(빌2:13), 착한 일을 하는 것이요(빌1:6, 딛2:10, 14), 선한 열매를 맺는 일이다(요15:5). 다시 말해, 꿈은 하나님 세계의 궁극의 질서를 찾아가는 은혜의 길이다. 영적 꿈은 내 삶 안에 내재하면서도, 동시에 삶을 초월해서 삶 자체를 이끌어가는 속성을 지니고 있다.

하나님의 일은 초월성과 내재성의 속성을 가진다. 꿈은 내 자신의 일을 구하는 것이 아니라 예수님의 일을 추구해야 한다. 바울은 "저희가 다 자기의 일을 구하고 그리스도 예수의 일을 구하지 아니하되(빌2:21)"라며 방향이 잘못된 꿈을 지적한 바 있다. 영적인 일은 현실을 초월하면서도, 삶 속에서 일어난다. 그리스도 예수의 마음을 품은 자는(빌2:5) 하나님 아버지께 영광 돌리는 일을 하는 자다(빌2:11). 나에게 맡겨진 예수님의 일은 견고함과 헌신과 오래 참음을 요구한다(골1:11).

영산은 "하나님은 우리 마음에 계십니다. 마음하늘을 잘 지키면 성령이 새로운 세계를 만드는 장소가 됩니다."라고 말한다.198) 마음은 꿈을 이루는 장소다. 하나님의 뜻을 따르는 꿈은 '아버지의 마음을 배워가는 영성코스'다. 예수님을 믿으면 새로운 피조물이 되고(고후5:17), 새로운 국적을 얻고(골1:13), 새로운 지위가 생기고(엡2:5-6), 새 생명을 얻어(요3:16), 마음궁궐에 꿈의 사령부가 설치된다. 즉 예수님이 신자의 마음궁궐로 이사를 오셔서, 내 삶의 주인으로 살게 된다(갈2:20).

꿈은 사람들의 '비합리적인 생각'을 '합리적인 생각'으로 전환시켜주는 역할을 한다. 노벨 물리학상 수상자인 겔만(Gell-Mann)은 다음과 같은 어록을 남겼다. "입자들이 모두 생각을 할 수 있다면 물리학이 얼마나 어려워질까? 물리학의 '입자'가 경제학에서는 바로 '인간'이다. 그들은 '생각'을 한다. 그것도 저마다 다르고 자주 비합리적이다."

---

196) 조용기, "꿈, 희망, 용기를 갖고 살아라", 주일설교(2011-01-23).
197) 조용기, "마음 지키기", 주일설교(2013-10-06).
198) 조용기, "마음하늘", 주일설교(2013-04-07).

꿈은 지속적으로 합리적인 생각을 품고 살도록 해준다. 미국 듀크대의 경제학 교수 댄 에리얼리(Dan Ariely)은 『행동경제학』에서 "정상을 향하여 도전하는 사람은 뇌에 항상 전구가 켜져 있다"고 말한다. 꿈을 가지고 산다는 것은 뇌에 항상 전등불을 켜주는 효과를 발휘한다. 이처럼 꿈은 인간에게 중요한 것이다. 꿈은 정상을 향해 올라가는 등산가와 같다. 정상으로 가는 사람은 삶이 대체적으로 단순하다. 그림 7-7의 시그모이드 곡선(Sigmoid curve)에서 보는 것처럼 출발지점에서 20-50% 구간은 아주 힘들다.[199]

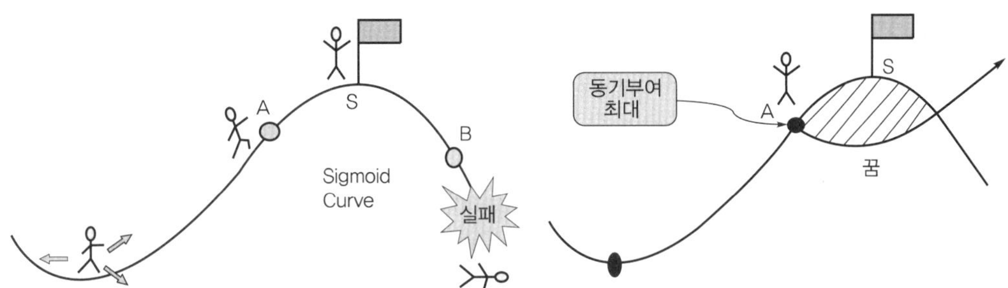

그림 7-7. 꿈의 시그모이드(Sigmoid) 곡선: 진정한 꿈이란 예수 그리스도의 일이다. 그것은 현실을 초월하면서도 현실 안에서 이뤄진다. 꿈의 시그모이드(Sigmoid) 곡선은 하향선을 그리지 않고 상향선을 그려가는 특징이 있다. A점에서 또 다른 꿈을 바라보는 것이 중요하다. 꿈 너머 꿈을 꾸는 것이다. 정상 S에서 꿈을 꾸면 늦어서 실패할 수 있다. 영산은 언제나 꿈 너머 꿈을 꾸는 사람이었다. 꿈은 믿음의 사람을 만든다. 그는 믿음으로 사는 차원 높은 삶을 이렇게 서술한다. "믿음의 세계는 감각적이고 이성적이며 체험적인 세계를 뛰어넘습니다(히10:38). 따라서 없는 것을 있는 것 같이 바라보고 믿을 때, 마귀가 주는 두려움의 텃밭에서 감각적이고 현실적인 마귀의 공격을 대응할 수 있습니다(벧전5:8-9). 예수님이 우리 마음에 있으면, 삶을 살아갈 이유를 알게 되고 내일에 대한 꿈과 희망을 갖게 됩니다. 담대한 삶을 살면 예수님이 함께 하십니다(시91:1-7, 고후4:7-10)."[200]

영산은 처음 천막교회를 개척할 때 5명으로 시작했다. 천막교회 시절에도 그는 온 천하를 은빛 날개를 타고 복음을 전하는 꿈을 꾸며, 마음속에 분명한 목표를 세웠다.[201] "나는 세계 최대의 교회를 세우겠다. 나는 전 세계를 다니며 복음을 증거하겠다."

---

199) 시그모이드 곡선(Sigmoid curve)은 수학에서 나오는 이론이다. 일명 S곡선으로 불리는 이 곡선은 경영, 상품, 개발 등 다양한 분야에서 적용되고 있다. 요지는 하나의 기술이든 상품이든 경영기법이든 성장곡선은 이상점(ideal point)에 도달했다가 하향곡선을 달리기 때문에 상향곡선 80% 근방에 도달하면 새로운 기술의 개발, 새로운 상품, 새로운 경영기법, 새로운 꿈을 설정하여 도전해야 한다는 것이다. 임의의 곡선 정상에 도달한 후 새로운 것을 시작할 때에는 이미 늦었다는 것이다. 이 S곡선은 하나의 사건에 대하여 수명 궤적을 추적하는 데 매우 유익하다. 영산은 어떤 일을 추진하든 시작된 일의 80%에 도달할 때쯤이면 다른 프로젝트를 시작했다.

200) 조용기, "나는 왜 예수님을 믿느냐", 주일설교(2011-05-22).

201) 그 당시 꿈같은 말을 하자 모든 동료들이 비웃었다고 그는 회고했다. 한때 고작 할머니 1명을 놓고 설교했던 그가 마음속에 온 천하를 향해 비행기를 타고 복음을 전하는 꿈을 꾸다니! 그것은 정말 꿈같은 일이었다. 그러나 반세기의 세월이 지난 후 지구를 총 120회나 돌았고, 세계 40대 도시들을 다니면서 부흥회를 인도했다. 큰 집회에서는 한번에 30만 명에서 100만 명까지 군중이 모였다. 꿈이 현실로 나타난 것이다. 훗날 그는 이렇게 회상한다. "그 꿈은 하나님이 주신 것이지 내가 꾼 꿈이 아닙니다. 성령님이 그 모든 꿈을 성취하도록 인도해주시고 도와주신 것입니다. 성령님은 언제나 꿈이 현실이 되도록 도와주셨습니다. 내가 한 게 하나도 없어요."

사람들은 중요한 임무를 끝낸 다음에 이전 단계와 관련된 사항들을 잊어버리는 경향이 있다. 심리학자들은 이를 두고 '완성 후 오류(postcompletion error)'라고 부른다.202) 자동차 주유 후 뚜껑을 두고 가는 것이나, 카드로 돈을 인출하고 카드를 두고 오는 것이 그러한 예다. 영산에게는 완성 후 오류라는 게 있을 수 없었다. 그 이유는 하나의 프로젝트가 80% 정도 됐다 싶으면, 어김없이 연관된 일을 연이어 벌였기 때문이다. 인간은 일평생 배우며 앞을 향해 나아가야 하는 존재다. 인간은 평지에 머무는 존재가 아니라, 끝없이 더 높은 진리의 지평을 향해 달려가야 하는 존재다.

영산은 언제나 하나의 비전을 마무리하기 전에 또 다른 새로운 비전을 제시해서 성도들을 다시 생각으로, 마음으로, 말로, 이미지로 하나로 만들었다. 그것은 그의 독특한 방법이었고, 비전형 리더로 성장해가는 외길이기도 했다. 언젠가 영산은 설교시간에 이렇게 고백한 적이 있다. "지난 50년 동안 목회하면서 단 한 번도 휴가를 간 적이 없습니다. 꿈을 향해 달리다보니 쉴 틈이 없었어요. 지금도 쉴 생각은 전혀 없습니다. 아직도 저는 꿈속에서 살고 있습니다."

우리가 꿈을 정해놓고 달려갈 때 80% 능선에 도달할 때쯤이면 또 다른 높은 산을 꿈꾸고 달려가야 한다. 꿈을 품을 때 하나의 고지만 점령하는 것은 일회성 꿈이다. 꿈은 연속성이 있어야 하고, 일생동안 변함없는 가치를 가지고 달려가야 한다(히13:8). 노아는 일생동안 배 만드는 꿈을 버리지 않고, 그것을 가슴속에 품고 외길을 달려갔다. 모세도 바울도 그랬다. 꿈 넘어 또 꿈을 꾸는 것은 인간이 정상에 도달하면, 안일해지고 곧바로 퇴보하기가 쉽기 때문이다.

4.4. 꿈의 언약성: 야곱의 꿈 모델

인간은 하늘과 땅에 연결되어 있는 이중적 존재다.203) 따라서 인간이 인간답게 살려면, 하늘과 땅을 연결하는 말씀으로 사는 꿈을 품고 살아야 한다.

4차원영성은 '삼위 하나님의 실존방식'을 말씀 안에서 내 삶의 자리 한가운데서 본받아 가는 영성이다. 하나님은 자신의 삶의 원리와 방식을 인간에게 깨우쳐주시고 알려주셔서, 스스로의 소원을 점진적으로 성취해가신다. 하나님은 야곱의 삶을 4차원영성적 삶의 대표적인 사례가 되게 하셨다.

야곱은 하란으로 가는 길에서 돌베개를 베고 잠을 자던 중에 꿈을 꾸었다: "꿈에 본즉 사닥다리가 땅위에 섰는데 그 꼭대기가 하늘에 닿았고 또 본즉 하나님의 사자가 그 위에서 오르락내리락하고 또 본즉 야훼께서 그 위에 서서 가라사대(창28:12-13)." 그는 꿈속에서 3가지를 보았다. 첫째, 땅과 하늘을 잇는 사닥다리를 보았다. 둘째, 천사들이 사닥다리 아래로 위로 다니는 것을 보았다. 셋째, 야훼께서 그 위에 서 계신 것을 보았다. 그리고 하나님은 야곱에게 땅과 자손의 축복을 주셨다. 즉 "너 누운 땅을 내가 너와 네 자손에게 주리니 네 자손이 땅의 티끌같이 되어서 동서남북에

---

202) 완성 후 오류에 대하여는 *Nudge: Improving Decisions About Health, Wealth, and Happiness*(Cass R. Sunstein & Richard H. Thaler, Penguin Books, 2009)을 참고하라. 완성후 오류(postcompletion)개념은 인간의 삶에 허점 투성이가 많다는 것을 포함하고 있다. 무슨 일을 끝내고 나면 이전단계에 관계된 일들이나 물건들을 쉽게 잊어버린다는 것이다. 이를테면 비올 때 우산을 택시에 가지고 탔다가 내릴 때 비가 오지 않으면 그냥 내리는 경우나, 출입할 때 맡긴 신분증을 두고 오는 경우나 복사 후 원본을 두고 오는 경우 등 허다하다.

203) David G. Benner, *Soulful Spirituality*, Brazos Press(2011), 30.

편만(창28:13-14)"할 것이라고 약속하셨다. 하나님은 또한 야곱에게 3가지 약속을 구체적으로 하셨다. a) 보호의 약속: "내가 너와 함께 있어 네가 어디로 가든지 너를 지키며(창28:15)." b) 귀환의 약속: "너를 이끌어 이 땅으로 돌아오게 할지라(창28:15)." c) 보증의 약속: "내가 네게 허락한 것을 다 이루기까지 너를 떠나지 아니하리라(창28:15)."

이 모든 말씀은 야곱에게 그대로 임했다. 즉 4차원 하나님의 꿈은 야곱의 3차원 삶의 자리에서 그대로 성취되었다. 꿈은 말씀을 현재의 삶 속에서 실현하는 능력을 지니고 있다. 꿈을 주고 그것을 실현시키는 주체는 바로 하나님이시다. 하나님은 하늘에서 꿈을 만드셔서 사닥다리로 내려보내주셨다. 야곱은 그 꿈을 받아 땅에서 성취했다. 3차원의 이 땅은 하나님의 영적세계를 펼치는 무대이다. 야곱은 그 꿈을 땅으로 연결하는 무대 위의 배우이다. 하나님은 그 모든 과정을 총괄하며 지휘하시는 감독자이시다.

야곱의 꿈모델 특성을 요약하면 다음과 같다.
   a) <u>하나님 중심의 꿈</u>: 야곱은 인간의 꿈이 아니라 하나님이 내려주신 꿈을 품었다.
   b) <u>꿈의 구체화</u>: 하나님은 땅과 자손의 축복에 대해 분명히 꿈을 이루겠다고 하셨다.
   c) <u>위험에서 보호하심</u>: 하나님이 그 꿈을 성취하는 데 보호해주신다고 약속하셨다.
   d) <u>꿈의 보편성</u>: 땅의 모든 족속이 야곱과 그 자손으로 인해 복을 누리게 된다고 말씀하셨다.
   e) <u>하나님이 동행하심</u>: 하나님은 꿈의 성취를 도와주고 완성될 때까지 동행해주신다.
   f) <u>대화창구 단일화</u>: 땅과 하늘 사이의 사닥다리는 대화 창구가 오직 하나임을 말해준다.
   g) <u>꿈에 대한 야곱의 응답</u>: 꿈의 성취에 대한 간절한 마음의 서원을 하나님께 전달한다.

꿈의 주체는 하나님이시고, 인간은 무대 위에서 연기만 할 뿐이다. 꿈의 창조적 역사는 오직 하나님의 몫이다. 그런 차원에서 보면, 꿈은 하나님이 신자들에게 은혜를 베풀고 열매를 맺어가는 거룩한 과정이다. 그리스도와 연합된 우리는(고전6:17) 성령 안에서 모든 것을 추구해야 한다.

4.5. 꿈의 행동성: KDG(Knowing-Doing Gap)의 최소화

영산은 "행동하는 믿음이 없는 종교는 의식에 묶인 박제품과 같습니다."라고 말한다.[204] 꿈은 하나님의 뜻을 인간에게 전달해주는 거룩한 의식이다. 인간은 말씀을 통해 하나님의 뜻을 알 수 있다. 하나님은 우리가 말씀을 앎에 그치지 않고, 우리의 삶 속에서 말씀의 행함에 관심을 갖고 계신다. 즉 노잉-두잉 갭(KDG)을 최소화하여 말씀에 기초해서 하나님의 뜻을 행하는 삶을 원하신다. 하나님의 뜻은 내가 어떤 일을 선택할지라도, 내 삶의 자리에서 하나님께 감사, 찬양, 영광을 드리는 것이다(골3:17). 하나님의 뜻은 우리의 삶 가운데서 매 순간 나타나야 한다. 즉 내 삶의 자리에서 거룩함을 구체적으로 나타내는 것이 하나님의 뜻이다. 하나님의 뜻은 '거룩함(살전4:3)'에 있다. 모든 꿈의 지향점과 정점은 하나님의 거룩함과 의로움에 동화되어가는 것이다. 인간은 마지막 순간까지 예수 그리스도의 거룩한 성품을 닮아가야 한다(갈4:19).

---

204) 조용기, "살아있는 믿음", 『요약설교』, 서울말씀사(2012), 135.

영산은 "믿음으로 행하기 위해서는 먼저 십자가를 통하여 하나님과 우리 사이에 사랑의 관계가 이루어져야 하며, 하나님을 섬기고 순종해야 하며(삼상15:22-23), 나의 신분을 분명히 알아야 하며, 하나님의 뜻을 따르고 성령님의 인도하심을 받아야 합니다."라고 요약해서 말한다.205) 예수의 영과 합한 자는(고전6:17) 그의 안에 부활의 예수 그리스도 영이 계셔서 초월적인 일을 행할 수 있다. 예수님은 "내가 진실로 진실로 너희에게 이르노니 나를 믿는 자는 내가 하는 일을 그도 할 것이요 또한 이보다 큰 것(요14:12)"도 할 것이라고 약속하신다. 예수님이 '아버지께서 내 안에 계시고 내가 아버지 안에 있음을' 행함으로 보여주셨듯이, 중생한 자는206) 일을 행함으로써 하나님을 드러내어야 한다. 예수님도 일을 통해서 아버지의 존재를 드러내셨다. "만일 내가 내 아버지의 일을 행하지 아니하거든 나를 믿지 말려니와 내가 행하거든 나를 믿지 아니할지라도 그 일은 믿으라 그러면 너희가 아버지께서 내 안에 계시고 내가 아버지 안에 있음을 깨달아 알리라(요10:37-38)."

인간은 선한 일을 할 수도, 악한 일을 할 수도 있다. 선악의 택일은 자신의 마음과 생각에 달려 있다. 성경은 "선한 일을 행한 자는 생명의 부활로, 악한 일을 행한 자는 심판의 부활로 나오리라(요5:29)"고 말한다. 그리스도인은 하나님의 뜻을 이뤄야 할 존재요, 내 안의 의(義)로 새로운 인격을 빚어내야 할 거룩한 의무를 지닌 존재다. 예수님은 철저하게 하나님의 삶의 방식을 따라가는 분이셨다. 삶의 진정한 양식은 삼위 하나님의 존재양식을 따라가는 것이다. 예수님 스스로 "내가 하늘에서 내려온 것은 내 뜻을 행하려 함이 아니요 나를 보내신 이의 뜻을 행하려 함이니라(요6:38-39)"고 선언하셨다. 거듭난 인간은 누구든지 십자가에 자기의 죄를 못 박고 의로 거듭난 자요, 하나님 앞에서 "주여! 나는 죄에 대하여 죽은 자요, 의로 살고 있는 자입니다. 저에게는 별로 고쳐서 쓸 만한 것이 없습니다. 이것저것 다 손상되었습니다."라고 겸손의 고백을 할 수 있어야 한다.207) 그래야 하나님이 우리 마음의 처소에 들어와 새로운 일을 행하실 수 있다. 이사야서는 "보라 내가 새 일을 행하리니 이제 나타낼 것이라 너희가 그것을 알지 못하겠느냐 정녕히 내가 광야에 길과 사막에 강(사43:19)"을 낼 것이라고 말한다.

예수님은 불쏘시개 역할을 하러 이 땅에 오셨다. 거듭난 그리스도인은 예수님처럼 복음전파의 불쏘시개 역할을 할 수 있어야 한다. 또한 바울처럼 자신의 삶의 자리에서 복음전파의 꿈을 꾸는 자가 되어야 하고, 반드시 행함이 있는 자가 되어야 한다. "내가 불을 땅에 던지러 왔노니 이 불이 이미 붙었으면 내가 무엇을 원하리요(눅12:49)." 중생한 자는 바울처럼 "내가 복음을 위하여 모든 것을 행함은 복음에 참여하고자 함이라(고전9:23)"고 선언할 수 있어야 한다.

---

205) 조용기, "믿음으로 행하고 보는 것으로 하지 않음", 『요약설교』, 서울말씀사(2012), 131.

206) '성령으로 거듭남'은 성령님이 우리 속에 들어와 주인이 되심을 말합니다. 즉 사탄의 자식에서 하나님의 자녀로 태어난다는 말입니다. 그 결과 우리는 하나님을 아버지로 부르게 됩니다(롬8:6, 갈4:6)." 참고. 조용기, 『오중복음과 삼중축복』, 서울출판사(2008), 73.

207) 영산은 성령과 일하기 위해서 겸손하라고 말한다. "성령님께 나아갈 때 필요한 태도는 겸손입니다. 성령께서는 인격을 지니신 분이기 때문에 겸손한 자세로 나아갈 때 성령과 동거하는 삶을 살 수 있습니다." 참조. 조용기, 『나는 이렇게 기도한다』, 서울말씀사(2011), 43.

배움의 최종 결산은 행동이다. 바울은 "너희는 내게 배우고 받고 듣고 본 바를 행하라(빌4:9)"고 가르친다. 인간은 자신의 영적 행동으로 말미암아 삶의 본질적 가치를 빚어낼 수 있다. 바울은 "위엣 것을 행각하라(골3:2)"고 권면한다. 예수 그리스도는 죄와 영원한 죽음에 놓여 있는 인류에게 죄사함과 영원한 생명을 주시려고 이 땅에 오셨다. 따라서 구원받은 성도는 내 삶의 자리의 최전선에 하나님의 말씀을 심어서 구원의 열매를 맺어야 한다. 영산은 "하나님은 우리를 통하여 역사하십니다. 따라서 우리는 하나님이 사용하시는 그릇이 되어야 합니다. 그저 막연한 요행만 바라는 것은 신앙이 아니고 미신입니다."라고 말한다. 영산은 다윗이 골리앗을 이긴 3가지 이유를 이렇게 요약한다.

첫째, 다윗은 꿈꾸는 사람이었다. 그는 골리앗을 곰과 사자에 비유해서 꿈꾸었다.

둘째, 담대한 고백을 했다.

셋째, 그는 믿음을 실천에 옮겼다. 그는 하나님을 믿고, 목숨을 건 모험을 했다.[208]

꿈이 있는 자는 믿음을 가질 수 있고, 다윗처럼 창조적인 말을 고백할 수 있다. 다윗은 말만 한 것이 아니라, 말을 행동으로 옮겼다(빌4:9). 행동에 옮기지 않으면, 아무 일도 생기지 않는다. 행동하지 않으면, 하나님의 관여와 도움을 기대할 수도 없다. 기드온이 300명을 데리고 미디안 백성을 쳐들어갔을 때 하나님의 역사가 나타났다. 나의 인생 경험에 비추어 볼 때, 그리스도인의 삶은 말씀과 믿음에 기초한 변함없고 한결같은 열정으로 가득해야 한다.[209]

꿈을 정하면 거기에 상응하는 목표를 세워야 한다(그림 7-8). 꿈의 최종목표는 인류구원, 즉 하나님 나라의 확장이다(요6:40, 딤전2:4). 무엇보다 목표를 잘 성취하기 위해서 성경은 다음과 같이 가르친다.

a) 의사전달 능력: "내가 내 말을 네 입에 두었노라(렘1:9)."

b) 시간관리 능력: "세월을 아끼라 때가 악하니라(엡5:16)."

c) 기록 능력: "이것을 책에 기록하여(출17:14, 출34:27)."

예수님께서도 계획하고 실천으로 옮기는 것을 강조하셨다.[210]

---

208) 조용기, 『291요약설교』, 서울말씀사(2003), 5-12.

209) 삶은 행동에 옮기는 자의 것이다. 1970년대 나는 돈이 없어 상업고등학교 야간부에 다녀야 했다. 당시 따뜻한 방에서 잔다는 것은 나에게는 사치였다. 추운 겨울밤에도 연탄을 피우지 못해 방바닥은 얼음장처럼 차가웠다. 그래서 열이 나는 백열전구를 이불 속에 넣고 잘 때가 한 두 번이 아니었다. 공기가 차단된 이불 속에서 백열전등을 켜면, 그 안이 따뜻했기 때문이다. 한번은 '퍽' 소리에 놀라 이불을 들쳐보니 전구가 깨져 있었다. 지금 생각해 보면, 매우 위험한 행동이었다. 나는 고등학교 시절부터 성공을 간절히 바랐다. 낮에는 벽돌공장에서 일했고, 밤에는 야간 실업고등학교에서 공부했다. 정말 간절히 성공을 원했다. 대학시절에는 방황과 절망의 나날들을 보내기도 했다. 그러나 새벽까지 열정을 품고 정말 열심히 공부했다. 책을 살 돈이 없어 주로 도서관에서 빌려 공부했다. 그 덕택에 20대에 공학박사 학위를 취득하게 되었다. 그저 희망을 품고 열심히 앞만 보고 나아갔더니, 어느 날 졸업식장에 앉아 있게 되었던 것이다. 공부가 좋거나 즐거워서 한 것도 아니었다. 다만 열정을 품고 성공을 간절히 원하며 끊임없이 노력했을 뿐이었다. 열정과 노력과 인내와 성공은 서로 밀접하게 관련되어 있다.

210) "너희 중에 누가 망대를 세우고자 할진대 자기의 가진 것이 준공하기까지에 족할는지 먼저 앉아 그 비용을 예산하지 아니하겠느냐 그렇게 아니하여 그 기초만 쌓고 능히 이루지 못하면 보는 자가 다 비웃어 이르되 이 사람이 공사를 시작하고 능히 이루지 못하였다 하리라(눅14:28-30)."

기독교는 기적을 믿는 종교다.211) 영산은 기적에 관하여 다음과 같이 말한다. "기독교는 기적의 종교입니다. 우리는 예수님의 기적적인 동정녀 탄생을 믿습니다. 예수님의 기적적인 생애와 그의 십자가의 죽으심과 기적적인 부활과 승천을 믿습니다. 우리 가운데 하나님의 성령의 기적적인 임재하심을 믿습니다. 기적이 없는 것은 기독교가 아닙니다. 예수님을 믿는 하나님의 백성은 기적이 일어날 것을 반드시 믿어야 합니다."212)

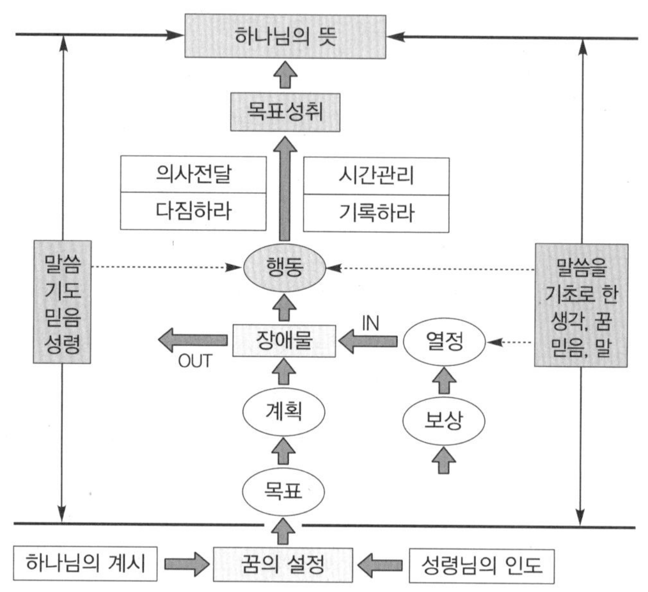

그림 7-8. 꿈과 목표의 구조적-역동적 해석학: 4차원영성과 꿈의 행동화는 밀접한 관계가 형성된다. 성령님은 인간의 KDG(knowing-doing gap)를 줄여 하나님 자신의 꿈을 이루기를 원하신다. 영산은 "우리는 하나님께서 주신 모든 은혜의 축복을 생각하고, 꿈꾸고, 믿고 확신하여 그것이 현실화되도록 기도해야 합니다. 하나님께서 우리에게 주신 보배인 마음을 지키며 주신 복을 유지하는 방법은 없는 것을 있는 것으로 마음속에 늘 그리며 고백하는 것입니다. 또한 믿음으로 이루어지기를 기도해야 합니다."라고 강조한다.213) 생각은 꿈을 낳고, 꿈은 믿음을, 그 믿음은 말을 낳아 창조적 열매를 맺게 한다. "너희는 내게 배우고 받고 듣고 본 바를 행하라 그리하면 평강의 하나님이 너희와 함께 계시리라(빌 4:9)." 하나님은 인간에게 꿈을 주어 자신의 뜻을 펼치신다. 꿈은 인류를 향한 하나님의 지고하신 영적 전략이다.

하나님의 꿈은 기적같이 이루어진다. 하지만 그 꿈을 가진 하나님의 자녀는 최선의 힘을 다해 노력하고, 헌신하고, 열정을 다해 일해야 한다. 어떤 일이라도 한 가지 일을 놓고서라도 계속해서 반복적으로 구하고(asking), 찾고(seeking), 두드려야(knocking) 한다(마7:7). 하나님은 "너희가 온 마음으로 나를 구하면 나를 찾을 것이요 나를 만나리라(렘29:13)"고 말씀하신다. 영산은 하나님을 믿는 사람은 4차원의 삶을 살 수 있다고 강조한다.214)

---

211) "3차원적 자연법칙으로는 불가능한 것이 현실에 이루어진 것을 기적이라고 한다." 참조. 조용기, "꿈과 현실", 주일설교 (2014-03-02).
212) 조용기, 『291요약설교』, 서울말씀사(2003), 1-47.
213) 조용기, "네 마음을 지켜라", 주일설교(2010-09-19).

4.6. 꿈의 연속성: ON-OFF

영산은 "삶의 궁극적인 목표는 하나님을 사랑하는 것이며, 우리는 하나님을 삶의 최우선 순위에 놓고 하나님 제일주의의 삶을 살아야 합니다."라고 강조한다.215) 꿈은 궁극적으로 성령 안에서 선한 일을 일궈 하나님께 영광을 돌리는 것이다.

성령이 주신 꿈을 품었으면, 신자는 삶의 최종목표를 어디에 두어야 하는가?216) 궁극적으로 꿈을 통해 내가 취해야 할 영적 최고봉은 어디인가? 바울은 "새 사람을 입었으니 이는 자기를 창조하신 이의 형상을 따라 지식에까지 새롭게 하심을 입은 자니라(골3:10)"고 선언한다. 성서적으로 보면 예수 그리스도의 형상을 본받는 것을 일차적 목표로 삼아야 한다.217) 우리는 "그 아들의 형상을 본받기 위하여(롬8:29)" 이 땅에 살고 있다. 신자가 꿈을 통해 궁극적으로 얻어야 할 보배는 '그리스도의 형상을 닮아감'에 있다.

영산은 성도들은 꿈을 품어야 한다고 강조한다. "성도들은 5중복음의 꿈을 품는 자가 되어야 합니다. 우리는 예수 그리스도의 십자가를 통해 용서받고 의롭게 되고 하나님의 영광에 참여하는 꿈을 품을 수 있습니다. 우리는 주님 안에서 성령님께서 주신 꿈을 꾸어야 합니다. 꿈을 바라보고, 믿고, 기도하고, 입술로 시인하고, 나아가 하나님의 도움으로 운명과 환경을 극복하고 꿈을 성취하여야 합니다."218) 토마스 아 켐피스가 "사람은 영적으로 성장할수록 더 무거운 십자가를 더 자주 만나게 된다"고 고백한 것처럼, 꿈은 우리로 하여금 십자가를 지도록 해주어 하나님의 은혜 안으로 초대한다.219) 꿈을 성취하는 길에는 건너야 할 십자가 징검다리가 있다.

에디 캔토(Eddie Cantor)는 4개 인생조항을 수첩에 적어놓고 스스로 삶의 발걸음을 조절하는 사람이었다.220) 가치 있는 꿈은 나의 이웃을 위한 꿈이다. 하나님의 꿈을 품으면, 하나님처럼 생각하고 믿고 고백하고 열심을 다해 일하게 된다. 바울은 "우리가 선을 행하되 낙심하지 말지니 포기하지 아니하면 때가 이르매 거두리라(갈6:7-9)"고 지적한다.

---

214) "우리는 유한한 시간과 공간과 물질에 속해 있습니다. 우리 육체는 3차원의 세계에 속합니다. 우리 육체가 보고 듣고 말하고 만지고 하는 모든 것은 3차원의 세계에 속해 있는 것입니다. 우리가 동물과 다른 것은 하나님을 믿을 수 있는 능력을 마음속에 가지고 있다는 것입니다. 무한한 시간, 공간, 보이지 않는 물질, 영적인 4차원의 삶을 살 수 있는 것입니다. 우리는 3차원의 육체 속에 4차원의 영이 들어있는 것입니다. 영적인 존재인 속사람이 들어 있는 것입니다."

215) 조용기, "아브라함이 가르쳐 주는 교훈", 주일설교(2014-03-09).

216) 개미들은 먹이를 발견할 때까지 어지럽게 무질서하게 다니다가도 일단 먹잇감을 찾으면 제 집 구멍까지 최단거리로 주행한다. 평상시에는 몽상가의 산책을 하는 것처럼 보이지만 그 중심은 오직 먹잇감의 발견이며, 추적장치도 없이 제 집을 찾아가는 것은 현대과학으로도 미스터리다. 중요한 것은 개미들은 먹잇감을 찾을 때까지 끝까지 돌아다닌다는 것이다.

217) 인간의 몸이 어떻게 그리스도의 몸과 유사성을 가질 수 있는지에 대하여 다음 책을 보라. 필립 얀시는 책 전체를 통해 형상(image), 피(blood), 머리(head), 영혼(spirit)의 측면에서 4가지 주제로 구체적으로 설명한다. 노벨상 수상자 조셉 머레이(Joseph E. Murray)는 이 책은 의학적이며, 생물학적이며, 동시에 영성적이며, 인간의 몸, 삶, 믿음의 전인성을 내포하고 있다고 극찬한다. 참조. Paul Brand & Philip Yancy, *In His Image*, Zondervan(2008), Chapter 1-18.

218) 조용기, 『요약설교』, 서울말씀사(2012), 215.

219) 토마스 아 켐피스(Thomas A Kempis, 1379-1471), 『그리스도를 본받아』(Imitatio Christi), 두란노(2010), 118.

220) 에디 캔토(Eddie Cantor)의 4개 인생조항: 첫째, 나는 맹목적인 야심을 위해 달리고 있는가? 보다 높은 가치를 위해 달리고 있는가? 둘째, 나는 나의 경력을 쌓기 위해 달리고 있는가? 나의 가족의 행복을 위해 달리고 있는가? 셋째, 나는 물질적인 성공을 위해 달리고 있는가? 인생의 참다운 보물을 위해 달리고 있는가? 넷째, 나는 나 자신을 위해 달리고 있는가? 이웃을 위해 달리고 있는가? 삶의 가치는 하나님 사랑과 이웃 사랑 안에 존재한다.

성령 안에서의 꿈은 성공과 실패와 무관하게 연속성 안에서 이뤄진다. 우리는 하나님께서 '인간 -세상'을 연결하여 궁극적으로 하나님 자신의 영광을 드러내는 거룩한 모판으로 꿈을 인식해야 한다.221) 인간적 관점에서 꿈을 통해 궁극적으로 얻는 것은 예수 그리스도의 형상을 닮아가는 것이다(롬6:22). 양자는 양자답게 살아야 하나님을 영화롭게 할 수 있다. 바울이 그리스도를 본받은 것같이 우리도 예수를 본받아야 한다(고전11:1). 우리가 주님 제일주의로 거룩한 삶을 살며, 늘 말씀을 공부하고, 꿈과 믿음을 가질 때 주님과 함께 살 수 있다.222)

그러나 꿈은 언제나 환난의 밥상을 준비해 기다리고 있다. 꿈이 클수록 환란의 밥상도 더욱 커진다. 야곱은 얍복강 나루터에서 밤을 새워가며 천사와 씨름하며 '자신의 3차원적 꿈'을 '하나님의 4차원적 꿈'으로 변화시켜야 했다. 하나님의 꿈을 성취시키는 과정에는 누구도 피할 수 없는 '고난과 시련이라는 필수과목'이 있다. 바울은 "그러므로 너희에게 구하노니 너희를 위한 나의 여러 환난에 대하여 낙심하지 말라 이는 너희의 영광이니라(엡3:13)"고 역설한다. 영산은 "하나님께서 우리 속에 그리스도의 형상을 이루시기 위해 고난의 정으로 다듬어 우리를 변화시킵니다."라고 조언한다. 그는 "하나님은 순종의 사람, 하나님이 원하시는 사람, 성숙한 인격의 사람, 믿음의 사람을 만들기 위해 신자로 하여금 고난을 당하게 합니다."라고 말한다.223)

하나님의 삶의 경영방식은 환난에 대해 인간 편에서 더 이상 할 수 있는 일이 아무것도 없을 때, 비로소 하나님이 도움의 작동 스위치를 누르시는 것이다. 영산은 "우리가 예수님의 말씀을 굳게 붙잡고 살아갈 때 마귀는 우리의 삶에 풍랑과 환난을 일으키지 못합니다."라고 말한다.224) 꿈의 최대 방해자는 마귀이다. 하나님은 말씀과 성령과 믿음과 기도로 하나님의 자녀가 모든 환난을 이기게 하신다.

4.7. 꿈의 입체성: 기하학적 모델

영산은 "말씀 속에 하나님의 뜻이 있습니다. 우리는 성경을 읽는 중에, 말씀을 듣는 중에 하나님의 뜻을 알게 됩니다."라고 말한다.225) 그는 "마음의 소원을 통해, 환경을 통해, 꿈과 환상을 통해 하나님의 뜻을 알고자 기도해야 합니다. 그래야 그 소원이 이뤄집니다."라고 조언한다.

꿈이란 말씀 안에서 하나님의 영과 신자의 영이 연합하여 하나님 자신의 뜻을 향해 달려가는 공동 사역이다. 하나님의 자녀인 내가 하나님의 일에 참여하는 과정이다. 하나님의 뜻, 말씀 및 계획에 기초해서 나의 계획을 수립해야 한다. 그와 같은 맥락에서 바울도 범사에 예수 이름으로 일하라고 권면했다(골3:17).

---

221) John Owen, *The Glory of Christ*, Versa Press(2012), 74-81. 신자가 주님께 영광을 돌릴 수 있는 근거는 예수님과의 연합에 있다. 따라서 우리는 예수님을 통해서 하나님께 영광을 돌리게 된다. 이 책의 9장(The Glory of Christ's Union with Church)을 참고하라.
222) 조용기, "하나님과 함께 살기 위하여", 주일설교(2009-02-01).
223) 조용기, "주 안에서 당하는 고난", 『요약설교』, 서울말씀사(2012), 26-27.
224) 조용기, "말씀 위에 선 믿음", 『요약설교』, 서울말씀사(2012), 141.
225) 조용기, "믿음의 기도", 주일설교(2014-07-20).

승천하신 예수님은 자기 대신에 우리에게 성령을 보내주셨다. 성령님은 우리와 친밀하게 교제하려고 우리 안에 계신다(요14:14-20, 고전6:17, 롬8:9).226) 예수님의 영이 우리 안에 계시므로, 우리는 하나님의 꿈을 가질 수 있다.

꿈은 하나님의 계시와 행동에 대한 인간의 거룩한 반응(reaction)이다.227) 하나님의 형상과 모양을 닮은 인간은 하나님의 일을 선포할 수 있는 위치에 있다. 말씀의 최종 목표는 말씀을 선포하여 영이 활동하도록 하는 것이다. 예레미야는 "야훼께서 우리 공의를 드러내셨으니 오라 시온에서 우리 하나님 야훼의 일을 선포하자(렘51:10)"고 말한다. 말씀의 선포와 더불어 하나님의 영은 역사를 시작한다. "그의 명령을 땅에 보내시니 그의 말씀이 속히 달리는도다(시147:15)."

하나님은 이스라엘 백성을 향해 자신의 성품과 자신의 꿈을 선포하셨다. "야훼께서 그의 앞으로 지나시며 선포하시되 야훼라 야훼라 자비롭고 은혜롭고 노하기를 더디하고 인자와 진실이 많은 하나님이라(출34:6)." 그리스도인은 하나님의 성품을 닮아가는 꿈을 선포할 수 있어야 한다. 하나님의 손에 잡힌 바 되면, 무슨 일을 해도 열심히 일하게 된다. 예레미야는 그 중심이 불붙는 것 같다고 고백할 만큼 하나님의 일에 최선을 다하였다. 그는 "내가 다시는 야훼를 선포하지 아니하며 그의 이름으로 말하지 아니하리라 하면 나의 마음이 불붙는 것 같아서 골수에 사무치니 답답하여 견딜 수 없나이다(렘20:9)"라고 말한다.

영산은 선포의 중요성에 대해 이렇게 말한다. "꿈의 선포는 놀랄 만한 현실의 재창조를 가져옵니다. 꿈을 선포하는 것이 단순히 입술의 고백이라고 생각해서는 안 됩니다. 우리가 꿈을 품고 그것을 입술로 고백하는 순간 하나님의 4차원세계가 작동하기 시작합니다. 모든 상황이 선포된 꿈을 향해 맞춰가는 것입니다. 그리고 결국에는 꿈이 현실이 되는 놀라운 결과가 우리 앞에 나타나게 됩니다."228)

영산은 꿈을 고백하는 순간부터 4차원 세계가 작동되기 시작한다고 강조한다. 말은 창조의 능력이 있으므로 모든 행동은 말을 따라간다. 말은 4차원 영적 언어이므로, 말 안에 행동의 씨가 잠재되어 있어 결실을 낳게 한다. 말 안에 능력의 씨가 내포되어 있어 안 되는 것을 가능하게 한다.

하나님은 준비하는 자를 사용하신다. 어떤 꿈이든 어떤 일이든 기본단위는 10년이다. 시간으로 계산하면 10,000시간이다. 챔버스(Chambres)는 준비된 자가 되라고 조언한다. "하나님을 향한 준비는 지극히 작은 일이든 큰일이든 상관없이 항상 준비해야 하는 것입니다. 우리에게는 선택의 여지가 없습니다. 하나님의 계획이 무엇이든 우리는 준비되어 있어야 합니다. 하나님께서 모세를 부를 때, 그는 "내가 여기 있나이다(출3:4)"라고 반응했습니다."229)

---

226) John Owen, *The Glory of Christ*, Versa Press(2012), 87. 신자와 예수님과의 연합은 신비이며, 하나님의 놀라운 지혜다. 바울도 "이 비밀이 크도다(엡5:32)"라고 외치고 있다.

227) 계시의 정의: 계시는 하나님이 사람의 현재와 미래의 운명을 위한 필수적인 정보를 전달하는 초자연적 하나님의 행위이다. 계시를 통해 우리의 생각과는 차원이 다른 하나님의 생각을 우리가 공유하게 되며, 하나님 자신과 하나님의 의도에 관한 진리뿐 아니라 사람이 현재 처한 곤경과 미래의 전망까지도 알려준다. 스탠리 J. 그렌츠(Stanly J. Grenz), 『복음주의 재조명』(Revisioning Evangelical Theology), CLC(2013), 100 재인용.

228) 조용기, "사차원의 삶", 주일설교(2010-11-07). "성경적 믿음이란 무엇인가"(2010-07-08). "준비하시는 하나님"(2010-10-03).

다윗은 하나님이 왕으로 부르신 지 10여 년 후에 실질적으로 왕위에 올랐다. 자신을 죽이려고 하는 사울을 피해서 도망다니면서 다윗은 하나님과의 좋은 관계를 키워나가는 데 10년이 걸렸다. 바울은 회심하고 나서 약 10년 가까이 되었을 때 비로소 제1차 선교여행을 시작했다. 하나님은 이 방인의 사도로 바울을 준비시키고 세우는 데 적어도 10년은 필요하다고 판단하신 것이다.

미국의 대통령 에이브러햄 링컨(A. Lincoln)은 "내가 준비만 되어 있다면 기회는 반드시 주어진다"고 말했다. 성령 안에서 준비하면 기회는 반드시 온다(그림 7-9). 신자가 소원을 품고 준비하면, 하나님은 언젠가 기회를 주셔서 그를 사용하신다.[230] 없는 것을 있는 것처럼 믿고 준비하는 과정은 4차원적 믿음의 결과이며, 하나님의 소명이 있을 때까지 기회를 기다리는 것이다. 기회와 소명은 거의 동시에 주어진다. 소명에 대한 확신이 생기면, 그때부터 믿음과 열정으로 전진하는 것이다.

[성취 방법] = [쓰기 법칙(written goal)] + [바라봄의 법칙(visualizing)] + [선포 법칙(proclaiming)]

여기서 바라봄의 법칙(4S)을 구체적으로 묘사하면 다음과 같다.
a) 말씀을 들으라. 내면의 소리를 들으라(sound)
b) 비전과 목표가 하나님의 뜻과 일치되는지 확인하고 구체화시켜라(solidify)[231]
c) 창조적 언어를 사용하여 고백하라(say)
d) 행동에 옮겨라(step)

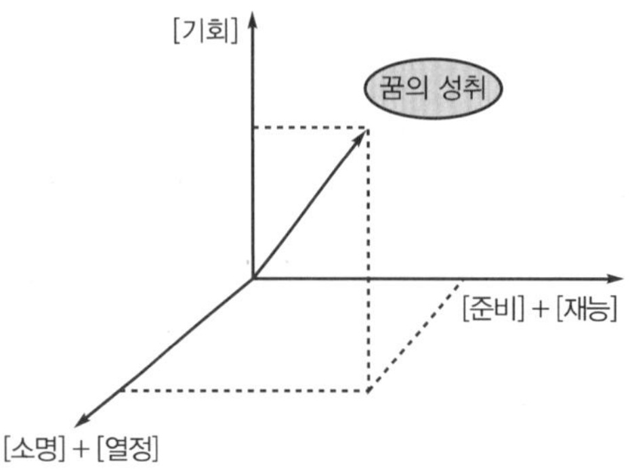

그림 7-9. **꿈의 기하학적 모델**: 꿈은 하나님의 뜻에 따라 입체적으로 완성되며, 세상 안에서 하나님의 뜻과 인간의 의지, 열정 및 노력이 연합을 이루어 성취된다. 꿈을 이루는 요소들은 상호연합적이며, 하나의 목표를 향해 상호보완적으로 작용한다. 영산은 꿈을 이루기 위한 4차원영성적 방법론을 제시한다. a) 꿈을 이루기 위해서는 먼저 하나님의 뜻을 알아야 한다. b) 하나님의 뜻에 따라 소원해야 하고, 소원이 이뤄진 모습을 마음에 그려야 한다. c) 없는 것을 있는 것처럼 바라보며 믿고 간절히 기도해야 한다. d) 꿈이 이루어질 것에 대하여 창조적인 선언이 필요하다.[232] 또한 하나님의 뜻을 찾아 꿈을 성취하려면 성령의 인도함에 따라 적절한 준비과정이 필요하다(갈5:16). 하나님은 인간에게 꿈을 주시며(꿈의 잉태, 행2:17, 빌2:13), 동시에 그 꿈을 이뤄가신다(꿈의 성취, 욥9:10, 사43:19, 렘33:3). 하나님은 자신이 우리에게 심어준 꿈을 키워가신다. 바울은 "나는 심었고 아볼로는 물을 주었으되 오직 하나님께서 자라나게 하셨나니(고전3:6)"라고 말한다.

---

229) 오스월드 챔버스, 『My Utomst for His Highest』, 토기장이(2008), 묵상집(4월18일).
230) 곽종운, 『플러스 인생을 경영하라』, 예영커뮤니케이션(2002), 58–62.
　　　[4차원 꿈의 방정식] = [준비] × [소명] × [재능] × [기회] × [선포] + [열정] + [기도].
231) 참조, 조용기, 『성공 설계도를 펼쳐라』, 서울말씀사(2012), 156. "마음에 불타는 소원을 가지고 목표가 하나님의 뜻과 일치하는지 점검하십시오."
232) 조용기, "꿈과 현실", 주일설교(2014-03-02).

바라봄의 법칙이란 레마의 말씀을 듣고, 비전을 세우고, 긍정의 입술로 고백하고, 행동에 옮기는 것이다. 선포된 말씀이 있으면 어떤 고난이 와도 성령님이 함께 하셔서 성공으로 이끈다.

하나님은 준비된 자를 사용하신다. 모세는 애굽의 궁중생활 40년을 한 뒤 광야생활 40년을 했다. 그의 나이 80세가 되었다. 하지만 하나님은 40년 동안 쉬지 않고 모세에게 광야교육을 시키셨다. 하나님은 그분의 계획에 따라서 이스라엘 백성을 위한 광야 40년 사역을 위해 모세를 40년 동안 준비시키신 것이다.[233]

4.8. 꿈의 총체성: DREAM

영산은 "성령과 말씀이 충만하면 천국 언어를 하게 되어 천국의 길이 만들어집니다. 생각은 꿈을 만들고, 꿈은 말을, 또 그 말은 환경을 만듭니다. 말은 인생의 씨앗입니다."라고 말한다.[234] 꿈과 믿음과 말은 저마다 고유한 특성을 지니고 있다. 이 요소들은 밀접하게 연결되어 서로를 돕는다.

말씀 안에서 꿈을 품으면 그 꿈은 외부를 지향한다. 왜냐하면 하나님이 주시는 꿈은 사랑과 믿음과 소망을 기초로 하기 때문이다. 꿈은 자기중심의 가치관에서 벗어나 타자중심의 가치관을 추구하게 한다. 곧 십자가는 '나 중심의 삶-자율성'과 '이웃 중심의 삶-타율성'을 연합시켜 하나님 중심의 삶을 살게 만드는 신비한 능력을 가지고 있다.[235] 십자가는 인간에게 새 언약의 희망을 주며, 차별화된 영적 삶을 지향하게 한다. 예수 안에 있는 자는 하나님과 그의 일에 열심을 품게 되며, 무슨 일을 해도 주 예수 이름으로 일하는 사람이 된다(골3:17). 또한 마음에 선한 것을 사모하게 된다. 바울은 "부지런하여 게으르지 말고 열심을 품고 주를 섬기라(롬12:11)"고 강조한다. 베너(David G. Benner)는 영성이란 "삶의 높은 차원을 조율하며 차별화된 인간성을 구현하는 능력"이라고 정의한다.[236] 하나님은 인간에게 자신의 꿈을 주신다. 그 꿈을 통해 하나님은 성도들을 고차원 은혜의 공간으로 초청하신다. 그런 의미에서 꿈은 성도가 누리는 은혜의 공간이다.

우리는 야훼의 열심으로 일하는 자로 쓰임을 받아야 한다. '야훼의 열심(왕하19:31)'이 우리의 일을 이루신다. 아버지의 심장을 달면, 아버지의 꿈을 품게 되고, 그 꿈을 위해 '거룩한 열심'을 다하게 된다. 영산은 '할 수 있다, 하면 된다, 해보자'고 말하면 꿈을 살릴 수 있다고 강조한다. "'나는 할 수 없다'고 말할 때, 그 꿈은 산산조각으로 부서집니다. 그러나 '나는 할 수 있다'고 말할 때, 꿈이 찬란하게 빛나며 그에 따른 능력이 개발됩니다. '나는 할 수 있다'고 생각하면, 그 마음에서 내일에 대한 꿈이 살아나고 감춰진 능력이 힘차게 되살아납니다. 미국의 철학자 에머슨도 '행하라, 그리하면 능력이 따라온다'고 했습니다. '할 수 있다, 하면 된다, 해보자' 이 세 마디가 꿈을 살리고 능력을 개발하는 위대한 길입니다."[237]

---

233) 곽종운, 『4차원 인생의 힘』, 성안당(2007), 197. "땔나무를 준비하는 자가 되라. 그러면 불을 쬐는 사람이 몰려올 것이다. 땔나무를 심는 자는 일류 인생이 되고, 불을 쬐는 자는 방랑자 인생이 될 것이다."

234) 조용기, "심고 거두는 법칙", 주일설교(2014-09-07).

235) 인간의 삶은 세 가지로 나눌 수 있다. 곧 자율적 삶, 타율적 삶, 신율적 삶이다. 이 세 가지는 서로 각각이지만 서로 조합된다. 자율로 가면 '나 중심', 타율로 가면 '이웃 중심', 신율로 가면 '하나님 중심'의 삶이 된다. 어느 삶이든, 신율(하나님 중심)이 빠진 삶은 결국 헛된 것이다.

236) David G. Benner, *Soulful Spirituality*, Brazos Press(2011), 24.

237) "꿈이 있는 사람은 아무리 환경이 어렵고 고통스러워도 그 환경을 낙원으로 변화시킵니다. 꿈은 인생과 세계를 변화시키는

유교의 성인인 공자는 사람을 세 부류로 나누었다. "아는 자는 좋아하는 자만 못하고, 좋아하는 자는 즐기는 자만 못하다(知之者不如好之者 好之者不如樂之者)." 그는 학문을 추구하는 이들을 '아는 자', '좋아하는 자', '즐기는 자'로 나누었다. 인생을 단지 아는 것으로는 부족하고, 또한 좋아하는 것만으로도 부족하고, 나에게 주어진 인생을 누릴 줄 알아야 한다. 하나님은 우리에게 꿈을 주셔서, 각자에게 주어진 삶을 누리도록 하셨다. 하나님이 주신 꿈을 성취해갈 때, 사람은 가장 즐겁고 신나고 가치있고 행복하다.

꿈은 스스로 결단하는 능력을 포함한다. 모세가 하나님으로부터 지도자의 꿈을 받았을 때, 심한 갈등을 겪어야 했다.[238] 꿈은 인간 안에 있는 모든 인격적 요소들을 적극적으로 활용해야 한다. 꿈은 마음의 결단에서 시작된다. 다음 단계는 성령 안에서 열정과 기대감을 품고 달려가는 것이다. 꿈은 'DREAM'으로 이해할 수도 있다.[239]

5. 삶 속에서의 꿈 영성: 역학적 진화

영산은 4차원적 꿈의 성취를 강조한다. "꿈을 이루기 위해서 우리의 삶에 4차원영성을 적용해야 합니다. 먼저 할 수 있다는 긍정적인 생각을 해야 합니다. 그리고 꿈을 품고 변화와 기적을 믿으며 창조적인 입술의 고백으로 나아가면 하나님께서 역사하셔서 꿈을 이루어주시는 것입니다."[240] 영산의 꿈의 개념과 이미지는 바라봄의 법칙과 하나님의 뜻과 십자가의 이미지가 서로 어우러져서 강력하게 작용한다. 그가 말하는 꿈의 성취 원리는 생각과 꿈과 믿음을 동반자로 인식하는 것이다.

하나님은 먼저 인간에게 사랑의 편지를 보내신다. 인간은 그 편지를 받아서 읽고, 마음으로 하나님의 사랑에 반응하게 된다. 내가 먼저 하나님을 안 것이 아니라, 하나님 앞에서 나의 존재가 알려진(being known) 것이다.[241] 따라서 꿈을 이뤄가는 행위의 주권은 하나님께 있고, 인간은 객체로서 하나님의 뜻을 펼치는 존재이다.

그렇다면 하나님의 뜻을 어떻게 찾을 수 있을까? 영산은 빌립보서 2장 13절을 인용하면서 이렇게 말한다. "첫째, 하나님의 뜻이 마음속에서 확신과 소원을 통하여 나타날 때까지 기다리는 것이다.

가장 위대한 힘입니다. 따라서 적극적으로 인생을 살기 위해서는 하나님께로부터 꿈을 받아야 됩니다. 꿈을 품고 사는 사람이 인생을 적극적으로 살아갈 수 있습니다." 참조. 조용기, "적극적으로 나아가라", 주일설교(1994-09-11).

238) "내가 누구관대 바로에게 가며 이스라엘 자손을 애굽에서 인도하여 내리이까(출3:11)." "주여 나는 본래 말을 잘하지 못하는 자니이다 주께서 주의 종에게 명하신 후에도 그러하니 나는 입이 뻣뻣하고 혀가 둔한 자니이다(출4:10)." "주여 보낼 만한 자를 보내소서(출4:13)."

239) D(determination): 꿈은 결정해야 한다. 성령님의 도움이 필요하다. R(Risk): 어떤 꿈에도 위험은 도사리고 있다. E(Expectation): 꿈을 가졌으면 기대감을 가져야 한다. A(Aspiration): 열정을 품고 도전해야 한다. M(Motivation): 동기부여가 분명해야 한다.

240) 조용기, "나도 꿈꾸는 사람인가?", 주일설교(2015-06-28).

241) J. I. Packer, *Knowing God*, IVP(1993), 41-42. 부모가 길 잃은 자녀를 찾는 것처럼 먼저 하나님이 길 잃은 우리를 방방곡곡에서 찾으신다. 그런 의미에서 '우리가 하나님을 아는 것'은 곧 하나님의 은혜이다.

둘째, 마음속에 생긴 그 소원이나 확신이 하나님의 말씀과 일치하는지 확인하는 것이다."242) 바울은 "너희 안에서 행하시는 이는 하나님이시니 자기의 기쁘신 뜻을 위하여 너희로 소원을 두고(빌2:13)" 행하신다고 강조한다.

말씀을 기초로 한 하나님의 꿈은 선하고, 의롭고, 거룩하다. 나 자신의 성품이 하나님의 성품과 연합할 수 있을 때, 성령의 꿈은 내 안에서 발아하고, 그 꿈이 자라나 성령의 열매를 맺을 수 있다.243) 내 안에 거룩함이 있을 때 성령님은 일할 수 있다. 따라서 꿈을 품었으면 날마다 성령의 탄식으로(롬8:26-27) 하나님의 성품을 닮아가도록 성령님의 도움을 구해야 한다. 그럴 때, 내 안에서 '거룩한 열정'이 뿌리를 내리고 놀라운 힘이 솟게 된다.244) 베너(David G. Benner)는 영성개념을 "끊임없이 솟구치는 내적 열정에 대한 응답"이라고 말한다. 즉 영성의 중심기능은 마음 중심부에서 솟아오르는 열정의 불을 관리하는 능력이다.245) 삼위일체 하나님은 인격적 사랑과 친교적 관계를 통하여 하나님의 본질과 존재를 사람들에게 계시하신다. 또한 하나님의 구원 계획을 알려주시고, 삼위 하나님이 서로 연합해 공동으로 그것을 이루어가신다. 그리스도 안에서 세워진 인간의 꿈도 삼위일체 하나님과 인격적 관계 안에서 성취된다.246)

하나님의 은혜와 예수 그리스도에 대한 각자의 믿음에 기초해서 그리스도인은 100% 죄인의 신분에서 100% 의인의 신분이 되었다. 이제 새 사람이 되었으므로 나의 소원도 달라져야 한다. 하나님이 '새 사람'에게 바라시는 핵심은 '하나님을 사랑하고 이웃을 사랑하는 삶'이다. 로버트 슐러(Robert Schuller) 목사는 꿈을 성취하기 위해서는 호기심(Curiosity), 확신(Confidence), 용기(Courage), 성실(Constancy)이 필요하며(4C), 그중에서도 성실이 가장 중요하다고 했다. 쟁기를 잡고 뒤를 돌아보지 않는 사람이 하나님 나라에 합당한 사람이다(눅9:62). 끝까지 포기하지 않고 오래 견디는 자가 요셉처럼 삶에서 성공한다.

『드림 소사이어티(Dream Society)』의 저자 롤프 옌센(Rolf Jensen)은 "오늘날은 머리(head) 못지않게 가슴(heart)이 중요한 시대입니다. 노동은 얼마든지 기계와 컴퓨터로 대체할 수 있습니다. 오직 상상력만이 영원히 인간의 능력으로 남을 것입니다. 이것이 드림 소사이어티 개념입니다."라고 주장했다.247) 상상력은 인간의 존재방식을 변형시키는 무한한 잠재의 씨를 내포하고 있다.248) 또한 상

---

242) 조용기, "하나님의 뜻을 알려면(칼럼)", 『순복음소식 제2집』, 215호(1982-11-14).

243) "성령의 열매는 하나님의 성품이며 예수님의 인격입니다. 따라서 예수님께 접붙임을 받은 성도는 열매를 맺어야 합니다. 성령님께서는 우리의 인격 속에 예수님의 모습인 성령의 열매를 맺게 해주십니다." 참조. 조용기, 『성령론』, 서울말씀사 (1998), 94.

244) "좋아하는 일에 손을 대라. 그러면 열정이 솟아날 것이다. 좋아하는 일에 최선을 다하라. 그러면 최고의 전문가가 될 것이다." 하나님은 십자가 하나만으로 온 인류와 온 우주를 다스리신다. 참조. 곽종운, 『4차원 인생의 힘』, 성안당 (2007), 3장, 145-150. 은사 발견과 활용에 대하여는 다음 책을 참고하라. 조용기, 『성령론』, 서울말씀사(1998), 171-179.

245) David G. Benner, *Soulful Spirituality*, MI: Brazos Press(2011), 17-19.

246) 인격적 관계란 지적(intellectual), 감정적(emotional), 의지적(volitional) 차원에서 하나님과 관계를 맺는 것을 의미한다 (행11:23, 시119:136). 참조. J. I. Packer, *Knowing God*, IVP(1993), 40.

247) 조선일보 위클리비즈팀, 「위클리비즈」(WeeklyBiz Insight), 21세기북스(2010), 254. 하나님은 인간에게 상상력을 주어서 하나님 자신과 효과적으로 교통하게 하셨다. 상상력은 없는 것을 있는 것처럼 바라보게 하는 힘으로 4차원 영적세계에서 중요한 역할을 한다. 아브라함은 상상력으로 그의 자손이 하늘의 별처럼 될 것을 바라보았다.

248) 영국의 시인 워즈워드(William Wordsworth)는 상상력을 이렇게 정의한다. "상상은 절대의 힘, 가장 명징(明澄)한 통찰력, 충만한 정신, 가장 고양된 이성의 또 다른 이름이다." 참조. 알리스터 맥그래스(Alister E. McGrath), 『역사 속의 신학』, 대한기독교서회(2011), 136.

상력은 하나님과 인간 사이의 간격을 좁혀줄 뿐 아니라, 동시에 삼위 하나님의 실존방식을 인식할 수 있는 방편이다.249) 다윗은 엘라 골짜기에서 하나님이 주시는 놀라운 상상력을 품고 등장해서 골리앗을 무너뜨릴 수 있었다.250)

대조동의 천막교회 개척 시절부터 영산의 꿈은 마음속에 상상되고 태동되고 있었다. 그는 은빛 날개를 펴고 온 세상에 다니는 상상력을 마음속에 펼쳤다. "저는 대조동에 천막을 치고 목회를 할 때 월급도 못 받고 밥도 못 먹는 처지였습니다. 그러나 그런 상황에서도 내 마음속에는 온 천하를 다니며 만국에게 복음을 전하는 꿈을 꾸었습니다. 창피해서 다른 사람에게 말을 못했지만 계속에서 꿈을 꾸었습니다. 그런 저는 예배하다가 사람들이 없으면 두 날개를 펴고 천막교회를 뛰어 다녔습니다. 꿈은 내가 꾸었지만, 그 꿈은 하나님께서 이루어주셨습니다. 50년이 지난 지금 돌이켜보면, 그 꿈을 이루신 분은 바로 하나님이십니다. 제가 꾸었던 꿈보다 훨씬 더 바쁘게 천하를 누비며 만민에게 복음을 전하게 된 것입니다. 그러므로 우리는 담대히 꿈을 꾸어야 합니다. 입을 넓게 열고 큰 꿈을 꾸십시오." 251)

어떻게 하나님이 주신 꿈을 현실화할 수 있을까? 영산은 먼저 "'할 수 있다, 하면 된다, 해보자'라는 긍정의 씨를 마음에 심고, 없는 것을 있는 것 같이 바라보고, 꿈이 이루어진 모습을 마음에 새기며, 입술로 꿈을 고백하고 시인하는 것"이라고 강조한다.252) 그는 "우리는 생각과 꿈과 입술의 고백으로 우리의 삶을 만듭니다."라고 설파한다.253) 그는 꿈은 3차원 세계를 인큐베이터하는 것과 같다고 말한다. "현실이 아무리 어려워도 그 마음속에 꿈이 있으면, 그 꿈은 3차원을 점령하고 변화시키기 시작합니다. 죽음을 생명으로, 흑암을 광명으로, 가난을 부요로 변화시킵니다. 언제나 하나님 안에서 꿈꾸십시오. 희망을 품으십시오. 그러면 당신의 삶이 놀랍게 변화될 것입니다."254)

인간은 언제 하나님의 꿈을 꿀 수 있는가? 하나님의 은혜를 깨달아, 스스로 나의 영적 정체성을 찾을 때 비로소 하나님의 꿈을 찾을 수 있다.255) 하나님의 은혜를 언제 깨달을 수 있는가? 영산은 이렇게 요약해서 말한다.

첫째, 나의 죄를 청산할 수 없을 때 십자가 대속의 은혜와 의의 은혜를 깨달을 수 있다(롬3:24).

둘째, 깨끗하지 못할 때 거룩하게 하시는 성령의 은혜를 깨달을 수 있다(고전6:11).

셋째, 병들어 아플 때 치료해서 건강을 주시는 하나님의 은혜를 깨달을 수 있다(고후8:9).

---

249) 영산은 "인간의 마음은 의지력이 지배하는 것이 아니라 상상력의 지배를 받는다."고 말한다. 조용기, "인격을 지배하는 4가지 요소", 『291요약설교』, 서울말씀사(2003), I-45.

250) "다윗은 골리앗에게 사로잡힌 상상력이 아니라 하나님께 사로잡힌 상상력을 가지고 엘라 골짜기에 등장했다. 이스라엘 군인들이 골리앗에 압도당해 하나님을 바라보는 상상력이 무너졌으나, 다윗은 하나님의 선하시고, 아름다운 상상력을 발휘해 골리앗을 무너뜨렸다." 다음 책 참조. 유진 피터슨(Eugene H. Peterson), 『다윗: 현실에 뿌리박은 영성』(Leap Over a Wall: Earthly Spirituality for Everyday Christians), IVP(2009), 68-70.

251) 참조. 조용기, "보라, 꿈을 꾸는 자가 오는도다", 주일설교(1999-10-10). 조용기, 『꿈』, 한세대학교출판부(2012), 108-109.

252) 조용기, "말의 창조적 힘", 주일설교(2013-07-28). "사차원의 삶"(20010-11-07).

253) 조용기, "말의 힘", 주일설교(2011-02-13).

254) 조용기, 『4차원의 영성』, 교회성장연구소(2004), 143.

255) "급변하는 시대에는 자아와 정체성에 관해 다시 생각해야 한다." - 일렉트로닉스 재단의 타라 레미(Tara Lemmey). "당신은 당신 삶의 이야기꾼이며 당신만의 전설을 창조할 수 있다." - 소설가 이사벨 알옌대(Isabel Allende).

넷째, 가난하고 굶주릴 때 부요하게 하시는 하나님의 은혜를 깨달을 수 있다(고후8:9).

다섯째, 이 땅을 떠날 때 천국으로 인도하며 영생을 주시는 하나님의 은혜를 깨달을 수 있다(요 14:1-3).

십자가의 꿈을 내 삶의 자리에 적용하는 방법론을 구체적으로 요약하면 다음과 같다.

첫째, 십자가의 능력-구원의 꿈을 품어야 한다. 십자가는 하나님의 뜻을 이루는 거룩한 수단이다. "하나님은 모든 사람이 구원받으며 진리를 아는 데 이르시기를 원하시느니라(딤전2:4)."

둘째, '고난-영광'을 통하여 거룩하고 의로운 사람이 되어야 한다(롬8:17). 내 삶의 모든 일들이 그리스도의 형상을 닮아가는 수단이 되어야 한다. 하나님의 꿈은 이루고자 하는 일 자체에 있는 것이 아니라, 그 일 뒤에 있는 하나님의 뜻(마음)을 아는 것이다. 곧 죄인을 구원시켜 '진리와 의와 거룩의 새 사람'으로 만들어 하나님께 영광 돌리는 것에 있다.

셋째, '꿈-믿음'의 동시성을 추구하는 것이다. 믿음은 바라보는 것들의 실상(히11:1)이다. 그리스도의 영광은 신자들의 일을 통해서 나타난다. '꿈-믿음'은 일이 성취되게 하는 창조적 능력을 제공한다. 이것은 성령 안에서 이뤄진다.

넷째, 기억 능력-고백 능력-성취 능력을 조화시키는 것이다. 꿈을 기록하고, 매일 고백하고, 꿈이 이루어지는 것을 바라보라(신6:4-9).

다섯째, 영적으로 깨달은 것을 행동으로 옮기는 것이다. 그러면 성령이 역사하신다. '성령, 말씀, 믿음, 기도'는 하나님의 일을 성취하는 최고의 팀이다.

5.1. 십자가 중심의 꿈: 5중복음과 3중축복으로 영적 자아를 성장시킨다

영산은 '예수님의 십자가 밑에서 용서의 꿈, 신유의 꿈, 저주를 청산하는 꿈, 부활의 꿈'에 대해 말한다.256) 진정한 꿈이란 십자가 밑에서 하나님의 뜻을 세우는 일이다.257) 그는 "삼위일체 하나님은 '주심(giving)'으로 존재하십니다. 성부 하나님은 '독생자 예수님'을 주셨고, 성자 예수님은 '생명'을 주셨고, 성령 하나님은 '자신'을 우리에게 주셨습니다."라고 말한다.258) 따라서 믿음의 사람은 '주님으로부터 받은 자'가 되었으므로 하나님께 다시 '올려드리는 자'로서 살아야 한다.

영산은 "오늘날 가장 위대한 발견은 우주를 만드신 하나님이 계시다는 것과 우리가 믿음으로 예수님을 영접하면 하나님의 자녀가 된다는 사실입니다."라고 역설한다.259) 영적존재(창2:7, 고전 2:11-13)인 인간은 하나님의 자녀답게 살아야 한다. 그 길은 하나님의 뜻을 따라 꿈을 꾸고 사는 것이다. 성도는 그리스도의 남은 고난을 이어받아, 이 땅에서 사는 동안 예수님의 뜻을 이루어가야

---

256) 조용기, "꿈과 성공적인 생활", 『순복음소식 제2집』, 196호(1982-07-04).

257) 영산은 꿈의 현실화에 대하여 다음과 같이 강조한다. "꿈을 이루기 위해서는 4차원영성이 필요합니다. 먼저 하나님의 뜻을 알아야 하고, 그 뜻을 따라 소원해야 하고, 그 소원이 이루어졌을 때의 모습을 마음에 그려야 합니다. 그리고 없는 것을 있는 것처럼 믿고 간절히 기도해야 하며, 그 꿈이 이루어질 것에 대하여 창조적인 선언을 해야 합니다." 조용기, "꿈과 현실", 주일설교(2014-03-02).

258) 조용기, "생동하는 신앙", 『순복음소식 제2집』, 220호(1982-12-19).

259) 조용기, "위대한 발견", 주일설교(2011-03-27).

한다. 바울은 "나는 이제 너희를 위하여 받는 괴로움을 기뻐하고 그리스도의 남은 고난을 그의 몸 된 교회를 위하여 내 육체에 채우노라(골1:24)"고 선언한다. 꿈이란 하나님의 아들 예수 그리스도가 나를 통해서 그의 뜻을 펼쳐가게 하는 것이다.

영산은 십자가 중심의 꿈을 강조한다. "십자가를 보면서 예수 그리스도 안에 있는 아브라함의 축복과 형통을, 그리고 꿈의 목표를 바라보아야 합니다."260) 우리는 하나님의 동역자들이므로(고전 3:9), 하나님의 꿈(딤전2:4)이 기도, 믿음, 말씀, 성령을 통해 나의 꿈으로 바뀌게 된다. 또한 영산은 십자가 중심의 꿈을 나 자신의 삶의 양식으로 받아들이라고 강조한다.261)
  a) 십자가로 주님이 그려놓으신 구원받은 인생을 나의 삶으로 받아들여라(벧전2:9-10).
  b) 삶의 어떠한 환경에서도 십자가의 삶을 받아들여서 변화된 그림을 그려라(고후5:17).
  c) 화필을 주님께 맡기고 내 주장대로 그리지 말라(사55:8-9).
  d) 궁극적으로 주님이 나의 인생을 아름답게 한다는 것을 기억하라(롬8:28-30).

성도의 삶의 양식은 십자가 중심의 삶의 양식이다. 십자가를 통한 하나님의 은혜의 궤도를 벗어 난 삶은 나아갈 방향을 잃어버린 채 어둠 속에서 헤매는 삶이다. 십자가의 은혜의 관문을 통과하는 자만이 삼위 하나님의 삶의 방식을 인식할 수 있고,262) 그리스도 중심적인 삶을 살 수 있다. 하나 님은 '예수님 안에서 자신의 삶'을 사시고, 예수님은 '우리 안에서 그의 삶'을 사신다. 그러므로 신 자는 결국 '예수님의 비전을 품고 사는 삶'을 추구해야 한다(고전1:30, 요17:21-23). 다시 말해, 예수님이 '십자가를 지는 삶, 교회를 세우는 삶, 성령을 우리에게 보내주는 삶'이라는 3중 비전을 품고 사셨 으므로, 우리도 그 비전을 계승하여 진보시켜야 한다.

바울은 고린도 교인들에게 이렇게 외쳤다. "내가 그리스도를 본받는 자 된 것같이 너희는 나를 본받는 자가 되라(고전11:1)." 여기서 '나를 본받는 자가 되라'는 말을 4차원영성적으로 확장해서 해석 하면, '너희도 나의 생각, 나의 꿈, 나의 믿음, 나의 말을 본받으라'는 것과 맥을 같이 한다.263) 꿈은 말씀을 현실화시키는 과정으로, 현재는 없지만 장차 그렇게 될 것을 믿고 전진하는 것이다. 영산은 4차원 삶을 이렇게 정의한다. "믿음의 사람은 4차원영성에 따라 살아갑니다. 4차원의 영성에 따르는 삶이란, 첫째, 생각이 분명하고 소원이 뚜렷합니다. 둘째, 꿈과 환상을 바라봅니다. 셋째, 믿음으로 나아갑니다. 넷째, 소원하고 바라는 일들이 이루어질 것을 긍정적으로 선언합니다."264)

---

260) 조용기, 『4차원의 영성』, 교회성장연구소(2006), 138.
261) 조용기, "당신의 일생은 한 폭의 그림", 주일설교(2013-01-27). 영산의 꿈은 초월적 개념을 기초로 삼는다. 삶 속에 가시적인 것을 기대하고, 바라보고, 성취하는 수준도 내포하지만, 보이는 것 이상을 추구하는 영적 및 미래적 꿈을 균형 있게 강조한다.
262) 토저(Tozer)는 "삼위 하나님의 삶이란 나는 점점 작아지고, 하나님이 점점 커지는 삶이다(The life of the triune God is less of me and more of God.). 그렇게 살 때 하나님의 뜻을 알아갈 수 있다."고 말한다. 참조. A. W. Tozer, *Mornings with Tozer*, WingSpread Publisher(2008), January 15. 첨언하면, 하나님의 삶의 방식이란 이성의 촉수를 믿음으로 날카롭게 세워서, 영의 세계를 전적으로 수납하게 하고, 믿음이 주도적으로 주의 뜻을 이뤄가게 하는 삶이다.
263) 바울은 일평생 예수 그리스도 십자가만을 알기를 원했고(갈2:20), 스스로 예수 그리스도를 닮아가는 자가 되고자 했다. 따라서 인간이 마음에 심어야 할 꿈은 외면적으로는 바울처럼 십자가의 도를 증거하는 꿈이요, 본질적으로는 예수의 삶을 본받으며 닮아가는 삶이 되는 것이다(고전11:1, 히6:2, 마5:48, 신18:13).

페로시스템(Perot System) 컨설팅의 대표인 제임스 챔피(James Champy)는 "기업들은 더 적은(less) 것에서 더 많은(more) 것을 만들어내는 레스-모어(less-more) 법칙을 배워야 한다."고 강조한다. 한 인간의 삶이나 한 조직 안에서 가장 작은 것으로 가장 큰 것을 얻을 수 있는 힘의 근원은 어디서 나올까? 그것은 예수 그리스도의 십자가다.

원리 1: 나는 어떤 존재인가?[265]

인간의 영혼은 사물의 본질을 꿰뚫을 만큼 놀라운 능력의 씨를 품고 있다.[266] 혼자서 타오르는 석탄은 언젠가 불을 잃고 재로 남는 것처럼, 인간이 혼자 살면 종국은 멸망에 이른다. 하지만 말씀의 씨를 품으면 생명을 얻는다. 날마다 하나님을 뜻을 좇아서 살면 그렇지 않다. 그의 나라와 의를 구하는 것은 매일의 삶 속에서 일어나야 하기 때문이다. 예수를 믿으면, 인간의 마음속에 두 가지 자아가 서로 싸운다. 곧 '예수를 닮아가려고 하는 영적 자아'와 '죄를 따르고자 하는 육적 자아' 이다. 예수님은 "수고하고 무거운 짐진 자들아 다 내게로 오라(마11:28)"고 하신다. 예수께 나가면 육적 자아가 최소화되고, 영적 자아가 산다. 게어리 파레트(G. A. Parrett)와 스티브 강(S. S. Kang)은 그들의 저서에서 말씀 교육에 대해 언급하면서 다음과 같은 기초적 질문을 제기한다.[267]

a) 하나님은 누구신가?: 하나님 안에서만 인간은 정체성을 회복할 수 있다.

b) 하나님은 <u>우리에게</u> 누구신가? 창조주-구속주 하나님

c) <u>하나님 안에서</u> 우리는 누구인가? 하나님의 백성, 양자, 구원받은 자(롬8:15)

d) <u>사람과의 관계에서</u> 우리는 누구인가? 사랑을 베풀 자(막12:31, 갈5:14)

e) <u>하나님 안에서</u> 우리는 어떻게 살아야 하는가? 예수님을 드러내는 삶(요16:14)
   하나님은 우리에게 무엇을 요구하시는가? 선한 일(엡2:10)

f) <u>세상 안에서</u> 우리는 어떻게 살아야 하는가? 복음적 가치관(롬1:16, 막16:15)
   <u>다른 것과</u> 관계를 어떻게 맺어야 하는가? 예수의 이름을 높임(행19:17)

그리스도인의 삶은 자신의 새로운 정체성을 아는 것부터 시작된다. 모든 그리스도인은 이중 시민권을 가지고 있다. 곧 지상국가의 시민이면서, 동시에 하나님 왕국의 시민이다. 하지만 그리스도인의 영원한 정체성은 바울이 고백한 것처럼 하늘나라 시민권을 가지고 있다는 것이다. 우리의

---

264) 조용기, "성경적 믿음이란 무엇인가", 주일설교(2010-07-18).

265) "우리는 천국 자화상을 항상 신분증처럼 마음에 간직하며 고상한 자존심을 가지고 살아야 되는 것입니다. 그렇게 하면 열등의식이나 패배감이나 절망감을 이기고 하나님과 함께 동행할 수 있습니다. 예수의 보혈로 말미암아, 나는 하나님의 자녀가 되어, 하나님의 자녀처럼 생각하고 말하고 행동하기 때문에, 하나님과 함께 살아가는 당당한 자화상을 가지고 살 수 있습니다." 참조. 조용기, "자화상과 자존심", 주일설교(2011-11-06).

266) 모든 천체, 창공, 별, 땅, 그리고 그 왕국들은 가장 저급한 정신의 가치만도 못하다. 왜냐하면 정신은 이 모든 사물들뿐만 아니라 정신의 그 본질에 대해서까지 알고 있지만, 사물은 그 어떤 것도 스스로에 대해서조차 알지 못하기 때문이다. 블라즈 파스칼, 폴 브랜드, 필립 얀시, 『육체속에 영성』, 그루터기하우스(2006), 173에서 재인용. 원문: All bodies, the firmaments, the stars, the earth and its kingdoms, are not equal in value to the lowest mind; for mind knows all these and itself too; and these bodies know nothing. 참조. Blaise Pascal, Paul Brand & Philip Yancy, *In His Image*, Zondervan(2008), 137.

267) G. A. Parrett and S. S. Kang, *Teaching the faith, Forming the Faithful*, IVP(2009), 247-253.

시민권은 하늘에 있다(빌3:20). 그렇지만 새 피조물은 '내 안에 계시는 하나님의 아들, 예수님을 보여주기 위해' 지금 이 땅에서 살고 있다.

바울은 그리스도인의 영적 위치를 에베소서에서 3가지로 압축하여 강조한다: "긍휼이 풍성하신 하나님이 우리를 사랑하신 그 큰 사랑을 인하여 허물로 죽은 우리를 그리스도와 함께 살리셨고… 또 함께 일으키사 그리스도 예수 안에서 함께 하늘에 앉히시니(엡2:4-6)." 그리스도인은 첫째, 그리스도와 함께 살아나서, 둘째, 그리스도의 부활에 참여하며, 셋째, 그리스도 안에서 하늘의 보좌에 앉게 된다. 곧 예수를 믿는 우리는 그리스도와 동일한 정체성을 지니게 된 것이다. 이와 같이 그리스도인의 진정한 정체성은 이 땅이 아니라 하늘나라에 있다.268)

영국의 극작가이자 문학비평가였던 버나드 쇼(George Bernard Shaw)는 "내게는 두 가지 절망이 있다. 하나는 무슨 일을 해도 안 되는 것에 대한 절망이요, 다른 하나는 마음 먹은 대로 되고 난 후에 다가오는 절망"이라고 말했다. 되어도 절망이고, 안되어도 절망인 것이다. 오늘날 인간은 과거 어느 때보다 많은 것을 소유하고 있지만, 더욱 절망 속에서 허덕이고 있다. 실존주의자와 심리학자들이 바라보는 자아는 대체로 절망, 죄책감, 허무, 무의미, 죽음으로 얼룩져 있다. 절망이란 '자기 자신뿐만 아니라 창조주와 관계의 불일치'이다. 따라서 하나님이 만든 원래의 자아를 예수님에 대한 믿음으로 회복하지 못하면, 인간은 영원히 절망의 고통에 빠질 수밖에 없다.269) '하나님이 생각하는 인간의 자아'와 '마귀가 만들어 놓은 인간의 자아'는 근본적으로 서로 불일치할 수밖에 없다.270)

영산은 절망에서 희망으로 가는 길은 오직 하나밖에 없다고 말한다. "절망의 바다에 빠져 허우적거리는 인간에게 유일한 희망은 우리를 구원해줄 자가 와서 이 절망의 바다에서 건져주는 길 밖에 없습니다. 인간은 처음부터 마지막까지 절망적인 존재입니다. 예수 그리스도께서 오셔서 손을 내밀어 건져주기 전까지 인간은 절망적입니다. 구원의 예수 그리스도를 만나기 전에 인간은 존재 자체가 절망입니다."271)

작은 달걀 안에는 적절한 시간과 온도만 주면 병아리가 태어날 수 있는 가능성이 잠재되어 있다.

---

268) 나는 누구인가? 이 질문은 영혼을 향한 질문이며, 실존주의 철학자와 심리학자들은 자아(self)에 대한 질문의 답으로 3가지를 함축하고 있다. 첫째, 인간은 죄책의 절망 속에 빠진 자다. 프로이트(Sigmund Freud)는 "인간은 동물적인 소원, 보복에 대한 두려움, 죄책감과 씨름하는 존재"로 보았다. 둘째, 인간은 허무와 무의미한 존재로서의 자아다. 코후트(Heinz Kohut)는 "인간은 개인적인 고립의 뼈아픈 감정과 허망함속에 사는 존재"라고 했다. 셋째, 인간은 죽음과 허무의 절망을 품은 자아다. 키에르케고르(S. Kierkegaard)는 "절망은 치명적인 병을 앓고 있는 사람의 증세와 비슷하다. 치명적인 병을 앓고 있는 사람은 누워서 죽음과 싸우고 있으면서도 죽을 수도 없다."고 말했다.

269) 틸리히(Paul Tillich)는 "절망의 고통이란 자기실존의 의미 상실에 대한 책임을 지고 있으면서도 회복할 수 없는 고뇌다."라고 서술한다. 참조. 황민효, 『폴 틸리히의 신학』, 한국장로교출판사(2008), 303.

270) 참조. 조용기, "절망의 삶, 희망의 사람", 주일설교(2000-04-30). "꿈, 희망, 용기를 갖고 살아라"(2011-01-23). "삶과 희망"(2009-10-04). "희망을 향해 나아가라"(1998-08-16).

271) 성령은 절망에서 희망으로 인도하며, 인간에게 온전한 자아 정체성을 확립시킨다(갈3:3-5). 우리는 주님의 대속의 은총으로 '새로운 나', '재창조된 나', '새로운 피조물로서의 나'라는 신분으로 잃어버린 자아를 회복한 사람들이다. 인간은 태어나면서부터 자기대상 경험(self-object experience)과 최적의 좌절(optimal frustration), 변형적 내면화(transmuting internalization) 같은 과정을 거치면서 건강한 응집적 자아(cohesive self) 또는 핵자아(nuclear self)를 형성한다. 이러한 자아가 예수님 안에 있을 때 더욱 건강한 자아관으로 형성되며, 어떤 일을 당해도 참고 견디며 성장할 수 있는 기초가 된다.

이처럼 하나님은 모든 사람에게 자아를 펼쳐나갈 수 있는 무한한 잠재력을 주셨다. 하나님을 의지하고 예수님을 바라보면, 그 뜻에 따라 자아실현의 가능성이 확장될 수 있다. 하나님은 한결같이 좀 덜 된 인물을 택하셔서, 자신이 원하는 인물로 다듬어 키우신다. 하나님은 아브라함, 모세, 여호수아, 요셉, 야곱 등 어딘가 모자라는 사람들을 부르셔서 말씀을 들려주시고 꿈과 믿음을 주셔서 훌륭한 인물로 키우시고 변화시켰다.

베드로는 자화상이 바뀐 가장 전형적인 인물이다. 베드로의 영적 자화상 형성과 변화과정을 표 7-3으로 나타냈다. 베드로처럼 내가 누군지를 알아야 자신감, 도전감, 대담함이 생긴다. 나의 정체성을 발견하는 사람은 베드로처럼 땅에 속한 것을 바라보는 대신 위의 것을 바라보는 사람이다.[272] 모든 인간의 존재는 '하나님 존재 그 자체' 안에서의 존재다. 하나님이 존재하시므로 인간도 존재한다. 존재는 생명이다. 그 생명은 인격을 통하여 사랑을 주고받으며 서로 친밀하게 사귄다.

표 7-3. 베드로의 영적 정체성과 변화 과정

자화상 변화	변화 내용	비고
1단계	어느 날 그는 어부의 신분으로 예수님의 제자가 되었다. '어부 신분'과 '예수님의 제자 신분'은 전혀 차원이 다른 것이었다.	위치 변화 소속 변화
2단계	계집종 앞에서 예수님을 3번이나 부인했다. 극심한 좌절감을 견디지 못해 다시 어부로 되돌아갔다.	정신적 변화 소속의 변화
3단계	예수님이 낙망한 베드로를 찾아가 "요한의 아들 시몬아 네가 나를 사랑하느냐"라는 질문에 대한 대답을 통해 온전하지 않았지만 자화상을 부분적으로 회복한다.	부분적 영적 변화
4단계	오순절에 성령을 받고, 잃어버렸던 완전한 자화상을 회복했다. 담대하며 능력 있는 종으로서 하루에 수천 명을 회개시켰다. 죽을 때 십자가에 거꾸로 매달려도 두려워하지 않는 위대한 사도로 변화된다.	온전한 영적 변화 삶의 도약

원리 2: 5중복음과 3중축복의 꿈을 내 삶에 현재화하라(복음적 가치관).

영산은 "하나님의 말씀은 그 자체가 현실로서 믿기만 하면 현실화됩니다. 하나님의 말씀은 그 자체가 실상입니다. 하나님의 말씀이 주어질 때, 믿기만 하면 꿈이 현실로 나타나게 됩니다."라고 강조한다.[273] 성도는 이미 예수님이 내 안에 들어와 사시므로, 예수님의 말씀을 순종하면, 십자가 중심의 삶을 사는 것이다. 십자가의 궁극 목표는 '속죄 받은 우리와 예수님의 하나됨(고전6:17)'에 있다. 하나됨이란 신비로운 연합과 동일한 가치관에 뿌리내려서 주님의 의지와 나의 의지가 일치되어 주의 일을 온전히 행하는 과정이다(요17:21-23).

십자가 중심의 5중복음 안에는 '출구 없음' 또는 '희망 없음'이 아니라, 하나님의 은혜의 비밀이

---

272) 우리는 하늘나라 시민이기 때문에 위의 것을 바라보아야 한다(빌3:20). 우리는 거듭났기 때문에 위의 것을 바라보는 사람이 되어야 한다(요3:3-8). 우리는 하나님이 위에 계시므로 위를 바라보아야 한다(골3:1, 히12:2). 우리는 위로부터 하나님의 복을 받을 수 있으므로 위의 것을 보아야 한다(눅1:78). 우리는 세상에 대해 죽었으므로 위의 것을 바라보아야 한다(골3:1-2). 우리는 세상의 악을 피하기 위해 위의 것을 바라보아야 한다(골3:2, 5). 우리 스스로는 약하므로 위의 것을 바라보아야 한다(요15:4). 즉 하나님 말씀안에서 살아야 한다.

273) 조용기, "꿈과 현실", 주일설교(2014-03-02).

담겨져 있어 희망을 산출하는 근거가 된다. 진정한 그리스도인은 십자가의 정체성을 마음에 품고 주를 위해 사는 자다. 중생한 자는 주님의 영광을 위해 살아야 하고, 내 중심의 삶의 방식에서 벗어나서 하나님 중심의 사고방식으로 살아야 한다. 예수 그리스도 안에서 옛 마음을 버리고 새 마음을 품은 자는 구원의 꿈을 현재화하여 하나님을 영화롭게 해야 한다. 바울은 "새 사람을 입었으니 이는 자기를 창조하신 이의 형상을 따라 지식에까지 새롭게 하심을 입은 자니라(골3:10)"고 역설하고 있다.274)

복이란 인간 스스로 얻을 수 없는 초자연적이고 초월적인 것을 하나님이 은혜로 값없이 주시는 것이다(엡1:1-14). 인간은 예수를 믿음으로써 아브라함의 자손이 되어 하나님의 복을 받는 존재가 된다. 인간의 마음속에 3중축복 - 영혼의 복, 범사의 복, 강건의 복 - 이 꽉 차 있어야 행복한 삶을 살 수 있다.275)

한 칼럼니스트가 유명한 석학에게 물었다. "현대인을 한마디로 표현해 주십시오." 그러자 석학은 "현대인은 우주에 대해서나 세상에 대해서는 아는 것이 너무나 많습니다. 그러나 정작 자기 자신에 대해서는 아무것도 모르며, 모르는 정도가 점점 심해지고 있습니다."

하나님은 모든 사람에게 백지와 붓과 물감을 주셨다. 한 장의 백지 위에 화려하고 다채롭고 아름다운 그림을 그릴 수도 있고, 볼품없고 초라한 그림을 그릴 수도 있다. 모든 것은 자신의 선택에 달려 있다. 하나님의 뜻과 말씀과 계획에 따르면, 하나님 안에서는 모든 것이 가능하고 모든 것이 성취될 수 있다. "나는 빛도 짓고 어둠도 창조하며 나는 평안도 짓고 환난도 창조하나니 나는 야훼라 이 모든 일들을 행하는 자니라(사45:7)."

인간은 아담의 타락으로 하나님과의 온전한 관계와 교제를 잃어버렸다. 그래서 방랑자처럼 이곳저곳을 헤맨다. 또한 어디서 와서 어디로 가는지 알지 못한 채 자신의 진정한 정체성을 잃어버리고 살아가고 있다(롬3:23, 고후4:4). 아담의 후손들은 절망적인 존재이다.

　　a) 영이 죽은 자: 아담의 범죄로 인류는 어떨 수 없이 영적으로 죽은 자다(창2:17, 3:19).
　　b) 부패한 자: 죄와 세속의 종이 되어 도덕적으로 타락하고 부패한 자다(사1:4, 엡2:3).
　　c) 교만한 자: 하나님을 섬기지 않으며 자아중심으로 사는 교만한 자다(시14:1, 롬8:7).
　　d) 죽을 자: 육체적으로 병들고 고통 가운데 살다가 죽을 자다(시107:10-11, 전5:17).
　　e) 허무한 자: 환경적으로 저주 아래 고생하며 무의미하고 헛된 자다(창3:17-19, 시127:2).
　　f) 심판 받을 자: 영생의 소망이 없고 사후에 심판 받아 지옥에 던져질 자다(요3:36, 엡2:12).

---

274) 폴 틸리히(Paul Tillich)는 '새로운 존재란 무엇인가?'에 대하여 다음과 같이 주장한다. "새로운 존재란 오래된 존재의 자리를 대신하는 무엇이 아니다. … 완전히 파괴되지 않았던 오래된 것의 소생이다. 새 창조란 오래된 창조를 새로운 창조로 변화시키는 것이다. 그것은 화해(re-conciliation), 재연합(re-union), 부활(re-surrction)을 의미한다." 참조. 황민효, 『폴 틸리히의 신학』, 한국장로교출판사(2008), 283.

275) R. C. Sproul, *The Holiness of God*, Tyndale House Publishers(1998), 157-158. 행복한 삶이 무엇일까? 즐거움(pleasure)과 행복(happiness)은 다른 것이다. 죄는 즐거움을 주지만 결코 행복을 가져오지 못한다. 진정한 행복은 거룩함을 유지하는 것으로부터 온다. 거룩한 본성을 가지고 살아야 인간은 행복하다. 우리의 몸으로 곧 삶으로 하나님에게 거룩한 산제사를 드릴 때 온전한 행복을 누릴 수 있다(롬12:1-2).

영산은 십자가 중심의 5가지 꿈을 마음에 품을 것을 강조한다.

<u>첫째, 의인의 꿈을 개발하라.</u> 나는 믿음으로 용서함을 받은 의인이다(롬3:24).
예수님을 믿을 때 불의의 자아가 의의 몸이 된다. 의인의 신분을 가졌으면, 우리는 의인답게 행동해야 한다. 의인의 생각, 꿈, 믿음, 말을 하는 자가 되어야 한다. 또한 나 자신에 대해 이렇게 고백할 수 있어야 한다. 나는 나의 죄를 용서받은 사람이다. 나는 의인의 옷을 입은 사람이다. 나는 의인의 옷을 입고 하나님 앞에 설 수 있다(말씀순종의 삶).

<u>둘째, 성령충만의 꿈을 개발하라.</u> 나는 성령님을 마음속에 모신 거룩한 사람이다(고전6:11, 벧전1:2).
인간의 정신은 대체로 3가지 기능 ─ 아는 것, 느끼는 것, 결정하는 것 ─을 지니고 있다. 성령님은 지정의(知情意)를 지니신 분이다. 신자 안에 거하시면서 성령님은 이 세 가지 기능을 적절한 방법으로 도와주신다. 성령충만의 자아상을 가진 사람은 어둠을 밝히는 사람, 절망 속에서도 희망을 보는 사람, 실패 속에서도 말씀의 빛과 성령의 권능으로 다시 일어서는 사람이다. 성령으로 충만한 사람은 담대한 고백을 한다. "나는 성령님으로 거듭나서 성령님의 인도함을 받는 사람이다. 나는 성령님과 동행하고 있는 사람이다. 나는 성령님과 함께 말씀의 빛을 비추는 사람이다."

<u>셋째, 신유의 꿈을 개발하라.</u> 나는 치료받고 강건한 사람이다(사53:5, 벧전2:24).
아담과 하와가 타락하여, 아담의 후손은 속사람은 죽고 겉사람만 살아 있다. 육신은 종종 병에 걸리고 결국 죽어서 한줌의 흙이 된다. 하지만 예수님께서 우리를 위해 고난 받으셔서, 우리의 육신의 모든 아픔은 이미 십자가 위에서 청산되었다. 우리는 예수님 안에서 치료받아 건강을 누릴 수 있는 사람이다. 신자는 건강한 가치관을 품어야 한다. "나는 예수님 안에서 오늘도 건강하다. 나는 오늘도 건강의 축복을 받은 사람이다. 나는 예수님이 치료해주실 것을 믿는다."

<u>넷째, 축복의 꿈을 개발하라.</u> 나는 형통의 복을 받은 사람이다(사53:5, 벧전2:24).
내가 가난하고 굶주릴 때 부요하게 하시는 하나님이시다. "나는 더 이상 가난하지 않다. 나는 형통한 사람이 될 수 있다. 나는 현재보다 더 좋은 환경으로 갈 수 있다." 아브라함은 하나님에게 믿음으로 순종을 했을 때 축복의 길을 걸어갈 수 있었다(창15:5-6). 내가 형통해야, 주님을 위해 큰일과 좋은 일을 더 많이 할 수 있다(신29:9).

<u>다섯째, 영생의 꿈을 개발하라─나는 부활과 영생을 얻은 천국 백성이다(요14:1-3).</u>
예수님을 믿음으로써 그리스도인은 속사람이 회복되어 영생을 얻게 되었다. 내 안에 예수의 생명이 있으면, 생각의 폭과 용서와 화해의 폭과 세상을 바라보는 시각이 넓어진다. 또한 나의 삶을 하나님의 시각으로 바라보게 된다. "나는 이미 영생을 맛보며 누리고 있다. 나는 천국을 가슴에 품고 있다." 꿈은 삶의 지평선을 팽창시킨다(창13:14).

예수님은 인류역사와 운명을 바꾸어놓는 위대한 구원사역을 화려하고 많이 배우고 지위가 높은 사람들에게 맡기지 않으셨다. 반면에 그 일을 평범한 어촌의 청년들에게 맡기셨다. 예수님이 처음 택하신 제자들의 나이는 20세에서 30세 사이의 젊은 청년들이었다. 예수님께서는 이들을 3년 가까이 가르치고 훈련시킨 후에 온 천하를 복음화하라고 명령하셨다. 그들은 진정한 정체성을 회복했기 때문에 하나님의 꿈을 가질 수 있었다. 성령님의 인도로 그들은 자신에게 주어진 사명을 감당할 수 있었다.

원리 3: 4차원 꿈의 기도를 하라.[276]

영산은 "기도는 성령의 음성을 듣게 함으로써 우리가 그리스도 안에서 성결한 삶을 사는 데 필수적입니다. 성결함과 의로움이 없는 기독교 신앙은 그 토대를 상실하고 맙니다."라고 말한다.[277] 기도의 본질은 의로움과 거룩함을 유지하며 하나님과 친교하는 데 있다. 나아가 기도의 본질은 하나님의 뜻에 순종하여 하나님께 영광을 돌리는 데 있다. 신자는 그리스도 안에서 말씀에 기초해서 성령님과 함께 탄식하며 하나님 아버지에게 기도 드린다. 기도는 하나님의 뜻과 말씀과 계획에 순종하도록 이끌어준다.

영산은 응답받는 기도에 대하여 다음과 같이 강조한다. "내가 기도응답을 받으려면, 응답을 받겠다는 뜨거운 소원이 마음에 있어야 되는 것입니다. 제일 중요한 것이 하나님께 응답을 받아야 되겠다는 열정이 마음에 있어야 되는 것입니다. 마음에 열정이 없으면 아무것도 안돼요. 마음에 열정이 있을 뿐만 아니라, 분명한 목표가 있어야 되는 것입니다. '또 기도할 때에 이방인과 같이 중언부언하지 말라(마6:7)' 오스트리아 빈 대학의 불러(Philipp Bouhler) 박사는 역사적으로 위대한 인물 200명을 선정하여 이들의 삶을 연구 조사해보았습니다. 그 결과 그들이 인생에서 성공하여 위대한 인물이 될 수 있었던 것은 단지 머리가 좋아서라 아니라 인생의 목표가 분명했다는 것입니다."[278]

목표가 분명하면 기도의 내용도 분명해진다. 집중적인 기도를 할 수 있다. 영산은 꿈을 가지고 기도하라고 조언한다. "꿈이 없이 기도하는 것은 효과가 없습니다. 꿈을 갖고 기도해야 하나님이 그 꿈을 이룰 수 있도록 역사해주십니다. 그러므로 희망찬 꿈을 마음속에 늘 보존해야 됩니다. 그 다음에는 강하고 담대한 믿음을 가져야 합니다."[279] 그는 "기도란 만복의 뿌리이자 근원이고 어머니입니다. 뜨거운 소원을 가지고, 꿈을 품고 기도해야 하며, 믿음으로 기도해야 하며, 감사하며 기도해야 합니다."라고 강조한다.[280] 기도는 하나님의 주권에 참여하여, 영광, 찬양, 존귀, 위엄, 우월성을 돌려드리는 거룩한 영적 행위다. 기도의 요소는 정서적(emotional)이며, 경배, 감사, 고백,

---

276) 기도란 무엇인가?(웨스트민스터 소요리 문답 98문) "기도는 우리의 소원을 하나님께 올리는 것인데, 그의 뜻에 마땅한 일을 구하고, 그리스도의 이름으로 구하는 것이며, 우리의 죄를 고백하고, 그의 자비하심을 깨달아 감사하는 것입니다(요 16:23-24, 시62:8, 롬8:27, 요일5:14, 시10:17, 32:5-6, 단9:6, 빌4:6). "Prayer is an offering of our desires unto God, for things agreeable to his will, in the name of Christ, with confession of our sins, and thankful acknowledgement of his mercies."

277) 교회성장연구소 편집부, 『카리스 & 카리스마』, 교회성장연구소(2003), 111.

278) 조용기, "응답받는 기도", 주일설교(2010-05-02).

279) 조용기, "마음하늘", 주일설교(2013-04-07, 빌2:12-13)

280) 조용기, "응답받는 기도", 주일설교(2010-05-02). 기도가 "만복의 뿌리이자 근원이고 어머니"라는 표현은 원래 크리소스톰(J. Chrysostom)이 말한 것이다.

요청, 중보 등을 포괄한다(Bloesch, 1984).[281] 기도는 삼위일체적으로 역사하며, 하나님의 거룩한 뜻이 이뤄지는 통로다. 참된 기도는 하나님의 뜻을 찾아가는 추적 장치와 같아서 주의 뜻과 나의 뜻이 서로 일치될 때까지 끝까지 찾아나서야 한다.[282]

영산은 "1958년 내가 처음 교회를 개척했을 때에는 항상 하루에 5시간 동안 기도드렸습니다. 그렇게 함으로써 나는 사탄의 세력을 꺾고 교회성장을 이룰 수 있었습니다."라고 회고한다.[283] 바운즈(Bounds)는 "역사상 위대한 의무들이 많지만, 그중에서 단연 으뜸은 기도다. 인간이 할 수 있는 위대한 일이 많지만 단연 으뜸은 기도다. 기도하지 않는 사람은 아무것도 할 수 없다"고 서술한다.[284] 또한 "기도는 믿음을 하나님께 비추고 하나님을 세상에 비춘다."고 강조한다.[285] 기도는 믿음과 직결되어 있다. 믿음과 기도는 하늘보좌를 향해 달려가는 쌍두마차다. 끈질기게 기도하면 응답이 온다. 바울은 기도에 대하여 "내가 첫째 권하노니 모든 사람을 위하여 간구와 기도와 도고(intercession, 중재)와 감사를 하되(딤전2:1)"라고 말한다. 실패처럼 보이는 일도 배움의 과정인 것이다. 기도하는 일은 배우는 과정과 관련이 있다. 인간의 진정한 정체성은 예수님을 믿을 때 회복되며, 기도를 통해 참 인간이 된다.[286] 그리스도인의 영적 정체성은 다음과 같다(벧전1:9).

　　a) 나는 택하신 족속으로 예수님 안에서 믿음으로 새롭게 태어난 하나님의 자녀다(엡1:5).
　　b) 나는 왕 같은 제사장으로 예수님과 더불어 통치하며 하나님을 섬기는 신분이다(계20:6).
　　c) 나는 거룩한 나라로 하나님이 다스리는 삶이며 거룩히 구별된 존재다(골1:13).
　　d) 나는 소유된 백성으로 독생자 예수님의 보혈로 속량된 약속의 백성이다(벧전2:10).

영산은 4차원 꿈의 기도의 내용을 다음과 같이 강조한다.[287]

　　a) 나는 좋으신 하나님의 뜻을 좇아 생각을 바꿀 것이다(고후5:17, 잠4:23).[288]
　　b) 나는 성령님의 인도함을 받아 하나님의 꿈을 꿀 것이다(빌2:13, 엡3:20).
　　c) 나는 예수님의 말씀을 의지하는 긍정적인 믿음으로 바꿀 것이다(롬10:17, 고후1:20).
　　d) 나는 창조적이고 생산적이고 적극적인 긍정의 말을 할 것이다(잠6:2).

---

281) 기도에 대한 다양한 묘사: "기도는 이 세상의 모든 크리스천을 하나로 묶는 영적인 힘을 가지고 있다(Vandervelde, 1989)." "기도는 영적 발전을 증진시킨다(Faucett, 1987)." "기도는 종교적 본능을 표현하는 가장 고전적이고 보편적인 행위다(Saunders, 1980)." "기도는 인간의 필요와 소원을 하나님과 나누는 과정을 통하여 인간이 하나님의 궁극적인 뜻과 목적에 일치되는 삶을 살 수 있도록 하는 것이다(Bloesch, 1984)."
282) "그대가 신학자라면 참되게 기도하리라. 그대가 참되게 기도한다면, 그대는 신학자이다(Evagrius Pontius)."
283) 교회성장연구소 편집부, 『카리스 & 카리스마』, 교회성장연구소(2003), 117.
284) E. M. 바운즈(E. M. Bounds), 『기도의 강자』, 규장(2013), 159-162.
285) E. M. 바운즈(E. M. Bounds), 『기도의 심장』(The Complete Works of E. M. Bounds on Prayer), 규장(2014), 15.
286) "인생을 살면서 생각, 꿈, 믿음, 말을 어떻게 변화시키느냐에 따라 내 자화상이 달라지고 인생이 달라지는 것입니다." 참고, 조용기, "나를 다스리는 힘", 『꿈』, 한세대학교출판부(2013), 173.
287) 4차원의 기도는 없는 것을 있는 것처럼 생각하고, 꿈꾸고, 믿고, 입술로 고백하고, 선언하고, 명령하고, 감사하는 기도이다.
288) A. W. Tozer, *God's Power for Your Life*, Regal(2013), 173-176. 하나님이 우리에게 말씀을 선물로 주신 이유는 무엇인가? 첫째, 인간에게 생명을 주기 위함이다. 둘째, 인간으로 하여금 하나님과 하나님의 뜻에 일치되는 삶을 살도록 하기 위함이다. 말씀을 통해 생명을 선물로 얻은 인간이 하나님의 뜻에 따라서 사는 것은 거룩한 의무다. 따라서 하나님의 뜻을 발견하기 위해서 말씀을 통해 죄를 깨닫고, 자백하고, 용서받는 것이다. 죄를 없애는 것이 하나님의 뜻을 찾는 지름길이다.

영산은 또한 하나님께 응답을 받는 4차원 기도를 다음과 같은 단계를 거쳐서 하도록 권고한다.

1단계: 나의 정체성을 지속적으로 고백하는 기도

기도는 성령 안에서 이뤄져야 한다. 바울은 "모든 기도와 간구로 하되 무시로 성령 안에서 기도(엡6:18)"하라고 말한다. 성령 안에서 기도해야 나 자신의 온전한 정체성이 노출된다. 인간의 진정한 정체성은 옛 사람이 아니라, 십자가 복음을 통하여 거듭난 영적 자아로서의 나이다. 십자가의 비밀을 알기까지 인간은 삶의 본질을 알지 못한다.

하나님의 관점에서 나는 누구인가?[289] 첫째, 나는 예수를 믿어 새로운 피조물로 새 창조의 영성을 품은 자로서 예수가 내 안에 사는 삶이다(갈2:20). "누구든지 그리스도 안에 있으면 새로운 피조물이라. 이전 것은 지나갔으니 보라 새 것이 되었도다(고후5:17)." 둘째, 나는 이 세상에서 하늘나라의 소속으로 신분이 변형된 자로서 예수님 안에서 모든 것을 할 수 있는 자다.

2단계: 삶의 자리에서 상상한 것을 현실화하는 기도

상상력은 과거, 현재, 미래를 통합한다. 존 듀이(John Dewey)는 상상력을 "과거 경험들로부터 발생한 의미들이 현재의 경험들 안에서 새로운 의미들로 발견되는 출입문"이라고 정의한다. 가다머(Gadamer)는 상상력을 "현재의 지평에서 과거를 바라봄으로써 새로운 미래를 창조하는 능력"으로 이해한다.[290] 상상력은 현재 나의 삶의 방식을 하나님의 삶의 방식으로 이미지화할 수 있는 위대한 영적 도구이다. 영산은 "마음속에 그림을 그려놓고 기도해야 합니다. 바라는 것, 즉 목표를 정하고, 그것이 이루어진 모습을 마음속에 그려놓고 간절히 원해야 합니다. 믿음의 역사는 바라는 마음이 없으면 이루어지지 않습니다. 실상이 올 때까지 부르짖고 기도하고, 실상이 이루어지면 입으로 증거하고 시인하십시오. 이것이 믿음을 활용하는 방법입니다."라고 말한다.[291]

상상력은 4차원 영적세계에서 매우 중요한 역할을 한다. 인간이 거룩한 상상력을 품으면 시간과 공간을 초월하며, 땅에 있으면서도 장차 머물 천국세계를 상상할 수 있다.[292] 인간의 지정의(知情意)는 상상력에 전적으로 의존하며, 상상력이 주는 이미지는 창조적 행동의 대두뇌요, 심장이요, 맥박이다.

하나님을 아는 지식(말씀)이 충만하면(사11:9) 상상력이 충만해진다. 하나님의 말씀은 상상력을 개발하는 보고(寶庫)다. 인간은 상상력을 통해 꿈을 꿀 수 있으며, 성령 안에서 상상한 것을 꿈꾸고 바라보면 그대로 된다. 상상력은 인간의 생각이 감정 혹은 의지와 연결되게 하는 힘이다. 상상력

---

289) 앤드류 머레이는 하나님이 '너는 누구냐?'라고 물으신다면, 자신은 이렇게 대답하겠다고 말한다. "나는 그리스도 안에 살고 있으며, 내 안에 예수 그리스도가 사십니다. 주님, 당신만이 홀로 나로 하여금 참된 의미를 알게 하시고 모든 것이 되게 하실 수 있습니다." 참조. 앤드류 머레이(Andrew Murray), 『위대한 여정』(The Inner Life of Andrew Murray), 브니엘(2010), 54-55.

290) 소태영, "영산의 4차원영성과 상상하는 교육", 『영산신학저널』, Vol.17(2009), 237.

291) 조용기, 『히브리서』, 서울말씀사(2010), 253 & 264.

292) A. W. 토저, 『예수님』(JESUS, Our Man in Glory), 규장(2014), 50. "우리는 시간의 피조물이다. 우리의 손 안에 또한 우리의 몸 안에는 '시간'이 있다. 시간은 우리로 하여금 늙게 하고, 결국은 죽게 만든다. 그러나 마음속에는 영원을 사모하는 마음이 있다(전3:11)."

은 지적인 신앙이 나의 삶의 자리에서 현실이 되도록 도와준다.[293] 아브라함은 별을 보고 자손의 꿈을 꾸었고, 노아는 방주를 보면서 구원의 꿈을 꾸었고, 모세는 가나안 땅을 상상하며 백성들을 진두지휘했다.

3단계: 푯대설정 능력의 기도

영산은 '푯대가 있어야 방향이 명확해지고, 달려갈 의욕이 생기며, 발전을 세부적으로 측량할 수 있다.'고 강조한다.[294] 영산은 '바라봄의 법칙'을 개발해 목표물을 분명하게 바라보게 했다. 기독교 영성가들은 예수님의 영적 발자취를 바라보고 따라가는 영적훈련을 하였다. 이스라엘 백성들은 모세가 외쳤던 '토라'를 푯대로 삶아 따라갔고, 바울은 '예수 그리스도의 십자가'를 향하여 따라갔다. 푯대가 없으면 인간은 갈 바를 알지 못해 추진력이 떨어진다. 진정한 영적진보는 믿음의 주요 온전케 하시는 이인 예수님을 바라보고 좇아가는 것이다(히12:2).

4단계: 꿈의 성취를 위한 기도

그리스도인의 삶의 구조는 믿음과 말씀과 기도로 사는 것이다. 바울은 "쉬지 말고 기도하라(살전 5:17)"고 강조한다. 기도는 꿈을 이루는 근본이다. 작은 기도가 모여서, 여러 사람의 기도가 모여서 창조의 역사를 이룬다. "물방울처럼 하나하나의 기도가 결합할 때, 대항할 수 없는 대양이 이루어진다."[295] 성령의 사람은 꿈을 통해 하나님의 일을 성취한다. 내 안에 계신 성령님은 하나님이 주신 꿈을 이루어가도록 이끄신다. 하나님의 꿈은 하늘과 땅을 연결하는 사닥다리와 같아서 성육신하신 예수 그리스도의 영의 도움이 있어야 성취될 수 있다. 야곱은 하늘과 땅의 중심에서 하나님의 도움으로 하나님의 꿈을 일궜다.

5.2. 하늘 일의 역학: 하나님의 인류구원 궤도 안으로 나의 꿈을 진입시킨다

바울은 부활 및 승천하신 예수를 만난 후 일생 동안 종과 증인의 삶을 살았다(행26:16). 십자가 위에서 죽고 부활한 성도가 할 일은 일평생 주의 뜻을 행하는 것이다. 시편 기자는 "나의 하나님이여 내가 주의 뜻 행하기를 즐기오니(시40:8)"라고 말한다. 바울은 하늘에서 본 것을 자신의 비전과 사명으로 삼고, 불요불굴의 믿음으로 지상의 온갖 장애물을 뚫고 나아갔다. 그는 왕 앞에서 담대하게 "아그립바 왕이여 그러므로 하늘에서 보이신 것을 내가 거스르지(행26:19)" 아니하였다고 증거했다. 하나님이 보여주신 꿈은 삶의 목표를 향해서 흔들리지 않고 담대하게 나아가도록 이끌어준다.

하나님의 인류구원에 대해 믿음과 꿈을 품고 사는 자는 복된 사람이다. "하나님은 모든 사람이 구원을 받으며 진리를 아는 데 이르기를 원하시느니라(딤전2:4)." 하나님의 꿈은 지구촌 인류가 모두

---

293) 위의 책, 240.

294) 조용기, 『291요약설교』, 서울말씀사(2003), 1-40.

295) 리처드 포스터, 『영적훈련과 성장』, 생명의말씀사(2010), 91(E. M. Bounds, *Power Through Prayer*, Chicao:Moody Press, 83).

구원받아 하나님의 거룩한 백성이 되는 것이다. 예수님은 약 2000년 전에 그 일을 위해 이 땅에 오셨다. 부활후 승천하신 예수님은 지금 하나님 우편에 앉아 계신다. 예수님은 자기 대신에 성령님을 보내셨다. 성령님은 지금 이 시간에도 전 세계 성도들과 함께 인류구원의 꿈을 성취하기 위해 활동하고 계신다.

원리 1: 하나님이 '쓰시는 자'를 간파하라.
영산은 하나님이 쓰시는 사람의 특성을 이렇게 피력한다.

첫째, 의와 진리와 거룩함으로 변화되어가는 사람(엡4:22-24)
하나님은 하나님의 뜻을 따라 살려고 하는 사람을 사용하신다. 거룩하신 하나님은 우리를 의롭고 거룩하게 만드셔서 그분의 일에 사용하신다. 하나님은 그 아들 예수 그리스도를 통해 우리에게 거룩함을 주셨다(히10:10). 매일 죄 짓고, 허물 많고, 남을 비방하고, 비판하는 사람에게는 하나님이 그분의 일을 맡기지 않으신다. 날마다 진리의 말씀으로 새로워지고, 성령님과 함께 주님처럼 의롭고 거룩한 삶을 사는 자에게 하나님은 그분의 거룩한 일을 맡기신다.

둘째, 성령의 꿈과 감동으로 사는 사람(골1:13, 행2:17, 갈5:25)
하나님은 새 신분을 가진 사람에게 꿈을 품고 살기를 원하신다. 하나님은 꿈을 통해 자신의 일을 성취하시며, 그 일을 통해 영광 받으시기를 원하신다.

셋째, 믿음으로 사는 사람(롬10:17, 히10:38)
하나님은 4차원 영적세계를 이끌어가시는 분이시다. 시간과 공간을 뛰어 넘어 권능으로 활동하시는 분을 의지하면 신자는 미처 상상할 수 없었던 큰일도 할 수 있다. 하나님은 만물을 만드신 분이시다. 하나님은 만물을 초월해서 존재하시며 만물을 다스리신다. 하나님은 지금도 하나님에 대한 그런 믿음을 소유한 사람을 찾고 계신다. 또한 환경을 바라보지 않고 오직 하나님만을 의지하며, 그분의 말씀에 순종하며 그분의 계획을 실행할 사람을 찾고 계신다.

넷째, 이웃을 사랑하고 용서하며 섬기는 사람(벧전4:7-8)
하나님의 속성은 사랑이시다. 내가 아무리 잘나고, 아는 것이 많고, 세상이 알아주는 사람일지라도, 하나님은 그 사람의 중심에 사랑이 있는지 살펴보신다. 사랑의 속성은 이웃을 위하는 것이며, 잘못이 있으면 용서해주고, 덮어주고, 도움이 필요할 때 섬기고 필요를 채워주는 것이다.

원리 2: 하나님의 뜻을 이해하라.
하나님은 그분의 자녀가 먼저 그의 나라와 의를 구하기를 바라신다(마6:33). 따라서 하나님의 뜻을 알고 이루기 위해서 우리는 먼저 하나님과 그분의 나라에 대하여 알아야 한다(요17:3, 딤후1:12, 벧후1:2-3, 빌1:2-3). 하나님의 본질적인 뜻은 그의 아들 예수를 믿고 영생을 얻게 하는 것이다(요6:40). 또한 하나님의 뜻은 그분의 자녀가 말씀에 순종하며 거룩한 삶을 사는 것이다(살전4:3).

원리3: 꿈을 인도해주시는 성령을 기대하라.

챔버스(O. Chambers)는 다음과 같이 말한다. "비전 없이 하나님을 섬기는 것은 쉽습니다. 소명 없이 주를 위해 일하는 것도 쉽습니다. 그러나 그리스도로부터 사명을 받게 되면, 그 순간부터 그 사명은 마음을 찌르는 막대기가 됩니다. 더 이상 평범한 생각으로는 일할 수 없게 됩니다."[296] 꿈이 없이 살면 삶은 편하고 좋다. 그러나 바울은 자신의 생명조차 조금도 귀하게 여기지 아니하고 사명을 향해 달려가는 삶에 대해서 역설한다(행20:24). 성령은 꿈을 주고, 고난 중에도 꿈으로 인도해 주신다. 인생은 나그네요(창47:9), 마르는 풀이요(벧전1:24-25), 베틀의 북 같은 것이요(욥7:6), 쇠하여지는 꽃이요(욥14:2), 사라지는 안개와 같다(약4:14). 따라서 성령님께서 꿈으로 인도해주셔야 가치 있는 인생을 살 수 있다.

성령님은 예수님의 수태고지(눅1:35), 동방박사들의 꿈, 사울의 다메섹 도상의 환상(행9:3-7) 등 꿈을 통해 장차 일어날 일들을 알게 하신다. 또한 우리는 마음의 묵시나 깨달음, 마음의 소원을 통해서도 하나님의 뜻을 알 수 있다(마11:27, 빌2:13). 하나님은 아브라함, 모세, 요셉 등을 직접 인도하시며, 그분의 뜻과 계획을 그들에게 직접 알려주시기도 한다. 성령님은 우리의 삶을 인도하시고 지도하여 주신다.[297] 하나님의 꿈을 품고 사는 자는 하나님이 범사에 인도해주신다.

원리4: 하나님이 찾는 자가 되라.

영산은 "영적 꿈이란 육신의 정욕, 안목의 정욕, 이생의 자랑 너머의 영원한 하나님 나라를 바라보는 것입니다."라고 강조한다.[298] 세상에는 두 개의 종교가 있다. 하나는 하나님이 성취하시는 종교이고, 하나는 인간이 성취하는 종교이다. 전자는 하나님이 그리스도 안에서 모든 것을 이루시고, 후자는 인간이 그 중 일부를 성취한다. 전자는 은혜의 종교이고, 후자는 행위의 종교이다. 따라서 인간은 믿음의 종교, 은혜의 종교를 찾아가야 한다.[299]

---

296) 오스월드 챔버스, 『My Utomst for His Highest』, 토기장이(2008), 묵상집(3월4일).

297) 미국의 저명한 뉴스평론가인 폴 하빈은 다음과 같은 사건을 보도한 일이 있다. 네바다주에 있는 비트리스라는 도시의 웨스트사이드침례교회에서 있었던 일이다. 매주 수요일 저녁 7시 30분에는 성가대 연습이 있었다. 성가대원들은 성가 연습을 위해서 모두 그 시간에 교회에서 모였다. 그런데 하루는 이상한 일이 일어났다. 모든 성가대원이 연습 시간에 조금 늦겠다고 연락이 왔던 것이다. 피아노 반주자는 저녁을 먹고 잠깐 쉬다가 잠이 들어서, 같은 성가대원인 그의 어머니와 함께 늦을 수밖에 없다고 연락이 왔다. 고등학교 졸업반이었던 한 여학생은 학교의 급한 숙제 때문에 불가피하게 늦는다고 연락이 왔다. 한 부부는 항상 교회 오는 길에 다른 대원들 몇 명을 태워서 데리고 오는데, 대원들을 태우고 오다가 자동차 엔진이 꺼져버렸다고 한다. 정말로 이 교회 역사상 처음으로 그날 저녁에 18명의 성가대원이 한 사람도 빠짐없이 늦게 도착한다고 연락이 왔다. 그 전 주까지 7시 30분이면 어김없이 성가연습이 시작되었다. 그런데 7시 30분까지 아무런 일도 없었는데, 바로 그날 1950년 3월 1일 수요일 저녁 7시 30분에 교회 지하실에 있는 가스 파이프가 새어서 대폭발이 일어났다. 그래서 교회 전체가 불에 타버렸다. 성가 연습실은 가스실 바로 위에 있었다. 그날 저녁 7시 30분 정각에 모였으면, 한 사람도 남김없이 다 산산조각이 나서 죽었을 것이다. 하지만 그날 그 시각에 성가대원 18명 전원에게 한결같이 예기치 않은 일들이 생겨서, 그들은 성가연습에 참석하지 못했던 것이다. 모든 것을 아시는 성령께서 그들을 인도해 주셨던 것이다!

298) 조용기, "겉사람과 속사람", 주일설교(2011-06-26).

299) 존 맥아더(John MacArthur), 『최고의 설교』(Truth Endures: Landmark Sermons), 국제제자훈련원(2012), 71.

하나님은 어떤 사람을 찾고 계시는가? 첫째, 성령에 감동하는 사람이다.300) 성령님은 영적사고의 삶을 인도하기를 원하신다. 하나님은 사울이 "하나님의 신에게 크게 감동되게(삼상11:6)" 하셨으며, "제사장 여호야다의 아들 스가랴를 감동시켜(대하24:20)" 하나님의 관점에서 말하게 하였다. 둘째, 성령으로 충만한 사람이다.301) 하나님은 성령으로 충만한 사람을 쓰신다. 그런 사람은 항상 위의 것을 생각하고 전심으로 주의 일을 하려고 힘쓰기 때문이다. 성령으로 충만하면 담대해진다. 또한 나의 의지가 아니라 하나님의 의지로 산다. 사가랴는 성령의 충만함을 입어서 예언하는 자가 되었다(눅1:67). 성령 안에 있는 사람은 지적인 삶, 총명의 삶, 지혜로운 삶을 사는 사람이다. 성령님은 총명, 지혜와 지식의 신이시다. 하나님의 신이 충만하게 되면 '지혜와 총명과 지식으로 여러 가지 일'을 하게 해준다(출35:31). 셋째, 영의 생각을 따르는 사람이다.302) 육신의 생각은 사망이요, 영의 생각은 생명과 평안이다. 영산은 "하나님의 영을 받은 속사람은 영적으로 생각하고 분별합니다(고전2:14)."라고 말한다.303) 넷째, 성령의 인도함을 따르는 사람이다.304)

5.3. 복음에 기초한 삶의 구조: 복음적 가치관으로 일하시는 하나님과 동행한다

영산은 "십자가로 그려놓은 나의 인생을 나의 삶으로 받아들이라(벧전2:9-10)"고 강조한다.305) 복음은 하나님 중심에서 벗어난 삶을 본래의 삶의 궤도로 회귀시킨다. 하나님은 그 아들 예수를 통해 우리에게 복음을 주셨다. 예수 그리스도는 이 땅을 향한 하나님의 뜻을 자기 안에 100% 담고 있다. 예수님은 구약 4천년 동안 인간을 향해 하나님이 가슴에 품었던 모든 말씀들을 십자가 위에 올려놓으셨다. 하나님 아버지는 예수님을 통해 자기의 존재와 성품과 계획을 세상에 계시해주신다. 또한 하나님 아버지는 자신의 뜻을 인간과의 친교를 통해 알려주신다. 나아가 성부는 성자 안에서 성령을 통해서 그의 자녀들을 사용하시면서 일하고 계신다.

하나님은 사람을 찾아서, 먼저 '예배드리는 자(worshiper)'로, 그 다음은 충성을 다해 '하나님을 위해 일하는 자(worker)'로 만드신다. 달리 말하면, '세속적 가치관'을 품고 사는 자를 '복음적 가치관'을 품게 해서 '하나님과 성도들과 세상을 섬기게 하신다. 궁극적으로 삼위일체 하나님 자신의 계획을 이 땅에서 이루어가며, 하나님께 영광을 돌리게 하신다. 꿈의 중요한 기능 중 하나는 '하나님을 하나님 답게 해드리고, 인간을 인간 답게 사는 길을 열어주는 것'이다.

---

300) 하나님 중심의 삶 + 말씀 중심의 삶 + 순종의 삶(기도의 삶)

301) 증인의 삶 + 의지적 삶 + 담대한 삶

302) "너희 안에서 행하시는 이는 하나님이시니 자기의 기쁘신 뜻을 위하여 너희로 소원을 두고 행하게 하시나니(빌2:13)." "하나님이 우리에게 주신 것은 두려워하는 마음이 아니요 오직 능력과 사랑과 근신하는 마음이니(딤후1:7)." "또 새 영을 너희 속에 두고 새 마음을 너희에게 주되 너희 육신에서 굳은 마음을 제하고 부드러운 마음을 줄 것이며(겔36:26)." "하나님의 말씀은 살았고 운동력이 있어 좌우에 날선 어떤 검보다도 예리하여 혼과 영과 및 관절과 골수를 찔러 쪼개기까지 하며 또 마음의 생각과 뜻을 감찰하나니(히4:12)."

303) 조용기, "겉사람과 속사람", 주일설교(2011-06-26).

304) 창조적 삶 + 성령의 인도를 받는 삶(갈5:16, 18) + 온전한 삶: "무릇 하나님의 영으로 인도함을 받는 그들은 곧 하나님의 아들이라(롬8:14)." "예언은 언제든지 사람의 뜻으로 낸 것이 아니요 오직 성령의 감동하심을 입은 사람들이 하나님께 받아 말한 것임이라(벧후1:21)." "우리 주 예수 그리스도의 하나님, 영광의 아버지께서 지혜와 계시의 정신을 너희에게 주사 하나님을 알게 하시고(엡1:17)."

305) 조용기, "당신의 일생은 한 폭의 그림", 주일설교(2013-01-27).

하나님의 말씀은 깨어 있음과 기다림이라는 역학구조 안에서 이뤄진다. 하나님의 약속의 말씀을 깨닫고 깨어 있으면서 그것이 성취되기를 기다려야 한다.[306] 하나님은 꿈을 통해서 창조적인 일을 행하시지만, 꿈은 가졌으면 그 댓가를 지불해야 한다고 영산은 다음과 같이 강조한다.

원리 1: 길을 예비하시는 하나님을 이해하라.

성령이 주시는 꿈은 그분이 길을 만들어 가신다. 아프리카 속담에 "우리는 아는 것만 본다"는 말이 있다. 인간의 눈은 아는 것만 보아서 한계가 있지만, 성령님은 초월적인 것까지 아시므로 성령 안에서 꿈을 성취해야 한다. 영산은 길을 예비하시는 하나님에 대하여 5가지로 압축시켜 설명한다.

첫째, 하나님은 가나안 가는 길을 예비하셨다. 이스라엘 백성이 광야를 지나갈 때 물이 없어 불평과 원망을 했었다. 하나님께서는 마라의 쓴 물 곁에 한 나무를 예비하셨으며, 모세가 그 나무를 던지니 물이 달아졌다(출15:25). 또한 하나님은 그들에게 만나와 메추라기를 예비하셔서 날마다 양식을 주셨다. 나아가 의복과 신발이 떨어지지 않게 하셨다(신8:4). 이처럼 하나님은 이스라엘 백성이 광야생활을 하는 동안 필요로 하는 것을 예비하셨다. 르비딤 지역에서도 반석에 물을 예비하셔서, 반석을 치니 물이 나와서 모두 마실 수 있었다(출17:6). 우리의 인생길에도 르비딤의 경우와 같은 생수가 예비되어 있음을 믿어야 한다.

둘째, 범사를 예비하시는 하나님이시다(잠3:6). 먼저 그의 나라와 그의 의를 구하면, 우리에게 꼭 필요한 모든 것이 주어진다(마6:31-33). 하나님은 우리 인생길에 의식주를 모두 예비하셨을 뿐만 아니라, 또한 삶의 과정에서 여러 가지 문제가 닥칠 때에도 해결책을 제공해주신다.

셋째, 천국 길을 예비하신 하나님이시다. 하나님의 아들은 인간의 몸을 입고 이 세상에 오셔서 보혈을 흘려 우리 죄를 대속하셨다. 또한 영원한 생명을 주시고 하나님 나라를 예비하셨다(롬8:1-2, 요14:1-3).

넷째, 길을 여시는 하나님이시다. 시인 카우프만(Bob Kaufman)은 "밖에 있는 사람들은 출구가 어디 있는지 안다"고 말했다. 하나님은 안과 밖을 훤히 내다보신다. 아담이 에덴동산에서 쫓겨났을 때 예수님이 오셔서, 새 하늘과 새 땅으로 가는 길을 열어주셨다. 또한 대속을 통해 용서와 의로움, 축복, 영생의 길을 활짝 열어놓으셨다(요5:24, 히10:19-20).

다섯째, 길을 인도하시는 하나님이시다. 하나님은 사람과 환경을 통해서 신자가 가야할 길을 인도하신다. 때로는 신자가 마음으로 소원하는 것을 통하여 인도하시기도 한다(행8:26-30, 빌2:13). 이스라엘이 광야길을 걸어갈 때, 하나님은 구름기둥과 불기둥으로 그들을 인도하셨다.

원리 2: 지금도 일하시는 하나님을 이해하라.

하나님이 전화기를 가지고 계시면, 누구에게 가장 먼저 전화하실까? 하나님은 지금 70억 인구를

---

306) 참조. 조용기, "믿고 참고 기다리라", 주일설교(2003-05-25). "모든 것이 합력하여 선을 이루느니라"(2004-12-05). "믿고 확신한 데 거하라"(2005-11-27).

향하여 전화를 거시면서 신호가 가는 것을 확인하고 계신다. 모든 사람이 그 대상이다. 예레미야를 통해서 하나님은 이렇게 말씀하신다. 곧 "너는 내게 부르짖으라 내가 응답하겠고 크고 비밀한 일을 네게 보이리라(렘33:3)." 주님이 우리를 통하여 일하시기 위해서는 우리의 생각, 꿈, 믿음, 말이 하나님처럼 되어야 한다.[307]

    a) 우리는 주님처럼 생각해야 한다. "무릇 지킬만한 것보다 더욱 네 마음을 지키라 생명의 근원이 이에서 남이니라(잠4:23)."

    b) 우리는 주님처럼 꿈꿔야 한다. "나는 너를 애굽땅에서 인도하여 낸 야훼 네 하나님이니 네 입을 넓게 열라 내가 채우리라(시81:10)."

    c) 우리는 주님처럼 믿어야 한다. "무엇이든지 기도하고 구하는 것은 받은 줄로 믿으라 그리하면 너희에게 그대로 되리라(막11:24)."

    d) 우리는 주님처럼 말해야 한다. "죽고 사는 것이 혀의 권세에 달렸나니(잠18:21)."

5.4. 하나님의 삶의 양식: 그리스도의 삶의 방식으로 산다

영산은 "인간의 실상은 가난과 질병으로 고난을 겪고 고통당하며 절망하는 저주의 삶을 살다가 육신은 죽어 흙으로 갑니다."라고 말한다.[308] 예수 없는 삶은 절망 자체다. 또한 영산은 "하나님께서는 언제나 우리 가슴에 먼저 꿈을 심어주신 다음, 그 꿈을 따라 위대한 기적이 나타나게 해줍니다. 모든 성공과 성취는 꿈으로부터 시작합니다."라고 강조한다.[309] 노먼 빈센트 필(Norman Vincent)은 삶의 성공개념을 이렇게 정의한다. "자신만을 위해 사는 인생은 실패한 인생이요, 다른 사람을 위해 사는 인생은 이미 성공한 인생이다." 꿈이란 상상력의 세계를 주의 은혜로 무한대로 팽창시켜가는 타자지향적 세계다. 하나님의 꿈을 품으면 자아초월적 삶을 살게 되어, 하나님 중심-이웃 중심의 삶을 추구하게 되고, 궁극적으로 하나님의 일을 하게 된다.

하나님의 일은 인격적 관계에서 시작된다. 인간은 처음부터 하나님과 함께 교제하며 살도록 지음 받았다. 일의 원리도, 사랑도, 섬김도 친교로부터 시작된다. 하나님의 말씀이 임하면, 인간은 '하나님의 사람'이 된다. 말씀은 하나님과 인간 사이에 인격적 관계를 전제로 한다. 사람의 말을 마음에 품고 일하면, '인간중심의 사람'이 되고 만다. 성도는 땅 위에서 이루는 3차원의 세상 중심의 꿈이 아니라, 영원한 나라를 위한 4차원의 하늘 중심의 꿈을 성취하는 존재가 되어야 한다.

선지자 아모스는 뽕나무를 기르고 양을 치는 농부였다. 하지만 하나님의 말씀이 임하자, '하나님의 사람'으로 변했다. 벧엘의 제사장 아마샤는 하나님 말씀보다 여로보암 왕의 권위를 선택해

---

307) 조용기, "나는 포도나무요 너희는 가지니", 주일설교(2009-12-27). 첨언하면, 인간의 생각은 하나님의 생각을 닮아가는 동화(同化) 능력이 있다. 생각은 인격을 만들고 행동을 탄생시킨다. 인간의 생각은 하나님의 형상을 닮아가게 하는 능력의 씨를 품고 있어, 생각을 통해 인간은 하나님의 생각을 닮아갈 수 있다. 궁극적으로 예수 그리스도의 형상을 닮아간다는 것은 하나님의 말씀을 내 삶 안으로 데려와 현재화시키는 능력이다.

308) 조용기, "예수님의 부활", 주일설교(2012-04-08).

309) 조용기, "성취하며 사는 길", 『순복음소식 제2집』, 177호(1982-02-21).

세상에 속한 사람으로 전락했다(암7:10-17). 하나님의 말씀은 신자의 세상적인 마음과 생각을 변화시켜 하나님 나라에 속한 사람으로 만든다. 말씀은 인간을 하나님 앞에서 진정한 인격적 자아로 만든다.

미국 28대 대통령 윌슨(Thomas W. Wilson)은 다음과 같이 말했다. "우리는 꿈을 통해 성장한다. 모든 위대한 사람들은 꿈을 꾸는 사람들이다."310) 영산은 후회 없는 삶을 살기 위해 꿈을 세우고 푯대를 향해 달려가기를 강조한다.311)

    a) 목표 지향적 삶: 일생을 꿰뚫는 꿈과 목표를 품어라. 꿈은 소원을 두고 행하는 것이다(빌2:13).

    b) 도전적 삶: 뒤돌아보거나 후회하지 않는 결심을 하라. 물러가면 기뻐하지 않는다(히10:38).

    c) 미래 지향적 삶: 백절불굴의 신념으로 꿈을 추구하라(빌4:13).

    d) 성령과 동행하는 삶: 항상 하나님의 인도와 도우심을 구하라(렘33:3).

원리 1: 하나님 중심에 서라(시59:9, 25:21, 대하20:12).

영산은 꿈의 성취를 위해 하나님 중심에 서야 한다고 강조한다. 첫째, 그의 나라와 의를 먼저 구해야 한다(마6:33). 그리스도인의 마음속에 있는 성전은 하나님께 영광을 돌리기 위하여 있는 것이다. 따라서 하나님을 섬기고 영광 돌리는 것이 삶의 최우선 순위이며 목적이 되어야 한다(마6:33). 내 삶의 중심이 4차원에 속한 위의 것을 생각할 때(골3:2), 3차원 세계는 길이 열린다. 둘째, 하나님의 계명을 지켜야 한다. 하나님 사랑과 이웃 사랑을 강조한 십계명과 그리스도의 새 계명을 지켜서 제자의 길을 가는 것이다(요13:34-35). 셋째, 말씀과 기도로 무장해야 한다. 능력은 헬라어로 '뒤나미스'이고 권세는 '엑수시아'이다. 마귀는 능력이 있지만, 성도에게는 주 예수의 이름으로 마귀의 능력을 다스리는 권세가 있다(눅4:31-36). 아무리 짐을 가득 실은 트럭이라도 경찰은 손가락 하나로 트럭을 멈추게 할 수 있다. 성도는 그런 권세를 가지고 있다. 말씀의 검을 가지고 항상 깨어서 성령 안에서 기도하면, 성도는 마귀의 진을 깨뜨리고 날마다 말씀안에서 승리하는 삶을 살 수 있다(시119:58). 넷째, 성령님과 동행해야 한다. 영산은 "성령께서는 마음의 소원을 통하여 음성과 꿈과 환상, 직감, 확신을 통해서 우리에게 말씀하시는데, 성령께서 말씀하실 때 우리는 반드시 하나님의 기록된 말씀과 성령의 음성을 비교해야 합니다."라고 말한다.312) 말씀과 성령은 항상 동행하며 함께 일한다. 말씀과 동행하는 것은 곧 성령과 동행하는 것이다(갈3:2).

힐튼(Hilton)은 미국의 호텔왕으로 불린다. 가난한 행상인의 아들로 태어난 그는 부모를 따라 유랑 생활을 하면서 안락한 잠자리의 필요성을 느끼고는 호텔 건립을 꿈꾸게 되었다. 힐튼이 어린 시절에 텍사스 주에서 가족 소유의 작은 벽돌집을 개조하여 출발한 힐튼호텔은 지금은 세계 최대를 자랑하는 미국의 호텔 체인이 되었다. 그가 호텔왕이 된 배후에는 독실한 신앙인이었던 어머니가 있었다. "아들아, 너는 늘 예수님과 동행하여라. 그러면 네게 어떤 일이 닥친다고 할지라도 이를

---

310) 토마스 케리(Thomas Kerry)의 말. "위대한 사람은 따로 없다. 단지 위대한 꿈이 있을 뿐이다".

311) 조용기, "삶의 푯대와 인생", 주일설교(2008-04-20). 소제목은 필자가 붙인 것이다.

312) 조용기, 『삼중축복』, 한세대학교출판부(2013), 58.

극복할 수 있는 힘과 용기를 얻게 될 것이다." 어릴 때 힐튼에게는 그 말이 실감이 가지 않았다. 나중에 그는 이렇게 회고했다. "당시 어머니의 말씀은 내 머리 속에 잘 들어오지 않았다. 하지만 어려움이 닥칠 때 그 말씀은 나에게 큰 힘이 되었다."

원리 2: 꿈과 목표를 글로 써놓고 매일 바라보라.

영산은 "초점이 있는 삶을 살아야 합니다. 생활에 목표가 없으면 육체적, 정신적, 능력과 열정이 개발되지 않습니다. 목표에 대한 분명한 이미지를 세우고 바라봄의 법칙을 사용해야 불타는 소원이 이루어집니다."라고 말한다.313) 예수 그리스도는 마른 뼈와 같은 인생을 부활시키고 생기로 충만하게 하는 생명의 원천이시다(겔37:1-10). 따라서 모든 꿈은 예수 그리스도 십자가에서 시작된다.

영산은 "5중복음의 꿈은 삶의 목표와 방향을 제시할 뿐 아니라(행2:17), 삶의 의미와 가치를 줍니다."라고 역설한다.314) 그는 "우리의 삶의 궁극적 목적은 천국, 곧 아버지 집에 가는 것입니다. 삶의 의미는 하나님과 예수님을 섬기고 기쁘시게 하는 것입니다. 삶의 가치는 복음을 증거하고, 천국에서 상을 받는 것"이라고 고백한다.315) 그가 말하는 꿈이란 총체적으로 보면 갈보리 예수 그리스도 십자가를 통하여 하나님의 뜻을 이뤄가는 거룩한 과정으로 이해된다.

그는 십자가가 희망의 기초이자 5중복음 꿈의 근원이라고 강조한다. "우리의 마음은 새로운 세계를 지을 수 있는 꿈과 희망 그리고 용기를 수용할 수 있는 보고(寶庫)입니다. 우리가 갈보리 십자가의 예수 그리스도를 바라볼 때 이러한 마음의 보배를 가질 수 있습니다. 사랑도 희망도 믿음도 모두 갈보리 십자가의 열매입니다."316)

인간이 철학적 관점에서 목표를 설정한다면 인식론(epistemology)이나 형이상학(metaphysics) 또는 가치개념(axiology)을 전제로 할 것이다. 이와 달리 신앙적 관점에서 목표를 세운다면 그 중심에는 '말씀과 기도 및 성령의 도움'이 전제된다(그림 7-10).

인간이 이성적으로 세우는 목표와 성령의 도움으로 세우는 삶의 목적이나 목표는 차원, 질, 방향이 서로 다르다. 꿈이 없으면 목표와 방향을 잃어버린다. 영산은 삶의 방향을 잃지 않으려면, 꿈이 있어야 한다고 강조한다. "꿈과 환상은 삶의 목표와 방향을 제시합니다. 우리가 꿈도 없고 미래에 대한 환상도 없으면, 갈 길을 잃어버리고 방황하게 됩니다. 사도행전 2장 17절에 "하나님이 가라사대 말세에 내가 내 영으로 모든 육체에게 부어주리니 너희의 자녀들은 예언할 것이요 너희의 젊은이들은 환상을 보고 너희의 늙은이들은 꿈을 꾸리라"고 말씀한 것입니다."317)

---

313) 조용기, 『291요약설교』, 서울말씀사(2003), 5-49.
314) 조용기, 『요약설교』, 서울말씀사(2012), 276.
315) 조용기, 『요약설교』, 서울말씀사(2012), 355.
316) 조용기, "꿈, 희망, 용기를 갖고 살아라", 주일설교(2011-01-23).
317) 조용기, "꿈과 환상", 주일설교(2009-11-08).

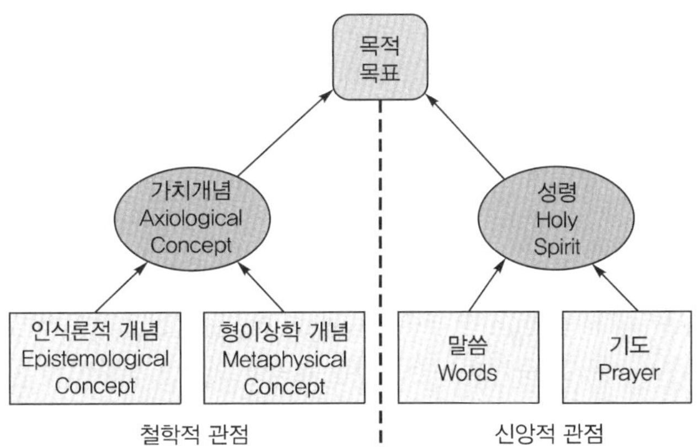

그림 7-10. 목적의 철학적 관점과 신앙적 관점: 인간이 정한 삶의 가치관(인본주의)과 하나님이 정한 삶의 가치관(말씀에 기초함)은 본질적으로 서로 다르다. 성령으로 인도함을 받는 삶이란(갈5:16, 18) '하나님의 생각을 따라 생각하고(딤전 4:5-8)', '말씀대로 이뤄질 것을 믿고 행하며(고후5:7)', '오직 믿음으로 사는 삶(히10:38-39)'이다. 철학적 관점이 이성으로 사는 것이라면, 신앙적 관점으로 사는 삶이란 '성경적 삶의 방식으로 사는 것'이다.[318]

신자는 꿈을 방해하는 마귀의 권세를 다스려야 하며, 보혈의 말씀과 권세와 성령 충만함과 깨끗한 삶을 통해 마귀를 대적하고 기도로 담대히 쫓아내야 한다(계12:11, 행10:38, 롬13:13-14). 그래서 꿈을 가졌으면 영산의 주장대로 바라봄의 법칙을 신앙생활에 적용하는 것이 유익하다.[319]

나폴레옹(Napoleon)이 말년에 이런 말을 했다. "나의 몰락은 누구의 탓도 아니다. 오직 나 자신의 탓이다. 내가 나 자신의 최대의 적이었고 비참한 운명의 주인이었다." 그는 몇 가지 공적을 세우기도 했지만, 수많은 오점도 남겼다. 워털루 전투에서 패배하고 나서, 그는 외딴섬 세인트헬레나(St. Helena)에서 외롭게 죽었다.[320] 꿈은 이웃에게 유익한 것이라야 한다. 하나님이 주신 꿈은 인류의 유익을 위한 꿈이다. 그리스도인은 인류구원이라는 대명제를 잊어서는 안 된다(딤전2:4).

원리 3: 내 삶의 자리에서 하나님의 뜻을 이뤄가라(마6:33, 골3:17, 고전10:31).

영산은 꿈을 성취하는 방법에 대하여 이렇게 말한다. "꿈은 크게, 현실은 지극히 작은 것에서 출발해야 합니다. 천릿길도 한 걸음부터, 티끌모아 태산이란 말이 있습니다. 허황된 생각은 현실을 망각하게 하고 실패하게 합니다. 오병이어를 기억하시기 바랍니다."[321]

하나님의 뜻은 평범한 일 가운데 역사하신다. 우리는 '그리스도의 것(고전3:21-23)'이므로 매 순간 그리스도 안에서의 삶을 사는 것이 하나님의 뜻이다. 예수님께서는 "지극히 작은 것에 충성된 자

---

318) 조용기, "성경적 삶의 방식", 주일설교(2011-06-05).

319) "아브라함은 우리 믿음의 조상입니다. 우리도 꿈을 품고 믿음으로 기도하며 바라보아야 합니다." 조용기, "바라봄의 법칙", 주일설교(2010-12-19).

320) 세인트헬레나에서 죽기 전에 나폴레옹은 다음과 같은 유명한 일화를 남긴 것으로 알려져 있다. "나는 칼을 가지고 온 유럽을 정복하려 하였으나, 내가 최후에 얻은 것은 나를 파묻을 한 평의 무덤밖에 없다. 그러나 자기를 못 박은 사람들을 위하여 복을 빌던 나사렛 예수의 사랑은 오늘날 땅끝에서부터 땅끝까지 온 세계를 정복하고 말았구나." http://cafe.naver.com/haniltheology/930.

321) 조용기, 『291요약설교』, 서울말씀사(2003), 5-49.

는 큰 것에도 충성되다(눅16:10)”고 말씀하신다. 위대한 일 안에 작은 일이 들어 있고, 작은 일 안에 위대한 일이 내포되어 있다.322) 평범 안에 비범이, 비범 안에 평범이 내포되어 있다. 바울은 “범사에 감사하라 이는 그리스도 예수 안에서 너희를 향하신 하나님의 뜻이니라(살전5:18)”고 말한다. 우리를 향한 하나님의 뜻은 날마다 겪게 되는 작은 일들을 통해서 실현되어간다. 큰일은 작은 일의 열매일 뿐이다.

내 삶의 자리는 하나님이 일을 시작하는 공간이다.323) 하나님의 뜻은 멀리 있는 것이 아니라, 바로 지금 여기서 이뤄진다. 평범한 일 속에서 하나님 중심의 삶을 배우는 방법을 배워가야 한다. 모압 여인인 과부 룻은 이삭을 줍다가 보아스라는 훌륭한 인물을 만나고 결혼해서, 다윗 왕가를 잇는 오벳을 낳았다. 이삭 줍던 여인이 다윗의 증조모가 되고, 그의 아들 오벳은 다윗의 조부가 되었다(룻4:18-22).

중국 속담에, “산을 옮기는 사람은 작은 알맹이부터 옮긴다”는 말이 있다. 하나님의 뜻은 바로 지금 이 순간에 할 수 있는 일을 하는 것이다. 한꺼번에 모아서 주께 영광 드리는 것이 아니라, 매 순간마다 영광을 드려야 한다. 바울은 “범사에 우리 주 예수 그리스도의 이름으로 항상 아버지 하나님께 감사하라(엡5:43)”고 강조한다. 현재 하나님을 섬기고 높이는 것이지, 휘황찬란한 장래 계획서나 목표에 있지 않다. 모든 것은 지금 여기서 내 삶의 한가운데서 할 수 있는 일에서 시작된다. 바울은 현재 내 삶의 자리에서 “오직 주의 뜻이 무엇인가 이해하라(엡5:17)”고 충고한다.

작은 것이 아름답다(small is beautiful).324) 우리의 삶 속에서 하나님의 뜻은 무엇인가? 하나님의 뜻은 지극히 작은 것에서부터 시작한다. 바울은 “범사에 네 자신이 선한 일의 본을 보이라(딛2:7)”고 말한다. 하나님은 아브라함이나 모세처럼 위대한 인물을 통해서도 하나님의 뜻을 나타내시고 성취하시지만, 또한 평범한 인물을 통해서도 그의 뜻을 이루어 가신다. 예수님은 어부, 세리, 농부, 과부, 어린아이들과도 기꺼이 함께 계셨다. 예수님은 “너희 중에 누구든지 크고자 하는 자는 너희를 섬기는 자(막10:43)”가 되라고 말씀하신다. 단순히 큰 것이 중요한 것이 아니라 마음의 태도가 중요한 것이다. 사도 바울도 하나님의 뜻을 평범한 삶 속에서 찾았다. 그는 “무엇을 하든지 마음을 다하여 주께 하듯 하라(골3:23)”고 강조했다. 그는 하나님의 뜻을 정립하는 삶의 공식으로 “그런즉 너희가 먹든지 마시든지 무엇을 하든지 다 하나님의 영광을 위하여 하라(고전10:31)”고 권면했다.

예수회 영성가 장 피에르 드 코사드(Jean Pierre de Caussade)는 “평범한 현재 순간에 하나님께 순종하는데 신앙생활의 비밀이 있다”고 말한다.325) 16세기의 신비적 영성가였던 아빌라의 테레사

---

322) 조용기, “작고 적은 것으로부터”, 『순복음소식 제2집』, 174호(1982-01-31).
323) 조용기, 『4차원의 영성』, 교회성장연구소(2006), 101.
324) E. F. 슈마허(E. F. Schumacher), 『작은 것이 아름답다』(Small is beautiful), 범우사(1998): 이 책은 인간중심의 경제학이다. 성장만을 최고의 선으로 여기는 오늘의 현대인에게 경종을 울리는 책이다. 이 관점을 성경에 연결시키면, 성경은 인간중심의 구원경영학에 유비된다.
325) 제럴드 L. 싯처, 『하나님의 뜻』, 성서유니온선교회(2014), 311. “하나님의 뜻은 매 순간 속에 나타난다. 매 순간은 거대한 바다며, 우리는 자신의 심령이 믿음과 신뢰와 사랑으로 넘치는 만큼만 그 속을 측량할 수 있다. 사랑이 많은 영혼일수록 더 갈망하고 더 바라며 더 찾는다.” 원출처: Jean-Pierre de Caussade, *The Sacrament of the Present Moment*, Harper(1966), 62.

(Teresa of Avila)는 "하나님은 부엌의 그릇들 중에 행하신다"고 주장했다.326) 성도는 날마다 지극히 작은 일들을 통해서 하나님의 뜻을 행하며 '진정으로 사는 것'을 배워나간다. 모든 사람이 날마다 대단한 모험을 하며 위대하고 거창한 일을 하는 것은 아니다.

나이키 회사의 설립자인 필 나이트(Philip Knight) 회장은 자신의 주방에서 와플와이언을 만드는 일에서부터 기업을 시작했다. 휴렛패커드(Hewlett-Packard) 회사도 처음에는 허름한 차고 안에서 시작되었다. 애플컴퓨터의 스티브 잡스(Steve Jobs)도 처음엔 작은 것에서 출발했다. 이들의 공통점은 모두 그들의 삶의 자리에서 시작했다는 점이다. 복음서에는 "네가 지극히 작은 것에 충성하였으니 열 고을 권세를 차지하라(눅19:17)"고 기록되어 있다. 작은 일 안에 큰 일의 씨가 들어 있다! 예수님도 공생애 사역을 시작하시기 이전에 나사렛 조그마한 고향에서 작은 일에 땀 흘리며 신실하게 일하셨다. 모든 꿈은 각자의 삶의 한복판에서 작은 것에서부터 시작된다.

러셀 콘웰(Russell Conwell)은 '다이아몬드가 나온 땅'의 이야기로 유명한 목사이자 교육자이다.327) '다이아몬드가 나온 땅'의 요지는 이렇다. 옛날 인도에 알리 하웨드란 부유한 사람이 다이아몬드 광을 찾아내리라고 결심하고 자신의 집과 재산을 몽땅 팔아서 탐색을 했지만, 결국 그런 곳을 찾지 못하고 주저앉고 말았다. 먼 훗날 그가 팔아버린 집의 정원에서 다른 사람이 세계 제일의 다이아몬드 광을 발견했다는 이야기다. 그 이야기를 쓰게 된 최초의 동기는 이러하다.

남북전쟁 때 매사추세츠 출신 러셀 콘웰(Russel Conwell)은 무신론자로서 한 부대의 지휘관이었다. 콘웰 대령은 부대를 이끌고다니면서 승리에 승리를 거듭했다. 그러던 어느 날 밤 그들은 적군이 점령하고 있던 시냇가에 도달했다. 다리를 무사히 통과한 후에 콘웰은 자신의 칼을 반대쪽에 두고 왔다는 사실을 알게 되었다. 그의 부대에 속해 있던 10대 소년 조니 링(Johnny Ring)이 그것을 가지고 오겠다고 지원했다. 조니 링이 그 칼을 찾아서 돌아오는데, 그가 다리에 도착했을 때에는 이미 다리에 불이 붙고 있었다. 그러나 그는 주저하지 않고 불속을 통과해서 다리를 건넜다. 심한 화상을 입은 조니 링은 사령관의 발 앞에 칼을 떨어뜨렸고, 2시간 후 숨을 거두었다. 그가 마지막 숨을 거두기 전에 러셀 콘웰 대령은 그에게 진심으로 사과했다. "조니, 미안하다. 정말 미안하다."

그러자 조니 링은 이렇게 말했다. "그럴 필요 없습니다. 저는 죽음이 두렵지 않습니다. 저는 예수 그리스도를 압니다. 그는 우리의 구주입니다. 저는 그분을 만나러 갑니다. 대령님, 아무 걱정 마십시오." 그리고 그는 마지막 숨을 거두기 전에 다시 이렇게 말했다. "대령님은 죽음이 두려우신가요? 대령님도 그리스도를 아시죠?"

조니 링은 그렇게 죽었다. 그는 조니 링의 주검 옆에 꿇어앉아 예수 그리스도를 그의 구주로 영접했다. 그러면서 겸손하게 이렇게 말했다. "하나님 아버지, 저의 인생을 당신에게 맡깁니다. 저는 당신의 면전에 있다는 것을 압니다. 오늘 당신이 저의 천막 속에 오신 것을 압니다. 저는 당신이 살아계신 하나님이신 것을 압니다." 그리고 이렇게 맹세했다. "하나님 저는 조니 링이 원하던 사람

---

326) 제럴드 L. 싯처, 『하나님의 뜻』, 성서유니온선교회(2014), 309.
327) 로버트 슐러, 『할 수 있다』, 성도출판사(1983), 223-226.

이 되렵니다. 저는 이제부터 하루에 16시간씩 일하겠습니다. 8시간은 저를 위해, 8시간은 조니 링을 위해 일하겠습니다."328)

원리 4: 끝까지 포기하지 말고 전진하라.329)

영산은 꿈을 심고 도전하다보면 반드시 고난과 장애물이 따라온다고 조언한다. 그리고 고난은 꿈의 목적을 달성시켜주는 가장 빠른 수레로 변한다고 말한다. "꿈은 고난의 수레를 타고 옵니다. 하나님 앞에서 꿈이 있는 사람에게는 그 꿈을 무너뜨리려고 오는 모든 고난은 그 꿈을 이루는 수레로 변합니다. 요셉은 종으로 팔린 '종의 수레'였으며, 시위대장 보디발의 집에 팔린 '누명의 수레'였으며, 감옥에 있었던 2년은 '인내와 절망의 수레'였습니다. 그러나 꿈이 있는 자에게 고난은 '복의 씨앗'을 품고 다가오는 수레와 같습니다."330)

예수님은 십자가 위에서 마지막 한 순간까지도 '잃어버린 자를 찾아 구원하는 일(눅19:10)'에 최선을 다하셨다. 두 명의 강도 중 한 강도를 구원시키셨던 것이다. 사명감이 있는 자는 뒤로 물러서지 않고 정상에 오를 때까지 최선을 다하며 지속적으로 노력한다.

원리 5: 하나님과 나 사이에 영적 관계를 활성화하라.

제임스 로더(James E. Loder)는 그의 책 『인간발달』에서 "하나님과 관계를 맺는다는 것은 하나님의 영과 영적인 만남 혹은 자유와 자유의 만남을 통해 관계를 맺는 것"이라고 서술하고 있다.331) 인간의 영이 하나님을 만나 관계를 맺으려면, 하나님을 아는 지식(사11:9)으로 충만해야 한다.

하나님을 알아간다는 것은 나와 하나님 사이에 친밀한 관계를 끊임없이 맺어가는 하나의 과정이다. 그 '앎' 안에서 그리스도인은 성숙하고 성장하고 진보한다.332) 성경말씀은 지식의 보고이며, 전 세계 도서관에 있는 모든 지식을 다 끌어모아도 성경 한 권을 따라오지 못한다. 그 안에 참생명이 없기 때문이다. 인간이 만든 지식은 일시적으로 인간에게 편리함과 유익함을 주지만, 그 안에 참생명이 없다. 그와 같은 지식은 세월이 지나면 쓸모없게 되거나 사장되거나 역사의 뒤안길로 사라진다. 지금 이 세대는 '하나님을 알아가는 지식'이 절대적으로 필요한 세대다. 예수님은 "악하고 음란한 세대가 표적을 구하나 요나의 표적밖에는 보여줄 표적이 없느니라(마16:4)"고 말씀하신다.

---

328) 이 맹세를 따라 러셀 콘웰(Russell Conwell) 대령은 제대 후 목사가 되었다. 그리고 그는 '다이아몬드가 나온 땅'이란 유명한 이야기를 만들었다. 6,000번 이상이나 강연하면서, 당연히 조니 링의 이야기도 포함시켰다. 그는 강연을 통해서 600만 불 이상의 돈을 벌었고, 그 돈으로 필라델피아에 템플대학을 설립했다. 그는 평소에 이렇게 말하곤 했다. "나는 조니 링 때문에 새 사람이 되었습니다." 러셀 콘웰의 이야기는 진정한 다이아몬드는 인간의 삶의 자리, 우리가 있는 바로 그 자리에 있음을 강조한다. 꿈의 시작은 멀리 있는 것이 아니라 내 삶의 자리에서 작은 것부터 시작하는 것이고, 점진적이며 헌신적인 노력으로 점점 확장시켜 나가는 것이다.

329) 조용기, 『4차원의 영성』, 교회성장연구소(2006), 141-145.

330) 조용기, "꿈과 환상", 주일설교(2009-11-08).

331) 제임스 로더(James Lodger), 『인간발달』(Human Development in Theological Perspective), CLC(2006), 유명복 역, 58-59.

332) "오직 우리 주 곧 구주 예수 그리스도의 은혜와 그를 아는 지식에서 자라가라(벤후3:18)." "그 안에는 지혜와 지식의 모든 보화가 감추어져 있느니라(골2:3)." "진리를 알지니 진리가 너희를 자유케 하리라(요8:32)." "야훼의 눈은 지식 있는 사람을 지키시나 사악한 사람의 말은 패하게 하시느니라(잠22:12)."

영산은 "십자가를 끌어안으면, 예수님과 하나님이 나와 함께 하십니다. 십자가를 떠나면, 예수님과 하나님과 우리는 구만리 장천 멀리 떨어져 있습니다. 십자가만이 우리에게 하늘과 땅, 영원한 생명과 현실이 하나가 되게 만들어 줍니다."라고 말한다.333) 십자가는 우리 삶의 전부다. 십자가가 없으면, 우리는 영원히 죄인으로 남기 때문이다.

십자가는 하나님과 죄인을 연결하는 수단이다. 바울은 "내가 너희 중에서 예수 그리스도와 그가 십자가에 못 박히신 것 외에는 아무것도 알지 아니하기로 작정하였음이라(고전2:2)"고 강조하면서, "모든 것을 해로 여김은 내 주 그리스도 예수를 아는 지식이 가장 고상하기 때문(빌3:8)"이라고 고백한다. 또한 그는 "십자가의 도가 멸망하는 자들에게는 미련한 것이요 구원을 받는 우리에게는 하나님의 능력(고전1:18)"이라고 선포한다. 바울 자신의 삶은 오직 십자가만 자랑하는 것이었다. 그는 "내게는 우리 주 예수 그리스도의 십자가 외에 결코 자랑할 것이 없으니 그리스도로 말미암아 세상이 나를 대하여 십자가에 못 박히고 내가 또한 세상을 대하여 그러하니라(갈6:14)"고 선언한다.

십자가는 인간이 알고 있는 모든 지식을 통합시킨다. 영산은 "예수님께서는 하나님과 우리 사이에 오셔서 심판을 받아서 죄를 다 청산하시고 우리와 십자가에서 하나 되게 만들어, 하나님과 사람이 하나가 될 수 있는 곳이 바로 십자가인 것입니다. 십자가를 통하지 않으면, 전지전능하고 무소부재하신 하나님과 인생은 결코 하나가 될 수 없는 것입니다."라고 말한다.334) 십자가를 통해 죄 사함을 받아 새 사람이 되면(고후5:17), 인간이 가진 모든 지식은 하나님을 위하여 사용된다.

영산은 "참, 참 좋으신 하나님"이라는 설교에서 삶의 자리에서 좋으신 하나님을 알아가기를 권면한다. "하나님이 우리를 위해 행하신 이 모든 일들을 생각할 때 하나님은 너무나 좋으신 하나님입니다. 십자가에 예수 그리스도를 못 박아 우리에게 값없이 구원을 주시고 마귀에게서 해방시켜주고 율법을 폐하여주고 용서와 의를 주시고 성령을 주신 우리 하나님은 참 좋은 하나님입니다. 너무나 좋은 하나님입니다. 그래서 하나님이 우리를 위해 해주신 것을 알게 되면, 우리는 담대해져 용기가 생기고, 긍정적으로 인생을 바라보게 되고, 희망에 차게 되고, 내일에 대한 꿈을 가슴에 품고 살아가게 됩니다."335) 영산은 지난 반세기 사역에서 좋으신 하나님을 주요 주제로 삼아, 설교나 집회 때마다 좋으신 하나님을 강조했다. 그는 늘 "좋으신 하나님을 알아가야 한다"고 말한다.

성령을 받으면 신자는 삼위 하나님의 삶에 참여하게 된다. 예수님은 "그 날에는 내가 아버지 안에, 너희가 내 안에, 내가 너희 안에 있는 것을 너희가 알리라(요14:20)"고 말씀하신다. 계시의 영을 통해서 신자는 점차적으로 하나님을 삶 가운데서 알아갈 수 있다. 바울은 "우리 주 예수 그리스도의 하나님, 영광의 아버지께서 지혜와 계시의 영을 너희에게 주사 하나님을 알게(엡1:17)" 해달라고 말한다. 신자는 '야훼를 아는 지식(사11:9)'이 충만해야 하나님께 더 큰 영광을 드릴 수 있다. 우리가 하나님을 알아갈 때 하나님은 기뻐하신다(렘9:24). 따라서 신자는 말씀과 기도로 거룩해져(딤전4:5),

---

333) 조용기, "나의 새 생명의 모태 십자가", 주일설교(2006-12-03).
334) 조용기, "나의 새 생명의 모태 십자가", 주일설교(2006-12-03).
335) 조용기, "참, 참 좋으신 하나님", 주일설교(2002-10-27).

날마다 하나님 아는 일에 힘써야 한다. 선한 일을 행하여 '하나님을 아는 것(골1:10)'에 따라가야 한다. 하나님을 모르면 하나님을 사랑할 수도 없고 또한 영광 돌릴 수도 없다.336)

온전한 지식이란 하나님의 완전하심(히10:14), 신실하심, 거룩함(히10:10), 도덕적 아름다움을 아는 것이다. 바울은 "저희가 하나님께 열심이 있으나 지식을 좇은 것이 아니라(롬10:2)"고 지적한다. 만물을 지으신 하나님을 알수록 삶의 지식은 더 풍성해진다.337) 하나님은 지식의 근원이다.338)

하나님을 아는 지식은 하늘나라로 가는 길을 열어준다. 누가는 우리에게 '지식의 열쇠(눅11:52)'를 가지라고 말한다. 우리의 인생은 하나님이 준비하신 길을 찾아가는 나그네다. "우리는 새로운 길을 만드는 것이 아니라, 하나님이 만들어 놓은 길을 찾아가는 것입니다. 하나님이 우리를 위해서 고속도로를 닦아놓았는데, 이것을 제쳐놓고 우리가 길을 만들겠다고 삽과 곡괭이를 들고 땀 흘리며 파나가는 것은 어리석은 일입니다. 하나님의 뜻이란 바로 하나님이 우리를 위해서 예정하시고 예비해 놓으신 그 길을 찾아서 믿고 순종하며 살아가는 것입니다."339)

그림 7-11를 보면 모든 지식의 근원은 하나님을 경외하는 데서 생긴다. 말씀은 지혜와 지식의 근원이다. 지혜는 하나님의 선물이다(잠2:1-22). 솔로몬이 지혜를 구하자, 하나님이 그에게 지혜를 주셨다. "내가 네 말대로 하여 네게 지혜롭고 총명한 마음을 주노니 네 앞에도 너와 같은 자가 없었거니와 네 뒤에도 너와 같은 자가 일어남이 없으리라(왕상3:12)."

그림 7-11를 보면 현상적으로 '말씀 > 지혜 > 지식 > 정보 > 데이터' 순으로 우위에 있다. 말씀은 하위 수준의 지혜와 지식과 데이터와 정보를 모두 거느린다. 온전한 지혜는 하나님으로부터 온다. 잠언은 "스스로 지혜롭게 여기지 말지어다(잠3:7)"라고 기록하며, 시편 기자는 "스스로 지혜롭다 하며 스스로 명철하다 하는 그들은 화 있을진저(사5:21)"라고 말한다. 지혜로운 사람은 타인의 교만보다 자기 교만을 먼저 간파한다. 바울은 새 사람과 영적 지식에 대해 이렇게 묘사한다. "새 사람을 입었으니 이는 자기를 창조하신 자의 형상을 좇아 지식에까지 새롭게 하심을 받은 자니라(골3:10)." 영적 지식은 이성적 지식의 한계를 깨닫고 그 지식을 더 예리하게 만든다.

---

336) 하나님을 안다는 것은 경험적으로 알아가는 것을 의미한다. 다시 말해서, 친밀하게 사귀는 것을 뜻한다. 단순히 이론적으로 '하나님에 관해서(about God)' 아는 것이 아니라, '하나님을 경험적으로 아는(knowing God)'을 말한다. 가장 좋은 사례는 모세가 40년 동안 광야에서 하나님을 알아가는 것을 상상하면 된다. 그는 이론이 아니라 삶의 현실에서 하나님을 경험했다.

337) 작가이자 철학자인 크리슈나무르티(J. Krishnamurti)는 다음과 같이 말했다. "아는 것은 무지하다는 것이다. 알지 못하는 것이 지혜의 시작이다."

338) "하나님의 영을 그에게 충만하게 하여 지혜와 총명과 지식으로 여러 가지 일을 하게 하시되(출35:31)." "심히 교만한 말을 다시 하지 말 것이며 오만한 말을 너희의 입에서 내지 말지어다 야훼는 지식의 하나님이시라 행동을 달아 보시느니라(삼상2:3)." "내가 주의 계명들을 믿었사오니 좋은 명철과 지식을 내게 가르치소서(시119:66)." "너희가 은을 받지 말고 나의 훈계를 받으며 정금보다 지식을 얻으라(잠8:10)." "네 시대에 평안함이 있으며 구원과 지혜와 지식이 풍성할 것이니 야훼를 경외함이 네 보배니라(사33:6)." "오직 우리 주 곧 구주 예수 그리스도의 은혜와 그를 아는 지식에서 자라 가라 영광이 이제와 영원한 날까지 그에게 있을지어다(벧후3:18)."

339) 조용기, "하나님의 뜻을 알기 위하여", 주일설교(1991-07-21).

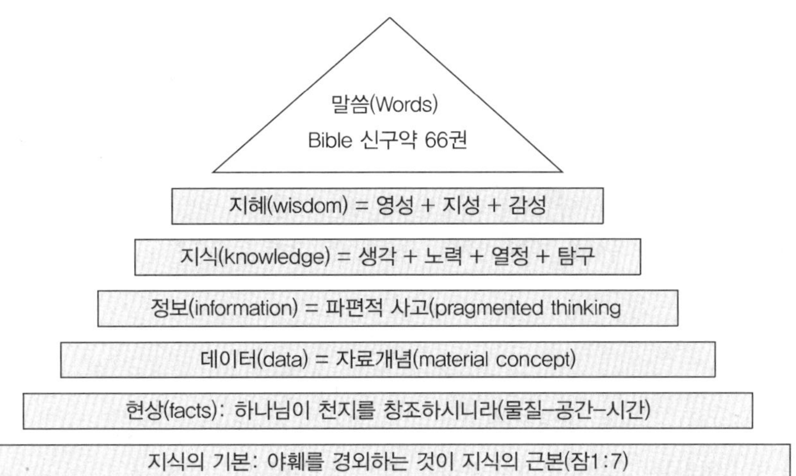

그림 7-11. 말씀과 지식의 계층학적 구조와 관계성: 십자가를 통해 신자는 삼위 하나님을 알게 되고, 말씀을 알게 되고, 인생의 본질을 알게 된다. 이 그림은 영적지식의 근본 틀을 보여준다. 하나님은 말씀으로 물질, 공간, 시간을 창조하셨다. 만물은 그것을 바탕으로 빚어졌다.340) 만물이 말씀으로부터 빚어졌으므로, 만물의 이치와 원리를 알려면, 결국 말씀으로 되돌아가야 한다. 이 땅의 모든 지식은 말씀의 파생적 산물이다. 따라서 만물의 이치와 원리를 알려면, 하나님의 존재, 본성, 행위에 대한 참 지식에 기초해야 한다. 하나님은 지식의 하나님이시다(삼상2:3, 잠1:7).

지식과 관련된 조어들을 보면 지식의 중요성이 분명하게 드러난다.341) 하나님을 아는 지식이 충만할 때, 진정으로 하나님을 경외하는 마음으로 충만하게 되고, 하나님을 알아갈 때 삶 속에 필요한 지식도 충만하게 될 것이다. 인간이 만든 지식은 언제나 불완전하다(신18:13).

말씀은 지식을 빚어내는 모판이다. 야훼는 우리에게 지혜를 주시며 지식과 명철을 주신다(잠2:6). 지혜가 우리 마음에 들어오면 우리의 영혼이 즐겁게 된다(잠2:10). 야훼의 경영은 기묘하시며 광대하시다. 찬송과 영광과 지혜와 감사와 존귀와 권능과 힘이 우리 하나님께 세세토록 있다(계7:12). 광활한 우주를 지으신 하나님의 지혜와 비교할 때, 인간이 가진 지식은 한갓 먼지에 지나지 않는다.

말씀을 통해 인간은 꿈을 세운다. 세운 꿈을 정상적으로 추구하려면 하나님의 말씀을 체계적으로 알아갈 필요가 있다. 말씀의 지식 없이 꿈을 이루고자 하는 자는 마치 권투선수가 눈을 감고 상대방과 싸우는 것과 같다. 말씀은 모든 삶의 행로를 비추는 등불과 같다(삼하22:29).

영산은 영의 지식의 기초는 그리스도와 연합되어 살고 있음을 깨닫는 것이라고 말한다. "아담은 범죄 후 그 영이 하나님의 생명에서 끊어져 죽은 생명이 되고 말았습니다. 아담의 영적인 생명은

---

340) "오직 우리 주 곧 구주 예수 그리스도의 은혜와 그를 아는 지식에서 자라가라(벧후3:18)." "새 사람을 입었으니 이는 자기를 창조하신 이의 형상을 따라 지식에까지 새롭게 하심을 입은 자니라(골3:10)."

341) "지식은 권력의 이동이다(Alvin Toffler)." "토지, 노동, 자본과 같은 전통적인 생산요소와 효용은 이제 한계가 다다랐으며 앞으로는 지식이 생산의 유일한 근원이 될 것이다(Peter Drucker)." "이젠 지식이 없는 국가는 지구에서 사라질 것이다 (Peter Drucker)." "과거에 생산의 핵심요소는 토지였고 그 다음에는 자본이었다. 오늘날에는 인간, 그중에서도 지식이다 (교황 요한 바오로 2세, John Paul II)."

죽었습니다. 죄인은 마귀의 영과 연합하여 육체 속에 살고 있습니다. 그러나 예수를 믿는 사람은 죽은 영이 살아나서 생명을 얻게 됩니다. 이제 예수님은 성령 안에서 우리와 연합하여, 우리 육체 속에 살고 있습니다."342)

지식의 최고봉은 하나님을 알고, 예수님을 아는 것이다.343) 주의 이름을 아는 자만이 주를 의지할 수 있다(시9:10). 하나님을 알아간다는 사실은 내 자신이 먼지요 티끌임을 깨달아 가는 과정이다. 성도의 은혜로운 감정은 옥합을 깨어 바치는 여인처럼, 상한 심령에서 나오며, 깨어진 심령은 온전한 영적 지식을 탄생시킨다.

맥스웰(John Maxwell)은 인생의 변화 포인트를 자기개발 측면에서 적절히 지적하고 있다.344)
첫째, 당신이 원하는 것을 깨닫지 못하는 것은 <u>지식의 문제</u>이다.
둘째, 당신이 원하는 것을 추구하지 못하는 것은 <u>동기부족의 문제</u>이다.
셋째, 당신이 원하는 것을 성취하지 못하는 것은 <u>인내의 문제</u>이다.

어떻게 영적 지식을 얻을 수 있는가? 성령은 우리를 위해 "모든 신령한 지혜와 총명에 하나님의 뜻을 아는 것으로 채우게(골1:9)" 하신다. 영산은 "성령은 생각을 가지고 계십니다. 성령이 우리에게 말씀하실 때 생각을 통해서 말씀하시는 것입니다. 우리가 기도할 때 성령이 우리 생각과 양심을 통해서 우리에게 말씀하시는 것입니다. 그러므로 기도할 때 내 마음속에 성령이 생각을 통해서 말씀하는 것을 무시하면 안 됩니다. 성령은 지성을 가지고 계십니다."라고 말한다345). 성령은 모든 것 곧 하나님의 깊은 것까지도 통달하신다(고전2:10). 우리는 성령을 통해서 계시를 받아 고차원의 지식을 알아갈 수 있다.

신령한 지식을 추구하는 것과 관련해서 중요한 것은 성령의 생각인지 나 자신으로부터 온 생각인지 분별하는 것이다. 여기에 대하여 영산은 이렇게 조언한다. "마귀가 오면 우리 마음에 비정상적으로 불안, 고통, 좌절, 분노 등이 생기지만, 성령님이 오시면 우리 마음에 기쁨, 평안, 믿음, 소망, 사랑 등이 생겨납니다."346) 또한 그는 "그래서 우리가 항상 기도할 때 내 마음속에 하나님이 어떤 생각을 일으키시는가를 조심스럽게 생각해봐야 하는 것입니다. 하나님의 생각을 우리가 알아내야 되는 것입니다."라고 강조한다.

신령한 지식은 성령을 통해서 주어진다. 선하고 아름다운 모든 지식은 하나님의 뜻을 알아가는 과정에서 주어진다. 하나님의 형상을 닮은 인간은 하나님의 뜻을 좇아갈 때 온전한 지식을 얻을 수 있다. 예레미야는 다음과 같이 영적 지식을 강조한다. "내가 또 내 마음에 합하는 목자를 너희에게 주리니 그들이 지식과 명철로 너희를 양육하리라(렘3:15)." 따라서 온전한 지식은 하나님과 예

---

342) 조용기, "영적으로 함께 하는 삶", 주일설교(2007-06-17).
343) "이는 너희로 나를 알고 믿으며 내가 그 인줄 깨닫게 하려함이라(사43:10)."
344) 존 맥스웰, 『인생성공의 법칙』, 비전과 리더십(2003), 159. 성공학의 저자인 워런 베니스(Warren Bennis)와 버트 나누수(Burt Nanus)는 "리더와 추종자를 구분하는 기준은 자신을 발전시키고 개선할 수 있는 능력이다."라고 강조한다.
345) 조용기, "보혜사 성령님", 주일설교(2010-01-10).
346) 조용기, "보혜사 성령님", 주일설교(2010-01-10).

수님을 아는 지식이다(히6:2). 그 지식이 하나님의 뜻을 이뤄가는 은혜의 도구로 사용될 때 본래적 기능을 발휘하게 된다. 이 세상 만물의 지식은 하나님의 영광을 위해 존재한다. 왜냐하면 하나님의 말씀으로 지음 받았기 때문이다. 예수님은 만유 안에 계신다(골3:11).

지식의 근본은 하나님을 경외하는 일이다. "명철한 자의 마음은 지식을 얻고 지혜로운 자의 귀는 지식을 구하느니라(잠18:15)." 또한 십자가 밑으로 나아가면 지식의 근원이신 예수님이 계시기 때문에 지식의 보물을 캐낼 수 있다. 만물은 하나님의 말씀으로 존재한다. 따라서 만물의 이치를 가장 잘 아시는 분은 하나님이시다. 그런 맥락에서 베드로는 우리에게 "오직 우리 주 곧 구주 예수 그리스도의 은혜와 저를 아는 지식에서 자라가라(벧후3:18)"고 권고한다.[347]

하나님은 인간에게 지성을 주어서 사물을 분석하고 이해하는 능력을 주었다. 히브리서 저자는 우리에게 "지각을 사용함으로 연단을 받아 선악을 분별하는 자(히5:14)"가 되라고 권면한다. 인간의 이성과 분별력은 하나님이 주신 선물이다. 따라서 열심을 다해 지식을 구하고, 그 지식으로 열심을 다해야 한다.[348] 하나님은 인간에게 주신 모든 기능이 자신의 뜻을 이루어가는 데 쓰이기를 원하신다. 곧 하나님은 인격의 중심인 지성, 감성, 의지를 적극 사용하신다.[349] 인간은 이성을 가지고 있어 짐승처럼 본능에 따라 살지 않는다(유1:10). 인간이 소유한 이성과 분별력은 진리의 말씀을 알고 삶 속에서 실천하는 데 사용되어야 한다(왕상3:9, 신32:28).

그림 7-12는 현실적 차원에서 오감의 능력으로 지식을 창조하는 메커니즘을 이성적 차원에서 서술한 것이다. 논리적으로 접근하면, 내가 생각한 것을 경험하면 아이디어도 생기고, 자신감도 생긴다. 경험은 또 다른 행동(doing)을 낳는다. 행동하는 과정에서 PIB지식(쓸모없는 지식, paralysed in brain) 또는 SIB지식(쓸 만한 잠재지식, Sleeping in brain)으로 남는다. 하나님은 하나님의 백성이 소유하는 모든 지식을 활용하여 자신의 뜻을 펼치신다. 하나님은 인간이 모르는 것은 말씀을 통해 가르쳐주시면서 하나님 나라를 확장시키신다. 인간이 품고 있는 모든 지식은 하나님의 뜻을 이뤄가는 데에 활용하여야 궁극적인 가치가 있다(마22:37, 눅10:27). 왜냐하면 하나님의 뜻은 그 아들 예수 그리스도를 통하여 하나님을 섬기는 것이기 때문이다.

---

347) 존 오웬(John Owen), 『신자 안에 내재하는 죄』, 부흥과개혁사(2013), 210-211. 우리에게는 신비한 이중적 은혜가 있다. 하나는 하나님과 동행하는 은혜이고, 다른 하나는 하나님께 나아가는 은혜다. 죄의 최대 목적은 이중적 은혜의 교리와 신비를 왜곡시켜 신자로 하여금 은혜의 영향을 차단해서, 신자에게 발전이 없도록 하는 것이다.

348) John R. W. Stott, *Your Mind Matters*, Inter-Varsity Press(1972), 7. 하나님은 인간이 열심(zeal)과 지식(knowledge)을 동시에 소유하기 원하신다. 지식 없는 열심과 열심 없는 지식은 각각 반쪽 지식과 반쪽 열심에 불과하다.

349) C. S. 루이스, 『순전한 기독교』(Mere Christianity), 홍성사(2014), 86. 하나님은 왜 인간에게 자유의지를 주었을까? 이것은 악을 가능케 한 것도 자유의지이지만, 사랑이나 선이나 기쁨의 가치를 부여하는 유일한 것도 또한 자유의지이기 때문이다. 자유의지를 가진 인간은 옳은 일을 할 수도 있고, 반면에 그릇된 일을 할 수도 있다. 하나님이 주시는 꿈은 마음의 성향이 선한 쪽을 향하게 한다. 성령은 마음속에 있는 악의 성향을 없애고, 선한 성향을 갖게 해준다.

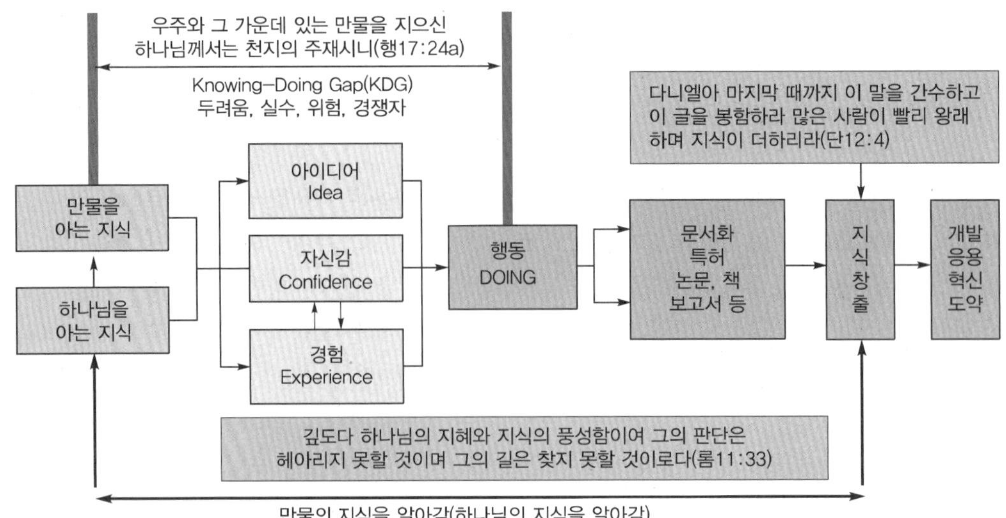

그림 7-12. 지식탄생의 구조적 모델: 하나님은 인간에게 이성을 주어 지혜와 지식을 사모하게 한다. 모든 새로운 지식은 잠재의식 속에 있는 명제적(explicit) 지식과 무의식 속에 들어있는 암묵적(tacit) 지식을 통해 생성된다. 또한 인간이 만들어내는 모든 지식은 그 안에 인격적 요소를 내포하고 있다. 하나님은 지식의 근원이시다. "그 안에는 지혜와 지식의 모든 보화가 감추어져 있느니라(골2:3)." "새 사람을 입었으니 이는 자기를 창조하신 이의 형상을 따라 지식에까지 새롭게 하심을 입은 자니라(골3:10)." 우리 안의 모든 지식은 하나님의 영광을 위해 사용되어야 한다(골3:23).

행동하지 않으면 아무것도 일어나지 않는다. 또한 행동은 이론을 낳는 공장이다. 덴마크를 대표하는 기업 중 1932년에 설립된 회사로 레고(Lego)가 있다. 블록식 장난감에 대한 소비가 점차 줄면서 레고는 파산위기에 몰렸지만, 크누드스토르프(J. V. Knudstorp)는 2004년 회장에 취임한 후 1년 만에 회사를 흑자로 전환시켰다. 그가 취임할 때 이런 말을 했다. "장밋빛 비전을 말하지 않겠습니다. 그 대신 당장 오늘 해야 할 행동지침만 말하겠습니다."350)

이제 삶의 자리에서 지식을 얻는 과정을 자세히 알아보자. 행동할 때 변화가 일어나고, 이전에 없었던 것을 보게 되고, 이전에 가지 않은 길을 가게 된다. 새 길을 가면, 지식은 널려있다.

그림 7-12에서 보는 바와 같이 내가 생각하거나 알고 있는 것을 행동으로 옮기는 데에는 큰 장애물이 4개-두려움(fear), 실수(mistakes),351) 위험(risks), 경쟁자(competitors)352) - 나 있다. 이것을 뛰어넘어야 한다. 행동하면 반드시 기록으로 남겨라. 그 기록은 지식을 얻고 빚어내는 데 객관적 증빙자료가 된다. 그것이 골격이 되어 특허, 논문, 보고서 등이 나오는 것이다. 개발, 응용, 혁신,

---

350) 조선일보 위클리비즈팀, 『위클리비즈』(WeeklyBiz Insight), 21세기북스(2010), 26-31.

351) 경영전문가인 피터 드러커(Peter Drucker)는 실수와 관련해서 다음과 같이 말한다. "난 실수하지 않으려는 사람은 절대 고위직으로 승진시키지 않을 것이다. 그는 분명 평범한 수준을 벗어나지 못할 테니까..."

352) 시인 칼 샌드버그(Cart Sandberg)는 '내 안의 경쟁자'를 이렇게 고백한다. "내 안에는 하늘을 날고 싶은 독수리도 있고, 하마도 있습니다. 나는 매번 나 자신의 무지와 게으름과 싸우면서 힘들게 정상에 올랐습니다." 가장 큰 경쟁자는 바로 나 자신이다. 참조. 존 맥스웰(John Maxwell), 『어떻게 배울 것인가』(Sometimes You Win Sometimes You Learn), 비즈니스북스(2014), 141.

도약은 어느 날 갑자기 생기지 않고, 많은 경험, 지식, 정보, 토의과정을 거쳐서 생긴다.

하나의 객관적인 지식을 창조하기까지 여러 가지 단계를 거친다. '아는 단계-행동 단계-기록 단계-지식화 단계-지식창출-기술창출-응용 단계-완성 또는 상품화 단계' 등이다. 한 단계를 넘어갈 때마다 야훼의 영, 지혜의 영, 총명의 영, 재능의 영, 모사의 영, 야훼를 알게 하는 영, 야훼를 경외하게 하는 영이 임해야 더 우수한 기술, 더 우수한 지식, 특허, 발명품이 나올 수 있다. 만물을 지으신 하나님의 지혜와 지식을 구할 때, 그 누구도 흉내 낼 수 없는 창조적이고 획기적이고 기발한 것을 만들어낼 수 있다. 그러한 삶을 통해서 인간은 하나님의 은혜와 사랑을 깨닫게 되고, 그로 인해 하나님께 존귀와 영광을 올려드리는 삶을 살게 된다.

표 7-4. 지식창출의 이론과 실제[353]

항 목	내 용
1) 지식은 누구나 창출할 수 있다는 신념을 가져라.	많이 배운 사람이 지식인이라는 생각을 벗어나라. 어린아이도 지식을 창출할 수 있고 글자를 모르는 할머니도 지식을 창출할 수 있다. 베드로는 성령을 받고부터 영적 지식이 생겨났다. 아모스는 목자였지만 선지자가 되었다.
2) 당신이 소유한 지식을 가능하면 측량화하라.	지식을 활용하는 데 나름대로 세분화시켜 분류하고 숫자로 또는 세분화하여 제목을 달아라. 지식을 측량화하면 조직의 지식의 분량을 가능할 수 있다. 하나님께서도 10계명으로 수치화시켰다.
3) 자신이 공헌할 수 있는 분야에서 지식을 찾아라.	사람은 누구나 어떤 분야에 있던 고유의 노하우가 있다. 자기가 하고 있는 일을 뒤돌아보고 잘 살펴라. 주의 이름을 아는 자는 주를 의지하며(시9:10), 지혜와 총명으로 하나님의 뜻을 알아가게 된다(골1:9).
4) 경험을 반드시 기록하라.	기록은 지식창출의 첫걸음이다. 기록을 토대로 아이디어가 생긴다. 우리의 뇌가 고무적이 되려면 기록한 것을 바라볼 수 있어야 한다. 성경이 기록되었으므로 우리 손에 지금 쥐어져 있다.
5) 여러 분야의 사람과 교류하라.	사람은 모두가 정보단위체다. 한 사람의 뒤에 대개 200여 명의 사람이 있다. 교류는 또 다른 지식을 낳는 교차로를 제공해준다. 통합적 사고방식을 연마하는 것이 중요하다. 인간은 관계 속에서 성장하며 지식을 창출한다.
6) 지식을 소유하면 남과 공유하라.	지식을 다른 사람과 공유하면 더 좋고 더 유익한 지식을 창출할 수 있다. 모세는 자신이 경험한 하나님과의 관계를 모두 기록하여 모세오경으로 남겼다.
7) 지식창출을 하겠다는 분명한 목표를 품어라.	바울처럼 푯대를 바라보는 힘을 길러야 한다. "지혜가 네 마음에 들어가며 지식이 네 영혼에 즐겁게 될 것이요(잠2:10)."
8) 창출한 지식은 계속 진화시켜라.	이성이 만든 지식은 변한다. 나무가 성장하는 것처럼 하나의 지식은 정적(靜的)이 아니라 항상 동적(動的)이다. 말씀은 이성의 지식을 온전하게 발전시키는 능력의 씨를 품고 있다. 하나님은 말씀으로 천지를 만드셨다(창1:1).
9) 주기적으로 자신의 영적 지식역량을 평가하라	지식은 하나님과의 관계에서 비롯된다. 이성적 지식은 우리에게 편함을 주지만, 그 안에는 생명이 없어 영원성이 없다. 따라서 소유한 지식을 하나님의 말씀으로 승화시켜야 한다. 모든 지식은 주를 영화롭게 하기 위해 존재한다.
10) 지속적인 지식창출에 끊임없는 열정을 가져라.	정서가 풍부한 사람이 되라. 사물을 보고 감동하라. 공감을 가져라. 완전한 지식은 지성, 영성, 감성이 연합되어 창출된다. 그리고 열정을 품어야 한다.

---

353) 이 표는 1999년 매일경제신문(신지식인 10계명)에 실린 필자의 글을 수정, 보완, 재정리한 것이다. 인간은 이성적 존재이면서 영적 존재다. 이성은 영 안에 속한 속성이며, 사물을 보고 이해하고 분석하는 능력을 지니고 있다.

내가 현재 하고 있는 분야에서 새로운 것을 개발, 혁신, 응용시키고, 경험을 통해 이전에 없었던 지식을 얻을 때, 우리 삶의 부가가치가 올라간다. 하나님은 각자에게 주신 달란트를 개발시키기를 원하신다. 하나님은 바다 속에 온갖 수많은 물고기가 살아서 움직이게 하신다. 따라서 인간은 스스로 고기 잡는 방법을 생각해내고 발전시켜야 한다. 갓난아이가 일어서서 걷기까지 수없이 넘어지는 과정이 필요한 것처럼, 우리는 우리 안에 있는 잠재력을 끄집어내어 활용하기 위해서 끊임없이 생각하고 시도해야 한다.

베드로는 어부 출신이었지만 예수님을 믿고 풍부한 영적 지식의 소유자가 되었다. 솔로몬은 하나님께 겸손히 지혜를 구해서 뛰어난 지혜자가 되었다. 기생 라합은 영적 지식을 활용해서 생명을 보존할 수 있었다. 아담은 천재적인 기억력으로 하나도 헷갈리지 않게 동물 이름을 지을 수 있었다. 여호수아는 '태양아 멈추라'고 믿음으로 기발한 아이디어를 생각해냈다. 삶 속에서 경험하는 모든 영적 지식은 하나님을 영화롭게 하는 것이 되어야 한다. 우리는 이 세대를 본받지 말고 마음과 생각을 새롭게 하여, 우리가 가진 모든 것을 하나님께 향기로운 산 제물로 드려야 한다(롬12:1-2).

3차원 인간은 4차원 하나님을 섬기고 의지하면 놀라운 지식, 지혜, 아이디어를 선물로 받는다. 영산은 "꿈은 목표를 낳고, 꿈이 없으면 살아갈 목표도 생기지 않습니다."라고 말한다.354) 목표는 열정을 낳고, 열정은 지식을 탄생시킨다(표 7-4).

원리 6: 속력보다 속도를 내는 사람이 되라.
결론부터 말하면, 생명의 떡이신 예수님을 믿을 때 생명을 얻어(요6:47-52) 그리스도 안에서 속력보다 속도를 내는 인생이 된다. 그리스도의 보혈만이 죄를 사하므로 인간은 그리스도 안에서만 새 출발을 할 수 있다. 영산은 "이 세상의 어떤 종교와 철학도 이 땅에서 우리를 살리지 못합니다."라고 말한다.355) 이들은 방향이 없이 속력만으로 사는 사람들이다. 성도가 앞을 향하여 뛰어가되, 방향을 고려하며 가는 인생이 되느냐, 방향 없이 가는 인생이 되느냐는 자신의 영적 의지에 달렸다.
우리는 지금 속도전쟁 시대에 살고 있다. 영산은 60년을 하루같이 전속력으로 질주하는 삶을 살아왔다. 사람들은 더 빠른 세상을 원하고 있다. 하나님이 만들어놓은 만물을 이용해 인간은 보이지 않는 속도전쟁을 치르고 있다. 하나님은 인간을 창조하시고 생각의 능력을 부여했다. 생각의 속도는 인간을 어디까지 데리고 갈 수 있을까? 주위를 보면 이미 저 우주에까지 뻗어 있다. 영산은 어떤 일을 앞에 두고 항상 성령님께 도움을 구했다. 그는 무슨 일이든 언제나 가장 빠른 속도로 처리한 셈이다. 3차원적으로 더디다고 생각한 일도 성령님께서는 결국 그를 가장 빠른 지름길로 안내해주셨다. 성령 안에서 꿈을 가지면 의롭고 거룩한 삶의 속도도 빨라진다.

---

354) 조용기, "나는 꿈꾸는 사람인가?", 주일설교(2015-06-28).
355) 조용기, "상한 갈대", 주일설교(2009-09-27).

가. 성령님은 삶의 속도를 가속화한다.

말씀을 기초로 세운 꿈은 삶의 속도를 가속화한다. 인생을 속도 차원에서 이해하면, 예수 그리스도가 없는 삶은 속도가 영(zero)이다. 하지만 4차원 성령님의 세계에 들어가면 삶의 속도가 극도로 달라진다. 영산의 말을 들어보자. "성령님의 세계에 들어온 사람만이 성령의 세계를 알 수 있습니다. 예수 그리스도를 구주로 모시고 죄사함 받은 사람만이 성령님의 임재하심으로 성령의 세계를 알 수 있습니다. 인간은 두 세계 속에 살고 있습니다. 이 세상의 몸을 지니고 태어났으니까 육신의 세계, 즉 3차원의 세계에 대해 잘 압니다. 또한 예수님을 믿어 영적으로 태어났기 때문에 우리는 영의 세계에 대해서도 잘 알게 됩니다. 우리는 육을 통해 육의 세계와 접하고 있고, 우리 안에 계신 성령을 통하여 영적 세계도 알고 있는 희한한 존재입니다."356)

성령님과 함께 하는 삶의 속도는 거침이 없다. 성령님께서 우리에게 삶의 방향을 인도해주시기 때문이다. 성령님은 우리가 이성의 지식으로 알 수 없는 신령한 지식을 깨우쳐주신다. 성령님은 우리의 연약함을 도우신다. "우리가 마땅히 빌 바를 알지 못하나 오직 성령이 말할 수 없는 탄식으로 우리를 위하여 친히 간구하시느니라(롬8:26)." 성령님은 성도의 영적 삶의 방향과 가치를 알고 계신다. 성령의 사람은 하나님의 뜻과 계획과 말씀에 기초해서 성령의 능력으로 살아야 최선의 삶을 살 수 있다(갈5:25).

나. 4차원의 말씀이 3차원을 세계를 다스린다.

말씀은 꿈을 세우기도 하고 꿈을 이뤄가기도 한다(고전15:54). 말씀은 우리의 삶을 선하고, 거룩하고, 의롭게 빚어간다. 높은 차원의 말씀은 성령 안에서 낮은 차원의 세상을 다스린다. 오늘날 인터넷, 공학기술, 신제품 개발, 이동 속도 등은 어지러울 정도로 빠르게 변화되고 발전되고 있다.357) 그러나 이 모든 세계는 말씀의 권능 아래 있다. 천지만물이 하나님의 말씀으로 지음 받은 피조물적 존재이기 때문이다. 하나님의 말씀의 기초 위에 세워진 꿈은 높은 차원에서 세상을 다스린다. 오늘도 말씀은 성령 안에서 세상 가운데서 역사하고 계신다(시147:15, 시107:20).

이제 말씀과 세상의 관계를 개론적으로 살펴보고자 한다. 말씀과 세상의 관계를 알수록 꿈에 대한 이해도 분명해질 수 있기 때문이다. 하나님은 태초에 빛을 만드셨다. 지구가 3차원 세계로 흑암 중에 공허할 때 하나님이 말씀으로 "빛이 있으라!"고 명령하시자, 빛이 생겨났다. 하나님이 만드신 빛의 속도는 정말로 빠르다. 우주에서 그 어느 것도 빛의 속도를 따라갈 수 없다. 빛보다 빠른 게 있다면, 그것은 영혼의 파장속도일 것이다. 내가 서울에서 기도하면, 동시에 미국에서 기도응답이 이루어질 수 있다. 왜냐하면 빛은 공간 속에 갇혀 제한된 속도를 가지고 있지만, 영혼의 파장속도는 시간과 공간을 초월할 수 있기 때문이다. 백부장이 "주여 내 집에 들어오심을 나는 감당치 못하

---

356) 조용기, "중생과 성령님", 주일설교(2015-08-30).

357) 정치이론가 벤저민 바버(Benjamen Barber)가 이런 말을 남겼다. "나는 세상을 배우는 사람들과 배우지 않는 사람들로 나눈다. 사람들에게 던져야 할 질문은 '성공한 사람이냐 실패한 사람이냐가 아니라, 배우는 사람이냐 배우지 않는 사람이냐.'이다." 참조. 존 맥스웰(John Maxwell), 『어떻게 배울 것인가』(Sometimes You Win Sometimes You Learn), 비즈니스북스(2014), 333.

겠사오니 다만 말씀으로만 하옵소서(마8:5-13)"라고 말했을 때, 곧바로 하인이 나았던 것처럼 영은 시공간을 초월해서 일한다.

영산은 하늘나라 일은 4차원 영적 인간이 되어야 알 수 있다고 말한다. "하늘나라 일은 우리의 감각의 대상이 아니므로 느낄 수 없습니다. 이성의 대상이 아니므로 이성적 사고의 대상도 되지 않습니다. 성령으로 거듭나지 않으면 신령한 일을 알지 못합니다. 하늘의 일과 땅의 일은 소속과 차원이 서로 다르기 때문입니다. 3차원 물질 세상에서 4차원 영계의 일을 알지 못하는 것입니다. 말씀과 성령으로 거듭나서 4차원의 영적인 인간이 되어야만 신령한 세상, 곧 4차원의 세계를 알 수 있습니다."358)

3차원의 영역과 4차원의 경계선을 긋는 것은 하나님의 말씀이다. 하나님의 말씀 안에는 창조능력, 구원능력, 생명력, 보존력, 운동력, 분별력 등이 내재하고 있다. 말씀은 곧 그리스도의 능력이다. 하나님의 말씀은 현재성이 있다. "말씀이 우리를 구원하는 복음이고, 현재 말씀을 듣고, 믿고, 시인함으로써 성령이 오셔서 인을 쳐서 하나님의 자녀로 만들어주신다는 것입니다. 말씀의 현재성을 우리가 깊이 알아야 되는 것입니다."359) 말씀은 성령 안에서 시공간을 초월해서 임재한다.

이제 하나님의 말씀으로 이뤄진 빛의 존재와 효과 - 말씀의 신비 - 를 과학적 측면에서 구체적으로 알아보자. 말씀으로 하나님은 태양과 달을 만드셨다.360) 그 빛으로 우리가 살고 있다. 하나님이 두 큰 광명체를 만드사 큰 광명체로 낮을 주관하게 하시고 작은 광명체로 밤을 주관하게 하셨다(창1:16). 하나님이 만든 빛은 파동성과 입자성이라는 두 얼굴을 가지고 있다. 실험조건에 따라 빛은 파동의 얼굴을 보이기도 하고, 입자의 얼굴을 보여주기도 한다. 빛의 파동성은 간섭이나 회절 현상의 이미지를 보여주고, 빛의 입자성은 금속에 빛을 쬐었을 때 전자가 튀어나오는 광전효과를 나타낸다. 많은 과학자들이 '빛은 파동이다' 또는 '입자로 되어 있다'고 외쳤지만, 빛이 두 얼굴을 가졌음이 명백해지자, 소위 '양자역학(quantum theory)'이라는 학문이 생겨난 것이다. 양자역학에서는 빛의 입자적 특징과 파동적 특징을 연구한다. 인간이 예수님을 믿으면 신성과 인성의 두 얼굴을 가지게 되는데, 마치 빛이 입자성 얼굴과 파동성 얼굴을 가지는 것과 유비된다.

빛뿐 아니라 원자, 쿼크 혹은 렙톤 등 초미립자들도 모두 두 얼굴을 가진 존재들이다. 초미립자들은 모두 두 얼굴을 가졌기 때문에, 이들은 교묘하게도 실험대상자들의 환경에 따라 '파동성 얼굴'을 보여주기도 하고, '입자성 얼굴'을 보여주기도 한다. 따라서 초미립자들의 성격을 제대로 파악하려면, 항상 '파동성 얼굴 + 입자성 얼굴' 양쪽을 상호적으로 기술해야 한다. 이것을 '상보성 원리(complementarity principle)'라고 부른다. 초미립자의 파동성과 입자성은 이처럼 상호성과 보완성을 나타내므로, 과학자들은 이것을 '상보성 관계'라고 부른다. 이 둘은 구분할 수 있지만, 나눌 수 없다. 이 점은 예수님의 신성과 인성을 구분할 수 있지만, 나눌 수 없는 것과 유사성을 지니고 있다.

---

358) 조용기, "중생과 성령님", 주일설교(2015-08-30).
359) 조용기, "하나님의 말씀", 주일설교(2015-03-01).
360) 창조적 세계-유기체로서의 세계, 기계처럼 돌아가는 세계 등에 대하여는 다음 책을 참고로 하라. Michael Ruse, *Science and Spirituality*, Cambridge(2010). 이 책은 믿음의 눈으로 과학을 조명하는 관찰력을 열어주며, 과학과 영성을 적절히 조화시키고 있다.

예수님의 경우 때로는 인성이 강조되고, 때로는 신성이 부각된다. 곧 신성과 인성은 상보적 관계에 있다. 신자들의 경우에 믿음과 희망, 희망과 긍정, 행복과 슬픔, 또한 믿음과 사랑도 상호보완적 관계에 있다.

한편, 야구공같이 커다란 물체는 햇빛을 쬐도 운동량이 변하지 않지만, 눈에 보이지 않는 초미립자들은 빛만 쬐도 운동량이 변해버린다. 쉽게 말하자면, 입자들은 빛만 쬐도 파동을 치면서 동시에 입자로 행세하며 이리저리 공중 곡예를 한다. 그렇지만 야구공 같은 물체는 빛과 무관하게 날아가던 방향으로 운동한다. 빛의 입자성과 파동성을 동시에 확인하는 것은 불가능하지만, 서로 따로 확인하여 조합시켜보면, 결국은 '빛은 입자 + 파동의 얼굴을 가진 존재'라고 정의할 수 있다. 하나님은 처음부터 빛을 창조할 때 '파동성과 입자성'을 적절히 혼합하여 빛을 만드신 것이다.361) 왜 하나님은 빛을 두 얼굴의 존재로 만들었을까? 그것은 베일에 가려 있다. 곧 신비이다. 이것은 그리스도인이 인간이면서, 동시에 그리스도 안에서 성령님을 통해서 하나님 아버지와 연합된 신비로운 영적존재라는 점과 상당히 유사하다.

하나님은 4차원의 말씀(invisible words)으로 3차원의 세상 만물(visible things)을 만드셨다. 말씀은 파동(wave)의 형태를 띠고 있다. 물질은 쪼개고 또 쪼개면, 최후의 존재 형태는 쿼크(quark)와 같은 소립자이다. 이 쿼크도 파동(wave)의 형태를 띠고 있다. 이 파동은 우리 눈에는 결코 보이지 않는다. 달리 말하면, 이 세상의 만물은 '하나님의 말씀이라는 파동'에서 시작되었고, '눈에 보이는 그 어떤 만물도 쪼개고 쪼개면, 마지막 소립자는 파동의 형태로 존재한다는 사실'이다.362) 다시 말해, 쿼크 차원에서 만물을 바라보면, 인간의 눈에 아무것도 보이지 않는다. 쿼크의 눈으로 보면, '보이지 않는 말씀'이 '보이지 않는 만물을 만들어낸 것'이다. 이것은 분명히 신비이다.

영산은 3차원과 4차원의 세계를 이렇게 설명한다. "하나님은 말씀을 사용하셔서, 3차원의 물질세계를 변화시키고 고치며 새롭게 창조하십니다. 하나님의 말씀은 영이요, 생명입니다. 영이기 때문에 안 보이지요. 물질적인 세계는 1차원의 세계, 2차원의 세계, 3차원의 세계입니다. 4차원은 영의 세계입니다. 하나님의 말씀은 영입니다. 영은 눈에 보이지 않지요. 그러나 말씀은 물질적인 세계에 운행하면서, 그 세계를 변화시키고 새롭게 하고 또 내가 원하는 것을 이루어주기도 합니다. 영은 물질 위에 있기 때문에, 말씀이 선포되면 물질적인 3차원 세계는 반드시 변화 또는 제거되어야 되는 것입니다."363) 말씀과 만물의 관계는 창조주와 피조물의 관계이다.

어떻게 이 신비를 알 수 있는가? 그것은 인간의 인식 능력을 완전히 넘어선다. 마른 뼈들이 골짜

---

361) 광속도 불변의 원리에 의해 태양 빛은 땅에서 호흡하는 모든 자에게 초속 30만km로 나아간다. 태양에서 나온 빛은 지구 어디에서 측정하든 초속 30만 km가 보장된다. 그 이유는 하나님이 우주를 만들 때 빛의 속도가 일정하도록 만들었기 때문이다. 아인슈타인의 특수상대성이론에 따르면 빛의 속도는 정지 상태에서 비추든, 가속 상태에서 비추든 항상 동일한 속도로 움직인다. 태양에서 나온 빛은 8분 19초 만에 지구에 도달한다. 아울러 빛은 아주 작은 알맹이인데 무게를 가지고 있다. 어떻게 빛의 입자가 지구에 도달할 때까지 속도가 변하지 않고 올 수 있을까? 아인슈타인은 질량(m), 에너지(E), 빛의 속도(c)의 관계식을 하나 만들었다. 곧 $E=mc^2$ 식에서 보면 빛의 속도는 에너지를 질량으로 나눈 값이다. 빛의 속도는 이 우주에 존재하는 절대적인 값이며, 또한 이 원리에 기초하면 어떤 질량이라도 어마어마한 에너지를 가지고 있다는 사실이다.

362) 구약성경에 히브리어로 '말씀(Word)'은 '다바르(רבד)'이다. '다바르'는 '사물(things)'의 의미도 지니고 있다. 이것은 성경이 밝혀주듯이 하나님의 말씀으로 천지만물이 지어졌음을 암시해준다.

363) 조용기, "하나님의 말씀", 주일설교(2015-03-01).

기에서 살아나는 영적 메커니즘을 인간이 어떻게 알 수 있는가? 영산은 "하나님의 말씀은 영이요 생명입니다(요6:63). 4차원적인 말씀을 가지고 구하면, 3차원적인 물질세계는 따를 수밖에 없는 것입니다. 그러므로 말씀은 대단한 능력이 되는 것입니다."라고 말한다. 보이지 않는 4차원의 능력이 눈에 보이는 3차원의 물질을 만들어낸다. 즉 4차원의 말씀이 빛과 만물을 만들어내었다.

태양은 하나님의 말씀으로 창조되었다(창1:16). 빛은 입자와 파장의 형태로 존재하고 있다. 창조 이래 빛의 입자가 무슨 힘으로 태양에서 지구까지 날아오는지 그것은 신비에 쌓여 있다. 아무도 모른다. 어떤 과학자들은 이것을 블랙홀 이론으로 설명한다. 태양으로부터 나온 빛의 입자가 초속 30만km로 달려가는 것은 빛이 그 정도의 속력을 낼 수 있게 만드는 힘을 가진 물질이 있다고 보는 것인데, 그 힘은 여전히 신비의 지식에 가깝다.[364] 한 가지 분명한 것은 우리가 이 땅을 떠날 때 우리는 속도를 의식하지 못한 채 하나님의 나라에 들어간다는 것이다. 태양빛이 이 지구에 도달하는 속도보다 수십 배 또는 수백 배는 더 빠르게 말이다. 예수님이 다시 오실 때에도 우리는 눈 깜짝할 사이에 공중으로 들려 올라갈 것이다. 사도 바울의 개인적인 신비 경험도 이것을 뒷받침한다. "내가 그리스도 안에 있는 한 사람을 아노니 십사 년 전에 그가 셋째 하늘에 이끌려간 자라(그가 몸 안에 있었는지 몸 밖에 있었는지 나는 모르거니와 하나님은 아시느니라) 내가 이런 사람을 아노니 … 그가 낙원으로 이끌려가서 말할 수 없는 말을 들었으니 사람이 가히 이르지 못할 말이로다(고후12:2-4)."

인간은 3차원에 살면서도 4차원 영의 세계에 살고 있다. 구원받은 인간은 빛의 속도보다 더 빠른 '영혼의 속도'를 누릴 수 있는 존재가 아닐까?

다. 성령님은 삶의 방향을 바로 잡아주신다.

꿈을 세우면 반드시 고난이 따른다. 험난한 길을 어떻게 뚫고 나가느냐는 성령님의 도움에 달려 있다. 하나님의 존재는 우리가 고난에 처할 때 역동적으로 드러난다. 이스라엘 백성이 홍해 앞에서 진퇴양난에 처했을 때 하나님을 경험할 수 있었던 것처럼 말이다.

영산은 "하나님의 의는 예수님의 십자가 구원의 사랑을 따라 사는 삶입니다."라고 말한다.[365] 성령의 인도를 받으면 방황의 길을 걷지 않는다. 영산은 17세에 폐병으로 죽게 될 몸이었지만, 성령의 능력으로 고침을 받았다. 그 후에 그의 삶의 방향과 지향점은 오직 예수 그리스도였다. 그는 성령의 사람이 되어 온 천하에 다니며 복음을 증거했다. 성령과 동행하는 삶을 살면 하나님 중심의 삶, 주께 영광 돌리는 삶, '하나님-이웃-세상'을 향한 삶을 살게 된다.[366] 성령의 인도함

---

364) 우리는 태양과 지구만 있으면 얼마든지 살아갈 수 있다고 생각한다. 그러나 실상은 그렇지 않다. 태양에서 만들어진 빛을 어떻게 지구까지 운반지 하나님은 이미 그 답을 알고 계신다. 왜 수많은 천체들이 필요할까? 그 모든 천체가 지구에 사는 하나님의 백성을 위한 것이라고 생각하면, 하나님의 창조능력에 저절로 고개가 숙여진다. 빛을 땅 위로 비추어 인간의 삶을 유지하도록 한 것은 신비 중의 신비이다. 그 또한 하나님의 놀라운 은혜요 인간을 향한 하나님의 위대한 사랑의 표현이 아닐까?

365) 조용기, "그의 나라와 그의 의를 먼저", 주일설교(2011-02-27).

366) "성령이 빌립더러 이르시되 이 수레로 가까이 나아가라 하시거늘(행8:29)." "성령이 내게 명하사 아무 의심 말고 함께 가라 하시매 이 여섯 형제도 나와 함께 가서 그 사람의 집에 들어가니(행11:12)." "내가 말을 시작할 때에 성령이

을 받으면, 방향 없는 삶에서 벗어나 하나님 중심의 삶을 살게 된다. 바울은 자신의 삶에 대해서 "나는 달음질하기를 향방 없는 것같이 아니하고 싸우기를 허공을 치는 것같이(고전9:26)" 아니하였다고 말한다.

어떻게 하면 성령님의 인도함을 받는 인생이 될 수 있는가? 영산은 몇 가지를 지적한다. "보혜사 성령께서 항상 우리와 같이 계시고 우리를 도와 주셔서, 혹은 꿈을 통하여, 혹은 환상을 통하여, 혹은 음성을 통해서, 혹은 지시를 통해서, 혹은 마음에 소원을 통해서, 혹은 성경의 레마를 통해서 우리를 인도하여 주십니다. 하나님의 뜻을 알고 믿으면 하나님의 역사가 일어납니다."367)

성령님은 하나님께서 나에게 건 기대를 알고 계신다. 그래서 내가 해야 할 일을 알려주시고, 내 삶의 방향을 가리켜주신다. 인간은 누구를 바라보면서 사느냐가 중요하다. 삶의 목표와 방향을 설정하지 않고 인생의 속력을 내면, 인생의 속도는 영(0) 근처에서 맴돌게 된다. 중요한 것은 인생의 속도이다. 일평생 있는 힘을 다해서 인생의 속력을 내었어도, 그 속도가 결국 영이 된다면, 그것은 목표와 방향을 설정하지 않았기 때문이다. 영산은 개척초기부터 목표와 방향 설정을 분명하게 정해서 속도를 내어, 세계 최대교회로 성장시켰고, 전 세계를 다니며 집회를 여는 결실을 거두었다.

어떤 꿈을 세워도 올바른 방향설정이 중요하다. 하나님은 자신의 자녀가 삶의 방향을 '위의 것'에 초점을 맞추기를 원하신다.368) 마귀가 주인인 세상을 향해 인생의 방향을 설정할 것인가? 아니면 예수님을 바라보며 십자가에 인생의 방향을 설정할 것인가? 이 두 가지는 차원이 전혀 다른 삶이다. 곧 천국행과 지옥행의 차이다. 영산은 그리스도 십자가에 삶의 방향을 고정시켜야 한다고 강조한다. "하나님 아버지는 우리가 그리스도와 함께 십자가에 못 박혔다고 생각하십니다. 예수님이 십자가 위에서 죽으실 때, 옛 아담의 자손들을 끌어안고 같이 죽었습니다. 그러므로 예수님을 믿는다는 것에는 우리의 옛 사람이 그리스도와 함께 십자가에 못 박혀 죽었다고 믿는 것이 포함되어 있습니다. 그리고 예수님이 부활할 때 혼자 부활하신 것이 아니라, 여러분과 나를 안고 부활하셨습니다. 그러므로 주 안에서 죽고 주 안에서 부활해서, 예수 죽음 내 죽음, 예수 부활 내 부활, 예수 천국 내 천국이 되었습니다."369)

세상에서 아무리 인생의 속력을 화려하고 찬란하게 달릴지라도, 궁극적으로 그리스도 안에 있는 삶이 아니라면, 곧 구원받은 삶이 아니라면, 그의 인생의 속도는 아무리 계산해도 언제나 영이다. 프랑스 정치이론가 폴 비릴리오(Paul Virillio)는 현대사회를 질주학(dromology)의 사고체계를 내포하는 질주형 사회라고 규정했다. 실제로 군사, 정치, 행정 등 모든 영역에서 질주현상이 나타나고 있다.

그들에게 임하시기를 처음 우리에게 하신 것과 같이 하는지라(행11:15)." "주를 섬겨 금식할 때에 성령이 이르시되 내가 불러 시키는 일을 위하여 바나바와 사울을 따로 세우라 하시니(행13:2)." "빌기를 다하매 모인 곳이 진동하더니 무리가 다 성령이 충만하여 담대히 하나님의 말씀을 전하니라(행4:31)."

367) 조용기, "성령님의 인도를 받는 길", 주일설교(2009-03-15).
368) "그러므로 너희가 그리스도와 함께 다시 살리심을 받았으면 위의 것을 찾으라 거기는 그리스도께서 하나님 우편에 앉아 계시느니라. 위의 것을 생각하고 땅의 것을 생각하지 말라(골3:1-2)."
369) 조용기, "그리스도와 함께", 주일설교(2013-06-23).

중요한 것은 하늘나라 인생을 사는 것이다. 위의 것을 보고 살면, 벡타 인생의 속도는 최대가 될 것이다. 그렇게 빠른 속도로 도착할 종착역은 바로 천국역이다. 믿음의 결국은 영혼의 구원이기 때문이다(벧전1:9).

바울은 초기에는 인생의 속도가 아주 빨랐으나 방향이 잘못 설정되었다. 그러나 부활 및 승천하신 예수님을 환상 중에 만난 후부터, 그의 인생은 180도 방향이 바뀌었다. 그의 인생은 정상궤도로 진입하였고, 인생의 방향과 속도가 정상으로 진행되었다. 베드로도 한때 삶의 방향을 완전히 잘못 설정해서 하룻밤에 예수님을 3번이나 부인했다. 그러나 부활하신 예수님을 만나고 오순절에 성령이 그에게 임하자, 비로소 삶의 방향이 정상적으로 바뀌어 예수님을 향하여 정상속도로 달려가게 되었다.

꿈을 세워 나아갈 때, 가장 중요한 것은 '방향 없이 헛것을 향하여 달려가는 속력'이 아니라 '예수님을 향하여 방향이 제대로 설정된 속도'이다. 예수님만이 그를 믿는 사람들을 태워서 가장 빠른 속도로 천국역까지 안전하게 도착하게 하실 수 있다. 예수님은 신자들을 가장 빠르게, 가장 정확한 방향과 장소(천국)로 인도하기 위해서 이 땅에 오셨다.

5.5. 가능태(可能態)의 극대화: 삶의 기대감과 인내를 가지고 전진한다

신자는 예수님과 함께 하나님의 영광을 위해 무한도전의 삶을 산다. 십자가를 통해 구원받으면, 신자는 거듭나고 새롭게 되어 성령님이 그의 안에 거하신다. 신자는 성령님과 함께 하나님과 예수 그리스도 중심의 삶을 사는 것이다. 그 삶은 하나님 사랑과 이웃 사랑이다. 반면에 육적 자아로 살게 되면 자기중심주의로 편향된다. 하나님의 말씀에서 멀어지면, 이성(理性)에 기초한 삶을 추구하게 되어 삶의 방식이 점차 속화(俗化)된다.370) 바꾸어 말하면, 하나님과 이웃을 위해서 살면 내가 영적 삶을 살게 되고, 그 반대로 살면 나 중심의 삶, 육적 삶이 되어 하나님과 멀어진다.

말씀의 능력이 임하면 누구나 꿈의 사람이 된다. 영산은 "항상 희망의 꿈을 간직하고 확산시키라"고 권면한다. "우리에게 희망이 있습니다. 왜냐하면 언제나 우리를 도와주실 주님이 계시기 때문입니다. 현실이 아무리 어려워도 그 마음속에 꿈이 있으면, 그 꿈은 3차원을 점령하고 변화시키는 것입니다."371) 영성가 토마스 아 켐피스는 십자가로 고난을 극복할 수 있다고 고백한다. "진정한 평화는 현재의 고난을 인내할 때 찾아오며, 그렇게 함으로써 우리의 고난을 그리스도의 십자가와 결합시켜 영원한 천국에 이르는 길에 들어설 수 있습니다." 372)

불평과 불만을 일삼는 이스라엘 백성을 가나안 땅 입구로 인도하기까지 모세는 장장 40년을 인내로 견디었다. 가나안 땅을 정탐하고 나서 헤브론 산지를 밟는 꿈을 이루기까지 갈렙도 장장 40년을 참고 기다렸다. 또한 강한 성읍을 정복하고, 아낙 자손을 물리쳐야 했다. 꿈과 장애물은 한 세트

---

370) 이성이란 일관성과 논리적 타당성을 판단하는 능력이다(Reason is our ability to judge consistency and logical validity). John M. Frame, *The Doctrine of the Word of God*, P&R(2010), 22. 인간의 이성이 항상 옳지는 않다. 이성이 틀릴 수도 있다. 따라서 이성은 하나님의 말씀의 조명을 받아야 하고, 그 말씀에 기초해야 한다. 그러면 하나님 중심주의 관점에서 이성의 기능을 활성화시킬 수 있다.
371) 조용기, 『4차원의 영성』, 교회성장연구소(2006), 149-160.
372) 토마스 아 켐피스(Thomas A Kempis, 1379-1471), 『그리스도를 본 받아』(Imitatio Christi), 두란노(2010), 155.

로 이루어져 있다. 둘 중에 어느 하나만 취할 수 없다. 하나님의 꿈을 이뤄가는 과정에 순탄한 길만 있는 것이 아니다. 꿈을 지닌 사람은 반드시 '고난-인내-순종'도 각오해야 한다. 꿈은 '종합세트'이다. 신명기에는 "갈렙은 온전히 야훼께 순종하였은즉 그는 그것을 볼 것이요 그가 밟은 땅을 내가 그와 그의 자손에게 주리라(신1:36)"고 기록하고 있다. 이처럼 순종은 하나님의 길을 밝혀주고, 그 길로 인도해주는 등불과 같다.

선교사 윌리엄 캐리(William Carrey)는 인도로 가서 인도의 4대 언어로 성경 전체를 번역하고, 또한 성경을 32개국 언어로 번역하도록 이끌었다. 그리고 100여 개의 기독교학교를 설립하도록 도왔다. 그는 임종 시에 이렇게 말했다. "하나님은 참으로 위대한 일을 하셨다." 평상시에 그는 "하나님으로부터 위대한 일을 기대하라. 하나님을 위해 위대한 일을 하라"는 유명한 말을 남겼다. 우리의 꿈은 우리로 하여금 언제나 더 나은 것, 더 높은 것, 더 좋은 것, 더 위의 것, 더 영원한 것을 추구하게 한다. 성도는 날마다 '위의 것(골3:1)'을 찾아야 한다. 온 마음을 다해 주를 의지하고, 자신의 명철을 따르지 않도록 해야 한다. 모든 일에 주를 인정하고 우리의 길을 그에게 맡기면 그가 우리를 인도해주신다(시37:4-5).

원리 1: 미래를 기대하라.

영산은 "인간의 마음하늘에는 마귀 아니면 성령님이 거하십니다."라고 말한다.[373] 성령님은 인간에게 선한 기대감을 탄생시킨다. 인간의 기대는 인간의 내적행동과 외적행동에 영향을 미친다. 기대감이 형성되면, 현재 나 자신의 태도에 영향을 줄 뿐 아니라 장차 미래에 일어날 나의 행동에도 큰 영향을 미친다. 온전한 기대는 내 안의 예수님의 때를 기다리는 것이다. 바울은 "나의 간절한 기대와 소망을 따라 아무 일에든지 부끄러워하지 아니하고 지금도 전과 같이 온전히 담대하여 살든지 죽든지 내 몸에서 그리스도가 존귀(빌1:20)"하게 되는 것이라고 말한다.

하나님은 이스라엘 백성에게 큰 기대를 하셨다. 광야생활 40년 동안 이스라엘 백성은 하나님을 크게 실망시켰지만, 하나님은 그들에 대한 기대를 완전히 포기하지 않으셨다. 하나님은 이스라엘 백성을 애굽에서 데리고 나와 가나안 땅 서쪽 광야로 이끄시며, 날마다 하나님의 기적을 기대하게 만드셨다. 비가 오기를 기대하게 만들었고, 파종한 씨가 열매 맺기를 기대하게 만들었고, 과일나무에 풍성한 열매가 맺히기를 기대하게 만드셨다.

기대감은 관계 속에서 성장하고 확대된다. 하나님이 예비하는 것을 기대하면서 현실화시키기 위해서 영산은 다음 4가지를 제시한다.[374]

    a) <u>소원하라</u>. 하나님은 우리에게 소원을 두고 행하게 하신다(빌2:13).
    b) <u>꿈꾸라</u>. 우리가 꿈꾸며 부르짖어 기도할 때 하나님이 이뤄주신다(렘33:3).
    c) <u>믿으라</u>. 하나님의 역사하심은 어제나 오늘이나 영원토록 동일하다(히13:8).
    d) <u>입술로 시인하라</u>. 소원하는 것을 꿈꾸며 믿음으로 기도하고 담대히 말하라(롬10:10).

---

373) 조용기, "세상마음과 천국마음", 주일설교(2011-10-09).
374) 조용기, "준비하시는 하나님", 주일설교(2010-10-03).

원리 2: 참고 기다리라.

영산의 '기다림의 해석학'은 4가지로 정립된다. "우리의 신앙과 삶은 모든 면에서 기다림이 필요합니다. 하늘로부터 꿈과 환상을 받기 위해, 자신의 삶을 정비하기 위해, 하나님의 절대주권에 순복하기 위해, 그리고 믿음의 진실성을 증명하기 위해 기다림이 절대적으로 필요합니다."375)

십자가의 삶이란 무엇인가? 고난 속에 영광을 바라보고, 영광 속에 고난을 바라볼 수 있는 믿음의 눈을 가지고 사는 삶이다. 십자가는 고난과 영광을 분리해서 보지 않고 하나로 인식한다. 고난은 영광의 꽃을 피우는 일꾼이다. 부활은 패배의 역전드라마가 아니라, 처음부터 감춰진 승리를 마지막에 드러내는 것이다. 참는다는 것은 곧 부활의 주를 기대하는 것이다. 내 안의 믿음은 이미 고난과 부활을 경험한 믿음이다.

십자가를 지는 삶이란 그리스도의 삶의 모델을 따라가는 삶이다. 바울은 "이를 위하여 너희가 부르심을 받았으니 그리스도도 너희를 위하여 고난을 받으사 너희에게 본을 끼쳐 그 자취를 따라오게 하려 하셨느니라(벧전2:21)"고 말한다. 십자가는 장차 임하게 될 영광을 가리키며, 고난으로 우리의 삶에 다가온다. 다시 말해, 고난 안에 영광의 광채를 숨기고 있다. 욥의 삶처럼 모든 고난의 삶에는 영광의 씨가 내포되어 있다. 하나님을 바라보고 의지하며 욥은 참고 기다렸다. 바울은 하늘나라의 상급을 바라보며 십자가의 고난을 인내하며 성령님의 권능으로 영광의 복음을 선포했다. 그런 의미에서 십자가는 '고난과 영광의 신비로운 미학'이라고 말할 수 있다. 철학도, 심리학도, 사회학도, 과학도 '고난과 영광의 총체성'을 해석해주지 못한다. 그러나 십자가는 고난과 영광의 연합이라는 신비로운 진리를 명료하게 해석해준다. 신비는 신비로 알아야 하고 풀어야 한다.

예수님은 "너희의 인내로 너희 영혼을 얻으리라(눅21:19)"고 말씀하셨다. 장차 임할 은혜의 약속에 대한 믿음이 확고할 때 신자는 계속해서 인내할 수 있다. 독일의 신학자 블룸하르트(J. Ch. Blumhardt)는 "우리는 하나님의 말씀을 듣기 위해 기다려야 하고, 하나님과 함께 일하기 위해 서둘러야 한다"고 말했다. 씨를 뿌리고 자라날 때까지 농부는 기다린다. 영적 수확도 기다림의 법칙이 적용된다. "사람이 야훼의 구원을 바라고 잠잠히 기다림이 좋도다(애3:26)." 바울은 "너희가 모든 은사에 부족함이 없이 우리 주 예수 그리스도의 나타나심(고전1:7)"을 기다리라고 말한다.

맺는말

꿈의 영성을 지금까지 꿈의 본질, 중요성, 성장과정, 다양한 꿈의 모델들, 실천적 방법들로 구체화하여 서술하였다. 꿈이란 하나님의 말씀이 인간의 삶 속에서 이뤄지는 과정이다. 성경적으로 말하는 꿈이란 말씀을 기초로 한 꿈이다. 하나님의 계시는 곧 인간에게 꿈으로 잉태된다. 꿈의 성경적 본질은 하나님의 뜻을 매일의 삶의 자리에서 실천하는 것과 깊은 관련이 있다. 꿈이란 인간의 욕심이 아니라, 성령 안에서 하나님이 행하시는 일이다. 성경적으로 보면, 꿈은 하나님의 말씀을 현재의

---

375) 조용기, "기다리는 것", 주일설교(2010-02-21).

삶에 실현하는 것이다(삼상3:19). 인간의 관점에서 보면 말씀에 순종하는 것이다(신29:9). 꿈은 하나님의 말씀이 세상과 피조물을 매개체로 해서 이뤄지는 은혜의 과정이다. 영산은 성령님이 꿈을 이끌어주시며, 또한 꿈은 바라봄으로 생긴다고 강조한다. 꿈의 기초는 하나님의 말씀이다(고전15:54).

하나님 쪽에서 보면, 꿈이란 '창조 · 타락 · 구속 · 회복'이라는 대명제에서 일어나는 것이다. 그것은 한편으로 죄인의 구원이며, 다른 한편으로 삶 속에서 하나님의 뜻에 나의 뜻을 동화시켜나가는 과정이다. 큰 소원이든 작은 소원이든 꿈은 하나님의 뜻을 이뤄가는 수단이 되어야 한다. 하나님의 관점에서 사물을 바라보는 믿음의 눈과 삶의 자리에서 그리스도의 형상을 닮아가는 훈련(롬8:29)이 중요하다. 하나님이 말씀에 기초해서 우리에게 주시는 꿈을 이루기 위해서 범사에 하나님을 인정하는 것이 중요하다(잠3:6). 장차 저기가 아니라, 바로 지금 여기서 하나님의 뜻을 이루어가야 한다.

하나님은 교회를 통해서 일하신다. 신앙공동체(성도들의 모임), 곧 교회는 성령의 전이다(고전3:16). 교회에 주어진 중요한 과제는 신자들이 각자 자신의 삶 속에서 하나님의 뜻을 찾아내게 하는 일이다. 인류구원이 하나님의 꿈이라서(딤전2:4), 전 세계 모든 신자들은 직장을 버리고 구원의 일을 하러 떠나야 하는가? 그것은 아니다. 하나님의 꿈은 모든 일터에서, 모든 처소에서 하나님께 영광되는 일을 찾아 실천하는 것이다(골3:17). 신자마다 주어진 삶의 터전에서 하나님의 뜻을 이뤄가는 것이다. 이 과정에서 무슨 일을 하든지 주께 하듯 하는 마음의 태도가 중요하다(골3:23).

작은 것에서 큰 것에 이르기까지 이 땅에서 하나님의 일은 넘쳐난다. 커피 한잔 타는 것에서 숟가락 하나 씻는 것까지 삶의 모든 영역에서 하나님의 일을 찾아낼 수 있다. 장차 10년 뒤 나의 꿈을 위해 나는 지금 준비만 하고 있을 것인가? 결코 아니다. 하나님의 꿈은 날마다 매 순간 내 삶의 자리에서 하나님의 영광을 위해 사는 것이다. 하나님의 뜻은 큰일 뿐만 아니라 작은 일들에도 있다(잠3:6). 주어진 한 가지 일에서 하나님의 뜻을 하나씩 찾아가는 것이 매 순간 하나님의 뜻을 추구하는 것이다. 나의 영혼이 주를 가까이하면 '주의 오른손(시63:8)'이 우리를 붙드신다. 어떤 일을 하든지 날마다 삶 속에서 먼저 하나님의 통치와 의를 구하면(마6:33), 하나님이 주신 꿈을 이루어나가고, 그것을 통해 하나님께 영광을 돌리게 될 것이다(고전10:31).

꿈은 마음하늘에서 자란다. 영산은 십자가 중심의 5중복음의 꿈을 심으라고 강조한다. 장차 거기서 의의 열매가 맺힐 것이다. 현재 마음터전에 복음의 씨를 심으면 그것이 자라나서 삶의 자리에서 거룩과 의의 열매로 풍성해질 것이다. 작은 일이든 큰일이든 시작할 때부터 감사와 영광과 존귀를 주께 올려드리자. 중요한 것은 장차 저기가 아니라, 바로 지금 여기서 매일의 삶 속에서 하나님의 뜻을 구체적으로 하나하나 이루어가는 것이다(마6:33).

지금까지 4차원영성 4요소 중에서 생각의 영성과 꿈의 영성을 서술하였다. 다음 장에서는 꿈꾼 것을 '믿음으로 실현시킴'에 대해 설명할 것이다. 꿈과 믿음은 한 짝을 이룬다. 꿈은 믿음을 필요로 하고, 믿음은 꿈을 필요로 한다. 꿈과 믿음은 한 동네 동무들이다.

그러므로
믿음은 들음에서 나며
들음은
그리스도의 말씀으로 말미암았느니라
(로마서 10장 17절)

제8장

성장의 십자가: 믿음의 영성

요약

믿음은 글로 된 성경지도를 하늘나라의 아름다운 풍경의 이야기로 바꿔준다. 예수 그리스도 십자가는 믿음을 탄생시키고, 죄인을 의인으로 만들며, 죽음 대신 생명을 주고, 절망 대신 희망을 준다. 십자가는 하나님 자신의 믿음의 고백이다. 예수 그리스도의 보혈로 말미암아 잉태된 믿음은 우리의 마음공간에 들어와 거룩한 영적활동을 하고 있다. 성령 안에서 믿음은 마음을 깨끗하게 하고 거룩하게 만든다(행15:7, 살후2:13). 참된 믿음의 표지는 내적으로 마음을 정결하게 하고, 외적으로 형제를 사랑하는 것이다(벧전1:22). 믿음이란 '하나님이 과거에 하신 일, 지금 하시는 일, 또한 장차 하실 일을 믿는 것'이다. 따라서 신자는 말씀, 믿음, 기도, 성령으로 거룩함의 영성을 회복하여야 한다.

십자가의 믿음은 옛 사람을 새 사람으로 만들어 하늘의 삶의 양식으로 살게 한다. 옛 사람의 이성(理性)을 따르는 삶이 아니라, 말씀과 성령 중심의 삶을 살게 한다. 나아가 믿음은 꿈의 동반자 역할을 한다. 꿈은 믿음을 친구로 삼고, 믿음은 꿈을 동무로 생각한다. 우리의 믿음은 이성이 결코 할 수 없는 것을 하나님의 은혜와 지혜와 능력으로 이루어지게 만든다. 믿음이란 성경과 구원 역사를 통해 계시된 삼위일체 하나님, 특별히 십자가 위에서 죽으시고 부활하신 예수 그리스도를 믿는 것이다. 그 믿음은 초월적이며, 창조적인 능력을 지니고 있고, 기적을 일으키는 권능을 지니고 있다.

영산은 믿음의 양식을 예수 그리스도 십자가에서 이끌어낸다. 바로 "예수와 함께 죽고 부활한 믿음, 중생하여 새로운 피조물이 되었다는 믿음, 성령충만으로 성령의 인도를 받는 믿음, 치료 받아 건강하게 되는 믿음, 축복 받아 받은 은혜를 나누는 믿음, 부활과 영생 천국을 바라보는 믿음, 곧 5중복음의 믿음입니다."라고 말한다. 동시에 영산은 3중축복의 믿음, 곧 '영혼이 잘되는 믿음, 범사가 잘되는 믿음, 강건하게 되는 믿음'을 강조한다. 영산은 '5중복음과 3중축복을 신자들의 삶의 자리에 적용하는 것을 4차원영성'이라고 한다. 4차원의 영성의 믿음은 복음과 하나님의 축복이 의도하는 모든 것을 가져와 성도들에게 창조의 역사, 기적의 역사, 구원의 역사를 일으키게 한다.

새 피조물의 삶의 양식은 바로 믿음으로 사는 삶이다. 새 피조물(고후5:17)은 눈에 보이는 것으로 살지 않고, 믿음으로 산다. 믿음은 하늘의 신비로운 은혜를 우리에게 베푸는 통로다. 우리의 믿음은 땅과 하늘을 이어주고, 시간과 영원을 이어주며, 땅의 시민권과 하늘의 시민권을 통합시켜서 종말론적 삶을 살게 만든다(고후15:7).

참된 믿음은 행동으로 이어진다. 영산은 '바라봄의 법칙'이라는 대명제를 통해 말씀의 진리를 삶 속에서 실현되게 한다. 그는 "하나님의 뜻, 말씀과 계획에 기초해서 생각한 것을 꿈꾸고 바라보고 믿고 말하면 그대로 이루어집니다."라고 말한다. 바라봄의 법칙을 통해 내 안에서 그리스도의 능력이 나타난다.

하나님 아버지와 예수 그리스도와 성령님을 알아가는 지식은 믿음 생활의 핵심이자 진수다. 하나님을 아는 만큼 믿을 수 있기 때문이다. 믿음은 삼위 하나님을 우리의 마음하늘에 모시고 들어와 함께 거주하며 늘 동행하는 것이다. 십자가는 죄인을 의인으로 만들어 하나님의 가족이 되게 한다. 의인은 믿음으로 살며, 궁극적으로 하나님을 영화롭게 한다.

1. 믿음의 성경적 본질

십자가는 복음을 낳아 믿음을 탄생시키고 새 생명을 낳게 하며, 죄인을 의인으로 변화시켜 예배의 삶을 살게 한다. 인간을 향한 하나님의 사랑은 믿음을 낳는다.[1] 우리의 믿음의 중요한 기초는 십자가이다. 영산은 "십자가를 바라봄으로써 생각과 꿈과 믿음을 새롭게 하라"고 역설한다.[2]

믿음의 본질을 거슬러 올라가면, 바로 하나님 아버지이시다. 하나님 아버지는 스스로 존재하시며 전능하시며 자충자족하시며 아무것도 필요로 하지 않는 완전하신 분이다. 우리는 이와 같은 하나님을 믿는다.[3] 하나님은 모든 것이 넉넉하여 피조물들에게 항상 베푸신다. 복되심과 선하심의 하나님은 피조물에게 '베풀어주시는 분(giver)'이다. 하나님은 그의 자비와 은혜로 이 땅에 십자가를 세우시고, 그의 아들을 우리 죄를 대신해 죽게 하고, 부활하게 하셨다. 그 결과 죄인이던 우리는 이제 하나님의 아들을 믿는 믿음 하나만으로(갈2:20) 아무 공로 없이 구원을 받게 되었다. 하나님은 지금도 십자가와 부활을 통해 자신의 자비, 은혜, 오래 참으심, 사랑과 의를 우리에게 보여주고 계신다. 믿음은 하나님과의 인격적 관계다. 영산은 "믿음은 하나님과 만남의 관계 형성에서 없어서는 안 되는 절대적인 요소"라고 말한다.[4]

---

1) "믿음은 사랑으로 말미암습니다. 하나님께서 나를 목숨처럼 사랑하신다는 것을 생각하면 뜨거운 믿음이 생겨나게 됩니다. 믿음과 소망은 사랑의 기초 위에서 힘을 발휘합니다." 조용기, "실천적 믿음", 주일설교(2015-06-07).

2) 조용기, "새로운 피조물", 주일설교(2015-01-18).

3) 영산은 믿음의 요소로 3가지를 지적한다. a) 하나님이 계시다는 것을 알고 믿는다(막11:22-23). b) 하나님은 못하실 것이 없는 분이심을 알고 믿는다(눅1:37). c) 나를 사랑하시고 좋은 것을 주시기 원하시는 분이심을 알고 믿는다. 참조. 조용기, "하나님을 믿으라", 주일설교(2014-04-06).

4) 조용기, "믿음", 주일설교(2014-09-21).

믿음은 '십자가에서 죽고 부활하신 예수 그리스도를 영적으로 보는 것'에서 비롯된다.5) 믿음은 '본다, 안다, 믿는다'를 포괄한다. 보지 않고 알 수 없으며, 알 수 없는 것을 믿을 수 없기 때문이다. 신자들은 성령이 밝혀주시는 마음의 눈을 통해 예수 그리스도를 본다.

궁극적으로 믿음은 왜곡된 비진리의 길을 벗어나 인간 본래의 창조목적을 이루어가게 만든다. 또한 믿음은 하나님 말씀을 알고 깨닫고 확신하고 받아들이고 신뢰하는 것이며, 동시에 '마음의 눈으로 비가시적이고 초월적인 것을 믿는 것'이다.6)

심리적인 측면에서 묘사하면, 믿음은 마음의 태도나 생각의 태도가 전적으로 주님을 향하는 성향이다.7) 믿음은 우리와 예수 그리스도를 하나로 연합시킨다. 루터(Luther)는 "반지가 보석을 끌어안듯이 믿음이 그리스도를 끌어안는다"고 말한다.8) 조엘 비키(Joel R. Beeke)는 "믿음으로 그리스도를 이해하고, 믿음으로 그와 연합하며, 믿음의 팔로 그를 감싸 안고, 믿음으로 자신을 부인하고, 그의 말씀에 매달리며, 그의 약속을 신뢰하는 것"이라고 강조한다.9)

믿음의 본질은 순종이며, 자기부인(나는 죽고 내 안에 그리스도가 사는 삶)이며, 오직 하나님의 뜻을 순종하는 거룩한 행위다. 시편 기자는 "나의 하나님이여 내가 주의 뜻 행하기를 즐기오니 주의 법이 나의 심중에 있나이다(시40:8)"라고 말한다. 인간의 영이 예수님의 영과 연합할 때 그 믿음은 절정에 도달한다. 믿음을 통해서 신자는 예수님 안에, 예수님은 우리 안에 상호내주하게 되며(요17:21), 우리는 의인으로 칭함을 받는다(롬4:5).

영적존재인 인간은 믿음과 행동을 통해 '자신의 진정한 영적 정체성'을 드러낼 수 있다. 믿음을 가진 자는 예수님이 하는 일을 할 수 있으며 더 큰일도 할 수 있다(요14:12).10) 영산은 믿음을 4차원의 관점에서 이렇게 설명한다. "눈에 보이는 산과 바다는 3차원 세계에 속하고, 믿음은 시간, 공간, 물질을 다스리는 4차원 세계입니다."11)

---

5) 2천 년 전 12제자는 예수 그리스도를 육신의 눈으로 보고 믿었다. 지금 우리는 육신으로 오신 예수 그리스도를 보지 못한다. 그러나 성경은 "아들을 보고 믿는 자마다 영생을 얻는 이것이니(요6:40)"라고 말한다. 오늘날 시공간을 초월해서 신자들이 '그리스도를 본다'고 할 때, 그것은 영적 눈으로 본다는 것을 의미한다. 이러한 영적 시각은 '성령의 나타나심(고전 2:4)'이 있을 때 가능하다. 성령의 계시 없이 우리는 예수 그리스도를 영의 눈으로 결코 볼 수 없다.

6) NIV Study Bible(2008), 2037. 믿음이란 하나님을 믿는 것이며(출14:31, 요14:1), 예수 그리스도를 믿는 것이며(요2:11, 행16:31), 하나님의 아들의 이름을 믿는 것이다(요일3:23). 또한 하나님이 말씀하신 바를 믿는 것이다(창15:6). 곧 하나님의 계명(시119:66), 복음(막1:15, 고전15:1-2), 거룩한 말씀(딤후3:14-15), 하나님의 약속(롬4:20-21)을 믿는 것이다. 또한 하나님이 그 아들 예수에 관하여 말씀하신 바를 믿는 것이다. 예수는 그리스도시며(요20:31, 요일5:1), 하나님의 아들이시며 (요일5:5), 죽은 자 가운데서 살아나신 분이심을 믿는 것이다(롬10:9). 믿음 안에는 말씀과 성령으로 새로워진 이성, 정서 및 의지가 포함되어 있다.

7) 믿음은 믿는 순간부터 이 세상을 떠나는 순간까지 지속되고 성장하는 특성을 지니고 있다. 믿음은 무엇보다도 하나님과 지속적으로 친교하는 수단이다.

8) 존 맥아더(John F. MacArthur) 외, 『오직 믿음으로』(Justification By Faith Alone), 지평서원(2014), 94.

9) 존 맥아더(John F. MacArthur) 외, 『오직 믿음으로』(Justification By Faith Alone), 지평서원(2014), 94.

10) 바르트(Karl Barth)는 '믿음'이란 예수 그리스도 안에서 하나님과의 '사실적, 객관적, 존재론적 상태' 안에 있게 되는 것으로 묘사한다. 즉, 믿음이란 그리스도 안에서 하나님의 행동에 대한 인간의 유비적 행동이다. 다시 말해, 믿음이란 예수 그리스도 안에 계시된 '하나님의 객관적 역사'와 이 역사에 대한 '인간의 주관적 반응'이다. 참고. 손영진, 『영산신학저널』, "믿음에서 기적에로의 길에서 만난 칼 바르트와 영산 조용기", Vol.36(2016), 51-100.

11) 조용기, 『4차원의 영성』, 교회성장연구소(2004), 40-41.

가. 믿음은 하나님의 아들, 십자가에서 죽으시고 부활하신 예수 그리스도를 믿는 것이다.

영산은 "우리의 믿음의 뿌리는 예수님의 죽음에까지 뻗어 있어야 합니다. 그렇지 않으면 우리에게는 생명이 없습니다."라고 말한다.[12] 그의 신앙론 안에는 그리스도의 죽으심과 부활의 개념이 강력하게 반영되어 있다. 그는 믿음은 성령의 역사를 통해 "십자가에서 죽으시고 부활하신 예수 그리스도를 보고, 알고, 믿는 것입니다."라고 강조한다.

십자가를 통해 우리는 성령 안에서 그리스도와 연합된다(고전6:17, 갈2:20, 롬6:5). 믿음의 절정은 우리와 예수가 하나로 연합되는 것이다. 인격적 연합일 뿐만 아니라 또한 영적 연합이다: "아버지께서 내 안에, 내(예수 그리스도)가 아버지 안에 있는 것 같이(요17:21)." 예수님은 우리 안에 내재하신다. 예수와 하나됨은 지고의 기쁨과 영광의 삶인 것이다.

믿음은 근본적으로 삼위일체 하나님을 믿는 것이다. 믿음이란 나와 나 자신의 경험과 지식을 포기하고, 하나님과 그분의 말씀을 믿고 따라가는 것이다. 바울은 "이제 내가 육체 가운데 사는 것은 나를 사랑하사 나를 위하여 자기 자신을 버리신 하나님의 아들을 믿는 믿음 안에서 사는 것이라(갈2:20)"고 말한다. 믿음이 없이는 하나님을 기쁘시게 할 수 없다(히11:6).

나. 믿음은 성령 안에서 진리의 말씀을 믿는 것이다.

영산은 "믿음은 영적인 세계에서 우리의 눈이요, 귀요, 마음입니다. 우리는 믿음을 통해서 하나님과 교통하고 믿음의 손으로 하나님의 손을 붙잡고 나아가는 것입니다. 이 믿음은 말씀과 기도와 성령님의 은혜 속에서 자라나게 되는 것입니다."라고 말한다.[13] 믿음이란 성령님의 깨우침을 통해서 약속의 말씀을 믿는 것이다. 진리의 말씀을 믿으면, 마음이 거룩해진다(요17:17, 딤전4:5). 신자의 마음이 거룩해지면, 그는 하나님이 기뻐하시고 인정하시는 삶의 방식으로 살게 된다. 더 이상 '나 중심의 삶이 아니라 하나님 중심과 그분을 의지하는 삶'을 추구하게 된다. 따라서 신자는 말씀과 믿음으로 거룩함을 회복하여야 한다.

우리를 의롭게 하는 믿음은 무엇인가? 왓슨(Thomas Watson)은 다음 세 가지를 언급한다. 첫째, 자기를 부인하는 것, 둘째, 그리스도의 인격을 의지하는 것(요일3:23), 셋째, 그리스도를 우리 자신에게 적용시키는 것이다.[14]

인간은 믿음을 통해 하나님과 언약 관계를 맺는다.[15] 믿음이란 약속의 말씀을 믿고 의지하는 것이다. 누구든지 예수를 믿음으로써 하나님의 아들이 된다(갈3:26). 바울은 "너희가 그 은혜를 인하여 믿음으로 말미암아 구원을 얻었나니 이것이 너희에게서 난 것이 아니요 하나님의 선물이라

---

12) 조용기, "우리가 항상 짊어지는 예수님의 죽음", 주일설교(2009-06-07).

13) 조용기, "믿음은", 주일설교(2004-01-25).

14) 참조. 토마스 왓슨(Thomas Watson, 1620-1686), 『신학의 체계』(A Body of Divinity), 크리스챤다이제스트(2002), 381-382.

15) 앤서니 후쿠마((Anthony A. Hockema), 『구원론』(Saved by Grace), 부흥과개혁사(2013), 196-197. 신약에서 믿음은 여러 가지로 비유된다. a) 그리스도께로 오는 것: "다 내게로 올 것이요(요6:37)." b) 그리스도를 먹는 것: "이 떡을 먹으면 영생하리라(요6:51)." c) 그리스도를 마시는 것: "내가 주는 물을 마시는 자는(요4:14)." d) 그리스도 안에 거하는 것: "내가 그 안에 있으면(요15:5)."

(엡2:8)”고 말한다. 우리는 믿음으로 말미암아 그리스도 예수 안에서 하나님의 아들이 되었다(갈3:26). 믿음으로 말미암아 신자는 하나님과 언약 관계에 놓이게 된다.16)

다. 믿음의 절정은 그리스도 영과 연합되어, 영광의 광채를 드러내는 것이다.

영산은 “우리는 믿음을 통해서 내일을 창조할 수 있고, 희망을 만들어 낼 수 있고, 영광을 창조할 수 있습니다.”라고 말한다.17) 그는 성경말씀을 실존적-복음적으로 풀어낸다. 그리스도와 연합된 우리는 그리스도의 존재를 드러내어 영광의 삶을 살아야 한다(요16:14).

십자가의 믿음은 십자가의 죽음과 부활을 체험한다. 신자 안에 있는 믿음은 십자가의 믿음이다 (히10:19).18) 달리 말해, 믿음의 핵심은 십자가 위에서 죽으시고 부활하신 예수 그리스도시다. 십자가는 믿음을 탄생시키고, 그리스도와 연합시켜 진리와 은혜의 길을 걷게 만든다(요1:14). 믿음은 마귀의 지배로부터 벗어나, 그리스도의 신비로운 몸과 연합되어 성령의 인도함을 받는 삶을 사는 것이다.

예수와 연합을 통해 신자는 이성의 힘을 초월해, 없는 것을 있는 것처럼 약해도 강한 존재로, 미련해도 지혜로운 사람으로 살 수 있다. 예수와의 연합으로(갈2:20, 고전6:17), 신자는 새로운 본성, 새 마음, 새 생각, 새로운 능력을 갖게 되어 믿음의 삶을 살아간다(롬8:5-11).

그리스도와 연합은 점진적 성화를 이루게 한다. 장차 그리스도와 함께 영광을 누리는 순간에 성화는 영화로 변화된다. 예수 안에 있는 자는 믿음의 비밀을 가진 자로(엡3:9), 성령의 약속을 받는다 (갈3:14). 신자가 그리스도와 인격적으로 친밀한 사귐을 가질 때, 기도의 응답이 이루어지며 삶 속에서 창조적인 역사가 일어난다. “너희가 내 안에 거하고 내 말이 너희 안에 거하면 무엇이든지 원하는 대로 구하라 그리하면 이루리라(요15:7).” 믿음은 주님과 우리를 하나로 만들어 천상의 비경안으로 끌고 간다(요17:20-22). 믿음은 모든 신자들을 하나로 연결해서 그리스도 안에 있게 한다(요17:21).

라. 믿음은 이성을 초월하며, 하나님의 능력을 의지하는 고차원의 영적 행위다.

믿음은 이성을 포기하는 것이다. 영산은 “감각적인 지식이나 경험을 뛰어넘어 믿음의 깊은 세계에 들어가서 일해보라”고 조언한다.19) 그는 무엇보다 “감각과 이성을 뛰어넘는 믿음을 소유하라”고 강조한다. 삶의 공황이 몰려와도 믿음은 그 상황을 지배하고 다스리고 관할한다. 왜냐하면 우리 안의 믿음은 이미 십자가의 고난절과 부활절을 경험했기 때문이다. 십자가의 믿음은 ‘고난 안의

---

16) 코넬리우스 반틸(Cornelius Van Til, 1895-1987), 『변증학』(The Defense of the Faith), 287-288. 하나님은 인간을 이성적이며 도덕적인 피조물로 만드셨다. 따라서 인간은 하나님을 직면하고 있고, 하나님의 목소리를 듣고 있다. 인간은 언약의 상호작용 관계 속에 존재하고 있다.

17) 조용기, “믿음 속에 사는 삶”, 주일설교(2007-12-30).

18) 믿음은 존재론적(being) 요소, 인식론적(knowing) 요소, 행동론적(doing) 요소를 모두 포괄한다. 먼저 신자는 내 안에 믿음이 존재하고 있음을 믿어야 한다. 그 다음 믿음이 무슨 일을 하는지 알아야 한다. 마지막으로 내 안에 있는 믿음을 행동으로 나타내야 한다. 믿음은 약속의 말씀을 성령의 역사를 통해서 삶 속에 실천한다. 신자의 믿음은 정적(靜的)이 아니라 항상 동적(動的)이다. 신자가 믿음의 삶을 살 수 있는 근거는 예수 그리스도와 함께 죽고 부활해서, 예수의 영과 우리의 영이 연합되어 있기 때문이다(고전6:17, 롬6:5).

19) 조용기, “깊은 데로 가서 고기를 잡아라”, 주일설교(2011-05-15).

영광의 씨'를 내포하고 있다. 온전한 믿음의 소유자는 항상 십자가와 부활과 영광의 관점에서 모든 것을 바라본다. 믿음은 초자연적인 눈으로 사물을 바라본다.

예수님은 "무릇 사람이 할 수 없는 것을 하나님은 하실 수 있느니라(눅18:27)"고 말씀하신다.[20] 믿음은 삶의 상황을 지배하거나 변화시키는 신비의 힘을 낳는다. 한나는 사무엘을 낳아 절망을 희망으로 전환시켰다. 이처럼 믿음은 하나님의 역사를 일으키는 절대적 동인이다.

영산은 "믿음을 사용하면 평범한 일상 속에서도 날마다 하나님의 은혜를 체험할 수 있습니다."라고 역설한다.[21] 그는 항상 믿음을 현실에 적용하고 활성화시키는 관점에서 바라본다. 믿음의 뿌리를 일차적으로 예수 그리스도에게 두고, 현재 내가 품고 있는 믿음을 활성화시키는 데 관심을 둔다. 믿음은 이제까지의 인본주의적인 삶의 구조를 전지전능하신 하나님의 삶의 구조 안에 위치하게 한다. 영산은 "믿음이란 없는 것을 있는 것처럼 말하고 행동하게 하는 것"이라고 말한다.[22] 믿음은 '나와 나의 힘이 아니라, 전지전능하신 하나님과 그의 능력'을 의지하는 거룩한 행위다.[23]

마. 믿음은 '말씀'과 '순종'을 역동적으로 연결시킨다.

영산은 "우리는 하나님의 말씀을 먹고 체험해야 합니다. 그림의 떡처럼 입맛만 느끼고 빈속으로 돌아서는 신앙인이 되어서는 안 됩니다."라고 역설한다.[24] 순종이란 절대주권을 가지신 하나님의 뜻과 진리의 말씀을 따라가는(갈1:4) 거룩한 행위다. 예수님은 순종(빌2:8)과 의(롬5:18)와 믿음(롬3:22, 갈2:16)으로 죽으시고 부활하셨다. 믿음은 성령 안에서 말씀을 현재의 시제로 경험하게 하는 신비의 힘을 품고 있다. 다시 말해, 구약과 신약의 말씀이 신자의 삶 속에 그대로 적용되게 하는 모체가 바로 믿음이다. 믿음은 불신앙을 잠재우고, 삶의 모든 정황을 통제하는 신비의 힘을 준다. 말씀은 믿음을 강화시키고(intensifying), 믿음은 말씀을 활성화(activation)시킨다. 또한 순종의 믿음은 그리스도의 영광을 탄생시킨다. 순종할 때 신자는 하나님과 인격적인 관계가 온전히 형성되기 때문이다. 궁극적으로 성령님은 성도의 믿음을 통해 그리스도의 영광을 온전히 드러내신다. "그가 내 영광을 나타내리니 내 것을 가지고 너희에게 알리겠음이라(요16:14)."

영산은 "하나님의 말씀은 3차원의 세계를 다스리고 변화시키는 능력"이라고 말한다.[25] 그는 "하나님의 말씀은 믿음이라는 옷을 입을 때 기적을 일으킵니다."라고 역설한다. 우리가 품은 믿음은 '말씀-들음-순종'의 삼중구조를 지향한다(창15:5-6, 아브라함의 순종). 믿음은 들음에서 나며, 들음은 그리스도의 말씀으로 말미암기 때문이다(롬10:17). 믿음은 하나님의 뜻과 계획을 이루게 하는 힘이 있다(딤전1:4). 믿음은 행함과 함께 일하며, 행함으로 믿음이 온전하게 된다(약2:24). 헨리 블랙커비(Heny Blackaby)는 "하나님의 일을 행하지 않으면서 하나님을 경험할 수 없다"고 강조한다.

---

20) 인간의 삶의 본질은 삼위 하나님의 삶의 구조 안으로 들어가 삼위 하나님의 친교에 참여하는 것이다(요일1:3).

21) 조용기, "실천적 믿음", 주일설교(2015-06-07).

22) 조용기, "야훼를 찾는 자는 모든 것에 부족함이 없다", 주일설교(2007-01-21).

23) '믿는다(believe)'의 단어는 '다 맡긴다(commit)'라는 의미이다. 받기 위하여 다 맡기는 것이다. 오스월드 챔버스, 『그가 나를 영화롭게 하리라』, 토기장이(2012), 50.

24) 조용기, "야훼를 찾는 자는 모든 것에 부족함이 없다", 주일설교(2007-01-21).

25) 조용기, "하나님의 말씀", 주일설교(2015-03-01).

바. 믿음이란 현재는 없지만 장차 나타날 실상을 바라보는 능력이다.

영산은 "예수님을 구주로 영접한 사람은 성령님이 역사하시는 거룩한 영적 4차원에 속합니다." 라고 말한다.[26] 또한 그는 "마음은 4차원의 영적세계에 속하며 3차원인 몸과 환경을 다스립니다." 라고 강조한다. 우리의 믿음은 마음하늘에서 삶의 영적 방향을 주도하고 하나님의 뜻을 이뤄간다. 그는 "간절한 소원과 꿈을 품고 기도하며, 믿음을 갖고 입술의 고백을 하면, 그 믿음을 통해서 하나님의 놀라운 역사가 나타나게 됩니다."라고 말한다.[27] 꿈꾼 것을 바라보고 선언하는 것은 믿음 생활에서 매우 중요하다. 바라본다는 것은 앞으로 일어날 창조적인 사건을 내다보는 능력이다. 바라봄은 무(無)와 유(有)를 연결시키는 힘이다.

우리의 이성은 강 이쪽에 보이는 것을 바라보지만, 믿음은 강 저쪽에 보이지 않는 실체를 있는 것처럼 바라본다. 하나님의 자비와 은혜는 강 건너 '보이지 않는 것을 보이는 것처럼 바라보게 하는 본질적 힘'을 준다. 믿음의 근원적 뿌리는 하나님의 복되심과 선하심에 있다.

우리의 믿음 – 십자가 위에서 죽으시고 부활하신 하나님의 아들을 믿는 믿음 – 은 강 건너 실상을 바라보게 하고, 믿게 하고, 궁극적으로 삶 속에 실체를 가져온다. 이처럼 믿음이 하는 일은 하나님의 복되심과 선하심을 우리의 현실로 가져오는 신비의 일꾼과 같다. 하나님은 자신의 자비와 은혜를 단지 이론으로만 설명하시는 하나님이 아니라, 그 아들 예수 그리스도를 성육신시켜 십자가 위에서 죽게 하시고, 부활케 하셔서, 죄인들에게 실제적으로 자비와 은혜를 베푸신 분이시다.

이성의 성(城)에 믿음의 왕자가 입성(入城)하면, 그날부터 이성의 병사는 입성한 왕자의 심부름꾼이 된다. 우리 안에 믿음이 탄생하면 인간의 이성은 어떤 사실이나 사건이 논리적으로 맞지 않아도, 즉 이성적 차원에서 도무지 이해할 수 없어도, 믿음이 하는 일을 수용하고 신뢰한다.

다른 한편으로 우리 안의 믿음은 계곡을 따라 흘러가는 종이배처럼 언제 전복될지 모른다. 우리의 믿음은 종종 의심하고(마14:31), 흔들리고(히10:23), 두려워하고(막5:36), 망설인다(롬4:20).[28] 마귀는 우리의 믿음을 헛되게 하고, 믿음의 실상을 보지 못하도록 가로막는다. 따라서 성령 안에서 기도를 통해 끝까지 믿음이 실상을 바라보도록 해야 한다.

사. 믿음은 말씀과 인내로 성장하며 장래의 은혜를 현재화시킨다.

영산은 "4차원 세계의 마음을 변화시키는 4가지 요소는 생각, 꿈, 믿음, 말"이라고 말한다.[29] 그는 "우리의 믿음은 반드시 말씀에 토대를 두어야 합니다. 말씀에 의지하여 믿고 기도할 때 하나님의 기적이 나타납니다. 믿음의 기도는 철로와 같습니다. 우리가 믿음의 기도로 철로를 깔아놓으면 하나님의 기적의 기차가 그 위로 달려옵니다."라고 말한다.[30] 즉 말씀, 믿음, 기도, 순종은 기적을 잉태시키고, 창출하는 일등공신들이다.

---

26) 조용기, "마음하늘", 주일설교(2007-01-21).
27) 조용기, "믿음 속에 사는 삶", 주일설교(2007-12-30).
28) 월터 마샬(Walter Marshall, 1628-1680), 『성화의 신비』(The Gospel Mystery of Sanctification), 복있는사람(2013), 218.
29) 조용기, "마음하늘", 주일설교(2007-01-21).
30) 조용기, 『히브리서 강해』, 서울말씀사(2010), 300.

우리는 하나님 말씀의 약속 안에서 장래의 은혜를 굳게 부여잡는다. 말씀의 약속을 굳게 붙잡고 믿을 때, 하늘의 은혜가 우리에게 베풀어진다. 그 믿음도 하나님이 선물로 주신 것이다. 결국 하나님은 스스로 은혜를 준비하시고 전달해주신다. 모든 은혜의 시작과 끝은 절대주권을 지니신 하나님의 손 위에 놓여 있다. 과거의 은혜는 장래의 은혜를 믿기 위한 기초가 된다. 동시에 장차 하나님의 은혜가 충만하게 임한다는 것을 보증해준다.31) 하나님은 우리의 믿음을 통해 장래의 은혜를 바라보게 하신다. 하나님은 우리가 과거에 베푸신 은혜를 기억하기를 원하신다. 하나님은 "너희는 옛적 일을 기억하라(사46:9)"고 말씀하신다.

장래의 모든 약속은 예수 그리스도 안에서 '모범사례'가 된다. 또한 장래의 모든 은혜는 그리스도 안에서 우리의 소유가 된다(갈3:29).32) '하나님의 약속은 얼마든지 그리스도 안에서 예(고후1:20)'가 된다. 우리는 언제나 그리스도의 것이다(고전6:17). 우리는 그리스도의 것이므로 아브라함의 자손이요 약속대로 유업을 이을 자들이다(갈3:29).

말씀은 믿음을 낳는다. 그 믿음은 장래의 은혜를 삶 속에서 미리 맛보게 한다.33) 또한 말씀은 믿음을 강화시키고, 믿음은 말씀을 강화시킨다. 말씀과 믿음은 상호보완적이다. 또한 믿음은 오래 참도록 이끌어준다. 믿음과 인내도 상호보완적 관계에 있다(히6:12). "너희 믿음의 시련이 인내를 만들어내는 줄 너희가 앎이라 인내를 온전히 이루라 이는 너희로 온전하고 구비하여 조금도 부족함이 없게 하려 함이라(약1:3-4)." 아무리 믿음이 있어도 인내가 받쳐주지 못하면, 믿음이 일을 하지 못한다. 인내는 믿음과 희망을 이어주는 다리 역할을 한다.

믿음이란 하나님의 약속을 믿는 것, 곧 하나님이 예비해놓으신 장래의 은혜를 믿는 것이다. 또한 우리의 삶의 자리에 은혜가 충만할 것을 믿는 것이다. 예수 그리스도 안에서 우리의 믿음은 장래의 은혜를 미리 맛보게 하는 신비로운 능력이 있다.

아. 믿음은 작아도 그 안에 능력의 씨를 품고 있다.

영산은 "믿음이 크다 해도 그것을 활용하지 않는다면 '죽은 믿음'이 되고 맙니다. 그러나 아무리 보잘 것 없는 믿음이라도 활용하면 '산 믿음', '기적을 행하는 믿음'이 됩니다. 그러면 우리의 믿음을 어떻게 활용할 수 있을까요? 먼저 하나님을 뜻을 알아야 합니다. 그리고 그 뜻에 순종하여야 합니다."라고 말한다.34) 영산의 믿음론의 특징은 현재 가지고 있는 믿음을 활용하는 데 일차적 초점을 둔다. 예수 그리스도에게 믿음에 뿌리를 내린 사람은 그 믿음이 작을지라도 언젠가는 기적이 일어나는 데 쓰임 받을 수 있다. 믿음의 차원에서는 정량적(quantitative) 개념과 정성적(qualitative) 개념 모두 중요하다. 토마스 왓슨(Thomas Waston)은 "믿음은 이 땅에서 모든 것을 이기는 은혜이다.

---

31) 존 파이퍼(John Piper), 『장래의 은혜』(Future Grace), 좋은씨앗(2013), 170.

32) 존 파이퍼(John Piper), 『장래의 은혜』(Future Grace), 좋은씨앗(2013), 170-176. 파이퍼는 또한 "과거의 은혜는 장래의 은혜를 위한 계약금"이라고 강조한다(p170).

33) 파이퍼(Piper)는 '장래의 은혜(future grace)'를 '하나님의 영광을 크게 소망한다.'는 의미로 사용한다. 그는 '그 은혜를 만족하는 것'을 '믿음(faith)'으로 이해한다. 존 파이퍼(John Piper), 『장래의 은혜』(Future Grace), 좋은씨앗(2013), 27.

34) 조용기, 『누가복음 II』, 서울말씀사(2011), 184.

믿음은 마차를 달리게 하는 주축 바퀴와 같다. 그것은 다른 모든 것을 굴러가게 만든다. 다른 은혜들은 우리로 하여금 그리스도를 닮아가게 만들지만, 믿음은 우리로 하여금 그리스도의 능력으로 살게 하는 원동력을 준다."[35] 고 말한다.

성령님은 성도들의 믿음을 통해서 예수 그리스도의 영광을 드러내신다(요16:14, 요17:1, 5). 성령님은 '오직 들은 것을 말하며(요16:13)', '그리스도의 것을 가지고(요16:14)' 그리스도의 영광을 드러내신다. 믿음은 혼자 일하지 않고 항상 성령님과 더불어 일한다. 예수님은 이것을 염두에 두시고 "그가 내 영광을 나타내리니 내 것을 가지고 너희에게 알리겠음이라(요16:14)"고 말씀하셨다. 작은 믿음이라도 역사를 일으키는 것은 성령과 믿음이 상호연합하여 함께 일하면서 그리스도의 영광을 드러내기 때문이다.

영산은 "생각과 꿈과 믿음을 새롭게 하는 것은 입술의 고백입니다."라고 강조한다.[36] 입술의 선포는 능력을 낳는다. 뇌관을 건드리면 폭발물이 터지는 것처럼 비록 작은 믿음일지라도 기도의 망치로 말씀의 뇌관을 두드리면 그 말씀은 언제든지 폭발할 수 있다. 하나님의 말씀은 무한한 잠재력을 가지고 있다.

나아가, 믿음이란 나의 믿음 주파수를 예수님의 믿음 주파수에 맞추는 거룩한 행동이다. 나의 주파수가 예수님의 송신기에 접촉이 되면, 삶의 구조양식이 하늘양식으로 전환된다. 믿음의 삶이란 '내가 아니라, 예수님의 믿음으로 사는 삶, 곧 하늘나라 삶의 구조로 사는 것'이다. 믿음은 작아도 위대한 능력을 탄생시킨다. 믿음이 겨자씨 한 알만큼만 되어도 이 산을 명하여 여기서 저기로 옮겨지라 하면 옮겨진다(마12:20).[37]

자. 믿음의 궁극은 하나님의 영광을 드러낸다.

영산은 "고난의 길은 예수님을 믿고 의지하며 기도하고 낙심하지 아니하면 영광으로 나아가는 길이 됩니다."라고 말한다.[38] 태양으로부터 빛과 열이 함께 와도 시력이 없으면 그 빛을 볼 수 없는 것처럼 믿음의 눈이 있는 자만이 영광의 빛을 볼 수 있다. 고난의 아픔 뒤에 다가오는 영광의 기쁨을 잊지 말자. 영광은 삶 속 곳곳에 숨어 있다.[39] 믿음은 내 영혼을 강 저쪽 그리스도의 실존 영역으로 데리고 가서, 그리스도 중심의 삶을 살게 하고, 거기서 하나님의 영광을 드러내게 한다(요16:14).

십자가의 믿음은 그리스도인의 삶의 중심이자 신앙생활의 기초다.[40] 믿음은 하나님의 사역을 완성시켜가는 데 청지기 역할을 수행한다. 모세는 "원하건대 주의 영광을 내게 보이소서(출33:18)"라

---

35) 존 맥아더(John F. MacArthur), 『오직 믿음으로』(Justification By Faith Alone), 지평서원(2014), 100.

36) 조용기, "새로운 피조물", 주일설교(2015-01-18).

37) "오늘 있다가 내일 아궁이에 던져지는 들풀도 하나님이 이렇게 입히시거든 하물며 너희 일까보냐 믿음이 작은(小) 자들아(마6:30)." "예수께서 아시고 이르시되 믿음이 작은 자들아 어찌 떡이 없으므로 서로 논의하느냐(마16:8)."

38) 조용기, "고난의 길은 영광으로 통한다", 주일설교(2005-06-19).

39) "인간의 힘으로 해결할 수 없는 고통인 것입니다. 그러나 하나님에게는 놀라운 기회가 다가온 것입니다. 고난이 없으면 영광도 없습니다." 조용기, "고난의 길은 영광으로 통한다", 주일설교(2006-05-07).

40) "믿음은 그리스도의 보혈에서 힘을 얻고, 그리스도의 은혜로 유지되며, 그리스도의 중보로 보호받고, 그리스도의 왕관으로 영광을 얻는다." 옥타비우스 윈슬로우(O. Winslow, 1808-1878), 『십자가 아래서』(At the Foot of the Cross), 지평서원 (2014), 103. 자세한 것은 다음 책 3장(p77-107)의 "십자가 아래서의 믿음"을 참조하라.

고 기도하였다. 지고의 행복, 아름다움, 평안과 축복은 주의 영광을 보는 데 있다. 하나님이 우리에게 믿음을 주신 이유 중 하나는 그리스도의 영광을 보기 위해서다.[41] 영광을 본 자는 그 영광을 하나님께 돌려드린다. 영광의 법칙은 순환성에 있다. 존 오웬(John Owen)도 믿음의 본질은 하나님을 영화롭게 하는 것이라고 강조한다.[42] 바울도 "믿음으로 견고하여져서 하나님께 영광(롬4:20)" 돌리는 것을 역설한다.

신자는 믿음으로 그리스도의 영광을 볼 수 있다. 축복이란 주의 영광을 미리 당겨와 현재 삶 속에서 보는 것이다. 신자는 예수와 연합해 한 영이 되었으므로(고전6:17, 롬6:5), 그리스도의 인격 안에 연합된 자다. 따라서 예수님의 인격 전체를 본받는 삶을 살아야 한다. 그러한 삶이 온전한 영적 삶이다. 지금은 믿음으로 그리스도의 영광을 보지만, 천국에서는 그리스도의 영광을 눈으로 직접 보게 될 것이다. 성도의 궁극적 희망은 장차 영원한 안식과 복락을 누리며 삼위일체 하나님의 영광을 직접 보는 것이다.

차. 믿음은 그리스도인의 삶의 기초다.

영산은 "그리스도인의 삶의 자원은 믿음"이라고 강조한다.[43] 십자가는 '새로운 삶의 기초'를 제공해준다. 믿음은 '새로운 영적 삶의 구조'를 빚어간다. 우리가 품고 있는 믿음은 십자가 위에서 죽음과 부활을 체험한 믿음이다. 우리 안의 믿음은 십자가와 예수를 바라본다. 예수를 바라보면 믿음이 생기고, 능력이 탄생하고, 기적이 나타난다. 영산은 "우리가 꿈과 목표를 갖고 그것을 생각하며 바라볼 때 믿음이 생깁니다. 목표를 두고 꿈을 꾸고 그것을 늘 바라보고 생각하면 믿음이 생깁니다."라고 말한다.[44] 꿈은 믿음을 초청하고, 입으로 선언하게 한다. 영산에게 믿음의 양식은 신앙인이 말씀을 믿고 고백하는 삶의 태도를 취하는 것이다.

십자가는 믿음을 탄생시키고, 잉태된 그 믿음은 십자가의 능력을 신뢰하고 바라본다. 믿음은 십자가 위의 죽음을 체험하게 하며 새로운 생명을 얻게 만든다. 그 믿음이 우리의 신앙의 기초를 이룬다. 우리의 믿음은 '항상 예수의 죽음을 몸에 짊어지고(고후4:10)' 바라보는 것이다. 그렇게 바라보면 예수의 생명이 우리의 삶 가운데 드러나게 된다. 예수를 바라보면, 미움이 사랑의 마음으로 바뀌며, 용서 못할 사람을 용서하게 된다. 십자가를 본받는 삶은 지속적이며 연속적인 것이다. 옛 사람이 죽을 때, 내 인격이 아니라 예수의 인격으로 살게 된다. 성령의 능력으로 예수의 생명이

---

41) 존 오웬(John Owen)은 성경에서 그리스도의 영광을 드러내는 방식을 3가지로 요약한다. 첫째, 그리스도의 영광스러운 인격과 성육신은 직설적으로 묘사한다((사9:6, 요1:1-3, 빌2:6-8, 계1:17-18). 둘째, 그리스도에 대한 예언과 약속과 분명한 가르침을 통해서 그 영광을 묵상하게 한다. 셋째, 구약시대에 주어진 여러 가지 거룩한 예배제도를 통해서 그 영광을 나타낸다. 참조. 존 오웬, 『그리스도의 영광』(The Glory of Christ)), 지평서원(2013), 109-112.

42) John Owen, *The Glory of Christ*, Versa Press(2012), 13. 하나님의 본성인 영광은 오직 예수 그리스도에 의해서만 드러난다. 즉 신자는 오직 예수 그리스도를 통하여 하나님께 영광 돌릴 수 있다. 믿음의 궁극은 하나님께 영광을 돌리고, 그의 영광을 드러내는 것이다.

43) 조용기, "나의 삶을 바꾸자면", 주일설교(2014-05-25).

44) 조용기, "믿음이란?", 주일설교(2012-09-09).

내 삶 속에 임하게 된다. 십자가의 믿음은 그리스도의 죽음에 참여하는 믿음이며, 그 믿음이 생명을 낳는다.

골고다 언덕에 뿌려진 십자가의 씨는 믿음을 통해 그리스도인의 마음에 심어진다. 다시 말해 십자가 위에서 죽고 부활하신 예수 그리스도의 영과 우리의 영이 연합되어 하나가 된다. 십자가는 믿음을 탄생시키는 근원이다(히12:2). 그 결과 신자 안에 은혜가 임하고, 심령의 변화가 일어나고, 더 이상 자연인이 아니라 신앙인으로 살게 된다. 그리스도 안에서 은혜와 믿음이 우리에게 주어진다. 모든 성도는 믿음으로 의롭다함을 받는다.[45]

믿음은 우리에게 '새 영(겔11:19)'을 주어 부드러운 마음을 창조한다. 믿음은 굳은 마음 대신 부드러운 마음을 주어(겔36:26), 감람나무나 백향목처럼 영적으로 성장하게 한다. 오직 믿음으로 우리는 의인이 되고, 의인의 삶을 살 수 있다. 아브라함이 '장래의 은혜에 대한 믿음의 모델'이 된 이유는 '하나님으로부터 의롭다고 인정받은 믿음'과 '미래 지향적으로 성화된 믿음'을 소유하였기 때문이다.[46]

카. 믿음의 해석학은 믿고 시인하고 고백하는 거룩한 영적 행위다.

영산은 "하나님의 말씀을 믿으면 그것을 입으로 시인해야 합니다. 믿고 시인하고 나서 의심하지 말아야 합니다. 믿음은 바라는 것들의 실상입니다."라고 말한다.[47] 시인한다는 것은 인격적으로 하나님의 말씀을 수용한다는 말이다. 말은 그 사람의 인격을 드러낸다.

십자가의 믿음은 고난 안에서 고난을 바라보는 것이 아니라 부활의 관점에서 현재의 고난을 바라본다. 그 믿음은 현재 이뤄지지 않았지만, 이미 이뤄진 관점에서 현재를 바라본다. 즉, 믿음은 '이미 이뤄진 것'을 바라본다. 신자는 '죽은 자를 살리시며 없는 것을 있는 것(롬4:17)'처럼 사는 자들이다. 아브라함의 믿음은 미래 지향적이고 하나님의 약속이 반드시 이루어질 것이라고 확신한다. 믿음은 '장차 될 것이다.' '그렇게 될 것이다.' 혹은 '이뤄질 것이다'가 아니라, 이미 '이뤄진 것'을 믿는 것이다. 신자의 믿음이란 '기도하고 구하는 것은 받은 줄(막11:24)'로 확신하는 것이다.

믿음은 땅과 하늘의 중심부를 연결해준다. 신자들은 천국열쇠를 소유하고 있으므로 "네가 땅에서 무엇이든지 매면 하늘에서도 매일 것이요 네가 땅에서 무엇이든지 풀면 하늘에서도 풀리리라(마16:19)"는 말씀을 믿는 자들이다.

---

45) 존 맥아더(John F. MacArthur) 외, 『오직 믿음으로』(Justification By Faith Alone), 지평서원(2014), 97 재인용. '밖에 계신 그리스도'가 칭의의 근거이며, '안에 계신 그리스도'가 칭의의 결과이자 신자가 그리스도와 강력하게 연합해 있는 증거이다(John R. Beeke). 만약 신부가 신랑보다 신랑의 초상화를 더 좋아하면 어떻게 될까? 믿음의 눈은 신자 안에 그리스도의 형상을 집적 그려넣으신 그리스도를 향해야 한다. 믿음은 그리스도를 가장 높인다.

46) 존 파이퍼(John Piper), 『장래의 은혜』(Future Grace), 좋은씨앗(2013), 300-301. 장래에 은혜에 대한 믿음으로 우리는 의롭게 된다. 믿음은 십자가와 부활에서 이루어진 과거의 은혜의 위대한 성취에 바탕을 둔다. 즉, 과거의 은혜는 장래의 은혜를 믿기 위한 기초가 된다. 그러나 온전한 믿음은 과거에 성취된 은혜에 기초해서 다함이 없는 장래의 은혜를 바라본다(p302).

47) 참조. 조용기, 『마가복음 강해』, 서울말씀사(2011), 271.

타. 믿음의 궁극은 사랑이다.

하나님은 우리를 사랑하시기 때문에 그의 아들 예수를 십자가에 못 박히게 하셨다. 우리는 예수를 자신의 구주로 믿음으로써 마침내 구원받게 되었다. 영산은 "믿음은 사랑으로 인해 일어나고 미움은 불신앙의 뿌리가 됩니다."라고 말한다.[48] 그는 "예수님은 죄를 지은 우리의 구원을 위하여 십자가에서 몸 찢고 피를 흘려 죽기까지 순종하심으로써 하나님의 사랑을 나타내셨습니다."라고 말한다.[49] 하나님은 모든 사람이 믿음으로 예수님의 사랑을 받아들이시기를 원하신다. 믿음은 언제나 궁극의 사랑을 세운다.[50]

믿음, 소망, 사랑은 서로 밀접하게 연결되어 있으며, 궁극적으로 사랑을 향한다. 천국에서는 모든 것이 성취되어 믿음과 소망은 더 이상 필요 없지만, 사랑은 영원히 존재한다. 하나님은 세상을 사랑하셔서 독생자를 주셨다. 하나님은 죄인들에게 믿음을 선물로 주어 그들을 의인이 되게 하고, 그 사랑을 향유하도록 하셨다. "하나님이 세상을 이처럼 사랑하사 독생자를 주셨으니 이는 그를 믿는 자마다 멸망하지 않고 영생을 얻게 하려 하심이라(요3:16)." 웨슬리(J. Wesley)는 "믿음은 우리 마음에 사랑의 법을 새롭게 세운다"고 말했다.[51] 믿음과 사랑의 관계는 상호보완적이다. 바울도 사랑과 믿음의 관계를 말할 때 "사랑으로써 역사하는 믿음뿐(갈5:6)"이라고 강조한다. 사랑과 믿음은 짝이다. 영산은 "사랑과 믿음의 관계는 마치 우리 몸의 손등과 손바닥과 같습니다. 사랑을 하면 믿게 되고, 믿으면 사랑하게 됩니다."라고 강조한다.[52]

2. 믿음의 존재적 의미와 실천적 중요성

영산은 "예수님을 믿기 전에는 3차원의 사람이지만 예수를 믿으면 4차원의 사람이 됩니다."라고 말한다.[53] 4차원의 사람은 말씀으로 사는 고차원의 사람으로서 하늘의 삶을 살게 된다. 즉 4차원의 믿음을 품은 자는 성령의 능력 안에서 3차원의 물질세계를 다스릴 수 있다. 높은 차원이 낮은 차원을 다스리기 때문이다. 믿음은 하늘의 신비를 땅에 풀어놓는다.

믿음은 죄인을 의인의 신분으로 승화시키는 역할을 한다. 믿음은 우리보다 앞서서 십자가 위에서 죽음을 체험하고, 부활을 체험하고, 승천을 체험하고, 오순절을 체험한다. 그 믿음이 강 건너 저편에서 우리를 건너오라고 부른다. 그리스도인들은 그 믿음에 응답한 자들이다. 이 믿음의 신비는 '하나님의 아들을 믿는 믿음 안에(갈2:20)' 감춰져 있다.

---

48) 조용기, "믿고 의심하지 아니하면 그대로 되리라", 주일설교(2011-01-16).
49) 조용기, "항상 긍정적으로", 주일설교(2011-02-20).
50) "사랑은 밖을 향하고 포용적이고 포괄적이다. 사랑이란 관계와 참여의 운동이요 최고의 경지에서는 연합의 운동이다." 케네스 콜린스(Kenneth J. Collins), 『존 웨슬리의 신학』, kmc(2012), 21.
51) 위의 책, 19.
52) 조용기, "죽으면 죽으리이다", 주일설교(2013-11-17).
53) 조용기, "예수님과 니고데모", 주일설교(2015-05-03).

비록 내가 십자가 위에서 죽지 않았지만, 내 안의 믿음은 십자가 위에서 '내가 그리스도와 함께 못 박힌 것(갈2:20)'으로 간주된다. 내 안에 실존하는 믿음은 내가 실제로 죽은 적과 부활한 적이 없지만, '십자가 위에서 죽고 3일 만에 부활한 것'으로 인정받게 해준다. 누가 이 신비를 알 수 있는가? 이성으로는 알 수 없다. 십자가와 믿음의 신비로운 진리는 이성의 한계를 초월한다. 믿음은 성령의 깨우침을 통해 하나님의 말씀에 기초해서 하나님이 행하신 일들을 깨닫고 믿는 것이다. 믿음의 성(城)은 자연인의 이성에 기초한 지혜와 지식으로 들어갈 수 없다. '믿음'이 없으면 하늘나라에서 일어나는 일은 그 무엇도 알 수 없다. 오직 믿음만 2천년 전의 십자가의 심오한 의미를 깨닫고 그 효력을 현재화할 수 있다. 믿음은 하나님의 목적을 이루는 수단이지만, 믿음은 중요하고 보배로우며, 동시에 신앙생활에 절대적 기초가 된다.[54]

우리는 무엇을 믿는가? 영산의 믿음론은 하나님의 말씀을 믿고 고백하고 기대하는 거룩한 행위를 기초로 한다. "믿음이란 무엇입니까? 예수 그리스도 안에 나타난 하나님을 믿는 것이 믿음입니다. 믿음이란 하나님의 말씀을 담대히 입술로 고백하는 것입니다. 믿음이란 받은 줄로 믿고 없는 것을 있는 것같이 강렬히 꿈꾸고 입으로 시인하는 것입니다. 믿음이란 예수님 안에 나타난 하나님의 은혜를 믿는 것이요, 믿음이란 입술의 고백입니다. 믿음이란 기도하고 받은 줄로 믿고 없는 것을 있는 것같이 강렬히 마음속에 꿈꾸고 생각하고 말하고 기대하는 것입니다(4차원영성). 그러면 성경은 말씀합니다. 네 믿음대로 될지어다!"[55] 영산이 강조하는 믿음의 본질적 의미는 4차원영성 개념에서 보다 구체적으로 드러나고 있다. 그는 믿음을 영성과 상호연결시켜 삶의 자리에 적용할 것을 강조한다.

우리의 실질적 믿음의 대상은 오직 예수 그리스도이시다. 우리는 은혜로 믿음을 얻는다. 바울은 "내가 전에는 훼방자요 핍박자요 포행자였으나 도리어 긍휼을 입은 것은 내가 믿지 아니할 때에 얻지 못하고 행하였음이라 우리 주의 은혜가 그리스도 예수 안에 있는 믿음과 사랑과 함께 넘치도록 풍성(딤전1:13-14)"하였다고 고백한다. 하나님의 자비, 사랑, 은혜는 예수 그리스도를 통해 우리 안으로 들어온다.

믿음이란 예수 그리스도의 인격을 믿고 신뢰하고 의지하는 거룩한 행위다(요6:37). 믿음은 목적을 이루는 수단이지만, 신자를 영광의 예수 그리스도 앞으로 데려가기 때문에 보배로운 것이다. 믿음은 영광의 주를 만나러가는 영광의 문과 같다. 믿음이란 예수를 붙드는 것이다. 예수님은 "내게 오는 자는 내가 결코 내쫓지 아니하리라(요6:37)"고 말씀하신다. 우리가 믿을 대상은 오직 자비와 은혜의 하나님과 예수 그리스도시다.[56]

믿음은 삶의 모든 것을 다시 조율하도록 만든다. 믿음은 이전의 모든 것들과 작별하게 하며, 삶의 중심이 땅에서 벗어나 하늘을 향하도록 한다. 믿음이 성장할수록 신자는 먼지와 티끌처럼 작아

---

54) 하나님의 삶의 양식의 기초는 믿음이다. 믿음은 그리스도인의 마음을 '말씀의 궁전'으로 데려가서 말씀의 진리를 바라보게 하고, 동시에 말씀의 생기가 삶 속에 기능하도록 도와주는 은혜의 수단이다.

55) 조용기, "믿음이란 무엇인가?", 주일설교(1999-10-24).

56) 참고. 토마스 굿윈(Thomas Goodwin, 1600-1679), 『믿음의 본질 I』, 부흥과개혁사(2013).

지고, 오직 삼위 하나님만 높이게 된다. 믿음은 하나님의 사랑과 말씀에 반응하는 것이다. 신자는 하나님으로부터 받은 사랑을 이웃에게로 흘려보내야 한다. 이것이 기독교의 본질이다. 믿음은 사랑에서 시작하여 사랑으로 마무리된다.

믿음은 믿으면서 배우고, 기도는 기도하면서 배우고, 행동은 행동하면서 배운다.[57] 칼빈(John Calvin)은 그의 책 『기독교강요』에서 믿음의 속성을 서술하면서 "믿음의 대상은 그리스도시며, 그 믿음은 하나님에 관한 지식과 하나님의 뜻을 포함하며, 믿음의 근거는 말씀에 있다."고 강조한다.[58] 영산은 "믿음은 영적인 세계에서 우리의 눈이요 귀요 마음입니다. 우리는 믿음을 통해서 하나님과 교통하고 믿음의 손으로 하나님의 손을 붙잡고 나아가는 것입니다."라고 강조한다.[59]

믿음의 주요무대는 마음공간이다. 그 믿음은 하나님의 말씀을 기초로 한다. 믿음은 현실을 변화시킨다. 믿음은 현재는 없으나 장차 있는 것을 바라본다. 믿음은 없는 것을 있는 것으로 만든다. 말씀과 믿음은 창조의 근원점이자 시작점이다. 믿음은 하나님 안에 감추어진 모든 것을 세상에 나타내는 훌륭한 일꾼이다.[60] 나아가 믿음은 하나님이 과거에 하신 일, 지금 하시는 일, 장차 하실 일에 동참한다. 하나님은 우리의 믿음을 통해 그의 일들을 이루어가신다.

믿음은 실로 위대한 일을 한다. 오늘도 하나님은 예수 그리스도 안에서 우리의 믿음을 통해 성경 말씀을 살아 움직이는 자신의 말씀으로 만드신다. 그 결과 없는 것이 있게 되며, 작은 것이 크게 되며, 절망이 희망으로 바뀐다.

하나님을 안다는 것은 말씀을 통해 하나님을 '인격적-경험적'으로 알아가는 것이다. 영산은 "하나님이 말씀하면, 말씀이 시간과 공간을 초월해서 달려가서 그 일을 성취합니다. "그의 명령을 땅에 보내시니 그의 말씀이 속히 달리는도다(시147:15)." 하나님의 말씀에는 놀라운 능력이 있습니다. 하나님의 말씀은 우리의 환경을 다스리고, 우리로 꿈꾸게 하고, 믿음의 기적을 나타내게 하고, 마귀의 일을 멸하는 권세가 그 속에 있는 것입니다."[61] 피조물인 우리는 말씀과 믿음으로 인격적 관계 안에서 하나님을 알아갈 수 있다.

하나님은 영이시다. 인간은 성령 안에서 말씀을 통해서 하나님의 실존을 알아갈 수 있다. 하나님을 잘 믿으려면 '하나님의 존재 그 자체'를 잘 알아야 한다. 제임스 패커(J. I. Packer)는 현대고전이라 불리는 『하나님을 아는 지식』이라는 책에서 '하나님의 지식'에 대하여 3가지를 지적한다.

첫째, 하나님을 안다는 것은 인격적인 교제다.

---

57) 홈즈(Oliver W. Homes)는 "행동하는 사람은 현재를 소유한다. 그러나 사고하는 사람은 연구를 통해서 미래를 얻는다." 이 말보다 더 행동에 대한 자극적인 말은 없다. 참조. 고든 맥도널드(Gordon MacDonald), 『내면세계의 질서와 영적성장』 (Ordering Your Private World), IVP(2003), 171에서 재인용.
58) 존 칼빈, 『기독교강요(중)』, 크리스챤다이제스트(2010), 16-25.
59) 조용기, "믿음이란 무엇인가?", 주일설교(2004-01-25).
60) 아브라함은 '현재 없는 것(nonbeing)'을 장차 '있을 것(being)'처럼 믿고, 아들 이삭을 얻었다. 사라 자신이 '현존하는 실존(existence)'이었다면, 그 아들 이삭은 '실재화된 존재(being)'에 해당된다.
61) 조용기, "하나님의 말씀", 주일설교(2015-03-01).

둘째, 하나님을 안다는 것은 인격적으로 관련된 일이다. 성경은 "너희는 야훼의 선하심을 맛보아 알지어다(시34:8)"라고 말한다.

셋째, 하나님을 아는 것은 은혜다. 성경은 "이제는 너희가 하나님을 알뿐 아니라 더욱이 하나님이 아신 바(갈4:9)" 되었다고 말한다.[62]

케빈 드영(Kevin DeYoung)은 『왜 우리는 하이델베르크 교리문답을 사랑하는가?』에서 참된 믿음이란 "하나님의 말씀을 인식하고 확신하며, 은혜로 말미암아 하나님의 죄사함과 의와 구원을 베풀어 주심을 믿는 것"이라고 강조한다.[63] 무디(D.L Moody)는 "믿음을 만드는 요소는 세 가지가 있다. 바로 '깨달음', '동의함', '붙잡음'이다. 그리스도를 드러내는 믿음은 산을 넘어 하나님께 이른다"고 말한다.[64]

3%의 소금이 바닷물을 짜게 하는 것처럼 신자의 마음속에 겨자씨 한 알 만한 믿음이 있다면, 그 믿음은 장차 신자의 삶 전체를 새롭게 창조할 수 있다. 믿음은 말씀과 성령의 도움에 힘입어 창조적인 일을 한다. 믿음이 나에게 한 일을 생각해보라. 믿음으로 의를 얻었고(롬3:22, 롬3:30, 갈2:16), 믿음으로 하나님의 아들이 되고(갈3:26), 믿음으로 예수님이 내 마음에 내주하시고(엡3:17), 믿음으로 약속의 기업을 받는다(히6:12).[65] 믿음에는 영국의 철학자 칼 포퍼(Karl R. Popper)가 주장하는 '반증가능성(falsifiability)'이 적용되지 않는다. 믿음은 반증될 수 없는 것이다. 그리스도 안에서의 믿음은 실효성이 있으며 정적(static)이 아니라 동적(dynamic)이다.

신자는 자기의 믿음을 잘 간직해야 한다. 축구 경기에서 골을 넣지 못할지라도, 계속 공을 가지고 있으면 기회가 오는 것처럼 믿음도 그와 비슷하다. 마귀에게 믿음을 빼앗기면 안 되고, 무슨 수를 써서라도 '믿음의 공'을 '마음의 축구장'에서 악착같이 간직하고 있어야 한다. 마귀에게 '믿음의 공'을 뺏기면, 삶은 그만큼 힘들어지고 역동적인 신앙생활이 어려워진다.

조나단 에드워즈(Jonathan Edwards)는 위대한 사상가요 철학자, 설교자였다. 1757년 프린스턴대학의 전신인 뉴저지대학의 총장으로 취임한 지 몇 달 만에 그는 천연두로 사망하고 말았다. 그가 세상에 남긴 마지막 말은 이것이었다. "하나님을 신뢰하라. 그러면 두렵지 않을 것이다." 믿음과 두려움은 공존할 수 없다는 것이다.

믿음이 없는 인생은 '헛것을 좇다가 헛것을 바라보며' 시간을 허비한다. 결국 헛것이 되고 두려움에 빠지는 삶이 될 것이다.[66] 하나님은 신자 개개인의 믿음대로 그를 사용하신다. 개인의 믿음은

---

62) 제임스 패커(James Packer), 『하나님을 아는 지식』, IVP(2008), 60-65.
63) 케빈 드영, 『왜 우리는 하이델베르크 교리문답을 사랑하는가』, 부흥과개혁사(2012), 83-88.
64) A. W. 토저 · 존 스토트(John Stott), 『대표영성작가들, 하나님의 약속을 말하다』, 가치창조(2008), 188.
65) NIV Study Bible(2008), 2037. 인간은 믿음으로 구원을 얻고(행16:30-31, 롬10:9), 영생을 얻으며(요3:14-16), 저주에서 해방되며(요3:17), 안식에 들어가며(히4:3), 마음이 정화되며(행15:9), 성화되며(행26:18), 하나님의 말씀이 우리 안에서 역사하게 되며(살전2:13), 화평을 얻으며(롬5:1), 기쁨을 누리며(행16:34), 하나님의 보호하심을 받는다(벧전1:5).
66) '헛된 것'은 영어로 nothing이고, 히브리어로는 하벨이다. 전도서 1장 2절에서 "전도자가 이르되 헛되고 헛되며 헛되고 헛되니 모든 것이 헛되도다"라는 말씀에서 '헛됨'은 '하벨'이며, 그 의미는 '허무, 바람, 무의미'다.

자신의 영적성장도 가져오지만, 또한 교회성장의 초석이 된다. 성경의 인물 중 처음부터 큰 믿음을 지닌 사람은 아무도 없다. 하나님이 그들의 믿음을 성장시켜서 그들을 쓰신 것이다.

영산의 창조 방정식 영산의 신앙과 목회에서 핵심 요소들은 무엇이었을까? 그것은 기도와 믿음과 성령이다. 이 외에도 설교, 비전설정, 조직관리, 목표설정과 추진능력, 열정 및 카리스마적 리더십 등이 있다. 이 중에서 하나를 선택하라면, 그것은 '기도와 믿음'일 것이다. 다른 요소들은 흉내 내거나 비슷하게 할 수도 있다. 하지만 기도와 믿음은 분석하거나 이해할 수 있는 것이 아니다. 영산의 최대 핵심역량은 '성령 안에서의 기도와 믿음'이다. 그 기도와 믿음으로, 영산은 전천후적인 비전과 목표를 설정하고, 그것을 열정을 다해 관리하고 추진할 수 있었다.

영산은 '영적비전-믿음-열정이라는 자원'을 하나의 '입체적 조직시스템'으로 구축해 많은 성과를 거두었다.67) 영산은 믿음과 기도를 통해 영적비전을 발굴하고, 분명하고 구체적인 목표를 설정해서, 열정을 다해 하나의 거대한 시스템 안에 헌신과 노력을 쏟아부었다. 그 결과 오늘의 여의도순복음교회가 있는 것이다.

경영학의 기본 프로세스는 일을 계획하고, 물적자원을 엮어서 수행하고, 그 과정을 통제하는 과정(plan-do-see)이다. 결과를 놓고보면, 영산은 일반 경영학 관리 프로세스보다 더 효율적으로 경영한 셈이다. 이 모든 비밀은 그의 기도와 믿음에서 찾아야 할 것이다. 경영자의 의사결정의 중요한 두 가지 요소는 기대이익과 발생확률이다. 그는 이 두 가지를 이성과 경험으로 결정하지 않고, 오직 기도의 응답으로 해결했다.

영산은 믿음의 중요성에 대하여 이렇게 말한다. "여러분은 어떻게 하나님의 믿음을 가질 수 있습니까? 선포된 말씀(레마)을 받을 때, 그 믿음은 여러분 자신에게서 난 것이 아닙니다. 그것은 하나님께서 여러분에게 주신 믿음입니다. 이 믿음을 받은 후에야 여러분은 산더러 던지우라고 명령할 수 있는 것입니다. 하나님의 믿음을 받지 않고서는 그 일을 할 수 없습니다." 영산은 하나님의 믿음을 받기 위해 이렇게 하라고 강조한다. "여러분은 창세기부터 요한계시록까지 말씀을 날마다 묵상하고 공부하여 성령께서 여러분 속에 역사하시는 데 필요한 말씀을 미리 준비해 놓아야 합니다. 그런 다음 여러분이 주님을 기다릴 때 성령께서 여러분의 마음에 믿음을 심어줄 것입니다." 그리고 믿음의 체험을 이렇게 말한다. "만약 여러분이 하나님과 함께 하는 믿음의 길을 발견하지 않는다면, 하나님의 역사를 제한적으로 체험하게 될 것입니다. 하나님의 역사는 여러분의 믿음이 허용하는 만큼 체험할 수 있습니다. 하나님의 역사는 여러분의 믿음에서 규정되는 만큼 체험됩니다. 이 원리를 잘 기억하시기 바랍니다."68)

---

67) [영산의 목회활동 방정식] = [말씀-믿음-기도-성령] × [영적비전] × [목표설정] × [열정] × [고효율 조직시스템]: 영산의 목회철학은 한편으로 보면 단순하다. 이 방정식은 영산의 목회를 한 눈에 알아볼 수 있게 이해하고자 하는 의도에서 하나의 방정식으로 나타낸 것이다. 더 많은 영적 인자(spiritual factor)들이 있겠지만 여기서는 중요한 요소들만 포함시켰다. 방정식에서 ×로 표시한 것은 각 항목마다 서로 밀접하게 연결되어 있음을 암시해준다.

68) 조용기, "하나님의 믿음", 주일설교(2009-08-09).

그는 개척초기부터 기도와 믿음의 관계를 영적으로 체험했다. 그 결과 굵직한 프로젝트들은 여러 사람의 의견을 수렴하지만 결정은 대부분 혼자서 했다.

경제학자로서 신경마케팅 최고권위자인 한스-게오르크 호이젤(Hans-Georg Häusel)은 사람의 뇌 속에는 인간의 삶을 지배하는 3가지 시스템이 있다고 한다. "우리 두뇌에서 가장 막강한 힘을 발휘하는 감정시스템은 균형시스템입니다. 이 시스템은 안전을 추구하고 위험을 피합니다. 지배시스템은 자신을 보다 우월한 존재로 부각시키고 싶어 하는 감정을 관장합니다. 자극시스템은 즐거움과 짜릿함 같은 새로운 경험을 추구하는 행위와 관련이 있습니다. 더 많은 스릴을 느끼고자 하는 욕망을 자극합니다. 뇌의 지배시스템과 자극시스템은 더 많은 것을 소유하고자 하는 욕망을 부추깁니다. 이 세 시스템은 뇌 속에서 상호협력을 통해 모든 것을 결정합니다."69)

호이젤 박사가 분석한 뇌를 적용해보면, 감정시스템과 믿음시스템은 서로 유기적으로 일맥상통한다. 예수 그리스도를 통해 우리 안에 '믿음시스템'이 생긴다. 이 믿음시스템은 감정시스템을 지배한다. 영적 비밀의 세계는 믿음시스템이 감정시스템을 다스리고 관장할 때 비로소 열린다. 믿음은 감정을 우월적으로 지배한다.

예수를 온전히 믿을 때 인생이 달라지는 것도 지성, 감성, 의지를 초월하는 믿음시스템이 우리 몸 전체에 작동되기 때문이다.70) 믿음시스템은 감정시스템을 포함하고, 부서차원에서 보면 믿음은 감정보다 절대적으로 상위부서다. 왜냐하면 믿음의 영성은 이성과 오감의 세계를 상호 유기적으로 완전히 지배하기 때문이다. 믿음은 감각적 세계를 초월한다(창17:17).

요약하면 예수를 믿으면 감정시스템을 관장하는 상위요소 시스템인 믿음시스템이 생겨난다. 믿음시스템이 작동되면 사람이 온순해지고, 부드러워지고, 혈기가 잠잠해지고, 착실하고 겸손한 사람이 된다. 그러나 마귀가 믿음시스템을 공격하여, 시스템이 파괴되거나 고장 나면 믿음이 작동되지 않는 감정시스템으로 복귀한다. 그러면 인간은 마귀가 지배하는 삶을 살게 된다. 믿음은 다메섹 도상에서 예수님을 만난 바울의 마음공간에서 작동되어 바울의 지적, 정서적, 의지적 요소들을 모두 조율하여 예수 그리스도의 의지만을 전폭적으로 따라가게 했다.

말씀은 믿음을 낳는다(롬10:17). 믿음은 옛 사람을 새 사람으로, 곧 하나님의 자녀로 만든다. 또한 자녀는 말씀으로 점차 거룩해진다(딤전4:5, 롬6:22).

2.1. 말씀의 믿음: 하나님의 뜻을 성취한다

십자가를 통과하면, 누구든지 하나님의 말씀을 먹고 자라나는 은혜 안에 거하게 된다. 영산은 "좋은 일이든 나쁜 일이든 우리는 믿음과 순종과 기도의 삶으로 하나님께 모두 맡겨야 합니다. 하나님만이 선악간의 모든 일을 새롭게 하실 수 있기 때문입니다."라고 강조한다.71)

---

69) 조선일보 위클리비즈팀, 『위클리비즈』(WeeklyBiz Insight), 21세기북스(2010), 80-87.

70) 믿음은 마음을 구성하는 감정과 의지에 이르기까지 초월적으로 영향을 미친다. 그 결과 믿음은 감정을 조율한다. 하나님의 세계는 믿음의 세계이다. 믿음이 이성을 지배하지만, 이성과 믿음은 상호보완적 및 상호연합적으로 활동한다. 이성은 믿음을 필요로 하고, 역으로 믿음은 이성을 필요로 한다. 우리 안의 믿음은 나 홀로 배타적으로 활동하는 것이 아니라, 서로 연합하면서 전인적으로 활동한다.

그러나 신자들의 마음하늘에는 의심과 믿음이 공존한다. 성경은 "믿음이 작은 자여 왜 의심하였느냐(마4:31)"고 적고 있다. 의심의 해독제는 믿음이다. 믿음은 삼위 하나님과 그의 말씀에 기초한다. 말씀은 믿음을 강화시키는 신비로운 힘을 준다. 믿음은 하나님의 은혜로 주어지며 구원을 가져다주며, 또한 성령의 열매이다(갈5:22-23). 따라서 믿음은 인간의 자연적 능력을 초월한다.[72]

어떻게 우리는 하나님의 뜻을 알 수 있는가? 영산은 말씀과 성령님으로부터 그 해답을 찾는다. "하나님의 뜻을 알려면, 하나님의 말씀과 친해야 됩니다. 성경은 하나님의 뜻을 알려주는 사전입니다. 하나님의 뜻을 알려면, 성경을 많이 찾아야 됩니다. 성경 읽지 않고서는 하나님 뜻을 알 수 없습니다. 성경을 자꾸 찾고 읽으면, 그 속에서 나에 대한 하나님의 뜻을 알 수 있습니다." 그는 또한 "우리는 생활 가운데 성령님의 인도를 끊임없이 받아야 합니다. 삶의 전반적인 과정 속에서 주님은 성령을 통해서 인도하십니다(엡1:11). '그러나 진리의 성령이 오시면 그가 너희를 모든 진리 가운데로 인도하시리니 그가 스스로 말하지 않고 오직 들은 것을 말하며 장래 일을 너희에게 알리시리라(요16:13).'"[73]

하나님의 말씀은 거룩하고, 의롭고, 선하시다(롬7:12). 말씀, 성령, 믿음은 하나님의 뜻을 알아가는 첩경이다. 믿음은 하나님의 뜻과 나의 뜻을 일치시키는 거룩한 영적 접촉점이다. 시편의 구절이 이것을 뒷받침 해준다. "주는 나의 하나님이시니 나를 가르쳐 주의 뜻을 행하게 하소서 주의 영은 선하시니 나를 공평한 땅에 인도하소서(시143:10)." 머레이(Murray)는 "하나님은 말씀 안에 자신의 온 마음과 뜻을 계시하셨다. 말씀 안에 거룩하고 소성케 하는 능력이 들어 있다. 하나님은 말씀을 통해 자신의 마음과 은혜를 계시하며, 율법과 교훈 속에서 하나님은 우리에게 원하는 것이 무엇인지를 말씀하신다"고 지적한다.[74]

하나님은 사랑이시므로(요일4:16) 인격적으로 실존하신다. 사랑은 하나님의 실존양식이며, 최고의 존재론적 술어다.[75] 하나님은 지정의적 인격체로 존재하심으로써 하나님의 형상을 닮아 태어난 인간은 하나님을 인격적으로 믿고 사랑하고 교제할 수 있다.[76]

---

71) 조용기, "맡기는 신앙", 주일설교(2013-09-22).

72) 마틴 로이드 존스(Martyn Lloyd Jones), 『성령 하나님과 놀라운 구원』(God the Holy Spirit), 부흥과개혁사(2013), 236-239.

73) 조용기, "하나님의 뜻 알기", 주일설교(2010-08-01).

74) 엔드류 머레이(Andrew Murray), 『위대한 여정』(The Inner Life of Andrew Murray), 206-211.

75) 존 지지울러스(John D. Zizioulas), 『친교로서의 존재』(Being as Communion), 삼원서원(2012), 48.

76) 하나님의 형상: a) 베스터만(C. Westermann)의 하나님 형상 개념의 일곱 가지: 자연적/초자연적 하나님의 형상, 인간의 정신적 능력 내지는 우수성으로서의 하나님 형상, 인간의 외적 형체로서의 하나님 형상, 유기체 통합체로서의 하나님의 형상, 하나님의 특별한 상대로서의 하나님 형상, 이 땅에서 하나님 대리자로서의 하나님 형상 등. 참조, 이기성, "인간의 하나님 형상성에 대한 영산의 해석", 『영산신학저널』, Vol.4, No.2(2007), 108-114. b) 영산의 하나님 형상 개념: 그는 하나님의 형상에 대한 개념을 크게 영, 양심(도덕), 이성, 영생의 능력, 지배권, 인간구성의 삼중적 통일성(영혼육)과 연결시킨다. 이 개념 안에는 실재론적, 관계론적, 기능적 유형들이 유기적으로 연합되어 나타난다. 참고, 이기성, "인간의 하나님 형상성에 대한 영산의 해석", 『영산신학저널』, Vol.4, No.2(2007), 115-135. c) '5중복음, 3중축복, 4차원영성'과 인간의 하나님의 형상과의 관계: 영산의 관점에 의하면, 십자가 구속의 은혜는 하나님의 형상의 회복을 위한 중심이며, 동시에 5중복음, 3중축복, 4차원영성을 활성화시키는 기본틀이다. 영산의 신론, 인간론, 기독론, 종말론, 성령론, 교회론은 인간이 하나님의 형상을 회복하는 총체적 과정에 근거해서 전개된다.

믿음은 하나님의 뜻을 따르고 순종하는 것이다. "야훼여 주께서 주의 종을 위하여 주의 뜻대로 이 모든 큰일을 행하사 이 모든 큰일을 알게 하셨나이다(대상17:19)." 믿음의 핵심은 '하나님의 계심'을 믿는 것이며, 믿음을 삶의 자리에서 활용할 때 하나님께 기쁨을 드릴 수 있다. 믿음이 없이는 하나님을 기쁘게 못한다(히11:6). 하나님은 영적 존재이시므로, 우리는 믿음으로만 하나님을 알 수 있기 때문이다. 믿음으로 행동하면, 하나님이 우리에게 반응하신다. 신령한 집인 우리는 신령한 제사를 드릴 거룩한 제사장이 되어야 한다(벧전2:5). 하나님은 믿음의 제사를 기뻐하시고(레22:29), 공의를 믿음으로 행할 때 기뻐하시고(잠21:3), 기쁨으로 먹고 마실 때에도 기뻐하신다(전9:7).[77] 또한 하나님은 믿음으로 십자가를 지고 사는 삶을 기뻐하신다(히12:2). 예수님은 그 앞에 있는 기쁨을 위하여 십자가를 참으셨다(히12:2).

말씀은 믿음은 낳고, 믿음은 기쁨을 낳는다. 믿음 없는 인생은 꽃을 피우나 하나님 앞에 열매 없는 자다.[78] 교육자 헤셸(Abraham Heschel)은 "뿌리 없는 사고는 꽃을 피우나 그 열매는 없다"고 말한다. 참된 믿음의 사람이라면 그리스도를 사랑하게 되고(벧전1:8-9, 롬8:28-30, 고전16:22), 나아가 믿는 자라면 순종하게 된다(요14:15, 23). 영산은 믿음이란 하나님의 뜻을 현실화시키는 능력이라고 말한다. 즉, "믿음이란 육신의 눈에는 보이지 않는 마음의 실체입니다. 믿음은 하나님의 뜻과 마음을 현실화시키는 능력입니다. 하나님의 세계는 모든 것을 믿음으로 보아야 합니다."

영산은 하나님과 함께 사는 것을 4차원영성적으로 요약한다. "영은 4차원에 속하고 육신은 3차원에 속합니다. 그래서 사람은 하나님께 속하여 하나님처럼 영원히 살고 하나님처럼 창조하며 살고 하나님처럼 믿고 변화시키는 능력을 행하면서 사는 것입니다. 그렇게 살 때 하나님과 함께 살게 되고, 하나님 마음에 합당한 삶을 살게 됩니다."[79]

2.2. 말씀의 믿음: 삶의 방식을 전환시킨다

영산은 "예수님의 은혜로 새로운 피조물이 된 우리는 십자가를 바라보고 생각과 꿈과 믿음과 말을 새롭게 함으로 승리하는 삶을 살아야 합니다."라고 피력한다.[80] 십자가는 세상 끝날 때까지 신비의 믿음을 탄생시켜, 신자들을 하늘의 양식으로 살게 한다. 믿음의 눈만이 하늘의 것을 바라볼 수 있다. 마음하늘에 형성된 믿음을 지켜줄 대상은 우리 마음에 각인된 십자가뿐이다. 장차 천국에 가면 믿음(faith)이 아니라, 봄(sight)으로 살 것이다.

---

77) "너희가 야훼께 감사제물을 드리려거든 너희가 기쁘게 받으심이 되도록 드릴지며(레22:29)." "공의와 정의를 행하는 것은 제사 드리는 것보다 야훼께서 기쁘게 여기시느니라(잠21:3)." "너는 가서 기쁨으로 네 음식물을 먹고 즐거운 마음으로 네 포도주를 마실지어다 이는 하나님이 네가 하는 일들을 벌써 기쁘게 받으셨음이니라(전9:7)."

78) "만군의 하나님 야훼시여 나는 주의 이름으로 일컬음을 받는 자라 내가 주의 말씀을 얻어 먹었사오니 주의 말씀은 내게 기쁨과 내 마음의 즐거움이오나(렘15:16)." "오 형제여 나로 주 안에서 너로 말미암아 기쁨을 얻게 하고 내 마음이 그리스도 안에서 평안하게 하라(몬1:20)." "내가 이것을 너희에게 이름은 내 기쁨이 너희 안에 있어 너희 기쁨을 충만하게 하려 함이라(요15:11)."

79) 조용기, "하나님의 뜻에 합당한 자", 주일설교(2015-02-08).

80) 조용기, "새로운 피조물", 주일설교(2015-01-18).

믿음은 삶 가운데 능력을 준다. 믿음은 내 안에 옛 사람을 소멸시키고(롬8:10), 새 존재로서의 삶(고후5:17), 곧 내 안에 연합된 예수 그리스도의 삶(갈2:20, 롬6:5)을 살도록 해준다. 따라서 삶의 방식이 육의 방식에서 영의 방식으로 바뀐다. 유명한 청교도인 존 플라벨(John Flavel)은 "영혼은 몸의 생명이다. 믿음은 영혼의 생명이다. 그리스도는 믿음의 생명"이라고 말했다.81) 믿음은 삶을 변화시키는 근본 뿌리이다. 그리스도 안에서 산다는 말은 곧 믿음으로 산다는 것이다. 믿음은 모든 영적 은혜의 대장이다.82)

꿈과 믿음의 삶의 방식은 말씀을 기초로 한 삶의 방식이다. 영산은 "꿈이 있어야 믿음이 활동하고, 믿음이 있어야 창조적 명령을 할 수 있습니다."라고 말한다.83) 이 논리로 보면 꿈이 믿음보다 선행한다. 믿음은 분명한 대상을 요구하기 때문이다. 믿음은 죄를 소멸시켜 마음하늘을 정화시키고, 하늘나라가 임하도록 영적 분위기를 만든다. 죄란 하나님을 떠나는 것이며(불신앙, 창2:16-17), 하나님보다 자신을 높이는 것이며(교만, 창3:5), 자기 속으로 끌어당기는 무한한 욕망(정욕, 창3:6)이다. 결국 죄는 타락의 종착역(불순종, 창3:6)으로 전락하게 만든다.84) 죄는 불신앙에서 시작해서 불순종으로 끝난다. 불순종은 시작이 아니라 결과다.85)

누구든지 예수의 이름을 부르는 자는 죄인에서 의인의 신분으로 옮겨진다. 예수님은 "내가 길이요 진리요 생명(요14:6)"이라고 말씀하신다. 예수님은 미래형으로 말씀하시지 않으셨다. "이제부터 내가 길을 보여주겠다. 어디로 가라고 말해주겠다. 내가 생명을 주도록 하겠다. 생명이 있는 곳으로 안내해주겠다"고 말하지 않으셨다. 믿음은 구원을 탄생시켜 인간의 모든 관점을 지상에서 천상을 향하도록 이끈다. 하나님의 구원은 인간의 능력에 의지하지 않는 영점상황(零點狀況: Nullpunkt-situation)에서 시작되며, 구원은 절대적인 무(ex nihilo)에서 이루어지는 하나님의 창조사역이다.86)

2.3. 말씀의 믿음: 삶을 변화시킨다

영산은 "우리 삶에 적용해야 할 4차원의 영적요소는 '생각, 꿈, 믿음, 말'입니다."라고 선언한다.87) 우리 삶 속에서 믿음은 입체적으로 작용한다. 믿음은 창조적 고백으로 강화되고, 동시에 고백은 믿음을 강화시킨다. 믿음과 말은 각자 고유성을 지니고 있지만 동시에 상호보완적 및 연합적 관계에 있으면서 상호역동적으로 기능한다. 즉 믿음은 전인적으로 기능하여 하늘의 신비를 지상에

---

81) 존 맥아더(John F. MacArthur), 『오직 믿음으로』(Justification By Faith Alone), 지평서원(2014), 91.
82) 조엘 비키 & 마크 존스(Joel Beeke & Mark Jones), 『청교도 신학의 모든 것』, 부흥과개혁사(2015), 609.
83) 조용기, "하나님을 믿으라", 주일설교(2015-05-10).
84) 죄는 어떤 행위 또는 일련의 행위 그 이상이다. 죄는 상황이나 상태다. 죄는 어떤 행위의 배후에서 다른 행위를 낳는다. 죄는 우리로 하여금 명철(지력)을 어둡게 하고, 마음(감성)을 부패시키고, 생각(지성)을 하나님에게서 멀어지게 한다. 죄는 인간의 마음속에 있는 지정의를 활용해서 인간이 하나님께 나아가는 것을 방해한다. 아더 핑크(Arthur W. Pink, 1886-1952), 『하나님의 주권』, 요단(2014), 전의우 역, 214.
85) 불신앙(unbelief) → 교만(hubris) → 정욕(concupiscence) → 불순종(disobedience): 불신앙의 최종 종착역은 불순종이다. 하나님은 순종을 참으로 좋아하신다.
86) "예수께서 이르시되 가라 네 믿음이 너를 구원하였느니라 하시니 그가 곧 보게 되어 예수를 길에서 따르니라(막10:52)." "하늘이여 위로부터 공의를 뿌리며 구름이여 의를 부을지어다 땅이여 열려서 구원을 싹트게 하고 공의도 함께 움돋게 할지어다 나 야훼가 이 일을 창조하였느니라(사45:8)."
87) 조용기, "예수님과 니고데모", 주일설교(2015-05-03).

풀어놓는다. 영산은 "하나님은 말씀을 사용하셔서 3차원의 물질세계를 변화시키고 고치며 새롭게 창조하십니다. 하나님의 말씀은 영이요, 생명입니다. 영이기 때문에 안 보입니다. 물질적인 세계는 1차원의 세계, 2차원의 세계, 3차원의 세계이고, 4차원은 영의 세계입니다."라고 말한다.[88] 하나님은 그의 자녀가 말씀을 믿고 행할 때 기적이 일어나게 하신다.

믿음은 하나님의 선물이며, 중생을 통해 마음에 심어진다. 믿음은 세상을 바꾸는 힘이다.[89] 문화와 문명은 인본적 삶의 틀이다. 그러나 믿음은 인류가 만든 문명과 문화를 뚫고 들어가는 강력한 잠재력을 품고 있다. 보즈만(Bozeman)은 "문명과 문화는 모두 주어진 사회에서 면면히 이어져온 세대들이 우선적으로 중요성을 부여한 가치, 기준, 제도, 사고방식을 담고 있다"고 말한다.[90] 이성은 이 벽을 뚫을 수 없지만, 믿음은 문명과 문화가 만들어낸 가치, 제도, 사고방식을 초월, 즉 인본적 삶을 초월하여 하나님 나라 중심의 삶으로 인도해줄 수 있다. 믿음은 인간을 하나님의 사람으로 만들어 하나님의 비밀을 발견하도록 만든다.[91] 성령은 믿음을 사용해서 인간이 세운 모든 가치관과 세계관을 하나님이 기뻐하시는 것으로 변화시킨다.

영산은 "성령으로 충만하면 나의 몸은 그리스도의 뜻을 성취하기 위해 쓰이는 그릇이 되고, 나의 마음은 그리스도의 생각을 품은 주님의 마음이 되고, 나의 의지는 주님의 지배를 받고, 나의 전 인격과 재능은 남김없이 주님의 것이 되는 삶이 됩니다."라고 말한다.[92] 말씀과 성령은 그리스도인의 삶을 변화시켜서 그리스도의 형상을 닮아가게 만든다.

성령이 충만하면 믿음의 눈이 뜨여 나 자신의 영적 거류지를 알게 된다(엡2:6). 엘리사는 영의 눈이 열려 불말과 불병거를 바라볼 수 있었다(왕하6:17). 엠마오를 향해 가던 두 제자는 영의 눈이 열리자 예수님을 알아보게 되었다(눅24:13-31). 스데반은 영의 눈이 열려 하나님 우편에 서신 예수님을 바라볼 수 있었다(행7:55-56).

2.4. 말씀의 믿음: 말씀은 믿음을 통해서 역사한다

영산은 4차원의 영이 3차원의 물질세계를 지배한다고 본다. 말씀과 믿음은 영에 속해 있다. 말씀은 믿음을 통해서 역사한다. 하나님의 능력은 말씀에 기초한 믿음을 통해서 나타난다. 성령님은 하나님의 말씀을 깨닫게 해서 성도를 영적으로 깨우치며 그들을 성화시킨다. 따라서 말씀은 삼위일체적으로 성도를 변화 및 성장시켜 궁극적으로 주의 영광이 드러나게 한다. 신명기는 "오직 그 말씀이 네게 심히 가까워서 네 입에 있으며 네 마음에 있은 즉 네가 이를 행할 수 있느니라(신30:14)"고 기록하고 있다. 하나님의 계시의 말씀은 오늘날 우리에게도 적용된다. 그것은 말씀이 신자들의

---

88) 조용기, "하나님의 말씀", 주일설교(2015-03-01).

89) 마틴 로이드 존스(Martyn Lloyd Jones), 『성령 하나님과 놀라운 구원』(God the Holy Spirit), 부흥과개혁사(2013), 239.

90) 새뮤얼 헌팅턴, 『문명의 충돌』, 김영사(2010), 47. 참조. Bozeman, "Civilization Under Stress." 1.

91) 머레이(Murray)는 '하나님의 사람(the man of God)'을 다음의 세 가지를 고백하는 자라고 말한다. 첫째, 하나님은 전부이시다. 둘째, 하나님은 모든 것을 주장하신다. 셋째, 하나님은 모든 것을 행하신다. 참조. 엔드류 머레이(Andrew Murray), 『위대한 여정』(The Inner Life of Andrew Murray), 50.

92) 조용기, 『오중복음과 삼중축복』, 서울말씀사(2008), 114-115.

삶 속에서 현재화되는 것을 의미한다(시119:41). 마리아가 "주의 여종이오니 말씀대로 내게 이루어지리이다(눅1:38)"라고 고백한 것도 그런 맥락이다. 하나님의 진리와 생명의 말씀은 살아 있다. 말씀은 성령과 함께 오늘날 우리에게 역사한다.

엘리어트(T. S. Eliot)는 "초자연 세계를 믿는다는 것은 이 세상에서 성공을 거두어 물질적으로 풍족하게 우아한 삶을 살다가 죽은 다음 더 좋은 세계로 옮겨감을 믿는다는 것이 아니다. 또한 이곳에서 빼앗기고 굶주린 삶을 산 다음, 그 동안 누리지 못한 좋은 것들을 새 세상에서 누리게 됨을 믿는 것도 아니다. 그것은 지금 여기서(here and now) 초자연 세계를 가장 중요한 사실(greatest reality)로 받아들이고 믿는 삶"이라고 역설한다.[93]

하나님 말씀을 삶 속에서 현재화하는 것은 순종의 믿음을 기초로 한다. 하나님의 말씀은 4차원의 영적세계를 다스리는 하나님의 권세이다.[94] 그리스도인의 믿음은 말씀을 믿고, 신뢰하고, 행동에 옮기는 것이다.[95] 하나님의 말씀은 영적 생명을 낳고, 영적 생명은 믿음을 낳는다. 영적 생명은 또 다른 영적 생명을 낳는다. 하나님은 자기의 뜻을 따라 진리의 말씀으로 우리를 낳으셨다(약1:18).

영산은 믿음이 경험을 통해서 강해지고 성장한다고 말한다. "말씀을 듣거나 말씀을 읽지 않는 사람은 결코 믿음이 성장할 수 없습니다. 믿음은 들음에서 나며 들음은 그리스도의 말씀으로 말미암기 때문인 것입니다. 그뿐만 아니라 믿음은 경험을 통해서 강하게 되는 것입니다. 여러분은 성령께서 주신 그 믿음에다가 말씀을 통해 믿음이 자라나지만, 그렇게 자란 믿음이 더 강력하고 흔들리지 않는 믿음이 되려면 더 많은 경험을 해야 합니다."[96]

하나님의 말씀은 영원토록 변함이 없다.[97] 프랑스의 무신론 철학자 볼테르는 이렇게 말했다. "1세기만 지나면 지구상에는 성경이 한 권도 남지 않을 것이다." 그러나 그가 죽은 다음에 그의 집은 성경을 찍는 성서공회가 되었다. 볼테르는 죽었지만, 성경은 굳건히 서 있다. 성경의 단 한 페이지도, 한 글자도, 점 하나도 소멸되지 않았다. "풀은 마르고 꽃은 시드나 우리 하나님의 말씀은 영영히 서리라(사40:8)." 이것은 성경이 영감으로 가득 찬 하나님의 말씀이기 때문이다.

---

93) 필립 얀시, 『내 눈이 주의 영광을 보네』, 좋은 씨앗(2004), 265(원서: Philip Yancey, *Rumours of Another World*, Zonderan(2003), 177).

94) 조용기, "믿고 마음에 의심하지 아니하면 그대로 되리라", 주일설교(2011-01-16).

95) 어거스틴(Augustine)은 믿음의 대상에는 3가지가 있다고 말한다. 첫 번째 유형은 이해가 안 되지만 그대로 믿게 되는 것이다(한시적이고 인간적인 사건들). 두 번째 유형은 믿자마자 이해되는 것이다(숫자나 학문에 관계된 이성적 추론들). 세 번째 유형은 먼저 믿고 나중에 이해하게 되는 것이다(신적인 것들). 빌헬름 게에를링스(W. Geerlings), 『교부 어거스틴』, CLC(2013), 권진호 역, 64.

96) 조용기, "나의 의인은 믿음으로 살리라", 주일설교(1982-08-01). "믿음의 조건"(1988-03-13). "믿음이란 무엇인가?"(2004-01-25). "믿음은 말씀과 기도와 성령님의 은혜속에서 자란다."

97) 말씀은 믿음을 낳는다(롬10:17, 히11:3). 말씀은 죄를 깨닫게 한다(왕하22:9-13, 느:8:9). 말씀은 하나님을 경배하게 한다(느8:12). 말씀은 마음을 기쁘게 하고, 새 힘을 준다(시119:25, 렘15:16). 말씀은 행실을 자제케 한다(시17:4, 시119:9). 말씀은 지혜롭게 하고, 진리를 알게 한다(시119:98-114, 시119:130). 말씀은 거룩하게 만든다(요15:3, 벧전1:22).

2.5. 말씀의 믿음: 선교적 사고방식으로 살게 한다

영산은 선교적 사고방식을 강조한다. "왜 우리가 선교를 해야 됩니까? 그것은 잃어버린 사람이 너무나 많기 때문입니다. 잃어버린 사람을 찾아주는 역사를 하는 것이 선교입니다. 그리스도 안에서만 우리는 우리 자신을 발견하고, 새로운 정체성을 회복하고, 새로운 자화상을 얻고, 새로운 신분을 확인할 수 있습니다."[98]

십자가에 힘입은 생명의 말씀은 정적이 아니라 동적이다. 태양이 온 지구를 돌면서 지면을 비추듯이, 하나님의 말씀은 이 땅에 살고 있는 사람들의 어두운 마음에 영광의 빛을 비추어준다. 말씀은 믿음을 낳고, 믿음은 말씀을 활성화시킨다. 믿음은 삶의 영적 정체성을 변화시켜준다. 삼위일체 하나님은 이 땅에 사는 사람들을 위해 예수님과 성령님을 보내셔서(행2:33) 구원의 길을 마련해 주셨다.

성령이 임하면, 성도는 자기중심에서 타자중심의 삶으로 변화된다(행2:42-47). 영산은 "예수 믿고 성령 받고 또 성령충만하면 성령의 능력 가운데서 마귀를 이기고, 죄악을 이기고, 불신앙을 이기고, 무신론을 이기고, 인본주의를 이기고, 하나님의 영광을 위해서 매일 매일 살아가는 사람이 됩니다."라고 말한다.[99] 성령은 인간의 인지구조와 인격구조를 무한히 확장시켜 내부지향성을 초월하게 하고, 진일보된 외부지향성을 무한대로 추구하게 한다. "오직 성령이 너희에게 임하면 너희가 권능을 받고 예루살렘과 온 유대와 사마리아와 땅끝까지 이르러 내 증인이 되리라 하시니라(행1:8)." 성령은 인간의 이성 구조를 자율(自律)에서 타율(他律)로, 자율에서 신율(神律)로 전이시킨다. 말씀, 기도, 믿음과 성령은 서로 밀접하게 역사하면서 하나님의 뜻과 계획을 성취해나간다.

말씀은 믿음을 낳고, 믿음은 복음을 낳고, 복음은 구원을 낳고, 구원은 생명을 낳으므로, 결국 말씀은 우리에게 영적 생명을 낳는다. 사도 바울은 다음과 같이 고백한다. "내가 달려갈 길과 주 예수께 받은 사명 곧 하나님의 은혜의 복음을 증언하는 일을 마치려 함에는 나의 생명조차 조금도 귀한 것으로 여기지 아니하노라(행20:24)."

하나님의 자녀는 모두 선교적 사명을 지니고 있다. 바울은 "너는 말씀을 전파하라 때를 얻든지 못 얻든지 항상 힘쓰라 범사에 오래 참음과 가르침으로 경책하며 경계하며 권하라(딤후4:2)"고 역설한다.

온 세상은 예수의 생명을 품은 자들이 꿈과 비전을 이루어가는 활동무대이다. 기독교인의 삶의 대명제 중 하나는 "너희는 온 천하에 다니며 만민에게 복음을 전파하라(막16:15)"이다. 영산은 지난 반세기 동안 하나님의 사랑을 나누기 위해 700여 명의 선교사를 전 세계에 파송했다. 선교는 인류가 할 수 있는 최고의 가치를 내포하고 있는 것이다. 영산은 믿음의 활동은 사랑으로 말미암는다고 강조한다. "아무리 마음속에 성령으로 주어지고 말씀으로 개발되고 체험으로 강해지고 또 기도를 통해서 충만해져 있다고 할지라도, 믿음은 사랑으로 말미암아 활동합니다. 성경에는 사랑으로 말

---

98) 조용기, "왜 선교해야 하나", 주일설교(2005-06-12).
99) 조용기, "다른 보혜사 성령", 주일설교(1985-05-26).

미암아 역사하는 믿음이라고 언급되어 있습니다. 여러분과 나의 가슴속에 사랑이 활활 불타고 있을 때 믿음이 역사할 수 있는 것이지, 사랑이 식어버리면 믿음은 역사하지 않습니다. 믿음이 살아서 활발하게 활동적이 되지 않게 되면, 스스로에게 '내가 내 마음속에서 사랑으로서 살고 있는가?'라고 질문해보아야 합니다."100)

2.6. 말씀의 믿음: 자아 정체성을 회복한다

영산은 "하나님께서 우리 안에 주신 숨은 정체성은 긍정적이고 희망찬 생각과 꿈과 믿음을 말로써 나타낼 때 성장하는 것입니다."라고 말한다.101) 그는 자아 정체성을 4차원영성적으로 접근하여 이해한다. 그는 인간의 정체성이 생각, 꿈, 믿음, 말을 통해서 자라난다고 말한다.

믿음은 새로운 자아를 탄생시켜 새로운 영적인 일을 하게 한다. 십자가의 믿음은 옛 자아를 소멸시키고 내 안에 '새로운 지성-감정-의지'를 지닌 자아를 탄생시킨다.102) 아담의 후손들은 죄로 인해 영혼의 지정의(知情意) 기능이 손상을 입었으나, 새로운 피조물이 됨으로써(고후5:17) 본래적 기능을 상당 부분 회복하게 되었다.

영산은 "가치 있고 위대한 삶을 살기 위해서 잃어버린 자아를 발견하고, 예수 그리스도를 발견하고, 그리스도 안에서 새로운 피조물이 된 것을 발견해야 합니다."라고 강조한다.103) 믿음은 아담이 잃었던 의와 거룩함을 회복시켜, 교만의 자아상, 두려움의 자아상을 내려놓고, 대신에 긍정의 자아상을 올려놓는다.104) 죄인이 예수와 함께 십자가 위에서 죽고, 함께 부활해서 의인이 되었다. 따라서 그리스도인에게 옛 자아는 완전히 소멸되고 없음을 기억하자. 이러한 영적 사실을 입술로 인정하고, 믿고, 시인하는 것이 곧 믿음생활이다.

피어슨(Lester Pearson)은 다음과 같이 강조한다. "인간은 다양한 문명들이 평화로운 교류 속에서 나란히 공존하면서 서로를 배우고, 서로의 역사, 이상, 예술, 문화를 공부하여, 서로의 삶을 풍요롭게 만들어야 하는 시대로 나아가고 있다. 그 길을 택하지 않는 경우 세계는 오해, 갈등, 충돌, 파국으로 치닫게 될 것이다."105) 다양한 문명들의 조화는 오직 그리스도 안에서 이뤄질 것이다.

인간은 믿음으로 예수를 알 때까지 길 잃은 방랑자요, 정체성 없는 인간에 불과하다. 문명 속에 자아 정체성이 묻히고 말 것이다. 믿음은 은혜와 짝을 이루며 역사한다(엡2:8).106) 믿음은 변화된 삶

---

100) 조용기, "나의 의인은 믿음으로 살리라", 주일설교(1984-08-01).
101) 조용기, "내 속의 숨은 정체성을 보라", 주일설교(2010-11-14).
102) "신자가 된다는 것은 죄를 미워하고, 용서와 구원을 갈망하며, 모든 것을 기꺼이 포기할 만큼 그리스도의 주권에 철저히 복종하는 것을 의미한다." 존 맥아더, 『예수 그리스도의 주님 되심』(Truth about the Lordship of Christ), 생명의말씀사(2012), 38.
103) 조용기, "세 가지 발견", 『순복음소식 제2집』, 232호(1983-03-13).
104) 인간이 믿음을 품으면 긍정의 자아상을 가지게 된다는 성서적 근거는 다음과 같다. '새 사람(고후5:17)', '성령으로 사는 사람(갈4:19)', '새 생명으로 사는 자(갈2:20)'. 바꾸어 말하면, '나 또는 내가 아니라, 내 안에 계시는 예수 그리스도의 삶'으로 바뀌고, '나는 그분 안에서 무엇이든 할 수 있는 사람'이 된다. 즉, 성령님이 내 몸을 매개체로 이용하여 하나님의 뜻을 이루기 위해 일하신다.
105) 새뮤얼 헌팅턴, 『문명의 충돌』, 김영사(2010), 442에서 재인용. 참조. Lester Pearson, "Democracy in World Politics(Princeton: Princeton University Press, 1955), 83-84.
106) "너희는 그 은혜에 의하여(by grace) 믿음으로 말미암아(through faith) 구원을 받았으니(엡2:8)."

을 탄생시키고(고후5:17), 구원은 인간의 본질적인 내적변화를 일으킨다(갈2:20). 또한 믿음은 하나님의 은혜 가운데 거하게 하며(롬5:2), 하나님의 자녀가 되게 해서 정체성을 회복하게 하고 승리의 삶을 살게 한다(벧전5:8-9). 믿음은 우리의 자랑을 헛된 것으로 만들고 하나님의 은혜와 조화를 이루게 한다.107) 그러므로 인간은 믿음 위에 자신을 세워야 진정한 자신을 알 수 있다. 성경은 "사랑하는 자들아 너희는 너희의 지극히 거룩한 믿음 위에 자신을 건축하며 성령으로 기도하라(유1:20)"고 말한다.

2.7. 말씀의 믿음: 초자연적 삶을 살게 한다

믿음은 우리로 하여금 하늘의 삶을 살도록 하는 은혜의 방편이다. 죄인이 성령 안에서 믿음을 갖게 된 것은 그리스도의 피의 언약이 이뤄졌기 때문이다(마26:28). 그리스도의 피로 죄와 더러움을 씻어내야 인간은 믿음의 사람이 된다(요일1:7, 계1:5). 십자가는 자연인을 믿음의 사람으로 바꾼다. 골고다 언덕에 세워진 십자가는 인류역사의 흐름을 바꾸어 놓았다. 이보다 더 큰 기적의 모형은 없다. 십자가는 하나님의 거룩하심을 가장 잘 드러내는 장소다. 십자가 안에는 하늘나라의 모든 비밀이 내포되어 있다. 루터(Luther)의 표현을 빌리면, 십자가 뒤에 계신 분은 바로 하나님 자신이시다.

예수를 믿으면 세상적 가치관 대신에 복음적 가치관을 품게 되어, 자신의 삶의 양식이 변화되고 하나님의 은혜를 누리는 존재가 된다. 기적은 초월적 세계의 일부가 지상에 드러나는 과정이다. 또한 기적은 천국적 삶의 방식을 경험하게 하는 접촉점이다.108) 성도에게 가장 큰 기적은 인간의 영과 하나님의 영이 상호연합되는 자체다(고전6:17). 그것은 기적의 모판이며, 모든 기적은 거기서 비롯되고, 그것에 기초해서 일어난다.

믿음의 핵심은 기적을 넘어, 스스로 존재하시는 하나님의 아름다움을 찬미하고 기뻐하고 즐거워하는 것이다. 신자는 기적 너머에 계시는 하나님의 '궁극의 가치'를 보고, 느끼고, 영광 돌릴 수 있어야 한다. 신자에게 영적 체험은 하나님을 알아가는 수단이 될 때 더욱 가치가 있다. 다시 말해, 기적 너머에 계시는 자비와 은혜의 하나님, 복되심의 하나님, 사랑을 베푸시는 하나님을 깨달아야 한다는 말이다.

신자는 기적 너머에 존재하시는 좋으신 하나님을 바라볼 수 있어야 한다. 그것을 깨닫고 알아주께 영광을 돌려야 한다. 그런 차원에서 보면, 기적은 하나님과 인간 사이에 일어나는 거룩한 교제의 한 방편이다. 하나님은 신자가 '외적 기적'을 통해 '내적 신비'를 깨닫기를 원하신다.

영산은 『4차원의 영성』에서 바라봄과 믿음의 관계를 역설한다. "기적을 체험하고 싶으면 성령의 인도하심을 따라 4차원의 영성인 바라봄의 '믿음 법칙'으로 믿어야 합니다. 바라봄과 믿음은 동전의 앞뒤와 같습니다. 바라보는 것은 4차원이지만 3차원을 바꾸는 믿음과 연결될 때 기적이 나타나는 것입니다(히11:1-2)."109)

---

107) 존 파이퍼(John Piper), 『장래의 은혜』(Future Grace), 좋은씨앗(2013), 293.
108) 영산은 기적의 4단계를 다음과 같이 구분해서 설명한다. 1단계: "하나님을 믿으라(막11:22)." 2단계: 창조적 선언을 하라. "의심치 아니하면 그대로 되리라(막11:23)." 3단계: 믿음으로 감사하라. 즉 "무엇이든지 기도하고 구한 것은 받은 줄로 믿으라(막11:24)." 4단계: "아무에게나 혐의가 있거든 용서하라(막11:25)." 조용기, "기적을 가져오는 4단계", 『순복음소식 제2집』, 224호(1982-01-16).

아무리 믿음이 있어도 담대한 행동이 일어나기 전에는 아무 일도 일어나지 않는다. 물 위를 걷는 기적은 예수님과 베드로의 믿음이 일궈낸 작품이었다. 예수님의 몫은 그에게 '오라!'는 레마의 말씀을 주는 것이었다면, 베드로의 역할은 '오라!'의 말씀에 의지해 바다로 뛰어드는 '거룩한 영적 반응'이었다. 예수님의 '말씀'은 베드로를 뛰어내리게 한 1차적인 원인이었다. 베드로의 믿음과 행동은 그를 뛰어내리게 한 2차적인 원인을 제공했다.

영산은 하나님의 믿음을 가질 때 기적이 일어난다고 말한다. "로고스는 기록된 말씀 전체를 말하기 때문에 창세기부터 요한계시록까지의 말씀 전체는 하나님이 모든 사람들에게 공평하게 주신 말씀인 것입니다. 그러나 레마는 성령으로 특별히 개인에게 주는 말씀인 것입니다. 특별히 하나님이 내게만 주시는 말씀인 것입니다. 유명한 설교가 스펄전(C. H. Spurgeon) 목사는 '인간이 하나님 앞에서 할 일은 계산적인 믿음을 갖는 것이 아니라, 절대적인 믿음을 갖는 것이다. 계산은 하나님께서 하신다'고 했습니다. 우리가 무엇이든지 머리로써 될까 안 될까 계산하는 것은 믿음이 아닙니다. 하나님에 대한 절대적인 믿음, 레마가 오면 절대적으로 믿게 되는 것입니다. 그러면 하나님의 기적이 일어납니다."110)

기독교는 기적의 역사다. 창세기부터 요한계시록까지 기적들로 채워져 있다. 믿음은 일상적인 자연현상을 초월해서 기적을 일으키는 능력도 가지고 있다. 하나님이 홍해를 갈라지게 한 사건, 마라의 쓴물이 단물로 바뀐 사건, 여리고성을 믿음으로 무너뜨린 사건, 태양을 멈추게 한 사건 등 성경에는 믿음으로 자연현상과 관련된 기적들이 일어난 것이 종종 언급된다.

믿음의 기도는 응답을 가져오며(마21:22), 또한 병자도 일으킨다.111) 믿음은 없는 것을 있는 것처럼 생각하게 하는 능력을 준다. "하나님은 죽은 자를 살리시며 없는 것을 있는 것같이 부르시는 이시니라(롬4:17)."

2.8. 말씀의 믿음: 환경을 지배한다

옛 표현 중에 믿음을 영어 FAITH의 철자를 따서 '나의 모든 것을 버리고 그리스도를 신뢰하는 것(Forsaking All I Trust Him)'이라고 표현한 적이 있다.112) 이것은 신학적으로 정확한 표현이다. 믿음이란 내 안에 예수 그리스도를 믿는 것이다. 하나님은 초자연적이고 초월적인 믿음을 우리 안에 주셔서, 예수님이 살아계시는 영역으로 우리의 영을 옮겨주셨다.

의인 신분으로 격상시켜 주심으로 말미암아, 3차원 세계에 살면서도 4차원 영적세계의 궤도로 진입하게 된 것이다. 우리는 이제 "하나님의 은혜로 값없이 의롭다 하심을 얻은 자(롬3:24)"가 되었

---

109) 조용기, 『4차원의 영성』, 교회성장연구소(2006), 94.

110) 조용기, "하나님의 믿음", 주일설교(2009-08-09). 로고스와 레마에 대하여 더 자세한 것은 『믿음의 씨앗』(조용기 저, 서울출판사(2002)) '로고스와 레마의 관계'를 참고하라 .

111) "믿음의 기도는 병든 자를 구원하리니 주께서 그를 일으키시리라 혹시 죄를 범하였을지라도 사하심을 받으리라(약5:15)." "그가 그의 말씀을 보내어 그들을 고치시고 위험한 지경에서 건지시는도다(시107:20)." "저물매 사람들이 귀신 들린 자를 많이 데리고 예수께 오거늘 예수께서 말씀으로 귀신들을 쫓아내시고 병든 자들을 다 고치시니(마8:16)."

112) 존 맥아더(John F. MacArthur) 외, 『오직 믿음으로』(Justification By Faith Alone), 지평서원(2014), 126.

다. 하나님은 초월적이면서도 동시에 내재적이시다: "내가 높고 거룩한 곳에 있으며(하나님의 초월성) 또한 통회하고 마음이 겸손한 자와 함께 있나니(하나님의 내재성, 사57:15)." 하나님은 내 안에 계시면서도 나를 초월해 계신다. 하나님은 나를 떠나 있으면서도, 동시에 내 영적 공간으로 들어오셔서 내 삶의 환경을 조율하신다.

마귀는 종종 환경을 통해 믿음의 활성화를 방해한다. 영산은 환경을 지배하는 믿음에 대하여 이렇게 말한다. "눈에 보이는 환경은 우리를 포기하게 하고 절망하게 합니다. 그러나 결코 여기서 멈추어서는 안 됩니다. 이 모든 것들은 싸워서 이길 대상들입니다. 인내와 끈기를 갖고 끝까지 싸워 이기는 사람들에게 믿음 가운데 바라본 것들은 실상이 되어 나타납니다."113)

영산은 믿음을 품었으면 감사의 입술로 그것을 지켜야 한다고 강조한다. "믿음이라는 것은 일단 들어왔으면 그것을 언제나 긍정적으로 지켜내야 하는데, 이 믿음을 긍정적으로 지키기 위해서는 오직 감사의 길 밖에 없습니다. 하나님의 눈으로 보며 우리가 끊임없이 감사할 때 우리의 마음속에 믿음이 활성화되어 가는 것입니다. 믿음을 활성화하기 위해서 우리는 범사에 감사할 뿐 아니라 입술로 믿음을 끊임없이 시인해야 합니다."114)

도널드 데마레이(Donald Demaray)는 믿음에 대해 이렇게 말했다. "모든 사물 속에서 주님을 보는 것, 모든 것들을 그분을 기쁘시게 하기 위하여 사용하는 것, 어디에 있든지 무엇을 하든지 눈에 보이지는 않지만 우리를 늘 보고 계시는 그분을 바라보는 것, 그리고 그분의 발 앞에 우리의 모든 것들을 벗어놓는 것이다."

우리 앞에 놓인 모든 일들은 믿음의 선한 싸움을 위해 존재한다. 바울은 "믿음의 선한 싸움을 싸우라 영생을 취하라 이를 위하여 네가 부르심(딤전6:12)"을 입었다고 말한다. 사탄의 가장 큰 목표는 믿는 자를 불신앙의 공간으로 데려가서, 믿음 대신에 의심과 두려움을 품게 해 절망적 환경에 빠뜨리는 것이다.115)

믿음은 하나님의 뜻을 따라 가는 속성이 있다. 믿음은 우리 앞의 절망을 희망으로 바꿔준다. 하나님은 궁창을 명령하시며 하늘 문을 여시는(시78:23) 분이다.116)

2.9. 말씀의 믿음: 신앙공동체에 속한 자아로 성장시킨다

그리스도의 피는 '죄와 더러움을 씻는 샘(슥13:1)'이다. 우리의 믿음은 그리스도의 보혈로 말미암은 믿음이다. 영산은 "우리는 예수 그리스도의 십자가를 가슴에 품을 때 그리스도 안에서 확실한 나를 찾게 됩니다. 나를 잃어버린 사람이 갈보리 십자가 밑에 와서 그리스도를 쳐다보면 그리스도를

---

113) 조용기, "믿음의 시련", 주일설교(1990-3-25).

114) 조용기, "믿음이 잉태되었을 때", 주일설교(1989-10-01).

115) "심리학자들에 의하면 두려움에는 75가지가 있다고 합니다. 에딘버러대학 심리학자 칼스테오(Calstheo)는 인간의 올바른 마음을 빼앗고 정신건강에 해를 끼치는 가장 큰 원인이 바로 마음속에 있는 두려움이라고 말했습니다(2009년 7월 19일 설교에서 인용)." 참조. 조용기, "희망을 선택하라", 『꿈』, 한세대학교출판부(2013), 119.

116) "그를 향하여 우리가 가진 바 담대함이 이것이니 그의 뜻대로 무엇을 구하면 들으심이라(요일5:14)." "너의 행사를 야훼께 맡기라 그리하면 네가 경영하는 것이 이루어지리라(잠16:3)." "야훼께서 너를 대적하기 위해 일어난 적군들을 네 앞에서 패하게 하시리라 그들이 한 길로 너를 치러 들어왔으나 네 앞에서 일곱 길로 도망하리라(신28:7)."

통해서 나를 찾게 됩니다."라고 말한다.117) 예수를 바라보면 하나님의 자녀가 되는 초월적인 힘이 마음에 생긴다. 십자가는 죄인을 의인으로 만들어 하나님의 백성, 즉 더 이상 생물학적 자아가 아니라 신앙공동체 또는 새로 거듭난 자아로서 살아가게 만든다.

말씀은 믿음을 통해 창조적인 능력을 일으킨다. 십자가의 믿음은 성도로 하여금 "아브라함이 있기 전부터 내(Jesus)가 있느니라(요8:58)"는 말씀을 가감 없이 믿도록 만든다. 십자가의 믿음은 성경 말씀을 깨닫게 하고 받아들이게 하는 속성을 지니고 있다. 다시 말해, 믿음은 초월적 하나님을 믿는 것이며, 이성적 경험과 오감의 벽을 뚫고 하나님의 말씀을 받아들이는 것이다. 그 결과 하나님 백성이라는 자아로서 담대함과 인내력을 갖게 된다. 바다에 가야 파도타기를 배울 수 있고, 산에 가야 절벽타기를 배울 수 있는 것처럼, 믿음의 세계 속에 들어가야 믿음을 통해 담대함과 자신감을 배울 수 있다. 바울이 "집사의 직분을 잘한 자들은 아름다운 지위와 그리스도 예수 안에 있는 믿음에 큰 담력을 얻느니라(딤전3:13)"고 한 것도 그와 같은 맥락이다.

선을 향한 믿음은 담력을 낳고, 그 담력은 복음을 전하게 하고, 그 복음은 또 믿음을 낳는다. 그들은 상호협력의 관계에 있다. 바울은 '말씀을 받아, 깨닫고, 입술을 열어, 복음을 전하는 과정'에서 담대함을 강조하고 있다. 바울은 "내게 말씀을 주사 나로 입을 열어 복음의 비밀을 담대히 알리게 하옵소서(엡6:19)"라고 기도했다.

어느 경제학자는 "우리의 생애 동안 내리게 되는 모든 결정의 95%는 고등학교 2학년 정도의 지능이면 내릴 수 있는 것들이다. 문제는 나머지 5%"라고 했다. "내가 네게 명령한 것이 아니냐 강하고 담대하라 두려워하지 말며 놀라지 말라 네가 어디로 가든지 네 하나님 야훼가 너와 함께 하느니라 하시니라(수1:9)." 인생의 문제는 5%다. 이 5%는 바로 자신감과 직결된다. 믿음은 자신감을 낳는 모체다. 믿음은 하나의 마음을 만들어 하나의 음성, 하나의 행동, 하나의 이미지를 낳는다.118)

스펄전 목사는 "믿음의 기도는 아래서 줄을 당겨 하늘에 있는 큰 종을 하나님 귀 밑에서 울리는 것과 같다"고 했다. 영산은 하나님이 믿음의 기도에 반드시 응답하신다고 강조한다. "믿음의 기도는 절대절망을 절대희망으로 바꾸는 믿음의 매개체입니다. 우리가 부르짖는 믿음의 기도에 하나님께서는 반드시 응답으로 역사하십니다. 확신이 올 때까지 계속해서 구하고 기도해서 얼음벽을 녹여 마음에 확신이 들면, 받은 줄로 믿고 담대히 입으로 고백해야 합니다."119)

마귀가 아담의 후손의 속사람을 점령하자 말자, 인간은 힘들고 절망에 빠지고 지치고 소망이 없는 삶을 살게 되었다. 마귀의 속성은 우리에게 두려움을 주고, 무슨 일을 해도 실패하게 해서 우리가 좌절 속에 허덕이도록 하는 것이다. 세상을 이기는 길은 오직 믿음뿐이다. 믿음을 가진다는 것은 하나님이 계심을 믿고, 그 하나님을 전적으로 의지하고, 나아가 담대함과 자신감을 품는 것이다. 성도가 세상을 승리하는 것은 그들의 '믿음(요일5:4)'이다. 담대함을 버리지 않으면 우리에게는 '큰 상(히10:35)'이 주어진다.

---

117) 조용기, "나의 정체성", 주일설교(2009-08-30).
118) 하나의 마음(one mind, 결정능력) → 하나의 음성(one voice, 의사소통) → 하나의 행동(one doing, 우선순위) → 하나의 이미지(one image, 자부심). "마음을 같이하여 같은 사랑을 가지고 뜻을 합하여 한 마음을 품어(빌2:2)."
119) 조용기, 『4차원의 영성』, 교회성장연구소(2004), 101-102.

베인턴(Roland Bainton)이 알려주는 바에 의하면, 루터는 그의 생애 중 가장 힘겨운 시절에 다음과 같은 시를 지었다고 한다. "이 세상에 마귀 들끓어 우리를 삼키려하나 겁내지 않으리라. 하나님께서 진리로 우리를 통해 이기시리라. 어둠의 왕은 소름끼치지만 우리는 떨지 않으리라. 우리는 그의 맹위를 견딜 수 있으리라. 주님이 계시니 그의 파멸은 분명하리라. 말씀 한마디면 넘어지리라."

2.10. 말씀의 믿음: 초월적 결정능력을 창출한다

영산은 "레마를 받고난 다음에는 믿음의 결단이 필요합니다. 레마를 받았으면 이성주의나 감성주의나 체험주의에 의지해서 두려워하거나 물러나서는 안 됩니다."라고 말한다.[120] 제임스 패커(J. Packer)는 "하나님을 아는 자는 마음에 담대함을 품고 산다"고 강조한다.[121] 이 땅에서 일어나는 모든 일들은 하나님이 펼치시는 계획의 일부분에 지나지 않는다. 믿음이란 의지적 결단과 행동이다.[122] 영적으로 거듭난 자아는 하나님의 형상을 따라 사는 존재이므로, 삶의 행동양식도 '이성의 법'에서 '믿음의 법'으로 바뀐다. 믿음으로 사는 자는 믿음으로 결정하는 자다.[123] 성경말씀은 신자가 묵상에 머무는 것이 아니라 행동하도록 이끌어준다. 그래서 신자가 하나님과 함께 이야기를 빚어내는 삶을 산다. 그와 같은 삶은 삶을 단순화시킨다. "내일 일은 내일 염려할 것이요 한 날의 괴로움은 그 날에 족하니라(마6:34)."[124] 하나님의 삶에 편입되기 위해서 거룩한 결단과 굳건한 믿음이 필요하다. 믿음은 사람을 강하고 담대하게 만들어 결단력을 키워준다.[125] 시편 기자는 "너는 야훼를 바랄지어다 강하고 담대하며 야훼를 바랄지어다(시27:14)"라고 권면한다.

복음 선포와 관련해서도 결단을 내리고 강하게 나아가면 모든 것이 단순화된다. 복음의 일꾼이란 '담대히 하나님의 말씀(행4:29)'을 전하는 자다. 사람을 두려워하면 담대함이 무력하게 되므로, 항상 우리를 돕는 주를 바라보아야 한다. 히브리서는 "우리가 담대히 말하되 주는 나를 돕는 이시니 내가 무서워하지 아니하겠노라 사람이 내게 어찌하리요(히13:6)"라고 기록한다.

성경말씀에는 '된다', '있다', '하라!', '가라!', '보라!', '믿어라!' 같은 긍정의 말로 가득하다. 중요한 것은 믿음이다. 믿음이 크냐 작으냐의 문제가 아니라 내가 가진 1%의 믿음일지라도 그 믿음을 사용하느냐 안 하느냐의 문제다.

---

120) 조용기, "깊은 곳에 가서", 『순복음소식 제2집』, 182호(1982-03-28).

121) J. I. Packer, *Knowing God*, IVP(1993), 30.

122) "믿음은 보지 못하는 것들을 붙잡을 수 있는 능력이요, 진리에 대한 의지적 결단과 행동입니다." 참조. 조용기, 『성공설계도를 펼쳐라』, 서울말씀사(2012), 45.

123) 존 맥아더(J. MacArthur)는 어려운 결정을 쉽게 하는 방법으로 10가지를 제시한다. 그 일이 영적으로 유익한가? 나를 세워주는가? 속도를 늦추는 일인가? 나를 속박하지 않는가? 내 죄를 교묘히 가리는가? 내 삶에서 그리스도의 주 되심을 방해하는가? 다른 그리스도인에게 본보기가 되는가? 다른 사람들을 그리스도께 인도하는가? 그리스도를 닮아가는 일인가? 하나님을 영화롭게 하는가? 참조. 존 맥아더(John MacArthur), 『최고의 설교』(Truth Endures: Landmark Sermons), 국제제자훈련원(2012), 이지혜 역, 183-209.

124) "우리가 내적 단순성을 진정으로 가지고 있을 때 겉으로 나타나는 모든 것은 보다 솔직해지고 더욱 자연스러워진다(프랑스아 페네롱, François Fénelon)." 참조. 리처드 포스터(Richard Foster), 『영적훈련과 성장』(Celebration of Discipline), 117.

125) 존 맥스웰(John Maxwell)은 "결정적인 결심 하나면 삶을 통째로 바꿀 수 있다." 고 피력한다. 참조. 존 맥스웰, 『어떻게 배울 것인가』(Sometimes You Win Sometimes You Learn), 비즈니스북스(2014), 297. 아브라함은 하나님의 말씀을 듣고, 결정하고, 행동으로 옮겼다.

삶은 모험 속에서 진행되는 한편의 영화와 같다. 영산은 믿음을 모험이라고 말한다. "믿음의 사람은 모험의 사람인 것입니다. 따라서 담대해야 되는 것입니다. 너희가 담대함을 버리지 말라. 담대함은 큰 상을 얻는다고 말합니다. 주의 말씀에 의지하지 않고는 그런 담대함을 얻을 수 없는 것입니다."[126]

영산은 믿음의 결단에 대해 이렇게 강조한다. "여러분의 마음이 새로워지고 꿈을 품으면, 이제 그대로 실천하는 믿음의 결단을 내려야 합니다. 변화된 마음과 목표를 세운 꿈은 믿음을 산출해내는 것입니다. '그냥 믿습니다' 한다고 해서 믿음이 나오지 않습니다. 믿음은 들음에서 나며 들음은 그리스도의 말씀으로 말미암기 때문에 주의 말씀을 들어서 생각이 달라지고 달라진 생각으로 내가 아름다운 꿈을 꿀 때 그 꿈을 통해 마음속에 믿음이 생기는 것입니다. 사람은 마음속에 믿음이 생기면 내가 믿어 볼 것이냐, 안 믿을 것이냐 마음속에 결단을 내려야 되는 것입니다. 믿음이란 것은 여러분 결단입니다. 믿음이란 것은 무슨 마음속에 어떤 감격이 있어야 믿고, 또 머릿속에 무슨 감격이 있어야 믿는 것 아닙니다. 내가 믿겠다고 결심을 하면 믿는 것입니다. 내가 안 믿고 의심을 하겠다고 생각하면 끝까지 안 믿고 의심할 수 있는 것입니다. 그러므로 여러분과 나는 마음이 새로워지고 마음속에 아름다운 성취된 꿈을 가지고 있으면 믿겠다고 결단해야 되는 것입니다. 베드로도 그랬습니다. 주님께서 오라고 하자, 그는 마음을 새롭게 하고 물위로 걸어가는 자기의 모습을 꿈꾸며 '나는 물위로 걸어갈 수 있다!'고 마음속에 결단한 것입니다."[127]

우리는 일을 할 때 마음속에 항상 떨림이 있고, 조바심이 있고, 불안해한다. 그러나 성령님이 나와 동행하신다고 느껴질 때, 비로소 나는 담대하게 전진할 수 있다.[128] 헬렌 켈러(H. Keller)는 이렇게 말했다. "다른 사람들에게는 내가 가는 길이 어두운 것 같으나, 내 마음 속에는 신비한 빛이 있어, 나는 그 빛을 가지고 갑니다. 믿음이라는 강한 영적 탐색등이 내 길을 비추어줍니다."

믿음은 선택이며 의지이며 결단이다.[129] 전지전능하신 하나님을 믿는 믿음이 있을 때 우리는 이성과 경험을 초월해서 믿음으로 담대한 결정을 내릴 수 있다. 요한은 "그를 향하여 우리가 가진 바 담대함이 이것이니 그의 뜻대로 무엇을 구하면 들으심이라(요일5:14)"고 기록하고 있다.

2.11. 말씀의 믿음: 축복의 장이 열린다

영산은 "위대한 신앙생활은 첫째, 마음의 결단을 내리고, 둘째, 믿음을 실천하고, 셋째, 승리한 후 더욱 성령충만한 신앙생활을 유지하도록 해야 합니다. 이 세 가지를 잘 할 때 3중축복의 열매를 거두게 될 것입니다."라고 강조한다.[130]

---

126) 조용기, "믿음이 실패하는 이유", 주일설교(1984-07-15).
127) 조용기, "믿음이 실패하는 이유", 주일설교(1984-07-15).
128) "그러므로 내 사랑하는 형제들아 견실하며 흔들리지 말고 항상 주의 일에 더욱 힘쓰는 자들이 되라 이는 너희 수고가 주 안에서 헛되지 않은 줄 앎이라(고전15:58)." "오직 믿음으로 구하고 조금도 의심하지 말라 의심하는 자는 마치 바람에 밀려 요동하는 바다 물결 같으니 이런 사람은 무엇이든지 주께 얻기를 생각하지 말라 두 마음을 품어 모든 일에 정함이 없는 자로다(약1:6-8)."
129) 조용기, "어떻게 믿어야 하는가", 주일설교(2013-06-02).
130) 조용기, "신앙과 마음의 결단", 『순복음소식 제2집』, 199호(1982-07-25).

믿음은 신자에게 영원한 생명을 가져다준다. 영생의 복은 십자가의 복음과 믿음을 통해 우리에게 주어진다. 온전한 축복이란 삼위일체 하나님의 삶 안으로 들어가는 것이다. 신자는 영생의 씨를 품고 있어서 시간 속에 존재하면서도 영원을 고대하며 살아가고 있다.

궁극적으로 축복은 하나님이 우주를 향해 경영하시는 창조의 질서 안으로 들어가는 과정이다. 그 과정 속에서 성도는 하나님이 베푸시는 온갖 은사와 은혜를 누리게 된다. 복이란 혼자 잘 먹고 잘사는 개념이 아니라, 하나님이 태초에 인간에게 주었던 영적 선물들을 다시 찾아오는 과정이다. 더 구체적으로 서술하면, 성도는 믿음으로 하늘에 속한 신령한 복(엡1:3-14) – 자녀됨, 양자됨, 용서받음,131) 성령의 인치심 – 을 누리는 것이다. 아브라함의 자손인 우리는 형통의 복을 얻는다. 복의 본질은 장차 영원한 영적 생명을 누리는 데 있다. 그리스도인들은 '아브라함의 자손(갈3:7)'이다. 믿음으로 말미암은 자는 믿음이 있는 아브라함과 함께 복을 받는다(갈3:9).

인간은 믿음을 소유할 때 주님의 은혜로 의인으로 인정받으며, 의인처럼 백향목같이 성장한다.132) 하나님이 함께하시면 발부리를 막는 돌멩이까지도 디딤돌로 변화시킬 수 있다. 하나님의 말씀은 삶의 인도자이다. 말씀 안에 거할 때, 하나님의 인도와 형통과 복이 신자에게 주어진다. 또한 말씀을 받아들이고 순종하는 우리에게 성령님이 임하신다.

우리는 약속의 말씀을 붙잡고 끝까지 믿고 의심하지 말고 열정을 다해 성취를 향해서 전진해야 한다. 따라서 끊임없이 기도하며 끝까지 말씀을 믿고 기다리는 태도가 중요하다. 믿음의 조상 아브라함은 믿음과 순종과 인내로 하나님으로부터 많은 축복을 받았다.133)

2.12. 말씀의 믿음: 그리스도인의 삶의 본질

영산은 "구원받은 사람은 하나님의 사랑과 예수님의 은혜가 성령님의 임재를 통해서 마음속에 채워집니다. 이 놀라운 관계 속에 변화가 다가옵니다. 구원을 받으면 서서히 변화가 다가옵니다."라고 말한다.134) 그리스도인의 삶의 본질은 믿음과 말씀으로 변화하고 성장하는 데 있다. 말씀과 믿음은 인간의 마음을 변화시켜 그리스도의 거룩함과 의로움을 닮아가게 한다. "잡초를 죽이는 유일한 방법은 깎아내는 것이 아니라 제거하는 것이다. 인간의 영혼에 이와 같은 영향을 미치는 것은 예수 그리스도의 복음뿐이다."135) 매트 챈들러(Matt Chandler)의 말이다.

---

131) 찰스 스탠리(Charles Stanley), "하나님은 우리를 완전하게 용서하셨기 때문에 우리를 사랑하실 뿐 아니라 우리를 좋아하신다."

132) "의인은 종려나무같이 번성하며 레바논의 백향목같이 성장하리로다 이는 야훼의 집에 심겼음이여 우리 하나님의 뜰 안에서 번성하리로다(시92:12-13)." "네가 네 하나님 야훼의 말씀을 청종하면 이 모든 복이 네게 임하여 네게 이르리니 성읍에서도 복을 받고 들에서도 복을 받을 것이며(신28:2-3)."

133) "구하라 그러면 너희에게 주실 것이요 찾으라 그리하면 찾을 것이요 문을 두드리라 그리하면 너희에게 열릴 것이니 구하는 이마다 얻을 것이요 찾는 이가 찾을 것이요 두드리는 이에게 열릴 것이니라(마7:7-8)."

134) 조용기, "그리스도인의 생활", 주일설교(2010-08-29).

135) 매트 챈들러(Matt Chandler), 『완전한 복음』(Explicit Gospel), 새물결플러스(2013), 299-304.

인간은 하나님의 말씀과 멀어질수록 고독, 허무, 상실, 절망, 멸망의 늪으로 빨려들어간다. 그러나 말씀에 기초한 믿음은 세속적 가치관에서 복음적 가치관으로 변화시키는 능력을 지니고 있다. 믿음은 삶의 절대적인 희망을 지향한다.

우리는 '믿음으로 말미암아 그리스도 예수 안에서 하나님의 아들(갈3:26)'이 되었다. 하나님의 아들이란 제자로서 주님과 늘 하나가 되는 삶을 사는 자다. 챔버스(Oswald Chambers)는 하나 되는 삶을 강조한다. "오늘날 많은 사람들이 예수 그리스도를 위해 수고하고 희생하지만 주님과 동행하지는 않는다. 하나님께서 우리에게 원하시는 단 한 가지는 우리가 주와 함께 언제나 하나가 되는 것이다. 예수님은 우리가 함께 있기를 바라신다(요6:67)."[136]

그리스도인은 하나님의 은혜로 값없이 의롭다 하심을 얻은 자이다(엡2:8). 그리스도의 영이 내주하므로 그리스도인은 예수님과 하나되어 의인의 길을 걸을 수 있다(롬3:22). 믿음으로 의롭게 된 자들은 이제 '하나님과 화평(롬5:1)'을 누린다. 영산은 믿음, 사랑, 거룩함을 믿음생활의 삼위일체라고 말한다. "믿음은 사랑으로, 사랑은 의와 거룩함을 좇을 때 생겨납니다. 그러므로 참 믿음을 얻기 위해서 회개하지 않고는 믿음이 생겨나지 않습니다. 믿음, 사랑, 거룩함 이것은 삼위일체로, 이것들이 없이는 믿음생활이란 불가능한 것입니다." [137]

3. 믿음의 실천적 해석학

십자가는 믿음을 탄생시켜 신자로 하여금 십자가 위에서 죽고, 십자가 안에서 살고, 십자가를 품고 자랑하게 만든다. 믿음은 골고다 언덕 위에 세워진 십자가의 능력을 은혜와 함께 내 삶의 자리에 당겨온다. 삶의 자리에서 믿음의 역할은 실로 중요하다.

그리스도의 피는 우리의 믿음을 강화시키는 원동력이다(고후4:10-11). 그리스도는 그의 피로 영원한 속죄를 이루었다(히9:12). 그리스도의 피는 거룩한 삶을 사는 힘이자 지속력이다. 우리의 믿음은 보혈의 믿음이요, 그 믿음은 그리스도의 은혜로 유지된다. 믿음은 하나님의 은혜를 깊이 있게 체험하도록 한다. 결국 신자가 하는 가장 아름다운 일은 "야훼의 집에 거하여 야훼의 아름다움을 앙망(시27:4)"하는 것이다. 믿음이 바로 그 일을 한다.

모든 신자는 예수와 함께 죽고, 함께 부활하고(롬6:5), 함께 승천하여 그리스도 예수 안에서 함께 하늘에 앉는(엡2:6) 존재다.[138] 신자는 땅에 살면서도 동시에 하늘의 삶을 살고 있다(빌3:20).

믿음의 궁극 영산은 믿음이 행하는 궁극의 목표지점을 이렇게 강조한다. "우리 신앙생활의 궁극적인 목표는 예수님을 닮는 것입니다. 하나님께서는 우리의 성품과 행실이 예수님을 닮을 때 비로소 기뻐하십니다."[139] 신앙생활이란 무엇인가? 그것은 믿음의 눈과 귀, 손과

---

136) 오스월드 챔버스, 『My Utmost for His Highest』, 토기장이(2008), 묵상집(3월9일자).
137) 조용기, "나의 의인은 믿음으로 살리라", 주일설교(1982-08-01).
138) "이기는 그에게는 내가 내 보좌에 함께 앉게 하여 주기를 내가 이기고 아버지 보좌에 함께 않은 것과 같이 하리라(계3:21)."

발을 더해 하늘나라 삶의 방식을 좇아가는 삶이다.140) 신앙생활에서 예수님에 관해 배우는 것보다 더 강력한 것은 없다. 우리는 예수님의 십자가적인 삶을 본받아야 한다.

믿음은 성도와 그리스도를 하나로 묶어준다. 믿음의 절정은 인간의 영과 예수의 영의 연합에서 일어난다(갈2:20, 고전6:17). 이 연합으로 성도의 삶의 방식은 천상의 방식으로 전환된다. 무엇보다 이제 그리스도와 연합된 성도는 그리스도를 더 알아가야 한다. 조나단 에드워즈(Jonathan Edwards)는 "믿음에 대한 참된 체험적 지식은 영적 아름다움을 아는 데서 생긴다"고 말한다.141) 한편으로, 지식을 기초로 한 믿음도 중요하다.142) 다윗은 자신의 능력을 의심하는 자에게 자신의 경험과 지식을 열거하고 있다(삼상17:34-37). 이론적 지식과 경험적 지식은 서로를 강화시킨다. 믿음은 분명 하나님이 주시는 선물이지만(엡2:8-9), 그리스도를 아는 지식과 믿음은 분명히 서로를 강화시켜주는 관계에 있다.

믿음의 구성요소는 진리에 대한 동의로서의 '신념', 자신을 기꺼이 드리는 '신뢰', 하나님께 자신을 맡기는 '헌신'을 포함한다. 곧 신념은 하나님을 부르고, 하나님을 신뢰하고, 하나님께 자신을 전적으로 맡기게 한다.143) 우리 안에 믿음이 생기면, 그 믿음은 지성, 감성, 의지를 동반자로 삼아서 활동한다. 진리가 믿음을 작동시키는 원인 제공자라면, 믿음은 '교훈의 본을 마음으로 순종(롬6:17)'하게 한다. 신념은 지성을 당기고, 신뢰는 마음을 당겨오고, 헌신은 의지를 당겨와 믿음이 입체적으로 일을 하게 된다.144) 믿음은 마음에 거하는 '지ㆍ정ㆍ의'를 활용한다.

우리가 믿음을 갖고 있는지 아닌지를 결정하는 것은 우리 마음의 근본적인 성향과 관계된다.145) 히브리서 저자는 '믿지 아니하는 악한 마음(히3:12)'을 지적하며 성향의 중요성을 언급한다. 악한 마음의 성향은 스스로 믿음을 가질 수 없다. 믿음에는 마음의 성향-지성, 감성, 의지 등이 관여하여 총체적으로 나타난다. 믿음은 전인적(全人的)이다.146)

---

139) 조용기, "신앙생활과 신앙인격", 주일설교(2012-05-06).

140) 토마스 브룩스(Thomas Brooks)의 『지상에서 누리는 천국』(Heaven on Earth)을 참조하라(지평서원, 2012). 이 책의 제1부는 '이 땅에서 천국을 맛보게 하는 구원의 확신'을 다루고 있다.

141) 존 스미스 편, 『신앙감정론』(The Works of Jonathan Edwards Volume 2: Religious Affections), 부흥과개혁사(2013), 393.

142) 윌라드(Willard)는 믿음과 지식의 관계에서 지식을 이렇게 정의한다. 즉 지식은 단순한 믿음이나 헌신과 달리 그 소유자에게 행동을 지휘하고 전략을 세워 감독하고 가르칠 수 있는 권위 또는 권리(혹은 책임까지도)를 부여해준다. 지식은 참 믿음을 떠받쳐주고, 접근하기 쉽고, 나누기 쉬운 것으로, 더 유익한 것으로 만들어준다. 종교는 언제나 지식을 기초로 한 모습으로 등장한다. 참조. 달라스 윌라드(Dallas Willard), 『그리스도를 아는 지식』(Knowing Christ Today: Why We Can Trust Spiritual Knowledge), 복있는사람(2012), 41-45.

143) 마틴 로이드 존스(Martyn Lloyd Jones), 『성령 하나님과 놀라운 구원』(God the Holy Spirit), 부흥과개혁사(2013), 243.

144) 코넬리우스 반틸(Cornelius Van Til, 1895-1987), 『변증학』(The Defense of the Faith), 139. "인간의 의지와 하나님의 의지에는 차이가 있다. 하나님은 절대적인 합리성(rationality)이자 절대적인 의지(will)이시다. 하나님 안에서는 영원한 성취만 있을 뿐이다. 하나님은 최종적이고 궁극적으로 자기결정적(self-determinative)이시다." 첨언하면, 인간 안의 자기결정력은 영혼의 본질이며, 의지는 하나님이 인간과 함께 일하기 위해 인간에게 주신 특별한 선물이다. 인격 안에서 의지는 결정적인 역할을 한다.

145) 마틴 로이드 존스(Martyn Lloyd Jones), 『성령 하나님과 놀라운 구원』(God the Holy Spirit), 부흥과개혁사(2013), 240.

영산은 "4차원영성의 믿음의 삶을 살기 위해서 하나님의 믿음, 예수님 은혜의 믿음, 성령의 도우심의 믿음을 품어야 합니다."라고 역설한다.[147] 그는 믿음을 갖게 되는 원리를 이렇게 설명한다. "여러분이 하나님의 말씀으로 마음을 새롭게 변화시켜 새로운 사고방식을 품으면, 하나님의 생각을 듣게 됩니다. 여러분의 생각 속에 하나님의 생각을 받아들이면 믿음을 산출하게 됩니다."[148]

믿음의 가치체계   믿음은 이성을 새롭게 한다. 신자의 새로워진 이성은 믿음이 하는 일을 적극적으로 도와준다. 다시 말해, 믿음은 이성의 본래 기능을 회복시켜준다. 영산은 "우리가 믿는 하나님은 체험적인 하나님이십니다. 관념적인 하나님이 아닌 것입니다. 철학적이고 심리학적이고 학문적인 하나님이 아니라, 지금 살아계신 하나님인 것입니다."라고 말한다.[149] 믿음은 머릿속에서만 작용하는 관념이 아니다. 믿음은 마음하늘에서 일어나는 실제상황을 인간세계에 투영해주는 반사체와 같다. 믿음은 새로운 영적 지식의 체계이다. 믿음은 인간으로 하여금 유한한 실존임을 드러나게 한다.[150] 성령으로 충만하게 되면 인간의 이성은 믿음과 자리를 바꾼다. 이성중심의 사고체계가 '믿음운영체계'로 전환된다.

십자가는 옛 사람의 이성을 새롭게 해서 새 사람의 믿음에 도움을 주도록 이끈다. 믿음은 하늘나라의 출입문을 열어서 하나님의 은혜가 우리의 삶 속에 부어지게 한다. 십자가는 땅의 삶의 방식을 하늘의 삶의 방식으로 전환시켜주는 거룩한 갱신의 처소이다. 그 중심에는 믿음이 자리 잡고 있다. 인간은 예수님 안에서 살고 기동(起動)하고 존재한다. 하나님을 기쁘시게 하는 삶을 살려면, 우리는 지성으로 하나님을 더 알아가야 하고, 감성으로 거룩을 유지하며, 자신의 일보다 주님을 위해 일하고자 하는 의지가 있어야 한다.

영산은 4차원영성으로 창조적 신앙을 삶의 자리에 투영할 것을 요청한다. 그는 이렇게 말한다. "상상과 꿈을 가질 뿐 아니라 믿음을 마음속에 가지고 그것으로 행하면 큰 역사가 일어나는 것입니다. 환경을 변화시키는 씨앗은 바로 믿음입니다. 그 믿음을 가졌으면, 그 믿음을 가지고 말을 해야 합니다. 혀를 가만히 내버려두지 말고, 조그마한 믿음이라도 있으면 믿음을 자꾸 말해야 되는 것입니다. '나는 믿습니다.' '됩니다.' '발전하고 있습니다.' '좋은 일이 생깁니다.' 그러한 믿음을 기초로 해서 자꾸 말을 하게 되면, 그 믿음이 승리의 바람을 일으킵니다."[151]

---

146) 위의 책, 240-241.

147) 조용기, "하나님의 주소", 주일설교(2008-11-23). 그는 또한 4차원적 믿음의 메시지의 키워드를 6가지로 압축하여 설명한다. 믿음의 생각, 믿음의 눈, 자신의 믿음과의 대화, 언어의 위력, 믿음의 언어, 창조적 명령. 즉 , 믿음으로 생각하고, 믿음으로 바라보고, 믿음을 선포하는 것이 4차원 믿음의 메시지다. 참조. 조용기, 『설교는 나의 인생』, 서울말씀사(2009), 121-145.

148) 조용기, 『4차원 영적세계』, 서울말씀사(1996), 141.

149) 조용기, "체험적인 신앙", 주일설교(2011-05-08).

150) "믿음의 무한한 의미는 유한한 인간의 실존을 확인시켜준다." 필립 얀시, 『아 내 안에 하나님이 없다』, 좋은씨앗(2009), 107. 이것은 레오 톨스토이(Leo Tolstoy, *A Confession*, John Bayley, ed., The Portable Tolstoy, New York: Penguin(1978))의 책 p.704에서 인용되었다.

151) 조용기, "말의 창조적 힘", 주일설교(2013-07-28).

민음은 은혜의 신앙을 빚어낸다. 믿음은 허무와 절망으로부터 벗어나게 하고, 하나님의 은혜 안에 머물게 한다.[152] 사도 바울이 고백하는 것처럼 성도는 마음으로는 하나님의 법을, 육신으로는 죄의 법을 섬기려 한다(롬7:25). 믿음은 자신의 것을 비우게 하고, 그 빈자리에 하나님 사랑과 이웃 사랑으로 채워준다.[153]

믿음의 진보 인간은 믿음으로 구원받아 천국행 티켓을 얻는다. 믿음은 기독교 영성의 핵심 요소 중 하나다. 4차원영성을 거시적으로 이해하면, '하나님을 하나님 되게 해드리는 일(Let God be God)'이고, '인간을 인간 되게 하는 일(Let Human be Human)'이며, 그 중심에는 말씀과 보혈의 믿음이 있다. 믿음은 믿으면서 배우고 성장한다. 기도는 기도하며 배우고, 더욱 기도에 힘쓰게 된다. 영산은 차원 높은 믿음에 대하여 4가지로 요약한다.[154]

a) 믿음의 세계는 감각적이고 이성적이며 체험적인 물질세계를 초월한다(히11:3).

b) 없는 것을 있는 것같이 바라보고 믿을 때, 마귀가 주는 두려움의 심연에서 감각적이고 현실적인 마귀의 공격을 대응할 수 있다(벧전5:8-9).[155]

c) 강하고 담대한 믿음의 삶은 예수님이 함께 하시기 때문이다. "그는 나의 피난처요 나의 요새요 내가 의뢰하는 하나님이라(시91:1-7)."

d) 말씀으로 우리의 마음을 승리와 평안의 분위기로 다스려야 한다(요14:27).

지정의적 개념에서 믿음이란 무엇인가? 그것은 정신적 믿음과 의지적 믿음의 연합이다.[156] 성경적으로 보면 믿음이란 바라는 것들의 실상이며 보지 못하는 것들의 증거이고(히11:1), 하나님이 계시는 것을 믿는 것이고(히11:6), 하나님을 찾는 것이다(사55:6, 렘29:13, 암5:4, 마6:33). 따라서 믿음이 성장하려면 하나님에 대한 지식이 충만해야 한다. 하나님을 아는 지식이 성장할수록 믿음이 성장할 기회도 그만큼 커진다. 하나님은 스스로 말씀하신 바를 이루시는 분이시다. 곧 말씀이 하나님이시다. 따라서 말씀은 믿음을 낳으며, 이 믿음은 하나님의 약속을 현재 시제로 바꾸어놓는다. "들의 모든 나무가 나 야훼는 높은 나무를 낮추고 낮은 나무를 높이며 푸른 나무를 말리고 마른 나무를 무성케 하는 줄 알리라 나 야훼는 말하고 이루느니라 하라(겔17:24)."

---

152) 제임스 로더(James Loder), 『성령의 관계적 논리와 기독교교육 인식론』(The Relational Logic of the Spirit in Theology and Science), 대한기독교서회(2009), 150-158.

153) 달라스 윌라드(Dallas Willard)는 "사랑이란 선과 악, 옳고 그름을 구별하는 원천이다."라고 말한다. 사랑은 곧 하나님 앞에서 우리의 영향권 안에 있는 사람들의 삶의 유익을 도모하는 일에 겸손하고 단순하게 헌신하는 것을 뜻한다. 참조. 달라스 윌라드(Dallas Willard), 『그리스도를 아는 지식』(Knowing Christ Today: Why We Can Trust Spiritual Knowledge), 복있는사람(2012), 230.

154) 조용기, "나는 왜 예수님을 믿느냐?", 주일설교(2011-05-22).

155) 없는 것을 있는 것처럼 믿는다는 것은 하나님이 나를 창조하셨다는 사실을 형이상학적으로 수용하고, 신뢰하고, 믿는다는 것이고, 동시에 인식론적으로 보면, 존재하시는 하나님이 능히 그 일을 실존적으로 이루실 것을 믿는 행위다. 믿음의 행위는 곧 말씀의 희망선(希望線)을 붙드는 행위이고, 현재와 미래의 차이점을 제거하는 과정이다.

156) James R. Estep & Jonathan H. Kim, *Christian Formation*, B&H Academic(2010), 80-81, [믿음(faith)] = [정신적 믿음(Belief, mental act of faith)] + [의지적 믿음(Trust, volitional act of faith)]. 믿음은 정적개념(conceptual concept)과 동적개념(perceptual concept)을 서로 조화시킨다. 또한 믿음의 진보와 관련해서 하나님을 아는 지적 마음(intellectual mind)도 중요한 역할을 한다.

믿음은 성령 안에서 말씀을 현재의 시제로 가져오는 '현재화(realization) 능력'을 지니고 있다. 자연적인 믿음은 육체적 감각에 의존하지만, 믿음을 가진 자는 '보이지 아니하는 자를 보는 것 같이' 한다. 이것이 믿음의 속성 중 하나다. 히브리서는 모세가 "믿음으로 애굽을 떠나 왕의 노함을 무서워하지 아니하고 곧 보이지 아니하는 자를 보는 것같이 하여 참았으며(히11:27)"라고 적고 있다. 히브리서 11장 전체는 믿음의 탁월함에 대해 다룬다. 핵심적인 교훈은 '순종'이다.157) 믿음은 '순종'을 낳고 '인내'를 낳는다. 믿음이 하는 것은 '순종하고 견디는 일'이다.158)

그렇다면 믿는 자는 어떠한 행동을 해야 하는가? 요한일서가 그것을 구체적으로 묘사하고 있다.159) 그러면 믿음의 결과는 어떻게 나타나는가?

    a) 거듭나게 해서 산 소망을 갖게 한다(벧전1:3-4).

    b) 하나님의 능력으로 보호하심을 받는다(벧전1:5).

    c) 믿음의 시험으로 강해진다(벧전1:5-6).

    d) 하나님의 영광을 위해 지켜주신다(벧전1:7, 벧전2:20, 벧전4:13).

    e) 역사하는 믿음을 통해 구원받는다(벧전1:9).

그러한 믿음의 최종 결과는 구원이다. 인간은 하나님의 형상대로 지음 받았기 때문에 하나님의 믿음을 닮아갈 수 있는 특성을 가지고 있다.160) 영산의 믿음개발의 원칙은 십자가에서 흘러나온 5중복음과 3중축복이다(그림 8-1). 또한 영산은 믿음으로 마음을 다스려야 한다고 말한다. "하나님의 말씀을 통해서 마음이 어떻게 변화될까요? 용서와 의로움을 받은 믿음으로 꽉 들어차야 되고, 거룩함과 성령충만의 믿음으로 꽉 들어차야 되고, 치료와 건강의 믿음으로 꽉 들어차야 되고, 아브라함의 축복과 형통의 믿음으로 꽉 들어차야 되고, 부활, 영생, 천국의 믿음으로 꽉 들어차야 됩니다. 마음이 변화되면 환경이 따라서 변화됩니다. 마음을 지키는 것이 곧 믿음입니다."161)

---

157) 모든 은혜의 목적은 우리를 순종케 하는 것이다. 믿음의 목적은 예수 그리스도를 받아들이는 것이며, 우리에게 예수 그리스도를 믿으라고 명령하는 복음의 명령에 순종하는 것이다. 모든 은혜는 순종하는 영혼이 되도록 합력한다. 그래서 우리의 마음속에 있는 은혜만큼 우리는 순종하게 되어 있다. 참조. 존 스미스 편(조나단 에드워즈), 『신앙감정론』(The Works of Jonathan Edwards Volume 2: Religious Affections), 부흥과개혁사(2005), 560에서 인용.

158) 윌라드는 "순종은 내적변화의 결과이며, 내적변화는 그리스도 안에 있는 하나님의 은혜와 의지적으로 교류할 때 이루어진다. 순종은 기독교 영성형성의 필수적 결과이다(요13:34-35)."라고 서술한다. 참조. 달라스 윌라드(Dallas Willard), 『마음의 혁신』(Renovation of the Heart), 복있는사람(2014), 36.

159) 믿는 자는 빛 가운데 행한다(요일1:6-7). 믿는 자는 죄를 고백한다(요일1:8-2:1). 믿는 자는 그의 계명을 지킨다(요일2:3-4, 요일5:2-3). 믿는 자는 그 형제를 사랑한다(요일3:10). 믿는 자는 건전한 교리를 지지한다(요일3:20-23). 믿는 자는 거룩함을 추구한다(요일2:29, 요일3:4).

160) 하나님의 형상의 구조와 기능: 구조가 이성, 도덕, 양심 등이라면, 기능이란 '인간이 하나님께 바르게 응답하는 것', '하나님과 이웃을 향한 사랑 가운데 사는 것', '하나님, 이웃, 창조세계와 바른 관계에 사는 것' 등을 의미한다. 참조. 앤서니 후크마(Anthony A. Hoekema), 『인간론』(Created in God's Image), 부흥과개혁사(2012), 이용중 옮김, 108. 하나님 형상의 구조와 기능은 상호연합적이고, 상보적이다. 새의 날개가 구조라면, 나는 것은 기능이다. 유비하면, 인간의 이성이나 도덕이 구조라면, 기능은 하나님을 사랑하는 것이다. 그런 맥락에서 인간은 하나님의 형상을 닮아갈 수 있다.

161) 참조. 조용기, "마음을 다스려야", 주일설교(2011-05-29). "네 마음을 지켜라"(2010-09-19). "마음성전"(2007-10-14). "마음하늘"(2007-01-21).

십자가 믿음　　십자가는 인간이 무엇을 하느냐에 초점을 맞추기보다 먼저 어떤 사람이 되어야 하느냐에 관심을 둔다. 환언하면, '먼저 영적으로 의롭고 거룩한 사람이 되고, 그 다음에 무엇을 하라'는 것이다. 인간은 장차 무엇을 해야 할지 구체적으로 알 수 없다. 인간은 불완전하다. 성경은 하나님 자신의 성품에 참여하는 자가 되기를 원하시며(벧후1:4), 그 아들 그리스도의 마음을 품고 살기를 원하신다(빌2:5). 하나님의 성품 – 거룩함과 의로움 – 을 닮게 되면, 현재 내 삶뿐 아니라 장차 내가 무엇을 하면서 살아야 할지 분명하게 드러날 것이다.

영산은 "하나님 앞에서 믿음의 위대한 역사는 반드시 십자가를 통해서만 나타남을 우리는 알아야 합니다. 십자가 없는 믿음은 절대로 믿음으로써 역사하지 아니하는 것입니다."라고 말한다.[162] 영산의 믿음론은 십자가 안에서의 믿음이다. 그에게 믿음이란 오직 십자가를 통한 믿음뿐이다.

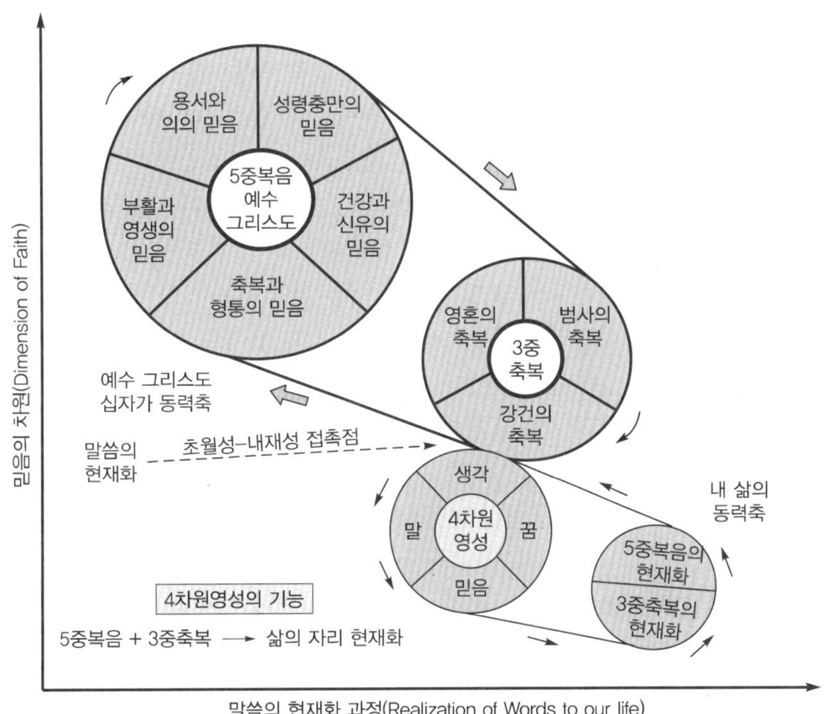

그림 8-1. 5중복음-3중축복-4차원영성과 믿음진보 모델: 4차원영성은 5중복음과 3중축복을 삶의 자리에 적용하는 구체적인 방법을 제시해준다. 믿음이란 명제적 진리인 말씀을 절대기준으로 삼고 믿는 행위다. 내 삶의 동력축이 예수 그리스도 십자가 동력축에 감겨 돌아가야 하나님의 믿음을 품고 위대한 일을 할 수 있으며, 없는 것을 있는 것처럼 믿고 고백하게 된다. 4차원영성은 평면적 믿음에서 총체적 믿음을 품게 해주어 말씀을 현재화시키며, 나아가 성도의 삶을 말씀중심의 삶이 되게 한다. 믿음이란 성경말씀을 삶의 자리에 펼쳐서, 하나님의 능력이 역사하게 하는 거룩한 영적활동의 과정이다. 신자(信者)의 입장에서 보면, 믿음은 지금은 손에 없지만 장차 있을 희망의 끈을 붙드는 영적 행위이다. 말씀과 믿음은 거룩한 짝이다. 그리고 그 믿음은 순종을 잉태시킨다(창15:5-6).

---

162) 조용기, "십자가와 믿음", 주일설교(1984-01-01).

그는 "십자가는 우리를 고통스럽게 하려고 주신 것이 아니라, 진실로 믿음의 위대한 삶을 살기 위해서 하나님이 주신 조건인 것입니다. 기독교 신앙이란 미신이 아닙니다. 말을 많이 하고 반복한다고 해서 역사가 일어나지 않습니다. 여러분이 오직 십자가만 걸머지면 오늘 이 자리에서 기적이 일어나기 시작하는 것입니다."라고 말한다.163) 그는 십자가의 믿음만이 창조적이고 기적적인 일을 일으킨다고 강조한다. 내 삶의 자리에서 5중복음의 믿음을 품는 것이 중요하다(그림 8-1). 영산의 믿음 원칙은 십자가 중심의 믿음이요, 보혈의 믿음이요, 예수님의 믿음이다.164)

영산은 또한 믿음의 성경적 정의를 이렇게 말한다. "믿음은 바라는 것들의 실상이요 보이지 않은 것들의 증거입니다. 마음속에 바라는 소원이 믿음의 출발점입니다. 마음속의 소원이 텃밭이 되는 것입니다. '소원의 텃밭'에 믿음의 꿈나무와 잎과 꽃과 열매가 맺어지는 것입니다. 마음에 뜨거운 소원이 있으면 믿음의 바탕이 이루어지는 것입니다."165)

영산은 믿음은 이론으로 설명할 수 없으며, 믿음이란 말씀 위에 서는 것이며 오감을 극복하는 것이라고 피력한다.166) "우리는 믿음을 이론적으로 설명할 수 없습니다. 합리적으로 믿음을 깨닫지 못합니다. 믿음은 성령으로 말미암아 믿어지는 것입니다. 수학자였던 파스칼(Etienne Pascal)은 '하나님은 철학자의 하나님이 아니요, 과학자의 하나님도 아니다. 하나님은 성경에서 가르친 대로 믿는 자의 하나님이다. 신앙은 인간의 이성을 십자가에 못 박는 것'이라고 말합니다. 믿음이란 합리적인 생각에 기초한 것이 아니라 말씀 위에 서는 것입니다. 또한 믿음은 감각에 의지하는 것이 아니라 감각을 극복하는 것입니다. 그러므로 이성과 감각을 초월하여 하나님의 기적을 체험하기 위해서 '하나님의 믿음'을 가져야 되는 것입니다. 하나님의 믿음을 얻기 위해서 우리가 성경을 읽고 기도해서 성령의 감동을 받아 레마를 마음속에 받아들이는 것이 하나님을 믿는 믿음입니다."

그는 믿음은 한 순간에 자라는 것이 아니라 일평생 학습하는 것이라고 강조한다. "믿음으로 사는 법을 배우면, 놀라운 하나님의 기적을 체험하게 됩니다. 믿음으로 사는 법은 한 순간에 이루어지는 능력이 아닙니다. 평생토록 학습하고 배워가야 합니다. 그래서 습관이 되어야 합니다."

하나님께서는 우리에게 믿음을 선물로 주시면서 잘 활용할 수 있도록 여러 가지 매뉴얼을 성경에 기록하셨으며, 성경에는 믿음의 정의와 속성을 다음과 같이 기록하고 있다:167)

---

163) 조용기, "십자가와 믿음", 주일설교(1984-01-01).
164) <u>원칙 1. 용서와 의에 대한 믿음</u>: 죄인이 예수 그리스도와 십자가에서 하나 됨으로써 죄를 멸하고 옛 사람을 벗게 된다. 예수님의 은혜로 용서와 의의 선물을 받게 된다(롬3:23-24). 예수님의 은혜의 보혈로 죄사함을 받는다(엡1:7). <u>원칙 2. 성결케 하는 성령에 대한 믿음</u>: 성결하지 못한 사람이 예수님과 합하여 십자가에서 죽음으로써 옛 사람을 벗는다. 예수 이름과 성령 안에서 씻음과 거룩함을 받는다(고전6:11). 예수의 은혜로 성령을 받는다(딛3:6-7). <u>원칙 3. 치료와 나음을 받는 믿음</u>: 예수님이 채찍에 맞으므로 우리는 나음을 얻는다(벧전2:24, 사53:4-5). <u>원칙 4. 축복과 부요를 누리는 믿음</u>: 예수님께서 가난하게 되고 저주를 받은 바 되어 우리를 율법의 저주에서 속량하시고 부요하게 하신다(고후8:9, 갈3:13-14). 모든 착한 일을 넘치게 한다(고후9:8). <u>원칙 5. 부활 영생의 새 사람에 대한 믿음</u>: 예수님과 함께 부활과 영생의 새 사람을 얻는다(고전15:12-22). 살아서 예수님을 믿는 자는 영원히 죽지 아니한다(요11:25-26).
165) 조용기, "꿈과 믿음", 주일설교(1984-11-04). "믿음의 시련"(1990-03-25). "생활속의 믿음"(1998-02-08).
166) 조용기, "하나님의 믿음", 주일설교(2009-08-09).

믿음은 바라는 것들의 실상이요 보지 못하는 것들의 증거다(히11:1). 믿음은 하나님이 주시는 선물이다(엡2:8-9). 믿음은 하나님 말씀으로 성숙된다(롬1:17). 믿음은 하나님의 약속을 믿는 행위다(롬4:13-22). 믿음은 지정의의 전인격적 결단이다(롬10:9-10). 믿음은 우리를 의롭게 한다(갈3:6). 믿음은 하나님의 계시를 전제로 한다(창15:1-6). 믿음은 시련으로 연단된다(약1:2-4). 믿음은 행함으로 온전케 된다(약2:22).

요약하면 '믿음은 하나님께서 우리에게 주신 선물이며, 믿음으로 의롭게 된 자가 소원하는 실상을 믿고, 결단하고, 행동에 옮기는 것'이다.168) 그 과정 속에서 믿음은 시련으로 연단되며, 말씀으로 성숙된다.

예수님은 인간의 영적성장을 위해 시청각교육의 모델이 되어주셨다.169) 또한 하나님은 구원 계획을 명확히 보여주기 위해 이론으로 설명하지 않으시고, 예수님을 이 땅에 친히 보내셨다. 하나님이 아무리 이론으로 설명하신들 인간 편에서 알아들을 리 없다. 21세기 과학의 모든 지식과 기술을 동원한다고 하더라도 인류는 개미 한 마리도 만들지 못한다. 인간 스스로 전능하신 하나님의 '믿음의 진리'를 알 수 없다. 진리가 진리를 세운다.

믿음은 '이론'으로 설명이 안 된다. 또한 믿음은 신뢰도 아니고, 자기 확신도 아니고, 확고한 결정능력도 아니다. 믿음은 전지전능하신 하나님이 우리에게 주신 영적 선물(은사)이다. 믿음은 우리 인간이 만든 땅의 언어가 아니고, 영적 언어이다. 하나님께서는 성경을 통해 믿음을 여러 가지 모양으로 설명하신다. 나아가 하나님은 수많은 믿음의 실례들을 신구약에 기록하게 하셨다. 이것은 하나님과의 관계에서 '믿음'이 그만큼 중요함을 의미한다.

영산은 믿음은 우리가 말로 선언해야 한다고 강조한다. 말씀을 믿었으면 담대히 선포해야 한다는 것이다. "믿음이란 환경이나 감각이나 느낌을 믿는 것이 아니라, 하나님을 믿는 것입니다. 믿음의 사람은 믿음의 말을 사용하는 사람입니다. 감각적, 이성적인 말이 아닌 것입니다. 인간적인 체험의 말이 아니라 성경에 기록된 말씀을 말하는 것입니다. 내 마음대로 말하는 것이 아니라, 하나님의 말씀을 믿고 하나님의 능력을 의지해서 말하는 것입니다. 환경, 감각, 느낌을 초월해서 없는 것을 있는 것같이 말해야 하는 것입니다."170)

---

167) 앤서니 후쿠마((Anthony A. Hockema), 『구원론』(Saved by Grace), 부흥과개혁사(2013), 193-195. 성경 기자들은 믿음에 대해 다양하게 묘사한다. a) 바울은 오직 믿음(롬3:28), 그리스도와의 연합(엡3:17, 고전6:17), 사랑과 경건한 생활(갈5:6)로 묘사한다. b) 야고보는 믿음을 행함으로 강조한다(약2:26). c) 베드로는 믿음을 소망과 연결시킨다(벧전1:21). d) 요한은 요한서신에서 참된 믿음이 영적 지식을 가져온다고 역설한다(요일5:13). 한편 시편에서는 하나님을 신뢰함, 하나님 안에서 피난처를 발견함, 하나님께 우리 자신을 맡김, 하나님께로 피함 등으로 묘사한다.

168) 조용기, "믿음이 실패하는 이유", 주일설교(1984-07-15). "언제나 우리 믿음이 먼저 앞서고 하나님 능력이 뒤에 따라오는 것이지 하나님의 능력이 앞서고 난 다음에 믿음이 따라오는 것은 아닙니다. 그러므로 우리가 하나님 말씀을 받아서 마음이 새로워졌으면 그 다음 새로워진 모습으로 이루어진 꿈을 늘 마음속에 꾸어 보십시오. 사람이 마음속에 늘 아름다운 꿈을 그리면, 그것을 통하여 믿음이 생겨나는 것입니다."

169) J. I. Packer, *Serving the People of God*, Regent College Publishing(2008), 284-290. 영적성장(spiritual growth)은 측량할 수 있는 것이 아니며, 일정한 양식이 있는 것도 아니다. 영적성장의 기초는 1) 성령으로 거듭나야 하고, 2) 은혜로 의로워져야 하고, 3) 예수님과 연합되어야 한다(고전6:17). 믿음의 성장의 차원(dimensions of growth)은 4가지로 드러난다. 1) 하나님을 찬양하게 되고, 2) 인내하게 되며, 3) 사랑을 하게 되며, 4) 마귀와 대적하게 된다.

오직 성령님만 하나님에 대한 '본질적 확신 또는 확신적 믿음'을 갖게 할 수 있다. 하나님의 계심을 지식적으로 알고, 성령을 받아 '확신적 믿음'이 서면, 마지막 단계는 하나님을 전적으로 믿고 의지하고 맡기는 것이다. 하나님에 대한 신뢰는 성장과 성숙의 열매로 이어진다. 이것은 하나의 방정식으로 표시할 수 있다.171)

이제 믿음이 삶의 자리에서 구체적으로 실천하는 일들을 개괄적으로 살펴보고자 한다.

3.1. 삶의 자리에서 믿음으로 하나님의 창조 목적을 바라본다

믿음이란 '우리의 생각을 하나님의 생각으로 바꾸고, 하나님의 뜻대로 사는 것'이다.172) 믿음은 인간을 본래의 모습으로 회귀시킨다. 믿음은 먼저 거룩한 사람을 만들고, 이어서 믿음을 실행하게 한다. 우리 안에 계신 성령님은 우리가 새 피조물로서 새 생각, 새 마음, 새 행동으로 살게 하신다. 영산은 예수를 믿음으로써 새로운 삶의 지평이 열린다고 말한다. "예수 앞에 나오면 하나님의 성령이 우리 속에 들어와서 운행하십니다. 하나님의 성령이 우리 마음에 운행하시면, 우리는 하나님의 뜻을 좇아 어둠 대신 빛을 사모하는 사람으로, 땅 대신 하늘을 바라보고, 열매 맺지 못하는 사람에서 열매 맺는 사람으로, 무지에서 지혜와 지식과 총명으로, 가난에서 부유함으로, 다스림 받는 자리에서 다스리는 왕으로 변화될 수 있습니다. 이것이 하나님의 뜻입니다."173) 이처럼 믿음은 우리를 육의 차원에서 영의 차원으로 승화시킨다.

하나님은 인간과 교제를 원하신다. 아담이 잃었던 거룩과 의를 되찾은 그리스도인은 하나님과 교제가 가능하게 되었다. 영산은 "우리가 하나님과 동행하는 길은 오직 믿음을 통해서뿐입니다. 하나님과 우리의 대화는 믿음을 통해서 이뤄집니다. 하나님은 모든 사람에게 분량대로 믿을 만한 능력을 주었습니다. 믿음이란 선택입니다."라고 말한다.174)

십자가는 신자들에게 은혜를 주어 하나님의 창조목적을 점진적으로 이뤄가게 만든다. 십자가는 그리스도인의 삶의 기초다. 십자가와 믿음은 하나님의 뜻과 목적을 이루기 위해 서로 협력하며 연합한다. 신자는 오직 십자가 안에서 하나님의 창조목적을 알 수 있다. 믿음은 창조능력이다. 성도가 가지는 최대의 특권은 보는 것으로 행하지 않고, 믿음으로 행하는 것이다(고후5:7-8). 영산은 "모든 생활의 원동력은 믿음입니다. 인간적인 믿음은 인간의 능력을 개발하지만, 하나님의 믿음은 하나님의 능력을 체험하게 합니다."라고 역설한다.175) 인간은 믿음을 통해 창조주 하나님의 능력을 체험할 수 있다.

---

170) 조용기, "나는 과연 믿음의 사람인가?", 주일설교(2006-08-20).
171) [하나님을 향한 전인격적 믿음] = [하나님의 계심을 아는 과정-지식적 믿음] + [하나님을 믿는 과정-존재적 확신] + [하나님께 맡기는 과정-실증적 신뢰].
172) 이영훈, "믿음은 들음에서 나며", 주일설교(2008-07-27).
173) 조용기, "창조에 대한 하나님의 뜻", 주일설교(1987-03-01).
174) 조용기, 『히브리서 강해』, 생명의말씀사(2010), 300.
175) 조용기, 『291요약설교』, 서울말씀사(2003), 1-45.

성경은 먼지같은 인간이 의의 옷을 입는 과정을 세밀하게 그려놓은 하나님의 이야기다. 하나님은 창세 전에 인간을 선택하시고(롬8:29, 고전2:7, 엡1:11, 행22:14), 자신의 피조물을 말씀의 역사 안으로 불러내어 역사적 자아와 종말적 자아로 살게 하셨다. 즉, 하나님의 자녀로서 역사 안에서 믿음의 발자취를 남기는 존재로 삼으셨다.

지그문트 바우만(Zygmunt Bauman)은 『방황하는 개인들의 사회』에서 이렇게 주장한다. "우리는 각자 존재하고 나는 홀로 멸(滅)한다. 사회는 끝없이 위험과 모순을 만들어낸다. 그런 위험과 모순에 대처하는 일은 개개인의 몫이다."176) 조직은 더 이상 개인의 불운을 해결해주지 않는다. 이 세상과 어떤 조직 안에서든 모든 것이 유동적이고 일시적이고 제한적이다. 오직 한 가지, 곧 하나님에 대한 믿음만이 각 개인의 불확실, 불안정, 예측불허의 장벽을 초월해 새 창조의 세계를 열어주는 희망의 징검다리가 될 수 있다.

믿음을 가지면 인간은 창조의 눈, 귀와 입이 열려 하나님의 창조세계를 인지할 수 있게 된다. 동시에 믿음은 집단이 해결해주지 못하는 삶의 본래 모습을 회복시켜준다. 그 믿음은 궁극적으로 각 개인에게 선을 알게 하고, 그리스도께 이르게 하는 놀라운 힘을 준다. 성경은 이렇게 말하고 있다. "이로써 네 믿음의 교제가 우리 가운데 있는 선을 알게 하고 그리스도께 이르도록 역사하느니라(몬1:6)."

영산은 삶의 자리에서 믿음의 삶을 강조한다. "오늘날 세상 사람들은 육체의 노동력으로 사는 사람도 있고, 지성을 개발해 지적 능력을 가지고 사는 사람도 있고, 예수를 믿고 중생해서 성령으로 말미암아 하나님을 알고 그분의 말씀을 따라 믿음으로 사는 사람도 있습니다. 성경은 예수를 믿고 구원받아 의인이 된 사람은 믿음으로 말미암아 살 것이라고 말합니다."177)

믿음은 성도가 거룩하고 의로우며 선한 하나님의 법(롬7:12)을 따라가도록 만든다. 하나님은 영광 받으시기 위해 인간을 창조하셨다. 하지만 아담의 타락으로, 아담은 영적으로 죽게 되었다. 그의 후손은 자기 정체성을 잃어버린 채 땅 위에서 방랑자가 되었다. 인간의 교만, 욕망, 불신앙은 점점 죄의 늪으로 빠지게 했다. 하나님이 인간을 창조하신 목적을 되찾기 위해 자신의 독생자를 이 땅에 보내셨고, 그를 믿음으로써 구원의 길을 열어주셨다.178) 예수님을 믿으므로써 우리는 하나님 앞에 다시 설 수 있게 되었다. 그리고 하나님은 그분의 자녀들로부터 다시 영광을 받을 수 있게 되었다.

---

176) 지그문트 바우만, 『방황하는 개인들의 사회』, 봄아필(2013), 홍지수 역, 77–81에서 정리함. 이 책은 방황하는 개인들의 사회에 대하여 '우리의 존재방식, 우리의 사고방식, 우리의 행동방식'로 나누어서 삶의 이야기를 풀어가고 있다. 불안정, 불확실, 예측불허 시대에 인간은 홀로 불확실한 미래의 봉우리에 서 있다. 누구도 개인의 고뇌를 해결해주지 않는다.
177) 조용기, "성경적 믿음이란 무엇인가", 주일설교(2010-07-18).
178) A. W. 토저, 『예수님』(JESUS, Our Man in Glory), 규장(2014), 89. 하나님의 아들은 자신을 거룩한 제물로 드리셨고, 성령은 그 제물을 성부에게 전하셨고, 성부는 그 제물을 받으셨다. 거룩한 삼위일체 하나님은 잃어버린 자들을 찾아서 구원하는 위대한 일에 동참하신다.

가. 하나님께서는 우리로부터 영광 받으시기 위해서 창조하셨다.

하나님은 우리에게서 영광 받으시기 위해 오래 참고 기다리신다. "내가 내 영광을 위하여 창조한 자를 오게 하라 그를 내가 지었고 그를 내가 만들었느니라(사43:7)." 이 말씀은 하나님이 왜 우리를 창조하셨는지 분명하게 알려준다. 인간이 누구인지 알려면, 먼저 하나님을 알아야 한다. 왜 하나님이 인간을 창조했을까? 하나님은 우리에게 무엇을 원하실까? 인간에 관한 모든 질문은 이 두 가지에서 출발해야 한다.

하나님은 사람을 창조할 때 영광의 빛이 임하도록 지으셨다. 하나님은 우리가 모든 삶을 통해 영광의 빛을 반사하기를 바라신다. 인간은 맨 처음부터 존재하지 않았다. 천지창조 이전부터 존재하시는 하나님은 그분의 영광을 위해 인간을 창조하셨다. 그것은 하나님의 은혜와 사랑이다.

나. 하나님의 영광을 위해 살아야 할 의무가 인간에게 있다.

영산은 믿음으로 하나님께 영광을 올려드려야 한다고 강조한다. "우리 모두는 현실의 고통 가운데서도 마음에 품은 꿈과 믿음이 이루어지기를 간절히 소원해야 합니다. 이를 위해서 우리는 강하고 담대하게, 끝까지 믿음으로 나아가야 합니다. 그럴 때 우리의 소원이 이루어질 뿐 아니라, 기적이 일어나고 하나님의 영광을 보게 될 것입니다."179)

피조물인 인간에게는 창조주 하나님께 영광 돌리는 것이 가장 중요하고 가치 있고 고귀한 일이다. 이 땅에서 이보다 위대한 일은 없다.180) 인간이 이 땅에서 하는 모든 일은 하나님께 영광을 돌리기 위한 것이다(골3:17). 인간은 하나님께 영광 돌리기 위해 존재하고 살며 일하고 활동한다. 믿음의 조상 아브라함도 믿음으로 견고해져서 하나님께 영광을 돌렸다(롬4:20). 궁극적으로 그리스도인의 삶은 한편으로 의와 거룩으로 그리스도를 닮아가고, 다른 한편으로는 우리를 창조하신 하나님께 영광과 존귀와 감사를 올려드리는 일이다.

다. 하나님께 영광 돌리는 삶을 살아야 하나 실상은 그렇지 못했다.

죄는 하나님의 영광의 빛이 인간에게 비추는 것을 가로막는다. 모든 사람이 죄를 범하였으므로 하나님이 요구하시는 영광스러운 표준에 이르지 못한다(롬3:23). 성경은 타락한 인간이 "썩어지지 아니하는 하나님의 영광을 썩어질 사람과 금수와 버러지 형상의 우상으로 바꾸었느니라(롬1:23)"고 기록하고 있다. 인간은 의지(will), 감정(emotions), 마음(mind)을 지니고 있다. 의지적으로 하나님의 권위(authority)를 반역했고, 마음으로 진리(truth)를 받아들이지 않았고, 감정적으로 하나님의 사랑에 무관심했다. 모든 인간은 하나님의 영광을 그것보다 덜 가치 있는 것으로 바꾸면서 살아왔다.181)

---

179) 조용기, "믿으면 영광을 보리라", 주일설교(2010-01-17).
180) "너희가 내 이름으로 무엇을 구하든지 내가 행하리니 이는 아버지로 하여금 아들로 말미암아 영광을 받으시게 하려 함이라(요14:13)." "너희가 열매를 많이 맺으면 내 아버지께서 영광을 받으실 것이요 너희는 내 제자가 되리라(요15:8)." "너희가 먹든지 마시든지 무엇을 하든지 다 하나님의 영광을 위하여 하라(고전10:31)." "감사로 제사를 드리는 자가 나를 영화롭게 하나니 그 행위를 옳게 하는 자에게 내가 하나님의 구원을 보이리라(시50:23)."
181) Louise J. Walker, *Evangelism Today*, Texas: ICI University, 1994, p111-123.

죄의 본질은 하나님의 영광의 자리에 다른 것을 올려놓는 것이다. 아담의 후손은 하나같이 하나님의 영광의 자리에 다른 것들을 올려놓았다. 죄인인 인간은 마음이 굳어져서(겔11:19), 하나님의 영광을 무시했으며, 하나님을 영화롭게도 아니하고, 감사하지도 아니하고, 그저 생각이 허망하여졌다. 인간은 본질상 진노의 자식들(엡2:3)이다. 하나님은 인간으로부터 영광을 받으시기를 원하시지만, 죄인인 인간은 결코 하나님에게 나아가려고 하지 않았다.

라. 이제 우리 안에 잉태한 십자가의 믿음은 죽고 부활한 예수를 바라본다.

하나님 관점에서 보면, 십자가는 인간의 창조목적을 회복시키는 궁극의 방편이다. 십자가는 영이 죽은 자를 다시 살려놓는다. 하나님은 새 생명을 얻은 자를 통해 자신의 창조목적을 이뤄가신다.

영산은 십자가 예찬론자요, 십자가주의자다. 그는 예수를 바라보자고 역설한다. "예수를 바라보면 우리의 죄는 아무런 능력이 없습니다. 죄를 사한 예수님이 보입니다. 예수를 보면 우리의 모든 추한 허물도 아무 염려 없습니다. 주께서 다 용서하십니다. 예수님을 바라보면 병이 힘을 잃어버립니다. 저가 채찍에 맞음으로 나은 것을 보고 믿을 수 있는 것입니다. 예수님을 보면 그가 우리의 저주와 낭패와 실망을 짊어지고 가셨기 때문에 그런 것을 두려워하지 않습니다. 예수를 바라보고 죽으면 죽음도 겁나지 않습니다. 영원한 생명이 있는 것을 아는 것입니다."182)

하나님께서 인간을 사랑하셔서 회개하는 마음을 주셔서, 주님 품으로 돌아오게 하셨다.183) 하나님은 인간의 돌같이 굳은 마음을 부드럽게 해주겠다고 말씀하시며, 세상의 방법으로 결코 굳은 마음이 부드러운 마음으로 되지 않음을 보여주시고 있다. 새 영(new spirit)이 옛 사람의 마음속으로 들어와야 그에게 회개의 영이 임하고 새 사람이 된다.184) 인간은 복음을 듣고 회개하게 된다. 예수님을 구주로 영접하면, 마침내 말씀에 순종하며 거룩한 삶의 과정을 거치게 된다.185)

회개는 죄에 대하여 슬퍼하고, 마음으로 죄를 고백하고, 의지적으로 죄에서 돌아서는 과정이다.186) 회심이란 회개하여 예수 그리스도를 온전히 믿고 순종하는 삶의 과정이다. 바울이 그 대표적

---

182) 조용기, "예수를 바라보자", 주일설교(2011-11-13).

183) "내가 야훼인줄 아는 마음을 그들에게 주어서 그들이 전심으로 내게 돌아오게 하리니 그들은 내 백성이 되겠고 나는 그들의 하나님이 되리라(렘24:7)." "내가 그들에게 한 마음을 주고 그 속에 새 영을 주며 그 몸에서 돌 같은 마음을 제거하고 살처럼 부드러운 마음을 주어 내 율례를 따르며 내 규례를 지켜 행하게 하리니 그들은 내 백성이 되고 나는 그들의 하나님이 되리라(겔11:19-20)."

184) John Owen, *The Holy Spirit*, Versa Press(1998), 49-50. 새 사람(new man)이란 아담에게 처음 주어졌던 의와 진리를 되찾아오는 거룩한 과정이다(엡4:24). 하나님의 형상이 우리 안에서 새로 지어짐으로써 우리는 새로운 피조물, 즉 새 사람이 되었다.

185) Stanley J. Grenz et al, *Theological Terms*, InterVarsity Press(1999), 108. 구원의 순서를 구체적으로 기술하면 다음과 같다. 예정(Predestination): 하나님이 미리 정하심. 소명(Calling): 하나님의 전적인 은혜로 부르심. 중생(Regeneration): 죄로 죽었던 자가 다시 살아남. 회개(Repentance): 죄인임을 깨닫고 용서를 구함. 믿음(Faith): 신뢰하고 의지함. 칭의(Justification): 우리를 법적으로 의롭다고 선포함. 양자(Adoption): 의인으로 여기고 양자로 삼아주심. 성령세례(Baptism of Spirit): 성화 이전에 나타남. 성화(Sanctification): 거룩한 삶의 과정이 필요함. 견인(Perseverance): 하나님께서 끝까지 붙잡아주심. 영화(Glorification): 세상을 떠날 때 성화의 최종단계.

186) 신약성경에서 회개에 대한 헬라어 단어들은 주로 다음 두 가지가 사용된다. '메타노에오'는 마음과 생각을 본질적으로 바꾸는 것을 의미한다. '에피스트레포'는 세상을 향해서 가던 길에서 돌이켜서 하나님에게로 나아가는 것을 뜻한다(눅1:16-17, 고후3:16-17). 따라서 회개는 인격적인 존재의 총체적이고 근본적인 변화를 포괄한다. 참조. 스탠리 그렌즈(Stanley J. Grenz), 『조직신학』(The Theology for the Community of God), 크리스챤다이제스트(2003), 589-591.

예이다. 회개와 믿음이 함께 작용함으로써 일어나는 회심은 극적인 전기(轉機)를 가져다준다. 진정한 회심은 삶 속에서 그리스도께 순종하는 과정이다. 먼저 죄에서 돌아와 예수님을 영접하고 믿는 것이고, 그 다음 순종하는 것이다.[187] 신약성경에서 예수님께서는 여러 비유로 구원을 얻는 데 필요한 조건들을 말씀하셨다. 믿음으로 구원을 얻지만 전심을 다해 하나님께 순종하는 자세가 필요하다. 라합과 삭개오의 사례에 근거해서 살펴보면, 구원과정은 전적인 하나님의 은혜로 영적 원리에 따라 이뤄진다.[188]

3.2. 삶의 자리에서 믿음으로 하나님의 말씀만을 바라본다

영산은 "믿음의 양식은 하나님의 말씀입니다. 믿음은 하나님과의 만남과 관계형성에 없어서는 안 될 절대적인 요건입니다."라고 말한다.[189] 믿음의 근원은 말씀이다(롬10:17). 말씀의 능력은 믿음을 통해서 우리에게 나타난다.[190] 따라서 말씀을 듣고, 보고, 외우고, 마음속에 담아야 한다. "그러므로 믿음은 들음에서 나며, 들음은 그리스도의 말씀으로 말미암았느니라(롬10:17)."[191] 이 말씀은 믿는 자에게 '모퉁이의 머릿돌(벧전2:7)'이 되지만, 믿지 않는 자에게는 '부딪히는 돌과 거치는 반석(벧전2:8)'이 된다.

하나님의 말씀은 믿음의 뿌리다. 하나님의 말씀을 믿고 살면, 선한 일을 행하게 된다(엡2:10, 고후 5:17). 4차원영성은 하나님의 말씀을 마음에 담아서 삶의 자리에서 하나님의 임재를 체험하게 한다. 따라서 믿음을 진보시키려면 주의 말씀을 날마다 사모하고 바라보아야 한다. 영산은 말씀을 받아 새로워졌으면 꿈을 품어야 하며, 그 꿈을 통해서 믿음이 생겨난다고 말한다. "우리가 하나님 말씀을 받아서 마음이 새로워졌으면 그 다음 새로워진 모습으로 이루어진 꿈을 늘 마음속에 꾸어보십시오. 사람이 마음속에 늘 아름다운 꿈을 그리면, 그것을 통하여 믿음이 생겨나는 것입니다. 믿지 않으면 아무리 왔다갔다 해도 소용없습니다. 믿을 때 역사가 일어납니다. 베드로도 믿음으로 물위로 뛰어들어갔을 때, 하나님의 능력이 뒤따라와서 물위로 걸어갈 수 있는 능력이 생긴 것입니다."[192]

---

187) 회심은 옛 생활과의 개인적인 단절이며, 새 생활로의 진입이다. 회심은 하나님께로 돌이키는 것이다. 즉 회개와 믿음을 통해서 우리는 새로운 주인인 예수 그리스도에게 우리 자신을 드리는 것이다. 참조. 스탠리 그렌즈(Stanley J. Grenz), 『조직신학』(The Theology for the Community of God), 크리스챤다이제스트(2003), 594-602.

188) (사례 1) 라합의 구원 과정(회개 + 믿음 + 회심). 1단계: 죄인(수2:1)으로 멸망 받을 자(롬6:23). 2단계: 말씀을 들음(수2: 9-10). 3단계: 말씀을 믿음(수2:9, 11). 4단계: 믿음을 보임(수2:1-7), 가족의 구원을 원함(수2:13). 5단계: 구원받음(수6:23, 25). 6단계: 예수의 조상이 됨(마1:5). (사례 2) 삭개오의 구원과정(회개 + 믿음 + 회심). 1단계: 주님께 대한 관심(눅19:3). 2단계: 주님 뵙기를 희망함(눅19:4). 3단계: 주님을 영접함(눅19:6). 4단계: 주님께 헌신함(눅19:8). 5단계: 회개의 열매를 맺음(눅19:9-10).

189) 조용기, "믿음", 주일설교(2014-09-21).

190) 말씀 안에는 하나님의 권위(authority), 예수님의 권능(power), 성령님의 임재(presence)가 내포되어 있어, 그 자체가 삼위 하나님의 능력이자 권능이다. 믿음 자체가 기적이나 능력을 낳는 것이 아니라, 말씀을 통해 계시하시는 삼위 하나님의 총체적 능력이 믿음을 통해서 가시적으로 나타난다.

191) "야훼여 세상의 모든 왕들이 주께 감사할 것은 그들이 주의 입의 말씀을 들음이오며(시138:4)." "그러나 너희 눈은 봄으로 너희 귀는 들음으로 복이 있도다(마13:16)."

192) 조용기, "하나님의 뜻과 꿈과 믿음", 주일설교(1994-7-17). "꿈과 믿음"(1984-11-04).

3.3. 삶의 자리에서 믿음으로 하나님의 영광을 바라본다

영산은 "하나님의 전지전능하심과 그리스도의 십자가 대속의 은혜, 변치 않는 하나님의 언약을 인내하며 믿음으로 나아갈 때, 풍성한 열매를 맺어 하나님께 영광을 돌리게 됩니다."라고 말한다.193) 십자가는 궁극적으로 하나님의 영광을 지향한다. 십자가는 죄인을 의인으로 만들고(롬3:22), 곧 하나님의 양자로 만들어(롬8:15) 하늘에 계신 하나님께 영광을 돌리게 한다.

십자가는 우리의 생각, 관점 및 성향을 지배해 하나님의 영광을 빚어낸다. 누구든지 믿음으로 십자가의 고난과 부활을 경험하면, 실재(reality)를 바라보는 시각이 바뀐다. 즉 관점이 '십자가 그늘(Cross-shadow)'의 영향권 아래에 놓이게 된다. 십자가 그늘 밖으로 나가면, 진리의 삶에서 벗어나게 된다. 십자가는 그리스도인의 삶의 기초며, 동시에 믿음의 기준점이다. 우리가 믿는 분은 순종하시고, 고난 받으시고, 죽으시고, 부활하시고, 승천하시고, 성령을 보내주신 영광의 그리스도이시다.

십자가는 믿음의 모판이다. 그리스도는 믿음의 창시자요 완성자이다(히12:2). 우리 믿음은 십자가의 수난에서 시작되어 부활에서 정점에 이른다. 십자가의 믿음은 삶 속에 나타나는 수난절을 기쁨절로 승화시킨다. 영산은 "언제나 고난과 환난이 오면 하나님이 따라오셔서, 여러분에게 그분의 영광을 보여주십니다."라고 말한다.194) 신자의 삶이 순탄하기만 하면, 영광의 날도 그만큼 줄어든다.

십자가는 죽음을 팔아 생명을 사고, 미움을 팔아 사랑을 사고, 죄를 팔아 용서를 산다. 십자가는 인류역사의 방향을 하나님 쪽으로 철저하게 바꾼다. 누구든지 십자가를 통과하면 영적 생명을 얻는다. 십자가는 말씀을 통해 자신의 존재 가치를 극대화한다.

하나님의 말씀을 믿으면 새로운 생명이 탄생된다. 성경은 "진리의 말씀으로 우리를 낳으셨느니라(약1:18)", 그리고 "너희가 거듭난 것은 … 하나님의 말씀으로 되었느니라(벧전1:23)"고 역설한다. 영산은 '기독교인이 체험해야 할 3대 신앙요소는 중생, 성결 및 성령세례의 체험'이라고 지적한다.195) 그는 세 가지 체험을 분명히 해야, 확고한 신앙생활을 할 수 있다고 강조한다. 성령을 받아야 영적인 생명력이 넘치는 믿음생활이 가능하다. 성령은 그리스도의 영광만을 드러낸다(요16:14).

"시간의 걸음은 세 가지다. 미래는 머뭇거리며 오고, 현재는 화살처럼 날아가고, 과거는 영원히 정지해 있다." 독일의 작가 프리드리히 쉴러(Friedrch Schiller)의 말이다. 인간을 생물학적 자아로만 보면, 인간은 시간의 영역 안에서 갇혀서 살다가 묻힌다. 그러나 선택받은 하나님의 백성의 측면에서 보면, 시간의 유한한 개념은 사라지고 영원의 개념 안에서 참생명을 살아간다. 믿음은 영생을 낳아 인간을 영원의 성(城) 안으로 초대한다. 그리스도인은 이미 영원의 영광 안에 속해 있다.

예수님은 아담과 하와가 먹은 선악과를 토해내게 하시고, 그 대신 우리에게 생명나무 열매를 주셨다. 하나님은 창세 전에 택한 자들을 불러내시고(요6:37, 44), 예수님은 생명의 길로 인도하시고(요14:6),

---

193) 조용기, "참 믿음", 주일설교(2014-11-16).
194) 조용기, "하나님의 영광을 위한 고난", 주일설교(2008-07-20).
195) 조용기, 『291요약설교』, 서울말씀사(2003), 1-16.

성령님은 '주님으로' 고백하게 해서(고전12:3), 우리 모두에게 영생을 주신 것이다. 그 모든 중심에 믿음이 있다. 복음을 듣고 믿음을 가지면, 예수님이 그 안에 거하므로 생명의 씨가 그 안에 존재한다.[196]

모든 인간은 하나님의 형상을 가지고 태어난 탓에 마음 깊은 곳에 하나님을 사모하는 흔적이 남아 있다. 그 흔적이란 바로 인간이 '영원을 사모하는 것'이다. 믿음이 탄생하면, 마지막 종착역은 '생명'이라는 종착역이다. 이는 믿음이 생명을 낳기 때문이다. 아들이 있는 자에게는 생명이 있고, 하나님의 아들이 없는 자에게는 생명이 없다(요일5:12).

영산은 '믿음은 없는 것을 있는 것처럼 바라보는 것'이라고 말한다. 믿음은 현재 없는 것을 마음으로 믿는 것이다. 믿음이란 하나님의 존재를 믿고, 신뢰하고, 의지하는 거룩한 행동이며, 궁극적으로 하나님께 영광 돌리는 삶을 살게 한다. 성경은 "영광과 권능을 야훼께 돌릴지어다(대상16:28)"라고 말한다.

3.4. 믿음은 지상나라와 하늘나라를 연결하는 은혜의 다리

영산은 믿음을 가지면 하나님 앞에서 '예(yes)'의 사람이 된다고 강조한다(고후1:20). "전지전능, 무소부재의 하나님 앞에는 오직 '예'만 있을 뿐, 다른 이론(異論)은 없습니다. 타락한 아담의 후예는 언제나 선악의 이론을 내세웁니다. 그러나 하나님의 영광을 체험한 성도에게는 오직 하나님의 명령 앞에 '예'만 있지, 다른 이론은 있을 수 없습니다."[197]

십자가는 하늘과 땅을 서로 연결시켜, 하나님의 뜻이 온 지상에 펼쳐지게 한다. 또한 십자가는 복음을 낳아 믿음을 탄생시킨다. 믿음은 하나님의 삶의 방식과 인간의 삶의 방식을 연결해주는 거룩한 은혜의 수단으로 기능한다. 하나님은 믿음의 다리를 통해 양쪽 삶이 균형을 이루어 살도록 해주신다. 하나님은 예수님을 통하여 믿음으로 자신과 교통할 수 있는 통로를 열어주셨고, 의인의 신분으로 격상시켜주셨다. 믿음은 하나님과 친교를 위한 통로다.[198] 나아가 믿음은 기쁨과 영광으로 우리의 영혼을 가득 채운다.

십자가의 믿음은 예수님이 우리 안에 거하시도록 만들고, 우리가 담대함으로 하나님께 나아가게 해준다. 바울은 "우리가 그 안에서 그를 믿음으로 말미암아 담대함과 확신을 가지고 하나님께 나아감을 얻느니라(엡3:12)"고 말한다.

인간은 예수님을 믿을 때 믿음이 초자연적으로 생겨나서 하나님의 세계를 바라볼 수 있게 된다.

---

196) "이제는 우리 구주 그리스도 예수의 나타나심으로 말미암아 나타났으니 그는 사망을 폐하시고 복음으로써 생명과 썩지 아니할 것을 드러내신지라(딤후1:10)." "그리스도 안에서 일만 스승이 있으되 아버지는 많지 아니하니 그리스도 예수 안에서 내가 복음으로써 너희를 낳았음이라(고전4:15)."

197) 조용기, 『291요약설교』, 서울말씀사(2003), 1-26.

198) "그리스도께서도 단번에 죄를 위하여 죽으사 의인으로서 불의한 자를 대신하였으니 이는 우리를 하나님 앞으로 인도하려 하심이라(벧전3:18)." "또한 그로 말미암아 우리가 믿음으로 서 있는 이 은혜에 들어감을 얻었으며 하나님의 영광을 바라고 즐거워하느니라(롬5:2)." "복음에는 하나님의 의가 나타나서 믿음으로 믿음에 이르게 하나니 기록된 바 오직 의인은 믿음으로 말미암아 살리라 함과 같으니라(롬1:17)."

믿음을 가진다는 것은 성령이 우리 안에 내재한다는 증거이다. 이에 대해 영산은 이렇게 말한다. "아담의 후손, 곧 죄악 가운데 살아가는 거듭나지 못한 사람들은 영이 죽어 있습니다. 그들은 하나 님과 영적으로 교통할 수 없으며, 하늘나라에 대해서 전혀 문외한입니다. 그들은 믿음의 세계에 대해서 전혀 알 수 없습니다. 성령이 역사하지 않으면, 아무리 인간이 지식을 많이 가지고 있다고 하더라도, 그 지식은 하나님에 대한 믿음이 생기게 하지 못합니다. 그러므로 믿음이란 성령의 선 물입니다. 여러분이 오늘 이 시간 예수님을 구주로 믿고 하나님을 아바 아버지라고 부를 수 있는 것은 성령이 일으키는 기적을 체험했기 때문입니다."199)

3.5. 삶의 자리에서 믿음으로 맺은 열매

영산은 "마음에 구체적인 소원을 확실한 꿈으로 그려야 합니다. 그리고 믿음으로 기도하고 소원 하며, 꿈이 이루어진 실상을 바라보며, 입술의 증거를 통해 이미 이룬 것으로 고백할 때, 비로소 믿음은 역사합니다."라고 강조한다.200) 즉 믿음은 간절한 소원이 있어야 하고(삼상1:10-17), 구체적 인 대상을 바라보고(창13:14-15), 기도하고 구한 것은 받은 줄로 믿으며(막11:23-24), 마지막으로 입술의 고백으로 증거를 보여주어야(롬10:10, 창17:5, 15-16) 응답이 나타난다.

믿음은 무한의 절망과 유한의 절망에서 희망의 차원으로 우리를 옮겨주는 힘을 지니고 있다.201) 믿음이란 실존적 차원에 있는 인간이 장차 나타날 것을 믿음의 눈으로 보는 것이다 그 믿음의 주체 는 하나님이시다. 믿음이란 '창조적 선언을 통해, 말씀의 능력을 통해, 말씀을 현실화시키는 과정' 이다.202) 선교사 허드슨 테일러(James Hudson Tayler)는 다음과 같은 말을 남겼다. "하나님의 일은 처음에는 불가능해 보입니다. 그 다음에는 가능하게 보입니다. 나중에는 결국 이루어집니다."

1%의 믿음일지라도 하나님이 함께 하시면 기적이 일어나는 것이다.203) 영산은 믿음을 품기 위 해서는 먼저 상상하라고 강조하며, 믿음의 역사는 상상에서 시작하는 것이라고 말한다. "하나님은 85살의 아브라함을 밤중에 불러내어서, 하늘을 쳐다보고 별들을 헤아려보라고 말씀하셨습니다. 그는 하늘을 쳐다보고 별들을 한없이 헤아렸습니다. 이제 그는 눈을 감아도 별들을 볼 수 있었습니 다. 그는 별들을 상상하고 별들을 꿈꾸면서 '나의 자손이 저 별들처럼 많아질 것'이라고 상상했습 니다. 그것이 바로 믿음의 역사입니다." 204)

---

199) 조용기, "나의 의인은 믿음으로 살리라", 주일설교(1982-08-01).
200) 조용기, "믿음 속에 사는 삶", 주일설교(2007-12-30).
201) 인간은 상상한 것을 삶 속에 펼치는 존재다. 믿음과 상상력이 삶 속에서 균형을 이루게 해서 희망의 차원 안에 머물도록 해야 한다. 더 자세하게는 다음 책 13장 '경험 속에서의 페리코레시스적인 인간'을 참조하라. 제임스 로더, 『성령의 관계적 논리와 기독교육 인식론』, 대한 기독교서회(2009), 449-456.
202) 조용기, "기도하고 구한 것은 받은 줄로 믿으라", 주일설교(2013-06-16).
203) "내게 능력 주시는 자 안에서 내가 모든 것을 할 수 있느니라(빌4:13)." "나는 야훼요 모든 육체의 하나님이라 내게 능치 못할 일이 있겠느냐(렘32:27)." "주께서 이르시되 너희에게 겨자씨 한 알만한 믿음이 있었더라면 이 뽕나무더러 뿌리가 뽑혀 바다에 심기어라 하였을 것이요 그것이 너희에게 순종하였으리라(눅17:6)."
204) 참조. 조용기, "믿음과 기다림", 주일설교(2006-09-17). "믿음 속에 사는 삶"(2007-12-30).

하나님은 아브라함에게 성령의 원격망원경을 주셔서 하늘의 별을 바라보게 하셨다. 이전에 그는 별을 보아도 자손으로 보지 않고, 그저 빛나는 별로 생각했었다. 성령의 망원경을 통해서 비로소 아브라함은 하나님이 예비하신 미지의 세계를 현실화하는 꿈을 꾸었던 것이다. 또한 영산은 믿음은 기적의 가능성을 활짝 여는 열쇠라고 말한다. "하나님의 믿음이 들어오면 말할 수 없는 기적이 일어납니다. 상상을 초월한 일이 일어나는 것입니다. 왜냐하면 하나님의 역사가 일어나기 때문입니다. 오늘날 교회에 오는 사람들은 많지만 옛날과 같이 많은 기적이 일어나지 않는 것은 하나님의 믿음을 받아들이지 않기 때문입니다. 그러나 하나님의 믿음을 성령으로 받기를 간절히 사모하고 기도하면, 다시 큰 기적이 일어날 수 있습니다."205)

성경에는 믿음으로 일어난 놀라운 일들로 가득하다. 모세는 믿음으로 지팡이로 홍해를 갈랐다(출 14:16, 21). 모세는 믿음으로 손을 들고 기도함에 싸움에서 이겼다(출17:11-12). 모세는 믿음으로 지팡이로 반석을 쳐서 물을 내게 했다(출17:6). 라합은 믿음으로 창에 붉은 줄을 내렸다(수2:18-22). 이스라엘 백성은 믿음으로 여리고성을 돌아서 무너뜨렸다(수6:11-20). 다윗은 골리앗을 향해 믿음으로 물맷돌을 던졌다(삼상17:49). 중풍병자의 친구들은 중풍병자를 지붕을 뚫고 예수님에게로 내려서 고침 받게 했다(막2:1-12). 혈루증 앓던 여인은 믿음으로 예수님의 옷자락을 만져서 나았다(마9:19-22). 삭개오가 뽕나무 위로 올라가자, 예수님을 그를 불렀다(눅19:4-5).

3.6. 삶의 자리에서 믿음으로 바라보는 창조능력

영산은 "믿는다는 것은 꿈을 꾸는 것이고, 믿음은 없는 것을 있는 것 같이 수용한다는 것이고, 믿음은 입으로 시인하는 것입니다."라고 강조한다.206) 그는 또한 "생각과 꿈과 믿음 그리고 말씀의 선언을 통하여, 즉 4차원적 창조능력을 통하여 3차원을 다스리는 역사가 나타납니다."라고 말한다.207) 하나님은 이 세계를 자신의 믿음으로 창조하셨다. "태초에 하나님이 천지를 창조하시니라(창1:1)." 창세기 1장 1절에서 하나님은 기본적으로 '물질(material), 공간(space), 시간(time)'을 만드셨다. 하나님은 이 3가지 토대 위에서 '자신의 믿음과 선포능력'을 사용해 만물을 창조하셨다.

영적으로 보면 거듭나지 못한 자는 이미 죽은 자다. 하나님께서는 "선악을 알게 하는 나무의 실과는 먹지 말라 먹는 날에는 정녕 죽으리라(창2:17)"고 말씀하셨다. 바울은 에베소서 2장 1절에서 "너희의 허물과 죄로 죽었던 너희를 살리셨도다"라고 말한다.

창세기 1장에는 하나님의 전능하신 창조능력에 대해 묘사하고 있다: "태초에 하나님이 천지를 창조하시니라 땅이 혼돈하고 공허하여 흑암이 깊음 위에 있고 하나님의 신은 수면에 운행하시니라 하나님이 가라사대 빛이 있으라 하시매 빛이 있었고(창1:1-3)." 하나님이 빛이 있으라고 명령하자 빛이 생겼다. 그것은 하나님 자신의 믿음이요 선포였다. 제아무리 뛰어난 화가도 말만으로 모나리자 같은 그림을 그려낼 수 없다. 어떤 조각가도 한라산 앞에 서서 "금강산으로 바뀔지어다"라고 명령하지 못한다. 하나님은 창조의 하나님이시다. 성경은 창조의 하나님에 대해 "너희는 눈을 높이

---

205) 참조. 조용기, "믿음과 기다림", 주일설교(2006-09-17), "믿음 속에 사는 삶"(2007-12-30).
206) 조용기, 『291요약설교』, 서울말씀사(2003), 1-31.
207) 조용기, "풍랑을 잠재우신 예수님", 주일설교(2014-06-01).

들어 누가 이 모든 것을 창조하였나 보라 주께서는 수효대로 만상을 이끌어내시고 그들의 모든 이름을 부르시나니 그의 권세가 크고 그의 능력이 강하므로 하나도 빠짐이 없느니라(사40:26)"고 말한다.

4. 믿음의 영성형성: 해석학적 모델

우리의 믿음의 모체는 예수 그리스도시다. 예수님의 십자가 죽음은 하나님의 구원 계획 안에서 일어난 것이다. 하나님은 그의 아들 예수의 죽음을 통해 자신의 복되심, 자비와 은혜, 의와 사랑을 드러내신다.[208] 십자가의 죽음은 과거에 일어난 사건이지만, 그 효력은 현재 진행형이다.

하나님의 진리의 말씀은 믿음을 낳고(롬10:17), 우리를 낳으며(약1:18), 우리를 정화시키며(요일1:7), 영의 음식이 되며(마4:4), 영적 성장의 영양분이 된다(벧전2:1-2). 믿음은 항상 말씀과 연합해서 그 효능을 나타낸다. 또한 말씀은 예수 그리스도와 똑같은 모습을 빚어낸다.[209] 말씀, 믿음, '예수님의 형상을 닮음'은 서로 밀접하게 연결되어 있다. 말씀 없는 믿음은 효능을 나타내지 못하고, 믿음 없는 말씀은 일하지 않는다. "말씀대로 내게 이루어지이다(눅1:38)."

스타프로풀로스(C. Stavropoulos)는 "세상은 인간의 영이 방황하는 곳"이라고 말했다. [210] 믿음은 예수 그리스도 십자가가 낳은 위대한 영적 선물이다. 믿음은 방황하는 영들을 본향으로 돌아가게 하는 거룩한 은혜의 수단이다. 또한 믿음은 이 땅과 하늘궁정을 이어주는 거룩한 사닥다리다. 믿음은 내적 소경을 눈뜨게 하여 하늘나라를 보게 하는 신비의 치료자다.

하나님의 믿음은 내 삶 속에서 어떻게 드러낼 수 있는가? 영산은 『4차원 영적세계』에서 하나님의 믿음을 수용하는 원리를 '하나님-우리'라는 상호관계로 서술하고 있다. "성경은 우리가 하나님에 대한 믿음을 얻기 위해 반드시 우리 측에서 시작하는 믿음을 갖도록 요청합니다. 우리 측에서 시작하는 믿음이 있어야 우리는 성령께서 주시는 하나님의 믿음을 받을 수 있습니다."[211]

즉 하나님의 믿음이 내 삶 속에 드러나기 위해서는 나의 편에서도 의지적 노력을 최대화해야 한다. 다시 말해 나 자신의 이성적 사고를 최소화하고, 영적 사고를 최대화하는 것이다. 영산은 성도가 믿음의 사람이 되기 위해서는 스스로 마음을 잘 다스려야 한다고 역설한다.[212]

---

208) 기독교의 절대적 뿌리는 전능하시고 자존하시는 하나님이시고, 기독교의 실존적 뿌리는 예수 그리스도시다. 하나님은 그의 아들 예수를 통해서 자신의 뜻과 마음을 드러내신다.

209) C. S. 루이스는 믿음이란 오래 전에 그리스도가 하신 말씀을 듣고 '그대로 살려고 하는 차원'이 아니라고 말한다. 그보다는 "하나님의 참아들이 우리 곁에 계신다. 그분은 우리를 자신과 똑같은 모습으로 빚으려 하신다. 자신의 삶과 생각과 생명을 우리 속에 '주입'하려 하신다."라고 말한다. 참조. 달라스 윌라드(Dallas Willard), 『하나님의 모략』(The Divine of Conspiracy), 복있는사람(2013), 56, 이것은 C. S. Lewis, *Mere Christianity*, New York: Macmillian(1956), 148 이하에서 인용됨.

210) 대니얼 클린데닌, 『동방정교회 신학』, 은성(2012), 292.

211) 조용기, 『4차원 영적세계』, 서울말씀사(2003), 184.

212) 조용기, "다스리는 삶", 주일설교(2012-02-05).

   a) <u>마음을 말씀과 성령으로 다스려라.</u> 성령의 인도하심으로 말씀과 생각이 일치해야 한다(요 8:32).

   b) <u>마음을 분명한 목표와 꿈으로 다스려라.</u> 우리가 구하고 생각하는 것에 넘치도록 힘을 주신다(엡3:20).

   c) <u>마음을 믿음으로 다스려라.</u> 겨자씨만한 믿음이라도 역사가 일어난다(마7:20).

   d) <u>마음을 입술의 고백과 기도로 다스려라.</u> 말씀을 선언하고 성령이 운행하시도록 기도하라(잠 18:21).

영산은 또한 '무엇을 믿을 것인가?'라는 대명제를 놓고 4가지를 강조한다.[213]

   a) 창조주시며 우리 아버지인 하나님을 믿으라(롬1:19-20)

   b) 인간의 몸으로 오신 예수님을 믿으라(갈4:4, 요1:14-18)

   c) 예수님의 대속의 은혜를 믿으라(롬3:25)[214]

   d) 하나님의 말씀인 성경을 믿으라(마24:35)

요약하면, 믿음의 삶이란 하나님의 뜻을 따라가는 삶, 하나님의 의지에 나의 의지를 맞추어가는 삶이며, 또한 예수님의 인격을 닮아가는 삶이고, 하나님의 영광을 드러내는 삶이다.[215] 챔버스(Chambers)는 믿음의 삶의 의미를 이렇게 요약한다. "믿음의 삶이란 지성이나 이성적인 삶이 아니라 우리에게 '가라'고 하신 그분을 알아가는 것입니다. 믿음의 삶에서 궁극적 단계는 언제나 인격적인 면에서의 완성입니다. 믿음의 삶은 개인의 성화뿐 아니라 무한히 더 높은 차원의 것입니다."[216] 믿음은 내가 할 수 없는 것을 믿는 것이다.

십자가의 믿음은 우리의 삶을 전적으로 해방시킨다. 믿음은 죄의 종살이에서 의에 순종하는 삶으로 옮겨준다. 믿음은 어둠과 미움에서 빛과 사랑의 나라로 옮겨준다. 곧 새로운 통합과정이 일어나는 것이다. 예수를 믿으면 '눈에 보이는 세상(3차원)'에서 '눈에 안 보이는 세상(4차원)'으로 삶의 영역이 바뀌게 된다. 더 이상 교만의 삶이 아니라 '사랑으로써 역사하는 믿음(갈5:6)'의 삶으로 승화한다. 불(fire)과 빛(light)과 열(heat)이 서로 분리될 수 없는 것처럼 믿음과 사랑은 분리될 수 없다. 믿음이 순종의 삶, 사랑이 포기하는 삶이라면, 그 둘은 십자가 위에서 서로 만난다(갈5:6, 갈2:20). 사랑과 믿음은 십자가 위에서 하나가 된다. 예수 그리스도가 그렇게 사셨다!

하나님의 진리를 가장 잘 배울 수 있는 곳은 십자가다. 영산은 "진리라 함은 예수를 믿는 우리가 종교를 받아들이거나 의식과 형식을 따르는 것이 아니라, 그리스도 안에서 함께 죽었다가 함께 부

---

213) 조용기, 『291설교요약』, 서울말씀사(2012), 132-133.

214) 은혜의 법칙이 효능을 나타내려면, 첫째는 십자가 위에서 돌아가신 그리스도를 향한 믿음을 매일 실행하는 것이고, 둘째는 기도하는 것이다. 오웬(John Owen), 『죄와 은혜의 지배』(On Dominion of Sin and Grace), 부흥과개혁사(2012), 91-96.

215) 존 파이퍼(John Piper), 『장래의 은혜』(Future Grace), 좋은씨앗(2013), 290. 믿음은 하나님께서 정하신 칭의와 성화의 수단이다. 왜냐하면 다른 어떤 것들보다 하나님의 은혜와 잘 어울리고 하나님의 영광을 잘 드러내기 때문이다(롬4:20).

216) 오스월드 챔버스, 『My Utomst for His Highest』, 토기장이(2008), 묵상집(3월19일).

활함으로써 우리가 완전히 새 사람이 되었다는 사실을 깨닫는 것입니다."라고 말한다.217) 갈보리 십자가는 하나님의 존재를 확증하는 증거물이자 이정표다. '십-자-가' 만큼 하나님의 성품을 잘 표현해주는 것은 없다. 십자가는 진리를 드러내는 장소다. 영산은 "육신의 정욕도 안목의 정욕도 이 세상 자랑도 십자가에 못 박고 하나님 말씀을 가지고 살면 믿음이 역사합니다. 말씀을 붙들고 하나님 바라보고 나아갈 때, 십자가를 걸머진 그 사람의 발걸음마다 하나님의 믿음의 역사가 일어나게 됩니다."라고 말한다.218)

십자가는 그리스도의 보혈로 그린 하나님의 초상화와 같다. 인류역사 이래 십자가는 초점이 가장 잘 잡힌 하나님의 얼굴이다. 십자가를 통하지 않고 죄인이 의인이 될 수 있는 길은 없다. 죽으시고 부활하신 예수 그리스도를 믿는 것은 무엇을 의미하는가? 그것은 "내가 사는 것이 아니요 오직 내 안에 그리스도께서 사시는 것(갈2:20)"을 믿는 것이다. 그리스도를 믿는다는 것은 '예수님이 성육신으로 오신 일, 33년의 삶, 십자가에서 행하신 일, 부활하신 일, 승천하신 일, 부활의 영으로 오신 예수님을 총체적으로 믿는 것'이다. 신자는 자신이 그리스도와 함께 십자가에 못 박힌 것을 믿는다. 골고다 언덕 위의 십자가는 지금 여기서 나의 삶에 적용된다. 이것은 신비로운 진리다.

십자가의 믿음은 시공간을 초월하여 신자의 삶에 적용된다. 영산은 "우리 예수 믿는 사람들은 더 이상 3차원의 세계, 즉 눈으로 보고 귀로 듣고 냄새 맡고 맛보는 이 세상에서 사는 것이 아니라, 이 세상을 초월하여, 하나님의 말씀과 성령으로 우리 마음에 부어주시는 꿈과 믿음과 입술의 시인을 통해 만들어진 새로운 세계에서 사는 것입니다."라고 말한다.219) 즉 그리스도인은 3차원 물질세계가 아니라 4차원 영적세계에서 살아가고 있는 것이다.

십자가의 믿음은 하위의 것들 – '헐벗음', '연약함', '무능함', '죄', '어리석음' – 을 상위의 것들 – '부요함', '강함', '능력', '의로움', '지혜로움' – 으로 교환시켜 준다. 다시 말해, 십자가의 믿음은 언제나 우리 삶 속에 나타나는 수난절을 부활절로 승화시켜준다.

십자가의 믿음은 수난절을 통해 부활절로 이어지는 독특한 과정을 거친다. 믿음은 언제나 장래의 은혜를 당겨와 신자의 삶에 던져놓는다. 바울은 마음의 중심에 항상 십자가의 믿음을 간직하고 살았다. "내가 너희 중에서 예수 그리스도와 그의 십자가에 못 박힌 것 외에는 아무것도 알지 아니하기로 작정하였음이라(고전2:2)." 나의 십자가를 지고 따라간다는 것은 내가 부활과 영광으로 이어지는 그리스도의 고난의 삶에 참여한다는 것이다. 고난을 통해 그리스도의 능력이 나에게 넘치게 된다.

영산은 "십자가는 괴로운 것이지만 부활을 위해서는 십자가가 있어야 합니다. 동전의 앞뒤와 같은 것입니다. 죽음이 있어야 부활이 있습니다. 부활이 있으려면 죽음이 있어야 하는 것입니다."라고 말한다.220) 고난과 부활은 짝이다.

---

217) 조용기, "진리가 무엇이냐?", 주일설교(1999-08-29).
218) 조용기, "십자가의 믿음", 주일설교(1984-01-01).
219) 조용기, "예수님의 고난", 주일설교(2010-03-28).
220) 조용기, "예수님의 고난", 주일설교(2010-03-28).

신자의 삶은 실제로 절망과 낙심에 대한 이야기로 가득하다. 좋은 날보다 캄캄한 밤일 때가 더 많다. 십자가의 믿음은 대체로 어두운 삶의 정황에서 생겨난다. 믿음은 내가 고난 중에 기꺼이 십자가에 달릴 때 생겨나고 성장한다. 가나안 여인도, 한나도, 회당장도 그랬다. 십자가에 나 스스로 올라갈 때까지 그리스도는 아무 일도 하시지 않는다. 내가 십자가 위에서 죽으면 예수님이 십자가의 은혜와 지혜와 능력으로 일하신다. 믿음은 자기비움과 순종을 통해 역사한다(창15:5-6).

이제 나의 마음에 세워진 믿음의 십자가를 바라보자. 신자가 하나님의 아들을 믿는 믿음 안에서 산다고 할 때(갈2:20), 믿음이 활동하는 마음하늘에는 이미 십자가가 들어와 있음을 의미한다. 십자가는 선택이 아니라, 믿음과 더불어 마음하늘에 세워진다. 다시 말해, 제2의 골고다 언덕의 십자가가 신자의 마음 언덕에 세워지는 것이다. 마음하늘의 십자가는 그리스도의 활동에 방해가 되는 요소들을 파괴한다. 루터(Luther)는 "그리스도께서 우리 안에 홀로 계시기 위해서 우리는 파괴되고 우리의 모습은 부서져야 한다"고 말한 것도 그런 맥락이다. 십자가는 선한 일을 방해하는 요소들을 파괴하는 능력과 함께 생명과 믿음을 창조하는 능력을 동시에 가지고 있다.

영산은 "우리는 예수 그리스도의 죽음을 내 죽음으로 받아들이고 예수의 부활을 내 부활로 받아들임으로써 생명의 꿈과 희망을 선물로 받게 된 것입니다. 이제 우리는 옛 사람이 아니라 그리스도 안에서 새로운 피조물이 된 것입니다."라고 말한다.221) 우리 안의 믿음은 이미 십자가를 경험한 믿음이다. 새 사람은 고난과 부활을 한 짝으로 이해한다. 하나님은 고난 속에 숨어 계시면서, 고난을 부활로 승화시키신다.

십자가의 삶의 원리는 총체적으로 보면 고난-영광의 삶의 원리다. 신자가 사용하는 '고난'의 개념은 자연인이 사용하는 '고난'의 개념과 근본적으로 다르다. 전자는 하나님의 뜻이 담긴 고난이고, 후자는 자연인의 뜻이 담긴 고난이다. 전자는 믿음의 눈으로 사는 삶, 후자는 육의 눈으로 사는 삶이다. 믿음으로 보는 고난은 더 이상 고난이 아니라, 고난 안에 잠재되어 있는 영광의 씨를 보는 것이다. 믿음의 눈은 고난을 초월적으로 바라본다. 고난은 영광을 탄생시키는 씨(seed)다. 그 고난의 중심에 예수님이 계신다. 고난을 영광으로 변화시키는 분은 오직 하나님 한 분이시다. 따라서 십자가는 하나님을 알아가는 거룩한 수단이다. 하나님의 뜻이 새겨진 고난은 거룩한 삶을 향하게 한다. 동시에 삶의 원동력이다. 부활의 관점에서 현재의 고난을 바라볼 때, 비로소 고난은 영광으로 승화된다. 그 과정에서 인간의 마음은 더욱 성화된다(히6:22, 마5:48, 신18:13).

내가 십자가 위에서 죽는다는 것은 무슨 의미인가? 성경은 "그의 안에 산다고 하는 자는 그가 행하시는 대로 자기도 행할지니라(요일2:6)"고 말한다. 말씀에 동화(同化)되는 삶이다. 영산은 "자기를 부인한다는 것은 단순히 자기의 욕망을 억제하는 정도가 아니라 자기 자신을 온전히 포기하는 것입니다. 자기 십자가를 진다는 것은 자신에게 주어진 십자가를 지는 것을 말하고, 주님을 따른다는 것은 예수님께서 가르쳐주신 대로 사는 것을 말합니다."라고 해설한다.222)

---

221) 조용기, "고난을 온전케 하는 부활", 주일설교(2012-07-01).
222) 조용기, 『마가복음 강해』, 서울말씀사(2011), 199.

바울은 죽음의 의미를 십자가에 기초해서 해석한다. "그러나 내게는 우리 주 예수 그리스도의 십자가 외에 결코 자랑할 것이 없으니 그리스도로 말미암아 세상이 나를 대하여 십자가에 못 박히고 내가 또한 세상을 대하여 그러하니라(갈6:14)." 세상이 십자가에 못 박히면 어떻게 되는가? 내가 볼 수 있는 세상은 아무것도 없다. 텅 빈 세상이 된다. 내가 세상에 대하여 죽어도 마찬가지다. 호흡하는 자가 죽는다는 것은 무엇을 의미하는가? 내 안의 '의지'— 내가 이루고자 하는 것, 그 무엇이 되고자 하는 것, 그 무엇이 되는 것 — 를 죽이는 것이다. 내 안에 세상에 대한 아무런 의지가 없으면 세상은 나와 무관한 세상, 즉 죽은 세상이다. 그 반대도 동일하다. 관속에 들어가면 사실 세상은 나와 무관한 세상, 즉 그 세상은 나에 대하여 죽은 세상이다. 요약하면 내가 죽는다는 것은 하나님의 뜻을 위해 나의 뜻을 완전히 포기하는 것이다. 오직 주를 위해 사는 것이다!

우리 안의 의지는 인격의 제1요소다. 신자의 인격을 주도적으로 이끌어가는 것이 무엇일까? 인격의 구성요소, 곧 지성, 감성, 의지 중에서 의지는 삶의 방향을 결정한다. 내가 십자가 위에서 죽는다고 할 때, 더 직설적으로 말하면 나의 인격, 곧 '지성, 감성, 의지'를 모두 포기하는 것과 같다. 의지 안에 이미 지성과 감성이 녹아 있기 때문이다. 종종 의지는 인간의 제 2의 인물로 불리는 이유도 그런 이유다. 의지를 통해서 내 자신의 삶이 정해지고 방향이 설정된다.

그러면 어떻게 내 안에 형성된 '지성, 감성, 의지'를 죽일 수 있는가? 달리 말하면, 어떻게 하면 '지성, 감성, 의지'를 거룩하게 할 수 있는가? 유일한 방법은 말씀과 기도로 내가 거룩함을 회복하는 것이다(요17:17, 딤전4:5). 최선의 방법은 지성, 감성, 의지가 성령 안에서 말씀을 따라가게 하는 것이다. 즉 말씀에 순종하거나, 성령의 인도함을 받는 삶이 곧 내가 십자가 위에서 죽는 삶이다(고전 15:31). 내가 죽는 삶을 살 때 마음하늘에 의로움과 거룩함이 충만하게 되어 '내가 아니라 그리스도 중심의 삶'을 살 수 있다. 영산은 "예수님이 십자가에서 죽으셨기 때문에 우리가 예수님의 죽음에 관심을 가지고 십자가를 몸에 짊어질 때, 그리스도의 거룩함과 의로움과 성령충만이 우리에게 다가오는 것입니다."라고 말한다.223) 신자들이 추구해야 할 삶은 '내 안에서 내가 소멸되는 삶'이다. 말씀, 믿음, 기도, 성령만이 이러한 삶을 빚어낼 수 있다.

십자가의 기이한 속성은 '그 무엇을 올려놓고 포기하거나 죽이면, 더 가치 있는 무엇이 생긴다'는 사실이다. 이것은 매우 역설적이다. 달리 말하면, 나의 의지를 십자가에 못 박으면 더 큰 의지 또는 더 가치 있는 그 무엇이 새롭게 나타난다. 곧 고난을 못 박으면 영광으로 이어지고, 약함이 십자가에서 죽으면 강함이 나타나고, 죽음을 올려놓으면 영생이 주어지고, 세상에 대하여 내가 죽으면 하나님 나라와 그 나라의 소망과 영광이 내게 임하게 된다.

결론적으로 십자가 위에 그 무엇을 올려놓고 죽으면, 그것이 더 탁월한 것으로 승화되어 새롭게 나타난다. 이것은 놀라운 영적 신비다.

---

223) 조용기, "우리가 항상 짊어지는 예수님의 죽음", 주일설교(2009-06-07).

4.1. 영성형성의 기초: 그리스도의 영광

영산은 "거듭나면 영성이 생깁니다. 예수님을 믿고 거듭나서 새로운 피조물이 되면 비로소 성령의 세계를 알게 됩니다."라고 말한다.224) 우리 안의 영성은 궁극적으로 하나님의 영광을 향한다. 십자가 위에서 죽고, 부활한 신자가 궁극적으로 할 일은 내 안에 계신 그리스도의 영광을 드러내어 하나님을 영화롭게 하는 일이다(롬6:5, 갈2:20). 이것은 오직 성령의 능력으로 가능하다(요16:14).

영광은 자연인의 눈에 보이지 않고, 오직 믿음의 눈을 가진 자에게만 드러난다. 십자가는 신비의 은혜를 수레에 싣고 우리 마음하늘로 날마다 배달해준다. 모든 성도는 십자가의 구속, 은혜, 영광의 신비 안에서 살고 있다. 모세가 하나님의 등(뒷모습)만 보고 얼굴은 보지 못한 것처럼(출33:23), 신자는 이 땅에서 오직 믿음으로만 하나님의 얼굴을 볼 수 있다. 영광을 드린다는 의미 안에는 '장차 하나님 얼굴을 뵙는 기대감'까지 포함한다. 지금은 십자가의 믿음으로(by faith) 하나님을 얼굴을 보고 있으나(친밀한 관계), 장차 우리의 눈으로(by sight) 직접 하나님을 뵈올 날이 올 것이다. 바로 예수 그리스도 십자가가 이 일을 가능하도록 했다.

십자가는 그리스인의 삶의 기초를 제공한다. 믿음은 신앙생활을 활성화시켜 하나님께 영광의 삶을 드리도록 한다.225) 다시 말해, 믿음은 성경말씀을 현재시제로 경험하게 만들어 성도들이 영광의 찬송을 하게 한다. 또한 믿음은 신자들의 거룩한 삶을 통해 그리스도 형상을 닮아가도록 만든다. 이러한 목적을 위해 하나님은 이 땅에 십자가를 세우셨다. 하나님이 세상을 경영하는 원리의 모판은 '십-자-가'다. 그리고 이 우주의 경영수단은 '고난-영광의 총체성'이다. 곧 고난 안에서 영광을 보게 하고, 영광 안에서 고난을 보게 한다. 참으로 요묘한 신비이다. 영산은 고난을 은혜의 수단으로 이해한다. "인간은 의식 중 혹은 무의식 중 자기 우상화에 온 힘을 쏟습니다. 그럴 때 고난의 가시는 자아를 깨뜨리고 자기 우상화로부터 벗어나게 하는 큰 은혜를 베풀어줍니다. 그러므로 내게 다가온 크고 작은 가시가 내게 원수가 아니라 도움을 줄 수 있음을 알아야 합니다."226)

믿음을 가진 성도가 궁극적으로 해야 할 일은 무엇인가? 믿음으로 하나님의 영광을 드러내는 것이다(히1:3, 사43:7). 모세는 "원컨대 주의 영광을 내게 보이소서(출33:18)"라고 간구했다. 그는 애굽사람들에게 내려진 십대재앙을 보았고, 홍해가 갈라지는 것도 보았고, 쓴물이 단물로 변하는 것도, 바위에서 샘물이 터지는 것도 보았다. 그런데도 그는 '주의 영광'을 보기를 원했다. 그는 하나님의 영광의 본질을 보기 원했다. 성도 안에는 '하나님의 형상'이요(고후4:4), '하나님의 영광의 광채'시요, 그 '본체의 형상'이신(히1:3) 예수님이 우리의 영과 연합되어 신비로운 방법으로 거하신다.

---

224) 조용기, "풍랑을 잠재우신 예수님", 주일설교(2014-06-01).

225) 성경에서 영광(카바드, 카베드)의 의미. ① (a) 피엘형: 존경하다(삿13:17), (b) 푸알형: 영광을 받다(사58:13), (c) 히필형: 무겁게 하다, 힘들게 하다(느5:15, 왕상12:10), 영광을 돌리다(사8:23), 돋보이게 하다(렘30:19), (d) 니팔형: 영광을 드러내다(출14:4), 풍부하다/부유하다(사23:8-9), (e) 힛파엘형: 자랑하다(잠12:9), 증가시키다(나3:15). ② 명사형: 재물(창31:1), 영화(창45:13), 영광(창49:6, 출33:18, 대하1:11), 존귀(잠15:33), 영예(잠25:2).

226) 조용기, "가시와 영광", 주일설교(2005-09-04).

1) 영광을 아는 지식

영산은 "환경에 고난이 다가와야 고난을 해결하는 하나님의 능력을 나타낼 수 있습니다. 우리의 고난은 하나님이 우리에게 영광을 나타내기 위한 무대라는 것을 알아야 합니다. 고난을 통해 하나님의 뜻과 섭리를 체험할 수 있습니다. 고난이 다가오는 것은 하나님의 영광을 나타나기 위해서 무대를 만드신 것이기 때문에 우리가 하나님을 영접하고 믿고 의지하면 하나님이 그 무대에서 영광을 나타내는 것입니다."라고 말한다.227) 영산은 고난과 영광을 한 세트로 이해한다. 고난의 씨 안에 이미 영광의 씨가 들어 있다. 고난의 씨를 마음밭에 심으면 영광의 꽃이 핀다. 이것이 십자가의 믿음이다. 십자가의 믿음은 영성형성의 기초다. 고난은 성도를 삶이라는 강물 위에 띄우기도 하고 침몰시키기도 한다. 믿음의 창시자는 예수 그리스도시다(히12:2). 믿음의 최고 진수는 삶 속에서 영광을 드러내어 하나님을 영화롭게 하는 것이다. 성도가 할 일은 '믿음으로 견고하여져서 하나님께 영광(롬4:20)'을 돌리는 일이다. 마귀는 '그리스도의 영광의 복음의 광채가 비춰지 못하게(고후4:4)' 가로 막는다. 따라서 성도는 더욱 하나님의 영광을 아는 지식으로 충만해서(고후4:6) 마귀의 훼방을 소멸시켜야 한다.

성도는 그리스도의 고난과 영광을 보면서 '그리스도의 형상'으로 변화될 수 있다(고후3:18). 즉 예수님의 인격의 총체성 – 지정의(知情意), 사랑, 지혜, 자비, 도덕성, 용서 등 – 을 닮아가게 된다. 영성형성의 궁극적 의미는 하나님의 영광의 광채를 드러내는 것이다.228) 결국 믿음은 죄인을 의인으로 만들어 이 땅에서 예수 그리스도 형상을 보고 닮아가게 하며, 장차 천국에서 그의 영광의 실체를 보게 한다. 신자는 날마다 거룩함의 영성을 회복하여야 한다.

성경에는 다양한 믿음의 모델들을 인물별로 설정해 놓았다. 히브리서 11장에는 다양한 믿음의 모델들이 나타난다. 아벨, 에녹, 아브라함, 사라, 야곱, 요셉, 모세 등.229) 영산은 믿음으로 사는 사람의 특징을 이렇게 요약한다. "믿음으로 사는 사람은 인생의 목적과 목표가 분명하고 생각하고 바라는 소원이 분명합니다. 그리고 4차원영성으로 없는 것을 있는 것처럼 말하고 강렬하게 바라봅니다."230)

레너드 스윗(Leonard Sweet)은 기독교의 목적은 사람들이 믿음을 갖도록, 즉 하나님과 관계를 맺도록 도와주는 것이라고 강조한다. 그는 "믿음은 구원 자체도 아니고, 해방 자체도 아니고, 하나님에 대한 신념 자체도 아니다. 믿음이란 '나를 따르라'는 예수님의 부름을 받아들이는 일"이라고 역설한다. 믿음은 동적이며 관계적이다.231) 하나님은 예수님 안에서 '성부 하나님의 삶'을 사시고, 예

---

227) 조용기, "하나님의 영광을 위한 고난", 주일설교(2008-07-20).
228) "말씀이 육신이 되어 우리 가운데 거하시매 우리가 그의 영광을 보니 아버지의 독생자의 영광이요, 은혜와 진리가 충만하더라(요1:14)." 그리스도의 영광을 본다는 것은 예수님의 인격적 총체성을 믿음의 눈으로 보는 것이다. 그리스도의 영광 안에는 예수님 자신의 사랑, 지혜, 선, 자비, 용서 등이 포괄적으로 내포되어 있다. 믿음의 궁극은 그리스도의 영광을 보는 것이며, 그로 인해 하나님의 영광의 광채를 드러내는 것이다. 따라서 교회는 하나님 아버지의 신적 성품을 노출시켜 하나님의 영광을 드러내어야 한다. 하나님의 백성이 할 일은 오직 하나이다. 곧 하나님의 영광의 광채를 온 천하에 드러내는 것이다(히1:3). 장차 성도는 천국에 가서 믿음으로 그리스도의 영광을 보는 것이 아니라, 영화로운 몸이 되어 두 눈으로 생생하게 보게 될 것이다. 할렐루야!
229) 다음 책 참조. 이동원, 『믿음의 모델링에 도전하라』, 생명의말씀사(2006).
230) 조용기, "성경적 믿음이란 무엇인가?", 주일설교(2010-07-18).
231) 레너드 스윗(Leonard Sweet), 『관계의 영성』(*Out of the question: into the mystery*), IVP(2011), 50-58.

수님은 '우리 안에서 자신의 삶'을 사시므로, 믿음의 삶이란 내 안의 예수님의 능력을 믿고 사는 역동적인 삶이다. 믿음의 주체는 내 안의 예수님이시다. 그리스도는 성령 안에서 우리와 영적 및 인격적 관계를 맺으시고 교제하신다. "그 날에는 내가 아버지 안에 너희가 내 안에 내가 너희 안에 있는 것을 너희가 알리라(요14:20)." 이 연합은 신비다. 그것은 이성적으로 설명할 수 없고, 인식할 수도 없다. 오직 성령님의 깨우침을 통해서만 알 수 있다.

예수님은 제자들에게 "하나님을 믿으라(막11:22)"고 천명하신다. 그것은 '하나님의 믿음을 가지라'는 의미였다. '그리스도의 믿음을 가지라'는 표현도 신약의 여러 곳에서 언급된다(롬3:26, 행3:16, 갈2:16, 빌3:9, 골2:12). 따라서 성도는 성경에 나오는 여러 선조들의 믿음을 본받아 나의 믿음으로 승화시켜야 한다.

2) 믿음의 진보

하나님의 믿음 세계는 무한도전의 세계이다. 하나님이 설계하신 십자가 프로젝트 안에는 무한도전의 비밀이 내포되어 있다. 그 안에 하나님의 모든 경륜과 계획들이 포함되어 있다. 십자가의 비밀을 여는 첫 단추는 바로 믿음이다. 하나님은 지금도 자신의 믿음을 품은 자들을 찾고 계시며, 함께 일할 동역자(고전3:3)를 찾고 계신다. 성도는 '믿음의 진보(빌1:25)'를 위해 경주해야 한다. 바울은 "이 모든 일에 전심전력하여 너의 성숙함을 모든 사람에게 나타나게 하라(딤전4:15)"고 강조한다.232)

인간은 하나님의 믿음을 품고 기도하면 큰일, 초월적인 일, 위대한 일을 행할 수 있다.

"내게 능력 주시는 자 안에서 내가 모든 것을 할 수 있느니라(빌4:13)."

"야훼와 그의 능력을 구할지어다 항상 그의 얼굴을 찾을지어다(대상16:11)."

"주는 기이한 일을 행하신 하나님이시라 민족들 중에 주의 능력을 알리시고(시77:14)."

"피곤한 자에게는 능력을 주시며 무능한 자에게는 힘을 더하시나니(사40:29)."

"하나님이 바울의 손으로 놀라운 능력을 행하게 하시니(행19:11)."

"하나님의 나라는 말에 있지 아니하고 오직 능력에 있음이라(고전4:20)."

나무를 재빠르게 패려면 도끼의 날을 두 배로 날카롭게 하면 되는 것처럼, 삶에 뿌리내리는 영성을 키우려면 '믿음의 용량(capacity)'을 증폭시켜야 한다. 믿음은 인간의 내적 및 외적인 온갖 한계를 극복하고 뛰어넘기 때문이다.

영산은 '반세기 동안 심은 믿음의 씨앗'에 대하여 이렇게 회고한다.233)

a) 5중복음과 3중축복의 씨앗: 중생, 성령충만, 신유, 축복, 재림의 5중복음과 영혼이 잘됨 같이 범사에 잘되며 강건한 3중축복의 믿음의 씨앗(요삼1:2).

---

232) "초보적인 신앙을 가진 사람은 예수님께서 자신을 위해 십자가에서 피 흘려 죽은 것만을 생각합니다. 그러나 성숙한 신앙인은 예수님께서 자신을 위해 죽으셨다는 사실뿐만 아니라 예수와 함께 십자가에 못 박혀 율법에 대하여 죽고 예수님 안에서 하나님과 하나되는 체험을 하게 됩니다. 그래서 예수 죽음 내 죽음, 예수 부활 내 부활, 예수 승천 내 승천, 예수 천국 내 천국이 됩니다." 조용기, 『갈라디아서 데살로니가전후서 강해: 갈라디아서』, 서울말씀사(2011), 79.

233) 조용기, "심은 대로 거둔다", 주일설교(2011-11-20).

　b) 4차원영성의 씨앗: 마음을 지켜 생각하고 꿈꾸고 믿고 말함(잠4:23).

　c) 희망의 복음 씨앗: 모든 것이 합력하여 선을 이룸(롬8:28, 눅4:18-19).

　d) 십자가 중심의 복음 씨앗: 예수님 십자가 대속의 죽음으로 우리는 죄와 허물, 가난과 질병
　　과 저주에서 해방되고 영생천국을 얻음(사53:5, 갈6:7-9).

영산의 목회의 핵심은 '구원과 희망의 믿음을 선포하는 것'이었다. 신학적 측면에서 보면, 십자가 구속의 은혜와 새 창조의 영성을 온 세상에 선포하여 하나님의 능력을 드러낸 것이다.

믿음은 모든 것을 이루는 역동적이고 생동적인 힘이다. 영산은 믿음의 속성과 관련해서 다양한 새로운 의미들을 생각해냈다.234) 루터, 칼빈, 웨슬리 같은 믿음의 선배들도 믿음에 대하여 다양한 공통적 정의를 내렸다.

- 믿음은 하나님과 예수 그리스도를 영접하고, 신뢰하고, 경외하는 것이다.
- 믿음은 하나님의 뜻에 순종하고 말씀대로 살고 실천에 옮기는 것이다.
- 믿음은 믿음의 대상이신 하나님, 예수 그리스도를 사랑하고 교제하는 것이다.
- 믿음은 믿는 자, 즉 하나님, 그리스도, 성령님과 연합하고 하나가 되는 것이다.
- 믿음은 자기를 전적으로 부정하고 십자가를 지고 주님을 따라가는 것이다.
- 믿음은 주님을 온전히 닮고 그의 참 제자가 되는 것이다.
- 믿음은 하나님의 사랑으로 선한 일을 끊임없이 행하는 것이다.

영산은 하나님이 주시는 레마의 말씀을 받기 위해 많은 시간을 들였다. "사람들은 하나님에 대한 일반적인 지식을 알려주는 말씀과 하나님께서 특별한 상황에서 우리 마음속에 믿음을 주시는 말씀을 구별하지 못합니다. 하나님의 기적을 일으키는 말씀은 바로 하나님의 믿음이 주어지는 말씀입니다. 나는 설교 전에 '선포된 말씀'을 받지 못하면 단상에 오르지 않습니다. 그래서 나는 토요일에는 기도원에 올라가서 기도 굴에서 기도합니다. 그리고 성령께서 내게 '선포된 말씀'을 주실 때까지 기다립니다. 때로 나는 이러한 기도로 온 밤을 지새우기도 합니다."235)

그는 믿음은 3가지 요소, 곧 '기도, 바라봄, 담대함'에 의해 활성화된다고 말한다. 236) "첫째, 믿음은 기도를 통해서 활성화됩니다. 한나의 간절한 기도, 회당장 아이로의 간절한 기도는 믿음을 활성화시킨 좋은 예입니다. 둘째, 바라봄의 법칙이 역사를 가져오고 믿음을 활성화시킵니다.237)

---

234) "믿음은 영적세계에서 우리의 눈과 귀요 마음이다. 믿음으로 하나님의 손을 붙잡고 나아가야 한다." "믿음이란 당신의 손에 잡은 것을 완전히 놓아버리는 것이다." "믿음이란 바랄 수 없는 중에 그것을 바라고 목을 내밀고 기다리는 것이다." "믿음이란 말씀의 못을 단단히 박아 놓은 곳에 옷을 거는 것이다." "열화와 같은 성공을 위한 믿음 없이는 아무것도 이루어지지 않는다."

235) 조용기, "믿음이 작은 자여", 주일설교(2007-06-24).

236) 조용기, "믿음의 3요소", 주일설교(1992-03-15).

237) "구원의 말씀을 듣고 십자가를 마음에 상상하여 바라보고 믿고 고백하면 구원까지 받는 것입니다. 바라봄의 법칙은 모든 믿음의 기초가 되는 것입니다." 조용기, "믿음의 근원인 바라봄의 법칙", 주일설교(2012-04-22).

혈루증 앓던 여인이 예수님의 옷자락을 만져서 치료받은 것은 그 여인이 상상력을 동원해서 예수님의 옷자락을 만지면 낫겠다는 절박한 꿈을 꾸었기 때문입니다. 셋째, 두려움은 믿음을 비활성화시킵니다. 회당장 야이로의 딸이 죽었을 때 예수님은 '네 딸이 죽은 것이 아니니, 두려워 말고 믿기만 하라'고 하셨습니다. 두려움을 가지면 믿음을 활성화시키지 못합니다."

믿음이란 산을 바라보면 생기지 않고, 하나님을 보면 그 산이 옮겨질 믿음이 생긴다. 영산은 믿음의 전제 조건은 먼저 마음속에 분명한 목표를 두는 것이며, 꿈은 믿음을 산출하는 어머니라고 강조한다.238) "믿음을 가진다는 것은 반드시 믿음 전에 여러분과 내 마음 가운데 분명하고도 영롱한 꿈이 있어야 믿음이 생겨나는 것입니다. 우리가 분명한 목표를 두고, 그것이 이루어진 모습이 마음속에 꿈으로 찬란하게 이루어지지 않으면, 믿음은 우리 마음속에 생겨나지 않습니다. 그래서 믿음의 가장 큰 전제조건은 마음속에 확실한 목표를 두고, 그것이 이루어진 모습을 꿈꾸는 것입니다. 하나님께서는 그 꿈을 통해서 우리에게 믿음을 주십니다. 그러므로 꿈은 믿음을 산출하는 어머니입니다. 꿈이 없이 믿음은 산출되지 않는 것입니다."

영산의 믿음론은 분명한 원칙이 있다. 영산은 믿음으로 사는 자는 목표와 소원이 분명하다고 강조한다(그림 8-2). 믿음은 현재와 바라는 실상 사이의 영역(갭 gap)에 있다. 이 영역은 인간의 힘으로 주도할 수 없다. 따라서 말씀과 기도 및 성령의 역사가 필요하다.

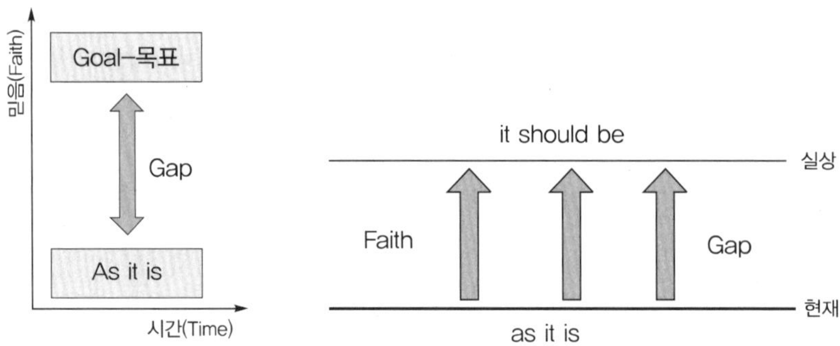

그림 8-2. **믿음과 실상과의 관계**: 믿음은 바라보는 것들의 실상이다. 영산은 "마음에 구체적인 소원을 확실한 꿈으로 그려야 합니다. 믿음으로 기도하고 소원하는 꿈이 이루어진 실상을 바라보며, 입술의 증거를 통해 이미 이룬 것으로 고백할 때, 믿음은 역사합니다."라고 강조한다.239)

---

238) 조용기, "꿈과 믿음", 주일설교(1984-11-04).
239) 조용기, "믿음 속에 사는 삶", 주일설교(2007-12-30).

표 8-1은 영산의 4차원영성과 믿음의 이론을 자료중심으로 정리한 것이다.

표 8-1. 영산의 믿음론과 4차원영성의 관계

구 분	내 용
믿음이란 어떤 것인가?	a) 우리는 믿음으로 만물이 4차원의 영적 역사로 이루어지는 것을 알 수 있다. 시간, 공간, 물질의 3차원 세계는 하나님의 말씀으로 이루어진 것이다. 보이는 것은 지금 겉으로 나타난 것만으로 설명할 수 없다(히11:3). b) 믿음은 모든 사람이 각자 간절히 바라고 원하는 소원이 이루어지도록 하는 실제적인 능력이다. c) 믿음은 나무뿌리와 같다. 나무뿌리를 심으면, 그것을 닮은 줄기와 잎이 나와서 나무가 된다. d) 믿음이란 우리의 생각을 하나님의 생각으로 바꾸는 것이다. e) 소원은 믿음의 텃밭이다. 소원의 텃밭에서 꿈나무가 자라 잎, 꽃, 열매를 맺는다.
믿음을 어떻게 얻을 수 있는가?	a) 믿음은 하나님의 선물로 하나님께서 각 사람에게 그 분량대로 주신다(롬12:3). b) 믿음은 성령께서 선물로 주셔서, 예수님이 구주이심을 깨닫게 하신다(고전12:3). c) 믿음은 그리스도의 말씀을 들음으로 생긴다(롬10:17). d) 믿음이란 예수 그리스도를 믿는 것이다(히12:2).
믿음을 누가 방해하는가?	a) 마귀는 우리에게 믿음이 생기지 못하도록 훼방하는 믿음의 원수다(요10:10). b) 무신론은 하나님과 영적인 것을 모두 인정하지 않고 부인한다(시14:1). c) 부정적인 환경과 감각은 믿음을 갖지 못하고 의심하게 한다(약1:6-7).
믿음을 활용하는 방법은?	겨자씨만 한 믿음을 품고 있을지라도 성령님이 함께 하시면 창조의 역사가 나타난다. 1단계: 창조적인 믿음의 기도를 하라. 2단계: 마음속에 확신이 올 때까지 기도하라. 3단계: 확신이 오면 '명령기도'를 하라. 4단계: 확신의 증거로 감사기도를 하라(없는 것을 있는 것처럼 믿고 고백하라).
믿음의 현실화 과정은?	a) 믿음은 장차 이루어질 실상의 청사진이다. 작은 믿음은 작은 실상을, 큰 믿음은 큰 실상을 가져온다. "네 입을 크게 열라 내가 채우리라(히11:1, 시81:10)." b) 세상 풍속에 따르지 말고 하나님의 뜻을 좇아 믿어야 한다(롬12:2). c) 믿음과 불신앙을 반복하면 실패할 수 있으므로, 우리는 현실에서 바라고 소원하고 완전히 이루어질 때까지 인내하며 계속 믿어야 한다(히10:38). d) 믿음으로 창조적으로 생각하고 없는 것을 있는 것처럼 말해야 한다. "대저 하나님의 모든 말씀은 능하지 못하심이 없느니라(눅1:37)." e) 믿음으로 기도하고 구한 것은 이루어진다(막11:23-24). 이것이 믿음의 속성이다.
믿음으로 사는 사람의 특성은?	a) 믿음의 사람은 인생의 목적과 목표가 분명하고 생각하고 바라는 소원이 뚜렷하다. b) 4차원영성으로 없는 것을 있는 것처럼 말하고 강렬하게 바라본다(히11:6). c) 믿음의 사람은 4차원의 영성에 따라 산다. 히브리서 11장에 기록된 말씀과 증거는 영적 4차원의 세계를 보여준다.
4차원영성에 따르는 삶이란?	a) 생각이 영적이고, 분명하고, 소원이 뚜렷하다. b) 마음에 품은 하나님의 꿈과 비전을 바라본다. c) 꿈꾼 것을 믿고, 없는 것을 있는 것처럼 믿고 전진한다. d) 확신한 것을 믿고, 믿은 것을 긍정의 입술로 고백한다.

4.2. 믿음의 단계성: 단계적 모델

영산은 믿음에 단계가 있음을 강조한다. 그는 "모든 생명체는 삶의 단계가 있습니다. 태어나고 성장하고 장성하고 시들고 죽는 것입니다. 우리의 신앙도 영적인 생명이므로 그 삶의 단계가 뚜렷이 있습니다."라고 말한다.[240] 구체적으로 그는 "우리는 다 아담의 후예로 선악과를 따먹고 인본주의에 서서 하나님을 대적함으로써 버림받은 사람이었으나, 생명이 되시는 예수님이 오셔서 우리 위해서 몸 찢고 피 흘려서 당신을 우리에게 내어주시므로 우리가 그를 보고 죄를 회개하고, 그리스도를 구주로 인정하고 믿고 받아들이고, 그 결과 성령을 받아 변화되어 사랑의 사람이 되고 구원을 받고 천당에 올라가는 이것이 신앙의 단계입니다."라고 강설한다.[241]

믿음은 이 땅에서 우리가 하나님 나라의 삶을 살게 하는 영적인 은사이다. 믿음은 글로 된 성경 지도를 하늘의 풍경으로 전환시켜준다. 보이지 않는 지도를 믿음으로 보면, 하늘의 풍경이 보이는 것이다. 하나님은 우리에게 '말씀의 지도'를 주어서, 하나님이 계시는 보좌로 찾아가는 길을 보여주신다. 지도 위에 그려진 십자가는 하나님의 집을 지름길로 찾아가게 하는 표지이다. 십자가를 통과하지 않는 말씀, 믿음, 기도는 거짓이고 헛된 것이다. 십자가를 세워주신 하나님께 감사하자. 십자가는 우리에게 믿음을 심어준다. 그 믿음은 다시 십자가를 따라가게 해준다.

믿음은 말씀을 현재화하려고 힘을 다하고, 마귀는 온갖 수단과 방법으로 그것을 방해한다. 챔버스(Chmabers)는 "영적 전쟁의 성패는 외부 환경에 의해 결정되는 것이 아니라, 하나님 앞에서 우리의 의지라는 비밀스런 장소에서 판가름 난다"고 강조했다.[242] 그래서 성도에게 '의지적 믿음의 성장'은 중요하다.[243] 영산은 "믿음은 영적으로 거듭날 때부터 시작되지만, 그것은 말씀과 성령을 통해서 자라납니다."라고 강조하는 것도 그런 맥락이다.[244] 그는 "우리의 믿음이 자라기 위해 우리가 하나님처럼 생각하고 말하고 행할 수 있어야 합니다. 하나님을 우리 속에 모셔들일 수 있는 만반의 준비가 되어 있어야 합니다."라고 강조하면서 마음의 태도의 중요성을 인식시킨다.[245]

영산은 『4차원 영적세계』라는 책에서 경험적으로 얻은 믿음의 법칙을 4가지로 요약해서 설명한다.[246]

첫째, 분명한 대상을 마음에 그려라(goal)

둘째, 불타는 소원을 가져라(passion)

셋째, 확신을 얻도록 기도하라(confidence)

넷째, 믿음의 증거를 보여라(evidence)

---

240) 조용기, "믿음의 단계", 주일설교(2012-09-23).
241) 조용기, "믿음의 단계", 주일설교(2012-09-23).
242) 오스월드 챔버스, 『My Utmost for His Highest』, 토기장이(2008), 묵상집(12월27일).
243) "믿음은 사용할수록 커지고 사용하지 않으면 작아집니다. 또한 믿음은 의지에 달려 있습니다. 내가 믿겠다고 하면 믿게 되지만, 믿지 않겠다고 하면 믿지 않게 되는 것입니다." 조용기, 『마태복음 강해 III』, 생명의말씀사(2010), 130.
244) 조용기, "어떻게 믿어야 하나", 주일설교(2013-06-02). "믿음이란 무엇인가?", 주일설교(2015-08-23).
245) 참조. 조용기, "믿음이 잉태되었을 때", 주일설교(1989-10-01).
246) 조용기, 『4차원 영적세계』, 서울말씀사(2003), 24-53.

그러면서 그는 믿음의 실천 원리를 이렇게 요약한다. "우리가 소원하며 그것이 이루어진 것을 믿음으로 바라볼 때 하나님께서 우리 마음의 소원을 이루어주십니다."247)

믿음생활이란 육적 자아를 최소화하고, 영적 자아를 최대화하는 삶이다. 현대인은 불확실성, 예측불가능성, 불안정성의 시대에 살고 있다. 영산은 '믿음의 단계'라는 설교에서 앤드류 머레이(Andrew Murray)의 믿음의 4단계를 소개한다. 248)

"앤드류 머레이 박사는 『부활의 주와 함께하라』는 책에서 '엠마오로 가는 두 제자'의 체험(눅 24:13-32)을 이렇게 말하고 있습니다. 첫째, 무지의 단계입니다. 예수님이 우리의 구주로서 십자가에서 죽으시고 부활하셨다는 사실을 알지 못하는 단계입니다. 둘째, 불신앙의 단계입니다. 예수님의 죽으심과 부활하심을 들었으나, 믿지 못하므로 부활에 대한 확신이 없는 단계입니다. 셋째, 감동의 단계입니다. 부활하신 예수님의 말씀을 살아계신 하나님의 말씀으로 듣고 마음에서 기쁨과 감동을 체험하는 단계입니다. 넷째, 만족의 단계입니다. 그리스도인의 삶의 마지막 단계로, 주님 안에서 사명을 깨닫고 믿음으로 사는 단계입니다. 모든 생명체에 삶의 단계가 있듯이 우리의 신앙도 영적인 생명이므로 반드시 삶의 단계가 있습니다."249)

생물학자 앙리 라보리(Henry M. L. Laborit, 1914-1995)는 인간에게는 문제가 불거질 때 택할 수 있는 길이 세 가지라고 보았다. a) 고난과 맞서 싸우든가, b) 입술을 깨물며 마음에 꾹 누르고 참든가, c) 아니면 도피하는 것이다.

믿음은 하나님의 절대주권 안에서 현재화된다. 아브라함은 아내를 누이라고 속여 이집트 왕에게 넘겨주었다. 하지만 하나님이 주권적으로 간섭하셔서, 천하의 바로 왕이 아브라함 앞에서 벌벌 떠는 모습을 보이게 하셨다. 그 놀라운 사건을 경험하고 나서, 아브라함의 믿음은 수직 상승한다.250) 100세에 이삭을 낳은 아브라함은 마침내 모리아 산에서 하나님의 시험문제를 기꺼이 온 마음과 몸으로 풀어낼 정도로 하나님이 원하는 수준으로 믿음이 성장했다. 요나는 하나님이 출제하신 문제의 답을 분명히 알면서도 '나 몰라라' 하고 도망했지만, 물고기 뱃속에 갇혀서 기도의 응답으로 3일 만에 살아나와서, 앗수르로 가서 하나님의 메시지를 증거했다. 이처럼 하나님은 다양한 사건들을 통해서 하나님의 자녀들의 믿음을 점진적으로 끌어올리신다. 믿음의 주체는 전적으로 하나님이시다. 따라서 하나님의 믿음이 나를 이끌고 가도록 하려면, 내 안에서 믿음의 성장과 성숙이 점진적으로 이뤄져야 한다.

---

247) 조용기, "성경적 믿음이란 무엇인가?", 주일설교(2010-07-18).

248) 조용기, "믿음의 단계", 주일설교(2012-09-23).

249) 생물학적 생명은 헬라어로 '비오스'이고, 영적 생명은 '조에'이다. 인간이 예수를 믿으면, '비오스'에서 '조에'로 변화된다. 이것은 참으로 위대한 변화다. 이것이 바로 기독교다. 이 세상은 위대한 조각가의 작업실이다. 우리는 저마다 위대한 조각가이신 삼위 하나님이 만드신 고유한 작품이다. 참조. C. S. 루이스, 『순전한 기독교』(Mere Christianity), 홍성사 (2014), 247-248.

250) 앤서니 후쿠마((Anthony A. Hockema), 『구원론』(Saved by Grace), 부흥과개혁사(2013), 190-191. 히브리어에서 믿음을 뜻하는 단어 3가지는 '헤에민', '바타흐', '하싸'이고, '헤에민'은 '아만'의 히필형이다. 칼형에서 이 동사는 '확증하다' 또는 '지지하다'를 뜻하고, 히필형에서는 '지지하게 하다' 또는 '확고해지다'를 의미한다. ⑩ "아브람이 야훼를 믿으니(헤에민) 야훼께서 이를 그의 의로 여기시고(창15:6)."

그림 8-3에 나타냈듯이, 성경적으로 보면, 믿음의 성장은 고난, 사랑, 공동생활 중에서 일어난다(엡3:17-21, 행14:22, 엡4:1-6). 명심보감(明心寶鑑)의 성심편(省心篇)에 '한 가지 일을 경험하지 않으면 한 가지 지혜가 자라지 못한다(不經一事不長一智)'는 말이 있다. 믿음도 삶 속에서 다양한 경험을 통해서 성장하고 굳건해진다. 믿음의 성장은 곧, 말씀과 기도와 성령충만에서 온다.

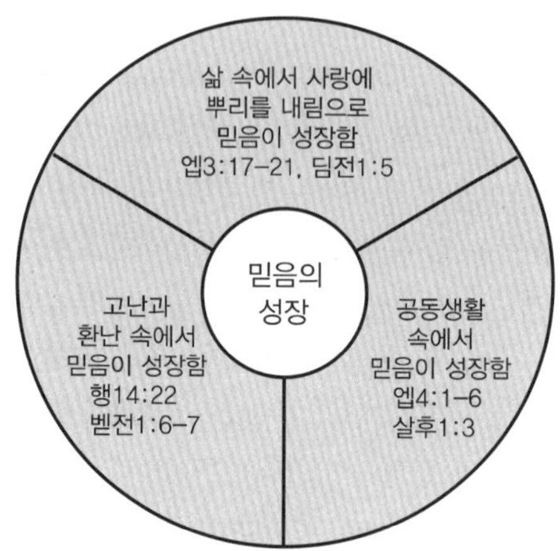

그림 8-3. 믿음 성장의 성경적 모델: 삶의 가장 근원적인 자원은 믿음이다. 영산은 믿음 성장의 단계를 첫째, 마음의 긍정, 둘째, 상상력의 개발(없는 것을 있는 것처럼 상상하고 바라봄), 셋째, 입술의 고백(잠18:21), 넷째, 감사와 찬송(빌4:6)이라고 지적한다.251) 그는 "하나님 세계의 문을 열고 그분의 손길을 움직이는 비결은 기도밖에 없습니다."라고 역설한다.252) 믿음의 성장은 말씀과 기도와 성령충만에서 생긴다.

영산은 살아 있는 믿음을 강조한다. "박제된 독수리나 곰을 전시해놓은 것을 보면 진짜 살아 있는 것 같지만 실상은 죽었고 생명이 없어 움직이지 못합니다. 믿음도 마찬가지입니다. 종교적인 형식과 의식을 아무리 잘 갖춰도, 성령님이 함께 역사하시지 않으면 죽은 신앙입니다." 253)

믿음이 못이라면 긍정의 입술은 망치다. 믿음을 품었으면, 긍정의 입술로 믿음이 도망가지 못하도록 단단히 못 박아놓아야 한다. 영산은 살아 있는 믿음은 입술의 고백이라고 강조한다. "믿음이란 무엇입니까? 믿음은 예수 그리스도 안에 나타난 하나님을 믿는 것, 하나님의 말씀을 담대히 입술로 고백하는 것, 받은 줄로 믿고 없는 것을 있는 것같이 강렬히 꿈꾸고 믿고 입으로 시인하는 것입니다. 믿음이란 예수님 안에 나타난 하나님의 은혜를 믿는 것이며, 입술의 고백입니다. 또한 믿음이란 기도를 하면 받은 줄로 믿고, 없는 것을 있는 것같이 강렬히 마음속에 꿈꾸고 생각하고 말하고 기대하는 것입니다. 그러면 성경은 '네 믿은 대로 될지어다(마8:13)'라고 말합니다."254)

---

251) 조용기, "네 믿음 대로 된다", 주일설교(2011-01-09).
252) 조용기, "너희는 내게 부르짖으라", 주일설교(2008-01-13).
253) 조용기, "살아 있는 믿음", 주일설교(2007-03-18).
254) 조용기, "믿음이란 무엇인가?", 주일설교(1999-10-24).

영산은 믿음의 법칙을 5단계로 서술한다(그림 8-4).[255]

1단계: 믿음은 분명한 대상이 있어야 한다. 대상이 없으면 실체가 없다. 한나는 아들을 믿음으로 바라보았다.

2단계: 대상을 정했으면 불타는 소원이 있어야 한다. 막연한 소원이 아니라 구체적인 것을 구해야 한다. 구체적인 것을 구하려면, 글로 분명하게 써놓고 매일 바라보아야 한다. 바라보지 않으면 잊어버린다.

3단계: 소원하는 것이 이루어진다는 확신을 품어야 한다.

4단계: 확신을 가졌으면, 믿음의 증거를 보여주어야 한다. 믿음은 보지 못하는 것들의 증거다. 증거는 행동이나 입술의 고백으로 보여줄 수 있다. 하나님은 아브람을 아브라함으로 사래를 사라로 불러 믿음의 증거를 보여주셨다.

5단계: 믿음이 성취될 때까지 인내와 헌신으로 계속 진행하는 것이다.

그림 8-4는 영산의 믿음의 법칙 5단계를 믿음 성취의 5단계로 도식화한 것이다. 믿음의 법칙 5단계를 활용하면, 믿음의 대상을 정하기 전에 구체적으로 내 뜻과 주님의 뜻이 서로 부합되는지를 진단할 수 있다.

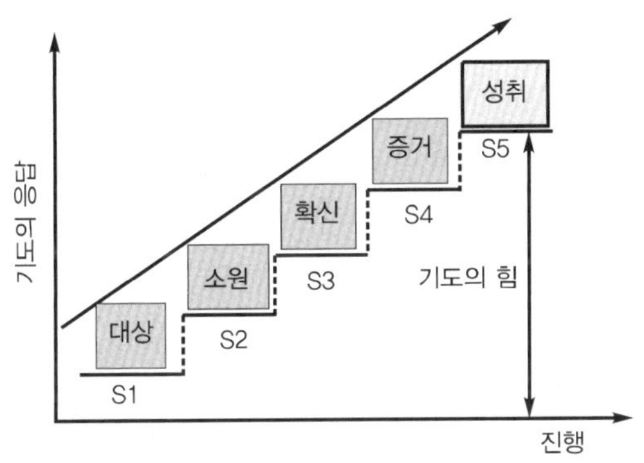

그림 8-4. 믿음 성취의 5단계: 믿음 성취의 5단계 – 대상, 소원, 확신, 증거, 성취 – 에 대하여 영산은 하나님께 나아가 응답을 받는 길을 3가지로 압축한다. 첫째, 너희는 부르짖으라(눅18:1-7, 11:5-10). 둘째, 하나님께 모든 것을 내어 맡겨라(시37:5-6). 셋째, 하나님의 역사하심을 믿어라(히13:8).[256] 믿음은 '명사형'이 아니라 '동사형'이다.

영산은 "믿음은 단편적이거나 죽은 것이 아니라 입체적이며 살아서 움직입니다. 믿음은 성장해야 합니다."라고 말한다.[257] 믿음은 무엇보다 내 마음속에 간절한 바람이 있어야 하며, 내가 소원

---

255) 조용기, 『4차원 영적세계』, 서울말씀사(2003), 24-53. 믿음의 응답과정이 기계처럼 착착 돌아가는 것은 아니다. 여기서 믿음의 법칙이 의미하는 것은 '믿음'이 무질서하게 작동되는 것이 아니라, 하나의 분명한 영적논리에 따라 성취됨을 보여주기 위함이다. 믿음은 일련의 과정을 거치지만, 인간의 편에서 볼 때 응답시간은 단기가 될 수도 혹은 장기가 될 수도 있다. 하나님이 우리 삶의 주권을 가지고 계신다.

256) 조용기, "오! 주여 나는 어찌하오리까?", 주일설교(2009-11-01).

257) 조용기, 『옥중서신 강해: 빌립보서』, 서울말씀사(2010), 213.

하는 것이 클수록 바라보는 실상도 그만큼 더 커진다. 시편기자도 "야훼를 기뻐하라 저가 네 소원을 이루어 주시리로다(시37:4)"라고 말한다. 악인에게는 그가 두려워하는 것이 임하지만, 의인은 그가 원하는 것이 이루어진다(잠10:24).

믿음의 5단계 모델을 가장 적절히 적용한 대표적인 사례는 야곱이다. 그는 상상력이 풍부했으며 눈에 보이지 않는 세계를 바라보는 힘이 매우 강했다. 그는 4차원영성을 가진 전형적인 인물이었다. 그는 부자가 되는 모습을 먼저 상상했으며, 믿음을 품고 나서 곧바로 행동에 옮겼다.

믿음은 대리석을 보는 것이 아니라 그 안에 '이미 완성된 조각품을 바라보는 것'이다. 사람은 누구나 상상력을 가지고 있다. 하늘을 나는 새를 보고 인간은 하늘을 날아갈 수 있는 비행기를 상상했다. 마치 상상력은 믿음을 낳는 인큐베이터와 같다.

12년 동안 혈루증을 앓던 여인은 예수님을 옷자락을 만지기 전에 먼저 그녀가 치료받는 장면을 상상했다. 그녀는 상상으로 먼저 치료받았다. 그 상상력은 그녀를 예수님께 나아가 옷자락을 만지게 했다. 상상력은 의지력보다 힘이 더 세다. 하와도 선악과를 보고 먼저 상상했다. 그녀의 상상력은 의지력을 이기게 했고, 결국 선악과를 따먹게 되었다.258) 영산은 "인간의 마음은 의지력의 지배를 받는 것이 아니라 상상력의 지배를 받습니다."라고 강조한다. 인간은 자신이 감각적으로 체험한 것들을 엮어서 개념화할 수 있으며, 동시에 살면서 경험한 이성적인 개념들을 그들의 삶 속에 감각적으로 체험하면서 살아가도록 하는 상상력을 가지고 있다. 하나님을 내 삶에 개념화시키는 것은 믿음을 현실화하는 도구이며, 이것은 구체적인 상상과 믿음을 현실화하는 데 있어서 매우 중요하며, 일종의 환경적 연상법칙을 사용하는 것이다.

4.3. 믿음의 연계성: 심리학적 모델

영산은 "신자는 자신이 자기를 생각하는 것보다 더 위대한 힘을 가진 4차원의 영성을 가진 존재입니다. '나는 중생하여 4차원의 영성을 가지고 있다. 높은 차원은 낮은 차원을 다스린다. 나의 속사람은 겉사람을 다스린다'라고 고백만 해도 큰 힘을 발휘합니다. 속사람은 겉사람에게 일어나는 일들을 다스리고 돌보고 변화시키는 일을 합니다."라고 말한다.259)

영산은 4차원영성의 관점에서 속사람이 겉사람을 지배하고 다스린다고 강설한다. 즉 안 보이는 내면의 세계가 보이는 외면의 세계를 다스리고 지배한다. 믿음의 세계는 이성의 세계가 더 이상 주도하지 못한다. 십자가의 복음체계는 옛 사람 중심의 지성, 정서, 의지를 철저하게 그리스도 중심의 체계로 전환시킨다. 십자가의 믿음은 말씀을 마음하늘에 데려와서 기존의 삶의 구조를 성령 중심의 삶의 구조로 변환시킨다. 그 결과 성령이 주도하는 삶의 체계로 승격된다. 따라서 삶에 혁

---

258) 칸트(Immanuel Kant)는 상상력을 '인간의 이성과 감각을 통합하는 능력'으로 이해했으며, 순수이성의 범주들(categories)과 감각적 직관들(intuitions) 사이를 연결하는 매개체로 보았다. 그에 의하면 상상력은 직관과 개념 사이의 중재자이고, 몸과 마음의 중재자인 것이다. 인간의 상상의 축이 인간, 자연, 감성, 영성이 주체라면, 기술의 축은 기계, 문명, 이성, 육감으로 구성된다. 아담과 하와 이래 지구촌 역사는 이 두 축이 상호교감하면서 일궈낸 산물이다. 그러한 의미에서 인간의 상상력은 무한한 가치를 지녔다.

259) 조용기, "실천적 믿음", 주일설교(2015-06-07).

신적 변화가 일어나고, 삶의 방향이 세상구조에서 복음구조로 변화된다. 신자는 더 이상 이성이 아니라 믿음의 나침판으로 사는 자이다.

믿음은 하나님의 은혜로 자라나고 작용한다. 믿음이 어떻게 마음에서 자라나는가? 영산은 믿음의 씨앗론으로 해석한다. "눈에 안 보이는 믿음이 구체적으로 나타나서 행동으로 옮겨질 때, 믿음의 씨앗이 심어지고, 그때부터는 하나님께서 주신 은혜가 우리를 자라게 만듭니다. 아무리 마음에 믿음이 있어도 이것이 구체적인 행동으로 나타나야 씨앗이 됩니다. 믿음의 구체적인 행동이 나타나지 않으면, 그것은 씨앗이 되지 않습니다. 즉, 눈에 구체적으로 보이도록 나타나지 않는 믿음은 죽은 믿음입니다. 하나님은 씨앗을 품은 자를 자라게 해주십니다." 친구 넷이 중풍병자를 데리고 지붕 위에 올라가서 지붕에 구멍을 내고 줄로 매달아 예수님 앞으로 내려놓는 것은 훌륭한 믿음의 씨앗이고(눅 5:17-26), 12년 동안 혈루증을 앓던 여인이 예수님의 옷자락을 만진 것도 믿음의 씨앗이다(마9:20-22). 예수님의 눈에는 그들의 행위가 믿음의 씨앗으로 보인 것이다. 바꾸어 말하면, 믿음의 씨앗이란 마음속에 믿은 것을 겉으로 드러내는 고차원의 영적 행위다.

마음속에서 기능하는 믿음의 속성을 좀 더 구체적으로 알아보도록 하자. 예수를 믿을 때 우리 안의 삶의 기초와 구조가 어떠한 양태로 변하는지 알아봄으로써 믿음의 삶을 더 역동적으로 추구할 수 있을 것이다.

예수님이 물을 가지고 포도주를 만든 사실을(요2:1-11) 이성에 기초한 지성, 감성 및 의지적 측면과 영성적 차원에서 보면 어떤 반응이 나올까? 다음과 같은 4가지 반응을 제시할 수 있다.
  a) 지성적 측면: "과학적으로 불가능한 일이다." 포도주는 포도를 숙성시켜야 만들 수 있다.
  b) 감성적 측면: "말도 안 된다, 있을 수 없다, 그런 일은 한 번도 본적이 없다." 정신 나간 사람들이 기록한 것이다.
  c) 의지적 측면: "세상에 있는 모든 기술을 다 모으고, 온 지식을 다 동원하고, 힘을 모아도 안 된다. 포기해!" 의지가 포기하면 불가능으로 판단을 내린다.
  d) 영성적 차원: "그건 간단하다. 충분히 가능하다. 믿어도 된다." 지성, 감성, 의지를 하나로 묶어버린다.[260]

지성, 감성, 의지적 측면과 영성적 차원은 마음속에서 서로 연합한다. '영성적 차원'은 '지성-감성-의지적 측면'을 마음속에서 통합시켜 영적으로 극대화시킨다. 이성은 하나님을 찾는 길을 모르나, 믿음은 하나님이 어디에 계신지 안다. 믿음은 실재(reality)를 알아내고, 믿음은 이성으로 하여금 더듬거리며 찾아가게 만든다. 이성은 믿음이 시키는 대로 일하며, 믿음이 가는 길을 밝혀준다. 그들은 서로 돕는 관계이지, 서로 배척하는 관계가 아니다.

영산은 인간적인 3차원은 한계가 있다고 말한다. "3차원의 세계는 물질적, 인간적인 해답입니다. 세상에서 예수 안 믿는 사람이 물질적으로 인간적으로 답을 가져오는 것은 3차원 세계에

---

[260] 영산은 "믿음은 의지입니다"라고 강조한다. 참조. 조용기, "어떻게 믿어야 하나", 주일설교(2013-06-02).

대한 3차원의 해답입니다. 그러나 3차원 세계를 둘러싸고 있는 4차원 세계에서는 곧 크고 은밀한 성령의 역사가 일어납니다. 인간의 문제를 3차원적으로 해결하는 것은 인간의 수단과 방법을 이용한 해결책이지만, 4차원적 해결은 하나님의 생각, 꿈, 믿음, 말씀과 기도를 통한 해결책입니다."261)

하나님의 말씀은 살아 있고 활력이 있고(히4:12), 예수님의 말씀은 영이요 생명이며(요6:63), 말씀이 믿는 자 가운데 역사한다(살전2:13). 곧 하나님의 말씀은 영, 생명, 활력, 능력이다. 믿음은 인간이 개발해서 가질 수 있는 것이 아니고 하나님의 선물이다.262) 인간의 두뇌는 크게 지성을 관장하는 지성중추신경계와 감정을 관할하는 감성중추신경계로 구성되어 있다. 다니엘 골먼(Daniel Goleman)에 의하면, 감성지능의 능력은 전전두엽과 변연계 사이의 회로가 얼마나 원활하게 작용하느냐에 달려 있다고 한다.263)

신경학적 개념에서 믿음의 탄생을 추상적으로 그려볼 수 있다. 감성중추신경계에서는 자기인식 능력, 자기관리 능력, 사회적 인식 능력, 관계 능력을 관할하는 반면, 지성중추신경계는 사물의 이해능력, 인지능력, 응용능력, 사물분석 능력 등을 관할한다. 감성시스템은 감성적 자기제어 능력, 감정이입 능력, 유대형성 능력들이 여기에 해당되며, 자화상, 꿈, 비전은 감성 영역에서 나오는 것들이다.264)

신경학적 관점에서 어떻게 십자가의 믿음이 탄생되는가? 바울은 그의 몸 안에 율법중심의 똑똑한 지성시스템을 소유하고 있었다. 그는 오감으로 자기경영을 실천하는 자였다. 다메섹 도상에서 회심하기 전에 그의 지성중추시스템이 하는 일은 이성적으로 예수님을 믿는 자를 잡아 옥에 가두는 것이었다. 즉 유대교 관점의 율법 해석에 바탕을 둔 믿음의 소유자였다. 그렇기 때문에 바울은 예수님의 진정한 존재를 알 수 없었고, 예수님은 그와 상관없는 인물이었다.

그러나 다메섹 도상에서 극적으로 예수님을 만나자 바울의 영성시스템은 즉시 변화되고 개선되었다. 그는 예수님 믿는 자를 가두는 사람에서 복음을 증거하는 사람으로 바뀌었다. 그의 지성은 성령의 조명과 인도함을 받아 완전히 새로워졌다. 이제 바울의 새로운 영적 자아가 그의 옛자아(혹은 생물학적 자아)를 지배하게 되었다.265)

훗날 바울은 '옛 사람(생물학적 자아)'과 '새 사람(영적 자아)' 사이의 관계를 '죄의 법'과 '하나님의 법'의 관계로 규정하고 이렇게 절규한다. "오호라 나는 곤고한 사람이로다 이 사망의 몸에서 누가 나를

---

261) 조용기, "사차원의 삶", 주일설교(2010-11-07). "성경적 믿음이란 무엇인가?", 주일설교(2010-07-18).
262) "너희는 그 은혜에 의하여 믿음으로 말미암아 구원을 받았으니 이것은 너희에게서 난 것이 아니요 하나님의 선물이라(엡 2:8)." "곧 그 아이의 아버지가 소리를 질러 이르되 내가 믿나이다 나의 믿음 없는 것을 도와주소서 하더라(막9:24)." "이 복음을 위하여 그의 능력이 역사하시는 대로 내게 주신 하나님의 은혜의 선물을 따라 내가 일꾼이 되었노라(엡3:7)."
263) 다니엘 콜먼, 『감성의 리더십』, 청림출판(2004), 57-65.
264) 위의 책, 74-97.
265) 토마스 머튼(Thomas Merton), 『묵상의 능력』(The Inner Experience), 두란노(2006), 18. 토마스는 자신의 책에서 "영적 자아는 만족을 구하지 않는다. 그 자아는 존재하는 것 자체로 만족한다. 존재의 뿌리가 하나님에게 있기 때문이다"라고 서술한다.

건져내랴(롬7:24)." 마음속에서 두 사람, 즉 옛 사람과 새 사람 사이에 처절한 싸움이 일어난 것이다. 다시 말하면, 그의 마음공간에서 속(俗)과 성(聖)의 두 세계가 나뉘어 서로 주도권을 차지하려고 치열한 전쟁이 벌어진 것이다. 이처럼 신자는 마음속에서 날마다 영적 전쟁이 일어나고 있다.

믿음세계와 마음세계의 관계를 좀 더 구체적으로 살펴보자. 인간 안에 존재하는 생각 혹은 지성, 오감 혹은 정서, 의지 혹은 선택은 믿음의 역동성과 참여성에 절대적으로 영향을 미친다.266) 동시에 믿음은 영혼을 움직이는 엔진과 같아서 영혼의 기능들을 하나님 중심체계로 조율한다. 믿음은 인간의 지성, 정서, 의지를 연합하면서도, 동시에 그것들을 초월해서 기능한다. 믿음은 마음하늘에 내재하며, 그곳에 하늘의 신비를 펼친다. 믿음의 지정의적 요소들은 각자 고유성을 지니고 있으면서도, 상호연합적 및 상호보완적이다. 믿음은 새 피조물을 낳고(고후5:17), 주와 한 영이 되게 하고(고전6:17), 말씀의 능력을 삶의 자리에 임하게 한다(요15:7).267)

예수의 영이 마음에 내주하면 믿음의 사람이 되어 '자연인'에서 '하나님의 사람'이 된다. 예레미야는 죄에서 씻김을 받자 '자연인 예레미야'에서 '하나님의 사람'이 되었다(사6:6-8). 이와 마찬가지로 인간은 예수를 믿음으로써 죄사함을 받고 정결하게 되어 '자연인의 마음공간'이 '예수의 영이 거하는 궁궐'로 변화된다. 인간의 모든 지성과 감성은 예수의 영에게 종속된다. 그 결과 자연법보다 하나님의 법을 우선하게 되고, 삶의 모든 우순선위가 재정립되는 제2의 삶이 시작된다. 베드로는 성령을 받자 '시골의 어부'에서 '박식한 영성지식의 소유자'로 바뀐다. 그는 나중에 '베드로전·후서'까지 저술하게 된다. "깊도다 하나님의 지혜와 지식의 풍성함이여 그의 판단은 헤아리지 못할 것이며 그의 길은 찾지 못할 것이로다(롬11:33)."

인간의 내면에 있는 지성시스템과 감성시스템 자체만으로는 2000년 전의 예수님을 알 수도 없고 믿을 수도 없다. 두 시스템에 이 세상의 어떤 정보를 주입해도 예수님의 존재는 확인되지 않는다. 하나님이 원래 우리에게 설치해주었던 '영성시스템(하나님과 교제하는 영성체계)'이 아담과 하와의 타락으로 철저하게 마비되었기 때문이다(그림 8-5). 예수 그리스도 십자가로 믿음이 회복되지 않으면, 자연인은 예수님의 존재를 인지할 수 없다. 다만, 하나님의 말씀에 기초해 성령의 조명과 인도로 믿음을 갖게 되고 예수님을 구주로 영접할 때에만 옛 사람이 잃어버렸던 영성시스템이 복구될 수 있다(그림 8-5).

---

266) 달라스 윌라드(Dallas Willard)는 인간의 기본 요소를 6가지로 요약한다. 1) 생각(이미지, 개념, 판단, 추론), 2) 감정(감각, 정서), 3) 선택(의지, 결정, 성품), 4) 몸(행동, 물리적 세계와의 상호작용), 5) 사회적 정황(타인과의 개인적·구조적 관계), 6) 영혼(위 모두를 통합해 한 생명을 이루는 요인). 이 모든 요소들은 서로 밀접하게 관련되어 있으며 서로 돕고 의존한다. 하나님은 인간을 만들 때 '피조성(creaturehood)과 인격성(personhood)'을 부여하셔서, 근본적으로 하나님을 의존하도록 의도하셨다. 인간은 하나님의 주권에 따라 살도록 지음 받았다. 참조. 달라스 윌라드(Dallas Willard), 『마음의 혁신』(Renovation of the Heart), 복있는사람(2014), 50-66.

267) "주와 합하는 자는 한 영이니라(고전6:17)." "그런즉 누구든지 그리스도 안에 있으면 새로운 피조물이라 이전 것은 지나갔으니 보라 새 것이 되었도다(고후5:17)." "너희가 내 안에 거하고 내 말이 너희 안에 거하면 무엇이든지 원하는 대로 구하라 그리하면 이루리라(요15:7)."

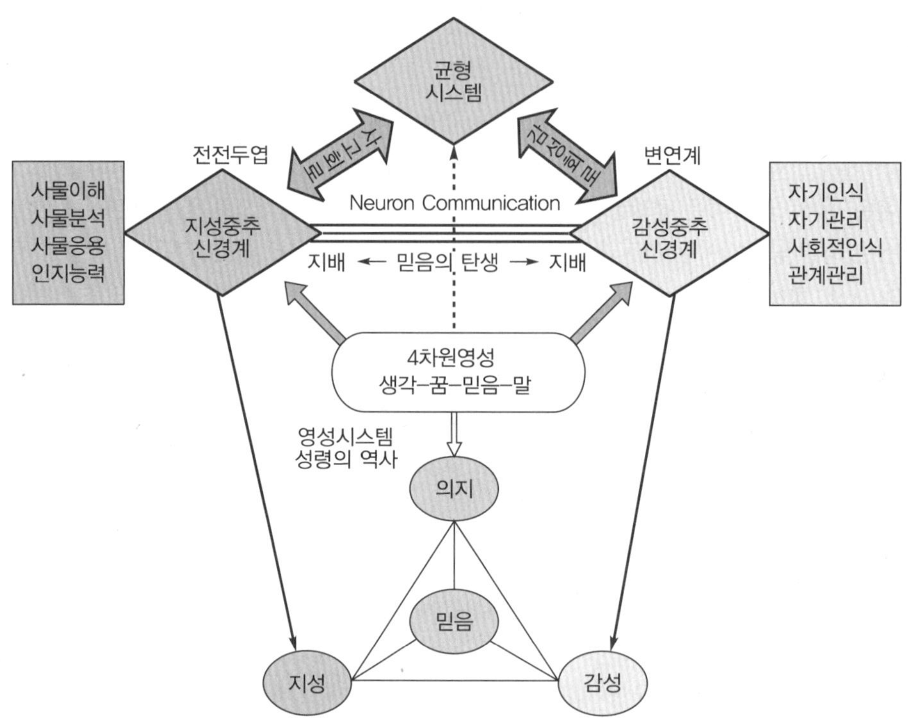

그림 8-5. 믿음의 초월적 탄생과 지성, 감성, 의지와의 관계[268]: 믿음은 하나님이 주시는 영적 선물이다. 믿음은 마음의 총체성 – 지성, 감성, 의지 – 과 연합하여 일을 한다. 믿음은 역동적이고 감각적이고 이성적이며, 체험적인 물질세계를 초월하며, 동시에 감정과 의지와 연합하면서 유기적으로 기능한다. 하나님의 말씀을 기초로 한 은혜의 감정이 마음에 임하면 강한 의지를 낳고, 그 의지가 믿음을 선택하여 붙들면, 믿음이 기능하기 시작한다. 지성, 감성, 의지와 믿음은 서로 밀접한 관계에 있다. 신자는 무엇보다 자신의 지성과 감성이 은혜의 말씀의 옷을 입도록 성령으로 충만해야 하고, 기도에 힘써야 한다. 마귀도 인간의 지성, 감성, 의지를 건드려서 본래의 기능을 훼방하려고 한다. 따라서 신자는 성령의 능력으로 마음하늘을 다스리는 것이 절대적으로 필요하다. 예수님의 지성은 하나님의 말씀이 중심틀이었고, 감성은 하나님을 기쁘게 하는 것, 의지는 하나님의 뜻을 이루는 것이었다. 그리스도의 인격체계는 오직 하나님 중심체계였다. 성령님은 지정의적 인격을 가지고 계시므로 지정의적 존재인 인간과 서로 교통할 수 있다. 성령님께서는 지성을 갖고 계셔 모든 것을 아시고(고전2:10, 롬8:27), 감성을 갖고 계시며(롬5:5, 엡4:30, 롬8:26), 의지를 가지고 결정하시며 행동하신다(고전12:11, 행16:6-7).[269] 이 도식은 마음하늘에서 믿음이 이성을 지배하는 단면도를 보여준다. 신학의 기초자료는 대개 성경, 새로워진 이성, 경험, 그리고 전통이다. 따라서 이성적 접근도 중요한 단서를 제공한다.[270]

---

268) 믿음은 마음공간에서 하늘의 일을 하는 일꾼이다. 마음공간에서 일어나는 믿음의 역학–신비의 믿음이 일하는 과정을 적절히 묘사한다는 것은 제한된 인간의 지식, 지혜와 능력으로 한계가 있다. 그럼에도 여기서 믿음이 우리 안에서 분명하고도 적실한 영적 기능을 한다는 사실을 보여주고자 시도하는 것이다.

269) 조용기, 『성령론』, 24-26.

270) 신학의 자료는 다음 4가지에 호소해야 한다. 성경은 '계시를 기록한 양식'이고, 이성은 '내적 일관성에 대한 시험'이며, 경험은 '주관적 적용 과정'이며, 전통은 '기억하는 공동체'라는 것이다. 참조, 스탠리 J. 그렌츠(Stanly J. Grenz), 『복음주의 재조명』(Revisioning Evangelical Theology), CLC(2013), 131에서 재인용, 이것은 Clark H. Pinnok, *Tracking the Maze*, San Franciso: Harper & Row(1990), 170-181에서 인용되었다.

십자가의 능력으로 회복된 영성은 지성, 감성, 의지의 시스템을 모두 지배한다. 그러나 복구된 영성체계는 언제나 마귀의 공격을 받을 수 있다. 마귀는 우리의 '영성작동시스템'에 수많은 바이러스를 심어서 작동을 중지시키는 최대의 방해자로 활동하고 있다. 따라서 그리스도인은 이 땅에 사는 동안 한시적이지만 마귀와 영적 전쟁을 하지 않을 수 없다.271) 예수를 믿는 사람은 영성시스템의 지배를 받아 생각이 변하고, 꿈이 생기고, 믿음이 생기고, 말이 바뀌고, 비전이 생기고, 소망이 생기고, 참된 지식과 지혜가 자라고, 감성지능이 개발된다(그림 8-5). 그러나 동시에 마귀로부터 믿음의 성(城)을 지키기 위해서 말씀, 기도, 성령으로 충만해야 한다.

우리 뇌에서 믿음의 가속화는 레마를 받을 때 촉진되며, 레마를 받으면 지성중추와 감성중추가 모두 영성시스템의 영향권 아래로 들어간다. 이와 관련해 영산은 다음과 같은 사례를 제시한다. "시드니 올림픽 여자 다이빙에서 우승한 미국의 로라 윌킨슨(Laura Wilkinson)은 당시 오른쪽 다리의 골절상으로 코치에게 '올림픽 출전불가' 통보를 받았습니다. 그렇게 절망적 순간에 그녀는 성경을 읽다가 빌립보서 4장 13절 말씀에 큰 감동을 받습니다. "내게 능력 주시는 자 안에서 내가 모든 것을 할 수 있느니라." 이 말씀은 전에도 그녀가 여러 번 읽었지만, 그런 감동을 받기는 이때가 처음이었습니다. 그녀의 마음속에서 이 말씀이 로고스와 레마가 된 것입니다. 그녀는 레마를 받고 마음에 감동을 느끼며 몸을 부들부들 떨면서 하나님 앞에서 시인했습니다. 그러자 확신에 찬 믿음이 생겼고, 그녀는 부상을 극복하고 올림픽에 나갔습니다. 출전불가 판정을 받았던 로라 윌킨슨이 그녀에게 주신 레마를 붙잡고 조금도 요동치 않고 믿음으로 나갔을 때, 놀라운 기적이 일어났습니다. 그녀가 1등을 한 것입니다. 이처럼 믿음은 우리 마음속에 레마를 받음으로써 일어납니다."272)

구약시대 선지자들은 주로 꿈과 환상을 통해 하나님으로부터 메시지를 받았다.273) 인간의 마음공간에 레마의 말씀이 임하면,274) 그때부터 모든 지성중추와 감성중추는 더욱 말씀의 지배하에 놓이게 되고, 전적으로 영성시스템의 명령을 받아서 어떤 일을 추진해도 두려워하지 않고 큰 믿음으로 승리하게 된다(그림 8-5). 이 과정은 신비 중의 신비이며, 인간의 이성과 경험을 초월하는 기적이다. 따라서 말씀, 믿음, 기도, 성령은 4차원영성 시스템을 활성화하는 강력한 도구라고 할 수 있다.275)

---

271) "마귀에게 틈을 주지 말라(엡4:27)." "길 가에 있다는 것은 말씀을 들은 자니 이에 마귀가 가서 그들이 믿어 구원을 얻지 못하게 하려고 말씀을 그 마음에서 빼앗는 것이요(눅8:12)." "마귀의 간계를 능히 대적하기 위하여 하나님의 전신 갑주를 입으라(엡6:11)." "근신하라 깨어라 너희 대적 마귀가 우는 사자 같이 두루 다니며 삼킬 자를 찾나니(벧전 5:8)." "죄를 짓는 자는 마귀에게 속하나니 마귀는 처음부터 범죄함이라 하나님의 아들이 나타나신 것은 마귀의 일을 멸하려 하심이라(요일3:8)."

272) 조용기, "하나님의 믿음", 주일설교(2009-08-09).

273) 구약시대 선지자들은 꿈과 환상으로 메시지를 하달 받았다. 하나님은 자신의 말씀을 직접 선지자를 통해서 전달하시기도 하지만, 때로는 환상과 꿈을 통해서도 알려주신다(민12:6). 모세는 하나님과 직접 대화하는 것으로 교통하였지만, 대부분의 선지자들은 계시적 경험으로 받았다. 즉 환상과 꿈은 하나님으로부터 나오며, 하나님의 계시를 전달하는 도구로서 사용되었다. 참조. 팔머 로버트슨(O. Palmer Robertson), 『선지자와 그리스도』(The Christ of the Prophets), P&R(2011), 63.

274) 레마, 믿음, 순종의 의미. a) 레마: 하나님이 내게 주신 말씀을 듣고 깨닫는 과정(수6:2-5), b) 믿음: 의심을 물리치고 믿음을 선택함(롬10:17), c) 순종: 하나님이 주신 말씀을 시인하고 말씀대로 행함(수6:14-16). 참조. "여호수아가 받은 교훈", 주일설교(2011-07-31).

275) 신경신학과 방언기도 연관성 연구에 대하여는 다음 논문을 참고하라. 김한경, "그러나 이것도 행하고 저것도 버리지 말아야 할지니라", 『오순절신학논단』, Vol.8(2010), 26-28.

수넴 여인은 아들이 죽었으나 남편에게도 말하지 않고 하나님의 사람의 침상 위에 뉘어놓고 갈멜 산에 있는 엘리사를 찾아갔다.276) 그녀의 영성중추시스템은 지성중추와 감성중추를 전적으로 지배했다(그림 8-5). 그 결과 그녀는 하나님의 사람 엘리사가 죽은 아들을 다시 살릴 수 있다는 확신을 품게 되었다. 그녀는 그러한 믿음을 품었기 때문에 죽은 아들을 안고 통곡하지 않았다. 대신에 그녀는 나귀를 타고 갈멜 산으로 달려가서, 엘리사를 데리고 집으로 왔다. 믿음이 온통 그녀의 마음속에 충만했기 때문이다. 그러자 그녀의 믿음대로 엘리사를 통해 기적이 일어났다. "아이의 위에 올라 엎드려 자기 입을 그의 입에, 자기 눈을 그의 눈에, 자기 손을 그의 손에 대고 그의 몸에 엎드리니 아이의 살이 차차 따뜻하더라(왕하4:34)." 수넴 여인은 믿음으로 영성시스템을 활성화시켜 죽은 아이를 살리게 되었다.

4.4. 믿음의 이중성: 협력모델

내 생각대로 살면 나의 의지대로 사는 것이고, 하나님의 생각으로 살면 하나님의 의지로 사는 것이다. 이것은 전혀 차원이 다른 삶이다. 전자는 내가 왕의 자리에 올라가는 삶이고, 후자는 하나님이 왕의 자리에 계신 삶이다. 믿음의 절대조건은 사랑이다. 내 안에 사랑의 의지가 있을 때 믿음이 역사한다. 영산은 믿음의 조건은 사랑이라고 말한다. "믿음이 역사하는 조건은 사랑하는 것입니다(갈5:6). 그러므로 우리가 예수 그리스도를 끌어안고 예수 그리스도를 사랑하면, 우리 믿음은 놀라운 능력으로 역사합니다. 그러나 우리 마음속에 미움이 들어오면, 미움은 마귀를 끌어들입니다. 그러면 마귀는 마음에 불안과 공포를 조성하여 우리를 실패하게 합니다."277)

마음하늘에서 작용하는 의지적 믿음을 구체적으로 알아보자.

십자가의 믿음과 말씀이 마음하늘에 세워지면 삶의 기초와 구조가 동시에 변혁된다. 자연인의 옛 삶이 소멸되고, 천상인의 새 삶이 시작된다. 다시 말해, 십자가는 죄에서 해방과 동시에 그리스도와 연합을 가져온다. '해방과 연합'은 나의 '지성, 감정, 의지'를 총체적으로 그리스도 중심체제로 전환시킨다. 곧 신자는 그리스도의 옷을 입은 자로서 거룩함(히10:10), 의로움(롬5:18), 완전함(히10:14)을 추구하는 자가 된다. 인간의 양심이 의와 거룩의 옷을 입으면 '지성, 정서, 의지'의 성향도 거룩한 감정을 가지게 된다. 믿음은 마음의 성향과 의지를 적극적으로 활용하여 하나님의 일을 행한다.

하나님은 인간을 만들 때 영이 거하는 마음공간을 만드셨다. 조나단 김(Jonathan Kim)은 인간의 마음에서 생성되는 지식을 두 개의 차원에서 이해한다. 즉 '개념에 의해 아는 것'(이성적 마음, rational mind, schema)과 '경험에 의해 아는 것'(관계적 마음, relational mind, thema)이 공존한다고 주장한다.278) 전자가 '개념중심의 믿음(concept-driven faith)'을 낳는 이론적 지식이라면, 후자는 '영적 체험에 의한 믿음(experience-driven faith)'을 낳는 실천적 지식(praxis knowledge)이다(그림 8-6).279)

---

276) 머레이(Murray)는 "하나님의 사람이란 하나님이 모든 것을 행하신다는 위대한 비밀을 발견하는 사람이며, 온전히 하나님의 공정함과 영광이 주어진 삶을 사는 사람이다. 또한 하나님이 인간의 전부라고 고백하는 자다."라고 서술한다. 참조. 엔드류 머레이(Andrew Murray), 『위대한 여정』(The Inner Life of Andrew Murray), 정혜숙 역, 49-52.

277) 조용기, "실천적 믿음", 주일설교(2015-06-07).

278) James R. Estep & Jonathan H Kim, *Christian Formation*, B&H Academic(2010), 65.

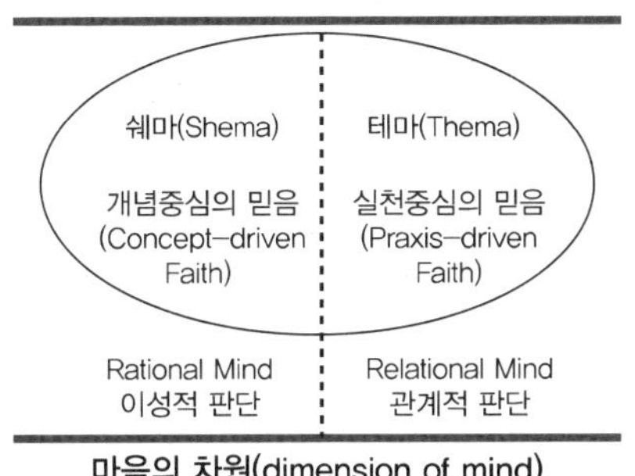

그림 8-6. 개념적 믿음과 실천적 믿음: 인간의 마음에서 개발되는 지식은 두 개의 차원-개념적 혹은 관념적 차원과 실천적 혹은 경험적 차원에서 이뤄진다.[280] 쉐마와 테마가 서로 융합되어 궁극적으로 성도는 그리스도 형상을 닮아갈 수 있다. 즉, 쉐마와 테마가 서로 균형을 이루며 성도의 믿음은 성장하게 된다.[281]

바울은 영적 체험을 '그리스도를 아는 냄새(고후2:14)'로 묘사한다. 베드로는 "갓난 아기들 같이 순전하고 신령한 젖을 사모하라 이는 그로 말미암아 너희로 구원에 이르도록 자라게 하여 함이라 너희가 주의 인자하심을 맛보았으면 그리하라(벧전2:2-3)"고 말한다. 즉 영적 지식은 단순히 사변적 지식이 아니라 영적 및 경험적 지식이다.

마음에 존재하는 지식(intellect)과 믿음(faith)은 서로 역동적 관계를 이루며 진보한다. 즉 이성적-분석적 개념으로 지식이 개발되는 것(analytic-rational mind)과 경험적으로 영적 지식을 개발해 나가는 것(praxis-relational mind)이 서로 균형 상태에 있는 것이 유익하다.[282] 불신앙적 공간에서 신앙적 공간으로 뛰어넘기 위해서는 삶의 자리에서 영적 체험이 중요하다. 하나님은 인간에게 믿음을 주어서 하나님의 일을 할 수 있도록 하셨다. 또한 하나님도 열심을 다해 하시고자 하는 일들을 성취하신다. "야훼의 열심이 이 일을 이루리라 하셨나이다(왕하19:31)." 하나님은 지금도 일하시는 하나님, 선교하시는 하나님이시다.

인간의 힘은 매우 제한적이다. 그러나 내가 삼위일체 하나님의 능력에 힘입어 일하면, 위대한 일들을 할 수 있다.[283] 이스라엘 백성은 힘의 근원인 하나님을 찾는 대신, 육신의 눈을 의지해 애굽과 앗수르에 도움을 요청했다. 이에 대해 하나님의 말씀은 단호하다. "에브라임은 어리석은 비둘기같이 지혜가 없어서 애굽을 향하여 부르짖으며 앗수르로 가는도다 저희가 갈 때에 내가 나의 그물을 그 위에 쳐서 공중에 새처럼 떨어뜨리고 전에 그 공회에 들려준 대로 저희를 징계하리라(호7:11-12)."

---

279) James R. Estep & Jonathan H Kim, *Christian Formation*, B&H Academic(2010), 89.

280) 믿음의 현재화를 위한 조언. a) 자격: 자기를 부인하고 십자가를 질 수 있는 자. b) 방법: ① 분명한 선언. "이 산더러 들리어 바다에 던져져라(막11:23)." ② 마음에 의심하지 않을 것. "네 입을 열라 내가 채우리라(시81:10)." ③ 적극적으로 믿으라. "기도하고 구하는 것은 받은 줄로 믿으라(막11:24)." 참조. "체험적인 신앙", 주일설교(2011-05-08).

281) James R. Estep & Jonathan H Kim, *Christian Formation*, B&H Academic(2010), 90.

282) James R. Estep & Jonathan H Kim, *Christian Formation*, B&H Academic(2010), 87-91.

283) "야훼와 그의 능력을 구할지어다 항상 그의 얼굴을 찾을지어다(대상16:11)." "야훼께서 그의 능력으로 땅을 지으셨고 그의 지혜로 세계를 세우셨고 그의 명철로 하늘들을 펴셨으며(렘51:15)." "너희 믿음이 사람의 지혜에 있지 아니하고 다만 하나님의 능력에 있게 하려 하였노라(고전2:5)." "하나님의 나라는 말에 있지 아니하고 오직 능력에 있음이라(고전4:20)."

영산은 끝까지 믿음으로 버티라고 강조한다. "우리가 바라면, 그 바람을 끝까지 견디라는 것입니다. 믿었으면 끝까지 믿으라는 것입니다. 그런 능력이 여러분 속에 있습니다. 내가 바라는 것을 끝까지 바라고 있으면 이루어지는 것입니다. 바랄 수 없는 중에 바라고, 믿었으면 끝까지 믿음으로 살아보라는 것입니다. 목적을 가진 꿈이나 환상을 믿고 그 믿은 바를 입술로 말해야 되는 것입니다. 말을 하면 에너지가 되는 것입니다."284)

믿음에 대한 영산의 이해는 강한 영적 의지론이다. 바람을 가졌으면 끝까지 믿고, 입술로 고백하는 영적 의지력이 중요하다. 예수의 영 안에 있는 그리스도인은 의지적 믿음의 힘으로 살아야 한다. 끝까지 내 안의 영적 의지를 잃으면 안 된다. 히스기야는 치명적인 종기 병으로 죽게 될 처지에 놓이자 눈물로 기도해서 생명을 15년 연장 받을 수 있었다(왕하20:1-11). 그는 선지자 이사야에게 3일 만에 야훼 전에 올라갈 징표로서 해의 그림자가 10도나 뒤로 물러가게 할 것을 요청했다. 마침내 이사야가 그의 요청대로 하나님께 간구하자, 아하스의 일영표 위에 드리운 해 그림자가 10도나 물러가게 되었다.

믿음은 무엇보다 인간 편에서 강력한 의지력을 발휘해야 한다. 아이를 낳으려면 먼저 아이를 잉태해야 하는 것처럼, 응답을 받으려면 마음속에 먼저 응답을 잉태해야 한다. 표 8-2에서 보면 두 사람 모두 먼저 응답을 마음에 품고 상상했다. 생각에서 치료가 먼저 일어나고, 그 다음 응답이 이어졌다.

표 8-2. 행동적 믿음의 비교

믿음실천의 공통점	12년 동안 혈루증을 앓던 여인	회당장 야이로 딸
변화된 이미지285)	예수님 겉옷만 만져도 낫겠다는 상상을 함. 사고의 치료가 일어남(마9:21)	그 몸에 손만 얹어도 낫겠다는 상상을 함.
확실한 신앙고백	사고의 치료를 가져옴	사고의 치료를 가져옴(마9:18)
확신의 순간	옷자락에 손을 대었을 때	소녀의 손을 잡을 때(마9:25)
믿음의 결과	즉시 치료됨	즉시 살아남

영산은 믿음을 행동으로 옮기는 것에 대해 이렇게 말한다. "오늘도 예수님은 우리 곁을 지나가고 계십니다. 수많은 사람들이 예수님을 밀치고 있습니다. 아무 일도 일어나지 않고 있습니다. 그러나 믿음의 법칙을 알고 준비한 사람 앞에서 예수님은 '네 믿은 대로 될지어다'라고 말씀하십니다. 사고의 치료는 새로운 신앙고백을 가져옵니다. 복음은 항상 먼저 사고의 치료를 가져옵니다."286)

---

284) 조용기, "실천적 믿음", 주일설교(2015-06-07).
285) 변화된 이미지: 영산은 이 과정을 바라봄의 법칙이라고 명명했다. 이미 치료된 모습을 상상하고 꿈꾸고 말하는 과정이다. 이 변화된 이미지가 영적 효력을 발휘하려면, 이미 치료된 모습을 고백하는 것이다. 그것은 내가 믿음을 품고 증거인 것이다.
286) 조용기, "믿음이란", 주일설교(2012-09-09), "네 믿은 대로 된다"(2011-01-09).

이성과 영성은 상호협력하며 믿음을 활성화시킨다. 믿음은 이성과 연합하여 함께 영적 일을 수행하는 관계다. 이성이 영성을 앞서면 인본주의로 빠진다. 반면에 영성이 이성을 앞서고 이성이 영성을 순종하면, 믿음생활에 활력이 붙는다.287) 성령은 이성을 날카롭게 하여 영성 기능을 극대화시킨다. 성령은 인간의 지성, 감성, 의지력을 믿음과 서로 연합시켜 예수 그리스도를 닮아가게 한다. 믿음생활이란 나의 힘을 포기하는 것이 아니라, 하나님의 힘 위에 나의 힘을 올려놓는 것이다.

4.5. 믿음의 성장: 성장모델

영산의 믿음 성장론의 핵심은 다음과 같다. "첫째, 꿈을 가지자. 둘째, 믿자. 셋째, 입술로 고백하자. 꿈을 바라보고, 믿고, 입술로 고백하는 것 – 이 세 가지 형태를 통해서 하나님께서 여러분의 마음속에 주신 믿음은 자라고, 활동하고, 기적을 일으키는 것입니다. 여러분이 기적을 통해서 하나님을 만나게 되는 것입니다. 그리고 믿음이 자라는 것입니다."288)

믿음은 시냇가에 뿌리를 둔 나무처럼 쑥쑥 자라나는 것인가? 아니면 산꼭대기 홀로 선 나무처럼 비바람을 맞아가며 힘들게 자라가는 것인가? 대답은 후자다. 그렇다면 믿음성장 키워드는 무엇인가? 믿음이 성장하려면 나는 무엇을 더 알아야 하는가? 어떻게 말씀에 반응하고 노력해야 하는가?

전형적인 믿음의 성장 프로그램은 에베소서 1장 17-19에서 나타난다. 존 스토트(John Stott)는 이 말씀에 기초하여, 성장 순서를 다음과 같이 설명한다. a) 먼저 지혜와 계시로 눈이 밝아져야 하고 (enlightenment), b) 하나님을 아는 지식이 있어야 하고, c) 그것을 믿고, d) 믿은 것을 실천에 옮기는 것이다.289) 믿음의 성장은 주체가 하나님 쪽에 있고, 인간은 수동적으로 행하는 참여적 실존이다.

십자가가 탄생시킨 믿음은 경주자처럼 궁극의 영광을 향해 달린다. "너희가 내 이름으로 무엇을 구하든지 내가 시행하리니 이는 아버지로 하여금 아들로 말미암아 영광을 받으시게 하려 함이라(요14:13)." 믿음을 통해서 말씀은 우리 안에 들어온다. 또한 그 말씀은 믿음을 성장시킨다. 믿음은 들음에서 나며 들음은 그리스도의 말씀으로 말미암는다(롬10:17). 이때 내가 그 말씀에 얼마나 적극적인 반응을 보이느냐가 중요하다. 바울은 "마음에 심어진 말씀을 온유함으로 받으라(약1:21)"고 강조한다. 즉 나의 편에서 말씀을 향해 취해야 할 반응은 '마음에 더러운 것'과 '넘치는 악'을 의지적으로 버리려고 힘써야 한다는 것이다. 말씀을 듣는다고 즉시로 믿음이 생기는 것은 아니다. 내 마음공간에서 말씀이 믿음을 탄생시키기까지 하나님의 뜻, 성령의 도우심, 열정적 기도, 의지적 노력, 인내 등이 종합적으로 이뤄져야 한다. 하나님은 '말씀하신 대로 행하시는 분(대상17:23, 눅1:38)'이시다.

---

287) 이성과 신앙에 대하여 다음 책을 참고하라: 프란시스 쉐퍼(Francis A. Schaeffer, 1912-1984), 『기독교 영성관』, 생명의말씀사(2012), 전집 3, 365-378.

288) 조용기, "믿음이란 무엇인가?", 주일설교(2015-08-23).

289) 존 스토트(John R. W. Stott), 『성령세례와 충만』(Baptism and Fullness), IVP(2014), 74-75. 믿음의 경험은 대부분 우리의 마음의 지식(heart-knowledge)에 달려 있다. 하나님을 알면 알수록 영적 폐활량이 커지고, 또한 맡겨진 일을 믿음으로 행해야 할 책임도 커진다.

믿음의 성장은 영적성장이다.290) 이것은 삶의 무게추가 하늘나라 삶의 방식으로 점점 이동한다는 것을 의미한다. 아브라함은 순종으로 믿음을 수용했으며(히11:8-9), 삶 속에서 믿음의 일관성을 보여주었다(히11:17-19). 영산은 "믿음의 성장은 말씀의 이해를 통하여 자라나고(벧전2:2, 롬10:17), 영적 경험을 통하여 성장하며, 성령의 특별한 은사를 통하여, 기도를 통하여 성장합니다."라고 말한다.291) 앤드류 머레이(Andrew Murray)는 자신의 책에서 영성을 4가지 유형 – 하나님과 교제하는 사귐의 영성, 그리스도를 아는 성령충만의 영성, 거룩함을 회복하는 회복의 영성, 믿음을 세우는 말씀능력의 영성 – 으로 분류한다. 곧 영성에 대해 삼위일체적으로 서술하고 있다.292) 믿음은 말씀을 믿는 것이다. 말씀과 성령은 언제나 함께 일한다. 영성은 삼위일체 하나님과의 교제를 통해 형성되어 점점 발전해간다. 내가 주체가 아니라, 하나님이 주체시다.

믿음은 행함을 활성화시키는 촉매 기능을 수행한다. 기생 라합은 확신으로 행함의 믿음을 보여주었다(히11:31). 믿음은 '행함을 생산하는 거룩한 공장'이다. 믿음은 하나님의 자녀의 탄생(요1:12, 벧전2:1), 아이와 같은 믿음(요일2:12, 14, 히5:12-14), 청년과 같은 믿음(요일2:13, 벧후1:5-8), 아버지의 믿음(요일2:12-13)의 과정으로 성장한다. 믿음이 성장하려면, 기본적으로 바라보는 콘텐츠가 있어야 한다. 또한 실상을 믿었으면, 믿음이 성장할 분위기를 조성시켜주어야 한다. 대나무가 성장하려면 물, 공기, 빛, 영양분이 균형 있게 필요하듯이 믿음도 성령, 말씀, 기도, 고난, 인내, 나눔, 섬김 등을 통하여 쑥쑥 자라난다. 믿음은 '나 중심의 사고방식'보다 '바깥 중심의 사고방식'의 틀에서 보다 활성화된다.

a) 믿음은 들음에서 성장한다. 기생 라합은 들음으로 믿음이 생겼다. "그러므로 믿음은 들음에서 나며 들음은 그리스도의 말씀으로 말미암았느니라(롬10:17)."

b) 믿음은 말씀을 사모하고, 묵상하고, 외우고, 가슴에 새기므로 성장한다. "갓난 아기들같이 순전하고 신령한 젖을 사모하라 이는 그로 말미암아 너희로 구원에 이르도록 자라게 하려 함이라(벧전2:2)."

c) 믿음은 성령의 도움으로 성장한다. 성령님은 말씀을 깨닫게 해주고 믿음이 자라도록 도와준다. "베드로가 가로되 너희가 회개하여 각각 예수 그리스도의 이름으로 세례를 받고 죄사함을 얻으라 그리하면 성령을 선물로 받으리니(행2:38)."

d) 믿음은 듣고 행해야 성장한다. 구제, 봉사, 선교를 통해 믿음이 성장한다. "이 모든 일에 전심전력하여 너의 성숙함을 모든 사람에게 나타나게 하라 네가 네 자신과 가르침을 살펴 이 일을 계속하라 이것을 행함으로 네 자신과 네게 듣는 자를 구원하리라(딤전4:15-16)." 영산은 "우리는 마음속에 감춰진 믿음을 주님 앞에 보이는 믿음으로 나타내어야 합니다. 우리 속에 있는 믿음을 눈에 보이도록 나타낼 때, 그 믿음을 통해 역사하십니다."라고 말한다.293)

---

290) 존 스토트(John R. W. Stott), 『기독교의 기본진리』(Basic Christianity), 생명의말씀사(2014), 황을호 역, 217-226. 그리스도인이 성장해야 하는 영역은 두 가지가 있다. 하나는 그리스도를 아는 지식이고, 또 하나는 거룩함으로 성장하는 것이다. 성장하는 가장 좋은 방법은 매일 성경을 읽고 기도하는 시간을 통해 하나님을 만나는 것이다.

291) 조용기, 『291설교요약』, 서울말씀사(2003), 1-52.

292) 앤드류 머레이, 『위대한 영성』, 브니엘(2010).

293) 조용기, 『이것이 믿음이다』, 신앙계(2012), 80.

e) 믿음은 듣고 행하면 반석위에 집을 짓는 것처럼 든든해진다. "그러므로 누구든지 나의 이 말을 듣고 행하는 자는 그 집을 반석 위에 지은 지혜로운 사람 같으리니(마7:24)."

믿음이 장성한 분량에 이르기 위해서 하나님의 말씀을 듣는 쉐마적 자세가 중요하다. 말씀은 믿음을 낳는 모체이면서, 믿음과 함께 역사하는 동반자적 관계다. 개인의 믿음성장은 나아가 교회의 성장과 연결되며, 교회성장의 4대 요소를 예배(worship), 복음전파(evangelism), 봉사(service), 교육(teaching)으로 본다면, 개인의 믿음성장은 교회성장에 지대한 영향을 미치는 요인 중 하나이다.

인간은 자신감을 갖는 만큼 일을 진척시키고, 두려움을 갖는 만큼 퇴보한다. 모세의 모친은 두려움을 극복하는 믿음을 소유했다(히11:23). 씨가 땅에 떨어져 성장하듯, 믿음의 씨도 마음밭에 심겨 방해 요인들만 없으면 기도와 말씀 안에서 점진적으로 성장한다. 영산은 믿음의 성장을 이렇게 말한다. "믿음으로 산다는 것은 하나님을 삶의 자원으로 삼고 산다는 뜻입니다. 믿음은 말씀을 이해할 때 자라고, 경험할 때 자라고, 기도를 통하여 성장하고, 은사를 받을 때 자라납니다."[294]

강력한 믿음으로 들어가는 길에 대하여 영산은 이렇게 말한다. "하나님과 우리 관계는 절대적인 믿음의 관계입니다. 먼저 성령으로 충만해야 하고, 말씀의 레마를 받아야 합니다. 베드로는 성령을 받은 후 강해졌습니다. 그리고 강한 믿음을 가져서 기적이 일어날 것을 기대해야 합니다. 약한 믿음은 기적을 기대하지 못합니다. 적은 믿음은 기대할 수 있지만 의심을 합니다. 강한 믿음은 당연히 크게 기대합니다."[295]

베드로는 '믿음의 7덕목'을 제시한다(벧후1:5-7).[296] 이 목록은 믿음의 출발역에서 사랑의 종착역까지 가는 동안 험한 길, 고독의 길, 환란의 길을 무수히 걸어가야 함을 암시해준다. 믿음의 역을 출발해서 덕의 정거장을 건너뛰고 형제우애나 사랑의 역까지 직행해버리면, 삶 속에서 영성은 제대로 발휘되지 않는다.

4.6. 믿음의 도약: 점프모델

믿음의 최종결산은 입술의 고백에 있다. 영산은 믿었으면 고백할 것을 강조한다. "생각이나 꿈을 마음속에만 담지 말고 입술로 정확하게 표현하면, 굉장한 힘이 입술의 말을 통해 밖으로 나옵니다. 여러분의 생각이나 꿈을 마음속에 그냥 가지고 있으면 속에 있다가 사라질 뿐입니다."[297]

입술의 고백은 믿음이 도약하는 보증서와 같다. 마음으로 믿어 의에 이르고, 입으로 선언(헬. 호모로게오)함으로써 구원받는다(롬10:10). 고백은 선언이다. 곧 하나님과 천사와 사람과 마귀 앞에서 선언하는 것이다. 고백은 전인격적으로 반응하는 행위다. 입술의 고백은 하늘의 능력이 임하게 하며, 마음의 의지를 나타내고 확인해 준다. 십자가의 능력은 입술을 통해서 세상에 드러난다. 성령의 능력으로 이성이 마음의 왕좌에서 물러나고, 그 보좌에 믿음이 앉게 되면 삶의 무한한 도약이 일어

---

294) 조용기, "나는 과연 믿음의 사람인가?", 주일설교(2006-08-20).
295) 조용기, "베드로 믿음", 주일설교(2012-06-24).
296) 믿음 → 덕 → 지식 → 절제 → 인내 → 경건 → 형제우애 → 사랑.
297) 조용기, "실천적 믿음", 주일설교(2015-06-07).

난다. 신자의 입술은 믿음을 통해 기적을 탄생시킨다. 십자가의 믿음은 성령의 능력으로 역사한다.

믿음의 창시자, 믿음의 완성자는 예수님이시다. 겨자씨만한 믿음만 있어도, 믿음은 도약하는 속성을 가지고 있다. 아브라함을 보라. 독자 이삭을 바치는 믿음까지 도달한다. 모세를 보라. 광야의 외로운 목자가 이스라엘 백성의 지도자로 세워졌다. 기드온을 보라. 강한 용사가 된다(삿6:12-23). 우물가의 여인을 보라. 물동이를 내버려둔 채 복음을 전한다. 베드로를 보라. 처음에는 예측불허의 믿음 곡선을 그렸지만, 예수님의 부활과 성령충만을 경험하고 나서 믿음의 대장부가 되었다. 바울을 보라. 다메섹 도상의 신비로운 체험 후 그의 믿음은 수직으로 상승했다.

믿음은 말씀에 순종하여 언제 점프할지 모른다.298) 믿음의 완성자가 예수님이라는 사실은 믿음의 주권이 주님께 있다는 말이다. 그 믿음이 언제 내 안에서 수직 점프할지 모른다. 왜냐하면 믿음의 보물상자 안에는 하나님의 말씀의 실재(reality)가 들어 있기 때문이다. 그 말씀 안에 성부 하나님의 권위(authority)와 성자 하나님의 권능(power), 성령 하나님의 임재(presence)가 들어 있다. 말씀 및 성령과 결합될 때, 믿음은 예측하지 못했던 신비로운 능력을 나타낸다.

영산은 "믿음은 성령과 더불어 4차원에 속한 것으로, 이성이나 감각을 초월하여 하나님의 말씀을 절대적으로 믿는 것입니다. 우리의 믿음은 3차원 세계를 변화시키고 창조합니다."라고 말한다.299) 그는 분명한 목표를 가진 믿음을 강조한다. "믿음은 소원과 분명한 목표와 확신에 찬 기도라는 바탕 위에서 놀라운 역사를 나타내게 됩니다. 마음의 소원이 간절하지 않으면, 믿음은 생겨나지 않습니다. 소원이 무엇이든지 우리가 분명히 이루어진다고 믿으면, 그것이 이루어질 수 있는 방법과 환경이 만들어져서 실제로 이루어집니다."300)

믿음이란 무엇인가? 영산은 "믿음은 없는 것을 있는 것같이 바라보고 말하고 행동하는 것을 말하는 것입니다. 없는데 있는 것같이 말하는 것입니다."라고 말한다.301) 도널드 데마레이(Donald Demaray)는 믿음에 대해 이렇게 말한다. "모든 사물 속에서 주님을 보는 것, 모든 사물을 그분을 기쁘게 하기 위하여 사용하는 것, 어디에 있든지 무엇을 하든지 눈에 보이지 않지만 우리를 늘 보고 계신 그분을 바라보는 것, 또한 그분의 발 앞에 우리의 모든 것을 내어놓는 것입니다."

하나님은 하고 담대한 믿음을 가진 사람을 크게 쓰신다. 사람은 두 가지를 믿으며 살아가는데, 하나는 '자신을 믿는 것(신념, belief)'이고, 또 하나는 '하나님을 믿는 것(믿음, faith)'이다. 어떤 사물을 믿을 때 사람들은 오감의 법칙(보고, 듣고, 만지고, 냄새 맡고, 맛보고)'을 적용한다. 이스라엘 사람들은 애굽에 살 때에는 오감법칙으로 살았고, 애굽을 떠나 광야생활 할 때에는 영적법칙으로 살았다. 만약 그들이 광야에서 오감의 법칙에 따라서만 살았다면, 그들은 모두 굶어죽었을 것이다.

예수님을 믿는 자는 영적 법칙을 믿고 살아간다. 반면에 불신자는 이성의 법칙 또는 오감의 법칙

---

298) 믿음이 말씀에 순종하면 효력을 발생시킨다. 야고보는 믿음에 대해 7가지로 말한다. a) 믿음은 말씀에 순종한다(약 1:19-27). b) 믿음은 차별하지 않는다(약2:1-13). c) 믿음은 행동으로 증명한다(약2:14-17). d) 믿음은 혀를 다스린다(약 3:1-12). d) 믿음은 지혜를 낳는다(약3:13-18). e) 믿음은 겸손을 낳는다(약4:1-12). f) 믿음은 하나님께 의지한다(약 4:13-5:6).
299) 조용기, "믿음", 주일설교(2104-09-21).
300) 조용기, "꿈과 믿음", 주일설교(1984-11-04).
301) 조용기, "참 믿음", 주일설교(2014-11-16).

을 믿고 살아간다. 그리스도인은 오감 법칙과 영적 법칙의 경계선에서 영적 싸움을 해야 하므로, 항상 거룩한 긴장 가운데 살게 된다. 마귀는 언제나 인간의 '지정의(知情意)' 기능을 파괴하는 고도의 전략을 펼친다. 마귀는 모든 인간이 '성경적 삶' 대신에 '지성의 법칙(知), 오감의 법칙(情), 자아중심 법칙(意)'을 철저히 따르게 해서 '자기가 보기에 좋았더라'의 삶으로 유혹한다. 그러므로 중생한 자는 영적 법칙을 따라 '초지성주의, 초감각주의, 초자아주의'를 향한 열정으로 살아야 한다.

오감 법칙을 적용한 골리앗과 영적 법칙을 적용한 다윗은 좋은 실례가 된다. 골리앗은 철저하게 오감 법칙을 적용해서 다윗을 이성적으로 판단해 얕보았다. 반면, 다윗은 온전히 하나님의 영적 법칙을 적용해서, 물맷돌 하나로 골리앗을 죽였다(삼상17:49). 다윗은 하나님과 골리앗 앞에서 '지성주의, 감각주의, 자아주의'를 벗어나서 '초지성주의(말씀중심), 초감각주의(믿음중심), 초자아주의(하나님중심)'의 삶의 모델을 보여준 것이다. 표 8-3에서 볼 수 있는 것처럼, 다윗과 골리앗은 서로 극명하게 대조된다. 골리앗은 자신의 오감을 의지하는 3차원적으로 싸움에 임하고, 이에 맞서 다윗은 4차원적 하나님의 말씀으로 접근했다. 목동 다윗은 거인 골리앗 앞에서 만군의 야훼 이름으로 담대히 고백하며 앞으로 나아갔다(삼상17:45).

표 8-3. 다윗과 골리앗의 영적 차원의 비교

항목	다윗	골리앗
전쟁 경험	없음	많음
핵심 무기	하나님의 이름과 말씀	자신의 전쟁 경험
싸움 무기	물매와 돌 다섯 개	칼, 단창, 창, 방패
싸움의 차원	4차원적 영적전쟁	3차원적 가시적 전쟁
결과	돌멩이 하나로 이김	무기에 손도 못 대고 패배함

영산은 믿음을 번지점프에 비유한다. "믿음의 사람은 인간이 상상할 수 없는 담대한 일을 할 수 있습니다. 저는 항상 저의 삶을 볼 때 일생을 살아오면서 번지점프를 한 그런 기분입니다. 여러분 번지점프 하는 것 보았지요? 높은 데 올라가서 몸에 줄을 달아매고 뛰어내려서 거의 밑바닥에 닿을 때까지 그냥 자유낙하를 합니다. 거의 밑바닥에 닿으려고 할 때, 줄이 철컥 붙잡아 주는 것입니다. 믿음은 말씀을 마음속에 품고 말씀의 줄에 묶여 번지점프를 하는 것입니다. 벼랑에 서서 몸을 날리는 것입니다. 눈으로 볼 때 아찔합니다. 귀로 들으면 저 밑의 계곡 물소리가 들립니다. 불어오는 바람이 피부를 스쳐갑니다. 모든 것은 '위험하다, 위험하다, 뛰어내리면 끝이다.'라고 말합니다. 보통 사람들은 그런 낭떠러지 곁에는 안 갑니다. 될 수 있으면 멀리 서 있으려고 합니다. 하지만 예수 믿는 사람은 그런 낭떠러지까지 갑니다. 우리 눈에는 보이지 않지만, 말씀이 나를 묶고 있다는 사실을 알기 때문입니다. 번지점프 하는 것처럼 벼랑에서 몸을 날려도 나중에 땅에 부딪힐 정도가 되면, 말씀의 줄이 나를 꼭 붙잡아준다는 것을 우리는 알고 있습니다. 그렇기 때문에 믿음이란 번지점프인 것입니다."[302] 다윗은 말씀의 밧줄을 믿었고 행동의 믿음을 가진 사람이었다.

---

302) 조용기, "나는 과연 믿음의 사람인가?", 주일설교(2006-08-20).

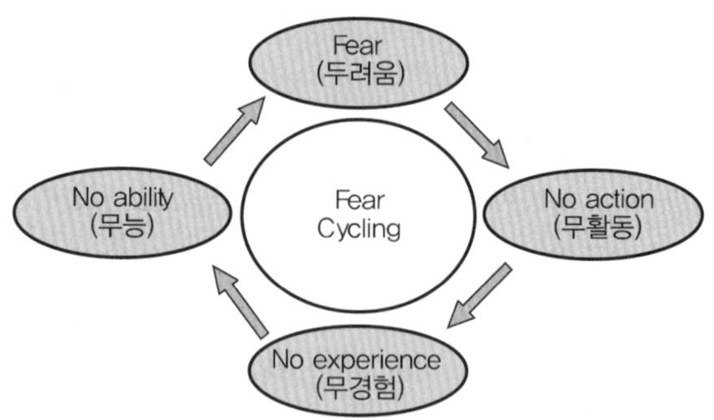

그림 8-7. 마음하늘의 두려움의 사이클: 마음의 의장대에 두려움의 마귀가 등단하여 연설하면, 두려움이 온 몸을 덮쳐, 일을 방해하고 훼방하여, 결국 삶을 후퇴하게 만든다. 성령님은 우리와 함께(요14:16), 우리 안에(요14:17), 우리 위에(행1:8) 계신다. 두려움을 이기기 위해서는 성령의 도움으로 마음을 다스려야 한다. 부정적 생각, 불안과 공포(시42:5), 마음의 근심(잠12:25)을 다스려야 한다. 또한 항상 기뻐하고 쉬지 말고 기도하고 범사에 감사(살전5:16-18)해야 한다.303)

그림 8-7에 나타낸 것처럼, 자기개발 전문가 존 맥스웰(J. Maxwell)은 두려움의 사이클을 제시한 바 있다.304) 사람이 두려우면 활동을 하지 않게 되고, 활동하지 않으면 경험을 쌓지 못하고, 경험을 쌓지 못하면 결국 무능하게 된다는 것이다. 이것이 두려움의 전형적인 사이클이다. 결국 우리가 두려워하면 무능하게 되어 아무것도 하지 못하게 되는 것이다.305) 기드온은 처음에는 두렵고 겁 많은 졸장부였다. 하지만 하나님의 신이 그와 함께 하자, 큰 용사가 두려움의 자리를 대신 하게 되었다. 그러자 그는 용맹한 수장이 되어, 수만의 미디안 백성을 물리쳤다.

4.7. 믿음의 고백: 선포모델

영산은 "위대한 일을 해야 하는데, 인간이 가진 믿음으로는 감당치 못하는 경우, 하나님께서 우리에게 하나님의 믿음을 주십니다(고전12:7-9). 믿음이 역사하려면 이루어질 것을 믿고 입술의 말로 선언해야 합니다."라고 강조한다.306) 우리 안의 영은 '말'을 통해서 일한다.

하나님은 십자가를 이 땅에 선포하셨다. 하나님이 선포하신 것 중 가장 위대한 것은 바로 '십자가'다. 그 십자가에는 "나는 오늘부터 너희들을 사랑하기로 작정했다. 나는 자비와 은혜의 하나님이다. 비참하게 사는 너희를 더 이상 두고 보지 못하겠다. 나는 복되심의 하나님이다. 나의 본성은 주는 것이다. 나의 형상을 닮아 창조된 너희를 잃고 더 이상 참을 수 없다. 너희를 거룩하고 의롭게 만들어서 나하고 같이 살아야겠다"는 의미가 내포되어 있다. 이처럼 십자가는 하나님 자신의 마음과 뜻을 가장 분명하고 구체적으로 알려주는 최후 통첩장이자, 인류를 향한 사랑의 편지였다.

내가 믿은 말씀을 선포하거나 명령하면, 그 말씀은 목표물을 추적해서 말씀의 역사를 일으킨다.

---

303) 조용기, "불안해 하지 말라", 주일설교(2012-03-11).
304) 존 맥스웰, 『인생성공의 법칙』, 비전과 리더십(2000), 87-90.
305) 참조. 리사 히메네스(Lisa Jiménez), 『두려움을 정복하라』(Conquer Fear), 황금부엉이(2005), 26-30.
306) 조용기, "믿음", 주일설교(2104-09-21).

다음 성경구절은 이 점을 명백하게 지지해준다. "내 입에서 나가는 말도 이와 같이 헛되이 내게로 되돌아오지 아니하고 나의 기쁜 뜻을 이루며 내가 보낸 일에 형통함이니라(사55:11)." 하나님은 말씀을 보내어 믿게 하시고, 그로 인해 우리를 구원하신다. 시편 기자는 "그가 그의 말씀을 보내어 그들을 고치시고 위험한 지경에서 건지시는도다(사107:20)"라고 고백한다. 말씀만이 우리의 힘이다. 영산도 지난 반세기 동안 오직 그리스도와 십자가 중심의 말씀으로 목회활동을 하였다. 그의 모든 설교는 언제나 말씀이 중심을 이룬다.

하나님은 말씀을 선포할 자를 찾고 계신다. 예레미야서에서 하나님은 "지혜가 있어서 이 일을 깨달을 만한 자가 누구며 야훼의 입의 말씀을 받아서 선포할 자가 누구인고(렘9:12)"라고 질문하신다. 영산은 "믿음의 사람이란 그리스도의 은혜로 구원받아 하나님과 동행하며 하나님의 성품을 닮아갑니다. 그러므로 하나님을 따라 생각하고, 꿈꾸고, 믿고, 말하고 생활하게 됩니다."라고 말한다.307) 그는 4차원영성의 믿음론을 추구한다. 고든 맥도널드(G. MacDonald)는 "내면세계가 질서정연한 상태에 있다면 그리스도의 말씀이 내 태도와 행동에 배어 있기 때문"이라고 말한다.308) 말씀이 내 안에 충만하면, 물처럼 밖으로 흘러나온다. 믿음이 마음에 충만하면, 입술을 통해 밖으로 흘러나온다.

믿음은 말씀을 믿는 거룩한 행위이다. 말씀을 선포하면, 그 말씀이 마음속에 새겨져 내면이 변화된다. 입술은 믿음의 역사가 일어나는 장소다. 악을 말하면 악이 나오고, 선을 말하면 선이 나온다. 마귀는 인간을 미혹할 때 주로 마음과 생각, 입술로 공격한다. 곧 마귀는 마음에 교만을, 생각에 부정을, 입술에 파괴언어를 사용해 인간이 자기중심의 삶을 살게 해서 결국 하나님을 떠나게 한다.

모든 그리스도인은 왕 같은 제사장의 위치에서(벧전2:9) 하나님의 말씀을 선포할 수 있다(시145:4, 렘20:9, 51:10). 예레미야가 하나님의 입이 되어 선포한 것은 하나님이 말씀을 그의 입술에 두었기 때문이다. "내가 내 말을 네 입에 두었노라(렘1:9)." 또 하나님은 예레미야에게 "너는 내 입 같이 될 것이라(렘15:19)"고 말씀하신다. 그 결과 예레미야가 선포한 말은 곧 하나님의 말씀이 되었다. 3차원 인간의 영역과 4차원 하나님의 영역 사이에서 신성한 접촉이 예레미야의 3차원 입술에서 이뤄진 것이다. 영은 입술의 말을 통해서 기능한다.

성령이 주는 레마의 말씀이 임하면, 선포하고 명령해야 한다. 에스겔이 마른 뼈들을 향해 명령하자 뼈들이 살아났으며(겔37:7-10), 사도들이 병을 고칠 때 명령하여 귀신을 쫓아내고 병을 고쳤다(행3:6-8). 이스라엘 백성이 일곱째 날 여리고성을 일곱 번 돌고 나서 제사장들이 나팔을 불고 백성이 큰 소리로 외치며 선포하자, 그 성은 순식간에 무너져내렸다. 그들의 선포는 아주 단순한 '외침'이었으나 충만한 믿음의 고백이었다. 그 과정은 다음과 같다.

---

307) 조용기, 『요약설교』, 서울말씀사(2012), 147.
308) 고든 맥도널드, 『내면세계의 질서와 영적성장』, IVP(2010), 255.

1단계: 그들은 성을 믿음의 행위로 빙빙 돌았다(수6:3).

2단계: 그들은 믿음의 증거로 언약궤를 메고 돌았다(수6:6).

3단계: 그들은 믿음의 기대로 나팔을 불고 크게 외쳤다(수6:20).

4단계: 그들은 믿음의 결과로 성을 무너뜨렸다(수6:20).

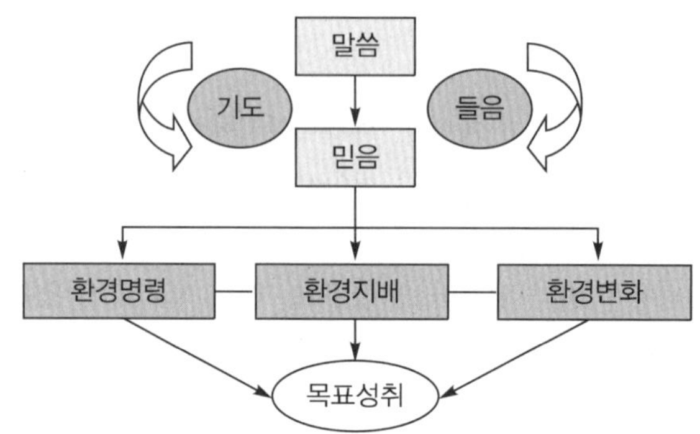

그림 8-8. 믿음의 선포모델: 선포는 영적 활동의 극대화다. 말은 하나님의 영이 일하는 수단이면서, 동시에 하나님의 말씀이 지닌 능력을 드러내는 방편이다. 영이 일하는 과정은, 먼저 마음하늘에 하나님의 믿음의 씨가 잠재되어야 하고, 그 다음 입술의 말로 효력화시키는 것이다(시147:15, 시107:20). 꿈이 있으면 믿음이 생기며(막11:23-24), 그 믿음은 말을 통하여 담대하게 표현된다. 그러므로 믿었으면 선포, 명령, 고백, 기도해야 한다.309) 4차원이 3차원을 창조함으로써 믿음의 사람은 새로운 생각과 꿈, 믿음을 고백하는 훈련을 해야 한다.310) 천국의 능력은 말씀에 있다. 하나님의 말씀을 믿었으면, 이미 이뤄진 모습을 상상하고, 담대하게 선포하는 것이 필요하다. 그러면 기적이 일어난다.311)

영산은 "하나님의 말씀이 우리 마음에 가득하면 꿈이 생기고, 천국언어를 말하게 되어 삶의 환경이 바뀝니다."라고 말한다.312) 말씀은 변화의 근원이다. 그림 8-8에 나타낸 것처럼, 말씀으로 환경을 바라보고 명령해야 환경의 변화가 일어난다. 야곱은 바라봄의 법칙을 통해 의심을 이겼다. 아브람과 사래는 그들의 이름까지 바꾸어가며, 없는 것을 있는 것처럼 생각하고 선포하므로 의심을 극복했다. 계속적인 선포는 인내를 필요로 한다. 아직 이루어지지 않은 사실을 계속 선포하는 것이므로 강한 믿음과 기다림이 필요하다. 마귀는 끝없이 육신의 정욕과 안목의 정욕과 이생의 자랑을 따르게 하는 시험을 우리에게 준다(요일2:16), 3차원의 오감 세계에 사는 인간은 언제나 마귀의 공격을 받으면서 살아갈 수밖에 없다. 따라서 날마다 말씀을 생각하고(thinking), 말씀을 찾고(seeking), 말씀을 믿고(believing), 말씀이 내 삶에 적용되도록(applying) 나에게 주어진 말씀을 선포해야(proclaim) 한다. "오직 나의 의인은 믿음으로 말미암아 살리라 또한 뒤로 물러가면 내 마음이 그를 기뻐하지 아니하리라(히10:38)."

---

309) 조용기, "마음의 파숫군", 주일설교(2013-12-01).

310) 조용기, "사차원의 삶", 주일설교(2010-11-07).

311) 조용기, "하나님을 믿으라", 주일설교(2006-10-15). "하나님의 믿음"(2009-08-09). "나는 왜 예수님을 믿느냐"(2011-05-22).

312) 조용기, "심고 거두는 법칙", 주일설교(2014-09-07).

믿음을 성장시키려면 계속적인 기도와 말씀을 마음에 품어야 한다. 한나는 목표를 정해 놓고 기도한 사람이었다. a) 그녀는 하나님 앞에 눈물로 고통을 토로했다(삼상1:10). b) 그녀는 기꺼이 서원의 기도를 했다(삼상1:11). c) 그녀는 긴 시간 기도했다(삼상1:12). d) 그녀는 은밀히 기도했다(삼상1:13). e) 그녀는 응답을 확신했다(삼상1:18). f) 그녀는 마침내 사무엘을 낳았다(삼상1:21). 한나는 계속 기도함으로써 모든 환경을 지배했고, 마침내 소원대로 아들을 품에 안게 되었다.

4.8. 믿음의 충만성: 용량모델

인간의 이성이 악기의 현을 조율하는 능력이라면, 믿음은 악기를 연주하는 능력이다. 믿음이 어두운 밤길을 갈 때, 종종 이성은 전조등을 켜서 길을 밝혀준다. 우리 안의 믿음은 영혼의 모든 기능을 한 곳으로 모아서, 하나님의 손길을 사모하도록 만든다.

인간은 믿음의 물통을 하나씩 들고 먼 길을 떠나는 나그네와 같다. 인간은 믿음의 물통에 '믿음의 용량'이 어느 수준에 있는지 수시로 점검해야 한다. 마음에 믿음과 말씀이 꽉 차면 그것이 밖으로 나온다. 믿음은 '듣는다 → 본다 → 믿는다 → 고백한다 → 행한다'의 5개 과정을 거친다. 믿음의 분량이 꽉 차면 고백하게 되고, 결국은 행함으로 연결된다.

나의 믿음의 용량은 가능성(Possibility) → 진보(Improvement) → 지속성(Sustainability) → 충분(Surplus)의 4단계 중 어느 수준까지 와 있는가? 그리스도인은 그것을 수시로 점검해야 한다.

a) 믿음이 없는 자 −가능성(Possibility): "이에 제자들에게 이르시되 어찌하여 이렇게 무서워하느냐 너희가 어찌 믿음이 없느냐 하시니(막4:40)." "곧 그 아이의 아버지가 소리를 질러 이르되 내가 믿나이다 나의 믿음 없는 것을 도와주소서 하더라(막9:24)." "도마에게 이르시되 네 손가락을 이리 내밀어 내 손을 보고 네 손을 내밀어 내 옆구리에 넣어 보라 그리하여 믿음 없는 자가 되지 말고 믿는 자가 되라(요20:27)."

b) 믿음이 약한 자 −진보(Improvement): "믿음이 연약한 자를 너희가 받되 그의 의견을 비판하지 말라(롬14:1)." "오늘 있다가 내일 아궁이에 던져지는 들풀도 하나님이 이렇게 입히시거든 하물며 너희일까보냐 믿음이 작은 자들아(눅12:28)."

c) 믿음을 진보시키는 자 −지속성(Sustainability): "그러나 내가 너를 위하여 네 믿음이 떨어지지 않기를 기도하였노니 너는 돌이킨 후에 네 형제를 굳게 하라(눅22:32)." "그가 백 세나 되어 자기 몸이 죽은 것 같고 사라의 태가 죽은 것 같음을 알고도 믿음이 약하여지지 아니하고(롬4:19)." "이에 여러 교회가 믿음이 더 굳건해지고 수가 날마다 늘어가니라(행16:5)."

d) 믿음이 큰 자 −충분(Surplus): "예수께서 들으시고 놀랍게 여겨 따르는 자들에게 이르시되 내가 진실로 너희에게 이르노니 이스라엘 중 아무에게서도 이만한 믿음을 보지 못하였노라(마8:10)." "예수께서 돌이켜 그를 보시며 이르시되 딸아 안심하라 네 믿음이 너를 구원하였다 하시니 여자가 그 즉시 구원을 받으니라(마9:22)." "이에 예수께서 그들의 눈을 만지시며 이르시되 너희 믿음대로 되라 하시니(마9:29)."

예수님을 믿으면, 자연법칙 자리에 믿음의 법칙이 들어와 인간의 삶을 조율한다. 그래서 3차원 삶의 원칙들이 밀려나고, 그 자리에 4차원 영적 삶의 원칙들이 들어서게 된다. 이스라엘 백성은 애굽에서 '종살이 법칙'에 눌려 살았지만, 홍해를 건너면서부터 하나님의 '믿음의 법칙'에 따라서 살아야 했다(히11:1).

가나안 땅에 들어갔을 때, 이스라엘 백성을 제일 먼저 환영한 것은 가나안 땅의 우상들이었다. 오늘날도 예수님을 믿으면, 그날부터 마귀는 인간중심의 삶을 살도록 유혹하고 부추긴다. 따라서 그리스도인은 천국에 가는 그날까지 삶의 자리에 믿음의 영성이 견고하게 뿌리내리게 해야 한다. 영산은 성도의 삶에 대하여 이렇게 피력한다. "성도가 되는 것은 새로 태어나는 것이며, 삶의 위치, 태도와 방법이 달라지는 것입니다. 우리는 자신의 달라진 모습에 익숙해지지 않으면 안 됩니다."

믿음이 생기면, 삶의 방향이 하나님을 향하므로 인생의 태도가 달라진다. 그에 따라 믿음의 용량도 차츰 커지게 된다. 믿음이 커질수록, 신자는 더 큰 생각, 더 큰 꿈, 더 큰일을 할 수 있다. 믿음의 그릇은 하늘의 신비가 채워지는 보고다. 인간의 믿음 용량은 예수님을 깊이 알아갈수록 더욱 커져간다. 믿음의 용량이 커질수록, 삶의 지경도 넓어지고 삶의 무게도 증가하며 삶의 가치도 올라가서 종국적으로 하나님을 더 영화롭게 한다(롬2:10).

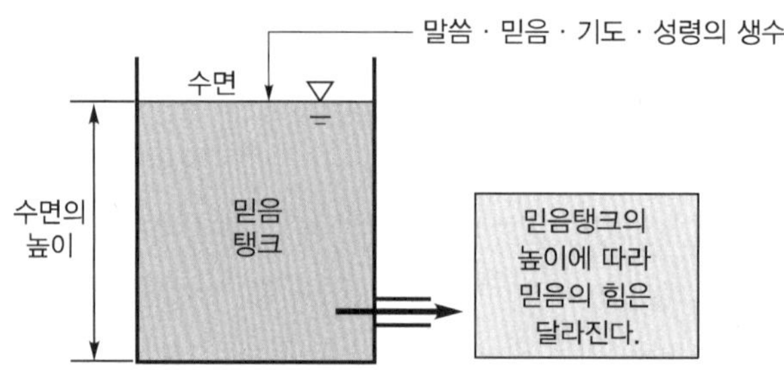

그림 8-9. 믿음의 탱크모델: 수면의 높이가 높아질수록 물의 출구속도가 증가한다. 믿음의 힘은 곧 말씀의 힘이다. 하나님의 말씀은 4차원 영적세계를 다스리는 하나님의 권세이며,[313] 믿음과 말씀은 하나님의 권세를 대행하는 은혜의 도구이다. 성도가 말씀과 믿음의 권세로 명령하면, 하나님의 성령의 창조적 능력이 나타난다. 따라서 마음공간에 말씀을 채우고, 간구하는 기도를 하고, 응답할 것을 믿으며, 담대하게 명령하면, 그 말씀의 권능이 믿음을 통해 삶 속에 나타난다.[314]

각 사람이 가지고 있는 믿음의 탱크의 수면이 높아지기 위해서는 말씀과 기도와 성령님의 인도하심이 있어야 한다. 레마의 말씀이 우리 안에 들어올 때, 강력한 믿음의 탱크가 되어서 강한 행동의 믿음을 보여주게 된다(그림 8-9).

한나는 강한 믿음의 탱크를 소유했던 여인이었고, 철저하게 하나님을 믿고, 전심전력으로 기도했다. 그녀의 믿음의 탱크는 '하나님의 믿음을 가지고 사는 믿음'으로 꽉 채워졌다. 영산은 믿음은 환경, 감각과 느낌을 뛰어넘는 것이라고 강조한다. "믿음이란 환경이나 감각이나 느낌을 믿는 것이 아니라 하나님을 믿는 것이기 때문에 믿는 사람은 말이 달라져야 되는 것입니다. 하나님을 믿고

---

313) 조용기, "믿고 의심하지 아니하면 그대로 되리라", 주일설교(2011-01-16).
314) 조용기, "믿고 의심하지 아니하면 그대로 되리라", 주일설교(2011-01-16).

없는 것을 있는 것같이 불가능을 가능하다고 말할 수 있어야 하나님이 기뻐하시고 함께 역사하는 것입니다. 하나님은 죽은 자를 살리시는 기적을 행하시고, 없는 것을 있는 것같이 부르십니다. 이런 하나님과 동행하면, 하나님처럼 우리가 믿고 말해야 합니다."[315]

이스라엘 백성이 여리고성을 돌 때 여호수아의 믿음의 탱크는 하나님을 믿는 믿음으로 가득 차 있어서 결코 의심하지 않았다(수6:15-16). 노아도 세상을 따르지 않고 하나님과 동행하는 믿음을 탱크 속에 꽉 채워놓고 살았다(창7:1). 인간의 삶에 힘이 있으려면, 믿음의 탱크에 항상 말씀과 기도와 성령님의 인도함을 받으려는 강한 열정으로 채우고 있어야 한다. 탱크 안에 물이 가득 찰수록 출구에서 나오는 물줄기의 힘이 세어진다. 노아, 모세, 여호수아, 바울, 베드로처럼 믿음의 탱크 용량이 크면 클수록 더 큰 믿음의 일을 행할 수 있다(그림 8-9). 믿음의 탱크에 하나님을 강하게 신뢰하는 믿음, 말씀에 대한 믿음과 순종, 성령님과 동행하는 믿음으로 가득 채우면, 하나님께서 인간의 믿음을 통해 크고 위대한 일을 행하실 수 있다.

4.9. 믿음의 역학: 모멘트모델

영산은 "믿음의 사람은 아직 보이지 않는 미래를 현재의 것으로 품는 사람입니다."라고 말한다.[316] 하나님의 말씀을 믿음으로 받아들이면, 성령이 역사하셔서 인간은 변화된다. 인간이 변한다는 것은 영혼의 기능이 변하는 것이 아니라, 영혼의 방향, 다시 말해 내 안에 있는 그리스도의 영으로 말미암아 삶의 방향이 나 중심에서 하나님 중심으로 바뀌는 것을 의미한다.[317] 말씀이 빛이라면, 믿음은 시력이다. 아무리 빛이 있어도 시력이 없으면 빛을 볼 수 없기 때문이다. 성령님이 마음에 빛을 비춰주어야 한다. 말씀을 믿음으로 받아들이려면, 루디아 여인처럼 성령님이 마음의 문을 열어주어야 한다. "주께서 그 마음을 열어 바울의 말을 청종하게 하신지라(행16:14)."

그렇다면, 믿음은 삶 속에서 어떤 원리로 작용하는가? 망치와 톱을 손에 가지고 있어도 그것들을 사용하지 않으면 없는 것과 같다. 믿음은 언제나 말씀을 현재화시킨다. 곧 현재시제로 바꾸어 내 삶 속에 적용시킨다. 예수님께서 오신 것은 우리의 삶을 온전한 삶으로 만들기 위함이다(요10:10). 인간은 생각하고 상상한 것을 꿈꾸는 능력이 있다. 영산은 믿는다는 것을 꿈꾸는 것이라고 강조한다. "믿는다는 것은 꿈꾸는 것입니다. 믿는다는 것은 없는 것을 있는 것처럼 받아들이는 것이고, 입으로 시인하는 것입니다. 신앙이 어릴 때에는 예수님을 바라보며 믿습니다. 그러나 신앙이 자라면 예수님과 함께 시간과 공간을 초월하여 죽고 장사지내고 또 함께 살아나 함께 거합니다."[318]

없는 것을 있는 것처럼 생각하기 위해서는 바라보는 대상이 있어야 한다. 그리고 바라보는 대상이 이뤄질 줄 믿고 나아가는 것이 꿈이다. 영산은 세계적인 전도자였던 무디(D. L. Moody) 목사의

---

315) 조용기, "감각이냐 믿음이냐", 주일설교(2013-12-22). "믿음이란", 주일설교(2012-09-09). "믿음으로 행하고 보는 것으로 하지 않음", 주일설교(2006-01-08).

316) 조용기, "나는 믿음의 사람인가?", 주일설교(2016-06-19).

317) "예수 그리스도를 마음에 모시고 하나님 중심에 설 때에 하나님의 사자가 되지만, 마귀의 암시를 받아 하나님의 일을 생각하지 않고 사람의 일을 생각하고 사람을 따라가면 마귀의 도구가 됩니다." 조용기, 『마태복음 강해 III』, 생명의말씀사(2010), 153.

318) 조용기, "꿈과 믿음", 주일설교(1984-11-04).

일화를 소개한다.319) "나는 믿음을 달라고 기도했습니다. 그리고 믿음이 어느 날 하늘로부터 번개같이 뚝 떨어질 것을 기대하고 있었습니다. 그렇지만 믿음은 생기지 않았습니다. 그러던 어느 날 나는 로마서 10장 17절 '믿음은 들음에서 나며 들음은 그리스도의 말씀으로 말미암았느니라'는 구절을 보고, 그 동안 말씀을 읽지 아니하고 믿음만 달라고 기도하는 어리석은 짓을 해왔다는 사실을 깨달았습니다. 이제 나는 성경을 공부하면서 믿음이 쑥쑥 자라는 것을 느낍니다."

식물이 햇빛을 받으며 땅속의 물과 영양분을 먹고 성장하듯이, 믿음도 말씀을 듣고 묵상하고 실행하는 가운데 자란다. 하나님의 말씀이 내 안에 있고 믿음이 있으면, 인생의 크고 작은 문제들은 기도와 믿음의 지렛대의 힘으로 해결할 수 있다(그림 8-10). 인생의 문제를 혼자 해결하려면 무척 힘이 든다. 하지만 믿음의 지렛대와 말씀의 받침대를 이용하면, 아무리 커다란 인생의 장애물들도 쉽게 다른 곳으로 옮겨놓을 수 있다. 말씀과 함께 성령님이 창조의 역사를 일으키기 때문이다."

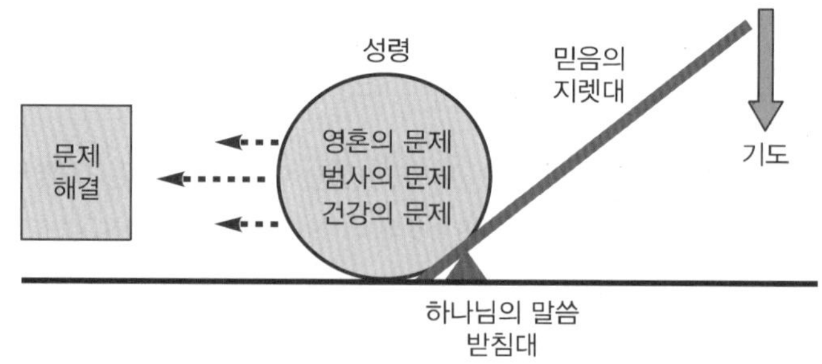

그림 8-10. 믿음의 모멘트모델: 기도는 말씀을 기초로 하여 창조, 기적, 구원의 역사를 일으킨다. 자아중심의 이성적 기도가 아니라, 말씀에 기초한 기도가 역사를 낳는다. 영산은 4차원영성적으로 자신의 삶을 다스리는 방법을 이렇게 제시한다. 첫째, 말씀과 성령의 도움으로 나의 생각과 말씀이 일치되는지 확인한다(요8:32, 요15:7). 둘째, 분명한 목표와 꿈으로(엡3:20), 셋째, 믿음으로(마17:20), 넷째, 말씀의 선언과 성령이 운행하도록 기도하는 것이다(잠18:21).320) 문제해결을 통해 인간은 궁극적으로 무엇을 얻는가? 그것은 곧 하나님의 은혜와 자비와 사랑이다. 문제해결을 통해 인간은 하나님의 존재, 본성, 행동을 점진적으로 알아가는 것이다.

바위를 움직이기 위해 말씀의 받침대를 갖다놓아도, 내 안에 믿음의 지렛대가 없으면 바위를 옮길 수 없다. 하나님께서는 각각의 신자에게 인생 문제를 해결하도록 '말씀의 받침대'와 '믿음의 지렛대'를 선물로 주셨다. 말씀의 받침대만 있어도 안되고, 믿음의 지렛대만 있어도 안된다. 말씀과 믿음이 항상 서로 보완하는 관계에 있어야 한다.321)

오래도록 아들을 소원한 한나는 아주 길고 튼튼한 '믿음의 지렛대' 가진 여인이었다. 마침내 그녀는 믿음의 서원 기도를 하게 된다. "서원하여 가로되 만군의 야훼여 만일 주의 여종의 고통을 돌아보시고 나를 생각하시고 주의 여종을 잊지 아니 하사 아들을 주시면 내가 그의 평생에 그를 야훼께 드리고 삭도를 그 머리에 대지 아니하겠나이다(삼상1:11)."

---

319) 조용기, "하나님의 믿음", 주일설교(2009-08-09).
320) 조용기, "다스리는 삶", 주일설교(2012-02-26).
321) "너는 야훼를 기다릴지어다 강하고 담대하며 야훼를 기다릴지어다(시27:14)." "야훼의 영광이 영원히 계속할지며 야훼는 자신께서 행하시는 일들로 말미암아 즐거워하실지로다(시104:31)."

'하나님 말씀의 받침대'와 '이스라엘 백성의 믿음의 지렛대'가 대단위로 서로 연합되어 난공불락의 여리고성이 결국 무너져내렸다. 소경거지 바디매오는 '예수님의 말씀의 받침대'를 철저히 믿었다. 그는 소문으로 막연히 들은 것이 아니라, 예수님께서 기적을 일으킨 사실들을 듣고 철저히 믿었다. 그는 애지중지하던 겉옷을 버리고 예수님께 나아갔다. 이것은 그의 '믿음의 지렛대'가 얼마나 강했는지 보여준다.

기적을 일으키려면, 믿음의 방해요소를 끝까지 물리쳐야 한다. 날마다 믿음의 방해요소를 물리치는 다짐을 하고, 입술로 긍정적인 고백을 해야 한다.322) 유명한 학자인 사무엘 존슨(Samuel Johnson)은 임종 시 한 젊은이에게 이렇게 말했다. "여보게, 세상에 조금 더 알려진 사람의 마지막 말을 귀담아 듣게. 바로 규칙적으로 성경을 읽고 살라는 말일세." 믿음은 하나님의 말씀이 기초가 되어 행동으로 나타나야 한다. 행하지 않은 믿음은 죽은 것이다. 영산은 행하는 믿음에 대하여 이렇게 강조한다. "오늘날 사람들은 말씀을 깊이 마음속에 받아들이지 않고, 머릿속에서 뱅글뱅글 돌리다가 던져버립니다. 말씀을 마음속 깊이 받아들여서, 내가 말씀 안에 거해야 합니다. 그러기 위해서 말씀을 깊이 묵상하고, 말씀과 내가 하나가 되도록 해야 합니다. 저는 매일같이 십자가를 바라보고 주님이 대속해주신 그 말씀을 마음속에 깊이 받아들입니다."323)

4.10. 믿음의 요새화: 경계모델

영산은 말씀과 믿음의 관계를 이렇게 정립한다. "말씀이 믿음의 양식입니다. 말씀을 먹어야 믿음이 자라납니다. 사람들은 자신의 믿음이 잘 자라지 않는다고 염려합니다. 하지만 성경을 읽으면 말씀이 믿음의 양식이 됩니다. 충분한 영양을 섭취하게 되면, 믿음은 힘을 얻습니다. 믿음을 굳세게 하려면, 말씀을 읽고 듣고 묵상해야 합니다. 믿음은 들음에서 나며 들음은 그리스도의 말씀으로 옵니다(롬10:17). 내가 입술로 끊임없이 믿음을 고백해야 합니다."324)

영산은 우리 안에 믿음을 요새화하기 위해서 '입술 고백론'을 강조한다. 우리 안에 존재하는 믿음은 옛 자아가 사라진 삶의 고백이다. 십자가의 믿음은 입술의 고백을 통해 삶의 자리에 현재화된다. 십자가는 삶의 근원적 비극의 쓴 뿌리, 다시 말해, '자아중심의 삶'을 원천적으로 근절시킨다. 십자가는 우리의 옛 자아를 무덤 한가운데로 끌고가서 죽게 하고, 그리스도가 부활하실 때 함께 살아나게 한다.

---

322) 창조적 고백의 예: a) 나는 창조적이고 긍정적인 말을 하겠다. b) 나는 교만을 물리치는 사람이 되겠다(마5:3). c) 나는 물질의 탐욕을 절제하는 사람이 되겠다(마19:22). d) 나는 육신의 정욕을 물리치겠다(마13:22). e) 나는 순종하는 사람이 되겠다(행19:9, 히4:6). f) 나는 마음을 정결하게 유지하겠다(고후4:3-4). g) 나는 사단의 방해를 물리치겠다(막4:15).
323) 참조. 조용기, "살아있는 믿음", 주일설교(2007-03-18). "말씀위에 선 믿음", 주일설교(2006-06-11). "믿음이 작은 자여", 주일설교(2007-06-24).
324) 조용기, "믿음", 주일설교(2014-09-21).

예수 그리스도는 스스로 우리의 믿음의 요새가 되어주신다.[325] 우리 안의 믿음은 말씀과 기도와 성령에 의해 보호받는다. 믿음은 십자가의 죽음과 부활을 이미 경험했다. 그 믿음은 매우 강력하다. 이처럼 강한 믿음을 지속시키는 것은 오직 말씀에 대한 순종과 기도뿐이다.

성경의 예를 살펴보자. 베드로는 믿음으로 바다 위를 걸었지만, 의심이 들자 그만 물에 빠지고 말았다. 믿음을 가지는 것도 어렵지만 유지하는 것은 더 어렵다. 신자는 죄성과 마음의 부패로부터 완전히 벗어나지 못했기 때문이다(렘17:9). 따라서 믿음의 요새를 굳게 지키지 않으면 안 된다(그림 8-11). 바울은 믿음의 선한 싸움을 강조한다. "믿음의 선한 싸움을 싸우라 영생을 취하라 이를 위하여 네가 부르심을 받았고 많은 증인 앞에서 선한 증언을 하였도다(딤전6:12)."

무디(D. L. Moody) 목사는 다음과 같은 말을 남겼다. "너 자신을 믿어보라. 반드시 실망할 때가 올 것이다. 친구를 믿어보라. 어느 날 죽거나 작별할 때가 있을 것이다. 명예나 돈을 믿어보라. 어느 날 사라질 때가 올 것이다. 예수 그리스도를 믿어보라. 후회 없는 삶을 살 것이요, 영원한 생명을 얻을 것이다." 하나님을 믿으면, 우리는 좌절을 당해도 다시 일어나며, 시험을 받아도 다시 힘을 얻을 수 있다. 신자가 사망의 음침한 골짜기를 지날지라도 하나님은 지팡이로 인도하시고 막대기로 지켜주신다(시23:4).[326]

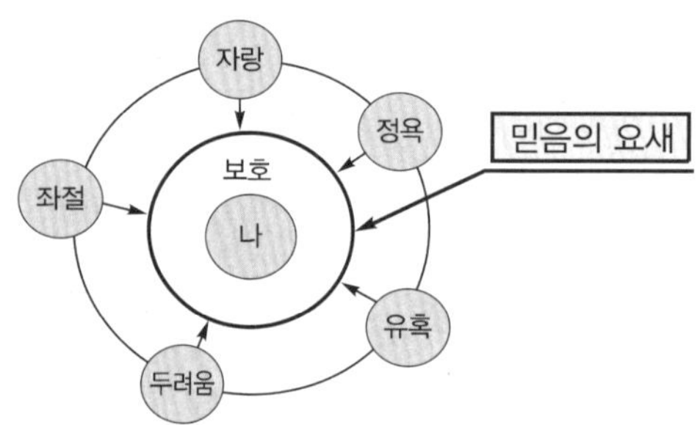

그림 8-11. **믿음의 경계모델:** 믿음은 이성의 촉수를 날카롭게 세워 삶 속에서 믿음의 기능을 극대화하도록 도와준다. 마음하늘에서 이성과 믿음은 연합적으로 상호작용한다. 영산은 마음을 지키는 방법으로 4차원영성의 적용을 제시한다. a) 생각을 다스려라(잠4:23), b) 바라봄의 법칙을 사용하라(요3:14-15). c) 좋은 일을 믿으라(마17:20). d) 창조적 입술을 고백하라(잠18:21).[327]

마귀는 믿음을 지속적으로 공격하여, 신자가 자신의 욕심에 따라 살도록 부추긴다. 그림 8-11에 묘사한 것처럼, 두려움, 유혹, 좌절, 육신의 정욕, 안목의 정욕, 자랑거리는 끝없이 우리를 공격한다: "하나님은 나의 견고한 요새시며 나를 안전한 곳으로 인도하시며(삼하22:33)." 오직 하나님만이

---

325) 성도의 요새화: a) 파괴세력을 지켜주신다(시27:1-3). b) 삶의 절망, 재앙, 광풍의 요새가 되신다(고후4:7-10). c) 생명수가 되신다(요4:13-14). d) 피난처가 되신다(요3:17). e) 생기의 근원이 되신다(겔37:5-6). 참조. 조용기, "왜 예수님은 나의 보배인가", 주일설교(2012-12-02).

326) 시험의 정의: "하나님이 사람에게 요구하는 순종을 저버리고, 어떻게든 죄를 범하도록 사람의 정신과 마음을 유혹하고 이끄는 힘, 어떤 일, 상태, 방법 또는 조건이다." 참조. 존 오웬(John Owen)『시험』(On Temptation), 부흥과개혁사(2013), 39. 오웬은 하나님이 인간을 시험하시는 방법으로 세 가지를 제시한다(p36-37). 1) 감당하기 어려운 의무를 부여하는 방법으로 시험하신다(아브라함의 아들 시험). 2) 큰 고난을 주는 방법으로 시험하신다(벧전1:6-7). 3) 죄의 사건들 속에서 사람들을 섭리로 다루는 방법으로 시험하신다(신13:3). 또한 그는 하나님이 인간을 시험하시는 이유를 두 가지로 설명한다(p13). 1) 하나님은 인간에게 자신 안에 무엇이 있는지 보여주려고 시험하신다. 2) 하나님은 시험을 통하여 인간이 하나님 자신만을 보게 하신다.

327) 조용기, "마음이 낙심될 때", 주일설교(2012-07-22).

"나의 반석이요, 나의 구원이요, 나의 요새다(시62:6)."

영산은 믿음의 요새를 지키는 길은 입술로 강한 믿음으로 시인하고 것이라고 강조한다. 마귀는 끝없이 우리에게 의심을 불어넣는다. "마귀는 반드시 의심을 가져옵니다. 베드로가 파도 위로 걸어오는 예수님을 향해서 걸어가기만 하면 되는데, 마귀가 그의 귀에 대고 속삭였습니다. '너는 사람인데 절대 물 위로 못 걷는다. 저 파도를 봐라. 저 바람을 봐라.' 베드로가 마귀의 속삭임 대로 파도와 바람을 보자, 그 순간 마음에 의심이 들어와 물에 빠져버린 것입니다. 그러므로 항상 마귀의 거짓에 속아 넘어가지 말아야 합니다. 우리가 하나님의 믿음을 받았으면, 그 믿음대로 단호하게 입으로 시인하고 나가야 합니다. 그러므로 우리의 신앙생활은 레마를 받아서 바라봄의 법칙으로 레마가 이루어진 모습을 바라보고, 우리의 입술로 견고한 믿음을 시인해야 합니다."328)

영산은 믿음의 요새를 굳건히 지키기 위해서는 긍정적인 믿음의 선포가 중요하다고 말한다. "살아계신 하나님은 지금 우리 가운데 역사하고 계십니다. 그런데 하나님이 아무나 사용하시는 것이 아니라, 이와 같은 긍정적인 믿음을 가진 사람을 통해서 역사하십니다. 레마를 가지고 있는 사람, 그것이 이루어진 모습을 마음에 꿈꾸고 바라보고 있는 사람, 그것을 입으로 시인하는 사람, 이런 사람을 통해서 하나님은 그의 능력을 나타내십니다."329)

믿음이 생기면 긍정적인 고백을 하게 되고, 고백을 하면 우리 몸의 감성을 자극해서 사람은 행동하게 된다. 이처럼 믿음은 행동을 낳는 어머니다. 믿음은 원래부터 행동과 짝을 이룬다. 믿음의 고백은 자신감을 낳고, 자신감은 무한한 잠재력을 일깨워 행동하게 한다.

시디스(Boris Sidis)는 그의 저서 『Philistine and Genius』에서 교육이론에 대하여 다음과 같이 주장한다.

"교육의 이상은 결코 높은 시험점수의 획득이나 많은 과목을 수학하도록 하는 데 있지 않다. 교육의 이상은 타고난 개성의 발현과 독립적 사고의 획득과 독창적 사상의 육성인 것이다. 생물학, 생리학, 정신병리학 등의 연구에 의하면, 우리 인간은 태어나면서부터 비상한 능력을 부여받고 있다. 다만 이 능력은 우리의 표면에 잘 나타나지 않는다. 신체 안에 깊숙이 잠재하고 있는 것이다. 나는 이것을 '잠재력'이라고 칭한다. 우리는 이 잠재력을 쓰기만 하면 비상한 일을 할 수 있다. 그러나 대부분의 사람들이 교육을 잘못 받았기 때문에 이 잠재력을 제대로 쓸 수가 없다. 세상에 천재가 적은 것은 이 때문이다."

4.11. 믿음의 연합성: 꿈과 믿음

영산은 꿈과 믿음을 한 짝으로 이해한다. "믿음을 가진다는 것은 반드시 그 전에 내 마음 가운데 분명하고도 영롱한 꿈이 있어야 가능한 것입니다. 분명한 목표를 두고 그것이 이루어진 모습이 마음속에 꿈으로 찬란하게 보이지 않으면, 믿음이 우리 마음속에 생겨나지 않습니다. 따라서 믿음의

---

328) 조용기, "하나님의 믿음", 주일설교(2009-08-09).
329) 조용기, "하나님의 믿음", 주일설교(2009-08-09).

가장 큰 전제조건은 마음속에 확실한 목표를 두고 그것이 이루어진 모습을 꿈꾸는 것입니다."[330) 꿈과 믿음은 동전의 앞뒤의 관계다. 꿈은 믿음을 잉태시키지만, 믿음 없으면 그 꿈은 이뤄지지 않는다. 빛의 파동성과 입자성이 상보적이듯이 믿음과 꿈도 그렇게 유비된다. 꿈과 믿음을 인식론적으로 이해하면서 신앙생활을 하는 것은 중요하다. 손바닥만한 구름을 보고 장대비가 내릴 것을 소원하는 엘리야(왕상18:44-45)는 먼저 바라본 것을 믿음으로 고백했다.

믿음은 겁쟁이를 강한 자로 만든다. 믿음은 말씀 위에 서는 것이다. 그 말씀은 곧 하나님의 능력이다.[331) 믿음은 불가능을 가능케 하는 힘이 있다. 믿음은 우리 대신 하나님이 일을 하시도록 만드는 수단이다. 영산은 '무엇을 믿을 것인가?'에 대하여 4가지로 요약해서 설명한다.[332)

  a) 하나님을 믿으라. 온 우주를 지으신 아버지시다(롬1:19-20).
  b) 예수님을 믿으라. 예수님은 육신의 몸으로 이 땅에 오신 분이시다(갈4:4, 요1:14-18).
  c) 예수님의 대속의 은혜를 믿으라(롬3:25).
  d) 하나님의 말씀을 믿으라(마24:35).

또한 그는 '어떻게 믿을 것인가?'에 대한 해답을 3가지로 요약하여 제시한다.[333)

첫째, 믿음 자체가 응답이 아님을 확실히 알아야 한다. 믿음이란 눈에 보이지 않는 집의 기초와 같다. 기초가 완성되어야 그 위에 집을 지을 수가 있다(히11:1-3).

둘째, 말씀 위에 굳게 서야 한다. 말씀으로 긍정적인 생각을 갖고 말씀이 이뤄지는 것을 바라보고 꿈꾸어야 한다. 어떤 상황에도 말씀을 믿기로 결단하고 입술로 시인하며, 구원의 은혜를 베푸시는 하나님께 감사와 찬양을 해야 한다(신30:19-20, 잠6:2).

셋째, 믿었으면 기다려야 한다. 하나님의 응답은 하나님의 때에 하나님의 방법으로 주신다. 믿음의 기초가 세워졌으면, 하나님께서 그 위에 집을 지어주실 것을 기다려야 한다. 절대로 낙심하거나 뒤로 물러가지 말고, 기다리면 응답하신다(민23:19, 히10:38). 믿음은 하나님의 꿈을 꾸는 것이며, 꿈을 품으면 믿음이 성장하고, 믿음을 품으면 꿈도 성장한다. 영국의 웨스트민스터 사원에 들어가면 정면에 이런 구호가 붙어 있다. "하나님을 위하여 위대한 일을 기대하라!"[334) 말씀은 무한한 기대감과 가능성을 준다.

1) 믿음의 성장과정

온전한 믿음은 그리스도인의 인격의 뿌리이자 출발점이다. 믿음이 식으면 생명력도 능력도 소멸

---

330) 조용기, "꿈과 믿음", 주일설교(1984-11-04).
331) 조용기, "믿음과 기다림", 주일설교(2006-09-17). a) 믿음이란 인간의 이성에 의한 합리적인 생각에 기초한 것이 아니다(고후10:5). b) 믿음은 죄책과 허무함과 부패한 마음의 느낌에서 선 것이 아니다(잠28:26). c) 믿음은 몸의 기관들이 반응하는 감각에 의지하는 것이 아니다(고후5:7). d) 믿음은 변하고 요동하는 불확실한 환경에 따른 것이 아니다(고후4:8).
332) 조용기, "믿음이란 무엇인가?", 주일설교(2004-01-25).
333) 조용기, "믿음과 기다림", 주일설교(2006-09-17).
334) "참 믿음은 항상 기대감이라는 짝을 만난다. 하나님의 약속을 믿는 사람은 그 약속의 성취를 기대한다. 기대감이 없는 곳에는 믿음도 없다." A. W. 토저, 『하나님을 체험함』(The Pursuit of God), 생명의말씀사(2009), 102.

된다. 말씀의 믿음은 우리의 영혼을 보존하고, 활성화시키며, 생명력을 넘치게 한다. 영산은 큰 믿음을 가지려면 하나님의 진리를 많이 알아야 한다고 강조한다. "믿음은 하나님의 진리를 알고 그것을 따라가는 것입니다. 하나님의 진리를 깊이 알수록 큰 믿음을 가지게 되고, 적게 알면 작은 믿음을 가지게 됩니다."335) 말씀은 믿음을 풍성하게 만든다. 내가 아는 진리의 용량이 클수록 믿음의 용량도 상대적으로 증폭한다.

믿음의 역학적 구조의 뿌리는 하나님과의 관계에 기초하고 있다. 욥은 절망 가운데 있었으나 하나님의 첫 번째 음성을 듣고 자신의 태도를 바꾸었다. 두 번째 음성을 들으면서, 욥은 적극적으로 하나님의 주권에 순종하게 된다. 이것은 그의 마지막 고백에서 잘 나타난다. "내가 주께 대하여 귀로 듣기만 하였사오나 이제는 눈으로 주를 뵈옵나이다(욥42:5)." 믿음은 하나님과의 친교 안에서 변하고 성장하고 성숙한다. 영의 눈으로 하나님을 볼 수 있을 때, 우리는 마침내 '인간'이 된다.

예수를 깊이 바라보면, 예수의 마음이 나의 마음으로 흘러들어온다. 그러면 나의 생각으로 사는 것이 아니라 예수님의 생각, 믿음, 언어로 살게 된다. 그러나 믿음을 품고 살더라도 마귀는 시시때때로 믿음을 파괴하려고 시도한다. 이 시대, 이 문화, 이 사회에서 강력한 믿음의 파괴 요소들은 주로 악한 생각, 두려움, 실수, 경쟁자, 위험한 방해자들이다.336)

예수님을 처음 믿을 때에는 어린아이처럼 보는 대로 따라가는 믿음을 갖게 된다. 그 후에 믿음은 말씀의 깨우침과 성령의 도움으로 점진적으로 성장해간다. 곧 말씀을 배우고 묵상을 통해서 점점 깊어지고 강해지며 성숙해간다. 영산은 성령이 역사하지 않는 신앙은 죽은 신앙이라고 강조한다.337)

2) 영성진보 4영역

믿음은 궁극적으로 인간의 존재양식을 변형시켜 하늘의 삶의 모델을 지향토록 해준다. 선악과 열매를 따먹었던 우리는 예수님을 믿음으로써 하늘의 생명나무 열매를 먹는다. 그렇지만 우리는 땅 위의 마귀의 세력과 항상 대치하고 있으므로 지속적으로 영성진보를 위해 노력해야 한다.

영산은 믿음은 오감의 느낌이 아니라 믿기로 결단하는 것이라고 말한다. "믿음이란 지식을 아는 것이 아닙니다. 믿음이란 느끼는 것이 아닙니다. 믿음이란 소원하는 것이 아닙니다. 믿음이란 믿기로 결단을 내리는 것입니다."338)

또한 영산은 믿음을 보여주어야 한다는 것을 강조한다. "어떤 일의 열매를 맺기 원한다면, 열매 맺는 것을 목표로 삼고, 씨앗을 심어서 믿음을 보이도록 해야 합니다."339)

---

335) 조용기, 『마태복음 강해 III』, 서울말씀사(2010), 204.
336) 마귀가 활용하는 삶의 방해자들. a) 두려움의 방해자: 가장 강력한 방해자로 일생동안 우리를 괴롭히고 '내일하지', '차차하지'를 연발하게 하고 자신감을 갉아먹는다. b) 실수의 방해자: 머리를 혼란스럽게 만들고 일에 의욕을 떨어뜨리고 가슴을 조이게 한다. c) 경쟁자의 방해자: 일의 진행을 막을 뿐 아니라 행동을 주춤하게 만든다. d) 위험의 방해자: 중도에 포기하도록 만들며 기회를 자꾸 잃게 만든다.
337) 조용기, "살아있는 믿음", 주일설교(2007-03-18).
338) 조용기, 『291요약설교』, 서울말씀사(2003), 1-62
339) 조용기, 『이것이 믿음이다』, 신앙계(2012), 164.

미래전략 컨설턴트 리처드 왓슨(Richard Watson)은 이렇게 말한다.340) "분석과 정보를 따지는 좌뇌보다 감성과 디자인을 관장하는 우뇌가 경제와 경영의 중심으로 떠오를 것입니다. 이제 기업이 아니라 각각의 개인이 가치를 창출하는 세상이 됩니다. 옛날에는 삐딱하다고 눈총 받던 사람들이 창의적이고 혁신적인 인재로 대접받을 겁니다."

미국에서 인기 높은 미래학자이자 대통령의 수석대변인을 지낸 다니엘 핑크(Daniel H. Pink)는 하이 콘셉트의 필요성을 이렇게 강조한다. "하이 콘셉트(High-concept)를 개발해야 합니다. 예술과 감성까지 아우른 융합능력과 종합능력을 키워야 합니다. 공감하고, 디자인하고, 스토리텔링(storytelling)하는 것은 인간이 원초적으로 가지고 있는 능력입니다. 이것을 개발해야 합니다."341)

모든 것이 평준화되어가는 오늘날에는 전체를 조망하는 융합능력과 종합능력을 관장하는 우뇌가 중요한 역할을 한다. 한 마디로 우뇌시대가 온 것이다. 우뇌시대의 주인공은 누구인가? 당연히 '예수를 믿는 사람'이 될 것이다. 그 이유는 영성이 우리의 우뇌를 관장하기 때문이다. 우뇌시대에서는 어떤 키워드가 많이 등장할까? 믿음, 영성, 감성, 직감, 행복, 가치, 나눔, 봉사, 공감, 꿈, 생각, 본능, 자화상, 느낌, 상상, 기도, 말씀, 성령, 감동, 눈물, 능력, 자신감, 도전감 등이다.

사람을 감동시킬 수 있는 마지막 카드는 영성이다. 이 영성을 통해 더 좋은 기술, 더 좋은 디자인, 더 진보된 행복, 더 진보된 삶의 가치가 나올 것이다. 영성은 믿음으로 시작된다. 삼위일체 하나님을 믿고 말씀과 기도로 무장될 때 영성은 더욱 성숙해간다. 21세기 키워드는 영성이다. 컴퓨터가 아무리 발전하고 천지가 개벽해도 '영성과 믿음의 영역'을 도전할 수도 없고 지배할 수도 없기 때문이다. 우뇌의 능력은 결코 자동화를 용납하지 않으며, 영성의 영역은 하나님이 주관하시는 고유 영역이다. 따라서 그 누구도 감히 손 댈 수 없고, 더하거나 뺄 수도 없다.

그림 8-12에서는 말씀, 꿈, 믿음의 역동적 연관성을 나타내었다.

가. 영역 1의 영성적 삶: 말씀이 좋은 땅에 떨어진 삶(막4:20)342)

야고보서는 "네가 보거니와 믿음이 그의 행함과 함께 일하고 행함으로 믿음이 온전하게 되었느니라(약2:22)"고 역설한다. 내 마음밭에 말씀의 거룩한 씨가 떨어지면, 그 씨는 하나님의 은혜로 성장한다. 인간 편에서 할 수 있는 일은 아무것도 없다. 그저 "주여, 저는 먼지와 티끌에 지나지 않습니다. 주님께서 은혜로 자라나게 하시면 성장할 것입니다. 그렇지 않으면, 아무것도 기대할 수 없습니다." 이것이 인간 쪽에서 할 수 있는 전부다.

---

340) 조선일보 위클리비즈팀, 『위클리비즈』(WeeklyBiz Insight), 21세기북스(2010), 204-211.
341) 위의 책, 204-211.
342) "말씀이 좋은 땅에 떨어진 삶이란 사명감, 충성심, 즐거움이 있는 사람입니다." 참조. 조용기, "결실하는 삶", 주일설교 (2008-09-07).

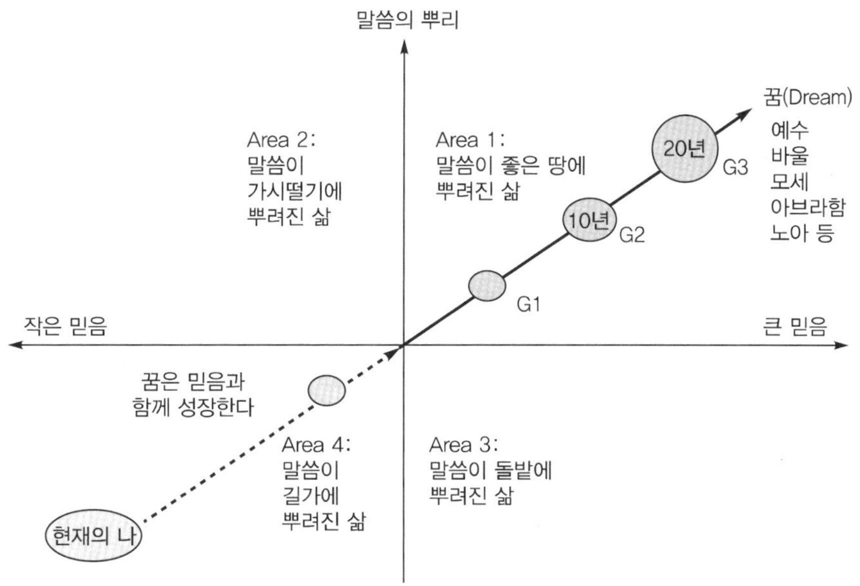

그림 8-12. 믿음과 꿈의 상보적 관계성: 꿈이 생기면 믿음이 생기고, 믿음이 생기면 꿈이 생긴다. 꿈은 믿음을 낳고, 믿음은 꿈을 성장시킨다. 꿈과 믿음의 근본은 모두 하나님의 말씀에 기초한다. 마음은 인간 존재의 중심이다.[343] 천국적인 마음이 성장하면, 꿈과 소망도 성장한다. 예수님의 생각을 따르면, 마음도 생각도 변화된다. 말씀과 성령을 따라가면, 꿈과 소망을 품게 된다. 꿈이 생기면 믿음도 생기고, 믿음은 천국언어를 사용하게 한다.[344] 하나님의 꿈은 방향을 가지고 있다. 그 꿈은 삶의 닫힌 체계(closed system)를 하나님 나라로 옮겨 열린 체계(open system)로 살아가게 한다.

옥토의 삶이란 믿음으로 행하여 '하나님이 보시기에 좋았더라'의 삶, 곧 새 사람의 삶을 사는 것이다.[345] 나는 죽고 예수님이 사는 삶이다. 나의 의가 아니라 예수님의 의로 사는 삶이다. 기생 라합은 하나님에 관한 지식이 별로 없는 데도 마음으로 믿어 믿음의 고백을 했다. 그녀는 "야훼께서 이 땅을 너희에게 주신 줄을 내가 아노라 우리가 너희를 심히 두려워하고 이 땅 주민들이 다 너희 앞에 간담이 녹나니 … 너희의 하나님 야훼는 위로는 하늘에서도 아래로는 땅에서도 하나님 이시니라(수2:9, 11)"고 고백한다. 라합은 여리고성에 살았지만, 그것이 하나님의 손에 의해 함락될 것을 믿고 있었다. 그녀는 여리고 왕의 편을 들지 않고, 이스라엘 백성의 편에 섰다. 라합은 단지 하나님에 관한 소식을 듣는 것만으로도 큰 믿음을 품었다. 그 결과 여리고성이 함락될 때 그녀는 자기의 가족을 구할 수 있었으며, 예수님의 족보에 오르는 영광을 얻었다(마1:5).

영역 1에 속한 자는 신앙공간의 땅에 있는 자로서 하나님의 말씀이 마음에 심겨 온전히 30배,

---

343) 조용기, "세상마음과 천국마음", 주일설교(2011-10-09).
344) 조용기, "세상마음과 천국마음", 주일설교(2011-10-09).
345) 좋은 땅에 떨어진 씨: a) 말씀으로 다진 마음(눅8:15). b) 말씀으로 지은 꿈을 품은 마음(빌2:13). c) 말씀을 믿고 의지하는 마음(롬10:17). d) 긍정적이고 적극적인 승리의 선언(롬10:10). 참조. 조용기, "네 가지 땅에 떨어진 씨", 주일설교(2010-12-12).

60배, 100배의 열매를 맺는 자다. '거룩한 씨(사6:13)'가 성장하는 것은 오직 하나님의 은혜다. 말씀을 믿는 자는 하나님이 주신 사명을 향해 달려가는 사람이다. 바꾸어 말하면, 십자가 안에서 삶에 대한 분명한 목표를 가지고 열정을 다해 주님의 사명을 담당하려고 노력하는 영성의 소유자이다. 야곱, 노아, 아브라함, 여호수아, 바울 같은 인물들이 전형적으로 여기에 속한다.

나. 영역 2의 영성적 삶: 말씀이 가시떨기 위에 떨어진 삶(막4:18)[346]

이는 '하나님을 믿기로 작정한 자'이지만 연약하여 육신의 정욕, 안목의 정욕, 이생의 자랑거리 때문에 결실을 맺지 못한다. 믿음이 있어도 기도하지 않으면, 신앙생활의 힘이 떨어진다. 기도하지 않으면, 세상의 염려와 재리의 유혹과 기타 욕심이 들어가서 말씀이 결실을 맺지 못한다(막4:19). 꿈이란 하나님의 말씀을 현재화하는 능력이다. 꿈이 있으면 성취하고자 하는 분명한 목표물이 생겨 기도하게 된다. 기도하므로 성령충만하게 되고, 궁극적으로 영적 삶의 활성화가 일어난다. 베드로도 바울도 성령충만과 순종과 헌신적인 수고를 통해서 영적 열매를 풍성히 거뒀다.

다. 영역 3의 영성적 삶: 말씀이 돌밭에 떨어진 삶(막4:16)[347]

이는 말씀을 믿으면서도, 자신의 이성과 경험을 동시에 믿는 형이다. 억지로 선행을 행하는 자다. 하나님을 말씀을 받아드리기는 하지만 그 속에 뿌리가 없어 잠깐 견디다가 환난이나 핍박으로 곧 넘어지는 자들이 여기에 해당된다(막4:16-17). 근본적으로 말씀이 우리 안에서 역동적인 성장을 해야 믿음도 자라고, 거룩해지고, 의로워지고, 선하고 착한 일을 하게 되며, 빛의 자녀로 살게 된다. 빛의 열매는 모든 착함(goodness)과 의로움(righteousness)과 진실함(truth)에 있다(엡5:9).

라. 영역 4의 영성적 삶: 말씀이 길 가에 떨어진 삶(막4:4, 마13:4)[348]

영역 4의 삶은 전형적으로 '하나님을 믿었더라'가 아니고, '자신을 믿었더라'의 삶이다. 이기적이고 자기중심적이다. 말씀을 들으나 사단에게 말씀을 즉시로 빼앗기는 삶(막4:15)을 살며, 세상의 가치관으로 굳어진 마음이다. 영역 4의 인생은 자신의 경험과 지식을 의지해서 사는 삶이다. 말씀이 자신의 삶에 아무런 영향을 주지 못한다. 이 삶의 방식은 진정한 행복을 전혀 누리지 못한다.

이스라엘 백성의 광야의 삶이 그러했다. 그들은 어려움에 처하기만 하면 불신하고 불평하고 원망했다. 하나님이 불기둥과 구름기둥으로 그들을 인도하시는 것을 늘 보면서도 그들의 마음밭에서는 하나님의 말씀이 성장하지 못했다. 그 결과 여호수아와 갈렙을 제외하고, 아무도 가나안 땅에 들어갈 수 없었다. 하나님의 말씀이 마음의 옥토에 뿌리를 내리지 못한 것이다. 모세는 4영역에 있는 백성들의 영성적 수준을 영역 1의 삶으로 끌어올리기 위해 전형적인 쉐마교육(Hear, Israel !)을 실시했으나, 2세대만 약속의 땅으로 들어갈 수 있었다.

---

346) "말씀이 가시떨기 위에 떨어진 삶이란 헌신이 없는 사람입니다." 참조. 조용기, "결실하는 삶", 주일설교(2008-09-07).
347) "말씀이 돌밭에 떨어진 삶이란 충성심이 없는 사람입니다." 참조. 조용기, "결실하는 삶", 주일설교(2008-09-07).
348) "말씀이 길가에 떨어진 삶이란 사명감이 없는 사람입니다." 참조. 조용기, "결실하는 삶", 주일설교(2008-09-07).

영역 4에 포함된 인생일지라도 성령 안에서 말씀의 능력으로 꿈을 세우고 믿음으로 열심을 다해 달려가면 언젠가 G1, G2, G3 위치에 도달할 수 있다. 택함 받은 자는 예수님의 거룩한 씨가(사6:13) 마음밭에 떨어져 진리의 마음이 숙성되어 있는 자다. 말씀, 믿음, 꿈은 독립적으로 존재하지 않고 서로 친밀하게 협력하고 도와주는 관계에 있다.349)

말씀이 있으면 꿈이 생기고, 꿈이 있으면 믿음이 생기고, 믿음이 있으면 또 꿈이 생긴다. 말씀을 따르는 삶은 궁극적으로 예수 그리스도의 영광을 드러내는 삶이다(요16:14).

5. 삶 속에서의 믿음의 영성: 역학적 진보

하나님의 사역 중 가장 큰 사역은 성령 안에서 믿음의 사역이다. 하나님의 영은 인간의 마음하늘 공간에서 믿음을 통해 역사하신다. 성령은 성도의 믿음을 통해 하나님의 신비의 세계를 3차원 세계에 적용시킨다. 믿음의 사역은 곧 성령의 사역이다. 영산은 "사람들은 눈에 보이는 것만을 의지하고 살아갑니다. 그러나 실상은 보이지 않는 믿음의 세계가 눈에 보이는 물질세계를 창조하고 변화시키고 다스리는 것입니다."라고 말한다.350)

믿음의 삶은 무엇인가? 바로 그리스도를 믿는 삶이다. 좀 더 구체적으로 말하면, 믿음의 삶이란 십자가 중심의 삶이요, 그리스도를 닮아가는 삶이요, 영적으로 성화되어 가는 삶이다. 십자가의 삶이란 '순종과 믿음', '겸손과 사랑', '변화와 능력', '생명과 소망의 삶'이다. 다시 말하면, '그리스도와 함께 죽는 고난절과 함께 일으킴을 받는 부활절의 삶'이다. 또한 장차 '그리스도 예수 안에서 함께 하늘에 앉는(엡2:6)' 삶, 즉 그리스도의 승천에 참여하는 삶이다. 예수님은 순종, 겸손, 비하 – 고난과 관련된 모든 것 – 를 통해 부활 및 영광과 관련된 모든 것을 가지고 오셨다. 십자가 위에서 죽으시고 부활하신 예수님의 삶의 발자취는 가장 숭고한 삶이자, 우리가 따라가야 할 삶의 궁극적 모델이다.

자연인의 현주소는 어디인가? 철학자나 심리학자들과 달리 성경은 그것을 아주 짤막하게 결론 짓는다: "너는 흙이니 흙으로 돌아갈 것이니라(창3:19)." 하나님과 친교를 상실한 인간의 종말은 처참하다. 벤 프랭클린(Ben Franklin)은 "세상에는 정말 단단하고 어려운 것 3가지가 있다. 철과 다이아몬드, 그리고 자신을 아는 것"이라고 말했다. 인간이 자신을 아는 것은 그만큼 어렵다. 그러나 믿음은 내면세계를 변화시키는 강력한 힘을 가지고 있다. 영산은 말씀-꿈-믿음을 서로 연결시킨다.351) "기독교 신앙으로 변화된 사람은 말씀으로 다진 마음에 하나님이 주시는 꿈을 품고 믿음으로 승리를 선언합니다."352)

---

349) 성령은 들음에서 난 믿음으로 말미암아 오신다(갈3:2). '무엇을 듣는가?' 그것은 말씀이다. 말씀이 가는 곳에 성령도 가신다. 따라서 말씀을 많이 알고 사랑할수록 하나님의 영을 더 많이 경험하게 될 것이다. "영을 따르는 자는 영의 일을 생각하나니(롬8:5)." '성령은 무슨 일을 하시는가?' 그것은 성경의 가르침들이다. "오직 성령의 가르친 것으로 하니(고전2:13)." 참조. 존 파이퍼, 『하나님을 기뻐하라』, 생명의말씀사(1998), 189-190.

350) 조용기, "나는 믿음의 사람인가?", 주일설교(2016-06-19).

351) 조용기, "네 가지 땅에 떨어진 씨", 주일설교(2010-12-12).

믿음은 하나님의 씨(말씀)를 현재화시키는 능력이며(요일3:9), 나는 작아지고 하나님은 커지는 삶이다.[353] 나는 '못하고' 하나님은 '하는' 삶이다. 아브라함은 믿음으로 하나님과 벗이 되었고, 영적 체험지수를 최대화시킨 인물이었다.[354] 믿음은 인간과 하나님의 친교 관계를 활성화시키는 거룩한 은혜의 방편이며, 동시에 초월적 하나님의 세계를 지상에 드러내는 거룩한 수단이다. 삼위일체적 인격의 하나님은 믿음을 매개체로 자신의 뜻을 온 땅에 계시하신다. 그리스도 안에서 의롭다함을 얻는 자는 믿음으로 살아야 한다.

믿음은 하나님과 인간이 친교하게 만드는 방편이다. 머슴이 주인집에서 종일 일하듯 믿음은 인간의 삶의 자리에서 일하는 머슴과 같다.[355] 하나님의 말씀을 개념적으로 아는 지식과 삶의 자리에서 하나님을 체험적으로 아는 지식이 서로 균형을 이뤄야 믿음의 활성화가 일어날 수 있다. 이스라엘 백성에게 믿음과 순종의 교육을 시킬 때, 모세는 '들어라'(히. 쉐마)라는 말을 수없이 반복하며 믿음의 대상과 내용을 상기시켰다.[356] 영산은 역동적 믿음에 대하여 다음과 같이 말한다.[357]

    a) 레마를 받아라. 베드로는 주님이 물 위로 오라고 해서 걸을 수 있었다(마14:28-29).

    b) 목표 있는 꿈을 꾸어라. 이루어질 줄 믿고 마음에 의심하지 아니하면 그대로 된다(막11:23).[358]

    c) 바라봄의 법칙을 적용하라. 야곱처럼 점 있는 양을 계속 바라보라(창30:37-39).[359]

    d) 명령하라. 에스겔이 마른 뼈를 바라보고 명령했을 때 뼈들이 살아났다(겔37:7-10).

그러나 영산은 믿음을 품고 진전시키려면 반드시 의심과 싸워야 한다고 강조한다.[360]

    a) 마귀는 반드시 의심을 가져온다(마4:30-32).

---

352) 믿음으로 사는 차원 높은 삶: "우리가 예수님을 알면 감각적이고, 이성적이고, 체험적인 물질세계를 뛰어넘어 믿음의 세계로 들어가 살 수 있습니다. 예수님 안에서 비로소 내가 누군지 발견할 수 있고, 예수님 안에서 비로소 꿈과 희망을 품을 수 있습니다." 참조. "나는 왜 예수님을 믿느냐", 주일설교(2011-05-22).

353) 유명한 설교가 스펄전(C. H. Spurgeon)은 "인간이 하나님 앞에서 할 일은 계산적인 믿음을 갖는 것이 아니라, 절대적인 믿음을 갖는 것이다. 계산은 하나님께서 하신다."고 말했다.

354) "아브라함이 하나님을 믿으니 이것을 의로 여기셨다는 말씀이 응하였고 그는 하나님의 벗이라 칭함을 받았나니(약2:23)." "그러나 나의 종 너 이스라엘아 내가 택한 야곱아 나의 벗 아브라함의 자손아(사41:8)."

355) 믿음은 a) 하나님의 약속을 확신한다(히11:1). b) 하나님의 능력을 확신한다(히11:1). c) 하나님의 뜻을 이해한다(히11:3). d) 하나님의 약속 위에서 행한다(히11:8, 22). e) 큰 어려움들을 극복한다(히11:29-38).

356) 우리의 믿음의 대상은 예수 그리스도의 인격, 사역 및 말씀이다. 그 믿음은 궁극적으로 성부 하나님과 그분의 자비와 사랑으로 이어진다. 죄인을 긍휼히 여기시는 하나님의 자비와 사랑을 통해 이 땅에 십자가가 세워졌기 때문이다. 우리는 오직 은혜로 죄사함 받아 하나님의 자녀가 된다. 성령 안에서 우리는 씻음과 거룩함과 의롭다 하심을 얻는다(고전 6:11). 따라서 믿음은 삼위일체 하나님의 공동 사역이다.

357) 조용기, "하나님의 믿음", 주일설교(2009-08-09).

358) "위대한 것을 기대하라, 위대한 것을 시도하라." 이러한 기대는 믿음의 생명이요 생명력이다. 또한 하나님을 영화롭게 하는 것이다. 우리의 모든 실패는 궁극적으로 믿음의 부족에서 그 원인을 찾을 수 있다. 참조. 찰스 브리지스(Charles Bridges), 『청교도 목회학』(Christian Ministry), CLC(2014), 이영란 역, 297. 성경은 위대한 일을 현실화하는 위대한 말씀들의 총체(total-sum)이며, 동시에 위대한 희망의 모판이며, 영원한 기쁨의 모체다.

359) "바라본다는 것은 예수님을 내적 경험을 통해 알고, 갈망하고, 소망하고, 믿으며, 사랑하며, 기도하며, 그를 닮아가는 것을 의미한다." 아이작 암브로스(Issac Ambrose), 『예수를 바라보라 1』, 부흥과개혁사(2011), 송용자 역, 94. 첨언하면, 암브로스는 비록 '바라봄의 법칙'이라는 말을 조어(造語)하지는 않았지만, 그것이 추구하는 지향점은 영산의 바라봄의 법칙과 일맥상통한다.

360) 조용기, "하나님의 믿음", 주일설교(2009-08-09).

  b) 바라봄의 법칙을 통해 강한 꿈을 가져라(시81:10).[361]

  c) 없는 것을 있는 것처럼 말하라. ㉠ 아브라함과 사라(창17:5, 15).

  d) 뒤로 물러가지 말라. 의인은 믿음으로 살리라(히10:36-38).

하나님은 온전히 신뢰하고 맡기는 사람과 하나님께 충성을 다하는 사람을 찾으신다. 영산은 이런 믿음을 품고 성공적으로 역동적으로 경영했다. 영산은 믿음의 발아(發芽)에 대하여 이렇게 말한다. "믿음이란 것은 회개할 때 성령께서 예수님과 하나님을 믿을 수 있는 능력을 초자연적으로 여러분의 가슴 속에 넣어주십니다. 이 믿음이란 우리 인간의 사고 속에서 산출해낼 수 없습니다. 이 믿음이란 종교적인 형식이나 의식을 통해서 얻을 수도 없습니다. 믿음이란 것은 오로지 하나님 성령께서 여러분과 내 마음속에 초자연적인 성품을 넣어주어서 믿을 수 있도록 만들어 주는 것입니다. 그러므로 믿는다는 것 자체가 기적입니다. 우리가 예수 그리스도를 구주로 믿고 우리 눈으로 볼 수 없는 하나님을 믿는다는 것은 심오한 기적인 것입니다. 이 기적은 오직 성령으로 말미암아 여러분 마음속에 믿음이 주어지므로 가능한 것입니다."[362]

믿음은 저절로 자라는 것이 아니다. 믿음의 성장은 성령님이 도와주실 때 가능하다. 또한 끝없이 노력하고 인내하는 가운데 믿음은 자란다. 영산은 꿈이 생기면 믿음이 생긴다고 말한다. "믿음은 바라는 것들의 실상입니다. 먼저 바라는 것이 있어야 믿음이 생깁니다. 사람이 무엇을 바라든지, 그것을 바라면 거기에 대한 꿈을 꿉니다. 집을 사기를 바라면 내가 살 집을 꿈꿉니다. 자동차를 사기를 바라면 자동차를 꿈꾸게 됩니다. 아름다운 옷을 사기를 바라면 내가 어떤 옷을 살까 그 옷을 입어보는 꿈을 꾸게 되는 것입니다. 그러므로 믿음을 가진다는 것은 반드시 믿음 전에 여러분과 내 마음 가운데 분명하고도 영롱한 꿈이 있어야 믿음이 생겨나는 것입니다. 따라서 믿음의 가장 큰 전제조건은 마음속에 확실한 목표를 두고, 그것이 이루어진 모습을 꿈꾸는 것입니다."[363]

내 안에 믿음을 가지려면 분명한 꿈과 목표를 구체적으로 가지고 있어야 한다. 꿈이 없으면 믿음이 생기지 않는다. 하나님의 생각을 하면 인간은 하나님의 꿈을 꾸게 된다. 하나님의 꿈을 품으면, 하나님의 믿음을 갖게 된다. 하나님의 믿음을 품게 되면, 하나님의 말을 고백하게 된다.

영산은 믿음 속에서 살려면 믿음의 활성화가 반드시 필요하다고 강조한다. 이에 따라 인간의 삶의 자리에서 믿음의 활성화를 위한 4단계를 제시한다. "우리가 믿음으로 살기 위해 믿음을 활성화하려면 반드시 4단계를 거쳐야 합니다. 마음에 구체적인 소원을 확실한 꿈으로 그려야 합니다. 믿음으로 기도하고, 소원하는 꿈이 이루어지는 실상을 바라보며, 입술의 증거를 통해 이미 이룬 것으로 고백할 때 믿음은 역사합니다."[364]

---

361) "나는 바라봄의 법칙을 많이 사용합니다. 나는 우리 교회가 1984년도에 50만 성도에 도달할 것을 믿고 마음속으로 받아들이고 있습니다. … 나는 우리 교회의 사진을 걸어놓고 난 다음 연상의 법칙을 사용합니다." 조용기, 『어제의 사람 내일의 사람』, 서울말씀사(2002), 93.

362) 조용기, "나의 의인은 믿음으로 살리라", 주일설교(1982-08-01).

363) 조용기, "꿈과 믿음", 주일설교(1984-11-04).

364) 위의 설교.

1단계: 뜨거운 소원을 가져야 한다. 한나는 아들을 소원하여 간절히 기도했다(삼상1:10-17).

2단계: 믿음을 바라는 것이다. 막연한 소원은 백일몽이다. 구체적인 꿈을 품어야 한다. 아브라함은 하늘을 우러러 뭇별을 바라보았다(창13:14-15).

3단계: 평안과 믿음이 올 때까지 응답을 받을 받침대를 준비해야 한다. 믿었으면 믿음을 간구하고, 기도하고 구한 것은 받은 줄로 믿어야 한다(막11:23-24).

4단계: 아직 이루어지지 않았지만 입술로 고백해서 증거를 보여야 한다. 입술의 고백이 증거다. 하나님은 없는 것을 있는 것처럼 부르신다(롬4:17, 창17:5, 15-16).

영산이 강조하는 믿음의 활성화 4단계를 그림으로 도시하면 그림 8-13과 같다.

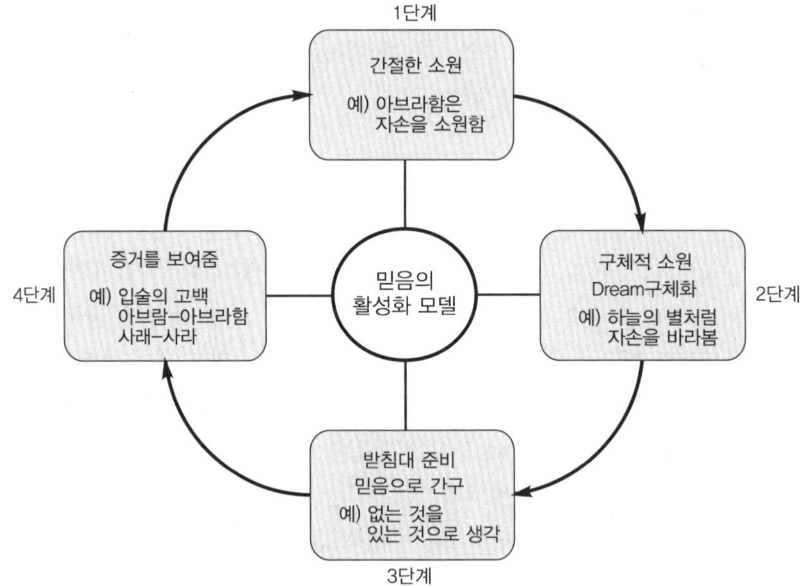

그림 8-13. **4차원영성의 믿음의 순환적 해석학**: 믿음진보의 4단계 입체적 모델.[365] 하나님 앞에서 '없는 것을 있는 것처럼 고백한다는 것'은 영의 인격화 개념에서 출발한다. 보이지 않는 하나님을 인격적으로 대우하고 실존하시는 하나님으로 받아들인다는 것은 영적 비밀을 캐내는 놀라운 인식능력이다. 그런 차원에서 보면, 기독교는 새로운 삶을 빚어내는 창조적 체계(creative system)라고 말할 수 있다. 믿음은 비합리화를 합리화로, 닫힌 체계(closed system)를 열린 체계(open system)로 바꾼다. 기독교인의 삶의 대전제는 '믿음으로 사는 삶'이다.

4차원 하나님은 3차원 세상을 경영하는 데 믿음을 사용하신다. 인간은 믿음을 통해서 4차원 하나님의 세계를 경험할 수 있다. BC 588년에 바벨론이 예루살렘을 공격했을 때 유다가 믿었던 애굽의 군대는 아무런 도움도 되지 못했다(렘37:7-8). 애굽이라는 나라는 유다에게 쓸모없는 갈대지팡이에 불과했다. 4차원 믿음경영은 눈에 보이는 환경이 아니라 구원의 반석이신 하나님만을 신뢰하고 의지하는 삶이다.

---

365) 조용기, "믿음 속에 사는 삶", 주일설교(2007-12-30).

믿음은 글로 된 성경지도를 하늘의 신령한 풍경으로 전환시켜준다. 믿음은 볼 수 없는 하늘나라를 보게 하는 신비의 능력을 가지고 있다. 우리는 눈에 보이는 세계에 살고 있고, 하나님은 우리 눈에 보이지 않는 하늘나라에 계시면서, 말씀과 성령을 통해 세상을 다스리신다. 믿음은 하늘의 신령한 영적세계를 바라보게 하며, 우리에게 영적세계를 활짝 열어준다. 믿음은 하늘나라 신비의 세계를 우리에게 전달해주는 놀라운 일을 한다.

이제까지 서술한 믿음의 핵심을 요약하면 다음과 같다.

첫째, 십자가에서 죽고 부활한 나의 존재를 내 삶에 적용하여 주께 영광 돌리게 하라(요16:14). 믿음은 부활의 관점에서 고난절을 바라본다(고전2:2, 갈6:14).

둘째, 십자가의 믿음으로 삶의 자리에서 하나님의 임재와 역사를 기대하라.

셋째, 십자가의 삶의 패턴은 고난절-부활절의 순환과정임을 인식하라(막9:23). "나는 야훼니라 모든 육체의 하나님이라 내게 능치 못할 일이 있겠느냐(렘32:27)."

넷째, 지적, 감성적, 의지적 믿음의 조화를 이뤄라. 혈루증 여인(막5:25-34)과 가나안 여인(마15:21-28)의 믿음을 본받아라.

다섯째, 없는 것을 있는 것처럼 고백하라. 아브람은 아브라함으로, 사래는 사라로 불렸다.

여섯째, 선한 일을 통해 주께 영광 돌리라. 믿음은 선을 추구한다. "너희 안에서 착한 일을 시작한 이가 그리스도 예수의 날까지 이루실 줄을 우리는 확신하노라(빌1:6)." 십자가는 신자로 하여금 선한 일을 하게 한다(엡2:10).

일곱째, 믿음의 분명한 대상을 정하고 마음에 품어라(히11:1). 우리가 바라볼 대상은 예수 그리스도 십자가와 나의 십자가다. 사건과 상황과 문제 위에서 다스리시는 하나님을 바라보라. 고난 뒤에 숨어계시는 하나님이 응답하신다.

5.1. 십자가 중심의 믿음: 5중복음과 3중축복을 꿈꾸고, 확신하고, 수용하고, 신뢰한다

십자가는 죄인을 불러 의인으로 만들어 거룩한 삶을 살게 하고 그리스도를 닮아가게 만든다. 모든 인간은 오직 십자가를 통해서 그리스도의 영광을 맛볼 수 있다. 십자가는 믿음을 통해 하늘나라 삶의 방식을 채택하도록 만든다.

믿음은 성도가 품어야 할 절대적 영적 소품이다.366) 50여 년 영산의 목회생활에서 5중복음은 최대의 관심사였다. "우리 삶의 최대 관심사는 십자가에 못 박히신 예수님이어야 합니다. 하늘을 보거나 땅을 볼 때에도 십자가에 못 박히신 예수님, 우리 가슴속을 봐도 십자가에 못 박히신 예수님이 우리 삶의 중심이 되어야 합니다."367) 그는 십자가 중심의 5중복음의 믿음을 품고 자신도 그렇게 살기를 소원했고, 매주일 성도들에게 그렇게 증거했다. 삶 속에서 믿음의 해석학이란 '십자가 영성을 알고 깨닫고 확신하는 것, 동의하고 신뢰하는 것, 그리고 믿은 것을 행동하는 것'의 총체적 결합이다. 골고다에 세워진 십자가는 하나님 자신의 위대한 신앙고백이다.

---

366) "우리는 믿음을 가져야 한다. 믿음은 인식의 한 형태로서 과학적 사실보다 궁극적인 현실에 대해 더 많은 진실을 알려주기 때문이다." 참조. A. W. 토저, 『하나님을 체험함』(The Pursuit of God), 생명의말씀사(2009), 101.
367) 조용기, "최대의 관심사", 주일설교(2010-01-03).

믿음의 진보가 일어나려면, 삶의 자리에서 자신의 믿음이 구체적으로 표현되고 열매를 맺어야 한다.

원리 1: 믿음 영성이 좋아하는 '고난-부활'의 분위기를 만들어라.

신자의 믿음은 십자가의 죽음과 부활을 이미 경험했다. 그러므로 삶 속에 고난이 닥쳐도 승리가 따라옴을 믿어야 한다. 믿음은 고난을 만나면 고난 그 자체를 보지 않고, 고난 속에 잉태된 승리의 씨를 바라본다. 다시 말해, 믿음을 소유했으면 믿음이 좋아하는 분위기를 만들어주어야 한다. 영산은 이렇게 말한다. "약한 것을 보아도 강하다고 말하고, 절망을 보아도 희망이 있다고 선포하고, 아픔을 보아도 건강하다고 고백하고, 없어도 있다고 외치고, 최악일지라도 최선이라고 말할 수 있어야 합니다." 이것은 십자가의 고난절-부활절의 믿음의 원리를 삶에 적용하는 것이다. 신자는 자신의 믿음이 이미 십자가 위에서 죽고 부활한 경험을 가지고 있다는 사실을 믿고 상상하고 고백할 수 있어야 한다. 또한 '내가 바로 그 사람'이라는 사실을 직시할 수 있어야 한다. 우리의 믿음은 십자가의 고난에서 태동하고 시작한다.

영산은 살아있는 믿음에 대하여 다음과 같이 정리해서 말한다.[368] a) 인간의 절망상황을 고백하라. 하나님은 벼랑 끝에 설 때까지 기다리신다(렘33:2-3). b) 말씀을 간절히 사모하라. 믿음은 들음에서 나며 들음은 그리스도 말씀에서 난다(롬10:17). c) 믿음의 결단과 행동하고 순종하는 믿음을 보여라. 보이지 않는 믿음은 박제된 믿음이다(요11:39-40). d) 기적이 일어날 것을 기대하고 감사드려라. 긍정적이고 창조적인 신앙고백을 하라(요11:41-44).

영산은 믿음이 좋아하는 4가지 분위기가 있다고 말한다.

믿음 분위기 1: 믿음은 실상을 원한다. 믿음은 바라는 것들이 실상이다.

화살을 쏘는 사람은 과녁을 향해 쏘는 것처럼, 목표대상이 분명해야 믿음이 사용될 수 있다. 허공을 바라보며 '믿는다'고 하면 실상이 없어서 믿음은 아무것도 역사하지 않는다. 그래서 믿음의 대상을 분명한 글로 써놓고 매일 바라보아야 한다. 믿음과 바라봄은 짝이다.

믿음 분위기 2: 믿음은 간절한 소원을 원한다.

이것은 마음속에 간절함을 나타내는 표징이다. 과부가 재판관을 끈질기게 찾아가는 것도, 밤중에 친구 집에 찾아가 떡 세 덩이를 간절히 구하는 것도 마음속에 간절함을 나타내는 것이다.

믿음 분위기 3: 믿음은 꿈과 동행하기를 원한다.

꿈의 진보는 곧 믿음의 진보다. 꿈이 바빠지면, 믿음도 바빠진다. 이 둘은 상보적 관계다. 믿음은 완성되지 않는 것이며, 믿음은 언제나 새로운 꿈을 낳는다. 믿음으로 빚어진 어떤 꿈이 이루어지면, 곧바로 믿음은 새로운 꿈을 꾼다.

---

368) 조용기, "살아있는 믿음", 주일설교(2007-03-18).

믿음은 계속 바라보는 것이다. 살아 있는 믿음을 가진 사람은 자신이 무엇을 해야 할지 아는 사람이다. 북이 크면 소리도 커지는 것처럼, 꿈이 커지면 바라보는 믿음의 실상도 커진다. 꿈과 믿음은 쌍둥이며 동전의 앞뒤와 같아서, 이 둘은 항상 같이 붙어 다닌다.369) 노아는 '믿음-꿈의 쌍둥이'를 일생동안 마음속에서 서로 떨어뜨리지 않고, 인내하며 노력하고 헌신해서 방주를 완성시켰다.

영산은 그의 설교에 노만 빈센트 필 박사의 말을 이렇게 인용한다.370) "적극적인 사고방식으로 잘 알려진 필 박사는 '우리가 어떤 것을 오랫동안 열심히 상상하고 마음속에 그리면 언젠가는 그것을 얻게 될 것'이라고 말합니다. 곧 바라봄의 법칙입니다. 어떤 목표를 중심으로 마음에 바라보고 그것이 이루어진 모습을 마음에 품고 있으면, 언젠가 때가 와서 이루어진다는 것입니다."371)

믿음 분위기 4: 믿음은 긍정적 입술로 고백하는 것을 원한다.

믿음은 없는 것을 있는 것처럼 말하는 분위기를 좋아한다. 이미 이뤄졌다고 믿음으로 고백하는 것이다. 이삭이 태어나기 전에 하나님이 아브람을 아브라함으로 부르셔서, 민족의 아버지로 삼으신 것은 없는 것을 있는 것처럼 고백하는 대표적인 예다. 영산은 믿었으면 선언하라고 강조한다. "믿음의 사람은 4차원의 영성을 따라 사는 사람들입니다. 생각이 분명해야 하고, 꿈과 환상을 바라보고 살아야 되고, 믿어야 되고, 긍정적인 선언을 해야 됩니다. 히브리서 11장의 증거는 모두 영적 4차원의 나타남을 말합니다. 먼저, 내 마음의 생각이 말씀으로 긍정적으로 들어차게 되고, 뜨거운 소원으로 생각이 달라져야 됩니다. 그 다음, 꿈이 있어야 됩니다. 셋째, 절망적인 상황이라도 믿어야 합니다. 넷째, 입술로 선언해야 합니다. 그러면 불가능이 가능케 되고, 할 수 없는 것이 할 수 있게 됩니다. 기적이 일어나는 것입니다. '못한다, 안된다, 할 수 없다'는 말은 하지 말아야 합니다."372)

믿음을 잘 활용해서 성장시키려면 하나님 말씀 안에서 분명한 목표를 세우고, 간절히 기도하고, 믿는 것을 꿈꾸고, 없는 것을 있는 것처럼 지속적으로 고백하는 것이다. 그는 믿음과 응답 관계를 비유적으로 설명한다. 이 관계가 믿음방정식인데,373) 다음과 같이 구체적으로 묘사할 수 있다. 믿음의 세계는 4차원 영적세계다. 믿음의 방정식은 '하나님의 뜻'이 분명하고, '목표대상'이 분명하면, '말씀과 기도'안에서 하나님이 원하시는 때에 '응답의 역사'가 나타난다는 의미다.

---

369) "하나님께서는 예수님 십자가를 통해서, 성령의 능력으로 우리에게 꿈을 심어주고 희망을 심어줍니다. 그 꿈을 믿음으로 받아 누릴 수 있습니다. 말씀을 듣고 믿으면 꿈과 희망을 얻을 수 있습니다. 예수 그리스도와 내가 하나가 되었다는 것을 알아야 합니다. 예수님의 십자가의 죽음을 우리가 마음과 몸에 받아들이고 짊어지면, 예수님의 부활의 생명이 내 것이 됩니다." "우리가 항상 예수의 죽음을 몸에 짊어짐은 예수의 생명이 또한 우리 몸에 나타나게 하려 함이라(고후 4:10)." 참조. 조용기, "꿈, 희망, 용기를 갖고 살아라", 주일설교(2011-01-23).

370) 조용기, "변화와 믿음이 가져오는 믿음", 주일설교(2009-07-12).

371) "사람은 두 가지 눈을 가지고 있습니다. 육신의 눈과 영의 눈입니다. 사람이 어떤 대상을 정하고 그것을 집중하여 계속 바라보면 그 사람은 자기가 바라보는 대상을 자기에게로 끌어오든지 아니면 자신이 그 대상으로 끌려갑니다." 조용기, 『설교는 나의 인생』, 서울말씀사(2012), 125.

372) 조용기, "성경적 믿음은 무엇인가?", 주일설교(2010-07-18).

373) [믿음방정식] = [하나님 목적] × [대상] × [말씀] × [기도] × [믿음 받침대] × [응답]. 믿음은 사실상 매우 과학적이면서도 의미가 분명한 영적 언어다. 나는 믿음을 공학적 차원에서 다루기를 선호한다. 왜냐하면 믿음은 인과관계가 성립하기 때문이다. 원인과 결과의 관계 안에서 믿음에는 일정한 체계와 패턴이 존재한다. 그 비밀은 하나님만 아신다.

비록 믿음방정식을 과학처럼 경험적 관찰을 통해 관련된 과제를 정리하고 실험하여 하나의 결과로 나타낼 수는 없지만, 믿음도 하나님이 정해 놓은 분명한 질서 속에서 응답의 역사가 일어나는 것이다. 과학에서는 종종 하나의 사실을 관찰하고 평가하기 위해 모사모형(replica model)을 사용한다. 하지만 신학 쪽에서는 하나님의 신비한 세계의 실험을 모사모형 개념을 사용할 수 없으므로, 유비모형(analogue model)을 통해서 어느 정도까지는 설명이 가능하다. 과학은 오감을 기본으로 하지만, 신학은 보이지 영적법칙에 묶여 있어 데이터를 요구하는 과학자들에게 합리적 자료를 줄 수 없다는 한계를 지니고 있다. 엄밀하게 표현하면 믿음을 통해 일어나는 기적은 인간이 알고 있는 형이하학적 설명으로는 불가능한 것이다. 그 모든 베일은 하나님의 블랙박스에 갇혀 있다. 영산은 설교 중에 믿음의 신비한 특성을 쉽게 설명하기 위해 종종 이런 비유를 한 적이 있다. "계란으로 바위를 치면 돌이 박살날 것을 믿는 것이 바로 믿음입니다." 극적인 묘사로 보인다.

전 세계 과학자가 다 모여도 계란이 바위를 부수는 이론을 설명할 수 없다. 창조는 과학이 아니며, 그것을 초월하기 때문이다. 창조는 무에서 유를 창조한 것이므로, 그 안에 어떤 과학의 흔적도 있을 수 없다.

원리 2: 아브라함의 믿음모델을 따라가라(창15:5-6).

아브라함은 말씀, 믿음, 순종의 삶을 살았다. 하나님은 아브라함이 가지고 있는 이성적 경험들을 포기하고, 그 대신 하나님이 가지고 있는 믿음의 경험들을 가지고 살게 하셨다. 아브라함이 믿음의 조상이 된 것은 그가 믿음을 갖기 전부터 자신의 삶 속에 안주하는 것을 거부했기 때문이다. 그 대신에 그는 긴 세월 동안 하나님이 원하시는 믿음을 그의 삶에 적실하게 적용했다. 곧 하나님의 마음에 자신의 마음을 일치시켜서(말4:6), 그의 삶에 믿음의 능력이 드러나게 한 것이다.

영산은 하나님의 믿음을 마음에 품으라고 강조한다. "하나님을 믿으라는 것은 하나님처럼 보고, 하나님의 자리에서 생각하고, 하나님의 믿음을 갖는 것입니다. 오직 하나님의 말씀인 성경은 이것을 가능하게 합니다. 목표를 분명하게 해야 하고, 또 목표물을 상상으로 볼 수 있어야 합니다. 그리고 믿는 것을 창조적으로 선언해야 합니다. 우리의 마음이 하나님의 그릇으로 준비될 때 하나님의 능력이 나타납니다."374)

영산은 믿음은 반드시 불같은 시련을 거친다고 말한다. "믿음은 시련을 당해서 그 시험에 합격하지 않으면, 진짜인지 가짜인지 증명할 길이 없습니다. 하나님께 인정받는 믿음을 얻기 위해서 우리의 믿음은 반드시 불같은 시련을 통과해야만, 진실한 믿음으로 증명될 수 있습니다. 작은 믿음에는 작은 시련, 큰 믿음에는 큰 시련이 다가옵니다. 그러나 그 시련은 종국에 가서 위대한 승리를 가져옵니다. 하나님께서는 이 시련을 통하여 여러분의 믿음을 인정하시고 믿음 위에 하늘나라의 보화를 얹어놓기를 원하십니다."375)

믿음의 구조적 해석학은 논리적이고 합리적인 것을 추구하는 것이 아니라, 철저히 비이성적이고 비합리적면을 지향한다. 믿음은 종종 이성을 사용하지만, 또한 이성을 초월하여 행동한다.376)

---

374) 조용기, 『291요약설교』, 서울말씀사(2003), 7-10.
375) 조용기, "믿음의 시련", 주일설교(1990-03-25).

원리 3: 4차원 믿음의 기도를 하라.

영산은 "믿음의 기도란 절망적인 상황인데도 불구하고 뱃속 가장 깊은 곳에서 우러나오는 믿음으로 인해 확신을 갖고 드리는 기도입니다."라고 말한다.377) 기도는 우리가 품은 말씀의 믿음을 하나님께 보여주고, 하나님의 마음을 움직이게 한다. 믿음과 기도는 한 짝이다. 기도는 믿음을 강화시켜 말씀을 절대적으로 신뢰하고 그것에 순종하게 만든다. 기도는 예수 그리스도의 능력을 드러내어 하나님께 영광을 돌리는 수단이다. 동시에 하나님의 뜻을 따라가는 은혜의 수단이다.

영산은 "믿음은 하나님에 대한 절대적인 신뢰이며, 기도는 이 믿음을 구체적으로 표현하는 것입니다. 그러므로 믿음의 기도는 어떠한 불가능한 것도 가능하게 할 수 있습니다."라고 강해한다.378) 그는 4차원의 믿음의 기도를 이렇게 정의한다. "생각하고 그것이 이루어진 모습을 바라보고 기적이 일어날 것으로 믿고 입술로 고백하며 그대로 성사되도록 계속해서 간구하는 것이다."379) 다시 말하면, 마음의 소원과 꿈의 실상을 가지고 간구하는 것이다.

4차원의 기도를 성경의 가르침에 기초해서 정리하면 이렇게 요약할 수 있다. 곧 하나님은 주권을 가지신 주체이고, 인간은 다스림을 받는 객체이다. 객체는 주체의 자비와 은혜와 사랑 없이는 결코 살 수 없다. 따라서 기도는 신자가 그리스도 안에서 성령님과 함께 자신이 이와 같은 존재임을 하나님 아버지께 고백하는 거룩한 행위다.

기도는 한편으로 하나님과의 친교의 장이지만, 다른 한편으로 인간의 실존 – 인간의 연약함, 부족함, 무능함, 절망, 소원 – 을 주님께 아뢰는 겸손한 행위다. 기도란 비가 오지 아니하면 농사를 지을 수 없는 천수답처럼, 하나님의 은혜와 사랑 없이 결코 살 수 없는 존재임을 천명하는 것이다.

기도를 통해 인간은 하나님의 자비와 은혜와 사랑을 깨닫고, 하나님을 더 깊이 알아간다. 그에 대한 반응으로 인간은 하나님께 영광을 올려드린다. 이 과정에서 기도는 하나님이 일하시게 하며, 우리의 마음을 정화시키고 성화시키는 수단이다.

믿음은 십자가 위에서 그리스도의 죽으심과 부활하심을 통해 탄생된 보배로운 영적 결실들을 우리 삶에 이전시킨다. 믿음은 우리를 죄에서 해방시키고, 동시에 믿음은 우리를 예수 그리스도와 연합시킨다(고전6:17, 롬6:5, 갈2:20). 믿음은 새로운 연합과 새로운 삶의 시작을 알려주는 전주곡이자, 나의 새로운 삶을 신앙의 제단 위에 올려놓는 출발점이다. 이 새로운 삶이란 '나와 세상을 십자가에 못 박는 삶(갈6:14)'이다. 다시 말해 '세상과 내가 없어지는 삶', '세상과 나 자신보다 예수 그리스도를 우선순위에 두는 삶', '나의 삶이 아니라, 모든 말과 일에서(골3:17) 예수 그리스도의 영광만을 드러내는 삶(요16:14)'이다. 우리의 믿음과 기도는 여기에 초점을 두어야 한다. 믿음은 언제나 십자가를 본받는 삶에 초점을 맞춘다.

---

376) 참조. Sinclair et al, *New Dictionary of Theology*, Inter Varsity Press(1988), 247-249.
377) 조용기, 『기도』, 서울말씀사(2013), 78.
378) 조용기, 『마가복음 강해』, 서울말씀사(2011), 271.
379) 조용기, "사차원의 기도", 주일설교(2012-02-05).

죄에서의 해방은 '새로운 삶의 기초'를, 그리스도와의 연합은 '새로운 삶의 구조'를 형성시킨다. 그 결과 신자는 '성령 안에서 씻음과 거룩함과 의롭다 하심을 얻은(고전6:11)' 삶을 살게 된다. 십자가의 믿음이 이 일을 가능케 한다.

이 모든 것은 하나님의 복되심, 자비, 은혜와 사랑에서 흘러나온다. 믿음이 낳은 모든 영적 결실들은 바로 복의 근원이신 하나님의 은혜와 사랑으로부터 온 것이다. 믿음과 기도를 통해 신자는 날마다 '하나님의 복되심, 자비하심, 은혜로우심, 선하심, 사랑, 오래 참으심, 신실하심' 등과 같은 속성들을 더욱 깊이 깨달아 가야 한다. 그러나 은혜와 사랑을 받기 위해서 예수님처럼 포기의 기도를 하는 것도 필요하다.380) 믿음의 기도는 궁극적으로 하나님의 존재와 본성을 알아가는 거룩한 수단과 하나님의 뜻을 추구하는 것이 되어야 한다.

하나님은 항상 주시고, 우리는 항상 받는다. 땅이 하늘을 향하여 비를 내릴 수 없듯이, 인간은 하나님으로부터 항상 받는 존재다. 다시 말해 복되신 하나님은 주시는 분, 인간은 받는 자다. 기도란 우리의 필요를 예수님께 아뢰는 것이다. 기도란 우리 마음속에 예수님을 모시는 일이다. 요한계시록에서 예수님은 "누구든지 내 음성을 듣고 문을 열면 내가 그에게로 들어가 그와 더불어 먹고 그는 나와 더불어 먹으리라(계3:20)"고 말씀하신다. 우리는 그리스도를 떠나서 '아무것(요15:5)'도 할 수 없다. 그래서 주님은 "구하라 그러면 너희에게 주실 것(눅11:9)"이라고 말씀하신다. 자신은 아무것도 할 수 없다는 무력감이야 말로 기도의 진정한 비결이자 원동력이다.381)

기도는 믿음과 연결된다. 바운즈(E. M. Bounds)는 믿음과 기도와의 관계를 이렇게 역설한다. "기도는 절대적으로 믿음에 의존한다. 믿음은 기도에 선행한다. 믿음이 없다면 기도도 없다. 믿음이 있어야 효력을 발한다. 믿음은 기도로 하여금 일하게 만든다. 믿음은 시은좌(施恩座)로 가는 길을 예비한다. 믿음은 기도를 강하게 만들고, 동시에 하나님께 상달되도록 길을 열어준다."382)

---

380) 리처드 포스터는 예수님의 겟세마네 기도와 관련해서, 포기하는 기도, 즉 "아버지의 뜻대로 되기를 원하나이다(눅 22:39-46)"의 기도를 삶 속에 적용할 것을 당부한다. 그가 말하는 포기기도의 형태를 요약하면, 첫째, 자기를 비우는 기도, 둘째, 복종의 기도, 셋째, 단념의 기도, 넷째, 해방의 기도, 다섯째, 부활의 기도이다. 그는 "포기기도는 벼랑에서 죽는 것이 아니라 예수님의 품에 안겨 완전한 안식을 누리는 것이다."라고 말한다. 참고. 리처드 포스터(Richard J. Foster), 『기도』, 두란노(2014), 79-81.

381) 우리의 기도가 예수님을 움직이는 것이 아니라, 예수님이 우리를 움직여 성령의 인도하심으로 기도하게 하신다. 우리의 기도는 항상 예수님이 먼저 마음의 문을 두드리시는 데서부터 출발한다. 기도란 영혼의 눈으로 예수를 바라보는 것이다. 참조. 오 할레스비(Ole Hallesby), 『영의 기도』(Fra bonnens verden), 규장(2013), 39.

382) E. M. 바운즈(E. M. Bounds), 『기도의 심장』(The Complete Works of E. M. Bounds on Prayer), 규장(2014), 42-45. "믿음은 하나님과 관계된 일이며, 그분을 의식하는 일이다. 믿음은 예수님과 관계된 일이며 그분을 구주로 믿는 것이다. 믿음은 말씀과 관계된 일이며, 진리를 붙드는 것이다. 믿음은 하나님의 영과 관계된 일이며 성령의 불에서 힘과 감동을 얻는 것이다. 즉, 믿음은 하나님을 믿고 의지하고, 그분의 말씀을 따르는 것이다."

영산의 기도 이야기

영산은 "대화가 가족이나 이웃과 이야기를 나누는 것처럼 기도는 창조주와 대화를 나누는 것입니다."라고 말한다.383) 기도는 하나님의 신비의 세계를 지상에 노출시키는 황홀한 사역이다. 기도는 이성에게 영적인 분별력을 갖게 해서 하나님의 의지를 따라가게 만든다. 기도는 머리로 아는 지성의 자리에서 마음의 자리로 내려오게 한다. 종종 기도는 눈물을 동반하여 신비의 세계로 데리고 간다. 기도는 이성의 구성요소들을 영적으로 활성화시켜, 전인적으로 하나님과 친교하게 만든다.384) 기도는 지성을 넘어 하나님의 마음에 도달하게 만든다.

영산의 기도 원칙은 4가지다385). 첫째, 분명하고 구체적인 기도를 해야 하고, 중언부언하지 않는다(마6:7-8). 둘째, 마음에 뜨거운 소원과 열정을 가지고 기도해야 한다(렘33:3, 시141:1). 셋째, 끝까지 인내하며 기도한다(눅18:1-8). 넷째, 기적이 일어날 것을 기대하는 믿음을 가지고 기도한다(막11:24).

그는 또한 믿음의 기도에서 반드시 알아야 할 것을 이렇게 지적한다. "믿음의 기도는 바라는 것 즉 마음의 소원과 꿈에 대한 실상을 갖고 기도하는 것입니다. 믿음은 바라는 것들의 실상입니다. 바라는 것은 꿈과 믿음이 바라는 목표가 아닙니까? 내가 바라는 것을 기도하고 믿을 때, 그 믿음은 실상이라는 것입니다. 실상이란 것은 없는 것을 있는 것처럼 확실한 증거를 갖고 기도하는 것입니다."386)

영산은 "기도응답을 받기 위해서 먼저 하나님의 뜻을 알아야 합니다. 하나님의 뜻은 말씀(딤후 3:16-17, 히4:12), 마음의 소원(빌2:13), 환경(행16:6-10), 꿈이나 환상을 통해(행9:3-18) 나타납니다."라고 말한다.387) 사명자의 기도는 절박성, 간절함, 시급성, 필연성이 포함되므로 응답이 지연되지 않는다. 하나님은 부르짖는 자에게 가까이 하신다(시34:15, 시145:18, 벧전3:12). 그러나 부르짖을 때에는 분명한 사명감을 가지고 부르짖어야 한다.

로버츠(R. C. Roberts)는 "기도는 하나님과의 대화로 영성진보의 초점"이라고 강조했고, 맥아더(J. F. MacArthur)는 "기도는 인생의 최대목적인 하나님께 영광을 돌리기 위한 필수적인 영적 행위"라고 역설했다.388) 인간은 기도를 통하여 자신의 뜻을 하나님께 맞추어가며, 동시에 하나님을 만나고 기적을 체험할 수 있다.389) 존 칼빈은 이렇게 말한다. "하늘의 아버지께서 우리를 위해서 간직하고 그 온갖 풍성한 것을 얻는 데는 기도가 반드시 필요하다. 기도해서 구하는 모든 것들이 하나님에게서 온다는 것을 인정함으로써 하나님께 존귀와 영광을 돌리는 것이다."390)

---

383) 조용기, "기도", 주일설교(2010-02-14).

384) 틸리히(Paul Tillich)는 '이성의 존재론적 구성요소들'을 다음과 같이 서술한다. a) 개별화와 참여. b) 역동성과 형식-'자아가 된다는 것', '개별체가 된다는 것'과 '존재가 된다는 것'은 '형식'을 가지고 있다는 것을 의미한다. c) 자유와 운명. 더 자세한 내용은 황민효, 『폴 틸리히의 신학』, 한국장로교출판사(2008), 223-229를 참조하라.

385) 조용기, 『요약설교』, 서울말씀사(2012), 249. 참조, "믿음의 기도", 주일설교(2014-07-20).

386) 조용기, "사차원의 기도", 주일설교(2012-02-05).

387) 조용기, "믿음의 기도", 주일설교(2014-07-20). 참조. "참믿음", 주일설교(2014-11-16).

388) 권택조, 『영성발달』, 예찬사(1999), 161.

389) "기도와 열매 맺는 삶의 상관관계는 아주 분명하다. 하나님께서는 자신의 영광을 가득하게 하는 열매를 추구하는 사람들의 기도를 응답하시겠다고 말씀하신다(요15:7-8, 16-17)." 존 파이퍼(John Piper), 『하나님을 기뻐하라』(Desiring God), 생명의말씀사(2009), 229.

영산은 『4차원의 영성』에서 믿음과 응답의 관계를 이렇게 서술한다. "기도하고 구할 때 받은 줄로 믿는 믿음과 응답의 사이에는 두꺼운 얼음벽이 있습니다. 이 얼음벽을 녹여야 합니다. 뜨거운 기도의 열기가 필요합니다. 얼음벽이 녹을 때 응답의 손을 잡을 수 있습니다(마7:7-8). 믿음의 기도는 절대절망을 절대희망으로 바꿉니다."[391]

인간을 파괴시키는 적이 누구냐? 바로 '마귀다!'라고 고백할 수 있는 성도는 기도의 힘을 알고 있는 사람이다. 마귀는 끝까지 자신의 목적을 숨기고, 은혜의 원리를 속이며, 죄의 즐거움을 기대하게 만들어, 궁극적으로 하나님의 마음을 아프게 한다. 마귀의 최종목표는 성도의 마음에 부정적 요소를 심어 성도의 마음을 파괴하고,[392] 궁극적으로 성도와 하나님을 멀어지게 하고, 하나님의 마음을 근심하게 하고 괴롭게 하는 것이다. 기도는 하나님의 은혜가 성도의 삶의 자리에 임하게 해준다. 마틴 루터(Martin Luther)는 "나는 할 일이 너무 많기 때문에 하루 세 시간씩 기도하지 않을 수 없습니다."라고 했고, 존 웨슬리(John Wesley)도 "하나님은 기도에 응답하여 일하십니다."라고 강조했다.[393]

십자가가 은혜의 저수지를 이 땅에 가져왔다면, 예수 그리스도는 은혜의 수로를 개방해서 죄인들에게 흘러가도록 했다. 기도는 내 마음에 은혜의 물줄기가 흘러들어오게 하는 거룩한 수단이다. 기도는 은혜의 보좌로 인도하는 거룩한 영적 행위이다. 또한 기도는 삼위 하나님의 삶 속으로 들어가게 하며, 하나님의 사랑의 본질을 깨닫게 한다. 그리고 기도는 예수님의 인격과 삶을 닮아가게 한다.

기도는 하나님의 삶의 방식을 성취하게 하는 길이요, 하나님과의 친교를 활성화하는 영적 수단이다. 영산은 "기도를 통해 깨달은 하나님의 뜻을 생활 속에서 실천하며 기쁨과 사랑으로 충만하게 사는 모습, 그것이 우리의 소원하며 끊임없이 추구해야 할 기도의 참열매입니다."라고 말한다.[394] 이런 맥락에서 칼빈은 로마서 8장 26절을 인용하면서 "하나님은 우리의 기도 가운데 성령의 인도하심을 주셔서 올바른 방향을 견지하게 하시고, 우리의 정욕을 제어하게 하신다"고 강조한다.[395]

4차원 믿음의 기도의 대원칙은 '아버지 원대로 하는 기도'다. 영산은 4차원 믿음의 기도를 결론적으로 이렇게 제시한다.[396] "생각하고 그것이 이루어진 모습을 바라보고, 기적이 일어날 것을 믿고, 입술로 반복적으로 고백하며 믿은 그대로 성사될 것을 계속해서 기대하면서 기도하는 것입

---

390) 존 칼빈, 『기독교강요(중)』, 크리스챤다이제스트(2010), 417-418.

391) 조용기, 『4차원의 영성』, 교회성장연구소(2006), 102.

392) 영산은 마음의 부정적 요소로서 '강박관념', '억압', '비관', '우울증' 등을 지적한다. 참조. 조용기, 『성공설계도를 펼쳐라』, 서울말씀사(2012), 176.

393) 리처드 포스터, 『영정훈련과 성장』, 생명의말씀사(2010), 74-75.

394) 조용기, 『기도』, 서울말씀사(1013), 167.

395) 존 칼빈, 『기독교강요(중)』, 크리스챤다이제스트(2010), 423.

396) 조용기, "4차원 기도", 주일설교(2012-02-05).

니다. 그러면 반드시 이루어집니다." 요약하면, 4차원의 기도란 생각한 것을 꿈꾸고, 믿고, 이뤄질 것을 믿고, 확실한 신념과 확신 속에서 기도하는 것이다.[397]

성경에서는 하나님의 능력을 체험한 믿음의 선인들을 여러 가지 유형으로 보여준다. 하나님은 인간의 믿음과 입술의 선언을 통해 기적의 역사를 일으키신다.
  a) 아브라함: 아브라함이 318명으로 사해 동맹국을 이김(창14:14-16).
  b) 여호수아: 여호수아와 그 군대가 여리고성을 정복함(수6장).
  c) 기드온: 기드온 300 용사가 미디안 족속을 쳐부숨(삿7:15-23).
  d) 삼손: 삼손이 나귀 턱 뼈 하나로 블레셋인 천명을 죽임(삿15:15).
  e) 다윗: 다윗이 물맷돌로 골리앗을 물리침(삼상17:45-49).[398]
  f) 엘리야: 엘리야가 바알의 선지자 450인을 이김(왕상18:20-40).
  g) 엘리사: 엘리사가 아람군대를 이김(왕하6:14-23).
  h) 다니엘: 바벨론 왕 느부갓네살이 다니엘에게 엎드려 절하게 함(단2:46-49).

하나님은 다양한 사람을 선택해서, 자신이 원하는 장소에서, 자신이 원하시는 방법으로, 자신이 원하는 방향으로 크고 작은 다양한 기적을 일으키신다. 하나님은 자신의 말씀과 사람의 믿음과 기도를 통해 일하신다. 영산은 또한 방언기도를 강조한다. "방언은 놀라운 기도의 언어입니다. 바울도 누구보다 방언을 많이 했고, 성도들에게 권면했습니다(고전14:18, 39-40). 우리는 방언기도를 많이 하여 하나님과의 깊은 교제를 발전시키고 신앙의 집을 튼튼히 세워 나가야 합니다."[399]

마지막으로, 기도를 통해 지성의 눈물을 마음의 눈물로 승화시키는 것이 필요하다. 눈물은 기도의 결산보고서와 같다. 닛사의 그레고리(Gregory of Nyssa)는 "눈물은 영혼의 상처에서 나오는 피와 같다."고 말했다. 크리소스토모스(John Chrysostom)는 "죄의 불꽃이 아무리 강렬하다 해도 눈물 앞에서는 맥을 못 춘다. 눈물은 허무의 용광로를 꺼버리고 죄의 상처를 깨끗이 치유하기 때문"이라고 말한다. 바울은 "오호라 나는 곤고한 사람(롬7:24)"이라고 눈물로 절규했다. 스위스의 영성가 스페이어(Adrienne von Speyer)는 "그리스도는 십자가로써 '은혜의 마개'를 따셨다"고 말한다. 동방교회에서는 "하나님의 아들 주 예수 그리스도시여, 나를 불쌍히 여기소서. 나는 죄인이로소이다."라는 예수기도가 일상화되어 있다.

---

397) 토머스 굿윈(Thomas Goodwin, 1600-1679), 『믿음의 본질 2』(The Object and Acts of Justifying Faith), 부흥과개혁사 (2013), 285-293. 기도 속에 있는 믿음의 본질은 하나님과 그분의 속성 및 약속들의 진실성과 신실성에 대하여 확고한 신념과 확신을 가지는 것이다. 믿음과 기도에 꼭 필요한 것은 확신이다. "하나님께 나아가는 자는 반드시 그가 계신 것과 또한 그가 자기를 찾는 자들에게 상 주시는 이심을 믿어야 할지니라(히11:6)."
398) "적은 병력으로 대군과 같은 방식으로 싸움을 하면 반드시 깨진다. 적은 병력으로 대군에 대응하기 위해서는 '선택과 집중'이 필요하다." 참조. 나가이 다카히사, 『작은 조직이 어떻게 큰 조직을 이기는가?』, 성안북스(2014), 136. 다윗은 선택과 집중원리를 하나님의 말씀에서 찾았다. 하나님의 말씀은 선택과 집중의 극대화를 추구한다.
399) 조용기, 『요약설교』, 서울말씀사(2012), 89.

5.2. 말씀과 믿음의 현재화: 객관적 믿음을 주관적 믿음으로 승화시킨다

성경에 나오는 모든 믿음의 사례는 아직 내가 경험하지 못한 객관적인 믿음의 사례들이다. 믿음이 일할 때, 말씀과 성령도 함께 일한다. 그 믿음이 내 마음속에 들어와 기능하려면, 순종의 기도가 필요하다. 믿음이 삶 속에서 역사하려면, 기도를 통해 절대순종의 마음 자세가 필요하다. 기도는 우리가 믿는 것에 대해 순종하게 만든다. 곧 말씀을 믿었으면, 순종의 의무가 따른다. 순종만이 하나님의 뜻을 따라가는 수단이다. 믿음과 기도는 한 짝이다. 믿음은 기도로 강화되고, 기도는 믿음으로 힘을 얻는다. 말씀에 대한 믿음과 순종의 기도가 연합할 때, '마침내 하나님은 우리를 위해서 일하신다. 동시에 우리는 '하나님의 일(살전3:2, 요6:28-29)'을 해야 할 자다.

믿음은 말씀을 현재시제로 경험하게 만든다. 즉 말씀의 능력이 지금 여기서 내 삶 가운데 적용되게 한다. 믿음은 시공을 초월하여 미래와 영원을 포괄한다. 믿음은 2천년 전의 십자가의 말씀이 현재에도 효력을 나타내게 한다. 기도는 말씀의 능력이 믿음 안에서 우리 삶에 나타나도록 하늘의 문을 두드려준다. 다시 말해, 성령 안에서 말씀과 믿음과 기도가 서로 연합해 하늘나라의 능력을 성도의 삶 가운데 임하게 한다. 십자가의 믿음은 위대한 능력의 씨를 품고 있다. 영산은 믿음학습은 평생학습이라고 강조한다. "항상 믿음으로 사는 영적 습관을 가져야 합니다. 말씀을 통해 믿음 성장 방법을 찾고, 성령님과 함께 교제하며 믿음의 키를 높여야 합니다. 믿음으로 사는 방법은 한 순간에 이루어지는 능력이 아닙니다. 평생토록 학습하고 배워가야 합니다." 400)

아브라함은 일평생 믿음을 학습한 좋은 모델이다. 모든 성도는 '칭의-성화-영광의 단계'를 거쳐 새 하늘과 새 땅을 향한 길을 갈 것이다.401) 그 과정에서 모든 그리스도인은 하나님의 은혜를 삶 속에 적용하여 하나님의 꿈을 품고, 하나님의 믿음을 품어, 하나님을 영화롭게 해야 한다.

예수님을 마음속에 모시고 살면 삶 가운데 꿈과 믿음의 씨가 생긴다. 교부 이레니우스(Irenaeus)는 "인간을 하나님의 아들이 되게 하시려고, 하나님의 아들이 인간의 아들이 되셨다"고 말했다. 예수 그리스도는 하나님의 완전한 형상이시다. 예수님과 하나가 된 신자는 예수님을 본받아 온전한 삶을 추구해나갈 수 있는 잠재력의 씨를 품고 있다.

마귀가 아무리 우리의 믿음을 흔들어도, 하나님이 주신 꿈을 품고 있는 한 우리의 마음속에서 믿음이 뿌리째 뽑히지 않는다. 하나님의 꿈을 품고 믿음으로 사는 자가 되려면, 내 자신이 먼저 영으로 사는 사람이 되어야 한다. 영산은 영으로 사는 속사람에 대하여 5가지로 요약하여 설명한다.

---

400) 조용기, 『4차원의 영성』, 교회성장연구소(2006), 113.
401) "성화란 우리의 성품과 감정과 행위를 그리스도의 형상에 순응시켜 거룩하게 만들어 가는 과정, 즉 신자 안에서 이루어지는 성령의 지속적인 사역이다." 존 맥아더(John MacArthur), 『예수 그리스도의 주되심』(Truth About The Lordship of Christ), 생명의말씀사(2012), 83.

a) 하나님의 뜻을 따라 의, 진리, 거룩함으로 지어진 새 사람(엡4:22-24)[402]

b) 전인구원의 새 신분과 자화상을 가지고 성령님이 주시는 꿈과 감동으로 사는 사람(골1:13)

c) 말씀 안에서 믿음으로 환경을 극복하며 사는 사람(롬10:17, 히10:38)

d) 항상 긍정적, 적극적, 창조적인 천국언어를 사용하며 사는 사람(막9:23)

e) 긍휼과 사랑으로 이웃의 허물을 용서하고 섬기며 사는 사람(벧전4:7-8)

구원받은 자가 최고의 가치를 두어야 할 곳은 거룩함과 의로움이다. 아담이 몰수당했던 의와 거룩함을 십자가의 능력으로 다시 찾았기 때문이다(히10:10, 롬3:22). 또한 구원받은 자는 믿음을 진보시켜야 하고, 지속적으로 말씀 안에서 완전함을 향해 성숙해가야 한다. 바울은 "내가 살 것과 너희 믿음의 진보와 기쁨을 위하여 너희 무리와 함께 거할 이것을 확실히 아노니(빌1:25)"라고 말한다. 또한 그는 "너희의 믿음이 더욱 자라고 너희가 다 각기 서로 사랑함이 풍성하라(살후1:3)"고 권면한다.

꿈과 믿음의 크기에 따라, 믿음의 꽃은 일찍 피는 살구꽃일 수도 있고 늦가을에 만개하는 국화일 수도 있다. 하지만 믿음의 꽃을 피우려면 인내의 과정이 필요하다. 믿음에 따른 시련이 인내를 만들어낸다(약1:3). 영산은 믿음을 성장시키는 것에 대해서 이렇게 말한다(엡4:13).

"믿음에는 위대한 힘이 있습니다. 우리가 하나님의 뜻 안에서 무엇이든지 확실히 믿으면, 그것은 반드시 이루어집니다. 믿음은 인간의 환경과 운명을 형성하는 재료입니다. 그러나 믿음은 자연발생적으로 생겨나는 것이 아닙니다. 농부가 수확을 위해 수고하며 가꾸는 것처럼 믿음도 이와 같이 가꿀 때 성장하고 발전합니다."

영산은 믿음이 자라는 길에 대하여 다음과 같이 강조한다.[403]

a) 긍정적 태도: 마음이 항상 긍정적이어야 한다. 우리의 믿음이 자라나는 밭은 곧 마음이다.

b) 상상력: 없는 것을 있는 것처럼 생각하고 바라야 한다(엡3:20, 롬4:17).

c) 청각적 선언: 믿은 대로 소리 내어 고백해야 한다(잠18:21).

d) 절대 감사: 늘 감사와 찬송을 드려야 한다(빌4:6).

믿음이 자라나서 열매를 맺으려면 마음밭에 악의 씨를 제거하고 말씀의 씨를 심어야 한다. 또한 믿음이 자라기 위해서는 거룩하고 의로운 입술의 고백이 중요하다. 믿음을 방해하는 것들은 두려움과 의심이다. 믿음 앞에는 언제나 두려움과 의심 같은 방해물들이 서성거린다. 우리의 믿음은 마치 종이배가 가까스로 물결 따라 흘러가다가, 어디서 뒤집혀 물속에 휘말려버릴지 모르는 것과 같다. 믿음대로 살기가 그만큼 어렵다(빌1:25).

수로보니게 족속 이방 여인은 예수님 앞에 나아가는 과정에서 극단적 방해물이 있었지만, 겸손과 끝까지 의지력을 다하는 끈기로 믿음의 경주를 완주해서, 그녀의 딸을 온전히 치료할 수 있었다

---

402) "거룩함의 아름다움은 하나님의 본체의 아름다움이며, 신성(divinity) 가운데 신성이며, 선의 무한한 원천이다." 참조. 존 스미스 편, 『신앙감정론』(The Works of Jonathan Edwards Volume 2: Religious Affections), 부흥과개혁사(2013), 정성욱 역, 392. 첨언하면, 거듭난 자가 최고의 가치를 부여해야 것은 바로 거룩과 의다. 모든 그리스도인은 예수 그리스도의 형상-거룩과 의를 닮아가야 하기 때문이다(롬8:29). 신자들은 한 손에 의로움, 한 손에는 거룩함을 들고 천국갈 때까지 놓지 말아야 한다.

403) 조용기, "네 믿은 대로 된다", 주일설교(2011-01-09). 소제목은 필자가 붙인 것이다.

(마15:21-28). 영산은 그녀의 믿음을 '예비 믿음'과 '본 믿음 또는 참 믿음'으로 설명한다.[404] 4단계로 구분해서 구체적으로 설명하면 다음과 같다.[405]

　a) 예비 믿음을 마음속에 품는 1단계: 마태복음 15장 21절에서 28절까지 나오는 수로보니게 여인은 먼저 그녀의 딸을 고칠 수 있다는 마음을 품는다. 믿음의 받침대를 먼저 세웠다.

　b) 예비 믿음을 행동으로 옮기는 2단계: 예비 믿음을 품은 이 여인은 예수님이 두로와 시돈 지역으로 지나간다는 말을 듣자마자, 뛰어나와서 주님께 부르짖었다. 이 여인은 뒤에 따라가는 제자들을 붙잡고 예수님께 부탁해서 "나의 기도를 응답해주시고 내 딸을 고쳐주시옵소서."라고 간청했다. 그녀는 행동으로 옮기는 믿음을 가졌다.

　c) 예비 믿음이 본 믿음으로 변화하는 3단계: 인간 편에서 그녀는 흔들리지 않는 믿음의 받침대를 가졌다. 거부당해도 낙심하지 않았다. 계속 거부당해도 낙심하지 않고, 마지막으로 이방인을 가리키는 개라는 말까지 들었어도 물러가지 않았다. 그녀는 주님께 포기하지 않고 끝까지 부르짖는 믿음을 가지고 있었다.

　d) 본 믿음이 기적을 낳는 4단계: 마침내 예수께서 그 믿음을 보자 마음에 크게 감동하셔서 "여자여 네 믿음이 크도다 네 소원대로 되리라(마15:28)"고 말씀하셨다. 주님의 약속의 말씀이 그 여인의 예비적 믿음 위에 얹히자마자, 그 예비적 믿음은 본 믿음이 되었다. 믿음으로 생각한 것이 그대로 이루어졌다.

인간의 편에서 주님 앞에 열렬히 믿는 것은 예비적인 믿음이요 받침대의 믿음이다. 예비적인 믿음조차 없으면, 예수님이 은혜를 베풀고 싶어도 할 수 없다. 그 이방 여인은 극심한 반대상황에 놓였지만, 예수님이 자기 딸을 반드시 낫게 해주실 것이라고 확신했다.

요약하면, 가나안 여인의 지식을 믿음과 연관시키면, 둘 사이의 역동적인 관계를 간파할 수 있다.[406] 가나안 여인은 예수의 말씀을 마음속에 개념화(conceptualization)했다. 그 다음 그것을 그녀의 삶의 자리에서 역동적으로 경험화(empiricalization)시켰다. 그래서 자신의 믿음을 4차원의 믿음으로 진보시킨 것이다. 다시 말하면, 가나안 여인은 삶의 자리에서 진리의 내면화(interiority) 단계를 외면화(exteriority) 단계로 승화시킨 것이다.

영산은 왜 많은 병자들이 고침을 못 받는지 그 이유를 이렇게 말한다. "많은 병자들이 병 낫기를 위해서 주님께 열렬히 간구합니다. 예수님의 기적을 믿고 병 낫는 것이 하나님의 뜻인 줄도 알고, 내 치료를 분명한 목표로 삼고 '믿습니다!'라고 기도합니다. 그러면 이와 같은 기도는 이제 주님께

---

404) '믿음은 바라는 것들의 실상'이라는 말은 '믿음은 바라는 것들의 받침대'라는 의미입니다. 즉 인간 편에서 믿는 것은 예비 믿음입니다. 이 예비 믿음을 갖고 하나님께 부르짖고 기도할 때, 하나님의 말씀이 우리 마음속에 임하여서 참 믿음(본 믿음)이 됩니다. 이 참 믿음이 들어올 때, 하나님의 기적적인 역사가 이루어집니다. 그리스도의 말씀이 성령으로 말미암아 우리 마음속에 계시되어 들어오든지, 혹은 성령으로 말미암아 꿈이나, 환상이나, 음성을 통하여 응답했다는 말씀이 임하든지, 하나님의 말씀이 임해야 예비 믿음이 참 믿음으로 변화됩니다." 조용기, "참된 믿음", 『순복음소식 제2집』, 168호(1981-12-20).

405) 조용기, 『291요약설교』, 서울말씀사(2003), 1-11. 조용기, "인간적인 믿음과 하나님의 믿음", 주일설교(1981-12-13). "이 말을 하였으니 귀신이 나갔느니라", 주일설교(1987-02-15).

406) [지식-믿음(intellect-faith)] = [이성지식(conceived knowledge) - 믿음] + [경험지식(perceived knowledge) - 믿음]

응답받을 수 있는 받침대가 이루어진 것입니다. 예비적인 믿음이 된 것입니다. 그러나 그런 믿음 그 자체로 병이 낫는 것은 아닙니다. 여러분의 마음속에 '이제 네가 믿은 대로 나았다'는 하나님의 약속의 말씀이 임해야, 그 받침대의 믿음이 온전한 믿음이 되는 것입니다."[407]

영산은 예비 믿음을 품었으면 끝까지 믿음의 받침대에 하나님의 말씀이 얹힐 때까지 기도하라고 강조한다. 인간 편에서 믿음으로 낫겠다고 하는 것은 예비 믿음이다. 수로보니게 여인도 예비 믿음을 가지고 있었을 때는 딸이 낫지 않았다. 영산은 하나님의 약속의 말씀이 올 때까지 기도하라고 역설한다.

원리 1: 자존하는 하나님을 믿어라.

영산은 "신앙은 아는 것, 믿는 것, 말하는 것을 통하여 하나님의 일하실 길을 여는 것입니다."라고 말한다.[408] 하나님의 존재는 인격, 사랑, 생명, 진리, 말씀이다. 나아가 삼위일체 하나님은 서로 친밀하게 사귀시면서 언제나 하나됨을 이루고 계신다.

인류역사 이래 단 하루도 거르지 않고 지구촌의 인류역사를 온전히 꿰뚫어 보시는 자존하시는 분이 계신다. 하나님은 모세에게 "나는 스스로 있는 자이니라(출3:14)"고 자신을 소개하셨다.[409] 스스로 존재하시는 하나님이 계시므로, 우리가 존재한다. 마귀는 인간에게 믿음이 생기지 못하도록 훼방하는 믿음의 원수다(요10:10). 그러나 누구든지 예수님을 믿으면, 성령 안에서 하나님과 끊을 수 없는 사랑의 관계로 변화된다(롬8:35). 스스로 존재하시는 하나님을 믿고, 믿음의 씨앗을 심고 기대하면, 기적이 일어난다. 행함이 없는 믿음은 그 자체가 죽은 것이다(마7:7-8).[410]

원리 2: 말씀을 묵상하라, 외우라, 써놓고 매일 보라.

영산은 믿은 것을 적어놓고 매일 바라보라고 조언한다. "믿고 의심하면 안 됩니다. 그러기 위해서 제일 좋은 방법은 여러분이 믿고 난 다음에 이루어진 상황을 종이에 기록하고 바라보는 것입니다. 기록하는 것이 믿음을 강하게 합니다. 믿음이 생기지 않으면, 기도하고 난 다음 그 모습을 기록해야 합니다. 종이에 적으면, 굉장한 믿음이 생기는 것입니다. 꿈꾸는 것을 적으십시오. 믿음은 바라는 것들의 실상이기 때문에 바라는 것들을 자꾸 적어야 되는 것입니다. 그리하고 난 다음에는 긍정적인 입술의 명령과 고백을 계속하십시오."[411]

---

407) 조용기, "인간적인 믿음과 하나님의 믿음", 주일설교(1981-12-13).
408) 조용기, 『291요약설교』, 서울말씀사(2003), 7-24
409) 이 절에서 하나님의 이름은 우리말로 '나는 스스로 있는 자'라고 번역되었다. 하나님의 이 이름을 히브리어, 헬라어, 영어로 표기하면 다음과 같다. a) 히브리어: '예흐예 아쉐르 예흐예'(마소라 텍스트). b) 헬라어: '에고 에이미 호 온'(70인역). c) 영어: 'I am who I am'. 『최근 구약성서의 신앙』 책에서 차준희는 하나님의 이름 '나는 나다'에 대하여 간략하게 설명한다. 히브리어 원문을 '나는 (곧) 나다'라고 번역하면서, 그는 다음 두 가지 주장을 제기한다. 첫째, '나는 나다'는 '하나님의 신빙성'을 보여주는 것으로 인간은 하나님을 온전히 알 수 없는 한계를 지닌 존재라는 것이다. 둘째, '예흐예'는 히브리어 '하야' 동사의 미완료형으로, 하나님 자신을 정의할 때 명사가 아닌 동사(動詞)로 정의한 것은 하나님의 '활동성 또는 역동성'을 나타낸다는 것이다. 그의 견해에 의하면, 동사의 의미를 그대로 살려서 '예흐예 아쉐르 예흐예'는 '나는 앞으로 내가 되고 싶은 나이다(나는 너희를 위하여 일한다)'라는 의미로 번역할 수 있다.
410) 영산의 믿음의 씨앗론: "하나님의 믿음의 씨앗은 예수 그리스도이십니다. 그러면 우리의 믿음의 씨앗은 무엇일까요? 우리의 시간과 마음과 물질입니다. 우리는 믿음의 씨앗을 시간으로 심고, 마음을 심고, 물질을 심어서 하나님께 사랑의 증거를 보여드릴 수 있습니다." 조용기, 『옥중서신 강해: 에베소서』, 서울말씀사(2010), 53.

5.3. 마음의 창조역학: 말씀을 고백하고, 명령하고, 선포한다

영산은 "말씀과 믿음의 권세로 명령하면 하나님의 성령의 창조적 능력이 나타납니다(막16:17-19)."
라고 말한다. 그는 말씀과 믿음의 권능 사용법을 두 가지로 요약한다.412)

> a) 마음에 분명한 꿈을 가지고 그 꿈을 권능 있게 명령하라. 간구하는 기도를 하고 응답하실
> 것을 믿으며 담대하게 명령하라(막11:13-14).
> b) 이루어진 것을 믿고 감사하라. 그리고 꿈과 목표를 종이 위에 기록하고 바라보고, 긍정적인
> 입술 명령과 고백을 계속하라(막11:22-23, 마16:19).

예수님은 '생명의 빛(요8:12), 구원의 빛(요9:5), 치료와 용서의 빛(말4:2)'으로 오셨다. 그러므로 예수
님의 보혈을 의지하는 믿음과 말씀은 권능의 씨를 내포하고 있다. 믿음이 우리 안에 지속되려면,
예수님 중심의 삶을 살아야 한다.

컴퓨터 분야의 권위자이자 미래학자인 레이 쿠르츠바일(Ray Kurzweil)은 인류역사 가운데 근본적
인 변화가 지금 가장 빠른 속도로 일어나고 있다고 주장한다. 1000년 이후부터는 100년마다 패러
다임이 바뀌었고, 1800년대에는 지난 900년 동안 이루어진 것보다 더 많은 변화가 한꺼번에 이루
어졌다. 20세기에 들어와서는 '초기 20년 동안의 변화'가 '지난 1800년대 걸쳐서 일어난 변화'보다
더 많이 일어났다. 2000년에는 아예 10년마다 패러다임이 바뀌고 있다. 쿠르츠바일은 21세기에는
20세기보다 1000배나 많은 기술변화가 일어날 것이라고 전망하고 있다. 그는 "인간과 컴퓨터가
너무 깊숙이 결합하여 인간의 역사가 끝날 만한 상황에 이를 수도 있다"고 주장하면서, 단일화
(singularity)를 제시한다.413)

이 어둡고 캄캄한 세상에 참 빛이 있다. 그 빛은 바로 예수님이시다. 오직 믿을 분은 예수님이시
다. 그분만이 영원토록 변함없는 분이며, 우리의 미래와 안내자와 희망이다(렘29:11).

원리 1: 죄를 사해 주시는 주님의 능력

영산은 "예수님은 마귀의 나라, 마귀의 지배권에서 믿는 자를 해방시키려 오셨습니다."라고 말
한다.414) 아담과 하와는 하나님의 명령에 불순종하여, 그들의 모든 후손에게 죄성(sinful nature)을
가지고 태어나게 만들었다. 아담의 후손인 인간은 모두 죄 가운데 태어나 죄 가운데 살다가 죽을
수밖에 없는 운명에 처해 있다(롬3:23). 하지만 하나님께서는 죄사함을 얻는 기회를 주셨다. 하나님
은 우리를 사랑하셔서, 예수님을 이 땅에 보내시고 속죄 제물로 삼으셨다(히9:12, 14). 이제 누구든지
예수님을 믿기만 하면, 그는 자기의 모든 죄를 사함 받고 새로운 피조물로 살아갈 수 있게 되었다.
오직 십자가의 보혈만이 죄와 사망의 권세에서 우리를 해방시켜 줄 수 있다(계12:11).

---

411) 조용기, "믿고 마음에 의심하지 아니하면 그대로 되리라", 주일설교(2011-01-16).
412) 조용기, "믿고 마음에 의심하지 아니하면 그대로 되리라", 주일설교(2011-01-16).
413) 톰 피터스(Tom Peters), 『미래를 경영하라』(Re-imagine), 21세기북스(2005), 23에서 재인용.
414) 조용기, "사망의 음침한 골짜기를 지날 때", 주일설교(2014-07-06).

원리 2: 병을 고치시는 주님의 능력

영산은 "치료는 믿음으로 받는 것입니다. 믿음이 흔들리면 치료도 흔들리게 됩니다. 따라서 말씀의 기초 위에 믿음을 굳게 해야 합니다."라고 말한다.[415] 예수님은 의의 태양으로 오셔서 치료의 빛을 주셨으며, 지금도 그렇게 활동하신다. 예수님의 사역 중 2/3가 치료 사역이었다(마4:23-24). 공생애 기간 동안 예수님은 자기에게 나아오는 모든 병자들을 고치셨다(마4:24). 예수님은 어제나 오늘이나 영원토록 동일하신 분이시며, 지금도 치료의 역사는 계속되고 있다(벧전2:24, 히13:8). 예수님의 보혈은 치료의 능력이 있다(마4:36, 출15:16).

원리 3: 마귀를 결박하는 주님의 능력

영산은 "마귀와 귀신은 총과 칼로써 싸울 것이 아니라 무릎을 꿇고 엎드려서 기도로 싸워야 합니다. 기도하면 이깁니다. 기도하지 않으면 패배하는 것입니다. 마귀는 이미 무장해제 되었습니다. 아무리 큰소리를 치는 마귀일지라도, 마귀는 이미 이빨과 발톱이 빠진 사자에 불과합니다."라고 말한다.[416]

믿음과 기도는 마귀를 좇는 비상무기이다. 챔버스(Chambers)는 믿음이란 구속 위에 세우는 것이라고 강조한다. "우리에게 가장 필요한 것은 무엇을 '하는 것'이 아니라 주께서 행하신 일들을 '믿는 것'이다. 그리스도의 구속은 일회성 체험 이벤트가 아니다. 우리는 자신의 믿음을 구속 위에 세워야 한다."[417] 구속 위에 세워진 이 믿음으로 우리는 마귀와 싸워 이겨야 한다. "근신하라 깨어라 너희 대적 마귀가 우는 사자같이 두루 다니며 삼킬 자를 찾나니 너희는 믿음을 굳게 하여 그를 대적하라(벧전5:8-9)."

원리 4: 마음을 치료해주시는 주님의 능력

영산은 "마음이 치료를 받지 못하면 늘 부정적이고 파괴적인 삶을 살아갈 수밖에 없습니다. 주님의 치료의 능력을 경험하기 위해서 미움과 공포와 불신앙과 좌절감과 패배의식과 죄책감을 회개하고, 자기 자신을 용서할 수 있어야 합니다."라고 말한다.[418] 성령의 역사가 마음하늘에서 일어나려면, 말씀과 믿음과 기도로 마음이 정화되고 치유되고 씻김 받아야 한다.

5.4. 성령님과의 동행: 하나님의 뜻을 성취하려는 의지적 믿음을 품는다

성령의 주요 임무 중 하나는 예수 그리스도의 영광을 드러내기 위해서 이 땅에 오신 것이다(요16:14, 요15:26, 행1:8). 성령은 우리 안에 믿음을 사용해서, 시공간을 초월하여 하늘나라 일을 펼친다.[419] 신자는 성령의 전이다(고전6:19). 우리의 마음하늘은 성령이 일하는 공간이자, 영광을 창조하

---

415) 조용기, 『오중복음과 삼중축복』, 서울말씀사(2008), 161-162.
416) 조용기, "마귀를 대적하라", 주일설교(2006-11-12). "마귀와의 싸움", 주일설교(.2012-10-07).
417) 오스월드 챔버스, 『My Utmost for His Highest』, 토기장이(2008), 묵상집(10월9일).
418) 조용기, 『오중복음과 삼중축복』, 서울말씀사(2008), 153.
419) 믿음은 시공간을 초월하여 기능한다. 믿음은 보이지 않는 것을 보며, 미래와 영원을 포괄하는 놀라운 특권을 지니고 있다. 참조. 휴 마틴(Hugh Martin), 『그리스도의 임재』(The Abiding Presence), 지평서원(2010), 57.

는 거룩한 장소다. 하늘의 모든 영광은 마음하늘에 내려온다. 그 영광이 다시 더 큰 영광으로 승화되어 하나님께로 되돌아가는 자리가 바로 마음하늘이다.

영적 추구란 보이지 않는 영의 세계에서의 모험이다.[420] 영산은 『4차원 영적세계』라는 책에서 하나님의 뜻과 영의 생각을 조합시킨다. "하나님의 뜻을 알려면, 마음을 새롭게 하여 영의 생각을 가져야 합니다. 여러분의 생각을 새롭게 할 때, 여러분의 영 속에 믿음이 역사하는 것입니다."[421] 칼빈은 다음과 같이 주장한다. "믿음은 하나님의 진리를 맛보게 하는 것이며, 그 진리 안에서 세워진다. 성령은 믿음을 시작케 하시는 분이실 뿐 아니라, 믿음을 점점 증가시켜서 종국에는 천국으로 인도한다."[422]

영산은 이렇게 말한다. "하나님의 뜻이 이루어지기 위해서 우리는 하나님을 믿어야 합니다. 우리 배후에 천지와 만물을 지으신 하나님이 계심을 믿어야 합니다. 내 힘으로 어떻게 하나님의 뜻이 땅에 이루어지게 할 수 있겠습니까? 하나님이 배후에 계신 것을 알면, 하나님을 믿고서 힘을 내는 것입니다. 우리는 힘과 능력이 없을지라도, 하나님은 권세와 능력이 한이 없습니다."[423] 그는 누군가 자신에게 '지난 반세기 동안 가장 자랑할 게 무엇이냐?' 묻는다면, 이렇게 대답할 것이라고 했다. "그것은 성령충만입니다." 그는 반세기 동안 성령님의 임재를 간절히 사모하며 기대했고 성령님을 의지했고 인도함을 받았다.

믿음이 역사하려면 성령님의 임재가 있어야 한다. 말씀과 함께 성령님이 임재할 때 창조적인 역사가 일어난다. 인간 편에서 아무리 믿어도 말씀의 역사가 나타나지 않으면, 예비 믿음 단계이며, 말씀이 임할 때 비로소 그 믿음이 본 믿음이 되어 기적이 일어나게 된다고 영산은 말한다. "수많은 성도들이 예비 믿음이 본 믿음인 줄 알고 오해해서, 왜 믿었는데 이루어지지 않느냐고 탄식합니다. 예비 믿음은 인간 편에서 믿는 받침대입니다. 거기에 하나님의 말씀이 임하여야 본 믿음이 됩니다. 그때는 없는 것을 있는 것같이 생각하고 보고 말해도 되는 것입니다. 따라서 예비 믿음을 갖고 하나님의 허락이 임하도록 열렬히 기도하고 기다려야 합니다. 오직 하나님의 말씀이 성령으로 임할 때에만 참 믿음으로 변화됩니다. 그 말씀이 임하기 전에는 끝까지 받침대와 예비 믿음으로 남아 있습니다."[424]

<u>원리 1</u>: 성령은 영적 열매를 통해 그리스도의 영광을 드러낸다

영산은 "성령의 열매는 신앙이 성숙해가면서 그리스도인의 성품이 그리스도의 형상을 닮아가는 과정입니다."라고 설명한다.[425] 그는 "성령충만하면 내가 사는 것이 아니라, 내 안에 그리스도가

---

420) 레너드 스윗(Leonard Sweet), 『관계의 영성』(*Out of the question: into the mystery*), IVP(2011), 323.
421) 조용기, 『4차원 영적세계』, 서울말씀사(1996), 141. 영의 생각은 성령님이 주시는 생각이고, 성령 안에서 믿음은 작동된다.
422) 존 칼빈, 『기독교강요(중)』, 크리스챤다이제스트(2010), 66.
423) 조용기, "하나님의 나라와 하나님의 뜻", 주일설교(2009-03-08).
424) 조용기, "인간적인 믿음과 하나님의 믿음", 주일설교(1981-12-13).
425) 조용기, 『오중복음과 삼중축복』, 서울말씀사(2008), 114.

철저히 사시는 삶이 됩니다."라고 말한다. 구약시대 4000년은 하나님 아버지의 시대였으며, 신약시대는 아들 예수님이 성육신 하셔서 33년 동안 이 땅에서 인류를 구속하셨다. 예수님이 죽은 신후 50일 째 성령께서 강림하셨다. 그 이후로 2000년 동안 성령님의 시대가 이어지고 있다. 지금도 하나님 아버지는 그분의 오른팔인 아들(말씀)과 왼팔인 성령님을 통해서 일하신다. 아버지(Father)도 하나님, 아들(Son)도 하나님, 성령(Spirit)도 하나님이시다. 삼위 하나님 사이에는 서열상 높고 낮음이 없다. 하나님은 영이시다. 아버지도 아들도 성령도 영이시다. 스텐리 그렌즈(Stanley Grenz)는 삼위일체론의 핵심 내용에 대해서 다음과 같이 간결하게 묘사한다. 실제적인 내용은 "하나님은 한 분이시며, 하나됨을 이루고 계신다. 하나님은 삼위(三位)이시다. 하나님은 다양성과 통일성을 지니시고 계신다."

삼위일체론에 기초해서 이해하면, 부활 및 승천하신 예수님은 하나님 아버지에게서 성령을 받아서 우리에게 보내셨다. 이 점에서 성령은 예수의 영이다. 두 번째 파라클레토스(보냄을 받은 자)로서 성령은 첫 번째 파라클레토스인 예수 그리스도의 계승자이다. 성령은 예수 그리스도의 가르침을 우리에게 전해준다. 또한 진리의 영으로서, 더욱 깊고 넓은 진리로 인도해준다. 인간은 성령을 받으면, 예수님으로 충만해져서 예수님과 십자가만을 자랑하게 된다(고전2:2). 성령은 죄와 의와 심판에 대하여 세상을 책망하신다(요16:8-11). 또한 성령은 예수님의 가르치심과 말씀하신 진리를 깨닫게 하고(요14:26), 권능을 주어서 예수 그리스도의 증인이 되게 한다(행1:8). 영산은 "성령충만하면, 죄를 다스릴 권세(창4:7), 귀신을 좇아내는 권세(눅10:17-19), 병을 고치는 권세(막16:18), 저주를 물리치는 권세(눅10:19), 천국에 들어갈 권세를 갖게 됩니다."라고 강조한다.426) 성령은 신자들에게 필요에 따라 다양한 은사를 주신다(고전12:4-11).427) 이 모든 일은 한 성령이 행하시는 것이며, 그 뜻대로 각 사람에게 나눠주시는 것이다(고전12:11). 특별히 성령님은 우리에게 믿음의 은사를 주시어서 믿음이 성장하게 하신다. 또한 성령님은 항상 우리와 교통하시기를 원하신다. 따라서 그리스도인들은 성령님을 인정하고 환영하고 모셔들이고 의지해야 한다. 이 점과 관련해서 바울은 '성령의 교통하심(고후13:13)'을 강조했다.

원리 2: 성령은 '권능의 사람'을 만들어 그리스도의 영광을 드러낸다.
성령은 아버지께로부터 나오고(요15:26), 사람에게 오시며(요16:7, 행19:6), 사람에게 임하시며(행10:44), 하나님의 영이 사람에게 머무신다(벧전4:14). 성령은 예수 그리스도의 영광을 드러내신다. 성령이 임하면 인간은 오직 하나님을 생각하는 존재가 된다(벧전1:2, 고전3:16).
영산은 "성령충만하면 죄악의 문제를 해결 받게 되고(렘17:9, 롬8:1-2, 벧전4:1-2), 죽음의 문제를 해결하게 되고(고전15:55), 미움의 문제를 해결하고, 좌절과 절망에서 해방됩니다(요14:16-18)."라고 말한다.428) 성령님이 궁극적으로 하시는 일은 그리스도의 영광을 드러내는 데 있다(요16:14). 또한 영산

---

426) 조용기, 『오중복음과 삼중축복』, 서울말씀사(2008), 116.
427) 성령의 은사: a) 계시(啓示)의 은사: 지혜의 말씀의 은사, 지식의 말씀의 은사, 영분별의 은사. b) 발성(發聲)의 은사: 방언의 은사, 방언통역의 은사, 예언의 은사. c) 권능(權能)의 은사: 믿음의 은사, 병 고치는 은사, 능력 행함의 은사.
428) 조용기, 『오중복음과 삼중축복』, 서울말씀사(2008), 116-117.

은 "성령충만한 성도라면 그리스도의 복음을 증거해야 합니다."라고 권면한다.429) 신자는 그리스도의 영광을 온 천하에 드러내어야 한다.

믿음은 초월적이며, 초자연적이며, 창조적이다. 그 믿음은 영광을 추구한다. 믿음 자체가 중요한 것이 아니고 믿음의 대상 – 삼위일체 하나님 – 이 중요하기 때문이다. 영산은 4차원의 믿음의 삶을 살기를 강조한다. "4차원의 영성을 살리십시오. 꿈과 믿음과 생각과 말이 하나님의 손길을 움직이는 것입니다."430) 4차원의 영성은 하나님 중심의 삶이며, 영광의 삶이다. 4차원에 속한 믿음의 법칙은 3차원에 속한 이성과 과학의 법칙을 초월하고 지배한다. 다음 성경 구절이 이것을 뒷받침해준다. "믿음으로 모든 세계가 하나님의 말씀으로 지어진 줄을 우리가 아나니 보이는 것은 나타난 것으로 된 것이 아니니라(히11:3)." 그리스도인에게 과학과 신학은 서로 충돌하는 것이 아니다. 오히려 과학과 신학은 상호보완적인 역할을 한다. 과학은 피조세계의 인과원리를 발견하고 증명하고 연구하는 것이라면, 신학은 하나님과 피조물의 상관관계를 다루기 때문이다.

5.5. 바라봄의 법칙: 신앙적 삶을 활성화시킨다

십자가 위에서 사는 삶이란 어떤 삶인가? 그것은 나 자신을 위한 인생은 소멸되고, 오직 그리스도만을 바라보는 거룩한 삶이다. 그것은 이성중심의 사고체계가 아니라, 말씀 중심의 사고체계로 사는 삶이다. 죄인이 십자가 위에 올라가는 순간, 내 자신의 삶, 내 계획, 내 꿈은 사라진다. 거기서는 그리스도의 삶만이 효력을 낳는다. 이것을 깨닫는 것이 신앙생활이다. 십자가 위에 올라가면 선택할 수 있는 것은 예수님이 그랬듯이 오직 '순종과 겸손'이다. 더 구체적으로 서술하면, 십자가의 삶이란 '믿음', '사랑', '능력', '소망'을 삶의 자리에 적용하는 사는 삶이다.431) 그것은 오직 세상과 나를 십자가에 못 박고 말씀만 쳐다보는 삶이다(갈6:14).

영산은 "하나님과 인간이 만나는 장소는 믿음입니다. 믿음이 없이 하나님과 아무 관계도 맺을 수 없습니다. 따라서 지적 믿음이나 정서적 믿음보다도, 하나님의 믿음(막11:22-23)을 품어야 산을 옮기는 기적이 일어납니다."라고 말한다.432) 그는 "영으로 사는 것은 '생각과 꿈과 믿음과 말씀의 고백으로 사는 것'을 말합니다. 성령을 의지하여 영으로 살면 3차원의 물질세계를 극복하는 삶을 살 수 있습니다."라고 천명한다.433) 믿음은 말씀과 성령으로 3차원 물질세계를 변화시키는 원동력을 준다.

---

429) 조용기, 『오중복음과 삼중축복』, 서울말씀사(2008), 117.
430) 조용기, "믿으면 영광을 보리라", 주일설교(2010-01-17).
431) 다음책 5장 참조. 마이클 고먼(Michael J. Gorman), 『삶으로 담아내는 십자가』(Cruciformity: Paul's Narrative Spirituality of the Cross), 새물결플러스(2014). 여기서 믿음은 '순종', '의', '신실함'을 포괄하며, 사랑은 '은혜', '희생', '대속', '비하', '성육신의 고난'을 포괄하며, 능력은 '지혜', '의의 전가', '죄에서의 해방', '칭의'를 포괄하며, 소망은 '부활'을 포함한다. 믿음을 통해 신자는 십자가 삶의 패턴이 우리의 것이 된다. 믿음은 십자가 위의 죽음을 체험한다. 그 결과 십자가의 열매들을 우리의 것으로 만든다.
432) 조용기, 『291요약설교』, 서울말씀사(2003), 8-36.
433) 조용기, "너를 떠나지 아니하리라", 주일설교(2014-11-23).

하나님의 믿음의 '일부'만 사용하는 자가 될 것이냐, 아니면 '전부'를 사용하는 자가 될 것이냐는 은혜 안에서 자신의 영적 삶의 목표에 달려 있다.434) 그리스도인은 삼위일체적 믿음으로 복음적-신앙적 삶을 활성화시켜 하늘나라를 확장시켜 갈 수 있다.435) 이 일은 오직 믿음의 선한 싸움을 통해서만 성취될 수 있다(딤전6:12). 하나님은 내 안에 있는 믿음을 통해 역사하신다. 믿음의 세계는 감각적이고 이성적이며 체험적인 물질세계를 뛰어넘는다(히10:38).436) 믿음의 선조들도 물질세계를 초월해 믿음 안에서 확신에 찬 사람들이었다. 다니엘(단1:8), 세례 요한(마3:7), 스데반(행7:51), 바울(빌1:21)과 예수님(눅9:22)도 모두 확신에 찬 사람들이었다.

믿음을 가진 자는 사물을 볼 때 오감의 세계를 초월해서 바라본다. 예수님은 믿음의 다양한 모델을 보여주셔서, 믿음에 무한도전을 하게 하셨다. 영산은 성경적 삶의 방식으로 다음 성경 구절들을 제시한다.437)

 a) "너희 믿음대로 되라(마9:29)." 예 앞 못 보는 자의 눈을 뜨게 하신 예수님(마9:29)
 b) "믿음이 작은 자여 왜 의심하였느냐(마14:31)." 예 바다 위로 걸어오신 예수님(마14:31)
 c) "네 믿음이 크도다 네 소원대로 되리라(마15:28)." 예 가나안 여인의 믿음(마15:28)
 d) "너희 믿음이 어디 있느냐(눅8:25)." 예 바람과 물결을 잠잠하게 하신 예수님(눅8:25)
 e) "네가 믿으면 하나님의 영광을 보리라 하지 아니하였느냐(요11:40)."
 f) "네가 마음으로 믿고 의심하지 아니하면 … 다 받으리라(마21:21-22)."

영산은 믿음으로 사는 삶의 훈련을 4가지로 요약하여 다음과 같이 강조한다.438)
첫째, 하나님의 생각을 따라 생각하라(딤전4:4-8).
둘째, 삶의 목표와 소원하는 꿈을 품어라. 분명하고 구체적인 목표를 세워라(행2:17).
셋째, 말씀대로 이뤄질 것을 믿고 행하라(고후5:7).
넷째, 창조적인 말씀으로 마음을 다스리고 믿음 안에서 삶을 다스리라(히10:38-39).

---

434) 조용기, "하나님의 믿음과 인간의 믿음", 주일설교(1991-12-15). "하나님의 믿음을 얻으려면, 먼저 인간적인 믿음을 가져야 됩니다. 따라서 말씀을 읽고 듣고, 인간적인 믿음을 가져야 됩니다. 믿음은 사람과 하나님을 연결합니다. 그 믿음은 사람 편에서 출발합니다. 사람의 믿음이 준비되어 있으면, 그 위에 하나님의 믿음이 얹히는 것입니다."
435) 윌라드는 '나라'의 개념을 우리의 의지가 유효한 영역이라고 정의한다. 하나님은 인간을 창조하실 때 제한된 영역을 통치하고 지배하게 하셨다. 참조. 달라스 윌라드(Dallas Willard), 『하나님의 모략』(The Divine Conspiracy), 복있는사람(2013), 57.
436) "믿음은 영적인 세계에서 우리의 눈이요 귀요 마음입니다. 우리는 믿음을 통해서 하나님과 교통하고 믿음의 손으로 하나님의 손을 붙잡고 나아가는 것입니다." 참조. 조용기, "믿음이란 무엇인가?", 주일설교(1999-10-24).
437) 조용기, "성경적 삶의 방식", 주일설교(2011-06-05).
438) 조용기, "성경적 삶의 방식", 주일설교(2011-06-05).

믿음을 사용하려면 믿음을 진보시키는 하나의 방정식을 적용하는 것이 편리하다.[439)
[바라봄의 법칙] 나는 내가 바라보는 실재를 마음속에 구체적으로 그리고 바라보겠다.[440)
[의존의 법칙] 나는 말씀의 능력, 보혈의 능력, 기름부음의 능력을 간구하고 의지하겠다.
[선포의 법칙] 나는 가슴에 품은 믿음을 말로 선포하겠다.
[전진의 법칙] 나는 믿음을 방해하는 요소를 끝까지 물리치겠다.
[승리의 법칙] 나는 믿음으로 행동하고 성취될 때까지 끝까지 뛰어 가겠다.

믿음(faith)이냐 신념(belief)이냐? 믿음은 하나님을 믿는 것이고, 신념은 내 자신을 믿는 것이다. 그리스도인들은 이 두 갈림길에서 수없이 갈등하고 있다. 다니엘서 3장 1-12절에 사드락, 메삭, 아벳느고는 전능하신 하나님을 담대히 고백했다. 그것은 신념이 아니라 온전한 믿음이었다. 그 믿음을 보시고, 하나님께서 그들을 불속에서 건져내셨다. 믿음은 없는 것을 있는 것처럼 믿어야 하는 고도의 영적 언어다. 사람이 사람을 바꾸고 변화시키는 것이 아니라, 사람 안에 형성되는 믿음이 그 사람을 변화시키고 혁신시키고 도전시키는 것이다. 믿음의 성장 및 진보 – 더 큰 믿음, 더 강력한 믿음, 더 힘 있는 믿음, 더 전진하는 믿음, 더 나은 믿음 – 를 추구하는 자가 되어가야 한다.

어떻게 하면 믿음을 성경적으로 성장시키고 진보시킬 수 있는가?

원리 1: 바라봄의 법칙

인간은 아담의 원판이 아니라, 불완전한 복사본을 물려받았다. 그 결과 인간은 불완전한 존재다. 죄는 복사본 인간을 원판이라고 선언한다. 사탄은 모든 사람으로 하여금 "나는 스스로 존재하는 자니라"고 외치도록 부추긴다. 따라서 불완전한 인간은 더 완전한 누군가를 바라보고 그의 도움을 바라야 한다.

영산은 "나는 목회를 시작했을 때부터 오늘에 이르기까지 한 번도 이 바라봄의 법칙을 사용하지 않은 적이 없습니다."라고 고백한다.[441) 그는 바라봄의 개념을 이렇게 설명한다. "하나님과 동행하기 위해서 없는 것을 있는 것같이 마음속에 그려놓고 바라보고 기도하고 감사할 때, 하나님 성령께서 역사하여 주십니다. 믿음은 바라봄의 실상입니다. 우리가 바라보는 대상은 믿음을 통해서 이루어집니다."[442) 그는 "우리가 믿음을 사용하기 원하면, 바라봄의 법칙을 활용해야 됩니다. 바라보기 시작하면 믿음이 움직이기 시작합니다. 아무것도 바라보지 않으면 믿음이 움직이지 않습니다. 바라보면 믿음이 생깁니다."라고 말한다. 바라봄의 원리는 곧 믿음이 역사하는 원리다. 믿음이 응답의 받침대라면, 바라봄은 받침대 안에 응답된 내용물을 바라보는 능력이다.

---

439) 이 믿음 방정식은 영산이 오랜 목회활동을 통해 경험해서 얻은 것들을 종합한 것이다. [믿음 방정식] = [바라봄의 법칙] × [의존의 법칙] × [선포의 법칙] × [전진의 법칙] × [승리의 법칙].
440) "사람은 두 가지 눈을 가지고 있습니다. 육신의 눈과 영의 눈입니다. 사람이 어떤 대상을 정하고 그것을 집중하여 계속 바라보면, 그 사람은 자기가 바라보는 대상을 자기에게로 끌어오든지, 아니면 자신이 그 대상에게로 끌려갑니다." 조용기, 『설교는 나의 인생』, 서울말씀사(2009), 50.
441) 조용기, 『설교는 나의 인생』, 서울말씀사(2009), 129.
442) 조용기, "믿음의 근원인 바라봄의 법칙", 주일설교(2012-04-22).

믿음은 계시에 대한 초이성(supra-reason) 영역이며, 그 계시를 수용하는 것이다.[443] 인간은 죄로 세상에 추락한 실존적 존재이지만, 예수를 믿어 새 존재가 됨으로써 하나님의 삶에 참여하여 은혜의 성(城) 안에서 살 수 있는 길이 열렸다. 영산은 믿음을 가진 자의 마음 상태를 이렇게 서술한다. "믿음을 품으면 마음의 변화가 일어납니다. 없는 것을 있는 것처럼 생각하고, 없는 것을 있는 것처럼 바라보고, 없는 것을 확신하여 믿고, 없는 것을 있는 것처럼 말합니다."[444] 믿음은 바라는 것들의 실상이다: "믿음은 바라는 것들의 실상이요 보이지 않는 것들의 증거니(히11:1)." 바라본다는 것은 내 삶의 중심이 하나님을 향해 있다는 것이다. 영적인 삶은 하나님을 바라봄으로써 내부지향적 삶과 외부지향적 삶을 조화시킨다. 시편 기자는 "야훼여 우리가 주께 바라는 대로 주의 인자하심을 우리에게 베푸소서(시33:22)"라고 간구한다.

영산은 목회 중에 바라봄의 법칙이라는 중요한 영적 법칙을 창출했다. 하나님이 아브라함에게 '보여 줄 땅으로 가라', '눈을 들어 동서남북을 바라보라', '하늘의 뭇별을 바라보라'가 그 대표적 예다. 뿌리가 없는데 나무줄기가 나올 수 없는 것처럼 영산은 믿음에 앞서 꿈이 먼저 온다고 말한다. "바라봄의 법칙은 마음속에 믿음을 갖다 주는 것입니다. 여러분이 무엇이든지 성취하는 믿음을 갖기를 원하면 분명한 목표를 설정해서 그것이 이루어진 모습을 마음속에 끊임없이 바라보고 있으면 그것에 대한 믿음이 산출되어 나오는 것입니다. 그러므로 믿음이 앞서 오는 것이 아니라, 꿈이 먼저 오는 것입니다. 그러기 때문에 꿈을 가지면 믿음은 그것이 자동적으로 꿈을 통해 생겨나는 것입니다."[445]

하나님께서 아브라함에게 눈을 들어 동서남북을 바라보라고 했고, 궁극적으로 그 바라본 것을 믿게 했다.

"롯이 아브람을 떠난 후에 야훼께서 아브람에게 이르시되 너는 눈을 들어 너 있는 곳에서 북쪽과 남쪽 그리고 동쪽과 서쪽을 바라보라(창13:14)." 또 하나님은 모세에게도 이스라엘 자손에게 준 땅을 먼저 바라보라고 했다. "야훼께서 모세에게 이르시되 너는 이 아바림 산에 올라가서 내가 이스라엘 자손에게 준 땅을 바라보라(민27:12)." 바라보면 강하고 담대해진다. 시편기자도 "야훼를 바라는 너희들아 강하고 담대하라(시31:24)"고 말한다. 바울 역시 "깨어 믿음에 굳게 서서 남자답게 강건하라(고전16:13)"고 강조했다.

영산의 바라봄 법칙은 '하나님의 뜻 안에서'라는 대명제를 전제로 한다. 좀 더 구체적으로 분석하면 5단계로 이뤄진다.

---

443) 마틴 로이드 존스(Martyn Lloyd Jones), 『성령 하나님과 놀라운 구원』(God the Holy Spirit), 부흥과개혁사(2013), 248.

444) 조용기, 『291요약설교』, 서울말씀사(2003), 8-60. 바라봄의 법칙(principle of visualization): 바라봄의 법칙은 영산이 발견한 영적 브랜드 산물 중의 하나다. 그는 설교할 때 수없이 이 법칙을 강조했고, 영산 스스로 목회활동에 적극적으로 적용했다. 성경에 수많은 인물들이 장차 일어날 일을 바라보고, 꿈꾸었다. 아브라함도, 야곱도, 요셉도, 한나도 그랬다. 인간은 바라보는 대로 인생이 된다. "대저 그 마음의 생각이 어떠하면 그 위인도 그러한즉(잠23:7)." 이 말씀의 의미는 생각대로 인생이 그렇게 된다는 말이다. 내 생각이 한 곳에 집중되려면 야곱처럼 '점 있는 양만' 바라보아야 하는 것이다.

445) 조용기, "꿈과 믿음". 주일설교(1984-11-04).

단계 1: 생각과 상상 안에서 '바라봄'이다.

단계 2: 구체적인 꿈과 목표 안에서 '바라봄'이다.

단계 3: 믿음의 눈으로 '바라봄'이다(히11:1).

단계 4: 입술의 고백 안에서 '바라봄'이다.

단계 5: 성령 안에서 '지속적인 바라봄'이다.

이 5가지 단계는 그림 8-14에서 보이는 것처럼 연속적으로 통합되어 작용한다.

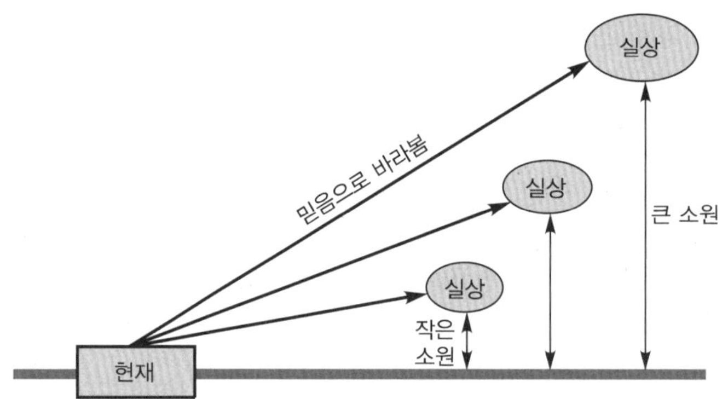

그림 8-14. 믿음의 바라봄과 실상의 역학적 관계성: 꿈과 믿음을 말로 시인하면. 그것이 마음을 점령하여 열매를 맺는다. 현재 없는 것을 있는 것처럼 믿고 생각하고 고백하면, 장차 그 실상이 나타난다(창13:14-15). 꿈과 믿음 사이에는 커다란 틈새가 있지만. 신자는 신앙의 도약으로 그 간격을 메우고, 없는 것을 있는 것처럼 담대하게 고백을 할 수 있다. 신앙인의 행동은 비그리스도인의 시각에는 비이성적이고 비합리적으로 보이지만, 실상은 가능태로 존재한다. 신자는 낭만주의자처럼 허공에 뜬 그 무엇을 믿고 떠드는 삶이 아니라, 하나님의 말씀을 전적으로 받아들이고, 그것을 믿고, 신뢰하는 삶을 지향한다. 아브라함은 현실과 꿈 사이의 틈새를 '믿음의 칸막이'로 메우는 인식론을 삶 속에 적용했다. 그 방법론으로서 '없는 것을 있는 것처럼 고백하는 삶'을 실천에 옮겼다. 신앙인이란 현재와 미래의 틈새를 믿음의 칸막이로 메우고, 이미 이뤄진 것을 믿고, 고백하는 자들이다.

믿음이란 바라는 것들의 '실상'이다. 현재 큰 것을 바라보면 큰 것이 생기고, 작은 것을 바라보면 작은 것이 생긴다. 큰 북을 치면 큰 소리가 나오는 법이다. "구하라 그리하면 너희에게 주실 것이요 찾으라 그러면 찾을 것이요 문을 두드리라 그러면 너희에게 열릴 것이니(마7:7)." 믿음이란 없는 것을 있는 것같이 생각하는 것이다. 믿음의 법칙을 따르고자 하면, 막연히 중언부언하는 것이 아니라, 원하는 것이 무엇인지 대상과 목표를 분명하게 정해놓고 기도해야 한다.[446]

막연한 기도의 예	구체적인 기도의 예
자전거를 갖고 싶다.	국산인가 외산인가? 국산 기어 있는 자전거인가? 없는 자전거인가? 기어 있는 것 기어가 있다면 몇 단까지? 10단 자전거 색상은? 청색

---

446) 조용기, 『요약설교』, 서울말씀사(2012).

이것은 구하는 것을 '구체화 시키라'는 뜻이며, 마음속에 불타는 소원을 가지는 것이다. 시편 기자는 "야훼를 기뻐하라 저가 네 소원을 이루어주시리로다(시편37:4)"라고 말한다. "악인에게는 그의 두려워하는 것이 임하거니와 의인은 그 원하는 것이 이루어지느니라(잠10:24)." 이미 성취된 모습을 믿음으로 바라보는 훈련을 쌓아야 한다.

영산은 2009년 여의도순복음교회 구역장 세미나에서 이렇게 말했다. "저는 1958년 처음 목회를 했을 때 마음속에 한국에서 제일 큰 교회를 목회하고 싶다는 불타는 소원이 있었습니다. 그 당시 초기에 교인이 5명이었는데, 300명의 성도가 되기를 간절히 기도했습니다. 300명에 도달하자, 그 다음 500명의 목표를 세우고, 그 다음은 1천명, 3천명, 5천명, 10만 명, 50만 명... 그렇게 해서 마침내 70만 명까지 이르게 되었어요. 그런데 70만 명이 되니 공포심이 생겨요. 그래서 더 큰 목표를 세울 수 있는데도 불구하고 감당할 수가 없었습니다. 한계점에 도달했어요. 지치고 힘도 들고. 그래서 바톤을 넘겨주어야겠다는 생각을 했습니다. 제가 좀 더 결심하고 나갔으면 1백만 명까지 갈 수 있었습니다. 그 다음에 내가 손들었습니다. 그러니까 교회성장이 중지되었어요. 저는 70만까지 믿었습니다. 성경에도 '네 믿음대로 될지어다'라고 했습니다."

따라서 믿음을 품었으면 구체적으로 적고 간절히 기도해야 한다. 첫째, 내가 가지고 싶은 것, 되고 싶은 것, 이루고 싶은 것을 구체적으로 글로 적는다. 둘째, 구체적인 대상이 나왔으면 기도의 성취가 주는 보상목록을 적는다. 셋째, 보상목록이 나의 인생을 어떻게 변화시킬 것인지를 생각한다. 넷째, 적어놓은 표를 보면서 매일 기도한다. 다섯째, 마음속에 확신이 올 때까지 기도한다.

영산은 믿음이란 '응답을 얹어놓는 받침대'라고 표현한다. "믿음이란 것은 바로 하나님의 응답을 얹어놓는 받침대입니다. 받침대가 있으면, 그 받침대 위에 하나님이 응답을 얹어주십니다. 따라서 믿음의 받침대가 먼저 있어야 됩니다. 그러나 여러분 물건을 얹기 전에 먼저 받침대가 튼튼한지 아니한지 흔들어봅니다. 여러분께서 '믿습니다'라고 말하면, 그 믿음을 하나님이 흔들어 보십니다. 거기에 응답을 얹어도 그 받침대가 무너지지 않을 것인가? 무너질 것인가? 한번 흔들어 보는 것입니다. 적은 응답은 적게 흔들어보고, 큰 응답을 얹으면, 하나님께서 크게 흔들어보십니다. 흔들어서 무너지면 응답이 안 옵니다. 그러므로 시련을 겪지 않는 믿음은 믿음이 아닙니다."[447]

이 바라봄의 법칙은 끌어당김의 법칙과 상통한다. 인간의 마음속에는 자석처럼 끌어당기는 힘이 있다. 한나는 그 마음속에 자식을 낳는 꿈이 있었다.[448] 그 소원을 바라보고 꿈꾸고, 고백함으로써 한 아이가 그 마음에 끌려와 잉태되었다. 12년 동안 혈루증을 앓던 여인이 길가는 예수님의 뒤를 따라가다가 옷자락을 만짐으로써 예수님으로부터 능력이 그녀에게로 끌려와 치료의 능력이 나타났다. 수넴 여인은 예수님이 죽은 아이도 살리실 수 있다는 믿음을 품자, 그 아이에게로 생명을 끌어당겨 다시 살아나게 했다. 이처럼 인간은 '생각, 꿈, 믿음, 말'로서 '생명, 치료, 기적' 등을 끌어당긴다.

---

447) 조용기, "믿음으로 사는 삶", 주일설교(2007-12-30).
448) 모든 인간은 자기보존을 유지하면서 '자기초월로 새로운 자아를 만들어가고자 하는 역동성(dynamics)'을 가지고 있다. 하나님이 인간의 영과 연합하여 일하시고자 할 때, 자기초월적 대상을 설정하게 해서 바라봄의 대상으로 삼도록 하신다. 꿈은 그러한 기능을 대변하는 훌륭한 지시자(indicator)이다. 꿈은 실존적 존재(being)와 비존재(nonbeing)를 연결하는 은혜의 방편이다.

말씀과 믿음안에서 좋은 생각은 좋은 것을 끌어당기고, 좋은 꿈은 좋은 것을 끌어당기고, 큰 믿음은 기적을 끌어당기는 힘이 있다. 하나님처럼 생각하고, 꿈꾸고, 믿고, 고백하면 우리 삶에 플러스 효과를 가져와 창조, 변화, 성장, 혁신, 기적이 일어나게 된다.

원리 2: 의존의 법칙

자아중심이 자신의 행위에 뿌리를 내리면 오직 자기중심의 삶으로 전락한다. 하나님의 형상을 닮은 인간은 하나님을 위해서 존재한다. 불신앙은 인간을 바라보게 하지만, 신앙은 하나님을 신뢰하고 의존하게 한다. 인간이 하나님을 의존하지 않는다는 것은 하나님의 자존성, 자족성, 창조성을 멀리하는 것이다.

'내가 본다'는 것은 '내가 의지한다'는 의미까지 내포한다. 영산은 바라봄의 법칙과 끌려옴의 법칙을 서로 연결시킨다. "눈을 들어서 하나님의 약속을 바라보십시오. 십자가를 바라보십시오. 여러분이 바라보면, 바라보는 것이 여러분에게 끌려옵니다. 여러분이 바라보는 대로 끌려가고, 바라보는 것이 여러분에게 끌려옵니다. 그러한 놀라운 능력이 역사합니다. 아무것도 바라보지 않으면 아무것도 일어나지 않습니다. 바라봄의 법칙을 통해서 하나님의 섭리를 이해하게 되고, 바라봄의 법칙을 통해서 꿈을 가슴에 새기게 됩니다."449)

챔버스는(Oswald Chambers)는 "믿음은 하나님이 무엇을 하실 수 있느냐에 대한 것이 아니라, 내가 하나님을 인격적으로 의지하는 가에 대한 것"이라고 강조한다.450) 예수와 연합하면, 예수의 마음을 품게 되며(고전6:17), 그를 의지할 수 있는 모든 조건을 갖추게 된다: "너희 안에 이 마음을 품으라 곧 그리스도 예수의 마음이니(빌2:5)." 연약한 인간은 자기를 의지하지 말고 하나님을 인격적으로 의지해야 한다. 주를 의지한다는 의미는 내 삶의 중심추가 오직 주께 있다는 것이요, 내 삶의 최고 가치관이 하나님의 뜻을 따라 순종한다는 것을 의미한다. "우리는 우리 자신이 사형 선고를 받은 줄 알았으니 이는 우리로 자기를 의지하지 말고 오직 죽은 자를 다시 살리시는 하나님만 의지하게 하심이라(고후1:9)." 야훼를 의지하는 자는 복된 사람이요, 하나님의 은혜를 누리는 사람이다(시84:12, 렘17:7). 하나님을 의지하고 믿음으로 달려가면, 선하신 하나님께서 선한 길, 승리의 길, 축복의 길로 인도해주신다(신30:20, 삼하22:30).

칼을 의지하는 자는 칼집에서 칼을 빼서 휘둘러야 하듯이, 말씀을 의지하는 자는 마음에 새겨진 말씀을 고백하고 선언해야 한다. 허리에 칼집을 10개 차고 다닌다고 해도 절실히 필요할 때 칼을 빼낼 수 없다면, 그 칼은 없는 것이나 마찬가지다. 말씀도 그와 같다. 따라서 무슨 일을 앞에 놓고 "한번 해 볼까?" 하고 갈등하는 대신, 실제로 "한번 해 보겠다!"고 선포하는 것이 중요하다. 믿음은 "한번 해보겠다!"고 말할 때 쑥쑥 자란다. 베드로는 바다 위를 '한번 걸어보겠다'고 선언하고, 바로 바다 위를 걸어갔다.

---

449) 조용기, "믿음의 근원인 바라봄의 법칙", 주일설교(2012-04-22).
450) 오스월드 챔버스(Oswald Chambers), 『그가 나를 영화롭게 하리라』(He Shall Glorify Me), 토기장이(2012), 134.

원리 3: 선포의 법칙

하나님은 믿음이 있는 자는 누구든지 사용하신다. 성경의 많은 인물들이 그것을 입증한다(히11장). 선포란 하나님이 일하시는 방법이다. 하나님은 인간의 이성을 초월해서 일하시기 때문에 우리에게 논리적으로 설명해주시면서 선포하라고 하시지 않는다. 그냥 말씀을 믿고 선포하라고 하신다. 바울은 "너희가 믿음에 있는가 너희 자신을 시험하고 너희 자신을 확증하라(고후13:5)"고 강조한다. 선포는 내 안에 있는 믿음을 밖으로 드러내는 증거이다. 모든 인간은 믿고 확신하는 것을 선포한다. 동시에 고백과 선포는 자신이 지니고 있는 믿음을 강화시킨다. 믿음은 못이고, 고백은 망치와 같다. 왕 같은 제사장으로서 그리스도인은 하나님의 말씀을 선포할 수 있는 특권을 지녔다.451) 예레미야는 하나님의 말씀을 선포하지 않으면 견딜 수 없다고 할 만큼 말씀 선포를 사모했다. 곧 그는 "내가 다시는 야훼를 선포하지 아니하며 그의 이름으로 말하지 아니하리라 하면 나의 마음이 불붙는 것 같아서 골수에 사무치니 답답하여 견딜 수 없나이다(렘20:9)"라고 고백하고 있다.

말씀의 종이 갖는 좌우명은 이것이다. "나는 주인의 마음에 있는 이미지를 말로 만들어 외치겠다." 마음 게시판을 희망의 말씀으로 꽉 채우면 말씀의 종은 일생동안 선하고 착한 일을 많이 하게 된다(엡2:16). 거듭난 그리스도인은 하나님의 말씀을 지속적으로 선포해야 한다. 시편 기자는 "주의 입의 모든 규례들을 나의 입술로 선포(시119:13)"하였다고 노래하고 있다.

원리 4: 전진의 법칙

영산은 "생각을 긍정적으로 하고 분명하게 바라보고 확실하게 믿고 입술로 고백하는 것은 여러분의 삶을 창조해가는 위대한 힘이 됩니다."라고 말한다.452) 믿은 것을 고백하는 것은 믿음의 진보를 일으키는 힘이다. 차가 언덕을 올라가려면 에너지가 필요한 것처럼, 믿음이 결실의 언덕을 올라가려면 고백이라는 외침의 에너지가 필요하다.

내 안에 말씀에 대한 믿음에 확신이 있어도(히11:1) 여전히 인간은 불신과 싸워야 한다. 믿는다고 내 마음이 완전한 확신 안에 있는 것은 아니다. 인간은 항상 믿음과 불신의 경계선에 있음을 인식해야 한다. 믿음의 선배들이 그랬던 것처럼 불신과 지속적으로 싸워야 한다. "내가 믿나이다 나의 믿음 없는 것을 도와 주소서(막9:24)." 제자들도 "우리에게 믿음을 더하소서(눅17:5)"라고 고백했다. 따라서 성경말씀을 믿었으면 확신이 올 때까지, 끝까지 의심과 싸워야 한다는 논리가 세워진다. 즉, 말씀의 현재화가 될 때까지 거룩한 믿음의 전진이 필요하다. 사람이 무슨 일을 하려고 하면 방해물들이 끊임없이 나타나서 괴롭힌다. 아래 시는 우리 삶에 방해물들이 얼마나 시시때때로 나타나는지를 잘 보여주고 있다.

> 해와 달이 밝게 아름답게 비치려 하면 구름이 덮어 버린다
>
> 강물이 맑게 되고자 하면 흙모래가 더럽게 해버린다
>
> 무리지어 무성하게 자라고 있는 난이 향기를 풍기는
>
> 꽃을 달고자 하면 추풍이 불어서 날린다 － 文子, 上德

---

451) "내가 죽지 않고 살아서 야훼께서 하시는 일을 선포하리로다(시118:17)." "야훼께서 우리 공의를 드러내셨으니 오라 시온에서 우리 하나님 야훼의 일을 선포하자(렘51:10)." "온 땅이여 야훼께 노래하며 그의 구원을 날마다 선포할지어다(대상16:23)." "이르시되 내가 주의 이름을 내 형제들에게 선포하고 내가 주를 교회 중에서 찬송하리라 하셨으며(히2:12)."

452) 조용기, "바라봄의 법칙", 주일설교(2010-12-19).

삶을 방해하는 마귀는 온갖 요소들 - 두려움, 불안감, 좌절감, 안일함, 미룸, 탓함, 불평 등 - 을 도처에 깔아놓는다. 위의 시가 그것을 말해준다. 방해하는 마귀들을 믿음으로 물리쳐야 한다. 영산은 "마귀하고 싸울 때 여리고성 돌기를 기억해야 합니다. 한번 돌았다고 여리고성이 무너지지 않습니다. 하나님이 명령하신 대로 내 이름으로 귀신을 쫓아내겠다고 하셨으니, 쫓겨나갈 때까지 계속해야 합니다. 그러면 마지막에 여러분이 쫓아낼 때 하나님께서 같이 하시므로 큰 승리를 거두게 됩니다."라고 강조한다.453)

사라는 오감으로 봐서 도저히 아들을 낳을 수 없는 나이였지만 하나님의 믿음을 품고 전진했다. 그 결과 믿음대로 아브라함이 100세, 사라가 90세 되었을 때 아들을 낳았다. 로마서는 아브라함이 "백세나 되어 자기 몸이 죽은 것 같음과 사라의 태가 죽은 것 같음을 알고도 믿음이 약하여지지 아니하고(롬4:19)"라고 적고 있다. 믿음이 있는 자는 전진한다. 믿음 있는 자는 행동한다. 나 스스로도 내 안에 있는 믿음을 밖으로 확증하는 태도가 필요하다. 바울은 이렇게 권면한다. "너희는 믿음 안에 있는가 너희 자신을 시험하고 너희 자신을 확증하라(고후13:5)."

믿음을 통해서 하나님의 능력이 나타난다. 바울은 "너희 믿음이 사람의 지혜에 있지 아니하고 다만 하나님의 능력에 있게 하려 하였노라(고전2:5)"고 말한다. 모든 그리스도인은 자기의 믿음을 성장시키고 진보시켜야 할 의무가 있다. 바울은 "주야로 심히 간구함은 너희 얼굴을 보고 너희 믿음이 부족한 것을 보충하게 하려 함이라(살전3:10)"고 말한다. 그래야 믿음에 견고히 서서 하나님께 영광을 돌릴 수 있다. 믿음의 진보 없이 하나님을 기쁘시게 할 수 없다. 견고한 믿음이 있으면, 우리는 하나님께 영광을 돌리는 삶을 살 수 있다(롬4:20). 따라서 모든 그리스도인은 하나님의 말씀을 지속적으로 듣고 묵상하고 실천해서 믿음을 성장시켜 나가야 한다. 믿음은 들음에서 나며 들음은 그리스도의 말씀으로 말미암는다(롬10:17).

리더십 전문가인 피터 드러커(Peter Drucker)는 다음과 같은 말을 남겼다. "훌륭한 사람일수록 더 많은 실수를 한다. 왜냐하면 새로운 일을 더 많이 시도하기 때문이다. 나는 실수하지 않는 사람을 절대 높은 자리로 승진시키지 않는다. 그 사람은 틀림없이 평범한 사람일 것이기 때문이다." 실수를 해도 계속 전진해야 한다. 실수를 한번도 해보지 하지 않은 사람은 완전한 실패자이다. 실패를 통해서 인간은 성공한다. "구하는 이마다 얻을 것이요 찾는 이가 찾을 것이요 두드리는 이에게 열릴 것이니라(마7:8)."

원리 5: 승리의 법칙

영산은 "무엇이든지 하나님께 의지해서 비전과 꿈을 향해 그것을 바라보며 열심히 살아갈 때 성공은 자연히 따라옵니다. 비전과 꿈을 분명히 마음속에 가지십시오. 그러면 하나님이 여러분에게 이루어지게 해주십니다."라고 말한다.454) 다이너마이트는 한번 폭발하면 다시 써먹지 못한다. 믿

---

453) 조용기, "마귀와의 싸움", 주일설교(2012-10-07).
454) 조용기, "바라봄의 법칙", 주일설교(2010-12-19).

음은 잃어버리지 않는다면, 삶의 자리에서 계속해서 기적을 일으킬 수 있다. 믿음에 굳게 서면 궁극적으로 승리가 나타난다. 바울은 수많은 장애물을 통과하면서 끝까지 믿음을 지켜 승리의 길을 걸었다.455) 성령 안에서 승리를 통해 신자는 궁극적으로 하나님의 은혜, 자비, 사랑을 체험하게 된다.

5.6. 전인적 믿음의 진화: 영혼의 지정의 기능을 활성화시킨다

믿음은 마음을 지키는 힘이다. 마음을 지키지 못하면 말씀의 능력이 나타나지 않는다. 영산은 믿음의 싸움은 인내에 있다고 강조한다. "믿음의 싸움은 인내에 있습니다. 싸움이 오래가고 소망이 빨리 이뤄지지 않으면 마음이 상하고 낙심하게 됩니다. 이제 더 견딜 수 없다고 생각하는 그때가 여리고성이 무너지고 적진이 무너질 순간입니다."456)

마음은 믿음의 결실을 맺게 하는 창조적 공간이다. 따라서 마음이 거룩해야 한다. 말씀과 기도로 (딤전4:5) 마음속에 하나님의 은혜가 충만해야 믿음의 결실이 이뤄질 수 있다.

죄는 인간과 관련된 모든 것을 파괴한다. 존 오웬(John Owen)은 죄의 결과를 두 가지로 요약한다. 첫째, 죄는 신자들의 삶 속에 죄를 낳게 한다. 둘째, 죄는 순종과 친교를 훼방한다.457) 죄는 맨먼저 인간의 마음을 공격한다. 따라서 말씀과 성령충만과 기도를 통해서 신자는 믿음의 주요 활동무대인 마음공간을 지성적, 정서적 및 의지적 측면에서 보호해야 한다.458)

영산은 믿음은 우리 눈, 귀, 마음이라고 역설한다. "믿음은 영적세계에서 우리의 눈이요, 귀요, 마음입니다. 우리는 믿음을 통하여 하나님과 교통하고, 믿음의 손으로 하나님의 손을 붙잡고 살아갑니다. 이 믿음은 말씀과 기도와 성령님의 은혜 속에서 자라납니다."459) 그는 "믿음의 사람은 감각적인 말, 이성적인 말, 인간의 체험적인 말이 아니라, 하나님의 능력을 의지해서 하나님의 말씀을 하는 사람(막11:22-23)입니다."라고 역설한다.460)

참된 믿음은 참된 감정을 드러낸다. 믿음의 세계는 인간의 의지와 하나님의 의지가 하나 되는 지향점이다. 인간의 의지가 하나님의 의지보다 앞서면 믿음의 결실은 무(無)로 끝난다. 하나님 의지가 앞서면 인간 쪽에서는 인내가 필요하다. 두 의지가 서로 일치할 때, 마침내 믿음의 열매를 거두게 된다. 그래서 믿음에는 인내가 꼭 필요하다. 인내는 믿음과 소망을 연결시킨다.

---

455) "나는 선한 싸움을 싸우고 나의 달려갈 길을 마치고 믿음을 지켰으니(딤후4:7)."
456) 조용기, "마귀와의 싸움", 주일설교(2012-10-07).
457) John Owen, *Indwelling Sin in Believers*, Versa Press(2010), 129.
458) 군사용어로 비유하면, 지성은 외곽부대, 정서 혹은 감성은 내곽지역, 의지는 중앙사령부에 위치한다. 지성이 마귀의 공격으로 무너지면, 정서부대는 쉽게 붕괴된다. 지성과 정서가 무너지면, 의지는 힘을 잃고 악이든 선이든 관계치 않고 악 혹은 선에 동의한다. 의지가 지성과 정서가 하는 일에 동의하면, 그 일은 행동화된다. 악과 선이 현실화되는 경로는 동일하다. 성령의 사람은 성령으로 선을 현실화시킨다(갈5:25).
459) 조용기, 『요약설교』, 서울말씀사(2012), 133.
460) 조용기, 『요약설교』, 서울말씀사(2012), 147.

인간의 마음공간에는 질서와 무질서가 공존한다. 말씀과 기도는 무질서를 질서로 바꾼다(딛2:14, 살전4:5). 영산은 인간의 중심부를 마음하늘로 통칭한다. "우리 몸이 아무리 잘나고 건장해도 몸보다 높은 데가 있습니다. 곧 마음하늘입니다. 마음은 눈에 보이지 않습니다. 그러나 마음은 하나님의 형상과 모양을 닮은 4차원적 존재입니다. 하늘이 땅을 다스리는 것처럼 마음이 몸과 환경을 다스립니다."461) 그는 3차원 세계와 4차원 영적세계를 마음하늘과 천상하늘로 대비하여 이해한다. 곧 내적활동이 외적활동으로 확장된다. 바꾸어 말하면, 마음하늘이 세상하늘을 다스리는 것이다. 따라서 마음의 작용과 기능을 영적으로 이해하는 것은 상당히 중요하다.

우리의 영혼은 믿음 안에서 하나님의 마음과 접촉하여 활동한다. 영혼의 기능 중 하나는 삶 중에 지정의적 활동을 영적으로 작용하는 일이다. 존 칼빈은 그의 책『기독교강요』에서 '영혼의 가장 중요한 활동은 하늘의 생명을 사모하는 데에 있다'고 서술한다.462) 성령충만하게 되면 우리 마음은 생명으로 충만하게 되고, 하나님의 생각과 그리스도의 생각으로 충만하게 된다.

믿음은 하나님이 계신 것을 믿는 것이고(히11:6), 하나님을 찾는 것이다(렘29:13)이다. 그 믿음은 인간의 지정의(知情意)와 밀접한 관계가 있다. 마음공간에서 기능하는 믿음은 지성, 감성, 의지를 한 묶음으로 만들어 삶의 방향을 은혜와 진리와 영원을 지향하게 만든다.

인간의 마음(히. 레브)은 지정의의 중심부요, 신앙공간의 대두뇌요, 영성생활의 핵심부다.463) 영혼의 주요 역활은 지정의적 기능이다. 인간은 지성, 감성, 의지를 통해서 말씀을 듣고 깨닫고 행동한다: a) '깨닫는 마음 혹은 앎'(지성적 마음. 신29:4), b) '즐거운 마음'(정서적 마음. 신28:47), c) '마음이 변하여'(의지적 마음. 출14:5).464) 지성 · 감성 · 의지는 믿음의 단면도를 정교하게 구성한다.

인간의 영적 변화는 영적 학습이며, 지정의적 총체적 변화를 수반한다. 그 배경에는 믿음이란 거대한 저수지가 있다. 영성은 지적으로 앎, 정서적으로 느끼는 것, 의지적 행동과 밀접한 관계가 있다. "곧 지혜가 네 마음에 들어가며 지식이 네 영혼에 즐겁게 될 것이요(잠2:10)."465) 인간 안에는 마음과 영혼이 각자 고유성을 유지하며 서로 밀접하게 연결되어 있으면서 서로 보완하는 역할을 한다. 사도행전에서 '지혜가 충만한' 일곱 집사를 선택했다는 것은 복음에 대한 그들의 증언에서 영성과 지적 기능이 상호보완적 관계에 있었음을 시사해준다.466)

---

461) 조용기, "마음하늘", 주일설교(2013-04-07).

462) 존 칼빈, 『기독교강요(상)』, 크리스챤다이제스트(2011), 232.

463) 인간의 구성요소: 몸(헬. 소마), 육(헬. 사르크스), 혼(헬. 프쉬케), 영(헬. 프뉴마), 정신(헬. 누스), 마음(헬. 카르디아), 양심(헬. 쉬네이데시스). 다음 논문을 참고하라. 김은철, "바울의 인간론으로 비춰 본 영산의 인간 이해", 『영산신학저널』, Vol. 4, No.2(2007), 8-19.

464) 에드워즈(Jonathan Edwards)의 지정의 개념: 하나님은 인간의 영혼에 두 가지 기능을 부여하였다. 첫째, 이해(understanding)의 기능: 인지 및 숙고 기능 또는 분별 및 판단 기능이다. 둘째, 관심을 기울이는 기능: 영혼이 생각하거나 숙고하는 대상에 관심을 기울이는 능력이다. 예) 좋아함-싫어함, 기뻐함-불쾌함, 동의함-부정함, 반응-미반응 등. 참조. 존 파이퍼(John Piper), 『하나님을 기뻐하라』(Desiring God), 생명의말씀사(2009), 106.

465) 마귀의 지성, 정서 및 의지에 대한 공격에 관해서 'John Owen, *Indwelling Sin in Believers*, Versa Press(2010)'의 10장, 11장, 12장을 참조하라. 마귀는 지성, 정서, 의지를 순차적으로 공격하여, 궁극적으로 자신의 목적을 이뤄간다.

466) 권택조, 『영성발달』, 예찬사(1999), 140.

마음은 믿음생활의 중심부요, 하나님이 일하시는 거처요, 성령이 활동하는 거룩한 공간이다(창 6:5, 삼상16:7, 렘31:33, 갈4:6, 벧전1:22). 하나님은 그 아들의 영을 인간의 마음에 보내주셔서 마음공간 안에서 활동하도록 하셨다. "너희가 아들인고로 하나님이 그 아들의 영을 우리 마음 가운데 보내사 아바 아버지라 부르게 하셨느니라(갈4:6)." 예수님은 모든 면에서 균형을 이루며 성장해가셨다. 곧 "예수는 그 지혜와 그 키가 자라가며 하나님과 사람들에게 더 사랑스러워 가시더라(눅2:52)." 이 절을 구체적으로 설명하면 다음과 같다. a) 그 지혜: 인지적 발달과정(앎 혹은 인지능력, 분별력, 지각력, 자기이해 등), b) 그 키: 신체적 발달과정, c) 하나님과 사람들에게: 영적, 사회적 발달과정(예수님의 성품은 성령에 의하여 인도받음), d) 더 사랑스러워 가더라: 정서적 발달과정 등이다.

예수님의 성장 과정을 보면 '예수-하나님, 예수-이웃, 예수-세상, 예수-자신'의 4가지 관계를 균형 있게 이뤄갔음을 알 수 있다. 예수님은 성령의 역사하심 안에서 자기에게 주어진 인지적 기능을 최대로 활용하셨다.[467]

원리 1: 믿음은 지정의적으로 성장한다.

영산은 "마음하늘을 깨끗이 하면 하나님이 오셔서 기쁘게 거하십니다. 그러나 마음이 혼란스럽고 더러우면 하나님께서 들어오시지 않습니다."라고 말한다.[468] 인간의 마음은 "물로 씻어 말씀으로 깨끗하게 하사 거룩하게(엡5:26)" 되어야 한다. 영산은 마음을 지키는 방법에 대해서 이렇게 말한다. "마음을 어떻게 지킬 수 있습니까? 제일 중요한 것은 긍정적인 생각으로 마음을 지켜야 되는 것입니다. 마음에 부정적인 생각이 있어서 - '나는 못한다, 안된다, 할 수 없다, 밉다, 저주한다.' - 그렇게 부정적인 것이 마음에 들어가면 마음 천국이 사라지기 시작하는 것입니다."[469]

생각과 마음은 상호 연합적이다. 생각은 마음을 긍정적으로 혹은 부정적으로 만들 수 있다. 동시에 마음밭이 오염되면 생각도 오염된다. 생각과 마음 중에 어느 한쪽이 부정으로 가면, 나머지 하나도 그렇게 된다. 둘 다 선을 향하든지, 악을 향하든지, 그 중간 회색지대는 없다. 좋은 나무가 좋은 열매를 맺는 것도 같은 이치다.

영혼의 성향이나 의지는 정적 상태로 머물게 되면 마음 자체가 되지만, 동적 상태가 되면, 즉 한쪽으로 기울거나 쏠리면 그 정도에 따라 감정 또는 의지로 연결된다. 그런 차원에서 보면 마음하늘의 움직임을 예측하기란 쉽지 않다. 지성이나 감정 혹은 의지를 서로 구분하기도 쉽지 않다. 분명한 것은 마음은 믿음이 활동하는 공간이며, 마음은 혼(soul), 몸(body), 이성(mind), 생각(thinking)과 연계되어 있다(신6:5, 시16:9, 시26:2, 겔18:31, 시73:26, 잠3:5).[470] 인간의 행동은 지성과 감성에 기초하므로 인지적, 정서적 및 의지적 영역은 단독으로 기능하는 것이 아니라, 상보적 및 연합적 관계를 맺으며 작용한다. 믿음은 또한 감정 및 관심과 연결되어 있다. 나아가 믿음과 관심이 상호작용하며, 감정을 낳는다.[471]

---

467) 권택조, 『영성발달』, 예찬사(1999), 140.
468) 조용기, "마음하늘", 주일설교(2013-04-07).
469) 조용기, "마음하늘", 주일설교(2013-04-07).
470) NIV Study Bible(2008), 2128. 마음은 생명의 근원이며(잠4:23, 눅6:45), 인간 활동의 중심부이다. 마음은 인간의 감정을 다스리며(출4:14, 신6:5, 골2:2, 골3:16), 의지를 다스리며(삼상2:35, 대하6:7, 시119:36, 렘32:39, 고전4:5), 지성을 다스린다(신4:39, 출7:23, 신11:18, 눅2:19, 시19:14). 마음은 인간의 인격의 수부인 지정의(知情意)를 총괄한다.

믿음은 지성으로 알고 있는 말씀을 확신하고 동의하고 신뢰하는 행위다. 예수님은 작은 믿음과 큰 믿음에 대해서 말씀하신다: "예수께서 즉시 손을 내밀어 그를 붙잡으시며 이르시되 믿음이 작은 자여 왜 의심하였느냐 하시고(마14:31)." "이에 예수께서 대답하여 이르시되 여자여 네 믿음이 크도다 네 소원대로 되리라 하시니 그때로부터 그의 딸이 나으니라(마15:28)." 따라서 그리스도인은 '작은 믿음의 소유자'에서 '큰 믿음의 소유자'로 진보되어야 한다. 곧 바울이 지적한 대로 '믿음의 진보(빌1:25)'가 요구된다.

일찍이 종교개혁 때부터 신학자들은 일반적으로 구원하는 믿음이 세 가지 요소로 이루어져 있다고 이해했다. 곧 지식(notitia, 지적인 요소), 동의(assensus, 감정적 요소), 신뢰(fiducia, 의지적 요소)이다.[472] 진정한 믿음은 전인격적 요소들 –지성, 감성, 의지 – 을 포함한다(히11:1).

믿음의 성장 또는 진보에서 정서는 중요하다.[473] 신앙의 감정이 하나님 쪽에서 온 것인지, 인간 쪽에서 난 것인지를 분별하는 것은 결코 쉽지 않다.[474] 인간의 통합 정서는 신앙관, 가치관, 도덕관, 세계관, 윤리관 등과 얽혀 있어서 한 마디로 묘사하기 어렵다. 정서의 통제는 감정의 자극 정도, 교육수준, 가치질서, 삶의 우선순위 등에 따라 좌우된다. 삶의 희로애락을 주관하시는 분은 하나님이시다. 따라서 인간의 정서 역시 하나님의 손 안에 있다. 이러한 인간의 복잡한 정서들을 통합시키기 위해서 기도, 말씀, 성령의 도움이 절대적으로 필요하다. 긍정의 심리학만으로는 인간의 불안, 초조, 절망, 두려움을 물리칠 수 없고, 오직 성령의 능력으로만 가능하다. 야훼를 기뻐하면 우리의 마음의 소원이 이뤄진다(시37:4).

원리 2: 믿음은 말씀을 믿고, 확신하고, 신뢰하고, 행동하는 과정이다.

영산은 믿음을 얻는 방법을 세 가지로 압축한다. 믿음은 하나님이 분량대로 주시고(롬12:3), 하나님의 선물이며(엡2:8, 고전12:3), 그리스도의 말씀을 들음으로써 생긴다(롬10:17).[475] 믿음은 마음하늘에서 무슨 일을 하는가? 총체적으로 보면, 인간 쪽에서는 말씀에 대한 거룩한 반응을 하는 것이고, 하나님 쪽에서 보면 하나님 자신의 뜻을 이뤄가는 것이다. 하나님은 꿈의 씨를 마음에 심어 믿음의

---

471) 존 파이퍼 & 저스틴 테일러, 『하나님 중심적 세계관』(A God-Entranced Vision of All Things: The Legacy of Jonathan Edwards), 부흥과개혁사(2013), 356-359.

472) 참조. 스탠리 그렌즈(Stanley J. Grenz), 『조직신학』(The Theology for the Community of God), 크리스챤다이제스트 (2003), 592-593. 루이스 벌코프(Louis Berkhof), 『조직신학』((Systematic Theology), 크리스챤다이제스트(2000), 754-757.

473) 골만(D. Goleman)은 그의 책 『Emotional Intelligence』에서 정서의 어원을 라틴어 'motere(to move)'와 'e-(out의 의미로 away)'의 접두어가 합쳐져서 'move away(움직여 나간다)'의 의미를 지니고 있다고 설명한다. 이런 의미로 보면, 정서란 인지적 및 행위적 영역을 포함한다. 골만의 견해에 의하면, 정서적인 마음(emotional mind)은 이성적인 마음보다 더 빠르게 생각을 행동으로 옮긴다고 한다. 한편 베르나르는 정서가 영성생활과 직결되어 있다고 강조한다. 그는 『영성신학』 책에서 정서를 이성적-윤리적 차원에 입각해서 3가지 양상으로 세분한다. a) 정동(情動, emotion, 혹은 격한 감정): 공포, 동정심, 불안과 같은 움직임. b) 감정(感情, sentiment): 우정, 존경, 미움 등과 같은 정신적 움직임. c) 열정(熱情, passion): 어떤 정신적 상태가 어느 정도 긴 기간 동안 행동 전체에 영향을 주는 과정. 참조. 권택조, 『영성발달』, 예찬사(1999), 149-150.

474) 신앙의 감정 분별에 대하여 다음 책을 참고하라. 존 스미스 편(조나단 에드워즈), 『신앙감정론』(The Works of Jonathan Edwards Volume 2: Religious Affections), 부흥과개혁사(2005), 147-148.

475) 조용기, "믿으면 영광을 보리라", 주일설교(2010-01-17).

능력으로 자라나게 만드신다. 영산은 "꿈을 입으로 시인하면 꿈이 맑고 밝고 환하게 커져 마음에 분명하게 드러나게 되고, 믿음을 입술로 고백하면 더 강해져서, 일이 더 빨리 이루어지게 됩니다. 그래서 하나님이 마음하늘을 주셨는데, 나중에 천당 하늘에 가기 전에, 지금 여기서 마음의 천당 하늘을 누려야 되는 것입니다."라고 말한다.476)

영산은 마음하늘을 하나님의 영적세계가 성취되는 은혜의 장(場)으로 이해한다. 거룩한 마음은 믿음을 실천으로 승화시켜 기적을 일으킨다. 조나단 에드워즈(Jonathan Edwards)는 『신앙감정론』에서 "그리스도인의 실천은 참된 믿음에 대한 다른 모든 표지들을 확증하고 그것들의 으뜸이 된다는 의미에서 표지 중의 표지다. 그리스도인의 실천은 하나님께서 주시는 은혜의 진실성을 가장 적절하게 증거하는 것"이라고 강론한다.477) 우리의 믿음은 행동으로 나타내려고 하는 강한 의지력을 내포하고 있다. 믿음은 역동성을 가지고 있다. 그것은 동적이다. 새가 항상 하늘을 날 준비를 하고 있듯이, 우리의 심령의 날개도 항상 하늘을 향해 날아갈 준비가 되어 있어야 한다.

신앙생활이 활력이 있으려면 '하나님의 말씀을 믿는 과정, 신뢰하는 과정, 행동하는 과정'이 필요하다.478) 신앙생활의 활성화는 '영적으로 아는 과정을 행동으로 옮기는 과정(knowing-doing)'이다. 신앙생활에서는 다음 3가지가 중요한 역할을 한다. a) 인지하는 과정, b) 보고, 느끼는 정서적 과정, c) 고백·선포·행동으로 옮기는 과정이다.

영적인 삶에 있어서 정서적인 표현은 대표적으로 기도, 예배, 찬양, 성례, 설교, 코이노니아(친교), 봉사, 구제 등과 같은 행위를 통해 표출할 수 있다. 예배는 하나의 거룩한 의식적 행위이지만, 그 중심에는 하나님을 경외하는 정서적인 요소가 내포되어 있다. 하나님께 기도할 때에도 그 사람의 정서적 행동이 나타날 수 있다. 즉 손을 흔들며, 목소리를 높이며, 울며, 탄식하는 일련의 과정들에는 정서적 요소가 포함되어 있는 것이다.

존슨(P. E. Johnson)은 정서적 차원에서 신앙에 대한 자신의 견해를 이렇게 펼친다. "신앙은 믿는 자를 확신시키는 기본적인 자신감과 안전감을 주는 정서적인 속성이 있다. 이러한 의미에서 신앙은 두려움, 불안, 불신의 반대개념이라고 할 수 있다. 정서적인 안정감이 없다면 거기에는 쉼이 없고, 긴장, 고뇌, 불안정이 있게 된다. 확신은 우리가 위험이나 혼란이 있을 때 긴장하지 않고 균형을 잡게 해주는 확고한 정서적인 잠재 요소다."479) 그는 또 "정서적인 문제와 영적인 문제는 서로 뗄 수 없을 뿐만 아니라 영성진보에 있어서 중요한 요소다. 정서적으로 건강한 사람과 영적으로 성숙한 사람은 일련의 공통점이 있다. 공통점 중 가장 두드러진 것은 균형과 관용이다."라고 강조한다.

---

476) 조용기, "마음하늘", 주일설교(2013-04-07).

477) 존 스미스 편(조나단 에드워즈), 『신앙감정론』(The Works of Jonathan Edwards Volume 2: Religious Affections), 부흥과개혁사(2005), 615.

478) "이와 같이 행함이 없는 믿음은 그 자체가 죽은 것이라(약2:17)." "내 형제들아 만일 사람이 믿음이 있노라 하고 행함이 없으면 무슨 유익이 있으리요 그 믿음이 능히 자기를 구원하겠느냐(약2:14)." "네가 보거니와 믿음이 그의 행함과 함께 일하고 행함으로 믿음이 온전하게 되었느니라(약2:22)."

479) 최창국, 『기독교 영성신학』, 대서(2010), 147.

(P. E. Johnson, *Psychology of Religion*, Abindon-Ckesbury(1945), 191).

인간은 누구나 감정을 가지고 있다. 이 감정은 영정 성숙에 중요한 자원일 수 있고, 사탄의 도구가 될 수도 있다. 원래 하나님은 거룩한 감정을 품고 살도록 했으나, 아담의 타락으로 인간은 왜곡된 감정으로 살게 되었다. 물이 배를 띄우기도 하고, 침몰시키기도 하는 것처럼, 인간의 정서는 양면성을 가지고 있다. 이처럼 정서적인 차원은 두 가지 방향, 곧 부정적인 방향과 긍정적인 방향을 지니고 있다. 신앙이 성숙될수록 인간의 정서적 차원의 방향은 긍정적인 방향으로 치우치게 된다. 화도 줄고, 성질도 순화되고, 불평과 원망도 점진적으로 수그러드는 것이다. 곧 사고체계가 그리스도의 성품과 삶을 닮아가는 것이다.

원리 3: 믿음은 지성, 감성, 의지를 동반한다.

성령님과 인간은 지정의를 지니고 있는 인격적 존재이므로 서로 교통할 수 있다. 인간의 마음은 지성, 감성, 의지로 이루어져 있다.[480] 또한 지성은 하나님의 말씀을 이해하는 관문이다. 지성 또는 생각이 말씀에 사로잡히면, 생명과 자유와 복을 누릴 수 있다. 영산은 "그리스도의 생각을 품기 위해서 첫째, 말씀을 통하여 그리스도의 생각을 접붙이고, 둘째, 성령님을 의지하고, 셋째, 말씀을 입으로 시인해야 합니다."라고 말한다.[481] 내 안의 지성과 감성과 의지가 말씀과 믿음으로 거룩해지면, 삶의 방향이 악이 아니라 선을 향하게 된다. 내 안의 의지가 말씀을 붙들 때, 창조의 역사가 나타나게 된다.[482]

영산은 "생각이 긍정적이고 희망이 긍정적이면 긍정적인 꿈을 갖게 되고, 긍정적인 믿음을 갖게 되고, 긍정적인 말을 하게 되고, 좋은 일이 생겨나게 됩니다."라고 말한다.[483] 그의 영적논리로 보면 지성, 감성, 의지가 상호융화되어서 하나의 영적 결실을 맺는다. 신령한 믿음은 지성, 감성, 의지를 하나의 지향점으로 향하게 한다. 믿음은 인간의 온 마음을 하나님 쪽으로 지향하게 하여 하나님 자신의 뜻을 이루게 한다. 믿음이 성장할수록 마음하늘의 질서가 균형 잡히고, 또한 마음하늘에 거룩함과 의로움이 충만하게 된다. 믿음의 계층구조에서 거룩과 의는 기초다.

아우구스티누스(Augustine)는 "믿음이란 의지를 가지고 찬성함으로 생각하는 것"이라고 말한다.[484] 인간의 마음공간은 나의 의지와 하나님의 의지가 싸움을 하는 곳이다. 인간이 나의 의지, 주권, 사랑, 욕망을 끝없이 추구하기 때문이다. 믿음이 역사하려면, 인간중심의 의지가 주님의 거룩한 의지 앞에서 사라져야 한다. 마태복음 15장 21-28절에서 가나안 여인의 딸이 치료받는 장면에서 심리적 흐름과 정신적 변화단계는 다음과 같이 전재된다.[485]

---

480) 의지란 무엇인가?: 의지는 선택능력이며, 모든 행동의 직접적 원인이다. 의지는 주권적이지 않고, 그 무엇의 종이다. 의지의 행위는 결정을 자극하는 경향이 가장 큰 지성의 상태에 의해 결정된다. 의지에 작용하는 동기는 감성이 될 수도 있고, 유혹 또는 성령의 능력이 될 수도 있다. 아더 핑크(Arthur W. Pink), 『하나님의 주권』, 요단(2014), 203-210.
481) 조용기, 『291요약설교』, 서울말씀사(2003), 8-49.
482) 의지를 다해 말씀을 붙들면 창조의 역사가 나타난다. "너희가 내게 부르짖으며 내게 와서 기도하면 내가 너희의 기도를 들을 것이요 너희가 온 마음으로 나를 구하면 나를 찾을 것이요 나를 만나리라(렘29:12-13)." "그러나 네가 거기서 네 하나님 야훼를 찾게 되리니 만일 마음을 다하고 뜻을 다하여 그를 찾으면 만나리라(신4:29)."
483) 조용기, "마음가짐", 주일설교(2014-06-15).
484) 빌헬름 게에를링스, 『교부 어거스틴』, CLC(2013), 61.
485) 지성, 감성, 의지를 개념적으로 구분하는 것은 영적 이해를 돕기 위한 것이다. 우리는 마음속에서 지성, 감성, 의지가

a) 지성적(Intellectual) 믿음단계: 머리에서의 인지 단계(cognitive step)

그녀는 먼저 예수님의 기적을 소문으로 들었고, 들은 기적을 지성적으로 믿었다. 그녀의 딸이 흉악한 귀신이 들렸지만 기적을 믿었다.

b) 감성적(Emotional) 믿음단계: 마음으로 느끼는 단계(affective step)

그녀는 예수님을 만나러 갔다. 행동으로 옮겼다. 머릿속에 믿음이 아니라 마음을 다해 행동에 옮기기로 작정했다.

c) 의지적(Volitional) 믿음단계: 행동을 낳는 단계(behavioral step)

가나안 여인은 예수님 앞에 나아갔을 때 거절당했으나 물러서지 않았다. 그러나 그녀는 의지적으로 예수님의 응답을 요구해 귀신이 떠나갔다. 믿음에서 의지적 요소는 최고봉이다.

예수님을 믿을 때 마음의 대변혁 −지성, 감성, 의지의 변화 − 이 총체적으로 일어난다. 영산은 "기독교인이 체험해야 할 3대 영적 신앙요소는 중생, 성결 및 성령세례의 체험"이라고 요약한다.[486] 여기서 중생, 성결, 성령의 체험들은 마음의 지성, 감성, 의지를 변화시키는 요소들이다. 신명기 6장 5절의 말씀을 보면 힘을 다해 하나님을 사랑하라는 메시지가 있다. "너는 마음을 다하고 성품을 다하고 힘을 다하여 네 하나님 야훼를 사랑하라(Love the Lord your God with all <u>your heart</u> and with all <u>your soul</u> and with all <u>your strength.</u>)(신6:5)." 여기서 중요한 핵심단어는 마음(heart, 지성), 성품(soul, 의지), 힘(strength 혹은 might, 신체적)이다. 전인격적으로 곧 지성, 감성, 의지와 있는 힘을 다해 하나님을 사랑하라는 것이다. 믿음은 궁극적으로 사랑으로 이어진다. 하나님을 사랑하고, 이웃을 사랑함으로써 신자의 인격은 하나님의 성품을 닮아가게 된다. 사랑은 인격구조를 철저하게 변혁시키는 도구다.

믿음은 처음에는 듣고, 보고, 알게 된다. 그 다음 마음속에 간절함이 생기면, 감성적 믿음으로 한 단계 올라간다. 가나안 여인이 지성적 믿음을 품었다고 해서 딸이 고침 받은 것은 아니다. 처음에는 단지 믿음을 가졌을 뿐이었다. 그러나 가나안 여인이 의지적 믿음을 가졌을 때 치료받았다. 거듭 거절을 당했지만 그녀는 물러서지 않고 계속 버텼다. 그녀의 마음속에 뿌리내린 강한 의지적 믿음에 예수님도 감동하셨다. "여자여 네 믿음이 크도다 네 소원대로 되리라 하시니 그 때로부터 그의 딸이 나으니라(마15:28)."

'평균법칙'이란 게 있다. 한 번 성공하려면 10번은 거절당해야 한다는 것이다. 만약 처음 예수님이 거절했을 때 물러섰다면? 두 번째 거절했을 때 물러섰다면? 그녀의 딸은 치료받지 못했을 것이다. 가나안 여인은 평균법칙을 알고 그러지 않았겠지만, 평균법칙을 잘 활용한 것 같다. 여기서 지성적 믿음과 감성적 믿음은 예비적 믿음이고, 의지적 믿음이 본 믿음이다. 기적의 역사는 언제

하는 일들을 명확하게 구분할 수 없다. 마음속에서 일어나는 영적인 일은 총체적으로 일어난다. 인간의 영혼 안에 존재하는 내적 기능은 서로 구분할 수 있지만, 분리할 수 없다. 그 요소들은 각자 고유하게 기능하면서 서로 밀접하게 연결되어 있다.

486) 조용기, 『291요약설교』, 서울말씀사(2003), I-16.

일어나는가? 하나님을 의지적으로 믿는 믿음 안에서 일어난다. 곧 '지성적 믿음 + 감성적 믿음 → 예비믿음 → 본 믿음(의지적 믿음)'이다. 균형 잡힌 신앙인은 자신의 의지력을 주 앞에서 순복할 수 있는 자다.487) 참된 쉼을 위해 자신의 의지를 순복할 줄 아는 자가 되어야 한다. "내게로 오라 내가 너희를 쉬게 하리라(마11:28)." 또한 헌신할 때에도 자신의 의지를 부인할 수 있어야 한다. "누구든지 나를 따라오려거든 자기를 부인하고 자기 십자가를 지고 나를 따를 것이니라(마16:24)."

믿음훈련과 함께 신자에게는 하나님의 말씀을 이해하는 지성훈련도 필요하다. 그러한 영적 지성훈련은 아래 기술한 것과 같이 생각의 틀을 하나님의 뜻과 말씀에 일치시키는 교육과정에서 이뤄지며, 지속적이고 반복적이어야 한다.

    a) 삶의 사명과 목표를 바라본다. 기독교 관점에서 삶을 바라보고 성취한다(빌3:12-14).488)

    b) 창조세계를 영성적으로 이해한다. 사물을 하나님 관점에서 바라보고, 분석하고, 평가하고, 이해한다(창1:1).

    c) 창조세계를 존재적 관점에서 이해한다. 모든 피조물은 하나님의 영광을 위해 존재한다는 것을 이해한다(시19:1). 자신의 삶의 자리에서 긍정적 삶, 갱신의 삶, 창조적 삶을 산다.

    d) 인간세계를 섬김의 관점에서 이해한다. 지성개발의 목적은 누군가를 섬기기 위함이라는 것을 이해한다(십계명).

믿는 자는 전인적인 인격을 갖추어야 하며, 사물을 보고 느낄 줄도 알아야 하고, 사물을 보고 이해할 줄 알아야 하고, 무엇인가 하려고 하는 의지력이 있어야 한다. 전인격적 인격을 유지하기 위해서 마음하늘이 말씀의 지혜와 성령으로 충만해야 한다. 영산의 마음하늘 정화론은 4차원영성론과 직결되어 있다. "마음하늘에 죄가 들어오지 못하게 늘 회개하고 예수의 보혈을 의지해서 용서하고 마음에 거룩함이 있도록 성령으로 늘 충만해야 합니다. 그리고 마음하늘을 여러분께서 굳세게 지켜서 긍정적이고 적극적이고 창조적인 생각이 마음을 점령하게 만들게 하고, 언제나 치료가 넘치고 축복이 넘치는 자기 모습을 생각하고 입술로 고백해야 됩니다. 그렇게 마음을 지키면 하나님이 여러분 생애 속에 놀라운 축복을 허락해 주십니다."489)

마음이 영적으로 인격화되면, 성령님과의 교제가 활성화된다. 인간은 지정의적 인격을 가지고 있으므로 성령님과 교통이 가능하다. a) 성령의 지성: 성령은 모든 것 하나님의 깊은 것이라도 통달하시느니라(고전2:10). b) 성령의 감성: 성령이 말할 수 없는 탄식으로 우리를 위하여 친히 간구하시느니라(롬8:26). c) 성령의 의지: 성령이 아시아에서 전하지 못하게 하시거늘 … 예수의 영이 허락지 아니하시는지라(행16:6-7).

---

487) 어떤 자가 순종할 수 있나? a) 예수 그리스도의 십자가 은혜의 진리를 아는 자. b) 꿈과 희망을 가지고 있는 자. c) 이성과 감각을 초월한 믿음을 가진 자. d) 감사하며 입술로 고백하는 자. 참조. 조용기, "동굴과 터널", 주일설교(2012-06-13).

488) "바라봄의 법칙을 통해 하나님의 뜻을 이해하고 꿈을 품고 믿음으로 나가갈 수 있습니다." 참조. 조용기, "믿음의 근원인 바라봄의 법칙", 주일설교(2012-04-22).

489) 조용기, "마음하늘", 주일설교(2013-04-07).

인간은 지정의를 균등하게 성장시켜야 온전한 믿음으로 성장시킬 수 있다. 지성이 없고 믿음만 있으면, 맹신이 될 수 있다. 지성만 있고 믿음이 없으면, 오만한 자가 되기 십상이다. 믿음이 있지만 감성이 약하면, 돌 같은 마음, 무쇠 같은 자가 되기 쉽다. 지성은 기도의 방향과 내용을 깊이 생각하게 해준다. 감성은 마음을 뜨겁게 달궈주는 기능적 역할을 한다. 의지력은 힘을 다해 지속적으로 기도할 수 있게 한다. 따라서 인간의 지성, 감성, 의지는 신앙생활을 하는 데 매우 중요하다. 구원받은 인간의 영성은 이 세 가지가 서로 조화를 이루며 균형 속에서 일어나야 한다. 따라서 신앙인은 지성훈련, 감성훈련, 의지훈련을 적극적으로 받아야 한다. 지성, 감성, 의지는 저마다 고유한 기능을 지니고 있지만, 동시에 서로 밀접하게 연결되어 있으며 상호보완적이다. 칼이 좋을수록 그것을 보관하는 칼집이 그만큼 좋아야 하고, 엔진의 힘이 클수록 제동장치의 힘도 그만큼 커야 하는 것처럼, 지성, 감성, 의지는 서로 밀접하게 연결되어 있으므로 균형을 이루어야 한다. 어느 한쪽이 삐꺽하면, 다른 모든 영역에 영향을 미치기 때문이다.

지(知)의 성장은 무엇보다 하나님을 아는 것을 전제로 해야 한다. 영산은 "우리의 생각을 영적으로 교육시켜야 합니다. 첫째는 하나님 중심의 생각 – 절대예배, 절대믿음, 절대순종 – 을 해야 하고, 둘째, 구원받은 생각, 셋째, 적극적인 생각과 위대한 생각을 해야 합니다."라고 말한다.[490] 정(情)은 '공감의 영성(spirituality of sympathy)'으로 마음을 같이하여, 동정하며, 형제를 사랑하며, 불쌍히 여기며, 함께 즐거워하고, 함께 기뻐하고, 함께 슬픔을 나누는 것이다.

하나님 말씀은 자신의 내면에 숨어 있는 '초감정(meta-emotion)'까지도 치료하는 능력이 있다. 의(意)는 마음속에 꿈을 심고, 목표를 정하고, 그것을 의지적으로 성취하려고 힘쓰는 것이다. 이렇게 보면 영성은 지성, 감성, 의지가 합쳐진 통합적 형태로 나타난다. 사도 바울은 일찍이 지성, 감성, 의지의 중요성을 알고 로마서 12장 2절을 기록했다. "너희는 이 세대를 본받지 말고 오직 마음을 새롭게 함으로 변화를 받아 하나님의 선하시고 기뻐하시고 온전하신 뜻이 무엇인지 분별하도록 하라(롬12:2)." 그는 여기서 마음개발훈련, 곧 지성훈련, 감성훈련, 의지훈련을 강조하며, 하나님의 온전한 뜻을 좇아가려면 마음의 변화가 절대적으로 필요함을 역설한다.[491]

사울 왕을 지정의 관점에서 구체화시켜 보면, 그의 영성은 하나님의 저울에는 함량 미달이었다.
  a) 지(知)측면에서 보면, 그는 하나님을 알고 하나님을 생각하는 사람이었다.
  b) 정(情)측면에서 보면, 그는 하나님께 기뻐하며 삶을 의존했다.
  c) 의(意)측면에서 보면, 그는 하나님께 의지력(意志力)를 다해 순종하지 않았다(삼상15장).

신앙의 외형적인 연륜은 중요하지 않다. 사울은 의지적(意) 믿음이 약했다. 곧 하나님을 의지적으로 믿고 순종하려는 자세가 그에게 부족했다. 생명력 있는 의지적 믿음은 내적으로 순복하는 삶,

---

490) 조용기, 『291요약설교』, 서울말씀사(2003), 8-8.
491) "성령은 최고의 지성과 최고의 감성을 가지신 하나님의 영이기 때문에 그분과 연합된 말씀사역과 기도사역은 사람의 지성과 감성을 가장 효과적으로 발달시킨다(Kwon, 1997)." 권택조, 『영성발달』, 예찬사(1999), 174.

외적으로 섬기는 삶, 신체적으로 힘을 다하는 삶, 지적으로 마음을 새롭게 하는 삶을 빚어낸다. "너희가 섬길 자를 오늘 택하라 오직 나와 내 집은 야훼를 섬기겠노라(수24:15)." 의지적 믿음은 신실과 충성과 헌신을 낳는다.

5.7. 믿음영성: 삶 속의 현재화

기도는 믿음에 의존하고, 믿음은 말씀에 의존한다. 말씀은 성령과 가장 밀접하게 연결되어 있으며, 항상 함께 일한다. 믿음은 기도를 통해서 일한다. 믿음이 없으면 기도는 할 일이 없어진다. 믿음은 하나님의 말씀을 현재화시키는 능력이다. 하나님이 주도권을 가지는 기도, 자신을 초월하는 기도는 믿음을 강하게 만든다. 영산은 믿음을 행하기 위하여 4가지 가이드라인을 제시했다.

a) 예수님을 믿고 하나님의 자녀로 거듭나는 관계가 이뤄져야 한다(요1:12, 3:16).

b) 하나님을 섬기고 순종해야 한다. 사울 왕은 불순종으로 버림받았으나, 다윗은 순종하는 삶을 살아 하나님의 마음에 합당한 사람이 되었다(삼상15:22-24, 17:45-46, 행13:22).⁴⁹²⁾

c) 우리의 새 신분과 자화상에 대한 말씀을 분명히 알고 확신해야 한다. 우리는 예수님의 은혜로 구원받은 왕 같은 제사장이요 천국 백성이다(롬10:17, 벧전2:9).

d) 성령님의 인도를 받아야 모든 일을 믿음으로 행할 수 있다(요16:13, 고전2:10).

동시에 영산은 믿음을 품고 행하는 삶에 의심으로 공격해오는 마귀와 격렬한 투쟁이 있다고 강조한다. 영산은 그것을 극복하는 방법에 대해 이렇게 조언한다.⁴⁹³⁾

첫째, 믿음의 반석은 바로 말씀이므로, 하나님의 말씀을 확실히 깨달아야 한다(요1:1).

둘째, 하나님의 말씀을 가슴속에 깊숙이 받아들여야 한다. 마치 아기를 품는 어머니처럼 말씀과 내가 하나가 되어 생각하고 행동해야 한다(요15:7, 계1:3).

셋째, 타협 없이 믿을 것을 단호하게 결단하고 뒤돌아보지 말아야 한다(신30:19, 눅9:62).

넷째, 믿음의 선언은 감각을 통해 공격해오는 마귀를 대적하는 칼이다(엡6:17, 계12:11).

영산은 영성훈련에서 중요한 것은 '말씀, 기도, 성령의 훈련'이라고 말한다. "누가 내게 와서 '당신의 신앙생활 가운데 가장 중요한 요소 세 가지를 말씀해 주십시오.'라고 청한다면, 나는 서슴치 않고 하나님의 말씀과 성령과 기도생활이라고 대답할 것입니다." ⁴⁹⁴⁾

1) 기도훈련

영산은 '믿음의 기도란 절망적인 상황인데도 불구하고 마음속 가장 깊은 곳에서 우러나오는 믿음으로 인해 확신을 갖고 드리는 기도입니다.'라고 말한다.⁴⁹⁵⁾

---

492) "완전한 순종의 삶은 양면성을 띤다. 하나는 하나님이 기뻐하시는 일에 절대적으로 자신을 내어 맡기는 것이요, 또 하나는 하나님으로 하여금 그분이 원하시는 일을 하시도록 자신을 드리는 것이다." 앤드류 머레이(Andrew Murray, 1828-1917), 『완전한 순종』(Absolute Surrender), 생명의말씀사(2014), 22.
493) 조용기, "믿음으로 행하고 보는 것으로 하지 않음", 주일설교(2006-01-08).
494) 홍영기, 『조용기 목사의 교회성장 리더십』, 교회성장연구소(2005), 81.

그리스도인이 되었다는 가장 확실한 증거는 기도다. 성도의 가장 본직절인 특성을 하나만 말하라면, 그것은 단연 '기-도'이다. 자연인은 결코 기도할 수 없다. 영산은 다양한 기도 방법을 소개하여, 성도들을 기도의 사람으로 만들고자 하였다.496) 하나님께 기도한다는 것은 하나님의 생명에 접붙임의 결과다. 성도들이 기도하면 그 기도가 하늘에 향(香)으로 올라간다. "향이 가득한 금 대접을 가졌으니 이 향은 성도의 기도들이라(계5:8)." 기도하면 하늘에 보배로운 향기가 되어 올라간다. 기도란 믿음을 통해 하늘로 올라가는 성도들의 마음의 거룩한 향기다.497)

기도란 나의 뜻이 아니라 하나님의 뜻을 찾아가는 고도의 영적훈련이다. 그런 까닭에 기도는 인내훈련과 맞물린다. 기도란 하나님 앞에서 "주님, 저는 아무것도 아닙니다. 먼지입니다. 티끌입니다. 하나님 없이 나는 아무것도 할 수 없습니다."를 선포하는 것이다. 또한 기도란 거룩의 영이 우리 안에서 자유롭게 활동할 수 있도록 분위기를 만들어주는 거룩한 행위다. 기도란 하나님의 자녀가 예수 그리스도 안에서 성령님을 통해서 하나님 아버지에게 드리는 것이다. 영적인 삶은 기도의 삶이며, 우리 안에 계시는 성령과 함께 하는 삶이다. 보혜사 성령은 예수님이 하신 말씀을 생각나게 해주고(요14:26), 어떻게 기도해야 할지를 지도해주고(롬8:26-27), 장애물을 넘어 소망을 품게 해주고(롬14:17), 모든 것을 새롭게 한다(딛3:5).

윈슬로우((O. Winslow)는 "기도는 영적 생활의 상태를 측정하고 시험하는 영혼의 측량기"라고 말한다.498) 기도는 영적상태를 가장 확실하게 보여주는 평가수단이다. 기도는 하나님과의 친교이다. 기도는 지속성을 요구한다. 기도는 신령한 것과 영적 은혜를 구하는 것이다. 기도는 하나님께로 우리의 영혼을 상승시키는 것이며, 하나님과의 신령한 연합이며, 하나님의 사랑 속에 몰입되고 흡수되는 일이다. 기도는 경배, 감사, 고백, 요청(petition), 중보(intercession)의 요소들을 포괄한다.

영산은 4차원의 기도를 강조했다. "4차원의 기도는 우리가 바라는 꿈과 소원에 대한 분명한 말씀을 깨닫고, 그것이 이루어진 모습을 바라보며, 믿음으로 고백하여 그대로 이루어질 것을 위해 기도드리는 것입니다."499) 그는 "꿈과 믿음과 입술의 고백 속에 응답받은 실상과 확신의 증거를 가지고 기도하는 것"을 4차원의 기도라고 정의한다. 그는 아브라함을 전형적인 4차원 기도의 한 예로 소개한다.500)

a) 아브라함이 자식을 소원하자 하나님께서 말씀으로 응답했다(창15:1-4).

b) 아브라함은 믿음으로 하늘을 바라보고 별처럼 많은 자녀의 꿈을 품었다(창15:5).

c) 마음에 간절한 소원과 꿈이 생기면서 믿음이 생겼다(창15:6-7).

d) 회개하고 믿음을 강하게 붙잡아주시는 약속대로 고백하게 했고(창17:1-8), 100세에 약속대로 아들 이삭을 얻었다(창21:1-5).

---

495) 조용기, 『기도』, 서울말씀사(2013), 78.

496) 영산은 기도방식을 다양하게 분류하여 성도들에게 적용하였다. 보혈기도, 자유형 기도, 제목기도, 위치확인기도, 파상형 기도, 묵상기도, 찬양기도, 방언기도, 성막형기도. 참조. 조용기, 『어떻게 기도할 것인가?』, 서울말씀사(2013).

497) "나의 기도가 주의 앞에 분향함과 같이 나의 손드는 것이 저녁 제사같이 되게 하소서(시141:2)."

498) 옥타비우스 윈슬로우(Octavius Winslow), 『그리스도인이 누리는 보배로운 선물』(The Precious Things of God), 지평서원(2012), 266.

499) 조용기, "4차원의 기도", 주일설교(2012-02-05).

500) 조용기, "4차원의 기도", 주일설교(2012-02-05).

바울도 그의 편지들의 많은 곳에서 기도에 대해 언급한다. a) 쉬지 말고 기도하라(살전5:17). b) 기도에 항상 힘쓰라(롬12:12). c) 무시로 성령 안에서 기도하라(엡6:18). d) 기도를 항상 힘쓰라(골4:2). 기도는 지속성이 있어야 한다. 예수님의 기도(히5:7), 다니엘의 기도(단10:12-14), 수로보니게 여인의 끈질긴 기도(막7:24-30), 그리고 밤에 찾아와 끈질기게 떡 세 덩이를 달라고 졸라대는 친구(눅11:5-8)는 단순한 기도로 마침내 응답받았다. 기도에는 '말하는 기도(speaking prayer)'와 '듣는 기도(listening)'도 있다. 기도에서는 듣는 것도 중요하다. 이사야서는 "너희는 귀를 기울이고 내게로 나아와 들으라 그리하면 너희의 영혼이 살리라(사55:3)"고 기록하고 있다.

그리스도인의 삶은 '내려옴'과 '올라감'의 과정을 반복하는 삶이다. 말씀이 '위로부터 우리에게 내려온 것'이라면, 기도는 '우리 자신으로부터 하나님께 올라가는 것'이다. '위로부터 내려옴'에는 말씀, 환상, 꿈, 생각, 믿음, 응답 등 다양한 채널이 있다. '아래로부터 올라감'에는 기도, 영광, 감사, 찬양 등이 있다. 5만 번의 기도응답을 받은 죠지 뮬러(George Muller)를 연구한 신학자들에 의하면 그의 기도는 특징이 있었다.

    a) 축복의 법칙: 예수님 공로에 대한 확신을 가진다.
    b) 정화의 법칙: 죄를 회개하고 진정으로 자복한다.
    c) 확신의 법칙: 하나님의 말씀을 마음속에 확신한다.
    d) 우선순위 법칙: 하나님의 뜻을 먼저 구한다.
    e) 기다림의 법칙: 하나님을 신뢰하고 기다리는 끈기가 있어야 한다.[501]

1958년 대조동 판자촌에 천막교회가 세워졌다. 그곳은 병들고 가난한 사람, 인생에 실패한 사람들이 사는 쪽박 동네였다. 그 동네 사람들의 한 가지 소망은 병을 떨쳐버리거나 끼니 걱정 없이 사는 것이었다. 영산은 그 당시 상황을 이렇게 회고한다. "기도밖에는 해줄 게 없어서 기도에 매달렸습니다. 열심히 기도했습니다. 병에서 낫는 것과 재물이 필요한 사람들에게 그것 말고 다른 것 뭘 달라고 기도해야 합니까? 그래서 그것을 달라고 기도하고 또 기도했습니다. 그랬더니 그 기도가 응답을 받게 되었습니다. 절망의 사람들이 희망의 사람들로 바뀌어 갔습니다."

영산은 불광동 개척교회 시절부터 기도하면 응답되는 거룩한 경험을 쌓는 훈련을 받았다. 그는 그 시절에 기도하면 응답이 오고, 확신이 생기면 행동으로 옮기고, 끝까지 인내하고 전진하면 성취된다는 기도응답 원리를 깨달았다. 그는 '기도-응답-확신-행동-성취'라는 영적 프로세스의 효능을 이론으로 배운 것이 아니라, 오로지 경험을 통해서 배웠다. 암울했던 시대 속에서 영산은 기도-응답 원리를 천막교회 현장에서 하나하나 배워 나갔다. 그것은 훗날 거룩한 영적 습관으로 자리매김하였고, 천막교회에서의 기도-응답 훈련은 처음 5명에서 훗날 80만 명까지 성도를 끌어올리는 견인적 역할을 하였다. 그는 절대로 포기하지 않고 끈질기게 기도하는 것을 강조한다. "우리의 기도는 그것이 어떠한 기도이든 아무런 저항 없이 쉽게 응답되는 일은 없습니다. 왜냐하면 기도

---

[501] "우리 삶은 신앙과 생활의 모든 면에서 기다림이 필요합니다. 먼저 환상이나 꿈을 받기 위해서(행16:6-10) 기다려야 합니다. 또한 자기의 삶을 정비하기 위하여, 하나님의 절대주권에 순복하기 위하여, 믿음의 진실성을 증명하며 하나님을 따라가기 위해서 기다려야 합니다." 조용기, "기다리는 것", 주일설교(2010-02-21).

는 일차적으로 우리의 기도를 막는 마귀와 씨름하는 것이기 때문입니다."502)

영산은 자신의 사역의 비결을 기도에서 찾는다. "오늘날 사람들이 '메시지를 받는데 얼마나 시간이 걸리느냐'고 물으면 저는 50년이 걸렸다고 말합니다. 저는 목회를 시작한 그날로부터 매일 하나님께 메시지를 달라고 부르짖어 기도하는 그런 삶을 살아왔습니다."

바운즈(E. Bounds)는 그의 책 『기도의 능력』에서 이렇게 말했다. "마귀는 무엇보다도 그리스도인이 기도하는 것을 방해하려고 한다. 마귀는 기도가 빠진 성경공부, 기도가 없는 봉사, 기도가 없는 종교는 하나도 겁내지 않는다. 마귀는 우리의 수고를 비웃고 지혜를 조롱하지만, 우리가 기도할 때는 떨게 된다." 루터(Luther)는 이렇게 고백했다. "만약 내가 매일 새벽 2시간을 기도로 보내지 않는다면 그 날의 승리는 마귀에게로 돌아갈 것이다. 나는 할 일이 너무 많기 때문에 매일 3시간씩 기도하지 않고 일어날 수 없다."

영산은 응답받는 기도에 대하여 이렇게 조언한다.503)

"첫째, 뜨거운 소원이 있어야 합니다. 분명한 목표가 있어야 합니다. 소원의 텃밭을 가져야 합니다. 믿음은 바라는 것들의 실상이요 보이지 않는 것들의 증거이므로 구체적이고 명확한 목표를 가지고 간절히 기도해야 합니다(눅18:3)."

"둘째, 꿈을 품고 기도해야 합니다. 없는 것을 있는 것 같이 바라보며 기도해야 합니다. 구체적인 꿈을 꾸어야 합니다. 하나님께서는 아브라함에게 밤하늘의 별을 보게 하시고 그와 같이 자손이 번창할 것을 약속하셨습니다(롬4:17-18). 낙심치 말고 기도해야 합니다." "나의 의인은 믿음으로 말미암아 살리라 뒤로 물러가면 그를 기뻐하지 아니하리라(히10:38)."

"셋째, 믿음으로 기도해야 합니다. 부정적인 생각을 버리고 기적이 일어난다고 생각해야 합니다. 기도하고 구한 것은 이루어질 줄 믿고 의심하지 말고 구하면 그대로 이루어집니다. 믿음만이 하나님을 기쁘게 할 수 있습니다(막11:23-24)."

"넷째, 감사하며 기도해야 합니다. 감사가 하나님을 영화롭게 합니다. 감사가 하나님을 기쁘게 합니다. 우리가 하나님을 찬양하고 그의 위대하심을 감사하며 기도할 때 다른 무엇보다도 하나님께서 기뻐하십니다." "너는 내게 부르짖으라 내가 네가 응답하겠고 네가 알지 못하는 크고 비밀한 일을 네게 보이리라(렘33:3)."

하나님은 "내가 네 기도를 들었고 네 눈물도 보았노라 내가 너를 낫게 하리라(왕하20:5)"고 말씀하신다.

꽃씨의 생명력은 바위를 뚫을 만큼 강하고, 기도는 강한 쇠를 관통할 만큼 강하다. 인간이 드리는 기도내용은 신분과 삶의 환경에 따라 서로 차이가 있지만, 크게 보면 대동소이하다. 요약하면 다음과 같다.

[기도내용] = [찬양과 예배] + [회개와 자백] + [감사와 만족] + [간구와 호소]

---

502) 조용기, "과부와 재판장 비유", 주일설교(2010-09-05).
503) 조용기, "응답받는 기도", 주일설교(2010-05-02).

2) 성령훈련

영산은 '지난 반세기 목회 동안 자랑할 게 무엇입니까?'라는 질문을 받으면 이렇게 대답하겠다고 말한다. "그것은 성령충만입니다." 그만큼 그는 성령의 중요성을 강조한다. "영성은 무엇이라고 생각하시며, 목사님의 영성의 핵심은 무엇입니까?"라는 질문에 그는 이렇게 답한다. "성령운동은 기도운동입니다. 그러므로 성령운동은 더 많은 시간을 내어서 하나님께 회개하고 자복하며 성령과 교통하는 운동입니다. 기도하지 않는 성령운동은 없고, 성령운동 없이는 영성이 있을 수 없습니다. 그렇기 때문에 영성운동이란 기도운동을 말하고 기도를 통해서 내적인 영의 계발이 이뤄질 때 영성운동이라고 부를 수 있습니다."504)

영산은 성령님의 도우심으로 천막교회 5명에서 80만 명의 성도를 일궜다. 그는 반세기 목회동안 보혜사 성령님과 함께 거대한 사역을 이루었다. 그는 성령에 대하여 이렇게 말한다. "보혜사 성령이 와서 여러분을 돕고 계십니다. 은혜로 돕고 계시고 성령의 능력으로 돕고 계신 것입니다. 우리는 외롭지 않습니다. 성령께서 함께 믿어주시고, 살아주시고, 죽어주시는 것입니다. 살 때도 성령이 같이 계시고, 죽을 때도 성령이 우리의 손을 꼭 붙잡고, 하나님 아버지 앞으로 인도해주십니다. 이제 두려울 것 없어요. 여러분은 그리스도의 본을 따라서 하나님의 상속자들인 것입니다. 얼마나 영광스러운지 모릅니다. 하나님은 여러분을 사랑하십니다. 여러분을 통해서 하나님은 영광을 받으십니다."

물리학에 전자기 유도현상이라는 이론이 있다. 곧 고압전류가 흐르는 전선 옆에 또 다른 전선을 나란히 놓으면 전류가 옆 전선에 옮겨지는 현상이 일어난다. 선끼리 연결하지 않아도 초고압전류가 흐르는 전선 근처에만 가도 전류가 옮아가는 것처럼, 성령충만하면 내 마음의 전선에 성령님의 전류가 옮아오는 것이다. 성령님이 우리에게 임하면 '나 중심의 사고'에서 '하나님 중심의 사고'로 자연스럽게 바뀐다. 이는 성령님이 나와 동행하시기 때문이다. 이처럼 신앙인은 성령님의 기관차에 붙어서 끌려가는 화차와 같은 존재다.

존 브라운(John Brown)은 이렇게 말했다. "사람들이 자신을 성령에 맡길 때 그들이 일주일 동안 하나님, 그리스도, 구속에 대해 배우는 것이 그들이 성령과 떨어져서 일생동안 배우는 것보다 더 많은 것이다." 성령은 우리의 마음속에 예수 그리스도가 하나님의 아들이시라고 증거한다. 이사야서에는 "야훼의 신 곧 지혜와 총명의 신이요 모략과 재능의 신이요 지식과 야훼를 경외하는 신이 그 위에 강림하시리니(사11:2)"라고 기록되어 있다.

구약시대에 하나님은 여러 가지 방법으로 계시하셨다. 천사들을 통해서(창16:7-14), 환상을 통해서(창15:1-11), 꿈을 통해서(창28:10-19), 비유를 통해서(렘18:1-10), 세미한 소리를 통해서(왕상19:12), 기사와 표적들을 통해서(출8:20-25) 계시하셨다. 하나님은 모세에게 떨기나무에 불이 붙는 모습으로 나타나셔서 "나는 스스로 있는 자니라(출3:14)"고 말씀하셨다. 기드온은 손에 잡은 지팡이 끝을 고기와 무교병에 대니 불이 반석에서 나와 고기와 무교병을 불태우는 장면을 두 눈으로 목격했다(삿6:21). 또한 믿음의 확신을 위해 기드온은 양털 한 뭉치를 하나님 앞에 내어놓고 두 번째 표적을 구하기도 했다(삿6:36-40).

---

504) 홍영기, 『조용기 목사의 영성과 리더십』, 교회성장연구소(2003), 194.

성령은 지식, 감정, 의지를 가지고 계셔서 우리와 대화하실 수 있다. "주 예수 그리스도의 은혜와 하나님의 사랑과 성령의 교통하심이 너희 무리와 함께 있을지어다(고후13:13)."

영산은 성령님의 인격에 대해서 다음 세 가지로 요약한다.505)

<u>첫째, 성령님은 지성을 가지고 계신다.</u>

성령은 생각을 가지고 계시며, 지식을 가지고 계시는 분이시므로 우리의 생각과 우리가 알고 있는 지식을 다 알고 계신다. "심히 교만한 말을 다시 하지 말 것이며 오만한 말을 너희의 입에서 내지 말지어다 야훼는 지식의 하나님이시라 행동을 달아 보시느니라(삼상2:3)."

모스 부호는 가장 쉽고 유용하게 만들어진 전신부호로 1832년부터 얼마 전 위성통신으로 대치되기까지 100여 년간 주요 해상구조 신호로 사용되었다. 모스 부호는 사무엘 모스(Samuel Morse)가 발명했는데 하루는 그에게 어떤 사람이 찾아와서 이렇게 물었다. "교수님은 실험하시는 동안 무엇을 해야 할지 몰라서 중단하신 적이 없습니까?" "여러 번 그랬지요." "그럴 땐 어떻게 하시나요?" "저는 무슨 일을 해야 할지 모를 때마다 하나님께 엎드려 기도드렸습니다. 그때마다 하나님께서 응답하셨고, 그로 인해 모스 부호를 발명할 수 있었지요. 덕분에 지금은 엄청난 부와 명예를 얻게 되었습니다. 하나님께서 저에게 이런 축복을 주신 것은 다른 사람들보다 뛰어나서가 아니라, 전적으로 하나님을 주로 모시고 의지했기 때문입니다." 모스 부호를 발명하고 나서, 1844년 5월 24일 모스 교수가 워싱턴에서 많은 사람들이 지켜보는 가운데 볼티모어에 있는 베일에게 최초로 보낸 전문의 내용은 "하나님은 무엇을 만드셨는가?(What Hath God Wrought?)"였다고 한다.

사람이 아무리 뛰어나도 과거, 현재, 미래를 알 수 없다. 사람의 IQ는 아무리 좋아도 한계가 있다. 린다 갓프레드슨(Linda Gottfredson)은 지능에 대한 정의를 이렇게 했다. "지능은 무슨 일이 일어나는지 알아차리고, 대상을 이해하며, 어떻게 행동해야 할지를 알아내는 능력이다. 지능은 추상적 사고, 문제해결능력, 지식을 습득하는 능력을 포함한다."

IQ는 학업성취를 통해 증가한다고 한다. 미국의 한 심리학자가 연구한 결과에 의하면, 1947년부터 2005년까지 55년 동안 인간의 IQ가 18이 증가했다고 보고했다. 1947년 IQ가 100인 사람이 2002년에 태어났으면 118이 되는 것이다. 역으로 2002년도에 IQ가 100인 사람이 만약 30년 전에 태어났다면 그의 IQ는 73이 나온다. IQ가 100이면 숙련노동자나 사무직 노동자가 될 수 있는 수준이다. IQ가 73이면 고등학교도 졸업하지 못할 머리이지만, 사실은 그렇지 않다. 교육이 사람의 IQ를 증가시킨 것으로 보아야 하며, 500년 전 사람이나 1000년 전 사람이나, 오늘날 우리가 받는 유사한 교육을 받았으면, 그들의 IQ는 오늘날 우리와 동일한 수준이었을 것이다.

플린(Flynn)은 오늘날 대부분의 사람들은 '과소성취(under-achievement)'가 아니라 '과잉성취(over-achievement)'를 하고 있다고 주장한다. 과잉성취란 'IQ로 기대할 수 있는 수준을 넘어서는 현상'으로

---

505) 조용기, "보혜사 성령님", 주일설교(2010-01-10).

서, IQ로 보면 더 낮은 직종에서 종사해야 하는 데도 불구하고 기술 전문직이나 경영 관리직에 종사한다는 것이다. 이에 비해 과소성취는 'IQ로 기대할 수 있는 수준을 넘지 못하는 현상'이다. 결론적으로 'IQ'보다 오히려 '학업성취'가 사회경제적 성공을 더 현실성 있게 예측한다는 것이다. 공자는 2500년 전에 능력의 두 가지 원천을 구분했는데, 하나는 하늘에서 내린 재능이고, 하나는 노력으로 얻어지는 재능이다. 결국 학업의 지적 성취능력과 태도가 IQ보다 더 중요하다는 것이다. 다시 말해 노력지능이 머리지능보다 실제적인 삶에서 더 큰 영향력을 미치는 것이다.

성령님은 우리에게 지혜와 지식의 영을 부어주신다. 성령님이 우리 안에 임하면, 그는 우리가 '과소성취 능력'이 아니라 '과잉성취 능력'을 발휘하게 해주신다. 성령님은 우리에게 지혜, 지식, 총명을 주시는 하나님이시자 조언자(helper)이시다. "마음을 감찰하시는 이가 성령의 생각을 아시나니 이는 성령이 하나님의 뜻대로 성도를 위하여 간구하심이니라(롬8:27)."

둘째, 성령님은 감정을 갖고 계신다.
성령님은 우리 연약함을 도우신다. "우리가 마땅히 빌 바를 알지 못하나 오직 성령은 말할 수 없는 탄식으로 우리를 위하여 친히 간구하시느니라(롬8:26)." 우리의 삶에서 진정한 파트너는 성령님이시다. 우리는 언제나 그분을 의지해야 한다. 성령님은 감정을 가지고 계신다. 그래서 성령님은 우리를 위해서 탄식하시며 기도해주신다. 바울은 "하나님의 성령을 근심하게 하지 말라 그 안에서 너희가 구속의 날까지 인치심을 받았느니라(엡4:30)"고 진지하게 권면한다.

셋째, 성령님은 의지를 갖고 계신다.
성령은 결단과 의지를 가지고 계신다. "성령이 아시아에서 말씀을 전하지 못하게 하시거늘 부루기아와 갈라디아 땅으로 다녀가 무시아 앞에 이르러 비구니아로 가고자 애쓰되 예수의 영이 허락지 아니하시는지라(행16:6-7)." 따라서 그리스도인은 언제나 성령의 인도하심을 받아야 한다.[506]

3) 레마훈련

영산은 "레마를 받으면 하나님의 말씀이 마음 중심에 확신으로 임하여 평안과 요동치 않는 믿음으로 넘치게 됩니다. 레마를 받은 후 인간의 이성으로 계산하거나 상황을 보아서는 안 됩니다."라고 말한다.[507] 성경을 눈으로 보면 하나님을 아는 지식이 되고, 마음으로 읽으면 레마가 되고, 온몸으로 읽으면 삶의 실천이 된다.[508] 레마는 지금 나에게 '선포된 말씀'이다(헬라어 명사 '레마'는 문자적

---

506) "성령님의 인도하심을 받기 위해서 자기의 전 존재를 전폭적으로 무조건적으로 성령님께 내려놓고 성령님께서 나의 목적이 아닌 하나님의 목적을 위하여 역사해 주실 것을 믿고 소원해야 합니다. 이와 같은 삶의 중대한 변화 없이 성령님의 인도함을 기대할 수 없습니다. 성령님은 우리를 변함없이 가르치시고 인도하시기를 원하십니다." 조용기, 『설교는 나의 인생』, 서울말씀사(2012), 194-195.

507) 조용기, 『하늘의 수레를 끄는 기쁨』, 서울말씀사(2012), 119. 영산은 "인간의 생각으로 판단할 때 불가능한 일이라도 하나님으로부터 믿음의 결재가 내려오면 '믿습니다.'하고 나아가십시오. 그러면 그 레마대로 이루어집니다."라고 말한다.

508) 하나님의 말씀에는 로고스, 그라페, 레마가 있다. a) 로고스(요1:1, 14, 히4:12-13, 계19:13): 계시된 말씀, 예수 그리스도. b) 그라페(요19:28, 7:38, 롬15:4, 약4:5): 기록된 말씀, 성경. c) 레마(롬10:8, 엡6:17, 히1:3, 11:3): 선포된 말씀, 이 시간 나에게 하시는 말씀이다. 말씀은 과거, 현재, 미래를 초월해서 기능한다.

으로 '말한 것'을 뜻함). 성령님은 한두 가지 방법으로 우리를 인도하시지 않고, 여러 가지 방법으로 우리를 사용하시고 인도하신다. 레마를 들을 수 있는 채널에는 성경말씀, 꿈이나 환상, 음성, 환경, 소원 등이 있다. 영산은 경험적으로 4가지를 요약해서 강조한다.[509]

첫째, 성경말씀을 통해서 레마를 주신다.

성령님은 신자가 하나님의 말씀을 읽는 과정에서 마음속에 말씀을 들려주셔서 깨닫게 하신다.[510] 이것은 하나님의 절대적인 인도다. 창세기부터 계시록까지의 하나님의 말씀을 통해서 하나님이 레마로 우리에게 말씀하실 때, 우리는 틀림없는 하나님의 뜻으로 받아들일 수 있다. 무엇을 결정하든 하나님의 말씀에 기초해야 한다.

둘째, 특별 계시를 통해서 레마를 주신다.

성령님은 특별 계시 – 꿈, 환상, 예언, 음성 등 – 를 통하여 하나님의 뜻을 보여주시기도 한다. "하나님이 말씀하시기를 말세에 내가 내 영을 모든 육체에 부어 주리니 너희의 자녀들은 예언할 것이요 너희의 젊은이들은 환상을 보고 너희의 늙은이들은 꿈을 꾸리라 그 때에 내가 내 영을 내 남종과 여종들에게 부어 주리니 그들이 예언할 것이요(행2:17-18)." 성령은 때로는 음성을 통해서 레마의 말씀을 주신다. "안디옥 교회에 선지자들과 교사들이 있으니 곧 바나바와 니게르라 하는 시므온과 구레네 사람 루기오와 분봉 왕 헤롯의 젖동생 마나엔과 및 사울이라 주를 섬겨 금식할 때에 성령이 이르시되 내가 불러 시키는 일을 위하여 바나바와 사울을 따로 세우라 하시니 이에 금식하며 기도하고 두 사람에게 안수하여 보내니라(행13:1-3)." 금식할 때 성령이 임해 예언의 은사를 가진 사람의 입을 통해서 예언을 하신 것이다. '내가 불러 시키는 일을 위하여 바나바와 사울을 따로 세우라'는 강력한 레마의 말씀이다. 성령은 또한 지시를 통해 마음속에 강한 레마의 말씀을 주신다: "예루살렘에 시므온이라 하는 사람이 있으니 이 사람은 의롭고 경건하여 이스라엘의 위로를 기다리는 자라 성령이 그 위에 계시더라 그가 주의 그리스도를 보기 전에는 죽지 아니하리라 하는 성령의 지시를 받았더니(눅2:25-26)." 신앙의 힘은 말씀이 내 마음 가운데 임할 때 강력해진다. 그 말씀은 반드시 이루어지기 때문이다(눅1:38).

셋째, 마음의 소원을 통해서 레마를 주신다.

인간의 마음은 하나님과의 교류가 일어나는 거룩한 장소다. 성령님은 우리에게 마음의 소원을 주셔서 우리를 인도하신다. 우리 안에서 행하시는 이는 하나님이시다. 하나님은 하나님의 기쁘신 뜻을 위하여 우리에게 소원을 주시고 행하게 하신다(빌2:13). 소원이 마음속에 일어나서 그 소원과 함께 마음에 기쁨과 평안이 동반될 때, 하나님이 이를 통해서 역사하시는 것이다. 마귀가 주는 생각은 평안도 없고, 늘 불안하고 초조하다. 바울은 "아무것도 염려하지 말고 오직 모든 일에 기도와 간구로, 너희 구할 것을 감사함으로 하나님께 아뢰라(빌4:6-7)"고 말한다.

---

509) 참조. 조용기, 『설교는 나의 인생』, 서울말씀사(2012), 159-168.
510) "우리는 성령의 인도하심을 받기 위해서 하나님의 말씀을 부지런히 공부하고 기도하는 생활을 계속해야 합니다. 기도하지 않으면 하나님 뜻대로 가지 못합니다." 조용기, 『설교는 나의 인생』, 서울말씀사(2012), 231.

<u>넷째, 주위환경을 통해서 레마를 주신다.</u>

하나님은 주위 환경을 통해서도 우리를 인도하신다. 아무런 특별 계시도 마음에 소원도 받지 않았는데 환경이 우리를 그 속으로 밀어 넣는 것이다. "진리의 성령이 오시면 그가 너희를 모든 진리 가운데로 인도하시리니 그가 스스로 말하지 않고 오직 들은 것을 말하며 장래 일을 너희에게 알리시리라(요16:13)."

맺는말

이 장에서는 믿음의 본질과 중요성, 다양한 믿음의 모델, 실천적 방법론에 대해서 서술했다. 사랑의 하나님은 우리에게 믿음을 선물로 주셨다. 신앙생활에서 믿음은 핵심이다. 믿음은 엔진처럼 기능한다. 믿음이 하는 일은 실로 엄청나다. 하나님은 인간의 믿음을 통해 일하시고, 동시에 자신의 마음을 우리의 믿음을 통해 드러내신다. 영의 사람은 영으로 일한다. 그 중심에 믿음이 있다. 믿음만이 하나님과 하나님의 자녀를 서로 연결시켜서 창조적인 일을 하게 한다.

영산의 믿음론은 5중복음과 3중축복과 4차원영성의 총체적으로 이루어져 있다. 그 중심에는 좋으신 하나님, 예수 그리스도의 대속, 성령님과의 인격적 교제가 내포되어 있다. 그의 믿음관은 예수 그리스도와 그의 십자가에 초점이 맞추어져 있다. 그의 믿음론은 성령 안에서 그리스도와 십자가를 중심으로 성도들에게 확장 및 적용된다. 또한 그의 믿음의 능력은 기도와 성령의 힘이다.

믿음은 성경에 나오는 구원 이야기를 지금 나의 이야기로 전환시켜준다. 믿음은 글로 된 지도를 하늘의 풍경으로 바꾸어준다. 믿음으로 우리는 하나님을 알아간다. 청교도 저술가 존 플라벨(John Flavel)은 "영혼은 육체의 생명이고, 믿음은 영혼의 생명이며, 그리스도는 믿음의 생명"이라고 말했다. 우리는 무엇을 믿는가? 누구를 믿는가? "나는 하나님을 믿는다. 또는 나는 그리스도를 믿는다"고 말할 것이다. 맞다. 이 대명제는 절대적이고 변할 수 없는 진리다. 나아가 그리스도를 믿는 믿음은 궁극적으로 온갖 복의 근원이신 하나님 아버지, 은혜와 사랑이 넘치시는 하나님 아버지와 연결된다.

하나님은 자비하셔서 인간의 죄를 구속하기로 작정하시고, 이 땅에 그 아들 예수 그리스도를 보내셨다. 예수를 믿음으로써 죄인은 의인이 되고, 믿음의 사람이 된다. 자비가 풍성하신 하나님은 그분의 자녀가 예수님의 이름으로 기도하면, 그에게 구하는 것을 주신다. 예수 그리스도를 믿는 믿음 안에는 '하나님의 자비하심'이 잠재되어 있다. 하나님은 자비에 따라 죄인을 구원하신다. 예수 그리스도의 십자가는 하나님의 사랑과 은혜와 자비의 증거물이다. 우리의 믿음은 하나님의 자비와 십자가에 못 박히신 예수 그리스도가 한 짝을 이루는 것을 믿는다. 오늘날 성령님은 믿음의 본질로서 이 두 요소들을 우리의 마음속에 심어준다. 따라서 믿음은 삼위일체적으로 우리 안에 들어온다.

우리는 예수 그리스도를 우리의 주님과 구원자로 믿는다. "영생은 곧 유일하신 참 하나님과 그가 보내신 자 예수 그리스도를 아는 것이니이다(요17:3)." 예수님만이 길이요, 진리요, 생명이다. 이 모든 것이 은혜다. 우리는 하나님의 은혜로 믿음을 얻는다. "내가 전에는 비방자요 박해자요 폭행자였으나 도리어 긍휼을 입은 것은 내가 믿지 아니할 때에 얻지 못하고 행하였음이라 우리 주의 은혜가 그리스도 예수 안에 있는 믿음과 사랑과 함께 넘치도록 풍성하였도다(딤전1:13-14)." 하나님의 자비, 사랑, 은혜는 예수 그리스도를 통해 우리 안으로 흘러 들어온다.

그리스도는 우리의 영원한 진리다. 하나님의 아들이신 예수 그리스도를 아는 믿음으로 우리는 하나님 아버지를 알아갈 수 있다. 우리는 복음을 통해 그리스도를 아는 지식으로 충만하게 되고, 내 안의 그리스도를 통해 하나님 아버지를 아는 지식으로 넘쳐나게 된다. 지금 우리는 그리스도를 영적으로 보고 믿는다. 신자에게는 보는 지식과 아는 지식이 하나가 된다. 그리스도의 형상의 지식이 마음에 각인되어 있기 때문이다. 이것은 초월적 신비다. 성령님이 그 일을 하신다. 그 결과 믿음을 가진 자는 말씀에 속한 모든 영적인 것들을 믿음으로 받아들인다.

신자의 마음에는 그리스도의 마음이 새겨져 있다(고전2:16). 그 결과 그리스도를 아는 지식의 형상을 바라보는 은혜가 임한다. 2천년 전 그리스도를 육신의 눈으로 본 적이 없지만, 성령의 능력으로 우리 안에 새겨진 그리스도의 형상의 지식은 이미 육신의 예수 그리스도를 본 것처럼 믿게 한다. 이것은 하나님의 신비스러운 은혜다. 우리의 믿음을 통해 하나님은 2천년 전 그분의 아들 예수 그리스도를 본 것처럼 믿게 하시는 것이다. 이보다 더 큰 자비가 어디 있겠는가! 내 안에 형성된 믿음의 시각은 시공간을 초월하여 2천년 전 골고다 언덕 위에 세워진 십자가로 데려가고, 부활의 장소로 데려가고, 또한 감람산 승천의 장소까지 데려가서, 하나님 보좌 우편에 있는 그리스도와 나 자신을 바라보게 한다. 믿음은 이 모든 실체들을 바라보고 믿는다. 그 믿음이 우리 안에 있다.

우리의 믿음은 천국에 가면 직접 얼굴과 얼굴을 맞대고 보는 것으로 바뀔 것이다. 믿음의 실체였던 예수 그리스도를 직접 보고 함께 살기 때문에 믿음이 궁극적으로 완성될 것이다. 그리고 천국에서 하나님 아버지의 마음과 우리의 마음은 영원히 하나가 될 것이다.

믿음은 4차원영성에서 세 번째 요소로 등장한다. 꿈이 생겨서 마음을 점령하면, 믿음이 잉태된다. 분명한 대상이 생겼기 때문이다. 그런 차원에서 꿈과 믿음은 서로 짝이다.

다음 장에서는 4차원영성 4요소 중에서 마지막으로서 말의 영성에 대하여 논할 것이다. 또한 믿음과 말도 서로 짝을 이룬다. 4차원영성의 명제적 진술은 '생각한 것을 꿈꾸고, 믿고, 말하라'이다. 믿은 것을 말한다는 것은 믿음에 대해 증거하는 것이자, 믿음이 일하게 하는 영적 행위다. 생각, 꿈, 믿음, 말은 저마다 고유한 특성을 지니고 있지만, 서로 밀접하게 연결되어 있으며, 또한 서로 도와준다. 말은 4차원 요소 중 마지막에 위치한다. 말은 앞의 3요소를 받아서 마무리한다. 말은 믿음의 완성이다. 이제 다음 장에서 말의 영성을 알아보자.

죽고 사는 것이
혀의 권세에 달렸나니
혀를 쓰기 좋아하는 자는
그 열매를 먹으리라
(잠언 18장 21절)

제9장

성장의 십자가: 말의 영성

요약

십자가는 생명, 구원, 부활의 언어를 만들어낸다. 나아가, 십자가는 고난을 관통하면서 영광의 언어를 만들어내고, 절망을 통과하면서 희망의 언어를 만들어낸다. 십자가는 아픔을 통과하면서 치료의 언어를 만들어낸다. 말은 생명이요 영이다(요6:63). 말은 영의 중요한 기능 중 하나다. 사람이 말을 한다는 것은 하나님의 형상을 닮아 태어났음을 말해준다. 영적 존재만이 말을 할 수 있다. 말은 삶을 지배한다(잠6:2). 하나님의 말씀은 인격적 존재들 사이에서 서로 의사소통을 하는 데 본질이 있다. 십자가는 생명의 언어를 만들어, 죄인들을 하나님의 나라로 초청한다. 십자가는 인류 사회에 없었던 새로운 영적 언어를 만들어 '옛 세상'을 '새 세상'으로 만들어가고 있다.

십자가 위에서 죽으시고 부활, 승천하신 예수님과 보혜사 성령이 함께 하는 그리스도인의 말은 '하나님의 말씀을 하는 것 같이 해야(벧4:11)' 한다. 십자가는 신자들의 언어를 의와 거룩함의 언어로 전환시킨다. "하나님을 따라 의와 진리의 거룩함으로 지으심을 받은 새 사람을 입으라(엡4:24)." 십자가는 신자의 입술을 영광의 입술로 변화시킨다. 십자가는 자연법칙에 따라 살던 옛 습관을 소멸시키고, 영광의 법칙에 따라 살도록 한다. 십자가는 성도가 항상 복음적 사고방식을 품게 해서 언어의 영성화를 추구하며, 삶의 방향을 인도하고, 마음의 성향을 하나님 쪽으로 향하게 하고, 희망과 기대감을 충만하게 한다.

이 땅에는 하나님 가족과 사탄의 가족이 있다. 전자는 천국언어를, 후자는 세상언어를 사용한다. 하나님의 자녀는 아담이 잃었던 '의와 거룩함의 언어'를 회복하여, 천국언어를 사용할 수 있는 자들이다. 의와 거룩함으로 새 사람은 입은 자들은(엡4:24) 그 마음에서부터 거룩언어가 흘러나와야 한다.

영산은 5중복음과 3중축복의 말을 가슴에 담고 입술로 선언하는 것을 역설한다. 말은 4차원영성에서 순서상 마지막에 위치한다. 말은 생각, 꿈, 믿음이 품은 영적 사건을 총결산하고 완성한다. 말은 생각과 꿈과 믿음을 강화시킨다. 4차원영성은 삼위 하나님의 삶에 참여하는 초월적 영성이다. 약한 것도 강하다고 말하고, 없는 것도 있다고 말하는 것은 4차원영성의 믿음의 고백이다. 입술의 고백을 통해 구원받고, 천국 가고, 성령의 사람이 된다(롬10:9-10).

영산의 말의 영성은 5중복음, 3중축복, 4차원영성의 총체(totality)이다. 그의 사역 전반에는 삼위 하나님 - 좋으신 하나님, 그리스도 십자가의 은혜, 인격적 성령님 - 이 핵심 언어로 등장한다. 좀 더 구체화시키면, 그의 말의 원칙은 '5중복음 중심의 천국언어 - 용서받고 의롭게 된 새 신분의 언어, 성령충만 받은 자로서의 신령한 언어, 고침 받고 건강한 삶을 사는 긍정의 언어, 축복받고 형통한 삶을 추구하는 믿음의 언어, 다시 오실 예수님을 기다리고 희망하는 언어'를 강조한다. 또한 3중축복의 언어 - 영혼이 잘되는 말, 범사가 잘되는 말, 강건하게 되는 말 - 를 통해 그리스도의 형상을 닮아가게 만든다. 십자가의 삶의 방식은 하늘언어(천국언어)를 사용하게 해서, 하늘의 은혜가 삶의 자리에 흘러넘치게 한다.

그리스도인의 말의 줄기세포는 십자가의 생명의 씨에서 비롯된다. '그리스도 안에서의 언어'는 신앙인의 말의 절대기준이다. 십자가 위에서 옛 사람은 죽고, 이제 새 사람으로 살기 때문이다. 따라서 신자의 언어는 우리 안에 계신 그리스도의 영광을 드러내는 데에 생명력을 드러내어야 한다(요16:14). 천국언어가 삶 안에서 영적 결실을 맺게 되면, 궁극적으로 하나님의 영광이 드러나게 된다. 십자가는 하나님 자신의 위대한 신앙고백이자 확신이다.

1. 말의 성경적 본질

기독교 신앙은 내 삶의 자리에서 십자가에 계시된 살아계신 하나님을 만나고 경험하는 것이다. 신자들은 예수 그리스도의 죽음과 부활을 통해 하나님과의 친교가 회복된다. 말은 교제의 수단이자, 자신의 마음과 뜻을 전달하는 매개체다. 즉, 말은 생각이나 느낌을 나타내거나 혹은 전달하는 데에 쓰이는 음성, 문자 따위의 수단이다.

십자가는 죄인을 의인으로 만들어 천국언어를 사용하게 하고, 하나님께 예배드리게 하고, 궁극적으로 하나님께 영광을 돌리게 한다. 영산은 "인간이 지구상에 존재하는 어떤 피조물보다 뛰어난 점은 언어를 가지고 있다는 점입니다. 더욱이 인간이 언어를 가졌다는 사실은 하나님을 닮은 절대적인 요소이기도 합니다. 인간이 언어생활을 누린다는 것은 곧 하나님의 형상과 모양을 실천하는 것입니다."라고 말한다.[1]

십자가를 통해 하나님은 구원의 길, 마귀정복의 길, 하나님 자신을 알리는 계시의 길 - 의와 사랑의 길 - 을 여셨다. 그 결과 죄인은 의인이 되어 그리스도의 영과 연합하여(고전6:17) '거룩함(히10:10)'을 얻고, '새 사람(고후5:17)'이 되고, 동시에 양자로서의 삶을 살게 된다. 따라서 죄인이 의인이 되어 구사할 영적 언어는 하늘언어, 다시 말해 성령 안에서 천국언어를 삶 속에 적용해야 하는 것이다. 신자는 성령의 전 안에 있으므로 성령언어, 거룩언어를 사용해야 한다(고전6:19). 천국언어들이 삶 속에서 영적 결실을 맺게 되면, 궁극적으로 하나님의 영광이 드러나게 된다.

하나님의 자녀는 아담이 잃었던 '의와 거룩함의 언어'를 회복하여 영적 언어(성령언어, 하늘언어, 거룩언어 등)를 사용해야 한다. 의와 거룩함으로 새 사람은 입은 자들은(엡4:24) 그 마음에서 거룩언어가

---

1) 조용기, 『설교는 나의 인생』, 서울말씀사(2012), 134-135.

빚어진다. 십자가는 삶의 언어방식을 세상언어에서 하늘언어로 전환시킨다. 즉, 십자가는 고장 난 영적 언어 송신기를 수리해서, 언제나 하늘방송을 수신할 수 있게 한다. 십자가 위에서 죽고 부활한 새 피조물은 성령의 능력으로 언어사용 방식이 근본적으로 변한다. 성경말씀에는 거듭난 자들이 사용할 언어양식들이 가득 차 있다. 말씀과 기도로 마음이 거룩해져야 거룩한 언어를 삶 속에서 구사할 수 있다. 마음의 성화없이 인간의 언어는 전인적으로 변하지 않는다(롬6:22).[2]

그리스도인에게 말은 영의 중요한 기능 중의 하나다.[3] 그리스도인에게 말로 고백하고 시인하는 것이 왜 중요한가? 구원과 치유도 모두 입술고백으로 일어난다. 창조된 인간이 말을 한다는 것은 하나님의 형상을 닮아서 태어났다는 강력한 증거다.[4] 하나님의 말은 하나님과 인간을 연결시키는 중재자이며, 동시에 은혜의 도구다. 예수님의 말씀은 영이요 생명이다(요6:63). 입술에서 영적 말이 나오려면, 무엇보다 그리스도의 영광의 광채가 마음에 비춰야 한다. 바울은 "하나님께서 예수 그리스도의 얼굴에 있는 하나님의 영광을 아는 빛을 우리 마음에 비추셨느니라(고후4:6)"고 말한다. 이성적 체계 안에서 인간의 말은 단지 전달 기능에만 머문다. 하지만 성령의 빛이 마음에 임하면, 언어의 내용과 사용방향이 달라진다.

믿음으로 양자가 되면, 그리스도인은 신분에 맞는 삶과 상응하는 말을 구사할 자격을 갖추게 된다. 하나님의 형상을 본받기 위해서(롬8:29), 예수님의 말씀을 닮아가야 한다.[5] 또한 예수의 영과 합하여 한 영이 된 그리스도인은 새롭게 창조된 언어를 구사해야 한다(고전6:17). 말의 존재 목적은 하나님과 교통하여 하나님의 이름을 부르고 섬기기 위한 것이다. 스바냐서에서 하나님은 "그 때에

---

2) 소요리문답 35의 성화의 정의는 이렇다. "성화란 우리가 하나님의 형상을 따라 전인적으로 새롭게 되며 죄에 대해서 점차 죽고 의에 대해서 살게 하시는 하나님의 자유로운 은혜의 행위다." 성화의 정의를 보면, 인간언어의 거룩화는 말씀과 기도와 성령의 도움으로 이루어지는 것이지, 심리 교육이나 철학 교육이나 언어학 교육 등을 통해서 되는 것이 아니다. 심령의 변화는 언어의 변화로 이어진다.

3) John M Frame, *The Doctrine of the Word of God*, P&R(2010), 413-415. '말'이란 무엇인가? 말이란 '언어적 상호교통'이다. 말과 언어적 상호교통은 동일한 것이다. 프레임은 하나님의 말씀은 '권능(power)'이고, 동시에 '권능 있는 언어(language)'라고 서술한다(창11:6, 롬1:16, 약3:1-8). 즉 하나님의 말씀은 해석이고, 상호소통이며, 계시이다. 성경말씀을 통해 하나님은 사람들과 대화한다. 다시 말해, 하나님의 말씀이란 '언어적 상호소통'이다. 프레임이 주장하는 이러한 언어적 소통으로서의 하나님의 말씀을 전적으로 수용하기는 어렵지만, '말'의 정의를 '상호소통 개념'으로 주장하는 것에는 전적으로 동감한다.

4) Anthony A. Hoekema, *Created in God's Image*, Eerdmans Publishing(1994), 10. 인간을 논할 때 중요한 것은 하나님의 형상의 회복이며, 이 일은 하나님의 주권적 은혜로 성취된다. 인간은 피조물이기 때문에 하나님은 인간 안의 형상을 원래 모습으로 회복시켜주셔서 하나님을 사랑하고, 섬기고, 순종하게 만드신다. 동시에, 인간은 인격체이기 때문에 하나님의 형상을 회복하는 과정에 적극 참여하여야 한다: "하나님을 본받는 자가 되고(엡5:1)."

5) 폴 틸리히(Paul Tillich)는 하나님의 존재론적 로고스인 말씀을 6가지 의미로 해석한다. a) 말씀은 존재 자체의 근원 안에 있는 신적-자아현시의 원리이다. b) 말씀은 창조의 매개체로서 역동적이고 영적인 말씀, 즉 로고스이다. c) 말씀은 계시의 역사에 있어서 신적 생명의 현시이며, 계시적 상관관계에 있는 사람들이 받아들인 말씀이다. d) 말씀은 궁극적 계시에서 나타난 신적 생명의 현시이며, 말씀은 그리스도 예수의 또 다른 명칭이다. 말씀이란 예수에 의하여 말씀된 말의 총체가 아니라, 그의 말과 행위로 표현된 그리스도의 존재이다. 따라서 '말씀(the Word)'과 예수의 '말(speech)'을 서로 혼동해서는 안 된다. e) 말씀이란 궁극적 계시의 문서와 성서에 적용된다. f) 설교와 가르침에서 선포된 교회의 메시지가 말씀으로 불린다. 이 모든 말씀을 하나의 의미로 통합하면 "하나님이 현시하신다는 것, 곧 자신 안에, 창조 속에, 계시의 역사 속에, 궁극적 계시 속에, 성서 속에, 교회와 교인의 말씀 속에 현시하신다."는 것이다. 참조. 황민효, 『폴 틸리히의 신학』, 한국장로교출판사(2008), 215.

내가 여러 백성의 입술을 깨끗하게 하여 그들이 다 야훼의 이름을 부르며 한 가지로 섬기게 하리니(습3:9)"라고 말씀하신다.

예수님이 요단강에서 세례를 받고 물에서 올라올 때, 하나님은 "이는 내 사랑하는 아들이요 내 기뻐하는 자라(마3:17)"고 말씀하셨다. 이 대화에서 말의 근본 구조는 '사랑과 기쁨'이다. 이것은 하나님과 인간, 인간과 인간 사이에 친교의 기초가 되어야 한다. 따라서 하나님의 형상을 닮은 우리도 성부 하나님의 말, 곧 '사랑과 기쁨의 말'을 본받아야 한다. 말의 영성의 뿌리는 근원적으로 삼위 하나님의 삶에 참여하는 데 있다. 그런 맥락에서 보면, 말은 초월적 역동성을 지니면서도, 형식으로는 자기 보존적 성향이 강하다.

삼위일체 하나님은 자신의 형상과 모양에 따라 사람을 창조하셨다. 하나님은 자신과 교통하기 위해 인간에게 언어 능력을 주셨다. 하나님은 첫 사람 아담과 하와를 창조하시고, 그들과 대화를 나누셨다(창3:8-19). 말은 삼위일체 하나님의 인격적 상호친교에 사용되는 매개체이면서, 하나님과 인간, 인간과 인간 사이의 의사소통 수단이다.

영적존재인 인간은 말과 더불어 살고 행동한다. 인간은 말을 통해서 하나님을 만난다. 하나님은 "보라 내가 내 말을 네 입에 두었노라(렘1:9)"고 말씀하신다. 창세기에는 "아브라함이 내 말을 순종하고 내 명령과 내 계명과 내 율례와 내 법도를 지켰음이니라(창26:5)"고 기록되어 있다. 하나님과 인간의 관계는 언약의 관계이며 그 중심에는 말이 있다. 출애굽기에 "세계가 다 내게 속하였나니 너희가 내 말을 잘 듣고 내 언약을 지키면 너희는 모든 민족 중에서 내 소유가 되겠고(출19:5)"라고 기록되어 있다. 또한 말은 하나님의 사랑을 전달하는 매개체다. 예수님은 "나를 사랑하지 아니하는 자는 내 말을 지키지 아니하나니 너희가 듣는 말은 내 말이 아니요 나를 보내신 아버지의 말씀이니라(요14:24)"고 말씀하신다.

인간은 말을 통해 하나님과 대화하고 사귀며 인격적 관계를 맺는다. 따라서 인간은 말씀 안에서, 말씀을 위해, 말씀과 함께 살아야 한다.6) 인간의 삶은 말과 직결되어 있다. 말로 흥(興)하기도 하고 망(亡)하기도 하며, 말로 성(盛)하기도 하고 쇠(衰)하기도 한다. 성령님이 아브라함에게 4차원 영적세계의 언어를 사용하게 하심으로써 인간의 삶의 터전인 3차원의 세계를 변화시키셨다. 이것은 말의 위력을 간접적으로 시사해준다.7)

하나님의 형상을 닮아서 태어난 사람은 말의 씨가 자기 안에 잠재되어 하나님과 영적 관계를 맺을 수 있다.8) 하나님은 인간의 마음에 초점을 맞추어 말씀하신다. 그래서 하나님은 인간의 존재와 인격의 중심인 마음의 변화가 삶의 변화로 이어지게 하신다.9)

---

6) "그리스도인의 삶은 성경을 한 구절씩 외거나 그것을 지키고 점검받는 생활이 아니다. 그리스도인의 삶은 기록된 하나님의 이야기와 맺어가는 관계의 총합이다. 그리스도인에게 교의란 명제가 아니라 이야기다. 하나님의 삶은 아직 끝나지 않았다." 참조. 레너드 스윗(Leonard Sweet), 『관계의 영성』(*Out of the question: into the mystery*), IVP(2011), 132-133.

7) 조용기, 『4차원 영적세계』, 서울출판사(2003), 66-67.

8) "진리의 얼굴은 둘이다. 온전한 진리 쪽에서 보면, 그 얼굴은 예수님이다. 그러나 또 다른 얼굴이 있다. 오직 진리 쪽에서 보면, 그 얼굴은 성경이다. 따라서 하나님의 말씀과 관계 없이 하나님과 참된 관계를 맺기란 불가능하다. 우리는 성경의 사람이다. 성경을 모르면서 그리스도를 알 수 없다." 레너드 스윗(Leonard Sweet), 『관계의 영성』(*Out of the question: into the mystery*), IVP(2011), 125.

9) John M Frame, *The Doctrine of the Word of God*, P&R(2010), 394.

가. 말은 새 존재의 속성과 인격을 드러내는 수단이다.

영산은 "우리가 사용하는 영적 언어는 예수 그리스도의 죽으심과 부활하심의 역사적 사건을 통하여 탄생된 언어입니다."라고 말한다.10) 다시 말하면, 옛 언어는 예수와 함께 죽고, 함께 부활할 때 소멸되었다. 지금 그리스도인은 부활한 새 존재로서 새 언어를 사용하고 있다. 다시 말해 그리스도인은 '예수 그리스도 안에서' 새로운 언어생활을 해야 할 존재 혹은 '부활의 신분 안에서' 새 언어를 구사해야 하는 존재이다. 새 언어는 3차원 언어가 아니라 하늘언어다. 그런 차원에서 보면, 모든 그리스도인은 언어혁명 속에서 살고 있다. 마이클 로렌스는 "하나님의 말씀은 자기 백성을 창조하고 정죄하고 순응시킨다. 또한 하나님 자신을 계시하고 자기 백성과의 관계를 형성하고 친밀감을 만들어낸다"고 역설한다. 하나님의 형상을 닮은 인간은 하나님의 말씀을 모방하는 존재이어야 한다.11) 인간의 언어는 십자가 위에서 거듭나고, 거룩세례를 받는다.

영산은 "언어는 마음을 표현하는 도구입니다. 말과 성품은 동반자입니다. 우리가 이 땅에 사는 동안 예수님을 본받는 인격자가 되면, 그러한 인격과 성품을 가지고 영생천국으로 들어갑니다."라고 말한다.12) 신자의 성품은 예수 그리스도의 마음구조 안에 감추어 있다. 다시 말해 그리스도가 내 안에 내가 그리스도 안에 있음으로 나의 성품은 예수님의 성품에 참여한다(요14:20). 영적 언어에서 중요한 성경 구절은 '예수 그리스도 안에서'다. 즉 '예수와 함께 부활한 새 존재로서의 언어생활'은 신앙인이 놓치지 말아야 핵심구절이다. 이것이 언어영성의 기초다. 신앙인은 어디서 말의 근원을 찾아야 하는가? 곧 '예수 그리스도 안에서'다(행17:28, 골1:28). 예수와 함께 죽고 함께 부활한 신분이기 때문이다. 다시 말해, 새 존재는 '나의 언어로 사는 것이 아니라, 예수 그리스도의 언어로 사는 삶'이다. 나는 죽고 없기 때문이다. 우리는 이미 새 사람이다(고후5:17). 그리스도인에게 말의 존재적 가치는 나에게 있지 않고 내 안에 계시는 예수 그리스도에게 있다. 바울은 "우리가 그리스도의 마음을 가졌느니라(고전2:16)"고 말한다. 마음은 영이 일하는 공간이다. 예수님은 "내가 너희에게 이른 말이 영이요 생명이라(요6:63)"이라고 말씀하신다. 진정성 있는 말은 마음에서 나온다.

진술한 것들을 통합적으로 접근해서 말의 본질적 속성을 이해하면, 말은 곧 영과 동일시되고, 동시에 그 영은 그리스도 안에서 존재하고 기능한다(행17:28). 신자가 살고, 움직이고, 존재하는 모든 것은 그리스도 안에서 이뤄진다. 다시 말해, 신자의 말의 원천적 본질은 영, 즉 영적 존재라는 사실에 있다. 죄인은 말로써 구원받는다(롬10:10). 입술을 통해서 밖으로 나오는 말은, 영의 표현기능이 작동되어 외적으로 객관화된 것이다. 그런 의미에서 말은 영적존재의 속성을 드러내는 수단이다.

---

10) 조용기, 『설교는 나의 인생』, 서울말씀사(2012), 137.
11) 마이클 로렌스(Michael Lawrence), 『교회를 위한 성경신학』, 부흥과개혁사(2016), 199.
12) 조용기, "신앙생활과 신앙인격", 주일설교(2012-05-06).

십자가는 죽은 영을 살려서, 하나님 앞에서 새로운 존재로 등장시키고(고후5:17), 동시에 하나님의 양자로서 삶을 열어준다. 즉 새 존재가 되면, 천국의 새 언어를 사용하게 되어 하나님과 친교하게 된다. 따라서 신자의 말은 육적 삶의 차원을 초월해 고차원의 새 존재를 드러내는 온전한 수단이 된다. 하나님 관점에서 본 자연인은 산 자가 아니라 죽은 자다. 호흡을 하고 생생하게 숨을 쉬어도 그 안에 생명 되신 그리스도 영이 없으면 죽은 자다.13)

십자가는 죄인으로 죽은 영을 살려서 의인으로 만들고, 찬양과 예배드리게 하며, 하늘의 언어방식으로 살게 한다. 달리 말하면, 그리스도인은 옛 아담의 언어방식을 소멸시키고, 새 아담의 언어방식을 취해야 한다. 새로운 언어방식 도화지 안에는 예배의 물감이 온 지면에 채색된다. 신자의 존재 목적은 하나님께 예배드리기 위함이다. 즉 입술을 열어 삼위일체 하나님을 찬양하며 영원히 즐거워하기 위함이다. 세상언어는 십자가 위에서 찬양언어로 승화된다.

십자가는 우리를 중생시켜 하나님께 예배드리게 하는 것이 일차적 목적이다. 십자가는 죄인을 의인으로 만들어 더 위대한 것, 더 큰 것, 더 큰 언어, 더 아름다운 것, 더 가치 있는 것을 사모하고 추구하게 만든다. 그것을 통해 하나님께 영광 드리게 한다. 십자가는 새 언어를 창조하여 잃었던 예배를 회복시켜 주었다. 그래서 위대한 십자가다. 아담이 잃었던 영광의 예배를 다시 십자가가 찾아왔다. 아담이 잃었던 예배를 이제 새 입술, 새 마음, 새 행동으로 드리자.

태초에 가장 먼저 언어를 사용하신 분은 하나님이시다. 한편으로 이해하면, 인간은 하나님이 사용한 언어를 지금 모방하여 사용하고 있는 것이다. 이 땅에서 영적 존재인 인간만 유일하게 말을 한다. 말은 하나님 자신의 형상 중 하나다. 실제적으로 가장 효과적으로 하나님 형상을 닮은 것이 말이다. 말은 생명이며, 호흡이며, 생기이며, 삶 자체다. 말과 영은 언제나 함께 있기 때문이다.

아담은 선악열매를 먹음으로써 죄가 들어와 하나님이 주신 '의와 거룩'을 잃어버렸다. 그 결과 그 언어는 하나님을 향한 언어가 아니라, 자기중심 언어로 전락되었다. 하늘 중심의 삶에서 땅 중심으로 전환된 것이다. 그러나 하나님은 그 아들 예수 그리스도를 통해 '의와 거룩'을 회복시켜주셨다. 이것과 관련해 바울은 "하나님을 따라 의와 진리의 거룩함으로 지으심을 받은 새 사람을 입으라(엡4:24)"고 강조한다. 새 사람의 마음의 성향은 자기중심에서 벗어나 하나님을 섬기고 앙망하고 기리는 방향으로 바뀐다.

하나님이 존재하므로 인간도 존재한다. 하나님은 흙으로 빚으시고 생기를 불어넣으셔서, 사람을 살아 있는 존재로 만드셨다. 인간의 존재적 본질은 하나님의 형상 안에 있다. 그리스도인은 예수님 안에서 말하고 살고 기동하고 존재한다(행17:28). 예수님의 말이 곧 영이요 생명인 것처럼(요6:63), 신자의 말은 자신의 영적 존재와 상태를 드러내고 나타낸다. 신자의 말에서 중요한 것은 진정성이다. 하나님은 "너희 말이 내 귀에 들린 대로 행하리라(민14:28)"고 말씀하신다. 예수님도 "너희가 내 안에 거하고 내 말이 너희 안에 거하면 무엇이든지 구하라 그리하면 이루리라(요15:7)"고 하신다.

---

13) "죽은 자들로 자기의 죽은 자들을 장사하게 하고 너는 가서 하나님의 나라를 전파하라 하시고(눅9:60)." 죽은 자가 죽은 자를 장사지낼 수 있는가? 없다. 예수님은 영적 생명이 없는 자는 죽은 자로 보신다. 하나님의 씨(요일3:9), 즉 자기 안에 말씀이 있는 자는 생명이 있다. "또 증거는 이것이니 하나님이 우리에게 영생을 주신 것과 이 생명이 그의 아들 안에 있는 그것이니라(요일5:11)." 예수의 생명이 우리 안에 있으면 산 자, 없으면 죽은 자다.

나. 하나님의 말씀은 믿음의 명령을 통하여 현실화된다.

영산은 "창조적인 말씀의 명령을 하기 전에 반드시 간절한 기도를 통하여 마음에 믿음의 확신을 얻어야 합니다. 그러고 난 후 담대히 명령해야 합니다. 나의 목회생활에서 위대한 변화를 가져온 계기 중 하나는 믿음의 명령을 통하여 창조가 다가온다는 법칙을 깨닫게 되었을 때입니다."라고 말한다.14) 입술의 언어는 '믿음과 창조'를 연결시켜 주는 방편이다.

십자가는 믿음을 탄생시켜 삶의 방식을 천국형으로 바꾼다. 믿음의 삶은 하나님 나라의 삶의 방식을 추구한다. 하나님은 자신의 믿음으로 말씀으로 천지를 창조하셨다. 인간은 자신이 믿은 것에 대해 말한다.15) 세상 만물은 하나님 자신의 믿음과 말씀으로 창조된 것이다. 믿음으로 모든 세계가 하나님의 말씀으로 지어졌다(히11:3). 하나님의 말씀은 하나님이시고, 동시에 하나님의 말씀은 신적이시다(the Word of God was God, the Word of God is divine).16) 하나님의 형상을 닮은 자는 하나님의 말씀을 마음에 품을 수 있다. 또한 그 말씀을 믿음으로 말미암아, 그는 그 말씀을 삶의 한가운데 현실화시킬 수 있다.

신자는 불완전하지만 마음공간에 말씀을 품고 있어서 4차원 영적존재이다. 하나님의 형상으로 창조되었기 때문에 사람이 하는 말은 창조력이 있다. 예수님은 "진실로 너희에게 이르노니 무엇이든지 너희가 땅에서 매면 하늘에서도 매일 것이요 무엇이든지 땅에서 풀면 하늘에서도 풀리리라(마 18:18)"고 말씀하신다. 여호수아가 "태양아, 달아 멈추라"고 말했을 때, 놀라운 기적이 일어났다. 여호수아서는 그 장면을 이렇게 기록한다. "태양아 너는 기브온 위에 머무르라 달아 너도 아얄론 골짜기에 그리할지어다(수10:12)." 신자는 하나님의 말씀에 근거해서 성령님과 더불어 권능의 말을 할 수 있다.

다. 입술의 고백은 구원의 능력을 낳는다.

영산은 "천국 열쇠는 다른 것이 아니라 바로 여러분의 입술의 고백입니다. 내 입으로 말하는 것이 천국 열쇠입니다. 여러분이 입술로 단호하게 고백할 때, 그 말을 따라서 주님이 하늘 문을 여시기도 하시고 닫으시기도 하는 것입니다."라고 말한다.17)

헬라어 '호모로기아'를 번역한 영어 '고백(confession)'은 문자 그대로 '똑같이 말하기'란 뜻을 지니고 있다. 곧 그리스도인에게 고백은 하나님이 이미 하신 말씀과 똑같이 말하는 것을 뜻한다.18) 그리스도인은 믿은 것을 고백(confession)해야 한다.19) 즉 말씀을 믿고, 마음에 믿은 그 말씀을 고백

---

14) 조용기, 『설교는 나의 인생』, 서울말씀사(2012), 143.

15) "하나님께서는 말씀과 성령을 통하여 우리에게 믿음을 주십니다. 그러나 우리 마음속에 믿음을 풀거나 묶는 것은 우리 자신의 입술의 고백에 달려 있습니다." 참조. 조용기, 『삶의 궁극적 의미』, 서울말씀사(2013), 192.

16) John M Frame, *The Doctrine of the Word of God*, P&R(2010), 407.

17) 조용기, "말의 힘", 주일설교(2011-02-13).

18) 데레크 프린스, 『성령충만한 그리스도인의 지침서』, 믿음의말씀사(2012), 189.

19) 고백의 중요성: "우리가 믿었으므로 또한 말하노라(고후4:13)." "우리가 믿는(confession) 도리를 굳게 잡을지어다(히 4:14)." "우리의 믿는 도리의 사도시며 대제사장이신 예수를 깊이 기억하라(히3:1)." 참조. NIV Study Bible(2008), Confession, 2019-2020. 우리는 하나님에게서 불쌍히 여김을 받는다(잠28:13). 우리의 죄를 자백하면 하나님은 용서해 주신다(시32:5). 죄를 자백하면 우리는 의롭다 하심을 받는다(눅18:13-14). 치유를 위해서 죄의 자백이 요구되기도 한다(약5:16). 죄를 자백하면 불의에서 깨끗하게 된다(요일1:9). * 초기 교회의 다양한 신앙고백: 예수는 주님이시다(요 20:28, 롬10:9), 예수는 메시아이시다(마16:16, 요20:31), 예수는 하나님의 아들이시다(마16:16, 요20:31).

할 때 역사가 일어난다. 바울은 "우리가 믿었으므로 또한 말하노라(고후4:13)"고 강조한다. 사람은 믿음으로 구원을 받고, 입으로 시인하므로 구원에 이를 수 있다. 입술의 고백은 구원의 능력을 가져다준다. 사람이 마음으로 믿어 의에 이르고 입으로 시인하여 구원(롬10:10)에 이른다. 영은 말로 운동력을 발휘하고 움직인다(히4:12). 영산은 "말을 따라 하나님께서 하늘 문을 열기도 하시고 닫기도 하십니다. 그렇기 때문에 우리는 결심하고 긍정적이고 적극적이고 창조적인 말을 해야 합니다."라고 말한다.20)

라. 말은 믿음을 강화시키는 수단으로 기능한다.

베드로는 앉은뱅이를 말씀으로 치료했다. 말씀은 행동을 지배하며, 인간의 모든 신체기관을 다스리는 능력이 있다. 나사렛 예수의 이름으로 명령하면 능력이 나타난다: "예수께서 말씀으로 귀신들을 쫓아내시고 병든 자들을 다 고치시니(마8:16)." 영은 말로 일을 하며, 말로 성장하며, 말로 결실을 맺는다. 보이지 않는 영의 힘은 보이지 않는 말에서 시작된다. 영적인 일은 영적인 말로 결실을 맺는다. 영산은 "우리 속에 생긴 믿음을 입으로 시인하여 풀어놓을 수 있습니다. 즉 믿음을 창조적으로 입술로 풀어놓아야 합니다."라고 강조한다.21) 말은 믿음을 강화시키고 신앙생활을 활성화시킨다. 지그 지글러(Zig Ziglar)의 『정상의 법칙』에서 이렇게 말한다.22) "지구상에서 30억의 인구가 매일 밤 굶주린 배를 움켜쥐고 잠자리에 든다. 그러나 그보다 많은 40억의 인구가 매일 밤 따뜻한 격려의 말 한 마디를 아쉬워하며 잠자리에 든다." 좋은 말은 마음의 불안을 치료할 수 있다.

마. 말은 하나님의 뜻을 이뤄가는 창조적 수단이다.

영산은 "말은 인생의 씨앗입니다. 영적존재인 인간은 말로써 자기 세계를 변화시키고 창조할 수 있습니다. 생각이 꿈을, 꿈이 말을, 말이 환경을 만듭니다."라고 말한다.23)

언어는 사람과 사람을 연결시키는 중요한 수단이다.24) 하나님의 말씀은 인간과의 소통수단이자, 동시에 피조물을 창조하는 수단이다.25) "야훼의 말씀으로 하늘이 지음이 되었으며 그 만상이 그 입기운으로 이루었도다(시33:6)." 하나님이 "말씀하시매 이루었으며 명령하시매 견고히 섰도다(시33:9)." 이사야서에서 하나님은 "내가 나를 두고 맹세하기를 나의 입에서 의로운 말이 나갔은즉 돌아오지 아니 하나니 내게 모든 무릎이 꿇겠고 모든 혀가 맹약하리라 하였노라(사45:23)"고 말씀하신다.

---

20) 조용기, "말의 힘", 주일설교(2011-02-13).
21) 조용기, 『말』, 한세대학교출판사(2012), 67.
22) 조용기, "우리를 변화시키는 말", 주일설교(2010-05-16)에서 재인용.
23) 조용기, "심고 거두는 법칙", 주일설교(2014-09-07).
24) 언어의 정의: "언어는 개념들을 형성하여 의사를 소통하고, 다른 이들의 행동을 촉진하고, 동정심을 유발하고, 두려움을 일깨우며, 스스로를 표현하며 … 인간 상호간의 그리고 인간 내면의 다양한 목적을 위해 특정 사회에 속한 구성원들이 채용한 임의적인 소리 상징들의 체계이다." 찰스 크래프트(Charles H. Kraft), 『기독교 문화인류학』, CLC(2010), 479.
25) 조용기, 『설교는 나의 인생』, 서울말씀사(2009), 140. "하나님의 창조재료는 하나님의 말씀입니다. 따라서 하나님의 형상과 모양인 인간들의 창조재료도 언어입니다. 언어생활은 우리의 삶을 창조하는 재료가 됩니다. 그러므로 우리는 언어 사용을 신중히 해야 합니다."

하나님이 말씀을 땅에 보내시면 속히 달리어 목표에 도달하며, 역사를 일으킨다(사55:11, 히4:12). 시편 기자는 "그 명을 땅에 보내시니 그 말씀이 속히 달리는 도다(시147:15)"라고 말한다. 말씀은 사람처럼 다니며 목표하는 곳에 도달하여, 거기서 창조, 기적과 구원의 능력을 드러낸다(시107:20).

성령님이 오신 목적은 하나님의 뜻을 이루기 위함이다. 성령은 하나님의 말씀을 이루게 하신다. "내 영을 너희 속에 두어 너희로 내 율례를 행하게 하리니 너희가 내 규례를 지켜 행할지라(겔 36:27)." 하나님의 뜻이 이뤄지면 궁극적으로 하나님의 영광이 드러나게 된다. 그리스도의 영광을 드러내는 것(요16:14)은 성도에게 주어진 의무이자 특권이다. 성령님은 주의 영광을 드러내기 위해서 이 땅에 오셨다(행1:8).

말은 영향력과 성취력이 있다. 내가 나쁜 말을 하면, 그 말이 나에게도 그대로 적용된다. 잠언의 지혜자는 "네 입의 말로 네가 얽혔으며 네 입의 말로 인하여 잡히게 되었느니라(잠6:2)"고 지적한다. 한번 나간 말은 씨처럼 떨어져 자란다. 잡초의 말이 나가면 잡초의 말이 자라고, 열매 맺는 말이 나가면 열매의 말이 자라게 된다. 하나님의 말씀은 헛되지 않고 자신의 뜻을 이룬다. "내 입에서 나가는 말도 헛되이 내게로 돌아오지 아니하고 나의 기뻐하는 뜻을 이루며 내가 보낸 일에 형통함 이니라(사55:11)."

바. 말은 시공간을 초월한다.

영산은 "말이 여러분이 생각을 풀어놓고, 꿈을 풀어놓고, 믿음을 풀어놓고, 창조적인 힘을 풀어 놓는 것입니다."라고 말한다.[26] 말은 입술에서 나오는 것이지만, 그 말은 시공간을 초월해서 삶의 자리에서 효능을 나타낸다. 영산의 말 개념은 4차원영성적으로 기능한다. 3차원 물질세계는 성령 안에서 4차원 영적세계의 언어의 영향을 받는다.

말은 영이다(요6:63). 따라서 말은 시공간을 초월하여 기능할 수 있다. 인간의 입술은 하나님의 말씀이 임재하여 능력을 발휘하는 접촉점이다. 영적 언어의 특성 중 하나는 시간과 공간을 초월 해서 인간의 삶의 자리에 적용되는 것이다. 누가복음에는 "그러므로 내가 주께 나아가기도 감당 치 못할 줄을 알았나이다 말씀만 하사 내 하인을 낫게 하소서(눅7:7)"라고 기록되어 있다. 하나님의 말씀은 능력이 있어 시공간을 초월한다. 하나님이 빛이 있으라 하매 빛이 있었다. 하나님의 말씀 은 시공간을 초월하여 적용된다. 하나님은 자신의 말을 우리 입술에 두고 행하신다. 신명기서는 "내 말을 그 입에 두리니 내가 그에게 명령하는 것을 그가 무리에게 다 말하리라(신18:18)"고 기록하 고 있다.

십자가는 초자연적으로 죄인을 의인으로 만들어 하늘의 시민권을 얻게 하고, 또한 하늘의 언어 를 사용하게 만든다. 십자가의 사건은 시공간을 초월하여 죄인들에게 적용된다. 십자가에 대한 믿 음을 고백하면, 그 믿음은 하늘의 신비를 열어 새로운 것을 창조한다. 말 안에 하늘의 신비가 전달 되고, 그 결과 초자연적으로 기적이 나타난다.

---

26) 조용기, "말의 창조적 힘", 주일설교(2013-07-28).

하나님 앞에 입술로 부르짖을 때 하나님께서 응답하신다. 야훼는 일을 행하시고 성취하신다. 하나님은 "너는 내게 부르짖으라 내가 네게 응답하겠고 네가 알지 못하는 크고 비밀한 일을 네게 보이리라(렘33:2-3)"고 말씀하신다.

사. 말은 십자가의 신비를 삶 속에 풀어놓는다.

영산은 "그리스도의 십자가는 우리에게 보혈과 성령의 능력으로 흑암에서 광명으로, 무질서에서 질서로, 죽음에서 생명으로, 추에서 미로, 가난에서 부요로 변화시키는 기적을 일으킵니다."라고 말한다.[27] 십자가는 삶의 양식을 전인적으로 변화시켜 마음의 태도, 언어방식, 삶에 대한 태도를 근본적으로 변혁시킨다. 그는 "하나님은 말씀으로 천지를 창조하셨으며 우리를 하나님의 형상과 모양대로 지으셨습니다. 우리도 말을 통해서 우리의 생애를 변화시킬 수 있도록 하나님이 은혜의 수단을 마련해 놓으신 것입니다."라고 말한다.[28]

신자들은 십자가에서 죽으시고 부활하신 예수님을 마음하늘에 모시고 살고 있다. 그의 고난과 부활의 십자가를 통해 우리는 십자가 언어를 배운다. 따라서 신자는 하늘의 신비를 담고 있는 십자가의 언어를 사용해야 한다. 십자가의 언어는 시공간을 초월해 죄인들에게 또한 신자들에게 능히 현재적으로 적용된다. 십자가의 믿음은 고난절 및 부활절의 신비의 원리를 바라본다. 또한 시공간을 초월하는 십자가의 믿음은 신자로 하여금 하늘의 언어를 말하며 적용하게 한다.

아. 말은 마음과 생각을 전달하며, 동시에 축복을 낳는 수단이다.

영산은 말의 기능 중에는 대화 이상의 깊은 의미가 있다고 말한다. "우리는 말을 배워서 하나님과 우리 부모님과 우리 이웃과 대화합니다. 대화하면 그것에 만족하는 것이 아닙니다. 그것보다 더 위대한 것은 입술의 말로써 영혼이 잘됨같이 범사에 잘되며 강건케 하는 하나님의 역사가 나타나기도 하고, 파괴가 오고 절망이 다가오기도 하고, 축복이 다가오기도 합니다. 이처럼 굉장한 능력이 말에 따라오는 것입니다."[29]

마음은 지성, 감성, 의지가 작동되는 인격의 공간이다. 생각은 지성, 감성, 의지 그리고 영감의 경계선을 넘어 상호교통하면서 마음하늘의 영적 기능을 활성화시킨다. 천재 수학자이자 물리학자이며, 성령의 사람으로 불리는 파스칼(B. Pascal)은 '인간은 생각하는 존재로 만들어진 존재'라고 말했다.[30] 그의 말대로 인간은 생각하는 갈대다. 입술에서 나오는 말은 바로 우리의 생각과 마음을 대변한다.

말은 마음의 생각이 옷을 입고 밖으로 나온 것이다. 예수님은 "입에서 나오는 것들은 마음에서 나오나니 이것이야말로 사람을 더럽게 하느니라(마15:18)"고 말하신다. 나는 내 안의 모든 것을 말로 하나님께 전달할 수 있다. 내 마음에 있는 것을 하나님께 말할 수 있는 것은 하나님의 자녀로서의

---

27) 조용기, "변화와 능력 십자가", 주일설교(2007-03-04).
28) 조용기, "언어를 선택하라", 주일설교(2014-02-16).
29) 조용기, "언어를 선택하라", 주일설교(2014-02-16).
30) 파스칼(Blaise Pascal, 1623-1662), 『파스칼의 팡세』, 샘솟는기쁨(2014), 38.

특권이다. 하나님은 우리에게 "마음의 소원을 주셨으며 그 입술의 구함을 거절치 아니하겠노라(시 21:2)"고 말씀하셨다. 그는 우리의 반석이시요 구속자시다. 시편기자는 "야훼여 내 입의 말과 마음의 묵상이 주의 앞에 열납되기를 원하나이다(시19:14)"라고 노래하고 있다.

자. 말은 삶의 방식을 변형시킨다.

영산은 말이 삶의 방향을 바꾼다고 말한다. "무엇을 마음속에 심어서 입으로 고백하는가에 따라서 하나님이 그대로 이루어주십니다. 우리가 나쁜 말을 하면, 하나님은 들은 그대로 해주십니다. 반면에 좋은 말을 하면, 역시 좋은 말을 들은 그대로 해주십니다. 부정적인 말을 하면, 자기가 뿌린 씨는 자기가 거두게 되는데, 자신이 한 말이 인생항로를 결정하는 중대한 요소가 되므로, 인생을 망치게 됩니다."31)

말은 삶의 방식과 방향을 결정짓는다. 부정은 부정으로, 긍정은 긍정으로 이끈다. 말의 회색지대는 없다. 우리의 말은 영이기 때문에(요6:63), 영이 몸의 행동을 지배한다. 하나님의 능력이 임하게 되면, 우리가 하늘에서 매면 하늘에서도 매이고, 풀면 하늘에서도 풀린다(마16:16). 말은 삶의 구조를 역동적으로 전환시키는 힘을 지니고 있다. 하나님은 입술의 열매를 맺으시는 분이시다. 하나님은 스스로 "입술의 열매를 창조하는 자 야훼가 말하노라(사57:19)"고 말씀하신다. 히브리서 기자도 "우리는 예수로 말미암아 항상 찬송의 제사를 하나님께 드리자 이는 그 이름을 증언하는 입술의 열매니라(히13:15)"고 말하고 있다.

영산은 말의 사용 주체가 마귀냐 성령이냐에 따라 삶의 방향이 달라진다고 말한다. "말은 하나님의 성령이 사용하면 사람들을 살리고 격려하고 위로하고 힘을 얻게 합니다. 그러나 마귀가 말을 사용하면 도적질하고 죽이고 멸망시키는 일을 행합니다. 우리는 과거에 우리가 말한 대로 만들어진 현재를 살고 있습니다. 우리의 말은 창조력이 있기 때문에 입술이 말한 것이 우리 환경을 만들어냅니다. 지금 우리가 알고 있는 이 환경은 과거에 우리가 한 말이 연합해서 만들어놓은 것입니다."32)

차. 말은 하나님과의 관계를 강화시킨다.

영산은 5중복음의 언어를 고백하라고 조언한다. "'나는 예수님의 보혈로 의로운 사람이 되었다.' '나는 허물을 씻음 받고 거룩한 사람이 되었다.' '성령님이 나와 같이 계신다.' '저가 채찍에 맞음으로 내가 나음을 입었다.' '저가 십자가에서 고난을 당하여 나를 저주에서 해방시키고 아브라함의 복과 형통을 주셨다.' '나는 주님을 통해서 사망과 음부를 이기고 부활과 영생과 천국을 가졌다.' 입술로 자기를 향해서 이렇게 시인하면, 자기의 셀프 이미지를 바꿀 수 있습니다."33) 천국언어를 사용할 때 자아 정체성이 하나님 중심의 가치체계를 가지게 되어, 하나님과 친밀하고 화목한 인격적 관계를 유지할 수 있다.

---

31) 조용기, "언어를 선택하라", 주일설교(2014-02-16).
32) 조용기, "언어와 현실", 주일설교(2014-08-10).
33) 조용기, "언어와 현실", 주일설교(2014-08-10).

죄인은 십자가를 통해 의인이 된다. 의인의 신분이 되면 누구든지 하늘언어(신령한 언어, 천국언어)를 배우게 된다. 그는 하나님의 지식을 알아가고, 하나님의 뜻을 이루어가게 된다. 성경은 하나님 자신의 생각을 서술한 책이다. 하나님의 지적, 정서적, 의지적 성향을 한 곳에 모아 둔 것이 바로 성경이다. 하나님은 사건 혹은 선지자 혹은 말씀을 통해서 자신의 뜻과 마음을 우리에게 알리신다. 성도는 성경말씀에 반응하면서 하나님과의 친교를 배운다.

인간과 하나님의 관계를 활성화시키는 것은 입술에서 나오는 말이다. 말은 나의 소원을 하나님께 알리고 손짓하는 영적 도구다. 하나님은 우리 '마음의 소원(시21:2)'을 들어주시는 분이시다. 말은 하나님의 은혜를 가져오는 수단이다. 하나님은 우리의 말대로 '지혜롭고 총명한 마음(왕상3:12)'을 주신다. 말을 통해 인간은 하나님의 은혜를 체험하게 되고, 궁극적으로 하나님과의 인격적 관계를 형성하게 된다.

카. 말은 인과법칙의 논리가 적용된다.

영산은 만물을 어떤 관점에서 바라보느냐에 따라 결과가 달라진다고 말한다. "희망이 있고 즐거움이 있으면, 하나님이 같이 계신 것입니다. 그러나 마음에 두려움이 있고 우울하고 슬픈 생각으로 꽉 들어차 있으면, 마귀가 와서 일하는 것입니다. 그러므로 우리가 하나님 관점에서 만물을 보고 하나님 관점에서 말을 하면, 하나님이 그 일을 이루어주십니다."[34] 언어는 바라본 대로 기능하는 속성이 있다. 말은 그 사람의 전인격적 속성을 드러낸다. 말은 그 사람의 인격의 총체를 그려낸다.

말을 외부로 표현하게 되면, 말은 그 자체가 내포하는 의미를 현실화시키는 힘이 있다. 십자가에 매달린 강도가 예수님을 향하여 "당신의 나라에 임하실 때 나를 기억하소서"라고 말했을 때, 예수님은 "네가 오늘 나와 함께 낙원에 있으리라"고 대답하셨다. 죄인의 짤막한 간청의 말과 그것에 대한 예수님의 반응으로 그 죄인은 의인이 되어 낙원으로 들어갈 수 있었다. 한 마디의 말이 죄인을 의인으로 만들어 신비의 낙원으로 이끈 것이다. 말 안에는 말 그 이상의 능력을 행할 수 있는 '그 무엇'이 포함되어 있다. 말은 화자(話者)의 전인격을 내포하며, 그 사람의 운명을 좌우한다. 다시 말해, 말은 놀라운 신비의 힘을 발휘한다. 입술의 말이 구원받는 데 쓰임 받을 수도 있고, 저주를 불러올 수도 있다.

누구든지 십자가를 받아들이고 마음속에 품으면, 새 사람, 새 생각, 새 마음을 갖게 된다. 따라서 신자는 하늘의 언어로 창조적 언어를 구사해야 한다. 왜냐하면 중생한 사람은 그리스도의 영 안에 존재하기 때문이다.

오늘 나의 인생은 어제 내가 내 뱉은 말이 만들어낸 결과다. 말은 인간의 인생을 지배하며, 현실을 바꾸는 능력이 있다. 미국의 뇌연구 전문학자들의 보고에 의하면, 사람의 뇌 세포는 230억 개인데 그중의 98%가 말의 영향을 받는다는 것이다. 온순한 혀는 곧 생명나무이지만 패역한 혀는 마음을 상하게 한다(잠15:4). 인간이 죽고 사는 것은 혀의 권세에 달려 있다. 혀를 쓰기를 좋아하는

---

34) 조용기, "언어와 현실", 주일설교(2014-08-10).

자는 그 열매를 먹게 된다(잠18:21). 예수님은 "내가 너희에게 이르노니 사람이 무슨 무익한 말을 하든지 심판 날에 이에 대하여 심문을 받으리니 네 말로 의롭다함을 받고 네 말로 정죄함을 받으리라(마12:36-37)"고 말씀하신다.

타. 말은 삶의 방향성을 결정한다.

우리가 사용해야 할 언어는 부활의 언어다. 선한 삶의 방향으로 가기 위해서 우리는 십자가의 언어를 사용해야 한다. 영산은 "예수님은 우리에게 새 삶을 주시기 위해 십자가에서 우리 옛 사람을 걸머지고 몸 찢고 피 흘려 우리의 옛 사람을 청산해버리셨습니다. 그리스도 안에서 옛 사람은 죽고 장사 지낸 바 되었고 우리는 새 사람이 되었습니다. '나는 새 사람이다'라고 생각하고 꿈꾸고 믿고 말하십시오. 그것이 여러분이 그리스도의 부활에 참여하는 길입니다."라고 말한다.[35) 십자가의 믿음은 언어생활부터 바꾼다. 헌 마음이 새 마음으로 바뀌기 때문이다.

말은 인생의 방향을 정한다. 인간은 한 입에 축복의 샘, 저주의 샘이 있어 무슨 말을 하느냐에 따라 인생이 달라진다. 인간은 칼 같이 자기 혀를 연마하며 화살같이 독한 말로 상대를 겨눈다(시64:3). 아무리 큰 배라도 배는 방향키에 의해 조절된다. 이와 같이 말이 잘 못 나가면, 잘못된 방향으로 몰아갈 수 있다(약3:2-5).

파. 말은 지식을 낳는다.

그리스도인은 '하나님과 예수 그리스도, 성령을 아는 지식'으로 충만해야 한다. 인간은 삼위일체 하나님에 대해 아는 만큼 하나님의 말씀을 믿을 수 있다. 삼위일체 하나님을 알아갈 때, 인간의 언어도 삼위 하나님을 닮은 언어를 사용할 수 있게 된다.

인간의 입에서 나오는 선한 말은 듣는 사람에게 지식을 더해준다. 잠언의 지혜자는 "마음이 지혜로운 자가 명철하다 일컬음을 받고 입이 선한 자가 남의 학식을 더하게 하느니라(잠16:21)"고 말한다. 지혜로운 사람은 그의 입을 슬기롭게 하고, 또 그 입술에 지식을 더하게 한다(잠16:23-24). 범사에 하나님을 인정하는 말을 많이 하면, 그 입에서 선한 지식이 나온다. 범사에 하나님을 인정하는 것이 하나님의 뜻이다. "너는 범사에 그를 인정하라 그리하면 네 길을 지도하시리라(잠3:6)." 범사에 하나님은 자신의 뜻을 이루어가신다.

하나님은 우리에게 학자의 혀를 주셔서 필요할 때 필요한 장소에서 유익한 지식을 나눌 수 있게 하셨다. 지혜자는 곤란한 처지에 빠진 사람을 말로 다시 일으킬 수 있다. "주 야훼께서 학자의 혀를 내게 주사 나로 곤핍한 자를 말로 어떻게 도와줄 줄을 알게 하시고 아침마다 깨우치시되 나의 귀를 깨우치사 학자같이 알아듣게 하시도다(사50:4)."

---

35) 조용기, "옛 사람을 벗어 버려라", 주일설교(2010-12-05).

2. 말의 존재적 의미와 실천적 중요성

영산은 "말은 우리 삶에 중요한 요소입니다. 마음밭에 뿌려진 말의 씨앗이 크고 작은 영향력을 미쳐서 우리의 인생을 만들어가기 때문입니다."라고 말한다.[36] 십자가를 통해 죄인은 거룩함을 얻고(히10:10) 새 사람이 된다(고후5:17). 모든 신자는 골고다 언덕 위에 세워진 십자가를 경험한다. 십자가에서 죽으시고 부활하신 예수 그리스도를 믿는다는 것은 예수와 함께 십자가를 경험했다는 의미다. 다시 말해, 예수를 믿을 때 십자가는 나에게도 반복되어 적용된다. 신자들은 십자가의 지위와 특권을 향유하는 삶을 살 때 비로소 거룩한 말을 사용할 수 있다. 즉, 자아가 십자가에 못 박힌 처지에 있음을 인식할 때, 신자는 마침내 십자가의 능력의 말과 부활의 권능의 말을 사용할 수 있다. 십자가에서 죽고 부활한 자는 십자가의 언어를 마음에 담고 살아야 한다. 십자가는 구원, 생명, 화목, 양자, 부활, 희망, 연합과 같은 위대한 영적 언어를 탄생시켰다.

말의 영적 가치는 그리스도의 십자가 안에 뿌리를 내리고 있다. 거기서 진정한 영적 언어들 – 생명의 언어, 창조적인 언어, 감사와 은혜의 언어, 사랑과 소망의 언어, 목적 있는 언어 등 – 이 나온다. '예수 그리스도 안에서' 나오지 않은 언어들은 한시적 삶의 언어는 될 수 있지만, 불행히도 그 안에는 생명이 없고 장래 희망도 없다. 그리스도 안에서 새로운 존재는 더 이상 어둠(땅)의 언어를 쓰지 않고, 빛(하늘)의 언어를 사용해야 할 존재다.

영적 언어의 본질 야고보는 하나님께서 "자기의 뜻을 좇아 진리의 말씀으로 우리를 낳으셨느니라(약1:18)"고 말한다. 따라서 우리는 진리의 언어를 삶 속에 심어야 한다. 그 진리는 바로 예수 그리스도시다. 신자는 오직 예수 그리스도 중심의 언어를 사용해야 한다. 누구든지 예수 안에 있으면 언어의 역동적 개혁이 일어난다.

말은 한 인간의 존재, 본성, 인격과 행동을 규정짓는다. 4차원영성에서 말은 '예수 그리스도 안에서' 시원(始原)되는 말씀을 기초로 한다. 그 결과 4차원영성의 말은 창조력이 발생한다. 다시 말해, 4차원영성을 언어차원에서 이해하면, 말씀의 생각, 말씀의 꿈, 말씀의 믿음, 말씀의 언어다. 말씀이 있는 곳에 성령이 계시고, 말씀이 가는 곳에 믿음도 따라간다. 말씀, 성령, 믿음은 짝이다. 내 스스로 믿은 말씀을 고백하는 것, 선포하는 것, 명령하는 것은 곧 내 안에 그리스도의 말씀을 대변하는 영적 행위다. 그래서 말이 중요하다. 영산은 "성경말씀은 창조성과 기적의 능력을 가지고 있으며 우리의 삶이 승리하는 그리스도인의 삶이 되도록 생명력을 불어넣어 줍니다."라고 말한다.[37] 말씀 안에 생명력이 있다.

십자가의 신비의 능력이 우리 안에 거하면, 우리는 새 사람이 되어, 하늘의 시민권자, 즉 하나님의 양자의 새로운 신분을 얻는다. 그 결과 언어방식도 철저하게 지상 언어방식에서 하늘나라 언어방식으로 바뀐다. 옛 아담 시절 사용하던 언어는 사라지고, 새 아담으로서의 언어를 사용하게 된

---

36) 조용기, "언어를 선택하라", 주일설교(2014-02-16). 그는 믿음의 말, 긍정적인 말, 소망으로 가득찬 꿈의 말을 강조한다.
37) 조용기, 『설교는 나의 인생』, 서울말씀사(2012), 148.

다. 그 결과 신자는 예수님처럼 "내가 아무것도 스스로 할 수 없노라(요5:30)"고 고백하게 된다. 이것은 언어의 혁신적 변화다.

영산은 "하나님의 형상대로 지음 받은 인간의 가장 위대한 특징은 말을 할 수 있다는 것입니다. 인간은 창조된 즉시 하나님과 대화를 나누었습니다. 말은 인간이 만물 중에서 가장 위대한 존재임을 보여줍니다. 하지만 인간은 말을 잘못 사용함으로써 하나님께 반역하고 마귀의 꾐에 빠져버렸습니다."라고 말한다.[38] 아담과 하와가 죄를 짓자, 영적 온난전선이 물러나고 마귀적 한랭전선이 그들의 삶을 덮쳤다. 그 결과 그들의 언어가 왜곡되었고, 하늘의 언어를 상실한 채 세상언어로만 살게 되었다. 그때부터 지구는 마귀가 운영하는 거대한 감옥소로 전락하였다. 지구라는 이 감옥소에는 두 부류의 사람이 있다. 한편으로 언제 끌려나가 죽음의 심판을 받을지 모르는 사형수의 무리와, 다른 한편으로는 죄사함을 받아 영적으로 감옥소에서 벗어나 하늘의 시민권자로 살아가는 무리이다. 전자는 육적 언어를, 후자는 영적 언어를 사용한다.

영적 회복은 곧 하늘나라 언어의 회복이다. 십자가는 세상의 언어를 본질적으로 전환시켜, 하늘 언어로 승화시키고, 그리스도의 영광을 드러나게 한다(요16:14). 십자가 위에서 예수님과 함께 죽고 부활한 신자는(갈2:20, 롬6:5) 예수님이 사용하시는 의와 거룩의 언어를 사용해야 한다. 자비의 하나님은 신자가 자비, 은혜, 선함, 오래 참음의 언어를 사용하게 하신다.

아담과 하와는 처음 지음 받을 때 의롭고 거룩하고 온전한 존재였기 때문에 하나님과 완전한 친교를 이룰 수 있었다. 첫 사람 아담의 말은 의롭고 거룩했다. 하지만 죄는 그들의 말을 오염시켜 부정적, 파괴적, 절망적 언어를 쓰게 만들었다. 다시 말해 아담의 마음에 새겨진 하나님의 도덕적 형상이 일그러진 것이다.

그러나 예수님의 십자가 대속의 은혜로 인간 안에 의로움과 거룩함이 다시 회복되었다. 바울은 이렇게 권면한다. "하나님을 따라 의와 진리의 거룩함으로 지으심을 받는 새 사람을 입으라(엡4:24)." 따라서 새 사람의 말은 '의롭고 거룩한 말'에 기초해야 한다. 하나님은 죄에 오염되지 않은 언어를 좋아하신다. 우리는 이미 죄에서 벗어나 의롭다 하심을 얻었다(롬6:7-8). 따라서 우리가 할 말은 의로운 말, 생명의 말, 거룩의 말, 감사와 영광의 말이다. 영의 회복은 곧 의와 거룩과 생명언어의 회복이다. 말은 곧 영이요 생명이다(요6:63). 하나님의 본질을 소유하신 성령님은 우리 안에 영적으로 또한 인격적으로 존재하신다.

말의 뿌리는 거듭난 자의 속사람에 있다. 마음이 좌소(seat)라면, 속사람은 그 좌소 안에 있는 뿌리다.[39] 새 사람은 마음속 깊숙한 곳에서 하나님의 언어가 샘처럼 솟아나야 한다. 진리의 말씀으로 새로 난 우리는 진리의 말이 우리의 고유한 언어가 되어야 한다. 하나님은 "진리의 말씀으로 우리를 낳으셨느니라(약1:18)"고 하신다. 그 진리는 바로 예수 그리스도시다. 따라서 중생한 자는 오직 그리스도 중심적인 언어를 사용해야 한다.

---

38) 조용기, "말의 힘", 주일설교(2015-09-27).
39) 스테판 차녹(Stephen Charnock), 『거듭남의 본질』, 지평서원(2012), 285.

언어형상의 닮음　주와 연합하여 하나의 영이 된 자는(고전6:17) 그리스도의 언어를 사용하는 것이 합당하다. 하나님의 형상을 닮은 인간은 하나님처럼 생각하고 말할 때 창조능력이 나타난다. 영산은 "하나님께서 그 말대로 이루어주십니다. 인생은 우연히 여러분의 갈 길을 좌우하는 것이 아닙니다. 여러분의 생각과 꿈과 입술의 말로 만들어가는 것입니다."라고 말한다.[40] 영혼에서 나오는 언어는 인간의 존재, 본성, 행동을 총체적으로 묶어서 삶의 자리에 유무형의 결실을 맺게 한다.

하나님의 형상을 닮고 태어난 인간의 입과 입술은 말을 내보내는 기관이다. 말은 복합적인 기능을 지니고 있다.[41] 성화의 본질은 하나님의 형상을 닮아가는 것이다. 예수 그리스도는 완벽한 하나님의 형상이시다(요14:8-9, 고후4:4, 골1:15). 따라서 우리의 성화의 모델은 그리스도시다.[42] 성화 정도에 따라 인간의 말도 성화되므로, 성화와 말의 영성은 서로 직결되어 있다. 또한 말은 믿음과 직결되어 있으며, 영산은 신언일치(神言一致)를 강조한다.[43] 하나님의 말씀(Words)과 인간이 사용하는 말(words)은 서로 차원이 다르다. 하나님의 말씀은 성자 예수님 자신이시다(요1:1-3). 신자의 말은 성화 과정을 통해 영적으로 진보된다. 성도들은 은혜 안에서 성장하며(벧후3:18, 요일5:4, 엡4:15-16) 하나님을 두려워하는 가운데서 거룩함을 온전히 이룬다.[44] 말의 영성은 성도의 성화와 서로 밀접하게 연결되어 있으며, 하나님의 말씀은 성화를 이루는 기초다.

신자는 성령의 도움을 입고 마음을 진리와 의로 새롭게 하여 예수님을 닮아가야 한다. 성화 과정은 하나님의 사역이면서, 동시에 인간의 사역이다(중생은 오직 하나님이 하시는 일임). 바울은 "하나님을 두려워하는 가운데서 거룩함을 온전히 이루라(고후7:1)"고 권면한다. 중생했으면 성화과정에 적극 참여하여야 한다. 또한 바울은 "두렵고 떨림으로 구원을 이루라(빌2:12)"고 권고한다. 이 말씀은 '너희의 구원을 이루라(work out your salvation)'인데 '이루라(work out)'는 또한 '재배하다' 또는 '발전시키다'를 뜻하므로, 성화의 발전에 인간이 적극적으로 참여하라는 의미가 내포되어 있다.[45] 즉 소원을 주고 행하게 하시는 분은 하나님이시나 신자도 그 소원을 이루는 일에 적극 참여해야 한다(빌2:13). 하나님은 중생한 성도를 오래 참으시며 이끌어주신다. 곧 우리를 진리의 말씀으로 보존하시고 보호하신다(요10:27-28, 롬8:38-39, 히7:25). 동시에 신자는 자신의 믿음과 신분을 지속시키고 진보시켜야

---

40) 조용기, "말의 힘", 주일설교(2011-02-13).

41) NIV Study Bible(2008), 2090. 인간의 입술과 하나님의 입술의 기능적 특징을 상호정리하면 다음과 같다. a) 인간의 입술의 기능: 하나님을 찬양(시63:5), 주를 찬양(시40:3), 하나님 증거(시89:1), 예수를 주로 고백(롬10:9-10), 하나님 말씀을 명함(신18:18), 마음에 있는 것을 드러냄(마12:34-35), 말을 함(시19:14), 웃음과 찬양(시126:2), 먹음(삼상14:26-27), 마심(삿2:6), 입맞춤(아1:2). b) 하나님의 입술의 기능: 입술로 창조하심(시33:6), 입술로 법도를 주심(시119:13, 72), 입술로 약속하심(신8:3), 입술로 판단하심(사1:20), 입술로 토해 내심(계3:16), 입술로 파괴하심(시18:8), 입술의 검으로 파괴하심(계2:16). 따라서 인간은 하나님의 형상을 닮아 창조된 존재이므로 입술에서 나오는 말은 하나님의 입술을 닮아가야 한다.

42) 앤서니 후쿠마((Anthony A. Hockema), 『구원론』(Saved by Grace), 부흥과개혁사(2013), 280.

43) "믿음과 언어가 일치되어 여러분의 입술을 통해 믿음의 에너지가 흘러나올 때 여러분은 항상 승리의 삶을 살게 될 것입니다." 참조. 조용기, 『성공 설계도를 펼쳐라』, 서울말씀사(2012), 45.

44) 로버트 쇼(Robert Shaw), 『웨스터민스터 신앙고백 해설』(An Exposition of the Confession of Faith-Westminster Assembly of Divines), 생명의말씀사(2014), 286-287.

45) Anthony A. Hoekema, *Created in God's Image*, Eerdmans Publishing(1994), 8-9.

한다.46) 입술의 영적 언어는 성도를 지키는 최일선의 병사와 같으며, 마음의 총체성을 대변하는 도구다.

하나님의 말씀은 능력과 권세가 있으며, 창조력이 있다.47) 말은 영이고 생명이며(요6:63), 하나님이 인간에게 말을 준 것은 하나님을 섬기기 위함이다(습3:9). 창세기 2장 7절에 하나님의 생기로 사람은 생령, 즉 하나님의 형상을 닮은 '말하는 영'이 되었다. 하나님은 자신과 교통할 수 있는 '말하는 영'을 사람 안에 불어넣고, 오늘도 사람과 교제하며 함께 하시기를 원하신다.

하나님은 지금도 자신의 말씀을 통해서 하나님의 자녀들을 위태로운 상황에서 건져주신다. 시편 기자는 "저가 그 말씀을 보내어 저희를 고치사 위경에서 건지시는도다(시107:20)"라고 말한다. 누구든지 입으로 예수를 주로 고백하면 구원을 얻는다(롬10:8-13).48) 하나님의 귀에 들기는 대로, 우리의 인생이 그렇게 된다(민14:28). 말로 인생이 얽히며(잠6:2), 혀로 삶의 열매를 맺는다(잠18:21).

사람은 말로 구원받고, 말로 음부의 권세를 이긴다. 말은 구원의 수단이요, 마귀 세계를 공격하는 강력한 무기다. 예수님은 길이요, 진리요, 생명이시다(요14:6). 예수의 영은 우리 안에 거하신다. 또한 우리의 영과 예수님의 영은 하나로 연합되어 있다(고전6:17, 갈2:20). 따라서 신자의 영은 진리와 생명의 언어를 사용하고 적용해야 한다.

아우구스티누스(Augustinus)는 요한복음 강해에서 "인간이 스스로 가진 것이라곤 죄와 거짓밖에 없다"고 강조했다.49) 바꾸어 말해, 거듭나지 않은 사람의 입에서 나오는 말은 죄의 언어일 뿐이며, 그들 스스로 천국언어를 사용할 수 없다. 오직 예수 그리스도를 의지해서 천국언어를 구현할 수 있다. 존 오웬(John Owen)은 "신자는 죄를 죽이는 한 방편으로 먼저 의지와 양심으로 죄에 대한 책임을 의식해야 하고, 죄가 가져올 위험과 정욕의 악을 생각해야 한다"고 강조한다(롬8:13).50) 즉 육체의 소욕을 죽이는 길이 말의 영성을 키우는 길이다.

앤드류 머레이는 "하나님은 인간에게서 자신의 완전한 형상을 재생하시기 위해 그 자신의 생명을 인간 속에 불어넣으셨다"고 역설한다.51) 하나님의 형상이 회복되면, 인간의 영이 사용하는 언어부터 회복되기 시작한다. 바울은 오직 예수 그리스도의 십자가만 외치는 자가 되었다. 말은 하나님의 형상 중 하나다. 성령의 능력으로 새 생명의 씨를 품은 새 사람이 될 때, 비로소 영적 언어를 구사할 수 있다.

존 파이퍼는 "모든 생각과 모든 배움과 모든 교육과 모든 연구는 하나님을 알고, 하나님을 사랑하며, 하나님을 보여 주기 위해 존재한다"고 고백한다.52) 인간의 말은 인간의 영이 하는 일을 하나

---

46) Anthony A. Hoekema, *Created in God's Image*, Eerdmans Publishing(1994), 9.

47) 4차원영성의 말에 대하여 더 자세한 내용은 다음 논문을 참고하라. 이기성, "4차원영성의 말", 『영산신학저널』, Vol.17(2009), 261-295.

48) 리처드 포스터(Richard Foster), 『영적훈련과 성장』(Celebration of Discipline), 218. "좋은 고백을 하기 위해서 '양심의 성찰, 후회, 그리고 죄를 짓지 않으려는 결심', 이 세 가지가 중요하다."

49) 빌헬름 게에를링스, 『교부 어거스틴』, CLC(2013), 155.

50) 존 오웬(John Owen), 『죄 죽이기』(The Mortification of Sin), SFC(2008), 164-180.

51) 앤드류 머레이, 『위대한 영성』, 브니엘(2010), 130-131.

52) 존 파이퍼, 『존 파이퍼의 생각하라』, IVP(2011), 205-206.

님께 보여드릴 수 있는 도구 중 하나다. 인격적 말씀이 성육신하심으로 예수 그리스도가 되고, 예수님은 인격의 삶을 통해 진리 자체가 되셨다. 말씀은 창조의 근원이 되셨고, 죄사함을 낳았고, 기적의 사건을 일으키셨다. 그 말씀은 없는 것을 보이게 하는 놀라운 힘을 가지고 있으며, 그 말씀은 인격으로 나타난다(요1:1). 그 인격은 진리요 생명이다(요14:6).

성부, 성자, 성령 하나님은 천국언어로 서로 사랑하시고 사랑받으시며 가장 친밀하게 교제하신다. 말은 곧 영적 생명이다(요6:63).53) 언어 측면에서 보면, 성경은 창세기에서 요한계시록까지 '언어를 통한 소통의 역사'이다. 아담과 하와가 '불통의 역사'를 유발시켰다면, 예수님은 '소통의 역사'로 회복시키셨다. 그는 이 세상에 소통의 구세주로, 하나님과 우리 사이의 소통의 중개자로 오셨다.

말은 교제의 영

영산은 "4차원의 삶은 속사람이 살아나서 성령님과 교제하는 삶입니다. 말씀과 성령의 인도하심을 따라 날마다 성장하며 하나님 중심으로 살아가는 삶입니다."라고 말한다.54) 말은 인격적 속성을 가지고 있어서 하나님과 은혜의 대화를 나누도록 해준다.

말은 영적이며 생명력이 있으며, 영적인 일을 하는 은혜의 방편이다(요6:63). 말을 통해 구원을 받는다(롬10:10). 생명은 인격이며, 인격은 언어로 사랑과 친교의 관계를 낳는다. 예수님은 말과 영과 생명의 관계를 이렇게 요약 정리하신다. "살리는 것은 영이니 육은 무익하니라 내가 너희에게 이른 말은 영이요 생명이라(요6:63)." 예수님이 우리 안에 거주하시므로, 내 안의 말도 예수님의 형상을 닮아가는 말이 되어야 한다. 예수님의 말이 우리 안에 거하면, 인간의 잠재력의 씨가 심어져서 창조력을 낳는 동인이 된다. 예수님은 신자가 예수님과 하나됨을 이루며 그의 말씀을 지키는 삶을 살면, 그의 뜻에 부합되는 온갖 창조적인 일을 할 수 있다고 말씀하신다. "너희가 내 안에 거하고 내 말이 너희 안에 거하면 무엇이든지 원하는 대로 구하라 그리하면 이루리라(요15:7)."

아담과 하와의 타락 이전에 인간의 본성은 온전히 선했다. 아담의 후손은 죄성을 물려받아, 입술에서 나오는 말도 극도로 악화되었다. 따라서 성도는 말을 할 때 하나님의 말씀을 하는 것처럼 해야 함이 옳다. 베드로는 그리스도인의 삶의 방식에 대해서 이렇게 말한다: "만일 누가 말하려면 하나님의 말씀을 하는 것 같이 하고 누가 봉사하려면 하나님이 공급하시는 힘으로 하는 것 같이 하라 이는 범사에 예수 그리스도로 말미암아 하나님이 영광을 받으시게 하려 함이니(벧전4:11)."55)

그리스도인은 무슨 말을 해도 하나님의 관점에서 예수의 이름으로 말해야 한다. 성경적으로 말의 뿌리는 하나님 말씀에 있다. 하나님의 말씀은 죽은 문자가 아니라, 생명력이 있는 하나님의 음

---

53) "하나님이 가라사되 우리의 형상을 따라 우리의 모양대로 우리가 사람을 만들고(창1:26)." "하늘로부터 소리가 나기를 너는 내 사랑하는 아들이라 내가 너를 기뻐하노라 하시니라(막1:11)." "내가 아버지 안에 거하고 아버지는 내 안에 계신 것을 네가 믿지 아니하느냐 내가 너희에게 이르는 말은 스스로 하는 것이 아니라 아버지께서 내 안에 계셔서 그의 일을 하시는 것이라(요14:10)."

54) 조용기, "육으로 난 것은 육이요 영으로 난 것은 영이니", 주일설교(2016-07-17).

55) 아멘의 의미: '아멘'은 하나님께서 관대하신 증여자시며 나는 궁핍한 수혜자라는 사실에 대한 분명한 긍정이며 확신이다. '아멘'은 하나님의 무궁무진한 장래의 은혜가 그분의 영광과 우리의 유익을 위하는 최선의 방법으로 우리의 필요들을 채워주심을 확실하게 인정하는 것이다. '아멘'은 '예, 주님, 모든 장래의 은혜는 당신으로부터 말미암으며 그것은 이미 그리스도 안에서 확정되었습니다.'라는 의미다. 기도는 '아멘'으로 마무리하며, 하나님께 영광을 돌리는 것이다. 기도는 하나님의 영광을 위한 것이다. 은혜를 주시는 분이 영광을 받으신다. 참조. 존 파이퍼, 『장래의 은혜』(Future Grace), 좋은씨앗(2013), 178-180.

성이 들어 있다(히4:12, 엡6:17). 요한은 하나님과 동등한 본성을 지닌 인격적인 존재로서 말씀에 대해서 이렇게 묘사한다. "태초에 말씀이 계시니라 이 말씀이 하나님과 함께 계셨으니 이 말씀은 곧 하나님이시니라(요1:1)." 말은 상호 인격 안에서 주고받는 인격적 산물이다. 영성적 삶(ethos)에서 오는 영적인 말은 생명력이 있고 강력한 운동력이 있다(히4:12). 인간은 하나님의 형상대로 지음을 받은 존재다. 그 결과, 지적 측면에서 하나님의 지혜와 지식과 분별력을 닮았고, 도덕적 측면에서 순결, 순수, 정직, 신실을 닮았고, 또한 성품의 측면에서 사랑, 인자, 자비, 온유, 인내 등을 닮았다.

4차원영성에서 말은 일상언어에 관심을 둔다.56) 말의 중요성에 대하여 영산은 이렇게 강조한다. "우리는 부정적인 말을 버리고 항상 긍정적인 말을 하는 습관을 들여야 합니다. 변화하려면 먼저 언어가 달라져야 합니다. 말을 바꾸지 않으면, 여러분 자신도 달라지지 않습니다. 성령의 기름 부으심 안에서 말하는 것을 습관화하십시오. 하나님께서 주신 믿음을 통해 여러분의 삶에 넘치는 기적이 나타날 것입니다. 우리는 성경에서 가장 훌륭한 언어를 배울 수 있습니다. 성경을 창세기부터 계시록까지 정독하여 다 읽으십시오. 성경의 언어에 점령당하십시오. 그러면 믿음의 말을 사용하게 됩니다. 하나님의 말씀을 선포해야 한다는 그 진리를 깨달은 것이 나의 삶의 전환점이 되었습니다. 마침내 마음속으로 이 일을 깊이 생각하고 성령께서 나를 통해 역동적으로 역사하심에 대해 경탄했습니다."57)

인간은 말과 같이 존재하고, 말과 함께 웃고, 말과 함께 울고, 말과 함께 한평생 살아간다. 따라서 마귀는 사람들이 말을 부정적으로 하게 하거나, 불평하게 하거나, 원망하게 하거나, 분쟁이 일어나도록 부추긴다. 마귀는 사람들의 생각과 말을 집중 공격한다. 그들이 세상적인 삶을 추구하도록 미혹해서, 결국 파멸로 몰아가려고 한다. 한 입에서 축복의 샘과 저주의 샘이 있을 수 없다. 야고보는 신자가 오직 한 가지 말을 해야 한다는 것을 이렇게 강조한다. "한 입에서 찬송과 저주가 나오는도다 내 형제들아 이것이 마땅하지 아니하니라 샘이 한 구멍으로 어찌 단물과 쓴 물을 내겠느냐(약3:10-11)." 하나님은 인간과 항상 동행하시어 인간의 말을 들으시므로 항상 긍정의 말,58) 창조의 말, 유익한 말을 해야 한다.59)

---

56) 4차원영성 4요소 중 말은 과정상 제일 마지막에 위치하나 중요한 위치에 있다. 말씀을 뿌리로 한 생각언어가 말의 옷을 입고 밖으로 표현되기 때문이다. 4차원영성에서 사용하는 '말' 자체는 일상언어이지만, 그 말의 뿌리는 말씀에 근간을 두고 있다. 언어는 매우 복잡하고 복합적 현상으로 관점과 기준에 따라 여러 유형으로 분류가 가능하다. 동작언어, 음성언어, 문학적 언어, 과학언어, 방언, 아어(雅語) 등 다양하다. 4차원영성에서는 일상언어와 아어가 주요한 관심의 대상이다. 즉 희망의 말, 감사의 말, 축복의 말, 칭찬의 말, 기적의 말 등 말씀을 뿌리로 한 긍정적 언어가 핵심이다.

57) 언어의 중요성에 대하여 다음 설교를 참조하라. 조용기, "우리를 변화시키는 말", 주일설교(2010-05-16). "살아 있는 믿음"(2007-03-18, 눅4:23-30). "말의 창조의 힘"(2013-07-28). "감사가 생활화되어야 한다"(2009-11-15). "왜 감사해야 하나"(2007-11-16). "차원이 다른 삶"(2009-05-24). "믿음에 굳게 서는 길"(1986-12-21). "절대긍정의 삶"(2007-06-03).

58) 조용기, "절대긍정의 삶", 주일설교(2007-06-03, 롬8:28). 그는 긍정의 말을 하기 위해서 하나님을 사랑해야 한다고 강조한다. "그러므로 우리가 긍정적인 삶을 살기 위해서 제일 첫째 요건은 하나님을 사랑해야 합니다. 하나님께 무관심하고 하나님을 사랑하지 않는 사람을 위해서 하나님이 도와주시겠다고 약속하지 않습니다. 그렇기 때문에 항상 우리는 성령 충만하여 하나님을 사랑하고, 하나님과 대화하고 하나님을 기쁘게 섬기고, 하나님을 자랑하여 하나님께서 영광을 얻으시게 해야 합니다."

59) "내가 너와 함께 있어 네가 어디로 가든지 너를 지키며 너를 이끌어 이 땅으로 돌아오게 할지라 내가 네게 허락한 것을 다 이루기까지 너를 떠나지 아니하리라 하신지라(창28:15)." "내가 아버지께 구하겠으니 그가 또 다른 보혜사를 너희에게 주사 영원토록 너희와 함께 있게 하리니(요14:16)." "그들에게 이르기를 야훼의 말씀에 내 삶을 두고 맹세하노라 너희 말이 내 귀에 들린 대로 내가 너희에게 행하리니(민14:28)." "예수께서 이르시되 할 수 있거든 무슨 말이냐 믿는 자에게는 능히 하지 못 할 일이 없느니라(막9:23)."

2.1. 영적 언어는 구원과 생명의 창조능력을 준다

영산은 "옛 사람을 벗어 버리고 새 사람으로 갈아 입으려면 먼저 예수님의 십자가 고난을 생각하고, 내가 그리스도와 함께 십자가에 못 박힌 것을 꿈꾸며 마음으로 믿고 입술로 고백해야 됩니다."라고 말한다.[60] 영산의 영적 언어양식은 4차원영성적 요소 ─ 생각, 꿈, 믿음, 말 ─ 를 활용한다. 십자가 위에서 죽고 부활한 자는 십자가에서 파생된 다양한 영적 언어들 ─ 생명, 복음, 구원, 은혜, 거룩, 의, 하늘나라, 믿음, 소망, 사랑, 인내, 용서 등 ─ 을 생동적으로 사용하여야 한다. 십자가 위에서 죽고 부활한 새 존재의 언어는 구원받은 자로서의 말이다. 말은 하나님의 형상 중 하나다. 영은 말을 한다. 말의 근원적인 기능은 입술의 고백으로 구원받는다는 사실에 있다(롬10:9). 하나님은 말할 수 있는 혀를 주셔서 구원의 성취와 하나님과의 교통이 가능케 하셨다.[61] 말의 존재목적은 스바냐 3장 9절, "내가 여러 백성의 입술을 깨끗하게 하여 그들이 다 야훼의 이름을 부르며 한 가지로 나를 섬기게 하리니"에 잘 나타나 있다. 하나님이 인간에게 언어를 주신 목적은 인간으로 하여금 '하나님을 잘 섬기게 하려는 것'이다(출8:1, 9:1).

따라서 인간이 사용하는 말의 제일 중요한 목적은 하나님을 사랑하고 섬기는 언어로 사용되어야 한다는 것이다. 또한 하나님의 속성을 닮아가는 언어들 ─ 자비언어, 은혜언어, 선(善)한 언어, 인내언어 등 ─ 로 사용되어야 한다는 것이다. 그러므로 죄악된 인간이 하나님을 섬기려면 먼저 언어를 회복해야 한다. 예수님을 주님으로 고백한 자만이 영적 언어를 구사할 수 있고, 하나님을 전심으로 섬길 수 있다. 스바냐가 예언한 언어회복은 신약에서 성령의 능력으로 구현된다(행2:1-4). 성령강림 사건에서 나타난 방언은 바로 순수언어요 하늘언어요, 하나님과 교통하는 영적 언어였다.

인간은 영적 존재이자 인격적 존재이다. 인격을 통해 인간은 하나님과 사랑을 주고받으며 진리 안에서 친교할 수 있다. 진정한 친교에 앞서, 죄악된 인간은 먼저 말로 구원의 과정을 거쳐야 한다. 영산은 완전하지는 않지만 사람의 말에는 창조능력이 있다고 피력한다. "하나님의 말씀은 창조력이 있습니다. 따라서 하나님처럼 완벽하지 않지만, 하나님의 형상을 닮은 사람의 말에도 창조력이 있습

---

60) 조용기, "옛 사람을 벗어 버려라", 주일설교(2010-12-05).

61) 말은 하나님이 인간에게 주신 신비의 선물이다. 언어학적으로는 말이란 형태 없는 생각과 소리가 상호연합되는 과정이다. '생각─소리'가 한 짝이 되어 공기 중에서 발화되어 나가 완성된 말을 창조하는 것은 신비다. 생각 안에 소리가, 소리 안에 생각(혹은 한 인간의 사상)이 존재한다. '생각─소리'가 상호보완성, 연합, 고유성 안에서 하나의 파장으로 전환되어 상대방 귀에 전파되고, 뇌에 전달된다. 말과 생각은 불가분으로 연결되어 있다. 말씀은 '하나님의 생각 + 소리'가 파장으로 전환되어 나온 것을 언어기호로 적은 것이다. 따라서 성경은 하나님의 생각으로 채워진 하나님의 말씀이다. 구체적으로 설명하면, 언어는 개념과 청각영상이 상호결합된 것이며, 이를 수학적인 식으로 나타내면, '언어 = 개념 + 청각영상(언어를 이루는 낱말)'이다. 예를 들면, '나무'라는 말을 할 때 개념은 나무가 되고, 청각영상은 '나무를 나타내는 상상의 그림'이 될 것이다. 말을 통해 주어진 개념은 상대방의 뇌 속에서 상응하는 청각영상을 불러일으킨다. 청각영상은 개념과 함께 상대방 귀에서 생리적으로 뇌까지 전달되고, 뇌 속에서 이 영상과 상응하는 개념의 정신적 결합이 이루어진다. 그 결과 말을 알아듣게 된다. 이를테면, 한 사람이 '나무'를 발화하면, '나무에 대한 개념'과 '청각영상'이 전파로 바뀌어 전달되며, 듣는 사람의 뇌에서는 나무라는 청각영상이 작동하여 '나무'라는 것을 인식하게 된다. 그러나 청각영상을 담은 전파가 상대방 귀에 청취되어도 그의 뇌 속에서 정신적 결합이 일어나지 않으면(발화자의 말이 청취자의 머리에서 상상되지 않으면), 그 소리를 알아들을 수 없게 된다. 언어의 본질을 탐구해서 언어학사에 신기원을 이룬 다음 책을 참고하라. 페르디낭 드 소쉬르(Ferdinand de Saussure), 『일반언어학 강의』, 민음사(2012). 특히 제1부 1장 및 2부 3장 참조.

니다. 만일 사람이 부정적인 말을 하면 당연히 부정적인 요소들이 자라납니다. 반면에 하나님의 능력을 힘입어 긍정적이고 창조적이며 생산적인 말을 하면 말한 그대로 긍정적이고 창조적인 환경들이 나타나게 됩니다."[62]

영산은 "성령과 함께 하는 언어생활은 창조적이고 생산적인 능력을 3차원에 나타내줍니다. 천국언어를 사용하면 놀라운 기적이 일어날 것입니다."라고 말한다.[63] 성경적으로 말의 창조적 힘의 사례는 다음과 같다.

    a) 하나님은 아브람을 아브라함으로(창17:5), 사래를 사라로, 야곱을 이스라엘로 바꾸셨다.

    b) 예수님은 시몬을 베드로(반석)라고 불러주셨다(마16:13-18).

    c) 마음으로 믿어 의에 이르고 입으로 시인하여 구원에 이른다(롬10:10).

    d) 말은 영적 전쟁의 무기다(막16:17-18).

입술의 고백은 창조적 구원을 낳는다.[64] 이는 말로써 신앙을 고백해 구원받고 하나님과 교제하며 의사소통을 하게 됨을 의미한다. 말은 영이 활동하는 중요한 수단이다. 말은 구원의 결정적 기능을 수행한다. "사람이 마음으로 믿어 의에 이르고 입으로 시인하여 구원에 이르느니라(롬10:10)." "누구든지 주의 이름을 부르는 자는 구원을 얻으리라(롬10:13)." 무엇으로 주의 이름을 부르는가? 우리의 영적 입술의 고백이다! 말은 성령 안에서 신비스러운 일을 한다.

생각으로 의에 이르는 것이 아니라, 자신의 믿음을 입술로 고백함으로써 구원의 반열에 들어간다. 바울은 "네가 만일 네 입으로 예수를 주라 시인하며 또 하나님께서 그를 죽은 자 가운데서 살리신 것을 네 마음에 믿으면 구원을 얻으리니(롬10:9)"라고 말한다. 예수님과 나란히 십자가에 달린 두 죄수 중 한 사람이 예수님을 비방하고 조롱한 동료를 꾸짖고 자신이 죄인임을 고백하자, 그는 낙원에 가게 되었다. 누가복음서는 이렇게 기록하고 있다. "예수여 당신의 나라에 임하실 때에 나를 기억하소서 하니 예수께서 이르시되 내가 진실로 네게 이르노니 오늘 네가 나와 함께 낙원에 있으리라 하시니라(눅23:42-43)."

한 죄수는 예수님을 구주로 인정하지 않으며 부정의 말을 했다. 그러나 한 죄수는 "당신의 나라에 임하실 때에 나를 기억(생각)하소서"라고 예수님을 구주로 인정하는 입술의 고백을 했다. 긍정적인 입술의 고백이 한 강도를 순식간에 구원의 복된 길로 인도한 것이다. 어떤 면에서 이 두 강도는 온 인류를 대변한다. 인류의 한 부류는 예수님을 인정하지 않고, 다른 한 부류는 예수님을 구주로 인정한다. 이는 예수왕국과 마귀왕국에 속한 차이이다. 말은 한 사람의 전인격이다.

---

62) 조용기, 『4차원의 영성』, 교회성장연구소(2006), 167.

63) 조용기, "말의 창조의 힘", 주일설교(2013-07-28).

64) "입술을 열지 않고는 믿음생활을 할 수 없습니다. 꿈꾸고, 기도하고, 믿은 사실을 입으로 시인해야 되는 것입니다. 현재 이루어지지 아니해도 하나님은 죽은 자를 살리시며 없는 것을 있는 것같이 부르시는 하나님이십니다. 지금 없어도 있는 것처럼 내가 꿈꾸고, 믿고, 입으로 시인해야 합니다. 왜냐하면 입으로 시인하는 말씀은 하나님의 창조적인 수단이기 때문입니다. 하나님은 우주와 만물을 지으실 때 손으로 지은 것이 아니라 말씀으로 지으신 것입니다." 조용기, "믿음이란 무엇인가?", 주일설교(2004-01-25).

2.2. 영적 언어는 마음의 인격을 전달하는 충성된 종이다

말의 변화는 마음의 변화에서 시작된다. "우리 마음은 하나님의 말씀을 통해서 변화됩니다. 말씀을 듣고 읽고 묵상하면 말씀은 살아서 우리 속으로 들어가 운동력을 나타냅니다. 하나님의 말씀은 살았고 운동력이 있어 좌우에 날선 검보다 예리하여 혼과 영과 및 관절과 골수를 쪼개는 것입니다. 그러므로 하나님 말씀을 읽으면 마음속에 변화가 다가오고 믿음이 생겨나는 것입니다."[65]

말씀이 마음에 새겨지면 그것이 믿음으로 승화되고, 그 믿음이 언어생활을 변혁시킨다. 마음에 말씀이 각인되면, 인격을 변화시켜 하늘중심의 언어를 사용하게 된다. 모든 신자는 십자가에서 죽고 부활한 존재다. 십자가는 지적으로 왜곡된 진리를 바로 잡아주고, 정서적으로 파괴된 정서를 올바르게 작동되도록 해주고, 또한 자기의지, 자기만족, 자기과시를 하나님 중심의 의지로 되돌려 놓는다. 즉 십자가의 믿음과 말씀으로 과거의 왜곡된 '지적, 정서적, 의지적 성향'은 의롭고 거룩한 성향으로 전환된다. 성령의 말씀으로 온전한 마음의 인격을 밖으로 드러내는 것이다. 온전한 인격적 마음은 하나님의 말씀으로 정화되고 유지된다.

성도는 하나님의 말씀을 마음속에 지니고 삶 속에서 구체적으로 실천해야 한다. "내 소유는 이것이니 곧 주의 법도를 지킨 것이니이다(시119:56)." 그런 맥락에서 하나님의 형상을 닮아 태어난 인간의 말은 중요한 소유물에 속한다. 영산은 "말은 4차원영성의 나머지 요소들 – 생각, 꿈, 믿음 – 을 우리 인생 속에 풀어넣는 역할을 하기 때문에 중요합니다."라고 역설한다.[66] 말은 내 마음속의 생각을 대변한다. 말은 상대방과 소통하는 수단이며, 동시에 마음과 생각과 느낌을 전달하는 대변자다(삼상9:19).

말은 마음속에서 생각이 옷을 입고 밖으로 나온 것이다. 인간의 눈에 보이는 3차원 세계는 4차원 말에 의해 변화된다. 영산은 생각, 꿈, 믿음, 말이 우리의 인생을 변화시킨다고 말한다. "4차원의 영성이 3차원의 환경을 지배하고 만들고 변화시킵니다. 그러므로 여러분의 눈에 안 보이는 4차원은 생각과 꿈과 믿음과 입술의 고백을 통해 현실에 나타납니다. 3차원 세계 속에 나타나서 우리 운명과 환경을 변화시킵니다."[67]

의지적으로 하나님의 말씀을 반복적으로 선포하면, 내면세계의 변화를 일으킬 수 있다. 말은 생각, 꿈, 믿음과 상호보완적 관계 속에서 3차원 인간세계를 근본적으로 변화시키는 힘을 가지고 있다. 인간의 말 중 곡조를 붙인 찬양은 특히 위대하다. 찬양은 하나님께 마음을 드리는 최고의 도구이다. 또한 말은 내면세계를 변화시키는 강력한 도구 중 하나다. 찬양은 긍정의 말씀으로 가득 찬 영광의 찬미다.

---

65) 조용기, "신앙생활과 신앙인격", 주일설교(2012-05-06).
66) 조용기, 『4차원영성-말』, 10-11.
67) 4차원영성의 4요소는 여러 모습으로 설교에 적용되었고, 대표적인 것을 선택하면 다음과 같다. 조용기, "마음하늘", 주일설교(2007-01-21), "사차원의 삶"(2010-11-07, 렘33:2-3), "사차원의 기도"(2012-02-05, 눅18:3-8), "하나님의 주소"(2008-11-23), "더불어 사는 삶"(2007-04-22), "없는 것을 있는 것 같이"(2007-11-25).

영산은 하나님을 찬양하면 하나님이 우리를 도와주신다고 강조한다. "찬양은 우리를 잘되게 만드는 것입니다. 찬양이라는 것은 높이는 것을 말합니다. 아버지를 찬양하면 '아버지 참 훌륭하다.' '아버지 참 존경스럽다.' '우리 어머니 참 훌륭하다.' 이렇게 높이는 것을 말하는 것입니다. 찬양하면 하나님이 그 찬양 속에 임하십니다. 그래서 시편 기자는 '이스라엘의 찬송 중에 계시는 주여(시 22:3)'라고 고백한 것입니다."[68]

2.3. 영적 언어는 거룩하고 의로운 삶을 살게 한다

하늘언어는 거룩하고 의로 충만하다. 십자가는 아담 때문에 몰수당했던 의와 거룩을 다시 찾아와서, 성도가 의롭고 거룩한 언어를 사용하게 한다. 천국백성의 언어특징은 의의 말과 거룩의 말을 사용한다는 데 있다. 영산은 그리스도와 교제하면, 그리스도의 형상, 특히 거룩함을 닮아가게 된다고 말한다. "예수님과 교제하면 삶이 거룩해집니다. 예수님은 거룩한 하나님이십니다. 우리가 거룩한 하나님이신 예수 그리스도와 교제하는데 거룩해지지 않을 수 없습니다. 그리스도와 교제하면 생활이 세상에서 멀어지고 하늘과 가까워지고 마음과 삶이 거룩하게 됩니다. 그렇기 때문에 그리스도와 교제하는 열매는 삶의 성결화인 것입니다(요일1:3)."[69]

신자들이 항상 기억해야 할 것은 '내가 십자가 위에서 예수와 함께 죽고 부활한 신분'이라는 사실이다. 이것을 놓치면 신앙생활의 힘을 잃는다. 다시 말해, 예수의 죽음을 항상 짊어진 자이며(고후 4:10) 동시에 생명을 얻은 자로서의 삶이다. 바울은 "나는 날마다 죽노라(고전15:31)"고 말했다. 곧 나 스스로의 삶이 아니라 겸손, 자기비움, 순종의 예수 그리스도를 본받는 삶을 살고 있다고 밝힌 것이다. 이처럼 그리스도의 고난과 부활을 경험한 자는 '의롭고 거룩한 영적 언어'를 사용하며, 예수 그리스도를 닮아가는 데 초점을 둔다.

중생하면 누구든지 의롭고 거룩한 자가 되어 새 사람을 입는다(엡4:24). 그리스도와 연합하게 되면(고전6:17) 능력을 받게 되어, 인간은 이전에 옛 사람이 사용하던 언어를 버리고, 새 마음과 새 생각으로 말하게 된다. 나아가 신자는 의로움과 거룩함을 회복하고(고전1:30) 예배의 사람이 되어 하나님께 영광을 돌리게 된다(시100:4).

영산은 "우리에게는 스스로 의롭게 살 힘이 없습니다. 하지만 예수님께 의지하면, 내 안에 계신 예수님이 여러분과 나의 의의 힘이 되셔서 우리를 의롭게 살게 하고 우리에게 의의 열매를 맺게 해주십니다."라고 말한다.[70] 신자는 더 이상 불의의 입술을 가지고 있지 않다. 신분상 의인의 입술을 소유하고 있다.

---

68) 조용기, 『말』, 한세대학교출판부(2012), 203-213, 조용기, "우리를 변화시키는 말", 주일설교(2010- 05-16), "감사와 찬양의 위력", 주일설교(2007-08-05).
69) 조용기, "그리스도와 교제", 주일설교(2009-09-06).
70) 조용기, "오직 내 안에 그리스도께서 사신 것이라", 주일설교(1987-12-06).

2.4. 영적 언어는 삶의 존재방식을 변형시키는 동인이다

그리스도인은 죄와 율법의 저주에 대하여 이미 죽은 자이다. 신자는 그리스도와 함께 살리심을 받았고, 그리스도와 함께 승천하여 하늘보좌에 앉아 계신다(엡2:6). 이것이 성경에 기록된 실제적 사실이다. 따라서 성도의 말은 지상 방식이 아니라, 하늘보좌에서 사용하는 영적 언어를 삶 가운데 적용해야 한다. 아담과 연합해 옛 동산에서 살던 옛 사람의 삶은 소멸되고, 이제 예수 그리스도와 연합해 신령한 동산에 살고 있기 때문이다. 모든 그리스도인은 '영원한 속죄(히9:12)'로 말미암아 십자가의 은혜를 받고 있다. 따라서 신자는 십자가에서 나오는 영적 언어를 사용해야 한다.

영산은 영적 언어의 사용이 신자의 삶에 미치는 영향을 이렇게 말한다. "하나님의 진리의 말씀이 우리 속에 들어오면, 그 말씀은 우리의 인격 전체를 변화시킵니다. 그러면 신자는 변화된 생각을 가지고, 변화된 눈으로 모든 것을 바라보며, 변화된 말을 하고, 변화된 행동을 하게 됩니다."[71] 말은 우리의 생각이나 행동과 서로 밀접하게 연결되어 있다. 생각이 바뀌면 믿음도 말도 바뀐다. 그는 "인간은 하나님의 형상과 모양대로 지음 받았기 때문에 말을 한다는 것 자체가 인간이 영적 존재라는 강력한 증거입니다. 인간은 말로써 자기의 세계를 지어가는 존재입니다."라고 역설한다.[72] 인간의 말은 영(靈)이기 때문에 말하는 대로 자신이 된다.

말은 인격의 중심부를 표현하고 드러내는 매개체이다. 인격의 중심부에서 나오는 말은 씨가 되며, 장차 말하는 사람의 존재방식을 변화시키는 동인이 된다. '갈대 베드로'가 '반석 베드로'로 변화된 것처럼 말은 사람의 내면과 삶의 방식을 바꾸어주는 잠재력을 가지고 있다.

말은 영이며 물질세계를 변화시키는 힘이 있다. 축복의 말과 저주의 말은 삶의 방향을 절대적으로 바꾸어준다. 다음 성경구절은 말의 속성과 영향력을 잘 말해준다. "그의 아버지가 야곱에게 축복한 그 축복으로 말미암아 에서가 야곱을 미워하여 심중에 이르기를 아버지를 곡할 때가 가까웠은즉 내가 내 아우 야곱을 죽이리라(창27:41)." 말은 삶의 방향을 바꾸는 힘이 있다. 바울은 "너희를 박해하는 자를 축복하라 축복하고 저주하지 말라(롬12:14)"고 권면한다.

말은 인생의 운명을 좌우한다. 부정의 말을 계속하면, 말이 씨가 되어 습관이 되고 그 말대로 된다. 이에 대해 영산은 이렇게 말한다. "우리는 입술의 말로써 강한 믿음을 갖게 되며, 하나님의 역사를 나타내며, 마귀를 이기고 삶에 변화를 가져올 수 있는 것입니다. 그러므로 죽고 사는 권세가 입술에 있으므로 입술의 말을 통하여 '나는 못한다.' '나는 안된다.' '나는 할 수 없다.' '나는 패배자다.' '나는 절망적이다.' 이런 말을 쓰지 마십시오. 이런 말을 반복하면 여러분은 진짜로 절망하게 될 뿐만 아니라, 여러분의 삶에 마귀를 끌어들이게 되고, 인생의 진짜 패배자가 됩니다. 우리가 부정적인 말을 계속해서 쓰게 되면, 자신이 한 부정적인 말로써 자승자박이 됩니다. 계속해서 반복하여 말을 하면, 자기도 모르는 사이에 습관이 되는 것입니다."[73]

---

71) 조용기, 『이것이 믿음이다』, 신앙계(2012), 38.
72) 조용기, "말의 창조의 힘", 주일설교(2013-07-28).
73) 조용기, "믿음에 굳게 서는 길", 주일설교(1986-12-21).

하나님은 없는 것을 있는 것처럼 부르시는 하나님이시며, 아브라함은 사라를 부를 때 '많은 민족의 어머니'를 생각하며 불렀고, 사라는 아브라함을 부를 때 '많은 민족의 아버지'를 생각하며 불렀다(창17:5, 15-16). 입술의 반복된 선포는 하나님이 약속하신 것을 능히 이루실 것을 확신하며 기적을 믿는 것이다(롬4:18-22). 누에가 입에서 나온 실로 된 고치에서 살듯이 사람의 입술에서 나온 말이 인생의 흥망성쇠를 좌우하는 것이다. 말은 그 사람의 전인격적 본성을 나타내고 드러내기 때문이다.

하나님은 인간을 부르서서 '예수 그리스도 안에' 있게 하셨다(고전1:30). 십자가를 바라보고 언제나 희망의 말을 할 때, 신자의 삶의 방향은 예수 그리스도를 향하게 된다. 나침반이 항상 남과 북을 가리키듯이 삶의 중심은 항상 예수님을 바라보아야 한다. 예수님은 인간을 의롭고(롬3:23-24), 거룩하게 해주셨고(히10:10), 구원을 가져다주셨다(롬5:9). 인간은 지혜롭게 하시는 예수님을 바라보며 긍정의 고백을 해야 한다(골2:2-3). 바다 위의 큰 배는 방향키 하나로 갈 길을 잡고, 사람은 말로 삶의 방향을 잡는다.

2.5. 영적 언어는 희망의 영성을 탄생시킨다

성령언어는 하늘나라 은혜를 이 땅에 풀어놓는다. 하나님은 말씀을 보내시고, 예수님은 말씀을 실천하시고, 성령님은 말씀을 깨닫게 함으로써 성도가 사용하는 영적 언어는 삼위일체적 특징을 가지고 있다. 말은 영이요 생명의 씨를 내포하고 있다(요6:63). 말하는 자는 그 안에 희망의 씨를 포함하고 있다. 그리스도 안에 있는 자는 생명의 씨, 즉 하나님의 씨를 마음에 품고 있는 희망의 존재이다. 따라서 희망찬 말, 기대 넘치는 말, 창조적인 말을 구사하고 실현할 수 있다. 바울은 극심한 박해와 핍박 가운데서도 그리스도를 존귀하게 하는 말을 했다: "나의 간절한 기대와 소망을 따라 아무 일에든지 부끄러워하지 아니하고 지금도 전과 같이 온전히 담대하여 살든지 죽든지 내 몸에서 그리스도가 존귀하게 되게 하려 하나니(빌1:20)." 그의 언어의 핵심은 오직 예수 그리스도였다.

말은 영적 자아의 내면세계를 표출시킨다. 영산은 마음을 움직이는 요소를 4가지로 요약하여 설명한다.[74] 천국언어를 사용할 때 인간은 희망을 가질 수가 있다. 영산은 '할 수 있다'고 생각하고, 믿고, 그것을 지속적으로 고백하라고 강조한다. "우리 마음의 생각은 삶에 지대한 영향력을 미칩니다. 4차원영성이 3차원의 삶인 육체와 환경을 다스리는 것입니다. '할 수 있다'고 생각하고 믿고 바라보며 그것을 말로 시인할 때, 우리는 우리가 생각한 만큼 할 수 있습니다. 그러므로 여러분은 하나님 말씀을 읽고 묵상하고 듣고 기도하므로 하나님이 주신 말씀대로 생각하고 마음에 소원과 꿈을 갖고 기적을 믿고 승리하는 삶의 말을 하십시오. 없는 것을 있는 것같이 부르는 것이 우리 믿는 사람들이 말하는 것입니다."[75]

---

74) 조용기, "마음하늘", 주일설교(2007-01-21). a) 생각: 부정적인 생각을 주님 안에서 '할 수 있다'의 긍정적인 생각으로 바꾸어야 한다(빌4:13). b) 꿈: 부정적인 꿈을 십자가를 통한 '5중복음과 3중축복'의 꿈으로 바꾸어야 한다(렘33:3). c) 믿음: 부정적인 믿음을 바라봄의 법칙에 의한 긍정적인 믿음으로 바꾸어야 한다(롬4:17-18). d) 말: 부정적인 말을 '천국의 언어'인 축복과 긍정적인 말로 바꾸어야 한다(잠18:20-21).
75) 조용기, "말의 창조의 힘", 주일설교(2013-07-28). "말의 힘"(2011-02-13).

희망은 마음하늘의 높은 곳에 위치한다. 말은 4차원영성 요소 중 순서적으로 보면 마지막에 위치해 있다. '말'은 내면세계를 떠나 바깥세상으로 발화하는 살아 있는 인격과 같다. 마음에 가득한 것이 입으로 나온다(눅6:45). 과녁을 향해 날아가는 화살처럼 말은 내면세계의 최종적 발산이라 할 수 있다.[76]

영산은 말의 힘에 대하여 이렇게 강조한다. "우리가 입술로 시인하는 것은 우리 믿음을 풀어놓는 것입니다. 우리의 삶에 위대한 창조적 변화를 가져오게 하는 능력입니다. 꿈은 말의 선포를 통해 작동키가 눌러지기 때문에 꿈이 입술로 선포될 때 비로소 놀라운 현실의 재창조가 이루어지는 것입니다."[77] 따라서 그리스도 안에서 희망적 존재인 인간은 희망을 주는 말을 해야 한다.[78] 영산은 '감사, 찬양, 축복'이 세상을 변화시키는 원동력이라고 조언한다. "우리는 우리를 선하게 변화시키는 말을 늘 말해야 됩니다. 우리 입에서 '감사합니다, 찬양합니다, 축복합니다'라는 말이 항상 끊이지 않아야 합니다. 그러면 나와 하나님, 나와 이웃, 나와 세상의 관계가 변화됩니다."[79]

물이 배를 띄우기도 하고 침몰시키기도 하는 것처럼, 우리의 입술의 고백도 인생을 띄우기도 하고 침몰시키기도 한다. 영산은 말의 타락에 대하여 이렇게 말한다. "우리 인간은 아담의 죄로 인해 생각의 DNA가 이미 타락한 존재이며, 부정적인 세상의 환경에 계속해서 노출되어 있기 때문에 부정적인 생각의 틀 안에 갇혀 살고 있는 셈입니다. 부정적인 생각이 낳은 말은 엄청난 파괴력이 있습니다."[80]

인간의 회복은 마음의 회복이며, 마음의 회복은 곧 말의 회복이다. 마귀는 인간의 '생각영역, 마음영역, 입술영역'을 입체적으로 파괴시켜 부정적인 말과 절망적인 말을 하게 한다. 마귀는 유다의 마음, 생각, 입술을 미혹해서, 결국 유다가 예수를 팔아 비극의 길을 걷게 했다. 예수님은 생각과 마음의 상관성을 적절히 묘사하신다: "마귀가 벌써 시몬의 아들 가룟 유다의 마음에 예수를 팔려는 생각을 넣었더니(요13:2)." 생각, 마음, 말은 상호연합적으로 기능한다. 말 안에 생각이 있고, 생각 안에 말의 씨가 들어 있다.

2.6. 영적 언어는 현실을 넘어 초월적 삶을 창조한다

영산은 성령 안에서 살 것을 강조한다. "꿈과 환상을 우리 마음속에 심어주어서 내일을 향해 힘차게 달려갈 수 있는 희망을 주시는 것입니다. 성령이 떠나가시면 희망과 꿈이 없습니다. 율법주의, 종교주의, 의식주의자가 되면 그에게는 성령이 없습니다. 꿈과 환상이 있으면 성령이 와 계신

---

76) 생각 + 꿈 + 믿음 → 입술의 고백 → 입술의 열매. 말 안에 믿음이 있고, 믿음 안에 꿈이 있고, 그 역도 동일하다. 4차원영성 4요소는 상보성(빛과 파동처럼 서로의 속성을 보상), 고유성(서로 연합하지만 각자의 속성을 유지), 연합성(각자의 속성을 유지하면서도 하나의 목적을 향해 기능), 소진성(각자의 속성을 최대한 발휘)을 유지한다. 영적 언어는 동시성과 통시성이 있다.
77) 조용기, "말의 힘", 주일설교(2011-02-13).
78) Hope 1: 죄를 사하여 주시는 예수님을 담대하게 말할 수 있어야 한다. Hope 2: 거룩하고 성결하게 해주시는 예수님을 말할 수 있어야 한다. Hope 3: 치료하시는 예수님을 담대히 말할 수 있어야 한다. Hope 4: 저주에서 해방시켜주시는 예수님을 선포할 줄 알아야 한다. Hope 5: 영생천국을 주시는 예수님을 소개할 줄 알아야 한다.
79) 조용기, "우리를 변화시키는 말", 주일설교(2010-05-16). "감사와 찬양의 위력"(2008-04-06).
80) 조용기, "우리를 변화시키는 말", 주일설교(2010-05-16). "내 속의 정체성을 보라"(2010-11-14). "나의 정체성"(2009-08-30).

것입니다. 꿈도 없고 환상도 없으면 성령이 떠난 것입니다."[81]

성령의 꿈이 있으면 성령언어를 사용하게 되고, 그 말이 삶의 자리에 하늘의 신비를 풀어놓는다. 십자가를 통해 그리스도와 연합하고 중생한 자는 3차원적 언어가 아니라 4차원적 영적 언어로 살아야 한다. 우리는 말을 통해 하나님께 나아가고, 하나님과 교통하며, 온 세상 사람들과 의사소통을 할 수 있다. 우리의 말이 영성화되려면, 말이 마음공간에서 하나님의 말씀의 옷을 입고 나와야 한다. 말이 거룩해질 때 새로운 의, 새로운 가치, 새로운 삶의 목적, 이전과 다른 정체성을 품게 된다. 말씀을 근거로 한 말은 기도와 선포의 매개체를 통해 능력으로 변화되어, 삶의 자리에서 하나님의 역사가 나타나게 한다.[82]

삶의 변화는 영적 변화이고, 영적 변화는 곧 말의 변화이다. 말의 변화는 행동을 변화시키고, 궁극적으로 삶의 영역이 변화된다. 삶의 모든 것이 말에서 시작하고 말에서 종결된다. 기도와 새 영은 새 마음을 창조하고, 새 마음은 새 말을 만들어내고, 새 말은 그리스도인이 이 세상에 살면서도 초월적 삶을 살게 한다. 성령님은 인간의 마음을 부드럽게 해서 하나님의 속성을 닮은 언어를 사용하게 한다. 에스겔서는 "새 영을 너희 속에 두고 새 마음을 너희에게 주되 너희 육신에서 굳은 마음을 제거하고 부드러운 마음을 줄 것(겔36:26)"이라고 기록하고 있다.

마음을 새롭게 변화시키지 않는 한 외적 환경은 변화되지 않는다. 바울은 새 피조물의 삶의 방식을 정확히 지적한다. "너희는 이 세대를 본받지 말고 오직 마음을 새롭게 함으로 변화를 받아 하나님의 선하시고 기뻐하시고 온전하신 뜻이 무엇인지 분별하도록 하라(롬12:2)." 선한 마음, 기쁜 마음, 온전한 마음이 충만할 때 인간은 하나님을 닮아가는 언어를 사용할 수 있다. 마음이 변화되어야 말도 변화된다. 이 마음을 변화시키는 것은 말씀이요, 영이요, 기도다. 오늘도 하나님의 영은 우리의 입술을 통해 일하신다.

마음은 말을 만들어내는 공장과 같다. 선한 마음을 가진 자는 선한 열매를 맺고, 악한 마음은 악한 열매를 맺는다. 좋은 나무가 나쁜 열매를 맺을 수 없고, 못된 나무가 아름다운 열매를 맺을 수 없다(마7:18). 가시나무에서 포도를, 엉겅퀴에서 무화과를 딸 수 없다(마7:16). 마음에서 나오는 말은 인간의 행동에 절대적인 영향력을 미친다.

인간은 단순히 질문에 대답하는 것만으로도 그 행동에 영향을 미친다. 이것을 '단순측정효과(mere-measurement effect)'라고 부르는데, 이를테면 투표 전날 투표자에게 '투표할 의향이 있느냐?'는 질문만 해도 투표율이 25%나 올라간다는 것이다. '향후 6개월 이내에 새 차를 구매할 의향이 있습니까?'라는 질문도 그와 유사한 결과를 낳는다. 심리학자 쿠르트 레빈(Kurt Lewin)은 이런 현상을 '경로요인(channel factor) 현상'이라고 지적한다. 이처럼 말은 내 자신의 환경뿐 아니라 주위 환경까지 변화시키는 힘이 있다.

영산은 우리 입술의 고백을 통해 삶의 운명이 달라진다고 말한다. "우리는 생각으로 자화상으로

---

81) 조용기, "보혜사 성령님", 주일설교(2011-07-24).

82) "하나님의 말씀은 믿음의 양식이다. 당신의 믿음이 자라기 위해서는 말씀을 먹고 당신의 믿음을 실천해야 한다. 믿음을 자라게 하는 한 가지는 하나님의 말씀과 일치하는 말들로 당신의 입을 채우는 것을 배우면 된다." 참조. 케네스 해긴(Kenneth Hagin), 『하나님과 동행하기』, 베다니출판사(2011), 272.

믿음으로 입술의 고백으로 자승자박하는 존재입니다. 내가 나를 묶어놓고 난 다음 누구에게 탄식하고 누구에게 책임을 돌릴 수 있겠습니까? 여러분의 생각, 자화상, 믿음과 말을 통해서 여러분을 묶거나 풀 수 있습니다. 예수 그리스도는 십자가를 통하여 여러분을 해방시켰습니다. 그리스도께서 우리를 자유롭게 하려고 자유를 주었은즉 그러므로 믿음으로 굳세게 서서 다시는 종의 멍에를 매지 말라고 성경은 말씀하고 있습니다. 우리가 종, 자유인, 축복받은 사람, 저주받은 사람, 성공자, 실패자인가는 우리의 생각, 자화상, 믿음과 말에 달려 있습니다. 이것을 알고 잘 사용하면, 우리는 상상 이상으로 영혼이 잘됨같이 범사에 잘되며 강건하고 생명을 얻되 넘치게 얻는 삶을 살 수 있습니다."[83]

말은 언어표현의 행위이다. 하지만 말은 단순히 인간의 내면세계를 밖으로 드러내는 언어적 전달수단만이 아니라, 그 이상의 의미가 내포되어 있다. 성령 안에서의 말은 4차원 영적 파워가 삶의 현장 속으로 진입하여 창조적 역사를 낳게 한다. 말은 눈에 보이는 3차원 세계에 창조적 역사를 나타나게 한다.

2.7. 영적 언어는 하나님과의 교제를 강화시킨다

영산은 "하나님은 우리를 부르셔서 그리스도와 교제케 하셔서 그리스도를 닮게 만들어주십니다. 그렇기 때문에 우리는 매일같이 그리스도와 교제해야 합니다."라고 말한다.[84]

성부 하나님은 '모든 은혜의 하나님'이시고(벧전5:10), 성자 하나님은 '은혜와 진리가 충만하신 하나님'이시며(요1:14), 성령 하나님은 '은혜의 성령 하나님'이시다(히10:29). 따라서 신자는 은혜 안에서, 은혜를 통해, 하나님과의 친교를 활성화시켜 삼위 하나님께 영광을 돌리는 삶을 살아야 한다. 십자가는 은혜의 삶을 빚어내어 친교의 삶을 살게 하고, 동시에 신자로 하여금 하늘의 영광을 맛보게 한다.

영산은 예수님과의 교제를 위해 성령충만하여 방언할 것을 강조한다. "우리가 예수님과 교제하는 가장 좋은 방법 중 하나는 바로 성령의 인도하심에 따라서 방언으로 기도하는 것입니다. 방언기도가 우리 신앙생활에 이처럼 유익합니다. 방언은 마귀도 알아들을 수 없고, 이웃사람도 알아들을 수 없고, 오직 하나님만 알아들을 수 있는 것입니다. 우리가 알지 못하는 것을 성령이 말할 수 없는 탄식으로 기도해주는 것입니다. 그러므로 예수 그리스도와 깊은 교제를 하기 위해서 우리가 성령충만하여 많은 시간을 방언으로 기도할 때 예수 그리스도를 깊이 이해하고 그와 교제할 수 있습니다."[85]

십자가는 하나님과 인간의 상호교제로 초대하며, 아담 이후에 끊어졌던 대화를 다시 이어준다. 십자가는 길 잃은 방랑자들에게 본래의 길을 회복시켜 하나님이 인도하시는 길을 걷게 한다. 성령의 말은 친교를 낳는다. 친교의 극치는 예배다. 성경은 "아름답고 거룩한 것으로 야훼께 경배할지어다(대상16:29)"라고 말한다. 성령이 임하면, 마음의 예배, 입술의 예배, 행동의 예배가 일치되어 산

---

83) 조용기, "삶의 성공과 실패를 가져오는 자화상", 주일설교(2001-07-01, 고후5:17). "자화상과 자존심"(2011-11-06), "보혈로 그린 자화상"(1992-03-01, 고후5:16-17).
84) 조용기, "그리스도와 교제", 주일설교(2009-09-06).
85) 조용기, "그리스도와 교제", 주일설교(2009-09-06).

제사로 드려지게 된다. 이 가운데 성령의 말은 그 중심에 있다.[86]

　인간은 말을 통해 하나님을 가까이 할 수 있다. 시편 기자는 말한다. "야훼의 친밀하심이 그를 경외하는 자에게 있음이여 그의 언약을 그들에게 보이시리로다(시25:14)." 하나님의 말씀은 우리를 창조의 질서 안으로 초대하는 안내자와 같다. 말씀은 하나님의 비서실장과 같아 인간의 영에게 말을 걸고, 대화를 요청하며, 하나님이 계시는 궁궐로 데리고 가서, 궁극적으로 하나님과 교제를 나누게 한다. 말씀은 하나님과 인간 양쪽을 부지런히 다니며 서로의 뜻을 조정해 나간다. 서로의 뜻이 공명(resonance)할 때까지 말씀은 역동적으로 일한다. 삼위일체 하나님은 '성부-성자-성령의 천상적 삶의 모델'을 예수님을 통해 지상으로 확장해서 그리스도인이 삼위 하나님의 삶의 원리와 방법을 본받게 하신다. 따라서 그리스도인들은 하나님의 삼위일체적 삶의 모델을 표준으로 삼고 살아가야 한다.

　이사야는 하나님과 대화를 나눴다. "주 야훼여 보소서 나는 아이라 말 할 줄을 알지 못하나이다(렘1:6)." 이에 하나님은 다음과 같이 응답하신다. "너는 아이라 하지 말고 내가 누구에게 보내든지 너는 가며 내가 네게 무엇을 명하든지 너는 말할지니라(렘1:7)." 즉, '입술의 말'은 하나님의 영과 인간의 영이 만나는 교류의 접촉점이 된다. "야훼께서 그 손을 내밀어 내 입에 대시며 내게 이르시되 보라 내가 내 말을 네 입에 두었노라(렘1:9)." 하나님의 말이 3차원의 인간의 입술 위에 놓일 때 인간의 입술은 4차원 영적 세계의 접촉점이 된다. 3차원의 입술과 4차원의 하나님의 말씀이 상호접촉하면, 그 사람은 하나님의 말씀을 대변하는 자가 되고, 하나님의 능력을 맛보는 자가 되고, 하나님의 능력을 펼치는 출발점이 된다.

　예수님은 "내가 너희에게 이른 말이 영이요 생명이라(요6:63)"고 말씀하셨다. 영의 기능 중 중요한 것의 하나가 '혀에서 나오는 말'이다. 말은 하늘 문을 여는 열쇠와 같다. 하나님의 형상을 닮은 인간의 말은 그 사람의 인격이요 생명이다. 말속에 생각이 있고, 생명이 있으며, 인격이 있다. 삼위일체 하나님이 말을 통해 서로 사랑하고 친교하고 사역하신 것처럼 인간도 말을 통해 하나님과 인격적으로 교제하며 사랑을 나눌 수 있다. 바울은 "너희를 불러 그의 아들 예수 그리스도 우리 주와 더불어 교제하게 하시는 하나님은 미쁘시도다(고전1:9)"라고 말한다.

　'입술의 말'은 4차원 하나님의 초월적 세계와 3차원 인간의 세계가 만나는 거룩한 장소다. 예수의 영과 합 한 자는 한 영이므로(고전6:17), 그리스도인은 항상 거룩한 말, 영적 언어를 구사해야 할 위치에 있다. 인간의 언어생활은 하나님의 말씀으로 변화될 수 있다. 영산은 말한다. "말이 여러분의 생각, 꿈, 믿음과 창조적인 힘을 풀어놓습니다. 하나님의 말씀을 소리 내어 복창하면 하나님의 능력이 나타납니다. 우리의 말은 대화의 수단일 뿐 아니라, 내 마음과 환경을 창조하는 수단이 되는 것입니다. 하나님은 여러분을 하나님의 형상과 모양대로 만들어서 여러분과 대화하기 원하십니다."[87]

---

86) "예배는 우리가 느끼는 것을 적절한 방법으로 표현 하는 것이다. 성령이 임하면 예배하는 사람이 된다." A. W. 토저(A. W. Tozer), 『Holy Spirit, 성령님』, 규장(2014), 70.
87) 조용기, "말의 창조의 힘", 주일설교(2013-07-28). "말의 힘"(2011-02-13).

예수님을 믿으면 누구에게라도 주님과 교제의 장이 열린다.[88] 인간은 대화를 통해 상대방을 이해하게 되며(롬12:16), 교제를 통해서 우리는 상대방에게 관심을 갖고 동정하게 된다(벧전3:8). 나아가 교제를 통해서 한 마음과 한 뜻으로 서로 협력할 수 있다(빌1:27-28). 프리드리히 대왕은 인류의 가장 근원적인 '말'이 무엇인지 알아보려고 한 가지 실험을 했다. 그는 부모를 잃고 고아가 된 갓난아이들을 한 집에 모아놓고 하인들에게 돌보게 했는데 한 가지 단서를 붙였다. 그것은 아이들에게 절대로 말을 하지 말라는 것이었다. 그래서 아이들은 말이 없는 세상에서 외부의 세계와 철저히 격리된 채 자라게 되었다. 결국 그 아이들은 말을 못하는 벙어리가 되었다. 그런데 신기한 것은 말을 못하게 했다는 한 가지 사실을 빼고는 모든 것이 풍부했는데도 불구하고, 어린 아이들은 제대로 성장하지 못하고 모두 죽었다는 것이다. 태초에 하나님께서 아담과 하와를 지으실 때, 그들에게 말할 수 있는 능력을 주셔서 하나님과 교통하게 하셨다. 따라서 모든 사람은 하나님과 이웃과 서로 말하면서 살아야 하는 존재이다.

2.8. 영적 언어는 능력과 권세를 준다

기독교는 능력과 기적의 종교다. 믿음의 기도, 믿음의 선포는 하나님의 약속과 현실 사이의 간격을 메꿔준다. 십자가 자체가 능력과 기적, 권능의 십자가이다. 그리스도인들에게는 해야 할 의무도 있지만 누려야 할 권세도 있다. 예수님을 믿음으로 말미암아 공중마귀를 제어할 권세, 만물을 다스릴 권세, 사망을 이기는 권세가 우리에게 주어졌다.

마귀는 할 수만 있으면 거짓말, 술수, 비판, 불평, 게으름, 불안, 두려움, 실패, 무기력 등을 통해서 우리를 좌절하게 하고 실패하게 만들어 예수님의 이름을 부르지 못하게 한다. 따라서 우리는 마귀 앞에서 권세 있는 말을 해야 한다.

영산은 사람의 말에는 권세가 있다고 강조한다. "혀를 잘 사용하면 축복의 근원이 되고 하나님 보좌가 그곳에 있어서 축복의 샘물이 넘쳐흐릅니다. 반면, 혀를 잘못 사용하면, 지옥불이 되어서 인생을 불태워 버리고 맙니다. 큰 배가 폭풍이 이는 바다를 항해해 가는 것은 밑에 키가 방향을 잡아주기 때문입니다. 혀는 우리 인생의 키입니다. 혀를 부정적으로 사용하면, 결코 긍정적인 곳에 도달하지 못합니다. 혀를 긍정적으로 사용하면, 결코 부정적으로 가지 않습니다. 죽고 사는 권세가 혀에 있습니다. 단순히 성공이냐 실패냐 문제가 아닙니다. 왜 죽고 사는 권세가 혀에 있겠습니까? 예수 그리스도를 구주로 믿고 입술로 고백하면 구원을 받기 때문입니다."[89]

영산은 입술의 말이 우리의 운명을 좌우한다고 말한다. "입술의 고백은 하나님이 우리에게 보좌

---

88) 첫째, 성령님의 인도로 주님과의 교제가 가능하다(요16:13). 진리의 성령이 우리를 진리 가운데로 인도하신다. 둘째, 말씀을 통하여 주님과의 교제가 가능하다. "너희가 내 안에 거하고 내 말이 너희 안에 거하면 무엇이든지 구하라 그리하면 이루리라(요15:7)"고 말씀하신다. 셋째, 기도를 통하여 주님과의 교제가 가능하다. 기도는 하나님과의 대화이며 기도로 구한 것을 갚아주신다(마6:6). 넷째, 교회를 통하여 주님과의 교제가 가능하다. 마음을 같이하여 그리스도의 몸 된 성전에 모이기를 힘쓸 때 교제가 일어난다(행2:46). 다섯째, 입을 통하여 주님과의 교제가 가능하다. 예수님의 이름으로 두세 명이 모인 자리에 예수님도 그 중에 계신다(마18:20). 모임을 통해 신앙의 성숙과 발전이 일어난다.
89) 조용기, "하나님의 주소", 주일설교(2008-11-23). "말의 힘"(2011-02-13).

를 배설하고 오도록 만들어줍니다. 입술로 하나님과 예수를 부인하면 우리는 구원에서 떨어지고 맙니다. 이처럼 입술의 말은 우리 운명을 좌우하는 큰 힘을 가지고 있습니다. 또한 입술의 고백은 하나님의 능력의 수단이 됩니다. 이 산들에 명하여 저 바다에 던져라 하고 말하면, 그리고 그것이 그대로 이루어질 것으로 마음에 믿고 의심하지 아니하면 그대로 됩니다(막11:22-24)."90)

첫째, 신자는 예수의 이름을 부를 수 있다. 예수의 이름을 부르면, 하나님의 자녀가 되는 권세를 누리게 되며, 우리의 신분이 완전히 달라지고 이전의 삶과 전혀 다른 영적 차원의 세계를 누리게 된다. 로마서는 예수의 이름이 내포한 권능을 이렇게 묘사한다. "누구든지 주의 이름을 부르는 자는 구원을 얻으리라(롬10:13)." 이 모든 과정들은 예수님의 이름으로, 예수님의 이름을 위해, 예수님의 이름에 의해서 이루어진다.91)

이 모든 것은 오직 은혜이며 인간의 공로로 되는 것이 하나도 없다. 성도가 가지는 권세 중 가장 큰 권세는 바로 '예수님의 이름'을 마음에 품고, 그 이름을 삶 속에서 사용하는 것이다. 오직 예수님의 이름으로만 죄사함을 받으며 생명을 얻고(요20:31), 자녀가 되는 권세(요1:12)를 가지게 된다. 성도의 권세는 예수님의 이름에서 나온다. 성도의 권세는 공중 권세를 잡은 마귀를 예수의 이름으로 굴복시키는 것이며, 예수 이름으로 귀신을 쫓고 병도 고칠 수 있다. 바울도 예수 이름으로 표적과 수많은 기사와 능력을 행하였다(고후12:12). 예수 이름으로 주님을 구주로 영접하고 하나님의 자녀가 되면, 모든 권세를 가지신 예수님이 우리 안에 거하시게 된다.92) 이 축복은 우리가 예수 이름을 믿을 때 우리에게 주어지는 것이다. 그리스도인은 '예수님의 이름을 사용할 특권'을 가진 사람들이다.

둘째, 신자는 예수 이름으로 기도할 수 있다. 성도는 예수님의 이름을 사용할 수 있는 특권이 주어졌으며 무슨 일을 하더라도 예수님의 이름으로 행할 때 하나님께서 영광을 받으시고, 기도에 응답해 주신다. 우리는 무엇이든지 아버지께 구하는 것을 예수의 이름으로 받는다(요16:23).

구원받은 인간은 아버지의 이름으로 보전될 수 있다. 하나님의 기념 책에는 오직 야훼를 경외하는 자와 그의 이름을 존중히 생각하는 자의 이름이 기록되어 있다. "그 때에 야훼를 경외하는 자들이 피차에 말하매 야훼께서 그것을 분명히 들으시고 야훼를 경외하는 자와 그 이름을 존중히 생각하는 자를 위하여 야훼 앞에 있는 기념책에 기록하셨느니라(말3:16)." 주는 우리의 방패(창15:1, 시18:2)요, 피난처시다(시46:1).

---

90) 조용기, "하나님의 주소", 주일설교(2008-11-23).

91) a) 구원의 은혜: 예수 이름으로 구원을 얻는다(행4:12). b) 속죄의 은혜: 예수 이름으로 죄사함을 받는다(눅24:47, 요일 2:12). c) 영생의 은혜: 예수 이름으로 생명을 얻는다(요20:31). d) 자녀의 은혜: 예수 이름으로 하나님의 자녀가 되는 권세를 얻는다(요1:12). e) 집회의 은혜: 예수 이름으로 모인다(마18:20). f) 침례의 은혜: 예수 이름으로 침례를 받는다(마 28:19, 행2:38). g) 성령의 은혜: 예수 이름으로 성령을 받는다(요14:26).

92) a) 죄를 사해주시는 예수님이 우리 안에 거하신다(롬3:24). b) 불의를 정결하게 해주시는 예수님이 우리 안에 거하신다(고전 6:11). c) 질병을 치료하는 예수님이 우리 안에 거하신다(벧전2:24). d) 저주를 해방시키고 형통케 하는 예수님이 우리 안에 거하신다(고후8:9). e) 사망을 폐하시고 영생을 주시는 예수님이 우리 안에 거하신다(엡2:4-6).

하나님은 예수님의 이름을 이미 구약 시절부터 염두에 두셨다.93) 예수님의 이름은 임마누엘(하나님이 함께하심), 기묘자(Wonderful), 모사(Counselor), 전능하신 하나님(Mighty God), 영존하시는 아버지(Everlasting Father), 평강의 왕(Prince of Peace)으로 언급되고 있다(사9:6). 이 이름들은 하나님의 속성을 나타낸다. 우리가 예수님의 이름을 찬양할 때 '전능하신 하나님', '영존하시는 아버지', '평강의 왕'을 찬양하는 것이며, 하나님께 영광 돌리는 것이다. 예수님의 이름을 찬양할 때 구원, 기적 및 창조의 역사가 일어난다.

셋째, 예수 이름을 부름으로써 영생을 얻는다. 천국 가는 길은 오직 하나이다. 오직 영원하신 우리의 대제사장 예수님을 통해서만 구원받을 수 있다(행3:16, 4:11-12).

넷째, 예수 이름으로 마귀를 대적할 수 있다. 예수님은 성도들에게 마귀를 좇는 권세를 주셨다. 오직 예수 이름으로만 귀신을 물리칠 수 있다(막9:38, 눅10:17). 예수 이름으로 마귀를 물리칠 때 하나님은 영광을 받으신다. 이는 하나님의 권위를 회복하는 일이기 때문이다. 하나님을 대적하다 지상으로 쫓겨난 마귀의 세력들이 예수 이름으로 쫓겨날 때, 우리 하나님은 존귀와 영광을 받으신다.94) 믿는 자들에게는 표적이 따른다. 예수 이름으로 귀신을 쫓아내며 새 방언을 말하며 뱀을 집어 올리며 무슨 독을 마실지라도 해를 받지 아니하며 병든 사람에게 손을 얹은 즉 낫게 된다(막16:17-18).

3. 말의 실천적 해석학

입술의 언어는 신앙생활에 절대적인 영향을 미친다. 말씀과 믿음과 기도의 언어는 신앙생활에 중추적인 역할을 한다. 사람은 입술의 열매로 복을 얻으며(잠12:14), 진실한 입술은 자기의 영혼을 보존하게 한다(잠12:19). 나아가 선한 말은 삶을 즐겁게 만든다(잠12:25).

그리스도인의 영적 언어는 모두 십자가에서 파생된 언어들이다. 의와 거룩의 언어, 고난과 부활의 언어, 은혜와 자비의 언어, 믿음과 사랑의 언어는 모두 십자가로부터 흘러나온 것들이다. 십자가는 인류가 사용하는 최고의 가치관과 미학의 언어를 창조한다. 십자가는 생명언어를 만들어 지금도 죽어가는 죄인을 살리고 있다.

중생하여 성령님이 마음에 들어오시면, 신령한 영적 언어를 사용하는 신분이 된다. 정직한 자의 입술은 사람의 생명을 구원한다(잠12:6). 영산은 생명언어를 사용할 것을 강조한다. "거듭난 사람은

---

93) "그러므로 주께서 친히 징조로 너희에게 주실 것이라 보라 처녀가 잉태하여 아들을 낳을 것이요 그 이름을 임마누엘이라 하리라(사7:14)." "이는 한 아기가 우리에게 났고 한 아들을 우리에게 주신 바 되었는데 그 어깨에는 정사를 메었고 그 이름은 기묘자라, 모사라, 전능하신 하나님이라, 영존하시는 아버지라, 평강의 왕이라 할 것임이라(사9:6)." "보라 처녀가 잉태하여 아들을 낳을 것이요 그 이름은 임마누엘이라 하리라 하셨으니 이를 번역한즉 하나님이 우리와 함께 계시다 함이라(마1:23)."

94) "예수께서 열 두 제자를 불러 모으사 모든 귀신을 제어하며 병을 고치는 능력과 권세를 주시고 하나님의 나라를 전파하며 앓는 자를 고치게 하려고 내어보내시며(눅9:1-2)." "그런즉 너희는 하나님께 순복할지어다 마귀를 대적하라 그리하면 너희를 피하리라(약4:7)." "사람이 먼저 강한 자를 결박하지 않고야 어떻게 그 강한 자의 집에 들어가 그 세간을 늑탈하겠느냐 결박한 후에야 그 집을 늑탈하리라(마12:29)."

사망에서 생명으로 옮겨진 사람이며 성령을 모신 사람으로 예수와 하나 된 삶을 살기 시작했습니다. 여러분 속에는 하나님의 생명이 들어 있는 것입니다. 성령님께서 여러분을 성전으로 삼아서 와 계십니다. 그 결과 여러분은 그리스도와 하나가 되어 살고 있습니다. 예수 죽음 내 죽음, 예수 부활 내 부활, 예수 승천 내 승천, 예수 천국 내 천국이 된 것입니다."[95] 예수와 함께 죽고 부활한 자는 언어방식이 변화되어, 생명언어, 부활언어, 천국언어, 희망언어를 사용하게 된다.

예수님이 모세와 엘리야를 변화산에서 만난 모습을 상상해보라. 그들은 말과 생명과 영으로 만나 인격적으로 대화를 나눴다. 영과 말과 생명이 있어도 인격이 없으면 대화가 되지 않는다. 십자가는 죄인을 하늘의 사람으로 만들어 진리의 언어를 사용하게 한다. 하나님의 형상을 입은 인간의 속성 중 하나는 진리를 아는 능력을 가졌다는 것이다.[96] 진리의 언어가 마음속에 임해야 신자가 진리언어를 사용할 수 있다. 진리의 삶이란 '교훈의 본을 마음으로 순종하여(롬6:17)' 인격 전체를 사로잡는 삶이다. 다시 말해 말씀을 순종하는 마음에서 진리언어가 탄생한다. 십자가는 하늘언어를 사용케 하여, 하늘의 영광이 임하게 하는 고차원적 수단이자, 장래의 은혜를 당겨오는 은혜의 수단이다.

십자가와 부활의 능력은 진리의 언어를 깨닫게 해서 자연인을 성령의 사람으로 만든다. 그리고 신자들의 입술을 열어 보좌에 계시는 하나님께 영광을 올리게 한다. 신자가 십자가를 통해 배워야 할 두 가지는 '죽는 삶과 부활하는 삶'이다. 곧 그리스도와 함께 죽음으로써 순종을 배우고, 함께 부활하심으로써 새 생명과 기쁨의 삶을 배우는 것이다. 십자가는 '눈에 보이는 삶의 양식'으로부터 벗어나서, '안 보이는 삶의 양식'을 취하게 만든다. 그 결과 말의 양식이 근본적으로 변화된다. 십자가의 구속의 은혜는 기존의 삶의 기초를 완전히 무너뜨리고, 십자가 중심의 사람의 견고한 터전으로 만들어준다.

입술언어의 신비　입술에서 나오는 언어는 삶의 모든 영역에 영향을 미친다. 잠언서는 "의인의 입술은 기쁘게 할 것을 알거늘 악인의 입은 패역을 말하느니라(잠10:32)"고 기록하고 있다. 의인은 의인의 말을 함으로써 삶이 윤택하게 된다. 입술을 지키는 것이 곧 생명을 보존하는 길이다. 그래서 잠언서는 "구부러진 말을 네 입에서 버리며 비뚤어진 말을 네 입술에서 멀리 하라(잠4:24)"고 가르치고 있다.

하나님은 입술의 열매를 창조하시는 하시는 분이시다(사57:19). 말은 창조력과 지배력이 있어서 사람과 환경을 변화시킨다. 인간은 말을 통해 하나님을 영화롭게 하고 영광 돌린다. 우리의 입술은 주께 영광을 돌리기 위하여 있다. "모든 입으로 예수 그리스도를 주라 시인하여 하나님 아버지께 영광을 돌리게 하셨느니라(빌2:11)."

---

95) 조용기, "물과 성령으로 거듭나라", 주일설교(2013-08-11).
96) 하나님은 자기 형상대로 인간을 만드셨다. 그 형상의 가장 큰 부분이 바로 진리를 이해하는 정신 혹은 이성이다. 하나님은 우리에게 정신을 주어서, 그 통로를 통해 진리를 보내주신다. 참조. 마틴 로이드 존스, 『영적침체』(Spiritual Depression: Its Causes and Cures), 복있는사람(2014), 93.

영광은 나의 마음과 예수님의 마음이 하나 될 때, 주의 뜻이 나의 뜻과 일치될 때 드러난다. 하나님의 뜻이 나타나고 그의 창조목적이 드러나는 자리가 영광의 자리다. 기도는 우리가 믿는 것에 순종하게 만들어서 하나님께 영광을 드리게 한다. 기도가 하는 일은 곧 순종하게 하는 것이다. 순종이 하는 일은 하나님의 뜻을 이뤄가는 것이다. 말씀, 믿음, 기도, 순종, 인내, 하나님의 뜻, 응답, 영광은 하나의 줄기에 붙은 영적요소들이다. 영적 언어는 개별적으로 존재하는 것이 아니라, 전인적으로 하나의 목표를 향하여 나아간다. 나무줄기를 잡아당기면 뿌리까지 따라오는 것과 같은 이치다.

예수 그리스도와 연합하여 중생한 자가 되면, 첫 사람 아담이 잃어버렸던 '의와 거룩의 말'을 하게 된다. 새 사람이 되면 의와 거룩함의 옷을 입어(엡4:24), 하늘나라 언어를 사용할 수 있게 된다. 마귀는 아담이 선악열매를 먹도록 함으로써 의롭고 거룩한 말을 하지 못하도록 했다. 그 결과 인간은 자기중심의 언어, 즉 의와 거룩함의 빛을 잃은 언어를 사용하게 되면서 비참한 길로 걸어가게 되었다.

신적 언어 자체는 권위(authority), 권능(power), 임재(presence)를 내포하고 있기 때문에 위대한 일들을 성취할 수 있다.97) 따라서 영적존재인 인간이 개발해야 할 기초적 언어모델은 '하나님의 말씀'이다. 영산은 "보이지 않는 말씀이 인간의 마음을 통해서 나타나기 위해서 생각, 꿈, 믿음, 입술의 고백이 말씀으로 채워져야 합니다."라고 강조한다. 기독교 상담학의 양대 산맥 중의 한 사람인 에드워드 웰치(Edward T. Welch)는 "신학에 따라 삶이 달라진다(Theology makes a difference)"고 역설한다.98) 바꾸어 말하면, 내 안에 신학의 기초가 무엇이냐에 따라 삶의 구조가 달라지고, 궁극적으로 그 마음에서 나오는 말도 달라진다.

데이비드 패커(David Parker)는 영성은 "신자의 태도, 신앙, 그리고 실제뿐 아니라 상태와 상황을 포함한다"고 정의한다.99) 『복음주의 신학사전』에서 제임스 휴스턴(James M. Houston)은 영성을 '하나님과 깊은 관계의 상태'라고 정의한다.100) 따라서 입술의 말이 거룩해지려면, 하나님의 말씀이 내 안에서 역동적으로 기능화 및 실제화되어야 한다.

멀홀랜드(Mullholland)는 하나님의 말씀을 다음과 같이 정의한다. "하나님 말씀은 인간생활의 한복판에서 이루어지는 하나님의 현존과 목적과 능력의 작용이다." 말씀은 하나님과 우리 사이의 중재자시다. 하나님 관점에서 말씀은 '우리를 위한 것'이고, 인간 편에서 보면 '하나님을 위한 것'이다.101) 따라서 언어개발의 핵심은 하나님 말씀 자체에 있다. 인간은 주의 법이 심중에 있을 때 주

---

97) John M Frame, *The Doctrine of the Word of God*, P&R(2010), 413-415.

98) 에드워드 웰치(E. Welch), 『중독의 성경적 이해』(Addictions: A Banquet in the Grave), 국제제자훈련원(2013), 17.

99) 스탠리 J. 그렌츠, 『복음주의 재조명』(Revisioning Evangelical Theology), CLC(2013), 63.

100) 스탠리 J. 그렌츠, 『복음주의 재조명』(Revisioning Evangelical Theology), CLC(2013), 63.

101) M. 로버트 멀홀랜드, 『영성형성을 위한 거룩한 독서』, 은성(2004), 최대형 역, 53. 덧붙여 설명하면, 말씀은 하나님께로 와서 다시 하나님께로 돌아간다. 회귀 과정에서 인간은 주의 임재와 능력을 통해 은혜를 체험하게 되고, 하나님은 말씀을 통해 자신을 드러내셔서 궁극적으로 영광을 받으신다. 결국 말씀은 인간 편에서는 은혜를 낳고, 하나님 편에서는 영광을 낳는다.

의 뜻을 펼치는 말을 할 수 있다. 시편 기자는 "나의 하나님이여 내가 주의 뜻 행하기를 즐기오니 주의 법이 나의 심중에 있나이다 하였나이다(시40:8)"라고 고백한다. 또한 주의 길을 인도받기 위해서 야훼를 경외하는 자가 되어야 한다. 시편 기자는 "야훼를 경외하는 자 누구나 그가 택할 길을 그에게 가르치시리이다(시25:12)"라고 말한다.

하늘나라 신분을 가진 자는 말씀을 마음에 품어 하늘나라 언어를 삶 속에 적용할 수 있어야 한다. 영산은 그리스도 안에서 변화된 신분을 성서적으로 다음과 같이 요약 및 정리한다.[102]

> a) 5중복음을 누리는 신분: 의의 신분, 성령충만의 신분, 건강한 신분, 복을 받은 신분, 영생천
> 국 신분을 받은 자다(롬8:1-2, 고전6:11, 벧전2:24, 갈3:13-14).
> b) 3중축복을 받은 신분: 영적, 육적, 범사에 3중구원의 은혜가 넘친다(시103:3-5).[103]
> c) 4차원영성으로 변화된 신분: 예수를 믿음으로써 천국언어 – 생각, 꿈, 믿음, 말 – 를 사용
> 할 수 있는 특권이 주어진다(빌2:13, 렘33:3, 히13:8, 롬10:10).
> d) 사중지위 신분: 택함 받은 족속, 왕 같은 제사장, 거룩한 나라, 소유된 백성이다(벧전2:9).

영산이 요약하는 인간의 정체성은 십자가 구속의 은혜에서 비롯된 것들이다. 십자가는 자연적 삶을 초월해 초자연적 삶을 추구하도록 만든다. 방랑자가 아니라 양자의 신분으로 삶을 살게 한다. 십자가는 삶의 존재론, 목적론, 가치관을 일시에 변화시키고, 새 지성, 새 감성, 새 의지로 살도록 하여 하늘의 영광을 맛보게 한다. 그런 의미에서 십자가는 신비의 십자가요 생명의 십자가다. 십자가는 기독교 신앙세계와 세속세계를 연결시키는 전환적 접촉점이자, 영적 삶의 시작점이다.

하나님의 말씀 자체는 영원성, 인격성, 신성, 창조성, 생명, 육신성을 품고 있으며, 역동적, 생동적, 창조적이다.

> a) 영원성: "태초에 말씀이 계시니라(요1:1)."
> b) 인격성: "이 말씀이 하나님과 함께 계셨으니(요1:1)."
> c) 신성: "이 말씀은 곧 하나님이시니라(요1:1)."
> d) 창조성: "만물이 그로 말미암아 지은 바 되었으니(요1:3)."
> e) 생명: "그 안에 생명이 있었으니(요1:4)."
> f) 성육신: "말씀이 육신이 되어(요1:14)."

따라서 말씀은 영원하며, 인격이며, 생명이며, 존재 자체며, 그 말씀은 곧 예수 그리스도다. 그리스도의 형상을 이뤄가야 할 그리스도인(갈4:19)은 궁극적으로 예수의 인격을 닮아가는 말을 심중에 품고 배워야 한다. 예수님이 삼위일체에 기초한 삶을 사신 것처럼 그리스도인은 삼위 하나님 사이의 친밀한 교제의 말을 모델로 삼아야 하고, 삼위 하나님이 사용하시는 영적 언어를 자신의 삶의 자리에서 나타낼 수 있어야 한다.

---

102) 조용기, 『요약설교』, 서울말씀사(2012), 41.
103) 팀 켈러(Timothy Keller), 『일과 영성』(Faith & Work), 두란노(2013), 최종훈 역, 201: 죄가 하나님과의 관계를 잃어버린
상태를 말한다면, 은혜는 그리스도 사역을 통해 회복된 하나님과의 관계다. 즉 은혜 있는 곳에 죄도 언제나 서성거린다.
그들은 한 자리에 있지만 철저히 대립되는 구조에 있다.

영산은 『4차원의 영성』에서 말은 4차원 영적요소 중 마지막에 위치하므로 그만큼 중요하다고 역설한다. "말은 하나님의 4차원 요소 중에서 현실에 가장 가깝습니다. 말은 다른 어떤 것보다도 현실을 예민하게 반영하기 때문입니다. 사람은 그가 사용하는 말을 통해 그의 생각, 믿음, 꿈을 알 수 있습니다. 그래서 말이 4차원 영적요소 중에서 가장 마지막을 장식하게 된 것입니다."104)

영산은 특히 기록된 말씀 로고스와 자신에게 선포된 레마를 강조한다.105) 그는 언제나 기록된 말씀(로고스)이 아니라 선포된 말씀(레마)를 받아서 강단에 섰다.106) 영산은 레마의 말씀을 받기 위해 '하나님의 말씀을 읽는 4가지 원칙'을 제시한다.107)

첫째, 성경을 집중하여 읽을 때 그 말씀을 하나님의 말씀으로 수용한다.

둘째, 귀를 기울여서 하나님의 세밀한 음성을 듣는다.

셋째, 그 말씀이 이뤄지는 영롱한 꿈과 환상으로 끝없이 그려본다.

넷째, 그 말씀을 입으로 하루에 수십 번, 수백 번 입으로 그대로 시인한다. 그러면 그 말씀이 자신의 마음속에 간직된다.

레마의 말씀에 대해서 간단히 말하자면, 레마는 성령님이 직접 주시는 말씀이다. 레마의 말씀은 마음에 선명하게 각인되어, 마음의 인격을 주도하고, 다스리고, 선하게 인도한다. 레마의 말씀은 단순히 명제적 진술이 아니라 의미와 관련된 진술이다.108)

하나님 아버지와 그 아들 예수 그리스도는 성령 안에서 서로 가장 친밀하게 교제하며 서로 내주하는 삶을 사신다. 또한 승천하신 예수님은 성령과 더불어 신비로운 방법으로 우리 안에 내주 하신다. 그래서 요한복음에서는 다음과 같이 언급된다. "내가 아버지 안에 거하고 아버지는 내 안에 계신 것을 네가 믿지 아니하느냐 내가 너희에게 이르는 말은 스스로 하는 것이 아니라 아버지께서 내 안에 계셔서 그의 일을 하시는 것이라(요14:10)." 이렇게 말은 내적 전달기능을 가지고 있다. 성령의 언어는 기도를 통해 우리의 생각 속에 심어지고, 그것은 영적 언어로 전달된다. 우리의 마음에 새겨진 말씀은 생각의 옷을 입고 언어로 표현된다. 땅으로 보냄 받은 말씀은 속히 달려서(시147:15), 하나님의 뜻을 이루어간다(시55:10-11). 곧 말씀의 옷을 입고 밖으로 나온 말씀은 능력을 발휘한다. 성경적으로 보면, 하나님의 말씀의 본질은 다양하며 복합적이다.109) 즉 말씀 안에 복합적인 능력과 목적이 내포되어 있다. 따라서 우리는 삶의 자리에서 삼위일체적 천국언어를 배우며 사용해야

---

104) 조용기, 『4차원의 영성』, 교회성장연구소(2006), 188.

105) 조용기, 『4차원 영적세계』, 108-126.

106) "나는 설교 전에 '선포된 말씀(레마)'을 받지 못하면 단상에 오르지 않습니다. 그래서 토요일에는 기도원에 올라가 기도굴에서 기도합니다. 그리고 성령께서 내게 '선포된 말씀'을 주실 때까지 기다립니다. 때로 나는 이러한 기도로 온밤을 세우기도 합니다." 조용기, 『설교는 나의 인생』, 서울말씀사(2012), 151.

107) 조용기, 『4차원의 영성-실천편』, 174.

108) 김덕현은 그의 논문, 언어행위 이론에서 로고스를 '단순 발화 행위', 레마를 '의미수반 발화 행위(성령의 언어행위)'로 대조시킨다. 즉 로고스는 '명제적 차원'에서, 레마는 '의미적 차원'으로 해석한다. 참고. 김덕현, 『영산신학저널』, "영산의 로고스와 레마에 대한 언어철학적 이해와 설교적 사용: 일상주의 언어학파와 언어행위 이론을 중심으로", Vol.38(2016), 145-172.

109) 하나님의 말씀은 <u>의롭다</u>(시19:9). 하나님의 말씀은 <u>완전하다</u>(시19:7). 하나님의 말씀은 <u>정직하다</u>(시19:8). 하나님의 말씀은 <u>거룩하다</u>(롬7:12). 하나님의 말씀은 <u>확실하다</u>(시19:7). 하나님의 말씀은 <u>신령하다</u>(롬7:14). 하나님의 말씀은 <u>순결하다</u>(시12:6). 하나님의 말씀은 <u>정직하다</u>(시19:8). 하나님의 말씀은 <u>정미(精美)하다</u>(시18:30).

한다. 우리의 영혼은 하나님의 말로 모든 것을 경험할 수 있다. 말씀의 씨를 품은 신자가 해야 할 일은 오직 주의 뜻을 따라가는 것이다. 시편 기자는 "나의 하나님이여 내가 주의 뜻 행하기를 즐기오니 주의 법이 나의 심중에 있나이다(시40:8)"라고 찬송한다.

죄가 들어오는 세 가지 경로는 다음과 같다. 곧 육신의 정욕인 '먹음직' 과 안목의 정욕인 '보암직', 이생의 자랑인 '지혜로움직'을 통해서 죄가 들어온다(요일2:15-17). 죄들이 마음과 생각 안으로 들어오면, 인간의 말은 뒤틀리고 왜곡되고 더러워지고 불평과 불안한 말 등이 싹트게 된다. 마침내 그 입술에서 욕망, 부정 및 파괴의 말들이 쏟아진다. 더 나아가 그와 같은 말들은 거기서 끝나는 것이 아니라 파괴적 행동을 일으키게 된다.

인간이 근본적으로 십자가 중심의 온전한 말을 하려면 참된 회개가 필요하며(행2:38, 엡4:30), 마음을 새롭게 해야 한다. 전인적 차원에서 회개해서 완전히 거듭나야 굳은 마음이 부드러운 마음으로 바뀌어서, 그 입술에서 새로운 말이 나올 수 있다(고후5:17, 겔36:26). 포도나무에 포도가지가 붙어 있어야 열매를 맺을 수 있듯이(요15:5), 예수 그리스도와 생명의 관계에 있을 때 인간은 비로소 천국언어를 사용할 수 있다. 나아가 축복, 감사와 영광의 말을 할 수 있다. 이런 맥락에서 인간의 말은 하나님의 말씀이 기준이 되어야 한다. 말씀을 무시하면 인간은 마음이 부패하게 되고(딤전6:3-5), 저주를 받게 되며(신27:26), 환난과 핍박이 오면 넘어지며(마7:26-27), 결국 구원에 이르지 못한다(눅8:12).

말의 인격성　　말은 생명이자 영이므로(요6:63) 인격성과 상관된다. 말은 영 안에 존재하고, 말 안에 영이 존재한다. 이것은 놀라운 신비다. 예수님이 엘리야와 모세를 만나 대화하는 장면을 상상할 수 있다면, 인간 안에 영과 인격과 말이 상존한다는 것을 쉽게 상상할 수 있다.110) 하나님의 말씀은 보이지 않지만 창조능력이 있다. 하나님의 형상을 닮은 말은 인간의 내면세계를 움직인다. 말은 인격을 만들어 자신의 존재를 드러내고, 영혼의 기능을 활성화시키며, 또한 보이지 않는 영적세계를 경영한다. 그런 차원에서 말은 존재의 본질이며, 그 사람의 인격이며, 마음을 대변하는 전달자다. 죽은 자는 말이 없다. 그 안에 영도 없다. 영이 떠나면 사람은 죽는다.

새로운 피조물인 신자는 십자가로부터 비롯된 은혜언어를 사용해야 한다. 성도의 말은 성경적이어야 한다.111) 따라서 주의 영과 합한 자는 그와 한 영을 이루므로(고전6:17), 그리스도인은 주의 입술의 말씀 안에서 살아야 한다. 이에 대해 시편 기자는 "나는 주의 입술의 말씀을 좇아 스스로 삼가서 강포한 자의 길에 행치 아니하였사오며(시17:4)"라고 말한다. 주의 입술을 따르면, 그의 말씀을 닮은 말을 하게 되어 신령한 사람이 되고 의와 거룩한 자가 되어, 그 결과 그리스도의 형상을 닮게 된다(갈4:19, 골3:10, 롬8:29).

---

110) 이런 맥락에서 보면 신자는 이 땅에 있는 동안 그리스도의 인격을 닮아가야 할 거룩한 의무가 생긴다. 그리스도의 말, 인격 및 마음을 따라가야 한다. 성경은 이에 대해서 그리스도 형상을 닮아가라고 말한다(롬8:29, 갈4:19). 곧 신자는 그리스도의 의와 거룩을 따라가는 것이 옳다(신18:13, 골1:28, 마5:48).

111) a) 예수의 이름으로 하고(골3:17), b) 은혜스럽게 해야 하고(골4:6), c) 신중하게 해야 하고(전5:2), c) 더러운 말을 금해야 하고(엡4:29), d) 덕스러운 말을 해야 하고(엡4:12), e) 혀를 제어해야 하고(약1:26), f) 본이 되어야 하고(딤전4:12), g) 듣기를 더 속히 해야 하고(약1:19), h) 참된 것을 말해야 하고(엡4:25), i) 책망하지 말아야 한다(딛2:8). 그러나 신자의 내면에는 옛 사람이 잔존해 있어, 성령의 능력 안에 거해야만 그러한 언어행동이 가능하다.

하나님의 형상과 모양대로 태어났으므로 인간은 사용하는 말이 하나님의 말씀을 닮아가야 한다. 하나님의 말씀은 운동력이 있고 지정의(知情意)의 요소가 들어 있다.

　　a) 지성적 요소: 화자(話者)와 청자(聽者) 사이에 상호인식이 있어야 한다(출3:1-12).

　　b) 정적 요소: 말은 어떤 모양으로든 상호응답이 일어난다(엡3:5).

　　c) 의지적 요소: 말하는 사람의 의지가 포함되어 있다(마6:33, 롬8:32).

성부, 성자, 성령이 지정의를 지닌 인격자로서 활동하시는 것처럼 인간도 삶의 자리에서 지정의를 지닌 인격자로서 말해야 한다. 말씀이 육신이 되어 예수님이 된 것처럼, 말씀이 인간의 '삶의 자리'에 임재하면 인간의 말이 육적에서 영적으로 변화되고, 그 결과 예수님을 닮아갈 수 있다. 말씀만이 인간의 옛 말을 새 말로 바뀌게 할 수 있다.

영산은 하나님이 인간을 통해 일하기 위해서 주님을 닮아가야 한다고 강조한다.112) 그러나 4차원적 마귀의 영성도 존재한다. 영산은 마귀의 4차원영성을 이렇게 서술한다.113)

　　a) 세속적인 생각을 품게 함: 육신의 정욕, 안목의 정욕, 이생의 자랑을 품게 한다(요일2:16).114)

　　b) 욕심과 탐심을 꿈꾸게 함: 욕심이 잉태한 즉 죄를 낳고 죄가 장성한즉 사망을 낳는다(약1:14-15).

　　c) 의심과 불안을 품게 함: 믿음의 뿌리를 내리지 못하게 한다(눅8:12).

　　d) 부정적인 말을 하게 함: '못한다, 안된다'와 같은 부정의 말을 하게 한다(벧전5:8-9).

아담의 타락 이후 죄성(sinfulness)으로 말미암아 인간의 말은 권위와 능력이 소실되었으나, 예수 그리스도의 대속 이후 말씀으로 다시 회복하게 되었다. 말씀은 하나님의 존재방법이면서 인간과의 소통방법이다. 인간은 말씀을 통해 불완전하지만 말의 권위와 능력을 회복할 수 있다.

영산은 말에 대하여 다양한 명언을 남겼다. "마귀와의 전쟁에서 가장 강력한 무기는 우리 입술의 말이다." "믿음의 사람은 믿음의 말을 사용한다." "당신의 삶은 말하는 대로 된다." "말은 자신에게 하는 예언이다." 영산의 영적 언어의 개발 원칙은 의와 거룩함을 탄생시키는 십자가, 즉 5중복음과 3중축복에서 뿌리를 찾을 수 있다. 그는 긍정의 말을 통해 긍정의 마음을 지켜야 한다고 강조한다. "마음은 입술의 고백을 통해서 지킬 수 있습니다. 마음이 아무리 긍정적인 마음을 가지려고 해도, 입술로 '나는 못한다, 나는 안된다, 나는 할 수 없다, 나는 죽는다, 나는 병들었다'고 고백하면, 그 마음은 사망의 세력에 사로잡히게 됩니다. 마음이 아무리 답답하고 고통스러울지라도 입술로 긍정적인 고백을 해야 합니다. 예수 그리스도의 십자가의 보혈로 말미암아 '나는 용서받은 사람이다,

---

112) 조용기, "나는 포도나무요 너희는 가지니", 주일설교(2009-12-27). a) 우리는 주님처럼 생각해야 한다. 생명의 근원인 마음을 지켜야 한다(잠4:23). b) 우리는 주님처럼 꿈꿔야 한다. 네 입을 크게 열라 내가 채우리라(시81:10). c) 우리는 주님처럼 믿어야 한다. 말한 것을 이루어질 것을 믿는다(막11:23-24). d) 우리는 주님처럼 말해야 한다. 죽고 사는 것이 혀의 힘에 달려 있다(잠18:21).

113) 조용기, "하나님의 믿음", 주일설교(2011-07-03).

114) 튤리안 차비진(Tullian Tchividjian), 『예수로 충분합니다』(Jesus All, Jesus + Nothing = Everything), 두란노(2013), 114. 나 중심의 삶에서 그리스도께로 눈을 돌릴 때 마침내 우리의 어깨에서 커다란 짐이 떨어져나가고 형언할 수 없는 자유가 찾아온다. 세속적인 생각은 자유를 훔쳐가는 도둑이다.

나는 의로운 사람이다, 나는 성령이 같이 계신다, 나는 건강한 사람이다, 나는 복받은 사람이다, 나는 영생복락을 얻은 사람이다, 나는 승리한다, 나는 영혼이 잘되고 범사에 잘되며 강건하며 생명을 얻되 넘치게 얻는 사람이다'라고 고백하면, 그 마음이 기적을 가져옵니다. 그래서 잠언의 지혜자는 '무릇 지킬 만한 것보다 더욱 네 마음을 지키라 생명의 근원이 이에서 남이니라(잠4:23)'고 권면합니다."115)

영산의 영적 언어 개발 기본원리는 십자가 중심의 5중복음과 3중축복을 마음에 품게 하여 의와 거룩의 말을 회복하는 것이다(그림 9-1). 마음속에 십자가 중심의 3중축복과 5중복음의 말씀이 꽉 들어차 있어야 인간 본래의 정체성을 회복할 수 있다.116) 마음이 하나님의 말씀으로 변화되어야 말이 변화될 수 있다. 그림 9-1를 보면 영산의 말의 원칙은 십자가 중심의 말이요, 예수 그리스도 중심의 말이다.117)

영산은 마음이 변화되어야 말에 변화가 일어난다고 강조한다. "마음이 변화되면 환경이 변화되는 것입니다. 마음에 절망이 있는데 환경이 소망으로 가득 찰 수 없습니다. 마음에 슬픔이 있는데 환경이 갑자기 기쁨으로 변화될 수 없습니다. 마음에 공포가 있는데 환경에 평화가 다가올 수 없습니다. 먼저 마음에 평화가 있으면 환경이 평화롭게 됩니다. 마음에 믿음이 있으면 공포가 사라지고 평안한 환경이 됩니다. 마음에 축복이 있으면 환경이 축복으로 변화됩니다. 마음에 치료가 있고 건강이 있으면 환경에 치료와 건강이 다가오게 됩니다. 이처럼 마음이 먼저 변화되어야 환경이 변화되는 것입니다. 마음이 믿음으로 굳게 서야 운명과 환경이 변화될 수 있습니다."118)

영산은 입술로 긍정적인 고백을 하면, 그 속에 하나님이 와 계시다고 말한다. 그는 생각과 꿈과 믿음과 말을 통해 하나님을 깊이 모실 수 있고, 입술의 고백은 믿음을 완성시킨다고 강조한다. "생각이 말씀으로 변화되면, 말씀 속에 하나님이 임재하여 계신 것입니다. 여러분이 말씀을 믿고 없는 것을 있는 것같이 꿈꾸면 여러분의 꿈속에 하나님이 와 계십니다. 여러분이 하나님을 믿으면 그 믿음 속에 하나님이 와 계십니다. 입술로 긍정적으로 고백하면, 그 고백 속에 하나님이 와 계십니다. 그러므로 하나님을 더 가까이하거나 멀리할 수는 있지만, 하나님이 나를 떠났다고 말할 수 없습니다. 여러분의 생각과 꿈과 믿음과 말을 통해 하나님을 더 가깝게 모실 수 있고, 잘못하면 하나님과 멀어질 수 있는 것입니다."119)

---

115) 조용기, "마음성전", 주일설교(2007-10-14).

116) "하나님께서 아담과 하와를 창조하실 때 하나님의 형상에 따라 늘 긍정적이고 희망차고 밝은 생각을 주셨는데 인간이 타락한 이후 늘 마음속에 부정과 불만이 쌓이고 남을 향해서도 비난과 불평을 하는 사람으로 변화되고 만 것입니다. 하나님이 주신 우리의 진정한 정체성은 긍정적이고 희망찬 생각과 꿈과 믿음을 말로써 나타낼 때 성장하는 것입니다." 참조. 조용기, "내 속의 숨은 정체성을 보라", 주일설교(2010-11-14).

117) 영산의 십자가 중심의 언어개념. 원칙 1. 용서와 의에 대한 말: 예수님의 은혜의 보혈로 죄사함을 받는다(엡1:7). 원칙 2. 성결케 하는 성령충만에 대한 말: 예수님의 이름과 하나님의 성령 안에서 씻음과 거룩함을 얻는다(고전6:11). 원칙 3. 치료와 나음을 받는 말: 예수님이 채찍에 맞음으로 우리가 나음을 입는다(벧전2:24, 사53:4-5). 원칙 4. 축복과 부요를 누리는 말: 모든 것이 넉넉하여 모든 착한 일을 넘치게 하게 하려 하신다(고후9:8). 원칙 5. 부활 영생의 새 사람에 대한 말: 예수님과 함께 부활과 영생의 새 사람을 얻는다(고전15:12-22).

118) 조용기, "마음성전", 주일설교(2007-10-14). "마음하늘"(2007-01-21).

119) 조용기, "마음성전", 주일설교(2007-10-14). "마음하늘"(2007-01-21).

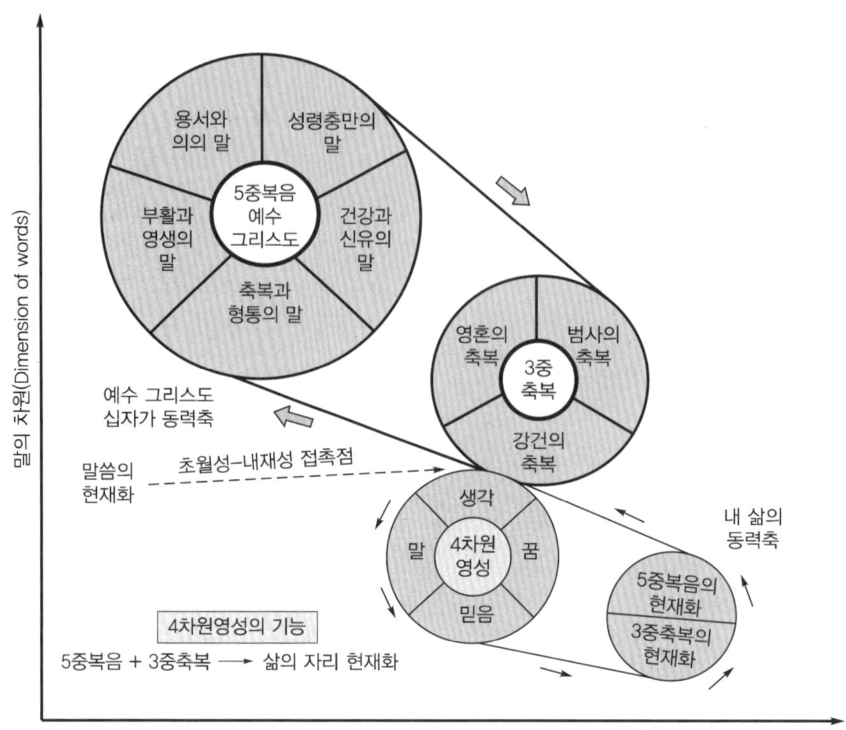

그림 9-1. 5중복음-3중축복-4차원영성과 말의 개발모델: 4차원영성은 5중복음의 말과 3중축복의 말을 삶의 자리에 적용하는 구체적인 방법을 제시해준다. 내 삶의 동력축이 예수 그리스도의 십자가 동력축에 감겨 돌아가야 창조의 역사가 나타나게 되며, 없는 것을 있는 것처럼 생각하고 꿈꾸고 믿고 고백하게 된다. 4차원영성은 전인적 삶을 살게 해준다.

언어는 인간과 인간 또한 인간과 세계를 연결시켜주는 창과 통로다. 나아가, 언어는 마음과 마음을 연결시키는 내적 통로다. 영산은 4차원영성을 논할 때 포괄적인 '언어' 대신 '말'이란 개념을 사용하고 있다. 그는 말로 자기의 의도를 표현하는 것에 중요성을 두고 있다. 또한 문학적 언어나 과학적 언어보다 일상 언어로서의 말에 초점을 맞추고 있다. 영산은 이렇게 말한다. "말은 단순히 말하는 것 이상입니다. 말은 소리로 들리기 전에 이미 인간의 마음과 정신 속에서 생각의 형태로 시작됩니다. 음성을 통한 발화는 내면에서 시각화되어 이해된 개념에 추가적으로 힘과 의미를 부여합니다. 그리고 뇌의 언어중추가 다른 모든 신경을 지배하고 신체활동에 영향을 미치기 때문에 말을 통해 자신이 원하는 방향으로 온 몸을 조절할 수 있습니다."[120]

단지 '머릿속에 생각하는 것'과 '머릿속에 생각한 것을 입술로 고백하는 것'은 차이가 있다. 생각한 것을 입술로 고백하면, 자율신경계에 의해 더 명확하고 강력한 신호로 받아들여 신체 움직임에 직접적인 영향을 미친다는 것이다.[121] 언어처리는 뇌 속의 좌반구에서 80-98%쯤 이루어지며, 뇌

---

120) 이기성, "4차원영성의 말", 『영산신학저널』, Vol.17(2009), 268.
121) 조용기, 『말』, 18-21.

와 척수로 구성된 중추신경계(center nervous system)는 말초신경계의 전달 작용을 통해 몸의 각 부분과 연결되어 있다고 한다. 이 점을 고려한다면, '생각한 것을 입술로 긍정적으로 고백하는 것'이 왜 중요한지 잘 이해할 수 있다.[122)]

예레미야서에서는 하나님이 그 손을 예레미야의 입에 대시고 "내가 내 말을 네 입에 두었노라(렘 1:9)"고 묘사한다. 이는 3차원 인간의 영역과 4차원 하나님의 영역 사이에 예레미야의 입술에서 접촉이 이루어졌음을 가르쳐 준다. 이와 같이 오늘날도 성령충만을 받으면, 신자의 입술이 하나님의 말씀을 선포하는 도구가 될 수 있다. 따라서 성도는 성경말씀을 매일 생각하고 믿고 입술로 고백하는 훈련을 쌓아야 한다. 나아가 그 말씀을 행동에 옮겨야 한다. 하나님의 말씀은 희망적인 말, 꿈을 주는 말, 배려하는 말, 힘을 주는 말로 꽉 채워져 있다. 말은 내 마음과 감정과 의도를 전달해서 다른 사람에게 영향력을 미치게 한다(그림 9-2).

하나님은 아담과 하와에게 언어능력을 주어서 만물을 창조적으로 지배하게 하셨다. 만물을 지배하고 다스릴 수 있는 능력은 하나님께서 아담에게 동물의 이름을 지어주도록 하는 데서도 찾아볼 수 있다. 아담은 하나님이 주신 언어능력을 사용해서 동물들의 이름을 지어주었다. 그는 말로 창조적 선포를 했다. "너는 오늘부터 '사자'다, '호랑이'다, '양'이다."

그림 9-2. 말의 발화과정에 영향을 미치는 3가지 영향인자: 마음 전달(mind) + 움직이게 함(action) + 표정표출 (emotions).[123)]

이처럼 아담은 말로 세상을 지배했다. 영산은 말한다. "말은 하나님의 창조사역에서 핵심요소였습니다. 창조 계획이 세워졌지만 하나님이 말씀하셔야만 보이는 현실로 나타났습니다. 이처럼 말에는 창조력이 있습니다. 따라서 하나님의 형상을 닮은 사람은 하나님의 형상 중 말의 일부도 가지고 있습니다. 하나님처럼 완벽하지는 않지만 사람의 말에도 창조력이 있습니다."[124)]

---

122) 이기성, "4차원영성의 말", 『영산신학저널』, Vol.17(2009), 268-270.
123) Louise J. Walker, *Evangelism Today*, Texas: ICI University Press(1994), 143.
124) 조용기, 『4차원의 영성』, 165.

3.1. 말의 외적 지향성: 타자중심 언어

신자는 성령의 능력으로 마음의 성향이 하나님의 성품을 닮아가는 것을 목표로 삼아야 한다. 즉 그리스도와 연합된 신자의 삶의 목적은 하늘의 영광을 위해서 사는 것이다. 십자가의 길은 자기 비움과 겸손과 순종의 길이다. 따라서 신자는 성령의 능력으로 말씀에 순종하는 삶을 추구해가야 한다. 삶의 방향이 달라지면 사용하는 언어도 달라진다. 다시 말해, 십자가에 자신의 삶을 못 박는 언어와 타자의 유익을 위한 언어를 구사해야 한다.

상대방에게 유익한 말을 하려면 항상 성령으로 충만해야 한다(행5:32, 골3:16). 성령의 감동을 소멸시키지 말아야(살전5:19-21), 온전한 말, 희망의 말, 지혜의 말, 지식의 말, 선한 말, 양심의 말을 할 수 있어야 한다.

로버트 모리스(Robert Morris)는 『말의 능력』이라는 책에서 다음과 같이 말한다. "우리의 혀를 길들이고 혀가 가져다주는 상처와 파괴와 죽음을 멈추게 할 수 있는 유일한 소망은 보혜사 성령님의 도움을 받는 것이다. 그분은 하나님의 진리의 말씀을 우리의 입에 두시기 위해 예수님께서 보내신 분이시다."125) 우리가 천국언어를 사용하려면, 오직 성령님이 우리의 입술을 주관할 때 가능하다. 그렇다면 말씀을 기초로 한 영적 언어는 어떤 것인가?

첫째, 꿈을 주는 말이다. 말씀은 희망을 주고 도전을 준다. 시편 기자는 하나님은 "좋은 것으로 네 소원을 만족케 하사 네 청춘으로 독수리같이 새롭게 하시는도다(시103:5)"라고 노래한다. 또한 "네 입을 넓게 열라 내가 채우리라(시81:10)"고 말한다. 사람은 누구나 기대감과 가능성을 이야기할 때 설렌다. 꿈은 우리에게 기대감을 준다. 바울은 "너희 안에서 행하시는 이는 하나님이시니 자기의 기쁘신 뜻을 위하여 너희로 소원을 두고 행하게 하시나니(빌2:13)"라고 말한다.

둘째, 긍정과 기대감을 주는 말이다. 에밀 쿠에(Emile Coue) 박사는 병원에 있는 환자들에게 "나는 강하다, 나는 매일 조금씩 모든 면에서 나아지고 있다"고 말을 하도록 했다. 환자 중 절반 정도가 박사의 말을 따라 매일 자신에게 긍정적인 말을 하며 긍정적으로 생각했다. 그 결과, 놀라운 일이 일어났다. 박사의 말을 따른 환자는 그렇지 않은 환자들보다 40% 이상 빠른 회복을 보였던 것이다. 대뇌학자들에 의하면, 인간의 뇌세포는 98%가 말의 지배를 받는다. 이를 근거로 하면, 긍정의 말은 힘이 있고 환경을 변화시킬 수 있다는 것이다.126)

셋째, 남을 배려하는 말이다. 사랑의 말이다. 의인처럼 생각하고 말하면, 생각의 폭이 커지고 상대방에게 용기와 위로를 준다. 예수님은 죄인을 만나도 언제나 배려하는 말씀을 하셨다.127)

---

125) 로버트 모리스, 『말의 능력』, 베다니출판사(2010), 233.

126) 유고의 작은 시골마을 천주교 성당에서 신부가 미사를 집행할 때에 수종을 드는 아이가 잔을 떨어뜨려 포도주가 쏟아졌다. 그러자 신부는 아이의 뺨을 때리며 "다시는 제단에 나타나지 말아라"고 꾸짖었다. 그 아이가 바로 공산주의자로 자라서 유고슬라비아의 대통령이 된 티토다.

127) "의인의 입은 생명의 샘이라도 악인의 입은 독을 머금었느니라(잠10:11)." "말이 많으면 허물을 면키 어려우나 그 입술을 제어하는 자는 지혜가 있느니라(잠10:19)." "의인의 입은 지혜를 내어도 패역한 혀는 베임을 당할 것이니라 의인의 입술은 기쁘게 할 것을 알거늘 악인의 입은 패역을 말하느니라(잠10:31-32)."

넷째, 고난과 시련을 이기는 말이다. 영산은 "우리에게 다가오는 여러 가지 시험과 환난은 그 당시에는 고통스럽고 괴로운 것 같지만, 종국적으로 우리의 영과 마음과 생활에 새로움을 가져오는 큰 역사입니다."라고 말한다.128) 그리스도 예수 안에 있는 자에게는 결코 정죄함이 없으며, 거듭난 사람은 다시 죄책감에 시달릴 필요가 없다.129)

다섯째, 목표를 성취하는 말이다. 모든 일은 때가 있으며, 언젠가 꿈이 성취될 것이라는 믿음을 주어야 한다. 상대방에게 목표를 성취할 날이 올 것이라고 말하면, 그는 힘을 얻을 것이다. 모든 일에 기한이 있고 모든 목적이 이루어질 때가 있다(전3:1). 예수님은 '다 이루었다'고 말씀하셨다.

여섯째, 자족하는 말이다. 현재 있는 것에 만족하고 살며, 그러한 말을 상대방과 나눔으로써 자족하는 인생이 되는 것이다. 바울은 "우리가 먹을 것과 입을 것이 있은즉 족한 줄로 알 것이니라(딤전6:8)"고 말한다.

3.2. 말의 내적 지향성: 자아중심 언어

영산은 "말로 복을 명하면 복이 오고 저주하면 화가 옵니다."라고 말한다. 그는 또한 "하나님의 은혜를 바다처럼 누리기 위해서 입술의 고백이 있어야 합니다."라고 말한다.130) 입술의 말을 통해 신자는 새로운 것을 창조한다. 신자는 본질적으로 그리스도와 연합하여 하나가 된 존재다(고전6:17). 옛 사람은 아담과 한 몸이 되었으나, 이제는 그리스도와 한 몸이 되었다. 신자는 그리스도와 함께 십자가에 못 박힌 존재다. 따라서 신자는 항상 "나는 스스로 아무것도 못한다(요5:30)"고 고백할 수 있어야 한다. 그래야 성령이 역사하여 새 역사를 창조할 수 있기 때문이다. 영산은 "우리의 입으로 시인하는 내용이 우리의 마음에 신앙으로 뿌리박힙니다."라고 말한다.131) 입술의 고백은 신앙생활의 핵심중 하나다.

십자가는 언어 사용의 대전환을 빚어낸다. 십자가는 이전에 인류사회에 없었던 영적 언어를 무수히 만들어내었다. 십자가는 새 언어를 지어내는 언어 생산공장과 같다. 예수의 죽음을 짊어진다고 고백할 때 예수의 생명이 내 안에 드러나게 된다(고후4:10-11). 십자가는 이처럼 생명의 언어를 만들어낸다. 그리스도의 마음이 내 마음이 될 때 언어 사용의 대변화가 일어나는 것이다.

성경에는 나 자신을 위한 구체적 언어양식이 있다. 십자가의 언어양식을 구체적으로 알아보자.

첫째, 기뻐하는 말이다. 우리의 기쁨을 더 이상 마귀에게 빼앗기지 말아야 한다. 마귀는 날마다 삶의 모든 희락과 화평을 빼앗아간다. 사탄은 신자로 하여금 시무룩한 삶, 기쁘지 못한 삶, 낙망의

---

128) 조용기, "고난과 신앙인격", 주일설교(1999-06-13).
129) "사람이 감당할 시험밖에는 너희에게 당한 것이 없나니 오직 하나님은 미쁘사 너희가 감당치 못할 시험 당함을 허락지 아니하시고 시험 당할 즈음에 또한 피할 길을 내사 너희로 능히 감당하게 하시느니라(고전10:13)." "저는 넘어지나 아주 엎드러지지 아니함은 야훼께서 손으로 붙드심이로다(시37:24)."
130) 조용기, "하나님이 가라사대", 주일설교(2014-01-26).
131) 조용기, 『로마서 강해』, 서울말씀사(2013), 308.

살을 살게 한다. 주 안에서 항상 기뻐하는 삶이 바로 하나님의 뜻이다(빌4:4). 항상 기쁨의 말만 하자.132) 그것은 신자의 의무다. 말은 영이요 생명이다(요6:63). 입술의 고백은 하나님의 보좌를 펼친다. 영산은 하나님은 말씀의 보좌에 계신다고 말한다. "하나님은 신앙고백과 찬양과 감사의 입술의 보좌에 와 계십니다. 입술의 고백은 하나님의 수레가 되는 것입니다. 그 수레가 바로 여러분 입술의 고백인 것입니다. 그러므로 입술의 고백이 하나님 보좌를 펼치고 계신 것입니다. 그래서 성경은 '죽고 사는 것이 혀의 권세에 달렸나니 혀를 쓰기 좋아하는 자는 그 열매를 먹으리라(잠18:21)' 고 말하는 것입니다."133)

둘째, 잘못을 시인하는 말이다. 내가 상대방에게 먼저 잘못을 시인하면 모든 것이 화평하게 끝난다. 경우에 합당한 말이 많은 사람들을 살린다. "사람은 그 입의 대답으로 말미암아 기쁨을 얻나니 때에 맞는 말이 얼마나 아름다운고(잠15:23)." "경우에 합당한 말은 아로새긴 은쟁반에 금사과니라(잠25:11)." "유순한 대답은 분노를 쉬게 하여도 과격한 말은 노를 격동하느니라(잠15:1)."

셋째, 비판하지 않는 말이다. 싸움의 시작은 대체로 누구를 비판하는 것에서 출발한다. 상대가 지금 그리스도인이 아니더라도, 언젠가 그 사람도 그리스도인이 될 가능성이 있는 것이다.134)

넷째, 명령하는 것처럼 말하지 않는 것이다. 상대방의 의사와 전혀 관계없이 말하는 명령은 상대방의 자존심을 상하게 한다. "입을 지키는 자는 그 생명을 보전하나 입술을 크게 벌리는 자에게는 멸망이 오느니라(잠13:3)."

다섯째, 논쟁을 피할 수 있는 말이다. 비행기로 최초로 하늘을 난 라이트는 어느 날 만찬에 초대받아 갔다가 일부 사람들로부터 항의를 받았다. 그 만찬에는 인류 최초로 비행한 사람은 라이트 형제가 아닌 랭글리 교수였다고 주장하는 사람들이 있었던 것이다. 그러한 주장에 대해 라이트가 아무 반박도 하지 않자, 친구들이 그에게 충고했다. "자네는 입이 너무 무거워 탈일세. 자기 권리조차 충분히 주장하지 않잖나! 자네 자신을 더 많이 선전해야 할 걸세. 그러니 이 사람아, 어서 말을 해보게!" 라이트는 친구들의 독촉에 못 이겨 조용하게 한 마디 했다. "여보게들, 새들 중에서 말은 가장 잘하지만 제일 날지 못하는 새가 어떤 새인 줄 아는가? 그건 바로 앵무새라네."

사도 바울은 허한 말들과 변론을 피하라고 권면한다. "디모데야 네게 부탁한 것을 지키고 거짓되이 일컫는 지식의 망령되고 허한 말과 변론을 피하라(딤전6:20)." 변론은 나 자신이 더 많이 알고 있고, 내가 상대방보다 똑똑하다는 생각에서 나오는 것이다.

여섯째, 신실한 말이다.135) 선한 말은 사람을 즐겁게 한다(잠12:25). 진실한 말은 사람의 생명을 구

---

132) 신자는 날마다 예수 그리스도의 죽으심과 부활을 경험할 수 있는 위치에 있다. 진리의 기쁨은 여기서 나온다. 신앙생활의 신비는 기쁜 일이 없어도 기뻐할 수 있는 잠재력을 지닌 것에 있다. 기뻐할 일이 없는데 어떻게 기뻐하는가? 그럴 때마다 십자가 위에 가서 죽어보자. 그리고 다시 살아보자. 기쁨의 진리는 십자가 위에서 돌아가신 예수님, 동시에 다시 살아나신 예수님 안에 존재한다. 그 진리를 알 때 삶의 진정한 기쁨을 누릴 수 있다.

133) 조용기, "하나님의 주소", 주일설교(2008-11-23).

134) "형제들아 비방하지 말라 형제를 비방하는 자나 형제를 판단하는 자는 곧 율법을 비방하고 율법을 판단하는 것이라 네가 만일 율법을 판단하면 준행자가 아니요 재판자로다(약4:11)." "그러므로 모든 악독과 모든 궤휼과 외식과 시기와 모든 비방하는 말을 버리고(벧전2:1)." "비판을 받지 아니하려거든 비판하지 말라 너희의 비판하는 그 비판으로 너희가 비판을 받을 것이요(마7:1-2)." "네가 어찌하여 네 형제를 판단하느뇨 어찌하여 네 형제를 업신여기느뇨(롬14:10)."

135) "거짓 증인은 벌을 면치 못할 것이요 거짓말을 내는 자는 망할 것이니라(잠19:9)." "거짓 행하는 자가 내 집안에 거하지 못하며 거짓말을 하는 자가 내 목전에 서지 못하리로다(시101:7)." "거짓말 하는 자들을 멸망시키리이다 야훼께서는

한다(잠14:25). 괴테의 집에서는 언제나 그의 문학을 흠모하는 사람들이 모여 담화를 나누곤 했다. 그런데 개중에는 가끔 타인을 흉보거나 음담패설을 하는 사람이 있었는데, 그럴 때면 괴테는 눈빛을 날카롭게 반짝이며 엄하게 말했다고 한다. "여러분, 종이나 음식 부스러기는 흘려도 괜찮습니다. 그러나 남의 흉이나 음담패설을 흘리는 건 참을 수 없습니다. 그런 더러운 것들은 모두 주워 가십시오. 다시는 그런 더러운 말을 제 집에 가져오지 마십시오. 남을 흉보는 것은 공기를 더럽히는 것입니다."

일곱째, 빈정대지 않는 말이다. 하나님의 자녀는 귀한 존재다. 성경은 "가난한 사람을 학대하는 자는 그를 지으신 이를 멸시하는 자요 궁핍한 사람을 불쌍히 여기는 자는 주를 존경하는 자니라(잠14:31)"고 말한다. 아무리 사람이 악독한 일을 해도 그를 지으신 하나님께서는 여전히 그가 다시 돌아오기를 기다리신다. 하나님은 우리를 만드신 분이시다. "나를 태 속에 만드신 자가 그도 만들지 아니하셨느냐 우리를 뱃속에 지으신 자가 한 분이 아니시냐(욥31:15)."

여덟째, 불평하지 않는 말이다. 마귀는 절대로 성도의 구원을 뺏어가지 못한다. 하지만 의심, 두려움, 사악한 생각, 죄성을 심어 성도에게서 삶의 기쁨을 언제라도 앗아갈 수 있다. 그렇게 해서 그리스도인다운 삶을 가로막는다. 불평을 늘어놓으면 마음속에 하나님이 거할 공간이 없어진다. 마음공간에 불평이 차면 하나님이 계실 공간이 그만큼 줄어든다. 136)

아홉째, 아첨하는 않는 말이다. 하나님은 아첨하는 자를 싫어하신다. 아첨은 순진한 자를 미혹시키기 때문이다. "이같은 자들은 우리 주 그리스도를 섬기지 아니하고 자기의 배만 섬기나니 공교하고 아첨하는 말로 순진한 자들의 마음을 미혹하느니라(롬16:18)." "너희도 알거니와 우리가 아무 때에도 아첨의 말이나 탐심의 탈을 쓰지 아니한 것을 하나님이 증거하시느니라(살전2:5)."

3.3. 세상언어와 천국언어137)

사람은 입의 열매로 인하여 복록을 누리게 된다(잠13:2). 죄인이 의인으로 변화되면 언어양식도 하늘의 양식으로 달라진다. 새 피조물은 '악의 언어'가 아니라 '선의 언어'를 사용하는 사람이다. 아담이 잃었던 의로움(롬3:22)과 거룩함(히10:10)을 십자가의 능력으로 회복하면, 신자의 언어양식은 예수 그리스도를 닮아간다. 의와 진리의 거룩함으로 새 사람을 입어서(엡4:24) 예수님을 닮아가게 된다. 우리는 그리스도의 형상을 닮아가야 하는 존재이다(롬8:29, 갈4:19, 골3:10). 따라서 그리스도인이 닮아야 할 최고의 언어는 '거룩과 의의 언어'인 십자가의 언어다. 십자가는 '악의 언어'를 쓰던 죄인들을 구원하여 새 생명을 주고 '선의 언어'를 사용하게 해준다. 새로운 피조물은 하나님의 의와 거룩의

피 흘리기를 즐기는 자와 속이는 자를 싫어하시나이다(시5:6)." "저희 입에 신실함이 없고 저희 심중이 심히 악하며 저희 목구멍은 열린 무덤같고 저희 혀로는 아첨하나이다(시5:9)."

136) "행악자를 인하여 불평하지 말며 불의를 행하는 자를 투기하지 말지어다(시37:1)." "야훼 앞에 잠잠하고 참아 기다리라 자기 길이 형통하며 악한 꾀를 이루는 자를 인하여 불평하지 말지어다 분을 그치고 노를 버리라 불평하여 말라 행악에 치우칠 뿐이라(시37:7-8)." "그러나 자족하는 마음이 있으면 경건이 큰 이익이 되느니라 우리가 세상에 아무것도 가지고 온 것이 없으매 또한 아무것도 가지고 가지 못하리니 우리가 먹을 것과 입을 것이 있은즉 족한 줄로 알 것이니라(딤전6:6-8)."

137) "세상언어와 천국언어가 있습니다. 우리가 이 땅에 사는 동안 예수님을 본받는 인격자가 되면 그러한 인격과 성품을 가지고 영생천국으로 들어갑니다." 참조. 조용기, "신앙생활과 신앙인격", 주일설교(2012-05-06).

형상을 마음에 새겨서 날마다 '의롭고 거룩한 언어'를 사용해야 한다. 예수와 함께 죽고 함께 부활한 우리는 이제 예수님의 마음을 품고(고전2:16, 빌2:5) 그의 언어를 사용하는 것이 마땅하다.

죄인이 십자가 위에서 죽고 부활해서 중생하게 되면 지성과 마음과 의지가 새롭게 변화된다. 모든 신자는 이미 십자가 위에서 죽고 부활한 경험이 있는 자들이다(갈2:20, 롬6:5). 그 연장선에서 이해하면, 신자들의 언어방식은 '십자가 위에서의 죽음 중심의 언어, 부활 중심의 언어'를 사용해야 마땅하다. 신자의 삶에는 고난의 삶과 부활의 삶이 밀접하게 결합되어 있다. 우리의 믿음은 이미 십자가의 죽음과 부활을 경험했다. 따라서 우리의 언어방식은 십자가 위에서 죽고 부활한 천국형 언어를 사용해야 한다. 즉 고난 중에도 죽음과 부활의 언어를 사용할 수 있어야 하며, 동시에 예수의 죽음을 항상 짊어져서, 생명언어를 삶 속에 드러낼 수 있어야 한다(고후4:10-11).

중생한 자, 곧 신자는 하나님의 진리가 담긴 거룩한 그릇으로 변하고, 마음의 성향이 그리스도를 향하며, 언어 사용도 하늘의 방식으로 점점 승화된다. 그 결과 성령 안에서 하나님을 섬기고 영화롭게 하는 삶을 추구하게 된다.

그리스도인이 된다고 갑자기 우리가 천사의 말을 하는 것은 아니다. 일생동안 신자는 언어선택의 전쟁에서 싸움을 해야 한다. 사탄은 지금도 그리스도인이 파괴의 말, 절망의 말, 불평의 말, 교만의 말 등을 사용하도록 끊임없이 미혹한다. 그래서 새 사람의 신분과 삶에서 벗어나게 하려고 시도한다. 하지만 예수님을 닮아가야 하는 신자는 사랑, 은혜, 자비, 선함, 오래 참음의 언어를 사용해야 한다. "하나님의 말씀은 살았고 운동력이 있어 좌우에 날선 어떤 검보다도 예리하여 혼과 영과 및 관절과 골수를 찔러 쪼개기까지 하며 또 마음의 생각과 뜻을 감찰하나니(히4:12)."

여기서 말씀과 말에 대해 좀 더 자세하게 살펴보자.

첫째, 마음을 지키는 말이다. 잠언은 "입을 지키는 자는 그 생명을 보전(잠13:3)"한다고 기록하고 있다. 우리는 예수의 마음을 소유하고 있다. 바울은 우리 안에 그리스도의 마음(고전2:16)이 있다고 강조한다. 말씀은 우리의 마음을 지키는 유일한 영적 요새다. 영산은 이렇게 말한다. "내 마음에 하나님 말씀을 읽고 듣고 묵상하고 말씀의 진리를 채워 놓으면, 여러분 얼마나 큰 아름다운 보화가 되는지 모릅니다. 기쁨이 마음속에서 넘쳐나는 것입니다. 우리가 말씀을 가지고 기도하고 원수를 대적하고 찬미하고 감사하면, 말씀에서 상상할 수 없는 놀라운 은혜가 넘쳐납니다."138)

내일 볼 수 있는 모든 꽃들은 오늘 볼 수 있는 씨앗 속에 들어 있다. 마찬가지로 내일 볼 수 있는 삶의 결실은 오늘 말하는 말의 씨 안에 들어 있다. 좋은 말은 마음을 움직이고 한 영혼을 살린다. 생명의 근원은 마음(잠4:23)에서 나온다.139) 가장 중요하게 생각하는 일에는 마음도 함께 있다.

---

138) 조용기, "마음지키기", 주일설교(2013-10-06).
139) "입에서 나오는 것들은 마음에서 나오나니 이것이야말로 사람을 더럽게 하느니라(마15:18)." "네 보물이 있는 그 곳에는 네 마음도 있느니라(마6:21)."

둘째, 마음을 변화시키는 말이다. 영산은 마음 변화의 시원점은 예수 그리스도 십자가라고 강조한다. "변화가 어떻게 일어납니까? 예수 그리스도를 모시고 하나님을 간절히 찾을 때 옛 사람을 벗어버리고 새 사람을 입을 수 있습니다. 그리고 우리 마음속에 항상 예수께서 날 위하여 십자가에 못 박혀 죽었다가 부활하신 것을 생각하고, 예수님과 나는 하나 되어 죽고 부활한 것을 마음속에 받아들여야 되는 것입니다. 십자가의 예수 그리스도를 통해서 변화된 나의 모습을 받아 들여야 되는 것입니다."140) 잠언서는 "지혜로운 자의 입술은 지식을 전파하여도 미련한 자의 마음은 정함이 없느니라(잠15:7)"고 말한다. 마음이 정하면 지혜로운 입술이 된다.

바울은 이렇게 권면한다. "너희는 이 세대를 본받지 말고 오직 마음을 새롭게 함으로 변화를 받아 하나님이 선하시고 기뻐하시고 온전하신 뜻이 무엇인지 분별하도록 하라(롬12:2)." 삶이 변화되려면, 먼저 말씀과 성령으로 마음과 생각이 본질적으로 변화되어야 한다. 마음이 새롭게 되어야 말과 행동이 변화될 수 있다.

신자는 거듭난 후에도 마음속의 죄성, 생각하는 습관과 말하는 습관은 하루아침에 다 사라지지 않는다. 그리스도인은 이 땅에서 육체의 소욕을 죽이는 싸움을 천국에 갈 때까지 해야 한다. 따라서 끊임없는 기도와 끝없는 노력과 인내와 헌신이 필요하다.

셋째, 옛 사람의 언어를 소멸시키고 새 사람의 언어를 사용하는 말이다. 영산은 "우리의 마음에는 오직 하나님의 보좌만 있어야 합니다. 자아나 마귀나 세상이 들어와서 마음을 점령하면, 그때부터 악과 죄와 부정적인 생각이 점령하고 무수한 고통과 불행을 겪게 됩니다."라고 말한다.141) 우리 안에 믿음의 십자가가 세워지고, 십자가 중심의 삶을 살면, 즉 거룩하고 의로운 삶을 살면, 옛 자아의 습관이 점진적으로 소멸되고, 하늘의 신령한 축복으로 충만하게 된다. 그 결과 신자는 하늘의 언어, 예수님을 닮아가는 언어 - 의와 거룩의 언어 - 를 사용하게 된다. 마음이 은혜롭고 거룩한 감정을 유지하기 위해서 말씀을 믿고 기도로 순종해야 한다. 말씀과 기도만이 마음을 거룩하게 만들 수 있다.

옛 사람의 습관이 한 번에 버려지지 않는다. 새 포도주는 새 부대에 넣어야 둘이 다 보전된다(마 9:16-17). 인간이 옛 사람의 언어를 버리고 새 사람의 언어를 사용할 수 있는 유일한 수단은 십자가를 바라보는 것이다. 십자가 중심의 언어란 사랑과 믿음의 언어, 변화와 기적과 능력과 희망의 언어다. 십자가만이 삼위 하나님의 은혜와 사랑과 능력으로 우리의 마음을 변화시킬 수 있다. 이와 관련해서 영산은 이렇게 말한다. "하나님이 골고다 언덕 갈보리 십자가에서 사람으로 오셔서 몸을 찢고 피를 흘려서 처참하게 죽어가며 우리의 죄를 짊어지신 그 십자가를 바라볼 때 우리의 마음속에 엄청난 변화가 다가옵니다."142)

그리스도인은 예수님을 구주로 믿고 영접하여 모든 죄를 용서받았다. 하지만 거듭난 사람의 마음은 아직 완전해지지 않았다. 마음속에 남아 있는 '육의 잔당 세력'은 날마다 공격해온다. 신자가

---

140) 조용기, "마음", 주일설교(2003-09-14).
141) 조용기, "마음", 주일설교(2003-09-14).
142) 조용기, "마음을 새롭게 함으로 변화를 받으라", 주일설교(1998-02-01).

되어도 긍정의 생각을 하고, 긍정의 말을 하고, 긍정의 행동을 하는 것은 쉽지 않다. 어두운 환경에 처하면 인간은 '육의 생각'이 앞서고, '육의 말'이 먼저 나오게 된다. 그래서 신자는 하나님 말씀을 마음에 새겨 기도의 능력으로 '육의 잔당 세력'을 물리쳐야 한다. 하나님의 말씀을 내 마음에 새긴다는 것은 내 마음속에 '육의 잔당세력'을 물리칠 성령의 검을 동원한다는 의미와 같다. 범죄치 아니하려면, 인간은 '주의 말씀을 내 마음(시119:11)'에 두어야 한다. 말씀은 마귀의 통로를 가로막아주는 힘을 지니고 있다. 말씀은 '빛'이고, 마귀는 '어둠'이다.

내 안에 말씀의 경비대가 있어 육의 잔당세력이 나타날 때마다 소탕시켜야 내 안에서 부정의 마음과 생각이 사라질 수 있다. 말씀이 굳건하게 마음에 있으면 의심이 사라져 말씀을 이루는 자가 된다(막11:23).

넷째, 마음을 고치는 말이다. 온순한 혀는 생명의 나무와 같다(잠15:4). 영산은 오직 마음의 치료는 보혈의 능력이라고 강조한다. "우리의 마음은 예수 그리스도의 보혈과 성령의 능력으로만 변화됩니다. 그 외에는 어떠한 법이나 힘으로도 변화될 수 없습니다. 거듭나지 않은 사람의 마음은 죄악으로 오염되어 죄악을 뿜어내기 때문에 그 속에 저주가 꽉 들어차 있습니다. 그러나 생명의 근원이신 예수 그리스도의 보혈의 역사가 일어나면 저주는 완전히 사라지고 축복으로 넘쳐나고 생명샘이 넘쳐흐르게 됩니다."143)

하나님은 인간의 마음을 아신다. 야훼는 우리가 하는 말을 다 듣고 이해하신다(시139:4). 우리의 혀는 능히 길들일 사람이 없다. 혀는 쉬지 않고 악을 내뿜으며 죽이는 독으로 가득하다(약3:8). 인간의 마음을 근본적으로 변화시킬 수 있는 분은 하나님이시다. 마음이 그리스도의 보혈로 깨끗이 씻길 때 비로소 신자는 그리스도의 의와 거룩을 닮아갈 수 있다. 언제나 오늘이 나의 마지막 날이라고 생각하면, 모든 사람에게 늘 좋은 말만 할 것이다. 이처럼 종말론적인 사고방식을 가질 때 우리는 좋은 말, 긍정의 말, 하나님이 기뻐하시는 말을 할 수 있다(잠27:1, 마12:36).

4. 그리스도를 닮아가는 말의 영성: 궁극의 가치학

진리를 말하는 자는 의를 드러내게 된다(잠12:17). 말은 궁극적으로 의롭고 거룩한 마음의 상태, 곧 은혜롭고 성령으로 충만한 마음의 상태를 유지하는 도구이다. 마음이 의롭고 거룩해야 거룩한 생각, 꿈, 믿음, 언어를 삶의 자리에 제대로 적용할 수 있다. 영산은 우리의 삶이 축복과 행복의 열매를 맺지 못하는 이유를 이렇게 말한다. "그것은 생명의 근원인 마음이 오염되고 썩어 있기 때문입니다. 마음이 새롭게 되지 않고서는 축복과 결실의 삶은 절대로 불가능합니다. 우리의 마음은 예수 그리스도를 구주로 모시고 보혈과 성령의 능력을 의지할 때 변화될 수 있습니다."144)

---

143) 조용기, "치료받아야 할 마음", 주일설교(2000-10-25).
144) 조용기, "치료받아야 할 마음", 주일설교(2000-10-25).

십자가의 은혜만이 세상적인 언어를 하늘의 언어로 승화시킬 수 있다. 십자가는 '악의 언어'를 '선의 언어'로 변화시킨다. 십자가를 바라볼 때 인간은 고난과 부활의 언어, 의와 거룩의 언어, 은혜와 사랑의 언어를 닮아가는 말을 할 수 있다. 새 피조물은 십자가로부터 파생된 언어를 사용할 때, 은혜와 자비의 삶, 거룩과 의의 삶, 하나님을 영화롭게 하는 삶을 살 수 있다. 십자가는 지금도 인간사회에서 가장 고상하고, 행복하고, 아름답고, 영원한 생명의 언어들을 빚어내고 있다.

그리스도인은 십자가 위에 못 박힌 삶을 사는 자들이다. 십자가를 지는 삶이란 무엇인가? 오직 삼위 하나님만을 바라보는 삶, 성령의 능력으로 사는 삶, 하나님의 나라와 그 나라의 의를 추구하는 삶(마6:33), 그리스도가 내 안에서 사는 삶이다(갈2:20). 십자가에 달린 사람은 몸을 돌이켜 뒤를 볼 수 없다. 십자가 위에서 내 삶의 모든 계획서는 휴지조각에 불과하다. 못 박힌 손과 발로 무엇을 할 수 있겠는가? 십자가 위에서 내가 할 수 있는 고백은 오직 하나뿐이다. "예수님 저는 지금 꼼짝 못합니다. 저는 안 됩니다, 저는 먼지요 티끌입니다." 십자가는 죄인을 의인으로 만들어 순종과 겸손의 자리로 갖다놓는다. 십자가를 통해 우리의 삶은 그리스도를 닮아가고, 삶의 언어도 그리스도의 언어에 동화되어 간다. 그리스도인은 '예수의 마음(고전2:16)'을 소유하고 있다.

영산은 "천국을 체험하려면 천국의 언어를 사용해야 합니다. 부정적이고 파괴적인 언어를 사용하면 천국을 체험할 수 없습니다. 천국의 언어는 성서적인 언어요, 예수 그리스도를 중심으로 한 언어입니다."라고 말한다.145) 그는 "하나님의 말씀과 우리 입술의 말로 눈에 보이는 3차원 세계를 다스릴 수 있습니다."라고 말한다.146) 그는 또한 그리스도인이라면 '생각과 꿈과 믿음과 말'로 3차원의 물질세계를 바꿀 수 있다고 강조한다.

하나님은 자신의 형상을 따라 인간을 만드셨는데, 그것은 인간에게 자신의 뜻과 마음을 보여주시고 인간으로부터 영광을 얻기 위해서다. 인간은 인격을 소유하고 있으므로 자신의 모든 것을 책임져야 하는 존재이다. 하나님은 우리의 생각과 말과 행동을 통해 자신의 계획과 의도를 드러내고자 하신다. 따라서 하나님이 아니라 우리 자신을 드러낸다면, 그것은 창조의 목적에서 벗어나는 것이다.147)

양자의 영을 받아 새 사람이 된 그리스도인은 하나님과 새로운 관계가 형성되었기 때문에 언어부터 달라져야 한다. 자녀인 우리는 하나님을 '아빠 아버지(롬8:15)'로 부른다.148) 성령은 우리 안에서 인간의 사고와 의지와 감성의 중심부를 향해 말씀하신다. 성령은 친히 우리의 영과 더불어 우리가 하나님의 자녀인 것을 증언한다(롬8:16). 그리스도와 합하여 그리스도의 옷을 입은 자는 그리스도의 말로 말해야 한다(롬6:3, 갈3:27). 우리의 몸은 죽고, 영은 의로 살아 있다(롬8:10). 따라서 성도의 말은 성령의 인도를 받아 영적이며 의롭고 거룩해야 한다(롬8:6).

---

145) 조용기, "안 보이게 임하는 천국", 『순복음소식 제2집』, 259호(1983-09-18).

146) 조용기, "네 자신을 알고 진리를 따라 살라", 주일설교(2014-12-14).

147) 참조. 존 파이퍼(John Piper), 『선교를 열망하라』, 좋은씨앗(2013), 60-62.

148) NIV Study Bible(2008) 참조. 인간의 양자됨은 하나님의 전적인 사랑에 기인한다(엡1:4-5, 롬8:29, 요일3:1). 믿음으로 양자가 되면(요1:12-13), 하나님을 아버지로 부르게 되며(마6:9, 롬8:15, 갈4:6-7), 예수와 연합하여 하나가 된다(엡3:6, 고전6:17). 그리고 양자의 영광스러운 신분은 부활의 때에 완성된다(롬8:19, 23, 요일3:2).

챔버스(Chambers)는 "우리의 영적 삶의 목표는 예수 그리스도와 하나 되어 언제나 하나님의 음성을 듣는 것이다."라고 강조한다.149) 말씀을 들어야 믿음이 생긴다. 그 믿음은 우리에게 이성적인 말보다 성령의 인도함을 받는 언어로 말하게 한다.

영산은 입술을 통한 선언은 삶의 실제적인 변혁을 가져온다고 강조한다. "우리가 입술로 시인하는 것은 우리의 믿음을 고백하는 것입니다. 우리의 삶에 위대한 창조적 변화를 가져오게 하는 능력입니다."150) 하나님이 말씀하시면, 그것은 헛되이 돌아오지 아니하고 반드시 그 뜻을 이룬다(사 55:10-11).

성도는 천국언어, 창조적 언어를 사모해야 한다. 보혜사이신 성령의 도움을 간구해야 한다. 성령은 우리의 언어중추를 지배함으로써 천국언어를 구사하도록 해준다.151) 신앙생활에서 중요한 한 가지는 사용하는 언어의 변화이다. 이를 위해 지속적인 기도와 말씀, 선포, 명령, 고백과, 성령의 도움이 절대적으로 필요하다. 기도는 믿음의 언어를 개발하는 훌륭한 영적 도구이다. 성령과 함께 기도함으로써 성도는 언어중추를 지배해 온 몸과 삶을 조절할 수 있다. 창조적 명령의 선포는 하나님의 창조사역과 예수님의 능력사역의 원리를 삶 속에 실제적으로 적용하는 행위다.152)

4.1. 말 영성의 기초

말은 하나님이 인간에게 주신 지고의 선물이다. 야훼를 경외하면, 그것이 생명의 샘(잠14:27)이 되어 고상한 영적 언어를 구사하게 될 것이다. 야훼를 경외할 때 영적 언어가 활성화된다.

영산이 강조하는 말의 특징은 4차원영성의 생각, 꿈, 믿음, 말과 연결되어 있다. "하나님 말씀을 통해서 또한 성령의 감동을 통해서 우리의 마음속에 지금은 없지만 있는 것처럼 받아들여서, 있는 것처럼 생각하고 꿈꾸고 입으로 시인하며 나갈 때 하나님께서 역사하시는 것입니다."153) 이처럼 생각, 꿈, 믿음, 말은 서로 순차적으로 이어지고 연합되고 상호보완적으로 기능한다. 말의 요소 안에는 이미 생각과 꿈과 믿음의 씨가 잠재되어 있다. 말은 생각과 꿈과 믿음을 강화시킨다. 그들은 각자 떨어져 기능하지 않는다.

인간의 언어는 마음에 선의 씨가 심겨 있느냐, 아니면 악의 씨가 심겨 있느냐에 따라 언어의 양식과 결실이 달라진다. 신자는 말씀을 기초로 한 언어를 사용하여야 한다. 잠언서는 "말씀을 멸시하는 자는 자기에게 패망을 이루고 계명을 두려워하는 자는 상을 받느니라(잠13:13)"고 말한다. 따라서 우리가 사용하는 말의 기초는 말씀에서 뿌리내린 말이어야 한다.

---

149) 오스월드 챔버스, 『My Utomst for His Highest』, 토기장이(2008), 묵상집(2월13일).
150) 조용기, 『4차원의 영성』, 174.
151) 조용기, 『4차원의 영적세계』, 106-107.
152) 이기성, "4차원영성의 말", 『영산신학저널』, Vol.17(2009), 288.
153) 조용기, "꿈과 믿음", 주일설교(1984-11-04). 영산은 1984년도에 이미 그의 마음속에 4차원영성의 4요소 - 생각, 꿈, 믿음, 말 - 가 숙성되고 있었다. 4차원영성은 본격적으로 2005년도에 책으로 나왔지만, 오래전부터 이미 그의 마음에서 잉태되고 있었다.

신자의 마음속에는 선악이 공존한다. 내가 어느 쪽을 택할지는 마음의 자유로운 의지에 달렸다. 십자가는 내가 의지적으로 택하는 것이다.154) 예수님도 자신의 목숨을 "내가 스스로 버리노라(요 10:18)"고 말씀하셨다. 내가 십자가를 택하면, 그리스도가 보좌에 앉게 된다. 그 반대가 되면, 내가 마음 왕국의 주인이 되어 교만의 최고봉에 오른다. 마음보좌에서 내가 주인노릇을 하게 되면 삶의 질서는 깨어지고 혼란이 일어난다.

그러므로 성도가 진정으로 거룩한 영적 언어를 사용하려면 마음의 왕국에 십자가 중심의 가치관이 자리 잡게 해야 한다. 십자가를 지는 사람은 언어부터 달라진다. 말이 달라질 때 비로소 삶도 변화된다. 순서상 언어가 행동보다 먼저 온다.

영산은 말 영성의 뿌리는 하나님의 말씀에 기초한다고 말한다. "하나님의 말씀을 늘 생각하면, 말씀이 인간의 생각을 초월해 무궁무진하게 긍정적인 생각을 줍니다. 긍정적인 생각을 가지면 꿈을 꾸게 됩니다. 꿈을 꾸면 믿게 됩니다. 믿게 되면, '네 믿음대로 될지어다'라고 긍정적인 고백을 하게 되고, 결국 기적이 일어나게 됩니다."155) 신자의 마음에 말씀의 씨가 심기면, 말씀의 생각이 자라나서, 하나님의 말씀을 닮은 말을 하게 된다. 마음에 말씀을 심으면 그 말씀을 닮은 언어가 생산되어 밖으로 나온다. 십자가를 바라보면 십자가의 고난과 부활을 닮은 언어가 나온다.

성도는 마음을 거룩한 감정으로 가득 채워야 하며, 이를 위해 자나 깨나 말씀 안에서, 말씀과 함께, 말씀을 위해 영혼의 기능을 활성화해야 한다. 말씀과 성령을 통해 신자의 말이 거룩한 감정으로 바뀌지 않으면, 말의 거룩성이 드러나기 어렵다. 신자는 말씀과 그 능력을 삶 가운데 맛보아야 하며, 더 중요한 것은 지속성을 유지하는 것이다. 그리스도인은 하늘의 은사를 맛보고 성령에 참여한 바 되어 하나님의 선한 말씀과 내세의 능력을 맛 본 자들이다(히6:4-5).

머레이(Murray)는 계시를 받기 위해서는 '어린아이 같은 심령'이 필요하다고 강조한다. "우리의 헌신 중 가장 중요한 부분은 하나님의 말씀을 연구하는 것이다. 성경의 첫째 목적은 숨겨둔 하나님의 지혜를 배우는 것이다. 하나님의 계시를 받기 위해서는 어린아이 같은 심령이 되어야 한다."156)

4차원 영적 언어는 시공(時空)을 초월하며, 이성과 감각을 뚫고 지나가는 초월적 능력의 씨를 품고 있다. 신비의 믿음은 이성의 우둔한 칼을 날카롭게 하여 하늘나라의 문을 열어준다. 믿음은 입술이 세상언어를 천국언어로 바꾸어 말하도록 해주는 고도의 전환장치와 같다. 예수님을 주로 고백함으로써 신자의 영은 말씀과 성령을 통해 천국언어를 구사해 하나님과 교통할 수 있는 길이 다시 열린다. 3차원 인간의 혀는 4차원 성령적 언어가 일하는 공간이면서, 동시에 말씀이 성령의 능력을 통해서 표현되는 장소다. 영산은 '하나님의 말씀은 4차원의 영적세계를 다스리는 하나님의 권세'라고 서술한다. 말은 생각, 꿈, 믿음을 서로 결합해 강화시키고 확장하고 현실화하는 능력을 발휘한다. 4차원영성의 4요소 중 마지막에 위치한 말은 표현되는 순간 다양한 방법으로 현실화된다. 말의 효력은 현장에서, 또는 나중에, 또는 상당한 시차를 두고 그 능력이 나타날 수 있다.

---

154) 십자가의 고난은 오직 내 자신이 택하는 것이다. 자연적으로 오는 고난과 십자가를 스스로 지는 고난은 차원이 다르다. 후자의 고난은 영적 가치가 있는 고난이다.

155) 조용기, "마음의 파숫꾼", 주일설교(2013-12-01).

156) 앤드류 머레이(Andrew Murray), 『위대한 여정』(The Inner Life of Andrew Murray), 71-76.

영산은 4차원영성과 말의 관계에 대하여 다음과 같이 서술한다.157)
  a) 지배성: 우리는 믿음의 말을 통해 우리의 생각을 다스릴 수 있다(삼상17:34-35).
  b) 지도성: 우리 입술의 말은 상상의 나래를 펴고 꿈을 이끌어간다(시81:10).
  c) 견인성: 우리 입술의 말은 의심을 불러오기도 하고, 믿음을 불러오기도 한다.
  d) 기능성: 말은 마음세계에 긍정적 영향을 미치기도 하고, 부정적 영향을 미치기도 한다(민
    14:28-30).

4차원영성 4요소 – 생각, 꿈, 믿음, 말 – 의 효력은 1차적으로 마음하늘에서 상호연합적으로 기능하고, 2차적으로 삶의 자리에 입체적으로 적용되어 나타난다. 영산은 하나님의 말씀을 삶의 자리에 쉽게 적용시켜서, 하늘의 능력과 신비를 맛보게 하였다. 신자가 야훼의 선하심(시34:8)과 인자하심을 맛보면(벧2:3), 그는 신령한 것을 사모하게 되어, 그의 입술은 영적 언어를 구사하게 된다. 바벨탑 사건 이전에 인간은 하나의 언어를 사용했었다. 그 사건 이후로, 하나님이 인간의 언어를 혼잡하게 하셔서, 지금은 무수한 언어로 번잡해졌다. 그러자 하나님과 인간, 인간과 인간 사이에 의사소통이 원활하게 이루어지지 못했다(창11:1-7).

예수님의 말은 영이요 생명이며(요6:63) 진리요(요14:6) 빛이다. 따라서 점점 더 말의 효능을 나타내려면, 예수님의 말을 본받는 것, 곧 하나님의 말씀으로부터 말을 배워야 한다. 예수님의 말이 사람 안에 거하지 않으면, 그의 안에는 생명이 없다. 예수님의 말은 곧 생명이기 때문이다.

하나님은 말을 만드시고, 인간은 말을 사용하며, 말은 인간을 만든다. 하나님의 말씀은 영적 에너지를 가지고 있다. 말씀은 없는 것을 있게 하고, 약한 것을 강하게 하고, 나쁜 것을 좋게 하고, 적은 것을 많게 하는 능력이 있다. 또한 이와 반대로 말씀은 있는 것을 없게 할 수도 있다.
  a) 창조의 힘(롬4:17): 말씀은 '없음'도 '있음'으로 본다.
  b) 강함의 힘(고후12:7-10): 말씀은 '약함'도 '강함'으로 본다.
  c) 잘됨의 힘(롬8:28): 말씀은 '나쁨'도 '좋음'으로 본다.
  d) 생산의 힘(욥8:7): 말씀은 '적음'도 '많음'으로 본다.

영산은 말로써 마음을 다스릴 수 있다고 강조한다. a) 꿈과 믿음을 말로써 시인하면, 그것이 우리의 마음을 점령하여 열매를 맺게 한다(잠18:21). b) 우리의 꿈과 소원을 늘 생각하고 믿고 바라보며 마음을 믿음의 분위기로 유지시킨다. c) 긍정적인 마음으로 하나님께 집중적으로 기도한다. 아무 것도 염려하지 않고 하나님께 감사한다(빌4:6-7).158)

영산의 언어개발의 기본모델은 십자가 중심의 영적 언어를 사용하는 것이다. 그의 말 모델은 5중복음과 하나님의 말씀에 깊이 뿌리내리고 있다. 4차원영성의 기능은 '5중복음을 활성화시켜 하나님의 관점에서 모든 사물을 바라보고 입술로 긍정의 고백을 하도록 이끄는 것'이다.

---

157) 조용기, "말의 창조적 힘", 주일설교(2013-07-28). 앞의 소제목은 필자가 참고로 적은 것이다.
158) 조용기, "마음을 다스려야 삶을 다스릴 수 있다", 주일설교(2011-05-29).

입술의 고백은 믿음의 완성이다. 없는 것을 있는 것처럼 믿었으면 입술로 고백해야 한다. 영산은 4차원 세계를 통해 생각하고, 꿈꾸고, 믿고, 말하면 기적이 일어난다고 말한다. "우리의 육은 3차원의 감각적 세계에 살고 있습니다. 그러나 우리의 영혼은 4차원의 세계에 살고 있습니다. 그래서 육의 지배를 받는 사람의 삶과 영혼의 지배를 받는 사람의 삶은 확연히 서로 다른 것입니다. 육은 3차원 세계의 지배를 받기 때문에 창조적인 역사가 없습니다. 영은 4차원 세계의 원리와 방법에 기초해서 생각하고 꿈꾸고 믿고 말하므로, 없는 것을 있게 하고 죽은 자를 살리는 기적의 역사를 베풀 수 있습니다."159)

말은 믿음을 최종 마무리하는 단계이다. 말의 개발에 대하여 영산은 이렇게 말한다. "입의 고백은 여러분 스스로 할 수 있는 대단한 무기입니다. 마귀가 아무리 한 길로 와도 여러분이 입술로 대적하면 일곱 길로 도망칩니다. 하나님의 은혜를 입술로 고백하면, 능력이 일곱 배나 더해집니다. 여러분이 하나님의 진리를 입으로 시인하면 마음속에서 그 진리가 알려지고 깨닫게 됩니다. 꿈을 입으로 시인하면, 그 꿈이 맑고 밝고 환하게 커져서 분명하게 보입니다. 믿음을 입술로 고백하면, 믿은 대로 이루어집니다. 그래서 새 하늘과 새 땅에 들어가기 전에 우리의 마음속에 하나님의 나라가 이루어지게 하고 그 나라를 누려야 합니다."160)

천국언어를 마음속에 새기면 그것이 말로 승화되어 밖으로 나오게 된다. 따라서 그리스도인은 천국언어를 사용하는 노력을 해야 한다. 그리고 천국언어를 삶의 자리에 적용하기 위해 지속적으로 고백 훈련을 해야 한다.161)

4.2. 예수님의 언어영성: 하나님 중심의 말씀

십자가는 생명언어, 구원언어를 탄생시킨다. 십자가를 통해 우리는 예수와 함께 죽었다가 함께 살아난 새 피조물이다. 십자가는 위대한 언어를 빚어내는 곳이자 사용하는 곳이다. 십자가는 '죽으심, 부활하심, 다 이루심, 승천하심, 다시 오심, 함께 계심'과 같은 권능과 생명력으로 충만한 영적 언어를 만들어냈다. 만약 십자가가 없다면, '구원, 의인, 생명' 같은 언어는 우리와 아무 상관이 없다. 십자가는 하늘언어를 이 땅에 가져와 우리의 것으로 만들어주었다. 또한 십자가는 어두운 땅에 생명의 언어를 가져와, 죄로 말미암아 죽을 수밖에 없는 사람들에게 영생의 길을 가르쳐주었다. 할렐루야! 이 모든 것이 하나님의 은혜이다. 이제 새로운 피조물은 십자가 중심의 영적 언어를 중심 언어로 삼아야 한다.

---

159) 조용기, "마음하늘", 주일설교(2007-01-21). "마음성전"(2007-10-14). "사차원의 기도"(2012-02-05).

160) 조용기, "마음하늘", 주일설교(2007-01-21).

161) 나는 말씀을 묵상하고, 상고하겠다(시1:2, 행17:11). 나는 말씀을 즐거워하고, 믿음으로 수용하겠다(시1:2, 롬10:8). 나는 말씀을 배우고 듣고, 순종하겠다(딤후3:14, 벧전1:22). 나는 말씀을 사모하고, 실천하면서 살겠다(벧전2:1-2, 요7:17). 나는 겸손한 마음으로 말씀을 믿겠다(마5:3). 나는 매일 꾸준히 말씀을 읽고 묵상하겠다(수1:8).

예수 그리스도는 고난과 부활을 통해 극적인 삶을 사셨다. 예수님을 본 받는다는 것은 무슨 의미일까? 핵심적인 말씀이 로마서 6장 5절에 있다. "만일 우리가 그의 죽으심과 같은 모양으로 연합한 자가 되었으면 또한 그의 부활과 같은 모양으로 연합한 자가 되리라." 우리는 그의 죽으심과 부활하심을 본받는 것이다. 다시 말해, 수난절과 부활절 안에서 배우는 거룩한 마음의 성향이다. 고난절로부터 그리스도의 '순종', '겸손', '비하'를 닮아가고, 부활절로부터 '승리', '기쁨', '권능', '영광', '감사'를 닮아가는 것이다. 이것이 예수 그리스도를 닮아가는 궁극적인 모델이다. 다른 어떤 곳에서도 예수님의 삶의 언어를 배울 수 없다. 바로 신비, 능력, 생명, 변화의 십자가 밑에서 그것을 배울 수 있다. 십자가 밑에 나아가면, 성도는 성령의 9가지 열매를 맺게 된다(마5:48).

그리스 철학자 아리스토텔레스는 수사학적인 측면에서 설득의 기술을 3가지로 분류했다.
    a) 에토스(Ethos, 삶): 인격, 윤리, 도덕, 가치 등의 측면에서 상대방을 설득하는 수단
    b) 파토스(Pathos, 마음): 감정, 정서, 공감 등의 측면에서 상대방을 설득하는 수단
    c) 로고스(Logos, 말): 논리, 이성, 언어, 지성 등의 측면에서 상대방을 설득하는 수단

바울이 전한 복음에서도 로고스, 파토스, 에토스 개념이 적절히 나타난다. "이는 우리 복음이 말(logos, 로고스)로만 너희에게 이른 것이 아니라 오직 능력과 성령과 큰 확신(pathos, 파토스)으로 된 것이니 우리가 너희 가운데서 너희를 위하여 어떠한 사람이 된 것(ethos, 에토스)은 너희 아는 바와 같으니라(살전1:5)."
    a) 에토스(Ethos, 인격, 윤리)의 예: "너희 가운데 거할 때에 약하고 두려워하고 심히 떨었노라(고전2:3)."
    b) 파토스(Pathos, 감성, 정서)의 예: "나의 자녀들아 너희 속에 그리스도의 형상을 이루기까지 다시 너희를 위하여 해산하는 수고를 하노니(갈4:19)."
    c) 로고스(Logos, 이성, 논리)의 예: "모든 것이 내게 가하나 다 유익한 것이 아니요 모든 것이 내게 가하나 내가 무엇에든지 얽매이지 아니하리라(고전6:12)."

삶(ethos)에서 체험한 것이 마음(pathos)에 쌓이면 그것이 말(logos)로 나타난다. 상대방에게 온전한 설득력이 있으려면 삶의 자리에서 충분한 체험을 해야 한다. 체험한 것이 많아야 온전한 에토스가 나올 수 있기 때문이다. 사람에 따라 에토스가 강한 사람이 있는가 하면, 파토스가 강한 사람도 있고, 혹은 로고스가 강한 사람도 있다. 또한 셋 중 두 가지 혹은 세 가지를 잘하는 사람도 있다. 이 세 가지 유형의 설득 기술은 오늘날에도 정치, 경제, 문화 등 여러 영역에서 적용되고 있다.

예수님은 말씀으로 창조, 기적 및 구원의 역사를 빚어냈다.
    a) 마귀를 말로 다스림: 광야에서 시험받을 때 마귀를 말씀으로 물리치셨다(마4:4).
    b) 병을 말로 다스림: 귀신을 좇아내고 병든 자들을 고치셨다(마8:16).
    c) 자연을 말로 다스림: 바다 위에 일어난 광풍을 꾸짖어 다스리셨다(막4:39). 무화과나무 뿌리를 마르게 하셨다(마21:19).
    d) 생명을 말로 다스림: 죽은 자를 살리는 기적을 베푸셨다(요11:43-44).
    e) 구원을 말로 이루심: 운명하실 때 십자가 강도를 말로 구원하셨다(눅23:42-43).

예수님은 말로 이 세상을 다스리는 전형적인 모델을 보여주셨다. 예수님은 앞에서 설명한 세 가지 설득 기술을 상황에 따라 가장 효과적이고 역학적으로 사용하신 분이다. 여러 가지 한계를 지닌 인간이 위의 세 가지 기술을 전부 효과적으로 적용하며 다른 사람들을 설득시키기는 쉽지 않다. 하지만 인성과 신성을 지니신 예수님은 인격, 정서, 지성 어떤 측면에서도 완전하다. 설득 기술의 측면에서 본다면, 자신을 낮추고 이 땅에 오신 예수님은 사람들의 눈높이에 맞추어 상대를 설득하는 가장 좋은 사례를 보여주었다.

하나님 나라의 도래와 관련해서 예수님의 사역은 '이미 그러나 아직(already but not yet)'이라는 역학적 구조를 가지고 있다. 예수님이 '당시 그곳에서(then and there)' 전파한 하나님 나라의 복음은 단순히 추상적 관념으로만 존재하는 것이 아니라, '지금 이곳에서도(now and here)' 적용되고 있는 것이다.

예수님은 가장 명확하고 강력한 메시지 전달 방법을 사용하셨다. 다음의 예를 살펴보자.

어느 날 율법학자와 바리새인들이 간음한 여인을 예수님에게 데려왔다. 그들은 모세의 율법에 따르면 '여자를 돌로 쳐 죽이라.'고 명해야 한다면서, 예수님의 의견을 물었다. 그러자 예수님은 "너희 중에 죄 없는 자가 먼저 돌로 치라"고 말씀하셨다. 이 말씀이 가진 설득력은 극적이었다.[162] 사람들은 예수님이 대단히 난처한 상황에 빠졌다고 생각했지만, 예수님의 말씀을 듣자, 아무 말 없이 한 사람씩 두 사람씩 모두 사라졌다. 이제 그 여인과 예수님만 남게 되었다. 예수님은 여인을 향하여 이렇게 말씀하셨다. "나도 너를 정죄하지 않노니 가서 다시는 죄를 짓지 말라(요8:11)."

예수님의 말씀은 다음과 같은 몇 가지 특징을 지니고 있다.[163]

첫째, 구체화: 무리의 죄를 스스로 깨닫게 했다. 누구든지 죄가 없으면 돌로 치라고 구체적인 행동 조건도 덧붙였다. 또한 상세한 이미지를 부각시켰다.

둘째, 주고받기의 균형: 예수님과 청중 사이에 메시지를 주고받는 균형이 형성되었다.

셋째, 단순화: 군더더기를 없애고, 딱 한마디 말씀으로 상황을 종료시켰다. '너희 중에 죄 없는 자'라는 한 마디는 여인으로부터 관심을 돌려 자기 자신에게 초점을 맞추게 했다.

넷째, 감성에 호소하는 경험: 돌로 쳐 죽여야 한다는 사람들에게 강렬한 양심의 가책을 느끼게 하셨다. 전혀 호통을 치거나 하지 않고, 그들의 양심과 감정에 호소했다. 마음에 찔리자 그들은 스스로 떠나갔다.

다섯째, 의외성: 율법학자와 바리새인들은 예수님도 어쩔 수 없이 동조할 줄 알았다. 그러나 기대와 반대로 용서의 말씀을 하셨다. 예수님의 의외의 말씀은 많은 사람의 관심을 집중시킬 만큼 충격적이었다.

---

162) 설득의 3원칙: a) 몸으로 삶으로 인격을 보여줘라. b) 상대방의 가슴을 건드려라. c) 자신의 주장을 정당화하라. 이성적인 설득방법에 기초해서 살펴보아도, 예수님의 한 마디의 말씀 안에는 인격, 마음, 정당성이 내포되어 있고, 그 말씀은 예수님을 진퇴양난의 곤혹스러운 처지에 빠뜨리려고 했던 사람들을 아무 말도 못하게 만들었다. 참조. 김창국, 『스토리를 팔아라』, 21세기북스(2011), 99-109.

163) 기독교 성인교육에 있어서 효과적인 학습 3가지: a) 감상적이고 의지적이고 가치 있는 경험. b) 다른 사람들과 함께 기억할 수 있는 상호관계적 시간. c) 비형식적인 학습 기회. 성인교육은 단지 인지적, 개인적, 형식적 요소들만이 좋은 교육을 가져오는 것이 아니다. 여인 주위에 있는 사람들을 상상해보라. 예수님은 이 세 가지 교육개념을 모두 사용하셨다. 더 자세한 내용은 다음 책을 참고하라. 로널드 하버마스 & 클라우스 이슬러, 『화목을 위한 가르침』, 디모데(1997), 289-291.

여섯째, 문제의 개인화: 여인의 문제로부터 자기 자신의 문제로 전환시키셨다. 상황 종료의 핵
심이었다.

경제학자로서 신경마케팅 최고권위자인 한스–게오르그 호이젤(Hans-Georg Häusel)은 다음과 같이
말한다.164) "사람은 무슨 일을 결정할 때 감정과 연관해서 합니다. 인간의 모든 결정은 감정적이
지요. 신경정보학자들에 따르면 눈은 초당 1000만 비트, 귀는 100만 비트, 후각은 10만 비트의 정
보를 뇌에 전달하는데, 이 중 사람이 의식하는 정보는 0.00004%(40비트) 불과합니다. 예를 들면 백
화점에서 물건을 보고 구매를 결정짓는 것은 정보를 통한 의식이 아니라 뇌 속 깊숙이 자리 잡은
감정영역이라는 겁니다. 의식은 구매결정이 이뤄지고 난 뒤 그것을 합리화하는 기능만 합니다."
그러므로 사람이 어떤 일을 결정할 때 의식적 판단보다는 감정적 판단이 앞선다는 것이다. 간음
한 여인을 돌로 치자고 사람들이 몰려왔을 때, 그들은 이미 감정적으로 돌을 던지기로 결정한 상태
였으며 의식의 판단은 그 다음 순서였다. 그 절박한 상황에서 예수님은 각자의 양심에 기초한 감성
적 호소를 하신 것이다. 이것은 절묘한 메시지 전달법이었다.

4.3. 성경에 나타난 언어양식 모델

인류역사 속에서 십자가는 가장 고상한 언어 – 하나님의 아들 예수 그리스도, 새 사람, 새로운
피조물, 양자, 하나님의 자녀, 화목 등 – 를 만들어냈다. 성경에는 다양한 언어양식이 있다(표 9-1).
이보다 더 위대한 언어가 있는가? 예수 그리스도 자신은 가장 위대한 언어이자, 가장 위대한 이름
이다! 하나님은 십자가를 통해 가장 가치 있고, 온전하고, 선하고, 행복한 언어 – 하나님과의 화
목, 하나님의 자녀됨 – 를 만들어내셨다.
하나님은 복되심의 하나님이시다. 전능하신 하나님은 모든 것이 충분하고, 완전하시고, 완벽하
시다. 하나님의 완전하심은 자비의 성향을 갖게 하는 동인이다. 전지전능하시고 완전하시며 복의
근원이신 하나님은 모든 사람들에게 줄 만큼 철철 넘치는 복을 갖고 계신다. 인간이 뭔가 해드려서
만족하실 하나님이 아니시다. 불의한 우리는 하나님께 무엇을 드릴 수 있는 존재가 아니다. 하나
님은 자비의 하나님이시다(눅6:36). 하나님의 자비는 '은혜', '오래 참음', '선하심'과 밀접하게 연결되
어 있다(출34:6-7).165)

신자들이 사용해야 할 영적 언어는 하나님의 도덕적 언어를 기초로 삼아야 한다. 우리는 하나님
의 자비, 사랑, 은혜, 선하심, 오래 참음의 언어를 통해 하나님의 도덕적 속성을 닮아가는 것이다.
그 과정을 통해 신자들은 악의 성향을 소멸시키고, 선의 성향을 지향하는 영적 언어를 구사해야
한다.

---

164) 『위클리비즈』, 21세기북스(2010), 80-87.
165) 참고. 토마스 굿윈(Thomas Goodwin, 1600-1679), 『믿음의 본질 I』, 137-150.

십자가는 생명언어, 곧 구원, 의인, 새 피조물, 택함 받은 자, 거룩함, 의로움 등과 같은 숭고한 언어들을 창조한다. 또한 십자가는 인간사회를 변혁시키는 영적 언어들, 곧 변화, 기적, 창조, 회복과 같은 언어들을 만들어낸다. 나아가 십자가는 악을 지향하는 마음의 성향을 선을 지향하는 마음의 성향으로 변화시킨다.

신자의 언어양식이 성화되려면, 하나님의 지적, 정서적, 의지적 삶의 양식과 하나님의 언어속성을 배워가야 한다. 우리는 '하나님을 아는 것(골1:10)'에 자라가야 한다. 하나님을 어떻게 알아갈 수 있는가? 우리는 '하나님의 말씀', '지혜와 계시의 영(엡1:17)', '선포된 말씀', 그리고 '말씀이 육신이 된 예수 그리스도'를 통해서 하나님을 알아갈 수 있다. 하나님을 알아가는 동안 언어방식이 점차 거룩해지면서 말 영성이 진보될 수 있다. 하늘의 언어는 언어학적 이론을 통해서 습득되는 것이 아니라, 계시와 경험을 통한 방식으로 습득된다. 곧 말씀과 성령을 통해서 깨닫고 배워나간다.

하늘나라가 추구하는 가치체계, 언어방식, 성공척도는 지상세계와는 완전히 다르다. 그중에서도 언어방식은 본질적으로 다르다(표 9-1). 천국형 믿음언어와 지상형 이성언어는 추구하는 대상과 목적이 완전히 다르다. 지상은 보이는 것과 일시적인 것, 오감중심의 것을 지향하나, 천상은 영원(고후4:18), 거룩(고후7:1), 영광(고후4:15), 생명, 진리의 빛을 추구한다. 하나님은 우리를 '택하여(요15:16)' 세우셨다. 하나님은 "내가 거룩하니 너희도 거룩하라(벧전1:16)"고 가르친다. 그러므로 하나님의 자녀는 하나님의 마음에 동화되는 말을 해야 한다. 인간의 성화의 종점은 말에 있다. 입술의 뿌리가 영의 말씀으로 성화되어야 한다.166) 하늘언어는 오감언어가 아니라 신비의 언어, 초월적 언어다. 십자가는 신비적 언어로 초자연적 언어를 구사하게 한다. 또한 십자가는 생명언어를 사람들에게 적용한다.

챔버스(Chambers)는 하나님의 아들의 믿음과 일치된 믿음을 가지라고 조언한다. "영적으로 절대적으로 필요한 것은 죄성이 죽었다는 증서에 서명하는 것이며, 감정적인 표현과 지적인 믿음을 모두 동원해 죄성 곧 나 자신의 권리주장을 버리겠다고 선포하는 것이다."167) 우리는 '그리스도와 함께 죽은 자(갈2:20)'들이다. '내가 죽었다(고전15:31)'는 믿음의 삶을 통해 예수님의 언어를 배워갈 수 있다. 하나님과 인간 사이에는 건널 수 없는 다리가 있었지만, 예수님을 통해 말씀의 다리가 복구되었다. 이제 신자가 성령 안에서 말씀으로(시107:20) 하나님과 교제하는 길이 열렸다. 이것은 하나님의 전적인 은혜의 통로다.

영산은 말의 기능에 대하여 이렇게 말한다. "말은 환경을 이기는 영적전쟁의 중요한 도구입니다. 말로써 믿음을 풀어놓아야 합니다. 계속해서 입술로 반복해서 시인하시기 바랍니다. 그러면 우리의 환경에 놀라운 변화가 일어납니다."168) 말에는 분쟁, 논쟁, 시기, 질투, 원망, 불평의 말이 있는가 하면, 선함, 화평, 거짓 없음, 행복의 말이 있다. 성경에는 말에 대한 다양한 가이드라인이 있다. 표 9-1은 성경에 나타난 언어양식 모델들을 정리한 것이다.

---

166) 하나님은 인간을 거룩하고 흠 없게 하려고 창세전부터 택하셨고(엡1:4), 하나님 아들의 형상을 본받게 하려고 불렀고(롬 8:29), 깨끗게 하려고 우리를 선택하셨다(딛2:14). 신자의 마음하늘이 성화될 때, 그의 말도 성화될 수 있다.

167) 오스월드 챔버스, 『My Utomst for His Highest』, 토기장이(2008), 묵상집(3월21일).

168) 조용기, "말의 힘", 주일설교(2011-01-13).

표 9-1. 성경에 나타난 8가지 언어양식 모델

제목	관련 말씀
예수님의 이름으로 말하라	"또 무엇을 하든지 말에나 일에나 다 주 예수의 이름으로 하고 그를 힘입어 하나님 아버지께 감사하라(골3:17)."
성령님의 도우심으로 말하라	"내 말과 내 전도함이 지혜의 권하는 말로 하지 아니하고 다만 성령의 나타남과 능력으로 하여 너희 믿음이 사람의 지혜에 있지 아니하고 다만 하나님의 능력에 있게 하려 하였노라(고전2:4-5)."
은혜스럽게 말하라	"너희 말을 항상 은혜 가운데서 소금으로 고르게 함같이 하라 그리하면 각 사람에게 마땅히 대답할 것을 알리라(골4:6)."
먼저 생각하고 말하라	"너는 하나님 앞에서 함부로 입을 열지 말며 급한 마음으로 말을 내지 말라 하나님은 하늘에 계시고 너는 땅에 있음이니라 그런즉 마땅히 말을 적게 할 것이라(전5:2)."
선한 말을 하라	"무릇 더러운 말은 너희 입 밖에도 내지 말고 오직 덕을 세우는 데 소용되는 대로 선한 말을 하여 듣는 자들에게 은혜를 끼치게 하라(엡4:29)."
말을 제어하라	"누구든지 스스로 경건하다 생각하며 자기 혀를 재갈 먹이지 아니하고 자기 마음을 속이면 이 사람의 경건은 헛것이라(약1:26)."
경청하는 훈련을 쌓아라	"내 사랑하는 형제들아 너희가 알거니와 사람마다 듣기는 속히 하고 말하기는 더디 하며 성내기도 더디 하라(약1:19)."
참된 것을 말하라	"그런즉 거짓을 버리고 각각 그 이웃으로 더불어 참된 것을 말하라 이는 우리가 서로 지체가 됨이니라(엡4:25)."

영산은 말은 마음에서 바깥으로 나가면 창조적인 권능을 나타낸다고 역설한다. "말이 나가서 역사하는 것입니다. 말이 나가서 창조적인 권능을 나타내는 것입니다(잠18:20-21)."[169]

4.4. 입술언어의 선포능력

말씀을 선포할 때 하나님 뜻이 드러나며, 동시에 말씀의 권위, 권능이 임한다. 신자는 하나님의 모든 규례들을 입술로 선포할 수 있다(시119:13). 성도는 주님이 하신 일을 선포해야 한다. "대대로 주께서 행하시는 일을 크게 찬양하며 주의 능한 일을 선포하리로다(시145:4)." 성도는 말씀의 선포자로 세움 받은 자들이다. 바울은 "내가 이 복음을 위하여 선포자와 사도와 교사로 세우심을 입었노라(딤후1:11)"고 말한다.

인간의 혀는 의를 말할 때 가치가 있다(시35:28). 말씀은 영이므로(요6:63), 말씀의 선포는 곧 능력의 선포다. 몸은 손발을 움직일 때 일을 한다. 내 안의 영은 입술로 말씀을 선포, 명령, 고백할 때 비로소 일을 시작한다(히4:12). 말씀은 영이 일하는 방식이다.

그리스도인은 마음 안에 잠재하는 말씀의 씨가 선포될 때 능력이 나타난다. 선포의 특징은 내적 지향이 아니라 타자 지향적이다. 영의 특성 중 하나는 나 중심이 아니라 이웃 중심을 지향하는 것이다. 하나님의 일의 방향은 하나님 자신과 백성을 향해 있다. 시편 기자는 "내가 죽지 않고 살아서 야훼께서 하시는 일을 선포하리로다(시118:17)"라고 고백한다. 주의 백성들은 하나님의 일을 선포

---

169) 조용기, "말의 창조의 힘", 주일설교(2013-07-28).

하며 그의 행하심을 깊이 생각하는 자가 되어야 한다(시64:9). 입술로 고백하거나 선포하는 것은 믿음을 행동으로 나타내는 고도의 영적 기술이다. 입을 연다는 것은 믿음을 행동으로 나타내는 것을 말한다.170) "네 입을 넓게 열라(시81:10)." 예레미야는 하나님의 말씀 선포에 대한 자신의 경험을 이렇게 말한다. "내가 다시는 야훼를 선포하지 아니하며 그의 이름으로 말하지 아니하리라 하면 나의 마음이 불 붙는 것 같아서 골수에 사무치니 답답하여 견딜 수 없나이다(렘20:9)."

그리스도인이 되어 성령충만해지면, 언어의 변화가 나타난다(행4:33, 고전2:1-4). 그 결과 창조적이고 역동적인 언어의 역사가 나타난다. 바울은 "내 말과 전도함이 지혜의 권하는 말로 하지 아니하고 다만 성령의 나타남과 능력(고전2:4)"으로 하였다고 말한다. 사도들은 큰 권능으로 주 예수의 부활을 증거했다(행4:33). 그러나 말은 창조적 세계로 이끌고 갈 수도 있고, 파괴로 이끌어갈 수도 있다. 말의 방향에 따라 정반대의 결과가 나오는 것이다.

　　a) 삶의 방향을 결정함: 말이란 말에게 씌우는 재갈이나 커다란 배의 키와 같다(약3:2-5).
　　b) 축복과 저주의 샘: 혀는 길들여지지 않아 쉬지 않은 악이요 죽이는 독이 가득하다(약3:8).
　　c) 하나님을 찬양하는 도구: 우리는 서로 격려하며 하나님을 찬송해야 한다(약3:9-12).

3차원 인간은 '4차원 믿음의 말'을 고백해야 승리의 삶을 살 수 있다. 영산은 말의 선포의 중요성을 다음과 같이 피력한다. "여러분은 하나님의 말씀을 시인함으로써 예수님의 임재 속에 들어갈 수 있습니다. 여러분이 표현하는 믿음의 말을 통해 예수님께서 권능을 나타내실 수도 있습니다. 여러분이 믿음의 말을 분명하게 고백해야 예수 그리스도께서 분명히 역사해 주십니다. 우리는 성경에서 가장 훌륭한 언어를 배울 수 있습니다. 성령께서 필요한 성경말씀을 통하여 우리를 활력 있게 하시고, 우리들 각자의 마음속에 역사하시게 해야 합니다. 성경을 창세기부터 계시록까지 정독하여 다 읽으십시오. 성경의 언어에 점령당하십시오. 믿음의 말들을 사용하십시오. 그러면 여러분의 삶은 승리하는 삶이 될 것입니다."171)

하나님의 형상을 가지고 태어난 인간은 부분적으로 창조의 능력을 가지고 있다. 믿음의 말을 통해 신자는 예수님의 권능이 나타나게 할 수 있다.

3차원 인간의 말은 사실상 허점투성이다. 『넛지(Nudge)』의 저자인 리처드 탈러(Richard Thaler)는 경제학 분야의 석학으로 알려져 있다. 그는 '똑똑한 선택을 이끄는 힘'이라는 부제를 붙인 그의 책에서 두 유형의 사람, 곧 '이콘'과 '인간'에 대해서 말한다. 이콘은 'Homo economicus'의 줄임말로 그의 책에서 '극히 합리적이고 자신의 이익을 추구하는 경제적 인간'으로 정의한다. 삶 속에서 인간은 어떤가? 현실 속에서 사는 '인간'은 살 빼야지 하면서도 먹고, 운동해야지 하면서도 하루하루를 미룬다. 날마다 '해야지!' '다음 달부터는 꼭 20%씩 저축해야지.' '술 마시지 말아야지!' 그러면서도 행동에 옮기지 못한다. 탈러 교수는 이런 인간을 허점투성이로 본 것이다. 그런데 그런 허점투성이의 행동은 어떤 '선택설계자(Choice architect)'에 의해 바뀔 수 있다는 것이다.

---

170) 조용기, 『이것이 믿음이다』, 신앙계(2012), 106.
171) 조용기, 『4차원 영적세계』, 91.

넛지(Nudge)에 나오는 한 가지 예를 들면 이렇다. S자 커브길이 많은 도로에서 감속을 유도하기 위해 커브구간에 마치 간격이 좁아지는 것처럼 하얀 선(이 경우 선택설계자는 도로관계자)을 표시하는 경우다. 도로가 좁아드는 느낌이 들면, 운전자는 감속할 것이다. 만약 하얀 선을 그려놓지 않았다면? 넛지 속의 '인간'은 '속도를 40km로 줄이시오' 푯말을 무시하고 그대로 주행할 것이다.

만약 당신이 병에 걸려 병원을 갔는데, 의사(이때는 의사가 선택설계자에 해당)가 '이런 수술 받은 사람 100명 중 90명이 5년 후에도 살아 있다'고 한다면? 넛지에 나오는 '인간'은 수술을 받을 것이다. 긍정의 메시지로 받아들이는 것이다. 만약 '수술을 받은 사람 중 10명이 5년 내에 죽었다.'고 말한다면? 넛지 속의 '인간'은 수술을 받지 않고 발길을 돌릴 가능성이 높다. 하지만 '이콘'이 그 병원에 갔다면? 의사가 어떻게 말하든 수술을 받을 것이다. 인간은 이렇게 허점투성이다.

여기서 보면, 넛지는 살짝 옆구리를 찌르는 정도의 말이지만 상당한 효과를 가져온다. 넛지 효과는 정치, 경제, 문화, 심리 등 다양한 영역에서 응용할 수 있다. 식당에서 음식을 배치할 때 살찌는 음식을 구석에 배치하고 과일을 집기 좋은 곳에 두는 것과 반면에 동일한 음식을 무질서하게 배치하는 것 사이에 상당한 차이가 있다. 남자화장실에서 소변기 중앙에 파리 한 마리를 그려놓으면, 소변기 밖으로 튀어나가는 소변이 80%나 줄어드는 것도 넛지의 적용 예이다. 파리 한 마리가 넛지의 주인공이 된 것이다. '이콘'이라면 변기에 파리 그림이 필요 없었을 것이다. 현실 속의 인간은 종종 '이콘'과 아주 다른 사람이다.

아브라함과 사라의 사례를 살펴보자. 어느 날 하나님은 아브람을 아브라함(열국의 아버지)으로, 사래를 사라(열국의 어머니)로 이름을 바꾸어주셨다. 이 경우 넛지의 선택설계자는 하나님이시다. 아브라함 부부의 넛지는 '나는 열국의 아버지요. 나는 열국의 어머니요'이다. 하나님은 그들의 이름을 바꾸시고, 아브라함은 '열국의 아버지'로, 또한 사라는 '열국의 어머니'로 스스로 생각하며 살게 하셨던 것이다.

만약 아브라함과 사라가 넛지에 나오는 '이콘'이었다면? 그들은 결코 넛지를 적용하지 못했을 것이다. '이콘'처럼 합리적이고 경제적이며 계산적인 인간은 '합리적인 행동'만 했을 것이다. 이름을 바꾼다고 자식이 나올 리 없다. 하지만 아브라함과 사라는 날마다 넛지를 활용해, '나는 열국의 아버지요. 나는 열국의 어머니요'라고 스스로 또한 서로 큰소리로 고백했던 것이다.

야곱도 넛지의 달인이다. 아브라함은 말로 넛지를 적용했지만, 야곱은 나뭇가지를 넛지로 사용했다. 야곱은 양들이 물을 먹는 곳에 나뭇가지를 꽂아놓았다. 점 있는 양들을 생산하기 위해 그는 나뭇가지를 넛지로 사용했다. 나뭇가지를 넛지로 사용해서 야곱은 하나님의 옆구리를 쉴 새 없이 찌른 것이다. 버드나무 넛지는 야곱의 마음을 풍성하게 만들어 주었다. 단지 버드나무와 신풍나무 가지를 꺾어서 꽂았을 뿐인데 그의 삶은 점차 풍요로워졌다. 물론 하나님의 은혜다.

예수님도 상대방에게 넛지를 이용해 조금도 자존심을 건드리지 않으면서 원하시는 대로 사람들을 지도하셨다. 간음한 여인의 경우가 대표적인 예다.

믿음이 나무 위의 대못이라면 긍정의 입술은 내리치는 망치와 같다. 하나님의 말씀은 큰 소리로 고백해야 한다. 하나님께서는 "빛이 있으라"고 선포하셔서 이 세상을 만드셨다. 하나님은 그 어떤 넛지도 필요 없는 분이다. 그러나 3차원 인간은 안 보면 잊어버리므로 넛지 같은 것이 필요하다. 외침도 좋은 '넛지(Nudge)'다. 하나님께서는 우리에게 다양한 소리를 낼 수 있는 발성기관을 주셨다. 이것은 '말씀을 선포하며 살라는 하나님의 강력한 메시지'다.

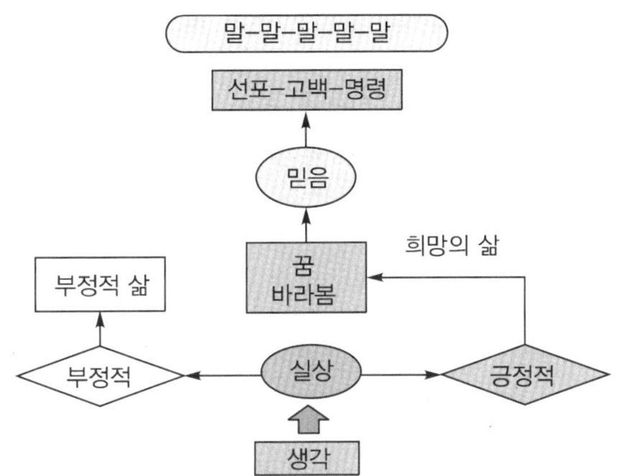

그림 9-3. 말의 현재화 구조와 선포모델: 생각에서 꿈으로, 꿈에서 믿음으로, 믿음에서 말로 이어진다. 곧 생각한 것을 꿈꾸고 믿고 고백하는 과정이다. 신자는 창조적인 말씀으로 마음과 삶을 다스리는 훈련을 해야 한다. 성경은 모든 삶의 방식 위에 믿음으로 살아야 한다는 것을 가르친다.[172] 말은 인간의 인격을 드러내는 대변자다.

그림 9-3을 보면, 말은 전선의 최전방에 위치해 있다. 말은 그 사람의 생각, 마음, 믿음이 통합되어 나오는 것이다. 마치 고무풍선에 바람을 잔뜩 넣었다가 주둥이를 놓으면 공기가 밖으로 뿜어 나오 듯이 마음속에 잔뜩 들어 있던 것이 밖으로 나오는 것이 바로 말이다.

성도는 마음하늘을 경영하는 자다. 영산은 마음하늘을 잘 경영하면 5중복음과 3중축복이 현실화된다고 강조한다. "마음하늘이 있고, 그 마음하늘 속에 성령이 와 계시고, 그 다음에 말씀을 주셨습니다. 마음하늘을 잘 지키면서 성령님께 의지하여 말씀으로 명령하면, 말씀이 나가서 5중복음과 3중축복에 속한 모든 것을 이루어주십니다."[173]

마음하늘에서 언어의 선포는 굉장한 힘이 있다. 말은 신자 안의 꿈과 믿음의 성장에 밀접하게 관련되어 있다. "우리는 마음하늘을 가지고 있습니다. 하나님이 와 계시는 이 마음하늘을 잘 지켜서 성령이 새로운 세계를 만드는 장소가 되도록 하시기 바랍니다. 우리의 입술로 꿈이 이루어졌다고 선포할 때, 우리의 생각과 믿음은 꿈을 향해 더욱 확고해집니다. 그러면 마귀는 더 이상 꼼짝달싹할 수 없게 됩니다. 조금 안 믿기더라도 우리는 수시로 꿈을 선포하여, 우리 인생이 꿈을 향해 나아갈 수 있도록 방향타를 조종해야 합니다."[174]

---

172) 조용기, "성경적 삶의 방식", 주일설교(2011-06-05).
173) 조용기, "마음하늘", 주일설교(2007-01-21). "마음하늘에 죄가 들어오지 못하게 늘 회개하고, 예수 보혈을 의지해서 용서하고, 마음을 거룩하게 하여 늘 성령으로 충만하고, 마음하늘을 굳게 지켜서 긍정적이고 적극적이고 창조적인 생각이 마음을 점령하게 하고, 언제나 치료가 넘치고 축복이 넘치는 자기 모습을 생각하고, 입술로 고백하여, 그렇게 마음을 지키면 하나님이 우리의 생애에 놀라운 축복을 허락하여 주십니다."

4.5. 영산의 영적 언어양식

영산의 언어양식은 기본적으로 예수 그리스도와 십자가다. 5중복음과 3중축복 그리고 4차원영성은 영산이 애용하는 영적 언어들이다. 그는 그리스도 일변의 하늘언어를 삶 속에 적용했으며, 설교와 사역에도 활용했다. 그는 영적 정체성을 나타내는 삼위일체적 언어들 – 좋으신 하나님, 예수 그리스도의 구속의 은혜, 성령님과의 인격적 교제 – 을 다양한 방법으로 사용했다.

영산은 "하나님의 말씀이 우리 마음에 가득하면, 꿈이 생기고 천국의 언어를 말하게 되며 삶의 환경이 바뀝니다."라고 말한다.175) 그는 "말은 삶을 변화시키고 창조하는 절대적인 요소입니다."라고 말한다.176) 십자가는 성도로 하여금 순종과 생명의 언어를 사용하게 만든다. 즉, 그리스도의 죽으심에서 순종의 언어를 배우고, 부활하심에서 생명의 언어를 배워 자신의 삶에 적용하게 만든다. 신자들은 십자가 위에서 이미 죽었고, 다시 살아난 존재임을 잊지 말아야 한다. 따라서 십자가는 모든 영적 언어의 모판이며 뿌리다. 십자가는 신자들의 마음의 성향을 통제하여 하늘언어를 사용하도록 만든다.177)

4차원영성이란 '하나님의 말씀을 우리 삶에 심는 방법'을 의미한다. 달리 말하면, '의와 거룩함으로 사는 삶'이다. 의에 주린 자가 참된 행복을 누린다. 의와 거룩으로 살면, 마음언어가 달라져 기쁨이 찾아온다. 그 결과 삶도 행복해진다. 언어는 마음에서 비롯된다. 따라서 마음에 의와 거룩함이 충만하면, 하늘의 언어양식을 적용해 말하게 된다.

영산은 말 영성의 핵심을 이렇게 말한다. "마음속에 십자가 대속의 은혜와 5중복음 및 3중축복의 씨앗을 심는 것입니다."178) 그는 부정적인 말을 버리고 긍정적인 영적 언어를 사용해야 한다고 강조한다. "여러분이 변화되려면, 먼저 여러분의 언어가 달라져야 합니다. 말을 바꾸지 않으면, 여러분 자신도 달라지지 않습니다."179) 그는 이렇게 말한다. "말은 강력한 창조성을 가지고 있습니다. 그것을 적절히 사용하면, 우리의 삶이 승리의 삶이 되도록 생명력을 불어넣어 줍니다."180) 그는 말의 기능적 원리를 다음과 같이 설명한다. "말로 복을 명하면 복이 오고, 저주하면 화가 옵니다. 사람은 자신의 입의 말로 묶이고 사로잡히는 것입니다. 그러므로 우리가 강하고 담대하기 위해서 또한 하나님의 은혜를 받아 누리기 위해서 반드시 입술의 고백이 있어야 합니다."181)

말은 쉽고 전달력이 있어야 한다. 영산의 설교는 쉽고 전달력이 뛰어나다. 사도 바울이 그랬던

---

174) 조용기, "마음하늘", 주일설교(2007-01-21). "마음성전"(2007-10-14). "사차원의 삶"(2010-11-07).

175) 조용기, "심고 거두는 법칙", 주일설교(2014-09-07).

176) 조용기, "언어와 현실", 주일설교(2014-08-10).

177) 십자가가 인간의 마음 성향을 완전히 바꾸는 것은 아니다. 그보다는 마음의 성향을 하나님을 지향하게 만든다. 다시 말해, 그리스도인이 된다고 그 사람의 본래 마음 성향이 송두리째 바뀌는 것은 아니다. 본래 성향을 활용하되, 철저한 방향 전환이 일어난다. 악에서 벗어나 선의 방향으로, 자기 중심의 삶에서 하나님 중심으로 방향이 바뀌는 것이다. 하나님은 사람마다 서로 다른 기질을 주어서 그분의 뜻을 이뤄가신다.

178) 조용기, "심고 거두는 법칙", 주일설교(2014-09-07).

179) 조용기, 『4차원 영적세계』, 서울말씀사(1996), 91.

180) 위의 책, 108.

181) 조용기, "하나님이 가라사대", 주일설교(2014-01-26).

것처럼 영산도 설득력 있게 호소하기 위해 인격(ethos), 정서(pathos), 이성(logos) 모두를 수사학적으로 그의 설교에 적극적으로 활용한다. 그는 '영적 체험 측면(ethos)'에서 성령의 능력과 확신을 가지고 복음을 증거했고, 5중복음, 3중축복, 4차원영성을 '이성적 측면(pathos)'에서 논리정연하게 사람들에게 설득했으며, 또한 '정서적 측면(pathos)'에서 호소력을 발휘하고자 했다. 무엇보다 그는 그의 설교에서 항상 '생각-꿈-믿음-말'이라는 역학적 체계 안에서 그가 할 말들을 구상한다. 그 결과 그의 말에는 언제나 확신과 도전과 기대감이 넘친다. 그가 구상하는 말들은 '에토스 – 파토스 – 로고스'의 통합적 특성을 지니고 있다. 이를테면 그는 성도의 달라진 신분을 강조하면서 5가지 가이드라인을 제시한다.

    a) 좋으신 하나님의 뜻을 좇아 생각을 바꾸어야 한다(고후5:17, 잠4:23, 시81:10).
    b) 우리 안에 거하시는 성령님의 인도함을 받아 꿈을 꾸어야 한다(빌2:13, 엡3:20).
    c) 예수님의 말씀을 의지하는 긍정적인 믿음으로 바꾸어야 한다(롬10:17, 고후1:20).
    d) 창조적이며 생산적이고 적극적인 신앙고백의 말로 바꾸어야 한다(잠6:2, 18:21).
    e) 응답을 확신하고 감사로 아뢰는 기도로 바꾸어야 한다(마6:33, 막11:24, 빌4:6).

여기서 보면 영산은 말을 '생각-꿈-믿음-기도'와 서로 역동적으로 연결시킨다. 그는 말을 독립적인 기능으로 보지 않고, 4차원영성의 요소들과 결합시켜서 이해한다. 그래서 그의 설교는 박진감과 영적 파워가 넘치며, 언제나 창조와 희망의 메시지를 담고 있다. 그는 말이 개발되려면 먼저 변화된 자신의 신분을 알아야 한다고 주장한다. 예수님 안에서 부활한 자신의 신분을 분명히 알아야 성령 안에서 능력과 확신이 넘치는 말을 할 수 있다는 것이다.[182] 영산은 성도의 바뀐 신분을 5가지로 정리한다.

    a) 죄를 영원히 용서받아 의롭고 영광스런 신분이 되었다(롬6:3-5, 고전1:30).
    b) 하나님의 사랑받는 자녀로 거룩하고 성령충만한 신분이 되었다(엡4:23-24).[183]
    c) 심신의 약함과 슬픔을 치료받고 질병에서 해방된 신분이 되었다(벧전2:24).
    d) 믿음으로 아브라함의 복을 받고 범사에 형통한 신분이 되었다(고후8:9).
    e) 부활하신 그리스도의 몸을 입어 영생을 얻고 천국백성의 신분이 되었다(엡2:4-6).

또한 그는 영적 언어 개발 3요소에서 '감사, 찬양, 축복'의 언어를 특별히 강조한다.[184]

가. 감사의 말은 우리를 잘되게 한다.

하나님을 영화롭게 한다는 말이 무슨 뜻인가? 단지 하나님을 좀 더 영화롭게 만든다는 뜻이 아니다. 하나님을 인정하고 다른 모든 대상보다 존귀하게 여기며, 그분의 영광을 알린다는 뜻이

---

182) 참조. 조용기, "신분", 주일설교(2005-09-18). "성도의 신분변화"(2009-01-08). "새신분"(1986-11-02).
183) 존 맥아더(John MacArthur), 『다른 불』(Strange Fire). 생명의말씀사(2014), 조계광 역, 290. 성령충만이 무엇인지를 알려면, 주 예수 그리스도를 바라보면 된다. 예수님은 성령의 능력 안에서 가장 온전하고 완벽하게 사셨던 탁월한 본보기이시다(요4:34, 눅1:35, 막1:12, 마4:4).
184) 조용기, "우리를 변화시키는 말", 주일설교(2010-05-16).

다.185) 이는 마음으로부터 나오는 감사를 의미한다. 감사로 제사를 드리는 자가 하나님을 영화롭게 한다(시50:23). 하나님을 아는 자는 그를 영화롭게 해야 하며 감사해야 한다(롬1:20-21). 우리는 하나님의 영광을 위하여 지음 받았다(고전10:31). 시편 기자는 하나님께 "내 입의 낙헌제(樂獻祭, 자원제물)를 받으시고(시119:108)"라며 노래한다. 입으로 드리는 자원제물은 곧 기쁨으로 드리는 감사의 기도다(시50:14, 시51:17).

우리가 평소에 많이 사용하는 단어인 감사는 범사에 우리를 잘되게 하는 것이다. 무엇보다도 먼저 하나님께 감사를 드려야 한다. 감사로 제사를 드리는 자가 하나님을 영화롭게 한다. 스위스의 철학자 칼 힐티(Carl Hilty)는 『행복론』이라는 책에서 행복의 첫째 조건으로 '감사'를 꼽았다. 그는 이렇게 말한다. "감사하라, 그러면 젊어진다. 감사하라, 그러면 발전이 있다. 감사하라, 그러면 기쁨이 있다."186)

나. 찬송과 찬양은 우리를 잘 되게 한다.

그리스도인의 찬양의 뿌리는 십자가 위에서 예수님의 죽으심과 부활하심에 있다. 성도가 십자가 위에서 새 사람이 된 사실을 잊으면, 사실상 모든 것을 잊는 것이다. 성도가 해야 할 일은 십자가 위에서 죽으시고 부활하신 주를 높이는 것이다. 우리는 힘과 능력을 주시는 하나님을 찬송해야 한다(시68:35). 찬송의 제사는 하나님의 이름을 증언하는 입술의 열매다(히13:15). 찬양은 우리의 삶에 굉장한 영향력을 미친다. 찬양은 하나님을 영광스럽게 하고 높여드리는 것이기 때문이다. 우리가 찬양하면 하나님은 영광을 받으신다.

다. 축복의 말이 복을 낳는다.

하나님은 복의 근원이시며 복을 베풀기 원하신다. 하나님은 아브라함을 부르셔서 "내가 너로 큰 민족을 이루고 네게 복을 주어 네 이름을 창대케 하리니 너는 복의 근원이 될지라(창12:2)"고 약속하셨다. 우리는 언제나 자녀와 주위 사람들에게 축복의 말을 해야 한다. 제사장 엘리는 성막에서 슬피 울며 기도하는 한나에게 우는 이유를 물었고, 그녀가 아들을 낳지 못해서라고 대답하자 "하나님이 너의 기도하여 구한 것을 허락하시기를 원하노라(삼상1:17)"고 축복해주었다. 그리고 얼마 후 그녀는 아들을 낳았다.

영산은 "신앙생활은 천국 백성이 그리스도의 신부가 되기 위해서 성령학교에 입학한 것입니다."라고 말한다. 그리스도인들은 성령 안에서 말하는 훈련을 끝없이 배워야 한다.

신자는 '생각, 꿈, 믿음, 말'을 통해 삶의 흔적을 남긴다. 대체적으로 꿈의 줄기에서 나오는 것은 비전, 목표, 열정, 동기부여, 계획 등이고, 믿음의 줄기에서 나오는 것이 자신감, 태도, 도전정신 등이고, 말의 가치에서 나오는 것은 주로 행동, 습관이며, 생각의 줄기에서 나오는 것들은 창조력,

---

185) 존 파이퍼, 『하나님을 기뻐하라』, 생명의말씀사(1998), 69-70
186) 행복과 기쁨은 차원이 전혀 다르다. 행복은 인간의 마음에 있으나, 기쁨의 근원은 하나님에게 있기 때문이다. 바울은 감옥 안에서 행복하지 않았으나 기뻐할 수 있었다. 그 이유는 하나님이 그에게 기쁨을 주셨기 때문이다. 참조. 마틴 로이드 존스, 『영적침체』, 복있는사람(2014), 166.

아이디어, 발명, 개발 등이다. 구체적으로 설명하면, '생각, 꿈, 믿음, 말'은 해당 요소와 관련된 언어들을 만들어낸다. 먼저 생각은 창조력, 아이디어, 개발, 지식, 기술 등을 이차적으로 생산한다. 꿈은 비전, 열정, 목표, 소원, 동기부여, 계획 등을 이차적으로 만들어낸다. 믿음은 자신감, 태도, 가능성, 의지력, 도전의식, 성취력 같은 이차적 언어들을 빚어낸다. 마지막으로 말은 행동, 습관, 관계, 정서 등과 같은 개념들을 생산한다. 생각, 꿈, 믿음, 말은 삶의 축복과 깊은 관련이 있다.

그림 9-4에는 4차원 영성을 내면적, 외면적 관점에서 창조적 삶의 목적 지향적 모델을 제시한 것이다. 여기서 중요한 것은 생각의 줄기, 꿈의 줄기, 믿음의 줄기, 말의 줄기에서 나오는 모든 삶의 도구들은 궁극적으로 삶의 분명한 목적을 향해야 한다는 것이다. 성도의 삶의 목적은 바로 하나님께 영광 돌리며, 하나님을 기쁘시게 하고, 나아가 하나님의 인류구원의 꿈을 성취하는 데 일조하는 것이다. 성도의 삶의 최고 가치는 바로 하나님을 헌신적으로 섬기고 찬양하고 감사하는 것이다. 바울은 "무엇을 하든지 말에나 일에나 다 주 예수의 이름으로 하고 그를 힘입어 하나님 아버지께 감사하라(골3:17)"고 권면한다. 은혜를 통해 인간은 하나님을 알게 된다.

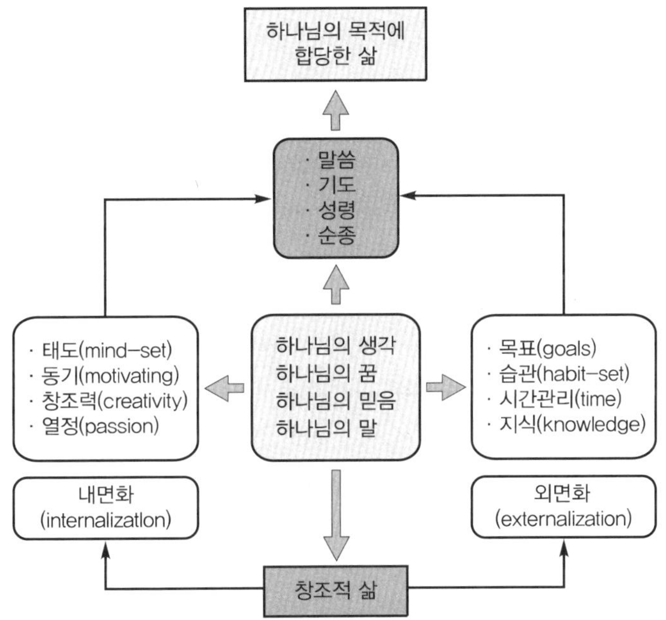

그림 9-4. 생각, 꿈, 믿음, 말의 하나님을 향한 목적 지향적 모델[187]: 눈에 보이는 산과 바다는 3차원의 세계에 속하고, 믿음은 시간, 공간, 물질을 다스리는 4차원의 세계다. 말씀의 능력이 나타나려면 기도를 통해 이루어짐을 믿고, 긍정적인 입술의 명령과 고백을 계속해야 한다.[188] 영산은 "우리의 생각과 꿈이 새로워지고, 강하고 담대한 믿음으로 나아가, 권세 있는 말씀을 선포하면 아름다운 세계가 창조됩니다."라고 역설한다.[189]

---

187) 말씀을 기초로 한 생각, 꿈, 믿음, 말은 궁극적으로 하나의 목적, 곧 하나님을 섬기고 그분께 영광을 돌리는 방향으로 나아갈 때 의미가 있다.
188) 조용기, "믿고 마음에 의심하지 아니하면 그대로 되리라", 주일설교(2011-01-16).
189) 조용기, "마음하늘", 주일설교(2013-04-07).

5. 삶 속에서의 말영성: 역학적 진보

잠언서는 "마음이 지혜로운 자는 계명을 받거니와 입이 미련한 자는 멸망하리라(잠10:8)"고 기록한다. 영산은 말의 효과를 4차원영성적으로 해석한다. "부정적이고 파괴적인 말은 마귀의 수족이 됩니다. 부정적이고 파괴적인 말을 통하여 마귀가 여러분을 도적질하고 죽이고 멸망시키는 것입니다. 하지만 하나님의 말씀을 소리 내어 복창하면, 하나님의 능력이 나타납니다. 우리의 말은 대화의 수단일 뿐 아니라 마음과 환경을 창조하는 수단입니다. 말이란 여러분이 생각, 꿈, 믿음을 풀어놓는, 곧 창조적인 힘을 풀어놓는 것입니다."190)

신앙생활의 효능은 마음으로 믿은 것을 성령 안에서 입으로 고백하고 명령하고 선포함으로써 나타난다. 예수를 믿으면 누구든지 그의 마음에 십자가와 예수님의 보좌가 세워진다. 곧 의인의 삶을 사는 것이다. 잠언서는 "의인의 입술은 여러 사람을 교육하나 미련한 자는 지식이 없어 죽느니라(잠10:21)"고 기록하고 있다.

신앙생활이란 날마다 마음에 세워진 십자가에서 순종과 겸손의 삶을 배우는 거룩한 훈련이다. 만약 예수님이 계셔야 할 마음의 보좌에 내가 앉게 되면, 그때부터 내 삶은 구불구불한 가시밭길을 가게 된다. 마음의 보좌에 내 자신이 앉게 되면, 입술의 언어가 성(聖)이 아니라 속(俗)을 향하고, 선(善)이 아니라 악(惡)을 향한다: "사람은 입에서 나오는 열매로 하여 배가 부르게 되나니(잠18:20)."

언어는 그 사람의 인격 및 신분과 관련이 있다. 성도는 타락한 실존에서 새 존재로 신분이 바뀌었으며(고후5:17), 장차 새 하늘과 새 땅에서 살게 된다(계21:1). 십자가의 위대성은 옛 아담을 새 아담으로 만들어 거룩하고 의로운 삶을 추구하도록 한 것에 있다. 십자가를 지고 살면, 옛 사람은 소멸되고 새 사람으로 변화되어, 비록 땅에서 살지만 하늘의 삶(빌3:20)을 살게 된다. 새 사람은 거룩하고 의로운 새 언어를 사용해야 한다. 곧 예수의 영과 연합하여 한 영이 되었으므로(고전6:17), 누구든지 예수 안에서 새 생각, 새말을 삶 속에 적용해야 한다. 하나님은 인간에게 말할 수 있는 혀를 주고, 그 입술의 열매를 거두게 하셨다.191) 인간이 죽고 사는 것은 혀의 힘에 달려 있으며, 혀를 쓰기 좋아하는 자는 '입의 열매'를 먹을 것이다(잠18:21). 입과 혀를 지키는 자는 자기의 영혼을 환난에서 보전하게 된다(잠21:23).

하나님은 혀를 천장에 붙게 해서 말을 못하게 할 수도 있고, 다시 풀 수 있는 능력도 갖고 계신다. 말씀은 영이기 때문에 영이신 하나님은 자신이 원하는 대로 조율하실 수 있다. 에스겔의 혀를 입천장에 붙여 말을 못하게 했고(겔3:26), 사가랴를 벙어리로 만들었다가(눅1:20) 다시 풀기도 하셨다(눅1:64). "내가 네 혀를 네 입천장에 붙게 하여 네가 말 못하는 자가 되어 그들을 꾸짖는 자가 되지 못하게 하리니 그들은 패역한 족속임이니라(겔3:26)." 하나님은 사가랴의 닫힌 혀를 풀어서 '하나님

---

190) 조용기, "말의 창조적 힘", 주일설교(2013-07-28).
191) "사람은 하나님 말씀으로 지음 받지 않고, 친히 하나님께서 손으로 빚고, 하나님의 생기를 불어넣은 하나님의 자손으로 태어났습니다. 사람 이외에 다른 피조물은 말씀으로 지음 받았습니다. 하나님의 입에서 나오는 말씀은 위대한 능력이 있습니다. 다른 동물과 달리 인간이 창조력을 가진 것은 말을 할 수 있기 때문입니다. 하나님께서 말할 수 있는 능력을 사람에게 주신 것입니다." 참조. 조용기, "믿음에 굳게 서는 길", 주일설교(1986-12-21).

을 찬송'하게 하는 분이시다(눅1:64). 하나님은 우리가 혀를 지켜 영혼을 보존하기를 원하신다(잠 21:23).

말 경영의 세 요소는 전술한 바와 같이 논리(logos), 인격(ethos), 마음(pathos)이다. 이 세 가지는 서로 유기적으로 연결되어 있다. 아무리 말의 논리(logos)가 뛰어나도, 인격(ethos)이 결핍되면 설득력이 떨어진다. 마음(pathos)이 열정적이어서 호소력이 뛰어나고 인격(ethos)이 탁월해도, 말의 논리(logos)가 결여되면 신뢰성과 의사 전달력이 떨어진다. 이 세 가지를 가장 잘 조화시켜 만족스럽게 활용하신 분은 예수 그리스도시다.

예수를 믿어 거듭난 사람은 말의 뿌리를 하나님의 말씀에서 찾아야 한다. 이성의 감각과 경험의 눈으로 살았던 골리앗은 다윗을 얕보고 '세상언어'를 사용해 이렇게 말했다. "네가 나를 개로 여기고 막대기를 가지고 내게 나아왔느냐(삼상17:43)." 그리고 자기 신들의 이름으로 다윗에게 저주의 말을 퍼부었다. "내게로 오라 내가 네 고기를 공중의 새들과 들짐승들에게 주리라(삼상17:44)." 그러나 평소에 하나님을 의지하며 살았던 다윗은 하나님의 눈으로 보며 '천국언어-영적 언어-생명언어-기적 언어'를 사용해 골리앗에게 당당히 맞섰다. "너는 칼과 창과 단창으로 내게 오거니와 나는 만군의 야훼의 이름 곧 네가 모욕하는 이스라엘 군대의 하나님의 이름으로 네게 가노라(삼상17:45)." 다윗의 이 말은 얼마나 전능하신 하나님에 대한 확신으로 가득 차 있는가!

말의 논리, 인격, 마음의 측면에서 보면, 다윗은 하나님의 뜻에 전적으로 합당했다. 반면에 골리앗은 하나님의 뜻과 정반대되는 위치에 있다. 그래서 하나님은 자신의 뜻에 합당한 다윗의 손을 온전히 들어주신 것이다. 그리스도인은 삶의 자리에서 하나님 말씀의 능력으로 살아야 한다. 하나님은 입술의 열매를 맺으시는 분이시다. "입술의 열매를 창조하는 자 야훼가 말하노라 먼 데 있는 자에게든지 가까운 데 있는 자에게든지 평강이 있을지어다 평강이 있을지어다 내가 그를 고치리라 하셨느니라(사57:19)." 하나님도 영도 말도 우리의 눈에 보이지 않는다. 그러나 말은 위대한 능력의 씨를 품고 있다. 모든 만물은 하나님의 말씀에서 비롯된다. 하나님의 말씀에 대한 영산의 고백은 점진적인 3단계를 거친다. a) 방어적 고백(피난처): 나는 건강하다. 내 병은 나았다. b) 공격적인 고백(요새): 내 몸은 건강할지어다. 회복될지어다. 병은 물러갈지어다. c) 감격적인 고백(의뢰): 치료해 주셔서 감사합니다. 건강하게 하시니 감사합니다.

잭 트라우트(Jack Trout)는 세계 최고의 마케팅 전략가이다. 그는 경영에 '포지셔닝(positioning)'이란 개념을 도입했다. 그가 저술한 『포지셔닝』은 마케팅 분야의 바이블로 평가받는다. 그는 고객의 뇌리에 파고들기 위해 "메시지를 날카롭게 갈아야 한다"고 주장한다. "고객의 뇌리와 마음에서 어떻게 차별화할 것인가? 이게 정수(精髓)이고 전부다. 고객의 마음속은 언제나 전쟁터다. 이 전쟁터에서 차별화하지 못하면 패배한다. 이것이 '포지셔닝(positioning)'이다." 우리는 날마다 말 속에서 살며, 말로 꿈을 만들고, 말로 믿고, 말로 메시지를 전한다. 어떻게 하면 차별화된 파워가 넘치는 말을 할 수 있을까? 어떻게 하면 나무에 못을 박는 것처럼 상대방의 뇌리에 딱 맞아 떨어지게 할 것인가? 이런 이유로 말 속에서 사는 인간은 '상대방에게 이야기할 때 절묘하게 먹히는 포지셔닝'이 필요하다. 예수님은 언제나 사람들의 마음 한가운데를 파고드는 이야기를 완벽하게 구사하신 분이셨다.192)

지금까지 서술한 '그리스도 안에서의 영적 언어' 대하여 개괄적으로 정리하면 다음과 같다.

첫째, 고난과 부활의 관점에서 권능의 말을 하라(갈2:20). 신자는 신적 권위를 가지신 예수 그리스도와 함께 거한다.

둘째, 십자가의 믿음으로 영광의 언어를 개발하라. 신자의 삶의 목적은 그리스도의 영광을 드러내는 것이다(요16:4).

셋째, 삶의 자리에서 수난절을 부활절로 승화시키는 긍정적이고 창조적 언어를 사용하라.

넷째, 성령님과 지적, 정서적, 의지적으로 친교하며 하나님의 언어방식을 터득하라.

다섯째, 감사 · 칭찬 · 격려의 말을 하라. 말씀과 성령, 기도의 힘을 믿어라(살전5:17).

여섯째, 명령과 권세 있는 말을 하라. 우리는 말씀과 성령, 기도의 힘으로 살아야 한다(요11:28-44).

5.1. 십자가 중심의 언어양식: 5중복음과 3중축복을 꿈꾸고, 믿고, 명령하고, 선포하고, 고백한다

영산은 "우리는 말을 통해 생각을 변화시키고, 말을 통해 인생의 꿈을 표현하고, 말로써 믿음을 나타냅니다."라고 말한다.193) 영산의 복음을 전달하는 언어구조는 4차원영성에 기초하고 있다. 그는 "5중복음과 3중축복을 삶의 자리에 적용하는 방법이 4차원영성입니다."라고 말한다. 십자가만이 성도의 삶의 자리에서 언어방식을 바꿀 수 있다. 십자가는 지금도 생명언어를 만들어 사람을 살리는 일을 하고 있다! 죄인은 십자가를 통하지 않고는 결코 거룩함을 얻을 수 없다(히10:10).

십자가는 삶의 방식을 하늘의 방식으로 전환시킨다. 그 결과 언어방식도 하늘의 성향을 가지게 된다. 십자가 중심의 삶을 효능적으로 삶의 자리에 적용하기 위해서는 먼저 영적 언어를 개발해야 한다. 영산은 "우리가 하나님을 만나서 거듭날 때 생각과 꿈이 새로워지고, 긍정적인 믿음과 선언으로 새로운 삶을 살게 됩니다."라고 강조한다.194) 그는 하나님을 믿게 되면 4가지 변화가 생긴다고 역설한다.

a) 인생의 목적과 존재 이유에 대해 하나님의 시각으로 바라보고 생각이 달라진다.

b) 삶에 대한 기대와 꿈이 달라진다. 인생의 꿈과 소망은 하나님에게서 나온다(시62:5-8).

c) 믿음으로 살게 된다. 나의 의인은 믿음으로 살리라(히10:38).

d) 언어생활이 달라진다. 입술의 고백과 선언을 통해서 소원을 이루게 된다(마16:19).

그는 "하나님의 말씀과 성령님의 감동으로, 상상하고, 꿈꾼 것을 바라보고 주야로 기도하며, 믿고 입술로 시인하면 그대로 됩니다."라고 말한다.195) 믿음은 창조적 선언을 통하여 하나님의 말씀을 통해 현실화된다. 성령의 사람이 성령의 삶을 살려면, 속사람이 날마다 새로워져야 한다.196) 말은 영이 만들어내는 최고의 영품(靈品)이다. 말의 힘은 기도, 선포, 명령을 통해 나타난다. 십자

---

192) 사람의 인생은 이야기로 시작하고 이야기로 끝난다. 예수님은 자신의 이야기로 승부를 거셨다.

193) 조용기, "언어와 현실", 주일설교(2014-08-10).

194) 조용기, "하나님을 바라라", 주일설교(2010-07-25).

195) 조용기, "기도하고 구한 것은 받은 줄로 믿으라", 주일설교(2013-06-16).

196) 속사람의 정체성은(벧전2:9-10) 회개하고 중생한 사람이며(요3:5-7), 예수님을 모신 사람이며(고후4:7-10), 나 자신보다 예수님을 더 의지하는 사람이다(엡3:16-19). 참조. 조용기, "나는 누구인가", 주일설교(2013-01-06).

가의 능력으로 말, 생명 및 인격의 회복이 통전적으로 이뤄진다.

성경의 깊은 산맥을 뚫고 들어가 파헤치면 '성령의 삶 속에서 최고의 천상언어'을 발굴할 수 있다. 성경 자체는 스스로가 고유한 번역가이므로 자꾸 읽다보면 서로 통한다.[197] 마음에 하나님의 말씀을 채우면 하나님의 말이 나오고, 부정적 마귀의 생각을 채우면 부정의 말이 나오고, 긍정의 말을 심으면 긍정의 말이 나온다. 따라서 그리스도인은 진리를 마음속 깊이 새겨야 하고(잠3:3), 진리를 사고서 팔지 말아야 하며(잠23:23), 진리로 무장해야 하며(엡6:14), 진리 안에서 행해야 한다(요이 1:4). 바울이 성령충만을 받아 '능력과 성령과 큰 확신으로(살전1:5)' 담대하게 복음을 증거했던 것처럼, 신자도 성령으로 충만해지면 담대하고 능력 있게 자신감 넘치는 말을 할 수 있다.

영적 삶에서 오는 인격(ethos)과 열정(pathos)은 말의 논리(logos)에 상당한 영향을 미친다. 말은 마음에서 개발되는 것이다. 마음공간에 5중복음과 3중축복을 심으면 5중복음과 3중축복을 닮은 말이 밖으로 나오게 된다. 마음공간이 십자가를 바라보는 마음으로 가득 차면, 신자는 십자가 중심의 말과 생명의 말을 할 수 있다.

원리 1: 십자가의 중심의 말씀을 매일 고백하라.

영산은 고백의 중요성을 강조한다. "오늘날도 죄를 없애주시고 축복해주시는 그리스도를 고백하면, 그리스도께서 우리를 축복해주십니다. 우리를 천국으로 보내는 그리스도를 고백하면, 우리를 천국으로 보내주십니다. 무엇이든지 땅에서 매면 하늘에서도 매일 것이며, 땅에서 풀면 하늘에서도 풀릴 것입니다. 죽고 사는 권세가 혀에 있습니다."[198]

신앙고백은 그리스도를 모시고 와서 영광을 탄생시킨다. 십자가의 궁극은 죄인을 의인으로 만들어 하나님을 영화롭게 하는 것이다. 따라서 신자는 날마다 영광의 언어를 사용해야 한다. 그러기 위해서 우리 안에 존재하는 거룩함(히10:10)을 지속적으로 유지시켜야 한다. 그것을 위한 유일한 길은 죄와 정욕을 십자가에 못 박는 것이다. 존 오웬(John Owen)은 "하나님께서 우리에게 성령을 허락하시고 새로운 성품을 주신 이유는 우리로 하여금 죄와 정욕을 대적할 수 있는 방침을 주시기 위함"이라고 강조한다.[199] 육체의 소욕은 성령을 거스르고 성령의 소욕은 육체를 거스린다(갈 5:17).

믿음의 최종결산은 언어에 있다. 말은 행동으로 이어지고, 궁극적으로 삶의 열매를 맺게 한다.[200] 구원받은 인간의 영은 하나님이 사용하시는 천국언어를 사모하게 된다. 영산은 5중복음을 입술로 날마다 고백해야 한다고 강조한다. 5중복음은 단순하지만 십자가의 핵심을 모두 포함하고 있다. "나는 용서와 의의 사람이다. 나는 성령으로 성결하게 된 사람이다. 나는 치료와 건강을 누리는 사람이다. 나는 축복받은 형통한 사람이다. 나는 부활과 영생을 누리는 사람이다."

---

197) 루터는 '성경은 스스로가 고유한 번역가(interpres ipsius sui)'라고 말한다. "스스로 확실하고, 아주 쉽게 이해되고, 전혀 감춤이 없고, 스스로 번역되고, 모든 것과 모든 개체가 검증되고, 평가되고 해명된다." 참조. 피터 바이어하우스 (Peter Beyerhaus), 『그가 보내신 말씀』(Er Sandte Sein Wort: Theologie der Christlishen Mission), CLC(2008), 144 재인용.

198) 조용기, "네가 믿으면 하나님의 영광을 보리라", 주일설교(1987-05-31).

199) 존 오웬(John Owen), 『죄 죽이기(The Mortification)』, SFC(2008), 50.

200) 참조. 진재혁, 『언어의 영성』, 두란노(2012).

신자가 동일한 말을 반복할 때 능력이 나타나며, 그것이 현실화되고 구체화되어 삶을 변화시킨다. 말은 마음을 전달하는 충실한 대변자이다. 영산은 말과 성품은 동반자라고 강조한다. "말과 성품은 동반자입니다. 말이 어떠하면 그 사람도 그렇습니다. 흉악하고 악하고 상처를 입히는 말을 하면, 그 사람이 그런 사람입니다. 그러나 고운 말, 아름다운 말, 사랑의 말, 깨끗한 말, 신령한 말을 하면, 그 사람은 그런 사람입니다. 그의 말은 자기 친구도 환경도 변화시키는 능력을 가지고 있습니다."201)

마음이 악하면 악한 생각이 나오며, 마음이 선하면 선한 말이 나온다(마7:17-19). 성령님은 말의 능력을 키워주는 좋은 스승이다. 성령님으로 하여금 언어중추를 지배하게 함으로써 인간은 능력 있는 말을 할 수 있다. 하나님은 인간을 통해 새 역사를 창조할 때 마음공간에서 우리의 언어영역부터 먼저 변화시키신다(행4:33, 고전2:1-4). 창조능력을 발휘하려면, 먼저 언어 사용에서 변화가 일어나야 하기 때문이다. 즉 4차원영성이 삶의 자리에서 현재화되려면 창조적 언어부터 개발해야 한다.

    a) 창조적 언어(생명의 정서): 긍정, 가능성, 도전, 적극, 생산, 소망, 희망, 승리, 진취 등
    b) 파괴적 언어(죽음의 정서): 부정, 소극, 절망, 실패, 좌절, 포기, 안됨 등

성경은 하나님의 약속의 말씀으로, 창조적 언어들로 가득 차 있다. 창조적 언어의 원천과 기초는 성경인 것이다. 4차원영성의 언어는 감각적 경험과 지식을 추월하는 영적 언어이다. 영산은 "우리는 성경에서 가장 훌륭한 언어를 배울 수 있습니다. 성령께서 필요한 성경말씀을 통해 우리를 활력 있게 만들고, 우리 각자의 마음속에서 역사하셔야 합니다."라고 강조한다.

말은 마음에 있는 것이 밖으로 나오는 것이다. 내 마음이 말씀으로 채워져 있을 때, 가치 있고 유익하고 생산적인 말이 나온다. 내가 아무리 이웃에게 좋은 말을 하고 싶어도 내 마음밭이 불안하고 두렵고 떨리고 부정적이면 결코 좋은 말, 유익한 말, 행복한 말이 나올 수 없다.

원리 2: 나는 새로운 피조물임을 고백하라.

영산은 새 사람이 되었으면 "나는 예수 그리스도를 통해서 의로운 옷을 입은 사람이다, 나는 거룩한 옷을 입었다, 나는 치료의 옷을 입었다, 나는 축복과 형통의 옷을 입었다, 나는 부활·영생의 옷을 입었다고 고백해야 합니다."라고 강조한다.202) 이는 입술로 고백하면 성령이 와서 "네 믿은 대로 될지어다(마8:13)"라고 축복해주시기 때문이다. 그는 우리의 마음이 5중복음의 옷을 입을 때 십자가 중심의 언어와 삶을 살 수 있다고 말한다. 삶의 변화는 마음에서 1차적으로 변하고, 그 다음 입술에서 변하고, 마지막으로 삶의 자리에서 변하게 된다.

인간은 십자가의 능력으로 회복되어 새로운 존재로 거듭난다. 그리스도인은 예수님을 닮아갈 수 있는 내적 자아정체성의 씨가 마음속에서 자라난다.203)

---

201) 조용기, "신앙생활과 신앙인격", 주일설교(2012-05-06).
202) 조용기, "새로운 피조물", 주일설교(2015-01-18).
203) 온전한 내적 자아는 가장 높고, 가장 인격적이고, 가장 실존적인 차원에 존재하는 우리의 실체이자, 존재 자체이며, 생명과 같다. 참조. 토마스 머튼(Thomas Merton), 『묵상의 능력』(The Inner Experience), 두란노(2006), 226.

a) <u>새로운 신분</u>: "누구든지 그리스도 안에 있으면 새로운 피조물이라 이전 것은 지나갔으니 보라 새 것이 되었도다(고전5:17)." 거룩함을 얻은 새 존재다(히10:10).

b) <u>권세의 사람</u>: "영접하는 자 곧 그 이름을 믿는 자에게는 하나님의 자녀가 되는 권세를 주셨으니(요1:12)."

c) <u>하늘 시민권</u>(빌3:20): "내가 너를 구속하였고 내가 너를 지명하여 불렀나니 너는 내 것이라(사43:1).""너희는 택하신 족속이요 왕 같은 제사장들이요 거룩한 나라요 그의 소유가 된 백성이니(벧전2:9)."

d) <u>새 사람의 창조</u>: "또 새 영을 너희 속에 두고 새 마음을 너희에게 주되 너희 육신에서 굳은 마음을 제거하고 부드러운 마음을 줄 것이며(겔36:26)."

e) <u>변화의 시작</u>: "너희는 이 세대를 본받지 말고 오직 마음을 새롭게 함으로 변화를 받아 하나님의 선하시고 기뻐하시고 온전하신 뜻이 무엇인지 분별하도록 하라(롬12:2)."

예수님을 믿으면, 신분의 변화가 일어난다. 신자는 창조, 변화, 성장, 혁신의 말을 할 수 있다. 마음에 희망이 넘치고 분명한 삶의 목적이 세워질 때, 좋은 말, 희망의 말이 나온다.

원리 3: 4차원영성의 기도를 하라.

십자가는 죄인을 하나님과 화목하게 만들어 양자의 신분을 얻게 했다. 또한 죄인을 하나님의 자녀가 되게 해서 하나님과 친밀하게 교제하며 대화하도록 이끌어준다.

영산은 "기도는 하나님께 나의 일을 맡기는 것입니다. '너희가 얻지 못함은 구하지 아니함이요 구하여도 받지 못함은 정욕으로 쓰려고 잘못 구함이니라(약4:2-3)'. 기도하면 하나님이 일을 시작하십니다. 하나님께서 우리를 위해서 역사하시면 놀라운 일이 일어납니다."라고 말한다.204) 그는 기도를 다양한 관점에서 이해한다. "기도란 하나님 앞에서 나의 마음의 생각을 올바르게 갖추는 상태를 말합니다. 즉 생각이 기도입니다. 기도는 소명을 주신 하나님 아버지와 일상적으로 나누는 대화입니다."205)

기도의 궁극적 목적은 하나님의 영광이며, 삼위 하나님과의 교제에 있다.206) 기도는 하나님과의 관계를 입술언어로 드러내는 고차원의 행위다. 기도는 말씀을 믿고 순종하게 만들어 하나님의 뜻을 온전히 따르게 만든다. '말씀, 믿음, 순종, 기도'는 한 팀이다.207) 이 신령한 팀을 통해 하나님의 뜻이 이루어진다. 영산은 "많은 사람들이 기도란 주님께 나아가 무엇인가를 베풀어 달라고 간

---

204) 조용기, "믿음의 기도", 주일설교(2014-07-20).

205) 조용기, 『설교는 나의 인생』, 서울말씀사(2009), 273-277.

206) 조엘 비키(J. R. Beeke) & 마크 존스(M. Jones), 『청교도 신학의 모든 것(A Puritan Theology)』, 부흥과개혁사(2015), 445-446.

207) 필자는 기도를 하늘나라의 드라마로 이해한다. 1) 먼저 하나님의 존재와 현존을 신뢰하고, 2) 하나님의 말씀을 확신하고, 3) 그 말씀을 믿고, 4) 믿은 것을 기도하고, 5) 말씀에 순종하고, 6) 때를 기다리고(인내), 7) 응답이 이뤄지면, 8) 하나님의 뜻을 성취하게 되고, 9) 마침내 하나님께 감사와 존귀, 영광을 올려드리고, 10) 마지막으로 마음하늘에 하늘나라 – 의와 평강과 희락 – 가 임하게 된다. 이와 같이 기도는 하나님이 펼쳐주신 무대 위에서 성령 안에서 그리스도와 함께 펼치는 하늘나라의 드라마와 같은 것이다.

구하는 것이라고 생각합니다. 그러나 이것은 기도의 한 부분일 뿐, 전부는 아닙니다. 기도의 가장 중요한 목적은 주님께 나아가서 그분을 섬기는 것, 즉 하나님과 관계를 맺는 것입니다."라고 말한다.208)

기도는 하나님과 자녀 사이를 화목하게 만들고 자녀가 아버지의 형상을 닮아가게 한다. 기도는 믿음으로 순종하게 하여 삶의 자리에 영적 열매를 맺게 한다. 신자가 계명을 지키고 하나님의 기뻐하시는 것들을 행하면, 하나님은 구하는 것을 은혜로 주신다(요일3:22). 응답은 하나님의 뜻과 말씀에 대한 순종과 의로운 행위에서 온다.

존 파이퍼(J. Piper)는 "기도는 하나님의 영광을 위한 것이다. 기도는 하나님의 약속, 즉 장래의 은혜를 확신한다는 반응이다. 기도는 하나님께서 장래에 주시기로 약속한 모든 은혜들을 적립해 놓은 계좌에서 일부 은혜를 인출하는 것"이라고 서술한다.209) 폴 틸리히(Paul Tillich)는 하나님의 행위로서 기도에 대해서 이렇게 말한다. "기도의 핵심은 우리 안에서 역사하시고 우리의 존재를 전적으로 끌어올리시려는 하나님의 행위"라고 강조한다.210) 다시 말해, 성령이 말할 수 없는 탄식으로 우리를 위하여 친히 간구하는 것이다(롬8:26)다.

영산은 4차원 기도를 이렇게 요약한다. "생각하고, 그것이 이루어진 모습을 바라보고, 기적이 일어날 것을 믿고, 입술로 고백하며 그대로 성사될 것을 계속해서 기도하는 것입니다. 그러면 반드시 이루어지는 것입니다."211) 그는 4차원의 기도를 구체화시켜 사례를 통해 설명한다. "4차원의 기도를 어떻게 해야 하는가? 생각과 바라는 꿈과 꿈을 믿는 믿음과 입술의 고백 속에 실상과 증거, 곧 응답받은 실상을 확신하고 시인하면 그대로 이뤄집니다. 먼저 약속의 말씀을 분명히 깨달아 알고, 그 말씀에 기초해서 내 목적이 응답된 것을 마음속에 분명히 바라보고, 또한 바라보며 기도하면 믿음이 생깁니다. 그러면 믿음을 붙잡고 입술로 명령해야 합니다(막11:23-24). 예를 들면, '하나님 이미 저는 마음으로 고침을 받았사오니 이제 몸에서도 그대로 이뤄지게 해주시옵소서'라고 부르짖으며 입술로 고백해야 합니다. 이렇게 믿음의 기도를 하는 것이 4차원의 기도입니다."212)

챔버스(O. Chambers)는 "기도가 막히는 이유는 기도할 생각이 없기 때문이다. 마음을 다해 하나님께 자신을 집중시킬 힘이 없기 때문이다. 영적 집중력이란 마음을 한 곳에 모으는 것"이라고 지적한다.213) 웹스터(Webster)는 "그리스도인의 영성은 기도와 밀접한 관계가 있다"고 말한다. 샌더스(Sanders)

---

208) 교회성장연구소 편집부, 『카리스 & 카리스마』, 교회성장연구소(2003), 105.

209) 존 파이퍼(John Piper), 『장래의 은혜』(Future Grace), 좋은씨앗(2013), 차성구 역, 178-179. "기도는 우리의 공허함과 하나님의 충만하심을 동시에 강조해주는 놀라운 능력이 있다. 기도는 우리의 부족함과 하나님의 충만하심을 표현하기에 적합하다. 기도를 통해 우리의 결점과 결핍을 벗어나 장래의 은혜를 기대하며 하나님을 바라볼 때 하나님은 당연히 그 분이 받으셔야 할 영광을 받으시고, 우리는 저마다 필요한 유익을 얻게 된다."

210) 폴 틸리히, 『새로운 존재』, 뉴라이프(2012), 238.

211) 조용기, "4차원의 기도", 주일설교(2012-02-05).

212) 조용기, "4차원의 기도", 주일설교(2012-02-05).

213) 오스월드 챔버스, 『My Utomst for His Highest』, 토기장이(2008), 묵상집(1월10일).

는 "기도는 영적 지도자가 되는 필수요소이며, 또한 영적 지도력을 잘 유지해나가는 힘이 된다"고 강조한다. 러스티거(Lustiher)는 "기도는 예수 그리스도의 제자가 되는 필수요소"라고 언급한다.

영산은 기도를 통해 하나님과 관계 유지를 중요하게 생각한다. "현세에서 하나님과 관계를 연결시켜줄 수 있는 방법은 오로지 기도라는 통로를 통해서만 가능하므로, 신자는 하나님과의 계속적인 관계를 위해 기도를 쉬지 말아야 합니다."[214]

웨어((Bruce A. Ware)는 "하나님은 자신의 사역에 우리가 참여하기를 원하시고, 기도는 우리를 그 사역의 최전선에 배치하는 방법 가운데 하나"라고 말한다. 바운즈(E. M. Bounds)는 "기도는 행동을 지배하고 행동은 인격을 지배한다. 행동은 우리가 행하는 것이고 인격은 우리 자신이다. 행동은 밖으로 드러난 삶이다. 인격은 눈에 보이지 않는 안에 숨겨진 삶"이라고 말한다. 기도는 정서 및 인격 발달과 깊은 관계를 가지고 있다. 영적인 아버지와 기도로 대화하면 정서적 변화가 일어나기 때문이다.[215] 슐러는(R. H. Schuller)는 인간의 마음에는 6가지 부정적 감정 – 열등감, 무의미, 걱정, 죄책감, 후회, 공포 – 이 있다고 말한다. 주기도문은 6가지 감정을 치유하는 한 가지 처방전이 될 수 있다고 말한다.[216] 요약하면, 기도는 정서적 치유, 소망, 사랑, 친밀감, 감사의 마음, 찬양을 낳는다. 나아가 기도는 하나님을 더욱 신뢰하고 의존하게 하며, 또한 하나님의 사역에 참여하는 역동적 행위이다.

앤드류 머레이(Andrew Murray)는 이렇게 말한다. "기도는 하나님을 찾는 것이고, 말씀은 하나님을 드러내는 것이다. 기도 중에 사람들은 자신을 하나님께 내어드리고, 말씀 가운데 하나님은 우리에게 자신을 내어주신다."[217] 칼빈(Calvin)은 "기도를 통해 우리가 얻는 것은 모두가 믿음으로 말미암아 얻는 것이다. 따라서 기도할 때 아무렇게나 하지 말고 믿음의 발자국(믿음의 원칙)을 좇아서 기도해야 한다"고 강조한다.[218] 그는 기도와 관련된 확고한 믿음의 원칙으로 마가복음 11장 24절(병행구절 마21:22)에서 찾는다. "내가 너희에게 말하노니 무엇이든지 기도하고 구한 것은 받은 줄로 믿으라 그리하면 너희에게 그대로 되리라(막11:24)."

영산은 기도하고 반드시 창조적인 명령을 하라고 조언한다. "구하는 것을 얻기 위해서 기도하는 것과 함께 창조적인 명령을 해야 합니다(막11:22-23). 말씀과 기도와 명령이 합쳐질 때 기적이 일어납니다. 한 가지 기억할 것은 창조적인 말씀의 명령을 하기 전에 반드시 간절한 기도를 통하여 마음에 확신을 가져야 합니다. 나의 목회 생활 중 가장 위대한 변화를 가져온 것은 믿음의 명령을 통하여 창조가 다가온다는 법칙을 깨달을 때였습니다."[219] 예수님이 행하신 놀라운 기적들 – 앉은뱅이의 기적(행3:6), 중풍병자의 기적(행9:34) – 은 창조적인 말씀의 명령으로 이뤄졌다.

---

214) 조용기, 『나는 이렇게 기도한다』, 서울말씀사(2011), 35.
215) 권택조, 『영성발달』, 예찬사(1999), 169.
216) 위의 책, 169.
217) 앤드류 머레이(Andrew Murray), 『위대한 여정』(The Inner Life of Andrew Murray), 브니엘(2010), 32-33.
218) 존 칼빈(John Calvin), 『기독교강요(중)』, 크리스챤다이제스트(2010), 433-435.
219) 조용기, 『설교는 나의 인생』, 서울말씀사(2009), 141-143.

루터(Luther)는 "그리스도인의 직업은 기도하는 것"이라고 말한다. 기도의 훈련은 중요하다.[220] 리처드 포스터(R. Foster)는 그의 책 『영정훈련과 성장』에서 기도의 의미를 이렇게 정립한다. "묵상은 우리를 내적 삶으로 인도한다. 금식은 하나의 부수적인 수단이다. 공부는 우리의 지성을 변화시킨다. 그러나 기도는 생활을 변화시키고 또 생활을 창조한다. 기도는 인간의 심령의 가장 깊고 가장 높은 행위 속에 들어가게 한다. 기도는 우리를 변화시키는 수단이다."[221]

말씀을 믿음으로 수용, 확신, 신뢰하는 가운데 하는 기도는 창조의 능력을 낳는다. 바운즈(E. M. Bounds)는 그의 책 『기도의 강자』에서 "기도는 하나님의 계획에 협력한다. 기도는 하나님의 계획을 성취하는 밑거름이 된다"고 역설했다.[222] 영산은 "기도는 하나님의 마음을 감동케 하고 은혜를 베풀 수 있게 하는 유일한 길입니다."라고 강조한다.[223] 바운즈(Bounds)는 말씀과 기도의 관계에 대해서 다음과 같이 말한다. "기도는 하나님의 말씀이 목적을 성취하도록 유리한 환경을 돕는다. 기도는 말씀이라는 수레에 바퀴를 달아주고 천사에게 날개를 달아준다. 기도는 하나님의 말씀이 운행하도록 돕는다. 기도하는 사람은 성경을 읽게 되고, 성경을 읽는 사람은 기도하게 된다. 하나님은 성경을 통해 인간에게 말씀하시고, 인간은 기도를 통해 하나님께 말씀드린다. 기도는 하나님의 말씀에 순종하게 만든다."[224]

하나님의 말씀이 마음공간에 채워지면 4차원 언어의 기도, 고백, 명령이 나온다.
  a) <u>명령기도</u>: "예수 그리스도의 이름으로 걸으라(행3:6)." "나사로야 나오라(요11:43)."
  b) <u>선포기도</u>: "바울이 … 그 귀신에게 이르되 예수 그리스도의 이름으로 내가 네게 명하노니 그에게서 나오라 하니 귀신이 즉시 나오니라(행16:18)."
  c) <u>반복기도</u>: "야훼여 내게 응답하소서 내게 응답하소서(왕상18:37)." "엘리야는 우리와 성정이 같은 사람이로되 저가 비오지 않기를 간절히 기도한즉 삼년 육개월 동안 땅에 비가 아니 오고 다시 기도한즉 하늘이 비를 주고 땅이 열매를 내었느니라(약5:17-18)."
  d) <u>축복기도</u>: "네 영혼이 잘 됨같이 네가 범사에 잘되고 강건하기를 내가 간구하노라(요삼1:2)."
  e) <u>간구기도</u>: "너는 그에게 기도하겠고 그는 들으실 것이며(욥22:27)."
  f) <u>감사기도</u>: "감사로 제사를 드리는 자가 나를 영화롭게 하나니(시50:23)."

"쉬지 말고 기도하라(살전5:17)"의 메시지는 하나님의 뜻이다. 영산은 "나는 아무리 바빠도 최소한 1시간 이상은 기도하려고 애씁니다. 평상시에는 3시간 정도 기도합니다. 그리고 국내외의 중요한

---

220) 청교도 목사이자 저술가 앤서니 버지스(Anthony Burgess)는 기도의 목적을 몇 가지로 요약한다. 첫째, 하나님을 높이 세우는 것이다. 둘째, 우리 자신을 겸손하게 만드는 것이다. 셋째, 우리의 은혜를 활성화시키는 것이다. 즉 우리 영혼을 고무시켜 살아 있는 믿음, 소망, 사랑으로 이끄는 것이다. 넷째, 하나님과 거룩한 교제를 제공한다. 다섯째, 하나님의 명령에 대한 순종을 보여주는 것이다. 조엘 비키(J. R. Beeke) & 마크 존스(M. Jones), 『청교도 신학의 모든 것(A Puritan Theology)』, 부흥과개혁사(2015), 438.
221) 리처드 포스터, 『영정훈련과 성장』, 생명의말씀사(2010), 73-74.
222) E. M. 바운즈(E. M. Bounds), 『기도의 강자』, 규장(2013), 40-41.
223) 조용기, "항상 기도하고 낙심치 말라", 주일설교(2012-08-26).
224) E. M. 바운즈(E. M. Bounds), 『기도의 심장』(The Complete Works of E. M. Bounds on Prayer), 규장(2014), 200-205.

행사를 앞두고는 적어도 5시간 이상 기도합니다. 나는 하나님과 교제하는 시간을 최우선이라고 생각하기 때문에, 먼저 하나님께 기도를 드립니다."라고 말한다.[225] 날마다 하나님을 생각하는 삶의 습관을 통해, 우리는 하나님이 삶의 문제에 어떻게 관여하시는지, 삶을 어떻게 살아야 옳은 것인지 알아가게 된다. 기도하면 말씀과 성령의 역사를 통해서 사물을 보다 명확하고 예리하게 분별하고 판단하게 된다.

매튜 헨리(Matthew Henry)는 "하나님이 자기 백성에게 큰 자비를 베풀려고 할 때 행하시는 첫 번째 일은 기도하게 하는 것"이라고 말한다. 기도는 우리의 영혼을 하나님과 연합시켜 신령한 은혜가 내려오게 만든다. 기도는 하나님의 세계를 여는 관문이요 열쇠다. 기도자는 이 땅에서 하나님의 대리자다.[226] 따라서 상황에 따라 4차원 언어를 적절히 선택해서 기도하면, 창조와 기적의 역사가 나타난다. 필립 얀시(Philip Yancey)는 "기도는 창조주와 피조물, 영원과 시간을 한 점으로 수렴해서 깊이를 알 수 없는 신비 속으로 신자를 끌어들인다. 기도란 시간에 묶여 사는 지상의 인생들이 시간에 구애받지 아니하시는 하나님께 직접 개입해주시도록 요청하는 일"이라고 역설한다.[227]

영산은 "짧게 기도하는 것은 땅 표면의 흙을 파는 것과 같고, 기도를 오래 하는 것은 땅속 깊숙이 파고 들어가서 맑은 물을 찾아내는 것과 같습니다."라고 말한다.[228] 또한 "기도는 하나님의 능력과 응답을 받는 파이프입니다. 기도가 많으면 도움이 많고 기도가 적으면 도움이 적습니다."라고 말한다.[229]

기도는 끈질기게 하여야 응답받는다. 바운즈(E. M. Bounds)는 기도의 끈기를 강조한다. "오랜 시간 뜨겁게 기도한 일도 없는 사람이 하나님께 응답을 받기 위해 짧게 기도한다고 기도의 효과를 볼 수 없다. 야곱이 밤을 새워 뜨겁게 기도하지 않았다면, 믿음의 승리를 맛보지 못했을 것이다. 하나님은 성의 없이 잠깐 왔다가는 사람에게 그분의 아주 특별한 선물을 주지 않으신다. 하나님은 끈질긴 믿음의 소유자에게 반드시 응답하신다."[230] 스펄전(C. H. Spurgeon)이 남긴 말을 기억해두자. "우리가 원하든 원하지 않든, 간구하는 것은 하나님 나라의 법칙이다." 기도는 하나님의 자녀에게 주어진 의무이다.

---

225) 교회성장연구소 편집부, 『카리스 & 카리스마』, 교회성장연구소(2003), 85.

226) 바운즈는 기도의 중요성을 3가지로 요약한다. 1) 하나님의 일을 하려면 반드시 기도를 필요로 한다. 2) 기도자는 이 땅에서 하나님의 대리자 역할을 하는 사람이다. 3) 하나님은 기도하지 않는 사람은 결코 사용하시지 않는다. 참조. E. M. 바운즈(E. M. Bounds), 『기도의 심장』(The Complete Works of E. M. Bounds on Prayer), 규장(2014), 184-185.

227) 필립 얀시(Philip Yancey), 『기도』(*Prayer: Does It Make Any Difference?*), 청림출판(2007), 247.

228) 조용기, 『공동서신 강해-요한일서』, 서울말씀사(2011), 351.

229) 조용기, 『갈라디아서 데살로니가전후서 강해: 갈라디아서』, 서울말씀사(2011), 325.

230) E. M. 바운즈(E. M. Bounds), 『기도의 강력』(*Power Through Prayer*), 규장(2012), 5.

5.2. 삶의 우선순위 정식화(定式化): 하나님의 더 큰 영광을 위하여

영산은 믿고, 기대하고, 실천할 때, 영광이 나타난다고 말한다. "과거의 예수님이 아니라, 미래의 예수님이 아니라, 지금 살아 계셔서 우리 가운데 역사하시는 예수 그리스도를 믿고 입으로 시인하고 고백하며, 그리스도의 기적을 기대하고, 믿음에 따라 실천할 때 기적이 나타납니다. 행함이 없는 믿음은 죽은 믿음입니다. 아무리 입으로 '주여, 주여!' 하더라도 자신의 믿음으로 용기 있게 모험에 나서지 않으면, 그것은 죽은 믿음인 것입니다. 믿을 때 하나님의 영광이 나타납니다."231)

그는 "우리가 말씀을 깨닫고, 듣고 깨달아 담대히 말하면, 믿음이 역사합니다."라고 말한다.232) 믿음이 생기면 영광이 따라온다. 믿음은 하나님의 목적을 달성시키는 시원점이다. '말씀과 믿음', '순종과 기도'는 하나님의 뜻을 찾아내어 영광의 무지개를 포착하게 만든다. 믿음이 없으면 영광도 없다. 하나님의 뜻을 찾아낼 길이 없기 때문이다.

그리스도인의 마음하늘에 새긴 십자가는 영광의 무지개를 창조하는 꼭지점이다. 십자가는 우리의 낮은 몸을 그리스도의 영광의 몸과 같이 변하게 한다(빌3:21). 십자가는 땅의 일을 초월하게 해서(빌3:19), 하늘의 일을 사모하게 만든다.

우리의 존재 목적은 예배를 통해 주께 영광 돌리는 데 있다. 우리는 하나님께 예배드리기 위해 이 세상에 태어났다. 성경은 "주 너의 하나님께 경배하고 다만 그를 섬기라 하였느니라(마4:10)"고 선언한다. 죄인이 십자가를 통해 거듭나게 됨은 바로 예배를 통해 하나님께 영광을 드리고 하나님을 기쁘시게 하기 위해서다. 하나님이 이 땅에 십자가를 세운 이유를 분명히 알자. 그것은 궁극적으로 죄인을 의인으로 만들어, 예배드리게 하고, 하나님께 영광을 올려드리기 위해서이다.

신자가 이 땅에서 할 일은 오직 하나뿐, '더 큰 영광을 하나님께 드리는 삶!'이다. 모든 삶의 언어적 초점이 거기에 맞춰질 때 우리의 삶은 영광으로 충만해지며 하늘의 영광이 온 땅에 퍼지게 된다.

우리는 십자가 위에서 죽으시고 부활하시고 승천하신 그분 - 손에 못 자국이 있고, 옆구리에 창 자국이 있으신 그분 - 을 마음에 품고 사는 자들이다. 십자가는 오늘도 생명언어를 우리 안에 심어 하나님의 영광의 언어를 만들어낸다! 마음에 말씀을 심으면, 말씀을 닮은 말을 하게 되고, 삶 속에서 말씀을 닮은 선한 일들이 일어나게 될 것이다(골3:16-17). 그리스도인은 생명이 있는 말, 의로운 말, 영적인 말에 뿌리를 내려야 한다. "무엇을 하든지 말에나 일에나 다 주 예수 이름으로 하고 그를 힘입어 하나님 아버지께 감사하라(골3:17)." 영산은 "세상언어는 세속의 길, 천국언어는 천국의 길을 가져옵니다."라고 말한다.233)

이 땅에는 심령의 어두움(고후4:3-6), 도덕적 어두움(요3:19-21), 판단의 어두움(요12:35-41), 영원한 어두움(요9:4)이 존재한다. 그러나 예수님의 이름이 있는 곳에는 능력이 나타난다. "두세 사람이 내

---

231) 조용기, "네가 믿으면 하나님의 영광을 보리라", 주일설교(1987-05-31).
232) 조용기, "믿음이란?", 주일설교(2012-09-09).
233) 조용기, "신앙생활과 신앙인격", 주일설교(2012-05-06).

이름으로 모인 곳에는 나도 그들 중에 있느리라(마18:20)." 예수님의 이름으로 구하면 그가 이뤄주신다(요14:14).

전기가 자유로이 이동할 수 있는 물질을 도체(conductor)라고 부른다. 금속이나 전해질 용액이 대표적이다. 반면에 부도체(non-conductor)는 전기가 이동할 수 없다. 공기나 고무, 또는 목재 등이 여기에 속한다. 사람의 감성도 두 유형이 있다. 도체형이 있는가 하면 절연체형이 있다. 외부에서 영향을 주어도 끄덕도 안하는 사람이 있는가 하면, 조금만 감동적인 것을 보면 얼굴색이 달라지고 눈물을 흘리며 감격하는 사람도 있다. 예수를 믿으면 부도체이던 마음(non-conductor mind)이 도체의 마음(conductor mind)으로 바뀐다. 전기를 받으면 그리스도인은 도체처럼 전선을 타고 더 멀리 이동해서 필요한 사람에게 에너지를 줄 수 있는 사람으로 변화되는 것이다.

원리 1: 하나님의 이름을 거룩하게 하라.

하나님의 이름을 거룩하게 하려면, 먼저 내 마음이 은혜로운 감정의 상태가 되어야 한다. 영산은 성결은 지속적인 경험이라고 강조한다. "의로움이 법적으로 지위를 인정해준 것이면, 성결은 실천적인 변화를 체험하는 것입니다. 이제는 의인이 되었으므로 의인답게 삶이 변화되는 것이 바로 성결입니다. 그러므로 법적으로 의인이 되었으면, 그에 해당하는 인격이 바로 성결입니다. 성결은 지속적으로 이루어집니다."234)

구약시대에는 하나님의 그분의 이름을 성전에 두시고 영광을 받으셨다. "내가 너를 세웠음은 나의 능력을 네게 보이고 내 이름이 온 천하에 전파되게 하려 하였음이니라(출9:16)."235) 하나님은 여러 번 진노하시며 이스라엘을 멸하려 하셨음에도 이를 참으신 것은 오직 하나님의 이름을 위한 것이었다. 하나님께서 자신의 이름을 얼마나 귀히 여기시는지, 얼마나 존귀하게 여기시는지는 이 성경 한 구절이 말해준다. "이스라엘 족속아 내가 이렇게 행함은 너희를 위함이 아니요 너희가 들어간 그 열국에서 더럽힌 나의 거룩한 이름을 위함이라 열국 가운데서 더럽힘을 받은 이름 곧 너희가 그들 중에서 더럽힌 나의 큰 이름을 내가 거룩하게 할지라 내가 그들의 목전에서 너희로 인하여 나의 거룩함을 나타내리니 열국 사람이 나를 야훼인 줄 알리라 나 주 야훼의 말이니라(겔36:22-23)." 하나님은 영이시므로 자신의 이름으로 그 존재를 드러내신다.

이처럼 구약시대에 하나님은 그분의 이름을 성전에 두시고 영광을 받으셨다. 신약시대 예수님께서도 하나님 이름을 영화롭게 하신다. 예수님은 "아버지께서 내게 하라고 주신 일을 내가 이루어 아버지를 이 세상에서 영화롭게 하였사오니(요17:4)"라고 말씀하신다. 예수님은 "세상 중에서 내게 주신 사람들에게 내가 아버지의 이름을 나타내었나이다(요17:6)"라고 기도하셨다. 또한 "내가 아버지의 이름을 저희에게 알게 하였고 또 알게 하리니(요17:26)"라고 말씀하셨다. 예수님이 제자들에게

---

234) 조용기, "의와 성결", 주일설교(1986-03-02).
235) 다윗 시대에 하나님은 자기 이름을 두시려고 한 장소를 택하셨다. "한 아들이 네게서 나리니 저는 평강의 사람이라 내가 저를 사면의 모든 대적에게서 평강하게 하리라 그 이름을 솔로몬이라 하리니 이는 내가 저의 생전에 평안과 안정을 이스라엘에게 줄 것임이니라 저가 내 이름을 위하여 전을 건축할지라(대상22:9-10)."

가르친 기도 속에도 이름의 중요성이 나타난다: "하늘에 계신 우리 아버지여 이름이 거룩히 여김을 받으시오며(마6:9)."

영광에 대한 예수님의 말씀은 요한복음 12장 28절에서 절정에 이른다. "아버지여 아버지의 이름을 영광스럽게 하옵소서 하시니 이에 하늘에서 소리가 나서 가로되 내가 이미 영광스럽게 하였고 또 다시 영광스럽게 하리라(요12:28)." 바울도 선교의 목적을 하나님의 이름을 영화롭게 하는 것이라고 서술한다: "그(예수) 이름을 위하여 모든 이방인 중에서 믿어 순종케 하나니(롬1:5)." 그는 또 "한 마음과 한 입으로 하나님 곧 우리 주 예수 그리스도의 아버지께 영광을 돌리게 하려 하노라(롬15:6)"고 선언한다. 예수님은 이렇게 약속하셨다. "그 날에는 내가 아버지 안에, 너희가 내 안에, 내가 너희 안에 있는 것을 너희가 알리라(요14:20)." 또한 예수님은 베드로에게 "너는 베드로라 내가 이 반석 위에 내 교회를 세우리니 음부의 권세가 이기지 못하리라(마16:18)"고 예언하셨다.

예수님의 약속의 말씀은 마침내 오순절날 이뤄진다(행2:1-4). 성령이 임하여 우리의 몸은 성령의 전이 된다. "너희 몸은 너희가 하나님께로부터 받은 바 너희 가운데 계신 성령의 전인 줄을 알지 못하느냐 너희는 너희 자신의 것이 아니라(고전6:19)." 하나님은 그분의 자녀들의 마음에 자신의 성전을 세우시고 자신의 이름을 부르도록 하신 것이다. 구약의 성전이 이제 신자의 마음 안에 새롭게 건축되었다. 그래서 신자는 왕 같은 제사장, 거룩한 나라, 소유된 백성, 택하신 족속으로 살아간다. 내가 예수님을 찬양하는 것은 마치 구약시대 솔로몬의 성전에 가서 하나님의 이름 야훼를 찬양하는 것과 같은 효과를 누리는 것이다. 내 안에 성전을 두신 것은 하나님께서 얼마나 그분의 자녀를 사랑하시는지 명확하게 알 수 있는 것이다.

요약하면, 구약 시대에는 <u>나-제사장-하나님</u> 순서였지만, 예수님이 오시고 나서 하나님께 나아가는 길이 <u>나-예수님-하나님 순서로</u> 바뀐 것이다. 영원한 대제사장이신 예수님은 내 마음의 성전에 영으로 항상 살아 계신다. 이제 내가 어디 있든지 마음성전에서 예수님을 높일 수 있고 영광을 돌릴 수 있다. 이 얼마나 감격스러운 일인가! 최상의 감격이다.

원리 2: 예수님의 이름을 높여드려라.

복음 안에는 예수 그리스도가 계시고, 하나님의 자비와 은혜가 충만하다. 따라서 복음을 통해 구원받은 자는 그리스도를 높여드려야 한다. 영산은 "우리 몸은 하나님의 성령이 거하시는 성전이므로 말씀과 기도로 하나님의 성전이 되는 삶을 살아야 합니다."라고 말한다.[236] 마음하늘에 세워진 십자가에 내가 올라가면, 예수님의 이름을 높여드리게 된다. 십자가는 예수님의 이름을 높인다. 우리의 기도는 예수님을 이름을 높여드리는 거룩한 행위다. 기도는 우리가 낮아지고 보잘 것 없는 존재임을 드러내는 것이다. 예수 그리스도의 이름으로 기도한다는 것은 그의 존재와 사역에 기초해서 기도한다는 말이다. 신자가 그리스도의 인격을 닮아갈수록 그의 기도는 더 잘 응답된다.

십자가는 시작부터 끝까지 그리스도의 영광만을 드러낸다. 죄인이 그리스도를 만나는 과정에서

---

236) 조용기, "하늘에 계신 우리 아버지", 주일설교(2007-08-12).

제일 먼저 가야 할 곳은 골고다 언덕의 십자가다. 새 존재의 삶은 골고다 언덕에서부터 시작된다. 구원받은 모든 신자들의 영적 고향은 골고다 언덕 십자가 밑이다. 십자가 밑에 나가면 우리는 생명을 얻는다. 십자가 밑에서 죄인은 의인되어, 삼위 하나님께 예배드리고 영광 돌리게 된다.

예수님의 십자가와 부활을 모르면, 성경 안의 예수님은 자연인으로서 목수에 지나지 않는다. 그러나 그의 십자가와 부활의 의미를 깨달으면 상황은 완전히 달라진다. 십자가를 통해 그리스도를 만나면, 우리는 죄사함 받고 영생을 얻으며, '지혜와 의로움과 거룩함(고전1:30, 히10:10)'으로 충만하게 된다. 또한 하나님과 영적인 관계가 회복되며, 성령 안에서 그리스도와 하나 됨을 이룬다(갈2:20, 고전6:17, 행17:28). 결과적으로 예수님의 이름을 높여드리는 행위는 전적으로 하나님의 은혜에서 온다.

예수 그리스도의 이름에는 권능이 내포되어 있다. 하나님의 아들로서 그는 태초에 하나님과 함께 계시며 창조에 동참했다(요1:2-3). 그는 능력의 말씀으로 만물을 붙든다(히1:3). 그는 하늘과 땅의 모든 권세를 가지신 주권자이다(마28:18). 그는 알파와 오메가로서 만물을 궁극적인 완성으로 이끈다(계22:13). 예수 그리스도의 이름 안에는 이 세상을 바꾸는 힘이 있다. 우리가 주의 그늘 아래로 피할 때 진정으로 기뻐하며 즐거워할 수 있다. "오직 주에게 피하는 자는 다 기뻐하며 주의 보호로 인하여 영영히 기뻐 외치며 주의 이름을 사랑하는 자들은 주를 즐거워하리이다(시5:11)."

성도는 어떻게 해야 예수님의 이름을 빛낼 수 있는가?

<u>첫째, 십자가 중심의 복음을 마음에 품어야 한다.</u> 복음 안에는 예수 그리스도의 십자가의 메시지가 내재되어 있다. 그래서 복음이 가는 곳은 어디나 진리와 은혜와 영광의 빛이 나타난다. 복음의 본질은 오직 십자가, 오직 은혜, 오직 믿음이다. 이 세 가지에서 벗어나면, 복음의 본질에서 벗어나게 된다. 십자가 중심의 말을 입술로 고백할 때, 우리 안에 생명이 유지되며 부활과 영생을 누릴 수 있다. 우리는 용서와 의를 베푸시는 주님, 성령을 통해 성결케 해주시는 주님, 치료와 건강을 주시는 주님, 형통과 축복을 주시는 주님, 부활과 영생을 주시는 주님을 마음과 입술로 고백해야 한다. 십자가를 바라보며 예수님 이름을 빛내는 말을 고백할 때, 창조 능력과 기적과 형통의 축복이 임하게 된다.

<u>둘째, 거룩한 삶을 살아야 한다.</u> 모든 신자는 희생 제물로 오신 예수를 믿을 때 거룩함을 얻는다(히10:10). 거룩함은 기도와 말씀으로 유지된다. 하나님이 거룩하니 우리도 거룩해야 한다(레11:45). 우리는 하나님의 말씀과 기도로 거룩하여진다(딤전4:5). 말씀과 기도로 살면 임마누엘 하나님이 나와 함께 계심을 깨닫게 된다. 거룩하게 산다는 것은 하나님과 예수님의 말씀을 지키며, 예수님의 삶의 발자취를 따라가는 것이다. 거룩하게 살려고 힘쓸 때 성령의 강력한 임재와 역사를 경험하게 된다. 거룩한 삶을 살 때 내 마음속에 찬양이 넘치고, 무슨 일을 해도 신나고 즐겁고 평안하고 행복하다. 거룩해지면 "나는 그들의 하나님이 되고 그들은 내 백성이 될 것이라(렘31:33)"는 성경말씀을 더 확신하게 되고 깨닫게 된다.

셋째, 예수님의 대위임 명령을 따르는 삶을 살아야 한다. 하나님의 말씀을 순종할 때 영광이 드러난다. 순종한다는 것은 하나님의 주권에 순복하는 것이며, 하나님의 뜻과 나의 뜻이 온전히 일치되는 것이다. 하나님의 뜻이 드러나는 곳에 하나님의 영광이 드러난다. 예수님은 인류구원을 위해서 이 땅에 오셨다. 예수님의 마지막 명령은 "너희는 온 천하에 다니며 만민에게 복음을 전파하라(막16:15)"였다. 즉 "너희는 가서 모든 족속으로 제자를 삼아 아버지와 아들과 성령의 이름으로 세례를 주라(마28:19)"였다. 예수님의 이름을 높이 올려 드릴 때 표적이 나타나고, 귀신을 쫓아내며, 새 방언을 말하며, 뱀을 집으며 무슨 독을 마실지라도 해를 받지 아니하며, 병든 자에게 손을 얹은즉 낫는 역사가 나타나게 될 것이다(막16:17-18).

넷째, 예수님의 이름을 높여야 한다. 이사야서 9장 6-7절에는 메시아가 소개되고 있다. "이는 한 아기가 우리에게 났고 한 아들을 우리에게 주신 바 되었는데 그 어깨에는 정사를 메었고 그 이름은 기묘자라, 모사라, 전능하신 하나님이라, 영존하시는 아버지라, 평강의 왕이라 할 것임이라(사9:6)." 예수님은 이름에서 5중 정체성의 신분을 가지고 계신다.

따라서 그리스도인은 예수님을 깊이 알아갈수록 하나님께 더욱 영광을 드리게 된다. 바울은 "내 주 예수 그리스도를 아는 지식이 가장 고상함(빌3:8)"이라고 고백한다. 그리스도를 알아갈수록 하나님을 더 잘 알아가는 것이며, 하나님을 알아갈수록 하나님은 기뻐하신다(렘9:24). 예수님을 알려면 십자가의 의미를 깊이 알아야 한다. 십자가를 통해 신자는 겸손해져야 하며, 고난절과 부활절의 삶의 원리를 적용하여 지속적인 내적변화를 추구해야 한다. 또한 성령님의 임재를 경험하며, 말씀에 순종하는 삶을 살아야 한다. 진정한 변화는 십자가를 경험하는 자에게 나타난다. 기독교는 단순히 심리적 변화나 사고의 변화를 가르치는 것이 아니다. 복음은 오직 말씀과 성령으로 거듭나고 본질적으로 변화되고 새로워져야 함을 선포한다. 예수 그리스도의 십자가의 복음은 죄인을 의인으로 만들며, 그의 마음과 생각과 삶을 본질적으로 변화시킨다. 또한 그의 인격과 행위와 삶을 점점 거룩하게 만들어간다.

5.3. 예수님의 언어양식: 십자가의 언어양식을 이해하고, 배우고, 내 삶에 적용한다

1) 십자가 중심의 언어양식

십자가는 지상언어를 사용하는 죄인들을 구원시켜 하늘의 언어, 생명의 언어, 희망의 언어를 사용하게 한다. 십자가는 새 피조물에게 새로운 언어양식으로 살게 한다. 장차 하늘에서 영원토록 주와 함께 살기 위해서 삶의 언어부터 바꾸는 것이다. 십자가는 성도가 이 땅에서 거룩하고 의로운 언어로 살도록 만들어 하나님의 거룩함을 닮아가게 한다(엡1:4). 거룩한 언어를 사용해서 그리스도의 삶을 본받는 것이 하나님의 뜻이다(살전4:3, 롬8:29, 레11:45).

영산의 언어양식의 핵심은 4차원영성적으로 언어생활을 하는 것이다. 곧 '예수님같이 생각하고', '예수님처럼 하나님 아버지의 뜻을 따르며', '예수님처럼 믿고', '예수님처럼 말하는 것'이다. 또한 십자가의 언어양식 – 5중복음의 언어, 3중축복의 언어 – 을 삶의 자리에 적용하는 것이다.

영산이 말하는 언어양식은 십자가의 복음에서 흘러나온 것이다. "저는 반세기 동안 5중복음과 3중축복의 복음을 증거해왔습니다. 그것을 통해 많은 사람에게 삶의 용기와 희망과 꿈을 심어주었고, 믿음으로 살아가도록 해주었습니다. 5중복음과 3중축복을 늘 입술로 고백하면, 이것이 여러분에게 굉장한 능력이 되는 것입니다. 입술로 하나님 말씀을 고백하므로 그 말씀이 내 주위에 기적의 역사를 나타내는 것입니다."237)

영산은 성도들의 삶의 자리에 하나님의 말씀의 적용방식을 보다 구체화하기 위해 4차원영성을 개발하였다. 그는 4차원영성을 발굴하게 된 동기를 다음과 같이 설명한다. "오늘날 많은 사람이 성경말씀을 읽고 연구하면서도 그것을 자기 생활에 구체적으로 어떻게 적용해야 할지를 잘 모릅니다. 말씀의 씨앗을 심을 줄 몰라요. 하나님이 계신 것을 알면서도 어떻게 하나님과 내가 함께 손을 잡고 일할 수 있는지 그 방법을 모릅니다. 하나님을 모시고 하나님과 함께 손잡고 살아가고 하나님 말씀을 생활 속에 적용할 수 있는 길을 가르쳐야 되겠다고 생각했을 때, 주님이 제게 4차원의 영성을 깨닫게 해주신 것입니다."238)

그가 발굴한 4차원영성의 언어양식은 4요소 – 생각의 양식, 꿈의 양식, 믿음의 양식, 말의 양식 – 로 구성된다. "여러분의 생각이 하나님 말씀을 받아들여야 합니다. 하나님이 갖고 있는 꿈을 꾸어야 합니다. 하나님을 믿는 믿음을 가지고 있어야 합니다. 입술로 긍정적이고 적극적이며 창조적으로 고백해야 합니다."239) 요약하면, 그는 하나님의 말씀을 삶의 자리에 구체적으로 적용하는 방법을 4차원영성의 4요소로 확립하였다.

영산은 4차원영성에 대해서 다음과 같이 말한다. "4차원의 영성을 통해서 멀리 계신 하나님이 아니라, 나와 함께 계신 예수님과 하나님을 깨닫는 것입니다. 단지 성경책에만 기록된 말씀이 아니라, 성경에서 나와서 나의 생활 속에 역사하는 말씀인 것입니다. 그 말씀으로 살 수 있는 길을 열어주는 것이 4차원영성입니다."240)

영산은 지난 60년 동안 삼중 씨앗 – 5중복음의 씨앗, 3중축복의 씨앗, 4차원영성의 씨앗 – 을 성도들의 마음밭에 심었다. 그 결과 성도들의 언어방식도 삼중 씨앗의 구조를 닮은 언어를 사용하게 되었다. 그 결과 그들의 삶도 삼중 씨앗을 닮은 열매들이 맺히게 되었다. 그의 언어양식은 철저히 십자가에 뿌리를 두고 있다. 곧 그는 십자가의 언어양식을 발굴하여 목회활동에 적용하였다. 요약하면, 영산은 십자가 중심의 언어를 기초로 삶과 목회사역에 적용하여, 하늘의 삶을 살기를 원했다.

2) 예수님의 메세지 전달양식

성경은 '골고다 언덕 십자가를 무대로 하나님 자신의 사랑 이야기를 펼쳐가는 장편소설'과 같다. 성경은 고난이 왔을 때 '어떻게 믿음으로 이겨나갔는지에 대한 이야기'로 가득하다. 제1부는 구약

---

237) 조용기, "심은 대로 거둔다", 주일설교(2011-11-20).
238) 조용기, "심은 대로 거둔다", 주일설교(2011-11-20).
239) 조용기, "심은 대로 거둔다", 주일설교(2011-11-20).
240) 조용기, "심은 대로 거둔다", 주일설교(2011-11-20).

이야기, 제2부는 신약 이야기이다. 모든 성도는 그 이야기를 읽고 그것에 참여하는 배우들이다. 하나님은 수천 년에 걸쳐서 이야기를 엮어 가시면서, 마지막 때 그 아들 독생자 예수 그리스도를 주인공으로 등장시켜 자신의 장편소설을 완성하셨다. 달리 말하면, 성경은 죄인을 의인으로 만들어 하나님께 영광을 돌리는 삶의 이야기다. 그리스도는 머리요 성도는 몸이므로 이야기의 주제는 하나다. 모든 배우들의 마음 중심에는 하나님께 영광 돌리는 주제로 꽉 차 있다. 그 결과 사용언어도 하늘언어가 중심이 된다. 그런 의미에서 예수님이 사용하신 영적 언어와 양태는 신자들의 삶의 언어의 표준이 된다.

따라서 성도는 이 이야기의 주인공인 예수 그리스도의 존재와 인격과 사역의 핵심을 분명히 깨달아, 그것이 삶 속에 드러나게 해야 한다.[241] 예수님은 '지혜와 의로움과 거룩함과 구속함(고전 1:30)'이 되신다. 그분은 기독교적 삶 자체다. 예수님이 천국의 삶의 방식을 지상의 삶의 방식에 알리신 것처럼, 성도는 예수님처럼 천국 지향적 삶의 방식을 깨닫고 내 삶에 적용해야 한다. 또한 거기서 배우고 터득한 것을 선포해야 한다.

예수님은 독특한 전달방식을 소유하고 계셨다. 예수님은 그 당시의 최고의 비유기법을 활용하셨다. 아리스토텔레스는 자신의 수사학 책에서 "명료성, 장식성, 희소성 등은 은유의 자질들이다. 따라서 은유의 재능은 타인에게 빌려올 수 없다"고 주장했다.[242] 그는 또한 "은유는 통찰을 필요로 한다"고 강조했다.[243]

예수님은 초월적 통찰력이 있으신 분이므로 은유기법이 탁월하셨다. 그는 이해하기 힘든 하늘나라를 장황하게 신학적 논리로 펼치신 것이 아니라 땅에 있는 사물의 비유와 일상의 언어로 쉽게 전달하셨다. 예수님은 상황에 따라 입체적 논리로 구조적(structural) 은유, 지향적(orientational) 은유, 존재론적 은유(ontological)를 다각적으로 사용하셨다. 바꾸어 말하면, 예수님은 탁월한 영적 상상력으로 4차원 하늘나라 광경을 3차원 지상광경으로 바꾸어 설명하셨다. 비록 신약성경이 고대에 쓰였지만, 오늘날 우리에게도 생생하게 전달되는 것은 예수님의 독특한 은유기법 덕분이다. 인간의 사고체계는 은유화되어 있다. 따라서 청각영상을 통해 상상을 불러일으키지 않으면 이해하기 어렵다. 즉 3차원 세계에 익숙한 인간이 영적 언어를 이해하기 위해서 비유적인 표현이 필요하다.

언어 자체는 매개체에 불과하다. 언어에서 중요한 것은 말하는 사람이 전달하고자 하는 깊은 의미를 알아차리는 것이다. 아우구스티누스(Augustinus)는 기독교적 가르침과 관련해서 "문자는 무슨 일이 있어났는지, 알레고리는 무엇을 믿어야 할지, 도덕은 무엇을 행해야 할지, 유추는 무엇을 추

---

241) 머레이(Murray)는 예수님의 특성과 사역을 5가지로 요약한다. a) 그리스도는 성육신하신 분이다(인성과 신성의 연합). b) 그리스도는 자신의 생명을 바치기까지 하나님 아버지께 완전한 의존과 복종을 하신 분이다(하나님 중심주의의 삶). c) 그리스도는 죄를 없애기 위해 죽으신 분이다(죄의 저주로부터 해방). d) 그리스도는 부활해서 영원히 사시는 분이다(생명 수여자). e) 그리스도는 하나님 보좌의 우편에 앉으셔서, 구원사역을 계속해서 수행하시는 존귀하신 분이다(사랑 수여자). 참조. 앤드류 머레이(Andrew Murray), 『위대한 여정』(The Inner Life of Andrew Murray), 61. 이 5가지 내용은 영산의 5중복음과도 연관성이 있다.
242) 아리스토텔레스, 『수사학 III』, 리젬(2008), 25.
243) 아리스토텔레스, 『수사학 III』, 리젬(2008), 93.

구해야 할지 가르친다"고 주장한 바 있다.244) 비유는 감춰진 것을 드러내는 힘이 있다. 시편 기자는 "내가 입을 열고 비유를 베풀어서 옛 비밀한 말을 발표하리니(시78:2)"라고 말한다.

예수님이 비유로 설명하신 이유는 듣는 이에게 깨달음을 주기 위해서다. "내가 그들에게 비유로 말하는 것은 그들이 보아도 보지 못하며 들어도 듣지 못하며 깨닫지 못함이니라(마13:13)." 예수께서는 모든 것을 무리에게 비유로 말씀하셨다(마13:34). 예수님은 사물을 보시고 비유로 말씀하시는 탁월한 능력을 지니셨다. 예수님은 비유로 천국의 모든 비밀을 쉽게 설명하셨다(막4:30).

예수님께서는 많은 경우에 은유기법으로 제자들을 양육시키셨다. 그것은 은유기법으로 설명하면, 이해도 쉽고 기억도 오래가며 다른 사람에게 쉽게 전달할 수 있는 장점이 있기 때문이었다. 그러므로 예수님의 가르침에는 구조적 은유, 지향적 은유, 존재론적 은유가 입체적 및 복합적으로 나타난다.245) 예수님은 과거와 현재와 미래를 모두 꿰뚫고 계시는 분이어서, 말하고자 하는 핵심을 쉽게 표현하는 능력을 가지고 계셨다. 예수님은 3차원 세계와 영적 4차원 세계를 모두 정확히 꿰뚫고 계셨기 때문에 말씀의 요지를 가장 짧은 시간에 가장 효율적인 방법으로 주위 사람들에게 설명하실 수 있었다.

3) 영산의 선포양식

영산의 언어선포의 기초는 십자가에서 뻗어나온 복음중심에 있다. 선포양식은 '5중복음 + 3중축복 + 4차원영성'의 삼중구조로 이루어져 있다. 설교자는 궁극적으로 하나님의 마음을 청중의 마음에 전달하는 것이다. 어떻게 하면 성경본문을 쉽게 전달하여 청중의 삶을 하나님의 은혜와 능력으로 영성화시킬 것인가가 설교의 관건이다. 성경의 원래 독자와 오늘날의 독자 사이에 다양한 차이점을 최소화하여 말씀의 수용성을 극대화하기 위해서 적절한 은유화가 필요하다. 저자는 83년부터 지금까지 약 1800편 이상의 영산의 설교를 들었다. 그가 선포하는 설교의 언어적 특징을 요약하면 다음과 같다.

첫째, 상상의 원칙: 그는 언어설교가 아닌 그림설교를 했다. 성도들에게 마음속에 그림을 그리면서 듣게 해서, 그의 설교를 아주 쉽고 편하게 이해할 수 있게 했다. 특히 그는 독특한 상상력을 발휘해서 메시지를 구체화 및 시각화하는 능력을 발휘했다.

둘째, 은유의 원칙: 사건, 행동, 활동, 상태에 대하여 적절한 은유를 찾아서 설교했다. 그는 다양한 사물, 식물, 동물, 알려진 이야기 등을 통해 비유적인 표현력을 발휘해서, 청중에게 메시지의 내용을 가능한 한 쉽게 전달하려 했다.

---

244) 빌헬름 게에를링스, 『교부 어거스틴』, CLC(2013), 137. O. C. 에드워즈, 『교부들의 설교』, 은혜출판사(2010), 219.
245) 지혜로운 건축자와 미련한 건축자(눅6:43-49). "장터의 아이들"(마11:16-19). "천국의 재형성에 대한 은유"(마13:3-23). "열매 없는 무화과나무"(눅13:6-9). "부자와 거지"(눅17:7-10). "포도원과 품꾼"(마20:1-16). "혼인잔치"(마22:1-14). "열 명의 처녀들"(마25:1-13). "양과 염소"(마25:31-46). "혼인잔치의 자리"(눅14:7-11). 이 외에도 잃은 양, 잃어버린 은전, 탕자 이야기, 선한 사마리아인, 어리석은 부자, 두 빚진 자, 밤에 찾아 온 벗, 열매 없는 무화과나무, 가라지, 그물, 겨자씨, 누룩, 감추인 보화, 값진 진주, 두 아들, 충성되고 지혜 있는 종, 은밀히 자라는 씨, 달란트, 악한 농부, 무익한 종, 불의한 청지기, 불의한 재판관, 부자와 나사로, 바리새인과 세리 등 예수님께서는 종종 비유로 천국의 비밀들을 하나하나 설명하셨다.

셋째, 요약의 원칙: 그의 설교는 핵심을 잘 정리해서 기억하게 좋게 해주었다. 그 결과 마음속에 오래 간직할 수 있었다. 그는 지금도 매주일 설교를 요약해서 주보에 싣는다.

넷째, 집중의 원칙: 그는 3가지 주제 – 3중축복, 5중복음, 4차원영성 – 에 집중했다. 매주일 설교마다 그의 핵심 브랜드인 이 세 가지는 자연스럽게 결합되어 나타난다. 그는 중요한 가르침을 교인들의 마음에 새기기 위해 핵심 주제를 수없이 반복해서 들려준다.

다섯째, 표현의 원칙: 그는 할 수 있으면 쉬운 언어를 선택했다. 성령님의 인도함을 의지하며, 그는 용어선택, 표현, 전달을 탁월하게 했다.

또한 말씀을 전하는 자는 표현방식 및 전달방식의 개발에 노력을 기울여야 한다. 몇 가지 제언을 하면 다음과 같다. 첫째는 사물, 식물, 동물의 존재 및 성장 원리에 대한 지식을 쌓아야 한다. 이는 피조세계 안에서 인간이 배울 점이 많이 있기 때문이다. 또한 비유로 말하는 것은 마치 그림을 그리듯이 말하는 것이기 때문에 듣는 사람도 마음속에 그림을 그리면서 듣도록 해야 한다. 둘째, 표현능력 향상을 위해서 많은 것들을 보고, 듣고, 쓰고, 글로 남겨놓고 자주 보아야 한다. 말은 단순히 외워서하는 것이 아니라 마음속에 있는 것을 밖으로 표현해야 하므로, 평상시에 사물에 대한 많은 경험을 마음속에 쌓아두는 것이 중요하다. 셋째, 좋은 비유 사례들을 작은 수첩에 적어놓고 자투리 시간에 머릿속에 담아두면 말할 때 생각날 것이며, 말을 빠르게 10분 동안 하는 것보다 느리게 해도 은유나 비유를 잘하면 10분 만에 설명할 것을 단지 1분 만에 상대방에게 쉽게 전달할 수 있다.

5.4. 말씀의 선언적 고백: 말씀의 고백은 내 안의 창조적 동기를 부여한다

영산의 입술언어 선언은 4차원영성적이다. 구체적으로 정리하면 다음과 같다.[246]

첫째, 4차원 세계란 하나님의 생각, 꿈, 믿음, 신앙고백입니다. 하나님의 생각, 꿈, 믿음과 하나님의 말씀은 4차원에 속합니다.

둘째, 예수를 믿는 사람의 몸과 환경은 3차원에 속하지만, 마음은 4차원으로 살아갑니다. 몸과 환경은 3차원이고, 생각, 꿈, 믿음, 말은 4차원입니다. 즉 3차원의 인간은 4차원 속에 삽니다. 4차원이 3차원을 다스리고 창조하는 것입니다.

셋째, 인간의 영은 하나님의 성령과 더불어 4차원이 되어 있습니다. 따라서 인간의 이성과 경험으로 불가능하다고 판단되어도, 우리가 하나님을 의지하고 새로운 생각, 새로운 꿈, 불가능을 믿는 믿음을 고백하고 나가면, 4차원의 능력으로 모든 일이 이루어집니다.

십자가는 신자들의 언어양식부터 철저히 바꾼다. 바울은 항상 예수의 죽음을 짊어지고 살면서 신령한 영적 언어와 생명언어와 기적 언어를 사용하였다. 누구든지 새 사람이 되면 성령 안에서 사는 자이다. 하나님은 죄인을 십자가 위에 올려놓고, 먼저 그리스도와 함께 죽게 하고, 다시 부활시켜 새 사람으로 만든다(갈2:20, 고후5:17). 하나님의 창조는 확실하고 정확하다. 하나님은 죄인을 반

---

246) 조용기, "사차원의 삶", 주일설교(2010-11-07).

쯤 죽여 놓고 의인 만드는 것이 아니라, 100% 완전히 죽여놓고 다시 살리신다. 죄에 대하여 완전히 죽게 하는 방법 외에는 다른 방법이 없기 때문이다. 그 결과 죄인은 죄와 완전히 단절되어 거룩함을 얻는다(히10:10). 죽으시고 부활하신 예수님이 내 안에 계심은 내 자신이 거룩함(히10:10) 안에 있음을 의미한다. 그리스도를 믿음으로써 신자는 거룩함을 선물로 얻는다. 이 거룩함은 말씀, 믿음, 기도를 통해 활성화되고, 궁극적으로 임마누엘 하나님이 나와 '함께(with)' 계심을 깨닫게 된다. 이 '거-룩-함'은 신자로 하여금 거룩한 언어를 사용하도록 한다. 모든 신자는 은혜의 나라에서 은혜의 언어로 살고 있다. 나아가 장차 다가올 영광의 나라를 기다리고 있다. 곧 새 존재는 은혜와 영광의 경계선에서 장래의 영광을 미리 맛보고 있는 것이다.

초자연적 생명을 부여받은 새 존재에게는 '그리스도의 형상(갈4:19)'을 이루어가야 할 의무가 있다. 예수님에 의해 보내심을 받은 성령(행2:33)은 성도의 마음과 생각을 변화시키고 성도의 삶을 통해 예수님의 삶이 드러나게 하신다(요16:14). 영산은 긍정적 삶을 살기 위해서, "첫째, 하나님께 순종하는 삶, 둘째, 성령님의 인도를 받는 삶, 셋째, 하나님께 맡기는 삶이 중요합니다."라고 말한다.[247] 마음을 지키고, 하나님의 생각을 받아들여서, 그 생각에 사로잡히는 것이 중요하다. 말이란 생각이 밖으로 표현되는 것이다.

성도는 땅에 있으면서도 하늘에 속한 존재다. 하늘에 속한 자는 말도 하나님을 닮아가며, 물질세계를 다스려야 한다.[248] 예수님이 우리 안에 거하시므로 그리스도인은 예수님의 삶을 드러낼 수 있다. 예수님이 우리 안에서 자신의 삶을 사시려면, 인간의 영이 성령의 도움을 입어 하나님의 말씀을 입술의 혀로 표현해야 한다. 예수님의 영과 마찬가지로 인간의 영도 말을 통해서 창조적 능력을 발휘할 수 있다. 영이 회복되면, 믿음의 사람이 되어, 예수님의 능력 안에서 능력의 입술로 창조적이며 긍정적 삶을 구현할 수 있다.[249] 하나님은 '입술의 열매를 창조하시는 분(사57:19)'이다.

하나님은 창조하시는 분이시요, 지음 받은 인간은 기뻐해야 할 존재다. 우리는 하나님의 영광을 위해 지음 받은 존재다(사43:7). 하나님은 지음 받은 우리를 그의 기쁨으로 삼으신다(사65:18). 하나님은 자신의 말로 직접 창조하시기도 하지만(창1:3), 인간의 입술을 사용하셔서, 놀라운 일을 창조하는 분이시다. 하나님의 형상과 모양을 닮아 태어난 인간도 그 입술에 창조의 능력이 있다. 따라서 그리스도 안에 있는 자는 입술의 열매가 창조적이어야 한다.

---

247) 조용기, "긍정적인 생각의 축복", 『순복음소식 제2집』, 270호(1983-12-04).
248) "땅은 3차원 세계인데, 공허하고 혼돈하며 흑암이 깊음 위에 있을 때 눈에 안 보이는 영, 하나님의 영이 운행하시므로 말미암아 새로운 창조가 이루어집니다. 우리 마음은 3차원보다 높은 4차원의 세계에 있으며 시간과 공간과 물질을 다스린다는 것을 알아야 합니다. 몸과 환경은 3차원이나 마음은 영과 더불어 4차원에 속합니다." 참조. 조용기, "마음하늘", 주일설교(2007-01-21).
249) "옛 사람은 벗어버리고 새 사람을 입고, 우리 마음속에 마귀가 갖다준 부정적인 생각은 쫓아버리고, 긍정적인 생각, 긍정적인 꿈, '할 수 있다, 하면 된다. 해보자'는 긍정적인 믿음을 갖고 긍정의 말을 해야 인생이 달라집니다." 참조. 조용기, "항상 긍정적으로", 주일설교(2011-02-20).

아담의 범죄는 모든 인류에게 원죄와 죄의 성향을 물려주었다(롬5:12), 창조와 능력의 근원이신 하나님은 창조적이고 긍정적인 구원의 대책을 세우셨다(창3:15). 말씀과 믿음과 성령의 권능으로 긍정적이고 생산적이며 창조적인 말을 하면, 기적과 새롭고 기이한 일이 일어난다. 다윗은 위기의 상황에서도 언제나 긍정의 말을 사용했다(삼상17:45-46). 하나님은 돌들로도 아브라함의 자손을 만드실 수 있다(눅3:8). 하나님은 없는 것을 있는 것처럼 부르시는 분이시다(롬4:17). 하나님의 사전에는 '안된다', '못한다', '망한다', '쓰러진다', '죽는다' 등과 같은 비창조적 언어들이 없다. 부정적이며 파괴적인 언어들은 마귀가 지어낸 것들이다.

프랑스의 약사이자 심리학자인 에밀 쿠에(Emile Coue) 박사는 자신의 환자들에게 "나는 강하다, 나는 매일 조금씩 모든 면에서 나아지고 있다."는 말을 자주 하도록 했다. 그리고 박사의 말을 따른 환자들은 다른 환자들보다 실제로 40% 이상 빠른 회복을 보였다. 생각과 꿈과 믿음과 말은 4차원이며, 성령의 역사로 일어난다. 4차원영성의 삶의 적용과정에서 '4차원의 말'이 최전방 전선에 있다. 성도는 4차원영성을 4단계로 나뉘어 자신의 삶에 적용하게 된다.250)

  1단계: 하나님을 날마다 묵상하고 기도하고 기억하는 4차원의 생각251)
  2단계: 하나님의 비전을 마음의 화판에 시각화할 수 있는 4차원의 꿈
  3단계: 시각화한 것을 성령 안에서 성취할 수 있다는 4차원의 믿음
  4단계: 시각화한 것을 믿음으로 믿고 담대히 입술로 고백할 수 있는 4차원의 말252)

마지막 4단계는 긍정의 입술의 고백이다. 하나님의 말씀을 입술로 선포할 때, 예수님의 능력이 최종적으로 역사한다. 담대한 입술의 고백은 하나님의 권능을 창조하는 열쇠다. 영산은 말씀 선포의 중요성을 이렇게 고백한다. "하나님의 말씀을 선포해야 한다는 그 진리를 깨달은 것은 나의 삶의 전환점이 되었습니다. 기도로 선포할 때 중요한 것은 시제입니다. 미래형 기도를 과거형 기도로 전환해야 합니다. 장차 이루어질 미래형의 기도에는 불확실성과 의심의 요소가 내포되어 있습니다. 그러나 과거형 기도는 예수 그리스도 안에서 이미 우리에게 주어진 하나님의 은혜를 확증하고 선포하는 것입니다."253)

---

250) 4차원영성을 삶의 자리에 적용할 때 생각, 꿈, 믿음, 말 4가지 요소 중에서 취약한 어느 한 요소를 집중해서 개발하는 것이 중요하다. 4요소 중 어느 것을 택해도, 그 안에 나머지 3요소가 연합되어 끌려오기 때문이다. 여기서 단계별로 나눈 것은 단지 적용 효과를 가중하기 위함이지, 반드시 이 순서를 따를 필요는 없다. 말에는 생각이 들어 있고, 그 안에 믿음이 들어 있고, 하고자 하는 소원이 들어 있다. 4요소 중 어느 것을 당겨와도, 나머지 3요소가 따라온다. 따라서 어느 요소가 본인에게 가장 약하고, 힘든 영역인지를 파악하고, 그 요소를 훈련시키는 것이 필요하다.

251) 참조. 앤드류 머레이(Andrew Murray), 『위대한 여정』(The Inner Life of Andrew Murray), 61. "묵상은 기도하도록 요구한다. 묵상은 기도를 만들어 낸다. 묵상의 가치는 말씀이 우리에게 제시한 요구들에 대해 기도하도록 우리 마음을 준비시킨다. 말씀은 온유하게 인내하며 기다리는 사람들의 영혼 속에서 그 능력이 열린다. 따라서 거룩한 묵상훈련을 해야 한다."

252) 영산은 천국적 4차원 개발을 강조하면서 성도들에게 고백하게 한다. "이 말씀을 다 같이 한번 따라합시다. 나는 하나님 말씀을 읽으므로 내 생각이 하나님의 생각과 같아진다. 나는 하나님 앞에서 소원하는 꿈이 있으므로 늘 꿈을 바라본다. 나는 기적을 믿는다. 그러므로 믿음으로 산다. 나는 내 입술의 말로 환경이 달라진다는 것을 믿는다. 나는 새 사람이 되어 새로운 세계를 만들 것이다. 아멘." 참조. "마음의 파수군", 주일설교(2013-12-01).

253) 조용기, "사차원의 기도", 주일설교(2012-02-05). "확신에 찬 믿음의 기도"(2013-02-17). "기도하고 구한 것은 받은

먼저 이루어진 모습을 상상하고 그것을 믿음으로 받아들이는 것이 중요하다. 인간은 눈에 보이는 것에 익숙하다. 따라서 마귀는 인간이 거룩한 상상을 못하도록 훼방하고 금방 잊게 하고 힘든 환경 속으로 데려가 무기력하게 만든다. 그러므로 신자는 자신의 소원이 이루어진 모습을 지속적으로 상상하며 기도와 말씀으로 나아가야 한다. 영산은 '기도하고 구한 것은 받은 줄로 믿으라'는 설교를 하면서 '실천적 4차원영성'을 이렇게 서술한다.254)

> a) 중요한 것은 하나님이 모든 일에 근본이 되어야 합니다(시127:1-2).
> b) 성경말씀과 기도를 통한 성령님의 감동으로 희망찬 꿈을 품어야 합니다(행2:17).
> c) 꿈을 바라보고 기도하면 그것이 이뤄진 느낌과 함께 믿음이 점령하게 됩니다(빌4:6-7).
> d) 마지막으로 창조적인 선언을 하십시오(잠18:21, 렘32:27, 막9:23).

창조적 명령으로서 선포는 하나님의 창조사역을 인간 삶에 실제적으로 적용시키는 과정이다. 4차원 말의 정점은 믿음으로 명령하는 것과 선포하는 것으로, 명령과 선포는 하나님께 기적을 베풀 기회의 장을 만들어드리는 것이다. 즉 '인간 자신이 믿음으로 해야 할 일'과 '하나님이 인간을 위해 하실 일'은 분명하게 선이 그어져 있다. 명령은 우리의 입술이 하지만 기적의 주체는 우리 안에 거하시는 하나님의 영이시다(롬8:9). 하나님의 약속과 인간의 현실적 삶 사이에 존재하는 틈은 우리가 믿음으로 선포하고 명령할 때 하나님이 메꾸어 주신다.

원리 1: 그리스도와의 연합 안에 있는 자로서 긍정의 말을 지속적으로 선택하라.

나 자신의 삶을 살 것인가? 예수 그리스도의 삶의 길을 선택할 것인가? 답은 하나다. 성경은 "이제는 내가 사는 것이 아니요 오직 내 안에 그리스도께서 사신 것이라(갈2:20)"고 강조하고 있다. 긍정의 말을 한다는 것은 내 안에 연합된 예수 그리스도의 삶에 참여하는 것을 의미한다. 즉 심리학적 개념에서 오는 '긍정의 말'과 서로 차원이 다르다.255) 영산은 "믿음이 효과를 나타내기 위해서 입술로 고백하여야 합니다."라고 강조한다.256) 성도가 긍정의 말을 할 수 있는 근거는 그의 안에 예수의 영이 함께 하기 때문이다(요17:23, 고전6:17, 갈2:20). 긍정의 말의 의미는 "나와 나의 힘이 아니라, 내 안에 계신 예수님의 힘으로 이루어 보겠다"는 강력한 의지의 표현이다.

믿음 안에서 긍정은 성령이 함께 하시므로 능력이 나타난다. "'과연 할 수 있을까?'라고 생각하면 꿈과 희망은 사라지고 의심이 들어옵니다. 그래서 '나는 못한다, 안 된다, 할 수 없다'라고 부정적인 말을 하게 됩니다. 그러나 '나는 할 수 있다, 자신 있다, 능력이 있다'라고 생각하면, 희망찬 꿈이 생기고, 믿음이 들어와 긍정적인 말을 하게 되고, 하나님의 기적이 일어나게 됩니다."257)

줄로 믿어라"(2013-06-16).

254) 조용기, "믿고 구한 것은 받은 줄로 믿어라", 주일설교(2013-06-16). "사차원의 기도"(2012-02-05).

255) 심리학적 개념의 긍정적 말은 자연인의 언어차원이다. 자연인의 언어는 자기능력, 자기과시, 자기만족 안에서의 긍정적 힘이지만, 중생한 자의 긍정적 태도는 예수 그리스도 안에서의 긍정적 말이다. 전자는 땅의 사람, 후자는 하늘의 사람의 언어방식이다. 처음부터 생명의 존재방식이 다르고, 삶의 목적도 다르고, 삶의 방식 또한 다르다.

256) 조용기, "마음의 장애를 고쳐라", 주일설교(2012-04-29).

257) 조용기, "믿고 구한 것은 받은 줄로 믿어라", 주일설교(2013-06-16).

영산은 '믿은 순간'과 '그것이 나타나는 순간'은 시간적으로 차이가 있을 수 있다고 말한다. 그러나 "시간에 관계없이 이미 시간과 공간을 초월해서 마음에 믿고, 믿은 것을 시인하고 명령하는 사람은 그것을 반드시 이룹니다."라고 말한다. 성경은 긍정과 희망의 말씀으로 가득 차 있다. 인간이 배울 수 있는 최고의 말은 성경 안에 있다. 성령 안에서 표현되는 신자의 말은 단순한 전달수단이 아니라, 삼위일체론적 창조의 능력을 가져다준다. 말은 꿈과 믿음을 강화시키는 촉진제와 같다. 총체적으로 말은 인간 내면세계의 생각과 꿈과 믿음을 외부로 전달하는 머슴과 같다. 하나님을 믿지 않는 자는 '세상중심 + 자아중심 + 텅 빈 허무감' 속에서 살고 있다. 그들의 마음은 희망도 없고 미래도 없어서 늘 부정의 말을 한다.

아브라함 링컨은 처음에는 실패로 인생을 보내던 사람이었으나, 먼 훗날 미국의 대통령이 된 후 이렇게 고백했다. "내가 걸어온 길은 험하고 미끄러웠다. 그래서 나는 자꾸 미끄러져 길바닥 위에 넘어지곤 했다. 그러나 나는 기운을 차리고 자신에게 말했다. '괜찮아 길이 조금 미끄럽기는 해도 낭떠러지는 아니야.'" 신자는 하나님 앞에서 거룩한 말, 창조적인 말, 긍정적인 말을 해야 하며 항상 가능성을 열어두고 말해야 한다. 성경은 "야훼와 그의 능력을 구할지어다 항상 그의 얼굴을 찾을지어다(대상16:11)"라고 말한다. 하나님은 그의 '귀에 들린 대로(민14:28)' 우리에게 행하신다.

부정적인 말을 긍정적인 말로 전환시킬 수 있다(표 9-2). 실제적으로 인간 편에서 보면 불가능한 일들이 하나님 입장에서 보면 평범한 일이다. 인간은 3차원 제한된 공간에 살기 때문에 이성과 경험을 바탕으로 사물을 바라본다. 그러나 하나님은 시간과 공간을 뛰어넘는 세계에서 활동하시기 때문에 불가한 것도 기이한 방법으로 해결하실 수 있다. 사람은 생각한 것을 말하고, 말 한 것이 반복되면 행동하게 되며, 더 나아가 행동이 반복되면 하나의 새로운 습관이 형성되어 삶의 변화와 성장이 일어난다. 사람은 98% 이상 말의 지배를 받으며 살아간다. 인간이 고백하는 말은 뇌세포를 자극하고 뇌세포는 척추신경을 자극하고 척추신경은 행동을 낳게 한다. 긍정의 말을 지속하면 그 말이 창조적 기적을 낳는다. 믿음의 선포는 천국의 언어를 명령하는 것이므로 권능이 있다.

표 9-2. 부정의 말을 긍정의 말로 바꾼 사례들

부정의 말들	긍정의 말로 바꾼 사례들
나는 절대로 할 수 없다.	나는 노력해 볼 가치가 있다고 믿는다.
나는 그 일을 성취할 수 없을 것이다.	나는 그 일을 해볼 만한 일이라고 생각한다.
나는 전에 그 일을 해 본 적이 없다.	나는 처음으로 해낼 기회를 얻었다.
나는 실패할지 모른다.	나는 시도해 볼만하다고 생각한다.
나는 가진 돈이 없다.	나는 아이디어를 내어서 돈을 모아보겠다.
나는 전문성도 실력도 없다.	나는 배우는 사람이다. 실력은 키우면 된다.
나는 이전에 실패한 적이 있다.	나는 실패를 통해서 많이 배웠다. 경험을 가지고 있다.
나는 문제해결 능력이 없다.	나는 문제를 잘게 나누겠다. 쪼개면 방법이 나온다.

예수님은 능력의 원천이시다. 그는 모든 사람을 낫게 하는 '능력'을 갖고 계신다(눅6:19). 그는 '능력'을 구하는 자에게 주신다(눅8:46). 하나님이 바울을 통해 능력을 나타내셨듯이, 말씀과 성령의 능력 안에서 모든 그리스도인에게도 동일하게 적용된다.[258]

영산은 말의 방향이 긍정으로 가는지 아니면 부정으로 가는지에 따라서 인생이 달라진다고 역설한다. "긍정적인 생각으로 긍정적인 말을 하는가, 아니면 부정적인 생각으로 부정적인 말을 하는가라는 작은 차이가 우리 인생을 180도로 완전히 다르게 만들어놓습니다. 긍정적인 생각을 하고 긍정적인 말을 하는 사람에게 긍정적인 환경이 다가옵니다. 부정적인 생각을 하고 부정적인 말을 하는 사람에게는 부정적인 것이 무리지어 나타납니다."[259]

원리 2: 예수님의 인격을 닮아가는 거룩한 말을 고백하라.

영산은 "우리가 사용하는 언어에는 세상 언어와 천국 언어가 있습니다. 어느 언어를 사용하든 우리는 마음에 가득한 것을 입으로 말합니다(눅6:45). 세상 언어는 세상에 속한 것을, 천국 언어는 천국에 속한 것을 밖으로 내보냅니다."[260] 언어는 그 사람의 마음의 대변자이고, 동시에 인격의 전달자다.

하나님의 나라가 임하면, 나의 소왕국은 소멸되고 새로운 그리스도의 보좌가 마음하늘에 세워진다. 챔버스(Oswald Chambers)는 구원의 의미를 다음과 같이 말한다. "구원이 의미하는 바는 하나님의 영이 나로 하여금 하나님의 성품과 접촉하는 것이요, 나는 나 자신을 초월하시는 무한하고 위대한 그분께 매료되는 것입니다. 우리의 삶이 주님께만 완전히 사로잡히는 것입니다."[261] 그리스도께 사로잡힌다는 말은 예수님의 인격 – 의롭고 거룩한 인격, 마음, 생각, 믿음 – 을 닮아가는 것이다. 예수님을 닮아가는 것은 곧 예수님의 마음을 닮아가며 거룩한 삶을 사는 것이다.[262] 영산은 "우리 마음은 집과 같아서 그 안에 마귀 아니면 성령님이 거하십니다. 마귀가 거하면 종의 마음이 되며 세상적인 마음이 됩니다. 그러나 성령님이 거하시면 천국의 마음이 되어 말씀과 성령 안에서 3중 축복을 누리게 됩니다."라고 말한다.[263]

---

258) "하나님이 바울의 손으로 놀라운 능력을 행하게 하시니(행19:11)." "하나님이 자기를 사랑하는 자들을 위하여 예비한 모든 것은 눈으로 보지 못하고 귀로도 듣지 못하고 사람의 마음으로도 생각지 못하였다 함과 같으니라 오직 하나님이 성령으로 이것을 우리에게 보이셨으니 성령은 모든 것 곧 하나님의 깊은 것이라도 통달하시느니라(고전2:9-10)."

259) 조용기, "항상 긍정적으로", 주일설교(2011-02-20), "말의 힘"(2011-02-13), "말의 창조의 힘"(2013-07-28), "없는 것을 있는 것 같이"(2008-07-06), "우리를 변화시키는 말"(2010-05-16).

260) 조용기, "신앙생활과 신앙인격", 주일설교(2012-05-06).

261) 오스월드 챔버스, 『My Utomst for His Highest』, 토기장이(2008), 묵상집(3월13일). 이 책은 미국의 크리스천을 대상으로 한 설문조사에서 100년 뒤에도 책꽂이에 꽂혀 있을 3권의 책 중 1위를 차지할 만큼 가치 있는 책이다.

262) 마샬(Marshall)은 성도가 거룩한 삶을 살아야 할 성서적 근거를 다음과 같이 제시한다. 1) 신자는 성부와 성자와 교제한다(요일1:3). 2) 신자는 하나님의 전이다(고후6:16). 3) 신자는 성령으로 산다(갈5:25). 4) 신자는 거룩함을 위해 부르심을 입었다(엡2:10). 5) 하나님은 신자를 계속해서 거룩하게 하신다(살전5:23). 6) 죄에서 자유롭게 된 자는 의의 종이 되고, 거룩한 열매를 맺고 영생에 이른다(롬6:22). 7) 신자는 이미 죽었고, 그의 생명은 그리스도와 함께 감추어져 있다(골3:3-4). 참조. 마샬(Walter Marshall, 1628-1680), 『성화의 신비』(The Gospel Mystery of Sanctification), 복있는사람(2013), 300-301.

263) 조용기, "세상마음과 천국마음", 주일설교(2011-10-09).

구체적으로 살펴보면, 예수님의 형상을 본받는다는 것은 내 안에 계신 예수님의 인격, 생명, 진리를 본받는 것이다. 신자는 '아들의 형상을 본받게 하기 위하여(롬8:29)' 하나님께서 미리 정하신 자들이다. 인간은 원래 하나님의 형상을 따라 창조되었기 때문에 첫 사람 아담은 완벽했다. 하나님은 '우리의 형상을 따라 우리의 모양대로(창1:26)' 사람을 지으셨다. 사람은 비록 타락한 실존이었지만, 하나님께서는 자기 형상대로 지으신 사람에게 계속적으로 자비를 베풀어 창조주의 일을 맡기셨다. 창세기는 "아담은 백삼십 세에 자기의 모양 곧 자기의 형상과 같은 아들을 낳아 이름을 셋(창5:3)"이라고 기록하고 있다.

시편 139장 13-14절에는 이렇게 묘사되어 있다. "주께서 내 내장을 지으시며 나의 모태에서 나를 만드셨나이다 내가 주께 감사하옴은 나를 지으심이 심히 기묘하심이라." 사람의 뇌는 컴퓨터 1000대, 마이크로 필름 카트리지 100억개 분량, 복사기, 카메라, 비디오, 와이드 스크린 영사기 전부를 저장할 만큼 엄청난 용량을 가지고 있다. 이처럼 하나님은 인간에게 엄청난 가능성(possibility)과 잠재력(potential)을 주셨다. '나는 할 수 있다'는 긍정적인 자세를 갖는다면 자기개발의 무한한 기회를 얻을 수 있다. 그렇지만 개인의 성장이 일어나기 위해서는 먼저 영적 및 정신적으로 변화가 일어나야 한다. 또한 자신을 끝없이 혁신하고 응용하며, 완성을 향해 희망을 품고 전진해야 한다.264)

온전한 변화는 성령 안에서 이루어진다. 사람의 근본적인 변화는 힘으로도 능으로도 안 되고 오직 성령의 힘으로 가능하다(슥4:6). 인간은 성령님이 도와줄 때 큰일을 할 수 있고, 승리할 수 있고, 희망을 품을 수 있다. 사람은 할 수 없지만 성령님은 모든 것을 할 수 있다(막10:27). 또한 예수님도 우리 안에 계시며 일하신다(고후13:5). 야훼는 지혜와 총명의 신이요 모략과 재능의 신이요 지식과 야훼를 경외하는 신이시다(사11:2). 그리스도인은 하나님의 지혜와 능력과 또한 나의 믿음과 실천으로 불가능한 것을 가능하게 만들 수 있다는 확신을 갖고 항상 전진해야 한다.

원리 3: 창조적, 생산적, 적극적, 희망적 언어를 개발하라.
영산은 "우리의 입술 언어는 인생을 창조하는 힘을 가지고 있습니다(약3:2-4)."라고 강조한다.265) 십자가는 옛 사람을 소멸시키고 새 사람을 만들어, 새로운 마음성향, 언어방식, 행동양식으로 하나님을 영화롭게 한다. 새 신분은 '거룩하고 의로운 존재'이므로 언어방식이 창조적, 생산적, 긍정적 성격을 띠게 된다. 다시 말해, 하나님의 사랑하는 아들의 나라로 옮겨진 성도는 사용하는 말도 하늘나라 언어를 사용해야 한다. 우리는 흑암의 권세에서 건져내 그의 사랑하는 아들의 나라로 옮겨진 백성이다(골1:13). 영산도 창조적이고 성공적인 언어방식을 소유하라고 권면한다.266)
그리스도 안에 있는 자는 내 안에 창조의 능력을 품으신 예수 그리스도를 모시고 사는 자이다.

---

264) 개인의 성장(Personal Growth) = Change(정신적-영적) + Development(혁신-응용) + Completion(완성을 위한 전진)
265) 조용기, "언어를 선택하라", 주일설교(2014-02-16). 그는 "우리는 빛에 속한 말을 하든지 어둠을 불러오는 말을 하든지 두 나라의 언어 중 하나를 선택해야 합니다."라고 말한다.
266) 조용기, 『4차원의 영성』, 교회성장연구소(2006), 181-184.

그러므로 파괴적 언어가 아니라 창조적 언어를 구사하여야 한다.[267] 잠언서는 "구부러진 말을 네 입에서 버리며 비뚤어진 말을 네 입술에서 멀리 하라(잠4:24)"고 권고한다. 우리는 "야훼여 내 입에 파수꾼을 세우시고 내 입술의 문을 지키소서(시141:3)"라고 기도해야 한다. 우리의 '입술로 지식을 지키도록(잠5:2)' 해야 한다.

요셉은 수많은 부정적 인생 여정을 걸었다. 하지만 그는 어둡고 절망적이고 캄캄한 모든 상황들을 긍정적 인생 여정으로 바꾸었다. 언어중추가 인간의 온 몸과 삶을 지배하므로 신자가 영적, 긍정적, 생산적 말을 하는 것은 중요하다. 화가로서도 유명했던 모르스(Morse)는 전신기를 발명한 사람이다. 그는 전자기학에 관심을 가졌으며 하나님께 이렇게 기도했다. "하나님 저에게 특별한 재능을 주셔서 감사합니다. 주님이 창조하신 만물을 보고 묘사할 수 있도록 하여 많은 사람들을 기쁘게 하심을 감사합니다. 바라옵기는 저에게 전신을 발명할 수 있는 총명을 하락하여 주시옵소서."

오그 만디노(Og Mandino)가 쓴 『세상에서 가장 위대한 10가지 결심』은 350만 부나 팔린 세계적인 베스트셀러다. 그가 소개하는 위대한 결심 10가지를 한 마디로 요약하면, 사물을 보고 긍정적으로 생각하고 긍정의 말을 계속하면, 어떤 일이든 이루어진다는 것이다.[268] 영적 언어는 희망을 탄생시킨다. 영산은 "하나님의 아들이신 예수 그리스도의 죽으심과 부활은 우리들에게 전혀 다른 차원의 새로운 용서와 치료, 그리고 승리와 희망의 언어를 주셨습니다."라고 말한다.[269]

5.5. 언어능력의 활성화: 십자가 중심의 언어를 삶에 적용한다

영산은 "말은 사람의 마음을 표현하는 수단으로 입술의 선포를 통해 생각의 씨앗을 열매 맺게 합니다."라고 말한다.[270] 십자가 언어는 그 자체로 능력을 품고 있어 말을 통해 생명의 열매를 맺는다.

십자가의 최고봉은 수난절-부활절의 봉우리다. 십자가의 믿음은 고난과 영광을 바라본다. 다시 말해, 십자가의 언어는 고난언어와 영광언어의 총체이다. 신자는 십자가에서 체험한 언어를 자신의 삶 속에 적용해야 한다. 모든 신자는 예수 그리스도를 믿을 때 갈보리 언덕의 십자가 사건을 재현한다. 다시 말해, 십자가 위에서 예수와 함께 죽고 부활한다(갈2:20). 예수님을 믿음으로써 우리는 그 엄청난 십자가 사건을 나의 사건으로 만든다. 이것은 놀라운 신비의 체험이다.

---

267) "우리는 자신의 삶을 생각과 꿈과 입술의 고백으로 만들어갑니다. 운명을 팔자로 생각하지 마십시오. 여러분 인생에 있어서 무엇이든지 긍정적으로 생각하고 이루어진 모습을 꿈꾸고 그것을 입술로 고백하면 하나님의 능력이 그것을 여러분 생애 속에 이루어 주시는 것입니다." 참조. 조용기, "말의 힘", 주일설교(2011-02-13).

268) a) 오늘부터 새로운 삶을 살겠다(마음의 다짐을 한다). b) 하루하루 충만한 사랑으로 살겠다(사랑은 사람을 사로잡는다). c) 성공할 때까지 싸우겠다(인생은 열정이다). d) 나는 위대한 창조물이다(자화상을 찾아야 한다). e) 오늘을 내 인생의 마지막 순간처럼 살겠다(매 순간 최선을 다한다). f) 감정의 노예가 아니라 지배자가 되겠다(자신을 조절할 줄 알아야 한다). g) 오늘 하루를 웃으면서 살겠다(긍정적인 태도를 품고 산다). h) 나의 가치를 몇 백 배 키우겠다(가치는 성공을 창출한다). i) 나는 즉시 실천하겠다(새로운 습관을 형성하겠다). j) 오늘부터 기도를 드리겠다(영적인 변화를 추구한다). 괄호 안에 있는 내용은 필자가 추가한 것이다.

269) 조용기, 『설교는 나의 인생』, 서울말씀사(2009), 137.

270) 조용기, "마음 다스리기", 주일설교(2014-03-30).

십자가는 삶의 모든 결실이 하나님의 은혜로 이뤄진 것임을 깨닫게 해준다. 성도는 이 사실을 알고 기뻐하고 감사해야 한다. 이제 성도는 그리스도의 마음을 품고 살아가는(빌2:5) 사람들이다. 성 토마스(Saint Thomas)는 '믿음은 영원한 생명의 시작'이라고 말한다.271) 생명의 씨가 있는 자는 하늘나라 언어를 사용해야 한다. 죄인은 성령세례를 받으면 새 신분을 부여받으므로, 새 신분에 어울리는 언어를 구사함이 옳다.272) 영산은 "언어는 마음의 표현 도구이며, 동시에 언어와 성품은 동반자입니다."라고 말한다.273) 즉 자신의 말은 자신의 인격이다. 그는 "우리가 이 땅에 사는 동안 예수님을 본받은 인격자가 되면 그러한 인격과 성품을 가지고 영생천국으로 들어갑니다."라고 피력한다.274) 천국언어 훈련은 곧 자신의 신앙인격 훈련이다.

나아가 십자가를 경험하면, 이제 더 이상 나를 위한 언어가 아니라 타자적 언어, 즉 하나님과 내 이웃을 위한 언어를 구사하게 된다. 이를테면, 칭찬, 격려, 위로, 감사, 용서 등은 나 자신을 위한 언어가 아니라, 내 이웃을 위한 언어들이다. 하나님도 "빛이 있으라" 하시고 스스로 보기에 좋았더라고 말씀하셨다. 칭찬은 하나님의 속성을 가지고 있다. 영산은 칭찬은 삶의 의미를 느끼게 하고 기쁘고 즐겁게 해준다고 강조한다. "우리가 하나님을 찬양할 뿐 아니라 우리와 같이 사는 이웃들도 끊임없이 칭찬해야 합니다. 칭찬을 아끼면 안 됩니다. 칭찬은 용기와 힘을 얻게 하고, 더 발전하도록 하고, 삶의 의미를 깊이 느끼고 기뻐하며 즐겁게 만들어 줍니다."275) 잠언 27장 21절에도 "도가니로 은을, 풀무로 금을, 칭찬으로 사람을 단련하느니라"고 기록하고 있다.

칭찬의 시초는 하나님이시다. 하나님은 빛을 만들고 스스로 보시기에 좋았더라고 하셨다(창1:4). 칭찬은 만족에서 온다. 칭찬은 위대한 힘을 낳는다.276) 칭찬 한 마디의 위력은 크다. 칭찬의 10가지 능력에 대해 어와나 클럽(Awana Club)의 뉴스레터에 실렸던 글인데 여기에 소개한다.277)

---

271) 토머스 머튼, 『십자가 성 요한과 진리의 산길』, 바오로딸(2009), 312.
272) 성령세례는 단순히 기적과 능력 자체가 아니라 성령이 내주하심으로써 완전히 다른 차원의 생명, 곧 승화된 생명으로 변화됨을 의미한다. 이는 주님의 구속이 우리의 인격적 체험에서 실현되는 것이기 때문이다. 성령세례에서 중요한 것은 우리가 하나님을 위하여 일하는 것이 아니라 하나님께서 우리 안에서 역사하신다는 사실이다. 오스월드 챔버스, 『그가 나를 영화롭게 하리라』, 토기장이(2012), 50. 첨언하면, 성령세례를 받은 성도는 먼저 새 생명의 마음을 부여받으므로, 새 마음에서 새로운 천국언어가 나온다. 성령의 능력으로 마음의 성향이 선을 향하도록 바뀌었기 때문이다.
273) 조용기, "신앙생활과 신앙인격", 주일설교(2012-05-06).
274) 조용기, "신앙생활과 신앙인격", 주일설교(2012-05-06).
275) 조용기, "우리를 변화시키는 말", 주일설교(2010-05-16): 감사, 찬양, 축복.
276) 1800년대 초반 덴마크에 남들보다 글솜씨가 뒤떨어지는 아이가 있었다. 이 아이는 열한 살이 되어서야 겨우 '글 비슷한 것'을 써서 주위에 돌렸으나 조롱을 면치 못했다. 어떤 아주머니는 "네 글을 보니까 차라리 다른 일을 하는 게 더 나을 것 같구나."라고 말했다. 크게 실망하고 집에 돌아온 이 아이에게 어머니는 꽃을 보여주며 "네 글은 아직 봉오리가 맺지 못했구나. 그러나 언젠가는 봉오리를 맺고 꽃을 피울 거야. 걱정 말아라."라고 위로해 주었다. 이 미숙한 꼬마가 후에 위대한 작가가 된 안데르센(Hans Andersen)이다.
277) 칭찬 개념: 1) 칭찬은 키 크는 약이다. 행복을 열 배로 키워준다. 2) 칭찬은 만병통치약이다. 칭찬으로 안 낫는 것이 없다. 3) 칭찬은 영혼이다. 보이지 않고 큰 영향력을 미친다. 4) 칭찬은 메아리다. 간 것이 되돌아온다. 5) 칭찬은 꽃을 피우는 마술사다. 굳어 있는 얼굴에 웃음꽃을 피우게 한다. 6) 칭찬은 샘물이다. 기쁨의 갈증을 깨끗이 씻어준다. 7) 칭찬은 별책 부록이다. 돈 안 들고 기쁨을 전해준다. 8) 칭찬은 씨앗이다. 무한한 가능성을 가지고 있다. 9) 칭찬은 비타민이다. 몸과 마음이 상큼해진다. 10) 칭찬은 위대한 대통령이다. 역사를 새로 쓰게 만든다. 참조. 조용기, "감사, 찬양, 축복", 주일설교(2010-05-16).

칭찬의 최고 강사는 하나님과 예수님이시다. 먼저 우리는 하나님으로부터 칭찬의 방법을 배울 수 있다. 하나님 스스로 칭찬하시는 것을 좋아하셨으며 만물을 지으실 때마다 하나님은 항상 "보시기에 좋았더라"고 하셨다.278) 하나님은 그가 창조한 빛을 보고 "보시기에 좋았더라(창1:3-4)"고 하셨다. 바울은 "그러므로 때가 이르기 전 곧 주께서 오시기까지 아무것도 판단치 말라 … 각 사람에게 하나님께로부터 칭찬이 있으리라(고전4:5)"고 말한 바 있다. 또한 우리는 예수님에게 칭찬하는 방법을 배울 수 있다. 예수님은 믿음에 대하여 가장 많은 칭찬을 하셨다. 믿음이 있는 자를 크게 칭찬하셨다. 칭찬은 좋은 친구를 만들고, 잠재력을 끄집어내는 훌륭한 도구이다.

5.6 천상언어의 창조: 행복언어를 개발하여 타자지향적 삶을 산다

십자가는 죄인을 죽게 하고 부활하게 만들어 천국언어를 낳게 한다. 그 천국언어는 하늘나라 삶을 탄생시킨다. 언어의 변화는 행동의 변화를 앞선다. 십자가는 시작도 끝도 하나님의 은혜이다. 십자가는 옛 자아의 본성을 소멸시키고 새 마음을 탄생시킨다. 그리스도인의 삶은 은혜 안에서, 은혜를 통해서, 은혜와 함께 사는 삶이다. 바울은 "나의 나 된 것은 하나님의 은혜로 된 것(고전15:10)"이라고 말한다. 그 은혜는 천국언어를 활성화시키고, 삶 속에 기쁨과 행복을 가져온다.

미국의 사상가 윌리엄 제임스(William James)는 이렇게 말했다. "우리는 행복하기 때문에 웃는 것이 아니고, 웃기 때문에 행복하다." 성도의 삶은 항상 기뻐하기 때문에 행복해지는 삶이다(살전5:16-18). 니사의 그레고리우스는 '참된 행복의 설교'에서 "행복한 사람이란 하나님에 대하여 뭔가 아는 사람이 아니고 하나님을 자신 안에 모시고 사는 사람"이라고 말한다. 행복은 하나님과 함께 빚어가는 것이다.279)

신명기에서는 이렇게 선포된다. "이스라엘이여 너는 행복한 사람이로다 야훼의 구원을 너 같이 얻은 백성이 누구냐 그는 너를 돕는 방패시요 네 영광의 칼이시로다 네 대적이 네게 복종하리니 네가 그들의 높은 곳을 밟으리로다(신33:29)." 행복은 하나님의 말씀에 순종할 때 뒤따라온다(신10:13). 행복이란 하나님이 주신 축복을 삶 가운데서 향유하는 것이다.

아담과 하와의 타락 후 이 세상에는 비극의 언어가 시작되었다. 그들의 타락은 이 세상에 죄와 질병과 고통과 죽음을 가져왔다(창3:17-19, 롬5:12, 요일5:19). 인간이 쓰는 언어 중 가장 최악의 언어는 '죄의 언어'이다. 하나님은 죄의 언어를 만들지 않으셨다. 하나님은 죄의 관영함을 보시고 심히 한탄하고 근심하며 슬퍼하셨다(창6:5-6). 그러나 예수님이 오심으로써 행복의 언어가 나타났다. 예수 그리스도의 십자가는 행복 언어를 빚어내는 근원지다. 십자가는 행복 언어의 원천이다. 예수님은 이 땅에 육신으로 오셔서 십자가 대속으로 죄와 죽음을 극복하셨다. 누구든지 예수님을 구

---

278) "노아는 의인이요 당대에 완전한 자라 그는 하나님과 동행하였으며(창6:8-9)." "우리 조상 아브라함이 그 아들 이삭을 제단에 드릴 때에 행함으로 의롭다 하심을 받은 것이 아니냐 네가 보거니와 믿음이 그의 행함과 함께 일하고 행함으로 믿음이 온전케 되었느니라(약2:21-22)." "이제야 네가 하나님을 경외하는 줄을 아노라(창22:12)." "그와 같이 순전하고 정직하여 하나님을 경외하며 악에서 떠난 자가 세상에 없느니라(욥2:3)." "그 칭찬이 사람에게서가 아니요 다만 하나님에게서니라(롬2:29)."

279) 아달베르 함만, 『교부들의 길』, 성바오르(2010), 203.

주로 영접하면, 죄사함과 영생과 영원한 축복을 선물로 받는다. 이 땅에서 진정으로 복된 삶이 시작된다.

기쁘게 사는 것은 하나님의 뜻이다.[280] 기쁘게 살 때 인간은 행복 언어를 구사할 수 있다. 예수님은 그리스도인의 이름이 하늘나라 기록된 것을 기뻐하라고 말씀하신다. "그러나 귀신들이 너희에게 항복하는 것으로 기뻐하지 말고 너희 이름이 하늘에 기록된 것으로 기뻐하라(눅10:20)." 전도자는 "그가 비록 천 년의 갑절을 산다 할지라도 행복을 보지 못하면 마침내 다 한 곳으로 돌아가는 것뿐이 아니냐(전6:6)"고 지적한다. 욥도 마음의 고통은 행복을 맛보지 못하게 한다고 고백한다: "어떤 사람은 죽도록 마음에 고통하고 복을 맛보지 못하였어도(욥21:25)." 행복은 야훼의 말씀에 순종할 때 따라온다. 그래서 야훼 하나님은 이렇게 말씀하신다. "내가 오늘 네 행복을 위하여 네게 명하는 야훼의 명령과 규례를 지킬 것이 아니냐(신10:13)."

감사는 행복의 키워드다.[281] 하나님을 영화롭게 하며(시50:23) 하나님을 기쁘게 하면, 인간의 삶은 행복해진다. 영산은 사람은 항상 감사하는 마음을 품어야 한다고 강조한다. "인간은 과거, 현재, 미래를 품고 삽니다. 그러므로 우리는 과거의 은혜를 기억하고 감사해야 하며, 현재의 삶을 감사하고 미래의 복을 감사해야 합니다. 천지를 창조하신 하나님께 감사해야 하며, 예수님의 구속의 은혜를 감사해야 하며, 성령님의 도우심을 감사해야 합니다. 감사의 씨앗을 심어야 감사의 열매를 맺습니다. 따라서 감사가 생활화되어야 합니다."[282] 또 영산은 이렇게 권면한다. "우리를 선하게 변화시키는 말을 습관적으로 해야 합니다. 우리 입으로 '감사합니다', '찬양합니다', '축복합니다'라고 말하십시오. 나와 이웃이 모두 변화됩니다."[283]

영산은 변화시키는 말에 대하여 다음과 같이 요약해서 말한다.[284]

---

280) "항상 기뻐하라 쉬지 말고 기도하라 범사에 감사하라 이것이 그리스도 예수 안에서 너희를 향하신 하나님의 뜻이니라(살전 5:16-18)." "주 안에서 항상 기뻐하라 내가 다시 말하노니 기뻐하라(빌4:4)." "또 야훼를 기뻐하라 그가 네 마음의 소원을 네게 이루어 주시리로다(시37:4)." "야훼의 말씀에 시온의 딸아 노래하고 기뻐하라 이는 내가 와서 네 가운데에 머물 것임이라(슥2:10)." "마지막으로 말하노니 형제들아 기뻐하라 온전하게 되며 위로를 받으며 마음을 같이하며 평안할지어다(고후13:11)."

281) 루즈벨트(F. Roosevelt)는 소아마비를 알아서 절름발이였다. 또한 극단적인 근시와 원시라서 언제나 안경 두 개가 필요했다. 항상 강철로 만든 안경집에 안경을 넣고 다녀야 했다. 그는 이렇게 불평했다. "하나님 왜 많은 사람들은 안경을 안 쓰고도 살고, 또 어떤 사람은 안경 하나만 쓰고 사는데, 왜 나는 안경 두 개를 써야 합니까?" 그렇게 불평을 일삼던 그가 밀워키에서 대통령 선거연설을 하는데, 바로 앞에서 슈렝크라는 남자가 그를 향해 권총을 쏘았다. 총알은 루즈벨트의 가슴 한가운데를 맞추었다. 하지만 그는 서서 끝까지 연설했다. 그러자 사람들은 불사신이라고 말했다. 연설을 마치고 난 다음 병원으로 가서 옷을 벗어 보니까, 놀랍게도 총알이 그의 안경집에 들어 있었다. 그가 늘 불평하던 강철로 만든 안경집이었다. 총알은 바로 주머니 안에 있던 안경집에서 멈추었던 것이다. 그때서야 루즈벨트는 하나님께 진정으로 감사했다. "하나님 내가 원시와 근시라서 안경을 바꾸어 써야 하고 안경집을 주머니에 넣고 다녀야 된다고 늘 불평했었는데, 이 순간에 나를 살리시려고 하나님이 미리 준비해 놓으셨군요!"

282) 조용기, "감사가 생활화되어야 한다", 주일설교(2009-11-25). "감사와 칭송의 힘"(2010-04-25). "범사에 감사하라"(2006-11-19). "왜 감사해야 하는가"(2004-11-21).

283) 조용기, "우리를 변화시키는 말", 주일설교(2010-05-16).

284) 조용기, "우리를 변화시키는 말", 주일설교(2010-05-16). "감사가 생활화되어야 한다"(2009-11-15). "감사와 찬양의 위력"(2008-04-06).

원리 1: 하나님을 영화롭게 하는 말, 감사의 말을 하라.

영산은 삼위일체적 감사를 강조한다. "오직 믿음과 순종으로 좋으신 하나님의 사랑(요3:16)과 예수님의 십자가 구속의 은혜(엡2:8-9)와 성령님의 새롭게 하는 역사(갈5:22-26)에 감격하여 뜨거운 감사로 살아가야 합니다."라고 말한다.285) 영산의 삼위일체적 감사 원리는 '좋으신 하나님, 예수 그리스도의 구속의 은혜, 인격적 성령님'이라는 신학적 사고에 뿌리내리고 있다.

십자가 위에서 죽었다가 살아난 새 사람은 오직 하나님을 영화롭게 하는 말을 향유해야 한다. 십자가는 죄인을 의인으로 만들어 언어방식부터 변혁시킨다. 영산은 감사 이유를 5가지로 요약한다. "첫째, 감사는 하나님을 영화롭게 합니다. 둘째, 감사하는 자에게 하나님은 복을 주십니다. 셋째, 감사는 기쁨과 행복을 가져다줍니다. 넷째, 감사는 내적 치료를 가져옵니다. 다섯째, 감사는 기적을 체험하게 하고 역경을 이기게 합니다."286) 예수님은 하나님을 영화롭게 하셨다. "아버지께서 내게 하라고 주신 일을 내가 이루어 아버지를 이 세상에서 영화롭게 하였사오니 아버지여 창세 전에 내가 아버지와 함께 가졌던 영화로써 지금도 아버지와 함께 나를 영화롭게 하옵소서(요17:4-5)."

'밀림의 성자'로 불리는 슈바이처(Albert Schweitzer)는 임종을 앞두고 친구에게 보낸 마지막 편지에서 이렇게 고백한다. "자네가 이 편지의 회신을 보내기 전에 아마도 난 죽을 것 같네. 내가 죽었다는 소식을 듣더라도 슬퍼하지 말게. 나는 이 세상에서 제일 축복받은 자라고 생각하네. 불쌍한 사람들을 섬기는 일을 60여 년 동안 할 수 있었고, 오늘 90세의 노구를 이끄는 이 순간까지 계속할 수 있었던 것은 과거나 현재나 변함없이 돌보아주시는 하나님의 크신 은혜와 사랑 때문이었다고 확신하네. 나는 전심을 다해 하나님께 감사하는 마음을 드리고 싶다네." 이처럼 슈바이처는 이 세상에서의 삶을 마치는 최후의 순간까지 자신을 인도해주시고 보호해주신 하나님께 감사의 고백을 했다.

감사에는 2종류가 있다.287) 칼빈은 감사의 정의를 이렇게 한다. "모든 선한 일들에 대하여 하나님께 찬양과 함께 올려드리는 보은의 자세다."288) 켐피스의 토마스는 "하나님을 사랑한다는 것은 그분의 축복을 기억하며, 그 축복을 누구에게 주신다 해도, 그것에 대하여 감사함을 의미"한다고 고백했다.289)

하나님은 인류를 대상으로 감사의 윤리학을 개설하여 운영하고 계신다. 감사는 하나님을 영화롭게 하는 일이다(시50:23). 종교개혁가 마르틴 루터(Martin Luther)는 마귀의 세계에는 감사가 없다고 말했다. 설교가 크리소스톰((John Chrysostom)은 죄 중의 죄는 감사하지 않는 죄라고 말한다. 하나님은

---

285) 조용기, "의로운 죄인과 더러운 죄인", 주일설교(2005-07-10).

286) 조용기, 『요약설교』, 서울말씀사(2012), 418-419.

287) a) 초보적 감사: 만약 ~해준다면 감사하겠다(If ~), b) 피드백 감사: ~을 해주었기 때문에 감사하겠다(Because ~).
     c) 고차원 감사: ~함에도 불구하고 감사하겠다(In spite of ~).

288) 존 칼빈, 『기독교강요(상)』, 크리스챤다이제스트(2010), 468-470.

289) 토마스 아 켐피스(Thomas A Kempis, 1379-1471), 『그리스도를 본 받아』(Imitatio Christi), 두란노(2010), 181.

백성들이 뿔과 굽이 있는 황소를 드리는 것보다 감사의 제사를 드리는 것을 더 기뻐하신다(시 69:30-31). 하나님은 감사로 하나님께 제사 드리는 자를 건져주신다(시50:14-15).

스펄전(Charsles Spurgeon)은 이렇게 말한다. "촛불을 가지고 감사하면 전등불을 주시고, 전등불을 가지고 감사하면 달을 주시고, 달을 보고 감사하면 태양을 주시고, 태양을 보고 감사하면 천국을 주신다." 그리스도인은 삶의 자리에서 감사가 항상 넘쳐나게 살아야 한다. 바울은 "믿음에 굳게 서서 감사함을 넘치게 하라(골2:7)"고 권고한다. 빌헬름 웰러(Wilhelm Weller)는 "가장 행복한 사람은 가장 많이 소유한 사람이 아니라, 가장 많이 감사하는 사람"이라고 말한다. 사람의 행위가 야훼를 기쁘시게 하면 하나님은 그 사람의 원수라도 그와 더불어 화목하게 해주신다(잠16:7). 하나님을 기쁘시게 하면 원수와 더불어 화목하게 될 수 있다. 아리스토텔레스는 "행복은 감사하는 사람의 것"이라고 말했고, 존 밀러는 "사람이 얼마나 행복한가는 그의 감사의 깊이에 달려 있다"고 말했다.

세계적인 긍정심리학자 마틴 셀리그만(Martin Seligman) 박사는 물질이 주는 만족을 '바닐라 아이스크림'에 비유했다. 물질적인 기쁨이란, 처음에는 아주 맛있지만 점점 녹아서 별 맛을 느끼지 못하게 되는 바닐라 아이스크림과 같다는 것이다. 아이스크림이 혀에 닿는 처음 순간은 아주 맛있지만, 혀는 곧 감각을 잃어버리고 처음 맛이 사라진 채 그냥 먹는 것이다. 솔제니친(A. Solzhenitsyn)은 시베리아 정치수용소에서 11년의 고통 가운데 암에 걸려서 죽음에 이르자, 예수님을 믿고 구사일생으로 살아나게 되었다. 그는 출옥한 후에 수용소의 참상을 폭로하는 소설인 '수용소 군도'를 써서 1970년 노벨문학상을 받았다. 이 책 속에서 솔제니친은 "감방이여 고맙소"라고 고백했다. 이 말은 '내가 시베리아 감방에서 11년 동안 갇혀 있지 않았었다면, 결코 수용소 군도라는 책을 쓰지 못했을 것'이라는 의미였다.

원리 2: 축복의 말을 하라.

하나님은 십자가를 통해 위대한 축복을 죄인들에게 넘겨준다. 십자가를 통해 죄인은 거룩함을 얻는다(히10:10). 하나님과 교제의 뿌리는 거룩함에 있다. 그 거룩함은 어디서 오는가? 바로 그리스도의 십자가를 통해서 온다. 누구든지 예수를 믿으면 갈보리 십자가를 경험한다. 가장 큰 축복은 죄사함, 영생, 양자됨 및 하나님과의 화목이다. 그리스도인은 그 자체가 복의 통로이다. 신자의 마음하늘 보좌에는 십자가 위에서 죽으시고 부활하시고 승천하셔서 영광을 받으신 우리 주 예수 그리스도가 앉아 계시기 때문이다. 영산은 복된 입술이 되라고 강조한다. "하나님은 사람의 말로 그 사람을 평가하시고, 심판 날에 의로움과 정죄함을 구분하는 기준으로 삼으십니다. 따라서 자신의 입술이 복된 입술이 되도록 하나님의 권세가 담긴 말씀을 자기 말의 기초로 삼아야 합니다.290)

원리 3: 사랑과 자비의 말을 하라.

십자가는 하나님과 사람의 관계를 본질적으로 변화시킨다. 십자가를 통해 우리의 마음하늘에 영광스러운 처소가 만들어진다. 사랑은 하나님의 말씀에 순종하는 것이다. 우리가 예수님을 사랑한

---

290) 조용기, 『4차원의 영성』, 교회성장연구소(2006), 188.

다면 예수 그리스도의 '말'을 지켜야 한다(요14:23). 사랑은 그리스도의 영광을 드러내는 일이요(요16:14), 선을 향하는 마음가짐과 행동이다(엡2:10). 십자가는 하나님의 사랑을 가장 잘 대변하는 지상 위에 세워진 하늘나라 홍보관이다. 사랑의 말의 시초는 하나님 자신이시다. 하나님은 예수님이 세례 받으신 후 물에서 올라오실 때 "내 사랑하는 아들이요 내 기뻐하는 자(마3:17)"라고 말씀하셨다. 사랑의 근원은 하나님이시다. 하나님을 아는 자가 하나님을 사랑할 줄 알고, 하나님을 사랑할 줄 하는 자가 나와 이웃을 사랑할 수 있다. 그런 자가 온전한 사랑의 말을 할 수 있다.[291]

원리 4: 내적 치료의 말을 하라.

'계명을 지키는 자는 자기의 영혼을 지키는 사람'이다(잠19:16). 하나님의 말씀은 완전하여 영혼을 소생시킨다(시19:7). 더 근본적으로 이해하면, 내적 치료의 근원이자 뿌리는 십자가에서 죽으시고 부활하신 예수 그리스도시다. 모든 그리스도인은 이미 갈보리 십자가를 체험한 자들이다(갈2:20). 지금 내가 사는 것은 내 안의 그리스도시다. 내적 치료의 방식 중 언어는 중요한 위치를 차지한다. 왜냐하면 말은 영이요 생명이기 때문이다(요6:63).

영산은 "부정적이고 파괴적인 말은 마귀가 역사하는 통로"가 된다고 말한다.[292] 불평은 사람들에게 미움, 분노, 불안, 절망, 탄식을 주지만, 성령 안에서의 감사는 이 모든 독을 해소시키는 '치료의 마음'을 주며, 감사할 때 불평의 마귀가 떠나간다. 감사는 하나님의 영과 인간의 영을 연결시키는 소통체계이기 때문이다. 세계적인 성경교사인 조이스 마이어(Joyce Meyer)는 다음과 같이 권면한다. "우리의 마음은 입술에 영향을 주고, 그 입술은 마음에 영향을 줍니다. 우리는 말을 먹고 삽니다. 왜냐하면 내가 말하면 다른 사람이 영향을 받고, 말하는 내가 또한 영향을 받기 때문입니다. 따라서 하나님처럼 말하는 것을 배워야 합니다."[293] 감사의 말은 내적 치료를 가져오며, 감사와 찬양은 마음의 미움을 제하여 주고, 분노를 가라앉히고, 우울증을 치료한다.[294] "마음의 즐거움은 양약이라도 심령의 근심은 뼈를 마르게 하느니라(잠17:22)." 하나님은 치료하시는 하나님이시다(사58:8). 하나님 이름을 경외하면 공의로운 해가 떠올라서 치료하는 광선을 비춘다(말4:2).

---

291) "하나님이 세상을 이처럼 사랑하사 독생자를 주셨으니 이는 그를 믿는 자마다 멸망하지 않고 영생을 얻게 하려 하심이라 (요3:16)." "너는 마음을 다하고 뜻을 다하고 힘을 다하여 네 하나님 야훼를 사랑하라(신6:5)."

292) 조용기, "말의 창조적 힘", 주일설교(2013-07-28).

293) Joyce Meyer, *Change Your Words, Change Your Life*, Faith Words(2012), p52 &. p31.

294) 「죄와 벌」, 「카라마조프가의 형제들」을 쓴 러시아의 대문호 도스토예프스키(Dostoevskii)의 삶은 어릴 때부터 고통의 연속이었다. 그는 어린 시절에 아버지가 살해당하고 고아로 자랐다. 청년 시절에 혁명당 활동을 하다가 사로잡혀서 사형선고를 받았으나 극적으로 살아났다. 그 후 시베리아로 유배 가서 말로 다 할 수 없는 고통의 시절을 보냈다. 결혼했으나 얼마 되지 않아 아내가 병들어 죽었다. 재혼해서 첫 아이를 얻었지만, 아이는 병들어 죽었다. 설상가상으로 간질병에 걸려 평생을 고통당하며 살았다. 하지만 그는 자신의 질병을 '거룩한 병'이라고 불렀고 원망하지 않았다. 그는 모든 일에 감사했다. 감사하지 않으면 정신적으로 견딜 수 없었으며, 감사를 통해서 그의 신앙이 더 굳세지고 깊어졌다고 말한다. 그 고통 속에서 저술한 책이 불후의 명작이 된 「죄와 벌」이다. 고통은 그를 파멸시킨 것이 아니라, 오히려 극심한 고통 가운데서 그는 하나님께 감사하고 찬양했다. 그는 온갖 고통을 극복하고 승리의 삶을 살며 불후의 명작을 남겼다.

영적 치료는 완벽한 치료를 탄생시킨다. 인지치료와는 차원이 다르다.295) 찬송은 입술의 열매다. 히브리서 기자는 "예수로 말미암아 항상 찬송의 제사를 하나님께 드리자 이는 그 이름을 증언하는 입술의 열매니라(히13:15)"고 말한다. 시편 기자도 "주여 내 입술을 열어 주소서 내 입이 주를 찬송하여 전파하리이다(시51:15)"라고 노래한다. 우리는 사는 동안 입술로 하나님께 찬양해야 한다.296)

5.7 삼위 하나님과의 교제: 삼위일체 하나님과 교제를 심화한다

십자가는 죄인을 의인으로 만들어 하나님과 교제의 장을 열어주었다. 영산은 "4차원영성이란 인간과 하나님이 벗이 되어 함께 사는 삶입니다."라고 강조한다.297) 예수 그리스도와 연합한 성도들은 예수님과 교제할 수 있다(요일1:3).298) 하나님과 가까워지는 방법은 '인간의 입술과 마음상태를 영적으로 활용하는 것'이다. 구원의 원리는 '마음으로 믿는 것'과 '입으로 고백하는 것'이며, 이 둘은 한 데 속한다. 사람이 마음으로 믿어 의에 이르고 입으로 시인하여 구원에 이른다(롬10:10). 따라서 하나님과 가까워지는 유일한 비결은 '마음과 입술'을 주를 향해 사용하는 것이다.

하나님은 죄 많은 인류와 교통하시기 위해서 자신의 아들(말씀)로 하여금 육신을 지니고 이 땅에 태어나게 하셨다. 클라이드 팬트(Clyde Fant)는 성육신은 '하나님의 궁극적 커뮤니케이션 행위'라고 강조한다. 하나님은 단지 말씀으로만 자신의 뜻을 알려주신 것이 아니라, 자신의 아들이 성육신하게 하셔서, 곧 참 하나님이시자 참 사람이신 예수 그리스도로 태어나게 하셔서 사람과 교통하게 하셨다. 예수님은 우리의 '화평'이시다(엡2:14). 그는 하나님과 사람 사이를 가로막고 있는 담을 자기 육체로 헐어주셨다(엡2:14). 성육신은 곧 친교의 장을 열어주었다.

'둘이 하나됨의 원리'는 말씀과 성령 안에서 가능하다. 바울은 데살로니가에서 단지 십자가 복음만을 증거한 것이 아니라 그들과 함께 살면서 하나 되는 삶을 보여주었다. 바울이 데살로니가 사람들에게 보낸 편지가 이를 뒷받침 한다. "우리 복음이 말로만 너희에게 이른 것이 아니라 오직 능력과 성령과 큰 확신으로 된 것이니 우리가 너희 가운데서 너희를 위하여 어떠한 사람이 된 것은

---

295) 영적 치료는 인지심리 치료와는 차원을 달리한다. 인지적 치료는 비교 논증, 가능성 논증, 존재론적 논증을 활용해서, 비합리적 신념을 가진 사람을 논리적 논법으로 합리적 신념을 세워준다. 영적치료는 성령의 역사이나, 인지치료는 심리적 치료다. 심리치료는 한계성이 있으나, 영적치료는 성령의 역사로 한계를 뛰어넘는다. 참조. 라파엘 산탄드루(R. Santandreu Lorite), 『마음의 함정』, 생각의날개(2014), 96-98.

296) "이 일이 장래 세대를 위하여 기록되리니 창조함을 받을 백성이 야훼를 찬송하리로다(시102:18)." "감사함으로 그의 문에 들어가며 찬송함으로 그의 궁정에 들어가서 그에게 감사하며 그의 이름을 송축할지어다 야훼는 선하시니 그의 인자하심이 영원하고 그의 성실하심이 대대에 이르리로다(시100:4-5)." "시와 찬송과 신령한 노래를 부르며 감사하는 마음으로 하나님을 찬양하고 또 무엇을 하든지 말에나 일에나 다 주 예수의 이름으로 하고 그를 힘입어 하나님 아버지께 감사하라(골3:16-17)."

297) 조용기, "마음 다스리기", 주일설교(2014-03-30).

298) 참조. 로버트 쇼(Robert Shaw), 『웨스트민스터 신앙고백 해설』(An Exposition of the Confession of Faith-Westminster Assembly of Divines), 생명의말씀사(2014), 520-525. 교제는 연합에 근거하며, 여기에는 세 가지가 있다. 첫째, 성도와 예수의 교제. 둘째, 성도들끼리의 교제. 셋째, 성도들이 연합하여 교회를 조직해 그 조직 안에서 이루어지는 상호교제.

너희 아는 바와 같으니라(살전1:5)." 바울은 데살로니가 사람들과 삶의 한복판에서 말씀과 성령 안에서 총체적 삶의 관계를 맺으며 복음을 증거하였다. 온전한 복음은 삶을 통한 복음이다.

하나님은 성육신을 통해 하나님과 사람, 사람과 사람 사이의 궁극적 교제의 길을 터놓으셨다.299) 오순절에 성령이 임하자, 인간 사회의 교류가 극대화되었다. 언어, 민족, 문화 및 사회의 장벽을 넘어, 성령의 역사로 영적 교제가 이뤄지게 되었다(행2:4). 성령이 임하면 '하나님의 큰일(행2:11)'을 듣게 되어 서로 하나가 된다. 구약의 바벨탑은 언어혼란으로 사람들을 온 지면으로 흩어버리는 '인류 분산효과'를 가져왔다면, 신약의 오순절 사건은 복음으로 전 세계 인류를 하나로 묶는 '인류 교제효과'를 낳는 분수령이 되었다. 성령은 모든 민족과 나라 사이의 교류의 장벽을 허물어 주셨다.

명심보감 성심편에 다음과 같은 말이 있다. "얼굴을 마주하고 함께 이야기를 나누지만, 마음은 천 개의 산 사이에 놓여 있다(對面共話 心隔千山)." 하지만 구원받은 신자는 마음을 활짝 열고 삼위일체 하나님과도 교제할 수 있다. "주 예수 그리스도의 은혜와 하나님의 사랑과 성령의 교통하심이 너희 무리와 함께 있을지어다(고후13:13)." 요한 사도도 "우리의 사귐은 아버지와 그의 아들 예수 그리스도와 함께 함이라(요일1:3)"고 말한다.

원리 1: 예수님으로부터 교통하는 것을 배워라.

하나님은 땅 위의 사람과 교통하기 위해 자기 아들을 천상에서 지상으로 보내셨다. 예수님은 인류 구원을 위해 십자가를 지셨다. 십자가는 죄인을 거룩하게 하여(히10:10) 의인으로 만들고, 궁극적으로 삼위 하나님과 친교하게 만든다. 그 친교는 영적 및 인격적(지적, 정서적, 의지적)으로 이루어진다. 예수님은 이 땅에 계실 때 가장 적합한 수단과 방법을 통해서 사람들과 사귀셨다. 또한 예수님은 쉽게 이해하고 기억할 수 있는 방법으로 메시지를 전달하셨다. 마치 오케스트라에서 모든 악기들이 한 주제를 향하여 연주되듯이, 예수님의 모든 말씀들은 하나의 명확한 주제를 향하여 연주되었다.

누가복음의 탕자(돌아온 둘째 아들) 이야기를 전형적인 예로 들 수 있다(눅15:11-32).

왜 많은 사람들이 탕자 이야기에 매료될까? 저자는 그 이유를 그림 9-5에 묘사하였다. 예수님은 사람의 심리를 너무나 잘 알고 계셨다. 그래서 오감의 법칙, 진실의 법칙, 직감의 법칙, 논리법칙, 공감법칙을 적용하셨다. 탕자 이야기는 이 다섯 가지 법칙을 모두 포함하고 있는 전형적인 예이다. 탕자 이야기가 수많은 사람들에게 공감을 주고, 관심을 불러일으키고, 경각심을 불러일으키는 이유는 바로 이런 5중 교류원리를 적용했기 때문이다.

탕자 이야기는 가치관의 재형성과 새로운 패러다임을 제공해준다. 또한 죄인인 모든 인간이 자신들의 죄악된 길에서 돌이켜서, 그들을 용서와 사랑으로 맞이하시는 하나님 아버지에게 돌아오라는 하나님의 간절한 마음을 전달해준다.

---

299) 토마스 하워드(Thomas Howard)는 "만약 성경 읽기와 기도가 복음주의 영성의 핵심이라면, 교제는 바로 그것을 특징짓는 활동이다."라고 말한다. 교제는 서로 영적으로 연결되어 있다는 즐거움을 낳는다. 참조. 스탠리 J. 그렌츠, 『복음주의 재조명』(Revisioning Evangelical Theology), CLC(2013), 50 재인용.

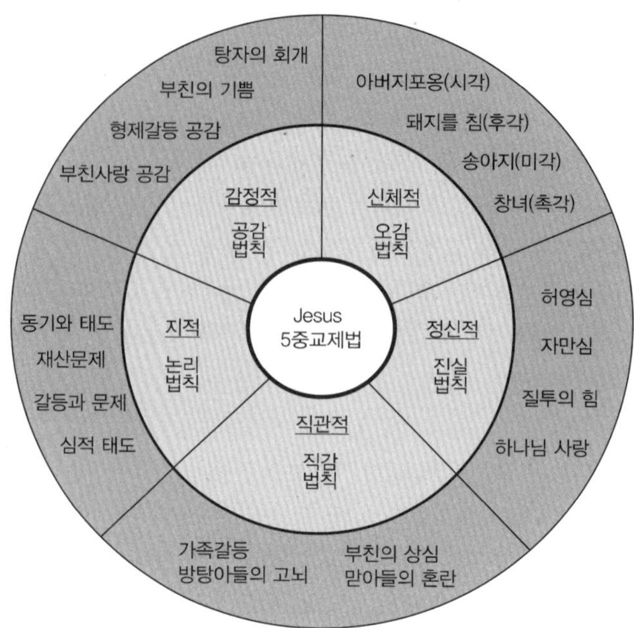

그림 9-5. 예수님의 교제모델: 오감법칙, 진실법칙, 직감법칙, 논리법칙, 공감법칙[300]

우리가 천지만물을 지으신 하나님과 교제할 때 우리의 삶은 빛이 나고 장래가 있고 소망이 있다. 하나님과 교제할 때 우리의 삶은 설렘과 기대감으로 가득하다. 나아가 하나님과 친밀한 교류가 이루어질 때, 다른 사람들과의 교류도 활성화되며 유익한 만남이 빚어진다. 심지어 과학의 발전도 과학자끼리 서로 친근한 대화를 통해서 일어난다. 현대 물리학에서 저 유명한 '불확실성 원리(Uncertainty Principle)'의 창시자인 베르너 하이젠베르크(Werner Heisenberg)는 자신의 저서 『물리학을 넘어서: 만남과 대화(Physics and Beyond: Encounters and Conversations)』에서 다음과 같이 말했다. "과학은 대화에 근거한다. 서로 다른 사람들의 협동은 아주 중요한 과학적 결과를 가져올 것이다." 하이젠베르크가 제안하는 대화는 협동적 학습의 어마어마한 잠재력을 예증해준다. 다른 사람과 협력하면, 우리는 혼자서 하는 것보다 더 많은 통찰력을 가질 수 있다. 팀의 IQ는 각 개인들의 IQ보다 더 높을 수 있기 때문이다.

원리 2: 예수 그리스도와 교제하라.

십자가를 통하지 않으면, 인간은 자연인 그 자체이며 하나님과 친교할 수 없다. 예수 그리스도의 십자가를 경험하지 않으면, 인간에게 삼위 하나님과 사귈 수 있는 길은(요일1:3) 주어지지 않는다.

---

300) "독일의 신학자 본회퍼(Dietrich Bonhoeffer)는 그의 박사학위 논문에서 '성도의 교제'에 관해 이렇게 말했습니다. 거기서 그는 성도 간에 어떻게 하면 형식적이지 않고 진정하고 거룩한 교제로 나아갈 수 있을까 고민했습니다. 그는 성도의 진정한 변화는 그리스도와의 교제로 이루어진다는 관점에서 이렇게 말했습니다. '그리스도인 사이의 교제란 예수 그리스도를 사이에 두고 교제해야 한다. 예수 그리스도와 함께, 예수 그리스도 안에서 교제해야 그 교제가 참 교제가 된다.' 예수 그리스도를 통한 교제만이 성도간의 교제를 진정하고 거룩한 교제로 승화시킬 수 있습니다." 참조. 조용기, "그리스도와의 교제", 주일설교(2009-04-07).

하나님은 죄인을 불러서 의인으로 만들어, 그와 교제하기를 원하신다. 누구든지 예수님을 주님으로 영접하면, 그와 친교할 수 있는 길이 열린다(요일1:3).[301] 하나님 아버지는 우리가 그의 아들 예수 그리스도와 교제할 수 있는 길을 만들어 주셨다. 인간이 누릴 수 있는 가장 영광스러운 삶은 예수 그리스도와 연합해서 성령님을 통해서 하나님 아버지와 영원한 사귐을 갖는 것이다(고전1:9).

영산은 그리스도와의 교제를 강조한다. "하나님과 인간은 신분적으로 너무나 큰 차이가 있으므로 교제가 불가능합니다. 그래서 하나님 아버지와 동등한 신분을 지니신 하나님의 아들이 하늘의 영광스러운 보좌를 버리시고 인간 세상으로 오셔서, 사람의 신분으로 태어나셔서, 우리와 교제하시며 우리를 구원하시는 것입니다."[302] 영산은 그리스도와의 교제를 통해 궁극적으로 인간이 얻는 것은 5중복음이라고 말한다. 예수님과의 교제를 통해서 죄사함과 칭의를 얻고, 삶의 성결함을 얻고, 치료와 건강을 얻고, 저주에서 해방을 얻고, 부활과 영생천국의 열매를 맺게 된다고 피력한다. 친교에 대한 영산의 가르침은 십자가 안에서 맺어지는 5중복음의 교제이다. 그리스도와의 교제를 통해서 인간은 희망을 가진 존재가 된다(표 9-3).[303]

표 9-3. 영산의 교제론

구 분	내 용
그리스도와의 교제 방법	1. 성령의 인도를 통하는 방법: 진리의 성령이 우리를 진리 가운데로 인도하심(요16:13). 2. 말씀을 통하는 방법: 너희가 내 안에 거하고 내 말이 너희 안에 거함(요15:7). 3. 기도를 통하는 방법: 기도는 하나님과의 대화이며 기도로 구한 것을 갚아주심(마6:6). 4. 교회를 통하는 방법: 마음을 같이하여 그리스도의 몸 된 성전에 모이기에 힘씀(행2:46). 5. 소그룹모임을 통한 방법: 모임을 통해 신앙의 성숙과 발전을 이룸(전4:11–12).
그리스도와의 교제 열매	1. 서로 이해하게 됨: 서로 마음을 같이하며 겸손함으로 상대방을 이해함(롬12:16). 2. 서로 동정하게 됨: 상대방에게 관심을 갖고 교제함으로 불쌍히 여김(벧전3:8). 3. 서로 사랑하게 됨: 그리스도의 사랑 안에서 서로 사랑하게 됨(요13:34–35). 4. 서로 신뢰하게 됨: 서로 간에 마음을 다해 이해하고 동정하고 사랑하므로 신뢰함. 5. 서로 협력하게 됨: 한 마음과 한 뜻으로 서로 교제하며 협력함(빌1:27–28).
그리스도와의 교제 결과	십자가 중심의 5중복음의 열매를 얻음. 1. 죄사함과 칭의: 예수 그리스도 안에서 죄사함과 의롭다하심을 받음(골1:14, 롬3:22). 2. 삶의 영성화: 예수님 안에서 중생의 씻음과 성령의 새롭게 하심을 얻음(딛3:5). 3. 치료와 건강: 예수님이 채찍에 맞으심으로 치료와 건강을 얻음(벧전2:24). 4. 저주에서 해방: 예수님이 가난하게 되심으로 우리가 부요함을 얻음(고후8:9). 5. 부활과 영생: 주께서 친히 강림하시어 우리를 부활 영생천국으로 인도하심(살전4:16–17).

우리의 마음 성전은 하나님과 교제하는 곳이다. 그곳에서 4차원 세계와 3차원 세계가 만나서, 구원과 창조와 기적의 역사가 일어난다.[304] 하나님은 영이시므로, 우리는 하나님이 볼 수 없다. 하지만

---

301) J. I. Packer, *Serving the People of God*, Regent College Publishing(2008), 15–16. 교제는 첫째, 은혜의 수단(a means of grace)이고, 둘째, 영적 삶을 테스트하는 과정(a test of life)이며, 셋째, 하나님이 우리에게 주시는 은혜의 선물(a gift of God)이다.

302) 조용기, "그리스도와 교제", 주일설교(2009-09-06).

303) 조용기, "그리스도와 교제", 주일설교(2009-09-06).

304) 하나님과 우리와의 비밀스런 교제는 우리가 하나님의 뜻에 대한 위대한 교훈들을 반복하고 배우는 그 장소에서 일어난다. 앤드류 머레이(Andrew Murray), 『위대한 여정』(The Inner Life of Andrew Murray), 브니엘(2010), 157.

하나님은 언제나 우리를 낱낱이 살펴보신다. 305) 하나님이 창조하신 만물을 보면, 우리는 하나님의 존재와 속성을 어렴풋이 알 수 있다. 이 광활한 우주에는 하나님의 발자취로 가득 차 있다. 하늘의 별과 달, 나무, 온갖 나무와 풀과 꽃, 온갖 동물, 하늘을 나는 새들 등 이 모든 피조물은 하나님의 속성과 발자취를 드러내준다. 과거와 현재와 미래의 모든 살아 숨 쉬는 것들은 하나님이 함께 하시기 때문에 존재하는 것이다. 그 모든 동물과 식물도 하나님의 피조물로서 인간과의 교제 대상이다.

원리 3: 성령 안에서 영적 교제능력을 개발하라.

영산은 성령의 은사를 통해서 뛰어난 의사전달능력을 지니고 있다.306) 영산은 "성령님은 여러분을 주관하고 계십니다. 성령님을 인정하고 환영하고 모셔들이고, 모든 것을 성령님께 의지하고, 인도를 바라면, 성령님이 예수 그리스도의 은혜와 하나님의 사랑 가운데서 여러분을 이끌어주십니다. 그러므로 우리가 고아와 같이 버림받지 않고 살 수 있습니다. 성령님은 여러분과 하나 된 새로운 임마누엘입니다."라고 말한다.307) 성령님은 우리 안에서 우리와 인격적으로 교제하시고 인도하시며, 또한 우리와 함께 일하신다.

십자가는 죄인의 마음하늘을 의인의 마음하늘로 변화시켜 성령의 사람이 되게 한다(갈5:25). 영은 비물리적 존재이지만, 인격적 힘을 가지고 있다. 그 결과 인간은 성령님과 인격적 교제가 가능하다.308) 하나님은 우리와 교제하실 때 인격적으로 또한 하나님의 손(신2:15, 4:34)과 팔과(신5:15, 7:19) 눈과(신11:12, 32:10) 얼굴로(신5:4, 31:18) 다가오신다. 입으로 말씀하시며(신1:43, 8:3, 9:23), 돌 위에 글을 쓰시기도 하신다(신10:4). 곧 신인동형동성론적(神人同形同性論的)으로 자신의 인격, 본질, 존재를 나타내셨다.309) 전능하신 하나님은 인간의 인격과 동일한 수준으로 오셔서 인간과 교류하셨다. 이것은 인간과의 인격적 교제를 배려하신 것이다.

성경말씀에 기초해서 성령님의 역사 및 그분과의 인격적 교제에 대하여 다음과 같이 묘사할 수 있다.

    a) 내재: "나를 주 앞에서 쫓아내지 마시며 주의 성령을 내게서 거두지 마소서(시51:11)."
    b) 대변: "말하는 이는 너희가 아니라 너희 속에서 말씀하시는 이 곧 너희 아버지의 성령이시니라(마10:20)."
    c) 교육: "마땅히 할 말을 성령이 곧 그때에 너희에게 가르치시리라 하시니라(눅12:12)."

---

305) 조용기, "믿음이란 무엇인가", 주일설교(2004-01-25).

306) 풀러신학대학 교수었던 피터 와그너(Peter Wagner)는 인터뷰에서 영산의 장점과 은사를 장점을 이렇게 말한다. "제가 조 목사님에게서 발견한 중요한 자질은 탁월한 리더십의 은사였습니다. 조 목사님이 세계에서 가장 큰 교회를 가질 수 있었던 이유는 그가 세계에서 가장 위대한 지도자 중의 한 분이었기 때문입니다. 제가 조 목사님과 교제하면서 가장 배우고 싶었던 것은 어떻게 리더십을 잘 행사하는가 하는 것이었습니다. 리더십과 더불어 조 목사님이 가지고 있는 장점은 커뮤니케이션 능력이었습니다. 조 목사님은 탁월한 의사전달 능력을 가지고 있습니다. 그는 자신이 깨닫고 배운 것을 사람들에게 잘 전달하는 능력을 가지고 있습니다." 교회성장연구소 편, 『카리스 & 카리스마』, 교회성장연구소(2003), 42.

307) 조용기, "다른 보혜사 성령님", 주일설교(2007-05-27).

308) 달라스 윌라드(Dallas Willard), 『하나님의 모략』(The Divine of Conspiracy), 복있는사람(2013), 143.

309) 유진 메릴(Eugene H. Merrill), 『모세오경 신학』(A Theology of the Pentateuch), 크리스챤(2011), 106-107.

d) 충만한 내주: "빌기를 다하매 모인 곳이 진동하더니 무리가 다 성령이 충만하여 담대히 하나님의 말씀을 전하니라(행4:31)."

e) 교통: "마음을 살피시는 이가 성령의 생각을 아시나니 이는 성령이 하나님의 뜻대로 성도를 위하여 간구하심이니라(롬8:27)."

f) 성전화: "너희 몸은 너희가 하나님께로부터 받은바 너희 가운데 계신 성령의 전인 줄을 알지 못하느냐 너희는 너희 자신의 것이 아니라(고전6:19)."

g) 영적 강건: "그의 영광의 풍성함을 따라 그의 성령으로 말미암아 너희 속사람을 능력으로 강건하게 하시오며(엡3:16)."

h) 동행: "그의 계명을 지키는 자는 주 안에 거하고 주는 그의 안에 거하시나니 우리에게 주신 성령으로 말미암아 그가 우리 안에 거하시는 줄을 우리가 아느니라(요일3:24)."

i) 전문화: "각 사람에게 성령을 나타내심은 유익하게 하려 하심이라 어떤 사람에게는 성령으로 말미암아 지혜의 말씀을, 어떤 사람에게는 같은 성령을 따라 지식의 말씀을(고전12:7-8)."

j) 말씀 증언: "오직 성령이 너희에게 임하시면 너희가 권능을 받고 예루살렘과 온 유대와 사마리아와 땅끝까지 이르러 내 증인이 되리라 하시니라(행1:8)."

성령은 어느 곳에서든지 다양한 방법으로 인간과 교통하시며 역사하신다. 성령과의 교제는 영적이며 인격적으로 이루어진다. 신자는 3차원 환경 속에서 살지만, 마음은 4차원 세계에 있다고 영산은 말한다. "3차원의 세계는 인본주의적 삶의 방법입니다. 그러나 하나님의 생각, 하나님이 주시는 꿈과 믿음과 신앙고백은 4차원의 세계입니다. 예수님을 믿는 사람은 3차원의 환경에서 살고 있지만, 마음은 4차원 세계에 있습니다. 4차원이 3차원을 다스리고 창조하므로, 믿음의 사람은 새로운 꿈과 믿음을 고백하며 승리의 삶을 살아갑니다."310)

하나님은 생각, 믿음, 꿈과 말로 우리와 교통하시며 그것들을 사용하셔서 역사하신다.

원리 4: 성령님과 인격적인 교제를 하라.

하나님은 말씀을 주셨고, 예수님은 말씀으로 오셨고, 성령님은 말씀을 성도의 삶의 자리에 임재케 하신다. 따라서 우리는 하나님의 말씀에 기초해 성령을 통해 하나님 아버지와 영적으로 교제한다. 사도 요한은 "우리의 사귐은 아버지와 그의 아들 예수 그리스도와 함께 함이라(요일1:3)"고 말한다. 성령님과의 교제는 최고의 친교모델이다. 성령님은 모든 것 곧 하나님의 깊은 것까지도 통달하신다(고전2:10). 3차원적 인간은 불완전하나 성령님은 모든 것을 통달하시므로 성령님을 통한 교제가 가장 정확한 교제모델이 될 수 있다. 오늘날 신자는 말씀과 성령님과 영적으로 신비로운 친교를 나누며 살아야 한다.

영산은 성령님의 인도하심에 대해 다음의 4가지를 강조한다.311)

---

310) 조용기, "마음의 파숫군", 주일설교(2013-12-01). "마음하늘"(2007-01-21). "마음성전"(2007-10-14). "사차원의 기도"(2012-02-05). "없는 것을 있는 것 같이"(2008-07-06). "우리의 육은 3차원의 감각적 세계에, 영혼은 4차원 세계에 살고 있습니다. 그러므로 육의 지배를 받는 삶과 영혼의 지배를 받는 삶은 확연히 다릅니다."

<u>첫째, 성령님은 특별계시를 통해 역사하신다.</u>

성령님은 특별 계시 - 꿈, 환상 및 예언 등 - 를 통하여 우리에게 하나님의 뜻을 보여주신다.[312] 헤롯이 아기 예수를 죽이려고 할 때, 하나님은 꿈을 통해서 애굽으로 피난가라고 지시하셨다(마 2:13). 요셉이 애굽에서 마리아와 예수님과 함께 살고 있었을 때, 하나님께서 헤롯이 죽었으니 이제 고향 땅으로 돌아가라고 꿈속에서 천사를 통해서 알려주셨다(마2:19-20).

영산은 자신이 보았던 환상에 대해서 이렇게 말한다. "저는 환상을 뚜렷이 체험한 것은 제가 주의 종으로 부르심을 받을 때였습니다. 제가 주의 종이 되어야 할지 세상으로 나가야 할지 알지 못해서 상당히 고민하고 있었습니다. 그래서 하루 종일 금식하고 더운 여름인데 방안에 앉아서 간절히 '주님 내 길을 인도하여 주시옵소서'라고 기도했습니다. 그리고 드러누워서 좀 쉬고 있었습니다. 자지도 않고 아직 눈이 말똥말똥한데 갑자기 눈앞에 예수님이 나타나셨습니다. 마치 자유의 여신상처럼 예수님이 머리에 가시관을 쓰시고 손을 높이 드시고 제 앞에 서 계셨습니다. 내가 예수님을 바라보자마자 무의식 중에 입에서 방언이 나와요. 방언으로 주님을 찬미했습니다. 그래서 그 환상이 사라지자마자 '주님이 나를 부르셨구나. 내가 주님께 헌신해야 되겠다'고 결심했습니다. 그리고 신학교에 입학해서 공부하게 된 것입니다."[313]

<u>둘째, 성령님은 마음의 소원을 주신다.</u>

성령님은 마음의 소원을 통하여 우리를 인도하신다. "아무것도 염려하지 말고 오직 모든 일에 기도와 간구로, 너희 구할 것을 감사함으로 하나님께 아뢰라 그리하면 모든 지각에 뛰어난 하나님의 평강이 그리스도 예수 안에서 너희 마음과 생각을 지키시리라(빌4:6-7)." 내 생각이나 마귀의 생각은 마음에 넘치는 평안을 주지 못한다. 무엇을 소원해도 마음이 불안하고 초조하다. 그러나 하나님이 말씀하시면 마음에 평안과 기쁨이 넘친다.

<u>셋째, 성령님은 주위 환경을 활용하신다.</u>

하나님은 종종 주위 환경을 통하여 우리의 길을 인도하신다. 아무런 특별 계시도 주지 않고 마음에 소원도 받지 않았지만, 환경이 나를 몰아넣는 것이다. "진리의 성령이 오시면 그가 너희를 모든 진리 가운데로 인도하시리니 그가 스스로 말하지 않고 오직 들은 것을 말하며 장래 일을 너희에게 알리시리라(요16:13)." 순복음교회가 여의도로 옮겨오기 이전에 서대문에서 상당한 어려움에 처해 있었다. 서대문에 있는 교회에서 약 만 명이 예배를 드리게 되어서, 그 지역의 교통이 하루 종일 마비되는 상황이 빚어졌다. 결국 이 때문에 기도 중에 여의도에 교회를 새로 지어서 옮기게 되었다.

---

311) 조용기, "성령님의 인도를 받는 길", 주일설교(2009-03-15).

312) "하나님이 말씀하시기를 말세에 내가 내 영을 모든 육체에 부어 주리니 너희의 자녀들은 예언할 것이요 너희의 젊은이들은 환상을 보고 너희의 늙은이들은 꿈을 꾸리라 그때에 내가 내 영을 내 남종과 여종들에게 부어 주리니 그들이 예언할 것이요(행2:17-18)." "그의 남편 요셉은 의로운 사람이라 그를 드러내지 아니하고 가만히 끊고자 하여 이 일을 생각할 때에 주의 사자가 현몽하여 이르되 다윗의 자손 요셉아 네 아내 마리아 데려오기를 무서워하지 말라 그에게 잉태된 자는 성령으로 된 것이라 아들을 낳으리니 이름을 예수라 하라 이는 그가 자기 백성을 그들의 죄에서 구원할 자이심이라 하니라(마1:19-21)."

313) 조용기, "성령님의 인도를 받는 길", 주일설교(2009-03-15). 영산의 하나님의 부르심에 대한 세밀한 이야기는 다음 책을 참고하라. 김동수·류동희, 『영산 조용기 목사의 삶과 사상』, 킹덤북스(2010), 70-73.

교회 이전과 관련해서는 많은 반대가 있었다. 설상가상으로 그 당시 여의도는 허허벌판이었기 때문에 반대가 극심했다. 하지만 영산은 기도 중에 여의도에 땅을 구했다. 영산도 심한 갈등에 처해 있었는데 하나님이 한 권사의 꿈을 통해서 여의도 이전을 더욱 확신하게 만들었다.[314)

넷째, 성령님이 말씀을 통해 인도하신다.
영산은 "하나님의 보좌는 우리의 입술에 있습니다."라고 말한다.[315) 말은 영이고, 혀는 말을 전달하는 수단이다. 영은 입술의 혀를 활용하여 하나님의 말씀을 대변한다. 성령님의 인도함을 받는 교제가 우리의 삶에서 가장 정확하고 안전하고 신뢰할 만한 방법이다. 성령님의 도움을 받는 교제가 가장 복된 교제다. 인간은 세상에 살고 있는 한 세상을 알아야 한다. 세상을 정확하게 아는 방법은 이 세상을 창조하신 하나님을 아는 것이다. 성령님은 모든 것을 통달하시므로, 신자가 그분을 의지하고 도움을 구할 때 세상과 올바로 교류할 수 있다.

성경말씀은 인생을 살아가는 데 수많은 정보를 제공해준다. 정치, 경제, 사회, 문화, 과학, 문학, 음악, 생명, 지질, 군사 등 모든 것들이 다 들어 있다. 성경말씀을 우리 삶에 잘 적용할 때 더욱 가치가 있다. 사람은 정보를 받으면 머릿속에 저장한다. 중요한 것은 어떤 정보가 필요할 때, 그것을 어떻게 효율적으로 잘 끌어내는 가이다. 이 능력에 따라 사람의 능력이 좌우되기도 한다. 머릿속에 저장된 정보가 아무리 많아도, 필요할 때 가져와서 이용하지 못하면, 그 정보는 죽은 정보이다. 정보처리능력이란 '순질이화(馴質異化)'와 '이질순화(異質馴化)'를 합한 것이다. 순질이화는 습관적으로 보아오던 것을 새로운 관점에서 보아 새로운 것을 확립할 기회를 얻는 것이고, 반면에 이질순화는 얼핏 보면 아무런 관계가 없는 것같지만 그 속에서 소중한 힌트를 얻는 것이다.

원리 5: 영으로 전달하라.
영산은 설교할 때 상대방이 상상할 수 있는 말을 하라고 강조한다.[316) 그는 설교할 때 언제나

---

314) 그 당시 상황을 영산은 이렇게 회고한다. "제가 교회에 와서 여의도로 나가자고 하니까 반대가 보통이 아니에요. 당시에는 비가 오면 물이 덮이는데 틀림없이 거기에 둑을 쌓아도 여의도는 비가 오면 물에 덮인다. 그리고 그곳에 가려면 자동차도 없고 전기, 수도, 난방 아무것도 없다. 그 곳에 나가서 어떻게 하려고 하느냐? 절대로 안 된다. 그래서 굉장히 고심하고 있는데 우리 교회 권사님 한 분이 걱정이 가득한 얼굴을 가지고 내게 찾아왔어요. 목사님, 긴급히 말씀 드릴 것이 있습니다. 무엇입니까? 우리 교회가 무너질 꿈을 꾸었습니다. 뭐라고요? 내가 보통 이런 꿈을 안 꾸는데 교회가 무너질 꿈을 꾸었는데, 왜 꿈에 보니까 우리 서대문순복음교회에서 왕벌이 윙하고 교회에서 떠납디다. 그래서 어디로 날아가는지 따라가 보니까 여의도 저 모래사장에 와서 떡 붙으니까 작은 벌들이 전부 집단으로 와서 그 주위에 큰 벌집을 짓습디다. 이게 교회 무너질 징조가 아닙니까? 교회 왕벌이 떠나가버리니까 큰 일 안 났습니까? 권사님 내가 정말 고심하고 있었는데 하나님이 대답을 주시니 고맙습니다. 그 왕벌은 바로 나를 가리키고, 그 꿀벌들은 성도들을 말하는 것입니다. 여의도로 나가는 것이 하나님의 뜻입니다. 그 환경이 그렇게 몰아주어서 여의도로 나왔는데 고생은 많이 했지만 하나님께서 오늘날 이 교회를 짓게 만들어 주셨습니다." 참조. 조용기, "성령님의 인도를 받는 길", 주일설교(2009-03-15).
315) "하나님은 신앙고백과 찬양과 감사의 입술의 보좌에 와 계십니다. 입술의 고백은 하나님의 수레가 되는 것입니다. 하나님이 수레를 타고 오시지 않습니까? 그런데 그 수레가 바로 여러분 입술의 고백인 것입니다. 그러므로 입술의 고백이 하나님 보좌를 펼치고 계신 것입니다. 죽고 사는 것이 혀의 힘에 달렸나니 혀를 쓰기 좋아하는 자는 혀의 열매를 먹으리라고 말한 것입니다." 참조. 조용기, "하나님의 주소", 주일설교(2008-11-23).
316) "사람은 상상을 통해서 이해합니다. 상상할 수 없는 이야기를 하면 이해하지 못합니다. 저는 설교를 할 때 언제나 성도들이 상상할 수 있는 말을 쓰려고 죽을 애를 씁니다. 내가 설교할 때 그 말을 듣고 성도들이 마음속에 상상을 하거든요. 상상을 해야 이해하는 것입니다. 성도들이 상상할 수 있는 말을 사용해야지, 상상할 수 없는 말을 사용하면

성도가 상상할 수 있는 말을 하려고 온갖 애를 쓴다고 고백할 만큼 거기에 많은 시간을 할애한다.

말은 인간의 마음속에 있는 소식을 밖으로 전달하는 충성된 일꾼이다. 말할 때는 상대방이 쉽게 알아들을 수 있게 말해야 한다. 그것을 위해서 상상력을 개발하는 노력을 해야 한다. 어떻게 말을 하느냐에 따라 인생의 방향도 달라진다. 이는 인간의 육은 3차원 세계에 있고, 우리의 영혼은 4차원 세계에 있기 때문이다. 그래서 영산은 하나님 안에서 말을 창조적으로 하면 기적이 일어난다고 말한다. "우리의 육은 3차원의 감각적 세계에 살고 있습니다. 그러나 우리의 영혼은 4차원의 세계에 살고 있습니다. 그래서 육의 지배를 받고 사는 삶과 영혼의 지배를 받는 사람의 삶은 확연히 틀린 것입니다. 육은 3차원의 세계에서 지배를 당하고 살기 때문에 창조적인 역사가 없습니다. 영은 4차원의 세계를 통해서 생각하고 꿈꾸고 믿고 말하므로 없는 것을 있게 하고 죽은 자를 살리고 기적을 행하는 하나님의 역사를 베풀 수 있습니다."317)

맺는말

십자가는 복음의 언어, 생명의 언어, 구원의 언어, 예배의 언어, 영광의 언어, 그리고 희망과 긍정과 감사의 언어를 만들어낸다. 말은 영이요 생명이다(요6:63). 말은 인격이자 존재의 본질이다. 입술의 고백은 믿음의 완성이다. 인간이 하나님의 형상을 닮은 것 중 말은 가장 대표적인 요소다. 하나님은 말씀을 통해 땅과 온 우주 안에 있는 것들을 창조하셨다. 오늘날 하나님은 성경말씀을 통해 우리에게 말씀하시고, 우리와 교통하시기를 원하신다.

4차원 요소 중 말은 순서상 가장 마지막에 위치해 있다. 생각한 것을 꿈꾸고, 믿고, 말하는 과정은 창조의 한 과정이다. 영적존재는 말을 통해 창조력을 드러낸다. 하나님의 형상을 닮은 인간도 불완전하지만 창조의 능력을 지니고 있다.

신앙인은 무엇을 말하여야 하는가? 어디서 말의 근원을 찾아야 하는가? 말의 진정성은 어디에 있는가? 말의 본질은 어디서 찾아야 하는가? 이러한 질문을 총괄할 수 있는 대답은 '예수 그리스도 안에서'이다. 진정한 언어의 가치는 그리스도의 십자가에서 시작된다. 신자들은 새 존재, 새로운 피조물이다(고후5:17). 예수와 함께 죽고 함께 부활한 신분이기 때문이다. 새 존재는 예수 그리스도 안에서 영적 언어를 구사해야 한다. 곧 신자의 삶은 나와 나의 언어로 사는 것이 아니라, 예수 그리스도의 언어로 사는 삶이다. 왜냐하면 나는 죽고 없기 때문이다. 옛 사람은 없어지고 새 사람이 내 안에 탄생되었기 때문이다. 그리스도인에게 말의 존재 가치는 나에게 있지 않고, 내 안에 계시는 예수 그리스도에게 있다. 이것을 머리와 마음으로 인식하고 늘 생각해야 한다. 그렇지 않으면 신앙생활에서 천국 언어를 잘 사용할 수 없다. 신자는 현재 내 마음이 어디에 있는지 정확하게 알고 있어야 한다. 그리스도인의 말의 영적 가치는 오직 그리스도 십자가 안에서 비롯된다. 거기서

성도들은 내가 말한 것을 이해할 수 없습니다."
317) 참조. 조용기, "마음의 파숫군", 주일설교(2013-12-01). "사차원의 삶"(2010-11-07). "마음하늘"(2013-04-07). "마음하늘"(2007-01-21).

진정한 영적 언어들 - 생명으로 충만한 언어, 가치 있고 의미 있는 언어, 창조적 언어, 감사와 은혜의 언어, 사랑과 소망의 언어, 목적 있는 언어들 - 이 나온다. 예수 그리스도의 존재와 그의 죽으심과 부활과 승천 및 재림이 만들어내는 언어만이 가장 진정성 있는 영적 언어가 될 수 있다.

따라서 말의 영성에서 잊지 말아야 할 것은 예수 그리스도 십자가 안에서의 거룩과 의를 기초로 한 영적 언어이다. 이 말이 신자들의 언어영성에서 절대기준이다. 도서관에 배운 심리적, 철학적, 사회학적, 언어학적 개념을 기초로 해서 아무리 인간언어를 개발해도 거기에는 거룩함도, 의로움도, 그리고 생명도 없다. '예수 그리스도 안에서' 나오지 않은 언어들은 한시적 삶의 언어는 될 수 있어도, 그 안에 참생명과 진정한 희망이 없다. 그리스도의 존재와 사역에 기초한 언어만 목적과 가치와 의미가 있다. 영적 언어의 절대적 존재가치는 '오직 예수 그리스도 안에' 잠재되어 있다. 새 존재는 이제 더 이상 어둠의 언어가 아니라, 빛과 진리와 생명의 언어를 사용한다. 새 존재는 땅의 언어가 아니라, 하늘의 언어를 사모하고 추구하며 활용한다.

4차원영성에서 말은 하나님의 말씀을 기초로 한 말, 즉 '예수 그리스도 안에서' 나온 말씀, 즉 의롭고 거룩한 말이다. 그 결과 창조력이 발생한다. 하늘나라는 의와 거룩의 나라다. 다시 말해, 4차원영성은 거룩과 의의 생각, 거룩하고 의로운 꿈, 거룩하고 의로운 믿음, 거룩하고 의로운 언어가 삶 가운데 나타나는 영성이다. 믿음의 기적은 의롭고 거룩한 마음상태에서 일어난다. 또한 말씀 있는 곳에 성령이 계시고, 말씀 가는 곳에 믿음도 따라간다. 말씀, 성령, 믿음은 짝이다. 나 스스로 믿은 말씀을 고백하는 것, 선포하는 것, 명령하는 것은 곧 내 안에 그리스도의 말을 대변하는 영적 행위다.

말이 영이라는 사실을 기억하자(요6:63). 영은 말의 본질이자 기초다. 말은 곧 영이므로, 인격이며 하나님의 형상을 닮은 존재라고 할 수 있다. 말 안에 인격이 있기 때문에 인간은 하나님과 대화하며, 서로 영적 및 인격적으로 사귈 수 있다(요일1:3).

말은 인간 안에 있는 지성, 감성, 의지를 바깥으로 이끌어내어 자신의 존재의 목적, 의미, 가치를 드러낸다. 영, 말, 생명은 서로 밀접하게 연결되어 있으며, 서로 도와준다. 영 안에 말이 있고, 말 안에 생명이 있고, 생명 안에 영이 있다. 예수님이 모세, 엘리야를 변화산에서 만난 모습을 상상해보라. 그들은 말과 생명과 영으로 만나 인격적으로 대화를 나눴다. 영과 말과 생명이 있어도 인격이 없으면 대화가 이루어지지 않는다.

이제까지 친교의 십자가에 대해서 다루었다. 4차원영성의 4요소 - 생각, 꿈, 믿음, 말 - 에 대하여 본질적 및 실천적으로 접근하여 신앙생활에 도움을 주고자 했다. 이제 4차원영성이 삶 속에 활성화되려면, 예수 그리스도를 닮아가려는 영적 의지 - 닮아감의 영성개발 - 가 절실히 필요하다. 이제 변화의 십자가로 올라가서 그리스도를 더욱 닮아가는 영성으로 도약해보자.

다음 장에서는 변화의 십자가 - 인격적 닮아감의 영성 - 에 대해서 살펴보고자 한다. 하나님의 성품 - 거룩함, 의로움, 자비, 사랑, 은혜 - 을 삶의 자리에 임하게 해서 하늘의 신비를 맛보는 영적 체험의 장으로 가보자.

내가 너희 중에서 예수 그리스도와 그가 십자가에 못 박히신
것 외에는 아무 것도 알지 아니하기로 작정하였음이라
(고린도전서 2장 2절)

제5부
십자가의 영성:
닮아감(Christlikeness)

내가 그리스도와
그 부활의 권능과 그 고난에
참여함을 알고자 하여
그의 죽으심을 본받아
(빌립보서 3장 10절)

제10장

능력의 십자가: 닮아감의 영성

요약

그리스도인이 이 땅에 존재하는 이유는 무엇인가? 그것은 그리스도의 형상을 닮아가는 것이고, 이 땅에서 하나님께 영광 돌리는 삶을 살아 하나님의 창조 목적을 이뤄가는 것이다. 그리스도를 닮아간다는 말은 그리스도의 마음 ─지성, 감성, 의지 ─ 을 영적으로 따라가며, 그의 말씀을 삶의 한가운데서 실천하는 것이다. 예수님은 하나님만 생각하고(지성), 거룩한 마음으로 하나님만 기쁘게 해드리고(감성), 하나님의 뜻만(의지) 추구하고 이루셨다. 닮아감의 목표는 삶의 자리에서 의와 거룩으로 충만하게 되는 것이다. 십자가 영성의 최종 목표는 영적 만족이 아니라, 하나님의 의를 완성해가는 것이다(엡4:24). 죄인은 하나님의 자비와 은혜로 신분상 의인이 되었지만, 성령 안에서 의로움을 일평생 추구해나가야 한다(마6:33). 땅의 삶과 하늘의 삶을 조화시키는 유일한 길은 십자가의 삶이다. 곧 믿음으로 고난과 부활의 삶을 사는 것이다. 새 신분을 가진 성도는 새로운 마음과 생각과 의지로 믿음의 삶의 추구해야 한다(마5:48, 엡4:13, 신18:13).

영산은 그리스도를 닮아가는 원리를 3가지로 정립하다. 첫째 원리는 좋으신 하나님은 선을 베푸시는 하나님이시라는 것이다. 그래서 그리스도인의 삶은 모든 것이 합력하여 선을 이룬다. 둘째 원리는 예수 그리스도 십자가를 통해 거듭난 사람은 5중복음의 차원에서 복음중심의 삶을 살아가야 한다는 것이다. 또한 3중축복의 차원에서 전인구원적 삶 ─ 영혼 구원, 범사 형통, 강건함 ─ 을 사는 것이다. 셋째 원리는 성령님과의 인격적 교제를 통하여 그리스도의 마음을 4차원영성 ─생각, 꿈, 믿음, 말 ─ 으로 닮아가는 것이다. 영산의 변화와 닮아감의 원리는 삼위일체 하나님과 십자가 중심이며, 또한 그리스도 예수 안에서 성령을 통해서 가능하다. 예수님처럼 생각하고, 하나님 뜻을 이뤄가고, 믿고, 영적 언어생활을 하는 것이 바로 4차원영성으로 그리스도를 닮아가는 것이다.

온전한 변화는 하나님의 자비, 사랑, 은혜 안에서 일어난다. 인간의 내면에는 변화의 잠재력이 약하기 때문이다. 인간의 진정한 변화는 하나님으로부터 사랑을 받을 때 일어난다. 성령 안에서 하나님의 말씀과 믿음과 기도는 변화의 원동력이다. 삶의 변화는 은혜를 받을 때 일어난다.

하나님의 새 사람이란 하나님을 하나님 되게 하고, 인간을 인간 되게 하는 것이다. 다시 말해, 인간은 원래 피조물로 자리에 내려가고, 하나님은 원래의 자리로 높여드리는 것이다. 변화의 삶이란 자기의(自己義), 자기애(自己愛), 자기주권을 포기하고, 삶의 주도권을 예수님께 드리는 것이다. 새 사람은 신령한 복으로 살아야 하고, 거룩함과 의로움으로, 양자의 신분으로, 오직 은혜로, 오직 하늘의 영광을 위해 살아야 한다. 결론적으로 새 사람은 '성령의 능력에 힘입어 삶의 자리에서 하나님의 뜻과 계획과 말씀에 순종해나가는 사람'이다(갈5:25).

1. 십자가 영성의 삶: 삶의 궁극의 미학

하나님 아버지는 인류에게 구원의 길을 제시하시려고, 그의 아들을 이 땅에 보내셨다. 하나님의 아들 예수 그리스도는 하나님의 구원 계획에 순종해서 이 땅에 내려왔다. 그는 자신의 죽음과 부활과 승천을 통해 구원 계획을 성취시켰다. 그는 첫 번째로 우리 곁으로 보냄을 받은 파라클레토스(보혜사)이다. 하나님 아버지는 예수 그리스도가 이 세상에서 성취한 구원 계획을 완성시키고자, 부활 및 승천한 그리스도를 통해서 성령을 보내셨다. 성령은 이 세상에서 우리에게 보냄을 받은 두 번째 파라클레토스(보혜사)이다. 하나님 아버지는 예수 그리스도의 대속의 죽음에 기초해서 지금도 성령을 통해 만물의 궁극적인 완성을 내다보시면서 구원 계획을 실행해가신다.

4차원영성의 해석학은 예수 그리스도 복음의 안에서 '우리 마음에 새겨놓은 하나님의 법(렘31:33)'을 근거로 시작한다. '주와 연합된 자는 한 영(고전6:17)'이며, 성도는 '예수 안에 거하는 자(요14:20)'이며, 또한 삼위일체 하나님과 하나된 존재다(요17:21-23). 그런 차원에서 4차원영성은 성경에 기초해 시작되고 전개된다. 하나님의 말씀이 예수 그리스도 복음을 통해 우리 마음판에 새겨지고, 성도는 그 말씀을 따라 예수님처럼 살아야 하는 존재이다. 그래서 성도는 하나님처럼 생각하고, 꿈꾸고, 믿고, 고백하는 삶을 살아야 한다. 심리적, 철학적 접근과는 차원이 다르다.

그런 차원에서 4차원 믿음의 해석학은 이미 성도의 마음에 새겨진 하나님의 말씀을 성령 안에서 삶의 한복판에서 현재화시키는 거룩한 과정이다. 그 연장선에서 4차원영성의 정의 방법도 다층적 및 복합적으로 서술하게 된다. 이를테면, 4차원영성이란 '말씀을 마음공간에 적용시키는 삶', '하늘나라를 내 삶 가운데 임하게 하는 삶', '하나님의 마음으로 사는 삶', '하나님의 능력을 삶 속에서 체험하는 삶' 등으로 다양하게 표현할 수 있다.1)

4차원영성은 인간의 마음과 하나님의 마음을 조화시키는 도구이다. 말씀은 두 마음을 연결하는 촉매역할을 한다. 말씀 안에 하나님의 생명과 예수의 생명이 있다(요5:26). 따라서 말씀이 존재하는 곳에 영성이 역동적으로 임한다. 그런 차원에서 4차원영성은 삼위 하나님과 하나되는(요14:11) 거룩한 과정이다. 예수 그리스도의 기도 안에는 이것이 잘 나타나 있다. "아버지여, 아버지께서 내 안

---

1) 4차원영성은 삶의 자리에서 하나님의 나라를 현재화할 수 있는 역동적인 영성화 도구다. 4차원영성은 '말씀'에 초점을 둔 영성으로, 단지 신학의 이론과 체계 안에 머무는 것이 아니라 내 삶 속에서 날마다 새롭게 도전하는 영성이다.

에 내가 아버지 안에 있는 것 같이 그들도 다 하나가 되어 우리 안에 있게 하사 세상으로 아버지께서 나를 보내신 것을 믿게 하옵소서(요17:21)."

어떻게 인간의 마음과 생각이 본질적으로 변화될 수 있을까? 그 변화는 힘으로도 능으로도 안 되고 오직 성령 안에서 말씀의 능력으로만 가능하다(슥4:6). 말씀과 믿음과 기도가 변화의 원동력이다. 성령 안에서 은혜 받을 때 인간은 변한다. 변화의 영적 동기부여자는 성령님이시다. 사람의 내면을 변화시키는 힘은 심리적 혹은 철학적 힘이 아니다. 심리적 긍정의 힘도 어느 단계까지 인간을 변화시킬 수 있으나 한계가 있다. 그와 같은 힘은 지속력이 약하며, 의지적 연속성도 약하다. 어떤 사람도 자신의 소원과 의지로 자신의 내면 깊숙이 뿌리 내리고 있는 죄성을 완전히 뽑아낼 수 없다.

영산은 그리스도를 닮게 하는 원리를 세 가지로 설명한다. 첫째, 새 사람을 입는 원리로, 옛 사람을 벗어버리고 그리스도의 형상을 닮아가는 것이다(골3:9-10). 둘째, 그리스도의 생명에 참여하는 원리이다(고후4:10). 셋째, 속사람이 날로 새로워지는 변화의 원리이다(고후4:16-18).[2] 그리스도의 형상을 닮는다는 것은 예수님의 의로움과 거룩함을 닮는 것이다. 마음의 측면에서 보면(고전2:16), 그리스도의 지성, 감성, 의지를 닮아가는 것이다. 인간을 변화시킬 수 있는 근본적인 힘은 어디서 오는가? 거룩한 말씀이 마음 본성을 지배할 때 인간은 변화된다. 말씀을 통해 은혜 받을 때 인간은 비로소 변화의 길이 열린다. 삶의 질서로 볼 때, 변화란 삶의 우선순위가 바뀌는 것이다. 주 안에서 변한다는 말은 하나님이 좋아하시는 것을 먼저 한다는 말과 상통한다(마6:33).

예수님이 십자가에 달리실 때 그의 제자들은 뿔뿔이 흩어졌다. 그러나 오순절날 성령이 임하자 그들은 완전히 변화되었다. 은혜를 받자 그들은 전적으로 예수 중심으로 변했다. 그들은 주를 위해 헌신하다 순교까지 감수했다. 그 변화의 힘은 어디서 왔을까? 그것은 성령의 능력이다. 인간의 마음은 예수 그리스도 안에서 오직 성령의 권능과 믿음으로 온전히 변화될 수 있다. 성령이 역사하면 놀라운 은혜가 임하고, 그것이 곧 변화의 전주곡을 울리게 된다(롬12:2).

모세는 성령의 권능과 믿음으로 이스라엘 백성의 위대한 지도자가 되었다. 그는 40년 동안 이집트 궁궐에서 화려한 삶을 살았다. 그 후에 인간적인 모든 야망을 내려놓고 광야에서 40년 동안 외로운 삶을 살아야 했다. 하나님이 정하신 때가 되자, 하나님은 떨기나무에 나타나셔서 모세를 부르셨다. 하나님과의 이 짧은 만남은 모세를 본질적으로 변화시켰다. 그것은 하나님과의 관계를 새롭게 했고, 자신의 존재 의미를 진정으로 깨닫게 했고, 또한 그가 해야 할 일을 시작하게 했다. 떨기나무 앞에서 불붙은 모세의 영성은 이스라엘의 역사의 축을 움직이는 기초가 되었다. 그는 광야생활 40년 동안 진실로 '하나님을 하나님 되게 인간을 인간 되게' 한 인물이었다(신18:13).

'인간을 인간 되게 함'은 옛 자아가 죽고, 새 자아로서 사는 것이다. 성경적으로 보면 영성이 깊어질수록 인간에게 나타나는 특징은 겸손, 자기비움, 그리고 낮아짐이다. 바울은 그의 사역초기에 "나는 사도 중에 지극히 작은 자(고전15:9)"라고 고백했다. 그 후에는 "모든 성도 중에 지극히 작은

---

2) 조용기, "고난과 신앙생활", 주일설교(2008-08-31).

자보다 더 작은 나(엡3:8)"라고 했으며, 삶의 마지막 단계에서 "죄인 중에 내가 괴수니라(딤전1:15)"고 고백했다. 이처럼 바울은 자신의 영성이 깊어질수록 신앙고백을 통해 자신을 더욱 낮추었다. 신자가 하나님 앞에서 겸손할수록 성령은 그에게 더 강력하게 임하시고 그를 통해 역사하신다.

'하나님을 하나님 되게' 하려면 신자는 성령으로 충만해야 한다. 그래야 성령의 능력과 인도함을 통해서 우리의 영이 하나님처럼 살게 될 것이다(벧전4:6). 구약의 야곱은 하나님의 능력으로 자신의 삶을 전개시켜나간 역동적인 모델이다. 야곱은 삶의 자리인 3차원의 공간에서 자신의 영이 하나님의 영과 접촉하는 귀한 체험을 했다. 야곱이 하란으로 가던 중에 해가 져서 누워잘 때 하나님께서는 야곱에게 보호와 귀환, 성취에 대해 약속하시고 보증하셨다(창28:12-14). "내가 너와 함께 있어 네가 어디로 가든지 너를 지키며 너를 이끌어 이 땅으로 돌아오게 할지라 내가 네게 허락한 것을 다 이루기까지 너를 떠나지 아니하리라 하신지라(창28:15)."

벧엘이라는 3차원의 공간은 야곱이 하나님을 만나는 순간 4차원의 거룩한 장소로 변했다. 야곱은 일어나 "야훼께서 과연 여기 계시거늘 내가 알지 못하였도다(창28:16)"라고 고백했다. 그리고 그는 그곳의 이름을 벧엘(히. 하나님의 집)이라고 불렀다. 창세기에는 "야곱이 아침에 일찍이 일어나 베개 하였던 돌을 기둥으로 세우고 그 위에 기름을 붓고 그곳 이름을 벧엘이라 하였더라(창28:18)"고 기록하고 있다.

4차원의 공간은 3차원의 공간을 벗어난 공간이 아니며, 하나님께서 인간을 만나는 바로 그 장소이다. 따라서 4차원영성은 인간의 삶의 자리에서 일어나는 것이지 머나 먼 하늘에서 이루어지는 것이 아니다. 나아가 3차원 인간세계와 4차원 영적세계의 경계선은 하나님의 영이 인간의 영을 만날 때 사라진다.

1.1. 십자가 영성의 삶의 구조

영산은 "우리가 예수를 믿음으로써 마음속에 변화가 이루어지면 마음이 평안해지고 기쁨이 넘치며 향기로운 인격을 갖게 되고 행복해집니다. 예수 그리스도의 십자가 고난은 여러분과 나에게 인생에 반드시 필요한 평안을 줍니다."라고 말한다.3) 인간의 마음이 변하면 외적변화도 나타난다. 곧 내적변화가 외적변화를 활성화시킨다(행9:15-16). 성령 안에서 말씀은 내적변화를 불러오고, 그 다음 눈에 보이는 바깥 부분, 즉 삶을 변화시킨다. 내적변화가 외적 행동을 지배한다(롬8:6).

성경 전체에는 의로우신 하나님과 죄에 빠진 인류 이야기가 펼쳐진다. 성경에는 고난이 찾아왔을 때 신자들이 고난을 어떻게 믿음으로 이겨냈는 지에 대한 이야기로 가득하다. 또한 하나님께서 죄인을 의인으로 만들어 자신을 영화롭도록 하고, 죄인인 인간이 예수님을 믿음으로써 구원받아 하나님과 화목하게 되며, 이제부터 하나님의 자녀로서 어떻게 살아가야 하는지에 대한 이야기가 전개된다.

---

3) 조용기, "변화시키는 하나님", 주일설교(2013-08-18).

스프롤(R. C. Sproul)은 "우리가 창조된 목적은 세상을 향해 하나님의 거룩함을 나타내는 것이다. 이것이 인간이 살아가는 주된 목적이요 인간의 존재 이유"라고 말한다.[4] 십자가의 복음을 통해 인간은 의롭고 거룩하게 된다. 십자가는 마귀에게 빼앗겼던 의로움과 거룩함을 다시 찾아준다. 거룩함은 인간의 내적 상태를 가장 잘 보여준다(엡5:26, 벧전1:2). 내적 거룩함이 외적 의로움을 탄생시킨다. 그런 의미에서 거룩과 의는 동전의 앞뒤 관계와 같다. 십자가를 떠난 삶은 황량한 광야에서 소망 없이 고통 속에 살아가는 삶이다. 십자가는 전적 타락에서 하나님과 전적 교통이 이뤄지는 자리다.

십자가는 지금도 역사하고 말한다. 현재 진행형이다. 2천년 전의 십자가가 아니라 지금 이곳의 십자가다. 영산은 십자가의 역사함을 이렇게 말한다. "십자가는 2천년 전의 십자가가 아닙니다. 팔레스타인의 십자가가 아닙니다. 성령을 통하여 시간과 공간을 초월해서 지금 여러분 앞에 있는 십자가입니다. 지금 내 죄가 여기에서 청산되었습니다. 내 허물이 씻김을 받았습니다. 지금 이곳에서 나의 치료가 이루어집니다. 현재까지 안되던 일이 저주에서 풀려 해결되도록 해줍니다. 지금 여기서 천국과 영생을 줍니다. 지금 이 자리에서 십자가는 나에게 구원과 생명을 베풀어줍니다."[5]

영산의 주장대로, 십자가는 이제까지 역사했고, 지금도 역사하고 있고, 예수님이 다시 오실 때까지 역사할 것이다. 기독교 신앙의 핵심은 그리스도 예수의 십자가다.[6] 십자가의 재조명의 열쇠는 그리스도의 '죽으심' + '부활하심' + '영광 받으심'에 있다. 그리스도의 영광은 그리스도의 죽으심과 부활하심을 통해서 일어난다. 십자가는 하나님의 모든 것을 계시하는 장소이면서 동시에 모든 것을 감추신다. 망하는 자들에게는 고난의 십자가만 보이고, 부활의 십자가는 보이지 않는다(고후 4:3). 그래서 신비의 십자가이다. 보아도 보이지 않고, 들어도 들리지 않는다. 십자가는 하나님의 의도와 계획을 알려주는 거룩한 하늘 방송국과 같은 것이다. 죄인인 인간이 이 구원의 방송을 듣고 예수 그리스도를 구주로 믿으면, 하나님과 화목하게 되고, 양자의 신분으로 살게 된다.

십자가는 역사 속에서 일어난 생명의 사건이다. 관념의 세계가 아니다. 십자가는 신자들에게 성경을 각자의 자서전으로 만들어준다. 십자가는 모든 시대의 모든 사람이 하나님의 말씀을 자신의 삶 가운데서 경험하게 해주기 때문이다. 성령님이 바로 그 일을 하신다. 십자가는 아담의 모든 후손이 영원한 생명을 얻을 수 있는 길을 구체적으로 보여준다. 모든 인간은 십자가의 영향 아래 있다. 영산은 "예수님의 십자가 없이 우리가 용서와 의와 사랑으로 달라질 힘이 없습니다. 주님의 십자가를 나도 지고 인생을 사는 길만이 새로운 삶을 살아갈 수 있는 것입니다. 힘으로도 능으로도 되지 않고 예수님의 십자가로 말미암아 되는 것입니다."라고 말한다.[7]

---

4) R. C. 스프롤(R. C. Sproul), 『하나님의 거룩하심』, 지평서원(2014), 188.
5) 조용기, "십자가의 도", 주일설교(2012-11-18).
6) 이영훈, "십자가 신앙", 주일설교(2015-04-12).
7) 조용기, "십자가와 인간 관계", 주일설교(2011-08-21).

　4차원영성의 기초모델은 근원적으로 거룩하고 의롭게 되어, 삼위 하나님의 천상적 삶의 모델을 닮아가는 것이다. 더 구체적으로는 성육신한 예수 그리스도의 형상을 본받아가는 거룩한 삶의 여정이며, 하나님의 나라를 현재화하는 길을 보여주는 거룩한 방편이다. 또한 말씀을 나 자신의 삶에 적용시켜 삶의 자리에서 하나님의 임재를 체험하게 하는 것이다.

　4차원영성을 소유한 사람은 하나님의 생각 –거룩하고, 의로운 생각 – 을 품고 '예수 그리스도 안에서 나는 강하다'고 고백할 수 있는 사람이다. 삶은 과학이 아니라 예술이며, 예측불허의 시간들로 채워져 있다. 요엘서는 "약한 자도 이르기를 강하다 할지어다(욜3:10)"라고 말한다. 영산은 십자가의 의미를 4가지 측면에서 이해한다. 즉 하나님의 사랑(롬5:8), 용서의 댓가(사53:6), 죄의 결과(사53:5) 및 인간의 가치 향상(마16:26)으로 본다.8) 그의 4차원영성 기초모델은 구원받은 자가 자신의 삶의 자리에서 십자가를 바라보고 5중복음을 생각하고, 꿈꾸고, 믿고, 그것을 현실 속에 심는 것이다. 3차원의 삶은 경험, 지식, 명예, 지위, 부와 같은 것들이 삶의 중심축이지만, 4차원 삶의 중심축은 십자가이다. 그림 10-1처럼 4차원영성의 기초는 예수 그리스도 십자가를 바라보는 것이다.

　　영성기초 1: 십자가를 바라보며 용서와 의의 복음을 생각하고, 꿈꾸고, 믿고, 고백한다.
　　영성기초 2: 십자가를 바라보며 거룩함과 성령충만을 생각하고, 꿈꾸고, 믿고, 고백한다.
　　영성기초 3: 십자가를 바라보며 치료받음과 건강을 생각하고, 꿈꾸고, 믿고, 고백한다.
　　영성기초 4: 십자가를 바라보며 축복과 형통을 생각하고, 꿈꾸고, 믿고, 고백한다.
　　영성기초 5: 십자가를 바라보며 부활과 영생을 생각하고, 꿈꾸고, 믿고, 고백한다.

　그리스도인들이 바라보아야 할 것은 오직 십자가다. 십자가 위에서 죽으시고 부활하신 예수님을 바라볼 때, 예수님의 형상을 닮아갈 수 있다. 예수님을 닮아가는 삶, 그를 따라가는 삶, 그의 말씀을 이루는 삶이 곧 거룩한 삶이다(롬8:29).

　영산은 4차원영성을 개발하려면 말씀훈련, 기도훈련, 성령훈련이 필요하다고 강조한다. 인간은 말씀과 기도와 성령으로 의롭고 거룩해질 수 있고(딤전4:5, 행15:9, 고전6:11), 마음하늘을 은혜로 가득차게 할 수 있기 때문이다. 구원받은 신자는 처음부터 끝까지 거룩함과 의로움을 추구하여 그리스도의 형상을 닮아가야 한다. 즉, 내적 경험을 통하여 '그리스도를 아는 지식(빌3:8)'으로 충만해야 한다. 머레이(Andrew Murray)는 『위대한 영성』에서 영성형성에 대하여 4가지를 제안한다. a) 하나님과 교제하는 사귐의 영성, b) 그리스도를 아는 성령충만의 영성, c) 거룩함을 회복하는 회복의 영성, d) 믿음을 세우는 말씀능력의 영성.9) 그가 강조하는 영성은 성령, 말씀, 기도를 통해 거룩함으로 하나님과의 관계를 회복하는 영성이다. 영성 활성화의 차원에서 본다면, 영산의 주장과 유사하다. 4차원영성은 저절로 개발되는 것이 아니라 끊임없는 말씀훈련, 기도훈련, 성령훈련이 수반될

---

8) 조용기, 『오중복음과 삼중축복』, 서울말씀사(2008), 65-67.
9) 앤드류 머레이(Andrew Murray), 『위대한 영성』(The Inner Life), 브니엘(2010).

때 가능하다.10) 영성은 관계적 용어다. 내 안에 영성이 있으면 하나님의 말씀을 생각나게 만든다. 영성이 충만하면 말씀대로 이루어지는 삶이 나타난다.

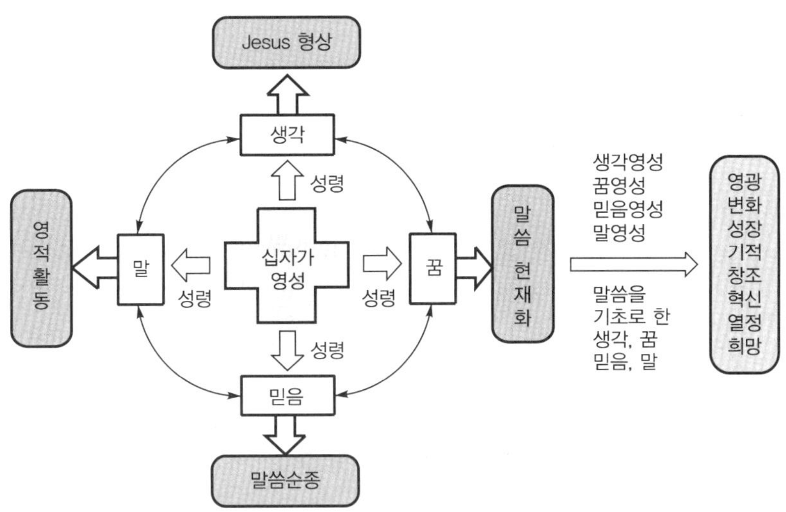

그림 10-1. 십자가 영성의 삶의 구조와 4차원의 영성해석학: 십자가 영성을 활성화시키는 4차원영성은 하나님의 말씀을 마음에 담는 방법을 말한다.11) 영성의 핵심 4요소는 생각, 꿈, 믿음, 말이며, 이들은 상호보완적 및 연합적 관계에 있다. 생각: 예수님의 형상을 닮아가려는 생각, 꿈: 말씀을 현재화시키는 힘, 믿음: 말씀에 기초한 소원을 나의 것으로 수용하려는 자세, 말: 믿은 것을 입술로 고백, 명령, 선포하는 능력이다. 즉 하나님의 말씀을 생각하고, 꿈꾸고, 믿고, 입술로 고백하면 말씀의 능력이 삶의 자리에서 실현된다. 4차원영성은 삶의 자리에서 변화, 성장, 혁신, 기적, 창조, 희망을 창출하며, 삶의 존재방식과 관련해서 예수님을 닮아가게 한다. 영산은 십자가의 도를 과거, 현재, 미래의 시각으로 통합적으로 적용하며 신비의 세계를 바라보게 한다. 4차원영성은 하나님처럼 생각하고, 꿈꾸고, 믿고 고백하며, 예수님의 형상을 닮아가는 길이다(갈4:19). 4차원영성은 자기의, 자기애, 자기의 복을 위한 것이 아니다. 하나님의 자비와 은혜와 사랑을 맛보고 하나님을 영화롭게 하며, 하나님을 기쁘시게 하기 위함이다. 4차원영성은 하나님과의 교제의 영성이다.

1.2. 하늘 중심의 삶의 방식

영산은 "우리가 바라는 믿음과 소망과 사랑 가운데 믿음과 소망은 천국에 가면 다 이루어집니다. 그러나 사랑은 천국에서 오히려 더 뜨거워집니다. 우리가 사는 이 세상과 세상의 모든 것들은 다 스쳐 지나갑니다. 오직 영원한 것은 하나님의 사랑뿐입니다."12) 천국의 삶의 방식은 사랑이다. 십자가는 하나님 자신의 사랑의 십자가다.

---

10) "사람마다 자기 마음 판에 자기의 모습을 그려놓고, 그 모습을 따라 생각하고 느끼고 말하고 행동합니다. 만일 그 자화상이 부정적이고 열등하고 패배적이라면, 그 사람은 실제로 그렇게 살게 됩니다. 그러나 자화상이 소망으로 넘치고 낙관적이며 긍정적이라면, 또한 그렇게 살게 됩니다. 우리 삶의 성공과 실패가 우리의 외적인 모습이 아닌 내면의 자화상에 달려 있음을 알아야 합니다." 참조. 조용기, "삶의 성공과 실패를 가져오는 자화상", 주일설교(2001-07-01).

11) 조용기, 『말』, 한세대학교출판사(2013), 5.

12) 조용기, "하나님의 사랑", 주일설교(2009-03-29).

죄인은 십자가의 복음을 통해 의롭게 되며, 삶 속에서 점점 거룩해져 가는 은혜를 체험한다. 신자는 예수 그리스도의 죽으심과 부활하심에 연합할 때(롬6:5), 즉 그리스도와 연합할 때, 성령의 능력으로 하나님의 삶에 참여하게 된다. 누구든지 예수와 연합되면 하늘의 삶을 선물로 받는다(빌3:20). "하나님의 아들을 믿는 믿음 안에서 사는 것(갈2:20)"은 곧 그리스도와 하나님 중심의 삶에 초점을 둔다는 것이다. 그 삶은 십자가의 삶이자 영광의 삶이며, 고난과 영광으로 이루어진 삶이다. 그 삶은 궁극적으로 새 하늘과 새 땅의 영광스럽고 완전하고 영원한 삶으로 이어진다.

영산은 "예수님을 믿고 의지하며 살아가는 삶은 고난의 길이지만, 기도하며 낙심치 않으면 영광으로 나아가는 길이 됩니다. 문제가 없으면 해답도 없고, 고난이 없으면 영광도 없다는 것을 알아야 합니다."라고 말한다.13) 십자가로부터 배우는 삶의 패턴은 '고난-영광의 길'이다. 고난으로부터 영광으로 가는 길 위에서 우리는 다음 사실을 배울 수 있다. 곧 우리는 하나님이 약속 가운데 있으며(고전11:25), 부활의 신비에 참여하고 있으며(은혜의 신비), 또한 그리스도의 부요의 상속자(양자의 신분)로 산다.

영산은 "그리스도의 죽음과 부활은 기독교의 근본적인 가르침입니다. 그것은 우리에게 부활의 기쁨과 희망을 줍니다."라고 말한다.14) 십자가를 체험한 성도들은 죽음과 부활의 긴장 속에서 살아간다. 다시 말해 새 아담으로서 사는 자는 옛 아담과 상호충돌하는 삶을 살게 된다. 그러나 십자가를 통해 생명을 회복한 신자는 하나님의 삶에 참여하게 된다. 그것은 깨어진 관계일 수도 있고, 동화해가는 관계일 수도 있다.15)

데릭 프린스(Derek Prince)는 성도의 삶의 자리에서 성화의 수단을 다섯 가지로 요약한다.16)
 a) 하나님의 영: "성령의 거룩하게 하심으로(벧전1:2)."
 b) 하나님의 말씀: "진리로 거룩하게 하옵소서(요17:17)."
 c) 제단: "소경들이여 어느 것이 크냐 그 예물이냐 그 예물을 거룩하게 하는 제단이냐(마23:19)."
 d) 그리스도의 보혈: "자기를 거룩하게 한 언약의 피(히10:29)."
 e) 우리의 믿음: "네 믿은 대로 될지어다(마8:13)."

이처럼 성도가 말씀으로 마음이 정화되고 성화되는 과정은 총체적으로 이뤄진다. 즉 '하나님-예수님-성령님-나의 믿음'이 연합적으로 작동하여 이뤄진다. 믿음은 성화의 기초다.17) 믿음은 말씀

---

13) 조용기, "고난의 길은 영광으로 통한다", 주일설교(2005-06-19).
14) 조용기, 『갈라디아서 데살로니가전후서 강해: 데살로니가전서』, 서울말씀사(2011), 290.
15) M. 로버트 멀홀랜드, 『영성형성을 위한 거룩한 독서』, 은성(2004), 32-33.
16) 데릭 프린스, 『성령충만한 그리스도인의 지침서』, 믿음의 말씀사(2012), 138-146.
17) 존 오웬(John Owen), 『성령론』, 여수룬(2000), 367-369. 오웬(Owen)은 성화에 대하여 1) 하나님을 기쁘게 하는 사람은 거룩한 사람이다(히11:6), 2), 믿음으로 거룩하게 된다. "나를 믿어 거룩케 된 무리 가운데서 기업을 얻게 하리라(행26:18)." 3) 믿음이 거룩의 도구이다. "믿음으로 저희 마음을 깨끗이 하사(행15:9)." "진리를 순종함으로 너희 영혼을 깨끗하게 하여(벧전1:22)." 4) 모든 은혜는 예수 안에 있다. "나를 떠나서는 너희가 아무것도 할 수 없음이라(요15:5)." 즉 성령은 사람들에게 믿음을 주시고, 믿음 가진 사람들을 거룩하게 만들어주신다. 성화의 주체는 전적으로 하나님이시다.

과 연결되어 있고, 그 말씀 안에 예수님과 성령님이 함께 계신다. 따라서 성도가 하늘나라 삶의 방식을 따라가려면 삼위일체 하나님의 도움 없이는 불가능하다. 성화의 과정은 중생하는 순간부터 시작한다.[18] 성도는 하나님의 말씀과 기도와 성령의 역사로 거룩해져 간다(딤전4:5). 거룩해지면 신자는 하나님의 동행하심을 깨닫게 된다. 4차원적 영성으로 하늘궁정의 삶의 양식을 실천하는 과정은 다음과 같다.[19]

    a) 믿음의 주요 온전하게 하시는 하나님의 편에서 사물을 바라보라(히12:2).

    b) 소원을 두고 행하시는 하나님을 바라보고 희망찬 기대와 꿈을 꾸라(시81:10).

    c) 없는 것을 있는 것으로 부르시는 하나님의 기적적인 도우심을 믿어라(롬4:17).

    d) 죽고 사는 것이 혀에 있으므로 창조적인 입술의 선언을 계속하라(잠18:21).

    e) 하나님께 감사와 찬송으로 나아가며 소리를 높여서 송축하라(골3:15-17).

영산은 생각을 창조적으로, 꿈을 밝게, 없는 것을 있는 것처럼 믿고, 적극적인 말을 습관화하도록 강조한다. 그는 4차원의 영성이 삶 속에서 활성화되려면 습관적으로 하나님처럼 생각하고,[20] 꿈꾸고, 믿고, 고백해야 한다고 역설한다. "강하고 담대한 마음을 가지고 항상 말씀을 마음속에 새기고, 생각을 긍정적, 적극적, 창조적으로 하여, 꿈을 밝고 맑고 환하게 하며, 없는 것을 있는 것같이 믿고, 적극적인 말을 사용하면, 우리는 전쟁에서 승리하는 용사가 되어 항상 하나님께 영광을 돌릴 수 있습니다."

사람은 마음속에 '자아(self)'가 있으므로 모두 동일하지 않고 서로 다르게 보인다.[21] 현대 심리학의 자아개념 중에는 에드워드 존스(Edward Jones)와 해롤드 켈리(Harold Kelly)가 말하는 '귀인이론(attribution theory)'이 있다. 이것은 어떤 일의 원인을 '누구의 탓으로 돌리는 현상'으로 자신을 과대평가 혹은 과소평가하는 경향이 있다. 이를테면, 성공했을 때 자신의 역할은 크게 말하고, 실패했을 때 자신의 책임은 작게 말하는 것이다. 또한 타인이 부정적 행위를 하면, 그 사람이 처한 상황을 고려하기보다 그 사람 자체나 행위 자체를 비난하는 것이다.[22]

하나님은 우리의 '자아개념'을 2가지 속성으로, 곧 무한(infinity)과 영원(eternity)으로 채우기를 원하신다. 5중복음, 3중축복, 4차원영성을 총체적으로 기초하여 하나님의 마음을 이해한다면 다음과 같이 요약될 것이다.

---

18) 마틴 로이드 존스(Martyn Lloyd Jones), 『성령 하나님과 놀라운 구원』(God the Holy Spirit), 부흥과개혁사(2013), 341.

19) 조용기, "그의 눈을 열어서 보게 하옵소서", 주일설교(2013-01-13).

20) '하나님처럼 생각한다.'는 말의 성경적 근거는 우리가 그리스도의 마음을 가졌기 때문이다(고전2:16). 땅의 먼지에 불과한 인간이 하나님처럼 생각한다는 것은 어떤 의미인가? 성서적 기준은 '하나님의 말씀'에 있다. 온 우주를 품에 안고 계시는 하나님은 자신의 생각을 말씀 안에 두셨고, 또한 그 말씀을 인간의 생각과 마음에 새기신다(렘31:33, 히10:16, 히8:10). '하나님처럼 생각한다'는 것은 '인간의 마음에 새겨놓은 하나님의 말씀을 기초로 한 생각'이다. 말씀이 있는 곳에 성령이 함께 하심으로, 결국 '하나님처럼 생각한다.'는 말은 '성령의 생각'이다. 4차원영성은 구체화된 말씀을 삶 속에서 생각하고, 꿈꾸고, 믿고, 고백하는 과정이다. 거기에는 체계적인 영적 논리가 있다.

21) '자아'에 대하여 다음 책을 참조하라. 『헨리 나우엔(Henri J. Nouwen)의 실천하는 영성』, 예찬사(2007), 제3장.

22) 마귀는 할 수 있으면 사람들에게 '근본적 귀인오류(fundamental attribution error)'나 '이기적 편향(self-serving bias)'을 갖게 한다. 그래서 마귀는 사람들이 서로 오해하고, 서로 잘난 척하고, 서로 탓하게 만든다.

"내 아들 딸들아, 나는 영원하고 무한하다. 내 안에 있으면 너희는 영원히 살 수 있다. 그것이 너희의 마음공간에 품어야 할 진정한 정체성이다. 지금 눈에 보이는 것은 너희의 정체성이 아니다. 시간이 지나면 변하는 것도 너희의 정체성이 아니다. 변하는 것들은 다 사라지는 것들이다. 많은 사람들은 보이는 것을 정체성으로 보고 있지만, 결코 그렇지 않다."

"부, 명예, 권세, 지식, 학벌 같은 것은 너희의 자화상이 아니며, 그것은 먼지와 같은 것들이다. 너희는 이제 4차원 영적세계 안에 있으므로 너희의 진정한 자화상은 무한과 영원이다. 그래서 십자가를 늘 바라보아야 한다. 내 아들 예수가 십자가 위에서 5중복음과 3중축복을 다 이루어 놓았다. 너희의 진짜 자화상은 의인, 신령한 사람, 건강한 자, 형통한 자, 영생을 얻은 자이다."

"세상에서 삶은 안개처럼 아주 잠깐이다. 나는 4차원 영적세계의 주인이다. 네가 나를 온전히 의지하고 살면, 네가 사는 3차원 세계를 변화시키고 지배할 수 있다. 나는 생각으로, 꿈으로, 믿음으로, 말로 너희와 함께 한다."[23]

하나님이 우리에게 주신 영적 언어 중 가장 강력한 4가지는 생각, 꿈, 믿음과 말이다. 4차원영성을 구성하는 핵심적인 언어를 잘 활용하면 3차원 세계를 보다 효과적으로 지배할 수 있다. "믿음으로 모든 세계가 하나님의 말씀으로 지어진 줄을 우리가 아나니 보이는 것은 나타난 것으로 말미암아 된 것이 아니니라(히11:3)."

영산이 하나님으로부터 받은 4차원영성 메시지를 이렇게 요약할 수 있을 것이다.[24]
"나는 영적존재이므로 나와 교제하고 동행하려면 생각, 믿음, 꿈과 말의 창문을 항상 열어놓고 영적인 삶을 살아야 한다. 3차원 세계를 지배하려면 다음 4가지 방법을 삶과 사역에 적용하라."

적용 1: 없는 것을 있는 것처럼 생각하라(상상력).[25]
"너희 안에 내 아들 예수 그리스도의 영이 있다. 따라서 내가 생각하는 방식으로 생각하라. 생각으로 눈에 보이는 3차원 세계를 지배하라. 나는 너희에게 다른 동물에게 없는 생각의 능력을 주었다. 그 능력은 무궁무진하다. 언제나 십자가를 바라보며 구속의 은혜를 생각하고, 거듭난 생각을 하고, 건강한 모습을 생각하고, 영생을 생각하고, 말씀으로 충만한 생각을 하라. 없는 것을 있는 것처럼 생각하고 고백하라. 그러면 창조적인 삶을 살게 될 것이다. 내 아들 예수를 깊이 생각하라.

---

23) "행복한 삶을 살기 위해서 우리는 마음을 다스려야 합니다. 우리는 먼저 예수님의 십자가의 보혈로 죄와 허물을 씻고, 꿈과 소망을 생각하고 믿고 바라보며 기도해야 합니다." 조용기, "마음을 다스려야 삶을 다스릴 수 있다", 주일설교 (2011-05-29).

24) 나는 1983년 1월부터 지금까지, 매주 거르지 않고 조용기 목사의 설교를 약 1800회 이상 들었다. 그의 설교를 들으면서, 내용을 메모하고 연구하고 묵상하고, 나름대로 정리하였다. 이 책의 대부분의 내용은 그렇게 35년 동안 들은 설교들 속에 나오는 이야기들이다. 여기서는 직접 화법으로 한번 묘사해 본 것이다.

25) 없는 것을 있는 것처럼 생각한다는 것은 영의 역동성과 초월적 속성에서 온 것이다. 인간 안에 있는 영은 초월적인 특성을 지니고 있다. 인간의 영은 유한성 안에 있으면서도 그것을 초월하여 무한성을 바라본다. 영은 시간 개념을 초월하며, 존재와 비존재를 구분하지 않고 동일한 것으로 본다. 이것은 놀라운 신비다. 아브라함은 아들이 없었을 때에도 있는 것처럼 보았다. 그가 열국의 아버지로 이름이 바뀐 것은 그러한 맥락이다.

그의 안에서 무궁무진한 비밀의 경륜을 발견하게 될 것이다. 나의 영과 너희의 영이 하나됨을 이루면(고전6:17), 너희는 하나님처럼 생각하고 꿈꾸고 믿고 고백하게 될 것이다. 그러므로 나와 하나 되기를 늘 힘쓰라."

적용 2: 없는 것을 있는 것처럼 꿈꾸라(현재화).

"내가 주로 쓰는 방법인데 꿈을 통해 너의 3차원 세계를 지배하라. 3차원 세계를 지배하는 능력 중에 이보다 더 좋은 방법은 없다. 꿈은 믿음을 낳는 모체다. 꿈이 생기면 믿음이 생기고, 믿음이 생기면 꿈이 생긴다. 꿈 또한 내가 자주 사용하는 영적 언어다."

"꿈은 내가 세상을 창조한 이래 수많은 나의 백성에게 사용한 것이다. 아주 유익할 것이다. 너희를 향한 나의 꿈을 잘 이해하여 나와 동일한 꿈을 가져야 한다. 이미 네가 아는 것처럼 내 꿈은 만민이 내 아들 예수를 믿게 하는 것이다. 너희는 나의 형상대로 지음을 받은 존재이므로 내 뜻을 잘 따라오면 나의 꿈을 품을 수 있다."

"아브라함, 요셉, 모세, 노아를 보라. 내가 나의 꿈을 그들의 마음속에 품게 해주었다. 그들은 일생동안 내 꿈 안에서 살았다. 나는 너희에게 꿈을 주기를 원한다. 마음궁궐 텃밭에 꿈을 심고 부지런히 가꾸어라. 그 꿈은 너희가 심지만 이루는 것은 나의 몫이다."

적용 3: 없는 것을 있는 것처럼 믿어라(실재화).

"나는 믿음과 말씀으로 온 우주와 지구를 창조했다. 내가 상상한 것을 믿고 창조적인 말로 지구를 만들었다. 나의 믿음을 가지도록 힘써라. 마귀는 믿음을 자꾸 훼방 놓을 것이다. 모든 일을 부정적으로 생각하게 만들고 두렵게 만들 것이다. 하지만 담대히 그것을 이겨야 한다."

"믿음을 통해 3차원 세계를 지배하라. 3차원 세계를 지배하도록 내가 강력한 믿음을 너희에게 주었다. 구약의 믿음의 선배들이 어떻게 믿음으로 세계를 이겨나갔는지 잘 학습하라. 너희가 눈에 보이는 것에 너무 익숙해, 믿음으로 3차원 세계를 변화시키는 것이 너희에게 쉽지 않은 것 같구나."

"아브라함, 노아, 한나, 12년 동안 혈루증을 앓던 여인, 소경 바디매오, 바울을 보라. 믿음이 얼마나 중요한가! 내가 성경 안에 많은 모델을 기록하게 하지 않았느냐? 3차원 세계를 변화시키는 강력한 힘은 믿음에서 나온다는 것을 잊지 말아라. 내가 기뻐하는 자는 내가 너희에게 준 믿음을 삶 속에서 나의 영광을 위해 사용하는 자이다. 그러나 그런 사람이 많지 않다. 믿음은 영적 언어 중에서 중추적인 것이다. 무엇보다 잊지 말 것은 믿음을 품었으면, 명령하고, 선포하고, 고백하는 훈련을 부지런히 해야 한다. 믿음의 최종 결산은 고백이다. 믿음을 품안에 두는 방법은 자꾸 그것을 고백하는 것이다."

적용 4: 없는 것을 있는 것처럼 말하라(참조화).

"말씀을 통해 3차원 세계를 지배하라. 나는 이 세계를 말로 창조했다. 너희는 나의 형상을 닮도록 지음 받았다. 내가 너희 안에 나를 닮을 기질을 넣어두었다. 그러므로 너희 말은 창조능력을 지니고 있다. 너희는 인류구원의 꿈을 이뤄나갈 나의 대변자들이다."

"말은 사람의 마음과 능력을 나타나는 도구다. 이를 위해 내가 이미 너희에게 성경 한 권을 주었다. 신구약 성경 66권을 통해서 내가 할 말을 다 적어놓았다. 3차원 인간의 말로 살지 말고, 내가 기록하게 한 말씀과 성령의 능력으로 살아야 한다."

"나는 나의 말로 세상을 창조했다. 너희는 나의 형상을 따라 지음을 받았다. 따라서 너희도 나처럼 거룩한 말, 권세 있는 말, 긍정의 말, 능력의 말을 항상 사용하여 눈에 보이는 3차원 세계를 변화시켜 나의 영광이 나타나도록 하라."

"지금 이 순간부터 성령과 함께 긍정의 말씀을 사용해서 3차원 세계를 마음껏 지배해 보라. 신나는 일이 많이 생길 것이다. 말이 너희들의 인생을 좌지우지 한다는 것을 꼭 명심하라. 그리고 날마다 이 4가지 영적상태를 점검하고 진단하라."

1.3. 신성과 인성의 상보적 조화

영산은 십자가는 과거, 현재, 미래 전체에 영향을 미친다고 말한다. "십자가는 나의 과거를 청산해줍니다. 과거에 어떤 일이 있었어도 십자가의 보혈로 다 청산됩니다. 현재를 담대히 긍정적으로 살게 할 수 있는 것은 십자가입니다. 현재 공허하고 혼돈하며 흑암이 깊음 위에 있을지라도, 십자가를 통하여 성령이 오셔서 신자는 현재를 긍정적으로 살 수 있습니다. 십자가는 우리에게 의롭고 거룩하며 건강하고 축복받아서 희망을 갖고 살 수 있게 만들어 줍니다. 미래가 아무리 불확실하고 언제 죽을지 몰라도, 십자가를 통해서 구원과 영생은 이미 우리에게 보증된 것입니다."26)

십자가를 통해 과거의 삶은 이미 청산되었고, 현재의 삶은 성령 안에서 변화되어가고 있고, 미래의 삶은 보증을 받는다. 십자가에는 삶을 변화시키는 하나님의 힘과 지혜가 들어 있다. 영산은 "예수님을 믿고 변화한다는 것은 외면적인 것이 아니라 내면적 변화를 말합니다. 존재의 근본이 달라져야지 형식을 바꾼다고 달라지는 것이 아닙니다."라고 강조한다.27) 변화는 안쪽에서 바깥으로 이어진다. 그린(Michael Green)은 "십자가는 거룩하신 하나님이 죄인들을 어떻게 친구로 받아들일 수 있는가에 관한 궁극적인 열쇠"라고 강조한다.28) 십자가 복음 안에는 인간을 의롭고 거룩하게 변화시키는 신비의 프로그램이 내재되어 있다.

신자는 인성과 신성의 경계에 있다. 말씀, 기도, 성령으로 신자는 이 경계선을 넘어갈 수 있다. 누구든지 예수를 믿으면 부활의 영이 내주하기 때문에(고전11:1), 새로운 피조물이 된 그리스도인은 신성의 경계선을 자유롭게 넘어갈 수 있다. 영이 육을 지배하므로 신성은 인성을 조율한다. 영산은 신성을 유지하기 위해서 5중복음의 십자가의 은혜를 품에 안아야 한다고 강조한다. "우리는 예수 그리스도를 통해서 옛 사람을 청산하고 벗어버렸습니다. 그리스도 안에서 거듭나서 우리는 새 사람이 되어 의롭고 거룩한 사람이 되었습니다. 우리는 치료받고 축복받고 영생복락을 얻은 새 사람이 된 것을 알아야만 합니다."29) 신성과 인성이라는 경계 영역에서 오직 십자가의 능력만이 옛

---

26) 조용기, "십자가의 도", 주일설교(2012-11-18).

27) 조용기, "보라 새 것이 되었도다", 주일설교(2005-12-11).

28) 마이클 그린(Michael Green), 『텅 빈 십자가』(The Empty Cross of Jesus), 서로사랑(2007), 16.

사람의 인성을 물리칠 수 있다. 4차원 영성은 '의롭고 거룩한 사람'들이 삶의 자리에서 영적 은혜를 체험하는 영성이다.

인성과 신성이 상호연합하는 관계가 될 때 신성의 역할이 확대된다. 로더(J. E. Loder)에 의하면 인간 영의 변형논리는 '갈등, 탐색, 통찰, 발견, 확증단계'를 거쳐서 이뤄진다.[30] 성경적 사례를 찾아보면, 바울이 아시아에서 복음을 증거하려고 했으나 성령의 인도하심으로 유럽으로 간 것은 영적 자아가 바울의 육적 자아를 지배한 결과다. 즉 신성이 인성을 지배한 것이다. 영의 변형적 논리차원에서 이해하면, 갈등, 탐색, 통찰까지는 대개의 경우 이성적 능력이 주도하지만, 결정적 '발견 혹은 응답 단계' – "아, 바로 이것이야! 찾았어! 할렐루야! 문제해결! 응답이야!" 등의 단계 – 는 성령님이 주도하신다. 어느 날 천사가 나타나서 기드온이 용사라고 말했을 때, 그는 몹시 갈등했다. 그는 자신이 과연 용사인지 탐색하기 위해 양털 테스트를 실행했다. 하나님이 응답하여 주시자, 그는 즉시 "나는 용사다"라고 마음으로 확증했다.

모세의 경우도 로더의 변형논리를 적용할 수 있다. 처음에 모세는 하나님의 말에 자꾸 대꾸하며 이 핑계 저 핑계를 댔다. 지팡이 테스트를 통해 모세의 갈등은 완전히 해결되었다. 하나님은 기적을 통해서 모세의 삶을 조율하도록 만드셨다. 또한 하나님은 모세를 로봇처럼 다루지 않고 대화의 길을 항상 열어놓으셨다.

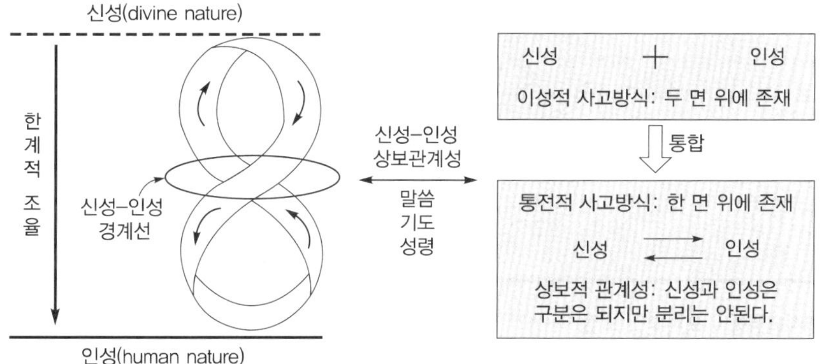

그림 10-2. 신성과 인성의 상보성: 신성–인성 관계는 빛의 파동성과 입자성의 관계와 유비될 수 있다. 함께 활동하면서도 서로 섞이지 않는다. 각자의 역할을 수행하면서도 서로 연결되어 있다. 예를 들면, 자기장과 전기장이 합쳐져서 하나로 통합되어 빛을 이루지만, 자기장과 전기장의 각자의 파동 특성은 고유하게 그대로 유지된다. 하나님은 신성과 인성을 서로 연결시켜서 이해하는 데 도움이 되는 사례들을 자연속에 감추어 놓으셨다. 빛의 운동은 곧 자기장과 전기장의 운동이다. 이 둘은 구분할 수 있으나 분리되지 않는다.

그림 10-2를 보면 뫼비우스 띠는 두 면으로 보이나 한 면이나 혹은 선을 따라 계속 움직이면

---

29) 조용기, "십자가에서 이룩하신 예수님의 은혜", 주일설교(2007-10-07).
30) 제임스 로더, 『성령의 관계적 논리와 기독교교육 인식론』, 대한기독교서회(2009), 350-353.

본래 위치로 돌아온다.31) 우리 안에 내주하시는 성령님은 홀로 계시는 것이 아니라, 인간의 영과 공존하신다. 성령님은 인간의 영을 깨우치시고 이끄신다.

닐스 보어(Niels Bohr)는 빛은 두 개의 성질-입자와 파동-을 지니고 있는데, 그 관계를 상보적(complementary)으로 보았다. 곧 입자 안에 파동이 있고, 파동 안에 입자가 존재한다는 것이다. 그러면서도 파동이 입자를 주도하며 움직이는 관계, 곧 파동이 입자를 조율하는 위치에 있다고 본다. 마찬가지로 성령과 나의 영은 상보적 관계에 있으나, 성령이 나의 영을 인도해 나가거나 한 차원 위에서 나의 영을 조율하는 위치에 있다. 바울이 아시아에서 전도하기 힘썼으나, 마게도냐로 건너간 사례가 여기에 해당된다(행16:6-10).

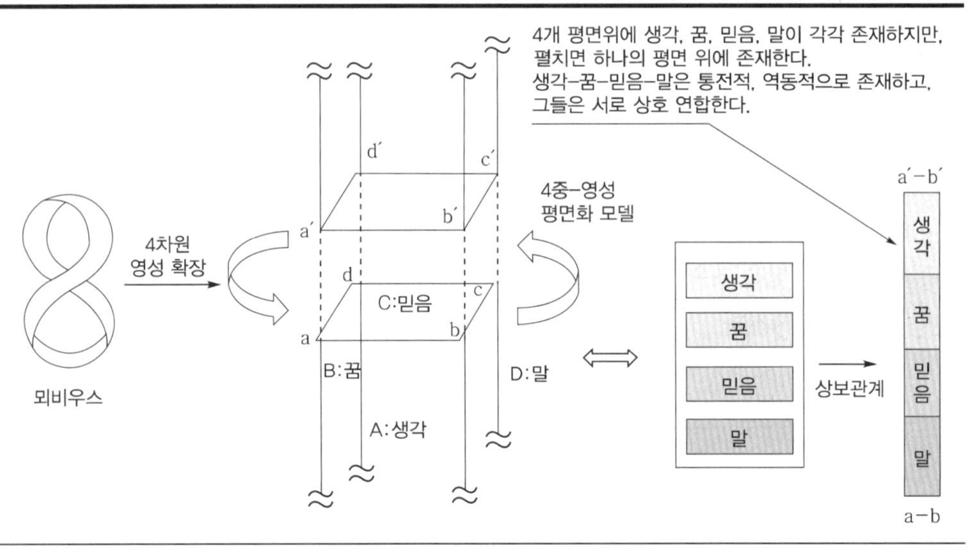

그림 10-3. 4차원영성과 뫼비우스 모델: A 생각 평면(정면), B: 꿈 평면(좌측면), C: 믿음 평면(뒷면), D: 말 평면(우측면). 4각 평면을 가진 모서리를 360도 돌려서 물리면, 즉 a-a', b-b', c-c', d-d'로 연결하면, A평면에서 출발한 개미는 계속 한 평면위에서 가게 되며, 출발한 평면지점으로 되돌아온다. 즉 생각의 평면, 꿈의 평면, 믿음의 평면, 말의 평면은 각각 고유의 면 위에 있으면서도 한 평면 위에서 총체적 통일을 이룬다. 성령이 주도적으로 생산하는 '생각-꿈-믿음-말'은 독립적으로 활동하면서도, 상호 유기적인 연합성, 고유성, 상보성을 지닌 채 생동적으로 움직인다. 그들은 정적(static)이 아니라, 동적(dynamic) 존재들이다. 그들은 땅과 하늘을 연결하는 무차원적 활동가들이며, 하늘나라와 지상세계를 자유롭게 넘나들면서 땅의 무질서를 하늘의 질서로 바꾸어 준다. 그리고 4차원영성 어느 요소를 먼저 출발점으로 해도 한 평면 위에서 서로 모두 만난다. 이를테면 b-c, b'-c' 면에서 출발해도 결과는 같다.

---

31) 아우구스트 페르디난트 뫼비우스(August Ferdinand Möbius, 1790-1868)는 독일의 수학자이다. 수학자 뫼비우스의 띠(Möbius strip)는 위상수학적인 곡면으로, 경계가 하나밖에 없는 2차원 도형이다. 안과 밖의 구별이 없는 대표적인 도형으로서 비가향적(non-orientable)이다. 1858년에 아우구스트 페르디난트 뫼비우스와 요한 베네딕트 리스팅이 서로 독립적으로 발견했다. 자세한 내용은 위키백과사전을 참조하라.

그림 10-3에서는 4차원영성의 4요소를 구체적으로 뫼비우스 띠의 모델을 기초로 묘사하였다. 인간의 마음공간에서 작동하는 생각-꿈-믿음-말이라는 4요소는 '상보성, 동시성, 인과성, 연합성'을 가지고 있다. 그들 상호관계는 개별성, 계층성이 아니라 상호의존적 및 상호교류적이다. 바꾸어 말하면 '생각-꿈-믿음-말'은 '네 인격, 한 가족'이다. 하나님은 사람마다 마음공간을 만들어 하나님이 일할 수 있는 공간을 만드셨다. "오직 그 말씀이 네게 매우 가까워서 네 입에 있으며 네 마음에 있은즉 네가 이를 행할 수 있느니라(신30:14)." 하나님의 말씀은 우리 마음하늘에서 머물면서 일한다.

하나님은 마음공간을 주요 무대로 사용하신다. 마음은 하나님이 일하시는 전형적인 장소이다. 그 안에서 생각, 꿈, 믿음, 입술의 말은 서로 밀접하게 연결되어 있다. 또한 서로 연합하여 거룩한 사건을 일으킨다.32)

4차원영성의 활성화는 마음공간 안에서 총체적으로 일어난다. 인간의 마음의 눈은 시공간을 동시에 움직여가며 입체화된 그림을 상상하면서 볼 수 있다.

1.4. 마음-변화의 구조

성령 안에서 말씀과 믿음과 기도는 변화의 촉진제다. 성령은 '진리의 영'으로 신자들을 거룩하게 만든다(고전6:11). 인간은 하나님의 자비와 사랑을 체험하면서 지속적으로 변화가 일어난다. 내 자신의 노력에 의한 변화가 아니라 하나님의 은혜로 인간은 변한다. 근원적으로 이해하면, 온전한 영적 변화란 그리스도의 마음을 지속적으로 닮아감으로써 일어나는 것이다(고전2:16, 엡4:24, 롬12:2).

영산의 변화원리는 속사람의 본질적 변화다. "아무리 외모가 변한다고 하더라도 자신의 내면 세계가 변하지 않으면 아무 소용이 없습니다. 우리가 옛 사람을 철저히 청산하고 그리스도 예수의 마음으로 새 마음을 입으면 겉은 자연적으로 달라지는 것입니다. 겉사람은 그냥 따라와요. 속사람이 변화되어야 겉사람도 변화되는 것입니다."33) 그는 "말씀을 통하지 않고는 3차원 세계를 변화시키거나 새로운 창조를 할 수 없습니다."라고 말한다.34)

변화의 삶이란 거룩의 삶이고, 거룩한 삶의 뿌리는 말씀과 기도와 믿음에 있다. 믿음은 우리 삶의 원칙과 원리다.35) 의지적으로 변하려고 하면 힘들다. 하나님의 은혜와 능력을 갈망함으로써 인간은 변하게 된다. 변화의 기초는 예수 그리스도를 바라보는 데서부터 시작된다. 그리스도를 바라볼수록 그의 거룩함과 의로움이 우리 마음에 새겨지기 때문이다. 거룩한 삶의 양식은 믿음의 삶의 양식이다. 평강의 하나님은 우리를 온전히 거룩하게 하신다(살전5:23). 성경적으로 보면, 거룩의 삶이란 믿음으로 살고(갈2:20, 히10:38), 믿음으로 행하고(고후5:7), 믿음으로 복음에 부합되는 삶을 살

---

32) "너희가 내 안에 거하고 내 말이 너희 안에 거하면 무엇이든지 원하는 대로 구하라 그리하면 이루리라(요15:7)." "그의 마음의 소원을 들어 주셨으며 그의 입술의 요구를 거절하지 아니하셨나이다(시21:2)." "너희 안에서 행하시는 이는 하나님이시니 자기의 기쁘신 뜻을 위하여 너희에게 소원을 두고 행하게 하시나니(빌2:13)."

33) 조용기, "변화와 기적을 가져오는 믿음", 주일설교(2009-07-12).

34) 조용기, "말의 위력", 주일설교(2017-06-25).

35) 이영훈, "십자가 신앙", 주일설교(2015-04-12).

고, 또한 항상 그리스도 안에서(골2:6-7, 엡6:7), 은혜 안에서 사는 것이다(고후1:12, 고전15:10). 하나님의 은혜는 신자가 믿음으로 순종하도록 이끈다. 은혜 없이 영적 변화는 일어나지 않는다. 또한 성령의 전으로서(고후6:16) 우리는 하나님과의 교제를 통해서 거룩해진다(요일1:3). 영산은 "우주만물은 3차원적 존재입니다. 그러나 예수님을 믿고 거듭난 사람은 생각과 꿈과 믿음과 입술의 고백을 통해 4차원인 성령님과 교통할 수 있습니다."라고 말한다.36) 그리스도인은 성령으로 살아야 하고(갈5:25), 거룩한 생각으로 선한 일을 해야 하고(엡2:10), 지속적으로 거룩해지도록 해야 한다(살전5:23). 요약하면 변화의 삶이란 '예수 그리스도만을 바라보며 사는 삶'이다.

십자가의 능력이 적용되는 공간은 인간의 마음하늘이다. 영산은 "내 생명이 변화되는 곳은 십자가입니다."라고 선언한다.37) 그가 말하는 변화는 예수를 믿어서 나타나는 단순히 외적인 변화를 의미하는 것이 아니다. 십자가는 의와 거룩의 원천이다(롬5:1, 히10:10). 십자가를 통해 일어나는 내적 변화를 의미한다.38) 다시 말하면, 진정한 변화는 율법에 대하여 죽고, 십자가에서 죽으시고 다시 살아나신 예수 그리스도께 속하는 것이다(롬7:4). 곧 율법에 대하여 죽고, 나 자신이 예수님과 하나됨을 이루어 사는 것이다.

십자가 도성은 거룩함과 의로움과 온전함의 벽으로 둘러싸인 신비의 장소이자 말씀의 능력이 임재하는 장소다. 모든 그리스도인은 의와 거룩을 향해 달려가야 한다. 스프롤(R. C. Sproul)은 "기독교인의 성장 목표는 의의 완성이다(마6:33). 영적인 삶은 그 자체가 목적이 아니라 목적을 이루는 수단이다. 모든 영적훈련의 목적은 의롭게 되는 것"이라고 말한다.39) 신자의 마음하늘에 세워진 십자가의 도성은 말씀과 기도로 거룩하여지는 곳이며(딤전4:5), 성령의 능력으로 신비의 일들이 일어나는 하늘의 축소판이다. 의와 거룩은 동전의 앞뒤와 같다. 그리스도의 십자가는 성경말씀이 신자들의 삶에서 구체적으로 실현되도록 이끌어준다.

십자가의 도성에는 십자가의 복음을 믿고 입성한 자들로 가득하다. 십자가는 복음의 능력으로 삶의 변화를 촉진한다. 십자가의 능력을 알아보자.

첫째, '약함-강함의 원리'다. 십자가는 역설적이다. 죽으면 살고, 약하면 강해진다. "하나님의 미련한 것이 사람보다 지혜롭고 하나님의 약한 것이 사람보다 강하니라(고전1:25)." 십자가 위에 부정적인 것이 올라가 죽으면, 새로운 긍정적인 것이 나타난다. 죽음이 올라가면 부활이 나타나고, 약함이 올라가면 강함이 탄생하고, 최악이 올라가면 최선이 내려온다. 그래서 십자가는 능력과 변화의 십자가다.

---

36) 조용기, "말의 위력", 주일설교(2017-06-25).
37) 조용기, 『이해와 동정과 사랑과 용서』, 주일설교(2012-04-01).
38) "구약성경은 의식적이고 도덕적인 거룩을 강조하는 반면, 신약성경은 내적이고 근본적인 거룩을 강조한다(레10:10-11, 19:2, 살전5:23, 히10:10)." 조엘 비키(Joel R. Beeke), 『칼빈주의』, 지평서원(2012), 신호섭 역, 331. 첨언하면, 하나님의 속성 중의 속성은 거룩이다. 거룩 없이 인간은 변하지 않는다. 거룩은 오직 말씀과 기도로 활성화된다(딤전4:5). 거룩은 성령의 능력으로 수동적으로 받는 것이지, 내 쪽에서 성취하거나 만들어내는 것이 결코 아니다. 거룩은 성령의 역사를 통해서 이루어진다. 신자는 거룩해지면 '하나님이 나와 동행하는 것'을 자각하게 된다. 참조. 히10:10.
39) R. C. 스프롤(R. C. Sproul), 『하나님의 거룩하심』, 지평서원(2014), 198-199.

둘째, 십자가는 온전함을 드러낸다(히10:14). 십자가는 단 한번으로 족하다. 단회성이다. 그리스도는 거룩하게 된 자들을 한 번의 제사로 영원히 온전하게 하셨다(히10:14, 히10:10). 이것은 하나님의 선하심, 자비, 은혜, 사랑에서 흘러나온 것이다(눅6:36).

셋째, 십자가 위의 예수 그리스도는 살리시는 영이다. 십자가는 우리를 영생의 길로 이끌어준다. 첫 사람 아담은 생령이 되었다 함과 같이 마지막 아담은 살려주는 영이 되었다(고전15:45).

넷째, 십자가는 죄인에게 '거룩함'을 얻게 하여 의인으로 만든다. "이 뜻을 따라 예수 그리스도의 몸을 단번에 드리심으로 말미암아 우리가 거룩함을 얻었노라(히10:10)." 하나님은 우리의 '죄와 불법(히10:17)'을 다시 기억하시지 않는다. 거룩함은 하나님과 그 백성 사이의 인격적 관계를 지속시킨다.

인간은 하나님의 자비의 능력 안에서 예수를 믿음으로써 의와 진리와 거룩함으로 새 사람으로 변화되고(엡4:24), 마음을 새롭게 함으로 변화를 받는다(롬12:2).40) 하나님은 우리를 '신의 성품에 참여하는 자(벧후1:3-4)'로 삼으셨다. 루이스(C. S. Lewis)는 비유적으로 하나님의 아들이 되는 것을 "말을 훈련시켜 더 높이 뛰게 만드는 것이 아니라 아예 날개 달린 짐승으로 만들어주는 것"과 같다고 말한다.41)

인간의 본성은 근본적으로 변화에 대해서 저항한다. 이미 형성된 습관에 길들여져 있기 때문이다. 하나님은 어떠한 방식으로 인간의 내면을 변화시키실까?42)

1) 새 사람으로서의 변화

어떻게 새 사람으로 변화되는가? 자신의 의지로 변하는가? 아니면 성령 안에서 하나님을 갈망함으로써 수동적으로 변화받는가? 대답은 후자다. 하나님의 은혜 없이 인간은 변화되지 못한다. 하나님은 자신의 사랑으로 인간을 변화시킨다. 진리의 영이신 성령님은 신자를 거룩한 삶을 살게 하신다. 하나님의 사랑의 절정은 십자가 위에서 드러난다. 인간은 예수의 십자가 위에서 죽고 부활함으로써 비로소 원천적 변화가 시작된다. 새 사람은 십자가에서 출생한다.

사랑의 십자가는 사람을 변화시킨다. 영산은 "성령으로 거듭난 우리는 예수님의 십자가를 바라봄으로써 생각이 달라지고 믿음이 달라지고 삶이 변화됩니다."라고 말한다.43) 십자가만이 변화의

---

40) 삶의 변화는 마음의 변화에서 시작된다. 변화는 일련의 과정을 거친다. 마음의 영적 갱신 – 생각의 변화 – 행동의 변화 – 습관의 변화 – 하나님 중심의 삶이다. 신자의 삶의 변화는 성령의 능력과 도우심에 힘입어 신자 자신이 적극적이고 능동적으로 말씀을 실천하는 것을 통해서 이루어진다.

41) 제럴드 리드(Gerald Reed), 『C. S. 루이스의 거룩한 삶』, 엔크리스토(2006), 144.

42) 호블랜드(C. I. Hovland)와 제니스(I. Janis)는 설득을 통한 인간의 변화형태를 4가지로 요약한다. 첫째, 태도의 변화(태도와 가치에 대한 언어적 변화), 둘째, 인식의 변화, 셋째, 감정의 변화, 넷째, 행동의 변화이다. 변화는 태도, 신념, 가치 등이 통합적으로 동반되며 일어난다. 참조. 제이 다니엘 바우만, 『성공적인 설교자를 위한 길잡이』, WPA(2008), 335-340. Cited from *Personality and Persuasibility*, New Harven, Conn. : Yale University Press(1959), pp1-28." 인간의 진정한 변화는 예수 그리스도와의 연합에 기초해서 이루어진다. 이것은 성령의 역사로 성취된다. 심리적, 교육적, 철학적 변화는 인본주의적 변화에 불과하다. 진정한 변화란 하나님 관점에서 "의인으로서의 변화"다.

축을 돌린다. 십자가를 바라보면 하나님의 사랑이 생기고, 그것이 변화를 불러일으킨다.

우리의 영은 하나님을 갈망하고, 사모하고, 사랑할 때 변하게 된다. 하나님을 바라봄으로써 변하게 된다. 자신의 의지만으로는 항상 제자리로 회귀한다. 욥은 이렇게 고백한다. "내가 주께 대하여 귀로 듣기만 하였사오나 이제는 눈으로 주를 뵈옵나이다(욥42:5)." 귀로 듣는 것과 눈으로 보는 것은 엄청난 차이가 있다. 우리가 하나님을 알 수 있는 유일한 길은 믿음과 사랑이다. 사랑 안에 믿음이 있고, 믿음 안에 사랑이 있기 때문이다. 믿음을 통해 우리는 하나님을 구체적으로 경험하며 알아가게 된다.

영산은 "십자가 대속의 풍성한 삶을 살려면 5중복음, 3중축복, 4차원영성을 마음에 품고 살아야 한다."고 선언한다.44) 변화는 십자가 대속에서 시작된다. 믿음으로 새 사람이 되면 좋으신 하나님의 존재, 본성, 행동에 대하여 거룩한 반응을 하게 된다. 영산은 "기독교의 복음은 사람을 변화시키는 종교입니다. 십자가는 대속의 은혜의 근원입니다. 하나님은 십자가의 대속을 받아들이는 자마다 5중복음과 3중축복의 은혜를 값없이 주십니다. 십자가의 대속을 믿고 받아들이면, 그것은 우리에게 놀라운 변화를 가져다줍니다."라고 말한다.45) 진정한 변화는 십자가의 능력을 통해서 이루어진다. 십자가는 존재론적 변화(고전6:17, 갈2:20, 고후5:17)와 실존적 변화(롬8:29, 엡4:23-24)를 동시에 가져다준다. 실존적 변화, 곧 성화 과정은 성령의 능력과 신자의 순종으로 이루어진다.

영산은 "4차원에 속한 우리는 생각과 꿈과 믿음과 말로 3차원의 환경을 변화시킬 수 있습니다."라고 강조한다.46) 동시에 "우리의 생각이 예수님과 만날 때 변화되고, 하나님의 말씀을 읽고 기도할 때 변화되고, 성령의 도우심으로 살아갈 때 변화됩니다."라고 말한다.47) 내적변화가 일어나면 외적변화가 뒤따른다. 우리 안에 그리스도를 향한 믿음과 사랑이 충만할수록 변화의 속도는 가속된다.

신자는 십자가 위에서 죽고 부활한 존재다(롬6:5, 고후5:17). 중생한 자는 그리스도 안에 존재한다(고전6:17, 요14:20). 하나님께서 진정한 그의 백성을 만드는 방법은 먼저 신분상으로 하나님의 백성으로 만들어 놓고, 그 다음 하나님의 뜻에 맞도록 영적으로 성장시켜가는 방법이다. 새 사람은 이미 변화된 신분을 추구해 나가는 거룩한 존재이다. 새 피조물은 이미 주 안에서 살고 있다(행17:27-28). 진정한 영적 변화는 하나님과의 교제를 통해 이루어진다. 영산은 4차원영성의 차원에서 하나님과 교제하는 삶을 강조한다. "우리는 하나님을 믿음으로써 생각을 통하여 하나님과 교제하고, 꿈을 통하여 하나님과 함께 거하고, 믿음을 통하여 하나님과 함께 행하고, 입술의 고백을 통하여 하나님과 함께 나아가는 것입니다."48)

십자가는 인류역사의 축소판이다.49) 변화의 모든 핵심은 십자가로부터 나오기 때문이다. 죄인

---

43) 조용기, "나의 생각이 나를 다스린다", 주일설교(2017-06-11).
44) 조용기, "믿음의 단계", 주일설교(2012-09-23).
45) 조용기, 『삼중축복』, 한세대학교출판부(2013), 264-265.
46) 조용기, "하나님의 뜻에 합당한 자", 주일설교(2015-02-08).
47) 조용기, "삶의 환경은 주어진 것보다 만들어 가는 것", 주일설교(2015-02-15).
48) 조용기, 『삼중축복』, 한세대학교출판부(2013), 268.

이 십자가 은혜로 거듭나면 은혜의 씨앗이 마음에 심겨 삶의 원리와 목적이 달라진다.50) 믿음은 변화의 수단이다. 칭의의 근거는 예수 그리스도의 죽으심과 부활이다. 칭의의 수단은 믿음이다.51) 믿음으로 거듭나면, 근본적으로 변화된 삶을 추구하게 된다. 영산은 변화의 삶을 4차원영성적으로 접근한다. 그는 "하나님의 사람은 새로운 마음을 얻음과 동시에 새로운 꿈, 새로운 믿음, 새로운 말을 하게 되고 그 삶이 초자연적으로 변화하는 것입니다."라고 말한다.52) 그는 "성경을 통해 하나님의 생각, 하나님의 꿈, 하나님의 믿음, 하나님의 말씀을 얻었기 때문에 이 세상뿐만 아니라 동시에 하늘나라 안에서 살고 있습니다."라고 말한다.53)

바울은 성도의 변화과정을 이렇게 강조한다. "이제는 너희 지체를 의에게 종으로 내주어 거룩함에 이르라(롬6:19)." 즉, 거룩함에 이르는 영적 변화란 의로움의 종이 되는 것이다. 또한 그는 열매 맺는 제자로 변화되기 위해 예수 그리스도를 붙드는 것이라고 말한다.54) 바울은 "그러므로 내 형제들아 너희도 그리스도의 몸으로 말미암아 율법에 대하여 죽임을 당하였으니 이는 다른 이 곧 죽은 자 가운데서 살아나신 이에게 가서 우리가 하나님을 위하여 열매를 맺게 하려 함이라(롬7:4)"고 말한다. 다시 말하면, 예수님과 친해져 예수님의 삶이 내 삶이 되고, 그의 열정이 내 열정이 되어야 근본적인 변화가 일어날 수 있다.

2) 은혜가 가져오는 진정한 변화

은혜는 믿음의 순종을 탄생시키는 근원이다. 영산은 은혜를 받아야 변한다고 강조한다. "하나님의 은혜가 오면 사람이 변화됩니다. 예수를 믿으면 공짜로 구원받을 뿐만 아니라 은혜를 받게 되는데, 그러면 악한 자가 선한 자로 변화됩니다. 더러운 자가 깨끗한 자로 변화됩니다. 은혜는 사람을 변화시킵니다. 예수 그리스도를 만나 구원을 받고, 은혜가 우리 마음속에 부어지면, 우리를 죄에서 영광으로 변화시켜줍니다."55)

거룩한 삶으로의 변화는 하나님의 은혜로 이뤄진다.56) 새 사람이란 '그리스도의 옷을 입은 자(갈3:27)'로서 삶의 모든 주권이 예수님에게 있는 삶이다. 곧 나의 십자가를 지고 사는 삶이다. 십자가에서 옛 사람이 죽은 사람은 세상과 죄의 유혹에 더 이상 반응하지 않는다.57) 어떠한 비판에도

---

49) 마이클 그린(Michael Green), 『텅 빈 십자가』(The Empty Cross of Jesus), 서로사랑(2007), 92-95.

50) 하나님의 손이 빚은 설교가로 알려진 차녹(Charnock)은 죄인이 중생하면 삶의 양식이 근본적으로 4가지가 변한다고 지적한다. a) 중생은 원리의 변화다: 믿음과 사랑(새로운 피조물의 본질). b) 중생은 목적의 변화다: 오직 하나님께 영광을 돌린다. c) 중생은 사고의 변화다: 영적사고 방식의 추구. d) 중생은 위로의 변화다: 하나님으로부터 받는 위로와 기쁨. 스테판 차녹 (Stephen Charnock), 『거듭남의 본질』(The New Birth II), 지평서원(2012), 83-102. 덧붙여 말하자면, 중생은 영혼의 기능이 별도로 더해지거나 감해지는 것이 아니라, 방향이 전환되는 것이다. 곧 마음과 생각이 악을 떠나 선을 향하는 것이다.

51) 칭의가 궁극적으로 추구하는 것은 하나님께 은혜의 영광을 찬미하는 것이다(엡1:6, 12, 14).

52) 조용기, 『삼중축복』, 한세대학교출판부(2013), 269-270.

53) 조용기, 『삼중축복』, 한세대학교출판부(2013), 270.

54) 참조. 존 파이퍼(John Piper), 『복음과 하나님의 의』, 좋은 씨앗(2014), 21-23.

55) 조용기, "은혜와 진리는 예수님으로 말미암아 온 것", 주일설교(1994-09-18).

56) "거룩함으로 자라는 유일한 길은 그리스도를 믿고 새 사람답게 믿음으로 그분 안에서 행하는 것이다." 월터 마샬(Walter Marshall), 『성화의 신비』, 복있는사람(2013), 316.

내 생각, 내 자존심을 주장하지 않는다. 비록 구원받아 그리스도의 옷을 입었을지라도, 성도는 거룩함을 향해 지속적으로 변화되어야 한다(롬13:14, 골3:9-10).58) 제럴드 리드(Gerald Reed)는 "하나님과 생명을 나누고 변화된다는 것은 거룩한 수혈을 받아 우리 자신이 영화로운 존재로 높아진다는 뜻"이라고 말한다.59) 모든 성도는 칭의(과거), 성화(현재), 영화(미래) 과정을 거친다. 따라서 새 피조물은 천국에 가는 그 날까지 계속해서 변화되고 거룩해져야 한다.

타락한 인간은 예수를 믿음으로써 새 존재가 되었다(고후5:17). 새 존재의 내면에는 예수님이 사신다(갈2:20).60) 그리스도의 마음을 닮게 되면(빌2:5), 긍정의 자아상이 생겨 사물을 바라보는 관점도 긍정적으로 변한다. 마음의 변화는 생각의 변화와 삶의 변화로 이어진다(롬12:2). 또한 변화를 통해 주의 뜻을 알게 된다. 주의 영광은 우리의 삶을 변화시키며, 주와 같은 형상으로 변하도록 만든다(고후3:18, 롬8:29). 주의 영광이 임하는 곳에 그리스도 형상을 닮아가는 변화의 은혜가 임하게 된다.61) "주의 영이 계신 곳에는 자유함이 있느니라(고후3:17)."

인간의 변화는 언제부터 시작되는가? 이신칭의(以信稱義) 개념에서 보면, 하나님의 의가 예수 그리스도를 통하여 부패한 인간을 새롭게 할 때 시작된다.62) 다시 말하면, 자아본성의 그림자가 마음하늘에서 소멸될 때 변화가 시작된다. 예수를 믿을 때 인간에게 존재의 본질적 변화가 일어난다. 옛 사람이 죽고 새 사람이 탄생하기 때문이다. 또한 새 사람은 새로운 영적 정체성 – 하늘의 시민권(빌3:20) – 을 가진 자로서 그리스도와 함께 하늘에 앉게 된다(엡2:6).

그리스도인의 근본적 변화는 오직 성령의 힘으로 이루어진다. 성령 안에서 그리스도를 바라보고 주를 닮아가려고 갈망할 때 근본적 변화가 일어난다. 심리적 힘은 제한적이나, 성령님은 마음이 일하는 성향을 본질적으로 변화시킨다.63) 이러한 변화는 이 땅에서 삶을 마감할 때 끝난다. 영산

---

57) 이영훈, "십자가 신앙", 주일설교(2015-04-12).

58) John Owen, *The Holy Spirit*, Versa Press(2012), 180. 성도는 왜 거룩해야 하는가? 첫째, 거룩함은 하나님의 형상을 닮아가는 방편이다(엡4:22-24), 둘째, 하나님과 친교하기 위해서 거룩함이 필요하다(시50:16-17, 사1:15-16, 요일1:3, 5-7), 셋째, 하나님이 거룩하심으로 거룩해야 한다(히12:14, 요일3:2-3). 거룩함을 통해 성도는 점차적으로 하나님의 형상을 닮아가며, 예수 그리스도의 영광을 드러내는 삶을 살게 된다(요16:14).

59) 제럴드 리드(Gerald Reed), 『C. S. 루이스의 거룩한 삶』, 엔크리스토(2006), 141.

60) 그리스도인은 타락한 실존에서 새 존재로, 육적 존재에서 영적 존재로, 땅에 속한 존재에서 하늘에 속한 존재로 신분이 바뀐다. 여기서 '새 존재'는 무에서 유의 창조가 아니라, 유(이미 있지만 왜곡된 것)에서의 새로운 창조이다.

61) John Owen, *The Glory of Jesus*, Versa Press(2012), 111. 우리 안에 주의 영광이 충만할수록 은혜, 거룩함, 순종함이 넘쳐난다. 주의 임재는 은혜를 불러오고, 은혜를 강화시킨다.

62) 하나님이 우리를 의롭게 하는 사역은 '의롭게 만드는 것'이 아니라 '의롭다고 선언하는 것'이다. 칭의란 상태(status)를 말하는 것이 아니라, 지위 또는 관계를 의미한다. 따라서 은혜로 의인이 된 자는 성령 안에서 말씀과 믿음과 기도를 통해 지속적으로 성화되어야 한다. 은혜로 거룩함을 얻었지만(히10:10), 말씀과 기도로 거룩함을 지속적으로 회복하여야 한다.

63) 뇌는 1000억 개의 뉴런을 포함하고 있다. 신경계를 이루는 뉴런들 사이의 연결 전체를 '커넥톰(connectome)'이라고 부른다. 커넥톰은 사람마다 서로 다르다. 각자의 정신구조가 다른 것은 커넥톰의 연결구조가 다르기 때문이다. 인간의 게놈(genome)은 태어날 때부터 정해지지만, 뇌 안의 커넥톰은 일생 동안 변화하며, 일정 부분 통제할 수 있다. 어떤 사람이 외향성 또는 내향성을 띠는 것은 뇌의 지도(커넥톰)가 서로 차이가 있기 때문이다. 학자들은 인간의 뇌의 '커넥톰(뇌의 신경계 지도)'을 찾는 일은 아직 멀다고 보고 있다. 참조. 승현준(커넥톰 분야의 세계적 권위자이자 뇌과학 분야를 선도하고 있는 한국계 과학자, 하버드대학교 이론물리학 박사), 『커넥톰, 뇌의 지도』, 김영사(2014), 19-29, 199-200, 222-224. 인간의 뇌를 만드신 하나님만이 뇌의 지도를 정확히 알고 계신다. 뇌의 지도를 변화시킬 수 있는 분은 오직 성령님이시다. 성령세례를 받은 사람이 일시에 변화되는 것은 성령의 능력으로 커넥톰이 일시에 초월적으로 변화되기

은 "우리는 시간과 세월 안에 살면서 변화를 체험합니다. 그러나 죽음으로 시간과 변화는 끝나고 영원의 세계로 들어갑니다."라고 말한다.64)

이 땅에 있는 동안 우리 안에 예수 그리스도가 계시므로(갈2:20), 새로운 변화가 일어날 수 있음을 기대하고 소원하고 꿈꾸자(엡4:24, 빌2:5). 성도는 죄의 권세에서 벗어나면, 거룩함과 사랑의 삶, 곧 성화의 길을 걸어간다. 성도는 죄의 결과인 영원한 죽음에서 완전히 벗어났지만(죄의 종에서 해방, 롬 6:18), 일생동안 죄의 권세와 싸워야 한다는 사실을 결코 잊어서는 안 된다.

3) 본질적 내적변화

하나님은 인간을 사랑해서 십자가를 세우셨다. 십자가를 통해 인간은 죄인의 몸에서 의인의 몸으로 근본적으로 변화된다. 하나님의 자비와 사랑은 인간을 변화시키는 근본적인 요소다. 인간은 하나님의 자비와 사랑이 충만할 때 지속적인 변화가 일어날 수 있다.

의롭게 하는 믿음이란 나 자신을 부인하는 믿음이며, 오직 예수님의 인격과 그의 사역에 의존하는 믿음이다.65) 그 믿음이 인간을 내적으로 변화시킨다. 그리스도가 지신 십자가는 의의 길이자 자발적 순종의 길이다. 하나님은 인간을 변화시킬 때 그 아들 예수를 십자가에 죽게 하시고 부활시킨 것처럼, 죄인인 인간을 변화시킬 때에도 그러한 양식을 취하신다. 그래야 본질적이고 원천적 변화가 일어나기 때문이다. 구체적으로 서술하면, 죄인인 우리를 십자가 위에 올려놓고 예수와 함께 십자가에 못 박히게 한다(롬6:6). 그 다음 하나님의 능력으로 다시 살리고(롬6:4-5) 새 사람을 만든다(고후5:17). 이 과정은 신비적이다. 이성으로 이해해서 알 수 있는 것이 아니라 믿음으로 깨닫는 것이다.

영산은 "4차원이 3차원을 다스리기 위해서 먼저 생각을 변화시켜야 합니다. 우리는 생각, 꿈, 믿음, 말을 통해서 3차원을 다스릴 수 있습니다. 하나님의 말씀과 우리 입술의 말로 3차원을 다스릴 수 있습니다."라고 말한다.66) 영산의 변화개념의 원리적 구조는 4차원영성의 4가지 요소들 – 생각, 꿈, 믿음, 말 – 이다. 다시 말해, 하나님의 마음에 동화되는 과정이다. 그 결과 하나님과 더 가까이 친교할 수 있다. 영산이 "4차원의 삶은 속사람이 살아나서 성령님과 교제하는 삶"이라고 강조하는 것도 그런 맥락이다.67) 그는 "생각, 꿈, 믿음, 말은 말씀을 통해 성령님과 교통하게 됩니다."라고 말한다.68) 그는 말씀을 통한 변화와 창조를 강조한다. 말씀만이 옛 본성을 새 본성으로

때문으로 추측된다. 1000억 개의 뉴런의 연결 구조를 인간의 힘으로 알아낸다는 것이 얼마나 힘든 일인가? 300개의 뉴런을 가진 꼬마선충(C. elegants)은 신경계의 연결이 7,000개였고, 연결구조를 파악하는 데만 12년이 걸렸다. 그렇다면 1000억 개의 뉴런을 가진 인간의 신경계의 연결구조를 파악하려면?(p22).

64) 조용기, "영원과 시간", 주일설교(2012-06-17).

65) 좀 더 원론적으로 묘사하면, 자기부인을 한다는 것은 자아탈출이자, 자기포기다. 즉, 자기부인의 진정한 의미는 삶의 중심궤도가 타자궤도에 들어가는 것, 자기가치가 아니라 타자가치를 추구하게 하는 힘이다. 삶 속에 실천적 개념으로 보면, 삶의 최고 우선순위를 예수 그리스도께 두는 것이다(골3:17).

66) 조용기, "네 자신을 알고 진리를 따라 살라", 주일설교(2014-12-14).

67) 조용기, "육으로 난 것은 육이요 영으로 난 것은 영이니", 주일설교(2016-07-17).

68) 조용기, "말의 위력", 주일설교(2017-06-25).

변화시킬 수 있다. 하나님과의 교제를 통해 인간은 변하게 된다.

영산은 "성령의 궁극적인 목표는 우리의 육신이 아닌 영혼을 치료하는 것입니다. 하나님은 항상 우리의 영혼을 먼저 치료하시고 그 다음 다른 일을 하십니다. 그러므로 먼저 주님과 바른 관계를 맺어야 합니다."라고 말한다.69) 인간의 변화는 영혼의 변화이며, 영적 변화가 육신의 변화를 가져온다. 4차원의 영이 3차원의 물질세계를 다스리기 때문이다.

베드로는 성령을 받자 내면부터 외면까지 전인적으로 변화되는 길을 걸었다. 이처럼 택함 받은 자를 향한 하나님의 자비는 인간의 근원적 변화를 불러일으킨다. 모든 인간은 사물에 대한 지각(知覺)을 통해 관념화(ideologize)된다. 즉 보고, 듣고, 느끼고, 사랑하는 가운데 생생한 지각이 생기고, 그것이 마음속에 이미지로 각인된다. 마찬가지로 우리는 인간의 내적 관념화를 통해 예수님의 형상을 닮아가는 데 힘을 쏟아야 한다(갈4:19).

인간의 변화는 하나님의 사랑과 자비에서 온다(롬12:1-2). '마음을 새롭게 함으로 변화를 받는 것(롬12:2)'은 인간의 몫이 아니라 100% 하나님 자신의 자비, 즉 예수 그리스도 십자가의 구속의 은혜에서 온다. 하나님으로부터 사랑받으면 사람은 변한다. 사랑은 인간을 지속적으로 변화시키는 촉진제(catalyst)다. 훈련은 잠시 습관의 변화는 줄 수 있지만, 근본적인 변화는 어렵다. 새 존재의 모든 근원적 힘은 바로 내 안에 신비로운 방법으로 내주하시는 예수님에게서 나오는 것이다(행17:28). 그리스도의 사랑만이 변화의 주체가 될 수 있다.

조나단 에드워즈(Jonathan Edwards)는 "하나님께서 영적이고 초자연적인 감각을 주시면 사람은 변한다"고 말한다.70) 내면의 변화는 행동의 변화로 이어진다(요4:28-29). 우리의 의는 다 더러운 옷 같아서(사64:6), 오직 주의 말씀으로만 변할 수 있다. 우리는 하나님의 작품이다. 이는 그리스도 예수 안에서 선한 일을 하기 위함이다(엡2:10).

십자가를 통해 인간은 새 피조물이 되며(고후5:17), 성령은 신자를 모든 측면에서 변화시킨다. 그 변화는 점진적으로 진행된다. 장차 예수님이 다시 오시면, 하나님은 만물을 완전히 새롭게 변화시키실 것이다. 그래서 창조의 최종 목적 - 새 하늘과 새 땅에서 모든 피조물이 삼위 하나님을 영원히 찬양하며 교제함 - 을 궁극적으로 성취하실 것이다. 우리도 그와 같은 종말론적 변화와 완성에 참여하게 될 것이다.

4) 십자가 아래서의 새 존재

인간은 은혜로 십자가 아래서 새 존재가 된다(고후5:17). 하나님은 그 아들 예수 그리스도를 통해서 이 땅에 오셔서 우리를 그에게로 데려가신다. 은혜로 용서함 받고, 천국으로 들어갈 특권을 허락받고, 왕의 자녀로서 영적 정체성을 얻는다. 영산은 "십자가를 끌어안으면 십자가를 통해서 하나님께서 우리를 위해서 이루어놓으신 은혜를 깨닫게 되고, 십자가를 통해 의의 샘물이 솟아오르며,

---

69) 조용기, 『4차원의 영적세계』, 서울말씀사(2003), 121.
70) 존 스미스 편(조나단 에드워즈), 『신앙감정론』(The Works of Jonathan Edwards Volume 2: Religious Affections), 부흥과개혁사(2005), 393.

거룩한 생수가 솟아오르고, 치료의 강물이 흘러내리고, 형통의 축복이 나타나고, 죽음의 흑암이 떠나가고, 생명이 넘쳐납니다"라고 말한다.71) 죄인은 누구든지 십자가 아래 나아오면, 5중복음의 축복을 누리고, 세상에 속하면서도 하늘에 속한 자가 된다.

영산은 "우리의 겉사람은 절대절망의 사람입니다. 예수님 때문에 거듭난 속사람은 살아 있는 영의 사람입니다. 우리의 속사람은 생명이신 예수님과 하나된 삶을 살게 됩니다."라고 고백한다.72) 모든 신자들은 그리스도의 마음을 품고 있다(고전2:16). 토저(Tozer)는 "세상은 가라앉고 있는 배다. 거기서 빠져나오려면 더 이상 그곳에 머물러 있어서는 안 되고 빨리 배를 버려야 한다"고 강조한다.73) 세상에 머물러 있으면서 세상의 가치관에 얽매어 있으면 속사람의 변화는 일어나지 않는다.

새 존재로서의 삶이란 왕의 자녀로서 속사람이 하나님과 친밀한 사귐 안에 있는 삶이다(요일1:3). 인간은 십자가 위에서 죽고 부활하기까지 절대절망, 절대실패, 절대죄인의 존재였다. 십자가 보혈의 능력으로 잃어버린 의와 거룩함을 회복하기 전까지 모든 인간은 진정한 희망도 믿음도 사랑도 능력도 없이 살아가고 있다. 흙으로 지음 받은 자연인은 결국 흙으로 돌아간다(창3:19). 그러나 십자가는 모든 죄인을 의인으로 만들어 영광을 회복시켜준다. 인간은 십자가 아래서 하나님을 가장 잘 알 수 있다.74)

영산은 "십자가를 통해 옛 사람이 청산되고 새 사람이 살아나고, 3차원에서 살면서도 4차원의 영적인 세계를 통해 하나님과 함께 살기 때문에 눈에 안 보이는 하나님의 능력이 우리와 함께 합니다."라고 말한다.75) 십자가는 죄인을 의인으로 만들어 그리스도의 형상을 닮아가게 한다. 십자가를 통해서 죄책이 제거되고, 하나님의 진노가 사라지고, 죄사함이 이루어지고, 그리스도의 의가 우리에게 전가되고, 하나님의 사랑이 우리에게 부어지면, 우리는 성령의 도움으로 그리스도의 형상을 닮아가게 된다. 이 모든 영적 사건의 중심에 그리스도의 십자가가 있다. 따라서 내 안에 계신 그리스도의 영광을 드러내는 것이 삶의 목적이어야 한다. 그것이 곧 하나님을 영화롭게 하는 길이다. 성령이 본질적으로 하는 일은 내 안에 그리스도의 영광을 드러내는 일이다(요16:13-15). 따라서 성도는 십자가 위에서 죽고, 십자가 안에서 살고, 십자가 안에서 존재하고, 십자가를 등에 지고 일평생 바울처럼 십자가만을 자랑하는 그리스도인이 되어야 한다(갈6:14, 고전2:2, 행17:28).

인간의 진정한 정체성은 십자가의 본질 안에서 찾아내어야 한다. 성경은 "아들이 있는 자에게는 생명이 있고 하나님의 아들이 없는 자에게는 생명이 없느니라(요일5:12)"고 말한다. 십자가는 죄인에게 참생명을 준다. 그 결과 겉사람으로 사는 것이 아니라 속사람으로 살게 된다. 영산은 "속사람의 삶이란 내가 깨어지고 예수님을 더욱 의지하는 사람, 곧 지식을 통하여, 꿈을 통하여, 믿음을 통하여, 말을 통하여 예수님께 점령당한 삶을 사는 사람입니다."라고 말한다.76) 그는 4차원적 영성으

---

71) 조용기, 『삼중축복』, 한세대학교출판부(2013), 289.

72) 조용기, "나는 누구인가?", 주일설교(2013-01-06).

73) A. W. 토저(Aiden Wilson Tozer), 『철저한 십자가』, 규장(2013), 184.

74) 하나님의 속성은 십자가에서 가장 잘 드러난다. 십자가는 곧 하나님과 그리스도와 인간의 본성과 목적이 가장 적나라하게 드러나는 곳이다. 루터(Luther)는 "십자가의 진리는 깊은 신비 가운데 감추어져 있다."고 말한다. 그의 관점에 의하면, 십자가 뒤에 감추어진 더 큰 신비는 살아계신 하나님이시다. 십자가는 인간의 참모습을 비춰주는 거울과 같다.

75) 조용기, 『삼중축복』, 한세대학교출판부(2013), 292.

로 예수 그리스도를 모시고 살아야 진정한 변화를 추구할 수 있다고 말한다. 십자가 위에서 우리의 옛 사람은 이미 죽었다(롬6:4). "우리가 알거니와 우리의 옛 사람이 예수와 함께 십자가에 못 박힌 것은 … 죽은 자가 죄에서 벗어나 의롭다 하심을 얻었음이니라(롬6:6-7)." 우리가 영적인 측면에서 본질적으로 변화되어야 할 이유가 여기에 있다.77) 성령을 통한 변화가 궁극적으로 추구하는 것은 삼위 하나님께 영광을 돌리는 것이다.78)

영산은 "우리가 하나님의 차원에서 살기 위해서 하나님의 생명을 받고 하나님의 영의 감동이 있어야만 합니다. 즉 하나님을 따라 생각하고(잠4:23), 꿈꾸고(빌2:13), 믿고(히10:38), 말하면 됩니다(잠18:21)."라고 말한다.79) 그리스도인은 나의 삶이 아니라 하나님이 인정하시고 기뻐하시는 삶을 살아야 한다. 이제는 내가 사는 것이 아니요 오직 내 안에 그리스도께서 사신다(갈2:20). 변화의 시작은 여기서 부터이다. '나의 삶'을 '예수의 삶'으로 승화시키는 삶이 온전한 변화의 삶이다. 새 사람으로 변화되는 것은 총체적 변화이다. 새로운 가치관과 세계관, 새로운 삶의 방식과 관계 등이 모두 재정립된다. 기도와 순종은 그러한 변화를 가능하게 만든다.80)

온전한 변화과정이 지속적으로 일어나려면 지정의(知情意)를 모두 지니신 성령이 주도하셔야 한다(계2:7, 롬8:26, 행16:6-7, 행20:28). 곧 성령은 인간적 지정의를 성령의 지정의로 승화시켜서, 궁극적으로 예수님의 지정의의 인격을 닮아가게 해주신다. 나의 힘으로는 변화될 수 없다. 은혜만이 진정한 변화를 가져온다.81) 폴 잘(Paul Zahl)은 은혜를 하나님의 '조건 없는 사랑, 즉 절대사랑'으로 정의한다.82) 인간의 변화 그 자체는 결국 근원적으로 하나님의 사랑에 의존한다.

존재론적 측면에서 인간은 하나님의 본질과 일치할 수 없지만, 말씀과 기도로(딤전4:5) 하나님의 성품과 그리스도의 형상을 닮아갈 수 있다. 하나님을 사랑하면 이웃을 사랑하게 된다. 사랑은 흐름의 속성을 지니고 있다. 하늘나라에서 수직으로 내려오는 하나님의 사랑은 지상세계에서 수평적으로 확산된다.

칼 바르트(Karl Barth)는 "하나님은 하나님을 통해서 인식된다"고 주장한다.83) 하나님의 인식론은

---

76) 조용기, "나는 누구인가?", 주일설교(2013-01-06).
77) 세상적 관점에서 바라보는 변화의 의미는 '제행무상(諸行無常)'이다. "변화의 암묵적인 뜻은 우리 사회와 현재의 삶의 방식과 믿음이 일시적임을 의미한다. 모든 것은 변한다. 철학자 헤라클레토스는 '같은 물에 발을 두 번 담글 수 없다. 두 번째 들어갈 때 이미 그 물은 흘러가버렸기 때문이다.'라고 말했다. 모든 것은 과정일 뿐이다." 참조. 엘빈 토플러(Alvin Toffler), 『부의 미래』(Revolutionary Wealth), 청림출판(2006), 307-308. 첨언하면, 세상적 관점에서 변화는 그것이 좋을지 나쁠지에 대하여 구체적인 명제가 제시되지 않는다. 또한 그것이 선이 될지 아니면 악이 될지 예측하기 어렵다. 그러나 복음을 통한 변화는 구체적이고 사실적이며 희망적이고 역동적이며 미래적이다.
78) 하나님은 인간으로부터 영광을 받으시기 위하여 취할 수 있는 모든 수단을 동원하신다. 그것은 말씀, 성령, 믿음, 기도다. 인간이 하나님께 영광을 돌리지 않으면 삶을 진정으로 향유할 수 없다. 따라서 인간이 하나님께 영광을 돌리는 것은 가장 고상하며, 거룩하고, 의미있는 일이다. 인간은 하나님께 영광을 돌리기 위해 존재한다.
79) 조용기, "차원이 다른 삶", 주일설교(2009-05-24).
80) E. M. 바운즈(E.M. Bounds), 『기도의 강력』(Power Through Prayer), 규장(2012), 155-156. "혁명적 변화를 일으키는 데 가장 결정적 변수는 선천적 능력과 교육적 배경보다 굳은 신앙, 능력 있는 기도, 철저한 헌신, 완전한 자기부정, 하나님의 영광을 위한 자기희생, 성령충만에 대한 갈망이다."
81) 튤리안 차비진(Tullian Tchividjian), 『은혜의 순간』(One Way Love), 터치북스(2014), 170.
82) 튤리안 차비진(Tullian Tchividjian), 『은혜의 순간』(One Way Love), 터치북스(2014), 33.
83) 김명용, 『칼 바르트의 신학』, 이레서원(2011), 251-257.

하나님 자신이다. 칼 바르트는『교회교의학』를 집필하면서 하나님은 철저하게 성령님을 통해 인식됨을 강조한다.[84] 요약하면, 하나님은 말씀과 성령과 믿음을 통해 하나님 자신이 우리에게 인식되는 것이다. 신자의 변화는 하나님을 온전히 인식함으로 시작된다.

영적 변화의 원리는 초자연적 습관을 형성하는 것이다. 베르나르(C. A. Bernard)는 "습관은 자유와 결정론의 끝에 있다"고 언급할 만큼, 한번 형성된 습관은 '기술적-인간적-윤리적-심리적 변화 원리'로서는 한계가 있다고 역설한다. 또한 토마스 아퀴나스는 "성질이나 형태가 아직 불완전할 때에는 소질(disposition)이라 부르고, 행위가 완성되어 제2의 본성이 되었을 때에는 습관"이라고 정의한다.[85] 제2의 본성을 이성적 지식과 훈련으로 변화시키고자 하는 시도는 한계에 부딪칠 수밖에 없다. 진정한 변화란 말씀과 성령의 역사를 통해서 영적 및 인격적으로 변화되는 것을 말한다. 그것은 하나님에 대한 올바른 인식과 영적 경험을 통해서 온다. 하나님의 말씀의 거울을 바라보면 볼수록 우리는 하나님의 형상을 더욱 닮아가게 된다(고후3:18).[86]

5) 변화논리: 마음의 성향

영산은 변화논리에 대해 목표를 써놓고, 그것을 바라고 이루어질 것을 기대하는 것, 즉 4차원적 믿음의 논리로 접근한다. "분명한 목표를 가지고 주님께 부르짖어 기도하고 난 다음에는 받은 줄로 믿으십시오. 없는 것을 있는 것같이 믿으라는 것입니다. 안받은 것을 받은 것처럼 믿는 것입니다. 그러면 그대로 이루어집니다. 내가 이미 목표를 가지고 믿고 기도하는 그대로 된다는 것입니다. 그러므로 우리가 하나님 앞에서 분명한 목표를 가지고 믿는다는 것은 굉장히 중요한 것입니다. 우리가 인생의 분명한 목표를 정하고 그것을 글로 써놓고 늘 이루어질 것을 믿고 바라보면 놀라운 일이 일어납니다."[87]

그는 또한 영적 변화논리를 삼위일체적으로 접근하여 설명한다. 첫째, 우리의 생각은 예수님을 만남으로 변화된다. 둘째, 하나님의 말씀을 읽고 기도할 때 변화된다. 셋째, 성령의 도우심을 따라 살아갈 때 변화된다.[88] 요약하면, 영산의 변화논리는 '성령 안에서 말씀과 기도로 예수 그리스도를 만나 그의 인격을 닮는 과정'이다. 이것을 구체화된 방식으로 나타낸 것이 4차원영성적 변화구조다.

새 피조물은 하나님 앞에 설 때까지 지속적으로 새롭게 변화되어야 한다. 제럴드 싯처(Gerald L. Sittser)는 새로운 피조물이 된 후에도 지속적인 변화의 길을 걸어야 한다고 강조한다. "하나님의 완벽한 예술작품인 우리는 그리스도 안에서 이미 새로운 존재이지만 아직 새로워지고 있다. 그리스도인은 이미 구속되었지만 아직 구속이 필요하다. 우리는 이미 변화되었지만 하나님이 우리

---

84) 위의 책, 251.

85) 샤를 앙드레 베르나르(Charles A. Bernard), 『영성신학』(Teologia Spirituale), 가톨릭출판사(2013), 520-521.

86) "하나님을 본받는다는 것은 하나님이 우리를 사랑하는 것처럼 우리도 사랑으로 살고, 하나님이 거룩하신 것처럼 우리도 거룩하게 살고, 하나님이 믿음의 하나님인 것처럼 우리도 믿음으로 살아감으로써 하나님의 기질과 성품을 우리 생활 가운데 점점 나타나게 하는 것입니다." 조용기, 『옥중서신 강해: 에베소서』, 서울말씀사(2010), 128.

87) 조용기, "변화와 기적을 가져오는 믿음", 주일설교(2009-07-12).

88) 조용기, "삶의 환경은 주어진 것보다 만들어 가는 것", 주일설교(2015-02-15).

를 변화시키는 작업은 아직 시작에 불과하다. 우리는 완성품이지만 성령님은 이제 시작하였을 뿐이다. 우리 앞에는 영광스러운 미래가 있다."89) 성도의 삶이란 매 순간 변화되는 삶이다. 시간과 영원의 경계선에서 살고 있는 새 피조물은 항상 긴장된 삶을 살아야 한다는 사실을 잊지 말자!

로더(Loder)의 마음 변화 논리 제임스 로더(James E. Loder)는 『종교체험과 삶의 변환』이라는 책에서 믿음을 전제로 인간의 영의 변화논리를 역설한다.90) 그것을 5단계로 정리하고 사례(마9:20-22)를 추가하고 보완해서 서술하면 다음과 같다.

1단계 갈등(conflict) 단계: 인간의 변화는 갈등과 모순에서 일어난다. 12년 동안 혈루증을 앓던 여인은 병-치료라는 갈등을 겪는다.

2단계 탐사(scanning) 단계: 심리적으로 예수님을 만나서 혈루증을 치료해보려는 전략을 세운다.

3단계 상상(imagination) 단계: 장차 일어날 사건을 인식하며 여인은 자신의 병이 치료된다는 상상력을 발휘한다. 상상력은 통찰, 직관, 비전이 의식과 무의식의 경계선상에서 창조적으로 나타난다.

4단계 경험(experiencing) 단계(창조 단계): 혈루증을 앓던 여인이 예수님의 옷자락을 만지자 곧바로 치료가 일어났다. 상상력을 활용한 확신적-인식적 경험은 그녀의 갈등을 해소시킨다.

    a) 에너지 이완: "아하! 이제 나는 나았다." 갈등상황 끝.

    b) 자기초월: "이제 병은 내 곁을 떠나갔어."

5단계 해석(evaluating) 단계: 예수님이 그녀의 혈루증을 치료하였다고 선언하는 과정이다. 이 단계는 상상력이 낳은 행동을 해석하는 과정이다. 삶의 간증을 낳는다(객관화).

    a) 과거 지향적 해석: "아! 상상대로 병에서 놓여났어!" 믿은 대로 이루어진 것에 대한 일치화 작업이다.

    b) 미래 지향적 해석: "이제 온 동네 사람들에게 알리자!"(객관화, 공공(公共)화)

성령은 신자를 인식과 확신으로 이끈다. 인간의 영과 성령의 상호연합 속에서 인간의 영은 변화 논리에 따라 하나님의 영에 뿌리내리게 된다. 그것이 영적 변화로 가는 과정이다. 변화는 인식체계의 변화다.

로더의 5단계 변화논리는 일시에 또는 점진적으로 일어날 수 있다. 다른 말로 하면, 불연속적 또는 연속적으로 일어날 수 있다. 베드로가 설교하자 하루에 3천명이 동시에 회개하고, 영적 변화가 일어났다. "그 말을 받은 사람들은 침례를 받으매 이 날에 신도의 수가 삼천이나 더하더라(행2:41)." 로더는 또한 인간이 실존적으로 변화되기 위해서 4중 요소들 – 세상(world), 자아(self), 공허(void),

---

89) 제럴드 싯처(Gerald L. Sittser), 『하나님의 은혜』(A Grace Revealed), 성서유니온선교회(2013), 53.

90) 참조. 제임스 로더, 『종교체험과 삶의 변환』, 한국신학연구소(2001), 59-75.

거룩(holy) - 이 필요하다고 역설한다.91) 간략하게 설명한다면, 세상 속에서 한 인간의 자아(self)가 마음을 완전히 비우고 말씀과 기도와 성령으로 거룩하게 될 때 비로소 변화될 수 있다는 것이다.

경험적 영적 변화　　신자는 하나님의 성품에 참여할 뿐이지, 죄를 지을 수 있는 성향이 완전히 사라진 것은 아니다. 여전히 죄성의 잔재를 지닌 신자는 악(惡)을 떠나 선(善)을 향하는 마음을 품고 행동하는 것이다. 성령 안에서 악을 버리고 선을 택하는 삶, 윤리적이고 양심적인 삶을 좇아가는 십계명적 삶, 나아가 죄를 멀리하는 삶이다. 죄를 멀리하는 삶이 곧 변화의 삶이다.92)

　바울은 예수님을 만나자 삶의 운영시스템이 교체되어 새로운 '영적 삶의 방식'으로 전환된 전형적인 예다. 예수를 믿으면 전이적(轉移的) 공간(transitional space)에 놓이게 되어 영적 자아가 성장하게 되며, 이성적 삶의 방식이 천국형 중심의 삶의 방식으로 승화된다. 예수님의 12제자들은 성령을 받고 나서, 주의 은혜로 모두 삶의 운영체계를 바꾼 인물들이다. 성령은 인간의 삶의 운영체계를 근본적으로 바꿔주신다.93) 믿음으로 하나님의 자녀가 되면(갈3:26), 구원사적 관점과 가치관을 갖게 되고, 이성적 사고가 영적사고로, 인간적 욕망이 하나님의 꿈으로, 이성적 믿음이 하나님의 믿음으로 바뀌고, 사용하는 언어가 세상언어에서 천국언어로 바뀌어, 궁극적으로 삼위일체 하나님의 삶의 방식으로 살게 된다.94)

　하나님의 말씀과 성령의 역사에 기초한 영적 경험만이 사람을 진정으로 변화시킬 수 있다. 그런 맥락에서 바울은 우리가 본 받아야 할 '변화와 성장의 산 모델'이다. 인간이 수천 년 동안 쌓아온 지식창고를 다 털어 머릿속에 꽉 채워넣어도 인간의 원초적 죄성은 없어지거나 바뀌지 않는다. 오직 성령 안에서 예수님의 십자가 보혈로 죄를 물리칠 수 있다.95) 진정한 변화는 말씀과 성령의

---

91) 하나의 변형적 사건에서 4중 요소들에 대하여 더 자세하게는 위의 책 113-156 페이지를 참조하라.

92) 폴 리쾨르(Paul Ricoeur)는 죄의 어원과 죄의 실재(reality)에 대해서 다음과 같이 설명한다. 첫째, 어원은 목표가 없다는 뜻의 히브리어 '하타'와 비뚤어진 길이라는 뜻의 '아본'이다. 둘째, 비뚤어진 길을 의미하는 라틴어 '페카툼'이다. 셋째, 목이 뻣뻣함, 거역이라는 의미의 히브리어 '페샤'이고, 넷째, 죄인이 처해 있는 상황, 곧 올바른 길에서 벗어나 있다는 의미의 '샤가'이다. 따라서 죄는 근원적으로 하나님과 올바른 것으로부터 '끊어진 관계'라는 개념을 지니고 있다. 또한 리쾨르는 죄의 실재에 대해서 다음과 같이 요약한다. a) 죄는 무엇인가 있는 것이다. b) 죄는 처음부터 개인적이며 공동체적이다. c) 죄의 상대자는 내 의식이 아니라 바로 하나님이다. d) 하나님의 눈길은 나의 상황을 밝히고 내 실존에 내려질 윤리적 심판과 정의를 드러내는 데 있다. 죄는 내면적이며 객관적이다. 참조. 신응철, 『기독교 철학자들의 문화관』, 북코리아(2011), 234 & 236-7.

93) 인간의 진정한 변화가 일어나려면 예수님의 생명(약4:7-8)과 진리(요8:32, 34)와 권능을 체험해야 한다(행1:8, 막6:7, 행4:33). 예수님을 믿으면 온전히 변화하여, 사도 바울이 고백한 것처럼 오직 주 예수를 위하여 살게 된다. "저가 모든 사람을 대신하여 죽으심은 산 자들로 하여금 다시는 저희 자신을 위하여 살지 않고 오직 저희를 대신하여 죽었다가 다시 사신 자를 위하여 살게 하려함이니라(고후5:15)."

94) 바울은 다메섹 도상에서 부활 및 승천하신 예수님을 만나고 나서 온전한 지정의적 변화가 일어났다(행9:1-22). 그 결과 예수 그리스도를 닮아가는 삶을 살 수 있었다. 그는 자아중심의 삶에서 예수 그리스도와 십자가 중심의 삶을 전인격적으로 추구했다. 진정한 변화는 인격 자체의 변화다. 바울은 예수 그리스도의 인격을 닮아가는 전형적인 인물이 되었다. "내가 그리스도를 본받는 자 된 것같이 너희는 나를 본받는 자가 되라(고전11:1)."

95) "우리 인간의 힘으로는 죄를 떨어뜨릴 수 없습니다. 그러나 우리 마음에 성령의 바람이 휘몰아치고 성령의 단비가 내리면 늦가을에 나뭇잎 떨어지듯이 죄가 떨어져 나가는 것입니다." 조용기, 『갈라디아서 데살로니가전후서 강해: 갈라디아서』. 서울말씀사(2011), 164.

권능으로부터 온다.96) 변화는 힘으로 되지 아니하고 능으로 되지 아니하고 오직 성령의 능력으로 가능하다(슥4:6-7).

인간은 예수 그리스도의 영이 임하면 삶의 틀이 이성적 구조에서 신앙적-복음적 구조로 변한다. 기독교는 그 안에 생명이 있어, 누구든지 예수님을 만나면 전인적-생명적으로 변한다. 양떼를 치던 모세도 떨기나무에서 하나님을 만나자 평범한 목자 신분에서 일시에 이스라엘 민족의 지도자 신분으로 변화되었다. 사마리아에서 로맨스로 소문났던 사마리아 여인도 예수님을 만나자 물동이를 버려두고 '와보라!'고 외치는 복음 전도자로 변화되었다. 바울은 예수님을 만나자 율법주의자 옛 사람은 땅에 묻히고, 구원받은 새 사람 바울로 철저하게 변화되었다.

말씀이 마음하늘에 들어와 인격으로 승화되고 내면화될 때 변화의 물결이 일어난다. 12제자들은 예수님과 가장 가까이 있었는데도 그를 제대로 알지 못해서 변화의 영성 길로 나아가지 못했다. 가장 심각한 사례로서 12제자 중 가룟 유다는 은 30냥에 예수님을 배반했다(마26:14-16). 예수님의 수제자격인 베드로는 예수님을 모른다고 세 번이나 부인했다(막14:66-72). 예수님이 십자가에 달리셨을 때, 요한을 제외한 나머지 10제자들도 다 예수를 버리고 도망했다(막14:50). 그러나 그들이 예수님의 부활과 성령강림 사건을 경험하고 나서, 예수님이 누구인지 온전히 알게 되었다. 그리고 일시적인 무지와 오해와 배반의 굴레에서 벗어나 온전한 변화와 사역과 마지막으로 순교의 길까지 담대하게 걸어갔다. 영산은 "인간은 하나님의 말씀과 계명과 성령님의 가르침을 좇아 회개하는 삶을 살아갈 때 변화됩니다."라고 조언한다.97)

마귀는 모든 사람을 대상으로 '하나님과 화목할 수 없는 <u>잠금장치</u>(locking)' 걸어놓고, 인간 스스로는 풀림장치를 결코 해제할 수 없게 했다. 그 잠금장치는 오직 예수 그리스도 십자가의 비밀로 열 수 있다. 인간은 속사람으로 살 때 변화의 삶을 살 수 있다. 영산은 속사람으로 살아갈 것을 이렇게 강조한다.98)

첫째, 예수님의 생명으로 사는 사람: 예수님이 십자가의 죽음을 짊어지셨다(고후4:10-12).

둘째, 성령님의 인도로 사는 사람: 하나님의 영으로 인도함을 받는 사람은 곧 하나님의 아들이다 (롬8:14-16).

셋째, 영성을 따라 사는 사람: 새로운 피조물로서 하나님의 말씀에 기초한 지식과 꿈과 믿음으로 변화된 말을 한다(고후5:17).

넷째, 영생 천국의 사람: 하나님은 그의 긍휼과 사랑으로 우리를 그리스도 예수 안에서 이미 하늘에 앉히셨다(엡2:3-6).

---

96) 변화는 오직 성령의 능력에서 온다. 오순절 마가의 다락방에서 120명의 무리가 성령을 받자 초대교회를 탄생시켰다. 칼빈의 변화는 스위스를 변화시키고 장로교를 탄생시켰고, 요한 웨슬리의 영적 변화는 교회와 영국을 변화시켰다. 또한 1901년 오즈만(Agnes Ozman)의 방언 시작이 하나님의 성회에 효시(嚆矢)가 되었다.

97) 조용기, "회개와 찬국", 주일설교(2003-06-09).

98) 조용기, "겉사람과 속사람", 주일설교(2012-01-22).

6) 4차원적 변화논리와 실제

영산은 "그리스도의 십자가는 우리에게 보혈과 성령의 능력으로 흑암에서 광명으로, 무질서에서 질서로, 죽음에서 생명으로, 추에서 미로, 가난에서 부요로 변화시키는 기적을 일으킵니다."라고 말한다.99) 십자가의 믿음은 삶을 총체적으로 변화시킨다. 십자가는 그리스도와 연합된 삶(고전6:17)을 살게 하기 때문이다.

믿음이란 '보지 않고 믿는 것'이다. 믿음은 '아는 것'과 '보는 것'을 모두 포함한다. 환언하면 '아는 것'이 '보는 것'과 같아진다는 말이다. 이것은 놀라운 신비다. 믿음은 '보는 것'을 '아는 것'으로 대체하고, 이것을 신자들의 마음에 그대로 적용한다.

믿음을 기초로 한 변화 본다는 것은 곧 믿음을 잉태하는 기초를 제공해준다. 좀 더 자세히 알아보자. '보는 것'과 '아는 것'에 대해 적절한 성경말씀은 "우리가 흙에 속한 자의 형상을 입은 것 같이 또한 하늘에 속한 이의 형상을 입으리라(고전15:49)"이다. 이 말씀을 토대로 이해하면, 그리스도인의 마음에는 그리스도의 형상에 대한 지식이 각인되어 있다. 신자는 자기 마음에 각인된 그리스도의 형상을 본다. 우리는 영의 눈으로 보고 그리스도를 실제로 본 것과 같은 상태로 믿는다. 이것은 성령의 계시에 의해 이뤄진다.

나아가서, 바울은 "우리가 그리스도의 마음(mind)을 가졌느니라(고전2:16)"고 말한다. 성경에서 우리가 '예수 그리스도를 본다' 함은 '마음에 새겨진 그리스도의 형상을 본다'는 말과 유비된다. 실제적으로 본다는 것이다. 비록 신자가 그리스도와 서로 물리적으로 떨어져 있지만, 믿음의 눈 또는 영의 눈(시각)으로 본다는 것을 의미한다. 다시 말해서, 3차원적 존재(눈에 보이는 것)를 4차원적으로 승화시켜 본다(안보이는 것)는 의미다. 그래서 '없는 것을 있는 것처럼 본다'고 하는 것이다.

내가 '그리스도를 아는 지식(빌3:8)'이나 '진리를 아는 지식(히10:26)'을 마음에 품는다고 말하면, 그것은 내가 영의 눈으로 그리스도를 보고 알아간다는 말이다. '하나님의 뜻을 아는 것(골1:9)'과 '하나님을 아는 것(골1:10)'에 전념할 때 우리는 하나님의 마음에 동화되어 간다(말4:6). 그래서 모든 신자는 '야훼를 아는 지식(사11:9)'으로 충만할 필요가 있다. 우리가 하나님을 알아갈 때 하나님께서는 기뻐하시기 때문이다(렘9:24).

영적 변화의 핵심은 봄(sight)이 아니라 앎(knowing)을 통한 믿음(faith)에서 나온다. 왜 많은 사람들은 변화의 길을 어렵다고 생각하는가? 보지 않고 믿는다고 생각하기 때문이다. 그러나 실상은 그리스도인이란 '보고, 알고, 믿는 자'이다. 하나님을 따라 의와 진리의 거룩함으로 지음 받은 새 사람(엡4:24)이 되기 위해서 '봄(sight), 앎(knowing), 믿음(faith)'은 서로 균형을 이뤄야 한다. 영산은 변화논리를 4차원적으로 접근한다. 그는 '말씀과 성령으로, 분명한 꿈과 목표로, 믿음으로, 입술의 고백과 기도로' 접근한다.100) 영산은 변화개념을 마음의 정화과정으로 이해한다. 마음은 인격의 수부다. 다시 말해, 영산의 마음의 변화원리는 '성령 안에서 생각-꿈-믿음-언어라는 4차원적 기도를 통해 하나님과 친밀한 관계를 이루어가는 것'이다. 그 결과 말씀을 삶의 자리에서 경험하고 은혜를 체험

---

99) 조용기, "변화의 능력 십자가", 주일설교(2007-03-04).
100) 조용기, "다스리는 삶", 주일설교(2012-02-26).

하게 된다. 그것이 변화의 원동력이다. 실제적으로 성령 안에서 인간의 생각, 꿈, 믿음, 말이 변하면, 그 사람이 총체적으로 변하는 것이다. 옛 성향을 버리고 새 성향으로 살아가는 것이다.

영산은 십자가로부터 4차원영성을 발굴했다. 그는 4차원영성을 "성령의 생각-꿈-믿음-말을 마음에 심어 삶의 한가운데로 하나님의 나라를 당겨오는 것"이라고 말한다. 4차원의 영성은 성경말씀을 우리 안에서 인격화 및 내면화시켜 하나님과의 친교를 확장시킨다. 그는 하나님을 체험적으로 인식하는 것에 대하여 "우리에게는 삶과 환경에 변화를 가져올 수 있는 힘이 있습니다. 바로 하나님의 말씀에 대한 생각으로, 꿈으로, 믿음으로, 말로 우리 삶과 환경을 변화시킬 수 있습니다."라고 언급한다. 하나님에 대한 인식을 삶의 자리에서 관찰해 본다면, 하나님의 말씀을 근거로 한 영산의 4차원영성적 신(神)인식론이 칼 바르트의 성령론에 기초한 하나님에 대한 인식보다 구체적이고 실천적이며 진보적이다.

변화는 하나님을 체험적으로 인식하는 것에서 시작된다. 인류학자 애슐리 몬태그(Ashley Montagu)가 사용한 용어 중에 '심리경화(psychosclerosis)'란 용어가 있다. 이 말은 동맥경화처럼 마음경화를 의미한다. 마음경화는 신자의 새로운 삶의 변화를 방해하는 최대의 적이다. 그러나 하나님은 우리에게 믿음, 말씀, 기도를 통해 지속적인 변화의 기회를 제공한다. 리처드 포스터(Richard Foster)는 "기도는 하나님께서 우리를 변화시키는 데 사용하는 수단"이라고 말한다.101) 영산은 "말씀이 우리를 인도하여 변화시킵니다(딤후3:16-17)."라고 강조한다.102) 따라서 인간의 근원적 변화란 말씀 안에서 '하나님, 나 자신, 그리고 세계를 바라보는 눈이 총체적으로 변하는 것'이다.

진정한 변화는 사랑 안에서 의지의 연속성이 있어야 한다. 그리스도를 향한 사랑은 변화의 원동력이다. 사랑 안에서 은혜의 체험 없이는 사람은 변하기 어렵다. 변화에 있어서 사랑의 힘은 훈련의 힘보다 더 강하다. 사랑은 인간을 변하게 하는 지속적인 촉진제다. 사랑 안에 변화의 요소가 내포되어 있기 때문이다.

변화란 무지개처럼 반짝 나타났다 소멸되는 것이 아니라, 신관(神觀), 자아관, 세계관이 인식적으로 또한 실존적으로 변화되는 것을 포괄한다. 삶의 모든 가치관이 바뀌는 순간이 진정한 의미에서 변화라 할 수 있다. 성서적으로 인간의 변화를 거시적 차원에서 보면 다음과 같은 과정으로 진행된다. 곧 '마음공간에 말씀의 내재(복음) → 마음의 변화(회개) → 존재의 변화(중생: 새 사람) → 영의 변화 · 성장 · 성숙'이다. 곧 마음요소를 구성하는 지성, 감성, 의지의 기능적 형태가 변혁되어 삶의 구조를 변화시켜가는 것이다(롬12:2).

궁극적으로 보면, '변화 중'에 있는 성도는 새로운 피조물(고후5:17)로서의 변화의 삶을 살게 되며, 또한 새로운 삶의 존재양식으로 탈바꿈한다. 새 삶은 모든 주권이 나에게 있지 않고, 오직 주께 있다. '내가 아니라, 내 안에서 예수가 사는 삶'이다(갈2:20). 새로운 피조물로서의 삶의 존재양식은 단순히 존재론적 변화가 아니라 삶의 근원적 변화다. 옛 사람과 새 사람의 차이란 단순한 영적 변화가 아니라, 장차 새 몸 가운데서 새 창조가 영광 중에 드러나느냐 그렇지 않느냐의 차이다. 바울

---

101) 리처드 포스터, 『영적훈련과 성장』, 생명의말씀사(2007), 57.
102) 조용기, "신앙생활과 신앙인격", 주일설교(2012-05-06).

은 "우리 생명이신 그리스도께서 나타나실 그때에 너희도 그와 함께 영광 중에 나타나리라(골3:4)"
고 말한다.

성령에 의한 삶의 변화 4차원영성은 예수 그리스도 십자가에서 흘러나오는 영성이기 때문에 인간의 근본인 마음을 새롭게 변화시키는 힘이 있다. 말씀은 피조세계의 뿌리다.103) 영의 세계에서는 고차원이 저차원을 변화시킬 수 있고 지배할 수 있다. 창세기 1장 2절–3절은 4차원 영적세계가 3차원 물질세계를 지배하고 변화시킴을 알 수 있다.

　　a) 3차원의 세계: 땅이 혼돈하고 공허하며 흑암이 깊음 위에 있음.

　　b) 4차원의 세계: 하나님의 신은 수면에 운행하심 → '빛이 있으라'고 명령하심.

　변화의 힘은 근본적으로 믿음과 성령의 역사에서 온다. 성령 안에서 4차원 영적세계가 3차원 물질세계를 변화시킬 수 있다.104) 인간의 마음의 변화도 근본적으로 성령의 역사로 가능하다. 성령이 가져오는 4가지 변화에 대하여 영산은 이렇게 역설한다. 첫째, 하나님을 기쁘게 하는 생각으로 생명과 평안을 가져오고(롬8:5–6), 둘째, 내일의 소망과 꿈을 품게 되고(욜2:28), 셋째, 믿음과 담력이 주어지고(막9:23), 넷째, 말의 선언이 담대해지고, 긍정적이고 희망찬 믿음을 선포한다(잠18:21).105)

　부정적인 생각을 가진 자가 '나는 할 수 있다'는 긍정의 생각으로(빌4:13), 욕망의 꿈을 가진 자가 십자가를 통한 5중복음과 3중축복의 꿈으로(렘33:3), 두려움과 불신앙을 품은 자가 '바라봄의 법칙'에 의한 긍정적인 믿음으로(롬4:17–18), 부정적인 말을 품은 자가 천국언어인 축복과 사랑과 감사의 말로(잠18:20–21) 바뀔 때, 진정하고 지속적인 변화가 이루어질 수 있다. 변화는 흐르는 물을 거슬러 올라가는 것처럼 힘들다. 영적 노력도 필요하다(마7:7–8).

　인간의 변화는 성령과 말씀과 기도 안에서 가능하다. 영산은 성령이 우리 가운데 임할 때 변화의 파장을 일으킨다고 역설한다. "우리가 예수님의 십자가를 바라볼 때 성령께서 오셔서 우리에게 크나큰 변화를 가져다주십니다. 하나님의 성령이 신자의 마음에 운행하시면 우리는 하나님의 뜻을 좇아 어두움에서 빛으로, 흙만 있는 땅에서 하늘로 옮겨갈 수 있고, 열매 맺지 못하는 사람에서 열매 맺는 사람으로, 무지한 사람에서 지혜와 지식과 총명의 사람으로, 가난한 자에서 부유한 자로, 다스림 받는 자리에서 다스리는 왕으로 변화될 수 있습니다. 이것이 하나님의 뜻입니다."106)

　영산의 설교는 영적변화와 삶의 변화를 불러일으키는 설교였다. 그는 하나님이 세상을 다스리는 4차원 영적 원리를 쉽게 전달해서 성도들에게 영적변화를 일으켰고, 그들의 현실적인 삶에 변화를 가져왔다. 4차원영성은 성도들의 전인적 변화를 일으켰다. 그의 설교의 틀 안에는 언제나 '4차원 영적세계가 3차원의 현실적 삶에 변화를 준다'는 명제(proposition)가 깔려 있었다.

---

103) "말씀 자체가 영이요 생명이므로 하나님은 말씀을 사용하셔서 3차원의 물질세계를 변화시키고 새롭게 창조합니다." 조용기, "하나님의 말씀", 주일설교(2015–03–01).

104) 심리학자들이 말하는 변화이론에는 페스팅저(L. Festinger)의 인식의 모순이론(모순의 크기와 가치가 변화의 요인으로 작용), 볼딩(K. E. Boulding)의 심상론(心象論)(사람의 심상에 자극을 주어 변화를 일으킴), 버크(K. Burke)의 공재론(共在論)(A가 B로 동일화되는 과정, 즉 청중과 자신을 동일화시키는 능력) 등이 있다. 참조. 제이 다니엘 바우만, 『성공적인 설교자를 위한 길잡이』, WPA(2008), 329–335.

105) 조용기, "나의 도움이 어디서 오나", 주일설교(2012–09–02).

106) 조용기, "나의 도움이 어디서 오나", 주일설교(2012–09–02).

죄의 본질이 하나님 중심보다 자기중심을 고수하는 것이라면(자기애), 구원의 본질은 자기를 부인하고 하나님 중심으로 우리의 인생을 옮겨가는 것, 즉 외부지향성이다(타자화). 인간의 근본적 변화는 죄의 본질로부터 구원으로 옮겨갈 때 일어나며, 하나님의 은혜, 곧 말씀과 성령의 역사로 이뤄진다. 영산은 십자가 중심의 복음에 기초해서 변화의 논리를 5가지 설명한다.107)

    a) 의인적 변화: 의롭다 여김을 받음으로써 죄책감이 사라지고 평안을 얻는다(롬5:1).

    b) 영성적 변화: 성령님이 함께하심으로써 거룩한 삶을 살아가게 된다(딛3:5-6).

    c) 신체적 변화: 몸과 마음이 병으로부터 자유롭게 된다(출15:26).

    d) 경제적 변화: 실패와 가난의 삶에서 축복과 형통의 삶으로 변화된다(갈3:13-14).

    e) 천국적 변화: 확실한 천국의 소망을 굳게 붙잡고 살아가게 된다(요11:25-26).

미국의 성형외과 의사인 맥스웰 몰츠(Maxwell Maltz)는 수많은 사람들을 대상으로 성형수술을 하다가 새로운 사실을 발견했다. 사람들이 일반적으로 성형수술로 자신의 외모가 아름답게 변하면, 성격이나 인격도 긍정적으로 변한다는 사실이다. 평소 콤플렉스로 여겼던 부분이 고쳐지면, 그것으로 인해 생겼던 자기비하, 자기혐오, 불만, 두려움 등도 없어지고 자부심이 높아져 성격이 밝아진다는 것이다. 하지만 아무리 뛰어난 성형수술로 얼굴이 몰라보게 아름다워져도 성격이 바뀌지 않는 사람들이 있다는 것이다. 이런 사람들은 주로 마음의 상처가 큰 사람들이라는 것이다. 그래서 그는 '얼굴 성형수술보다는 마음의 성형수술이 중요하다'고 강조한다.

도널드 위니콧(Donald Winnicott)은 '고정된 자아(fixed self)'를 주장한 반면, 케네스 거겐(Kenneth Gergen)은 '다중적 자아(saturated self)', 즉 시간의 흐름 속에서 자아개념이 변한다고 보았다. 삶의 과정에서 근본적인 자아의 변화는 성령의 역사로 예수님을 믿을 때 가능하며, 육신의 자아는 영의 자아가 살아날 때 변화된다. 즉 진정한 변화는 예수 그리스도 안에서 일어난다(롬6:22).

비가 아무리 와도 표범의 반점은 없어지지 않는다. 진정한 변화는 성령으로 거듭나서 새 마음을 품는 것이다. 바울은 "너희는 이 세대를 본받지 말고 오직 마음을 새롭게 함으로 변화를 받아 하나님의 선하시고 기뻐하시고 온전하신 뜻이 무엇인지 분별하도록 하라(롬12:2)"고 권면한다. 하나님의 뜻은 우리의 삶이 선하고 기쁘고 온전하게 되는 것이다. 선함, 기쁨, 온전함은 하나님의 뜻을 분별하는 기준점이다. 예수님이 다시 오시면, 신자들에게 완전한 변화가 일어날 것이다(고전15:51-52, 고후3:18). 변화는 기도 안에서 시작되고 진행된다.

삶 속에서 일어나는 '변화'는 일종의 선물과 같은 것이다.108) 그러나 궁극적이며 진정한 변화는 성령의 4차원 세계 안에서 이뤄진다. 그리스도인의 참 소망은 마지막 날에 부활해서 영광의 몸을 입고 삼위 하나님과 모든 성도들을 보는 것이다. 그것이 궁극적인 변화이며, 희망이자, 영원한 생명이다. 언젠가 우리에게 "나팔 소리가 나매 죽은 자들이 썩지 아니할 것으로 다시 살아나고 우리도 변화되리라(고전15:52)"는 말씀이 이뤄질 것이다.

---

107) 조용기, "믿음의 단계", 주일설교(2012-09-23). 앞의 소제목은 저자가 별도로 정리하여 삽입한 것이다.

108) 리더십 전문가 맥스 드 프리(Max De Pree)는 '변화는 선물'이라는 말을 남겼다. 변화 없이는 혁신도, 진보도, 창의력도 없기 때문이다. 변화는 자신을 발전시키고, 부정적 습관, 사고방식을 버릴 수 있는 기회다. 존 맥스웰(John Maxwell), 『어떻게 배울 것인가』(Sometimes You Win Sometimes You Learn), 비즈니스북스(2014), 283.

1.5. 관계-성장의 구조

성서적으로 영적성장의 원리는 십자가의 원리다. 즉 '그리스도 안에서 새 생명으로 태어나는 원리(고후5:17)'와 '그리스도 안에서 죽는 삶을 통해서 영적으로 성장하는 원리(고후4:10)'다. 두 원리가 연합하여 영적성장이 이뤄진다. 영산은 "하나님의 법칙은 우리가 적게 받았어도 열심히 사용하면 자라기 시작합니다. 하나님께서 주신 달란트는 자랍니다. 우리는 능력을 계속해서 사용해야 합니다."라고 말한다.109) 하나님 아버지는 우리의 농부시다(요15:1). 그리스도가 아버지 안에, 우리가 그리스도 안에 있다(요14:20). 아버지의 생명이 우리 안에 있다. 생명이 있는 자는 자라서(고전3:6), 성령 안에서 영적 열매를 맺는다(요15:1-2). 하나님은 모든 성도가 의인으로 성장하기를 원하신다. 좋으신 하나님은 십자가를 세워 죄인을 의인으로 만들어 양자를 삼고, 그 아들 예수와 연합시켜 영원히 함께 살도록 만들었다. 그 결과 모든 성도는 하나님과 자녀 관계에 있으며(요14:20), 성장할 수 있는 영적상태에 있다. 예수님은 '인간이 무엇을 하느냐?'보다 '인간이 누구인가?'에 더 관심을 두신다. 왜냐하면 후자가 전자를 결정하기 때문이다.110) 우리가 의인의 신분을 성령 안에서 획득하면, 그 다음 자연스럽게 인간은 의로운 행동을 하게 되어 기쁨의 삶을 살게 된다.

그리스도의 본을 따라가려는 것은 그리스도와 신자 관계에 기초한 영적성장의 기초이다. 영산은 그리스도의 인격을 따라가는 수단을 4차원적 영성으로 접근한다. "예수 그리스도 십자가의 은혜의 진리를 알아야 하고, 꿈과 희망을 갖고 바라보아야 하며, 이성과 감각을 초월한 믿음을 품어야 하고, 또한 감사하며 입술로 고백하여야 합니다."111) 하나님과의 관계적 영성을 쌓아간다는 것은 곧 하나님과 교제의 영성을 맺어간다는 말이다. 그는 하나님과 관계를 진보시키는 과정을 4차원적으로 요약한다.

a) 생각: 언제나 하나님이 함께 계심을 알고 강하고 담대하라(수1:8-9).
b) 꿈: 성령님이 주시는 꿈과 환상을 갖고 나아가라(행2:17).
c) 믿음: 말씀을 듣고 절대적인 믿음을 가지라(롬10:17, 렘32:27).
d) 말: 긍정적이고 희망적인 말로 자신과 환경을 다스리라(잠18:21).112)

말씀의 '생각-꿈-믿음-말'은 하나님과의 인격적 관계를 촉진시키는 고차원의 수단이다. 성경은 하나님의 생각이기 때문에 하나님의 생각을 마음에 품고 사는 것이 곧 영적성장의 지름길이다. 영산은 "창세기부터 요한계시록까지 모든 성경말씀을 마음에 담아 말씀의 생각으로 충만해지면, 말씀을 통해 하나님을 만나게 되고, 삶의 자리에서 하나님의 역사하심을 구체적으로 체험할 수 있습니다."라고 말한다.113) 신자들의 삶이 말씀의 생각으로 충만하게 되면, 신앙성장에 필요한 하나님의 은혜가 임하게 되어 영적 진보가 일어나게 된다.

---

109) 조용기, 『마태복음 강해 IV』, 서울말씀사(2010), 184.
110) 존 맥아더(John MacArthur), 『팔복』(The Beatitudes: The Only Way to Happiness), 생명의말씀사, 47.
111) 조용기, "동굴과 터널", 주일설교(2012-06-03).
112) 조용기, "새해를 맞이하며", 주일설교(2012-01-01).
113) 조용기, 『요한복음 강해 II』, 서울말씀사(2012), 96.

그리스도 안에서의 성장　　십자가는 관계의 영성이 펼쳐지는 곳이며 영적성장과 성숙이 이루어지는 거룩한 장소다. 예수님과의 관계, 성도들과의 관계, 하나님과의 관계가 맺어지는 곳이다. 신자는 예수님과 영원히 불가분의 관계에 있다. 그리스도와 한 영으로 연합되어 있기 때문이다(고전6:17, 롬6:5, 갈2:20). 따라서 성도가 영적으로 성장해야 하는 성서적 근거도 그리스도와 성도의 연합에서 찾아야 한다. 성도는 왜 성장하고 성숙해야 하는가? 그것은 모든 사람에게 성숙함을 나타내기 위함이다(딤전4:15). 궁극적으로 성도가 성장하고 성숙해야 자신과 그에게서 복음을 듣는 자를 구원할 수 있다(딤전4:16). 성품은 태어날 때 갖고 태어나지만, 인격은 수련을 통해 향상될 수 있다(약1:2-4).

그리스도 안에서 새 생명을 얻은 신자는 주의 은혜로 성장한다. 토마스 굿윈(Thomas Goodwin)은 성장개념을 "무릇 열매를 맺는 가지는 더 열매를 맺게 하려 하여 그것을 깨끗하게 하시느니라(요15:2)"는 말씀에서 찾아낸다. 그는 성장의 의미를 두 가지로 설명한다. 하나는 '그리스도 안에서 새로운 생명으로 다시 사는 것, 곧 풍성한 열매를 맺는 것'이고, 또 하나는 '그리스도 안에서 죽은 삶을 통해 성장하는 것, 곧 가지들을 깨끗하게 쳐나가는 것'이다.114) 그는 또한 '은혜 안에서 성장한다는 것'은 '그리스도 안에서 새 생명으로 다시 살며 성장(vivification)을 통하여 풍성한 열매를 맺는 것'으로 이해한다.115) 중요한 것은 성장방법이다. '나의 영적성장을 방해하고 있는 것은 무엇인가?' 그 다음에는 '어떻게 하면 영적으로 성장할 수 있는가?' 무엇보다 그리스도와 나 사이에 성장을 방해하는 것이 무엇인지 깨닫는 것이 중요하다.

영산은 성장하기 위해서 인본주의를 버려야 한다고 강조한다. "예수를 믿고 구원을 받아서 영생이 들어오고, 성령께서 우리 속에 거하고 계심에도 불구하고, 구원받은 사람들조차 옛 사람의 부패한 성품인 인본주의적인 이기주의를 자신의 마음과 생각 속에 지니고 있습니다. 하나님 앞에서 이것이 하나도 남김없이 깨져야 합니다."116) 성장의 경계선은 신본주의냐 인본주의냐다. 회색지대는 존재하지 않는다(고후1:20).

그리스도 안에 있는 자는 반드시 성장한다.117) 성장은 나와 예수 그리스도의 관계와 직결되어 있다. 진정한 관계란 자율(自律)을 신율(神律) 안으로 참여시키는 행위이다. 곧 '자율-신율의 관계'를 통해 나 자신의 삶을 하나님이 인정하시고 기뻐하시는 삶으로 참여시키는 것이다. 다시 말해, 나 중심의 삶이 아니라, 예수 그리스도를 통하여 하나님의 뜻과 계획과 말씀에 부합되는 삶이다.

---

114) 참조. 토마스 굿윈(Thomas Goodwin), 『그리스도인의 성장』(The Trial of A Christian's Growth), 지평서원(2010).

115) 토마스 굿윈(Thomas Goodwin), 『그리스도인의 성장』(The Trial of A Christian's Growth), 지평서원(2010), 황의무 역, 78. 성화 과정이란 그리스도 안에서 죽는 것, 곧 '죄를 죽임(mortification)'과 '그리스도와 함께 다시 사는 것, 곧 소생 (vivification)'을 모두 포함하기 때문에, 굿윈(Goodwin)은 성장개념을 이해할 때 이 두 가지를 고찰하는 것이 옳다고 지적한다.

116) 조용기, "신앙의 성장과정", 주일설교(1986-03-09).

117) 성도가 성장해야 할 이유는 다음과 같다. 첫째, 그리스도께서 우리의 몸이요, 우리는 그의 몸이기 때문이다(엡4:15-16). 둘째, 성부 하나님께서 자라게 하시기 때문이다(하나님이 자라게 하시므로 자라느니라(골2:19)). 셋째, 성도가 천국에 들어가기 위해서 성장해야 하기 때문이다(마18:3). 참조. 토마스 굿윈(Thomas Goodwin), 『그리스도인의 성장』(The Trial of A Christian's Growth), 지평서원(2010), 84-88.

영적성장은 하나님과 신자의 친교를 통해서 이루어진다. 나아가 영적성장은 거룩함과 직결되어 있다. 모든 성도는 예수를 믿음으로써 '거룩함'을 얻으며(히10:10), 보배로운 거룩함을 온전히 삶 속에서 이루어가야 한다(고후7:1).

거룩함을 총체적으로 이해하면, 외면적으로는 순종이고, 내면적으로는 행동으로 보여주는 사랑이다.118) 즉, 거룩한 삶이란 순종과 사랑의 삶이다. 신자들의 거룩한 삶은 성령의 사역으로 이뤄진다. 거룩한 삶은 '선한 일'을 만들어내고, 선한 일은 거룩함을 활성화시킨다. 선한 일이란 하나님의 법에 대한 순종의 행동이자, 사랑의 표징이다. 복되심과 선하심의 하나님은 인간에게 먼저 선한 것을 주시고, 우리에게서 영적 반응을 기대하신다(롬2:10). 하나님은 피조물의 마음에 '영광의 거울'을 두시고 하나님으로부터 받은 것에 대해서 반응하게 하신다. 거룩한 반응이란 곧 감사, 존귀, 영광이다(롬2:10).

성경에서는 성도의 성장개념이 총체적으로 다양하게 전개된다.

> a) 선한 열매와 하나님을 아는 것(성장의 원리): 바울은 골로새 교인들에게 '모든 선한 일에 열매를 맺는 것과 하나님을 아는 것'에 성장하라고 당부함(골1:9-11).
> b) 완전한 자로 세움(사역의 주제): 바울은 성도들을 완전한 자로 세우고자 함(골1:28).
> c) 온전함을 향해 달림(사역의 일관성): 온전함, 푯대, 부르심을 향하여 달려감(빌3:12-16).
> d) 사랑을 통한 온전함(사역의 심리성): 사랑은 온전함을 이룸(요일4:16-18).
> e) 성령으로 삶(성령의 사람): 성령의 인도함을 받으며 성령으로 행함(갈5:25).
> f) 영적성숙: 그 말씀이 너희를 능히 든든히 세우사 거룩하게 하심을 입은 모든 자(행20:32).
> g) 하나님의 뜻을 아는 것: 신령한 지혜와 총명에 하나님의 뜻을 아는 것으로 채우게 하심(골1:9).

바울은 진리에 대한 확고한 지식을 소유하고 있었다. 영적성장은 '지성기능 + 정서기능 + 의지기능'의 총체적 결합으로 이뤄진다. 하나님은 인간에게 속한 모든 선한 속성을 자신의 뜻을 이루어가는 데 사용하신다. 한편 예수님도 지적발달의 과정을 거치셨다. "예수는 그 지혜와 그 키가 자라가며 하나님과 사람에게 사랑스러워 가시더라(눅2:52)."

바울의 영적성장의 핵심은 갈라디아서 5장 25절의 말씀이다. 곧 성령으로 살면, 성령으로 행하는 자가 되어야 한다. 하나님은 인간에게 인지능력, 정서능력 및 의지적능력을 주어서 영적으로 성장할 수 있는 길을 마련해주셨다.119) 한 마디로 말해서, 인지구조(cognitive structure)를 근본적으로 바꿔야 성장의 발판을 마련할 수 있다. 성령이 임하면, 인간의 인식능력은 근본적으로 새로워진다.

---

118) 제임스 패커, 『거룩의 재발견』, 토기장이(2011), 275-277.

119) 영적성장을 위해서는 기본적으로 인지능력(이성적 능력), 곧 지각능력을 키워야 한다. "이는 젖을 먹는 자마다 어린 아이니 의의 말씀(the teaching about righteousness)을 경험하지 못한 자요 단단한 식물은 장성한 자의 것이니 그들은 지각을 사용함으로 연단을 받아 선악을 분별하는 자들이니라(히5:13-14)." "또 저희는 이성 없는 짐승같이 본능으로 아는 그것으로 멸망하느니라(유1:10)." 영적성장에 정서능력, 기억능력, 인지능력, 분별력, 자기이해, 지각(awareness) 등도 중요한 역할을 한다. "내가 또 내 마음에 합하는 목자를 너희에게 주리니 그들이 지식과 명철로 너희를 양육하리라(렘3:15)."

바울이 부활 및 승천하신 예수님을 만나자, 그의 인지구조가 그리스도 중심으로 재구성되었다. 그 결과 그는 오직 예수 그리스도와 그의 십자가를 아는 것을 최고의 가치로 승화시켰다. 나아가 그는 자신의 영적성장에 걸림돌이 되는 것들을 모두 배설물로 여겼다. 성령님은 신자들의 인식구조를 철저하게 예수 그리스도 중심으로 전환시켜 주신다.

영산은 영적성장 개념을 6단계로 나눈다. 곧 "기쁨(고후5:17, 1:21-22), 갈등(요일2:15-16), 투쟁(골3:7-10), 낙심(롬7:18-24, 롬7:14-17), 성령의 도움(롬8:9-11, 요15:3-8), 승리(벧후3:18, 골1:28-29)"이다. 신자는 거듭나고 나면, 시련의 단계를 거쳐 성장해간다.[120] 영산은 "하나님 앞에서 깨어져 하나님의 위대하심과 존엄하심을 알고, 그분의 발 앞에 엎드려 '살든지 죽든지, 흥하든지 망하든지, 성하든지 쇠하든지, 아버지 뜻대로 하시옵소서. 아버지께서 말씀하시면 순종하겠나이다.'라고 조건 없이 고백하며, 하나님 말씀이면 무조건 믿고 나아가야 신앙과 인격이 성장합니다."라고 말한다.[121]

그리스도인은 하나님 앞에서 존재, 본성, 행동의 총체적 변화가 일어나야 한다. 변화는 늘 성장에 선행한다. 신자의 성장은 예수 그리스도 안에서 이루어진다. 궁극적으로 삼위일체적 하나님의 삶에 신자 자신이 참여하는 역동적 삶이다. 모든 인간은 삼위일체 하나님의 도움으로 하나님께 나아간다.[122] 더 근본적으로 이해하면, 영적성장이란 그리스도 안에서 성령을 통해서 하나님 아버지와 가장 친밀하게 교제해나가는 과정이다(요일1:3, 7).

베르나르(Bernard)는 "영적성장은 우리가 하나님의 뜻에 동의하는 만큼 하나님으로부터 주어지는 것"이라고 역설한다. 그는 "기도와 활동은 하나님의 삶의 양식에 참여하는 도구이다. 기도는 하나님의 존재와 계획에 참여하는 것이고, 활동은 하나님의 행위와 업적에 관여하는 것이다."라고 말한다."[123] 궁극적으로 보면, 기도와 영적활동은 하나님의 뜻을 성취하는 목표를 갖는다.[124] 인간의 영적성장 목표는 완전함을 좇아 예수님을 닮아가는 것이다(고전11:1, 살전1:6). 영산은 성장은 시험을 거쳐서 이뤄진다고 말한다. "용광로에 거친 철광석을 넣어서 녹여야 찌꺼기가 떨어져 나가고 순수한 쇳물이 흘러나오는 것처럼, 우리도 불같은 용광로의 시험을 통과해야 하나님이 사용할 수 있는 신본주의적인 신앙, 하나님을 온전히 믿고 순종하는 신앙을 지닌 인격으로 성장하는 것입니다."[125]

---

120) 조용기, "열매 맺는 삶에 이르도록", 주일설교(2012-11-04).

121) 조용기, "신앙의 성장과정", 주일설교(1986-03-09).

122) 인간이 하나님께 나아가는 과정은 삼위일체적으로 성취된다. 성부 하나님은 우리를 주의 품으로 이끌어 주신다(요6:44). 성자 예수님은 아버지께 나아가는 길이 되어 주신다(요14:6, 롬5:2, 엡3:12, 벧전3:18). 성령 하나님은 우리로 하여금 아버지께 나아가도록 인도해주신다(엡2:18). 인간 편에서 하나님과 친밀한 관계를 가지려면, 믿음으로 나아가야 하며(롬5:2, 히11:6), 정결하며 순종하는 삶(시24:3-5, 마5:8)과 기도하는 삶(마6:6)과 하나님께 간구하는 삶(시145:18)을 살아야 한다.

123) 샤를 앙드레 베르나르(Charles A. Bernard), 『영성신학』(Teologia Spirituale), 가톨릭출판사(2013), 581.

124) E. M. 바운즈(E. M. Bounds), 『기도의 강력』(Power Through Prayer), 규장(2012), 33. 짧은 기도, 활기 넘치는 기도, 진심에서 우러나오는 기도, 성령으로 드리는 기도, 소박하지만 직접적이고 뜨거운 기름 부으심이 흘러넘치는 기도가 필요하다.

125) 조용기, "신앙의 성장과정", 주일설교(1986-03-09).

영적성장은 초자연적이다. 따라서 성령님의 도움이 필요하다. 영적성장은 성령과 동행하는 삶을 통해서 더욱 거룩해지는 것이며, 예수의 마음을 품고 작은 예수가 되는 삶이다(빌2:5).[126] 세례 요한의 거룩 원리는 "그는 흥하여야 하겠고 나는 쇠하여야 하리라(요3:30)"이다. 거룩한 삶의 본질은 그리스도를 닮아가는 것이다(롬6:22). 그리스도인은 더 작아짐으로써 더 크게 성장한다. 겸손이 거룩함의 핵심이다. 겸손이란 나의 한계와 부족함을 인정하며, 하나님을 더 신뢰하는 것이다. 거룩한 삶을 사는 사람은 하나님을 사랑하는 만큼 다른 사람도 사랑할 수 있어야 한다.

영산의 성장모델　　신자는 날마다 죄에 대하여 죽고, 의에 대하여 산 자가 되어야 한다(롬6:11). 그것은 곧 순종의 삶이다. 십자가는 고난의 십자가이면서 동시에 영광의 십자가다. 하나님의 뜻에 순종하기 때문에 당하는 고난은 자발적 고난, 즉 거룩한 고난이다. 토저(Tozer)는 "우리가 하나님의 뜻에 순종하기 때문에 우리에게 고통과 고난과 곤경이 찾아온다면 바로 그것이 십자가"라고 선언한다.[127] 칭의는 성화의 기초와 시작이며, 그리스도와 연합하여(롬6:5) 거룩한 삶을 사는 것은 영성 진보의 과정이다.

인간에게는 하나님을 깨닫지 못하는 이성적 죄와 하나님을 찾지 않는 의지적 죄가 있다. 하지만 예수 그리스도를 믿음으로써 의인의 길을 걸을 수 있으며(롬3:23), 하나님의 자녀가 되어(롬8:15, 갈4:4-7), 성화(sanctification)의 길을 걸어갈 수 있다(벧후3:17-18, 살후1:3, 빌1:6). 그러나 칭의(justification)를 통해서 의인의 신분을 유지해도 저절로 영적성장이 이뤄지는 것은 아니다. 여전히 죄의 뿌리가 인간의 내면 깊숙이 자리 잡고 있어서, 죄의 성향을 싹트게 하기 때문이다. 따라서 죄에 대하여 죽고 하나님의 의에 대하여 사는 훈련을 일평생 지속적으로 해야 한다(롬6:11). 날마다 기도와 말씀으로 내 안에서 죄의 성향을 없애야 한다. 성령 안에서 말씀과 기도는 우리 안에 두려움과 죄를 씻어낸다(행15:9, 고전6:11).

이와 같은 맥락에서 영성개발을 위해 다음과 같이 고백을 할 수 있어야 한다. "나는 죄에 대하여 이미 죽은 자다. 나는 하나님에 대해서 의로 살아 있는 자다." 또한 영적성장을 위해서 하나님이 새 마음을 주셔야 한다. 하나님은 "새 영을 너희 속에 두고 새 마음을 너희에게 주되 너희 육신에서 굳은 마음을 제거하고 부드러운 마음을 줄 것(겔36:26)"이라고 약속하신다. 영산은 마음을 새롭게 하기 위해서 생각, 감정, 의지를 새롭게 해야 한다고 말한다. 그는 '마음을 어떻게 새롭게 할까요?'라는 물음에 이렇게 답한다. "하나님의 말씀과 성령이 도우심을 받아 날마다 마음이 새로워져야 합니다. 마음이 교육을 받으면 인격이 변화되고, 인격이 변화되면 하나님의 말씀을 따라서 하나님의 뜻대로 살게 됩니다."[128]

---

126) 패커(James Packer)가 말하는 영적성장 원리는 DEP(doctrine, experience, practice)이다. (a) Doctrine(교리): 머리(성경을 아는 것만으로는 부족하다). 교리, 신학연구 등 배우는 일에만 열심인 신자들은 신앙 체험이 부족하다. (b) Experience(경험): 몸. 체험 신앙만으로 성장할 수 없다. 극적이며 흥미로운 체험, 열정, 모임 및 세미나에 참석해서 영적인 특별한 느낌을 갈망해야 한다. (c) Practice(실천): 손발(말씀에 기초해서 행동해야 한다).
예수님은 전형적인 DEP(Doctrine-Experience-Practice)를 완벽하게 조화시키신 분이셨다. 참조. 제임스 패커, 『거룩의 재발견』, 토기장이(2011), 259-264.

127) A. W. 토저(Aiden Wilson Tozer), 『철저한 십자가』, 규장(2013), 143.

신자는 그리스도 안에서 온전하게 성장하려면, 옛 사람을 온전히 벗어버려야 한다.[129] 선교사 허드슨 테일러(H. Taylor)가 중국 내지에서 선교사역을 하고 있을 때 한 청년이 그에게 물었다. "신자가 되는 데 몇 년이 걸립니까?" 테일러는 그 청년에게 물었다. "램프의 심지에 얼마 동안 불을 붙여야 빛을 발합니까?" "그야 심지에 불이 붙는 순간부터 빛을 내지요." 그러자 테일러는 청년의 손을 잡고 이렇게 말했다. "바로 그렇습니다. 하나님께서 나를 부르시고 구원하셨음을 깨닫는 순간 새로운 삶을 얻은 영혼은 빛을 내며 타오르기 시작합니다. 몇 십 년이 걸리는 것이 아닙니다. 예수님을 내 구주라고 깨닫는 그 순간에 빛이 나기 시작하는 것입니다."

영산은 성장하는 삶에 대하여 5가지를 강조한다:[130]
   a) 새로워지는 삶: 겉사람은 낡아지나 속사람은 날로 새로워져야 한다(고후4:16).
   b) 죄와 허물을 벗어버린 삶: 위의 것을 생각하고 땅의 것을 생각하지 않아야 한다(골3:1-2).
   c) 말씀중심으로 사는 삶: 늘 말씀을 읽고 듣고 묵상해야 한다(벧전1:23-25).[131]
   d) 기도하며 성령으로 충만한 삶: 의와 진리의 거룩함을 좇아가야 한다(엡4:22-24).[132]
   e) 사랑으로 섬기는 삶: 사랑이 없으면 아무 유익이 없고 무의미하다(고전13:1-3).

4차원영성은 삶의 현실 속에 변화를 가져오며, 궁극적으로 영적 성장과 성숙과 진보를 가져온다. 4차원영성은 하나님의 말씀을 내면화시키고 인격화시켜 하나님과의 관계를 활성화시키는 영성이다. 영산은 살아 있는 신앙은 반드시 성장한다고 강조한다. "살아 있는 모든 만물은 일정한 과정을 통해서 성장하고 발전해가는 것입니다. 신앙도 살아 있는 신앙은 반드시 성장합니다. 만일 성장하지 않고 그쳐버렸다면, 그것은 죽은 신앙이요, 화석화된 신앙입니다. 성장하려면 먼저 자아가 깨어져야 하고, 무조건적인 믿음을 가져야 하고, 남을 용서할 줄 알아야 하며, 또한 사랑을 실천할 줄 알아야 합니다. 그래야 성장합니다."[133]

---

128) 조용기, 『로마서 강해』, 서울말씀사(2013), 372.
129) "우리가 알거니와 우리의 옛 사람이 예수와 함께 십자가에 못 박힌 것은 죄의 몸이 죽어 다시는 우리가 죄에게 종노릇 하지 아니하려 함이니(롬6:6)." "너희는 유혹의 욕심을 따라 썩어져 가는 구습을 따르는 옛 사람을 벗어버리고(엡4:22)."
130) 조용기, "겉사람과 속사람", 주일설교(2012-01-22). NIV Study Bible(2008) 참조. 하나님 앞에 가까이 나아가는 삶을 살면, 하나님을 만나게 되며(신4:29), 하나님이 우리의 기도를 들으시며(왕하13:4), 죄를 용서해 주시며(대하7:14), 축복해 주시며(시65:4), 속사람이 강건하게 된다(엡3:12, 히4:16, 요일5:14).
131) "묵상은 단지 우리의 배고픈 영혼을 채우기 위해 이따금씩 행하는 한 순간의 행동이 아니라, 하나님의 말씀이 내 안에 들어와 풍성히 거하시게 하는 과정이다(골3:16)." 오대원(David E. Ross), 『묵상하는 그리스도인』(The Meditating Christian), 예수전도단(2013), 39. 덧붙여 말하면, 묵상이란 나를 잃어가는 과정(자아소멸)이며, 또한 심령이 가난해져 의에 주리고 목말라하는 과정이다.
132) John Owen, *The Holy Spirit*, Versa Press(1998), Chapter 15(Sanctification a Lifelong Work), 106. 성령님은 신자를 대상으로 '거룩 사역(work of holiness)'을 행하신다. 즉 첫째, 우리 안에 은혜를 충만하게 한다(호6:3, 요16:14-15, 갈5:22). 둘째, 신자에게 진리를 경험하게 하거나, 마음의 소원을 이루어 준다(사40:27-28, 고후1:4, 롬12:2). 셋째, 신자들에게 은혜를 넘치게 한다. 곧 속사람을 능력으로 강건하게 한다(엡3:16-17, 골1:10, 사40:29).
133) 에벨링(Gerhard Ebeling)은 "신앙은 인간의 잠재력을 연습하는 것이 아니라, 하나님의 능력에 대한 실존적인 참여이며, 인간의 능력이 약함을 드러내는 참여"라고 말한다. 에벨링의 신앙이론에 대하여 제임스 로더의 책, 『인간발달』, 제11장, 333-336쪽을 참조하라(원인용: Gerhard Ebeling, Word and Faith, London: SCM press(1963), Ch.7).

인간은 하나님의 형상을 따라 지음 받았다(창1:26). 에드워드 커티스(Edward M. Curtis)는 '인간은 하나님께서 맡기신 세상을 돌보는 자 또는 사랑의 헌신자'라고 말한다. 이는 인간이 4차원의 하나님과 3차원 세상을 유기적으로 연결하는 청지기적 사명을 가졌음을 의미한다. 그리스도인의 영적성장 원리는 '마가 원리(MAGA Principle, MAGA는 그리스어 머리글자)와 케헤테네 원리(Kehetene Principle)' 두 가지로 요약 설명할 수 있다.134) 두 가지 영적성장 원리를 4차원영성적으로 축약하면, 결국 '하나님처럼 생각하고, 꿈꾸고, 믿고, 말하는 것'이다.

성경적으로 보더라도, 성장하려면 옛 습관을 버리고 새로운 영적 습관을 가져야 한다. "너희는 유혹의 욕심을 따라 썩어져 가는 구습을 따르는 옛 사람을 벗어버리고 오직 너희의 심령이 새롭게 되어 하나님을 따라 의와 진리의 거룩함으로 지으심을 받은 새 사람을 입으라(엡4:22-24)."

애벌레(caterpillar)가 변화 또는 변신(transformation)해서 나비가 되는 것은 변화와 성장의 개념이 한꺼번에 작용한 것이다. 애벌레와 나비는 서로 다른 존재다.135) 인간에게 필요한 것은 자기개선이 아니라 자기 자신의 재발견이다. 변신(變身)은 이전에 있던 것을 바꾸는 것이 아니고, 아직 없는 것을 새로 만드는 것이다. 나비는 성장한 애벌레(毛蟲)이거나 개량되어 좀 나아진 성충(成蟲)이 아니라, 또 하나의 생물(生物)이다. 애벌레는 단지 땅에서 기어 다니지만, 나비는 두 날개로 창공을 날아 다닐 수 있는 존재다.

심령이 새롭게 되면 한 차원 높은 생각을 하게 된다. 애벌레가 땅에서 기어다니면서 근시안적 삶을 살았다면, 나비는 더 높게 더 빠르게 더 강하게 살 수 있어 고차원적 존재가 되는 것이다. 예수님을 믿는 순간 우리는 순식간에 애벌레와 같은 존재에서 나비같이 창공을 나는 존재가 된다. 마치 3차원 세계에 익숙한 인생이 갑자기 4차원 세계에 진입하는 것과 같다. 나비같은 존재로 살 것인가 아니면 일평생 애벌레의 존재로 살 것인가는 각자의 믿음과 의지의 결단에 달려 있다.

---

134) 성장 원리 1: 마가 원리(MAGA Principle) a) 메타노이아(Metanoia, 회심): 자기성찰, 자기반성, 회개, 결단훈련. b) 아파데이아(Apatheia, 자기부정): 멸아(滅我)훈련, 혈기와 육적 충동의 제어, 외부적 자극에 대한 초탈훈련. c) 그노시스(Gnosis, 영적 지혜, 신령한 지혜의 획득): 영의 눈이 떠짐(엡1:17-19, 딤후3:15). d) 알레데이아(Aletheia, 궁극의 진리를 깨우침, 영적 대각성): 삼위일체 하나님, 하나님의 창조계획과 목적, 인간과 만물의 존재 이유와 목적을 확실히 아는 단계에 도달함(요8:32, 16:13, 요17:3, 딤전2:4). 성장 원리 2: 케헤테네 원리(Kehetene Principle) a) 케노시스(Kenosis): 비움, 온유, 겸손한 마음, 청결한 마음 갖기(마5:3, 5, 8, 마11:28, 18:3, 벧전2:2). 이는 영적성장의 제일 원리며 기초 원리이다. b) 헤노시스(Henosis): 삼위일체 하나님과의 합일, 일치, 상호 내재(요14:6, 12, 16-17, 20, 17:20-23). c) 테오시스(Theosis): 신화(Divinization) 혹은 성화(Sanctification), 예수 마음 소유, 온전한 영적변화. "너희로 정욕을 인하여 때문에 세상에서 썩어질 것을 피하여 신의 성품에 참여하는 자가 되게 하려 하셨느니라(벧후1:4b)." "오직 너희를 부르신 거룩한 자처럼 너희도 모든 행실에 거룩한 자가 되라(벧전1:15)." d) 넾시스(Nepsis): 영적 경성(儆醒), 지속적인 영적 정진의 유지와 행동, 복음적 신인협동(神人協同). "야훼께서 집을 세우지 아니하시면 세우는 자의 수고가 헛되고 야훼께서 성을 지키지 아니하시면 파수꾼의 깨어있음이 헛되도다(시127:1)." 자세한 것은 사이트를 참조하라(www.keechongryu.com). 평화영성신학연구원 류기종 교수는 미주감리교신학대학 교수 및 총장을 역임했으며, 기독교 영성에 대하여 여러 권의 책을 쓰고, 다양한 세미나를 열고 있는 영성전문가로 알려져 있다.

135) 애벌레가 나비가 되는 과정: 애벌레와 나비는 서로 다른 존재다. 예수님을 믿음으로써 우리는 애벌레 같은 존재에서 나비와 같은 존재로 완전히 변화(transformation)된 것이다.

1.6. 능력-창조의 구조

영산은 "눈에 보이는 산과 바다는 3차원 세계에 속하고, 믿음은 시간, 공간, 물질을 다스리는 4차원의 세계입니다."라고 말한다. 겨자씨 한 알만한 믿음이라도 믿음은 태산을 옮기는 능력을 낳는다. 믿음은 말씀의 능력을 가져와 창조의 능력을 탄생시킨다. 그는 "우리는 믿음으로 살기 위해 하나님의 생각을 따라 생각해야 합니다."라고 말한다. 또한 "믿음의 말씀과 좋은 교훈으로 경건에 이르도록 스스로를 연단해야 합니다."라고 조언한다.[136]

영산은 "말씀이 시멘트라면 성령은 물입니다. 말씀의 시멘트를 성령의 물로 섞으면 그 신앙의 집은 굳건해집니다."라고 비유한다.[137] 십자가의 도성은 말씀과 성령의 능력으로 사는 곳이다. 그 결과 하늘의 능력이 나타나고, 신비로운 창조가 일어나는 장소가 된다. 십자가는 죄인을 의인으로 승화시키고 능력의 삶을 살게 만든다. 그 능력은 삼위 하나님의 공동사역에서 비롯되는 힘이다. 성경은 하나님의 제2의 창조 걸작품이다.[138]

성경 안에는 바다에 고기가 득실거리는 것처럼 창조의 신비로 가득 차 있다. 하나님은 창조의 하나님이시다(창1:1)![139] 하나님의 사람 창조공식은 다음과 같다(창2:7). 곧 살아 있는 '영(생령) = 먼지 + 생기'이다. 인간은 하나님의 형상대로 지음 받았으며, 하나님으로부터 다른 피조물을 다스리고 돌보라는 위임 명령을 받았다. 따라서 우리가 무슨 일을 할 때, 하나님은 일 그 자체보다 그 일을 통해서 우리를 '더 나은 존재로 만드는 것'에 관심이 있다.[140]

인간의 모든 비밀은 생기(the breath of life)에 들어 있다. 하나님은 자신의 생기를 사람 안에 불어넣고, 인간과 교통하시며, 땅 위의 모든 피조물을 다스리기 원하셨다(창1:28). 하나님은 지금도 인간이 생기(영)를 통해 창조적 삶을 살기 원하신다. 하나님은 자신의 형상을 닮도록 사람을 만드셨기 때문이다. 죄인인 인간은 믿음으로 구원받아 새로운 피조물 – 존재론적 변화(ontological change) – 이 되었고(고후5:17), 하나님의 말씀으로 능력의 삶과 창조적 삶을 살게 되었다. 엄밀한 의미에서 그 삶은 삼위일체 하나님의 삶에 참여하는 삶이다. 하나님의 영이 우리 안에 계시기 때문에 가능하다.

하나님의 형상을 닮은 그리스도인은 창조를 통해 하나님의 뜻을 드러내야 한다. 영산은 "보이지 않는 창조적 힘은 생각, 꿈, 믿음, 말에서 나옵니다. 우리 안의 생각과 꿈과 믿음과 말이 밖으로 나와 우리의 환경과 미래를 변화시킵니다(막7:21-23, 잠6:2)."라고 말한다.[141] 그는 또한 "보이지 않는 말씀은 우리의 생각과 꿈과 믿음과 말을 통하여 나타납니다."라고 덧붙인다.

---

136) 조용기, "성경적 삶의 방식", 주일설교(2011-06-05).

137) 조용기, 『갈라디아서 데살로니가전후서 강해: 데살로니가전서』, 서울말씀사(2011), 271.

138) 오리게네스(Oregenes) 학파는 성경을 세계창조 이래 두 번째 하나님의 창조물이라고 판단한다. 피터 바이어하우스(Peter Beyerhaus), 『그가 보내신 말씀』(Er Sandte Sein Wort: Theologie der Christlishen Mission), CLC(2008), 63.

139) NIV Study Bible, 2022. 성부 하나님은 창조주시며(창1:1, 행4:24, 사44:24), 말씀이신 성자 하나님을 통해서 창조가 이루어졌으며(요1:3, 10, 골1:16, 히1:2), 성령 하나님이 창조의 구체적인 과정에 참여하셨다(욥33:4, 시104:30). 하나님은 창조를 통해 하나님 자신의 영광(시19:1), 능력(사40:26, 28), 신성(롬1:20), 지혜(시104:24), 사랑(시33:5-6)을 드러내신다. 따라서 그리스도인에게도 믿음에 기초한 창조를 통해 하나님이 '노출시키고자 하시는 것'을 드러내어야 할 거룩한 의무가 주어져 있다.

140) 제럴드 리드(Gerad Reed), 『C. S. 루이스를 통해 본 거룩한 삶』, 엔크리스토(2006), 176.

141) 조용기, "보이지 않는 능력", 주일설교(2013-04-21).

이 세상의 실체는 '새 하늘과 새 땅'이 나타나기 이전의 한시적 존재이다. 처음 하늘과 처음 땅은 없어지고 바다도 다시 있지 않게 될 것이다(계21:1). 하나님은 "내가 지을 새 하늘과 새 땅이 내 앞에 항상 있는 것 같이 너희 자손과 너희 이름이 항상 있으리라(사66:22)"고 말씀하신다. 오감(五感)으로 볼 수 있는 피조세계는 유한하다. 종말론적인 관점에서 볼 때, 땅 위의 모든 것들은 일시적으로 존재한다. 이제 하늘과 땅은 불로 심판받을 날을 기다리고 있다. "이제 하늘과 땅은 그 동일한 말씀으로 불사르기 위하여 보호하신 바 되어 경건하지 아니한 사람들의 심판과 멸망의 날까지 보존하여 두신 것이니라(벧후3:7)." 이 세상과 장차 올 새 하늘과 새 땅의 주권자는 하나님이시다.

베드로는 말씀으로 창조된 하늘과 땅의 모든 물질이 말씀의 불로 멸망한다고 강조한다. "그러나 주의 날이 도둑같이 오리니 그 날에는 하늘이 큰 소리로 떠나가고 물질이 뜨거운 불에 풀어지고 땅과 그 중에 있는 모든 일이 드러나리로다(벧후3:10)." 그러면서 베드로는 다음과 같은 마음 자세를 갖도록 권면한다. "거룩한 행실과 경건함으로 하나님의 날이 임하기를 바라보고 간절히 사모하라 … 우리는 그의 약속대로 의가 있는 곳인 새 하늘과 새 땅을 바라보도다(벧후3:11-13). 하나님은 말씀을 통해 자신의 '능력'을 온 땅에 펼치신다.

영산은 십자가와 말씀을 삶의 근원적 뿌리로 삼는다. 곧 십자가와 말씀은 꿈을 탄생시켜 창조적 삶을 살게 하는 원동력이다. "내 마음이 십자가와 하나님 말씀을 통해서 변화를 받으면, 우리 마음 속에 변화된 꿈이 생겨납니다. 다시 말하면 자신에 대한 변화된 이미지가 생겨납니다. 우리는 옛날에 우리 자신을 볼 때 열등의식으로 꽉 들어차고, 좌절감과 패배의식이 만드는 부정적이고 무력한 자아의 모습을 가지고 살았습니다. 바깥의 형상이 어떻다고 할지라도 사람은 자기 속에 있는 이미지를 통해서 행동합니다."142)

거시적 차원에서 이해하면 성도의 창조적 삶이란 하나님의 약속을 믿고 새 하늘과 새 땅을 바라보는 삶(벧후3:13)이다. 그렇게 보면, 성도가 가져야 할 창조의 영성은 '하나님과의 관계 안에서 사는 삶'으로 귀착된다. 그것은 영원히 변치 않는 하나님과 온전한 관계를 유지한 채 하나님의 약속의 성취를 고대하며 희망의 삶을 사는 것이다. 논리적으로 보면 창조는 변화와 형태의 조화에서 이루어진다. 그리스정교회 신학자 지지울러스(J. D. Zizioulas)는 '하나님의 존재론적 원리는 성부의 인격'이라고 강조한다. 초대교부들은 볼 수 없는 하나님을 인격적 존재로 이해했다. 예수를 믿음으로써 그리스도인은 하나님의 형상을 회복하고, 하나님의 인격을 닮아가는 존재가 되었다. 휴머니즘적 인격이 아니라 예수 그리스도의 인격을 닮아간다는 말이다. 그리스도의 인격적 지식은 창조적 삶의 진정한 뿌리가 된다. 인지적 측면에서 보면, 창조영성이란 성령이 인간을 통해 하나님의 나라를 선취(先取)하는 점진적 과정이다.143)

---

142) 조용기, "마음의 변화", 주일설교(1988-06-12).

143) 하나님의 인격과 인간의 인격이 서로 친밀하게 교제하면, 하나님의 삼위일체적 역동성이 인간의 내면세계에서 활동하게 된다. 또한 인간의 영이 성령 안에서 하나님과 역동적 관계를 맺게 되면, 그리스도인은 삶의 자리에서 창조적 영성을 구현하게 된다. 그 결과 삶의 한복판에서 하나님의 임재를 체험할 수 있다. 따라서 창조적 삶은 하나님과 신자의 관계 안에서 빚어지는 것으로 인식되어야 한다.

창조적 삶의 영적 원리 하나님은 창조의 하나님이시다.[144] "나는 빛도 짓고 어둠도 창조하며 나는 평안도 짓고 환난도 창조하나니 나는 야훼라 이 모든 일들을 행하는 자니라 하였노라(사45:7)." 따라서 하나님의 자녀는 하나님이 창조한 것을 통해 기뻐하고 즐거워해야 한다. "너희는 내가 창조하는 것으로 말미암아 영원히 기뻐하며 즐거워할지니라(사65:18)." 그리스도인은 순종의 예수님(빌2:6-8)을 믿음으로써 '칭의의 복과 영생의 복'을 얻게 되어 생명력 넘치는 삶을 살게 되었다. 죄와 사망의 나라에서 은혜와 생명의 나라로 송두리째 인생이 이동하여 창조적인 삶을 살 수 있는 여건을 갖추게 되었다. 이제 우리는 그리스도의 인격적 지식을 소유함으로서 창조적 삶을 살 수 있다.

영산은 하나님의 말씀이 창조적인 힘을 품고 있다고 역설한다. "하나님의 말씀은 하나님의 생각이요, 꿈이요, 믿음이요, 창조적 선언입니다. 하나님의 생각과 꿈과 믿음과 말씀은 창조력의 기초입니다. 사람은 없는 것을 만들어내는 창조적인 능력이 있습니다."[145]

3차원의 세계는 공허한 혼돈의 땅이며, 마귀가 점령하고 있는 불안과 절망이 가득한 땅이다.[146] 그러나 하나님의 영은 피조세계를 새롭게 할 수 있다. "주의 영을 보내어 그들을 창조하사 지면을 새롭게 하시나이다(시104:30)." 3차원 인간이 3차원 땅의 세계를 바라보면 모든 것이 절망이다. 그러나 4차원 성령이 임재하며 4차원의 말씀 선포가 있을 때, 3차원의 절망의 땅은 하나님이 다스리는 땅이 되어, 인간은 구원과 새로운 창조와 희망의 삶을 기대할 수 있다.

혼돈하고 공허하며 흑암이 깊음 위에 있고 하나님의 영은 수면 위에 운행하실 때, 하나님께서 '빛이 있으라'고 명령하시자 그대로 되었다(창1:2-3). 이것에 기초하면, 창조의 원리는 하나님의 말씀의 선포에 따라서 3차원 물질 위에 성령의 역사가 임하는 것이다.

[창조의 원리] = [3차원 물질] + [4차원 성령] + [4차원 말씀] + [4차원의 기도] + [4차원 선언]

이 창조의 원리는 신학적으로 깊은 의미를 지니고 있다. 이 '거룩한 창조방정식'은 인간의 삶의 자리에 그대로 응용될 수 있다. 말씀 자체가 곧 응답이기 때문에 하나님은 자신을 위한 기도를 필요로 하시지 않는다. 반면에 피조물인 인간은 '말씀-선언' 단계에서 '말씀에 의지한 기도'가 역동적으로 작용해야 한다. 선포는 창조의 마지막 단계에 해당된다. 하나님의 형상을 지니고 있는 모든 그리스도인은 선포의 능력을 소유하고 있다. 시편 기자는 "내가 죽지 않고 살아서 야훼께서 하시는 일을 선포하리로다(시118:17)"라고 고백한다.

---

144) 위르겐 몰트만, 『희망의 윤리』, 대한기독교서회(2012), 226-230. 몰트만은 하나님의 창조과정을 3단계로 구분한다. 1단계: 태초의 창조(창1:1, 태초에 하나님이 천지를 창조하시니라). 2단계: 계속되는 창조의 과정(사43:18-19, 보라 내가 새 일을 행하리니 이제 나타낼 것이라). 3단계: 하나님의 창조의 완성(보라 내가 만물을 새롭게 하노라(계21:5).

145) 조용기, "보이지 않는 능력", 주일설교(2013-4-21).

146) "절망이란 심리학적이거나 윤리적인 측면을 넘어서 존재론적으로 표현된 인간의 비극적 상황의 최종적인 표현이다. 절망은 '희망이 없음' 또는 출구가 없음(no exit)을 나타낸다." 참조. 황민효, 『폴 틸리히의 신학』, 한국장로교출판사(2008), 302.

하나님의 창조의 원리를 통해 예수 안에 있는 자는 오늘날도 자신의 삶의 자리에서 창조적 삶을 누릴 수 있다. 중요한 것은 그리스도의 인격적 지식을 활용하는 것이다. 창조적 삶은 이성의 힘도 아니고, 지식도, 기술도, 머리의 IQ도 아니다. 성령의 임재 가운데 4차원의 말씀을 삶 속에서 적용하여 삶의 자리에서 말씀의 능력을 풀어놓는 것이다. 만물의 시작과 끝은 하나님의 말씀(명령)과 성령의 역사로 이루어진다.

하나님의 형상대로 지음 받은 영적존재이므로, 하나님의 자녀는 말씀을 통해 하나님의 창조력과 통치력을 발휘할 수 있다.

> a) 창조력: "나를 믿는 자는 내가 하는 일을 그도 할 것이요 또한 그보다 큰 일도 하리니 이는 내가 아버지께로 감이니라(요14:12)."
>
> b) 통치력: "하나님이 그들에게 복을 주시며 그들에게 이르시되 생육하고 번성하여 땅에 충만하라, 땅을 정복하라, 바다의 고기와 공중의 새와 땅에 움직이는 모든 생물을 다스리라 하시니라(창1:28)."

이 세상을 창조하시고 나서, 하나님은 인간에게 그것을 다스리고 보존하고 돌보라는 소명을 주셨다(창1:26-28). 인간의 원래 자리는 이 땅을 다스리고 보존하고 돌보는 일이었다. 창조의 영성을 하나님으로부터 부여받았고 성령님이 우리와 함께 계시므로, 우리는 창조력과 통치력을 삶의 자리에서 활용할 수 있어야 한다.

탈무드에 이런 내용이 있다. a) 이 세상에서 가장 현명한 사람은 누구인가? 그는 모든 사람에게서 배우는 사람이다. b) 이 세상에서 가장 강한 사람이 누구인가? 자기 자신을 이기는 사람이다. c) 이 세상에서 가장 행복한 사람은 누구인가? 범사에 감사할 줄 아는 사람이다.

하나님의 형상대로 지음 받은 인간은 하나님의 성품 중 하나인 지정의(知情意)를 지니고 있다. 따라서 인간은 자기에게 주어진 삶의 목적에 따라 자신의 삶을 창조할 수 있다. 영산은 없는 것을 있는 것 같이 꿈을 꾸면 창조의 세계 속에 살 수 있다고 말한다. "여러분의 삶은 지금보다 훨씬 위대해 질 수 있습니다. 그것은 죽은 자를 살리시며 없는 것을 있는 것 같이 꿈꾸시는 하나님의 그 꿈을 받아들이고, 그 하나님과 함께 동행할 때, 하나님은 내일은 오늘보다, 다음 달은 이번 달보다, 내년은 올해보다 여러분을 월등하게 더 나은 사람으로 살게 해주실 것입니다."147)

사람이 할 수 있는 일이란 기껏해야 하나님이 이미 만들어 놓으신 지구상의 만물을 조합하거나 변형시켜, 또는 나누거나 합하여 무언가를 만드는 것에 지나지 않는다. 엄밀한 의미에서 인간의 창조란 하나님이 만들어 놓은 것을 응용하고 변화시키는 기술이다.148) 무에서 유를 만들어낼 수 있는 존재는 오직 하나님뿐이다. 모세가 지팡이를 땅에 놓았더니 뱀이 되었고, 다시 집었더니 지팡

---

147) 조용기, "없는 것을 있는 것 같이", 주일설교(2008-07-06).
148) 비행기는 과학의 종합운동장(Complex)이다. 비행기는 광물이나 석유에서 추출된 것들의 총체적인 결합이다. 인간은 하나님이 이미 만들어 놓으신 것들을 조금 개량하거나 변형시켜서 비행기를 만들어낸 것에 불과하다. 인간의 입장에서 보면, 비행기는 3차원적 창조의 역사이지만, 하나님이 창조하신 사람의 손을 통해 또한 주님이 주신 지혜와 지식과 기술을 통해 만들어진 작품인 것이다.

이가 된 것은 4차원적 창조의 역사이다. 과학의 측면에서 볼 때, 지팡이와 뱀의 구성 물질은 생물학적, 화학적 및 구조적으로 완전히 다르지만, 창조의 능력으로 그와 같은 일이 가능했던 것이다.

영산은 창조의 능력을 발휘하려면 믿고 기도하며 끝까지 인내하는 것이 중요하다고 강조한다. "우리 신앙의 힘은 어디에 있습니까? 참고 견디는데 있습니다. 아브라함은 아들을 얻기 위해서 25년 간 참았습니다. 야곱은 20년 동안 하나님의 축복을 기다렸습니다. 요셉은 13년 동안 하나님의 약속을 기다렸습니다. 모세는 40년 동안 하나님의 약속을 기다렸습니다. 다니엘은 21일 동안 기다리면서 기도했습니다."[149]

1.7. 믿음-기적의 구조

십자가의 도성은 믿음의 사람들이 사는 곳이다. 그곳에서는 자연적인 것을 초월하는 신비로운 일들이 일어난다. 십자가 도성은 자연인은 출입금지이며, 오직 하늘의 시민권(빌3:20)을 가진 사람들만 들어갈 수 있다. 그들은 말씀주의자, 믿음주의자, 성령주의자 기도주의자들이다.

십자가는 죽음의 끝이며 생명의 시작점이다. 십자가는 불의(不義)의 소멸이며 의로움의 시작이다. 십자가는 미움의 끝이며 사랑의 시작이다. 십자가는 자연인의 삶의 끝이자, 믿는 자의 삶의 시작점이다. 사실상 이 모든 것은 기적의 산물이다. 신자는 옛 사람이 죽었으며 다시 부활하여 새 생명으로 살고 있는 자다. 신자의 삶의 방식은 옛 생명의 방식과 완전히 다르다. 철저히 믿음의 방식이다. 따라서 3차원 세계에서 보면, 그리스도인의 삶 그 자체는 기적적이며 초월적이다.

영산은 "4차원적 생각으로 꿈꾸고 믿고 말할 때 성령께서 그 마음의 꿈을 이루어주시는 기적이 나타나게 됩니다."라고 말한다.[150] 기적은 하나님의 권능을 나타내고, 하나님 자신을 드러낸다. 아우구스티누스(Augustinus)는 "기적이 없었다면 그리스도인이 되지 못했을 것"이라고 말한다. 기적은 하나님의 존재를 증거해 준다. 하나님은 인간에게 믿음을 주어 하늘나라 삶의 양식으로 살게 하신다. 믿음은 예수님의 능력으로 기적이 일어나게 한다. 기적은 하나님을 영화롭게 한다.[151] 그러므로 성도는 하나님의 영광스러운 권능을 힘입어 살아야 하는 존재이다(골1:11).

긍휼의 기적은 예수님의 선하심과 사랑으로부터 나온다. 기적은 예수님의 자비로운 사랑의 발로다. 오웬(Owen)은 "진정으로 위대한 신비는 치유 그 자체가 아니라, 치유의 근원이 되시는 그 무한한 긍휼"이라고 말한다.[152] 하나님의 사랑의 신비는 우리의 고통을 없애는 것이라기보다 오히려 우리와 함께 고통을 나누는 것이다.

예수님의 치유 기적은 그의 긍휼하심에서 비롯된 것으로, 누구에게 무엇을 증명하거나 감동을

---

149) 조용기, "호수 저편으로 건너가자", 주일설교(2009-09-13).

150) 조용기, "마음 다스리기", 주일설교(2014-03-30).

151) 기적의 실체 안에는 하나님의 영광이 내포되어 있다. 하나님이 말씀으로 만물을 창조하신 것처럼, 하늘의 것이 땅의 것으로 될 때 그 안에서 영광의 빛이 나온다. 역으로 인간은 땅의 것을 보고, 하늘의 것을 자각할 수 있다. 신자가 거기서 하나님의 은혜를 경험할 때 영광의 빛이 드러난다.

152) 존 오웬(John Owen), 『긍휼』(Compassion), IVP(2012), 37.

주거나 설득을 하려는 것이 목적이 아니다.153) 따라서 성도는 기적 너머에 있는 기적의 근원을 볼 수 있어야 한다. 먼지이자 티끌인 인간은 선악과나무 한 그루도 지키지 못한 영적 철부지들이다. 하나님께서 자비로 돌봐주시지 않으면, 모든 인간은 티끌로 끝나야 할 존재다.

인간 편에서 기적 또는 하나님의 개입은 하늘나라의 숨어 있는 질서를 찾아내는 과정이다. 필립 얀시(Philip Yancey)는 "기적이란 초자연의 스냅사진과 같다"고 서술한다.154) 인간의 이성은 땅 위의 질서를 바라보지만, 인간의 영은 하늘나라의 아름답고 황홀한 질서의 세계를 바라본다. 이성은 궁극의 이해(ultimate intelligibility)를 지향하지만, 하나님이 경영하시는 피조세계의 질서를 초월하는 단계까지 이르지 못한다. 성경말씀 안에는 자연법칙을 벗어나거나 초월하는 놀라운 사건들로 가득하다. 틸리히(Paul Tillich)는 기적을 '경이로움을 낳고 존재감을 암시하는 상징적 사건'이라고 말한다.155) 이러한 놀라운 영적 기적은 하나님의 뜻과 나의 뜻이 합치되는 접촉점에서 일어난다.

기적은 신자의 영과 하나님 영의 관계(요15:5)에서, 또한 삼위일체 하나님과 하나 됨(요17:21)의 과정에서 일어나는 신비로운 사건이다.156) 하나님이 지향하는 기적은 하나님과 피조세계 사이에 존재하는 상호관계에서 온다.157) 믿음은 기적을 낳는 모체이다. 믿음은 하나님과 성도를 접촉시키는 거룩한 장소이며, 하나님의 믿음이 성도의 믿음과 일치되면 이성적으로 일어날 수 없는 일, 곧 기적이 일어난다. 하나님의 믿음이 모세의 믿음이 되어, 그가 지팡이를 들자 홍해가 갈라졌다. 광야 40년 동안 하나님이 이스라엘 백성에게 기적을 베푸신 것은 그들과 맺은 언약에 기초한 것이다. 기적은 지성적 차원의 해석 범위와 능력을 초월한다. 기적은 하나님과 하나님의 백성 사이의 관계 안에서 이해될 수 있다(렘31:33).

영산은 기적을 일으키는 3단계를 이렇게 제시한다.
1단계: 만물의 근원이 하나님이심을 믿어라(창1:1)
2단계: 믿음의 씨앗을 심어라
3단계: 기적을 기대하라(시81:10)158)
기적의 본질은 하나님이 하시는 일을 나타내며(요9:3), 믿음을 갖게 하며(요2:11), 말씀을 지키게 하며(눅11:27-28), 또한 절망에 빠진 자를 살리려는 것이다.159) 하나님은 영적 존재이시므로 '그 무엇을 하는 것'으로 자신을 나타내시고 알려 주신다.

---

153) 존 오웬(John Owen), 『긍휼』(Compassion), IVP(2012), 37.

154) Philip Yancey, *The Jesus I Never Know*, Zondervan(1995), Chapter 9, 165-183: Miracles, Snapshots of the Supernatural.

155) 황민효, 『폴 틸리히의 신학』, 한국장로교출판사(2008), 199: 기적은 존재의 신비를 지시하는 사건으로서 이성적인 구조와 모순이 되지 않는 방식으로 일어난다.

156) "기적이란 통상적 자연법칙을 초월하여, 신적 능력이 나타나는 것이다." 참조. 조용기, 『성령론』, 서울말씀사(1998), 160.

157) 하나님의 기적은 피조세계를 거스르거나 자연법칙을 파괴하는 것이 아니라, 초월하는 것이다. 하나님의 기적은 피조세계, 인간실존, 하나님 사이에 존재하는 심오한 관계의 표징이다. 참조. 제임스 로더(James E. Loder), 『성령의 관계적 논리와 기독교교육 인식론』, 대한기독교서회(2009), 355-361.

158) 조용기, 『291요약설교』, 서울말씀사(2003), 1-48

영산은 기적을 일으키는 믿음에 대해서 이렇게 말한다.160) "성령께서 '기록된 말씀'을 여러분에게 생생하게 '선포된 말씀'으로 되살려주실 때 기적에 대한 믿음이 여러분의 마음속에 뿌리내리는 것입니다.161) 기적은 항상 새로워진 마음을 통해 일어납니다. 베드로가 마음을 새롭게 했을 때 의심 없이 물위를 걸을 수 있었습니다. 따라서 새로워진 마음을 가진 사람은 항상 하나님만 믿고 하나님의 말씀으로 자신을 붙들어야 합니다."162)

전지전능하신 하나님께서 밤하늘의 수많은 별들을 창조하셨다고 인정한다면, 그분께는 모든 것이 가능하다. 인식론과 방법론은 그 다음의 문제다. 기적은 순식간에 일어날 수도 있지만, 천천히 일어날 수도 있다.163) 하나님이 홍해를 가르실 때에는 밤새도록 동풍이 불게 해 바닷물을 물러가게 하셨다(출14:21). 여리고성이 무너져 내리는 것도 무려 1주일이 걸렸다(수6:3-4, 20). 하나님은 온 낮과 온 밤에 동풍이 불게 하여, 아침녘에 메뚜기 떼가 몰려오게 하셨다(출10:13).

『아웃라이어』와 『블링크』의 저자인 글래드웰(Malcolm Gladwell)은 "어떤 분야든 숙달되기 위해서는 하루 3시간씩 10년 간의 노력이 필요하다. 성공은 집합적인 산물"이라고 강조한다.164) 어림잡아 인생 80-90년, 하나님을 알만 하려면 적어도 30년, 그렇게 놓고 보면 각자 삶의 자리에서 일어날 수 있는 기적의 수는 대략 4~5회 정도이다. 이스라엘 백성은 뒤에는 애굽 군대가 진을 치고 둘러 있고 앞에는 홍해바다로 막히니까 이렇게 떠들었을 것이다. "야! 이거 다리를 놓아야 되겠다. 안그러면 다 죽게 생겼다." "아니 시간이 없으니 서둘러 배를 구해야겠다." "아니야, 수백만 명을 태우고 바다를 건널 배가 어디에 있어." "그럼 헤엄쳐 건너가자." "저렇게 물살이 센데. 다 빠져 죽고 말거야." "이게 다 저 모세 때문이야. 애초부터 저 모세의 말을 듣지 말아야 했어!"

인간의 생각은 고작 이런 정도이다. 이것이 3차원 세계에 익숙한 백성의 실질적인 모습이다. 성경에는 이스라엘 백성이 전전긍긍하는 모습이 이렇게 묘사되어 있다. "바로가 가까이 올 때에 이

---

159) NIV Study Bible(2008), 2086-2087. 기적의 목적을 정리하면 다음과 같다. ⅰ) 구약시대: 하나님이 주(主)이심을 증거(출9:14, 왕상18:36-39, 왕하5:8-15), 하나님의 대언자 지명을 위해(출4:1-9, 왕하1:10, 왕상17:17-24), 믿음의 확신(삿6:37-40, 왕하2:13-14), 하나님 백성을 돌보기 위해(출17:1-6, 민11:31-32), 과부의 기름-삶의 축복(왕상17:10-16, 왕하4:1-7), 죄인을 벌하기 위해(창19:24-26, 민16:28-35). ⅱ) 예수시대: 5천 명을 먹이심-동정심을 주기 위해(마14:14, 마15:32), 자신이 하나님임을 보여주기 위해(막2:8-12, 요20:30-31), 자신이 메시야임을 보여주기 위해(마11:2-5, 요5:36), 하나님 나라를 증거하기 위해(눅11:20, 요10:37-38), 구속하기 위해(롬4:25, 고전15:17-20). ⅲ) 초대교회시대: 예수님이 구세주요, 주(主)이심을 증거하기 위해(행4:8-12, 행14:3), 믿음으로 인도하기 위해(행13:12, 행9:42), 복음의 확장을 위해(행12:1-11, 행16:16-18), 하나님의 자비를 보여주기 위해(행9:32-41, 행20:9-10), 죄인을 심판하기 위해(행5:1-11, 행13:8-11). 종합해 보면, 기적이란 하나님과 인간 사이에 맺어진 하나님의 약속의 말씀에 근거해서 일어난다. 기적은 하나님의 존재와 권능을 인간의 오감으로 볼 수 있게 해준다. 할렐루야!

160) 조용기, "마음을 다스려야 삶을 잘 다스릴 수 있다", 주일설교(2011-05-29). "불가능한 것을 믿는 것입니다. 할 수 없는 것을 믿는 것입니다. 따라서 내가 믿는다고 기도할 때 반드시 기적이 일어날 것을 기대해야 됩니다. 기적이 없는 믿음은 믿음이 아닙니다. 영적인 변화의 기적이 일어나야 되고, 육신의 치료가 기적적으로 일어나야 되고, 삶 속에 사람이 상상할 수 없는 하나님의 은혜가 나타나야 됩니다."

161) 조용기, 『4차원 영적세계』, 서울말씀사(1996), 125.

162) 위의 책, 143-145.

163) 영산은 능력을 행함에 있어 두 가지 전제조건을 제시한다. 첫째, 능력을 행함의 은사는 믿음이 전제되어야 한다(막16:17-18). 둘째, 능력을 행함의 은사는 분명한 필요성과 사랑의 동기가 있어야 한다(눅7:13-15, 막1:40-42). 참조. 조용기, 『성령론』, 서울말씀사(1998), 160-161.

164) 조선일보 위클리비즈팀, 「위클리비즈」(WeeklyBiz Insight), 21세기북스(2010), 288-295.

스라엘 자손이 눈을 들어 본즉 애굽 사람들이 자기 뒤에 미친지라 이스라엘 자손이 심히 두려워하여 야훼께 부르짖고 그들이 또 모세에게 이르되 애굽에 매장지가 없으므로 당신이 우리를 이끌어 내어 이 광야에서 죽게 하느뇨 어찌하여 당신이 우리를 애굽에서 이끌어 내어 이같이 우리에게 하느뇨(출14:10-11)."

이스라엘 백성은 광야에서 그들을 보살피시는 진짜 전경(前景, figure)이신 하나님을 보지 못하고, 애굽의 노예살이 배경(ground)을 간절하게 바라보았다. 심리학적 용어로 말하자면, 그들은 배경을 전경으로 착각한 것이다. 광야에서 전경인 하나님을 보지 못하고 배경인 애굽을 바라볼수록 그들의 삶은 고통스러워졌다. 하나님은 이스라엘 백성이 광야에서 자신의 진짜 모습 전경(figure)을 봐주기를 원하셨다. 그러나 그들은 그렇게 하지 않았다. "일을 행하는 야훼, 그것을 지어 성취하는 야훼, 그 이름을 야훼라 하는 자가 이같이 이르노라 너는 내게 부르짖으라 내가 네게 응답하겠고 네가 알지 못하는 크고 비밀한 일을 네게 보이리라(렘33:2-3)." 전경이신 하나님을 보지 못했으므로, 그들은 하나님을 목 놓아 부를 까닭이 전혀 없었다. 하나님께서 모세에게 지팡이를 홍해 위로 내밀어 바다를 갈라지게 하라고 말씀하셨다. 하나님은 이미 홍해 바닥 한가운데 왕복 20차선 고속도로를 내놓고 여유 있게 기다리셨다. 하나님의 생각은 이스라엘 백성의 생각과 달랐다. 그러나 그들은 3차원 경험의 세계 속에서 생각하고 판단하는데 익숙한 자들이었다.

영산은 '기적을 가져오는 믿음의 4단계'에 대하여 이렇게 강조한다. "기적이란 인간의 상식을 초월하고 인간의 지식으로 설명할 수 없습니다. 왜냐하면 기적은 인간의 지식이나 인간의 경험에 속한 것이 아닙니다. 기적은 하나님의 지식과 하나님의 경험에 속한 것입니다. 하나님은 무엇이든지 기적으로 행하시는 것입니다. 예수님께서 말씀하신 대로, 1) 우리가 하나님을 믿고, 2) 우리가 창조적인 선언을 하고, 3) 마음속에 받은 줄로 확신이 올 때까지 기도하며, 확신이 서면 하나님께 믿음으로 감사하고, 4) 이웃의 잘못을 예수님의 이름으로 용서해주면, 오늘날도 성령님이 함께 하여 주셔서 기적이 일어나게 됩니다."165)

처음에 나아만은 마음에 불신이 가득했지만, 그의 종들의 조언을 듣고 곧 생각을 바꾸었다. 그리고 엘리사 선지자의 말에 의지적 믿음으로 순종했다. 요단강물에서 몸을 일곱 번 씻고 올라오자 그의 문둥병이 완전히 사라졌다(왕하5:9-14).166) 나아만에게 기적이 일어난 과정은 다음과 같다. 첫째, 낫고자 하는 간절한 마음이 있었다. 둘째, 여종의 말을 믿었다. 마지막으로, 의지적으로 믿음을 선택했다. 극한 상황에서 믿음과 순종이 기적을 불러온 것이다. 기적은 초자연적 의미보다 영적 의미에 더 무게를 두어야 한다.167) 예수님이 물을 포도주로 변화시키시고, 오병이어로 5천 명을 먹이시며, 맹인이 눈을 뜨게 하시고, 죽은 나사로를 다시 살리신 기적들은 한 때 이 세상이 어떠한 세상이었는 지를 보여주는 좋은 증거들이다.168)

---

165) 조용기, "기적을 가져오는 4단계", 주일설교(1983-01-09). "변화와 기적을 가져오는 믿음"(2009-07-12).
166) [나아만의 기적과정] = [분명한 대상-병 고침] + [간절한 소원] + [믿음의 선택] + [의지적 믿음].
167) 존 스토트(John R. W. John), 『기독교의 기본진리』(Basic Christianity), 생명의말씀사(2014), 55-56.
168) Philip Yancey, *The Jesus I Never Know*, Zondervan(1995), 182. 질병을 고치고 죽음에서 살아나는 기적을 보여주는 예수님의 기적은 한 때 이 세상이 어떠한 상태에 있었는 지를 보여주며, 또한 하나님이 잘못된 것을 원래대로 회복시켜 줄 것이라는 희망을 예표해 준다.

2. 십자가 영성의 역동적 구조

영산은 "하나님의 말씀을 믿음으로 받아들이면, 3차원적 삶에서 불가능한 일들이 그 삶에 나타납니다. 따라서 마음에 믿음이 생기면 없는 것을 있는 것처럼 입술로 고백해야 합니다. 이것이 바로 믿음으로 사는 삶입니다."라고 말한다.[169] 그의 영적 체험의 원리는 4차원의 말씀과 기도와 믿음이 중심요소로 작용한다.

십자가는 우리 안에 새 생명을 탄생시키고, 삶 속에 신학의 족적을 남긴다. 신학은 오직 신학자만 탐구하는 것이 아니라, 하나님이 임재하신 곳에 신학은 나무처럼 자란다. 신학이란 하나님과 인간과 세상의 관계를 가장 잘 묘사해 놓은 것이다. 다시 말해, 신학이란 하나님의 말씀이 삶의 자리에 임재되는 과정을 연구하는 것이다. 곧 예수의 생명이 나타나는 현장을 스케치하는 과정이다.

이와 같은 맥락에서 신학자가 하는 일은 하나님의 영적 발자취를 면밀하게 살펴서 정리하고 체계화하는 것이다. 하나님이 걸어가신 발자취를 체계적으로 연구하고 기록하고 구체화하는 것이 신학이다. 영산은 50년 동안 성령님과 동행하며 목회했다. 그의 목회사역의 발자취에는 다양한 신학적 사고가 움트고 있었다. 그는 오직 십자가 중심의 말씀만을 선포했다. "오직 주의 말씀은 세세토록 있도다 하였으니 너희에게 전한 복음이 곧 이 말씀이니라(벧전1:25)."

십자가에 대한 구약의 징표가 흑백 스냅사진들이라면, 신약의 십자가는 컬러 동영상으로 이루어진 완성된 드라마다. 바울은 성경에 기초한 사고와 과거, 현재, 미래를 꿰뚫어 보는 역사의식 및 종말론적인 사고에 기초해서 신구약 성경의 구원사를 드라마틱하고 탁월하게 연결시켰다. 그 결과 그는 다양한 영성적 관점에서 서신서를 저술할 수 있었다.

영산 역시 십자가 드라마를 가장 효과적으로 재구성하며 회중들에게 가장 효율적으로 증거했다. 그는 하나님의 뜻을 이루는 것에 대하여 다음과 같이 주장한다. "말씀이 육신을 통해 나타나기 위하여 신령한 지식, 목표와 꿈, 믿음, 입술의 선언이 있어야 합니다." 창조의 역사는 그리스도인의 입술의 고백을 통해서 일어난다. 신자가 땅에서 무엇이든지 매면 하늘에서도 매인다. 또한 땅에서 무엇이든지 풀면 하늘에서도 풀린다(마16:19).

영산은 자신의 모든 사역에서 십자가 위에서 죽으시고 부활하신 예수 그리스도의 삶의 원리를 적용하였다. 즉 순종과 믿음의 원리, 은혜와 사랑의 원리, 변화와 능력의 원리, 기다림과 소망의 원리를 적용하였다. 이제 좀 더 구체적으로 알아보자.

---

169) 조용기, "현실을 다스리며 사는 길", 주일설교(2013-08-04).

2.1. 영성형성: 기초개념

영산은 신자가 진리 안에서 성장하려면 "하나님의 말씀과 성령을 통한 생각, 꿈, 믿음, 말의 4차원영성으로 무장하여야 합니다."라고 조언한다.170) 4차원영성은 삼위일체적 영성이며 말씀의 영성이다. 왜냐하면 하나님의 말씀을 기초로 하기 때문이다.

영산의 영성형성의 기초개념에서 신학적 원리는 삼위일체 하나님의 영성 – 좋으신 하나님, 그리스도의 십자가 구속의 은혜, 성령님과의 인격적 교제 – 에 기초한다. 거기서 파생된 원리가 '5중복음, 3중축복, 4차원영성'이다. 특히 '좋으신 하나님'이라는 대명제는 그에게 영성형성의 기저(基底)였다. 그 대명제로부터 그는 자신의 목회사역의 중심과제를 이끌어냈고, 그것을 목회를 통해 확산시켰다.

십자가와 부활의 나침판은 왜곡된 인류역사의 방향을 바로잡아 준다. 십자가는 하나님이 원래 의도하신 길로 걸어가게 하는 영적 유도장치와 같다. 또한 십자가는 인류의 삶을 바로잡아 주며 실천하도록 이끌어주는 윤리선생님이다. 십자가는 인류의 꼬인 매듭을 풀어 주어 원래적 방향으로 가게 한다.

챔버스(Charbers)는 불확실성도 은혜의 수단이라고 강조한다.171) "영적인 삶의 속성은 불확실성 속에서도 확신을 누리는 것입니다. 은혜로운 불확실성은 영적인 삶의 표지입니다." 장래에 무엇이 나타날지 인간은 모른다(요일3:2). 신앙생활이란 좋은 일과 궂은 일을 직조물처럼 짠 한 폭의 그림과 같은 것이다. 모든 영성의 주체는 하나님이시다. 성화는 일차적으로 '성부(살전5:23, 히 13:20-21), 성자(엡5:25-27), 성령(고전6:11, 살후2:13) 하나님'이 행하시는 일이다. 20세기 최고의 강해설교가 로이드 존스(Martyn L. Jones)는 성화에서 일차적이고 가장 중요한 것은 성령을 통한 역사라고 말한다.172)

영산은 어떻게 영성개발을 주도하였을까? 그림 10-4에는 그의 영성개발 과정이 묘사되어 있다. 영산의 영성자원은 '말씀 + 기도 + 성령'에서 나온 것이다. 이것은 그의 목회철학과 비전 및 목표설정과 유기적으로 연결된다. 5중복음과 3중축복이 생수라면, 4차원의 영성은 그 생수를 성도들에게 전달해주는 은혜의 방편이다. 5중복음과 3중축복을 삶 속에 적용하는 수단은 바로 4차원영성이다.

그는 메시지를 전달하는 과정에서 기존의 설교과정과 차별화된 영성변환 과정을 도입했다. 특별히 말씀을 기초로 하여 동시대 회중들의 심령분위기에 가장 적합한 3중축복, 5중복음, 4차원영성을 브랜드화했다. 그는 전문적인 성경학자는 아니었지만, 하나님의 말씀을 개념화하여 회중들이 그것을 쉽게 이해할 수 있게 했다. 또한 그는 회중들이 말씀을 삶 속에서 구체적으로 적용할 수

---

170) 조용기, "내 능력이 약한 데서 온전하여짐이라", 주일설교(2011-03-20).

171) 오스월드 챔버스, 『My Utomst for His Highest』, 토기장이(2008), 묵상집(4월29일).

172) 마틴 로이드 존스(Martyn Lloyd Jones), 『성령 하나님과 놀라운 구원』(God the Holy Spirit), 부흥과개혁사(2013), 348.

있도록 이끌어 주었다. 그 결과 회중들은 영적으로 변화하고 성장했으며, 창조적이고 기적적인 일들을 경험하게 되었다. 그러한 과정을 통해, 매주 예수 그리스도의 생명이 나타나게 함으로써 성도들의 믿음은 죽순처럼 쑥쑥 자라났다.

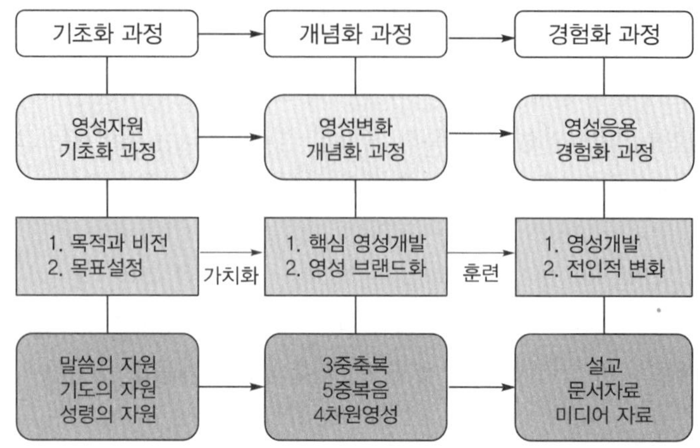

그림 10-4. 영성의 기초화 과정, 개념화 과정, 경험화 과정: 5중복음, 3중축복, 4차원영성은 영산의 목회활동에서 중심추의 역할을 했다. 그의 설교는 말씀의 개념과 삶의 현장을 균형 있게 연결시켜주는 핵심 역할을 했다. 그 결과 대부분의 성도들은 전인적 변화, 성장, 성숙 과정으로 나아가게 되었다. 또한 영산은 다양한 측면과 차원에서 영성형성을 추구했다.

그는 기도하는 중에 영성개발의 핵심 요소들을 개발했다. 매주일 설교마다 여러 가지 모양과 방법으로 그것들을 반복적으로 적용했다. 이를테면 5중복음을 전달하는 과정에서 그는 그것들을 다양한 방법으로 묘사한다.173) 뼈대는 하나이지만 적용범주에 따라 표현방법을 달리했다. 개념화과정에서 경험과정으로 변환할 때 적용관점을 다층화하고 다양화시켰다. 그러나 그 중심은 언제나 변함없는 '말씀'이었다.174)

---

173) 1) 십자가는 희망의 플러스: 용서와 의의 희망(롬3:24), 거룩함과 성령충만의 희망(고전6:11), 치료와 건강의 희망(벧전 2:24), 아브라함의 축복의 희망(갈3:13-14), 영생천국의 희망(요11:25-26). 2) 예수님의 죽은 몸의 효능: 죄의 대속(롬 3:23-24), 부패한 삶의 대속(고전6:11), 병의 대속(벧전2:24), 저주의 대속(갈3:13-14), 죽음의 대속(요11:25-26). 3) 옛 사람을 벗음: 용서와 의를 받음, 성결케 하는 성령을 받음, 치료와 나음을 받음, 축복과 부요를 받음, 부활 영생의 새 사람을 입음. 4) 꿈이 이뤄지는 과정: 십자가의 은혜를 통해 의로워지는 과정, 거룩해지는 과정, 치료받는 과정, 축복받는 과정, 부활·영생·천국을 얻는 과정. 5) 보혈의 자화상: 나는 의인이다. 나는 성결하고 성령충만한 사람이다. 나는 치료받아 건강한 사람이다. 나는 형통한 사람이다. 나는 영생을 가진 사람이다.

174) "너희가 거듭난 것은 썩어질 씨로 된 것이 아니요 썩지 아니할 씨로 된 것이니 살아 있고 항상 있는 하나님의 말씀으로 되었느니라(벧전1:23)." "청하건대 너는 하나님의 입에서 교훈을 받고 하나님의 말씀을 네 마음에 두라(욥22:22)." "하나님의 말씀은 다 순전하며 하나님은 그를 의지하는 자의 방패시니라(잠30:5)."

2.2. 변화와 능력의 구조: 구심력과 원심력의 조화

영산은 삶 속의 모든 쓴물은 십자가의 능력으로 해결된다고 이해한다. "인간의 삶에는 항상 쓴물이 넘쳐납니다. 미움과 분노의 쓴물, 불안과 공포의 쓴물, 열등의식의 쓴물, 좌절감의 쓴물 등. 이런 쓴물을 계속 마시고 살면 실패할 수밖에 없습니다. 쓴물을 변화시켜야 됩니다. 이 쓴 마음의 샘물에 십자가의 그리스도를 끌어안으면 즉시로 쓴물이 단물로 되고 변화가 다가옵니다. 사랑과 평안과 자긍심과 희망의 샘으로 변화되고 삶은 행복을 가져옵니다."[175] 영산에 의하면 삶 속에서 일어나는 근본적인 문제들은 오직 십자가의 능력으로 해결될 수 있다.

이 지구에는 두 개의 거대 경영자가 있다.[176] 하나는 좋으신 하나님의 글로벌경영이며, 또 하나는 사탄의 글로벌경영이다. 한쪽은 십자가 중심의 말씀 경영이고, 다른 한쪽은 사탄 중심의 죄의 경영이다. 영산은 '좋으신 하나님'이라는 목회주제로 삶 전체를 변화시키는 전인구원론을 강조하였다. 그는 구원을 영혼육의 총체적 개념으로 이해했다. 그는 "인간은 일을 하기 위해서가 아니라 하나님이 이루신 일을 누리고 다스리기 위해 태어났다"고 주장한다.[177] 또한 그는 "일을 행하시는 분은 하나님이시므로 하나님께 모든 일을 맡겨야 합니다(시37:5-6)."라고 말한다. 그의 영적 논리에 의하면, "하나님은 일을 행하시는 좋으신 하나님, 일을 성취하시는 좋으신 하나님"이다. 결론적으로 오직 하나님만이 선악 간에 모든 일을 새롭게 하실 수 있다.

자기중심적인 인간이 어떻게 모든 것을 하나님에게 맡길 수 있는가? 우리 안의 죄는 이성의 힘으로 사물을 보고 판단하라고 종용한다. 우리 안의 죄는 하나님의 일을 방해하고 훼방한다. 죄는 항상 하나님과 인간 사이를 멀어지게 한다. 따라서 두 경영자는 창조 이후로 각축(角逐)하고 있다. "죄를 짓는 자는 마귀에게 속하나니 마귀는 처음부터 범죄함이니라 하나님의 아들이 나타나신 것은 마귀의 일을 멸하려 하심이니라(요일3:8)." 사탄은 바벨탑 사건을 통해 하나님의 글로벌 경영전략을 훼방하고자 시도했다. 하지만 사탄은 보기 좋게 실패했다. "야훼께서 거기서 그들을 온 지면에 흩으신 고로 그들이 성 쌓기를 그쳤더라(창11:8)." 하나님이 직접 개입하셔서 인간의 의사소통 체계를 붕괴시킴으로써 간단하게 상황을 종료시켜버린 것이다. 하나님은 인간을 통해, 특별히 하나님의 자녀들을 통해 지금도 세계경영을 하고 계신다. 세계경영에 가장 강력한 인간의 전략적 무기는 바로 하나님의 말씀이다. 하나님은 그분의 자녀들을 진리와 생명과 권능의 말씀으로 무장시켜서 자신의 글로벌경영에 활용하신다. 말씀만이 우리의 지혜와 힘과 방패다.

영산의 목회원심력은 '5중복음, 3중축복, 4차원영성'이다. 그의 목회구심력은 '말씀, 기도, 성령'이다(그림 10-5). 십자가를 본받는 삶의 기초 원리는 말씀, 믿음, 기도와 성령이다. 결국 4차원영성의 핵심원리도 영산의 목회현장에서 말씀과 성령의 역동적인 관계 속에서 나온 것이다. 영산은 강한 의지적 믿음을 품고 모든 일들을 4차원영성적으로 접근했다.

---

175) 조용기, "변화와 능력 십자가", 주일설교(2007-03-04).
176) 영산은 두 개의 삶을 이렇게 정의한다. 하나는 세상나라의 삶, 즉 -마귀의 지배 아래 세상 복을 따라 살며 죄와 탐욕의 노예가 되는 삶이다. 또 하나는 예수님 나라에 들어온 삶, 즉 주님의 다스림 아래 주시는 복을 받고 말씀과 성령 안에서 살아가는 삶이다. 조용기, "예수님의 죽으심을 짊어진 사람들", 주일설교(2008-07-13).
177) 조용기, "맡기는 신앙", 주일설교(2013-09-22).

성령님은 단지 말씀의 의미만 깨우쳐주는 것이 아니다. 성령님의 도움으로 영산은 누구든지 말씀을 삶의 자리에 쉽게 적용할 수 있도록 '생각, 꿈, 믿음 말'이라는 영적 언어를 새롭게 찾아내어, 그것을 성도들에게 제시했다. 영산 자신도 4차원영성을 자신의 목회과정에 적용해 수많은 영적 결과물을 빚어냈다. 그는 마음속에 의심과 두려움이 몰려와도 믿음으로 극복할 수 있다고 믿는다.178) 영적 성장은 의지적 믿음으로 강화된다.

영산은 오직 십자가 중심의 복음을 중심으로 지나간 60년 동안 팽이목회 모델 속에서 사역해왔다. 비틀거리며 넘어질 듯 여러 차례 고비가 있었지만, 그럴 때마다 영산은 십자가 중심의 4차원영성을 자신의 목회에 적용했다. 수많은 사람들이 "저 팽이 이젠 쓰러진다. 이제는 더 이상 돌지 못할 것이다. 이제는 끝장"이라고 외쳤지만, 성령님은 영산의 목회팽이를 넘어지지 않게 해주었다. 그것은 전적으로 하나님의 은혜였다.

그러한 비관적 목소리가 여의도광야를 뒤덮을 때, 영산의 십자가 목회팽이는 좀 비틀거리기도 했다. 하지만 성령님은 그의 목회팽이가 쓰러지도록 결코 그냥 두지 않았다. 오히려 지속적으로 돌아가도록 힘을 부어주셨다. 그의 구심력에서 나오는 말씀선포는 더욱 강력해지고 교회는 점점 성장해갔다. "이와 같이 주의 말씀이 힘이 있어 흥왕하여 세력을 얻으니라(행19:20)."

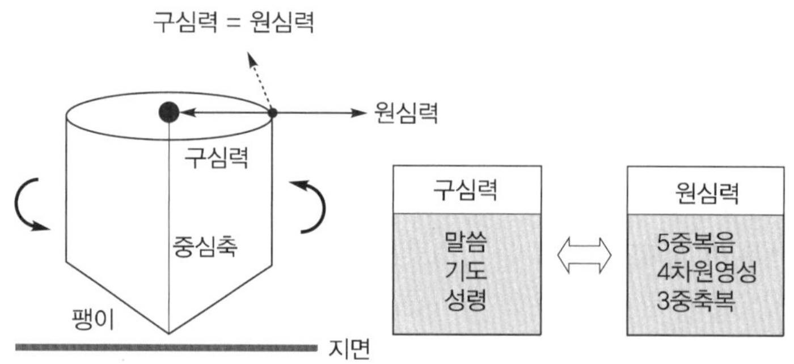

그림 10-5. **목회 구심력과 원심력의 팽이모델:** 구심력(말씀, 기도, 성령)과 원심력(5중복음, 3중축복, 4차원영성)이 균형을 이루면 팽이는 쓰러지지 않고 돌아간다. 말씀과 기도와 성령은 변화와 능력의 원천이자, 5중복음, 3중축복, 4차원영성을 활성화시키는 뿌리다. 구심력이 더 크면 넘어지고, 원심력이 더 크면 돌지 못한다. 영산의 영적 팽이는 반세기 동안 쓰러지지 않고 역동적으로 또한 생동적으로 빙빙 돌아갔다. 영산은 구심력과 원심력의 균형감을 잃지 않은 가운데서 십자가의 영성을 효과적으로 펼칠 수 있었다. 성령님은 원심력과 구심력을 활성화시키셨다.

팽이는 원래 구심력이 원심력보다 세면 비틀거리며 넘어지고, 반대로 원심력이 구심력보다 크면 팽이는 돌아가지 못한다. 영산은 반세기 목회 기간 동안 성령님과 동행하면서 구심력과 원심력의 원리를 잘 활용했다. 지난 세월을 뒤돌아보면 그는 하나님의 뜻을 꿰뚫는 비상한 능력을 품고 있었다. 그는 그 비결을 이렇게 제시한다.179)

---

178) "믿음이란 의심과 두려움이 없는 것이 아니라, 의심과 두려움이 있지만 우리와 함께 하시는 하나님만 의지하여, 그것을 극복하고 믿는 것입니다." 조용기, "의심과 두려움은 항상 생긴다", 주일설교(2005-02-13).

a) 하나님의 뜻은 성경에 기록되어 있다(롬2:18). 성경을 읽으면 하나님의 뜻을 알 수 있다.

b) 성령님께서 꿈, 환상, 계시, 마음의 소원 등을 통해서 하나님의 뜻을 알게 하신다(마1:20, 행 9:10-19, 마11:27, 빌2:13).

c) 표징을 통하여 하나님의 뜻을 알 수 있다. 예 기드온의 양털 표징(삿6:36-40)

2.3. 순종과 믿음의 구조: 말씀의 선포를 통한 삶 속의 영성

예수님은 믿음과 순종으로 십자가를 지셨다. 영산도 그리스도의 믿음과 순종을 본받아 십자가 중심의 믿음과 말씀을 설파했다. 영산은 "좋은 일이든 나쁜 일이든 믿음과 순종과 기도의 삶으로 하나님께 모두 맡겨야 합니다."라고 말한다.[180] 그는 "믿음의 씨앗을 심고 기적이 일어날 것을 믿고 입으로 시인해야 합니다."라고 강조한다. 순종은 말씀과 믿음을 연결시켜준다. 말씀이 믿음과 연결될 때 삶 속에 말씀의 권능이 나타나기 때문이다. 마리아가 "주께서 그에게 하신 말씀이 반드시 이루어지리라(눅1:45)"고 고백했을 때, 그 말씀이 현실 속에 이루어졌다. 영산은 하나님 말씀에 철저히 순종했다. 영산은 하나님으로부터 항상 메시지를 받아서 설교했다. "메시지를 받아서 설교하는 것은 제 인생에서 가장 큰 짐이었고, 어려움이었습니다. 제 목회의 90%가 메시지를 받아서 전달하는 것에 전력을 기울였다고 해도 과언이 아닙니다."[181]

십자가는 인간이 그릇된 길을 걸어가지 않도록 손에 쥐어준 나침판과 같다. 근본적으로 인간은 길 잃은 방랑자이다. 십자가 나침판의 도움이 없으면, 인간은 절대절망의 늪에 빠진 존재일 뿐이다. 십자가는 영성형성의 기초요, 성령 안에서 말씀을 깨닫게 하는 관문이다. 존 프레임(John Frame)은 말씀을 전달하는 매체를 3가지로, 곧 '사건, 말씀, 그리고 사람'으로 구분한다. 그는 하나님의 말씀이 우리에게 전달되는 방법을 세 가지로 분류한다. 곧 '말씀의 권능으로 사건이 일어나게 하는 방법', '말씀 자체에 영적 권위를 두는 방법', 또한 '말씀이 인간에게 인격적으로 임재하는 방법'이다.[182]

프레임의 말씀 전달론에 따르면, 영산은 '권능이 임하는 신유의 기적, 말씀의 능력, 성령과의 인격적 교제'를 강조한다. 곧 말씀의 권능, 말씀의 권위, 말씀의 임재를 강조한 것이다. 영산은 반세기 동안 말씀과 기도와 성령 안에서 말씀을 가장 효율적으로 가르치고 전달했다.[183] 그는 신구약 말씀을 모태로 하여 십자가 중심의 생명력이 있는 3개의 영적 브랜드 – 3중축복, 5중복음, 4차원 영성 – 를 기도 중에 탄생시켜, 그의 목회활동에 전략적 소프트웨어로 사용하였다.

---

179) 조용기, 『요약설교』, 서울말씀사(2012), 504-505.

180) 조용기, "맡기는 신앙", 주일설교(2013-09-22).

181) 교회성장연구소 편집부, 『카리스 & 카리스마』, 교회성장연구소(2003), 23.

182) John M. Frame, *The Doctrine of the Word of God*, P&R(2010), 72.

183) 영산은 하나님의 말씀의 위력을 5가지로 요약한다. a) 말씀은 마음에 거하여 환경을 다스린다(출14:13-16). b) 말씀은 우리로 새로운 모습을 꿈꾸게 하고 창조의 꿈을 갖게 한다. c) 말씀은 믿음이라는 옷을 입을 때 기적이 나타난다. d) 말씀은 하나님의 기뻐하시는 뜻을 이루는 사자이다. e) 말씀은 생명의 능력이요 마귀의 일을 멸하는 힘이다(롬 1:16-17).

그는 3개 브랜드를 가치화, 개념화 및 체계화해서 가장 적절하게 응용해서 성도들에게 체득시키며, 목회현장에서 효과적으로 사용하였다(그림 10-6). 그는 언제나 회중들에게 생명, 구원, 희망을 주는 설교를 했다.184) 나아가 그는 회중들에게 3가지 브랜드를 마음속에 그릴 수 있도록 매주 설교를 시각화시키는 데 심혈을 기울였다.

그는 책과 미디어를 통해 회중들의 마음속에 3가지 브랜드가 새겨지게 해서, 삶의 자리에서 많은 영적 경험을 하도록 이끌었다. 나아가, 그는 할 수 있으면 예수님처럼 메시지를 비유적으로 전달해서 회중들의 마음에 쉽게 새겨지도록 시도했다. 구약에서 선지자들은 종종 비유를 통해 하나님의 메시지를 이스라엘 백성에게 전달했다. 예수님도 메시지를 생생하고 효율적으로 전달하기 위해서 많은 비유를 사용하셨다. 마가복음에는 "비유가 아니면 말씀하지 아니하시고 다만 혼자 계실 때에 그 제자들에게 모든 것을 해석하시더라(막4:34)"고 기록되어 있다. 호세아에서도 하나님은 "내가 여러 선지자에게 말하였고 이상을 많이 보였으며 선지자들을 통하여 비유를 베풀었노라(호12:10)"고 말씀하신다.

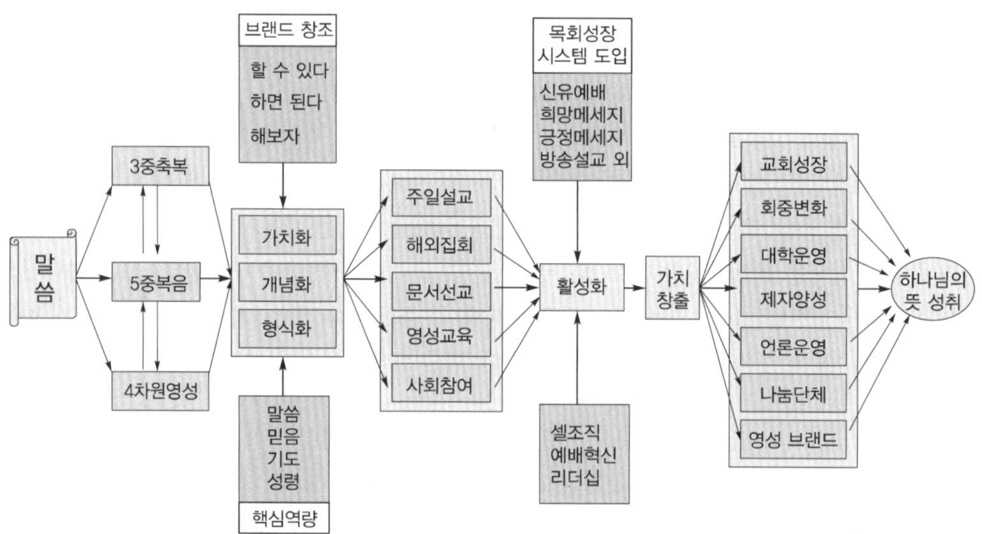

그림 10-6. **영산의 위의 것과 땅의 것의 삶의 양식 통합모델:** 말씀은 하늘의 삶과 땅의 삶을 연결하는 은혜의 방편이다. 말씀은 피조물과 세상을 통해 궁극적으로 하나님께 영광을 올려드린다. 영산의 설교양식은 5중복음, 3중축복, 4차원영성을 가치화, 개념화, 체계화하는 것이었다. 그 결과 성도들의 삶의 자리에 십자가의 영성을 균형 있게 적용할 수 있었다. 영산은 "설교란 머리로 지어서 하는 것이 아니라 기도로 잉태하여 강단에서 해산하는 것입니다. 설교자는 설교를 창조하는 자가 아니라 하나님의 메시지를 전달하는 자입니다."라고 강조한다.185)

---

184) "나는 두 가지에 초점을 맞추어 설교했습니다. 정죄하지 않는 희망의 메시지와 꿈을 심어 주는 믿음의 메시지입니다." 조용기, 『설교는 나의 인생』, 서울말씀사(2012), 프롤로그에서 인용.

185) 조용기, 『설교는 나의 인생』, 서울말씀사(2009), 289. 그는 이 책에서 설교를 삶을 여는 설교, 영을 여는 설교, 마음을 여는 설교로 대별한다. a) 삶을 여는 설교: 삶의 메시지, 꿈과 희망, 십자가, 체험, 신유. b) 영을 여는 설교: 4차원적 믿음의 메시지, 레마중심, 성령중심, 예언적 메시지. c) 마음을 여는 설교: 선명한 빛깔의 메시지, 소명, 교통, 청중 중심.

그는 점층법, 점강법, 열거법, 대구법, 적절한 인용 등을 활용해 말씀을 전달하는 능력에 있어서도 탁월한 재능을 보였다.186) 그는 회중들에게 3가지 브랜드를 마음공간에 새겨서 하나님이 주시는 힘을 지속적으로 유지하도록 했다. 또한 '할 수 있다', '하면 된다', '해보자'라는 구호를 만들어 지치고, 고단하고, 힘든 회중에게 힘을 불어주었다. 그 결과 부정의 생각들로 가득 찬 회중의 마음을 희망적이고 긍정적인 마음으로 바꾸어주고, 말씀의 힘으로 회중의 삶을 영적으로 변화시켜 나갔다.

영산은 성서중심의 설교를 지향했다. 성서해석 차원에서 영산신학을 네 가지로 요약하면 다음과 같다. 187) 첫째, 교회의 구성 원리로서 성령신학, 둘째, 교회의 지도 원리로서 성서의 절대적 권위, 셋째, 교회의 행동 원리로서 3중축복, 넷째, 교회의 책임 원리로서 사회구원이다.

영산은 교회의 지도 원리로서 성서의 권위를 철저히 따랐다. 그의 설교에 많은 특징이 있지만, 가장 원초적 특성은 성령의 음성을 듣고 순종하는 설교다. "설교할 때 무엇보다도 중요한 것은 매 순간 성령의 음성을 듣고 순종하는 것입니다. 아무리 설교 준비를 잘했더라도 선포하는 과정에서 성령과 함께 하지 않으면, 설교하는 자신도 힘들고, 듣는 성도들도 감동을 받지 못합니다."188)

또한 그는 설교뿐만 아니라 교회성장에 보조를 맞추어서 셀 조직을 도입하고, 예배 형태를 혁신하고, 무엇보다 강력한 리더십으로 3가지 브랜드를 더욱 활성화시켰다.189) 그 결과 교인들이 말씀 안에서 성장하고, 예배를 통해 하나님의 은혜와 성령충만을 경험하여, 신앙공동체를 견고하게 세울 수 있었다. 이러한 영적 열매는 그가 그토록 십자가만을 사랑했고, 오로지 십자가 보혈의 능력을 핵심 메시지로 증거했기 때문이다. "그가 빛 가운데 계신 것같이 우리도 빛 가운데 행하면 우리가 서로 사귐이 있고 그 아들 예수의 피가 우리를 모든 죄에서 깨끗하게 하실 것이요(요일1:7)."

그가 입은 겉옷은 십자가 보혈의 옷이요, 속옷은 말씀과 성령과 기도의 옷이었다. 50년 목회에 그가 자랑할 것은 오직 '성령님과 함께한 것'뿐이라고 실토할 만큼 그는 성령충만과 성령의 이끄심과 도우심을 간절히 사모했다. 그는 십자가 보혈의 외투를 입고 전 세계 72개국을 대상으로 지구를 120바퀴 이상 돌면서 부흥성회를 열었다. 가는 곳마다 십자가 보혈의 설교를 통해서 하나님의 은혜와 사랑과 권능이 비 오듯 임하게 했다.

---

186) 영산은 효과적인 설교를 위해 나름대로의 분명한 표현 원칙을 가지고 있었다. 곧 정확성, 간결성, 감각성(그림 언어), 수사, 대조, (서술적) 열거, 현재진행형, (사실적) 대화 등이다. 또한 설교 구성요소로 5가지를 제시한다. 성경 본문에 충실(성경 본문 중심), 통일성(한 가지 주제에 집중), 구성의 단순화(청중 중심−철학적 주제는 바람직하지 못함), 균형 잡힌 구성(큰 주제와 작은 주제), 일관성 있는 진행(관심 유도)이다. 조용기, 『설교는 나의 인생』, 서울말씀사(2012), 308-312.

187) 윤철원, "교회를 위한 성서해석: 영산신학을 중심으로", 『영산신학저널』, Vol.23, 51-59.

188) 교회성장연구소 편집부, 『카리스 & 카리스마』, 교회성장연구소(2003), 138.

189) 플러신학교 교수였던 세실 로벡(Cecil Robeck)은 인터뷰에서 영산의 리더십에 대하여 이렇게 말한다. "제 생각에는 영산의 리더십은 두 가지인데 하나는 그의 개인적인 신실함(integrity)이고, 또 하나는 그의 영적인 카리스마(charisma) 라고 봅니다. 탁월한 리더십은 신뢰할 만한 인격과 신뢰할 만한 권위에 기초하는 것입니다." 교회성장연구소 편집부, 『카리스 & 카리스마』, 교회성장연구소(2003), 59.

영산의 설교 특징은 십자가 은혜와 말씀과 축복의 메시지로 압축된다.[190] 그는 특히 믿음의 선포에 대하여 이렇게 고백한다. "나의 목회생활에서 위대한 변화를 가져온 계기 중 하나는 믿음의 명령을 통하여 창조가 다가옴을 깨닫게 된 것이었습니다. 이전에는 항상 애통하고 간구하는 일만 계속했고 그 성과는 미미했습니다. 예수님께서 '진리를 알지니 진리가 너희를 자유케 하리라(요8:32)'고 가르치신 것처럼 창조의 법칙을 깨닫고 난 후, 나의 목회는 비약적으로 성장과 발전을 거듭하였습니다. 아무것도 없는 허공을 향하여 없는 것을 있는 것으로 만들어내는 명령을 선포하는 것이 처음에는 쑥스럽고 불안했지만, 이제는 그렇지 않습니다.[191]

그는 오로지 4차원 영적 차원에서 말씀을 전하고 가르치고 선포했다. 그의 말씀경영의 최종목표는 하나님의 뜻을 온전히 이루는 것이었다. 그의 말씀경영은 이전에 없었던 독자적 경영방식을 택했으며, 철저하게 성령님과 동행하는 관계 속에서 성취된 것이었다. "마음을 살피시는 이가 성령의 생각을 아시나니 이는 성령이 하나님의 뜻대로 성도를 위하여 간구하심이니라(롬8:27)."

영산의 설교는 무엇보다 쉽고 단순하다. "저는 설교할 때 늘 유치원생도 제 설교를 알아들을 수 있게 한다는 목표를 세웁니다. 많은 사람들이 우리 교회에 와서 제 설교를 듣고 '조용기 목사의 설교는 쉽다.' '너무 단순하다.' 또는 '깊이가 없다.' 그런 말을 합니다. 그러나 누가 뭐라고 말하든 메시지는 알아들어야 효과가 있습니다. 결혼한 부부에게 아이를 낳는 것이 중요한 사명인 것처럼 주의 종은 좋은 메시지를 낳아야 합니다."[192]

영산의 설교는 말씀중심의 설교이다.[193] 주일날 그의 설교를 통해 회중들은 힘을 얻고, 생기를 얻는다. 만약 그의 설교가 회중에게 맛이 없는 질리는 음식이었다면, 오늘의 순복음영성은 탄생하지 못했을 것이다.[194] 그는 설교에 목숨을 걸었고, 매주 한편의 설교에 자신을 헌신했다.[195] 십자가 중심의 '3중축복, 5중복음, 4차원영성'은 모든 성도들에게 영적인 기본메뉴였다. 그는 이 세 가지 기본 재료를 가지고 다양한 응용메뉴를 개발했다. 반세기의 긴 세월 동안 영산은 3가지 기본메뉴

---

190) 영산설교의 특징: a) 그는 레마를 받고 메시지를 전달한다. b) 그는 설교를 이미지화하여 성도들의 마음속에 그려지게 한다. c) 그는 성도들의 생각을 바꾸어주는 희망의 영성 메시지를 선포한다. d) 그는 설교 중에 하나님의 임재를 체험하게 한다. e) 그는 삼위일체적 믿음을 심어주고, 그리스도 십자가 중심의 설교를 강조한다. f) 그는 창조의 법칙에 따라 믿음으로 선포한다. g) 그는 주제설교를 주로 하며, 항상 주제와 관련된 성경 본문들을 서로 연결시킨다. 참조. 조용기, 『나는 이렇게 설교한다』, 서울말씀사(1996). 『설교는 나의 인생』, 서울말씀사(2009).
191) 조용기, 『나는 이렇게 설교한다』, 서울말씀사(1996), 143. "영산은 선포된 말씀을 받는 5단계를 제시한다. 첫째, 회개하여 사죄 받는 체험을 하라. 둘째, 자신의 소원을 통해 주님의 뜻이 나타나도록 간구하라. 셋째, 성경과 부합하는지 비교하라. 넷째, 환경으로부터 오는 징표를 구하라. 다섯째, 하나님의 뜻에 합당한 시기를 알 때까지 기도하라(같은 책, 168).
192) 교회성장연구소 편집부, 『카리스 & 카리스마』, 교회성장연구소(2003), 23.
193) 예배를 성경적으로 이해하는 일에서 중심적인 것은 언약이라는 개념이다(렘31:31-34). 예배는 언약 갱신의 의식이다. 참조. 마이클 호튼(Michael Horton), 『개혁주의 예배론』, 부흥과개혁사(2012), 윤석인 역, 26. 첨언하면, 예배는 하나님께서 말씀하시고, 인간은 거기에 반응해서 믿고 회개하는 것이다. 말씀이 마음에 각인되는 예배가 진정으로 살아 있는 예배다. 하나님은 예배를 통해서 예수 그리스도 안에 있는 모든 신령한 복을 부어주신다.
194) E. M. 바운즈(E. M. Bounds), 『기도의 강력』(Power Through Prayer), 규장(2012), 이용복 역, 20. 설교는 영적 생명을 심고 자라도록 한 하나님이 허락하신 방법이다. 강력한 기도가 있어야 영적 생명을 심고 자라게 하는 생명의 말씀을 전할 수 있다.
195) "나는 기도로 성령의 영감을 받아 생활 속에서 설교제목을 잡고 마음속의 약탕기에 집어넣어 철저한 묵상과 기도로 부글부글 끓여 설교합니다. 나의 삶 전체가 설교 준비입니다. 성령님의 도움을 받아 목숨을 걸고 설교를 준비합니다. 목회에서 가장 중심이 바로 설교이기 때문입니다." 조용기, 『설교는 나의 인생』, 서울말씀사(2012), 285.

로부터 맛있게 요리해서 회중에게 신선한 음식, 안먹으면 안되는 음식, 먹어도 또 먹고 싶은 음식, 먹어도 질리지 않는 맛있는 영의 양식을 먹여주었다. 이 모든 비밀의 경륜은 십자가 중심의 설교, 오직 예수 중심의 케리그마적 설교에 있다. 바울처럼 그는 오직 십자가 중심의 설교를 했으며, 십자가만이 그의 설교에서 중심축이었다.[196)]

그의 최대 관심사는 '어떻게 하면 주일날 성도들에게 최고의 영적인 음식을 먹일 수 있을까?'이다. 그는 하나님이 자신을 이 땅에서 살게 하시는 동안 최고의 말씀을 준비할 것이라고 지금도 다짐한다. "설교준비가 제일 힘듭니다. 우리 어머니들은 종종 '오늘 저녁은 무얼 먹지? 시장에 가도 살 것이 없어'라고 말합니다. 성도들에게 영적인 음식을 대접해야 하는데 걱정이 태산이지요. 성령의 도우심을 바라며 항상 기도를 합니다. 크고 작은 절망을 갖고 오는 사람들에게 희망을 주고 기쁨을 주어야겠다는 마음으로 설교를 준비합니다. 음식은 만들기만 한다고 되는 게 아니에요. 맛이 있어야 합니다. 설교가 재미있어야 하고 들을 때 지루하지 않아야 합니다. 내용과 재미가 잘 합쳐져야 하지요. 정말 중요한 건 설교입니다. 아무리 외진 곳에 있어도 음식이 맛있으면 다 찾아갑니다."[197)]

그의 영성은 목회현장에서 직접적인 경험과 현장설교를 통해 성숙되고 체계화된 것이다. 그의 설교에는 십자가 중심의 메시지와 부활하신 예수 그리스도의 복음적 메시지가 녹아 있다. 그의 설교는 이미 수많은 사람들을 변화시켰다. 그는 설교를 개발하느라 언제나 많은 노력을 기울여 왔다. 한 편의 설교를 작성하는 데 시간이 얼마나 걸리느냐는 질문에 이렇게 대답한다. "한평생 걸립니다. 뭐 엎드려서 연필 들고 종이 위에 적으면 설교가 나오는 줄 아는데 그렇지 않습니다. 일평생 살아온 과거를 현재의 말씀 속에서 비춰보고 성령께 인도해달라고 간청하는 것입니다. 말씀의 증거는 혼신을 다하여 말씀을 준비하는 것이며, 뼈에서 기름을 짜내는 일입니다. 그렇지 않고 자기 마음 내키는 대로 만담식 설교를 한다면, 하나님의 영감을 어떻게 인도할 수 있겠습니까?"[198)]

생명의 영성: 능력의 말씀선포

영산은 "십자가 밑에서 사람의 마음이 바뀌지 아니하면 그 어떤 곳에서도 바뀔 수 없습니다. 예수님께서 우리의 옛 사람을 그 몸에 안고 함께 십자가에 못 박아버리기 때문입니다. 그러므로 낡은 사람을 청산하고, 낡은 마음과 생각을 청산하고, 새 사람과 새 마음을 얻기 위해서 그리스도의 십자가 밑에서 우리가 바뀔 수밖에 없는 것입니다. 우리는 십자가를 바라볼 때 죄악의 대속을 통해

---

196) "내가 너희 중에서 예수 그리스도와 그가 십자가에 못 박히신 것 외에는 아무것도 알지 아니하기로 작정하였음이라(고전 2:2)." "십자가의 도가 멸망하는 자들에게는 미련한 것이요 구원을 받는 우리에게는 하나님의 능력이라(고전1:18)." "믿음의 주요 또 온전하게 하시는 이인 예수를 바라보자 그는 그 앞에 있는 기쁨을 위하여 십자가를 참으사 부끄러움을 개의치 아니하시더니 하나님 보좌 우편에 앉으셨느니라(히12:2)."

197) 참조. 조용기, 『설교는 나의 인생』, 서울말씀사(2009), 서문에서(19쪽). "나는 두 가지 초점에서 설교를 해왔습니다. 정죄하지 않는 희망의 메시지와 꿈을 심어주는 믿음의 메시지입니다. 사람은 누구나 크고 작은 절망을 안고 가슴앓이를 하면서 살아갑니다. 그들에게 예수님의 복음을 통해 희망을 주어야 합니다(참조. 같은 책 17쪽)."

198) 영산의 설교준비 개념은 '매주 새로운 영감과 계시를 받는 것'이다. "마음만 먹으면 설교준비를 하지 않고도 쉽게 목회할 수 있었습니다. 이미 내가 강단에서 설교한 원고들을 다시 꺼내 읽기만 해도, 설교준비를 위해 골머리를 앓아야 할 필요가 없습니다. 그러나 그렇게 하면 나의 설교는 하나님의 영감이 다 사라진 인간적인 말재간에 불과할 것입니다. 나는 그렇게 설교하기 싫습니다. 하나님으로부터 새로운 영감과 계시를 받아야 합니다. 그래서 일주일 내내 설교준비를 위해 씨름합니다." 참조. 조용기, 『나의 교회성장 이야기』, 서울말씀사(2007), 196-197.

용서받고 의로움을 얻을 수 있습니다."라고 말한다.199) 영산의 말씀선포는 십자가 중심이다. 그는 십자가의 능력을 통해 마음의 변화와 삶의 본질적 변화를 추구했다. 십자가만이 새 마음, 새 생명을 탄생시킨다. 토저(Tozer)가 "십자가에서 끝난 생명은 죄와 노예의 생명이었고, 거기서 시작한 생명은 거룩함과 영적 자유의 생명"이라고 서술한 것도 그런 맥락이다.200)

십자가의 두 개의 막대기는 신비로 꽉 채워진 하늘나라 블랙박스와 같다. 그 신비는 오직 계시의 영이 임하는 사람에게 허락된다. 성령의 도움 없이 누구도 십자가 신비를 해독할 수 없다.

설교는 하나님의 말씀에 기초해서 증거하는 것이다. 성령이 깨우쳐 주시는 말씀을 성령의 권능으로 설교하는 것이다. 설교란 하나님이 이루신 것을 선포하는 거룩한 행위다. 설교는 성도 안에 생명의 씨가 자라나도록 도와주는 것이다. 설교는 성도로 하여금 거룩한 삶을 통해 그리스도 형상을 닮아가게 해주는 거룩한 수단이다. 성령의 능력이 임하지 않는 설교는 이성적인 교훈의 전달에 불과하다. 성령의 영감을 받은 설교는 예수님을 닮아가게 하는 힘이 있지만, 이성 설교는 설교의 모양은 있으나 능력은 없다.

영산은 교회개척 초기에 다양한 목회자들의 설교를 모델로 삼았지만, 점차 자신의 고유한 특성을 지닌 설교개념을 개발하였다.201) 그의 목회는 시작부터 독특했고 이색적이었으며, 그 시대, 문화, 사회 속에서 파격적이고 혁신적이었다. 하지만 분명한 목회원리를 담고 있었다. 그의 목회 시스템은 5가지로 압축된다.

첫째, 그는 성령님과의 지속적 교제를 통해 혁신적 영성개발을 주도했다. 그는 개척시절부터 성령님과 교제를 통해 자신의 영성을 훈련시켰다. 무엇보다 그는 장시간의 기도와 성령님과의 개인적인 친밀관계를 유지하였고, 그것을 성도들에게도 강조했다. 그 결과 독특한 영적 권위를 가지게 되었고, 그것이 목회활동의 기초를 다지는 데 큰 역할을 하였다.

둘째, 그는 독특한 예배 시스템으로 성도들을 영적으로 성장시켰다. 그 당시 많은 사람들이 질병과 가난에 시달리고 있어서, 그는 시대적 상황을 적극적으로 고려해서 예배 중에 신유의 시간을 가졌다. 그 결과 기적적인 많은 치유 사례들이 일어났다.

셋째, 그는 회중들에게 맞춤형 설교를 했다. 절망한 사람에게 재기의 희망을, 병에 걸린 자에게 신유의 희망을, 가난한 자에게 부요의 희망을, 교육이 필요한 자에게 교육받을 희망을 심어주었다.

넷째, 그는 교회성장을 강조했다. 전 세계를 복음화하는 것이 예수님의 뜻이라고 피력했다. 또한 교회의 성장은 성경의 가르침에 어긋나는 것이 아니라, 일치하는 것이라고 주장했다.202)

다섯째, 그는 적극적으로 사회에 참여하고 사회의 고통과 어려움을 보살폈다. 그는 사회를 계몽하고 선도하는 목회관을 가지고 있다.

---

199) 조용기, "마음의 변화", 주일설교(1988-06-12).

200) A. W. 토저(Aiden Wilson Tozer), 『철저한 십자가』, 규장(2013), 195.

201) 영산은 개척초기에 한경직 목사의 목회를 모델로 삼았다. 설교에서는 빌리 그레이엄(Billy Graham) 목사, 오럴 로버츠(G. Oral Roberts)가 그의 모델이었다. 참조. 조용기, 『고린도전서 강해』, 서울말씀사(2009), 323.

202) "교회는 선택받고, 구속받고, 부름받고, 의롭다함을 받고 장차 하늘에서 최종적으로 영화로워질 때까지 거룩해져가고 있는 사람들로 이뤄진 공동체다." 마이클 호튼(Michael Horton), 『개혁주의 예배론』, 부흥과개혁사(2012), 33.

설교는 성령님이 함께 하실 때 능력이 나타나고, 감동이 있고, 심령을 쪼개게 된다. 영산은 5명에서 80만 여명의 성도로 교회를 성장시켰다. 그의 설교는 언제나 힘이 있고, 생동감이 있고, 역동적이고, 감동적이고, 은혜가 넘친다. 그의 설교에는 성령님이 늘 함께 하셨기 때문이다. 영산은 "지식으로 나와서 입으로 나오는 말씀은 사람들을 변화시키거나 감동시킬 수 없습니다. 성령이 오셔서 마음속에 생수의 강이 흘러넘치게 하셔야, 말씀의 증거에 능력이 나타나고 영향력이 발휘되는 것입니다. 그리고 성령이 오시면 귀신을 쫓아내고 성령의 열매를 맺게 됩니다."라고 말한다.[203] 그는 늘 성령 안에서 말씀을 증거했다. 성도들이 영산의 설교를 통해 늘 은혜를 받는다고 하는 것은 그가 성령의 권능으로 말씀을 증거하였기 때문이다.

그는 한 편의 설교일지라도 철저하게 준비하며 온 힘을 쏟았다. 그에게 한 편의 설교탄생은 영적인 의미심장한 드라마이다. 그림 10-7에서 보는 것처럼 그의 설교는 3중축복과 5중복음과 4차원영성이 기초를 이루고 있다. 설교제목과 무관하게 영산은 설교 중에 이 3가지를 적절히 스며들게 하여 성도들의 변화와 성장을 유도한다.

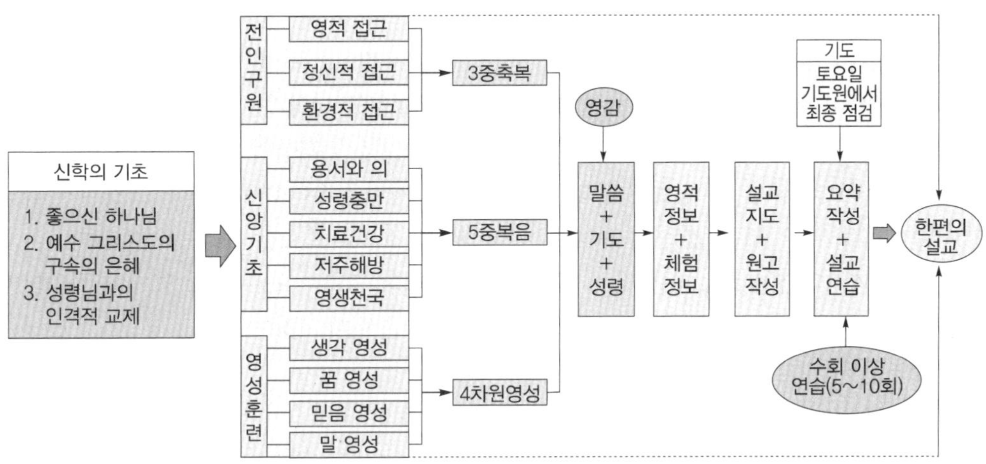

그림 10-7. 영산의 설교 탄생 개념도: 설교 개념도의 기본골격은 5중복음, 3중축복, 4차원영성이다. 그는 반세기 동안 3대 신학적 개념을 가지고 설교의 축을 만들었다. 그래서 그의 설교의 중심은 언제나 예수 그리스도의 십자가였다. 그는 오로지 십자가 중심의 말씀으로 설교의 맥을 잡았고, 특히 5중복음은 그의 설교 사역에서 다양한 형태로 수없이 회중들에게 선포되었다.

그는 주일날 회중을 위한 설교가 완성되면 기도원에서 올라가 사생결단하고 기도한다.[204] 그는 반세기 동안 그렇게 설교를 준비했다. 쓰고, 읽고, 연습하고, 또 연습하는 과정을 수없이 거쳤다.

그가 매주 작성해서 주보에 싣는 설교 요약본만 보아도 영산이 얼마나 설교준비에 열정을 쏟는지 짐작할 수 있다. 그림 10-8은 영산의 설교개념 3가지를 서술한 것이다. 그는 설교에서 중요한

---

203) 조용기, "성령강림이 가져온 변화", 주일설교(2000-06-11).
204) "주일 날 강단에 서서 하나님의 말씀을 증거하기 위해 토요일에는 적어도 4시간 이상 집중적으로 기도를 합니다. 그렇게 하지 아니하면, 하나님의 말씀을 증거할 수 없을 뿐 아니라, 성령님이 역사하시는 능력이 나타나지 않기 때문입니다." 조용기, 『기도』, 서울말씀사(2013), 20.

언어화, 개념화 및 이미지화 능력을 탁월하게 적용해, 더 쉽고, 더 전달력이 높고, 더 기억에 잘 남는 설교를 함으로써 회중의 마음을 감동시키고 변화시키며 도전받도록 한다.

그림 10-8. 영산의 설교 개념-언어화, 개념화, 이미지화: 영산은 특별히 자신이 전하고자 하는 설교에 대하여 이미지화, 개념화, 언어화 능력이 아주 뛰어나다. 성경말씀 자체가 영적 언어이지만 전달력을 증진시키기 위해 그는 항상 메시지를 이미지화하여 회중에게 쉽게 이해되고 마음에 오래 남아 있게 하려고 노력했다.

2.4. 은혜와 사랑의 구조: 지성, 감성, 영성의 변화

영산은 성경적 삶의 방식을 4차원영성적으로 접근한다. "믿음으로 살기 위해 우리가 생각하는 방법과 소원하고 희망하며 꿈을 갖는 방법, 믿음으로 행동하고 나아가는 방법, 입술로 고백하는 방법을 훈련해야 합니다."205) 믿음의 궁극은 사랑이며, 이것은 하나님의 은혜 안에서 이뤄진다.

하나님은 갈보리 십자가를 통해 자신의 자비와 은혜와 사랑을 우리에게 주신다. 그것은 '하나님의 아들에 대한 믿은 믿음(갈2:20)'에서 나오는 것으로, 전적으로 좋으신 하나님의 은혜다.

죄인이 십자가의 신비를 안다는 것 자체가 놀라운 은혜요, 축복이요, 감사할 일이요, 하나님께 영광을 돌릴 일이다. 십자가를 체험적으로 알고 있는 사람은 이미 가장 숭고하고 영광스럽고 영원한 영적인 삶의 경계선을 넘어온 사람이다.

영산은 "변화는 하나님의 은혜로 이뤄집니다. 변화되어야 살 수 있습니다. 변화되지 않으면 살 수 없습니다. 변화는 사람의 힘으로 되지 않습니다. 변화는 예수님께서 가져다주시는 것입니다. 변화를 위해서는 우리가 먼저 회개해야 합니다. 남을 회개시키려고 하지 말고 나 자신부터 회개해야 합니다."라고 말한다.206) 예수 그리스도의 십자가는 인간의 마음과 인격을 점차 변화시켜, 인간이 본래부터 가진 기능을 최적화시킨다. 십자가는 인간 안에 감춰진 여러 기능을 활성화시킨다. 왜곡된 것들, 잊은 것들, 잃어버린 것들, 제 기능을 하지 못하던 것들을 모두 찾아내어 본래 기능을 발휘하도록 이끌어준다. 십자가는 몸의 잠재된 모든 기능을 정상화시켜, 성령을 통해 우리 안에 계시는 예수 그리스도의 영광을 드러내게 한다(요16:14). 얼마나 감격적인 일인가! 인간은 하나님의 다양한 품성들 – 영성, 지성, 감성, 도덕성 등 – 을 닮았다. 하나님의 절대본성 – 전지전능하심, 무소부재하심, 영원하심 등 – 을 닮을 수는 없지만, 하나님의 신성한 품성(벧후1:4)은 말씀과 기도로 닮아갈 수 있다. "하나님의 말씀과 기도로 거룩하여짐이라(딤전4:5)." 성도들은 하나님의 은혜를 받아서 거룩해진다. 내 행위로 거룩해지는 것이 아니라, 하나님이 주시는 은혜의 능력으로 거룩해지는 것이다.

---

205) 조용기, "성경적 삶의 방식", 주일설교(2011-06-05).
206) 조용기, "변화의 기적을 체험하기 위하여", 주일설교(2000-12-10).

『마켓 3.0』의 저자, 코틀러(Phillip Kotler)는 기업의 DNA는 미션(mission), 비전(vision) 가치(value)라고 말한다.207) '미션, 비전, 가치'와 영산의 '지성, 감성, 영성'을 합친 6개의 단위요소를 코틀러의 가치중심 매트릭스(Value-Centered Matrix)에 적용하면 그림 10-9와 같이 응용할 수 있다. 3중축복, 5중복음, 4차원영성은 서로 뗄 수 없는 연결축으로, 미션, 비전, 가치 경영에 우위적인 존재다.

영산은 미션과 비전 위에 가치 중심 경영체제를 구축했다. 하나님을 사랑하고 이웃을 사랑하라는 계명의 실천을 통해 그의 목회방식은 자연스럽게 사회참여로 연결된다.208) 그는 위대한 계명과 위대한 명령을 실천하려고 애쓴 주의 종이다. 그는 각주에 제시된 두 말씀을 반세기 동안 철저히 순종했다.209)

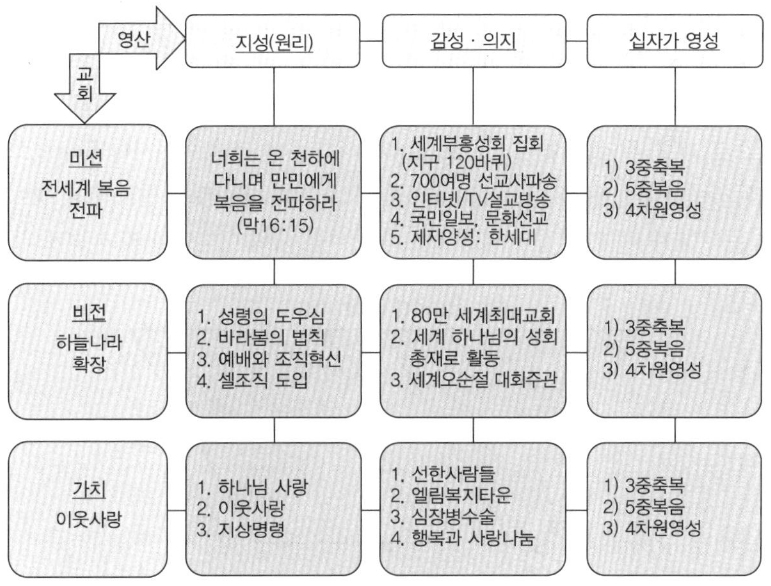

그림 10-9. 지성, 감성, 영성과 교회의 미션, 비전, 가치와의 매트릭스 관계210): 영산은 성령의 도움을 받아 성도와 함께 세계에서 가장 큰 교회를 세웠다. 오직 성령의 인도하심 속에서 그와 같은 신앙공동체를 견고하게 세운 것이다. 그는 마음을 다하여 하나님과 이웃을 사랑했다.

---

207) 필립 코틀러(Phillip Kotler), 『마켓 3.0』, 타임비즈(2010), 78-82.

208) 영산은 '선한 사람들'과 '엘림복지타운'을 통해 세상과 사랑을 나누었으며, 가치 중심의 경영을 추구했다. 그는 단순히 교회성장만 일궈낸 것이 아니며, 분명한 미션, 비전, 가치를 가지고 거대한 교회를 경영했다. 그는 개척시절부터 전세계 복음화 미션을 꿈꾸어왔다. 그는 자신의 꿈대로 전 세계에 700여 명의 선교사를 파송했고, 자신도 전 세계의 주요 도시들에서 대형집회를 열었다.

209) "예수께서 이르시되 네 마음을 다하고 목숨을 다하고 뜻을 다하여 주 너의 하나님을 사랑하라 하셨으니 이것이 크고 첫째 되는 계명이요, 둘째도 그와 같으니 네 이웃을 네 자신과 같이 사랑하라 하셨으니 이 두 계명이 온 율법과 선지자의 강령이니라(마22:37-40)." "그러므로 너희는 가서 모든 족속으로 제자를 삼아 아버지와 아들과 성령의 이름으로 세례를 베풀고 내가 너희에게 분부한 모든 것을 가르쳐 지키게 하라 볼지어다 내가 세상 끝날까지 너희와 항상 함께 있으리라 하시니라(마28:18-20)."

210) 가치중심 매트릭스 모델(가로축: 영적 원리(지성), 감성·의지, 십자가 영성. 세로축: 미션, 비전, 가치)을 영산의 목회철학 원리에 적용하면 상응하는 9개의 소단위 제목이 나온다. 5중복음과 3중축복, 4차원영성은 십자가 중심의 요소로서 미션, 비전, 가치에 상응하는 요소로 등장한다. 궁극적으로 성경적인 삶이란, 하나님 중심과 이웃 중심의 온전한 삶(마5:48)과 자비의 삶(눅6:36)을 살아 하나님처럼 거룩하게 되는 것이다(엡1:4). 영산의 영적 가치체계는 분명한 원리가 있다.

영산의 50년 십자가 중심의 목회활동 이미지를 코틀러(Phillip Kotler)의 3i-모델, 곧 정체성, 품격, 이미지 브랜드와 비교한다면, 영산이 남긴 것은 3i-영성브랜드(3i-Spirituality Brand)라고 할 수 있다.211)

    a) 정체성 브랜드(Brand Identity): 3중축복, 5중복음, 4차원영성으로 성장한 교회가 되고 있다.212)

    b) 품격 브랜드(Brand Integrity): 예배혁신과 셀조직 도입을 통해 교회조직을 혁신하였고, 품격을 높이고, 차별화를 유지하고 있다.213)

    c) 이미지 브랜드(Brand Image): 감정적 유대개념 연장선에서 '할 수 있다!', '하면 된다!', '해보자!'라는 감성적 메시지를 이미지화하여 영적 성장의 동인으로 삼고 있다.

이 브랜드는 반세기 동안 영산이 성령님의 이끄심과 도우심으로 예수 그리스도의 십자가에 기초한 메시지를 선포하며 80만 성도들과 함께 일궈낸 공동작품이라고 말할 수 있다(그림 10-10). 순복음 영성이 기독교세계에 널리 알려지게 된 것은 영산과 성도들이 예수 그리스도의 마음을 품고(빌1:8) 십자가의 능력을 힘입어 앞장서서 헌신적으로 몸된 교회를 섬긴 덕택일 것이다. "내가 예수 그리스도의 심장으로 너희 무리를 얼마나 사모하는지 하나님이 내 증인이시니라(빌1:8)."

이 영성브랜드는 세대와 문화와 사회를 넘어 앞으로도 계속하여 빛을 발하게 될 것이다. "나 야훼가 너를 불렀은즉 내가 네 손을 잡아 너를 보호하며 너를 세워 이방인의 빛이 되게 하리라(사42:6)."

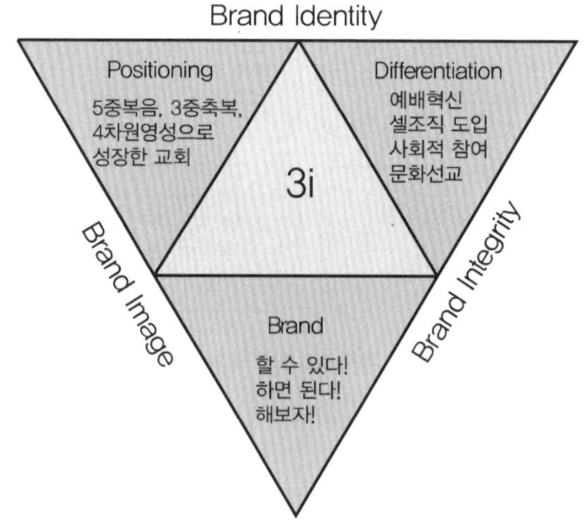

그림 10-10. 영산의 영성브랜드 3i 모델: 5중복음-3중축복-4차원영성214): 영산이 추구한 영적 정체성 브랜드가 5중복음, 3중축복, 4차원영성이라면, 이미지 브랜드는 '할 수 있다, 하면 된다, 해보자'이다.

---

211) 참조. 필립 코틀러(Philip Kotler), 『마켓 3.0』(Market 3.0), 타임비즈(2010), 68-72.

212) "교회는 성삼위일체 되신 하나님이 계신 곳이며, 성령을 통하여 하늘로부터 내려온 말씀을 듣고 하나님께 기도해서 응답받는 신령한 역사가 일어나는 곳이다." 조용기, 『고린도전서 강해』, 서울말씀사, 370.

213) 조엘 코미스키(Joel Comiskey)의 말을 인용하면 다음과 같다. "세계 최대 교회로 성장하는 데 여러 가지 원인이 있겠지만 나는 여의도순복음교회의 셀조직이 핵심적 요인이라고 생각한다." 참조. 교회성장연구소 편집부, "조용기 목사의 셀조직과 교회성장의 역동성", 『카리스 & 카리스마』, 교회성장연구소(2003), 223.

214) 필립 코틀러(Phillip Kotler)는 정체성 브랜드로 지성적 효과를, 고품격 브랜드로 고객과의 약속의 효과를, 이미지 브랜드로 감정적 유대를 결속시켜, 기업의 주인은 곧 고객임을 강조한다. 필자가 3i-모델을 교회성장 모델에 적용한 것도 그 연장선에서 유비해 본 것이다. 즉 '말씀-인간'의 연관성을 지성적, 관계적, 감성적 이미지로 해석해 본 것이다. 오늘날 기업도 이제 인간의 머리 영역과 마음 영역을 초월해 인간의 마지막 접선점인 영혼을 터치(touch)하고 있다.

2.5. 성장과 진보의 구조: 효율의 극대화

먼지 묻고 때 묻은 옛 사람을 아무리 광을 내고 닦아도 새 사람이 되지 않는다. 표범의 반점은 비가 아무리 많이 와도 지워지지 않는다. 변화의 근원은 십자가의 능력에서 온다. 영산은 "예수님의 십자가를 바라보고 꿈을 품고 믿음과 창조적 선언으로 나아가면 성령께서 역사하셔서 창조와 변화의 기적을 가져옵니다."라고 강설한다.215) 좋으신 하나님은 성도들의 변화와 기적을 통해 영광을 취하신다. 4차원의 영성은 십자가에서 뿌리내린 말씀의 영성이다. 말씀이 인격화되고 내면화되면, 신자는 성령의 사람과 믿음의 사람이 되어 모든 측면에서 성장하고 진보한다. 말씀이 신자의 마음하늘에 심기우면 신비한 일들이 일어난다. 곧 삶 속에서 말씀의 현재화는 성화의 수단이 되고, 성장과 진보의 기초가 된다.

영산의 영적성장 구조는 마음을 5중복음으로 채색하는 것으로 구성된다(참고. 엡4:13). "사람의 마음은 순식간에 변화가 일어나지만, 그 변화는 지속적으로 이루어져야 합니다. 끊임없이 마귀는 우리 마음에 진흙을 던집니다. 의심을 던집니다. 우리는 날마다 예수 그리스도의 십자가 은총을 묵상하며, 우리 마음을 지속적으로 변화시켜가야 합니다. 저는 매일 아침에 일어나면 그리스도의 십자가를 바라보며 이렇게 말합니다. '주 예수여, 십자가를 통해서 내가 죄사함을 받은 사람입니다. 십자가를 통해 나는 사랑받고 있으며 성령이 나와 같이 계십니다. 십자가를 통하여 나는 연약함과 질병에서 벗어났습니다. 십자가를 통하여 나는 저주에서 해방되었습니다. 십자가가 있기에 나는 부활하고 영생을 얻어 천국으로 들어갑니다. 주님께서 이 5중복음을 주신 것을 감사합니다.' 나는 날마다 이것을 반복합니다. 그래서 내 마음 전체가 온전히 변화되기를 원하는 것입니다. 그렇게 하지 아니하면, 여러분 마음은 또 다시 세속에서 짓밟혀서 그 변화는 사라져버리고 맙니다."216)

십자가는 인간의 마음을 변화 및 성장시키고, 감동과 감화를 주어 전인적 변화를 추구한다. 5중복음뿐만 아니라 4차원영성도 영적성장과 진보에 지대한 영향을 미친다. 4차원영성이란 하나님의 말씀을 마음에 정리하여 적용하는 방법이다. 영산은 하나님의 말씀을 기초로 성장과 효율을 지향했다. 그림 10-11에 나타낸 것과 같이, 영산은 자신의 목회활동에 '성장과 효율'이라는 경영기법을 도입해 하나님의 나라를 극대화했다. 그의 교회경영은 하나님의 기묘와 지혜에서 온 것이었다. 이사야서는 "이도 만군의 야훼께로부터 난 것이라 그의 경영은 기묘하며 지혜는 광대하니라(사28:29)."고 말한다. 모든 것은 하나님으로부터 온 것이다. 그는 성장과 효율을 추구해서, 성도 5명에서 시작한 단일교회를 80만 성도로 성장시켰다. 그는 성장의 극대화를 위해 회중에게 가장 적합한 3중축복, 5중복음, 4차원영성 같은 영적 브랜드를 개발했으며, 효율 극대화를 위해 셀조직, 관리능력 극대화, 조직의 시스템화, 카리스마적 리더십을 발휘했다. 그 결과 폭발적 성장과 함께 관리효율을 극대화시킴으로써 초대형 교회를 유지할 수 있었고, 창조적 발전을 지속할 수 있었다.

영산의 모든 목회 경영원리는 성령님의 이끄심에 순종하며 성령과 함께 사역하는 연합경영원칙에서 오는 것이었다.217) 그는 영성경영을 위해 부지런했고(잠21:5), 성령님의 생각을 의지했고(사14:24),

---

215) 조용기, "마음가짐을 어떻게 해야 하나", 주일설교(2015-03-29).
216) 조용기, "마음의 변화", 주일설교(1988-06-12).

온 세상을 향하여 경영의 팔을 벌렸고(사14:26), 주의 오른손을 의지했다(사14:27). 그는 십자가의 고난과 영광의 원리를 목회사역에 적확(的確)하게 응용했다.

그의 목회사역에 적용된 이 모든 요소들은 하나님의 말씀과 성령의 능력과 기도에서 비롯된 것이었다. 그가 개발한 셀조직은 성도들의 효율적 영적성장을 획기적으로 관리할 수 있는 고도의 영적관리 시스템이었다. 몸속의 세포가 분열되어 성장하듯이 셀조직은 성도의 성장과 관리라는 이중기능(dual function)을 가지고 있어, 방대한 성도들을 효율적으로 관리할 수 있는 최적의 방법이었다.218)

평신도 사역자로(엡4:11) 구성된 셀조직은 루디아 집의 구역교회처럼(행16:40) 살아 있는 유기체와 같이 교회성장의 촉매역활을 했으며, 성도들의 영적성장의 기초적 발판이 되었다. 더욱이 영산은 한국교회의 특성에 맞는 셀조직을 획기적으로 조직화하여 효율적 영성관리, 전도의 첨병화, 구역 식구의 전도사역 무장화를 위한 전략적 수단으로 활용하였다.219) 이것 역시 성령님이 주시는 지혜와 아이디어에서 나온 것이었다.

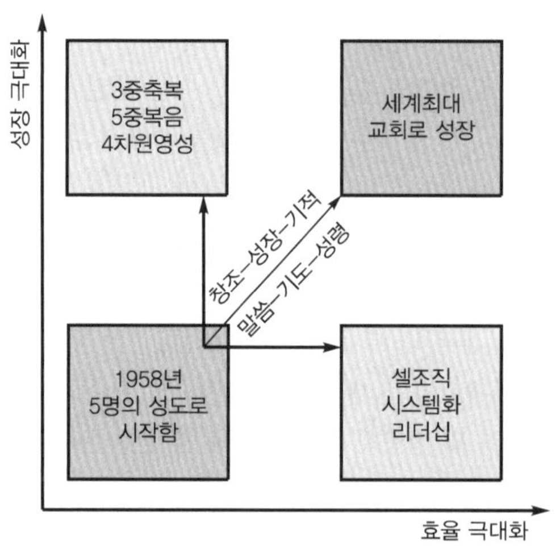

그림 10-11. 말씀의 임재화를 통한 성장 극대화와 효율 극대화의 개념220): 영산에게 말씀, 믿음, 기도, 성령은 교회성장의 절대적 영성요소였다.

---

217) 조용기, 『나의 교회성장 이야기』, 서울말씀사(2007), 73-115.

218) 구역조직의 6가지 운영원칙: 1) 신령과 진정으로 예배하라. 2) 거룩한 말씀을 나누라. 3) 뜨겁게 기도하라. 4) 질병을 고쳐주라. 5) 사랑의 교제를 나누라. 6) 생명력 있는 전도를 하라. 조용기, 『희망목회 45년』, 교회성장연구소(2004), 230. 또한 성공적인 구역장의 조건으로서 소명의식, 모범, 영적 군사, 말씀연구, 기도 중심, 믿음의 강화, 사랑과 인내, 인격 등을 지적한다.

219) "교회를 성장시키려면, 첫째, 목회자의 설교가 좋아야 하고, 둘째, 구역조직을 잘 짜야 하고, 셋째, 행정이 체계적으로 운영되어야 합니다. 말씀을 통하여 성도들이 성공적인 삶을 살아갈 수 있도록 이끌어주면 교회는 성장합니다." 영산은 셀조직의 특징으로 '교제와 돌봄, 사랑의 끈, 담대한 복음전파, 봉사기회의 확대'로 꼽는다. 참조. 조용기, 『나의 교회성장 이야기』, 서울말씀사(2007), 119-136. "구역예배는 목회 가운데 찾아낸 보석입니다". 참조. 조용기, 『희망목회 45년』, 교회성장연구소(2004), 71. 더 자세한 내용은 다음 논문을 참조하라. 조귀삼, "영산의 구역예배를 통한 교회성장 연구", 『영산신학저널』, Vol.18(2008), 279-309.

220) "많은 목회자들이 내게 와서 어떻게 하면 교회를 성장시킬 수 있는지 묻습니다. 그러면 나는 이렇게 대답합니다. '분명한 목표와 참된 믿음, 긍정적인 입술의 고백을 통해 여러분도 교회성장을 이룰 수 있습니다.' 이 모든 과정은 성령님의 인도하심이 필요합니다. 교회성장을 진심으로 원한다면 성령님이 도와주십니다. 교회성장은 하나님의 뜻이기 때문입니다. 참조. 조용기, 『나의 교회성장 이야기』, 서울말씀사(2007), 360.

영산은 이처럼 효과적인 영성경영 원리를 활용하면서도 스스로 언제나 교회를 향한 진실한 섬김을 통해 회중의 마음의 빗장을 열기 위해 노력하였으며, 반세기를 한결같이 하나님의 열심을 가지고 교회성장에 온 힘을 쏟았다. 그는 하나님의 열심을 마음에 품어 바울처럼 열심을 다해 주의 일을 행했다.221)

영산이 반세기 목회 동안 좀처럼 휴가를 가지 않은 것은 '하나님의 열심의 마음'이 그를 사로잡았음을 증거한다. 그에게 '휴가(vacation)'란 야훼의 열심을 품는 '헌신(vocation)'이었다. "남은 자는 예루살렘에서부터 나올 것이요 피하는 자는 시온 산에서부터 나오리니 야훼의 열심이 이 일을 이루리라 하셨나이다(왕하19:31)." 이사야서에서도 "그 정사와 평강의 더함이 무궁하며 또 다윗의 왕좌와 그의 나라에 군림하여 그 나라를 굳게 세우고 지금 이후로 영원히 정의와 공의로 그것을 보존하실 것이라 만군의 야훼의 열심이 이를 이루시리라(사9:7)"고 기록하고 있다. 그는 야훼의 열심으로 반세기 사역을 성공적으로 이루었다.

그림 10-12는 영산의 영성경영 개념도를 모델화한 것이다. 영산의 기본 영성체계는 십자가 중심의 3중축복과 5중복음과 4차원영성으로 구성된다. 십자가의 능력과 결과는 그의 사역 전반에 걸쳐서 드러난다. 다시 말해 그는 하나님의 영광을 위해 십자가의 핵심—예수 그리스도의 거룩함(히10:10), 의로움(롬3:24, 고전5:21), 온전함(히10:14)—을 사역전반에 적확하게 적용했다.

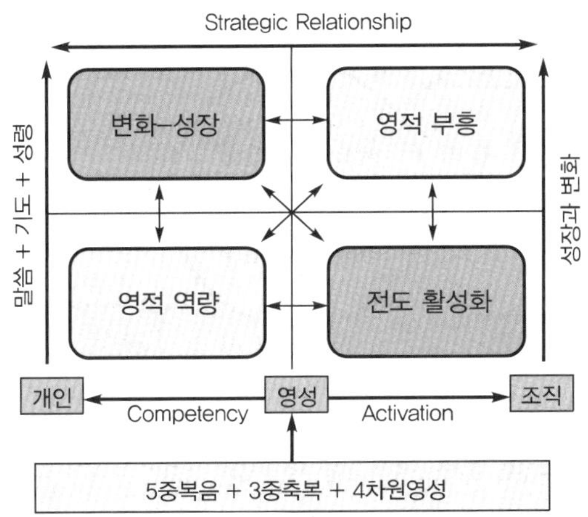

그림 10-12. 영적 성장과 교회 성장 개념도: 좋으신 하나님은 복음을 통해 하늘나라를 확장시킨다. 영산의 영성체계는 개인의 영적 역량과 조직의 영적 활성화를 동시에 추구했다.

그가 발굴한 영성체계는 개인의 영적 역량과 조직의 활성화를 동시에 입체적으로 가속화시켜서 십자가 중심의 교회를 탄생시켰다. 셀조직은 신자 개인의 영적성장과 변화를 촉발시켰다. 셀조직의 역동성은 전도를 활성화시켰고, 또한 영적 부흥과 교회성장을 진작시켰다.222) 개인의 영적 역

---

221) "내가 하나님의 열심으로 너희를 위하여 열심을 내노니 내가 너희를 정결한 처녀로 한 남편인 그리스도께 드리려고 중매함이로다(고후11:2)." "부지런하여 게으르지 말고 열심을 품고 주를 섬기라(롬12:11)."

량과 변화와 성장은 단순히 한 개인의 범주에만 머무는 것이 아니라, 영적흐름 현상을 일으켜서 전도를 활성화시켰고, 나아가 하나님 나라의 확장에도 이바지했다. 영성이 조직 안으로 흘러들어 가면, 영적 부흥이 일어나 성장과 변화를 활성화시킨다. 그는 지난 반세기 동안 영성경영의 전략적 구축을 통해 창조적 목회활동과 새로운 목회 패러다임을 빚어냈다. 그가 연계적으로 추구하는 영성은 나눔의 증폭을 통해서 교회는 세포처럼 성장하고 성숙해갔다.

영산은 영성개념을 구체화시켜서 회중이 쉽게 이해하여 그들의 삶의 터전에서 적용할 수 있게 했다. 그는 '인간이 상상할 수 없는 것은 이해할 수 없다'는 논리를 누구보다 잘 알고 있었다. 따라서 그는 이해하기 어려운 영성을 성도들이 쉽게 상상하도록 해서, 그것을 그들의 삶에 구체적으로 적용시켰다. 달리 말해, 4차원의 하나님의 세계를 3차원 인간이 쉽게 접근할 수 있게 했다. 하나님의 아들이신 말씀이 성육신을 통해서 이 땅에 오셨듯이, 영산은 십자가 중심의 5중복음, 3중축복, 4차원영성의 진리의 말씀을 성도들에게 성육화시켜 그들의 삶의 자리에서 영적 체험을 하게 했다.

십자가의 영성은 5중복음, 3중축복, 4차원영성 및 관계영성을 촉진시킨다(그림 10-13). 5중복음, 3중축복, 4차원영성은 관계영성(하나님-나)과 직결되어 있다. 하나님과의 관계가 정립되면, 삶의 목적이 분명해지고, 사랑을 실천하게 되고, 믿음생활이 활성화된다.

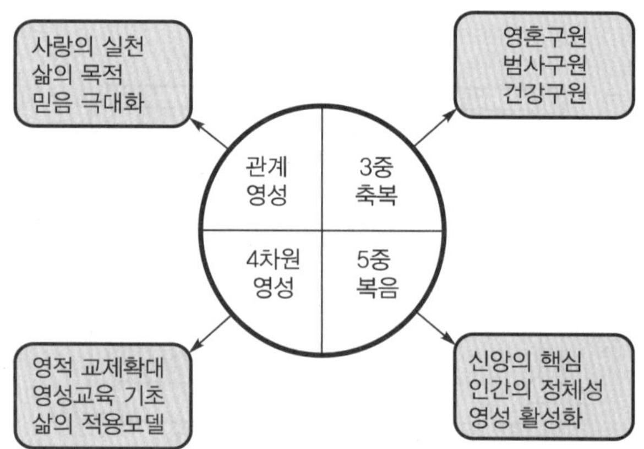

그림 10-13. 영성체계의 4중화 구조와 특성: 5중복음과 3중축복은 십자가 구속의 은혜를 간결하게 마음에 간직하는 것이고,[223] 4차원영성은 좋으신 하나님의 말씀을 마음에 담는 방법을 구체화한 영성이다.[224]

십자가 영성은 예수님을 따라가는 삶이고, 하나님 차원에서 보면 야훼를 자랑하는 삶이다. 성도의 삶의 근본은 야훼를 알고 기뻐하고 섬기는 것이다. 시편 기자는 "내 영혼이 야훼를 자랑하리니

---

222) 교회성장을 위한 구역의 7가지 역할은 다음과 같다. 1) 교회성장에 대한 목표를 세우라, 2) 성령님을 의지하는 구역이 되게 하라, 3) 교회공동체 안에서의 구역이 되게 하라, 4) 불신자 전도에 대한 사명감을 가져라, 5) 사랑의 권위에 순종을 체질화하라, 6) 성령님이 자유가 있는 구역이 되게 하라, 7) 기도응답을 체험하는 구역이 되게 하라. 조용기, 『희망목회 45년』, 교회성장연구소(2004), 149.

223) 조용기, 『축복』, 한세대학교출판사(2013), 5.

224) 조용기, 『말』, 한세대학교출판사(2013), 5

곤고한 자들이 이를 듣고 기뻐하리로다(시34:2)"라고 고백한다. 야훼의 거룩한 이름을 자랑하면, 신자들의 마음이 즐거워진다(시105:3). 야훼를 알아가는 삶은 그 자체가 복이다.[225] 우리의 영혼이 야훼를 알아가며 순종하면 복이 뒤따른다. 야훼는 우리에게 복을 주시고 우리를 지키시기를 원하신다(민6:24): "찬송하리로다 하나님 곧 우리 주 예수 그리스도의 아버지께서 그리스도 안에서 하늘에 속한 모든 신령한 복을 우리에게 주시되(엡1:3)." 말씀의 실천적 기능은 하나님의 사랑을 깨우쳐 주고 실행하는 것이다. 하나님의 사랑은 하나님의 말씀과 행동을 역동적으로 연결시켜 준다. 따라서 말씀이 하는 일은 하나님의 사랑을 성도들에게 깨우치고 알려주어서, 하나님의 자녀가 그분의 사랑에 마음과 삶으로 구체적으로 반응하게 하는 것이다.

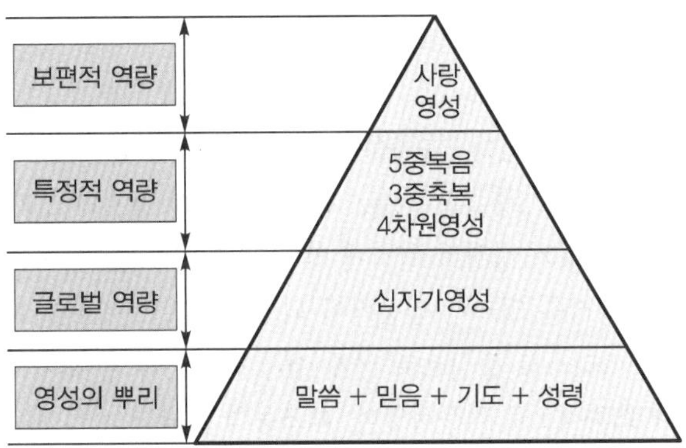

그림 10-14. 성장의 계층적 구조와 특성: 영성의 계층적 구조를 영성의 단계적 진보와 연계하여 살펴본 것이다. 십자가의 영성에서 뿌리내린 5중복음, 3중축복, 4차원영성은 궁극적으로 하나님의 사랑의 영성에서 꼭짓점을 이룬다. 사랑은 하나님의 보편적 역량이다. 십자가의 영성은 말씀, 믿음, 기도, 성령에 의하여 활성화된다.

영산의 성장구조 특성　　영산은 "믿음은 하나님의 자녀로 태어날 때 가지고 있으며, 아무리 약해도 겨자씨 한 알 만큼이면 충분합니다. 믿음이란 없거나 약하거나가 문제가 아닙니다."라고 말한다.[226] 우리 안에 있는 믿음은 영적 진보를 가져오고 성장을 촉진시킨다. 그 믿음은 십자가와 고난과 영광을 체험한 믿음이다.

　모든 그리스도인은 예수님을 믿을 때 십자가 위에서 예수님과 함께 죽고 부활해서 승천한 이들이다. 또한 성령님과 동행하며 그의 이끄심에 순종하는 자들이다. 신자가 그리스도를 닮아갈 수 있는 근거는 그리스도와 함께 죽고 함께 부활한 사실에 있다. 그러나 그리스도를 닮아가는 데 최악의 적은 바로 우리 안에 내재하는 죄성이다. 이제 교회와 그리스도인이 해야 할 일은 우리 안과 교회와 세상에 있는 온갖 죄와 싸우는 것이다.[227] 왜냐하면 죄는 하나님과 신자의 관계를 깨뜨리고, 또한 그분께 올라가야 할 영광을 중간에서 가로채기 때문이다.

---

225) "하나님 아버지의 사랑을 알게 될 때 우리는 올바른 태도로 자아를 대할 수 있다. 그렇게 될 때 비록 부끄러운 죄를 가지고 있을지라도 스스로 자신을 파괴하는 태도나 행동을 멀리하게 된다." 참조. 브라이언 채플(Bryan Chapell), 『성화의 은혜』(Holiness by Grace), 지평서원(2014), 90.

226) 조용기, "어떻게 믿어야 하는가?", 주일설교(2013-06-02).

227) E. M. 바운즈, 『E. M. 바운즈의 순수영성』(Jewels from E. M. Bounds), 두란노(2011), 86.

중생한 자는 예수 그리스도와 연합되어 있다. 그의 모든 삶의 방식은 십자가 중심이다. 교회는 하나님이 이 땅에 존재하시는 하나님 자신의 고유방식이다.[228] 십자가로 화목을 이룬 자(골1:20)는 말씀을 이뤄가야 하고(골1:25), 믿는 자들을 완전한 자로 세워 주어야 한다(골1:28). 중생한 자는 잃어버린 거룩함을 다시 회복한 자다. 따라서 하나님의 백성으로서 성도는 항상 위의 것을 생각하는 자가 되어야 한다(골3:2). 즉 새로운 피조물로서 하나님이 원하시는 뜻을 행하는 자로 살아야 한다(마22:37-39).[229] 교회는 하나님의 말씀으로 성장한다. 말씀의 응용과정은 '듣고 보고 배우고 행하고 섬기게 하는' 일련의 과정을 포함한다. "너희는 내게 배우고 받고 듣고 본 바를 행하라(빌4:9)." 모세가 광야 40년 동안 이스라엘 백성을 이끌 때, 그가 가장 먼저 한 것은 '이스라엘은 들으라(hear, Irsreal)'라는 하나님의 말씀을 선포하는 것이었다. 교육이란 듣고, 알고, 느끼고, 행하는 것이다.[230]

영산도 매 주일 회중을 향하여 외쳤다. "회중들은 들으라! 십자가 밑에 나오라! 십자가 능력을 바라보라! 은혜의 질량을 상상하라!" "5중복음을 들으라, 3중축복을 들으라, 4차원영성을 들으라!"[231] 5중복음, 3중축복, 4차원영성의 성경적 원리에 입각한 영산의 설교는 교인들의 삶의 문제를 해결해주었고, 영적 변화와 성장을 일으킨 원동력이 되었다. 그는 "예수를 믿고 난 다음에는 성경 중심, 십자가 중심, 예수 그리스도 중심으로 굳게 서서 나아가야 합니다."라고 말한다.[232] 그는 상황적 원리를 누구보다 효과적으로 적용하였다. 대조동의 가난한 시절에는 3중축복을 강조했고, 서대문 시절에는 긍정의 신앙을 강조했으며, 여의도 시절에는 5중복음 신앙으로 정체성을 확립했다. 그리고 경제성장 시대에 들어맞는 메시지로서 '4차원영성'을 강조했다. 그의 교회성장 원리는 성령, 말씀, 기도였으며, 행동강령은 5중복음과 3중축복이었다.

---

228) 영산의 교회 관련 설교는 4편이 있다. 조용기, "그리스도인 교회와 사회", 주일설교(1985-07-28, 마5:13-16). "순복음중앙교회의 사명"(1983-07-24, 행13:1-4). "성령의 보내심을 받은 교회"(1982-06-20, 행13:1-5). "교회와 국가"(1982-04-25, 롬13:1-7). 영산은 특히 안디옥 교회를 모델로 제시하면서, 교회의 본질에 대해서 다음과 같이 밝혀준다. a) 주를 섬기는 교회, b) 금식하는 교회, c) 하나님 중심의 삶을 사는 교회, d) 성령을 의지하고, 성령의 음성을 듣는 교회, e) 하나님의 말씀을 믿는 교회. 참조. 조용기, "순복음중앙교회(오늘날 '여의도순복음교회'의 전신)의 사명"(1983-07-24, 행13:1-4). 그리고 영산의 교회론에 대하여 다음 논문을 참조하라. 김동수, "영산의 교회론", 『영산신학저널』, Vol.13(2008), 71-90.

229) Bruce P. Powers, *Church Administration Handbook*, B & B Publishing Group(2008), 3-8. 교회의 본질, 목적, 기능, 사명. a) 교회의 본질: '하나님의 백성, 예수의 몸, 새로운 피조물'이다. b) 교회의 목적: 하나님이 원하시는 뜻 - 하나님을 사랑하고, 이웃을 사랑하는 일(마22:37-39)-을 이루기 위해 존재한다. c) 교회의 기능(활동): 예배, 말씀 선포, 교육, 교제 등. d) 교회의 사명(하나님의 백성으로서의 사명): 교회의 목적을 성취하는 일, 즉 복음이 되어야 하고, 복음을 행해야 하고, 복음을 말해야 한다. 곧 사람들을 예수께로 데리고 나와 구원의 길로 인도하고, 말씀을 가르쳐주며, 궁극적으로 예수를 지속적으로 닮게 해주어야 한다(제자화-양육화-성장화).

230) "교육이란 사람의 생각을 바꾸어주는 것입니다. 우리의 생각은 보혈의 피로 씻음을 받아 하나님 중심으로 돌아올 수 있습니다. 인간은 십자가 구속을 통해 자신의 생각을 변화시킬 수 있습니다. 십자가는 생각을 변화시키는 위대한 재료입니다. 창세기부터 요한계시록까지 연구해서 하나님의 위대한 약속들을 우리 마음속에 받아들임으로써 그 안에 위대한 생각으로 꽉 채울 수 있습니다." 참조. 조용기, "나, 나의 생각", 주일설교(1981-06-21).

231) "나는 매일 예수 그리스도의 십자가와 그를 통해 주신 5중복음과 3중축복을 바라봅니다. 늘 예수님께 찬미하고 감사합니다. 어떤 경우든 십자가에 매달려 우리의 믿음의 주가 되신 예수님을 바라볼 때, 은혜가 부어지고 위로와 힘을 얻습니다." 조용기, 『히브리서 강해』, 서울말씀사(2010), 310.

232) 조용기, 『베드로후서 강해』, 서울말씀사(2011), 314.

영산의 설교의 특징은 하나님의 백성을 향한 '좋으신 하나님의 설교', '변화로써의 설교', '희망으로서의 설교'와 '긍정의 설교'이다. 그와 같은 설교 안에는 분명한 목적과 주제와 방향이 제시되어 있다. 그의 십자가 중심의 설교는 교회성장의 가장 큰 동력이었다. 영성(spirituality)이 있는 곳에 교회의 성장이 있다. 교회성장 4대 영역은 영적 성장(행2:4), 내적 성장(행2:44), 외적 성장(행2:47), 양적 성장(행2:47)이다.233) 그는 '십자가 영성' – 5중복음, 3중축복, 4차원영성 – 중심의 목회로 교회성장 4대 영역에서 균형 있는 결실을 맺었다. 그 배후에는 항상 성령의 역동적 '함께 하심'이 있었다.

영산의 교회성장론의 원리와 기본구조는 그가 저술한 『나의 교회성장 이야기』에 핵심적으로 나와 있다.234) "저는 성령 하나님과 동역합니다. 여의도순복음교회의 담임목사는 성령 하나님이시고, 나는 성령 하나님을 도와 사역하는 부교역자입니다. 교회를 이끌어가면서 나는 단지 성령 하나님의 말씀에 따르고 순종하는 것뿐입니다. 문제 생기고 어려운 일이 닥쳐도 내가 나서서 해결하려고 하지 않습니다. 먼저 담임목사인 성령 하나님과 문제를 놓고 함께 이야기합니다. 그러다 보면 성령 하나님께서 해결방안을 제시해주시고, 나는 단지 순종하며 따라갑니다. 교회성장의 주관자는 성령 하나님이십니다. 여러분이 목표를 세우는 것이 아니라, 성령 하나님이 먼저 목표를 세워서 여러분에게 이루라고 주시는 것입니다. 여러분이 해야 할 일은 성령 하나님께 확실한 목표를 보여 달라고 요청하는 것입니다."

영산은 교회성장의 주관자는 성령님이라고 강조하며, 자신은 부목사이고, 성령님이 진정한 담임목사라고 고백한다. 이 점에서 영산의 교회론은 전형적으로 오순절신앙과 신학에 기초하고 있다. 그의 영적 지도력의 근원은 성령님의 인도하심이다. 그는 성령님의 동역자로 활동했다. 그의 성령목회는 '삶의 자리'에서 언제나 성령님의 인도하심을 따르는 것이었다. 그 결과 영산은 결코 인간적인 생각에서 일을 시작하지 않고, 레마의 말씀과 뜨거운 소원을 통한 성령님의 마지막 증거를 거쳐서 일을 시작했다.

나아가 그는 모든 교인들의 적극적인 참여를 유도해서 성도의 기동력(well-mobilized laity)을 발휘하게 했다. 성도마다 자신이 받은 은사대로 전도활동에 적극적으로 참여하게 했다. 그러한 대표적인 예가 바로 실업인선교회의 운영이다. 특히 성찬예식에서 분병과 분잔을 목회자가 아닌 장로가 하는 것도 다른 교단에 비해 파격적이었다.235) 영산은 구역제도를 도입해 구역예배를 만들어 적용했다. 그는 할 수 있으면 많은 성도들을 교회성장에 참여하도록 이끌었다. 성직자와 평신도의 직분과 역할을 구분하면서도, 기능적인 측면에서 교회 구성원이 성도의 자격으로서 하나님 나라를 확장하는 데 일심전력으로 하나가 되게 했다. 그는 예배 중에도 종종 예언, 방언, 치유의 시간을 가져서, 성도들이 예배 가운데 성령님의 임재하심과 인도하심과 기적을 체험하게 했다. 그 결과 모든 성도들이 그들의 삶 속에서 영적 체험을 통해 생명력 있는 신앙생활을 하도록 이끌었다.

영산의 목회개념은 기본적으로 성령님과 동행하는 것이었다. 그의 목회철학은 성령목회였다. 그

---

233) 명성훈, 『교회성장마인드』, 교회성장연구소, 22.
234) 조용기, 『나의 교회성장 이야기』, 서울말씀사(2007), 102.
235) 김동수, "영산의 교회론", 『영산신학저널』, Vol.13(2008), 80.

안에는 목회의 가치(why), 사명(what), 비전(where), 전략(how), 동역자(who), 목회의 동행(when) 개념이 모두 내포되어 있다.

그는 철저히 예수님의 지상명령을 따랐다. 나아가 교회성장의 전략적 개념으로 예배, 전도, 제자화, 사역, 친교, 조직경영에 총력을 기울였다. 그 결과 양적 성장, 영적성장, 사역확장, 선교확대라는 거대한 프로젝트가 열매 맺게 되었다. 가장 두드러진 가시적 결과로서 개척초기 5명에서 80만 성도가 된 것이며, 영산의 제자들의 교회까지 합하면 오늘날 성도 수는 약 150만에 달한다.

요약하면 영산의 반세기 목회사역 동안 5명에서 80만명으로 교회가 성장하는 데 최대 인도자와 협력자는 바로 성령님이었다. 그에게 성령님은 창조자, 관리자, 전략가, 협력자와 영적인 능력의 제공자였다. 나아가 '5중복음, 3중축복, 4차원영성'은 교회의 본질, 목적, 기능 및 사명을 활성화시키는 원동력이었다(참고. 주석 229).

2.6. 불멸의 동역자: 인격의 성령님과의 교제

행동 영성가(spirituality activist)로서 영산의 3대 신학의 기초는 '좋으신 하나님', '십자가의 구속 은혜', '성령과의 인격적 교제'였다. 영산의 마음하늘에는 3대 신학적 기초가 고정되어 별처럼 빛났다. 그는 이 기초위에서 많은 백성들에게 '구속과 새 창조의 영성'을 심어주었고, 그들의 삶의 자리에서 하나님을 체험하도록 했다. 그는 "하나님의 말씀과 성령님의 감동으로 상상하고 꿈꾼 것을 바라보며 주야로 기도하며, 그것을 믿고 입술로 시인하면 그대로 됩니다."라고 역설한다.236)

그의 목회 활성화의 근간은 하나님의 비밀인 예수 그리스도 십자가였다. 그는 어디가나 십자가 나침판을 성도들의 마음에 새겨주었다. 반세기의 긴 목회여정 동안, 그는 하나님의 비밀을 맡은 자로서 하나님의 사무실 문턱이 닳도록 찾아가 수시면담을 신청하고 문제의 해답을 얻어냈다. 바울은 "사람이 마땅히 우리를 그리스도의 일꾼이요 하나님의 비밀을 맡은 자로 여길지어다(고전4:1)." 라고 말했다. 그는 또한 하나님의 비밀인 예수 그리스도 십자가 복음을 깨닫고, 그 복음을 철저히 증거했다. 바울은 일생동안 '하나님의 비밀인 그리스도(골2:2)'를 깨닫는 자였다.

지난 50여 년 동안 그의 목회는 예수 그리스도 십자가의 능력과 변화 안에서 활성화되었다. 그림 10-15에 영산의 희망의 영성목회와 목회활성화 성공모델의 역학적 관계가 나타나 있다. 영산은 거대한 교회로 성장시키기 위해 다양한 영적성장 전략 영적 변화 전략을 다각적으로 구축했다. 영산의 목회사역의 핵심 요소는 말씀, 기도, 성령이다. 그의 목회의 버팀목으로써 지난 반세기 동안 그는 이 세 가지 핵심 요소를 자신의 목회사역에 철저하게 반영하고 적용해 왔다. 또한 영산의 차별화전략 중에서 5중복음, 3중축복, 4차원영성은 바다 위의 거대한 배를 움직이는 키와 같이 교회를 하나님이 원하시는 방향으로 나아가게 하는 역할을 했다.

문화와 시대의 흐름과 맥락을 같이 한 차별화전략 3요소는 교회성장에 지대한 공헌을 했다. 또한 성도의 수가 증가함에 따라 구역조직이라는 조직활성화 전략을 적절하게 구축함으로써 교회성

---

236) 조용기, "기도하고 구한 것은 받은 줄로 믿으라", 주일설교(2013-06-16).

장의 가속화 패달을 밟게 되었다. 그 결과 황량한 여의도 땅에서 그의 차별화 전략은 기존의 교회 조직에 거대한 소용돌이와 파장을 일으켰으며, 좋은 본보기를 제시해주었다.[237]

그는 누구나 들으면 힘이 나고 가슴이 두근거리는 '할 수 있다', '하면 된다', '해보자'라는 구호를 만들어 외치도록 했으며, 이 짧은 문구는 개인의 도전감과 자신감을 주었을 뿐만 아니라 조직 내에서 성도들이 하나의 마음, 하나의 다짐, 하나의 이미지, 하나의 행동을 표출하게 했으며(엡4:4-5), 봉사의 힘을 한 곳으로 모으는 구심점 역할을 했다. "이는 성도를 온전하게 하여 봉사의 일을 하게 하며 그리스도의 몸을 세우려 하심이라(엡4:12)."

성경말씀을 기초로 한 '할 수 있다', '하면 된다', '해보자'의 구호는 개인의 영적성장뿐 아니라 교회의 모든 조직에서 봉사의 힘을 이끌어내는 데에도 큰 기여를 했다. 궁극적으로 그 구호는 그리스도의 몸을 세워가는 이정표 역할을 하였다. 또한 그는 성령의 인도함 속에서 고도의 영적 전략을 목회활동에 접목시켰다. 그에게 80만 성도로 키우는 과정은 마치 히말라야 산맥의 최고봉에 올라가는 길처럼 험하고 외로운 길이었을 것이다. 그가 터득한 영적 고봉타기 기본맥은 그림 10-15에 나타나 있다. 그는 성령님의 도움으로 5명의 성도에서 80만의 성도로 가는 최고봉으로의 등정로를 발굴했다. 그의 경영리더십은 성령님이 주신 아이디어로 이뤄진 것이다.

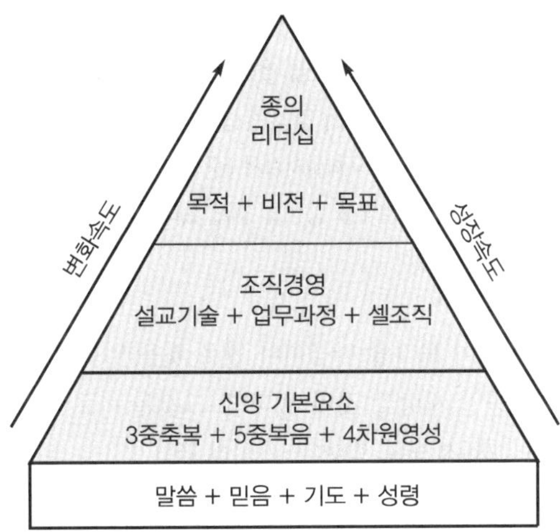

그림 10-15. 영성고봉(靈性高峰)의 계층적 구조: 영성의 성경적 뿌리는 말씀, 믿음, 기도, 성령이다. 영산은 믿음과 성령의 역사로 영적 리더십을 극대화시켰다. 그는 성령의 능력으로 변화와 성장을 가속화시켰다.

영산의 목회활동의 성공요인을 영적 차원에서 기술하면 '성령의 역사'로 귀결된다. 더 구체적으로 보면 성령 안에서 '말씀과 기도의 힘'이며, 한 인간의 지정의(知情意)적 차원에서 보면 강한 의지력과 리더십, 주의 뜻을 성취하고자 하는 꿈과 열정이 성공의 핵심 포인트였다. "나의 하나님이여 내가 주의 뜻 행하기를 즐기오니 주의 법이 나의 심중에 있나이다 하였나이다(시40:8)."

---

237) 조용기, 『나의 교회성장 이야기』, 서울말씀사(2007), '3부 살아있는 구역조직' 참조.

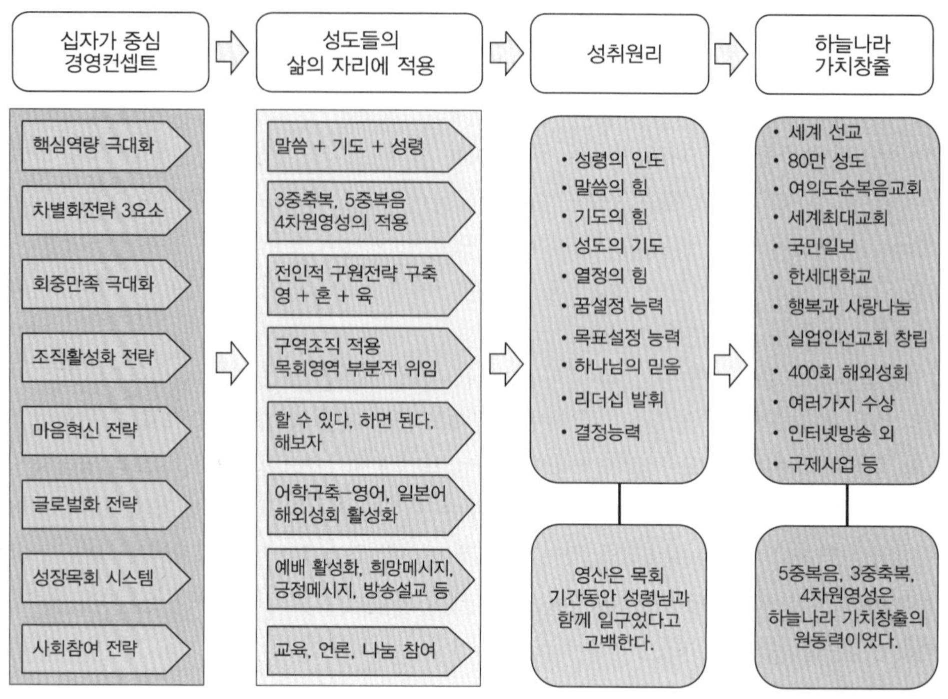

그림 10-16. 목회개념의 현장화와 성공요인 분석: 영산은 십자가에서 은혜의 생수를 퍼서 가는 곳마다 풍족히 쏟아부었다. 영산의 십자가 중심의 경영 콘셉트가 현장에 입체적으로 접목되면서, 다양한 측면에서 영적 가치가 새롭게 빚어졌다. 그 결과 온갖 영적 열매를 풍성히 거두게 되었다. 그의 경영 콘셉트의 중심은 좋으신 하나님과 십자가 구속의 은혜와 성령님과의 인격적 교제였다. 그는 십자가 영성을 구체화시켜서 5중복음, 3중축복, 4차원영성을 삶의 현장에 접목시켰다. 그 결과 성도들이 삶 속에서 다양한 영적 열매를 풍성히 맺게 했다. 영산이 궁극적으로 추구했던 것은 하늘나라 확장을 통해 하나님을 영화롭게 하는 것이었다.

영산은 지난 반세기 동안 지면이 모자랄 만큼이나 많은 것을 일궈냈으며, 모든 것은 성령의 역사였다. 그는 반세기 목회기간 동안 자랑할 것이 있다면 '그것은 바로 성령님이시다'라고 고백할 만큼 성령님의 도움을 받아서 교회성장을 일궈낸 것이다.[238]

영산의 목회의 핵심은 십자가 중심의 경영 컨셉트로 5중복음과 3중축복과 4차원영성이다(그림 10-16). 그는 한 평생 이 세 가지 핵심 개념을 선포하고 적용하면서, 여의도광야와 전 세계의 영적 불모지를 개간했다. 이것을 통해 수많은 사람들이 변화, 성장, 기적, 혁신을 체험했다. 또한 이것

---

238) 오직 성령님만이 그의 편이었다는 고백 속에서도, 영산에게도 누구에게도 말 못하는 숱한 고뇌의 밤, 가슴 아픈 밤, 괴롭고 참기 힘든 수많은 밤이 있었을 것이다. 하나님만이 알 수 있는 긴 아픔과 괴로움 쓰라린 인내의 순간들… 다음의 글이 그의 아픈 고뇌의 밤을 대신해준다. 그는 자신의 책 『믿음의 씨앗』(서울말씀사, 2002)에서 이런 말을 남겼다. "다른 사람들이 나를 보면 겉으로 아무렇지도 않은 것처럼 보였겠지만, 일단 강단 위에 올라서면 나는 심한 현기증 때문에 어지러워서 다른 사람을 쳐다볼 수 없었고, 천지가 빙빙 도는 그런 고통을 맛보지 않으면 안 되었습니다. 내 심장은 뛰었고, 땀이 비 오듯 하였으며, 전신이 떨렸습니다. 그때마다 나는 하나님께 '아버지, 이번 설교만 마치고 죽도록 하여주십시오.'라고 기도했습니다. 그렇게 살아온 것이 40여 년이었습니다. … 나는 늘 고통 속에서 죽음에 직면하면서 살았기 때문에 지위도 탐하지 않았고, 명예도 탐하지 않았고, 돈도 탐하지 않았으며, 교회가 커지는 것도 자랑할 수 없었습니다."

을 통해 그는 수많은 그리스도인들에게 영적 선물을 풍성히 안겨주었다. 나아가 수많은 사람들을 그리스도의 십자가 앞으로 나오게 해서, 죄사함과 구원과 영생을 얻게 했다.

영산이 개발한 영성경영의 세 가지 핵심 개념은 시대와 문화를 넘어서 다양한 측면에서 지속적인 영향을 미칠 것이다.

3. 그리스도 중심의 삶: 예수의 영과 그리스도인의 영의 연합

영산은 "높은 차원이 낮은 차원을 다스립니다. 창세기에 보면 눈에 보이지 않는 차원이 3차원의 세계 위에 운행하는 것을 볼 수 있습니다."라고 말한다.[239] 예수의 영은 높은 차원이고, 우리의 영은 낮은 차원이다. 십자가의 위대한 결산보고서는 예수의 영과 그리스도인의 영의 연합이다(고전 6:17, 갈2:20, 롬6:5). 이 연합이 빚어내는 영적 파생물은 거대하고 광대하다. 믿는 자에게는 칭의와 성화가 뒤따른다. 십자가에 달리시고 부활하신 예수님을 자기의 구주로 믿음으로 죄인이 의인이 되고, 양자가 되고, 거룩한 자가 되고, 왕 같은 제사장이 되고, 택하신 족속이 된다. 이 얼마나 위대한 '연합(union)'인가! 좋으신 하나님이 우리를 위해 이 모든 일을 하신 것이다.

3.1. 지성, 감성, 의지의 영적 동화

영산은 "5중복음과 3중축복으로 마음을 정돈하여 마귀를 대적하고 하나님의 은혜 안에서 더욱 풍성한 열매를 맺으십시오"라고 권면한다.[240] 인간이 예수의 마음에 동화될 수 있는 길은 그와 동일한 '생각, 꿈, 믿음, 언어'를 사용하는 것이다(고전2:16). 영산은 "영성을 따라 사는 사람이란 예수님의 십자가 대속의 은혜로 새로운 피조물이 되어 하나님의 계시에 기초한 지식과 희망찬 꿈을 갖고 믿음으로 변화된 말을 사용하는 사람입니다."라고 정의한다.[241] 인간의 지성, 감성, 의지는 4차원영성의 능력으로 변화될 수 있다. 인간이 영적으로 변화된다는 것은 지성, 감성, 의지가 그리스도의 인격을 닮아간다는 의미와도 상통한다.

예수님은 자신의 죽음과 부활을 통해 인간을 의인으로 만드신다. "예수는 우리 범죄함을 위하여 내어줌이 되고 또한 우리를 의롭다하심을 위하여 살아나셨느니라(롬4:25)." 중생한 자가 그리스도의 형상을 닮아가려면, 예수님의 죽음과 부활에서 출발해야 한다. 인간을 향한 하나님의 기본적인 영적 전략은 죄인인 인간을 십자가 위에서 그리스도와 함께 죽게 하고, 다시 그리스도와 함께 살리셔서, 하나님의 뜻을 이루어가는 것이다. 영성형성의 주체는 삼위 하나님이시고, 영성형성의 현장은 바로 갈보리 십자가이다. 영성형성은 인본주의적인 도덕적 가르침이나 철학적 또는 심리학적인 프로그램들을 통해서 이뤄지지 않는다. 오직 성령, 오직 믿음, 오직 은혜로 이뤄진다.

---

239) 조용기, "야훼를 찾는 자는 모든 것에 부족함이 없다", 주일설교(2015-06-14).
240) 조용기, "삼중축복", 주일설교(2012-01-08).
241) 조용기, "겉사람과 속사람", 주일설교(2012-01-22).

성도는 하나님이 공급해주시는 영성을 통해서 최선의 수고와 노력을 하는 것이다. "만군의 야훼께서 맹세하여 이르시되 내가 생각한 것이 반드시 되며 내가 경영한 것을 반드시 이루리라(사 14:24)." 영성형성(spiritual formation)은 성경적으로 보면 갈라디아서 4장 19절 말씀, "너희 속에 그리스도의 형상을 이루기까지 다시 너희를 위하여 해산하는 수고를 하노니"에서 잘 나타난다.242) 영성형성은 예수님과 밀접한 관계를 맺는 데서 비롯된다. 따라서 영성형성의 참 의미는 예수님과 영적으로 친밀하게 사귀면서 살아가는 삶이며, 또한 성령 안에서 삼위 하나님의 신비로운 삶에 참여하는 것이다(요17:21-24). 하나님은 하나님의 자녀가 자신과 가장 친밀한 사귐을 가지며 살아가기 원하신다. 하나님과 관계가 멀어지거나 끊어지면, 인간은 죄악의 길을 걷게 된다.

영산의 동심원(同心圓) 가장 가까이에는 언제나 예수 그리스도 십자가가 있다. 그는 철저히 '기독론 중심의 신학(Christocentric Theology)을 옹호하는 자'였다.243) 그의 영성경영 원리는 십자가가 그 뿌리요 원천이다. 그는 영성적 삶을 4가지로 압축하여 구체적으로 설명한다. 244)

    a) 영적 생각을 해야 한다. 하나님의 영을 받은 속사람은 영적으로 생각하고 분별한다(고전2:14).

    b) 영적 꿈을 품어야 한다. 육신의 정욕, 안목의 정욕, 이생의 자랑을 초월하여 하나님 나라를 바라본다.

    c) 영적 믿음을 가져야 한다. 오직 의인은 믿음으로 말미암아 살아간다(롬1:17).

    d) 영적 말씀을 고백해야 한다. 믿음은 들음에서, 들음은 그리스도의 말씀으로 말미암는다(롬 10:17).

하나님 앞에서 4차원영성가가 되기 위해서 '마음의 할례(레26:41, 신30:6), 입술의 할례(출6:12, 30), 귀의 할례(렘6:10)를 받아, 입술은 하나님의 말씀을 고백하고, 마음은 전심으로 하나님을 향하고, 하나님의 말씀과 음성에 귀를 기울여야 한다. 엘리야는 로뎀나무 아래서 3차원의 삶에 속해 있었지만, 마음의 귀로 하나님의 음성을 들었을 때, 4차원영성의 엘리야로 승화되었다. 온전한 영성가는 '하늘의 초월적 능력'을 '땅의 현실적 능력'으로 옮길 수 있는 사람이다. 다시 말해 말씀과 기도로 하늘의 능력이 삶의 자리에 임하게 하는 사람이다.

하나님의 형상을 닮은 인간은 영적, 인지적, 감정적, 의지적 능력을 소유하고 있다. 그러한 전인적 능력으로 하나님의 능력이 내 삶의 자리에 임하게 할 수 있다.245)

---

242) "인간은 성화를 통해 그리스도의 형상과 모양대로 변화된다." 참조. James R. Estep & Jonathan H. Kim, *Christian Formation*, B&A Academic Publishling Group(2010), 240-244.

243) 영산의 성령론적 기독론과 삼위일체 신학적 기독론에 대하여는 다음 책을 참고하라. 영산신학연구소, 『영산의 목회와 신학 I』, 한세대학교(2008), 99-109.

244) 참조. 조용기, "겉사람과 속사람"(The outer person and the inner person), 주일설교(2011-06-26). "항상 긍정적으로", 주일설교(2011-02-20). "주님과 함께 살기 위하여", 주일설교(2009-02-01).

245) 사람에게 있는 하나님의 형상은 하나님의 계시를 받을 수 있게 하는 접촉점이다. 사람은 하나님의 영광을 반영하는 존재다. 참조. 로이드 존스(Martyn Lloyd Jones), 『성부하나님과 성자 하나님』, 부흥과개혁사(2013), 288-289.

a) 영적 능력: 하나님을 알고, 느끼고, 믿고, 경험하고, 신뢰하고, 바라본다.
b) 인지적 능력: *머리 영역*으로서 알고, 듣고, 정의하고, 이해하고, 생각한다.
c) 감정적 능력: *마음 영역*으로서 비교하고, 선택하고, 분류하고, 평가하고, 발견한다.
d) 의지적 능력: *손발 영역*으로서 결심하고, 적용하고, 내면화하고, 실천하고, 경험한다.246)

영성경영이란 예수님의 영적 정체성을 닮아가는 거룩한 과정이다. 구원받은 신자는 땅의 경영과 하늘의 경영을 병행하면서 살아야 하는 이중적 존재다. "진실로 다시 너희에게 이르노니 너희 중의 두 사람이 땅에서 합심하여 무엇이든지 구하면 하늘에 계신 내 아버지께서 그들을 위하여 이루게 하시리라. 두세 사람이 내 이름으로 모인 곳에는 나도 그들 중에 있느니라(마18:19~20)." 그리스도인은 하늘의 삶과 땅의 삶을 조화시켜야 한다.

그러므로 신자는 무슨 말과 일을 해도 예수 이름으로 해야 한다. 곧 내 안에 계신 예수님에게 삶의 경영권을 맡겨야 한다(갈2:20). 바울은 성도에게 "무엇을 하든지 말에나 일에나 다 주 예수의 이름으로 하고 그를 힘입어 하나님 아버지께 감사하라(골3:17)"고 권면한다. 곧 성도는 범사에 하나님을 인정하는(잠3:6) 삶을 살아야 한다.

3.2. 그리스도의 삶의 경영학

십자가의 복음은 먼 옛날이야기가 아니라 현재의 삶에 나타나는 능력이다. 십자가는 옛 존재를 밀어내고, 새 존재를 탄생시키는 신비의 능력을 지니고 있다. 십자가는 영생을 주어 삶의 무대를 회색지대에서 무지개지대로 전환시켜준다.

그리스도 안에서 새 존재가 되면 예수님을 바라보는 관점이 변화된다. 이 점과 관련해 바울은 "우리가 그리스도도 육체대로 알았으나 이제부터는 이같이 알지 아니하노라(고후5:16)"고 말한다. 삶의 목적이 변화되어 예수님의 영광을 위해서 살게 된다. 곧 더 이상 나를 위한 삶이 아니라, 주를 위한 삶(고후5:15)을 살게 된다. 마틴 루터(Martin Luther)는 '인간은 자기에게 매몰된 자아도취적인 본성'을 가지고 있다고 주장한다.247) 인간은 그리스도를 알지 못하면, 오직 자기중심의 삶을 살게 된다.

기독교인의 영성형성의 기초는 그리스도의 형상을 닮아가는 것이다. 곧 우리 안에 '그리스도의 형상(갈4:19)'을 이뤄가야 한다. 성령으로 충만하게 되면, 예수 그리스도의 인격으로 충만해져서 그리스도의 마음을 닮아가게 된다(고전2:16). 성령님은 예수님의 인격을 닮아가는 데 걸림돌이 되는 모든 것을 제거해준다.

---

246) "그들이 이 말을 듣고 마음에 찔려 베드로와 다른 사도들에게 물어 이르되 형제들아 우리가 어찌할꼬 하거늘(행2:37)." 이 말씀을 지정의(知情意)와 영적 차원에서 분석해보면 유사한 경향이 나타난다. a) 인지적 영역: "그들이 이 말을 듣고". b) 감정적 영역: "마음에 찔려." c) 의지적 능력: "형제들아 우리가 어찌할꼬." d) 영적 영역: 영적 차원에서 깨닫게 됨.

247) 싱글레어 퍼거슨(Sinclair B. Ferguson), 『오직 은혜로』(By Grace alone), 지평서원(2011), 102.

영산의 영성경영 방식은 하나님 말씀의 현재화를 통한 삶의 기적적 변화를 추구하는 것이다. 그 매체는 신자가 소유한 생각, 꿈, 믿음, 말이다. 예수님은 십자가 위에서 인류의 죄와 죽음의 저주를 스스로 떠맡고, 그 대신 죄인들에게 죄사함과 구원과 영생의 길을 열어주었다(갈2:20). 따라서 구원받은 자는 예수님의 인격을 닮아가고 뜻을 따라가는 자가 되어야 한다. 영성의 궁극적 목표는 성령의 능력으로 예수님의 인격을 닮아가며, 그의 삶의 발자취를 따라가는 것이다.

아담과 연합함으로 그의 모든 후손은 죄책(罪責) 아래 놓여 있고 죄의 지배 아래 살고 있다. 그러나 성도는 그리스도와 연합함으로써 죄의 지배에서 해방되었다. 그리스도와 함께 못 박히고(롬6:6), 함께 장사되었고(롬6:4), 함께 죽었고(롬6:8, 딤후2:11), 함께 살아났고(골2:13), 공동상속자가 되었고(롬8:17), 하나님 가족으로 입양되었고(롬8:16), 함께 고난 받고(롬8:17), 함께 영광 받고(롬8:17), 함께 다스릴 것이다(딤후2:12, 계20:4). 그리스도인은 예수를 믿은 순간 자신의 마음하늘에서 창조적 혁명이 "이미 일어났다(was)! 일어나고 있다(being)! 일어날 것이다(will be)!"라고 외치는 자들이다. 그러나 성도는 죄의 지배에서 벗어났지만, 여전히 죄의 권세 아래 있다. 그러나 한 가지 분명한 것은 영화로운 단계를 향해서 달려가고 있다는 사실이다.[248]

인간의 마음을 둘러싼 죄의 껍질은 오직 예수님의 십자가 능력으로만 벗겨낼 수 있다. 예수 그리스도 안에 있는 자는 인간으로부터 무한한 가치를 찾는 것이 아니라, 하나님의 무한가치를 찾기 위해 십자가를 향해 무한도전해야 한다. 하나님은 인생의 모든 비밀을 십자가 안에 감춰놓았다. 인간은 죄의 밑둥을 십자가의 능력으로 완전히 잘라내기 이전까지 주를 위해 아무것도 할 수 없는 존재다. 십자가를 통해서 하나님은 하나님다운 모습을 인간에게 가장 적나라하고 쉽게 보여주셨다. 하나님의 자녀가 십자가를 보고 삶의 분명한 목적과 꿈과 목표를 찾을 때, 비로소 그는 하나님이 의도하시는 삶을 살 수 있다.

구원받은 인간은 어떻게 삶의 목표를 찾을 수 있는가? 예수님이 이 땅을 떠나시면서 남긴 네 가지 유언을 힘을 다해 지키고 성취하는 것이다. 그것이 우리가 성취해야 할 목표와 사명이다.

    a) 영혼의 구원: 예수님은 우리가 글로벌 목표를 가슴에 품기를 원하신다. "너희는 온 천하에 다니며 만민에게 복음을 전파하라(막16:15)." "그러므로 너희는 가서 모든 족속으로 제자를 삼아 아버지와 아들과 성령의 이름으로 세례를 주고 내가 너희에게 분부한 모든 것을 가르쳐 지키게 하라(마28:19-20)."

    b) 권능 있는 신앙생활: 예수님은 기도와 말씀으로 귀신을 쫓아내기를 원하시고, 방언을 말하기를 원하신다. "내 이름으로 귀신을 쫓아내며 새 방언을 말하며(막16:17)."

    c) 겸손과 순종의 삶: "뱀을 집어올리며 무슨 독을 마실지라도 해를 받지 아니하며(막16:18)."

    d) 치유하는 삶: "병든 사람에게 손을 얹은 즉 나으리라(막16:18)."

---

248) 모든 성도는 예수를 믿음으로 단번에 죄사함 받고 의인이 된다(칭의 단계). 죄의 최종적인 결과에서 이미 완전히 해방되었지만, 여전히 죄악을 범할 가능성에서 벗어나지 못했다. 따라서 모든 성도는 일평생 말씀과 성령과 기도로 죄와 싸워야 한다(성화 과정). 장차 천국에 가면, 죄악과 관련된 모든 것에서 완전히 벗어날 것이다(영화 단계).

이 유언은 십자가의 능력 안에서만 행할 수 있는 일이다. 신자는 그것을 일생동안 목표로 삼고 헌신하고 도전하며 충성해야 한다. 다른 것들은 인간에게 잠시 편리함과 유익함을 줄 수 있으나 거기에는 생명이 없다. 따라서 결국 다 헛된 것들이다.

3.3. 영산의 삶의 경영학

경영학의 주요 분야인 조직이론에서 목표설정 이론은 다음과 같이 지적한다. "구체적이고 도적적인 목표를 가진 사람은 막연하고 느슨한 목표를 가진 사람보다 동기부여도 크고 성취도 더 높다." 하나님은 온 민족을 대상으로 십자가 경영을 하고 계신다. 한 때 제국의 수장이었던 애굽의 바로, 앗수르의 산혜립 왕, 바벨론의 느부갓네살 왕, 페르시아의 고레스 왕, 헬라의 알레산더 왕, 로마의 옥타비아누스 황제 등이 핵심적으로 추구했던 것은 군대와 경제의 가시적 힘이었다. 그러나 지나간 역사를 보면 그들이 한 때 믿었던 눈에 보이는 힘은 세월의 흐름 속에 다 사라졌다. 그러므로 개인과 한 나라의 진정한 힘은 십자가에서 나온다. 십자가는 무한능력과 무한도전이며, 장차 시간과 공간을 초월해서 영원한 영광의 나라로 이끌어준다.

경영학에서는 핵심역량을 중요시한다. 개인도 기업도 자신이 가진 최고 역량이 우수할수록 경쟁력이 있고 성과물을 우위적으로 낼 수 있다. 기업에서도 어느 누구도 쉽게 가질 수 없는 자원이나 기술 또는 능력을 핵심역량으로 간주한다. 그런 기업은 경쟁력이 있고 이익률이 높다. 그렇다면 영산만이 가지고 있는 핵심적인 고유역량은 무엇일까? 그의 3대 기초신학은 '좋으신 하나님', '십자가 구속의 은혜', '성령과의 인격적 교제'이며, 또한 그의 3대 행동강령은 '기도, 말씀, 성령' 중심이었다.

천막교회에 찾아온 성도들에게 그가 줄 수 있는 것은 아무것도 없었다. 그들에게 줄 밥도 없고, 옷도 없고, 재워 줄 곳도 없었다. 그가 하나님 앞에 부르짖을 수 있는 것은 오직 기도였다. 또한 병들고 지치고 절망 속에 빠져 있는 그들을 위해서 할 수 있는 것도 오직 기도뿐이었다. 그 험난했던 판자촌 천막교회 시절을 그는 이렇게 회고한다. "기도밖에 해줄 게 아무것도 없어서 기도에 매달렸습니다. 열심히 기도했습니다. 치유와 재물이 필요한 사람들에게 그것 말고 다른 무엇을 달라고 기도해야 합니까? 그래서 그것을 달라고 기도하고 또 기도했습니다. 그랬더니 그 기도가 응답받게 되었습니다. 절망의 사람들이 희망의 사람으로 바뀌어 갔습니다."[249]

그는 천막교회 시절부터 기도와 믿음을 핵심역량으로 삼고 기도에 전적으로 매달리며 하나님이 도와주실 것이라고 확신했다. 그 결과 기도응답을 수없이 체험했다. 그것은 점점 교회의 성장과 연결되었다. 영산 자신에게 판자촌 개척교회 시절은 거룩한 영성훈련 과정이었다. 혹독한 영성훈련 과정 속에서 그의 '기도-믿음 트렌드'는 생생한 영적 체험으로 자리 잡았다. 그것들은 훗날 누

---

249) 참조. 김성국 외, 『CEO 조용기』, ICG(2006), 130.

구도 쉽게 모방할 수 없는 영산 고유의 브랜드가 되었다. 그러한 뼈저린 영적 체험을 통해 그는 다음과 같은 화두 하나를 만들어 낸 것이다. "할 수 있다. 하면 된다. 해보자!" 요엘서에는 "약한 자도 이르기를 나는 강하다 할지어다(욜3:10)"라고 기록되어 있다. 신자는 약해도 성령 안에서 강하다고 선포할 수 있어야 한다. 그가 만든 이 짧은 화두는 오늘날까지 변치 않고 전 세계 많은 사람들에게 회자되고 있다. 이 짧은 화두에는 영산의 영성이 이렇게 깊숙이 녹아 있다.

    a) 할 수 있다(possibility): 예수님 안에서 무한도전 가능성을 품자!
    b) 하면 된다(positiveness): 예수님 안에서 절대긍정의 태도를 품자!
    c) 해보자(challenge): 예수님 안에서 꿈과 비전을 향해 도전하자!

우리는 예수 그리스도와 연합되어 있다(고전6:17, 롬6:5, 갈2:20). 이 모든 것이 가능한 것은 우리가 '하나님의 아들을 믿는 믿음(갈2:20)'을 품고 있기 때문이다. 심리학적으로 '할 수 있다'는 주장과는 차원이 전혀 다른 것이다. 『잃어버린 시간을 찾아서』의 저자인 프랑스 소설가 마르셀 프루스트(Marcel Proust)는 '진정한 발견의 항해는 새로운 땅을 찾는 데 있는 것이 아니라, 새로운 눈으로 보는 데 있다'고 말했다. 그리스도인은 예수 그리스도 안에서 새로운 눈으로 새로운 세계를 보는 자들이다.

요약하면, 영산은 새로운 눈으로 한 시대의 실상을 영의 눈으로 바라보았다. 그는 새로운 영의 눈을 가짐으로써 설교의 대혁명가가 되었다. 그는 '좋으신 하나님'이라는 대명제를 정립해놓고, 5중복음을 통해 성도들에게 5가지 패러다임의 전환을 추구했다.250) 그를 영성적 차원에서 표현하면, 신학 패러다임의 혁신가였다. 그는 '좋으신 하나님'의 선포자요, 3중축복, 5중복음, 4차원영성의 주창자였다.

3.4. 삶의 고차원과 저차원

영산은 "말씀 자체가 영이요 생명이므로(요6:63) 좋으신 하나님은 말씀을 사용하셔서 3차원의 물질세계를 변화시키고 새롭게 창조하십니다."라고 말한다.251) 말씀은 고차원이고 물질은 저차원이다. 좋으신 하나님은 십자가를 세워서, 마귀에 끌려다니는 저차원의 삶이 아니라 성령의 인도를 받는 고차원의 삶을 살게 하신다. 영산은 "우리 삶의 최대 관심사는 십자가에 못 박히신 예수님이어야 합니다. 하늘을 보거나 땅을 볼 때에도 십자가에 못 박히신 예수님, 우리 가슴속을 보아도 십자가에 못 박히신 예수님이 우리 삶의 중심이 되어야 합니다."라고 말한다.252) 십자가는 옛 아

---

250) a) 우리 죄를 사하여 주신 예수님: 용서를 바라보라. b) 생수의 강을 주시는 성령충만의 예수님: 성령충만을 바라보라. c) 채찍에 맞는 예수님: 병 고침 받음을 바라보라. d) 가시관을 쓰신 예수님: 형통과 축복을 바라보라. e) 죽음을 이기신 예수님: 부활영생을 바라보라.
251) 조용기, "하나님의 말씀", 주일설교(2015-03-01).
252) 조용기, "최대의 관심사", 주일설교(2010-01-03).

담의 삶을 갈아엎고, 새 아담으로서 새로운 삶을 살게 한다. 십자가는 삶의 가치관을 땅 중심에서 하늘 중심, 세속 중심에서 복음 중심으로 대변혁을 일으킨다. 개인의 삶의 차원에서 보면, 십자가의 삶은 효율성과 효과성이 극대화되는 삶이다. 왜냐하면 옛 사람은 이미 십자가 위에서 소멸되고, 새 피조물로 부활해 새로운 존재로 살아가며 하나님과 친밀한 관계 안에 있기 때문이다.

성도가 누리는 하늘의 삶은 날마다 새롭게 태어나는 피조물이라는 사실을 입술로 고백하는 데서 시작한다.

중국 당나라의 시인 유정지(劉廷芝)는 이렇게 노래했다.253)
해가 가고 또 해가 오지만 꽃은 비슷하네(年年歲歲花相似)
세월이 가고 또 세월이 오지만 사람은 같지 않네(歲歲年年人不同)

사람의 마음은 늘 변한다. 그러나 성령님은 거듭난 신자의 마음이 하나님을 지향하도록 만든다. 마귀는 죄성, 더러움, 의심, 나쁜 생각을 주어, 할 수만 있으면 신자를 미혹하고자 한다. 그러나 아무도 그리스도 예수 안에 있는 하나님의 사랑에서 신자를 떼어낼 수 없다(참조. 롬8:38-39). 예수님이 십자가에 달리셨을 때, 두 강도의 영성적 삶은 극적으로 서로 다르게 나타났다(눅 23:32-43).
    a) 한 행악자: 예수를 처음부터 비방하며, 끝내 예수를 믿지 못하고 낙원에 들어가지 못한다(눅 23:39).
    b) 다른 행악자: 예수를 비방하는 행악자를 꾸짖으며, 극적으로 마음이 감동되어 예수님을 믿고, 낙원에 들어간다(눅23:43).

행악자 중 한 명은 만세 전에 택함 받고(엡1:4-5) 삶의 마지막 순간에 회개해서 일평생 지은 죄를 한 순간에 사함 받고 낙원으로 들어갔다. 그러나 나머지 행악자는 마귀의 미혹을 받아 끝까지 예수님을 부인하고 비난해서 낙원과 영원히 멀어지게 되었다. 이 이야기는 예수를 믿는 자와 믿지 않는 자의 종말이 어떻게 되는지 극명하게 차별화시켜 보여준다.

일반 경영이론으로 보면 경영이란 한 경영자가 목적을 설정하고, 목적 달성을 위해 전략을 결정하며, 그 전략을 효율적으로 집행하기 위해 관리하고 운영하는 것을 말한다. 달리 말하면, 경영이란 한 조직체가 하나의 목적을 향하여 전략을 세우고 관리하며 운영하는 시스템이다. 경제학에서 경영의 목적이 수익, 안정 및 성장이라면, 영산의 4차원영성의 경영은 영혼 구원, 성도관리, 선교 확대에 초점이 맞추어져 있다.

모든 일에는 임계점(critical point)이 존재한다. 임계점을 넘어서면 완만하게 상승하던 곡선이 급격하게 상승하는 곡선으로 변한다. 성공에는 성공의 임계점(critical point)이 있고, 실패에는 실패의

---

253) 정민, 『한시미학산책』, 휴머니스트(1996), 242.

임계점이 있다. 영적 생활에도 성공의 임계점과 실패의 임계점이 존재한다.254) 말콤 글래드웰 (Malcolm Gladwell)은 그의 책『아웃라이어』에서 누구든 10,000시간을 투자하면 해당 영역의 전문가가 된다고 한다. 곧 무슨 일을 해도 10,000시간 – 하루에 3시간씩 10년 – 을 투자하면, 그 일에 전문가가 되는 임계점이 있다는 것이다. 만약 약 8,000시간 투자하고 나서 안 된다고 포기해버리면, 확률적인 측면에서 판단할 때 임계점에 도달하기 전에 포기한 셈이다.

영산이 발굴한 '5중복음, 3중축복, 4차원영성'은 영성임계점에 가장 효과적으로 도달하게 만드는 영적 변수(spiritual parameter)이다. 신앙생활 연수가 10년, 20년이 되어도 영성임계점에 이르지 못하면 신앙생활은 차츰 활력이 떨어진다. 그러나 하나님이 원하는 최소한의 영성임계점에 도달하게 되면, 완만하게 상승하던 영적 성장곡선이 급격한 영적 성장곡선으로 바뀌게 된다. 하나님이 기대하는 영성임계점 부근에서는 작은 노력으로도 큰 변화가 일어날 수 있는 것이다.

신자는 하나님이 기대하는 최소한의 영성임계점에 도달해야, 하나님이 사용하실 만한 영적 도구가 된다. 아브라함이 독자 이삭을 모리아 산에서 제물로 바치는 그 순간이 바로 아브라함의 영성임계점이었다. 그 단계는 하나님이 매우 만족해하시는 영성임계점이었다.

홍해를 떠난 이스라엘 백성은 하나님이 기대하는 영성임계점에 도달하지 못했다. 하나님이 정해 놓은 영성임계점을 거뜬히 통과한 여호수아와 갈렙만 가나안 땅을 밟을 수 있었다. 마귀가 가룟 유다의 마음속에 예수를 팔려는 생각을 넣은 순간, 유다는 운명적으로 완전한 실패의 영성임계점에 서게 되었다. 리브가는 결혼한 지 20년 만에 쌍둥이를 갖게 되었다. 어느 날 그 쌍둥이가 뱃속에서 서로 싸웠다(창25:22). 그녀는 인간에게 묻지 않고 하나님께 어찌할지를 물었다. 리브가는 자신의 삶의 자리에서 '하나님께 물어보는 기도의 영성'을 가진 여인이었다. 그러자 하나님이 그녀에게 응답하셨다. "두 국민이 네 태중에 있구나 두 민족이 네 복중에서부터 나누이리라 이 족속이 저 족속보다 강하겠고 큰 자가 어린 자를 섬기리라(창25:23)." 리브가의 영성임계점은 그녀의 삶의 자리에서 바로 하나님께 구하는 기도의 영성이었다.

영산은 하나님이 기대하는 '제1영성 임계점'을 뛰어넘어 '제2영성 임계점', '제3영성 임계점'을 찍어가면서 급격한 교회성장 곡선을 이어갔다. 5명의 성도에서 80만 명의 성도로 증가할 때 일정한 속도로 성장한 것이 아니라, 한 임계점이 지날 때마다 이전과 달리 폭발적으로 증가한 것이다.

로리 베스 존스(Laurie Beth Jones)가 저술한『영적 기업가 예수』에는 영적 기업가 정신이 4단계로 구성되어 있다. a) 시작(The Launch): 영적 기업가로서의 사명 발견, b) 고난(The Lurch): 고난을 통한 새로운 정체성 발견,255) c) 교훈(The Lessons): 지혜와 실수를 통한 전인적 학습, d) 사랑(The Love): 영적 기업가로서 비전을 품은 삶이다.256)

---

254) 토마스 머튼(Thomas Merton),『묵상의 능력』(The Inner Experience), 두란노(2006), 58-59. 영적 생활에 가장 근본적인 문제는 '내면 어두운 곳에 숨은 자아'를 인정하는 것이다.

255) 영산은 고난의 배후에 하나님의 뜻이 있다고 인정한다. a) 고난은 하나님의 자녀를 유익하게 하기 위한 것이다(히12:8-11). b) 고난은 회개를 이루기 위한 것이다(시34:18-19). c) 고난은 인내를 이루기 위한 훈련이다(약1:3-4). d) 고난을 신앙을 연단시키기 위한 것이다(롬5:3-4). 고난을 통해 인간은 자신의 영적 정체성을 찾아가게 된다. 조용기, "고난을 극복하는 세 가지 길", 주일설교(2014-02-23).

삼위일체 하나님은 피조물과 사랑을 나누시려고 피조세계를 창조하셨다. 사랑은 우주 만물의 기저(基底)다. 하나님의 아들은 이 세상을 사랑과 자기희생으로 구원하시려고 인간의 몸을 입고 이 땅에 오셨다. 예수님의 지상 생애의 시작과 마지막은 바로 사랑이었다. 영산도 하나님을 사랑하고 인간을 사랑하는 영성경영을 펼쳤다. 영적 경영의 최종 종착역은 사랑으로 귀결되어야 한다.

1) 영성형성의 효율화: 3차원 물질세계를 지배하는 4차원 영적세계

4차원은 3차원 물질세계를 다스린다. 성령은 십자가의 능력을 현실화시킨다. 십자가는 눈에 보이는 세계를 초월하여 눈에 안 보이는 초자연적 삶을 바라보도록 이끈다. 십자가는 영적 상상력을 주어서 영적세계를 마음의 눈으로 능히 볼 수 있도록 만든다. 십자가는 신비의 힘을 품고 있다. 십자가는 육적 욕망을 없애고, 새로워진 마음의 성향으로 살도록 이끌어준다.

성경에는 하나님과 하나님의 자녀 관계에 기초한 영성경영 사례가 다양하게 언급된다.
  a) 아브라함: 하나님이 소돔과 고모라를 멸하시고자 할 때 아브라함은 하나님과 <u>관계</u> 속에서 협상하여 영성형성의 진수를 보여주었다(창18:16-33).
  b) 야곱: 하나님과의 관계 속에서 천사와 씨름하여 이겨서 이스라엘이 되었다(창32:24-32). 하나님과 관계가 원활하지 못했다면, 야곱은 목숨을 내걸 만큼 강한 믿음의 소유자가 되지 못했을 것이다.
  c) 모세: 하나님이 금송아지 사건으로 "내가 하는 대로 두라"고 말씀하실 만큼 격노하셨지만, 모세는 <u>관계</u> 속에서 하나님을 설득하여 이스라엘 백성에 대한 화를 거두게 하였다(출32:7-14).
구약의 이 세 인물들은 큰 일을 앞에 놓고 하나님과의 주권과 관계 속에서 영성형성을 효율적으로 추진했던 모델들이다.

영산은 글로벌 영성전문가로서 영성형성을 어떻게 효율적으로 이룰 수 있었을까? 그에게 영성전략은 성령의 경영능력을 의존하는 것이었다. 그는 성령님과 친밀한 관계를 유지하면서 영적인 큰일들을 해결했다. "너의 행사를 야훼께 맡기라 그리하면 네가 경영하는 것이 이루어지리라(잠16:3)."

영산의 영성형성 기본원리는 삼위일체적 영성-좋으신 하나님(느2:18, 스8:18), 십자가 대속의 은혜(막10:45, 딤전2:6), 성령님과의 인격적 교제(요14:16, 롬8:26, 요일4:13)-에서 비롯되었다. 그는 이것을 기초 원리로 삼아서 다양한 영적 원리들을 파생시켜 성도들에게 적용했다. 영산의 목회사역 4대실천 경영원리를 하나의 방정식으로 표시하면 그림 10-17과 같다.

영산의 실천적 영성형성의 뿌리는 부활하신 예수 그리스도 십자가이다. 그의 실천원리의 특징은 성경적이고 복음적이며 회중에게 쉽게 다가가는 영성이었다. 그리고 말씀훈련, 기도훈련, 성령훈련은 최대교회로 성장하게 하는 동인이었다.

---

256) 다음 책을 참조. 로리 베스 존스, 『영적 기업가 예수』, 한언(2001).

영산은 목회 사역 동안 분명하고 구체적인 실천경영원리를 가지고 있었다. 그는 자신의 영적 경영원리를 다음과 같이 강조한다. "눈에 보이지 않는 하나님의 신성이 보이는 만물에 나타난 것입니다. 그러므로 하늘과 땅과 세계와 모든 보이는 것은 하나님이 역사하신 것입니다. 3차원의 세계에 3차원보다 큰 4차원의 세계가 역사한 것입니다. 성경에 보면 땅이 공허하고 혼돈하며 흑암이 깊음 위에 있을 때 하나님의 영이 친히 수면에 운행하고 있습니다. 성령은 안보이지 않습니까? 그러나 그 다음부터 만물이 생겨나기 시작한 것입니다. 그러므로 3차원의 세계는 시간과 공간과 물질을 말하는데, 4차원의 세계는 그 위에 그것을 만든 하나님의 생각, 꿈, 믿음과 말씀에 기초하고 있는 것입니다."257)

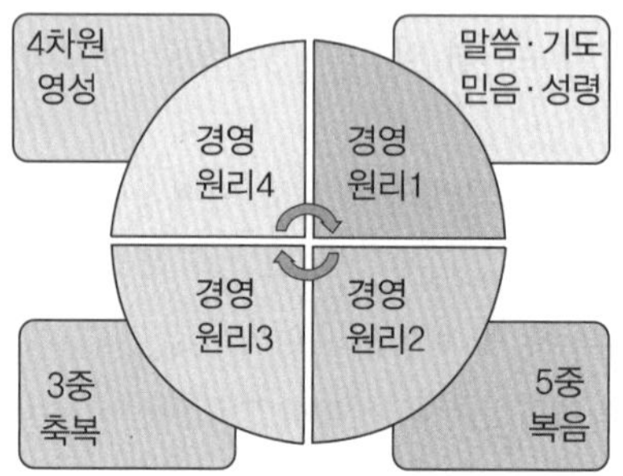

그림 10-17. 십자가 중심의 영성형성 원리: 말씀, 기도, 성령은 5중복음, 3중축복, 4차원영성을 활성화시키는 기초적 방편이었다. 영산은 하늘나라 삶의 원리를 4가지 원리로 압축시켜 역동적 목회를 펼쳤다. 그는 특별히 4차원의 기도를 강조한다. "4차원의 기도는 우리가 바라는 꿈과 소원에 대한 분명한 말씀을 깨닫고, 그것이 이뤄진 모습을 바라보며, 믿음으로 고백하여, 그대로 이뤄질 것을 위해 기도하는 것입니다."258)

말씀이 성도들의 마음하늘에 들어가게 하는 것과 관련해서, 영산은 하나님의 영과 인간의 영 사이에서 상호작용하는 매개체(media)로서 신자의 마음하늘을 첫 번째 접촉공간으로 인식했다. 그는 마음하늘의 송수신 시스템에 생각, 꿈, 믿음, 언어 채널을 만들어서 인간의 영과 하나님의 영 사이에 친교 채널을 활성화시켰다. 그 결과 신자의 마음하늘에 말씀과 성령이 오가는 통로가 생기게 되었다.

---

257) 영산의 3차원-4차원 관련설교: 그는 '3차원-물질, 공간, 시간의 세계'와 '4차원-생각, 꿈, 믿음, 말의 영적세계'를 다양한 방법, 다양한 시각, 다양한 비유로 상호비교해가며 성도의 영적 생활에 적용시키고 있다. 다음 설교를 참조하라. "사차원의 삶"(2010-11-07), "사차원 기도"(2012-02-05), "보이지 않는 능력"(2013-04-21), "마음의 파숫군"(2013-12-01), "내 속에 숨은 정체성을 보라"(2010-11-14), "말의 창조적인 힘"(2013-07-28), "항상 긍정적으로"(2011-02-20), "믿음이란"(2012-09-09), "마음하늘"(2013-04-07), "마음성전"(2007-10-14), "주님과 함께 살기 위하여"(2009-02-01), "차원이 다른 삶"(2009-05-24), "마음의 장애를 고쳐라"(2012-04-29), "생각은 내가 하고 일은 하나님이 하신다"(2013-09-15).

258) 조용기, "4차원의 기도", 주일설교(2012-02-05).

4차원영성의 통로가 마음하늘 한가운데로 뚫리자, 십자가 영성의 핵심인 5중복음도 탄력이 붙었다. 4차원영성은 5중복음과 3중축복을 성도의 마음하늘에 배달해주는 은혜의 수단이다. 이것은 궁극적으로 야훼의 경영능력에 의존한 것이다. "이도 만군의 야훼께로부터 난 것이라 그의 경영은 기묘하며 지혜는 광대하니라(사28:29)."

어떻게 80만 명의 성도들이 한 마음, 한 행동, 한 이미지로 성장할 수 있었을까? 이 원리는 수학이나 물리학에서 나오는 '솔리톤 효과(Soliton effect)'로 비유적으로 설명할 수 있다.[259] 홍해에서 바다가 갈라지는 현상도 솔리톤 효과의 일종이며, 10대 재앙 중 메뚜기 떼가 동풍을 타고 애굽 땅 전역에 날아든 것도 일종의 솔리톤 효과이다. "모세가 애굽 땅 위에 그 지팡이를 들매 야훼께서 동풍을 일으켜 온 낮과 온 밤에 불게 하시니 아침이 되매 동풍이 메뚜기를 불어 들인지라(출10:13)." 동풍이 온 밤에 메뚜기 떼를 데려와 애굽 땅 전역에 분산시킨 것이다. 메뚜기 떼가 이동 중에 아무리 발버둥 쳐도 그 무리에서 이탈할 수 없었던 것이다.

이러한 솔리톤 효과가 여의도광야에서도 일어났다. 성령의 소용돌이 바람이 불자, 주를 알지 못하던 사람들이 솔리톤 소용돌이의 파장에 동화되었다. 그러자 그들의 삶의 중심이 하나님 중심으로 바뀌었다. 그 결과 한결같이 하나의 마음, 하나의 말, 하나의 행동, 하나의 이미지로 나타난 것이다. 여의도광야에 성령님이 솔리톤 파장을 일으키자, 회중이 구름떼처럼 모여들기 시작했다. 성령의 솔리톤 바람이 불자, 마치 메뚜기 떼가 동풍에 일사불란하게 움직이듯이, 5명의 성도들이 80만 명으로 늘어날 때까지 흩어지지 않고, 하나의 힘으로 오직 한 방향을 향하여 움직인 것이다. 그렇게 성령의 솔리톤 바람은 위대했다.

그림 10-18에서 보는 바와 같이 영산은 3중축복, 5중복음, 4차원영성을 회중에게 응용함으로 교회성장을 가져왔다. 개척시기에는 3중축복이 근간을 이루었고, 순항시기에는 점진적으로 5중복음이 합류해서 희망의 리더십을 빚어냈다. 여의도로 교회를 옮긴 이후로, 성도의 수는 폭발적으로 늘어났다.[260]

---

259) 바닷물이 흐를 때 어떤 특정한 파를 형성하여 그 운동의 특성이 오랫동안 변하지 않는 현상이 일어나는데, 이를 솔리톤이라고 한다. 비선형적(non-linear) 상호작용 때문에 생기는 현상이다. 즉 보통의 물은 파동치면서 사방팔방으로 흩어지나, 분산되지 않고 계속 그대로 진행해가는 파동을 말하며, 한마디로 물이 한 덩어리를 이루며 흩어지지 않는 파동이다. 공기 중에도 그런 뭉침 현상이 나타난다. 거대한 소용돌이 태풍이나 찬 공기 덩어리가 그러한 솔리톤 현상의 예이다. 분산되지 않고 한 덩어리가 되어 같이 진행하는 것으로, 이 현상의 특징은 시간에 지나면 모든 에너지가 사라진다는 것이다. 이 솔리톤 현상을 영성에 유비하면 아주 흥미로운 것이 된다. 하나의 집단이 성령 안에서 한 사람처럼 움직이고 이동하며 한 가지 일을 하는 것이다.

260) 영산은 개척기와 순항기에는 희망의 리더십을, 순항기에는 사회적 리더십을, 도약기에는 사회적 리더십을, 성장기에는 위기의 리더십을, 성숙기에는 화해의 리더십을 발휘하므로 거대한 조직을 이끌어나갔다.

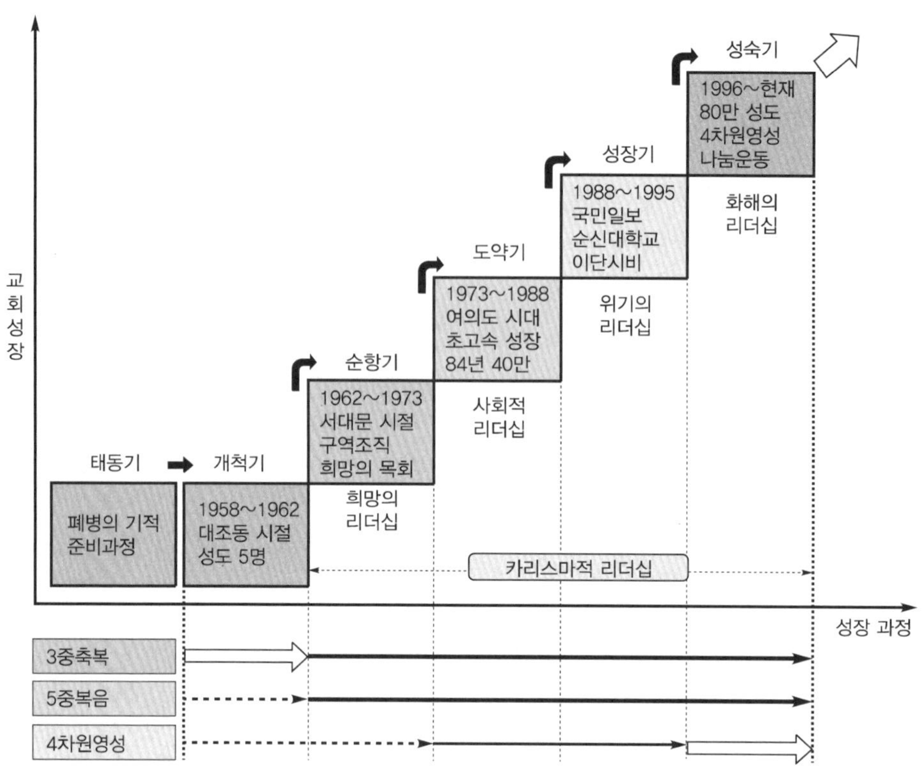

그림 10-18. 십자가의 영성-5중복음, 3중축복, 4차원영성이 교회성장과 영산리더십에 미친 영향261)

2) 영성형성의 우위성: 말씀의 현재화를 통해 지배하는 삶

십자가는 인류역사의 물줄기를 완전히 바꾸었다. 곧 마귀경영에서 말씀과 성령경영으로 일대 변혁을 가져왔다. 영산은 하나님과 인간을 화목하게 한 십자가에서 영성의 핵심을 찾았다. 그는 "십자가를 통해 죄를 용서받고 죄로 인한 형벌로부터 자유롭게 되는 영원한 희망의 길이 열렸으며, 5중복음과 3중축복의 은혜를 누리게 되었습니다."라고 강조한다.262) 4차원영성은 5중복음과 3중축복을 성도의 삶의 자리에 임재하도록 활성화시킨다. 4차원영성은 말씀과 성령의 역사에 기초한다.

이 땅의 경영주체는 근본적으로 만물의 주인이신 하나님이시다. 하나님은 열방을 향하여 손을 펴신다. 그는 '온 세계를 향하여 정한 경영(사14:26)'을 하신다. 마음의 경영은 사람에게 있어도 말의 응답은 야훼께로부터 나온다(잠16:1). 좋으신 하나님은 마귀경영을 훼파시키고, 성령님의 경영전략을 통해 신자로 하여금 하늘의 삶을 살게 하신다.

그림 10-19는 경영개념에서 4차원영성이 탄생한 과정을 도식화한 것이다. 영산의 목회는 5중복

---

261) 교회성장 개념을 5중복음, 3중축복, 4차원영성을 추가하여 확장한 것이다. 기본골격에 대하여 다음 책을 참조하라. 홍영기, 『조용기 목사의 교회성장리더십』, 교회성장연구소(2005), 231-239.
262) 조용기, "찢어진 성소의 휘장", 주일설교(2014-10-26).

음과 3중축복에서 시작하며, 경영관점에서 보면 그는 가치 및 효율 우위성을 기반으로 4차원영성
이라는 독특한 영적 모델을 빚어냈다. 4차원의 영성은 5중복음과 3중축복을 교회와 성도들에게
적용시키고 활성화시키는 방편이었다. 아무리 효율이 좋아도 가치 있는 일이 아니면 무의미한 것
이나, 영산은 효율과 가치 두 가지를 모두 만족시키는 일을 창조적으로 수행하였다.263) 그는 성령
의 도움으로 강력한 창조력을 발휘했다.264) 십자가의 믿음과 말씀의 능력은 언제나 성령을 통해
서 역사한다.

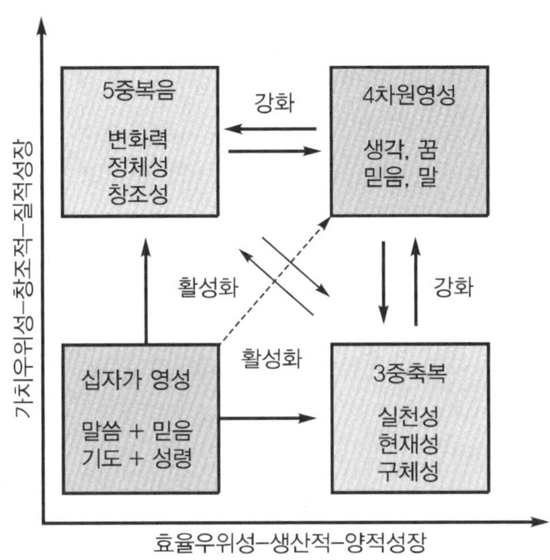

그림 10-19. 5중복음, 3중축복, 4차원영성의 탄생과정과 십자가 영성과의 관계: 십자가는 하나님, 인간, 세상을 통합시
켜 하나님 중심체제로 이끌어간다. 5중복음, 3중축복, 4차원영성은 상호연합적 관계에서 성도와 교회에 하나님의 나라를
체험케 하는 은혜의 영성이다. 5중복음이 이론이라면, 3중축복은 실천이며, 4차원영성은 이론과 실제를 통합시켜 성도의
삶의 자리에 하나님의 임재가 총체적으로 임하게 한다. 영성의 기초는 십자가이다. 모든 영성은 십자가로부터 나온다.
십자가의 능력과 열매는 지금도 현재진행형이며, 전우주적이다. 그 일은 현재 인간의 마음하늘에서 역동적으로 기능하고
있다. 4차원영성에서 하나님의 말씀은 '하나님의 생각, 꿈, 믿음, 창조적 선언'이다(히11:1).265)

오늘날 기업들은 창조성을 중시한다. 누구도 개척하지 않은 새로운 영역의 미지 세계를 찾고 있
다. 영산은 개척초기부터 새로운 미지의 영적세계를 개척해 3중축복, 5중복음, 4차원영성을 개발
했다. 그것들은 거대한 교회조직을 움직여 가는 데 중추적인 역할을 했으며, 영산을 전 세계 영성
전문가로 활동하게 만들었다. 이러한 그의 영적 경영기법은 전문교과서에서 배운 것이 아니고, 오

---

263) "창조적인 사람이 되기 위해서 하나님 앞에서 깊이 기도하고 마음을 낮추며 꿈꾸는 사람이 되어야 합니다. 성령을
받고 간절히 기도하여 하나님의 은혜 가운데서 미래를 꿈으로 바라볼 수 있는 사람만이 창조할 수 있습니다." 조용기,
『설교는 나의 인생』, 서울말씀사(2012), 291.
264) "새 사람을 입었으니 이는 자기를 창조하신 이의 형상을 따라 지식에까지 새롭게 하심을 입은 자니라(골3:10)." "나는
빛도 짓고 어둠도 창조하며 나는 평안도 짓고 환난도 창조하나니 나는 야훼라 이 모든 일들을 행하는 자니라 하였노라(사
45:7)." "내가 땅을 만들고 그 위에 사람을 창조하였으며 내가 내 손으로 하늘을 펴고 하늘의 모든 군대에게 명령하였노라
(사45:12)."
265) 조용기, "보이지 않는 능력", 주일설교(2013-04-21).

직 성령의 도움으로 개발된 것이다.

하나의 조직을 경영하기 위해서 효율만 증가시켜도 안 되며, 가치만 증가시켜도 안 된다. 그 두 요소를 밀접하게 지속적으로 연결시켜야 한다. 이 두 가지가 서로 결합되어 최적화된 경영시스템을 만들어내야 조직으로서 가치가 있다. 중요한 것은 그 조직 안에 살아 계신 하나님의 손길이 있어야 한다. 인간의 손길은 완전하지 못하기 때문이다. 만군의 야훼께서 경영하신다. "만군의 야훼께서 경영하셨은즉 누가 능히 그것을 폐하며 그의 손을 펴셨은즉 누가 능히 그것을 돌이키랴(사14:27)."

그리스도인은 지금 이 땅에서 하나님이 베푸시는 축복의 삶을 살면서 동시에 다시 오실 예수님을 고대하며 살아가는 존재다. 영산의 영성은 현재성과 미래성을 동시에 추구한다. 영산은 5중복음의 가치 우위개념의 연장선에서 창조, 변화, 미래를 강조하며 질적 증가를 이끌어냈다. 또한 3중축복을 통해서 효율 우위개념을 강조하며, 지금 이 땅에서의 구체적인 실천을 역설하며 양적 증가를 이루어냈다. 특히 4차원영성은 5중복음과 3중축복을 활성화시키는 은혜의 방편이었다. 영산은 "우리는 생각과 꿈과 믿음과 입술의 고백으로 우리의 삶을 만듭니다. 그러자면 우리는 생각이 분명하고 긍정적이며 내일에 대한 꿈이 뚜렷해야 합니다."라고 말한다.266) 그는 교회성장과 성도들의 삶을 4차원영성적으로 접근하여 은혜의 영성을 누리도록 했다.

4. 십자가의 능력: 고난과 영광의 이중성

영산은 삶을 다스리는 방법에 대하여 "성령의 인도하심으로 말씀과 생각이 일치해야 합니다."라고 말한다.267) 십자가를 지고 산다는 것은 예수의 죽음을 지고 사는 삶이다. 다시 말해 예수의 생명을 내 안에 품고 사는 삶이다(고후4:10). 그러한 삶은 말씀에 내 생각이 동화되고 일치될 때 구체화된다.

하나님이 십자가 위에서 하신 일은 '인류구원, 마귀정복, 공의와 사랑의 계시'였다. 4차원영성은 하나님의 말씀을 성도의 마음에 새겨 인격과 삶을 변화시키며 거룩하게 만드는 것이다. 신자가 거룩해지면 그의 생각이 영성화되어, 하나님과의 친교가 활성화된다. 그래서 신자가 궁극적으로 하나님을 영화롭게 하는 삶을 살게 된다. 영산은 "생명의 근원이 되는 마음을 잘 지키고 하나님의 말씀을 연구하고 묵상할 때 생각이 긍정적으로 변화됩니다."라고 강조한다.268) 그는 "우리가 예수님을 보배로 삼고 항상 긍정적으로 생각하고, 꿈꾸고, 믿고, 말할 때, 5중복음과 3중축복의 놀라운 은혜를 체험하게 됩니다."라고 역설한다. 다시 말해 4차원영성은 5중복음과 3중축복을 삶 속에 이루는 은혜의 방편이며, 동시에 하나님을 영화롭게 한다.

손으로 뽕잎을 아무리 다듬어도 비단이 되지 않는다. 하지만 뽕잎을 누에에게 맡기면, 명주실이

---

266) 조용기, "말의 힘", 주일설교(2011-02-13).
267) 조용기, "다스리는 삶", 주일설교(2012-02-26).
268) 조용기, "항상 긍정적으로", 주일설교(2011-02-20).

나와서 비단옷을 지을 수 있다. 뽕잎만 바라보면 옷을 지을 수 없지만 누에를 바라보면 옷을 짓는 방법이 나오는 것처럼, 인간은 예수님을 바라보면 의의 옷을 입게 되고(갈3:27, 롬13:14), 그 결과 고난 앞에서도 담대하고 강한 자가 된다.

신앙생활의 두 축은 계시와 영적 체험이다. 무엇보다 신자는 하나님이 주신 계시의 말씀을 항상 연구하고 묵상해서 하나님과의 관계를 잘 유지해야 한다(빌2:12-13). 신자는 영적 체험을 통해 성장하고 진보할 수 있어야 한다. 신자의 영적성장과 고난은 서로 밀접한 관계에 놓여 있다. 고난은 신자에게 영적성장과 풍성한 은혜와 영광을 가져온다. 영산은 고난과 축복의 이중성을 이렇게 요약한다. "고난만 계속되면 낙심 좌절하고, 축복만 계속되면 하나님을 떠나게 됩니다(신8:11-16). 하나님은 고난당할 때 축복의 희망으로(고후4:8) 고통을 극복하게 하시고, 반면에 축복받을 때는 고난의 채찍으로 순종하게 하십니다(히12:6)."[269] 고난과 축복 또는 고난과 영광의 영적 원리는 겸손과 믿음과 순종을 기초로 한다. 십자가는 고난과 영광이라는 두 방향을 역동적으로 나아간다.

신자의 삶은 선택의 순간들로 엮어지는 직조물과 같다. 항상 일에 쫓기는 인생이 될 수도 있고, 소명 받아 목적 있는 삶을 살 수도 있다. 반석 위에 삶의 집을 지을 수도 있고, 모래 위에 세울 수도 있다(마7:24-27). 하나님을 섬길 수도 있고, 재물을 섬길 수도 있다(마6:24). 양의 무리에 속할 수도 있고, 염소의 무리에 속할 수도 있다(마25:32-33). 하나님은 이렇게 인간에게 선택권을 주었다. 인간은 자신의 선택에 따라 생명을 취할 수도 있고, 멸망을 택할 수도 있다. "야훼를 자기 하나님으로 삼은 나라 곧 하나님의 기업으로 선택된 백성은 복이 있도다(시33:12)."

이 땅에 예수님이 오신 목적은 우리에게 생명(헬. 조에)을 주시려는 것이었다. "내가 온 것은 양으로 생명을 얻게 하고 더 풍성히 얻게 하려는 것이라(요10:10)."[270] 이 생명은 우리가 십자가 위에 올라가 죽을 때 나타난다(고후4:11). 이것은 중요한 영적 진리이다. 고난을 심어야 부활이 나타나고, 죽음을 심어야 생명이 나타난다. 비하와 겸손을 심어야 존귀와 영광이 나타난다. 십자가는 역설적이다.

하나님의 아들을 믿는 믿음(갈2:20)을 지닌 신자는 하나님의 영광에 참여할 수 있다.[271] 고난을 통과해야 영광으로 나아갈 수 있다. 오먼(J. Aumann)은 영성생활의 목표에 대하여 다음과 같이 말했다. "영성생활의 궁극적인 목표는 하나님께 영광이며, 가까운 목표는 인간의 성화와 구원이다." 오먼의 지적 대로 4차원영성도 궁극적으로는 주께 영광이며, 개인적 측면에서는 신자의 구원과 성화의 과정이다. 4차원영성이란 하나님의 말씀을 내 마음과 생각에 새기고, 그 말씀을 통해 예수 그리스도를 닮아가는 과정이며, 궁극적으로 하나님을 영화롭게 하는 것이기 때문이다.

4차원영성 개발은 신자 안에 계신 성령님이 그를 새롭게 빚어가게 하시는 것이다. 그저 옛 사람

---

269) 조용기, "축복과 고난의 비빔밥", 주일설교(2005-02-27).
270) 그리스어로 생명을 가리킬 때 생물학적 생명은 '바이오(bios)', 영적 생명은 '조에(zoe)'라고 부른다.
271) "무릇 내 이름으로 일컫는 자 곧 내가 내 영광을 위하여 창조한 자를 오게 하라 그들을 내가 지었고 만들었느니라(사43:7)."
　　　"너희가 그리스도의 이름으로 욕을 받으면 복 있는 자로다 영광의 영 곧 하나님의 영이 너희 위에 계심이라(벧전4:14)."
　　　"그리하면 목자장이 나타나실 때에 시들지 아니하는 영광의 면류관을 얻으리라(벧전5:4)."

을 새 사람으로 만들어가는 이성적 방법이나 인간적인 방법이 아니다. 성령님께 우리 자신을 드리면, 성령님이 우리 안에서 창조, 변화, 기적 및 구원의 역사를 펼치신다. 영산은 "말씀이 육신을 통해 나타나기 위해서 신령한 지식, 목표와 꿈, 믿음, 입술의 선언이 있어야 합니다."라고 말한다.272) 4차원영성은 고난의 삶 속에서도 하나님께 나아가는 거룩한 길과 방법을 구체적으로 열어주는 변화와 능력의 영성이다. 진리의 말씀을 내 삶의 자리에 구체적으로 적용하면 진정한 변화와 성화가 이루어진다.

4.1. 삶 속에 뿌리내리는 영성: 삶의 구조적 전환

영산은 '좋으신 하나님'의 영성을 강조한다. 좋으신 하나님은 4차원영성을 탄생시킨다. 곧 '생각을 다스리는 힘(잠4:23), 바라봄의 능력(요3:14-15), 좋은 일을 믿게 함(마17:20), 입술로 고백하는 힘(잠18:21)'이다. 4차원영성은 삶 속에서 점진적으로 하나님의 성품과 그리스도의 형상을 닮아가도록 만든다. 4차원영성은 삶의 자리에서 우리를 향하신 하나님을 뜻을 이뤄가는 은혜의 방편이다.

누구든지 하나님의 아들 예수 그리스도를 구주로 믿으면, 하나님의 십자가 도성 안으로 초대받는다. 이성의 삶이 아니라 믿음의 삶으로 전환된다. 영산은 "믿음은 기적적인 역사를 가져오는 재료요 하나님의 손길입니다."라고 말한다.273) 믿음은 삶의 모든 방식을 혁신시킨다. 십자가 도성 안에서는 고난이 와도 영광의 눈으로 보고, 문제가 생겨도 이미 해결된 결과를 보고, 없는 것도 있는 것처럼 본다. 다시 말해, '불가능한 것'을 '가능한 것'으로 믿고 사는 속성이 있다. 십자가 도성 안에 사는 자들은 고난을 영광으로 만들어 하나님께 올려드린다.

십자가는 오직 하늘나라 삶만을 요구한다. 왜냐하면 우리의 옛 자아는 죽고 새 자아가 살아났기 때문이다(고전6:17, 고후5:17). 십자가는 먼저 죄인을 거듭나게 하며(벧전1:23), 구속시키며(벧전1:18), 구원받게 한다(벧전1:9). 그러면 십자가 도성에 어떻게 입성하는가? 십자가 위에서 예수와 함께 죽고 함께 부활하면 된다(롬6:5). 예수님의 죽으심과 부활하심은 현재와 장래에 희망을 주고 정적(靜的)인 삶이 아니라 동적(動的)인 삶을 살게 해준다.274)

신자의 삶은 자신의 마음과 생각과 행동을 주님의 말씀 및 의도와 일치시켜 나가는 것이다(요17:23, 고전2:16). 십자가는 나와 예수님을 인격적으로 만나게 해서 주께 영광을 돌리게 한다. 그리스도인의 삶에는 십자가의 능력이 나타나야 한다. 십자가의 능력이 나타나려면 내가 죽어야 한다. 역설적이다. 원래부터 십자가의 영적논리는 세상적으로 머리가 똑똑한 사람들에게는 맞지 않다. 내가 죽어야 예수님이 나와 함께 하실 수 있기 때문이다. 신자의 믿음원리는 하나뿐이다. 예수님이 머리가 되시고 내가 몸이 되어 한 몸으로 존재하든지, 아니면 그 역이다. 전자는 믿음의 사람,

---

272) 조용기, "어떻게 살아야 하는가?", 주일설교(2012-03-04).

273) 조용기, "믿음이란?", 주일설교(2012-09-09).

274) 십자가만 강조하면 구원의 정적인 면을 강조하게 되고, 부활만 강조하면 장래의 권세만을 바라보게 되어 세상에서 고난과 훈련을 받을 자세를 갖지 못하게 된다. 예수님의 죽음과 부활이 조화된 신앙생활이 중요하다. 참조. 마이클 그린(Michael Green), 『텅 빈 십자가』(The Empty Cross of Jesus), 서로사랑(2007), 216-220.

성령의 사람으로 사는 것이다. 후자는 '나, 오직 나의 삶, 내가 머리가 되는 삶'을 사는 자가 되어, 예수님이 아무 일도 하실 수 없다. 다시 말하면, 신자는 예수님이 우리와 함께하심을 철저히 믿고, 그의 말씀과 뜻에 순종하며, 그의 삶의 발자취를 따라가는 존재다.

예수님은 성령님과 더불어 우리 안에 함께 계신다. 이것은 분명한 진리다. 예수님은 십자가로 하늘 문을 여시고, 모든 신자들에게 성령님이 임하게 하셨다. 성령님이 오심으로써 "내가 세상 끝 날까지 너희와 항상 함께 있으리라(마28:20)"고 말씀하신 예수님의 약속이 이뤄졌다. 예수님이 우리 를 위하여 죽으신 것은 항상 우리와 함께 있기 위해서다. "예수께서 우리를 위하여 죽으사 우리로 하여금 깨어 있든지 자든지 자기와 함께 살게 하려 하셨느니라(살전5:10)." 우리가 어떻게 죄에 대하여 죽는가? "우리는 믿음으로 예수 그리스도와 연합함으로써 죄에 대하여 죽는다. 우리는 그분의 죽으심으로 죄에 대하여 죽고, 그분의 부활하심으로 생명에 참여한다."275) 다시 말해, 연합은 우리가 죽은 결과다. 그 증거로 성령이 우리 안에 계신다.

기독교는 윤리적 또는 도덕적 프로그램이 아니다. 기독교는 생명이 있는 삶 그 자체다. 영산은 4차원영성을 삶에 적용하는 방법에 대하여 다음과 같이 말한다. "우리의 인생과 사업, 그리고 목회의 성공을 위해 그 계획 속에 3차원을 움직이는 4차원의 요소-생각, 꿈, 믿음, 말-중 어느 부분을 어떻게 변화시킬 것인지를 진단해야 합니다. 부족한 영양분을 공급하듯 4차원 요소를 하나님의 말씀과 성령의 능력과 기도의 힘으로 바꾸게 되면, 4차원 세계가 3차원 세계를 변화시킵니다."276)

4차원영성은 예수 그리스도의 가르침에 순종하며 그의 삶의 발자취를 따라가는 거룩한 과정이다. 이제 신자들은 죄의 종이 아니라 '교훈의 본을 마음으로 순종(롬6:17)'하는 거룩한 존재이다. 마음으로 순종한다는 것은 지성, 감성, 의지를 다해서 따라가는 것, 곧 전인격적으로 따라가는 것이다. 머리로만, 감성으로만 또는 의지로만 따라가는 것이 아니라, 지성-감성-의지라는 삼중구조의 틀 안에서, 다시 말해 마음의 총체성 안에서 말씀의 본을 따라가는 것이다. 십자가의 복음은 인간의 마음과 의지를 사로잡는 신비의 능력을 가지고 있다.

하나님의 말씀은 창조(창1:3), 지배(시147:15-18), 목적성취(사55:10-11), 소원성취(빌2:13)와 같은 다양한 능력을 지니고 있다. 4차원 영적세계는 3차원 물질세계를 다스리고 있다. 지금 야훼께서 그의 보좌를 하늘에 세우시고 그의 왕권으로 만유를 다스리고 계신다(시103:19). 하나님은 만유의 주로서 만유 안에 계신다(고전15:28). 4차원영성은 하나님의 '존재의 영성, 관계의 영성,277) 삶의 영성, 사역의 영성'을 활성화시켜 하나님의 나라를 확장시키는 기능을 가지고 있다. 예수 그리스도의 십자가로부터 비롯된 4차원영성이 교회와 조직에 온전히 적용되면, 꿈을 꾸게 되며, 나아가 성장, 부흥, 혁신, 창조가 일어난다. 개인에게 적용되면, 성도가 하나님을 영적으로 체험하는 놀라운 역사가

---

275) 싱글레어 퍼거슨(Sinclair B. Ferguson), 『오직 은혜로』(By Grace alone), 지평서원(2011), 200.

276) 조용기, 『4차원의 영성』, 교회성장연구소(2006), 46.

277) 관계의 영성: 성령의 열매는 9가지 속성으로 구성되는데 이들의 특징은 '관계성'에 있다. 이들 속성은 상대방의 존재를 전제로 한다. "오직 성령의 열매는 사랑과 희락과 오래 참음과 자비와 양선과 충성과 온유와 절제니(갈5:22-23)." 참조. 스티븐 모티어(Steven Motyer) & 존 스토트(John R. W. John), 『신약의 메시지』(The Story of the New Testament), 아바서원(2014), 195.

나타난다. 그래서 궁극적으로 하나님께 영광을 돌리게 된다. 하나님의 꿈은 창조의 역사를 탄생시키는 원동력이다. 영산은 "성령님은 우리에게 새로운 꿈과 소망을 주시는 분이므로 성령으로 충만할 때 긍정적인 꿈을 가질 수 있습니다(행2:17)."라고 말한다.278)

4차원영성은 피조세계의 모든 분야에 적용되고 응용될 수 있다. 곧 과학자, 인문학자, 기술자, 음악가, 의사, 디자이너, 군사, 경제, 문화 등 다방면에 일하는 사람들에게 다각적으로 다양한 방법으로 적용되어 현실화될 수 있다. 어떤 분야에 종사하든지 인간은 생각, 꿈, 믿음, 말을 통해서 삶과 삶의 이야기를 빚어내고 이끌어가기 때문이다.279) 만물은 하나님에게서 나왔다. 하나님과 인간과 피조세계는 하나의 거대한 시스템 안에서 서로 밀접하게 연결되어 있다. 하나님은 만유 위에 계시고 만유를 통일하시고 만유 가운데 계신다(엡4:6).

마귀는 인간과 피조세계를 지속적으로 무너뜨리고, 혼돈에 빠뜨리고, 무질서하게 만들려고 끊임없이 시도한다. 말씀과 성령으로 거듭나서 새로운 피조물이 되기까지 인간은 혼돈과 공허 속에서 허덕일 뿐이다. 기독교의 영성은 삼위일체 하나님의 존재와 구원사역에 기초하고 있다. 그 영성은 하나님의 사랑과 말씀과 성령의 역사를 통해서 빚어진다. 영성의 정점(頂點)은 삼위일체 하나님과 하나가 되는 것이다. 그것은 예수 그리스도 안에서 성령을 통해서 이루어진다. 삼위 하나님과 하나가 된 그리스도인은 바울의 다음 권면을 따라야 한다. "위의 것을 생각하고 땅의 것을 생각하지 말라. 이는 너희가 죽었고 너희 생명이 그리스도와 함께 하나님 안에 감추어졌음이라(골3:2-3)."

영산은 "믿음이란 하나님을 믿는 것입니다. 감각은 3차원이고 믿음은 4차원입니다. 4차원은 생각, 꿈, 믿음, 말로 나타납니다."라고 말한다.280) 4차원영성은 하나님과의 관계를 활성화시킨다. 4차원영성은 궁극적으로 하나님께 영광을 돌리는 것이며, 하나님과의 관계에 기초한 영성을 진보시키는 것이다. 그 과정에서 생기는 삶의 변화, 성장, 기적, 리더십 등은 어디까지나 부수적으로 생기는 열매이지, 결코 영성의 본질이 아니다. 태양의 본질은 빛이다. 태양을 보아야지 달빛을 보고 쫓아가면 안된다는 말이다. 신자는 항상 존재와 본질을 추구해야 한다. 왜냐하면 우리 안에 있는 영생의 씨는 영원한 것, 본질적 존재를 추구하기 때문이다. 4차원영성이 개인에게 적용되면, 하나님의 임재를 체험하게 되고 신앙생활이 활성화된다. 또한 창조, 기적, 구원의 역사가 나타난다. 하나님처럼 생각하고 꿈꾸고 믿고 고백하면, 눈에 보이는 3차원 세계가 변화되어 나타난다.

4차원영성의 조직에의 적용

한편, 전능하신 하나님을 알지 못해도, 창조적인 생각, 위대한 꿈, 긍정의 태도, 긍정의 말을 하는 사람은 그렇지 않은 사람보다 더 많은 것을 성취할 수 있다. 현대그룹의 고(故) 정주영 회장 같은 인물은 인간적인 4차원 생각, 꿈, 믿음, 말을 통해 세상적으로 위대한 업적을 이룬 좋은 사례이다. 애플의 창업자 스티브 잡스(Steve Jobs)는 기독교인은 아니지만, 그를 성공으로 이끈 7가지 원칙을 살펴보면 '인간적인 생각, 꿈, 믿음, 말'

---

278) 조용기, "항상 긍정적으로", 주일설교(2011-02-20).
279) "보이지 않는 창조적인 힘은 생각, 꿈, 믿음, 말입니다. 하나님의 말씀은 하나님의 생각이요, 꿈이요, 믿음이요, 창조적인 선언입니다(히11:1)." 조용기, "보이지 않는 능력", 주일설교(2013-04-21).
280) 조용기, "믿음이란?", 주일설교(2012-09-09).

을 적용한 하나의 사례가 될 수 있다.281) 잡스가 남긴 "늘 갈망하라, 늘 우직하라(stay hungry, stay foolish)"는 말은 '꿈을 품었으면 고난이 와도 끝까지 참고 견뎌 성공할 때까지 힘을 다 쏟으라'는 뜻이다.282) 그가 품은 꿈이 세상을 바꿔 놓은 것이다. 골프선수 타이거 우즈(Tiger Woods)는 어릴 때부터 기독교인인 부친이 삶의 지침 10계명을 따라 살았다고 전해진다.283) 어릴 때부터 아버지가 물려준 삶의 10계명이 오늘의 그를 만들었을 것이다.

하나님을 섬기든 섬기지 않든지, 인간은 저마다 자신의 생각, 꿈, 믿음, 말로 살아간다. 하나님은 그분의 형상대로 인간을 만드셨다. 인간은 하나님의 형상을 닮고 태어났다. 따라서 생각이 긍정적인 사람은 더 훌륭하고 큰일을 할 수 있으며, 꿈을 품은 사람이 그렇지 않은 사람보다 더 위대한 일을 할 수 있다. 4차원영성이 조직에 적용되면 다음과 같은 효과를 낼 수 있다. 조직은 무엇보다 한 마음이 되어야 한다.

첫째, 조직의 생각이 하나 되어 조직의 힘이 상승작용을 일으킬 것이다. 구성원들의 행동력을 강화시키는 좋은 시스템이 될 수 있다.284) 또한 창조력과 아이디어가 생겨서 새로운 신제품을 개발하고 더 나은 기술개발에 박차를 가하게 되어, 경쟁력을 갖춘 조직이 될 것이다. 생각이 하나 되면 마음이 하나 되고, 마음이 하나 되면 말이 하나 되고, 말이 하나 되면 이미지가 하나가 되어 조직의 힘이 급속도로 증가할 것이다. 4차원영성은 사람들에게 '한 마음과 한 길(렘32:39)'을 인도해 줄 것이다.

둘째, 분명한 꿈과 비전을 설정하게 되어서 방향감각을 잃지 않고 한 가지 일에 열정을 품게 될 것이다. 구성원들의 목표설정 능력이 향상되어 목표중심의 일을 하게 되어 능률이 향상 될 것이다. 4차원영성대로 살면, "달음질하기를 향방 없는 것 같이 아니하고 싸우기를 허공을 치는 것 같이(고전9:26)" 하지 않을 것이다. 4차원영성은 조직 전체에 꿈을 심어주는 인큐베이터 역할을 해줄 수 있다. 나의 꿈과 하나님의 꿈이 하나가 되면 위대한 일을 행할 수 있다. 이스라엘을 애굽에서 이끌어내어 가나안 땅으로 돌아가게 하는 꿈이 모세에게 그대로 전수되자 모세는 일평생 그 꿈을 따라

---

281) 스티브 잡스의 성공개념을 4차원적 개념으로 분석해보면, 이성적 4차원 세계가 드러난다. a) 좋아하는 것을 해라(삶의 우선순위). b) 세상에 발자국을 남겨라(나눔의 삶). c) 관계를 형성해라(신뢰와 믿음을 통한 관계구축). d) 1000개를 거부해라(생각의 단순화, 사물의 단순화). e) 비정상적인 다른 일을 만들어라(생각의 중요성). f) 메시지 전달에 익숙해라(말과 표현의 중요성). g) 상품이 아닌 꿈을 팔아라(꿈의 중요성).
282) 제럴드 리드(Gerad Reed), 『C. S. 루이스를 통해 본 거룩한 삶』, 엔크리스토(2006), 173. <u>하나님은 우리의 성공보다 거룩함에 관심이 있다.</u>
283) 타이거 우즈의 부친의 10계명을 기독교적 심리로 해석하면 다음과 같다. 거기에도 이성적 4차원 세계가 등장한다. a) 나는 내 운명의 주인공이다(믿음). b) 나는 나를 믿는다(믿음). c) 나는 장애물을 보면 미소를 짓는다(긍정적 생각). d) 나는 확고한 결단력을 가지고 있다(믿음). e) 나는 나의 결심을 힘차게 수행한다(추진력). f) 나의 힘은 위대하다(긍정적 생각). g) 나의 의지는 산을 움직인다(의지적 믿음). h) 나는 늘 정신을 집중하고 나의 모든 것을 거기에 바친다(꿈). i) 나의 결심은 강력하다(결단력). j) 나는 전심전력을 다한다(열정).
284) 패트릭 렌시오니(Patrick M. Lencioni)는 하버드 비즈니스 리뷰에 게재한 내용에서(2002년 7월), 구성원(기업의 직원)의 핵심가치를 4가지 유형으로 분류한다. a) 실행허용가치(구성원으로서 기본적으로 소유해야 할 초기가치, Permission-to-play values), b) 이상적 가치(현재는 없지만 장차 갖추어야 할 가치, Aspirational values), c) 우연적 가치(구성원들이 현재 공통적으로 소유한 가치, Accidental values), d) 핵심가치(구성원들의 행동을 이끌어내는 진정한 기업문화, Core values). 참조. 필립 코틀러, 『마켓 3.0』, 타임비즈(2010), 121-127.

모든 삶을 바쳤다.

셋째, '할 수 있다, 하면 된다. 해보자'의 도전적인 태도와 자신감을 품게 되어, 구성원들이 하나님으로부터 받은 잠재력을 일깨우게 되어 추진력이 향상될 것이다. 또한 도전의식을 불러일으키고 개척정신을 진작시킬 것이다(빌4:13).285) 이 말은 심리학자가 들으면 동질감을 느낄 수 있을지 모르지만, 사실상 이 말의 뿌리는 예수 그리스도와 우리의 영이 연합되어 있다는 사실에 기초하고 있다(고전6:17, 롬6:5). 심리학자가 의도하는 '긍정적 태도'와 차원이 전혀 다르다.

넷째, 구성원들이 긍정적인 말을 함으로, 일의 진척률이 증가하고, 모든 일에 항상 '가능성'을 열어두어서 새로운 일의 기회가 더 많이 생겨날 것이다. 조직 안에서 감사의 말, 위로의 말, 기쁨의 말, 행복의 말은 조직을 활성화시키는 대들보가 될 것이다.

요약하면 4차원영성이 조직에 적용되면 적절한 기대효과가 나타난다.

    a) 생각으로 기업조직을 혁신할 수 있다(시51:10, 사45:7, 사65:18).

    b) 생각한 것을 꿈꾸므로 비전의 단일화를 추구할 수 있다(신6:5, 사55:11).

    c) 꿈꾼 것을 믿음으로 가치체계의 단일화를 기대할 수 있다(렘32:39, 마15:28).

    d) 믿은 것을 언어로 행동의 집중화를 유도할 수 있다(약2:22).

표 10-1. 베드로와 예수님의 4차원영성 비교

영성 요소	베드로의 4차원영성	예수님의 4차원영성	특징비교
제1요소: 생각	a) 부정의 생각: 갈릴리 바다에서는 밤에 물고기가 해변으로 올라오기 때문에 얕은 물에서 고기를 잡을 수 있다.	a) 긍정의 생각: 깊은 데로 가서 그물을 내려라(눅5:4). 그러면 고기를 잡을 수 있다.	베드로와 예수님의 생각이 서로 달랐다.
제2요소: 꿈	b) 부정의 꿈 → 희망의 꿈: 밤새도록 그물질을 했으나 잡은 것이 없었다. 그러나 해보겠다(눅5:5).	b) 긍정의 꿈: 깊은 곳에 가면 고기를 잡을 수 있다. 한번 해봐라.	베드로는 경험적으로 잡을 수 없다고 보았으나, 예수님은 희망을 가졌다.
제3요소: 믿음	c) 부정의 믿음 → 긍정의 믿음: 잡은 것이 없지만 말씀에 의지하여 내가 그물을 내리리이다(눅5:5).	c) 긍정의 믿음: 깊은 곳에 고기가 있음을 이미 믿고 있었다. 믿어라.	베드로는 이성과 경험을 믿었고, 예수님은 하나님의 믿음을 품었다.
제4요소: 말	d) 부정의 고백 → 순종의 고백: 경험적으로 안되지만 '한번 그물을 내려보겠다.'고 고백했다.	d) 긍정의 고백: '그물을 내려서 고기를 잡으라'고 선포했다.	베드로는 경험을 고백했으나, 예수님은 하나님의 믿음을 고백했다.

---

285) 위대한 철학자 토머스 칼라일(Thomas Carlyle)은 이런 말을 남겼다. "가지고 태어난 재능을 다 발휘할 수 있는 사람이 되라." 하나님의 형상을 닮아 태어난 인간은 하나님의 도움이 있을 때 잠재력의 극대화를 기대할 수 있다.

4.2. 삶의 자리에서 영광-기적, 변화, 혁신, 창조

서리도 자꾸 밟으면 얼음이 된다. 영성도 자꾸 반복해서 훈련하면 진보되어 영성가(spiritual thinker)가 될 수 있다. 영성가가 된다는 의미는 성령 안에서 내 안의 예수님과 나의 영이 온전히 하나가 되어 감을 의미한다. 인간 자신의 힘으로는 어떤 영성도 진보시킬 수 없다. 오직 하나님의 주권과 말씀과 성령을 통해서 영성을 진보시킬 수 있다. 영성은 하나님의 은혜와 지혜와 능력으로 '내가 진보되는 것'이지, '내가 진보하는 것'이 아니다. 영성은 능동태가 아니라 '수동태 언어'이다.

영산은 "우리의 삶의 중심에 십자가에 있어야 합니다. 그리고 먼저 그의 나라와 의를 구하여야 합니다. 그럴 때 우리 삶의 모든 필요가 넉넉히 채워지고 이루어집니다."라고 말한다.[286] 좋으신 하나님은 '십자가 대속의 은혜'를 바라보게 하고, '전인구원의 은혜'를 바라보게 하여 우리의 삶이 영적으로 변화되기를 바라신다. 그러나 영성의 향기를 피우려면 영적 노력이 필요하다. 하나님은 하나님의 자녀를 통해서 일하시기 원하시며, 자신과 더불어 일할 일꾼을 찾으신다. 하나님과 함께 일하기 위해서 영산은 다음 4가지가 필요하다고 강조한다.[287] 그가 말하는 4차원의 영성은 성령 안에서 '하나님의 존재, 본성, 행동'을 영적 의지로 따라가도록 만든다.

    a) 우리는 주님처럼 생각해야 한다(사고의 영성화). 생명의 근원인 마음을 지켜야 함(잠4:23).
    b) 우리는 주님처럼 꿈꿔야 한다(꿈의 영성화). 네 입을 넓게 열라 내가 채우리라(시81:10).
    c) 우리는 주님처럼 믿어야 한다(믿음의 영성화). 말한 것이 이뤄질 것을 믿음(막11:23-24).
    d) 우리는 주님처럼 말해야 한다(언어의 영성화). 죽고 사는 것이 혀의 힘에 있음(잠18:21).

하나님과 교통하며 일하기 위해서 하나님처럼 생각하고, 꿈꾸고, 믿고, 말해야 한다. 영산의 표현에 의하면 신인동체(神人同體)의 삶, 곧 성령과 동행하는 삶이다.[288] 성령님은 신자들의 생각을 바꿔주고, 꿈과 믿음을 주며, 고차원의 하늘언어를 사용하게 만든다. 성도의 존재 이유는 무엇일까? 신자가 거룩하고(히10:10) 의롭고(롬3:22) 온전해지면(히10:14, 마5:48), 예수님의 제자로서 성령 안에서 말씀과 일치하는 삶을 통해서 하나님을 영화롭게 하는 삶을 살게 되고, 하나님을 영원히 즐거워하는 삶을 추구하게 된다. 신자는 일생동안 '내 안에 계시는 예수님만'을 드러내야 한다.

영성사에서는 영성에 대하여 신심생활, 내적 생활, 영성생활, 신비적 수련, 기독교적 완성신학, 영성신학 등 다양한 표현을 사용한다. 이와 같은 표현에 의하면, 영성은 하나님과 신자의 관계에 대해서 말한다. 영성은 하나님을 하나님 되게 하고, 인간을 인간 되게 하는 과정이다.

4차원 영성훈련의 기초는 말씀과 기도로 거룩해지는 것이다(딤전4:5). 영성개발은 기도를 통해 창조적으로 이뤄진다. a) 생각을 지속적으로 정화하는 기도, b) 꿈을 받고 성취하기 위한 기도, c) 하나님의 믿음을 갖고 행동에 옮기는 기도, d) 말의 능력을 삶의 자리에서 적용하는 기도로 이뤄진다.[289]

---

286) 조용기, "최대의 관심사", 주일설교(2010-01-03).
287) 조용기, "나는 포도나무요 너희는 가지니", 주일설교(2009-12-27).
288) 조용기, "최대의 관심사", 주일설교(2010-01-03).

영성가는 예수 그리스도와 인격적 교제 속에서 말씀과 기도로 진리와 의와 성령의 열매를 맺는 사람이다. 영성훈련은 하나님의 은혜에 반응하는 것이다. 야곱은 인생의 전반부에 인본주의적인 생각으로 하나님의 축복을 취하려고 했다. 얍복강 강가에서 하나님의 천사와 씨름하며 환도뼈가 부러지는 경험을 하게 된 인생의 전환점에서, 야곱은 철저하게 변화되고 이스라엘이라는 이름을 얻었다. 열 명의 문둥병 치료자 중 오직 한 명만 돌아와서 감사하자, 예수님은 "일어나 가라 네 믿음이 너를 구원하였느니라"고 축복했다(눅17:11-19). 영성가는 하나님의 은혜에 감사와 순종으로 반응한다.

영산은 4차원영성 훈련에 대하여 이렇게 피력한다. "누가 내게 와서 '당신의 신앙생활 가운데 가장 중요한 요소 세 가지를 말씀해주십시오'라고 청한다면, 나는 서슴지 않고 하나님의 말씀과 성령과 기도 생활이라고 대답할 것입니다. 말씀이 있고 성령께서 함께 계셔도 내가 기도하지 않으면, 하나님의 말씀이 나의 피와 살이 될 수 없고, 성령의 역사도 나의 생활을 통해서 구체적으로 나타날 수 없습니다."

기도와 말씀과 성령의 훈련을 통하여 하나님의 생각이 나의 생각이 되고, 하나님의 꿈이 나의 꿈이 되고, 하나님의 믿음이 나의 믿음이 되어 영적 권세로 고백하고 선포하게 하는 것이다. 또한 영산은 4차원영성을 개발하고자 할 때 분명한 목표를 가져야 한다고 강조한다. "영적인 초점이 분명하지 않으면 아무리 열심히 기도하고 금식하고 제자훈련을 한다고 하더라도 기대한 만큼 열매를 거두지 못합니다. 4차원영성을 개발하겠다는 분명한 목표와 초점이 있어야 말씀연구와 제자훈련도 효과를 거둘 수 있습니다."

그는 '영성을 개발하려면 어떻게 해야 합니까?'라는 질문에 이렇게 대답한다. "성령을 하나의 영향력으로 생각하면 안 됩니다. 성령은 분명한 지정의를 지니신 인격적인 하나님이기 때문에 우리는 성령과의 인격적인 교통을 통해서 영성을 개발할 수 있습니다. 또한 사람들은 한 번 성령충만의 체험을 했기 때문에, 그것으로 늘 성령충만한 것으로 오해하고 있습니다. 하지만 진정한 성령충만은 성령을 늘 체험하는 것을 말합니다. 똑같은 성령님을 중생, 능력, 충만의 은혜로 체험하는 것입니다. 그러므로 성령님을 인격적으로 늘 생활 속에서 인정하고 환영하고 모셔들이고 의지하며 인격적인 교통을 해나갈 때, 비로소 성령충만한 생활이 계속되고 영성이 충만한 삶을 지속할 수 있습니다. 저 자신은 매일 성령충만을 위해서 기도하고 성령님을 인정하고 환영하고 모셔들이고 의지합니다. 말씀을 증거하러 나갈 때마다 성령충만을 간절히 간구하고, 인격적인 성령님께 크게 의지하면서 일하고 있습니다. 성령의 기름 부으심과 도우심 없이 목회를 생각할 수 없기 때문입니다."[290]

영산의 영성훈련 모델은 첫째, 말씀훈련, 둘째, 기도훈련, 셋째, 성령훈련이다. 그는 지난 반세기 목회사역에서 이 세 가지를 핵심요소로 삼았다. 말씀, 기도, 성령으로 변화와 기적과 혁신과 성장을 이루어냈다. 그림 10-20에서 보는 바와 같이 4차원영성의 4요소 – 생각, 꿈, 믿음, 말 – 는 5중복음을 통해 활성화된다.

---

[289] 영산은 기도의 내용을 '감사기도(빌4:6-7), 도와주심의 기도(마7:7-8), 중보기도(딤전2:1-3)'로 나눈다. 조용기, "기도", 주일설교(2010-02-14).

[290] 홍영기, 『조용기 목사의 영성과 리더십』, 교회성장연구소(2003), 194-195.

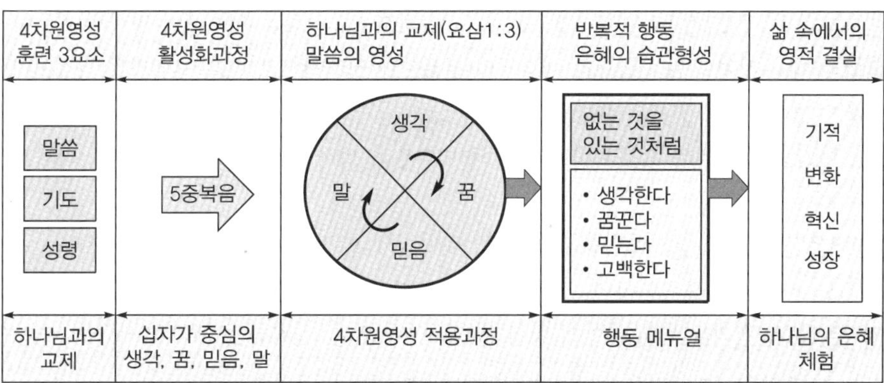

그림 10-20. 영산의 4차원영성의 활성화와 삶에 적용과정: 인간의 삶은 내적 삶이 외적 삶으로 승화된다. 삶의 기적, 변화, 혁신, 성장은 내적본질의 변화에서 시작한다. 보이는 것은 안 보이는 것으로 말미암는다(히11:3).

 영산의 4차원영성에서 중요한 것은 생각과 꿈과 믿음과 말이 영적으로 활성화되어야 4차원영성을 우리 삶에 적용할 수 있으며, 십자가 중심의 사고방식을 가지고, 위대한 꿈을 품고, 믿고, 긍정적 고백을 해야 창조적 역사가 창출된다. 그리고 삶에 4차원영성이 적용되려면 반복적 행동이 중요하며, 지속적으로 없는 것을 있는 것처럼 생각하고, 꿈꾸고, 믿고, 말해야 하며, 인간은 긍정적으로 생각하고, 꿈꾸고, 믿고, 말 할 때 우리의 삶에 창조의 역사, 기적의 역사가 나타나는 것이다.

 영산의 영성이론은 '십자가에서 나온 5중복음을 통한 생각 + 꿈 + 믿음 + 말의 영적 활성화과정'이며, 마치 그의 영성은 천상나무에 인간의 보잘 것 없는 영적 가지를 접목시켜 영적 열매를 맺게 하는 원리와 같은 것이다. 영성은 나 홀로 성장할 수 있는 것이 아니라, 나의 영적 가지를 하나님의 천상나무에 접붙임 해야 성장할 수 있으며, 하나님의 영성나무에 우리의 생각, 우리의 꿈, 우리의 믿음, 우리의 말을 접붙이기 해야 비로소 3중축복의 열매가 주렁주렁 맺히게 되는 것이다. 요약하면 영산의 영성은 '좋으신 하나님'에서 기원해서, '십자가 구속의 은혜 + 전인구원의 은혜'라는 통합영성으로 확장된다. 이 통합영성을 활성화시키는 방편이 또 4차원영성이다.

 최근 리처드 포스터(Richard Foster)가 개발한 영성훈련법이 있다. 이는 내적, 외적, 공동체적 3단계로 구성된다. 1단계는 내적 훈련으로서 묵상훈련, 기도훈련, 금식훈련, 말씀연구이다. 2단계는 외적인 훈련으로서 단순생활 훈련, 고독훈련, 순종훈련, 봉사훈련이다. 3단계는 공동체적 훈련으로서 고백훈련, 예배훈련, 인도훈련, 축제훈련으로 구성되어 있다.

 포스터의 영성훈련법은 전통적인 영성수련법을 재구성한 것이다. 인격의 심리구조 측면에서 보면 '내면화 → 외면화 → 공동체화' 순서로 이어진다. 영성화 효율 측면에서 보면, 이 영성훈련법은 현실화 기능이 저조한 것이 약점이라 할 수 있다. 인간의 영성화는 인간의 영과 하나님의 영이 만나는 접촉점에서 활성화된다. 신자의 영성화는 성령의 능력으로 말씀을 삶 속에서 구체적으로 실천하는 과정에서 새 창조의 역사가 일어나는 것이지, 심리적 측면에서 내면화 단계를 지나 외면화 단계로 간다고 해서 영성화가 순차적으로 일어나는 것은 아니다. 4차원영성 훈련에는 말씀의 임재과정 효과가 포함되어 있어서 신자의 내면과 삶이 근본적으로 변화되어 다양한 영적 열매가 나타난다.

영성(spirituality)은 복합적이고 광범위한 의미를 내포하고 있다. 좁은 의미에서 영성은 거듭난 자 또는 구원받은 자가 성령의 도우심으로 예수님의 성품으로 점진적으로 변화되어 가는 과정이다. 예수님의 성품을 닮아가려면 진리 가운데로 인도하시고 깨닫게 해주시는 성령님의 도움이 필요하다. 근본적으로 영성화는 말씀이 육화되어 예수님이 되었듯이 말씀의 육화과정을 통해서 이뤄진다.

영성훈련은 성령의 도움으로 말씀훈련, 기도훈련, 금식훈련, 선교훈련 등으로 이루어질 수 있다. 말씀과 기도가 내적인 훈련이라면, 선교와 봉사는 말씀의 실천적 행동으로 외적인 훈련이다. 이 두 가지 훈련은 동전의 앞뒤와 같아서 항상 병행되어야 한다. 신자들은 베뢰아 사람들처럼 '간절한 마음으로 말씀(행17:11)'을 상고하는 자가 되어야 한다.

예수님의 말씀에 의하면, 하나님을 사랑하는 신앙의 표현에는 4가지 본질적 요소가 있다(막12:30). 하나님을 사랑하기 위해서 a) 마음을 다하고(경외), b) 목숨을 다하고(의지), c) 뜻을 다하고(신념), d) 힘을 다하여야 한다(헌신, 봉사).

[하나님을 사랑하는 신앙표현의 4가지 본질 요소] = [경외] + [의지] + [신념] + [헌신]

영산은 이 4가지 요소를 철저하게 행동에 옮기려고 힘썼던 주의 종이다. 그는 서대문 시절 강단에서 쓰러질 만큼 사역에 힘을 다 쏟았다. 사역 중 죽을 고비를 수없이 넘겼다. 어지럼증을 느끼는 등 몸이 허약해서 갖은 고생을 하면서도, 그는 뜻을 다해 하나님께 헌신하며 교회를 섬겼다.

하나님을 사랑하는 방식은 다양하게 나타난다. 게리 토마스(Gary Thomas)는 그의 책『거룩으로 나아가는 길(Sacred Pathways)』에서 다양한 영성 소유자를 소개한다. 감각주의 영성을 가진 자는 오감으로 하나님을 사랑하기를 원하며, 전통주의 영성을 가진 자는 의식이나 성례 또는 상징으로, 금욕주의 영성을 가진 자는 오직 골방기도로, 행동주의 영성을 가진 자는 참여와 대결로, 긍휼주의 영성을 가진 자는 이웃사랑으로, 열정주의 영성을 가진 자는 신비와 축제로, 묵상주의 영성을 가진 자는 사모함으로, 지성주의 영성을 가진 자는 생각으로 하나님을 사랑한다는 것이다. 이처럼 신자 개개인의 기질에 따라서 서로 다른 방식으로 하나님을 사랑한다. 하나님께 가까이 나아가는 방식은 지금도 계속 변화되고 있다.

중요한 것은 '내 자신은 어떤 영성주의자가 될 것인가?'이다. 이것은 '내 자신의 인격적 기질'과 상당한 관련이 있다. 프란시스 쉐퍼(Francis Schaeffer)는 그의 책『우리는 어떻게 살아야 하는가?(How Shall We Then Live?)』에서 이렇게 강조한다. "우리 그리스도인들은 바른 세계관을 알아야 할 뿐 아니라, 그 세계관을 의식적으로 행동화해서, 우리의 개인 및 단체의 능력이 닿는 데까지 삶의 모든 영역과 사회의 각 분야에서 영향을 미쳐야 한다." 이 영성 모델은 사회에 적극적으로 참여해서 사회를 변화시키고자 하는 이들에게 적합할 것이다. 다른 한편으로 이웃사랑으로 하나님을 극진히 섬긴 캘커타의 테레사 수녀가 한 모델이 될 것이다. 사실상 교회와 사회는 다양한 영성모델을 통한 헌신과 섬김을 필요로 한다. 나 자신에게 적합한 영성의 길을 찾는 것은 행복한 영적 생활을 하는 데 있어서 중요하다.

이제 십자가의 도성에 적용되는 법칙을 구체적으로 알아보자. 영산의 영성형성 5S(Scale up, Seeing, Strengthening, Superlative, Sharing) 모델을 구체적으로 도시화하면 그림 10-21과 같다.

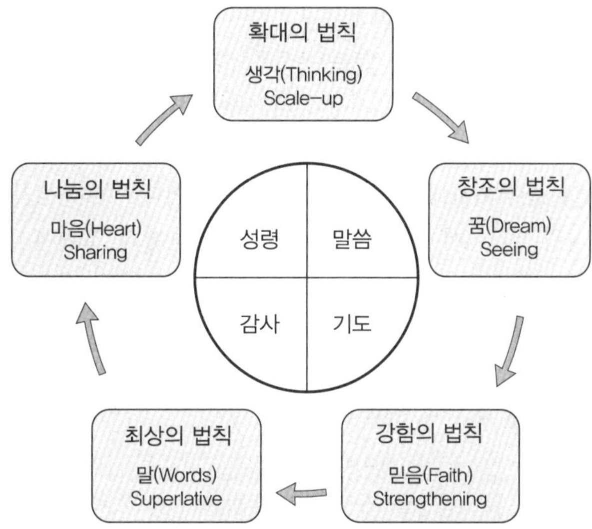

그림 10-21. 영산의 4차원영성을 기초로 한 영성형성 5S모델: 성경 전체의 영성을 기능적으로 분류하면 확대의 법칙, 창조의 법칙, 강함의 법칙, 최상의 법칙, 나눔의 법칙으로 압축된다. 하나님이 단지 그림에 서술된 5가지 법칙만 따라서 역사하신다는 말은 아니다. 하나님은 무한히 크신 분이시고, 전지전능하시고, 신비로우신 분이시다. 여기서 5가지 법칙으로 분류한 것은 이성을 가진 인간이 하나님의 영적 원리를 삶의 자리에 적용하는 방법을 인간의 수준에 맞게 구체화했을 뿐이다. 인간은 제한된 지식과 지혜와 경험으로 산다. 또한 제한된 영역 안에서 살고 있다. 하나님은 신비의 방법으로 지금도 온 우주를 다스리고 계신다. 그 신비는 인간의 인식 범위와 능력을 초월한다.

가. 확대(Scale-up)의 법칙: 작아도 장차 커질 것을 바라본다.

큰 북에서 큰 소리가 나고, 큰 생각에서 큰 일이 이루어진다. 영산은 말씀을 통해서 하나님의 생각을 가질 때 믿음의 역사가 나타난다고 말한다. "여러분의 생각 속에 하나님의 생각을 받아들이면 믿음을 산출하게 됩니다. 나아가 여러분의 믿음을 통하여 하나님은 다른 사람들에게도 역사하십니다. 이처럼 여러분의 생각은 매우 중요하기 때문에 여러분은 마음을 새롭게 해야 합니다."291)

우리의 생각은 예수님을 바라볼 때 확대된다. 십자가 안에 있을 때 우리의 영안이 열려 이제까지 보지 못한 더 큰 영적세계를 바라보게 된다. 확대의 법칙은 '작은 것을 보고 큰 것으로 생각하는 영성'이다. 신자는 전지전능한 하나님의 자녀이므로 있는 그대로를 보는 것이 아니라, 현상(現象) 뒤에 있는 더 큰 것을 바라보아야 한다.

---

291) 참조. 조용기, "마음을 새롭게 함으로 변화를 받으라", 주일설교(1998-02-01). "마음성전", 주일설교(2007-06-15). "마음가짐", 주일설교(2014-06-15). "마음하늘", 주일설교(2013-04-07).

성령은 생각을 통해서 일하신다. 하나님에게 속한 자는 눈으로 보이지 않는 것까지 통찰할 수 있는 사람이다. 엘리야는 구름조각을 보고도 장대비를 생각했다. 삭개오는 키가 작아도 뽕나무 위에 올라가서 키 큰 사람이 되었다. 이들은 자신의 3차원 육신의 생각으로 사물을 본 것이 아니라, 4차원 영적 차원에서 생각했다.

다윗은 4차원적 확대된 생각을 품었다. 그는 무시무시하고 살기등등한 싸움터의 환경을 전혀 보지 않았다. 야훼 하나님에 대한 믿음으로 거장 골리앗을 이길 수 있다는 하나님의 생각을 품었다. 다윗은 4차원 생각과 믿음과 말을 품었다. 반면에 골리앗은 3차원의 생각과 경험과 힘을 믿었다. 다윗과 골리앗의 대결은 인류역사에 길이 남을 만한 대사건이다. 다윗은 4차원적 영성을 품고 싸움에 나갔다. 그는 3차원 생각에서 4차원 확대의 법칙을 적용했다. 그래서 하나님의 생각으로 꽉 차 있었으며, 하나님의 말씀으로 무장했고, 하나님의 믿음을 가지고 있었다. 그는 무엇보다 없는 것을 있는 것처럼 고백했다.

확대의 법칙을 적용하려면 어떻게 해야 하는가?
첫째, 하나님의 생각으로 꽉 채운다(하나님의 생각).
둘째, 하나님이 도와주신다는 믿음을 가진다(창조적 믿음).
셋째, 없는 것을 있는 것처럼 믿는다(말씀의 현재화).
넷째, 없는 것을 있는 것처럼 고백한다(창조적 고백).

나. 창조(Seeing)의 법칙: 없는 것을 있는 것처럼 본다.

영산은 "인간은 하나님의 형상과 모양대로 지음 받았기 때문에 하나님의 뜻을 좇아 말로서 창조의 권세를 행할 수 있습니다."라고 말한다.[292] 창조의 하나님은 창조의 사람을 만드셨다. 말씀은 생각을 활성화하고, 말씀의 생각은 꿈을 낳고, 그 꿈은 믿음을 낳아, 없는 것을 있는 것처럼 바라보게 만든다. 영산은 "왜 꿈이 중요하냐 하면 꿈은 믿음을 산출한 어머니인 것입니다. 여러분 속에 있는 마음의 꿈이 여러분의 믿음을 만들어내는 것입니다. 믿음이 약한 사람은 꿈이 없는 사람이요, 꿈을 안 꾸는 사람은 믿음도 가질 수 없습니다. 신자는 십자가 밑에서 소망을 얻고 소망은 꿈을 꾸게 하고 꿈은 믿음을 산출하고 믿음은 하나님의 보좌를 움직이게 되는 것입니다."[293] 모든 인간은 바라보는 것, 곧 소원하는 것이 있을 때 믿을 수 있고, 기도와 순종으로 그것을 성취할 수 있다. 영산은 "마음에 소원하는 꿈을 하나님의 말씀을 통해 나타내야 합니다."라고 말한다.[294] 소원, 말씀, 꿈은 상호연합적으로 작용한다. 신자들의 진정한 소원은 말씀이 이뤄지는 데 있다.

그리스도인의 십자가는 삶의 원천이다. 윈슬로우(O. Winslow)는 "우리의 마음을 가장 강력하게 끌

292) 조용기, "말의 위력", 주일설교(2017-06-25).
293) 조용기, "마음의 변화", 주일설교(1988-06-12).
294) 조용기, "말의 위력", 주일설교(2017-06-25).

어당기는 자석이 있다면, 그것은 바로 예수님의 십자가이어야 합니다. 우리의 마음을 가장 강력하게 매혹시키는 것이 있다면, 그것은 바로 십자가에 못 박혀 죽으신 예수 그리스도이어야 합니다."라고 강조한다.[295] 십자가는 삶의 시원점이다. 십자가의 도성은 창조능력이 일어나는 곳이다. 믿음과 인내와 소망이 함께 공존하는 곳이다. 영산은 하나님을 전적으로 의지하는 믿음을 가지면 결실을 맺는다고 강조한다. "하나님을 의지하여 꿈을 구체적으로 세우면, 여러분은 자신의 미래를 부화할 수 있고, 목표를 향한 끊임없는 노력은 결국 좋은 결과를 얻게 될 것입니다. 물론 이 모든 것은 하나님의 주권에 속한 것이므로, 하나님의 뜻대로 살고자 하는 노력과 하나님을 전적으로 의지하는 믿음이 요구됩니다."

꿈이 있으면 믿음이 생기고, 믿음이 있으면 꿈이 생긴다. 꿈은 믿음을 초청하고, 믿음은 또 꿈을 초청한다. 창조의 법칙은 '없는 것을 보고 있는 것으로 꿈꾸는 영성'이며, 현재는 없지만 장차 있을 것을 믿고 입술로 고백하는 것이다. 아브라함은 없는 자식을 있는 것처럼 생각하고 살았다. "너희 안에서 행하시는 이는 하나님이시니 자기의 기쁘신 뜻을 위하여 너희에게 소원을 두고 행하게 하시나니(빌2:13)."

예수님을 믿으면 영적인 눈이 밝아져서 이전에 보이지 않던 것들을 볼 수 있게 된다. 하나님은 눈에 보이는 것뿐만 아니라 눈에 보이지 않는 것들도 만드셨다(골1:15-16). 따라서 영의 사람이 되면 이전에 보지 못했던 것을 볼 수 있고, 듣지 못했던 것을 보고 들을 수 있다.

<u>사례 1: 야곱의 창조적 삶</u>
3차원 세계에 익숙한 라반과 4차원 영의 세계를 믿고 살았던 야곱은 상반된 인생을 살았다. 얼룩무늬가 있는 양을 얻기 위해 그는 세상 사람들이 전혀 알지 못하는 영적 방법을 사용했다. 3차원 세계에 익숙했던 라반은 야곱과 최후 담판을 했지만, 그를 속이고 모든 얼룩이, 점박이, 검은 양들을 가려내어 자기 아들들에게 주었다. 그리고 사흘 길을 더 나가서, 자기와 야곱 사이의 거리를 그만큼 떨어지게 하였다(창30:35-36). 그로서는 그것이 최선의 방책이었다. 멘델의 우열의 법칙으로 보면, 열성유전자는 겉으로 나타나지 않는다. 라반은 흰 양으로 보여도 여차하면 얼룩이를 낳을 수 있다는 사실을 몰랐을 것이다. 하나님은 꿈을 통해서 야곱에게 얼룩이, 점박이, 아롱이들을 보여주셨다. 야곱은 흰 양에게서 얼룩양이 나올 수 있다는 사실을 꿈을 통해 깨닫게 되었다(창31:11-12).

어떻게 야곱의 꿈이 성취되었을까? 겉으로 보기에는 흰 양이지만 유전형에 열성인자가 있는 수양을 쓰고, 유전법칙과 달리 하나님의 은혜의 법칙이 적용되었기 때문일 것이다. 이것은 하나님의 은혜로 설명할 수밖에 없다. 만물의 창조주께서 전능하신 손길로 그렇게 하신 것이다. 결론적으로 야곱이 점 있는 양들을 얻은 원리는 다음 방정식으로 기술할 수 있다.

---

295) 옥타비우스 윈슬로우(Octavius Winslow), 『십자가 아래서』(At the Foot of the Cross), 지평서원(2014), 127.

[야곱의 창조 원리] = [쓰기 법칙] + [바라봄 법칙] + [믿음의 법칙] + [선포 법칙] + [반복의 법칙]

그는 나뭇가지로 그림언어를 땅 위에 썼고, 그것을 계속 바라보았고, 그것을 믿었고, 날마다 가지를 바라보고 입술로 고백하고, 계속해서 반복적으로 선포했다. 그가 4차원 믿음의 눈으로 바라보고 입술로 고백하자, 점 있는 양들이 많이 태어나게 되었던 것이다. "너희 행사를 야훼께 맡기라 그리하면 네가 경영하는 것이 이루어지리라(잠16:3)."

<u>사례 2: 아브라함의 창조적 삶</u>
아브라함은 없는 것을 있는 것으로 생각했다(롬4:17). 하나님은 무에서 유로, 어둠에서 빛으로, 절망에서 희망으로 보신다. 아브라함은 입체적으로 창조의 법칙을 사용했다.
    a) 자손 번성의 축복: "하늘을 우러러 뭇별을 셀 수 있나 보라 … 네 자손이 이와 같으리라 (창15:5)."
    b) 이삭을 낳으리라는 약속의 말씀: "네 아내 사라가 정녕 네게 아들을 낳으리니 너는 그 이름을 이삭이라 하라(창17:19)."
    c) 아브라함 긍정적 고백: 믿음으로 아브람을 아브라함(창17:5)으로, 사래를 사라(창17:15)로 부름.

그는 하나님의 말씀을 생각하며, 밤하늘의 별을 자식의 수처럼 상상하고 매일 밤 바라보았다. 이삭이 태어날 줄 믿었다. 그리고 이름을 바꾸어 그는 열국의 아버지로, 그의 아내는 열국의 어머니로 없는 것을 있는 것처럼 불렀다. 그렇게 믿음으로 고백하자 마침내 100세에 이삭이 태어나게 되었다. 그것은 25년 만에 맺어진 결실이었다. 아브라함이 이삭을 얻은 원리와 방법을 다음과 같은 영적 방정식으로 표현할 수 있을 것이다.

[아브라함 창조원리] = [하나님의 말씀] + [바라봄 법칙] + [믿음의 법칙] + [선포법칙]

여기서 중요한 키워드는 '없는 것을 있는 것처럼'이다. 야곱과 아브라함이 적용한 창조의 원리를 영산의 4차원영성으로 접근하면, 우리의 삶의 자리에 적용할 원리는 다음과 같다.
첫째, 하나님이 주신 말씀을 상상하여 꿈꾼다(상상). 말씀을 품고 상상력을 발휘함.
둘째, 없는 것을 있는 것처럼 바라본다(가시화). 끈질기게 바라봄.
셋째, 없는 것을 있는 것처럼 믿는다(현재화). 믿고 순종함.
넷째, 없는 것을 있는 것처럼 고백한다(고백). 창조적으로 고백함.

다. 강함(Strengthening)의 법칙: 약해도 강하다.

영산은 이렇게 말한다. "하나님은 우리를 믿음, 소망, 사랑의 사람으로 변화시키기를 원하십니다. 이 세상을 믿지 말고 하나님을 믿고, 이 세상에 소망을 두지 말고 하나님께 소망을 두고, 또한 용서하고 사랑을 실천하는 그런 사람을 만들기를 원하십니다."296) 믿음의 삶은 신앙인에게 최고의 가치를 부여한다. 십자가의 믿음은 성도를 의롭고 강하고 거룩하게 살도록 만든다. 영산은 "우

리는 믿음을 통하여 하나님의 말씀을 긍정하게 됩니다.”라고 말한다.[297]

십자가의 도성 안에 사는 자의 특성은 ‘약해도 강하다’를 주장하며 사는 것이다. 성령은 말씀의 고백을 통해 역사한다. “약한 자도 이르기를 나는 강하다 할지어다(욜3:10).” 영산은 “믿음이란 4차원의 세계를 통해 3차원을 바꾸는 강력한 힘입니다.”라고 말한다. “예수를 믿지 않는 사람도 신념으로 일합니다. 신념은 세상적인 믿음입니다. 그래서 신념은 3차원적 믿음에 불과합니다. 짐승들은 영이 없기 때문에 믿을 수 없습니다. 영을 가진 사람만이 믿음을 가질 수 있습니다. 그리고 하나님의 말씀에 기초해서 성령님으로 말미암은 믿음을 가지고 있어야 3차원 세계를 움직일 수 있습니다. 믿음은 있어도 좋고 없어도 좋은 것이 아닙니다. 없어서는 안 되는 절대적인 것입니다. 그러므로 우리는 항상 믿음으로 살아야 합니다. 그리고 믿음을 고백해야 합니다.”

강함의 법칙은 ‘약한 것을 보고 강한 것으로 믿는 영성’이다. 사도 바울은 내가 약할 때 강하다고 고백했다. 이처럼 믿음은 연약한 인간을 강하게 만든다. 바울은 “우리가 약할 때에 너희가 강한 것을 기뻐하고 또 이것을 위하여 구하니 곧 너희가 온전하게 되는 것이라(고후13:9)”고 말한다. 하나님은 연약한 우리와 함께 하신다(수1:9).

인간은 언제 두려움을 가지게 되는가? 첫째, 하나님의 거룩하심을 느낄 때 두려움이 생긴다. 모세가 호렙산에서 하나님을 만날 때 그는 두려움에 휩싸였다(출3:6). 사도 요한도 밧모섬에서 주님을 보고 두려워했다(계1:17). 이와 같은 사례들은 모두 거룩함에 대한 두려움이다. 둘째, 자신의 죄를 깨달아 알 때 사람은 두려워하게 된다. 예를 들면, 예수님을 모른다고 부인했던 베드로는 새벽에 닭이 울 때 예수님의 말씀을 기억하고 두려움에 빠졌다. 셋째, 믿음이 약할 때 두려움에 사로잡힌다. 예를 들면, 이스라엘 백성이 애굽 군대를 보고 크게 두려워했다(출14:10). 베드로는 바다 위를 걷다가 파도를 보자 무서워 물에 빠졌다(마14:30-31). 마지막으로, 주위 환경이 갑자기 달라질 때 사람들은 두려워하게 된다. 이를테면 교통사고, 질병, 경제적 손실 등의 문제를 당할 때 우리는 불안과 두려움을 느낀다.

하나님은 여호수아에게 강하고 담대하라고 말씀하셨다(수1:9).
첫째, 정신적 전략: 정신적으로 강해야 한다. 하나님은 먼저 ‘강하라’라고 하셨다. 이는 정신적 전략을 잘 세워야 한다는 것이다. 그러면 인간은 언제 강할 수 있는가? 사람은 하나님 안에 있을 때, 말씀과 성령 안에서 강하게 된다. 인간은 자신의 앞길을 알 수 없다. 잠언의 지혜자는 “사람의 걸음은 야훼께로서 말미암나니 사람이 어찌 자기의 길을 알 수 있으랴(잠20:24)”고 묻는다.
둘째, 행동적 전략: 행동이 담대해야 한다. 하나님이 여호수아에게 ‘담대하라(Be courageous)’고 하신 것은 행동을 위한 전략을 세우라는 말이다. 아는 것과 행동하는 것을 별개의 문제다. 행동하는 것이 어렵기 때문이다. 예수님은 “세상에서는 너희가 환난을 당하나 담대하라 내가 세상을 이기었

---

296) 조용기, “하나님께서 변화를 주시려 하실 때”, 주일설교(1997-02-16).
297) 조용기, “말의 위력”, 주일설교(2017-06-25).

노라(요16:33)"고 말씀하신다.[298]

셋째, 정서적 전략: 정서적으로 안정해야 한다. 하나님은 여호수아에게 '두려워 말라 그리고 놀라지 말라'고 말씀하신 것은 정서적 전략이다. 놀라지 않으려면, 누가 도와주는 사람이 있어야 한다. 하나님은 우리의 요새요, 피난처요, 방패시다. 어떤 중요한 일을 하려면 자신감이 있어야 한다. 자신감이 있으려면 경험이 많아야 한다. 아무리 기술이 뛰어나고 아이디어가 많아도, 단 한 번도 경험하지 않은 사람은 겁을 먹는다.

넷째, 동행 전략: 성령님의 동행을 믿어야 한다. 하나님은 여호수아에게 '어디든지 너와 함께 할 것이라'고 약속하셨다. 이것은 동행 전략에 해당한다. 하나님은 임마누엘 하나님이시다. 어디로 가든지 예수님의 영이 우리와 함께 계시므로, 우리는 두려워하지 않고 담대하게 행동할 수 있다. 하나님은 모든 일을 주관하신다. "너는 범사에 그를 인정하라 그리하면 네 길을 지도하시리라(잠3:6)."

라. 최상(Superlative)의 법칙: 나빠도 좋아질 것이라고 고백한다.

꿈과 믿음과 언어는 하나님의 뜻을 이뤄가는 훌륭한 일꾼이다. "마음에 주어진 희망의 십자가를 통한 새로운 꿈과 믿음과 언어는 변화무쌍한 환경을 지배하는 하나님의 능력의 그릇이 됩니다. 십자가 밑에서 희망을 가지고 변화된 마음으로 꿈을 꾸고 믿음을 가지고 말씀을 시인하면, 하나님의 기적이 일어날 것을 믿고 강하고 담대하게 나가면, 기적이 일어납니다."[299]

십자가 위에 연약하고 부족한 것을 올려놓으면, 장차 가장 강하고 최선의 것이 되어 되돌아온다. 이것이 십자가의 믿음으로 사는 원리다. 신자가 누리는 지고의 은혜는 십자가의 고난과 부활의 믿음을 삶 속에 적용해서, 장래에 임할 영광을 현재의 삶에서도 누리는 것이다. 최상의 법칙은 나쁜 것을 보고도 좋은 것으로 고백하는 영성이다. 영산은 아무리 나쁜 것을 보아도 항상 좋은 것을 말해야 된다고 강조한다. "현재에는 없지만 없는 것을 있는 것같이 말해야 됩니다. 말이 여러분을 그곳으로 이끌어가기 때문에 말을 잘못하면 파멸당하고 마는 것입니다. 죽고 사는 것을 여러분이 선택하는 것입니다. 우리는 입술의 고백을 통해 우리 자신에게 영향을 주며 우리의 삶을 변화시킵니다."[300]

한나는 극도로 나쁜 상황에서도 좋은 것을 기대했고 고백했다. 그녀는 아들을 낳으리라는 기대로 가득 차 있었으며, 최상의 것을 말하는 영성을 지니고 있었다. 기독교인은 말할 때 하나님의 말씀을 하는 것같이 긍정의 말을 해야 한다. 베드로는 "만일 누가 말하려면 하나님의 말씀을 하는 것같이 하고 누가 봉사하려면 하나님의 공급하시는 힘으로 하는 것같이 하라(벧전4:11)"고 권면한다.

내 삶에 최상의 언어법칙을 적용하려면 어떻게 해야 하는가? 영산의 이론을 요약하면 다음과

---

298) 달리기 선수 에릭 리델(Eric Liddel)은 담대했다. 1924년 파리 올림픽에서 주일 성수를 위해서 100미터 달리기를 포기하고, 400미터 경기에 출전해서 금메달을 목에 걸었다. 그 당시 한 기자가 이렇게 물었다. "어떻게 처음부터 끝까지 같은 속도로 뛸 수 있었습니까?" 그는 이렇게 대답했다. "처음 200미터는 내 힘으로, 나머지 200미터는 주님이 주시는 힘으로 뛰었습니다."

299) 조용기, "마음의 변화", 주일설교(1988-06-12).

300) 조용기, "말의 창조적 힘", 주일설교(2013-07-28). "말의 힘", 주일설교(2011-02-13). "우리를 변화시키는 말", 주일설교(2010-05-16).

같다. 첫째, 예수 그리스도 영과 연합된 그리스도인은 예수님처럼 생각해야 한다(고전6:17). 둘째, 거듭난 그리스도인은 인류구원의 창조적 꿈을 품는다(딤전2:4). 셋째, 하나님의 관점에서 '가능성'을 바라보고 기적이 일어날 것을 믿는다. 넷째, 삶의 자리에서 창조의 말, 감사의 말, 축복의 말, 희망의 말, 칭찬과 격려의 말을 한다.

마. 나눔(Sharing)의 법칙: 사랑과 복됨을 나눈다.

영산은 5중복음과 3중축복의 삶으로 새롭게 살기를 희망한다. "5중복음과 3중축복으로 마음을 새롭게 해서 새로운 꿈을 꾸고, 새로운 믿음을 가지고, 새로운 입술의 신앙고백을 통해서 운명과 환경을 변화시키고, 죄와 질병 저주와 절망 죽음을 다스리며, 영혼이 잘됨과 같이 범사에 잘되며, 강건하고 생명을 얻되 넘치게 얻어, 이 죽어가는 세대에 그리스도의 복음을 증거하는 자로 사시기 바랍니다."301) 예수님은 죄 많은 인간을 구원해서 영생을 주시고자 십자가를 지셨다. 곧 자신의 불멸의 생명을 인간과 나누기 위해 오셨다. 예수님의 나눔 모델에 대해서 다음과 같이 묘사할 수 있다.

[예수님의 나눔] = [십자가를 지심으로써 부활 · 영생 · 천국을 주심] + [가르치심(teaching)] + [전파하심(preaching)] + [고치심(healing)]

영산은 1999년 NGO인 '선한 사람들'을 창립했다. '선한 사람들'을 통한 비전을 이렇게 고백한다. "제가 선한 사람들을 시작한 것은 마태복음에 주님께서 '내가 주릴 때에 너희가 먹을 것을 주었고 … 헐벗었을 때 옷을 입혔고 병들었을 때에 돌보았고 옥에 갇혔을 때에 와서 보았느니라(마 25:35-36)'고 말씀하신 것에 기초합니다. 저는 그 말씀에 충격을 받았습니다. 그래서 굶주리고, 헐벗고, 병들고, 가난한 사람들에게 그리스도의 사랑을 직접 전해주기 위해서 선한 사마리아인을 표방한 선한 사람들을 통해서 일을 해야 겠다고 생각했습니다."

삶 자체는 고난의 연속이며 십자가를 나누는 삶은 선을 행함으로써 고난을 나누는 것이다. 베드로는 "오직 너희가 그리스도의 고난에 참여하는 것으로 즐거워하라(벧전4:13)"고 권면한다.302) 십자가를 지는 것은 다른 사람이 받아야 할 고난을 내가 짊어지는 것이다. 베드로는 "너희가 그리스도의 이름으로 욕을 받으면 복 있는 자로다 영광의 영 곧 하나님의 영이 너희 위에 계심이라(벧전4:14)"고 말한다. 하나님의 뜻대로 고난을 받는 자들은 하나님이 친히 돌보신다(벧전4:19). 나눔은 예수님의 성품을 닮아가는 과정이다. 그것은 작은 일에서 시작된다.

맺는말

---

301) 조용기, "마음의 변화", 주일설교(1988-06-12).

302) 조나단 에드워드(Jonathan Edwards, 1708-1758)는 "사람들에게 사랑을 베푸시기에 앞서 자기들의 비참함과 무가치함을 먼저 깨닫게 하시는 것이 하나님의 방식이다."라고 말한다. 조나단 에드워드, 『그리스도를 아는 지식』(Knowing Christ), 지평서원(2012), 73. "죄가 있어 매를 맞고 참으면 무슨 칭찬이 있으리요 오직 선을 행함으로 고난을 받고 참으면 이는 하나님 앞에 아름다우니라(벧전2:20)."

영산에 의하면, 4차원영성은 하나님과 교제하는 영성이다. '생각, 꿈, 믿음, 말'로 서로 친밀하게 상호인격적으로 교제하는 영성이다. 4차원영성은 인간의 소원을 채우는 수단이 아니다. 모든 교제는 관계를 기초로 한다. 아담과 하와가 죄를 지음으로써 하나님과 관계가 단절된 것처럼, 인간은 의롭고 거룩하지 못하면 하나님과의 친교가 이뤄지지 않는다. 신자는 하나님과의 친교를 통해서 점점 하나님의 성품을 알게 되고 더 닮아가게 된다. 진리의 영이신 성령님은 우리로 하여금 거룩한 삶을 살게 하신다.

닮아간다는 것은 무슨 의미인가? 하나님의 성품을 어떻게 닮아갈 수 있는가? 인간에게 닮아갈 수 있는 근거는 무엇인가? 인간은 보고 아는 존재다. 인간은 본 것을 기초로 해서 닮아간다. 우리가 2천년 전에 살았던 예수 그리스도를 본 적이 있는가? 없다. 그런데도 성경은 우리가 예수 그리스도를 닮아갈 수 있다고 말한다. 바울은 고차원적으로 "새 사람을 입었으니 이는 자기를 창조하신 이의 형상을 따라 지식에까지 새롭게 하심을 입은 자니라(골3:10)"고 말한다. 인간의 이성은 봄(sight)으로써 믿는다. 그러나 믿음이란 '보지 않고 믿는 것'이다. 영적논리로 보면, 믿음 안에는 '아는 것'과 '보는 것'이 모두 포함된다. 바꾸어 말하면 '아는 것'이 '보는 것'과 같다는 말이다. 이것은 놀라운 신비다. 믿음은 '봄(sight)'을 '앎(knowing)'으로 대체하고, 이것을 마음에 그대로 적용한다. 조나단 에드워즈가 애용했던 말씀 한 구절이 우리에게 도전을 줄 것이다: "예수를 너희가 보지 못하였으나 사랑하는도다 이제도 보지 못하나 믿고 말할 수 없는 영광스러운 즐거움으로 기뻐하니(벧전1:8)." 예수를 보지 않고 그를 사랑하는 믿음! 이 믿음이 진정한 믿음이 아닐까?

바울은 "우리가 그리스도의 마음을 가졌느니라(고전2:16)"고 고백한다. 성경에서 우리가 '예수 그리스도를 본다'고 할 때, 그것은 곧 '마음에 새겨진 그리스도의 형상을 본다'는 말과 동일하다. 실제적으로 본다는 것이다. 믿음의 눈 또는 영의 눈(시각)으로 본다는 것을 의미한다. 3차원적 존재(눈에 보이는 것)를 4차원적으로 승화시켜 본다(안 보이는 것)는 의미다. 그래서 '없는 것을 있는 것처럼 본다'는 말이 나온 것이다. 그러므로 '그리스도 예수를 아는 지식(빌3:8)'과 '진리를 아는 지식(히10:26)'을 내가 마음에 품는다고 말하면, 그것은 내가 눈으로 그리스도를 보고 알았다는 말과 동일하다. 신자는 예수 그리스도의 은혜와 그를 아는 지식에서(벧후3:18) 점점 자라가야 한다. 그것은 '야훼를 아는 지식(사11:9)'으로 연결되고 확장된다.

내 안에서 내적변화가 일어나기 위해서 먼저 '봄(sight)', '앎(knowing)', '믿음(faith)'이 서로 균형을 이루어야 한다. 인간이 변화되기 힘든 것은 '앎(knowing)'보다 '봄(sight)'을 영성생활의 기준으로 삶기 때문이다. 사실, '봄(sight)'이 없는 '앎(knowing)'은 오감을 가진 우리에게 익숙하지 않다. 그래서 때로는 신앙생활이 힘들고 변화되기도 어렵다.

영적 변화의 핵심은 보는 것이 아니라 아는 것을 통한 믿음(faith)이다. 그리스도인이란 '보고, 알고, 믿는 자'들이다. 과연 우리는 예수의 죽음을 보았는가? 보지 못했다. 그리스도인의 마음에는 예수 그리스도의 형상이 새겨져 있기에 우리는 예수의 죽음을 눈으로 보고 있다고 말한다. 이것이 생동적 믿음이다.

우리는 장차 새 하늘과 새 땅에서 "우리가 다 수건을 벗은 얼굴로 거울을 보는 것 같이 주의 영광을 보매 그와 같은 형상으로 변화하여 영광에서 영광에 이르게(고후3:18)" 될 것이다. 바로 그곳이 우리의 목표지점이다. 이 목표지점을 바라보며, 우리는 이 세상에서 날마다 의로움과 온전함과 거룩함을 추구해나가야 한다. "그러므로 하늘에 계신 너희 아버지의 온전하심과 같이 너희도 온전하라(마5:48)." "너희는 이 세대를 본받지 말고 오직 마음을 새롭게 함으로 변화를 받아 하나님의 선하시고 기뻐하시고 온전하신 뜻이 무엇인지 분별하도록 하라(롬12:2)."

끝으로 인간의 진정한 정체성은 어디서 자라는가? 영산은 이것을 4차원영성적으로 접근한다. 곧 '생각에서, 꿈에서, 믿음에서, 말에서' 인간의 정체성이 자라난다고 역설한다. 변화란 정체성의 재정립이기 때문이다.[303] 우리 안에서 일하시는 성령님은 자신의 사역을 통해 우리에게 의의 열매를 맺도록 하신다. 진정한 닮아감이란 의롭게 되는 삶이다. 십자가는 방랑자 그리스도인을 소명자 그리스도인으로 초대한다.

지금까지 십자가의 영성으로 예수 그리스도를 닮아감에 대하여 논하였다. 삶의 변화는 쉽지 않지만, 성령의 역사와 함께 혁신적으로 변할 수 있다. 베드로와 바울 모두 성령 안에서 변화된 사람들이다. 변화의 내적 원리는 '그리스도 안에서의 삶', '내가 죽고 없는 삶', '예수와 함께 죽고 부활한 삶'이다. 그 어떤 변화의 원리와 방법도 인간을 본질적으로 변화시킬 수는 없다. 이제 그리스도를 닮아가는 그리스도인에게 또 한 가지 할 일이 있다. 그것은 가르침이다. 제자도의 삶을 사는 것이다. 십자가의 영성은 가르침의 기초다. 다음 장에서 가르침의 영성을 구체적으로 살펴볼 것이다.

---

303) 조용기, "내 속의 숨은 정체성을 보라", 주일설교(2010-11-14).

내가 너희 중에서 예수 그리스도와 그가 십자가에 못 박히신
것 외에는 아무 것도 알지 아니하기로 작정하였음이라
(고린도전서 2장 2절)

제6부

십자가의 영성:
가르침(Teaching)

우리가 그를 전파하여
각 사람을 권하고 모든 지혜로 각 사람을 가르침은
각 사람을 그리스도 안에서
완전한 자로 세우려 함이니
(골로새서 1장 28절)

제11장

가르침의 십자가: 영성교육

요약

성경은 '인간을 위해 하나님이 하신 행동'과 '하나님을 위해 인간이 한 행동'의 이야기로 충만하다. 하나님의 교리는 전자와 관련되고, 인간의 윤리는 후자와 연관된다. 진정한 교육은 하나님이 성경에서 하신 '말씀과 행동'으로부터 온다. 하나님으로부터 배운 것을 삶 가운데 적용하는 것이 진정한 영적 교육의 진수이자 방향이다. 십자가는 인간교육의 정점이다.

인간을 향한 하나님의 영성교육은 십자가를 통해 궁극적으로 완성된다. 골고다 언덕 위에 세워진 십자가는 '지금 여기에서' 말하고 있는 십자가다. 십자가를 바라보면 인간은 고차원의 믿음과 사랑이 생기고, 나아가 하늘의 신령한 지식이 생긴다. 십자가는 말씀을 통해 성도들에게 말하고, 가르치고, 설득하며, 권하며, 변화시킨다. 십자가를 바라보면 미움 대신에 사랑이 보이고, 죄 대신에 거룩함이 보이고, 절망 대신에 희망이 보이고, 죽음 대신에 생명이 보인다. 십자가에서 죽으시고 부활하신 예수님은 우리에게 영원한 생명을 주시며, 또한 가장 숭고한 가르침을 준다.

하나님은 '십자가 위에서 죽으시고 부활하신 예수님의 삶'을 우리에게 보여주시고, 그것을 삶의 영적 모델로 삼게 하셨다. 신자는 거기서 우리가 이 땅에서 어떻게 살아야 할지에 대해 본질을 배운다. 우리는 십자가를 아는 만큼 예수님과 하나님과 성령님을 더 잘 알아 그분의 뜻 안에서 영적 삶을 살게 된다. 십자가를 통해 우리는 삼위일체 하나님을 더 깊이 알아갈 수 있다. 이 땅에서 지고(至高)의 배움은 예수 그리스도를 통해 삼위 하나님을 아는 것이다.

예수님은 이 땅에 계실 동안 하나님의 나라에 대한 말씀을 전파하고 가르치며 온갖 병자들을 치료하셨다. 반세기에 걸쳐 이룬 영산의 목회이론과 실제는 기독교교육의 원리에 이르기까지 지평이 확장된다. 교육차원에서 영산의 신앙과 목회를 이해하면, 첫째, 영산의 교육원리는 삼위일체 하나님의 존재, 본성, 행동을 알아가는 교육이다. 곧 좋으신 하나님, 예수 그리스도의 십자가 구속의 은혜, 성령님과의 인격적 교제를 통해 삼위 하나님에 대한 지식을 알아가는 교육이다. 둘째, 영산의 교육의 원리는 새 피조물로서 그리스도 안에서 복음에 일치하는 삶과 축복의 삶을 배워가는 교육이다. 곧 5중복음을 통한 십자가 중심의 교육이다. 자세히 말하면, 거듭나서 새로운 피조물로 살아가는 중생의 교육, 성령으로 거룩하고 의로운 삶을 살아가는 교육, 예수의 능력으로 치료받아 건강하게 사는 교육, 아브라함의 복을 받아 형통케 되는 교육, 다시 오실 예수님을 만나는 교육, 또한 3중축복을 통한 영혼 구원, 범사 형통, 강건의 교육이다. 이처럼 영산의 교육원리의 핵심은 십자가 중심이다. 셋째, 영산의 교육원리는 4차원영성으로 예수 그리스도를 닮아가는 전인 교육이다. 곧 예수님처럼 생각하고, 신령한 것을 사유하는 지성적 교육, 예수님처럼 꿈꾸고, 하나님의 뜻을 따라가는 교육, 예수님처럼 하나님을 믿고 순종하는 교육, 예수님처럼 말하고 아는 것을 실천하는 교육과 예수님의 거룩의 본성을 배워가는 교육이다.

요약하면, 영산의 영성교육론은 삼위일체 하나님 중심의 교육으로, 십자가에 초점을 맞추고, '더 이상 내가 아닌 우리 주 예수 그리스도 중심의 삶' - 의롭고 거룩한 본성을 본받는 삶 -을 사는 것과 관련된 교육이다. 나아가 성령의 깨우침과 인도함을 통해 예수 그리스도의 형상을 닮아가는 교육이라 할 수 있다.

1. 기독교교육의 기초

기독교교육이란 궁극적으로 그리스도의 거룩함과 의로움을 좇아 그리스도의 형상을 닮아가고, 하나님의 완전함을 닮아가며(마5:48), 하나님의 영광을 추구하는 것이다.[1] 그리스도와 연합된 우리는(고전6:17, 갈2:20, 고전2:16) 오직 그리스도의 존재, 본성, 행동을 따르는 삶을 추구할 수 있어야 한다. 근원적으로 이해하면, 신자는 성경에서 하나님이 보여주신 행동과 말씀으로부터 삶의 방식을 배워야 하고, 그것을 삶 가운데 적용하는 할 수 있어야 한다. '성령 안에서 하나님의 말씀과 행동'은 신자들이 본받아야 할 진정한 교육 컨텐츠다. 성경 안에는 '하나님이 인간을 위해 하신 행동'과 '하나님을 위해 인간이 한 행동'으로 충만하다. 예수님은 도덕적으로 내적 상태와 외적 상태가 하나 된 삶을 보여주셨다. 진정한 교육이란 내적교육과 외적교육이 조화를 이룬다. 그런 차원에서 기독교교육에 있어서 예수님은 우리가 닮아가야 할 진정한 교육모델이다.

하나님은 말씀을 통해 자신의 생각과 뜻을 드러내신다. 말씀을 순종하면, 신자는 곧 하나님이 인도하시는 삶을 사는 것이다. 그리스도인의 삶은 선(善)의 꼭짓점을 향하여 나아간다. 곧 영성훈련과 교육은 최고의 선을 추구하는 것이다. 그러한 선의 추구를 통해 하나님은 영광을 받으신다. 선은 자기초월적이다. 하나님이 인정하시는 선한 일은 내 힘으로 할 수 없다(엡2:10). 원래 인간은 자기 중심으로 사는 자율주의자가 아니라 이웃 중심으로 사는 타율주의자로 지음 받았다.

십계명이 가르치는 삶은 어떤 것인가? 그것은 하나님을 사랑하고 이웃을 사랑하는 삶이다. 진정한 기독교교육은 하나님의 말씀에 기초해서 하나님을 사랑하고 이웃을 사랑하며, 거룩하고 의롭고 선한 삶을 살게 하는 것이다. 하나님은 '십자가 위에서 죽으시고 부활하신 예수님'의 삶을 우리에

---

[1] 4차원영성을 기독교교육 관점에서 삶 가운데 적용하려는 의도에서 이 장을 삽입시켰다. 여기서는 주로 방법론적 접근에 대하여 논할 것이다. 기독교교육의 교과서적 개념들 - 기독교교육의 기본개념, 신학적 근거, 기독교교육의 역사, 기독교교육의 영역, 기독교교육의 이념과 목표, 기독교교육의 교육과정 등과 같은 주제들은 이 장에서 제외된다.

게 보여주시고, 그것을 삶의 영적 모델로 삼도록 하셨다.

　그리스도인은 이 땅에서 무엇을 위해 살아야 하는가? 첫째, 하나님께 예배를 드려 영광을 돌리는 삶이다. 둘째, 예수 그리스도를 증거하는 삶이다(행1:8). 셋째, 선한 일을 추구하고 행하는 것이다(엡2:10). 바울은 이와 같은 삶의 본보기를 보여주었다. 그는 일평생 주님의 종과 증인으로서의 삶을 살았고(행26:16). 사람들에게 복음을 증거해, 예수를 주님으로 영접시키고, 예수의 가르침에 순종하도록 이끄는 삶을 살았다(롬1:5).

　십자가는 하늘의 은사를 맛보게 하고, 성령에 참여하게 하고, 하나님의 선한 말씀과 내세의 능력을 맛보게 한다(히6:4-6). 넓은 의미에서 보면, 십자가는 인류를 대상으로 한 영성교육의 방편이다. 십자가는 죄인을 의인으로 만든다. 하나님의 관점에서 십자가 없는 교육은 텅 빈 교육이다. 십자가에 대한 온전한 교육만이 진정한 기독교교육이다. 십자가는 기독교교육의 기초다. 십자가는 신자의 내면을 새롭게 하고 변화시켜서, 나의 의지가 아니라 하나님의 뜻대로 살게 한다.

　하나님은 사랑이시다. 오늘도 피조세계 전체에 하나님의 은혜와 권능과 사랑이 미친다. 하나님이 먼저 우리를 사랑하셨다. 신자는 하나님에게서 사랑을 배우며 사는 존재다. 십자가는 하나님의 사랑에 대해서 가장 명확하게 증거해준다. 헨리 나우웬(Henri Nouwen)은 "이 짧은 일생은 내가 사랑받고, 깊이 사랑하고, 사랑 가운데 자라고, 사랑을 줄 수 있는 기회입니다."라고 말한다.[2]

　따라서 하나님을 사랑하려면, 십자가로부터 하나님의 지식을 알아가는 데 전심을 쏟아야 한다. 하나님을 알아갈 때 하나님의 뜻 안에서 살 수 있다. 궁극적으로 기독교교육이란 하나님 뜻 가운데 사는 삶이다. 그러기 위해서 삶 속에서 하나님의 뜻을 분별하는 능력을 배워야 한다. 영산은 하나님의 뜻을 아는 길을 5가지로 제시한다. 첫째, 하나님 말씀에 절대순종이다. 둘째, 기도하면 마음에 소원을 주신다(빌2:13). 셋째, 마음의 소원이 하나님 뜻과 일치되는지 진단한다(마6:33). 넷째, 환경의 증거를 바라본다. 기드온은 양털을 통하여 하나님의 증거를 구하였다(삿6:36-40). 다섯째, 환경의 증거가 보이면 마지막으로 마음에 평안이 임한다.[3]

　하나님의 뜻은 장차 저곳에서가 아닌 바로 지금 이곳에서부터 이루어지는 것이다. 범사에 하나님을 인정하는 삶이 하나님 뜻대로 사는 삶이다(잠3:6, 롬12:2).

1.1. 기독교교육의 목표

　하나님이 가장 중요하게 여기시는 언어는 바로 '거룩'이다. 나아가, 거룩은 하나님이 가장 좋아하시는 언어다(레11:45, 살전4:3). 하나님 자신이 거룩하시고, 그 아들 예수님도 거룩하신 분이시다. 하나님은 거룩하시기 때문에 거룩한 자와 대화하는 것을 기뻐하신다. 예수님이 십자가 위에서 단번에 제사를 드림으로써 우리는 거룩함을 단번에 얻었다(히10:10). 하나님의 뜻도 우리가 거룩하게 되는 것이다(살전4:3). 하나님은 자신의 거룩함에 대한 원칙을 자신의 형상을 닮은 인간에게도 그대로 적용시키신다. 영적인 삶에서 중요한 것은 거룩함을 유지하는 인격이다. 인격이 행동보다 앞선

---

2) 헨리 나우웬(Henri Nouwen), 『영성에의 길』(Finding my way home), IVP(2013), 10.
3) 조용기, 『오중복음과 삼중축복』, 서울말씀사(2008), 306-307.

다. 따라서 거룩함을 유지하기 위해서 날마다 하나님의 은혜를 갈망하고, 말씀과 믿음과 기도와 성령으로 충만해야 한다(행15:9, 살전4:5, 고전6:11).

5중복음과 4차원영성은 성도의 거룩함을 추구하는 영성교육과 관련이 있다.4) 4차원영성은 첫 사람 아담이 잃었던 의와 거룩의 교육을 활성화시키는 매개체로 기능한다. 왜냐하면 4차원영성은 기능적으로 예수님같이 생각하고, 예수님같이 하나님의 뜻에 따라 살고, 예수님같이 믿으며 살고, 예수님같이 언어생활을 하며 사는 삶을 추구하기 때문이다. 거룩한 생각으로 살면 거룩에 합당한 삶의 열매들이 맺힌다. 거룩한 삶을 산다는 것은 곧 그리스도에 대한 사랑을 전제로 한다.

제임스 패커(James Packer)는 "거룩함은 새로운 피조물이 추구해야 할 최종 목표이다(딛2:11-14, 엡2:10, 히12:14). 왜냐하면 거룩함은 성도를 괴롭히는 사탄의 계략을 가장 효과적으로 좌절시키기 때문(벧전5:8-9, 엡4:27)"이라고 강조한다.5) 그는 거룩함과 관련해서 요구되는 외적 및 내적 요소를 4가지로 요약한다. 첫째, 거룩함은 자신의 마음과 관련이 있다(예수의 마음을 품음). 둘째, 거룩함은 기질과 관련이 있다(예수님의 행동양식을 닮아감). 셋째, 거룩함은 자신의 인격과 관련이 있다(성령의 인도함을 받음). 넷째, 거룩함은 내가 맺는 관계와 관련이 있다(죄를 대적하려면 하나님 편에 서야 함).6) 칭의와 성화는 기독교 영성의 핵심원리다. 의롭다고 여김을 받은 신자는 성령 안에서 말씀과 성령과 기도로 '성화되어야(수동적)' 한다. 성도는 날마다 거룩함의 영성을 말씀과 성령으로 회복할 수 있어야 한다.

예수님은 주로 '만남의 교육', '기르는 교육', '만드는 교육'이라는 총체적인 방법으로 제자들을 양성했다. 예수님은 제자들을 사랑, 교육, 훈련, 기도를 중심으로 양육시켰다. 예수님의 지상 3대사역이 전도(preaching), 치료(healing), 교육(teaching)이었다. 이 세 가지는 오늘날 기독교교육의 기본모델이다. 사도 바울도 교육을 네 가지 - 곧 교훈, 책망, 바르게 함, 의 - 로 압축해서 설명한다(딤후3:16-17). '교훈'을 통해 삶의 방향을 가리키고, '책망'을 통해 가야 할 바른 길을 알려주고, '바르게 함'으로 어긋난 길을 다시 돌려놓고, '의'의 교육을 통해 양육하고 가르침을 주는 것이다.

영산은 "혼이 하나님의 말씀을 통하여 교훈을 받고 나면, 성령이 우리의 영을 통해 역사할 때 반발하지 않고 무조건 순종하게 되며, 이와 같은 질서가 설 때 하나님의 복이 넘치게 됩니다."라고 말한다.7) 영이 혼을 지배하는 교육은 오직 십자가의 믿음과 사랑에서 시작된다. 기독교교육은 이성적 사고방식을 초월해서, 믿음중심의 사고방식으로 사는 것이다.

교육은 하나님이 태초에 인간에게 심어준 '잠재의 씨'를 자라나게 해주는 과정이다. 기독교교육의 목적은 성경에 나타난 하나님의 뜻을 전달하는 것이다. 기독교교육의 목표는 예수 그리스도를 닮아가게 하는 것이다. 4차원영성은 기독교교육의 목적과 목표를 내 삶의 자리에서 구체적으로

---

4) "성령으로 새롭게 된 사람은 거룩한 삶으로 부름 받은 삶이다. 순종의 삶을 위해서 끊임없이 그리스도를 믿고 그분 안에서 믿음으로 살아야 한다. 하나님께서는 우리가 믿음의 삶을 살 수 있도록 말씀을 통해 필요한 모든 은혜의 방편을 주었고, 그것을 부지런히 사용하기를 원하신다." 월터 마샬(Walter Marshall, 1628-1680), 『성화의 신비』(The Gospel Mystery of Sanctification), 복있는사람(2013), 313.

5) 제임스 패커(James I. Packer), 『거룩의 재발견』(Rediscovering Holiness), 토기장이(2011), 51-52.

6) 제임스 패커(James I. Packer), 『거룩의 재발견』(Rediscovering Holiness), 토기장이(2011), 29-46.

7) 조용기, 『오중복음과 삼중축복』, 서울말씀사(2008), 282.

실현시킨다. 다시 말해 4차원영성의 핵심내용 – 하나님처럼 생각하고, 꿈꾸고, 믿고, 말하기 – 을 통해서 성도는 거룩함을 추구해 나갈 수 있다(살전5:23, 유1:20, 엡5:26).

1.2. 기독교교육의 본질

예수 그리스도와 동행하는 은혜의 삶을 살면, 인간은 지속적으로 변화의 삶을 추구하게 된다. 동행의 삶은 곧 사랑 안에서의 삶이다. 우리를 향한 예수님의 사랑은 그리스도를 향한 우리의 사랑을 잉태시킨다. 사랑은 상호 영적반응을 일으킨다. 우리 안에 그리스도의 사랑이 거하면 우리는 예수님이 좋아하시는 일을 하게 된다. 삶의 우선순위가 바뀌는 원리는 그리스도를 향한 사랑에서 시작된다. 기독교교육의 기저는 사랑에서 시원(始原)한다(요일4:8, 요3:16).

영산은 하나님과 동행하는 삶을 강조한다. "하나님은 목자이시고 여러분은 양입니다. 하나님이 양을 기르고, 양은 목자를 의지하며 살아갑니다. 하나님께서는 꿈을 꾸는 하나님이십니다. 따라서 하나님처럼 우리도 꿈을 꾸고 살고, 하나님처럼 믿음을 갖고 살고, 하나님처럼 말로 창조하며 살게 됩니다. 하나님은 우리가 하나님과 함께 살아가기를 원하십니다."8)

기독교 신앙의 본질은 임마누엘 하나님과 함께 사는 것이다. 하나님과 동행하는 삶을 살면 인간은 삶의 우선순위가 하나님 중심으로 재조정된다. 곧 영적 변화의 삶이다. 하나님과 동행하는 삶은 하나님의 마음이 자녀에게로 돌이키고, 자녀의 마음이 아버지께로 돌이키는 삶이다(말4:6). 기독교교육은 무엇보다 하나님이 태초에 인간에게 생기로 불어넣은 하나님의 영, 즉 루아흐의 본래 특성을 회복하는 데 있다. 성도는 하나님과 사귐으로써(요일1:3) 거룩하게 되고, 영적으로 성장하며, 땅이 아닌 하늘을 바라보는 삶을 살게 된다. 기독교교육의 본질은 인간의 오감(五感)과 지정의(知情意)가 하나님의 말씀과 성령으로 변화되고 성숙되어 완전함을 향해서 나아가는 데 있다(신18:13).

교육은 가르치는 자와 배우는 자 사이에서 일어난다. 예수님은 우리의 진정한 선생이고 그 앞에서 신자들은 배워야 할 학생들이다. 진정한 학생이 되려면 먼저 하나님과 관계회복이 필요하다. 다시 말하면, 기독교교육은 전능하신 하나님과 관계회복에서 이뤄질 수 있다. 예수님의 12제자는 처음에는 예수님의 존재의미와 그의 사역의 중대성을 제대로 깨닫지 못했다. 하지만 예수님의 부활과 승천, 성령님의 강림 사건을 경험한 후 비로소 그들은 예수님을 온전히 이해할 수 있었다. 그러한 이해를 바탕으로 비로소 그들은 하나님의 구원 계획과 예수님의 십자가에 기초한 가치관과 세계관을 분명하게 확립할 수 있었다. 이에 따라 그들은 온전한 영성적 삶을 살 수 있었다.9) 기독교교육의 한가운데 삼위일체 하나님이 계신다. 기독교교육의 핵심 내용은 삼위일체 하나님과 그의 구원사역을 알아가고, 그 결과에 동참하며 새 하늘과 새 땅을 고대하는 것이다(계21:1-2).

교육이란 가르침을 주는 자와 받는 자가 상호 하나가 되어가는 과정이다. 예수님의 영성교육 프

---

8) 조용기, "하나님의 뜻에 합당한 자", 주일설교(2015-02-08).
9) 세계관의 역할, 세계관과 성경, 세계관과 신학에 대하여 다음 책을 참조하라. 알버트 월터스 & 마이클 고힌, 『창조, 타락, 구속』, IVP(2007), 23-39.

로그램은 언제나 설득력이 있었고 군중들을 매료시켰다. 누가복음에는 비유가 무려 50%나 차지할 만큼 예수님은 비유법을 즐겨 사용하시며 사람들을 가르치셨다. 예수님은 대상물 교육의 전형적인 예로서 '아궁이에 던지는 들풀 이야기(마6:30)'나 '가이사의 것은 가이사에게 하나님의 것은 하나님에게(마22:15-22)' 같은 비유를 통해 자신의 이야기를 사람들의 기억에 오래 남게 했다. 예수님의 교육방법 중 문답식 방법도 빼놓을 수 없다.

모세가 광야에서 40년 동안 이스라엘 백성을 율법으로 교육했듯이, 영산은 여의도광야에서 7대 신앙기초를 토대로 80만 명을 영적 차원에서 교육시켰다. 교육은 성도들의 영적 삶과 현실의 삶에 지대한 영향을 미쳤다. 교육을 통해 성도들은 변화되었고 성장했고 형통함을 누리게 되었다.

2. 영산의 신앙기초

영산은 "혼은 이성적 존재이기 때문에 사리에 맞게 교육과 훈련을 시켜야 합니다. 혼을 훈련할 수 있는 가장 훌륭한 교재는 성경입니다. 하나님의 자녀로 성장하기 위해서는 수시로 하나님의 말씀을 읽고, 말씀대로 순종하며 살아야 합니다. 혼은 기회만 있으면 옛날처럼 주도권을 잡고, 하나님의 뜻을 거스르며 인본주의적으로 살려고 합니다."라고 말한다.[10] 보혈의 믿음이 마음속에 뿌리 내리기 전까지 우리의 옛 자아는 모든 삶의 주인이자 주권자였다. 그러나 믿음이 들어오면서 옛 사람의 이성은 밀려나고, 새 사람의 믿음이 그 자리를 차지했다. 그러나 신앙인의 이성은 하나님의 말씀과 성령으로 새롭게 되어, 믿음과 밀접하게 연합하여 하나님의 뜻을 이루어가는 데 중요한 역할을 한다.

영산은 7대 신앙기초를 구축해서 성도의 신앙성장을 추구했다. 기독교교육의 목표에 따라 영산의 7대 신앙기초는 5중복음과 3중축복의 복합적 개념에서 출발한 것이다. 결과적으로 그것은 십자가 중심의 신앙성장이라는 특징을 지니고 있다. 기독교교육의 궁극적인 목적이 예수 그리스도의 성품을 닮아가는 것이므로, 영산의 7대 신앙기초는 기독교교육에서 핵심적인 역할을 한다.

구체적으로 설명하면, 영산의 7대 신앙기초에서 '갈보리 십자가 신앙'은 그리스도인에게는 정체성의 시작점이다. '오순절 성령충만의 신앙'은 체험적 신앙으로서 신앙생활을 활성화시킨다. '땅 끝까지 전하는 신앙'은 복음전파의 사명을 충실히 이행하는 신앙을 강조한다. '좋으신 하나님에 대한 신앙'은 하나님의 말씀에 기초해 삼위 하나님을 올바로 이해하고 신뢰하는 신앙을 강조한다. '치료하시는 하나님에 대한 신앙'은 사랑과 자비와 권능으로 온갖 질병을 치유하시는 하나님에 대한 신앙을 강조한다. '재림의 신앙'은 새 하늘과 새 땅을 소망하며, 지금 이곳에서 긍정적이고 적극적인 삶을 살아야 함을 강조한다. 마지막으로 '나누어주는 신앙'은 하나님 사랑과 이웃 사랑을 신앙공동체와 생활공동체 안에서 구체적으로 실천하는 신앙을 강조한다.

---

10) 조용기, 『오중복음과 삼중축복』, 서울말씀사(2008), 282.

영산의 7대 신앙기초는[11] 80만 성도들을 교육시키는 핵심요소로, 그들의 신앙생활을 활성화시켰다.[12] 믿음은 현재 없는 것을 있는 것처럼 믿는 과정이다. 따라서 성경에 나오는 인물들이 품었던 믿음 또는 하나님이 바라시는 믿음을 영적으로 올바로 인식하고, 그것을 자신의 삶에 적용하며 구체적으로 경험하는 것이 중요하다. 모세는 떨기나무 앞에서 하나님을 만나는 체험적 신앙을 몇 차례 경험하자, 그 다음 하나님의 뜻과 계획을 인식하는 것에 기초한 신앙으로 나아가게 되었다. 하나님의 뜻이라면(롬12:2) 하나님의 믿음으로 무엇이든지 할 수 있다는 인지적 믿음이 성장하게 된 것이다. 세월이 지날수록 모세는 체험적 신앙을 넘어, 인지적 신앙으로 나아가고, 마지막에는 하나님께 모든 것을 맡기고 하나님의 뜻과 계획을 묵묵히 따르는 신앙에 이른다(신29:9). 우리의 신앙 목표도 거기까지 상승시켜야 한다.

제임스 파울러(James Fowler)의 신앙발달 6단계는 순복음의 7대 신앙과 연관성이 있지만, 완전한 상응관계는 아니다.[13] 신앙의 단계를 기계적으로 나누기는 어렵다. 믿음의 정상곡선은 하나님만이 알고 계시며, 그 믿음의 성장곡선과 성장속도는 주권자이신 주님의 손에 달려 있다. 바울이 회심하고 믿음이 장성하여 복음을 전파한 것도 모두 하나님의 은혜와 믿음으로 이뤄진 것이지 결코 개인적 능력이나 지식에서 온 것이 아니다.[14]

한 인간의 내면에 믿음이 생겨나는 과정은 등반가가 산 밑에서 한 걸음씩 발을 움직여 정상에 올라가는 등반과 같은 것으로 보기는 어렵다. 믿음의 등반은 일시에 최고봉으로 점프가 가능하기 때문이다. 극단적인 예는 예수님이 십자가에 달렸을 때 한 강도가 예수님을 믿어 낙원에 간 경우다. 그 강도의 믿음은 한 순간에 수직상승하였다. 베드로는 예수님을 세 번 부인하고 나서 믿음의 궤도에서 멀리 벗어났다. 그러나 부활하신 예수님을 다시 만나고 성령을 받자, 그의 믿음은 일시에 최고봉에 올랐다. 아브라함은 그의 자손이 하늘의 별과 같이 될 것을 믿었으나, 믿음이 약해져 다른 여자를 통해 이스마엘을 낳고 말았다. 하지만 100세에 그의 아내 사라를 통해 이삭을 얻자마자 그의 믿음은 비로소 하나님의 믿음궤도에 본격적으로 진입하게 되었다.

---

11) 조용기, 『오중복음과 삼중축복』, 서울말씀사(2008), 31. 7대 신앙기초. 십자가 신앙, 성령충만의 신앙, 땅 끝까지 전하는 신앙, 좋으신 하나님 신앙, 병을 짊어지신 예수님 신앙, 다시 오실 예수님 신앙, 나누어주는 신앙.

12) "신앙은 하나님의 역사적 존재와 본성과 행동에 대한 답변이다." 칼 바르트(Karl Barth), 『교의학개요』, 크리스챤다이제스트(2009), 39.

13) 0단계-초기적 신앙(undifferentiated faith): 영아기는 신앙발달의 기초를 세워가는 과정이다. 1단계-직관적 및 투영적 신앙(intuitive-projective faith): 유치기는 양육자의 신앙을 보고 따라간다. 2단계-신비적 및 문자적 신앙(mythic-literal faith): 신화, 설화, 관습, 전통의 영향을 받는다. 3단계-종합적 및 전통적 신앙(synthetic-conventional faith): 교리나 신조를 통해 신앙발달이 이루어진다. 4단계-개인적 및 성찰적 신앙(individual-reflective faith): 자아성찰을 통해 신앙발달이 이루어진다. 5단계-역설적 및 통합적 신앙(paradoxical-consolidative faith): 상호보완적 신앙의 길을 걷는다. 6단계-보편적 신앙(universalizing faith): 신앙의 보편성의 단계에 이른다(간디, 테레사 수녀 등). 참조. James W. Fowler, *Stages and Faith: The Psychology of Human Development and The Quest for Meaning*, HarperOne(1995).

14) 나무가 매년 동일한 크기로 성장하지 않듯이 믿음의 성장은 주위 영적 환경에 영향을 받기 때문에 천편일률적이거나 단계적으로 이루어지지 않는다. 믿음의 성장변곡점은 시간이 지나면 통과하는 것이 아니라 하나님과의 관계접점이 중요한 변수로 작용하기 때문이다. 우리 안의 믿음의 곡선은 외면적으로 영향을 받기도 하지만, 근본적으로는 내면적-영적 체험으로 활성화된다.

요약하면, 우리 안의 믿음의 동선(dynamic line)은 단선적(斷線的)이며, 동시에 연속적 성격이 결합되어 있다. 믿음의 동선을 움직이는 힘은 내 안에 있는 것이 아니라, 하나님에게 있다는 사실을 간과해서는 안 된다. 신앙생활에 극적인 환경이 조성되거나, 또는 하나님의 은혜로 지속적으로 성령충만을 받으면, 신앙이 급격히 성장해 곧바로 정점으로 올라갈 수도 있다. 시대를 초월해 신앙의 마지막 단계는 온 인류를 향한 사랑, 구제, 봉사, 선교에 방점을 두어야 한다.15)

3. 영성과 교육의 관계

신자는 가르침을 통해 신앙을 간직하게 되고, 나아가 영적으로 성장하게 된다. 신자는 은혜를 받을수록 하나님을 더 사랑하게 되고, 마찬가지로 하나님을 사랑할수록 은혜가 더 풍성해진다. 은혜는 하나님을 더 사랑하고자 하는 영적 동기부여를 부여해준다.

하나님을 사랑하는 영성은 영적 가르침과 배움을 통해 강력해진다. 영산은 믿음, 소망, 사랑을 회복시키는 교육을 강조한다. "하나님의 형상과 모양대로 지음 받은 인간의 근본 성품은 믿음, 소망, 사랑입니다. 마귀는 인간에게서 이것들을 제일 먼저 빼앗으려고 합니다. 사탄은 아담과 하와의 마음에 의심을 넣어 하나님을 믿지 못하게 했고, 소망을 빼앗고, 하나님을 사랑하지 못하게 했습니다. 그 결과 아담과 하와에게 파멸을 가져왔습니다."16) 타락으로 아담의 믿음 체계가 붕괴되고, 이성중심이 삶의 중심축이 형성되었다. 그 결과 인간은 자기중심의 삶을 살게 되었다. 하나님의 말씀을 잃은 인간은 곧 파멸의 길을 걷게 된다. 영산은 "여의도순복음교회가 세계 최대 규모로 부흥할 수 있었던 요인 중 하나는 복음을 통해 성도들의 마음속 깊숙이 믿음, 소망, 사랑의 씨를 심어놓았기 때문입니다."라고 회고한다.17) 믿음, 소망, 사랑의 교육은 지고의 영적 교육이자, 인간 본래의 속성을 회복시키는 뿌리다.

하나님은 "내 영을 너희 속에 두어 너희로 내 율례를 행하게 하리니 너희가 내 규례를 지켜 행할지라(겔36:27)"고 말씀하신다. 영성은 하나님의 방법으로, 하나님의 관점에서 이뤄주신다. 내가 하는 것이 아니라 성령의 역사로 영성교육이 이뤄진다.

영산은 "3차원의 파괴된 세상 위에 4차원적인 성령이 운행하셔서 모든 것을 고쳐놓는 것입니다. 그러므로 여러분에게도 이런 힘이 있습니다. 여러분의 영은 3차원에 속한 것이 아닙니다. 죽었다가 다시 사신 예수님을 믿고 여러분도 다시 살아났습니다. 다시 살아난 여러분의 영의 기도와 믿음

---

15) 영산의 7대 신앙기초는 다양한 교육과 나눔의 산물을 낳았다. 대학교육기관, 신학교육기관, 교회성장연구소, 국제교회성장연구원(CGI), DCEM(David Cho Evangelistic Mission), 국민일보, 신앙계 등 다양한 채널을 통해 영적 교육을 실행하고 있으며, 행복과 사랑 나눔재단, 엘림복지회, 선한사람들 등을 통해 나눔의 교육을 실천하고 있다. 땅 끝까지 복음을 전파하기 위해 세계 65여 개국에 700여 명의 선교사를 파송하여, 순복음의 5중복음과 3중축복을 증거해 왔다. 1990년대부터는 선교지를 제3세계까지 확대하였다. 또한 방송매체를 통한 복음전파와 순복음성령운동의 확산을 목적으로 1998년 순복음인터넷방송국(FGTV, http://www.fgtv.com)을 개국했으며, 위성방송, 모바일 방송 등 다양한 전달매체를 통해 하늘나라 확장에 힘을 쏟았다. 이 모든 것을 간략하게 묘사하면 '복음전하기 교육'이며, 10계명의 핵심인 '하나님 사랑과 이웃 사랑'이다.
16) 조용기, 『설교는 나의 인생』, 서울말씀사(2009), 249-250.
17) 교회성장연구소 편집부, 『카리스 & 카리스마』, 교회성장연구소(2003), 129.

과 명령은 굉장한 힘을 가지고 있습니다."18) 영성의 능력은 곧 성령의 능력이다. 내가 나를 영적으로 변화시키는 것이 아니다. 내 안의 힘으로 사물을 변화시키는 것이 아니다. 오직 성령의 능력으로 나의 마음과 생각과 환경을 변화시킬 수 있다. 그런 차원에서 영성과 교육의 주체는 성령님이시다. 성령님은 우리의 영과 그리스도의 영을 연합시켜서(고전6:17, 갈2:20, 롬6:4-5), 자신의 사역을 입체적으로 펼치신다. 우리는 성령의 도움으로 그리스도의 거룩함을 닮아간다. 하나님은 자신의 자녀들을 거룩한 백성으로 만들어 가신다. 하나님은 우리에게 믿음을 선물로 주어, 그 아들 예수 그리스도를 닮아가게 하신다(롬8:29, 마5:48, 신18:13, 골1:28).

예수 그리스도의 십자가를 통해 거룩의 본성을 본받으면, 인간의 인격 – 지성, 감성, 의지 – 을 통제하는 능력이 나타난다. 다시 말해, 십자가의 말씀은 인격을 통제하는 놀라운 능력을 가지고 있는 것이다. 십자가는 인간의 본성을 근본적으로 그리스도의 마음에 근접시킨다(고전2:16, 빌2:5). 성도는 십자가 위에서 예수와 함께 죽고 함께 부활한 존재이므로(롬6:5), 새로운 지성, 감성, 의지로 살아야 한다. 그러기 위해서 우리는 날마다 '십자가 위에서 죽고 부활한 자라는 사실'을 상기하고, 그것을 입술로 고백해야 하는 것이다. 십자가 위에서 이미 죽고 부활한 경험이 있는 자가 바로 우리 자신이다(갈2:20). 십자가 위에서 죽은 자는 더 이상 나의 세상적인 생각, 지식, 경험을 내세우지 않으며, 오직 예수 그리스도의 지식과 지혜로 살아가는 것을 즐거워한다. 스스로 말씀과 기도로 마음의 성향이 거룩하게 되도록 다진다. 성도는 하나님의 말씀과 기도로 거룩해지는 존재다(딤전4:5).

진정한 교육이란 신자의 마음의 성향이 예수 그리스도의 성품을 닮도록 만드는 것이다. 영산은 하나님이 우리와 함께 계심을 늘 생각해야 한다고 강조한다. "하나님께서 우리와 함께 사신다는 것을 생각해야지 자꾸 옛날 이야기처럼 생각해서는 안됩니다. 가장 큰 문제는 오늘날 예수 그리스도를 믿고 하나님의 백성이 된 사람들조차 하나님이 우리 가운데 함께 사신다는 사실을 종종 잊는다는 것입니다."19)

'하나님이 나와 함께 하신다'는 영적 교육은 매우 중요하다. 이것은 이론으로 되는 것이 아니라 성령의 역사로 경험을 통해서 깨닫게 된다. 영산은 삶의 자리에서, 즉 지금 바로 이곳에서 말씀을 적용하고 실천해야 함을 강조한다. "말씀은 우리를 구원하는 복음입니다. 지금 말씀을 듣고 믿고 시인하면, 성령이 오셔서 우리 마음에 인을 치시고, 그 즉시 우리를 하나님의 자녀로 만들어주시는 것입니다. 이와 같은 '말씀의 현재성'을 우리가 깊이 깨달아야 합니다."20)

교육의 어원은 라틴어 *educare*에서 왔다. *e*는 '밖으로', *ducare*는 '이끌다' 또는 '끌어내다'를 뜻한다. 따라서 *educare*는 '밖으로 이끌어내다' 또는 '끌어올리다'를 의미한다.21) 어원적 측면에서 영성교육을 정의하면 '하나님의 말씀을 삶 속에 뿌리내리게 하여(골2:6-7, 골3:2), 삶을 통해 예수 그리스도를

---

18) 조용기, "하나님의 말씀", 주일설교(2015-03-01).
19) 조용기, "하나님의 말씀", 주일설교(2015-03-01).
20) 조용기, "하나님의 말씀", 주일설교(2015-03-01).
21) 황성철, 『기독교 교육철학』, 대한예수교장로회총회(2000), 16-17.

밖으로 드러나게 하는 것, 즉 예수 그리스도의 형상을 닮아가는 과정(롬8:29, 마5:48)'이다. 기독교교육의 궁극적 목적은 예수 그리스도를 닮아가게 함으로써 하나님을 영화롭게 하는 데 있다.22)

교육학적 관점에서 교육은 '순차적, 논리적, 계획적, 체계적 방식을 갖춘 전통적 교육'을 의미한다.23) 반면, 기독교교육의 정의는 '성경말씀을 기초로 해서 성령의 능력으로 그리스도 중심의 가르침을 받는 과정'으로 요약된다.24) 영성 자체의 의미가 넓고 다양하기 때문에 영성교육에 대한 정의도 넓고 다양할 수밖에 없다. 기독교교육 목표에 관하여 신학자들마다 교단마다 다양한 정의를 내리지만, 그 중심에는 항상 영적 가르침을 주는 하나님, 예수님, 성령님이 계시고, 또한 영적 가르침을 받아야 할 그리스도인이 있다. 그리고 말씀, 기도, 믿음이라는 핵심 요소들이 있다.25)

성경의 가르침에 기초해서 말씀중심의 교육을 정리하면 다음과 같다. 이 교육의 한가운데는 주체와 모범으로서 예수 그리스도가 있다. 4차원영성 교육의 궁극적 목표는 말씀으로 예수 그리스도를 닮아가는 데 있다.26)

a) 제자화: 교육은 승계다. "너희는 가서 모든 족속으로 제자를 삼아 … 내가 너희에게 분부한 모든 것을 가르쳐 지키게 하라(마28:19-20)."

b) 응용화: 삶 속에 말씀이 뿌리를 내리고, 그 말씀이 삶을 인도해가도록 해야 한다. "너희는 내게 배우고 받고 듣고 본 바를 행하라 그리하면 평강의 하나님이 너희와 함께 계시리라(빌4:9)." "그러므로 너희가 그리스도 예수를 주로 받았으니 그 안에서 행하되 그 안에 뿌리를 박으며 세움을 입어 교훈을 받은 대로 믿음에 굳게 서서 감사함을 넘치게 하라(골2:6-7)."

c) 지식화: 예수를 아는 지식으로 충만해야 한다. "새 사람을 입었으니 이는 자기를 창조하신 이의 형상을 따라 지식에까지 새롭게 하심을 입은 자니라(골3:10)." "오직 우리 주 곧 구주 예수 그리스도의 은혜와 저를 아는 지식에 자라 가라(벧후3:18)."

---

22) James C. Wilhoit & John M. Dettoni, *Nurture That is Christian*, Baker Book House Co(1998), 58-60. 피아제의 교육이론을 기독교교육에 다음과 같이 적용할 수 있을 것이다. a) 교육의 목적은 하나님을 영화롭게 하는 것이다(the purpose of education is development). b) 배움이란 사회적 활동이다(learning is a social activity). 즉 주위 사람들과 상호관계 속에서 배운다. c) 배움이란 말씀으로 삶의 문제를 해결하는 과정이다(learning is a disequilibrating and and re-equilibrating process).

23) Carter V. Good, *Dictionary of Education*, New York: McGraw-Hill(1945), 175.

24) Robert W. Pazmiño, *Foundational Issues in Christian Education*, Baker Academic, 2008, 91.

25) NIV Study Bible(2008), 2031. 4차원 영성교육은 아래 내용을 입체적으로 지향하는 교육이다. i) 기독교교육의 목적: a) 하나님의 영예, 능력, 베푸신 기적을 가르쳐야 하고(시78:4-6), b) 하나님을 의뢰하고 순종해야 하며(시78:7-8), c) 하나님의 지혜를 얻게 하며(잠4:5-8), d) 거룩한 삶을 살게 하며(창18:19, 잠1:2-4, 딤후3:17), e) 마땅히 행할 길을 가르친다(잠22:6). 거룩한 삶으로 하나님을 영화롭게 하는 삶이다. ii) 기독교교육의 핵심내용: a) 하나님의 도를 가르치고 (신6:6-7, 신33:10), b) 야훼의 영예와 능력을 전하고(시78:4-6), c) 거룩한 말씀을 듣고, 배우고, 행하고(딤후3:14-17), d) 하나님의 지혜와 지식을 가르쳐야 한다(단1:17, 골2:3). iii) 교육의 기초: a) 하나님을 경외하고 두려워해야 하며(시111:10, 잠1:7, 잠9:10), b) 우리 주 예수 그리스도를 아는 데 있다(고전1:30, 골2:3). '나와 나의 삶'이 아니라, '오직 하나님 중심주의로 사는 삶'이다. 요약하면, 기독교교육의 핵심내용은 예수 그리스도를 전인적, 총체적, 공동체적으로 닮아가며, 삶의 모든 영역에서 '그리스도인 다움(Christlikeness)'을 드러내는 데 있다.

26) 구원받아 새 사람이 된(구원론, 로마서) 하나님의 백성은(교회론, 에베소서), 주 예수를 믿어(기독론, 골로새서), 그리스도 안에서 예수 그리스도를 닮아가는 삶을 살아야 한다.

    d) <u>진리화</u>: 내 자신이 진리의 말씀으로 먼저 충만해야 한다. "너는 진리의 말씀을 옳게 분별하여 부끄러울 것이 없는 일꾼으로 인정된 자로 자신을 하나님 앞에 드리기를 힘쓰라(딤후2:15)."

    e) <u>완전화</u>: 그리스도의 형상을 닮아가야 한다. 즉 하나님의 자비로 완전함의 영성에 도달하는 것이다. "그러므로 하늘에 계신 너희 아버지의 온전하심과 같이 너희도 온전하라(마5:48)."

    f) <u>도덕화</u>: "이는 하나님의 사람으로 온전하게 하며 모든 선한 일을 행할 능력을 갖추게 하려 함이니라(딤후3:17)."

따라서 전인적 영성교육은 인지적인 측면에서 하나님의 뜻을 분별해서 알고, 정서적 측면에서 하나님을 경험하고 깨닫고, 또한 의지적 측면에서 알고 깨닫고 본 것을 행동으로 옮기는 것이다. 요약하면, 하나님의 존재, 본성 및 행동을 삶의 자리에서 경험하여 깨닫는 것이다. 영성개념을 더 확장하면, 내 안의 영적 및 지정의적 모든 힘을 나 자신과 이웃을 향해 최선을 다해서 나타내고, 삼위 하나님께 영광을 돌리는 것이다. 그 과정에서 영적성장과 성숙 및 영성교육이 활성화된다.[27]

신자의 진정한 교육은 성령님이 시킨다. 성령님은 우리에게 생명을 주고, 그리스도와 연합하게 하고(갈2:20), 거룩하게 만들고(딤전4:5), 선한 일을 하게 한다(딛2:14). 또한 성령님은 우리의 기도를 이끄신다(갈4:6, 롬8:26). 성령님은 기독교교육의 주체자이시다. 우리의 신앙은 성령의 내적 역사로 이뤄진다. 학습자체가 본질적인 것이 아니라 하나님의 말씀이 본질이다. 성령님은 말씀을 통해 인간의 의지, 감성, 지성 전반에 걸쳐서 교육시키며, 삶을 천상구조로 활성화시킨다.[28] 또한 성령님은 이성을 파괴시키지 않고 협력자로 삼는다. 기독교교육은 궁극적으로 그리스도의 형상과 모습을 닮아가는 것이다. 날마다 그리스도의 성품 – 의로움과 거룩함 – 을 닮아가는 삶이 진정한 기독교교육의 현장이다. <u>성령님이 마음성전에 내주하심으로 그리스도인은 거룩한 존재다(고전6:19, 고전3:16). 따라서 성도는 날마다 성령 안에서 말씀과 믿음으로 거룩영성을 회복하여야 한다.</u>

4차원 영성교육은 천상적 삶의 모델, 곧 예수님의 삶의 모델을 따라가는 교육이다. 성도가 본받아야 할 영성교육도 하나님의 말씀을 순종하는 삶과 예수님을 닮아가는 성화 교육이 근간이 되어야 한다.[29]

영산은 고난을 통해 교육이 이뤄진다고 강조한다. "예수님의 뜻을 이루기 위하여 주님은 고난이란 교육과정을 통과하게 하십니다. 고난을 당할수록 고난을 이기게 하시는 예수님을 깊이 알고 체험하게 됩니다."[30] 신자들은 현재 내가 처한 삶에 정황과 관계없이 영적 평안과 기쁨 그리고 위로를 누릴 수 있어야 한다. 예수를 잘 믿어도 삶에 따르는 축복은 항상 좋은 일만 있는 것이 아니기 때문이다.

---

27) 달라스 윌라드(Dallas Willard), 『하나님의 음모』(The Conspiracy of God), 복있는사람(2013), 524-548. 윌라드(Willard)는 영적성장의 황금삼각형을 제시한다. 곧 황금삼각형의 각 꼭지점은 '성령의 활동(요3:5, 롬8:13, 갈5:22-26), 삶 속의 평범한 사건(약1:2-4, 롬5:1-5), 새 삶을 위한 영적훈련(골3:12-17, 벧후1:5-10)' 이다. 삼각형의 한가운데는 '그리스도의 마음'이 있다(빌2:5, 12-15, 롬13:14).

28) 조용기, 『성령론』, 서울말씀사(1998), 94.

29) 참조. 소태영, "영산의 4차원영성과 상상하는 교육", 『영산신학저널』, Vol.17. 김정준, "영산의 4차원영성과 영성교육적 과제", 『영산신학저널』, Vol.18. 박문옥, "영산교육 신학을 위한 만남의 이해", 『영산신학저널』, Vol.18. 임애경, "다문화 사회와 기독교교육", 『영산신학저널』, Vol.21.

30) 조용기, "이유 없는 고난", 주일설교(2011-03-06).

기독교교육의 핵심 포인트는 예수 그리스도시다.31) 영산은 예수 중심의 교육을 강조하고, 교육의 기초는 예수 그리스도를 기초로 한 생각의 변화라고 역설한다. "예수를 믿는 사람은 자신의 생각이 부패에서 씻음을 받고 하나님과 예수님과 성령님 중심의 생각으로 되돌아오도록 자신의 생각을 변화시키는 교육이 필요합니다. 우리는 예수 그리스도의 십자가의 구속을 통해서 또한 그것에 기초해서 우리의 생각을 바꿔야 합니다. 교육은 생각의 밭에 씨앗을 뿌리는 것입니다."32)

4차원영성을 교육차원에서 본다면, 하나님을 하나님답게 만들고 인간을 인간답게 만드는 것이며, 궁극적으로는 예수 그리스도의 온전함을 좇아 장성한 분량까지 이르게 하는 것이다. 고든 스미드(Gordon T. Smith)는 "교육 없이 믿음, 소망, 사랑의 성장은 일어나지 않는다"고 서술한다.33) 교육은 마음을 새롭게 함으로써(롬12:2), 진리로 거룩하게 됨으로써 이뤄진다(요17:17).

영산은 '하나님 말씀과 성령을 통한 생각, 꿈, 믿음, 말의 4차원영성'을 강조한다.34) 그는 말씀과 성령 안에서 십자가를 일평생 등에 지고 마귀에 팔린 수많은 인생들을 도로 찾아오는 일을 한평생 했다. 영산의 사역을 교육 차원에서 조명해보면, 교육자로서 '십자가 구속과 인간의 새 창조'라는 주제로 전 세계를 대상으로 예수 그리스도를 일평생 전파한 것이다(엡1:15-23). 그는 창조와 구속의 교육을 역동적으로 펼쳤으며, 가는 곳마다 5중복음과 3중축복을 중심으로 예언자적 선포를 했다. 그 선포를 통해서 수많은 사람들에게 희망의 빛을 비추었다. 그는 나라와 문화와 사회를 초월해 예수님의 심장을 인간의 심장에 이식시켜 새 마음의 지평선을 열어주는 영성가였다. 진정한 교육이란 결국 영적으로 헌 마음을 새 마음으로 온전히 밝혀주는 작업이요, 삶의 목적을 변화시키는 것이다. 그 교육의 중심축은 말씀, 믿음, 기도, 성령이다. 교육은 전인적으로 이뤄진다.

4. 4차원영성과 기독교교육

교육 차원에서 하나님을 이해하면, 하나님은 행동과 말로 교육을 시키시는 분이다. 모세오경을 통해 하나님은 자신의 행동을 직접 사람들에게 보여주셨으며, 나아가 선지자를 통하여 말씀으로 사람들을 가르치셨다. 행동과 말씀은 하나님이 애용하시는 교육방법이다. 궁극적으로 하나님의 교육은 그 아들 예수 그리스도를 이 땅에 보내셔서 제사장과 왕, 선지자로서 활동하도록 함으로써

---

31) 패커와 패럿은 충실한 교리교육을 5-4-3-2-1 이미지로 설명한다. 5-교리교육의 다섯 가지 원천과 틀: 삼위일체 하나님, 성경, 구원 이야기, 복음, 믿음. 4-요리문답의 4가지 요소: 사도신경, 주기도, 십계명, 성례. 3-믿음의 세 가지 표현: 진리, 생명, 길. 2-길의 두 가지 근본 원리: 하나님 사랑과 이웃 사랑. 1-교리교육의 유일한 초점: 선포된 그리스도. 여기서 다섯 가지 교리교육 모델은 서로 밀접하게 연결되어 있다. 삼위일체 하나님 → 성경 → 구원이야기 → 복음 → 믿음. 참조. 제임스 패커(J. Packer) & 게리 패럿(Parrett), 『복음에 뿌리를 내리라』(Grounded in the Gospel), 생명의말씀사(2010), 121.

32) 조용기, "나, 나의 생각", 주일설교(1981-06-21).

33) Glen G. Scorgie, Education and Spiritual Formation(Gordon T. Smith), *Dictionary of Christian Spirituality*, Zondervan(2011), 85.

34) 조용기, "내 능력이 약한 데서 온전하여 짐이라", 주일설교(2011-03-20).

영적활동의 양식을 우리에게 보여주신 것이다. 그런 의미에서 교육의 가장 좋은 모델은 바로 예수님이 12제자를 양육시킨 것이다. 예수님은 가르치는 자로, 복음을 전파하는 자로, 그리고 치료하는 자로서 전인적 교육의 모델이셨다.

성령님은 진리를 가르치시는 최고의 선생이다. 기독교교육 차원에서 보면, 성령님은 인지주의 혹은 행동주의 학습이론이 아니라 구성주의 학습이론을 적용하신다.35) 성령님은 우리로 하여금 말씀을 경험하게 하고 인격적 교제를 시도하신다. 따라서 최고의 기독교교육 전문가가 되려면 성령 안에 거해야 하고, 성령의 인도함을 받아야 한다. 즉 성령의 조명을 받아 눈이 밝아지고 기이한 것을 바라보는 자가 될 수 있어야 한다(시119:18). 기독교교육이란 궁극적으로 성경에 나타난 하나님의 뜻을 전달하는 것이기 때문이다.

기독교교육에 대해 구체적으로 살펴보자면, 잃어버린 자를 찾아 구원하려고 오신 예수 그리스도에 관한 교육이다. 기독교교육을 정의한 사례들은 매우 방대하다.36) 종합하면, 기독교교육이란 예수 그리스도 중심의 교육이며, 하나님과 인간 사이의 관계를 중요시하는 교육이다. 인간의 영은 하나님이 운영하시는 글로벌영성 네트워크에 연결되어 있어야 영성이 흘러 들어와 전인적 교육이 이뤄질 수 있다.37) 기독교교육의 정의는 그 자체가 상당히 포괄적이다.

하나님은 지금 이 시간에도 땅 위에 사는 모든 인간의 삶의 자리에 예수 그리스도를 중심으로 성령의 역사를 통해서 구원교육과 성화교육을 하고 계신다.38) 이 세상은 하나의 교실이고, 땅 위에 사는 모든 사람은 수강자이며, 하나님의 구원교육의 대상이다. 전형적인 하나님의 교육교본은 신명기 6장에 나타나 있다. 기독교교육의 근간은 하나님의 말씀을 마음에 새기는 것이다. 말씀을 마음에 새기면, 그것에 기초해서 인간의 삶을 본래의 기능대로 이끌어갈 수 있다. 신명기서는 "너

---

35) 신앙교육에서 성령님은 탁월하신 교수자이다. 성령님은 성경말씀을 우리로 하여금 경험하게 만든다. 신자는 성령 안에서 말씀을 삶 가운데 경험함으로써 이전에 알던 이성적 지식과 영적 지식을 새로 구성하게 되고, 그 결과 신자는 점점 영적으로 성장하고, 진보하게 된다. 성경에 담긴 대부분의 지식은 아직은 내가 삶 가운데서 경험하지 못한 객관적인 진리의 지식이다. 그러나 말씀 위에 성령이 역사하면 그 말씀이 내 삶에 임재한다. 즉 객관적인 지식이 내 안에 체험적인 내적 지식 혹은 주관적인 영적 지식으로 전환된다. 그렇게 우리 안의 영적 지식은 점진적으로 새로 구성된다(기독교교육에서의 구성주의 학습). 성령님은 우리로 하여금 인식주체자로서의 학습자를 만든다. 성령은 오늘도 우리의 마음 가운데서 말씀을 학습하게 하신다. 기독교교육 학습과 관련해서는 다음 책을 참고하기 바란다. 오인탁 편, 『기독교 교육학 개론』, 한국기독교교육학회(2010), 363-394.

36) 기독교교육에 대해서는 다음과 같은 다양한 정의들이 있다. 노만 디종(N. Dejong): "하나님-인간, 인간-인간, 인간-피조세계 사이의 진정한 관계의 개발과 재창조다." 웨너 그랜도르프(W. Graendorft): "성경을 기초로 하고 성령이 부여한 그리스도 중심의 가르침과 배움의 과정이다." 로이 주크(R. Zuck): "사람들을 그리스도께로 인도하고 성령의 능력을 통하여 하나님의 기록된 말씀으로 대화하는 그리스도 중심적이며 성경을 기초하여 학생과 관계된 의사소통의 과정이다." 존 웨스터호프(J. Westerhof): "신앙공동체의 의도적이고 조직적이며 지속적인 노력들이다." 하버트 존(H. Byrne): "기독교교육은 그리스도에 관한 교육이다. 기독교교육의 근본적인 목적은 잃어버린 자를 찾는 것이다."

37) 광의로 보면 기독교교육은 인류구원 교육이다. 하나님은 교육의 주체이시고, 예수 그리스도는 파견된 인류구원 대사, 성령님은 인류구원 인도자라고 할 수 있다. 근원적으로 표현하면, 기독교교육이란 인류를 향한 성부, 성자, 성령의 조화된 총체적 구원교육 과정이라고 할 수 있다. 예수 그리스도는 기독교교육의 거룩한 모델이자, 구원받은 자가 장성한 분량에 도달해야 할 목표지점이다. 일반교육은 교육의 주체가 인간이고 인간능력을 극대화하는 과정이라면, 기독교교육은 주체가 하나님이시고 성령의 도움으로 예수 그리스도 능력을 체험하는 과정이다.

38) "에베소서의 교육적 주제는 세상과 육신과 마귀에 맞서 그리스도 안에서 부르심에 합당한 삶을 살라는 것이다." 제임스 패커 · 게리패럿, 『복음에 뿌리를 내리라』(Grounded in the Gospel), 생명의말씀사(2010), 69.

는 마음을 다하고 성품을 다하고 힘을 다하여 네 하나님 야훼를 사랑하라 오늘날 내가 네게 명하는 이 말씀을 너는 마음에 새기고(신6:5-6)"라고 강조한다.

영산은 하나님을 멀리서 찾지 말고 인간의 마음을 통하여 찾으라고 말한다. "여러분의 생각이 말씀으로 변화되면, 변화된 하나님의 말씀 속에 하나님이 임재하여 계십니다. 여러분이 말씀을 통하여 없는 것을 있는 것같이 꿈꾸면, 여러분의 꿈속에 하나님이 와 계십니다. 하나님을 믿으면, 그 믿음 속에 하나님이 와 계십니다. 입술로 긍정적으로 고백하면, 그 고백 속에 하나님이 와 계십니다. 우리의 생각과 꿈과 믿음과 말을 통해서 하나님을 깊이 모실 수 있습니다. 그렇게 하지 않으면, 하나님과 거리가 멀리 떨어질 수밖에 없습니다. 하나님을 찾되 다른 곳에서 찾지 말고 여러분의 마음 가운데서 찾으십시오. 하나님이 우주의 어디에 계시는지 우리는 알 수 없습니다. 우리는 3차원의 세계에 살며 시간과 공간의 제한을 받기 때문에 무한과 영원 속에 존재하시는 하나님을 도저히 상상할 수 없습니다."[39]

4차원영성은 하나님의 말씀을 생각하도록 함으로써 기독교 신앙교육을 활성화시킨다. 신앙교육이란 본질적으로 지정의, 자기정체성, 공동체성, 사회성, 초월성 등을 하나로 융합하여 그것을 전인적으로 발달시키는 것이다.[40] 이를 구체적으로 살펴보면, 전인적 발달은 첫째, 하나님 나라를 향한 의식의 전환이다. 둘째, 영적 감수성 발달을 추구한다. 셋째, 그리스도의 인격 발달을 추구한다. 넷째, 하나님의 형상회복을 추구한다. 에드워드 힐(Edward Hill)은 교회의 역할을 다이아몬드 모형을 사용하여 설명하고,[41] 기독교교육 모델을 5가지로 세분해서 제안했다.[42]

4차원영성은 기술한 에드워드 힐의 교육모델을 활성화시키는 역할을 하며, 서로 시너지효과를 준다(그림 11-1).

교육의 활성화는 4차원적으로 접근하면 하나님 중심의 사고방식에서 출발한다. 이를 정리하면 다음과 같이 서술할 수 있다.

    a) 하나님처럼 생각하는 자: 하나님의 일을 생각함, 세상을 생각함, 이웃을 생각함.

    b) 하나님처럼 꿈꾸는 자: 인류구원의 비전을 품음(딤2:4), 선교에 힘을 쏟음.

    c) 하나님처럼 믿고 일하는 자: 기적·구원·창조의 역사를 일으킴, 메시지 선포, 마귀의 일을 멸함.

    d) 하나님처럼 말하는 자: 행동에 옮기는 신앙, 권세 있는 신앙, 감사, 영광, 찬양.

---

39) 조용기, "하나님의 주소", 주일설교(2008-11-23).

40) 이금만, 『발달심리와 신앙교육』, 상담과 치유(2010), 19-23.

41) Robert W. Pazmiño, *Foundational Issues in Christian Education*, Baker Academic, 2008, 46. 원출처는 다음을 참조하라. Edward V. Hill, *"A Congregation's Response"*, (lecture presented at Cordon-Conwell Theological Seminary, South Hamilton, MA, Jan 21, 1976).

42) a) 선포교육(케리그마): 복음전도, 믿음의 공유, 그리스도에 대한 헌신. b) 공동체교육(코이노니아): 하나님과의 교제, 지체들과의 교제, 훈련·교육·양육 과정. c) 봉사교육(디아코니아): 하나님을 위한 봉사, 세상을 위한 봉사. d) 주창교육(프로페테이아): 하나님의 주권, 하나님 안에서의 소망. e) 예배교육(레이투르기아): 하나님에 대한 예배, 하나님께 영광돌림, 하나님에 대한 찬양.

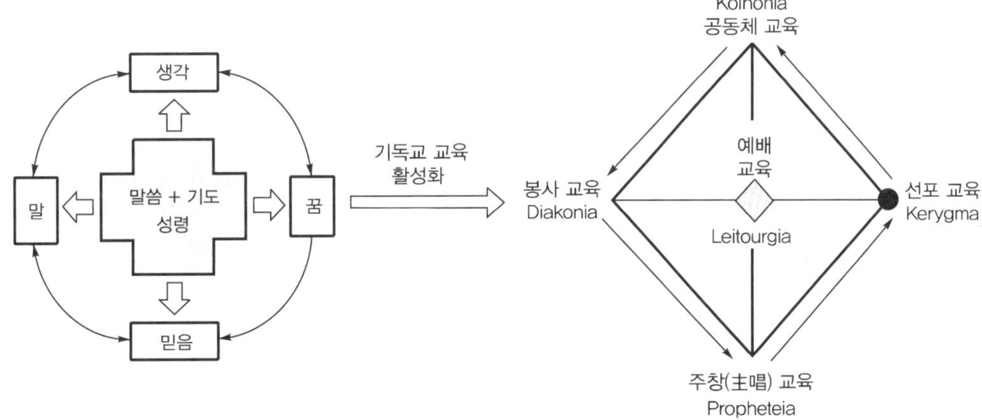

그림 11-1. 4차원 영성교육과 교회 교육모델의 관계성: 교육이란 궁극적으로 사람의 생각을 바꾸는 것이다. 예수님께서 주신 구원은 삶 전체를 포함하는 전인구원이다.[43] 따라서 예수의 생각으로 채워주는 과정이 궁극의 교육이며, 그것을 기초로 삶의 변화가 일어난다. 4차원영성의 4요소 — 생각, 꿈, 믿음, 말 — 는 인간의 전인적 요소이며, 하나님처럼 말하는 수준까지 이르는 것을 목표로 삼아야 한다: "만일 누구든지 말하려면 하나님의 말씀을 하는 것 같이 하고(벧전4:11)."

영산의 4차원영성을 교육 차원에서 재조명하면, '생각 능력−창조적 사고 능력의 확장', '꿈꾸는 능력−가치와 의미를 추구하는 삶', '믿음의 능력−전지전능하신 하나님을 추구하는 삶', '말의 능력−창조적이고 긍정적인 언어를 구현하는 삶'으로 요약할 수 있다(선지자, 제사장, 왕으로서의 삶).

4차원영성은 기독교교육에 대해 활성화 효과를 가져오며, 상호 연계하여 경영할 경우 상당한 긍정적 효과를 낳게 될 것이다. 4차원영성은 기독교교육에 지대한 영향력을 미치는 요소임을 인지할 필요가 있다.

하나님의 형상을 닮아 태어난 인간은 하나님의 생각, 하나님의 꿈, 하나님의 믿음, 하나님의 말로 살아야 진정한 자기개발이 이뤄진다(그림 11-2). 즉 4차원영성과 자기개발서들은 주제가 상호연관되어 있다. 자기개발 측면에서 보면, 성경은 뿌리요, 생각−꿈−믿음−말은 줄기요, 세상에서 나오는 온갖 자기개발서들은 잎사귀에 불과하다. 성경을 떠난 자기개발은 잠시 삶의 편리함과 유익함은 있으나, 종국적으로 헛것(nothing)을 좇아가는 것이다. 그 안에는 생명이 없어 쇠하는 풀에 불과하다.

진정한 자기개발이란 하나님의 형상을 점진적으로 회복하는 과정이다. 인간은 영적 존재다. 하나님의 형상대로 지음 받아서 이성적 판단능력(ratio), 언어능력(oratio), 행위능력(operatio)을 지니고 있다. 따라서 신자는 예수님을 닮아가는 과정에서 온전한 자기개발능력을 발휘할 수 있다.

---

43) 조용기, "생각의 터전", 주일설교(2013−11−03).

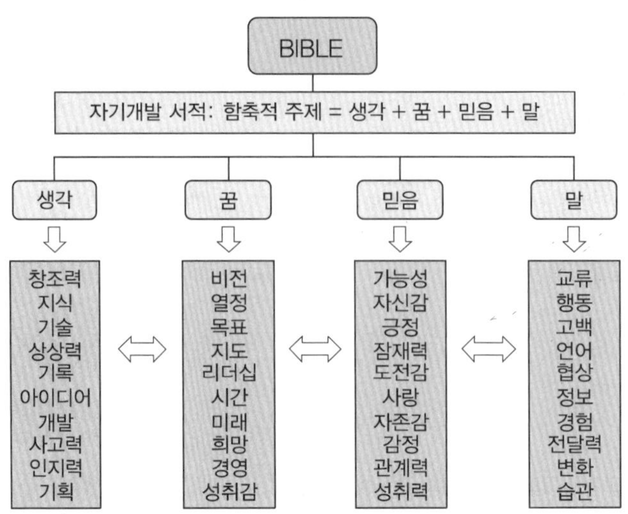

그림 11-2. 4차원영성과 자기개발 주제와의 관계성: 인류역사 이래 인간이 저술한 자기개발서들을 한 곳에 모아 4개의 주제를 뽑아낸다면, 개괄적으로 보아서 그것은 '생각, 꿈, 믿음, 말'에 접근한다. 최상위에는 하나님의 말씀인 성경이 위치한다. 성경은 하나님의 삶의 방식을 인간에게 가르쳐주며, 또한 죄와 죽음의 법칙에 매어 있는 아담의 후손에게 참생명과 영원한 생명에 이르는 길을 보여준다.

4.1. 영성교육의 원리

신자들에게 최고의 선생님은 성부, 성자, 성령이시다. 이 세 분이 없으면 인간은 자신의 존재적 가치와 본성적 가치, 행동적 가치를 알 수 없기 때문이다. 인간 스스로는 구원의 진리, 복음의 진리, 십자가의 진리를 깨달을 수 없다. 성령의 내적 조명 없이는 인간은 무지한 상태로 한평생 살다가 죽는 것이다. 성령 안에서 그리스도를 알지 못하는 인간의 내면에는 생명이 존재하지 않는다.

영성교육은 단순히 성경지식을 전달하는 인식적 차원에 머물지 않고, 감성적 차원과 의지적 차원까지 끌어올리는 것이다. 영적 의미를 단순히 전달하는 지적 차원이 아니라, 삶 속에 말씀의 능력이 임재하는 수준까지 이르러야 하는 것이다. 교육을 통해 내적으로 잠재된 것을 바깥으로 드러나게 해야 한다. 바울이 "이는 성도를 온전하게 하여 봉사의 일을 하게 하며 그리스도의 몸을 세우려 하심이라(엡4:12)"고 강조한 것도 그런 맥락이다. 바울은 하나님의 말씀을 단순히 듣고 인식하는 차원을 넘어, 전인적 영성교육을 강조하고 있다. 다시 말하면, 단순히 명제적 교리를 가르치는 것이 아니라, 교리를 넘어 삶 속에서 실제적인 적용을 통해 하나님을 영광스럽게 하는 것이다.

1) 연합과 교육의 관계성

하나님께서는 신자가 어떤 방법으로 영적 삶을 살기 원하시는가? 하나님은 궁극적으로 신자가 그 아들 예수 그리스도와 연합한 상태에서 그리스도로부터 진정한 가르침을 받으며 살기를 원하신다. 이런 영적교육 모델은 하나님만 할 수 있는 교육이다. 인간이 하나님으로부터 받은 최고의 복은 연합의 복이다.44) 기독교 영성교육의 본질은 연합에서 시작된다(고전6:17). 창세 전부터 그리스도 안에서 선택받은 신자는 하나님과 내적으로 연합되어 있다(엡1:4). 즉, 그리스도와 신자 사이에 인격적 관계가 이미 시작된 것이다. 신자는 예수님의 죽음과 부활을 통해 연합된다(롬6:3-11). 그리고 그 연합은 그리스도 안에서 성령을 통해 지금도 유지되며 영원히 지속된다.45) 이와 같이 신자가 예수 그리스도를 영접하여 하나님의 자녀가 되는 과정에서 삼위 하나님과 삼중연합이 이루어진다.

죄인이 주 예수를 믿어 하나님의 자녀가 되면 삼위일체 하나님과 연합하게 된다. 신자는 연합을 통해 칭의, 양자, 중생, 화목, 성화 같은 많은 영적 유익을 누리게 된다. 다시 말하면, 그리스도가 소유한 모든 것을 갖게 된다.46) 기독교 영성교육은 삼위 하나님과 신자의 연합에서 시작된다. 연합의 측면에서 4차원영성을 기독교교육에 적용하면 이렇게 요약된다. '성령의 생각을 통해 사는 삶', '성령의 꿈을 통해 사는 삶', '하나님의 말씀을 믿는 삶', 그리고 '하나님의 언어를 삶 속에 적용하는 삶'이다. 하나님처럼 생각하며 꿈꾼다는 것은 성령 안에서 그리스도와의 연합을 전제한다.

영성교육의 원리를 영산의 4차원영성으로 접근할 수 있다. "우리는 생각을 통해 말하고, 꿈을 통해 말하고, 믿음을 통해 말하고, 말을 통해 말하는 것입니다. 그러면 우리는 하나님과 대화를 하는 것입니다. 말에는 창조적 에너지가 있습니다. 힘을 가지고 있습니다. 우리 가슴에 품고 있는 말에 대해 우리는 스스로 말을 지배해야 합니다. 그 말이 입 밖으로 나가면 에너지의 파장을 일으킵니다. 나 자신과 이웃을 위해서 입 밖으로 나간 말은 기적을 만들어 냅니다."47) 나아가서 그는 "4차원의 영성이 가진 무기가 바로 하나님의 말씀"이라고 강조한다. 말씀의 생각은 겉사람을 다스리고 지배한다. 겉사람은 이성 중심으로 살지만, 속사람은 말씀과 믿음으로 산다.

영산의 영적 논리로 보면, 영성교육은 4차원 영적 4요소 – 생각, 꿈, 믿음, 말 – 로 활성화된다. 생각, 꿈, 믿음, 말로써 하나님과 서로 대화하는 것이다. 궁극적으로 보면, 4차원 영성교육의 근본 원리는 '그리스도 안에서(연합)'의 개념이다. 다시 말해 그리스도 안에 있을 때 신자는 예수님처럼 생각하고 소원하고 믿고 말할 수 있기 때문이다. 4차원영성의 시작점은 '예수와 함께 죽고 함께 부활한 새 신분으로 사는 삶'이다. 모든 영성은 거기서 시작되고, 성장하고, 진보한다. '그리스도 안에서'의 개념은 영성교육의 골격이자 뿌리다. 나아가 영성교육은 삶 속에서 성령님의 인도를 받는 교육이다.

2천년 전에 골고다 언덕에 세워진 십자가는 신자의 마음을 다스리고, 신자의 마음을 하나님의 마음에 접붙임 한다. 십자가는 신자의 마음을 끌어당겨 하나님의 마음을 전달해준다. 성령 안에서 십자가 사건과 그 효력은 그리스도를 구주로 영접하는 모든 사람에게 지금도 반복된다. 십자가를 통해 죄인은 구원받는다. 십자가는 시공을 초월해 기능하여, 죄인을 구원해 하나님의 자녀로 만들고, 그가 하늘의 영광을 위해서 살게 한다(고전10:31, 롬2:10).

---

44) 조엘 비키 & 마크 존스(Joel Beeke & Mark Jones), 『청교도 신학의 모든 것』, 부흥과개혁사(2015), 556.
45) 조엘 비키 & 마크 존스(Joel Beeke & Mark Jones), 『청교도 신학의 모든 것』, 부흥과개혁사(2015), 555.
46) 조엘 비키 & 마크 존스(Joel Beeke & Mark Jones), 『청교도 신학의 모든 것』, 부흥과개혁사(2015), 556.
47) 조용기, "하나님의 뜻에 합당한 자", 주일설교(2015-02-08).

2) '들으라'와 '하라'의 교육

영적 교육은 '들음의 교육'이 '봄의 교육'보다 우세하다. 보이는 것은 잠시지만, 보이지 않는 것은 영원하기 때문이다. 믿음은 들음에서, 들음은 말씀에서 온다. 교육은 반복이다. 밀물과 썰물이 반복되듯이 교육은 순환적이다. 교육의 기본은 반복이다. 이스라엘 백성에게는 광야 40년 동안 모세가 외치는 '쉐마(들으라)'의 반복 교육이 수없이 시도되었다.[48)

그것은 400년 종살이의 꼬리표를 떼어내고 그 자리에 하나님의 생각을 붙이는 혹독한 영적 및 정신교육이었다. 신명기에는 '기억하라'는 말씀이 30회 이상 나올 만큼 반복을 강조한다. 리처드 포스터(R. Foster)는 학습을 '반복-집중-이해-숙고'의 4단계로 나누어 설명한다.[49) 그만큼 교육에서 반복은 중요하다. 토니 부잔(Tony Buzan)은 그의 저서 『마인드 북』에서 "기억은 반응을 촉진하는 과정에서 일어나며, 그 과정은 단어의 연결을 통해 연상 및 결합된 단어로 널리 퍼져나간다."고 강조한다.[50) 지적 활동은 기억을 불러오는 것에서 시작된다. 아무리 배워도 기억나지 않으면 소용이 없다.

존 맥스웰(John Maxwell)은 인재경영의 법칙에서 BEST 모델을 제시한다. B: 믿으라(Believe). E: 격려하라(Encourage). S: 나누라(Share). T: 신뢰하라(Trust).[51) 이스라엘 백성의 광야 40년 동안 하나님의 교육과정에 BEST 교육모델을 적용시키면, 다음과 같이 구체화(solidification)된다.

B: 내가 너희를 나의 백성으로 선택했음을 믿어라(너희들은 내 백성, 내 소유다. 출19:5).

E: 너희가 언약을 잘 지키면 너희는 위대한 제사장의 나라가 될 것이다(나는 크고 위대한 하나님이다. 출19:6).

S: 나는 내 삶의 방식을 너희와 공유하겠다(하나님의 사고방식으로 살아라. 십계명. 출20:1-17).

T: 나는 너희가 거룩하게 살 것임을 신뢰한다(내가 거룩하니 너희도 거룩하라. 레11:45).

이와 같이 하나님은 광야에서 이스라엘 백성에게 책임감, 권위, 의무감을 주었다. 하나님은 광야에서 이스라엘 백성을 대상으로 4차원의 최고 교육을 진행하셨다. 곧 하나님은 이스라엘 백성의 생각, 꿈, 믿음, 말을 전인적으로 변화시키고자 하셨다.

인간의 참된 교육은 십자가를 통해서 궁극적으로 삼위일체 하나님과 신자의 친밀한 교제로 이어진다. 곧 신자가 삼위 하나님의 삶 속에서 등장하는 사랑, 친교, 인격, 연합과 같은 특징들을 삶의 자리에서 닮아가는 것이다. 달리 말하면, 삼위일체적 하나님의 삶의 모델을 닮아가는 것이 진정한 인간교육의 모델이다.[52)

---

48) 하나님은 우리가 무엇을 알고 무엇을 생각하는지 관심을 갖고 계신다(고후10:5, 빌4:8). 학습을 통해 인간은 3가지 영역에서 진보할 수 있다. a) 지식능력(인지), b)태도(가치기준과 정서), c) 신체적 기술과 습관(능력). 따라서 성도는 천국 가는 그날까지 말씀을 통해 영적 학습이 이뤄져야 한다. 이스라엘 백성의 광야 시절 교육을 살펴보면, 그들의 교육은 자각, 이해, 적용 측면에서 매우 저조하였다. 따라서 성도는 하나님을 알아가는 데 최우선 목표를 두어야 한다. 참조. 로널드 하버마스 & 클라우스 이슬러, 『화목을 위한 가르침』, 디모데(1997), 154-155.

49) 리처드 포스터, 『영적훈련과 성장』, 생명의말씀사(2010), 117-120.

50) 토니 부잔, 『마인드 맵』, 비즈니스맵(2010), 100.

51) 존 맥스웰(John Maxwell), 『인재경영의 법칙』, 비전과 리더십(2003), 102-103.

52) 히브리서 5장과 6장에서는 그리스도인의 성장교육에 대한 국면이 세 가지로 나타난다. a) 진리를 믿는 것, b) 진리를

구약시대 영성경영의 주요 무대는 광야였다. 예를 들면, 모세는 시내 광야에서 다윗은 유대 광야에서 영성교육을 받았다. 구약의 영성교육 주체가 성부 하나님이었다면, 신약의 영성교육 주체는 성자 예수님이다. 승천하신 예수님은 다시 오순절에 성령 하나님과 임무교대를 했다. 지금은 성령 하나님이 이 세상에서 영성화 교육을 진행하고 계신다.

유대교의 쉐마교육(율법교육)에서 '하라!'라는 긍정적 명령은 총 248번, '하지 마라!'라는 부정적 명령은 총 365번 나타난다. 신약 시대 예수님의 교육방법은 비움과 섬김과 사랑이다. 기독교 영성은 근본적으로 내 삶의 자리에서 예수 그리스도의 삶과 영성을 본받아 재현하는 것이다. 4차원영성은 하나님의 말씀을 내 삶의 자리에 보다 효과적이고 구체적으로 실천하게 해준다.

영산은 하나님의 성품을 닮아가려면 성령의 역사가 있어야 한다고 말한다. 그는 성령과 성품의 관계를 이렇게 강조한다. "예수 그리스도 안에서 새로운 피조물이 된 성도는 하나님 중심의 삶을 살아야 합니다. 그렇게 하려면 하나님의 성품을 추구해야 합니다. 우리의 힘만으로 이런 하나님의 성품을 갖출 수 없습니다. 그러나 성령께서 역사하시면 가능합니다."[53]

데이비스(W. D. Davies)는 자신의 책 『예수와 약속의 땅(Jesus and the Land)』에서 약속의 땅으로부터 얻을 수 있는 모든 값진 것들이 예수 그리스도 안에 있다고 말한다. 4차원 교육이란 예수 그리스도의 삶의 양식을 배우는 과정이다. 베르나르(Bernard)는 "영성생활의 목적이 하나님 나라를 세우는 데 있다면, 올바른 영성교육은 세상에서 하나님 나라를 세우기 전에 먼저 내 안에서 하나님 나라를 온전하게 세우는 것"이라고 말한다.[54] 성도가 일평생 받아야 할 교육은 바로 예수님을 닮아가는 삶이며, 마음하늘에 믿음, 소망, 사랑으로 하늘나라를 세우는 일이다. 마음은 신앙의 중심이다.

3) 초월적 교육

4차원 교육이란 하나님의 삶의 방식을 추구하는 삶이다. 다시 말해, 예수 그리스도의 십자가의 삶의 방식으로 사는 것이다. 더 구체적으로 이해하면 인간의 지성, 감성, 의지를 거룩한 상태로 성장시키는 일, 곧 복음을 통해 하나님을 알아가는 지성, 거룩한 감정유지로 하나님을 기쁘게 하는 감성, 나의 일이 아니라 주님의 일을 하려고 하는 의지를 개발시켜 가는 것이다. 휴머니즘적 인격을 완성해가는 것이 아니라, 그리스도의 인격을 본받아 따라가는 삶이다. 아우구스티누스(Augustinus)는 초월적 하나님과 타락한 인간을 다음과 같은 고백으로 요약한다. "하나님은 하늘에 계시고 나는 땅에 있다!" 그는 이 한 문장을 가지고 밤새 기도했다고 한다. 하늘에 계신 하나님은 영광스런 분이시고, 땅에 있는 나는 미천한 존재임을 고백한 것이다.

교육이란 영적 차원에서 보면 하나님을 알고, 예수 그리스도를 체험하고, 성령의 능력을 깨닫는 과

행하는 것, c) 진리와 같이 되는 것(truth-becoming). 이를 요약하면, 성도는 하나님의 도(道)를 좇는 자다(행9:2, 19:9). 참조. 로널드 하버마스 & 클라우스 이슬러, 『화목을 위한 가르침』, 디모데(1997), 246-247.
53) 조용기, "하나님 중심의 삶", 주일설교(2004-09-12).
54) 샤를 앙드레 베르나르, 『영성신학』, 가톨릭출판사(2013), 593.

정이다. 나머지는 부수적인 것이다. 하늘교육과 땅의 교육의 기준은 '예수님을 믿고 사느냐, 안 믿고 사느냐' 혹은 '복음적 가치관으로 사느냐, 세상적 가치관으로 사느냐'이다. 마찬가지로 3차원 교육과 4차원 교육의 기준점도 예수 그리스도시다. 인간은 지상의 재료인 흙과 하나님의 숨결로 존재하는 인격체다. 하나님의 형상을 닮은 인격체는 영적이며 지정의적으로 존재한다.

따라서 인간이 받아야할 진정한 교육이란 인간이 창조될 때 하나님으로 부여받은 '하나님의 숨결', 곧 영혼(soul)의 본래 기능이 온전히 회복되도록 영적으로 조율받는 것이다. 인간의 육신이 먼지에서 왔으므로 먼지로 되돌아가야 할 존재임을 자각한다면(창3:19), 영혼교육만이 진정한 교육이 될 수 있다. 패커(J. Packer)와 패럿(G. Parrett)은 "신앙훈련의 목적은 추상적인 지식의 추구가 아니라 하나님의 백성으로 하여금 그분의 길을 걷게 하는 것"이라고 말한다.55) 따라서 인간교육은 이성적 교육과 영혼교육이 적절한 균형속에서 이뤄져야 한다.

비록 바벨론 제국으로 포로로 끌려가 살아야 했지만, 다니엘은 그곳에서 야훼 하나님에 대한 신실한 신앙과 삶으로 당대 바벨론의 걸출한 모든 공직자들을 물리치고 왕 다음의 최고 직위까지 오르게 되었다. 스룹바벨과 느헤미야는 신실한 신앙인이며 탁월한 행정가와 지도자였다. 포로의 땅에서 태어난 에스라는 뛰어난 율법학자로 명성을 떨쳤다. 이들의 신앙과 삶이 입증해주듯이 바벨론의 제국학교 출신들은 하나님이 경영하시는 율법학교 졸업생들과 경쟁대상이 될 수 없었다. 3차원 현실세계만 바라보는 바벨론 공직자들은 4차원 초월적 세계와 현세적 세계를 모든 경험한 다니엘과 같은 인물을 따라가는 것은 처음부터 불가능한 일이었다.

4) 교육과 은혜

은혜는 교육의 원천이다. 은혜를 통해 인간은 하나님을 더욱 경외하고 기쁘시게 하기 때문이다. 은혜를 통해 사람은 진정한 변화가 일어난다. 하나님은 성도를 교육시키기 위해 성령, 말씀, 믿음, 기도를 사용하신다. 기도는 장래에 온전히 누리게 될 하나님의 은혜를 지금 여기서도 맛보도록 이끌어준다. 기도의 목적은 하나님을 높이고 우리를 낮추는 것이다. 기도는 우리의 영혼이 믿음, 소망, 사랑으로 살도록 해준다. 나아가 기도는 하나님과 거룩한 친교를 이루게 하며, 하나님의 명령에 순종하는 삶을 살게 해준다.56) 기도를 통해 하나님을 경외하는 삶을 살면 하나님은 기뻐하신다(시147:11). 하나님은 우리의 성화(렘9:7, 롬5:3-5), 인내(약1:2-4), 기도(렘2:27), 악의 정복(요16:33), 더 큰 상급(롬8:17)을 위해서 다양한 방법을 활용하신다. 성도는 '이미 완전하게 된 자'가 아니라 '완전을 향해서 나아가고 있는 존재'다. 4차원 영적존재이신 예수님은 3차원 인간세계에 오셔서 3차원 인간세계를 변화시키는 영적 모델을 다양하게 보여주셨다. 좋으신 하나님은 그 아들을 육신으로 '3차원 인간세상'에 33년 간 보내시어, 마귀의 종으로 살아가는 인간을 4차원 영적 존재로 회복시키는 길을 열어주셨다. 이 모든 것은 우리에게 은혜다.

---

55) 제임스 패커 & 게리 패럿, 『복음에 뿌리를 내리라』(Grounded in the Gospel), 생명의말씀사(2010), 54.
56) 조엘 비키 & 마크 존스(Joel Beeke & Mark Jones), 『청교도 신학의 모든 것』, 부흥과개혁사(2015), 438.

하나님은 오늘날 이 세상의 백성을 대상으로 영성교육을 대대적으로 펼치고 계신다. 가장 대표적인 사례는 이스라엘 백성을 애굽에서 데리고 나와 가나안 땅에 들어갈 때까지 전형적인 영성교육을 실행한 것이다. 애굽 땅에서 수백만 백성이 홍해를 건너 한날 한 시에 광야학교 입학식을 가졌다. 그러나 모세를 제외한 갈렙과 여호수아만 정상적으로 4차원 광야학교를 졸업했을 만큼 힘들고 어려운 광야교육이었다. 여기서 하나님의 뜻을 좇아 산다는 것이 얼마나 힘들고 어려운 일인가를 알 수 있다. 하나님이 홍해도하, 만나 제공, 쓴물의 단물 전환 등 여러 가지 암시학습모델(cue learning model)을 보여주었지만 그들은 학습으로 뿌리내리지 못했다. 성도는 날마다 은혜를 통해 더 변화될 수 있고, 하나님을 더 사랑할 수 있고, 하나님을 더 경외할 수 있다. 은혜는 성도에게 고차원의 영적 동기를 주기 때문이다.

영산은 다음과 같이 말한다. "신자는 3차원과 4차원 세계에서 동시에 살아가고 있습니다. 따라서 신자는 3차원의 세상적인 생각과 4차원의 하나님의 생각 사이에서 갈등하는 존재입니다." 신자는 영적 갈등을 통해 더욱 성숙하고, 진보하고, 다양한 관점에서 하나님 중심의 교육을 받아야 한다. 삶 속에서 일어나는 영적 갈등은 하나님의 은혜 안에서 온전히 해결될 수 있다.

4.2. 바라봄과 상상교육

십자가는 하나님의 성품이 드러나는 장소다(롬8:32). 십자가를 바라보면 죄 대신 의와 거룩이 우리 안에 들어온다. 단순히 인식개념이 아니라 실재(reality)의 개념이다. 실제로 십자가를 통해서 죄인은 거룩해진다(히10:10). 종이 위의 그림자가 아니라 실제 풍경이다. 인간을 향한 하나님의 교육의 궁극적인 목표는 인류를 구원시켜, 하나님을 알게 하고, 그를 영원토록 즐거워함에 있다.

하나님의 율법의 측면에서 볼 때, 아담의 후손은 모두 사형의 대상이다. 그러나 하나님의 은혜로 예수 그리스도께서 그들을 대신해서 죽으셨다. 하나님을 십자가를 통해 죄인들을 새로운 피조물로 만드신다. 그러므로 이제 우리가 바라보아야 할 대상은 하나님의 아들 예수 그리스도이다. 이제 하나님을 바라보고 꿈을 꾸어야 한다(딤전2:4). 나의 옛 존재는 이미 소멸되었고, 이제 새 사람이다(고후15:7).

영산은 상상하고 꿈꾸는 교육을 강조한다. "여러분이 하나님이 기뻐하시는 대상이 되기 위해서 하늘나라를 늘 상상하고 하나님에 대한 꿈을 꾸어야 합니다. 상상력이 풍부하고 꿈을 꾸는 사람이 되어야 합니다. 꿈이란 마음에 간절히 소원하는 것입니다. 늘 마음에 바라고 소원하는 것이 이루어지는 것을 꿈으로 보는 것입니다. 모든 사람은 마음에 꿈을 가지고 있어야 합니다. 꿈이 없는 백성은 망하지요. 꿈이 없는 백성은 미래가 없습니다. 내가 바라는 미래가 없습니다. 따라서 여러분은 항상 마음속에 크고 작은 꿈을 품고 있어야 합니다. 내가 바라는 것을 마음에 꿈꾸고 이루어진 모습을 바라보는 것은 굉장히 중요합니다."[57]

---

57) 조용기, "하나님의 뜻에 합당한 자", 주일설교(2015-02-08).

영은 상상을 통해서 생각하고 그것들을 현실화시킨다. 영적 세계의 속성은 안 보이는 것이 장차 보이는 것으로 나타나게 하는 것이다. 어떻게 하면 내가 생각하는 것을 이미지화할 수 있는가? 이미지는 감동을 불러일으킨다. 이미지는 만국 공통어이다. 특히 포스트모던 문화는 이미지를 강렬하게 추구한다. 하나님은 이미 구약시대부터 이미지기법을 사용하셨다. 별을 자손으로 이미지화한 사례가 나온다. 하나님은 밤중에 아브라함을 천막 속에서 불러내셔서, 밤하늘에 반짝이는 별을 보게 하셨다. 그리고 네 자손들이 저 별들과 같이 수없이 많아질 것이라고 약속하셨다. 3차원에 속한 존재인 아브라함은 하나님으로부터 직접 별들을 통한 시각화 교육을 받은 것이다. 그 이후로 아브라함은 마음속에 수많은 별들을 품었다. 그 별들이 장차 그의 자손들이 될 것이라고 날마다 상상하기 시작했다. 브루스 웨어(Bruce A. Ware)는 "하나님은 피조물 위에서, 피조물을 통해서, 피조물과 함께 세상을 다스린다"고 강조한다.58)

제임스 파울러(James Fowler)와 제임스 로더(James Loder)도 인간의 신앙이 하나님과 인간 그리고 세상 사이의 끝없는 관계를 형성하는 상상력에 의해 계속해서 형성되고 재형성된다고 주장한다.59)

하나님은 인간을 교육시키기 위해 피조세계를 사용하신다. 이 과정을 그림으로 묘사하면 그림 11-3과 같다.

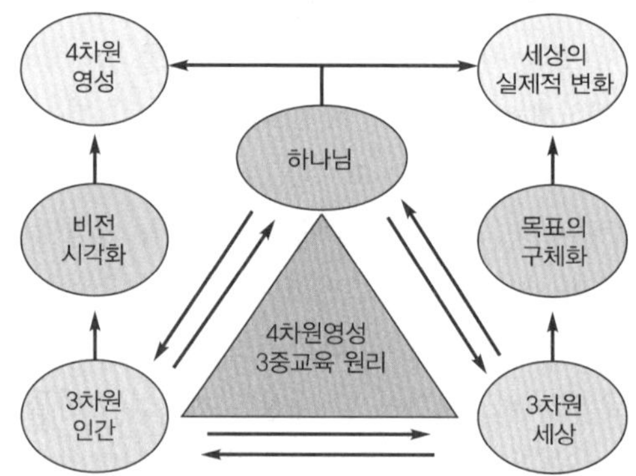

그림 11-3. 4차원영성의 교육원리와 지향성(directivity): 하나님은 피조세계와 인간을 지으셨다. 하나님은 세상 안에서 역사하신다. 하나님은 인간의 모든 것을 주관하신다. 하나님은 세상에 내재하시면서 동시에 초월하신다. 하나님은 말씀과 성령을 통해서 인간을 거듭나게 하시며 새롭게 하신다. 이것이 하나님의 영성교육의 기본원리이며 시작이다. 아브라함의 예처럼, 4차원영성에서 생각은 사람을 기억하게 하고, 꿈은 시각화시키며 비전을 품게 하고, 믿음은 초월적 및 신비적으로 믿게 하고, 말은 고백, 선포 및 명령을 통하여 현실화하게 한다. 4차원 영성교육은 하늘과 땅을 연결시켜주는 효과적인 교육방식이다. 다시 말해 삼위일체적 하나님 중심의 교육방식이며, 전인적 및 현실적 교육방식이다.

---

58) 브루스 웨어, 『더 큰 하나님의 영광』, 부흥과개혁사(2004), 6.

59) 소태영, "영산의 4차원영성과 상상하는 교육", 『영산신학저널』, Vol.17(2009), 242. 행복한 하나님을 바라보는 인간, 행복한 자화상을 바라보는 인간, 행복한 세상을 바라보는 인간에 대하여는 그의 다른 논문을 참조하라. 소태영, "영산의 바라봄의 영성과 사랑과 행복나눔 페다고지", 『영산신학저널』, Vol.15(2008), 38-78.

영산은 "인간의 마음은 의지력의 지배를 받지 않고 상상력의 지배를 받습니다. 상상력은 곧 생각입니다. 바라본다는 것은 눈으로만 보는 것이 아닙니다. 눈을 감고도 볼 수 있습니다. 이것이 바로 상상력이며 생각입니다."라고 말한다.[60)]

4차원영성 교육은 첫째, 보이지 않는 하나님을 기억하여 상상하는 행위이다. 둘째, 세상이라는 도화지에 하나님의 비전을 상상하여 그것을 시각화하는 것이다. 셋째, 시각화된 비전을 가지고 세상을 변형시키기 위한 실천적 결단들을 창조하는 것이다.[61)] 하나님을 기억하여 상상하고, 하나님이 주신 비전을 시각화하고, 그것을 현실처럼 느끼는 것, 곧 기억화–시각화–현실화 개념이다.

그림 11-3의 핵심을 구체적으로 서술하면 다음과 같다.

첫째, 3차원 인간은 하나님을 말씀을 매일 묵상하고 읽고 기도하는 가운데 하나님과 좋은 관계를 맺고 있어야 한다. 그래야 하나님의 비전을 품을 수 있다. ㉲ 영산은 58년도 천막교회 시절에 하나님의 꿈 - 세계 최대교회와 전 세계 복음증거 - 을 품었다.

둘째, 4차원 하나님은 3차원 인간을 통해 3차원 세상을 변화시킨다. 세상의 공간은 하나님과 인간이 만나는 장소다. ㉲ 하나님은 노아를 통해 방주를 만들고 세상을 변화시켰다.

셋째, 4차원 하나님은 3차원 세상의 변화를 위해 구체적인 목표들을 이미지화해서 바라보게 하신다. ㉲ 아브라함은 별들을 바라보고 자손을 생각했다. ㉲ 야곱은 나뭇가지를 벗겨낸 얼룩덜룩한 모습을 보여주어 점박이 양을 시각화시켰다.

따라서 세상의 역동적 변혁은 먼저 4차원 하나님이 주시는 비전을 가슴에 품고 기도와 말씀으로 나아갈 때 성취된다. 3차원 인간은 3차원 세상에서 '4차원 하나님의 꿈과 비전'을 품고 일하는 사명자다.

4.3. 육을 죽이는 성령교육

영산은 "성령님은 지성, 감정, 의지에 걸쳐 전인격적으로 우리를 가르칩니다. 즉 성령님은 그리스도의 형상을 좇아 우리를 교육시키고 말씀을 교재로 삼아 우리의 지성, 감성, 의지를 훈련시킵니다."라고 말한다.[62)] 성령의 능력으로 신자는 이성중심에서 벗어나서 믿음중심의 삶을 살아갈 수 있다. 육을 죽이는 것이 곧 성령교육의 본질이다. 영산은 "육을 대표하는 것이 정욕이고, 정욕이 과도하여 탐욕이 될 때, 죄가 들어오고 죄를 따라 마귀가 들어옵니다."라고 말한다.[63)] 따라서 내 안의 육을 죽이는 것이 기독교교육의 핵심 중 하나다. 즉 예수 그리스도의 생각과 의와 거룩으로 사는 삶이다. 그러기 위해서 죄의 몸을 멸하여야 하고(롬6:6), 몸의 행실을 죽여야 하고(롬8:13), 정욕과 욕심을 십자가에 못 박아야 한다(갈5:24).

영산은 육체의 정욕과 욕심을 죽이는 방법으로 세 가지를 제시한다.

---

60) 조용기, 『설교는 나의 인생』, 서울말씀사(2009), 254.
61) 소태영, "영산의 4차원영성과 상상하는 교육", 『영산신학저널』, Vol.17(2009), 243.
62) 조용기, 『설교는 나의 인생』, 서울말씀사(2009), 192.
63) 조용기, 『오중복음과 삼중축복』, 서울말씀사(2008), 285.

<u>첫째, 침례를 통해서 육을 죽일 수 있다.</u>

"너희가 세례로 그리스도와 함께 장사한 바 되고 또 죽은 자들 가운데서 그를 일으키신 하나님의 역사를 믿음으로 말미암아 그 안에서 함께 일으키심을 받았느니라(골2:12)." 이 사실을 입술로 고백하여 내 안의 내적 믿음으로 승화시켜야 한다. 믿음은 말씀을 통해 생기며, 그것을 고백할 때 마음에 새겨져 능력이 나타나게 된다. 하나님의 말씀은 흑판에 적힌 단순한 글이 아니라, 성령의 역사로 삶 속에 나타나는 생명 있는 말씀이다.

<u>둘째, 성령세례를 통해서 육이 죽는다.</u>

성령세례를 통하여 성령충만함을 받아야 육체를 못 박을 수 있다. 성령은 죄를 소멸시킨다. 육체의 소욕은 죄를 낳는 뿌리다. 죄의 뿌리는 말씀과 믿음과 기도로 물리칠 수 있다(딤전4:5). 말씀과 믿음과 기도만이 인간의 마음을 거룩하게 유지시킬 수 있다. 믿음 없는 기도는 소리를 선율로 만들어야 하는 손이 없는 악기와 같다.64) 믿음과 기도는 기차의 레일처럼 같이 달린다. 앤소니 버지스(Anthony Burgess)는 "기도할 때 우리는 하나님의 뜻을 우리 뜻에 맞추는 것이 아니라, 우리의 뜻을 하나님의 뜻에 맞추게 된다"고 말한다.65) 우리의 육이 죽으면 우리의 뜻은 하나님의 뜻에 굴복하게 된다. 기독교교육에서 기도교육은 그래서 중요하다.

<u>셋째, 금식과 기도를 통해 정욕과 욕심을 죽일 수 있다.</u>

금식하며 기도할 때 마귀의 권세는 산산조각 나고 정욕도 사라지게 된다. 기도 없이 사는 자는 하나님 없이 사는 자와 같다.66) 영산은 "인간의 육은 절대로 한 번에 죽지 않습니다."라고 강조한다. 내가 죽으면 새 사람으로서의 거룩함과 의로움을 유지하면서 살 수 있다. 기독교교육은 근본적 교육이다. 성령세례, 성령충만을 통해서 근본적으로 기독교교육이 이뤄진다. 성령충만할 때 예수님처럼 생각하고, 믿고, 말하면서 살 수 있다. 성령교육과 인본교육은 서로 차원이 전혀 다른 교육이다.

육을 죽이려면 성령님에 의해서 지배받는 삶을 살아야 한다. 영산은 성령님과 동행하는 삶을 6가지로 요약한다. 첫째, 날마다 성령님을 의식해야 한다. 즉, 성령님을 인정하고, 환영하고, 모셔들이는 적극적인 자세가 필요하다. 둘째, 성령님을 전적으로 의지하는 삶(롬8:28)이다. 셋째, 성령님을 거스르는 죄를 범하지 말아야 한다(롬6:13, 행7:51). 넷째, 성령의 전을 더럽히지 말아야 한다(고전3:17). 다섯째, 성령님을 근심시키지 말아야 한다(엡4:30). 여섯째, 성령을 소멸시키지 말아야 한다(살전5:19, 히3:7-8).67)

예수 그리스도의 죽음과 부활은 죄인을 의인으로 만들고, 하나님의 영광이 드러나게 한다. "예수

---

64) 조엘 비키 & 마크 존스(Joel Beeke & Mark Jones), 『청교도 신학의 모든 것』, 부흥과개혁사(2015), 440.
65) 조엘 비키 & 마크 존스(Joel Beeke & Mark Jones), 『청교도 신학의 모든 것』, 부흥과개혁사(2015), 440.
66) 조엘 비키 & 마크 존스(Joel Beeke & Mark Jones), 『청교도 신학의 모든 것』, 부흥과개혁사(2015), 439.
67) 조용기, 『오중복음과 삼중축복』, 서울말씀사(2008), 289-290.

그리스도의 얼굴에 있는 하나님의 영광을 아는 빛을 우리 마음에 비추셨느니라(고후4:6)." 기독교교육에서 십자가의 고난과 부활의 삶의 양식은 중요한 원리다. 신자는 고난 안에 있는 영광을 보고, 영광 안에 있는 고난을 볼 수 있어야 한다.

모든 죄인은 십자가를 통해 생명과 구원에 이른다. 예수를 믿는다는 것은 십자가를 품에 안는 것이다. 한편으로 예수를 믿는다는 것은 예수의 인격적 지식을 가지고 있음을 의미한다(고전6:17). 그리스도인은 예수 안에 연합된 자로서 하나님의 생명으로 자라난다(골2:19). 예수님 안에는 지혜와 지식의 모든 보화가 감추어져 있다(골2:3). 그리스도인은 성령과 더불어 모든 면에서 그리스도의 인격을 닮아가며, 삶의 발자취를 따라가는 존재다. 이것이 기독교교육의 기초이다. 성화를 기초로 하지 않는 영성교육은 지속되지 못한다. 따라서 다양한 측면에서 영성교육이 이루어져야 한다.[68]

5. 교육모델로서 4차원영성

인간이 하나님의 말씀을 순종하면 하나님의 성품 - 사랑, 자비, 은혜 등 - 을 깨닫게 된다. 4차원 영성교육은 하나님의 사랑교육의 한 축이다. 하나님처럼 생각하고, 꿈꾸고, 믿고, 말한다는 그 자체가 바로 하나님을 사랑한다는 의미를 내포하기 때문이다. 하나님처럼 생각한다는 것은 곧 하나님의 마음을 품고 산다는 것이다. 상대방의 마음을 품고 산다는 것은 곧 하나님을 사랑한다는 것을 전제로 한다. 사랑교육보다 더 위대한 교육은 세상에 없다!

영산은 우리는 자신이 누구인지를 분명하게 알아야 한다고 강조한다. "내가 누구인지 확실히 알고 있어야 합니다. 우리 자신이 누구인지를 알고 있어야 하나님 앞에 담대하게 설 수 있습니다. 하나님의 형상과 모양대로 지음을 받았기 때문에 우리는 영을 가진 존재로서 영원히 사는 자입니다. 또한 비록 한정되었으나 하나님처럼 말하고 창조하고 변화를 가져오는 능력을 가진 존재인 것입니다. 이러한 사람에 비하면, 하나님은 영이시므로 4차원의 세계 속에 속하며 3차원적인 물질세계를 창조하시고 다스리시는 분입니다."[69]

영적 존재는 하나님의 형상을 닮아 태어났으므로 도덕적 차원에서 하나님처럼 살아야 한다. 4차원영성은 하나님처럼 살게 하는 은혜의 방편이다. 동시에 그것은 하나님을 사랑하는 영성이다. 4차원영성은 교육 차원으로 확장하면, 말씀교육, 거룩교육이며, 더 구체화하면 예수 그리스도의 형상을 닮아가는 교육, 곧 하나님의 형상을 회복하는 교육이다(갈4:19, 고전15:49, 롬8:29, 히1:3). 나아가, 4차원영성은 말씀순종의 영성이다. 은혜를 받으면 받을수록 인간은 하나님을 더 사랑하려는 마음, 즉 순종의 마음이 생기게 된다. 순종은 우리를 향한 하나님의 사랑에 대한 거룩한 영적 반응이다. 순종함으로써 인간은 하나님의 성품 - 거룩, 자비, 사랑, 은혜 등 - 을 더 잘 알 수 있는 길이 열린다.

---

68) 비키(Beeke)는 성화교육으로서 몇 가지를 제시한다. 첫째, 삼위일체 하나님을 닮아가려는 노력(하나님 성품 닮아가기, 그리스도 형상 닮기, 성령님께 순종하기). 둘째, 죄를 죽이는 연습. 셋째, 하나님의 뜻을 실천하려는 노력. 넷째, 은혜의 방편들의 활용(개인적 영적훈련: 성경연구, 묵상, 기도, 기록 습관. 공적훈련: 예배와 교회 중심의 생활, 설교말씀, 성례, 교제, 주일성수. 이웃관계: 복음전파, 섬김). 참조. 조엘 비키(Joel Beeke), 『칼빈신학』, 지평서원(2012), 347-368.
69) 조용기, "하나님의 뜻에 합당한 자", 주일설교(2015-02-08).

말씀은 인간의 마음을 새롭게 만든다. 바울의 교육관은 "새 사람을 입었으니 이는 자기를 창조하신 이의 형상을 따라 지식에까지 새롭게 하심을 입은 자니라(골3:10)"고 말한 것에서 찾을 수 있다. 인간은 무엇으로 거룩하게 되는가? 말씀과 기도는 인간을 도덕적으로 하나님의 마음을 닮아가게 만든다(딤전4:5).70) 다음 말씀들이 그것들을 뒷받침한다.

a) 인격을 지닌 존재(창1:31, 창2:7, 창1:26-27): 인격은 개발될 수 있다. "예수는 그 지혜와 그 키가 자라가며 하나님과 사람에게 더 사랑스러워 가시더라(눅2:52)."

b) 지식을 가진 존재(창2:19-20, 창1:26-28, 시8:4-9): 인간의 인지능력을 개발할 수 있다. "주의 손으로 만드신 것을 다스리게 하시고 만물을 그 발 아래 두셨으니(시8:6)."

c) 윤리적 존재(창1:31, 2:17, 3:7, 전7:29): 윤리성을 개발할 잠재력을 가지고 있다. "나의 깨달은 것이 이것이라 곧 하나님이 사람을 정직하게 지으셨으나 사람은 많은 꾀를 낸 것이니라(전7:29)."

d) 인격적·사회적 존재(창2:18, 23, 3:8, 4:1): 인간은 사회적, 심리적 개발이 가능하다. "야훼 하나님이 가라사대 사람의 독처하는 것이 좋지 못하니(창2:18)."

e) 영적 존재(창3:8-10): 영적 존재로서 하나님의 믿음을 개발할 수 있다. 영은 말을 한다.

영성진보의 목표와 기독교교육의 목표는 모두 예수 그리스도를 닮아가는 것 – 의와 진리의 거룩함의 회복 – 에 있다(엡4:24).71) 신자의 존재 가치는 말씀에 순종하는 삶을 사는 것이다. 신자의 삶에서 최고의 골칫거리는 바로 자기 자신이다. 한 기자가 전도자 무디(Moody)에게 어떤 사람이 가장 당신을 괴롭혔느냐고 묻자, 무디는 서슴없이 이렇게 대답했다. "그 어떤 사람보다도 무디라는 작자 때문에 가장 골치를 썩고 있소." 새뮤얼 호픈스타인(Samuel Hoffenstein)도 비슷한 이야기를 들려준다. "내가 어디를 가든지, 나는 늘 같이 간다. 그리고 모든 것을 망쳐버리고 만다." 잭 파아(Jack Paar)도 이렇게 고백한다. "내 일생을 뒤돌아보니 많은 장애물을 만났다. 그중에서도 가장 큰 장애물은 바로 나 자신이었다." 누구에게나 그런 질문을 한다면 바로 이러한 대답이 나올 것이다. "처음에는 누가 내 삶을 망치는지 도무지 몰랐다. 세월이 지나고서야 그 사람이 바로 나였음을 깨달았네!"

4차원영성은 최고의 적인 나 자신을 말씀을 통해 그리스도를 닮는 사람이 되게 하는 교육이다. 곧 옛 자아를 없애버리고, 그 자리에 새 자아가 지속적으로 성장하는 교육이다. 다시 말해, 거룩함과 의로움을 회복하는 교육이다. 그런 차원에서 이해하면, 4차원영성은 하나님의 성품을 더 잘 알아가는 영성이다. 하나님을 더 잘 알아가는 일은 영적 성장 또는 진보에 있어서 상당히 중요하다. 인간은 하나님을 아는 만큼 믿고, 신뢰할 수 있기 때문이다.

---

70) 말씀교육은 곧 거룩교육이다. 4차원영성은 말씀교육으로 마음을 영성화하는 구체적인 방법을 제시한다. 라일(J. C. Ryle)은 거룩교육의 핵심을 이렇게 말한다. "거룩하기 원하는가? 그렇다면 그리스도와 함께 시작하라, 계속해서 거룩하기를 원하는가? 그렇다면 계속해서 그리스도 안에 거하라." 스펄전(Charles Spurgeon)은 "거룩은 그리스도를 향해 가는 길이 아니다. 그리스도가 바로 거룩을 향해 가는 길이다." 예수님은 스스로가 거룩의 원단이다. 그리스도가 친히 성화의 길이 되신다(고전1:30). 참조. 조엘 비키(Joel Beeke), 『칼빈신학』, 지평서원(2012), 377.

71) 권택조, 『영성발달』, 예찬사(1999), 202.

루터(Martin Ruther)가 지적한 것처럼 '진보란 항상 다시 시작하는 것'이다. 교육도 항상 다시 시작하는 것이고, 옛 자아를 끊임없이 땅에 묻고, 또 새 자아를 날마다 더 훌륭한 자아로 빚어가는 것이다. 4차원영성은 삼위일체 하나님의 상호연합적 삶의 모델을 내 삶의 자리에 적용하는 말씀중심의 삶이다. 4차원영성을 교육 차원에서 보면, 인간의 본성 – 의로움과 거룩함 – 을 회복하는 교육이며, 그리스도의 지성, 감성, 의지를 닮아가는 교육이다(전인적 교육).

교육이란 내적 및 외적 성장을 의미한다. 존 맥스웰(John Maxwell)은 사람을 성장시키는 도구로 IDEA모델을 세웠다. 먼저 가르치고(Instruction), 눈으로 보게 하고(Demonstration), 경험하게 하고(Experience), 마지막으로, 본 것을 다시 누군가에게 가르치는 책임을 지우는 것이다(Accountability).[72] 하나님은 이스라엘 백성을 홍해 바닥 위로 걷게 하며 생생한 IDEA 교육을 실시하셨다. 3차원 사고방식을 가졌던 이스라엘 백성은 홍해 앞에서 속수무책이었으나, 모세를 통해 현장교육을 생생하게 받은 것이다. 하나님은 언제나 모세와 같은 교육의 지도자를 세우셨다. "내가 또 내 마음에 합한 목자들을 너희에게 주리니 그들이 지식과 명철로 너희를 양육하리라(렘3:15)."
영산은 4차원영성의 사람이 되는 조건을 이렇게 강조한다. "4차원영성의 사람이 되기 위해서 우리는 하나님 뜻 안에서 하나님의 차원의 생각으로 살아야 합니다. 그래야 하나님께 영광이 됩니다. 이스라엘 백성이 인간 차원에서 하나님 차원의 생각으로 바꾸는 결정적인 계기는 갈라진 홍해와 구원입니다. 그것이 장차 이스라엘 백성뿐만 아니라 온 세계에서 하나님을 믿는 사람들이 어떤 차원에서 생각할 것인가에 대한 기본 모델을 보여준 것입니다."[73]

이스라엘 백성이 광야에서 받은 교육은 전형적인 영성교육 모델이다. 하나님은 마라의 쓴물 사건, 반석 생수사건, 만나 사건, 메추라기 사건 등을 통해 4차원 하나님의 생각, 꿈, 믿음. 말이 얼마나 중요한지 구체적으로 보여주신다. 이 시대에 사는 사람들은 구약시대에 '마라의 쓴물이 단물로 바뀐 사건'을 직접 경험할 수 없다. 단지 상상할 뿐이며, 또한 상상한 것을 믿을 뿐이다. 보이지 않는 하나님의 세계를 가장 잘 느낄 수 있는 것은 상상력과 믿음뿐이다. 하나님은 인간에게 상상력이라는 선물을 주셨다. 즉 스냅사진만 보아도 동영상을 추론해 낼 수 있는 능력을 준 것이다.
4차원영성은 거룩한 상상력을 촉발시키며, 말씀을 삶의 자리에 현실화시키는 거룩한 도구다. 4차원영성은 말씀으로 인간의 마음을 거룩하게 만들어(딤전4:5), 선한 일을 행하게 하며(딛2:14), 궁극적으로 하나님을 영화롭게 한다(롬2:10). 그 연장선에서 4차원영성 교육모델을 4개의 창으로 구성하여 도시화하면 그림 11-4와 같다. 4차원영성 교육모델의 창은 하나님의 생각을 중심으로 한 '창조의 창 또는 기억-회상의 창'과 하나님의 꿈을 중심으로 한 '시각의 창 또는 비전화의 창', 하나님의 믿음을 중심으로 한 '기적의 창 또는 신비의 창', 하나님의 말을 중심으로 한 '행동의 창 또는 선포의 창'으로 구성되어 있다.

---

72) 존 맥스웰, 『인재경영의 법칙』, 비전과 리더십(2003), 193-194. 여기서 IDEA는 각 단계의 영문 머리글자다.
73) 조용기, "생각은 내가 하고, 일은 하나님이 하신다", 주일설교(2013-09-15).

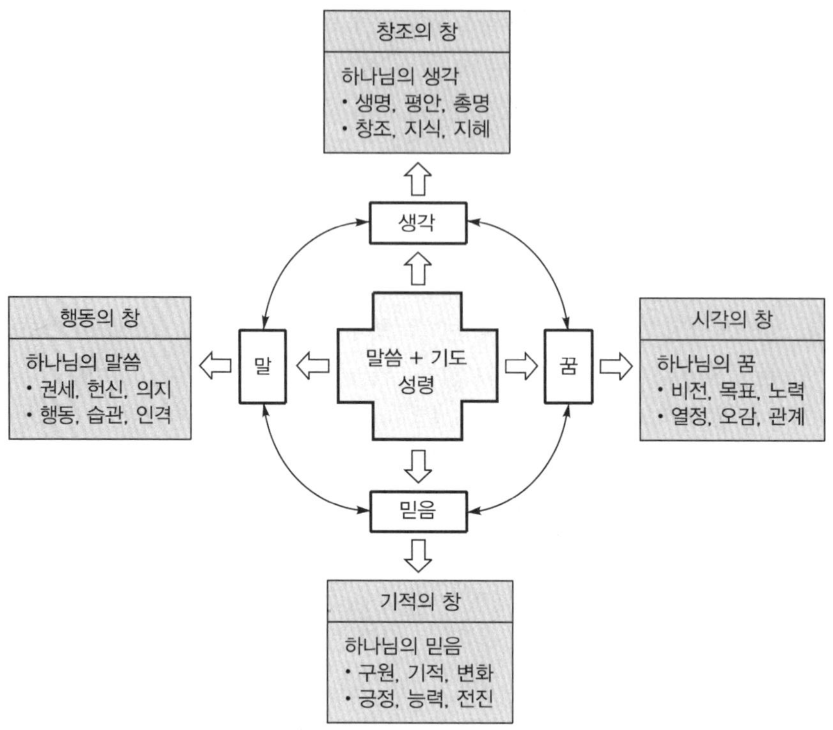

그림 11-4. 적용 가능한 4차원영성 교육모델: 십자가를 기초로 한 4차원의 영성교육은 근본적으로 사랑교육의 장(場)이요, 나아가 예수 그리스도의 인격을 닮아가는 과정이다. 4차원영성은 실존성에서 영원성으로, 유한성에서 무한성으로 신앙의 도약을 촉진시키는 영성진보 프로그램 성격을 지니고 있다. 인간의 시간은 과거-현재-미래로 구분되지만, 하나님의 시간은 초월적이며 영원하다. 따라서 생각-꿈-믿음-말은 과거-현재-미래를 구분된 세계로 보는 것이 아니라, 상호연합되어 하나의 통합된 세계, 곧 영원의 차원에서 통합한다. 십자가는 이미 과거-현재-미래의 모든 시간을 통합시켜 놓았다. 2천년 전에 이 땅에 세워진 십자가는 2천년 후에 태어난 '나 자신'을 골고다 언덕 십자가 위로 데려서 구속시키고 구원시켜 하나님의 자녀로 삼은 것이다. 그 모든 과정을 하나님은 현재의 시간 안에서 진행시키신다. 그런 차원에서 보면, 4차원영성 4요소를 포함한 영적 언어들, 즉 생각-꿈-비전-믿음-말-기억-회상-상상-오감 등은 서로 구별되지만, 작동 과정에서 하나의 운영체계 안에서 진행된다. 생각, 꿈, 믿음, 말을 서로 구별하고 도표화한 것은 단지 이성적 차원에서 이해를 돕기 위한 것이다. 그런 의미에서 생각, 꿈, 믿음, 말의 4요소 중 순서를 매기는 것은 의미가 없다. 어느 요소를 먼저 시작해도 순환성이 있어 동일한 과정을 밟는다. 4차원영성의 요소들은 순서성을 지니고 있지만, 또한 동시성(synchronizing)을 내포하고 있기 때문이다.

십자가는 기독교교육의 뿌리다. 영산은 "우리는 예수님의 십자가라는 기초 위에 '생각, 꿈, 믿음, 말'이라는 네 가지 재료를 가지고 집을 짓습니다."라고 강조한다.[74] 그의 논리로 보면, 기독교교육과 연합의 영성, 곧 4차원영성은 서로 밀접한 관계에 있다. 영산의 영의 변형논리를 4차원 영성교육 모델에 적용하여 서술하면 다음과 같다.

---

74) 조용기, "내 믿음의 가나다라", 주일설교(2017-03-05).

a) 생각 교육: 창조의 창(빌2:5, 고전2:16, 잠4:23)

예수 그리스도와 연합된 그리스도인은 예수님의 생각으로 살아야 한다. 말씀은 마음공간에 하나님의 생각 – 거룩, 의, 진리, 지식 등 – 을 불러온다(롬7:12). 이 창은 십자가 중심의 사고방식, 기억능력, 인간의 지식, 지혜, 아이디어, 창조력 등과 관련되어 있다. 또한 하나님의 영적세계를 기억하고 회상하며, 영의 생각으로 사는 길(롬8:5)과 통한다. 기억능력의 위대성과 관련해 아우구스티누스(Augustinus)의 고백을 기억해 두자.[75] "오 나의 주 하나님, 기억의 능력이란 실로 위대한 것이요, 무서운 존재입니다. 바로 그것이 내 마음이요, 나 자신입니다!"

b) 꿈 교육: 시각의 창(딤전2:4, 행2:17, 시81:10, 창15:5)

우리 안에 계시는 예수의 영의 도움으로 하나님의 뜻을 이루고자 하는 꿈을 가져야 한다. 하나님의 꿈은 인류구원이고, 우리를 구원시켜 거룩하고 의로운 삶을 살게 하는 것이다. 하나님의 생각을 품으면 하나님의 꿈이 탄생하고 마음의 소원이 생긴다. 이 창은 5중복음의 꿈의 양식, 비전, 목표, 열정, 이미지, 시각화, 상상력과 관련 있다. 또한 이 창은 생각한 것을 상상화, 비전화, 말씀의 현재화를 진행시키는 과정이다(눅1:45).

c) 믿음 교육: 능력의 창(마17:20, 눅9:23, 갈2:20, 막11:23-24)

복음의 진리와 보혈을 믿음으로써 우리 안에는 예수님이 계신다. 따라서 예수 그리스도의 능력이 부분적으로 우리의 능력으로 전이된다. 예수님을 믿음으로써 우리는 하늘의 신비한 능력을 삶의 자리에 임하게 할 수 있다. 마음에 새긴 꿈과 비전을 신비적인 능력으로 믿는 과정이다. 이 창은 하나님의 믿음의 삶, 초월, 확신, 가능성, 구원능력, 기적, 긍정, 자신감 등과 관련되어 있다. 이 창은 하나님의 신비의 세계를 믿음의 힘으로 여는 초월적 과정이다.

d) 말 교육: 행동의 창(잠18:21, 잠6:2, 벧전4:11, 고전3:16)

주와 연합된 우리는 그리스도의 말을 삶의 자리에 적용해야 한다. 말은 영, 인격, 생명이다. 따라서 신자는 영의 말, 생명의 말, 창조의 말을 사용해야 한다. 믿음의 최종결산은 믿은 것을 입술로 선포, 명령, 고백하는 데 있다. 이 창은 하나님의 말씀을 바탕으로 한 행동, 습관, 고백, 선포 등과 관련되어 있다. 또한 이 창은 '생각하고, 꿈꾸고, 믿은 것'을 담대하게 선포하여 삶의 자리에 현재화하는 과정이다.

이와 같이 영산의 4차원 영성교육 모델은 성령 안에서 4차원영성의 4요소인 생각, 믿음, 꿈, 말의 창을 통해서 성취되는 전인적 영성교육 프로그램이다. 제임스 로더(J. Loder)는 영의 변형논리를 5가지로 세분해서 서술하고 있다.[76]

---

75) 아우구스티누스, 『성 아우구스티누스의 고백록』, 크리스챤(2010), 제10권, 329.
76) 제임스 로더(James Loder), 『성령의 관계적 논리와 기독교교육 인식론』(The Relational Logic of the Spirit in Theology and Science), 대한기독교서회(2009), 386-390.

a) 1단계: 정황 속에 나타나는 갈등(conflict in context)

b) 2단계: 탐색을 위한 휴지(interluding for scanning)

c) 3단계: 묵상적 고찰(meditating insight)

d) 4단계: 에너지 방출과 현상학적 초점(release of energy and phenomenological focus)

e) 5단계: 검증(verification)

이 변형의 포괄적 논리는 인간의 자아 속에 가능태로 잠입되어 있다. 인간은 갈등에 처하면 본능적으로 '4단계 해결점'을 지향하여 활동한다. 이 논리는 인간의 창조과정에도 적용할 수 있다. 또한 인지발달, 도덕발달 등 인간발달에도 적용이 가능하다. 기독교교육 차원에서 제임스의 변형논리를 영산의 4차원영성의 변형논리와 비교하면, 성령의 역동성으로 인간의 영이 변형된다는 점에서 일치한다.[77]

그러나 영산의 변형논리의 핵심은 하나님의 말씀과 인간 영의 접촉점에 있어서 '성령의 생각, 꿈, 믿음, 말'을 매개체로 등장시키고 있어서 상당한 차이점이 존재한다. 영산은 "'생각과 꿈과 믿음과 입술과 선언'이라는 4차원영성을 적용하면, 날마다 믿음이 자라나고 삶의 놀라운 변화와 창조의 역사가 일어나게 됩니다."라고 말한다.[78] 곧 영산의 변형논리와 영적성장은 인간의 생각, 꿈, 믿음, 언어에 중심을 둔다.

인간의 영의 중심인 마음하늘에 하나님의 말씀에서 비롯된 영적 언어, 다시 말해 '생각, 꿈, 믿음, 말의 씨'를 심어서 인간을 통전적으로 변형시킨다는 차원에서 보면, 영산의 인간 영의 변형논리는 보다 총체적이다. 동시에 변형의 기능 측면에서 보면 연속적이고 효과적이다. 이에 비해 로더의 변형논리는 정황적 갈등에 대한 일회적 해결점을 제시한다. 로더가 제시하는 인간 영의 변형 논리에서는 구체화된 변형적 매개체가 없어, 변형을 지향하는 추진력이 저하된다는 단점이 있다.

리처드 오스머(Richard Osmer)는 『신앙교육을 위한 교수방법』에서 "신앙은 신념(belief), 관계(human relationship), 헌신(commitment), 신비(mystery)의 통합적 구조 안에서 형성된다"고 말한다.[79] 오스머의 영적 교육방법은 영산의 4차원 영성교육 모델과 교육기능의 측면에서 유사한 면이 있다. 여기서 말하는 '신념'은 기독교적 지식과 연관성이 있으며, 그림 11-4에 나타나는 생각의 창과 유사하다. '관계'는 사람과 사람 간의 끈과 연관이 있으며, 꿈의 창과 비슷하다. '헌신'은 행동, 의지와 연관이 있으며, '말의 창'과 유사하다. 또한 신비는 믿음의 체험이므로 '기적의 창'과 비슷하다.[80]

구약성경에는 4차원 영성교육과 연관된 전형적인 예가 있다. 그림 11-5에 묘사된 것처럼, 총체적 사고방식을 소유한 4차원영성가(spiritual thinker) 갈렙과 여호수아는 가나안 땅에 들어갔으나, 평

---

77) 제임스 로더(James Loder), 『성령의 관계적 논리와 기독교교육 인식론』(The Relational Logic of the Spirit in Theology and Science), 대한기독교서회(2009), 390.

78) 조용기, "내 믿음의 가나다라", 주일설교(2017-03-05).

79) 소태영, "영산의 4차원영성과 상상하는 교육", 『영산신학저널』, Vol.17(2009), 248.

80) 소태영, "영산의 4차원영성과 상상하는 교육", 『영산신학저널』, Vol.17(2009), 248.

면적 사고방식을 소유한 나머지 열 명의 정탐꾼은 가나안 땅에 들어가지 못하고 광야에서 죽었다. 하나님의 생각, 꿈, 믿음, 하나님처럼 고백하는 과정은 4차원영성에서 핵심과정이다. 언어적 고백의 중요성에 대하여 영산은 "하나님의 창조적 언어는 무에서 유를 나타나게 하는 강력한 힘을 지니고 있습니다."라고 강조한다.[81]

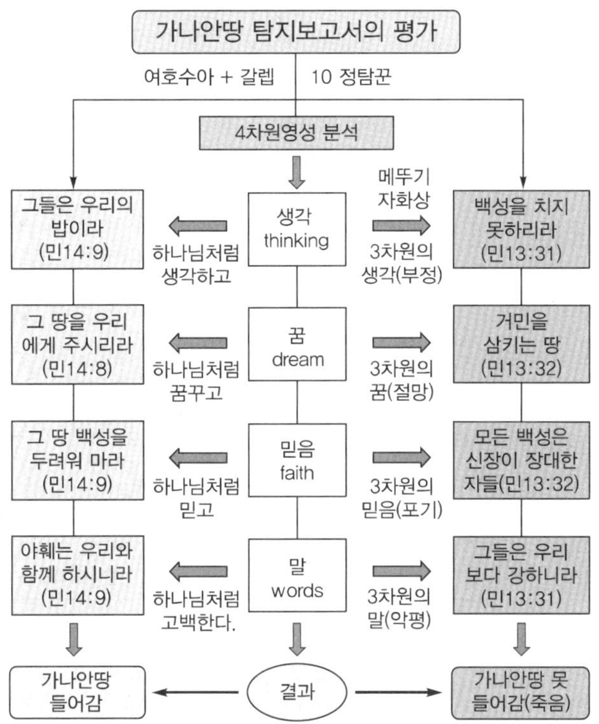

그림 11-5. 여호수아와 갈렙의 4차원영성 모델과 삶의 구조: 4차원영성가인 여호수아와 갈렙은 축복의 땅에 들어갔다. 그러나 평면적 사고방식으로 부정적인 판단을 했던 열 명의 정탐꾼은 광야에서 비운의 삶을 맞았다. 이와 같이 한 인간의 생각, 꿈, 믿음, 말은 인간의 삶과 운명을 결정했다. 이스라엘 백성은 불기둥, 구름기둥, 만나, 메추라기, 바위에서 물이 나오는 기적 등 수많은 영적 사례들을 보았다. 그러나 그들은 항상 눈에 보이는 3차원 물질세계만 바라보았다. 영의 눈으로 현상 뒤에 있는 배경을 바라보지 못했던 것이다. 진짜 보아야 할 영적 그림은 보지 못하고, 눈에 보이는 자연 현상만 본 것이다. 육신의 생각과 영의 생각은 서로 차원이 다르다(롬8:5). 신앙생활을 잘 하려면, 육적-영적 경계선을 잘 구분해야 한다.

영산은 많은 제자를 길렀다. 제자들은 스승인 영산의 말씀에 대해 많은 것을 기억하고 있다. 그들이 영산에게 배운 영성교육을 표 11-1에 요약하였다. 영산은 "제자를 기른 것이 아니라 그들 스스로 자랐다"고 말한다. 그 제자들이 기억하는 말을 한마디로 표시한다면 무엇일까? 요약하면 예수님 안에서 딱 한 줄이다. "할 수 있다, 하면 된다, 해보자!"

---

81) 조용기, 『4차원의 영성-실천편』, 143.

표 11-1. 영산이 제자들에게 가르친 영성교육 사례[82]

Case	영산의 제자들이 기억하는 말	영산으로부터 배운 영성
Case 1	우리 안에서 4차원 세계가 이루어지면, 4차원의 생각, 믿음, 꿈, 말이 우리의 삶을 이끌어간다.	1. 오직 성령님만 믿고 의지하라. 2. 기도로써 성령님과 교통하라.
Case 2	마음속에 '이루어졌다'는 믿음의 에너지가 작동하기 시작하면 그는 이미 믿음의 사람이다.	1. 성령님을 체험하라. 2. 성령님과 함께하는 긍정적 삶을 실천하라.
Case 3	믿음의 말은 보이지 않는 4차원의 세계를 여는 문과 같은 것이다.	1. 하나님이 너를 통해 역사하심을 확신하라. 2. 하나님이 주시는 믿음을 갖고 선포하라.
Case 4	인간의 믿음은 경험을 기초로 한다. 그러나 신앙은 오직 '말씀'을 믿는 데서 출발한다.	1. 하나님의 뜻을 믿음으로 바라보라. 2. 네 옆에 있는 사람들을 칭찬하고 격려하라.
Case 5	우리가 꾸는 꿈은 하나님이 다 이루어주신다. 우리가 이루는 것이 아니라 꿈이 우리를 이끌어가는 것이다.	1. 하나님이 주신 꿈을 품고 항상 노력하고, 또 노력하라. 2. 작은 일에 충성한 자가 큰 일도 할 수 있다.
Case 6	성공을 말하는 입술이 우리의 운명과 환경을 성공으로 인도한다.	1. 믿음은 희망의 메시지로 긍정적 신앙을 이끌어낸다. 2. 자신의 사명을 완수하기 위해 노력하라.
Case 7	마음속에 꿈을 품어라. 가능하면 불가능한 꿈을 꾸어라.	1. 하나님이 주시는 성장의 꿈을 품어라. 2. 믿음을 품었으면 두려워하지 말라.
Case 8	내게 능력주시는 자 안에서 불가능이란 없다.	1. 이웃을 네 몸과 같이 사랑하고 긍정하라. 2. 언제나 '할 수 있다'는 긍정적 사고를 가져라.
Case 9	할 수 있거든 이 무슨 말이냐 믿는 자에게는 능치 못할 일이 없느니라.	1. 꺼지지 않는 열정으로 살아야 한다. 2. 믿음은 어떤 상황에서도 긍정을 말할 수 있어야 한다.
Case 10	믿음이란 바랄 수 없는 중에 그것을 바라고 목을 내밀고 기다리는 것이다.	1. 끝까지 주님의 뜻에 순종함으로 나아가라. 2. 순종은 주 안에서 모든 것을 할 수 있다는 믿음이다.
Case 11	우리의 삶은 우리가 말하는 대로 될 것이다.	1. 성령님의 음성을 민감하게 듣고 입술로 고백하라. 2. 이웃을 축복하고, 또 축복하라.
Case 12	꿈을 가지고 열심히 기도하고 말씀을 잘 준비하면 많은 성도들이 주께 나아올 것이다.	1. 꿈꾸고, 바라보고, 기도와 성실로 나아가라. 2. 성령의 기름부으심의 능력을 믿으라.
Case 13	긍정적인 4차원의 생각은 절망을 희망으로 바꾸는 능력이다.	1. 가족의 행복을 최우선으로 생각하라. 2. 항상 겸손하며, 남의 말을 경청하라.

---

82) 교회성장연구소 편집부, 『조용기 목사의 제자들』, 교회성장연구소, 2008.

"어떻게 조 목사님의 제자들은 한국에서 대형교회들로 성장시킬 수 있었습니까?"라는 질문에 영산은 이렇게 대답한다. "그 원리와 비밀을 설명해주는 가장 간단한 방법으로 나는 옛날 속담인 '왕대밭에 왕대난다'는 말을 인용해서 대답하곤 합니다. 나의 제자들은 내가 여의도순복음교회에서 하는 스타일을 보고 배우고 자라면서, 그들의 생각의 틀이 커졌습니다. '할 수 있다, 하면 된다. 해보자!'는 목회철학을 배웠기 때문에 생각이 커져간 것입니다. 생각은 똑같은 모양으로 머물러 있지 않고, 커지고 자라는 속성을 가지고 있습니다. 제자들은 큰 교회, 큰 목회를 보면서, 각자 자신의 생각을 성장시킨 것입니다."

영산의 제자 교육방법은 어떤 면에서 단순하다. 그는 자신의 영성교육 모델을 먼저 그들에게 보여주었다. 특별한 영성교육 없이도 제자들은 각자 영산의 목회과정을 보고, 느끼고, 스스로 체득한 것이다. 그들은 광야의 야생화처럼 스스로 자라났다. 표 11-2에서는 신구약 영적 인물들을 4차원영성 관점에서 비교분석한 것이다. 이들을 통해서 보면 얼마나 생각, 꿈, 믿음, 입술의 고백이 중요한지 알 수 있다.

5.1. 영성교육의 사례들

인간은 악기와 같아서 하나님의 손, 예수님의 손, 성령님의 손이 우리 몸에 닿을 때 하늘의 아름다운 곡조를 울려퍼지게 할 수 있다. 즉 하나님의 말씀에 거룩한 반응이 필요하다. 빛이 거울에 반사되는 것처럼 하나님의 소리에 민감하게 반응할 수 있어야 한다. 원래 하나님은 아담과 하와가 하나님에 대해 순결하고 거룩하게 반응하도록 창조하셨다. 선악과를 따먹기 이전의 아담과 하와는 하나님과 정말로 친밀한 관계에 있었다.

인간이 최종적으로 추구해야 하는 것은 무엇일까? 하나님이 인간에게 태초에 준 의와 거룩함과 진리의 영성을 회복하는 것이다(엡4:24). 근본적으로 인간은 영적 존재이기 때문에 눈에 보이는 세계로는 만족할 수 없다. 인간에게는 영원을 사모하는 마음이 있다. 따라서 그들의 텅 빈 마음은 영원의 주인이신 하나님의 영으로 충만하게 채워져야 한다. 과학기술 시대에 살고 있는 인간은 지금도 늘 새로운 세계를 갈망하며 끝없이 무엇인가를 찾고 있다. 이런 현상은 포스트모더니즘 시대의 특징이기도 하다.

인간은 지금까지 주로 손발과 머리와 마음을 활용하여 무언가를 해왔다. 그렇게 그 동안 눈에 보이는 것들에 관심을 기울이다가, 현대인 가운데 일부는 이제 눈에 보이지 않는 것으로 관심을 돌리기 시작했다. 앞으로 다가올 시대에는 영성이 담긴 것들을 내놓아야 사람들의 관심을 사로잡을 수 있다. 기업도 영성 이미지를 제시해야 성장할 수 있다. 이와 유사하게 개인의 삶도 이전보다 영성화를 더 많이 추구할 것이다.83)

---

83) 앞으로의 시대는 영성가(spiritual thinker)의 시대가 될 것이다. 영성가의 시대에는 하나님의 성품을 닮아가는 자가 세계를 이끌며, 해당 시대를 움직이는 주체가 될 것이다. 예수님을 믿고 성령으로 충만한 사람이 더욱 창조적인 일, 더 기이한 일, 더 크고 위대한 일을 할 수 있다. 마지막 시대에는 영성기업가, 영성정치가, 영성법률가, 영성과학자 등이 더욱 많이 나타날 것이다. 그러나 거룩한 영성이 성숙하는 만큼, 그와 반대로 세속적인 영성도 거세게 등장할 것이다. 따라서 다가오는 시대에는 과거 어느 때보다 심하게 영적 혼란이 빚어질 것이다. 세상의 마지막은 혼돈이 더욱 심화되고 확장될 것이다.

표 11-2. 신구약 인물들의 삶의 자리에서 일어난 4차원영성 적용사례

인물	이미지 키워드	4차원영성 4요소				영성훈련 방법	결과	신학적 의미	관련 말씀
		생각	꿈/소원	믿음	말				
아브라함	이삭 제물	하나님의 생각	열국의 아비	결단-순종	긍정적 개명	믿음훈련 바라봄 훈련	민족의 조상	하나님의 섭리와 인도	창22장
모세	떨기나무 지도자	하나님의 생각	가나안 땅	하나님의 믿음	선포적 고백	하나님 중재자	여호수아 후계자 인계	하나님의 능력	출애굽기
요셉	꿈꾸는 자	미래지향적 도전적	지도자	인내의 믿음	긍정적	인내훈련	애굽 총리	하나님의 섭리	창37-50장
야곱	바라봄의 법칙	상상력 창조력	고향귀환	절대적 신뢰	긍정적	바라봄의 훈련	소유가 풍부하게 됨	하나님의 축복	창30장
10 정탐꾼	부정적 보고	부정적 패배적	꿈보다는 절망을 선택	두려움 비신앙적	부정적 고백	3차원 오감훈련	패배함 죽음	하나님의 주권과 통치	민13장
여호수아 갈렙	긍정적 보고	하나님관점 생각	가나안 땅 정복	신앙적 영적 태도	신앙적 강한고백	믿음훈련 생각훈련	생존 입국영광	하나님의 주권과 통치	민13-14장
기드온	용사	겁쟁이 → 용사의 생각	미디안 백성 물리침	체험적 신앙	대언적 고백	영적 체험 훈련	미디안백성 리침	하나님이 싸워 주심	삿6-8장
다니엘	사자굴	하나님 중심 도전적	하나님의 성전 사모	절대적 믿음	긍정적	기도훈련	사자굴에서 살아남	하나님의 존재와 능력	단6장
엘리사 사환	아람군대 포위당함	인간의 눈 본대로 생각	포위 환경 탈출	병력에 두려움	두려움의 고백	3차원 오감훈련	아람 군대 물리침 (싸움없이)	거룩한 전쟁 (제의적 전쟁)	왕하 6:8-23
엘리사	선지자	영의 생각 충만	하나님의 돌보심	하나님 신뢰	긍정적	기도훈련	아람군대를 포로로 만듦	하나님의 능력	왕하 6:8-23
엘리야	호렙산 도피	좌절 상태 →위로 받음	죽고 싶음 →소망 얻음	죽음공포 →사명결단	부정적 →긍정적	영적 체험 훈련	하나님의 임재 체험	하나님은 삶을 다스림	왕상 19장
한 강도	낙원	육의 생각 →영의 생각	낙원에 대한 기대	예수중심	긍정적	회개훈련	낙원에 올라감	하늘나라에 대한 소망	눅 23:33-43
다윗	소년 물맷돌	하나님의 생각	이스라엘 구원자	하나님의 믿음	긍정적	믿음훈련 고백훈련	골리앗 이김	함께 하시는 하나님	삼상17장
요나(1)	물고기 뱃속	영의 생각	하나님의 일을 바라봄	믿음의 도전	긍정의 고백기도	고백훈련 영성훈련	3일만에 구출됨	하나님은 순종을 원함	욘2장
요나(2)	다시스 가는 배	육의 생각	현실의 꿈	결핍된 믿음	부정적	오감훈련	물고기 뱃속으로 감	선지자는 사명을 준수	욘1:1-16
골리앗	장군	육의 생각 자아중심	최고의 장수	자기중심 의 신뢰	육적 고백	3차원 오감훈련	패배	하나님을 의지해야 함	삼상17장
솔로몬	일천번제	확대적 긍정적	지혜자	지혜의 믿음	긍정적	헌신과 순종훈련	지혜 + 부 + 영광	하나님과 올바른 관계	왕상3장
베드로	반석	영의 생각 창조적	복음증거	성령충만 체험적	선포적 고백	성령훈련	구원역사 창출	성령의 능력	행2-3장
바울	사도	영의 생각 창조적	세계선교	예수중심 십자가	선포적 체험적	십자가 중심훈련	세계선교 뿌리내림	선교와 신학 의 기초확립	행9:1-31 13장-28장
니고데모	종교 지도자	전략적 사고 도전적	구원의 길을 찾음	예수중심	깨달음의 고백	예수만남	구원받음	하나님 안에 생명이 있음	요3:1-21
가나안 여인	큰 믿음	창조적 긍정적	딸의 치료	의지적 믿음	의지적 고백	상상훈련 믿음훈련	치료받음	예수님은 구원자이심	마15:21-28
삭개오	뽕나무	전략적 사고 창조적	근본적 문제해결	예수중심	회심과 고백	생각훈련	구원받음	구원은혜를 베푸심	눅19:1-10

성경에는 하나님과 동행하는 삶을 추구한 인물들이 많이 있다. 성경에서는 3차원 인생을 산 사람과 4차원 인생을 산 사람들이 극명하게 구분된다. 4차원 인생을 마음에 품은 사람들, 하나님 중심의 영성을 품고 산 자들을 구체적으로 살펴보면 다음과 같다.

 a) 아브라함: 소돔 땅을 롯에게 기꺼이 양보한다(창13:1-13).
 b) 모세: 당시 세계 최고의 왕궁의 영화를 버리고 광야로 떠난다(히11:23-29).
 c) 에스더: 자기 백성을 위해 목숨을 걸고 금식을 선포한다(에4:15-17).
 d) 사드락, 메삭, 아벳느고: 극렬히 타는 풀무 속으로 들어간다(단3:16-18).
 e) 바울: 복음을 위해 기꺼이 고난을 감수한다(빌3:7-12).

이에 비해 3차원 인생, 눈에 보이는 삶, 오감의 삶, 육적인 삶으로 허무하게 보낸 이들도 있다.

 a) 롯: 죄악의 도성을 택함(창13:1-13).
 b) 고라당: 애굽으로 다시 복귀하자고 백성들을 선동했으며(민16:1-11), 땅이 갈라져 죽음(민16:20-31).
 c) 10 정탐꾼: 가나안 땅 못 들어감(민13:31-33, 민14:6-10).
 d) 유다: 은 30에 예수를 팔고 자살함(마27:1-5).
 e) 데마: 세상을 사랑하여 복음 전파사역을 포기함(딤후4:10).

1) 야곱의 영성형성

야곱은 파란만장한 삶을 살며 육의 생각, 꿈, 믿음, 말에서 점진적으로 영성화되어 하나님 중심의 생각, 꿈, 믿음, 말을 소유하게 된다.

 a) 과거의 야곱의 영성: 교만, 사기, 속임수(창27:18-24, 25:31)의 삶을 보냄.
 b) 새로운 야곱의 영성: 야곱에서 이스라엘로 개명하고(창32:28), 신앙적으로 각성함(창32:9-12).
 c) 성숙한 야곱의 영성: 하나님 중심의 삶(창47:31), 축복하는 삶(창47:7-10).

2) 니고데모의 영성형성

니고데모는 예수님을 만나자 중생의 진리를 깨닫고 육의 생각이 영의 생각으로 변화되었다. 예수님을 섬기고자 하는 꿈과 믿음이 생겼으며, 예수님의 장례식에 그가 가진 가장 귀중한 것을 예수님께 드렸다. 나아가 예수님을 공적으로 옹호하는 수준까지 이르렀다.

 a) 예수님을 사모하는 영성의 단계: 중생의 진리를 깨달음(요3:1-9).
 b) 예수님을 옹호하는 영성의 단계: 그의 인생에 예수님이 차지하는 비중이 증폭됨(요7:50-51).
  "그 중에 한 사람 곧 전에 예수께 왔던 니고데모가 저희에게 말하되 우리 율법은 사람의 말을 듣고 그 행한 것을 알기 전에 판결하느냐(요7:50-51)."
 c) 봉사하고 섬기는 영성의 단계: 몰약과 침향을 갖고와 예수님 장례식을 도와줌(요19:39).

3) 사마리아 여인의 영성형성

예수님을 만나면 옛 사람이 떠나고 새 사람이 되며, 육의 생각에서 영의 생각으로 바뀐다. 성령의 역사로 믿음이 활성화되어 물동이 내려놓고 동네로 달려간다. 그리고 담대히 입술을 열어 사람들에게 '와서 보라(요4:29)'고 외치는 창조의 역사, 구원의 역사가 나타난다. 한 인간의 영성화 또는 영적성장 과정의 중심에는 언제나 삼위일체 하나님이 있다.

    a) 우물가에서 예수님을 만난 여인: 사마리아 여인이 예수를 만나 회개함(요4:7-26).

    b) 우물가에서 영생의 생수를 얻은 여인: 메시야를 만나서 생각, 꿈, 믿음, 말이 달라짐(요4:25-26).

    c) 우물가에서 선교사 파송을 받은 여인: 믿음이 생기자 결심을 하고 복음전도자가 됨(요 4:28-30).

4) 요셉의 영성형성

요셉의 인생은 고해(苦海)의 연속이었다. 그만큼 그의 영성형성도 폭이 넓고 깊다. 요셉은 인생의 모든 여정에서 항상 긍정적이고 적극적인 생각을 품었다. 체념에 빠질 상황인데도 조금도 흔들리지 않은 채, 요셉은 하나님의 꿈을 바라보았고, 꿈에 대한 "해석은 하나님께 있지 아니하나이까(창 40:8)"라고 고백할 만큼 하나님을 온전히 믿고 의지했다.

    a) 꿈꾸는 영성가: 곡식 단이 절하는 꿈(창37:7), 해와 달이 절하는 꿈(요37:9)을 꾸고, 형들에게 입술로 고백함.

    b) 순종하는 영성: 헤브론에서의 요셉은 "내가 그리하겠나이다(창37:13)"라고 아버지께 순종하는 자세를 보여줌.

    c) 비워짐의 영성: 도단에서 요셉은 은 20개에 팔림(창37:28). 종의 신세로 전락하자 텅 빈 마음을 갖게 됨.

    d) 성실의 영성: 보디발 집에서의 요셉은 성실성으로 인정받으며(창39:4), 보디발의 아내의 유혹을 물리침(창39:7-12).

    e) 하나님 중심의 영성: "해석은 하나님께 있지 아니하니이까(창40:8)."

    f) 인내의 영성: 하나님의 꿈을 믿고 13년 동안 참고 인내한 결과 마침내 총리자리에 올라감(창 41:37-45).

    g) 사랑의 영성: 형들을 만나 기꺼이 용서와 관용을 베풂(창45:1-15).

5) 베드로의 영성형성

갈릴리 바다 위에서 보여준 베드로의 마음을 4차원영성적으로 접근하면 다음과 같이 정리된다.

    a) 생각의 영성: 베드로는 과거에 예수님의 말씀에 의지해서 깊은 바다에 그물을 던져 기적적으로 고기를 잡은 것을 기억했다. 지난날의 경험으로 보아 예수님의 말씀에 순종해서 바다 위도 걸을 수 있겠다고 생각했다. 그는 경험적 및 이성적 생각 대신에 하나님의 생각을 품었다.

    b) 꿈의 영성: 바다 위를 걸으시는 예수님을 보자, 베드로에게는 바다 위를 걷겠다는 소원이 생겼으며, 예수님처럼 바다 위를 걸어갈 수 있다는 꿈이 생겼다.

c) 믿음의 영성: 바다 위로 "오라"는 예수님의 말씀이 임하자, 베드로는 자신도 바다 위를 걸을 수 있다는 믿음이 생겼다. 이성의 믿음이 아니라 하나님의 믿음이 그에게 생겨났다.

d) 고백의 영성: 불행히도 그는 바다 위에서 믿음을 붙드는 고백을 하지 못했다. 고백은 믿음을 활성화시킨다.

베드로가 바다 위를 걷는 장면에서(마14:22-33) 그의 영성은 두 가지가 겹쳐서 나타난다. 배 안에 있던 베드로는 3차원 베드로였다. 그는 보통 사람이었다. 그러나 말씀을 믿고 바다 위를 걷는 베드로는 더 이상 3차원 물질세계의 지배를 받지 않고, 4차원 영적세계의 지배를 받는 자가 되었다.[84]

6) 다윗의 영성형성

다윗과 골리앗의 싸움에서 다윗의 4차원영성적 마음태도를 해부해 보면 다음과 같다.

a) 생각의 영성: "전쟁은 야훼께 속한 것인즉 그가 너희를 우리 손에 붙이시리라(삼상17:47)."

b) 꿈의 영성: "온 땅으로 이스라엘에 하나님이 계신 줄 알게 하겠고(삼상17:46)."

c) 믿음의 영성: 돌 다섯과 물매만 가지고 골리앗과 맞섬(삼상17:40).

d) 입술의 영성: "오늘 야훼께서 너를 내 손에 붙이시리니(삼상17:46)."

다윗은 전형적인 4차원영성의 모델로 등장하여 자신의 영성을 골리앗 앞에서 적용한다.

7) 요나의 영성형성

요나는 큰 바다와 큰 성읍에서 하나님의 긍휼이 펼쳐지는 현장을 목도한 자였다. 하나님은 요나뿐만 아니라 니느웨 백성에게도 긍휼을 베푸셨다. 하나님은 전 인류를 대상으로 사랑을 베푸시지만, 요나는 하나님의 사명보다 3차원적 육신의 생각으로 자신의 나라만 생각했다. 그는 4차원 하나님의 생각과 꿈을 자기의 것으로 승화시키지 못했다. 4차원 희망의 영성은 '자기중심의 영성에서 타자중심의 영성으로 전이(transfer)시키는 것'이다. 온전한 영성은 자아중심이 아니라 타자중심에 서서 하나님의 선하고 위대한 뜻을 펼쳐가는 것이다.

a) 바다 위의 배 안에서 요나의 영성: 배타주의적 자기중심의 영성 소유자, 사명을 저버리고 도망가는 요나(욘1:3).

b) 물고기 뱃속에서 요나의 영성: 다시스(욘1:3)를 향해 가는 여정에서 바다 가운데서 풍랑을 만난다(욘1:4). 기도와 회개로 하나님과의 관계가 회복된다(욘1:17-2:10). 이성의 생각을 포기하고 그 대신 마음속에 하나님의 생각으로 전이시키는 과정이다(십계명적 삶을 추구함).

c) 해변가에서 요나의 영성: 구사일생으로 살아나온 요나는 다시 선교영성을 품게 되며, 니느웨로 가서 "사십 일이 지나면 니느웨가 무너지리라"고 선포한다(욘3:4). 3차원 언어 대신에 4차원 언어로 선포하는 과정이다.

d) 박넝쿨 그늘에서 요나의 영성: 글로벌 영성에 이르지 못하고, 여전히 지역적 영성에 머물러 있는 모습을 보여준다(욘4:6-11).

---

84) 베드로는 말씀과 믿음을 수용하자 육적 인간에서 영적 인간으로, 곧 4차원 영적세계로 진입할 수 있었다. 그러나 의심이 생기자마자, 영적 인간이 육적 인간, 즉 3차원 물질세계로 회귀했다. 이처럼 말씀과 믿음은 3차원 세계와 4차원 세계의 경계선을 넘어가게 하는 능력을 준다.

성화와 관련해서 성경의 인물들의 특징을 요약해보면, 성화의 동심원에는 하나님의 능동적 사역이 자리 잡고 있음을 인식할 수 있다. 바울의 성화론이 그것을 뒷받침한다.[85] 그림 11-6은 삶의 여정 속에서 말씀의 육화로 영성화되는 과정을 4부류로 분류한 것이다. 신구약 모든 시대를 보면, 영성화의 길을 걸어간 믿음의 선배들은 한결같이 성령의 열매를 맺었다. 4차원영성은 성령의 열매를 맺는 데 구심적인 기능을 하는 역동적인 도구다.

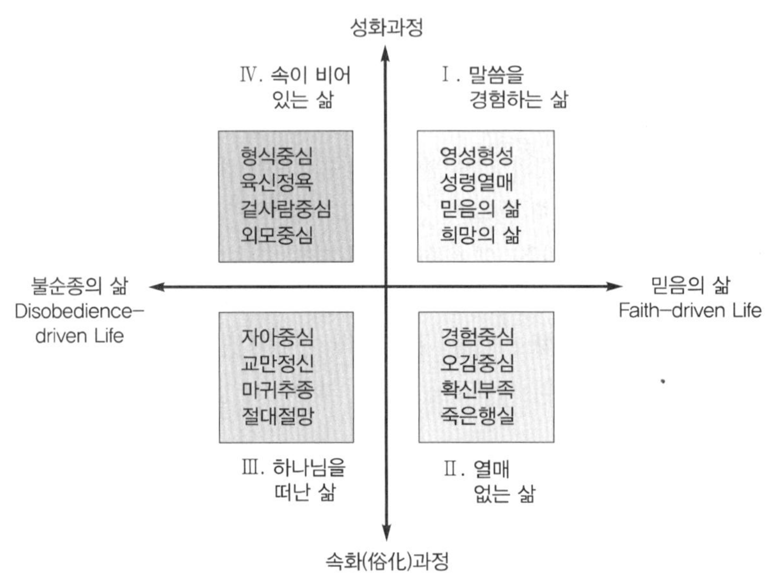

그림 11-6. 믿음의 삶과 속화적 삶의 비교: 성화의 과정은 말씀을 내 삶의 자리에서 경험하는 과정이다. 구원받은 그리스도인은 말씀의 육화로 열매 맺는 삶 – 삶의 변화, 성장, 기적, 성숙 – 의 길을 선택하고, 그 길을 사모하는 자가 되어야 한다. 이성과 경험을 의지하면 열매없는 II형 삶이 될 수 있고, 영성의 모양만 있으면, 속이 텅 빈 IV형 삶이 될 수도 있다.

영성은 다양한 삶의 환경, 서로 다른 영적 배경, 서로 다른 영적 깊이와 넓이 등 여러 가지 영적 변수에 의해 다각적으로 나타난다. 영성의 형태는 획일적으로 나타나는 것이 아니라, 삶에 대한 각자의 뜻과 하나님의 뜻이 서로 연합되는 교차점에서 일어난다. 따라서 다양한 관점에서 해석하는 것이 바람직하다. 그러나 영성교육의 뿌리는 그리스도와의 연합에서부터 시원하므로, 모든 영성의 기초는 예수님의 거룩의 본성에 뿌리를 내려야 한다. 모든 영성의 기초는 우리와 연합하신 예수 그리스도시며, 성령 안에서의 삶이다. 거기서 벗어날수록 영성교육의 능력은 약화되고 점점 소멸될 것이다.

---

85) 바울의 성화론은 다음과 같다. 첫째, 그리스도께서 보여 주신다. "그리스도께서 자기를 비워 종의 형체를 가지신 것처럼 자신을 낮추라(빌2:5-7)." 둘째, 그리스도의 임재를 통해서다. "그리스도를 경외함으로 피차 복종하라(엡5:21)." 셋째, 그리스도의 역사를 통해서다. 우리는 그리스도와 함께 죽었다가 부활했다(롬6:11). 우리는 위의 것을 찾아야 한다(골3:1). 우리는 지식에까지 새로워야 한다(골3:9-10). 그리고 무엇보다 우리 몸이 그리스도의 지체임을 깨달아야 한다(고전6:15). 넷째, 그리스도께서 다시 오실 것이다(고전1:8, 롬13:12, 빌1:9-11). 참조. 스티븐 모티어(Steven Motyer) & 존 스토트(John R. W. John), 『신약의 메시지』(The Story of the New Testament), 192-195.

6. 영성적 교육모델

십자가는 현재, 과거, 미래의 모든 시간의 포물선들이 만나는 장소이다. 그곳에서 모든 시간은 통합되며, 궁극적으로 영원과 연결된다. 십자가 위에서 시간의 무차원화가 이루어진다. 그런 의미에서 십자가는 신비,86) 무한도전, 불멸과 희망의 십자가다. 십자가 영성은 순간과 영원이 만나는 거룩한 접점에서 삶의 거룩함을 갱신시키며, 삶 속에 신비를 풀어놓아 인간 본래의 삶 – 의롭고 거룩한 삶 – 을 총체적으로 되돌려놓는다. 온전한 성도란 믿음을 통해 내 안에 계신 예수님을 드러내는 삶을 사는 자다. 다시 말해, 그리스도인이란 "그리스도와 그 부활과 그 고난에 참여(빌3:10)" 하여 그의 죽으심을 본받아 사는 자다.

4차원영성을 통해 예수님을 더 깊이 알아가고자 할 때 주의 영광이 나타난다. 영산은 4차원영성을 삶 속에서 적용해서 활성화시키려면 지속적인 영적 훈련이 필요하다고 강조한다. "4차원영성의 4요소를 하나님의 뜻대로 바꾸는 것은 영적 훈련으로 가능합니다. 영적 승리를 위해서 훈련을 받아야 합니다. 영적 훈련 방법에는 3가지가 있습니다. 곧 기도훈련, 말씀훈련, 성령훈련입니다. 4차원의 영성은 일회성이 아니라 거룩한 습관으로 정착시켜야 합니다. 그래야 지속적인 변화가 일어나게 됩니다."87)

'하나님의 삶의 방식'을 따라가는 영성교육은 어렵고 힘들다. 주의 뜻을 행하는 것(시143:10)도 힘들고, 말씀을 지켜 사는 것(신4:1)도 어렵고, 성숙한 삶을 사는 것(빌4:6-7, 히11:6)도 쉽지 않고, 나아가 주의 증인된 삶을 사는 것(행1:8)은 고난의 연속이다. 하나님의 지속적인 은혜 없이는 가능하지 않다. 구약에 나오는 왕, 제사장, 선지자들조차도 온전한 삶을 지속적으로 살지 못했다. 주의 은혜 없이 인간은 죄와 허물로 남을 뿐이다. 오직 예수님만 하나님을 향해 온전한 삶을 사셨다.

신앙교육은 매일 밥을 먹는 것처럼 주기적이고 지속적인 반복교육이 중요하다. 하나님이 인간에게 주신 잠재력을 발휘하기 위해서는 끝없는 학습, 배움, 연습과정을 거쳐야 하며,88) 고도의 영적 훈련을 지속해야 한다.89) 그러한 지속적인 신앙교육은 무엇보다 그리스도를 향한 사랑이 충만해야 가능한다. 예수를 사랑하면 삶의 우선순위도 바뀌고, 무엇보다 그가 좋아하는 것을 좋아하게 된다. 영적 변화를 일으키는 원동력은 사랑이다.

---

86) 궁극의 신비는 십자가 안에 있다. 필립 얀시, 『내 눈이 주의 영광을 보네』, 좋은 씨앗(2004), 23.

87) 조용기, 『4차원의 영성』, 교회성장연구소(2006), 199-206.

88) 미래 학자이자 작가인 존 나이스비트(John Naisbitt)는 이런 말을 남겼다. "한두 가지 일을 아무리 잘해도, 그것이 모든 문제를 해결해주지 못한다." 따라서 잠재력을 발휘하기 위해서 계속 배움을 멈추지 말아야 하고, 자아를 계속 확장시켜가야 한다. 참조. 존 맥스웰(John Maxwell), 『어떻게 배울 것인가』(Sometimes You Win Sometimes You Learn), 비즈니스북스(2014), 182.

89) 보아(Boa)는 그의 책에서 성경적 영성에 대한 총체적이고 실제적인 이해를 위해 영성접근 12가지를 제시한다. 1) 관계적 영성(Relational Spirituality), 2) 패러다임 영성(Paradigm Spirituality), 3) 훈련된 영성(Disciplined Spirituality), 4) 회복의 영성(Exchanged Life Spirituality), 5) 동기부여 영성(Motivated Spirituality), 6) 경건의 영성(Devotional Spirituality), 7) 통전적 영성(Holistic Spirituality), 8) 삶 속의 영성(Process Spirituality), 9) 성령충만의 영성(Spirit-Filled Spirituality), 10) 영적전쟁의 영성(Warfare Spirituality), 11) 양육의 영성(Nurturing Spirituality), 12) 공동체적 영성. 참조. 케네스 보아(Kenneth D. Boa), 『기독교 영성: 그 열 두 스펙트럼』(Conformed To His Image), 디모데(2002).

기독교의 영성이 하나님과 인간과의 정상적인 관계를 회복하는 것이라면, 4차원영성은 그 연장선에서 말씀을 통해 하나님과 인간 사이에 관계영성을 구체적으로 회복하는 방법을 제시한다. 달리 말하면, 말씀의 성육화 과정을 현실화 및 구체화시킨 것이다. 곧 하나님처럼 생각하고, 꿈꾸고, 믿고, 고백함으로써 하나님과의 관계영성을 진보시키는 것이다. 4차원영성은 영이시고, 인격체이시고, 거룩하신 하나님과 서로 친밀하게 교제해서, 하나님과의 관계영성을 활성화시키고, 궁극적으로 성령을 통해 우리가 그리스도의 영광을 드러내게 한다(요16:14). 그런 맥락에서 4차원영성은 곧 차원 높은 사랑의 영성이다.

영산은 기도 중에 하나님의 진리의 말씀을 성도들에게 쉽고 구체적이며 실용적으로 적용시켜주는 영적 원리를 발견했다. 그는 이것을 '4차원영성'이라고 명명했다. 4차원영성이란 하나님의 말씀을 인간의 삶의 자리에 뿌리내리는 새로운 방법을 말하며, 하나님의 성품을 닮아가기 위해 우리 자신을 영적으로 변화시키는 과정이다. 4차원영성은 이성의 생각, 이성의 꿈, 이성의 믿음, 이성의 말을 초월한다.

영산은 4차원영성 교육모델을 표 11-3과 같이 제시했다.

영산은 인생에 대하여 이렇게 말한다. "인생이란 현실은 눈에 안 보이는 생각과 꿈과 믿음과 언어가 옷을 입고 나오는 것입니다." 인간의 삶은 결국 마음에서 일어나는 생각, 꿈, 믿음, 말에서 향방이 정해진다. 영산은 4차원영성을 통하여 변화된 속사람의 특징을 다음과 같이 정리한다.[90]

표 11-3. 4차원영성 교육모델

구분	삶을 잘못 다스리는 사람	삶을 옳게 다스리는 사람	없는 것을 있는 것처럼 부르는 사람
생각	잘못된 생각을 품고 사는 삶 (롬8:6)	긍정적이고 복된 삶. 생명과 평안의 삶(롬8:26–28)	별처럼 무수히 많은 자손을 생각한 아브라함(창15:5)
꿈	부정적이고 잘못된 꿈을 가지고 살아감	복된 꿈을 꾸는 삶. 모든 일이 잘되는 꿈(엡3:20)	하늘의 별과 같이 자손이 있을 것을 상상하고 바라봄
믿음	실패의 믿음, 버림받음의 믿음, 소외된 자의 믿음	긍정적인 믿음. 하나님이 함께 계심을 믿음. 좋은 일이 일어날 것을 믿음(롬4:17)	하나님의 약속하신 것을 능히 이루실 것을 확신하며 기적을 믿음(롬4:18–22)
말	불평, 원망, 탄식의 말(잠6:2)	복된 신앙고백: 나는 행복해. 나는 복된 사람이야(마18:18)	말은 우리 삶의 방향을 인도함(창17:5, 15–16)

　a) 하나님의 뜻을 따라 의, 진리, 거룩함으로 변화되어가는 새 사람이다(엡4:22–24).

　b) 전인구원의 새 신분과 자화상을 가진 성령의 꿈과 감동으로 사는 사람이다(골1:13).

　c) 오직 말씀에 의지하여 환경을 극복하고 믿음으로 사는 사람이다(롬10:17, 히10:38).

　d) 항상 긍정적, 적극적, 창조적인 천국언어를 사용하며 사는 사람이다(막9:23).

　e) 긍휼과 사랑으로 이웃을 덮어주고 용서하고 섬기며 사는 사람이다(벧전4:7–8).

---

90) 조용기, "보이지 않는 나와 보이는 나", 주일설교(2005-10-16).

영산의 인간관은 십자가 중심의 복음적 세계관과 상통한다. 그는 4차원영성을 삼위일체적으로
이해한다. 그는 하나님의 뜻과 예수님의 삶의 모델에 기초해서 또한 성령님의 능력과 이끄심을 의
존하면서 4차원영성을 삼위일체적으로 삶의 자리에 적용할 것을 강조한다. 한편 4차원영성의 적
절한 습득을 위해서 하나의 시스템이 필요하다고 주장한다. 그림 11-7은 그러한 주장에 따라 4차
원영성을 좀 더 실용적으로 습득하기 위한 '4분원 배움 시스템(LSQ: Learning Style Quadrant)'으로 나타
낸 것이다. 이 4차원영성 LSQ로부터 삶에 필요한 다양한 부차적 적용이론을 이끌어낼 수 있다.
4차원영성 LSQ의 핵심자리에는 예수 그리스도의 십자가에서 흘러나온 5중복음(5G: Gospel)이 중심
축으로 자리하고 있다. 4차원영성의 LSQ의 기본흐름은 '말씀을 보고(see)−듣고(hear)−행하는(do)'
것이다. 아무리 보고 들어도 행하지 않으면 원점에 있으며, 아무것도 일어나지 않는다.

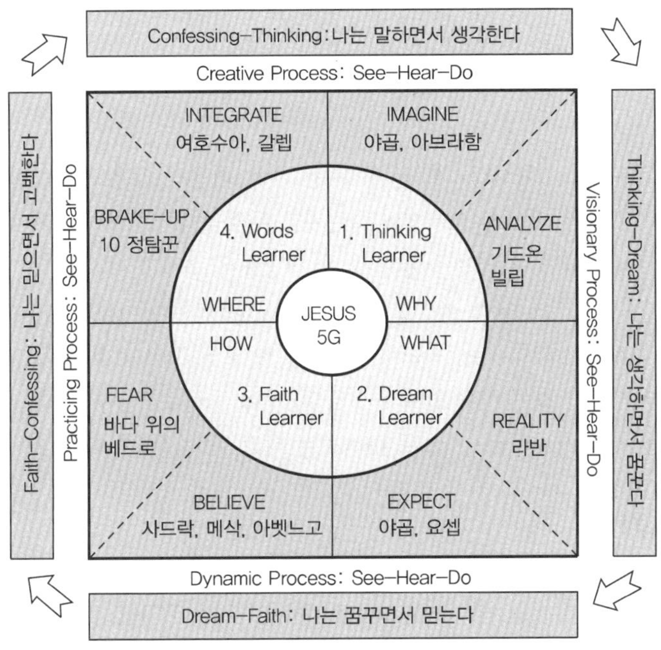

그림 11-7. 4차원영성의 삶 속의 응용모델 LSQ[91]: 구원받은 인간은 하나님의 말씀을 삶에 적용해서 성령의 임재를
체험하고 삶의 자리에서 말씀의 능력이 드러나게 해야 한다. 십자가에서 흘러나온 5중복음은 근본적으로 4차원영성의
4요소를 통해 삶의 한복판에 적용된다.

---

91) 5G: 구원의 복음(Gospel of Salvation), 성령충만의 복음(Gospel of being full of Holy Spirit), 신유의 복음(Gospel
of Divine Healing), 축복의 복음(Gospel of Blessing), 재림의 복음(Gospel of Second Coming).

첫째, 생각의 제1분원

생각의 LSQ는 제1분원에 위치한다. 제1분원에서는 주로 다음과 같은 질문들이 제기된다. '왜 이것을 알아야 하는가?' '왜 그것이 중요한가?' '내가 왜 이 일을 해야 하는가?' 등이다. 제1분원에서 질문 키워드는 '왜'이다. 기능적으로 이해하면, 총체적으로 인간의 우뇌는 상상(imagine)하고 좌뇌는 분석(analyze)한다. 생각은 실로 내적 세계에서 비상한 일을 하는 영적요소 중 하나다. 빌립은 계산적이고 분석적인 스타일이었다(요6:7). 기드온은 양털로 하나님의 '함께하심'을 면밀히 테스트하는 세밀함이 있었다(삿6:36-40). 상상력이 이성, 지성, 감성의 조합으로 발현되는 내적인 것이라면, 영성은 위로부터 내려오는 외적인 것이다. 따라서 상상의 힘은 언제나 영성의 힘보다 약하다.

생각의 기능은 우뇌와 좌뇌의 균형 속에서 발휘된다. 예수 그리스도를 믿으면 우뇌의 기능이 활성화되어 사고의 증폭이 일어나며, 큰 생각을 하게 된다. 평범한 어부였던 베드로가 성령을 받자 큰 생각이 개발되어 거리에 나가 하루에 수천 명씩 회개시키는 거대한 역사를 경험하게 된 것도 이와 같은 맥락에서 이해되어야 한다.

둘째, 꿈의 제2분원

꿈의 LSQ는 제2분원에 위치한다. 제2분원에서는 주로 다음과 같은 질문들이 제기된다. '나는 무엇을 해야 하는가?' '어떤 인생을 이루어야 하는가?' '무엇을 성취해야 하는가?' 등이다. 제2분원의 질문 키워드는 '무엇'이다. 무엇은 이루어야 할 대상을 꿈꾸게 한다. 여기서 우뇌는 '기대하는 것(expect)'이고, 좌뇌는 '현실(reality)을 바라보는 것'이다. 꿈은 현실과 미래의 차이이며, 나아가 하나님의 말씀을 현실화시키는 과정이다. 아브라함은 좌뇌로 보면 자식이 없는 현실세계 속에서 살았고, 우뇌로는 장차 자식이 있는 약속 안에서 살았다. 전형적으로 현실주의자는 야곱의 외삼촌 라반이며, 현재 없는 것을 장차 있을 것으로 바라보는 미래주의자는 아브라함, 야곱, 요셉 등이다.

셋째, 믿음의 제3분원

믿음은 제3분원에 위치한다. 제3분원에서는 주로 다음과 같은 질문들이 제기된다. '어떻게 할 것인가?' '어떤 방법으로 할 것인가?' '무엇을 믿고 할 것인가?' 등이다. 제3분원에서는 '나의 경험으로 할 것인가? 믿음을 할 것인가?'라는 경계영역에서 나오는 질문들이다. 따라서 제3분원의 질문 키워드는 '어떻게'이다. 인간은 직면한 문제들에 대해 많은 시간을 적절한 '방법(how)'을 찾는 데 쏟아붓는다. 믿음으로 할 것이냐? 이성과 경험으로 할 것인가?

인간의 좌뇌는 언제나 '두려움'을 주지만, 구원받은 인간의 우뇌는 '할 수 있다, 하면 된다, 해보자!'라는 믿음의 영역을 선호한다. 사드락, 메삭, 아벳느고가 여기에 해당된다. 베드로는 우뇌의 믿음으로 처음에는 바다 위를 걸었지만, 좌뇌로 파도를 바라보았을 때 두려움이 생기자마자, 바닷물에 빠지게 되었다. 믿음의 차원과 이성의 차원은 항상 서로 갈등하며 견제한다. 따라서 말씀과 믿음과 기도와 성령으로 이성의 기능을 믿음의 차원과 서로 조화시켜 나가야 한다. 믿음이 이성을 조율할 때, 믿음의 영적 작용이 극대화된다.

넷째, 말의 제4분원

말은 제4분원에 위치한다. 제4분원에서는 주로 다음과 같은 질문들이 제기된다. '내가 과연 할 수 있을까?' '무슨 수로 내가 그것을 해. 내 정체성이 이 정도인데' 등이다. 제4분원의 질문 키워드는 '어디에(where)'이다. 이것은 신분 및 위치에 관련되어 있다. 내가 나를 보면, 형편없고 보잘 것 없는 존재다. 통상적 관점에서 인간의 좌뇌가 '따지고, 논리적인 말'을 하고, 우뇌는 '무엇인가 통합해서 일을 만들어 내려는 말'을 한다. 말은 '생각-꿈-믿음이 쌓은 공적'을 마지막으로 선언해서 모든 것들을 통합하는 기능을 가지고 있다. 말은 생각, 꿈, 믿음의 완성이요 총결산이다.

그림 11-8은 4차원영성이 배움의 과정에 미치는 영향을 상세히 도시화한 것이다. 버니스 매카시(Bernice McCarthy) 모델에서는 배우는 자의 유형을 다음 네 가지로 구별한다. 곧 상상형(imaginative learner),[92] 분석형(analytic learner), 기본형(common sense learner), 역동형(dynamic learner)이다. 이러한 배움의 유형은 기질, 비전, 영적상태 등 개인의 영적 함수에 따라 달라진다. 4차원영성의 근본은 예수 그리스도 십자가이며, 거기서 나온 생각, 꿈, 믿음, 말이 배움의 과정에 지대한 영향력을 발휘할 수 있다. 구약과 신약의 많은 인물들은 저마다 서로 다른 영성으로 하나님을 만났고 체험했다.

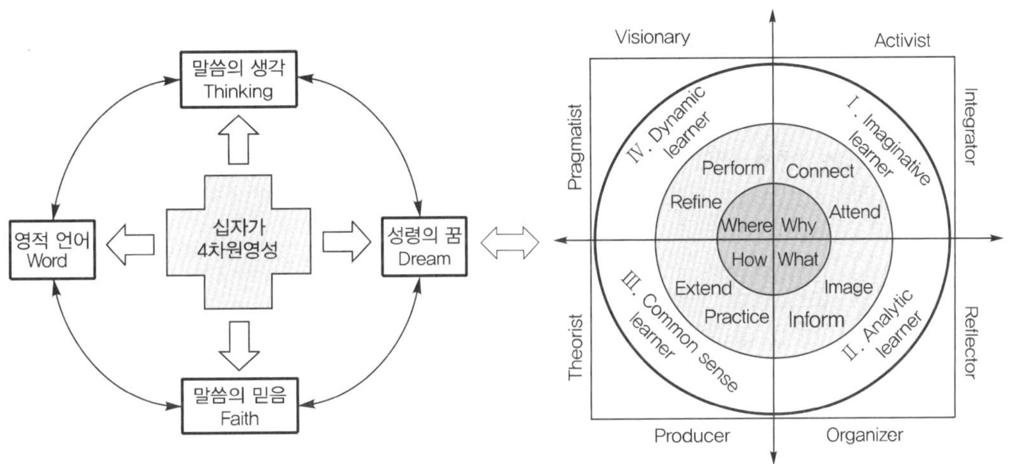

그림 11-8. 4차원영성과 배움과정 매카시모델의 상관관계[93]

4차원영성의 핵심요소인 생각, 꿈, 믿음, 말은 구원받은 성도들의 배움 과정에 지대한 영향을 미친다. 모세는 이집트 궁중생활 40년 동안 세상의 지식과 지혜를 추구했으나, 광야생활 40년 동안 생각, 묵상, 인내와 기도의 훈련을 쌓았다. 하나님으로부터 지도자로 부름 받은 모세는 하나님의 생각, 꿈, 믿음, 말로 이스라엘 백성을 이끌었다.

---

92) 이미지를 빚어내는 것은 인간의 영이 지니고 있는 속성 중에 하나다. 인간만이 상상한 것을 개념화하여 마음공간의 스크린에 띄울 수 있다. 마음속의 영상은 아직 다듬어 지지 않은 초기의 가능태이지만, 말씀의 능력으로 장차 드러날 실재(reality)이다.

93) Bernice McCarthy, *Using the 4 MAT System to Bring Learning Styles to Schools*, Education Leadership, Vol. 48, No. 2, October 1990, 33.

모세가 이스라엘 백성을 이끌어갈 때 가장 힘들고 어려운 것은 종살이에 젖은 이스라엘 백성의 생각을 바꾸는 일이었다. 하나님을 친히 만난 모세의 생각과 종살이에 익숙했던 백성들의 생각은 하늘과 땅만큼의 차이가 있었다.

교육 차원에서 보면 광야생활 40년 동안 이스라엘 백성이 배운 것은 오직 한 가지였다. 곧 430년 간 애굽의 노예생활 기간에 쌓인 낡고 케케묵은 인본주의 생각을 바꾸는 훈련이었다. 모세가 가장 치열하게 싸운 것은 백성들의 육적인 생각을 자신의 영적인 생각과 조화시키는 일이었다.

4차원영성을 삶에 적용하는 방법은 다음 네 가지로 세분해서 설명할 수 있다(그림 11-9).

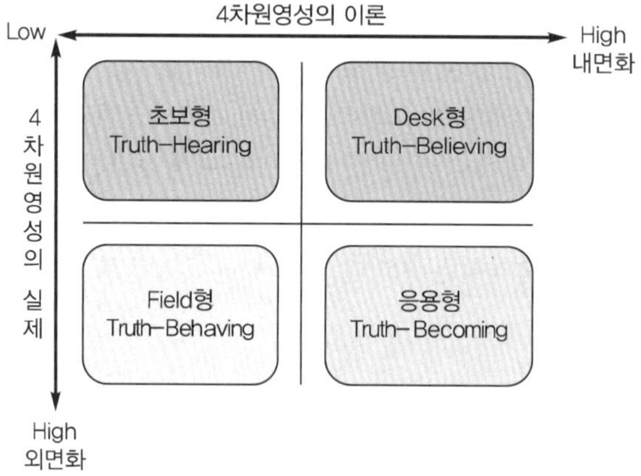

그림 11-9. 4차원영성의 적용 4분형: 삶 속에서 영적 결실을 맺기 위해서는 진리를 듣고, 보고, 알고, 삶의 자리에서 행하는 자가 되어야 한다. 말씀은 이론이 아니라 삶 속에 실재의 능력을 준다.

첫째, 초보형: 듣고, 보는 자(hear-see)

4차원영성의 이론을 단순히 듣기만 하는 자. 곧 '진리의 말씀을 단순히 듣기만 하는 자(Truth-Hearing)'들로, 신앙의 초보자가 여기에 해당된다. 이들에게는 이론과 실제에 대한 많은 교육이 필요하다.

둘째, 데스크(desk)형: 듣고, 보고, 아는 자(hear-see-know)

4차원영성을 듣고, 나아가 마음속에 믿으며 사는 자. 곧 '진리의 말씀을 진실되게 믿는 자(Truth-Believing)'이다. 영적 이론을 충분히 들어 알고 있으나 경험적 영성이 빈약하므로 역동적이지 못한 단점이 있다. 이들에게는 세상의 한복판에서 영성훈련이 필요하다. 말씀 소유능력보다 말씀 실천능력이 중요하다.

셋째, 현장(field)형: 듣고, 보고, 행동하는 자(hear-see-do)

4차원영성을 듣고 삶의 자리에서 바로 실천하는 자다. 이는 '진리를 받아들여 행하는 자(Truth-Behaving)'이며, 곧 그들의 생활 속에 적용을 시도한다. 하나님의 말씀을 적용하면 삶이 변화되고 동기부여가 이루어지며 태도가 바뀐다. 그러나 외적 영성이 강한 반면 내적 영성이 상대적으로 약하므로 내면의 영성훈련이 필요하다. 바다 위를 걸어가던 베드로가 전형적인 현장형이다. 다만, 도중에 쉽게 포기할 가능성이 있는 것이 단점이다.

넷째, 응용형: 듣고, 보고, 알고, 행하는 자(hear-see-know-do)

보고, 듣고, 제대로 알고, 지식을 가지고 행동하는 것은 매우 중요하다. 진리를 제대로 알아야 하나님의 뜻 안에서 진정한 행동의 의미를 알기 때문이다. 예수님만이 진리의 모체다. "내가 곧 길이요 진리요 생명이니 나로 말미암지 않고는 아버지께로 올 자가 없느니라(요14:6)." 하나님은 모든 사람들이 '진리(딤전2:4)'를 알기 원하신다.

예수님의 제자들은 전형적인 응용형 영성을 삶 속에 실현시킨 자들이다. 4차원영성을 듣고 삶의 자리에서 실천하면서 응용영역까지 나아가는 자, 곧 '진리와 동행하여 진리가 되어가는 과정(Truth-Becoming)'을 말하며, 초신자에게는 잘 나타나지 않고 성숙한 그리스도인들에게 나타날 수 있다. 수넴 여인이 아들의 죽음을 남편에게 알리지 않고 능력의 종 엘리사를 먼저 찾아가 살려달라고 간청한 것은 '하나님처럼 생각하고 믿고 고백하는 4차원영성'을 삶의 자리에서 적용했기 때문이다.

4차원영성의 4분형 모델은 히브리서 5장 11-14절과 6장 1-2절의 말씀에 기초한다. "단단한 식물은 장성한 자의 것이니 저희는 지각을 사용하므로 연단을 받아 선악을 분변(分辨)하는 자들이니라(히5:14)." 영적 교육은 완전함을 추구한다. 히브리서는 그리스도의 도의 초보를 버리고 '완전한 데(히6:2)'로 나아가라고 권면한다(히6:1-2). 초보상태를 버리지 못하면 영적 성숙이 이뤄지지 않는다. 어부 출신 베드로는 처음에 초보형이었지만, 성령을 받자 나중에 응용형이 되었다. 4차원영성의 훌륭한 본보기이다. 4차원영성은 영적 초보자들에게 그들이 삶의 자리에서 하나님의 영적 체험을 하게 해주며, 나아가 장성한 분량에 이르게 해준다(엡4:13).

4차원영성의 영적 비밀은 바로 이것이다. "하나님처럼 생각하고, 하나님처럼 꿈꾸고, 하나님처럼 믿고, 하나님처럼 고백하자!" 단순하지만 이 안에는 하나님께서 우리에게 하고 싶은 깊은 이야기가 충만하게 들어 있다.

7. 삼위일체적 영성교육

영산의 신학적 기초는 '좋으신 하나님', '그리스도 중심의 십자가 구속의 은혜', '인격적으로 교제하는 성령님'이다. 좋으신 하나님은 3중축복을, 십자가 구속의 은혜는 5중복음을, 인격의 성령님은 4차원영성을 활성화시켰다. 다시 말해, 영산은 삼위일체적 하나님의 영성교육을 거시적으로 주도했다. 성령님은 신자의 내면을 예수님을 닮아가는 지성, 감성, 의지로 변화시킨다. 하나님과 예수님과 성령님을 아는 지식으로 충만할 때, 신자는 영적으로 풍성한 삶을 살 수 있다.

표 11-4. 성경교육 접근모델[94)

	유대인의 종교적 경험	교육	예배	실천
1) 역사의 증거	회당의 목적 세 가지	교육의 장소	기도의 장소	모임의 장소
	기독교의 신앙생활	기도의 법칙	믿음의 법칙	삶의 법칙
	아우구스티누스의 『교본』	믿음(사도신경)	소망(주기도)	사랑(하나님 사랑과 이웃사랑)
	베네딕트 수도회의 수도원 규칙	성경 연구	기도 사역 (하나님의 일)	공동체를 섬기기 위한 노동
	종교개혁자들의 요리문답	사도신경 해설	주기도문 해설	십계명 해설
2) 성경적 증거	타나크(NaNaKh)	토라(Torah) (이스라엘을 형성하는 토라)	케투빔(Ktuvim) (묵상해야 할 토라)	느비임(Neviim) (복종해야 할 토라)
	그리스도의 삼중 직분	선지자 (진리의 선포)	제사장 (생명의 중재)	왕 (법의 선언과 집행)
	우리를 부르신 목적	제자를 삼기 위해	예배자로 만들기 위해	종이 되게 하기 위해
	요한이 제시한 신자의 증거	예수 그리스도에 관한 진리를 믿는 믿음	내면에 거하는 성령의 증거를 아는 지식	하나님께 복종하고 이웃을 사랑하는 마음
	바울이 디모데에게 준 명령	네 가르침을 살피라	하나님 나라를 위해 힘쓰라	네 삶을 살피라
	바울이 디도에게 준 명령	올바른 교리를 가르쳐라	영원한 삶을 내다보라	올바른 교리에 합당한 삶을 가르쳐라
	사도행전 2장 42절에 언급된 활동 네 가지	사도들의 가르침	떡을 떼는 것과 기도	성도들의 교제
	신학의 덕목 세 가지	믿음	소망	사랑
3) 사회심리학적 증거	인간의 깊은 갈망 루이스(C.S. Lewis) 던(M. Dawn)	센수흐트(채울 수 없는 깊은 갈망과 동경)		
	세 가지 탐구 존 스토트(J. Stott)	의미에 대한 탐구	초월에 대한 탐구	공동체에 대한 탐구
	철학의 세 분야	인식론 (어떻게 아는가?)	존재론 (존재의 본질은?)	가치론 (무엇이 선한가?)
	그릇된 영성 세 가지 비스(G. E. Veith)	사변	신비주의	외식(外飾)주의
결론	유일한 해답	우리는 그리스도를 선포한다(골1:28)		
	전하고 가르칠 것	복되신 하나님의 영광의 복음(딤전1:11)		
	복음의 의미와 적용	복음에 합당한 교리	복음에서 비롯된 생명력	교리에 일치하는 삶
	우리가 선포하는 그리스도	진리(믿음)	생명(소망)	길(사랑)

---

94) 제임스 패커 & 게리 패럿, 『복음에 뿌리를 내리라』(Grounded in the Gospel), 생명의말씀사(2010), 221. 영산의 삼위일체적 교육관은 성부 하나님의 좋으신 하나님, 성자 하나님의 구속의 은혜, 성령 하나님의 인격적 교제이다. 모든 교리의 핵심은 삼위일체 하나님이며, 그분에 대한 반응을 이끌어내는 데 있다. 그런 차원에서 영산의 5중복음, 3중축복, 4차원영성은 기독교적 삶의 원리와 교육의 원리로서 적용할 수 있다. 특히 실천 차원에서 4차원영성은 탁월한 적용 능력을 지니고 있다.

표 11-4는 성경 교육을 역사적 관점에서, 성경적 관점에서, 사회심리학적 관점 바라본 것이다.95) 패커(J. Packer)와 패럿(G. Parrett)이 요약한 교리교육 모델과 연관하여 인식할 때, 영산의 교육 접근방식은 삼위일체적 영성을 기초로 한다고 볼 수 있다. 성경적 증거에 대해 부뤼게만(W. Brueggemann)은 율법서는 하나님의 명령을 일깨우고(하나님의 행동), 선지서는 정의의 붕괴를 증언하며(하나님의 말씀), 성문서는 질서에 대한 통찰력(인간의 반응)을 드러낸다고 설명한다.96)

표 11-4에서 보는 바와 같이 믿음, 소망, 사랑은 각각 진리, 생명, 길과 유기적으로 연결되고, 동시에 각각 사도신경, 주기도문, 십계명과 연계된다. 아우구스티누스(Augustinus)는 세 가지 신학적 덕목으로 믿음, 소망, 사랑을 이끌어낸다. 반면, 패커(J. Packer) 등은 믿음의 세 가지 측면을 '길, 진리, 생명(요14:6)'에서 찾아내고, '믿음-진리, 소망-생명, 사랑-길'로 서로 짝지어 연관성을 찾는다. 하나님의 모든 진리의 말씀은 상호교류, 상호연합, 상호일치 안에서 조화된다. 야훼의 길은 생명과 축복의 길이다. 하나님의 길을 걷는 것은 그분과 이웃을 사랑하는 삶이다. 하나님에 대한 사랑은 그분의 계명에 복종하는 행위를 통해 표현된다(신6:4, 요14:15, 요일5:3).97) 모든 영적 언어요소들은 상호입체적으로 연결되어 있다. 하늘나라 언어의 속성은 개별적으로 존재하지 않고 상호연합적으로 존재한다.

모든 교리의 궁극의 목표는 복되신 하나님의 영광의 복음을 증거하는 것이다(딤1:11). 3중축복, 5중복음, 4차원영성을 교리차원에서 보면 영적 삶의 원리와 실제에 해당되고, 표 11-4에서 보는 것처럼 사랑과 십계명 또한 하나님께 나아가는 길과 연결된다.98) 모든 영적 교육은 상호연합되며, 상보되며, 하나의 공통된 목표를 향하여 나아간다.

8. 말씀과 믿음과 기도의 훈련

신자가 그리스도와 함께 죽고 함께 부활한 것을 믿고 신뢰하는 한, 우리와 그리스도의 관계는 영원하다. 그 속에서 인간은 끝없이 하나님의 법을 배워 가게 된다. 기독교교육의 핵심은 말씀, 믿음, 기도다.99) 진정한 교육이란 자기중심에서 벗어나는 것이다. 성령 안에서 말씀이 임하면 삶은 자기중심에서 타자중심을 향한다. 무엇보다 성령은 우리를 그리스도에게로 이끌고 하나님을 높이게 만든다.

---

95) 5중복음, 3중축복, 4차원영성을 교리교육 모델들과 연결시켜 이해하는 것은 신학적, 문화적, 사회적 및 시대적 차원에서 중요하다. 교리는 상호 대립되는 것이 아니라 상호 연합되며, 상보적 관계에 있다. 교리는 진리를 기초로 한 것이어서 시대를 초월하여 적용된다. 여기서는 소개 수준에서 그친다. 향후 진보된 상관관계를 도출할 필요가 있다.

96) 제임스 패커 & 게리 패럿, 『복음에 뿌리를 내리라』(Grounded in the Gospel), 생명의말씀사(2010), 205.

97) 제임스 패커 & 게리 패럿, 『복음에 뿌리를 내리라』(Grounded in the Gospel), 생명의말씀사(2010), 216.

98) 교리교육은 성경에 뿌리를 둔 개념이자 실천원리이며, 오랜 전통에 뿌리를 둔 본질적인 교육이며 전인교육이다. 또한 관계와 상호작용을 지향하며, 믿음의 성장을 촉진시키는 토대를 제공하며, 일평생 배움과 성장을 거듭할 수 있는 원동력을 제공한다. 참조. 제임스 패커 & 게리 패럿, 『복음에 뿌리를 내리라』(Grounded in the Gospel), 생명의말씀사(2010), 41-42.

99) 기독교교육에서 중요한 키워드는 거룩함, 의로움, 성령의 내적조명과 인도함, 사랑과 믿음, 자기부정(renunciation, 마16:24)과 자기희생(immolation), 그리고 감사와 예배(adoration) 등이다.

성령은 우리를 가르치고, 성장시키고, 성숙시키며, 나아가 다른 사람에게 선한 영향력을 끼치게 한다. 성령 안에서 성숙한 신자란 어떤 사람인가? '내가 왜 이 땅에 살고 있는가?' '나는 이 땅에서 무엇을 하면서 살아야 하는가?' '궁극적으로 누구를 바라보아야 하는가?'– 이것들을 분명히 아는 사람이다. 말씀과 성령은 기독교교육의 핵심을 담당한다.

신자의 삶의 방식은 스스로 이루어가는 것이 아니다. 성령님은 우리를 도우시며 이끌어주신다. 성령님은 우리에게 하나님의 은혜를 베푸시며, 우리를 점점 거룩하게 성장시켜 주신다.100) 믿음은 우리의 생각과 마음과 행동을 주께로 향하게 만든다. 기도는 말씀과 믿음을 기초로 한다. 기도는 하나님의 말씀을 우리의 삶 속에 뿌리 내리게 한다. 또한 기도는 믿음을 더욱 굳건히 해서 하나님이 예비하신 자비와 은혜를 우리에게 임하게 한다. 기도가 하는 일은 실로 놀랍다. 우리의 기도는 은혜의 일부다.101)

사람의 진정한 변화는 마음에서 시작된다. 기독교교육은 전인적(全人的)이다. 인간의 마음은 성령 안에서 하나님의 말씀과 믿음과 기도로 변화된다. 기도는 인간의 마음을 하나님 쪽으로 향하게 한다. 믿음은 인간의 지성, 감성, 의지가 그리스도를 닮아가게 만든다. 이렇게 말씀과 믿음과 기도는 서로 밀접하게 연결되어 있으면서 하나님의 계획과 목적을 이루어간다.

기도는 성도의 삶을 지정의적으로 변화시킨다. 기도 안에서 말씀은 역동적으로 작용해서 인간의 마음을 그리스도의 마음으로 변화시켜간다. 기도로 하나님과 교제할 때 인간의 마음은 겸손해져 하나님의 대한 사랑을 더욱 잘 느끼도록 만든다. 스가랴는 예수님이 왕으로 오실 때 "그는 공의로우시며 구원을 베푸시며 겸손하여서 나귀를 타시나니(슥9:9)"라고 기록하고 있다. 기도는 우리로 하여금 하나님을 더욱 갈망하게 만들어 하나님의 뜻을 따르도록 한다. 겸손하면 하나님의 뜻을 따르게 된다. 또한 기도 응답을 통해 신자는 하나님의 무한한 자비와 사랑과 은혜를 더 깊게 알아간다.

기독교교육에서 기도가 하는 일은 실로 엄청나다. 하늘의 모든 신비한 것을 기도가 당겨오기 때문이다. 선반에 무수한 선물이 있어도 손을 뻗어 가져와야 사용가치가 있는 것처럼, 기도와 믿음과 순종을 통해 하늘의 값진 보화를 삶 속에 누리는 것이 중요하다. 앤서니 버지스(Anthony Burgess)는 기도의 참된 정의는 "온 마음과 영혼을 하나님께 들어올리는 것"이라고 말한다. 기도를 통해 우리는 하나님의 말씀의 능력을 증거할 수 있다.

우리는 말씀을 통해 하나님의 자비와 은혜와 사랑을 알아가게 된다. 말씀을 통해 성령 안에서 예수 그리스도를 만나는 것이 말씀훈련의 핵심이다. 말씀을 통해 성령 안에서 생명이신 예수 그리스도를 만나는 것과 지금도 역사하시는 살아계신 하나님을 만나는 것이 말씀이 우리에게 주는 가장 큰 유익이다. 말씀 안에 예수 그리스도가 계신다. 말씀은 우리에게 생명을 주며, 하나님과 친교하게 하며(요일1:3), 거룩한 삶을 통해 하나님 뜻을 따라가는 삶을 살게 한다. 결론적으로 말해서, 기도훈련이 정상화되기 위해서는 말씀훈련과 믿음훈련이 항상 조화를 이뤄야 한다.

---

100) 조엘 비키 & 마크 존스(Joel Beeke & Mark Jones), 『청교도 신학의 모든 것』, 부흥과개혁사(2015), 619.
101) 조엘 비키 & 마크 존스(Joel Beeke & Mark Jones), 『청교도 신학의 모든 것』, 부흥과개혁사(2015), 439.

맺는말

성경은 하나님의 행동과 인간의 행동이 도덕적으로 일치되어야 한다고 말한다. 그 유일한 길은 '하나님의 말씀에 절대순종하는 것'이다. 하나님은 모세를 통해 이스라엘 백성에게 율법을 주셨다. 하나님은 모세를 지도자로 세우시고, 이스라엘 백성을 가르치고 이끄셨다. 율법의 가르침을 통해 이스라엘 백성에게 하나님이 누구인지, 자신이 누구인지, 무엇을 하며 살아야 하는지, 또한 그들이 가야 할 마지막 종착역이 어디인지 알게 하셨다.

기독교교육의 본질은 성령의 사역을 통해 하나님의 존재, 본성, 행동을 알게 하고, 하나님의 참 뜻을 마음을 다해 준행하고, 하나님의 말씀을 믿고 순종하게 하는 데 있다. 성경말씀은 하나님의 존재, 본성, 행동을 보여주는 하나님 자신의 이야기이다. 기독교교육의 지향점은 삼위 하나님의 삶의 모델을 바라보며 간파하고, 그것을 신자의 삶 속에서 구체적으로 실천하게 하는 것이다.

영성차원에서 인간교육은 아주 단순하다. 하나님의 형상을 닮은 존재인 피조물은 어떻게 살아야 하는가? 그것은 하나님의 존재 안에서, 하나님의 본성을 부여받아 하나님처럼 행동하며 사는 것이다. 이를 구체화하면, 우리를 구원해주신 예수 그리스도 안에서, 예수님의 성품 – 의로움과 거룩함 – 을 물려받아, 예수님처럼 행동하며 사는 것이다. 4차원영성적으로 이해하면, 예수님처럼 생각하면서 살고, 예수님처럼 꿈꾸며 살고, 예수님처럼 믿고 살며, 예수님처럼 언어생활을 하는 것이다. 모세의 광야교육론으로 확장하면, 그것은 "이스라엘 백성들아 하나님 말씀을 들으라(쉐마)"이다. 구약으로부터 우리가 배우는 것은 '내 중심으로 살면 막다른 골목길'이라는 것이다. 구약은 우리가 은혜의 길로 걸어가게 하는 도로표지판과 같다.

광야생활 40년 동안 이스라엘 백성의 교육결과를 보면 정답이 나온다. 갈렙과 여호수아 이외에 다른 사람은 약속의 땅에 들어가지 못했다. 인간 스스로의 지혜와 능력과 노력으로는 하나님이 인정하시는 영성교육은 이루어지지 않는다. 하나님의 음성을 듣기도 했고, 불기둥과 구름기둥과 성막에 임재하시는 하나님을 바라보았어도, 이스라엘 백성의 불순종으로 말미암아 영성교육은 제대로 이루어지지 못했다. 하나님의 뜻과 말씀에 순종하지 않으면, 온전한 영성교육은 이뤄지지 않는다. 신자는 성령님의 도우심과 이끄심을 통해(갈5:16) 하나님의 뜻과 말씀에 순종해야 한다. 근본적으로 하나님의 은혜를 지속적으로 받아야 인간은 온전한 인격으로 거듭나게 된다.

인간을 속속들이 아시는 하나님은 종종 교육의 수단으로 다양한 방법들 – 내면의 변화, 환경의 등 – 을 사용하신다. 이 점과 관련해서 욥은 대표적 인물이다. 욥이 처음에 하나님한테 대들다가 나중에 어떻게 고백하는가? "내가 주께 대하여 귀로 듣기만 하였사오나 이제는 눈으로 주를 뵈옵나이다(욥42:5)." 욥의 위대한 신앙고백이다. 영적 측면에서 최고의 교육을 받은 욥은 하나님에 대해서 귀로 듣기만 하는 것이 아니라 이제 하나님을 믿음의 눈과 영의 눈으로 본다고 고백한다. 신앙교육에서 이보다 위대한 교육은 없다. 은혜 없는 삶은 광야에서의 메마른 삶이다. 진정한 교육은 하나님의 은혜와 사랑의 교육이다. 하나님에게서 사랑을 받는 자는 하나님을 더욱 사랑하게 된다. 당연히 그분이 좋아하시는 일을 하게 된다.

다메섹 도상에서 바울은 어떤 영성교육을 받았는가? "주여 누구시니이까 이르시되 나는 네가 핍박하는 예수라(행9:5)." 실상 이보다 확실하고 생생한 교육은 없다. 바울에게는 이 사건으로 모든 영성교육이 완성되었다. 하나님을 만나는 생생한 교육은 바로 말씀과 성령과 믿음과 기도뿐이다.

4차원영성은 교육의 장(field)으로서 기능하는 역동적인 영성이다. 이 세상의 좋은 교육 프로그램들은 나름대로 효과가 있다. 그러나 어느 한계 이상은 얻을 수 없다. 예수 그리스도를 믿어 하늘에 속한 이의 형상(고전15:49)을 입기까지, 인간은 불완전한 교육 상태에 머물러 있을 수밖에 없다. 다시 말해 "하나님을 따라 의와 진리의 거룩함으로 지으심을 받은 새 사람(엡4:24)"이 될 때, 진정한 기독교교육이 이뤄지는 것이다. 우리는 아담과 하와가 잃어버렸던 의로움과 거룩함을 날마다 회복해야 한다. 기독교교육은 아담이 마귀의 미혹으로 잃어버린 거룩함과 의로움을 성령의 역사로 회복시키는 영적 교육이다. 그리고 삶의 자리에서 오직 예수 그리스도만을 드러내는 삶이다.

결론적으로 기독교 영성교육은 말씀과 기도와 성령을 통한 교육이다. 하나님의 말씀에 기초해서 성령의 깨우침과 이끄심으로 하나님의 존재, 본성, 행동을 삶 속에서 구체적인 경험을 통해서 알게 되기까지 진정한 영성교육은 이루어지지 않은 것이다. 하나님의 자비와 사랑이 있을 때 진정한 교육이 이루어질 수 있다. 4차원 영성교육은 말씀 교육 - 성령의 생각, 꿈, 믿음, 언어 - 을 삶의 자리에 심는 교육이다. 모세의 교육모델이라 할 수 있는 '쉐마(말씀을 들으라)'와 일맥상통한다. 진정한 영성교육은 무엇일까? 그것은 '보라, 들으라, 알아라, 믿으라, 행동하라, 가르치라'이다. 그렇게 함으로써 인간은 '하나님을 아는 지식'으로 충만하게 될 것이다.

신자는 이제 가르치는 삶을 넘어 한편으로 다가올 희망의 날을 기다리고 있다(벧후3:13). 인간에게는 희망이 있을 때 가르침도 살아난다. 희망 없는 가르침은 역동성이 떨어진다. 십자가는 미래의 영원한 삶을 보장한다. 모든 성도는 장차 새 하늘과 새 땅으로 들어갈 것이다. 그곳에서 삼위일체 하나님과 또한 모든 성도들과 영원히 살 것이다. 한편으로 깨어서 준비하고, 다른 한편으로 기다리는 삶, 곧 희망의 삶이 있는 다음 장으로 넘어가자.

사랑하는 자여
네 영혼이 잘됨 같이 네가 범사에 잘되고
강건하기를 내가 간구하노라
(요한삼서 1장 2절)

내가 너희 중에서 예수 그리스도와 그가 십자가에 못 박히신
것 외에는 아무 것도 알지 아니하기로 작정하였음이라
(고린도전서 2장 2절)

제7부

십자가의 영성:
준비됨과 기다림
(Hurry up and Patience)

우리는 그의 약속대로
의가 있는 곳인
새 하늘과 새 땅을 바라보도다
(베드로후서 3장 13절)

제12장
희망의 십자가: 준비됨과 기다림[1]

요약

영산의 5중복음, 3중축복, 4차원영성 이 세 가지는 모두 희망의 씨앗이다. 그는 인간을 절대절망의 존재로 인식하고, 그들에게 희망을 전했다. 영산은 신학적 방법론으로 '5중복음과 3중축복을 통해 희망을 선포'했으며, 실천적 방법론으로 '4차원영성을 통해 삶의 자리에 희망을 적용'시켰다. 그는 십자가와 그리스도라는 희망의 씨를 성도들의 마음밭에 심고 은혜와 희망의 꽃을 피게 했다. 그리스도만이 우리의 진정한 희망이다. 생명의 예수님은 우리의 희망이다. 한편으로 깨어 있으면서 준비하고, 다른 한편으로 기다리는 삶, 바로 그것이 희망을 가진 자의 태도이다. 하나님의 약속은 미래에 대한 보증수표다.

영산의 희망세계는 '좋으신 하나님의 무대'에서 '예수 그리스도의 십자가 연출'을 통해 '인격적인 성령님을 통해 모여든 관객에게 영적 감동을 주는 것'으로 출발한다. 영산은 "좋으신 하나님을 바라보십시오. 꿈과 희망의 십자가를 바라보십시오"라고 강조한다. 그가 생각하는 희망의 돛대는 예수 그리스도의 십자가다. 십자가는 삶을 단순화시켜 십자가와 예수만을 바라보게 만든다.

영산은 반세기 목회 동안 십자가에서 발아한 희망의 씨앗을 마음밭에 심어 결실을 맺게 하는 목회를 했다. 그는 장차 맛볼 은혜와 현재 맛볼 은혜를 성도들의 삶에 임하게 했다. 신자들은 지금 이곳에서 삶의 자리에 임하는 하늘나라의 은혜를 맛보고, 다른 한편으로 장차 천국에서 누릴 영원한 은혜를 사모하며 기다린다. 그의 희망 세계관은 '현세와 내세의 총체적 결합'이다.

삶의 여정에서 인간의 마음 성향은 각자 믿음의 분량에 따라 불기둥과 구름기둥을 볼 수도 있고, 내가 세운 이성의 기둥과 경험의 기둥을 볼 수도 있다. 믿음에 따라 내 삶의 장막이 '영화로운 가치'를 드러내는 거룩한 장소가 될 수도 있고, 자아중심의 의를 이루는 육적인 처소가 될 수도 있다.

---

1) 코메니우스(J. A. Comenius)부터 블룸하르트(Ch. Blumhardt)까지 모든 희망의 신학자들은 미래에 대한 희망으로부터 두 가지 삶의 자세를 취한다. 블룸하르트는 그것을 '준비됨(서두름)과 기다림'이라고 명시하였다. 필자는 '준비됨(서두름)과 기다림'이라는 표현을 이 장(章)의 제목으로 빌려왔다. 이 표현은 창조적 긴장감을 주는 표현이다. 참조. 위르겐 몰트만, 『희망의 윤리』, 대한기독교서회, 36–39.

우리가 품어야 할 온전한 희망이란 삼위일체 하나님과의 관계에 기초한 희망과 영성을 지속적으로 마음 판에 새기고, 예수 그리스도 안에서 말씀 안에 거하는 것(롬10:6-8)이다. 또한 삼위일체 하나님의 삶의 모델에 참여하여 그리스도를 닮아가는 것을 최종 목표로 삼는 것이다. 하나님은 이스라엘 백성이 40년 간 광야생활을 할 때, 하나님과의 관계영성을 그 어떤 것보다 중요하게 여기셨다.

지금 이곳에서 모든 그리스도인은 영원이라는 종말의 기차를 타고, 희망의 천국을 향하여 여행하고 있다. 장차 부활과 영생은 우리의 진정한 희망이다. "아멘, 주 예수여, 오시옵소서!"

1. 희망의 서곡

십자가는 희망의 모체다. 하나님이 품고 있는 모든 선한 것들은 우리에게 희망의 대상이 된다. 십자가는 절대절망에 처한 사람들에게 절대희망을 준다. 영산은 절대절망에 있는 자들에게 십자가 중심의 희망의 복음을 증거했다.2) 십자가의 복음은 곧 희망의 복음이다. 예수님이 이 세상에 계실 때 하신 일들 – 전도, 가르침, 치료 – 은 곧 죽어가는 인간들에게 희망의 선물이었다.

지구의 중력이 모든 인간에게 똑같이 적용되는 것처럼 십자가의 능력은 택함 받은 자들에게 공평하게 기능한다. 십자가는 죄인의 마음을 하나님의 마음에 접목시키는 신비의 능력을 품고 있다. 또한 십자가는 절망과 죽음의 세상에서 방황하고 있던 인류에게 구원과 희망의 길을 열어주었다. 그래서 그 길을 받아들이는 이들이 새 하늘과 새 땅이라는 궁극적인 목적지를 향해서 나아가게 했다. 십자가는 지금도 앞으로도 그렇게 할 것이다. 십자가는 길을 잃고 방황하는 나그네에게 유일한 희망의 빛이다.

예수 그리스도 자체가 우리의 불멸의 희망이다. 좋으신 하나님은 우리에게 그의 아들 예수 그리스도를 보내주셨다. 영산은 "예수님은 영원까지 온 세상을 위한 희망의 빛이십니다. 예수 그리스도는 우리뿐만 아니라 온 인류의 희망입니다."라고 말한다.3) 신자들이 예수 그리스도와 연합되어 (갈2:20, 롬6:5, 고전6:17) 있다는 사실은 현재와 미래와 영원에 대한 확실한 희망을 보증해준다. 예수 그리스도의 십자가와 부활은 우리의 희망이다.4) 십자가에 달리신 그리스도를 믿음으로써 죄인이 의인이 되고, 또한 절망에서 벗어나서 영원한 희망을 바라보며 살아가게 된다.5)

---

2) "절대절망의 자리에 있는 자들에게 절대희망을 불어주는 것이 복음의 진수요, 내가 지금까지 전해온 복음이요, 앞으로 평생 전할 복음의 핵심입니다." 조용기, 『현대인을 위한 오중복음 이야기』, 생명의말씀사(1998), 18. 첨언하면, 영산은 절망에 처한 인간을 실존론적으로 해석, 희망을 선포해야 하는 근거로 삼는다.

3) 조용기, "허망이냐, 희망이냐", 주일설교(2014-05-04).

4) 희망의 신학자 몰트만은 희망개념을 다음 두 가지에 기초해서 설명한다. 하나는 예수 그리스도 십자가에서 출발점을 찾는다(십자가 신학 관점). 다른 하나는 예수 그리스도의 부활을 출발점으로 삼아, 희망을 전개한다(희망의 신학 관점). 그의 신학에서 십자가 신학과 희망의 신학은 서로 조화를 이룬다. 전자는 그리스도의 죽음(고난)에서 하나님 나라에 대한 희망을, 후자는 부활하신 예수 그리스도를 통해 약속과 희망을 그려낸다. 참조. 그의 책 『희망의 신학』과 『십자가에 달리신 하나님』.

5) "허물과 죄로 죽었던(엡2:1)." "한 사람의 범죄를 인하여 많은 사람이 죽었은즉(롬5:15)." "이 내 아들은 죽었다가 다시 살아났으며(눅15:24)." 이렇게 성경은 자연인을 영적 측면에서 죽은 자로 묘사하고 있다. 예수를 믿으면, 죄사함 받고

1950년대 가난과 질병 등 온갖 문제점과 아픔으로 가득한 나라의 한복판에서 영산은 사람들을 향하여 희망을 선포했다.6) 그는 오순절신앙의 틀 안에서 복음에 기초한 삶의 선포를 통해서 희망의 계절을 탄생시켰다. 영산의 희망신학은 학문성보다는 현장성이 강했다. 그의 영적 희망론은 사역 중에 자연스럽게 잉태된 것이었다. 그는 삼위일체적 기독론 – 좋으신 하나님의 사역, 독생자 예수 그리스도의 십자가 사역, 성령의 지속적인 구원 사역 – 으로 희망의 서막(序幕)을 열었다. 그는 성도들의 마음하늘에 희망의 영성에 대한 씨 – 5중복음, 3중축복, 4차원영성 – 를 구체적으로 심어서 많은 열매를 거뒀다.

희망의 씨는 그 시대와 문화와 사회 속에서 성도들의 마음밭에 뿌려져 하늘을 향해 무럭무럭 자라났다. 영산은 지난 반세기 동안 가난한 자에게 아름다운 희망의 메시지를 전하는 자로 선택되어, 성령님과 동행하면서 하나님의 나라를 확장시켰다. 그는 설교를 통해서 그리스도 안에서 성령의 권능으로 '할 수 있다', '하면 된다', '해보자'라는 희망의 메시지를 끊임없이 선포했다. 그래서 성도들의 삶에 온갖 아름다운 희망의 꽃이 활짝 피어나게 했다. 십자가에서 싹튼 5중복음, 3중축복, 4차원영성의 희망은 성도들의 삶을 역동적으로 변화시켰고, 교회를 성장시켰다. 그 결과 하나님의 나라는 생동적으로 확장되었다.7)

영산은 암울한 시대의 한복판에 있었지만, 육신의 눈으로 척박한 환경을 쳐다보고만 있지 않았다. 그는 목회초기부터 '미래를 현재로 가져옴이라는 영적 원리'를 그의 사역현장에 적용했다. 그는 성도들이 병 고침과 더불어 하나님의 나라를 체험하게 했다.8) 성도들의 삶의 한복판에 희망의 강렬한 빛을 비춘 것이다.

삶 속에서의 성도들의 영적 체험은 놀라운 변화와 기적들을 낳아, 하나님 나라의 신학을 싹트게 하는 동인이 되었다. 성도 개인의 영적 체험은 현재의 희망을 넘어서 미래의 희망까지 내다보게 했다. 1958년 개척초기 때부터 숙성된 '미래의 현재화'는 결국 4차원영성의 씨를 발아시켜서 하나님 나라에 이르는 지름길을 알려주었다. 5중복음과 3중축복과 4차원영성은 성도들을 '희망의 하나님 나라'로 초대하는 거룩한 초청장이었다. 그것은 삶 속에서 하나님 나라를 구체적으로 경험케 하는 기회를 제공해주었다. 그런 맥락에서 영산의 희망의 해석학은 재조명되고 재해석할 필요가 있다. 나아가 그의 희망 해석학을 이 시대, 문화, 사회에 맥락에서 적합한 영성으로 도약시킬 만한 가치가 있다.

죽은 자가 살아나서 영생을 소유한다. 따라서 그리스도를 믿는 믿음 그 자체는 현재와 미래의 영원한 희망의 출발점이다.

6) "기도할 때마다 조국에 대한 희망의 묵시가 파도쳐왔습니다. … 나의 가슴에는 우리 조국의 발전에 대한 밝은 빛이 비쳤습니다. 그 빛은 지금도 사라지지 않았습니다." 조용기, 『삶과 사색』, 서울말씀사(1981), 58-59.

7) "하나님의 나라는 현재적 실제(마12:28)이기도 하며, 미래적 축복이다(고전15:50). 그것은 거듭남에 의해서만 경험하는(요3:3) 내적이고 영적인 구속사적 축복이며(롬14:17), 세상 모든 나라에 고르게 미치게 될 것이다(계11:15). 그 나라는 사람들이 지금 바로 들어갈 수 있는 영역(마21:31)이기도 하며, 미래에 들어갈 수 있는 영역이기도 한 것이다(마8:11). 동시에 그것은 미래에 하나님에 의하여 주어질 하나님의 선물(눅12:32)이며, 또한 현재에도 받아야 하는 것이다(마10:15)." 참조. 정흥호, 『상황화 신학』, 한국로고스연구원(1996), 128 재인용(George E. Ladd, *The Gospel of the Kingdom*, Wm. B. Eerdmans Publishing(1959), 18에서 인용).

8) George E. Ladd, *The Presence of the Future: The Eschatology of Biblical Realism*, Wm. B. Eerdmans Publishing, 1996.

우리가 품어야 할 희망은 삼위일체 하나님과의 관계에 기초하고 있다. 신자는 그와 같은 희망과 영성을 마음속에 품고, 예수 그리스도 안에서 성령의 도우심을 통해서 말씀에 순종하는 삶을 살면서, 이 땅에서 삼위일체 하나님의 삶의 모델을 닮아가는 것을 최종 목표로 삼아야 한다.

이 책은 영산의 신학의 세 가지 기초 원리인 '좋으신 하나님', '예수 그리스도의 십자가 구속', '성령님과의 인격적 교제'와 그 기초 위에 세워진 세 가지 원리 '5중복음', '3중축복', '4차원영성'을 하나로 통합시켜서 희망의 관점에서 바라본다. 영산은 삼위일체 영성과 십자가구속의 영성을 서로 연결시켜, 그것을 자신의 목회활동을 통해 펼쳐나갔다.

이 장에서는 영산의 '5중복음-3중축복-4차원영성'을 희망의 관점에서 인식하고, 나아가 성도들의 삶에 희망의 삶이 적용될 수 있도록 구체적으로 서술할 것이다.

궁극의 희망 성도의 존재 목적이 무엇인가? 그것은 '하나님의 형상을 드러내는 삶, 내 안에 예수님을 드러내는 삶, 하나님을 찬미하고 영광을 드러내는 삶(엡1:3-14)'이다. 먼지에 불과한 인간은 하나님의 말씀을 지키며 살 때 거룩한 삶을 살 수 있고, 서로 사랑하게 되며, 온전히 예배를 드리는 자가 된다.

하나님은 왜 창세 전에 성도를 미리 택하시고(엡1:4), 우리를 이 땅, 이 험한 세상에 살게 하셨는가? 아마도 하나님의 마음은 이런 것이었을 것이다(말4:6).

"내가 너희를 창세 전부터 택하였다는 사실(롬8:29, 엡1:11, 행22:14)이 믿겨지지 않을 것이다. 그러나 너희는 내 은혜 안에 거하는 삶을 살다보면 너희가 존귀한 존재임을 깨달을 것이다(벧전2:9). 내가 너희를 창세 전에 택하여 세상에 태어나게 한 것은 나의 형상대로 지음을 받은 자들이 내 계명을 지켜 온전한 삶을 살다가, 다시 내게로 오는 것이다. 택함 받은 너희는(엡1:4, 벧전1:2) 내 아들 예수를 거부해서 선택받지 못한 자들 앞에서 하나님의 자녀가 이렇게 산다는 본보기를 보여주고 오너라. 바울이 내 아들 예수의 삶을 본 받아 산 것처럼(고전11:1), 너희도 하늘의 영광을 내다보며 모든 고난을 참으며 십자가의 삶을 살다 오너라. 내가 완전한 것처럼, 너희도 완전하도록 힘쓰라(마5:48)."

하나님이 우리를 이 땅에 태어나게 하신 것은 하나님의 아들을 믿지 않는 자들 앞에서 성도들이 온전하고 거룩한 삶을 보여주라(엡1:4, 살전4:3, 고전1:30, 엡4:24)는 것이다. 성도가 품어야 할 희망은 이 땅에서 이미 우리에게 와 있는 하나님의 나라를 누리는 삶을 살아야 하고, 또한 장차 천국에서 그것을 온전히 향유하는 것이다. 즉 현재적 삶과 종말적 삶의 균형을 이루는 삶이다.

1.1. 희망신학의 태동

영산은 "좋으신 하나님을 바라보라. 꿈과 희망의 십자가를 바라보라"고 강조한다.9) 그는 "희망과 꿈을 바라보고 감사하라"고 역설한다. 인간의 희망은 예수 그리스도 십자가다. 영산은 "좋으신 하나님을 우리가 모시고 믿으면, 우리의 내일은 희망이 있습니다. 절망이 있을 수 없습니다. 절망

---

9) 조용기, "마음이 낙심될 때", 주일설교(2012-07-22).

보다 크신 하나님, 문제보다 크신 하나님, 죽음보다 크신 하나님께서 나의 아버지요 나의 하나님이요 좋으신 하나님이므로 결코 희망이 사라질 수 없습니다."라고 말한다.[10]

십자가는 복음을 통해 죄인을 의인으로 만들어 '그리스도 안에' 거하게 한다. 신자에게 근본적으로 희망이 있는 것은 죄인이 십자가 위에서 예수와 함께 죽고 함께 부활해서 그리스도 안에 거한다는 것이다(갈2:20, 롬6:5, 고후13:5, 고전6:17, 요일5:13). 죄인이 의인이 되어 예수 그리스도와 연합되었다는 사실(고전6:17, 갈2:20)은 인간이 가질 수 있는 지고(至高)의 희망이자 영원한 희망이다. 성도와 그리스도의 연합(갈6:17)은 영원불멸, 절대희망, 절대영생의 희망이다.

그리스도와의 연합으로 말미암아, 내 안에 하나님의 생명이 존재한다. 하나님 아버지의 생명이 예수 안에 있고, 우리가 예수 안에 있음으로, 하나님의 생명이 우리 안에 있는 것이다(요5:26, 고전 6:17, 요6:40). 그 생명이 바로 근원이며 희망의 씨다. 성경에서 하나님의 형이상학적 본질이 가장 잘 계시된 것은 출애굽기 3장으로, 하나님께서 모세 앞에 나타나는 장면이다. "나는 스스로 있는 자니라(출3:14)."[11] 희망신학 자체가 희망을 주는 것이 아니고, 내 안에 있는 예수의 생명이 바로 희망이다. 저 바깥 세상에서 오는 희망이 아니라, 내 안에 계시는 예수님이 곧 희망인 것이다.

로마의 시인 베르길리우스(Vergilius)는 그의 서사시에서 "숨을 쉬는 동안 내게는 희망이 있다네 (Dum spiro, spero)"라고 하였다. 복음을 받은 자든 받지 못한 자든, 모든 인간에게는 희망이 있다. 복음을 받은 자는 하나님의 약속을 보증 받아 현재의 희망과 더불어 미래의 희망, 곧 종말론적 희망을 내다볼 수 있다. 또한 복음을 모르는 자에게는 장차 복음을 듣고 예수를 구주로 영접해서 영생을 얻을 희망의 문이 열려 있다(롬10:13). 신자는 하나님의 약속과 예수 그리스도의 복음 위에서 지금 이 땅에서 희망을 품고 살아간다. 그 희망은 장차 새 하늘과 새 땅에서 완전히 실현될 것이다.[12]

영산의 희망관은 개척초기부터 그의 마음공간에서 싹터 자라나고 있었다.[13] 성령은 희망을 낳고 성취시켜 나간다. 서로 다른 사람들이 서로 다른 영적 환경에서 서로 다른 희망의 포물선을 쏘아올렸지만, 공중의 한 접촉점에서 서로 만나게 하는 동인은 '성령체험'이다. 극한 상황 속에서 개

---

10) 조용기, 『삼중축복』, 한세대학교출판부(2013), 248.

11) 달라스 윌라드(Dallas Willard), 『하나님의 모략』(The Divine Conspiracy), 복있는사람(2013), 142.

12) 구원은 과거이며(롬8:24, 엡2:5, 딛3:5-8), 현재이며(고전1:18, 고후2:15, 벧전1:9), 미래(고전5:5, 빌1:5-6, 빌2:12, 벧전2:2)이다. 우리에게 미래의 희망이란 장차 완성될 온전한 구원이다. 구원은 칭의, 성화, 영화를 포괄한다.

13) 희망은 모든 사람들의 바람이다. 희망신학의 태동 및 발전 과정을 개괄적으로 정리하면 다음과 같다. a) 독일의 크리스토프 블룸하르트(Christoph Blumhardt): 성령체험의 경험, 축사사건을 통해 하나님 나라를 선포했으며, 삶 속에서 희망의 그림을 숙성시킴. 그의 사회참여 활동에 영향을 받은 칼 바르트(Karl Barth)는 블룸하르트(Christoph Blumhardt)를 최초의 '희망 신학자'라고 불렀다. b) 위르겐 몰트만(Jürgen Moltmann): 독일의 철학자 에른스트 블로흐(Ernst Bloch)의 『희망의 원리』를 신학적으로 적용하여, 『희망의 신학』을 출간함(1964). 희망의 신학 후속으로 『십자가에 달리신 하나님』을 출판함(1978). 그는 이 책에서 예수 그리스도를 회상하는 양태에서 희망을 다룬다. c) 한국의 신학자, 목회자 영산 조용기: 1958년 개척초기부터 성령의 체험, 신유역사를 일으키고, 하나님 나라를 삶의 자리에 당겨와 희망의 포물선을 그리기 시작함. 2004년 『희망목회 45년』을 출간함. 그는 십자가 중심의 '5중복음, 3중축복, 4차원영성'으로 하나님의 나라를 성도들의 삶 가운데 현재화시켰다. 영산이 말하는 희망은 십자가를 바라볼 때 주어지는 희망이다.

인적 영적 체험을 통해 사람들은 희망을 찾아내었다. 관념적이고 사변적인 하나님의 나라가 아니라, 하나님의 나라가 그들의 삶의 자리에 임하자, 병이 떠나가고, 믿음이 생기고, 임마누엘 하나님을 체험한 것이다. 예수 그리스도는 그들에게 믿음을 주었다. 그 믿음은 희망의 기초가 되었다.

희망은 현재와 미래를 연결하는 징검다리다. 신자들의 희망은 이중구조를 지니고 있다. 곧 현실의 온갖 문제들의 해결과 장차 새 하늘과 새 땅에 들어가는 것이다(계21:2). 현세적 희망에만 매달리면, 영적 의지력이 점차 힘을 잃게 된다. 반면에 지나치게 미래 지향적 희망에만 매달리면, 영적 추진력이 약화된다. 따라서 성도는 현세적 희망과 미래의 희망 사이에서 균형 잡힌 삶을 살아야 한다.

몰트만(Jürgen Moltmann)과 영산의 신앙과 신학의 출발점은 서로 비슷하다. 몰트만은 전쟁에서 패망한 자기 조국의 비참한 현실 속에서 그리고 벨기에 포로수용소의 절망적인 환경 속에서 예수님을 극적으로 만났다.14) 영산은 지극히 개인적인 절망과 생사의 갈림길에서 예수 그리스도를 만났다. 몰트만은 신학적, 역사적 울타리 안에서, 달리 말해 신학적 중심에 서서 희망을 초월적 종말론 개념으로 발전시켜 나갔다. 반면에 영산은 자신의 기적적인 폐병 치유 체험을 통해 하나님의 존재와 능력과 통치를 깨닫고, 그것에 기초해 희망신학을 전개시켜 나갔다. 여기에서 3중축복이 탄생하였으며, 나아가 그것은 거대한 교회성장을 가져오는 요인 가운데 하나가 되었다.

영산의 개인적 영적 체험은 구체적인 신학으로 승화되었고, 보다 구체적인 신앙관을 갖게 해주었다. 그러한 신앙관은 예수 그리스도 안에서 현재와 미래에 대한 희망으로 뿌리내린다. 그는 동병상련의 마음으로 가난과 질병과 고통에 시달리던 절망의 세대에게 희망의 복음을 선포했다. 또한 성령과의 인격적 교제에 기초해서 성도들이 지금 이 땅에서 하나님의 능력을 맛보고 희망의 삶을 살 수 있다고 강조했다. 나아가 다시 오실 예수님을 가리키며 영광스러운 미래에 대한 희망을 제시했다. 요약하면, 영산의 목회는 희망의 목회였다. 그는 스스로 희망의 전도자였다고 고백한다. "하나님이 나에게 주신 사명은 5중복음, 3중축복, 4차원영성으로 희망의 전도자가 되는 것이었습니다."15)

1.2. '할 수 있다'의 마음성향

영산은 "말씀을 듣고 우리가 그것을 마음에 새기며 믿고 말하면 그대로 이뤄집니다. 우리가 십자가 대속의 주님을 바라보고 깨달을 때 믿음이 생깁니다."라고 말한다.16) 그는 "우리가 육신의 눈이

---

14) 알리스터 맥그래스, 『역사 속의 신학』, 대한기독교서회(2011), 719. 몰트만에게 희망은 개인적 · 실존적 · 사적인 것이 아니다. 그것은 희망의 하나님의 새로운 역사를 기다리는 만물의 새로운 창조에 대한 공적 희망이다. 반면에 영산은 개인 차원에서 시원(始原)하여, 장차 새 하늘과 새 땅까지(계21:5) 도달하는 연속성을 강조한다.

15) 조용기, "희망을 선택하라", 주일설교(2009-07-19). 영산의 희망론을 필자의 관점에서 구체적으로 인식해보면 다음과 같다. 먼저, 인간은 절대절망의 존재이기 때문에 절대희망이 필요하다는 것이다. 그런 관점에서 영산의 희망신학의 기초는 삼위 하나님이시고, 희망의 선포방법론은 5중복음과 3중축복, 희망의 적용방법은 4차원영성, 그리고 희망의 역동화 본질은 말씀과 성령의 능력이다. 영산의 희망신학 적용범위는 개인과 사회를 포괄한다. 영산의 역동적 희망해석학은 '5중복음과 3중축복과 4차원영성'의 상호유기적 관계에서 보다 온전한 의미를 찾아낼 수 있을 것이다.

16) 조용기, "믿음이 근원인 바라봄의 법칙", 주일설교(2012-04-22).

나 마음의 눈 또는 영안으로 무엇인가를 간절히 소원하면서 바라본다면, 믿음으로 바라보는 대상이 이뤄집니다. 그러므로 믿음은 바라는 것들의 실상입니다."라고 강조한다. "나는 새 피조물이어서 할 수 있다"라는 명제는 말씀과 성령과 믿음 안에서의 영적 태도를 의미한다. 이를 근원적으로 따져보면, 우리가 영적으로 예수와 하나라는 사실에 근거해 믿음으로 그와 같이 고백하는 것이다. 자연인이 "나는 할 수 있다"고 말하는 것과는 차원이 다르다. 우리는 예수와 연합되어 예수의 마음을 가진 자다(고전2:16). 하나님은 "나는 야훼요 모든 육체의 하나님이라 내게 능치 못할 일이 있겠느냐(렘32:27)"고 말씀하신다. 본질적인 차원에서 "나는 할 수 있다"의 의미는 "예수 그리스도 안에 내주하시는 성령이 하신다"이다.

하나님의 모든 계시는 지성에 전달되고, 지성을 통해 감정에 도달한다. 그 다음 도덕적 삶의 중추인 의지에 도달한다.[17] 다시 말해 성경말씀은 인간의 지성을 하늘의 빛으로 밝혀서 하나님이 기뻐하시는 삶을 지향하게 한다. '할 수 있다'는 '능력'의 근원은 내가 아닌 바로 삼위일체 하나님이시다. 그리스도인은 십자가 위에서 이미 죽고 다시 부활한 자들이다. 그리스도인은 성공을 위해서 하나님의 말씀을 적용하는 감상주의적 윤리주의자가 결코 아니다. 죽은 자가 무슨 일을 하겠는가? 십자가 위에 올라가 죽은 사람은 무계획, 무행동, 무기능 그 자체다. 긍정적인 힘의 근원은 우리 대신 십자가를 지신 예수 그리스도시다. 성령을 따라 행하는 자는(갈5:16) 성령을 열매를 맺는다(갈5:22-23). 요약하면, 신자에게 '할 수 있다'의 의미는 "오직 예수 그리스도 안에서 성령의 능력을 통해서 하나님이 원하시고 기뻐하시는 일들을 할 수 있다"는 의미다. 진정한 긍정의 힘은 삼위일체 하나님의 뜻과 지혜와 권능을 통해서 나온다. 신자는 단순히 그 권능에 순종하며 쓰임 받는 것이다.

믿음은 희망의 꽃을 피우고, 그 희망은 긍정의 꽃씨를 맺는다. 믿음과 희망은 동전의 앞뒤 관계이다. 긍정은 믿음과 희망을 서로 연결시켜 준다. 믿음이 영생을 믿는 것이라면, 희망은 장차 그것이 이뤄질 것을 바라보는 의지적 성향이다. 본질적으로 보면, '할 수 있다'는 근거는 하나님과의 언약 관계에서 일어나는 관계적 산물이다(히8:8-13). 그리스도 안에서 '할 수 있다'와 심리적 상태에서 '할 수 있다'는 그 의미에 있어 본질적으로 차이가 있다. 성도는 이미 그리스도와 연합된 존재이기 때문이다(고전6:17, 갈2:20). 그리스도인들은 그리스도의 인격적 지식을 소유하고 있다.

그리스도 안에서 '할 수 있다'의 태도는 말씀과 성령 안에서 비롯되는 것이다. 심리학적 또는 철학적 논리에서 시원(始原)하는 것이 아니다. 예수님의 말씀을 빌리면 '할 수 있다'의 영적 의미는 한 줄로 정리된다. "사람으로는 할 수 없으나 하나님으로서는 다 하실 수 있느니라(마19:26)." 아브라함과 사라에게 아들이 없는 데도, 열국의 아버지, 열국의 어머니로 부르도록 한 것은 긍정적인 개념을 적용해서 성취시킨 대표적 사례다.

긍정신학은 자판기에 동전 넣으면 캔이 떨어지는 물리적-평면적 개념의 신학이 아니라, 하나님의 말씀에 기초한 긍정의 믿음이 빚어내는 신학이 될 때 영적 가치가 있다. 긍정신학은 축복신학과

---

17) A. W. 토저, 『예수 방향으로 가라』, 규장(2013), 157.

서로 밀접하게 연결되어 있다. 긍정신학의 태동과정은 축복과 상호관계적으로 성장·성숙해왔다.18) 그러나 영산은 철저히 말씀과 성령 안에서 자신의 신앙적 체험을 통해, 긍정신학을 바라봄의 법칙, 심고 거두는 법칙, 상상의 법칙 등을 통해 구체화시킨다.19) 그리고 절망적 환경에서 출발한 영산의 긍정신학 중심에는 심리학적 또는 철학적 사고방식이 아니라, 철저하게 예수 그리스도가 계시며, 그분만이 축복의 근원이라고 분명하게 밝힌다. 그는 성경적 축복의 뿌리로서 하나님이 아브라함에게 주신 약속, 십자가에서 병과 저주를 감당하신 예수님, 또한 히브리서 11장 1절의 말씀 "믿음은 바라는 것들의 실상" 등을 그 증거로 내세운다.

영산은 "신앙에는 긍정적이고 적극적인 소망이 넘치는 삶의 태도가 담겨 있어야 합니다. 막연한 신앙은 심리학적 효과에 불과하므로 그리스도의 대속의 은총에 기초해야 합니다."라고 말한다.20) 신자의 긍정은 대속의 십자가에 뿌리를 두고 있어야 한다는 것이다. 다시 말해서, 말씀과 믿음과 기도와 성령 안에서 "할 수 있다"는 자세를 가져야 한다는 것이다.

긍정신학이나 축복신학은 그 근원을 말씀 안에서 찾아야 한다(렘31:33, 히8:10). 긍정신학이나 축복신학은 '나를 위하여 금 나와라 뚝딱!' 또는 '어서 주세요, 아버지!'가 아니라, 성도와 하나님 사이의 철저한 화목 및 언약 관계 – 곧 기능적 영성이 아니라 관계적 영성 – 안에서 진정한 의미가 있다. 말씀과 기도는 신자를 거룩하게 하며(딤전4:5), 그 결과 성도는 축복의 언약들을 향유하는 자가 된다. 하나님은 부정을 긍정으로 바꾸는 요술쟁이도 아니시고, 구하면 척척 알아서 챙겨주시는 분도 아니다. 그분은 철저히 자신의 뜻과 계획에 따라 전적인 은혜로 복을 베푸신다. 축복이란 은혜의 질서 안에 내가 잠입하여 들어가는 거룩한 과정이다. 양자의 신분으로, 아브라함에게 약속한 축복(창12:1-3)을 우리가 받는 과정이다. 하지만 모든 축복의 주권은 하나님 자신에게 있다. 축복과 관련해 신자는 말씀에 일치하도록 최선의 노력을 기울이지만, 축복을 베푸시는 하나님을 전적으로 신뢰하고 의존해야 한다. 하나님은 주권을 가지신 분이시다.

---

18) 긍정신학의 태동 과정을 간략하게 요약하면 다음과 같다. a) 찰스 에머슨(Charls Emerson): 축복을 복음의 한 덕목으로 이해하기 시작함. 형이상학적 사고인 긍정적 사고철학, 곧 믿음을 바탕으로 긍정사고를 통해 고백함으로써 자신이 바라던 것을 획득할 수 있음. b) 에섹 케넌(Essek Kenyon): 에머슨의 긍정철학을 발전시켜 '믿음의 말씀운동'을 전개함. "신앙의 말은 반드시 현실화된다."고 강조. c) 케네스 헤긴(Kenneth Hagin): "입으로 시인된 말씀에 의해 응답이 주어진다."고 강조함. ㉠ "긍정적으로 말하라. 믿음으로 행하라. 하늘로부터 받고 그대로 증거하라." d) 케네스 코플란트(Kenneth Copeland): "긍정적 사고는 질병을 치유하고 물질의 축복을 보장한다."는 믿음신학으로 연결됨. ㉠ "마음속에 그려라. 약속의 말씀을 성경에서 찾아내라. 그것을 실현시키기 위해 긍정적으로 말하라."고 가르침. e) 데이비드 조(David Yonggi Cho): "없는 것을 있는 것처럼 생각하고, 꿈꾸고, 믿고, 고백하면 이뤄진다." ㉠ "목표를 생각하고 정하라. 그것을 마음속에 그려라. 이루어질 것을 믿어라. 이뤄진 것처럼 고백하라." 찰스 에머슨이 철학적 사고에서 출발한 반면, 에섹 케넌과 코플란트는 철학적 사고방식을 믿음의 사고방식으로 전환시키는 특성을 보여준다.
19) 조용기, 『오중복음과 삼중축복』, 서울말씀사(2008), 311-312.
20) 조용기, 『설교는 나의 인생』, 서울말씀사(2009), 49.

2. 준비됨과 기다림의 영성

십자가의 서쪽에는 고난의 먹구름이 드리워져 있지만, 동쪽에는 기다림과 희망의 무지개가 펼쳐져 있다. 십자가는 신구약 전체의 신경중추이자, 신앙적 기초다. 모든 신자들은 양극단 경계선 사이를 이동하면서 살고 있다. 한편으로 강 건너 희망의 무지개가 떠오르기를 기다리고, 다른 한편으로 현재의 고난의 먹구름이 사라지기를 고대하고 있다. 영산은 "하나님보다 앞서 가지도 말고 너무 늦게 가지도 말아야 합니다(요16:13). 하나님을 기다리는 삶은 복된 삶입니다."라고 말한다.[21]

하나님은 "비록 더딜지라도 기다리라 지체되지 않고 반드시 응하리라(합2:3)"고 말씀하신다. 영산은 "우리는 천지의 창조주요 절대주권자이신 하나님, 또한 우리 인생의 주인이신 하나님을 바라고 기다리는 삶을 살아야 합니다."라고 강조한다.[22] 그는 4차원영성과 기다림을 한 짝으로 묶어서 말한다. "일의 성취는 하나님에게 속한 것임을 깨닫고, 그 일이 성취되기를 소원하며 꿈꾸며 기도를 계속하십시오. 흔들리지 않고 하나님의 성실하심을 굳게 믿으십시오. 없는 것을 있는 것 같이 시인하고 감사하십시오(롬4:17-22)."[23]

예수님은 지금 은혜의 나라를 통치하신다. 장차 영광의 나라를 통치하실 것이다. 그러므로 성도는 현재도 미래에도 또한 영원히 희망을 품고 살아갈 수 있다. 하나님의 모든 약속들은 곧 성취될 것이다. "그 날에 말하기를 이는 우리의 하나님이시라 우리가 그를 기다렸으니 그가 우리를 구원하리로다(사25:9)." 하나님은 우리를 기다려주시고, 우리는 하나님을 기다린다(시130:5-7).

신자의 기다림이란 하나님의 약속을 믿고 그것의 성취를 기다리는 것이다.[24] 십자가는 한편으로 성도들을 서둘러 준비시키고, 다른 한편으로 희망을 머금은 기다림을 안겨준다. 기다림 안에는 신뢰, 희망, 기대감이 있고, 준비됨 안에는 약속의 땅을 향한 적극성이 있다.

    a) 준비됨 속에서의 기다림: "밤이 깊고 낮이 가까웠으니 그러므로 우리가 어둠의 일을 벗고 빛의 갑옷을 입자(롬13:12)." "만물의 마지막이 가까이 왔으니 그러므로 너희는 정신을 차리고 근신하여 기도하라(벧전4:7)."

    b) 참음 속에서의 기다림: "너희도 길이 참고 마음을 굳건하게 하라 주의 강림이 가까우니라(약5:8)." "농부가 땅에서 나는 귀한 열매를 바라고 길이 참아 이른 비와 늦은 비를 기다리나니(약5:7)." "비록 더딜지라도 기다리라 지체되지 않고 반드시 응하리라(합2:3)."

    c) 기다림 속에서의 준비됨: "파숫군이여 밤이 어떻게 되었느냐 파숫군이여 밤이 어떻게 되었느냐 파숫군이 이르되 아침이 오나니 밤도 오리라 네가 물으려거든 물으라 너희는 돌아올지니라 하더라(사21:11-12)."

---

21) 조용기, "기다리는 삶", 주일설교(2015-01-04)
22) 조용기, "기다리는 삶", 주일설교(2015-01-04)
23) 조용기, "확신에 찬 믿음의 기도", 주일설교(2013-02-17).
24) 기다림의 본질: 첫째, 무에서 유로의 움직임이 아니다. 곧 어떤 것으로부터 전진해 나가는 움직임이다. 둘째, 기다림은 능동적이다(사가랴, 엘리사벳, 마리아, 시므온 등의 기다림). 셋째, 다른 어떤 곳이 아니라 현재 그 자리에서 인내하며 기다린다. 참조. 헨리 나우웬(Henri Nouwen), 『영성에의 길』(Finding my way home), IVP(2013), 74-78.

윌라드(D. Willard)는 하나님이 인간의 마음을 찾아오시는 방법에는 세 가지가 있다고 강조한다. 첫째, 하나님은 피조세계를 통해서 오신다. 둘째, 하나님은 인간의 역사 속에서 공개적인 행동을 통해서 오신다(예를 들면, 예수님, 아브라함, 바울 등). 셋째, 하나님은 개인적 체험을 통해 우리에게 오신다.25) 따라서 한편으로 하나님이 오시기를 간절히 기다리고, 다른 한편으로 하나님이 내 마음에 오셔서 일을 하시도록 깨어서 준비해야 한다.

십자가의 중심은 예수 그리스도의 죽으심에 있다. 신자의 희망의 기초는 예수 그리스도 십자가이다. 신자가 희망의 씨를 품을 수 있는 근거는 좋으신 하나님의 자비와 사랑이다. 자비와 은혜의 하나님은 우리에게 좋은 것 - 새 하늘과 새 땅 - 을 예비해 놓으시고 기다리신다. 영산의 희망의 원리는 그의 십자가 중심의 설교에서 드러난다. 그는 십자가에서 희망을 찾았고, 또한 희망의 적용원리와 방법인 4차원영성도 십자가에서 발견했다. 그는 십자가를 위해서(for) 십자가 안에서(in) 십자가와 함께(with) 살았다.

첫째, 희망의 기초는 십자가다.

"우리에게 희망을 언제나 보태주는 것이 십자가입니다. 예수님은 하나님 아들로서 사람으로 오셔서 33년간 이 세상에서 사셨습니다. 생애의 마지막에 그는 우리의 죄, 불의, 추악함, 저주, 절망과 죽음을 대신 짊어지시고 십자가에 올라가셔서 몸 찢고 피 흘려서 이 모든 것을 청산하셨습니다. 예수님이 없을 때는 절망하지만, 예수님을 만나게 되면 희망을 가질 수 있는 것입니다."26) 영산은 "희망은 우리의 마음속에 꿈을 만들어내고, 꿈은 우리 마음속에 믿음을 만들어내고, 믿음은 우리에게 용기와 담력을 만들어냅니다."라고 말한다.27)

둘째, 하나님의 사랑이 희망을 탄생시킨다.

"예수 그리스도를 믿는 사람들은 어떠한 처지에서도 희망을 갖고 살아 갈 수 있습니다. 왜냐하면 우리는 예수 그리스도를 통해서 하나님의 사랑을 받고 있다고 확신 할 수 있기 때문입니다. 내가 사랑받고 있으면, 희망이 생깁니다. 미움을 받고 있으면, 희망을 잃어버리지 않습니까? 우리는 예수님을 통하여 하나님의 사랑을 받고 있습니다."28) 그는 예수 안에서 현재와 미래의 영원한 희망을 품을 수 있다고 강조한다. "우리는 예수 그리스도 안에서 현실과 미래에 희망을 가질 수 있습니다. 예수님이 우리를 뜨겁게 사랑하여 주셨고, 지금도 사랑하고 있기 때문입니다."29)

셋째, 나는 왜 희망의 복음을 전하는가?

"저는 한평생 희망의 복음을 전했습니다. 희망목회 50년을 한 것입니다. 왜, 희망을 전했느냐고

---

25) 달라스 윌라드(Dallas Willard), 『하나님의 모략』(The Divine Conspiracy), 복있는사람(2013), 495.
26) 조용기, "희망을 선택하라", 주일설교(2009-07-19). "꿈, 희망, 용기를 갖고 살아라", 주일설교(2011-01-23).
27) 조용기, "삶과 희망", 주일설교(2009-10-04).
28) 조용기, "삶과 희망", 주일설교(2009-10-04).
29) 조용기, "희망을 향해 나아가라", 주일설교(1998-08-16).

요? 병들고 가난하고 소외되고 못 배우고 오늘의 삶의 불안감과 내일의 삶의 두려움에 떠는 사람들에게 희망만이 살길이기 때문입니다. 희망을 주는 복음, 바로 이것이 예수님의 대속의 은혜의 복음입니다."30)

2.1. 멸망·추방·희망

모든 신자는 지금 하나님의 은혜를 누리며, 장차 다가올 영광의 나라를 기다리고 있다. 하나님의 영성경영의 절정은 '그의 아들을 인간의 몸을 입게 하여 이 땅에 보내고, 십자가를 지게 하고, 부활시키고, 교회를 세우게 하고,31) 승천하도록 하신 후 성령을 이 땅에 보내신 일'이다. 하나님께서 그분의 아들을 이 땅에 보내시어 십자가에 달리게 하고 부활하게 하신 일은 지상 최대의 사건이다. 아담과 하와는 선악과를 따먹고 에덴동산에서 추방되었지만, 예수 그리스도의 십자가로 말미암아, 그를 구주로 영접하고 믿는 자들은 다시 희망의 길을 걷게 되었다. 예수님 안에서 우리는 영생, 의로움, 거룩함, 영원한 희망을 가지고 있다(고전1:30). 성령을 통해 부활 및 승천하신 예수님은 우리와 영원히 함께 계신다(마28:20). 이것이 바로 우리가 가진 소망의 근거이다.

하나님은 온 피조세계의 주인이다. 하나님은 지금도 온 세계를 향하여 손을 펴시고 경영하고 계신다. "만군의 야훼께서 경영하셨은즉 누가 능히 그것을 폐하며 그의 손을 펴셨는즉 누가 능히 그것을 돌이키랴(사14:27)." 하나님은 예수 그리스도를 이 땅에 보내셔서 개인과 모든 민족을 향하여 십자가 경영을 하고 계시며, 온 민족이 제사장의 나라가 되기를 원하신다. 하나님의 꿈은 인류구원이시다(딤전2:4, 막16:15).

2.2. 마음하늘의 희망

인간의 마음은 인격의 동심원이며, 역동적이고, 감성적이며, 의지적이다. 영산은 "슬픔, 좌절, 절망, 분노, 불안, 공포 등은 삶을 파멸시키는 마귀의 독극물입니다. 예수님의 십자가를 가슴속에 받아들이고 그 앞에서 우리가 기다리면, 마음에 염려, 근심, 불안, 초조, 절망이 예수 그리스도의 십자가로 말미암아 사라집니다. 마귀의 독이 사라지는 것입니다."라고 말한다.32) 그리스도인의 마음이 선을 향하고자 하면, 언제나 마귀는 그 옆에서 악의 길을 준비하여 그쪽으로 넘어오도록 미혹한다(벧전2:11).

사탄은 언제나 '그리스도가 하나님의 아들되심'을 공격하고, 또한 '우리들의 자녀됨'을 집중하여 공격한다.33) 인간의 마음하늘은 성령님이 일하시는 공간이지만, 마귀도 끊임없이 그곳으로 침입하고자 한다. 따라서 인간의 마음하늘은 늘 어지럽고 복잡하다. 오직 성령이 마음하늘을 점령할 때, 그곳은 평화와 기쁨과 희망이 넘친다. 그러나 그곳에서 마귀가 일하거나 내 자아가 일하는 날

---

30) 조용기, "희망을 선택하라", 주일설교(2009-07-19).
31) "교회는 하나님 나라가 아니라, 하나님 나라의 결과이다." 스탠리 J. 그렌츠(Stanly J. Grenz), 『복음주의 재조명』(Revisioning Evangelical Theology), CLC(2013), 268.
32) 조용기, "마음 지키기", 주일설교(2013-10-06).
33) 휴 마틴(Hugh Martin, 1821-1885), 『그리스도의 임재』, 지평서원(2010), 9.

이면, 마음하늘은 혼란스럽고 복잡하고 어지럽다. 십자가는 인간의 마음하늘에 마귀의 일과 자아의 일을 밀쳐내고, 오직 성령님께서 일을 하시도록 한다. 이것을 염두해 두고, 바울은 "오직 내 안에 예수 그리스도께서 사시는 것(갈2:20)"이라고 외쳤다.

성경은 인간을 "두 마음을 품어 모든 일에 정함이 없는 자(약1:8)"라고 말한다. 하지만 하나님은 "사람의 뜻과 마음을 살피는 자(계2:23)"이시다. 마음은 불연속적이다. 곧 끊어졌다가 다시 이어진다. 마음의 흐름을 예측하기가 그만큼 어렵다는 말이다. 어디서 어떻게 마음이 연속성을 이어갈지 분간하기가 쉽지 않다. 어떻게 하면 인간의 마음속에서 희망의 동선(動線)이 끊어지지 않고 계속 이어질 수 있을까?

인간이 다른 사람뿐만 아니라 자신의 마음을 아는 데에도 한계가 있다. 오직 인간을 지으신 하나님만이 각 사람의 마음을 꿰뚫을 수 있다(고전2:9). 인간의 마음은 직선(linear)이 아니라 꼬부랑고개처럼 일정하지 않게 움직이는 곡선(nonlinear)과 같다. 마음은 자극을 받으면 일정한 변화 속에 움직이는 것이 아니라 변화무쌍의 곡선을 그리는데, 환언하면 인간의 마음은 예측불허의 비선형 세계다.[34]
인간은 마음이 마귀의 조종을 받게 되면 혼란한 상태가 된다. 오직 성령이 인간의 마음을 마귀의 궤계로부터 지켜줄 수 있다. 성령만이 마음의 의도와 지향하는 바를 헤아릴 수 있다. 영산은 십자가만이 인간의 마음을 혼돈에서 벗어나게 하여 질서를 유지토록 할 수 있다고 말한다. "우리는 항상 예수 십자가를 마음에 모시고 살기 때문에 십자가 밑으로 나아가 간구하면, 상상할 수 없는 치료와 기적과 행복이 넘칩니다. 그러므로 십자가를 마음속에 품고 십자가를 바라보고 사십시오. 내가 예수님의 죽음을 마음속에 모시고 있으면, 생명의 역사를 일으켜주십니다. 승천하신 우리 주 예수님은 성령님과 하나됨을 이룬 채, 지금 성령님과 더불어 여러분을 위해서 살고 있는 것입니다."[35]

베드로가 "내가 주와 함께 죽을지언정 주를 부인하지 않겠나이다(마26:34-35)"라고 자신만만하게 말했지만, 그는 세 번씩이나 예수님을 부인했다. 부활의 예수님이 그에게 나타나 "네가 나를 사랑하느냐?"고 세 번째 물었을 때, 마침내 그는 "주님 모든 것을 아시오매 내가 주님을 사랑하는 줄을 주님께서 아시나이다(요21:17)"라고 고백한다. 인간의 마음은 이렇게 비선형적(곧지 않은)이다. 예측불허이며, 불확실하고, 불안정하다. 성령의 임재와 인도함이 없으면, 내가 소유한 마음을 내 의지대로 움직일 수 없다. 베드로는 성령을 받기 전에 비선형적 마음을 가졌으나, 성령을 받자 일시에 선형적(곧은) 마음을 가지게 되었다. 그 결과 오로지 한 마음으로 담대하게 복음을 증거하는 일에만 헌신할 수 있었다. 바울은 다메섹에서 부활한 예수님을 만난 후, 오직 한 가지 지식, 곧 십자가만을 아는 고상한 지식을 추구했다. 그는 일평생 오직 십자가 중심의 변함없는 '선형적 마음'을 품고 살았다.
마귀는 인간의 마음을 미혹해서 항상 꾸불꾸불한 곡선처럼 비선형적 마음을 품게 한다. 그렇게

---

[34] 인간의 마음을 수학이나 물리학 개념으로 보면 '비선형 동역학(nonlinear dynamics)' 범주에 속한다. 마음 알갱이의 세계는 그 마음의 주인도 알 수 없는 고차원의 세계다. 마음체계는 우주만큼이나 복잡하다.
[35] 조용기, "마음 지키기", 주일설교(2013-10-06).

인간이 사물을 부정적으로 보게 해서, 결국 실패의 길로 나아가게 한다. 4차원영성은 인간으로 하여금 선형적 마음—창조적 생각, 거룩한 꿈, 강한 믿음, 긍정의 말을 하게 한다. 새 본성을 가진 그리스도인은 새 마음을 통해서 하늘의 삶, 그리스도 중심의 삶을 살 수 있다. 바울이 지적한 것처럼, 영성은 점진적으로 성장하게 된다. "내가 어렸을 때에는 말하는 것이 어린아이 같고 깨닫는 것이 어린 아이와 같고 생각하는 것이 어린아이 같다가 장성한 사람이 되어서는 어린아이의 일을 버렸노라(고전13:11)." 그는 또 "우리가 다 하나님의 아들을 믿는 것과 아는 일에 하나가 되어 온전한 사람을 이루어 그리스도의 장성한 분량이 충만한 데까지(엡4:13)" 이르라고 권면한다.

그러면 어떻게 예수님의 제자로서 변화와 성장의 길을 걸을 수 있는가? 윌라드(D. Willard)는 5단계로 서술한다.

1단계: 예수를 믿고 의지하라(요3:15, 롬10:9-10).

2단계: 제자가 되고 싶은 열망을 품으라(요8:31).

3단계: 말씀 안에 거함으로써 순종에 힘쓰라(요14:15).

4단계: 순종을 위해 영적훈련을 쌓아 성령의 열매를 맺으라(갈5:22).

5단계: 그 결과 천국 일을 수행할 능력을 부여받는다.

변화와 성장을 통해 성도는 예수님의 형상을 닮게 되고, "내가 거룩하니 너희도 거룩하라(레11:45)"는 말씀을 따르게 된다.[36] 성도는 마음하늘이 언제나 희망으로 가득하기 위해서 예수 그리스도의 형상을 지속적으로 닮아가야 한다(갈4:19).

궁극적으로 사람의 마음을 그리스도의 마음으로(고전2:16) 성장시키는 분은 성령님이시다. 영산은 "이 세상의 삶이란 하나님의 농사짓기입니다. 하나님의 종들이 씨를 심고 물을 주면 하나님께서 자라게 하십니다. 영의 사람은 말씀과 성령으로 성장합니다."라고 말한다.[37] 우리의 속사람이 강건하게 되는 것은 오직 성령님의 역사로 가능하다(엡3:16). 인간의 마음을 그리스도로 향하게 하는 분은 오직 성령님이시다.

십자가 중심의 희망 허물과 죄로 죽었던 우리는(엡2:1, 2:5) 그리스도의 편지가 되었다(고후3:3). 하나님은 "너는 내 것이라(사43:1)"고 선포하신다. 이 말씀은 십자가를 통해 더욱 확실해진다. 신자들은 하나님으로부터 나서 그리스도 예수 안에(고전1:30) 있다. 신자들은 그리스도에게 속해 있다(고후10:7). 십자가는 양자의 복(롬8:15)과 화목의 복(롬5:1)을 우리에게 주어 하늘의 삶을 살게 해준다.

영산은 십자가 중심의 삶을 이렇게 강조한다. "과거에 어떤 일이 있었어도 십자가 보혈로 다 청산됩니다. 현재를 담대히 긍정적으로 살게 할 수 있는 것은 십자가입니다. 지금 상태가 비록 공허하고 혼돈하며 흑암이 깊음 위에 있을지라도, 십자가를 통하여 성령이 오시면 바로 긍정적으로 살 수 있습니다. 의롭게 살고, 거룩하게 살고, 건강하게 살고, 축복받으며 살고, 희망을 가지고 살게

---

36) 달라스 윌라드(Dallas Willard), 『하나님의 모략』(The Divine Conspiracy), 복있는사람(2013), 552-555.

37) 조용기, "육의 사람과 영의 사람", 『순복음소식 제2집』, 281호(1984-02-19).

되는 것입니다. 미래가 아무리 불확실하고 언제 죽을지 몰라도, 십자가를 통해서 구원과 생명은 이미 보증된 것입니다."[38]

십자가 중심의 삶이란 나의 십자가를 지는 삶이다. 곧 자기부인, 자아부정, 자아소멸, 나의 계획이 없어지는 삶이다. 다시 말해 '내 안에 그리스도가 사는 삶'이다. 하나님이 왜 죄인을 십자가를 통해 구원하시고 의롭다 하시고 거룩하게 만드셨을까? 대답은 단순하다. 하나님이 원래 인간을 창조하신 목적을 이루기 위해서다. 그 목적이란 무엇인가? 예배를 통하여 영광을 받으시기 위함이다. 십자가가 한 일은 결국 창조목적을 회복하여 주께 영광을 돌리는 일이다. 십자가 한가운데서 사는 삶이란 내 삶의 모든 영역에서 예배드리는 삶이다. 십자가는 철저하게 성도를 의롭고 거룩하게 만들어 삼위 하나님의 삶의 관계 안으로 들어가게 한다.

십자가는 무슨 일을 하는가? 영산은 사람들에게 "예수님을 모셔보십시오. 예수님을 마음에 받아들여보십시오. 그러면 변화가 일어납니다. 생명의 역사가 일어납니다. 예수 그리스도는 이론적인 신학, 철학, 종교적인 의식이 아닙니다. 우리에게 생명을 주되 풍성히 주는 생명의 역사가 일어나게 되는 것입니다."라고 말한다.[39] 십자가는 2천년 전의 옛날이야기가 아니라, 현재에도 인간의 삶 속에 적용되고 그 효력을 나타낸다.

성령은 십자가의 능력을 현재화시킨다. 공기 중의 산소가 폐 속으로 들어가 온몸에 확산되는 것처럼, 십자가의 능력은 인간의 영혼에 덧입혀진다. 무엇보다 십자가는 죄인을 하늘의 사람으로 만든다. 십자가는 죄인을 하나님과 화목하게 만들고(롬5:1), 죄사함 받게 해서 '의롭다함'을 얻게 하고(롬3:24), 죄인을 거룩하게 정화시키고(히9:14), 죄인을 하나님의 자녀로 입양시킨다(갈4:4-5). 또한 십자가는 죄인을 영광과 영생으로 이끈다(히9:15). 나아가 죄인을 의인으로 만들어, 삼위 하나님의 삶의 구조에 동화되도록 하는 신비의 능력을 발휘한다. 예수의 죽음을 짊어질 때 예수의 생명이 내 안에 머문다(고후4:10). 내가 죽고 예수의 생명이 사는 삶이 바로 십자가의 성(城) 안에서 사는 삶이다.

영산은 십자가의 현재화를 이렇게 강조한다. "성령을 통하여 시간과 공간을 초월해서 지금 여러분 앞에 있는 십자가인 것입니다. 내 죄가 거기에서 청산되었습니다. 내 허물이 씻김을 받았습니다. 현재 거기에서 나의 치료가 이루어집니다. 현재 안되는 일이 저주에서 해방되도록 이끌어줍니다. 지금 천국과 영생을 줍니다. 지금 이 자리에서 십자가가 나에게 구원과 생명을 주는 것입니다."[40]

십자가는 삶의 변경을 확대시켜 무한 영역으로 뻗어가게 한다. 십자가는 절대희망, 절대긍정, 절대가능, 절대소망을 추구하게 한다. 따라서 신자의 고백은 단순해진다. "예수님, 저는 십자가 위에 올라가 있어서 내 힘으로 아무것도 못합니다." 예수님이 대답하신다. "알았다. 너의 일은 내게 속해 있다(갈2:20)." 십자가는 죄인을 의롭고 거룩한 자로 만들어 그리스도 안에서 일하게 만든다.

---

38) 조용기, "십자가의 도", 주일설교(2012-11-18).
39) 조용기, "십자가의 도", 주일설교(2012-11-18).
40) 조용기, "십자가의 도", 주일설교(2012-11-18).

십자가의 영성은 위에서 내려오는 프로세스(down-process)이며, 인간으로부터 올라가는 프로세스(up-process)가 아니다. 하나님은 어린 사무엘을 불렀지만, 그는 처음에 하나님과 교통할 수 없었다. 하나님이 그를 네 번이나 부르고 나서야, 마침내 상호 교통이 이루어졌다. 사무엘이 행한 첫 사역은 엘리 가문의 운명에 관한 예언이었다(삼상3:1-14). 사무엘의 이러한 영성은 스스로 창조한 것이 아니라 하나님으로부터 흘러나온 것이었다. 이사야의 영성도 위로부터 흘러나온 것이지, 그가 창조한 것이 결코 아니다. 어떤 종교적 행위를 통해서 만들어진 것이 아니었다(사6:1-8).

희망의 활성화　　영산이 개발한 영성은 무엇인가? 간단히 말하자면, 영혼육의 문제를 말씀으로 해결하는 방법이다. 그러한 과정을 통해 신자들은 하나님과 더욱 친밀한 관계가 이루어지게 된다. 이 영성은 기존 방법보다 더욱 구체적으로 삶의 자리에서 적용할 수 있는 영적방편이다.[41] 핵심은 바로 영성의 삼중구조, 곧 5중복음, 3중축복, 4차원영성이다. 그는 거기서 통합된 중심 테마를 찾아내어 구속과 새 창조에 대한 희망의 메시지를 회중에게 들려주었다. 하나님께서 이스라엘 백성들 가운데 다림줄을 둔 것처럼(암7:7-8), 그는 십자가의 은혜의 다림줄(plumb line)로 수많은 회중의 인생을 측량해서 바로 서도록 생명이 넘쳐나는 신앙의 기초를 세워준 것이다. "우리가 항상 예수의 죽음을 몸에 짊어짐은 예수의 생명이 또한 우리 몸에 나타나게 하려함이라 우리 살아 있는 자가 항상 예수를 위하여 죽음에 넘겨짐은 예수의 생명이 또한 우리 죽을 육체에 나타나게 하려 함이라(고후4:10-11)." 예수의 생명은 바로 영성의 기초다(요5:26).

　나아가 영성은 하나님의 알아감과 깊은 관련이 있다. 영성이 깊어질수록 하나님에 대한 기대감도 성장한다. 하나님과 친밀한 관계가 형성될수록 마음의 희망은 더 강렬해진다. 하나님을 삶 속에서 더 알아가는 것은 영적 희망을 성장시키는 일이다(렘9:24).

　하나님을 더 알려면, 하나님을 더 사랑해야 한다. 하나님을 더 사랑하려면, 하나님과 기도로 더 친밀한 관계를 맺어야 한다. '진리-앎-사랑-관계'는 거룩한 영적요소들이며, 상호보완적으로 서로 밀접하게 연결되어 있다. 인간의 진정한 정체성은 하나님과의 관계 안에 있다. 행복한 삶이란 예수님 안에서 나에게 주어진 삶을 완성해나가는 과정(마5:48)이다.[42] 인간이 하나님의 존재를 아는 유일한 길은 하나님과 영적 및 인격적 관계를 맺는 것이다. 다시 말해, 인간은 하나님의 존재 자체를 알 수 없고, 관계를 통해서만 하나님을 알아갈 수 있다(요일1:3). 이스라엘 백성이 하나님의 자녀로서의 관계를 맺었을 때, 그들은 하나님에 대해서 알 수 있었다. 바울도 다메섹에서 부활하신 그리스도와 인격적 만남을 통해 예수 그리스도가 누구인지 올바로 알게 되었다. 영산이 개발한 4차원영성 – 성령의 생각, 꿈, 믿음, 언어 – 은 하나님과의 인격적 관계를 활성화시킬 뿐만 아니라, 삶의 자리에서 하나님의 은혜를 체험케 하는 영성이다(요일1:3).

---

[41] 영성의 시원(始原)은 좋으신 하나님이시다. 경제학이 이미 일어난 일이나 현상에 대한 적절한 해석이라면, 경영학은 현실에 부딪힌 문제를 해결하는 방법을 구체적으로 찾아내고 대안을 현실적으로 제시하는 것이다. 경제경영 차원에서 바라보면, 4차원영성은 현실 속의 삶의 경영을 해석하고, 동시에 삶의 문제를 해결하는 원리를 제공한다.

[42] "인간은 하나님의 궁극적 목적에 따라 살아야 합니다. 하나님은 우리를 인격적인 변화의 완성을 위해서 구원시켜 주신 것입니다. 다시 말하면, 예수님과 똑 닮은 자녀들이 되기 위해서 하나님이 부르신 것입니다." 참조. 조용기, "믿음의 단계", 주일설교(2012-09-23).

신자는 하나님의 믿음을 품게 되면 마음공간에 영성을 경험할 수 있는 영적 감지시스템이 회복되어 하나님 나라의 임재를 체험할 수 있다. 3차원 인간인 야곱이 3차원 공간 벧엘에서 4차원 하나님을 꿈에서 만난 것은 영성체험의 한 가지 예다. 4차원영성이 삶의 자리에 적용되면, 인간의 길 대신에 야훼의 길을 걷게 되며, 돌 같은 마음이 부드러운 마음으로 변화되어서 하나님의 뜻과 계획과 말씀에 순종하며 주의 길을 걷게 된다. 인간이 할 수 있는 위대한 생각은 '하나님을 생각하는 것'이다. 하나님의 생각이 마음에 충만할수록 인간의 영적 희망은 더욱 강렬해진다.

하나님을 잊어버리면 인간의 진정한 삶의 방향도 잊어버린다. 구약시대에 하나님은 유다 백성이 갈 길을 못 찾아 방황할 때, 두 개의 안내표지를 주셨다. "너희는 길에 서서 보며 옛적 길 곧 선한 길이 어디인지 알아보고 그리로 가라 너희 심령이 평강을 얻으리라(렘6:16)." 요약하면, 하나는 '옛적 길을 찾아 걸어가라'였고, 또 하나는 '예언자의 나팔소리를 들으라'였다. 불행하게도 유다 백성은 야훼의 길을 거부했고, 하나님의 뜻을 알려주는 예언자의 소리에도 귀를 막았다. 그 결과 그들은 망국의 슬픔을 맞았고, 머나 먼 바벨론 땅으로 포로로 사로잡혀 가게 되었다. 영적으로 보면, 이 세대도 마찬가지로 유다 백성이 갔던 길을 걷고 있다. 구약시대에 마귀는 이스라엘 백성이 우상을 숭배하도록 미혹해서 이스라엘을 망하게 했듯이, 오늘날도 마귀는 하나님을 섬기는 이들의 '거룩한 생각회로'를 파괴시키고 있다. 마귀는 인간이 하나님을 생각하지 못하도록 방해한다.

2.3. 마음하늘의 행복

마음하늘에 영적 희망이 충만하면 인간은 행복해진다. 진리의 복음이 마음 가운데 충만하면, 인간은 희망의 마음으로 차게 된다. 영산은 "삶을 정비하기 위하여 십자가 5중복음의 거울에 자신의 삶을 비춰보아야 합니다."라고 강조한다.43) 십자가는 성도들의 삶의 중심축이자, 우리의 삶의 거울이다. 십자가의 신비스럽고 심오한 의미들은 계시를 통해 우리에게 알려진다. 십자가를 통한 하나님의 은혜로 말미암아, 신자에게는 언제나 희망이 있다. 십자가의 길은 영적인 삶의 진정한 모델이자, 영원한 희망과 영광의 나라로 이끌어준다.

인간은 원래 복된 존재이며 하나님의 은혜로 살아야 할 존재였다. 하나님의 은혜로 살지 않고, 인간 자신이 일궈내는 것으로 살려고 하면, 거기에는 즐거움은 있어도 참 행복은 없다. 땅에 있는 것을 아무리 마음에 채워도 그것이 주는 만족과 기쁨은 한시적이고 곧 사라진다. 인간이 향유해야 할 참 행복이란 예수 그리스도의 영광에 참여하는 삶이다. 인간이 지고한 행복을 누릴 수 있는 참 행복이란 삼위 하나님의 삶 속에 참여하는 삶이다. 다시 말해서 하나님과 친밀하게 사귀면서 살아가는 삶이다(요일1:3). 하나님이 주신 축복을 누리는 것이 곧 행복이다.

노벨상을 수상한 시카고대학 경제학자 로버트 윌리엄 포겔(Robert William Fogel)은 "물질적 충족의 정상에 오른 오늘날의 사회는 갈수록 영적 원천을 추구할 수밖에 없다"고 단언했다.44) 따라서 진

---

43) 조용기, "기다리는 것", 주일설교(2010-02-21).
44) 필립 코틀러, 『마켓 3.0』, 타임비즈(2010), 안진환 역, 47 재인용. 참조. Robert William Fogel, 『4차 영적 각성 그리고 미래의 평등주의(The Fourth Awakening and the Future of Egalitarianism)』, University of Chicago Press(2000).

정한 행복은 영적인 만족에 있다. 멜린다 데이비스(Melinda Davis)는 "심리 영성적(psychospiritual) 혜택 이야말로 실로 소비자들이 가지고 있는 가장 근본적인 욕구이며, 아마도 기업이 창출할 수 있는 최후의 차별화 전략"이라고 말한다.45) 리처드 바렛(Richard Barrett)은 기업도 인간과 닮은 수준의 영성에 도달할 수 있다고 주장했다. 그는 인간의 영적 동기수준을 기업의 '미션, 비전, 가치'에 적용할 수 있다는 사실을 발견했다.46) 일 속에서 행복은 자신들의 고유가치가 타인에게 전달될 때 나타난다.

영산은 "예수님은 둘째 아담으로서 인간의 총체적인 절망을 대속하고 새로운 삶을 주시기 위하여 오셨습니다."라고 말한다.47) 그는 행복은 하나님의 사랑 안에서 온다고 말한다. "예수 그리스도의 은혜를 통해서 하나님을 사랑하고, 매일같이 '하나님, 나는 당신을 사랑합니다.'라고 입으로 고백하십시오. 하나님은 여러분을 사랑하십니다. 십자가가 증거입니다. 그러면 성령이 여러분 마음속에 행복을 넘치게 갖다 줍니다."48) 사랑을 줄 때와 받을 때 인간은 행복함을 누린다. 인간의 가치는 하나님의 사랑이 우리 안에 있다는 것을 알 때 상승된다.

예수님은 우리의 행복을 위해 십자가 위에서 자신을 내어주셨다. 그것을 통해서 예수님은 우리에게 지혜와 거룩함과 의로움과 구속함을 주셨다(고전1:30). 우리의 행복은 하나님의 말씀을 마음에 새기고, 그 의미를 깨닫고, 그것을 삶 속에 실천하는 데 있다. 신명기서는 "내가 오늘 네 행복을 위하여 네게 명하는 야훼의 명령과 규례를 지킬 것이 아니냐(신10:13)"고 강조한다. 말씀이 성육신이 되어 오신 예수 그리스도 안에서 우리는 진정한 삶의 미학을 맛볼 수 있다.

인간은 눈에 보이는 행복이 끝나면, 눈에 보이지 않는 행복을 갈구한다. 그리스도인이 아닌 사람들도 이제 행복은 '보이는 것'이 아니라, '보이지 않는 영적인 것'에서 찾는다는 것이다. 모든 인간은 태초부터 하나님이 인간을 위해 마련해 놓으신 하나님의 은혜의 강물을 받아서 살지 않으면, 인간 안에 설치된 '행복감지기'는 고장 난 채 작동될 뿐이다. 이 세상의 것들은 그 안에 생명력이 없으므로 궁극적으로 하나님의 안식과 복락에 들어가지 못한다.

예수를 구주로 믿지 않는 사람도 저마다 영성을 사모하고 추구한다는 사실은 인간의 마음은 세상의 것으로 아무리 채워도 만족할 수 없기 때문이다. 오직 하나님의 은혜로 충만할 때, 인간의 마음은 진정한 평안과 기쁨과 안식을 맛볼 수 있다. 따라서 4차원영성적 삶, 곧 '하나님처럼 생각하고, 꿈꾸고, 믿고, 고백하는 삶'을 추구하고 적용하는 것이 필요하다. 그리스도 안에서 살면서 맛보는 온전한 행복이 곧 삶의 진정한 미학이다. 인간의 지고(至高)의 삶은 장차 천국에서 온전히 이뤄질 것이다.

---

45) 위의 책, 47. 참조. Melinda Davis, 『욕망의 진화(*The New Culture of Desire: Five Radical New Strategies that Will Change Your Business and Your life*)』, New york Press(2002).

46) 위의 책, 49. 참조. Richard Barrett, 『기업가들의 해방: 미래지향적 조직의 구축(*Liberating the Corporate Soul: Building a Visionary Organization*)』, Butterworth-Heinemann(1998).

47) 조용기, "행복을 찾아서", 주일설교(2011-07-17).

48) 조용기, "행복을 찾아서", 주일설교(2011-07-17).

3. 희망영성의 역학성

영산은 "희망은 우리 마음속에 꿈을 만들어 내고, 꿈은 우리 마음속에 믿음을 만들어내고, 믿음은 우리에게 용기와 담력을 만들어냅니다."라고 말한다.49) 희망은 꿈을 낳고, 꿈은 믿음을, 믿음은 기도를 통해 활성화된다. 그리스도인의 궁극의 희망은 새 하늘과 새 땅으로 가는 것이다(벧후 3:13). 따라서 이 땅에서 날마다 그리스도를 날마다 닮아가며, 장차 하늘나라에서 영원히 주와 함께 친교하며 사랑과 진리 안에서 기뻐하는 것이다.

희망은 믿음과 손잡고, 기다림의 동무를 불러, 봄(sight)을 고대하며 천국을 향해 여행한다. 성경적 희망은 분명한 실재(reality)를 전제한다. 희망이란 '믿음의 실재'를 바라보는 근원적인 힘, 곧 현실을 초월해서 장차 임할 실체를 바라보는 힘이다. 믿음이란 실존체계를 초월적으로 바라보는 힘이다. 다시 말해, 현재 없는 것을 있는 것처럼 바라보는 힘이다. 희망은 장차 믿음이 가져올 실재(reality)를 바라보고 기다리는 힘이다. 성경은 "우리는 그의 약속대로 의가 있는 곳인 새 하늘과 새 땅을 바라보도다(벧후3:13)"라고 말한다. 희망이란 믿음에 기초한 기다림과 약속의 총체이다. 믿음은 봄(sight)을 전제한다. 희망은 믿음 및 기다림과 짝을 이룬다.

모든 신자는 현세와 내세 사이에 존재하는 시공간에서 희망을 품고 살아간다. 하나님이 이 땅에 세우신 십자가는 하나님의 지고(至高)의 생동적 예술품이다. 십자가는 생명을 지니고 있다. 십자가는 사람들에게 복음을 주어 참생명을 탄생시킨다. '복되신 하나님의 영광의 복음(딤전1:11)'은 인간에게 놀라운 희망을 준다. 로이드 존스(Lloyd-Jones)는 "복음은 인간에게 참생명을 줄 뿐만 아니라, 죽음과 죽음 이후의 삶을 바라보면서 넉넉히 승리할 수 있게 하는 하나의 관점"이라고 말한다.50)

영산은 스스로 설교 중에 "나는 지난 50년 동안, 5중복음과 3중축복의 씨앗, 4차원영성의 씨앗, 희망의 복음 씨앗, 십자가 중심의 복음의 씨앗을 심었습니다."라고 말한다.51) 이제까지 그는 끊임없이 십자가의 희망을 증거해왔다. 그는 "생각, 꿈, 믿음, 말 속에 희망을 담아야 인생이 변화됩니다. 세상에서 정말 어렵게 살아가는 사람들이 희망의 밧줄을 잡을 수 있도록 '4차원의 영성'을 전파했습니다. 4차원영성은 생각, 꿈, 믿음, 말이 변화되면 기적이 일어난다는 희망을 주는 메시지입니다."라고 피력한다.52) 그의 희망론은 십자가 중심의 희망론, 그리스도를 바라보는 희망론이다.

희망의 다중성 성도에게 희망이 있는 것은 복음으로 하나님의 자녀가 되고, 자비와 은혜의 하나님이 돌봐주시기 때문이다. 그리스도인의 희망은 예수님과 신자의 영적 연합(갈2:20, 롬6:5, 엡4:15-16, 고전6:17)에 기초한다. "오직 내 안에 그리스도께서 사시는 것이라(갈2:20)." 예수

---

49) 조용기, "삶과 희망", 주일설교(2009-10-04).
50) 마틴 로이드 존스(Martin Lloyd-Jones), 『내가 자랑하는 복음』(I am not ashamed), 복있는사람(2013), 114.
51) 조용기, "심은 대로 거둔다", 주일설교(2011-11-20).
52) 신앙계(2015년 2월호), 6-10.

의 생명이 내 안에 있고, 그분과 내가 성령의 띠로 연합되어 있다. 따라서 성도는 그리스도와 성령 안에서 항상 희망을 품고 살아갈 수 있다.[53] 우리에게 장차 주어질 부활은 인간의 역사가 어떻게 마무리될 것이라는 사실을 궁극적으로 알려주는 예고편(preview)과 같은 것이다.[54] 따라서 장차 다가올 부활은 미래에 대한 견고한 희망을 우리에게 부어준다.[55]

성경에서는 희망이라는 주제가 여러 곳에서 언급된다.[56] 희망은 믿음과 연결되어 있으며(고전 13:13, 히11:1), 의뢰(trust)와 연결되고(시33:20-21, 롬15:13), 기대감과 연관된다(롬4:18-19, 딛1:2).[57] 예수 그리스도는 우리의 유일한 희망이시며(딤전1:1), 예수님 안에서 하나님의 모든 약속들이 이뤄진다(고후 1:20). 따라서 성도는 예수님 안에서 희망을 품어야 하며(엡1:18, 엡4:4), 부활의 때를 기다리며(벧전1:3), 희망을 잃지 말아야 한다. "주는 내 구원의 하나님이시니 내가 종일 주를 바라나이다(시25:5)." 바라볼 대상이 있다는 것 자체가 우리의 희망이다. 그분은 바로 예수 그리스도시다.

베르나르(C. A. Bernard)는 그의 책 『영성신학』에서 "희망이란 영원한 생명에 대한 열망이며, 동시에 삶의 여정 중에 하나님의 도우심을 기대하는 것(롬7:18-19, 롬5:3-5)"이라고 요약적으로 말한다.[58] 성도에게 영원한 생명이란 곧 사랑과 진리 안에서 하나님과 영원한 인격적 친교를 의미한다. 성도는 하나님의 씨, 곧 말씀의 씨를 품고 있으므로(요일3:9), 장차 몸이 부활하는 희망을 지니고 있다(롬 8:11). 성령은 우리가 하나님의 자녀임을 증언한다(롬8:16). 성도는 하나님과 영원한 관계에 있다. 또한 성도는 하나님의 상속자이며 그리스도와 더불어 영원한 영광에 대한 공동상속자이다(롬8:17).

---

53) 브라이언 채플((Bryan Chapell), 『성화의 은혜』(Holiness by Grace), 지평서원(2014), 96. <u>"그리스도와의 연합은 두 가지 확신을 심어준다. 하나는 '우리의 새로운 신분이 변하지 않는다는 확신'이며, 다른 하나는 '삶을 바꿀 수 있는 능력이 우리에게 주어졌다는 확신'이다."</u>

54) Philip Yancey, *The Jesus I never know*, Zondervan(1995), 220.

55) 칸트는 순수철학 영역에서 자신의 세 가지 구상을 펼친다: 1) 나는 무엇을 알 수 있는가?(형이상학) 2) 나는 무엇을 해야 하는가?(윤리학) 3) 나는 무엇을 희망해야 하는가?(종교) 그렇다면 인간이란 무엇인가?(인간학). 참조. 콜린 브라운 (Colin Brown), 『철학과 기독교 신앙』(Philosophy & the Christian Faith), CLC(2010), 109. 철학에서 인간이 이성에 기초해서 추구하는 형이상학적 희망은 그 안에 생명이 없으므로, 궁극의 삶(영생)으로 접근하지 못한다. 그것은 한갓 관념론적 늪일 뿐이다.

56) 희망의 주제를 펼치는 성경 구절들: 이사야(9:7), 예레미야(23:5), 아모스(9:11), 미가(4:1), 스바냐(3:15), 학개(2:7), 데살로니가전서(1:10), 베드로전서(1:3), 계시록(21:3). 동물과 달리 인간은 희망이 있으면, 현재의 고난의 벽을 넘을 수 있다. 특히 요한계시록(21:1-4)은 우리의 삶을 위로하는 비전을 제공해 준다. 새 하늘과 새 땅이 있다는 것은 그리스도인에게 희망 그 자체이다.

57) 성경적 희망의 개념과 해석. 참조. NIV Study Bible(2008), 2057-2058. i) <u>우리는 누구를 대상으로 희망해야 하는가?</u> 하나님이시며(시42:5, 시130:7), 예수 그리스도시며(롬15:12, 고전15:19, 엡1:12, 빌2:19), 하나님의 이름이시며(시52:9), 하나님의 약속이며(행26:6), 몸의 부활이다(행23:6). ii) <u>우리가 바라야 할 희망은?</u> 의의 소망을 기다림(갈5:5), 구원의 소망(롬8:24-25), 하나님의 영광을 바람(롬5:2), 영생의 희망(딛1:2), 예수 그리스도의 영광의 나타나심을 기다림(딛 2:13), 의의 면류관을 기다림(딤후4:8), 생명의 면류관의 기다림(계2:10) 등이다. iii) <u>희망이 주는 효과는?</u> 하나님을 찬양하게 되고(시71:14), 기쁨의 근원이 되며(롬5:2, 롬12:12), 강하게 만들고(사40:31), 인내하게 하며(살전1:3), 영혼을 소생시키며(시42:5, 11), 낙망하지 않게 하시며(사49:23), 영혼의 닻이 된다(히6:18-19). <u>따라서 성도는 우리 안에 있는 희망(hope)을 묻는 자에게는 대답할 것을 항상 예비함이 옳다(벧전3:15).</u>

58) 샤를 앙드레 베르나르(Charles A. Bernard), 『영성신학』(Teologia Spirituale), 가톨릭출판사(2013), 194-202.

희망과 신앙　　영산은 "희망을 선택하라"는 설교에서 십자가를 통한 5중복음, 3중축복, 4차원영성을 희망의 본질적 기초를 삼는다.[59] 4차원영성은 하나님과의 친교로서 영성적 의미를 내포하고 있다.[60] 4차원의 영성은 하나님의 말씀, 생각, 꿈, 믿음, 말의 영성이다.[61] 그는 4차원과 3차원의 관계를 두 가지로 요약한다. 첫째, 4차원의 영성이 3차원 환경을 지배한다(창 1:2-4). 둘째, 4차원의 영성을 삶 속에 적용하면, 3차원은 힘을 잃고 4차원의 지배를 받는다.[62]

희망과 신앙은 서로 밀접하게 연결되어 있다. 몰트만(Jürgen Moltmann)은 신앙과 희망의 관계를 다음과 같이 요약해 준다. "신앙은 하나님이 참되심을 확신한다. 희망은 때가 되면 하나님이 자신의 진리를 드러내실 것을 기대한다. 신앙은 그분이 우리의 아버지가 되심을 확신한다. 희망은 그분이 우리에게 항상 자신의 아버지로 증명할 것임을 기대한다. 신앙은 우리에게 영생이 주어졌음을 확신한다. 희망은 영생이 언젠가 드러날 것을 기대한다. 신앙은 희망을 세우는 기초이고, 희망은 신앙을 키우고 지원한다."[63]

성도의 희망의 삶은 곧 오실 하나님, 곧 다시 오실 예수 그리스도에게 초점이 맞추어져 있다. 신자는 하나님의 뜻과 계획과 말씀에 순종하면서 이 땅에서 종말론적 희망의 삶을 빚어가고 있다.

하나됨의 희망　　하나님의 형상을 닮은 인간은 궁극적으로 태초에 하나님이 인간에게 주신 형상을 회복하는 것이다. 그 형상은 십자가를 통해서 이뤄진다. 영산은 십자가를 통해 그리스도의 삶에 동화되는 영성을 추구했다.

그는 지난 반세기 동안 십자가 중심의 목회로 구속과 새 창조의 역사를 펼쳤다. 영산은 성경에서 세 가지 희망의 신학적 주제를 찾아냈다. 그는 그 주제들을 서로 분리해서 보는 것이 아니라, 항상 연결시켜서 총체적으로 바라보았다. 그의 세 가지 신학주제를 간략하게 정리하면 다음과 같다.

　　a) 좋으신 하나님: 그는 개척초기부터 좋으신 하나님을 강조하며 3중축복을 역설했다(마7:11).

　　b) 예수님의 십자가 구속의 은혜: 그는 십자가 은혜의 복음, 곧 5중복음을 역동적으로 전개했다.[64]

　　c) 인격적 성령님: 그는 오직 성령님을 인격적으로 동업자 삼아 자신의 사역을 펼쳤으며, 성령의 생각, 꿈, 믿음, 언어를 진보시켜서 4차원영성을 발아시켰다.

---

59) 조용기, "희망을 선택하라", 『꿈』, 한세대학교출판부(2013), 137. "꿈과 환상", 주일설교(2009-11-08).

60) "우리는 마음의 영성을 통하여 하나님과 대화할 수 있습니다. 그러므로 하나님과 함께 일하기 위해서 4차원의 영성을 가져야 합니다. 우리의 생각과 꿈, 믿음과 신앙고백을 통하여 하나님을 우리 삶에 모시면, 하나님께서 일을 이뤄주십니다." 조용기, "생각은 내가 하고 일은 하나님이 하신다", 주일설교(2013-09-15).

61) 조용기, "마음의 파수꾼", 주일설교(2013-12-01).

62) 조용기, "마음의 파수꾼", 주일설교(2013-12-01).

63) 위르겐 몰트만, 『희망의 신학』, 대한기독교서회(2013), 27.

64) 몰트만은 '희망신학'과 '십자가신학'을 서로 대비시킨다. '희망신학'은 십자가에 달린 예수님의 부활을 출발점으로 한다면, '십자가신학'은 십자가 자체를 출발점으로 한다. 희망의 신학이 미래에 대한 희망의 양태에서 그리스도를 회상하는 것이라면, '십자가신학'은 예수 그리스도의 죽음을 회상하는 양태에서 시작한다. '희망신학'의 중심주제가 약속과 희망의 가운데에 있는 하나님의 미래를 앞당겨 오는 것에 있다면(하나님의 나라의 선취, 즉 성령과 말씀으로 하나님의 은혜를 현재화한다는 개념에서 보면, 영산의 4차원영성과 비슷함), '십자가신학'은 그리스도 수난의 역사를 통하여 하나님의 미래가 이 세계의 수난의 역사로 구체화되는 것을 말한다. 참조. 위르겐 몰트만, 『십자가에 달리신 하나님』, 한국신학연구소(1978), 16-17.

영산의 신학관점은 삼위일체적 희망의 신학으로 귀결된다. 동시에 그의 신학은 하나님의 내재성과 초월성이 서로 균형 잡힌 신학을 구현한다. 곧 성도들에게 현재의 희망 안에 있으면서 또한 현재를 초월하는 부활의 희망과 영원의 희망을 구현했다.[65]

십자가는 하나님의 본성과 구원 계획이 드러난 장소이자, 인간, 세상, 우주의 비밀이 벗겨지는 곳이다. 십자가를 통해 하나님은 야훼를 아는 지식이 세상에 충만하기를 고대하시고(사11:9), 온 나라의 막대기들이 서로 붙어 하나 되어 가기를 원하신다(겔37:17). 아비의 마음과 아들의 마음이 하나 되어야 하듯이(말4:6), 세계 열방이 십자가의 능력으로 하나 되는 희망이 바로 십자가의 희망이다.

밤나무는 잎이 다 떨어지면 앙상한 가지로 남지만, 상수리나무는 잎이 떨어지기 전에 항상 새잎이 돋아나므로 사람들에게 새로운 희망을 주는 나무다. 누구든지 예수 그리스도 안에 있으면 '밤나무 인생'에서 '상수리나무 인생'이 되어 희망 속에서 살 수 있다. 성경은 하늘나라 희망의 안내서요, 인류가 온전한 삶을 살기 위한 매뉴얼이다. 인간에게 온전한 희망이란 나의 영이 성부, 성자, 성령의 삼위일체 영과 하나되는 영성이다. 다른 말로 표현하자면, 삼위 하나님의 삶에 동화되어 가는 삶의 구조를 가지는 것이다. 예수 그리스도 안에 있는 자만이 죄, 은혜, 감사를 알 수 있기 때문이다. "내가 그들 안에 있고 아버지께서 내 안에 계시어 그들로 온전함을 이루어 하나가 되게 하려 함은 아버지께서 나를 보내신 것과 또 나를 사랑하심 같이 그들도 사랑하신 것을 세상으로 알게 하려 함이로소이다(요17:23)."

삼위 하나님의 삶의 궤도에 진입하게 되면, 하나님의 생각이 내 생각이 되고, 하나님의 꿈이 나의 꿈이 되고, 하나님의 믿음이 나의 믿음이 되고, 하나님의 말이 나의 말이 되는 영적 변화가 일어난다. 곧 하나됨의 영성에 도달하면 신자는 하나님의 마음, 하나님의 손과 발이 되어 하나님의 일을 할 수 있다.

희망의 원동력   영산이 주장하는 희망의 원동력은 성령의 능력에서 오는 희망이다. 그는 희망의 원동력을 성령의 능력에 찾는다. 옛 사람을 새 사람으로 변화시키는 능력은 성령의 능력에서 오기 때문이다. 영산은 성도들의 삶 속에 성령의 역동성을 강조했다. "우리가 복음을 증거하면, 반드시 그 결과로 표적과 기사와 능력이 나타나야만 합니다."라고 말한다.[66] 성령의 역사없이 삶의 변화는 나타나지 않는다. 성령님은 새로운 희망과 미래를 창출하신다.

나아가, 성령은 현재의 희망과 종말적 희망을 역동적으로 연결시킨다. 다시 말해, 영산이 말하는 희망은 금세적 희망과 내세적 희망을 포함하는 통합적 희망이다. 그의 희망세계는 눈에 보이는 3차원 희망과 눈에 보이지 않는 영원한 4차원적 희망까지 포함한다. 사람은 희망이 있을 때 참고 견딜 수 있다.

선교사에게 들려주고 싶은 말이 무엇인지 묻자, 영산은 이렇게 대답했다. "희망의 목회를 해야

---

65) 현재, 미래, 종말은 '시간성 + 영원성' 안에서의 희망을 서술하는 것이므로 '총체적 희망'이다. 성도는 현재적 희망 위에, 종말이 오기 전 약속과 계시의 역사를 기다리는 역사적 희망 또는 미래에 대한 희망도 품고 있고, 동시에 죽은 후 부활하여 주와 함께 영원한 삶을 사는 초월적 희망도 지니고 있다.

66) 조용기, 『오중복음과 삼박자 축복』, 영산출판사(1983), 197.

합니다. 성도들에게 5중복음과 3중축복을 입에 탁 털어 넣어줄 수 있게 설교하십시오. 소망을 넣어주고 문제를 해결해주는 설교를 하십시오."67) 그의 마음속에는 언제나 '희망의 영성'으로 가득 차 있다.68)

영성의 능력은 그리스도를 바라보는 것에서 비롯된다. "믿음의 주요 또 온전하게 하시는 이인 예수를 바라보자(히12:2)."69) 또한 예수 그리스도를 깊이 생각하는 것에서 온다. "우리가 믿는 도리의 사도이시며 대제사장이신 예수를 깊이 생각하라(히3:1)." 밤하늘에 북두칠성의 좌표가 언제나 그 자리에 있는 것처럼, 영산의 마음하늘에는 3개의 예수 그리스도 십자가 중심의 별들 – 5중복음의 좌표, 3중축복의 좌표, 4차원영성의 좌표 – 이 고정되어 있었다. 그는 생명의 별, 구원의 별, 희망의 별을 선포해 인간이 처한 절대절망의 길을 절대희망의 길로 밝혀주었다.

신자인 우리에게도 언제나 현재적 희망이 있다. 하나님을 잊지 않고 바라보며 의지하는 자에게는 언제나 희망이 있다(욥8:13). 종종 인간적인 방법을 사용하기도 했던 믿음의 조상 아브라함, 꾀 많은 수완가 야곱, 한때 정체성이 흔들렸던 모세, 지혜자 솔로몬, 하나님의 계획에 불만을 드러냈던 요나, 예수님을 세 번 부인했지만 나중에 순교자가 되었던 베드로 등 성경에 등장하는 많은 인물들은 처음부터 의롭고 거룩하고 온전하고 뛰어난 사람들이 아니었다. 그들은 우리처럼 평범한 사람들이었다. 하나님이 그들을 단지 그 자리에 캐스팅했을 뿐이다. 성령님은 희망의 원동력이자 동시에 우리 삶의 주체자이시다.

3.1. 희망영성의 역학적 이해

우리는 시간 안에 살고 있지만, 하나님의 계시의 말씀에 근거해서 영원의 삶을 내다볼 수 있다. 우리의 소망은 하나님께 있다(벧전1:21). 하나님의 구원 행위는 우리에게 소망을 준다(롬8:24). 그리스도의 십자가만이 우리의 소망이다. 십자가와 부활을 통한 희망의 삶이란 무엇일까? 그것은 성령 안에서 말씀과 믿음과 기도를 통해 그리스도와 친교하는 삶이며(요일1:3), 예수의 죽음을 짊어지는 삶(고후4:10)이다. 그러기 위해서 계시의 영, 지혜의 영이 필요하다(엡1:17). 현실적 차원에서 희망의 삶이란 십자가와 부활을 통해 내 안에 연합된 예수 그리스도와 인격적으로 친교하는 삶, 날마다 그리스도 형상을 닮아가는 삶이다.

---

67) 조용기, 『꿈』, 한세대학교출판부(2012), 130-137.

68) "저는 한평생 희망의 복음을 전했습니다. 하나님이 내게 주신 사명은 5중복음, 3중축복, 4차원영성을 개발해서 사람들에게 희망을 주는 것이었습니다." 참조. 조용기, 『꿈』, 한세대학교출판부(2012), 130-134.

69) 성서에서 기쁨이란 총체적 의미를 지니는 것으로 봄이 옳다. 십자가 고난 안에 하나님의 기쁨이 이미 내포되어 있다. 바울이 "항상 기뻐하라(살전5:16)"고 말할 때, 그 기쁨은 눈에 보이는 현실과 무관하게 기뻐하라는 의미다. 슬플 때 어떻게 기뻐할 수 있는가? 기쁨은 하나님이 주셔야 하며, 그것은 신비의 선물이다. 그런 의미에서 기쁨은 하나님의 은혜의 저수지와 연결되어 있어, 기쁨 이상의 의미를 지닌다. 예수님께서도 "내 기쁨이 너희 안에 있어 너희 기쁨을 충만하게 하려함이니라(요15:11)"고 강조하신다. 기쁨의 원천은 예수님이시다. 기쁨이란 하나님의 실재(reality)와 유기적으로 연결되어 있으며, 연속적이고 초월적이며 동시에 상관적이다. 기쁨은 고난과 슬픔의 지평선까지 울타리를 쳐놓고 자신의 영역으로 삼는다. 심령이 가난해도, 애통해도, 핍박을 받아도 복된 자가 되는 것은 그 '복됨(blessedness)' 안에서 기쁨과 슬픔이 친구처럼 함께 지낼 수 있기 때문이다.

1) 십자가는 희망의 패러다임

십자가는 죽어가는 인간들의 삶의 패러다임을 총체적으로 바꿔주었다. 십자가는 옛 사람을 새 사람으로, 죽음에서 생명으로 옮겨놓았다. 즉, 절망의 패러다임에서 희망의 패러다임으로 전화시켰다. 골고다 언덕 십자가는 인류역사의 패러다임을 통째로 바꾼 것이다.

나아가, 십자가는 신자가 이 세상에서 시간 속에서 살지만 영원의 삶을 미리 맛보게 한다. 신자에게 희망은 현재성과 영원성을 동시에 포괄하고 있다. 영산은 십자가의 희망을 과거, 현재, 미래의 측면에서 총체적으로 이해한다. "좋으신 하나님의 은혜와 예수 그리스도의 십자가를 통해 나의 과거를 청산해주시고, 현재를 담대하고 긍정적으로 살게 해주시며, 예측할 수 없는 불확실한 미래를 밝혀줍니다."70) 십자가는 시공간을 초월하며 과거, 현재, 미래를 통합시킨다.

예수님의 생명, 죽으심, 부활은 희망의 패러다임이면서, 동시에 희망의 기초이다. 희망, 종말, 구원의 영적 언어들은 서로 밀접하게 연결되어 있다. 인간은 구원을 얻자마자 새 하늘과 새 땅을 향하여 걸어가는 종말론적 희망의 존재이기 때문이다. 이처럼 구원, 종말, 희망은 서로 밀접하게 연결되어 있다. 스데반은 돌에 맞아 죽으면서도 하늘이 열리는 신비스런 광경을 보고 "주 예수여 내 영혼을 받으소서(행7:59)"라고 고백했다. 성도의 온전한 희망은 바로 이런 것이다. 우리의 희망은 궁극적으로 예수 품에 실제적으로 영원히 안기는 것이다. 비록 지금은 믿음의 눈으로 희미하게 예수 그리스도의 영광을 보지만, 장차 예수 그리스도를 있는 그대로 직접 보게 될 것이다.

2) 십자가는 희망플러스

영산은 "희망이 사라지면 꿈도 사라지고 믿음도 사라지고 절망과 죽음의 포로가 됩니다. 희망이 사라지면 안 됩니다. 그러면 꿈도 사라지고 믿음도 사라지고, 기다리는 것은 절망과 죽음밖에 없습니다. 따라서 하나님의 사랑과 예수님의 은혜와 성령님의 도우심을 끊임없이 감사하고 마음속에 있는 희망의 불꽃을 계속해서 타오르게 해야 합니다."라고 조언한다.71) 성령님이 신자 안에 거하시기 때문에 신자는 언제나 희망을 품을 수 있다. 성령님은 우리의 현재의 희망과 장래의 희망을 보증하신다. 또한 장차 우리를 천국까지 데리고 갈 것이다.

영산은 '십자가의 속죄능력과 인간의 새 창조'를 강조하면서 어둠 속에 있는 사람들에게 영적 회복과 성장이라는 희망의 지평선을 열어주었다. 그의 영적 패러다임은 헌 마음을 새 마음을 바꿔주는 생동적, 역동적, 자기초월적 희망이었다. 그것은 단지 물리적 가난을 극복하는 차원을 넘어 온전한 영적 회복을 향하여 전진하는 거룩한 희망이었다(겔36:26, 갈2:20, 고전6:17).

희망의 영성가였던 영산은 자신의 경험에 기초해서 십자가를 희망플러스라고 강조한다.72)
    a) 십자가는 용서와 의의 희망: 예수 그리스도의 십자가 대속과 하나님의 은혜을 받는다(롬3:24).
    b) 거룩함과 성령충만의 희망: 성령 안에서 씻음과 거룩함을 받는다(고전6:11).

---

70) 조용기, "십자가의 도", 주일설교(2012-11-18).
71) 조용기, "삶과 희망", 주일설교(2009-10-04).
72) 조용기, "희망을 선택하라", 주일설교(2009-07-19).

c) 치료와 건강의 희망: 예수님이 채찍에 맞음으로 우리는 나음을 얻는다(벧전2:24).

d) 저주에서 해방과 아브라함의 축복의 희망: 예수님이 나무에 달리셨다(갈3:13-14).

e) 부활, 영생, 천국의 희망: 예수 그리스도의 십자가 부활과 우리를 위한 처소를 예비하신다.

영산은 5중복음을 통해서 희망의 총체성 − 현재적 희망과 종말적 희망 − 을 강조했다. 현재적 희망이 '새 존재로서 삶, 성령충만의 삶, 치료의 삶, 축복의 삶'이라고 보면, 상대적으로 '그리스도의 재림'은 장차 임할 '종말적 희망'이라 할 수 있다. 총체적으로 인식하면, 5중복음 자체가 축복의 삶을 살게 하는 원동력이다. 5중복음은 우리에게 통전적 축복을 준다.

영산은 십자가에서 희망의 뿌리를 찾는다. 신자들에게는 장차 '썩지 아니할 면류관(고전9:25), 생명의 면류관(약1:12), 의의 면류관(딤후4:8), 영광의 면류관(벧전5:4), 자랑의 면류관(살전2:19)'이 기다리고 있다. 이것이 바로 신자들이 품어야 하는 불멸의 희망이요, 궁극적 희망이다. 영산이 말하는 희망의 개념은 '십자가 아래서 인간이 품어야 할 전인적, 생동적, 통전적 희망'이다. 그런 맥락에서 희망의 주체는 인간이 아니라 바로 하나님이시다. 루터(Martin Luther)가 "십자가가 우리의 유일한 신학이다. 우리는 십자가에 달리신 그리스도 외에 아무것도 가르치지 않는다"고 강조한 것처럼, 반세기 목회 동안 영산의 마음속에도 십자가의 별이 북두칠성처럼 빛나고 있었다. 영산이 말하는 희망의 개념은 시대를 초월해서 구원받은 성도들의 신앙생활에 적용될 수 있다. 한편으로 곧 다시 오실 그리스도를 기다리는 희망을 가슴에 품고, 다른 한편으로 지금 내 삶의 한가운데 임할 축복을 희망하며 현재와 미래의 균형 속에서 살아가는 것이다.

3) 내세의 희망과 현실적 삶의 균형

만약 희망이 경제적으로 가난한 자에게만 해당되는 요소라면, 그 희망을 선포하기 위해서는 이른바 제 3세계로 가야 할 것이다. 왜냐하면 중산층에게는 그런 희망은 더 이상 쓸모없는 것이기 때문이다. 그러나 영산의 희망개념은 영적 희망과 육적 희망이 서로 균형을 이루고 있다. 따라서 그 개념은 가난하거나 부자이거나 모든 사람에게 적용될 수 있다. 다시 말해, 그리스도 안에서 이 땅의 삶과 장차 머물게 될 하늘의 삶을 균형 있게 바라보는 희망의 개념이다. 초보적 신앙단계에서 많은 신자들은 육적 희망에 관심을 기울이지만, 믿음이 성숙지면 영적 희망에 점점 초점을 맞추게 된다. 우리가 그리스도와 함께 다시 살리심을 받았으면, 이제 '위의 것(골3:1-2)'을 찾아야 한다. 영산은 현실의 삶과 내세의 삶을 동시에 강조했다, 그는 신앙생활의 균형을 이루는 것이 중요하다고 말한다. "복음이란, 영혼이 구원받는다는 내세의 소망을 불어넣는 동시에, 생활이 형통하고 건강하게 됨을 강조함으로써 현실의 삶을 결코 도외시하지 않는 균형 있는 삶을 추구하는 것입니다."73)

위르겐 몰트만의 『희망의 신학, 2013』을 기점으로, 희망이라는 이슈는 기독교 신학의 중심 테마

---

73) 조용기, 『현대인을 위한 5중복음 이야기』, 영산출판사(1983), 18.

로 등극하였다. 1995년 몰트만은 영산 조용기 목사를 만난 후 자신의 소감을 이렇게 남겼다. "그는 위대한 신학자이다. 그와 나는 희망의 신학을 제시했고, 그는 깊은 통찰력을 소지한 이 시대의 탁월한 신학자 중 한 사람이다."74) 영산의 목회는 구원과 희망의 영성이었다. 한쪽 날개는 구원의 영성날개, 다른 한쪽 날개는 희망의 영성날개를 달고 그는 세계를 구석구석 누볐다. 그의 해외집회에는 적게는 수천 명이, 많게는 120만 명까지 모여들었다. 그렇게 많은 사람들이 모여든 것은 그가 가는 곳마다 예수 그리스도를 통해 이뤄지는 구원의 희망, 인격적으로 교제할 수 있는 성령님과 동행하는 희망, 치료받을 수 있는 희망, 범사에 형통하는 희망, 부활과 영생을 바라보는 희망을 선포했기 때문이다. 그것은 십자가 복음 그 자체였다. 5중복음과 3중축복은 인간에게 그들의 현재 삶의 자리에서 절대절망에서 절대희망을 품게 하는 복음의 핵심 메시지였다. 영산은 장차 다가올 내세의 희망뿐만 아니라 현재 삶의 자리에서의 희망도 균형있게 강조했다.

4) 고난과 희망의 관계성

희망의 주소는 성경이다. 바울은 로마서에서 말한다. "무엇이든지 전에 기록된 바는 우리의 교훈을 위하여 기록된 것이니 우리로 하여금 인내로 또는 성경의 위로로 소망을 가지게 함이니라(롬 15:4)." 인간의 희망은 성경에서 찾을 수 있다. 성경은 현재와 마지막 날과 영원한 세계에 대한 희망의 메시지를 선포한다. "보라 내가 새 하늘과 새 땅을 창조하나니 이전 것은 기억되거나 마음에 생각나지 아니할 것이라 너희는 나의 창조하는 것을 인하여 영원히 기뻐하며 즐거워할지니라(사65:17-18)." 예수님은 "내 아버지의 뜻은 아들을 믿는 자마다 영생(요6:40)"을 얻는 것이라고 선언하셨다.

하나님은 이 세상을 창조하셨다. 이 세상에 고통과 질병과 죽음과 절망이 들어오자, 하나님은 최후의 방안으로 독생자를 세상으로 보내셨다. 그를 통해서 하나님은 죄인들을 구원하고 영생을 선물로 주시며, 현재의 희망과 영원한 희망을 제시하셨다. 그 희망으로 말미암아, 우리는 이 땅에서 또한 영원히 기뻐하고 즐거워할 수 있다.

희망의 핵심은 예수님이다. 영국의 역사가 토마스 칼라일(Thomas Carlye)은 인간의 희망에 대해 이렇게 강조했다. "인간은 희망에 기초를 두고 있는 존재다. 인간은 자기 소유를 다 빼앗긴다 해도 오직 희망만큼은 갖기를 원한다." 하나님은 인간을 지으실 때 희망을 품는 존재로 만드셨다.

예레미야서에는 "나 야훼가 말하노라 너희를 향한 나의 생각은 내가 아나니 재앙이 아니요 곧 평안이요 너희 장래에 소망을 주려 하는 생각이라(렘29:11)"고 기록되어 있다. 사도 바울은 몸이 허약했지만, 언제나 희망의 메시지를 전했다. 암울한 감옥 안에서도 희망의 신앙을 전했다. 지중해 바다 위에서 유라굴로라는 광풍을 만나 배가 완전히 파손되었을 때도 희망의 신학자 바울은 "여러분이여 안심하라(행27:23-25)"고 선포할 만큼 희망의 복음을 가슴에 품었던 사도였다.

---

74) 2012년 5월 그들은 한국에서 세 번째 만남을 가졌다. 그 만남에서 그들은 이런 대화를 주고받았다. "희망은 사람들에게 희망을 주는 실질적인 기초가 된다. 절망과 낙심은 죽음의 시작이 된다."고 영산이 말하자, 몰트만은 "희망은 우리를 영원한 삶으로 인도한다. 희망의 신학은 나의 경험에서 나온 것이다."라고 화답했다. 영산은 "몰트만 박사가 말한 희망의 신학이 나의 목적지로 가는 데 용기를 준다. 몰트만의 신학에서 많은 것을 배운다."고 고백했다. 그들은 한 시대에 다른 문화권 속에서 살면서도 희망의 키워드를 목회와 신학의 구심점으로 삼았다.

삶의 고난은 희망을 초대한다. 아브라함은 100세가 되어도 희망의 끈을 끊지 않았다. 요셉은 노예로 팔려가고 억울하게 감옥에 갇혔어도 희망을 포기하지 않았다. 한나는 끝까지 희망의 끈을 놓지 않고 하나님께 끈질기게 기도해서 사무엘을 낳았다. 다니엘 역시 사자굴에 들어가서도 야훼 하나님에 대한 희망을 잃지 않았다. 이사야나 예레미야도 이스라엘과 유다 백성이 포로로 끌려간 상황에서도 야훼 하나님의 은혜와 구원 안에서 희망에 대한 예언의 메시지를 선포했다. 예수님께서도 언제나 열두 제자들에게 희망을 불어넣으셨다. 예수님은 "나를 믿는 자는 나의 하는 일을 저도 할 것이요 또한 이보다 큰 것(요14:12)"도 하리라고 말씀하셨다.

5) 희망세계와 영성세계의 상보성

구원과 영생의 희망에 기초한 영산의 신학은 다음과 같이 요약할 수 있다.[75]

> a) 희망신학: 긍정신학으로서 절망 속에 있는 사람들에게 희망을 줌
> b) 성령신학: 경험신학으로서 성령님을 환영하고 인정하고 모심을 강조함
> c) 전인구원신학: 복음의 전인성을 강조함(하나님의 초월성과 내재성과의 만남 강조)
> d) 선교신학: 전인구원의 선교, 성령을 의지하는 선교
> e) 문화신학: 미디어 매체 등을 통한 다양한 방법으로의 복음전파
> f) 나눔신학: 사랑신학으로서 구제와 봉사를 통한 나눔 활동

서술한 신학의 패러다임들은 상호연결되어 있다. 영산의 신학이 초기에 '희망의 신학'이었다면, 시간이 지날수록 점진적으로 균형을 이루는 '나눔의 신학'이 표출된다. 그의 축복개념은 '그 자체가 목적이 아니고 하나님의 영광과 이웃을 사랑하는 일에 봉사하는 과정적 개념'이다.

십계명은 하나님 사랑과 이웃 사랑이다. 영산의 영성은 십계명적 영성의 특성을 지니고 있다. 거시적으로 보면 '사랑영성'이다. 영산의 영성은 다음과 같이 전개된다. 곧 '희망영성 → 긍정영성 → 창조영성 → 변화영성 → 성장영성 → 섬김영성 → 나눔영성'이다.[76] 그의 영성은 '희망의 영성'을 시작으로 이제 '나눔의 영성'까지 펼쳐져 있다. 하늘의 가치를 추구하는 성도들의 마지막 도착지는 나눔의 역이다. 계곡에서 흐르는 물이 저 바다까지 흘러가듯이, 그의 목회적 영성은 '희망의 계곡'에서 마지막 '나눔의 바다'까지 자연스럽게 연결되고 있다. 그의 영성 흐름은 그 시대, 문화,

---

75) [영산의 십자가 영성신학] = [희망신학] + [성령신학] + [전인구원신학] + [선교신학] + [문화신학] + [나눔신학]. 이렇게 분류하는 것은 영산의 영적지평을 이해 차원에서 구체화하는 과정에 불과하다. 즉 상대적 개념에서 서술한 것이다. 영산의 마음하늘에 채색된 신학적 도화지에는 흉내낼 수 없는 그림이 곳곳에 숨어 있다. 다만 우리는 이제까지 그의 영적 결과물을 통해서 영산 자신만의 영적 지평선을 논리적으로 그려볼 뿐이다. 신학의 영역이란 마치 지도 위에 선을 그어 국경을 나누는 것처럼 획일적으로 분류할 수 있는 것이 아니다. 모든 신학은 서로 유기적으로 중첩(overlapping)하기 때문이다. 화합물의 구조개념에서 보면 혼성궤도(hybrid orbital)에 가깝다.

76) 영산의 영성을 다양한 측면에서 서술할 수 있지만, 그 중심에는 언제나 십자가와 예수 그리스도의 죽으심과 부활이 있다. 그는 십자가의 궤도를 결코 벗어나지 않는다.

사회의 패러다임을 반영하고 포괄하는 특징이 있다. 그는 하나님의 말씀을 목회에 점진적으로 적용했으며, 시대적, 사회적, 경제적, 문화적 요구에 부응하면서 단계적으로 변형시켜 그 효율을 극대화했다.

3.2. 긍정영성의 역학적 이해

영산은 "부정적인 사람이 되는 데에는 노력이 필요하지 않습니다. 자연 그대로 내버려 두어도 쉽게 부정적인 사람이 됩니다. 그러나 긍정적인 사람이 되기 위해서 마음에 결단과 부단한 노력이 필요합니다. 그리스도를 믿고, 하나님의 사람이 되고, 하나님의 말씀을 갖게 되면, 영원한 절대 긍정적인 삶을 살 수 있습니다."라고 말한다.[77] 영산의 긍정론은 예수 그리스도 안에서의 긍정이다. 그는 "우리에게 부정은 없습니다. 죽으나 사나 긍정만 있을 따름입니다. 하나님께서 여러분을 품에 품고 가시는 그 길에 어떠한 부정적인 세력도 한길로 왔다가 일곱 길로 도망치게 될 것입니다."라고 강조한다.[78]

1) 사랑의 힘과 긍정의 힘

하나님의 힘은 사랑에서 온다. 영산은 "우리가 긍정적인 삶을 살기 위해서 첫째 요건은 하나님을 사랑하는 것입니다. 하나님께 무관심하고 하나님을 사랑하지 않는 사람을 도와주겠다고 하나님이 약속하신 적이 없습니다."라고 말한다.[79] 그에 의하면, 하나님의 사랑은 긍정의 삶의 기초다. 영산은 '항상 긍정적으로'라는 설교에서 생각의 긍정화, 꿈의 긍정화, 믿음의 긍정화, 말의 긍정화를 강조한다. 그는 "우리가 예수님을 보배로 삼고 항상 긍정적으로 생각하고, 꿈꾸고, 믿고, 말할 때 5중복음과 3중축복의 놀라운 은혜를 발견하게 됩니다."라고 말한다.[80] 요약하면, 이성적 삶의 방식을 택하지 말고, 하늘나라의 영적 방식의 삶을 살라는 말이다.

그러나 인간은 불평덩어리이다. 루터(M. Luther)는 "인간에게는 불평하는 못된 습성이 있다"고 말한다.[81] 인간은 '생물학적 자아(self)' 혹은 '육적 자아'와 '영적 자아'를 지니고 있다. 이 둘이 함께 있으면, 육적 자아가 먼저 주도권을 잡으려고 하기 때문에 영적 자아의 기능을 온전히 발휘할 수 없다. 육적 자아는 부정적인 것을 좋아하며, 선천적-근본적으로 '진리의 자리에 자신의 것을 올려놓고, 원래 자리에 있어야 할 진리를 미워하는 속성'이 아주 강하다. 따라서 영의 기능을 최대화하기 위해서 말씀과 기도와 성령의 능력으로 육적 자아의 기능을 최소화시켜야 한다. 그것에 대한 유일한 방법은 육적 자아를 십자가에 못 박는 것이다. 그래야 죄악 된 자아 – 육신의 정욕, 안목의 정욕, 이생의 자랑(요일2:16) – 가 십자가 위에서 죽고, 그 대신 영적 자아가 살아나 긍정의 영성이 발휘될 수 있다. 십자가에 죄악 된 자아를 못 박는 것은 내 삶의 최고 우선순위가 예수 그리스도에

---

77) 조용기, "영원한 절대긍정", 주일설교(2003-11-30).
78) 조용기, "영원한 절대긍정", 주일설교(2003-11-30).
79) 조용기, "절대긍정의 삶", 주일설교(2007-06-03).
80) 조용기, "항상 긍정적으로", 주일설교(2011-02-20).
81) 리처드 포스터(Richard Foster), 『영적훈련과 성장』(Celebration of Discipline), 생명의말씀사(2010), 108.

게 있음을 의미한다. 삶의 중심이 예수님에게 있을 때 죄악 된 자아는 후위로 밀려나고, 영적 자아가 살아날 수 있다. 말씀과 믿음과 기도와 성령만이 삶의 우선순위를 올바로 매길 수 있다.

2) 긍정의 메카니즘(mechanism)

영산의 긍정적 사고방식의 출처는 하나님의 말씀이다. 그의 긍정신학은 '예수 그리스도 안에서', '말씀과 믿음 안에서', '좋으신 하나님 안에서', 또한 '성령 안에서'의 긍정이다. "창조적인 말씀을 명령하기 전에 반드시 간절한 기도를 통하여 마음에 믿음의 확신을 얻어야 합니다. 그런 다음 담대한 긍정적 명령을 해야 합니다. 하나님의 창조재료는 하나님의 말씀입니다. 말씀과 믿음은 모든 것을 변화시키고 빚어내는 근본적인 재료입니다. 예수 그리스도를 믿는 사람은 운명과 환경을 지배하고 창조하는 근본적인 재료인 말씀과 믿음을 가지고 있으므로 항상 다스리는 자가 될 수 있고 모든 일에 승리하는 자가 될 수 있습니다."[82]

영산의 긍정가치관은 세속적 성공학에 근거를 제공해주는 것이 아니다. 반면에 복음적 가치관을 품게 하는 원동력이다.[83] 그가 말하는 긍정가치관은 기본적으로 '좋으신 하나님, 십자가 능력, 성령과의 교제'에 그 뿌리를 두고 있기 때문이다. 따라서 그것은 세속적 가치관과 처음부터 상관이 없는 것이다. 영산은 "긍정적으로 생각하는 사람은 목표가 원대하며 꿈이 크고 희망적입니다. 또한 창조적인 말과 행동을 함으로써 큰일을 성취할 수 있습니다. 그러나 부정적인 삶은 과거와 현재에만 집착하며 삽니다."라고 말한다.[84]

영성적 차원에서 말하는 영산의 긍정신학과 심리적 차원에서 말하는 긍정심리학은 '긍정적 세계관'이라는 큰 틀에서 서로 겹치는 것 같지만, 신앙 측면에서 보면 영의 세계가 이성의 세계를 지배함으로써 긍정신학은 상위개념이고, 긍정심리학은 하위개념이다.[85] 바꾸어 말하면, 긍정신학은 하나님의 절대주권을 중심으로 내용을 전개하는 반면, 긍정심리학은 이성적 잠재능력을 중심으로 논리를 펼쳐나간다. 따라서 이 둘 사이에는 본질적인 차이점이 있다.

희망이 산의 정상을 바라보는 힘이라면, 긍정은 정상을 향해 올라가는 힘이다. 희망신학이 내면적이라면, 긍정신학은 외면적이다. 희망이 좀 정적(static)이라면, 긍정은 동적(dynamic)이다. 희망은 긍정

---

82) 참조. 조용기, "마음을 다스려야 삶을 다스릴 수 있다", 주일설교(2011-05-29). 『설교는 나의 인생』, 서울말씀사(2009), 140-141.

83) 영산은 영적 성공을 ABCDEFG로 요약한다. A(affirmation): 오늘 나는 긍정적으로 살고 있는가? B(believe): 나는 오늘도 하나님을 믿고 살고 있는가? C(commitment): 나는 하나님께 모든 것을 맡기고 사는가? D(delight): 오늘도 나는 기뻐하는 삶을 사는가? E(expectation): 나는 오늘도 좋은 일이 일어날 것을 기대하는가? F(faint not): 오늘 나는 뒤로 물러나는 삶을 살 것인가? G(glory): 나는 오늘 하나님께 영광 돌리고 있는가? 참조. 조용기, "성공적인 삶과 마음의 자세", 『순복음소식 합본 제2집』, 141호(1981-06-14).

84) 조용기, 『설교는 나의 인생』, 서울말씀사(2009), 50.

85) 성경말씀은 인간의 이성을 지배한다. 그러나 말씀은 인간의 이성을 계시의 빛으로 밝혀서, 그것을 유익한 도구로 사용한다. 따라서 신자의 이성은 말씀을 이해하는 역동적 수단이다. 신적 계시는 기독교의 진리뿐 아니라 모든 진리의 원천이다. 이성은 그것을 인식하기 위한 도구이고, 성경은 그것을 확증하는 원리이다. 기독교의 신학 작업은 성경의 계시 내용 전체를 밝아진 이성을 통해 체계적으로 알려주는 것이다. 참조. 스탠리 J. 그렌츠(Stanly J. Grenz), 『복음주의 재조명』 (Revisioning Evangelical Theology), CLC(2013), 101. Carl F. H. Henry, *God, Revelation and Authority*, Waco, Tex: Word Books(1976), 1:215에서 인용되었다.

을 낳는 어머니다. 희망과 긍정은 기관차와 객차의 관계처럼 함께 가는 동반자다. 긍정의 힘이 없는 희망은 아무것도 이룰 수 없다. 희망의 힘이 없는 긍정은 무기력하다. 이 둘은 서로 밀어주고 당겨주는 협력관계다. 긍정의 영성은 긍정의 마음과 생각에서 나온다. 따라서 "하나님, 그리스도, 성령 안에서 나는 강하다"고 입술로 외쳐야 한다. "약한 자도 이르기를 나는 강하다 할지어다(욜3:10)."

심리학에 '심리적 회복탄력성(psychological resilience)'이란 용어가 있다. 위키 백과사전을 인용하면 이 말은 '밑바닥까지 떨어져도 꿋꿋하게 다시 튀어오르는 능력'과 역경을 이겨내는 긍정적인 힘을 의미한다. 회복탄력성 지수 RQ(resilience quotient)는 7가지 요소 - 감정통제력, 충동통제력, 낙관성, 원인분석력, 공감능력, 자기효능감, 적극적 도전능력 - 에 의해서 영향을 받는다. RQ지수가 높을수록 실패의 골짜기에서 일어설 확률이 높다는 것을 뜻한다.

그러나 심리적 측면에서 인간이 아무리 '나는 할 수 있다!' '나는 회복탄력성이 강하다!' '나는 일어설 수 있다!'고 외치고 노력하고 힘을 쏟아도 더 이상 올라갈 수 없는 상한선(limited line)이 존재한다. 그러나 영적차원에서는 그 의미가 전혀 다르다. 예수 그리스도를 믿음으로 거듭난 기독교인은 성령이 내주함으로써 회복탄력성 지수 RQ가 초극대화되어 역경을 이겨내는 긍정의 사람이 될 뿐 아니라, 이성적 한계까지 뛰어넘을 수 있다. 무한도전인 셈이다. 성경인물 중 RQ지수가 높은 사례들로서, 고난 중에 일어선 아브라함, 야곱, 요셉, 욥, 모세, 다윗, 베드로, 바울 등 많은 사람들을 언급할 수 있을 것이다.

3) 말씀을 기초로 한 긍정의 가치관

영산은 예수 그리스도에 대한 믿음으로 긍정의 영성을 품고 5명의 천막교회에서 현재의 80만 명 성도가 모이는 초대형 교회로 성장시켰다. 그는 심리적 차원을 초월하여 영적 차원에서 긍정의 영성을 품었다.86)

성경말씀을 기초로 이해하면, 갈라디아서 2장 20절과 고린도전서 6장 17절 및 빌립보서 4장 13절은 '나는 할 수 있다'는 것에 대한 성경적 기초다. 곧 옛 자아인 "내가 내 힘으로 할 수 있다"가 아니라, 새 피조물로서(고후5:17) "내 안에 연합되어 있는 예수님이 할 수 있다"는 의미다. 궁극적으로 성도가 어떤 일 혹은 사물에 대하여 '나는 할 수 있다'는 긍정적 태도를 품는다는 것은 어떤 의미인가? 그것은 예수님이 하시는 일에 '내가 참여한다'는 의미이다. 예수님이 일하실 때 편승하는 것이다. 모든 것이 무조건 가능하다는 말이 아니라, 어떤 것이 하나님의 뜻과 계획과 말씀에 일치될 때, 예수님 안에서 성령님의 능력으로 내가 믿음으로 그것을 행할 수 있다는 말이다.

---

86) 진정한 긍정의 영성은 십자가의 은혜와 성령의 권능을 체험함으로써 생겨난다. 하나님 안에서의 긍정은 심리주의에서 말하는 긍정개념과 차원이 다르다. 복음주의적 긍정은 이성을 초월하는 하나님의 능력이 뒤따른다. 거듭나면 생각, 꿈, 믿음, 말이 바뀌어 새 사람(새로운 피조물)이 된다. 영적 본질이 바뀌면, 이성적 본질은 자연스럽게 바뀌게 된다. "너는 마음을 다하여 야훼를 신뢰하고 네 명철을 의지하지 말라 너는 범사에 그를 인정하라 그리하면 네 길을 지도하시리라 (잠3:5-6)." 거듭난 인생은 내 안에 예수 그리스도 영이 있어 그를 의지하고 간구하면, 그의 생각이 나의 생각으로 전이(transition)된다.

영산은 하나님의 뜻을 아는 방법을 다음과 같이 제시한다.

a) 하나님께 영광이 되는지 확인한다(골3:17).
b) 사람들에게 축복이 되는 일인지 확인한다(갈3:8-9).
c) 마음과 소원이 일치하는지 확인한다(빌2:13).
d) 기도 중에 마음속에 평안이 있는지 확인한다(요14:27).

그는 "그 뜻대로 부르심을 입은 자라야 절대 긍정적이 될 수 있습니다. 하나님을 섬기는 것이 생활의 목적이 되어야 하나님 뜻대로 부르심을 받은 사람이 되는 것입니다. 하나님 뜻대로 사는 사람은 내 삶 전체가 하나님을 섬기는 것입니다. 내가 있는 곳이 곧 하나님을 섬기는 곳입니다."라고 강조한다.[87]

영산은 상처로 얼룩진 성도들에게 '좋으신 하나님'을 소개하면서 희망을 품어야 한다는 '공감신학'을 설파했다. 그는 삶에 지친 사람들에게 요한삼서의 말씀을 들려준다. "사랑하는 자여 네 영혼이 잘됨 같이 네가 범사에 잘되고 강건하기를 내가 간구하노라(요삼1:2)." 무엇인가 이루기 위해서 긍정의 마음을 품되 자신의 믿음의 분량 안에서(롬12:3), "나는 할 수 있다!"고 고백하는 사람이 되어야 한다. 나아가, 할 수 있는 사람이 되기 위해서는 범사에 성령님의 인도를 받아야 한다.[88] 무엇보다 생각이 긍정적으로 활성화되기 위해서 우선 말씀을 늘 마음에 품고 살아야 하며, 그 다음 좋으신 하나님을 바라보고 선한 마음을 품어야 한다. 성도는 선한 일을 위하여 지음을 받은 자다(딛2:14).[89]

4) 자아의 단계적 성장

매슬로우(Abraham Maslow)는 사람들이 충족시키고자 하는 욕구를 다섯 단계로 제시한 바 있다(그림 12-1). 그것은 먹고 사는 문제와 관련된 가장 낮은 단계의 생물학적 욕구로부터, 안전과 안정, 소속과 사회, 자아존중, 자기실현으로 구성되어 있다.

영산은 가난한 시절 회중들은 생물학적 욕구인 먹고 살고 잠자는 것을 우선시한다고 보았으며, 인간의 원초적 욕구가 충족되어야 그 다음 단계를 바라볼 수 있다는 데 초점을 맞추었다. 그는 우선 먹고 살고 병이 낫는 데 희망을 심었으며, 사는 문제가 해결되면 그 다음 단계인 안정적 욕구를 가지게 되고, 점진적으로 자기실현 욕구까지 간다는 것을 암암리에 자습하게 된 것이다. 그 당시 영산은 부지중에 매슬로우의 단계적 욕구원리에 상응하는 것을 목회 현실에 적용했던 것이다.

---

87) 조용기, "절대긍정의 삶", 주일설교(2007-06-03).
88) 성령님의 인도를 받는 길. a) 특별계시를 통하여(행2:17, 마1:19-21, 행13:1-3, 눅2:25-26), b) 마음의 소원을 통하여(빌 2:13, 빌4:6-7), c) 주위환경을 통하여(요16:13, 고전2:9), d) 절대적인 하나님의 뜻(사8:19-20, 롬10:17). 참조. 조용기, "성령님의 인도를 받는 길", 주일설교(2009-03-15).
89) 선한 일을 통해서 성도는 하나님께 감사와 영광과 존귀를 돌린다(롬2:10). 말씀과 기도로 성도는 거룩하여지고(딤전4:5), 거룩하면 선한 일을 꿈꾸게 된다(딛2:14). 거룩한 삶의 궁극은 하나님을 영화롭게 하는 것이다.

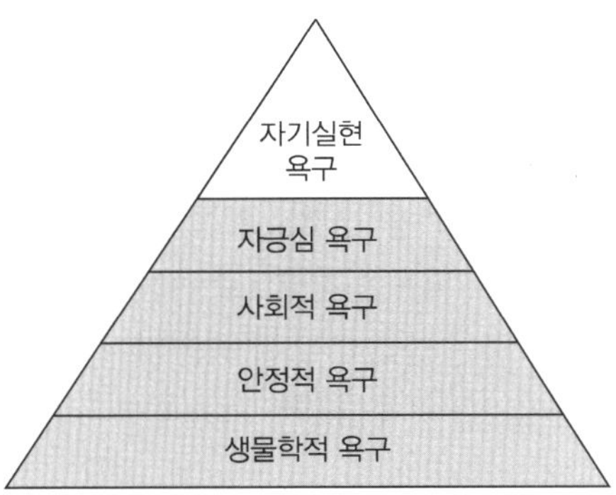

그림 12-1. 매슬로우(Abraham Maslow)의 인간욕구 5단계: 모든 인간은 자아실현의 욕구가 자신의 마음속에 잠재되어 있다.

폴 투르니에(Paul Tournier)는 그의 책 『강자와 약자』에서 다음과 같이 말한다. "심리적인 구원은 약자의 진영에서 강자의 진영으로 옮겨가는 것이지만, 영적인 구원은 하나님의 뜻을 재발견하는 것이다." 진정한 치료는 심리적 영역이 아니라 영적인 영역이다. 심리적인 힘은 한계가 있으나, 영적인 힘은 한계가 없다. 왜냐하면 영적인 힘의 영역에서는 그 주체가 하나님이시기 때문이다. 영적인 힘은 하나님의 은혜를 아는 사람에게서 오는 것이다. 그것은 한 인간의 심리에서 생기는 힘과 차원이 전혀 다른 것이다. 긍정신학은 '자신을 믿고 두 주먹 불끈 쥐고 한 번 해보자'라는 인간적 긍정심리와는 차원이 전혀 다르다. 하나님의 주권과 말씀 안에서 하나님이 예비하신 좋으신 하나님을 믿어야 한다.

경영인 500명을 대상으로 '경영에 무엇이 가장 중요한가?'를 물었다. 재미있는 것은 무려 95%의 사람들이 '태도, IQ, 지식, 기술' 중에서 가장 중요한 요소를 '태도'를 꼽았다는 사실이다. 그만큼 '할 수 있다'는 긍정의 태도가 인생에서 중요한 요소라는 것을 말해준다. 영산이 "오늘 나의 생각과 말과 행동이 내일의 인생을 만들어 갑니다."라고 말하는 것도 그런 맥락이다.[90]

4. 영산의 희망영성: 희망의 구조

4.1. 희망신학적 모델

영산의 희망신학적 모델은 삼위 하나님의 기초 위에서 '5중복음, 3중축복, 4차원영성의 총체성'으로 정리된다. 그의 희망신학은 본질적으로 예수 그리스도와 십자가를 관통한다.

그는 "하나님이 주시는 최고의 꿈과 희망의 선물은 예수 그리스도의 십자가"라고 말한다.[91] 그는 늘 희망의 메시지를 전했다. "하나님께서 제 마음속에 주신 것이 희망의 메시지, 곧 3중축복이

---

90) 조용기, "나의 삶을 바꾸자면", 주일설교(2014-05-25).
91) 조용기, "꿈과 희망", 주일설교(2012-09-30).

었습니다. 우리 하나님은 진실로 삼대 재앙 대신에 삼대 축복을 주시는 좋으신 분이십니다."[92] 영산이 인식하는 희망의 구조는 '예수 그리스도 십자가'에서 세워진다. 십자가는 영적 삶의 출발점이자, 믿음으로 사는 시원점이기 때문이다. 우리의 확고한 희망의 대상은 예수 그리스도이시다. 우리에게는 '예수를 아는 지식(빌3:8)'이 가장 고상한 지식이다. 우리의 희망이란 하나님의 존재를 알고, 그리스도를 마음으로 알고, 성령님을 인격적으로 아는 것이다. 영산은 "사람들이 거룩해지고 새 사람이 될 수 있다는 희망과 꿈을 얻을 수 있는 곳은 십자가 밑인 것입니다."라고 말한다.[93] 십자가만이 우리의 희망이다. 십자가를 통해 우리는 거룩하게 되고 의로운 생명으로 탄생하기 때문이다.

진정한 희망은 예수님의 '생명, 죽으심, 부활'이라는 삼중구조에서 출발한다. 예수님은 이 땅에 오셔서 희망의 패러다임을 바꾸셔서, 인류에게 영원한 희망의 천상열차를 타게 하셨다. 누구든지 진실로 믿어 예수와 연합되고(갈2:20), 새 존재가 되면(고후5:17), 현재 하나님의 나라를 경험하게 될 뿐 아니라, 동시에 장차 우리에게 올 '재림의 때, 부활의 때, 심판의 때, 그리고 천년왕국의 때'를 경험하는 축복이 주어진다. 이러한 삶의 현재성과 미래성은 성도만이 가지는 희망의 비밀이다. 다시 말해, 그리스도와의 연합은(고전6:17) 현재의 희망과 장래의 희망을 포괄하는 총체적 희망을 탄생시킨다. 이것이 곧 성도의 마음을 희망으로 충만하게 해준다. 그리스도와 연합(고전6:17, 고전1:30, 요일 5:12, 요6:53, 갈2:20)은 희망의 모체이자, 희망의 뿌리이며, 희망의 출발점이다.

희망과 태도　대부분 희망의 신학자들은 장차 올 주님의 나라에 대하여 '준비됨과 기다림'이라는 삶의 자세를 취한다.[94] "우리는 그의 약속대로 의가 있는 곳인 새 하늘과 새 땅을 바라보도다(벧후3:13)." 희망이란 한편으로 서두르고, 다른 한편으로는 기다리는 것이다. 모든 희망 너머에는 예수 그리스도 십자가가 있다. 모든 희망은 십자가의 부활에 기초한다. 그리스도인은 믿음의 비밀을 가진 자로서 희망하는 존재다(엡3:9, 창12:1-3).[95]

이 세상에서 신자의 희망은 양자 신분과 하나님과의 관계 회복에 기초하고 있다. 신자는 하나님의 자녀로서 지금 이곳에서도 임마누엘의 복과 형통의 축복을 누릴 수 있다. 나아가 미래와 관련된 신자의 희망은 장차 삼위일체 하나님과 영원토록 변함없는 친교를 나누게 된다는 것이다. 존 지지울러스(J. Zizioulas)는 그의 책 『친교로서의 존재』에서 인간의 존재 이유는 하나님과의 친교에 있다고 말한다. 그의 주장도 이 점과 맥을 같이 한다. 그것이 장차 하늘나라에서 우리의 영원한 희망이다.

욥은 삶의 처절함과 비통함을 극도로 경험했다. 그는 고난과 고통 속에서 희망을 잃은 채 이렇게 한탄한다. "나의 날은 베틀의 북보다 빠르니 희망 없이 보내는구나(욥7:6)." "나의 희망이 어디 있으

---

92) 조용기, 『삼중축복』, 한세대학교출판부(2013), 249-250.

93) 조용기, "꿈과 희망", 주일설교(2012-09-30).

94) 참조. 위르겐 몰트만, 『희망의 윤리』, 대한기독교서회, 34-39.

95) 영산의 십자가신학 중심에는 언제나 시간과 공간을 초월해 역사하시는 성령님이 있다. 땅을 바라보는 인생은 희망이 없고, 위의 것을 바라볼 때 희망이 있다. "우리는 우리 조상들과 같이 주님 앞에서 이방 나그네와 거류민들이라 세상에 있는 날이 그림자 같아서 희망이 없나이다(대상29:15)."

며 나의 희망을 누가 보겠느냐(욥17:15)." 나아가 그는 "나무는 희망이 있나니 찍힐지라도 다시 움이 나서 연한 가지가 끊이지 아니하며(욥14:7)"라고 울부짖는다. 그는 극한적인 고통의 상황에서 "주께서는 사람의 희망을 끊으시나이다(욥14:19)"라고까지 하소연한다. 그러나 그는 하나님 앞에서 실낱같은 희망을 바라보고 힘을 내어 이렇게 부르짖는다. "그가 나를 죽이시리니 내가 희망이 없노라 그러나 그의 앞에서 내 행위를 아뢰리라(욥13:15)." 욥은 온갖 시련과 고통 속에서 피조물로서 자신의 한계를 자각하고 하나님의 존재와 본성을 더욱 깊이 깨닫는다. 그런 다음에 그는 하나님으로부터 더 많은 재물과 자손의 축복을 받았고 장수의 복도 받았다(욥42:7-17). 이처럼 하나님은 '미래와 희망(렘29:11)'을 주시는 분이다.[96]

예수 그리스도 안에서 희망은 환경을 초월해 믿음을 견고하게 한다. 희망의 영성을 품은 자는 짙은 어둠과 절망이 와도 성령이 붙잡고 있는 희망의 끈을 끝까지 놓지 않는다. 신자의 희망은 말씀, 기도, 성령의 양식이 있는 이상 불멸하지 않고 어떤 환경에서도 지속되는 힘을 지니고 있다. '할 수 있다!' '하면 된다!' '해보자!'는 영산의 목회철학을 가장 잘 보여주는 문구다. 가시덤불 속에 파종하는 자는 희망이 없지만, 옥토에 파종하는 자는 결실의 희망이 있다! 빅터 프랭클(Victor Frankle)이 그 무서운 나치 수용소에서 살아나올 수 있었던 것은 그가 품었던 희망 때문이었다. 그는 수용소 안에서 날마다 이렇게 고백했다. "희망을 버리지 않으면 언젠가 좋은 날이 올 것이다."[97]

희망과 성령   알렉산더 맥클라렌(Alexander Maclaren)은 "마음에 성령을 모시고 손에 성경을 든 사람은 모든 것을 가진 사람"이라고 말한다. 영산은 성령을 인격적으로 이해했으며, 그는 성령을 인격적인 기도의 대상으로 삼았다. 당시 많은 목회자와 신자들이 성령의 사역에만 관심을 두었던 영적 및 신학적 배경에서 인격적인 성령 이해는 특별한 것이었다. 그는 인격의 성령님에 대해서 이렇게 말한다. "성령님 인정합니다. 환영합니다. 모셔들입니다."

영산은 무슨 일을 해도 성령님을 그렇게 인격적으로 모셔들였다. 영산의 성령의 새로운 이해는 한국교회와 세계교회에 지대한 영향을 미쳤고, 신앙 및 신학적 사고에 일대 전환을 가져왔고, 오늘날 그것은 오순절신앙의 핵심모델이 되었다.

이것이 얼마만큼 큰 발견이냐를 이해하려면 다음 비유가 적절할 것이다. 어느 날 사과나무 밑 잔디밭에 누워 있는데 사과 하나가 떨어졌다. 아무도 '만유인력'을 생각하지 못했는데, 뉴턴(Newton)만이 "앗, 저게 바로 만유인력의 법칙이야!"라고 소리쳤다. 수많은 목회자가 성령님을 알면서도 "성령님, 반갑습니다. 모셔들입니다. 환영합니다. 어서 오십시오."라고 고백하지 않았다. 성령님에 대해서 인격적으로 제일 먼저 외친 사람이 영산 조용기 목사였던 것이다. 토마스 쿤(Thomas Kuhn)의 명저 『과학혁명의 구조』에 나오는 표현을 빌리면, 영산은 기존의 성령에 대한 패러다임(paradigm)을

---

96) 참조. John Polkinghorne, *The God of Hope and the End of the World*(2002).

97) 이 시대 최고의 리더십 전문가 존 맥스웰은 희망에 대한 금언을 남겼다. "희망은 할 수 없는 것 대신 할 수 있는 것을 찾아준다." "절망이 문을 닫는 곳에서 희망이 문을 연다." "희망은 어둠을 저주하는 대신 촛불을 켠다." 그는 또한 "살아가면서 뭔가를 잃는 건 결코 즐겁지 않은 경험이지만, 세상 그 누구도 감당할 수 없는 상실은 희망의 상실이다."라고 주장한다. 참조. 존 맥스웰(John Maxwell), 『어떻게 배울 것인가』(Sometimes You Win Sometimes You Learn), 비즈니스북스(2014), 163 & 178.

완전히 대체해버린 것이다. 그런 의미에서 이것은 영산의 위대한 영적 발견이요, 오순절 역사를 새롭게 쓰는 계기가 되었다고 주장해도 과언이 아니다. 영산이 인격자 성령님을 경험적으로 인식하고부터 그의 사역에 중대한 전환점이 오고 탄력이 붙었다.[98] 성령님을 인격자 하나님으로 모시게 되자, 그의 사역에 일대 혁신이 일어나 역동적인 목회를 하게 되었다.

영산은 희망의 영성을 펼치기 위해 '전인구원의 신학'과 '성령의 신학'을 양 날개로 사용했다. 전인구원의 신학(혹은 3중축복의 신학)은 하나님의 초월적 영역을 인간의 이성적 영역과 연결시켜준다. 그 과정에서 파생하는 것이 '삶의 자리 신학'이다. 곧 신자는 이 땅에 살고 있으면서도 성령의 도움으로 하늘나라를 경험할 수 있다. 삶 속에 성령이 역사할 때 신자의 삶의 자리는 바로 하나님의 임재를 체험하는 장소가 된다.

구원·생명·희망　　영산의 '50년 목회 대연주곡'의 주제를 짧게 요약하라면 '구원과 희망의 선율'이다. 좀 더 구체적으로 말하면, '3중축복, 5중복음, 4차원영성'이다. 영산이 강조하는 하나님 나라는 예수 그리스도 십자가 대속의 사역에 초점을 맞춘 현재적 기독론적 이해이다. 그는 '이미와 아직의 경계선'에서 하나님 나라의 현재성과 미래성을 적절히 균형 있게 강조해 왔다.[99] 그는 현재적 하나님 나라와 종말론적 하나님 나라를 통전적으로 이해해서, 이 땅에 살면서도 '장차 경험할 하나님 나라'를 현재의 삶의 자리에서 경험하게 한 것이다. 그는 3중축복과 5중복음의 연장선에서 4차원영성을 개발하여 목회현장에 적용시켰다. 3중축복과 5중복음과 4차

---

98) 영산이 경험한 성령과의 교제 이야기: 서대문에서 목회를 시작하고 3년이 지났을 때 서대문 순복음중앙교회는 3천 명의 성도가 나오는 대형교회가 되었다. 그런데 어느 날부터 영산은 목회를 하는 것이 힘들어지기 시작했다. 교회는 성장을 멈추고 정체를 거듭했다. 개인적인 한계에 부딪혔다고 생각했다. 그래서 새벽부터 저녁까지 기도했다. 그러나 상황은 전혀 나아지지 않았다. 어느 추운 겨울에 새벽예배를 마치고 혼자 교회에 남아서 기도하면서 영산은 하나님께 질문을 드렸다. "하나님께서는 저희 교회가 지금 이 상태로 계속 머물기를 원하십니까? 저의 한계가 여기까지입니까? 제가 오직 3천 명의 성도들을 섬기며 남은 삶을 살아가는 것이 주님이 원하시는 것입니까?" 그러자 갑자기 머리가 명해지더니 비몽사몽간의 무의식 상태에서 하나님의 말씀이 임하는 것을 느낄 수 있었다. "사랑하는 아들아, 내가 너에게 맡긴 교회가 3천 명의 성도 이상으로 증가하는 것을 보고 싶으냐? 너를 막고 있는 3천 명의 장벽이 무너지기를 원하느냐?" "하나님, 원합니다, 제가 간절히 원합니다. 더 많은 성도들을 섬기기 원합니다." "그러면 내가 너에게 묻는 말에 대답해보아라, 이스라엘 백성이 광야에서 먹을 것이 없었을 때 자신들의 노력으로 메추라기를 잡으려고 했다면 얼마나 잡을 수 있었겠느냐?" "글쎄요, 광야에는 메추라기가 얼마 있지 않으니, 만약 이들이 맨손으로 잡으려고 했다면 얼마 잡지 못했을 것입니다." "그렇다면, 내가 바람을 일으켜서 이스라엘 백성에게 메추라기를 보내었을 때 얼마나 많이 잡았느냐?" "그때는 메추라기를 잡을 필요도 없었지요. 그들이 잠을 자는 숙소 위에 메추라기들이 떨어져 내렸으니, 그냥 가서 필요한 만큼씩 집어오면 됐지요." "너는 내가 광야에서 행했던 기적들을 오늘날에도 똑같이 할 수 있다는 것을 믿느냐? 너는 억지로 교회를 성장시키려고 한다. 그래서 무리하게 심방도 하고 노방전도도 하지만 실제로 너는 자신을 혹사시키고 있다. 내가 성령의 바람을 일으키면, 놀라운 기적이 일어날 수 있다. 너는 이것을 믿느냐?" 영산은 흥분해서 하나님께 큰 소리로 말했다. "믿습니다. 하나님은 모든 것을 하실 수 있습니다. 그러나 저는 이미 성령을 받지 않았습니까?" 그때 갑자기 하나님께서 영산을 꾸짖으셨다. "너는 지금까지 성령을 받는다는 의미를 교회성장을 위한 도구를 얻게 되는 경험으로 잘못 생각하고 있었다. 그래서 지금 네가 사역하는 교회가 성장하지 못하고 정체상태에 빠져 있는 것이다. 지금부터 성령을 능력이나 경험으로 생각하지 마라. <u>성령은 그 이상의 인격자이다. 너에게 지금 가장 필요한 것은 성령과의 인격적인 관계를 가지는 것이다. 교회가 성장하기를 원하느냐? 지금보다 더 큰 목회를 하고 싶으냐? 그렇다면 성령을 인격자로 모시고 그와 깊은 교제를 가져라.</u>" 하나님께서 마지막 말씀을 하시는 순간 영산은 다시 의식을 회복했다. 온몸은 땀에 흠뻑 젖어 있었고, 몸은 계속해서 떨리고 있었다. 그러나 도대체 성령과 교제를 한다는 것이 무엇을 의미하는지 몰랐다. 그때 영산의 마음속에 다시 하나님의 음성이 울려퍼지기 시작했다. "<u>성령을 경험이라고 생각하지 마라, 그는 인격자이다.</u>"

99) 영산의 기독론, 즉 선제적 기독론, 현재적 기독론, 지상적 기독론, 미래적 기독론에 대하여 김성원 교수의 '영산의 기독론'을 참고하라. 영산신학연구소, 『영산의 목회와 신학 I』, 한세대학교(2008), 65-98.

원영성은 영산목회의 삼대 핵심이다. 그는 좋으신 하나님에 근거해서 조직신학적 체계인 5중복음과 실천신학적 체계인 3중축복을 핵심 주제로 여의도 시대의 여명기를 열었다. 나아가 4차원영성을 활성화하여 회중에게 하나님을 현실적으로 가까이 다가가게 함으로써 더 효과적으로 영적 체험을 하도록 이끌었다.

영산은 2010년 영산의 목회와 영성 컨퍼런스에서 "5중복음과 3중축복과 4차원영성은 목회사역에서 십자가 중심의 생명을 전달하는 현실적인 메시지였다"고 말했다. 최근 영국 BBC라디오와의 인터뷰에서 "다른 교회들은 다 뒷걸음치는데 어떻게 여의도순복음교회는 계속 발전하는가?"라는 질문에 그는 이렇게 응답했다. "우리 교회는 신학을 설교하지 않고 학문도 설교하지 않고 생명을 전달합니다. 기독교는 종교가 아닙니다. 의식이나 율법도 아닙니다. 생명을 얻는 것입니다. 십자가로부터 의로움을 얻고, 거룩함을 얻고, 치료의 생명을 얻고, 축복의 생명을 얻고, 천국의 생명을 얻는 것입니다. 네 영혼이 잘됨같이 네가 범사에 잘되며 강건하고 생명을 얻되 풍성하게 얻는 기적을 체험하는 것입니다."

그는 2010년에 대만 목회자 4차원영성 컨퍼런스에서 목회 초기시절 하나님께 이런 기도를 한 적이 있다고 말했다. "주님, 사람을 살리는 목회, 사람들에게 희망을 주는 목회, 기적을 일으키는 목회, 하나님을 만나는 목회를 하게 해주십시오." 그때 성령님이 이렇게 응답해주셨다고 고백했다. "십자가를 떠나지 말라. 십자가의 진리를 확실히 깨달아라." 그때 기도하여 깨달은 것이 3중축복과 5중복음이었다. 그는 십자가로부터 나오는 생명의 복음을 증거하여 수많은 사람들에게 변화와 기적의 경험을 하게 했다. 곧 성령의 역사를 통해 '과거의 예수가 아닌 현재의 예수'를 성도들의 삶의 자리에서 경험하도록 한 것이다.

희망의 모델　　그림 12-2처럼 영산의 희망목회 모델을 보면, 5중복음-3중축복-4차원영성은 상호연관성을 맺고 있다. 영산의 영성은 예수 그리스도 십자가의 능력에 뿌리를 두고 있다. 4차원영성은 5중복음과 3중축복을 삶의 자리에 적용할 수 있는 구체적인 방법을 제시한다. 곧 4차원영성은 5중복음과 3중축복을 삶의 자리에 현실화시키는 수단이며, 동시에 인간을 거룩한 형상으로 변혁시키는 은혜의 방편이다. 성령 안에서 5중복음과 3중축복을 생각하고 꿈꾸고 믿고 고백하면, 삶의 한가운데 5중복음과 3중축복이 현재화되어 나타날 수 있다. 영산은 이 목회 원리를 반세기 동안 평생 성도의 삶에 적용시켜 하늘나라를 확장시켰다.

그림 12-2에서 보는 바와 같이, 모든 영적 단위요소(unit element)는 독립적으로 기능하지 않고 관주처럼 서로 연결되어 있다. 또한 이 요소들은 총체적으로 기능한다. 5중복음과 3중축복과 4차원영성은 십자가에서 나온 것이다. 그들의 존재 목적은 하나님의 복되심과 선하심을 열방에 알리는 것이다. 이 세 가지가 추구하는 것은 하나님을 하나님 되게 하고, 인간을 본래의 위치에 데려다놓는 것이며, 결국 성도들이 거룩한 삶을 살아 하나님께 영광을 돌리게 하는 것이다. 4차원의 생각, 꿈, 믿음, 말은 인간의 영혼의 잘됨같이 범사가 잘되고 강건하게 되는 전인구원을 그리스도인들의 삶에 적용하는 역동적이고 실제적인 방법이다.[100]

---

100) 김판호, "영산신학의 방법론과 특징", 『영산의 목회와 신학 II』, 한세대학교(2008), 397.

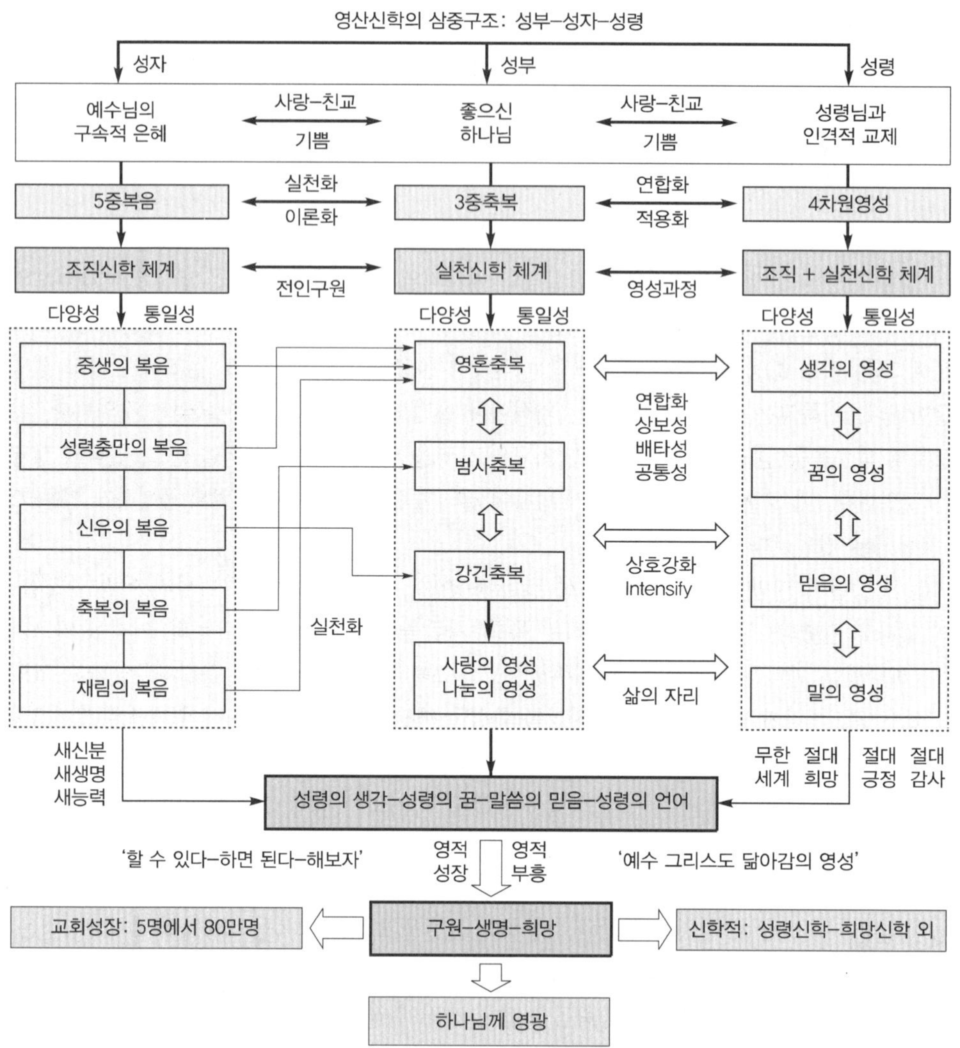

그림 12-2. **3대 신학적 기초와 십자가 영성-5중복음, 3중축복, 4차원영성의 역학적, 통합적 구조**: 희망개념으로 영산의 신앙, 영성, 신학을 인식하면, 희망의 기초는 삼위 하나님, 희망 선포의 원동력은 성령의 능력이었으며, 희망을 선포하는 신학적 도구는 5중복음과 3중축복, 그리고 희망을 인간의 삶의 자리에 적용하는 방법론은 4차원영성이었다. 그는 "삼위 하나님이 우리 안에 계십니다."라고 말한다.[101] 십자가는 죄인을 의인으로 만들어 궁극적으로 하나님을 영화롭게 하는 것이다. 영산이 말하는 십자가는 구원, 생명, 희망이라는 새 창조의 영성을 탄생시켜 하늘나라의 확장을 가져왔으며, 새 창조와 구속의 말씀을 선포해 성도들의 삶의 자리에서 구원–생명–희망을 심었고, 그 결과 성도들은 영적 변화, 성장, 성숙의 길을 걷게 되었다. 영산신학의 인식론적 삼중구조는 좋으신 성부 하나님, 구속의 은혜를 주시는 성자 하나님, 인격적 교제의 장을 주시는 성령 하나님이시다. 이것을 기초로 하여 그는 5중복음, 3중축복, 4차원영성을 발아시켰다.

---

101) "우리 안에 성부, 성자, 성령께서 동시에 계십니다. 그리고 하나님의 천사들이 우리를 둘러 진을 치고 있습니다. 그러므로 우리는 외롭지 않습니다. 우리는 결코 버림받지 않습니다." 조용기, 『히브리서 강해』, 서울말씀사(2010), 38.

영산의 신학은 지향적 측면에서 보면, 평면의 신학이 아니라 총체적 신학이었다. 목회의 핵심축은 '5중복음으로부터 보혈의 자화상과 자아 정체성의 확립, 3중축복의 희망적이고 긍정적 신앙의 확립, 4차원영성으로부터 말씀의 현재화를 통한 무한도전의 세계를 추구하는 것'이었다. 영산에게 있어서 십자가의 영성 3요소 – 4차원영성, 5중복음, 3중축복 – 중 4차원영성은 5중복음과 3중축복을 삶의 자리에 보다 구체적으로 적용하는 은혜의 수단이자, 하나님의 은혜를 보다 효능적으로 영적 삶을 활성화시키는 원동력이다. 이 요소들은 상호 유기성, 공통성, 연합성을 유지하면서 하나의 영성봉우리를 지향하며, 궁극의 최고봉은 예수님을 닮아가는 영성(롬8:29), 완전함의 영성에 도달하게 하는 원동력이다(마5:48, 신18:13, 시26:1). 4차원영성은 평면적 삶을 입체적 삶으로 전환시키는 고도의 영적 틀(frame)이며, 삶의 존재방식을 전화시키며, 하나님과의 친교를 활성화시키며, 궁극적으로 인간중심의 삶의 모델을 삼위일체 하나님의 삶의 모델로 전이시켜 주며, 동시에 5중복음과 3중축복을 역동적으로 활성화시킨다. 요약하면, 영산은 십자가의 절대진리를 궁극화, 절대화, 극대화시켰으며, 그는 십자가와 함께(with), 십자가 안에서(in), 십자가를 통해(through), 영적 지평선을 창조했고, 그 지평선 위에서 반세기 목회사역을 완수했다.

그림 12-2는 영산의 목회의 핵심을 잘 묘사해준다. '좋으신 하나님'은 인간에게 예수 그리스도 십자가를 통해 '5중복음과 3중축복'을 주셨다. 전인구원을 받은 자는 4차원영성으로 변화된 삶, 곧 육의 생각을 버리고 영의 생각으로 살아야 하며, 인간의 욕망대신에 하나님을 위한 꿈을 가져야 하고, 이성의 믿음보다 하나님의 믿음을 품어야 하고, 육신의 말 대신에 구원의 말을 해야 한다. 이러한 영적 변화는 성령의 도움이 있을 때 가능하다. 하나님의 아들은 이 땅에 성육신해서 인간 곁으로 스스로 먼저 찾아오셨다. 또 좋으신 하나님은 인간과 화목하기 위해 전 인류를 향하여 '구원의 십자가'를 선물로 주셨다. 하나님이 '좋으신 하나님'이라는 것은 '성육신 사건과 십자가 사건과 오순절 성령강림 사건'을 통해서 명백하게 알 수 있다(요1:14, 요19:30, 행2:1-4).

그림 12-2에서 보는 바와 같이 영산의 목회모델은 통전적 영성개념을 포함하고 있으며, 또한 다양성과 통일성을 추구하고 있다. 한 인간의 삶의 자리는 영적, 문화적, 사회적, 정치적, 사회적, 산업적, 생태적, 환경적 등 다양한 영역과 연결되어 있다. 영적(靈的) 삶과 속적(俗的) 삶이 서로 조화를 이룰 때 하늘나라와 현실 사이에 균형이 이루어질 수 있다. 3중축복 요소 중 영적축복은 5중복음의 '중생, 성령충만, 재림'과 연결되고, 물질축복은 '축복의 복음'과 건강축복은 '치료의 복음'과 연결된다.

또한 3중축복의 영성, 5중복음의 영성, 4차원영성 모두는 예수 그리스도 십자가에서 나온 것이지 독립적으로 생겨난 것이 아니다. 십자가를 떠난 3중축복, 5중복음, 4차원영성은 헛것에 불과하다. 그 중심은 하나님의 은혜와 사랑과 구원이요, 성령님의 함께하심이요, 예수님의 보혈이다. 이와 같은 맥락에서 영산은 '성령으로 살고(갈5:25)', '성령으로 행하고(갈5:16, 25)', '성령으로 충만하라(엡5:18)'고 강조한다. 나아가 그는 신자가 3중축복을 누리게 될 때 '나눔의 영성'과 '공감의 영성'을 구체적으로 나타내야 한다고 역설한다. 영산은 십자가 중심의 다양한 신학적 좌표를 찍었고 새로운 은혜의 이정표를 남겼다.

4.2. 희망영성의 실제

원래 인간은 하나님의 형상대로 창조되었다(창1:26-27, 창5:1, 고전11:7). 하지만 죄는 최초의 인류가 지니고 있던 온전한 영성을 잃게 했다. 죄는 사람들에게 시기, 질투, 탐심, 욕망을 집어넣는다. 존 스토트(John Stott)는 그의 저서 『그리스도의 십자가』에서 "그리스도는 왜 죽으셨는가?"라는 질문에 세 인물을 등장시켜 설명한다. 인간 쪽에서 보면, 가룟 유다는 탐욕과 정욕 때문에 예수님을 유대의 지도자들에게 넘겨주었고, 그들은 질투와 시기심 때문에 예수님에게 유죄를 선고했다. 그리고 빌라도는 그의 야망과 비겁함 때문에 예수님을 십자가에 못 박았다고 서술한다. 결국 인간의 탐욕, 시기, 질투, 야망이 예수님을 십자가에 못 박았다.102) 죄로 인간은 참된 선을 잃어버린 것이다.

어떻게 하면 인간이 하나님을 다시 알 수 있는가? 그것은 예수님을 경험적으로 아는 것이다. 예수님은 하나님의 형상이므로(고후4:4, 골1:15, 히1:3), 예수를 알면 곧 하나님을 아는 것이다(요1:18, 요12:45, 요14:9). 인간은 오직 십자가를 통해 하나님의 형상을 회복할 수 있다(고후3:18). 그 결과 예수를 아는 지식으로 충만하게 되고(골3:10), 의와 진리와 거룩함으로 새 사람이 되며(엡4:24), 언젠가 하늘에 속한 자(그리스도)의 형상을 가지게 될 것이다(고전15:49). 이것이 영성회복의 본질이다. 성도는 새 하늘과 새 땅을 바라보며 거룩하신 예수님의 발자취를 좇아가는 나그네다.

영산은 예수님을 믿을 때 진정한 변화가 일어난다고 말한다. "예수님을 구주로 믿을 때 상상을 뛰어넘는 변화가 우리에게 일어납니다. 그것을 알고 우리는 변화된 삶을 살아야 합니다. 여러분은 새로운 피조물이 되었으니, 새로운 피조물로 살아야 합니다. 거듭났으니, 거듭난 삶을 살아야 하는 것입니다. 새로운 생명을 얻었으니, 새로운 생명으로 살아야 합니다. 새로운 국적을 가졌으니, 새로운 국적을 갖고 살아야 합니다."103)

영산의 설교는 십자가 중심의 '긍정, 희망, 변화, 성장, 창조, 나눔'이라는 주제들이 주축을 이룬다. 그래서 그의 설교는 사람을 변화시키고, 성장하게 하고, 감동시키고, 열정을 품게 하고, 삶의 생동감을 불어넣는다.104) 그의 설교는 초기에는 '희망과 긍정의 설교'가 주축을 이뤘지만, 시간이 지날수록 '창조의 설교, 성장과 성숙의 설교와 나눔의 설교'로 바뀌어갔다. 그의 반세기 목회사역

---

102) John R. W. Stott, *The Cross of Christ*, IVP(1986), 51-65. Chapter 2. Why did Christ die? 인간의 죄악으로 예수님이 죽으셨지만, 순교자로서 죽으신 것이 아니라, 순전히 자발적으로 십자가의 죽음을 향해 나아가셨다. 막스 워렌(Max Warren)은 "그리스도의 삶 전체는 죽음으로 가는 것이었다(All Christ's living was a dying)."고 서술한다 (Max A. C. Intrepreting the Cross, SCM press(1966), 61). 참조. 동일 책 277에서 재인용.

103) 조용기, "성도의 신분변화", 주일설교(2009-01-08). "새 신분"(1986-11-02). "신분"(2005-09-18).

104) 설교방식에 있어서도 기존의 대부분 설교들이 교리적 설교나 도덕적 설교가 주축을 이룬 반면, 영산은 바울과 같이 케리그마적 설교(고전1:23, 2:2), 곧 '부활하신 예수 그리스도의 대속 중심의 설교, 보혈 중심의 설교, 십자가 은혜의 설교, 기독론적 설교'를 지난 50여 년 동안 지속적으로 추구했다. 그가 주창하는 5중복음은 케리그마적 설교를 생산해내는 보고(寶庫)였다. 영산은 모든 설교에 5중복음을 소금처럼 녹아 스며들게 했으며, 오직 예수 그리스도의 십자가만을 활용해 삼중구원, 곧 전인구원을 선포했다. 그러한 십자가 중심의 설교가 오늘의 여의도순복음교회를 부흥시킨 중요한 요인 중의 하나이다.

의 방정식을 기술하는 것이 어려운 측면이 있지만 단순한 기능적 차원에서 표현한다면 다음과 같이 요약해 볼 수 있다.

[십자가영성 중심의 설교][105] = [케리그마적 설교] + [실천적 설교] + [청중중심 설교]
+ [5중복음과 3중축복의 메시지] + [4차원영성 메시지]

영산의 설교가 능력이 있고 생명력이 넘치는 것은 그가 언제나 성령님을 의지하며 도움을 구했기 때문이다. 그의 목회 성공은 성령님과 인격적으로 친밀히 대화하며, 그의 인도하심에 순종한 덕분이었다. 영성회복 방정식이 내포하는 핵심은 '인간을 향한 하나님의 사랑'이다. 따라서 단순히 복을 받는 방정식도 아니며, 문제를 해결하는 방정식은 결코 아니다. 하나님 편에서는 인간을 향한 사랑을 표현하며 사랑을 전달하는 거룩한 방정식이다. 인간 편에서는 삶의 문제와 절망을 극복하므로 하나님께 영광 돌리는 영성회복의 방정식이다.

영산이 추구한 설교의 근본적 요소를 구체화시켜 알아보면 다음과 같다.

원리 1: 그는 무엇보다 케리그마적 설교를 통해 청중들의 마음을 움직이고 감동시켰다.
당시 대다수 목회자들의 설교가 교리적 설교와 도덕적 설교에 집중하고 있었을 때, 그는 케리그마적 설교에 초점을 맞추었다.

그는 한 편의 설교를 작성하면서 성도들이 어떻게 변화되고, 성장할지 상상하면서 설교를 준비했다. 언제나 그는 성도를 어떻게 변화시킬 지에 대해서 유형별로 다양하게 상상하면서 설교 준비를 했다.

그는 언제나 레마를 받고 말씀을 전달했다. 또한 예수 그리스도의 보혈 중심의 케리그마적 설교를 선택했다. 그에게 반세기 목회 설교의 중심축은 십자가 대속이었다.[106]

"나는 설교 전에 '선포된 말씀'을 받지 못하면 단상에 오르지 않습니다. 그래서 토요일에는 기도원에 올라가 기도굴에서 기도합니다. 그리고 성령께서 내게 선포해야 할 말씀을 들려주실 때까지 기다립니다. 때때로 이러한 기도로 온밤을 새우기도 합니다."

그는 설교에서 사용할 적절한 비유를 찾기 위해 종종 1시간 이상 기도한다. 따라서 그의 설교는 언제나 화판 위에 한 편의 그림을 그리는 것과 같다. 그래서 그의 설교는 쉽고, 내용이 기억 속에 오래 남는다.

그는 하나님의 말씀을 회중에게 전달할 때 하나하나 분리해서 마음속에 넣어주는 것이 아니라, 하나의 선물바구니에 곱게 포장해서 마음속에 담아가게 한다. 마음속에 보관하기 좋게 말씀을 잘 다듬어서 주일날 설교에서 모든 회중에게 나누어 주는 것이다. 매 주일 그의 설교는 신자들이 말씀을 삶에 잘 적용할 수 있게 해주었다.[107]

---

105) 영산의 설교를 시대적으로 다음과 같이 구분할 수 있다. 곧 대조동 천막교회 시절, 서대문 시절, 초기 여의도 시대, 80년대, 세계 최대교회 시대, 2000년 이후 시대이다. 영산의 설교의 패러다임은 긍정과 희망의 메시지에서 창조적 메시지와 나눔의 메시지로 점진적으로 바뀌었다. 참고. 심두진, 『영산설교』, 교회성장연구소(2015).

106) 조용기, 『설교는 나의 인생』, 서울말씀사(2009), 288.

"나는 설교하기 전에 먼저 눈으로 최대한 그림을 그려보고, 그것을 성도들에게 이야기합니다. 이렇게 하면 청중은 그 상황으로 돌아가 그림을 보듯 공감하게 됩니다. 설교자는 사람의 마음을 한 폭의 캔버스로 생각하고 입술을 하나의 붓을 생각하고 그림을 그리듯 하여 사람들이 이해할 수 있도록 해야 합니다."

그는 특히 성경에 기초한 상상력, 시적(詩的) 상상력, 수사적(修辭的) 상상력이 뛰어났다. 그는 설교의 주제를 선정하면 그것과 관련된 의미, 이미지, 해석, 적용 등을 위해서 다른 성경 본문들을 찾아내어 서로 연결시켜서 해석하는 뛰어난 능력을 지녔다.

원리 2: 성도들이 삶의 자리에서 필요한 것을 해결하는 청중중심의 설교를 한다.

영산의 설교는 성도들이 처한 현실적인 상황을 영적으로 해결해줄 구체적인 방법을 성경적으로 제시해준다. 그는 성경 본문의 역사적 및 사회적 배경이나 또는 심오한 종교철학적 이해 등을 풀어헤치는 것보다 오히려 말씀을 삶의 자리에서 어떻게 받아들이고 적용하며 재해석할 수 있는가에 더 많은 관심을 기울였다. 바꾸어 말하면, 말씀을 삶의 자리에 현재화하는 능력을 성도들의 마음 판에 새겨준 것이다. 그는 성경 본문을 통해 회중의 삶의 자리에 창조적 동기를 부여하는 데 초점을 맞추었다. 그는 인생의 가시가 해결되는 과정에서 믿음이 성장하고 더 많이 기도하고 말씀을 가까이한다는 사실을 누구보다 잘 알고 있었다. 그래서 그는 청중과 호흡하는 설교를 할 수 있었다. 곧 그는 회중의 삶의 정황을 속속들이 이해하며, 그것에 맞추어 말씀을 단순하게 전하며, 또한 언어로 그림을 그리듯 설교했다.

요컨대 영산은 성도들의 삶의 다양한 상황을 정확하게 파악한 채 그들에게 언제나 꼭 들어맞는 맞춤형 설교를 했다. 그는 상황신학자(contextual theologian)와 실용신학자(practical theologian)로서 균형잡히고 조화로운 설교를 했다.

원리 3: 희망의 십자가영성 메시지, 5중복음과 3중축복 메시지, 절대희망의 복음을 전한다.

영산의 목회의 중심철학은 3중구원으로서 전인구원이다. 이것은 희망영성의 기초를 제공해준다. 희망은 사람을 움직이는 힘이며, 미래를 바라보게 하는 힘이다. 성령 안에서 일궈낸 3중축복과 5중복음은 하나님 나라에 대한 복음의 핵심내용에 기초한 그의 강력한 희망의 메시지였다. 나아가 3중축복과 5중복음은 회중에게 가능성과 기대감을 넘치게 했다. 특히 50년대와 60년대에 나타났던 그의 신유능력은 그를 특별한 하나님의 종으로 각인시켜주었다. 그것은 그를 통해 성령님의 권능이 강력하게 나타남을 입증해주었다.

그의 치유사역은 부흥집회에서 빼놓을 수 없는 특별한 은사였고, 회중에게 기대와 희망을 주었다. 그는 절대희망을 강조했다. "절대절망의 자리에 있는 사람들에게 절대희망을 불어넣는 것이 복음의 진수요, 내가 지금까지 전해 온 복음이요, 또한 앞으로도 평생 전할 복음의 핵심입니다."

---

107) 조용기, 『설교는 나의 인생』, 서울말씀사(2009), 310-311. 『나는 이렇게 설교한다』, 서울말씀사(1996), 301-304.

원리 4: 4차원영성 중심으로 창조적 설교를 한다. 하나님의 은혜를 지금 여기서 누리는 설교다.

성령님과 동행한 그의 사역은 4차원영성을 통해 역동화되었다. 4차원영성 – 생각, 꿈, 믿음, 말 – 은 이러한 문제를 해결할 수 있는 강력한 영적 도구였다. 매 주일 설교를 통해 그는 그러한 영적 도구를 구체적으로 보여주었다. 그는 항상 삼위일체적 믿음을 성도들에게 심어주었으며, 그것을 선포했다. 그는 하나님과 성도들이 서로 어떻게 교통할 수 있는지와 관련해서 그 통로를 구체적으로 제시해주었다. 회중들이 4차원영성을 회복하여 3차원적으로 눈에 보이는 세계를 변화시키도록 한 것은 하나님이 주신 큰 은혜로 보인다.

영산이 4차원영성을 발견한 것이 목회의 대변혁 사건이라면, 그의 4차원적 설교는 영의 세계를 일반 청중들에게 쉽게 전달하는 강력한 도구였다. 나아가 그 설교는 하나님의 세계를 가장 현실적으로 경험하게 하고 실천하게 하는 유익한 영적 도구였다. 그는 단순히 '희망을 품어라', '미래를 보라', '내일을 생각하라'고 외치기보다 오히려 4차원영성의 4가지 요소 – 생각, 꿈, 믿음, 말 – 를 생생한 영적사례를 통해서 성도들에게 실제적으로 적용시키고 실천하게 했다. "저는 설교할 때 성도들의 변해가는 모습을 상상합니다. 어떻게 변해갈지 꿈꿉니다. 설교를 적을 때에도 상상하면서 적습니다."

하나님의 세계는 보이지 않는 세계다. 단지 상상으로 알 수 있을 뿐이다. 이 광활한 우주에는 3가지 영의 세력 – 하나님의 영, 인간의 영, 사탄의 영 – 이 있다. 사람은 불완전하지만 3차원에 살면서도 또한 4차원 영의 세계에도 속해 있다. 따라서 하나님의 은혜로 그리스도 안에서 성령의 능력으로 신자는 4차원의 영적 능력을 발휘할 수 있는 잠재력을 지니고 있다(렘32:37).

영산이 목회활동 중에 발굴한 '5중복음–3중축복–4차원영성'은 분리할 수 있는 것이 아니라 하나로 연결된 '통합 소프트웨어'이다. 설교에서도 상호연합적으로 통합된다.[108] 그는 GBS-534(GBS: Gospel-Blessing-Spirituality, 534: 5중축복-3중축복-4차원영성)을 성령의 도움으로 발굴, 진화, 성숙시켜 영적 고유의 브랜드로 창출했다. 그는 GBS-534를 통해 '사람을 구원시키고, 변화시키고, 성장시키고, 나눔의 삶을 살게' 하였다.

그는 또한 목회활동에서 과감한 시도를 멈추지 않았다. 개척시절에 기존교회의 특성은 거룩한 자세 중시, 명상과 묵도, 경건주의, 형식주의였다면, 영산은 통성기도, 방언기도, '할 수 있다, 하면 된다, 해보자' 식의 구하고 선포하는 믿음과 성령과 성령의 능력 및 은사들을 크게 강조했다. 그것은 그 시대와 문화에서 과감한 시도였다. 또한 기도할 때 '주여! 주여! 주여!' 세 번 부르짖는 것도 순복음영성의 특징 중 하나였다(참조. 단9:19). 그리고 교회조직 경영방식도 기존교회와 달랐다. 무엇보다 그는 과감하게 여성을 구역장으로 임명해 전교인 조직화를 꾀했다. 그의 영적비전은 기존의 패러다임을 바꾸어 놓았다. 이러한 패러다임의 변화는 오늘날 여의도순복음교회가 있게 한 원동력이기도 하다.

---

108) 영산의 설교 구성원칙 – (1) 성경 본문의 충실성, (2) 주제에 대한 통일성, (3) 단순성, (4) 질서성, (5) 균형성, (6) 진행성 – 에 대하여 다음 책을 참조하라. 심두진, 『영산설교』, 교회성장연구소(2015), 151-153.

5. 궁극의 희망영성: 영원의 차원

5.1. 인격적 성장: 믿음, 소망, 사랑

그리스도인은 지금은 믿음으로 살지만, 장차 그리스도를 직접 보면서 사는 날이 올 것이다. 영산은 "영원이란 무한한 과거와 끝없는 미래를 창조적으로 결합한 것입니다."라고 말한다. 그는 "하나님 안에 과거와 미래가 함께 있습니다. 하나님은 우리의 과거와 미래를 항상 현재의 손에 들고 계십니다."라고 말한다.[109] 다시 말하면, 하나님은 항상 현재에 살고 계신다. 우리 안에 이성은 현재를 바라보고, 우리 안의 믿음은 현재와 미래를 동시에 바라본다. 그래서 믿음은 영적 보배다. 영산은 "예수님께서 시간 안에 있는 인간을 구원하기 위해서 사람이 되어 이 땅에 오셨습니다."라고 말한다.[110] 예수님과 하나가 되는 신비로운 사건을 통해 신자는 이 세상에서도 시간을 초월하여 예수님의 영원 안으로 들어간다. 다시 말해, 거듭난 신자는 은혜 안에서 현세와 내세의 경계 영역에서 이동하면서 살고 있다. 즉, '이미, 그러나 아직은 아닌(already-not yet)' 종말론적 삶을 살고 있다.

예수님은 자신의 영혼이 몸을 떠날 때 아버지께 부탁하셨다. "아버지여 내 영혼을 아버지 손에 부탁하나이다(눅23:46)." 한 시편 기자도 그의 영혼이 몸을 떠날 때 유사하게 부탁한다. "내가 나의 영을 주의 손에 부탁하나이다(시31:5)." 인간은 시간 안에 있지만, 또한 시간을 넘어서 영원 안에 존재한다. 따라서 모든 그리스도인은 시간성과 영원성을 동시에 끌어안고 산다. 그리스도인의 궁극적 희망은 자신의 영혼이 몸을 떠날 때, 그 영혼을 그리스도에게 맡기고, 동시에 그 영혼이 영광의 예수 그리스도를 직접 보는 것이다. 이 땅에서처럼 믿음의 눈으로 보는 것이 아니라, 승천하셔서 하나님 아버지의 우편에 계신 예수 그리스도를 있는 모습 그대로 보는 것이다. 영산은 "성도는 일단 이 땅의 변화된 세계 속에서 구원을 받고 난 다음에 이 세상 시간이 끝나면 영원으로 들어갑니다. 영원으로 들어가면 다시는 변화가 없습니다. 흐름도 없습니다. 구원받은 그대로 천국에서 영원히 살게 됩니다."라고 말한다.[111]

이 땅에서의 희망이란 주의 영광 가운데 있는 삶, 주의 사랑과 지혜 안에 머무는 삶이다. 하늘에서의 희망이란 삼위일체 하나님께 영원히 영광을 돌리는 삶이다. 다시 말해, 이 땅에서 우리의 희망은 하나님을 기뻐하며 예배드리는 것이다. 토저(Tozer)가 남긴 말은 인상적이다. "나는 마지막에 평안히 숨을 거두면서 나는 하나님을 예배했으며, 지금도 예배하고 있으며, 앞으로도 영원히 예배할 것입니다."[112] 이 말은 모든 신자들에게 해당된다. 장차 하늘나라에서 영원히 하나님께 예배드리는 일이 바로 우리의 영원한 희망이다. 다시 말해, 우리의 삶의 목적은 기쁨안에서 하나님께 영원히 예배드리는 것이다.

---

109) 조용기, "예비하시는 하나님", 주일설교(2012-05-13).
110) 조용기, "영원과 시간", 주일설교(2012-06-17).
111) 조용기, "영원과 시간", 주일설교(2012-06-17).
112) A. W. 토저(A. W. Tozer), 『이것이 예배이다』, 규장(2014), 41.

우리의 희망도 본질적으로 예배다. 삶의 목적도 예배다. 그래서 웨스트민스터 소요리 문답 제1항은 "사람의 제일 되는 목적은 하나님을 영화롭게 하고(고전10:31) 하나님을 영원토록 즐거워하는 것(롬11:36, 시73:24-26)"이라고 기록하고 있다. 곧 거룩한 예배가 삶의 기초다. 하나님을 경외하는 자는 주의 기쁨을 누린다(시147:11).

모든 성도는 두 개의 희망을 품고 있다. 곧 땅에서의 희망과 하늘에서의 희망을 품고 있다. 한편으로 성도는 깨어 있으면서 준비하고, 다른 한편으로 기다린다. 언약의 핵심은 '임마누엘'이다. 성도에게는 임마누엘의 하나님이 우리와 함께 계신다. 우리는 살아계신 하나님을 향해 부르짖을 수 있다. "내 영혼이 야훼의 궁정을 사모하여 쇠약함이여 내 마음과 육체가 생존하시는 하나님께 부르짖나이다(시84:2)." 우리의 희망은 영원토록 살아계신 하나님이 우리의 아버지라는 사실이다.

그림 12-3은 인간의 지정의적 성장, 칭의, 성화, 영광의 상호관계를 도시하였다. 하나님을 향하여 영광으로 가는 길은 인격적 성장과 영적 삶의 상호균형 안에서 이루어진다. 그것들은 서로 밀접하게 연결되어 있으며, 서로 도움을 주고 영향을 미친다. 완전함의 영성(마5:48, 신18:13)으로 나아가기 위해 믿음과 이성이 서로 조화를 이루는 영성을 지녀야 한다. 신자의 이성은 말씀의 지혜와 성령의 역사로 새롭게 되어 영적인 진리들을 깨닫게 된다. 믿음으로 이성이 자기 기능을 올바로 수행하면, 신자의 이성은 '말씀의 사람'으로 성장하도록 돕는다. 신자의 이성은 믿음을 강하게 하고 분명하게 하도록 도와준다. 따라서 영성과 이성은 서로 친밀한 관계 속에서 서로 연합적 관계를 유지한다.

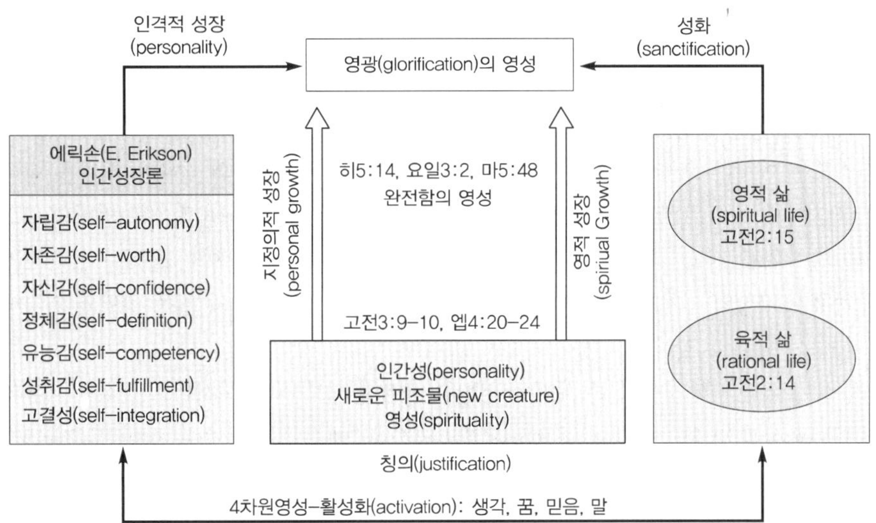

그림 12-3. 그리스도인의 점진적 성화과정: 성도의 성화는 영적성장과 지정의적 성장이 서로 결합 및 조화되며 균형 가운데 이뤄진다.[113] 성도의 영성은 궁극적으로 완전함에 이르는 것이다(마5:48). 그 과정에서 주께 영광을 돌리게 된다. 4차원의 영성은 하나님의 말씀을 삶의 자리에 역동적으로 임재하게 하여, 하나님의 나라를 임하게 하고 하나님을 경험하게 한다. 그 과정에서 인간의 마음도 거룩해진다. 성화는 하나님의 은혜의 사역(work)이고, 칭의는 하나님의 행동(acts)이다.[114]

---

113) James R. Estep & Jonathan H Kim, *Christian Formation*, B&H Academic(2010), 115. 칭의, 성화, 지정의적 성장, 영광은 서로 유기적 관계 속에서 통합을 이룬다.

114) 하지(A. A. Hodge)는 "칭의는 그 사람에 대해 율법이 형벌을 요구할 수 없음을 선포하시는 하나님의 행동이고, 성화는 하나님의 행동이 아니라 그분의 은혜의 사역이다."라고 주장한다. 리세니우스(Leonardus Ryssenius)는 "칭의는 도덕적

그림 12-4에서 보는 바와 같이 구원받은 성도의 영성과정은 복합적 및 전인적으로 일어난다. '의-성화-영화'의 개념은 각각 개별적으로 일어나는 것이 아니라, 서로 밀접하게 연결되어 있다. '의'는 '거룩한 의'이고, 또한 영화도 '거룩한 영광'이다.

예수님은 믿음, 소망, 사랑을 우리에게 주시고, 길과 진리와 생명으로 우리를 이끄신다. 성도는 진리를 믿음으로 수용하고, 하나님의 길(십계명: 하나님 사랑과 이웃의 사랑)을 사랑하며, 생명을 소유함으로써 희망을 향해 나아가는 존재다(그림 12-4). 하나님의 길은 선하고, 의롭고, 거룩하다(롬7:12). 성도가 이 땅에서 겪는 커다란 딜레마는 영원 안에서의 인간의 실존과의 싸움이다.[115] 신자들은 땅의 삶도 살아야 하고, 하늘의 삶도 살아야 하는 이중적 존재다. 신자는 실존의 삶과 영원의 삶의 경계선에서 살고 있다. 그래서 믿음의 삶이 중요하다. 땅에 살면서도 하늘의 삶을 효과적으로 살려면, 내 삶의 중심축이 '나 중심과 나를 위해서'가 아니라, '주님 중심과 주님을 위해서'가 되어야 한다.

영산은 "유한한 이 세상에서 인간의 삶은 그것이 기쁜 순간이든 고통스러운 순간이든 다 지나가 버리지만, 예수님을 구주로 모셔들이면 우리는 유한 속에서도 영원을 품고 영원을 바라보고 살아갈 수 있습니다."라고 말한다.[116] 예수를 모시면 유한의 삶이 영원의 삶으로 변화된다. 믿음을 통해 인간은 '3차원 인성'을 소유하면서도 '4차원 신성'을 품은 존재이다. 인간이 구원받아 시간 속에서 산다고 하는 것은 영원한 생명의 씨, 곧 불멸의 생명을 지닌 자로 존재하는 것이다. 인간이 희망이 있는 것은 바로 하나님의 불멸의 씨(요일3:9), 곧 '생명의 씨(말씀)'가 우리 안에 있기 때문이다. 이것은 하나님의 놀라운 은혜다(그림 12-4).

십자가를 관통하는 순간, 신자의 실존은 영원하신 예수 안에서 이미 영원 안에 들어가 있다. "예수 그리스도는 어제나 오늘이나 영원토록 동일하시니라(히13:8)." 신자의 실존은 시간을 향해 나아가지만, 신자의 영원성은 새 하늘과 새 땅을 향해 나아가고 있다. 더 구체적으로 말하면, 그리스도인은 지상의 기차를 타고 가지만, 그 지상의 기차는 천상의 기차 안에 이미 들어가 있다(요17:21-23). 천상의 기차가 지상의 기차를 안고 달리는 것이다. 성도는 지금 시간의 짐을 영원의 기차에 싣고 천국을 향하여 달리고 있다.

영성적 삶에서 중요한 것은 실존 세계와 영원한 세계를 서로 잘 조화시키고 균형을 이루게 하는 것이다.[117] 곧 삶과 예배의 균형이 중요하다.[118] 영산은 "예수님 밖에 있는 삶이란 종국적으로 헛되고 허무하고 절망적입니다. 그러나 우리의 유한한 가슴속에 영원하신 예수님을 모시면 절망은

인 변화와 신분의 변화를 가져오며, 성화는 실제적이고 새로운 창조를 일으킨다."고 말한다. 칭의는 단번에 이뤄지지만, 성화는 점진적이다. 참조. 존 파이퍼, 『장래의 은혜(Future Grace)』, 좋은씨앗(2013), 612-613.

115) 키에르케고르의 상보성에 대하여 다음 책 5장을 참조하라. 제임스 로더, 『성령의 관계적 논리와 기독교육 인식론』, 대한기독교서회(2009), 143-161. 그는 인간의 실존과 영원 사이의 관계를 보여주기 위해 『삶의 여정의 단계들(Stages along Life's Way)』이라는 책을 저술하였다.

116) 조용기, "지상에서 영원으로", 주일설교(2003-09-21).

117) 실존 세계만 바라보면 육의 세계에 우위성을 양보하는 것이 된다. 이와 달리 영원한 세계에 초점을 맞추면, 실존세계와 멀어져서 편협한 신앙관을 가지기 쉽다. 따라서 위의 것과 아래 것의 균형을 이루는 것이 중요하다.

118) "하나님은 우리가 예수 그리스도의 이름으로 하나님을 영화롭게 하고 사람들을 축복하기를 원하신다. 동시에 두 가지를 다하는 유일한 방법은 마르다처럼 일하고, 마리아처럼 예배하는 것이다." 참조. 토미 테니(Tommy Tenney), 『균형의 영성』(Chasing God Serving Man), 토기장이(2005), 123.

사라지고 오직 영원한 삶과 믿음, 소망, 사랑이 끝없이 펼쳐지는 영광스러운 삶을 살게 됩니다."라고 말한다.119) 삶의 현재성과 영원성을 연결해주는 것은 우리 안에 있는 믿음, 소망, 사랑이다. 소망은 천국을 바라보는 믿음을 갖게 해준다.

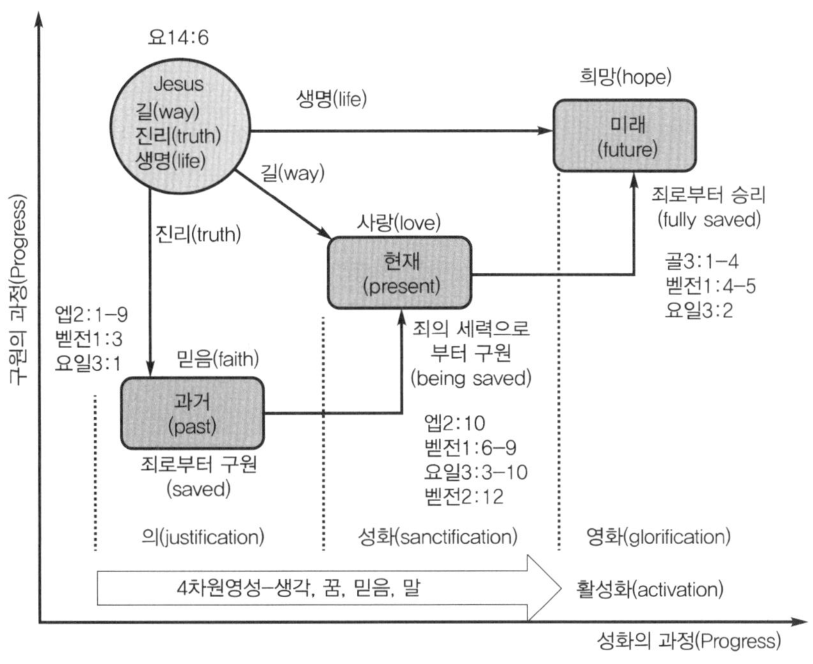

그림 12-4. 4차원영성과 영성진보와의 관계120): 4차원영성은 말씀을 기초로 한 영성이므로 영성형성과 진보에 친밀한 관계에 있다.

'사도신경, 십계명, 주기도문'은 그리스도인이 '보고, 알고, 믿고, 행동하고, 하나님과 교제하는 방법'을 각각 요약해주는 기독교의 가장 기본적인 핵심 가르침이다. 사도신경은 신앙의 내용, 십계명은 행동의 규범, 주기도문은 하나님과의 교제(기도)를 다룬다.121) 토마스 왓슨(Thomas Watson)은 주기도문은 '신학의 몸통'이라고 할 만큼 함축적 내용을 담고 있다. 패럿과 강(Parrett & Kang)은 말씀교육과 관련해서 믿음의 대상을 '사도신경, 주기도문, 십계명'으로 통합해서 이해하고, 이것과 요한복음 14장 6절 - 곧 진리(사도신경), 생명(주기도문), 길(십계명) -을 연결시켜 설명한다.122)

나아가 기독교의 기본진리인 '사도신경-주기도문-십계명'을 4차원영성- 하나님 말씀의 생각, 꿈, 믿음, 언어 - 과 연결시켜 묘사하면 그림 12-5와 같다. 다시 말해, 하나님 차원에서의 생각, 꿈, 믿음, 언어는 사도신경과 주기도문과 십계명을 서로 연합시키는 매체 역할을 해준다. 나무의 뿌리, 줄기와 가지가 나무 자체의 섬유질로 서로 연결되듯이, '말씀중심의 생각, 꿈, 믿음, 언어'는

---

119) 조용기, "지상에서 영원으로", 주일설교(2003-09-21).
120) Gary A. Parrett and S. Steve Kang, *Teaching the Faith, Forming the Faithful*, IVP Academic(2009), 56.
121) 제임스 패커(James Packer), 『주기도문』, 아바서원(2013), 13. 다음 책 참조. 제임스 패커(James Packer), 『사도신경』, 아바서원(2013). 제임스 패커(James Packer), 『십계명』, 아바서원(2013).
122) Gary A. Parrett and S. Steve Kang, *Teaching The Faith, Forming The Faithful*, IVP Academic(2009), 132-135.

기독교의 기본진리인 '사도신경, 주기도문, 십계명'의 경계선을 유기적으로 연결시킨다. 통합 영성은 궁극적으로 성도가 하나님의 영광을 드러내게 한다.

1) 길-사랑: 십계명의 연합 영성

하나님의 영광을 드러내는 십계명은 지고의 진리와 사랑의 담지자(bearer)다. 십계명은 실존세계에 사는 성도들을 위한 최고의 윤리적 계명이며, 동시에 최고의 사랑을 발아시키는 진원지다. 그림 12-5에서 보는 바와 같이 '길-사랑-십계명'의 상호관계는 연합적이면서 완전함을 향하여 나아간다. 예수님이 오신 것도 결국 율법, 사랑, 십계명을 완성시키려고 오셨다.[123] 인간은 선한 일을 위하여 태어났다(엡2:10). 따라서 성도는 '길-사랑-십계명'이라는 통합영성을 마음에 품고 천상을 향해 나아가야 한다. 우리는 '모든 행실에 거룩한 자(벧전1:15)'가 되어야 한다. 십계명은 인간이 걸어가야 할 선하고 의롭고 거룩한 길이다(롬7:12). 신자가 그리스도를 닮아간다는 것은 곧 예수님의 선하심과 거룩하심과 의로우심을 닮아가는 것이다.

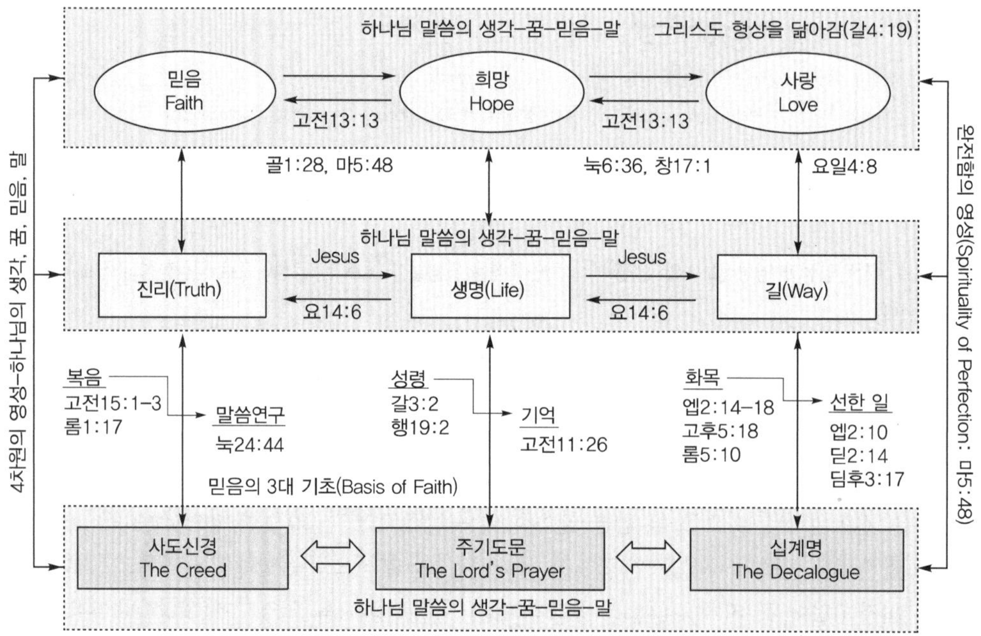

그림 12-5. 4차원영성과 사도신경, 주기도문, 십계명과의 역학적 관계[124]: 기독교 핵심진리의 영성 뿌리는 사도신경, 주기도문, 십계명이다. 또한 길, 진리, 생명은 사랑, 믿음, 희망으로 연결된다. 4차원의 영성은 시간과 영원을 포괄하는 전인적 영성을 제공한다. 사도신경, 주기도문, 십계명은 기독교의 핵심진리를 포괄하며, 동시에 신앙생활의 몸통이다. 4차원의 영성 – 말씀의 생각, 꿈, 믿음, 고백 – 을 통해서 우리는 예수님의 길과 진리와 생명을 추구하며 하나님의 은혜가 넘치는 삶을 살 수 있다. 모든 영적 언어는 하나의 고봉을 향한다.

---

123) 율법의 최종 목적은 그리스도를 영화롭게 하는 것이다. 하나님의 모든 구원사역은 역사 속에서 그리스도와 연결된다. 참조. 존 파이퍼, 『장래의 은혜』(Future Grace), 좋은씨앗(2013), 231.
124) 참조. 제임스 패커 & 게리 패럿, 『복음에 뿌리를 내리라』, 생명의말씀사(2010), 221.

2) 진리-믿음: 사도신경의 연합 영성

기독교 신앙의 핵심진리인 사도신경은 하나님의 신비를 구체화시킨 것이다. 사도신경은 진리의 세계를 보여주는 영적 지도와 같다. 그것은 성경 66권의 축소판이다. 사도신경을 믿는다는 것은 성경 전체의 영성을 품는 것과 같은 말이다. 사도신경을 바라본다는 것은 곧 하늘나라 전체를 바라보고 믿는 것을 말한다. 진리는 인간의 마음을 거룩하게 하여(요17:17), 하나님의 생각으로 살게 만든다. 곧 믿음은 자기중심에서 벗어나게 해서 타자중심으로 살게 만든다(십계명적 삶). 우리의 믿음은 그리스도 안에서 변화와 창조의 삶을 살게 하는 원동력이다. 따라서 그리스도인들이 늘 기억해야 할 통합 영성은 '진리-믿음-사도신경의 영성'이다. 기독교인은 본질을 분명하게 알고 있어야 마귀의 길에 빠지지 않기 때문이다(벧전5:8).

3) 생명-희망: 주기도문의 연합 영성

영산은 십자가는 생명의 빛이라고 말한다. "예수님은 갈보리 십자가에서 생명의 빛을 비춰주셨습니다. 우리의 모든 어두움을 다 짊어지고 갈보리 십자가에 올라가서 십자가에서 예수님은 어두움을 다 쫓아내셨습니다. 마귀를 끌어안고 못 박히셨기 때문에 마귀는 십자가에서 예수 그리스도로 말미암아 정사와 권세를 다 빼앗겨버렸습니다. 십자가보다 더 위대한 곳이 없습니다. 그곳에서 마귀는 자멸한 것입니다. 예수님은 갈보리 십자가에서 우리에게 생명의 빛을 비추었습니다."[125]

주기도문은 생명의 빛이요, 은혜의 보좌를 열어주는 신비의 장이다. 주기도문은 하나님과의 교제방법을 설명해주고, 복음의 진수를 보여준다. 주기도문 안에 희망과 생명이 있다. 희망과 생명은 서로 밀접하게 연결되어 있다. 하나님의 형상을 닮은 인간은 성령의 도움으로 예수님과 그의 삶의 발자취를 닮아갈 수 있다. 이 세 가지 통합영성은 완전함의 영성을 위해 존재한다. 4차원영성은 이 완전함의 영성에 이를 수 있도록 '활성화, 진보화, 지속화'의 역할을 한다(시26:1, 11).

4차원영성의 일차적 기능은 말씀을 통해 신자들이 하늘의 은혜를 체험하게 만든다. 더 근원적으로는 신자의 마음을 하나님의 마음에 일치하게 해서 하나님처럼 생각하고, 꿈꾸고, 믿고, 고백하는 삶을 살게 한다. 궁극적으로 예수 그리스도의 형상을 닮아가는 삶이다. "오직 너희를 부르신 거룩한 자처럼 너희도 모든 행실에 거룩한 자가 되라(벧전1:15)." 나아가 4차원의 영성은 인간의 지성, 감성, 의지를 새롭게 변화시켜 준다. 4차원영성은 삶 속에서 거룩을 추구하는 영성이다.[126]

5.2. 희망의 현재와 미래

희망이란 하나님이 소유하신 선하신 것들의 총체성이다. 즉, 하나님은 '소유하신 것(having)'을 신자들에 '나누어주는 것(being)'으로 행복해하신다.

영산은 우리의 꿈과 희망은 십자가에서 이미 다 이뤄놓은 것이라고 말한다. "꿈과 희망을 가슴에

---

125) 조용기, "생명의 빛이신 예수님", 주일설교(2014-12-28).
126) 인간의 생각이 거룩한 말씀으로 충만하게 되면, 그의 꿈도, 믿음도, 언어도 거룩해진다. 그런 의미에서 4차원영성은 말씀의 영성이다.

품으면 성령께서 그것을 이루어주십니다. 꿈과 희망을 품고 기도한 아브라함처럼 하나님께서 복의 근원이 되어 주시는 것입니다. 여러분에게 이 세상에 가장 귀한 것은 꿈과 희망을 품는 것입니다. 꿈과 희망이 있으면 망하지 않습니다. 꿈과 희망을 품으십시오. 우리가 꿈과 희망을 품을 수 있는 것은 예수 십자가의 도리를 알고 있기 때문입니다. 그곳에서 하나님께서 우리를 위해서 다 이루어 놓으셨습니다."127)

십자가는 삶의 과거, 현재, 미래를 서로 통합시킨다. 십자가는 한편으로 은혜의 보좌를 바라보게 하고, 다른 한편으로 새 하늘과 새 땅을 바라보게 만든다. 믿음, 소망, 사랑은 희망의 영양제다. 희망은 현재와 미래의 수레바퀴를 달고 우리에게 다가온다. 희망이란 땅과 하늘을 이어준다. 영산은 이렇게 말한다. "우리가 끝까지 희망을 잃지 않는다면 우리는 현재의 고통과 상관없이 삶의 기쁨과 행복을 건설할 수 있습니다. 지금 아무리 눈물 어린 고통이 다가온다 할지라도, 우리가 행복을 건설할 수 있는 것은 희망이 있기 때문입니다. 희망은 초자연적인 꿈을 마음속에 가져오며, 능력을 갖다 주며, 또한 인내할 수 있게 합니다. 그러므로 희망보다 매우 중요한 것입니다."128)

복의 근원이신 좋으신 하나님은 우리에게 자비와 은혜를 베풀어 이 땅에 십자가를 세우셨다. 그의 아들 예수를 보내시어, 우리를 죄에서 구원하셨다. 우리 안에 품고 있는 십자가는 현재와 장래의 희망이다. 예수 그리스도의 십자가는 죄의 대속에 대한 상징이자, 또한 '예수님의 오심, 사심, 죽으심, 부활하심, 승천하심, 영광 받으심'을 총체적으로 나타낸다. 십자가를 통하지 않고서 누구도 하나님의 가족이 될 수 없다. 십자가는 하나님이 우리에게 주신 영원한 희망의 상징이다.

예수님은 "내가 세상 끝날까지 너희와 항상 함께 있으리라(마28:20)"고 말씀하신다. 이것이 우리의 실제적 희망이다. 그냥 예수님이 '세세토록 살아 계시는(계1:17-19)' 것이라면 우리에게 위로가 되거나 희망이 되지 못할 것이다. 그러나 예수님은 '우리와 항상 함께' 계신다. 신자는 이미 '새 하늘과 새 땅(계21:1)'의 종착역을 향해서 달려가는 하늘기차를 탄 사람들이다. 십자가는 창세기와 요한계시록을 연결시켜 신앙인이 새 하늘과 새 땅에 살 것이라는 희망의 메시지를 들려준다. 영산은 "예수님은 우리의 영생과 희망이십니다. 예수 그리스도를 구주로 영접하여 절망에서 치료받고 새 사람으로 거듭나야만, 우리는 영생의 희망을 가슴에 가득 안고 살게 됩니다."라고 말한다.129)

1) 희망의 진정성

예수를 믿는 모든 자들은 이미 그리스도의 임재 안에 있다. 중요한 것은 '말씀 안에서' 그와 항상 함께 있는 것이다. 말씀과 임재 – 신자들은 말씀만 머리로 알아서도 안 되고, 단지 임재만 느껴서도 안 된다. 신자는 '말씀 안에서의 그리스도의 임재'를 통해서 위로를 얻고, 참생명을 느껴야 한다.

성경은 생명과 희망의 책이다. 성경은 영적 희망의 진정성을 보여주는 고차원의 책이다. 단순히 위로의 차원이 아니라, 실제적으로 참생명과 진정한 희망에 대해서 다룬다. 성경은 티끌과 같은

---

127) 조용기, "꿈과 희망", 주일설교(2012-09-30).
128) 조용기, "삶과 희망", 주일설교(2009-10-04).
129) 조용기, "절망의 사람, 희망의 사람", 주일설교(2000-04-30).

존재에 새 생명을 불어넣고, 하나님의 백성으로 성숙시켜 가는 일련의 과정을 보여주는 책이다.

하나님은 아담과 하와가 선악과나무를 볼 때마다 이렇게 생각하기를 바라셨다. "나는 최종 권위자가 아니야. 내 위엔 창조주 하나님이 계시고, 그분이 나를 지으셨어! 나는 그분의 지배를 받아야 해. 그분의 말을 절대적으로 들을 거야!" 그러나 동산의 선악과를 보면서, 아담과 하와는 이와 같이 생각하게 되었다. "나는 하나님의 자리를 차지해야 해, 내가 최종 권위자가 되어야 해. 내 위엔 아무도 있어서는 안 돼! 내 중심으로 살 거야! 그게 편하고 좋아! 언젠가는 저 선악과를 따먹을 거야!" 그래서 선악과를 따먹었는데, 결과는 아담과 하와가 기대했던 것과 완전히 상반되게 나왔다. 하나님과의 친밀한 관계가 끊어져버렸다. 그들은 영생과 완전함을 잃어버렸다. 의인에서 죄인으로 전락했다. 에덴동산에서 쫓겨난 채 그들은 두려움과 허무와 방랑의 삶을 살게 되었다. 그들에게 땀과 고통과 질병과 죽음이 기다리고 있었다.

삼위일체 하나님은 창세 전에 그리스도 안에서 선택한 성도를 통해(롬8:29, 엡1:11), 자신의 말씀의 역사를 이 땅 위에 펼치시고 있다. 이 땅의 역사는 만세 전에 하나님이 계획하신 역사의 두루마기가 펼쳐지는 무대이다. 시공간이 없는 영원의 세계(눅20:38), 곧 천상궁궐에 계신 삼위 하나님은 자신의 형상을 닮은 인간을 창조해서 이 땅에 살게 하셨다. 하나님은 그들을 통해 자신의 영광을 위해 이 땅을 말씀으로 경영하고 계신다. 그래서 이 땅의 역사는 하나님의 뜻을 이뤄가는 역사와 그것을 방해하는 역사로 점철된다. 하나님은 영원 안에서 시간의 역사를 바라보신다.[130] 영산은 시간과 영원의 상관성에 대해 이렇게 말한다. "영원하신 하나님의 아들이 시간 속에 인간으로 오셔서, 인간을 끌어안으시고 죽으시고, 시간을 극복하시고 영원한 삶으로 우리를 이끄셨습니다. 그분이 바로 예수님이십니다. 예수님 안에서 우리는 시간을 초월해버립니다. 이미 시간을 초월했고 흘러가는 세월을 초월해서 예수 그리스도 안에서 영원을 마음속에 품고 있습니다. 하나님의 사랑, 예수 그리스도의 은혜 속에 우리는 영원을 품고 살기 때문에 죽음을 두려워하지 말아야 합니다."[131] 그런 관점에서 보면, 역사란 영원 안에서 시간들의 몸부림이다.

2) 하나님의 뜻을 이루는 희망

하나님은 인류구원의 희망을 가지고 계신다(딤전2:4). 그림 12-6에서 보는 바와 같이 삼위 하나님의 뜻은 예수님을 통하여 인류를 구원하는 데 있다. 삼위일체 하나님 – 성부, 성자, 성령 – 은 피조세계와 인격적 관계를 유지하신다.[132] 성부는 구원받을 자들을 예정하시고(엡1:3-5), 그의 경륜에 따라 일하시는 분이시다(엡1:11). 성자는 성부의 뜻에 따라 죄와 사망을 대속하는 대속자로서 피

---

130) Michael Ruse, *Science and Spirituality*, Cambridge(2010), 189. 시간은 하나님의 창조물이다. 시간은 현재, 과거, 미래를 구분할 수 있다. 그러나 영원은 현재, 과거, 미래를 구별하지 않는다. 영원은 모든 것이 동시적이다. 곧 하나님은 과거, 현재, 미래를 한눈에 다 보고 계신다. 바꾸어 말하면, 하나님에게는 모든 시간이 영원한 현재이다. 하나님은 영원의 주인이시며, 인간 세상에 존재하는 시간을 뚫고 들어와 계시지만, 동시에 그것을 초월하신다(눅20:38, 시90:4).

131) 조용기, "시간에서 영원으로", 주일설교(2006-02-26).

132) 신학은 내재적 삼위일체(천지창조 이전부터 삼위일체로 존재하시는 하나님)와 경륜적 삼위일체, 곧 구원 역사 속에서 하나님 아버지와 아들과 성령님으로 계시하시는 하나님에 대해서 말한다. 하나님과 신자의 관계에 대하여 다음 책을 참조하라. 브루스 웨어, 『더 큰 하나님의 영광』, 부흥과개혁사(2008), 174-215.

조물과 관계를 맺으신다(엡1:7). 또 성령님은 성부와 성자의 대행자로서 성부가 정하고 성자가 얻으신 모든 것을 신자들의 삶 속에서 적용하신다(엡1:13-14). 곧 하나님은 초월적 자기현존과 내재적 자기참여를 통해 피조물과 인격적인 관계를 맺으시며 일하신다.133) 하나님은 지금 하늘에 계시지만, 동시에 지금 피조세계와 우리의 마음공간에서 활동하고 계신다. 우리는 예수님 안에 있고, 예수님은 우리 안에서 사신다(고전1:30).

영산이 주장하는 신학의 기초, 곧 5중복음, 3중축복, 4차원영성은 하나님의 뜻과 계획을 펼쳐가는 하나님의 은혜의 방편들이며, 나아가 성도들에게 진정한 희망의 선물을 준다. 영산의 성격해석학은 삼위일체적이며, 복음적이며, 실존적이다. 영산의 신학기초와 5중복음, 3중축복, 4차원영성은 서로 밀접하게 연결되어 있다. 십자가의 영성은 절대 희망의 영성이다. 영산은 "하나님은 희망의 하나님이요 절망의 하나님이 아닙니다. 하나님은 소망의 하나님이요 좌절의 하나님이 아니십니다. 하나님은 우리에게 희망을 주기를 원하십니다."라고 강조한다.134)

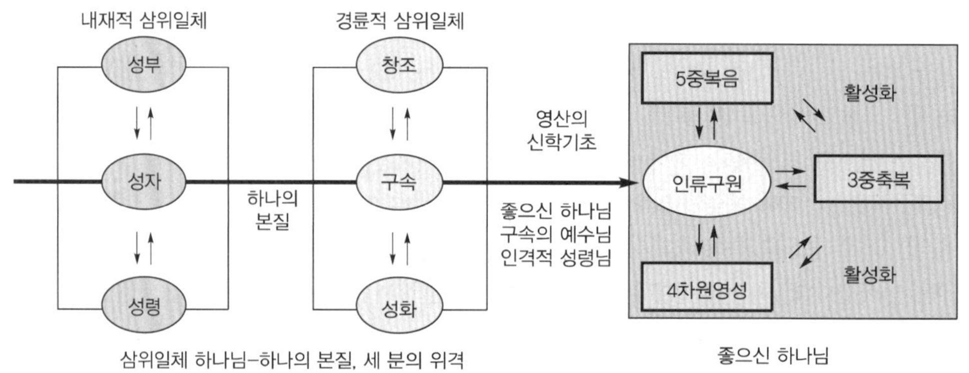

그림 12-6. 인류구원을 향한 삼위 하나님의 궁극의 목표와 5중복음, 3중축복, 4차원영성의 관계성: 성부 하나님은 자신의 뜻을 하늘에서 이루시고(마6:10, 엡1:4), 성자 하나님은 아버지의 뜻을 땅에서 이루시고(요19:30), 성령 하나님은 성부, 성자가 이루신 삶을 우리에게 이루고 계신다(요16:13-14). 5중복음, 3중축복, 4차원영성은 서로 밀접하게 연결된 구조속에서 하나님의 뜻을 활성화시킨다.

영산은 삼위 하나님의 존재 및 사역 – 좋으신 하나님, 예수 그리스도의 구속의 은혜, 성령님과의 인격적 교제 – 에 기초해서 5중복음, 3중축복, 4차원영성을 기도와 성령 안에서 이끌어내어 자신의 목회의 중심사상으로 뿌리내리게 했다. 3대 신학의 기초는 삼위일체 하나님이고 4차원영성은 십자가에서 이끌어낸 것이므로, 결국 영산이 반세기 동안 일궜던 목회의 밭은 삼위 하나님의 영성과 십자가 영성이라는 두 개의 축으로 집약된다. 곧 그는 그리스도 안에서 성령님과 동행하면서 하나님의 완전한 영성을 향하여 일평생을 바친 것이다. 바울이 완전함의 영성(골1:28)을 향하여 달려간 것처럼 영산도 그러했다.

---

133) 브루스 웨어, 『더 큰 하나님의 영광』, 부흥과개혁사(2008), 207-208.
134) 조용기, "희망을 향해 나아가라", 주일설교(1998-08-16).

머레이(Andrew Murray)는 "인간에게 있어 최고의 복은 하나님과의 친밀한 관계를 맺는 데 있다"고 강조한다.135) 예수님이 '영원한 속죄를 이루사 단번에 성소에 들어가심'으로 신자들도 성소에 들어갈 수 있게 되었다(히9:12). 우리는 그리스도와 한 영을 이루어 그와 친밀한 관계에 있다(고전6:17, 요일1:3). 3중축복은 하나님과의 관계에서 오는 복이다. 기독론적 관점에서 3중축복을 보면 전인구원이다. 성부의 관점에서 보면, 좋으신 하나님의 은혜다. 성령론적 관점에서 보면, 성령님과의 영적이며 인격적인 친밀한 교제이다. 5중복음, 3중축복을 4차원영성으로 확장시키면, 하나님의 사랑과 이웃 사랑으로 귀결되며, 궁극적으로 삼위일체 하나님의 삶에 참여하는 것이다(요17:21-23).

3) 삶의 자리에서의 희망

예수님이 우리 안에 계심으로써 그리스도인은 시간세계(시33:13, 시11:4)와 영원세계(시2:4, 시103:19, 신4:36)를 동시에 살고 있다. 땅에 있으면서도 우리는 그리스도의 보좌 옆에 앉아 있다. 변화산에서 베드로는 모세와 엘리야가 나타나고 예수님이 변모하신 장면을 직접 보았다. 하나님은 과거, 현재, 미래를 융합하신다. 다시 말해, 영원 속에 존재하시는 하나님은 시간과 공간 안에서도 역사하신다. 영산은 "시간에서 영원으로 건너가는 징검다리는 예수님밖에 없습니다. 어떠한 철학이나 종교도 징검다리가 될 수 없습니다. 하나님의 아들은 영원에서 시간으로 오신 분입니다. 하나님의 아들이 사람의 몸을 취해서 시간 속에 들어오신 것입니다. 그분이 바로 예수 그리스도이십니다."라고 말한다.136) 따라서 예수 그리스도는 시간과 영원의 주인이시다. 곧 예수님은 시간을 초월하시며 영원히 존재하신다(히13:8, 계21:6).

실존적 차원에서 보면, 4차원영성을 현재의 삶에 적용하는 것은 곧 삼위일체 하나님의 삶의 모델을 닮아가는 것이다(롬8:29). 4차원영성을 현재 차원에서 미래 차원으로, 미래 차원에서 영원의 차원으로 확장시켜 인식하는 것이 필요하다. 영산은 예수님만이 시간을 이기고 우리를 영원으로 초대할 수 있다고 말한다. "예수 그리스도를 구주로 영접하면, 우리 속에 그리스도가 들어와서, 우리의 시간과 죽음을 극복하게 하십니다. 또한 그리스도 안에서 우리는 성령의 인도로 장차 새 하늘과 새 땅으로 들어갈 것입니다. 그리스도와 함께 죽고 함께 장례지낸 바 되고 함께 일으키사 그의 안에서 영원히 하나님 우편에 앉게 만들어주시는 것입니다."137)

영산은 4차원 삶의 개발과정을 다음과 같은 4가지로 요약한다. 138)

  a) 하나님의 말씀과 천국의 생각을 가지고 오며, 하나님의 말씀을 통하여 우리 속에 들어온다. 그러므로 말씀을 깨닫고 깊이 묵상하라(요1:1).

  b) 하나님의 말씀을 따라 소원이 생기고, 소원이 그리는 그림이 꿈이다. 그러므로 바라봄의 법칙을 따라 꿈을 집중하여 바라보고 기도하라(창13:14-15).

  c) 믿음은 영적 특성을 가지고 있는데, 꿈이 있으면 믿음이 생긴다(막11:23-24).

  d) 믿음은 말을 통하여 상승작용을 한다. 그러므로 믿고 말하라(롬10:10).

---

135) Andrew Murray, *The Power of the Blood of Jesus*, Whitaker House(1993), 85-86.
136) 조용기, "시간에서 영원으로", 주일설교(2006-02-26).
137) 조용기, "시간에서 영원으로", 주일설교(2006-02-26).
138) 조용기, "마음의 파숫군", 주일설교(2013-12-01).

영산의 성경해석학은 삶의 자리에서의 실존적 해석이다. 그의 영적논리에 의하면, 하나님의 말씀은 4차원영성의 뿌리다. 4차원영성의 삶이란 삶의 자리에서 말씀을 순종하고 닮아가는 삶, 예수 그리스도의 죽으심과 부활하심을 닮아가는 삶, 곧 의롭고 거룩한 삶이다(롬8:29, 엡4:24, 마5:48). 뿌리를 닮은 나뭇가지가 땅위로 솟아나오는 것처럼, 말씀의 씨가 마음에 각인되면, 인간의 마음은 처음부터 하나님의 마음을 닮아서, 하나님을 닮은 성품이 밖으로 드러나게 된다. 그림 12-7에서 보는 바와 같이, 4차원영성을 하나님의 약속과 계시의 역사관점에서 이해한다면, 궁극의 목표는 삼위일체 하나님의 삶을 모방하는 삶이다. 따라서 4차원영성의 개념은 하나님의 은혜로 단지 현재의 삶에 만족하는 것을 너머 영원의 세계까지 확장시켜, 궁극적으로 삼위 하나님과 하나 되는 삶을 추구하는 것이라야 한다(요17:21). 성도는 날마다 시간과 영원의 교차점에서 살고 있으며, 성령의 능력으로 매 시간 초월적 종말의 세계를 맛볼 수 있어야 한다.

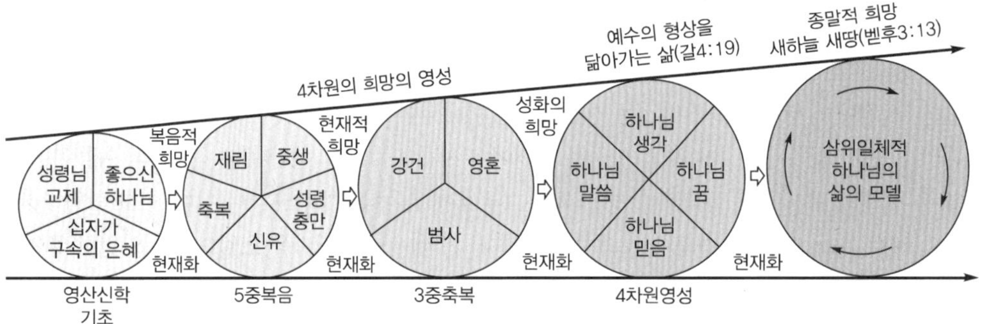

그림 12-7. 영산의 현재적 희망과 종말적 희망의 총체적 이해: 복음은 현재의 삶과 종말의 삶을 연결시킨다. 영산은 희망을 선포하는 방법론으로 '5중복음과 3중축복'을 적용했으며(신학적 접근), 희망을 삶의 자리에 적용하는 방법론으로 '4차원영성'을 적용했다(실천적 접근). 영산은 신학적 방법론과 실천적 방법론이라는 이중 모델을 통해 희망의 총체성을 인식했으며, 그것을 성도들에게 적용했으며, 궁극적으로 성도들로 하여금 그리스도 형상을 닮아가도록 했다. 인간은 땅에 살면서도 하늘을 바라보아야 할 존재다. 하나님이 계시는 하늘(시103:19, 시2:4, 시123:1, 신4:36, 신26:15)은 인간이 사는 지상과 연결되어 있다. 하나님은 초월적 및 내재적으로 인간의 삶을 감찰하신다(시33:13, 시11:4). 우리의 궁극의 희망은 그리스도의 사랑 안에서 하나님과 우리가 영원히 서로 친교하는 것이다.[139] 성도는 희망의 창시자 예수 그리스도가 내 안에 함께 계시므로 희망적 존재다(갈2:20). 복음은 우리를 희망의 나라로 초청하며, 궁극적으로 종말적 희망을 제시해준다. 4차원영성은 5중복음과 3중축복을 삶의 자리에 현재화시켜 궁극적으로 그리스도를 닮아가게 하는 삶을 추구하게 한다(갈4:19).

---

139) "하나님은 지금 성령을 통하여 우리 마음 가운데 와 계십니다. 그가 지금 우리 마음 가운데 계시기 때문에 우리 마음은 하늘나라가 됩니다." 참조. 조용기, 『하늘에 계신 우리 아버지: 주기도문 강해』, 영산출판사(1979), 49. 볼프(Miroslav Volf)는 하나님의 나라는 현재와 단절된 것이 아니라, 이 세상과 연속성을 지니고 있다고 주장한다. 참조. 이상윤, "영산 조용기 목사의 설교와 오순절신학", *The 20th Youngsan Theologians' Academic Forum*, Feb 17(2014), 7에서 인용. 참조. Miroslav Volf, "On Loving with Hope: Eschatology and Social Responsibility", *Transformation* 7.3, July-Sep 1990, 28.

따라서 성도의 존재 목표는 예수님이 말씀하신 것처럼 '완전함'에 도달하려고 하는 의지를 가져야 한다(마5:48). 예수님은 영적으로 도달해야 할 목표지점을 우리에게 주셨다. 그 고지는 나의 힘으로 불가하고 오직 성령의 능력으로 가능하다. 바울의 사역의 주제는 말씀을 세우는 것이었다(골1:25). 그는 성도를 '완전한 자'로 세우는 데 일생을 바쳤다(골1:28). 완전함은 길이요, 진리요, 생명이신 예수님께 나아가는 길이다. 그 길만이 영광으로 가는 길이다. 영성은 삶의 실제이며, 하나님과 관계를 맺는 일이다. 또한 삶의 자리에서 말씀을 구체적으로 실천하고 적용하는 것이다. 내 마음의 모든 주권을 주님께 맡기는 것이다. 내가 내 삶의 주인이 아니라, 주님께 모든 주권을 드리는 삶이다. 이제 우리 앞에는 내가 아니라, 내 안의 예수의 삶을 살아야 하는 과제가 놓여 있다. 영성은 단과반이나 속성반에 들어가서 단순히 머리로 이해하는 것이 아니라, 광야의 삶을 살아가면서 온몸으로 체험하고 아는 것을 요구한다.

영산은 오늘도 선포한다. "우리의 생각이 새로워지고 꿈이 새로워지고 강하고 담대한 믿음으로 나아가 권세 있는 말씀을 선포하면, 아름다운 세계를 만들게 됩니다."[140] 4차원영성은 오늘도 하나님과 친밀하게 교제하며 살아가도록 도와주고 이끌어준다. 그 삶은 바로 희망의 삶이다. 아멘!

맺는말

영산의 희망세계는 십자가에서 시작한다. 그는 반세기 동안 성령의 능력으로 카리스마적 희망을 선포했다. 그는 '5중복음과 3중축복'을 통해 희망을 선포했으며(신학적 방법론), '4차원영성'을 통해 성도들의 삶의 자리에 희망을 적용시켰다(실천적 방법론). 또한 그는 현재의 희망과 종말적 희망을 균형 있게 강조했다. 즉 현재의 삶과 내세의 삶의 조화를 역설했다. 나아가, 그는 희망의 복음을 개인과 사회전반에 걸쳐서 다양한 방법으로 선포했다.

하나님 나라의 복음은 현재의 희망과 미래의 희망을 동시에 품게 한다. 신자는 '이미, 그러나 아직은 아닌' 종말론적 현실에서 새 하늘과 새 땅을 내다보며 긴장 속에서 삶을 살아간다. 희망은 봄(sight)과 믿음(faith)의 경계선에 머물면서 '기다림'이라는 언어를 만들어낸다. 희망이란 봄(sight)이 내 앞에 있는 모습 그대로 나타날 때까지 믿음으로 그 대상을 바라보게 한다. 그것은 깨어서 준비하며 기다리는 삶이다. 시편 기자는 "파수꾼이 아침을 기다림보다 내 영혼이 주를 더 기다리나니 참으로 파수꾼이 아침을 기다림보다 더하도다(시130:6)"라고 고백한다.

'희망, 봄, 믿음, 기다림'은 한 줄기에 붙은 영적요소들이다. 희망은 믿음과 손잡고, 기다림의 동무를 불러, 봄을 기대하며 함께 새 하늘과 새 땅을 향해서 나아간다. 희망과 믿음이 아무리 짝을 잘 이루어도 장차 나타날 '봄(sight)'이 없으면 허공을 바라보는 것이다. 성경적 희망은 분명한 실재(reality)를 전제로 한다. 그것은 자연인의 희망 개념 및 대상과 차원이 다르다. 희망의 뿌리가 전능하

---

140) 조용기, "마음하늘", 주일설교(2013-04-07).

신 하나님에게 있느냐, 아니면 인간 자체에 있느냐 또는 이 세상에 있느냐 아니면 새 하늘과 새 땅에 있느냐에 따라서 희망의 대상과 내용과 질이 달라진다.

희망이란 '믿음의 실체'를 바라보는 영적인 힘이다. 곧 실존을 초월하여 장차 임할 실체를 바라보는 것이다. 믿음은 없는 것을 있는 것처럼 바라보는 것이다. 희망은 믿음이 고대하는 실체를 바라보고 기다리는 것이다. 베드로후서는 "우리는 그의 약속대로 의가 있는 곳인 새 하늘과 새 땅을 바라보도다(벧후3:13)"라고 기록하고 있다. 우리는 하나님의 약속에 기초해서 지금 '새 하늘과 새 땅'을 믿음의 눈으로 바라보고 기다리며 오기를 희망한다. 희망은 믿음을 전제로 한 기다림과 약속의 총체성이다. 믿음은 봄을 전제로 한다. 결국 희망은 믿음과 기다림의 짝이 된다. 믿음이 하는 일은 실로 놀랍다.

그 믿음이 어디서 왔는가? 예수 그리스도 십자가의 죽으심과 부활에서 온 것이다. 우리 안의 믿음은 죽음과 부활을 체험했다. 그 믿음은 장차 임할 '부활의 몸'을 희망 안에서 기다린다. 십자가의 믿음은 현재 나의 실존을 초월하여, 장차 있을 새 하늘과 새 땅을 내다보며 그것이 임할 것을 확신한다. 믿음은 '지금 이곳에서'의 현재시제와 '장차 거기서'의 미래시제를 서로 연결시켜준다.

우리 안에 잠재된 영적 희망은 장차 다가올 생명을 기다린다. 몰트만(Jürgen Moltmann)이 "신앙은 희망을 세우는 기초이고, 희망은 신앙을 키우고 지원한다"고 말한 것처럼 희망과 믿음은 서로 협력한다. 신자들의 희망은 그리스도를 기다리는 희망이다. "너희가 모든 은사에 부족함이 없이 우리 주 예수 그리스도의 나타나심을 기다림이라(고전1:7)." 우리 안의 믿음은 장차 올 예수 그리스도를 먼저 보게 한다. 우리 안의 믿음의 눈은 이미 본 예수 그리스도를 마음에 새기고 바라보도록 만든다. 농부가 '이른 비와 늦은 비(약5:7)'를 기다리듯이 우리는 한편으로 기다리고, 다른 한편으로 깨어 있으면서 준비해야 한다.

하나님은 희망의 하나님이시다. 하나님은 인간에게 나눠줄 모든 선한 것들 모두 가지고 계신다. 하나님은 '미래와 희망(렘29:11)'을 주시는 하나님이시다. 희망을 유지할 수 있는 근원적인 힘은 십자가의 복음을 믿는 것에 있다. "이제 내가 육체 가운데 사는 것은 나를 사랑하사 나를 위하여 자기 자신을 버리신 하나님의 아들을 믿는 믿음 안에서 사는 것이라(갈2:20)." 신자가 장래의 희망을 품을 수 있는 핵심적인 영적 수단은 '하나님의 아들을 믿는 믿음' 안에 있다. 그 믿음이 희망의 유일한 근거이기 때문이다.

"우리는 그의 약속대로 의가 있는 곳인 새 하늘과 새 땅을 바라보도다(벧후3:13)."

요약 및 결론

이 책은 영산의 신앙, 신학, 영성, 그리고 목회사상을 총체적으로 서술한 책이다. 수면 아래 자리 잡은 영산의 3가지의 신학적 기초 – '좋으신 하나님', '예수 그리스도의 구속의 은혜와 사랑', '성령님과의 인격적 교제' – 를 기본 골격으로 하고, 수면 위로 드러난 '5중복음', '3중축복', '4차원영성'을 서로 연결시키며, 체계적이고 구체적으로 설명해서 영산의 신학과 목회의 목적, 의미, 가치를 정립한 책이다. 이 책이 목표하는 바는 영산의 목회의 삼중구조 – 5중복음, 3중축복, 4차원영성 – 의 영적 가치를 체계적으로 명료하게 서술하고, 성도들의 삶의 자리에 적용해서, 궁극적으로 하나님께 영광을 돌리려는 것이다(사43:7, 고전10:31).

이 책을 통해서 나는 영산의 신학과 영산의 목회의 이론과 실제를 조화시키고 체계화해서 하나의 지향점을 제시하고자 했다. 지금까지 이 책은 영산의 십자가 영성을 중심으로 7부작으로 서술하여, 영산의 4차원의 희망의 영성에 대해서 설명했다. 이 책 전체의 키워드는 '하나님, 예수 그리스도의 죽으심과 부활하심, 성령님, 말씀, 십자가, 5중복음, 3중축복, 4차원영성, 자비, 은혜, 사랑, 생각, 꿈, 믿음, 말'이다. 나는 7부작을 통해서 영산의 목회사상과 신학적 이론과 실제를 다양한 측면과 관점에서 서술했다.

제0부 십자가의 영성: 존재함(Being)

제0부에서는 이 책의 출발을 위한 준비 작업으로, 영성의 기초와 역사, 인간은 무엇인가에 대하여 개괄적으로 제시했다. 또한 영성신학과 영성의 역사 속에서 영산이 설파하는 영성의 위치와 적용 가치에 대하여 서술했다. 영성은 하늘의 언어와 관련되어 있다. 따라서 인간의 이성언어로 쉽게 정의할 수 없다. 그렇지만 영산은 다음과 같이 정의한다. "4차원영성이란 하나님의 말씀을 마음에 적용하는 것으로, 그 방법은 생각, 꿈, 믿음, 말씀입니다." 이 정의에 의하면, 하나님의 말씀은 4차원의 주체이고, 인간의 마음은 3차원에 속한다. 4차원과 3차원을 연결하여 주는 수단은 바로 '생각, 꿈, 믿음, 말'이다.

제1부 십자가의 영성: 바라봄(Looking)

기독교 신앙의 기초는 십자가를 바라봄에서 시작한다. "나를 앙망하라 그리하면 구원을 얻으리라(사45:22)." 구원에 참여하는 것은 바라보는 것이다. 바울은 갈라디아 사람들에게 십자가를 바라보도록 권면했다. 그는 "예수 그리스도께서 십자가에 못 박히신 것이 너희 눈 앞에 밝히 보이거늘(갈3:1)"이라며 갈라디아 사람들의 부족한 안목을 안타까워 했다. 광야에서 장대에 달린 놋뱀을 바라봄으로써 이스라엘 백성이 살아난 것처럼, 바라봄은 생명과 관계된다. 바라본다는 것은 온 마음을 집중한다는 의미다. 생명의 근원이 마음에서 난다(잠4:23). "믿음의 주여 또 온전케 하는 이인 예수를 바라보자(히12:2)." 예수 그리스도의 십자가를 바라보면 영원한 생명이 주어진다. 믿음은 고난절과 부활절을 경험하면서 성장하고 진보한다. 이 책의 출발점은 십자가 위에서 예수 그리스도의 죽으심과 부활하심을 바라보는 것이다. 십자가는 옛 사람을 소멸시키고, 새 사람을 탄생시킨다.

제1부에서는 십자가에서 파생된 5중복음을 새 존재의 관점에서 중점적으로 서술하였다. 십자가는 인간을 '새 존재(고후5:17)'로 만들어 거룩하고 의롭게 살게 한다. 십자가의 복음은 옛 사람을 소멸시키고, 새 사람을 만들고, '새 존재의 영성'을 발아시킨다. 이 책에서 나는 '존재의 영성'에서 시작해서 복음 안에서의 '새로운 삶의 양식'으로 이어지는 영성 과정을 설명했다. 십자가는 죄인을 의인으로 만들고, 의인을 점점 거룩하게 만들어간다. 또한 그 과정에서 새 하늘과 새 땅의 영광을 바라보게 한다.

제2부 십자가의 영성: 복주심(Blessing)

"이를 위하여 너희가 부르심을 받았으니 이는 복을 이어받게 하려 하심이라(벧전3:9)." 모든 그리스도인은 복을 이어 받을 자들이다. 영산은 자신의 목회궤도의 하나로 3중축복 – 영혼의 복, 범사의 복, 강건의 복 – 을 기초로 삼았다. 그리스도를 바라보면 구원을 얻는다. 우리는 '은혜로 구원을 받은 것(엡2:5)'이다. 그 은혜는 믿음으로 주어진다. 믿음은 우리를 은혜의 장(場)으로 초대한다(롬4:16). 복되심과 선하심의 하나님은 온갖 은혜를 베푸시는 하나님이시다. 하나님의 최대 사역은 십자가 위에서 일궈내신 화목사역이다. 하나님은 인간과 화목하시기 위해 그의 아들 예수를 십자가에 못 박게 하셨다. 축복은 하나님과 인간의 관계에서 시작된다.

제2부에서는 5중복음과 연계하여 3중축복에 대하여 중점적으로 서술하였다. 하나님과 인간의 관계에 대한 영성 이야기로 확장시켜 그 관계를 세밀히 관찰하였다. 선하신 하나님은 우리에게 십자가를 통해 자비와 은혜의 복을 부어주신다. 하나님은 십자가의 부활의 능력이 신자들의 삶에 적용되게 하신다. 그리스도인의 특권은 '부활의 권능과 그 고난에 참여하여(빌3:10)' 그리스도의 삶을 본받는 것이다.

제3부 십자가의 영성: 친교함(Communion)

십자가는 죄인에게 거룩함을 얻게 해서(히10:10) 하나님과 인간 사이를 가로막는 벽을 허물고, 화목의 관계로 되돌려놓는다. 하나님은 십자가 위에서 화목의 모든 요구 사항들을 성취하셔서, 자기 백성과의 사귐을 주도하신다(요일1:3). 십자가의 궁극적 목표는 죄인을 의인으로 만들어, 하나님과 사귀도록 하며, 나아가 예배를 통해서 하나님께 영광을 돌리는 일이다(사43:7). 4차원영성은 '교제영성'을 파생시켜, 장래의 은혜와 영광을 성도의 삶 가운데 드러내게 한다. 또한 4차원영성은 장래의 은혜를 현재의 삶의 자리에 임하게 해서, 그것을 지금 여기서 미리 맛보게 한다. 십자가 영성은 인류가 잃어버렸던 의와 거룩함의 영성을 회복시켜, 하나님과 인간 사이에 아름다운 교제의 관계를 활성화시킨다. 할렐루야!

제3부에서는 4차원영성의 탄생 과정과 그 특성 및 의미에 대해서 고찰하고, 또한 그것의 적용 방법에 대해서 서술했다. 또한 제1부의 '5중복음'과 제2부의 '3중축복'을 서로 연결시켜서 '삼중(triad) 영성 구조'를 정립시키고, 영성의 고차원화를 시도하였다. 삼중구조(5중복음-3중축복-4차원영성)의 영성으로 통합시켜, 하나님과 더욱 친밀하게 교제하도록 이끌어주는 다양한 방편과 방법에 대해서 논의했다. 그 과정을 통해서 영산의 4차원 희망의 영성을 체계적으로 범주화시켰다.

제4부 십자가의 영성: 성장함(Growing)

십자가는 자기중심적인 삶에서 벗어나게 해서 하나님과 이웃을 사랑하는 삶으로 빚어간다. 또한 십자가는 신자의 마음을 십자가에 단단히 묶어서, 오직 십자가를 지는 삶을 살게 한다. 곧 예수님을 사람들 앞에서 시인하고, 고난의 삶을 감수하고, 세상적인 온갖 욕망을 십자가에 못 박고, 하나님이 기뻐하시고 인정하시는 삶을 추구하게 한다. 모든 성도는 그리스도와의 연합, 중생, 성화를 통해서 새 하늘과 새 땅의 영광을 향해 나아가는 나그네다. 하나님은 인간과의 사귐을 통해(요일1:3) 영광을 받으신다.

제4부에서는 4차원영성의 4요소 ─ 생각, 꿈, 믿음, 말 ─ 의 중요성, 이론과 실제 및 다양한 적용 모델을 제시하였다. 다시 말해, 십자가의 총체적 영성을 형태적으로 통합하여 '십자가 중심의 성장의 영성'을 고차원적으로 접근하였다.

또한 하나님과 인간 사이의 친교의 특성과 구조를 보다 구체적으로 다루었다. 하나님의 말씀이 구체적으로 어떻게 인간의 마음하늘에 접목되고 효능을 나타내는지를 구체적으로 검토하여, 신앙생활에 활력을 불어넣고자 했다.

제5부 십자가의 영성: 닮아감(Christlikeness)

그리스도와 연합된 신자들은 그리스도를 닮아가는 데에 일차적 영적 목표를 두어야 한다. 하나님은 왜 죄인들을 구원시켜 바로 천국으로 데려가지 않고 이 땅에 계속 살게 할까? 그것은 그들을 거룩하게 만들어(엡1:4) 영원토록 하나님을 즐거워하고, 나아가 예배를 통해 하나님을 영화롭게 하기 위해서다. 예배만이 영원한 가치가 있다. 모든 신자는 예수 그리스도의 고난절과 부활절의 삶을 통해 믿음과 거룩함을 배워간다. 바울은 십자가에서 두 가지 마음을 배웠다. 하나는 비움이고 다른 하나는 겸손이다. 그는 하늘의 삶을 사는 원리를 십자가 중심의 삶의 원리 ─ 고난과 영광 ─ 를 통해서 체득했다. 성도가 품어야 할 궁극의 영성은 능력의 십자가를 통해 예수님을 닮아가는 것이다(갈4:19, 갈2:20).

제5부에서는 4차원영성이 성도의 변화에 지대한 역할을 할 수 있음을 강조했다. '그리스도 안에서'의 개념에 기초해서 변화와 성장의 삶을 통해 그리스도의 형상을 닮아가는 이론과 실제에 대해서 서술했다. 또한 거룩함의 재발견, 성화의 신비, 거듭남의 은혜를 입체적으로 다루었다. 나아가 영산의 목회 이야기를 영성형성 논리로 접근했다. 또한 다양한 신학적 적용모델들을 세워서, 다음 세대에 적용가능한 형태로 전환시켰다.

제6부 십자가의 영성: 가르침(Teachng)

예수님이 열 두 제자를 키웠듯이 그리스도인들은 가르침을 통해서 제자를 키워야 한다.

제6부에서는 5중복음과 연계된 영산의 4차원영성이 기독교 영성교육으로서의 가능성을 제시하였다. 동시에 4차원영성적으로 하나님의 존재, 본성, 행동을 알아가는 것이 기독교교육에서 중추적인 역할임을 강조했다. 또한 하늘나라의 확장의 측면에서 '가르침의 영성'에 초점을 맞추어 논의

했다. 하나님이 광야에서 이스라엘 백성을 대상으로 광야교육을 시키셨듯이, 십자가를 통해 죄인을 의인으로 만들어 하늘교육을 시키시는 것에 대해 알아보았다. 요약하면 4차원영성은 기독교교육을 위한 훌륭한 영성 모델이 될 수 있다. 5중복음, 3중축복, 4차원영성은 기독교교육의 한 장(場)으로서 적용될 수 있다. 기독교교육의 본질은 본래적 인간의 현상으로 되돌아가는 교육이다.

제7부 십자가의 영성: 준비됨과 기다림(Hurry up and Patience)

신자는 '이미, 그러나 아직은 아닌(already-not yet)' 종말론적 긴장과 갈등 안에서 살고 있다. 곧 신자들은 지금 고난절과 부활절의 경계선에서 살아가고 있다. 십자가의 부활은 미래의 사건이지만, 현재의 삶에도 능력을 주고, 또한 삶을 영적으로 활성화시킨다. 십자가는 죄인의 삶을 소멸시키고, 새 하늘과 새 땅의 영광을 내다보며 의롭고 거룩한 삶을 시작하게 한다. 십자가는 시간과 영원을 연결시켜서, 이 땅에 살면서도 하늘의 시민권을 가지고 살도록 한다. 또한 십자가는 종말을 내다보는 삶을 준비시키고 영광의 날을 믿음과 소망 안에서 기다리게 한다.

제7부에서는 영산이 강조하는 희망영성을 주제로 다루었다. 4차원영성의 측면에서 희망의 속성, 희망의 역학구조 등에 대하여 구체적으로 서술하여, 신자들에게 그들이 영광의 나라를 바라보며 고대하는 희망적 존재임을 다시 각인시키고자 했다. 하나님이 소유하신 모든 선한 것들은 그의 백성을 위한 것이다. 하나님은 그 아들 예수를 통하여 모든 것을 주신다.

7부작을 통해 추구하고자 했던 것은 바로 '십자가의 영성'이었다: '십자가를 바라본다'–'은혜를 받는다'–'하나님과 친교한다'–'영적으로 성장한다'–'예수님을 닮아간다'–'제자도의 삶을 산다'–'다시 오실 예수님을 맞을 준비하며 기다린다'. 이와 같이 계통적으로 이어지는 주제들을 통하여 성도가 걸어가야 할 영적인 순례자의 길을 보여주고자 하였다. 모든 이야기는 시내산이 아니라 바로 갈보리 산 위에 세워진 예수 그리스도의 십자가에 초점이 맞추어져 있다.

앞으로의 연구과제

앞으로도 영산의 십자가 영성에 대한 체계화된 논리적 정식과정(定式過程)이 필요하다. 이후에도 5중복음의 심층화작업(성경신학적 해석과 조명)과 5중복음과 3중축복, 4차원영성의 상호관계에 대한 지속적인 신학적 탐구가 요구된다. 또한 4차원영성에 대해서 교리, 구속사, 성서신학, 선교, 기독교 윤리 등의 측면에서 다각적으로 계속해서 조명해야 할 필요가 있다. 또한 영산의 십자가 영성에 대해 상황과 문화에 적용하는 해석과 개인의 영적 삶의 변화 및 성장뿐만 아니라 4차원적 사회개혁 등의 관점에서 조명하는 것도 유익할 것이다. 나아가 4차원영성의 훈련을 위한 전문프로그램 또는 교육프로그램이 개발되어야 할 필요성이 있다.

나는 1983년 1월에 여의도순복음교회에 처음 출석했다. 뒤돌아보니 벌써 35년의 세월이 흘러갔다. 나는 이 책을 2005년부터 집필하기 시작했다. 그 이후로 12년이라는 긴 세월이 흘러갔다. 그 집필 기간은 나에게 의미 있고 은혜가 넘치는 날들이었다. 비가 갠 후에 무지개를 바라보는 것처럼, 언제나 새로운 마음으로 이 책 위에 펼쳐지는 '십자가 영성의 무지개'를 바라보는 것은 나에게 행복과 기쁨과 즐거움이었다.

이 책은 세계에서 제일 큰 교회를 세운 카리스마적 인물, 조용기 목사 개인에 대하여 기록한 글이 아니다. 그의 반세기 목회 안에 나타난 '하나님의 자비와 예수 그리스도 십자가의 사랑과 은혜'에 대해서 집중적으로 조명한 것이다.

나는 이 책을 저술하면서 세월이 지나도 퇴색되지 않고, 언제나 생동감 있는 십자가의 이야기만 서술하게 해달라고 하나님에게 기도했다. 그렇게 하는 것이 예수님과 십자가의 신비스러운 진리를 사랑하는 길이라고 여겼다. 또한 그것이 조용기 목사를 진정으로 위하는 길이고, 무엇보다 하나님을 사랑하는 길이라고 생각했다. 인간이 자신을 위해 남긴 발자취는 세월의 흐름 속에 잡초처럼 시들어서 사라진다는 것은 이미 역사를 통해 증명되었기 때문이다.

언젠가 우리 모두는 하나님 아버지가 계시는 집으로 갈 것이다. 그곳으로 가기 위해 우리는 지금 깨어서 준비하고 맡겨진 일을 하고 있다. 나는 진리 이외에 그 어느 것도 이 책에 남기고 싶지 않았다. 영산이 목회기간 동안 받은 최고의 상들, 그가 만난 고관대작들, 가는 곳마다 누린 영광들, 그 모든 것들은 세월이 지나면 기억 속에서 사라지고 없어질 것이다. 예수 그리스도와 그의 십자가만이 영원한 진리를 말한다!

영산에게 자서전이 있다면, 십자가의 자서전이며, 성령의 자서전일 것이다. 그는 17세에 폐병에 걸려서 죽음에 직면해 있었다. 그때 예수 그리스도에 대한 복음을 듣고 그를 자신의 구주로 영접했다. 십자가 아래서 그의 새 인생이 시작되었다. 그 이후로 그의 인생과 목회사역은 성령의 인도함을 받아서 오늘에 이르렀다. 그의 자서전에서 십자가와 성령에 대한 이야기를 빼버리면 껍데기만 남을 것이다. 그런 의미에서 이 책은 그의 영적 자서전에 가깝다. 왜냐하면 이 책은 영산이 목회 반세기 동안 경험했던 십자가 중심의 이야기, 성령 중심의 이야기가 중심축을 이루고 있기 때문이다.

3차원 세계가 사과 안에 들어 있는 씨의 개수를 헤아리는 능력을 말하는 것이라면, 4차원 영적 세계는 장차 그 씨가 맺을 사과의 숫자를 헤아릴 수 있는 능력이다. 무엇보다도 이 책을 저술하면서 나 자신의 이성적 사고에 기초한 집필이 아니라 성령님이 인도하시는 글이 되게 해달라고 간절히 기도했다. 달이 천 번 이지러져도 자신의 달빛을 변함없이 비치는 것처럼, 영산이 경험했던 십자가 영성의 빛이 오래도록 퇴색되지 않게 하려고 온 힘을 다해 글을 써왔다.

영산은 '오직 희망의 십자가 영성'으로 5명의 천막교회에서 지상 최대의 교회로 성장시키는 세기의 기적을 일으켰다.1) 그러나 이 글을 쓰는 것은 조용기 목사를 위해서도 아니고, 여의도순복음교

---

1) 여의도순복음교회 역사: a) <u>천막교회</u>: 여의도순복음교회는 1958년 3월 15일 신학교를 졸업한 조용기 전도사와 최자실

회를 위해서도 아니고, 나의 명예를 위해서도 아니다. 단지 그 목적은 오직 하나뿐이다. 조용기 목사가 그토록 사랑하고 헌신했던 '예수 그리스도와 그가 경험한 예수 그리스도의 십자가 영성'을 체계적으로 재조명해서, 다음 세대에도 수많은 사람들이 오직 예수 그리스도와 그의 십자가만을 바라보게 하려는 것이다. 그것이 진정한 나의 목적이었다.

바다 위에 출렁거리는 파도는 누구든지 육신의 눈으로 볼 수 있다. 그러나 바다 밑에서 흘러가는 해류는 오직 하나님만 아신다. 나는 이 책을 집필하는 동안, 성령님께서 나를 깨우쳐주시고 인도해주시도록 간절히 끊임없이 부르짖었다. 그럼에도 불구하고, 나의 연약하고 부족한 붓으로 말미암아 이 글을 마치면서도 많은 아쉬움이 남는다.

무엇보다 나는 한 점 부끄럼 없이 영산 조용기 목사를 들은 대로, 본 대로, 아는 대로, 있는 그대로 서술한 사람이라고 고백하고 싶다. 만약 내가 영산의 가장 가까운 곳에서 사역하던 목회자였다면, 나의 글이 어떤 한쪽으로 기울어졌을 수도 있을 것이다. 다행히 나는 영산 주변에 가까이 있던 사람이 아니고, 한 성도로서 그로부터 언제나 멀리 떨어져 있었다. 이 점과 관련해서 나는 안심할 수 있다. 그리고 이 책에서 나의 부족한 신학지식 때문에 내용을 잘못 전달한 것이 있어서 지적해준다면, 언제라도 그것을 기꺼이 인정하고 받아들이며 고마워할 것이다.

전능하신 하나님의 신비스럽고 오묘한 말씀을 먼지 같은 존재가 아무리 알려고 힘쓰고 애써도 한계가 있다는 것을 나는 이미 뼈저리게 느끼고 있다. 분명히 이 책의 내용 중에도 교리·성경해석·기독교윤리 등의 측면에서 어설프게 표현한 것들이 있을 것으로 추측한다. 그 점에 대해서 오직 양해를 구할 뿐이다.

영산은 이 시대, 문화, 사회에서 크게 쓰임받은 종이다. 내가 12년에 걸쳐서 붓을 든 것도 그렇게 할 만한 충분한 가치가 있었기 때문이다. 나의 유일한 바람은 많은 사람을 변화시킨 영산의 영적 메시지를 논리정연하게 체계화해서 그것을 후세에 남겨서 보다 효과적으로 이해시키고, 나아가 그들의 영적 삶에 쉽게 적용하게 하려는 것이다. 그것은 나의 진심어린 바람이다.

그는 지난 반세기의 목회사역 동안 매 주일 주옥같은 설교를 들려주었다. 그 덕분에 많은 성도들은 하나님의 은혜 속에서 살게 되었고, 희망을 얻게 되었고, 삶에 용기를 가지게 되었고, 예수님을

전도사가 그해 5월 18일 서대문구(현 은평구) 대조동에 위치했던 최자실 전도사의 집 거실에서 가정예배의 형태로 창립예배를 드림으로써 시작된다. b) <u>서대문교회</u>: 조용기 전도사가 탈장으로 인해 대수술을 받고 군에서 전역한 후, 교회는 새로운 국면에 접어들었다. 군에서 전역한 지 얼마 되지 않은 1961년 9월 1일, 서대문로터리 서커스단이 자주 머물던 터에서 천막 대부흥성회가 열렸다. 1961년 10월 15일 부흥회가 열린 장소에 교회가 세워졌고, 그곳에서 예배가 드려지게 되었다. 이곳은 순복음부흥회관이라고 불리게 된다. 조용기 전도사는 1962년 4월 26일 목사 안수를 받았다. 그해 5월 13일 순복음부흥회관의 명칭이 순복음중앙교회로 바뀌게 되었다. 이 무렵 교회 성도가 5백 명을 넘게 되었다. 3년 후 1964년 서대문 개척교회는 교인수가 3천 명에 이르게 되었다. c) <u>여의도교회</u>: 서대문교회는 나날이 폭발적으로 부흥을 거듭하였다. 성도수가 만 명을 넘어서자, 서대문교회는 더 이상 성도들을 수용할 수 없었다. 1973년 8월 19일 현재의 여의도에 있는 성전에서 최초의 예배가 드려졌다. 9월 23일에는 만 팔천여 명이 참석한 가운데 새롭게 지어진 여의도성전의 헌당예배를 봉헌하였다. d) <u>세계로 나아가는 교회</u>: 순복음 미주지구 연합회가 1976년 3월 설립됨으로써, 조용기 목사가 실제적으로 전 세계에 복음을 전하는 계기가 되었다. 같은 해 4월 순복음 유럽지구 연합회가, 8월에는 순복음 일본지구 연합회가 결성되었다. 1977년 9월 순복음중앙교회는 미국 LA에 순복음신학교를 세웠다. 1977년 7월에는 서독 베를린에, 1978년 2월에는 뉴욕시에, 1978년 4월에는 일본 고베에, 1980년 4월에는 시카고에 각각 순복음신학교를 세워서, 교역자 양성에 힘을 기울였다. 또한 1980년 8월에는 미국 캘리포니아신학대학원 한국분교를 설립하였다. 조용기 목사가 1964년 9월 처음으로 세계 선교활동에 나선 이후, 전 세계에 걸쳐 해외선교 활동을 계속해서 진행하였다. 1976년 11월 4일 교회성장에 대한 연구 기관으로서 본 교회가 CGI를 설립하였다. 참조. http://yfgc.fgtv.com/y1/04.asp

더 알게 되었고, 더 사랑하게 되었고, 그리고 행복한 삶을 살게 되었다. 그 동안 폐병, 심장병, 치질, 어지럼증 같은 질병들에 시달리기도 했지만, 영산은 주님의 은혜로 반세기 목회 종착역에 무사히 도착할 수 있었다.

영산은 천막교회 시절부터 여의도순복음교회에 이르기까지의 파란만장한 영적 역사를 결코 잊을 수 없을 것이다. 마지막 숨을 쉬는 그 순간까지 그는 그리스도가 피로 산 교회를 섬길 것이다. 아직도 그는 어떻게 하면 성도들에게 더 은혜로운 설교를 들려줄 수 있을까 고뇌하면서 영적인 힘을 쏟고 있다.[2]

한 세대는 가고 또 한 세대가 오고 있다. 그리스도인은 새 하늘과 새 땅을 향하여 나아가는 순례자다. 언젠가 우리 모두 하나님 앞에 서는 날이 올 것이다. 한국과 전 세계에 하나님의 영원한 생명과 진리를 헌신적으로 증거하고 선포한 조용기 목사 – 히말라야 산맥의 고봉과 같은 인물은 결코 아무나 될 수 있는 것이 아니다. 그는 그 험한 고봉(高峯)을 오직 그리스도의 십자가의 능력과 성령의 인도함으로 올라갔다.

부족한 글 솜씨로 여기까지 데리고 온 주님께 감사드린다.
영산이 일궜던 십자가의 발자취를 남기는 일 그 자체만으로도
나는 진실로 즐거웠고, 행복했고, 황홀했다.
주님을 위해서 사는 것만이 영원하다.

나는 힘없고, 연약하고, 먼지같은 존재다.
앞으로 남아 있는 내 모든 삶이
하나님을 더욱 깊고, 넓고, 높게 알아가고,
오직 삼위일체 하나님만을 예배하고,
온 마음, 생각, 힘을 다해,
하나님만을 더욱 영화롭게 하기를 소원한다.
할 수 있다, 하면 된다, 해보자! 아멘!

2018. 9. 3.
곽종운

---

2) 1958년 처음 대조동 천막교회에서 설교를 시작한 것이 엊그제 같은데 이제 벌써 반세기의 세월이 흘렀습니다. 그동안 많은 일들이 있었고 많은 것이 변했습니다. 하지만 그때나 지금이나 내게 변함없는 것 중의 하나는 강단에 서서 설교를 할 때가 하나님 앞에서 가장 영광스럽고 행복한 순간이라는 것입니다." 참조. 조용기, 『설교는 나의 인생』, 서울말씀사 (2009).

참고도서

본 책에 사용된 참고도서는 대부분 주석에 삽입되어 있으며, 여기서는 도서 중심으로 참고한 서적들만 일부 정리하였다. 특히, 조용기 목사의 저서, 강해 서적, 연구논문, 설교, 관련된 문헌들은 본문 안에 있는 주석을 참고하기 바란다. 그리고 본문에 인용된 말씀의 대부분은 '개역개정 성경'에서 인용하였지만, 일부는 '개역한글 성경'에서 인용하였음을 주지하기 바란다. 그리고 본 책에서는 하나님의 이름을 '야훼'로 통일하였다.

John R. Stott, *The Cross of Christ*, IVP(2006).

John Owen, *Communion with God*, Versa Press(2008).

James Packer, *Knowing God*, IVP(1973).

James Packer, *Rediscovering Holiness*, Regal Books(2009).

Bruce A. Ware, *God's Greater Glory: The Exalted God of Scripture and the Christian Faith*, Crossway Books(2004).

John M. Frame, *The Doctrine of the Word of God*, P&R(2002).

John Owen, *The Glory of Christ*, Versa Press(2012).

James R. Estep & Jonathan H Kim, *Christian Formation*, B&H Academic(2010).

Glen G. Scorgie, Old Testament Foundation of Christian Spirituality(Mark J. Boda), *Dictionary of Christian Spirituality*, Zondervan(2011).

John Murray, *Principles of Conduct*, William B. Eerdmans Publishing(1957).

James C. Wilhoit, *Spiritual Formation as if the Church Mattered*, Baker Academic(2008).

Paul Brand & Philip Yancy, *In His Image*, Zondervan(2008).

Wayne Grudem, *Systematic Theology*, Zondervan(2000).

Anthony A. Hoekema, *Created in God's Image*, Eerdmans Publishing(1994).

Robert W. Pazmiño, *Foundational Issues in Christian Education*, Baker Academic(2008).

Louise J. Walker, *Evangelism Today*, ICI University: Texas, 1994.

R. C. Sproul, *Believing God*, Reformation of Trust(2009).

Veli-Matti Kärkkäinen, *Pneumatology*, Baker Academie(2002).

William W. Menzies and Robert P. Menzies, *Spirit and Power*, Zondervan(2000)

Thomas Norris, *The Trinity: Life of God, Hope for Humanity: Towards a Theology of Communion (Theology and Faith)*, New York Press(2009)

Allan Anderson, "The Contextual Pentecostal Theology of David Yonggi Cho", *Asian Journal of Pentecostal Studies* 7:1, January(2004).

James Packer, *Serving the People of God*, Regent College Publishing(2008).

Philip Yancey, *The Jesus I Never Know*, Zondervan(1995).

Marget A. Burkhardt & Mary Gail Nagel-Jacobson, *Spirituality: Living our Connectedness*, Thomson Learning Inc(2002).

A. W. Tozer, *God's Power for Your Life*, Regal(2013).

John Owen, *Indwelling Sin in Believers*, Versa Press(2010).

Jonathan Edwards(1703-1758), *Freedom of Will*, Dover(2012, originally published in 1754).

David G. Benner, *Soulful Spirituality*, MI: Brazos Press(2011).

M. Mullhilland Jr, *Invitation to the Journey: A Roadmap for Spiritual Formation*, IVP(1993).

Joyce Meyer, *Change Your Words, Change Your Life*, Faith Words(2012).

Alister E. McGrath, *Christian Theology: An introduction*, Oxford: Blackwell(1994).

조용기, 『오중복음과 삼중축복』, 서울말씀사(1997).

조용기, 『4차원 영성』, 교회성장연구소(2005).

이영훈, 『작은 예수의 영성』, 넥서스CROSS(2014).

이영훈, 『작은 예수가 되는 길』, 서울말씀사(2016).

이영훈, 『십자가 순복음 신앙의 뿌리』, 교회성장연구소(2011).

로버트 슐러(Robert Schuller), 『할 수 있다』, 성도출판사(1983).

로버트 슐러(Robert Schuller), 『날마다 새 삶을 찾아서』, 길한문화사(1984).

토머스 쿤(Thomas S. Kuhn), 『과학혁명의 구조』, 까치(2013).

조나단 에드워즈(Jonathan Edwards), 『신앙감정론』(The Works of Jonathan Edwards, Volume 2: Religious Affections), 부흥과개혁사(2005).

조나단 에드워즈(Jonathan Edwards), 『영적 감정을 분별하라』(The Experience That Counts), 생명의말씀사(2013), 41.

조나단 에드워즈(Jonathan Edwards), 『성화론』, CLC(2017).

제임스 로더(James Loder), 『성령의 관계적 논리와 기독교교육 인식론』(The Relational Logic of the Spirit in Theology and Science), 대한기독교서회(2009),

제임스 로더(James Loder), 『인간발달』, CLC(2006).

제임스 로더(James Loder), 『종교체험과 삶의 변환』, 한국신학연구소(2001).

토드 빌링스(J. Todd Billings), 『그리스도와의 연합』, CLC(2014).

옥타비우스 윈슬로우(Octavius Winslow), 『내가 그리스도와 함께』(At the Foot of the Cross), 지평서원(2009).

A. W. 토저(Aiden Wilson Tozer), 『철저한 십자가』, 규장(2013).

마이클 호튼(Michael Horton), 『기독교핵심』, 부흥과개혁사(2012)

알리스터 맥그래스(Alister McGrath), 『십자가로 돌아가라』, 생명의말씀사(2011).

알리스터 맥그래스(Alister McGrath), 『하나님의 칭의론』, CLC(2015).

F. J. 휘겔(F. J. Huegel), 『십자가와 나』, 생명의말씀사(2014).

마이클 그린(Michael Green), 『텅 빈 십자가』, 서로사랑(2007).

존 오웬(John Owen), 『영의 생각, 육의 생각』(Thinking Spirituality), 생명의말씀사(2013).

존 오웬(John Owen), 『신자 안에 내재하는 죄』, 부흥과개혁사(2013).

존 오웬(John Owen), 『죄 죽이기』(The Mortification of Sin), SFC(2008).

존 오웬(John Owen), 『그리스도의 죽으심』(Life by His Death), 생명의말씀사(2014).

존 오웬(John Owen), 『긍휼』(Compassion), IVP(2012).

존 오웬(John Owen), 『성령론』, 여수룬(2000).

제임스 패커(James Packer), 『거룩의 재발견』, 토기장이(2011).

제임스 패커(James Packer), 『주기도문』, 아바서원(2013).

브루스 웨어(Bruce Ware), 『더 큰 하나님의 영광』, 부흥과개혁사(2008).

맥스 루케이도(Max Lucado), 『예수가 선택한 십자가』, 아드폰테스(2013).

데릭 프린스(Derek Prince), 『속죄』, 순전한 나드(2012).

월터 마샬(Walter Marshall), 『성화의 신비』, 복있는사람(2013).

앤서니 후크마(Anthony A. Hoekema), 『인간론』, 부흥과개혁사(2013).

풀 스티븐스(Paul Stevens), 『일의 신학』, CUP(2014).

싱글레어 퍼거슨(Sinclair Buchanan. Ferguson), 『오직 은혜로』, 지평서원(2011).

R. C. 스프롤(R. C. Sproul), 『하나님의 거룩하심』, 지평서원(2014).

R. C. 스프롤(R. C. Sproul), 『구원』, 지평서원(2014).

달라스 윌라드(Dallas Willard) 『그리스도를 아는 지식』, 복있는사람(2012).

달라스 윌라드(Dallas Willard), 『하나님의 모략』(The Divine Conspiracy), 복있는사람(2013).

달라스 윌라드(Dallas Willard), 『마음의 혁신』(Renovation of the Heart), 복있는사람(2014).

달라스 윌라드(Dallas Willard), 『하나님의 임재』(Living in Christ's Presence), IVP(2016).

달라스 윌라드(Dallas Willard), 『하나님의 음모』(The Conspiracy of God), 복있는사람(2013).

존 스토트(John R. Stott), 『성령세례와 충만』(Baptism and Fullness), IVP(2014).

존 스토트(John R. Stott), 『시대를 사는 그리스도인』, IVP(2016).

존 M. 프레임(John M. Frame), 『성경론』, P&R(2014).

제럴드 싯처(Gerald L. Sittser), 『하나님의 뜻』, 성서유니온선교회(2014).

제럴드 싯처(Gerald L. Sittser), 『하나님의 은혜』, 성서유니온선교회(2013).

데릭 프린스(Derek Prince), 『속죄』, 순전한 나드(2012).

아더 핑크(Arthur W. Pink), 『성화론』(Sanctification), 진리의 깃발(2014).

D. A. 카슨, 팀 켈러, 『복음이 핵심이다』, 아가페북스(2014)

마이클 호튼(Michael Horton), 『은혜의 복음이란 무엇인가』, 부흥과개혁사(2014).

마이클 호튼(Michael Horton), 『언약신학』, 부흥과개혁사(2013).

스탠리 J. 그렌츠(Stanley J. Grenz), 『복음주의 재조명』, CLC(2014).

낸시 피어시(Nancy R. Pearcey) 외, 『기독교를 위한 변론』(Evidence of God), 새물결플러스(2016).

폴 워셔(Paul Washer), 『복음』, 생명의말씀사(2013).

앤드류 머레이(Andrew Murray), 『겸손』, 생명의말씀사(2013).

토머스 켈리(Thomas Kelly), 『거룩한 순종』, 생명의말씀사(2007).

브라이언 채플(Bryan Chapell), 『성화의 은혜』, 지평서원(2014)

폴 틸리히(Paul Tillich), 『새로운 존재』, 뉴라이프(2012).

폴 틸리히(Paul Tillich) , 『영원한 지금』, 뉴라이프(2012).

오스왈드 챔버스(Oswald Chambers), 『그가 나를 영화롭게 하리라』, 토기장이(2012).

그레고리 K. 비일(Gregory K. Beale), 『성전신학』, 새물결플러스(2016).

게르할더스 보스(Geerhardus Vos), 『성경신학』, 기독교문서선교회(1985).

A. W. 토저(Aiden Wilson Tozer), 『능력』(Born After Midnight), 생명의말씀사(2012).

A. W. 토저(Aiden Wilson Tozer), 『하나님을 체험함』(The Pursuit of God), 생명의말씀사(2014).

A. W. 토저(Aiden Wilson Tozer), 『하나님을 바로 알자』(The Knowledge of the Holy), 생명의말씀사(2012).

E. M. 바운즈(E.M. Bounds), 『기도의 강력』(Power Through Prayer), 규장(2012).

베르너 슈미트(Werner H. Schmidt), 『구약성서 입문』, 대한기독교서회(2007).

권택조, 『영성발달』, 예찬사(1999).

샤를 앙드레 베르나르(Charles A. Bernard), 『영성신학』(Teologia Spirituale), 가톨릭 출판사(2013).

레너드 스윗(Leonard Sweet), 『관계의 영성』(Out of the question: into the mystery), IVP(2011).

리처드 포스터(Richard Foster), 『생수의 강』(Streams of Living Water), 두란노(1999).

로욜라의 성 이냐시오, 『영신수련』, 이냐시오영성연구소(2011).

대니얼 클린데닌(daniel B. Clendenin), 『동방 정교회 신학』(Eastern Orthodox Theology), 은성(2012).

앤서니 후쿠마((Anthony A. Hockema), 『구원론』(Saved by Grace), 부흥과개혁사(2013).

제임스 보이스(James M. Boice), 『기독교 강요 교리설교』, 크리스챤다이제스트(2011).

위르겐 몰트만((Jürgen Moltmann), 『희망의 윤리』(Ethik der Hoffinung), 대한기독교서회(2012).

레너드 스윗(Leonard Sweet), 『영성과 감성을 하나로 묶는 미래교회』, 좋은씨앗(2002).

R. C. 스프롤(R. C. Sproul), 『하나님의 뜻을 알 수 있을까?』, 생명의말씀사(2012).

R. C. 스프롤(R. C. Sproul), 『하나님을 믿는 다는 것은』(Believing God), 생명의말씀사(2014).

빌헬름 게에를링스(Wilhelm Geerlings), 『교부 어거스틴』(Augustinus), CLC(2013).

C. S. 루이스(C. S. Lewis), 『고통의 문제』(The Problem of Pain), 홍성사(2013).

브루스 월키(Bruce Waltke), 『하나님의 뜻, 하나님의 인도』, 생명의말씀사(2016).

대니얼 클린데닌(daniel B. Clendenin), 『동방 정교회 신학』(Eastern Orthodox Theology), 은성(2012).

아이작 암브로스(Issac Ambrose), 『예수를 바라보라 1』, 부흥과개혁사(2011).

알버트 월터스 · 마이클 고힌((Albert Wolters, Michael Goheen), 『창조, 타락, 구속』, IVP(2007).

존 스미스(John Smith), 『구속사』(The Works of Jonathan Edwards Vol.9: Redemption), 조나단 에드워즈 전집 제3권, 부흥과개혁사(2012).

스테판 차녹(Stephen Charnock, 1628-1680), 『하나님을 아는 지식 2』, 부흥과개혁사(2014).

스테판 차녹(Stephen Charnock, 1628-1680), 『하나님의 존재와 속성 1 & 2』, 부흥과개혁사(2015).

스테판 차녹(Stephen Charnock), 『거듭남의 본질』, 지평서원(2012).

E. M. 바운즈(E. M. Bounds), 『기도의 강력』(Power Through Prayer), 규장(2012).

유태화, 『삼위일체론적 구원론』, 대서(2010).

앤드류 머레이(Andrew Murray), 『오순절 성령충만』, CLC(2014).

A. W. 토저(Aiden Wilson Tozer), 『Holy Spirit, 성령님』, 규장(2014).

데릭 프린스(Derek Prince), 『성령충만한 그리스도인의 지침서』, 믿음의 말씀사(2012).

조엘 비키 & 마크 존스(Joel Beeke & Mark Jones), 『청교도 신학의 모든 것』, 부흥과개혁사(2015).

프랭크 메이트라(Frank J. Matera), 『신약윤리학』(New Testament Ethics), CLC(2014).

팔머 로버트슨(O. Palmer Robertson), 『선지자와 그리스도』(The Christ of the Prophets), P&R(2011).

브라이언 채플(Bryan Chapel), 『은혜가 이끄는 삶』, 생명의말씀사(2017).

존 맥아더(John F. MacArthur), 『하나님의 은혜』(The Truth about Grace), 생명의말씀사(2012).

존 맥아더(John F. MacArthur), 『오직 믿음으로』(Justification By Faith Alone), 지평서원(2014).

마틴 로이드 존스(Martyn Lloyd Jones), 『십자가』(The Cross: God's Way of salvation), 두란노(2014).

마틴 로이드 존스(Martyn Lloyd Jones), 『성령하나님과 놀라운 구원』(God the Holy Spirit), 부흥과개혁사(2013).

마틴 로이드 존스(Mattyn Lloyd-Jones), 『내가 자랑하는 복음』, 복있는사람(2013).

마틴 로이드 존스(Mattyn Lloyd-Jones), 『성부 하나님과 성자 하나님』(God the father God the Son), 부흥과개혁사(2013).

존 스토트(John R. Stott), 『새사람』(Men Made New), 아바서원(2012).

존 스토트(John R. Stott), 『기독교의 기본진리』(Basic Christianity), 생명의말씀사(2014).

리처드 십스(Ridhard Sibbes), 『영광스러운 부르심』, 지평서원(2014).

존 파이퍼 & 저스틴 테일러(John Piper & Justin Taylor), 『하나님 중심적 세계관』(A God-Entranced Vision of All
    Things), 부흥과개혁사(2013).

존 파이퍼(John Piper), 『장래의 은혜』, (Future Grace), 좋은씨앗(2013).

M. 로버트 멀홀랜드(M. Robert Mulholland), 『영성형성을 위한 거룩한 독서』, 은성(2004).

게리 토마스(Gary Thomas), 『영성에도 색깔이 있다』(Sacred Pathways: Discover Your Soul's Path to God), CUP(2007).

루이스 벌코프(Louis Berkhof), 『조직신학』(Systematic Theology), 크리스챤다이제스트(2000).

토머스 머튼(Thomas Merton), 『십자가 성 요한과 진리의 길』, 바오로딸(2009).

조엘 비키(Joel R. Beeke), 『칼빈주의』, 지평서원(2012).

제씨 펜 루이스((Jessie Penn-Lewis), 『십자가의 도』(The Centrality of the Cross), 두란노(2003).

J. P. 모어랜드 & W. L. 크레이그(J. P Moreland & W. L. Craig), 『과학과 철학』(Philosophy of Science), CLC(2013).

토마스 아 켐피스(Thomas A Kempis), 『그리스도를 본 받아』(Imitatio Christi), 두란노(2010).

알리스터 맥그래스(Alister McGrath), 『삶을 위한 신학』(Mere Theology), IVP(2014).

알리스터 맥그래스(Alister McGrath), 『역사 속의 신학』, 대한기독교서회(2011).

알리스터 맥그래스(Alister McGrath), 『과학과 종교』, 린(2017).

알리스터 맥그래스(Alister McGrath), 『기독교변증』, 국제제자훈련원(2015).

리처드 포스터(Richard Foster), 『영적훈련과 성장』, 생명의말씀사(2010).

유진 메릴(Eugene H. Merrill), 『모세오경 신학』(A Theology of the Pentateuch), 크리스챤(2011).

톰 피터스(Tom Peters), 『미래를 경영하라』, 21세기북스(2005).

존 칼빈(John Calvin), 『기독교강요(중)』, 크리스챤다이제스트(2010).

윌프 힐데브란트(Wilf Hildebrandt), 『구약의 성령신학의 입문』(An Old Testament Theology of the Spirit of God), 이레서
    원(2005).

팀 켈러(Timothy Keller), 『일과 영성』(Faith & Work), 두란노(2013).

루이스 베일리(Lewis Bayly), 『경건』(The Practice of Piety), 생명의말씀사(2013).

존 맥스웰(John Maxwell), 『생각의 법칙』, 청림출판(2003).

존 맥스웰(John Maxwell), 『어떻게 배울 것인가』(Sometimes You Win Sometimes You Learn), 비즈니스북스(2014).

존 맥스웰(John Maxwell), 『인재경영의 법칙』, 비전과 리더십(2003).

마이클 페럴먼(Michael Perelman), 『무엇이 우리를 무능하게 만드는가』(The Invisible Handcuffs of Capitalism), 어바웃어
    북(2014).

리처드 니스벳(Richard E. Nisbett), 『인텔리전스』, 김영사(2009).

조선일보 위클리비즈팀, 「위클리비즈」(WeeklyBiz Insight), 21세기북스(2010).

대니얼 카너먼(Daniel Kahneman), 『생각에 관한 생각』, 김영사(2012).

베르나르 베르베르(Bernard Werber, 『상상력 사전』, 열린책들(2011).

토드 사일러(Todd Siler), 『천재처럼 생각하기』(Think Like A Genius), 한언(1997).

토니 부잔(Tonny Buzan & Barry Buzan), 『마인드 맵 북』(The Mind Map Book), 비즈니스맵(2010).

C. S. 루이스(Clive Staples Lewis), 『순전한 기독교』(Mere Christianity), 홍성사(2014).

마리오 뷰리가드(Mario Beauregard) & 데니스 오리어리(Denyse O' Leary), 『신은 뇌속에 갇히지 않는다』(The Spiritual
     Brain: A Neuroscientist's Case for the Existence of the Soul), 21세기북스(2010).

빌 게이츠(Bill Gates), 『생각의 속도』, 청림출판(2000).

유진 피터슨(Eugene H. Peterson), 『사무엘서 강해』, 아바서원(2013).

그레엄 골즈워디(Graeme Goldsworthy), 『그리스도 중심 성경신학』(Christ-centered Biblical Theology), 부흥과개혁사
     (2013).

앤드류 머레이(Andrew Murray), 『위대한 여정』(The Inner Life of Andrew Murray), 브니엘(2010).

케빈 드영(Kevin DeYoung), 『왜 우리는 하이델베르크 교리문답을 사랑하는가』, 부흥과개혁사(2012).

D. A. 카슨(D. A. Carson), 팀 켈러(Timothy Keller), 『복음이 핵심이다』(The Gospel as Center), 아가페북스(2014).

오스왈드 챔버스(Oswald Chambers), 『My Utomst for His Highest』, 토기장이(2008).

고든 맥도널드(Gordon MacDonald), 『내면 세계의 질서와 영적 성장』 IVP(2010).

에드 머피, 『영적전쟁』(The Handbook for Spiritual Warfare), 두란노(1999).

토마스 머튼(Thomas Merton), 『묵상의 능력』(The Inner Experience), 두란노(2006).

콜린 브라운(Colin Brown), 『철학과 기독교 신앙』, CLC(2010).

막스 터너(Max Turner), 『성령과 은사』, 새물결플러스(2011).

유진 피터슨(Eugene H. Peterson), 『다윗: 현실에 뿌리박은 영성』(Leap Over a Wall: Earthly Spirituality for Everyday
     Christians), IVP(2009).

존 맥아더(John MacArthur), 『최고의 설교』(Truth Endures: Landmark Sermons), 국제제자훈련원(2012).

E. F. 슈마허(E. F. Schumacher), 『작은 것이 아름답다』(Small is beautiful), 범우사(1998).

토마스 왓슨(Thomas Watson), 『신학의 체계』(A Body of Divinity), 크리스챤다이제스트(2002).

아더 핑크(Arthur W. Pink), 『하나님의 주권』(The Sovereignty of God), 요단(2014).

새뮤얼 헌팅턴(Samuel P. Huntington), 『문명의 충돌』, 김영사(2010).

메트 챈들러(Matt Chandler), 『완전한 복음』(Explicit Gospel), 새물결플러스(2013).

코넬리우스 반틸(Cornelius Van Til), 『변증학』(The Defense of the Faith), P&R(2012).

다니엘 콜먼(Daniel Coleman), 『감성의 리더십』, 청림출판(2004).

찰스 브리지스(Charles Bridges), 『청교도 목회학』(Christian Ministry), CLC(2014).

사이언 그리피스(Sian Griffiths), 『미래는 어떻게 오는가?』, 가야넷(2000).

토마스 굿윈(Thomas Goodwin), 『믿음의 본질 2』(The Object and Acts of Justifying Faith), 부흥과개혁사(2013).

마틴 로이드 존스(Mattyn Lloyd-Jones), 『영적침체』(Spiritual Depression: Its Causes and Cures), 복있는사람(2014).

로버트 모리스(Robert Morris), 『말의 능력』, 베다니출판사(2010).

존 파이퍼(John Piper), 『하나님을 기뻐하라』, 생명의말씀사(1998).

김창국, 『스토리를 팔아라』, 21세기북스(2011).

아달베르 함만(Adalbert Hamman), 『교부들의 길』, 성바오르(2010).

데이브 램지(Dave Ramsy), 『안트러리더십(EntreLeadership)』, 물병자리(2012).

로버트 치알디니(Robert Cialdini), 『설득의 심리학』, 21세기북스(2013).

존 파이퍼(John Piper), 『복음과 하나님의 의』, 좋은 씨앗(2014).

튤리안 차비진(Tullian Tchividjian), 『은혜의 순간』(One Way Love), 터치북스(2014).

토마스 굿윈(Thomas Goodwin), 『그리스도인의 성장』(The Trial of A Christian's Growth), 지평서원(2010).

A. W. 토저(Aiden Wilson Tozer), 『철저한 십자가』, 규장(2013).

필립 코틀러(Philip Kotler), 『마켓 3.0』(Market 3.0), 타임비즈(2010).

싱글레어 퍼거슨(Sinclair B. Ferguson), 『오직 은혜로』(By Grace alone), 지평서원(2011).

로리 베스 존스(Laurie Beth Jones), 『영적 기업가 예수』, 한언(2001).

헨리 나우웬(Henri Nouwen), 『영성에의 길』(FindIng My Way Home), IVP(2013).

황성철, 『기독교 교육철학』, 대한예수교장로회총회(2000).

칼 바르트(Karl Barth), 『교의학 개요』(Dogmatics in Outline), 크리스챤다이제스트(2009).

제임스 패커 & 게리 패럿(James I. Packer & Gary A. Pattett), 『복음에 뿌리를 내리라』(Grounded in the Gospel), 생명의
말씀사(2010).

위르겐 몰트만((Jürgen Moltmann), 『희망의 신학』, 대한기독교서회(2013).

팀 켈러(Timothy Keller), 『왕의 십자가』(King's Cross), 두란노(2015).

브루스 데머리스트(Bruce Demarest), 『십자가와 구원』, 부흥과개혁사(2013).

맥스 루케이도(Max Lucado), 『예수가 선택한 십자가』, 아드폰테스(2013).

휴 마틴(Hugh Martin), 『갈보리의 그림자』(The Shadow of Calvary), 지평서원(2012).

이순흥, 『칭의와 성화』, CLC(2010).

싱클레어(Sinclair) 외 4인, 『성화란 무엇인가?』, 부흥과개혁사(2013).

김광열, 『구원과 성화』, 총신대학교출판부(2016).

리처드 멀러(Rechard Muller), 『하나님의 본질과 속성』(The Divine Essence and Attributes), 부흥과개혁사(2014).

미로슬라브 볼프(Miroslav Volf), 『삼위일체와 교회』(The Church as the Image of the Church), 새물결플러스(2014).

ㅈ

ㅊ